GRAND DICTIONNAIRE

Argot & français populaire

Nouvelle édition enrichie et mise à jour par
Jean-Paul Colin, *Professeur honoraire à l'université de Franche-Comté (Besançon)*

Première édition
Jean-Paul Colin

Jean-Pierre Mével, *rédaction Larousse*
avec la collaboration de Christian Leclère, CNRS

*Préface d'*Alphonse Boudard

LAROUSSE

21 rue du Montparnasse, 75283 Paris cedex 06

Direction de l'édition
Line Karoubi

Coordination et réalisation éditoriale
Bruno Durand
Anne-Françoise Robinson
avec la collaboration de
Nathalie Lanckriet

Conseil éditorial
Christine Ouvrard

Lecture-Correction
Chantal Pagès
Manuel Alcantara
Madeleine Biaujeaud
Henri Goldszal
Joëlle Guyon-Vernier
Françoise Mousnier
Edith Zha

Informatique éditoriale
Marion Pépin
Dalila Abdelkader
Philippe Cazabet
Marie-Noëlle Tilliette

Direction artistique
Ulrike Meindl
avec la collaboration de
Sylvie Sénéchal

Conception typographique,
mise en pages et couverture
Jean François Porchez

Fabrication
Marlène Delbeken

Composition
APS

Pour la partie étymologique, établie par Jean-Paul Colin, nous tenons à rendre hommage au *Trésor de la langue française* (direction Paul Imbs, puis Bernard Quemada) et à l'Institut national de la langue française dirigé par Monsieur le professeur Bernard Cerquiglini.

www.larousse.fr

ISBN 2-03-532311-8

Sommaire

[5] Préface d'Alphonse Boudard
[9] Présentation de l'ouvrage par Jean-Paul Colin
[17] Article « argot » par Henri Bonnard
[33] Liste des argots spécifiques
[37] Glossaire terminologique
[41] Abréviations et signes conventionnels
[42] Structure des articles

1 Dictionnaire

851 Lexique français – argot

961 Bibliographie

Préface à la première édition

Une langue vivante est toujours en mouvement. Attention ! N'allez pas croire que cette affirmation vise à choquer les dernières chastes lectrices de l'Hexagone. C'est une vérité première, je n'y entends nul vanne. J'ai d'ailleurs un précurseur de poids..., Victor Hugo, ce cher Totor qui écrivait que *les langues ni le soleil ne s'arrêtent plus, le jour où elles se figent, c'est qu'elles meurent.*

Ce qui est vrai pour toutes les langues l'est encore plus pour la langue verte qui traîne les rues, se désaltère au jus de ruisseau et plus qu'aucune autre se nourrit d'images... rarement pieuses, il va sans dire.

On affirme à présent que l'argot se périme ? Ça reste à prouver. Je pense plutôt qu'il s'érode et peut-être plus vite qu'une autre langue.

Il y a une trentaine d'années, les voyous entre eux pour désigner une balle de revolver disaient une *valda.* Influence de la publicité. On assimilait une balle à une pastille, d'où la *valda* déformée ensuite en *valdaga* par le largonji, sorte de codage qui procède par déformation d'un mot : bouteille devient *boutanche,* valise devient *valoche* ou *valdingue.*

Dans un tripot, Galtier-Boissière vers 1950 mentionne qu'à une table de jeu, il a entendu nommer une pile de jetons une *wonder.*

Durant quelques saisons, on a surnommé les policiers des *roycos.* Encore à cause d'une publicité vantant les mérites d'un potage au poulet en sachet. D'où la blague qui engendra le vocable.

L'argot fait feu de tout bois... Je vous ai cité trois exemples où il récupère la publicité, il a fait de même avec l'Histoire, les modes, la politique, les guerres, la pluie et le beau temps.

Il pique au hasard ce qui l'amuse, ce qui lui chante à

l'oreille, sans vergogne. Il pratique le vol avec effraction, le vol à l'esbroufe, à la roulotte..., il maquereaute, il escroque et parfois, des années plus tard, il fourgue quelques jolis mots au dictionnaire de l'Académie.

Aujourd'hui, on a oublié que *cambrioler* était à l'origine un verbe argotique..., que *patibulaire* désignait au Moyen Âge, en argot, le gibet, d'où le mot utilisé à présent pour définir la mine d'un individu promis à l'échafaud.

Certains vocables passent dans le langage populaire, puis dans le français courant. D'autres tombent en désuétude.

Il n'en reste pas moins vrai que l'argot garde une sorte de capital intangible, son fonds langagier..., celui de ceux qu'on appelait autrefois les classes dangereuses, tout aussi solide qu'un autre. Et surtout *nécessaire* puisqu'il s'agit de secret, d'une façon de communiquer dans le clan des voleurs, des putes, des proxénètes, des marginaux de toutes espèces, peuple incertain qui était à l'origine la *Cour des Miracles,* dite aussi le *Royaume d'Argot.*

Le vocabulaire de nos romans policiers qui nous paraît parfaitement actuel et que chacun comprend puise souvent ses références au plus profond de notre Histoire. Nombre de ses mots furent déjà répertoriés lors du procès des *Coquillards* en 1455. Ça a commencé, comme presque toutes les affaires de truands, par un balançage en règle. Un nommé Dimanche le Loup a donné les clefs du glossaire de la *Coquille* aux chats fourrés. On y trouve déjà la *louche* pour la main, une *mouche* pour un indicateur de police, *picoler* pour boire..., *jaspiner* pour parler, etc.

Une langue juteuse, riche, rugueuse..., celle de François Villon.

Par la suite, à travers les siècles, les campagnes militaires et les mouvements de population, les mots d'argot vont s'accumuler. Ils sont dans *le Jargon de l'argot réformé* en 1628. *On rouscaille bigorne et on jaspine le langage des dames de la Halle* jusque dans les salons en 1721, lorsque Cartouche gravit les marches de l'*Abbaye-de-monte-à-regret...* c'est-à-dire, joliment, l'estrade où il va être roué vif.

En 1800, au procès des Chauffeurs d'Orgères (vingt-trois condamnations à mort et des centaines d'années de bagne), on a pu dresser leur glossaire. Celui de la pègre fin XVIIIe. Sans doute fourgué aux autorités par Vidocq dans la tradition de Dimanche le Loup.

Précieux, ce glossaire des Chauffeurs... On y apprend qu'une *limace,* c'est une chemise, les *bracelets,* ce sont les menottes, les *brèmes,* les cartes..., le *dab* et la *daronne,* papa et maman, les *pétzouilles,* les paysans, etc. N'importe quel malfrat de nos jours comprend presque tout.

Mais c'est surtout à partir de Vidocq que les écrivains vont s'intéresser à la question. À commencer par Balzac lorsqu'il fera parler Vautrin dans *Splendeurs et misères des courtisanes.* Hugo ne sera pas en reste... Dans *les Misérables,* le passage qui concerne l'argot est toujours vrai, toujours actuel.

Ainsi la langue verte ne reste pas qu'un instrument oral. Elle entre en littérature sous les meilleurs auspices. Après Balzac et Hugo viendront toutes sortes de romanciers et de poètes. Les uns se serviront de l'argot pour faire s'exprimer quelques personnages peu recommandables, comme Eugène Sue, plus tard Francis Carco, Mac Orlan, Galtier-Boissière... D'autres s'inspireront plus directement du langage de la rue, Aristide Bruant par exemple, grand poète passionné, auteur de chansons qui restent dans la mémoire collective.

Plus près de nous, les auteurs de la *Série noire,* comme Auguste Le Breton et surtout un véritable styliste comme Albert Simonin, ont donné à l'argot une part entière dans la chose écrite.

Reste Louis-Ferdinand Céline, l'écrivain français le plus novateur du XXe siècle. À proprement parler, il n'écrit pas en argot, mais il construit son œuvre dans le même mouvement que le créateur anonyme de la rue et des culs de basse fosse. Céline prend les mots d'argot que sa jeunesse parisienne lui a donnés tout chauds, il les malaxe, les transforme, les transpose au gré de sa petite musique. Il invente, bien sûr, il déforme, il se fout des règles. Il travaille la langue comme Rodin le marbre.

Prose, poésie..., on pourrait ajouter le cinéma où Michel Audiard l'a fait entrer par la voix de Jean Gabin. Au théâtre, on est plus chiche, on reste drapé dans la dignité des classiques ou les non-dit de l'avant-garde. Exception pour confirmer la règle : *Fric-Frac* d'Édouard Bourdet... secondé par Fernand Trignol, un argotier de génie, et servi sur scène, excusez du peu, par Arletty et Michel Simon.

Vite enrichi, vite plumé, la bourse tout de même garnie de mots chocs générateurs de talents, l'argot est une langue bien vivante qui exige qu'on *le vive* sans le perdre d'une semelle.

Un dictionnaire d'argot est tout naturellement plus difficile à faire qu'un autre. Il y faut, certes, l'érudition la plus vive, mais en plus… l'oreille aux aguets… l'oreille en coin et des plus fines. Expliquer et suggérer. Être exhaustif et pourtant choisir. Fouiller une démarche étymologique qui ne va jamais de soi. Ne pas négliger, avec toute la science du monde, la fantaisie souveraine que proclame l'argot puisque, au-delà de sa vocation au secret, de ses innombrables racines, de la nécessité où il est de combler des secteurs négligés ou méprisés par le vocabulaire académique, il se nourrit surtout d'une superbe et savoureuse volupté de conter.

Duraille de s'y retrouver !

Il le faut bien pourtant. Les dictionnaires d'argot engrangent, à la petite décennie, un état des lieux qui reste toujours nécessaire.

L'argot est une part de notre richesse culturelle, de notre patrimoine, comme on dit… L'argot s'impose parce qu'on ne peut rien contre la rue… sinon la détruire, mais nous parlerions alors une langue de robots diffusée par les médias.

Je me permets de la ramener un peu sur ce terrain parce que l'argot est mon patois en quelque sorte. On le parlait dans le quartier d'Italie bien avant que le chinois y fasse florès. Par la suite, dans les hôpitaux, les taules, on en usait tout naturellement.

Il est sain d'écrire dans sa langue maternelle et complice. Voilà tout.

Alphonse Boudard

Présentation de l'ouvrage

par Jean-Paul Colin

DEPUIS 1965, DATE DE LA PUBLICATION, dans cette même maison d'édition, du *Dictionnaire historique des argots français* de Gaston Esnault – qui a servi de base à ce livre pour une partie de ses étymologies et de ses datations –, bien des discours ont ondoyé sous les ponts de la délinquance et de la marginalité réelles ou simulées.

Le présent dictionnaire doit être considéré comme l'expression de la nécessaire rencontre entre l'énorme matériau verbal des marginalités individuelles et collectives, et leur observation minutieusement clinique, nous voulons dire linguistique.

I. ÉTENDUE DE LA NOMENCLATURE

La nomenclature comporte environ 10 000 entrées, auxquelles s'ajoutent quelque 2 000 sous-entrées présentant variantes et dérivés. Mais la richesse terminologique du *Grand Dictionnaire de l'argot et du français populaire* ne s'arrête pas là : il faut en effet tenir compte des entrées polysémiques qui développent les différents sens d'un même mot et de la place accordée aux locutions figurées qui font la richesse et la saveur de l'argot.

Les nouvelles limites historiques que nous avons fixées pour cette troisième édition vont de l'extrême fin du XVIe siècle, avec Péchon de Ruby (1596), jusqu'à nos jours, en privilégiant les XIXe et XXe siècles. Nous avons recensé les mots et les locutions qui, ou bien sont encore (au moins un peu) vivants à l'heure actuelle, ou bien l'ont été au cours du XIXe siècle, si riche de documents et de textes concernant la lente « industrialisation » de l'infraction sociale sous toutes ses formes. L'exhaustivité n'était, en tout état de cause, pas possible : nous avons négligé certains archaïsmes très passagers, pour lesquels aucune attestation fiable ne se présentait, ainsi que des termes plus patoisants qu'argotiques (le lien entre eux étant plus fréquent qu'on ne croit, dans la cité, au XIXe siècle). Nous avons également exclu des mots rares, liés à une actualité fugace, qui ne sont plus employés ni compris aujourd'hui et auraient exigé des explications trop détaillées pour figurer dans les limites de ce livre.

Les quelques milliers d'unités qui subsistent après l'application de ces critères de sélection, nous avons voulu les traiter comme on traite les mots dans un dictionnaire de langue, c'est-à-dire avec une rigueur et une précision qui ne refusent pas, de temps à autre, un peu d'humour.

Les mots d'argot, comme les autres, ont une histoire, des aimantations, un poids de connotations spécifiques et, de ce fait, méritent un traitement lexicographique systématique.

II. L'ARGOT EN SITUATION : DÉFINITIONS ET CITATIONS

Chaque article comporte deux parties nettement différenciées par la typographie. La première présente le (ou les) sens du mot d'entrée, accompagné(s) de citations ou d'exemples qui en éclairent l'emploi.

Niveaux d'emploi. La définition est précédée, autant que faire se peut, d'indications portant sur l'actualité ou la désuétude du mot en question. L'indication VIEILLI concerne des unités encore en service, mais perçues comme étant en net déclin. Les indications VX (vieux) et ARG. ANC. (argot ancien) visent des mots ou des expressions obsolètes, mais intéressants d'un point de vue historique et documentaire, et pour lesquels nous avons généralement trouvé une citation pertinente. On notera que, lorsque l'ensemble des acceptions d'un mot d'entrée est désuet, l'abréviation VX figure en tête de l'article, *avant* le chiffre 1 et vaut pour tous les sens mentionnés.

Homographes et dégroupements sémantiques. Comme dans la plupart des dictionnaires contemporains, le principe d'unité de l'article est étroitement soumis aux critères à la fois étymologiques et fonctionnels. Lorsque des homographes ont des étymons distincts, nous avons prévu plusieurs entrées identiques, mais numérotées, par exemple les trois articles *botte*, les deux articles *dingue*, les deux articles *pante* ;

en revanche, lorsqu'un même mot fonctionne dans le discours sur deux plans nettement distincts, l'étymon étant le même, des chiffres arabes subdivisent l'intérieur de l'article.

Citations. La liste (considérablement augmentée dans cette nouvelle édition) des ouvrages constituant le corpus des citations figure à la fin du volume. On constatera qu'ils sont d'une grande diversité, qu'ils associent volontairement le document et la fiction, et ont été produits par des auteurs de « qualité » très variable ; il eût été comique de sélectionner nos sources scripturales sur des critères académiques de « bon usage », de « beau langage » ou de « grande littérature » ! L'écrit et le parlé, le littéraire et le journalistique, le « grossier » et le « sublime » se côtoieront donc dans une totale promiscuité, ce qui est bien normal pour un dictionnaire cherchant à recenser des usages aussi « ouverts » que ceux de l'argot.

Lorsque plusieurs ouvrages du même auteur ont été dépouillés, la citation est suivie d'un chiffre indiquant le numéro d'ordre de l'ouvrage cité dans la liste en question. Par exemple, Boudard, 3 renvoie aux *Combattants du petit bonheur,* Malet, 2 aux *Rats de Montsouris,* Simonin, 5 à *Du mouron pour les petits oiseaux.* Quand la citation est extraite d'un journal, la date précise est indiquée. Nous mentionnons le nom de l'auteur de l'article ou de la déclaration faite au journaliste chaque fois que cela est possible et paraît intéressant. Enfin, les exemples non signés sont de nous et visent à représenter, le plus souvent, « quelque chose qui se dit », mais sur quoi nous n'avons pas trouvé de citations dans le corpus. Cette catégorie est peu fournie, car ce type d'illustration est délicat et risque de tomber dans l'artifice.

Locutions. Les locutions sont traitées soit isolément (et numérotées comme des sens), soit dans le cadre d'une acception, lorsque le rapport sémantique est transparent ; par exemple, **babillarde :** *1.* Missive. *Babillarde volante,* télégramme. *Porteur de babillardes,* facteur. Lorsqu'une locution présente des variations lexicales sur l'un de ses termes, nous avons choisi de la présenter au terme invariant ; par exemple, *bourrer le crâne, le mou, la caisse* est traité à *bourrer,* et non pas à *crâne,* à *mou* ou à *caisse*.

Suffixes. Les suffixes figurent à leur ordre alphabétique, mis en valeur par des crochets gris : il existe en effet une assez grande quantité de suffixes productifs en argot (*-ance, -anche, -os,*

-ouse, -uche, etc.). Leur présentation distincte permet de se faire une idée de leur vitalité dans la formation des mots d'argot : la liste des néologismes n'est jamais close, et la suffixation est un mode de dérivation dont l'argot fait un usage intensif.

Synonymes. Les synonymes (SYN.) ne figurent que dans les cas de rapport étroit avec le mot : donner dans chaque article concernant l'« argent » la liste complète des synonymes (*braise, fric, pèze,* etc.) aurait alourdi considérablement le corps du dictionnaire. Nous nous sommes limités à certains rapprochements, dans le cadre d'une synonymie partielle, quand celle-ci vient éclairer une définition, par exemple *suif* et *savon* dans le sens de « réprimande ».

Définitions. La définition s'efforce de ne pas être un simple substitut du mot d'entrée, sauf quand il y a un rapport de « bilinguisme » évident entre l'argot et la langue usuelle (par exemple *fouille* = poche ; *éponge* = poumon). Elle requiert un certain développement et plus de précision lorsqu'elle porte sur une notion, un comportement, un objet spécifiques d'une certaine marginalité sociale : *abattage, amende, basane, béguin, demi-sel, homme, mentalité, passion, vice,* etc. Les termes anatomiques ou physiologiques – en particulier d'ordre sexuel – sont « traduits » par leurs équivalents techniques, parfois brutaux et moins « poétiques » que le mot d'argot lui-même : un dictionnaire d'argot n'est pas fait pour édulcorer la réalité de la référence, quelque choquante qu'elle puisse paraître selon le bon goût ordinaire, ni pour se plier aux tabous du bon usage social, mais pour donner des informations précises et brèves sur un immense corpus lexical.

Renvois. Les renvois sont réduits au minimum ; ils apparaissent : 1) lorsque les différentes formes graphiques d'une même entrée sont éloignées dans l'ordre alphabétique : *entôlage* renvoie à *entaulage, crasher (se)* à *scratcher (se)* ; 2) pour éviter la répétition d'une citation contenant deux mots d'argot importants, répertoriés dans le dictionnaire ; 3) pour signaler l'endroit où est traitée une locution : *boulanger* renvoie à *remercier (son boulanger)* ; *couper* renvoie à *pont (couper dans le pont)* ; *Trafalgar* renvoie à *coup (de Trafalgar).* On supprime ainsi les doublons tout en rendant la consultation de l'ouvrage plus commode. Pour les autres cas de figure, nous avons pensé que le lecteur curieux des problèmes de langue était généralement assez motivé pour circuler spontanément d'un article à l'autre, au vu des indications fournies par les synonymes, ou de certaines remarques figurant dans la partie étymologique.

III. Argot et linguistique : étymologies, variantes et dérivés

La seconde partie de chaque article de ce dictionnaire, présentée en caractères plus petits, concerne l'information étymologique (ETYM.), suivie éventuellement d'un alinéa présentant les variantes du mot d'entrée (VAR.) et d'un alinéa où sont traités certains dérivés (DER.). Nous avons réduit le « jargon » au strict minimum : les quelques termes de grammaire ou de rhétorique que nous avons utilisés figurent dans un bref *Glossaire terminologique*, p. [37].

L'étymologie. L'étymologie s'avère particulièrement délicate quand il s'agit de l'argot, et cela pour plusieurs raisons : le caractère originel de « langage secret » s'attachant à cette catégorie du lexique ; le nomadisme des termes véhiculés par certains groupes sociaux et socioprofessionnels pratiquant l'argot (brigands de grands chemins, petits métiers saisonniers, communautés de prisonniers, ethnies vagabondes, etc.) ; le goût du jeu de mots, du calembour, qui tantôt fausse ou contrarie la « vérité étymologique » (si l'on ose risquer ce pléonasme), tantôt s'y surajoute de façon indiscernable et souvent affective ; enfin, l'incertitude ou l'amateurisme des documents et témoignages écrits ou oraux dans lesquels la mémoire ou l'oreille des témoins enregistreurs est souvent défaillante ou partiale. Ajoutons que la tentation est grande, pour ceux-ci, de pratiquer une sorte d'autocorrection, notamment quant à l'orthographe, aucune « Académie d'argot » n'étant là pour dire la loi en matière de transcription graphique des mots.

Nous avons pu, dans la présente édition, améliorer et enrichir considérablement les données étymologiques, en reprenant nous-même directement le dépouillement de nombreux dictionnaires anciens qui n'avaient été consultés auparavant que de seconde main. Il a été possible ainsi de restituer le nom des premiers lexicographes qui enregistrèrent telle unité ou tel sens, de Vidocq à Sandry-Carrère, en passant par Alfred Delvau, Jean Lacassagne ou Aristide Bruant. Par ailleurs, la parution en 1994 du 16e et dernier volume du

Trésor de la langue française ainsi que celle du *Bouquet des expressions imagées* de Claude Duneton et Sylvie Claval (publié en 1990, mais trop tard pour que nous puissions en faire état dans la première édition de ce dictionnaire) nous ont permis de corriger un assez grand nombre de datations et d'étymologies.

Les variantes. Il est donc parfois difficile de choisir entre les multiples variantes écrites d'un même mot, surtout lorsque les variations graphiques touchent le début de celui-ci (par exemple, les mots commençant par *an* ou *en*, *c* ou *s*, *ch* ou *sch*). Nous nous sommes fondés, pour en décider, sur la pratique majoritaire des auteurs de notre corpus : lorsque deux ou trois formes concurrentes étaient usuelles, nous les avons fait figurer simultanément en entrée ; quand, au contraire, l'une de ces formes l'emportait statistiquement sur les autres, nous avons rejeté ces dernières dans l'alinéa VAR. Quelques exemples seulement sont donnés, lorsqu'on est en présence d'une grande quantité de formes, au reste difficilement datables.

Les datations. La datation de la première attestation écrite du mot, du sens ou de la locution traités dans la première partie met en jeu quatre schémas.

a) *1828, Vidocq* ou *1983, Francos.* On doit lire « première apparition attestée : 1828 chez Vidocq, ou 1983 chez Ania Francos ». La liste des auteurs qui ont été ainsi mis à contribution figure à la fin du volume.

b) *1960* [Le Breton] ou *1982* [Perret] : le nom entre crochets correspond alors à un document lexicographique (le dictionnaire d'argot d'Auguste Le Breton ou celui de Pierre Perret). On trouvera la liste de ces documents en fin de volume.

c) *1953, Simonin* [TLF]. Il s'agit alors d'un mixte des deux premiers schémas. La datation provient d'une citation figurant dans un dictionnaire antérieur au nôtre. On lira donc l'information ainsi : « mot repéré par le TLF comme datant de 1953, d'après une phrase extraite d'un roman de Simonin ».

d) Le dernier schéma concerne le cas des datations incertaines ou difficiles. Quand nous n'avons trouvé d'attestation ni dans le corpus littéraire ni dans les dictionnaires, nous avons indiqué que le mot en question était « contemporain » ou « du milieu du XXe siècle », lorsque notre mémoire ou notre intuition personnelle nous donnait cette approximation pour vraisemblable. Tout en réduisant la part des hypothèses, nous nous sommes fait une règle de ne jamais chercher à esquiver l'information historique. Il va sans dire que ces données ne possèdent qu'une valeur approchée et ne sauraient correspondre, dans la majorité des cas, à une certitude absolue. Elles permettront tout de même au lecteur de se faire une idée des changements lexicaux, des modes, des engouements et, en mainte occasion, de rattacher tel fait lexical à tel problème de société ou de civilisation.

Les dérivés. Nous avons donné, à la rubrique DER., des dérivés du mot souche, certes bien attestés historiquement, mais qui sont aujourd'hui tombés en désuétude ou bien d'un emploi peu courant. C'est le cas à l'article *dab* des dérivés *dabier, dabmuche, dabon.* En revanche, nous avons traité comme des unités à part entière des dérivés qui nous ont paru importants dans le fonctionnement réel et actuel de l'argot ; cette importance est d'ailleurs signalée le plus souvent par une citation. C'est le cas, par exemple, de *affure* à côté de *affurer,* de *cachetonner* à côté de *cacheton* ou de *maquillage* à côté de *maquiller.*

Remarques d'emploi. Nous avons cru bon de faire quelques remarques concernant l'emploi des mots, en particulier pour souligner la coappartenance du mot à plusieurs registres : populaire et argotique ou familier et argotique, ou pour signaler l'évolution historique de tel mot, dont la carrière a commencé dans l'argot « fort », pour passer peu à peu dans un domaine plus vaste, celui d'une familiarité courante : glissement intuitivement perceptible, mais évidemment malaisé à repérer de façon précise.

Le lecteur découvrira dans la seconde partie de l'ouvrage un riche *Lexique français – argot,* dans lequel 3 000 mots de la langue courante renvoient à 16 000 termes et expressions argotiques ou populaires équivalents. Le *Grand Dictionnaire de l'argot et du français populaire* se veut à la fois livre de documentation et livre de plaisir, rendant compte des aspects sociologiques, linguistiques et littéraires du phénomène argotique.

Article « argot »

par Henri Bonnard

Nous reproduisons ici l'article « argot » extrait du *Grand Larousse de la langue française*, 1971.

ATTESTÉ D'ABORD AU SENS DE « corporation de voleurs » (1628), le mot *argot* a désigné depuis soit un vocabulaire secret, réservé à un groupe d'initiés – coupeurs de bourses (Richelet, 1680), travailleurs, étudiants –, soit un ensemble de termes insolites tenus pour vulgaires, et jugés expressifs par cela même et/ou par les qualités stylistiques qui ont fait leur fortune dans le peuple ou la pègre. On s'accorde à y voir un substantif verbal d'*argoter*. Est-ce le verbe *argoter* (aujourd'hui *ergoter*), attesté en 1600 au sens de « se quereller », et ancien dans le sens de « chicaner », fait sur *argo* (forme altérée du lat. *ergo,* donc) dans les écoles du Moyen Âge ? Origine bien savante pour le mot qui désigne la langue la plus vulgaire. On l'a rattaché également à l'anc. franç. *harigoter,* « déchiqueter », auquel remonte aussi le *haricot,* « ragoût de mouton coupé en morceaux ». G. Esnault préfère y voir un dérivé dépréciatif de *arguer,* « tirer l'or et l'argent à la filière », celle-ci étant appelée *argue* (ital. *argana,* lat. *organum,* instrument) : mendiants et voleurs « tirent » l'argent de cent manières.

Dans l'Introduction du *Dictionnaire historique des argots français* (Larousse, 1965), G. Esnault s'élève contre la conception répandue qui fait de l'argot une sorte de codage secret des illettrés. Si les malfaiteurs, en 1567, disaient *lime* pour « chemise », ce n'était pas, comme le croyaient leurs juges, « afin qu'on ne les entende », mais parce que le mot *lime* existait à côté de *chemise* depuis le bas latin (*limas,* vêtement de femme), conservé dans le bas peuple, où se recrute presque nécessairement la pègre. G. Esnault ne prend pas au sérieux la tradition selon laquelle les voleurs se seraient organisés à Paris en un État à part, le « Royaume de l'Argot », ayant sa langue, son chef – le Grand Coesre –, ses impôts, son bailli dans chaque province, ses états généraux, antisociété policée née dans l'imagination fertile de Chéreau, marchand drapier de Tours, auteur du *Jargon de l'Argot réformé* (1628), dont la réimpression ne cessa qu'en 1849. Parler aujourd'hui de l'« argot du milieu » est supposer à tort qu'il existe un « milieu » unique et discipliné. Si beaucoup de témoignages par lesquels nous connaissons les argots d'autrefois les donnent pour langues secrètes de « Coquillards », « chauffeurs de pieds » et bagnards, cela prouve surtout que les témoins, policiers ou juges, étaient d'un niveau social supérieur à celui des gueux. Si le théâtre du Moyen Âge met quelquefois des mots d'argot dans la bouche de soudards et de truands, c'est en revanche la preuve que le public populaire devait les comprendre.

Plus précisément, G. Esnault combat l'idée d'un argot artificiel, fabriqué de toutes pièces à la suite d'une décision concertée. On peut imaginer le processus de création d'après ce qu'on voit se produire chaque fois qu'un groupe social est constitué pour un temps assez long, par exemple dans une école, une caserne, un camp de prisonniers. R. Töpffer raconte, dans les *Nouveaux Voyages en zigzag,* comment certains mots ont pris « des acceptions exclusivement propres » à la société de vingt et un jeunes gens pensionnaires qu'il emmenait en vacances d'été : le substantif *Abrantès* fut adjectivé par eux au sens de *qui a lu les Mémoires de la duchesse d'Abrantès,* c'est-à-dire « qui est farci de citations indigestes, de trivialités courantes, de bêtises usuelles ». En présence d'un individu de cette espèce prétentieuse, les jeunes gens ne se faisaient pas faute de murmurer : « Abrantès ! ». On voit, par cet exemple, à la fois comment un mot rare ou seulement nouveau prend une extension imprévisible dans un groupe fermé, où il évoque, résume une situation vécue, et comment, n'ayant rien d'artificiel ou d'intentionnellement secret dans sa conception, il en vient à être employé à des fins cryptologiques. Si plusieurs mots ont pu naître ainsi « en quelques jours seulement », on comprend que des communautés formées et maintenues de temps immémorial puissent perpétuer une langue propre, qui devient hermétique aux non-initiés dès que ses idiotismes – qui n'affectent ordinairement que le vocabulaire – se rencontrent dans la phrase avec une certaine densité. L'emploi cryptologique n'est le plus souvent qu'une conséquence fortuite, voire inconsciente, de l'hermétisme.

Il ne faut d'ailleurs pas nier par principe toute volonté de dissimulation dans la création argotique, mais l'argotier peut viser à étonner ses pareils aussi bien qu'à tromper l'ennemi commun : le départ est bien subtil entre la devinette facétieuse et le substitut secret ; si le mot *poulet,* désignant un policier, a été remplacé par *perdreau,* puis par *dreaupèr,* ce peut être autant pour le piquant de l'expression détournée que pour une plus grande discrétion des alertes. Ces devinettes ne sont pas toujours aussi énigmatiques qu'on veut le dire : en appelant le sang du *rouge* ou du *raisiné,* on n'embarrasse même pas un enfant ; il est moins facile de comprendre que le nom des *Boers,* prononcé [bur] par les uns et [bɔɛr] par les autres, a servi de chaînon pour désigner par *boërs* ou *bauers* les agents en civil, plus connus sous le nom de *bourr'* (apocope de *bourricots*) ; mais, si les usagers de l'argot avaient vraiment voulu disposer d'un mot inintelligible aux non-initiés, le lien qu'on retrouve dans cet exemple serait encore trop clair. Un tel code laisse vraiment aux profanes trop de chances de percer son secret.

En supposant même que le monde des hors-la-loi ait connu jusqu'au XVIIIe s. une organisation stable et fermée, comparable à celle des mystiques romanichels, auquel cas on pourrait tenir pour normal qu'une langue commune y soit née, il est fort possible que cette langue, moins qu'un moyen de dissimulation, ait été pour les truands un signe de reconnaissance et une manifestation de l'« esprit de corps ». Une telle conception de l'argot s'accommode mieux des qualités expressives qu'on ne peut lui dénier, et qu'un codage artificiel ne réclamerait en aucune mesure.

Admettra-t-on, du moins, une intention cryptologique pour expliquer les formations du *largonji* et du *javanais ?* Le bagnard-policier Vidocq (signataire des *Mémoires,* 1828-1829, et des *Voleurs,* dictionnaire d'argot, 1836) a donné la formule du *largonji,* procédé de codage consistant à remplacer l'initiale d'un mot (ex. : *jargon*) par *l (largon-)* et à la rejeter à la fin du mot *(largonji)* ; ainsi *prince* devient linspré ; *La Force* (la prison), *La* Lorcefée ; *deux [francs],* leudé ; *quarante [sous],* larantequé ; *sac* (mille francs), lacsé ; *fou,* louf ; *beau,* lobé ; *en douce,* en loucedé, etc. Dans le *largonjem,* usité au bagne de Brest en 1821, le même procédé se complique du suffixe invariable *-em : bon* se dit lonbem ; *boucher,* loucherbem ; ce dernier mot est le nom le plus connu de ce procédé, usité par les bouchers de La Villette. Le caractère automatique, donc inexpressif, de telles déformations plaide beaucoup en faveur de l'ésotérisme – encore que le secret soit plus à attendre de la rapidité d'élocution en code que du procédé même, de clef si simple. Mais, tout bien pesé, le caractère de signe de classe, de jeu verbal, en explique seul l'emploi par un corps de métier comme les bouchers. Alfredo Niceforo, dans *le Génie de l'argot* (1912), retrouve les règles de notre largonji dans des argots professionnels annamites : celui des bouchers d'Hanoi, où l'initiale est *ch* au lieu de *l*, et le suffixe *-im* au lieu de *-em ;* celui, plus complexe, des sampaniers d'Haiphong ; celui des danseuses, des marchands de grains. G. Esnault relève dès 1670, chez des écoliers de Metz, la suffixation undrègue foudrègue pour *un fou,* « imitation de bégaiement antérieure aux cadogan, javanais et largonji ». Le *cadogan,* attesté dès 1896, procède par infixation de *-dg-* après chaque voyelle, elle-même redoublée : cadgadodgogandgan ; le javanais, attesté dès 1857, insère *-av-* après chaque consonne : javaunavet pour *jaunet*. Certes, ces procédés fleurissent dans les pensions, les bagnes et les bataillons de redressement, mais ils sont provocation autant que dissimulation ; marques de fierté comme un tatouage ; fanfaronnades comme l'anglais qu'échangent deux écoliers français devant des camarades non encore initiés à cette langue.

En fait, si la thèse d'un argot ésotérique est combattue avec tant de conviction par G. Esnault, c'est qu'il vise à détruire un certain mythe du criminel, incarné par Lacenaire ou Vautrin au XIXe s., une « démonologie » de l'Argot, « langage de la corruption » (Hugo), inventé par les criminels « ou à eux révélé » (Esnault). Il n'y a pas **un Argot** « à majuscule champion », mais **des argots**, « populaires » ou « voyous » selon la tendance honnête ou non des argotiers. Qu'on s'attache à en découvrir les sources « patoises, techniques ou archaïques », et l'on en goûtera mieux la saveur, que G. Esnault n'a garde de sous-estimer : « Je ne connais rien qui soit sémantiquement plus heureux en aucun climat de la langue française. »

Procédés de l'argot

C'est sur la conception exposée ci-dessus que l'on fondera ici un inventaire des procédés de l'argot : l'unité en sera le caractère non point secret, mais *insolite,* joint au caractère populaire – pour éliminer l'argot des Précieuses comme celui des potaches. On empruntera maint exemple à l'étude de P. Guiraud, *l'Argot* (1956).

I. Insolite de l'emprunt

▸ **Sources étrangères** : because, parce que (angl.) ; flic, sergent de ville (allem. *Fliege,* mouche) ; flouss, argent (arabe) ; crouilla, arabe (« ami » en arabe) ; bougnoul, tête à corvée (« noir » en ouolof) ; camoufle, chandelle (ital. *camuffe,* n. pl., désignant les écrans qui masquent les chandelles de la rampe) ; barbaque, carne (esp. *barbacoa,* d'origine haïtienne, désignant une viande peu goûtée des soldats français au Mexique) ; – argots étrangers : mec, chef, homme (arg. ital. *mecco, meco,* chef, paysan) ; ruffe, riff(l)e, feu, bagarre, arme à feu (arg. ital. *ruf,* mêmes sens ; cf. angl. *rifle,* fusil).

▸ **Sources provinciales** : arpion, main, doigt, orteil, pied (*arpioun,* griffe [provenç.]) ; baratin, bagou [*barat,* marché frauduleux [provenç.] ; faraud, homme bien vêtu, fier, fanfaron (*faraut,* héraut [anc. gasc.]) ; guss, individu (*gus,* gueux [gasc.]) ; pantre, paysan, bourgeois, nigaud (*pantre,* paysan [Bresse, Forez]) ; daron, maître, maître du logis, père (*daron,* adj., de *dare,* ventre, et *daru,* ventru [Maine, Anjou, Nantes]) ; goualer, chanter, crier (*couâler,* émettre des cris aigus [Berry]).

▸ **Sources techniques** : arnaquer, habiller, truquer, escroquer (malfaiteurs ; forme picarde de *harnacher*) ; goupiller, manigancer, travailler (croisement de *goupille* avec *goupiner,* travailler, de *gouspin,* factoton) ; bonnir ou bonir, causer, dire (saltimbanques ; de l'arg. ital. *imbunire,* amuser pour voler) ; masser, travailler (*masse,* marteau de fer ou de bois) ; gâcher, travailler (maçons) ; trimer, cheminer, travailler (dialect. *trèmer,* imiter la *trème* ou *trame* du tisserand) ; piocher, travailler (terrassiers) ; passer l'arme à gauche, mourir (soldats) ; loc. adv. à la godille, de travers (marins).

▸ **Ancien français** : enterver, comprendre (mot d'anc. franç. [vieilli au XVe s.], du lat. *interrogare,* interroger) ; solir, vendre (*sollir,* payer [1261], var. de *soudre,* lat. *solvere*) ; esquinter (var. de l'anc. franç. *esquiner,* mettre en lanières) ; guinche, danse (anc. franç. *ganches,* mouvements des bras et des hanches XIIe s.]).

▸ LANGUES ANCIENNES : laïus, discours, verbiage (en souvenir du discours de *Laïus,* père d'Œdipe, premier sujet de dissertation littéraire proposé à Polytechnique [1804]) ; pinxit, peintre entiché de son talent (accompagnant sa signature de la mention *pinxit,* « a peint » [arg. d'artistes, 1866, et d'étudiants, 1902]) ; arton, pain (gr. *artos,* pain ; se retrouve en provenç., en basque ; *artone* en fourbesque [arg. ital.] ; dérivés en germania [arg. esp.] et en calão [arg. portug.]) ; type, homme (gr. *tupos,* empreinte, modèle).

II. Insolite de la forme

▸ CODES À CLEF : citons ici le largonji, le javanais, etc., définis plus haut et qui ne remontent pas au-delà du XIXᵉ s.

▸ APOCOPE ET APHÉRÈSE : came *(camelote),* bid *(bidon),* lap (*la peau,* rien), mac *(maquereau),* rata *(ratatouille),* binette *(bobinette* ou *trombinette),* cipal *(municipal) ;* gnard, enfant *(mignard* ou *momignard) ;* pitaine *(capitaine),* troquet *(mastroquet) ;* apocope et aphérèse conjuguées : bin's *(cabinets).*

▸ RÉDUCTION ET CRÉATION DE COMBINÉS CONSONANTIQUES : lingue *(lingre,* couteau, de *Langres*), ménesse *(ménestre,* femme, fille, épouse, du lat. *ministra,* servante), pante (*pantre,* paysan, nigaud), gaffrer *(gaffer,* guetter, aviser), lixdré (*lixdé,* dix), antifle, église (anc. franç. *antive,* fém. d'*antif,* ancien).

▸ MÉTATHÈSE : dreaupèr *(perdreau),* entraver *(enterver).*

▸ REDOUBLEMENT : coco *(cocaïne),* gaga *(gâteux),* jojo *(joli) ;* rififi, bagarre *(rif).*

▸ SUBSTITUTION DE VOYELLE OU DE CONSONNE : bistringue (d'où *bistro*) pour *bastringue ;* atiger, frapper, bousculer, exagérer (*aquiger,* faire mal) ; clamecer (*crampecer,* mourir, dér. de *crampe*).

▸ AGGLUTINATION ET DÉGLUTINATION : larton, pain *(arton) ;* ance, eau (*lance,* même sens).

▸ SUFFIXATION AFFRANCHIE. Certains suffixes ont par eux-mêmes un sens diminutif *(feuilleton),* péjoratif *(bavard, fadasse) ;* l'argot les étend très librement à des radicaux tirés de mots courants ou argotiques : paveton, cureton, douillard (chevelu), tricard (interdit de séjour, tiré de *trique*), bleuvasse (nouveau soldat). Encore plus librement, il associe des suffixes fantaisistes (expressifs par leur étrangeté même) à des mots plus ou moins abusivement tronqués : *adjudant* devient adjupète ; *auvergnat,* auverpin ; *Bastille,* Bastaga ; *crasseux,* craspec ; *dégueulasse,* dégueulbif ; *directeur,* dirlo ; *économies,* éconocroques ; *gamelle,* galtouse ; *jalouse,* jalmince ; *lime* (chemise), limasse, limouse, limousse, liquette ; *officier,* officemar ; *par-dessus,* pardingue ; *valise,* valoche, valouse, valtouse, valtreuse, etc. Le code sévère du largonji tolère même de tels écarts : *leaubé* (ou *lobé*) et *leaubem* (beau) permettent leaubiche. G. Esnault fait observer que, dans cette exubérance de drôleries, des séries se découvrent à l'examen : *dirlo* appelle Amerlo, Alfortlo ; *kilbus* (*kilo,* litre) marche avec pibus (*picrate, pinard, pivois,* vin) ; « *tarte,* laid, accepte *-ouse, -ousot,* autant que *-ignole,* mais non tel autre suffixe, qui ferait barbarisme ».

Dans le domaine du verbe essaiment les suffixes *-ailler* (lancequailler, uriner, pour *lancequiner*), *-ancher* (calancher, mourir, de *caler,* faiblir), *-tiquer* (balancetiquer, jeter avec mépris, de *balancer*), *-ouser* (marquouser, marquer les cartes, de *marquer*).

Un purisme tel que celui dont fait preuve G. Esnault repose, bien entendu, moins sur des règles de droit lexical que sur le sentiment personnel d'un effet, d'une valeur de style, laquelle résulte de plusieurs facteurs, entre autres :
– le caractère **insolite** de certains groupes phonétiques dans le système commun de la dérivation en français : un suffixe *-bif* ne s'y rencontre pas (dans *rosbif,* c'est un élément radical), non plus que *-aga* ni *-ingue ;*
– l'**évocation** de suffixes ou de mots stylistiquement marqués : *-bif* et *-ingue* évoquent l'anglais (*beef, dancing* dans la prononciation populaire) ; *dirlo* s'oppose à *prolo* (prolétaire) ; *auverpin* rappelle *alpin* et *copain ; craspec* évoque *infect, abject, suspect.* La suggestion peut aller jusqu'au calembour dans *limasse* (cf. *limace*), *jalmince* (lèvres *minces,* air *pincé*), *adjupète* (souvent coléreux), *officemar* (on salue, mais on *se marre*).

▸ Séries pronominales composées. On ne confondra pas avec la suffixation la formation de pronoms personnels à partir du système des possessifs, rapportés à un invariant de sens généralement obscur, originellement comparable à *cors* dans l'ancien *mes cors, tes cors* (ma, ta personne, etc.), ou à *pomme* dans le moderne *ma pomme, ta pomme,* etc. On trouve, au XVe s., mon ys, mon an chez Villon ; au XVIe, mezis, tezis, nozis (moi, toi, nous), où *mes* continue manifestement le cas sujet singulier du possessif ; *mon an* se retrouve en 1628 dans le *Jargon de l'Argot réformé*, glosé mézière ou mezingant ; messière, tessière se lisent dès le XVIe s., ensuite sezière, nozière, vozière, et le pluriel sézières, suspect, chez Bruant. Aussi mystérieux dans son radical, mais plus clair dans sa composition, est le plus moderne mon orgue (var. : mon orguibus ou mes zergues), ton orgue (tes zergues), son orgue, notre orgue (nosiergue), vos orguisses, leur orgue (peut-être lié avec le fourbesque *monarca*, moi ; les forçats disaient *mon arga* à Rochefort en 1842 ; des attestations plus anciennes suggéreraient une nouvelle étymologie d'*argoter*).

Plus courant encore est de nos jours mézigue, tézigue, sézigue, etc., d'où dérive peut-être le nom *zigue*, camarade *(zig, zigoteau, zigomar) :*

Et si ***tézig*** *tient à sa boule*
Fonce ta largue (J. Richepin).

Le système mes bottes, tes bottes, etc., est plus clair. Toutes ces séries pronominales ont l'avantage de supprimer la variation verbale en personne : on ne sort pas de la troisième.

III. Insolite sémantique

▸ CALEMBOURS. Plaçons en tête, parce qu'il est propre à l'argot – nourri de devinettes –, le procédé du calembour, où une homophonie égare l'auditeur non initié : cloporte (concierge, qui *clôt* les *portes*), *faire du* rebecca (*se rebéquer*, regimber), *la maison* Poulman (la police, ou *poule*, avec évocation du panier à salade), *les* pingouins (les pieds, pour *pingots, pinceaux*), s'astiquer (avoir un duel à l'*astic*, épée), *passer aux* assiettes *(assises), être de la* pédale *(péd-éraste), les* molletons (les *mollets*), *un* greffier (un chat, pour *griffard*), *ma* marquise (ma femme, mon épouse, dér. de *marque*, même sens [arg. esp. ou ital.]), *mon* cocon ou cocon's (camarade de promotion à Polytechnique, ou *co-conscrit*), artichaut (porte-monnaie, d'après *portefeuille*).

Par ailleurs s'observent en argot tous les types de changement de sens pratiqués dans la langue commune, surtout populaire ou poétique :

▸ MÉTAPHORE (comparaison impliquée) : anse (oreille [Villon]), *les* quilles (les jambes [Villon]), faucher (voler), *la* Veuve (la potence ou la guillotine), *une* sulfateuse (une mitrailleuse). Souvent le concret exprime l'abstrait : *la* purée (la misère), *la* poisse (la malchance), *le* cafard (les idées noires), avoir quelqu'un dans la peau (l'aimer).

▸ SYNECDOQUE (désignation par la partie ou le caractère) : *la* bascule (la guillotine), *le* brutal (le canon ou le train), *un* bavard (un pistolet), *une* babillarde (une lettre), *les* charmeuses (les moustaches), *une* tournante (une clef).

▸ MÉTONYMIE (le contenu pour le contenant, l'effet pour la cause, etc.) : *un* feu (un revolver), descendre quelqu'un (le tuer), faire suer (importuner), avoir les chocottes (avoir peur, ce qui fait claquer les dents), manger le morceau (faire une révélation en justice, du temps où les aveux s'obtenaient par le jeûne).

▸ ANTIPHRASE : villa (prison), ces messieurs (le bourreau et ses aides, ou les policiers), couvent (maison centrale d'hommes ou de femmes), sucrer (maltraiter, punir).

▸ EUPHÉMISME : endormir (tuer), *la* butte (l'échafaud), *le* château (l'hôpital), *des* valdas (des balles).

▸ ANALOGIE SYNONYMIQUE. L'adjectif *noir,* ayant pris à la fin du XIXe s. le sens de « ivre » (peut-être pour renforcer *gris,* usé à cette époque, peut-être parce qu'il a la même connotation que *gris* ou que le mot slang *inky,* encreux), a reçu pour équivalents canaque, chocolat, goudronné ; *se noircir* a entraîné se mâchurer, se barbouiller, avoir le nez sale, être dans le cirage, etc. *Bécher,* dénigrer (var. de *becqueter* [Poitou : *bécher,* frapper du bec ; Normandie : *béquer,* rabrouer]), a peut-être entraîné, par le chaînon de l'homophone *bêcher :* piétiner les plates-bandes, jardiner (railler). *Manger le morceau* (v. plus haut) a entraîné se mettre à table, casser le morceau, casser, morfiller (manger, donc « dénoncer ») ; le délateur est une casserole.

DOCUMENTS ET MONUMENTS DE L'ARGOT

Les lexiques

L'existence d'un jargon des truands *(gergons vulgare trutanorum)* est attestée dès le XIIIe s. ; mais le premier glossaire connu concerne le jargon des **Coquillards,** soldats licenciés en mal de pillage, dont le procès fut instruit à Dijon en 1455 ; ces rudiments de *jobelin* – langue des *jobelots,* ou hommes de rien – ne furent publiés qu'en 1842, à Lyon. *La Vie généreuse des mercelotz, gueux et boesmiens,* terminée par un dictionnaire (1596), œuvre d'un *péchon* (provenç. : « petit », d'où « apprenti ») qui signe **Péchon de Ruby,** eut du moins une certaine diffusion de son temps et fut rééditée jusqu'au jour où la supplanta l'ouvrage de **Chéreau,** qui s'en inspirait librement : *le Jargon ou Langage de l'Argot réformé comme il est à présent en usage parmy les bons pauvres. Tiré et recueilliz des plus fameux Argotiers de ce temps. Composé par un Pillier de Boutanche qui maquille en la Vergne de Tours* (1628). C'est l'acte de naissance du mot *argot.* Ce tableau fera foi jusqu'au XIXe s., de plus en plus altéré par les coquilles des rééditeurs.

Une source nouvelle est offerte, à la limite du XVIIIe s., par l'instruction du procès des **chauffeurs** de pieds arrêtés à Orgères ; le greffier Leclair publie leur *Histoire,* avec un vocabulaire (1800). L'année 1821 voit paraître à Caen des listes assez sérieuses, dues au libraire **Chalopin** – bientôt plagié –, mais elle compte plus par le cahier qu'écrivit dans l'ombre d'un bagne le forçat **Ansiaume,** lexique de l'argot « en usage au bagne de Brest et connu de toutes les provinces françaises » (publié par Michel Dubois dans *le Français moderne,* 1943).

Au contraire, les ouvrages signés **Vidocq** (1828-1836) – écrits par des « teinturiers », qui étaient les « nègres » de l'époque – eurent la plus grande diffusion et inspirèrent trois fameux romanciers du siècle, Balzac, Eugène Sue, Hugo : collaboration symbolique du forçat-policier inculte, du plumitif et de l'artiste créateur. Ajoutons que Saint-Edme, rédacteur des *Voleurs,* avait abondamment puisé au journal *le Réformateur,* où Raspail publiait en 1835 les souvenirs de ses séjours à La Force et à Sainte-Pélagie.

On dispose, dans la suite, des témoignages de **Clémens,** forçat à Brest (1875), d'**A. Humbert,** transporté à Nouméa pour raisons politiques (*Mon bagne,* 1880), de **G. Macé,** chef de la Sûreté (*Mes lundis en prison,* 1889 ; *Mon musée criminel,* 1890), de **Rossignol,** soldat et policier (1901), de **Nouguier,** assassin lyonnais (1899), de **D...,** autre Lyonnais, détenu puis transporté, qui informe le docteur **Lacassagne** pour son *Argot du milieu* (1928). **Larchey,** publiciste et archéologue, avait donné en 1888-1889 un scrupuleux *Dictionnaire historique d'argot.* **Sainéan,** romaniste roumain, professeur à Paris, a publié, à partir de 1901, de riches études sur *l'Argot ancien* (1909), *les Sources de l'argot ancien* (1912) et *le Langage parisien au XIXe siècle* (1921).

L'argot secret

Parmi les manifestations littéraires de l'argot, on peut faire une place à part aux textes – ordinairement en vers – que des argotiers d'élite ont écrit pour leurs semblables, et qu'ils paraissent avoir voulu rendre impénétrables pour tout lecteur que le message ne concerne pas. Nous y compterons d'abord six ballades de **François Villon,** composées entre 1456 *(Petit Testament)* et 1461 *(Grand Testament),* et cinq autres de la même époque, découvertes manuscrites au XIXe s. Marot, en rééditant Villon, avouait n'y rien comprendre : « Touchant le jargon, je le laisse à corriger et exposer aux successeurs de Villon dans l'art de la pinse et du crocq. » Voici quelques vers de la deuxième ballade :

Changer vos andosses souvent
Et tirez vous tout droit au temple ;
Et eschequez tost, en brouant,
Qu'en la jarte ne soiez emple.

Ces ballades restèrent énigmatiques jusqu'au jour où Marcel Schwob (1890) en retrouva 24 mots dans le glossaire des Coquillards (v. plus haut). Le sens en est encore mieux éclairé depuis 1954 par une étude de A. Ziwès et Anne de Bercy : *le Jargon de maître François Villon.*

Visiblement, notre « escholier » accumulait les termes de jobelin comme les Coquillards eux-mêmes ne l'auraient pas risqué : il en résulte ces bibelots baroques, ces tours de force linguistiques dont l'opacité ne sera égalée qu'au XIXe s., dans maints poèmes et chansons de prétendus ou authentiques truands, comme ce **Winter,** bagnard de bonne famille, arrêté par Vidocq, qui publia en 1828 sa *Chanson :*

De la dalle (argent) *au flaquet* (gousset),
Je vivais sans disgrâce,
Sans regoût (scandale) *ni morasse* (tourment),
Sans taff (peur) *et sans regret...*

Dans *le Dernier Jour d'un condamné* (1829), **Victor Hugo** inséra, en fac-similé autographique sur un dépliant hors texte, une chanson de bagnard truffée d'argot, dont l'auteur inconnu n'est peut-être qu'un rapin de ses amis.

De **Lacenaire,** l'assassin romantique (guillotiné en 1836) dont les poésies idylliques se chantaient sur des airs de Béranger, on a une pièce en argot, *Dans la lunette* (1835), se terminant par cette triste prédication :

On vous roussine (on vous livre à la police)
Et puis la tine (foule)
Vient remoucher (regarder) *la butte en rigolant.*

L'argot comique

Si la littérature argotique n'a guère fleuri au XVIIe s. et au début du XVIIIe s., plusieurs écrivains ont cependant senti et

exploité l'effet comique d'un mot vulgaire apparaissant dans un texte noble. C'est un des procédés du burlesque *(le Virgile travesti)* auquel recourt systématiquement le comédien **Grandval** dans son poème en douze chants, *Cartouche ou le Vice puni* (1725) ; l'auteur donne le nom d'*Argos* pour l'étymon du mot *argot,* avec cette justification :
Électre le parloit, dit-on, divinement ;
Iphigénie aussi l'entravoit gourdement (très bien).

Le genre parodique se renouvela au XIXᵉ s. en joignant à l'effet de surprise un effet de blasphème, comme dans les *Litanies de la Vierge,* ou dans les *Commandements de Dieu et de l'Église* que Vidocq publia dans *les Voleurs ;* qu'on en juge par ce distique :
Paumé, point tu ne mangeras
Dans la taffe du gerbement.

Vidocq traduit : « Arrêté, tu n'avoueras rien, de peur du jugement. » L'évocation d'un texte et d'un rythme connus soutenait l'intérêt de ces pièces courtes, mais obscures, comme du pastiche de *la Mère Michel* qu'on lisait vers 1850 : *la Dabuche Michelon qu'a pommaqué son greffier,* œuvre de quelque chansonnier, dont la tradition sera maintenue un siècle plus tard par Yves Deniaud transposant *le Petit Chaperon Rouge :*
« *Grande-viocque, comme vous avez de grands fumerons !...*
– C'est pour mieux arquer ! »

L'argot réaliste

Un élément nouveau fut introduit dans le genre héroï-comique, vers le milieu du XVIIIᵉ s., par un secrétaire d'administration, ancien contrôleur des Finances, que ses contemporains surnommèrent « le Corneille des Halles » : **Vadé,** dans des épopées bouffonnes comme *la Pipe cassée* (1743), créa le genre « poissard », où l'auteur conte avec sympathie les menues aventures des humbles, qu'il fait parler en respectant leur grammaire et leur vocabulaire ; voici Jérôme apaisant des femmes qui se battaient pour un tas de guenilles vendues aux enchères :
– Pour un rien vous vous argottez.
Quoi qui vous met tant en colère ?
Des gnilles ! V'là ce qui faut faire,
Faut les solir cheux l'tapissier,
Hé puis partager le poussier.

Les mots d'argot proprement dit n'y manquent pas, mais ils sont dispersés, éclairés par le contexte. Il en sera de même dans les imitations de **Caylus,** de **Bouchard** (*Madame Engueule,* 1754), de **Lécluse.**

Au XIXe s., le réalisme abandonne les vers pour la prose, et les Halles pour les prisons, avec **Eugène Sue :**
*Vingt sous, Messieurs ! pour entendre le fameux Pique-Vinaigre, qui a eu l'honneur de travailler devant les **grinches** les plus renommés, devant les **escarpes** les plus fameux de France et de Navarre, et qui est incessamment attendu à Brest et à Toulon, où il se rend par ordre du gouvernement (les Mystères de Paris,* 1842*).*

Les mots d'argot étaient imprimés en italique, souvent traduits dans des notes. L'usage en est aussi prudent chez **Balzac** (Vautrin, dans *le Père Goriot, les Illusions perdues, Splendeurs et misères des courtisanes, la Dernière Incarnation de Vautrin*) et chez **Hugo** (*les Misérables,* 1862). On sait que celui-ci intitule *l'Argot* le VIIe livre de la IVe partie du roman ; en poète et en orateur, il traite de l'origine (ch. Ier) et des racines (II), de « l'argot qui pleure et de l'argot qui rit » (III), « épouvantable langue crapaude qui va, vient, sautèle, rampe, bave, et se meut monstrueusement dans cette immense brume grise faite de pluie, de nuit, de faim, de vice, de mensonge, d'injustice, de nudité, d'asphyxie et d'hiver, plein midi des misérables ». En fait, G. Esnault a montré qu'il ignore tout de l'histoire de l'argot, enseignant à tort qu'« il se corrompt vite », célébrant un « argot du Temple » parlé au XVIIe s. alors que le marché du Temple s'ouvrit en 1809 ; il explique le nom de l'eau, *lance,* par les « hallebardes » de la pluie, et, panthéiste notoire, fait remonter *pantre* au grec *pan,* « tout », le *pantre* étant Monsieur Tout le monde ; il invente une douzaine de mots sans existence, mais fait de copieux et plus heureux emprunts aux *Mémoires d'un forban philosophe* (anonyme, 1829), qu'il ne cite pas.

L'argot sera désormais l'ornement obligatoire de toute prose ou poésie réaliste, naturaliste, populiste ; parmi tous ceux qui s'y sont distingués, nommons **Zola, Huysmans, Barbusse, Dabit, Carco.** Le succès des romans policiers de Peter Cheyney a suscité en France des imitateurs férus de jargon, tel Albert Simonin *(Touchez pas au grisbi).*

L'argot lyrique

Rangeons sous ce titre les pièces ou les romans dont l'auteur parle argot en son propre nom, plus exactement au nom des humbles qu'il représente. Tel est le propos de **Jean Richepin,** dont *la Chanson des gueux* (1876) aurait pu être citée déjà sous la rubrique de l'« argot secret » et de l'« argot réaliste ». Cet ancien normalien, érudit de la langue verte, sait en effet juxtaposer un pédant *Sonnet bigorne,* en « argot classique » *(Luysard estampillait six plombes/Mezigo roulait le trimard...)*, à un *Autre sonnet bigorne,* en « argot moderne », moins hermétique. Il s'identifie aux gueux, individus *(mézigo)* ou collectivités, comme ces *loupeurs* (flâneurs) en *rideau* (blouse) et en *cintième* (casquette haute comme un cinquième étage) :

Nous somm's dans c'goût-là toute eun' troupe
Des lapins droits comm' des bâtons
Avec un rideau sur la croupe
Un grimpant et des ripatons
Eun' cintièm' quand nous nous gâtons...

Sa probité artistique affranchie de préjugés bourgeois devait le conduire en prison (pour un mois) et à l'Académie française (pour l'éternité).

Jehan Rictus, qui tenait Richepin pour « un pion et un perroquet », exprima son âme dans une langue populaire où l'argot ne jouait que le rôle de « l'ail dans un gigot » :

Quand j'pass' triste et noir, gna d'quoi rire.
Faut voir rentrer les boutiquiers,
Les yeux durs, la gueule en tir'lire,
Dans leurs comptoirs comm' les banquiers

(« Impressions de promenade », dans *les Soliloques du pauvre,* 1895).

À la même époque, **Aristide Bruant** devenait célèbre (et riche) en prodiguant l'argot dans des chansons dont les héros sont pris à la pègre plutôt qu'au peuple, comme ces *Petits Joyeux :*

S'i veut ben s'laisser faire, on fait pas d'mal au pantre,
Mais quand i veut r'ssauter ou ben fair' du potin
On y fout gentiment un p'tit coup d'lingu' dans l'ventre,
Pour y apprendre à gueuler à deux heures du matin.

Du côté de la prose, au XXe siècle, un **L.-F. Céline,** moins par amour du peuple, dont il est issu, que par dégoût d'une certaine société, pimenta d'argot une élocution passionnée alliant la véhémence satirique à la prolixité débridée.

Il n'a pas manqué d'émules parmi les écrivains modernes affichant leurs attaches soit avec le peuple, soit avec la pègre. L'argot sous toutes ses formes, celui des « poilus », des ouvriers, des étudiants, des sportifs, du « milieu », des gangsters, a inondé le roman, le théâtre, le cinéma, la chanson. Mais tout abus en matière de style entraîne dévaluation, et l'argot commercialisé, et vulgarisé – si l'on peut dire – par son extension à la langue parlée de toutes les classes, a bien perdu de sa force de « choc », même quand un écrivain, pour en corser l'effet, le place dans la bouche d'une enfant (R. Queneau, *Zazie dans le métro,* 1959). Son avenir littéraire semble désormais limité.

Liste des argots spécifiques

NOUS AVONS REGROUPÉ ICI LES ARGOTS SPÉCIFIQUES à un pays ou une corporation. Dans le corps du dictionnaire ces libellés figurent à leur ordre alphabétique sur un fond grisé. Une main (☛) signale leur renvoi vers la présente liste.

bello ou **bellaud** *n.m.*
Argot des peigneurs de chanvre du Jura, recueilli à la fin du XIXe siècle.

brution *n.m.*
Argot des élèves du Prytanée militaire de La Flèche (appelés eux-mêmes *brutions*).

calaõ *n.m.*
Argot portugais moderne, peu différent du caló.

caló *n.m.*
Argot espagnol et mexicain moderne, ayant succédé à la germania. Comme le calaõ portugais, il comporte de nombreux mots gitans (le mot *calé* désigne un gitan en esp.).

cant *n.m.*
Ancien argot anglais (avant 1800).

canut *n.m.*
Argot des ouvriers lyonnais des soieries, appelés eux-mêmes *canuts,* attesté à partir du début du XIXe siècle.

coa *n.m.*
Argot du Chili.

faria *n.m.*
Argot des ramoneurs itinérants de Savoie (fin du XIXe et début du XXe siècle).

fayau *n.m.*
Argot des maçons du Puy-de-Dôme, recueilli au début du XIXe siècle (années 1800-1830).

fourbesque *n.m.*
Argot italien attesté entre 1500 et 1700.

germania *n.f.*
Argot espagnol attesté entre 1500 et 1700. Influencé par le romani, c'est un ancêtre du caló.

ghos *n.m.*
Argot de l'arabe marocain.

jargon *n.m.*
Le mot *jargon* recouvre plusieurs sens : il s'appliquait jadis, dès le XVe siècle (et peut-être avant), à un « mode de parler artificiel et secret » inventé par les malfaiteurs pour correspondre entre eux. Il exista un « jargon de la Coquille », idiolecte des célèbres bandits appelés les « Coquillards », dont le procès eut lieu en 1455 à Dijon, et avec lesquels François Villon fut probablement en relation.
Le second sens désigne un procédé d'altération du lexique courant, destiné à créer un instrument de communication confidentiel : par exemple le javanais ou le loucherbem.
Le troisième sens, qui glisse souvent vers la

péjoration, renvoie à tout code professionnel, technique ou culturel qui crée un mode d'expression considéré comme marginal par l'ensemble de la communauté parlante. C'est ainsi qu'on entend parler avec plus ou moins de condescendance du jargon des psychanalystes, des linguistes, des informaticiens, des économistes, etc. Lorsqu'un spécialiste s'adresse à un public plus large que celui des connaisseurs de son propre domaine, il feint parfois de s'excuser en glissant un « comme nous disons dans notre jargon... ».
Notons que, par un réflexe d'autodéfense, nous avons souvent tendance à considérer que ce sont les autres qui jargonnent ; or, il ne faut pas confondre le niveau de la communication courante et quotidienne, où le mot de jargon paraît hors situation, avec celui de l'échange technique entre individus participant à un même savoir restreint ou à une pratique précise et limitée dans l'aire sociale : en ce cas, il y a au contraire une recherche de précision interne et pour ainsi dire technicienne, nécessaire et pertinente, mais qui paraît obscure et pédante au profane.
Aussi Denise François-Geiger, responsable scientifique du Centre d'argotologie de l'université René Descartes (Paris), propose-t-elle de nommer *jargot* un certain type de parler spécialisé qui joue sur la perméabilité lexicale, c'est-à-dire sur la faculté, dans certains cas, pour un mot donné, d'être opaque pour certains utilisateurs de la langue, et transparent pour d'autres.
Le mot *jargon* est de provenance plus claire que le mot *argot* : il serait dérivé d'une racine onomatopéique *garg* référant au gosier et aux organes de la phonation (cf. **gargoine, gargouille, Gargantua,** etc.). Il apparaît dès 1175 au sens de « langue étrangère et inintelligible » dans *Alexandre,* œuvre de T. de Kent (d'après le TLF).

javanais *n.m.*

Le javanais est un type de jargon consistant à introduire la syllabe **-av-** ou **-va-** ou **-ag-** à la suite de chaque consonne ou groupe de consonnes prononcé(s) dans un mot, par exemple, **gravosse** (grosse), **pavute** (pute), **baveau** (beau), **chagatte** (chatte), etc. Il s'agit plus d'un amusement d'enfant ou de potache que d'un véritable code : « Il y eut un moment une telle fureur de javanais qu'on vit paraître un journal entièrement écrit dans ce langage stupide », écrivait Lucien Rigaud en 1878. Raymond Queneau nous en donna, en 1947, dans ses *Exercices de style,* un exemple fantaisiste et fort savoureux : **Deveux heuveureuves pluvus tavard jeveu leveu reveuvivis deveuvanvant lava gavare SainvingtLavazavareveu** (deux heures plus tard je le revis devant la gare Saint-Lazare).
Un autre jargon, le « cadogan », apparu vers 1896 selon Larmina et aujourd'hui désuet, consistait à insérer le groupe consonantique **-dg-** à la suite de chaque voyelle prononcée, par exemple **Jedgue ledgue padga vudgu** (je l'ai pas vu).
D'où vient cette bizarre appellation de « javanais » ? Sans doute de l'extraction de la syllabe *av* dans *j'avais,* prise comme « modèle génératif », sans exclure, bien entendu, un jeu de mots sur **javanais,** au sens suggéré de « langue lointaine, donc étrange, incompréhensible ». Esnault fait remonter ce procédé langagier à 1857 : il aurait été pratiqué par les prostituées et les voyous... Pierre Guiraud le croit originaire d'Extrême-Orient, né chez certains professionnels annamites. Mais Albert Dauzat n'en fait aucune mention dans son livre *les Argots,* publié en 1929. C'est dire que l'histoire du javanais reste à écrire...

jobelin *n.m.*

Argot français de la fin du XVe siècle. Il a été utilisé par Villon dans certaines de ses ballades.

joual *n.m.*

Argot québécois à base de français fortement contaminé par l'anglais. Il a été très utilisé par le roman et le théâtre. Le mot correspond à la prononciation locale de *cheval.*

largonji *n.m.*

Le largonji est un type de jargon qui ne remonte pas au-delà de Vidocq, et consiste à remplacer la consonne initiale – ou le groupe consonantique initial – d'un mot par un **l** et à rejeter à la fin du mot ladite consonne ou ledit groupe sous sa forme orale, par exemple **laféquès** (café), **lardeuss** (pardessus), **leudé** (deux [francs]), **laxé** (sac), **lidré** (dix [ronds]), **linspré** (prince), **linvé** (vingt [sous]), **Lochebé** (Boche), **lorgnebé** (borgne), **loubé** (bout), **en**

loucedé (en douce), **louivé** (oui, formé sur « voui »), **loupaque** (pou), **loussé** (sou). Le mot *largonji* est lui-même le résultat d'une telle transformation appliquée au mot *jargon*. Il est employé en 1881 par Jean Richepin. L'origine de ce type de jargon se trouve, selon Niceforo (*le Génie de l'argot*, 1912), dans certains parlers professionnels annamites. Il s'agit d'un code et non pas d'un lexique complet.

Comme la clé en est assez facile à découvrir, le largonji, dans la pratique réelle, a souvent été compliqué par l'adjonction de suffixes variés : **-ic, -iche, -em, -uche,** etc. Le louchébem est une application particulière du largonji.

louchébem *n.m.*

Le louchébem (ou loucherbem) est un argot pratiqué jadis par les bouchers de Paris et de Lyon, et qui est actuellement en perte de vitesse. Le mot est demeuré comme archétype de l'argot populaire : « Les argots les plus communs sont le louchébem et le javanais. Le premier, qui fut la langue courante des bouchers de la Villette et qui n'est plus employé que par les apaches, consiste à substituer un « l » à la première lettre de chaque mot, et à reporter la lettre remplacée à la fin du mot devant un suffixe qui peut être *-ème, -ji, -oc, -muche,* etc. » (Edmond Locard, *le Crime et les Criminels*). Gaston Esnault, dans son style bien à lui, y voit avec humour « le coup du père François pour le malheureux substantif, bâillonné par devant, offusqué par derrière, étripé jusqu'au cœur ». Il fait remonter l'apparition du louchébem aux années 1850. Voici quelques exemples de formes strictement louchébem : **labatem** (tabac), **laquépem** et **laq'çonpem** (paquet), **larantequem** ([pièce de] quarante [sous]), **larq'bem** (quart [pour boire]), **latrequem** (quatre), **lerchem** (cher), **linguem** (lingue [couteau]), **lonbem** (bon), **lounèmes** (nous), **louivème** (oui), **loussem** (sous), **luctrème** (truc).

lunfardo *n.m.*

Argot des quartiers populaires de Buenos Aires (Argentine). Il est lié à la chanson populaire et au tango.

ménédigne *n.m.*

Argot de Savoie, attesté au début du XXe siècle.

mormé *n.m.*

Argot des fondeurs de cloches, à base des dialectes picard et lorrain (XVIIe et XVIIIe siècles).

mourmé *n.m.*

Argot des tailleurs de pierre de la vallée de Samoëns (Haute-Savoie), recueilli vers 1900.

poissard *n.m.*

Le poissard est un style populaire et réaliste, qui a été illustré principalement, à partir du milieu du XVIIIe siècle, par des auteurs comme Boudin, Dancourt, Dufrény, Lécluse, Vadé. Il comprend des éléments lexicaux anciens, souvent proches de l'argot, mais s'en distingue en ce qu'il a produit toute une littérature satirique et pamphlétaire, qui a été analysée par Charles Nisard en 1872, dans son *Étude sur le langage populaire de Paris et de sa banlieue.* D'autre part, il a un caractère plus rural et « gueulard » que citadin et « délictueux ».

Le mot *poissard* signifiait « voleur », dès 1531, car il est issu de *poix* : les voleurs ont en quelque sorte des « mains qui collent ». On a fait au XIXe siècle une confusion avec le radical de *poisson :* c'est ainsi que les poissardes, femmes du peuple au langage grossier, ont été assimilées aux marchandes de poissons de la Halle, aux « harengères ».

rochois *n.m.*

Argot breton des maçons de La Roche-Derrien (Côtes-d'Armor), recueilli en 1886.

romani *n.m.*

Langue parlée par les Gitans (ou Tsiganes). Utilisé comme langue secrète, le romani a imprégné plusieurs argots dans des pays européens.

rotwelsch *n.m.*

Ancien argot allemand, attesté à partir du XVIe siècle.

slang *n.m.*

Nom donné à l'argot dans les pays anglo-saxons (Grande-Bretagne, États-Unis, Australie, etc.). Le slang américain a fourni de nombreux mots à l'argot français.

terratsu ou **terrachu** *n.m.*

Argot des maçons itinérants de Savoie et du canton de Vaud (Suisse), attesté à la fin du XIXe siècle.

verlan *n.m.*
Le verlan est un type de transformation verbale argotique consistant à inverser l'ordre des syllabes, parfois des phonèmes, parfois de segments plus longs, dans un mot : J'ai introduit le « verlen » en littérature dans le *Rififi chez les hommes,* en 1954. « Verlen » avec un « e » comme « envers » et pas « verlan » avec un « a » comme ils l'écrivent tous... Le verlen, c'est nous qui l'avons créé avec Jeannot du Chapiteau, vers 1940-41, le grand Toulousain, et un tas d'autres (Auguste Le Breton, in *le Monde,* 9 décembre 1985).
Voici quelques exemples de formes attestées en verlan : **euf** (feu), **teuf** (fête), **yèch** (chier), **bata** (tabac), **bléca** (câblé), **Lontou** (Toulon), **barjot** (jobard), **drepou** (poudre), **féca** (café), **képa** (paquet), **narpi** (pinard), **ripou** (pourri), **tarpé** (pétard), **tromé** (métro), **zarbi** (bizarre), **zicmu** (musique), **zomblou** (blouson). Les formes trisyllabiques sont plus rares : **tecrodzen** (crotte de nez), **zetoupar** et **touzepar** (partouze).
On remarque que le verlan :
1) tend à simplifier l'orthographe : **qu** devient **k** ; **s** devant voyelle ou entre voyelles devient **z** ; les lettres muettes sont souvent supprimées (mais les finales en **-ot** ne sont pas rares) ;
2) procède à des altérations et suppressions vocaliques ou consonantiques importantes, surtout dans le cas des monosyllabes : **beur** (arabe) ; **cheug** (gauche) ; **keuf** (flic) ; **keum** (mec) ; **meuf** (femme) ; **yocs** (couilles), **tosh** (shit), etc. ;
3) traite séparément les éléments d'un mot complexe : **chelaoim** (lâche-moi) ; *lâche* devient **chela** et *moi* devient **oim** ;
4) n'opère pas nécessairement sur la totalité de l'expression ; l'exemple le plus connu est **laisse-béton** (Renaud), dans lequel seul le second mot, *tomber,* est verlanisé ;
5) peut fonctionner au second degré : **beur** vient de **reubeu,** qui procède lui-même du mot *arabe.*
Le verlan porte sur des mots relativement « pleins », et ne concerne pas les mots longs (même difficulté que pour le louchébem).
Le phénomène d'inversion, dans le domaine de la langue, dépasse largement le verlan : sans parler des cas de dyslexie, on rappellera la transformation du vieux mot *formage* en *fromage* et les « bourdes » réputées populaires telles que *spychologue* pour *psychologue, infractus* pour *infarctus,* etc.
Notons aussi que mainte personne « cultivée » dira [brɛtʃ] pour Brecht, [lits] pour Liszt, [mastritʃ] pour Maastricht, etc. Le verlan présente au moins l'avantage, quant à lui, d'être voulu et perçu comme une manipulation ludique consciente.
Le mot *verlan* résulte de la métathèse de *(à) l'envers ;* il est écrit **vers-l'en** par Esnault, et daté de 1953, mais certainement plus ancien, quoi qu'en dise Le Breton : cf. **Bonbour** pour Bourbon (1585), **Sequinzouil** pour Louis XV (vers 1760), **Sispi** pour Pie VI (chez Louvet de Couvray, en 1791), etc.

Glossaire terminologique

Nous avons, dans cet ouvrage, réduit l'emploi du « jargon » au minimum. Il nous a cependant paru utile de conserver, dans la partie étymologique de chaque article, certains termes de rhétorique et de linguistique dont nous rappelons ici brièvement le sens.

abrègement
Réduction d'un groupe de mots ou d'un mot composé sans suppression à l'intérieur d'un élément simple, par ex. **y a pas** pour **y a pas à tortiller...** ; **quand est-ce** pour **quand est-ce que tu paies à boire** ; **passe** pour **passe-partout.**

allitération
Retour expressif de sons identiques, au début de mots qui se suivent, par ex. **faut le faire, dur de dur, faux frère, pauvre pomme.**

antiphrase
Emploi d'un mot avec un sens contraire à celui qu'il possède habituellement, dans un but d'euphémisme ou, plus souvent en argot, d'ironie ou de dérision, par ex. **joyeux** pour **soldat des bataillons disciplinaires.**

antonomase
Remplacement d'un nom commun par un nom propre, ou l'inverse, par ex. un **Thomas** pour un **pot de chambre,** un **Alphonse** pour un **proxénète** ou **Charles le Chauve** désignant le **pénis.**

aphérèse
Suppression de syllabe(s) au début d'un mot, par ex. **gnouf** pour **bignouf** ; **pingler** pour **épingler** ; **pitaine** pour **capitaine** ; **sifflard** pour **sauciflard** ; **Topol** pour **Sébastopol.**

apocope
Suppression de syllabe(s) à la fin d'un mot, par ex. **distribe** pour **distribution** ; **o(i)gne** pour **o(i)gnon** ou **o(i)gnard** ; **bourge** pour **bourgeois** ; **Sébasto** pour **Sébastopol** ; **vape** pour **vapeur.**

apostrophe (en)
Se dit d'un mot employé exclusivement pour s'adresser à qqn, le héler (souvent de façon péjorative), par ex. **Salut, l'ancêtre !** (ne pas confondre avec l'**apposition : le macaque, ancêtre du mec...**).

calembour
Jeu de mots fondé sur la différence de sens entre des mots qui se prononcent de la même manière, par ex. le **cloporte** (= concierge) est « celui qui clôt la porte », un **lancelot** (= pompier) est « un homme qui lance de l'eau ».

dénominal
Verbe formé sur un substantif, par exemple **beurrer,** sur **beurre** ; **fayoter,** sur **fayot** ; **gueuletonner,** sur **gueuleton** ; **poirer,** sur **poire.**

déverbal
Nom issu d'un verbe par réduction, par ex. **arnaque,** de **arnaquer ; baise,** de **baiser ; bouffe,** de **bouffer ; déprime,** de **déprimer.**

diérèse
Articulation de deux voyelles bien détachées, en hiatus, par ex. **crapahuter,** à partir de **crapaud ; épaüle** sur **épaule.**

étymon
Forme dont on fait dériver l'étymologie d'un mot. Dans la partie ETYM. de cet ouvrage, l'étymon est écrit en caractères romains gras.

euphémisme
Atténuation de l'expression de certaines idées ou de certains faits jugés déplaisants ou choquants, par ex. le **petit capital** désignant « la virginité d'une femme », le **casse-croûte,** « la prostituée de bon rapport pour son souteneur ».

factitif
Se dit d'une forme verbale ou adjectivale qui implique que le sujet ne fait pas l'action lui-même mais la fait faire, par ex. **chiant** signifiant « qui fait chier » et non « qui chie ».

fonction poétique
Selon le linguiste Roman Jakobson, effet d'insistance sur le message, produit par le retour de sons ou de mots phonétiquement proches ou identiques, par ex. **C'est là que les Athéniens s'atteignirent ; O.A.S. SS ; cool, Raoul ; à l'aise, Blaise ; un peu, mon neveu ; tu l'as dit, bouffi.**

homéotéleute
Retour des mêmes sons à la fin de mots qui se suivent, par ex. **Buvard, bavard** (Hugo) ; **imbécile de Vizille ; gros cochon de Briançon** (comptine).

hyperbole
Exagération dans l'expression d'une idée ou d'un sentiment. L'hyperbole s'oppose à la litote.

hypocoristique
Se dit d'un mot employé avec une intention caressante, affectueuse à l'égard du destinataire, par ex. **chou, lapin** dans **mon petit chou, mon lapin.**

litote
Affaiblissement de l'expression d'une idée ou d'un sentiment, de manière à laisser entendre plus qu'on ne dit, par ex. **pas dégueu** signifiant « excellent, remarquable ».

métaphore
Comparaison « immédiate », qui s'opère sans mots du type **comme, ainsi que, de même que,** etc., et qui repose sur une relation de similarité entre un objet, une personne figurant dans la réalité décrite avec un autre objet, une autre personne qui n'y figure pas, et dont on utilise le nom, par ex. **une carrée,** « une chambre » ; **un domino,** « une dent » (analogie de forme) ; **les montgolfières,** « les seins » ; **les olives,** « les testicules » (analogie de volume) ; **une chandelle,** « une prostituée » ; **les brancards,** « les jambes » (analogie de position) ; **étagère à mégots,** « oreille » (analogie de fonction).

métathèse
Interversion (de lettres ou de sons), par ex. **sifelle** pour **ficelle ;** le verlan est un cas de métathèse syllabique.

métonymie
Désignation d'un objet ou d'une personne par un mot entretenant avec lui diverses relations : la partie pour le tout : **gilette** (= lame) pour **guillotine ;** l'instrument pour l'individu : **une gâchette** (= un bon tireur) ; le contenant pour le contenu : **boire un glass ;** la matière pour l'objet : **une ardoise** (= urinoir).

mot-valise
Mot formé par l'amalgame de la partie initiale d'un mot et de la partie finale d'un autre mot, par ex. **beaujolpif** constitué de **beaujolais** et de **olpif** (= excellent), ou **se carapater** formé de **se carrer** (= se cacher) et de **patte** (= jambe).

onomatopée
Mot qui, par sa structure sonore, est censé imiter, reproduire un bruit réel, par ex. (envoyer) **dinguer, scratcher, claquer, tchik-tchik, zinzin.**

polysémique
Se dit d'un mot qui a plusieurs sens, par ex. **coup, feu, jus.**

resuffixation
Ajout d'un suffixe après apocope d'un mot, par ex. **calbard, calcif** pour **caleçon, espadoches** pour **espadrilles, Amerloques** pour **Américains.**

synecdoque
Variété de métonymie consistant à élargir ou à restreindre le contenu sémantique d'un mot, par ex. **téter** pour **boire (de l'alcool), tige** pour **cigarette.**

troncation
Procédé d'abrègement d'un mot par aphérèse ou par apocope.

Abréviations et signes conventionnels

absol.	absolument
adj.	adjectif, adjectival, adjectivement
adj. num.	adjectif numéral
adv.	adverbial, adverbialement
all.	allemand
anc.	ancien, anciennement
anc. fr.	ancien français
angl.	anglais
arg.	argot, argotique
art.	article
auj.	aujourd'hui
av.	avant
c.-à-d.	c'est-à-dire
cf.	confer
class.	classique
compl.	complément
conj.	conjonction, conjonctif
contr.	contraire
dém.	démonstratif
dér.	dérivé
dial.	dialectal
dict.	dictionnaire
dimin.	diminutif
esp.	espagnol
étym.	étymologie
ext. (par)	par extension
f., fém.	féminin
fam.	familier
fig.	figuré
génér.	généralement
id.	idem
interj.	interjection
intr.	intransitif
inv.	invariable
ital.	italien
lat.	latin
loc.	locution
m., masc.	masculin
mil.	milieu
mod.	moderne
n.	nom
n.pr.	nom propre
par ex.	par exemple
partic. (en)	en particulier
p.-ê.	peut-être
péj.	péjoratif, péjorativement
pl.	pluriel
plais.	par plaisanterie
pop.	populaire
préf.	préfixe
pron.	pronom, pronominal
pron. pers.	pronom personnel
pron. indéf.	pronom indéfini
prov.	provençal
qqch	quelque chose
qqn	quelqu'un
s.	siècle
simpl.	simplement
sing.	singulier
spéc.	spécialement
subst.	substantif, substantivement
suff.	suffixe
syn.	synonyme
trad.	traduit, traduction de
v.	voir
var.	variante
v.i.	verbe intransitif
v.impers.	verbe impersonnel
vol.	volume
v.pr.	verbe pronominal
v.t.	verbe transitif
v.t. ind.	verbe transitif indirect
vx	vieux
→	se reporter à
ETYM.	étymologie
VAR.	variante(s)
DER.	dérivé(s)
SYN.	synonyme(s)

Présentation du dictionnaire

STRUCTURE DES ARTICLES

boussole *n.f.*

1. Tête : *Bistrouille se confond d'admiration pour Gringalet : – Ce que tu as n'une boussole, tout de même !* (Bibi-Tapin). **Perdre la boussole,** devenir fou. **2.** Vx. Pommeau de canne : *Pomme la soutenante, elle a une boussole d'orient* (Ansiaume).

ETYM. analogie de forme et, au sens 1, idée d'orientation, d'équilibre. **1.** 1808 [d'Hautel]. **2.** 1821 [Ansiaume].

une définition pour chaque sens

chaque niveau d'emploi est spécifié

baver *v.i.*

1. Parler : *Tu fermes ta gueule, hein ? Sinon, tu sais ce qui t'arrivera ! Va pas baver à qui que ce soit !* (Monsour). **Baver sur qqn, sur la rondelle, les couilles, les rouleaux de qqn,** dire du mal de lui : *Après avoir bavé sur une vingtaine de directeurs et d'artistes, il a fini par me demander si je ne pouvais pas le recommander au directeur de l'Olympia* (Barnais, 1). *Nous bavent sur les rouleaux, tes poulets, fit Carlu, décidément fermé à la science augurale* (J. Perret, 1). **2. Baver des clignots,** pleurer. ◆ *v.t.* Dire (des choses peu agréables à entendre) : *Il ne pense pas un traître mot de ce qu'il me dégoise, sa gueule de jésuite le prouve. Je n'écoute plus ce qu'il bave* (Le Dano).

expression liée au sens du mot, suivie de sa définition

citation d'auteur : le numéro permet de distinguer ses différentes œuvres, répertoriées dans la partie « Bibliographie »

dégroupement des sens du mot selon la catégorie grammaticale

noille, noïe, noye [nɔj] ou **neuille** *n.f.*

Nuit : *Fréhel crèche chez une copine du côté de Montmartre. Mais pour la noille on lui a découvert une piaule dans le secteur* (Yonnet). *Y avait des crouïas qui, pendant la noïe, venaient faucher des matériaux* (Grancher). *Tu m'as tiré du paje à trois plombes de la noye* (Malet, 8). *Les copains de la neuille / Les frangins de la « night » / Ceux qu'ont l'portefeuille / Plus ou moins « all right »* (Ferré). SYN. sorgue.

ETYM. formes dialectales de **nuit.** *noille* et *noïe* 1901 [Bruant] ; *noye* 1947, Malet ; *neuille* 1889 [Esnault].

variantes graphiques fréquentes d'un mot, attestées par les citations

prononciation du mot indiquée quand nécessaire

synonyme argotique du mot

LES RUBRIQUES
étymologie, variante, dérivé

chialer *v.i.*

1. Vx. Aboyer. **2.** Pleurer, geindre : *La mère, à présent, hoquetait de larmes. – Chiale pas ! Tu ferais mieux de tremper la soupe* (Fallet, 1).

ETYM. du moyen fr. **chiau,** petit chien, et de verbes dialectaux d'origine onomatopéique **(tschûler,** par ex.). **1.** 1844 [Dict. complet]. **2.** 1847 [Dict. nain].

VAR. **chiailler :** 1878 [Rigaud].

rubrique « étymologie » : donne l'origine et la datation de chaque sens du mot

rubrique « variante » : présente une ou des variante(s) graphique(s) moins courante(s) que le mot lui-même

adja *n.*

(Se) faire l'adja, mettre les adjas, se tirer des adjas, partir rapidement, s'enfuir : *Le Maltais avait alors sifflé son râpeux, casqué, et par la lourde de la rue de Belleville, fait l'adja* (Simonin, 1). *On vide en vitesse nos glass : des petits kirs au rouge, et on met les adjas du troquet* (Siniac, 1). *Je lui exposai ma tactique pour coincer les affreux et se tirer des adjas* (ADG, 7).

ETYM. du romani **dja,** va ! Nombreuses variantes, de *faire la jaja* (1879) à *mettre les adjas* (1935, Simonin-Bazin) qui seul est resté vivant, en passant par *dja, nadja, adjis,* etc. [Esnault] ; **se faire l'adja,** 1901 [Bruant].

DER. **s'atjaver** *v.pr.* S'enfuir : 1975 [Le Breton].

rubrique « dérivé » : présente un ou des dérivé(s) du mot d'entrée

définition du dérivé

argougner *v.t.*

Attraper, saisir : *Si jamais je parviens à l'argougner* [mon arquebuse], *mon petit Alex joli, tu vas arriver aux champs des allongés avant moi* (Tachet).

ETYM. du bressan **arguigner,** piquer, attaquer. 1930 [Esnault]. Est en désuétude, selon Le Breton (1960).

VAR. **argouigner :** 1941 [Esnault]. **argouiner :** 1953 [id.].

DER. **argougnage** *n.m.* Maraude, chapardage : 1982, ADG.

première attestation écrite du mot, de la variante ou du dérivé

la source est un ouvrage de référence (voir, en fin de volume, la liste des *Documents lexicographiques*)

famille *n.f.*

Des familles, banal, sans prétention : *Guérin filme un biologiste branchant son savoir sur la tête d'un ouistiti des familles qui, normal, le paie en monnaie de singe* (*Libération,* 19 mai 1982). *Il charge, je lui fignole une planchette japonaise des familles* (Bauman).

ETYM. emploi plaisant du mot usuel. 1942, Meckert.

la source est un auteur utilisant l'argot (voir, en fin de volume, la liste des *Auteurs et ouvrages cités*)

grave *adv.*

Fortement, sévèrement : *Les parents, au premier trimestre, nous ont alignés grave. C'était la Troisième Guerre punique à la maison* (Pouy, 3).

ETYM. emploi adv. de l'adj. (→ FACILE). 1989 [Merle].

ce même type d'emploi est traité dans un autre article

☞ **louchébem**
→ Liste des argots spécifiques *page [33].*

article développé en début d'ouvrage, dans la *Liste des argots spécifiques*

[-ouse, -ouze]

suffixes servant à former de nombreux substantifs arg. ou pop., souvent péjoratifs : **bagouse, barbouze, centrouse, fellouze, fouillouse, galtouse, garouse, partouze, perlouse, piquouse, tantouze,** etc.

suffixe argotique

exemples de la créativité de ce suffixe dans la langue

STRUCTURE DU LEXIQUE FRANÇAIS – ARGOT

boisson *n.f.* *[alcoolique]* boujaron, bourgeron, carburant, casse-pattes *ou* casse-poitrine, coco, coupe-la-soif, gobelette *ou* gobette, gorgeon, mickey, paf(f), parfait amour, picole, pictage, pictance *ou* pictanche, rince-cochon, schnoupance, tafia *ou* tahu, tisane. *[agréable au palais]* le Bon Dieu *ou* le petit Jésus en culotte de velours. *[de mauvaise qualité]* bibine, bistrouille, lavasse, pisse *ou* pissat d'âne, vitriol. *[anis et grenadine]* tomate. *[anis et menthe]* chasseur, perroquet. *[anis, menthe et grenadine]* feuille morte. *[bière et grenadine]* tango. *[bière et menthe]* valse. *[bière, Picon et grenadine]* cercueil. *[mesure d'eau-de-vie à quatre sous]* monsieur.

équivalents argotiques du mot d'entrée, classés par ordre alphabétique et par sens

expressions correspondantes

souci *n.m.* ▸ **se faire du souci** avoir le chou farci, se faire du mouron, se faire vieux, se flinguer. ▸ **ne pas se faire de souci** faire roue libre *ou* se mettre en roue libre. ▸ **ne te fais pas de souci !** t'inquiète !

expression formée sur le mot d'entrée et suivie de ses équivalents argotiques

formidable *adj.* canon, dément, d'enfer, du tonnerre (de Dieu), extra, formid(e), foutral, fumant, géant, gégène, giga, sens *ou* sensass, super, trans' *ou* transpoil. ▸ **c'est formidable** c'est Byzance. → *aussi* EXCELLENT, REMARQUABLE.

enrichissement par des renvois vers d'autres articles

Eiffel (la tour) la tour Cifelle.

Paris Panam(e), Pantin, Pantruche.

équivalent(s) argotique(s) d'un nom propre

’ forme de l’apostrophe

abattage *n.m.*

1. En parlant d’une prostituée, recherche et traitement d’une clientèle nombreuse : *Pourquoi t’es pas restée ? T’étais pas bien là-bas ? – L’abattage. Rien que des Arabes. Douze cents en un mois* (Cordelier). **Maison** ou **taule d’abattage,** maison close où la quantité de clients traités rend douteuse la qualité du service : *La rue de Fourcy célèbre pour son « Panier fleuri », une maison d’abattage qui a cédé la place à une clinique de consultations prénatales* (Malet, 2). *Officiaient, dans ces taules d’abattage, des gravosses qui avaient déjà dû se taper en série les petits marsouins de la Coloniale* (Boudard, 2). **2.** Action d’abattre son jeu, d’où avantage au jeu (baccara, billard, etc.) : *Onze ! gueula Molina. T’as affuré, Frigo ? Six abattages de suite... J’ai rarement vu ça !* (Le Breton, 6).

ETYM. de **abattre. 1.** 1928 [Esnault]. **2.** 1872, Dormoy [Littré].

DER. **abatteur** *n.m.* **Abatteur de pègres**, juge : 1899 [Nouguier].

abatteuse *n.f.*

Prostituée à haut rendement : *Des vraies abatteuses, mais pas des gisquettes de classe !... Riton, c’était ça son faible, croyez-moi, il a toujours mal choisi ses femmes* (Simonin, 3).

ETYM. du sens 1 de **abattage.** 1953 [Simonin].

abattis ou **abatis** *n.m. (surtout au pl.)*

Membre du corps (bras, jambe, patte) : *Ce petit homme au regard clair, au nez ouvert, à la face blême, aux abatis – pardonnez-moi ce terme cru – un peu communs, est un citoyen auquel il ne fait pas bon se frotter* (Boussenard). *Les sacrées cocottes* [des autruches] *gagnent toujours d’une longueur... ça vous a des abatis !* (Villars). **Numéroter ses abattis,** se préparer à recevoir une correction (se dit ironiquement à un adversaire juste avant une rixe) : *Ils se fourrent, primo, le doigt dans l’œil jusqu’à l’épaule, se préparent, deuxio, des lendemains inconfortables et ont intérêt, tertio, à numéroter leurs abattis* (Faizant).

ETYM. de **abattre.** 1808 [d’Hautel]. **Numéroter ses abattis**, 1880, *la Caricature* [Rigaud], d’abord *numéroter ses membres*, 1802, Henrion et Servière [DDL 19], *ses os*, 1832, V. Benoist [DDL 32]. Est passé auj. dans l’usage fam.

abattoir *n.m.*

Vx. **1.** Guillotine. **2.** Désigne divers lieux où la santé, la liberté ou la vie sont menacées (lieu de travail pénible, tribunal, cachot, etc.) : *Sais-tu, ajoutait Agricol, sais-tu ce qu’ils disent lorsqu’ils partent pour ces ateliers meurtriers ?* Nous allons à l’abattoir ! (Sue, 2). *Je sais pas trop ce qu’Angelo aurait dit, si j’avais laissé faire, en voyant sa taule transformée en abattoir* (Simonin, 2).

ETYM. de **abattre. 1.** 1847 [Dict. nain]. **2.** 1844, Sue, 2.

abbaye *n.f.*

Vx. **1. Abbaye de Monte-à-Regret, de Monte-à-Rebours, de Saint-Pierre** ou simpl. **abbaye,** échafaud, guillotine : *Oh ! Je connais mon affaire, dit Soufflard à l’agent, l’abbaye de Monte-à-Regret, voilà mon lot, mais ça ne m’ôte pas l’appétit, à preuve !*

(Guéroult). *Ce sont ces cinq dalles qu'en style d'argot, les prisonniers appellent l'abbaye de Cinq-Pierres* (abbé Moreau). *Je l'entends au cours d'une discussion affirmer qu'il n'était pas assez « blanc » pour prendre part à certaine entreprise qui les obligerait tous à « monter à l'abbaye »* (Carco, 1). **2. Abbaye des s'offre-à-tous,** maison close. **3. Abbaye ruffante,** four chaud: *Quand il faisoit froid, nous peaussions dans l'abbaye ruffante, c'est dans le four chaud, ou l'on a tiré le pain n'agueres* (Péchon de Ruby).

ETYM. de **abbaye** suivi d'un compl. ironique : *Saint-Pierre* est un jeu de mots, la guillotine étant placée sur cinq pierres, devant la Roquette. **1.** 1628 [Chéreau]. **Abbaye de Monte-à-Rebours,** 1836 [Vidocq]; **abbaye de Saint-Pierre,** 1881 [Rigaud]. **2.** 1866 [Delvau]. **3.** 1596, Péchon de Ruby.

abeille *n.f.*

Avoir les abeilles, être énervé: *Les branchements électriques n'étaient pas conformes. Les sièges n'étaient pas correctement alignés. On commençait gentiment à avoir les abeilles* (Roubaudi).

ETYM. image de l'énervement causé par ce genre d'insectes. 1996 [Merle].

abloquer ou **abloquir** *v.t.*

Vx. **1.** Acheter: *La thune n'est point si chenastre que je peusse trouver du michon pour en abloquir* [des poules] (Responce au grand Coesre). **2.** Vendre: *Ils achèteraient pour rien aux squaws natchez des soies tissées qu'ils abloquiraient à prix d'or aux agents de la Compagnie* (Burnat).

ETYM. de **ablo(c),** cale pour soutenir et, au fig., somme qui parfait un compte (normandisme, d'après Esnault), ou de **blot,** prix, marché [Sainéan]. **1.** 1628 [Chéreau]. **2.** 1821 [Ansiaume].

DÉR. **abloquisseur, euse** *n.* **1.** Acheteur : 1836 [Vidocq]. **2.** Revendeur: [id.].

abordage *n.m.*

Vol à l'abordage, vol commis rapidement par le malfaiteur qui arrache l'objet convoité et s'enfuit : *Certains de ces objets proviendraient de cambriolages, d'autres de vols à l'abordage ou à la roulotte* (*Libération*, 23 novembre 1985).

ETYM. emploi spécialisé du terme de marine. 1847 [Dict. nain].

abouler *v.t.*

1. Donner, apporter : *Sacco agita nerveusement son pistolet: «Allez! allez, aboulez le fric»* (Varoux). **2. Abouler sa graisse, sa viande** ou simpl. **abouler,** venir, arriver.

◆ **s'abouler** *v.pr.*

Arriver, venir: *Au bout d'une petite heure, le gars s'aboula avec un litre neuf, me considéra un instant, puis me fit entrer chez lui* (Clébert).

ETYM. du préf. **a-** et du mot dial. **bouler,** rouler. **1.** 1790, *le Rat du Châtelet*. **2.** 1889, Jouy [Cellard-Rey]; simpl. **abouler,** 1835, Lacenaire. ◆ *v.pr.* 1863 [Esnault].

DÉR. **aboulage acré** *n.m.* Arg. anc. Abondance: 1836 [Vidocq].

aboyeur *n.m.*

1. Crieur chargé d'attirer le client (vente de journaux, spectacles, champs de courses, etc.) : *Dans la salle du fond se réunissent les crieurs... ou plutôt les aboyeurs, distributeurs de journaux, qui hurlent sur tous les tons les nouvelles à sensation* (Macé). **2.** Détenu chargé d'appeler les prisonniers demandés au parloir : *Le prisonnier aboyeur lance un nom sur le préau* (Joigneaux). **3.** Vx. Pistolet: *Si les flics nous emmouscaillent, nous sommes parés, ils seront reçus à coups d'aboyeur* (Nouguier).

ETYM. de **aboyer** au sens fig. **1.** 1781, Mercier [Esnault]. **2.** 1797 [DDL 28]. **3.** 1844 [Esnault].

[-abre]

suffixe productif d'adjectifs et parfois de noms (plus ou moins dépréciatif): **jeunabre, seulabre, Toulabre,** etc.

abreuver *v.t.*

Abreuver son cochon, s'enivrer.

ETYM. loc. imagée. 1894 [Virmaître].

abreuvoir *n.m.*

Vx. **1.** Cabaret. **2. Abreuvoir à mouches,** blessure superficielle et sanguinolente : *Je peux vous faire avec mon poignard un abreuvoir à mouches par le travers de la figure si vous y tenez* (Burnat).

ETYM. emplois métaphoriques du mot usuel. **1.** 1866 [Delvau]. **2.** 1584, Tournebu [Doillon].

abricot *n.m.*

Vulve : *« Voilà », je lui fais, avec un sourire à lui mettre l'abricot en folie, «faut se quitter là»* (Bastiani, 4).

ETYM. emploi métaphorique du mot usuel. XVIIe s., sous la forme composée *abricot fendu* [Cellard-Rey].

académicien *n.m.*
Cornichon (condiment) : *Au zinc d'un bistrot des abords de la gare, je me tapai un second sandwich, avec des académiciens, celui-là* (Malet, 11).
ETYM. jeu métonymique sur la couleur verte de l'habit et le sens péj. 1956, Malet.

accent *n.m.*
Vx. Avertissement. **Faire l'accent,** avertir : *La largue est franche, elle nous fera l'accent* (Ansiaume).
ETYM. de l'anc. fr. **assens,** avis, indication (XIIe s.). 1821 [Ansiaume].

accolade *n.f.*
Vx. Supplice infligé à un détenu par ses congénères, et consistant à l'étouffer collectivement jusqu'à la mort : *L'accolade, c'est le supplice en grand du brisement des os et des chairs, imaginé jadis par l'inquisition : seulement, au pénitencier, les instruments de torture sont des hommes. Le flot humain de ses bourreaux presse de tous côtés le corps englouti* (Claude).
ETYM. emploi cruellement métaphorique et antiphrastique du mot usuel. 1880, Claude.

accordéon *n.m.*
Casier judiciaire chargé.
ETYM. emploi métaphorique du mot usuel. 1975 [Arnal].

accoucher *v.i.*
Se décider à parler, dire ce qu'on ne voulait pas ou n'osait pas dire : *Ça va, dis-je brutalement. Rengaine tes mots d'auteur, je n'entends que ça depuis deux jours. Et accouche !* (Averlant).
ETYM. emploi métaphorique du verbe usuel. 1808 [d'Hautel]. Est passé dans l'usage fam. courant.

accro *adj. et n.*
1. Qui est en état de dépendance à l'égard d'une drogue : *Mado m'avait apporté à l'hosto du Chivas afin de remplacer le Dolosal qu'on m'avait supprimé pour que je devienne pas accro* (Francos). *Les cafés américains des Halles surveillent leurs chiottes où les accros se shootent* (*Actuel*, décembre 1980). **2.** Qui est passionné par qqch, qui s'y adonne ordinairement et ne peut s'en passer : *Les accros du jazz, les viciés du blues et les en manque de salsa ont hurlé à la mort quand* La Chapelle des Lombards *a fermé ses portes* (*Libération*, 23 décembre 1980).
ETYM. apocope de **accroché** avec influence de l'américain **hooked,** même sens. **1.** 1980, *Actuel*. **2.** 1979 [George].

accrocher *v.t.*
1. Inscrire sur une ardoise, comme débiteur : *L'allusion à l'ardoise, elle est trop réelle : de plus d'un sac, il est accroché* (Simonin, 8). **2.** Retenir après une rafle de police ; arrêter : *Tu sais que j'suis dans la merde, je vais rester accrochée... – Quoi accrochée ? – J'suis mineure. On va me garder à Saint-Lago* (Cordelier).
◆ **s'accrocher** *v.pr.*
1. Faire de gros efforts, dans un but précis : *C'est qu'il faut s'accrocher, dans ce métier !* (Varoux). **Accroche-toi, Jeannot !,** se dit pour encourager ironiquement qqn qui s'est lancé dans une entreprise difficile. **Tu peux t'accrocher,** tu n'as aucune chance de réussir : *Soixante places, tu peux t'accrocher avec ça. T'as plus qu'à attendre qu'une mémé clamse pour prendre sa place* (Porquet). **Tu peux (toujours) te l'accrocher,** tu ferais mieux d'y renoncer : *La patronne qui me laisse entrevoir une palanquée de trésors avec un air de dire : « Tu peux te l'accrocher, mon mignon, c'est pas du mouron pour ton serin »* (Tachet). *Ils peuvent toujours se l'accrocher, ils n'auront pas ma dépouille* (G. Arnaud). *Maintenant, toi, tu vas me dire où tu dors. – Sûrement, Do. Tu peux te les accrocher en sautoir* (Granotier). **2.** S'intoxiquer avec une drogue dure : *Après, à quatorze ans, je me suis accroché à l'héroïne* (*Libération*, 7 août 1985).
ETYM. emploi métaphorique. **1.** 1899 [Virmaître]. **2.** 1949 [id.].
◆ *v.pr.* **1.** 1903 [DDL 9] (image du cycliste qui peine et essaie de ne pas se laisser distancer par le peloton). **Se l'accrocher,** 1907 [Chautard]. **2.** 1985, *Libération*.

accus *n.m.pl.*
Recharger les ou **ses accus.** ***a.*** reprendre une consommation ; ***b.*** refaire ses forces, se restaurer.
ETYM. emploi métaphorique. ***a.*** 1957 [Sandry-Carrère] ; ***b.*** 1962 [DDL 23]. Est passé dans la langue familière.

achar (d') *loc. adv.*

1. Avec acharnement. **2. D'achar et d'autor** ou, plus rarement, **de rif,** en insistant vigoureusement : *Pourvu qu'on chine le ministère [...] / Et qu'on parle de fout' tout par terre, / J'applaudis d'achar et d'autor* (Bruant). *Quand les journalisses sont arrivés* [en attente de l'exécution capitale], *j'suis descendu* [de mon arbre] *et je suis resté d'autor et d'achar avec eux* (Méténier).

ETYM. apocope de **acharnement. 1.** 1844 [Vidocq]. **2.** en combinaison avec **d'autor,** formé identiquement à partir de **autorité,** 1901 [Bruant], mais sûrement antérieur, car l'ordre inverse *d'autor et d'achar* est attesté dès 1830 [DDL 19].

achille *n.m.*

Couteau : *Je lui ai répondu par le coup de Barcelone ; je lui ai flanqué Achille dans les boyaux* (Londres).

ETYM. origine inconnue. 1922 [Esnault].

acide *n.m.*

Drogue hallucinogène couramment appelée LSD : *Maintenant, c'est fini, on fume un peu d'herbe, c'est tout. Mais l'année dernière il y avait de tout, de l'acide et même de l'héroïne* (Cardinal).

ETYM. emploi métaphorique emprunté à l'angl. vers 1966 [Gilbert].

DER. **acid-party** *n.f.* Réunion où l'on consomme du LSD : [id.].

acré ou **acrais** *interj.*

Attention, alerte (invite au silence ou à la prudence devant un danger) : *Frédo a choisi ce moment pour me tomber dessus. « Acré, Dédé ! » a crié Gina* (Malet, 1). *Mais Elle, entendant mon galop, / s'arr' tourn', voit qui qu'c'est, et a dit : / « Acrais ! c'est Julien mon mari ! »* (Rictus).

ETYM. aphérèse probable de **sacré,** à valeur euphémique. D'abord adj. au sens de « fort », 1836 [Vidocq] ; peut-être lié à **acrée,** méfiance, 1866 [Delvau]. 1878 [Rigaud], avec influence probable de **cri,** danger.

addict *adj. inv.*

Qui s'adonne passionnément à : *Ce n'était pas la fille des rues, paumée, addict de base, au bord du gouffre* (Pouy, 3). SYN. accro.

ETYM. mot angl., « intoxiqué, fanatique ». 1986 [Merle].

adios *interj.*

Adieu : *Mes ancêtres juifs qui, paraît-il, il y a cinq cents ans environ, avaient eu trois mois pour se convertir, ou alors, adios, il fallait qu'ils quittent l'Espagne* (Bénoziglio). *Tu crois qu'un couple comme ça, ça roule ensemble ? Eh bien non ! Au premier carrefour, adios ! Chacun tire de son côté* (Boileau-Narcejac).

ETYM. mot esp., de même sens. 1966, Simonin. Appartient au registre pop.

adja *n.*

(Se) faire l'adja, mettre les adjas, se tirer des adjas, partir rapidement, s'enfuir : *Le Maltais avait alors sifflé son râpeux, casqué, et par la lourde de la rue de Belleville, fait l'adja* (Simonin, 1). *On vide en vitesse nos glass : des petits kirs au rouge, et on met les adjas du troquet* (Siniac, 1). *Je lui exposai ma tactique pour coincer les affreux et se tirer des adjas* (ADG, 7).

ETYM. du romani **dja,** va ! Nombreuses variantes, de *faire la jaja* (1879) à *mettre les adjas* (1935, Simonin-Bazin) qui seul est resté vivant, en passant par *dja, nadja, adjis,* etc. [Esnault] ; **se faire l'adja,** 1901 [Bruant].

DER. **s'atjaver** *v.pr.* S'enfuir : 1975 [Le Breton].

adjupète *n.m.*

Adjudant : *Le rouquin remercia comme un adjupète de la Légion amoureux d'une moukère* (Viard). SYN. juteux.

ETYM. altération péjorative de **adjudant.** 1895 [Esnault].

VAR. **adjuvache** : 1920 [Sainéan].

afanaf, afnaf ou **afeunaf** *adv.*

Moitié moitié : *Les plus vicelards avaient même projeté d'atteindre la moitié de leur fantomatique créance. « Afanaf », comme sur le compteur, quoi* (Simonin-Bazin). **Faire afanaf,** partager à égalité : *Sept huit briques. Même s'il avait fait afnaf avec un ou deux associés, ça lui faisait un joli fade* (Boudard, 1).

ETYM. de l'angl. **half and half,** même sens. 1916 [M. Donnay] ; *afnaf, afeunaf* 1929 [Bauche].

affaire *n.f.*

1. Opération, entreprise généralement délictueuse ou illicite : *L'affaire est bonne, mais il y a à goupiner* (Ansiaume). *On se bouclera dans la piaule de Riton, en faisant croire qu'on est sortis. Et toi, tu fais tes affaires* (Giovanni, 3). **Donner une affaire,** signaler un coup fructueux à monter. **Faire son affaire à qqn,** lui infliger un châtiment ; le supprimer : *Il aurait continué à lui filer le train, maintenant qu'il avait découvert sa piste – jusqu'au moment où, sur des instructions venues de Paris, il se serait décidé à lui faire son affaire. La loi de la jungle est impitoyable : tuer ou être tué* (Grancher). **2.** Homme ou femme considérés comme de bons partenaires sexuels : *Mais d'pis longtemps… j'ai mal vécu, / J'suis pas sûr d'êt'e un'bonne affaire* (Rictus, 2). *Je me gourais quand même, d'après la tournure de notre correspondance, que c'était pas une affaire in the pageot* (Boudard, 5).

◆ **affaires** *n.f.pl.*

Menstrues : *Une môme de dix-sept piges et qu'avait ses affaires* (Chanson de salle de garde).

ETYM. emplois spécialisés. **1.** 1800 [Leclair]. **Faire son affaire à qqn,** 1881 [Rigaud]. **2.** 1901 [Bruant].

◆ *pl.* 1862 [Larchey].

affaler (s') *v.pr.*

Faire des révélations, notamment à la police ; consentir à avouer, se reconnaître coupable : *Le Blond revint à sa conduite. Il ne pouvait pas s'affaler auprès du Gitan. S'il faisait ça, c'est comme s'il tuait son frère de ses propres mains* (Le Breton, 1). SYN. s'allonger.

ETYM. emploi métaphorique du terme de marine. 1928 [Lacassagne].

affiche *n.f.*

1. Vx. Tranche mince de pain : *Refile-moi une affiche* (Nouguier). **2. Faire l'affiche, jeter de l'affiche,** se faire valoir d'une façon exagérée, se faire remarquer par une tenue ou un comportement prétentieux : *Ça s'agite quelque temps, on expédie à la ratière quelques julots qui font un peu trop l'affiche* (Boudard, 5).

ETYM. **1.** de **plat comme une affiche.** 1899 [Nouguier]. **2.** emploi métaphorique, emprunté au langage des comédiens. 1926 [Esnault].

affiché *adj.m.*

C'est affiché ou **affiché,** c'est sûr et certain : *Tout à l'heure, affiché, Bertrand allait me recevoir avec sa gueule en biais de cureton défroqué* (Boudard, 5). **Affiché que,** il est sûr que : *Dites donc, on a sonné à la lourde. Va te préparer, Mado, affiché que c'est le général* (Boudard-Étienne).

ETYM. participe passé de **afficher,** inscrire (les résultats des courses sur le tableau d'affichage), dans la langue du turf. 1952 [Esnault]. **Affiché que,** 1970 [Boudard-Étienne].

affoler (s') *v.pr.*

Se dépêcher : *« Alors, boudin, tu t'affoles ? » grince Snoopy entre ses dents* (Villard, 2).

ETYM. de **s'affoler,** mettre bas avant terme, en poitevin, selon Esnault, mais plus probablement simple image, apparentée à l'expression *courir comme un fou.* 1901, G. d'Esparbès [TLF].

affranchi, e *adj. et n.m.*

1. Vx. Voleur ; forçat libéré. **2.** Se dit d'un individu qui vit en marge des lois : *Les plus jeunes posent aux gars « affranchis » avec leur pantalon à patte d'éléphant, leur foulard tordu sur leur nuque rasée* (Dabit). *Les autres groupes se forment n'importe comment, car il y a plus de caves qui montent au bagne que d'affranchis* (Charrière). **3.** Très au courant, expert : *C'est un as, dit-il en parlant de Me Maugarenne… Il est d'ailleurs tout ce qu'il y a d'affranchi* (Mac Orlan, 9).

ETYM. participe passé substantivé de **affranchir. 1.** 1833, Moreau-Christophe [Esnault]. **2.** 1828, Vidocq. **3.** 1833 [Esnault].

affranchir *v.t.*

1. Renseigner officieusement, mettre au courant : *Tu nous fais entrer ? Il faut que je t'affranchisse. – Ah bon ! m'affranchir de quoi ? – De la chose que je veux te causer* (Faizant). [Suivi d'une complétive] Dire (que) : *Elle n'est pas un peu cinglée, ta mère, Fernand ? Personne n'était là pour l'affranchir qu'on ne peut pas être puni « un petit peu »* (Malet, 1). *J't'avais affranchi que c'était pas bien terrible. Le tout est de serrer les dents* (Le Breton, 6). **2.** Vx. Gagner à sa cause moyennant une somme d'argent ; corrompre : *J'ai affranchi le Gaff avec 5 balles et je suis entré en vergne* (Ansiaume). **Condé affranchi,** magistrat qui a été soudoyé. **3.** Initier sexuellement.

ETYM. emplois spécialisés : l'idée est celle d'intronisation de l'individu dans un monde différent. **1.** 1899 [Nouguier]. **2.** 1821 [Ansiaume]. **Condé affranchi,** 1836 [Vidocq]. **3.** 1894 [Virmaître].

DER. **affranchisseur** *n.m.* Corrupteur : 1901 [Bruant].

affreux *n.m.*

1. Individu sinistre, malfaisant. **2.** Mercenaire européen qui participe à des conflits localisés, dans certains pays (notamment d'anciennes colonies) : *L'homme ressemblait à une des choses que Vence supportait le moins, à un affreux. Il en avait non seulement le déguisement : la tenue léopard, les rangers, le ceinturon avec le coutelas et le flingue, mais la gueule aussi* (Destanque). *Nico s'aperçoit bientôt que les affreux sont dirigés et couverts par l'immonde agent de la CIA rencontré autrefois au Viêt-nam, qui a pris du grade* (*le Monde*, 23 août 1988).

ETYM. substantivation emphatique de l'adj. **1.** 1953 [Sandry-Carrère]. **2.** vers 1960 [Gilbert].

affurard *n.m.*

ARG. ANC. Sergent.

ETYM. de **affurer** (les sergents vendaient aux gueux des licences de mendier). 1596, Péchon de Ruby.

affure ou **afure** *n.f.*

1. Bonne affaire, opération avantageuse : *Tu vois les jeunes de maintenant, ils seraient bien incapables de réussir une affure comme celle-là* (ADG, 2). *« Une affure », avait dit Fernande qui aimait le carbure* (Lépidis). **2.** Butin, profit : *C'est moi qui aura tout réglé et c'est moi qui dirigerai. Donc, double affure à mézigo !* (Rosny). **3.** Vx. Avance dans l'espace ou le temps : *Avoir de l'affure sur les cognes.*

ETYM. déverbal de **affurer. 1.** 1744 [Esnault] in *le Français moderne*, tome 20. **2.** 1791 [Esnault]. **3.** 1899 [Nouguier]. Le genre est le plus souvent masculin.

VAR. **afflure** : 1958, Alger [Esnault]. Signalée comme déformation par Le Breton, elle est mentionnée par Caradec, mais absente de Simonin (1957). **affurage** : 1836 [Vidocq].

affurer ou **afurer** *v.t.*

1. Gagner (de l'argent) : *L'arrivée au ralenti de la Cadillac mettait ce môme face à un dilemme douloureux : faire la portière pour affurer cent balles, ou rentrer affranchir le taulier* (Simonin, 1). **2.** Se procurer, obtenir : *Comme c'est Armagnac qu'a tapé le premier, c'est lui qu'a affuré... Il a même affuré quatre ans de tôle !* (Le Breton, 6). *Dans ce cas, j'affurais là-dedans les besoins, les tares de l'espèce, sans le pognon de naissance pour les assouvir* (Boudard, 1). **3.** ARG. ANC. Tromper : *Mon compagnon s'advisa de m'affurer, c'est-à-dire tromper, car il s'en alla avec mon argent* (Péchon de Ruby).

ETYM. de **affeurer,** acheter et vendre, trafiquer ; se rattache au forum antique et à l'idée de transaction plus ou moins honnête [Cellard-Rey]. **1** et **3.** 1596, Péchon de Ruby. **2.** 1935 [Simonin-Bazin].

VAR. **afflurer** : 1958, Alger [Esnault].

affûtage *n.m.*

Rémunération due à un truand embauché pour une opération déterminée : *Trente points d'affûtage de base, et un petit pied au cas où, le cave abondant, son essorage se révèlerait être fructueux* (Simonin, 8).

ETYM. de **affûter.** 1957, Simonin.

affûter *v.t.*

1. Embaucher comme mercenaire pour une besogne bien déterminée. **2.** Rendre malade, lasser. **3.** Préparer, combiner : *Une affaire soigneusement affûtée par des hommes de classe* (Simonin, 6).

◆ **s'affûter** *v.pr.*

Vieillir.

ETYM. d'un sens dial. « habiller, équiper ». **1.** 1878 [Rigaud], mais dès 1867 [Delvau] au sens de « tromper, surprendre ». Simonin (1957) est auj. le seul à enregistrer ce verbe. **2.** 1899 [Nouguier]. **3.** 1966, Simonin.

◆ *v.pr.* 1901 [Bruant].

afnaf *adv.* → AFANAF.

[-aga]

suffixe nominal ou adjectival productif. Peut-être du turc **aga,** chef, qui a fourni à l'argot arabo-algérien, à la fin du XIXe s., un terme désignant un commandement militaire supérieur. Vers 1952, **poulaga,** très répandu, a pu donner par extrapolation **pastaga, fermaga, Mouftaga, valdaga** et les mots de même formation. Peut-être ne s'agit-il que d'un simple abâtardissement du javanais.

agacer *v.t.*

Agacer le sous-préfet, se masturber.

ETYM. origine obscure. 1864 [Delvau].

agates *n.f.pl.*

Yeux.

ETYM. emploi métonymique (rapport de couleur et de transparence avec la pierre d'agate). 1846 [Esnault].

agité *n.m.*

Agité du bocal, fou, irresponsable : *Eh foutre, pourquoi ne pas publier en appendice la lettre à Sartre : « à l'agité du bocal », tu en vendrais dix mille de plus* (Céline).

ETYM. sobriquet fameux donné par Céline à Sartre, en 1947, dans une lettre citée par Paraz, in *le Gala des vaches.*

agiter *v.t.*

Les agiter, s'enfuir précipitamment : *Tu verras des clous! riposta l'énervé. Agitez-les et c'est tout* (Tachet).

◆ **s'agiter** *v.pr.*

Se dépêcher : *Bon, faut que j'm'agite. L'Arménien va m'attendre* (Cordelier).

ETYM. **les** représente évidemment les jambes, cf. *tricoter des fuseaux* et loc. analogues. 1914-1918, *le Poilu* [Esnault].

agobilles *n.f.pl.*

1. Vx. Outils (notamment de voleurs). **2.** Testicules.

ETYM. terme du patois messin, « choses sans valeur » ; p.-ê. du lat. **scopiliae,** balayures. **1.** 1833 [Moreau-Christophe]. **2.** 1899 [Nouguier].

agrafer *v.t.*

1. Aborder, retenir (qqn) : *Un pécor' plein aux as* […] *Agrafa ses moujingu's* (Marcus). **2.** S'emparer de, arrêter (qqn) : *Maryse* […] *nous raconta, volubile, que le commissaire Hennique était passé, qu'il avait agrafé la « personne » qui était avec M. Machin* (ADG, 1). *Il avait montré un couteau catalan, en leur disant : « Voilà pour butter le premier rousse qui se présentera pour m'agrafer »* (Canler).

ETYM. probablement du moyen fr. **grafer,** attacher avec un crampon, ou du verbe **agraper,** issu du germanique **krappa,** crochet. **1.** 1833, Vidal [Larchey]. **2.** vers 1830 [TLF].

agricher *v.t.*

Attraper avec brutalité : *Je l'avais agrichée aux tifs d'une main* (Stéphane).

ETYM. mot dial. vendômois. 1883 [Esnault].

VAR. **agrichman** : 1883 [id.].

DER. **agrichage** *n.m.* **1.** Empoignade : 1893, Goncourt. **2.** Arrestation : 1901 [Bruant].

agriffer *v.t.*

1. Prendre, accrocher (qqn) : *Il avait agriffé la sœur par un aileron et lui criait sa haine en pleine poire* (Le Breton). **2.** Appréhender (qqn) : *Vians-t'en donc ! Ils* [les agents] *vont t'agriffer !* (Méténier).

ETYM. de **griffe,** littéralement « prendre avec les griffes ». **1.** 1891, Méténier [TLF]. **2.** 1881 [Rigaud].

aidé, e *adj.*

Pas aidé, e, se dit d'un individu peu favorisé par la nature (sur le plan physique ou intellectuel).

ETYM. emploi ironique et litotique (renvoie peut-être au proverbe *Aide-toi, le Ciel t'aidera*). 1977 [Caradec]. Est passé dans la langue fam. courante.

aiglon *n.m.*

Vx. **1.** Mauvais camarade. **2.** Fille ou femme médiocre, laide : *Où as-tu dégauchi cet aiglon ?* (Nouguier).

ETYM. emploi antiphrastique, par dérision. **1.** 1928 [Lacassagne]. **2.** 1899 [Nouguier].

aiguille *n.f.*

Vx. **1.** Carte apparaissant entre les autres (tricherie) ; marque faite frauduleusement sur une carte. **2.** Clé. **3. Aiguille à tricoter (des boudins),** couteau.

ETYM. emplois métaphoriques. **1.** 1875, Cavaillé [Larchey]. **2.** 1821 [Ansiaume]. **3.** 1847 [Dict. nain]. **Aiguille à tricoter des boudins,** 1899 [Nouguier].

DER. **aiguiller** *v.t.* **1.** Marquer (une carte) : 1875 [Esnault]. **2.** Posséder sexuellement : 1954 [id.].

ail *n.m.*

Sentir l'ail ou **manger de l'ail,** être homosexuelle.

ETYM. jeu de mots sur **gousse. Sentir l'ail,** vers 1880 [Esnault], art. *gousse.*

aile *n.f.*

1. Bras : *Le Fritz et le Crapaud m'empoignent alors chacun par une aile et me font dresser* (Bastiani, 4). Vx. **Voleuse à l'aile,** qui saisit sa victime par le bras, en feignant une méprise. **2.** Vx. Poche intérieure du veston : *Lorsque le tireur italien a jeté son dévolu sur l'aile d'une poche – c'est l'expression consacrée – son adresse défie toute concurrence* (Macé). **Aile de poulet,** sorte de poche kangourou dans laquelle les agents affectés aux Halles de Paris dissimulaient les vivres qu'ils recevaient discrètement des grossistes, en guise de gratification.

ETYM. emplois métaphoriques. **1.** 1836 [Vidocq]. Selon Simonin et Le Breton, ce mot ne s'emploie qu'au sing. **Voleuse à l'aile,** 1887, Hogier-Grison [TLF]. **2.** 1887 [Esnault]. **Aile de poulet,** 1953 [Sandry-Carrère].

aileron *n.m.*

1. Bras ou main : *Quand je vous ai pigé au vol par un aileron, vous descendiez l'escalier, interrompt Bouchu* (Chavette). **Se faire donner sur les ailerons,** se faire taper sur les doigts. **2.** Oreille.

ETYM. emplois métaphoriques du mot désignant, chez les animaux, l'extrémité de l'aile. **1** et **2.** 1808 [d'Hautel]. Selon Le Breton (1960), ce mot, au contraire du précédent, s'emploie plutôt au pluriel qu'au singulier.

[-aille]

suffixe à sens collectif et souvent péjoratif, assez productif en noms : **bleusaille, boustifaille, flicaille, joncaille, mouscaille, poiscaille, poulaille,** etc.

1. air *n.m.*

1. De l'air !, invitation à déguerpir. **2. Brasser, déplacer de l'air,** s'agiter de façon inefficace. **3. Se donner, prendre de l'air, changer d'air,** (vx) **se pousser de l'air,** fuir, prendre le large : *Puisqu'il ne pouvait pas te détacher de nous, il a fini par se détacher de toi... Il s'est donné de l'air* (Boileau-Narcejac). **4. Envoyer, foutre, mettre en l'air,** mettre à mal, tuer (qqn) ; briser, défoncer (une porte, etc.) : *Dans les bois, au-dessus du bled, ça a flingué... on a mis en l'air une dizaine de personnes... des collabos* (Boudard, 6). *Le Bernardo va se mettre en l'air... – Penses-tu ! – Il voulait m'emprunter mon colt pour ça* (G. Arnaud). **5. Être en l'air,** se trouver sans argent. **6. Ne pas manquer d'air,** avoir un aplomb extraordinaire : *Tu manques pas d'air !* (film de G. Lautner, *Laisse aller, c'est une valse !*). **7. L'avoir en l'air,** être en érection.

ETYM. idée de mouvement horizontal (déplacement, fuite) ou vertical (sens érotique). **1.** 1957 [PSI]. **2.** d'abord *battre l'air,* 1813, J.-F. Rolland [TLF]. **3.** 1827 [Demoraine]. **Se donner de l'air,** 1828, Vidocq, mais *se donner l'air,* se sauver, dès 1725 [Granval] ; **se pousser de l'air,** 1867 [Delvau]. **4.** 1833 [Esnault]. **5** et **7.** 1899 [Nouguier]. **6.** 1971, Lautner.

2. air *n.m.*

En jouer un air, s'enfuir, s'évader : *Pas de preuves, alors vingt ans... Mais malin avec l'idée fixe, tu en as joué un air, et te voilà* (Merlet).

ETYM. jeu de mots sur **jouer un air de flûtes,** c.-à-d. de jambes. 1886 [Chautard].

3. air *n.m.*

Avoir l'air d'avoir deux airs (ou **d'en avoir deux**), faire une mine hypocrite, sournoise : *Le révoltant petit homme chauve ne cessait de lancer des coups d'œil en dessous dans ma direction et dans celle de Pascal qui avait un air d'avoir deux airs* (ADG, 1). *Quant à Marthe, elle avait toujours son air d'en avoir deux, et je la surpris à diverses reprises à jeter un sale œil à sa patronne* (Malet, 20).

ETYM. expression pop. qui suggère la duplicité de la physionomie. 1946, Malet (mais on rencontre *être à plusieurs airs* dès 1862 [Larchey]).

airbags *n.m.pl.*

Seins opulents.

ETYM. métaphore issue du sens « automobile ». 1992 [PR].

aise *n.f.*

À l'aise, facilement : *Max à quinze balais nous en paraît vingt à l'aise* (*Actuel,* novembre 1982). On rencontre aussi, interjectivement, **à l'aise, Blaise !**

ETYM. tour assez répandu, indiquant la manière. 1982, *Actuel*.

album *n.m.*

Album de famille, archives photographiques de la police.

ETYM. emploi humoristique d'une loc. courante, dans l'arg. des policiers parisiens. 1939 [Esnault].

alcoolo ou **alcolo** *adj. et n.*

Alcoolique : *Il lui dédia un sourire si alcolo que même Laure Boitard dut se rendre à l'évidence* (Duvert). *Je me souviens de son gros tarin rouge d'alcoolo* (*le Nouvel Observateur,* 24 juin 1982). *Je ne suis pas un alcoolo, mais je ne suis pas contre ce genre de « dégagement », comme disent les légionnaires* (Pousse).

ETYM. apocope et resuffixation pop. de **alcoolique.** 1975 [George].

aléser *v.t.*

Sodomiser : *La chanson où une famille nombreuse allait tout entière se faire aléser l'ogneul*

par une compagnie de mousquetaires (Simonin, 1).
ETYM. emploi métaphorique d'un verbe technique, « agrandir un trou cylindrique ». 1957 [PSI].

alevin *n.m.*
Jeune proxénète: *Il peut s'agir d'un barbillon, alevin donnant ses premiers coups de nageoire dans le sillage d'une ou deux nanas, et qui balancetiquera [...] des rencards aux perdreaux, uniquement pour tenir sans trop de dommage* (Simonin, 10). *Il avait déjà repéré les petits alevins qui nageaient dans les rivières du Septième art* (Boudard, 2).
ETYM. métaphore halieutique, dans la logique du *barbeau*. 1967, Simonin.

alezingue *n.m.*
Syn. de alpague (au sens 1) : *Un peu éberlué de se retrouver avec un seul alezingue à se filer sur les arêtes, il avait gambergé le vioc à ce phénomène consternant* (Simonin, 6).
ETYM. resuffixation arg. de **alpaga.** 1883 [Esnault].

alfa *n.m.*
VIEILLI. Chevelure. **Ne plus avoir d'alfa sur les hauts plateaux,** être chauve.
ETYM. de l'arabe **halfa,** plante graminée d'Afrique du Nord, utilisée de diverses façons: on en fit notamment des chapeaux, d'où p.-ê. cette image pittoresque qui, selon Esnault, a été apportée en France par les soldats d'Algérie, en 1889.

aligner *v.t.*
1. Débourser, payer (une somme d'argent). **Les aligner,** payer une grosse somme. **2. Aligner qqn,** lui dresser procès-verbal ; par ext., le punir, le malmener : *Si ce n'est pas impeccable, je t'aligne pour de bon. Et mets un treillis propre, compris ?* (Monsour). **3.** Mettre en joue : *Voilà qu'une bande de sidis nous aligne au bout de leurs kalashnikovs* (*Actuel*, mars 1985) ; et, au fig. : *Il a découvert que le cancer l'avait aligné et que ses jours étaient désormais comptés en accéléré* (*Libération*, 7 novembre 1983). **4.** Tuer.
◆ **s'aligner** *v.pr.*
1. Effectuer (qqch de pénible): *Et puis, Harles venait de s'aligner quatre années de taule* (Lesou, 1). SYN. s'envoyer, se farcir. **2.** Avouer : *Tu as intérêt à t'aligner [...] Tu nous donnes son nom et vite !* (Galland). SYN. s'allonger. **3. Pouvoir s'aligner,** avoir très peu de chances de remporter une compétition ou, plus généralement, d'obtenir qqch : *Mais moi, s'ils voulaient me choper / Ils pourraient toujours s'aligner / Je les enverrais tous baigner* (chanson *Si j'avais des ailes*, paroles de L. Bousquet et G. Ouvrard). SYN. pouvoir s'accrocher.
ETYM. emplois particuliers du sens « mettre sur une même ligne ». **1.** 1894 [Virmaître]. **2.** 1852, J. Humbert [TLF]. **3.** vers 1980. **4.** 1916, Barbusse [TLF].
◆ *v.pr.* ces emplois renvoient à l'usage du duel, sous le premier Empire. **1.** 1963, Lesou. **2.** vers 1960. **3.** 1881 [Rigaud].

aller *v.i.*
1. Aller à, suivi d'un substantif : **briffe, cri, Niort,** etc. v. ces mots. **2. Y aller de** (suivi d'une certaine quantité d'argent), risquer, payer (une somme d'argent). **3. Ça y va, la manœuvre !,** désigne une action vive et entraînante.
ETYM. emplois spécialisés du verbe usuel. **2.** 1863 [Littré]. **3.** mil. du XXe s.

aller-retour ou **aller et retour** *n.m.*
1. Paire de gifles : *L'ordure de Crabouille lui cingle un aller et retour. Cinq doigts dans un sens et cinq dans l'autre* (Lasaygues). *Je relevai Vivi qui, penchée en avant, s'apprêtait à piquer une malade, et je lui envoyai d'une main un aller-retour* (Francos). **2. Aller et retour sur le filet, le fildingue,** fellation.
ETYM. image du va-et-vient de la main. **1.** d'abord *billet d'aller et de retour*. 1881 [Rigaud]. **2.** 1953 [Sandry-Carrère].

alliés *n.m.pl.*
Vx. Menstrues.
ETYM. allusion historique (→ **ANGLAIS**). 1928 [Lacassagne].

alloc ou **alloque** *n.f.*
Allocation (le plus souvent au pl., pour désigner les allocations familiales) : *Mon beauf / Il lui a fait quatre gosses pour toucher les allocs* (Renaud).
ETYM. apocope de **allocation.** 1916 [George].

allonge *n.f.*
Ampleur de la foulée : *Côté gambettes, elle bénéficie d'une allonge terrible, la grande !* (Simonin, 5).

ETYM. issu de la boxe, longueur des bras d'un boxeur. 1960, Simonin.

allongé *n.m.*

Mort, seulement dans des loc. **Être aux allongés,** être mort ; reposer à la morgue. **Boulevard, jardin,** etc., **des allongés,** cimetière : *C'est des poignées de cercueil qu'on fabriquait dans cette usine. L'antichambre du jardin des Allongés, en quelque sorte* (Vautrin, 1).

ETYM. emploi spécialisé et macabre du participe passé du verbe usuel **allonger. Être aux allongés,** 1957, A. Camus [TLF]. **Boulevard des allongés,** 1928 [Esnault].

allonger *v.t.*

Débourser, payer (une somme d'argent) : *Il va m'allonger, pensait l'sergent / De l'argent* (chanson *Tous en chœur,* paroles de Will). **Allonger le tir, la sauce,** verser un surplus ; rendre la monnaie. **Les allonger,** payer une grosse somme : *Au fond, est-ce que vous êtes prêt à les allonger ? – Donnez-moi une idée. – Disons cinq briques* (Delacorta). *Les deux jours chômés, tiens, n'en parlons plus, la direction te vous les allongera réglo et gratis* (Malaquais, 1). SYN. aligner.

◆ **s'allonger** *v.pr.*

1. Prendre, profiter de : *S'allonger une femme, un bon dîner.* **2.** Subir, supporter : *S'allonger des kilomètres, une corvée.* **3.** Finir par faire des aveux, des révélations, en particulier à la police : *Alors, c'est toi qui l'as fait mourir, Toussaint ? C'est toi qui t'es allongé auprès des poulets ?* (Bastiani, 1). SYN. s'affaler. **4. Se l'allonger,** se masturber, en parlant d'un homme.

ETYM. emplois spécialisés du verbe usuel, proche de **aligner** au sens transitif et évoquant l'idée de soumission craintive au sens pronominal. 1828, Vidocq. **Allonger le tir, la sauce,** 1953 [Sandry-Carrère].

◆ *v.pr.* **1** et **2.** 1920 [Bauche]. **3.** 1928 [Lacassagne]. **4.** 1953 [Sandry-Carrère].

allonges *n.f.pl.*

1. Bras et jambes. **2.** Avances sur les frais d'enquête, dans le langage des policiers.

ETYM. le sens 1 semble issu de la boxe, où **allonge,** au sing., désigne la longueur efficace des bras ; le sens 2 provient de **allonger** (au sens 1). **1** et **2.** 1975 [Arnal].

alloque *n.f.* → ALLOC.

allouf ou **alouf** *n.f.*

Allumette : *Ça devait lui coûter gros de remercier un gars dans mon genre, même pas propriétaire de sa boîte d'aloufs* (Matas).

ETYM. apocope de **allumette,** avec un suff. fantaisiste. 1900, Nantes [Esnault].

allumé, e *adj. et n.*

1. Excité, sur le plan nerveux ou sexuel : *Allumés par sa sacoche de receveur des tramways, six timides rôdeurs de Courbevoie ont assailli M. Valtat, qui en a capturé un* (Fénéon). **2.** Mentalement dérangé, souvent à la suite d'absorption de diverses drogues : *Les gamins punks sont aujourd'hui trop allumés pour accepter le minimum de discipline nécessaire à la formation d'un groupe* (*Actuel,* juin 1985). *Au deuxième, dans mon HLM / y a une bande d'allumés / qui vivent à six ou huit / dans soixante mètres carrés* (Renaud). **3.** Vx. Légèrement ivre.

ETYM. emplois métaphoriques du participe passé de **allumer. 1** et **2.** 1862 [Larchey].

allumer *v.t.*

1. Faire feu sur qqn : *C'est à la sauvage qu'ils allaient l'allumer, ce loquedu. Ouvrir la porte à la volée et défourailler à tout va* (Houssin, 1). **2.** Critiquer violemment : *Tant pis si je dois me faire allumer par mes amis, mais je reconnais que j'ai de la sympathie pour Georgina Dufoix* (F. Léotard, in *l'Express,* 25 janvier 1985). **3.** Guetter, regarder : *Je n'en peux plus de grelotter... / t'nez... allumez mes mains gercées* (Rictus). *Allume ! v'là le cipal, qui vient boucler la lourde !* (Méténier). **Les allumer,** faire attention. **Se faire allumer,** se faire remarquer, se faire prendre et donc punir : *Il s'est fait allumer par les flics.* **4.** Aguicher, provoquer sexuellement : *C'est dans cette école de vice qu'habitait Catherine lorsque* [...] *la marquise lui permettait ces promenades au bois de Boulogne, dans le but de vous « allumer », ce sont ses propres expressions !* (Claude) ; et absol. : *Un de ces hommes-là* [...] *disait à un autre* [...] *: « Elle allume, la petite !... des trois, c'est encore celle-là que je voudrais qui me tombe au sort ! »* (Leroux). **5.** Vx. **Allumer son gaz, son pétrole,** enflammer son imagination érotique.

ETYM. emplois métaphoriques du verbe usuel, qui renvoient à la notion de chaleur, d'excitation, de démarrage. **1.** 1954, soldats de Diên Biên Phu [Esnault]. **2.** contemporain. **3.** 1725 [Granval]. **4.** fin du XVIe s., Amyot. **5.** 1867 [Delvau].

allumeur *n.m.*

Vx. **1.** Compère, indicateur jouant un rôle de faux complice : *On appelle allumeurs, en termes de police, les agents provocateurs chargés par la « division politique » de se mêler aux sociétés secrètes, aux manifestations populaires, pour jouer, au profit du gouvernement, les rôles les plus divers* (Claude). **2.** Juge d'instruction.

ETYM. de **allumer,** au sens de « provoquer » (1) et de « faire la lumière sur une affaire » (2). **1.** 1835, Boucher de Perthes [TLF]. **2.** 1881 [Rigaud].

allumeuse *n.f.*

1. Prostituée chargée d'attirer le client dans la maison close : *J'ai le droit de servir d'enseigne à ma bibine. Ma nièce est majeure et tient lieu d'allumeuse* (Macé). **2.** Entraîneuse de bar. **3.** Fille qui aguiche : *Au début, il m'avait semblé que je ne lui étais pas indifférent. « Tiens, me disais-je, c'est une allumeuse »* (Dalio).

ETYM. de **allumer,** au sens de « aguicher ». **1.** 1867 [Delvau]. **2.** 1947, Malet ; d'abord 1881 [Rigaud], au sens de « femme mettant de l'animation dans les bals publics » [TLF]. **3.** 1936, Montherlant [TLF].

alouf *n.f.* → **ALLOUF.**

alpague *n.f.*

1. Vêtement de dessus (veste, manteau, etc.) : *Passe-moi mon alpague* (abbé Moreau). *Il ôta son alpague et son chapeau et s'assit sur le lit* (Le Breton, 1). *J'dégringole jusqu'à son alpègue* (Brissac). **2.** Dos (dans des locutions) : *J'ai traîné les rades du secteur [...] pour lui foutre la griffe sur l'alpague à mon cher petit employeur* (Boudard, 5). *Je t'avoue que de tous les turbins qui me sont tombés sur l'alpague, y en a pas beaucoup que j'ai compris* (Lesou). **Avoir qqch sur l'alpague,** en porter indûment la responsabilité. **Les avoir sur l'alpague,** avoir les policiers ou une bande rivale à sa poursuite. **3.** Arrestation.

ETYM. de l'espagnol **alpaca,** mammifère d'Amérique du Sud avec la laine duquel on tisse de chauds vêtements. Le Breton parle des vestes de glacier en alpaga que portaient, dans leur jeunesse (années 1930), les voyous des fortifs. **1.** 1916 [Esnault]. **2.** 1957 [PSI]. **3.** 1946, détenus de Fresnes [Esnault].

VAR. ce mot présente de nombreuses variantes au sens 1, de **alpaga** *n.m.* Paletot : 1848 [Pierre] à **alpingue** *n.m.* Même sens : 1928 [Lacassagne], en passant par **alpa, alpègue, alzingue,** etc.

alpaguer *v.t.*

1. Retenir : *Ils m'alpaguent au passage et me regardent comme s'ils voyaient la page 395 du Petit Larousse illustré de 1913* (ADG, 2). **2.** S'emparer de, arrêter (qqn) : *Il s'est fait alpaguer par les poulets, et, crois-moi, les guignols lui feront pas de cadeaux* (Bastiani, 1). **Être alpagué** ou **alpaga,** être arrêté.

ETYM. de **alpague,** l'arrestation se faisant souvent en saisissant au collet. **1** et **2.** 1935 [Simonin-Bazin].

Alphonse *n.pr.*

Vx. Proxénète : *Ton époux était idolâtre, / Ne craignant ni diable ni Dieu... / Et de plus, c'était un Alphonse ; / Ah ! fi, Madame* (Ponchon).

ETYM. cette appellation a été popularisée par une pièce de A. Dumas fils, *Monsieur Alphonse* (1874), dans laquelle le héros joue précisément le rôle d'un « protecteur » entretenu par une femme galante. Mais le mot est plus anc. : Rigaud cite un texte de 1860.

alsaco *adj. et n.*

Alsacien : *Son accent à couper au couteau, alsaco de merde* (Vautrin, 2).

ETYM. suffixation de **alsacien.** 1927 [Esnault], art. *bicot*.

altèque (d') *loc. adj.*

Vx. Remarquable, d'une qualité supérieure : *On peut rien refuser à votre frime d'altèque, mam'zelle du bitume !* (Méténier). *Les gas d'altèqu'... les rigolos, / [...] qu'estim'nt qu'y sont pas su' la Terre / pour marner avec les boulots* (Rictus). **Abatteur d'altèque,** procureur.

ETYM. probablement du radical lat. **alt-,** de **altus,** haut, avec un suff. tiré de **aztèque,** voleur. 1836 [Vidocq]. **Abatteur d'altèque,** 1899 [Nouguier].

amarrer *v.t.*

1. Accoster : *Arrivés près du pont, l'mécanicien croit remarquer que sa poule amarre son ancien, il lui fait des reproches* (Lorrain). **2.** Manœuvrer pour tromper. **3.** Arrêter : *Dans les débuts, le Francis s'était fait amarrer comme tout le monde, à l'occasion des rafles qui animent périodiquement le quartier* (Grancher). **4.** Acheter.

ETYM. emplois métaphoriques d'un verbe de marine qui évoque une idée d'approche et/ou d'appropriation plus ou moins énergique. **1.** 1872 [Esnault]. **2.** 1880 [Larchey]. **3.** 1899 [Nouguier]. **4.** 1926 [Esnault].

amazone *n.f.*

1. Tricheuse professionnelle. **2.** Prostituée exerçant son activité en voiture : *En Renault 16, Citroën LNA, 505 Peugeot [...] des amazones modernes aux goûts et aux moyens éclectiques, pour ne pas dire hétéroclites, commencent, dès midi, leurs lancinantes rondes* (de Goulène).

ETYM. image cavalière de la femme qui ne se sépare jamais de son moyen de transport. **1.** 1881 [Fustier]. **2.** 1954, Delpêche.

ambidextre *n.m.*

Homosexuel occasionnel : *Ah ! c'est un ambidextre ? – Un quoi ? – C'est ainsi qu'on appelle ces invertis à éclipses, ces prostitués masculins qui bouffent aux deux râteliers. Parce qu'ils s'envoient des bergères, aussi, des fois. On les dit également bimétallistes* (Malet, 12).

ETYM. emploi détourné du mot usuel. 1955, Malet.

ambier *v.i.*

ARG. ANC. Aller çà et là, en nomade : *Une quantité de pauvres qui ambièrent hors de la Vergne* [de Troie] *quand elle fut attrimée* (Responce au grand Coesre).

ETYM. du lat. **ambulare.** 1566, Rasse des Nœuds.

ambulante *n.f.*

ARG. ANC. Prostituée.

ETYM. désigne la fille publique qui fait le trottoir. 1776, *Anecdotes sur la comtesse Du Barri* [Rigaud].

amende *n.f.*

1. Imposition forcée et illégale : *Ils tentent de mettre le propriétaire du cheval à l'amende et de récupérer ainsi une part de la galette* (*Libération*, 27 janvier 1984). **2.** Somme que la prostituée doit payer pour se libérer d'un proxénète, ou que ce dernier paye à son prédécesseur pour reprendre son « fonds » : *Il va te mettre à l'amende. Une règle du mitan où une femme s'achète comme une vache à la foire d'Yvetot* (Boudard, 5).

ETYM. emplois spécialisés d'un mot courant. **1.** vers 1950. **2.** début du XXe s. [PSI].

Américain *n.m.*

Vx. Compère qu'on présente à la dupe comme un riche Américain, dans l'escroquerie dite **charriage à l'américaine :** *Pour jouer cette comédie dont le dénouement doit être le dépouillement de la victime, deux compères sont de rigueur : l'un qui fait l'Américain, l'autre qui sert de leveur ou de jardinier* (Canler).

ETYM. emploi spécialisé du nom propre. 1835 [Raspail].

américaine *n.f.*

Vx. **Vol, voleur à l'américaine,** se rapporte à un type ancien d'escroquerie, dont les victimes étaient les voyageurs naïfs : *Les voleurs à « l'américaine » de profession se tiennent à l'affût aux abords des grandes gares, où arrivent les étrangers qui se disposent à rentrer dans leur pays natal* (Macé).

ETYM. emploi spécialisé de l'adj., précisant la méthode. 1862, Canler.

amerloque, amerloc, amerlot ou **amerlo** *adj. et n.*

Américain des États-Unis : *Tout cela n'est rien en comparaison de la seule présence des « Amerloques »* (Cardinal). *Demain les Amerlots sont là ! Les Chleus on leur chie dessus !* (Lépidis). *Avec son passeport amerlo, il l'avait belle, lui* (Malaquais).

ETYM. apocope, puis suffixation de **américain,** avec un suff. pop. en **-ot,** p.-ê. issu de **prolo.** *amerloc* 1951 [DDL 23] ; *amerlot* 1948 [Lacassagne] ; *amerloque* 1953 [Sandry-Carrère].

VAR. **amerlaud, amerloche, amerlok, amerluche :** la plupart se sont développées à partir de la Libération.

amiable (à l') *loc. adv.*

Faire qqn à l'amiable, le dépouiller sous la menace, mais sans exercer de violence.

ETYM. détournement cynique d'une procédure judiciaire. 1977 [Caradec].

aminche *n.m.*

Ami : *Chez nous, je trouvais un gosse, un petit aminche à Thomas* (Lorrain). [Il] *parla au chien d'une voix douce : « C'est un aminche, sale cabot. Si tu gueules, pas d'erreur, je te tords la carafe »* (Rosny). **S'épauler une bonne aminche,** avoir affaire avec une femme.

ETYM. déformation de **ami,** sous l'influence probable du mourmé **amanchi.** 1850 [Sainéan].

S'épauler une bonne aminche, 1899 [Nouguier].

VAR. **amarre :** 1878, Gill. **aminge :** 1844 [Dict. complet]. **amunche:** 1850 [Esnault]. **amingo:** 1879 [id.].

amocher *v.t.*

Frapper, blesser, défigurer : « *Faux témoignage... avec intention dolosive* », *avait faiblement émis le pauvre gars amoché* (Amila, 1).

ETYM. d'un mot régional (de diverses régions) **moche,** écheveau de fil non tordu, vendu en gros paquets, d'où l'idée d'abîmer, de traiter sans ménagement [TLF]. 1867 [Delvau]. Est passé dans l'usage courant.

DER. **amochage** *n.m.* Action d'amocher ; traces de coups sur un objet ou un visage : 1920 [Bauche] (d'abord 1916 [Esnault] au sens de « blessure de guerre »).

amortisseurs *n.m.pl.*

Seins (opulents) d'une femme.

ETYM. image plaisamment ironique (et cohérente avec celle du châssis), qui présente les seins comme des pare-chocs. 1953 [Sandry-Carrère].

amphets [ɑ̃fɛt], **amphètes** ou **amphés** *n.f.pl.*

Amphétamines consommées comme de la drogue : *Tu prends toujours autant d'amphets ? Je me demande bien pourquoi* (Francos). *Deux espingos bourrés aux amphètes et affichant un état d'excitation permanent* (Villard, 4). *Les amphés récupèrent une partie de la clientèle et cassent les prix* (*Actuel*, juin 1984).

ETYM. apocopes de **amphétamines.** 1976 [George].

amphibie *n.m.*

Individu qui se livre à plusieurs activités simultanément, donc a priori peu digne de confiance.

ETYM. image désignant un individu à l'aise dans plusieurs milieux peu compatibles. 1827, de Fougeray [TLF].

amygdales *n.f.pl.*

1. Se caler les amygdales, manger copieusement. **2. S'humecter, se rincer les amygdales,** boire un bon coup : *Chadal se marrait et se rinçait les amygdales avec son pastaga* (Barnais, 1). **3. (Se faire) lécher les amygdales,** (se faire) embrasser sur la bouche, avec pénétration de la langue : *On s'est embrassés jusqu'à l'amygdale, et maintenant c'est à la vie et à la mort* (Lorrain).

ETYM. fausses précisions médicales, à valeur humoristique. **1.** 1896 [Delesalle]. **2.** 1881 [Rigaud]. **3.** 1904, Lorrain. **Se faire lécher les amygdales,** 1953 [Sandry-Carrère] ; **lécher les amygdales,** 1977 [Caradec].

ananas *n.m.*

1. Grenade défensive : *Je les connais, ces ananas et je me marre mollement. À la grive, on avait les mêmes* (Tachet). **2.** Sein de femme : *L'index pointé sur tel ou tel détail d'une toile, elle lançait : Regarde, j'ai un ananas ici, et là j'ai une épuisette, désignant tantôt son sein, tantôt le voile léger de son pubis* (Malaquais).

ETYM. analogie de forme : la grenade défensive est oblongue, et sa surface est profondément rainurée. **1.** 1954, Tachet. **2.** 1947, Malaquais.

anar ou **anarcho** [anarko], anc. [anarʃo] *adj. et n.*

Anarchiste : *Et puis la Sorbonne occupée, trotskistes, anars, situationnistes, maoïstes sous les fresques de Puvis de Chavannes* (Veillot). *Si tout le monde vous traitait comme ça, en frère, y aurait bientôt plus de communeux ni d'anarchos* (Arnoux).

ETYM. apocope et resuffixation pop. de **anarchiste.** *anarcho* 1889, *le Père Peinard* [George] ; *anar* 1901 [id.].

[-ance]

suffixe nominal ancien, assez productif en argot : **bectance, boulodrance, croustance, cuistance, galetance,** etc.

ancêtre *n.*

Personne très âgée, ou considérée ironiquement comme telle : *Lagarde et ses ouailles font figure d'ancêtres, dont la musculature est diversement appréciée par quelques bagarreurs en puissance* (Jaouen).

ETYM. emploi pop. et gouailleur d'une appellation vénérable. 1866, Zola [TLF]. Est passé dans l'usage fam.

[-anche]

suffixe nominal servant à former des substantifs fém. : **boutanche, calanche, Préfectanche, tournanche,** etc.

ancien, enne *n.*

Personne âgée, qui a de l'expérience (désignation amicale) : *Bien vu, l'Ancien ! On prendra tout! lui répondit avec chaleur un employé du métro* (Fajardie, 2).

◆ **ancienne** *n.f.*

Vx. Ancienne femme galante s'étant convertie à un commerce « honnête ».

ETYM. d'abord « vieux bagnard », 1847, Balzac ; « élève de deuxième année dans une école militaire » 1867 [Delvau], puis « personne antérieure en date dans une fonction » 1902, P. Adam [TLF].

◆ *n.f.* 1881 [Rigaud].

andouille *n.f.*

1. Individu stupide, niais : *Allez communier, andouilles / Pâles et navrantes combien ! / Si vous n'êtes pas des grenouilles* (Ponchon) ; et adj. : *Monsieur Dourjueil, avez-vous pris vos dispositions dernières ? – Non, pas si andouille* (Arnoux). **Faire l'andouille,** se comporter d'une façon stupide ou niaise : *Ah ! fi de garce, je vas t'étriller les fesses quand tu reviendras... je t'apprendrai à faire l'andouille, moi !* (Machard, 2). **2. Dépendeur d'andouilles,** homme de haute taille : *Jeanne paraissait satisfaite de son entretien avec le grand dépendeur d'andouilles qui souriait d'un air fat* (ADG, 1). **3.** Pénis. **Andouille de calcif** ou **à col roulé,** même sens.

ETYM. terme injurieux, désignant une personne molle (comme un boyau), sans énergie ni intelligence. **1.** 1836 [Vidocq]. **Faire l'andouille**, 1877, Zola [TLF]. **2.** 1840, *Catéchisme poissard* [Larchey] (les bottes de tabac appelées autrefois *andouilles* étaient suspendues assez haut, pour sécher, et seuls les hommes grands pouvaient les dépendre). **3.** vers 1178, *Roman de Renart* [TLF]. **Andouille à col roulé,** 1957 [Sandry-Carrère] ; **andouille de calcif,** 1977 [Caradec]. Ces deux dernières expressions se rapportent plus directement à la forme approximativement cylindrique de l'andouille.

Anglais *n.pr.*

1. Vx. Créancier. **2.** Vx. Argot. **3. Avoir ses Anglais,** avoir ses règles, en parlant d'une femme. On dit aussi **les Anglais ont débarqué :** *J'étais sûre que ça y était. Et puis, l'autre matin, catastrophe, les Anglais ont débarqué. Jamais je l'aurai, ce bébé* (Sarraute).

ETYM. allusion à l'uniforme rouge des soldats anglais, qui envahirent plusieurs fois la « mère patrie »... **1.** 1850, Clémens. **2.** 1901 [Bruant]. **3. Les Anglais sont débarqués,** 1862 [Larchey].

angliche, engliche ou **english** *adj. et n.*

Anglais : *Il est compris dans toute la France, malgré son accent angliche, à la rigueur on le fait répéter* (Pousse). *Y me faudrait aussi, pour demain soir, une de ces casquettes d'angliche, quelque chose avec des carreaux* (Rosny). *Je crois que cet English, il se fich'de mon fiole* (chanson *l'Anglais entêté*, paroles de L. Garnier).

ETYM. déformation (souvent péj.) de **anglais.** 1861 [Esnault] et 1862, Hugo, *les Misérables*. *engliche* 1901 [Bruant] ; *english* 1862 [Larchey], art. *goddem*.

VAR. **anglish :** 1897, Daudet. **inglichmann :** 1872, Desnoyers [Larchey].

angluche ou **angluce** *n.m.*

Arg. anc. Oie : *Oh ! raille, fonsse-moi un angluche* (Leclair).

ETYM. l'ennemi anglais est assimilé à une volaille sotte. 1628 [Chéreau] ; encore *angluce* 1829 [Forçat].

angora *n.m.*

Vulve.

ETYM. image féline, à rapprocher des nombreuses variantes de « chatte » pour désigner cette même partie du corps. 1864 [Delvau].

anguille *n.f.*

1. Vx. Ceinture. **2.** Peau d'anguille remplie de sable, et servant à assommer : *Jamais le rat d'hôtel n'est armé. Si l'anguille a pu être employée quelquefois, ce dont je ne suis pas du tout certain, c'est par quelque chauffeur, par quelque tortionnaire, qui s'en est servi pour confesser un âpre paysan* (Locard). **3. Couper l'anguille,** faire sauter la coupe, aux cartes. **4. Anguille de calcif, de calbar** ou simpl. **anguille,** pénis. SYN. andouille.

ETYM. emplois métaphoriques à tous les sens (allusions à la forme et à la vivacité de l'animal). **1.** 1836 [Vidocq]. **2.** 1927, Locard. **3.** 1928 [Lacassagne]. **4. Anguille,** av. 1857, Béranger [Delvau] ; **anguille de calcif,** 1953 [Sandry-Carrère].

anneau *n.m.*

1. Anus et, par ext., postérieur : *On a becqueté les mêmes galtouzes et reçu le même nombre de coups de tartines dans l'anneau par les gaffes, et tout ça, ça cimente toujours une amitié* (Trignol). **2.** Chance. **3.** Vagin.

ETYM. analogie de forme (passage fréquent de l'organe défécateur à l'idée de « chance »). **1.** 1955, Trignol. **2.** vers 1930 [Cellard-Rey]. **3.** XIXe s. [id.].

anse *n.f.*

Vx. **1.** Bras. **2.** Oreille.

ETYM. emploi métaphorique du mot usuel. **1.** 1867, *Almanach du hanneton* [Larchey]. **2.** 1596, Péchon de Ruby.

anticle *n.f.*

ARG. ANC. Messe : *Bier sur l'anticle, c'est feindre avoir voué une messe devant quelque sainct* (Péchon de Ruby).

ETYM. forme pop. de **antique** [Esnault]. 1596, Péchon de Ruby.

antif *n.m.*

1. Battre l'antif (à la brême), jouer un personnage de niais (au bonneteau) : *Leurs princes* [des bohémiens] *vont en haillons, battent l'antif aux portes des églises, se nourrissent d'oignon et dorment à la belle étoile* (Vidalie). **2. Battre l'antif,** faire le trottoir : *On a beau battre l'antifle, le flacul fait pas ses frais* (Méténier).

ETYM. du ménédigne (arg. savoyard) **antiv(o),** veau : littéralement « faire le veau » [Esnault], mais le TLF le rattache au suivant (de même que la citation de Vidalie). **1.** 1830 [Esnault]. **2.** 1867 [Delvau].

1. antifle ou **entifle** *n.f.*

ARG. ANC. Église : *J'aime pas voler dans les antifles, je lui réponds, ça porte poisse* (Burnat).

ETYM. vieux mot issu de l'anc. fr. **antiffe,** antienne (ce mot, comme le précédent, connaît plusieurs variantes, et son origine n'est pas très claire). 1561, Rasse des Nœuds [Esnault] (→ ENTIFLER et ANTONNE).

2. antifle *n.f.*

Liaison : *Je faisais confiance à votre côté affectueux, j'voyais une petite antifle de quelques semaines* (Simonin, 6).

ETYM. du verbe **entifler.** 1966, Simonin.

antifler *v.t.* → ENTIFLER.

antigel *n.m.*

Alcool fort : *Eh ben, vous en faites des trombines, tous les deux ! Attendez un peu, je vais vous donner de l'antigel !* (Lefèvre, 1).

ETYM. métaphore humoristique : l'alcool est censé réchauffer les canalisations intérieures. 1955, Lefèvre.

antonne ou **entonne** *n.f.*

ARG. ANC. Église : *Il ne veut grinchir que dans les antonnes* (Ansiaume). **Petite antonne,** chapelle : *Il a grinchi toute la blanquette de la petite antonne* (id.).

ETYM. du lat. **antiphona,** antienne. 1628 [Chéreau]. **Petite antonne,** 1821 [Ansiaume].

apache *n.m.*

Voyou parisien du début du XXe s. : *Ah ! Buenos-Ayres ! le magnifique patelin ! Là qu'étaient venus se planquer les apaches de Belleville, de Saint-Ouen, de Charonne et d'ailleurs, pour échapper au casse-pipe* (Le Breton, 1) ; et, en apposition : *Ce qu'elle demandait en plus de la musique malgré son côté apache, comme si la robe noire qu'elle portait la gênait* (Lépidis).

ETYM. tiré du nom propre **Apaches,** désignant une tribu indienne des États-Unis, rendue populaire en France dès les années 1850 par les romans de G. Ferry, puis de G. Aimard. 1902, chanson *Viens Poupoule*, paroles de A. Spahn.

apéro *n.m.*

Apéritif : *Cette bonne populace qui, en liberté, trouve moyen de se crever le cul au boulot pour aller ensuite, comme des pieds, transformer en apéros, en litrons de pinard ou de gniole les quelques malheureux fafiots gagnés péniblement* (Tachet).

ETYM. apocope de **apéritif.** 1901 [Bruant].

VAR. **apé :** 1920 [Bauche].

aplatir *v.t.*

Aplatir le coup, pardonner.

◆ **s'aplatir** *v.pr.*

Ne pas insister, renoncer. SYN. s'écraser.

ETYM. image d'apaisement. 1975 [Le Breton]. ◆ *v.pr.* 1901 [Bruant].

apporter (s') *v.pr.*

Arriver : *Et puis, il n'avait pas le choix. Qu'aurait-il pu faire ? Attendre que les bourins s'apportent avec leurs grands panards ?* (Grancher). SYN. s'amener.

ETYM. emploi plaisant, qui considère l'individu comme une sorte de fardeau pour lui-même. 1935, Simonin-Bazin, mais comme v.t. au sens d'« amener », dès 1901 [Bruant].

appuyer (s') *v.pr.*

1. Supporter, subir (qqn ou qqch) : *Si toutes les cochonneries qu'ils s'appuyaient provenaient de la charité en question, elle n'avait pas de quoi se vanter, la Nation !* (Le Breton, 6). *La belle-doche, faut se l'appuyer !* **S'appuyer le dur, la veuve,** être condamné aux travaux forcés, à mort. **2.** Effectuer (une corvée, un travail difficile ou pénible) : *Dis donc, le ménage, c'est pas toi qui te l'appuies, la vaisselle, les courses, les repas, t'es bien content d'avoir une bonne à domicile* (Bernheim-Cardot). **3.** Posséder sexuellement.

ETYM. littéralement « se mettre sur le dos ou les épaules une chose ou un individu pénibles ». **1** et **2.** 1894 [Virmaître]. **3.** 1899 [Nouguier].

aprème *n.m.*

Après-midi : *Elle a passé l'aprème chez le coupe-tifs. Rasée qu'elle est avec juste la crête iroquoise* (Lasaygues).

ETYM. abrègement de **après-midi**. 1906 [Esnault], orthographié *après-m'*.

aquarium *n.m.*

1. Nom donné à divers lieux mal famés. **2.** Bureau vitré.

ETYM. le sens 1 provient surtout des noms de poisson donnés au proxénète, le sens 2 se rattachant à une image beaucoup plus visuelle. **1.** 1878 [Rigaud] ; en 1953, pour Sandry-Carrère, désignait le bassin de la place Pigalle, rendez-vous des souteneurs. **2.** 1927 [Esnault].

aquiger *v.i.*

Faire mal, être douloureux : *La tronche m'en aquige si fremy, que je n'en puis roupiller ne luysant ne sorgue* (Responce au grand Coesre).

◆ *v.t.*

Vx. **1.** Battre : *Aquige et n'aie pas le trac de chérer* (Nouguier). **2.** Marquer (les cartes). **3.** Prendre : *J'en ai mouché un qui m'écrasait les fumerons... autant d'aquigé !* (Méténier). **4.** Faire, arranger, fabriquer : *L'on a aquigé cette petite assemblée en attendant l'assemblée des Estats Généraux, pour aviser au remède* (Responce au grand Coesre).

ETYM. proche de l'esp. **aquejar**, tourmenter (selon Esnault). 1596, Péchon de Ruby, encore en 1988 [Caradec].

◆ *v.t.* **1** et **2.** 1836 [Vidocq]. **3.** 1821 [Ansiaume]. **4.** 1630, *Responce*.

araignée *n.f.*

1. Avoir une araignée dans le plafond ou (vx) **dans la tourte,** être dérangé mentalement : *La femme à Marjotte a une araignée dans la tourte !* (Claude). **2. Faire pattes d'araignée,** caresser le sexe du partenaire : *J'imaginais le fignolage... Pattes d'araignée sur les balloches, et quoi encore, merde ! feuille de rose !* (Boudard, 1).

ETYM. image pittoresque et ancienne au sens 1 ; vision érotique et précise d'une main baladeuse aux doigts écartés et actifs, au sens 2. **1.** 1865, Sardou. **2.** 1850, Gautier.

aramon *n.m.*

Vin ordinaire : *D'affreux coupages mêlent au nectar de Juliénas les plus reprochables aramons* (Locard, 2). *Autour de lui fermente la viande saoûle. Saoûle pas seulement d'aramon trafiqué* (Yonnet).

ETYM. nom d'une commune du Gard, productrice d'un cépage. 1911, Machard.

DER. **aramoniste** *n.m.* **1.** Buveur de vin : 1928 [Lacassagne]. **2.** Ivrogne : [id.].

arbalète *n.f.*

1. Vx. Croix (bijou féminin). **Arbalète d'antonne, de chique, de priante,** croix d'église. **2.** Pénis, surtout dans la loc. **coup d'arbalète**, coït (du point de vue de l'homme). **3.** Arme à feu : *Et tu emportes ton arbalète pour aller aux chiottes ? rigola-t-elle* (Grancher).

ETYM. analogie de forme au sens 1 et idée de « tirer un coup » aux sens 2 et 3. **1.** 1821 [Ansiaume]. **Arbalète d'antonne, de chique, de priante,** 1836 [Vidocq]. **2.** 1864 [Delvau]. **Coup d'arbalète,** 1928 [Lacassagne]. **3.** 1953 [Sandry-Carrère].

arbi, arabi ou **arbicot** *adj. et n.*

Arabe : *Je lui dis en langue arbi : / Bella / Fathima, ah ?* (chanson *Arrouah... Sidi*, paroles de P. Briollet et J. Combe). *Ils font pas sérieux. N'empêche, fit-il, sentencieux, je les préfère cent fois aux Arbis* (Vautrin, 1). *C'est le marché de Bigre. [...] Faut les entendre, les arabis, chanter l'artichaut breton, la poire William et la golden* (Lasaygues). *C'est un bon zig* [Ben Salem, promu caporal] *; c'est mon camarade, et je tiens à ce qu'on fasse une ripaille d'Arbicos* (A. Camus). Le fém. est rare : *Ah ! cette fausse arbicote de Rébecca !* (Lorrain).

ETYM. de l'arabe **arabi,** même sens (colonisation de l'Algérie). *arbi* 1858, Carrey [Doillon] ; *arabi* apparaît en anc. fr. chez Chrétien de Troyes (XIIe s.) au sens de « cheval arabe » ; la forme *arbicot* 1861 [Esnault] a donné *bicot*. *arbicote* 1904, Lorrain.

arbre *n.m.*

1. Monter, grimper à l'arbre, se laisser mystifier. **Faire monter, grimper à l'arbre,** mystifier ou faire enrager : *Daniel s'intéressa fin dingue aux publications féministes. Elles le faisaient grimper aux arbres, d'accord, mais lui fournissaient adresses et lieux de rendez-vous* (Bernheim-Cardot). **2. Grimper aux arbres,** exagérer, en parlant de la déposition d'un témoin ou de la déclaration d'un prévenu. **3.** Vx. **Arbre à prunes,** fusil.

ETYM. renvoie p.-ê. à la nouvelle de La Fontaine (1665) intitulée *la Gageure des trois commères*, dans laquelle l'amant trompe le mari en le faisant précisément grimper sur un poirier prétendument enchanté. **1.** 1866 [Delvau]. **Faire monter à l'arbre,** 1901, Colette [TLF] ; **faire grimper à l'arbre,** 1927, Mauriac [id.]. **2.** 1975 [Arnal]. **3.** 1850, Clémens.

arcagnats ou **arcagnasses** *n.m.pl.*

Menstrues. SYN. ragnagnas.

ETYM. formation expressive et dépréciative. 1977 [Caradec], mais la var. *argagnasses* figure dans Rossignol dès 1901.

VAR. **argantes :** 1987, Sarraute.

arcan *n.m.*

Individu vivant en marge de la société et pratiquant l'infraction systématique ; gangster : *La seule chose que je demandais, c'était qu'on me foute la paix, les flics comme les arcans* (Pagan). *Le gang n'entretenait aucune relation privilégiée avec d'autres arcans* (Houssin, 1).

ETYM. apocope de **arcandier,** brocanteur louche et errant (selon Esnault, qui voit là un mot provincial largement répandu en France). 1950 [Esnault]. Pour Le Breton (1960), ce mot, d'abord méprisant dans le milieu lui-même, s'est chargé par la suite d'une valeur positive.

arcanderie *n.f.*

Vx. Acte malhonnête : *Je vous demande un peu si ça a du bon sens de venir accoucher dans un hôtel ?… Y a rien à gagner avec toutes ces arcanderies-là !* (Méténier).

ETYM. de **arcandier.** 1885 [Esnault].

arcandier *n.m.*

Membre du milieu : *Y s'sape comme un arcandier de la Belle Époque* (Boudard-Étienne).

ETYM. → **ARCAN.** 1928 [Lacassagne].

arcat *n.m.* ou **arcasienne** *n.f.*

ARG. ANC. Syn. de lettre de Jérusalem.

ETYM. de l'esp. **arcaza,** coffret, selon Esnault. *arcat* 1836 [Vidocq] ; *arcasienne* 1835, Appert [Esnault].

DER. **arcasien** ou **arcasineur** *n.m.* Escroc rédigeant des arcats : 1836 [Vidocq].

arche *n.f.*

1. Coffre-fort. **Aller à l'arche,** récupérer avec une procuration l'argent qu'un joueur dupé a perdu sur parole. **2. Fendre l'arche,** importuner, ennuyer fortement : *Il avait bougrement l'air de se fendre l'arche* [en marchant à la mort] (Méténier).

ETYM. du lat. **arca,** coffre, armoire. **1.** 1836 [Vidocq]. **2.** 1859 [DDL 15] ; p.-ê. influence de l'all. **Arsch,** postérieur. Ici apparaît l'image du ventre ou du postérieur considéré comme contenant.

archer *n.m.*

Archer du Roy ou simpl. **archer,** agent de police : *Vous êtes tout seul, commissaire ?* […] *Pas un seul sbire ? Où sont les archers du Roy ?* (Pagan). *À propos du Yard, il paraît que vous avez eu affaire à ses archers, dernièrement ?* (San Antonio, 6).

ETYM. cet archaïsme plaisant connaît au XXe s. un regain de faveur (chanson de Georgius, *les Archers du Roy,* en 1918). XVe s., la première milice des francs archers ayant été créée par le roi de France Charles VII.

arçon *n.m.*

Vx. Signal d'avertissement consistant en un C tracé avec le pouce droit sur la joue droite (accompagné d'un bruit de crachement) : *Si c'était des amis de Pantin, je pourrais me faire reconnaître, mais des pantres nouvellement affranchis, j'aurais beau faire l'arçon* (Vidocq).

ETYM. diminutif de **arc,** la lettre C formant une sorte d'arc de cercle. 1828, Vidocq.

arçonner *v.t.*

Vx. **1.** Avertir. **2.** Menacer : *Arçonne-le et s'il ne va pas au refil, aquige* (Nouguier).

ETYM. de **arçon. 1.** 1850, Clémens. **2.** 1899 [Nouguier].

[-ard]
suffixe très productif, généralement péjoratif, à la fois populaire et argotique : **chauffard, cornard, crevard, queutard, salopard, trouillard,** etc.

ardillon *n.m.*
Pénis.
ETYM. métaphore banale de la pointe (l'*ardillon* est l'élément pointu de la boucle, qui sert à retenir la ceinture). 1864 [Delvau].

ardoise *n.f.*
1. Dette (surtout dans un café) : *Il avait des ardoises un peu partout... facile de se rendre compte qu'il tapait les uns et les autres dans le quartier* (Boudard, 5). *Ils allaient s'éloigner de ce pays, en laissant une sacrée ardoise derrière eux !* (Giovanni, 1). SYN. crayon. **Boire à l'ardoise,** à crédit. **2.** Urinoir. **Prendre une ardoise à l'eau,** uriner. **Je te paye une ardoise !,** invitation à uriner de compagnie. **3.** Couvre-chef ; tête.
ETYM. du mot désignant le matériau, les commerçants inscrivant souvent les sommes dues sur une *ardoise*. **1.** 1868, Villemot [Littré]. **Boire à l'ardoise,** 1894 [Virmaître] (*ardoise des passes,* dans une maison close : 1889 [Macé] ; Claude, vers 1880, signale le *Bal de l'Ardoise,* où on inscrivait sur une ardoise les danses des couples). **2.** 1920 [Bauche]. **Prendre une ardoise à l'eau,** 1953 [Sandry-Carrère]. **3.** 1878 [Rigaud].

[-arès, -aresse]
suffixes typiquement argotiques, servant à créer des formes verbales inconjugables, comme **boucларès, crevarès, déforçarès, dégoûtarès, emballarès :** *J'étais planquarès au petit poil. Plus un rat, plus une estrasse, terminaresse* (Agret).

arêtes *n.f.pl.*
Thorax ou dos d'un individu : *La noye, t'as les miches à glagla avec une berlue minable sur les arêtes* (Boudard-Étienne).
ETYM. image plaisante des côtes comparées aux arêtes d'un poisson. 1970, Boudard-Étienne.

argomuche *n.m.*
Argot : *Il restera plus que les bouquins de San Antonio parce qu'ils sont intraduisibles ; mais ces vaches-là seront capables d'apprendre l'argomuche pour les lire !* (San Antonio, 5).
ETYM. de **argot** et du suff. arg. **-muche.** 1901 [Rossignol].
VAR. **arguemuche :** 1899 [Nouguier].

argougner *v.t.*
Attraper, saisir : *Si jamais je parviens à l'argougner* [mon arquebuse], *mon petit Alex joli, tu vas arriver aux champs des allongés avant moi* (Tachet).
ETYM. du bressan **arguigner,** piquer, attaquer. 1930 [Esnault]. Est en désuétude, selon Le Breton (1960).
VAR. **argouigner :** 1941 [Esnault]. **argouiner :** 1953 [id.].
DER. **argougnage** *n.m.* Maraude, chapardage : 1982, ADG.

argousin *n.m.*
VIEILLI. Policier : *Deux argousins frappèrent à la porte de la chambre qu'occupaient Alexandre et Ferrand* (Thomas, 1).
ETYM. de l'anc. catalan **algutzir** (cf. esp. **alguazil**), gouverneur d'une collectivité de Sarrasins [TLF]. XVe s., sous la forme **agosin,** qui désigne à l'origine un officier subalterne chargé de surveiller les forçats.

arguche *n.m.*
Vx. Argot : *Entraver l'arguche.*
ETYM. resuffixation de **argot.** 1827 [Demoraine].

aristo *adj. et n.*
Aristocrate : *Comment ! c'est cet aristo de Cadet-Cassis ! cria Mes-Bottes* (Zola).
ETYM. apocope de **aristocrate.** 1850 [DDL 26].

arlequin *n.m.*
1. Vx. Forçat : [Quelques forçats de Rochefort] *qui étaient revêtus de ce costume (casaque mi-rouge mi-brune, aux manches l'une jaune derrière verte devant, l'autre verte derrière jaune devant, et pantalon multicolore) étaient désignés sous la dénomination d'arlequins* (Alhoy). **2.** Gendarme. **3.** Ensemble d'aliments disparates vendus au rabais par les restaurants : *L'arlequin* [...] *que le Chourineur sembla trouver parfaitement de son goût, car il s'écria : « Quel plat ! Dieu de Dieu !... quel plat ! c'est comme un omnibus ! Il y en a pour tous les goûts, pour ceux qui font gras et pour ceux qui font maigre, pour ceux qui aiment le sucre et ceux qui aiment le poivre... »* (Sue). *C'est lui qui lui fait ses courses, partage avec*

elle les arlequins qu'il filoute aux restaurants du voisinage (Veillot).

ETYM. images liées à l'aspect multicolore du costume d'arlequin (1 et 2) et à la notion de mélange (3). **1.** 1830, Alhoy [TLF]. **2.** 1975 [Le Breton]. **3.** 1829, Vidocq.

arlo *n.m.*

Objet de brocante sans valeur; arlequin (au sens 3): *Les plus démunis se résignant à se laisser voir achetant au marché de la rue L'Olive des arlequins, dits plus simplement « arlo ». Il s'agissait de dessertes de grands restaurants où, dans la même assiette, voisinaient, sur fond de jardinière, pinces de homard et ailes de poulet* (Simonin, 7).

ETYM. abrègement de **arlequin**. au pl. 1957 [Sandry-Carrère].

arménouche *adj. et n.*

Arménien : *Ces activités, à ce Samy, que certains appelaient encore l'Arménouche, je les connaissais pas avant minuit* (Simonin, 4).

ETYM. resuffixation arg. de **arménien**. 1955, Simonin.

armoire *n.f.*

1. Armoire à glace, normande ou simpl. **armoire,** homme taillé en athlète : *« Show me your passport ! » commanda rudement le plus grand des deux, une véritable armoire à glace* (Grancher). *Je suis entouré de colosses canadiens, de géants polonais et d'armoires nordiques* (Dalio). **2.** Nom donné à divers instruments de musique. **Armoire à sons,** orgue de Barbarie. **Scier son armoire,** jouer de la contrebasse. → SCIER. **3. Armoire à glace.** ***a.*** le quatre du jeu de cartes ; ***b.*** la bosse d'un bossu.

ETYM. notion de volume important, d'objet ou d'individu tenant beaucoup de place. **1.** 1945, Sartre [TLF]. **2.** 1901 [Bruant]. **Armoire à sons,** 1953 [Sandry-Carrère]. **Scier son armoire,** 1894 [Virmaître]. **3. *a.*** 1854, Alyge [Larchey] ; ***b.*** 1895 [Esnault].

arnaque *n.f.*

Escroquerie ; tromperie en général : *Dis-moi, qui a inventé l'arnaque sinon les gouvernants qui nous font payer l'impôt depuis plus longtemps que les nôtres ?* (Lépidis). *C'est ça, Pigalle, mon pote, la débrouille, l'arnaque et la marrade* (Siniac, 1).

ETYM. déverbal de **arnaquer.** 1833 [Moreau-Christophe], sous la forme **arnache,** devenue rare auj. D'après Guiraud, viendrait d'**Arnelle** (nom arg. de Rouen), par suffixation parasitaire. Ce mot est parfois confondu, par mauvaise segmentation, avec *renacle,* police.

arnaquer *v.t.*

Escroquer, tromper : *Un enfoiré qui voulait m'arnaquer aux cartes. Cinquante qu'y me dit en montrant ses brêmes en vitesse* (Lefèvre, 2).

ETYM. probablement du picard **harnacher,** accoutrer, travestir. 1835, Raspail [Esnault].

arnaqueur, euse *n.*

Escroc : *Le fond de la clientèle était même constitué par les utilités du milieu. Les petits mecs, les arnaqueurs, les « travailleurs » à la sauvette* (Dominique).

ETYM. de **arnaquer.** 1928 [Lacassagne]. Rare au fém.

Arnelle *n.pr.*

Vx. Rouen.

ETYM. déformation arg. du nom propre. 1836 [Vidocq].

arpèges *n.m.pl.*

Mensurations anthropométriques.

ETYM. image des doigts qui « pianotent » lors de la prise des empreintes selon la méthode Bertillon. 1975 [Arnal].

arpenter *v.i. et t.*

Arpenter (le bitume), se livrer à la prostitution, faire le trottoir : *De vieux maqs s'installaient à une terrasse pour la voir arpenter le bitume* (Le Breton, 2). *Demain, on va voir Katia, elle, ça fait vingt ans qu'elle arpente, elle connaît tout ce qui a un tiroir-caisse à la place du minou* (Pouy, 2).

ETYM. emploi spécialisé du terme usuel contemporain.

arpenteuse *n.f.*

Prostituée : *Le bistrot qui est à l'angle de la rue de Sèze où se retrouvent toutes les arpenteuses luxueuses des Capucines* (Clébert).

ETYM. de **arpenter.** 1952, Clébert.

arpète ou **arpette** *n.*

Apprenti (souvent péj.) : *Après le déjeuner, je passe la consigne à mon arpète et je vais faire un petit tour* (Dabit). *« Te pique pas les doigts, l'arpette ! » lui criait Pinson* (Hirsch).

ETYM. mot genevois, « mauvais ouvrier », emprunté à l'all. **Arbeiter,** ouvrier. 1858, Mulhauser [TLF].

arpigner *v.t.*

Saisir, attraper. SYN. argougner.

ETYM. déformation du lyonnais **arpiller,** courir (1902). 1945 [Esnault].

arpinche *n.m.*

Homme très avare.

ETYM. de **arpionner,** saisir. 1945 [Esnault].

arpion *n.m.*

1. Pied : *Lulu la Frappe avait dépassé la frontière en provoquant la Bohème sur son terrain, et comme il n'aimait pas qu'on lui marchât sur les arpions afin de briller en public, il fit arrêter la musique* (Lépidis). **2.** Orteil : *Vous en verrez bien d'autres avant que de mourir ; si Vidocq avec le talon de sa botte vous écrasait le gros arpion...* (Vidocq). **3.** Vx. Main : *Ils lui ont ligoté les arpions et rifaudé les paturons* (Ansiaume).

ETYM. du prov. mod. **arpihoun,** petite griffe (p.-ê. à rapprocher d'un radical germanique **harp,** saisir). **1.** 1827 [Granval]. **2.** 1829, Vidocq. **3.** 1821 [Ansiaume].

arquebusade *n.f.*

Syn. de fusillade : *Puisque vous êtes venus pour faire un chouïa d'arquebusade, je vais pas vous décevoir* (Simonin, 2).

ETYM. de **arquebuser.** 1953, Simonin.

arquebuse *n.f.*

Arme à feu, en partic. pistolet ou revolver : *Riton rangea son arquebuse et se servit du Martini* (Malet, 2).

ETYM. emploi humoristique d'un mot archaïque. 1954, Tachet.

arquebuser *v.t.*

Tirer sur : *Vous ne vous imaginez tout de même pas, messire, que c'est moi qui ai arquebusé votre chien de garde ?* (Héléna, 1).

ETYM. de **arquebuse.** 1954, Héléna.

arquepincer *v.t.*

1. Saisir (qqch). **2.** Arrêter (qqn) : *Je sais pourquoi la vache s'est changée en mufle pour arquepincer un filou dont j'ai pris le museau* (Claude). *Tu pers rien pour attendre ! Je t'arcpincerai !* (Méténier). **La maison J't'arquepince,** la police : *Le taulier, et s'il y a lieu la taulière, devant posséder une mentalité d'acier, être d'une discrétion à l'épreuve de l'interrogatoire à la maison j't'arcquepince* (Simonin, 10).

ETYM. de **arc** et **pincer,** au sens de « pincer en formant un double arc de cercle avec les doigts » [TLF]. 1828, Vidocq. **La maison J't'arquepince,** 1967, Simonin.

arquer *v.i.*

Marcher (surtout dans un contexte négatif) : *Cinq heures après le début du périple, je ne peux plus arquer* (*Libération,* 26 juillet 1983). *Une apaisante allure de baguenaude, un ralenti qui allait encore s'amplifier chez ceux qui arquaient boulevard de Courcelles* (Simonin, 5).

ETYM. très vieux verbe français issu du lat. **arcuare,** courber en arc, dès 1266 sous la forme **archer** [TLF]. 1854, Metz [Esnault], au sens arg.

arraché *n.m.*

1. Vol à l'arraché, commis en dépossédant un passant de qqch qu'il porte sur lui, rapidement et violemment : *C'est pas du braquage au flan ou de l'arnaque à l'arraché, le coltin de flic* (Spaggiari). **2. Coup d'arraché,** vol de grande envergure.

ETYM. expression décrivant la modalité de l'action. 1952 [Esnault].

arracher *v.t.*

1. Faire évader : *Laisse-toi prendre, fils. On t'arrachera, mais là, tu vas te faire buter* (ADG, 3). **2. Arracher son copeau,** ou **en arracher.** ***a.*** travailler : *Ainsi, toi, Petit-Bon-Dieu, t'étais bien sûr destiné à arracher ton copeau à Cayenne* (Leroux) ; ***b.*** éprouver l'orgasme, en parlant de l'homme (aussi **arracher son pavé**) ; ***c.*** se prostituer : *Mais de ces femmes qui en arrachent et en concassent, toutes ne font pas le bizeness dans les rues* (Alexandre). **3.** Vx. **Arracher du chiendent,** attendre en vain, en plein air.

◆ **s'arracher** *v.pr.*

1. Se faire (avec difficulté, en parlant notamment d'une peine) : *N'importe !... j'ai fait mon temps. Quinze ans, cela s'arrache !* (Hugo). **2.** ***a.*** S'en aller rapidement : *Que les flics, ils s'arrachent ! Je ne veux plus les voir* (*Libération,* 10 février 1984) ; ***b.*** s'évader : *Réputé dangereux, classé DPS (détenu particulièrement signalé), il a pu pourtant « s'arracher » en escaladant le mur d'enceinte de la prison*

(*Libération,* 29 mars 1989). **3.** Accomplir une performance exceptionnelle.

ETYM. idée d'une action faite au prix d'une certaine difficulté. **1.** 1972, ADG. **2. *a.*** 1867 [Delvau] ; ***b.*** 1864 [Delvau] ; ***c.*** 1987, Alexandre. **3.** 1841, Lucas.

◆ *v.pr.* **1.** 1827, Vidocq. **2.** 1946, Fresnes [Esnault]. **3.** 1947 [id.].

arranger *v.t.*

Traiter qqn de diverses manières : *Ah quel gueuleton si qu'on a du pognon / On ira pas dans une grande taule / S'faire arranger comme le font les rupins* (chanson *Dans une guinguette,* paroles de Charlys et K. Laroche, 1928). *Le maître d'hôtel se rengorgeant, parmi tous les pouffements de l'assistance, répliquait: «Tiens!... Je l'arrangerais* [Madame] *bien, moi, pour un peu de galette»* (Mirbeau). *J'aime les femmes et je les arrange bien. Je les étouffe et je leur coupe le cou* (Claude). *Laissez-moi m'moucher, j'suis plein de sang, / r'gardez-moi c'qu'y m'ont arrangé* (Rictus). *Thomas aussi est mort, il a été arrangé une nuit au rond-point de la Villette auprès du canal* (Lorrain). Spéc. Communiquer une MST.

◆ **s'arranger** *v.pr.*

Se battre : *C'est une femme avec qui j'm'ai arrangée... La Bertha... on s'est expliquées, à Belleville...* (Carco, 2).

ETYM. emploi ironique du verbe usuel. 1794, Demautort [Doillon]; spéc. 1894 [Virmaître].

◆ *v.pr.* 1914, Carco.

DER. **arrangemaner** *v.t.* Tromper : 1881 [Rigaud]. **arrangeman** ou **arrangemané** *adj.* Contaminé par une MST : 1928 [Lacassagne]. **arrangeman** *n.m.* Dupe, tricheur : 1920 [Sainéan].

arrimer (s') *v.pr.*

Vivre ensemble, légitimement ou non.

ETYM. métaphore marine. 1988 [Caradec].

arrondir (s') *v.pr.*

1. Vx. Devenir enceinte : *Tout doit s'arrondir en ce monde. Allons, voyons, quand t'arrondiras-tu ?* (Lhéritier). **2.** Vx. S'enrichir. **3.** S'enivrer.

ETYM. de **rond**. **1.** 1830, Lhéritier. **2.** 1881 [Rigaud]. **3.** 1953 [Sandry-Carrère].

arrosage ou **arrosement** *n.m.*

Action d'offrir à boire pour fêter un événement : *L'arrosement des galons de Ben Salem* (A. Camus).

ETYM. du verbe **arroser**. *arrosage* 1883, Loti [TLF] ; *arrosement* 1863, A. Camus.

arroser *v.t.*

1. Fêter (un événement plus ou moins important) par une invitation générale à boire : *Quand deux voyous se retrouvent, ils arrosent généralement ça* (Grancher). **Ça s'arrose !,** formule d'incitation à une telle cérémonie : *Ben voilà, je pars dans quelques jours. Oui, je suis mobilisé. Ça s'arrose, dites donc !* (Le Dano). **2.** Payer (qqn) pour le corrompre : *On n'arrose pas un type d'une main pour le torpiller de l'autre* (Pagan). **3.** Mitrailler : *Après, je fonce comme un bolide. En passant devant eux, s'ils tentent quoi que ce soit, tu les arroses* (Tachet).

ETYM. image assez parlante, suggérant une opération en tir dispersé ou encore la pomme d'arrosoir. **1.** 1828, Vidocq. **Ça s'arrose,** 1934, Vercel. **2.** 1838, Hugo [TLF], mais dès 1835 [Acad. fr.] en emploi absolu. **3.** 1938, J. Romains [TLF]. Est passé dans l'usage fam. au sens 1.

arroseuse *n.f.*

Arroseuse municipale, mitraillette.

ETYM. détournement plaisant, à partir du sens 3 de **arroser.** 1956 [Esnault].

arsouille *n.m.*

Homme douteux, dévoyé : *Ces salauds-là l'avaient manqué. Il allait faire œuvre de salubrité publique en les envoyant au Walhalla des arsouilles* (Viard). *Quand je pense aux sacrifices que je m'impose pour cet arsouille, depuis bientôt sept ans que son père est plus de ce monde* (Clavel, 3).

ETYM. déverbal de **arsouiller** ou verlan de **souillard**, souillon. 1792, Gorsas, dans Buchez et Roux [TLF] ; pour Cellard-Rey, plutôt francisation de l'angl. **arsehole,** trou du cul.

arsouiller (s') *v.pr.*

Se conduire en débauché; s'enivrer: *Les deux compères décident de s'arsouiller. Et les voilà partis à la fête de la fraise, un pack de Kronenbourg pour la route* (*Libération,* 23 novembre 1985).

ETYM. p.-ê. déformation de **se resouiller,** se souiller à nouveau. 1820 [Desgranges] ; antérieur en emploi intr. *arsouiller,* se conduire en arsouille, 1797, Babeuf [Littré] ; v.t. *arsouiller qqn,* l'injurier, 1867 [Delvau].

Arthur *n.pr.*

1. Vx. Gigolo. **2. Se faire appeler Arthur,** se faire réprimander : *Mâme chef va s'amener et demander pourquoi on gueule, et on va toutes se faire appeler Arthur* (Sarrazin, 2).

ETYM. origine inconnue ; p.-ê. en relation avec le factionnaire de l'École navale qui eut son heure de célébrité vers 1880 et que mentionne Esnault. **1.** 1845, Gautier [Larchey]. **2. Appeler qqn Arthur,** 1849 [DDL 38]. Est passé dans l'usage fam.

artichaut *n.m.*

1. Vx. Porte-monnaie : *On barbote au pauvr'diable qui crève / Ce qu'il a dans son artichaut* (Goualantes de la Villette). **2.** ARG. ANC. **Tête d'artichaut,** sorte de casse-tête : *Le conducteur* [...] *leur laisse voir avec intention une tête d'artichaut et une carabine placées au fond de la voiture* (Joigneaux).

ETYM. métaphore visuelle. **1.** 1906, Goualantes [Lacassagne]. **2.** 1841, Joigneaux.

artiche *n.m.*

1. Argent : *Il nous ferait tous enchetiber après avoir lâché l'artiche* (Trignol). *Cette perspective d'aligner son artiche pour se farguer d'un quart du Tip-Tap, visiblement elle faisait vibrer personne* (Simonin, 1). **2.** Vx. Postérieur : *Botter l'artiche.*

ETYM. apocope de **artichaut,** portefeuille. **1.** 1904, Lorrain (autrefois aussi au sens de « porte-monnaie » 1883 [Esnault]). Dégaudenzi l'emploie en 1987 au genre fém. **2.** 1894 [Virmaître].

article *n.m.*

1. Arme offensive. **2.** Pénis.

ETYM. spécialisations d'un mot très général. **1.** 1928 [Lacassagne]. **2.** 1864 [Delvau], mais *fort sur l'article*, luxurieux, dès 1808 [d'Hautel].

artie, artif, arton *n.m.* → LARTON.

artifaille *n.m.*

ARG. ANC. Pain : *Un minçon d'artifaille* (Leclair).

ETYM. sans doute par déglutination et resuffixation de **lartif** (v. ce mot). 1800, Leclair.

artiflot *n.m.*

Artilleur : *Nous faire arrêter juste près des artiflots, c'est bien une idée de Morache. Comme ça, si Fritz se met à tirer, ça sera pour nos gueules* (Dorgelès).

ETYM. resuffixation arg. de **artilleur.** 1879 [Esnault], mais p.-ê. dès 1840, d'après Esparbès [TLF].

artiller *v.i.*

1. Travailler avec acharnement. **2.** Faire des recettes ou des gains importants.

◆ *v.t.*

Posséder sexuellement.

ETYM. emplois métaphoriques. **1** et **2.** 1935, Simonin-Bazin.

◆ *v.t.* 1960 [Le Breton], selon qui ce sens vient du temps où les artilleurs prenaient d'assaut les maisons closes ; cf. *tirer un coup*.

artillerie *n.f.*

1. Jeu de dés truqué. **2.** Nourriture assez rustique et copieuse. **3.** Impressionnante collection d'armes à feu ; arsenal : *La douane espagnole a fouillé ses bagages, a trouvé toute une artillerie, mais a laissé passer* (Rank). **4.** Organes sexuels masculins : *Ce vieux salingue sort son artillerie devant les gamines.*

ETYM. idée de matériau utile et agressif (1, 3 et 4), d'abondance sans nuance (2). **1.** 1928 [Lacassagne]. **2.** 1960 [Le Breton]. **3.** 1953, Le Breton. **4.** début du XXe s., Carabelli (dans *coup d'artillerie,* coït [TLF]).

artilleur *n.m.*

Vx. **1.** Homme qui boit beaucoup. **2.** Chauffeur de taxi qui fait de gros gains : *Notre diplomate pâlit à la pensée qu'un pareil artilleur puisse le quitter* (Simonin-Bazin). **3. Artilleur à genoux** ou **de la pièce humide,** infirmier militaire.

ETYM. de **artiller. 1.** 1866 [Delvau] ; p.-ê. jeu de mots sur *canonnier*, buveur de canons. **2.** 1935, Simonin-Bazin. **3.** 1862 [Larchey]. **Artilleur de la pièce humide,** 1866 [Delvau].

artiste *n.m.*

1. Travailleur plus ou moins sérieux ; désignation de divers corps de métiers (vétérinaire, balayeur, etc.) : *Un cambrioleur de bonne éducation, comme celui-ci, n'a jamais d'arme sur lui* [...]. *Ne confondons pas les artistes et les escarpes* (Arnoux). **Artiste en chambre,** fille galante. **Artiste de pissoir** ou **de pissotière,** homosexuel habitué des vespasiennes. **2.** Fabricant de fausse monnaie.

ETYM. on peut être « artiste », qualificatif tantôt élogieux, tantôt ironique, dans toutes sortes de domaines. **1.** « vétérinaire » 1862 [Larchey]. **Artiste en chambre, de pissoir** ou **de pissotière,** 1899 [Nouguier]. **2.** 1975 [Arnal].

artoupan *n.m.*

Vx. Garde-chiourme : *Ils mangeaient en grognant encore contre le second, contre les gardechiourmes, les « artoupans », comme ils continuaient à les appeler, bien que ceux-ci eussent titre maintenant de « surveillants militaires »* (Leroux).

ETYM. mot prov. 1842, Sers [Sainéan].

as *n.m.*

1. Vx. **Être à as,** être démuni. **2. Passer à l'as,** être complètement laissé de côté : *Dans d'autres corps d'armée, ce serait passé à l'as. Mais pas chez les spahis. Il fut déféré à la justice militaire* (Spaggiari). **Faire passer à l'as,** détourner, dissimuler : *Jeanson raconte comment un trafiquant du marché noir réussit à faire « passer à l'as » ses vastes gains illicites* (Galtier-Boissière, 1). **3. Être aux as,** se dit d'une personne sur la compétence et le sang-froid de laquelle on peut compter. **4. Être (plein) aux as,** être dans l'aisance : *Les clodos sont pleins aux as, flic, tout le monde sait ça* (Demouzon). *Ils sont pas tellement aux as, ces larbins* (Malet, 13). **5.** Croupion d'une volaille. **6.** Vx. **As de pique.** ***a.*** vulve ; ***b.*** postérieur. **Fichu, foutu comme l'as de pique,** contrefait ou mal habillé : *Voilà un bougre qui est fichu comme l'as de pique* (Mac Orlan, 4). *L'un, vieux, roublard, habillé comme l'as de pique, les cheveux en broussaille* (Villard, 4). **7.** Vx. Garde-chiourme : *Le Parisien* [...] *appelle le garde-chiourme par sobriquet, l'As, allusion à la plaque en losange du shako du gardien* (Alhoy). **8.** Vx. **As de carreau,** sac du troupier.

ETYM. du lat. **as,** unité monétaire de faible valeur ; la forme de la carte appelée *as de pique* a donné naissance à des images érotiques ou scatologiques. **1.** 1875, Rabasse [Larchey]. **2.** fin du XIXe s. [Cellard-Rey], sans doute issu d'une expression, peu claire, du jeu de belote. **3.** 1975 [Le Breton]. **4.** 1870-1880 d'après Bruant, issu du **poker d'as,** où il est intéressant d'avoir un *full* (plein). **5.** fin du XVIIIe s. [Cellard-Rey]. **6.** ***a.*** 1793, Nerciat [id.] ; ***b.*** 1881 [Rigaud] (déjà péj. chez Molière, dans *le Dépit amoureux* [1656], pour désigner une personne désagréable) ; p.-ê., à l'époque moderne, allusion à l'écusson de drap noir que portaient au collet les bat' d'Af'. **Fichu comme l'as de pique,** 1862 [Larchey]. **7.** 1845, Alhoy. **8.** 1862 [Larchey].

asperge *n.f.*

1. Personne de grande taille (parfois **asperge montée en graine**). **2.** Pénis, surtout dans les loc. **aller, être aux asperges,** se livrer à la prostitution : *Dis-moi, tu bosses en usine ? Dans un bar comme serveuse ?... – Non, mon chou, qu'elle lui répondit en le caressant de nouveau et en faisant joujou, je vais aux asperges si tu veux savoir* (Lépidis).

ETYM. image assez évidente de qqn ou qqch qui se dresse, aisément associée à la pratique de la fellation. **1.** d'abord *asperge sucée,* 1808 [d'Hautel]. **2.** 1864 [Delvau] ; **aller aux asperges,** 1960 [Le Breton].

asphalte *n.m.*

1. Arpenter, polir l'asphalte, se promener dans la rue. **2. Être sur l'asphalte, faire l'asphalte,** se livrer à la prostitution.

ETYM. image pop., encore très actuelle, dans laquelle l'asphalte peut être remplacé par le bitume. **1.** 1850, Balzac [TLF]. **2.** 1866 [Delvau].

DER. **asphalteuse** *n.f.* Prostituée : 1894 [Virmaître].

asphyxier *v.t.*

1. Absorber (une boisson alcoolique). Vx. **Asphyxier le perroquet, le pierrot,** boire une absinthe, un verre de vin blanc. **2.** Dérober, voler.

ETYM. métaphore curieuse ; on emploie aussi *étouffer* aux deux sens, et on dit parfois *tordre le cou à une bouteille.* **1.** 1872 [Larchey]. **Asphyxier le perroquet, le pierrot,** 1841, *la Correctionnelle* [id.]. **2.** début du XXe s. [Carabelli].

aspic *adj. et n.m.*

Vx. **1.** Calomniateur, médisant. **2.** Avare : *T'es sûr qu'y a du pognon ? – Sûr et certain. Le gonce est aspic comme un chameau* (Rosny).

ETYM. cette image correspond à la *langue de vipère,* plus fréquente de nos jours ; le sens d'« avare » est moins attesté, et vient probablement de l'idée que le serpent surveille jalousement son bien. **1.** 1836 [Vidocq]. **2.** 1867 [Delvau].

DER. **aspiquerie** *n.f.* Médisance, calomnie : 1836 [Vidocq].

aspine *n.m.*

Argent monnayé : *Y se fit pas prier, le Quesquidi. Ses pognes tremblaient. Ses quinquets étincelaient. L'aspine ? Y n'aimait que ça au monde* (Le Breton, 1).

ETYM. origine peu claire ; du prov. **espinar,** épinard, selon Esnault, mais l'initiale en *a-* fait problème. 1866 [id.]. Boudard et Simonin le considèrent comme féminin.

assaisonnement *n.m.*

Traitement (génér. sévère): *Un reporter avait réussi à se procurer une photo du cadavre de Lebas. L'ex-attaché à la direction des usines Folk n'était pas beau à voir* [...]. *– Tu parles d'un assaisonnement, émit cyniquement Albert* (Malet, 7).

ETYM. du verbe **assaisonner.** 1947, Malet.

assaisonner *v.t.*

1. Malmener, donner une leçon à qqn: *On lui fait redescendre les escaliers à coups de crosse sur la tête. En bas, ils sont une dizaine à l'attendre, faisant le cercle pour mieux l'assaisonner* (Spaggiari). *J'allais pouvoir l'assaisonner piquante pour la nuit qu'elle m'avait fait passer* (Granotier). **2.** Blesser; tuer: *Il regretta de ne pas posséder une arme automatique à longue portée, pour se planquer dans un coin et assaisonner cette bande de chacals* (Giovanni, 1). **3.** Communiquer une MST.

ETYM. cette image renvoie à l'idée de piquant, d'acidité destinés à relever un mets trop fade. **1.** 1807 [Enckell]. **2.** 1896, chanson *la Purge*, paroles de C. Marie. **3.** 1928 [Lacassagne].

asseoir (s') *v.pr.*

1. S'asseoir sur qqch, s'asseoir dessus, le mépriser, ne pas en tenir compte : *Je ne t'ai pas reconnu, moi !... Tu m'es rien de rien !... Et la loi, je m'assois dessus !...* (Machard, 4). **2. S'asseoir sur le bouchon,** se dit d'une position érotique dans laquelle la femme s'assied sur l'homme couché sur le dos, en se faisant pénétrer par lui. **3. S'asseoir sur une bûche,** pratiquer l'homosexualité masculine.

◆ *v.t.*

Confondre ; stupéfier.

ETYM. représentation physique du mépris: ce sur quoi on est assis se trouve, de ce fait même, au-dessous de nous. **1.** 1872 [Larchey]. **2.** 1864 [Delvau]. **3.** 1899 [Nouguier].

◆ *v.t.* 1901 [Bruant].

assiettes *n.f.pl.*

Cour d'assises : *Vous n'êtes pas aux assiettes, et personne ne vous accuse de quoi que ce soit* (Pagan).

ETYM. déformation ludique du mot **assises.** 1941 [Esnault].

assistance *n.f.*

1. Aide apportée à un détenu (visites, recherche d'un avocat, contacts extérieurs, etc.) : *J'pouvais pourtant pas la laisser* [la détenue] *comme ça, sans assistance* (Méténier). **2.** Panier contenant des vivres pour un détenu.

ETYM. emploi spécialisé du mot usuel. **1.** 1877 [Chautard]. **2.** 1885 [Esnault].

assister *v.t.*

Aider (généralement un détenu): *« Faut bien que je l'assiste, non ? » Valentin haussa les sourcils. « Que je l'assiste... » C'était une expression essentiellement employée par les gens qui avaient connu l'ombre du Grand Mur, l'attente des colis et du courrier, dans le silence fétide des prisons* (Vexin).

ETYM. emploi spécialisé du verbe usuel. 1841, Joigneaux et Lucas.

assommade *n.f.*

1. Vx. Meurtre commis par un ou plusieurs assommeurs. **2.** Coup violent porté à la tête: *Une assommade ? – Et de première bourre. Je ne suis sorti du coma qu'à dix heures* (Malet, 19).

ETYM. de **assommer. 1.** 1889, Macé. **2.** 1967, Malet.

assommeur *n.m.*

Vx. Individu qui prête sa force à l'auteur d'un cambriolage avec violence : *C'est le pégriot qui commande, à l'heure de la fermeture des boutiques, un meurtre accompagné de vol, dont les assommeurs, tous de vieux fagots, ne sont que les comparses* (Claude).

ETYM. de **assommer.** 1880, Claude.

assurer *v.i.*

1. Être très compétent dans son domaine: *Ils font du rock'n roll à Memphis, Tennessee, / avec des musicos qui assurent comme des bêtes* (Renaud). **2.** Ne pas se laisser troubler ou démonter : *Marie-Claude, qui assurait toujours, là, elle était morte de peur* (Pouy, 1) ; rester maître de la situation: *P. Desgraupes n'est pas tombé de la dernière pluie : il assure, comme on* *dit aujourd'hui* (*le Nouvel Observateur,* 13 février 1982). **3.** Avoir de l'allure, de la prestance : *L'Élégant assurait sans esbroufe* (Pagan). **4.** Faire le nécessaire pour parvenir au résultat cherché : *Maurice a pris un boulot de soudeur et a choisi d'assurer* (*Actuel,* janvier 1981).

ETYM. emplois récents et branchés d'un vieux verbe, qui lui conservent la notion, essentielle, d'assurance, de confiance en soi. **1.** 1978, Renaud. **2, 3** et **4.** vers 1980. Selon Obalk (1984), le sens 2 proviendrait de la loc. loubarde *assurer son cuir*, « pouvoir porter son blouson de cuir dans la rue en toute tranquillité, sans craindre personne ».

astape *loc. adj.*

VIEILLI. **C'est astape,** c'est extrêmement drôle.

ETYM. abrègement de **c'est à se taper (le derrière par terre).** En 1953, Sandry-Carrère le classe comme mot snob. 1950 [Esnault], art. *taper*.

astibloche *n.m.*

Asticot : *Encore longtemps après décès, ma mise très humble aux astibloches, mes vrais seuls sérieux amateurs* (Céline, 5). SYN. bloche.

ETYM. suffixation arg. de **asticot.** 1882 [Chautard].

VAR. **astibloc :** 1953 [Sandry-Carrère].

asticot *n.m.*

1. Personne de peu d'importance ; enfant : *Tendez votre assiette, la bourgeoise, et toi aussi, l'asticot !* (Machard, 4). *Regardez-moi c't asticot !* **2.** Vx. Jeune maîtresse : *Les souteneurs* [...] *se servent d'expressions pittoresques, mouvementées, et appropriées au singulier genre de « travail » des véritables prostituées. En action, ce sont des outils, des asticots, des éponges, des marmites* (Macé). **3.** Pénis.

◆ **asticots** *n.m.pl.*

Vermicelle.

ETYM. images fondées sur l'idée de petitesse, accompagnée de vivacité. **1.** 1855 [Esnault]. **2.** 1878 [Rigaud]. **3.** 1847 [Esnault].

◆ *pl.* 1836 [Vidocq].

astiquer *v.t.*

1. Infliger une correction à qqn : *Sinon, je t'astique, je te tombe sur la bosse !* (Paillet). **2.** Regarder ; en partic., regarder la carte à jouer indiquée par un complice. **3.** Pratiquer la fellation ou la masturbation sur qqn : *On le taille, on le pompe, on te l'astique, on te le pénètre* (Bastid-Martens, 1).

◆ **s'astiquer** *v.pr.*

1. Copuler. **2.** Se masturber : *À travers l'étui, il avait aperçu la première photo : une quadragénaire debout sur fond de jungle, si velue du bas ventre qu'elle paraissait couverte d'un large cache-sexe tricoté, chiné noir et marron* [...] *Dominique rit : « C'est là-dessus qu'il s'astique ce mec ? Ben mon vieux »* (Duvert). On dit aussi **s'astiquer la colonne** (homme), **le bouton** (femme).

ETYM. de **astic,** outil de cordonnier en os servant à polir le cuir des souliers ; l'idée argotique la plus fréquente est celle du va-et-vient. **1.** 1847 [Dict. nain]. **2.** 1875 [Chautard]. **3.** 1864 [Delvau].

◆ *v.pr.* **1.** 1847 [Dict. nain]. **2.** 1864 [Delvau].

atelier *n.m.*

Lieu d'activité (chambre, trottoir, etc.) : *Elle comptait les mois et cela n'était pas fait pour lui donner le courage de retourner, comme elle le disait, « à l'atelier », le lendemain* (Carco, 2).

ETYM. emploi métaphorique et ironique du mot usuel. « chambre » 1878 [Esnault] ; « trottoir » 1914, Carco.

atout *n.m.*

Vx. **1.** Estomac ; courage : *« Je ne me plains pas ; tu es un cadet qui as de l'atout », dit le brigand d'un ton bourru* (Sue). **2.** Argent. **3.** Coup reçu : *C'est au tour de la frangine à avoir son atout* (Claude). *Même qu'elle a reçu un atout dans le transport* (Daudet).

ETYM. vient du **cœur,** atout de cartes par excellence ; l'idée de coup provient de ce que l'atout est abattu sur le tapis (cf. *taper le carton*). **1.** 1836 [Vidocq]. **2.** 1867 [Delvau]. **3.** 1808 [d'Hautel].

DER. **atouser** *v.t.* Encourager : 1836 [Vidocq].

attache *n.f.*

Vx. Boucle, anneau : *J'ai mis les philosophes du Messière pour avoir les attaches* (Ansiaume). **Attache de cé, d'huile, d'orient,** boucle d'argent, d'or.

ETYM. de **attacher.** 1725 [Granval].

atteler *v.t.*

1. Vx. Lier ensemble deux détenus par une chaîne. **2.** Faire travailler plusieurs femmes, en tant que proxénète : *De mœurs complètement dissolues, choisissant indistinctement* *pour maîtresses la femme mariée, l'actrice ou la grisette, il avait toujours simultanément attelées à son char plusieurs de ces malheureuses* (Canler). **Être attelé** ou **atteler** (v.i.), tirer ses revenus de deux femmes, l'une légitime, l'autre non : *Avec deux biftecks au tapin, tu peux voir venir, c'est moi qui te le dis ! Atteler à deux, ça ne te fait pas peur, à ton âge ?* (Galtier-Boissière, 2).

ETYM. image tirée du turf au sens 2. **1.** 1829 [Forban]. **2.** 1862, Canler ; v.i. 1925, Galtier-Boissière.

attiger *v.t.*

1. Vx. Blesser, meurtrir : *Les agents ont dû m' protéger / contr' les cann's et les parapluies, / [...] mais y m'ont quand même attigé* (Rictus). *Même qu'une fois il a été attigé salement : deux coups d'sorlingue dans le poumon droit* (Lorrain) ; au fig. : *Remarquez bien que je ne dis pas cela pour attiger la police* (London, 1). **2.** Contaminer par voie sexuelle : *Je me suis fait attiger [...] c'est pas la gonzesse pourrie qui manque...* (Werth, 1). *Des rafles sont organisées pour arrêter les filles attigées* (Alexandre). **3. Attiger la cabane** ou simpl. **attiger,** exagérer : *Avec tout son pognon, elle a laissé boucler son gars et tu trouves ça naturel ? C'est toi qu'attiges !* (Le Breton, 6). *Elle devait commencer à me prendre pour un enquiquineur et peut-être attigeais-je en effet, après l'accueil que j'avais réservé à ses histoires* (ADG, 1).

ETYM. var. phonétique de **aquiger** [Sainéan] (cf. *cinquième* et *cintième*). L'orthographe *atiger* avec un seul *t* (1867 [Delvau]) est rare auj. **1.** « meurtrir de coups » 1808 [d'Hautel] ; « torturer » 1829 [Forban]. **2.** 1867 [Delvau]. **3. Attiger la cabane,** 1916, Benjamin ; **attiger,** 1920 [Bauche].

attributs *n.m.pl.*

Attributs (virils), organes sexuels masculins.

ETYM. vient du sens plus général « partie du corps propre à tel être vivant ». 1856, Michelet [TLF]. Ce mot fait en quelque sorte pendant aux appas féminins.

attrimer *v.t.*

ARG. ANC. Prendre : *J'attrime un singulier plaisir d'enterver rouscailler le jargon* (Responce au grand Coesre).

ETYM. de **trimer**, mettre en route (vers soi-même), selon Esnault. 1596, Péchon de Ruby.

attriquer *v.t.*

1. Acheter (à l'origine, surtout des objets volés) : *Il avait même attriqué l'indicateur Bertrand pour avoir un aperçu du genre de bouclard qu'il allait pouvoir s'offrir avec sa part* (Houssin, 2). **2.** Se procurer : *Toutes les planques, les nanas pensantes, elles se les attriqueraient en priorité* (Simonin, 6). *La vieille va pas manquer d'aller attriquer de la flotte pour ses fleurs et son petit ménage au robinet de l'allée* (Dégaudenzi).

ETYM. vieux mot d'origine obscure ; il existe dès le XVe s. un verbe **attriquer,** ajuster, mais sa relation avec l'emploi arg. n'est pas claire. **1.** 1836 [Vidocq]. **2.** 1966, Simonin.

DÉR. **attriqueuse** *n.f.* Femme qui achète les objets volés : 1867 [Delvau].

auber ou **aubert** *n.m.*

Argent monnayé : *Crois bien que M. Philibert n'aurait pas refusé l'auber de ces dames* (Lorrain). *Cette espèce de loffe avait loué, loin de chez lui, une sorte d'appartement inconnu des siens où il venait entasser son jonc et son aubert chaque soir après l'avoir compté* (Burnat). *On trouve un peu d'auber, un début de capital, quoi, pour monter notre affaire* (Siniac, 3).

ETYM. vieux mot issu sans doute du lat. **albus,** blanc (couleur de la pièce d'argent) ; p.-ê. y a-t-il un croisement humoristique avec **haubert,** cotte de mailles (la maille, en anc. fr., est une pièce de monnaie : cf. *avoir maille à partir*). 1455, Coquillards. *auber* 1790, *le Rat du Châtelet.*

auberge *n.f.*

N'être pas sorti de l'auberge, se trouver dans une situation dont il est difficile de se dégager : *Attends ! Tu n'es pas encore sorti de l'auberge* (Grancher). *Je ne savais déjà pas très bien sur quel pied je dansais, dans cette affaire, mais si par-dessus le marché, tout le monde fuyait comme ça devant moi, je n'étais pas sorti de l'auberge* (Malet, 2).

ETYM. image pittoresque, suggérant une difficulté quelconque. 1953 [Esnault]. Est passé dans la langue courante.

aubergine *n.f.*

1. Évêque. **2.** Nez rougi par l'abus de l'alcool : *Elle avait dû, j'imagine, / Tiquer sur mon aubergine, / Et, dans son illusion, / Me jugeant à son échelle, / En tirer je ne sais quelle / Flatteuse* *conclusion* (Ponchon). **3.** Bouteille de vin rouge. **4.** Employée contractuelle de la police, qui avait pour mission principale de sanctionner les infractions aux règles de stationnement: *Un peu plus haut, sur la gauche, une grosse «Aubergine» aux jambes difformes et d'aspect crasseux, collait contravention sur contravention aux véhicules mal garés* (Risser).

ETYM. tous ces sens reposent sur l'analogie de couleur. **1.** 1847 [Dict. nain]. **2.** 1881 [Esnault]. **3.** 1901 [Bruant]. **4.** 1971 (année de création de ce corps); sens déjà tombé en désuétude car, en mars 1978, la couleur de leur uniforme est devenue «pervenche».

aussi sec *loc. adv.*

Immédiatement, sans attendre: *Bref, on a été virés aussi sec et, du jour au lendemain, on s'est retrouvés sans boulot* (Bénoziglio).

◆ **aussi sec que** *loc. conj.*

Au moment même où: *La tête tranchée en deux, le gaffe s'est allongé sans un cri. Aussi sec qu'il tombait, Hautin qui était posté devant naturellement, lui chope le mousqueton* (Charrière).

ETYM. reformulation pop. de **aussitôt**: l'adv. *sec* est à rapprocher de *net, pile,* etc. 1904 [Esnault], mais sans doute largement antérieur.

autichante *adj.f.*

Se dit d'une femme sexuellement excitante: *Bien la peine qu'elle se soit apprêtée pour lui plaire! Elle l'appela: «Pierre!» Il leva la tête mais ne parut pas remarquer combien elle était autichante* (Le Breton, 1).

ETYM. emploi adj. du participe présent de **auticher.** 1954, Le Breton.

auticher *v.t.*

Exciter un homme sur le plan sexuel: *Plaquée sur ses formes, sa robe étroite la défringuait mieux qu'une nudité. Elle en connaissait un bout pour auticher les hommes!* (Le Breton, 1).

ETYM. altération de **s'enticher,** verbe régional (Arras, Doubs) encore en usage, ou survivance d'un anc. verbe **enticier,** exciter, datant du XVe s. (cf. l'angl. **to entice,** même sens) [Cellard-Rey]. 1899 [Nouguier], sous la forme *outicher.*

DER. **autiche** *n.f.* **Faire de l'autiche,** causer du désordre: 1952 [Esnault].

autobus *n.m.*

Prostituée occasionnelle.

ETYM. origine peu claire: idée de passage intermittent ou de transports en commun? 1975 [Arnal].

autor (d') *loc. adv.*

Avec énergie, autorité et rapidité: *Il écartait Léopold et entrait d'autor, disant: «J'ai absolument besoin de vous voir»* (Simonin, 1). *Tout ce qu'il a trouvé, c'est de tenter le forcing, d'essayer de me prendre un mètre d'avance pour revenir à droite d'autor, en me serrant* (G. Arnaud, 2). *Qu'un bécan t'agriche, et d'auto / T baiss's la tronche* (Marcus). *Pègre d'naissance, d'autor et d'riffe* (Bruant). → ACHAR (D').

ETYM. apocope de **autorité** (avec divers renforcements possibles: *achar* et *rif*). 1835 [Raspail], sous la forme courte *d'auto,* reprise en 1935 par Simonin-Bazin. *d'autor* 1836 [Vidocq].

auvergnat *n.m.*

1. Juif. **2.** Langue incompréhensible.

ETYM. manifestations naïves de préjugés contre les provinciaux. **1** et **2.** 1977 [Caradec].

auverpin *adj. et n.m.*

Auvergnat (souvent au sens second d'«avare»): *Déjà, le taulier auverpin ôtait du zinc ma demi-chope à demi-pleine encore* (Simonin, 4). *Derrière le comptoir, un Auverpin congestif rinçait des godets, tout en taillant une bavette avec un clille* (Bastiani, 4).

ETYM. resuffixation de **auvergnat.** 1821 [Ansiaume].

VAR. **auversin:** [id.]. **auverploum:** 1880 [Chautard].

DER. **auverpinches** *n.m.pl.* Gros souliers comme en portaient les Auvergnats: 1881 [Rigaud].

auxigot ou **auxi** *n.m.*

1. Détenu chargé de certaines corvées et jouissant de quelque liberté d'action à l'intérieur de la prison: *On était livré aux gaffes, hostiles par principe, aux prévôts, aux auxis et aux détenus chevronnés qui vous bousculaient dans les couloirs* (Malet, 1). **2.** Aide, auxiliaire (au sens large): *Za, c'est Roger Zavatter, un de mes auxis* (Malet, 19).

ETYM. issu par apocope et resuffixation de **auxiliaire. 1.** 1878 [Chautard]. **2.** *auxigo* 1899 [Nouguier]; *auxi* 1967, Malet.

VAR. **auxio:** 1885-1890, Bruant [Cellard-Rey].

avaler *v.t.*

1. Avaler son bulletin, son extrait de naissance (anc. **le goujon, sa cartouche, sa chique, sa cuiller, sa fourchette, sa gaffe, sa langue, ses baguettes,** etc.) ou simpl. **l'avaler,** mourir : *Après six ans de ce bonheur sans ombre, Thomas va tourner les coins… avaler son bulletin de naissance* (Boudard, 2). *Là-haut, le malade est occupé à avaler son extrait d'acte de naissance… elle n'y peut rien, la stagiaire !* (Morgiève). *Si jamais il y en avait un de vous autres qui donnait un poteau, je promets qu'il n'y coupera pas d'avaler sa fourchette* (Rosny). *Pauvre vieux zig ! Il a avalé sa cartouche* (A. Camus). *Qui savait que sa dabe venait de l'avaler ?* (Le Breton, 2). **2. Avaler l'Auvergnat, le disque, le luron, le pain à cacheter, le polichinelle, le sapeur,** etc., communier : *Le ratichon fait avaler le luron à toutes les gonzesses d'ici* (Ansiaume). **3. Avoir avalé le pépin,** être enceinte. **4. Avaler son dentier,** se dit d'une prostituée qui fait des passes supplémentaires pour payer une amende infligée par le proxénète. **5. Avoir avalé un parapluie, un piquet,** être raide et compassé.

ETYM. métaphores expressives à partir du verbe usuel. **1. Avaler le goujon,** 1806 [Rigaud] ; **sa cartouche,** 1863, A. Camus ; **sa chique,** 1894 [Virmaître] ; **sa gaffe,** 1832, Sue ; **son bulletin** ou **extrait…,** 1947, Stollé ; autres compléments, 1867 [Delvau]. **2. Avaler le luron,** 1821 [Ansiaume] ; **le polichinelle,** 1867 [Delvau] ; **l'Auvergnat,** 1881 [Rigaud] ; autres compl., 1901 [Bruant]. **3.** 1866 [Delvau]. **4.** 1975 [Arnal]. **5.** mil. du XXe s.

avale-tout-cru *n.m.inv.*

1. Vx. Voleur à la détourne qui dérobait les diamants chez les joailliers en les avalant. **2.** Individu glouton : *Regardez-moi ces deux avale-tout-cru : la fringale vous galopera comme si vous veniez de manger un bocal de cornichons* (Sue).

ETYM. expression plaisante suggérant la hâte de celui qui ne prend même pas le temps de cuire ses aliments. **1.** 1808 [d'Hautel]. **2.** 1842, Sue.

avaloir *n.m.* ou **avaloire** *n.f.*

VIEILLI. Gosier, gorge : *J'aime mieux faire la tortue et avoir des philosophes aux arpions que d'être sans eau d'aff dans l'avaloir* (Sue). *Il n'a pas souffert, mon coup de pointe l'a crevé juste à la hauteur de l'avaloire* (Burnat).

ETYM. de **avaler.** *n.m.* 1808 [d'Hautel] ; *n.f.* 1615 [TLF].

avant *n.m.*

Aller de l'avant, agir rapidement et efficacement (dans un contexte de délinquance) : *Il a fallu faucher quatre balançons et aller de l'avant* (Ansiaume).

ETYM. loc. explicite. 1821 [Ansiaume].

avantage *n.m.*

1. Faire un avantage à qqn. ***a.*** faire une concession en affaires (par ex. une remise) : *Marco, je ne suis pas un rambineur, mais tu m'as fait un avantage ; j'espère que ça se retrouvera* (Simonin, 2) ; ***b.*** accorder ses faveurs amoureuses (à une femme). **2. Avoir un avantage avec qqn,** lui plaire physiquement : *J'ai un avantage avec Gigi, marche pas sur mes plates-bandes* (Boudard-Étienne).
SYN. avoir un ticket, une touche.

◆ **avantages** *n.m.pl.*
Poitrine d'une femme.

ETYM. emplois spécialisés du mot usuel. **1.** ***a.*** 1953, Simonin ; ***b.*** 1957 [PSI]. **2.** 1970, Boudard-Étienne.
◆ *pl.* 1862 [Larchey] (idée d'abondance).

avant-scène *n.f.*

Poitrine opulente d'une femme : *Une cliente arrivait. Moins deux que le glaviot n'atterrisse dans son avant-scène* (Pelman, 1).

ETYM. image burlesque du débordement (la loge d'avant-scène déborde sur la scène). 1842, E. Bourget [Doillon].

VAR. **avant-cœurs** *n.m.pl.* : 1835, Balzac [TLF]. **avant-main** *n.m.* : 1881 [Larchey]. **avant-postes** *n.m.pl.* : 1874, Barbey d'Aurevilly [Rigaud].

avaro *n.m.*

Événement fâcheux, accident de parcours : *Depuis c't'avaro, elle est sur le dos / Dans du bois d'ormeau, boîte à dominos* (chanson *Folle Complainte,* paroles de E. Bouchaud). *Ils ont eu un avaro de moteur qui les a obligés à tout laisser en plan* (Malet, 9).

ETYM. resuffixation pop. de **avarie.** 1878 [Boutmy].

aveindre *v.t.*

Vx. Saisir, prendre : *Il a vu faire le marché de l'habit dont le témoin parle, lequel habit avait été aveint d'un sac* (Orgères). *« Ça durera ce que ça durera !» grommela-t-il en aveignant une boîte de cigarettes* (Rosny).

ETYM. vieux verbe à caractère régional, issu du lat. **advenire,** survenir. fin du XIIe s. [TLF].

avergots *n.m.pl.*

Œufs : *Mais on fait pas d'omelette sans casser des avergots, pas ? L'tout est de pas frousser et de courir au plus pressé* (Leroux).

ETYM. du germanique **albaire,** œuf, avec influence gasconne pour le passage de *b* à *v* [Esnault]. 1612, Péchon de Ruby.

aviron *n.m.*

Cuiller.

ETYM. emploi métaphorique du mot usuel, par analogie approximative de forme. 1977 [Caradec].

avocat *n.m.*

1. Compère. **Faire l'avocat** ou **le faire à l'avocat,** servir de compère (dans un jeu d'argent, dans une entreprise délictueuse). **2.** Remplaçant d'un joueur épuisé.

ETYM. idée d'assistance (amicale), qu'on rencontre aussi dans la langue courante (cf. *se faire l'avocat de...*). **1** et **2.** 1960 [Le Breton].

avoine ou **avoinée** *n.f.*

Correction infligée à qqn : *Sans compter Reig qui le visitait tous les soirs. Dix-huit heures recto, pour lui filer son avoine. Une avalanche. Toutes les nuits sur le bat-flanc. Des plaintes, des cris, des lamentations de douleur* (Vautrin, 1). *Même les flics, ils ne peuvent pas y pénétrer sans se ramasser une avoinée, jets de pierre et tout le bazar* (*Libération,* 11 août 1980).

ETYM. d'un emploi spécial de l'avoine qu'on donne aux chevaux, la nourriture était parfois remplacée par... des coups de fouet. 1867 [Delvau]. D'où l'idée de mauvais traitements. 1875 [Chautard].

avoiner *v.t.*

Corriger sévèrement : *Il s'était avancé sans faire de bruit jusqu'à ce qu'il fût exactement derrière lui, et il l'avait avoiné sec, d'un terrible hook derrière la nuque* (Grancher).

ETYM. de **avoine**. Selon Le Breton, il s'agirait d'une allusion à la moissonneuse-batteuse. vers 1930 [Cellard-Rey].

avoir *v.t.*

1. Posséder sexuellement. **2.** Tromper, gruger, surtout dans les loc. **se faire avoir (dans les grandes largeurs, jusqu'au trognon,** etc.) : *Affolé et désemparé comme il doit l'être, Youra va triplement se faire avoir* (Malaquais). *On va pas se laisser faire figure-toi ! On va pas se laisser avoir ! Oh mais tu nous auras pas ! Si tu te figures que tu nous auras !* (Duvert). **3. En avoir,** être viril, courageux : *Un gars qui en a !... Il était dragon, il a demandé à passer dans la biffe* (Vercel).

ETYM. idée de possession sexuelle et sociale (cf. *baiser, couillonner,* etc.). **1.** 1150, *Pèlerinage de Charlemagne* [TLF]. **2.** 1690 [Furetière]. **3.** 1920 [Bauche] (sous-entendu *des couilles* ou *du poil au cul*). *Avoir dans le ventre,* 1953 [Sandry-Carrère].

azimuté, e *adj.*

Qui a l'esprit dérangé : *L'aumônier a commencé à voir certaines de ses brebis azimutées se shooter dans la cave de l'église* (*Libération,* 16 février 1984).

ETYM. image proche de **perdre le nord** ou **la boussole.** 1935 [Esnault].

azimuter ou **azimuther** *v.t.*

1. Observer, repérer. **2.** Tuer : *Parbleu, ce type allait nous azimuther froidement et emporter la fille* (Héléna, 1).

ETYM. idée de viser sous un certain angle. **1.** 1892 [Esnault]. **2.** 1954, Héléna.

azimuts *n.m.pl.*

Dans tous les azimuts ou **tous azimuts,** dans toutes les directions, de tous côtés : *Lui aussi commença à m'expliquer qu'il avait dépêché des motards dans tous les azimuts* (ADG, 1). *Les haut-parleurs crachotaient tous azimuts, mélangeant la poudre à lessive, les appels au calme et les avis de recherche* (Bénoziglio).

ETYM. vulgarisation d'un terme d'astronomie, issu de l'arabe et pris dans un contexte de stratégie militaire, au sens de « direction (sous l'aspect angulaire) ». 1953, Simonin. Est passé dans l'usage fam.

azor *n.m.*

Vx. **1.** Havresac. **2.** Revolver. **3.** Domestique.

◆ *n.pr.*

Appeler Azor, siffler un artiste, appeler un camarade.

ETYM. c'est au départ un nom de chien (de *Zémire et Azor,* opéra-comique de Marmontel et Grétry, 1771), d'où les images de l'arme qui

aboie, du domestique docile, etc. **1.** 1833, Vidal [Larchey] (il était recouvert d'une peau de chien). **2.** 1901 [Bruant]. **3.** 1926 [Esnault].
◆ *n.pr.* « siffler » 1862 [Larchey] ; « appeler » 1926 [Esnault].

aztèque *n.m.*
Individu chétif et méprisable : *Anna a soupé des aztèques… Il y faut des mâles* (Méténier). *Je pouvais voir, entre les croisillons du treillis métallique, sa face couturée d'aztèque mal rasé* (ADG, 1).
ETYM. ce sens péj. est né de l'exhibition, à Paris, de deux monstres de foire présentés mensongèrement au public comme étant des Aztèques (ethnie du Mexique). 1861, A. Marteau [TLF] (emploi adj. en 1891, Richepin [id.]).
VAR. **astec** : 1867 [Delvau].

{ forme de l'accolade

1. **baba** *adj.*

1. Être baba, en rester baba, être vivement surpris, stupéfait : *Vous l'avez lu, bien sûr, dans l'journal, comme moi. Il en était baba, l' pauv' gars* (Lorrain). *Instantanément, la queue basse, l'échine rase, les chiens se turent et regagnèrent leurs abris. Hennique et nous-mêmes en restâmes un peu babas, d'autant que les chats imitaient leurs camarades* (ADG, 1). **2.** Vx. Se dit de qqn qui est pris sur le fait, en flagrant délit : *Mais j'n'avais pas pris garde aux cloches / Qui étaient là ; / Je fus pris la main dans la poche, / J'étais baba* (chanson, *in* Nouguier).

ETYM. formation onomatopéique (ou issue de **ébahi**), à valeur expressive (cf. *rester bouche bée*). **1.** d'abord, *rester comme baba,* in *le Père Duchesne,* 1790 [Brunot]. **2.** 1899 [Nouguier].

2. **baba** *n.m.*

1. Vagin : *Par quelle phrase Madame de Sévigné annonça-t-elle que Mademoiselle de Fontanges avait cédé au roi Louis XIV ?* [...] *– Eh ben, la Sévigné, elle a dit : « Cette salope, elle l'a enfin eu dans le baba »* (Grancher). **2.** Postérieur : *Il avait vraiment un très joli petit cul, détail vanté par Pauline qui m'avait longuement expliqué un jour qu'elle ne perdait la boule que pour les hommes ayant les babas étroits et ronds* (Francos). *Je me demande, c'est dans son idée, ce qu'elle aurait de mieux que moi la gonzesse qu'il trouverait par le journal : le baba en or ou quoi ?* (Queneau, 1). **L'avoir dans le baba,** être dupé, se faire escroquer ; être vaincu : *Difficile d'imaginer qu'on va l'avoir encore dans le baba, qu'après les Chleus, l'armée française va se faire torcher par les Niakes* (Boudard, 5). **3.** Chapeau. **Faire porter le baba,** syn. de faire porter le bada. **4.** Morceau de pain déposé dans une vespasienne par un adepte de l'urolagnie.

ETYM. origine obscure, p.-ê. de **baba,** gâteau, car ce mot polonais a aussi le sens de « vieille femme », d'où l'idée générale de rondeurs (?) ; le sens 3 résulte sans doute d'une troncation de **bada,** avec reduplication, ou même d'une confusion pure et simple avec **bada,** mais on notera que le chapeau, lui aussi, est rond. **1.** 1905 [Esnault]. **2.** d'abord *lui mettre la tête dans le baba*, le duper, 1932 [id.]. **3.** 1975 [Arnal]. **4.** 1957 [Sandry-Carrère] (par analogie avec la pâtisserie appelée *baba au rhum*).

3. **baba** ou **baba-cool** *adj. et n.*

Nom donné à ceux qui, à la fin des années 1970, ont perpétué la mode et les coutumes hippies (non-violence, mode de vie communautaire, attrait pour les musiques et les mystiques orientales) : *Quand l'baba-cool cradoque est sorti d'son bus Volkswagen* (Renaud). *Ce type me scie. Malgré la mouise, ses idéaux de « baba » restent intacts* (Porquet). *Ils détonnaient avec l'image baba-cool de l'établissement* (*Libération,* 7 octobre 1984).

ETYM. du hindi **baba,** papa, par l'angl., ou bien du nom de **Baba D'Riley,** gourou du groupe rock « The Who », vers 1975 [Rey-Debove et Gagnon].

babillard *n.m.*

Vx. **1.** Livre ou journal : *Tenez, prenez ces babillards, nous n'en avons plus besoin* (Vidocq).

Griffonneur de babillard, journaliste. **2.** Aumônier de prison, confesseur : *Le babillard qui bigottait* [...] *l'a embrassé* [le supplicié] (Méténier). **3.** Avocat. SYN. bavard.
ETYM. du verbe **babiller,** discourir, puis lire. **1.** 1725 [Granval]. **2.** 1628 [Chéreau]. **3.** 1888 [Rigaud].

babillarde *n.f.*

Vx. **1.** Missive : *Un trimardeur, qui venait du dépôt, avait apporté un billet, où on lisait : « Plutôt mourir que donner ses amis »* [...] *L'homme fit un sourire idiot et montra des canines roussies : « Alors, v'là une babillarde »* (Rosny). **Babillarde volante,** télégramme. **Porteur de babillardes,** facteur. **2.** Sonnette. **3.** Montre. **4.** Langue.
ETYM. de **babiller** (v. le précédent). **1.** 1725 [Granval]. **Babillarde volante,** 1883, G. Macé [Esnault]. **2.** 1830 [id.] **3.** 1866 [Delvau]. **4.** 1880 [Esnault].

babillarder *v.t.*

Vx. Écrire, informer, en parlant d'un journal ou d'une lettre : *Ça ne te suffit donc pas, ce qu'on vient de te babillarder là ?* (Lorrain).
ETYM. de **babillard(e).** 1881, abbé Moreau.

babille *n.f.*

Missive : *Il gardait toujours comme ça, dans son dossier mauve et lilas, toutes les babilles admiratives* (Céline, 5).
ETYM. de **babiller.** 1836 [Vidocq].

babiller *v.t.*

Vx. Lire.
ETYM. d'une racine onomat. **bab.** d'abord au sens de « bégayer », vers 1170 [TLF].

babines ou **babouines** *n.f.pl.*

1. Lèvres. **Se lécher les babines,** ressentir du plaisir en songeant d'avance à qqch d'agréable : *Cette supposition était d'un bon présage. Déjà, je me léchais les babouines de satisfaction* (Le Dano). **2.** Joues. **Se caler les babines,** manger copieusement.
ETYM. de **babin,** museau, bouche, 1485 [Esnault]. Formation onomatopéique expressive. **1.** 1526, Bourdigné [TLF]. **2.** 1970 [Boudard-Étienne].
DER. **babouiner** *v.i.* Manger : 1870, Poulot.

baccara *n.m.*

1. Avoir baccara, être perdant : *De raisons de me réjouir, j'en avais pas lerche ce matin-là ; sur tous les tableaux, mon point c'était : baccara* (Simonin, 2). **2. Être en plein baccara.** ***a.*** être en faillite, dans la misère ; avoir de gros ennuis : *Eh ben, dit le chef d'atelier, on peut dire que toi, t'es en plein baccara !* (Lefèvre, 1) ; ***b.*** rester apathique, sans réaction.
ETYM. du prov. **baccara,** faillite, jeûne forcé ; a donné son nom au jeu de cartes appelé *baccara(t).* Selon Simonin, le sens 1 correspond à la notion de « point négatif... qui amène presque irrémédiablement la perte » ; le sens 2 est métaphorique. **1.** 1925, Neuter. **2.** ***a.*** 1935 [Esnault] ; ***b.*** 1960 [Le Breton].

bacchantes ou **baccantes** *n.f.pl.*

1. Favoris. **2.** Moustache : *Le Grec paraissait courroucé. Il se tortillait les bacchantes entre le pouce et l'index* (Cendrars) ; rarement au sing. : *Je me suis laissé pousser une bacchante pour ressembler à Errol Flynn* (Boudard, 5).
ETYM. de l'all. **Backe,** joue : le mot désigne d'abord les longs favoris à l'allemande, puis tout bonnement les moustaches. L'orthographe *-cch-* est influencée par les fameuses Bacchantes antiques. **1.** 1876 [Rabasse]. **2.** 1901 [Bruant].

bachasse *n.f.*

Arg. anc. Bagne : *Mon affaire va à trois plombes de bachasse* (le Rat du Châtelet). *Gerbé à vioc, si tu rejoins la bachasse, tu es marron* (Ansiaume).
ETYM. mot prov., « bac, auge », d'où « galère ». 1790, *le Rat du Châtelet.*

bâche *n.f.*

1. (surtout au pl.). Drap, couverture ; lit : *Je me suis répandu dans les bâches comme une goutte d'huile hier soir tant j'étais fatigué* (Breffort). **Piquer une bâche,** faire un somme : *Il est vieux et pochard. Des fois, après son déjeuner, y pique une bâche* (Rosny). **2.** Casquette : *Je passai à l'UD-CFDT, où je fus accueilli par un trotsko avec une bâche de communard et une moustache de stal* (Pagan).

◆ **bâches** *n.f.pl.*

1. Vx. **Faire les bâches,** établir les paris, dans une partie. **2.** Filet (au tennis) ; buts (au football) : *Leconte ? Il a tout mis dans les bâches face à l'Italien Deleppo qui n'est pas un foudre de guerre* (le Nouvel Observateur, 25 mai 1984).
ETYM. origine peu claire, p.-ê. de l'anc. fr. **baschoe,** sorte de hotte, croisé avec le lat. tardif **baccea,** vase à vin ; l'idée que l'on retrouve

partout est celle de mettre son corps à l'abri, en tout ou en partie. **1.** 1881 [Rigaud]. **Piquer une bâche,** 1928, Rosny. **2.** 1878 [Rigaud].
◆ *pl.* **1.** 1836 [Vidocq]. **2.** 1984, *le Nouvel Observateur.*
VAR. **bâchis** au sens 2 : 1977 [Caradec].
DER. **bachotteur** *n.m.* Vx. Celui qui fait les paris: 1836 [Vidocq]. **bachotter** *v.i.* Vx. Établir des paris: [id.].

bâcher *v.i.*

Demeurer, habiter: *Au lieu d'bâcher dans les péniches / J'irais pieuter dans des garnos* (Bruant).
◆ **se bâcher** *v.pr.*
1. Se couvrir la tête d'un chapeau, d'une casquette, etc. **2.** S'habiller: *On va aller se bâcher chez moi, quai Louis-Blériot. On va se resaper et quand on aura l'air un peu moins cloches, on ira au rancart du Frisé* (Trignol). **3.** Se mettre au lit: *Faut pas qu'elle aille se bâcher tranquille* [avec son client] (Méténier).
ETYM. de **bâche**. 1881 [Esnault].
◆ *v.pr.* **1.** 1977 [Caradec]. **2.** 1887 [Esnault]. **3.** 1881 [Rigaud].
DER. **bâcheur** *n.m.* **1.** Hôtelier. **2.** Tailleur : 1899 [Nouguier], aux deux sens.

bada *n.m.*

1. Chapeau : *D'un coup de poing, le type enfonça le feutre cabossé au ruban crasseux qui lui servait de bada* (Le Breton, 1). **Porter le bada.** ***a.*** avoir mauvaise réputation (souvent celle d'être un indicateur): *Le métier est parfois dangereux. Il n'est pas bon de porter un trop grand bada. Prosper Pozzo qui balançait à tout va – une vraie casserole – a payé de sa vie sa collaboration avec la police* (Larue) ; ***b.*** être considéré, à tort, comme responsable de qqch. **Faire porter le bada à qqn,** s'arranger pour le faire accuser. **2.** Coup violent.
ETYM. apocope de **badaboum. 1.** 1926 [Esnault]. **Porter le bada.** ***a.*** 1935 [id.]; ***b.*** 1953 [Sandry-Carrère]. Ces deux derniers sens remontent, selon Simonin, à 1920 environ, date de changement de la mode masculine. Jusqu'à cette période le chapeau était porté par les bourgeois et les policiers. **2.** 1935 [Lacassagne].

badigeon *n.m.*

1. Couche de fard excessivement épaisse. **2.** Pièce de un franc (d'avant 1960).
ETYM. origine évidente pour le sens 1, sans doute analogie de couleur blanche pour le sens 2. **1.** 1858, G. Sand [TLF]. **2.** 1925 [Esnault], confirmé par Le Breton, qui a bien connu cet emploi.
DER. **se badigeonner** *v.pr.* Se maquiller : 1867 [Delvau].

badigoinces *n.f.pl.*

Lèvres : *C'est l'autre crapaud qui fait son entrée en piste. Il y gagne de morfler ma droite dans les badigoinces* (Bastiani, 4).
ETYM. origine obscure, qui paraît liée cependant à la série des mots onomatopéiques désignant les lèvres. 1532, Rabelais. Ce mot s'emploie de la même façon que *babines.*

badine *n.f.*

Vx. Gourdin.
◆ **badines** *n.f.pl.*
Jambes: *Cent fions spontanément dans le sens du départ. Sur les badines, ils détalent* (Vautrin, 2). SYN. cannes, baguettes.
ETYM. par analogie approximative de forme (longiligne). 1831 [Esnault]. Par antiphrase en quelque sorte, puisque la badine est une petite canne souple.
◆ *n.f.pl.* 1879 [selon Rigaud].

Badingues (les) *n.pr.*

Les Batignolles.
ETYM. suffixation fantaisiste du nom propre officiel, avec sans doute influence de **Badinguet.** 1947 [Esnault] ; d'abord *les Batingues,* 1920 [George].

Badinguet ou **Badingue** *n.pr.*

Sobriquet populaire de Napoléon III : *À bas Badinguet! hurle M. Legros. – Criez donc : Vive l'Empereur ! comme le mois dernier* (Darien, 1). *Le lâche reniement de Badingue* (Daudet).
ETYM. Badinguet était le nom du maçon dont le futur Napoléon III emprunta les vêtements pour s'évader du fort de Ham, le 25 mai 1846. Ce nom a connu de très nombreuses variantes, à valeur péjorative. 1870, chanson *le Sire de Fisch-Ton-Kan,* paroles de P. Burani.
DER. **badinguisme** ou **badingouinisme** *n.m.* Politique de Napoléon III : 1878, Gill.

badinguiste ou **badingouin, e** *adj.*

Qui se rapporte à Napoléon III ; qui est partisan de sa politique : *Les saltimbanques de l'amère farce badingouine* (Gill).
ETYM. de **Badinguet**. Th. Labourieu, *La Colonne Vendôme,* 1871 [Doillon]. *badingouin* 1875, *Tam-Tam* [Larchey].

DER. **badingâteux** *le Temps,* 1881 [Fustier]. **badingoinfre** *le Mot d'Ordre,* 1877 [Rigaud]. **badingredin** *le Sans culotte,* 1879 [Doillon]. **badingueulard** 1901 [Bruant]. **badingueusard** *Tam-Tam,* 1873 [Doillon]. **badingueux** 1878, Gill [TLF].

badour *adj.*

1. Beau, joli : *J'suis arrêté à un chapitre où c'est drôlement badour* (Gibeau). **2.** Agréable : *Dans l'abstraction, comme tu dis, y a même plus badour à rêver : être le seul voyou de la planète !* (Simonin, 6).

ETYM. de l'arabe maghrébin **badur,** se dit d'un jeune homme ou d'une femme dont le visage évoque, par sa rondeur et son éclat, une pleine lune. **1** et **2.** 1919, chez les bat' d'Af' [Esnault].

baffe, bâfre, (VX) **baffre** ou **bafre** *n.f.*

1. Gifle : *Si elle avait été en face, il lui aurait peut-être balancé une paire de baffes pour la première fois de sa vie* (Amila, 1). *J'sais pas c'qui m'a retenu d'y foutre une baffre* (Méténier). *Mais fais-la taire, fous-lui une bâfre, t'as donc pas de sang ?* (Lorrain). **2.** Atteinte profonde au moral : *La gifle a été si forte que je ne m'en suis relevé qu'au bout de treize ans. En effet, ce n'était pas une baffe ordinaire, et, pour me la balancer, ils s'étaient mis à beaucoup* (Charrière).

ETYM. mot onomatopéique, évoquant l'idée de gonflé, enflé, puis de coup. **1.** 1750, Vadé [TLF]; *baffre* 1867 [Delvau]. **2.** vers 1970.

DER. **baffer** *v.t.* **Baffer la gueule**, ou simplement **baffer**, donner une gifle : 1879 [Chautard].

baffi *n.f. (le plus souvent au pl.)*

Moustache : *Le gonze dans les quarante carats, pas très grand, sec comme un coup de trique, noir de poil, avec une paire de baffis à la Clark Gable* (Bastiani, 4).

ETYM. ital. **baffi,** *n.m.pl.*, même sens selon PSI (1968), importé en France par des truands méridionaux vers 1952, d'après Esnault, sous la forme (désuète) *bâfre.*

bafouille *n.f.*

Missive : *Au moins, il a la décence de ne pas se maquer avec des scribouillards, tandis que les autres, ils y vont tous de leur bafouille* (Delacorta).

ETYM. déverbal de **bafouiller.** 1914, Carco [TLF].

bafouiller *v.t.*

Vx. Écrire (une lettre) : *L'idiot est donc* [comme gagnant du concours] *prié de nous faire connaître l'adresse du bicêtre où il bafouille* (Gill).

ETYM. emprunt probable au lyonnais **barfouiller** (croisement de *barbouiller* et de *fouiller*), syn. de barboter. 1878, Gill.

bâfrer *v.i. et t.*

Manger gloutonnement, avec excès : *Il a commencé à bâfrer si vite qu'il en perdait le souffle. Il s'en tenait la panse à deux mains* (Céline, 5).

ETYM. même origine que *baffe.* 1507, E. d'Amerval [TLF].

DER. **bâfrerie** *n.f.* Action de bâfrer : 1838 [TLF].

bâfreur, euse *adj. et n.*

Qui mange gloutonnement ou avec excès : *L'administration pénitentiaire* [...] *versait à Mme Odile dix-sept francs par jour et par détenue, de quoi nourrir d'eau de vaisselle ces bâfreuses* (Malaquais).

ETYM. de **bâfrer.** 1740 [Acad. fr.].

bagatelle *n.f.*

1. L'amour physique, considéré avec ironie : *C'est si bon, pourtant, de ne pas toujours penser à la bagatelle, de se murmurer des choses qui caressent le cœur* (Mirbeau). *Être porté sur la bagatelle.* **2. Bagatelles de la porte,** préliminaires sensuels à l'acte sexuel : *Je pouvais au moins comprendre qu'une parfaite harmonie lors des bagatelles de la porte n'était nullement garante d'un même accord au pageot* (Simonin, 7).

ETYM. de l'ital. **bagatella. 1.** « amusement galant » 1691, Regnard ; 1864 [Delvau], au sens actuel. **2. Bagatelles de la porte,** 1977, Simonin, mais sans doute antérieur.

bagne *n.m.*

1. ARG. ANC. Cage grillée où étaient transportés les futurs forçats : *Elles auraient bien voulu savoir ce que disaient les forçats, en bas, dans les bagnes (ainsi appelaient-elles les cages, selon le langage administratif)* [Leroux]. **2.** Atelier : *Un boulot qui se rendait à son petit bagne, sur son cycle* (Simonin, 2).

ETYM. spécialisation d'un terme bien connu. **1.** 1913, Leroux. **2.** vers 1890, *le Père Peinard* [Doillon].

bagnole *n.f.*

1. Véhicule (généralement automobile, souvent médiocre) : *Il dit : « Je vais aux Halles. Je peux vous conduire un bout de chemin dans ma bagnole »* (Dabit). **2.** Vx. Logis mal entretenu ; taudis.

ETYM. formation picarde sur un vieux mot d'origine gauloise, **banne**, tombereau, puis cabane en jonc tressé. **1.** 1840 [Esnault]. Est passé dans l'usage fam. **2.** 1845, Reims [id.].
VAR. **bagnedé** ou **bègnedé** : 1935 [Esnault].

bagoter ou **bagotter** *v.i.*
1. Porter des bagages. **2.** Se déplacer, marcher, courir : *Depuis les aurores, ils devaient bagoter, l'Auvergnat et son collègue, se casser le pif sur les portes closes* (Simonin, 1) ; et, au fig. : *Il m'a déçu, celui-là ! On ne bagotte dans la vie que de déboires en désillusions* (Boudard, 7) ; spéc., effectuer une ronde.
◆ **se bagotter** *v.pr.*
Se promener.
ETYM. de **bagots** (→ BAGOTIER). **1.** 1901 [Bruant]. **2.** 1910, dans l'armée [Esnault] ; spéc. 1975 [Arnal].
◆ *v.pr.* 1918 [Esnault].
DER. **bagotte** *n.f.* Activité du bagotier : 1936, Céline.

bagotier *n.m.*
Vx. Homme qui proposait, dans les gares, de charger ou de décharger les bagages : *Le bagotier qui, haletant / suit le fiacre chargé de malles, / dans l'espoir de quelque dix sous / qui l'empêcheront de mourir !* (Rictus).
ETYM. dér. de **bagots**, suffixation arg. de **bagages.** 1892 [Esnault] ; d'abord « pisteur de fiacres ».

bagots *n.m.pl.*
Bagages : *Dans les gares, « on étouffait les bagots » (les bagages), c'est-à-dire qu'après les avoir perçus de la clientèle, on négligeait de les marquer dans le compteur au voyant des suppléments* (Simonin-Bazin). Vx. **Faire les bagots,** s'offrir à décharger les bagages des fiacres : *Quoi qu'tu vas foutre ? / Fair' des bagots...* (Rictus, 2). **SYN.** bagoter.
ETYM. resuffixation arg. de **bagages.** 1897, Rictus.

bagou ou **bagoul** *n.m.*
Nom : *Est-ce que j'ai besoin, reprit l'arrivant, que tu me refiles le bagou ; crois-tu que je suis si loffe que de débiner ?* (le Rat du Châtelet).
ETYM. déverbal de **bagouler.** 1790, *le Rat du Châtelet* ; devenu *bagout* en 1836 chez Vidocq.

bagougnasses *n.f.pl.*
Lèvres.
ETYM. mot péj., formé sur la base onomatopéique de **babines**, avec influence probable de **bagou.** 1977 [Caradec].

bagouler *v.i.*
Bavarder, parler d'abondance : *Ignorant qu'on bagoulait sur son compte, ce qui l'aurait fort courroucé, Armand se cassait pas le chou* (Simonin, 5).
ETYM. croisement entre **bavarder** et l'anc. fr. **goule**, bouche ; le verbe *débagouler* est plus répandu auj. 1447 [TLF].
DER. **bagoulage** *n.m.* Bavardage : 1899 [Nouguier]. **bagouleur** *n.m.* Avocat : [id.].

bagouse ou **bagouze** *n.f.*
1. Bague : *Sans compter que la grognasse m'avait refilé une bagouze en toc !* (Méra). **2.** Anus : *À première vue, si j'étais un peu plus marle, un peu plus expérimenté de l'existence, je l'aurais flairé craquousette de la bagouse, chochotte probable* (Boudard, 6). **Être** ou **refiler de la bagouse,** être homosexuel passif. **L'avoir dans la bagouse,** être dupé. **3.** Chance.
ETYM. suffixation arg. de **bague. 1.** *baguouse* (forme auj. rare) 1919 [Esnault]. **2** et **3.** 1952 [id.]. **L'avoir dans la bagouse**, 1960 [Le Breton].

bagousé, e *adj.*
Qui porte des bagues : *Je l'ai vu tripoter les doigts bagousés de la rognure en robe de soie* (Granotier).
ETYM. de **bague.** 1955, Trignol.

bague *n.f.*
1. Anus. **2.** RARE. Sphincter vaginal. **3.** Jeu forain truqué. **4.** Chance : *Aujourd'hui, j'avais de la bague ; il admettait : – T'as raison, Max ! il a dit en se rasseyant... J'allais faire une sottise* (Simonin, 2). **5.** Vx. Nom propre.
ETYM. analogie de forme, puis glissement habituel vers la notion de « chance ». **1.** 1809 [Esnault]. **2.** mil. du XVIIe s., Théophile de Viau [Delvau]. **3.** 1876 [Esnault]. **4.** 1953, Simonin-Bazin. **5.** 1836 [Vidocq]. Il est gravé à l'intérieur de l'anneau.

baguenaude *n.f.*
1. Poche : *J'en ai assez de battre la dèche. Faut en finir avec ces petites cochonneries qui ne vous mettent pas seulement une tune dans la baguenaude* (Rosny). **2.** Promenade : *Les piétons y draguaient moins denses, à une apaisante allure de baguenaude* (Simonin, 5).
ETYM. probablement du languedocien **baganaudo**, fruit du baguenaudier, qui a la forme d'une vessie (XVe s.). **1.** 1866 [Delvau]. **2.** 1904,

Frapié [TLF]. Le glissement de 1 à 2 s'explique par l'idée de « s'occuper à des niaiseries ».

baguenauder (se) *v.pr.*

Flâner, se promener: *Un aquarium où y avait des drôles de poiscailles, chinois qu'èm a expliqué* [...]. *Y s'baguenaudaient dans les herbes, c'était féerique* (Simonin-Bazin).

ETYM. de **baguenaude.** XVIIIe s. [GR].

baguer *v.t.*

Se baguer le nœud, coïter, en parlant de l'homme.

ETYM. de **bague.** 1953 [Sandry-Carrère], mais *baguer une femme* dès 1462, *les Cent Nouvelles nouvelles.*

baguette *n.f.*

1. Avoir de la baguette, avoir de la chance. **2. Filer un coup de baguette à qqn,** le posséder sexuellement.

◆ **baguettes** *n.f.pl.*

Jambes maigres. **Filer un coup dans les baguettes à qqn,** le posséder sexuellement: *Je me redis ce que Divers me murmura un soir, sa bouche posée sur les plis de mon oreille: « J'voudrais t'en jeter un coup dans les baguettes ! »* (Genet). **Se faire taper dans les baguettes,** se faire sodomiser. **Baguettes de tambour.** ***a.*** jambes fluettes; ***b.*** cheveux raides, sans grâce.

ETYM. diminutif de **bague. 1.** 1919 [Esnault]. **2.** 1960 [Le Breton]. Dans ce sens, il y a jeu sur *bague,* sphincter, et *baguette,* jambe.

◆ *pl.* analogie de forme (origine italienne). 1895 [Esnault]. **Filer un coup dans les baguettes,** 1963, Boudard. **Se faire taper dans les baguettes,** 1882 [Chautard]. **Baguettes de tambour.** ***a.*** 1880 [Esnault]; ***b.*** 1894 [Virmaître].

bahut *n.m.*

1. Véhicule automobile, spéc., taxi: *Il siffla un taxi. Le bahut s'arrêta. Les taxis s'arrêtaient toujours pour lui* (Le Breton, 1). **2.** Vx. Logement. **3.** Établissement d'enseignement (lycée, collège, etc.): *La sanction, c'était trois semaines entières sans sortir du bahut* (Conil).

ETYM. obscure, sans doute du bas francique; l'idée est celle d'un volume plus ou moins humainement habitable. **1.** 1935, Simonin-Bazin (d'abord *marcher aux bahuts,* voler des livraisons, 1897 [Esnault]). **2.** 1864, Goncourt [TLF]. **3.** 1832, Saint-Cyr [Esnault].

bahuter (se) *v.pr.*

RARE. Se masturber.

ETYM. de **bahut.** d'abord « déloger », puis « se promener ». *se bahuter la pine* 1864 [Delvau].

baigne-dans-le-beurre *n.m.inv.*

Vx. Proxénète.

ETYM. allusion au maquereau qu'on fait frire. 1867 [Delvau].

baigner *v.i.*

Ça baigne ou **tout baigne (dans l'huile, le beurre, la margarine),** tout se déroule à merveille, comme convenu: *L'anniversaire d'une affaire bégalante et où tout a baigné dans l'huile, peut se fêter entre équipiers par un solide casse-graine* (Simonin, 10). *Tout baignait dans l'huile. Et puis crac, un beau matin, rien ne va plus. Les Panzers envahissent la Belgique et la Hollande* (Jamet). *Happy end: si tout baigne à l'issue de la période d'essai, deux nouveaux contrats de travail sont signés* (*Libération,* 28 novembre 1984).

ETYM. idée de lubrification, de fonctionnement harmonieux, sans frottement ni grippage. 1967, Simonin. Est passé dans l'usage courant.

baigneur *n.m.*

1. Corps d'une personne qu'on enterre. **2.** Fœtus. **3.** Nez d'ivrogne. **4.** Postérieur: *La victime gisait sur le bas-côté, lamentable, comme une grosse fille en minirobe à qui l'on aurait claqué le baigneur* (Spaggiari). **L'avoir dans le baigneur,** être dupé. **Se casser le baigneur,** s'inquiéter: *Te casse pas le baigneur, mec, on va dans un coup tout ce qu'il y a de franco* (Simonin, 3). **5.** Vulve.

ETYM. notion de corps (ou partie du corps) baignant dans un milieu: terre, liquide amniotique, verre de vin, etc. **1.** 1939 [Esnault]. **2.** 1977 [Caradec]. **3.** 1930 [Esnault]. **4.** 1957 [Sandry-Carrère]. **5.** 1975 [Le Breton].

baigneuse *n.f.*

1. Prostituée: *La plupart des troquets avaient fermé de bonne heure. Quant aux baigneuses, elles poursuivaient leur faction « à la dégoûtée » parce qu'elles étaient là pour ça* (Bastiani, 1). **2.** Vx. Tête; chapeau de femme.

ETYM. du nom d'un chapeau de femme (appelé aussi *bagnole*), ou féminisation de **baigne-dans-le-beurre,** sobriquet du maquereau. 1867 [Delvau]. **1.** 1960, Bastiani. **2.** 1827 [Desmoraine]. Jeu de mots sur *laver la tête.*

bail *n.m.*

1. Longue période : *Aux durs qu'ils étaient. Pour un bail* (Le Breton, 2). **Ça fait un bail (que),** il y a bien longtemps (que): *D'un grognement, le jardinier admet qu'en effet, ça fait un bail, mais on ne saurait dire qu'il déborde d'enthousiasme* (Faizant). *Pas sûr qu'elle tienne toujours, cette affaire, il y a déjà un bail qu'on m'en a parlé* (Camara). SYN. ça fait une paye. **2. Casser le bail,** divorcer; se séparer: *Jacqueline, je ne la voyais plus. Ça fait un moment que j'ai cassé le bail avec elle* (Trignol).

ETYM. déverbal de **bailler**, donner ; ce mot très anc. (XIIe s.) correspond à l'idée de durée garantie, d'où longue durée. **1.** 1901, A. France [TLF]. **2.** 1953 [Sandry-Carrère].

baille *n.f.*

1. Vx. Bateau malpropre ou en mauvais état. **2.** Étendue d'eau (mer, étang, rivière, etc.): *Il crut comprendre qu'il avait foutu Langlois à la baille. Il s'avança pour savourer le spectacle de l'autre, clapotant dans l'eau noire* (Viard). **3.** Eau (en général) : *Je peux même dire que l'eau m'arrive jusqu'au cou. En un mot, pour être dans la baille, j'y suis bien* (Tachet); spéc., pluie.

ETYM. du lat. **baiula**, celle qui porte. **1.** 1840 [Esnault] ; dès le XIVe s., ce mot a le sens de « baquet, barrique coupée en deux », d'où l'acception péj. chez les marins. L'École navale a désigné ainsi, par antiphrase, à partir de 1865, son superbe vaisseau-école, « l'Intrépide », puis le « Borda ». On a appelé *la Baille,* par la suite, l'École elle-même, et le mot a été souvent employé comme adj., au sens de « qui se rapporte à Navale ». **2.** 1767 [Esnault]. **3.** 1951 [id.].

bâiller *v.i.*

1. Être béant. **Faire bâiller le colas,** couper la gorge. **Avoir la moule qui bâille,** être prête au coït, en parlant d'une femme. **2. En bâiller,** être étonné, surpris : *L'hôtelier se tenait tout petit et il écoutait Jo avec un grand respect. Sa femme en bâillait autant que lui* (Trignol).

◆ *v.t.*

Ouvrir par effraction.

ETYM. verbe anc. (XIIe s.), souvent confondu avec *bayer (aux corneilles)* et *béer,* le sens commun étant « être ouvert », sous l'effet de la surprise ou d'autres stimulus. **1. Faire bâiller le colas,** vers 1840 [Esnault]. **Avoir la moule qui bâille,** 1953 [Sandry-Carrère]. **2.** 1955, Trignol. ◆ *v.t.* 1879 [Esnault].

bain *n.m.*

1. Vx. Beuverie. **Prendre un bain,** s'enivrer. **2. Bain de pieds.** ***a.*** condamnation à la transportation (à Cayenne ou à Nouméa) ; ***b.*** consommation servie si copieusement que le liquide déborde dans la soucoupe. **3.** Situation fâcheuse : *Depuis quelques minutes, il ne pensait qu'à l'occasion providentielle, que Pépère leur offrait, de sortir du bain* (Simonin, 1). **Être dans le bain.** ***a.*** se trouver dans une situation désagréable ou compromettante ; ***b.*** être à l'aise dans ce que l'on fait. SYN. être dans le coup. **4. Mettre dans le bain,** obliger à s'engager, à se compromettre. **5. Le Grand Bain,** les archives générales de la PJ. **6. Bain de lézard,** syn. de bain de soleil: [Le voleur est] *souverainement heureux parfois de s'étendre sur le préau de la prison, ainsi qu'un lazzarone sous le soleil de Naples* [...] *; il appelle cela* prendre un bain de lézard (Joigneaux).

ETYM. emplois métaphoriques : idée d'absorption ou d'immersion dans un milieu plus ou moins agréable. **1.** 1881 [Rigaud]. **2. *a.*** 1872 [Esnault] ; ***b.*** 1823 [Enckell]. **3.** 1943, Gide [TLF]. **4.** 1953 [Sandry-Carrère], art. *mettre.* **5.** 1975 [Arnal]. **6.** 1841, Joigneaux.

baisable *adj.*

Désirable (en parlant d'une femme) : *Véronique recommence à se trouver belle. Acceptable, en tout cas. « Baisable », dirait Feltin. (Mais, à l'entendre, toutes les femmes le sont. Même si, à la vérité, il baise assez peu)* [Demouzon].

ETYM. de **baiser** au sens érotique. 1929 [Bauche].

baisant, e *adj.*

Qui aime faire l'amour; aimable, sympathique (en général dans un contexte négatif) : *Pas baisants, les gens du coin ! On les a vus à l'œuvre* (Le Dano).

ETYM. de **baiser**, au sens érotique, avec glissement vers l'idée de relation sociale agréable. 1932, Céline [TLF].

baise *n.f.*

Action de faire l'amour : *L'école communale, le C.E.S. en classes pratiques, le flirt à onze ans, la baise à treize, l'amour à quinze* (Prudon). *On relira Henry Miller. On sera atteints par la grande baise. On relancera le braquet du désir* (Vautrin, 2).

ETYM. déverbal de **baiser**, auj. très en vogue. fin XIXe s. [Cellard-Rey].

VAR. **baisade** *n.f.* : 1850, dans la *Correspondance* de Flaubert. **baisage** *n.m.* : 1901 [Bruant].

baise-en-ville *n.m.inv.*

Petite mallette de voyage : *Il circulait généralement avec le seul concours d'un modeste baise-en-ville, suffisant pour abriter son rasoir, sa brosse à dents, ses pantoufles* (Grancher).

ETYM. mot composé à valeur humoristique, formé à l'origine par les pions des lycées qui rentraient chez eux le dimanche. 1934 [Esnault].

baiser *v.t.*

1. Posséder sexuellement (du point de vue de l'homme) : *Je lui propose de faire un livre parce que j'ai envie de faire quelque chose avec lui et que je sais que je suis trop vieille pour qu'il ait envie de me baiser* (Vilar). **2. Baiser la gueule à qqn** ou simpl. **baiser qqn,** le tromper, le duper : *Nous avons été baisés sur toute la ligne* (Fajardie, 2). **3.** Prendre par traîtrise ; voler : *Il m'a baisé de 1 000 balles.* **4.** Comprendre (généralement dans un contexte négatif). SYN. biter, entraver, piger.

◆ *v.i.*

1. Avoir une activité sexuelle : *Baiser, baiser, nom de Dieu, tu ne penses qu'à ça ? Je suis crevé, moi* (Bénoziglio). **2. Baiser avec qqn,** faire l'amour avec lui : *J'avais « baisé » (ce n'est pas péjoratif du tout) avec elle, mais n'y avais pas pris goût* (*Libération,* 26 octobre 1978). **3. Baiser à la riche,** pratiquer le coït anal.

ETYM. spécialisation érotique (dès le XIIe s.) du sens général « porter les lèvres sur une partie du corps d'autrui pour manifester concrètement une relation affective » ; on passe aisément de l'idée de possession amoureuse à celle de tromperie (cf. *avoir une femme* et *se faire avoir*) ou à celle de compréhension (« prise en charge par l'intellect »). **1.** XIIe s. [TLF]. **2** et **3.** 1881 [Rigaud]. **4.** 1939, Polytechnique [Esnault].

◆ *v.i.* **1.** XVe s., Villon. **2.** 1920 [Bauche]. **3.** 1928 [Lacassagne].

VAR. les formes **baisouiller** et **baisotter** (1884, Goncourt) sont assez répandues.

baiseur, euse *n.*

Personne portée sur les plaisirs sexuels : *Il y avait ce besoin de réhabiliter auprès des femmes l'image de grand baiseur dans laquelle j'avais l'intention de vivre* (Van Cauwelaert). *« Si on est pas trop curieux, comment elle se nomme ta baiseuse ? » articule Lou* (Jaouen).

ETYM. de **baiser** au sens érotique. début du XIVe s. [TLF].

baisodrome *n.m.*

Local dans lequel ont lieu des rencontres érotiques : *Faire garder son baisodrome militairement, c'était encore une trouvaille du potentat* (Héléna, 1).

ETYM. formation humoristique, faussement savante, à partir de **baiser** et de l'élément **-drome.** vers 1940 [GR].

VAR. **baisoir** : 1978, Bernheim-Cardot.

bal *n.m.*

1. Situation dangereuse ; échange de coups de feu : *Riton de la Porte oublia qu'il existait un repas du soir et ne ferma pas l'œil de la nuit. Pas faim et pas sommeil ; et le bal n'était même pas ouvert* (Giovanni, 1). **2.** Vx. Peloton de discipline, c.-à-d. course forcée des bagnards dans l'enceinte de la prison : *Il y a un petit bal en plein air devant la porte du réfectoire. C'est une piste sur terre, les punis y « font du sport » tous les jours de midi à une heure* (Roubaud).

ETYM. emplois métaphoriques du mot usuel. **1.** *donner le bal* (= des coups) 1808 [d'Hautel]. **2.** 1883 [Fustier]. Il y a vraisemblablement jeu de mots sur *ballon,* prison.

balader *v.t.*

Raconter à qqn, en partic. à la police, des histoires forgées de toutes pièces : *T'as pensé quoi, dans ta p'tite tronche d'enflé ? Que tu pouvais me faire marron ? Que t'allais, toi, le carambouilleur des bas-fonds, le racleur de marmite, le plus con des demi-sel, me balader dans les grandes largeurs ?* (Houssin, 3). *On ne connaît pas sa nationalité. Et il* [l'immigré clandestin] *peut nous balader sur son pays d'origine* (*Libération,* 12 décembre 1989). SYN. mener en bateau.

ETYM. emploi spécialisé du verbe fam. usuel. contemporain.

1. baladeuse *adj.f.*

Main baladeuse, qui s'égare volontiers sur des zones (dites) érogènes : *Elle est là pour veiller au grain et éloigne sans merci toutes ces mains baladeuses* (*Libération,* 1er décembre 1983).

ETYM. notion de déplacement hasardeux. 1977 [Caradec].

2. **baladeuse** *n.f.*

Fille des rues : *Eh ben mon vieux, tu t'en fais pas ! Où est-ce que tu as déniché ta baladeuse ?* (Lépidis).

◆ **baladeuses** *n.f.pl.*

Vx. Testicules.

ETYM. emploi substantivé de l'adj. (v. ci-dessus). 1852, Nerval [TLF].

◆ *n.f.pl.* 1901 [Bruant].

balai *n.m.*

1. **Du balai !,** se dit pour inviter qqn à déguerpir. **Coup de balai,** descente de police. 2. Dernier véhicule (sport, métro, etc.) qui récupère les retardataires : *Mon papa n'apparaissait plus que fort peu à la maison* [...], *regagnant La Chapelle par le dernier tramway, le balai, vers onze heures* (Simonin, 7). **Ramasser les balais,** être le dernier ou échouer dans une entreprise. 3. **Balai à, de chiottes,** moustache raide. **Balai d'amour,** moustache soignée. 4. Vx. Gendarme chargé d'expulser qqn.

◆ **balais** *n.m.pl.*

Années (d'âge) : *Un homme très correct* [...] *soixante-dix balais, le genre officier supérieur en retraite* (Siniac, 1). *À 35 balais, c'est déjà super d'être là et encore plus de terminer deuxième, devant tous ces jeunots* (*Libération*, 21 juillet 1982).

ETYM. image du nettoyage ou de l'expulsion, très populaire ; le sens pl. évoque p.-ê. l'idée du ramassage des années, mais la relation n'est pas certaine du tout. 1. *donner du balai* 1862 [Larchey]. **Coup de balai,** 1866, Hugo [TLF]. 2. 1878 [Rigaud]. **Ramasser les balais,** 1868 [Esnault] : on avait coutume, dans la marine à voiles, de se moquer du navire qu'on dépassait en hissant des balais en guise de pavillon. 3. 1929, Arts et métiers d'Angers [Esnault]. **Balai d'amour,** 1947 [id.]. 4. 1836 [Vidocq].

◆ *pl.* 1976, Ève Hanska [Cellard-Rey].

balaise *adj. et n.* → BALÈZE.

balançage *n.m.*

1. Licenciement. 2. Renonciation. 3. Dénonciation : *Cartouche* [...] *a établi un record dans le balançage, plus de cent cinquante truands et truandes mis en viande froide, à la suite de ses révélations de dernière heure* (Simonin, 6).

ETYM. de **balancer.** 1. 1901 [Bruant]. 2. 1966, Simonin. 3. 1953, Le Breton.

balance *n.f.*

1. Mise à pied, licenciement : *Mon plaisir dans l'existence, le seul à vraiment parler, c'est d'être plus rapide que « les singes » dans la question de la balance... Je renifle le coup vache d'avance* (Céline, 5). 2. Délateur : *S'en remettre exclusivement aux balances amoindrit le potentiel offensif d'un flic et plus d'un a périclité de cette façon-là* (Fajardie, 1).

ETYM. de **balancer,** aux sens de « congédier » et de « dénoncer ». 1. 1932 [Esnault]. 2. vers 1980.

balancé, e *adj.*

Bien balancé, se dit d'une personne à l'allure physique harmonieuse : *Il y en avait pourtant de plus jolies, ou de plus sculpturales. – M. Raoul disait : de mieux balancées* (Locard, 2). *Elle était grande et bien faite, peut-être un peu trop grande à mon goût, mais fichtrement bien balancée* (Pagan).

ETYM. image d'équilibre physique et de belle symétrie. 1905 [Esnault]. Est passé dans l'usage fam.

balancer *v.t.*

1. Jeter, envoyer : *Le temps de balancer celui-là (il désigna le corps de Bobèche) à la flotte et de vous rattraper* (Carco, 8). *Ferdinand eut envie de lui balancer quelque chose sur la figure* (Klotz). *J'avais malheureusement balancé toutes mes pilules dans les chiottes* (Francos). Vx. **Balancer la lourde,** enfoncer la porte : *Il faut balancer la lourde pour arriver à la malouse* (Ansiaume). 2. Se débarrasser de (qqn ou qqch) : *Ça été tout. Balancée comme la petite bonne qui a cassé le vase de Sèvres. Avec peut-être un peu moins de ménagement* (Noro). *Tu te rends compte ? Il voudrait que je balance mon boulot* (Lefèvre, 1). 3. Dénoncer : *T'es dingue en plein, Pascal, balancer ses potes aux poulets, où tu as rêvé ça ?* (Bastiani, 1). Absol. Devenir un délateur : *Si tu ne balances pas, t'auras pas de came, si tu balances, on va t'en filer* (*Libération*, 28 octobre 1978). 4. Indiquer : *Le gars de la banque qui nous a balancé l'affaire veut pas de sa part* (Le Breton, 1).

◆ *v.i.*

Balancer bien, tourner rond, en parlant d'une moto.

◆ **s'en balancer** *v.pr.*

S'en moquer complètement : *Eux ? Ils s'en balancent de ce qui peut t'arriver. Si tu t'plains, y te traitent de menteur et te collent une danse*

(Le Breton, 6). *Je ne suis pas venu pour ça et, pour tout dire, je m'en balance...* (Grancher).
ETYM. spécialisations d'un verbe usuel, facilement employé de façon ambiguë ou ironique; on rencontre dans plusieurs acceptions les variantes *balancetiquer, balanstiquer* (1894 [Virmaître]) et *balancemanner.* **1.** 1821 [Ansiaume]. **2.** 1844 [Esnault]. **3.** 1928 [Lacassagne]. **4.** 1954, Le Breton.
◆ *v.i.* 1975 [Beauvais].
◆ *v.pr.* 1914 [Esnault].
DER. **balancement** *n.m.* **1.** Renvoi: 1841, Hilpert [Larchey]. **2.** Condamnation : 1899 [Nouguier].

balances *n.f.pl.*
Pesage sur un champ de courses.
ETYM. déplacement métonymique, dans la langue du turf. 1977 [Caradec].

balancetiquage *n.m.*
Dénonciation : *Voire si y en a jamais eu* [de mentalité]*, ou si elle a, à une époque, prédominé dans le mitan sur la tendance au balancetiquage ?* (Simonin, 6).
ETYM. de **balancetiquer.** 1966, Simonin.

balanceur, euse *n.*
1. Délateur (plus souvent au fém.) : *Depuis quand on sert à boire chez toi aux balanceuses?* (Bastiani, 1). **2.** Vx. **Balanceur de braise,** changeur. **3.** Vx. **Balanceur de pègres,** tribunal.
ETYM. de **balancer. 1.** 1947 [Esnault]. Le féminin est fréquemment utilisé pour stigmatiser une activité indigne d'un homme (d'un « vrai »). **2.** 1855 [Paillet]. **3.** 1899 [Nouguier].

balançoire *n.f.*
1. Propos mensonger ou tout au moins fantaisiste : *Faudrait peut-être pas faire trop de balançoires au frangin !* (Rosny). *Pas la peine d'essayer la conversation. Balançoire, l'histoire des sœurs latines* (G. Arnaud, 2). **2.** Délateur: *Jacte doucement si tu tiens à ton projet : les balançoires ne manquent pas* (Le Dano). **3. Balançoire à Mickey** ou **à Minouche,** serviette périodique : *Vous vous retrouvez le lendemain à moitié estourbie, les narines bardées de chloroforme, deux balançoires à Mickey et un kilo de coton coincés entre les cuisses* (Cordelier).
ETYM. de **balancer. 1.** 1845 (d'abord « blague ajoutée à son texte par un comédien ») [Esnault] ; mais l'origine de cette acception est plus probablement indiquée par cette remarque du Dr Locard : L'apache va de temps à autre s'embaucher [...]. Le plus souvent son embauche fictive aura lieu dans une foire ou une vogue. « Je travaille aux balançoires » est une réponse bien connue de la police. **2.** 1965, A. Sarrazin [Le Breton]. **3. Balançoire à Mickey,** 1965 [Cellard-Rey]; **à Minouche,** vers 1950.

balançon *n.m.*
ARG. ANC. Barreau de fer : *Il faut deux plombes pour faucher les balançons* (Ansiaume).
ETYM. par analogie avec le mot désignant du sapin débité en petites planches (?). 1821 [Ansiaume].

balayette *n.f.*
1. Pénis, dans les locutions suivantes : **Dans le cul** ou **le dos la balayette !,** expression de moquerie à l'adresse de qqn qui s'est fait duper : *« Adieu la valise », ajouta-t-il, répétant une expression qui fit fortune dans cette guerre, avec « Vivement la paix, qu'on se prépare » et « Dans le dos la balayette »* (Paraz, 2). **2. Balayette infernale,** talents érotiques d'un homme bien membré; pénis de belle taille : *L'après-midi de ce jour-là, je l'avais passé dans la chambre d'hôtel avec la gravosse. Encore une partie de balayette infernale...* (Boudard, 5).
ETYM. image classique et pornographique du manche (v. ce mot) et des poils. **1.** 1942, Paraz; mentionné par Bernet-Rézeau et Duneton-Claval. **2.** 1934, Devaux [Doillon].

balcon *n.m.*
1. Il y a du monde au balcon, se dit à propos d'une femme qui étale une poitrine opulente. *Avec des hanches d'adolescente et les nénés au balcon, elle allumerait un saint* (Malaquais). **2. Les cocus au balcon !,** expression de dérision à l'adresse de qqn qui regarde dans la rue depuis sa fenêtre.
ETYM. image pop. et pittoresque. **1.** 1878 [Rigaud]. **2.** mil. du XXe s.

balek *interj.*
Invite à un départ rapide : *Balek ! On en a assez vu !* (Bastiani, 4).
ETYM. mot arabe, « prenez garde, laissez passer ! », avec sans doute influence de **du balai !** 1931, P. Achard [Lanly].

balèze ou **balaise** *adj. et n.*

Se dit d'un individu fort (physiquement ou intellectuellement) : *En plus foncé sur ma joue, il y a la trace des cinq doigts du balèze. J'ai le nez qui saigne* (Bastid-Martens, 1). *Au certif, j'ai eu 97 points sur 100... – T'es balèze ! P'têt' que tu vas aller à Autun, alors...* (Gibeau).

◆ *adj.*

Qui est impressionnant, solide : *Elle s'réveille la nuit, veut bouffer des fraises / Elle a des envies balèzes* (Renaud). *« Balaise », comme « costaud », peut s'employer au figuré. « C'était balaise » se dira alors en parlant par exemple d'une prestation musicale* (Beauvais). *Un raisonnement vachement balèze.*

ETYM. du prov. mod. **balès**, grotesque. 1878, Nice [Esnault].

◆ *adj.* 1975 [Beauvais].

VAR. **balèz** : 1927 [Esnault]. **baleste** : 1953 [Simonin].

baliser *v.i.*

Avoir peur, être très inquiet : *J'étais quand même terrorisé d'être dans ce palais avec le roi. Je balisais à mort. J'avais perdu tous mes moyens* (A. Souchon, in *le Monde*, 30 septembre 1984).

ETYM. p.-ê. de la rougeur du visage de celui qui est en proie à une forte émotion (comparaison avec les balises rouges de signalisation). 1977, de Villiers [Doillon].

ballade *n.f.*

Poche : *Ses menottes tombèrent. Il les enfouit dans sa ballade et endossa sa roupane* (Le Breton, 1).

ETYM. origine douteuse : p.-ê. doublon nordique du gascon **valade** ou encore « traduction » de **baguenaude.** 1876 [Esnault].

1. **balle** *n.f.*

1. Figure d'un être humain, physionomie. SYN. bille. **2.** Monnaie d'une livre (anc.), puis d'un franc (ancien ou parfois nouveau) : *Le fourga a pris la frusque pour 20 balles* (Ansiaume). *Le plus drôle, c'est que Maman, en deux mois, a fait casquer Fumeau de trois cent mille balles* (Mirbeau). *« C'est mille balles l'heure, hôtel non compris », dit Alba sans même regarder le client* (Delacorta). **T'as pas cent balles (ou deux balles),** formule par laquelle les manchards abordaient les passants. **3. Faire la balle de qqn,** faire son affaire, lui convenir : *Je m'écriai tout à coup : « C'est moi qui ferai Vidocq. On dit qu'il est gros, ça fera ma balle »* (Vidocq). **4.** Vx. **Faire balle,** avoir le ventre creux : *Un fagot de bon appétit et qui fait balle depuis quarante-huit heures* (Humbert).

ETYM. image de la rondeur du visage, la monnaie étant désignée plutôt par l'effigie qu'elle porte que par sa forme circulaire. **1.** 1833, Gautier [Rigaud]. **2.** 1655 [Esnault]. **3.** 1828, Vidocq. **4.** 1880, Humbert.

2. **balle** *n.f.*

1. Raide comme balle, directement, sans détour : *« Il est avec le Ministre ! » que je répondais raide comme balle* (Céline, 5). **2. Trou de balle,** anus.

ETYM. image de la trajectoire tendue (1) et du trou circulaire provoqué par l'impact (2). **1.** 1830 [Esnault], déformation de *raide comme une barre (de porte).* **2.** 1861 [id.].

ballepeau *adv.* → BALPEAU.

balloche ou **baloche** *n.m.*

Bal populaire : *Alors ce soir, au baloche, / avec son manche de pioche, / il ira au baston* (Renaud).

ETYM. de **bal** et du suff. **-oche.** 1980, Renaud.

balloches *n.f.pl.*

Testicules : *Les ordres, c'est vous ! Des couilles, mon vieux, dit Charlie. – Yes. Balloches, répète innocemment Lecœur* (Vautrin, 2).

ETYM. déverbal de **ballocher**, osciller en pendant, mot picard [Esnault]. 1836 [Vidocq].

1. **ballon** *n.m.*

1. Postérieur. **Enlever le ballon à qqn.** ***a.*** le saisir par les fesses et le jeter à terre ; ***b.*** lui donner des coups de pied dans le derrière : *Mais j'me fais enl'ver l'ballon / À l'Exposition* (chanson *À l'Exposition*, paroles de E. Rimbault et R. de la Croix-Rouge). **2. Faire ballon,** être obligé de se passer de qqch : *Encore une fois, Dick ruinait les espérances de Léopold. Au lieu du poursoif massif qu'il escomptait, le maître d'hôtel faisait ballon* (Simonin,1). (On disait aussi en ce sens **faire balle**). **3.** Ventre rebondi : *C'est la France qui passe / Que cett'jeune maman / Dont l'ballon dans l'espace / Ne fich'ra jamais le camp !* (chanson *La France qui passe*, paroles de A. Foucher). **Avoir le ballon** ou **gonfler son ballon,** être enceinte. **Ballon captif,** femme enceinte. **4.** Verre à boire de forme

sphérique : *Après avoir traversé la rue, je commande un ballon de blanc au comptoir* (Lacroix).
◆ *adj.*
D'une grande austérité : *Tu ne vas pas supporter aussi facilement que cela ce régime ballon, et peut-être, en raison de ce que tu vas si peu manger, faudrait-il changer de tactique ?* (Charrière).
◆ *interj.*
Rien du tout : *Elle s'laisse toucher partout, mais pour le reste, ballon ! rideau ! On peut s' l'accrocher, s' l'attraper, s' la mordre !* (Fallet, 1). SYN. peau de balle, balpeau.
ETYM. image de rotondité et de légèreté, issue de la vogue de l'aérostation, vers 1820. **1.** 1847 [Dict. nain]. **Enlever le ballon,** 1856, F. Michel [Larchey]. **2.** 1875 [Esnault]. **Faire balle,** 1883 [Fustier]. **3. Gonfler son ballon,** 1881 [Rigaud]. **Ballon captif,** 1901 [Bruant] ; d'abord *femme enflée comme un ballon,* 1808 [d'Hautel]. **4.** 1901 [Bruant].
◆ *adj.* 1969, Charrière.
◆ *interj.* 1945 [Esnault].
DER. **ballonner** *v.i.* Jeûner : 1928 [Lacassagne].

2. ballon *n.m.*

1. Prison : *Le ballon, c'est la maison d'arrêt. Avoir fait du ballon, c'est avoir été emprisonné* (Locard, 2). *On m'a filé le sursis et malgré tout je me suis farci trois petits marcotins de ballon. Va comprendre quelque chose* (Le Dano). **2.** Voiture cellulaire.
ETYM. de **emballer,** d'après Rigaud. **1.** 1871 [Esnault]. **2.** 1883, Macé.
DER. **ballonner** *v.t.* Incarcérer : 1878 [Rigaud]. *v.i.* Faire de la prison : 1935 [Esnault]. **ballonnement** *n.m.* Détention : 1901 [Bruant].

ballot *n.m.*

Individu inintelligent et lourdaud : *Faites-le patienter, empêchez-le de partir : j'arrive. – Mais c'est bien pour ça que je te téléphone, ballot. Allez, presse-toi* (Van Cauwelaert). **Au bout du quai les ballots !,** apostrophe ironique à l'adresse des imbéciles : *C'est un ancien gaucho, un type dans mon genre... Dis à Gaudet qu'il n'y a pas que des ballots au bout du quai, quand ce quai appartient aux Messageries maritimes* (Mac Orlan, 9).
ETYM. métaphore empruntée aux marins : la personne est considérée comme un paquet, c.-à-d. une marchandise sans grande valeur. 1879, G. Macé. **Au bout du quai les ballots,** début du XXe s., Carabelli [TLF].

ballotté, e *adj.*

Bien ballotté, syn. de bien balancé.
ETYM. du verbe **ballotter,** proche de **balancer.** 1935 [Lacassagne].

balluchonnage *n.m.*, balluchonner *v.i.*, balluchonneur *n.m.* → BALUCHONNAGE, BALUCHONNER, BALUCHONNEUR.

baloche *n.m.* → BALLOCHE.

balourd *n.m.*

Faux billet ou faux papiers : *Qu'est-ce que tu parles de deux, trois mois, Raoul ? P't'être bien deux, trois de plus, oui ! Surtout si le gars marche sous des balourds* (Le Breton, 1). *Demain, à cette heure-ci, le plus dur serait fait. Les balourds imprimés, empaquetés, auraient décarré de l'imprimerie, et se trouveraient dans une planque increvable* (Simonin, 3).
◆ **balourd, e** *adj.*
Faux (en parlant de billets, de papiers d'identité) : *Enfin, c'est ce qu'indiquent leurs cartes d'identité. Le vieux soupira. Il acheva en ôtant son imper, qu'il expédia sur une chaise : Maintenant si elles sont balourdes, j'y peux rien...* (Risser).
ETYM. de l'arg. ital. **balourd,** fou, d'où faux. 1887, Piémont, comme adj. appliqué à un nom de personne [Esnault]. 1954, Le Breton, comme subst.

balpeau ou ballepeau *adv.*

Exprime la négation, l'absence de qqch : *J'ai peut-être été un champion dans le temps, mais depuis, j'ai pris du flacon et maintenant, pour me sortir de mes habitudes, balpeau !* (Bastiani, 1). *On a fait le 43, annonça-t-il, ballepeau, tout semble réglo* (Jonquet, 1). SYN. que dalle.
◆ *pron. indéf.*
Rien : *Il a retiré balpeau dans ce bisness.*
ETYM. verlan de **peau de balle,** au sens renforcé par *(faire) ballon.* (→ **1. BALLON**). 1928 [Lacassagne].
VAR. **ballmuche :** 1926 [Esnault]. **balpo :** 1954, Tachet. **balpot :** 1973, Le Dano.

baltringue *adj. et n.m.*

Se dit d'un individu étranger au milieu et, par voie de conséquence, de peu d'utilité pour certaines tâches : *Il n'y a que les baltringues, les dévitaminés, qui font les cow-boys au bistrot afin d'épater les nanas !* (Mariolle) ; spéc., artisan employé dans un cirque : [Les artistes] *sont des gens du cirque mais pas les*

hommes d'un cirque. Nous, par contre, les baltringues, nous le sommes. Notre rôle, c'est d'être toujours là à trimer dans l'ombre pour que tout soit debout (Roubaudi).
ETYM. origine obscure. 1957 [Sandry-Carrère].

baluchonnage ou **balluchonnage** *n.m.*
Cambriolage : *On serait restés parmi les braves gens, dans un monde où on pouvait enfin laisser les clefs sur les portes, sans redouter un balluchonnage express* (Simonin, 2).
ETYM. de **baluchonner.** 1953, Simonin.

baluchonner ou **balluchonner** *v.i.*
Rassembler en un baluchon les marchandises volées.
◆ *v.t.*
Dévaliser, cambrioler : *Il m'avait pourtant balluchonné, ce mec, je pouvais d'autant moins m'y tromper que la bouteille de framboise qu'il gardait à son chevet en guise de cordial, elle venait tout droit de chez noszigues, Pierrot et moi* (Simonin, 3).
◆ **se baluchonner** *v.pr.*
Errer avec son baluchon : *Je n'ai pas envie, mais alors pas envie du tout, de voir mon fils se baluchonner de prison en prison* (Salinas).
ETYM. de **baluchon.** 1891 [Esnault].
◆ *v.t.* 1954 [id.].
◆ *v.pr.* 1968, Salinas.

baluchonneur ou **balluchonneur** *n.m.*
1. Cambrioleur de petite envergure : *On a cassé une vitre pour entrer là-dedans. On s'est glissé avec nos lampes électriques, nos sacoches de balluchonneurs* (Boudard, 6). **2.** Personne qui assiste un détenu, en lui envoyant des colis.
ETYM. de **baluchonner. 1.** 1885 [Esnault]. **2.** 1947 [id.].

bambou *n.m.*
1. Érection masculine : *Avoir le bambou.* **2.** Interdiction de séjour. SYN. trique (pour les deux sens). **3.** Pipe à opium : *Il lui arriva de retoucher au bambou ou de prendre une prise* (Desnos).
ETYM. notion de rigidité au sens 1; pour le sens 2, il y a jeu de mots, *bambou* étant synonyme de *canne.* **1.** 1898 [Esnault]. **2.** 1935 [id.]. **3.** 1918, Mac Orlan.

bamboula *n.m.*
Homme à la peau noire : *Le grand Bamboula brésilien gesticulait...* (Boudard, 6).
◆ *n.f.*
Orgie : *Milo la casquette, épicier rue de la Roquette, voulut fêter l'événement par une bamboula du tonnerre* (Lépidis).
ETYM. déformation de **bambalon** ou **bombalon** (vers 1688), sorte de tambour africain ; on est passé à la désignation péj., voire raciste, du Noir, puis à l'idée de « festin plein d'exubérance et de liberté ». 1855, sous la forme *bambouillat* [Esnault].
◆ *n.f.* 1913 [id.].

banane *n.f.*
1. Décoration militaire ; spéc., la médaille militaire : *Ce qu'on a juste le droit de conserver, au centre démobilisateur... en souvenir... le trophée de la tronche et puis nos bananes, nos décorations gagnées à la tripe qui se répand sur nos testicules* (Boudard, 5). **2.** Butoir vertical de pare-chocs. **3.** Mèche horizontale sur le devant du front, un des attributs du rockeur : *J'affûte ma banane gominée entre deux doigts. Une fierté ma banane* (Lasaygues). **4. Avoir la banane.** ***a.*** rire, être joyeux : *Au début, mis à part le Belge, on avait tous la banane. Travailler de nuit n'est pas désagréable au commencement* (Roubaudi); ***b.*** être en érection. **5. Se prendre une (peau de) banane,** subir un échec : *Le dernier disque « Au cœur de la nuit » est en train de se prendre une peau de banane* (*Libération,* 16 février 1981). **6.** Imbécile (apostrophe méprisante) : *Depuis quand tu connais « le Faucon maltais », mon cœur ? – Depuis que tu me l'as passé, banane !* (Pagan).
ETYM. analogie de forme, aux sens 1 à 5 ; au sens 6, il n'est pas rare qu'un nom de fruit ou de légume serve d'injure. **1.** 1917 [Esnault]. **2.** 1975 [Beauvais]. **3.** 1984 [Obalk]. **4.** ***a.*** 1999 [Merle]; ***b.*** 1968, Giraud [Doillon]. **5.** 1981, *Libération.* **6.** 1955, Bastiani.

bananer *v.t.*
Se faire bananer, se laisser duper, tromper : *On y voit* [dans un roman] *comment les Indiens se font bananer par l'expansionnisme yankee* (*Libération,* 12 décembre 1978).
ETYM. de **banane** au sens 6. 1978, *Libération.*

banc *n.m.*
ARG. ANC. **1.** Lit sur lequel couchent une quinzaine de forçats. **2.** Banquette sur

laquelle le forçat, agenouillé, reçoit la bastonnade : *Combien j'ai vu d'hommes passer sur le banc et s'en relever, atteints pour jamais dans les sources de la vie* (Humbert). **3.** Trottoir.

ETYM. dû à l'emploi habituel, dans les établissements pénitentiaires, de meubles inconfortables et sommaires. **1.** 1797 [Esnault], sens provenant de l'époque des galères. **2.** 1845 [id.]. **3.** 1881 [Larchey], ellipse de la loc. pop. *banc de Terre-Neuve,* nom donné aux Grands Boulevards, où abonde la « morue ».

banco *n.m.*

1. Tiroir-caisse. **Faire le banco,** voler la caisse. **2.** Vx. Somme gagnée au jeu : *Un banco de trois louis. Qui demande ce banco ?* (Simonin-Bazin).

◆ *interj.*

D'accord, marché conclu : *La gouine m'affurait de dix raides par séance ! J'ai dit « banco »* (Méra).

ETYM. mot ital., « comptoir ». **1.** 1927, Dussort [Esnault]. **2.** 1851, Murger [TLF].

◆ *interj.* 1854, Alyge [Larchey]. Terme des joueurs de lansquenet, signifiant « Je tiens ! ».

VAR. **bancuche** au sens 1 : 1928 [Lacassagne].

bancroche *adj. et n.*

Boiteux : *Ce Cigare dépassait ses quatorze ans et ne grandissait guère [...] quoique bancroche, il excellait à la course* (Rosny). *Manquerait plus qu'il faille se le coltiner, le foutu bancroche* (Malaquais).

ETYM. de **bancal** avec croisement de **croche,** crochu. vers 1730, Caylus [TLF]. Le mot *banban,* pop. vers 1856, a le même sens et appartient à cette famille de mots.

bandaison *n.f.*

État d'érection : *La bandaison, Papa, ça ne se commande pas* (Brassens). *Je me suis posé la question de savoir si j'aurais encore des ressources de bandaison afin de te tringler, ma belle chrétienne, comme une chienne, debout dans l'ombre sordide !* (Boudard, 5).

ETYM. de **bander.** 1862, Goncourt [TLF].

bandant, e ou **bandatif, ive** *adj.*

1. Qui excite le désir sexuel : *Nous* [les femmes], *à poil, on est bandantes. Un mec tout nu, c'est toujours ridicule* (*Actuel,* juin 1984). *Les dessous vaporeux, les robes... les petits souliers bandatifs* (Boudard, 2). **2.** Enthousiasmant, passionnant (surtout dans un contexte négatif) : *C'était aussi bandant qu'un match de foot* (Djian, 1).

ETYM. de **bander** au sens érotique. **1.** vers 1920 [Cellard-Rey], sans référence ; d'abord *bandatif* 1868, Verlaine [id.]. **2.** 1929 [Bauche].

VAR. **bandatoire** : fin du XIXe s. [Cellard-Rey].

bande-à-l'aise ou **bande-mou** *n.m.inv.*

Impuissant : *Le parti des curetons, des cagots... des pisse-froid, bande-mou, etc.* (Boudard, 2).

ETYM. appréciation ironique d'une érection modeste. *bande-à-l'aise* 1881 [Rigaud].

bander *v.i.*

1. Être en érection : *Je suis ainsi fait qu'il m'est absolument impossible de me mettre à bander tout à coup comme ça sans être prévenu pour une copine que je ne considérais pas comme une femme* (Paraz, 1). **Ne bander que d'une (couille)** ou **bander mou,** avoir peur : *Elle s'est lancée en équilibre sur la solive en suspens [...] Je bandais que d'une de la voir branler au-dessus du gouffre* (Céline, 5). **2. (En) bander pour qqn,** éprouver pour lui un désir sexuel : *Mais il sortait de prison et il en bandait pour cette fille, Lola, qu'il avait contactée par les petites annonces de Libé* (Prudon)... *videmment qu'elle bandait pour moi ! J'lai bien vu les deux fois où j'ai pagé avec* (Le Breton, 6) ; et, au fig., être passionné ou très excité par qqch : *Pouvez-vous nous expliquer comment Reagan, un vieux de 73 ans, fait bander la jeunesse américaine ?* (*le Point,* 14 janvier 1985). **3.** Arriver près du but.

◆ *v.t.*

Vx. **Bander la caisse,** voler en emportant les fonds.

ETYM. emploi spécialisé et absolu d'un vieux verbe signifiant « tendre » (comme un arc ou comme un ressort) ; s'emploie aussi bien pour une femme que pour un homme. **1.** 1718, Le Roux [TLF]. **Ne bander que d'une couille,** 1920 [Bauche] ; **ne bander que d'une,** 1901 [Bruant]. **2.** 1815, Stendhal [Doillon]. **3.** 1975 [Arnal]. Emploi propre au milieu policier.

◆ *v.t.* 1867 [Delvau].

bandeur, euse *n.*

Personne qui éprouve facilement le désir sexuel, qui est toujours disposée à l'amour physique : *Toutes ces mouflettes, qui sont les bandeuses de demain, il voudrait, pareil à un général, les passer en revue* (Simonin, 5).

ETYM. de **bander** au sens érotique. 1901 [Bruant].

bandocher ou **bandouiller** *v.i.*

Présenter une érection peu impressionnante : *Dans une image, appuyé contre une jeune femme, il bandouille délicatement et regarde l'objectif d'un œil perdu* (*Libération*, 4 juillet 1980).

ETYM. de **bander** et du suff. diminutif et péj. **-ouiller.** 1912 [Villatte], pour les deux formes.

bang *n.m.*

Effet produit par une injection de drogue.

ETYM. détournement expressif de l'onomatopée aéronautique, qui suggère un choc violent. 1987 [Le Breton].

bannes *n.f.pl.*

Draps de lit. **Se mettre, se glisser dans les bannes,** se coucher.

ETYM. image empruntée à la boucherie, les bannes étant les linges qui servent à envelopper la viande dans les abattoirs. 1930 [Esnault].

bannière *n.f.*

En bannière, en chemise : *À moitié nu, en bannière, je flotte comme un gonfalon* (Huysmans).

ETYM. comparaison de la chemise avec un drapeau qui flotte au vent. 1828, Vidocq.

banquer *v.t. et i.*

1. Payer (une somme) : *Cuba perd de l'argent, mais depuis vingt ans les Russes banquent pour garder à flot ce cigare explosif au large de la Floride* (*Actuel*, octobre 1982). **2.** Accomplir (une peine).

ETYM. dér. de **banque. 1.** 1899 [Esnault]. Est passé auj. dans la langue fam. courante. **2.** 1926 [id.].

banquiste *n.*

Vx. **1.** Saltimbanque : *Un bonhomme qui lève le pied avec une banquiste, j'en conviendrais aisément, ça la fiche mal* (Malet, 12). **2.** Charlatan : *Le coqueur* [...] *se recrute habituellement* [...] *parmi les bohémiens, qui, sur les places et aux barrières, exercent le métier de banquistes et de saltimbanques* (Canler).

ETYM. de **banque,** au sens classique de « troupe de saltimbanques ». **1** et **2.** 1789 [Esnault].

baptême *n.m.*

Viol collectif d'une fille novice, ou d'une prostituée que le milieu punit de cette manière. **SYN.** barlu.

ETYM. idée d'initiation, de rite violent, dans un contexte de sarcasme parodique. 1926 [Esnault].

baquet *n.m.*

1. Ventre : *De la pointe de son mocassin, il le frappa au bas-ventre. En plein. Le mironton miaula de douleur et lâcha son flingue. Ses deux mains se portèrent à son baquet. Il se cassa en deux* (Le Breton, 1). **2.** Vulve. **Danser sur le baquet,** faire l'amour à une femme. **3.** Vx. Blanchisseuse : [La reine Victoria a interrogé ces blanchisseuses]. *Ce que les baquets ont dû être contentes quand la reine leur a lâché le coude !* (Gill).

ETYM. au sens 3, métonymie prenant l'instrument de travail pour celle qui l'utilise; les sens 1 et 2 sont des images plus ou moins triviales, avec jeu de mots sur *ventre,* bassin. **1.** 1953, Le Breton. **2.** XVIe s., *Heptaméron* [Delvau]. **Danser sur le baquet,** 1975 [Le Breton]. **3.** 1847 [Dict. nain].

[-bar(d)]

suffixe argotique moyennement productif : **calbar, crobar, nibar, slibar,** etc.

barabille *n.f.* → BARRABILLE.

baraka *n.f.*

Chance exceptionnelle : *Personne à l'époque n'a trouvé invraisemblable qu'il échappe à deux F.M. maniés par des spécialistes, des soldats, à cent cinquante balles tirées à moins de cent mètres, que le plastic s'éteigne spontanément au lieu de sauter sur son passage... On a évoqué sa fameuse baraka...* (Conil).

ETYM. de l'arabe **baraka,** bénédiction, faveur divine. 1903, *Revue générale des sciences* [GR].

baraque *n.f.*

Faire baraque. ***a.*** échouer; ***b.*** faire coup nul (à la passe anglaise) : *Chaque fois qu'on y mettait les pinceaux, dans cette partie de la rue de Courcelles, c'était baraque notre point !* (Simonin, 4) ; ***c.*** rester court dans une conversation.

ETYM. vient d'un emploi spécialisé du mot arabe **barkha,** c'est tout (→ BARCA); francisé par des ouvriers vers 1900, au sens de « assez comme ça ! », ce mot produit vers 1935, selon Esnault, la loc. qui figure ici, au sens d'« échouer » ; les deux autres acceptions apparaissent vers 1950 : à la passe anglaise, il s'agit d'une référence précise aux points 2, 3 et 12, qui font perdre l'enjeu ; il y a sans doute influence de la valeur péj. du mot *baraque*, logis médiocre.

baraqué, e *adj.*

Se dit d'une personne à l'allure robuste, au corps puissamment charpenté. (On dit parfois **une baraque**, au sens d'« individu baraqué ») : *Si ton homme n'était pas baraqué comme un lutteur, j'te dirais bien quelque chose..., insinua-t-il.* (Giovanni, 3) ; se dit aussi d'une belle femme, aux formes opulentes : *Quoique âgée de plus de quarante berges, elle autichait encore les mâles. Elle était bien baraquée et dodue aux bons endroits* (Le Breton, 3).

ETYM. de **baraque.** 1953 [Sandry-Carrère].

barari *n.m.*

Bagarre, rixe : *Puis, tout à coup, le barari se déclencha, sec, brutal. D'un revers de main, le gorille venait d'envoyer valser le verre de Pascal* (Bastiani, 1).

ETYM. mot corse. 1960, Bastiani.

baratin *n.m.*

1. ARG. ANC. Portefeuille vide que le tireur passe à son complice, au lieu du portefeuille garni qu'il a dérobé. **2.** Vx. Paquet sans valeur substitué à un paquet précieux. **3.** Discours mensonger, qui cherche à tromper, à berner : *Vous la connaissez je vois ! Dites donc ! Question baratin c'était quelqu'un ce Tardu !* (Faizant). *Faire du baratin à une nana.*

ETYM. du prov. **barat,** marché frauduleux. **1.** 1911 [Esnault]. **2.** 1928 [Lacassagne]. **3.** 1926 [Esnault]. Seul le sens 3 est resté usuel ; il tend à devenir fam.

baratiner *v.t.*

1. ARG. ANC. Repasser un baratin (au sens 1). **2.** Chercher à convaincre, à séduire par des paroles trompeuses : *Je veux que tu baratines à mort le Sous-Dir' dès qu'il arrivera, sourire, charme et tout et tout* (Rank).

ETYM. de **baratin. 1.** 1911 [Esnault]. **2.** 1926 [id.].

DER. **baratineur, euse** *adj. et n.* **1.** Qui ment : 1935 [Lacassagne]. **2.** Qui est habile à baratiner ; beau parleur : 1935, Simonin-Bazin.

barbant, e ou **barbifiant, e** *adj.*

Ennuyeux : *Faut pas, faut pas, Francine / Écouter les racontars / Du plus barbant des barbar's !* (chanson *Francine*, paroles de A. Willemetz, 1939). *Plutôt barbifiant, le discours du boss !*

ETYM. de **barber** ou **barbifier.** 1901 [Rossignol].

barbaque *n.f.*

1. Viande : *J'irai parce que je ne veux pas que l'escouade bouffe avec les chevaux de bois et que le gars m'a l'air foutu de choisir un morceau de barbacque comme moi de dire la messe* (Dorgelès). *J'entre en scène, étends la main, prends la barbaque ; je la dévore ensuite, en riant à belles dents* (Sarrazin, 3). **2.** Chair d'un être vivant : *La longue lame tranchante a traversé la blouse et la chemise et a pénétré dans la barbaque comme dans du beurre* (Tachet).

SYN. bidoche (pour les deux sens).

ETYM. de l'esp. **barbacoa,** viande rôtie sur un gril ; ce mot est d'origine haïtienne. **1.** 1873, chez les bouchers de la Chapelle [Esnault], avec la var. phonétiquement parisienne *barbèque* (1881) et une autre : *barbasse,* 1914 [Esnault]. **2.** 1954, Tachet.

1. barbe *n.f.*

1. Faire la barbe à qqn. ***a.*** guillotiner ; ***b.*** railler ou narguer ; ***c.*** ennuyer. SYN. barber ; ***d.*** gagner au jeu, pas nécessairement en trichant ; ***e.*** surpasser. **2. Faire une barbe à qqn,** le duper. **3. Se mettre une fausse barbe,** pratiquer le cunnilinctus. **4.** Vx. Ivresse. **Avoir sa barbe,** être ivre. **Prendre sa barbe,** se griser. **5.** Vx. **Avoir de la barbe,** être obsolète, en parlant d'un mot ou d'un usage : *Oh ! c'est déjà vieux* [la locution casser sa pipe]*... ça a de la barbe...* (Villars).

◆ **la barbe !** ou **quelle barbe !** *interj.* Réaction hostile devant un discours ennuyeux, une corvée à accomplir, etc. : *Oh ! la barbe ! dit la barmaid. Ça et l'orchestre ! Je vais me coller des boules Quiès dans les oreilles, si ça continue* (Malet, 12). *Marie-Chantal Fosseuse trouva sous sa porte une lettre qui la convoquait chez le juge d'instruction pour deux heures de l'après-midi. – Quelle barbe ! fit-elle à voix haute* (Mac Orlan, 9).

ETYM. on peut penser que l'image initiale, celle du bourreau qui décapitait, a très tôt amené le sens adouci de « ennui » (c'est le moins qu'on puisse dire) ; gagner au jeu, c'est laisser le tapis ras (comme une joue lisse) ; enfin, la fausse barbe est une translation corporelle ironique. **1. *a.*** 1795 [Esnault] (dès 1486 au sens de « décapiter ») ; ***b.*** 1792 [id.] ; ***c.*** 1866 [id.] (mais Cellard-Rey contestent cette acception) ; ***d.*** 1960 [Le Breton]. ***e.*** 1808 [d'Hautel]. **2.** 1968 [PSI]. **3.** 1970 [Boudard-Étienne]. **4.** 1712 [Esnault] **5.** 1866, Villars.

◆ *interj.* 1896 [Esnault]. Cri de poulailler (au théâtre).

2. barbe *adj.*

Syn. désuet de barbant : *Ce que tu es barbe, quand tu as bu !* (Carco, 7).

ETYM. abrègement de **barbant**. 1948, Carco.

barbeau ou (vx) **barbe** *n.m.*

Proxénète : *Ce garçon-là n'exerçait sûrement aucune profession et n'était pourtant ni un barbeau ni un professionnel du chantage* (Aymé). *Pacha ! ça qu'est un nom bath pour un barbe ! fit une femme très saoûle* (Méténier).

ETYM. image du « poisson » à barbillons. 1864 [Delvau] ; *barbe* 1885, Méténier, mais dès 1865 sous la forme *barbot*, *Goualante de la Courtille*.

barber ou **barbifier** *v.t.*

Ennuyer puissamment : *Je te barbe avec mes histoires. Si ! Je te barbe : je ne suis qu'un pauvre type* (Carco, 7).

◆ **se barbifier** *v.pr.*

Vx. S'enivrer.

ETYM. créé comme synonyme de *raser*, bien antérieur en ce sens. *barber* 1882 [Esnault] ; *barbifier* 1899, Valéry [TLF].

◆ *v.pr.* 1889 [Fustier].

barbero ou **barberot** *n.m.*

Vx. Barbier, perruquier, au bagne : *Les éprouvés* [forçats de bonne conduite] *peuvent être nommés... barbero !* (Alhoy). *Allons ! le suivant, là-bas, au barberot !* (Humbert).

ETYM. de **1. barbe** ou, pour la forme sans *t*, emprunt à l'espagnol. 1836 [Esnault].

barbi *n.m.* ou **barbitos** *n.m.pl.*

Barbiturique(s).

ETYM. abrègement et resuffixation de **barbiturique**. 1977 [DDL 23].

barbichon, barbillon, barbiquet ou **barbizet** *n.m.*

Jeune souteneur : *Il fiche le camp comme un pauvre petit barbillon de quartier qui se serait fait emballer sa nana* (Rognoni). *Mais si Claude B... est étonné, les autres maquereaux le sont aussi. Ce n'est pas juste. Il n'y a aucune raison pour qu'ils laissent ce barbiquet se bourrer les poches* (Larue). *Pas un barbizet qu'aurait osé pousser un coup de vague un peu sérieux sans consulter Napoléon* (Méténier).

ETYM. var. diminutive de **barbeau.** *barbichon* 1928 [Lacassagne] ; *barbillon* 1835, Raspail [Esnault] ; *barbiquet* 1953, Simonin ; *barbizet* 1885, Méténier.

barbifiant, e *adj.* → BARBANT.

barbot *n.m.*

Vx. **1.** Fouille ou vol ; spéc., fouille d'un détenu. **Faire le barbot,** voler : *Ces dangereux malfaiteurs s'introduisent dans un domicile, assassinent les habitants et font ensuite le « barbot », c.-à-d. fouillent, dévalisent et s'emparent de tout ce qui a de la valeur* (Canler). **2.** Canard.

ETYM. déverbal de **barboter. 1.** 1862, Canler ; spéc. 1867 [Delvau]. **2.** 1836 [Vidocq].

VAR. du sens 2. **barbotier :** 1800, Leclair. **barboteux :** 1847 [Dict. nain].

barbotin ou **barbottin** *n.m.*

Vx. Canard : *Les barbottins du tapissier étaient lomben* [sic] (Ansiaume).

ETYM. de **barbot(t)er.** 1821 [Ansiaume].

barbottage ou **barbotage** *n.m.*

Petit vol : *Le droit au barbottage est absolu. Tant pis pour les « bonnes têtes »* (Humbert).

ETYM. de **barbot(t)er.** 1872 [Esnault].

barbotte *n.f.*

1. Perquisition : *J'ai fait la barbotte de toute la turne* (Ansiaume). **2.** Fouille d'un détenu à son arrivée à la prison. **3.** Visite sanitaire des prostituées : *Si c'était qu'ça ! poursuivit le maq. C'matin, mon doublard est resté pointé à la barbotte. Une de ses potes m'a affranchi. On l'a gardée... Pour des boutons, qu'le toubib a dit. À la chagatte !* (Le Breton, 3). **4. Faire la barbotte,** faire la cuisine. **5.** Vx. Cane.

ETYM. de **barbotter. 1.** 1821 [Ansiaume]. **2.** 1836 [Vidocq]. **3.** 1899 [Nouguier]. **4.** 1928 [Lacassagne]. **5.** 1800, Leclair.

DER. **barbotier, ère** *n.* Auxiliaire chargé de la fouille des détenus : 1836 [Vidocq].

barbotter ou **barboter** *v.t.*

1. Dérober : *Alors, une fois qu'il a eu tout repéré, il s'est amené une nuit en douce avec sa bande et il a barboté quatre cent mille balles* (Carco, 1). **2.** Vx. Chercher, explorer : *Avoue donc que tu lui as barboté les poches pour reprendre des papiers que voulait le mari...* (Daudet). *Des mains* [...] *réellement habituées à barbotter les baguenaudes* (Humbert) ; et au fig. : *J'ai barbotté toute la sorgue sans trouver une bredoche* (Ansiaume). **3.** Vx. Cambrioler.

ETYM. très vieux verbe aux formes diverses (*bourbouter, barbetter,* etc.), évoquant l'idée de fouiller dans la boue (à la manière du canard avec son bec). **1.** 1855, Paillet. **2.** 1752 [Esnault]. **3.** 1843, chanson [id.].

barbotteur ou **barboteur** *n.m.*

Voleur : *Il était passé homme d'État et barboteur de fonds secrets* (Daudet).

◆ **barbotteuse** *n.f.*

Prostituée en maraude, ou qui profite de la situation pour voler le client. SYN. entauleuse.

ETYM. de **barbot(t)er.** 1843 [Dict. nain].

◆ *n.f.* 1776, Restif de La Bretonne [Esnault].

barbouze ou **barbouse** *n.f.*

Barbe : *Le maxillaire manquait d'ampleur, alors il avait essayé sur ses dix-huit ans une barbouze compensatrice* (Amila, 1).

◆ *n.m. ou f.*

Agent des services secrets ou d'un service de police parallèle : *La masse de manœuvre* [est] *constituée par des barbouses du service* « Action », *des enfançons tout spécialement dressés au mitraillage, au dynamitage, au sabotage* (Dominique).

ETYM. de **1. barbe** avec le suff. péj. **-ouze** (ou **-ouse).** 1926 [Esnault].

◆ *n.m. ou f.* 1956, Dominique ; cette acception, issue du déguisement par fausse barbe que sont censés adopter de tels agents, s'est développée à partir de l'affaire Ben Barka (1965).

DER. **barbousard** *adj.m.* Ridiculement barbu : 1942 [Esnault] ; *n.m.* Agent appartenant à une police parallèle : 1957 [Sandry-Carrère]. **barbouseux** *adj.m.* **1.** Barbu : 1946 [Esnault]. **2.** Qui concerne les services secrets : 1981, *Libération.* **barbouzerie** *n.f.* Ensemble de barbouzes : 1981, *Libération.*

barbu *n.m.*

1. Toison du pubis féminin : *Octave besognant d'un membre roide le barbu baveux de la cuistote* (Simonin, 7). **2.** Roi de cartes : *Et moi je continue : Tierce à la poule ! – Ta gonzesse vaut rien, envoie-la tapiner, j'ai le barbu !* (Fauchet). **3.** Le bon Dieu ou le père Noël. **Croire au barbu,** croire au père Noël : *C'est toujours pareil, le mec qui est dans le trou, il perd la notion des choses, et suffit qu'il pointe son pif dehors pour qu'il croie au barbu* (Bastiani, 4).

ETYM. de **1. barbe. 1.** 1861, *Vocabula amatoria* [Cellard-Rey]. **2.** 1928 [Esnault]. **3.** 1955, Bastiani.

barca ou **barka** *interj.*

Assez, ça suffit : *Fait chaud là-n'dans comm' dans eun' cave, / Et quand on y est bâché... Barca !* (Bruant). *Tu parles, Papi, ce mec il se fout de tout le monde. Il n'y a que ses montres. Le reste, barka !* (Charrière). SYN. basta.

◆ *adj. ou interj.*

Impossible.

ETYM. de l'arabe **baraka,** bénédiction. L'abrègement de cette loc. est devenu très pop. 1886, Merlin [TLF].

◆ *adj. ou interj.* 1868 [Esnault].

barda *n.m.*

1. Équipement du soldat : *Le barda nous gênait énormément, surtout le poids des munitions coltinées sur l'épaule en ballots de fortune et l'armement en pagaille qui sans cesse nous revirait sur le ventre ou battait les genoux* (J. Perret, 1) ; par ext., bagage lourd et encombrant : *Ils traversèrent la salle dans le noir, à l'épaule tout le barda et les valises à la main. Le plus encombrant, c'était la batterie* (Lépidis). **2.** Billet de 1 000 francs anciens : *Nanar, soudain volubile, dévoila au vieux qu'il venait d'attriquer huit cent cinquante bardas aux courtines* (Mariolle).

ETYM. de l'arabe **barda'a,** bât ou couverture mis sur le dos d'un âne ou d'une mule. **1.** 1848, E. Daumas [Quemada]. Au sens de « bagage encombrant », est passé dans l'usage courant. **2.** 1953, Le Breton. Jeu de mots sur *sac,* qui a aussi le sens de « billet de 1 000 francs ».

bardée *n.f.*

Grande quantité : *Des gens à garder contre les attentats des « Compagnons de la Pelle », il a l'air d'y en avoir une bardée* (Tachet).

ETYM. de **bardée,** charge (mot d'Anet, Eure-et-Loire). 1954, Tachet.

barder *v.i.*

1. Vx. Être astreint à un travail pénible. **2. Ça va barder !,** se dit lorsque s'annonce un conflit violent entre des personnes : *Ça va barder pour les Boches / Guillaume II est foutu* (chanson *Vive l'Oncle Sam !,* paroles de E. Dufleuve). *Stupeur générale. Personne, jusqu'à ce jour, n'avait parlé sur ce ton au directeur de l'école, ça allait barder* (Le Dano).

ETYM. vieux verbe désignant l'action de charger sur un **bard,** sorte de chariot bas (1751), d'où être plein (1846 [Esnault]), lourd, pénible, etc. **1.** 1889 [id.]. **2.** 1894 [Doillon 3].

barge *adj. et n.*

Syn. de barjot : *D'un côté un ennemi sans pitié, de l'autre des flics que l'échec rend barges* (Galland).

ETYM. apocope de **barjot.** vers 1968 [George].

barjaquer *v.i.*

Jacasser, crier : *Écoute, si tu fais que de me barjaquer aux oreilles, ton avenir, tu n'as qu'à te le lire toi-même* (Bastiani, 1).

ETYM. du prov. **barja**, bouche et **bavarder**, avec suffixation péjorative. 1894 [Puitspelu].

barjot ou **barjo** *adj. et n.m.*

Qui a l'esprit dérangé, fou : *Les indigènes que les champignons sacrés ont rendus complètement barjots, accomplissent à notre passage des actes de transe complètement déments* (Lasaygues). *Vous avez vu que ces barjots portent des croix gammées sur leurs cous crasseux ? désapprouve Luc* (Lacroix).

ETYM. verlan de **jobard**, naïf, avec aggravation de sens. *barjo* 1957 [Sandry-Carrère] ; Le Breton signale en 1975 la force d'implantation de ce mot dans le milieu.

barka *interj.* → BARCA.

barlu *n.m.*

1. Bateau : *Ces barlus de rêve ne prennent jamais la mer et tout ce que leurs heureux propriétaires leur demandent, c'est de ne pas prendre l'eau non plus* (*le Monde,* 17 mars 1989). **2.** Viol collectif : *Faire barlu.* SYN. baptême.

ETYM. mot lyonnais désignant un petit bateau de pêcheur. **1.** 1895 [Esnault]. **2.** 1928 [Lacassagne].

barnum *n.m.*

1. Grande tente de camelot ou de forain. **2.** Objet de taille gigantesque. **3.** Tapage, désordre.

ETYM. du nom de **Barnum,** célèbre directeur de cirque américain (mort en 1891). **1** et **2.** 1939 [Galtier-Boissière et Devaux]. **3.** 1915 [Esnault].

baron *n.m.*

1. Vx. Riche protecteur. **2.** Compère ou complice, dans une mise en scène destinée à mystifier ou à gruger le spectateur : *Le bonneteur commence alors un boniment et propose à un passant de jouer avec lui. C'est, bien entendu, un complice ; c'est, comme on dit en argot, un « baron » ou un « contre »* (Locard). *Ils* [les policiers] *parviennent à expédier quinze croupiers, cinq chefs de table et huit « barons » devant le tribunal correctionnel de Nice* (*Libération,* 27 juin 1985). **3.** Équipier, dans une enquête policière. **4.** Verre de bière d'une contenance de 75 cl.

ETYM. détournement d'un sens « noble ». **1** et **2.** 1901 [Bruant]. **3.** 1975 [Arnal]. **4.** 1975 [Beauvais].

baronner *v.t.*

Servir de compère, de complice à qqn : *Son fameux job, c'est de baronner au bonnet avec Bouboule-des-Gobes* (Boudard-Étienne).

ETYM. de **baron.** 1901 [Bruant].

barouf, baroufe ou **baroufle** *n.m.*

1. Bruit, tapage : *Badaboum, la grenade pète* [...] *Dans le hall de la gare, ça fait un barouf incroyable* (Vautrin, 1). **2.** Scandale : *Sans doute avaient-ils peur que notre consul fasse un barouf de tous les diables et que leur roi leur fasse des ennuis* (Héléna, 1).

ETYM. du sabir italo-algérien **baroufa**, dispute, ou du marseillais **baroufo**, procès, querelle confuse. **1.** vers 1830 [Sainéan]. **2.** 1901 [Bruant].

barrabille ou **barabille** *n.f.*

Mettre la barrabille, créer le désordre, la mésentente : *Elle* [Marthe Richard] *révèle à l'Ambassadeur qu'elle connaît le chiffre du coffre de Von Krohn... pour mieux foutre la barabille dans les services ennemis* (Boudard, 2). *C'est pas des mecs de chez nous. Ils passent leur temps en barre à bille avec tout le monde* (Risser).

ETYM. origine obscure, peut-être jeu de mots sur **barre à mine** et **bisbille.** 1957 [Sandry-Carrère].

barre *n.f.*

1. Vx. **Barres de justice,** tiges de métal sur lesquelles coulissaient les fers que les forçats avaient aux pieds : *Le voyage à fond de cale, dans ce rafiot, fut surtout rendu pénible par la chaleur étouffante et par la gêne d'être attachés par deux à ces barres de justice datant du bagne de Toulon* (Charrière). **2.** **Homme de barre,** associé sur lequel on peut compter : *Suivi de son homme de barre, le Catalan poussa la porte du tapis. Putain ! C'que c'était salingue !* (Le Breton, 3). **Barre à mine,** individu peu sûr, qui risque de tout faire échouer. **3.** **Manger à la barre fixe,**

très peu ou pas du tout. **4. Avoir une** ou **la barre avec qqn,** lui plaire de façon évidente. **5. Avoir une barre pour qqn,** être sexuellement excité par lui. **Barre à mine,** pénis en érection : *On avait dans le corps une phénoménale envie de tringler. Il nous poussait des barres à mine* (Blier). **6.** Somme d'un million d'anciens francs. SYN. bâton, brique.

ETYM. emplois spécialisés du terme usuel. **1.** 1969, Charrière (les faits narrés remontent à 1932). **2.** 1926, Guyane (il s'agit ici de la barre du gouvernail d'un bateau). **Barre à mine,** 1970 [Boudard-Étienne]. La barre à mine sert à creuser les trous destinés à recevoir la dynamite. **3.** 1977 [Caradec]. **4** et **5.** vers 1980. **6.** 1986 [Le Breton].

barré, e *adj.*

1. Être bien, mal barré, s'engager bien ou mal, en parlant d'une action, d'une affaire ; avoir des perspectives de succès ou, au contraire, aller à un échec, en parlant de qqn : *Vas-y, mon pote, mène un peu. Plus que six tours. La moitié. Plus un chat derrière, on est bien barrés* (Fallet, 1). *Jeanne ignorait si les malades sélectionnés étaient ceux qui avaient le plus de chances de s'en sortir ou, au contraire, les plus mal barrés, ceux sur qui les autres traitements avaient échoué* (Francos). *Les plus pauvres des pays du Tiers-Monde, les vraiment mal barrés servent souvent de viviers à cobaye pour les laboratoires pharmaceutiques* (*Actuel*, mai 1981). **2. Rue barrée,** rue à éviter, car habitée par un créancier.

ETYM. métaphore issue du sens maritime de **barrer**, diriger une embarcation. **1.** 1947, Fallet. **2.** 1867 [Delvau].

barreau *n.m.*

Barreau de chaise, gros cigare : *Il hocha la tête [...] et dit, en tirant sur le barreau de chaise qu'il tenait entre les dents : « Toutefois, je ne suis pas mécontent ! Ce cigare est excellent »* (Viard).

◆ **barreaux** *n.m.pl.*

Francs.

ETYM. image pittoresque (analogie de forme). 1953, Le Breton.

◆ *pl.* 1935 [Simonin-Bazin].

barrer *v.t.*

1. Réprimander. **2.** Congédier, mettre à la porte. **3. Barrer le boulot,** abandonner son travail.

◆ *v.i.* ou **se barrer** *v.pr.*

Partir rapidement : *Allez-vous-en, cria-t-il d'une voix sourde... Allez... Barrez, barrez vite !* (Mac Orlan, 4). *On cherche les mariés. Les vaches ! Ils ont réussi à se barrer* (Jaouen). *Alors, vas-y, dis-moi par où je peux me barrer et je décarre* (Bastiani, 1).

ETYM. de l'arabe **barrā**, dehors !, employé par les soldats d'Afrique et les malfaiteurs italiens. **1** et **3.** 1866 [Delvau]. **2.** 1901 [Bruant].

◆ *v.i. ou pr.* 1866 [Delvau].

barres *n.f.pl.*

1. Se rafraîchir (ou se rincer) les barres, boire un coup. **2. Arroser les barres à qqn,** lui offrir à boire.

ETYM. comparaison pittoresque de la denture humaine avec la partie de la mâchoire du cheval où s'appuie le mors. **1.** 1861, A. Lecomte [Larchey]. **2.** 1901 [Bruant].

barreur *n.m.*

Videur dans un cabaret, une boîte de nuit, etc.

ETYM. du verbe **barrer.** 1946 [Esnault].

basane *n.f.*

1. Peau humaine, surtout dans la loc. **tailler une basane,** faire un geste de dérision qui consiste à simuler, de la main droite, le découpage d'une partie de la peau de sa cuisse, en utilisant le pouce comme pivot planté dans l'aine et en faisant tourner la main dans le sens des aiguilles d'une montre, le tout étant accompagné d'une apostrophe grossière : *Tout ce qu'il découvrit en tant qu'inspiration aimable consista à se tourner vers Mademoiselle Cancrelat, à se tailler sur la cuisse une large basane et à déclarer nettement : « Les oreilles chastes, je leur pisse à la raie ! »* (Grancher). **2.** Vx. Amadou.

ETYM. de l'arabe **batâna**, doublure, par l'esp. et l'anc. prov. **1.** 1836 [Esnault]. **Tailler une basane,** 1881 [Rigaud]. **2.** 1821 [Ansiaume]. Analogie d'aspect.

bascule *n.f.*

1. Bascule à Charlot, ou simpl. **bascule,** guillotine : *De jeunes fondus que guettaient, s'ils étaient bourrus, la bascule à Charlot ou les durs à perpète* (Le Breton, 2). *Je nous vois déjà aux assiettes en train de jouer notre tronche. Et ensuite la bascule, les doigts dans le nez. Voleur de Dieu !* (Bastiani, 4). **2.** Délateur : *Je sens en Tonin une dureté absolue, quelque chose de* *proche de la folie, un peu comme moi j'avais été avec Dany la petite bascule* (Bastid-Martens). **3. Avoir les** ou **des bottes, chaussures** ou **pompes à bascule,** être ivre. **4. Faire exploser sa bascule,** avoir exagérément grossi : *Elle a chanté dans des boxons roumains et turcs, avant de revenir en France faire exploser sa bascule* (Pousse).

ETYM. le condamné était effectivement attaché sur une civière basculante qui l'amenait juste à l'aplomb de la lunette ; le sens 2 vient d'un jeu de mots synonymique avec **balance.** **1.** 1847 (encore mentionné par Boudard-Étienne en 1970). **2.** 1975 [Beauvais]. **3. Avoir des chaussures à bascule,** 1954, Vers [Giraud]. **4.** 1989, Pousse.

basculer *v.i.*

Devenir indicateur de police : *On n'engage pas de la sorte un jeune garçon à « retourner la vapeur », à « basculer » ainsi qu'un vulgaire Casimir* (Carco, 1).

◆ *v.t.*

1. Guillotiner ; par ext., tuer : *Un autre de ses hommes, Jeannot le Corse, s'est fait basculer lui aussi, en sortant d'un restaurant cette fois* (Agret). **2. Basculer un godet,** boire un verre.

ETYM. notion de changement de direction, au sens spatial ou... professionnel. 1927, Carco.

◆ *v.t.* **1.** 1867 [Delvau]. **2.** 1953 [Sandry-Carrère].

bas-du-cul *adj. et n.inv.*

Se dit d'un individu aux jambes courtes : *Elle n'était plus qu'un petit pot, une commère, une concierge bas-du-cul* (Duvert). *Ce n'est pas comme ce criquet, ajouta-t-il en désignant Clément, qui était le plus petit des agents de ma brigade* [...] *Ne t'y fie pas, répliquai-je. – C'est possible, quelquefois, ces bas-du-cul, c'est tout nerfs* (Vidocq).

ETYM. désignation pittoresque d'une personne de petite taille. 1808 [d'Hautel].

VAR. **bas-duc :** 1957 [Sandry-Carrère]. **bas-de-plafond :** 1867 [Delvau].

basset *n.m.*

Cambrioleur spécialisé dans les caves.

ETYM. jeu de mots à partir de l'adj. **bas.** 1975 [Arnal].

bassiner *v.t.*

Ennuyer, importuner : *Depuis quelque temps, il était plus souvent en train de grimacer que de sourire.* [...] *J'avais parfois l'impression de le bassiner* (Malet, 1). *J'en veux pus, d'marlou, ça m'bassine* (Bruant).

ETYM. « échauffer comme une bassinoire » [Larchey], mais aussi « taper sur des ustensiles de cuisine, au cours du charivari, chahut organisé nuitamment, dans certaines provinces, sous les fenêtres de ceux qui se remarient ». 1858 [Larchey]. Est passé auj. dans l'usage courant.

bassinoire *n.f.* ou **bassin** *n.m.*

Vx. Personne importune, ennuyeuse : *Polyeu'te et Pauline, oh ! là là ! /* [...] *J'peux pas tourner la manivelle / Pour moudre d'ces bassinoir's-là !* (Gill).

ETYM. de **bassiner.** 1858 [Larchey].

basta *interj.*

Assez, ça suffit : *Et maintenant, basta pour la réunion du Comité. Pour une fois, ils se débrouilleraient bien sans lui* (Bastiani, 1).

ETYM. de l'ital. **basta,** même sens. 1807, P.-L. Courier [TLF]. Sous la forme francisée *baste,* ce mot est attesté en France depuis Rabelais (1534, *Pantagruel*).

Bastoche (la) *n.pr.*

La Bastille (la place ou le quartier) : *Ah ! ça va chalouper sec à la Bastoche !* (*les Nouvelles littéraires,* 19 février 1981).

ETYM. resuffixation pop. d'un nom illustre. 1892 [Esnault].

VAR. **Bastaga (la) :** 1939 [id.].

baston *n.m. ou f.*

1. Coup. **2.** Bagarre : *Alors ce soir, au baloche, / avec son manche de pioche, / il ira au baston, au baston, / comme le prolo va au charbon* (Renaud). *Elle releva le menton et se prépara au combat* [...] *Pour un peu, j'allais reprendre goût à la baston* (Pagan).

ETYM. forme ancienne de **bâton** (du lat. vulgaire **basto**), qui a curieusement resurgi en arg. contemporain. **1.** 1926 [Esnault]. **2.** 1950 [id.]. Le genre féminin apparaît tardivement (1975 [George]). Nettement plus moderne que *castagne.*

bastonnade *n.f.*

Vx. Punition corporelle infligée au forçat et consistant en coups de corde sur le dos : *Le cardeuil lui a fait donner trente coups de bastonnade sur les endos* (Ansiaume). *On punissait de la bastonnade* [à Toulon, en 1871] *le*

forçat accouplé qui n'avait pas dénoncé le limage de la chaîne commune (Humbert).
ETYM. spécialisation d'un mot du XVe s. d'origine ital. ou esp. 1821 [Esnault].

bastonner *v.t.*

Rosser, frapper : *D'une pièce voisine s'élevaient des cris de femme* [...] *V'là que certains perdreaux prenaient des gants pour bastonner les nanas ou les insulter !* (Le Breton, 1) ; et, au fig., accabler lourdement : *Les assises de l'après-guerre, même les simples correctionnelles, bastonnaient le délinquant sans s'occuper de son psychisme, de ses complexes, de ses motivations existentielles* (Boudard, 5).

◆ **se bastonner** *v.pr.*

Se battre : *Et puis ça fait un bail / qu'on s'est plus bastonné / avec de la flicaille / ou des garçons bouchers* (Renaud).
ETYM. forme ancienne de **bâtonner**, donner des coups de bâton, début du XIIIe s. [TLF]. 1926 [Esnault].
◆ *v.pr.* 1941 [id.].

bastos *n.f.*

Balle d'une arme à feu : *J'imagine avec acuité trois bastos de douleur, calibre 38, dans le bas de mon gros côlon* (Vautrin, 1).
ETYM. de **Bastos** père et fils, fabricants de cigarettes à Alger, par jeu de mots sur *cartouche*, cigarette. 1916 [Esnault].

bastringue *n.m.*

1. Bal populaire, guinguette : *Des bastringues à vingt balles l'entrée* [...] *Voilà pourquoi, s'il n'y a pas de bastringues à la Grande Op, cette année, je m'en consolerai* (Gill). *Ils s'assirent à la terrasse. En face d'eux étaient installés des bastringues dont les lumières, renvoyées par les glaces, éblouissaient Renée* (Dabit, 1). **2.** Désordre bruyant, tapage : *Ces FFI étaient ou de jeunes cons ou des mecs qui voulaient profiter du bastringue pour tirer un peu d'oseille* (Jamet). **3.** Vx. Petite lime pour scier le fer et, par ext., étui contenant divers objets utiles à un détenu pour tenter de s'évader, et qu'il conserve caché dans son rectum : *N'oublie pas la bastringue pour faucher les balançons* (Ansiaume). *Le bastringue est un étui en argent à l'usage de « messieurs » les voleurs. Cet instrument, de dimensions fort restreintes, renferme de petites scies faites de ressorts de montre, destinées à scier le fer ; une paire de fausses moustaches, et quelques autres objets très utiles, soit pour faciliter, soit pour assurer le succès d'une évasion. Il se place dans certaine partie du corps que la bienséance m'empêche de nommer, et tire son nom du bruit qu'il ne manque pas de produire lorsque le voleur se met à courir* (Canler). SYN. plan. **4.** Objet quelconque, par ex. bâtiment : *Je savais ce que c'était que des blocs, notre Cité contenait dans les deux mille bonshommes, et le bastringue en face à peu près le double* (Rochefort). *Plié et ficelé en balle, le bastringue* [un château fort gonflable] *formait un cube d'un mètre quatre-vingt de côté* (Roubaudi) ; aspirateur : *Vous désirez, m'sieur le commissaire ? – Vous parler... – Ben quoi, Lucienne ! Arrête ton bastringue, on s'entend pas causer* (Rognoni). **Et tout le bastringue,** et tout le reste : *Ainsi, c'était pas du pour, ces salades de romanciers ? Ces trucs d'amour, d'épiderme et tout le bastringue !* (Le Breton, 2). **5.** Arme à feu, chez les policiers.
ETYM. origine obscure, probablement germanique ; on rencontre parfois le fém. aux sens 1 et 3. **1.** 1800 [Esnault]. **2.** 1801 [id.]. **3.** 1829 [Forban] ; « étui » 1836 [Vidocq]. **4.** fin du XIXe s. [Esnault]. **5.** 1975 [Arnal].
DÉR. **bastringuer** *v.i.* Fréquenter les bals populaires, faire la noce : 1808 [d'Hautel]. **bastringueur** *n.m.* Coureur de cabarets : [id.].

bat *adj.* → BATH.

bataclan *n.m.*

Attirail : *J'ai déjà préparé tout mon bataclan, les fausses clés ont été essayées* (Vidocq). **Et tout le bataclan,** et tout le reste : *Ah ! si l'on n'avait pas la religion* [...], *si l'on n'avait pas la Sainte Vierge et saint Antoine de Padoue, et tout le bataclan, on serait bien plus malheureux, ça c'est sûr...* (Mirbeau).
ETYM. origine obscure, p.-ê. onomatopéique. 1761, Favart [Brunot]. Est passé auj. dans l'usage courant.

bat' d'Af' *n.m.*

1. Unité disciplinaire d'infanterie, où étaient affectés ceux qui, avant leur service militaire, avaient été condamnés à trois mois de prison (minimum) : *Le seul vrai de tout cela, c'est que le 21e Bat' d'Af', composé de mutins punis, a découvert pendant la guerre 39-40 des gisements de charbon du côté de Kénadza* (Paraz, 2). **2.** Soldat appartenant à ce corps. SYN. bataillonnaire, joyeux, zéphire.
ETYM. double apocope de **bataillons d'Afrique.** 1885, Méténier.

1. bateau *n.m.*

1. Faire le bateau, au jeu, s'entendre pour faire perdre ceux qui parient contre les joueurs de son camp. **2. Faire (un) bateau,** se livrer à un viol collectif. SYN. baptême, barlu. **3.** Vx. **Être du bateau vert,** faire partie des voleurs, des réprouvés. **4.** Vx. **Bateau amiral,** bateau servant à la navigation de la chaîne des forçats sur la Saône et le Rhône : *Un grand barco orné d'une cabine en planches, et qu'on désignait sous le nom pompeux de bateau amiral* (Alhoy).

◆ **bateaux** *n.m.pl.*

Souliers médiocres et de grande taille.

ETYM. métaphore pittoresque : idée d'embarquer ensemble. **1.** 1865 [P. Larousse]. **2** et **3.** 1899 [Nouguier]. **4.** emploi ironique de la désignation maritime. 1835, selon Alhoy.

◆ *pl.* 1841 [Larchey].

2. bateau *n.m.*

Mystification verbale : *La mère de Gaëtan, c'est une brave fille, mais lui, comme enfant de pute, il se pose un peu là ! Parce que des bateaux, il doit lui en faire gober !* (Agret). **Monter, pousser un bateau à qqn** ou **mener qqn en bateau, en barque,** le tromper : *Elle aimait bien rigoler, Simone Signoret, et on décide de faire quelque chose, de monter un bateau à Gégène* (Pousse). *S'il se contenta de fuir, au lieu de mener la police en bateau, c'est que ce remiseur avait trop à compter avec la justice* (Claude).

◆ *adj. inv.*

1. Vx. Ennuyeux. **2.** Rebattu, éculé : *Un sujet bateau.*

ETYM. de l'anc. fr. **bastel** (vers 1220), escamotage (avec influence de *bateau,* véhicule). **Monter** et **pousser un bateau,** 1867 [Delvau] ; **mener en bateau,** 1872 [Larchey] ; **en barque,** 1928 [Lacassagne].

◆ *adj.* **1.** 1900 [Esnault]. **2.** 1970 [GR].

DER. **montage de bateau** *n.m.* Mensonge : 1901 [Bruant].

bath ou **bat** *adj.*

1. Se dit de tout ce qui possède des qualités esthétiques et/ou morales : *C'est bath !... mais ça manque d'gonzesses* (Bruant). *C'est pas dans la rue qu'il faudrait chercher les types baths... Y a à boire et à manger dans les amis de vot' frère* (Rosny). *T'es bath, murmurait Bouve quand, debout contre lui, elle l'entoura de ses beaux bras* (Carco, 8). **Bath à faire,** bon à voler. **Bath au pieu, au plumard,** se dit d'un ou d'une virtuose en matière d'amour physique : *Michel a une nouvelle petite camarade, bien gentille : « Elle est bath au plumard ! » confie-t-il à la tablée* (Galtier-Boissière, 1) ; et, subst. : *Que si tu fus un homme aimé naguère, / Avant la guerre / Un bath au pieu, / Crois qu'à cette heure il n'en va plus de même* (Ponchon). **2. Être bath,** en avoir de bonnes : *Ça oui, répondit Mado avec véhémence, ça vraiment oui. Vous être rien bath* (Queneau, 1). **3.** Vx. **Faire bath,** arrêter (un voleur).

◆ *n.m.*

Du bath, du vrai, de l'authentique. **Être sur son bat',** vivre sous son vrai nom. **Un faux bat',** un faux nom.

◆ *n.f.*

Être de la bat', avoir la bonne vie.

ETYM. origine discutée, soit de **batif,** adj. « positivant », d'après **battant** (selon Esnault), soit de **Bath,** station anglaise très à la mode au XVIIIe s., cette dernière hypothèse étant la seule à rendre compte du *h* final, qui ne figure pas toujours dans ce mot, auj. nettement vieilli. **1.** 1846, Féval [Esnault]. **Bath à faire** et **au pieu,** 1883 [Larchey]. **2.** mil. du XXe s. **3.** 1881 [Rigaud].

◆ *n.m.* 1876, Rabasse [Larchey]. **Être sur son bat', un faux bat',** 1907 [Esnault].

◆ *n.f.* 1878 [Rigaud].

VAR. **bathouse :** 1977 [Caradec].

DER. **bat'ment** *adv.* Joliment : 1920 [Esnault].

bâtiment *n.m.*

1. Être du bâtiment, être du métier ; être expert en la matière : *Ces monstruosités que vous, gens délicats, / Trouveriez horrifiques, / Pour ceux du « bâtiment » sont simplement des « cas », / Rares et magnifiques* (Ponchon). SYN. en connaître un bout, un rayon, en tâter. **2.** Vx. **Travailler dans le bâtiment,** faire des cambriolages.

ETYM. tours nés dans le milieu ouvrier. **1.** 1878 [Rigaud]. **2.** 1879, *le Petit Journal* [Larchey].

bâton *n.m.*

1. Jambe : *Petit-Bon-Dieu gémit plus fort. J'ai un bâton de cassé, pour sûr !* (Leroux). **Bâton de chaise, de cire** ou **de tremplin,** même sens. SYN. canne, flube, flûte, guibolle, patte, quille, etc. **2.** Interdiction de séjour : *Cependant, les condés ne désespéraient pas. Ils étaient tenaces* [...] *De par son bâton, ils avaient barre sur le cadet du Blond*

(Le Breton, 1). SYN. trique. **3.** Un million d'anciens francs ou 10 000 nouveaux francs : *Le jeunot a laissé un drapeau de douze bâtons rien qu'en frais d'essence et de location de voiture* (Pagan). SYN. : brique. **4.** Pénis. **Avoir le bâton,** (vx) **faire bâton,** être en érection.

ETYM. emplois métaphoriques du mot usuel. **1.** 1628 [Chéreau]. **Bâton de cire** ou **de tremplin,** 1867 [Delvau]. **2.** 1882 [Esnault]. On écrivait sur le registre un I, c.-à-d. un « bâton », dans le langage des écoliers, devant le nom d'un interdit de séjour. **3.** 1950 [id.]. **4.** 1532, Rabelais. **Avoir le bâton,** 1901 [Bruant] ; **faire bâton,** 1862, Lemercier de Neuville [Delvau].

DÉR. **bâtonneux** *n. et adj.m.* Interdit de séjour : 1889 [Esnault]. **bâtonniste** *n.* Même sens : 1901 [Bruant]. **bâtonner** *v.t.* **1.** Frapper d'interdiction de séjour. **2.** Mettre à l'index du milieu : 1899 [Nouguier].

battage *n.m.*

1. Mensonge : *Il répondit avec cynisme et en riant jusqu'aux larmes : « Tout ça, c'était un battage ! Les imbéciles de jurés ont été assez bêtes de le gober, avec mon avocat »* (Claude). **2.** Publicité exagérée et plus ou moins mensongère.

ETYM. de **battre**, simuler. **1.** 1849 [Esnault]. **2.** 1901 [Bruant].

battant *n.m.*

1. Cœur : *« Crois bien que ça fait quelque chose, là ! » Elle se frappait à hauteur du battant* (Amila, 1). **2.** Estomac : *Avec ça la peur, rien dans le battant depuis le matin...* (Daudet). **3.** Courage : *Les arcans de l'Ile de Beauté l'estimaient pour son battant, sa loyauté* (Le Breton, 2). **4.** Langue de beau parleur. **5.** Amateur de bagarres : *Le teneur de jeu, un battant, raflait les mises et mettait de l'ordre parmi la fripouillerie* (Le Breton, 3).

ETYM. de **battre. 1.** 1836 [Vidocq]. **2.** 1827 [Demoraine]. **3.** 1952 [Esnault]. **4.** 1872 [id.]. **5.** 1935 [Simonin-Bazin].

batterie *n.f.*

Vx. **1.** Rixe : *Il était aisé d'apercevoir qu'ils étaient les héros d'une batterie dans laquelle de part et d'autre on s'était administré force coups de poing* (Vidocq). *Les gens du quartier me l'ont tous prédit qu'il finirait dans les batteries* (Carco, 8). **2.** Mensonge. **3. Batterie de cuisine.** ***a.*** ensemble de décorations ou de médailles qui couvrent la poitrine ; ***b.*** (vx) ensemble des organes buccaux.

ETYM. de **se battre. 1.** 1828, Vidocq. **2.** 1836 [id.]. **3.** ***a.*** 1901 [Bruant] ; ***b.*** 1867 [Delvau].

batteur, euse *n.*

Simulateur : *Il arrive souvent que les médecins reconnaissent pour malades des batteurs – c'est le mot consacré ici* [île Nou, 1872] *– dont ils ne sont nullement dupes* (Brissac) ; personne hypocrite : *Les forçats qu'il voulait convertir ne lui répondaient que par des injures* [...]. *« Rengracie, batteur ! »* (Lhéritier). Vx. **Batteur de comtois,** même sens : *J'hésitai fort à me faire « porter à la visite », ne voulant pas passer pour un batteur de comtois* (Humbert).

◆ *n.m.*

1. Batteur de flemme, fainéant. **2.** Voleur ou proxénète. **3.** Bonneteur. **4. Batteur de cartons,** joueur de cartes : *L'ancien batteur de cartons qu'avait été de Fagan en sa jeunesse* (Daudet). **5.** Provocateur, dans le langage des policiers.

◆ *n.f.*

Batteuse d'asphalte, prostituée.

ETYM. de **battre**, simuler, et de **battre (l'estrade, le pavé**, etc.). 1830 [Esnault].
◆ *n.m.* **1.** 1828 [Vidocq]. **2.** 1928 [Lacassagne]. **3.** 1930 [Esnault]. **4.** 1895, Daudet. **5.** 1975 [Arnal].
◆ *n.f.* 1907 [France].

battoir *n.m.*

Main de grandes dimensions : *Tous les premiers à pousser la Carmagnole, à se désosser les battoirs pour un postillon* (= crachat) *bien balancé* (Meckert). *D'un claquement de ses battoirs, la directrice libéra les malheureuses petites statues* (Le Breton, 6).

ETYM. emploi métaphorique d'un mot ancien désignant une palette qui servait à battre le linge au lavoir ; *des mains comme des battoirs* dès 1755, Beaumarchais [TLF].

battouse ou batouse *n.f.*

1. Toile : *Breffort consent à nous dégoiser avec une verve époustouflante l'authentique boniment du camelot tel qu'il le lançait en débitant « la batouze » dans les foires campagnardes* (Galtier-Boissière, 1). **2.** Vente de toile : *Faire la battouse.*

ETYM. du **battant** qui, dans le métier à tisser, bat le fil du tisserand. **1.** *battouse* 1628 [Chéreau] ; *batouse* 1821 [Ansiaume]. **2.** 1939 [Esnault]. **Faire la batouse,** 1977 [Caradec].

DER. **batousier** *n.m.* Tisserand : 1836 [Chéreau]. **battousard** *n.m.* Camelot vendeur de toile : 1937 [Esnault].

battre *v.t.*

1. Simuler. **Battre la roupillade,** faire semblant de dormir. **Battre le dingue** ou **les dingues,** simuler la folie pour obtenir d'être considéré comme irresponsable et, partant, pour éviter la condamnation : *Bien sûr, il y a toujours cette solution chère aux novices : « battre les dingues », autrement dit, se faire passer pour fou* (Lesou, 2). **2. Battre la dèche,** vivre dans la misère : *J'en ai assez de battre la dèche. Faut en finir avec ces petites cochonneries qui ne vous mettent pas seulement une tune dans la baguenaude* (Rosny). **3. Battre le beurre,** coïter. **Elle bat le beurre,** réponse ironique à la question *Et ta sœur ?*

◆ *v.i.*

Mentir, dissimuler : *C'est pas la peine que tu continues à battre maintenant, mec. – Que veux-tu dire ? – Tu parles ! Tu crois pas que j'ai été marron à ton battage ?* (Charrière). SYN. baratiner, monter un ver, etc.

ETYM. de **battre l'estrade**, avec l'idée de tromperie verbale par le boniment. **1.** 1770 [Esnault]. **Battre la roupillade**, 1829 [Forban]. **Battre le dingue**, 1926 [Esnault] ; **battre les dingues**, 1957, Lesou. **2.** 1883, Maupassant [TLF]. **3.** 1828, Vidocq.

◆ *v.i.* 1829 [Forçat].

bauche *n.f.*

Maison : *J'ai été fait en travaillant la bauche* (le Rat du Châtelet).

ETYM. sans doute de **bauche**, torchis, qui a donné *bauge*, hutte en torchis, cabane. XVe s. [TLF].

bauge *n.m.*

Vx. **1.** Coffre, malle. **2.** Corps ; ventre : *Eh ! mon Dieu, tout ce qui passe par la gargoine emplit le beauge* (Vidocq).

ETYM. forme régionale de **bouge. 1.** 1628 [Chéreau]. **2.** 1800, Leclair.

bavard *n.m.*

1. Avocat : *Pourvu d'un véritable avocat, capable et bien payé, c'eût été possible [...] Mais quel est le verni qui aurait pu se payer un bon bavard en France, et le faire venir ici ?* (Spaggiari). **2.** Arme à feu : *Ton bavard est armé, le Barbu ? – Six blindés, mon vieux Loupard...* (Allain-Souvestre). **3.** Postérieur. **4.** Journal : *Le patron était campé à côté de son antiquité, « le Méridional » à la main. « C'est quoi, ça ? » qu'il avait demandé à Fernand en agitant le bavard sous son nez* (Demure, 1). SYN. baveux.

ETYM. la voix et le bruit sont pris pour désigner l'émetteur. **1.** 1842, Sue. **2.** 1790 [Esnault]. **3.** 1954 [id.]. **4.** 1822 [id.].

bavarde *n.f.*

1. Langue. **Boucler** ou **remiser sa bavarde,** se taire : *Messieurs les exempts, il rétorque le rabougri, je... – Tu vas boucler ta bavarde... La clé !* (Burnat). **2.** Missive. **3.** Dynamite : *Qui qu'a fait jacter la bavarde ? / Qui qui fout l'taf à Tout-Paris ?* (Leroux).

ETYM. même détournement que pour *bavard*, mais concernant des synonymes féminins. **1.** 1867 [Delvau]. **2.** 1887 [Esnault]. **3.** 1901 [Bruant].

bavasser *v.i.*

Dire avec prolixité des choses sans intérêt ; bavarder : *On bavasse encore un petit chouïa et on quitte le bistrot alsacien, la panse pleine* (Tachet). *Et l'autre mémère, là-bas, qui bavassait, bavassait... Il fallait couper* (Amila, 1). SYN. bagouler, bavocher, blablater, jaboter, jaquetancer, jaspiner, mouliner.

ETYM. de **baver**, avec un suff. péj. 1584, Montaigne [TLF].

baveau, bavelle *adj.*

Beau : *Moi j'ai un truc qu'est bien plus baveau* (chanson *Mon tour de java*, paroles de M. Lupin).

ETYM. javanais de **beau.** 1923, M. Lupin.

baver *v.i.*

1. Parler : *Tu fermes ta gueule, hein ? Sinon, tu sais ce qui t'arrivera ! Va pas baver à qui que ce soit !* (Monsour). **Baver sur qqn, sur la rondelle, les couilles, les rouleaux de qqn,** dire du mal de lui : *Après avoir bavé sur une vingtaine de directeurs et d'artistes, il a fini par me demander si je ne pouvais pas le recommander au directeur de l'Olympia* (Barnais, 1). *Nous bavent sur les rouleaux, tes poulets, fit Carlu, décidément fermé à la science augurale* (J. Perret, 1). **2. Baver des clignots,** pleurer.

◆ *v.t.*

Dire (des choses peu agréables à entendre) : *Il ne pense pas un traître mot de ce qu'il me dégoise, sa gueule de jésuite le prouve. Je n'écoute plus ce qu'il bave* (Le Dano).

◆ *v.i. et t.*
En baver (des ronds de chapeau ou, rare, **de citron),** être dans une situation pénible: *J'sais pas comment y te traitaient à ton orphelinat, mais ici tu vas en baver* (Le Breton, 6). *Après tout ce que tu en avais bavé pour lui et par lui..., fit Tob, dégoûté* (Noro). *Je vous aurai sous ma coupe... Avec moi, vous en baverez des ronds de chapeau* (Gibeau). *Tous les anciens du Fiacre en bavaient tous leurs ronds de gibus en cuir bouilli* (Simonin-Bazin). **En baver,** être éperdu d'admiration ou d'étonnement : *Quand Pépé la Jactance / Truand de Gennevilliers / Nous causait d'la vieille France / Nous tous on en bavait* (P. Perret). **En faire baver (des ronds de chapeau** ou, rare, **de citron) à qqn,** le soumettre à un régime rigoureux, l'opprimer: *Celle-là, telle que je la connaissais, elle avait dû leur en faire baver, aux souris de garde* (Tachet).

ETYM. dans cet emploi très négatif, la parole mauvaise, méchante est assimilée à de la bave. **1.** 1842 [Acad. compl.]. **Baver sur qqn**, 1867 [P. Larousse] ; **baver sur la rondelle**, 1947, Marcus ; **sur les couilles**, 1925 [Chautard]. **2.** 1883 [Fustier].
◆ *v.t.* 1879, Huysmans [TLF].
◆ *v.i. et t.* **En baver**, 1901 [Bruant] ; **en baver des ronds de chapeau,** 1910, chanson *Mariette,* paroles de E. Rhein. **En faire baver,** 1919, Dorgelès.

DER. **bavocher** *v.i.* Bavarder de façon oiseuse : 1936, Céline [TLF]. **bavocheur** *n.m.* Bavard : [id.].

bavette *n.f.*

Tailler des ou **une bavette,** passer du temps à bavarder de façon décontractée, mais souvent médisante: *Vous êtes parti, tout de suite, après le dîner. On n'a pas eu le temps de tailler une bavette* (Mirbeau).

ETYM. diminutif plaisant de **bave**, bavardage ; le singulier est auj. plus courant que le pluriel. 1718, Le Roux [Sainéan].

baveuse *n.f.*

1. Langue: *Il y a toutes les chances pour qu'elle appartienne à Rita, cette langue. Z'hésitent pas les Ruskofs ! Y coupent d'abord... y questionnent après ! Je prends la baveuse du bout des doigts* (Bauman). **2.** Femme bavarde ou médisante : *Tiens, l'autre baveuse de Sandrine, qu'est-ce qu'elle peut bien raconter à ce mec ?* (Cordelier).

ETYM. de **baver**, bavarder négativement. **1.** 1928 [Esnault]. **2.** 1976, Cordelier.

baveux *n.m.*

1. Avocat : *Lors de notre dernière entrevue, le baveux m'expliqua que je m'en tirais à bon compte* (Granotier). SYN. bavard. **2.** Savon : *Pauvre môme, maintenant aveugle, comment ferait-elle pour s'en tirer seule, avec un baveux qui lui filait des mains* (Amila, 1). **3.** Journal : *Mon nom ne vous apprendrait rien du tout – sauf que vous auriez peut-être pu le voir dans les baveux, à la rubrique des attaques nocturnes* (Grancher). **4.** Baiser sur la bouche : *Frédo passe sa lèvre inférieure entre les lèvres de Jeannette. C'est le « canard ». Le « canard » débouche sur le « palot » qui s'achève en « baveux »* (*le Nouvel Observateur,* 4 décembre 1982).

ETYM. de **bave** et **baver. 1.** début du XXe s., Carabelli [TLF]. *bavard* est plus courant. **2.** 1844 [Dict. complet]. **3.** 1953, Le Breton [TLF]. **4.** vers 1980, langage des adolescents.

bavure *n.f.*

Incident plus ou moins grave qui se produit au cours d'une opération criminelle ou policière : *Y a des fumiers qui veulent descendre un collègue !... À nous de jouer, les enfants, et tant pis pour les bavures !* (Varoux, 1).

ETYM. de **baver**, le sens étant «ce qui est en trop, ce qui déborde». 1970, *le Monde* [GR]. Est passé auj. dans l'usage courant.

bayaffe ou **bayafre** *n.m.*

Vx. Pistolet : *Un troisième, sous prétexte d'avoir perdu son bayafre (c'est le nom que les brigands donnent à un pistolet), lorsqu'il était descendu à la cave* (Orgères). *Le messière a des bayaffes, il faut l'ébobir de rif* (Ansiaume).

ETYM. mot du Midi de la France. 1796, Orgères.

DER. **bayafer** *v.t.* Fusiller : 1867 [Delvau].

bazanne *n.f.*

Vx. Amadou: *Recoque-moi de la bazanne pour rifauder le trèfle* (Ansiaume).

ETYM. sans doute analogie de couleur (jaune sombre). 1821 [Ansiaume].

bazar *n.m.*

1. Mobilier ; fourniment : *Tout le bazar nous flanche sur la gueule... Toute la vaisselle, les instruments, le lampadaire* (Céline, 5). **2.** Lieu où règne le désordre (baraque, café-concert) ; maison close. **3.** Tapage, vacarme. **4.** Sexe : *Montrer son bazar.* **L'avoir dans le bazar,** être dupé. SYN. baba.

ETYM. métonymie à partir du mot d'origine persane **bazar**, marché public (lieu où il y a foule, désordre et bruits nombreux). **1.** « mobilier » 1842, Sue ; « fourniment » 1894 [Esnault]. **2.** « maison close » 1841, Lucas. **3.** 1885 [Esnault]. **4.** 1899 [Nouguier]. **L'avoir dans le bazar,** 1960 [Le Breton].

bazarder *v.t.*

1. Vendre en hâte, génér. à bas prix : *J'ai bazardé tout à l'heure une douzaine de couvertures à un youpin* (Dabit). **2.** Dénoncer, livrer (génér. à la police) : *Salaud ! Tu as bazardé ta frangine au krouïa, hein ?* (Malet, 1). **3.** Se débarrasser de : *J'ai bazardé toutes mes vieilles factures.*

ETYM. de **bazar,** avec influence du suff. péj. **-ard.** **1.** 1846, *Intérieur des prisons*. **2.** 1886, L. Bloy [TLF]. **3.** 1866 [Delvau].

DER. **bazardage** ou **bazardement** *n.m.* Enlèvement, vente : 1907 [France]. **bazardeur** *n.m.* Individu qui bazarde : 1959, Queneau.

beau *adj.*

1. Confiant, facile à duper. **Voir (qqn) beau (comme un soleil),** le prendre pour cible d'une tromperie facile : *Le Nanar y l'a vu tout beau, le pauvre Raton* (Boudard-Étienne). **2.** Vx. **Le beau blond,** le soleil.

◆ *n.m.*

1. Riche ; homme à la mode : *« C'est un beau ! » glisse-t-il au Petit Juif, marquant ainsi son droit à la récompense d'usage* (Simonin-Bazin). **2. Faire beau,** commettre un vol fructueux.

ETYM. emploi spécialisé de l'adj. (cf. *bon*), qui ressemble à celui de La Fontaine dans *le Corbeau et le Renard* (« Que vous me semblez beau ! »). **1.** 1911 [Esnault]. **2.** 1867 [Delvau].

◆ *n.m.* **1.** avant 1850, Balzac. **2.** 1899 [Nouguier].

beau-dab *n.m.*

Beau-père : *La remarque fit rigoler Bébert. Il avait l'air de s'en balancer pas mal de son beau-dab !* (Le Breton, 1).

◆ **beaux-dabs** *n.m.pl.*

Beaux-parents : *J'y trouve mes beaux-dabs avec ma femme qui m'attendaient pour me faire de la morale* (Simonin-Bazin).

ETYM. de **beau-père**, traduction arg. du second composant (→ DAB). 1935, Simonin-Bazin.

beauf ou **beaufe** *n.m.*

1. Beau-frère : *Un jour en 44, un gros type couché m'appelle et me dit : « Je me suis recommandé de vous, je suis un pote du beaufe de Chasseveau »* (Paraz, 1). **2.** Type de Français moyen, cocardier, réactionnaire et raciste : *À la barre, le PDG, petit, trapu, tête de beauf et voix doucereuse, nie tout* (*Libération,* 16 février 1981).

◆ *adj.*

Qui témoigne de cet état d'esprit : *L'esprit beauf avait reculé pendant dix ans, et le voilà qui revient* (*Actuel,* janvier 1985).

ETYM. abrègement de **beau-frère** (forme *beaufre* dès 1931 [Chautard]). **1.** 1944, d'après Paraz. **2.** 1978, J. Merlino [GR]. Ce sens est devenu très populaire, grâce aux caricatures du dessinateur Cabu (à partir de 1962), dans lesquelles le Grand Duduche s'oppose à son beauf.

beaujolpif *n.m.*

Beaujolais : *Il est arrivé, le petit beaujolpif nouveau* (*Libération,* 21 novembre 1980).

ETYM. mot-valise, par croisement de **beaujolais** et de l'adj. **olpif**, excellent. 1952 [Esnault].

VAR. **beaujol** : 1956 [Esnault]. **beaujolpince** : 1982 [P. Perret].

bébé *n.m.*

Bébé rose, lait additionné de grenadine.

ETYM. comparaison humoristique fondée sur la couleur rose tendre de cette boisson très sage. 1975 [Beauvais].

bec *n.m.*

1. Tomber sur un bec (vx de gaz), rencontrer un obstacle sérieux et imprévu : *Cette réputation de séducteur qui en agaçait plus d'un au Cirque lui avait été faite par des femmes qui, s'étant jetées à sa tête, ne voulaient pas ensuite que l'on puisse dire qu'elles étaient tombées sur un bec* (Combescot). *Un jour y tomb'ra sans plus d'phrase / Sur un beau bec de gaz* (chanson *Il travaille du pinceau*, paroles de Georgius, 1939). **2.** Vx. **Être bec de gaz,** éprouver une déception soudaine ; être privé de qqch. **3.** Bouche. **Rincer le bec à qqn,** lui payer à boire. Vx. **Tortiller du bec,** manger. **Casser, chelinguer, repousser, trouilloter,** etc., **du bec,** avoir mauvaise haleine. Vx. **Bec salé,** individu qui a toujours soif : *Or, un jour de triste mémoire / Se flattait notre bec-salé / De boire comme une écumoire* (Ponchon).

ETYM. ces locutions remontent à l'époque des becs de gaz, pris comme archétype de l'obstacle solidement implanté et pas toujours aperçu à temps ! **1.** d'abord *rencontrer un bec de* *gaz*, 1891, Méténier (« sergent de ville »), puis *tomber sur un bec*, 1899 [Nouguier], *une chandelle*, 1911 [Esnault], *sur un réverbère*, 1925 [id.]. **Tomber sur un bec**, 1930 [Ayne]. **2.** 1914 [Esnault]. « être privé » 1977 [Caradec]. **3.** 1808 [d'Hautel]. **Tortiller du bec**, 1880 [Larchey]. **Casser, chelinguer du bec**, 1862 [Larchey] ; **repousser, trouilloter**, etc., **du bec** et **bec salé**, 1901 [Bruant].

bécane *n.f.*

Nom donné soit à la bicyclette ou au cyclomoteur, soit à divers engins ou machines, dans des milieux techniques (par exemple imprimerie, informatique) : [Ils] *se servaient entre eux d'une espèce de jargon que l'enfant trouvait bas et laid. Une machine s'appelait « une bécane », les chefs d'atelier « des contre-coups »* (Daudet). *La bécane ferraillait sur les pavés de la rue Losserand* (Klotz). *Il voit Claude assis sur une chaise et un inspecteur en face de lui, devant une machine à écrire... – une « bécane », comme on dit au commissariat de Pontault* (W. Camus). *La bécane* [presse d'imprimerie] *s'est mise à tourner dans un barouf incroyable* (Pécherot).

ETYM. origine obscure, p.-ê. liée à **bécant** (grincement comparé à un cri d'oiseau) ; « mauvaise locomotive » 1841 ; « raboteuse » 1870 ; « bicyclette » 1889 ; « batteuse » 1906 ; « guillotine » 1947, toutes ces acceptions chez Esnault ; « machine à écrire » 1953 [Sandry-Carrère] ; « ordinateur » 1975 [Beauvais].

bécant ou **becquant** *n.m.*

1. Oiseau quelconque (notamment poulet) : *Il était devenu comme leur pote, ce becquant. Certains jours, ils le voyaient d'assez loin gonfler son jabot de fort ténor, puis, dès qu'ils se trouvaient à portée, ils dégustaient une sérénade interminable* (Simonin, 1). **2.** Goujat.

ETYM. dér. de **bec** ou déverbal de **bicaner**, pousser des cris aigus (Anjou), ou de **bécancer**, bavarder (Normandie). **1.** 1878 [Rigaud]. Mais emploi fig. antérieur, désignant déjà des agents de police : 1870 [Esnault]. **2.** 1901 [Bruant].

because, bicause ou **bicose** *prép.*

À cause de : *Le copain carbure un peu... « Rien dans la journée, disait-il, because le service »* (Rognoni). *Il vient, furtif, bicause les condés qui pourraient se trouver en embuscade* (Simonin, 6).

◆ *conj.*

Parce que : *Il y avait un entremets des plus sucrés, et puis du café réparti par tasses, café bicose Charles et Gabriel tous deux bossaient de nuit* (Queneau, 1). *Redoute les exténuantes bontés because faut y répondre si l'on est pas roturier...* (Sarrazin, 3).

ETYM. anglicisme admis aisément par sa ressemblance avec **à cause.** *bicause* 1928 [Esnault] ; *because* 1947 [id.] ; *bicose* 1959, Queneau.

béchamel *adj.m.*

Se dit d'un homme prétentieux.

◆ **béchamel** ou **béchamelle** *n.f.*

Situation confuse ou très critique : *Cette fois, je mesure un peu dans quelle béchamel je me suis foutu* (Boudard, 5). SYN. potage, sirop.

ETYM. de sauce **à la Béchamel** (nom du maître d'hôtel de Louis XIV) ou **béchamelle.** Jeu de mots sur la sauce *Béchamel* et le verbe *bêcher*, dénigrer ; selon Le Breton, ce sens a été lancé par Max le Fourgueur vers 1930.

◆ *n.f.* Idée de milieu mou et engluant, dont il est malaisé de sortir. 1968 [PSI].

bêche *n.f.*

Vx. Moquerie, dénigrement : *C'gars mielleux m'dit c'est pas d'la bêche / T'as rien des nichons* (chanson *Fleur de berge*, paroles de J. Lorrain). **Jeter de la bêche,** se moquer de : *En vieillissant, il était devenu plus bourgeois que les bourgeois à qui il jetait de la bêche* (Le Breton, 1). **Passer à la bêche,** subir des railleries.

ETYM. déverbal de **bêcher.** 1890 [Esnault]. **Jeter de la bêche**, 1898 [id.].

bêcher *v.t.*

Dénigrer : *Venant de bêcher la tisane, je ne pouvais plus décemment lui en reverser* (Simonin, 3).

◆ *v.i.*

Prendre des airs supérieurs, méprisants : *Le temps était loin où Pauline, jeune taulière, bêchait pas pour mettre la main à la pâte, dans les urgences* (Simonin, 1). Vx. **Bêcher en douce,** être ironique.

ETYM. emploi fig. et péj. du verbe usuel (ou p.-ê. forme de **becquer**, piquer du bec). 1836 [Vidocq].

◆ *v.i.* 1900, Morand [TLF].

DER. **bêchage** *n.m.* Action de dénigrer : 1901 [Bruant].

bêcheur, euse *adj. et n.*

1. Qui a un comportement méprisant et prétentieux : *Comment elle peut se tenir au paddock ? s'interroge Armand. Il tente d'imaginer. Bêcheuse ou bonne affaire ?* (Simonin, 5). **2. (Avocat) bêcheur,** avocat général ou procureur de la République : *Moi je remplissais le rôle de l'avocat bêcheur. Était-ce déjà une vocation ?* (Goron). *Le président, les assesseurs et le bêcheur font leur entrée et s'installent. À une petite table latérale, le pigiste du canard local gribouille déjà* (Sarrazin, 2).

ETYM. de **bêcher. 1.** 1849 [Esnault]. **2. Avocat bêcheur**, 1841, Joigneaux ; **bêcheur**, 1846, *Intérieur des prisons*. L'avocat général est qualifié du point de vue de l'accusé : il dit du mal de ce dernier...

bécif *adv.* → **BESSIF.**

becquant *n.m.* → **BÉCANT.**

bectance *n.f.*

Nourriture : *Là-bas, pensait Gilieth, je me tiendrai peinard. Après quinze jours de bectance assurée je reprendrai ma force* (Mac Orlan, 1). *Mes grands panoramas en contact avec les petits rêves étriqués de détenue... l'horloge, la bectance...* (Sarrazin, 3).

ETYM. de **becter**, avec le suff. **-ance.** 1882 sous la forme *béquetance* ou *becquetance* [Esnault].

becter ou **becqueter** *v.t.*

1. Manger : *Y a pas de quoi se boucher une dent creuse avec ce qu'ils nous donnent à becter* (Le Breton, 6). *Si je dois être bouffé, eh bien... ils* [les requins] *me becqueteront vivant* (Charrière) ; et au fig. : [Un] *épicier en gros qui a réussi à becter tous ses concurrents* (Boudard, 2). **2.** Dépenser : *Tout cet artiche, tu l'as becqueté avec ton gigolpince ?* (Le Breton, 2). **3. En becter,** vivre de la prostitution : *Vous êtes pas ordinaire. Moi que j'vous croyais un monsieur. C'est-il que vous en bectez ?* (Carco, 5) ; être indicateur de police. **SYN.** en croquer. **4.** Vx. Dire.

ETYM. de **bec**, au sens anthropomorphique de bouche. **1.** 1707, Lesage [Esnault]. **2.** 1953, Le Breton. **3.** « délation » 1928 [Lacassagne] ; « prostitution » 1930, Carco. **4.** 1915 [Esnault]. Les dictionnaires adoptent génér. l'orthographe la plus simple : *becter.*

DER. **becteur** *n.m.* Homme corrompu : 1975 [Le Breton].

bédi *n.m.*

Gendarme ou policier : *Pas possible, y avait maldonne ! Si les bédis l'avaient emballé, ça ne pouvait être qu'au flan* (Le Breton, 1).

ETYM. mot romani. 1953, Le Breton.

beefsteak *n.m.* → **BIFTECK.**

bégaler *v.t.*

Régaler : *J'ai les grolles de voir virer au rififi / Une proposition que vraiment je ne fis / Que pour vous bégaler* (Vian, 2).

ETYM. var. enfantine de **régaler** ou de l'anc. fr. **galer**, s'amuser. 1875 [Esnault].

bégonia *n.m.*

1. Vulve. **2. Charrier** ou **cherrer dans les bégonias,** exagérer : *Charrie pas dans les bégonias. Tu peux bien resquiller quelques minutes sur ton job, non ?* (Beauvais). **3. Être dans les bégonias,** avoir perdu conscience : [Parmi les fumeurs d'opium], *Lui, n'était pas encore dans les bégonias. Un coriace, sans doute* (Le Breton, 3).

ETYM. idée d'une fragile plate-bande que l'on foule de diverses manières. **1.** 1982 [Perret]. **2.** début du XXe s., Carabelli [TLF]. **3.** 1954, Le Breton [id.].

béguin *n.m.*

Amour non vénal, considéré comme un manquement grave aux règles du milieu : *Maintenant, tout ce qu'on a chez soi, c'est de la dèche. Toutes des filles à béguins, exploitées par un type ou bien des amies* (Lorrain). *Si Fernand apprenait que sa régulière y allait au béguin, il ferait des siennes* (Lépidis).

ETYM. de **embéguiner**, se mettre (qqn) dans la tête (cf. *se coiffer de qqn*). 1841, Lucas.

béguineuse *n.f.*

Prostituée peu sûre, capable de se laisser emporter par une inclination tendre : *Elle sera aussitôt taxée de boudin* [...] *par ses consœurs et remise au pas par son mac qui n'apprécie guère les béguineuses* (Alexandre).

ETYM. de **béguin.** 1935, Simonin-Bazin.

beigne *n.f.*

Coup ou gifle portés violemment ; bosse qui en résulte : *J'sais pas si j'te vas fout' un'beigne !* (Gill). *D'abord, il y a eu les paires de beignes ! et puis des vociférations !* (Céline, 5).

◆ **beignes** *n.f.pl.*
Applaudissements.
ETYM. mot d'origine celtique, qui se retrouve dans divers dialectes en France sous des formes variées : *bigne* XVe s., Villon ; *beigne* 1606, Merlin Coccaïe [Godefroy] ; *beugne* 1807, dialecte lorrain, etc. Le sens originel correspond à « souche d'arbre » (ressemblance avec la bosse ?).
◆ *pl.* 1982 [Perret].

beignet *n.m.*

Claquer ou **tarter le beignet,** gifler : *Ceux qui riaient, René leur avait claqué le beignet, et il avait la main lourde* (Audouard). *Il se sentait des démangeaisons de lui tarter le beignet et une petite rancune lui venait contre Pépère d'avoir amené ce hotu* (Simonin, 1).
ETYM. est à l'origine un diminutif de **beigne. Claquer le beignet,** 1962, Audouard ; **tarter le beignet,** 1955, Simonin.

belge *n.m.*

Fume, c'est du belge, apostrophe de refus grossièrement injurieuse, souvent accompagnée d'un geste obscène : *Qu'est-ce que c'est ? De l'herbe ou du hasch ? J'ai jamais su la différence. – Fume, c'est du belge ! dit l'un des types* (Varoux, 1).
ETYM. origine probablement militaire ; assimilation du pénis à un cigare, qu'on feint de proposer à l'autre. 1977 [Caradec].

belgico ou **belgicot** *adj. et n.*

Belge : *Cette vieille poule qu'avait eu un gosse du Belgico Napoléon Vandepipe, Vandepute, enfin quéque nom dans ce jus-là* (Stéphane).
ETYM. suffixation pop. de **belge.** vers 1905 [Esnault].

1. belle *n.f.*

1. Occasion favorable : *Si je trouvais ma belle, j'aurais bientôt fait de mes cadennes* (Ansiaume). **L'avoir (de) belle,** être quasi certain de la réussite, grâce à des circonstances favorables : *Si nous les arrêtions ? [...] Il me semble que nous l'avons belle, ils ne se doutent de rien* (Lhéritier). **2.** Revanche : *Mais ceux que la police lâche ainsi ne courent généralement pas bien loin... À la plus petite occasion, elle prend sa belle* (Chavette). **3. Mener en belle qqn** ou, vx, **le retenir de belle.** ***a.*** l'emmener dans un lieu discret pour lui régler son compte : *Ses ravisseurs ont pris une direction opposée : lancée à vive allure, la Citroën traverse Châtillon-sous-Bagneux. Ricordeau comprend qu'on l'emmène en belle* (Borniche, 2) ; ***b.*** le duper : *Faut dessouder c't'empafé de Nantais, Bibi ! Faut, t'entends... Y nous a menés en belle ! Faut l'flinguer !* (Le Breton, 3). **4.** Évasion : *Depuis cette date, plus de Clarenson. Disparu, envolé. Sa liberté relative lui a permis de réussir la belle, rêve de tous les déportés* (Thomas, 1). **Se mettre en belle, (se) faire la belle,** s'évader : *Évidemment, j'ai eu tort de partir comme une fille qui se fait la belle. Seulement, ç'a été plus fort que moi* (Bénard). **5. La faire belle.** ***a.*** mener la belle vie (aussi **se la faire belle**) : *On est bourrés de fric, on peut bien attendre un peu, et on va se la faire vraiment belle, dit Jacques avec entrain* (Giovanni, 3) ; ***b.*** avoir le dessus dans une rixe : *Je me suis battu avec Bec-de-Gaz ; il ne pouvait la faire belle avec moi* (abbé Moreau). **6.** Vx. Belle étoile : *J't'amène quelqu'un, c'pauvre Ernesse qu'est à la belle... Tu vas mettre un couvert et tirer un matelas* (Méténier).
ETYM. allusion à une balle **belle,** c.-à-d. facile à rattraper (au jeu de paume) et à la belle vie au sens 5. **1.** 1821 [Ansiaume]. **L'avoir (de) belle,** 1830 [Esnault]. **2.** 1866 [Delvau]. **3. *a.*** 1935 [Esnault] ; ***b.*** 1960 [Le Breton]. **4.** 1860 [Esnault]. **Se mettre en belle, faire la belle,** 1927 [id.] ; **se faire la belle,** 1950 [id.]. Influence de *se faire la paire, la malle,* etc. ; l'arg. ital. dit identiquement *fèr la bèla,* s'évader. **5. *a.*** 1878 [Rigaud]. **Se la faire belle,** 1960 [Le Breton] ; ***b.*** 1884 [Esnault]. **6.** 1891, Méténier. Le sens 4 est resté très pop., les autres étant assez vieillis (sauf en termes de jeu).

2. belle *n.f.*

1. Chance, aubaine. **Se passer de belle,** ne pas recevoir sa part de butin. **Il est de belle,** il est veinard. **2. De belle,** sans jugement, sans charges. **Décarrer de belle,** être libéré sans jugement. **Donner la belle,** arrêter qqn sur simple soupçon. **Servir de belle.** ***a.*** dénoncer : *Tu sais bien qu'à la Lorcefé, les murs ont des oreilles. Il ne s'agit pas de servir de belle un camarade* (Vidocq) ; ***b.*** arrêter par simple mesure administrative.
ETYM. de **belle,** loterie où le numéro sortant gagne tous les enjeux. **1.** 1836 [Vidocq]. **Se passer de belle,** 1867 [Delvau]. **Il est de belle,** 1929 [Esnault]. **2. Décarrer de belle,** 1828, Vidocq. **Donner la belle,** 1836 [id.]. **Servir de belle.** ***a.*** 1828, Vidocq ; ***b.*** 1847 [Dict. nain].

belle-doche *n.f.*

Belle-mère : *L'habituelle litanie* [...] *le ménage... les courses... les gosses à torcher... la belle-doche à récupérer au foyer du troisième âge, etc.* (Siniac, 1).

ETYM. féminin de **beau-dab,** *mère* étant traduit par *doche* (v. ce mot). 1935 [Simonin-Bazin]. Est passé dans la langue pop.

VAR. **belle-dabe :** 1947, Marcus. **belle-dabesse :** 1953 [Sandry-Carrère].

☞ **bello** ou **bellaud**
→ Liste des argots spécifiques *page [33].*

bénard, bénouze ou **benne** *n.m.*

Pantalon: *T'es drôlement sapé! – N'est-ce pas? dit le copain, flatté. Qu'est-ce que tu dis de mon bénard ?* (Le Breton, 6). *Chalmat, c'est le type qui boit Banania, çui qu'à les gros bras et les bénards luisants sous les fesses* (Vautrin, 1). *Tout de suite, c'est la troustafana. Il est dépouillé de son bénouze et de sa lime par la jeune chinetoque* (Paraz, 1). *Il saute par-dessus son comptoir, il grimpe l'escalier et attrape le Belge par le benne* (Roubaudi). Vx. **Pantalon à la Bénard,** type de pantalon adopté par la pègre : *Ces pègres portant* [...] *le pantalon à la Bénard serré aux genoux et couvrant le pied* (Humbert).

ETYM. du nom d'Auguste **Bénard**, confectionneur du faubourg Saint-Antoine, qui lança en 1876 le pantalon à la mode voyou, mince des genoux et large des pattes, qu'a célébré Bruant. 1881 [Rigaud]. *benne* 1975 [George].

VAR. **bénouse :** 1938 [Esnault].

bénarès *n.m.*

Vx. Opium de grande qualité : *Du yunnam, mon cher, et tant mieux. Votre bénarès, c'est pour les dames* (Desnos).

ETYM. du nom de la ville indienne. 1943, Desnos.

bénédiction *n.f.*

Passage à tabac.

ETYM. emploi imagé et ironique du terme liturgique. 1975 [Arnal].

bénef *n.m.*

Bénéfice : *Ils se font buter, les pauvres mecs, pour les bénefs de la Banque d'Indochine... pour Michelin et ses plantations de caoutchouc... pour les actionnaires des mines du Tonkin, etc.* (Boudard, 5).

ETYM. apocope de **bénéfice.** 1842 [DDL 2].

béni-oui-oui *n.inv.*

Individu qui approuve tout, sans esprit critique: *L'un des secrétaires de secteur, qui ne pétait, disait-on, que sur l'ordre exprès de Roland Leduc, et qui commençait* [...] *une belle carrière de béni-oui-oui, s'insurgea contre le comportement du camarade Lipsky* (Guégan).

ETYM. mot pied-noir, de l'ar. **beni**, plur. de **ben**, fils de, et **oui** redoublé. 1888 [Villatte]. Ce mot stigmatise une attitude servile à l'égard du pouvoir, politique ou autre.

bénitier *n.m.*

1. Vulve. **2.** Gratification d'un client à une prostituée.

ETYM. comparaison blasphématoire avec le vase sacré, où l'on mouille l'extrémité de son... goupillon. **1.** avant 1857, Béranger [Delvau]. **2.** début du XXe s., Carabelli [TLF].

béquille *n.f.*

1. Potence : *Je me voyais déjà me balancer à Montfaucon au bout de la béquille à Samson* (Burnat). **2.** Argument de dernière heure.

◆ **béquilles** *n.f.pl.*

Jambes. **Faire qqn aux béquilles,** l'attraper par les jambes pour le faire tomber.

ETYM. analogie de forme. **1.** 1821 [Ansiaume]. **2.** 1975 [Arnal]. Emploi fig., dans le langage des policiers qui enquêtent.

◆ *pl.* 1931 [Chautard].

DER. **béquillarde** ou **béquilleuse** *n.f.* **1.** Guillotine : 1878 [Rigaud]. **2.** Potence : 1896 [Delesalle].

béquiller *v.t.*

ARG. ANC. **1.** Manger : *Avec sa tronche et son poing sur la hanche / Ne dirait-on point qu'il va vous béquiller ?* (Goualante de la Courtille). **2.** Prendre en flagrant délit. **3.** Pendre : *Car nous serons béquillés, / Sur la placarde de vergne* (Vidocq).

◆ *v.i.*

Boîter.

ETYM. var. de **becter,** le sens 2 étant fig. : piquer du bec, d'où surprendre. **1.** 1841, Lucas. **2.** 1835 [Raspail]. **3.** chanson du XVIIIe s., *in* Vidocq.

◆ *v.i.* 1901 [Bruant].

DER. **béquillard** *n.m.* Boiteux : 1866 [Delvau]. **béquilleur** *n.m.* Bourreau, celui qui pend : 1836 [Vidocq].

berdouille *n.f.*

Vx. **1.** Ventre : *Y yi enfourne encore eun' fois / jusqu'au fin fond d'sa vieille berdouille, / d'la* *grain' de vie, d'la pâte à mômes* (Rictus). **2.** Boue.

ETYM. mot expressif, dans lequel semblent entrer les composants **bedaine** et suff. **-ouille** (sens 1), **merde** et **gadou(ille)** [sens 2]. **1.** 1849 [Halbert]. **2.** début du XXe s., Carabelli [TLF].

DÉR. **berdouillard** *adj. et n.m.* Ventru : 1878 [Rigaud].

Bérésina *n.pr.* → WATERLOO.

bergère *n.f.*

1. Première maîtresse attitrée d'un proxénète. **2.** Femme en général, considérée comme la compagne d'un homme : *La perspective de me trimbaler en ville en compagnie de cette bergère ne me sourit pas tellement* (Le Dano). **3.** Dernière carte d'un jeu battu.

ETYM. image ironiquement bucolique ; la dernière carte est connue du tricheur, peut-être est-elle une « dame », ou conduit-elle le « troupeau » des autres cartes ? **1.** 1842 [Esnault], qui indique que ce mot désignait, à la fin du XVIIIe s., en Beauce, la marmite dans laquelle on portait au pâtre son manger : sans doute y a-t-il là un jeu de mots sur *marmite*, prostituée « gagneuse ». **2.** 1880 [Larchey]. **3.** 1877 [Esnault].

berges *n.f.pl.*

Années de condamnation ou d'âge : *Qu'est-ce que tu as voulu insinuer, Sauveur, avec les vingt berges que j'aurais à attendre l'Élégant?* (Bastiani, 1). *J'avais pas douze berges seulement qu'a s'occupait déjà pus de moi* (Méténier).

ETYM. romani **berj**, même sens. 1836 [Vidocq]. Mot auj. passé dans la langue fam. courante.

bergougnan *n.m.*

Viande excessivement dure.

ETYM. marque de pneumatique très résistant pour l'époque. Avant 1914 au sens de « obus qui n'éclate pas » [Esnault]. Ce mot est bien vieilli, mais figure encore chez Caradec (1988).

1. **berlingot** *n.m.*

1. Nom donné à divers véhicules (du fiacre à l'avion). **2.** Moteur.

ETYM. dér. de **berlingue**, qui provient de **berline** 1739 (de la ville de Berlin, où le premier fiacre fut construit vers 1670). **1.** 1880 [Esnault] ; « taxi » 1935, Simonin-Bazin. **2.** 1975 [Beauvais]. Influence probable de la marque *Berliet*.

2. **berlingot** *n.m.*

1. Vx. Balle de fusil. **2.** Clitoris. **3.** Pucelage : *Le jour de mes quinze ans, à la sortie d'une réunion des Jeunes Filles de France, j'avais perdu mon berlingot dans les bras d'un vieux militant communiste de trente-deux ans* (Francos). **4.** Marchandise non encore vendue, ou volée.

ETYM. analogie de forme avec le bonbon originaire de Carpentras, et sans doute aussi allusion au cunnilinctus (cf. *sucer le bonbon*). **1.** 1876, Richepin [TLF]. **2.** 1901 [Bruant]. Jadis « pénis » 1662 [Esnault]. Rare, mais encore en 1864 [Delvau]. **3.** 1925 [Esnault]. **4.** « non encore vendue » 1931 [id.], sous la forme *berling'* ; « volée » 1977 [Caradec].

berlingue *n.m.*

Syn. de 2. berlingot au sens 3 : *Incroyable qu'elle me joue comme ça les pucelles effarouchées ! À se demander si elle n'avait pas encore son berlingue* (Boudard, 5).

ETYM. var. apocopée de **2. berlingot.** vers 1925 [George].

berlu *n.m.*

Vx. Tronc d'église : *Il a grinchi le berlu de St-Étienne où il y avoit cent dix jacques* (Ansiaume).

ETYM. origine obscure. 1821, Ansiaume.

berlue *n.f.*

1. Couverture : *Trois corps allongés sur des paillasses et recouverts de berlues jaunâtres restent béats d'admiration devant mon entrée sautillante* (Le Dano). **Taper la berlue,** rouler les dés sur une couverture qui les arrête (à la passe anglaise). **Faire berlue,** partager, comme partenaire homosexuel, le lit d'un condamné aux travaux forcés. **2.** Métier fictif servant de façade à une activité délictueuse : *Dans la jactance des voyous et des macs, avoir une berlue, ça veut dire un métier, un moyen d'existence plus ou moins fictif pour décourager la curiosité des flics* (Boudard, 5). **Filer ses berlues,** indiquer ses trucs. **3.** Illusion, rêverie. **Se faire des berlues,** s'illusionner : [le tuberculeux :] *J'suis cuit... J'me fais pas d'berlues* (Le Breton, 2).

ETYM. origine obscure, sans doute latine. **1.** 1836 [Vidocq]. **Taper la berlue,** 1925 [Esnault]. **Faire berlue,** 1957 [PSI]. **2.** 1921 [Esnault]. **Filer ses berlues,** 1922 [id.]. **3.** 1957 [PSI]. **Se faire des berlues,** 1953, Le Breton. Les deux premières acceptions correspondent aux sens propre et fig. de « couverture ».

DÉR. **berluer** *v.t.* Questionner : 1977 [Caradec].

berlure *n.f.*

Illusion, pensée trompeuse : *Sa frangine, s'il en avait une, aurait senti pareil quand il l'aurait embrassée. Conviction qui relève du domaine des berlures de l'arrière-chou, rayon des sensations connes* (Simonin, 5).

ETYM. déverbal de **berlurer.** 1960, Simonin.

berlurer *v.i.* ou **se berlurer** *v.pr.*

Se faire des illusions ; rêver : *Bref, en déménageant, je me berlurais. Du passé je croyais faire table rase* (Francos). *Ça fait rêver, ces souvenirs officiels d'océans, de frontières. Même un flicard berlure à ses heures* (Dégaudenzi).

◆ *v.t.*

Tromper : *On l'avait horriblement charrié, décoré, dégradé, statufié, bref : berluré sous toutes les formes* (Audiard).

ETYM. de **berlue** au sens 3, avec influence de **lurette, turelure.** *v.i.* 1955, Simonin ; *v.pr.* 1957 [PSI].

◆ *v.t.* 1973, Audiard.

bernicles *n.f.pl.*

Lunettes : *Faut dire que les bernicles qui chevauchent son pif corrigent un chouya la note évanescente* (Simonin, 5).

ETYM. déformation du mot fém. **béricle** XIVe s., lunette (autre forme de *béril*, pierre précieuse), p.-ê. sous l'influence du mot suivant. 1960, Simonin.

bernique ou **bernic** *interj.*

Vx. Rien à faire : *J'pouss' trois bell's not's et puis bernic ! / Et pendant que ma voix fait couic, / C'est dans l'nez qu'ça m'chatouille !* (chanson *C'est dans l'nez qu'ça m'chatouille*, paroles d'Hervé). *Faut être à la disposition de tous, rendre des services, écouter les cancans. Sans ça, le client vous lâche* [...] *Quant aux dimanches, ici, bernique !* (Dabit).

ETYM. sans doute à partir de **bren,** excrément, déjà employé comme juron au Moyen Âge. 1725 [Granval].

bertelot *n.m.*

Agent de police : *Les filles emballées quatre à cinq fois par semaine par les bertelots avaient émigré vers les Halles, dégoûtées* (Cordelier).

ETYM. origine obscure, sans doute d'un nom propre. 1976, Cordelier.

berzingue (à tout ou **à toute)** *loc. adv.*

1. À tout casser ; très fort : *Ils mettent leur musique à tout berzingue et s'étalent par terre comme des flans mal cuits* (Cardinal). **2.** À toute allure : *Croyant son ultime heure arrivée, il dévalait les pentes à toute berzingue* (Bernheim-Cardot).

ETYM. de **à toute allure,** avec substitution de *berzingue,* ivre (1834, Maubeuge). **1.** 1882 [Esnault]. **2.** 1935, Simonin-Bazin.

bésef ou **bézef** *adv.*

Beaucoup (surtout précédé de **pas**) : *Y a bésef ! déclara Jacques d'une voix blanche. Tout un matelas de faffes !* (Rosny). *Sous la robe noire, à part le slip que je devine aux deux raies sur les miches, il ne doit pas en rester bézef* (Tachet).

ETYM. de l'arabe algérien **bezzâf,** en grande quantité. 1861 [Esnault] ; *bono bésef* 1855, F. Maynard [Doillon]. Ce mot est devenu largement populaire.

besogner *v.t.*

Faire l'amour à qqn : *Un jour que, dans la chambre même du moribond, il besognait la future veuve, le vieil écrivain, dans son lit, se met à pousser des gémissements* (Galtier-Boissière, 1).

ETYM. métaphore du coït considéré comme un labeur. milieu du XVIIIe s., Vadé [Delvau]. Présent dans les textes érotiques.

bessif ou **bécif** *adv.*

1. Par la force : *Si leur enfant se présente mal, les matrones le font sortir « bessif », de force, en mettant la fillette-mère contre le mur et en lui donnant de grands coups de tête dans le ventre* (Paraz, 1). **2.** Nécessairement, bien entendu ; tout de suite : *Alors lui, il m'écoutait, bécif, parce que je payais le coup, pour qu'il m'écoute* (Mac Orlan, 1).

ETYM. de l'arabe **bi's-sif,** par le sabre : de militaire, l'idée de « contrainte » est devenue générale. **1** et **2.** 1895, Cagayous [DDL 21] ; *bécif* 1931, Mac Orlan.

bestiau *n.m.*

Animal quelconque : *Qu'il ose donc mettre les pieds dans son café, le cafard. Elle vous l'écrabouillera comme un bestiau venimeux* (Duvert).

ETYM. singulier pop. formé sur **bestiaux.** le singulier, en anc. fr., est *bestial.* vers 1921 [Esnault].

bétail *n.m.*

Ensemble des prostituées d'un proxénète, d'une maison close: *J'étais donc à Meaux, rue des Haudriettes, avec un petit bétail de femmes bien gentilles, un peu portées sur leur bouche* (Lorrain).

ETYM. métaphore infamante. 1904, Lorrain, mais cf. Baudelaire, en 1857: «Comme un bétail pensif sur le sable couchées...»

bête *n.f.*

1. Faire la bête. ***a.*** perdre au jeu ; feindre la maladresse pour appâter un naïf : *Cet homme, comme tous les hommes forts, faisait volontiers la bête avec ses partenaires. Il jouait mal en commençant, mais pour mieux amorcer ses dupes* (Claude); ***b.*** (vx) voler le plomb des toitures. **2.** Individu, en partic. élève très doué, très fort dans son domaine : *Le PSG joue contre Levallois demain soir. Ils ont un tireur à trois points à Levallois, c'est une vraie bête* (Villard, 4). *Le mot « crack » est un peu périmé. Pour les élèves aujourd'hui, le crack, c'est la «bête»* (*le Nouvel Observateur*, 16 septembre 1988). **3.** ARG. ANC. **Bête à cornes,** fourchette : *Six louches et deux bêtes à cornes de cé* (le Rat du Châtelet).

ETYM. valeur métaphorique. **1.** ***a.*** 1755, Vadé ; ***b.*** 1836 [Vidocq]. **2.** 1975, Beauvais. **3.** 1790, *le Rat du Châtelet.*

béton *adj. inv.*

Solide, sûr: *Cette fois-ci je peux prouver que le mec a été balancé à la porte, j'ai un témoin béton* (Villard, 4). **En béton,** même sens: *S'en prendre à qui? Les deux hommes ont des alibis en béton* (Boileau-Narcejac).

ETYM. emploi métonymique du mot usuel. 1985 [MNC].

betterave *n.f.*

1. Bouteille de vin rouge: *Dans sa piaule Bertrand avait un petit stock, c'était tout naturel, de vins du Var... une douzaine de betteraves de nos crus les plus prestigieux* (Boudard, 5). **2.** Personne niaise, sans intelligence: *Je pensai à la petite chaise. Peut-être que ça ferait passer un frisson de pitié aux betteraves du jury* (Pagan). **3.** Nez rouge: *On r'gard' deux fois avant d's'unir, / Vous avez l'nez comme un' bett'rave / Franch'ment, ça donne à réfléchir* (Bruant).

ETYM. analogie de forme et de couleur (aux sens 1 et 3); comparaison dépréciative de l'homme à un légume, au sens 2 (cf. *nave, patate,* etc.). **1.** 1901 [Bruant]. **2.** 1899 [Chautard]. **3.** 1718, Leroux [Sainéan].

beuglant *n.m.*

Café chantant où le public fait chorus avec les artistes : *Il imite les sous-entendus à voix réduite et les polissonneries d'œil des cabots de beuglants* (Werth, 1). *Il passa un après-midi dans les beuglants à strip-tease de Pigalle* (Bialot). SYN. café-concert, caf' conc'.

ETYM. de **beuglant,** bœuf (le cri étant pris pour l'animal). 1860 [Larchey].

beuglante *n.f.*

1. Chanteuse de beuglant. **2.** Chanson hurlée à l'unisson. **3.** Clameur, hurlement, protestation véhémente : *Les arpions écrasés, il poussa une beuglante.*

ETYM. de **beuglant. 1.** début du XXe s., Carabelli [TLF]. **2.** 1958 [GR]. **3.** 1910 [Esnault].

beur, beurette *n.*

Jeune Arabe né en France de parents immigrés: *Des Arabes, tous ces déracinés des trente dernières années, mais aussi des beurs, leurs enfants, ceux qui aujourd'hui arrivent à maturité et qui ont inventé à l'aide du verlan, ce cri de ralliement beur, pour ne plus entendre «raton» ou «melon»* (*le Monde*, 19 juin 1983).

ETYM. verlan complexe de **arabe** ; mot très répandu en France depuis environ 1980, employé pour désigner de façon non raciste les jeunes Maghrébins immigrés dits « de la deuxième génération»; *beurette* 1986 [DDL 37].

beurre *n.m.*

1. Argent ; bénéfice : *Le beurre ne peut m'échapper... J'ai sous la main un couillé qui fait ma balle* (Lhéritier). **Faire son beurre,** gagner de l'argent: *Tu ferais mieux de retourner aux Amériques, là-bas tu faisais ton beurre tranquille* (Delacorta). *Il a fait son beurre en rachetant des usines pour trois fois rien* (Pécherot). **L'assiette au beurre,** l'argent (comme instrument de pouvoir) : *On comprit la consternation patronale quand le représentant de l'assiette au beurre se trouva, tout à coup, le cul dans l'huile, après une glissade spectaculaire* (Lefèvre, 1). **Mettre du beurre dans les épinards,** augmenter ses revenus ordinaires. **2. Un œil (poché) au beurre noir,** qui est tuméfié par un coup. **3. Battre le beurre,** jouer à la hausse et à la baisse. **4. Pas plus de... que de beurre en broche, en branche, au cul, au chose,** (vx) **sur la main,** etc., il n'y en a absolument pas : *En fait, mais je ne l'ai compris que plus tard, il n'y avait pas plus de foire à la ferraille et aux jam-*

bons que de beurre en broche (Roubaudi). *Il avait tout de suite compris que son chef lui avait raconté une histoire bidon et qu'il n'y avait pas plus de viol que de beurre au cul* (Charrière). *Tout de suite on a recherché aux sommiers. Pas plus de Beauharnais que de beurre au chose* (Barnais, 1). *L'ex-inspecteur avait loué un appartement pour une prostituée qui comptait parmi ses indicateurs. « Mais il n'y a pas plus de proxénétisme que de beurre en branche ! », se défend l'ex-inspecteur, qui est également poursuivi de ce chef* (*le Monde*, 15 novembre 1998). *Mon individu commence à tourner de l'œil… Sors donc, âme de chien… Je guette et reguetteras-tu… il n'y avait pas plus d'âme que de beurre sur la main* (Lhéritier). **Pour du beurre,** pour rien, en vain ; pour faire semblant : *Il tire pour du beurre, en faisant du bruit avec sa bouche. Il repose le pistolet* (Demouzon). **5.** Chose facile à faire : *Tu comprends, mec, à Paris, j'ai retrouvé des potes qui m'ont refilé un peu de fric et ç'a été du beurre de me rencarder sur la môme* (Bastiani, 4). **Entrer comme dans du beurre,** très facilement (en parlant d'une matière molle). **6.** Vx. **Avoir du beurre sur la tête,** être un criminel. **Qui a du beurre dans le dos,** se disait d'un proxénète.

ETYM. métaphore socio-économique : le beurre était jadis une denrée rare, chère, donc réservée aux gens riches. **1.** 1625 [Esnault]. **Faire son beurre,** 1821 [Ansiaume]. **Assiette au beurre,** 1876 [Esnault]. **Mettre du beurre dans les épinards,** 1835, H. Monnier [GR]. **2.** 1533, Rabelais. **3.** 1878 [Esnault]. **4. Pas plus de... que de beurre sur la main,** 1829, Vidocq ; **pas plus de... que de beurre au cul,** avant 1880, Flaubert. **Pour du beurre,** avant 1951, A. Gide [GR]. **5. Entrer comme dans du beurre,** 1808 [d'Hautel]. **6. Avoir du beurre sur la tête,** 1836 [Vidocq] ; **dans le dos,** 1901 [Bruant].

DER. **beurrier** *n.m.* Banquier : 1836, Vidocq [TLF].

beurré, e *adj.*

Ivre : *À la fermeture de « l'Ange » les trois Gitans à moitié beurrés, une mesure de jazz dans les veines, s'en allèrent* (Lépidis). **Beurré comme un p'tit Lu,** complètement ivre.

ETYM. emploi adj. du participe passé de **se beurrer** (d'Hautel, en 1808, indique que dans l'arg. des imprimeurs, *beurrée* qualifie une impression trop chargée d'encre). 1972, Boudard. **Beurré comme un p'tit Lu,** du sigle de Lefèvre-Utile, nom déposé d'une marque de biscuits (« petits-beurre ») fabriqués à Nantes, jusque dans les années 1950.

beurrée *n.f.*

Forte ivresse : *Ce n'était plus la cuite de croisière à niveau constant, mais la beurrée monumentale, la muflée royale, regard vitreux, jambes flottantes et équilibre instable* (Page). SYN. muffée.

ETYM. de **se beurrer.** 1960 [Le Breton].

beurrer (se) *v.pr.*

1. S'enivrer : *La tentation de le faire boire m'avait bien sûr effleuré, mais il refusa poliment mon invitation à aller nous beurrer en chœur* (Van Cauwelaert). **2.** S'enrichir (souvent de façon malhonnête) : *Il s'était assez beurré à la santé de notre vieux fias !... Il pouvait se montrer généreux !* (Céline, 5).

ETYM. emploi imagé du verbe **beurrer**, avec l'idée de rendre épais, pâteux. **1.** 1953, Clébert. **2.** 1936, Céline.

bézef *adv.* → BÉSEF.

bibard, e *n.*

Buveur ; vieille personne : *Il était gentil tout plein, le vieux bibard occupé non loin de moi à enclencher la combinaison de son coffre* (Simonin, 3).

◆ *adj.*

Vieux : *Je n'ose pas lui dire que la prochaine fois qu'on se retrouvera, à ce rythme-là, on sera tout à fait bibards, bons pour les voyages organisés du troisième âge…* (Boudard, 5).

ETYM. de la racine **bib** (idée de « boire »), avec le suff. péj. **-ard.** 1808 [d'Hautel].

DER. **bibarder** *v.* **1.** Boire : 1894 [Virmaître]. **2.** Vieillir : 1842, Sue. **3.** Se débaucher : 1901 [Bruant]. **bibasse** *n.f.* Vieille : 1844 [Dict. complet]. **bibassier** ou **bibasson** *n.m.* Syn. de bibard : 1850 et 1889 [Esnault]. **bibasserie** ou **bibarderie** *n.f.* Vieillesse : 1846, *Intérieur des prisons*.

bibelot *n.m.*

Outil de cambrioleur.

◆ **bibelots** *n.m.pl.*

1. Pièces de monnaie ou bijoux : *Deux grands fafs, au moins douze de cent, des roues, du jonc, des bibelots. Ça fait…* (Carco, 8). *En avant le pot de rouge, trouve-moi des dentelles chouettes ! et donne-moi les plus reluisants* bibelots…

(Balzac, 3). **2.** Organes sexuels masculins. **Mouiller ses bibelots,** uriner dans son pantalon. SYN. bijoux de famille.

ETYM. sorte d'euphémisme ou d'emploi très particulier du mot usuel. 1836 [Vidocq].

◆ *pl.* **1.** 1846, Balzac. **2.** 1894 [Virmaître].

biberonner *v.t. et i.*

Aimer boire ; boire avec excès : *Son fils, confortablement calé dans un fauteuil en cuir* [...], *biberonne du whisky* (Lacroix). *Dans sa dernière œuvre, « La vie est cancérigène », il explique qu'il faut éviter de bouffer, de biberonner* (Francos).

ETYM. de **biberon,** ivrogne. fin du XIXe s. [Carabelli].

DER. **biberonnage** *n.m.* Action de boire avec excès : 1973, Duvert.

biberonneur, euse ou **biberon, onne** *n.*

Alcoolique, ivrogne : *Il a l'air, cézig, d'un heureux vivant... un luron de bonne compagnie, avec le teint couperosé des fières poivrades. Il pavoise, c'est pas l'hypocrite biberonneur lousdoc !* (Boudard, 6). *Pourtant à ces visages sévères se mêle parfois la trogne enflammée d'un biberon* (Carco, 4).

◆ *adj.*

Porté à boire : *Le grand peintre* [Derain], *fort biberon, aimait la rigolade* (Galtier-Boissière, 4).

ETYM. du lat. **bibere,** boire. *biberon* XVe s. [TLF] ; *biberonneur,* 1953, Clébert.

◆ *adj.* 1899 [NLI].

bibi *n.m.*

1. Vx. Couteau; outil de cambrioleur (fausse clé, pince, etc.). **2.** Chapeau : *Elle avait un chapeau à franges qui croulait sous le poids des fleurs... C'était un jardin suspendu* [...] *Il m'étonnait son bibi...* (Céline, 5).

◆ *pron. pers.*

Moi : *Y avait des types, tous comme Bibi ! Pannés !* (Méténier). *À cette époque, tous les types coupaient leur bonne femme en morceaux, fourraient le tout dans une malle et le laissaient à la consigne, et tout le boulot, c'était pour bibi* (Klotz). On rencontre aussi la forme composée **bibi-lolo** : *Turellement ils sont à des lieues de la réalité que seuls Clod' et Bibi-Lolo connaissons de A à Z* (Siniac, 1).

ETYM. formation onomatopéique, p.-ê. liée à une apocope de **bibelot. 1.** 1848 [Larchey]. **2.** vers 1830 [France].

◆ *pron. pers.* 1874, A. Daudet [TLF]. Peut-être y a-t-il, pour ce dernier sens, influence de **biffin,** fantassin, qui a donné également un redoublement en *bibi ?* Mais le second élément de la var. fait plutôt penser à un mot d'origine enfantine (**lolo,** lait), à moins qu'il ne s'agisse du redoublement de la dernière syllabe de *bibelot* ; d'après Larchey, le soldat dit, vers 1870, *mon biblot* au sens de « attirail militaire ».

bibine *n.f.*

1. Vx. Débit de boissons de dernière catégorie : *Les tronçons de la rue Mouffetard offraient* [...] *de nombreuses bibines, anciens reposoirs de chiffonniers* (abbé Moreau). **2.** Boisson (généralement médiocre) : *Sers-moi toujours du vin nature, / Au lieu de t'emporter, et non / Une bibine, une mixture* (Ponchon). *On prend la bouteille... Voilà dix sacs, j'crois que ça suffira pour ta bibine, clame Lagarde* (Jaouen).

ETYM. du radical de **bib(eron),** suffixé d'après **cuisine, cantine,** etc. **1.** 1867 [Delvau]. **2.** 1890, *le Père Peinard* ; emploi génér. péj. mais pas obligatoirement ; d'abord « bière » 1881 [Rigaud].

VAR. **bibasse** *n.f.* Bière médiocre : 1901 [Bruant].

bic *n.m.* → BICOT.

bicause ou **bicose** *prép. et conj.* → BECAUSE.

bicher *v.i.*

1. Aller bien : *Ça va, ça va, ça biche ! / Et pour ce que j'veux lui proposer, / Y a vraiment pas b'soin d'causer* (chanson *L'amour qui rit,* paroles de H. Christiné). **2. Bicher comme un pou (dans la crème fraîche),** être comblé, parfaitement heureux ; se réjouir : *Je fonce à travers la carrée en bichant comme un pou* (Tachet). *En voyant ces braves pandores / Être à deux doigts de succomber, / Moi, j'bichais, car je les adore / Sous la forme de macchabées* (Brassens).

◆ *v.t.*

Attraper : *Je biche un stylo sur le secrétaire et j'écris en caractères d'imprimerie le message suivant* (San Antonio, 5) ; écoper de.

ETYM. verbe lyonnais, « saisir du bec ». **1.** 1845, Labiche [TLF]. **2.** 1953, Brassens.

◆ *v.t.* 1899 [Nouguier]. d'abord 1867 [Delvau] « mordre à l'hameçon », dans le langage des pêcheurs.

DER. **bichoter** *v.i. et impers.* Syn. de bicher : 1918 [Esnault]. *v.t.* **1.** Dérober : 1947 [id.]. **2.** Embrasser, serrer de près : 1957 [Sandry-Carrère].

bichonnet *n.m.*

Menton.

ETYM. mot à valeur hypocoristique, diminutif de **bichon,** mais l'origine est peu claire. 1894 [Virmaître].

bicler *v.i.* → BIGLER.

biclo ou **biclou** *n.m.*

Bicyclette: *Ferdinand hocha la tête et, le biclo serré entre ses genoux, tendit la paume de ses mains jointes vers le tuyau d'échappement de son interlocuteur parallèle* (Klotz). *C'est loin, Balard. On n'a qu'à prendre des biclous, il y en a des tonnes* (Roubaudi).

ETYM. resuffixation de **bicycle,** avec influence de **clou** pour la seconde forme. 1904 [Esnault]. *biclou* est redevenu assez courant auj.

bicot, bic ou **bique** *n.m.*

Désignation raciste de l'Arabe (notamment nord-africain): *La population locataire de ce quartier est assez hétéroclite, allant du petit employé modèle au bicot vendeur de fruits légumes sur baladeuse et à la patte folle* (Clébert). *Sur des banquettes, quelques bics étaient mélangés aux nègres. Pas à la bourre, non plus, les ratons, pour fumer ! Seulement, eux, c'était le kief, la drogue tirée du chanvre indien* (Le Breton, 3). *C'est le Corse qui, laissé à l'écart par les hommes du milieu, a soufflé l'affaire aux biques* (Charrière). *Les « bics » – comme les nommaient railleusement les souteneurs blancs – avaient alors comme caïd un certain Djanini* (Grancher, 2). **Être de la pointe Bic,** aimer physiquement les Arabes, en parlant d'homosexuels.

ETYM. abrègements de **arbicot** (→ ARBI). vers 1892 [Esnault]. L'emploi de ce mot dans un contexte raciste est génér. influencé par le sens de **bique**, chèvre, et **bicot**, chevreau. *bic*, 1937, Grancher. **Être de la pointe Bic,** 1977 [Caradec] (jeu de mots sur le nom déposé d'une marque de stylos à bille).

bicraveur ou **bicrave** *n.m.*

Vendeur de drogue, trafiquant: *Comme il ne savait pas s'en servir* [de l'ordinateur], *Péquot en avait conclu rageusement que le bicrave lui avait fourgué un clou* (Smaïl).

ETYM. du piémontais **bixava,** je vends. 1996 [Merle]; *bicrave* au sens de «vendre» dès 1957 [Sandry-Carrère].

bidard, e *adj.*

Vx. Qui a de la chance. SYN. veinard.

ETYM. de **Bidard**, nom du gagnant du gros lot de l'Exposition de 1878. 1882, G. Grison [TLF].

bidasse *n.m.*

Simple soldat: *Ils se rassemblaient au foyer pour boire de la bière, bavarder, fumer, s'engueuler, et jouir du plaisir préféré du bidasse : comparer le temps qu'il lui reste à faire à celui des moins anciens que lui* (Monsour).

ETYM. nom propre issu de la chanson *Avec Bidasse* (1914), paroles de L. Bousquet; ce mot à l'allure doublement péj. (**bide** et suff. **-asse**) a connu un grand succès, jamais démenti depuis la Belle Époque.

bide *n.m.*

1. Ventre: *Moi, je pense à la tirelire des gars de mon école, quand qu'c'est qu'on se ramènera avec des bides de proprios* (Machard). *On en a vu des plus malines rentrer avec le gros bide chez leurs parents !* (Simonin, 5). **2.** Audace: *La faire au bide.* **3.** Tête (influençable par autrui). **4.** Désillusion, échec: *Pourquoi le jeune cancérologue avait-il refusé d'emmener la petite fille à Venise comme elle le lui avait demandé? « Remarque, m'avait-elle dit, ça aurait été le bide»* (Francos). **Faire** ou **ramasser un bide,** subir un échec (notamment dans le monde du spectacle) : *Il était hanté par la possibilité d'un «bide», toujours possible dans le monde du spectacle* (Pousse). *Ça marchait toujours. Mon seul bide c'est quand j'ai dit un jour: «Vous avez vu la lire italienne?» La lire? Personne savait ce que c'était* (Bénoziglio).

ETYM. de **bidon**, par apocope. **1.** mot du Berry, 1507 [Sainéan]. **2.** 1927 [id.]. **3.** 1931 [Chautard]. **4.** vers 1930 [Cellard-Rey]. **Ramasser un bide,** 1957 [Sandry-Carrère]. Mot expressif, resté très usuel aux sens 1 et 4.

bidet *n.m.*

Vx. **1.** Ficelle sur laquelle deux détenus font circuler des billets pour communiquer de cellule à cellule. SYN. yoyo. **2. Rescapé** ou **résidu de bidet,** handicapé physique : *Grâce à ce tuyau, si vous vous débrouillez bien, vous pouvez coincer le Grand Jo. Ça lui apprendra à m'appeler résidu de bidet, parce que je suis petit* (Borniche, 2).

ETYM. de **bidet**, cheval de poste qui transmet le courrier. **1.** 1836 [Vidocq]. **2.** 1975, Borniche, mais *échappé de bidet,* enfant (non péj.) dès

1901 [Bruant] et *rinçure de bidet*, saleté, chose sans valeur, en 1920 [Bauche].

bidochard *n.m.*

Trafiquant de femmes, dans la traite des Blanches : *On appelait les filles de la sorte* [«colis»] *entre maques et tenanciers qui, eux, étaient des marchands de viande, des bidochards* (Boudard, 2).

ETYM. de **bidoche** et du suff. **-ard.** 1927 [Esnault]; mot très énergiquement péj.

bidoche *n.f.*

1. Viande : *Nous nous moquions de la froidure, / Et si la bidoche était dure, / Nos dents étaient comme des clous* (Ponchon). SYN. barbaque. **2.** Chair humaine : *Je la laboure exprès... j'enfonce... je m'écrabouille dans la lumière et la bidoche* (Céline, 5). **Sac à bidoche,** sac de couchage. **3.** Vx. Bourse.

ETYM. de **bidet,** viande de cheval médiocre, et du suff. pop. **-oche. 1.** 1829 [Forçat]. **2.** 1881 [Esnault]. **Sac à bidoche,** 1953 [Sandry-Carrère]. **3.** 1834 [Esnault].

bidon *n.m.*

1. Syn. de bide au sens 1 : *On se tapait ses neuf heures pile de boulot éreintant, dans les usines, sur les chantiers, avec un casse-graine et une soupe aux navets dans le bidon!* (Fallet, 1). **2. Attacher un bidon,** fausser compagnie. **S'attacher** ou **ramasser un bidon,** s'enfuir. **3.** Ensemble de trois coupons de drap pliés de façon à faire croire au client qu'il y en a six ; par ext., tout ce qui est dit ou présenté de manière à tromper autrui : *Et puis, au moment de la douille, c'était toujours le même bidon, de l'entourloupe et du nuage* (Céline, 5). *Ce portefeuille sera bidonné, c'est-à-dire qu'on l'aura choisi exactement du format des billets de cent francs, qu'on l'aura gonflé avec un journal replié et que, sur le journal, on aura disposé en accordéon un unique billet qui en épouse tous les replis. Et encore le billet employé pour préparer le bidon pourra-t-il être faux et même grossièrement faux* (Locard). **C'est, ce n'est pas du bidon,** c'est absolument faux, vrai : *Ce doit être un bobard. En effet, un Parisien, Francis la Passe, nous confirme que c'est du bidon* (Charrière). **Attaquer au bidon,** syn. de le faire au boniment. **4.** Simulation. **Faire le bidon de,** feindre de. **5.** Homme de rien; bluffeur. **6.** Mauvaise marchandise.

◆ *adj.*

Faux, simulé : *Menace bidon, destinée à impressionner cette pauvre Dulaure* (Malet, 11). *Je suis de la police, fit Faux-Filet en présentant rapidement une carte vaguement tricolore, bidon comme pas permis* (Varoux, 1).

ETYM. emplois imagés de **bidon,** récipient, l'idée de tromperie venant de la tricherie explicitée au sens 3. **1.** 1883 [Esnault]. **2.** 1876 [id.]. **3.** 1887 [id.] ; par ext., 1906 [id.] (pour le portefeuille, appelé aussi *baratin*, v. ce mot). **C'est du bidon,** vers 1920. **Attaquer au bidon,** fin du XIXe s. [Carabelli]. **4.** 1946 [Esnault]. **5.** fin du XIXe s. [Carabelli] ; « bluffeur » 1927, Dussort, 1. **6.** 1977 [Caradec].

◆ *adj.* 1953, Le Breton. Selon PSI, 1957, ne peut s'employer ni pour la fausse monnaie ni pour les faux bijoux (→ BALOURD, TOC).

DER. **bidonnier** *n.m.* Vx. Individu qui pratique le bidon (au sens 3) : 1901 [Rossignol].

bidonnage *n.m.*

1. Action de bidonner un travail : *Et tous de jurer qu'un enquêteur pris en flagrant délit de bidonnage est immédiatement remercié* (*Libération*, 22 mai 1984). **2.** Vx. Vente de tissus volés.

ETYM. de **bidonner. 1.** 1984, *Libération*. **2.** 1957 [Sandry-Carrère].

bidonnard *n.m.*

Ventre : [La Grenouille :] *Frangine, gaffe un peu ; que dit mon bidonnard ?* (Marcus).

ETYM. de **bidon.** 1889, Macé [Esnault].

bidonner *v.t.*

1. Vx. Préparer des coupons de tissu truqués pour la vente ou un portefeuille pour une escroquerie. **2.** Tromper : *Me voici à la dernière phase de la lutte. La plus serrée. Il ne faut pas se laisser bidonner* (Murelli). **Bidonner un travail,** l'effectuer sans soin, sans conscience professionnelle : *En presse écrite, on peut bidonner parce qu'on travaille seul, mais en télé, il ne faut pas oublier qu'il y a au moins quatre personnes sur le tournage* (*le Monde*, 10 janvier 1986). **3. Bidonner l'arnac,** arrêter les tricheurs, dans le langage des policiers. **4.** Vx. Boire abondamment : *Ça* [une chanson] *réveillera ton père qu'a trop bidonné !* (Méténier).

◆ **se bidonner** *v.pr.*

Rire : *Quand le gaffe eut tourné le dos, toute la tablée se mit à se bidonner* (Le Breton, 6). *Il se bidonne tout le temps, ce Jojo, une heureuse nature... il se caille pas métaphysique* (Boudard, 5).

ETYM. de **bidon** aux sens 1 et 3. **1.** 1887 [Esnault]. **2.** 1926 [id.]. **Bidonner un travail,** 1986, *le Monde*, mais sûrement antérieur. **3.** 1975 [Arnal], qui le donne comme vieille expression. **4.** 1867 [Delvau].

◆ *v.pr.* 1888 [Esnault].

DÉR. **bidonnant, e** *adj.* Très drôle : 1901 [Bruant].

bidonneur *n.m.*

1. Commerçant qui trompe sur la marchandise. **2.** Individu qui dit des choses exagérées ou mensongères : *Quand y veut nous prendre au col, ce bidonneur, je m'fends doucement la pipe !* (Boudard-Étienne). **3.** Individu qui bidonne un travail.

ETYM. de **bidonner. 1.** 1957 [Sandry-Carrère]. **2.** 1930 [Esnault]. **3.** vers 1985.

bidouillage *n.m.* ou **bidouille** *n.f.*

Trucage, falsification : *Vu la bidouille sur le contrat de travail, et la tartine de confiture morale pour faire passer, pas de familiarité avec l'Abbesse !* (Smaïl).

ETYM. du verbe **bidouiller** au sens 1. *bidouillage* 1996 [Merle] ; *bidouille* 1997, Smaïl.

bidouiller *v.t. et i.*

1. Bricoler, trafiquer. **2.** Pianoter sur un clavier d'ordinateur.

ETYM. altération de **biduler,** formé sur **bidule,** 1975 [Beauvais].

DÉR. **bidouilleur** *n.m.* Travailleur intermittent : [id.].

bidule *n.m.*

1. Objet quelconque, chose : *Une machination qui, sous le couvert d'un bidule de coopérative à la noix, sapait les assises de la France nationale* (Malaquais). *Je marche avec toi, fiston, et ton bidule, tu me l'expliqueras là-haut* (Viard). **2.** Bâton blanc des agents de la circulation ; longue matraque dont se servent les policiers lors des manifestations : *Quand j'ai fait mine de me jeter sur eux, j'ai reçu un grand coup de bidule en travers de la nuque* (Veillot). **3.** VIEILLI. Désordre.

ETYM. origine obscure, p.-ê. du picard **bidoule,** mare boueuse, d'où l'idée de désordre, puis de chose compliquée. **1.** 1951 [Esnault]. **2.** 1957 [Sandry-Carrère]. **3.** 1940 [Esnault].

bier *v.i.*

ARG. ANC. Aller : *Il bia demander la thune à la lourde d'un gros rupin* (Responce au grand Coesre).

ETYM. peu claire, p.-ê. aphérèse de **ambier** (v. ce mot). 1566, Rasse des Nœuds.

biffe *n.f.*

1. Métier ou corporation des chiffonniers. **2.** Infanterie de ligne : *Pourquoi que tu t'es engagé aussi, lui dit Lemoine, puisque t'étais réformé ?... Surtout dans la biffe* (Dorgelès).

ETYM. origine obscure : la *biffe* est un drap à rayures horizontales. **1.** 1878 [Rigaud]. **2.** 1898 [Esnault].

biffer *v.i.*

Pratiquer le métier de chiffonnier : *Quelques obstinés continuent à biffer ici et là, « à la tire », car il est désormais interdit de fouiller les poubelles* (*les Nouvelles littéraires,* 19 janvier 1984).

ETYM. de **biffe.** 1878 [Rigaud].

biffeton ou **bifton** *n.m.*

1. Lettre clandestine, billet, dans la correspondance des détenus entre eux (jamais syn. de bafouille). **2.** Toute espèce de document officiel, du type carte, contre-marque, ticket, billet de banque : *J'ai rencontré le contrôleur dans la cinquième voiture. Il m'a poinçonné mon bifton, en me regardant d'un drôle d'air* (Pouy, 1). *La poche intérieure de son bleu de chauffe bourrée de biffetons de dix mille, il avait raflé à vingt pour cent de leur prix réel douze tonnes de loups, de rougets, de rascasses* (Viard).

ETYM. dér. de **biffe** au sens de « chiffon (de papier) ». **1.** 1878 [Rigaud]. **2.** « billet de banque » 1878, Zola [TLF] ; « billet de train » 1888, Courteline [id.].

VAR. **biff :** 1925 [Esnault]. Rare auj., à la différence de *biffeton*, assez courant.

biffetonner ou **biftonner** *v.i.*

Faire passer des messages : *On m'explique que, pour garder le contact avec les copines du dortoir d'en dessous, tout le monde biftonne à tour de poignet. Si je veux, on me trouvera une correspondante* (Sarrazin, 2).

ETYM. de **biffeton** au sens 1. 1899 [Nouguier].

biffin *n.m.*

1. Chiffonnier : *Les maîtres biffins – chiffonniers en gros – commencent d'amasser de* *véritables fortunes* (Yonnet). SYN. chiftir. **2.** Fantassin: *Eh! les gars, de quel régiment êtes-vous ? hurle un biffin tout de bleu vêtu* (Le Dano). **3.** Inspecteur de voie publique, dans le langage de la police.

ETYM. de **biffe. 1.** 1836 [Larchey] ; fém. désuet *biffine* 1878 [Rigaud]. **2.** 1878 [id.]. D'après Larchey, comparaison ici du havresac du soldat avec la hotte du chiffonnier. **3.** 1975 [Arnal].

bifteck ou **beefsteak** *n.m.*

1. Nourriture, repas; par ext., moyen d'existence ou intérêt personnel: *Défendre son bifteck.* Vx. **Beefsteak de la Chamareuse, bifteck à la chamareuse** ou **bifteck de grisette,** saucisse plate dont se nourrissaient ordinairement les ouvrières. **Faire du bifteck,** frapper qqn (comme le cuisinier attendrit la viande) ou trotter sur un cheval dur. **Ramasser un bifteck,** tomber. **2.** L'heure du repas. **3.** Partie charnue du corps humain (cuisse, fesse). **Manger son bifteck,** avaler sa langue, c.-à-d. se taire. **Bifteck roulé,** pénis. **4.** Anglais: *Les beefsteaks, vêtus d'écarlate et d'or, surveillent la ville d'un côté et les innombrables docks de l'autre* (Mac Orlan, 7). SYN. rosbif. **5.** Femme ou prostituée, considérée comme source de revenus: *Au son de l'accordéon, je fais tournoyer la charmante dame du coiffeur, le bifteck à mon pote Trignol* (Galtier-Boissière, 1). **Bifteck à corbeau,** vieille prostituée. **S'offrir un bifteck,** arrêter la maîtresse d'un souteneur.

ETYM. emprunt à succès, à partir de 1711 (l'orthographe en est assez variable : *beefsteak, bisteck, beafteck,* etc.). **1.** vers 1925. **Beefsteak de la Chamareuse,** 1867 [Delvau] ; **de grisette,** 1881 [Rigaud]. **Faire du bifteck,** 1880 [Larchey] dans les deux acceptions. **Ramasser un bifteck,** 1890 [Esnault]. **2.** 1896 [Delesalle]. **3.** 1833 [Esnault]. **Manger son bifteck,** 1866 [Delvau]. **Bifteck roulé,** 1902 [Esnault]. **4.** 1836 [id.]. **5.** fin du XIXe s., Carabelli. **Beefsteak à corbeaux,** 1894 [Virmaître]. **S'offrir un bifteck,** 1975 [Arnal].

bifton *n.m.,* **biftonner** *v.i.* → **BIFFETON, BIFFETONNER.**

bigaille *n.f.*

Menue monnaie : *Alors, je lui ai fauché tout ce qu'elle avait. Trente-huit dollars et de la bigaille en vrac dans le fond de son sac* (Stewart). SYN. mitraille.

ETYM. sans doute mot de l'ouest de la France (Anjou, Ille-et-Vilaine), « insecte ailé », d'où « menu fretin ». 1935, Simonin-Bazin.

bigard *n.m.*

Vx. Trou : [discours funèbre] *De te voir ainsi au fond d'ton bigard...* (Marcus).

ETYM. de **bigo, bigatt** (mot de l'Ouest), « ver (de terre) » selon Esnault. 1821 [Mézière].

bigler ou (vx) **bicler** *v.i.*

Loucher : *La porte s'ouvrit toute seule devant le Rital qui biglait, aveuglé par une lampe-torche* (Dominique).

◆ *v.t. et i.*

Regarder avec une certaine attention (et des sentiments divers) : *À travers l'œil-de-bœuf le type bigla férocement l'enquiquineur* (Coatmeur). *Sans cesser d'épier les Suédois, il bigla autour d'eux, d'un œil méfiant* (Le Breton, 2). *Il s'est mis à bicler de la mirette* (Ménier).

ETYM. du lat. pop. **bisoculare**, de **bis,** de travers ou deux fois, et **oculare,** regarder. *biscler* XVIe s. ; *bigler* 1642 [Oudin].

◆ *v.t. et i.* 1800, Leclair.

bigleux, euse *adj. et n.*

1. Se dit d'une personne qui a une vue défectueuse (strabisme, myopie, etc.). **2. Geler les bigleux,** immobiliser sur place les témoins au cours d'une enquête en flagrant délit.

ETYM. de **bigler. 1.** 1936, Céline [TLF]. **2.** 1975 [Arnal].

biglotron *n.m.*

Pièce dans laquelle on rassemble de vrais et faux suspects en vue d'une éventuelle reconnaissance par des témoins placés derrière une glace sans tain.

ETYM. formation humoristique à partir du verbe **bigler** et du suff. scientifique **-otron.** 1975 [Arnal].

bigne ou **bing** *n.m.*

Prison: *Depuis deux mois, j'étais dans le bigne. Je m'étais fait faire plutôt sottement* (Malet, 1). *J'aurais voulu qu'il pourrisse des piges et des piges au bing, en Centrale* (Bastiani, 1).

ETYM. apocope de **bignouf**, issu de **bignon**, trou (mot du bas-Maine) [Esnault]. 1905 [id.]. *bing* 1927, Roberti, *Maisons de société* [Doillon 3]. → **GNOUF.**

bignole ou **bignolle** *n.f.*
Concierge : *S'y se souvient pas, vous y direz comme ça : la bignole du 112* (Faizant). *Sur la fin ma vieille bignolle, elle ne pouvait plus rien dire* (Céline, 5).
◆ *n.m.*
Agent de la Sûreté.
ETYM. mot angevin, « qui louche », du verbe **bignoler**, bigler, loucher. 1935 [Lacassagne]. La fonction principale de la concierge est d'observer les allées et venues des locataires.
◆ *n.m.* 1927, Dussort, 1.
DÉR. **bignolon** *n.m.* Agent de la Sûreté : 1977 [Caradec].

bigophone ou **bigo** *n.m.*
Téléphone : *Pendant que vous opérerez, je m'absenterai le temps qu'il faut. J'ai juste un coup de bigophone à passer à la Préfectance* (Queneau, 1). *Je note sur mon petit carnet qui ne me quitte jamais le numéro de bigo de mon domicile légal* (Siniac, 3).
ETYM. formation plaisante (et durable) à partir de **Bigot**, nom de l'inventeur d'un instrument de musique en carton, et de l'élément **-phone.** 1890 [P. Larousse, Suppl.]. *bigo* 1972, film *les Valseuses,* de Blier [George, DDL 23].

bigophoner *v.i.*
Téléphoner : *Quand j'ai bigophoné à Michel, ça n'a pas été simple tout de suite. Plutôt méfiant, au téléphone* (Conil).
ETYM. de **bigophone.** 1954, Tachet.

1. **bigorne** *n.m. ou (rare) f.*
Vx. Langue argotique : *J'ai rencontré la mercandière, / Qui du pivois solisait, / Je lui jaspine en bigorne* (chanson du XVIIIe s., *in* Vidocq). *Et bientôt mes gaillards de jaspiner la bigorne, tant par habitude que pour n'être pas connus des pantres* (Canler).
◆ *adj.*
Argotique.
ETYM. vieux mot (XIVe s.) désignant une enclume à deux pointes, d'où l'idée de « contrefait, boiteux ». 1628 [Chéreau].
◆ *adj.* 1876, Richepin [TLF].

2. **bigorne** *n.f.*
1. Police. **2.** Infanterie. **3.** Rixe : *Seul ne prenait pas part à l'hécatombe Laverdure, dès le début de la bigorne douloureusement atteint au périnée par un fragment de poussière* (Queneau, 1) ; par ext., bataille, guerre : *J'suis un fonceur, pas un cause-toujours. Z'avez été à la bigorne ! S'rez à l'honneur !* (Viard).
ETYM. même origine que le précédent, et jeu de mots sur **bicorne. 1** et **2.** [Bruant]. **3.** 1916 [Esnault] (pour ce dernier sens, il y a influence de *bigorner*).

bigorné, e *adj.*
Mal bigorné, souffrant : *Qu'est-ce qu'on s'est goinfré comme saucisses, comme lard... comme pain blanc ! On avait pas l'habitude, on est un peu mal bigorné, on rote, on pète...* (Boudard, 6).
ETYM. emploi adj. du participe passé de **bigorner.** 1951 [Esnault].

bigorneau ou **bigornot** *n.m.*
1. Vx. Sergent de ville. **2.** Fantassin. **3.** Téléphone : *Ensuite, je demande le bigorneau et je compose le numéro personnel de Carlini* (Tachet). *Enfin, le bigorno carillonna. Richard décrocha* (Malet, 14). **4.** Micro. **5.** Table d'écoute.
◆ **bigorneaux** *n.m.pl.*
Vx. Menue monnaie ; somme dérisoire : *J'pourrais pas laisser une femme passer la nuit dehors comme il fait [...] pour rapporter une poignée de bigorneaux* (Simonin-Bazin).
ETYM. analogie de forme : coiffure aux sens 1 et 2 ; double corne au sens 3. **1.** 1841, Lucas. **2.** 1861 [Esnault]. **3.** 1954, Tachet. **4.** 1977 [Caradec]. **5.** 1975 [Arnal].
◆ *pl.* 1925, chanson *les Hiboux*, de Joullot et Dalbret.

bigorner *v.t.*
1. Frapper, tuer : *Je donnerais vingt ronds pour que tous ces c...-là se fassent bigorner* (Dorgelès). **2.** Heurter, démolir ; endommager dans une collision : *À plusieurs reprises, elle se tapa des banquettes sur des coins rugueux de trottoir, écrasa quelques gaspards en java nocturne, bigorna une poubelle municipale...* (ADG, 7).
◆ **se bigorner** *v.pr.*
Se battre : *Tant qu'on se bigorne à coups de poings, ça va. Mais lorsqu'on fait intervenir les armes, c'est une mauvaise histoire* (Héléna, 1).
ETYM. détournement ironique d'un verbe technique signifiant « forger sur l'enclume » (→ 1. BIGORNE). **1.** 1907 [Chautard] ; « tuer » 1918 [Dauzat]. **2.** 1917 [Esnault] ; « endommager » 1934, Vercel [TLF].
◆ *v.pr.* 1916, Carco.

bigornette *n.f.*

Cocaïne : *Cette Nini, maintenant qu'elle marche à la bigornette, et même préfère en fourguer [...], ça va devenir un vrai danger public!* (Simonin, 11).

ETYM. de **bigorner.** la cocaïne assomme, démolit. 1923 [Esnault].

DER. **bigorneur** *n.m.* Vendeur de cocaïne : [id.].

bigotter *v.i.*

Vx. Dire ses prières : *Le babillard qui bigottait tout bas* [...] *l'a embrassé* [le supplicié] (Méténier).

ETYM. de **bigot**. 1836 [Vidocq].

bijou *n.m.*

1. Vulve, notamment dans la loc. **bijou de famille** ; plus fréquent au pl. pour désigner le pénis et les testicules. **2.** Vx. **Bijou de Saint-Laze,** fille qui fait son temps à la prison de Saint-Lazare.

◆ **bijoux** *n.m.pl.*

Restes des plats d'un restaurant, récupérés et vendus par les plongeurs. SYN. arlequin.

ETYM. image reposant sur l'idée de « bien le plus précieux » (sens 1). **1.** 1628 [Chéreau]. On peut le rapprocher des *Bijoux indiscrets,* œuvre de Diderot (1748). **2.** 1881 [Rigaud].

◆ *pl.* 1883 [Fustier].

bijouterie *n.f.*

1. Matériel lourd des hercules de foire. **2.** Vx. Avance d'argent.

ETYM. désignation ironique, par antiphrase. **1.** 1950 [Esnault]. **2.** 1867 [Delvau].

bijoutier *n.m.*

1. Bijoutier au ou **du clair de lune,** truand, bandit qui « travaille » surtout la nuit. **2.** Vx. Vendeur de restes alimentaires.

ETYM. de **bijou. 1. Bijoutier au clair de lune,** 1800, Leclair; **bijoutier du clair de lune,** vers 1955, A. Vidalie. **2.** 1867 [Delvau].

bilboquet *n.m.*

1. Vx. Litre de vin. **2. Jouer au bilboquet,** avoir des relations sexuelles : *La fille avec laquelle Mickey jouait au bilboquet s'appelait Henriette* (Lépidis). **3. Bilboquet (merdeux),** homosexuel passif (atteint d'une MST).

ETYM. analogie de forme (1) et vieille image de l'emboîtement « mâle-femelle » (2 et 3). **1.** 1855, Paillet [Rigaud]. **2.** 1986, Lépidis. **3.** 1867 [Delvau]. **Bilboquet merdeux,** 1975 [Arnal].

biler (se) *v.pr.*

Se faire du souci (génér. dans un contexte négatif) : *Faut pas vous biler, madame Joséphine, ils se sont débinés les bourgeois, peut-être qu'ils viendront plus !* (Allain-Souvestre). *Monsieur jalouse mon appétit, peut-être, dit Fil-de-Fer, sans se biler* (Le Breton, 6).

ETYM. de **bile.** 1894 [TLF].

DER. **se biloter** *v.pr.* Même sens : 1920 [Bauche].

bileux, euse *adj.*

Qui s'inquiète facilement (génér. dans un contexte négatif) : *Mais lui, pas bileux, n'hésitait pas à lâcher le boulot pour s'offrir une partie de pêche avec le copain* (Vercel).

ETYM. de **bile.** 1901 [Bruant]; dès 1611 [Cotgrave], au sens de « rempli de rancœur ».

billard *n.m.*

1. Terrain plat, pour l'exercice ou le combat. **C'est du billard,** c'est très facile : *Je ne dois pas me faire repérer au moment du saut, mais après c'est du billard car la voiture est située juste en sortie de passage* (Villard, 1). **2.** Route droite et parfaitement plane. **3. Dévisser son billard** ou **casser sa queue de billard,** mourir : *Il a tourné les coins, dévissé son billard, fermé son pébroque... De quoi est-il mort le bouif ?* (Boudard, 3). **4.** Table d'opération : *La peau du visage cicatrise très bien, merci. Augustin est passé quatre fois sur le billard et ça lui fait une drôle de boule* (Demouzon). **5.** Vx. Guinguette, café : *Nous allâmes tous quatre dîner à ce billard* [...], *nous mangeâmes à notre dîner un morceau de veau rôti* (Orgères).

ETYM. par analogie avec l'idée de « surface plane » (cf. *ça roule !*). **1.** 1916 [Esnault]. **C'est du billard,** 1914 [id.]; d'abord au sens de « c'est de la chance ! ». **2.** 1927 [id.]. **3.** 1862 [Colombey]. **Casser sa queue de billard,** 1901 [Bruant]. **4.** 1916 [Esnault]. **5.** 1798, Orgères.

bille *n.f.*

1. Tête : *Un mec ayant l'air d'un gredin et la bille d'un saltimbanque* (Gill). *Des commerçants, des péquenots, je les reconnaissais à leurs billes* (Vautrin, 2). **Bille de clown,** figure à l'aspect comique ; individu niais, grotesque : *Où qu'il est donc cette bille de clown que je lui envoye une corbeille !* (Céline, 5). **2.** Imbécile: *Tu appelles ça rire ? – Eh! bille! gronda la brute* (Carco, 5). *Ces deux prédatrices ne seraient-elles pas en train* [...] *de me prendre pour une bille, en un mot ?* (Faizant). **3. Retirer** ou **reprendre ses billes.** ***a.*** renoncer à participer à une entreprise : *Faut faire confiance au nègre, Chtouhki. C'est le jeu. Trop tard pour reprendre ses billes* (Bastid); ***b.*** revenir sur ses déclarations, en parlant d'un détenu. **4. Toucher sa bille,** être compétent, adroit, efficace: *Y a pas besoin d'être prémonitoire pour voir que tu touches pas ta bille. R'garde-moi la coupe que tu t'payes ! T'appelles ça de la coiffure ?* (Lasaygues).

◆ *adj.*

1. Imbécile, niais : *J'avançais en tenant ma musette devant moi, comme si ça pouvait arrêter une balle... Ce qu'on est bille dans ces moments-là* (Dorgelès). **2.** Ivre.

◆ **billes** *n.f.pl.*

Testicules.

ETYM. par analogie de forme. **1.** 1835, Raspail [Esnault]. **Bille de clown,** 1936, Céline ; d'abord *bille à châtaigne* 1866 [Delvau]. **2.** 1913 [Esnault]. **3.** 1954, Simonin ; d'abord *rendre ses billes* 1928, M. Stéphane [TLF], p.-ê. issu du vieux sens d'« argent » (1596, Péchon de Ruby). **4.** emprunt au billard : *toucher pleine bille* vers 1930 [Cellard-Rey].
◆ *adj.* **1.** 1916, Carco. **2.** 1977 [Caradec].
◆ *pl.* 1953 [Sandry-Carrère].

billemont *n.m.*

Vx. Billet (de banque) : *Quand il n'a plus de mornif, il brode des billemonts* (Ansiaume).

ETYM. suffixation de **billet**. 1821 [Ansiaume].
VAR. **billemuche** : 1881 [Rigaud].

biller *v.i.*

Taper, foncer. **Bille en tête,** carrément, sans hésiter : *Toussaint, c'était pas le mec à foncer bille en tête sur une tocarde entourloupe* (Bastiani, 1).

ETYM. tiré probablement des « effets » au billard [Esnault] ; la loc. est formée de l'impératif du verbe, et non du subst. *bille :* le sens originel est « frappe à la tête ! ». 1912 [Esnault].

billet *n.m.*

1. Je te donne, fiche, fous mon billet que..., je te certifie que... : *Si j'avais autant de mille francs de rente qu'on a estourbi de gonzesses entre Avignon et Marseille, je vous donne mon billet que je serais rupine* (Lorrain). *Je vais commander à tous ces particuliers une corvée de vivres, et je vous f...iche mon billet qu'avant deux heures nous aurons un rata conditionné* (Boussenard). **2. Billet de logement.** ***a.*** pancarte accrochée au lit d'hôpital indiquant le nom de la prostituée malade ; ***b.*** feuille d'écrou. **3. Prendre un billet de parterre,** tomber : *On le flanque à la porte avec une telle violence qu'il s'en va, dans la rue, cueillir le billet de parterre tant désiré* (Bibi-Tapin).

ETYM. idée de « garantie » assurée par un papier à caractère officiel. **1.** 1821 [Larchey]. **2. *a.*** 1894 [Esnault]; ***b.*** 1929, Fresnes [id.]. **3.** 1847, Balzac [TLF]. Jeu de mots avec *(tomber) par terre.* Mais *faire un parterre,* dans le même sens, dès 1808 [d'Hautel].

bimétalliste *n.m.*

Homosexuel occasionnel : *Ah ! c'est un ambidextre ? – Un quoi ? – C'est ainsi qu'on appelle ces invertis à éclipses, ces prostitués masculins qui bouffent aux deux râteliers. Parce qu'ils s'envoient des bergères, aussi, des fois. On les dit également bimétallistes* (Malet, 12).

ETYM. emploi humoristique du nom qui désigne, en économie, le « partisan d'un système monétaire fondé sur l'or et l'argent ». 1955, Malet.

binette *n.f.*

Physionomie : *Si tentante que soit la binette du monsieur...* (Daudet). *Une binette de vilain coco... il pue le coquin, ce cher Gravoiseau, pensa l'artiste après avoir étudié cette tête encadrée dans le vasistas* (Chavette).

ETYM. aphérèse de **bobinette** ou **trombinette,** de même sens. 1844 [Esnault].

bing *n.m.* → BIGNE.

bingo ! *interj.*

Gagné ! Bravo ! : *Mais il était peut-être déjà square d'Anvers à attendre l'ouverture des grilles. Bingo, il y était avec l'autre métropolitain, le vieux à barbe blanche* (Granotier).

ETYM. du nom d'un « jeu de grattage ». 1999 [Merle].

biniou *n.m.*

1. Appellation de divers instruments de musique populaires (clarinette, accordéon, etc.) : *Tu es là pour souffler dans ton biniou, pas pour picoler* (Villard, 4). *Pouvoir se coller sur les épaules un renard de huit cents balles et* *offrir un biniou au neveu... Un chouette d'accordéon, a dit la grand-mère en le reluquant de plus près* (Lépidis). **2.** Téléphone: *J'envoie là-bas, à tout hasard, cet enfoiré de Fred, en lui recommandant bien de me passer un coup de biniou dès qu'il saurait quelque chose* (Grancher). **3.** Arme à feu automatique.

ETYM. analogie acoustique et formelle, à partir du populaire instrument breton. **1.** 1888 [Esnault], pour la clarinette. **2.** 1966, Grancher. **3.** 1977 [Caradec].

bin's, binz ou **bintz** *n.m.*

1. Désordre : *Dans sa turne, y avait un de ces bin's!* **SYN.** bordel. **2.** Chahut, bagarre: *Tu es fou, mon gars! Faut pas aller là-bas! C'est le binnss et le casse-pipe!* (Spaggiari). **3.** Travail pénible.

◆ *n.m.pl.*

Latrines.

ETYM. par troncation de **cabinets.** d'abord pluriel au sens de « latrines ». 1893 [Esnault]. **1.** 1977 [Caradec]. **2.** vers 1970. **3.** 1951 [Esnault]. Orthographe des plus indécises.

1. **bique** *n.f.*

1. Mauvais cheval. **2. Bique et bouc,** homosexuel à la fois passif et actif.

ETYM. comparaison dépréciative. **1.** 1901 [Bruant]. **2.** 1867 [Delvau].

2. **bique** *n.m.* → BICOT.

birbe, birbasse *n.*

Vieille personne (surtout dans le tour **vieux birbe** ; le fém. **birbasse** est rare auj.) : *Les deux copains allèrent s'asseoir tout au fond du « Sénat », à côté de deux birbes qui sorguaient à la paire* (Méténier). *Qui pouvait alors en être responsable, sinon ce vieux birbe de Baumel?* (Amila, 1).

ETYM. du prov. **birbo,** gueux, coquin, et de l'ital. **birbone,** mendiant. 1836 [Vidocq], pour les deux formes ; l'alliance de *vieux* et de *birbe* n'est pas à l'origine un pléonasme.

VAR. **birbade** *n.f.* : 1867 [Delvau].

DER. **birbasserie** *n.f.* Vieillerie : 1836 [Vidocq].

biribi *n.m.*

1. Jeu de hasard voisin du loto : *Aux dames, au jacquet, au 421, au biribi et à la bobinette, quand il s'y pointait il était toujours le premier* (Lépidis). **2.** Jeu des trois quilles.

◆ **Biribi** *n.pr.*

1. Carte à suivre de l'œil, au bonneteau. **2.** Compagnie disciplinaire d'Afrique: *Va, t'aurais pas besoin de manigancer de sales coups qui peuvent te faire mettre à l'ombre, peut-être jusqu'à tes vingt ans!... et Biribi ensuite!* (Rosny). *Tu ressembles à l'Afrique et au bagne. – Biribi, répondit la fille* (Mac Orlan, 6).

ETYM. de l'ital. **biribisso** (onomatopée), sorte de loto, avec influence ultérieure probable de **birlibibi,** jeu de dés et de coquilles de noix (1836 [Vidocq]). **1.** 1719, Voltaire [Quemada]. **2.** 1854 [Esnault].

◆ *n.pr.* **1.** 1844 [id.]. **2.** 1861, Gaboriau [Sainéan]; il s'agit là d'un nom fictif, tiré de l'idée de loterie, à quoi sont souvent comparés le tribunal, la justice.

biroute *n.f.*

1. Pénis: *Des fois, je lui fais voir ma quéquette* [...] *– Mais elle te fait quelque chose? – Elle touche un peu ma biroute, c'est tout* (Le Dano). **2.** Nom donné à divers objets « gonflés » (ballon captif, manche à air). **3.** Cône mobile de signalisation provisoire sur la chaussée.

ETYM. de plusieurs mots dialectaux désignant le pénis ; également mot rouchi **biroute,** verge d'un animal : dès 1830 [Cellard-Rey]. **1.** 1929 [Bauche], mais on trouve dès 1836 chez Vidocq une forme proche, *bilou,* vulve. **2.** 1916 [Esnault]. **3.** 1975 [Beauvais].

bisbille *n.f.*

État de dissentiment entre plusieurs personnes : *Il devait y avoir eu une bisbille entre le Greffe et la Préfecture... Telle était la belle conclusion... Si y avait comme ça des bagarres, nous on paumerait certainement* (Céline, 5).

ETYM. de l'ital. **bisbiglio** (XIVe s.), chuchotement, murmure. 1606 [DDL 38].

Biscaye ou **Biscaille** *n.pr.*

Bicêtre (hôpital et prison): *Mais il est bouclé dans je ne sais quel hôpital... à Biscaille peut-être... avec une jolie cirrhose* (Boudard, 5).

ETYM. déformation pop. de **Bicêtre,** avec sans doute influence du *golfe de Biscaye.* 1836 [Vidocq].

DER. **biscayen** *n.m.* Pensionnaire de Bicêtre : 1878 [Rigaud].

biscoteau ou **biscoto** *n.m. (génér. au pl.).*

1. Biceps: *Salut le flic! T'es sur ton home-trainer? Tu te fais les biscotteaux?* (Bauman). *Un frisé aux biscotos saillants sous le smoking trop ajusté, se leva* (Grancher). **2.** Mollet.

ETYM. resuffixation pop. de **biceps** (cf. *zigoteau*), avec influence de **bicot**. **1.** 1927, chanson *C'est la valse des costauds*, paroles de R. Flouron ; *biscoto* 1966, Grancher. **2.** 1927 [Esnault].
VAR. **biccoteau** : 1930 [Esnault]. **biscotto** : 1957 [PSI].

biscuit *n.m.*
1. Vx. Difficulté ; bagarre. **2.** Contravention infligée à un automobiliste : *Vite ! Plus vite ! – Impossible, mon p'tit, répondait le chauffeur. Vous allez me faire attraper un biscuit !* (Le Breton, 3). **3.** Séquence préparée à l'avance pour tricher au jeu de cartes. **4.** Tout ce qui est utile au succès d'une entreprise (argent, ressources, informations, etc.) : *Tu sais bien que je n'embarque jamais sans biscuits... J'ai le mien aussi [mon revolver] dans mon sac* (Tachet). **5. Tremper son biscuit,** coïter, en parlant d'un homme : *Il me fait signe... à moi l'honneur... de tremper mon biscuit le premier* (Boudard, 6). **6. C'est du biscuit,** c'est facile : *Pour l'alpaguer, le gus, ça va pas être du biscuit* (Bastiani, 4). SYN. beurre, gâteau, sucre.
ETYM. emplois imagés (parfois peu clairs). **1.** 1862, Hugo [Rigaud]. **2.** 1935, Simonin-Bazin. **3.** 1886 [Esnault]. **4.** 1808 [d'Hautel]. **5.** 1953 [Sandry-Carrère]. **6.** 1955, Bastiani.

bisness, biseness ou **bizness** *n.m.*
1. Activité plus ou moins officielle et licite, censée rapporter de l'argent : *Louis Crapette et Compagnie, Poissonneries en gros, produits d'eau douce et fruits de mer, ç'avait toujours été le meilleur biseness de Paris, du moins côté poiscaille !* (Viard). *La transaction avec le père Nash s'était effectuée aussi facilement que l'achat d'un tube de pâte dentifrice. Du bon business, sans la moindre ombre d'entourloupe* (Delacorta). *C'est pas du business ! le travail est mal fait : J'ai vu deux des cadavres, Xavier. C'était pas du business. Ils puaient la folie et la haine* (Granotier). **2.** Prostitution : *À l'heure d'aujourd'hui, les hommes font le « biseness »* (Carco, 2). **3.** Situation confuse, embrouillée : *Tu parles d'un bisness, pour s'y retrouver là-dedans !* **4.** Fille se livrant à la prostitution.
ETYM. emprunt à l'anglo-américain **business,** affaires. **1** et **2.** 1895 [Esnault]. **3.** 1914 [id.]. **4.** 1921 [id.]. On rencontre parfois la forme anglaise *business.*
DER. **bisnesseuse** *n.f.* Prostituée : 1926 [Esnault].

bisnesseur ou **bisenesseur** *n.m.*
Chauffeur de taxi faisant de gros gains : *Tous les gros bisenesseurs font pareil et avec autrement de profit que moi* (Simonin-Bazin).
ETYM. de **bis(e)ness.** 1935, Simonin-Bazin.

bistouquette *n.f.*
Pénis : *À Château-Thierry, ses fresques murales représentaient une ronde de fillettes le plumeau à l'air, des bistouquettes ailées, des fesses légères prêtes à s'envoler* (Lépidis).
ETYM. origine incertaine, p.-ê. en relation avec **bistoquet,** petit bâton à bouts coniques que les enfants faisaient sauter en l'air. 1966, Grancher ; mais sous les formes *bistoquette* (av. 1864, Festeau [Delvau]) et *biseloquette* (1915, A. Cravan).

bistre *n.m.*
Syn. de bistrot au sens 1 : *J'ai trouvé un p'tit bistre près de la place du Rungis où y a un p'tit beaujolais !* (Simonin-Bazin).
ETYM. apocope de **bistrot.** 1905 [Esnault].

bistrot ou **bistroquet** *n.m.*
1. Café, cabaret : *Victoire, en jupe de finette, a sorti la table de bistro et le grand parasol* (Vautrin, 2). **2.** Patron de café : *Je l'épouserai, pensa Ferdinand, Maurice sera ravi, j'aurai un beau-père bistrot, une femme couturière* (Klotz). *Le bistroquet fait des affaires d'or, car ces visiteurs boivent sec, surtout quand on les invite* (Grancher). *Allons ! ouf ! chez le bistro, les frangins !* (Méténier).
ETYM. origine obscure, de **bistringue,** var. de **bastringue,** selon Esnault ; à rattacher au poitevin **bistraud,** petit domestique, d'où p.-ê. aide du marchand de vin [Sainéan] ; il semble en effet que le sens humain soit antérieur à l'autre (en tout cas probablement pas du russe **bistro,** vite) ; *bistroquet* résulte du télescopage de *bistrot* et de *troquet.* **1.** *bistrot* 1901 [Bruant] ; *bistroquet* 1926, Cendrars [TLF]. **2.** *bistro* 1881, abbé Moreau ; *bistroquet* 1948, Cendrars [TLF].
VAR. **bistro** : 1884 [TLF]. **bistroqu'** : 1901 [Bruant]. **bis** : 1925 [id.], aux deux sens.

bistrote *n.f.*
Femme d'un patron de café : *La bistrote apporte les apéritifs* (Jaouen).
ETYM. de **bistrot** au sens 2. 1914 [Esnault].

bistrotier, ère *n.*
Patron de bistrot : *Homicide par overdose de pastis. Une bistrotière condamnée pour avoir*

versé onze doses à un jeune déjà plein (*Libération*, 22 février 1980).

ETYM. de **bistrot.** 1979, *Libération.*

bistrouille ou **bistouille** *n.f.*

1. Eau-de-vie de mauvaise qualité; mélange de café et d'alcool: *Je n'étais pas en Provence, mais au pays de la pluie, du brouillard, de la boue et des bistouilles* (Thomas, 1). **2.** Chose sans valeur: *Il reprit de sa voix âpre, qu'alourdissait la traînerie du voyou: « Tout ça, c'est de la bistrouille »* (Rosny).

ETYM. dér. probable de **touiller,** mot du nord de la France. **1.** 1901 [Bruant]. **2.** 1928, Rosny.

bitard *n.m.*

Chapeau : *Elles s'envoyaient des vannes : « Non, mais, Titine, t'as mordu le bitard ? »* (Simonin-Bazin).

ETYM. var. de **bitos.** 1935, Simonin-Bazin.

bite ou **bitte** *n.f.*

1. Pénis: *S'il suffisait à une femme de parler de bite pour faire duchesse ce serait trop commode* (Paraz, 1). **Petite bite,** expression injurieuse : *Ils nous font chier ces cow-boys de supermarché ! – Range ton flingue, hé, p'tite bite !* (T. Colin). **Yeux en trou de bite,** très petits et enfoncés : *Il osait plus insister... Il clignait ses petits yeux « trous de bite »* (Céline, 5). **Con à bouffer de la bite** ou **con comme une bite,** complètement idiot. **2. Peau de bite et balai de crin,** rien, absolument pas. **3. Bite à Jean-Pierre,** matraque, dans le langage des policiers.

ETYM. de l'anc. fr. **abiter,** toucher, ou de **bitte,** terme de marine. **1.** 1584, Bouchet [La Curne]. **Petite bite,** trad. de l'américain *little dick*, de même sens.**Yeux en trou de bite,** 1936, Céline. **Con à bouffer de la bite,** 1977 [Caradec]. **2.** 1881 [Rigaud]. **3.** 1975 [Arnal].

biter *v.t.*

1. Comprendre (génér. dans un contexte négatif): *Je bite que dalle à ses salades.* SYN. entraver. **2.** Vx. **Se faire biter, être bité,** être puni ; échouer à un examen. **3.** Posséder sexuellement.

ETYM. de **bite. 1.** 1935 [Esnault]. **2.** 1905 [id.]. **3.** 1901 [Bruant].

bitonner *v.i.*

Être indécis.

ETYM. p.-ê. de **bite** (cf. *glandouiller*, de *gland*). 1953 [Sandry-Carrère].

DER. **bitonnage** *n.m.* Fait d'hésiter. **bitonneur, euse** *n.* Personne qui hésite: [id.].

bitos *n.m.*

Chapeau (le plus souvent d'homme): *Tous se contentaient, en tant que bitos, d'un vulgaire chapeau de feutre* (Grancher). *Ma grand-mère maternelle faisait des chapeaux. Elle foutait des oiseaux, des fleurs, des cerises sur un bitos* (J.-L. Bory, *in* Radioscopie, 6 mai 1976).

ETYM. origine incertaine, p.-ê. du nom d'un chapelier, selon Sainéan. 1926, J. Gravigny [Sainéan].

VAR. **bitosse**: 1926 [Esnault].

bittoniau ou **bitoniau** *n.m.*

Petite pièce, élément, truc (dans un contexte technique): *Appuie su' le bitoniot / N'aie donc pas les mouillett's / Vas-y tonton fais un' photo !* (P. Perret).

ETYM. probablement de **bitton,** petite bitte, en terme de marine; ce mot est couramment utilisé par certains artisans et ouvriers (mil. du XXe s.).

bitume *n.m.*

Trottoir sur lequel on racole : *On peut rien refuser à votre frime d'altèque, mam'zelle du bitume!* (Méténier). *Arpenter, polir, faire le bitume.*

ETYM. métonymie: la matière est prise pour l'objet. *Piler, polir le bitume* 1841, Lucas.

DER. **bitumer** *v.i.* Faire le trottoir : 1867 [Delvau]. **bitumeuse** *n.f.* Prostituée : 1898 [Esnault] ; Larchey (1881) donne aussi **demoiselle du bitume.**

biture ou **bitture** *n.f.*

1. Excès de boisson : *Brusquement il réalisa qu'il était appuyé à la porte de son immeuble et qu'il parlait seul : « Quelle biture, nom de Dieu ! J'en ai jamais trimbalé une pareille ! »* (Lefèvre, 1). **2. Caler sa biture,** déféquer. **3. À toute biture,** à toute vitesse.

ETYM. détournement du sens maritime, « longueur de câble suffisante pour le mouillage, et disposée en zigzag sur le pont ». **1.** 1835 [Esnault]. Pour Delvau (1866), ce mot concernait l'alimentation solide. **2. Caler sa biture,** 1901 [Bruant]. **3.** 1920 [Esnault].

biturer (se) *v.pr.*

S'enivrer: *S'il y a, quelque part, à cet étage ou un autre, de joyeux drilles en train de se biturer, c'est discrètement* (Malet, 19). *Vous vous êtes*

piqué le nez ! Biturées à mort ! Vous touchez plus terre ! (Bastiani, 1).
ETYM. de **biture.** 1834 [Esnault].

biturin *n.m.*
Alcoolique, ivrogne : *Chez Anatole, les hommes restaient des journées entières au zinc à palabrer entre les coups de rouge... c'était, la clientèle, du prolo un peu chômedu, des retraités... de solides biturins, des champions à la gobette toutes catégories* (Boudard, 5).
ETYM. de **se biturer.** 1979, Boudard.

bizet *n.m.*
Petit souteneur sans envergure : *Dix-huit marcotins et trois piges de trique, le pauvre bizet qui les morflait à l'audience pouvait pas imaginer que c'était là la contre-partie d'une frustration* (Simonin, 6).
ETYM. aphérèse de **barbizet.** 1953 [Sandry-Carrère]. Le Breton (1960) dit que ce mot, au départ plutôt laudatif, est en voie de disparition.

bizness *n.m.* → BISNESS.

black, blackos ou **blackie** *adj. et n.*
Se dit d'une personne de race noire : *Max, un grand black en blouson fourré et jean 501, se montre sympa* (*Actuel,* novembre 1982). *Les vieux du groupe regrettent le temps de la « Main bleue », la grande boîte black de Montreuil* (*Libération,* 4 août 1983). *Un blackos conduisant un taxi déglingué stoppa devant Diana* (Villard, 4). *Les Blackos* [me caguaient] *parce que j'étais white à leurs yeux* (Smaïl). *Alors, blackie, on se dope à la cubaine ?* (Reboux).
◆ **black** *n.m.*
Travail « au noir » : *Il leur arrivait aussi de faire un travail honnête : un déménagement ou la peinture d'un appartement. Au black, évidemment* (T. Colin).
ETYM. de l'angl. **black,** noir. Désignation non péjorative qui correspond à *beur* pour les Arabes. *black* 1982, *Actuel* ; *blackos* 1987, Villard ; *blackie* 1986 [Merle].
◆ *n.m.* 2001 [GR].

blady penny *n.m.*
Sans un blady penny, sans un sou.
ETYM. transcription de l'angl. **bloody penny,** foutu penny, importé de Londres après la guerre par les proxénètes. 1960 [Le Breton]. Vers 1950 selon Cellard-Rey, sans référence.

blafarde *n.f.*
Vx. **1.** La lune : *C'était l'époque où la blafarde se réduit à son minimum d'après le calendrier* (Bastiani, 4). **2.** La mort : *J'évitai le butteur qui, quatre heures après, attirait chez la Blafarde ma faridole avec son gosse* (Claude).
ETYM. métonymie : la couleur pour l'astre (1). **1.** 1844 [Dict. complet]. **2.** 1881, Grison [Esnault].

blague *n.f.*
Sein en blague à tabac ou **blague à tabac,** sein de femme avachi : *Je les avais, en ce temps-là, en sainte horreur* [...] *ces ragotières médisantes, gravosses, adipeuses ou sèches harpies aux mamelles en blague à tabac* (Boudard, 6). *Mais vous restez vraiment baba / Quand un douanier sévère / Aperçoit des blagues à tabac / Dans l'corset d'votre belle-mère* (chanson *Gare les rayons X,* paroles de R. de la Croix-Rouge et A. Queyriaux).
ETYM. par analogie avec l'étui (souvent en vessie de porc ou en caoutchouc) dans lequel on conserve le tabac. 1862 [Colombey].

blair *n.m.*
Nez : *Si y en a un qui touche à Pépé, j'i bourre un gnon sur le coin du blair* (Machard). *J'aime pas les gonzesses qui déconnent quand elles ont un picon dans le blair* (Lefèvre, 2). **Avoir qqn dans le blair,** ne pas le supporter, le trouver antipathique : *Nous le savions tous que ça finirait mal entre eux deux, le Môme l'avait trop dans le blair* (Lorrain).
ETYM. apocope de **blaireau.** 1872 [Esnault]. **Avoir qqn dans le blair,** 1901 [Bruant].
VAR. **blaire** : 1883 [Larchey].

blaireau *n.m.*
1. Nez. SYN. blair. **2.** Conscrit. **3.** Homme d'âge mûr qui se croit à la page sans l'être réellement : *Une histoire pareille ne pouvait pas se terminer de cette façon, dans le chaud tranquille d'un wagon, les pieds sur la banquette, un bouquin de poésie à la main. Ça faisait blaireau* (Pouy, 1). **4.** Individu antipathique : *Est-ce qu'ils te voient seulement, préoccupés qu'ils sont par leur voyage, un taxi à serrer de haute lutte et leurs problèmes de blaireaux ?* (Dégaudenzi).
ETYM. emplois détournés du mot désignant l'animal, pourvu d'un nez pointu (1) et de fortes moustaches, d'où « balai », puis « bon pour le balai » (2). **1.** 1834 [Esnault]. **2.** 1841 [id.]. **3.** 1867 [Delvau]. Métaphore dépréciative, peut-être

en raison de la mimique du blaireau considérée comme prétentieuse, maniérée. **4.** 1982, Renaud, par jeu de mots avec *blairer.*

DER. **blaireauteau** *n.m.* Homme à long nez : 1878 [Rigaud].

blairer *v.t.*

Supporter qqch ou plus souvent qqn (surtout dans un contexte négatif) : *Lui il blairait bien l'Angleterre... C'était son envie d'aller voyager là-bas* (Céline, 5). *C'est les Dalton qui ont fait le coup. Ils peuvent pas te blairer depuis que tu les as foutus à la porte* (Cardinal).

ETYM. de **blair,** analogie générale de « sentir » et de « supporter » (cf. *piffer*). 1914 [Esnault].

1. **blanc, blanche** *adj.*

1. Vide. **2.** Qui est trop connu, éventé. **3.** Qui est innocent dans une affaire ; qui a un casier judiciaire encore vierge. Subst. : *C'est un beau mec. Un blanc. Jacques. Un braqueur. Cinq ans qu'il attend son procès* (Bastid-Martens, 1). **4.** Vx. **Argent blanc,** monnaie en argent : *Nous n'avons trouvé que de l'argent blanc ; il faut nous dire où est ton or* (Orgères).

◆ **à blanc** *loc. adv.*

1. Sans risque. **Tomber à blanc,** être arrêté sous un faux nom, sans être reconnu. **2.** Sans contrepartie. **3. Être à blanc,** complètement démuni.

◆ **en blanc** *loc. adv.*

Pour rien. **Sorguer en blanc,** courir toute la nuit, sans profit.

ETYM. emplois spécialisés de l'adj. usuel. **1.** 1952 [Esnault]. **2.** 1844 [Dict. complet]. **3.** 1826, Rienzi [Larchey] (allusion à la page du casier judiciaire demeurée blanche). **4.** 1796, Orgères.

◆ *loc. adv.* **1.** 1880 [Esnault]. **2.** 1916 [id.]. **3.** 1885 [Chautard].

◆ *loc. adv.* **En blanc,** 1800, Leclair.

2. **blanc** *n.m.*

1. Vx. Argent (métal ou monnaie) : *Comme on se faisait faire la barbe pour deux* blans, *à l'époque, la plaisanterie de Villon est piquante* (Carco, 4). **Mangeur de blanc,** proxénète ; hâbleur se vantant de dépenser une fortune. **2.** Sperme. (On rencontre aussi **beurre blanc.**) **Manger du blanc,** désigne la perversion de certains souteneurs, qui consiste à avaler le sperme laissé par les clients de la prostituée. **Déguster un petit blanc,** avaler le sperme lors d'une fellation. **3. Magasin de blanc,** maison close : *Dans les magasins de blanc* [...] *la taulière est secondée par une sous-maîtresse* (Alexandre). **4.** Héroïne ou cocaïne. SYN. blanche. **5.** Information résumée sur une feuille blanche, dans le langage des policiers : *Il y a aussi d'autres rapports dont sont chargés les policiers des cabarets : les « blancs ». Ce sont des rapports non signés sur toutes les personnalités qui fréquentent les boîtes de nuit* (Larue). **6.** Vx. **Faire du blanc,** jouer l'empressé auprès d'une femme. **7.** Vx. **Faire (un beau) blanc,** rater, échouer.

ETYM. par analogie de couleur. **1.** singulier, 1807 [d'Hautel] ; pluriel, 1828, Vidocq ; Alexandre voit dans **mangeur de blanc** non pas un « mange-sous », mais un amateur de « peau blanche » (à la mode au XIXe s.). **2.** 1920 [Esnault]. **Beurre blanc** et **déguster un petit blanc,** 1982 [P. Perret]. **3.** 1864 [Delvau]. **4.** 1913 [Esnault]. **5.** 1975 [Arnal]. **6.** 1881 [Rigaud]. **7.** 1899 [Nouguier].

DER. **blanquiste** *n.m.* Verre de vin blanc : 1899 [Nouguier]. **blanchouillard** *n.m.* Même sens : 1917 [Esnault].

blancard, e *adj.*

1. Vx. D'argent. **2.** Dont le casier judiciaire est vierge : *Depuis 53 son sapement était tombé et elle était blancarde* (Lesou, 2).

ETYM. de **blanc** et du suff. **-ard,** ici non péj. 1844 [Dict. complet].

blanc-bleu *n.m.*

Homme parfaitement sûr.

◆ *adj.*

Se dit de qqn qui n'a rien à se reprocher : *Ils m'argumentent que si je suis si honnête, si blanc-bleu, ils se demandent tout de même ce que j'allais foutre à Pigalle, au « Nabab »* (Boudard, 5).

ETYM. emploi métaphorique du mot composé désignant, chez les joailliers, un diamant d'une très grande qualité. 1957 [PSI].

blanche *n.f.*

1. Pièce d'argent : *Le jardinier* [...] *procède au triage des monnaies : Elles sont clairsemées les blanches !* (Lhéritier). **2.** Héroïne ou cocaïne : *Je ne vois que la blanche qui en vaille la peine. – Pas mal, Cavallier, fit-il d'un ton sec. – Une belle cargaison de neige* (Pagan). **3.** Eau-de-vie blanche : *Avec une goutte de « blanche » on lui aurait fait vendre ses amis, sa peau, son âme* (Daudet).

ETYM. par analogie de couleur (→ BLANC). **1.** 1830 [Esnault]. **2.** 1922 [id.]. **3.** 1882, Daudet.

blanchecaille *n.f.*

1. Blanchisseuse : *Moi mes amours d'antan c'était de la grisette / Margot la blanchecaille et Fanchon la cousette* (Brassens). **2.** Blanchissage : *L'augmentation fantastique des notes de blanchecaille qu'amenait leur présence, bicause les draps à changer dans tous les paddocks !* (Simonin, 1).

ETYM. resuffixation pop. de **blanchisseuse.** **1.** 1935, Simonin-Bazin. **2.** 1938 [Esnault].

blanchir *v.t.*

1. Absoudre, acquitter. **2. Blanchir de l'argent,** dissimuler son origine frauduleuse par une ou plusieurs opérations financières: *Pour utiliser de l'argent noir, il faut d'abord le blanchir* (*Libération*, 8 novembre 1982). *Cet ancien jockey faisait fonction de passeur de billets à « blanchir »* (*le Monde*, 25 février 1990).

◆ *v.i.*

Vx. **Blanchir du foie,** hésiter à faire partie d'une expédition ; s'apprêter à trahir ses complices.

ETYM. **1.** 1901 [Bruant]. **2.** vers 1980.
◆ *v.i.* 1907 [France].

blanchisseur *n.m.*

Avocat de la défense. **SYN.** débarbot.

ETYM. il vise à « blanchir » l'accusé. 1847 [Dict. nain].

blanchisseuse *n.f.*

1. Envoyer son enfant à la blanchisseuse, éjaculer dans les draps. **2. Porter le deuil de sa blanchisseuse,** avoir une chemise sale. **3. Blanchisseuse de tuyaux de pipes,** prostituée experte en fellation. **4.** Pièce de 0,50 F (d'avant 1914).

ETYM. emplois spécialisés (1 et 2), analogie de couleur au sens 3. **1** et **3.** 1864 [Delvau]. **2.** 1771 [Trévoux]. **4.** 1889, Macé.

blanchouillard, e *adj.*

Innocent, sans passé judiciaire : *Marcel était blanchouillard. Jamais il n'avait été invité à faire une virée à la Tour Pointue. À l'anthropo, les blouses grises nageaient sur son compte* (Le Breton, 3).

ETYM. de **1. blanc** au sens 3. 1886 [Chautard].

blanco *adj.*

1. Sans passé judiciaire. **2.** Pâle.

◆ *n.m.*

Verre de vin blanc.

ETYM. resuffixation de **blanc.** **1.** 1930 [Esnault]. **2.** 1953 [Sandry-Carrère].
◆ *n.m.* 1919 [Esnault].

blanquette *n.f.*

ARG. ANC. **1.** Argenterie : *Quatre cents balles tout cela... ce n'est pas cher... les bogues d'orient et la blanquette* (Vidocq). **2.** Monnaie. **3.** Vin blanc nouveau. **4.** Blanchisseuse.

ETYM. de **2. blanc.** **1.** 1821 [Ansiaume]. **2.** 1827 [Demoraine]. **3.** 1901 [Bruant]. **4.** 1953 [Sandry-Carrère].

blard *n.m.*

Vx. Mouchoir ou châle : *Il y avait 2 limaces, 3 blards et 6 loubions* (Ansiaume).

ETYM. obscure, à rapprocher de **blavin.** 1821 [Ansiaume].

blase ou **blaze** *n.m.*

1. Nom, prénom ou surnom : *Son blase, le « Maltais », c'était une feinte supplémentaire. Pas plus maltais que le pape, il avait vu le jour à Riga* (Simonin, 1). *Il baptisait tout le monde, Jean Gabin, moi j'étais le « môme Pousse », ça datait du Vel d'Hiv, mon blaze* (Pousse). *Le lendemain matin à dix heures, Ernst, avec son faux blaze, s'engageait pour cinq ans* (Mac Orlan, 6). **2.** Casier judiciaire. **3.** Mot, nom commun: *Oui, dit l'athlète, ça m'est venu d'un coup de froid et les toubibs, qui sont jamais à la bourre pour trouver des blazes, appellent ça de la cirrhose du froid* (Lefèvre, 1). **4.** Nez ; physionomie (dans une enquête policière) : *Les autres arpètes, comme il était tout malingre, qu'il avait la morve au blaze, qu'il bégayait pour rien dire, ils lui cherchaient des raisons* (Céline, 5).

ETYM. apocope de **blason.** **1.** 1885 [Esnault] ; au sens de « caractère » 1901 [Bruant]. **2.** 1954 [Esnault]. **3.** 1945 [id.]. **4.** 1915 [id.] ; « physionomie » 1975 [Arnal]. L'orthographe *blaze* apparaît dès 1907 [France].

blaser ou **blazer** *v.t.*

Nommer : *Une légère trahison de la voûte plantaire afflige-t-elle vos paturons, et vous voilà blazé : Nestor les Pieds plats* (Simonin, 10).

ETYM. de **blase.** *blazer* 1967, Simonin ; *blaser* 1979, Vautrin.

blason *n.m.*

Syn. de blase au sens 1.

ETYM. on a les « armoiries qu'on peut » (comme eût dit Brassens). 1905 [Esnault].

blave ou **blavin** *n.m.*

Vx. Mouchoir de poche : *Si les railleux t'avaient coltiné* [...] *avec douze blavins* (le Rat du Châtelet).

ETYM. du francique **blau,** bleu. *blavin* 1790, *le Rat du Châtelet.*

VAR. **blavard :** 1881 [Larchey]. **blavec :** 1953 [Sandry-Carrère].

DER. **blaviniste** *n.m.* Vx. Voleur de mouchoirs : 1836 [Vidocq].

blé *n.m.*

Argent : *Y rêvait d'un travail où faudrait pas pointer, / Où tu pourrais aller que quand t'en as envie, / Que tu f'rais par plaisir, pas pour gagner du blé* (Renaud).

ETYM. pris comme symbole de la richesse. 1850, Clémens. Mais l'image existe déjà plus ou moins au mil. du XVIe s. ; signalé en 1960 comme hors d'usage par Le Breton, ce mot est encore fréquent, au moins dans les textes.

blèche ou **bléchard, e** *adj. et n.*

Qualification négative, sur le plan moral, psychologique, esthétique : *Drôlement choucard, ce rendez-vous de pieds-plats, me souffle Ali* [...] *– Je trouve ça plutôt blèche, juge dédaigneusement Bondy* (Tachet). *La position de Tomate se trouvait infiniment plus bléchardе encore qu'il le supposait* (Simonin, 1). *Sur la banquette, au fond de la salle, il ne reste plus que les tarderies, bien sûr, les bléchardes, les louchons souillons, quelques gravosses aux jambes rougeaudes* (Boudard, 6).

ETYM. mot normand, « homme de mauvaise foi », à rapprocher de l'anc. fr. **blecier,** amollir par un coup ; Sainéan le fait dériver de **blesche,** troisième et avant-dernier grade dans la hiérarchie des mercelots ; *blèche,* poltron, 1808 [d'Hautel] ; *bléchard* 1896 [Delesalle].

bled *n.m.*

1. Pays, localité le plus souvent isolés : *À mon avis les autorités de ce bled à demi civilisé ne peuvent pas prendre de décision sur notre cas* (Charrière). *Quand je pense, a-t-il soupiré, qu'il existe un bled qui s'appelle Nice où c'est plein de fleurs et de soleil* (Malet, 1). **2.** Vx. Milieu apache. **3.** Compatriote.

ETYM. mot arabe d'Algérie, **blad,** terrain, pays. **1.** 1866, Carteron [Christ]. **2.** 1923 [Esnault]. **3.** 1919, bat' d'Af' [id.].

DER. **blédard** *n.m.* **1.** Soldat : 1926 [Esnault]. **2.** Paysan : 1929 [id.].

blenno *n.f.*

Blennorragie : *La Police mit fin aux activités zoophiles de cet étrange clandé à la suite d'une plainte portée par un client qui avait attrapé une blenno avec une des biquettes* (Boudard, 2).

ETYM. apocope de **blennorragie.** 1965 [Sandry-Carrère].

bleu *n.m.*

1. Couleur bleue. **N'y voir que du bleu,** être dupé : *Bonape, assis à côté de Coco-la-Station, faisait son baratin d'approche à Larchicharly. Celui-ci, debout, correct, sourire commercial et tout, n'y voyait que du bleu* (Viard). **2. Passer au bleu,** faire disparaître, escamoter. **3. Petit bleu, gros bleu,** vin médiocre (laissant sur la nappe des taches bleuâtres) : *Pour qu'il en soit persuadé, je vais lui faire encore entonner une respectable cargaison de petit bleu* (Chavette). *Hélas il ne pleut / Jamais du gros bleu / Qui tache* (Brassens). **4.** Conscrit ; jeune recrue : *Cette voracité insatiable que donnent aux bleus le changement d'air et la grosse dépense physique des premières journées de régiment* (Courteline) ; par ext., débutant, novice : *Lecouvreur était encore un bleu dans le métier de bistrot* (Dabit). **5.** Gendarme. **Bleus (de Nanterre),** escouades de police chargées de la rafle des clochards et assimilés, afin de les conduire de force au centre d'accueil de Nanterre : *On les rassure : ils pourront passer la nuit tout entière, ici, bien au chaud, sans que les « bleus » de la préfecture viennent les faire déguerpir* (*le Monde,* 10 janvier 1985).

◆ *adj.*

Vx. **En être bleu,** être étonné : *Puis au tortorant plus d'un pantre / Était bleu de nous voir morfiler* (chanson, *in* Rossignol).

◆ **bleue** *n.f.*

1. Vx. Absinthe : *Tu préfer's aller chez Bistrot / Sucer la bleue et godailler* (Rictus). **2. La grande bleue,** la mer : *Là, au bord de l'Atlantique, je ne pouvais pas imaginer les épreuves que l'avenir me réservait. Je ne savais pas qu'avant de revoir la grande bleue, je me ferais les Allemands, les truands, la Gestapo, les FFI* *et les Américains* (Jamet). **3.** Fille novice. **4.** Carte rare, qui complète une main. (On rencontre aussi **carte bleue.**)

ETYM. emplois substantivés et spécialisés de l'adj. de couleur. **1.** 1894 [Virmaître]. **2.** 1867 [Delvau]. **3. Petit bleu,** 1851, Murger ; **gros bleu,** 1881 [Rigaud]. **4.** 1840 [Esnault] ; allusion à la couleur de la blouse des recrues d'origine paysanne ou à celle des volontaires de 1791-92. **5.** 1899 [Nouguier]. **Bleus de Nanterre,** 1977 [Caradec] (l'appellation provient sans doute de la couleur de l'uniforme des employés).

◆ *adj.* 1867 [Delvau].

◆ *n.f.* **1.** 1894 [Chautard]. **2.** 1975, Jamet. **3.** 1919 [Esnault]. **4.** 1939 [Galtier-Boissière et Devaux].

VAR. très nombreuses au sens 4, entre 1910 et 1918 : **bleurasse, bleurot, bleusard, bleusille, bleuvasse...**

bleubite *n.m.*

Simple soldat nouvellement recruté : *Il y a toujours eu des comics à dix balles, ersatz de pornos, où des bleubites se tapent la fiancée en jarretelles du juteux* (*le Nouvel Observateur*, 25 janvier 1985).

ETYM. de **bleu** et **bite,** classe, p.-ê. du genevois **bisteau,** jeune apprenti. 1936 [GR] ; ce mot est génér. plus péj. que le simple *bleu.*

bleusaille *n.f.*

1. Ensemble des bleus (au sens 4) : *Trois canons de 75 furent alloués à cette bleusaille qui ne savait pas même se servir d'un fusil* (Le Dano). **2.** Syn. de bleu au sens 4 : *À la même époque, un autre camarade, Henri Jeanson, jouait les bleusailles dans « Tire au flanc » au Théâtre Cluny* (Dalio).

ETYM. de **bleu** et du suff. péj. **-aille** (cf. *valetaille*). 1865 [Littré-Robin].

blind ou **blinde** *n.m. ou f.*

1. Mise initiale, au jeu de poker : *Son premier jeu ne valait pas pipette. Il observa le visage de ses partenaires, vit très nettement la première blinde posée au milieu de la table, un billet de cinquante, et son brelan de sept merdique* (Destanque). **2.** Part de butin. **3. Défendre son blinde,** défendre ses intérêts.

ETYM. de l'angl. **blind,** aveugle, en slang « mise risquée avant la donne », 1894 [Esnault]. **1.** 1959 [id.]. **2.** 1975 [Le Breton]. **3.** 1960 [id.].

blinde *n.f.*

À toute blinde, à toute vitesse : *Elle a dû changer de registre à toute blinde, car elle a saisi le revolver, l'a observé sous toutes ses coutures* (Pouy, 1).

ETYM. origine obscure, p.-ê. de **blindes,** pièces de bois qui soutiennent les fascines d'une tranchée, à l'effet de mettre les travailleurs à couvert (vers 1860 [Littré]) : on peut penser à la nécessaire rapidité d'exécution de ces blindes, et à un transfert de situation dans la guerre de tranchées, vers 1917, mais il y a un hiatus en ce qui concerne la datation. 1931 [Esnault].

1. blindé *n.m.*

Vx. **1.** Arme à feu : *Tu comprends, c'est des grands, avec des lingues et peut-être des blindés* (Rosny). **2.** Urinoir public.

ETYM. emploi spécialisé du participe passé de **blinder. 1.** 1928, Rosny. **2.** 1881 [Rigaud].

2. blindé, e *adj.*

1. Ivre : *Le Catalan sortit de la cuisine. À moitié blindé, il était. Il avait éclusé de tout* (Le Breton, 3). **2.** Capable de résister victorieusement à qqch. **3. Blindé d'oseille** ou **de pognon,** riche : *J'étais blindé d'oseille, mec, à ne savoir qu'en faire* (Ravalec). *Je sais bien ce que vous dites de moi dans mon dos. Que je suis blindé de pognon, que le blé coule à flot dans mes poches* (Roubaudi).

ETYM. emplois imagés, avec l'idée d'une « charge » ou d'une « carapace protectrice ». **1.** 1881 [Rigaud]. **2.** 1901 [Bruant]. **3.** 1994, Ravalec.

blinder *v.t.*

1. Charger (une arme). **2.** Communiquer une MST (surtout la syphilis).

◆ **se blinder** *v.pr.*

S'enivrer.

ETYM. glissement de sens, de « cuirasser » à « alourdir ». **1.** 1880 [Esnault]. **2.** 1928 [id.].

◆ *v.pr.* 1890 [id.].

DÉR. **se blindocher** *v.pr.* S'enivrer : 1881 [Rigaud].

bloblote *n.f.*

1. Tremblement : *Des poivrots au stade juste avant clochard, avec la bloblote au réveil et des tronches incroyables* (Ravalec). **2.** Peur : *Devant les riches ils ont la bloblotte. Mouftent pas* (Siniac, 1).

ETYM. aphérèse de **tremblote,** avec redoublement expressif de la première syllabe. **1.** 1963, Boudard. **2.** 1961 [Esnault], art. *tremblant.*

blobloter *v.i.*

1. Trembler : *Son menton bloblote et il ne répond rien. Maté le mec* (Villard, 2). **2.** Avoir peur.

ETYM. de **bloblote.** 1966, Boudard.

bloc *n.m.*

Prison ou salle de police : *Où donc était-elle allée ?... Au bloc ! précisa un forain qui vendait des chaussettes sur le même trottoir. Elle s'est fait emballer par un car, y a pas dix minutes* (Lépidis).

ETYM. issu du sens colonial, « entrave de bois dans laquelle on serrait les pieds des esclaves condamnés ». 1837, A. Collet [DDL 38].

bloche *n.m.*

Syn. de astibloche.

ETYM. aphérèse de **astibloche.** 1908 [Chautard].

bloquer *v.t.*

1. Incarcérer (un condamné) ; consigner (un soldat). **2.** Appliquer (un coup). **3.** Recevoir (un coup) : *Du coup, elle bloque un direct au foie qui la plie en deux* (Villard, 2).

ETYM. de divers sens de **bloc. 1.** 1828, Vidocq. **2.** 1945 [Esnault]. **3.** 1977 [Caradec].

bloquir *v.t.*

Vx. **1.** Vendre : *Parbleu ! il n'y a qu'à lui bloquir les paccins. – Est-ce qu'elle en voudrait ?* (Vidocq). **2.** Acheter.

ETYM. var. de **bloquer,** vendre ou acheter en bloc (XVIe s.). **1.** 1821 [Ansiaume]. **2.** 1889 [Larchey].

blot *n.m.*

1. Prix : *Tu déshabituais le client de payer, car il t'arrivait de faire des blots au-dessous du tarif* (Simonin-Bazin). *Ils devaient royalement se tamponner de l'augmentation du blot de la gazoline* (Houssin, 1). **2.** Objet ou ensemble d'objets négociables : *Quand t'auras ta charge, apporte-moi le blot, j'en ai la fourgue* (Lefèvre, 2). **3.** Travail propre à un individu ; affaire : *C'est mon blot, moi, v'là mon pépin : / J'saigne un goncier comme un lapin* (Bruant). **4. Faire le blot** ou **être le blot de qqn,** lui convenir : *Tiens, Barbu, tu vois ces clignotantes... des phares acétylène, pas vrai ?... La carriole qui s'amène va faire notre blot à merveille* (Allain-Souvestre). *Topez là, patron, je suis votre blot* (Lorrain). **En avoir son blot,** en avoir assez, être excédé par : *J'ai soupé, moi, des Résignés, / J'ai mon blot des Idéalisses* (Rictus, 2). **5.** Chose : *Argenteuil ou Paname c'est le même blot, lui rétorqua Belle Pomme, son copain, il n'y a pas dix bornes d'écart, un rien !* (Lépidis). *Il urgeait naturellement et comme de bien entendu de remettre, avant tout autre blot, la pogne sur Mirza-la-chatte* (Bastiani, 4).

ETYM. var. graphique de **bloc,** le *c* n'étant pas prononcé. **1.** 1821 [Mézière]. **2.** 1938, Lefèvre. **3.** vers 1890, Bruant. **4.** 1844 [Esnault]. **En avoir son blot,** 1896 [id.]. **5.** 1946 [id.], mais dès 1835 [Raspail] *du même blot,* semblable ; ce mot est encore très répandu auj.

bloum *n.m.*

Chapeau d'homme : *Ces chansonniers* [...] *opposent le glorieux képi étoilé du Général et son gigantisme nordique au risible « bloum » de M. Gouin* (Galtier-Boissière, 1).

ETYM. origine incertaine : il existait des Blumenthal commerçants en poils de chapellerie, mais non chapeliers... 1881 [Rigaud] (désigne alors le haut-de-forme).

VAR. (rare) **bloumard :** 1991, Combescot.

blouser *v.t.*

Tromper, duper : *Il ne blouserait pas aussi facilement les gogos s'il ne se laissait convaincre un peu lui-même* (Bastid-Martens, 1).

ETYM. emploi métaphorique de **blouser,** envoyer la bille dans la blouse, c.-à-d. le trou, la poche d'un ancien billard. 1808 [d'Hautel].

blutiner *v.i.*

Avouer (à la suite d'un interrogatoire).

ETYM. origine obscure. 1953 [Sandry-Carrère] ; appartient au langage des policiers (mais pas repris par Arnal).

DER. **blutinage** *n.m.* Interrogatoire : [id.].

BMC ou **B.M.C.** *n.m.*

Lupanar destiné aux soldats : *À Strasbourg, le bobinard de campagne... un B.M.C. dépendant, je crois, de la 2e D.B., l'armée du général Leclerc, était installé sous une immense tente* (Boudard, 2).

ETYM. sigle de *bordel militaire de campagne*. sans doute vers 1940 (absent de tous les dict.).

1. bob *n.m.*

1. Dé à jouer : *Balance tes bobs, Frigo ; ne laisse pas refroidir ta pogne* (Le Breton, 6). *Je lui ai* *proposé de rouler un 421, et tout en poussant les bobs, j'ai appris qui c'était* (Simonin, 2). **2.** Montre : *Le bob en jonc que t'as fourgué* (Méténier).

ETYM. abrègement de **bobinette. 1.** 1935 [Esnault]. **2.** *bobe* 1873, Beauvillier [Larchey].

2. bob *n.m.*

1. Pièce d'un shilling. **2.** Billet d'un dollar : *Jamais le bob a atteint ce cours. Jamais t'as vu le dollar-coupure de vingt et de cent demandé comme maintenant à vingt francs, alors qu'on te l'offrait à quinze il y a pas six mois* (Simonin, 3).

ETYM. arg. américain **bob,** dollar. **1.** 1918, Maurois [TLF]. **2.** 1953, Simonin-Bazin.

VAR. **bobino** (au sens 2) : 1836 [Vidocq].

bobard *n.m.*

Affirmation niaise, le plus souvent mensongère ou malveillante : *Le singe a un moutard… Première nouvelle !… À moins qu'il lui raconte ce bobard pour la réconforter* (Le Breton, 6). *Je lui tends un piège visible à cinq cents mètres, elle fonce dedans, me raconte un monumental bobard* (Galland).

ETYM. d'un radical onomatopéique **bob-,** qui évoque le mouvement des lèvres, d'où, avec le suff. péj. **-ard,** l'idée de « fausseté ». 1912 [Esnault]. Est passé dans l'usage fam.

bobèche *n.f.*

1. Tête : *Ça venait à fermenter un peu dans la bobèche des miteux, des drôles de mensonges* (Céline, 5). **Perdre la bobèche,** s'affoler : *Alors les mal mariés […] perdent la bobèche, deviennent braques* (Gill). **2.** Sou truqué pourvu de deux faces identiques (soit face, soit pile).

ETYM. de la même famille onomatopéique que **bobine. 1.** 1878 [Rigaud]. **2.** 1895 [Esnault].

bobéchon *n.m.*

1. Tête : *Oh ! Ne te monte pas le bobéchon, ami Flit. Si tu t'attends à du sensationnel, tu seras déçu* (Robert-Dumas). **2.** Nom donné à divers menus objets utilitaires. **3. Mon nière bobéchon,** moi.

ETYM. de **bobèche. 1** et **3.** 1866 [Delvau]. **2.** 1914 [Esnault].

DER. **bobe** *n.m.* Tête : 1878 [Rigaud].

bobinard *n.m.*

1. Maison de tolérance : *Et puis, ce n'était pas sa faute si, le lundi, c'était également le jour de sortie des gonzesses des bobinards* (Grancher). **2.** Petite brasserie : *Un comique désaffecté […] avait gentiment guidé ses premiers pas vers le bobinard chantant d'Auguste Nancy* (Lefèvre, 1). **3.** Grand désordre : *Un terrible bobinard de pièces détachées s'entassait à même le parquet, escaladait la cheminée de marbre et interdisait presque l'entrée de ce capharnaüm* (Simonin, 2).

ETYM. p.-ê. du surnom d'un célèbre pitre du début du XIXe s., **Bobino,** dont la baraque devint un théâtre. **1.** 1899, Nouguier [TLF]. **2.** 1926 [Esnault]. **3.** 1953, Simonin.

VAR. (toutes au sens 1) **bob** : 1935, Simonin-Bazin. **bobino** : 1936, Céline. **bobi** : 1977 [Caradec].

bobine *n.f.*

1. Physionomie : *Il faudrait que je puisse avoir confiance en vous, après tout je ne vous connais pas. Je veux voir votre bobine avant de me décider* (Delacorta). **2.** Tête ; intelligence : *Aussi, vrai, j'me fous de la turbine / À Deibler et d'tout son fourbi, / Sûr qu'il aura pas la bobine, / La tronch', la sorbone à Bibi* (Bruant). **Ne plus avoir de fil sur la bobine,** être chauve. **3.** Individu naïf. **4. Être, laisser, rester en bobine.** ***a.*** seul, en parlant d'une personne ; ***b.*** en gage (objet) ; ***c.*** en panne (véhicule). **5.** Syn. de bobinette (sens 2).

ETYM. emploi imagé du mot usuel, p.-ê. avec influence des bobines de buis sculpté dont l'ombre portée présentait le profil d'un personnage célèbre (fin XVIIIe - début XIXe s.), selon Esnault. **1.** 1846, *Intérieur des prisons*. **2.** 1846 [Esnault]. **Ne plus avoir...** 1901 [Bruant]. **3.** 1953, Jullien André [Simonin]. **4.** ***a.*** 1873 [Esnault] ; ***b.*** 1883 [id.] ; ***c.*** 1957 [Simonin]. **5.** 1957 [id.].

DER. **bobinard** *n.m.* : 1903. **bobinasse** *n.f.* : 1895. **bobineau** *n.m.* : id., tous chez Esnault avec le sens 1. **bobineur** *n.m.* Figurant : 1901 [Bruant].

bobinette *n.f.*

1. Syn. de bobine au sens 1. **2.** Jeu de hasard truqué, à trois dés, se jouant surtout à la sortie des hippodromes. (On dit aussi **bobine** en ce sens ; **taper la bobine**, tenir un tel jeu.) **3.** Syn. de bonneteau.

ETYM. origine peu claire, p.-ê. analogie entre la **bobinette,** pièce servant à la fermeture des portes (cf. *le Petit Chaperon rouge* de Perrault), et le dé à jouer. **1.** 1852, Labiche [TLF]. **2.** 1881 [Rigaud]. **3.** 1912 [Esnault].

bocal *n.m.*

1. Estomac : *Comme il ne pouvait, selon son dire, se rincer l'éponge, se garnir le bocal avec l'ordinaire de sa pension, il répondit avec empressement aux avances de l'Académie* (Claude). **S'en faire crever le bocal,** manger ou boire à l'excès : *Passe-moi la miche, Alexis...* [La mère:] – *Mais tu vas t'en faire crever le bocal* (Méténier). **2.** Postérieur ; anus. **3.** Tête : *Soudain folle de rage, / Elle lui a balancé sur le bocal / Un vieux Larousse de huit cents pages, / Avec des mots qui lui ont fait mal* (P. Perret). **4.** Petit logement ; maison. **En bocal,** en vitrine. **5.** Consommation.

◆ **bocaux** *n.m.pl.*
Vx. Vitres : *Il est tombé dans un tapis pour y avoir cassé des boccaux* (Ansiaume).

ETYM. emplois métaphoriques et pittoresques d'un vieux mot (déjà chez Rabelais). **1.** 1833, Balzac [TLF]. **2.** vers 1883 [Esnault]. **3.** 1982 [P. Perret]. **4.** 1860 [Esnault]. **En bocal,** 1878 [Rigaud]. **5.** 1875 [Esnault].
◆ *pl.* 1821 [Ansiaume].

bocard *n.m.*

1. Maison close : *Si c'était moi, je monterais un bocart à Belleville et j'y mettrais une fille au gratin pour mon Jojo* (Lépidis). **2.** Vx. Grand café. **Bocard panné,** petit café. **3.** Désordre, pagaille.

ETYM. var. de **bouc(l)ard,** boutique. **1.** 1820 [Desgranges]. **2.** 1833 [Moreau-Christophe]. **3.** 1975 [TLF].

VAR. **boccard** : 1836 [Vidocq]. **boc** : 1901 [Bruant].

Boccari *n.pr.*

Vx. Beaucaire.

ETYM. déformation arg. du nom de la ville. 1836 [Vidocq].

1. **boche** *adj. et n.*

Allemand : *Les premiers contingents partent bientôt vers l'Est, la fleur au fusil, bouffer du boche* (Thomas, 1). *L'herbe est verte comme chez nous, les vaches ont la même bobine, y a rien de changé, sauf qu' là-bas c'est d'la bière qu'on boit et qu'on parle boche* (Fallet, 1).

ETYM. aphérèse de **alboche** (1911), influencé par *boche,* libertin, mauvais sujet (1866 [Delvau]) et par *tête de boche,* tête dure, qui se dit à Marseille, où la *boche* est la boule servant à jouer : 1881 [Rigaud]. 1862, Metz [Esnault]. Le suff. **-boche** est courant en arg. au XIXe s. : *rigolboche* (1860), *italboche,* etc. Il n'a pris un sens péj. que postérieurement, dans un contexte de guerre.

2. **boche !** *interj.*

Vx. Halte ! Attention ! : *Si vous voyez quéque chose, criez Boche ! me recommanda un autre* (Brissac).

ETYM. de l'arg. piémontais **bozza !,** chut ! (selon Esnault). 1880, Brissac.

boer *n.m.*

Agent chargé de la police des taxis : *Les boers, ce sont 17 policiers en civil qui traquent à longueur de journée les taxis en infraction. Ils sont réputés pour leur art consommé du camouflage* (*Que choisir,* septembre 1982).

ETYM. de la guerre des **Boers** (1899-1902), avec influence possible du français **bourre,** agent (proche de la prononciation anglaise de *boer*). 1935, Simonin-Bazin, mais certainement bien antérieur.

1. **bœuf** *n.m.*

1. Ouvrier tailleur ou cordonnier. **2.** Officier. **3. Être le bœuf,** perdre sottement au jeu. SYN. faire la bête. **4.** Travail fait pour relayer un camarade et lui permettre d'aller boire un verre : *Jo devait relayer Frédo pour une heure, le temps d'un « bœuf » comme cela se disait alors* (Lépidis). **5.** Gratification donnée pour une arrestation. **6.** Revenus : *Je réunirai toute mon oseille pour acheter un grand café à Casa et j'agrémenterai le bœuf en mettant un peu de carbure dans une taule* (Trignol). *Pourquoi fais-tu ce métier-là ? demanda Grandgil. – Je me défends comme ça. Chacun son bœuf* (Aymé). **Faire son bœuf (gros sel),** gagner (plus ou moins bien) sa vie : *Plus d'un entraînait* [...] *une nana qu'avait besoin d'affurer son bœuf gros sel* (Le Breton, 2). **7. Faire un bœuf,** improviser en jouant dans un orchestre en dehors des heures de travail : *Premier séjour d'Armstrong à Paris, les improvisations du* Bœuf sur le toit, *où Cocteau « fait le bœuf » aux tambours* (F. Marmande, *le Monde,* 8 décembre 1992). **8. Bœuf carottes,** nom donné aux policiers membres de l'Inspection générale des services : *La maison bœuf carottes, c'est l'I.G.S., l'Inspection générale des services, la police de la police. Elle tire son nom du fait qu'après y être passé le malheureux poulet, sanctionné, mis à pied ou chassé, n'a plus droit à son menu*

qu'à du bœuf aux carottes (Larue). *On ne l'a pas fait mijoter trop longtemps chez les «bœufs carottes» de l'I.G.S. : il a été remis en liberté dès vendredi* (*Libération,* 19 mars 1990).
ETYM. métaphore : celui à qui on fait faire les travaux les plus pénibles ou ennuyeux, puis, par métonymie, idée de « travail » et de « salaire ». **1.** 1867 [Delvau]. **2.** 1908 [Esnault]. **3.** 1835 [Raspail] (idée de « bêtise »). **4.** 1881 [Rigaud]. **5.** 1925 [Esnault]. **6.** 1901 [id.]. **7.** d'abord « remplacer à la besogne un compagnon» ; vers 1920 au sens musical. **8.** 1969, Larue. Le film *les Ripoux* (1984) donne une autre explication de cette loc. : on laisse «mitonner » le policier qui fait l'objet de l'enquête, sans jamais s'adresser directement à lui.

2. **bœuf** *adj.*
Considérable, énorme, surtout dans la loc. **effet bœuf** : *Oscar sera le plus brillant polichinelle du bal de l'Opéra. Il aura un succès bœuf* (Gill). *Pendant le lent ballet d'une visite, avec la lumière sur le carrelage, ça pouvait faire un effet bœuf* (Pouy, 3).
ETYM. le bœuf est pris ici comme symbole de l'énormité. 1860, *Ces petites dames du Casino* [Larchey]. Ne s'emploie guère qu'avec *aplomb, effet* et *succès.* Est passé dans l'usage courant.

bœufer *v.i.*
Jouer dans un orchestre : *Les musicos tenaient une pêche d'enfer ! Ils avaient bœufé jusqu'à cinq heures* (T. Colin).
ETYM. de **1. bœuf** (au sens 7). 2001 [T. Colin].

bogue *n.m. ou f.*
ARG. ANC. Montre : *Nous attendions la sorgue, / Voulant poisser des bogues, / Pour faire du billon* (chanson du XVIIIe s., *in* Vidocq).
ETYM. origine incertaine, p.-ê. de l'ital. **bogo,** même sens. 1790, *le Rat du Châtelet*.
VAR. **bogne** : 1862, Canler.

boguiste *n.m.*
Vx. Horloger : *Le boguiste est le bon, il quimpe pour la camelote* (Ansiaume).
ETYM. de **bogue.** 1821 [Ansiaume].

bois *n.m.*
1. Casser du bois. ***a.*** endommager son avion lors d'un atterrissage un peu brutal ; ***b.*** abîmer sa voiture dans une collision : *Avant d'y arriver, faudra que tu casses pas mal de bois et qu't'apprennes à turbiner* (Simonin-Bazin). **2. Faire du bois.** ***a.*** briser son avion à l'atterrissage ; ***b.*** enfoncer une porte. **3.** Vx. **Bois pourri,** amadou.
◆ *n.m.pl.*
1. Skis. **2.** Poteaux de but au football. **3.** Mobilier : *Foutre le camp avec les bois, la garce !... Et pas une lettre, rien...* (Dorgelès). **Être dans ses bois,** être chez soi : *Je suis ici dans mes bois... Si je te donne à briffer... c'est que je veux bien* (Méténier).
ETYM. images métonymiques ou métaphoriques. **1.** ***a.*** 1916 [Esnault] ; ***b.*** 1935, Simonin-Bazin. **2.** ***a.*** 1918 [Esnault] ; ***b.*** 1926 [id.]. **3.** 1836 [Vidocq] (idée que la putréfaction engendre les champignons).
◆ *pl.* **1.** 1921 [Esnault]. **2.** 1929 [id.]. **3.** 1879 [Chautard].

boîte *n.f.*
1. Nom péjoratif donné à divers établissements ou locaux : cabaret, cachot, théâtre, atelier, lycée ou collège, etc. : *On désarme Bistrouille et on l'envoie à la « boîte » (salle de police) s'abîmer en réflexions désespérées sur les causes de son infortune* (Bibi-Tapin). *Avant de dire définitivement adieu à la boîte, je me suis engagé à recruter un certain nombre d'agents secrets* (Macé). Vx. **Boîte à cailloux,** prison. Vx. **Boîte à morues,** Saint-Lazare, prison pour femmes. **2. Boîte à asticots, à chocolat, à dominos, à violon** ou **à viande,** cercueil : *Demain, je vais essayer de l'agripper pendant les funérailles de son collègue. [...] Eh bien ! à demain, que j'ai dit laconique. Rendez-vous derrière la boîte à dominos* (Barnais, 1). **Boîte aux claqués, aux dégelés, aux refroidis,** morgue. **3. Boîte à poux,** calot : *On m'a déniché, à la fin, une boîte à poux assez grande pour que ma tête puisse y contenir* (Barbusse). Vx. **Boîte à cornes,** chapeau. **4. Boîte à puces,** lit. **5. Boîte à violon,** grand soulier. **6. Boîte à punaises,** accordéon. **7. Boîte à sel,** guichet de contrôle, dans le hall d'un théâtre. **8. Boîte à sardines,** omnibus. **9.** Vx. **Boîte à Pandore,** boîte contenant de la cire pour prendre une empreinte de clé. **10.** Bouche : [Je lui serrais la gorge ;] *n'y avait pas plan qu'il ouvre sa boîte* (Brissac). *Ferme un peu ta boîte !* **Boîte à dominos, à mensonges,** même sens. **11. Boîte au sel,** tête ; cerveau. **12. Boîte à lait** ou **à lolo,** sein de femme. **13. Boîte à ouvrage** ou (vx) **boîte à nœuds,** vagin : *Quelle que soit votre attirance pour le petit sujet convoité, ce n'est pas la Vénus de Milo que vous attriquez, c'est avant tout la boîte à*

ouvrage ! (Simonin, 10). **14. Boîte à gaz, à ragoût,** estomac : *Un boxeur noir se gardant mal l'estomac, un titi cria à son adversaire : « Vas-y donc à la boîte à ragoût ! »... Je connaissais déjà la « cage à pain » et le « buffet » ; la boîte à ragoût est une nouveauté* (Galtier-Boissière, 1). **15. Boîte à morve,** nez. **16. Boîte à vice,** homme rusé. **17.** Vx. **Boîte à chagrins,** concubine.

ETYM. idée prédominante, celle du « contenant », avec le plus souvent une certaine dérision. **1.** « cachot » 1791 ; « chambre » 1835 ; « atelier » 1860. **Boîte à cailloux,** XVe s. [tous chez Esnault]. **Boîte à morues,** 1925 [id.]. **2. Boîte à chocolat, à dominos,** 1860, Goncourt [TLF] ; **à violon,** 1883 [Fustier] ; **à viande,** 1894 [Virmaître] ; **à asticots,** 1881 [Rigaud]. **Boîte aux claqués,** 1867 [Delvau] ; **aux dégelés** et **aux refroidis,** 1901 [Bruant]. **3.** 1916, Barbusse. **Boîte à cornes,** 1855, Paillet. **4** et **5.** 1881 [Rigaud]. **6.** 1979, Aimable. **7.** 1928 [Esnault]. **8.** 1901 [Bruant]. **9.** 1836 [Vidocq]. **10.** 1880, Brissac ; **Boîte à dominos,** 1894 [Virmaître] ; **à mensonge,** 1977 [Caradec] ; mais *boîte à mensonges,* lettre, 1918 [Esnault]. **11.** 1867 [Delvau]. **12.** 1851, Murger [Esnault]. **13. Boîte à ouvrage,** 1894 [Virmaître] ; **à nœuds,** 1901 [Rossignol]. **14. Boîte à gaz,** 1901 [Bruant] ; **à ragoût,** 1946, Galtier-Boissière. **15.** 1953 [Sandry-Carrère]. **16.** 1960 [Esnault]. **17.** 1901 [Bruant].

boiter *v.i.*

Boiter des calots, des chasses, loucher ; être borgne.

ETYM. image expressive. 1867 [Delvau].

DÉR. **boiteux d'un chasse** *adj.* Borgne : 1836 [Vidocq].

bol *n.m.*

1. Postérieur : *On m'attend pour casser la croûte. Alors il faut que je me magne le bol* (Raynaud). **2.** Chance : *Si je ne deviens pas sourd, j'aurai eu vraiment du bol* (Pouy, 1). *Manque de bol, à Paris, ce soir-là, il fait une chaleur lourde, moite, irrespirable* (Sarraute). **3. Il en fait un bol,** il fait très chaud : *Il en faisait un bol dans le bureau des poulagas. La plupart avaient tombé la veste et dégrafé la cravate* (Le Breton, 1).

ETYM. analogie de forme aux sens 1 et 2, le sens 3 étant sans doute lié à l'idée de « boisson brûlante » (par ex. *bol de punch*). **1.** 1872 [Esnault]. **2.** 1945, B. Gelval [TLF]. **3.** 1954, Le Breton.

DÉR. **se boler** *v.pr.* Rire : 1901 [Bruant].

bombarder *v.t.*

1. Enlever rapidement une marchandise (aux enchères). **2.** Nommer rapidement à un poste supérieur à celui qui était occupé : *Pendant la Seconde Guerre mondiale, l'homme en blouse blanche, en tant que médecin, fut d'office bombardé officier dans l'armée suisse* (Bénoziglio). **3.** Malmener (l'adversaire, dans un sport).

◆ *v.i.*

Fumer abondamment : *Marcelle bombardait comme un sapeur et levait lestement le coude* (Malet, 13). *Au café, Frédo offrit des cigares. Henri refusa. Léa en prit un. Elle bombardait comme un julot, c'te gonzesse ! Le Nantais la regarda tirer sur son barreau de chaise* (Le Breton, 3).

ETYM. détournement du sens guerrier, avec idée de rapidité brutale. **1.** 1884 [Esnault]. **2.** mil. du XVIIIe s., Saint-Simon [TLF]. **3.** 1920 [Esnault]. ◆ *v.i.* 1890 [id.] (par analogie avec les bouffées qui sortent de la bouche d'une arme à feu).

DÉR. **bombardeur** *n.m.* Fumeur : 1899 [Nouguier]. **bombardier** *n.m.* Cigarette de haschisch : 1977 [Caradec].

1. bombe *n.f.*

1. Vx. **Faire jouer la bombe** ou **travailler à la bombe,** se servir d'une poutre comme d'un bélier pour enfoncer une porte. **2. Mettre en bombe,** détruire, tuer : *Ils avaient peut-être pas eu, les brutes, l'occasion, le temps, de tout détruire ? De tout foutre en bombe ?* (Céline, 5). **3. Être en bombe,** en désordre : *Son pieu était tout en bombe après leur nuit de java.*

ETYM. de l'ital. **bomba,** engin explosif. **1.** 1796, Orgères. **2.** 1917 [Esnault]. **3.** contemporain.

2. bombe *n.f.*

Fête, orgie : *Des huppées, avec des dessous de cinquante louis, qui venaient faire la bombe au Chapeau-Rouge* (Lorrain). *Ils ont tous décidé qu'il fallait que j'enterre ma deuxième vie de garçon par une bombe carabinée* (London, 1). *Agathe, la bonniche, elle était plus là, elle était partie en bombe avec le tambour de la ville, un père de famille !* (Céline, 5).

ETYM. apocope de **bombance** [TLF], ou bien esp. **bomba,** tâte-vin et ébriété ; *partir en bombe* 1881 [Rigaud].

DÉR. **bombeur, euse** *n.* Syn. de noceur : 1910, Colette [TLF].

bombé, e *n.*

Bossu : *Je viens d'entendre l'heure dans son dos, à c'te bombée* (Sue, 2).

ETYM. emploi ironique de l'adj. usuel (employé seulement en 1881 [Rigaud] comme adj. en ce sens). 1844, Sue.

VAR. **bombuche** : 1850, Clémens.

bomber *v.i.*

Aller très vite.

◆ *v.t.*

1. Bomber la guérite (à une femme), la mettre enceinte. **2. Bomber (la gueule à) qqn,** le frapper : *Fallait salement se contenir pour réprimer l'envie de leur bomber la gueule* (Blier). *Gare à ta peau, j'te vas bomber* (chanson, *in* Rossignol). **3. Bomber une surface à qqn,** le stupéfier.

◆ **se bomber** *v.pr.*

Se passer (involontairement) de qqch : *Si elle compte me repasser avec ses airs de dompteuse, elle peut se bomber ; faudra qu'elle aille prendre des leçons, avant* (Tachet).

ETYM. apocope de **bombarder.** 1951 [Esnault].

◆ *v.t.* **1.** 1982 [Perret]. **2.** 1894, selon Rossignol. **3.** 1953 [Sandry-Carrère].

◆ *v.pr.* 1899 [Nouguier] ; relation obscure, p.-ê. l'idée est-elle « se gonfler de vent », c.-à-d. se contenter d'une illusion ?

bon, bonne *adj.*

1. Vx. Se dit d'un forfait facile à accomplir : *L'affaire était bonne. Le lubin nous conduisait pour son fade* (Ansiaume). **Il fait bon,** l'affaire est facile : *Il y a un boucard de batouse, où il fera bon à la sorgue* (id.). **2. Bon** ou **le bon,** facile à tromper, dupe : *Ce sont ces chameaux-là qui nous exploitent ; plus de recours contre elles ; on ne reconnaît plus les dettes... Alors, quelle garantie avons-nous, patron ?... Nous sommes bons...* (Lorrain). *Le boucardier ne se gâte pas, il est le bon* (Ansiaume). **Être bon, ne pas être bon pour,** être, n'être pas disposé, d'accord pour faire quelque chose : *Pour se faire repérer par les autres toquards, s'ils avaient des fois l'idée de nous prendre en chasse ? J'suis pas bon !...* (Grancher). *Allez ! J'suis pas bonne aux bobards, répliquait-elle. Si tu crois qu'j'y vois pas ?* (Carco, 5). Vx. **Monsieur le Bon,** archétype de la dupe. **3.** Reconnu coupable d'un délit et arrêté ou condamné comme tel : *Ben, dans cette affaire, Grain-de-sel a été bon ; il n'avait pas fini de dîner avec la gosse que les agents s'amènent. Ils l'ont poissé comme une crêpe* (Carco, 6). *Une nuit, il a été bon. Le tribunal, qui le connaissait déjà, l'a condamné à deux ans* (Roubaud). **Bon comme la romaine,** même sens : *S'il avait suivi le flic jusqu'au quart, il était bon comme la romaine* (Héléna, 1).

ETYM. emplois légèrement déviants de l'adj. usuel, avec l'idée de « trop bon, bonasse » ou de « bon pour... la prison ». **1.** 1821 [Ansiaume]. **Ne pas être bon,** 1914, Carco. **2.** 1899 [Nouguier], mais **Monsieur le Bon,** dès 1867 [Delvau]. **3.** 1835 [Esnault].

bonaparte *n.m.*

Billet de 100 francs des années 1960 (ou 10 000 anciens francs) : *Il produit quelques talbins de dix mille, parmi lesquels des Bonapartes neufs. Je m'en saisis et vérifie la date d'émission. Début juin 1962...* (Malet, 19).

ETYM. désignation du billet par son effigie. 1967, Malet.

VAR. **bona** ou **bonap,** par apocope : 1977 [Caradec].

bonard, e *adj.* → BONNARD.

1. **bonbon** *n.m.*

1. Clitoris ; vulve : *Ce jour-là, je brûlai de savoir ce qu'elle avait la belle fille agressive qui portait une jupe au ras du bonbon* (Francos). SYN. berlingot. **2. Bonbon à liqueur,** bouton, furoncle pustuleux. **Bonbon anglais,** petit bouton sec.

ETYM. analogie de couleur (cf. *rose bonbon*), de forme et idée de « sucer ». **1.** 1983, Francos. **2.** 1880 [Chautard].

2. **bonbon** *adv.*

Coûter bonbon, coûter cher : *Mais sais-tu que ça va te coûter bonbon, très cher, cette fantaisie ?* (Houssin, 2).

ETYM. redoublement expressif de **bon.** mil. du XXe s.

bonde *n.f.*

Vx. **1.** Maison centrale : *C... a filé deux ou trois berges aux bondes* (Humbert). **2. Lâcher la bonde,** déféquer.

ETYM. de **bondon,** « fromage de Neufchâtel qui a la forme d'un gros bouchon » (Littré), vendu à la cantine des prisons. **1.** 1872 [Esnault]. **2.** 1894 [Virmaître].

bondir *v.t.*

Vx. Arrêter (qqn): *Tu te figures pas que je vais risquer de me faire bondir pour une connerie pareille?* (Lefèvre, 2).

ETYM. emploi tiré d'expressions du genre *bondir sur le paletot,* avec influence probable de l'adj. **bon.** 1905 [Esnault].

bonhomme *n.m.*

Pénis en érection. **Se balancer le bonhomme,** se masturber.

ETYM. idée d'être debout, dressé. 1864 [Delvau], art. *membre.* **Se balancer le bonhomme,** 1901 [Bruant].

bonicarde *n.f.*

Arg. anc. Maîtresse d'une maison.

ETYM. de l'adj. **bon.** 1800, Leclair.

boniche *n.f.* → **BONNICHE.**

boniment *n.m.*

Discours alléchant et mensonger: *Avec plus d'entrain, plus de conviction que les autres jours, elle me récita son boniment* (Mirbeau). *Ravi de son succès, Tréguier s'appliquait de son mieux, négligeant les boniments que lui balançait le Rouquin* (Le Breton, 6). **Avoir qqn au boniment,** le tromper par son discours: *Par la suite, l'inanité de ses craintes lui fut révélée. Mais trop tard. L'autre l'avait eue, « au boniment »* (Lefèvre, 1).

ETYM. de **bon(n)ir.** 1827 [Demoraine]. Est passé dans l'usage courant.

VAR. **boni:** 1871 [Esnault]. **bonim:** 1901 [id.].

bonique *n.m.*

Arg. anc. Maître d'une maison: *Je suis grinche, vieux bonique* (Leclair).

ETYM. de l'adj. **bon.** 1800, Leclair.

bonir *v.t. et i.* → **BONNIR.**

bonisseur *n.m.* → **BONNISSEUR.**

bonjour *n.m.*

Arg. anc. **Vol, voleur au bonjour,** vol commis sans effraction, dans un appartement non fermé: *J'ai fait hier deux bogues d'orient au bonjour* (Ansiaume). *Ainsi que son nom l'indique, le vol au bonjour se commet le matin, à l'heure où les bonnes allant chercher leur lait, laissent leur porte entrebâillée ou la clef dans la serrure* (Canler). *Un peu plus tard ses arrestations successives* [du jeune Lacour] *lui assignèrent le premier rang parmi les voleurs au bonjour, dits « chevaliers grimpants »* (Vidocq).

ETYM. cette appellation vient de ce qu'un tel voleur, quand il est surpris, feint de s'être trompé de chambre et s'en tire par un « Bonjour ! ». 1821 [Ansiaume].

bonjourier *n.m.*

Arg. anc. Voleur « au bonjour »: *Les bonjouriers [...] s'introduisent, à l'aide de chaussures légères, dans les hôtels garnis ; ils dévalisent le voyageur endormi* (Claude). SYN. chevalier grimpant.

ETYM. de **bonjour.** 1829, Vidocq.

bonnard, e ou **bonard, e** *adj.*

1. Se dit de qqn qui est « trop bon », c.-à-d. crédule ou naïf: *Julie le regarde de ses grands yeux bleus. Elle a des joues cadum, un nez à la retrousse, c'est vrai qu'elle est bonnard* (Demure, 3). **Ne pas être bonnard pour,** ne pas être d'accord, disposé à : *Tel que je le connais, déclara Paulo, il ne doit pas être bonnard pour se geler les testicouilles au vent d'hiver* (Grancher). *Pas bonnarde pour prendre parti, la petite serveuse dégarnissait la carante* (Simonin, 5). **2. Être (fait) bonnard,** être surpris ou arrêté en flagrant délit; être dupé: *T'en tires pas un croc pour ta pomme... T'es fait bonnard sur tout le parcours !...* (Céline, 5). *Après c'te patrouille-là, ils vont se douter de quelque chose... On va encore être bonards* (Dorgelès). **3.** Se dit de qqch qui se présente bien, de qqn pour qui tout se passe bien: *Trois milliards en lingots d'or... Ça ne te dit rien, Boisseau ? – Comme arriéré de solde, ce serait plutôt bonnard, convint le deuxième classe* (Siniac, 5).

ETYM. de **bon** et du suff. péj. **-ard**: renforcement de la valeur négative parfois affectée à *bon ;* mot employé au Mans dès 1859. **1.** 1887 [Esnault]. **2.** 1899 [id.]. **3.** 1977 [Caradec].

bonne *n.f.*

1. Avoir qqn à la bonne, lui être favorable, avoir bonne opinion de lui: *N'empêche que la proprio l'a toujours à la bonne* (Bénoziglio). **2. À la bonne.** ***a.*** à droite; ***b.*** loyalement; ***c.*** sans difficulté. **Travail à la bonne,** vol facile, dans une poche extérieure du vêtement. **3.** Vx. **Être de la bonne,** être riche.

ETYM. abrègement de plusieurs loc. **1.** *à la bonne foi,* classique au XVIIIe s.; 1829, Vidocq. **2.** ***a.*** *à la bonne main,* c.-à-d. la droite; 1847 [Dict. nain]; ***b.*** *à la bonne venue* 1821, « sans calcul »; 1878 [Rigaud]; ***c.*** calque de l'arg. ital. *a la bèla;* 1911 [Esnault]. **3.** 1835 [Raspail].

bonne ferte *n.f.*

Dire la bonne ferte, dire l'avenir, la « bonne aventure »: *Leur peuple* [des gitans] *dort, flâne sur les grands chemins, maraude, chaudronne ou bien encore dit narquoisement la « bonne ferte », la bonne aventure, à des gens timorés qui jamais ne dépassèrent l'ombre de leurs poiriers* (Vidalie).

ETYM. probablement déformation de **forte,** abrègement de **fortanche,** fortune, p.-ê. sous l'influence de **ferte,** paille (vers 1850). 1887 [Esnault]; d'abord *bonne fortanche* 1866 [id.].

bonnet *n.m.*

1. Tête: *La commotion, le spectacle des pauvres gamines décapitées, éventrées, Rudolph en charpie, les scènes de terreur, les sanglots, les cris des femmes... tout ça commençait à me taper sur le bonnet* (Barnais, 1). **2. Bonnet à poil** ou simpl. **bonnet,** vulve. **3. Gros bonnet,** personnage important, notamment dans certains trafics: *Un gros bonnet de la drogue.* **4.** Vx. **Grand bonnet,** évêque. **5.** Vx. **Bonnet vert,** forçat condamné à perpétuité: *Les bonnets verts, autrement appelés feuilles de chou, c'est-à-dire les condamnés à perpétuité* (Humbert).

ETYM. emploi métonymique du mot usuel. **1.** 1916 [Esnault]. **2.** 1864 [Delvau]. **3.** 1808 [d'Hautel]. **4.** 1822 [Mésière]. **5.** 1880, Humbert.

bonneteau *n.m.*

Jeu dit « des trois cartes »: deux rouges et une noire (ou l'inverse) présentées retournées et que le teneur de jeu déplace très rapidement, le joueur, ou plutôt la dupe, s'efforçant en vain d'indiquer où se trouve la noire (ou la rouge): *Voilà le bonneteau dans toute sa stupide simplicité. Appâter un nigaud en lui faisant croire à un gain très facile et à peine honnête, et le dépouiller par un escamotage de cartes, en spéculant sur son désir de reprendre ce qu'il a perdu* (Locard).

ETYM. de **bonneteur.** 1874, *Gazette des tribunaux* [Littré].

VAR. **bonnet:** 1883 [Esnault].

DER. **bonneter** *v.i.* Tenir le bonneteau: 1880 [Esnault].

bonneteur *n.m.*

Tricheur, filou; celui qui tient le bonneteau: *J'avais à surveiller deux catégories d'individus également recommandables: les souteneurs et les bonneteurs qui, alors, foisonnaient à Pantin* (Goron).

ETYM. dér. de **bonneter,** recouvrir comme d'un bonnet, d'où aveugler, duper [Esnault]. 1752 [Trévoux], puis « forain tenant un jeu de cartes truqué » 1836 [Vidocq].

bonniche ou **boniche** *n.f.*

Bonne (à tout faire): *Que serait-il arrivé si la bonniche, saisie par extraordinaire d'un beau zèle, se mettait à faire la poussière et à découvrir cet objet insolite?* (Grancher). *Quelqu'une ayant à son propos prononcé le mot de « bonniche », Mlle J... la reprend vertement, disant (pour que les autres bonnes, qui n'avaient rien remarqué, l'entendent) qu'elle déteste ce terme de mépris* (Paraz, 1).

ETYM. de **bonne** et du suff. **-iche.** 1893 [Chautard].

bonnir ou **bonir** *v.t.*

Dire, raconter: *Il pouvait pas en bonnir une. Sa gorge était sèche* (Le Breton, 1). *Si ce qu'on m'a bonni est vrai, vous seriez de mèche avec le Dobermann* (Houssin, 1). [L'aumônier au malade:] *Vous m'avez fait demander? – Qui est-ce qui vous a boni celle-là?* (Humbert).

◆ *v.i.*

Parler: *Un bouseux plein aux as, reniflant la camarde/Agrafa ses moujingues, leur bonit en loucedé* (Marcus).

ETYM. de **bon,** au sens de « en raconter de bonnes », avec influence de l'ital. **imbunire,** distraire aux fins de larcin [Esnault]. 1811 [id.].

bonnisseur ou **bonisseur** *n.m.*

1. Celui qui fait le boniment; camelot: *Déjà, la baraque vidée, la parade recommençait* [...] *Un dialogue s'engageait entre le bonnisseur et un solide gaillard* (Galtier-Boissière, 2). **2.** Vx. Conteur de légendes, au bagne: *Les rauques sonorités du bonnisseur, conteur de fantasques légendes et de merveilleuses aventures de princesses* (Humbert). **3.** Vx. Avocat: *Cet étrange orgueilleux demande à se défendre lui-même, il ne veut pas d'avocat, pas de bonisseur, dit-il* (Claude). **4.** Vx. **Bonisseur de la batte,** témoin à décharge.

ETYM. de **bon(n)ir** (équivalent arg. de *bonimenteur,* au sens 1). **1.** 1866 [Delvau]. **2.** 1872 [Esnault]. **3.** vers 1840 [id.]. **4.** 1878 [Rigaud] ; on rappellera que Jean Bruce a baptisé son héros *Hubert Bonisseur de la Bath !* Le sens exact est « témoin du beau » (d'après Larchey) ; seule l'orthographe varie.

bono *adv.*

Vx. Bien, bon (associé surtout à **macache** et à **bézef**). **Bono bézef,** ça va bien ; **macache bono,** c'est pas bon : *Y a un établi, dit Victor, juste au-dessous. – Bonno, ça va te servir d'escabeau* (Lefèvre, 2).

ETYM. de l'ital. **buono**, bon. **Bono bézef,** 1855 [Esnault] ; **macache bono,** 1863 [id.]. Ces expressions font partie du sabir des anciennes troupes coloniales.

book *n.m.* → **BOUC.**

bord *n.m.*

1. Vx. **Bord de l'eau.** ***a.*** bagne ; ***b.*** la Préfecture de police. **2. Sur les bords,** quelque peu, légèrement ou, par antiphrase, beaucoup (approximation ironique) : *Ce qu'il cherche, lui, c'est quelqu'un pour jouer un patron de boîte de nuit, un peu trafiquant de drogue sur les bords* (Pousse). *C'est Fargier, dit-il. Vous connaissez ? – Sur les bords* (Giovanni, 1). *Il est un peu con sur les bords, ton pote, non ?*

ETYM. les lieux ainsi désignés par euphémisme sont effectivement soit au bord de la mer (Brest, Rochefort, Toulon), soit sur le quai du Marché neuf, au bord de la Seine. **1.** ***a.*** 1846, *Intérieur des prisons* ; ***b.*** 1901 [Bruant]. **2.** 1959, Queneau [TLF] ; cette expression est auj. passée dans la langue familière.

bordée *n.f.*

1. Partie de débauche : *Les deux filles sont à l'arrière, les hommes devant. C'est plus gai : on a l'impression de partir en bordée* (Jaouen). **Tirer une bordée,** aller de cabaret en cabaret. **2.** Matelot en partie de débauche.

ETYM. terme de marine, « route parcourue sans virer de bord ». **1. Tirer une bordée,** 1833 [Larchey]. **2.** 1905 [Esnault].

bordel *n.m.*

1. Maison close : *En face, chez Vernet, l'entrée du bordel interdit aux moins de dix-huit ans était surveillée par deux agents* (Lépidis). Vx. **Bordel ambulant,** fiacre utilisé pour une rencontre amoureuse. **2.** Lieu où règnent le désordre, le bruit et la saleté : *Votre maison ?... Un bordel... Et encore, il y a des bordels qui sont moins sales que votre maison...* (Mirbeau). **3.** Situation confuse, désordonnée : *Comme à l'ordinaire, c'était le bordel, les brancardiers partant chacun d'un côté, le traceur à la craie de l'emplacement de la victime recommençant dix fois son travail* (ADG, 1). *Petit Pierre s'arrêta net. C'était la seule solution. Ameuter le quartier, foutre un bordel monstre* (Roux). **4. Et tout le bordel** (en fin d'énumération), et tout le reste : *Et que je te vole en l'air, la carrosserie, les roues, les mecs, le moteur en lamelles, les bouts de barbaque et tout le bordel !...* (Tachet). **5.** Entre dans la composition de nombreux jurons : *Je m'en fous bien des papiers ! Bordel de bon Dieu de Nom de Dieu de merde !* (Céline, 5). *Bordel à cul ! m'avoua Achille. Vous avez un sacré petit canon dans vos murs* (Pagan). *C'est pas possible de se laisser endoffer comme ça ! Faut réagir, bordel de merde !* (le Nouvel Observateur, 26 septembre 1981).

ETYM. de l'anc. fr. **borde**, petite ferme. **1.** 1200, J. Bodel [TLF]. **Bordel ambulant,** 1864 [Delvau]. **2.** 1880, Zola [TLF]. **3.** 1920 [Bauche] ; d'abord « bruit, vacarme » 1878 [Rigaud]. **4.** 1949, Sartre [TLF]. **5.** 1906, J. Rivière [id.].

bordelier, ère *n.*

1. Individu qui fréquente volontiers les bordels. **2.** Tenancier de bordel : *À quoi bon le payer s'il n'était pas capable de maintenir le calme dans son secteur ? Voilà ce que pensaient les bordeliers, banquiers, boutiquiers et petits patrons de Barbès à Belleville* (Fauque).

ETYM. de **bordel. 1.** 1204, R. de Molliens [TLF]. **2.** 1894, Goncourt [TLF]. Le fém. est auj. rare.

bordélique *adj.*

En désordre (en parlant d'une chose) : *Si j'allais faire le coup de feu là-bas, je ne saurais pas trop sur qui tirer, tant la situation est bordélique* (Bénoziglio) ; qui manque d'ordre (en parlant d'une personne).

ETYM. de **bordel.** 1970 [GR], qui note également le synonyme, rare, *bordéleux, euse.*

bordéliser *v.t.*

Mettre du désordre dans un lieu : *C'est pas toujours Byzance d'avoir une créature chez soi qui annexe la salle de bains et bordélise la cuisine* (Wolinski in *l'Écho des Savanes,* 1990).

ETYM. de **bordel** au sens 2. mil. du xxe s.

bordille ou **bourdille** *n.f.*

1. Personne peu douée, idiote : *Il les choisit mal, ses femmes, le Dominique. Mireille, c'est une vraie bordille !* (Braun). **2.** Délateur ; individu peu recommandable : *Le mec Toussaint, dans son genre, c'était une franche bordille* (Bastiani, 1). **3.** Policier : *Il avait pensé à l'abri sûr que constituerait pour lui la cabane du bois du Roy – pour les premiers jours tout au moins : le temps que les bourdilles rengainent leurs barrages* (Grancher). **4.** Chez les brocanteurs, mauvaise marchandise.

ETYM. du prov. **bordille,** balayure. **1.** 1783 [Esnault]. **2.** 1928 [Lacassagne]. **3.** 1966, Grancher. **4.** 1975 [Beauvais].

DER. **bourdiller** *v.t.* Dénoncer : 1926 [Esnault].

bordurer *v.t.*

Exclure d'un groupe propre au milieu, d'un champ de courses, expulser d'un pays, etc. : *Il eut des ennuis avec la poule de Los Angeles, fut borduré des U.S.* (Trignol). *Faut vraiment avoir du guano dans les chasses pour pas s'apercevoir que le Belge est sur le point de nous bordurer de ses affaires* (Houssin, 1).

ETYM. de mettre en **bordure.** 1939 [Esnault].

borgne *n.m.*

Étrangler le borgne, se masturber : *J'aime pas étrangler l'borgne / Plus souvent qu'il ne faut* (Renaud).

ETYM. emploi substantivé de l'adj. ; allusion au méat urinaire, « œil unique ». 1983, Renaud ; a désigné jadis le postérieur, 1783, Rétif [Larchey].

borgnon, borgnio *n.m.* ou **borgne** *n.f.*

Nuit : *Il rentrait se pager chez M'man. Il aurait pu passer le borgnio avec une frangine, mais au dernier moment la nénette l'avait débecté* (Le Breton, 1).

ETYM. de **borgne**, mêlé confusément à **brune**, mot désignant dès le XVe s. le crépuscule du soir. On disait à Lyon, en 1810, *aller à borgnon,* aller à l'aveuglette ; *refiler le borgnon*, passer la nuit sans gîte, 1899 [Nouguier] ; *borgnio* 1953, Le Breton ; *borgne* 1925 [Esnault].

borgnoter ou **borgnotter** *v.t.*

Épier, observer : *Il borgnote en loucedé ma dégaine cracra, mon sac encore vaguement présentable mais culotté* (Dégaudenzi) ; absol. : *Depuis la venue de Nora, la tigresse borgnotait sans arrêt en direction de la lourde, prête à l'interception dès que son Jules ferait mine de décarrer* (Simonin, 1).

◆ *v.i.*

Se coucher.

ETYM. de l'adj. **borgne** au sens transitif (regarder d'un œil attentif, l'autre étant censé regarder ailleurs) et probablement du subst. **borgne,** nuit, malgré les réserves émises par Esnault. 1935, Simonin-Bazin.

◆ *v.i.* 1928 [Esnault].

borgnoteur, euse ou **borgnotteur, euse** *adj. et n.*

Se dit de qqn qui observe, épie : *Ce soir elle se sent l'humeur médiocrement borgnotteuse* (Simonin, 5).

ETYM. de **borgnot(t)er.** 1960, Simonin.

borne *n.f.*

Kilomètre : *Au total, près de deux mille bornes sans fermer l'œil et avec autre chose entre les pognes qu'un volant d'auto-tamponneuse !* (Viard) ; au fig. : *D'ici qu'ils nous fassent ouvrir la caisse pour savoir si elle n'est pas pleine de munitions, d'explosifs, y a pas des bornes !* (Boudard, 6).

ETYM. métonymie : la marque est prise pour la distance ; d'abord *disputer, mener la borne* chez les cyclistes dès 1926, puis sens actuel vers 1949 [Esnault] ; ce mot est très courant auj., presque fam.

Borniol *n.pr.*

Les pompes funèbres : *J'ai pas besoin des bagnol's / De monsieur Borniol* (chanson *En douce*, paroles de Jacques-Charles et A. Willemetz). *C'était un joli jeune homme, guindé et glacé, plutôt employé de chez Borniol que d'autre chose* (Malet, 12).

ETYM. du nom d'un célèbre entrepreneur de pompes funèbres. 1922, chanson *En douce* ; fréquent chez Léo Malet.

bosco, ote ou **boscot, otte** *adj. et n.*

Bossu : *Le vieux gardien du Passage, le bosco, qui ramassait tous les cancans, il m'a trouvé transformé* (Céline, 5). *Vous pensez, un boscot comme moi, ils espéraient bien qu'il ne rencontrerait pas chaussure à son pied* (Arnoux). *Non, ça, vois-tu, Philibert, c'est une trop grosse peine pour mon cœur de boscotte* (Lorrain).

ETYM. resuffixation de **bossu.** 1808 [d'Hautel].

VAR. **bosmar** : 1836 [Vidocq].

boss *n.m.*

1. Vx. Riche bourgeois ou marchand. **2.** Patron d'une entreprise, chef de bande : *Alors, petit, toujours avec Guennic ? Et toi, Georges, toujours boss à bord de l'Étoile ?* (Mac Orlan, 10). *Beaucoup plus qu'un chef d'entreprise, un « boss », ce Dawal fait penser à un satrape d'Orient* (Murelli).

ETYM. il existe deux mots prononcés [bɔs], l'un américain, l'autre wallon : ce dernier, emprunté au flamand **baas**, se trouve dès 1836 [Vidocq] (écrit *beausse*) au sens 1. Le second est issu de l'américain, au sens de « chef d'équipe, d'atelier » 1869, H. Dixon [Quemada] ; *bausse fondu* 1866 [Delvau] ou *dégraissé* 1878 [Rigaud], patron ruiné.

bosse *n.f.*

1. Vx. **Se faire, se donner une bosse** ou **des bosses.** ***a.*** se gaver de nourriture : *Je vais me donner une bosse et faire un balthazar intime* (Murger) ; ***b.*** s'amuser énormément. On rencontre aussi **se donner une bosse de rire :** *Les bosses de rire que nous nous donnions quelquefois, quand elle m'en lisait une, avant de la fermer* (Daudet). *Ça me plairait si, par ci, par là, tu te payais une bosse de bon temps* (Gill). *Quant à Dédé, il paraît qu'en racontant son histoire, tous les truands qui le connaissaient prenaient des bosses de rire* (Chevalier). **2. Avoir la bosse,** avoir de la chance, dans le langage des policiers. **3. Se faire une bosse au ventre,** tomber enceinte : *Ugénie s'est fait une bosse au ventre, tant pis pour elle !* (Méténier).

ETYM. image d'une panse ou d'une joue bien remplie (1) et allusion à la croyance selon laquelle la bosse d'un bossu porte chance (2). **1.** ***a.*** **Se faire des bosses,** 1799 [Esnault] ; **se faire une bosse**, 1807 [d'Hautel] ; ***b.*** **se donner une bosse de rire,** 1858 [Esnault]. **2.** 1975 [Arnal]. **3.** 1885, Méténier.

bosseler *v.t.*

Vx. **1.** Frapper durement (qqn) : *Je l'ai avoinée. Drôlement. – Et après ? T'as l' droit d' la bosseler si t'en as envie* (Le Breton, 2). **2. Bosseler les vitres,** pocher les yeux.

ETYM. de **bosse**, résultat voyant d'une correction administrée à qqn. **1.** 1888 [Chautard]. **2. Bosseler les vitres,** 1899 [Nouguier].

DER. **bosselage** *n.m.* Vx. Querelle, rixe : [id.].

bosser *v.i.*

1. Travailler dur : *Ceux qui bossent dans les mines... Ils s'enfoncent dans les puits au matin et n'en remontent que le soir* (Malet, 1) ; par ext., travailler : *Le commis qui rate tout l'a mis hors de lui. Boj trouve que les jeunes ne savent pas bosser* (Roulet). **2.** Vx. Rire, s'amuser.

ETYM. abrègement de **bosser du dos**, loc. vieillie et fam., « se courber sur un travail », sens attesté dans l'ouest de la France. **1.** 1878 [Esnault]. Ce verbe, désignant en général un travail honnête et non une activité du milieu, est plus populaire qu'argotique. **2.** 1878, Gill [TLF].

DER. **bossard** ou **bossant** *adj.m.* Vx. Très comique : même datation que *bosser* au sens 2.

bosseur, euse *adj. et n.*

Se dit de qqn qui travaille beaucoup, qui aime le travail : *J'ai bien connu ton père, il était exactement comme toi, un emmerdeur. Encore que lui, il avait des excuses, c'était un prolo, c'était un bosseur et il avait l'air d'aimer ça* (Destanque).

ETYM. de **bosser.** 1908 [Esnault].

bossoirs *n.m.pl.*

Vx. **Bossoirs (d'avant),** seins d'une femme : *J'espère qu'elle en a des bossoirs ; c'est gros comme une pelote, rond comme une bouée* (Vidocq).

ETYM. image empruntée à la marine, « pièce saillante dans la proue d'un navire ». 1828, Vidocq.

bossu *n.m.*

Café servi dans un verre et largement arrosé d'alcool.

ETYM. l'alcool fait une « bosse » au café. 1961, Grancher [Giraud].

1. **botte** *n.f.*

1. Faire ou **chier dans les bottes de qqn,** lui faire un tort important, chercher à lui nuire : *Va-t'en, l'Artichaut, t'as fait jusqu'en haut dans nos bottes* (Fallet, 2). **2. Être à la botte de qqn,** lui obéir servilement : *Elle se ramène dans la matinée. – Et alors ? Tu n'es pas à sa botte !* (Amila, 1). **3. Laisser ses bottes quelque part,** mourir. **4. Cirer, lécher les bottes de qqn,** le flatter outrageusement.

ETYM. emplois imagés du mot usuel ; les sens 2 et 3 prennent la botte comme symbole de la hiérarchie, du pouvoir. **1.** vers 1910, Carabelli [TLF]. **2.** 1949, M. Aymé [id.]. **3.** 1867 [Delvau]. **4. Lécher les bottes,** 1922, Proust [TLF].

2. botte *n.f.*

1. Grande quantité (surtout au pl.) : *T'étais bath, tu sais, dit Zazie à Gabriel. Des hormosessuels comme toi, doit pas y en avoir des bottes* (Queneau, 1). **2.** Paquet de cent billets de dix francs ; paquet de lettres liées, chez les postiers.

ETYM. idée d'« ensemble », de « paquet », à partir du sens agricole *(une botte de radis).* **1.** 1901 [Bruant]. **2.** 1945 [Esnault] ; « postiers » 1952 [id.].

3. botte *n.f.*

1. Coït : *Est-elle frusquée ! / Ça donne envie de tirer une botte* (chanson, *in* Rossignol). **Proposer la botte à qqn,** lui proposer brutalement une rencontre amoureuse, une union sexuelle : *Les condés qui t'attendent à un tournant hésitent, comme un gonze qui voudrait proposer la botte à Françoise Arnoul* (Giovanni, 1). **2. Coup de botte,** tentative d'emprunter de l'argent.

ETYM. détournement du mot **botte** qui en escrime signifie « coup d'épée, estocade ». **1.** *porter une botte* av. 1857 Béranger [Delvau] ; **proposer la botte à qqn,** 1920 [Bauche]. **2.** 1953 [Esnault], issu de *pousser la botte,* proposer une affaire d'argent, 1828 [id.].

botter *v.t. et i.*

1. Convenir, plaire : *Le projet lui bottait bien, de finir sa vie avec une aussi gentille souris* (Simonin, 1). *Les nanas, dès qu'elles me bottaient, je les déloquais tout de suite du regard, je me voyais déjà dans les toiles en action, le chibre en feu...* (Boudard, 5). **2.** Soumettre à une demande d'argent. **3.** Donner un coup de pied dans : [Le secrétaire, aux agents :] *S'il bouge en route, bottez-le !* (Méténier). *Je leur botterai les fesses. Parce que je porterai des bottes. En hiver. Hautes comme ça (geste). Avec des grands éperons pour leur larder la chair du derche* (Queneau, 1).

ETYM. idée de « bien chausser », d'« aller parfaitement à » (1). **1.** 1862 [Larchey]. **2.** 1953 [Esnault]. **3.** 1866 [Delvau].

bottinage *n.m.*

Action d'emprunter : *Le faible rendement du bottinage des amis par téléphone* (Simonin, 6).

ETYM. de **bottiner**. 1966, Simonin.

bottine *n.f.*

1. Milieu de l'homosexualité féminine : *Grosse salope ! il balance ayant peine à pas se marrer... alors tu te gouinais avec Irène... c'était ça votre thé des familles... le petit cinq à sept de la bottine !...* (Simonin, 8). **2. Coup de bottine,** syn. de coup de botte.

ETYM. jeu de mots à partir des **boutons** de la **bottine** (→ TIRE-BOUTON). **1** et **2.** 1957 [PSI] ; la loc. **coup de bottine** est une simple dérivation formelle à partir de **botte.**

bottiner *v.t. et i.*

Soumettre à une demande d'argent : *« Si tu pouvais me... – Combien ? » Le Blond baissa le regard. Il était gêné. La première fois que ça lui arrivait de bottiner* (Le Breton, 1).

ETYM. dér. de **botter** (comme *coup de bottine* pour *coup de botte*). 1954, Le Breton.

bouc ou **book** *n.m.*

Bookmaker : *Y avait toujours deux ou trois « boucs » qu'essayaient de provoquer la chance* (Céline, 5). *Ils décidèrent comme un seul homme d'aller porter leurs mises chez un book du quartier répondant au doux nom de Fauconnard* (London, 1). **Puer le bouc,** arrêter un bookmaker, dans le langage des policiers.

ETYM. à la fois apocope et jeu de mots, le **bookmaker** étant souvent présenté par les gens du milieu et de la police comme un exploiteur plutôt antipathique et peu sûr. *book* 1866 [Esnault] ; *bouc* 1936, Céline. **Puer le bouc,** 1975 [Arnal].

boucanade *n.f.*

Vx. Corruption ; pot-de-vin donné à un placier.

ETYM. de **boucan,** lieu de débauche. 1836 [Vidocq], dans la loc. *coquer la boucanade,* littéralement « donner à boire », la boucanade étant en Espagne la gorgée de vin bue à la régalade, à partir d'une gourde en peau de bouc (d'après Larchey).

boucard *n.m.* → BOUCLARD.

boucardier *n.m.*

ARG. ANC. **1.** Boutiquier : *J'ai picté avec le boucardier, il quimpe à la couleur* (Ansiaume). **2.** Voleur qui pille les boutiques : *On appelle boucardiers les voleurs de boutique pendant la nuit. Les boucardiers ne dévalisent jamais un marchand sans avoir, auparavant, reconnu les obstacles qui pourraient s'opposer à leur entreprise* (Vidocq).

ETYM. de **bouc(l)ard. 1.** 1821 [Ansiaume], au sens de « magasinier », au bagne. **2.** 1828, Vidocq.

bouche *n.f.*

1. Fausse carte de policier. **2. Bouche chaude,** fellation.

ETYM. origine peu claire au sens 1 ; p.-ê. du fait qu'un tel document faisait ouvrir leur porte aux futures victimes des faux policiers. **1.** depuis 1939-40 [Le Breton], mais en désuétude. **2.** 1970 [Boudard-Étienne].

bouché, e *adj.*

Bouché (à l'émeri), se dit d'une personne obtuse, qui ne comprend rien : *Il n'entrave jamais rien. Il est bouché. Les gaffes ont beau cogner dessus pour l'obliger à bosser, il fait tout de traviole* (Le Breton, 6). *Il faut vraiment être bouché à l'émeri pour ne pas le remarquer* (Van Cauwelaert).

ETYM. image forte, « dont l'esprit est fermé hermétiquement à ce qui vient de l'extérieur ». 1865, Goncourt [TLF]. **Bouché à l'émeri,** 1905, Léautaud [TLF].

boucher *v.t.*

1. En boucher un coin, une surface, une superficie, stupéfier : *Je sais où elle se cache, et c'est pas loin, c'est en France. Ça vous en bouche un coin, non ?* (Delacorta). *Ça vous en bouche une surface, hein, les gars ?* (Mariolle). *J'veux dire, reprit Gisèle, vous m'en bouchez une superficie* (Carco, 5). **2.** Vx. **Boucher la lumière à qqn,** lui donner des coups de pied dans le derrière.

ETYM. image expressive, s'appliquant d'abord à l'estomac. **1. En boucher un coin,** 1901 [Bruant] ; **une surface,** 1903 [Chautard]. **2.** 1883 [Fustier].

bouchon *n.m.*

1. Prendre du bouchon, vieillir. **Avoir du bouchon,** être assez âgé. **2.** Peine de dix ans de prison. **3. Envoyer** ou **pousser le bouchon (un peu loin),** exagérer en paroles ou en actes : *Avec un sourire qui indique qu'il a toutes les patiences mais qu'il ne faudrait tout de même pas envoyer le bouchon trop loin, Eugène se rassied en nous assurant qu'il n'oublie jamais aucun détail* (Faizant). *Certes il brodait, entorsait la vérité, poussait le bouchon surtout dans l'horreur, mais il devait tout de même y avoir du vrai...* (Boudard, 6). **4.** Vx. Tête. **5. Mettre un bouchon à qqn,** le faire taire. **(Se) mettre un bouchon,** se taire. **6. Bouchon de carafe** ou **bouchon,** solitaire de belle taille : *J'ai la somme, assura Gigi. Mais c'est pas certain que tes bouchons vaillent ça* (Giovanni, 1). *La patronne trône, poudrée, resplendissante, des « bouchons de carafe » aux oreilles* (Dabit, 2).

ETYM. image du vin se bonifiant dans une bouteille cachetée (1), et du détenu qui est lui aussi enfermé (2) ; quant à **envoyer le bouchon,** il y a sans doute plus ou moins confusion entre le jeu du bouchon, où il s'agit de l'approcher le plus possible sans l'envoyer, et le *bouchon* du pêcheur à la ligne, qu'il ne faut pas envoyer trop loin du bord. **1. Prendre du bouchon,** 1977 [Caradec]. **Avoir du bouchon,** 1975 [Le Breton]. **2.** 1883, G. Macé [Esnault]. **3.** 1960 [Le Breton]. **4.** 1900 [Esnault]. **5.** 1901 [Bruant]. **6.** 1894, Goncourt [TLF].

DÉR. **bouchonner** *v.i.* Se taire, dans le langage des policiers : 1975 [Arnal].

bouclage *n.m.*

Vx. **1.** Lien, menotte. **2.** Emprisonnement ; fermeture : [Le soir], *on pousse les portes, on ferme les serrures, le bouclage est terminé* (abbé Moreau).

ETYM. de **boucler. 1.** 1867 [Delvau]. **2.** 1841, Joigneaux.

bouclard ou **boucard** *n.m.*

1. Boutique, magasin : *J'aimerais mieux faire suer le chêne sur le grand trimard, que d'écorner les boucards* (Vidocq). *C'est déjà plus marle que d'aller à quatre vider le bouclard d'un confectionneur du Sentier* (Simonin, 6). **2.** Nom donné à divers lieux publics, bars, bals, cinémas, etc. : *J'avais des intérêts sur des bars, des pizzerias, des bouclards de toutes sortes et même sur des cinoches* (Houssin, 1).

ETYM. var. de **bocard** au sens 2, sous l'influence probable de **boucler. 1.** *boucard* 1800, Leclair. **2.** *bouclard* 1907 [Esnault] (forme la plus courante auj.).

bouclarès *adj.*

1. Se dit d'un lieu fermé (notamment par décision préfectorale) tel que tripot, maison close, etc. **2.** Se dit de qqn qui est enfermé : *Si je lui saute dessus, qui la secourra ? À cette heure, tout le monde est bouclarès* (Sarrazin, 2).

◆ *interj.*

Silence, assez parlé !

ETYM. il s'agit du verbe **boucler** pourvu du suff. arg. **-arès.** 1957 [PSI].

◆ *interj.* 1898 [Esnault].

boucler *v.t.*

1. Fermer. **Boucler la lourde.** ***a.*** fermer la porte ; ***b.*** refuser de parler, dans le langage des policiers : *Qu'est-ce qu'on pourrait bien y balancer pour lui faire boucler sa lourde ?* (Simonin-Bazin). **2.** Incarcérer : *Elle venait de commettre une épouvantable gaffe, se faisant prendre sans récriminer, comme si elle savait pourquoi on la bouclait* (Allain-Souvestre). **3. Boucler sa bavarde** (anc.), **sa malle, la boucler** (auj.), se taire : *Kaleb se retourna : « Vous allez la boucler, oui ? C'est un cinéma ici ou quoi ? »* (Klotz). *Quand ils étaient tous les deux, c'était toujours Kamenka qui conduisait, lui, il avait juste le droit de se faire chier et de la boucler* (Destanque).

ETYM. de **boucle**, anneau servant d'attache (dès le XIIe s.). **1.** XIVe s., Froissart. **Boucler la lourde.** ***a.*** 1841, Joigneaux ; ***b.*** 1975 [Arnal]. **2.** 1831 [Esnault]. **3. Boucler sa bavarde,** 1878 [Rigaud] ; **sa malle,** 1901 [Bruant] ; **la boucler,** 1897 [Esnault]. Ce verbe est très courant auj., presque fam. au sens 2.

bouclotte *n.f.*

Vx. Boucle d'oreille : *Ce vol « aux bouclottes » (c'est ainsi que le désignent les malfaiteurs) est facile, banal, commun : il se pratique par les femmes, qui choisissent de préférence, pour terrain de manœuvre, les squares et les jardins publics. Elles profitent de la distraction habituelle des bonnes pour attirer les petites filles de six à douze ans ; elles commencent par leur offrir une image, un bonbon, puis, sous prétexte d'examiner les boucles d'oreilles, celles-ci sont vivement enlevées et remplacées par d'autres sans valeur* (Macé).

ETYM. diminutif de **boucle (d'oreille).** 1889, Macé.

boudin *n.m.*

1. Vx. Verrou. **2.** Pneumatique d'un véhicule. **3.** Rouleau de pièces de monnaie ; gain d'une prostituée : *Il y a des kilomètres de boudin derrière elle* (Nouguier). **Avoir du boudin,** au jeu, être pourvu de cartes maîtresses. **4.** Fille trop facile par rapport aux règles du milieu : *Bon Dieu, qu'est-ce que j'ai fait le jour où j'ai sauté ce boudin !... Y aurait mieux valu me casser une patte !* (Simonin, 8) ; génér. et de façon péj., femme, maîtresse : *Personne peut imaginer qu'un type va braquer la caisse d'un supermarché en draguant un boudin au passage* (Topin). **5.** Fille grosse et peu soignée ; vieille prostituée (terme d'injure) : *Hé, boudin, grosse vache, t'es juste bonne qu'à être cocue !* (Knobelspiess) ; parfois apocopé en *boude* : *Un boude. À tout casser, vingt ans, des gros nichons de mollasse, l'aisselle cerclée d'humide, le tablier douteux* (Blier). **6.** Délateur. **7. Faire du boudin** ou **son boudin,** bouder. **8. Tourner, partir,** etc., **en eau de boudin** ou **en jus de boudin,** mal finir, se dégrader : *Six cents ouvriers en grève. Ça a fini en jus de boudin : l'usine a rouvert ses portes, et lui est resté dehors* (Van der Meersch). *Dès ce matin, en me levant, j'ai compris que tout pouvait partir en eau de boudin* (Villard, 2). **Clair comme de l'eau de boudin,** embrouillé, obscur.

ETYM. les trois premiers sens reposent sur l'analogie de forme : « objet cylindrique » ; les sens 4 et 5 viennent à la fois du « gain » (sens 3) et d'une analogie de forme et de consistance plus ou moins obscène ; le sens 6 assimile (comme souvent) le dénonciateur à une « gonzesse » ; quant au sens 7, c'est un pur jeu de mots phonétique sur la base **boud-**. **1.** 1836 [Vidocq]. **2.** 1909 [Esnault]. **3.** 1977 [Caradec] ; « gain d'une prostituée » 1899 [Nouguier]. **Avoir du boudin,** 1960 [Le Breton]. **4.** 1890 [Esnault] ; génér., 1901 [Bruant]. **5.** 1928 [Lacassagne]. **6.** 1899 [Nouguier]. **7.** 1808 [d'Hautel]. **8. S'en aller en eau de boudin**, 1793, Hébert [Larchey]. **Clair comme de l'eau de boudin,** 1894 [Virmaître].

bouffarde *n.f.*

1. Pipe : *Le Solitaire se hissa sur un tabouret et tira de sa poche une énorme bouffarde et une blague à tabac en cuir fauve* (Perrault). **2.** Fellation : *La Viviane s'est tout de suite trouvée en confiance* [...] *au point, à peine Petit-Paul tiré, de lui fignoler, en jeune fille du monde, une bouffarde soignée sur la banquette, turbin suivi avec beaucoup d'intérêt par le couple occupant la table voisine* (Simonin, 8). **3.** Vx. Lanterne sourde.

ETYM. de **bouffée** et du suff. **-arde. 1.** 1821 [Ansiaume]. **2.** vers 1930 [Cellard-Rey]. **3.** 1902, Lyon [Esnault].

DER. **bouffardière** *n.f.* **1.** Cheminée. **2.** Estaminet : 1836 [Vidocq], aux deux sens.

bouffarder *v.t.*

Fumer (la pipe) : *Blignon et moi nous étions tranquillement à bouffarder dans un estaminet de la rue Planche-Mibray* (Vidocq).

ETYM. de **bouffarde.** 1821 [Ansiaume].

bouffe *n.f.*

1. Nourriture : *La bouffe est super et les chambres de deux à quatre personnes sont climatisées* (*Libération,* 10 août 1979). **2.** Repas : *Sandrine regarda Sacco bien à fond dans les yeux : « On se téléphone et on se fait une bouffe, ou vous montez ? »* (Varoux, 1).

ETYM. déverbal de **bouffer.** mot auj. très répandu, notamment depuis le film de Marco Ferreri, *la Grande Bouffe* (1973). **1.** avant 1926 [TLF]. **2.** 1953 [Sandry-Carrère].

bouffer *v.t.*

1. Manger : *Arrive, dit-il. Si tu veux bouffer un morceau, faut te dépêcher* (Le Breton, 6). *On y tient les enfants bien au chaud, on se dispute pour qu'ils bouffent bien, qu'ils soient bien vêtus, bien instruits* (Cardinal) ; au fig. : *On est tellement bouffé par la quotidienneté avec ses violences gratuites qu'on en arrive à perdre de vue le monde de l'enfance* (Fajardie, 2). **Bouffer du curé, du juif,** etc., être violemment anticlérical, antisémite, etc. : *Sans nous, il serait devenu complètement facho. Du genre à bouffer du nègre à la sauce crouille* (Roux). **2. Bouffer du kilomètre,** se déplacer par simple goût du mouvement et du changement, sans se préoccuper du paysage. **3. En bouffer,** être indicateur de police : *Il en bouffe, il en croque, il nous vend* (Desnos). **4. Se bouffer (le nez),** se quereller, se battre : *On est tous frères. Y a pas de raison qu'on se bouffe le nez* (Van der Meersch).

ETYM. origine onomatopéique ; ce mot évoque le gonflement des joues. **1.** XVIe s., Marot. **Bouffer du curé,** 1939, A. Arnoux [TLF]. **2.** 1921, Bourget [id.] → **BOUFFEUR. 3.** 1901 [Esnault]. **4.** 1867 [Delvau].

bouffeur, euse *n.*

1. Mangeur. Vx. **Bouffeur (de blanc),** proxénète. **2. Bouffeur de kilomètres,** personne qui se déplace volontiers ; sportif épris de records de distance : *Qu'est-ce que vous voulez que fasse un homme après vingt lieues de bicyclette ou un record de vitesse de cent vingt à l'heure ? Fourbus, vidés, les moelles dans les talons, tous ces bouffeurs de kilomètres* (Lorrain).

ETYM. du verbe **bouffer. 1.** 1901 [Bruant]. **2.** 1881 [Rigaud] : sobriquet d'un chasseur de Vincennes, marcheur intrépide de l'infanterie française.

bouffi *n.m.*

Tu l'as dit, bouffi, formule d'approbation ironique : *Hé ! Juju, on est bien quand on est peinards, hein ? – Tu l'as dit, bouffi* (Demure, 1).

ETYM. ce tour s'apparente à tous ceux qui cherchent la rime, comme *un peu, mon neveu, à l'aise, Blaise,* etc. : le nom ou le prénom en apostrophe n'a pas d'autre fonction que poétique (au sens de R. Jakobson). 1907, G. Leroux [TLF]. D'abord *comme tu dis, bouffi !* 1820 [DDL, 19].

bouffon *n.m.*

Individu médiocre ou nul, malfaisant : *Ils vous font / Ces bouffons / Des discours profonds* (chanson *Polka des trottins,* paroles d'A. Trébitsch). *Tu sais ce que j'ai pensé au départ ? [...] Que tu étais un bouffon et que tu leur avais monté une arnaque* (Ravalec). *Bouffons ! Escrocs ! Fachos ! En arabe, on dit oualou : rien. Du vent* (Smaïl).

ETYM. emploi méprisant d'un mot anc. 1902, Trébitsch [Pénet], auj. relancé chez les jeunes de banlieue, puis plus largement. 1984 [Obalk].

bouger *v.i.*

Bouge de là !, va-t-en !

◆ *v.t.*

Bouger son cul ou **se bouger le cul,** se démener, faire un effort : *Ouais, dit Jack. Ça fait du bien d'se bouger l'cul, tout de même* (Roux). *C'est le huitième job qu'elle perd depuis un an. – Au moins je me bouge le cul, bougonna Julia* (T. Colin).

ETYM. loc. fortement expressives. début des années 1990 (*Bouge de là !* est le titre d'un air de rap de McSolaar, en 1991).

bougie *n.f.*

Vx. **1.** Physionomie. **2.** Canne. **3.** Pièce de cinq francs : *Nous redescendons et je lui rends sa bougie* (Claude). *Petit Juif, en veine, a amorcé une petite partie à une « bougie » par tête* (Simonin-Bazin). **4.** Carte en trop. **5. Allumer ses bougies,** expliquer ses arguments (au cours d'un interrogatoire). **6.** Année (pour indiquer l'âge de qqn) : *La vioque avait pas loin de 90 bougies.*

ETYM. diverses analogies de couleur (physionomie), de forme (canne) ; idée d'« éclairer », c.-à-d. de « payer » ou de « rendre compréhensible ». **1.** 1890 [Esnault]. **2.** 1836 [Vidocq]. **3.** 1881 [Esnault] ; Simonin et Le Breton l'ont encore utilisé dans les années 1930, mais il est désuet auj. **4.** 1902 [Esnault]. **5.** 1975 [Arnal]. **6.** 1968, Léo Ferré, mais sans doute antérieur (allusion au gâteau d'anniversaire).

bougnat ou **bougne** *n.m.*

Marchand de vins et charbon : *Il a repris tel quel le bistrot d'un ancien bougnat avec son comptoir en zinc, son percolateur modèle 1930* (Veillot). *Les patrons de bistrots, les bougnes me proposaient de comparer leurs petits crus avec mes piquettes de Grimaud, Roquebrune, Pierrefeu...* (Boudard, 5).

ETYM. aphérèse de **charbougnat,** mot pseudo-auvergnat, forgé par les Parisiens, par télescopage de **charbon** et **Auvergnat:** nombreux en effet furent à Paris les cafetiers d'origine auvergnate. 1889, Macé ; *bougne* 1892 [Chautard].

bougnette *n.f.*

Tache : *Quand on travaille, on n'a pas le temps de se pomponner... Une pierre dans mon jardin : mon chignon tient bien, mon cardigan est sans bougnettes* (Sarrazin, 2).

ETYM. arg. marseillais, du prov. **bougneto,** beignet, puis tache d'huile. 1965, Sarrazin.

bougnoul ou **bougnoule** *n.m.*

Désignation raciste du Noir et, par ext., de l'Arabe ou de tout étranger « de couleur » : *– C'est qui ? – Un bougnoul de l'OPEP. Sheikh Hakim. Ça vous dit quelque chose ? – J'ai dû le voir à la télé* (Manchette, 3). *Vous avez dû en voir de belles. – De toutes les couleurs, m'sieur. Forcé c'est plein de bougnoules qui...* (Galland).

ETYM. du ouolof **bou-gnoul,** noir (Sénégal). 1890 [Esnault] ; ce mot colonialiste a servi de bonne heure à désigner de façon insultante non seulement les étrangers, mais même des paysans bretons...

DER. **bougnouliser** *v.i.* ou **se bougnouliser** *v.pr.* Faire souche avec une Noire : 1935, Simonin-Bazin.

bouiboui ou **bouibouis** *n.m.*

1. Théâtre de bas étage ; café chantant : *En peu de temps, le Western Shop était passé du statut de « must » à celui de bouiboui* (Veillot). **2.** Maison de prostitution médiocre : *Les patrons de boui-boui, qui s'appelaient Dupont ou Durand, pouvaient aller se refaire une vie, pour M. et Mme Jamet du « One Two Two », rien à faire* (Jamet). **3.** Restaurant bon marché : *Des bouibouis s'échappent les vapeurs de couscous* (*le Nouvel Observateur,* 11 mars 1983).

ETYM. origine obscure, redoublement à caractère onomatopéique. **1.** « pitres et montreurs de marionnettes » 1854, Privat d'Anglemont ; « café chantant » 1861, Daunay [Larchey]. **2.** 1901 [Bruant]. **3.** 1983, *le Nouvel Observateur.*

VAR. **bouig-bouig** : 1847, Th. Gautier [Quemada]. **bouisbouis** : 1879, Huysmans [TLF].

bouic ou **bouis** *n.m.*

Maison de débauche : *Nous accrochâmes le canot à quai devant un petit bistrot qui tenait beaucoup plus du bouic que de l'auberge du « Cheval Blanc »* (Mac Orlan, 5). *Bon sang ! Où se cache-t-il, ce bouic de merde ! finit par miauler Lecœur* (Vautrin, 2).

ETYM. du bressan **boui,** local pour oies et canards. *bouic* 1898 [Esnault] ; *bouis* 1808 [d'Hautel]. Il n'est pas sûr que ce mot bizarre ait des liens avec le précédent, malgré la proximité de sens.

bouif *n.m.*

Cordonnier : *Pouvez-vous imaginer un seul instant que ce carton, que je ne nie pas du tout, contenait tout simplement une paire de vieilles grolles à refiler au bouif ?* (Amila, 1).

ETYM. aphérèse de **ribouis,** savetier, avec un suff. **-if** p.-ê. issu du limousin **boueifa,** balayer. 1867 [Delvau].

bouillaver ou **bouillave** *v.t.*

Posséder sexuellement : *On va les emmener sur les bords de Marne pour les bouillaver dans l'herbe* (Roubaudi).

ETYM. du tsigane **bujav.** 1953, Clébert.

bouille *n.f.*

1. Figure : *Bréjet lui-même tourna sa bouille décomposée* (Le Breton, 6). *Faut dire que ce merlu-là, avec sa bouille ronde et couperosée et son accent toulousain est notre bête noire* (Siniac, 1). **2. Une (bonne) bouille,** un naïf, une victime possible : *J'raconterais pas ça à des bouilles, à des cloches, à des bons tranchouillards comme y en a « plein dans le métier »* (Simonin-Bazin). **3.** Belote. **4.** Vieille machine à vapeur, locomotive.

ETYM. apocope de **bouillotte. 1.** 1890 [Esnault]. **2.** 1934 [id.]. **3.** 1957 [PSI]. **4.** 1917 [Esnault].

bouillon *n.m.*

1. Eau : *Le canot chavira, se retourna, fit la planche. Les deux garçons, projetés au* *bouillon, se raccrochèrent à sa carcasse* (Fallet, 1). **Boire, prendre un bouillon,** se noyer ; subir une grosse perte d'argent. **2.** Restaurant médiocre : *Lecouvreur, décidé, pousse la porte d'un bouillon. Ils entrent dans une salle où trois lustres répandent une lumière aveuglante* (Dabit). **3.** Lieu où réside habituellement un malfaiteur. **4.** Vx. **Bouillon pointu.** ***a.*** lavement; ***b.*** coup de baïonnette; ***c.*** coït, sodomie. **5.** Vx. **Bouillon chaud,** sperme éjaculé lors du coït. **6.** Vx. **Bouillon gras,** vitriol.

ETYM. emploi imagé (1) et métonymique (2): restaurant où on sert spécialement du bouillon, nourriture bon marché ; sans doute ce genre d'établissement sert-il de « Q.G. » à de petits truands, d'où le sens 3? **1.** «eau, averse et perte d'argent» 1808 [d'Hautel]; *bouillon de canard,* eau, 1866 [Delvau]. **Boire le bouillon,** mourir, 1872, *l'Éclair* [Larchey]. **2.** 1861 [id.]. **3.** 1975 [Arnal]. **4.** ***a.*** XVIIIe s., *Parodie de Zaïre* [Larchey] ; ***b.*** 1855, Layale [id.] ; ***c.*** 1864 [Delvau]. **5.** 1864 [id.]. **6.** 1883 [Fustier].

bouillotte *n.f.*

1. Tête, visage: *Se démolir la bouillotte, / C'est rien ballot* (chanson *la Belote,* paroles d'A. Willemetz et Ch.-A. Chapentier). [Renard à Corbeau :] *Si tes chocottes / Sont kif-kif avec ta bouillotte, tu es le plus girond des mectons du loinqué* (Marcus). **2.** Vx. Locomotive à vapeur.

ETYM. analogie de forme (1) et de fonctionnement (2). **1.** 1879 [Esnault]. **2.** 1901, J. Renard [TLF].

bouis *n.m.* → **BOUIC.**

boujaron *n.m.*

1. ARG. ANC. Ration d'eau-de-vie, distribuée autrefois dans la marine, puis dans les bagnes. **2.** Boisson alcoolique en général: *Tout ça serait inoffensif et plutôt sympa, mais il y a la picole, le biberon, le boujaron, comme dit Juju* (Veillot). SYN. bourgeron.

ETYM. du prov. **boujarroun,** petite mesure de fer blanc qui sert à distribuer de l'alcool aux matelots. **1.** 1792 [Romme]. **2.** 1928, L. Daudet [TLF].

boukala *n.m.* → **MOUKALA.**

boul' *n.m.*

1. Boulevard: *Nous avons brûlé Kolbus, j'viens d'le rencontrer sur le boul* (Lorrain). **Boul' Mich',** le boulevard Saint-Michel, à Paris : *Dans les cafés du Boul' Mich', les sujets des épreuves étaient vendus aux candidats d'abord 30 000 francs, puis 2 000* (Galtier-Boissière, 1). **Boul'Mann,** boulevard Haussmann : [J'aurai] *un entresol suiffard* [...] *au boul'Mann* (Méténier). **2.** Vx. **Faire les bouls.** ***a.*** racoler ou vendre sur les grands boulevards; ***b.*** flâner; faire les cent pas dans sa cellule.

ETYM. apocope de **boulevard. 1.** 1878 [Rigaud]. Claude donne les variantes *Saint-Mich* pour les étudiants, *Mich* pour les libres-penseurs. **2.** ***a.*** « prostituées » 1905 ; « camelots » 1925 ; ***b.*** 1926 [Esnault].

DER. **bouletot** *n.m.* Même sens : 1932, G. London. **Boulger** *n.pr.* Le boulevard Saint-Germain : 1888 [Villatte].

boulange *n.f.*

1. Métier du boulanger : *L'Arnaque est livrée pour que dalle ou pas grand chose par les écoles où l'on apprend la boulange* (Dégaudenzi). **2.** Argent (vrai ou faux). **3. La Grande Boulange, la Boulange aux faffes,** la Banque de France.

ETYM. déverbal du verbe **boulanger,** faire le pain. **1.** 1867 [Delvau]. **2.** 1977 [Caradec]. **3. Grande Boulange,** 1975 [Arnal]; **Boulange aux faffes,** 1881 [Rigaud].

boulanger *n.m.*

Vx. **1. Le boulanger (qui met** ou **qui fait cuire les âmes au four),** le diable: *Il faut des preuves. – Des preuves, est-ce que le boulanger en manque jamais ?* (Vidocq). → **REMERCIER.** **2. Avoir passé devant le four du boulanger,** être enceinte.

ETYM. emploi imagé et antiphrastique, le diable étant censé être noir. **1.** 1828, Vidocq. **2.** 1894 [Virmaître].

boulangère *n.f.*

Prostituée : *Le dos vert qui a su se garder par ces moyens une vraie gagneuse, une bonne boulangère, se la coule peinard* (Alexandre).

ETYM. elle gagne le « pain quotidien » de son souteneur. 1899 [Nouguier].

boule *n.f.*

1. Tête : *Levez vos paluches au-dessus de votre boule ou mon crucifix va partir tout seul !* (Burnat). **Jouer à la boule,** être guillotiné : *La raille* [...] *se fait une fête de me voir jouer à la boule* (Leclair). **Jugé à la boule,** condamné à la décapitation. **Boule de billard, boule à zéro,** crâne complètement chauve : *De mon époque, c'était réglementaire la boule de billard. Et ça n'm'empêchait pas, tondu, de faire des conquêtes* (Gibeau). *La fille se met à couper, avec le grand rasoir qui descendait en crissant le long des cheveux mouillés. « Court, je dis, la boule à zéro tu vas nous faire »* (Blier). **Coup de boule,** coup de tête brusquement donné à l'adversaire : *À peine qu'il avait dit deux mots, l'autre lui branlait un tel coup de boule en plein buffet qu'il allait se répandre sur le treuil* (Céline, 5). **Perdre la boule,** déraisonner: *Ils perdent la boule. Ils doivent tirer sur tout ce qui bouge* (Siniac, 5). **2.** Vx. **Boule (de son).** ***a.*** ration de pain de munition donnée au détenu: *La boule de son, c'est bien sec* (Méténier) ; ***b.*** visage criblé de taches de rousseur. **3. Becter des boules,** être en prison : *On m'a enchristé en me traitant de collabo. Il y a trois jours à peine que je suis revenu et déjà à becter des boules* (Malet, 15). **4.** Jour de détention. **5.** Vente importante (surtout dans la brocante). **6.** Vx. **Boule de neige,** désignation moqueuse d'un Noir. **7. Être, (se) mettre en boule,** être, mettre en colère; (s') énerver. **8. Faire boule de gomme,** lécher ou sucer les testicules, au cours d'un rapport sexuel.

◆ **boules** *n.f. pl.*

1. Fonds engagés dans une affaire ; argent : *T'as de l'osier ? – Non. J'suis sans un. Toutes mes boules sont chez moi. Et toi ?* (Le Breton, 3) ; par ext., affaires : *Ce coup de susceptibilité arrangeait pas ses boules au petit Henri, mais il le comprenait parfaitement* (Simonin, 1). **Remonter les boules de qqn,** rétablir une situation financière compromise. **2. Arriver dans les boules.** ***a.*** avoir peur ; ***b.*** arriver dans les trois premiers, en parlant d'un cheval. **3. Avoir les boules,** ne pas être dans son assiette ; être énervé, irrité : *Y a pourtant des rockys / Qu'ont dû avoir les boules / En m'voyant applaudi / Même par les babas cool* (Renaud). **Foutre les boules à qqn,** l'importuner, lui être antipathique; être angoissant, pénible à supporter, en parlant de qqch : *Ça fout les boules que des gens soient obligés de faire les poubelles pour se nourrir* (*Libération*, 14 octobre 1985). SYN. glandes.

ETYM. analogie de forme (1 et 2); au sens 7, comparaison avec le hérisson ; le sens 3 vient de l'équation « un pain = un jour de prison » ; au sens pl. 3, il s'agit d'une confusion volontaire entre les amygdales (qui peuvent obstruer la gorge) et les testicules (cf. *casser les couilles*). **1.** 1798-99, Orgères. **Boule de billard,** 1901 [Bruant]. **Coup de boule,** 1892 [Chautard]. **Perdre la boule,** 1842, Sue. **2.** ***a.*** 1835 [Esnault] ; ***b.*** 1862 [Larchey]. **3.** 1886 [Esnault]. **4.** 1628 [Chéreau]. **5.** 1867 [Delvau]. **6.** 1854, E. Augier [TLF]. **7.** par analogie de forme et de processus; vers 1860 [Cellard-Rey].

◆ *pl.* **1.** 1953 [Esnault]. **Remonter les boules,** 1976, Cordelier [Cellard-Rey]. **2.** 1975 [Arnal]. **3. Avoir les boules,** 1981, Renaud. **Foutre les boules,** 1985, *Libération.*

bouler *v.i.*

Vx. **1.** Passer, en parlant du temps. **2. La longue qui boule,** l'année en cours.

◆ *v.t.*

Repousser. **Bouler les copeaux,** refuser les clients d'un trop faible rapport financier, en parlant d'un chauffeur de taxi : *À la maraude [...], on consomme trop d'essence et on ramasse tous les « copeaux » que les stations ont boulés* (Simonin-Bazin).

ETYM. de **boule**:rouler comme une boule. **1.** 1822 [Mésière]. **2.** 1881 [Rigaud].

◆ *v.t.* 1851 [DDL 38]. **Bouler les copeaux,** 1935, Simonin-Bazin.

boulet *n.m.*

1. Boulet Bernod, désignation raciste du Noir. **2.** Vx. **Boulet à queue** ou **à côtes,** melon. **Boulet jaune,** potiron.

ETYM. d'une marque connue de boulets de charbon au sens 1 et analogie de forme (sphérique) au sens 2. **1.** 1975 [Le Breton]. **2. Boulet à queue,** 1836 [Vidocq]; **boulet à côtes,** 1847 [Dict. nain]. **Boulet jaune,** 1867 [Delvau].

boulin *n.m.*

Vx. Trou percé dans un mur à des fins de vol: *Nous sommes marrons, le boulin est rebridé* (Ansiaume).

ETYM. p.-ê. de **boule** (« forme ronde »). 1821 [Ansiaume].

bouliner *v.t.*

1. Percer (un mur ou un plafond) pour voler : *Pour elle, j'aurais bouliné la ville et la cour, quitte à être pendu par le col ou par le bizouart* (Burnat). **2.** Déchirer.

ETYM. de **boulin. 1.** 1808 [d'Hautel]. **2.** 1827 [Demoraine].

DER. **boulinage** *n.m.* Action de bouliner au sens 1 : 1901 [Bruant]. **boulineur** *n.m.* Spécialiste du boulinage : 1901 [Bruant]. **boulinoire** *n.f.* Vilebrequin : 1836 [Vidocq].

boulonner *v.i.*

Travailler dur : *S'il écrivait ses souvenirs, lui réponds-je, Alexandre est capable de donner un très grand bouquin* [...] *Faites-le boulonner, Madame !* (Galtier-Boissière, 1).

ETYM. de **boulot,** avec influence nécessaire de **boulon,** puisque *boulotter* est antérieur, et a un tout autre sens. 1897, Bercy [Sainéan].

DÉR. **boulonneur** *adj. et n.m.* Homme qui travaille beaucoup : 1899 [Nouguier]. **boulon** ou **boulonnage** *n.m.* Travail : 1895 [Esnault].

boulot *n.m.*

1. Travail qu'on effectue : *Ça roule. Le boulot a commencé et un boucan infernal nous lamine les oreilles* (Siniac, 1). **Être boulot boulot,** être très strict, très zélé dans son travail : *Dommage d'avoir à la faire bouger de là, mais boulot boulot* (Malaquais). **2.** Emploi : *À la fin de la semaine, Ernest Boyrie avisa son ami qu'il lui avait trouvé un petit boulot* (Lefèvre, 1). **3.** Ouvrier, ouvrière : *Moi, vous savez, j'suis qu'un boulot, / J'connais qu'mon travail dès le matin* (Rictus). *Mais c'est plus tranquille. Ici, c'est le quartier des boulots, des gars qui vont au charbon, c'est le cas de le dire* (Le Chaps).

ETYM. origine obscure, p.-ê. de **boulotter** au sens de « aller son train », puis « travailler » (Balzac 1837, puis 1844). **1.** d'abord *bouleau,* action, bagarre, 1881 [Rigaud], probablement sans rapport avec l'arbre. **Être boulot boulot** provient (vers 1920, selon Cellard-Rey) d'une loc. du type « le boulot, c'est le boulot ». **2.** 1955, Lefèvre. **3.** 1890 [Chautard] ; emploi métonymique (l'acteur pour l'action).

boulottage *n.m.*

Vx. **1.** Assistance à un détenu. **2.** Repas : *En avant le boulottage ! J'ai l'estomac dans les talons !* (Méténier).

ETYM. de **boulotter. 1.** 1835, Raspail. **2.** 1885, Méténier.

boulotter *v.i.*

Vx. **1.** Vivoter, aller : *Elle vit à peine les autres : tout son regard fut à Jacques : « Ça boulotte ? – Comme tu vois », répondit le garçon* (Rosny). **2.** Travailler : *Je le rencontre* [...]. *Qué qu'tu fais? qu'il me dit. – Je boulotte. Et toi? – J'ai pas d'ouvrage* (Cill).

◆ *v.t.*

1. Manger : *Augustin se demande qui peut bien avoir envie de boulotter un sandwich à la viande hachée sur le coup de neuf heures du mat'* (Demouzon). **2.** Dépenser : *J'avais pus de courage à rien, j'ai boulotté mes quatre sous* (Méténier). **3.** Vx. Assister (un détenu).

ETYM. de **bouler,** attesté en 1800 au sens de « aller son train » [Esnault]. **1** et **2.** 1844 [id.].

◆ *v.t.* **1.** 1843 [Dict. moderne]. **2.** 1885, Méténier. **3.** 1835 [Raspail].

1. **boum** *n.m.*

1. Grande activité : *Hervé avait des obligations commerciales et attendait les mortes saisons pour faire la grasse matinée. En juillet, c'était le plein boum* (Giovanni, 3). **2. Faire boum,** coïter : *Il n'ignorait certainement pas comment se pratique cette agréable chose que les petites ouvrières appellent « faire boum »* (Huysmans). **Se faire boum,** se masturber. **3.** Période de prospérité ; réussite : *Je peux dire que j'ai fait un gros boum! Si cela continue, mon engagement pour l'Olympia l'hiver prochain est dans la poche !* (Murelli). **4.** Marchand de peaux de lapins : *P'tit Pierre, qu'il me répète toujours mon dab, tant que j'aurai un souffle au cœur, tu trieras les peaux de lapin... T'es pas vexé, mon pote, qu'on soit des boums ?* (Le Dano).

◆ **boum !** *interj.*

Vx. Exclamation proférée par les garçons de café lorsqu'ils apportent les consommations : [Elle] *reçut immédiatement de son compagnon une retentissante paire de gifles que le patron de l'établissement salua d'un « Boum ! Voyez terrasse ! » dont Maurice se montra flatté* (Carco, 5).

ETYM. onomatopée reproduisant le bruit du canon, d'où idée d'intensité, de rapidité. **1.** 1947, Malet. **2. Faire boum,** 1879, Huysmans. **Se faire boum,** 1977 [Caradec]. **3.** 1934 [Esnault] ; se confond plus ou moins avec *boom,* lancement commercial, anglicisme répandu à partir des années 1930. **4.** 1973, Le Dano.

◆ *interj.* 1866, Villars.

2. **boum** *n.f.*

Surprise-partie : *J'irai plus dans vos boums, / Elles sont tristes à pleurer* (Renaud). *Ce qui tend à transformer la caravane publicitaire en une immense boum itinérante, bigarrée mais moderne* (*Libération,* 7 juillet 1981).

ETYM. aphérèse de **surboum.** vers 1965 [GR].

boumé, e *adj.*

Bien ou **mal boumé,** de bonne ou de mauvaise humeur.

ETYM. emploi adj. du participe passé de **boumer.** *mal boumé* 1953 [Esnault] ; *bien* ou *mal boumé* 1957 [PSI].

boumer *v.t.ind. et v.i.*

Convenir, plaire : *Et la Lisette lui boumait. Il l'enlaça, lui roula un patin et, l'écartant, lui sourit : « Ça a été, p'tit ? »* (Le Breton, 3). **Ça boume,** ça va : *Alors, ce rendez-vous avec Prajensky ? Ça a boumé ? – Au poil ! C'est dans la poche* (Méra).

ETYM. de **1. boum,** réussite. 1929 [Esnault].

bounty *n.m.*

TRÈS PÉJ. Personne de couleur noire : *Comme on me traite de gris, on le traite dans son dos de Bounty : chocolat dehors, noix de coco dedans, noir blanc* (Smaïl).

ETYM. emploi imagé et symbolique d'une marque de chocolat fourré à la noix de coco. 1996 [Merle].

bouquet *n.m.*

1. Gratification après coup : *Buisson a réclamé une part dans une affaire que Polledri avait « traitée » [...] et à laquelle il n'avait pas participé. Mais en tant que patron de Polledri, il désirait un petit « bouquet »* (Larue). **2.** Cadeau fait à une prostituée, en sus du tarif. **3.** Vx. Pot-de-vin préalable : *Il faut un bouquet au Vadoult pour qu'il donne l'affaire* (Ansiaume).

ETYM. équivalent métonymique de *fleur* au sens de « faveur ». **1.** 1845 [Alhoy]. **2.** 1939 [Esnault]. **3.** 1821 [Ansiaume].

bourdille *n.f.* → BORDILLE.

bourdon *n.m.*

1. Idées noires : *À la fin de chaque permission, Jo s'en retournait au camp de Satory avec le bourdon* (Lépidis). **2.** Prostituée.

ETYM. image de « l'idée noire » qui virevolte dans la tête (cf. *avoir une araignée dans le plafond*). **1.** 1915 [Sainéan]. **2.** 1849 [Halbert].

bourge *n.*

Bourgeois : *Bonne famille de petits bourges, le père est propriétaire d'un supermarché dans le quartier* (Topin).

ETYM. apocope de **bourgeois.** 1978 [George] ; ce mot est actuellement très répandu chez les jeunes.

bourgeois *n.m.*

1. Vx. Patron : *Je me fiche de mon bourgeois ! grogne le pochard dont la haine pour son patron se réveille* (Chavette). **2. En bourgeois,** en civil, en parlant d'un policier : *Mon patron entra très simplement dans la salle du premier étage, où se tenaient les conspirateurs, sanglé de son écharpe et suivi de quelques agents en bourgeois* (Goron).

◆ **bourgeoise** *n.f.*

Épouse : *Bréval, absorbé, écrivait sur ses genoux, son sac pour pupitre. « Tu le fais à l'émotion à ta bourgeoise », blagua Lemoine* (Dorgelès).

ETYM. acceptions typiquement XIXe s., reflétant l'opposition idéologique entre bourgeoisie et prolétariat. **1.** 1830, Lhéritier. **2.** 1829, Vidocq. ◆ *n.f.* 1880, Maupassant [TLF] ; dès le XVe s., selon Guérin.

bourgeron *n.m.*

Vx. Mesure de six centilitres, pour la distribution de l'alcool aux forçats : *Aucun de nous ne vit jamais la queue du bourgeron* (Humbert). SYN. boujaron.

ETYM. sans doute par confusion avec **boujaron** (v. ce mot). 1872, bagne de Nouvelle-Calédonie [Esnault].

bourgue *n.m.*

Vx. **1.** Sou : *Lâche tes trente bourgues et ne pleure pas : tu la reverras ton étable* (Dorgelès). *Frigo récupéra les dés. – Quarante bourgues à faire, reprit la voix éraillée* (Le Breton, 6). **2.** Minute (parfois fém.).

ETYM. altération de **bourque. 1.** 1901 [Bruant]. **2.** 1897 [Esnault].

bourguignon *n.m.*

Soleil : *Bien tapé, je ne dis pas non, reprit Richelot, mais v'là le bourguignon qui baisse, il est temps de bloquir* (Vidocq). *J'ai toujours aimé l'bourguignon, / I'm'sourit chaqu'fois qu'i s'allume* (Bruant).

ETYM. provient du travail des vignerons : ce mot désigne tantôt le domestique, tantôt l'astre dont la chaleur mûrit les grappes. 1821 [Ansiaume].

VAR. **bourgue,** par apocope : 1952 [Esnault].

bourin *n.m.* → BOURRIN.

bourlingue *n.f.*

1. Voyage aventureux ; vie errante : *Malcolm Lowry a mené une vie de bourlingue aussi éprouvante que l'agonie implacable du consul* (*Actuel,* décembre 1983). **2.** Vx. Licenciement d'un ouvrier. **Être dans la bourlingue,** se trouver dans une situation précaire.

ETYM. de **bourlinguer. 1.** 1920 [Sainéan]. **2.** 1878 [Rigaud]. **Être dans la bourlingue,** 1896 [Delesalle].

bourlinguer *v.i.*

Travailler durement et sans grand profit : *Oui, un qui a bourlingué au Maroc* (Arnoux).

◆ *v.t.*

1. Malmener, secouer. **2.** Vx. Licencier (un ouvrier).

ETYM. mot issu de la marine : la **bourlingue** est une voile supérieure voisine de la hune, d'où le sens premier (familier à B. Cendrars) de « voyager beaucoup ». 1861 [Esnault].

◆ *v.t.* **1.** 1898 [id.]. **2.** 1878 [Rigaud].

bourque ou **bourquin** *n.m.*

Vx. Sou : *Il y a 3 points de débine, ça nous fait 30 bourques chacun* (Nouguier).

ETYM. de l'arg. piémontais **borc,** même sens. 1899 [Nouguier].

DER. **bourcaille** *n.f. :* [id.].

bourrage *n.m.*

Bourrage de crâne, de mou, action de propager de fausses nouvelles, de désinformer : *Vichy multiplie les anecdotes du type guerre de 14 sur « les héros de l'Empire ». C'est le bourrage de crânes par mots historiques* (Werth, 2).

ETYM. du verbe **bourrer.** d'abord *bourrage de cabochon,* 1876 [Esnault]. **Bourrage de crâne,** 1916, Barbusse [TLF].

bourrasque *n.f.*

ARG. ANC. Au bagne, fouille générale : *J'avais mis ma filoche dans mon serpentin, je l'ai perdue à la bourrasque* (Ansiaume).

ETYM. dér. du sens de « grand nettoyage, sur les galères ». 1821 [Ansiaume].

1. bourre *n.m.*

Policier : *Les bourres les conduiront au poste : du poste, elles iront à Saint-Lazare pour quatre jours* (Carco, 1).

ETYM. apocope de **bourrique** ou déverbal de **bourrer (de coups).** 1920 [Bauche].

DER. **la maison Bourrmann,** la police : 1952 [Esnault]. **l'écurie Bourreman,** même sens : 1955, Simonin.

2. bourre *n.f.*

1. De première bourre, excellent, remarquable : *En fait, Kuntz était ravi. Ce que le type venait de lui apprendre... Des foultitudes d'informations de première bourre* (Coatmeur). **2. Se tirer la bourre** ou **des bourres,** se concurrencer vigoureusement, disputer un match avec âpreté : [Défi à un lutteur :] *C'est à toi, gros malin, que je veux tirer la bourre !* (Méténier). *Darrigade sprintait, Thévenet dans ses bons jours décrochait Merckx et Hinault et Fignon se tirèrent des bourres* (*Libération,* 11 décembre 1985).

ETYM. de **bourre,** amas de poils servant à faire le feutre, ou à rembourrer. **1.** 1953, Le Breton [TLF]. **2.** 1886 [Esnault]; emploi métaphorique chez les lutteurs de foire (cf. *frotter le poil, tanner le cuir,* etc.).

3. bourre *n.f.*

1. Être à la bourre, être pressé, en retard : *Immédiatement, elle téléphona, l'obtint. Il dit : « Dépêche-toi, ma belle, je suis à la bourre »* (Francos). **2.** Coït. **Bonne bourre,** souhait ironique à l'adresse d'un ami qui va à un rendez-vous amoureux. **3. Pleine bourre,** tout à fait, complètement : *Tiens, à ce moment-là, j'étais mordu pleine bourre* (Simonin-Bazin). **Être en pleine bourre,** en pleine forme : *L'air est vif, il se sent en pleine bourre et s'engage vigoureusement dans la longue course* (*Libération,* 12 juillet 1985).

ETYM. déverbal de **bourrer,** dans divers sens. **1.** 1928 [Lacassagne]. **2.** 1901 [Bruant]. **Bonne bourre,** 1935, Simonin-Bazin. **3.** 1935, id.

bourré, e *adj.*

1. Bourré aux as, bourré de fric, d'oseille ou (plus rare) **bourré,** riche : *Si ton Kurt est aussi bourré aux as que tu le dis, il peut t'offrir un aller-retour, non?* (Smaïl). *Comment t'a-t-il expliqué qu'il revenait bourré de fric, alors que tu nous avais laissés là-bas deux mois plus tôt au bord de la faillite ?* (Noro). *Paraît que ses parents sont bourrés d'oseille, mais ils viennent jamais le voir* (Le Breton, 6). *Ton camarade, répondis-je, doit y récolter de l'argent. – Oh ! il est plein, bourré, douillet... J'suis pas en peine pour lui* (Carco, 1). **2. Bourré (comme une cantine, un coin[g]),** ivre : *Il se leva et ne put* *s'empêcher de sourire en voyant son Alba complètement bourrée. « Je l'ai trouvée sur le boulevard Saint-Germain, qu'est-ce qu'elle tient la petite ! »* (Delacorta). *On était revenu dans un film typique. La vamp. Gene Tierney, bourrée comme un coing, faisant sa mijaurée* (Pouy, 3). **3.** Plombé, en parlant d'un dé.

ETYM. participe passé du verbe **bourrer,** remplir (de billets de banque, de boisson, etc.). **1.** 1927, Carco (d'abord *morlingue bourré de talbins* 1901 [Bruant]). **2.** 1935 [Esnault], jeu de mots sur *coin,* cale qu'on enfonce, et *coing,* fruit; d'abord *bourré comme un canon,* rassasié, 1808 [d'Hautel]. **3.** 1930 [Esnault].

bourre-pif *n.m.*

Coup de poing (dans le nez) : *Il y aurait peut-être seulement besoin de parler haut, de donner quelques gifles ou quelques bourre-pifs, au maximum* (Simonin, 3).

ETYM. de **bourrer** et **pif.** 1953 [Sandry-Carrère].

bourrer *v.t.*

1. Avoir des rapports sexuels avec qqn, en parlant d'un homme : *Elle m'appelait son « transbordeur » à la façon que je la bourrais* (Céline, 5). **Bourrer au petit,** sodomiser. **2. Bourrer (la gueule à) qqn,** le frapper rudement; l'enivrer : *Si je trouve l'ouverture, je lui bourre la gueule et j'en ferai de l'épluchure ! [c'est un boxeur qui parle]* (Lépidis). **3. Bourrer le crâne, le mou, la caisse,** raconter des choses fausses, en faire accroire à qqn : *Chez B… (commerçant du bourg) la radio fonctionne à longueur de journée, mais il ne l'écoute guère. « On nous bourre le crâne », me dit-il* (Werth, 2). *Ils se foutent de toi, ils te bourrent le mou et tu n'y peux rien* (Page). *Y en a qui savent bourrer la caisse, a dit Fouillard à la cantonnade… Il les aura ses galons de cabot* (Dorgelès).

◆ *v.i.*

1. Accélérer; rouler vite, en parlant d'un automobiliste ou d'un motard : *Je fais toutes les semaines Milan-Paris-Rennes. En bourrant, j'arrive à la frontière le vendredi à midi* (*Libération,* 20 février 1984). **2.** Surenchérir, au cours d'une vente publique.

◆ **se bourrer** *v.pr.*

1. S'enrichir : *Après, je l'ai planqué, placé sur des coups terribles. Il s'est bourré* (Giovanni, 1). **2. Se bourrer (la gueule),** (vx) **le torse,** s'enivrer. **3. Se bourrer la dinde,** utiliser une serviette hygiénique, pendant les règles.

ETYM. dér. de **1. bourre. 1.** sens très anc. (XVe s.). **2.** 1798 [Acad. fr.]. **Bourrer la gueule,** 1885, Méténier. **3. Bourrer le crâne,** 1907 [Esnault]; **bourrer la caisse,** 1916 [id.]; **bourrer le mou,** 1917, Werth.

◆ *v.i.* **1.** 1975 [Beauvais]. **2.** 1977 [Caradec].

◆ *v.pr.* **1.** 1935, Simonin-Bazin. **2. Se bourrer le torse,** 1833, P. Borel. **3.** 1948 [Lacassagne].

bourreur *n.m.*

Bourreur de crâne, de mou, individu qui propage de fausses nouvelles; hâbleur : *Barbusse, en face de tant de bourreurs de crânes, fut un des premiers à peindre avec un puissant réalisme leurs misères* [des soldats de 1915] *et leurs souffrances* (Galtier-Boissière, 4). *Une personnalité faible et mal assurée, prête à croire le premier bourreur de mou* (*Actuel,* septembre 1982).

ETYM. de **bourrer (le crâne, le mou).** 1902, Barrès [TLF].

bourriche *n.f.* ou **bourrichon** *n.m.*

Tête. **(Se) monter la bourriche, le bourrichon,** (s') exalter, (s') énerver : *Allons ! ne vous montez pas la bourriche ! reprit la jeune Lérande* (Rosny). *Autant profiter de la vie au lieu de poireauter dans les couloirs à s'énerver et à se monter le bourrichon en s'inventant des métastases baladeuses* (Francos).

ETYM. analogie de forme avec le panier oblong servant au transport du gibier ou des huîtres. *bourriche* 1846, *Intérieur des prisons* ; *bourrichon* 1857 [Esnault]. **Se monter le bourrichon,** 1864 [Delvau].

bourrin ou **bourin** *n.m.*

1. Cheval médiocre : *Auteuil et Longchamp m'ont coûté mille balles dans la même semaine à cause d'une paire de bourrins complètement cuits* (Lépidis). **2.** Homme ou femme trop portés sur le sexe, selon les règles du milieu : *Elle était pas bourrin, cette petite. Lui arracher un sourire, ça m'a pris près d'une demi-heure* (Simonin, 2). SYN. béguineuse. **3.** Fille ou femme sans attraits : *Mais comme il existe une formidable demande pédophile, on déguise alors des bourrins d'âge canonique en « lolitas » fatiguées* (Alexandre). SYN. boudin. **4.** Policier : *Pendant que l'officier m'interrogeait, les autres bourrins regardaient autour d'eux* (Héléna, 1). **5.** Moteur à explosion; véhicule pourvu d'un tel moteur (surtout camion ou moto).

ETYM. comparaisons dépréciatives avec l'âne (premier sens de **bourrin**). **1.** vers 1914 [Esnault]. **2** et **3.** 1896 [id.]. **4.** 1954, Héléna ; influence de **1. bourre** et de **bourrique. 5.** « moteur » 1917 [Esnault] ; « camion » 1952 [id.] ; « moto » 1975 [Beauvais].

bourriner *v.i.*

1. Courir les filles. **2.** Avoir des relations sexuelles : *Dès qu'il sort, je dis à Dominique que tu as bourriné avec sa môme* (Braun).

ETYM. de **bourrin. 1.** 1935, Simonin-Bazin. **2.** 1959, Braun.

bourrique *n.f.*

1. Policier, gendarme : *Je ne pus m'empêcher de penser à Renée pour qui, toujours, un policier était une « bourrique »* (Carco, 1). **2.** Délateur : *Nous n'avons pas intérêt à cela, répondit Entouca... Si nous parlions de vous, on nous appellerait tout de suite bourriques* (Macé).

◆ *adj.*

Méchant, sévère (notamment en parlant de juges).

ETYM. même péjoration que pour **bourrin. 1.** 1877 [Esnault]. **2.** 1880, Brissac.

bourriquer *v.t.*

1. Dénoncer (à la police). **2.** Faire l'amour à qqn : *Quant aux femmes honnêtes, il est difficile de les bourriquer, parce qu'elles ont toujours un cataplasme viril sur la motte* (Gautier).

ETYM. de **bourrique** (1) et de **bourrer** (2). **1.** 1883 [Larchey]. **2.** 1850, Gautier.

bourru, e *adj.*

Être (fait) bourru, être arrêté par la police ou dupé par un adversaire : *Il poussa presque un soupir lorsqu'il vit qui se montrait dans l'encadrement. C'était Frédo. Pauvre Quesquidi ! Lui aussi avait été bourru* (Le Breton, 1).

ETYM. dér. de **1. bourre,** d'abord au sens de « non dégrossi, inexpert ». 1952 [Esnault].

bousculade *n.f.*

Vol à la bousculade, commis en bousculant le passant qu'on croise.

ETYM. du verbe **bousculer.** 1887 [Esnault].

bousculée *adj.f.*

Bien bousculée, attrayante du point de vue physique : *Il fixait la fille. Si elle était bien bousculée, ça ne transparaissait pas lerche sous la blouse grise* (Simonin, 1).

ETYM. idée d'équilibre, de bonne répartition des formes. 1935, Simonin-Bazin.

bousculer *v.i.*

Exagérer.

ETYM. abrègement de la loc. **bousculer le pot de fleurs,** 1928 [Lacassagne].

bouseux *n.m.*

Paysan : *Léontine n'aime pas la campagne. Et moi, tu sais, les bouseux... hum !* (Mensire) ; par ext., individu médiocre : *On est les meilleurs, tous les autres sont des bouseux* (Villard, 4).

◆ **bouseux, euse** *adj.*

Qui a trait aux paysans, à la campagne : *Le samedi soir, on y danse au son d'une country music plus bouseuse que nature* (*Libération*, 28 octobre 1980).

ETYM. de **bouse,** excrément des bovins. 1919, Dorgelès [TLF]. Le fém. *bouseuse* est rare, quoique utilisé par P. Perret.

VAR. **bousoux** : vers 1885, dans l'ouest de la France [Esnault].

bousillage *n.m.*

Tatouage : *Son bras droit en plein dans la flaque de lumière, il me présentait son bousillage comme si j'eusse dû l'admirer* (Malet, 2).

ETYM. de **bousiller.** 1926 [Esnault].

VAR. **bousi** *n.m.* : 1941 et **bousille** *n.f.* : 1952 [id.].

bousiller ou **bouziller** *v.t.*

1. Abîmer, détruire : *Vingt dieux, si ce petit salaud m'a bousillé la camionnette !* (Clavel, 3). [La balle] *bousille l'encéphale et ressort un peu plus haut sur la face latérale du pariétal gauche, pas très loin de la suture* (Demouzon). **2.** Exécuter un ouvrage avec maladresse. **3.** Tuer : *Vous étiez dans le même train que le Croate, quand le Croate a été bouzillé* (Malet, 16). *Je me suis fait arrêter comme un con au moment où j'allais bousiller mon receleur qui m'avait donné lors de mon affaire, il y a dix ans* (Charrière). **4.** Tatouer : *Être bousillé, c'est avoir des tatouages* (Locard, 2).

ETYM. de **bouse** et du suff. **-iller. 1.** 1694 [Acad. fr.]. **2.** 1808 [d'Hautel]. **3.** 1897, Dauzat [Esnault]. **4.** 1926 [Esnault].

bousilleur, euse *n.*

Individu qui fait du mauvais travail : *Je n'avais eu affaire qu'à un gâte-métier, un bousilleur* (Arnoux).

ETYM. de **bousiller.** 1690 [Furetière].

bousin ou **bouzin** *n.m.*

1. Vx. Cabaret mal famé : *Je [...] m'en allai boire un pastaga perroquet aux Mandataires, noble bousin de la rue Turbigo* (Clébert, 2). **2.** Lieu de débauche, de prostitution : *Le Verechia lui aurait soufflé sa nénette, une nommée Sandra qui travaillait à Versailles dans un bousin* (Lépidis). *Du jour au lendemain j'ai vu la clientèle émigrer chez les concurrents, des sales bouzins de quat'sous* (Lorrain). **3.** Grand bruit, vacarme : *Nous f'sions du bousin, / Et chaque voisin / S'écriait : « Mais on / Perd donc la raison / Dans la maison ? »* (chanson *Plaisirs montmartrois,* paroles d'E. Lemercier). *Si tous les bons citoyens étaient tenus d'obéir à des polichinelles en pyjamas mouillés qui font du bouzin sous leurs fenêtres en pleine nuit, ça ne serait plus la peine d'être en république* (Faizant). **4.** Revolver.

ETYM. emprunt à l'angl. **bousing,** ivrognerie. **1.** 1794, Mercier [Quemada]. **2** et **3.** 1808 [d'Hautel]. **4.** 1928 [Lacassagne].

bousine ou **bouzine** *n.f.*

1. Nom donné à divers véhicules, généralement bruyants : *Cinq ombres dévalent le perron. Les phares de leur bousine sont en code. C'est le moment* (Tachet). **2.** Ordinateur.

ETYM. de **bousin. 1.** « locomotive ou camion » 1915 [Esnault] ; « moto, auto » 1938-1940 [id.]. **2.** 1975 [Beauvais].

boussole *n.f.*

1. Tête : *Bistrouille se confond d'admiration pour Gringalet : – Ce que tu as n'une boussole, tout de même !* (Bibi-Tapin). **Perdre la boussole,** devenir fou. **2.** Vx. Pommeau de canne : *Pomme la soutenante, elle a une boussole d'orient* (Ansiaume).

ETYM. analogie de forme et, au sens 1, idée d'orientation, d'équilibre. **1.** 1808 [d'Hautel]. **2.** 1821 [Ansiaume].

boustifaille ou **boustiffe** *n.f.*

Nourriture : *Quand celui-ci fut de retour, / À l'heure de la boustifaille, / Ils se partagèrent la caille* (Ponchon). *Il nous ramenait des tas de boustiffe par la porte de l'arrière-boutique... des paniers complets* (Céline, 5).

ETYM. mot dial. très répandu, formé sur **bouffer,** avec le suff. **-aille,** le mot *boustiffe* étant issu du premier par apocope. 1820, Desgranges [Sainéan].

DER. **boustifailleur** *n.m.* Gros mangeur : 1914, Gide [TLF].

boustifailler *v.t. et i.*

Manger (en grande quantité) : *J'suis gardien de nuit dans un garage... Ce soir, mes singes, ils boustifaillent dans le garage* (Machard, 2).

ETYM. de **boustifaille.** 1866 [Delvau].

bout *n.m.*

1. Pénis. **Se mettre une femme au bout, sur le bout,** pratiquer le coït avec elle. **Bout coupé,** désignation injurieuse des Juifs : *Précieusement il collectionne toutes les chansons anti-juives, [...] toutes les caricatures de « bouts coupés »* (Mirbeau). **Être mou du bout,** être sans énergie. **2. Bout de bois.** ***a.*** ivresse et, adj., ivre ; ***b.*** hélice d'avion ; volant d'automobile : *Reprends le bout de bois et quittons les lieux. Ça devient malsain* (Tachet) ; aviron : *Ça charrie. Mais il a l'œil, le Vergeron. Et je te garantis qu'y tire ferme sur les bouts de bois* (Clavel, 3). **3. Discuter le bout de gras** ou **tailler un bout de gras,** avoir une conversation avec qqn : *Et depuis cette aventure, j'allais discuter le bout de gras avec le troufion du soir, partageant parfois son plateau-repas* (Van Cauwelaert). **4.** Vx. **Bout de ficelle** ou, simpl., **bout,** congé donné par le patron à l'ouvrier : *Donner, recevoir son bout.* **5.** Vx. **Bout coupé,** cigare de cinq centimes, dont les deux extrémités étaient coupées.

◆ **bouts** *n.m.pl.*

Jambes. **Mettre les bouts (de bois)** ou **les bois,** s'en aller (souvent précipitamment) : *Ceux qu'avaient envie de trisser ils ont même pas attendu Pâques... Six externes qu'ont mis les bouts dès la fin d'avril* (Céline, 5).

ETYM. spécialisations diverses : « morceau du corps » (1), « allumette » au bout rouge comme le nez du poivrot (2), objets en bois, etc. **1.** mil. XVIIe s., Tallemant des Réaux [Delvau]. **Se mettre une femme au bout,** 1928 [Lacassagne]. **Bout coupé,** 1881 [Rigaud]. **2.** ***a.*** 1886 [Esnault] ; adj. 1918 [id.] ; ***b.*** « volant » 1895 [Petiot] ; « hélice » 1917 ; « aviron » 1919 [Esnault]. **3.** 1935, Simonin-Bazin (origine obscure). **4** et **5.** 1866 [Delvau].

◆ *pl.* 1913, Lille [Esnault]. **Mettre les bouts de bois,** 1915 [Sainéan] ; **mettre les bouts,** 1918 [Esnault].

boutanche *n.f.*

Bouteille : *Ah, ne nous fais pas affront ! Le bif, c'est pour tes globules. Mais la boutanche on se la fait à nous trois !* (Amila, 1).

ETYM. resuffixation de **bouteille.** 1889, G. Macé.

DER. **boutancher** *v.t. et i.* Boire : 1989 [Giraud]. **boutanchard, boutancheur** *n.m.* Individu porté sur la bouteille : [id.].

boutange ou **boutanche** *n.f.*

Vx. Boutique : *Sous Louis XIV, les cagoux, les marcandiers* [...] *et les courtauds de boutanges* [...] *tous coupeurs de bourses ou de jarrets* (Alhoy). [Le brocanteur :] *Fallait* [contre le choléra] *avoir une cronée de chlore dans la boutanche* (Méténier).

ETYM. resuffixation de **boutique**. 1845, Alhoy ; *boutanche* 1628 [Chéreau].

bouterole ou **bouterolle** *n.f.*

Église ; basilique.

ETYM. « sans doute primitivement ainsi nommée pour la similitude de la silhouette du Sacré-Cœur de Montmartre avec un outil de chaudronnier de forme ovoïde » (Simonin), mais il peut y avoir eu confusion avec *boutrolle* (→ BOUTIQUE). 1957 [PSI].

boutique *n.f.*

1. La (Grande) Boutique, la Préfecture de police : *Je sais bien, mon pauvre Jules, que tu as été forcé d'entrer à la boutique plutôt que de retourner au pré* (Vidocq). **2.** Organes sexuels de l'homme ou de la femme, plus ou moins exhibés : *Depardieu – il dort tout nu – se lèvera d'un bond et ira voir ce qui se passe sans penser un seul instant qu'on est là, le nez collé à la vitrine de sa petite boutique et qu'il faudrait songer à baisser la devanture en s'enveloppant dans une serviette de bain* (Sarraute). **3. Faire boutique (de) son cul,** se prostituer : *À Haïti, sous la férule des sanguinaires Tontons Macoute* [...] *les gonzesses font* boutique de leur cul *pour trois dollars* (Boudard, 2).

ETYM. emploi métaphorique et parodique (1), métonymique (2) : la vitrine pour « l'article ». **1. La Boutique,** 1829, Vidocq ; **la Grande Boutique,** 1841, Lucas. **2.** 1808 [d'Hautel]. **3.** expression antillaise imagée. 1985, Boudard (mais sûrement antérieur).

VAR. **boutrolle.** Boutique : 1800, Leclair.

boutiquer *v.t.*

Posséder sexuellement : *Le clou du spectacle a été Marie-Pierre en train de se faire boutiquer par le monstre* (Ravalec).

ETYM. de **boutique** au sens 2. 1994, Ravalec.

bouton *n.m.*

1. Vx. Passe-partout : *Mon bouton débride la lourde on ne peut mieux* (Ansiaume). **2.** Écu ; louis : *Je lui montre une nouvelle pièce. Ah ! vous encore gros bouton, s'écrie-t-il en sautant de joie* (Vidocq). **3.** Clitoris : *L'eau de mon bidet était chaude, mon bouton s'est mis à bander... je me suis branlée* (Louÿs). **Avoir le bouton qui fait robe à queue,** être très excitée sexuellement. **4. Donner des boutons à qqn,** lui donner de l'angoisse, l'énerver : *Il* [un éditeur] *commence à donner des boutons à des confrères jusqu'ici assez traditionnels* (*Libération*, 20 mars 1986).

ETYM. analogie de forme. **1.** 1821 [Ansiaume]. **2.** 1833, Vidal-Delmart [TLF]. **3.** 1864 [Delvau]. **Avoir le bouton qui fait robe à queue,** 1920 [Bauche]. **4.** vers 1980.

boutonner *v.t.*

Vx. Infliger à qqn une boutonnière : *Les surins sont défendus. Quand je serai terreur à mon tour, je ne permettrai jamais à la flotte de jouer de l'acier. Je n'ai jamais boutonné un pante qu'avec mes poings* (Claude).

ETYM. de **boutonnière.** vers 1880, Claude.

boutonnière *n.f.*

1. Blessure faite avec un couteau : *C'est un p'tit mac / Qui y a mis d'l'air dans l'estomac / En y faisant eun' boutonnière* (Bruant). **2.** Vulve. **3.** Anus.

ETYM. analogie de forme. **1.** 1859, Ponson du Terrail [TLF]. **2.** 1797 [Esnault]. **3.** 1847 [id.].

bouzille *n.f.* ou **bouzillage** *n.m.*

Tatouage : *Le môme Riton, y semblait pas en bon état non plus. Sans ma certitude de le trouver ici, j'aurais eu de la peine à le reconnaître, sauf à ses bouzilles* (Simonin, 2). *D'indomptables truands affichaient cette piété filiale par un bouzillage grand format sur le pectoral gauche* (id., 6).

ETYM. de **bousiller,** tatouer. 1953, Simonin.

bouziller *v.t.* → BOUSILLER.

bouzin *n.m.* → BOUSIN.

bouzine *n.f.* → BOUSINE.

boxon ou **boxif** *n.m.*

1. Maison de passe : *Il va au boxon et donne cent sous à une négresse* (Paraz, 1). *Il releva le col de son pardessus et prit la direction du Louis*

XV. Un ancien boxif qui, depuis la fermeture, s'intitulait cabaret mondain (Bastiani, 1). **2.** Désordre, pagaille : *Mais qu'est-ce qui vous a pris de venir mettre un pareil boxon dans la vie de ce pauvre Hugo?* (Granotier). **3.** S'emploie comme juron : *Je peux pas laisser tomber les copains, quoi, merde ! On a monté le truc ensemble, faut être loyal, quoi, boxon !* (Siniac, 3). SYN. bordel (aux trois sens).

ETYM. resuffixation arg. de **bocard.** *boxon* 1856 [Larchey] ; *boxif* 1977 [Caradec].

VAR. **boççon :** 1811 [Esnault]. **boccif :** 1938 [id.]. **bocson :** 1828, Vidocq.

boyau *n.m.*

Vx. **Avoir toujours des boyaux vides** ou **un boyau de vide,** être toujours affamé ou assoiffé.

ETYM. image pittoresque pour désigner le boulimique ou l'alcoolique. « affamé » 1867 [Delvau] ; « assoiffé » 1894 [Virmaître].

boyautage *n.m.*

Syn. de rigolade : *Une voix, venant de l'autre bout de la salle, domina un instant le boyautage général* (Simonin-Bazin).

ETYM. de **se boyauter.** 1935, Simonin-Bazin.

boyautant, e *adj.*

Très drôle : *Ça, c'est boyottant !... V'là la Cerveau et sa môme... C'te rencontre !* (Machard, 2).

ETYM. du verbe **se boyauter.** 1901 [Bruant].

boyauter (se) *v.pr.*

Se tordre de rire : *Eh ! lui crie encore mon indomptable maîtresse en se boyautant comme une petite folle. Sbire de mon cœur, à un de ces quatre !* (Tachet).

ETYM. de **boyau :** rapprochement pop. fréquent entre le rire et l'abdomen. 1901 [Bruant].

boye *n.m.*

ARG. ANC. Forçat chargé des bastonnades.

ETYM. de l'ital. **boja,** bourreau. 1836 [Vidocq].

boyeau ou **boyau** *n.m.*

Vx. Seau : *Des boyeaux où fumait une bouillie roussâtre, avaient passé [...] On mangeait la soupe* (Humbert).

ETYM. origine obscure. 1880, Humbert.

bracelet *n.m.*

ARG. ANC. Manille couplant par le pied deux détenus ou entravant le condamné envoyé au bagne.

◆ **bracelets** *n.m.pl.*

Menottes : *Se retournant vers les gardiens de la paix, il leur ordonna : – Allez, embarquez-le... Les bracelets, fouille complète, et vous l'enfermez au trou* (Knobelspiess).

ETYM. comparaison ironique. 1828, Vidocq.

◆ *pl.* 1889, Macé ; d'abord *bracelets de soie,* anneaux mis aux poignets et reliés par une courte chaîne, 1800, Leclair.

braco *n.m.*

1. Braconnier : *Tu leur diras que c'est un braco qui chassait en nocturne le gros* (ADG, 7). **2.** Auteur de vols à main armée.

ETYM. apocope de **braconnier** et de **braqueur. 1.** 1957 [Sandry-Carrère]. **2.** 1994, *Libération.*

bradillon *n.m.* → **BRANDILLON.**

braguette *n.f.*

Prostituée expéditive, travaillant sous les portes cochères.

ETYM. audacieuse métonymie : la partie du vêtement pour l'opératrice. 1977 [Caradec].

braisard, e, braisé, e ou **braiseux, euse** *adj.*

Vx. Riche : *Nini, belle et intelligente comme il la sait, peut trouver un « type braisard », et elle sera lancée* (Hirsch). *Ceuss'-là y gagn'nt cinq cigues par mois / Et veul'nt la faire aux mecs braisés* (Rictus, 2). *Quand on n'est pas braiseux d'naissance, / Pour viv' faut ben truquer un peu* (Bruant).

ETYM. de **braise.** *braiseur* 1866 [Delvau] ; *braiseux* 1879, Gill ; *braisé* 1897, Rictus ; *braisard* 1903 [Esnault].

braise *n.f.*

Argent : *Donc, c'est pas fini, nous n'avons qu'une partie de la braise... le partage, demain soir...* (Allain-Souvestre). *Quand l'patron pour vous mettr' à l'aise / Se débine avec tout'la braise...* (chanson *Faut bien qu'on vive,* paroles de C. François, 1935).

ETYM. métaphore : l'argent est ce qui fait chauffer la marmite ; pourrait venir aussi de **braise,** miette (mot lyonnais). 1783 [Esnault]. Ce mot

est d'emploi vieilli (absent de Le Breton et Simonin).
VAR. **braize**: 1836 [Vidocq].
DER. **braiser** ou **braisiller** *v.i.* Payer: 1867 [Delvau].

brancards *n.m.pl.*
1. Jambes (souvent considérées dans la position horizontale): *J'avais le palpitant en excès de vitesse et les brancards comme des méduses* (Pelman, 1). **2. Ruer dans les brancards,** être très active au moment du coït.
ETYM. emploi métaphorique, souvent avec une connotation érotique. **1.** 1833 [Esnault]. **2.** 1894 [Virmaître].

branché, e *adj. et n.*
1. Qui est au courant de qqch: *Il y a ici* [dans un centre anticancéreux] *des mots de passe que le branché vraiment branché apprend très vite mais qui, ce jour-là, me semblaient du martien* (Francos). **2.** Qui est à la mode: *Ludo tomba effectivement sur David en allant boire un verre avec Julia dans un bar branché* (T. Colin). **3. Être branché,** se trouver en état de réceptivité. **4.** Vx. **Être branché (en garni),** loger dans un appartement meublé.
ETYM. comparaison ironique avec l'oiseau au sens 3, cf. *être comme l'oiseau sur la branche*; au sens 2, il y a comparaison de l'homme avec un appareil électronique; au sens 1, il s'agit essentiellement d'être branché sur l'actualité ou la mode. **1.** 1984 [Obalk]. Cet adj., dans le vent, fait partie d'un arg. «culturel» peut-être éphémère. **2.** 1986 [Merle]. **3.** 1966 [DFC]. **4.** 1864, Goncourt [TLF].

brancher *v.t.*
1. Mettre en relation, en rapport (d'affaires, d'amour, etc.) deux personnes: *C'est auprès de lui qu'il te faudra te rendre utile... Belzébette va te brancher sur lui* (Bastid-Martens, 1). **2.** Attirer physiquement: *Tu peux toujours crever, l'infirme, tu ne les branches pas* (Pouy, 3). *Hein, il te branchait bien le beau Xavier. Les autres aussi, je les branchais bien* (Granotier). **3.** Racoler pour une aventure: *L'aventure du prince et de l'actrice avait révélé au monde abasourdi comment un prince de la Couronne branche l'actrice qui lui plaît* (*Libération*, 29 juillet 1981). **4.** Concerner, intéresser: *Le problème, c'est que je hais le tennis et les militaires. Y a que la poésie qui me branche un peu* (Pouy, 1).

◆ **se brancher** *v.pr.*
Se brancher sur, entrer en étroite relation avec: *Là, elle s'est branchée, mine de rien, sur une conversation très animée entre deux clientes qui déballent, pas gênées, leurs paquets d'ovaires, de trompes, d'ovules* (Sarraute).
ETYM. métaphores techniciennes et expressives, empruntées aux domaines de l'électricité et de l'électronique. **1.** 1954 [Esnault]. **2, 3** et **4.** années 1980.
◆ *v.pr.* 1939, M. Aymé [TLF].

brandi *n.m.*
Tapage: *Entre frères, vous n'avez pas honte de venir faire ce brandi dans la maison d'un mort qui est encore chaud!* (Bastiani, 1).
ETYM. probablement du prov. **brandar**, remuer. 1960, Bastiani.

brandillon ou **bradillon** *n.m.*
Bras: *Je l'ai calmée d'instinct, ma main sur la sienne qui me tenait le brandillon* (Dégaudenzi). *Elle nous tendait les bradillons qui portaient un poids terrible de breloques de diams et de pièces de vingt dollars* (Trignol).
ETYM. de **brandiller,** balancer avec influence de **bras** pour la seconde forme. *brandillon* 1902, Lyon [Esnault]; *bradillon* 1953 [id.]. Cette dernière forme, mentionnée comme rare par Esnault, est la seule qui figure chez Simonin et Le Breton. P. Perret utilise, quant à lui, *brandillon.*

brandon *n.m.*
Pénis.
ETYM. métaphore avantageuse, qui évoque le feu du désir. 1864 [Delvau].

branlante *n.f.*
Vx. Croix d'or suspendue au cou: *L'une des femmes* [...] *avait au col un velours noir, avec une branlante au bout* (Orgères).
ETYM. du verbe **branler,** remuer. 1797, Orgères.

branlée *n.f.*
1. Correction infligée à qqn: *Petit morveux, s'emporta Grandvallet, tu vas voir, moi, je vais te foutre une branlée* (Vautrin, 1). **2.** Action de se masturber.
ETYM. de **branler. 1.** vers 1960 [Cellard-Rey]. D'abord (1916) au sens militaire de « escouade », par jeu de mots sur *secouer* [Esnault]. **2.** 1936, Céline.

branler *v.t.*

1. Faire (sens très large) : *C'est la mentalité de Busin : « Vous branlez rien, bande de feignants, on est en retard, au boulot ! »* (*Libération*, 14 mai 1979). *Rappelle-moi un peu ce que tu branlais à Lons-le-Saulnier* (Grancher). **N'en avoir rien à branler,** s'en moquer complètement. **2.** Masturber : *Même dans son village, en Picardie, il doit tenir un peu le même rôle... on doit le brocarder... à l'école, ses copains devaient le branler à blanc, lui faire des misères épouvantables* (Boudard, 5).

◆ **se branler** *v.pr.*

1. Se masturber : *Près de la lampe, il trouva un mouchoir chiffonné, et raide. « C'est plein de sperme, ça... lâcha-t-il d'une voix détachée. Mesclin se branlait en reluquant des cochonneries »* (Jonquet, 1). **2. Se les branler** ou **se branler les couilles,** ne rien faire, paresser. **3. S'en branler,** s'en moquer complètement : *Il s'en branle au fond de c'qui m'arrive cette nuit, comme il se branle de moi dès que je ne représente plus des biftons* (Cordelier).

ETYM. spécialisation d'un vieux verbe (1100) signifiant « agiter, secouer ». **1.** vers 1950. **N'en avoir rien à branler,** vers 1960. **2.** 1864 [Delvau].

◆ *v.pr.* **1.** fin du XVIIe s. [Cellard-Rey]. **2. Se branler les couilles,** 1920 [Bauche] ; **se les branler,** 1953 [Sandry-Carrère]. **3.** 1953, Simonin [TLF].

DÉR. **se branlotter** *v.pr.* Se masturber : début du XVIIIe s. [Cellard-Rey]. **se branlocher** *v.pr.* Même sens : 1930 [id.].

branlette *n.f.*

Masturbation : *Je me réveillais le braquemart en l'air, en feu. La branlette, c'est tout de même pas la panacée* (Boudard, 5). *Pour remédier à la stérilité masculine, la branlette est réhabilitée par la science* (*Libération*, 8 janvier 1981).

ETYM. de **branler** au sens sexuel. 1936, Céline, mais *branlotte* dès 1864 [Delvau].

VAR. **branlage** *n.m.* : 1920 [Bauche].

branleur *n.m.*

1. Jeune garçon. **2.** Individu peu sérieux, sur qui on ne peut compter : *On fait salon ? C'est le thé à la marquise, ou quoi ? Allez, au boulot, bande de branleurs !* (Monsour).

◆ **branleuse** *n.f.*

1. Petite fille, gamine. **2.** Fille ou femme aimant pratiquer la masturbation sur son partenaire : *T'es un vrai p'tit julot. Déjà deux branleuses accrochées à ta braguette, bravo* (Jaouen). **3.** Vx. **Branleuse de gendarme,** repasseuse.

ETYM. de **branler. 1.** 1977 [Caradec]. **2.** 1942, Meckert.

◆ *n.f.* **1.** 1977 [Caradec]. **2.** 1864 [Delvau]. **3.** 1867 [id.] ; *le Gendarme* était une marque de fer à repasser.

branque *adj. et n.*

1. Qui se laisse facilement berner, sot : *Les deux potes en restaient tout branques, avec, dans l'esprit de Tony, un élément dominant d'inquiétude* (Simonin, 1). **2.** Se dit d'un homme insensé, fou : *Est-ce que tu te sautes ta mère ? – T'es branque, mon vieux. Tu me trouves une tête à ça ?* (Spaggiari). *De quoi ils se mêlent, ces branques, de quoi, renauda le malfrat* (Bastiani, 1).

◆ *adj.*

Se dit de qqch de stupide : *Pourquoi tu rigoles ? me demande-t-elle. – L'idée de faire un casse avec toi... Ça me semble branque* (Conil).

◆ *n.m.*

1. Vx. Âne. **2.** Client d'une prostituée.

ETYM. du piémontais **branci,** âne. **1** et **2.** 1899 [Nouguier] ; d'abord « mauvais ouvrier » 1890 [Esnault].

◆ *adj.* 1947 [Esnault].

◆ *n.m.* **1.** 1836 [Vidocq]. **2.** 1948 [Lacassagne].

branquignol ou **branquignolle** *adj. et n.m.*

Se dit d'un individu peu sérieux, sur lequel on ne peut compter : *Dis-lui que son truc ne m'intéresse pas. C'est pas le moment d'aller se mouiller avec des branquignols* (Grancher). *Quel branquignolle que tu fais, vint dire Latrique au Capucin* (Simonin-Bazin). [Le loup à l'agneau :] *Me prends-tu pour un mec branquignolle ?* (Marcus).

ETYM. mot-valise, à partir de **branque** et de **guignol.** 1899 [Nouguier]. Ce mot a été relancé en 1948 par le succès de la pièce de R. Dhéry : *les Branquignols.*

DÉR. **branquignolage** *n.m.* Futilité : 1899 [Nouguier]. **branquignoler** *v.i.* Se livrer à de petits vols : [id.]. **branquignoleur** *n.m.* Voleur sans envergure : [id.].

braquage *n.m.*

Attaque à main armée (notamment d'une banque, d'un magasin, d'un convoyeur de fonds, etc.) : *Je veux dire : un coup sérieux, pas*

un braquage de station-service ou un casse de pharmacie (Pagan).
ETYM. de **braquer.** 1941 [Esnault].
VAR. **braque :** 1984, *Actuel.*

braquemard ou **braquemart** *n.m.*
Pénis : *Quand votre braquemard de fatigue brisé/Sur vos roustons vidés pendra, inerte, usé* (Plaisir des dieux). *Le même sentiment d'incomplétude qu'il ressent à toiser les braquemarts publicitaires des Africains des Sablons ou de Dauphine* (de Goulène).
ETYM. métaphore glorieuse, le **braquemard** (vieux mot d'origine néerlandaise) étant une épée courte. vers 1530, Rabelais.

braquer *v.t.*
1. Mettre en joue : *Et maintenant il me braquait. Pas la peine d'insister, les pommes étaient cuites* (Héléna, 1). **2.** Attaquer à main armée un établissement où se trouve de l'argent, en particulier une banque : *T'es soupçonnée de vouloir braquer la boutique de ton père, lâcha-t-il, la voix rauque* (Topin) ; et, absol. : *Danielle a acheté un petit jouet, un petit revolver en plastique. Et à visage découvert, en plein après-midi, elle a commencé à braquer* (*Libération,* 4 février 1981).
ETYM. origine obscure, sans doute liée au mot **bras. 1.** 1930 [Esnault]. **2.** vers 1980 (sens encore absent de Le Breton en 1975).
VAR. **braquouser** *v.t.* Braquer (une arme) : 1947 [Esnault].

braqueur *n.m.*
Voleur à main armée : *On peut devenir braqueur, mais casseur, on l'est de naissance ou pas du tout* (Bastiani, 4).
ETYM. de **braquer.** 1947 [Esnault].

bras *n.m.*
1. Vx. **Avoir les gros bras,** être redoutable. **2. Un gros bras,** un homme vigoureux (volontiers menaçant) : *La porte de l'escalier et celle de l'ascenseur qui donnaient dans notre appartement du septième fermaient par un verrou intérieur. Même avec un passe, les gros bras pouvaient toujours essayer de s'y frotter* (Jamet). **Faire** ou **jouer le(s) gros bras,** chercher à intimider l'adversaire en affichant sa force : *Si tu veux jouer les gros bras, il faudra te lever de bonne heure !* (Daeninckx). SYN. rouler les mécaniques. **3. Bras d'honneur,** geste de mépris fait avec les deux bras et censé suggérer qu'on sodomise celui à qui on s'adresse ; geste de défi insultant en général : [Les rapatriés] *ont voulu donner à leur bulletin de vote une connotation de colère et faire, en quelque sorte, un bras d'honneur à tous les grands partis* (*le Monde,* 9 juillet 1984). **4. Avoir les bras retournés** ou **à la retourne,** être paresseux : *Y n'marche pas pour turbiner/Il a les bras r'tournés !* (chanson *Il a les bras r'tournés,* paroles de C.-L. Pothier et H. Varna, 1927). **5. Repartir, revenir** ou **rentrer avec sa bite** ou **sa pine sous le bras,** rentrer bredouille d'une rencontre amoureuse : *Marthe, éblouie, au comble de la confusion, accepte d'abord, puis elle se reprend* [...]. *Donc, Antonio rentre chez lui la bite sous le bras* (Boudard, 2).
ETYM. le bras musclé, le biceps sont pris comme symboles de la vigueur physique. **1.** 1873 [Esnault]. **2.** 1924, Fresnes [id.]. **Faire le gros bras,** 1953 [Sandry-Carrère] ; *meg aux gros bras* 1880, Brissac. **3.** 1960, Lartéguy [GR]. **4.** 1920 [Bauche]. **5. Repartir avec sa bite sous le bras,** 1953 [Sandry-Carrère] ; **revenir avec la pine sous le bras,** 1960 [Le Breton], art. *pine.*

brasseuse *n.f.*
Vx. Serveuse de brasserie qui est en même temps prostituée : *Alors les Alphonses règlent leur compte avec leurs marmites, filles ou brasseuses des deux rives* (Claude).
ETYM. de **brasserie.** vers 1880, Claude.

bravo *interj.*
Faire bravo, crier bravo, avoir les miches qui font bravo, avoir peur.
ETYM. évocation du tremblement causé par la frayeur. 1938 [Esnault]. **Avoir les miches qui font bravo,** 1957 [PSI].

break *n.m.*
1. Séparation : *Dix sacs il se proposait de lui refiler au moment du break : violette du souvenir, à convertir en fanfreluches* (Simonin, 1). **2.** Pause.
ETYM. emprunt à l'angl. **1.** 1958, Simonin. **2.** 1986 [Merle] ; terme de musiciens.

Bréda-street, Bréda-square ou simpl. **Bréda** *n.pr.*
Vx. Quartier « chaud » de Paris, aux alentours de la rue Notre-Dame-de-Lorette et de la place Saint-Georges : [Les filous à l'américaine proposent à leur dupe] *d'aller voir quelque déité de Bréda-square* (Paillet). *Toutes ces dames du quartier Bréda ont du bi-*

blot ; les danseuses en ont ; ma portière en possède aussi (Mornand, *in* Larchey).

ETYM. variations snobs sur la place Bréda, auj. place Gustave-Toudouze (9e arrondissement). *Bréda-street* 1855, Paillet ; *Bréda* 1862 [Larchey], art. *biblot*.

bredoche *n.f.*

Vx. Liard : *C'est un pannezard, il n'a pas dix bredoches en valade* (Ansiaume).

ETYM. origine obscure. 1821 [Ansiaume].

brêle *n.*

Individu têtu, borné : *Il hurlait : – Bande de brêles ! Non ! mais vous êtes complètement mirots !* (Siniac, 5).

ETYM. de l'arabe algérien **bgel**, mulet, d'abord *n.m.* 1952 [Esnault] ; injure répandue dans un contexte militaire.

brelica *n.m.*

Arme à feu : *À son poing, un rasif étincelait. Non moins vif, le gros venait de sortir un brelica* (Le Breton, 2).

ETYM. verlan de **calibre.** 1953, Le Breton.

breloque *n.f.*

Pendule ou montre : *Renée Vivien, de fauche ce jour-là, ne récolta qu'une breloque d'argent au bout d'une chaînette* (Bernheim-Cardot).

◆ **breloques** *n.f.pl.*
Testicules.

ETYM. origine peu claire, probablement dialectale. 1836 [Vidocq].
◆ *pl.* 1901 [Bruant].

brême *n.f.*

1. Carte à jouer : *De Richemond tira une bouffée paresseuse et, d'un pouce habitué, souleva les brèmes. Personne n'aurait pu lire la moindre indication sur son visage impassible quand il rangea sa donne* (Klotz). **Taper la** ou **les brêmes,** jouer aux cartes : *T'en va pas, dit Papillon. On va taper un peu la brême* (G. Arnaud, 2). *Les autres halètent en tapant leurs brêmes, prêts à s'égorger pour un demi-louis* (Thomas, 1). **2.** Papier officiel comportant l'identité (carte de prostituée, de policier, d'identité, passeport, etc.) : *Je suis représentant en trousseaux. J'ai une brême de commerce et tout et tout* (Trignol). *Pour subsister, avoir un boulot, une carte d'alimentation, valait mieux s'inscrire quelque part, prendre une brême estampillée de svastika* (Boudard, 6). **Être en brême,** pour une prostituée, être inscrite dans les fichiers de la police des mœurs. **3.** Télégramme. **4.** ARG. ANC. Ration de vin du forçat.

ETYM. p.-ê. image, à partir de **brème**, poisson large et plat. **1.** 1821 [Ansiaume]. **2.** 1841, Lucas [Sainéan]. **3.** 1952 [Esnault]. **4.** 1850 [Esnault] ; jeu de mots sur *quarte*, ration de 48 centilitres, et *carte,* brême.

DÉR. **bremmier** *n.m.* Fabricant de cartes à jouer : 1836 [Vidocq]. **brêmard** *n.m.* Petit télégraphiste : 1952 [Esnault]. **brêmeur** *n.m.* Joueur de cartes : 1875 [Rabasse]. **brêmer** (rare) *v.i.* Jouer aux cartes : 1887 [Esnault].

bretelle *n.f.*

1. Remonter les bretelles à qqn, lui faire d'énergiques remontrances, le remettre à sa place : *Les spéculations, les suppositions, tout cela ne sert qu'à vous faire remonter les bretelles par vos supérieurs* (Lion). **2. Avoir qqn sur les bretelles,** être obligé de le supporter : *Des représentants, démarcheurs, placiers en tout genre, il leur en arrive sur les bretelles du matin au soir...* (Boudard, 5). **En avoir par-dessus les bretelles.** ***a.*** être excédé ; ***b.*** s'ennuyer. **3.** Système d'écoute téléphonique : *Deux retraités de la gendarmerie et un détective privé qui s'apprêtaient à poser une bretelle rue de la Vacquerie à Paris* (*Libération*, 4 mars 1993).

ETYM. images plaisantes, qui associent étroitement cet élément vestimentaire à l'individu lui-même. **1** et **2.** contemporain. **En avoir par-dessus les bretelles.** ***a.*** 1808 [d'Hautel] ; ***b.*** 1901 [Bruant]. **3.** 1977, ADG.

breton *n.m.*

1. Vx. Argot : *Nous reçûmes, l'Enchantin* [de Dourdan] *et moi* [Ringette, d'Auneau] *une lettre en breton, que nous écrivit Cousin, portant que nous vinssions à Olivet* (Orgères). **2.** Coup de tête porté dans l'estomac ou le visage. On rencontre aussi **coup de tête de Breton, donner un coup de tête en breton, à la bretonne, à la brestoise :** *Il se désignait tout seul pour un coup de boule cyclone, en priorité. Je le lui ai administré, à la brestoise, en éclair* (Simonin, 2).

ETYM. emplois spécialisés du mot usuel. **1.** 1795, Orgères (le breton semble être pris ici comme symbole d'une langue incompréhensible : cf. *baragouin*, mot d'origine bretonne). **2.** 1891 [Esnault]. Ce sens est probablement lié à un fait anecdotique, et peut-être au thème de la dureté d'une tête de Breton.

bréviaire *n.m.*

1. Indicateur des rues de Paris utilisé par les agents de police. **2. Bréviaire d'amour,** organe sexuel féminin.

ETYM. comparaison humoristique avec le petit livre noir dont les curés ne se séparaient jamais. **1.** vers 1950 [Esnault]. **2.** 1901 [Bruant].

bric *n.m.*

Maison close: *Tante Yvonne tenait une « maison » dans le quartier Saint-Paul, rue des Écouffes. Un bric de douze pensionnaires* (Lépidis).

ETYM. sans doute du slang américain **brig**, prison. 1890 [Esnault].

bricard *n.m.*

1. Brigadier: *Y a eu des gnons. Il a sonné un bricard* (Clavel, 3). **2.** Surveillant de prison (on emploie aussi la forme abrégée **bric**): *Hier il était encore au premier étage mais le bricard a éparpillé la cellule. Je sais pas où il a atterri* (Mariolle).

ETYM. de **brigadier**, d'abord apocopé en **brig**, puis **bric** et ensuite resuffixé avec le suff. péj. **-ard. 1.** 1931 [Esnault]. **2.** 1947, Fresnes [id.]; d'abord *bric* 1926 [id.].

bricheton *n.m.*

Pain: *Une sacrée bonne idée qu'il avait eue d'emporter avec lui, la veille, le sauciflard, le bricheton et le pichtegorne de la vioque* (Grancher). SYN. briffeton, brignolet.

ETYM. de l'anc. fr. **briche**, morceau de pain (même origine que **brique**), d'où **brichet**, pain du berger (1842, Eure), avec le suff. **-on** (cf. *croûton, gorgeon*). 1878 [Rigaud].

VAR. **brigeton:** 1867 [Delvau].

DER. **brichetonner** *v.i.* Bien manger: 1915 [Esnault].

bricole *n.f.*

1. Vx. Double courroie servant à immobiliser les bras des malfaiteurs capturés. **2. C'est de la bricole,** se dit d'un travail ou d'un objet insignifiant, sans valeur. **3.** Louage et réparation de voitures, dans une petite compagnie de taxis: *Viens travailler à « la bricole ». Au moins là tu seras pas déguisé et tu gagneras convenablement ta vie* (Simonin-Bazin). **4.** Activité sexuelle, coït: *Elle se mit à onduler du fion. Pour des clous. Liski ne la vit même pas. Il était loin de songer à la bricole* (Le Breton, 3).

◆ **bricoles** *n.f.pl.*

Ennuis (plus ou moins graves): *Il va t'arriver des bricoles.* **Faire des bricoles à qqn,** le soumettre à des sévices graves.

ETYM. au sens 1, détournement d'un terme technique, «élément du harnais d'un cheval»; aux autres sens, idée de va-et-vient, issue du sens militaire de « catapulte ». **1.** 1899 [Virmaître]. **2.** 1878 [Rigaud]. **3.** 1935, Simonin-Bazin. **4.** 1954, Le Breton.

◆ *pl.* 1977 [Caradec].

bricoler *v.i.*

Travailler occasionnellement; se livrer à de petites activités plus ou moins licites: *Qu'est-ce qu'ils peuvent foutre à présent? Il les suivait un instant du regard, et concluait: Ça bricole, voilà tout* (Carco, 8).

◆ *v.t.*

1. Faire des caresses intimes à qqn: *C'était exactement le genre de sœur à se faire des extras au petit matin avec les derniers clilles de la boîte. Elle devait les bricoler, là, vite fait, dans son domaine* (Le Breton, 3). **2.** Soumettre qqn à des sévices.

ETYM. de **bricole.** 1860, Privat d'Anglemont.

◆ *v.t.* **1.** 1864 [Delvau]. **2.** vers 1980.

bricoleur *n.m.*

1. Individu instable et dont le travail laisse à désirer, quant à la régularité et à la finition. **2.** Malfaiteur sans envergure. SYN. demi-sel.

ETYM. de **bricoler. 1.** 1854, Privat d'Anglemont. **2.** 1867 [Delvau].

bricolier *n.m.*

Loueur ou chauffeur de taxi travaillant « à la bricole »: *Vois-tu, c'est pas intéressant de « faire la noire » chez un « bricolier »* (Simonin-Bazin).

ETYM. de **bricole.** 1935, Simonin-Bazin.

bride *n.f.*

Vx. **1.** Chaîne de montre: *Il y avait pourtant de belles foufières, des coucous, des brides d'orient* (Vidocq). **2.** Syn. de cadène, aux deux sens. **3.** Serrure. **4.** Interdiction de vendre sur la voie publique. **5.** Apostrophe injurieuse.

ETYM. mot d'origine germanique. **1.** 1821 [Ansiaume]. **2.** 1835 [Raspail]. **3.** 1926 [Esnault]. **4.** 1901 [Bruant]. **5.** 1877, Zola [TLF].

brider *v.t.*

1. Fermer (une porte, un coffre, un volet): *La marque crible au charron, bride la lourde de* *la longue* (le Rat du Châtelet). **2.** Ferrer au cou un condamné. **3.** Notifier une interdiction à un forain ou à un camelot. **4.** Créer une gêne à qqn, lui faire obstacle : *Monsieur prétendait brider les autres et calcer en exclusivité les mignonnes* (Simonin, 5). **5.** Tromper.

ETYM. de **bride. 1.** 1628 [Chéreau]. **2.** 1836 [Vidocq]. **3.** 1887 [Esnault]. **4.** 1896 [Delesalle]. **5.** 1931, Pourrat [TLF].

bridon *n.m.*

Vx. **1.** Liard. **2.** Chaîne de montre.

ETYM. de **bride. 1.** 1800, Leclair. **2.** 1899 [Nouguier].

briffe *n.f.*

Nourriture, repas : *Pour la mairie, faut pas compter sur moi, ni pour le cureton, mais pour la briffe, j'y serai et même un peu là* (Plaisir des dieux). **Passer à (la) briffe,** aller manger. (On rencontre aussi **aller chez Briff'** ou **chez Briffmann.**)

ETYM. déverbal de **briffer.** d'abord « gros morceau de pain » 1798 [Acad. fr.], puis « gras double » 1872 [Larchey]; « nourriture » 1879, Huysmans [TLF]. **Passer chez Briff,** 1880 [Larchey]; **passer à briffe,** 1881 [Rigaud] ; **aller chez Briff,** 1901 [Bruant].

briffer *v.t.*

Manger (génér. avec avidité, goinfrerie) : *J'étais en passe de briffer les restes des chiens avec un petit quelque chose de canigou* (ADG, 1). *Le soir, je briffe avec mon dab chez Bicherit, le bistrot [...] Qu'est-ce que je me tasse ! Mince de festin !* (Machard).

ETYM. d'un radical onomatopéique **brif-** (cf. *bouffer*, all. **fressen**, etc.). 1530 [Palsgrave].

DER. **briffeur** *n.m.* Gros mangeur : 1808 [d'Hautel].

briffeton *n.m.*

1. Pain. SYN. bricheton. **2.** Casse-croûte, nourriture.

ETYM. de **briffe** et du suff. **-(t)on. 1.** 1916 [Esnault]. **2.** 1977 [Caradec].

brigand *n.m.*

Brigadier surveillant de prison.

ETYM. jeu de mots phonétique sur **brigadier/brigand,** facilité sans doute par la forme **bricard.** 1926 [Esnault].

brigida *n.m.*

Sein de femme (opulent) : *Ça, c'était de la pin-up, avec des brigidas comac, maquillage savant et tout le saint-frusquin* (Malet, 11).

ETYM. aphérèse du nom de l'actrice **Gina Lollobrigida** et jeu de mots sur *lolo.* 1956, Malet.

brignolet *n.m.*

Pain : *Jo plongea illico dans le pétrin pour y bluter sa farine. Alors qu'il faisait cuire son brignolet, elle lui mordit l'épaule et cria : « Ah ! mon Jo ! »* (Lépidis).

ETYM. dér. de **brignon,** pain pour chien fait avec du son, mot du nord de la France. 1876, Huysmans [TLF].

VAR. **grignolet,** plus rare (employé en 1916 par Barbusse), issu de *grigne*, fente sur le pain : 1881 [Rigaud].

briller *v.i.*

1. Se trouver dans une situation prospère : *Tu brilles, dis donc ! T'as les moyens ! C'est pas donné l'hôtel* (Dégaudenzi). **2.** Éprouver pleinement l'orgasme, jouir : *Moi, les évolutions de Gabriella (Gabriella !), vous pensez si ça me laisse terne. Tandis que vous, vous me faites briller* (Queneau, 1). SYN. reluire. **3. Faire briller,** dévoiler, montrer.

ETYM. l'éclat extérieur est lié à la riche parure ou au plaisir intense. **1** et **2.** 1957 [PSI]. **3.** 1928 [Lacassagne].

brindezingue *n.m.*

Vx. **1.** Ivresse : *Être en brindezingue, dans les brindezingues.* **2.** Syn. de plan au sens 2.

◆ *adj. et n.*

1. Se dit d'un individu ivre : *Il était soûl, rond, givré, brindezingue : il était bourré, bituré, pompette, et paf et archi-paf, Jean-Baptiste !* (Duvert). *Ça provoque la rigolade de tous les soiffards... les pompe-vinasse... les joyeux brindezingues accrochés au zinc !* (Boudard, 3). **2.** Qui est dérangé mentalement.

ETYM. de **brinde,** action de porter un toast (XVIe s.), et du suff. **-zingue,** probablement créé sur **zinc,** comptoir d'un café. **1.** 1756, Vadé [Larchey]. **2.** 1867 [Delvau].

◆ *adj. et n.* **1.** 1890, Mac Nab, *le Grand Métingue du métropolitain* [Pénet]. **2.** 1934, Duhamel [TLF].

VAR. **branguesindes :** 1828, Vidocq.

1. **bringue** *n.f.*

Partie fine, orgie : *Nous avons fait ici de ces bringues ! – Comme la fois où tu es montée toute nue sur la table ? demande Kiki* (Vilar).

ETYM. vieux mot (XVIIe s.) originaire de Suisse romande, au sens de « santé portée à qqn au cours d'un repas » ; de l'all. **bringen**, porter. 1901 [Bruant].

2. **bringue** *n.f.*

1. Vx. Fille facile. **2.** Fille ou femme dégingandée, souvent dans la loc. **grande bringue**: *Un petit homme d'environ un mètre cinquante, tout rond, tout rose, tout chauve, s'effaça pour laisser sortir une grande bringue maigriote à l'air désolé* (Varoux) ; se dit parfois d'un homme: *Dire que cette grande bringue de Fil-de-Fer passe à travers la pelote* (Le Breton, 6). **3.** Machine ou véhicule qui fonctionne mal. **4. À toute bringue,** à toute vitesse.

ETYM. origine obscure, probablement en rapport avec **bringues**, morceaux (mot normand et du centre de la France). **1.** 1883, A. Macrobe [TLF]. **2. Grande bringue,** 1808 [d'Hautel]. **3.** 1929, Montherlant [TLF]. **4.** 1936, Céline.

bringuer *v.i.*

Faire la noce : *Mon pot', je suis en foiridon. / Tu vas bringuer avec mézigue* (Marcus).

ETYM. de **1. bringue**. 1920 [Sainéan].

bringueur, euse *n.*

Personne qui aime faire la noce : *La tortoche cavale au poteau, / Laissant notre bringueur en rade* (Marcus).

ETYM. de **bringuer**. fin du XIXe s. [GLLF].

brioche *n.f.*

1. Ventre un peu débordant : *Si tu te voyais... tu es ridicule! D'abord, je ne peux plus supporter ta brioche* (Morgiève). **2.** Maladresse, bévue. SYN. boulette. **Partir, tomber** ou **se barrer en brioche,** ne pas réagir, se laisser aller; se dégrader: *Dès que tu crois plus au mobile initial d'un héros, la suite de ses aventures tombe en brioche* (Simonin, 6). *À l'usage tout barre en brioche, les doctrines, les théories... elles ne subsistent qu'en se reniant comme l'Évangile* (Boudard, 6). **3. Brioche maudite** ou **infernale,** homosexualité masculine : *Il me scrute derrière ses lunettes à grosse monture... il a l'œil vif, malin, mais je ne crois tout de même pas qu'il me jauge en adepte de la brioche infernale* (Boudard, 5). **4.** Fesse (surtout au pl. et en parlant des femmes). SYN. miches. **Tortiller de la brioche,** danser. **5. Mettre une brioche au chaud,** avoir des relations sexuelles avec une femme: *Wouch, se dit Raoul, elle est mettable cette poule. Je lui mettrais bien une brioche au chaud* (*le Nouvel Observateur,* 4 décembre 1982).

ETYM. métaphore aux sens 1 et 3 ; le sens 2 vient de ce que les musiciens de l'orchestre de Paris avaient constitué une caisse d'amendes pour chaque faute commise, et qu'avec cet argent ils achetaient une brioche qu'ils mangeaient ensemble [FEW]. **1.** 1926 [Esnault]. **2.** 1826, ancien *Figaro* [Larchey]. **Partir en brioche,** 1960 [Esnault] ; **se barrer en brioche,** 1977 [Caradec]. **3. Brioche maudite,** 1957 [Sandry-Carrère] ; **brioche infernale,** 1983, Boudard. **4.** 1939 [Esnault]. **5.** 1982, *le Nouvel Observateur.*

briocher *v.t.*

Rédiger avec grand soin un rapport, dans le langage des policiers.

ETYM. de **brioche,** pris ici au sens de « travail délicat, difficile à réussir ». 1975 [Arnal].

brique *n.f.*

1. Liasse de 1 000 billets de 1 000 anciens francs: *Le Blond et le Gitan enveloppèrent leur fade dans des journaux et les ficelèrent. Les dix briques qui revenaient à Mimile, ils les laissèrent dans une mallette* (Le Breton, 1). **2.** Somme de un million d'anciens francs ou de 10 000 nouveaux francs: *C'est des miyons qu'il faudrait* [...] *Vous avez une brique à mettre dans le commerce ? non ? alors c'est râpé !* (Faizant). **Brique lourde,** somme de un million de nouveaux francs (100 millions d'anciens francs) : *Je n'avais pas eu le temps de la perquisitionner à fond, mais trois briques lourdes, même en billets neufs convenablement serrés, ça tenait de la place* (Pagan).

◆ **briques** *n.f.pl.*

Manger, bouffer des briques, ne rien avoir à manger : *Un seigneur turc* [...] *Se vit, du jour au lendemain* [...] */ Obligé de passer la main / Et réduit à bouffer des briques* (Ponchon). SYN. clopinettes.

ETYM. analogie de forme. **1.** 1945 [Esnault]. **2.** 1946 [id.]. **Brique lourde,** 1986, Pagan.

◆ *pl.* Il n'est pas sûr qu'on ait affaire au même mot que ci-dessus ; il s'agit p.-ê. de **brique,** forme picarde de **briche,** miette *(bricheton)* ou bien de l'anc. fr. **briche,** du gascon **brico,** fragment, pris au sens de «néant»; la loc. d'origine serait *ne manger que des briques,* c.-à-d. « que des miettes», presque rien. *S'enfiler des briques* 1878 [Rigaud]; *se caler des briques* 1897, Rictus;

croûter des briques 1899 [Nouguier]; *bouffer des briques à la sauce aux cailloux* 1894 [Virmaître]. Peut-être malgré tout y a-t-il eu influence de *se frotter le ventre avec une brique,* se priver de (nourriture), 1908 [Esnault].

briquette *n.f.*

1. Chose sans importance, surtout dans la loc. **c'est de la briquette**: *En somme, c'est de la briquette, pour vous. Je ne vois pas pourquoi vous faites cette gueule* (Malet, 9). **2.** Un million d'anciens francs. **3.** Jeune prostituée peu sérieuse dans le métier: *Zoé, ta daube, je me demande si elle va pas me rester sur l'estomac, si je dois me retrouver à table avec l'autre briquette* (Bastiani, 1).

ETYM. diminutif de **brique. 1.** 1959 [Esnault]. **2.** 1954, Le Breton [TLF]. **3.** 1960, Bastiani [Cellard-Rey]; fille « juste bonne à réchauffer les pieds », selon Alexandre.

briqueuse *n.f.*

Blanchisseuse.

ETYM. de **briquer,** laver (verbe devenu fam.). 1928 [Lacassagne].

briscard ou **brisquard** *n.m.*

Soldat qui a de l'ancienneté, de l'expérience: *Briscards chevronnés, nous étions comparables à ces grognards qui, retour des steppes, réclamaient leur petite place au foyer* (Galtier-Boissière, 4). *Elle m'avait empêché de dormir* [...] *et amené à construire un plan de bataille comme si j'étais un vieux briscard* (Pouy, 3).

ETYM. de **brisque,** galon. 1861, *la Vie parisienne* [Larchey].

briser *v.t.*

1. Vx. Escroquer en achetant d'abord au comptant, puis à terme, et enfin en disparaissant sans payer complètement. **Se la briser,** s'enfuir: *Je me sauve. Pardon, mademoiselle, je me la brise* (Sardou). **2. Briser les burnes** ou **les briser à qqn,** l'importuner vivement: *Viens plus jamais me briser les burnes avec des âneries de ce calibre !* (Simonin, 7). *Je suis pas une donneuse. Tu commences à me les briser avec tes soupçons* (Stewart).

ETYM. le sens 1 correspond à **se briser (la politesse)**; au sens 2, **les** représente les testicules. **1.** 1836 [Vidocq]. **Se la briser,** 1862 [Larchey], art. *air*; encore chez Sandry-Carrère (1957). **2.** 1942, Paraz.

DÉR. **brisure** *n.f.* Escroquerie: 1836 [Vidocq].

briseur *n.m.*

Vx. Escroc: *Les Briseurs de la haute sont des jeunes gens de bonnes familles qui ont dissipé leur fortune au jeu ou en folles dépenses, et qui, pour la plus grande partie, ont eux-mêmes été victimes des faiseurs qu'ils imitent à leur tour pour se procurer le luxe et le confort auxquels ils sont habitués* (Canler).

ETYM. de **briser.** 1836 [Vidocq].

britiche *adj. et n.*

Anglais: *Le vrai Napoléon, celui qui aurait établi la Révolution dans toute l'Europe, si l'Autrichien et le Britiche ne s'en étaient mêlés* (Thomas, 1). *Moi, la cuisine britiche, j'aurais tendance à la carrer dans les toilettes sans la bouffer* (San Antonio, 5).

ETYM. de l'angl. **british,** britannique. 1965, Audiard (dialogues du film de G. Lautner *Ne nous fâchons pas*). L'orthographe est variable, plus ou moins fidèle à l'original.

broc [brɔk] ou **broco** *n.m.*

Brocanteur: *C'est dans une guitoune « ondulée », juste après la porte Clignancourt, où y a maintenant des Portugais, que j'ai connu deux « brocos »* (Céline, 5). *Demain, j'irai voir un broc dans l'île de Chatou, je fais. J'achèterai quelques meubles et deux trois conneries* (Siniac, 3).

ETYM. apocope de **brocanteur** (avec resuffixation pour la forme en **-o,** cf. *prolo*). *broco* 1936, Céline; *broc* 1969, Simonin.

DÉR. **brocasse** *n.f.* Marchandise vendue par le brocanteur: 1975 [Beauvais].

brochet ou **broche** *n.m.*

Proxénète: *En vérité, elle posait souvent des questions aux brochets comme aux barbillons, comme ça, pour savoir* (Lépidis). *Il a fait voir, à ceux d'Pantin, / Comment savait mourir un broche / De la Bastoche* (Bruant).

ETYM. image constante du poisson, pour désigner le souteneur (→ HARENG, BARBEAU, etc.). 1867, Stamir [Larchey]; *broche* 1883 [Esnault].

VAR. **brocheton:** 1883 [id.]. **brochemann:** 1901 [Bruant].

broder *v.t.*

1. Couvrir (une surface) d'écriture. **2.** Rédiger: *Joséphine s'interrompit d'écrire: Ah ça, demanda-t-elle, qu'est-ce qui te prend? – Brode et t'occupe pas* (Allain-Souvestre).

◆ *v.i.*
Exagérer.
ETYM. image assimilant l'écriture à une ornementation élégante. **1** et **2.** 1821 [Ansiaume].
◆ *v.i.* 1960 [Le Breton].
DER. **brodage** *n.m.* Écriture : 1821 [Ansiaume]. **brodancher** *v.t.* **1.** Écrire : 1867 [Delvau]. **2.** Broder : 1828, Vidocq. **brodanchage** *n.m.* Écriture : 1901 [Bruant]. **brodancheur** *n.m.* Écrivain public. **Brodancheur à la plaque,** notaire : 1847 [Dict. nain].

broderie *n.f.*
ARG. ANC. Texte écrit, billet : *Pas de broderie, par exemple, tu connais le proverbe, « les écrits sont des mâles, et les paroles sont des femelles »* (Vidocq).
ETYM. de **broder.** 1828, Vidocq.

brodeur *n.m.*
Écrivain du bagne ou faussaire : *Il n'y avait dans son lucque que trois billemonts, c'est un brodeur* (Ansiaume). **Brodeur sur mince,** même sens.
ETYM. de **broder.** 1821 [Ansiaume].

brodeuse *n.f.*
ARG. ANC. **1.** Plume (pour écrire) : *Le voleur aime les correspondances amoureuses. Il nomme brodeuse la plume qui les trace* (Joigneaux). **2.** Homosexuel.
ETYM. de l'emploi fig. du verbe **broder. 1.** 1833 [Moreau-Christophe]. **2.** 1867 [Delvau].

bromure ou **bromuré** *n.m.*
Vin additionné de bromure (pour calmer les recrues au sang chaud) ; vin en général : *Son bromure au Charlot, il est pas le frère à dégueulasse* (Boudard-Étienne).
ETYM. métonymie : le liquide ajouté gâchant le liquide principal. 1939 [Esnault].

bronze *n.m.*
1. Mouler ou **couler un bronze,** déféquer. **2. Prendre du bronze,** sodomiser, en parlant d'homosexuels. **3. C'est du bronze,** c'est sûr, c'est du solide.
ETYM. référence à la couleur de l'excrément humain et à la pratique des artisans en bronze (1 et 2), à la solidité du métal (3). **1. Couler un bronze,** 1957 [Sandry-Carrère]. **2.** 1975 [Arnal]. **3.** 1982 [Perret].

broquanter *v.i.*
Vx. Pratiquer le troc.
◆ *v.t.*
Faire (sens large) : *Je sais pas ce qu'il broquante par ici...*
ETYM. de **broquante,** troc, avant de désigner l'activité plus officielle du brocanteur (ce mot n'est plus arg.). 1821 [Mézière].
◆ *v.t.* 1926 [Esnault].

1. **broque** *n.m. ou f.*
1. ARG. ANC. Liard, petite somme : *Quand on bie leur demander la thune, [...] quelques-uns fichent deux ou trois broques* (Responce au grand Coesre). *Une tunne de six brocs* (Leclair). **2.** Centime. **3.** Syn. de broquille au sens 1. **4. Pas une broque,** rien du tout : *Bob avait envoyé le grand air de « Boris » avec quasiment la voix de Chaliapine et paroles en ruskof, dont il ne pigeait pas une broque* (Amila, 1). *Il a du mal à s'expliquer avec les Ricains, il connaît broque de leur idiome* (Boudard, 6). *Sans pour autant paumer une broque du petit spectacle qu'on lui donnait !* (Simonin, 5). **5. Et des broques,** et un peu plus : *Cent balles et des broques.* **6.** Pénis.
ETYM. forme picarde de **broche,** morceau de métal, d'où le sens de « menue monnaie, chose de peu de valeur » ; aux sens 1 et 2, le fém. se rencontre dans l'ouest de la France. **1.** 1627, Péchon de Ruby. **2.** 1881 [Rigaud]. **3** et **5.** 1977 [Caradec]. **4.** 1901 [Bruant]. **6.** 1864 [Delvau].
DER. **brocaille** *n.f.* Monnaie : 1911 [Esnault].

2. **broque** *n.f.*
Menus objets de peu de valeur : *Henri pénétra dans un vaste cabinet de travail, clair et bien aéré. Son œil enregistra des boiseries, des rayons de livres, des tableaux, et pas de la broque* (Le Breton, 3).
ETYM. apocope de **brocante.** 1955 [Esnault].

broquer ou **broquiller** *v.i. et t.*
Vx. Regarder, guetter : *Acrès, le gaffe broquille au guichetmuche* (Nouguier).
ETYM. de **broquer,** percer (terme de pêche, selon Littré). 1899 [Nouguier].
DER. **broquage** et **broquillage** *n.m.* Observation, surveillance : [id.].

broquillage *n.m.* ou **broquillerie** *n.f.*
Vx. Vol chez un joaillier. SYN. vol à la broquille (v. ce mot).
ETYM. de **broquille.** 1855, Paillet.

broquille *n.f.*

1. Minute : *Y avait six plombes et quatre broquilles qui tombaient à la dégoulinante* (Plaisir des dieux). **Profiter de la broquille,** sauter sur l'occasion, dans le langage des policiers. **2.** Petit bijou (boucle d'oreille, bague, etc.) : *Il ferait suer un chêne pour des broquilles d'orient* (Ansiaume). *Les riches n'ont pas besoin d'emporter leur broquille dans la tombe !* (Leroux). **3.** Bijou sans valeur qu'on tente de vendre à un prix très exagéré. **Vol à la broquille,** escroquerie au « ramastic » ou sur un éventaire. **4.** Syn. de 1. broque au sens 4. **Ne pas dire une broquille,** ne pas souffler mot.

ETYM. dér. de **1. broque,** forme picarde de **broche,** avec le suff. **-ille. 1.** 1835 [Raspail]. **Profiter de la broquille,** 1975 [Arnal]. **2.** 1821 [Ansiaume et Mézière]. **3.** 1836 [Vidocq]. **4.** 1866 [Delvau].

broquilleur *n.m.*

1. Vx. Voleur à la broquille. **2.** Vendeur de broquilles : *C'est le pigeon qui insiste, alors. Il se met en quatre pour faire ressortir au broquilleur combien les derniers moments d'un moribond sont adoucis par une présence chère à son chevet* (Malet, 8).

ETYM. de **broquille. 1.** 1836 [Vidocq]. **2.** 1947, Malet.

brosse *n.f.*

1. Prendre une brosse, s'enivrer. **Être en brosse,** être ivre. **2.** Détenu homosexuel passif. **3.** ARG. ANC. **Faire brosse,** manquer, faire défaut : *Dans l'Ancien Régime, voyez-vous, nous avions des colonies* […] *À présent, ça fait brosse ; nous n'avons plus que l'île d'Oléron* (Vidocq).

ETYM. de **brosser. 1.** 1975 [TLF]. **2.** 1894 [Esnault]. **3.** 1828, Vidocq.

brosser *v.t.*

1. Posséder sexuellement : *Le mec est grimpé en client, mais il venait pour la brosser, pas pour autre chose* (Trignol). **2.** Frapper violemment.

◆ **se brosser** *v.pr.*

Être privé de, s'abstenir de : *Comme ça, il a sifflé toute notre bonbonne, grogne Marche, alors nous, on va se brosser, maintenant !* (Chabrol). *Ce que je sais, moi, c'est que ton M. Chose, tu peux toujours te brosser qu'il te refile un ticket de savon* (Malaquais).

ETYM. par analogie de mouvement alternatif, de contact énergique (cf. *étrille*). **1.** 1834 [Esnault] ; du rouchi **broussier,** faire l'amour. **2.** 1801 [Enckell].

◆ *v.pr.* **se le** (= le ventre) **brosser,** 1829, Vidocq.

DÉR. **brossée** *n.f.* Défaite, correction : avant 1841, Ricard [Larchey].

brouchetoucaille *n.f.*

Synonyme de broutille : *Tout ce qu'y a d'officiel avec avenue, place, et placarde définitive au Panthéon, c'est pas de la brouchetoucaille !* (Simonin, 6).

ETYM. création de Simonin, à partir de **broutille.** 1966, Simonin.

brouette *n.f.*

1. Vx. **Rouler la brouette,** être aux compagnies de disciplines. **2. Brouette (de Zanzibar, chinoise,** etc.), position érotique dans laquelle la femme, s'appuyant au sol sur les mains, joue le rôle de la brouette, l'homme la tenant par les jambes tout en pratiquant le coït.

ETYM. la brouette est un des instruments des travaux publics (1) ; métaphore machiste, au sens 2. **1.** 1861 [Esnault]. **2.** fin du XVIIIe s., Mirabeau [Cellard-Rey].

brouillard *n.m.*

1. Être dans le ou (vx) **les brouillards,** dans un début d'ivresse. **2. Chasser le brouillard,** boire un verre d'eau-de-vie, à jeun, le matin. **3.** Vx. **Faire du brouillard,** fumer : *Malgré le soin que prenaient ces hardis amateurs de nicotine, il n'était pas de semaine que quelques-uns* […] *ne payassent chèrement le court plaisir qu'ils avaient goûté à faire du brouillard* (Humbert).

ETYM. images contradictoires : tantôt le brouillard est créé par l'alcool, tantôt il est prétendument dissipé par lui. **1. les** 1862 [Larchey] ; **le** 1872 [id.]. **2.** 1862 [id.]. **3.** 1880, Humbert.

brouille *n.f.*

Faire qqn à la brouille, l'arrêter par surprise, dans le langage des policiers.

ETYM. p.-ê. de **brouillard,** par apocope, ou de **embrouille,** par aphérèse. 1975 [Arnal].

brouillé, e *adj.*

Vx. Ivre : *Quand il a été question de payer, ils ont fait des difficultés, parce qu'ils trouvaient le vin trop cher, et parce qu'ils étaient un peu brouillés* (Orgères).

ETYM. du verbe **brouiller**, rendre trouble, confus. vers 1790, Orgères.

brouille-ménage *n.m.*

Vin rouge ordinaire: *Je veux une boîte de pâté pur porc, un sauciflard à l'ail, un quart de Brie et trois boutanches de Brouille-Ménage 11 degrés* (Pelman, 1).
ETYM. de **brouiller,** fâcher, et de **ménage.** vers 1940 [Cellard-Rey].

brouter *v.t.*

1. Brouter la chatte, le minou, le cresson, pratiquer le cunnilinctus: *On peut se demander si Marthe et Alice ne se sont pas un peu brouté le minou dans leur cellule* (Boudard, 2). *Merde, alors... Comme si vous ne saviez pas que bouffer des clams devant une femme, c'est comme lui brouter la chatte en public!* (Guégan). SYN. faire mimi, faire minette. **2. Brouter la tige,** pratiquer la fellation.
◆ **se brouter** *v.pr.*
Pratiquer le cunnilinctus réciproque, en parlant d'homosexuelles : *Elles doivent se brouter, ces connasses! C'est du propre! Grillée par des gouines!* (Simonin, 2).
ETYM. images curieusement animalières. **1.** 1957 [PSI], mais certainement antérieur, vu la date de l'emploi pronominal. **2.** 1952, Clébert [Cellard-Rey].
◆ *v.pr.* 1953, Simonin.
DÉR. **brouteur de mimi** *n.m.* Adepte du cunnilinctus: 1953 [Sandry-Carrère].

brouteuse *n.f.*

Homosexuelle : *Dans un cyclecar rouge, un Morgan pétaradant, un couple de brouteuses remonte la file, des vedettes locales, à en juger par l'accueil qui leur est fait* (Simonin, 8).
ETYM. de **brouter (le minou).** 1957 [PSI].

brown sugar *n.m.*

Héroïne de basse qualité, mêlée de divers ingrédients.
ETYM. emprunt à l'anglo-américain, « sucre brun ». 1977 [Caradec].

bruge *n.m.*

Vx. Serrurier : *Il faudrait affranchir le bruge pour qu'il fasse une carrouble* (Ansiaume).
ETYM. de l'arg. piémontais **bruzi,** forgeron [Esnault]. 1821 [Ansiaume].

brûlé, e *adj.*

Qui est si compromis ou reconnu par l'adversaire qu'on ne peut plus l'employer dans une affaire: *Vous avez vu l'mal qu'il avait l'aut' mois à trouver des femmes : l'Môme a donné la consigne. Tout ça est bien malheureux pour Philibert. À l'heure d'à présent, il est brûlé sur le marché* (Lorrain). *Cette affaire réglée – et lui « brûlé » par la même occasion – il devrait retourner « là-bas » pour toujours* (Fajardie, 1).
ETYM. idée de destruction: l'individu «brûlé» est complètement inutilisable. 1862 [Larchey].

brûle-gueule *n.m.* ou **brûle-parfums** *n.m.inv.*

Pistolet ou revolver : *Ce pistolet, il le reconnaissait. Aucun doute, c'était l'un des deux brûle-gueules offerts par le beau-père militaire* (Amila, 1).
ETYM. détournement ironique du sens usuel, pour la seconde forme (la plus courante auj.). *brûle-gueule* 1735, Mercure [Trévoux] ; *brûle-parfums* 1953, Le Breton [TLF].

brûler *v.t.*

1. Tuer : *Si tu bouges, Lupin, cria M. Weber, l'arme braquée, je te brûle* (Leblanc). *N'avez-vous pas menacé la fermière de Poly [...] que sa tête sauterait, qu'elle serait brûlée?* (Orgères). **Brûler la cervelle à qqn,** même sens; **se brûler la cervelle,** se suicider d'un coup de feu: *Sancho le cœur fidèle, / Aux pieds de la rebelle, / Se brûla la cervelle* (chanson *la Guitare à Chiquita*, paroles de M. Vandair, 1943). **2.** Compromettre irrémédiablement: *Je pénétrai dans l'appartement de madame Limouzin, accompagné de mes agents, à l'exception bien entendu du prétendu Langlois que je ne devais pas brûler* (Goron). **3.** Vx. **Brûler le pégriot,** faire disparaître les traces d'un vol.
ETYM. de **brûler la cervelle** (désuet) au sens 1; «rendre inutilisable» au sens 2. **1.** 1798, Orgères. **Brûler la cervelle,** 1841, Balzac. **2.** 1828, Vidocq. **3.** 1849 [Halbert].

brume *n.f.*

Avoir les brumes, être dans un état comateux: *Recta! disait la mère. C'est ça ou pas de Paulette! Le marché en main, moi, bon type, j'avais encore les brumes et j'aimais pas l'esclandre* (Meckert).
ETYM. image proche de *être dans le(s) brouillard(s)* [v. ce mot]. 1942, Meckert.

brune *n.f.*

Vx. Nuit : *T'iras bien toute seule faire ta brune* [...]. *Je te rattends à onze heures* (Méténier).

ETYM. du fourbesque **bruna.** 1598, Bouchet.

brutal *n.m.*

1. Pain de médiocre qualité : *T'as pas un bout de brutal ?* [...] *Velours cherche dans son sac et en tire un morceau* (Genet). **2.** Arme à feu ou arme blanche : *Entends-tu le brutal* [canon] *qui annonce que nous cavalons ?* (Ansiaume). *Trèfle déchargeait chaque soir, à la nuit tombante, son brutal devant lui sur une cible invisible* (Carco, 8). **3.** Moyen de transport motorisé. **4.** Vin capiteux ; eau-de-vie forte : *Pour sortir de mon brouillard, il m'aurait fallu un verre de brutal : de la Grappa de bûcheron piémontais, ou du rhum Kroumanne* (Simonin, 2).

ETYM. jeu de mots sur **brut,** au sens 1 ; pour les autres sens, idée d'action violente, d'effet brutal sur l'organisme. **1.** 1821 [Ansiaume]. **2.** « canon » 1793 [Brunot] ; « couteau » 1879 [Esnault] ; « revolver » 1919 [id.]. **3.** « train » 1883 [id.] ; « métro » 1923 [id.] ; « taxi » 1935, Simonin-Bazin. **4.** « vin » 1915 [Esnault] ; « eau-de-vie » 1952 [id.].

☞ **brution**
→ Liste des argots spécifiques *page [33].*

bu, e *adj.*

Ivre : *Si le matin on ne la voyait qu'un petit peu « bue », chaque soir elle était morte... ivre* (Vidocq). *Quand qu'y n'est bu y d'vient méchant* (Rictus).

ETYM. emploi transitif et pop. du verbe **boire,** au participe passé (cf. *imbu*). 1845, Ladimir [Larchey].

1. **bûche** *n.f.*

Vx. **1.** Allumette : *Je suis venu, dit-il en essayant d'allumer ses bûches, pour te demander si tu veux venir avec moi* (Mac Orlan, 5). **Bûches plombantes,** allumettes de chanvre soufrées. **2.** Mauvaise carte, au baccara : *Comme les bûches (figures et dix) étaient maquillées d'une manière et les huit et neuf d'une autre manière, le ponte, sur les indications de l'homme aux lunettes, jouait à peu près à coup sûr* (London, 2). *Le croupier lui passe les cartes. Petit Juif les montre à La Torpille. Sept et bûche, ça te fait sept, on reste...* (Simonin-Bazin).

ETYM. mot lyonnais, « brin de paille » au sens 1 (l'allumette est souvent prise comme unité de mesure, ou pour tirer à la courte paille). **1.** 1836 [Vidocq]. **2.** 1878 [Rigaud] ; la mauvaise carte assomme le joueur.

2. **bûche** *n.f.*

1. Vx. Travail manuel. **2.** Vx. Rixe : *Je suis un voleur, me disait-il à son tour, un homme de peu, un homme de cogne, mais je ne pousse pas la bûche jusqu'à l'assassinat* (Claude). **3.** Chute : *Il a ramassé une de ces bûches !* **4.** Échec.

ETYM. déverbal de **bûcher. 1.** 1808 [d'Hautel]. **2.** 1881 [Rigaud], art. *bouleau.* **3.** *aller à la bûche* 1875 [id.] ; *ramasser une bûche* 1883 [Chautard]. **4.** 1901 [Bruant].

bûcher *v.t.*

1. Travailler avec ardeur à qqch : [lettre à un bûcheron] *Ta turne, où tu remontes tous les soirs* [...], *éreinté d'avoir bûché dans le bois pendant douze heures* (Gill). **2.** Démolir ; tuer : *Au secours, mon fils m'assassine ! – P'pa, tais-toi ! lui répond-il, si tu ne veux pas que je te bûche !* (Claude).

◆ **se bûcher** *v.pr.*

Se battre : *Le Nord contre le Midi... Tant mieux. Ça va m'amuser... On se bûchera* (Daudet).

ETYM. le sens premier est « abattre des arbres », d'où l'idée de travailler avec effort. **1.** 1856, Flaubert [TLF]. **2.** 1797, Babeuf [Esnault].
◆ *v.pr.* 1808 [d'Hautel].

DER. **bûcherie** *n.f.* Rixe : 1862 [Larchey]. **bûchade** *n.f.* Même sens : vers 1880, Claude. **bûcheur, euse** *adj. et n.* Qui travaille beaucoup, avec ardeur : avant 1866, Brisebarre [P. Larousse].

bucolique *n.f.*

Prostituée qui exerce en plein air : *Les boulonnaises qui faisaient la verdure au bois de Boulogne ont été remplacées par d'autres bucoliques qui regardent la feuille à l'envers et font le grand écart dans les fourrés* (Alexandre).

◆ **bucoliques** *n.f.pl.*

Affaires, objets sans valeur.

ETYM. référence antique, « qui se rapporte à la campagne ». 1975 [Arnal].
◆ *pl.* 1798 [Acad. fr.] ; le sens provient ici de la connotation méprisante affectée à la campagne.

buffecaille ou **buffedingue** *n.m.*

Ventre : *La salle de guinche était allumée [...] Chacun voulait s'en fourrer plein l' buff'caille* (Stollé). *Nanti d'un buffedingue d'homme prospère, renoncez à la ligne britonne* (Simonin, 10).

ETYM. resuffixation arg. de **buffet**. *buffecaille* 1947, Stollé ; *buffedingue* 1967, Simonin.

buffet *n.m.*

1. Nom donné à divers meubles (orgue de Barbarie, piano, cercueil, bureau) : *Le monsieur est avocat, il s'appelle Master Bowen, il a son buffet (bureau) dans la capitale* (Charrière). Vx. **Rémouleur de buffet,** joueur d'orgue de Barbarie. **2.** Estomac, ventre ; utérus : *Ça se laisse boire, ça réchauffe, ça tient au buffet et ça finit par saouler au bout d'un certain nombre* (Malet, 1). *Il est une conversation de toi que j'avais surprise, il y a deux ans. Tu racontais plaisamment ta visite au faiseur d'anges à l'époque où tu m'avais dans le buffet* (Fallet, 1). **3.** Poitrine, tronc : *Toussaint se demanda si des fois le Petit-Nino, avec ses airs de premier communiant, n'avait pas assommé l'Élégant et n'allait pas maintenant lui coller une balle dans le buffet* (Bastiani, 1). **4. En avoir dans le buffet,** être brave, endurant. **N'avoir rien dans le buffet,** être lâche.

ETYM. idée générale de « contenant assez vaste ». **1.** « orgue » 1855 ; « piano » 1901 [Bruant] ; « cercueil » 1905 [Esnault]. **Rémouleur de buffet,** 1855 [id.]. **2.** 1803 [id.]. **3.** 1914, Carco. **4.** 1907 [Esnault]. **N'avoir rien dans le buffet,** 1977 [Caradec].

buis *n.m.*

1. Racine ou **dent de buis,** dent jaunie. **2. Patte de buis,** jambe artificielle.

ETYM. images évoquant la matière et la couleur jaune du buis. **1. Racine de buis,** 1867 [Delvau]. **2.** 1977 [Caradec].

1. bulle *n.m.*

Argent : *Ce que j'avais piqué au chanoine... Presque à peu près deux mille francs... On s'était dit qu'avec ce bulle [...] on lèverait le camp par une belle nuit* (Céline, 5). Vx. **Être au bulle, plein de bulle,** être en fonds.

ETYM. origine obscure, p.-ê. analogie de couleur avec le **papier bulle** (de couleur jaunâtre). 1897 [Esnault].

2. bulle *n.f.*

1. Coincer ou **écraser la** ou **sa bulle,** paresser, ne rien faire : *Ce jour-là, il est quatorze heures. Un peu partout, les troufions coincent la bulle* (Vautrin, 2). **2.** Renseignement peu sûr, dans le langage des policiers. **3.** Pare-brise en plastique, sur un deux-roues. **Le nez dans la bulle,** en position de compétition, presque à plat ventre sur le réservoir.

ETYM. il s'agit, au sens 1, de la bulle du niveau d'eau servant à placer horizontalement la plaque du mortier d'artillerie, mais il est possible que l'usage d'un niveau d'eau par les maçons ait contribué à perpétuer cet emploi. **1.** 1943 [Esnault] (d'abord *faire la bulle* 1939, Saint-Cyr). **2.** 1975 [Arnal] : ce tuyau va crever... comme une bulle à la première vérification. **3.** langage des motards. 1975 [Beauvais].

buller *v.i.*

Ne rien faire, paresser : *Un groupe de quatre stiffs – plus vieux et plus marqués que les autres – plastronne : ils ont bullé* (Porquet).

ETYM. de **2. bulle.** 1951 [Esnault].

DÉR. **bulleur** *adj. et n.m.* Qui paresse volontiers : vers 1960. **bullard** *n.m.* Paresseux : [TLF].

bureau *n.m.*

Ventre : *Le bourre, qui ne comprendrait pas mes intentions, serait capable de me vider un chargeur dans le bureau sans autre forme de procès* (Héléna, 1).

ETYM. comparaison avec un meuble « contenant ». 1945 [Esnault].

burette *n.f.*

1. Visage. **2.** Pénis : *Allons et que rien ne t'arrête / Fais-moi cadeau d' ta p'tit' burette* (Plaisir des dieux).

◆ **burettes** *n.f.pl.*

1. Testicules : *Je regardais les femmes. J'insistais même un peu parce que j'avais plutôt les burettes pleines* (Meckert). **2.** Vx. Paire de pistolets (rare au sing.).

ETYM. analogie de forme (plus ou moins ovoïdale). **1.** 1889, Macé [Esnault]. **2.** av. 1864, H. Monnier [Delvau].

◆ *pl.* **1.** 1890 [Esnault]. **2.** 1866 [Delvau] ; au sing., 1847 [Dict. nain].

burlain *n.m.*

Employé de bureau.

ETYM. de **bureau** resuffixé, ou peut-être à partir de **burlin,** vieille forme de **bureau.** 1977 [Caradec].

burlingue ou **burelingue** *n.m.*

1. Bureau : *Mon taulier est un brave vieux ; quand il m'augmente, il le dit pas au burelingue* (Le Breton, 6). *Le soir, après le burlingue, j'allonge démesurément le chemin du retour* (*Actuel,* février 1981). **2.** Ventre : *Je lui crochette le poignet au moment où il se préparait à faire un mauvais usage de son ustensile. Et mon genou lance une offensive dans son burlingue* (Bastiani, 4).

ETYM. apocope de **bureau** et resuffixation avec **-ingue** (cf. *brindezingue, folingue,* etc.). **1.** chanson *les Pègres,* 1877 [Rossignol]. **2.** 1946, Trignol.

VAR. **burlin :** 1836 [Vidocq]. **burlingot :** 1883, Macé [Esnault].

burnes *n.f.pl.*

Testicules : *Une feuille de vigne sur tous ces pafs ! Cachez ce sein ! Ces burnes flasques !* (Boudard, 1). **(La peau de) mes burnes,** formule énergique de dénégation : *Je ronchonne : Mes burnes ! – Ben, parlons-en, qu'elle fait : elles sont fraîches* (Stéphane).

ETYM. du rouchi **burne,** nœud, excroissance sur un arbre trop émondé. 1888 [Rigaud]. **Mes burnes,** 1901 [Bruant].

burnous *n.m.*

Faire suer le burnous, exploiter la main-d'œuvre étrangère (notamment arabe) ; faire travailler exagérément : *Un de ces salauds qui encaissaient les bénéfices alors que le Juif travaillait – certains avaient trouvé le moyen de faire suer le burnous ailleurs qu'en Algérie* (Jamet). *Il était taillé comme un sergent-chef para* [...], *veston sport-bagarre et la démarche de celui va faire suer le burnous à la Cochinchine entière* (Pouy, 3).

ETYM. s'applique à l'origine aux Maghrébins que les premiers colons firent travailler durement ; le burnous est un manteau de laine porté traditionnellement par les Arabes d'Afrique du Nord. 1911 [Esnault].

business *n.m.* → BISNESS.

but *n.m.*

Filer un coup de but, donner un coup de tête.

ETYM. déverbal de **buter,** frapper. 1928 [Lacassagne].

buter ou **butter** *v.t.*

1. Tuer : *Il a seulement fait confirmer par la margotton que Prosper était mon pote et que je n'avais pas de raison de le buter* (Bastid-Martens). *C'est lui qui a fait buter tous les chauffeurs, dont il était le premier en tête* (Vidocq). **2.** Vx. Guillotiner : *S'il mange le morceau, je serai butté* (Ansiaume).

ETYM. de **butte. 1** et **2.** 1821 [Ansiaume]. La forme *buter* avec un seul *t* est auj. la plus répandue.

buteur ou **butteur** *n.m.*

1. Tueur : *On peut dire que Pierre Taurisson, Pierre le butteur, résume en lui les péripéties les plus sanglantes de la vie de ces meurtriers dont ce butteur corrézien est issu* (Claude). **2.** Vx. Bourreau : *V'là le butteur qu'arrive !... V'là la butte dressée !* (Méténier).

ETYM. de **but(t)er. 1.** 1816, Paris, sous la forme du sobriquet *le Buteux* [Esnault]. **2.** 1836 [Vidocq].

buttage *n.m.*

Vx. Assassinat : *La peccadille qui vient d'être racontée, mais qu'assortissaient divers cassements et buttages* (Locard, 2).

ETYM. de **but(t)er.** 1879 [Esnault].

butte ou **bute** *n.f.*

1. Échafaud : *Rivière est* [...] *la personnification de la seule catégorie de criminels qui à l'avance, en complotant leur crime, s'arrangent pour ne pas aller jusqu'à la « butte »* (Goron). **2.** Massacre ; mort violente : *Je ne veux plus travailler à l'escap, ça ne conduit qu'à la butte* (Ansiaume). **3. Frapper dans la butte,** travailler. **4. Avoir sa butte,** être enceinte : *On a sa p'tit'butte, à c'que j'vois.../ Eh ben, ça prouv'qu'on n'est pas d'bois* (Gill).

ETYM. emploi métonymique : l'échafaud est toujours construit sur une butte, c.-à-d. une hauteur. **1** et **2.** 1821 [Ansiaume]. **3.** 1928 [Lacassagne]. **4.** 1878, Gill.

Byzance *n.pr.*

C'est Byzance, c'est formidable, c'est l'opulence (formule exprimant une extrême satisfaction) : *Aussi sec, mecs, c'est Byzance ! De toute part vous viennent les duces affectueux, les coups de sabord complaisants* (Simonin, 10). *J'voudrais vivre rien qu'en vacances, / Qu'ce soit tous les jours Byzance* (Renaud).

ETYM. tour assez récent et répandu chez certains jeunes. 1967, Simonin.

C

ça *pron. dém.*

1. Avoir de ça, être physiquement attirante, en parlant d'une femme : *D'accord, elle a de ça et de ça... Il mimait les rondeurs. – Mais pour le reste, zéro* (Boileau-Narcejac). **2. Faire ça,** avoir un rapport sexuel.

ETYM. euphémismes grammaticaux. **1.** 1834, Gaudriole [Delvau]. **2.** 1880, Maupassant [TLF].

cabane *n.f.*

1. Lieu d'habitation, domicile : *L'accueil réservé par Pauline demeurait dans la grande tradition courtoise qu'imposait la situation privilégiée de sa cabane, à deux pas du Trocadéro : discrétion et confort* (Simonin, 1). **Cabane à lapins,** habitation sommaire et sans confort. **2. Faire une cabane,** cambrioler une demeure : *Le Grand Georges avait précisé que, cette fois, c'était pas du boulot d'enfant de chœur. Il s'agissait de « faire une cabane » à Enghien où ils étaient venus au milieu de la nuit* (Lefèvre, 2). **Faire de la cabane,** être cambrioleur. **3.** Maison close. **4.** Prison : *Ils avaient un « Bob » au sommier, un certain Roberto Gilesi. Italo-Belge, petite frappe sans envergure, mac sur le tard, deux ans de cabane, puis disparu de la circulation* (Coatmeur). **Cabane bambou,** prison militaire.

ETYM. spécialisation de sens du mot usuel, issu du prov. (XIIIe s.). **1.** 1935, Simonin-Bazin. **Cabane à lapins,** vers 1960. **2.** 1907 [Esnault]. **3** et **4.** 1925 [id.]. **Cabane bambou,** 1905 [id.].

cabanier *n.m.*

ARG. ANC. « On appelle ainsi un prisonnier chargé, moyennant la bagatelle de dix centimes par semaine, de veiller aux vivres que l'on dépose sur les rayons de sa cabane » (Joigneaux).

ETYM. de **cabane.** 1841, Joigneaux.

cabèche *n.f.*

Tête : *Des choses que je savais se sont amenées en même temps dans ma cabèche, devant mes yeux* (Chabrol). **Couper (la) cabèche,** couper la tête, tuer : *S'il voulait y aller c'était parfait, parce qu'après on lui couperait cabèche et il n'aurait plus jamais l'occasion d'emmerder personne* (Spaggiari).

ETYM. de l'esp. **cabeza,** même sens. 1879, abbé Moreau [TLF] ; la loc. était employée pendant la guerre de 1914-1918 par les tirailleurs sénégalais ou marocains.

1. caberlot *n.m.*

Petit débit de boissons.

ETYM. altération de **cabaret.** 1977 [Caradec].

VAR. **cabermont :** 1836 [Vidocq]. **cabermuche :** 1878 [Rigaud].

2. caberlot *n.m.*

Tête, crâne : *D'un coup de cou hargneux il redresse le chapeau puis fait encore « non » du caberlot, plutôt malveillant* (Siniac, 1). **Taper sur le caberlot,** rendre fou. **Se taper le caberlot,** bien manger.

ETYM. altération de **cabane,** caisson. 1899 [Chautard]. **Se taper le caberlot,** syn. de se taper la choche (→ TAPER) ; 1899 [Esnault].

cabestro ou **cabestron** *n.m.*

Imbécile, niais : *C'était le gros souci des hommes. Ne pas tomber avec des cabestrons. Des*

types n'appartenant pas au milieu (Mariolle).
SYN. cave.
ETYM. mot prov., « licou » ; c'est littéralement celui qu'on bride aisément, un individu naïf. 1899 [Nouguier].

cabinces *n.m.pl.*
Latrines.
ETYM. resuffixation arg. de **cabinets (d'aisances)**. 1960 [Le Breton].
VAR. **cabets**: 1921. **cabin's**: 1929 [Esnault], pour les deux.

câblé, e *adj.*
Qui est à la mode, dans le vent : *Je ne veux pas faire le malin, je ne suis pas très informé, mais* [le mot « branché »] *est déjà un peu dépassé : vous auriez dû dire « câblé »* (F. Mitterrand, interviewé par Y. Mourousi, in *le Monde,* 24 avril 1985).
ETYM. issu de la **télévision par câble**. contemporain.

cabochard *n.m.*
Vx. Chapeau : *Nous sommes rien bath ! Nous épatons / Du cabochard aux trottignolles* (Richepin).
ETYM. de l'anc. fr. **caboche,** tête. 1876, Richepin.

1. **cabot** *n.m.*
Caporal : *À six heures du matin, huit soldats et deux cabots accompagnés d'un lieutenant nous mettent les menottes* (Charrière).
ETYM. de l'esp. **cabo d'escuadra,** chef d'escouade, caporal (expression passée par l'armée d'Algérie). *cabo* 1881 [Rigaud].

2. **cabot** *n.m.*
1. Chien : *Comment voulez-vous qu'on nourrisse tous ces cabots ? – Il y a bien assez de restes ici* (Lefèvre, 1). **2. Cabot ferré,** gendarme à cheval. **3. Cabot du quart,** secrétaire du commissaire.
ETYM. origine obscure, p.-ê. déformation de **clabaud,** chien aboyeur (XVIe s.) selon Delvau. **1.** 1821 [Ansiaume]. Est passé dans l'usage fam. **2.** 1829 [Esnault]. **3.** 1883, Macé.
VAR. **cab** : 1829 [Forban]. **cabja** : 1896 [Delesalle]. **cabzir** : 1878 [Esnault]. **cabji** : 1901 [Bruant].

caboulot *n.m.*
Petit cabaret mal famé : *La maison habitée par Mme Laroche avait pour vis-à-vis un de ces établissements équivoques qu'on a baptisés depuis du nom de caboulots* (Guéroult).
ETYM. mot franco-provençal, « petit réduit où on enferme un jeune animal ». vers 1846 [Delvau]. Est devenu fam. pour désigner un bistrot populaire.
DER. **caboulote** *n.f.* Serveuse dans un caboulot : 1860, E. Robert [Rigaud]. **caboulot(t)ière** *n.f.* Même sens : 1881 [Rigaud].

cabrettaire *n.m.*
Danseur de cabrette : *La fête eut lieu dans le sous-sol du restaurant où se produisaient d'ordinaire les cabrettaires* (Lépidis).
ETYM. de **cabrette**. 1926 [TLF], au sens de « joueur de cabrette ».

cabrette *n.f.*
Valse musette : *Jo, a dit le Guitou, spécialiste de la cabrette, aux pieds il te manque des grelots pour bien jouer la bourrée* (Lépidis).
ETYM. du prov. **cabreto,** musette, cornemuse (instrument fait avec la peau d'une chèvre, encore courant en Lozère) ; emploi métonymique : l'instrument pour la danse. 1986, Lépidis (mais largement antérieur, l'auteur narrant des faits contemporains de la Libération).

cabriolet *n.m.*
1. Vx. Hotte de chiffonnier. **2.** Vx. Cordelette à nœuds, terminée par une olive de bois, et qui servait à tenir un malfaiteur prisonnier par un de ses poignets : *Il file avec Joseph par une toile du fond entre quatre agents, tenu au bras gauche par leur cabriolet* (Claude). **3.** Menotte (on rencontre aussi **cabri**) : *Le policier le poussa dans le couloir, entre les mains de l'inspecteur Peyrède qui lui passa un cabriolet* (Le Chaps).
ETYM. images ironiques : la hotte et l'ancêtre des menottes étant considérés comme moyen ou instrument de transport. **1.** 1836 [Vidocq]. **2.** 1866 [Delvau]. **3.** 1953 [Sandry-Carrère].

caca *n.m.*
1. Être dans le caca, se trouver dans une situation très mauvaise : *Elle se met à vociférer que ce n'est pas très charitable, et que je vois bien qu'elle est dans le caca, et qu'il ne faut pas la gonfler avec ce genre de salade* (Pouy, 3). **2. Faire un caca nerveux,** s'énerver, « piquer une crise » : *Heureusement que Bertrand avait emporté chez lui ses souvenirs d'enfance, sinon, lui aussi, au retour de Hambourg, en aurait fait un caca nerveux* (id.).

ETYM. loc. formées sur le mot enfantin désignant l'excrément humain. **1.** 1902, Zola [TLF]. **2.** 1999 [Merle].

cacade *n.f.*

Colique : *Des intellectuels épanouis sont commotionnés chaque fois qu'un poseur de bombes a la cacade devant la guillotine* (*Actuel*, décembre 1981).

ETYM. du prov. **cagado,** entreprise manquée (→ **CAGUER**). dès 1616-1620, d'Aubigné, sous la forme *cagade.*

cacasse *n.f.*

Aller à la cacasse, coïter.

ETYM. mot signifiant « postérieur » ; cette loc. équivaut littéralement à « aller au cul ». 1960 [Le Breton], qui donne ce mot comme arg. de docker dieppois.

Cachan *n.pr.*

Vx. **Aller à Cachan,** se cacher.

ETYM. calembour ancien. 1640 [Oudin].

cache-fri-fri *n.m.*

Cache-sexe : *Le saxophone alto, pas prévu par Mozart, prit bravement à partie le trait final, qu'il soulignait d'un vibrato à gros effet, et sur lequel le cache-fri-fri d'Amanda devait commencer sa glissade angoissante* (Simonin, 1).

ETYM. du verbe **cacher** et de **fri-fri,** redoublement de la première syllabe de **frisé(e),** le sexe féminin étant souvent, en arg., comparé à une salade (→ **BROUTER**). 1957 [PSI].

cachemire *n.m.*

1. Torchon. **Un coup de cachemire sur le piano,** un coup de torchon sur le comptoir d'un café. **2.** Vx. **Cachemire (d'osier),** hotte de chiffonnier : *Autrefois, au bal du Vieux Chêne, le buraliste disait aux biffins qui venaient gambiller : Mes enfants, laissez vos cachemires dans le couloir* (Virmaître).

ETYM. emploi ironique du mot désignant un tissu de grand prix. **1.** 1866 [Delvau]. **2.** 1827 [Demoraine].

cachet *n.m.*

1. Somme versée à un proxénète. ***a.*** soit régulièrement par une de ses prostituées ; ***b.*** soit occasionnellement par une fille indépendante (en échange d'une rencontre organisée ponctuellement par le souteneur) : *Ce cachet, de chiffre variable selon votre cote, et destiné à une représentation unique à bureaux fermés* [...] (Simonin, 10). **2. Bronzé comme un cachet d'aspirine,** qui a la peau très blanche. **3.** Vx. **Poser un cachet à qqn,** le gifler. **Cachet de la République, de la mairie** ou **cachet.** ***a.*** marque de soulier appliquée sur le visage de l'adversaire jeté à terre ; ***b.*** trace d'excrément sur le bas d'une chemise.

ETYM. métaphore du « timbre officiel » au sens 3 et emploi spécialisé au sens 1. **1.** ***a*** et ***b.*** 1901 [Bruant]. **2.** emploi ironique (par antiphrase). mil. du XXe s. **3. Poser un cachet à qqn,** 1894 [Virmaître]. **Cachet de la République.** ***a.*** 1844 [Esnault] ; ***b.*** 1867 [Delvau].

cacheton *n.m.*

1. Cachet pharmaceutique. **2.** Dans l'industrie du spectacle, cachet de figurant : *Les deux mâles discutent cachetons, figurations à la télé, défilés de mannequins* (Porquet). *Dans la journée, je courais le cacheton* (Dalio). **3.** Syn. de cachet au sens 1.

ETYM. de **cachet. 1.** 1957 [Sandry-Carrère]. **2.** 1947 [Esnault]. **3.** 1952 [id.].

cachetonner *v.t. et i.*

Payer ou toucher un cachet : *Mais les figurations / Dans les feuill'tons-télé / Ça cachetonne à dix sacs* (Renaud). *Je cachetonne chez Meunier, il m'arrive de surprendre des trucs. Oh, pas grand chose, je n'ai pas accès aux dossiers* (Pécherot).

ETYM. de **cacheton.** 1957 [Sandry-Carrère].

cachetonneur, euse *n.*

Acteur ou actrice médiocre, qui court le cachet : *La passion de Jean Gabin, c'était la belote. Nos potins de petits cachetonneurs, nos ragots de coulisses* [...] *ne l'intéressaient pas* (Dalio).

ETYM. de **cachetonner.** 1976, Dalio.

cactus *n.m.*

1. Ennui quelconque ; difficulté apparaissant dans un processus. **2. Avoir un cactus dans le portefeuille, dans la poche,** être avare.

ETYM. le cactus est pris comme symbole de l'obstacle sérieux et difficile à vaincre. **1.** 1968, chanson de J. Dutronc. **2.** 1977 [Caradec].

cadavre *n.m.*

1. Individu malchanceux au jeu. **Jouer le cadavre,** ponter contre le joueur ou le banquier qui perd régulièrement. **2.** Bouteille

vide : *Il y a plus de cadavres que de bouteilles pucelles. Qu'est-ce qu'elle se met, la vieille !* (G.-J. Arnaud). **3.** Vx. Corps humain vivant.
ETYM. métaphores emphatiques. **1.** 1881 [Rigaud]; Esnault signale la loc. synonyme *user le macabé* (1902); il ne reste, au joueur qui a tout perdu, que son corps. **2.** 1901 [Bruant]. **3.** 1867 [Delvau].

cadeau *n.m.*
1. Petit cadeau, gratification due par le client à la prostituée, en sus du prix de la chambre : *Chéri, n'oublie pas mon petit cadeau* (formule rituelle d'entrée en matière). **2.** Rémission partielle accordée par un juge, un complice, etc. **Ne pas faire de cadeau(x),** se comporter durement à l'égard de qqn : *Je suis à bout de nerfs et vous restez dans votre fauteuil... Libre à vous, mais n'attendez pas de cadeaux de ma part* (Galland). **3. Ne pas être un cadeau,** être une source constante d'ennuis, être insupportable : *Ce mec, c'est vraiment pas un cadeau !*
ETYM. emplois euphémiques et ironiques. **1.** 1828, Vidocq. **2.** 1952 [Esnault]. **Ne pas faire de cadeau,** 1953, Simonin [TLF]. **3.** 1936, Céline (dans *un joli cadeau,* par ironie).

cadenettes *n.f.pl.*
Vx. **1.** Chaînes. **2.** Menottes.
ETYM. diminutif de **cadenne. 1.** 1847 [Dict. nain]. **2.** 1953 [Esnault].
VAR. **cadettes :** 1899 [Nouguier]. **canettes :** 1945 [Esnault].

cadenne ou **cadène** *n.f.*
1. Chaîne, dans divers emplois (galères, bagne, chien de garde, chaînette de cou, etc.) : *C'est un cribleur leur cabot, mais il est à la cadenne* (Ansiaume). **2.** Convoi de forçats partant pour le bagne : *Il y a dix ans que j'attends mon heure, depuis le jour où je suis arrivé à Brest enchaîné à la cadène de Pantin* (Mac Orlan, 11).
◆ **cadennes** ou **cadènes** *n.f.pl.*
Menottes : *Il n'a aucunement l'intention de nous inculper, sinon on serait déjà dans le fourgon, cadènes aux poignets* (ADG, 1).
ETYM. de l'ital. **catena,** même sens. **1.** « galères » 1621 ; « bagne » 1821 [Ansiaume] ; « chaîne de cou » 1836 [Vidocq]. **2.** 1829 [Forban].
◆ *pl.* 1929, île de Ré [Esnault].
VAR. les deux orthographes coexistent de longue date ; le mot a été déformé en **cadelle** ou **canelle :** 1850, Clémens.

cadet *n.m.*
Vx. **1.** Pince-monseigneur : *Il faut un fameux cadet pour débrider la lourde de l'antonne* (Ansiaume). **2.** Postérieur : *Viens ici, bibi, que je torche ton petit cadet* (Virmaître).
ETYM. du sens de « jeune homme, élève ». **1.** 1725 [Granval]. **2.** 1756, Vadé [Larchey].

cadière *n.f.*
Chaise : *Féfé est assis en face de moi, à califourchon sur une autre cadière, et les deux autres, debout, m'encadrent* (Bastiani, 1).
ETYM. mot de l'arg. marseillais, du prov. **cadièro,** chaise. 1955, Bastiani.

cador *n.m.*
1. Chien : *J'ouvris aussitôt les yeux pour me retrouver à quatre pattes comme un cador, au milieu de la carrée* (Héléna, 1). **2.** Vx. Cheval. **3.** Personnage important ou influent (en partic., caïd du milieu) : *Ce devait être le cador de la bande car, dès qu'il ouvrait le bec pour sortir une connerie, son auditoire n'en cassait pas une* (Le Dano). *Mon homme, c'est un marteau, un julot, un cador, un prêt à tout, un bon à que dalle* (Cordelier).
◆ *adj.*
Se dit d'un homme fort, habile dans sa partie : *Il est cador en électronique.*
ETYM. de l'arabe **quaddour,** puissant. **1.** 1878 [Rigaud] ; joue sur un nom de chien répandu à l'époque : *Capitaine.* **2.** 1886, Richepin [Esnault]. **3.** vers 1948 [Esnault], mais probablement antérieur, puisque l'emploi adj. daterait, toujours selon Esnault, de 1928.

cadran *n.m.*
Vx. **Cadran lunaire** ou **solaire,** postérieur.
ETYM. métaphore du cercle. 1862 [Larchey].

cadre *n.m.*
1. Tableau. **2.** Visage : *Mets-lui-en une dans le cadre* (Nouguier). **3. Payer un cadre à qqn,** le frapper violemment.
ETYM. emploi métonymique et ironique. **1.** 1843, Gautier [TLF]. **2.** 1899 [Nouguier]. **3.** XXe s. (→ **ENCADRER**).

cafarde *n.f.*
Vx. La Lune.
ETYM. le clair de lune « dénonce » le malfaiteur. 1836 [Vidocq].

caf'conc' *n.m.*

Vx. Café-concert, c.-à-d. café dans lequel joue régulièrement un orchestre : *Marcelle doit se mettre à travailler. Elle s'improvise chanteuse de caf'conc', et se taille d'assez jolis succès* (Thomas, 1).

ETYM. de **café** et de **concert,** tous deux apocopés. 1878, Gill. Ce type d'établissement fut très en vogue dans les grandes villes, sous la IIIe République, jusqu'à la guerre de 1914.

café *n.m.*

1. Vx. **Café des deux colonnes,** vulve, en tant qu'objectif du cunnilinctus. **2.** Vx. **Café colonial,** verre de vin blanc ou rouge. **3. Café du pauvre,** coït consommé juste après le repas : *Faut que j'aille au boulot... Plus le temps de lui resservir le café du pauvre bien serré à l'italienne* (Boudard, 5).

ETYM. loc. imagée: faute d'un vrai café, le pauvre peut toujours s'offrir gratuitement un rapport sexuel. **1.** 1864 [Delvau]. **2.** dans le langage des anciens régiments coloniaux. 1935, Fombeure [Giraud]. **3.** 1960, Simonin. d'abord *café des pauvres* 1943, Romain Roussel.

café-cloche *n.m.*

Café crème : *Et toi ? – Un café-crème bien blanc, répondit la G.7. – De quoi ? Un café-cloche ? Tu sais bien qu'on ne trinque pas avec du café* (Simonin-Bazin).

ETYM. de **café** et de **cloche,** pris en un sens péj. 1935, Simonin-Bazin.

cafemar, cafemon ou **cafeton** *n.m.*

Débit de boissons : *Et de m'expliquer qu'il a travaillé dans un cafeton, vers le métro Château-Rouge* (Dégaudenzi).

ETYM. resuffixations de **café.** *cafemar* vers 1830 [Esnault] ; *cafemon* 1844 [Dict. complet] ; *cafeton* 1931, Heuzé [Giraud].

cafetière *n.f.*

1. Tête, crâne : *Moi, la Clod', je crois qu'il a quelque chose dans la cafetière* (Siniac, 1). *J'ai l'impression de recevoir un coup de matraque sur la cafetière* (Villard, 2). **2.** Visage : *Ma cafetière allumait les Louis Quinze* (Brissac).

ETYM. analogie de forme et idée de contenu chaud, bouillant. **1.** 1857, Furpille [Esnault]. **2.** 1880, Brissac.

cafouillage *n.m.* ou **cafouillade** *n.f.*

Désordre, confusion dans le travail, la parole, la réflexion : *Hier soir, grotesque cafouillade de la radio parisienne à propos de l'explosion de Bikini* (Galtier-Boissière, 1).

ETYM. de **cafouiller.** *cafouillage* 1902 [Esnault] (ce mot picard désignait une sorte de ragoût) ; *cafouillade* 1925 [id.].

cafouiller *v.i.*

1. Faire des efforts désordonnés, peu efficaces : *On cafouille séco pour trouver notre chemin* (Bauman). **2.** Mal fonctionner, en parlant d'un moteur, d'un mécanisme ; au fig. : *Costauds, ne crossez pas ; le jour où ça cafouille, / Le dernier des miteux vous mettra dans ses fouilles* (Marcus).

ETYM. verbe picard issu de **cacher** et **fouiller. 1.** 1892 [Guérin]. **2.** 1916 [Esnault] ; fig. 1947, Marcus. verbe passé dans l'usage courant, ainsi que ses dérivés.

VAR. **cacafouiller** : 1901 [Bruant], signalée comme plus fréquente par Esnault, mais auj. totalement désuète.

DER. **cafouille** *n.f.* Désordre : 1918 [Esnault]. **cafouillis** *n.m.* Désordre résultant d'un cafouillage : 1977 [Caradec].

cafouilleux, euse *adj. et n.*

Qui agit ou raisonne de façon désordonnée : *Il se trique en peinard, loin de nos cafouilleux* (Marcus).

ETYM. de **cafouiller.** 1916 [Esnault], au masc.

cafter ou **cafeter** *v.t.*

Dénoncer, moucharder : *Seulement, ce nave, il irait d'autor nous cafter au dab, ça ferait un drôle de pataquès* (Boudard, 6).

ETYM. de **cafard,** mouchard. vers 1900.

çaga *pron.dém.* → **ÇAGO.**

cagade ou **cagasse** *n.f.*

1. Situation fâcheuse : *La mouise qui monte à vue d'œil ! cagade autour de moi ! Je coule !* (Vautrin, 2). **2.** Action maladroite, bêtise : *On croit se comprendre et il suffit d'une petite cagade, un incident de rien du tout pour s'apercevoir qu'on bafouillait chacun pour soi dans les nuages* (Boudard, 5).

ETYM. du prov. **cagado,** excrément ; équivalent méridional de la merde, avec de nombreuses variantes, notamment réfections en *caca...* sur le mot **caca. 1.** 1798 [Acad. fr.]. **2.** 1960 [Le Breton].

cage *n.f.*

1. Prison : *Après quinze ans de cage, il faut bien prendre un peu l'air et égayer son existence*

(Sue) ; parloir grillé. **Cage à poules,** box dans le dortoir d'une prison : *Le dortoir est une immense salle où courent, se faisant face, deux rangées de cellules étroites ne contenant qu'un lit, séparées par une cloison de briques mais couvertes d'un treillage métallique et fermées d'une grille. On les appelle les cages à poules* (Genet). **2. Cage à lapins,** habitation médiocre et peu spacieuse ; au pl., immeubles à appartements (relativement) bon marché, où s'entassent les populations laborieuses : *Ce qu'ils appellent propre, c'est de flanquer nos maisons par terre et de bâtir à la place de ces cages à lapins qui sont les mêmes partout* (Gerber). On dit aussi **cabane à lapins.** Vx. **Cage à chapons, à jacasses,** couvent d'hommes, de femmes. **Cage à poulets,** voiture cellulaire. **3. Cage (à pain),** estomac, ventre : *Tire-toi, j'te dis, corniaud... J'lai pris dans la cage... J'suis rétamé... Barre, que j'te dis...* (Lesou, 2). **Cage à viande,** panier de la guillotine.

ETYM. vieille image de l'enfermement. **1.** avant 1317, Joinville [Littré] ; « parloir » 1950 [Esnault]. **Cage à poules,** 1943 [id.]. **2.** 1881 [Rigaud]. **Cage à chapons, à poulets,** 1847 [Dict. nain]. **Cage à jacasses,** 1867 [Delvau]. **3.** avant 1946, Galtier-Boissière. **Cage à viande,** 1847 [Dict. nain].

cageot *n.m.*

Fille ou femme peu attirante, sans beauté : *Et vous n'avez pas eu l'idée de vous regrouper, vous les mignonnes, de vous défendre pour vous battre pour l'égalité des droits avec les cageots ?* (Sarraute, in *le Monde,* 7 juin 1985).

ETYM. par analogie de consistance et de forme, le cageot étant un emballage assez malléable, ventru et sans intérêt autre que pratique (?). 1977 [Caradec].

cagibi *n.m.*

Salon où le client choisissait parmi les prostituées. SYN. choix.

ETYM. spécialisation de sens d'un mot de l'ouest de la France, qui désigne un réduit, une cahute. 1939 [Esnault].

cagna *n.f.*

1. Vx. Abri sommaire : *La fusillade, en reprenant, ne les réveillait pas. Devant les cagnas, le capitaine veillait seul* (Dorgelès). **2.** Domicile ; pièce, chambre : *Sur le seuil de la cagna mitoyenne, où ils logent à quatre par pièce, deux vieilles Kabyles compatissantes [...] se sont lamentées à mon passage* (Veillot).

ETYM. de l'annamite **cai-nha,** maison rudimentaire, équivalent asiatique du *gourbi* arabe (dans l'esprit des soldats français). **1.** 1896, Céra [Esnault]. **2.** 1915, Benjamin.

cagnard *n.m.*

1. Le soleil : *Ses parents louaient un bungalow et elle avait rien d'autre à faire que de se laisser dorer au cagnard de la Loire-Atlantique* (Lasaygues). **2.** ARG. ANC. Lupanar clandestin : *Au Grand Siècle, on interdit officiellement et on tolère de fait [...]. Les clandés s'appellent des cagnards* (Boudard, 2).

ETYM. emploi métonymique de **cagnard,** mot du Midi désignant un endroit ensoleillé et abrité du vent, où l'on aime faire la sieste. **1.** 1912 [Sainéan]. **2.** 1527, Chevalet [Esnault].

cagne *n.m.*

1. Mauvais cheval : *Avec ça qu'il est chouette ton cagne, il a une guibolle cassée !* (Canler). **2.** Curé. **3.** Gendarme.

ETYM. par apocope de **cagneux,** qui a les pieds tournés en dedans (même origine que le précédent) ; idée d'inaptitude au travail, de paresse. **1.** 1835, Raspail [Esnault]. **2.** 1902, en bello (nombreux dérivés en mourmé) [id.]. **3.** 1881 [Rigaud].

çago, çaga ou **çaguche** *pron. dém.*

Cela, ça.

ETYM. resuffixation typiquement arg. (à des fins de masquage) du pronom usuel. *çago* 1844 [Dict. complet] ; *çaga* 1952 [Esnault] ; *çaguche* 1929 [id.].

cagoinces ou **cagouinces** *n.m.pl.*

Latrines : *J'avais échangé deux paroles avec lui en fumant dans les cagouinces parce que c'est pas permis de cloper ailleurs* (Dégaudenzi).

ETYM. réfection de **cabets** ou **cabinces,** d'après le prov. **cagar,** déféquer. Curieusement, *cagouince* prend chez Courteline (1891) le sens de « petit chien ».

VAR. **cago(u)insses :** 1967, San Antonio [TLF]. **cagots :** 1932 [Esnault].

cagou *n.m.*

ARG. ANC. Mendiant (en général subordonné au Coesre) : *Vostre cagou, qui est l'un des plus anciens, vous apprendra comme devez vivre, car c'est le plus capable qui soit venu devant moy* (Péchon de Ruby).

ETYM. origine obscure. 1596, Péchon de Ruby.

caguer *v.i.*

1. Déféquer : *T'étais plus fortiche hier ! Cague pas dans tes brailles, t'es pas tout à fait mort !* (Agret). **2.** Échouer, tourner mal : *Son affaire a cagué total.* SYN. merder.

◆ *v.t.*

Mépriser.

ETYM. forme méridionale de **chier,** du prov. **cagar,** lui-même issu du lat. **cacare,** même sens. **1.** 1901 [Bruant]. **2.** 1970, Boudard-Étienne. ◆ *v.t.* 1997, Smaïl.

caïd *n.m.*

1. Personnage important dans le milieu ; chef de bande : *Un an après son arrivée,* [Alexandre Jacob] *est désormais l'un des chefs incontestés de Saint-Joseph. Les caïds sont bien obligés de le respecter : ils peuvent avoir besoin de ses conseils juridiques* (Thomas, 1). **2.** Personnage remarquable dans un domaine quelconque (parfois employé ironiquement).

ETYM. de l'arabe **qâ'-id,** chef. **1.** 1921, Bat' d'Af' et travaux forcés [Esnault], au sens précis de « homme qui s'impose aux camarades, dîme les colis reçus et préside un tribunal à lui ». **2.** 1977 [Caradec].

caïdat *n.m.*

Organisation d'un milieu social dans lequel des caïds imposent leur loi ; en partic., organisation occulte du milieu carcéral : *Il y a des risques, le caïdat par exemple. Le syndicat peut tomber entre les mains du plus habile ou du plus fort* (*le Monde,* 16 février 1986).

ETYM. de **caïd.** 1954, Simonin.

caille *n.f.*

1. Ensemble des viscères d'un animal. **2.** Excrément : *C'est pour moi alors toute la caille ? Hein ? À moi tout le purin !* (Céline, 5). **Un truc à la caille,** une indélicatesse. **L'avoir à la caille,** être irrité, mécontent : *C'est des trucs qui se gardent... Si on brûlait les papelards de mes vieux pour les terres, j'l'aurais à la caille* (Dorgelès). **Avoir quelqu'un à la caille,** le détester : *Je peux t'assurer que la gonzesse qu'invitait devait vous avoir à la caille !* (Simonin, 6). **Œil à la caille,** œil tuméfié par un coup. **3. Être à la caille,** ne pas avoir de chance.

ETYM. il a existé deux verbes **cailler,** l'un ayant donné le sens 1 et des locutions se rapportant à l'idée de « tourner (comme le lait) » ou « rester sur l'estomac », d'où une valeur psychique négative ; l'autre, issu de **cacare,** appartient à la famille de **caca ;** l'usage pop. a plus ou moins confondu ces homonymes (→ MOUSCAILLE). **1.** 1908, Anjou [Esnault]. **2. Un truc à la caille,** 1906 [Esnault], qui signale aussi *être à la crotte* (1910), dans l'ennui, *avoir qqn à la crotte* (1917), le détester. **L'avoir à la caille** et **avoir qqn à la caille,** 1910 [id.]. **Œil à la caille,** [id.]. **3.** 1977 [Caradec].

[-caille]

suffixe nominal assez productif en argot : **blanchecaille, mouscaille, poiscaille, tranchecaille,** etc. Il provient peut-être du sens 2 de **caille,** excrément, et sa valeur péjorative serait alors liée à l'idée de saleté, de puanteur.

cailler *v.t.*

Cailler le sang, le raisin à qqn ou simpl. **cailler qqn,** le plonger dans l'inquiétude, la colère, etc. : *La petite chose sphérique qui tourne à toute allure en sifflant méchamment sur le plancher de la chambre leur caille littéralement le sang* (Fennac). *Je serais tombé en épilepsie rien que pour mieux les posséder !... tellement qu'ils me caillaient ces ordures* (Céline, 5).

◆ *v.i.* ou **se cailler** *v.pr.*

Se cailler (les miches, les meules), se les cailler, avoir froid : *T'as pris la couverture, c'est pas chouette, je caille, moi* (Varoux). *Une jeune femme qui se caille depuis trois quarts d'heure devant la fosse aux hippopotames* (Sarraute). *Bensoussan sentit plein de courants d'air s'insinuer en lui. Sous la chemise et dans le cœur. Tchao, mon frère, je me les caille* (Page).

◆ *v.impers.*

Ça ou **il caille,** il fait froid : *Toute fraîche, toute pimpante, une reine avec le bout du nez gelé. « Hou hou... elle a fait. Bon sang, ça commence à cailler ! »* (Djian, 1). *Je pense qu'il caille vraiment. Que ce n'est pas une heure pour faire le guignol sur une bretelle d'autoroute* (Porquet).

◆ **se cailler** *v.pr.*

Se cailler les sangs, le raisin, la bile, etc., être le siège d'une émotion forte (colère, inquiétude) : *Si tu crois que je vais me cailler le sang pour une ordure pareille !* (Lefèvre, 1). *J'étais devenu truand uniquement pour éviter le surmenage, et tous ces malfrats allaient m'obliger à veiller. Je m'en caillais le raisin de rage* (Simonin, 2).

ETYM. image forte du sang qui caille dans les veines, soit de froid, soit d'anxiété. 1936, Céline.
◆ *v.i.* 1966 [DFC]; *v.pr.* **Se les cailler,** 1977 [Caradec].
◆ *v.impers.* **Ça caille,** 1966 [DFC].
◆ *v.pr.* « se faire du souci » 1901 [Rossignol]; « rager » 1901 [Esnault].

caillou *n.m.*

1. Diamant ou pierre précieuse: *Il se demandait si l'autre était devenu fou ou s'il lui tendait un piège : deux cent mille francs pour des cailloux qui valaient des millions!* (Lesou, 2). **Caillou de Rennes, du Rhin,** diamant faux. **2.** Tête, crâne (souvent chauve): *Regarde-nous, tous les deux! On n'a presque plus un poil sur le caillou et on vit bien quand même, non!* (Gibeau); plus rarement, cerveau: *Il en a dans le caillou!* **3.** Vx. Figure; nez. **Avoir son caillou,** s'enivrer. **4. Casser les cailloux,** être envoyé au bagne: *La France, évidemment, ne pouvait que faciliter le départ d'un tel coco, encore que c'eût été plus rationnel de l'envoyer casser du caillou dans le Sud algérien* (Malaquais).

ETYM. au sens 2, images plus ou moins ironiques, liées à la notion de «dureté minérale», la boîte crânienne étant effectivement ce qui chez l'homme est le plus résistant aux chocs. **1.** vers 1870 [Esnault]. **Caillou du Rhin,** 1887, Hogier-Grison [TLF]. **2.** 1894, Bibi-Tapin ; *ne plus avoir de mousse sur le caillou* 1901 [Bruant]. **3.** 1867 [Delvau]. **4.** 1960 [Le Breton], qui note que cette loc. est périmée depuis la suppression du bagne de Guyane (1938 pour les travaux forcés). Sans doute le surnom *le Caillou,* donné à la Nouvelle-Calédonie, se rattache-t-il à ce contexte.

cainf ou **cainfri** *adj. et n.*

Africain: *Nous pourrions poser pour une affiche de l'United Colors : des Beurs, djez et rocains, des Blacks, cainfs et zantilles* (Smaïl).

ETYM. verlan apocopé d'**africain.** 1995, Décugis et Zémouri [Goudaillier].

1. caisse *n.m.*

1. Argent. **Aller au caisse,** payer. **2. C'est du caisse → QUÈS.**

ETYM. déverbal de **caisser. 1.** 1906 [Esnault].

2. caisse *n.f.*

1. Passer à la caisse. ***a.*** recevoir de l'argent, souvent de façon illégale: *Pour fermer les yeux sur cette irrégularité, l'inspecteur a dû passer à la caisse!* ***b.*** être congédié. **2. Voyez caisse,** interj. ironique à l'adresse de qqn qui reçoit des coups.
◆ *adj.*
Gagnant (notamment en parlant d'un coup).

ETYM. emplois ironiques du mot désignant le guichet où on paie. **1.** ***a.*** mil. du XXe s.; ***b.*** 1883, Zola [TLF]; se dit de l'ouvrier que son patron invite à passer définitivement à la caisse pour solde de tout compte. **2.** 1977 [Caradec]; jeu de mots évident avec **encaisser,** c.-à-d. recevoir des coups.
◆ *adj.* 1975 [Le Breton].

DÉR. **caisser** *v.t.* Payer: 1906 [Esnault].

3. caisse *n.f.*

1. Dépôt de la Préfecture; prison militaire. Vx. **Grosse caisse,** prison. **Jouer de la grosse caisse,** mentir grossièrement, dans le langage des policiers. **2.** Crâne: *Mon père, au moins lui, c'était simple, il était plus qu'un sale baveux, il avait plus rien dans la caisse, que des fatras, des simulacres* (Céline, 5). **3.** Poitrine ou ventre: *On les aurait bien étonnés en leur disant que je n'étais pas là pour le citron, mais pour la caisse!* (Paraz, 1). **S'en aller** ou **partir de la caisse,** être atteint de tuberculose: *La jeune femme de Lucien était tuberculeuse. Lui, il disait «phtisique», mais on traduisait par des expressions comme « elle s'en va de la caisse »* (Sabatier); se dit ironiquement à qqn qui est pris de quintes de toux. **4.** Ivresse. **Prendre une caisse,** s'enivrer: *À propos de caisses, dit Asperge, en me tendant la bouteille, on est en train d'en prendre une bonne, non?* (Bénoziglio). **Avoir, tenir une caisse,** être ivre : *Colar commençait à tenir une sacrée caisse. Scotch, jaja avec les beignets et le crabe farci, rhum blanc et re-scotch* (Houssin, 2). **5.** Moyen de transport caréné (anc. avion, auj. voiture): *Parce que, question caisse, tire, engin, tas de rouille, ce mec était un génie, il te transformait une 4L en fusée Ariane en trois coups de clé de seize* (Pouy, 2). **Caisse à savon,** véhicule inconfortable ou biscornu. **À fond la caisse,** très vite (en voiture ou à moto). **6.** Batterie d'un orchestre.

ETYM. analogies de forme et de volume. **1.** 1828, Vidocq. **Grosse caisse,** 1881 [Rigaud]; cet instrument de musique est aussi celui des bateleurs, qui cherchent à faire des dupes. **Jouer de la grosse caisse,** 1975 [Arnal]. **2.** 1916 [Esnault]. **3.** « ventre » 1808 [d'Hautel]. **S'en aller, partir de la caisse,** 1886, Carabelli [TLF].

4. 1980, Bénoziglio. **5.** « avion » 1916 [Esnault]; « voiture » et **à fond la caisse,** 1975 [Beauvais]. **Caisse à savon,** 1977 [Caradec]. **6.** 1975 [Le Breton].

caisson *n.m.*

1. Crâne, tête : *J'dis à Suzette, / En r'luquant sa tête : / Tu n'as plus, cré non ! / De pissenlits su'l'caisson* (chanson *À l'exposition*, paroles d'E. Rimbault et R. de la Croix-Rouge). *Elle hocha le caisson, prudente* (Houssin, 1). **2.** Ventre.

ETYM. métaphore brutale. **1.** 1833, P. Borel [TLF]. **2.** 1936, Céline.

cajole *n.f.*

Fille : *Je la déteste encore plus que toi, cette cajole qui a usé les lèvres de mon homme* (Bastiani, 1).

ETYM. probablement déverbal de **cajoler**; désigne une enjôleuse. 1960, Bastiani.

calanche *n.m.*

Vx. Décès. **Calanche V.P.,** décès sur la voie publique, dans le langage des policiers.

ETYM. déverbal de **calancher.** 1901 [Bruant]. **Calanche V.P.,** 1954 [Esnault].

calancher ou **calencher** *v.i.*

Mourir : *Sûr c'est pas drôl' quand un copain calanche / Mais si tu dois en r'venir c'est écrit* (chanson *Tu le r'verras Paname !*, paroles de R. Myra et R. Dieudonné). *Oranienburg ? Combien de mecs étaient calenchés là-bas? Impossible de s'en souvenir* (Le Breton, 1).

ETYM. du verbe **caler,** ne plus pouvoir avancer, et du suff. **-anche.** 1846, *Intérieur des prisons.* L'orthographe *calencher* est fréquente, p.-ê. sous l'influence de *déclencher.*

☞ **calaõ**
→ Liste des argots spécifiques *page [33].*

calbar, calebar ou **calbute** *n.m.*

Caleçon, slip : *Vous êtes de fameux truands tous les deux. À onze heures moins vingt, vous vous baladez encore en liquette et en calbard* (Fallet, 1). *Il a fini par s'éveiller vraiment, rengainer son service trois pièces qui lui sortait du calbute...* (Boudard, 6).

ETYM. de **caleçon** et du suff. arg. **-bar.** 1946 [Esnault]. Moins usité que *calcif* ; *calbute* 1979, Boudard.

calbombe *n.f.*

Désigne diverses sources de lumière (anc. chandelle, auj. lampe, phare de voiture, etc.) : *Une calbombe poussiéreuse pendait à un fil. Elle éclairait pas grand-chose* (Le Breton, 3). *Depuis quinze bornes, Petit Henri, ayant éteint ses calbombes, roulait à l'estime* (Simonin, 1).

ETYM. origine inconnue, seule la racine **cal-** correspondant à l'idée de « chaleur » (et « lumière » ?) ; p.-ê. lié à **caleil,** lampe rustique, selon Esnault. 1888 [Rigaud].

VAR. elles sont nombreuses et peu sûres; l'orthographe sans *e* central paraît la plus fréquente.

calcer ou **calecer** *v.t.*

Posséder sexuellement : *Vingt jours de pédalée sous les bombes [...] à piller les épicemards, à calcer des Julies qui avaient paumé leur Julot dans l'ouragan* (Audiard).

ETYM. de l'esp. **calzarse a una,** en chausser une, probablement influencé par le mot **caleçon.** 1952 [Esnault].

calcif ou **calecif** *n.m.*

1. Caleçon, slip : *Il était couché avec la secrétaire de mairie et il avait même plus son calcif!* (Veillot). *Presque un mois de rab en calecif sur la plage le matin, à poil dans les draps les après-midi au milieu d'une boustifaille de roi* (Lépidis). **2. Filer un coup dans le calcif,** posséder sexuellement.

ETYM. resuffixation arg. de **caleçon. 1.** 1916 [Esnault]. **2.** 1977 [Caradec]. → CALBAR.

calculer *v.t.*

Calculer qqn. ***a.*** « avoir le pressentiment qu'il prépare un mauvais coup à vos dépens » (Vandel) ; ***b.*** lui chercher noise, le regarder de travers : *Moi, j'aime pas les pointeurs, mais, aujourd'hui, j'ai arrêté de les calculer* (propos recueillis par C. Prieur, *le Monde,* 23 avril 1997).

ETYM. emploi dépréciatif du verbe usuel. ***a.*** 1993 [Vandel]; ***b.*** 1996 [Merle].

1. cale *n.f.*

1. Donner la cale, dans le langage des marins, décrocher le hamac pour faire tomber le dormeur au sol : *Et il accrocha son hamac en suppliant son voisin de ne pas lui « donner la cale »* (Leroux). **2. Être à fond de cale,** sans ressources; épuisé. **3. Se lester la cale,** boire et manger copieusement. **4. Mettre**

en cale, mettre enceinte. **5. Être de la cale 2,** être homosexuel.

ETYM. au sens 1, emploi ironique, dér. du sens de « punition infligée à un matelot », qui consistait, après l'avoir attaché à la grande vergue, à le plonger plusieurs fois dans la mer. **1.** 1899 [NLI]. **2.** 1867 [Delvau]. **3.** 1907 [H. France]. **4.** 1977 [Caradec]. **5.** 1960 [Le Breton]; arg. des dockers : la cale 2 est la plus profonde...

2. cale *n.f.*

1. Morceau de bois utilisé pour forcer une porte sans s'attaquer à la serrure : *Il demanda une dingue et deux cales à Jeannot et, paisiblement, commença de méthodiques cambriolages de chambres de bonnes* (Giovanni, 1). **2.** Morceau de papier utilisé dans la préparation d'un cambriolage, pour tester l'absence du propriétaire : *Cet éclaireur avait pour mission de glisser des « cales », des « scellés », autrement dit de vulgaires petits bouts de papier dans l'interstice des portes des demeures les plus alléchantes. Si vingt-quatre ou quarante-huit heures plus tard l'objet n'était pas tombé, c'est que le local était, au moins provisoirement, inhabité* (Thomas, 1).

ETYM. emplois spécialisés du mot usuel. **1.** 1943, Genet. **2.** 1970, B. Thomas.

calé, e *adj. et n.*

Vx. Qui se trouve dans une situation aisée : *Peut-être quinze mille francs... peut-être plus... – Mazette !... vous êtes calé, vous !* (Mirbeau). *Passager, ça coûte gros ; et t'as pas l'air calé, soit dit sans t'offenser* (Boussenard). *Tous les calés / Sont mes cousins germains / Et je fais partie du gratin* (chanson *Sans un*, paroles de J. Lenoir, 1927).

ETYM. idée de confort, de stabilité assurés grâce à ses ressources (auj. seulement intellectuelles). 1782 [Esnault].

calebar *n.m.* → CALBAR.

calebasse *n.f.*

1. Tête : *Vous ne voyez donc pas qu'on s'est payé votre « calebasse » ?* (Bibi-Tapin). **2.** Sein de femme (plutôt mou) : *Alors, je lui saute dessus et lui bourre de gnons la calebasse* (Bastid-Martens, 1).

ETYM. analogie de forme avec la « grosse courge séchée servant de récipient ». **1.** 1829 [Forçat]. **2.** 1867 [Delvau].

calecer *v.t.* → CALCER.

caleceur *n.m.*

Syn. de baiseur : *Éclectique avec ça, ce caleceur d'élite !* (Simonin, 6).

ETYM. de **calcer.** 1966, Simonin.

calecif *n.m.* → CALCIF.

caleçon *n.m.*

Colis destiné à un détenu. **Le caleçon bande,** se dit lorsque le colis est bien garni.

ETYM. relation peu claire. 1975 [Arnal], également pour la loc.

calencher *v.i.* → CALANCHER.

calendos ou **calendot** *n.m.*

Fromage (surtout camembert) : *Depuis les temps de la crémerie Gobert où elle glissait les calendots clandestins dans les filets des copains, on la savait femme de décision rapide* (Amila, 1). *Avec tes joues pâles, ton ventre flasque et tes pieds mal chaussés, t'as l'air d'un calendos qu'en a marre de se retenir et s'écroule lamentablement où il peut* (Tachet).

ETYM. resuffixation fantaisiste de **camembert,** avec p.-ê. influence du mot champenois **calendeau,** vieux cheval ou vieille carriole. 1931, sous la forme *calendeau* [Esnault]. Les formes *calendo(t)* ou *calendos* (prononcé *[os]* même au sing.) sont auj. les plus répandues.

caler (se) *v.pr.*

Se caler les badigoinces, les joues, les amygdales, les moustaches, etc., ou **se les caler,** manger copieusement : *Tout le monde sera content. Eux, de voir une femme aussi généreuse avec les gosses. Et pis nous, on s'calera les joues...* (Le Breton, 6). *Ils seront condamnés à bouffer de leur tambouille au lieu de se les caler avec des frites* (Dorgelès). **Se caler (un aliment),** le manger : *Faut' de brioche on s'cal'du pain !* (Rictus).

ETYM. image pittoresque de la nourriture servant de « cales » symétriques pour les joues. **Se caler les joues**, 1690 [Furetière] ; **les amygdales** et **se les caler,** 1881 [Rigaud]. Esnault donne en outre *se caler le fond du bidonnard* (1947, auj. désuet).

caleter *v.i.* → CALTER.

calibre *n.m.*

1. Arme de poing : *Il aperçut l'amerlo qui tenait le copain d'Alba en respect. Il se tenait de face, un gros calibre dans la pogne* (Delacorta). SYN. brelica. **2.** Vulve.

ETYM. emploi métonymique : le diamètre du projectile pour l'arme (avec ellipse du chiffre). **1.** 1935 [Simonin-Bazin]. **2.** 1901 [Bruant].

calleri *n.m.*

Argent : *De son couteau, le Gitan indiqua les billets de dix mille. « Qu'est-ce qu'on branle de ce calleri-là ? »* (Le Breton, 1).

ETYM. mot gitan. 1954, Le Breton.

calmos [-os] *adv. et interj.*

Du calme, doucement : *Elle a invité, impromptu, les Philips à dîner. Calmos, pas de panique, y a le temps* (*le Nouvel Observateur*, 24 février 1984).

ETYM. resuffixation arg. de **calmement.** vers 1980. Ce mot est très en vogue chez les jeunes.

☞ **caló**

→ Liste des argots spécifiques *page [33].*

calot ou **callot** *n.m.*

1. Vx. Dé à coudre. **2.** Bille (pour jouer) : *L'effarement arrondi en ses yeux les lui rendit pareils à ces billes énormes, en usage sous le nom de « callots » dans tous les collèges, lycées, externats* (Courteline). **3.** Coquille de noix : *Ma pépée, faut ouvrir tes callots* [...] *Pour brifer les noix, il y a du boulot* (Marcus).

◆ **calots** *n.m.pl.*

Yeux : *Derrière mes paupières, j'avais dans les calots et partout dans la tête des flashes, des explosions et des lampions télégraphiques de toutes les couleurs* (Dégaudenzi). *Et il roulait des calots, je ne te dis que ça...* (Malet, 10).

ETYM. mot du centre et de l'ouest de la France, issu du moyen fr. **cale,** noix. **1** et **3.** 1836 [Vidocq]. **2.** 1867 [Delvau].

◆ *pl.* 1846, *Intérieur des prisons.*

1. calotin ou **calottin** *n.m.*

PÉJ. Prêtre : *Qui aurait dit, il n'y a pas deux mois, que je me serais laissé embêter par un calotin ?* (Vidocq).

◆ *adj. et n.*

Bigot (fém. **calotine** rare) : *Ils donnent aux œuvres, votent comme il faut, fréquentent l'église... parce qu'en plus, calotins de père en fils, si tu vois le genre !* (Réouven).

ETYM. de **calotte.** vers 1750, *le Déjeuner de la Râpée* [Larchey].

◆ *adj. et n.* 1851 [Landais] ; en ce sens, ce mot est encore assez pop. L'orthographe avec deux *t* est rare auj.

2. calotin ou **calotino** *n.m.*

Boisson composée d'un mélange de rhum et d'absinthe.

ETYM. de **Calogero,** dit « don Calo », célèbre maffioso et inventeur de ladite boisson. 1975 [Arnal].

calotte (la) *n.f.*

PÉJ. Le clergé, les curés : *Et les voix de tous les scrutins / Leur crieront : « À bas la calotte ! »* (*la Marseillaise anticléricale* de Léo Taxil).

ETYM. emploi métonymique du mot désignant la coiffure ecclésiastique. 1844, Sue.

calotter *v.t.*

1. Dérober : *Bien entendu, il s'était déjà fait calotter sa malle et ses trésors* (Spaggiari). **2.** Arrêter (qqn) : *J'aurais dû le calotter, oui, n'est-ce pas ? l'arrêter là-bas, et ce serait fini* (Carco, 1).

ETYM. littéralement « coiffer d'une calotte », c.-à-d. « soustraire, faire disparaître » (cf. *emplâtrer*). **1** et **2.** 1907 [Esnault].

calouse *n.f.*

Jambe. **Jouer des calouses,** marcher.

ETYM. origine inconnue. 1975 [Arnal].

DÉR. **calouser** *v.t.* **Calouser le bitume,** marcher dans la rue : [id.].

calter, caleter *v.i.* ou **se calter** *v.pr.*

1. S'en aller rapidement, fuir : *Fous le camp tout de suite ! emporte tes fringues et calte en vitesse... sans ça il t'arrivera malheur !* (Machard). *En vingt secondes, j'étais dehors. Je me suis calté par les échelles d'incendie parce que j'ai entendu des voix en bas de l'escalier* (Stewart). **Caltez boudin, vous sentez l'ail** ou **caltez volaille,** apostrophes méprisantes : *Voilà ! C'est terminé ! Caltez, volaille...* (Gibeau). **2.** Cesser ; se taire. **Calte au boniment,** assez parlé, la chose est claire.

ETYM. fréquentatif de **caler,** reculer, fuir ; ce verbe est moins employé à la voix pronominale. **1.** 1798, Orgères. **Caltez boudin,** 1904 [Esnault] ; **caltez volaille,** 1946, Romain Roussel. **2.** 1844 [Dict. complet] ; « se taire » 1899 [Nouguier]. **Calte au boniment,** 1907 [Esnault].

cam ou **came** *n.m.*

Camelot : *Mis à part le député, le curieux, le came, le comédien* [...] *rares sont les gonzes et les gonzesses aux cordes vocales synchronisées à la pensée* (Simonin, 5).

ETYM. apocope de **camelot.** *cam'* 1935 [Esnault].

camarade *n.*

Vx. **1. Camarade de couple,** forçat enchaîné à un autre : [Dans la salle commune, au Dépôt] *on guette les arrivants pour presser la main à d'anciens camarades de couple* (Joigneaux). **2. Petite camarade,** partenaire homosexuelle.

ETYM. emplois spécialisés du mot usuel. **1.** 1841, Joigneaux. **2.** 1841, Lucas.

Camarde ou **Camargue (la)** *n.pr.*

La mort : *La Camarde qui ne m'a jamais pardonné / D'avoir planté des fleurs dans les trous de son nez / Me poursuit d'un zèle imbécile* (Brassens). **Épouser la Camarde** ou **faire ménage avec la Camarde,** mourir : *C'est fini de rigoler, faut se décider à aller faire ménage avec la Camarde. Fichue compagne !* (Guéroult).

ETYM. la mort est « sans nez » (sens de **camard** ou **camus**). *la Camarde* 1827 [Demoraine] ; *la Camargue* 1901, Rossignol. **Épouser la Camarde,** 1867 [Delvau].

VAR. **Camuse (la)** : 1834, Balzac.

camaro *n.m.*, **camarluche** ou **camerluche** *n.*

Vx. Camarade : *Si l'on se remémore une « soulographie » entre « camaros »...* (Bibi-Tapin). *Et c'jour-là mes camarluches, / La nuit gare aux laqu'reauxmuches / De la place Maubert* (Bruant). *Faisant une ballade avec une de ses camerluches, elle a rencontré des blanchisseuses* (Gill).

ETYM. resuffixation arg. de **camarade.** *camaro* 1842 [FEW] ; *camarluche* 1850, Clémens.

cambe *n.f.*

Vx. Maison, chambre : *Il travaille encore un peu à la cambe, à courir le rat* (Ansiaume).

ETYM. forme picarde de **chambre.** 1821 [Ansiaume].

cambouis *n.m.*

Soldat du train.

ETYM. emploi métonymique du mot désignant la graisse (pour machines). 1901 [Bruant].

cambre *n.m.* → COMBLE.

cambreline *n.f.*

ARG. ANC. Chambrière, domestique. SYN. cambrouse.

ETYM. du prov. et du picard **cambre,** chambre. 1800, Leclair.

cambriole *n.f.*

1. Vx. Maison ou chambre (à piller) : *Pourrais-tu pas en attendant nous indiquer quelque cambriole à rincer ?* (Vidocq). **2.** Vol dans une maison citadine ; activité ou confrérie des cambrioleurs : *Anne* [...] *se rend compte que son enthousiasme pour les actions romanesques l'a entraînée un peu vite à m'inciter à la cambriole* (Faizant).

ETYM. déverbal de **cambrioler. 1** et **2.** 1790, *le Rat du Châtelet.*

cambriot ou **cambrio** *n.m.*

Cambrioleur : *Le cambrio, le serreur y fraient* [à la Bastille] *avec le hareng à deux thunes par jour, l'inverti et le dévoyé* (Carco, 1).

ETYM. apocope de **cambrioleur.** vers 1895, Bruant ; *cambrio* 1927, Carco.

cambrousard, e ou **cambroussard, e** *n.*

Paysan, campagnard : *Le cambrousard* [le rat des champs] *reprit son dur* (Marcus).

◆ *adj.*

Qui se rapporte au paysan.

ETYM. de **cambrous(s)e.** 1915 [Sainéan].

cambrouse ou **cambrousse** *n.f.*

1. Campagne déshéritée ; province retirée, par opposition à la grande ville : *Une fois démobilisé, si tu veux rester ici dans la cambrousse et fourrager dans le plumard d'une fermière, ça te regarde* (Lépidis). *J'ai moi-même demain une affaire avec deux amis de collège chez un particulier qui va tous les dimanches passer la journée chez un ratichon de cambrouse* (Canler). **2.** Vx. Chambrière : *Il n'y a à présent si chestive cambrouse qui ne rouscaille le jargon* (Responce au grand Coesre). **3.** Vx. Chambre. **Nettoyeur de cambrouse,** cambrioleur : *Une nuit que le patron était absent, il y a amené des nettoyeurs de cambrousses, toute une bande de fins monte-en-l'air* (Lorrain). **4.** Vx. Cambriolage.

ETYM. du prov. mod. **cambrouso,** femme de chambre, et **cambrousso,** bouge, tous deux issus de **cambra,** chambre ; le sens 1 est sans doute lié à l'existence des forains ; on peut voir aussi dans cette acception, à la suite d'Esnault, une altération du champenois **cam-**

plouse, campagne. **1.** « campagne » 1821 [Ansiaume] ; « province » 1836 [Vidocq]. **2.** 1628 [Chéreau]. **3.** 1878 [Rigaud]. **4.** 1905, J. Lorrain [Esnault]. La forme *-ousse* est plus répandue que l'autre depuis 1895, selon Esnault.

DER. **cambrousier, ère** ou **cambroussier, ère** *n.* **1.** Individu qui, de façon plus ou moins affichée, écume les campagnes : 1836 [Vidocq]. **2.** Provincial : 1841, Lucas.

cambuse *n.f.*

1. Cantine d'une école, d'une prison, etc. : *Le havre il faut morfiler ; / Au radeau de la cambuse / Le raze est le fricotier* (Alhoy). **2.** Cabaret médiocre et mal famé : *Et puis, le bar des Amis, c'est c'te cambuse* (Tachet). **3.** Domicile, atelier, boutique, local quelconque (généralement mal tenu) : *Cinq ans de réclusion pour avoir (paraît-il) foutu le feu à sa cambuse* (Le Dano). *Il finit par monter une cambuse de réparation de vélos et de petite mécanique* (Arnoux).

ETYM. emplois dérivés du mot désignant, pour les marins, la cuisine du bord. **1.** 1837 [Esnault]. **2.** 1833 [id.]. **3.** 1828, Vidocq.

cambuter *v.t.*

1. Échanger, troquer, généralement à des fins frauduleuses : *Le portefeuille aux nombreux billets est devenu une sacoche qu'il s'agira, lorsqu'on y aura placé l'argent du naïf, de « cambuter », c.-à-d. de changer contre une autre, absolument identique d'aspect, mais pleine de papiers, de journaux et de cailloux* (Locard). **2.** Remplacer (sans idée d'escroquerie).

◆ *v.i.*

Changer (de place, d'aspect, de nature, etc.) : *D'y penser, son humeur cambute, l'incite au bilan de la journaille. Pas choucard !* (Simonin, 5).

ETYM. du lat. tardif **cambiare,** troquer, qui a donné l'ital. et l'esp. **cambio,** change, avec un suff. p.-ê. issu du lyonnais **trafuter,** trafiquer. **1.** 1899 [Nouguier]. **2.** 1953 [Esnault].
◆ *v.i.* 1901 [Bruant].

DER. **cambut** *n.m.* Substitution (génér. frauduleuse) : 1926 [Esnault]. **cambutage** *n.m.* Troc : 1899 [Nouguier]. **cambuteur** *n.m.* **1. Cambuteur de fafiots,** agent de change : [id.]. **2.** Escroc pratiquant le cambut : 1977 [Caradec].

1. came *n.f.*

1. Marchandise en général : *Il se souvenait avoir lu ou entendu quelque part que la bonne came se démodait jamais* (Houssin, 2) ; spéc., marchandise plus ou moins clandestine et frelatée : *J'ai un pote à moi qui vend du pinard en tonneau. Il y en a juste un litre à l'entrée, le reste c'est de l'eau – sucrée note bien, pour ne pas trop voler le client. L'acheteur goûte, paie et emballe sa came qu'il manipule en douceur, comme une mariée* (Lépidis). **2.** Drogue (notamment cocaïne) : *Les inspecteurs de l'équipe des stupéfiants lui amènent un trafiquant de drogue qu'ils ont arrêté en flagrant délit. L'homme est un dur. Il refuse de donner ses complices et la cachette où est entreposée la came* (Larue). **3.** Prostituée étant l'enjeu d'une négociation entre proxénètes. **4. Lâcher sa came** ou **refiler la came.** ***a.*** éjaculer ; ***b.*** vomir.

ETYM. apocope de **camelote** (mais souvent plus péj.). **1.** 1883 [Chautard], à propos de bijoux volés. **2.** 1925, Mac Orlan. **3.** 1929 [Esnault]. **4.** 1928 [id.].

2. came *n.m.* → **CAM.**

camé, e *adj. et n.*

Se dit de qqn qui s'adonne à la drogue : *Y avait Suzanne Richepin, camée à mort qui hurlait toutes les nuits parce qu'on lui donnait pas de cachets pour la calmer* (Granotier). *La boulangère a dit tranquillement : « C'est un camé qui est en manque. » D'entendre cette commerçante de quartier dire cette phrase, employer ces mots d'argot que je croyais réservés à un petit milieu d'étudiants ou d'intellectuels, m'a soufflée* (Cardinal).

ETYM. emploi adjectival du participe passé du verbe **se camer.** 1952 [Esnault].

camelote *n.f.*

1. Butin du voleur : *J'avais planqué mes peignes et ma camelote dans la longue* (le Rat du Châtelet). *J'ai bloqui ma camelotte au fourgat* (Ansiaume). **2.** Prostituée de dernier ordre : *Virmaître, un écrivain spécialisé dans la prostitution fin* XIX*e, précise qu'un de ces courtiers un peu spéciaux touchait une commission variant entre 50 et 300 francs par* camelote ! (Boudard, 2). **3.** Sperme.

ETYM. par apocope de **camelotier. 1.** 1790, *le Rat du Châtelet.* **2.** 1864 [Delvau]. **3.** 1836 [Vidocq].

cameloter *v.t.*

1. Détourner à son profit. **2.** Marchander ; vendre.

◆ *v.i.*

Mendier, vagabonder.

ETYM. dér. de **marchandise à la camelote** (1751, Encyclopédie), c.-à-d. « peu soignée, bonne pour le colportage ». **1.** 1899 [Nouguier]. **2.** vers 1821 [Mézière].
◆ *v.i.* 1640 [Oudin].

cameloteuse ou **camelotière** *n.f.*
Vx. Receleuse pour forçats : *Le* [moyen] *le plus usité consiste à mettre le vieux fer dans un endroit convenu avec la cameloteuse* (Forçat). *Les escouades, à la sortie du port* [de Toulon], *sont souvent suivies par* [...] *des Estrassières ou Camelotières, qui font commerce illicite avec les condamnés, sous la protection du garde-chiourme, ou bien en trompant sa vigilance* (Alhoy).
ETYM. de **cameloter.** *cameloteuse* 1829 [Forçat] ; *camelotière* 1845, Alhoy.

camelotier *n.m.*
Vx. **1.** Trafiquant sans scrupules. **2.** Marchand : *As-tu vu comme le camelotier nous rembroquait ?* (Ansiaume).
ETYM. de **coesme**, gros mercier (1596, Péchon de Ruby). **1.** 1612, Verville [Esnault]. **2.** 1821 [Ansiaume].

camembert *n.m.*
1. Nom donné à divers objets de forme circulaire ou semi-circulaire, notamment piédestal circulaire d'où les agents de police règlent la circulation. **2.** Chargeur de certaines armes à feu automatiques : *Vous en avez d'autres, de mitraillettes ? – Deux Sten, plus une russe à chargeur camembert* (Jaouen).
ETYM. analogie de forme. « montre » 1883 [Esnault]. **1.** 1957 [Sandry-Carrère]. **2.** 1940 [Esnault].

camer (se) *v.pr.*
Se droguer : *Pas plus de vingt-cinq ans, des yeux pâles et fixes de camé – mais il ne se camait pas* (Pagan).
ETYM. de **1. came** au sens 2 ; ce verbe a conservé, ou repris, une grande actualité et fait partie de l'usage fam. 1953, Simonin.

camionneur *n.m.*
Chauffeur de taxi utilisant sa voiture pour faire du transport frauduleux : *Les « camionneurs », c'est une race de traîtres, ce sont eux qui sont en train de gâcher ce qui reste de tapin dans la rue* (Simonin-Bazin).
ETYM. sens spécialisé du mot usuel. 1935, Simonin-Bazin.

camoufflet ou **camouflet** *n.m.*
Vx. Gifle : *Pour un rien, il recoque des camoufflets à sa largue et à ses mosmes* (Ansiaume).
ETYM. du préf. **ca-** et sans doute de **moufle**, gifle, terme dial. du Forez. 1821 [Ansiaume].

camoufle *n.f.*
Vx. **1.** Nom donné à diverses sources de lumière (chandelle, lampe, etc.) : *Jacques la tâta* [la porte] *et dit : « La camoufle, Poulot ! » La Poule, tirant une petite lanterne sourde de sa houppelande, darda un rai jaunâtre sur la serrure* (Rosny). **Camoufle stourbe,** chandelle éteinte. **2. Souffler sa camoufle,** mourir.
ETYM. de **camouflet. 1.** « chandelle » 1821 [Ansiaume]. **2.** 1901 [Bruant].

camoufler *v.t.*
1. Maquiller, falsifier. **2.** Apprêter : [Ces carabins de l'école de Toulon] *se laissaient berner par de faux malades habilement camouflés* (Humbert). **3.** Dérober. **4.** Arrêter (qqn). **5.** Vx. **Être camouflé,** avoir reçu l'extrême-onction : *Dès qu'il fut, suivant la pittoresque expression :* camouflé, *c'est-à-dire dès qu'il eut reçu le sacrement de l'Extrême-Onction, il revint sans transition à son cher loto* (Humbert).
ETYM. de **camouflet. 1.** 1836 [Vidocq]. **2.** 1873 [Esnault]. **3.** 1885 [id.]. **4.** 1901 [Bruant]. **5.** 1880, Humbert.
DÉR. **camoufle** *n.m.* Signalement truqué : 1860 [Esnault]. *n.f.* Portrait photographique : 1899 [Nouguier]. **camouflement** *n.m.* Déguisement : 1836 [Vidocq]. **camouflé** *n.m.* **1.** Déguisement : 1829 [Forban]. **2.** Policier déguisé : 1821 [Esnault]. **3.** Homme à fausse barbe : 1848 [Pierre].

camouflier *n.m.*
Vx. Chandelier : *Il s'est amusé à grinchir des camoufliers de rouget* (Ansiaume).
ETYM. de **camoufle.** 1821 [Ansiaume].

campagne *n.f.*
1. Vx. **Aller à sa maison de campagne, à sa campagne, à la campagne, être à la campagne,** entrer à l'hospice de Bicêtre ; être détenu dans une prison : *Ce n'est certainement pas le 15 décembre, répondit Gloria ; car, à ce moment, je me trouvais à ma maison de campagne (Saint-Lazare), où je suis restée quinze jours* (Macé). **2. Emmener qqn à la campagne,** le traiter de façon méprisante. **3. Campagne de pêche,** ratissage systématique d'un quartier, dans le langage des po-

liciers. **4. Neuf de campagne,** au baccara, le neuf (point le plus fort) substitué frauduleusement à la donne du banquier: *Vous êtes accusé d'avoir triché, au casino de Pourville, au cours d'une partie de «chemin de fer», dans la nuit du 8 au 9 août dernier, en pratiquant le coup classique du «neuf de campagne»* (London, 2).

ETYM. emplois euphémiques et ironiques du mot usuel aux sens 1 et 3. **1.** 1808 [d'Hautel]; employé surtout par les femmes. **2.** 1977 [Caradec] ; le verbe *emmerder* est devenu, par adoucissement, *emm...ener,* d'où le compl. de lieu fantaisiste. **3.** 1975 [Arnal]. **4.** 1875, Cavaillé [Rigaud].

campagnol *n.m.*

Tricherie au baccara, syn. de neuf de campagne (v. ce mot): *Nizabeau, l'rabatteur* [...], *faisait le banco du tout, tout seul, et leur filait un vieux campagnol en travers du pif* (Simonin-Bazin).

ETYM. jeu de mots sur **(neuf de) campagne.** 1935, Simonin-Bazin.

campêche *n.m.*

Vx. **Bois de campêche** ou simpl. **campêche,** vin de médiocre qualité : *Nous pourrions bien attraper la pépie. Faut venir ici pour apprécier le campêche première du «Lézard»* (Guéroult).

ETYM. on colorait parfois le vin avec de l'extrait de **campêche** ; le jeu de mots sur **(vin de) Champagne** n'apparaît que tardivement (1954, Le Breton). 1882, G. Grison [TLF].

camphre *n.m.*

1. Vx. Eau-de-vie : *Ce fut, durant un quart d'heure, un feu roulant, entretenu par une succession de verres de camphre* (Vidocq). **2. Sentir le camphre,** s'emploie dans le langage des policiers à propos d'un dossier qui dort depuis trop longtemps dans les archives, ou d'une manifestation qui prend un caractère de gravité.

ETYM. confusion feinte avec **alcool camphré** (non buvable) au sens 1, mais peut provenir aussi (selon Larchey) d'une addition de poivre et de camphre dans l'eau-de-vie; d'autre part, le camphre conserve (à l'abri des indiscrétions) et sent mauvais. **1.** 1829, Vidocq. **2.** 1975 [Arnal].

DER. **camphré** *adj.m.* Alcoolisé : 1844 [Larchey]. **camphrier** *n.m.* **1.** Buveur d'eau-de-vie: [id.]. **2.** Cabaretier: 1850 [Esnault]. **3.** Débit de boissons très médiocre: 1867 [Delvau]. **camphroux** *n.m.* Ivrogne: 1865 [Esnault]. **se camphrer** *v.pr.* S'enivrer (à l'eau-de-vie) : 1901 [Bruant].

campo ou **campos** *n.m.*

Donner campo, avoir campo, c'est campo, donner congé, être en congé, au repos: *Ta maîtresse t'a trompé. J'ignore quel motif lui a fait te donner campo ce soir-là, mais je t'affirme que c'est elle qui occupait la chambre ouvrant sur l'escalier* (Chavette). *Lorsque nous sortîmes de là, je donnai campos à Hélène et je m'en fus, seul, chez Armand Gaudebert* (Malet, 2).

ETYM. du lat. scolaire **dare campos,** donner (la permission aux écoliers d'aller jouer aux) champs; arg. médiéval (XVe s.), vieilli et littéraire.

camtar [kamtar] *n.m.*

Camion: *Les clodos déchargent les camtars de légumes en oscillant sur leurs guibolles* (Lasaygues).

ETYM. resuffixation arg. de **camion.** 1985, Lasaygues.

1. canard *n.m.*

1. Fausse nouvelle: *Il paraît que ça s'était produit en Amérique. Un canard, un qui arrivait de loin* (Arnoux). SYN. bobard. **2.** Journal médiocre et, par ext., tout journal: *Les grands canards préfèrent renseigner dûment leurs milliers de lecteurs sur les mœurs et coutumes des Indiens Navajos que sur ceux et celles des vieux de Nanterre* (Clébert). **3.** Journaliste : *Il y a pas mal de «canards» dans les couloirs. Qu'est-ce qu'on leur dit?* (Japrisot).

ETYM. probablement dérivé de **caner,** caqueter (cf. *cancan*) ; Esnault signale, sans référence précise, l'expression *canard privé,* homme employé comme appeau pour surprendre un tiers. **1.** vers 1750 [PR]. On rencontre *donner des canards,* tromper, 1808 [d'Hautel]. **2.** 1842, La Bédollière [Quemada]. Larchey conjoint les deux acceptions: «imprimé banal crié dans la rue comme une nouvelle importante». Si le sens 1 est tombé en désuétude, le sens 2 est resté vivant, grâce en partie à l'existence du célèbre *Canard enchaîné.* **3.** 1962, Japrisot.

2. canard *n.m.*

1. Traînard. **2.** Client difficile. **3.** Arriviste. **4.** Fausse note. **5.** Spéculum: [À Saint-Lazare] *les moindres conditions d'hygiène ne sont pas* *respectées, les canards ou « pénis du gouvernement » non désinfectés contaminent des femmes saines* (Alexandre). **6.** Baiser sur la bouche. **7.** ARG. ANC. **Canard sans plumes,** nerf de bœuf avec lequel les argousins frappaient les forçats.

ETYM. emplois attachés aux qualités supposées de l'animal (sens 1 à 4) ; au sens 5, analogie de forme ou de fonction avec le bec. **1.** 1808 [Esnault]. **2.** 1930 [Ayne]. **3.** 1975 [Arnal]. **4.** 1834 [Boiste]. **5.** 1975 [Arnal] ; langage des policiers dans les affaires d'avortement. **6.** vers 1980 ; langage des adolescents. **7.** 1836 [Vidocq].

3. canard *n.m.*

Cheval : *Ils voulaient flamber des trois thunes sur un seul canard !... On refusait net de pareilles mises !* (Céline, 5). SYN. canasson.

ETYM. de **cagne.** 1881 [Rigaud].

canarder *v.t.*

1. Tirer des coups de feu sur : *Et, quant à la simple canaille bonapartiste, à moins d'aller la canarder par les soupiraux des caves où elle s'est cachée...* (Darien). **2.** Vx. Tromper. **3.** Vx. Détrousser.

ETYM. de **canard,** au sens de « tirer, comme à la chasse au canard » (1) et de « fausse nouvelle » (2). **1.** 1640 [Oudin]. **2.** avant 1866, Gavarni [Larchey]. **3.** 1878 [Rigaud].

DER. **canarde** *n.f.* Règlement de comptes, souvent collectif, entre clans : 1975 [Arnal]. **canardement** ou **canardage** *n.m.* Même sens : 1942, Gide [TLF].

canasson *n.m.*

1. Cheval : *Le canasson, très peu habitué à ce genre de flirt, prend le coup de sang, lève le cul, saute la barrière et, comme un dératé, file à l'écurie* (Le Dano). **2.** Désignation péj. d'un individu d'un certain âge (notamment d'une vieille prostituée). **3. Faire chier le canasson,** pour les policiers de la voie publique, faire une besogne difficile ou rebutante.

ETYM. altération péjorative de **3. canard,** avec le suff. **-asson. 1.** 1866 [Delvau] (p.-ê. jeu de mots sur *à son*). **2.** 1879, Huysmans [TLF]. **3.** 1975 [Arnal].

1. cancan *n.m.*

Vx. **1.** Danse populaire et comique, aux déhanchements burlesques et provocants, lancée par les étudiants du Quartier latin : *Oui, mais la reine Bacchanal est à six mille pieds au-dessus du niveau du cancan ordinaire...* (Sue, 2). **2.** Danseur de cancan.

ETYM. onomatopée imitant le cri du canard, cette danse s'inspirant des déhanchements de l'animal. **1.** 1829 [Forçat]. **2.** 1830 [Esnault].

DER. **cancaner** *v.i.* Danser le cancan : 1838 [TLF]. **cancanique** *adj.* Relatif au cancan : 1844, Sue.

2. cancan *n.m.*

Journal : *Il a publié coup sur coup, en pas l'espace de deux mois, quatre manuels et douze articles dans les colonnes de son cancan, pour démontrer « mordicus » que les avions voleraient jamais !* (Céline, 5).

ETYM. de **1. canard** au sens 2. 1936, Céline. Les mots *cancan* et *cancaner* aux sens de « raconter » et « colporter des ragots » sont auj. seulement familiers.

candélabre *n.m.*

VIEILLI. Somme de dix francs.

ETYM. jeu de mots : deux *bougies,* c.-à-d. deux fois cinq francs. 1944 [Esnault].

1. canelle *n.f.*

Vx. Chaîne (portant un bijou).

◆ **canelles** *n.f.pl.*

Menottes.

ETYM. déformation de **cadelle,** pour **cadène** (v. ce mot). 1862 [Esnault].

◆ *pl.* 1935 [id.].

2. Canelle *n.pr.*

Vx. Caen.

ETYM. déformation arg. du nom propre. 1828, Vidocq.

1. caner *v.i.*

Lâcher pied ; avoir peur : *Est-ce que tu canerais, par hasard ? demanda Napoléon. Mais ce type-là rigolerait trop de notre fiole !* (Méténier). *Elle a peur, elle cane, je vous dis qu'elle fouette* (Pelman, 1).

ETYM. de **cane** (déjà *faire la cane,* même sens, chez Rabelais). 1820 [Desgranges].

DER. **canage** *n.m.* Peur : 1878 [Rigaud]. **caneur** *n.m.* Lâche, poltron : 1881 [id.].

2. caner *v.i.* → CANNER.

canfouine *n.f.*

Logement peu confortable ; chambre, cabane : *Vers deux trois heures du mat, fin défoncé, je me suis retrouvé dans sa canfouine*

mansardée, j'y ai couché par terre sur un vieux matelas, tout habillé (Boudard, 5).
ETYM. mot dial. 1883 [Larchey].

1. canne *n.f.*

1. Bâton de vagabond. **Coucher** ou **dormir sur sa canne,** mener une vie de chemineau. **2.** Transportation au bagne. **3. Avoir la canne,** être en érection. **4.** Jambe : *On alla la coucher dans la chambre commune de l'hôpital de jour où l'on installait les malades non hospitalisés mais qui ne tenaient pas sur leurs cannes* (Francos). **5. Casser sa canne.** ***a.*** s'en aller, partir ; ***b.*** s'endormir ; ***c.*** mourir.
ETYM. le bâton est le compagnon obligé du chemineau, et évoque tout voyage (y compris au bagne). **1.** 1835, Raspail. **2.** 1871, chanson de condamnés [Esnault]. **3.** 1901 [Bruant]. **4.** 1885 [Chautard], mais sûrement antérieur. **5.** ***a.*** 1835 [Raspail] (on plie la jambe pour courir) ; ***b.*** 1846, Féval ; ***c.*** 1866 [Delvau].

2. canne *n.f.*

Vx. **1.** Surveillance de police, dans une résidence obligée. **Être en canne,** être astreint à résidence. **2.** Interdiction de séjour. **Casser sa canne,** rompre son ban ou s'évader.
ETYM. origine peu claire, probablement jeu de mots sur **casser sa canne** (*1. canne*) et **rompre son ban** ; mais il est loisible de voir ici une allusion à la canne du policier ou au I majuscule, « bâton » mis, sur les registres, pour signifier « interdit de séjour ». **1.** 1843 [Dict. moderne]. **Être en canne,** 1872 [Larchey]. **2.** à partir de 1885, l'interdiction de séjour remplaçant à cette date la surveillance [Esnault]. **Casser sa canne,** 1852 [Sainéan].

canner ou **caner** *v.i.*

1. S'en aller. **2.** Mourir : *Paulo lui avait dit : « Si je canne, tu mets deux verres devant toi et tu trinques avec moi »* (Braun). *Il faisait son boulot. Il ne se rendait même pas compte que le type était canné* (Le Breton, 1).

◆ *v.t.*

Vx. **1.** Frapper d'une peine d'assignation à résidence. **2. Caner la pégrenne,** syn. de crever la faim.
ETYM. du verbe de Suisse romande **canner,** jouer des cannes, pour les emplois intr., et de **2. canne** au sens transitif. Il y a vraisemblablement confusion indécidable entre ce verbe et le verbe *caner* au sens de « s'en aller » et de « mourir ». **1.** 1872 [Esnault]. **2.** 1829 [Forban].
◆ *v.t.* **1.** 1882 [Esnault]. **2.** 1829, Vidocq.
DER. **canage** *n.m.* Agonie, mort : 1836 [Vidocq].

1. canon *n.m.*

1. Canon de fusil, gosier. **Se nettoyer le canon de fusil,** boire une rasade d'eau-de-vie. **2. Balle dans le canon,** suppositoire. **3. Avoir une balle dans le canon,** être en érection ou sur le point d'éjaculer, en parlant de l'homme.
ETYM. par analogie de forme. **1.** 1859 [Esnault]. **2.** 1975 [Le Breton]. **3.** 1977 [Caradec].

2. canon *n.m.*

Verre de vin : *Margot la bonne qui aidait pour les gros travaux, servit aussi les canons et les apéros* (Lépidis). **Canon soviétique,** verre de vin rouge.
ETYM. du nom d'une ancienne mesure de capacité pour le vin et les alcools, on est passé au contenu. 1828, Vidocq. **Canon soviétique,** 1975 [Beauvais].
VAR. **can (sur le comp'),** un canon sur le comptoir : 1858 [Esnault].
DER. **canonner** *v.i.* Boire un verre ; fréquenter les cabarets : 1867 [Delvau]. **canonneur** *n.m.* Ivrogne : [id.].

3. canon *n.m.*

Belle femme, aux formes épanouies : *À 22 heures, les amateurs de canons se régaleront sur Canal Plus avec le plus grand concours de top models du monde* (*Sept à Paris,* 23 août 1989).

◆ *adj.*

Superbe, très réussi : *Les dee jays ont un matos d'enfer et les meufs sont canons* (*Actuel,* décembre 1988).
ETYM. de **canon,** à cause du bruit (?). 1986 [Merle].

canonnier *n.m.*

Vx. **Canonnier de la pièce humide,** infirmier militaire.
ETYM. allusion aux clystères. 1862 [Larchey], art. *artilleur*.

☞ **cant**
→ Liste des argots spécifiques *page [33].*

canter [kɑ̃tɛr] *n.m.*

Coup aisé à réussir : *Armand biche. Ce petit canter le satisfait pleinement* (Simonin, 5).
ETYM. emprunt à l'angl. du turf, « course d'entraînement ». 1956 [Esnault].

cantine *n.f.*

Ventre : *Se remplir la cantine.*

ETYM. image du coffre, provenant de la cantine militaire. 1939 [Esnault].

cantiner *v.t.*

Vx. Verser une partie de ses gains pour s'assurer le nécessaire, au départ pour le bagne.

◆ *v.i. et t.*

Acheter (des vivres) à la cantine du bagne ou de la prison : *Ils peuvent cantiner des cigarettes, des boissons ou du chocolat à la boutique de la prison* (*Libération,* 26 avril 1983). *Faut pas te gêner avec moi, j'ai assez de pognon pour cantiner pour nous deux* (Le Dano).

ETYM. de **cantine.** 1930, A.-L. Dussort [TLF].

◆ *v.i. et t.* 1931 [Esnault].

canton *n.m.*

ARG. ANC. Groupe de malfaiteurs ; section dans une prison : *Le cardeuil m'a demandé si j'avais été en canton ; j'ai répondu que je ne savais pas ce que voulait dire canton ; que j'étais innocent* (le Rat du Châtelet).

ETYM. calque du concept administratif. 1790, *le Rat du Châtelet.*

cantonnier *n.m.*

ARG. ANC. Prisonnier : *Buvons, les cantonniers, allons, de l'eau d'affe !* (le Rat du Châtelet).

ETYM. de **canton.** 1561, Rasse des Nœuds.

canulant, e *adj.*

Extrêmement importun : *La fantaisie de Séphora, fantaisie de fille pour un queue-rouge, cesserait vite si elle le croyait jaloux, sentimental, « canulant » comme les autres* (Daudet). *Bon Dieu ! fit-il, c'que t'es canulant quand t'es soûl !* (Courteline).

ETYM. de **canuler.** 1862 [Larchey].

canulard ou **canular** *n.m.*

1. Infirmier. **2.** Marchand de préservatifs.

ETYM. de **canule,** pris métaphoriquement au sens de « condom ». **1.** *canulard* 1953 [Sandry-Carrère]. **2.** *canular* 1975 [Arnal]. Il y a sans doute jeu de mots avec l'acception familière « blague, farce ».

canule *n.f.*

Individu ennuyeux, importun : *Je me suis faufilé par une autre porte... Il m'a rejoint tout de suite la canule* (Céline, 5).

ETYM. emploi métaphorique et dénigrant de **canule** (à lavement), ustensile pris comme symbole de « ce qui ennuie ». 1867 [Delvau].

canuler *v.t.*

1. Importuner vivement : *Gentil n'éprouvait plus le besoin de canuler Maman avec sa politique* (Gerber). **2.** Marchander le tarif d'une prostituée.

ETYM. de **canule. 1.** 1862 [Larchey]. **2.** 1975 [Arnal] (le client qui discute est un fâcheux qui fait perdre son temps à la prostituée).

☞ **canut**

→ Liste des argots spécifiques *page [33].*

caoua ou **kawa** *n.m.*

1. Café (boisson) : [Le vieux soldat d'Afrique :] *Le cahoua va bouillir* (A. Camus). *Comme le flacon de poudre était vide, Lambert récupéra la tasse à laquelle Lol n'avait pas touché. Concentré comme il était, ce caoua, il n'avait pas dû s'éventer* (Page). *Le pichet de gris de Boulâouane à 23, le kawa offert aux potes par le patron* (Smaïl). Vx. **Caoua au lard,** café à l'absinthe. **2.** Vx. Taverne où on sert surtout du café.

ETYM. de l'arabe **qahouah,** café (boisson). **1.** 1863, A. Camus. **Kahouah au lard,** 1901 [Bruant]. **2.** 1888, Courteline [Esnault].

DÉR. **caou(a)dji** *n.m.* Cafetier : 1830, *Dict. de la langue franque* [Christ] ; ce mot a été parfois confondu, par les Français, avec le mot de base signifiant la boisson.

Capahut *n.pr.*

ARG. ANC. **Sauter** ou **escarper (son complice) à la Capahut,** l'assassiner pour voler sa part de butin : *Le Maître d'école n'aboule pas ; pourvu que le zig ne l'ait pas escarpé à la Capahut* (Sue).

ETYM. du nom d'un « chauffeur » de Nanterre (vers 1790). 1836 [Vidocq].

capahuter *v.t.*

Vx. Supprimer, tuer : *Tu sais..., méfie-toi..., l'est moins deux ; / Pas d'giries ou... j'te capahute* (Rictus).

ETYM. de **Capahut.** 1836 [Vidocq].

caperlot *n.m.*

Caporal.

ETYM. resuffixation pop. et parisienne de **caporal,** avec influence probable de **perlot.** 1923, bat' d'Af' [Esnault].

capiston ou **capistron** *n.m.*

Capitaine : *Augagnon brandit le fusil-mitrailleur : « T'es trop petit, capiston ! Le peloton d'exécution, c'est moi qui l'ai dans les pognes ! »* (Siniac, 5).

ETYM. resuffixations populaires de **capitaine.** 1881 [Rigaud]. *capistron* avant 1898, Saint-Cyr [id.]. Ces deux formes sont tombées en désuétude, à la différence de *pitaine.*

capitaine *adj. et n.m.*

ARG. ANC. **(Forçat) capitaine,** détenu ancien, ayant une prééminence sur les autres, et pratiquant volontiers l'usure : *Au Dépôt de la Préfecture de police, où le prisonnier le plus ancien et le plus madré prend les titres de prévôt ou de capitaine, et se charge de lever tributs sur les arrivants* (Joigneaux). *Les forçats usuriers, qu'on désigna longtemps sous le nom de forçats capitaines…* (Alhoy).

ETYM. emplois parodiques du mot usuel. *n.m.* 1841, Joigneaux ; *adj.* 1845, Alhoy.

capital *n.m.*

(Petit) capital, virginité féminine : *La jeune fille était folle de lui, et prête à tout – même à se donner, encore que, par une réserve bizarre, elle eût réussi à conserver intact jusqu'alors son petit capital* (Grancher). **Avoir entamé son capital,** n'être plus qu'une demi-vierge.

ETYM. métaphore typiquement bourgeoise : la virginité de la jeune fille était un apport jugé aussi important que la dot, dans le mariage traditionnel. 1883 [Fustier].

caporal *n.m.*

Vx. **1.** Coq. **2.** Tabac ordinaire.

ETYM. métaphore ironique. **1.** 1800, Leclair. **2.** 1862 [Larchey].

capot *n.m.*

1. Vx. Capote brune à capuchon, destinée au condamné aux travaux publics. **2.** Vx. Couverture de laine du bagnard : [Les forçats de la salle d'épreuves] *sont couchés sur de petits matelas d'étoupe, tandis que les autres n'ont que trois capots* (Clémens). **3. Baisse ton capot, on voit le moteur,** avertissement ironique à une femme dont la jupe est relevée plus que la décence ne l'autorise.

ETYM. dér. de **cape. 1.** 1833 [Esnault]. **2.** 1850, Clémens. **3.** 1953 [Sandry-Carrère].

capote *n.f.*

1. Durite, tuyau. **2. Capote (anglaise),** préservatif masculin : *Chaque soldat devait laisser son nom, son matricule à l'entrée de la maison. On lui fournissait gratis une capote anglaise* (Boudard, 2). **Échappé de capote,** avorton.

ETYM. idée de « recouvrir, protéger ». **1.** 1975 [Beauvais]. **2.** 1864 [Delvau]. Mais on rencontre le syn. *redingote anglaise* dès 1850 sous la plume clandestine de T. Gautier. Cette appellation est à comparer avec la *French letter* des Anglais. **Échappé de capote,** 1901 [Bruant].

capsule *n.f.*

1. Casquette ; par ext., tête : *Je me vengerai de ce grand cochon-là et de son camarade. Je leur ferai sauter la capsule, comme je l'ai fait avec la tête du baron !* (Claude). **2.** Anus. **3.** Pucelage : *Riton, les sens portés au paroxysme, se montre impatient : « Qu'il se démerde de prendre la capsule de sa moitié. On perd du temps »* (Jaouen).

ETYM. analogie de forme et de fonction : couvrir et protéger. **1.** 1977 [Caradec] ; d'abord « chapeau d'homme affectant les petits bords et la forme cylindrique d'une capsule de fusil » 1860 [Larchey]. **2.** 1982 [Perret]. **3.** 1979, Jaouen.

capucinade *n.f.*

ARG. ANC. Brimade rituelle lors de l'arrivée d'un détenu : *On procéda à une cérémonie bisarre* [sic] *que ces malheureux appellent capucinade : le nouveau, déculotté, s'étend, en chantant une antienne, sur un ancien, prétendu mort, le baise au front, et est fustigé* […] *jusqu'à ce qu'il déclare où est son argent* (le Rat du Châtelet).

ETYM. parodie des rites religieux (dès 1725 chez Lesage, au sens de « sermon peu éloquent »). 1790, *le Rat du Châtelet.*

cara ou **carat** *n.m.*

Tempérament.

ETYM. apocope de **carafon** (et non de *caractère*), selon Esnault. Il y a p.-ê. influence de **1. carat** au sens de « âge », d'où « expérience, intelligence » ? *cara* 1928 [Lacassagne] ; *carat* 1957 [PSI].

carabiné, e *adj.*

Se dit de qqch de très fort (boisson, maladie) : *Les jours de paie, ils buvaient tous deux un grog carabiné* (Dabit). *Il avait une gueule de bois carabinée et une seule envie, se recoucher et dormir le plus longtemps possible* (Destanque).

ETYM. emploi adjectival du participe passé du verbe de marins **carabiner,** souffler violemment, en parlant du vent. 1836, T. Gautier [GLLF].

carabistouille *n.f.*

Sottise; petite escroquerie: *J'en connais plus d'un, parti sans méfiance, et qui a trouvé, en rentrant, la carabistouille et le typhus* (Lefèvre, 1).

ETYM. belgicisme (→ **BISTROUILLE**). 1955, Lefèvre.

caraco *n.m.*

1. Mensonge. **2.** Acte indélicat.

ETYM. de l'esp. **carajo del Demonio,** sexe du Diable, par le Midi et la région lyonnaise [Esnault]. **1.** 1912 [id.]. **2.** 1926 [id.].

carafe *n.f.*

1. Tête. **2.** Bouche, gosier: *Comme les piafs tu ouvriras le bec et hop! fruits de mer et gonzesses prêts à l'emploi, dans la carafe!* (Lépidis). **En carafe,** à court de mots ou de ressources: *Qu'est-ce que tu vas faire? – Je ne sais pas. Je suis en carafe* (Pagan). *Supposons qu'on le laisse en carafe, qu'on le boucle dans sa case* (Céline, 5). **Être, tomber en carafe,** en panne: *Ce premier dimanche, la bagnole tombe en carafe* (Boudard, 2). **3.** Client naïf: *Bug me prévenait que l'on nous droguait. Bug était un allié! Et moi une carafe! Un hotu!* (Murelli).

ETYM. analogie de forme. **1.** 1901 [Bruant]. **2.** 1878 [Rigaud]. **En carafe,** 1896 [Esnault]; s'employa d'abord pour un orateur ou un acteur qui reste muet, c.-à-d. la bouche ouverte. **Tomber en carafe,** 1916 [id.]. **3.** 1904, Lorrain.

DÉR. **carafer** *v.t.* Quitter brusquement: 1900 [Chautard].

carafon *n.m.*

1. Gosier. **2.** Tête: *Dans pareil coinstot, avec ce qu'on a l'intention de goupiller, c'est vite l'essor des papillons noirs aux quatre coins de ton carafon* (Dégaudenzi). **Avoir du carafon,** avoir une bonne intelligence ou une bonne mémoire. **3.** Niais: *Tous les deux vous m'avez pris pour encore plus carafon que je suis! Vous croyiez que je marcherais dans le coup!* (Burnat).

ETYM. diminutif de **carafe**; ce mot a des acceptions très voisines du précédent, à l'exception de *en carafe.* **1.** 1911 [Esnault]. **2.** 1901 [Bruant]. **Avoir du carafon,** 1926 [Esnault]. **3.** début du XXe s. [id.].

carambolage *n.m.*

1. Vx. Lutte. **2.** Bref coït: *Bien des amoureux raffolent / D'un p'tit jeu comm' pigeon vole / [...] D'autres se plais'nt davantage / Aux parties d'carambolage* (chanson *Ah! le joli jeu!,* paroles de E. Christien et A. Foucher).

ETYM. du verbe **caramboler. 1.** 1862 [Larchey]. **2.** 1881, Richepin [TLF].

caramboler *v.t.*

1. Battre (qqn). **2.** Posséder sexuellement: *C'est l'occase de draguer quelques putassières Gretchen qui se laissent caramboler pour une boîte de beans, un paquet de Lucky* (Boudard, 5).

ETYM. idée de «rencontre brutale» (comme dans **carambole,** mot désignant la boule rouge du billard, 1792 [Encyclopédie]). **1.** 1862 [Larchey]. **2.** 1864 [Delvau].

carambouille *n.f.* ou **carambouillage** *n.m.*

1. Escroquerie consistant à revendre au comptant une marchandise avant même de l'avoir payée (à crédit) au premier vendeur: *Est-ce ma faute si t'as prêté ton nom à des crapules? À des malins qui se sont servis de toi pour leurs carambouilles?* (Le Breton, 1); par ext., désigne souvent toutes sortes d'escroqueries: *Marcher au carambouillage.* **2.** Faillite: *Les nouveaux locaux en transformation de la Vanadium-Taxis, nouvelle société, comme l'on sait, issue de la carambouille des Taxis Argentés* (Simonin-Bazin).

ETYM. altération de **carambole**, avec le suff. péj. **-ouille. 1.** 1899 [Nouguier]; la forme en *-age,* auj. désuète, n'est attestée qu'en ce sens. **2.** 1935, Simonin-Bazin [TLF].

carambouiller *v.t.*

1. Escroquer à la carambouille: *Pour s'en tirer avec les honneurs de la guerre, la formule était simple et brutale: faire faillite, carambouiller légalement le matériel démodé et toutes les voitures neuves récemment acquises* (Simonin-Bazin). SYN. briser. **2.** Dévaliser: *On l'avait surpris par deux fois en train de carambouiller le coffret* (Céline, 5).

ETYM. de **carambouille. 1.** 1928 [Esnault]. **2.** 1936, Céline.

carambouilleur *n.m.*

Escroc pratiquant la carambouille: *On n'a jamais vu un voleur à l'esbroufe promu carambouilleur* (Locard, 2).

ETYM. du verbe **carambouiller**. 1926 [Esnault].

1. carante ou (vx) **carrante** *n.f.*
Table (à manger, de vente, etc.): *Allons donc, cadet, tire la carrante pour les camarades* (Vidocq). *Quand ils eurent fini de croûter, M'man regagna son fauteuil. Le Blond desservit la carante et retourna dans la cuisine* (Le Breton, 1).
ETYM. resuffixation de **carrée** (avec parfois influence orthographique de *quarante*). «table à manger» 1800, Leclair; «table de vente» vers 1880 [Esnault].
VAR. **charante**: 1800, Leclair.

2. carante (en) ou **quarante (en)** *loc. adv.*
1. En posture de combat: *L'essentiel, l'indispensable, Petit-Paul le sait, c'est de se trouver le premier en quarante sur le trottoir, d'éviter le coup de pompe dans les joyeuses* (Simonin, 8). **2.** En colère: *Attentifs et mobiles comme ceux d'un matou sauvage qu'un bruit ou un fumet viennent de mettre en quarante, ses yeux virent...* (Simonin, 5). **3.** À même de s'en sortir matériellement.
ETYM. de **se carrer**, prendre une attitude fière, virile. **1.** 1901 [Bruant]. **2.** 1953 [Sandry-Carrère], art. *mettre*. **3.** 1902 [Esnault] ; *en quarante* 1901 [Bruant].

carapater (se) *v.pr.*
Se sauver en courant, s'enfuir : *Puis, resté seul, il détend son masque hypocrite, et se carapate en sifflant, les mains dans les poches* (Daudet). *Flippant et transpirant, je dus lutter contre l'envie irrationnelle de me carapater, par les couloirs de l'Hôtel de police* (Fajardie, 1).
ETYM. mot-valise très expressif, formé de **se carrer**, se cacher, et de **patte**, mais à rapprocher également de **patarer, pataler**, verbes dialectaux signifiant « galoper » (→ PATATROT). *se carapatter* 1867 [Delvau]. On rencontre un emploi intr. en 1877 chez Richepin [Larchey].
DER. **carapata** ou **carapatin** *n.m.* Fantassin : 1878 [Esnault]; d'abord «marinier»: 1850, Privat d'Anglemont [Larchey].

1. carat *n.m.*
1. Année d'âge: *Il y eut le soir dîner aux chandelles dans des écrins propres à mettre en valeur l'eau pure et les quatorze carats d'Alba* (Delacorta). **2.** Âge: *Tu sais, je prends du carat et ça n'est pas à mon âge que je pourrai me refaire une vie au Venezuela* (Lépidis). **3. Au carat, au dernier carat,** avec une très grande précision: *Je ne craignais personne pour l'établissement «au carat» d'un devis de montage sur terrain* (Céline, 5). **4. Jusqu'au dernier carat,** autant qu'il est possible, au maximum. **Dernier carat,** au plus tard: *Il avait promis pour le 15 janvier et le temps qu'elle parte c'était déjà limite, il lui fallait ça pour le mardi d'après dernier carat* (Ravalec).
ETYM. emploi fig. de cette précieuse unité de mesure qu'est le **carat** des diamantaires. **1.** 1901 [Rossignol]. **2.** 1926 [Esnault] (avec p.-ê. jeu de mots supplémentaire sur **carafe,** bouteille; cf. *prendre de la bouteille*). **3.** 1936, Céline. **4.** 1959 [Esnault].

2. carat *n.m.* → CARA.

caravelle *n.f.*
Prostituée de luxe.
ETYM. peut-être **amazone** opérant dans une voiture du modèle «Caravelle». 1977 [Caradec].

carbi *n.m.*
1. Charbon: *À respirer ici l'odeur du carbi, c'est au père Ambert, le bougnat des Panoyaux, que je pense* (Lépidis). **Faire le carbi,** coltiner du charbon. **Sac à carbi,** prêtre en soutane. **2.** Débardeur coltinant du charbon. **3.** Travail pénible ou difficile: *Aller au carbi.* **4.** Argent: *Pas question de carbi, protesta l'autre, vexé, si je me suis embringué dans ce turbin, c'est pour les idées* (Bastiani, 1).
ETYM. du picard **carbon**, même sens. **1.** 1892 [Chautard]. **Sac à carbi,** 1928 [Esnault]. **2.** 1929 [id.]. **3.** 1977 [Caradec]. **4.** 1953 [Esnault].

carboniser *v.t.*
1. Déconsidérer (qqn), lui nuire dans l'esprit d'autrui: *Des mirontons comme ça, c'est bon pour carboniser un homme. Moi, je ferais gaffe de ce côté-là* (Le Chaps). SYN. brûler, griller. **2.** Rendre (un coup) impossible (par traîtrise ou maladresse) : *Plutôt que du grossium désinvolte, c'était du gentilhomme de la porte Saint-Denis, que j'allais avoir l'air ! Si cette môme avait un peu de jugeote, le coup se trouvait instantanément carbonisé !* (Simonin, 3).
ETYM. idée négative de «noircir» et de «rendre inutilisable», qu'on retrouve dans les synonymes. **1.** 1928 [Lacassagne]. **2.** 1954, Simonin.
DER. **carbo** (par apocope) *adj.m.* Compromis définitivement: 1953 [Sandry-Carrère].

carburant *n.m.*

Boisson (surtout alcoolique): *« Je ne sais pas si vous lui avez effectivement retiré ses biberons, remarquai-je, mais il me semble qu'il ne manque pas de carburant. » Quatre bouteilles entamées se baladaient par terre à côté du lit* (Averlant).

ETYM. emploi métaphorique du mot usuel. 1940 [Esnault].

DÉR. **carburateur** et **carbur** *n.m.* Ivrogne : 1916 [id.].

carbure *n.m.*

1. Ce qui permet de subsister matériellement (argent, ressources) : *Il se sapait chez Arbens, un des cinq loqueurs parisiens. Ça lui coûtait énormément de carbure, mais il le regagnait en respectabilité* (Simonin, 1). *Sage conseil, il se gourrait bien que j'affurais pas mon carbure sans faire de misère aux lourdes* (Boudard, 1). **2.** Essence.

ETYM. provient soit de **carburant**, par apocope, soit d'une métaphore à partir du **carbure de calcium** qui, bien avant l'ère des automobiles, servait à faire fonctionner les lampes à acétylène, pour « éclairer » (en arg., « payer »). **1.** 1935 [Esnault]. **2.** 1957 [Sandry-Carrère].

carburer *v.i.*

1. Carburer à qqch, consommer telle boisson ou telle drogue : *Nous carburâmes jusqu'à dix-neuf heures trente, lui au demi, Anita et moi au Martini-gin* (Pagan). *Je continue bravement, malgré le ciel bas et lourd, et accoste l'allumé au saxophone, qui carbure à l'héroïne d'après la rumeur publique* (Villard, 2). **2.** Boire de l'alcool: *Depuis une heure qu'il était entré au Bar des Amis, il n'avait pas arrêté de carburer* (Vautrin, 1). **3.** Être sous l'effet de l'alcool, d'une drogue : [Le psilo], *c'est proche de l'acide, mais en moins raide. Tu carbures sans angoisse et tu atterris en douceur* (*Libération*, 7 novembre 1980). **4.** Fonctionner, travailler intellectuellement, réfléchir : *La tête déraille. On a l'impression de carburer comme une grosse cylindrée alors qu'on fait du surplace* (Galland). **Ça carbure,** ça va, ça marche.

ETYM. de **carbure. 1.** 1945, R. Vaillant [TLF]. **2.** vers 1980. **3.** [Esnault]. **4.** 1970, Boudard-Étienne. **Ça carbure,** 1953, P. Vialar [TLF].

carcan *n.m.*

1. Mauvais cheval : *Fourbu par le boulot du jour, / Général'ment y rentr'chez lui / Comme un carcan à l'écurie* (Rictus). **2.** Individu désagréable : *Le mélange, depuis le début, je le lui avais préparé, le mickey-maison. Juste ce qu'il faut pour évacuer les carcans* (Bastiani, 1) ; femme maigre. **3.** Vx. Faux col.

ETYM. emplois métonymiques de **carcan,** instrument de torture. **1.** 1859 [Larchey], mais antérieur, vu la datation du sens 2. **2.** 1842, Balzac [TLF]. **3.** 1953 [Sandry-Carrère].

carder *v.t.*

Griffer, battre : [Le prolétaire] *se contentera* [...] *de vous carder le cuir avec ses rudes abattis* (Gill).

ETYM. emploi métaphorique et ironique du verbe usuel. 1867 [Delvau].

cardeuil *n.m.* → QUART D'ŒIL.

cardinal *n.m.*

Vin rouge additionné de cassis. SYN. communard.

ETYM. métonymie de couleur. 1989 [Giraud].

cardinale *n.f.*

Vx. La Lune.

◆ **cardinales** *n.f.pl.*

Vx. Menstrues.

ETYM. métonymie de couleur. 1836 [Vidocq]. ◆ *pl.* 1864 [Delvau], mais *cardinaux*, au masculin, dès 1688.

care *n.f.* → CARRE.

carle ou **carlo** *n.m.*

Vx. Argent amassé : *C'est à la roulotte que j'espère pommer une malouse de carle* (Ansiaume). *Allons, aboule du carle. – Quatre cents balles, lui répondis-je tout troublé par une aussi brusque sommation, je ne les ai pas* (Vidocq). **Se mettre en carle,** se refaire financièrement : *Il faut que j'escape un messière pour me mettre en carle* (Ansiaume).

ETYM. apocope de **carlin,** monnaie italienne, ou emprunt au fourbesque **carlo.** *carle* chanson du XVIIIe s. [Esnault]. **Se mettre en carle,** 1821 [Ansiaume] ; *carlo* 1835 [Raspail].

carline *n.f.*

La mort : *S'il vient ce soir, vous le verrez ; il avait un grand nez de perroquet, maintenant il est aussi camard... que la carline* (Sue).

ETYM. de **carlin,** chien au nez court (→ CAMARDE). 1829, Vidocq.

1. Carlingue (la) *n.pr.*

La Gestapo : *Byron, ça avait dû pleuvoir chez les flics, les bafouilles le dénonçant comme suppôt des nazis, milicien en rupture, trafiquant de la Carlingue* (Boudard, 5).

ETYM. « Les truands au service de Lafont se retrouvaient dans un bar anciennement fréquenté par des aviateurs et qui s'appelait la Carlingue, d'où la désignation globale : ceux de la Carlingue » (Boudard, 9). 1953 [Sandry-Carrère].

2. carlingue, carluche, (vx) **caruche** ou **carruche** *n.f.*

Prison : *On se retrouve en carluche vite fait en ces périodes exaltantes d'idéal poussé au paroxysme. Les détrousseurs de grands chemins ont tous des alibis aux couleurs de la France* (Boudard, 6). *Tous les véreux qu'avaient l'inconscience d'y venir aventurer le carbure d'un petit coup trop frais, se retrouvaient en carluche* (Simonin, 6). Vx. **Comte de la Caruche,** désignation ironique du geôlier : *As-tu quelques sous pour que je puisse offrir du vin au comte de la Caruche ?* (Mac Orlan, 11).

ETYM. du verbe **carrer,** cacher. d'abord *carruche* 1630, *Response* [Sainéan] ; *carlingue* 1977, Caradec ; *carluche* 1966, Simonin.

carme *n.m.*

Vx. Argent : *Je leur souhaite* [aux prolétaires] [...] *d'avoir toujours assez de carme pour se payer un cintième chez le troquet* (Gill). *La môme... tu feras le turbin et on s'arrangera pour le carme !* (Méténier).

ETYM. dér. du sens anc. de « miche de pain ». 1835, Delcroix [Esnault].

carmer *v.t.*

Payer : *Dès que le fourgue m'aura carmé ça, je te refilerai de quoi aller au vert* (Lesou, 2).

ETYM. de **carme,** miche de pain blanc, puis pièce d'argent, par analogie avec la robe blanche des carmes (1835 [Esnault]). 1867 [Delvau].

DER. **carmouille** *n.f.* Paiement. Simonin (1957) signale ce dérivé très rare.

carne *n.f.*

1. Viande coriace : *Sitôt hors de l'arrondissement, la carne était distribuée à une chaîne de restaurants travaillant au noir évidemment* (Lépidis) ; par ext., toute viande. **2.** Chair de l'homme. SYN. barbaque. **3.** Mauvais cheval : *Le cheval regimbait. « C'est comme ça ? Sale carne. Attends tes côtes ! »* (Dabit). **4.** Individu acariâtre et malfaisant : *La vieille carne, je suis certain qu'elle le fait exprès pour m'emmerder* (Bénoziglio).

◆ *adj.*

Désagréable, hargneux : *Sur le chapitre du sommeil, il est plus carne que la dernière des vaches* (Mac Orlan, 9).

ETYM. de l'anc. normand **carn,** viande, ou apocope plus récente de **carnage** (autrefois « chair »). **1.** 1835 [Raspail]. **2.** 1873, Corbière [TLF]. **3.** 1867 [Delvau]. **4.** 1842, E. Sue (à propos d'une femme de mauvaise vie).

◆ *adj.* 1929, Mac Orlan.

caroline *n.f.*

1. Homosexuel passif : *Les homosexuels se désigneront volontiers entre eux par le terme « caroline », surtout s'il s'agit de « coquines » très affirmées* (Beauvais). **2.** Travesti.

ETYM. emploi injurieux et féminisant du prénom. **1.** 1975 [Beauvais]. **2.** 1977 [Caradec].

carotte *n.f.*

1. Pile de pièces gagnées au jeu. **2.** Saxophone soprano. **3.** Enseigne de bureau de tabac : *Ce soir, comme samedi soir, comme dimanche soir, Bambi se fiait à la carotte du bar-tabac voisin pour retrouver son immeuble, rue du Bac* (Japrisot). **4.** Menu larcin ; subterfuge. SYN. carottage. **5. Les carottes sont cuites,** tout est fini, il n'y a plus rien à espérer : *Et si nous tombions par accident dans leurs mains, les carottes étaient cuites* (Héléna, 1). *Il comprend que les carottes sont cuites, qu'il ne reverra pas son Italie natale* (G. Arnaud, 2). **6. Tirer la** ou **une carotte à qqn.** ***a.*** tenter de le faire avouer : *Il s'agit de te faire arrêter pour être conduit au dépôt, où tu tireras la carotte à un grinche que nous allons emballer ce soir* (Vidocq) ; ***b.*** lui mentir dans l'espoir de lui soutirer de l'argent : *Ton vieux filou nous a encore tiré une carotte cette semaine...* (Daudet). **7. Tirer la** ou **une carotte,** essayer d'échapper à une corvée ou de se faire exempter du service : *Pour une fois que tu lui tires une carotte, il va pas en mourir, le singe* (Beauvais). SYN. tirer au flanc.

ETYM. analogie de forme et idée de « facilité particulière d'extraction » (à partir d'un sol meuble). **1.** 1882 [Esnault]. **2.** 1975 [Le Breton]. **3.** 1962, Japrisot. **4.** 1862 [Larchey]. **5.** 1901 [Bruant], mais *avoir ses carottes cuites* « être près de mourir » dès 1881 [Rigaud]. **6. *a.*** 1784 [Esnault] ; ***b.*** [id.]. **7.** 1858 [id.].

carotter *v.t.*

1. Voler (qqch ou qqn) : *Potiron, lui, n'y était plus ; passé chez le casernier acheter un savon [...] puis aux cuisines carotter un potage* (Courteline). *C'étaient des engueulements avec le cocher, à qui non seulement elle ne donnait pas de pourboire, mais qu'elle trouvait encore le moyen de carotter* (Mirbeau). **2.** Dissimuler dans son rectum (pour que l'objet échappe à la fouille des policiers).

ETYM. de **tirer la carotte.** ce verbe est employé avec un sourire et à propos de vols peu importants ; en emploi intr. (1834, Balzac), il a signifié « ne jouer que de petites sommes » ou « ne faire que des affaires médiocres ». **1.** « qqch » 1857, Goncourt [TLF] ; « qqn » 1842, Flaubert [id.]. **2.** 1975 [Arnal].

DÉR. **carottage** *n.m.* Menu larcin : 1844, Balzac [TLF]. **carottière** *n.f.* Soupeuse galante : 1840 [Esnault].

carotteur, euse *n.*

Individu qui carotte, petit escroc : *Il n'y a plus de* Teurs... *Il n'y a que des carotteurs...* (Daudet).

ETYM. de **carotter.** 1840 [Esnault].

carottier *n.m.*

Vx. **1.** Soldat habile à se faire offrir à boire. **2.** Simulateur. **3.** Syn. de carotteur : *Si je le laisse avec ce carottier, qui sait ce qu'on va tirer de lui ?* (Daudet).

ETYM. de **carotter. 1.** 1833 [Esnault]. **2.** 1858 [id.]. **3.** 1833, Vidal-Delmart [TLF].

carouble ou **caroube** *n.f.*

1. Clé de porte (pas nécessairement fausse) : *Même lorsqu'on dispose d'un trousseau de caroubles, c'est-à-dire de crochets passe-partout analogues à ceux des serruriers, il faut en avoir un assez grand nombre pour ne pas risquer au dernier moment de se trouver démuni de la forme utile ou de la dimension nécessaire* (Locard). *La matonne s'assoit sur sa chaise, rassemble ses caroubes entre ses genoux avec un cliquetis précautionneux, et frime par-dessus nos têtes recueillies* (Sarrazin, 2). **Pousser de la carouble,** voler à l'aide de fausses clés. **2.** Forcement de porte : *Dans l'instruction vous n'avez pas nié cela tout à fait ; vous avez avoué avoir parlé d'une affaire de carouble, c'est-à-dire d'un vol avec fausses clés* (Guéroult). **Être vu à la carouble,** être surpris au cours d'un cambriolage. **3.** Serrure. **4.** Passage à tabac.

ETYM. du romani **carobi,** anneau, ou de l'arg. ital. **carruba,** clé. **1.** *carrouble* 1821 [Ansiaume]. **Pousser de la carouble,** 1881, abbé Moreau. **2.** *carouble* 1836 [Vidocq]. **Être vu à la carouble,** 1878 [Rigaud]. **3.** *carouble* 1846, *Intérieur des prisons*. **4.** *caroube* 1952 [Esnault].

VAR. les var. orthographiques sont nombreuses : avec un ou deux *r*, avec ou sans *l* ; le genre, d'abord masc., est devenu le plus souvent fém.

caroubler *v.t.*

1. Ouvrir avec de fausses clés. **2.** Frapper le geôlier avec les clés qu'on lui a dérobées ; par ext., rosser, frapper : *J'ai pas l'intention de me salir les pognes à te caroubler jusqu'à ce que tu me dises où il est...* (Simonin, 2).

ETYM. de **carouble. 1.** 1872 [Chautard]. **2.** 1941 [Esnault]. L'orthographe de ce verbe est plus régulière que celle du subst.

DÉR. **caroubage** *n.m.* Cambriolage effectué au moyen de fausses clés : vers 1840 [Esnault]. **caroubier** *n.m.* **1.** Cambrioleur pratiquant le caroubage : vers 1840 [id.]. **2.** Forçat porte-clés : 1929, Dussort.

caroubleur ou **caroubeur** *n.m.*

1. Cambrioleur usant de caroubles : *Les portes palières offrent en général une un peu meilleure résistance, et c'est sur elles que portent essentiellement l'effort des caroubleurs* (Locard). **2.** Proxénète accoutumé à rosser ses prostituées.

ETYM. de **caroubler. 1.** *caroubeur* 1833 [Moreau-Christophe] ; *caroubleur* 1829, Vidocq. **2.** 1950 [Esnault].

carpe *n.f.*

Faire la carpe, s'évanouir (de fatigue ou de plaisir).

ETYM. d'abord *faire carpe frite,* s'évanouir de fatigue dans les rangs (1832, Saint-Cyr) ou *faire la carpe pâmée,* feindre de se trouver mal (1835 [Acad. fr.]) : ce poisson est connu pour sa capacité de longue et totale immobilité. **Faire la carpe,** 1864 [Delvau].

carpette *n.f.*

Individu qui est trop soumis devant autrui, qui manque de caractère : *Totalement dépourvu d'autorité et, de surcroît, le plus petit des gradés en galons, il servait à ceux-ci de carpette et les soldats le traitaient comme quantité négligeable* (Monsour).

ETYM. métaphore du mépris : « celui sur lequel on s'essuie les pieds » (cf. *paillasson*). 1960 [Esnault].

carrante *n.f.* → **1. CARANTE.**

carre ou **care** *n.f.*

1. ARG. ANC. Cachette. **Vol à la carre,** vol par escamotage, soit au cours d'une présentation de bijoux, soit au cours d'un paiement : *J'ai fait deux paires de broquille à l'orphelin, à la carre* (Ansiaume). *Malheur au marchand qui se laisse prendre à l'appât d'une telle spéculation ; si, pour procéder à la recherche, il permet l'accès de son tiroir aux personnes qui lui offrent un gain, il peut être assuré qu'elles y puiseront avec tant de dextérité qu'il n'y verra que du feu. C'est là ce qu'on appelle voler à la « care » ; les filous qui pratiquent ce vol ont pris le nom de careurs* (Vidocq). **2.** Réserve. **Mettre à la carre,** économiser. **3.** « Masse des enjeux représentant la contrepartie des jetons et plaques délivrés aux participants d'une partie clandestine » (Simonin) : *Assieds-toi. C'est cent francs minimum la carre. Pour jouer, il faut trois carres, donc trois cents francs* (Charrière).

ETYM. déverbal de **carrer. 1.** 1835 [Raspail]. **Vol à la carre,** 1821 [Ansiaume]. **2.** 1848 [Pierre]. **3.** 1899 [Nouguier]. Ce terme s'applique non seulement aux jeux modernes, mais déjà, selon Simonin, à la bouillotte, ancêtre du poker, vers 1830.

carré *n.m.*

1. Paquet de tabac cubique. **2. Carré de soie** ou **grand carré,** billet de 1 000 F (anciens). **3. Jouer carré,** jouer au casino des plaques de 10 000 F (anciens).

ETYM. analogie de forme. **1.** 1899 [Nouguier]. **2.** 1932 [Esnault]. **3.** 1951 [id.].

1. carreau *n.m.*

1. VX. Clé de porte. **2.** VX. Instrument d'effraction comprenant fausse clé, crochet et tournevis. **3.** Œil : *Son décolleté est généreux. Je file là-dedans des coups de carreaux assassins comme un grand sadique qui cherche à approfondir* (Tachet). **Affranchir le carreau,** guetter. **Carreau brouillé,** œil qui louche. **Avoir un carreau à la manque,** être borgne. **4. En avoir un coup dans les carreaux,** être ivre. **5.** VX. **Carreau de vitre** ou simpl. **carreau,** monocle ou lorgnon : *Pas de carreaux sur l'œil. Ça donne un air méprisant* (Gill). **6. Grand carreau** ou simpl. **carreau,** la cour d'assises : *Deux vertueux magistrats qui rendaient très vachement la justice au Grand Carreau* (Devaux). **7. Petit carreau,** la correctionnelle. **8. Aller aux carreaux,** offrir ses services, rue des Petits-Carreaux, aux chefs d'orchestre des guinguettes. **9. Coucher, laisser qqn sur le carreau,** l'assommer ou le tuer. **Rester sur le carreau,** être à terre, blessé ou tué. *Des rôdeurs se battaient, à Vanves. La police vint, tous filèrent, y compris deux blessés, le troisième, Bichenon, restant sur le carreau* (Fénéon). **10.** ARG. ANC. **Mettre du cœur sur le** (ou **du**) **carreau,** vomir : *Ses complices me croyaient encore au cinquième étage, en train de mettre du cœur sur le carreau* (Vidocq).

◆ **carreaux** *n.m.pl.*

1. Lunettes : *C'est froid et ça fait mal, la petite lueur qui brille derrière ses carreaux me dit qu'elle attend que je renaude pour m'envoyer d'un ton satisfait que j'en ai vu d'autres, ou pire encore !* (Cordelier). **2. Les trente-six carreaux,** « la Souricière », hall de la préfecture de police sur lequel donnent des portes de cellules pourvues chacune de trente-six petites vitres. **3.** VX. **Carreaux brouillés,** maison close.

ETYM. multiples analogies de forme, et comparaison de l'œil avec une vitre donnant sur l'extérieur (de l'homme). **1.** 1832 [Esnault]. **2.** vers 1840 [id.]. **3.** 1878 [Rigaud]. **4.** 1960 [Le Breton]. **5. Carreau de vitre,** 1858 [Larchey] ; **carreau,** 1860 [Larchey]. **6.** 1899 [Nouguier]. **7.** 1928 [Lacassagne]. **8.** 1866 [Delvau]. **9.** dès 1600, *étendre qqn sur le carreau* [FEW] : il peut s'agir de la halle ou de la mine. **Rester sur le carreau,** 1883, P. Borel [TLF]. **10.** 1829, Vidocq, mais *jeter du cœur sur le carreau* dès 1640 [Oudin].

◆ *pl.* **1.** 1928 [Esnault]. **2.** 1884, abbé Moreau. **3.** 1867 [Delvau] ; les vitres de ces établissements étaient, par obligation légale, dépolies.

DÉR. **carrlingue** *n.m.* Vitre : 1910 [Esnault].

2. carreau *n.m.*

Se tenir, (vx) **se garder à carreau,** être sur ses gardes, se méfier : *Un associé, tu vois... Ils étaient sur un coup avant... avant tout ce merdier. Depuis il se tient à carreau* (Conil).

ETYM. d'une figure ancienne du jeu de tarot ; signifie « se garder des coups (de bâton) ». 1879, Cladel [TLF].

carrée *n.f.*

1. Chambre, logement quelconque : *Cap au large, nom de Dieu ! Je m'encroûte, dans cette foutue carrée !* (Coatmeur). **2.** À l'armée, chambrée. **3.** Tribunal. **Carrée des petits gerbes,** chambre correctionnelle. **Carrée du rebectage,** Cour de cassation.

ETYM. analogie de forme ; d'abord « cadre, châssis de bois ». **1** et **3.** 1878 [Rigaud] qui, curieusement, voit des masculins *(carré)* dans les deux loc. nominales. **2.** 1915 [Esnault].

carreler *v.i.*

Dans le langage des policiers, faire des rondes pour appréhender les clochards.

ETYM. de **carreau (des Halles).** 1975 [Arnal].

carrelingues *n.m.pl.*

Lunettes : *Je le regardais se rajuster le col, essuyer ses carrelingues. J'avais presque honte de l'avoir glavioté* (Boudard, 1).

ETYM. suffixation arg. de **1. carreau.** 1957 [Sandry-Carrère].

carrer *v.t.*

1. ARG. ANC. Voler par escamotage, pratiquer le vol à la carre. **2.** Cacher, dissimuler : *Fait's gaff' les momignards de n'pas fourguer la tôle/ Que nous ont r'filé nos darons. / Les viocs y ont carré des ronds* (Marcus). **3.** Mettre à l'abri ; économiser. **4.** Mettre, enfoncer : *Les deux frangins lui carrèrent leurs rapières dans le bidonnard* (Stollé). **Pouvoir se carrer qqch dans le train, le cul,** etc., formule de refus méprisant : *Votre saumon sauce verte et votre médaillon de veau, vous pouvez vous les carrer dans l'train* (Simonin-Bazin). *Sa double gamelle, il peut se la carrer dans l'oignon* (Le Dano). **Se carrer qqch sous les crochets,** le manger.

◆ *v.i.* ou **se carrer** *v.pr.*

Se sauver : *J'allais l'agrafer pour de bon... Il était vivace le bougre... Il carrait dans l'arrière-boutique* (Céline, 5).

ETYM. du lat. **quadrare,** donner une forme carrée ; idée de « protection par enfermement » dans une surface régulière et close. **1.** 1829 [Forban]. **2.** 1835 [Raspail]. **3.** 1850, forçat Clémens [Esnault]. **4.** 1906 [id.]. **Se carrer qqch dans le train,** 1935, Simonin-Bazin ; **l'oignon,** 1953 [Sandry-Carrère]. **Se carrer qqch sous les crochets,** 1947 [Esnault].

◆ *v.i.* vers 1885, chanson [id.] ; *v.pr.* 1881 [Rigaud].

carreur, euse *n.*

1. ARG. ANC. Voleur opérant chez les commerçants (notamment les bijoutiers) : *Sans défiance la bouchère de l'établissement laissait chercher dans sa monnaie une de ces bohémiennes, pendant que les deux autres l'occupaient en lui achetant de la viande ; et la carreuse opérait son triage avec impunité* (Claude). *D'autres fois, le carreur, examinant une pierre sous une lampe ou à la lumière du jour, la jette rapidement dans sa bouche, en lui substituant une pierre fausse qu'il a apportée* (Locard). **2.** Compère dans le vol à la tire. SYN. nonneur. **3.** Receleur. **4.** Homme qui, dans les cercles et les casinos, assume les fonctions de caissier et de changeur : *Le carreur, un boiteux, quitta la chaise où il avait passé la nuit. Il ne flambait pas, lui* (Le Breton, 2).

ETYM. de **carrer. 1.** 1829, Vidocq. **2.** 1846, *Intérieur des prisons*. **3.** 1848 [Pierre]. **4.** 1928 [Lacassagne].

carrossée *adj.f.*

Bien carrossée, se dit d'une fille. ***a.*** (vx) bien vêtue ; ***b.*** aux formes rebondies. SYN. bien balancée.

ETYM. métaphore issue de l'automobile, idée de « contours harmonieux ». ***a.*** 1929 [Esnault] ; ***b.*** 1977 [Caradec].

carrosserie *n.f.*

Belle conformation physique (surtout à propos d'une femme) : *Un corps nerveux d'athlète, ce que Conan appelle une belle carrosserie* (Vercel). SYN. châssis.

ETYM. métaphore empruntée à l'automobile. 1924, Vercel.

Carrousel (le) *n.pr.*

Nom donné à la salle des Pas perdus, au palais de justice de Paris.

ETYM. idée d'« allées et venues rapides, en tous sens, comme dans un manège ». 1975 [Arnal].

carroussel *adj.m.*

Ivre.

ETYM. de **carrousel,** prononcé avec un *s* sourd (allusion au vertige de l'ivresse), mais peut-être aussi de **faire carrousse,** vieille loc. (1566, H. Estienne) tirée de l'all. **(trinken) gar aus,** (boire) jusqu'au bout. 1940-1942 [Esnault].

carte *n.f.*

1. (Fille) en carte, se dit d'une prostituée recensée officiellement, mais ayant un domicile personnel (par opposition à **fille en numéro**) : *Les filles soumises recevaient une carte sanitaire de couleur blanche pour les filles saines et de couleur rose pour les vénériennes, d'où leur nom de «filles en carte». Elles étaient obligées de passer une visite une fois par semaine dans un dispensaire de salubrité* (Larue). **2. Carte de visite,** uniforme de gardien de la paix. **3. Carte de France** ou **de géographie,** traces laissées par le sperme sur un drap de lit. **4. Revoir la carte,** vomir son repas. **5.** ARG. ANC. Ration journalière de vin du forçat (un demi-litre distribué en deux fois).

ETYM. spécialisations du mot usuel (1 et 2) et métaphore approximative (3). **1. Fille en carte,** 1834, Parent [Esnault]. **2.** 1950 [id.]. **3. Carte de géographie,** 1881 [Rigaud]. **4.** 1862 [Larchey] (*carte* a ici le sens de «liste de plats, dans un restaurant»). **5.** 1844, selon Clémens.

DER. **cartée** *adj.f.* Mise en carte : 1904, Lorrain.

carton *n.m.*

1. Désigne diverses cartes (d'entrée, d'alimentation, de réquisition, etc.). **2.** Carte à jouer. **Battre, graisser, manier, taper, tripoter,** etc., **le carton,** jouer aux cartes : *D'Axel ne retrouvait un peu de vie qu'en tripotant « le carton »* (Daudet). *Autour de lui au mess des officiers, ça braillait en tapant le carton et en s'envoyant des bières cognac* (Bénoziglio). **3. Faire un carton.** ***a.*** tirer sur une cible, sur une ou plusieurs personnes : *Croyez bien que je ne suis pas venu ici pour faire un carton. Mais j'ai l'habitude de sortir avec une arme* (Héléna, 1). On rencontre aussi **faire un carton sur qqn :** *Elle aurait aimé avoir son arme de service sur elle pour faire un carton sur ce connard* (T. Colin) ; ***b.*** remporter une nette victoire (en parlant d'une personne), un succès dans divers domaines (en parlant d'une chose) : *Le film de 20 secondes n'est passé à la télévision qu'une douzaine de fois, mais a fait un carton* (*Libération,* 13 décembre 1983). SYN. faire un tabac ; ***c.*** avoir un bref rapport sexuel ; faire un client, en parlant d'une prostituée ; ***d.*** avoir un accident, en sport automobile. **4. De carton,** sans valeur : *Tous deux mâchaient les plus basses injures : « Bourrique ! – Marlou de carton ! »* (Rosny jeune). *Mais mon époux n'a pas à s'plaindre / Je n'suis pas un' femm' de carton* (chanson *la Sœur de l'emballeur*, paroles de J. Reyar). **Marmite de carton,** maîtresse peu active : *Si parmi elles* [les prostituées] *il s'en trouve qui leur donnent un minime salaire, elles sont désignées sous le nom de* marmites de carton (Lucas). **Miché de carton,** client peu généreux. **5.** Vx. **Être (de) carton,** rentrer sans gain, en parlant d'une prostituée : *Et pendant c'temps-là l'michet passe.../Et tous les soirs alle est carton* (Bruant). **6. Subir, prendre un carton,** être sévèrement battu.

ETYM. spécialisations de sens, le carton apparaissant souvent comme une matière non noble, de consistance et de valeur médiocres. **1.** « carte d'entrée au théâtre pour les indicateurs » 1844 [Esnault]. **2.** 1855 [id.]. **3. *a.*** « cible » 1936, E. Bourdet ; « qqn » 1946, Vialar ; ***b.*** « personne » 1977 [TLF] ; « chose » vers 1980 ; ***c.*** 1953 [Sandry-Carrère], art. *guiser*. Cellard-Rey limitent indûment cette locution à la sodomie ; ***d.*** 1975, *Paris-Match* [Le Breton]. **4. Marmite de carton,** 1841, Lucas. **Miché de carton,** 1862 [Larchey]. **5.** 1901 [Bruant]. **6.** 1977 [TLF] ; vient du carton jaune ou rouge que l'arbitre brandit pour pénaliser un joueur de football.

DER. **cartonnier** *adj.m.* Malhabile dans son métier : 1866 [Delvau]. *n.m.* **1.** Vx. Joueur de cartes passionné (on rencontre plus rarement **cartonneur**) : 1854, Alyge [Larchey]. **2.** Tricheur professionnel, aux cartes : 1886, Hogier-Grison [TLF].

cartonner *v.i.*

1. Vx. Jouer aux cartes : *Eh ! eh ! vous avez un coup de pouce...* [Marthe, retournant un sept :] – *Oui, je ne cartonne pas mal* (Villard). **2.** Émettre des vents. **3.** « Réussir au-delà de tout ce qu'on pouvait imaginer, et avec panache » (Merle) : *Si le spectacle cartonne, qu'est-ce que tu vas faire de tout ce blé ?* (Roubaudi). **4.** Rouler très vite. **5.** Avoir un accident grave (en auto ou à moto). SYN. se viander.

◆ *v.i. et t.*

Tirer sur qqn : *Chacun un Mat sauf Lemoine, qui sera chargé des liaisons et Miro qui emporte son F.R.F.I. au cas où il pourrait cartonner de loin* (Fajardie, 1).

◆ *v.t.*

1. Posséder sexuellement : *À force de cartonner, dans tous les azimuts, / Des gonzesses qu'ont le cœur planté en haut des cuisses, / [...] Sûr qu'il a pas fini d's'en choper des choses tristes* (Renaud). **2.** Critiquer violemment : *De* *plus en plus isolé, il* [le juge Bidalou] *cartonne le Syndicat de la magistrature pour sa mélasse idéologique* (*Libération*, 2 octobre 1984).

ETYM. de **(faire un) carton.** **1.** 1866, Villars. **2.** 1977 [Caradec]. **3.** 1986 [Merle]. **4** et **5.** vers 1980.

◆ *v.i. et t.* 1970 [Boudard-Étienne].

◆ *v.t.* **1.** 1980, Renaud. **2.** 1984, *Libération.*

cartouche *n.f.*

1. Vx. **Cartouche jaune,** feuille de route du forçat libéré envoyé en surveillance. SYN. passeport jaune. **2. Secouer la cartouche,** se masturber.

ETYM. analogie de forme : la feuille de route était remise dans un étui métallique (1). **1.** 1792, Robespierre [TLF] ; d'abord « feuille de congé donnée aux soldats renvoyés pour motif disciplinaire ». **2.** 1982 [Perret].

caruche ou **carruche** *n.f.* → **2. CARLINGUE.**

casaquin *n.m.*

Vx. Corps : *S'i s'rait parti pour el'Tonkin, / I's's'rait fait crever le casaquin* (Bruant).

ETYM. emploi métonymique du mot désignant un « vêtement masculin de dessus ». 1783, Lombard de Langres [Larchey].

casbah *n.f.*

1. Maison ; local d'habitation. **2.** Maison close. **3.** Cabaret interdit à la troupe.

ETYM. de l'arabe **qasaba,** forteresse. **1.** 1879 [Esnault]. **2** et **3.** 1916 [id.].

cascade *n.f.*

Vx. Chute, dans des loc. **Il y a cascade de salade,** de la monnaie tombe à terre. **Il y a cascade,** quelqu'un est arrêté.

ETYM. emploi métaphorique et ironique du mot usuel. 1911 [Esnault].

cascader *v.i.*

1. Vx. Laisser tomber par terre l'objet volé. **2.** Être incarcéré : *Ils ne s'allongeraient pas. Ça n'empêcherait pas les juges de les faire cascader. Les condés qui les avaient sautés avaient ramené pas mal de preuves* (Le Breton, 3). **3.** Mourir.

ETYM. de **cascade. 1.** 1911 [Esnault]. **2.** 1926 [id.]. **3.** 1928 [Lacassagne].

case *n.f.*

1. Maison ; local d'habitation : *Depuis deux ou trois mois, j'avais frimé la case* (abbé Moreau). **Faire une case,** cambrioler une maison. **2.** Prison. **Bouffer de la case,** faire de la prison : *Mon vieux frangin, tu viens d'bouffer d'la case* (Bruant). Vx. **Aller derrière la case,** au bagne, sortir pour un règlement de comptes. **3. Case à tronche,** panier de la guillotine.

ETYM. spécialisation du mot usuel, à caractère exotique. **1.** 1847 [Dict. nain]. **Faire une case,** 1886, abbé Moreau. **2.** 1890 [Esnault]. **Aller derrière la case,** 1921, Saint-Laurent-du-Maroni [Esnault]. **3.** 1872 [id.].

caser *v.t.*

Sodomiser (surtout dans un contexte d'homosexualité masculine) : *Il en a de soigneuses, papa ! Dans ce domaine, la diplomatie, c'est déjà le tube de vaseline offert en prime pour se faire caser* (Boudard, 5).

ETYM. de **case,** « logement des forçats » ; ce verbe renvoie aux pratiques sexuelles des bagnards de Saint-Laurent-du-Maroni, selon Le Breton (1960). 1953 [Sandry-Carrère].

cash *n.m.*

Argent liquide : *Il avait beau faire son impassible, ça se voyait qu'il était intéressé. « Ah oui ? » Le problème c'est qu'il fallait sortir du cash* (Ravalec). *Lires, livres, pesetas, florins, marks, dollars* accepted here. *Et il n'y a donc que du cash dans le tiroir* (Smaïl).

ETYM. emprunt à l'angl. **cash,** argent. 1985, *le Nouvel Observateur* (→ citation à **SCHWARTZ**).

casin ou **casingue** *n.m.*

1. Casino : *Une bouffée de reconnaissance lui vient à l'adresse de Bouboule qui n'a pas transformé sa taule en cazingue* (Simonin, 5). **2.** Bar ou magasin : *Vous devez connaître ce* Flibustier Club ? [...] *Je me sens vraiment le seul flibustier, le premier, le dernier, l'unique qui se soit fourvoyé dans le casingue* (Boudard, 1).

ETYM. altération de l'ital. **casino,** petite maison. **1.** 1866 [P. Larousse]. **2.** 1957, Le Breton [Giraud].

casque *n.m.*

1. Avoir le casque, se dit d'une femme qui est éprise de qqn. **2.** Vx. **Avoir du casque,** posséder un talent oratoire. **3.** Vx. **Avoir son casque,** être ivre : *La tête ! Le casque colonial pesait trois tonnes, deux au moins pour la nuque.* [...] *Toi aussi, mon pote, tu as la gueule de bois* (Camara).

ETYM. emplois métaphoriques et pittoresques. **1** et **2.** 1867 [Delvau]. **3.** 1862 [Larchey].

casquer *v.i.*

1. Vx. Tomber dans un piège. **2.** Payer : *Moi, à votre place, ce que je les ferais casquer !* (Mirbeau).

◆ *v.t.*

Payer (qqch ou qqn) : *Comme ça, rien à casquer en frais de succession* (Malet, 1). *Prends ces trois briques. Tu casqueras le mec comme convenu* (Le Breton, 1).

ETYM. de l'ital. **cascare,** tomber. **1.** 1835 [Raspail]. **2.** 1844 [Vidocq].

◆ *v.t.* 1862 [Larchey].

DER. **casque** *n.f.* Action de payer, dans **coup de casque,** conclusion du bonimenteur qui entraîne les badauds à sortir leur argent : 1887 [Esnault]. **casquement** *n.m.* Même sens : 1881 [Chautard]. **casqueur** *n.m.* **1.** Public payant (aux courses) : 1883 [Fustier]. **2.** Caissier : 1953 [Sandry-Carrère].

casquette *n.f.*

1. Avoir une casquette en peau de fesse, être chauve : *J'avise un gros type dont le crâne paraissait passé au papier de verre : « Vous parlez d'une casquette en peau de fesses ! » dis-je* (Galtier-Boissière, 4). **2. Prendre une casquette** ou (vx) **être dans les casquettes,** s'enivrer. **Avoir une casquette en plomb, en zinc,** avoir mal à la tête à la suite d'un abus de boisson : *On peut en boire plein* [des tequilas]. *Le lendemain, par contre, la casquette en zinc* (Pouy, 1). **3. Ramasser les casquettes,** arriver dernier dans une course.

◆ *adj.*

Être casquette, être ivre.

ETYM. images humoristiques. **1.** 1957 [Sandry-Carrère]. **2. Être dans les casquettes,** 1830, Levavasseur [Enckell]. **3.** 1910 [Esnault].

◆ *adj.* 1856, F. Michel [Larchey].

casquetteux *n.m.*

Chauffeur de taxi en casquette : *Les casquetteux en paletot de cuir ou en cache-poussière* (Simonin-Bazin).

ETYM. de **casquette.** 1935, Simonin-Bazin.

cassage *n.m.*

1. Vx. **Cassage (de porte),** cambriolage, vol avec effraction. **2.** Vx. **Cassage de sucre,** dénonciation. **3. Cassage de gueule,** correction, raclée : *Je n'étais pas en état de m'énerver et aussi ce soir entre le rebirth et le cassage de gueule je me sentais beaucoup plus détaché* (Ravalec).

ETYM. du verbe **casser. 1, 2** et **3.** 1901 [Bruant].

cassant *n.m.*

Vx. **1.** Biscuit de mer : *Le larton d'aujourd'hui ne vaut pas le cassant d'hier* (Ansiaume). **2.** Sucre. **3.** Soufre.

ETYM. du verbe **casser. 1.** 1821 [Ansiaume]. **2** et **3.** 1899 [Nouguier].

cassant, e *adj.*

Ennuyeux, fatigant, difficile (en parlant d'une chose, et toujours en contexte négatif) : *T'as qu'à demander Aldo et tu lui expliques tout ce qui arrive. C'est pas cassant, non ?* (Simonin, 3).

ETYM. de **casser (les pieds).** 1947 [Esnault].

cassante *n.f.*

Vx. **1.** Dent. **2.** Noix.

ETYM. du verbe **casser. 1.** 1836 [Vidocq]. **2.** 1628 [Chéreau].

1. casse ou **cassement** *n.m.*

Cambriolage avec effraction : *Il était capable de faire partir en une nuit sa part d'un casse réussi au péril de sa vie en jetons d'appareils à sous* (Audouard). *Vous rappelez-vous le cassement chez un bijoutier de la Madeleine, voilà sept ans ? Les mecs avaient brisé la glace de la devanture et barboté pour plus d'un million de camelote* (Carco, 1).

ETYM. du verbe **casser.** *casse* (au fém.) 1899 [Nouguier] ; *cassement* 1879 [Esnault], mais peu répandu avant les années 1930. Auj. la forme *casse* est la plus usuelle.

2. casse *n.f.*

1. Art du cambrioleur : *Marcher à la casse.* **2.** Rixe sanglante. **3.** Dégât humain ou matériel (résultant ou non d'une rixe) : *Le braquage a foiré, il y a eu de la casse.* **4.** Action de démonter, plus ou moins officiellement, des objets pour en récupérer les éléments : *Vendre une voiture à la casse ;* entrepôt du casseur de voitures. **5.** Syn. de carambouille au sens 1.

ETYM. de **casser. 1.** 1899 [Nouguier]. **2.** 1914 [Esnault]. **3.** « matériel » 1862 [Larchey] ; « humain » 1920 [Bauche]. **4.** 1935, Van der Meersch [TLF]. **5.** 1938 [Esnault].

casse-bonbons, casse-burnes ou **casse-couilles** *adj. et n. inv.*

Se dit d'une personne importune : *T'as compris quand même, dis casse-couille ?... Maintenant, tu vas rester tranquille ?* (Céline, 5). *Elle est encore assez casse-machins mais, à l'époque, c'était la vraie calamité* (Faizant). *Ce casse-burnes allait laisser à l'autre pomme le temps de revenir* (Simonin, 8).

◆ *adj. inv.*

Qui est ennuyeux, fâcheux : *La gauche perd toujours sous prétexte qu'ils ne s'entendent pas, je trouve que c'est un petit peu casse-couilles, hein!* (*le Nouvel Observateur*, 17 novembre 1980).

ETYM. composé de **casse**, présent du verbe *casser*, et de la plupart des noms argotiques désignant les testicules, d'où de nombreuses variantes (*casse-olives* 1953 [Sandry-Carrère]). *casse-couille* 1936, Céline. La forme fam. correspondante est *casse-pieds*.

casse-croûte *n.m. inv.*

Prostituée d'un bon rapport pour son souteneur : *Ne disait-on pas aussi à la Bastille dans la plupart des rades du quartier que deux casse-croûte arpentaient le Sébasto pour sa frime ?* (Lépidis).

ETYM. emploi métaphorique du mot usuel (équivalent de *gagne-pain*). 1928 [Esnault].

casse-dalle ou **casse-graine** *n.m.*

Repas sommaire : *Je jette un œil au casse-dalle. Apparemment, il n'est pas trop fourré aux poils de nez. J'ose pas penser au reste...* (Bauman). *Vu ses principes de courtoisie, il ne pourrait moins faire que de le convier au casse-graine* (Simonin, 1).

ETYM. de **casser** et de **dalle** (composition bizarre, car *dalle* renvoie plus à la soif qu'à la faim) ou de **graine** (→ CASSER). *casse-dale* 1977 [Caradec] ; *casse-graine* vers 1940 [Cellard-Rey].

casse-gueule *n.m. inv.*

1. Vx. Couloir de la prison de Saint-Lazare par où sortaient les condamnés pour monter sur la charrette. **2.** Vx. Bal de barrière, où on se battait souvent. **3.** Situation ou tâche périlleuse (s'emploie aussi adjectivement) : *La rampe branlait, les marches grasses étaient traîtresses, un vrai casse-gueule !* (Malet, 1) ; adj. : *Des acrobaties plutôt casse-gueule.*

ETYM. de **casser** et **gueule**. **1.** 1793 [Esnault]. A survécu tout au long du XIXe s. **2.** 1867 [Delvau]. **3.** 1807 [d'Hautel]. Est passé en ce sens dans l'usage courant.

cassement *n.m.* → **1. CASSE.**

casse-noisettes *n.m. inv.*

Raffinement érotique consistant dans la contraction volontaire des muscles du vagin, au cours de l'acte sexuel : *Elle faisait casse-noisettes aussi bien que maman* (Louÿs). *L'émoi qu'elle a eu, la tigresse, quand il l'a eu assurée qu'elle avait un coup de casse-noisettes inoubliable, incomparable, unique et jamais rencontré* (Simonin, 2).

ETYM. de **casser** et de **noisettes** (ce fruit représente ici les testicules). 1864 [Delvau].

casse-pattes *n.m.inv.* ou **casse-poitrine** *n.m.*

Boisson alcoolique aux effets très forts : *Assommé de casse-poitrine, l'infortuné Charlie perd le sens de l'orientation géographique* (Vautrin, 2). *Par contre, il se tape, à même le goulot, une sérieuse gorgée de casse-pattes* (Bastiani, 4).

ETYM. de **casser** et **pattes** ou **poitrine** : description de l'effet produit sur l'homme par un alcool très puissant. *casse-poitrine* 1814 [Enckell] ; *casse-pattes* 1906 [Chautard].

VAR. **casse-gueule** et **casse-tête** : 1881 [Rigaud].

casse-pipe *n.m.*

Action ou situation très dangereuse (surtout en parlant de la guerre) : *Non seulement les conquêtes africaines et asiatiques ouvraient de nouveaux marchés* [...] *mais elles permettaient d'envoyer les trublions au casse-pipe* (Thomas, 1). **Aller au casse-pipe,** partir pour la guerre : *On aura tout vu. Des gus qui gueulent pour aller au casse-pipe !* (Siniac, 5) ; se mettre dans une situation périlleuse (rouler très vite à moto, par ex.).

ETYM. de **casser** et de **pipe** : ce sens est, semble-t-il, dérivé du tir forain où on casse des pipes en terre ; mais il peut également provenir tout droit de **casser sa pipe.** 1918 [Esnault] ; ce mot a connu une grande diffusion après la Première Guerre mondiale. **Aller au casse-pipe,** 1977 [Caradec], sens sportif.

casser *v.t.*

1. Ouvrir (un meuble, un local, etc.) par effraction, cambrioler : *Très romanesque, il cassait les riches appartements, le visage dissimulé sous un foulard noir* (Larue) ; absol., faire un cambriolage : *Elle était pas au courant que, ce soir, son Pascal devait aller casser avec Toussaint ?* (Bastiani, 1). **2.** Démonter (une voiture, un bijou, etc.) pour en écouler les éléments. **3.** Émettre, proférer : *Et c'était* *de mézigue qu'il était question. Elle avait cassé: – Max est là, au bar, avec Josy* (Simonin, 2). **Ne pas en casser une,** ne rien dire: *Lamedé Georges, placide sous ses bandeaux noirs bien lissés, et qui n'en casse plus une, pourrait sur ce point l'affranchir, l'inquiet !* (Simonin, 5). **4. Casser sa pipe,** (vx) **son câble, son crachoir, son crayon, son fouet** ou **la casser,** mourir: *Papa Bonape a cassé sa pipe dans une antichambre, et la smala m'est tombée sur le blair* (Viard). *Ah ! le pauv' vieux, il est derrière l'église. – Non ? Y a longtemps qu'il est mort? – Il l'a cassée en 43, hein, Toinette? – Aux dernières moissons, oui…* (Fallet, 1). **Casser sa canne, son pif,** dormir. **Casser son œuf,** faire une fausse couche. **5. Casser la, une croûte** ou **la, une graine,** manger : *Dites donc, lui dit l'ouvrier, en jetant sa casquette sur un banc, je casserais bien une croûte, tout de même. – Avec un peu de fromage? demanda le garçon* (Guéroult). *C'est un restaurant, explique l'inspecteur. Ce soir, on ira tous les deux casser une petite graine là-bas, si votre grand-mère veut bien* (Roulet). **Casser le goulot** ou **la gueule à une bouteille** ou (vx) **casser le cou à une négresse,** déboucher une bouteille et la boire. (On a dit aussi **se casser la gueule sur un litre.**) Vx. **Casser la gueule à son charbonnier, à son porteur d'eau,** avoir ses règles. **6.** Vx. **Casser (du sucre) sur qqn,** le dénoncer. **7. Casser les bonbons, les burnes, les couilles,** etc., ou simpl. **les casser,** importuner vivement: *Ah! Jojo! se lamentait la grand-mère durant les fausses permissions accordées par Borniche, cet Hitler nous casse les bonbons à gesticuler, à gueuler, on se demande pourquoi!* (Lépidis). *Les sonneries aux morts me cassent assez vite les couilles* (Audiard). *Elle se casse dans la salle de bains, puis revient trente secondes plus tard pour recommencer à me casser les burnes* (Pousse). *Elle s'extasie sur mes cheveux frisés, s'apitoie sur mon âge encore tendre ; bref, elle me casse les burettes* (Sarrazin, 2). *Oh! dites donc, mon petit père, vous commencez à me les casser avec vos salades!* (Héléna, 1). **Casser coco, le pot, le train, la rondelle à qqn,** le sodomiser: *Le gasier à Serge, lui, casser le pot, y craignait pas. La clarinette, il l'enviandait fissa dans tout ce qui se présentait comme un trou* (Dégaudenzi). **Casser le sabot, la cruche (à une fille),** lui faire perdre sa virginité ; **casser son sabot, sa cruche,** perdre sa virginité. **8. Casser la cabane** ou **la baraque.** ***a.*** faire échouer un plan : *Faut que je l'arrête. À vouloir arranger mon coup, il casse ma cabane* (Le Dano); ***b.*** déchaîner l'enthousiasme, en parlant d'un spectacle, d'une vedette ou de son metteur en scène: *Elle ne vit que pour ça : débarquer à Hollywood, se faire tirer le portrait au Studio of Stars et casser la baraque dès les premiers essais* (Villard, 2). **Ça ne casse pas des briques, ça ne casse rien,** cela a peu d'intérêt, ne vaut pas grand-chose. **9. Casser du flic, du gréviste, du bougnoul,** se livrer à des expéditions systématiques et violentes contre lesdites catégories: *Tout ce que j'ai fait, c'est de coller des affiches électorales, d'assurer le service d'ordre dans les meetings, et puis une fois on a cassé du gréviste, c'est vrai* (Veillot).

◆ *v.i.*

Vx. **1. Casser du bec,** avoir mauvaise haleine. **2. Casser du chasse,** regarder.

◆ **se casser** *v.pr.*

1. Partir ; s'évader : *Papillon, je te demande qu'une chose : si tu te casses, fais-moi avertir à temps, je serai au rendez-vous* (Charrière); on a dit aussi **se la casser** : *L'Président n'aura pas voulu / Signer ma grâce, / Sans doute que ça y aura déplu / Que j'me la casse* (Bruant). **2. Se casser le poignet, la pogne sur qqch,** le voler: *Putain de napperon !… et putain de gonzesse qui s'était cassé le poignet dessus, me laissant en posture de coupable!* (Simonin, 7). **3. Se casser la tête, le cul,** faire de gros efforts pour trouver une solution: *J'ai passé trente-deux ans à me casser le cul pour arrêter des voyous* (*Actuel,* novembre 1984). **Ne pas se casser la tête, le bol, le bonnet, le tronc,** etc., ne pas faire d'efforts superflus (on dit aussi en ce sens **ne rien se casser, ne pas se casser**) ; ne pas se faire de souci : *Un peu d'avance et du culot!… Ah! là! là!… Y a pas de quoi se casser les méninges !* (Céline, 5). *Il hausse les épaules : « Oh! et puis merde! On ne va pas se casser le bonnet là-dessus* (Malet, 6). *Et pour revenir au Grec, te casse pas l'tronc. Ça ira* (Le Breton, 5). **4. Se casser le nez, le pif,** trouver porte close, être éconduit.

ETYM. spécialisations du verbe usuel. **1.** « porte ou meuble » 1798, Orgères; « local » 1872 [Larchey]; « qqn » 1951 [Esnault]; absol., 1928 [Lacassagne]. **2.** 1939 [Esnault]. **3.** 1872 [id.]. **Ne pas en casser une,** 1910 [id.]. **4.** d'abord *casser la pipe à qqn* le tuer : vers 1850, *in* Zaccone. **Casser son fouet,** 1867 [Delvau]. **Casser sa canne, son pif,** 1866, Villars. **Casser son œuf,** 1640 [Oudin] ; **ses œufs,** 1808 [d'Hautel]. **5. Casser la croûte,** 1781, Guillemain

[Enckell] ; **la graine,** 1926 [Duneton-Claval]. **Casser le goulot,** 1877, Zola ; autres loc., 1867 [Delvau]. **6.** 1846, *Intérieur des prisons*. **7. Casser les pieds** (auj. seulement fam.), **le cul, les noisettes,** 1890 [Esnault]. **Casser coco,** 1913 [Esnault], art. *coco* ; **le pot,** 1920 [Bauche] ; **le train,** 1904 [Chautard]. **Casser le sabot, la cruche,** 1901 [Bruant] ; **son sabot,** 1808 [d'Hautel] ; **sa cruche,** 1867 [Delvau]. **8. Casser la cabane,** 1948, Malet. **Ne rien casser,** 1903, Léautaud [TLF]. **9.** 1954 [DDL 28].

◆ *v.i.* **1.** 1858 [Esnault]. **2.** 1863 [id.].

◆ *v.pr.* **1.** 1908 [Esnault] (d'abord *se la casser,* c.-à-d. la jambe, 1835 [Raspail]). **2.** 1901 [Bruant]. **3. Se casser la tête,** 1677, Sévigné [GR]. **Ne pas se casser la tête, le bol, le bonnet,** 1953 [Sandry-Carrère] ; **le tronc,** 1955, Le Breton [TLF]. **4. Se casser le nez,** 1827, Mérimée [Enckell].

1. casserole *n.f.*

1. Nom donné à certains objets de peu de valeur (véhicule, instrument de musique, etc.) : *Gabriel jouait Schubert sur l'un, Mozart sur l'autre, Gershwin sur le troisième, révélant poliment à la dame que son Yamaha était une casserole* (Van Cauwelaert) ; individu bon à rien. **2.** Vx. Prostituée qui rapporte. **3. Passer à la casserole.** ***a.*** subir passivement un rapport sexuel : *Votre mère voulait habiter avec vous, mais vous lui auriez dit : « Tu sais bien que toutes les femmes que j'ai entre les mains doivent passer à la casserole ! » Quelle casserole ? Expliquez-nous ça ?* (Galtier-Boissière, 1) ; ***b.*** subir un grave revers ; être tué : *Il y a du boulot pour vous… Pradier et sa femme sont passés à la casserole !* (Morgiève) ; ***c.*** faire subir un mauvais traitement (viol, exécution) : *Il nous tombe un vilain galapiat comme ce type et voilà qu'on discutaille jusqu'à la consumation des temps pour le passer à la casserole* (Chabrol) ; ***d.*** (vx) être soigné pour la syphilis. **4. S'attacher une casserole,** s'évader. **5. Avoir, traîner une casserole (derrière soi),** subir, dans sa réputation, les conséquences négatives d'un acte passé. **6.** Projecteur : *On avait allumé, éteint, rallumé les « casseroles »* (Malet, 9).

ETYM. analogie de forme (1) ; jeux de mots avec *marmite* (2), *sauter* (3), *se casser* (4). **1.** 1912 [Esnault] ; « individu » 1960 [Le Breton]. **2.** 1882 [Fustier]. **3.** ***a.*** 1906 [Esnault] ; ***b.*** 1895, Jarry [TLF] ; ***c.*** 1977 [Caradec] ; ***d.*** 1867 [Delvau]. **4.** 1901 [Bruant]. **5.** 1902, Barrès [TLF]. **6.** 1956, Malet.

2. casserole, (vx) casterole ou castrole *n.f.*

1. Vx. Dénonciation. **Passer à casserole,** se voir dénoncer. **2.** Délateur : *Royère n'était pas un traîneur de sabre, ni une casserole, ni un mouchard. C'est pourquoi il ne m'a pas dénoncé !* (Thomas, 1). *Elle a fait gerber le Marin… C'est une castrole !* (Méténier).

ETYM. de **casser (sur qqn),** le dénoncer. **1.** 1848 [Esnault]. **Passer à casserole,** 1881 [Rigaud]. **2.** 1848 [Pierre] ; *cast(e)role* 1881 [Rigaud]

DÉR. **casseroler** *v.t.* Dénoncer : 1898 [Esnault]. **casserolage** *n.m.* Dénonciation : 1878 [Rigaud]. **casseroleur** *n.m.* Délateur : 1881 [Esnault].

casseur *n.m.*

1. Vx. **Casseur de portes,** auj. **casseur,** cambrioleur : *Le gouvernement faisait tort aux pègres casseurs de portes et assassins de profession, en me confondant avec eux* (Humbert). *Un casseur, ça signifie un cambrio et son boulot s'appelle un cassement* (Carco, 1). **2.** Récupérateur de métaux et de pièces détachées d'automobiles mises à la casse. **3.** Fanfaron : *L'oncle arrivait en casseur, la canne haute* (Daudet). *C'est le plus intelligent des trois, mais c'est tout de même au carré qu'est taillée sa cervelle de casseur à la petite semaine* (Jaouen) ; adj. : *L'air martial, le chapeau casseur pour parler au colonel de Rochemaure* (id.). **4.** Vx. **Casseur d'assiettes,** auj. simpl. **casseur,** individu violent : *Un feutre gris, posé sur ses tifs blonds à la casseur d'assiettes* (Malet, 14). *Les autres, loubards, Katangais, marginaux, paumés, tous ceux-là qu'on n'appelait pas encore casseurs ni autonomes* (Veillot). **5. Casseur de sucre,** dénonciateur.

ETYM. de **casser. 1. Casseur de portes,** 1841, Joigneaux ; **casseur,** 1885 [Esnault]. **2.** 1977 [Caradec]. **3.** 1808 [d'Hautel]. **4. Casseur d'assiettes,** 1835 [Acad. fr.] ; **à la casseur d'assiettes,** 1927, chanson *la Java de cézigue,* paroles de R.-P. Groffe ; simplement **casseur,** 1970, loi dite « anti-casseurs ». **5.** 1901 [Bruant].

VAR. (au sens 4) **casse-assiettes :** 1872, Daudet.

cassis *n.m.*

1. Tête : *Pour se protéger du soleil de juillet, M'man s'était collé un journal sur le cassis* (Le Breton, 1). **2.** Cerveau : *Dans son cassis les pensées affluent, s'imbriquent, logiques ou en*

ordre dispersé (Simonin, 6). **3.** Vx. **Cassis de lutteur** ou **cassis,** gros vin rouge.
ETYM. analogies de forme et de couleur. **1.** 1907 [Esnault]. **2.** 1966, Simonin. **3.** 1915 [Esnault].

castagne *n.f.*
1. Vx. Vol à la tire manqué. **2.** Coup donné. **Avoir une drôle de castagne,** posséder un punch redoutable. **3.** Rixe : *On a pris les bécanes / Et on s'est arrachés, / Direction la castagne, / La bière à bon marché* (Renaud). **4.** Guerre : *Au temps du moteur à crottin... juste avant la première castagne mondiale* (Boudard, in *l'Événement du jeudi,* 5 avril 1990).
ETYM. du gascon **castagna,** châtaigne. **1.** 1911 [Esnault]. **2.** 1932 [id.]. **Avoir une drôle de castagne,** 1975 [Le Breton]. **3.** 1952, Clébert. **4.** 1990, *l'Événement du jeudi.*

castagner *v.t. et i.*
Battre, frapper avec les poings : *En plus il se met à gueuler le pourri, je vois rouge et je castagne* (Bastid-Martens, 1).
◆ **se castagner** *v.pr.*
Se battre (avec qqn) : *C'est bien lui, que je retapisse, au milieu de ses potes, vivant en diable, jouasse autant plus qu'eux de quitter le bahut, de se castagner entre petits hommes* (Dégaudenzi).
◆ *v.impers.*
Ça castagne, on se bat : *Ces derniers temps, ça castagnait pas mal dans le coin* (*Actuel,* avril 1985).
ETYM. de **castagne.** *v.t. et i.* 1975 [Le Breton].
◆ *v.pr.* 1929 [Esnault].
◆ *v.impers.* 1985, *Actuel.* Ce verbe est auj. très répandu.

castagneur *n.m.*
Individu vindicatif, bagarreur : *Romero était un des redoutables castagneurs du dimanche* (Klotz).
ETYM. de **castagner.** 1974, Klotz.

castapiane *n.f.*
MST, en particulier blennorragie : *Je trinque à la castapiane qui crèvera les miches de l'enfoiré qui m'a fait ce travail* (Agret).
ETYM. origine obscure, peut-être de **cataplasme.** 1883 [Fustier].

casterole ou **castrole** *n.f.* → **2. CASSEROLE.**

castor *n.m.*
1. Vx. Bonneteur de grand style. **2.** Homme d'une grande puissance sexuelle. **3.** Prostitué mâle ; homosexuel en général.
ETYM. ce type de joueur portait un pardessus à col de castor (1) ; aux sens 2 et 3, jeu de mots sur *travailler avec sa queue.* **1.** 1892 [Esnault]. **2.** 1970 [Boudard-Étienne]. **3.** 1920 [Bauche] (arg. des matelots).

casuel *n.m.*
1. Passes payantes faites par une prostituée à l'insu de son souteneur. **2. Faire le casuel,** pour un hôtelier, louer des chambres à l'heure pour des passes : *Le « casuel » s'obtient par l'amalgame d'une clientèle féminine si fidèle qu'on peut la considérer comme part du mobilier avec une clientèle masculine strictement passagère* (London, 2).
ETYM. terme de droit désignant un profit ou bénéfice variable. **1.** 1894 [Virmaître]. **2.** vers 1923 [Esnault].

catalogue *n.m.*
Code pénal.
ETYM. emploi ironique : le Code pénal est le catalogue des peines encourues. 1977 [Caradec].

catalogué, e *adj.*
Certain : *J'allais, coup catalogué, être aperçu pour le moins par dix gonzes de connaissance* (Simonin, 2). SYN. affiché.
ETYM. emploi spécialisé de l'adj. usuel. 1953, Simonin.

catas ou **cata** *n.f.*
1. Objet ou personne qui n'est pas à la hauteur. **2.** Accident, catastrophe : *Il leur raconta en quelques mots les ravages de la tempête à travers la ville. – C'est vraiment la cata, dit Serge* (T. Colin).
ETYM. apocope de **catastrophe.** *catas* 1978, Hossein [George] ; *cata* 1978, E. Hanska [id.].

cathau *n.f.*
Vx. Prostituée : *C'était un môme assez costeau / Mais il'tait avec eun'cathau / Qu'était blèche* (Bruant).
ETYM. diminutif péj. de **Catherine.** *cateau* 1660, Bussy [TLF].

catin ou **catiche** *n.f.*
Prostituée : *Bouteiller admira la promptitude des catiches. Un œil en gaffe sur le micheton, l'autre sur la flicaille* (Risser). *Encore des*

femmes qu'on a arrêtées, au camp des Anglais. Et pas des catins, tu peux en être sûr : des femmes mariées (Dorgelès).

ETYM. diminutif de **Catherine,** employé soit au sens de « poupée » (notamment au Québec), soit de façon très péj., en arg. *catin* 1547, Marot; *catiche* «prostituée» 1881 [Rigaud]; «poupée » 1900, Colette. Le Breton donne ce mot comme peu usité sauf pour les souteneurs ayant leurs filles à Londres (influence de **Kate, Katy**).

cavale *n.f.*

Fuite, évasion; situation du détenu qui s'est évadé, du soldat qui a déserté : *Ils étaient arrivés tous les deux à Marseille voici cinq ou six ans. En cavale, mais beaux et têtus* (Audouard). **Faire cavale, jouer la cavale,** s'évader.

ETYM. de **cavaler.** 1829 [Forban]. **Jouer la cavale,** 1881 [Rigaud]. Ce mot est devenu largement pop. lors du succès du roman de A. Sarrazin, *la Cavale* (1965).

cavaler *v.i.*

1. Courir : *Vous allez me faire le plaisir de cavaler au corps de garde dire qu'on me coffre Potiron sitôt son retour au quartier !* (Courteline). **Cavaler au rebectage,** aller en cassation. Vx. **Cavaler sur qqn** ou **cavaler dessus,** assaillir : *Hortense cavale sur ma Marie* [...], *l'agrafe aux tifes* (Méténier) ; **cavaler dedans,** rosser. **2.** Être volage : *Pour ce qui est de Marceau, il faut absolument qu'il prenne une décision. Il ne va pas passer sa vie à cavaler d'un ménage à l'autre* (Amila, 1). *Était-elle au courant ? Ou allait-elle enfin réaliser que son mec cavalait comme un uhlan ?* (Pouy, 3).

◆ *v.t.*

Importuner : *Ta gueule ! ripostait le colérique. Quand tu auras fini de me cavaler? Moi, j'en ai plein le dos* (Aymé).

◆ *v.i.* ou **se cavaler** *v.pr.*

S'enfuir, s'évader : *Le même reluis que j'ai entré au collège, j'ai cavalé* (Ansiaume). *Elle faisait mine de se cavaler pour que je la prenne et que je l'embrasse de force* (Meckert).

ETYM. de **cavale,** jument. **1.** 1844 [Dict. complet]. **Cavaler au rebectage,** 1878 [Rigaud]. **Cavaler dessus,** 1882 [Esnault] ; **cavaler dedans,** 1901 [Bruant]. **2.** 1888, Courteline [TLF].

◆ *v.t.* 1878 [Esnault].

◆ *v.pr.* 1829 [Forban] ; *v.i.* 1821 [Ansiaume].

DER. **cavalant, e** *adj.* Ennuyeux : 1901, Bruant. **cavaleur, euse** *adj. et n.* Se dit d'une personne volage, qui recherche des partenaires variés : 1901 [Rossignol].

cavalerie *n.f.*

1. Moyens d'action importants. (On dit souvent **grosse cavalerie.**) **2.** Dés truqués. **3. Traite de cavalerie,** traite de complaisance. **4. Balancer la cavalerie,** se retirer d'un coup monté en dénonçant ses complices.

ETYM. métaphore militaire, la cavalerie étant l'arme noble et souvent décisive dans une bataille (1) ; le sens 2 n'a pas une origine claire. **1.** vers 1800, Leclair. **2.** 1928 [Lacassagne]. **3.** 1935, Simonin-Bazin [TLF] (c'est l'ancêtre des fausses factures). **4.** 1952 [Esnault].

cave *n.m.*

1. Homme qui, ignorant les règles du milieu, constitue une dupe en puissance : *Ce mec est très estimé par tout le monde. C'est un cave, mais il sait se tenir comme un vrai voyou* (Charrière). *Ce coup-là, il a compris, l'autre cave. Il a compris qu'on se fout de lui* (G. Arnaud, 2) ; par ext., individu naïf, maladroit : *Et puis je me suis laissé attendrir. Je me suis laissé avoir comme le dernier des caves* (Averlant). **2.** Client d'un tripot, d'une maison close, etc.

◆ *adj.*

Naïf, lâche : *Du moment qu'on fait semblant de respecter l'intégrité de la Justice, nous sommes satisfaits. Ce qu'on peut être cave, tout de même !* (Héléna, 1).

ETYM. de **cavé. 1.** vers 1882 [Chautard]. **2.** « tripot » 1901 [Rossignol]; « proxénètes » 1912 [Esnault]. Ce nom a été rendu très populaire par le roman policier (cf. *Le cave se rebiffe* de Simonin, paru en 1954).

DER. **caverie** *n.f.* Client naïf d'une prostituée : 1882 [Chautard]. **cavestrot** *n.m.* Client d'une prostituée : 1947, Malet.

cavé *n.m.*

Vx. **1.** Homme simple, naïf : *Je te demande si oui ou non tu as longtemps dans le crâne l'idée de me prendre pour un cavé ?* (Carco, 8). **2.** Client d'une prostituée : *Ils dansent bien avec nos gonzesses, tous ces cavés-là ?* (Galtier-Boissière, 2).

ETYM. emploi substantival du participe passé de **caver,** mettre la mise ; ce terme est supplanté depuis 1914 par *cave.* **1.** 1835 [Raspail]. **2.** 1904 [Esnault].

caver *v.t.*

Dépouiller qqn, le tromper : *Un grand larbin frusqué en amiral, sur la lourde, un petit store rouge et blanc, et des plantes vertes sur le trottoir. Rien que de passer la porte, on a déjà l'impression d'être cavé* (Trignol). *Ce qu'il faudrait, c'est un minable qui travaillerait au pourcentage, se disait-il. Un mec qu'on pourrait caver à l'aise* (ADG, 5).

ETYM. de l'ital. **cavare,** dévêtir ou soumettre à une saignée. 1895 [Delesalle].

cavette *n.f.*

Prostituée qui n'appartient pas au milieu : *Qu'est-ce que t'en as à foutre de cette cavette ? Ce ne sont pas les femmes qui te manquent* (Braun). **La maison cavette et compagnie,** se dit d'un couple de faux affranchis. **La Maison Cavette et Demi-Sel,** désignation injurieuse de non-professionnels : *Tous les planqueurs, c'est la même chose ; ça joue les hommes ? Total, c'est la maison Cavette et Demi-Sel* (Simonin-Bazin).

ETYM. féminin ironique de **cave.** 1926 [Esnault] (usité auj. dans la police selon Arnal). **La maison cavette,** 1957 [PSI]. **La Maison Cavette et Demi-Sel,** 1935, Simonin-Bazin.

cavillon, onne *n.*

Personne niaise, crédule : *Le cavillon a déjà le blair qui fait du raisiné. Si tu voyais ses châsses, t'entraverais fissa* (Dégaudenzi).

◆ *adj.*

Digne d'un cave : *Georges* [...] *s'est remis à vanner, laissant percer sa pensée cavillonne* (Simonin, 5).

ETYM. diminutif méprisant de **cave.** *cavillon* 1912 [Esnault] ; *cavillonne* 1935 [id.] ; *cavillonne n. et adj.* 1935, Simonin-Bazin.

cavillonnerie *n.f.*

Bêtise, niaiserie : *Peut-on être plus cave ? Mais bien sûr, il doit en convenir, on peut toujours se surpasser dans la cavillonnerie !* (Simonin, 5).

ETYM. de **cavillon.** 1955, Simonin.

cavouze *n.f.*

Cave d'un immeuble : *Tu peux pioncer dans tous les pages, vider toute la cavouze* (Stollé).

ETYM. suff. arg. de **cave.** 1947, Stollé.

cé ou **gé** *n.m.*

ARG. ANC. Argent (métal) : *Six louches et deux bêtes à cornes de cé* (le Rat du Châtelet). [Ces caroubleurs] *n'en veulent qu'au carle et aux matières de jonc et de cé* (Clémens). **Solir du bon de cé,** vendre de l'argenterie.

ETYM. la lettre C figure en alchimie le dernier quartier de la lune, symbole de l'argent. 1790, *le Rat du Châtelet*. **Solir du bon de cé,** 1800, Leclair.

cécol ou **cécolle** *pron. pers.* → **MÉZIG** et **-COL.**

ceinture *n.f.*

1. **Faire ceinture, se mettre** ou **se serrer la ceinture,** se passer involontairement de qqch, en être privé : *Il gagne quelque chose, le faux Boudon, dit le Bouif. Et nous, on peut se mettre la ceinture* (La Fouchardière). *En attendant que par Jaurès / Triomph' la « Société future », / J'crois qu'tu peux t'passer eun' ceinture !* (Rictus). **C'est ceinture** ou **ceinture,** rien du tout : *Merde, Jacques, se rappela-t-elle, il faut que je trouve une pharma ouverte, ou bien, c'est ceinture !* (Pagan). 2. **Boucler sa ceinture,** surveiller les voleurs à la tire dans les autobus, dans le langage des policiers.

ETYM. image exprimant fortement l'idée de « privation ». 1. vers 1900, Rictus. **Faire ceinture** et **se serrer la ceinture** remontent à 1850 au moins [Esnault]. 2. 1975 [Arnal].

ceinturer *v.t.*

1. Vx. Voler, dérober. 2. Saisir qqn par la taille, pour le voler ou l'arrêter : *Les fliques s'amènent... Pas moyen de les faire lâcher* [...]. *Obligés de les ceinturer toutes deux. Le lendemain, le quart les envoie à la Tour* (Méténier).

ETYM. de **ceinture.** 1 et 2. 1881, abbé Moreau.

ceinturon *n.m.*

1. Vx. **Ne pas couper dans le ceinturon,** ne pas être dupe. 2. Nom donné aux chefs des formations de police en uniforme.

ETYM. idée de « duperie, bluff » (1) et jeu de mots sur **centurion** (2). 1. 1888 [Esnault]. 2. 1975 [Arnal].

cellotte *n.f.*

Cellule de prison : *C'soir j'ai besoin de causer avec Jeannot. Change de cellotte, va dans la mienne* (Genet).

ETYM. resuffixation pop. de **cellule.** 1880 [Chautard].

cellule *n.f.*

Faire de la cellule, se cloîtrer volontairement pour échapper aux recherches de la police.

ETYM. emploi ironique et inversé du mot usuel. 1953 [Sandry-Carrère].

cellulé *n.m.*

Forçat détenu dans une cellule : *La cellule la plus voisine* [...] *s'ouvrit, et le premier spécimen de cellulé que je pus voir m'apparut comme un spectre* (Alhoy).

ETYM. de **cellule.** 1845, Alhoy.

cendar ou **cendard** *n.m.*

Cendrier : *Ça loupe pas ! À pieds joints dans le grand cendard Martini rempli à ras bord de mégots* (Lasaygues).

ETYM. apocope et resuffixation de **cendrier.** 1985, Lasaygues.

censure *n.f.*

ARG. ANC. **Passer la censure,** subir l'inspection des agents de la Sûreté venant au dépôt reconnaître les récidivistes : *Cette visite était désignée par les agents du service sous ce titre : « Faire le dépôt » ; mais les voleurs, dans leur langage pittoresque et figuré, disaient qu'ils allaient « passer la censure »* (Canler).

ETYM. détournement ironique du mot officiel. 1848 [Esnault].

centenaire *n.m.*

Vx. Nom donné aux billets de loterie qui ne sont pas sortis au cours de cent tirages : *Les bureaux de loterie à Paris indiquaient en montre les numéros les plus heureux* [...] *ou ceux enfin qui, étant centenaires, devaient sortir prochainement* (Alhoy).

ETYM. emploi détourné du mot usuel. 1845, Alhoy.

centrale *n.m.*

Prisonnier détenu dans une « maison centrale ».

ETYM. de **maison** ou **prison centrale,** établissements créés en 1810 par Napoléon Ier et destinés aux condamnés à plus d'un an de prison ; *central* 1881 [Rigaud]. genre incertain.

centre *n.m.*

1. Vx. Lieu de résidence principale d'un malfaiteur : *Autrefois les voleurs émérites comme Lacenaire et Soufflard, voleurs doublés d'assassins, établissaient leur centre dans les tapis francs de la cité* (Claude). **2.** Nom patronymique : *Son sourire se figea : « Si tu m'laissais deux, trois jours sans leur balancer mon centre, ça m'arrangerait. »* (Le Breton, 2). **3.** Vraie nature d'un individu. **4.** Vulve. **5.** Vx. **Centre de gravité,** postérieur.

ETYM. image forte : le nom propre constitue le centre même de l'individu (2). **1.** 1862, Canler. **2.** 1821 [Ansiaume]. **3.** 1901 [Bruant]. **4.** 1864 [Delvau]. **5.** 1861, P. de Kock [TLF].

DER. **centrer** (qqn) *v.t.* Savoir son nom : 1899 [Nouguier].

centriot *n.m.*

Vx. Sobriquet : *Il crée à chaque instant des expressions nouvelles* [...]. *Il a surtout le génie des centriots* (Humbert).

ETYM. dimin. de **centre.** 1873 [Esnault].

centrouse *n.f.*

1. Prison centrale : *Tombé à trente piges, quatre ans plus tard, c'est une véritable loque qui franchissait les lourdes de la centrouze* (Houssin, 2). **2.** Dépôt de l'île de Ré.

◆ *n.m.*

Agent de la brigade centrale (on rencontre aussi **centrousard**).

ETYM. resuffixation arg. de **centrale. 1.** 1887 [Esnault]. **2.** 1929 [id.].

◆ *n.m.* 1930 [id.], pour les deux formes.

VAR. **centrousse** (sens 1) : 1883 [id.].

cerceau *n.m.*

1. Volant d'automobile. **2.** Côte de la cage thoracique.

ETYM. analogie de forme. **1.** 1953 [Esnault]. **2.** 1901 [Bruant].

cercle *n.m.*

1. Vx. Bague. **2.** Argent, monnaie : *Il a du cercle en vallades* (Raspail). **3.** Vx. Anus. **4. Cercle de barrique** ou simpl. **cercle,** syn. de cerceau au sens 2.

ETYM. spécialisation de forme. **1.** 1889 [Esnault]. **2.** 1835 [Raspail]. **3.** 1886 [Esnault]. **4.** 1977 [Caradec] ; *cercle* 1901 [Bruant].

cercueil *n.m.*

1. Boisson composée de bière, de Picon et de grenadine. **2.** Vx. Bock de bière : *Au quartier latin, l'absinthe s'appelle une purée, l'eau-de-vie un pétrole, le bock un cercueil, le bitter un pape* (Claude).

ETYM. jeu de mots sur **bière. 1.** 1955, Bastiani [Giraud] (invention de Jo Attia selon Sandry-Carrère). **2.** vers 1880, Claude.

cerf *n.m.*

1. Se déguiser en cerf, prendre la fuite. **2. Bander comme un cerf,** avoir une très forte érection.

ETYM. le cerf est réputé pour sa rapidité et sa puissance sexuelle. **1.** 1846, *Intérieur des prisons*. **2.** 1953 [Sandry-Carrère].

cerise *n.f.*

1. Malchance : *Pas banal, comme « cerise » ! Avez-vous vu une déveine pareille ?* (Leroux). **2.** Vx. Chance. **3.** Tête, visage : *Je me colle la cerise sous le robinet et je fais couler l'eau, bien froide* (Bauman). **Se refaire la cerise,** rétablir sa santé ou ses finances : *Que devient Henri pendant ce temps-là [...] ? Il a dû se refaire la cerise puisqu'il a acheté à la veille de la guerre une nouvelle voiture* (Boudard, 2). **4. Ma cerise,** moi. SYN. ma pomme.

ETYM. équivalent arg. de **guigne** (qui est aussi le nom d'un type de cerise). **1.** 1900 [Esnault]. **2.** 1895 [id.]. **3.** 1903 [id.]. **4.** 1928 [id.].

DER. **cerisier** *n.m.* Individu qui porte malheur : 1925 [id.].

cervelas *n.m.*

Queue de cervelas ou **promenade en cervelas,** promenade des détenus à la queue leu leu dans une cour de prison : *Deux fois par jour, nous « prenions l'air » dans une cour étranglée en boyau. Nous marchions deux par deux, « en queue de cervelas »* (Brissac).

ETYM. métaphore expressive. **Queue de cervelas,** 1846 [Esnault] ; **promenade en cervelas,** 1957 [Sandry-Carrère], Compl.

césarienne *n.f.*

Fente que le voleur pratique dans un sac ou une poche pour en voler le contenu ; au fig., arnaque : *Ah ! le traître, se récria l'autre. Il me fait une césarienne* (Simonin-Bazin).

ETYM. audacieuse métaphore. 1935, Simonin-Bazin.

césarin, e *pron. pers.*

Lui, elle : *C'est encore césarine qui va faire la tambouille !*

ETYM. resuffixation fantaisiste de **cézig.** 1977 [Caradec]. → MÉZIG.

cézig ou **cézigue** *pron. pers.* → MÉZIG et -ZIG.

chabanais *n.m.*

1. Maison close : *C'était son Chabanais privé, en quelque sorte. Mais (Howard) Hugues ne montait jamais dans les chambres* (Dalio). **2.** Ensemble des quatre dames de cartes. **3.** Tapage, désordre, scandale : *Tu aurais fait un tel chabanais que tu nous aurais gâté nos vacances* (Héléna, 1). *Ça ne pouvait pas être Gabriel parce que quand il rentrerait avec les autres, ils feraient naturellement un chabanais à réveiller le quartier* (Queneau, 1). **4. Ficher un chabanais,** donner une correction à qqn.

ETYM. d'un célèbre lupanar créé à Paris, rue Chabanais. **1.** 1820 [Esnault]. **2.** 1928 [Esnault] (allusion aux « dames » des maisons closes). **3.** 1852 [id.]. **4.** 1867 [Delvau].

châbler *v.t.*

Frapper violemment, rosser : *Elle sait pourtant ce que ses béguins lui ont coûté ! A-t-elle été assez grugée et châblée par les hommes !* (Lorrain).

◆ *v.i.*

1. Foncer, charger. **2.** Hurler : *Ils renquillent au guinch' des poteaux/ Où la ziziqu' châble à pleins tubes* (Marcus). **Châbler à la poule,** appeler la police au secours.

◆ *v.impers.*

Ça châble, ça barde : *Elle se dressa, échevelée, hurlante. « Bon Dieu, ça va châbler », songea le garçon en se dirigeant vers la porte à petits pas* (Fallet, 1).

◆ **se châbler** *v.pr.*

Se battre : *Châblez-vous s'il vous plaît, mais surtout pas de flan / À la saccagne ? Au boukala ?* (Vian, 2).

ETYM. à l'origine, mot rural signifiant « abattre » (des fruits). 1883, Paris [Esnault].

◆ *v.i.* **1.** 1947, Stollé. **2.** 1899 [Nouguier].

◆ *v.impers.* 1946 [Esnault].

◆ *v.pr.* av. 1959, Vian.

DER. **chableur** *n.m.* Bagarreur : 1968 [PSI]. **chable** *n.m.* Voleur : 1822 [Mésière]. **chableux** *n.m.* Même sens : 1850 [Esnault].

chabraque *n.f.*

Femme désagréable ou excentrique (souvent de mœurs légères) : *La vieille chabraque branle du chef à n'en plus pouvoir* (Bastid-Martens, 1).

◆ *adj. et n.*

Qui ne jouit pas de toutes ses facultés ; fou : *Cette oseille qui me tombe du ciel... Il faudrait que je sois chabraque pour me mouiller de nouveau...* (Salinas). *Ça traînait pas. Ils décollaient. Leur cerveau se fêlait. L'hosto, l'asile des chabraques ou la morgue les guettaient* (Le Breton, 3).

ETYM. de « couverture de selle » (1830, Balzac), on passe à l'idée « d'une vieille prostituée qui s'est accrochée au derrière des cavaliers » [H. France]. *schabraque* 1872 [Larchey]; *chabraque* 1886, Courteline [TLF].

◆ *adj.* 1960 [Le Breton].

chacal *n.m.*

Vx. Zouave : *Chacal* [...] *a une grande vérité d'analogie. Le zouave hardi, chapardeur, fort enclin aux marches de nuit* [...] *ne ressemble-t-il pas à l'avide quadrupède ?* (A. Camus).

ETYM. emploi métaphorique du nom de l'animal. 1863, A. Camus.

chagatte *n.f.*

Vulve : *Connaissez pas Mimi ? Un sacré numéro. Toujours la chagatte en feu et flammes* (Lasaygues).

ETYM. javanais de **chatte,** très répandu. 1943 [Esnault].

chagrin *n.m.*

1. Travail : *Tout s'éclipse... mes idées d'aller au chagrin... de reprendre la musette... l'avenir à la caille !...* (Boudard, 5). **2. Boîte à chagrin,** locaux de la PJ au Quai des Orfèvres. **Aller au chagrin,** porter plainte.

ETYM. images expressives et populaires. **1.** 1977 [Caradec]. **2.** selon Le Breton (1975), expression lancée par lui-même en 1973.

chahut *n.m. ou f.*

ARG. ANC. Danse excentrique et un peu folle, ancêtre du french cancan : *Une douzaine d'hommes et de femmes, déguisés, à moitié ivres, se livraient avec emportement à cette danse folle et obscène appelée la chahut, à laquelle un petit nombre d'habitués de ces lieux ne s'abandonnent qu'à la fin du bal, alors que les gardes municipaux en surveillance se sont retirés* (Sue).

ETYM. origine obscure. 1820 [Desgranges]. Le sens « tapage, désordre » est auj. fam. au masc.

DÉR. **chahuter** *v.i.* Vx. Danser le chahut : 1820 [Desgranges].

chahuteur, euse *n.*

Vx. Personne qui danse le chahut : *Charlotte a eu le tort d'admirer une de ses toiles : une chahuteuse du French Cancan. Serge la décroche immédiatement et lui en fait cadeau* (Galtier-Boissière, 1).

ETYM. de **chahut.** 1864 [Delvau].

chaille *n.f.*

Dent : *Une chaille, une maousse, dans le fond de la gargue, craqua* (Houssin, 1).

ETYM. de **chaille,** pierre, caillou, notamment « pierres concassées pour l'empierrement des routes » ; mot dial., tourangeau et franco-provençal. 1977 [Caradec].

Chaillot *n.pr.*

Vx. **À Chaillot !,** formule d'exclusion, de congédiement : *Je fis ailleurs une dernière tentative* [pour occuper une des places du lit de camp]. *À Chaillot, le pantre ! Je sentis dans l'accent une indignation qui protestait contre mon audace* (Brissac).

ETYM. sur la colline de Chaillot, champêtre et éloignée du centre de Paris, se trouvait une maison de retraite « pour nécessiteux », qui occupait l'ancien couvent de Sainte-Périne. 1863, Mané [Larchey].

chaîne *n.f.*

ARG. ANC. **1. Chaîne brisée** ou **demi-chaîne,** manière d'attacher le condamné à la chaîne sans l'apparier avec un autre : *Une des récompenses que l'on accorde au condamné est la dispense de l'accouplement; il est mis alors en* demi-chaîne, *autrement dit en chaîne brisée* (Alhoy). **2.** Détachement plus ou moins important de condamnés allant au bagne : *Je parie que c'est une petite chaîne qui nous arrive... En effet, c'était une douzaine de condamnés des départements qui venaient à Bicêtre, pour y attendre le départ de la grande chaîne* (Forçat). *Ces groupes ou* chaînes volantes *qui portaient le nom du chef-lieu* [...] *venaient se fondre dans la masse* (Alhoy).

ETYM. emplois spécialisé et métonymique du mot (les forçats étant liés entre eux par une métallique). 1829 [Forçat].

chaleur *n.f.*

Avoir la chaleur, avoir très peur. **Avoir des chaleurs,** éprouver des appréhensions : *N'aie pas de chaleurs, tout leur programme, c'est du vent, des rêveries de prétentieux* (Simonin, 2).

◆ **chaleur !** *interj.*

Vx. Marque une surprise désapprobatrice : *Tiens, vous prenez du vent'. / Ah ! bon, chaleur !*

J'comprends l'tableau : / On s'a fait arrondir el' globe ! (Gill).

ETYM. emploi métonymique : l'effet pour la cause. 1902 [Esnault]. **Avoir des chaleurs,** 1952 [id.].

◆ *interj.* 1879, Gill. (→ CHAUD).

DÉR. **chaleureux** *adj.m.* Poltron : 1907 [Esnault].

chaloupée *adj. et n.f.*

Valse chaloupée ou **chaloupée,** valse apache balancée aux arrêts sur les temps forts : *La chaloupé' c'est la mode aujourd'hui, / Ell' fut lancé' par qui ? Par Max Dearly / Et Mistinguett* (chanson *la Chaloupée,* paroles de L. Boyer).

ETYM. de **chaloupe** (→ CHALOUPER). *adj. et n.* 1908, L. Boyer et L. Lelièvre [Pénet].

chalouper *v.i.*

1. Danser la chaloupe : *Fernande « chaloupait » déjà que Renée restait là, bouche bée, étourdie, bousculée par les danseurs* (Dabit, 1). **2.** Onduler des hanches en marchant ; emploi adj. : *Elle s'éloigne, démarche chaloupée, agitant la main, haut au-dessus de la tête, comme pour dire « au revoir »* (Vilar).

◆ *v.t.*

1. Vx. Secouer en tous sens : *Lebeau, exaspéré par le sang-froid réfléchi de Lebrun, lui labourait les jambes à coups de pied, pendant que Robin chaloupait Roussel de façon à le faire chahuter sur son banc* (Claude). **2.** Exécuter une danse en ondulant des hanches : *Les deux grandes vedettes, à la prière publique, avaient chaloupé une de leurs anciennes valses* (Margueritte).

ETYM. du mouvement de roulis de la **chaloupe,** variété de cancan. **1.** 1858 [Esnault]. **2.** 1865 [id.], mais *faire sa chaloupe,* même sens, dès 1841, Joigneaux.

◆ *v.t.* **1.** vers 1880, Claude. **2.** 1922, Margueritte.

DÉR. **chaloupette** *n.f.* Variété de chaloupée : 1912 [Esnault].

chaloupeuse *n.f.*

Danseuse de chaloupe (variété de cancan) : *C'est d'ailleurs un fait incontesté que le souverain, de paillarde mémoire, entretint avec la célèbre Chaloupeuse* [la Goulue] *une liaison de longue durée* (Yonnet) ; fille qui roule des hanches en marchant.

ETYM. de **chalouper.** 1912, chanson *Chaloupeuse,* paroles de C. Quinel et R. Blon [Pénet].

chaloupier *n.m.*

Forçat chargé de ferrer et de déferrer ses compagnons : *Un anneau d'acier nommé la* manille *lui embrasse la jambe, et aussitôt est fermé et rivé par le marteau du chaloupier* (Alhoy).

ETYM. ledit forçat était choisi parmi les équipages des **chaloupes.** 1828-29, Raban et Marco Saint-Hilaire [TLF].

chambard *n.m.*

Vacarme ; protestation violente : *Quoi c'est que c'chambard dans Paris, / De Montmertre à l'av'nue du Maine ?* (Rictus). *Aide-moi à couper le chambard. T'entends donc pas le kleb qui piaule ?* (Rosny).

ETYM. d'un verbe **chamberder,** bouleverser, saccager, dans l'arg. des marins. 1881, au sens de « brimade à Polytechnique ». Les autres mots de cette famille sont auj. familiers.

chambrage *n.m.*

Raillerie : *L'insolite même de cette façon de saluer pourrait incliner celui qu'elle vise à y voir une intention de chambrage* (Simonin, 10).

ETYM. de **chambrer.** 1967, Simonin.

chambre *n.f.*

1. Chambre aux aveux spontanés, à la Préfecture, pièce où sont interrogés les délinquants. **2.** Vx. **Chambre des députés. *a.*** pièce du cabaret *le Pot blanc* où se tenaient les chiffonniers ; ***b.*** salle réservée aux comploteurs dans certains cabarets ; ***c.*** hôtel à la nuit, aux Halles ; ***d.*** cabaret fréquenté par des mendiants, au Temple. **3.** Vx. **Chambre des pairs. *a.*** au *Pot blanc,* pièce pour les clients aisés ; ***b.*** salle pour les clients ivres morts, dans certains cabarets ; ***c.*** bagne à vie : *Il ne s'évade pas parce qu'il a peur de tomber dans la Chambre des Pairs* (Clémens) ; ***d.*** le paradis, pour les condamnés à perpétuité. **4. La Chambre à gaz,** le métro.

ETYM. spécialisations humoristiques du mot usuel. **1.** 1925 [Esnault]. **2. *a.*** 1836 ; ***b.*** 1840 ; ***c.*** 1886 ; ***d.*** 1894 [id.]. **3. *a.*** 1836 ; ***b.*** 1840 ; ***c.*** 1837 ; ***d.*** 1847 [id.]. **4.** 1948 [Lacassagne].

chambrer *v.t.*

1. Tenir quelqu'un enfermé, à diverses fins (notamment d'interrogatoire, de mise en condition) : *Vous autres, chambrez la femme. Mettez-vous à plusieurs. Faut savoir où est planqué son julot* (Le Breton, 1). **2.** Se moquer de, railler : *Pierre Cuc est bon garçon, mais se faire* *chambrer par un tapin, il n'a jamais permis. Il s'avance vers Louisette* (Larue) ; mettre en posture ridicule : *Tout le baratin classique jusqu'à la photo, sûrement de son p'tit cousin. Comment qu'elle m'a chambré !* (Simonin-Bazin).

◆ *v.i.*

Laisser entendre des choses inexactes.

ETYM. de **chambre,** lieu clos où peuvent s'exercer bien des contraintes. **1.** 1883 [Esnault], d'abord 1864 [Delvau] dans un contexte érotique. **2.** «railler» 1926 [id.]; «mettre en posture ridicule » 1935, Simonin-Bazin.

◆ *v.i.* 1975 [Arnal].

chameau *n.m.*

1. Vx. Contrebandier. **2.** Au jeu de boules, toboggan servant à déceler les boules truquées. **3.** Table d'examen gynécologique : *Faut désenfiler également le pantalon, le port n'en est pas sain, et, s'il peut faciliter l'escalade de la table médicale des prélèvements, dite « le chameau », il gênerait en revanche l'introduction du spéculum* (Sarrazin, 2). **4.** PÉJ. Prostituée : *Catau, catau, catau, / Vessie, pourriture et chameau* (chanson, *in* Virmaître).

ETYM. analogie de forme bossuée. **1.** 1847 [Esnault]; son fardeau fait des bosses. **2.** 1977 [Caradec]. **3.** 1928 [Lacassagne]. **4.** 1894 [Virmaître].

champ *n.m.*

1. Les courses de chevaux : *Si vous n'allez pas au champ personnellement, j'ai un ami qui prend les paris* (Galtier-Boissière, 2). **Aller au champ** ou **faire le champ,** conduire et ramener les joueurs. **2.** Ensemble des chevaux qui courent dans une même épreuve. **Jouer le champ,** jouer tous les chevaux de la course. **3. Champ de navets, d'oignons,** cimetière : *Dans le « champ de navets » de Thiais, l'abbé Popot, aumônier de la prison de Fresnes, avait ses repères sous les herbes folles* (Naud).

ETYM. abrègement de **champ de courses. 1.** 1925 [Esnault]. **Aller au champ** ou **faire le champ,** 1935, Simonin-Bazin. **2.** 1877 [Esnault]. **Jouer le champ,** 1963 [Sandry-Carrère]. **3. Champ d'oignons** et **de navets,** 1867 [Delvau], art. *Cayenne* pour le second.

champe ou **champ** *n.m.*

Champagne (vin) : *Et justement, Larchicharly revenait, hilare, avec son champ' sous le bras* (Viard). *Un cadavre de bouteille de champe gisait sur le parquet* (*Libération,* 16 mai 1983).

ETYM. apocope de **champagne.** *champ* 1857 [Esnault] ; *champe* 1867 [Delvau].

champignol *adj.*

VIEILLI. Drôle, comique.

ETYM. resuffixation de **champêtre** (mot méprisant de citadin). 1884 [Esnault]. On rencontre parfois *champêtre* employé en ce sens (encore M. Stéphane, en 1928); on trouve les deux chez Bruant (1901).

champignon *n.m.*

Pédale d'accélérateur : *Je l'ai vu, champignon aux planches, enfiler le boulevard Ney* (Simonin, 2). **Appuyer sur le champignon,** rouler vite.

ETYM. analogie de forme : autrefois, la pédale ronde de l'accélérateur ressemblait à un champignon (la *chanterelle*) ; mais probablement aussi, jeu de mots avec **(appuyer sur la) chanterelle,** c.-à-d. sur la première corde, la plus aiguë, d'un violon. 1931 [Petiot].

champion *adj.*

S'emploie pour une appréciation extrêmement laudative : *Ça, pour fabriquer des boulettes, il était champion !* (Malaquais). *Pour le bourrage de crâne, on avait été champions* (Jamet). *Alors, là, je dis : C'est champion !*

ETYM. emploi adjectival d'un mot largement diffusé par le sport. 1946 [Esnault].

Champs (les) *n.m.pl.*

1. Les Champs-Élysées : *Le commissaire Fernet penchait plutôt pour un règlement de comptes entre gangs corses et nord-africains désireux d'imposer chacun leur loi aux respectueuses des Champs* (Larue). **2.** Les champs de courses.

ETYM. abrègement de **Champs-Élysées** et de **champ de courses** (→ CHAMP). **1.** 1969, Larue. **2.** 1883 [Fustier].

chançard, e *adj. et n.*

Syn. de chanceux : *On n'a pas réussi dans cet hôpital-là* [à faire admettre ce moribond]. *Dans un autre on sera peut-être plus chançards* (Gill). *Ce sont des commerçantes plus ou moins chançardes et voilà tout* (Galtier-Boissière, 4).

ETYM. de **chance.** 1859 [Larchey].

chancetiquer *v.i.*

Vacillier.

◆ *v.t.*

Bouleverser : *Qu'est-ce que vous avez pas dû la chancetiquer pour qu'elle bonnisse des conneries pareilles ! Elle a morflé, ou quoi ?* (Méra).

ETYM. resuffixation de **chanceler** avec le suff. **-tiquer.** Ne se confond pas avec le verbe issu de **changer** (→ CHANSTIQUER). *v.i et t.* 1947 [Esnault].

chancre *n.m.*

Gros mangeur. **Manger, bouffer comme un chancre,** manger gloutonnement : *Ce que je vois, c'est qu'elle bouffe comme un chancre. Il y a en permanence, dans sa chambre, un buffet froid tout prêt : du poulet, du pâté, des tartes* (Boileau-Narcejac).

ETYM. comparaison réaliste avec une ulcération cutanée qui « dévore » la peau. **Manger comme un chancre,** 1808 [d'Hautel].

chancrer *v.t.*

Manger : *D'abord, à deux plombes du mat', débarquement des deux cow-boys, avec un clebs qui s'est chancré le mollet d'un vieux pote* (Dégaudenzi).

ETYM. de **chancre,** mais semble moins répandu que la loc. ci-dessus. 1937 [Esnault].

chand *n.m.*

Vx. Marchand : *Le marchand d'habits poussant sa voiturette jetait son « chand d'habits, ferraille à vendre ! » avec moins de conviction* (Sabatier). **Chand de vin,** marchand de vin : *« Chand de vins » me semble commun. / Et c'est « bistro » qui tout arrange* (Ponchon).

ETYM. aphérèse de **marchand,** employée surtout dans des composés comme *chand de cerceaux, chand de vin,* etc. 1880, Paris [Esnault], pour désigner les Bretons *marchands d'ail* (d'où le subst. *chandail,* mot pop. passé aux voyous, qui lancèrent la mode de ces tricots de laine à haut col). **Chand de vin,** 1885, Méténier.

chandelle *n.f.*

1. Fusil : *Les griviers l'ont ébobi à grands coups de leurs chandelles* (Ansiaume). **2.** Pénis. **Moucher la chandelle,** pratiquer le « coïtus interruptus » : *Pour créer une race nouvelle, / Jamais, enfants, ne mouchez la chandelle* (Plaisir des dieux). **3.** Bouteille de vin. **4.** Bougie, dans un moteur à explosion. **5.** Article de journal sur une colonne. **6. En chandelle,** en faction, en parlant d'un soldat, d'un agent ou d'une fille : *Je tombais à pic, elle n'avait pas dérouillé depuis trois plombes qu'elle était là en chandelle* (Boudard, 1). **7.** Prostituée officiant sur une aire très limitée : *Du crépuscule à huit heures du matin, les belles de nuit, « chandelles », « arpenteuses », amazones ou occasionnelles, offrent au tout-venant leurs charmes tarifés* (de Goulène).

ETYM. analogie de forme et idée de « station debout ». **1.** 1821 [Ansiaume]. **2.** 1462, *les Cent Nouvelles nouvelles.* **Moucher la chandelle,** vers 1807, Stendhal [TLF]. **3.** 1841, *la Correctionnelle* [Larchey]. **4** et **5.** 1975 [Beauvais]. **6.** 1867 [Delvau]. **7.** 1954, Delpêche.

change *n.m.*

Vx. **1.** Trousseau des filles de maisons closes. **2.** Substitution frauduleuse de vêtements. **3. Vol au change,** type de vol proche du vol à l'américaine et pratiqué surtout chez les orfèvres : *Cet homme, fils d'un paysan de l'Aisne, s'appelait Topfer. En moins de deux ans, il avait accompli plus de dix vols au change* (Claude).

ETYM. spécialisations de sens du mot usuel. **1.** 1836 [Esnault]. **2.** 1901 [Bruant]. **3.** vers 1880, Claude.

changer *v.t*

1. Change pas de main (je sens que ça vient), apostrophe ironique signifiant « vas-y, continue ! » : [Sarah Bernhardt publie] *On annonce une nouvelle à laquelle Sarah met la dernière main* [...] *Ne change pas de main, Sarah ! Et que ça finisse !* (Gill). **2. Changer d'eau ses olives, son canari** ou **son poisson** ou **changer l'eau des olives,** uriner : *Ta bistoquette* [...] *te servira tout juste à changer l'eau de tes olives* (Devaux). **3. Changer de disque,** varier la conversation, ne pas répéter toujours la même chose : [Il] *reprenait son ouvrage minutieux avec encore aux lèvres le même petit sifflet sarcastique. – Change de disque, tu veux ? soupira Johnny* (G. Arnaud).

ETYM. emplois spécialisés du verbe usuel. **1.** 1878, Gill ; allusion plus ou moins grivoise ; auj., avec le compl. *je sens que ça vient* (1949, Sartre), référence évidente à la masturbation. **2. Changer d'eau ses olives,** 1867 [Delvau] ; **son poisson,** 1881 [Rigaud]. **3.** 1946, A. Sergent [Rey-Chantreau].

changeur *n.m.*

ARG. ANC. Voleur de couverts et de vêtements, dans les restaurants: *Chez* l'Homme-Buté, *Lacenaire, sous le nom de Gaillard, apportait le fruit de ses larcins. Ce receleur le considérait moins comme un surineur que comme un habile changeur caroubleur. La spécialité de Lacenaire, lorsqu'il n'assassinait pas, était de changer dans les restaurants les couverts d'argent en couverts de composition, qu'il apportait dans un foulard* (Claude).

ETYM. de **changer** au sens de « voler », c.-à-d. « changer indûment, illégalement ». 1840 [Esnault].

chansonnette *n.f.*

1. Boniment trompeur : *Son regard croise alors ceux de Lodchako et de Comtesse, sa femme, une arnaqueuse à la chansonnette, redoutable pour les caves que la particule bidon jointe à la beauté, rend facilement malléables* (Simonin, 8). **2.** Manœuvre de chantage ou de dénonciation: *Je redoutais qu'un des complices dénoncés par le patron n'y aille à son tour de sa chansonnette et ne raconte ma vie aux perroquets noirs du présidial* (Burnat). **3. Interrogatoire à la chansonnette** ou simpl. **chansonnette,** interrogatoire au cours duquel les policiers se relaient en posant les mêmes questions (comme un refrain), jusqu'à ce que le prévenu se contredise ou passe aux aveux : *Avec des présomptions deux fois moins convaincantes, il aurait fait tomber n'importe quel caïd du milieu actuel. Mais pas Nick Pirelli. Il ne marchait pas à la chansonnette* (Rognoni). *Au fond, ça ne me déplaît pas de rencontrer ce commissaire. S'il pense m'avoir à la chansonnette !...* (Boileau-Narcejac).

ETYM. spécialisation moqueuse du mot usuel. **1.** 1913 [Esnault]; aussi *chanson* en ce sens, dès 1903. **2.** 1968 [PSI]. **3.** 1953 [Esnault].

chanstique, chanstiquage ou (vx) **chanstiquement** *n.m.*

1. Change frauduleux ; trafic d'or. **2.** Conjoncture fâcheuse; désordre: *Y aura des bagnoles empaffées aux carrefours et des mecs bourrés à faire du chanstique dans les cafés* (Demouzon). **3.** Changement (en général): *D'accord avec la commandite, il nous avait fait cloquer par elle des lingots de cuivre et des dollars bidon* [...] *Le Grégor dans sa cave ignorait naturellement le chanstique* (Trignol). *Elle se souvenait du cadeau, le chanstiquage de propriétaire* (Boudard, 1).

ETYM. (re)suffixation de **change** et de **changement. 1.** *chanstiquage* 1899 [Nouguier]; *chancetique* 1947 [Esnault]. **2.** *chancetique* 1954 (sens peut-être influencé par **chambard**). **3.** *chanstiquage* et *chanstiquement* 1901 [Bruant]. L'orthographe avec *-s-* interne est plus fréquente auj. que celle en *-ce-*.

chanstiquer *v.t.*

1. Changer; échanger: *Elle n'avait que le pont à traverser et à passer devant la statue de la Liberté pour chanstiquer son flingue d'épaule* (Trignol). **2.** Transformer, refaire: *Les roues étaient repeintes, les numéros d'immatriculation chanstiqués* (Le Breton, 1).

◆ *v.i.*

Prendre une vilaine tournure, empirer: *Tu sais, il a rudement bougé, chanstiqué le mitan, depuis cinq piges que tu le fréquentes plus, siffla René la vache* (Risser).

ETYM. resuffixation arg. de **changer,** avec des sens assez spécialisés. **1.** 1879 [Esnault]. **2.** 1947, Stollé.

◆ *v.i.* 1901 [Esnault].

VAR. l'orthographe en *-s-* est plus courante que celle en *-ce-*, du fait qu'il existe parallèlement *pastiquer, ramastiquer,* etc.

chanter *v.i.*

1. Vx. Dénoncer ses complices: *Il demandait à être transféré à Rome pour y retrouver les carabiniers qui le protégeaient depuis qu'il avait commencé à « chanter »* (*Libération*, 22 octobre 1988). **Faire chanter,** rançonner: *Un forçat libéré ou évadé crut reconnaître en la personne de l'officier supérieur un ancien compagnon de chaîne du bagne, et sa pensée spéculatrice fut de le faire chanter* (Alhoy). **2.** Vx. Crier de frayeur, en parlant d'une victime. **3.** Protester, pousser des clameurs: *Si tu fais ça, tu vas l'entendre chanter !*

ETYM. emplois ironiques du verbe usuel. **Faire chanter qqn,** jadis arg. et employé dès 1640 (Oudin) au sens d'« obtenir des aveux d'un criminel », n'est plus auj. que fam. **1.** 1848 [Pierre]. **Faire chanter,** 1845, Alhoy. **2.** 1879 [Esnault]. **3.** 1920 [Bauche].

chanteur *n.m.*

ARG. ANC. Faux policier qui, à l'aide d'un faux ingénu, rançonne un individu naïf : *Quatre de ces « chanteurs » vivent à Paris dans*

une condition de fortune très confortable. Le premier, ancien secrétaire de commissaire de police, s'est amassé dix mille francs de rente (Canler).
ETYM. sens factitif de « celui qui fait chanter », ancêtre de **maître chanteur** (apparu en 1842), qui auj. n'est plus du tout arg. vers 1830 [Esnault].

chanvre *n.m.*
Haschisch.
ETYM. abrègement de **chanvre indien,** plante à partir de laquelle on prépare le haschisch. 1977 [Caradec].
DER. **chanvré, e** *adj.* Drogué : [id.].

chaouch *n.m.*
Vx. Surveillant de bagne ou de pénitencier militaire (notamment Biribi) : *Ici, c'est des pandores comme qui dirait ruraux... Il montrait une sorte de « chaouche » à l'ancienne sur le seuil d'un café minable* (Rank). *Le vieux schnock, tu sais où il a fait son apprentissage ? À la table du chef des chaouchs de Saint-Laurent-du-Maroni* (Bastiani, 4).
ETYM. mot turc, « huissier, serviteur », emprunté par les Arabes d'Afrique du Nord. 1886 [Esnault].

chapeau *n.m.*
1. Travailler du chapeau, ne pas avoir tout son bon sens : *Je vous énumère ça, Monsieur le Docteur, pour que vous ne me considériez pas comme un va-nu-pieds, un énergumène, un... un qui travaille du chapeau* (Arnoux). **2. Faire chapeau,** chavirer ; échouer dans une entreprise. **3. Perdre son chapeau de paille,** perdre son pucelage, en parlant d'un homme. **4. Porter le chapeau.** ***a.*** avoir mauvaise réputation ; ***b.*** endosser la responsabilité d'une action à caractère négatif (du point de vue du milieu) : *Avec le chapeau que tu portes, Pascal, moi, à ta place, j'irais me faire voir ailleurs, laissa tomber Marcel le Borgne* (Bastiani, 1). *Les sous-entendus relatifs aux deux assassinats de Lons, pour lesquels on lui faisait nettement porter le chapeau* (Grancher). **5.** Vx. **Chapeau bordé, ferré** ou **galonné,** gendarme : *Eh bien, Lannoy, est-ce que tu te fais des affaires avec les chapeaux bordés ?* (Vidocq). **6.** Vx. **Chapeau de paille,** transportation au bagne : *Il se trouvait au gniouf depuis cinq piges, ce Charlot dont il me parlait, et bon pour le chapeau de paille, par surcroît !* (Simonin, 3).
ETYM. le couvre-chef indique la fonction sociale, signale une responsabilité. **1.** 1932, Georgius [Pénet]. **2.** 1930, A.-L. Dussort [TLF]. **3.** 1977 [Caradec]. **4.** ***a.*** 1928 [Lacassagne] ; ***b.*** 1946, Trignol. **5. Chapeau bordé,** 1828, Vidocq ; **chapeau ferré,** 1833 [Esnault] ; **chapeau galonné,** 1834 [id.]. **6.** 1928 [Lacassagne].

chapelet *n.m.*
1. ARG. ANC. **Chapelet de caroubles,** trousseau de clés : *Il débride toutes les serrantes, il a un chapelet de carroubles* (Ansiaume). **2. Chapelet de saint François** ou simpl. **chapelet,** chaîne reliant les menottes du forçat lors du transfèrement ; par ext., menottes : *Si vous n'avez pas compris, je répète : des coups de tartine dans l'anneau, le chapelet nickelé de ces messieurs du quai...* (Trignol). *Si je n'avais pas eu les mains dans le chapelet* [...] *Seul contre eux trois, ce que je leur aurais mis !* (Carco, 8).
ETYM. métaphores ironiques. **1.** 1821 [Ansiaume]. **2.** 1871 [Esnault].

chapelle
Vx. **1.** Débit de boissons. **2.** Urinoir, comme rendez-vous d'homosexuels : *Les romans de la pédale commençaient dans les pissotières... Les initiés appelaient ça les chapelles dans leur argot* (Boudard, 2).
ETYM. emploi détourné et irrespectueux du mot usuel. **1.** 1867 [Delvau]. **2.** 1970, R. Peyrefitte.

Chapelouse (la) *n.pr.*
La Chapelle (quartier de Paris, dans le XXe arrondissement).
ETYM. suffixation arg. du nom usuel. 1953 [Sandry-Carrère].

char *n.m.* → **CHARRE.**

charançons *n.m.pl.*
Gonocoques (agent de propagation de la blennorragie) : *Tu leur feras gaffer les échalotes par ton toubib d'état-major, vu que j'ai pas envie qu'elles me cloquent des charançons dans les farceuses* (Devaux).
ETYM. le charançon, grand destructeur de blé, est pris comme archétype de la bête nuisible. 1948 [Lacassagne].

Charbo (la) ou **Charbonne (la)** *n.pr.*
Rue et quartier mal famés de la Charbonnière (XVIIIe arrondissement, entre la Goutte-d'Or et Barbès) : *Loin du Chabanais*

et du One Two Two où l'on croisait le Tout-Paris, la Charbo donnait dans la taule d'abattage (Pécherot).

ETYM. apocope de **Charbonnière.** *Charbo* 1956, Paraz [Doillon]; *Charbonne* 1975 [Le Breton].

charbon *n.m.*

1. Activité plus ou moins officielle : *La rigolade, c'est bien gentil, mais faut penser au charbon* (Siniac, 1). **Aller au charbon.** ***a.*** exercer un métier, une activité : *Il ira au baston, au baston, / Comme le prolo va au charbon* (Renaud) ; ***b.*** s'astreindre à un travail pénible, accepter une corvée : *RPR : les chiraquiens vont au charbon* (*Libération*, 9 juillet 1980). **2. Envoyer qqn au charbon,** l'éconduire.

ETYM. activité pénible du charbonnier, prise comme exemple. **1.** 1939, Paris [Esnault] ; « s'astreindre » 1977 [Caradec] ; d'abord comédiens, « se dépenser sans compter » 1955 [Esnault]. La loc. **aller au charbon** est née vers 1900, d'après Simonin, quand les proxénètes parisiens, traqués par la police pour « vagabondage spécial », se voyaient contraints de « se muer, épisodiquement, en dockers pour le déchargement de péniches de charbon, sur les quais de la Seine ou ceux du canal Saint-Martin » ; elle est devenue courante (au sens b), ces dernières années, en partic. dans le langage des politiciens. **2.** 1977 [Caradec].

charcler ou **charquer** *v.t.*

Abattre qqn : *Vous allez me le charcler, hein ? Qu'il puisse surtout pas grimper la première marche de ce bâtiment sans être transformé en écumoire* (Houssin, 1). *Mais moi, putain, je me laisserai pas charquer par les salopards du RAID* (Smaïl).

ETYM. origine inconnue. 1979, Dubrieu [Doillon], mais sûrement antérieur (v. le dérivé).

DER. **charclade** *n.f.* Rixe : 1975 [Le Breton].

charclo *n.m.*

Clochard : *T'as des charclos, ils font la manche avec le litron à la main. C'est des connards, ces mecs-là* (Porquet).

ETYM. verlan de **clochard.** 1987, Porquet.

charcuter *v.t.*

Opérer très maladroitement, en parlant d'un chirurgien : *Depuis qu'on lui a charcuté les roustons, il bande plus que d'une !*

ETYM. emploi péj. du verbe technique, « découper la chair ou la viande ». 1867 [Delvau].

DER. **charcutage** *n.m.* **1.** Opération chirurgicale très mal faite : 1901 [Bruant]. **2.** Redécoupage administratif ou politique tendancieux, à visée électoraliste : vers 1975. **charcutier** et **charcuteur** *n.m.* Chirurgien maladroit : 1867 [Delvau].

charge *n.f.*

Toute espèce d'excitant, de l'alcool à la drogue, en passant par le dopage « sportif ». **Se mettre à la charge,** se gaver de stimulants. **Avoir sa charge,** être ivre ou drogué. Vx. **Porter une charge,** vider un verre.

ETYM. spécialisation ou euphémisme. 1926 [Esnault] (langage des sportifs). **Porter une charge,** 1912 [Villatte].

chargé, e *adj.*

1. Muni d'une arme : *Il s'agissait de truands – et de truands chargés et vraisemblablement prêts à commettre un mauvais coup* (Grancher). **2.** Pourvu d'argent. **3.** Qui est sous l'influence de l'alcool, d'une drogue ou d'un dopage. **4.** Vx. **Être chargée,** avoir séduit un homme au bal ou sur le trottoir, en parlant d'une prostituée.

ETYM. de **charger** (1 et 2) et de **charge** (3). **1.** 1926 [Esnault]. **2.** 1930 [id.]. **3.** « alcool » 1867 [Delvau] ; « drogue et dopage » 1971, Duchaussoy. **4.** 1867 [Delvau].

charger *v.t.*

1. Exagérer. **Charger la brême,** tricher aux cartes. **2.** Doper. **3.** Servir, verser (une boisson). **4.** Accoster (génér. une femme).

◆ **se charger** *v.pr.*

1. Se munir d'une arme. **2.** Se droguer ou s'enivrer : *Et puis un jour, à trop se charger, il va en crever* (Roubaudi). **3.** Se doper, en parlant d'un sportif : *Bernard Tapie, patron de « la Vie claire », a toujours juré que ses coureurs ne se chargeaient pas* (*Libération*, 25 octobre 1985).

ETYM. de **charge. 1** et **3.** 1881 [Rigaud]. **2.** 1926 [Esnault]. **4.** 1928 [Lacassagne].

◆ *v.pr.* **1.** 1960 [Le Breton]. **2.** 1901 [Bruant]. **3.** vers 1980.

charibotage *n.m.* ou **charibote** *n.f.*

Vx. Mensonge : *J'sais pas quelle tronche qu'il aura faite en dégottant mon charibotage* (Méténier).

ETYM. du verbe **chariboter.** *charibotage* 1885, Méténier ; *charibote* 1936, Céline.

chariboter *v.i.*

Chariboter dans le boudin, dans les bégonias, etc., exagérer.

ETYM. verbe dial. lyonnais, «travailler maladroitement». 1894 [Puitspelu].

Charlemagne *n.pr.*

Faire Charlemagne, se retirer d'une partie sans donner à l'adversaire la possibilité d'une revanche: *Tu ne t'en iras pas en faisant Charlemagne* (Desnos).

◆ *n.m.*

Arme blanche (sabre, couteau, etc.): *J'pouvais l'piquer avec mon charlemagne, hein?* (Brissac).

ETYM. origine peu claire. 1830, Ducange [Rigaud] (mais vers 1800 d'après Vidocq), au jeu de la bouillotte, plus tard aux autres jeux de cartes.

◆ *n.m.* 1862 [Larchey].

Charles *n.pr.*

1. ARG. ANC. Voleur. **2. Tu parles, Charles,** formule d'acquiescement ironique : *Dites donc, militaire, fit Jonas à l'un des matafs, vous vous tirez loin comaco ? – Tu parles, Charles* (Devaux). **3. Charles le Chauve,** pénis: *Eh ben, voilà, docteur* [...] *Il avait sorti Charles le Chauve. Bon! Qu'est-ce qu'il avait fait jusqu'ici comme traitement? Oui! pas assez efficace. La gono avait dû s'habituer* (Guérin). **Décalotter Charles le Chauve** ou **faire sauter la cervelle de Charles le Chauve,** se masturber: *La plupart du temps, il n'est paradisiaque, dans nos soirées solitaires, que de faire sauter la cervelle de Charles le Chauve* (Clébert, 2).

ETYM. souvenir probable de grands bandits (1) et jeu d'assonances (2). **1.** 1800, Leclair. **2.** 1946, Romain Roussel. **3. Décalotter Charles le Chauve,** 1912 [Villatte]; **faire sauter la cervelle de Charles le Chauve,** 1953, J.-P. Clébert [Cellard-Rey].

Charlot *n.pr.*

1. Vx. Bourreau : *D'ailleurs, ça me va ! tout plutôt que la guillotine! Enfoncé Charlot! je l'ai toujours dit, il ne touchera pas à cette tête-là !* (Guéroult). **La boutique de Charlot** ou **la bascule à Charlot,** la guillotine: *À ceux qui jouent du couteau, le couteau de Charlot, c'est juste* (Sue). **2.** Syn. de cocard. **3.** ARG. ANC. Dupe ; auj., individu sans valeur, pauvre type: *Ça, c'est trop. Les petits charlots qui ont fait cette plaisanterie...* (Bauman). **Faire le charlot,** jouer au plus fin: *Tes papiers et vite. Fais pas le charlot, bonhomme, j'enquête sur un crime* (Bialot). **4.** Vx. Voleur. **5. Amuser Charlot** ou **s'amuser comme Charlot,** se masturber.

◆ *adj.*

Vx. Malin.

ETYM. du prénom **Charles,** héréditaire dans la dynastie des Sanson, bourreaux de Paris de la fin du XVIe s. à 1793 (1), et désignations humoristiques sans doute influencées, à partir des années 1920, par le personnage comique créé par Chaplin. **1.** 1744, Vadé [Larchey]. **2.** 1900 [Chautard]; p.-ê. d'une racine onomatopéique **tcharl,** évoquant le bruit d'un coup de poing. **3.** «dupe» 1916 [Esnault]; «pauvre type» 1965, Audiard (dialogues du film de G. Lautner, *Ne nous fâchons pas*). **4.** chanson du XVIIIe s. [Esnault]. **5.** 1901 [Bruant].

◆ *adj.* 1877 [Esnault].

DER. **charlotade** *n.f.* Comportement du charlot; chose ridicule, peu sérieuse: 1985, *le Monde.*

charmeuses *n.f.pl.*

Moustaches: *Mais les caïds restaient pour lui les hommes à chapeaux melons, aux charmeuses bien cirées, ceux des Amériques* (Trignol).

ETYM. attribut essentiel du charme masculin. 1928 [Esnault].

charognard *n.m.*

1. Individu méprisable, qui exploite ou maltraite son prochain: *À cette époque, on ne savait rien de la personnalité de ce maniaque. On l'apparentait à Haarman le «charognard» hanovrien et à Jack le Meurtrier* (Mac Orlan, 7). *Je mets tout ce qui me reste de fierté, même si ce n'est que de la dégonfle, à ne pas vouloir rencontrer les derniers charognards* [des huissiers] *qui, toutes assignations brandies, passeront dans quelques heures, pour rayer à jamais du temps et de l'espace mes réalités mortes* (Dégaudenzi). S'emploie aussi comme injure : *Espèce de charognard! Arrête de mater le macchab !* **2.** Dépanneur de véhicules: *Qu'une voiture soit immobilisée sur la chaussée à la suite d'une panne ou d'un accident, et l'heureux dépanneur était aussitôt averti. L'aubaine lui permettait d'envoyer sans tarder un « charognard » – un remorqueur, dans l'argot professionnel – sur les lieux* (*le Monde,* 30 avril 1992).

ETYM. métaphore issue de l'oiseau de proie. **1.** « patron dur » 1894 [Virmaître] ; « embusqué » 1918 [Dauzat]; « délateur » 1928 [Lacassagne]; comme injure 1936, Céline. **2.** 1992, *le Monde.*

charogne *n.f.*

Terme d'injure : *Et la Révolution ne lui a pas coupé le cou, à cette charogne-là ?* (Lorrain). *La charogne de juge qui a servi ce hors-d'œuvre mérite de périr étranglé par l'un des siens* (Le Dano).

ETYM. image très forte, comparaison avec un « cadavre d'animal en décomposition » ; déjà au XVIIe s., chez Molière, sous la forme picarde **carogne** ; s'est appliqué à celui qui « exerce une critique trop acerbe » (1913, Colette [TLF]).

DER. **charogner** *v.t.* Critiquer trop vivement : vers 1920 [Esnault].

charquer *v.t.* → **CHARCLER.**

charre ou **char** *n.m.*

1. Vol à l'américaine. SYN. charriage. **2.** Exagération, bluff : *Les autres la bouclent : des fois que ça serait du charre* (Carco, 8). *Comme toutes les greluches en délicatesse avec la vérité, elle se perdait dans son char, en rajoutait, forçait la dose* (Bastiani, 4). **Sans charre,** sans blague : *Demain matin, ces messieurs dames vont au golf ! – Au golf ! sans charre ! Pépère restait éberlué, comme à l'annonce d'une tare* (Simonin, 1). **Arrête ton char (Ben Hur),** se dit ironiquement à l'adresse de qqn qui exagère en paroles : *Eh, Josy, crie Lerouge, arrête ton char, tu perds des roues ! Il n'y a pas trois jours, tu nous disais que tu irais au bal quatre soirs de suite...* (Sarrazin, 2). **3.** Moquerie, mensonge : *Gina, qui venait de saisir que la mort de Toussaint, c'était pas un méchant charre qu'on lui montait, éclata brusquement en sanglots* (Bastiani, 1). **Maison de charre,** maison close dont les filles étaient présentées au client comme des femmes du monde. **4. Faire du char(re) à (une femme),** flirter avec elle, lui faire des propositions : *Un autre type lui faisait à son tour et de la même façon du char, depuis son auto. Lequel allait réussir à la séduire ?* (Lépidis). SYN. baratiner. **5. Faire des charres à qqn,** lui être infidèle : *Alors, ma pépée, on n'a pas fait de chars à son coquin ?* (Stollé). **6.** Recruteur de clients pour tripots.

ETYM. apocope de **charriage** et de **charrieur** (6). **1.** 1881 [Esnault]. **2.** 1901 [Bruant]. **Sans char,** 1935, Simonin-Bazin. **Arrête ton char,** 1957 [PSI] (jeu de mots sur *char* et *charre*). **3.** 1947, Marcus. **Maison de charre,** 1927 [Esnault]. **4.** 1953 [Sandry-Carrère]. **5.** 1922 [Esnault]. **6.** 1899 [Nouguier]. Ce mot est devenu très pop. aux sens 2, 4 et 5.

DER. **charreuse** *n.f.* Voleuse à l'étalage dans les grands magasins : 1953 [Sandry-Carrère].

charreton *n.m.*

Automobile : *Un temps où mouflets et mouflettes savent dès leurs dix piges identifier d'un regard la marque, le type et l'année de n'importe quel charreton, fût-il amerloque* (Simonin, 10).

ETYM. de **charrette.** 1967, Simonin.

charrette *n.f.*

1. Automobile : *Laisse-lui prendre cinquante mètres de mieux, parce qu'il n'est pas garanti qu'il puisse garer sa charrette devant la cabane* (Simonin, 1) ; spéc., voiture cellulaire. **2. Être** ou **se mettre (en) charrette.** ***a.*** être en retard ; ***b.*** travailler dur pour finir un travail urgent. **3.** Licenciement collectif. **4. Des charrettes,** une grande quantité : *Des mecs comme ça, j'en connais des charrettes !*

ETYM. emploi ironiquement dépréciatif (1) ; allusion à la charrette qui transportait les condamnés à l'échafaud (2). **1.** 1935, Simonin-Bazin [TLF] ; spéc., 1975 [Arnal]. **2.** 1886, Zola [TLF]. **3.** 1977 [Caradec]. **4.** contemporain.

charriage *n.m.*

1. Mystification aux fins de vol : *Charriage au change, à la graisse, au pot.* **2.** Vx. Agression brutale. **Charriage à la mécanique,** syn. de coup du père François : *Le premier escarpe s'approche de lui, lui demande, ou l'heure qu'il est, ou le chemin qu'il doit suivre, et pendant le temps d'arrêt que cette question nécessite, le deuxième escarpe jette autour du cou du passant un mouchoir roulé en corde et l'enlève violemment sur ses épaules. La victime, se trouvant ainsi suspendue par le cou, ne tarde pas à perdre connaissance et pendant ce temps le complice l'a dévalisée [...] Cette manière de voler s'appelle le « charriage à la mécanique »* (Canler). **3.** Syn. de charre aux sens 2 et 3 : *Il y a des limites au charriage. Je suis un spécialiste du jus de chique. D'accord. Mais il prendrait alors, dans ces conditions, une épaisseur exagérée, positivement indigeste* (Malet, 11).

ETYM. de **charrier. 1.** 1835 [Raspail]. **2. Charriage à la mécanique,** 1844, Vidocq. **3.** 1881 [Esnault].

VAR. **charrida** au sens 1 : 1886 [id.].

charrier *v.t.*

1. Voler en mystifiant. **2.** Se moquer (de qqn) : *Allez quoi, patron, arrêtez de me char-*

rier. Vous voyez bien que je suis venu pour bosser (Varoux, 1); absol., plaisanter; exagérer: *Tu ne crois pas que tu charries un peu, bébé? – Je ne charrie jamais quand il s'agit de ma sécurité et de celle de Rénate!* (Ropp). **3.** Tromper (son conjoint).

ETYM. métaphore: «entraîner (autrui)», avec influence du normand **charrer,** plaisanter (cf. *mener en bateau*). **1.** 1837, Vidocq. **2.** 1901 [Bruant]; *sans charrier* 1902, Colette. **3.** 1919 [Esnault].

charrieur *n.m.*

1. Escroc qui mystifie ses victimes: *Le charrieur pratique le vol à l'américaine qui, quoique bien connu, a toujours du succès sur celui qu'il lève, en se faisant complaisamment son cicerone* (Claude). **2.** Voleur qui opère à l'aide d'un narcotique. **3.** Syn. de charre au sens 6.

◆ *adj.m.*

Goguenard.

ETYM. de **charrier. 1.** 1835 [Raspail]. **2.** 1848 [Pierre]. **3.** 1881 [Esnault].

◆ *adj.m.* 1881 [Rigaud].

VAR. **charrida 1.** Voleur: 1835 [Raspail]. **2.** Tricheur: 1877 [Esnault].

charron *n.m.*

Cribler (vx), **crier, gueuler, aller au charron,** appeler au secours, protester violemment: *La marque crible au charron, bride la lourde de la longue* (le Rat du Châtelet). *D'une manchette, il l'avait envoyée sur le plumard et, comme elle ne bougeait plus, sa sœur Zénobie s'était mise à hurler au charron* (Grancher). *Ils savaient bien maintenant que le Daron irait méchamment au charron en apprenant la chose* [...] *« Ignobles gougnaffiers ! » hurla le Vénéré Daron* (Devaux).

ETYM. la loc. complète est **gueuler au charron: « La boîte à graisse ! »** (1878), création ironique et pop. pour exprimer le vif désagrément acoustique causé par un essieu qui grince. **Cribler au charron,** 1790, *le Rat du Châtelet*.

DER. **charronnage** *n.m.* Cris désespérés: 1899 [Nouguier].

charronner *v.i.*

Vx. Syn. de crier au charron: *Sers-le cher, qu'il puisse pas charonner* (Nouguier).

ETYM. de **charron.** 1899 [Nouguier].

châssant *n.m.*

Vx. Œil: *Reluque-moi avec tes châssants* (Leclair).

ETYM. de **châsse.** 1800, Leclair.

chasse *n.f.*

1. Filature, poursuite. **2.** Vx. Vive réprimande.

ETYM. spécialisation du mot usuel. **1.** 1835 [Raspail]. **2.** 1808 [d'Hautel].

châsse *n.m.*

1. Œil (surtout au pl.): *Je n'ai pas été long à comprendre, devant la tragique éloquence de ses châsses de porcelaine, moins vivants que ceux d'une poupée* (Malet, 1). *Je me souviens bien de ses longs cils, de ses regards pleins de douceur et des coups de châsse qu'elle me filait* (Céline, 5). **2.** Vx. Crédit: *Avoir le châsse, faire du châsse.* **Au châsse,** gratuitement. SYN. à l'œil.

ETYM. apocope de **châssis** au sens 1. **1.** 1833 [Moreau-Christophe]. **2.** 1884, abbé Moreau.

DER. **châsser** *v.t.* Regarder: 1844 [Dict. complet].

chasse-coquin ou **chasse-noble** *n.m.*

Vx. Gendarme.

ETYM. du verbe **chasser.** 1867 [Delvau].

chasselas *n.m.*

Avoir un coup de chasselas ou (vx) **être de chasselas,** être ivre.

ETYM. du nom d'un cépage renommé. 1866 [Esnault]. **Être de chasselas,** 1880 [id.].

DER. **chasse** *adj.* Légèrement ivre: 1914 [id.].

chasser *v.t.*

1. Chasser des reluits, pleurer. **2.** Se livrer à de menus vols, au bagne. **3.** Syn. de draguer: [Elle] *chassait l'mâle aux alentours / De la Mad'leine* (Brassens). **4. Chasser les mouches,** être à l'agonie.

◆ *v.i.*

1. S'enfuir: *Nous chassâmes, sous le regard narquois de l'Arabe* (Malet, 5). **2.** Sentir mauvais.

ETYM. spécialisations de sens du verbe usuel. **1.** 1836 [Vidocq]. **2.** 1850, Clémens. **3.** 1918 [Esnault] **4.** 1867 [Delvau].

◆ *v.i.* **1.** 1883 [Esnault], mais beaucoup plus anc. (XVIe s.). **2.** 1901 [Bruant]; équivaut pour le sens à «repousser».

1. chasseur *n.m.*

Anis additionné de sirop de menthe. SYN. perroquet.

ETYM. analogie de couleur. 1954, Silvagni [Giraud].

2. chasseur *n.m.*

ARG. ANC. Au bagne, forçat chapardeur.

ETYM. de **chasser.** 1836 [Esnault].

châssis *n.m.*

1. Œil : *Cette Gothon a un joli petit mouloir et de beaux chassis* (Ansiaume) ; paupière. **2.** Lunettes. **3.** Corps harmonieux, bien proportionné (surtout en parlant d'une femme): *Une grande brune au teint bronzé est devant nous, à quatre mètres, chaussée de mules à pompon. Un beau châssis enveloppé d'un déshabillé de satin blanc* (Tachet). SYN. carrosserie.

ETYM. analogie de forme et de transparence avec la « fenêtre », sens anc. de **châssis** (1 et 2), et comparaison avec une voiture aérodynamique (3). **1.** « œil » 1809, Leclair [TLF] ; « paupière » 1876 [Esnault]. **2.** 1808 [d'Hautel]. **3.** 1929 [Esnault].

chat *n.m.*

1. Vulve : *Je te mettrai la main dans le chat* (Louÿs). SYN. chagatte, chatte. **2. Laisser le chat aller au fromage,** coïter, en parlant d'une femme. **3.** Geôlier : *Je trouverai bien moyen de me cavaler, tandis que tu seras encore avec le chat* (Vidocq). **4.** Greffier de tribunal. **5. Chat fourré,** juge: *Les chats fourrés quand ils l'ont su / M'ont posé la patte dessus* (Brassens).

ETYM. images provenant de la **chatière,** guichet (1), des griffes, du pelage, etc. **1.** 1862, Hugo [TLF]. Métaphore très répandue en Europe; l'équivoque entre l'animal et le pubis est perceptible dans la chanson de Brassens, *Brave Margot,* comme dans la chanson grivoise ancienne *la Mère Michel.* **2.** 1640 [Oudin]. **3.** 1828, Vidocq. **4.** 1800, Leclair. **5.** 1532, Rabelais ; le juge vêtu d'hermine ressemble à un chat.

châtaigne *n.f.*

1. Coup de poing: *Si vous poussez trop loin la farce pour lui apprendre à être curieux, moi et les autres nous vous promettons des châtaignes* (Claude). SYN. marron. **2.** Rixe (souvent à coups de poing): *C'est à peu près sûr qu'il y aura de la châtaigne. Tout ce que nous pouvons, c'est demander qu'on double le groupe de protection* (Yonnet). **3.** Décharge électrique: *Prendre* ou *ramasser une châtaigne.*

ETYM. du lat. **castanea,** châtaignier (ou son fruit) [→ CASTAGNE]: la boule dure est comparée au poing fermé. **1** et **2.** 1866 [Delvau] (d'abord « soufflet »). **3.** contemporain.

DER. **châtaignon** *n.m.* Coup de poing: 1926 [Esnault].

châtaigner *v.t.*

Frapper (qqn).

◆ *v.i.* ou **se châtaigner** *v.pr.*

Se battre à coups de poing: *Ça châtaigne en bas, on a besoin d'hommes comme toi* (G. Arnaud, 2). *Un an plus tôt nous nous étions châtaignées comme des chiffonnières* (Francos). *Le rocker lance quelques vannes au prolo, qui lui répond. Je me demande s'ils ne vont pas se châtaigner* (*Actuel,* avril 1985).

ETYM. de **châtaigne.** 1927 [Esnault]. On notera le parallélisme avec les formes méridionales **castagne, castagner.**

DER. **châtaigneur** *n.m.* Bagarreur, homme de main: 1969, Viard.

château *n.m.*

1. Hôpital, clinique. **2.** Vx. **Le château des bûches,** au début du XXe s., refuge des clochards, le long du Cours-la-Reine, à Paris, dans les anfractuosités d'un amas de bûches. **Le Château Floquet,** la prison Saint-Lazare. **Château de la Gaule, de la Tronche, de Mondard,** lieux où se pratiquait le viol collectif. **Château des Sept-Douleurs,** chambre meublée payée à la semaine. **3.** Belle pièce de brocante. **4. Du Château Lapompe,** de l'eau du robinet (présentée ironiquement comme un grand cru) : *J'en étais, comme tant d'autres moujingues, réduit au sandwich unique* [...], *arrosé d'un coup de flotte, dit « château-la-pompe »* (Simonin, 7).

ETYM. spécialisations du mot usuel. **1.** XVI^{e}s. [Esnault]. **2. Château des bûches,** 1905 [id.]. **Château Floquet,** 1921 [id.] (du nom d'un ancien économe). **Château de la Gaule,** etc., 1901 [Bruant] (désignations du pénis). **Château des Sept-Douleurs,** 1880 [Esnault] ; allusion irrespectueuse aux sept épisodes douloureux de la vie du Christ, correspondant aux sept jours d'une semaine à l'issue redoutable pour le locataire. **3.** 1977 [Caradec]. **4.** 1894 [Virmaître].

chateaubriand *n.m.*

Billet de banque de 500 francs d'avant 1958: *Mettez ce Chateaubriand sur* Feu follet. *C'est un veau qui a des chances* (Malet, 17).

ETYM. désignation d'un billet par son effigie (cf. *Delacroix*). 1954, Malet.

chatouiller *v.t.*

1. Accélérer par à-coups, en voiture. **2.** Manœuvrer, agir sur. Vx. **Chatouiller un roupillon,** dépouiller un ivrogne endormi. Vx. **Chatouiller un pétard,** chercher une revanche.

ETYM. origine peu claire de ce verbe, p.-ê. formation onomatopéique. **Chatouiller un roupillon,** 1881 [Esnault]. **Chatouiller un pétard,** 1945 [id.].

Chatouilleux (les) *n.pr.*

Châtillon, près de Paris (auj. Châtillon-sous-Bagneux).

ETYM. déformation humoristique. 1879 [Esnault].

chatte *n.f.*

1. Vulve : *Je distingue pas tellement sa chatte dans le clair-obscur de cette arrière-boutique... c'est une brune très poilue...* (Boudard, 5). **Avoir la chatte à l'agonie,** être sexuellement excitée. SYN. chat, chagatte. **2.** Vx. Écu de six francs. **3.** Vx. Délateur. **4.** Vx. Homosexuel.

ETYM. un félin figurait sur certaines pièces de monnaie (2); au sens 1, le sexe de la femme est comparé à la toison de l'animal (→ **MINETTE**); de plus, il y a jeu de mots avec le **chas** d'une aiguille ; enfin (3), le trait de féminité est souvent attribué au mouchard (→ **BALANCE, DONNEUSE**, etc.). **1.** vers 1930. **2.** 1836 [Vidocq]. **3.** 1899 [Nouguier]. **4.** 1883 [Fustier].

chaud, e *adj.*

1. Se dit d'un lieu dangereux ou d'une entreprise risquée : *Tout marin qui a tant soit peu bourlingué sait combien les quartiers bas des ports sont inflammables et combien facilement les ruelles chaudes prennent feu sans qu'on sache jamais comment ni pourquoi* (Cendrars). **2.** Qui est sur ses gardes : *Tous ces roussins là sont chauds, mais je les entortille* (Ansiaume). **3.** Qui est partisan d'une entreprise (surtout dans un contexte négatif) : *Tous on est beaucoup moins chauds d'aller s'étriper qu'au début septembre. On n'ose pas se le dire mais l'enthousiasme s'est refroidi dans les carrières de Gravelotte* (Boudard, 6). **4.** Mal famé : *Les rues, qualifiées une fois pour toutes de « chaudes », avec les hommes entassés devant les portes, avec les trottoirs encombrés de joueurs* (Chevalier). **5. Chaud de la pointe, de la pince** ou **chaud lapin,** se dit d'un homme très porté sur les plaisirs sexuels : *Et v'là en supplément ces cent chauds lapins de soldats, tous à répétition comme leurs fusils, qui pensaient qu'à se la mettre joyeusement à l'air* (Chevallier).

◆ *adv.*

1. Vx. Vite : *Rappliquez chaud ! Gn'a le fils de Dieu / Qui vient d'déringoler* [sic] *des cieux* (Rictus, 2). **2.** Vx. **Il y fait chaud,** l'endroit est dangereux : *Marrabou et Quatre-Sous* [...] *nous avertirent de ne point aller à Mervilliers, parce qu'il y faisoit chaud, que la gendarmerie de Janville y était* (Orgères). **3. Il fera chaud...,** formule de dénégation, équivalant à « jamais ».

◆ *interj.*

Chaud ou **chaud devant !,** attention ! (formule par laquelle les garçons de café et de restaurant avertissent de leur passage) : *Dominique Boj lui dépose deux cassolettes en cuivre dans les mains en lançant impérativement : « Émincé de rognons au madère, numéro 4. Chaud devant ! »* (Roulet).

◆ *n.m.*

La mettre au chaud, coïter (du point de vue de l'homme) : *Elle l'encouragea du geste et de la voix. Elle insista pour qu'il la remette au chaud le plus vite possible* (Bernheim-Cardot).

ETYM. spécialisations de l'adj. **1.** vers 1840 [Esnault]. **2.** 1821 [Ansiaume]. **3.** 1928 [Lacassagne]. **4.** 1904, Lorrain. **5. Chaud de la pince,** 1862 [Larchey] (il s'agirait de la *pince-monseigneur*, comparée au pénis); **de la pointe,** 1928 [Lacassagne] ; **chaud lapin,** 1928, Stéphane (animal connu pour son appétit sexuel).
◆ *adv.* **1.** 1897, Rictus. **2.** 1796, Orgères. **3.** 1862 [Larchey].
◆ *interj.* mil. du XIXe s. [Esnault].
◆ *n.m.* 1894 [Virmaître]; d'abord *mettre le petit au chaud* 1881 [Rigaud].

chaude-lance, chaude-pisse ou **chaude-pince** *n.f.*

Blennorragie : *Pour tout le monde, que ça soit cors aux pieds, chaude-lance, névralgies, délirium, ou pour les piqués de la mouche tsé-tsé, c'était le gardénal* (Tachet). *Les variations de poids de Byron et les chaudes-pisses de Flaubert me passionnent* (G.Matzneff, in *le Monde*, 30 mars 1990). SYN. castapiane.

ETYM. de **chaude** et de **lance** ou **pisse,** urine. *chaude-pince* 1953 [Sandry-Carrère] semble n'être qu'un jeu de mots sur *chaud de la pince* (v. le précédent) ; *chaude-pisse* XIIIe s. [TLF] ; *chaude-lance* 1836 [Vidocq].

chauffer *v.t.*

1. Vx. Brûler les pieds de qqn pour lui faire avouer où il cache son argent : *Je ne sais si mes camarades se sont contentés de faire peur à cette femme, ou s'ils l'ont chauffée, je sais seulement qu'elle se plaignait beaucoup des pieds* (Orgères). **2.** Détrousser. **3.** Duper ; surprendre (qqn). **4.** Arrêter (qqn) : *Finalement, s'écria le père Korn, les flics ont chauffé Bouzille, un point, c'est tout !* (Allain-Souvestre). **5.** Dérober : *Il nous sera facile de « chauffer » quelques pirogues à des Indiens ou à des pêcheurs chinois et nous filerons vers la Guyane hollandaise* (Merlet). **6.** Exciter, préparer (qqn) au coït : *Ça fait un quart d'heure que je la chauffe !* **7. Chauffer le four,** boire copieusement : *Nous entrons en chancelant, comme des individus qui ont un peu plus qu'un commencement d'ivresse. « Eh bien, dit Hotot, je vous en fais mon compliment, vous avez chauffé le four de bonne heure »* (Vidocq).

◆ *v.i.*

Ça va chauffer, annonce d'une querelle ou d'une rixe prochaine. SYN. ça va barder.

ETYM. idée de mise en condition et de danger. **1.** 1795, Orgères (cette pratique date du XVe s. et imite la très officielle question par le feu). **2.** vers 1845 [Esnault]. **3.** 1844 [id.]. **4.** 1878 [Rigaud]. **5.** 1886, Courteline [TLF]. **6.** 1864 [Delvau]. **7.** 1828, Vidocq.

◆ *v.i.* avant 1857, Sue [Larchey].

chauffeur *n.m.*

Vx. **1.** Bandit qui chauffait les pieds de ses victimes, pour leur faire dire où elles cachaient leur argent : *Ils profitent de ces circonstances et de la connaissance des localités, pour indiquer aux chauffeurs les fermes isolées où il y a de l'argent* (Vidocq). **2.** Hâbleur. **3.** Homme très porté sur le sexe.

ETYM. de **chauffer. 1.** 1798, policiers de Beauce et de Flandre [Esnault]. **2** et **3.** 1867 [Delvau].

chaussette *n.f.*

1. Vx. Anneau simple, sans chaîne, fixé à la cheville d'un forçat sur le point d'être libéré ou ayant fait montre de bonne conduite : *Un forçat chaussette, nom que portaient, parmi les condamnés, il y a quelques années, ceux que par faveur on délivrait de la chaîne, à laquelle on substituait un anneau à la jambe* (Alhoy). *Les douleurs le contraignaient à traîner la jambe avec l'allure spéciale des porteurs de chaussettes, qui sont les chaînes séparées pour l'accouplement des forçats* (Mac Orlan, 10). **Mettre en chaussette,** accorder ce régime à un condamné ; **mise en chaussette,** le fait d'accorder un tel régime : [Au bagne de Rochefort, en 1833], *P... se fit tout d'abord remarquer par une conduite assez bonne, et qui lui valut la mise en chaussette* (Clémens). **2.** Pneu d'automobile. **3. Chaussette à clous,** chaussure ferrée servant occasionnellement d'arme complémentaire ; par ext., policier : *Tenir la distance chez les lardus, au cours d'un récital de chaussettes à clous, le grand lui paraissait pas armé pour* (Simonin, 8). **4. Mettre les chaussettes à la fenêtre,** ne pas éprouver d'orgasme, en parlant d'une femme : *Dès qu'il me touchait, j'aurais gueulé comme une perdue* [...] *Avec lui, je mettais pas les chaussettes à la fenêtre* (Bastiani, 1).

ETYM. euphémismes ironiques. **1.** 1828 [Esnault]. **2.** 1975 [Beauvais]. **3.** 1909 [Esnault]. **4.** 1896 [Chautard] qui voit là une métaphore du dégoût causé par l'odeur.

chausson *n.m.*

Prostituée : *L'argotier peu enclin à la commisération traite ces femmes de chausson* (Alexandre).

ETYM. emploi métaphorique et péj., « celle que tout le monde enfile ». 1867 [Delvau].

chauve *n.m.*

Chauve à col roulé, pénis. SYN. Charles le Chauve.

ETYM. image pittoresque. 1957 [Sandry-Carrère], art. *faire*.

chbeb *n.m.* → SCHBEB.

chébran *adj. et n.*

Se dit de qqn qui suit la mode, de qqch qui est à la dernière mode : *« Le Look », c'est un nouveau lieu chébran des Halles qui a été inauguré la semaine dernière par Yves Mourousi* (*Libération*, 2 avril 1984). *Aux « Bains-Douches », il n'y a plus que les ringards. Les chébrans vont au « Privilège »* (*le Nouvel Observateur*, 29 décembre 1980).

ETYM. verlan de **branché.** 1980, *le Nouvel Observateur.*

chelaouam ! ou **chelaoim !** *interj.*
Laisse-moi tranquille ! : *Je pose une main sur son épaule, mais il se rebiffe : « Chelaouam ! »* (Smaïl).
ETYM. verlan de **lâche-moi !** ; orthographes diverses. *chelaoim* 1984 [Obalk].

chelem *n.m.*
Être grand chelem, se trouver totalement démuni.
ETYM. du terme de bridge, d'origine anglaise ; il s'agit d'être, au fig., la « victime » du grand chelem. 1960 [Le Breton].

cheminée *n.f.*
1. Grand verre de vin rouge : *Mon voisin de lit, le métallo, se commande trois « cheminées » d'affilée – des grands verres de rouge dans lesquels il trempe des sucres* (Porquet). **2. Grande cheminée,** grande fille, dans la loc. **grande cheminée qui tire bien.**
ETYM. emplois métaphoriques du mot usuel. **1.** 1987, Porquet. **2.** contemporain.

chemise *n.f.*
Vx. **1. Compter ses chemises,** vomir. **2. Plier ses chemises,** mourir.
ETYM. loc. populaires. **1.** 1862 [Larchey]. **2.** 1867 [Delvau].

chenastre ou **chenatre** *adj.*
ARG. ANC. Exprime une appréciation très positive : *Les autres me demandent où est la ponifle, et si elle est chenastre* (Responce au grand Coesre).
ETYM. de **chenu**, avec un suff. valorisant. 1628 [Chéreau], nombreux exemples.

chêne *n.m.*
Vx. Homme : *Il a été butté pour avoir fait suer un chêne* (Ansiaume). *J'ai fait suer un chêne / Lirlonfa malurette, / Son auberg j'ai enganté* (Hugo).
ETYM. de **chenu** plutôt que de **chêne** : il n'y a dans ce mot arg. aucune idée de robustesse, au contraire. XVIe s. [Esnault].

chenic *n.m.* → SCHNICK.

chenu, e *adj.*
Vx. **1.** Bon, beau : *Ce grand Dabusche sainct Louys, qui estoit si chenu aux pauvres, qu'il leur lavoit les paturons* (Responce au grand Coesre). *A fallu [...] prendre pour la malade de la boustifaille chenue, et coûteuse* (Gill). **2.** Bon à duper : *S'ils sont chenus à faire, je les conis* (Orgères).
◆ *n.m.*
Du chenu, du bon, en parlant de tabac, de boisson, etc. : *Cette fois, je vous en flanque ma parole, c'est du chenu ; on peut y aller sans peur. Ce que l'ex-brosseur appelle du chenu est tout simplement du genièvre* (Chavette).
ETYM. de l'anc. fr. **chenu**, qui a les cheveux blancs, d'où sage, puis pourvu de toutes les qualités. **1.** 1628 [Chéreau]. **2.** 1797, Orgères.
◆ *n.m.* 1829 [Esnault].

chenument ou **chenuement** *adv.*
Vx. Parfaitement bien : *Il a continué à marcher* [vers la guillotine] *chenument* (Méténier). *Ton idée est chenument venue, mon Guénolé* (Mac Orlan, 11).
ETYM. de l'adj. **chenu.** 1725, Granval.

chèque *n.m.*
Chèque en bois, chèque sans provision.
ETYM. peut-être apparenté à **trouver visage de bois,** c.-à-d. porte close. 1957 [Sandry-Carrère].

cher, ère *adj.*
Vx. Rude, dur.
◆ *adv.*
Fort, beaucoup : *Pépère raccrocha. Il renaudait cher* (Mariolle). *Des troquets comme le sien, où les truands sont chez eux [...] il n'y en a plus cher dans Paris* (Trignol). SYN. lerche.
ETYM. détournement de sens. 1835 [Raspail].
◆ *adv.* « haut » 1836 [Vidocq] ; « fort, beaucoup » 1845 [Esnault].

chercher *v.t.*
1. Chercher qqn ou **chercher des crosses à qqn,** le provoquer, lui chercher querelle. **2. Aller en** (ou **les**) **chercher,** se mettre en quête d'une opération fructueuse (et malhonnête) : *Thierry, lui, se chargera d'aller chercher le carle du ratichon* (Ansiaume). *Tant pis, j'me mouille, je vais aller les chercher* (Simonin-Bazin). **3. Ça va chercher dans les...,** cela atteint tel montant.
ETYM. emplois spécialisés du verbe usuel. **1.** 1776, Restif de La Bretonne [Esnault]. **2.** 1821 [Ansiaume]. **3.** 1945, Sartre [TLF].
DER. **cherche** *n.f.* **Être à cherche,** ne pas avoir de points dans son jeu : 1907 [H. France].

chérence *n.f.*

Être de chérence, être ivre : *Le picton est mâte. Nous étions tous de chérence* (Ansiaume).

ETYM. de l'arg. ital. **in chiarenza,** en illumination [Esnault]. 1821 [Ansiaume].

chéro ou **chérot** *adj.*

Coûteux, trop cher : *Ils paient avec leurs dernières pièces un coup chérot au loufiat qui les videra sans parenthèses quand il leur manquera dix centimes* (Dégaudenzi).

ETYM. suffixation pop. de **cher.** 1883 [Esnault].

cherrer ou **chérer** *v.i.*

1. Enchérir. **2.** Redoubler de vigueur : [Napoléon à Cambronne :] *Quel est ton filon ? – faire cherrer les viocs de la garde* (Stollé). **3.** Dépasser la mesure, en actes ou en paroles, exagérer : *Tous s'étaient retournés vers lui, alléchés et méfiants. « Quoi ? Tu cherres... Non, sans blague, tu veux nous l'mettre »* (Dorgelès). **Cherrer avec le beurre, dans le brie,** etc., même sens.

◆ *v.t.*

Rudoyer : *Tape dessus, et il faut le cherrer, il l'a mérité* (Rossignol). **Cherrer qqn aux badines, au kiki,** le culbuter, l'étrangler.

ETYM. de **cher,** probablement influencé par **charrier. 1.** 1919 [Esnault]. **2.** 1872 [id.]. **3.** vers 1914-15 [id.].

◆ *v.t.* 1872 [id.].

chetar *n.m.* → **1. CHTAR.**

chetibe *n.m.* → **CHTIBE.**

chetron *n.f.*

Tête : *Ça craint, faut que je fasse gaffe, y a des mecs qui me cherchent pour me démonter la chetron* (*Actuel,* novembre 1982).

ETYM. verlan de **tronche.** 1982, *Actuel.*

cheulard *n.m.*

Vx. Ivrogne : *Voilà le père Mardi-Gras, patron des goinfres et des cheulards* (Gill).

ETYM. du verbe lorrain **cheuler,** boire. 1872, Poulot [TLF].

cheval *n.m.*

1. Vx. **Coucher** ou **pioncer avec le cheval,** dormir seul. **2. Être à cheval,** avoir purgé la moitié de sa peine d'emprisonnement. **3. Jouer à cheval,** jouer à égalité sur les deux tableaux (baccara), sur deux numéros (roulette) ou sur deux chevaux (turf). **4. Cheval de retour,** évadé ou récidiviste qui revient en prison ou au bagne : *Bertrand, cheval de retour, voleur endurci, était adroit, expert, énergique et cynique* (Claude). **5. Cheval de bataille** ou **en vaisselle,** bidet. **6.** Forte carte, au baccara. **7.** Bubon à l'aine. **8.** Héroïne. SYN. bourin. **9.** Article de journal en bas de page sur plusieurs colonnes.

◆ **chevaux** *n.m.pl.*

1. Manger avec les chevaux de bois, manger très sommairement, ou même pas du tout : *Où bouffes-tu ? – Avec les chevaux de bois. – Ah ! c'est vrai. Fauché* (Malet, 1). **2. À la graisse de chevaux de bois,** sans valeur : *Pas de bobards à la graisse de chevaux de bois... D'abord, tous les hommes sont des menteurs* (Galtier-Boissière, 2).

ETYM. emplois spécialisés, pris à l'armée, aux jeux, etc. **1.** 1844 [Dict. complet]. **2.** 1880 [Esnault]. **3.** « baccara » 1875, Cavaillé [Rigaud] ; « roulette » 1888 ; « turf » 1925 [Esnault]. **4.** 1828, Vidocq. **5.** 1901 [Bruant]. **6.** 1878 [Rigaud]. **7.** 1878 [Esnault]. **8.** 1971, Duchaussoy ; calque du slang **horse** (*la Horse,* titre d'un film de Granier-Deferre en 1969). **9.** 1975 [Beauvais].

◆ *pl.* les chevaux de bois des manèges se passent de nourriture, et ne fournissent guère de graisse ! **1.** 1949, Malet. **2.** 1894 [Virmaître].

chevalier *n.m.*

ARG. ANC. **Chevalier grimpant,** voleur qui opère dans les chambres et les appartements : *Les « chevaliers grimpants », que l'on nomme aussi « voleurs au bonjour », « donneurs de bonjour », « bonjouriers », sont ceux qui, s'étant introduits dans une maison, enlèvent à la passade le premier objet qui leur tombe sous la main* (Vidocq).

ETYM. périphrase ironique. 1828, Vidocq.

chevesne *n.m.*

Proxénète : *Rien qu'en attelant à deux, un chevesne très moyen change sa tire tous les ans au Salon* (Simonin, 6).

ETYM. var. du maquereau. 1901 [Bruant], sous les formes *chevenne, chuenne.* 1966, Simonin.

cheveu *n.m.*

1. Il y a un cheveu, il y a un ennui. **2.** Vx. **Avoir un** ou **le cheveu pour qqn,** en être amoureux.

ETYM. emplois métaphoriques du mot usuel. **1.** avant 1862, Monselet [Larchey]. **2.** 1867 [Delvau].

cheville *n.f.*

1. Être, se mettre en cheville, être, se mettre en rapport (avec qqn) : *J'en ai connu plusieurs qui, un quart d'heure après leur sortie de prison, étaient de nouveau en cheville avec des copains pour monter une affaire* (Rognoni). *Cette salope s'était mise en cheville avec un comptable qui avait trafiqué les chiffres* (Jamet). **2.** Moyen frauduleux ; intermédiaire se rendant complice d'une opération délictueuse : *Pour remonter une affaire, faut des chevilles et les chevilles c'est pas dans les petites annonces qu'on va les dégoter* (Bastiani, 4).

ETYM. de **(cheval) en cheville,** c.-à-d. attaché entre deux autres (longitudinalement) ; désigne ensuite un joueur qui ne jouait ni premier ni dernier. **1** et **2.** 1926 [Esnault].

DER. **cheviller** *v.t.* Secourir en servant d'intermédiaire : [id.]. **se cheviller** *v.pr.* Se mettre en cheville : [id.].

chèvre *n.f.*

1. Femme : *On peut toujours se surpasser dans la cavillonnerie ! À preuve le pognon qu'elle lui coûte depuis six mois cette chèvre !* (Simonin, 5). **2. Devenir chèvre,** (vx) **prendre** ou **gober la chèvre,** devenir enragé, sous le coup de l'exaspération : *Elle m'a raconté Giovanni Martedi, grâce à qui Lionel avait failli devenir chèvre* (Pouy, 3). **Faire devenir chèvre,** faire enrager, exaspérer.

ETYM. emplois dépréciatifs du mot désignant l'animal entêté et fantasque. **1.** 1930, Mauriac [TLF]. **2. Devenir chèvre,** 1675 [id.]. **Faire devenir chèvre,** 1932, Pagnol [id.].

chevreuil *n.m.*

Terme de mépris, s'appliquant notamment à un délateur occasionnel : *En moins de rien, tu as cinquante mecs dans le circuit, peut-être plus... Un seul chevreuil sur ces cinquante qui envoie le duce, et voilà la Maison Bourremane qui prend quarante de fièvre...* (Simonin, 3).

ETYM. emploi métaphorique et méprisant, peut-être parce que ledit animal est craintif. 1925 [Esnault].

chez qui ? *loc. interrogative*

Formule de dénégation ironique : *Ton béguin, tu peux t'bomber, / Pour qu'après tu m'laisses tomber / Ah pour ! mais chez qui ?* (chanson *Dis! passe la main!*, paroles de Bertal et Maubon).

ETYM. abrègement probable de **chez qui tu te crois ?** 1922, Bertal et Maubon.

chiadé, e *adj.*

Qui est fait avec grand soin : *À deux pas du café était dressé un plan, à l'usage des touristes, très chiadé, en faïence peinte dans des tons très couleur locale* (Jaouen). *Une musique simple, heureuse, dansante, pas très chiadée* (*Libération*, 11 janvier 1980).

ETYM. emploi adj. du participe passé de **chiader.** d'abord « difficile » 1929 [Esnault], puis « épatant » 1947 [id.].

chiader *v.t.*

1. Travailler d'arrache-pied (une matière, un domaine) : *J'aime les petites élèves de première année. Elles ont de grosses jambes rouges, des crevasses aux mains, chiadent, rupinent et se lavent peu* (Paraz, 1). **2.** Faire avec grand soin.

ETYM. de **chiade** *n.f.*, « travail acharné », 1863, Centrale et Polytechnique [Esnault]. **1.** 1863 [id.]. **2.** 1947, Vialar [TLF].

VAR. **chiarder :** 1878 [Rigaud].

DER. **chiadeur** *n.m.* Gros travailleur : 1878 [Esnault].

chialer *v.i.*

1. Vx. Aboyer. **2.** Pleurer, geindre : *La mère, à présent, hoquetait de larmes. – Chiale pas ! Tu ferais mieux de tremper la soupe* (Fallet, 1).

ETYM. du moyen fr. **chiau,** petit chien, et de verbes dialectaux d'origine onomatopéique **(tschûler,** par ex.). **1.** 1844 [Dict. complet]. **2.** 1847 [Dict. nain].

VAR. **chiailler :** 1878 [Rigaud].

chialeur, euse *adj. et n.*

Qui pleure souvent : *Non, mais qu'est-ce qui la travaillait, cette chialeuse ?* (Malaquais).

ETYM. de **chialer.** 1883, Macé.

chiant, e *adj.*

Extrêmement ennuyeux, très contrariant : *Une tente bédouine au troisième étage d'un quartier chiant, genre XVIIIe arrondissement* (Sarraute). *Freine, mec ! Tu vires dans la propagande ! Tu deviens chiant !* (Audiard). SYN. chiatique.

ETYM. de **chier,** le sens de cet adj. étant factitif : « qui fait chier ». 1920 [Bauche].

chiard *n.m.*
Enfant en bas âge : *Mais deux ménages avec tes nouveaux chiards et le double d'emmerdements, moi je dis non !* (Amila, 1).
ETYM. de **chier** avec le suff. **-ard** ; désigne en principe un enfant qui n'est pas encore propre. 1894 [Virmaître].

chiasse *n.f.*
1. Diarrhée : *Méchamment crispé, le mec ! Y serre les fesses pour retenir sa chiasse* (Lasaygues). **2.** Peur intense. **Foutre la chiasse,** terrifier : *Les mémoires de ton pote le capitaine, rien que d'y penser, me foutent la chiasse !* (Le Dano). **3.** Chose ou personne sans valeur, méprisable. **4.** Ennui grave, difficulté sérieuse : *Quelle chiasse !*
ETYM. de **chier** et du suff. à sens collectif et péj. **-asse. 1** et **3.** 1867 [Delvau]. **2.** 1892, *le Père Peinard* [Duneton-Claval]. **4.** 1975 [Beauvais].
DER. **chiasser** *v.i.* Avoir peur : 1920 [Bauche]. **chiasseur, euse** *n. et adj.* Poltron : [id.].

chiasseux, euse *adj.*
Souillé d'excréments ; par ext., très sale : *Et même dans les bistrots chiasseux de la rue du Château-des-Rentiers, les machines U.S. sont là* (Demouzon).
ETYM. de **chiasse.** 1887 [Chautard].

chiatique *adj.*
Extrêmement ennuyeux : *Il était vraiment chiatique avec ses jérémiades continuelles.*
ETYM. resuffixation de **chiant,** sous l'influence de **sciatique.** 1901 [Rossignol].

chibi *loc. v.*
Faire chibi, s'évader : *À Biribi c'est en Afrique [...] / Où que l'pus malin désespère / De faire chibi* (Bruant).
◆ *interj.*
Vx. Attention !
ETYM. de l'all. **sich schieben,** s'esquiver. 1860, lettre de détenue [Larchey].
◆ *interj.* 1883 [Fustier].

chibre *n.m.*
Pénis : *Jacky se coule auprès d'elle. Sur elle. Je le vois se déhancher pour sortir son chibre* (Dégaudenzi). *Deux gousses au travail, y a rien de tel à mater pour relever le moral du chibre mol d'un académicien !* (Boudard-Étienne).
ETYM. origine obscure, p.-ê. lié à l'all. **Schieber,** pousseur [Esnault]. 1836 [Vidocq], mais dès 1628 [Chéreau], sous la forme *chivre ;* l'ancienneté de ce mot est prouvée par la forme archaïque de l'adj. *mol,* qui l'accompagne souvent.
VAR. **gibremol :** 1878 [Chautard].
DER. **chibrer** *v.t.* Posséder sexuellement : 1947 [Esnault] ; d'abord au sens de « soigner (un travail) ».

chicandier, ère *n. et adj.*
1. Individu querelleur : *Leurs dabes* [de Roméo et de Juliette], *de vrais chicandiers, avaient eu des crosses de famille* (Stollé). **2.** Personne qui simule, joue la comédie : *Moi qui ne suis pas aussi chicandière / J'ai mon vrai de vrai / Un homme affranchi* (chanson *C'est un mâle,* paroles de Charlys).
ETYM. de **chiquer. 1.** 1904 [Esnault]. **2.** 1930, Charlys.

chicane *n.f.*
ARG. ANC. **Vol** ou **tire à la chicane,** type de vol individuel : *Il se plaçait devant une personne, mettait sa main derrière lui, et lui enlevait ainsi ou sa montre, ou tout autre bijou à sa portée : ce genre de vol est ce qu'on appelle le « vol à la chicane »* (Vidocq).
ETYM. sans doute du verbe **chiquer,** simuler. **Vol à la chicane,** 1829, Vidocq ; **tire à la chicane,** 1881 [Rigaud].

chicha *n.m.*
Haschisch : *Bien que « herbe » ait toujours cours, on peut lui préférer aujourd'hui « chicha », retournement verlan du mot* (Beauvais).
ETYM. verlan de **haschisch.** 1975 [Beauvais].

chicore ou **chicorne** *n.f.*
Bagarre, rixe : *Dédé, c'est un champion de la chicore.*
ETYM. de **se chicorer.** *chicore* 1948, Fallet [DDL 44] ; *chicorne* 1959, San Antonio [Doillon].

chicorée *n.f.*
1. Réprimande ; correction. **2. Défriser la chicorée,** pousser assez loin les attouchements au cours d'un flirt. **3. Être (de) chicorée,** être ivre : *Comme ma vieille avait mis les adjas et que mon vieux rentrait chicore tous les soirs, j'ai fait la valise* (Tachet). **4.** Vx. **Faire sa chicorée,** faire des embarras.
ETYM. de **chiquer** au sens de « battre » (1) et de « s'enivrer » (3) ; le sens 2 assimile métaphoriquement la toison pubienne à une salade fri-

sée. **1** et **4.** 1867 [Delvau]. **2.** 1977 [Caradec]. **3.** 1882, Paris [Esnault].

chicorer (se) ou **chicorner (se)** *v.pr.*

Se disputer ; se battre : *La foule des voyageurs hâtait le pas en croisant notre boucherie. Pas se mêler de baston, surtout quand c'est des sous-hommes qui se chicorent* (Dégaudenzi).

◆ *v.t.*

Frapper : *C'est une fille timide qui chicore les mecs quand ils l'intéressent* (*Actuel,* février 1982).

ETYM. de **chicorée** au sens 1. *chicorer* 1977, Cavanna ; *chicorner* 1961, San Antonio [Doillon]. L'emploi transitif est plus rare.

chicos [ʃikos] ou (vx) **chicard** *adj.*

Chic, élégant : *Est-ce que tu m'entends, Sly, derrière ton fume-cigarette chicos ?* (Villard, 2). *J'étais sapée chicos et mon entrée ne passa pas inaperçue* (Granotier). *Ça se passait rue de la Boétie, dans un appartement hyperchicos* (Ravalec). *On s'piquait l'nez dans son assiette / C'était un'noce un peu chicard !* (chanson *la Chaussée Clignancourt*, paroles d'A. Bruant).

◆ *n.*

Personne élégante : *Nini-Moulin, ce* chicard *orthodoxe qui, le cas échéant, se transfigurait après boire en Jacques Dumoulin, l'écrivain religieux* (Sue, 2).

ETYM. suffixations arg. de **chic.** *chicos* 1984, *Actuel ; chicard adj. et n.* 1844, Sue.

chicousta *n.f.*

Correction : *J'étais gâté ! Une chicousta en arrivant, une autre en partant. Mon tour de France était fêté comme il se doit. Sales ordures !* (Le Dano).

ETYM. resuffixation expressive de **chicore.** 1973, Le Dano.

chié, e *adj.*

1. Remarquable, excellent : *Je suis bon pour me retrouver en taule, finalement. – Ah ! mais non !... Pas cette fois-ci ! Mon père a un chié avocat !* (Varoux, 1). **2.** Qualifie qqn qui exagère : *Il est chié de me demander ça, après le vanne qu'il m'a sorti !* **3.** Vx. **Tout chié,** tout à fait ressemblant. SYN. tout craché.

ETYM. participe passé de **chier,** au sens de « bien moulé, bien fait, réussi ». **1.** 1534, Rabelais. **2.** contemporain. **3.** 1867 [Delvau].

chiée *n.f.*

Grande quantité : *C'est vous qui allez attaquer ? Les sidis sont déjà là... Et il y a la chiée de canons, vous savez...* (Dorgelès). *Depuis le début, Asperge est planté devant ma bibliothèque, bouche bée [...] « Y en a une chiée, dites donc, ajoute-t-il. Et vous avez lu tout ça ? »* (Bénoziglio).

ETYM. d'abord au sens de « ensemble de onze personnes ou choses », d'après un calembour populaire : **on s'fait chier** [Esnault]. 1834, Maubeuge [id.].

chien *n.m.*

1. Vx. Agent de la police secrète : *Quand les chiens ferrés avaient sauté Cartouche au déballage du lit à l'Auberge du Pistolet, la nouvelle s'était sue dans Paris en un clin d'œil* (Burnat). **2. Chien du commissaire.** ***a.*** agent du commissariat de police qui était chargé de certaines réglementations urbaines : *On connaît les trucs de cette infâme police !... La salle est louée jusqu'à onze heures... Nous resterons quand même... F... le camp avec ton chien !* (Macé) ; ***b.*** auj., secrétaire du commissariat : *Ce terme de secrétaire était modeste en comparaison de la tâche qui attendait les candidats. Véritables doublures du commissaire – ce qui les avait fait surnommer les « chiens » du commissaire – ils se révélaient les maîtres de la procédure et souvent les moteurs du service* (Larue). **3. Chien vert,** valet de pique. **4. Chien** ou **sacré chien,** eau-de-vie.

◆ *adj.*

Dur, exigeant : *Le DRH avait ce petit sourire annonçant qu'il n'était quand même pas chien* (Pouy, 3).

ETYM. idée de flair (1), de compagnon docile (2). **1.** 1828 [Esnault]. **2.** ***a.*** vers 1840, Paris [id.] ; ***b.*** 1848 [Pierre]. **3.** 1880 [Esnault] (couleur des piqueurs du roi, vers 1745, pour la chasse au daim). **4.** *sacré chien tout pur* 1808 [d'Hautel]. ◆ *adj.* 1845, Albanès [Rigaud].

chiendent *n.m.*

1. Ennui, difficulté : *Oui, v'là le chiendent ! pensa Lesage, dont le visage rayonna tout à coup, c'est par là que je les tiens* (Guéroult). **2. Arracher le** ou **du chiendent.** ***a.*** faire le trottoir ; ***b.*** attendre en vain. **3. Fumer le chiendent,** fumer de la marijuana.

ETYM. cette graminée, difficile à arracher, est prise comme symbole de la difficulté, d'où l'idée de passer beaucoup de temps pour rien ; au sens 3, euphémisme évident. **1.** 1690

[Furetière]. **2.** *a.* 1841 [Esnault] ; *b.* 1848 [Pierre]. **3.** 1977 [Caradec].

chienlit *n.f.*

Vx. **1. À la chienlit!,** conspuez-les! **2. Cribler à la chienlit,** crier « au secours » très fort, souvent à l'occasion d'un vol dans la rue. SYN. cribler au charron.

ETYM. du **chienlit,** masque de carnaval dont on se moque. 1740 [Acad. fr.]. **1.** 1835 [Esnault]. **2.** 1836 [Vidocq].

chiennerie *n.f.*

1. Acte obscène. **2.** Comportement autoritaire des phallocrates. **3.** Ennui, vif désagrément : *Quelle chiennerie, ce chômedu !*

ETYM. de **chien, chienne,** considérés sous l'angle des rapports sexuels. **1.** XVe s., G. Chastellain [TLF]. **2.** 1881 [Larchey]. **3.** contemporain.

chier *v.t. et i.*

1. Déféquer : *À cette époque de joie / Que nous célébrons, / On voit d'elle-même l'oie / Chier des marrons* (Ponchon). *Il faut bien manger et bien chier! C'est important de bien chier!* (Duvert). **À chier partout,** se dit de ce qui se trouve en abondance, ou d'un repas copieux, ou de qqch de très satisfaisant. **Une gueule à chier dessus,** un visage très antipathique. **On dirait qu'il a chié la colonne Vendôme, l'obélisque, la tour Eiffel,** se dit d'un individu vaniteux. **Faire chier des gaufrettes, des lames de rasoir à qqn,** lui infliger des mauvais traitements. **Chier dans sa chemise, sa culotte, son fourreau, son froc,** avoir peur : *J'aimerais mieux avoir affaire à la dernière des lopes qui [...] ne se mettrait pas à chier dans son froc toutes les fois que le compteur marque plus de dix milles* (G. Arnaud). **En chier,** subir une situation pénible, très désagréable : *C'lui qu'a payé vingt briques / son deux-pièces plus loggia / Il en a chié vingt ans / pour en arriver là* (Renaud). *Tout de suite des menaces... qu'on a pas fini d'en chier des roues de brouette dans son camp d'entraînement!...* (Boudard, 5). **2. Chier du poivre,** s'esquiver, laisser tomber (qqn) : *À preusent que j't'ai embauché, / Tu veux chier du poivre à mon gniasse?* (Rictus); échapper à la police. **3. Faire chier qqn, chier dans les bottes,** (vx) **le panier de qqn,** l'importuner vivement : *T'as fait ta rédac pour demain ? – Non, dit Florine, elle fait chier, la supérieure, je la ferai pas* (Klotz). *« Chirac est emmerdé, c'est le moment de lui chier dans les bottes, tel est le réflexe de l'UDF», explique un proche du CDS* (*Libération,* 10 octobre 1986). **Se faire chier,** s'ennuyer ferme : *D'abord, j'aime mieux me faire chier tout seul que d'être heureux avec les autres* (Desproges). **4. Chier dans le pot, dans la colle,** exagérer, manquer de tact : *Tu chies dans la colle, Cous, à ce compte-là, on n'a plus qu'à gratter l'après-midi* (Fallet, 1). **5. À chier,** mauvais, sans intérêt : *Il a aussi des tas d'insignes à chier épinglés au plastron : variations sur le thème de la croix gammée* (Vilar); insupportable : *Mais c'est vrai qu'elle est à chier ! (Elle, si bien élevée, a dit « à chier », Paul.)* [Smaïl]. **6. Ça chie, ça va chier (des bulles, etc.),** ça barde, ça va barder : *S'il a sa gueule saoûle, ça va sûrement chier des pointes, t'en sais quèque chose pourtant, vingt dieux !* (Le Dano). *Ça chie dur avec les pandores, fit tout bas Gudule* (Rank). **7. Il y a pas à chier (faut que ça chie),** assez hésité, il faut se mettre à la tâche. **8. Ça chie pas,** cela n'a pas d'importance : *Je suis de garde. – Ça chie pas, éluda Jaumes, il suffit d'un mec au poste* (Monsour).

ETYM. du lat. **cacare** ; verbe très anc. **1.** début du XIIIe s., *Roman de Renart.* **À chier partout,** 1870, D. Poulot [TLF]. **À chier dessus** et **on dirait qu'il a chié la colonne Vendôme,** 1878 [Rigaud] ; **on dirait qu'il a chié l'obélisque, la tour Eiffel,** 1901 [Bruant]. **Faire chier des gaufrettes,** 1977 [Caradec] ; **des lames de rasoir,** 1935, Fombeure [TLF]. **Chier dans sa chemise,** 1901 [Bruant] ; **dans son froc,** 1928 [Lacassagne]. **En chier,** 1949, Sartre [TLF]. **2.** 1739 [Duneton-Claval]. **3. Faire chier** et **chier dans le panier,** 1881 [Rigaud], mais dès 1640 [Oudin] *chier dans la malle* (c.-à-d. la poche) *de qqn*. **Se faire chier,** av. 1890 [Esnault]. **4.** 1947, Fallet. **5.** 1977 [Caradec]. **6** et **7.** 1920 [Bauche]. **8.** 1915 [Esnault].

chierie *n.f.*

Ennui, désagrément : *Les queues, le marché noir [...], des chieries à la pelle...* (Malaquais). *C'est pas une chierie, dites, la vie?* (Van Cauwelaert).

ETYM. de **chier.** 1881 [Rigaud].

chieur, euse *n. et adj.*

1. Individu ou animal qui défèque fréquemment : *Vous avez souillé de vos excréments, à plusieurs reprises, le monument aux morts de Charleville. Vous êtes un chieur !* (Lacroix). *Les neuf millions de quadrupèdes chieurs, aboyeurs et mordeurs qui empoisonnent la vie* *des humains dans l'Hexagone* (*le Nouvel Observateur*, 13 février 1982). **2. Chieur d'encre,** désignation péj. de tout individu dont le métier est d'écrire, notamment le journaliste. **3.** Individu qui crée facilement des problèmes aux autres: *Un vrai chieur ce mec; une teigne, un roquet, gonfleur et casse-couilles. Hé ho, va pas me les brouter cent sept ans* (*Actuel*, mars 1987).

ETYM. de **chier. 1.** XIXe s. [TLF]. **2.** 1790 [Enckell]. **3.** contemporain.

chiffarde ou **chiffardière** *n.f.*

Vx. Pipe: *J'aime mieux faire la tortue* [...] *que d'être sans eau d'aff dans l'avaloir et sans tréfoin dans ma chiffarde* (Sue). *Ah! çà, dis-moi, toi, Potence, vas-tu me recoquer ma chiffardière?* (Ansiaume).

ETYM. origine obscure. *chiffarde* 1836, Vidocq; *chiffardière* 1821 [Ansiaume].

chiffe *n.f.*

1. Morceau d'étoffe de mauvaise qualité; fig., individu sans énergie, sans courage (souvent associé à l'adj. **mou**): *D'après lui, quelqu'un qui tombe malade dès ses débuts dans un travail n'est qu'une chiffe molle, bonne à jeter dehors* (Schreiber). *Il décréta qu'il n'était qu'une chiffe qu'une femme menait par le bout du nez* (Coatmeur). **2.** Corporation ou activité des chiffonniers: *La Boulange, l'Ambassadeur, Coco... tous travaillant à la combine, la chiffe, la basse brocante, les métaux, le papier, les bouteilles...* (Clébert). *C'est pas tout ça, mais faudrait aller au page. Demain, c'est jour de chiffe* (Pécherot). **3.** Vx. Langue. **Avaler sa chiffe,** mourir. **Faire crosser sa chiffe,** parler.

ETYM. altération de l'anc. fr. **chipe,** chiffon, sous l'influence de **chiffre,** chose, personne de peu de valeur. **1.** 1710 [Acad. fr.]; appliqué à une personne, 1798 [id.]. **2.** 1810, Privat d'Anglemont [Quemada]. **3.** 1878 [Rigaud].

DER. **chiffarde** *n.f.* Assignation: 1848 [Pierre].

chiffon *n.m.*

1. Vx. Mouchoir. **2.** Vx. **Chiffon (rouge),** langue (organe): *Ne balancez donc pas tant le chiffon rouge; il y a là un chêne qui peut prêter loche* (Vidocq). **3.** Billet de banque: *Il paraît qu'on a grinchi une trentaine de chiffons de 1000 F à un banquier* (Forçat). **4.** Missive, billet: *Tu n'es pas louf? faisais-je à Véronique en lui mettant l'papier sous le nez, de te remuer les sangs pour ce chiffon-là? Tu ne reconnais donc pas l'écriture?* (Lorrain).

ETYM. dér. de **chiffe. 1.** 1836 [Vidocq]. **2.** 1828, Vidocq. **3.** 1829 [Forçat]. **4.** 1904, Lorrain.

DER. **chiffonneur** *n.m.* Voleur de mouchoirs: 1822 [Mésière]. **chiffonnier** *n.m.* Même sens: 1836 [Vidocq]. **chiffornion** *n.m.* Mouchoir, foulard: 1848 [Pierre].

chiffortin *n.m.*

Chiffonnier: *Lebœuf s'est penché vers un chiffortin à la trogne vérolée: Marcel tu tiens la boutique?* (Pécherot).

ETYM. suffixation de **chiffe.** 1896 [Esnault].

chiftir ou **chiftire** *n.*

Chiffonnier: *C'est un chiftir, mais fouineur de première, qui vous découvrirait un phonographe dans le désert* (Yonnet). *Elle préférait partir à quatre heures du matin, armée de son crochet et de son sac en jute. Ses amies chiftires l'attendaient près de la Grande Poissonnerie* (Le Dano).

◆ *n.m.*

Chiffon.

ETYM. de **chiffe** et d'un suff. issu de **tirer.** 1926 [Esnault].

◆ *n.m.* par métonymie (le tireur pour l'objet), 1952 [id.].

VAR. **chifferton**: 1836 [Vidocq]. **chiffreton**: 1866 [Delvau]. **chifforton**: 1865 [Esnault].

chignole *n.f.*

1. Appareil ou machine: *On a eu tout le temps pour démonter notre chignole... Elle était pliable, réversible* (Céline, 5). **2.** Véhicule en plus ou moins bon état (fiacre, puis voiture): *La chignole insolite avait pris la route de gauche, Bonape poussa un soupir de soulagement* (Viard). **3.** Vx. Gourgandine.

ETYM. de l'anc. fr. **ceoingnole** (XIIe s.), trébuchet, dévidoir, brimbale de puits. **1.** 1870 [Esnault]. **2** et **3.** 1901 [Bruant].

chignoleur *n.m.*

Perceur de coffre utilisant une perceuse électrique.

◆ **chignoleurs** *n.m.pl.*

Couple de musiciens ambulants.

ETYM. de **chignole,** perceuse. 1925 [Esnault].

◆ *pl.* 1905, Paris [id.].

chignon *n.m.*

1. Tête; crâne: *Une petite bastos de rien du tout, comme ça, dans le chignon, un petit bruit* *sec et un petit trou discret* (Trignol). **Avoir du chignon,** être intelligent : *Une épée, ce Richard. Et du chignon, ce qui ne gâte rien* (Salinas). **N'avoir rien sous le chignon,** être borné intellectuellement. **2. Se crêper le chignon,** se battre en se prenant aux cheveux, en parlant de femmes : *La boulangère a-t-elle traité l'épicière de catin avant que l'épicière lui crêpe le chignon ?* (London, 2). **Crêpage de chignons,** violente querelle entre femmes : *Les crêpages de chignons et les expéditions punitives n'y sont pas rares* [au bois de Boulogne] (de Goulène). **3.** Pubis féminin. **Chignon émancipé,** prostituée.

ETYM. emplois métonymique (1) et métaphorique (2). **1.** 1935 [Esnault]. **N'avoir rien sous le chignon,** 1968 [PSI]. **2.** 1867 [Delvau], art. *crêper.* **3.** 1883 [Esnault].

chimer *v.t.*

Boire : *On a remis ça avec le vin blanc, sur leur compte : un litre qu'on est allé tranquillement chimer dans le fond de l'estaminet, à une table poisseuse* (Malet, 1).

ETYM. du provençal **chimar,** même sens. 1913 [Esnault].

chinage *n.m.*

Vx. **1.** Colportage. **2.** Escroquerie à l'échange : *Il imagina de passer en contrebande des montres en or, de Genève, qui lui revenaient à cinquante francs pièce : il les engageait et les commissionnaires du mont-de-piété lui prêtaient soixante-dix francs sur chacune d'elles, puis il vendait les reconnaissances de la manière dite au chinage* (Canler). **3.** Mendicité. **4.** Raillerie.

ETYM. de **chiner. 1.** 1883 [Esnault]. **2.** 1862, Canler. **3.** 1899 [Nouguier]. **4.** 1883 [Fustier].

chine *n.f.*

1. Aller à la chine ou **faire la chine,** pratiquer le commerce ambulant, en partic. celui du brocanteur : *Ainsi affublé, Petit Juif avait l'air d'un fripier venant boire le coup* [...]. *« Alors, Moïché, interpella Elam. Tu fais la chine maintenant ? »* (Simonin-Bazin). **2. Tabac de chine,** emprunté à un ami. **3.** Raillerie. **Passer (qqn) à la chine.** ***a.*** se moquer de lui ; ***b.*** subir des moqueries. **Mettre son habit de chine,** railler.

ETYM. déverbal de **chiner. 1.** 1878 [Rigaud]. **2.** 1895 [Esnault]. **3.** fin du XIXe s. [id.].

chiner *v.i.*

1. Acheter et revendre en des lieux différents. **2.** Fouiller les étalages des puces ou des brocanteurs, en quête d'une bonne affaire. **3.** Mendier : *Au va-nu-pieds qui chine, / Nom de Dieu ! / Faut son p'tit coup d'bleu* (Richepin). **Chiner au maquillage,** en simulant une infirmité ; **chiner au paplard,** en proposant du papier à lettres ; **chiner à blanc,** sans artifices.

◆ *v.t.*

1. Demander avec insistance. **2.** Critiquer : *Mais faut pas chiner la boutique. / Nom de Dieu ! c'est vraiment chouetto* (Bruant) ; railler : *Et les copains m'chinaient aussi : / « T'as mal au front, y n'est boisé »* (Rictus).

ETYM. sans doute aphérèse (avec jeu de mots sur la *Chine*) de **échiner (les reins),** allusion à la fatigue permanente du colporteur. **1.** 1844 [Dict. complet]. **2.** avant 1850, Balzac [Larchey]. **3.** 1899 [Nouguier], pour les trois loc. ◆ *v.t.* **1.** 1886 [Esnault]. **2.** 1878 [Rigaud].

chinetoc ou **chinetoque** *adj. et n.*

1. Chinois ; asiatique en général : *En fait de poiscailles chinetoques, j'crois qu'tu voulais plutôt faire le hareng* (Simonin-Bazin). *Je raconte à Chang. Et mon pote le Chintoc de Poulo Condor écoute mes explications de toutes ses oreilles* (Charrière). *La dame-lancequine, c'est une chinetoque qu'est pas toute jeune et qui a dû vivre* (Dégaudenzi). **2.** Qui embrouille les choses.

ETYM. suffixation arg. de **chinois,** avec le suff. **-toc,** exprimant l'idée de « bizarrerie ». **1.** 1918 [Esnault]. **2.** 1960 [Le Breton] ; d'abord « fou, hâbleur » 1934 [Esnault].

chineur, euse *n.*

1. Commerçant ambulant ; bohémien ; brocanteur : *Les hommes y ont déjà les allures de biffins et chineurs des îles de la Jatte et Saint-Denis, et les femmes des attributs de pétroleuses* (Clébert). **2.** ANC. Mendiant. **Chineur à la rencontre,** tendant la main dans la rue ; **chineur à la taude,** qui mendie à domicile ; **chineuse à la babillarde,** avec une lettre de recommandation. **3.** Emprunteur. **4.** Railleur.

ETYM. de **chiner. 1.** 1846, Temple [Esnault] ; « bohémien » 1895 [id.]. **2.** 1899 [Nouguier], pour les trois locutions. **3.** 1920 [Bauche]. **4.** 1886 [Esnault].

chinois *n.m.*

1. Vx. Liquoriste. **2.** Vx. Débit de boissons. **3.** Pénis. **Se polir,** (vx) **se balancer le chinois,** se masturber, en parlant d'un homme : *Quand la môme, chaude comme une greffière, y faisait le classique appel du rididine, c'te peau d'hareng d'Onan, dénué d'usages, se polissait le chinois !* (Devaux).

ETYM. de **chinois,** « petites oranges de Chine à l'eau-de-vie » (1) et emploi métonymique, « tenu par un Chinois » (2) ; au sens 3, comparaison avec le crâne dénudé des magots. **1.** 1851, *Almanach des débiteurs* [Larchey]. **2.** 1923, Guyane [Esnault]. **3. Se balancer** et **se polir le chinois,** 1864 [Delvau].

chioteur *n.m.*

Policier qui se laisse corrompre, dans le langage des agents de police.

ETYM. origine obscure : il s'agit sans doute d'un pourboire occulte offert dans un... lieu discret. 1975 [Arnal].

chiotte *n.f.*

1. Véhicule motorisé (auto, moto, cyclomoteur) : *Il avait retrouvé sa chiotte à Crozatier. Il connaissait parfaitement le trajet pour se rendre à Châtenay, en évitant de se faire coincer sur le périph* (Amila, 1). *Y faudrait pas qu'on profite / Que j'suis en train d'vendre ma cam'lote / Pour s'débiner sur ma chiotte !* (Renaud). **2. C'est la chiotte** ou **quelle chiotte,** c'est très ennuyeux. **3. De chiotte,** très mauvais : *Il faisait un temps de chiotte, je m'ennuyais à périr* (Granotier).

◆ **chiottes** *n.f.pl.*

Latrines : *À Mettray nous allions aux cabinets de cette façon : les chiottes étaient dans la cour derrière chaque famille* (Genet). Rare au sing. : *Il pénétra dans une chiotte, retrouva son paquet, un peu humide* (Le Breton, 6). **Aux chiottes !,** apostrophe injurieuse : *Aux chiottes l'arbitre !*

◆ **chiotte !** *interj.*

Syn. de merde ! : *Vous, vous êtes Sonia, Jack et Paol. – Chiotte ! comment vous savez ça, s'exclama Sonia* (Roux).

ETYM. de **chier. 1.** Relation peu claire : idée de petit local fermé ou de baquet servant de réceptacle ? 1918 [Esnault]. **2.** 1936, Céline (dérive de l'emploi au pl.). **3.** 1999, Granotier.

◆ *pl.* 1787, Cambresier, *Dictionnaire walon-françois* [TLF]. **Aux chiottes,** 1901 [Bruant].

◆ *interj.* 2002, Roux.

chiourme *n.f.*

1. Ensemble des rameurs d'une galère ou des condamnés du bagne : *La chiourme a toujours aimé chanter, répondit de Vilène avec un froid sourire. Savez-vous, mon commandant, d'où vient le mot « chiourme » ? Il vient de l'italien ciurma, dérivé du grec keleusma, et il veut dire le chant des rameurs* (Leroux). **2.** Ensemble des gardiens du bagne.

◆ *n.m.*

Gardien ou geôlier du bagne.

ETYM. l'étymologie fournie par Gaston Leroux est parfaitement exacte. **1.** « réunion des rameurs d'une galère » XIVe s. [TLF]. **2.** 1922, L. Daudet [id.].

◆ *n.m.* 1882, F. Coppée [id.].

chipé, e *adj.*

Vieilli. **Chipé pour** ou **de,** épris de : *Pourquoi c'est pour toi que je suis chipée ? susurra-t-elle. Dis, mon petit n'homme, pourquoi c'est pour toi que je me ferais mourir ?* (Rosny). *Un gars comme Wladimir, à ce point chipé d'une telle pute !* (Yonnet).

ETYM. participe passé de **chiper.** 1891, Méténier.

chiper *v.t.*

1. Prendre sans payer, s'octroyer : *Mathilde, la première femme de chambre, chipa un de ces livres* (Mirbeau) ; dépouiller (qqn). **2.** Surprendre, arrêter : *Elle avait bêtement avancé son pied et, du premier coup, elle s'était fait chiper par la Bordelaise* (Méténier). **3.** Vx. Séduire : *Y va y avoir un an... C'est épatant ce qu'a m'a chipé, c'te môme-là !* (id.).

ETYM. de **chipe,** rognure d'étoffe (→ CHIFFE). **1.** langage poissard, 1759, Cailleaux [Doillon]. **2** et **3.** 1885, Méténier.

DÉR. **chipage** *n.m.* Action de chiper (au sens 1) : 1904, Lorrain. **chipeur** *n.m.* **Chipeurs de distinction,** kleptomanes : 1829, Vidocq.

chipolata *n.m.*

Pénis : *Fallait bien que les amateurs du gai Paris, et autres touristes en balade, puissent placer leurs chipolatas assoiffés de caresses pendant leurs virées nocturnes* (Risser).

ETYM. mot ital., « petite saucisse », avec influence de **chibre.** 1973, Risser.

chips *n.m.pl.*

Vx. Billets de banque de faible valeur.

ETYM. analogie de « minceur ». 1975 [Arnal].

chique *n.f.*

1. Couper la chique, couper la parole ; surprendre vivement : *Elle ne conversait la tante qu'à l'imparfait du subjonctif. C'était des modes périmées. Ça coupait la chique à tout le monde* (Céline, 5). **Couper la chique à quinze pas,** avoir très mauvaise haleine. **Poser** ou **déposer sa chique.** ***a.*** se taire : *À Biribi c'est en Afrique / Où que l'pus fort / Est obligé d'poser sa chique* (Bruant) ; ***b.*** mourir. **2. Pas une chique,** rien. **3. Pousser sa chique,** déféquer. **4. Tirer sa chique,** coïter : *La plupart des clients que je monte – maintenant j'ai presque seulement des habitués – c'est même pas pour tirer leur chique. C'est pour que je les écoute* (Yonnet). **5.** Fluxion dentaire. **6. Mou comme une chique,** sans énergie, sans courage.

ETYM. déverbal de **1. chiquer. 1.** avant 1865, Gaucher [Larchey]. **Couper la chique à quinze pas,** 1872 [Larchey]. **Poser sa chique.** ***a.*** 1833, Vidal-Delmart [TLF] ; ***b.*** 1867 [Delvau]. **2.** 1878 [Rigaud]. **3.** vers 1890 [Bruant]. **4** et **5.** 1901 [Bruant]. **6.** 1894 [Virmaître].

chiqué *n.m.*

1. Affectation, simulation : *Vous m'avez bien eu, les mecs !* [...] *Heureusement que c'était du chiqué !* (Monsour). *Tout cela au chiqué, avec des airs mine de rien, et le gros malin faisait semblant de m'ignorer* (J. Perret, 1). **2.** Truquage : *Puis on passait un film sur la Russie* [...] *ça semblait pris sur le vif, sans « chiqué », comme un ciné-journal* (Van der Meersch).

ETYM. de **3. chiquer. 1.** 1837, Sainte-Beuve [Quemada]. **2.** 1938, J. Romains [TLF].

1. chiquer *v.t.*

Vx. Absorber gloutonnement ; mâcher : *À la bonne heure ! s'écria le sergent : voilà de quoi chiquer les vivres et pomper les huiles* (Vidocq). **Chiquer les légumes** ou **la légume,** faire un repas copieux.

◆ **se chiquer** *v.pr.*

S'enivrer.

ETYM. d'une racine onomatopéique **tschik,** censée exprimer le bruit du mastiquage. 1798 [Esnault]. **Chiquer les légumes,** 1837, Balzac [TLF].

◆ *v.pr.* 1890 [Esnault].

DÉR. **chiqueur** *n.m.* Glouton : 1808 [d'Hautel].

2. chiquer *v.t.*

1. Battre, frapper. **Se chiquer (la gueule),** se battre. **2.** Discuter, ergoter. **Il (n') y a rien à chiquer, il n'y a pas à chiquer contre,** il n'y a rien à dire, la cause est entendue : *J'ai haussé les épaules. Je suppose qu'il n'y a rien à chiquer. Pas de chance et trop tard à la soupe sur toute la ligne* (Malet, 1). *Y a pas à chiquer contre, on est moins que rien* (Dorgelès). **Ne rien vouloir chiquer,** être fermé à toute argumentation : *Mon père il voulait rien chiquer. Il était buté « mordicus » que tout cet argent serait foutu* (Céline, 5). **3.** Nier : *Jean S... avait laissé une masse d'empreintes dans l'appartement. Il ne pouvait plus « chiquer ». Il avoua quarante cambriolages* (Larue). **Chiquer à tout va,** nier l'évidence.

ETYM. d'une racine onomatopéique imitant le bruit des coups [FEW]. **1.** 1821 [Mézière]. **Se chiquer,** 1800, Leclair ; **se chiquer la gueule,** 1862, Hugo [TLF]. **2.** 1808 [d'Hautel]. **Il n'y a rien à chiquer** et **ne rien vouloir chiquer,** 1936, Céline. **Chiquer contre** → CONTRE. **3.** 1975 [Arnal].

3. chiquer *v.t.*

Vx. Faire avec soin ou habileté.

◆ *v.t. ind.*

Chiquer à qqch, simuler, feindre : *Vous pourriez chiquer à la migraine... vous faire la paire... et puis attendre le grand à la Cloche d'Or... pour la gratinée ?* (Simonin, 8) ; jouer le rôle de : *Y avait vraiment aucune raison pour qu'il chique à l'incorruptible et ne prenne pas une part du gâteau* (Houssin, 2). **Chiquer au toc,** avoir une attitude fanfaronne. **Pour chiquer,** allons donc ! : *C'est vrai qu'*[au bagne de Nouvelle-Calédonie] *on est libre ? Qu'on a chacun sa condition et sa largue ? – Pour chiquer !* (Humbert). **Sans chiquer,** sincèrement.

ETYM. dér. de **chic.** 1823 [Boiste] ; arg. des peintres.

◆ *v.t. ind.* 1873 [Esnault]. **Sans chiquer,** 1930 [id.]. Le rapport de sens du v.t. ind. est sujet à caution : on comprend assez bien que de l'idée de « peindre avec soin », mais aussi de « chic », c.-à-d. « sans modèle » (1834 [Boiste]), on en soit venu à la valeur péjorative d'artifice, voire de bluff. Cependant, ce sens de feindre peut provenir aussi de *battre* (→ **2. CHIQUER**), qui en arg. signifie « feindre », ou même de **1. chiquer**, la joue gonflée pouvant être une simulation. Ces remarques valent aussi pour *chiqué, n.m.* **Chiquer au toc,** 1935 [Simonin-Bazin]. **Pour chiquer,** 1880, Humbert.

DER. **chiquage** *n.m.* **1.** Rixe : 1893, Courteline [TLF]. **2.** Mensonge : 1878 [Rigaud] (aussi **planche au chiquage,** confessionnal). **3.** Faux-semblant : 1899 [Nouguier].

chiqueur *n.m.*

1. Simulateur, bluffeur (terme d'injure) : *Chiqueur ! sale tante ! eh ! lope ! éclata-t-elle en se renversant de rage sur l'oreiller* (Carco, 2). On rencontre parfois le fém. **chiqueuse** : *Belle, ma bonne petite Paulinette. Chiqueuse un peu, comme au théâtre* (Meckert). **2.** Compère, dans une escroquerie : *Ceux qui ont vu le volumineux portefeuille du « chiqueur » bourré de gros billets ne peuvent s'empêcher de songer à ce qu'il représente de jouissances* (Locard).

ETYM. de **3. chiquer. 1.** 1888 [Esnault] ; au fém. 1942, Meckert. **2.** 1899 [Nouguier].

VAR. **chiquier** (sens 2) : 1867 [Delvau].

chirdent *n.m.*

Chirurgien-dentiste.

ETYM. double apocope de **chirurgien-dentiste.** 1979 [DDL 23].

chiure *n.f.*

Saleté : *L'ivrogne a frappé de la tête sur cette tête qui bougeait trop. Il l'a fixée, un instant. Elle saigne. Une chiure rouge et grasse coule du nez au menton* (Demouzon).

ETYM. emploi fig. du mot désignant l'excrément d'un petit animal, surtout la mouche (1750 [Acad. fr.]). 1982, Demouzon.

chizbroc *n.m.*

Scandale, bagarre : *T'es vraiment louf! Tu vois pas le chizbroc que ça serait ?* (Mariolle). SYN. schproum.

ETYM. origine obscure, p.-ê. de **chier,** au sens de « barder », avec un suff. qu'on retrouve dans *lisbroquer,* uriner ; 1970 [Boudard-Étienne].

chl..., chm... et **chn...** → les mots commençant ainsi à SCHL..., SCHM... et SCHN...

chleu ou **chleuh** *n.m.*

VIEILLI. Allemand : *Demain que va-t-il se passer ? Les Chleus vont-ils occuper la France encore longtemps ?* (Lépidis).

ETYM. mot arabe du Maroc, désignant une tribu berbère. 1939-1940, Dauzat [TLF], mais en 1914-1918 « soldat des troupes territoriales », puis en 1936 « frontalier parlant une autre langue que le français ». Ce mot s'est complètement détaché de son origine pour désigner génériquement le « soldat barbare ».

chochotte *n.f.*

Personne excessivement maniérée (se dit d'une femme ou d'un homosexuel) : *Allez, Ferdinand, fais pas ta chochotte* (Klotz).

ETYM. redoublement expressif, imitant les « chichis ». 1901 [Bruant].

chocolat *n.m.*

1. C'est du chocolat, se dit d'une chose facile à faire : *Couper la cabèche à un homme, qu'est-ce que cela ? C'est du chocolat, c'est du velours!* (abbé Moreau). SYN. c'est du gâteau, du sucre. **2. Avoir la gueule en chocolat** ou **être chocolat,** être ivre. **3. Chocolat de déménageur,** vin rouge : *C'est un des modèles de Dig* [Dignimont] *qui m'apprit comment, au* Barbès, *on appelle un verre de vin rouge : « un chocolat de déménageur »* (Galtier-Boissière, 4). **4.** Fausse dupe qui appâte le public : *Faire le chocolat.* **5.** Joueur dupé. **6. Être** ou **faire chocolat,** être dupé, privé de qqch : *Je m'serais fait sortir / Et au lieu d'être là / Songez à cela / Je serais chocolat* (chanson *Moi j'fais mes coups en d'ssous,* paroles de A. Willemetz et Saint-Granier). *T'as dû t'cogner à ben des seuils, / Pus d'eun' fois rester chocolat, / Le ventre vide et l'cœur en deuil* (Rictus).

ETYM. jeux de mots sur bon, « facile » (1), noir, « ivre » (2, 3), bon, « crédule » (4 à 6). **1.** 1879, abbé Moreau. **2.** 1914 [Esnault]. **3.** 1957 [Sandry-Carrère]. **4.** 1885 [Esnault]. **5.** 1886 [id.]. **6.** vers 1900, Rictus.

chocotte ou **choquotte** *n.f.*

1. Dent : *Lui, toujours aussi beau et aussi con, souriait béatement jusqu'aux oreilles. Il avait dû aller se faire faire un grattage des chocottes la veille ou l'avant-veille* (Barnais, 1). *C'est une roue de secours [...] qu'on m'a larguée sur les chocottes du haut d'une plate-forme* (G. Arnaud, 2). **Se caler les chocottes,** manger. **2. Avoir les chocottes.** ***a.*** avoir faim : *Survint un loup mastar, qui avait les chocottes / Et qui voulait se taper l'chou* (Marcus) ; ***b.*** avoir peur : *Il se tâte la glotte. Je ricane : T'as eu les chocottes, hein ? – Non qu'il crâne. Vous l'auriez même pas fait* (Vautrin, 1). **Donner, foutre,** etc., **les chocottes,** faire peur : *Dites donc, ils me flanquent les choquottes, patron* (Rank).

ETYM. origine obscure, p.-ê. var. dialectale de **chicot,** fragment de dent (non arg.). **1.** 1907

[H. France]; d'abord « os gras ramassé par les chiffonniers »; 1878 [Rigaud]. **Se caler les chocottes,** 1919 [Esnault]. **2.** ***a.*** 1947, Stollé; ***b.*** 1916 [Esnault]. **Foutre les chocottes,** 1942, Meckert. Le claquement des dents est génér. interprété plus comme un signe de peur que comme une manifestation de faim.

chocotter *v.i.*

1. Trembler de peur: *Il croyait qu'ils venaient l'arrêter... Il chocottait fort dans son jus* (Céline, 5). **2.** Sentir mauvais.

ETYM. de **chocotte. 1.** 1936, Céline. **2.** 1918 [Esnault]. La peur est souvent associée à la diarrhée, donc à la puanteur ; de plus, il y a ici attraction de *cocotter* et de *chier.*

chofer *v.t.* → CHOUFER.

choguet *n.m.*

Droguet (tissu dont sont faits les uniformes des détenus).

ETYM. origine inconnue. 1975 [Le Breton].

choix *n.m.*

Exposition groupée des prostituées au salon, dans les maisons closes ; le salon lui-même: *Dans un salon genre Louis XV ou XVI... les pensionnaires venaient se présenter... coquines, mutines... toutes froufroutantes. Le rituel classique dans les bonnes taules, qu'on appelait « le choix »* (Boudard, 2). *La dame en noir réapparaissait : Si Monsieur veut bien me suivre au salon de choix* (Jamet). **Faire un choix,** être choisie par un client, en parlant d'une prostituée en maison.

ETYM. spécialisation de sens. 1919 [Esnault]. **Faire un choix,** 1928 [Lacassagne].

cholette *n.f.*

Bouteille d'un demi-litre: *Il m'emmène chez le marchand de vin, demande une cholette* (Vidocq).

ETYM. aphérèse de **picholette,** diminutif de **pichet,** selon Esnault. 1829, Vidocq.

chômeboum *n.m.*

Syn. rare de chômage : *C'était la sagesse même, mais si cette sagesse se répandait, il ne resterait aux privés qu'à s'inscrire au chômeboum* (Malet, 12).

ETYM. resuffixation arg. de **chômage.** 1955, Malet.

chômedu ou **chômdu** *n.m.*

1. Chômeur: *Chômedu, c'est pas une situasse* (Vautrin, 1). **2.** Chômage: *Elle leur tricote des chaussettes et des cache-nez pour qu'y attrapent pas mal en allant pointer au chômdu* (Lasaygues).

ETYM. resuffixation arg. de **chômeur** et **chômage. 1.** 1953 [Sandry-Carrère]. **2.** 1955, Simonin.

DER. **chôme** *n.f.* Chômage : 1953 [Sandry-Carrère].

chomir *v.t.*

ARG. ANC. Briser : *Il faut être douze bons pègres, pour chomir la grosse roulotte de Paris* (Ansiaume).

ETYM. de **chaomir,** mot dial. du bas Maine, selon Esnault. 1821 [Ansiaume].

choper *v.t.*

1. Voler, s'emparer de (un objet de peu de valeur). **2.** Attraper (qqch ou qqn) : *En nous dépêchant on doit pouvoir choper le métro suivant* (Daeninckx). *Ah ! voyez-vous, c'est que si on croyait toujours la police, on serait bien vite choppé* (Goron). **3.** Contracter (un mal) : *Oh là, là ! Ce dos ! T'as chopé un de ces coups de soleil !* (Sarraute).

ETYM. de **coper,** trébucher, faire un faux pas (1175, Chrétien de Troyes). **1.** 1800, Leclair. **2.** 1836 [Vidocq]. **3.** 1890 [Esnault].

chopin *n.m.*

1. Vol : *Je vais te confier que pas plus tard qu'à ce soir je fais un chopin. J'ai déjà préparé tout mon bataclan, les fausses clés ont été essayées* (Vidocq). **2.** Aubaine, coup heureux : *Il avait appris par un de ces industriels de son monde, qui ont la spécialité de lever les chopins, qu'un officier-trésorier* [...] *détenait chez lui une très forte somme* (Humbert). **3.** Liaison amoureuse qui procure de grandes satisfactions : *Pas commode, la petite dame... hein ? – Non, pas commode !... elle m'a plaqué... Dommage ! c'était un gentil chopin* (Allain-Souvestre). [...] *exploits surprenants du Roi des Mecs depuis sa descente à Clichy. En quatre jours cinq attaques nocturnes et trois chopins !... Oui, trois des largues les plus girondes* (Méténier).

ETYM. de **choper. 1** et **2.** 1815 [Vidocq]. **3.** 1885, Méténier.

chopine ou **chopotte** *n.f.*

1. Petite bouteille : *Pierrot a proposé, la chopotte en main : – Encore une larmichette ?* (Simonin, 3). **2.** Pénis de fort calibre : *Il se pointe avec un calibre gros comme une chopotte de Sénégalais* (Boudard, 1).

ETYM. de l'alsacien **Schope,** verre à bière, ou de l'all. **Schoppen,** chopine. **1.** *chopine* 1860, Privat d'Anglemont ; *chopotte* 1901 [Rossignol]. **2.** *chopine* 1960 [Le Breton] ; *chopotte* 1962, Boudard.

DER. **chopinette** *n.f.* Chopine mal remplie : 1888, Virmaître [Giraud].

chopiner *v.i.*

Boire avec excès : *Wes Block, l'inspecteur qu'il joue dans « la Corde raide », est aussi du genre à chopiner dur* (*le Nouvel Observateur*, 18 janvier 1985).

ETYM. de **chopine** au sens 1. 1482, *Mistère de Saint-Didier* [DG].

DER. **chopineur** *n.m.* Individu qui boit avec excès : 1938, Lefèvre.

choquotte *n.f.* → CHOCOTTE.

chou *n.m.*

1. Tête : *Le Blond tourna le chou vers la porte de communication d'où provenait un bruit de voix* (Le Breton, 1). **Se taper** ou **se farcir le chou,** bien manger : *Le renard* [...] *invita la cigogne à v'nir se taper l'chou* (Marcus). **Rentrer dans le chou à qqn,** l'attaquer vigoureusement : *Naturlich que les partis contraires te rentrent en vitesse dans le chou* (Stéphane). **2.** Esprit : *Déjà l'attention, qui avait suivi la surprise, est dans le chou d'Armand supplantée par l'intérêt* (Simonin, 5). *Marianne, vous commencez à vous en apercevoir, c'est la nana qui a du chou* (Audouard). **En avoir dans le chou,** être intelligent : *Soubise en avait dans le chou, pas de question. Mais il faisait trop de réclame* (Dominique). **Se casser le chou,** se donner du mal : *Il faudrait voir son avocat. Si on lui en a collé un d'office, il ne se cassera pas le chou pour constituer un dossier solide* (Lefèvre, 1). **Avoir le chou farci,** avoir des soucis en tête. **Sortir du chou,** être oublié. **3. Être** ou **arriver dans les choux.** ***a.*** parmi les derniers, dans une épreuve sportive : *Il n'avait d'ailleurs aucune rancune quand le cheval était dans les choux* (La Fouchardière) ; ***b.*** en retard. **Être dans les choux,** être évanoui. **C'est dans les choux,** l'affaire a échoué : *C'est dans les choux, inspecteur ! Vos suspects ne sont pas coupables* (W. Camus). **Faire chou (blanc),** échouer, être bredouille : *C'est pour ce soir* [notre attaque de la diligence de Melun] *et il ne faut pas que nous fassions chou blanc* (Lhéritier). *Dominique qui avait fait chou à Orsay alors que, comme à son habitude, il avait pris la file* (Simonin-Bazin). *Il ne perd pas les pédales. Il cherche rue de la Charbo, où il fait chou blanc, puis chez toi* (Pécherot). **4. (Faire** ou **marcher) chou pour chou,** (agir) avec réciprocité ; se livrer à des parties carrées homosexuelles : *Prêts à fourrer n'importe quoi ou à se faire tringler par n'importe qui. Du propre... Chou pour chou, quoi !* (Le Breton, 3).

ETYM. analogie de forme. **1.** 1894 [Esnault]. **Se taper le chou,** 1899 [id.]. **Rentrer dans le chou,** 1900 [Chautard]. **2. Sortir du chou,** 1950 [Esnault]. **En avoir dans le chou** et **avoir le chou farci,** 1977 [Caradec]. **Se casser le chou,** 1955, Lefèvre. **3. *a.*** 1918 Proust [TLF] ; ***b.*** 1881 [Rigaud]. **Être dans les choux,** 1901 [Bruant]. **Faire chou blanc,** 1821, *Cabarets de Paris* [Larchey] ; **faire chou,** 1935, Simonin-Bazin. **4.** « agir » XVe s. [Esnault] ; « se livrer » 1928 [Lacassagne].

chouaye *adv.* → CHOUÏA.

choucard, e, chouard, e ou **chouaga** *adj.*

Beau, bien, bon (donne une appréciation très positive et élogieuse) : *J'me trouve pas mal ! Y en a même qui me disent carrément choucard* (Lasaygues). *Drôlement chouards, mes vieux. J'te les ferai connaître* (Le Dano). *T'as raison, mon tout beau. Fais-nous un petit repas choucard, style première communion, pour arroser ça, pendre la crémaillère, quoi...* (Siniac, 3).

ETYM. du romani **choucar,** bon, beau. *choucard* 1947 [Esnault] ; *chouard* 1973, Le Dano ; *chouaga* 1977 [Caradec]. Les formes dépourvues de *-c-* interne ont probablement subi l'influence de l'adj. *chouette.*

DER. **choucarde** *n.f.* Lampe électrique : 1953 [Sandry-Carrère].

choucroute *n.f.*

1. Petite choucroute, chevelure frisée. **2.** Drogue dure.

ETYM. analogie de forme. **1.** 1977 [Caradec]. **2.** 1986 [Le Breton].

1. chouette *adj.*

1. Marque une appréciation positive : *Dîner ? Il est trop tard, et puis le « Pied-de-mouton », c'est trop chouette pour lui* (Guéroult). *On le disait capable d'en remontrer aux plus chouettes grinches de Pantin* (Humbert). *Y fait si doux, y fait si chouette / Qu'ça s'rait p'têt' vrai qu'y a un Bon Guieu !* (Rictus, 2). **2.** Vx. **Être (fait) chouette, se faire chouette,** être berné ou arrêté.

◆ *interj.*

Exprime une vive satisfaction : *Chouette, papa ! (Maman fume !).*

◆ **à la chouette** *loc. adv.*

1. Avoir qqch ou **qqn à la chouette,** avoir de l'attirance pour une chose, de la sympathie ou de l'amour pour une personne : *Aujourd'hui, le mec qu'elle a à la chouette, c'est mézigue* (Tachet). **2.** Vx. **À la chouette,** d'une manière aisée, au vol à la tire.

ETYM. de l'anc. fr. **choëter,** faire la coquette [Cellard-Rey]. **1.** vers 1825 [Esnault]. **2. Être (fait) chouette,** 1848 [Pierre].

◆ *interj.* 1850 [id.]. Ce mot, passé dans l'usage courant au sens 1, semble sans rapport direct avec la chouette, oiseau considéré jadis en France comme nuisible et laid.

◆ *loc. adv.* **1.** 1914, Carco. **2.** 1911 [Esnault] ; l'expression concerne le vol dans une poche extérieure ou de droite.

VAR. **chouettard** et **chouettaud** : 1867 [Delvau]. **chouettos** au sens 1 : 1928 [Esnault], mais déjà **chouetto** en 1895 comme adj., en 1844 comme interj. **choupaïa** : 1977 [Caradec].

2. chouette *n.f.*

1. Femme en titre d'un proxénète. **2.** Vx. **Faire une** ou **la chouette,** jouer seul contre plusieurs (au billard, à l'écarté).

ETYM. emploi substantivé du précédent. **1.** 1975 [Le Breton]. **2.** 1867 [Delvau].

3. chouette *n.m.*

1. La meilleure partie d'une chose, ce qui est bien, honnête : *C'est l'arbre du Chouette et du Tarte. Si tu goûtes à son fruit, tu calencheras dans la plombe même* (Devaux). **2.** Postérieur ; anus : *Un coup dans le chouette, un coup dans le régulier* (Simonin-Bazin). **Donner, filer** ou **lâcher du chouette,** pratiquer l'homosexualité passive. **Prendre du chouette,** pratiquer l'homosexualité active. **3.** Bluff. **4.** Vrai nom : *Il n'avait pas d'armes sur lui ? Pas de faux passeport ? – Non, répondit l'un des perdreaux. Il marchait sous son chouette* (Le Breton, 3).

◆ **chouettes** *n.m.pl.*

Papiers d'identité authentiques.

ETYM. emploi substantivé de l'adj. **1.** 1930 [Esnault]. **2. Donner, lâcher du chouette,** 1928 [Lacassagne] ; **filer du chouette,** 1970 [Boudard-Étienne]. **3.** 1928 [Esnault]. **4.** 1953 [id.].

◆ *pl.* 1960 [Le Breton].

chouettement *adv.*

Très bien, parfaitement : *Est-il frusqué un peu chouettement ?* (Méténier).

ETYM. de **1. chouette.** 1843 [Esnault].

chouf *n.m.*

Action de surveiller, d'espionner : *Le pet, le chouf, la planque. Un bon flic n'est ni génial, ni héroïque. Il est patient* (Lion).

ETYM. de **chofer.** 1987, Lion.

choufer ou **chofer** *v.t.*

Regarder, épier.

ETYM. de l'arabe **chouf,** regarde ! S'emploie surtout à l'impératif. *chofer* 1899 [Nouguier].

chouflique *n.f.* ou **choufliqueur** *n.m.*

PÉJ. Mauvais ouvrier : [Ils] *se servaient entre eux d'une espèce de jargon que l'enfant trouvait bas et laid. Une machine s'appelait « une bécane », les chefs d'atelier « des contre-coups », les mauvais ouvriers « de la chouflique »* (Daudet). *Moi, je veux* [...] *qu'on ne me traite pas comme un* choufliqueur *dont on se débarrasse en lui retrouvant une paye* (id.).

ETYM. de l'all. **Schuflicker,** savetier. *chouflique* 1876, Daudet ; *chouffliqueur* 1867 [Delvau].

VAR. **chouflik, choumak** *n.m.* Savetier : 1881 [Rigaud].

choufliqué, e *adj.*

Vx. Mal fait, saboté.

ETYM. de **choufliquer,** faire mal un ouvrage. 1872, Poulot [Larchey].

chouïa, chouya, chouaye ou **chouilla** *adv.*

Vx. Doucement (parfois redoublé : **chouïa-chouïa**). **Pas chouïa,** pas beaucoup : *Des harengs saurs de tous les âges... et qui gagnaient pas chouïa aux renseignements de la P.P.* (Céline, 5).

◆ *n.m.*

Un chouïa, une petite quantité, un peu : *S'ils s'étaient rencontrés, ils seraient revenus* *tous les deux pour boire un petit chouïa* (Grancher). *Si vous fumiez, vous pourriez, de temps en temps, me filer un petit chouilla de tabac* (Le Dano). *Quant aux limaces, ils les exigeraient en popeline frissonnante, et un chouaye soyeuse, pardon !...* (Simonin, 2).

ETYM. de l'arabe maghrébin **chouya,** un peu. 1881 [Esnault] (comme interj.) ; redoublé : 1858, Fromentin [Christ]. **Pas chouïa,** 1935 [Esnault].

◆ *n.m.* 1870 [id.].

VAR. **choueille :** 1916 [id.]. **chouilla :** 1973, Le Dano. **chouille :** 1882 [Chautard]. **chouaye :** 1953, Simonin.

chourave *n.f.*

Vol.

◆ *adj.*

Volé : *On répète le soir dans une cave / Sur des amplis un peu pourris / Sur du matos un peu chourave* (Renaud).

ETYM. déverbal de **chouraver.** 1970 [Boudard-Étienne].

◆ *adj.* vers 1980, Renaud.

chouravé, e *adj.*

Un peu fou.

ETYM. sans doute de **chou-rave** (cf. *bête comme chou*). 1953 [Sandry-Carrère].

chouraver ou **chourer** *v.t.*

Voler : *Après les grivèleries, ç'a été les vols à la tire... Un jour, avec ton copain Christian, vous avez carrément chouravé son sac à main à une bourgeoise* (Veillot). *Le proxénète vit dans un triangle tragique, entre sa femme qui songe à le doubler, les flics qui veulent en faire un zélé auxiliaire de justice et ses collègues qui ne visent qu'à lui chourer son gagne-pain* (Spaggiari).

ETYM. du romani **tchorav,** même sens. *chouraver* 1938 [Esnault] ; *chourer* 1983, Spaggiari.

chouraveur ou **choureur** *n.m.*

Voleur : *Postulat : toute noire est une thiaga et un trou à sida comme tout beur est un choureur et un dealer* (Smaïl).

ETYM. du verbe **chouraver** ou **chourer.** *chouraveur* 1962, Boudard ; *choureur* 1997, Smaïl.

chouriner *v.t.*

VIEILLI. Frapper, tuer à coups de couteau : *C'est l'ami de Voivenel qui l'a chourinée, pendant que Blignon, après l'avoir entortillée dans son mantelet, la tenait par-derrière* (Vidocq). *Je voyais rouge... et si j'avais un couteau à la main, je chourinais, je chourinais, j'étais comme un vrai loup, quoi !* (Sue). SYN. suriner.

ETYM. de **chourin,** couteau, issu du romani **tchouri.** 1828, Vidocq.

DER. **chourinade** *n.f.* Attaque ou meurtre au couteau : 1842, Sue.

chourineur *n.m.*

VIEILLI. Assassin qui tue au couteau : *Quand le chourineur lève son couteau, soyez bien persuadé qu'il n'a pas devant les yeux une vision de guillotine, ou même de bagne* (Goron). *Mais le plus passionnant est la Chope, rue du Four, ouvert dès quatre heures de l'aube et plein aussitôt d'une tribu de chiffonniers qui ont gardé le costume et l'allure des chourineurs du roman populaire, casquette à pont, tempes velues, vestes minces, pantalons à pattes d'éléphant* (Clébert).

ETYM. de **chouriner.** 1828, Vidocq. *Le Chourineur* est le surnom d'un des célèbres bandits des *Mystères de Paris,* de E. Sue.

chpil *n.m.,* **chpiler** *v.i.* → SCHPILE, SCHPILER.

chrome *n.f.*

Malchance : *Il en était sûr, il reviendrait vainqueur. Ce n'était pas possible que la chrome s'acharne sur lui aussi longtemps* (Vexin).

ETYM. origine obscure, p.-ê. du nom du métal ; au sens de « mauvaise humeur » à Saint-Cyr, 1903 [Esnault]. 1958, Vexin.

chroumer *v.i.*

Piller dans les voitures en fourrière.

ETYM. sans doute formation expressive. 1977 [Caradec].

1. **chtar, chtard, schtard, chetar** ou **jetar** *n.m.*

Cachot : *Une gonzesse, trop d'amis et on se retrouve au ch'tar, et c'est là qu'on comprend que ce n'était pas une gentille petite femme, pas des amis du tout* (Braun). *Il y a quatre jours que je suis décarré du chtard* (Le Dano).

ETYM. du verbe **jeter (en prison).** *schtard* 1846, *Intérieur des prisons. chetar, jetar* 1867 [Delvau].

DER. **schtardier** *n.m.* Détenu : 1878 [Rigaud].

2. **chtar** ou **jetard** *n.m.*

Coup reçu : *Un bon chtard, rien de grave, l'os a tenu ! rigole l'infirmier* (Oppel).

ETYM. resuffixation et altération de **jeton,** même sens. *jetard* 1927 [Esnault] ; *chtar* 1977 [Caradec].

DER. **chtarbé** *adj.m.* Fou : 1984, *le Nouvel Observateur.*

chtibe ou **chetibe** *n.m.*

Prison : *Qu'espérez-vous ? Vous ne sortirez d'ici que pour entrer au chtibe* (Malet, 2). *Au chetibe, ces choses-là sont devinées par tout le monde, quelquefois même par certains gardiens pas trop vaches* (Trignol).

ETYM. de l'all. **Stübchen,** petite chambre. 1928 [Lacassagne], sous la forme *schtib.*

chtouille *n.f.*

MST (blennorragie ou syphilis) : *Je lui ai dit que j'étais résistant moi aussi, que je faisais des V en pissant, mon jet étant harmonieusement divisé au départ du méat, à la suite d'une chtouille breneuse acquise bien avant l'avènement d'Hitler* (Paraz, 1).

ETYM. de **jeter** au sens de « émettre (un liquide) » et du suff. péj. **-ouille ;** d'abord *jetouille* 1899 [Esnault], puis altération en *cht...* 1889 [Chautard].

VAR. **schtouille** *n.f.* : 1901 [Bruant].

DER. **schtouillard** *n.m.* Homme atteint d'une MST : [id.].

chtourbe *adj.*

Vx. Mort. **Camoufle chtourbe,** chandelle éteinte.

◆ *n.f.*

1. Misère : *Au-dessous de cent briques de revenus annuels, il s'estime alors dans la chtourbe* (Boudard, 4). **2.** Ennui : *Elle sollicitait les conseils des autres parents... de ceux qu'avaient aussi des chtourbes avec leurs moutards* (Céline, 5).

ETYM. de l'alsacien et du souabe **storb,** mort. 1856 [Esnault].

◆ *n.f.* 1898 [id.].

chtrasse *n.f.*

Administration.

ETYM. troncation de **administration** (l'orthographe est incertaine) ; nombreuses variantes dans les grandes écoles et classes préparatoires, à partir de 1905 [Esnault].

chtrope *n.m.*

Mauvaise marchandise malgré l'apparence, dans le langage des brocanteurs.

ETYM. origine inconnue. 1977 [Caradec].

ciao [tʃao] *interj.* → **TCHAO.**

cibiche ou **sibiche** *n.f.*

Cigarette : *Comme il s'éloignait, les mains dans les poches, la cibiche aux lèvres, en faisant beaucoup de fumée, une petite voix le héla* (Machard). *Les gerces, en cheveux, dépenaillées, circulent, perçant les groupes, dévisageant les types, en quête d'une sibiche, d'un verre* (Méténier).

ETYM. resuffixation pop. de **cigarette.** 1881 [Rigaud].

VAR. **cibi :** 1916. **cipige :** 1880. **sibijoise :** 1872, etc. (toutes chez Esnault).

ciboulot *n.m.* ou **ciboule** *n.f.*

1. Tête : *Et j'ai qu'à voir ton ciboulot / Pour m'figurer qu'ta part d'gâteau / Ne cont'nait sûr'ment pas la fève* (Rictus, 2). *Je lui envoie expromptu le Contender (1 350 grammes) dans le ciboulot. L'a beau être costaud, il s'évanouit* (Bauman). **Arriver en ciboule,** en tête. **2.** Cerveau : *Je remise quelque part au fond de ma ciboule toute noire les obscurs esprits fouetteurs* (Bastid-Martens, 1). *F...-toi ça dans le ciboulot, mon garçon, une fois pour toutes* (Leroux). Vx. **Avoir un hanneton dans le ciboulot,** être fou.

ETYM. du picard **cibole,** partie renflée de la massue (et du suff. **-ot** pour *ciboulot*). **1.** *ciboule* 1867 [Delvau]. **En ciboule,** 1960 [Le Breton]. **2.** 1883 [Fustier]. La première forme est auj. la plus répandue. **Avoir un hanneton dans le ciboulot,** 1901 [Bruant].

cicatrice *n.f.*

Vulve : *Le diable de Papefiguière devient l'histoire d'une vieille qui fait peur au lion en lui montrant sa cicatrice* (Paraz, 2).

ETYM. emploi métaphorique du mot usuel. 1928 [Lacassagne].

cidre *n.m.*

Eau (courante ou stagnante). **Ne pas valoir un coup de cidre,** ne rien valoir : *Il abandonna les deux tapins et s'amena en roulant les épaules. Il avait beau les rouler. Y devait pas valoir un coup de cidre à la bagarre* (Le Breton, 3).

ETYM. emploi ironique du mot usuel. 1926 [Esnault] (repris en 1954 par Le Breton). **Ne pas valoir un coup de cidre,** 1953 [Esnault] ; le sens est « pas même un verre d'eau ».

cierge *n.m.*

1. Vx. Sergent de ville : *Aboulent deux gardiens de la paix* [...]. *Le monsieur résiste, colle trois ou quatre pains aux cierges* (Gill). **2. En**

cierge, en faction : *Ils ont cru que c'était un tapin en cierge qu'attendait les clilles* (Boudard-Étienne).

ETYM. analogie de « station debout » et jeu de mots sur **serg.../cierge. 1.** 1866 [Delvau]. **2.** 1970, Boudard-Étienne.

cifelle ou **sifelle** *n.f.*

1. Ficelle : *Et couronnant l'château branlant / Par des cord's et par des sifelles, / Voilà des chromos artistiques* (Rictus). **2. La Tour Cifelle,** la tour Eiffel : *Faut dire qu'avec le temps qu'il fait. Ce matin, on voyait pas la Tour Cifelle à deux pas* (Beauvais).

ETYM. métathèse pop. et plaisante pour **ficelle** (1) et à-peu-près sur la tour Eiffel. **1.** vers 1900, Rictus. **2.** 1975 [Beauvais].

ciflard *n.m.*

Saucisson.

ETYM. aphérèse de **sauciflard.** 1951 [Esnault].

cigare *n.m.*

1. Tête : *Elle se demandait si le soleil de la journée ne m'avait pas tapé sur le cigare et si je n'étais pas en train de devenir cinglé* (Héléna, 1). *D'abord, j'aurais fait couper le cigare à un substitut que je connais. Une brave ordure qui s'occupe des tribunaux de gosses* (Le Breton, 6). **Y aller du cigare,** risquer sa tête : *À moi, ça rappelait la lecture du verdict au procès de Paulo-le-Pâle, l'instant où le président avait annoncé que Paulo y allait du cigare* (Simonin, 2). **2.** Cerveau : *Son premier gangster ! Il y a de quoi troubler le cœur d'une femme libre, encore qu'un peu demeurée du cigare* (Audouard). **3.** Étron : *Je me déculotte vivement, et aveignant* [avisant] *sur l'table un beau plateau d'argenterie plein de tartines beurrées et de croissants, j'y dépose un beau cigare japonais* (Stéphane). **Avoir le cigare au bord des lèvres,** avoir une envie pressante de déféquer. **4. Cigare à moustaches,** pénis.

ETYM. analogies approximatives de forme, et métaphore burlesque (4). **1.** 1915 [Esnault]. **Y aller du cigare,** 1926 [id.]. **2.** 1950 [id.]. **3.** 1928, Stéphane. **Avoir le cigare au bord des lèvres,** 1946, Genet [Cellard-Rey]. **4.** 1957 [Sandry-Carrère].

cigler ou (vx) **sigler** *v.t.*

Payer (qqn ou qqch) : *Vous ne vous figurez pas que je vais casquer la tournée et les jetons ? On ne me cigle pas mes notes de frais, à moi* (Lesou, 2). *On se quitta contents : « Il se fait cigler, mais c'est un démerde » jugea Paulo* (Braun).

ETYM. de **cigue.** *sigler* 1925 [Esnault] ; *cigler* 1928 [Lacassagne].

cigogne *n.f.*

ARG. ANC. **1.** Prison : *Raille, griviers et cognes / Nous ont pour la cigogne / Tretous marrons paumés* (Vidocq). **2.** Tribunal ; palais de justice : *Le temps qu'on reste à la Cicogne* [sic], *ne compte point* (Ansiaume).

ETYM. du lyonnais **cigogner**, saisir au cou et secouer. **1.** 1811 [Esnault]. **2.** 1815, *chanson de Winter.*

cigue, (vx) **sigue** ou **zigue** *n.m.*

1. Vx. Pièce de vingt francs : *Au trot d'essai, s'il était gail, je ne connais pas cher de flambeurs qui risqueraient vingt-cinq cigues sur lui* (Trignol). *Cinq livres, dit Georges. Avec vingt-cinq sigues on peut déjà voir venir* (Lefèvre, 2). *Des couronnes ! il y en avait de cinq zigues ! et des fleurs !* (Lorrain). **2.** Vingt ans d'âge : *Breffort parle d'une dame mûre qui avoue quarante ans : « Deux cigues ? Peut-être, mais elle oublie la monnaie ! »* (Galtier-Boissière, 1).

ETYM. origine obscure : certains y voient, sans doute un peu hâtivement, une apocope de **cigare** (section ronde) ou de **cigale**, pièce d'or (1836 [Vidocq]) ; en outre, il y a plus ou moins confusion avec *signe.* **1.** *sigue* 1815, Vidocq ; *cigue* 1821 [Ansiaume] ; *sigle* 1836 [Vidocq] ; *zigue* 1904, Lorrain. **2.** 1945, Galtier-Boissière ; *sigue* 1928 [Lacassagne]. Simonin, Le Breton, Caradec et Perret ne mentionnent même plus les formes en *s.*

DÉR. **cigale** *n.f.* Pièce d'or : 1836 [Vidocq]. **sigard** *n.m.* Louis : 1878 [Esnault]. **sigotin** et **sigotuche :** 1926 [id.]. **cigaillon** *n.m.* Même sens : 1928 [Lacassagne]. **ciguotin** *n.m.* Vingt ans d'âge : 1957 [Sandry-Carrère].

cil *n.m.*

1. Jeter un cil, jeter un coup d'œil ; lancer une œillade. **2. Avoir les cils cassés,** tomber de sommeil.

ETYM. emploi métonymique du mot usuel. **1.** 1977 [Caradec]. **2.** 1957 [Sandry-Carrère].

cimer *v.i.*

ARG. ANC. Voyager : *Je cimais dans les vergnes, pour apprendre à turbiner* (Leclair).

ETYM. déformation patoise, dans le bas Maine, du verbe **essémer**, s'en aller [Esnault]. 1800, Leclair.

cinéma *n.m.*

1. C'est du cinéma, ça n'est pas crédible, c'est invraisemblable. **2. Faire tout un cinéma, faire son cinéma,** se livrer à une démonstration excessive et ridicule. **3. Se faire du cinéma.** ***a.*** se faire des illusions ; ***b.*** se laisser aller à des rêveries érotiques: *Elle* [...] *se faisait tourner dans le cigare un cinéma horriblement lubrique* (Devaux). **4. Faire du cinéma,** être un simulateur : *Le trente-cinquième jour, je ne peux me décoller de mon grabat. Le docteur est prié de venir constater si je ne fais pas du cinéma* (Le Dano).

ETYM. emplois péjoratifs, le cinéma étant considéré ici comme fiction, c.-à-d. mensonge. **1.** 1949, Sartre [TLF]. **2.** 1967 [PR]. **3.** ***a.*** 1953, Simonin [TLF] ; ***b.*** 1928 [Lacassagne]. **4.** 1928, boxeurs [Esnault].

cinglé, e *adj. et n.*

1. Vx. Ivre. **2.** Fou: [Barbe-Bleue:] *Tu n'as pas été bigler dans ma planque ? – Je ne suis pas cinglée* (Stollé). *Imagine un quelconque gouvernement de cinglés, ils sont légion de par le monde, menaçant de fermer les robinets du pétrole* (Bénoziglio).

ETYM. emploi adj. du participe passé de **cingler. 1.** 1882 [Esnault]. **2.** 1925 [id.]. Est passé dans l'usage courant.

cinglée *n.f.*

Ivresse : *Qu'est-ce qu'ils tiennent comme cinglée les Russes, et la poule... donc* (Mac Orlan, 5).

ETYM. de **cinglé.** 1901 [Bruant].

cingler *v.t.*

Rosser.

◆ *v.i.*

Sentir mauvais. SYN. fouetter.

◆ **se cingler** *v.pr.*

Se gaver. **Se cingler le blair,** s'enivrer.

ETYM. vieux verbe (XIIe s.) dér. de **sangler,** frapper avec un objet flexible. 1921 [Esnault].

◆ *v.i.* 1900 [id.].

◆ *v.pr.* 1878 [Rigaud]. On notera le passage de «frapper» à «puer» (cf. *cogner,* etc.). Mais il y a sans doute ici influence de *schlinguer.*

cinoche *n.m.*

Cinéma (dans tous les sens) : *Marceau fusait sa fumée par le coin de la bouche, l'air d'être au cinoche des années perdues* (Amila, 1). *Il eut envie de fumer, ne lutta plus contre la mauvaise humeur. – Arrête ton cinoche, j'en connais tous les plans* (Topin). *À leur contact, je prenais goût à la mythomanie et je me faisais du cinoche* (*Actuel,* janvier 1985).

ETYM. resuffixation arg. de **cinéma** (*ciné* a un caractère plus pop., voire fam.). 1935 [Esnault].

DER. **cinochier, ère** *n.* Amateur de cinéma : 1988 [Caradec].

cinq *adj. num.*

1. En serrer cinq à qqn ou **y aller de cinq,** lui serrer la main : *L'homme tend au compagnon ébéniste qui vient de le renseigner une main de conjuré : « Serre-m'en cinq, vieux frère... et à la revoyure ! »* (Machard, 1). *Mon p'tit pote, mézigue va te t'nir compagnie, vas-y de cinq !* (Stollé). **2. Cinq contre un,** évoque la masturbation, dans les loc. **se battre, se mettre à cinq contre un. 3. Cinq et trois font huit,** sobriquet d'un boiteux.

ETYM. emplois se référant aux cinq doigts de la main (ligués, au sens 2, contre un sixième doigt !). **1.** 1941, Machard ; **y aller de cinq,** 1947, Stollé et Marcus. **2.** 1864 [Delvau]. **3.** 1881 [Rigaud].

cinquième *adj. num.*

1. La cinquième compagnie, la mort. **2. Cinquième quart de la journée,** prostitution des ouvrières après les heures de travail.

◆ *n.f.*

Vx. Haute casquette. SYN. deffe.

◆ *n.m.*

Vx. Verre d'une contenance de 20 cl : *On étouffe tranquillement un cintième* (Gill).

ETYM. spécialisations de sens de l'adj. usuel. **1.** 1923 [Esnault]. **2.** 1890, Reims [id.].

◆ *n.f.* 1881 [id.] ; le sens est « maison de cinq étages ».

◆ *n.m.* 1867 [Delvau].

VAR. ce mot est souvent déformé, à Paris, en **cintième.**

cintré, e *adj.*

1. Qui n'a pas tout son bon sens : *Je suis complètement cintré, ce soir ! M'emmerder d'une bonne sœur qui n'arrête pas de sortir un tas de conneries !* (Le Dano). **2.** Qui a de l'audace, du toupet.

ETYM. emplois imagés d'un mot technique (cf. *tordu*). **1.** 1926 [Esnault]. **2.** 1953 [Sandry-Carrère].

cintrer *v.t.*

N'en avoir rien à cintrer, syn. de n'en avoir rien à branler, à cirer.

◆ **se cintrer** *v.pr.*

Se tordre de rire.

ETYM. de **cintre.** 1986 [Merle] ; assonance avec *cirer ?*

◆ *v.pr.* 1889 [Esnault] (idée de se plier en deux).

DER. **cintrant** *adj.m.* Comique : 1928 [Lacassagne].

cipal, aux *n.m.*

Vx. Garde municipal : *Tout's les p'tit's femm's levaient la quille, / Sous l'œil paternel du 'cipal* (chanson *le Monôme des écoles*, paroles de P. Briollet et F. Mortreuil). *Je vous dis que j'ai vu de mes yeux, vu les deux cipaux qui emmenaient Juve, les menottes aux mains* (Allain-Souvestre).

ETYM. aphérèse de **(garde) municipal.** avant 1848 [Esnault].

cipale *n.f.*

1. Municipalité. **2.** Vx. Vélodrome municipal, à Paris : *Un jour, je traversais Paris, à vélo bien sûr, pour aller chercher un de mes vélos de piste qu'était à la Cipale, à Vincennes* (Pousse).

ETYM. aphérèse de **municipale. 1.** 1970 [Boudard-Étienne], mais dès 1869, à Châlons, au sens de « musique municipale ». **2.** 1920 [DDL 23].

cirage *n.m.*

1. Vx. Homme à peau noire. (On rencontre également **ciré.**) **2. Être dans le cirage, en plein cirage.** ***a.*** être ivre (on rencontre aussi **être cirage**) ; ***b.*** être dans une situation difficile, dans un état physiologique incertain, être évanoui, etc. : *D'autre part, cette affaire est assez vaseuse. Pour parler franc, je suis en plein cirage* (Malet, 16). *Le prévenir de quoi ?... Je nageais en plein cirage* (Simonin, 7). **3. Corvée de cirage,** syn. de soûlographie.

ETYM. emploi métonymique (1) : la couleur pour l'individu, et jeu de mots sur **noir** (2). **1.** 1901 [Bruant] ; *ciré* 1881 [Rigaud]. **2. *a.*** 1930 [Esnault] ; **être cirage,** 1928 [Lacassagne] ; ***b.*** 1935, Simonin-Bazin [TLF].

cire *n.f.*

ARG. ANC. **Vol à la cire,** vol de couverts dans un restaurant, au moyen d'un emplâtre de cire avec lequel le voleur collait sa prise sous la table, avant de l'emporter.

ETYM. loc. explicite. 1881 [Rigaud].

cirer *v.t.*

1. Vx. **Cirer les meubles,** rosser sa femme. **2. Cirer les bottes, les pompes à qqn** ou (vx) **cirer qqn,** le flatter servilement : *On se redresse, pas trop, ça fait mal, à force de cirer les pompes on a les reins cassés* (Camara). **3. N'en avoir rien à cirer,** s'en désintéresser complètement : *Bien sûr, elle avait tout de suite compris quel paquet de dynamite les papiers trouvés représentaient. Mais la politique, elle, rien à cirer* (Conil). *On veut larmoyer ? Rien à cirer de cette affectivité malsaine des bonnes âmes* (*Actuel,* janvier 1985).

ETYM. emplois métaphoriques du verbe usuel. **1.** 1928 [Lacassagne]. **2.** 1929 [Larousse] ; **cirer qqn,** 1883 [Fustier]. **3.** 1982, Siniac. Cette loc. s'est largement répandue depuis 1980 ; euphémisme pour *rien à branler.*

cireur *n.m.*

Vx. Voleur de couverts.

ETYM. il les colle sous la table avec de la cire. 1894 [Virmaître].

cirque *n.m.*

1. Activité désordonnée et bruyante, affairement brouillon : *Elle se contenta de dire qu'il n'y avait que moi pour faire un cirque pareil avec si peu de chose* (Bénoziglio). **2. Mener le petit** ou **Prosper au cirque,** coïter, en parlant de l'homme : *Elle débrida ses quenouilles et donna une perme à Holopherne pour qu'il emmène Prosper au cirque* (Devaux). **Aller au cirque,** même sens (employé par les homosexuels). **3. Faire son cirque,** syn. de faire son cinéma.

ETYM. le cirque est associé à l'idée de tourbillon, d'où « confusion ». **1.** 1952 [Esnault]. **2.** 1953 [Sandry-Carrère]. **Aller au cirque,** 1975 [Arnal]. **3.** contemporain.

cisailler *v.t.*

1. Frapper de stupeur. **2.** Dépouiller, ruiner (surtout au jeu) : *Il y aura pour toi cinq sacs d'avance par jour tant que l'affaire ne sera pas dans la fouille. C'est un avantage qu'on te fait parce que tu es cisaillé* (Trignol). **3.** Démoraliser.

ETYM. image schizophrénique du dédoublement de personnalité (→ SCIER). **1.** 1943, J. de

La Varende [TLF]. **2.** 1946, Trignol [TLF]. **3.** 1982 [Perret].

ciseaux *n.m.pl.*

1. Technique de vol à la tire consistant à extraire, de l'index et du médius rapprochés, un portefeuille de sa cachette. **2.** Caresse érotique consistant en l'attouchement simultané de la vulve et de l'anus de sa partenaire avec deux doigts de la même main: *Dis... fais-moi les ciseaux... C'est ça... Enfonce bien le pouce dans le con et l'index dans le cul. Ah ! c'est bon !* (Apollinaire, 1). **Faire petits ciseaux,** recourir à ce raffinement.

ETYM. analogie de fonctionnement. **1.** 1911 [Esnault]. **2.** 1906, Apollinaire [Cellard-Rey]. **Faire petits ciseaux,** 1928 [Lacassagne].

cistra *adj. et n.*

Raciste: *Elle serait pas partie à la chasse au cistra sans nous prévenir, ma sœur* (Reboux).

ETYM. verlan de **raciste.** 1990, *l'Événement du jeudi* [Doillon].

Cité (la) *n.pr.*

La Préfecture de police.

ETYM. métonymie : le lieu pour l'institution. 1950 [Esnault].

1. citron *n.m.*

1. Tête: *On r'çoit des taloches / Et d'l'eau sur l'citron* (chanson *les Gosses de la cloche*, paroles de V. Scotto). *Mais que vois-je par-dessus les citrons empoilés des bonnes gens qui m'entourent ?* (Queneau, 1). **Se lécher le citron,** s'embrasser. **2.** Cerveau, intelligence : *Sautez, dansez, nos p'tit's cervelles / Giclez, jutez, nos p'tits citrons* (Rictus). *Entre les amateurs et les pros, il y a un os sur lequel bien des fortiches se sont cassé le pif. C'est ça qu'il faut bien se mettre dans le citron avant de signer des chèques* (Lefèvre, 1). **Se presser, se creuser, se casser le citron,** faire de gros efforts pour comprendre qqch: *On se casse le citron pour rien, dit Mahuzard. Demain, les nôtres seront ici* (Siniac, 5).

◆ *n.f.*

Vx. Grenade explosive : *Il n'y avait à dépasser qu'un collet en fil téléphonique tressé. Le gars qui se prenait la patte là-dedans armait du coup la citron* (Vercel).

ETYM. analogie de forme et comparaison fréquente, dans le langage arg., de la tête ou d'une grenade avec un fruit sphérique ou ovoïdal (→ POIRE, POMME, CALEBASSE, etc.). **1.** 1878 [Rigaud]. **Se lécher le citron,** 1977 [Caradec]. **2.** 1901, Bruant. **Se creuser le citron,** 1977 [Caradec].

◆ *n.f.* 1934, Vercel.

2. citron *n.f.*

Vx. **1.** Voiture de la marque Citroën: *Je possède une maison à Melun, un joli jardin et même une voiture, la Citron que vous voyez devant la porte* (Galtier-Boissière). **2.** La firme Citroën: *C'est désaffecté, maintenant, comme on dit. Ça sert un peu à Citron, je crois* (Malet, 2).

ETYM. jeu de mots favorisé par la couleur (jaune) des taxis Citroën. 1924, chanson *Ernestine,* paroles de Y. Mirande.

citrouille *n.f.*

Tête : *L'impact lui avait étoilé et aussitôt fait éclater la citrouille* (Bastid).

ETYM. analogie de forme. 1901 [Bruant]; au sens de «casque de dragon», 1907 [France].

civelot ou **civlot** *n.m.*

Civil (par opposition au militaire): *Et le cœur bien gros comm' dans un sanglot / On dit adieu aux civelots* (Vaillant-Couturier, *in* Saka).

ETYM. suffixation de **civil,** sur le modèle de **moblot;** mot très répandu chez les soldats à la fin du XIXe s. *civlot* 1895 [Esnault] ; *civelot* 1917, Vaillant-Couturier.

claboter *v.i.*

Mourir: *J'étais certaine que ma vie allait se terminer ainsi, j'allais claboter sous cette bombe* (Francos). *J'ai foncé, en taxi, à l'Institut médico-légal, Quai de la Râpée [...], là où atterrissent tous ceux qui ont le mauvais goût de claboter sur la voie publique* (Pouy, 3). SYN. clamser.

ETYM. origine obscure ; il y a probablement un lien avec **claquer.** 1899 [Nouguier].

VAR. **clapoter:** 1915 [Esnault].

DER. **clabotage** *n.m.* Agonie, mort: 1899 [Nouguier].

clair *adv.*

Voir clair, recevoir de l'argent.

ETYM. du verbe **éclairer,** donner son argent, miser (XVIe s.). 1885 [Esnault].

clampin *n.m.*

Individu quelconque, plutôt lent et paresseux: *Tas de clampins, murmura le gamin dépité, en v'là qui ne prennent pas le mors aux dents* (Boussenard).

ETYM. altération de **clopin,** boiteux, sous l'influence de **lambin.** 1808 [d'Hautel] ; en arg. militaire, « qui traîne à la queue d'une troupe », 1833, Vidal et Delmart [TLF].

clamsé, e ou **clamecé, e** *adj. et n.*

Mort : *Je ne sais pas où elle est, mais elle n'est pas clamsée* (Pouy, 1). *Comment, il y a deux clamsés dans les cabinets ?* (Charrière). *Votre chef est clamecé. Faites le nécessaire* (Lacroix). **Champ des clamsés,** cimetière : *Les potes [...] qui ont filoché ton corbi jusqu'au champ des clamsés* (Marcus).

ETYM. emploi adj. et nominal du participe passé de **clamser.** 1947, Stollé.

clamser *v.i.*

Mourir : *Il aurait pu clamser devant moi, se mettre à râler d'agonie, je ne me serais même pas levé pour lui tendre un verre de flotte* (Boudard, 1). *Le caissier, la bouche béante, étouffe. Merde ! il va pas clamser, ce con !* (Jaouen).

ETYM. origine peu claire, sans doute liée à une racine expressive **kla** (→ CLAQUER). 1888, Courteline [Sainéan].

VAR. parmi les nombreuses var. relevées par les dictionnaires : **clampser, clamcer, clamecer ;** l'orthographe prise ici comme entrée est auj. la plus usuelle.

DER. **clamsage** *n.m.* Agonie ; meurtre : 1899 [Nouguier].

clandé *n.m.*

1. Maison close clandestine : *Ils rêvaient d'ouvrir un gentil clandé dans une petite ville agricole* (Audouard). **2.** Tripot clandestin.

◆ *n.f.*

Prostituée officiant dans un clandé.

ETYM. apocope de **clandestin. 1.** 1948 [Lacassagne] ; la suppression des maisons closes en 1946 a favorisé, sinon créé, la clandestinité. **2.** 1953 [Esnault].

◆ *n.f.* 1975 [George].

VAR. **clandestin** (au sens 1) : 1966, Grancher. **clando :** 1952 [Esnault].

claouis *n.m.pl.*

Testicules : *Il me cassait les claouis jusqu'à deux heures du matin à me lire des poèmes de miliciens fusillés* (Paraz, 1).

ETYM. de l'arabe algérien **klaoui,** même sens. 1898 [Esnault].

VAR. **claouilles :** 1973, Le Dano.

clape *n.f.*

1. Nourriture : *Que manque-t-il donc au monde de la clape express* [le fastfood] *pour être le meilleur ?* (*Libération,* 14 avril 1986). **2.** Repas : *C'est bientôt l'heure de la clape.*

ETYM. déverbal de **claper.** contemporain.

claper *v.t. et i.*

Manger : *Le lapin se mit à claper le carré de choux* (Devaux). *En route, il va être une heure, on n'a pas encore clapé* (Fallet, 1).

ETYM. verbe d'origine wallonne, « mordre », en parlant des chiens (1845), d'où « dévorer ». 1917 [Esnault].

clapet *n.m.*

1. Bouche : *Il ne me répondit pas et c'était étonnant qu'une vanne ne fleurît pas de son clapet à bagoulances* (ADG, 1). **Boucler** ou **fermer son clapet,** se taire : *Chacun [...] / Doit boucler son clapet, devant les combinards* (Marcus). *Vas-tu fermer ton clapet, avorton ! grogna l'un des sbires* (Le Breton, 6). **2.** Bavardage : *La pipelette, quel clapet !*

ETYM. emploi métaphorique du terme technique. **1.** 1897, Rictus. **Boucler son clapet,** 1947, Marcus ; **fermer...,** 1954, Le Breton. **2.** 1966 [DFC].

clapser *v.i.*

Mourir : *Bien sûr, ils n'ont pas attendu que je clapse* (Arnoux).

ETYM. var. de **clamser.** 1891, Méténier [Sainéan].

claquant, e *adj.*

Épuisant : *Un boulot claquant.*

ETYM. emploi adj. du participe passé de **claquer.** 1775, Beaumarchais [GLLF].

1. claque *n.m.*

1. Tripot. **2.** Maison close : *Selon vous, patron, entre un garni de la rue Saint-Thomas et un « 4 étoiles », il n'y aurait comme différence... – ... que celle qui sépare un claque à bougnoules d'un bordel de luxe* (Coatmeur). *Eh ! bien, oui, au clac !... – Au clac ? – Au bordel, enfin, puisque tu ne connais pas le français* (Marguerite). **Tête à claque,** dans le langage des policiers, noctambule qui visitait les maisons closes.

ETYM. abrègement de **claque-dents. 1.** 1895, J. Richepin [TLF]. **2.** 1881 [Rigaud]. **Tête à claque,** 1975 [Arnal].

DER. **clacqueton** *n.m.* Maison close : 1946, *Plaisir des dieux.* **claque-house** : 1953 [Sandry-Carrère].

2. claque *n.f.*

1. En avoir sa claque, être saturé, dégoûté de ; être épuisé : *Sur la brouette, quatre valises s'alignaient. Il semblait en avoir sa claque de les pousser, l'homme de peine* (Simonin, 1). *« Oh, j'en ai ma claque, je ne tiens plus debout ! » Allait-il tomber en faiblesse devant le petit flic ?* (Amila, 1). **2. Prendre une claque.** ***a.*** subir un échec ; ***b.*** être sérieusement entamé (en parlant de nourriture ou de boisson) : *« Allez, un p'tit coup pour me remettre en forme. » La bouteille de beaujolais se prend une bonne claque* (Knobelspiess).

ETYM. déverbal de **claquer** (2) et emploi métaphorique du mot signifiant « gifle ». **1.** 1877, Zola [TLF] ; d'abord « avoir trop bu ou mangé » 1866 [Delvau]. **2.** ***a.*** contemporain ; ***b.*** 1901 [Bruant].

claque-dents *n.m.inv.*

Vx. Lupanar : *La rousse m'a l'vé dans un claque-dents* (Brissac). *Hé, M'am' Pudeur, voilez vot' face,* [...] */ Faudrait qu'on fasse / Des claqu'-dents pour les animaux !* (Rictus, 2).

ETYM. d'abord au sens de « gueux » (qui claque des dents, de faim), au XVIe s. et encore chez Dégaudenzi (1987), puis « maison de jeux », 1881 [Rigaud], et « maison close », 1875, Rabasse [Larchey].

claque-merde *n.m.*

Bouche : *Tonio la reprenait tout le temps pour qu'elle se taise : « Écrase un peu, Jenny... Ferme ton claque-merde ! »* (Boudard, 5).

ETYM. de **claquer,** manger, et de **merde.** 1929-1934, A.-L. Dussort [Esnault].

claque-patins *n.m.inv.*

Vx. Individu misérable.

ETYM. var. de **traîne-patins,** plus usuel. 1883 [Fustier], mais *claque-faim,* de même sens, dès 1867 [Delvau].

claquer *v.t.*

1. Vx. Manger. **2.** Dissiper, dépenser avec largesse : *Elle venait de claquer cinq mille francs dans la journée et le résultat, aussi sombre qu'il fût, avait de quoi couper le souffle aux Goldwin et aux Mayer* (Delacorta). **3.** Voler (à l'étalage). **4.** Épuiser physiquement ou intellectuellement : [Le médecin] *a dit qu'elle était claquée ! Dans trois jours au plus tard, elle sera nettoyée !* (Méténier).

◆ *v.i.*

1. Mourir : *Le jour où ils claqueront d'un trop-plein de misère, d'un renvoi de chienne de vie, ils n'auront pas loin à aller* (Demouzon) ; en emploi passif : *Je ne compte pas les grands blessés et ceux qui sont claqués à l'hôpital* (Paraz, 2). **2. Claquer du bec.** ***a.*** avoir faim : *Sans travail, sans soutien, sans certitude du lendemain, sans rien, applaudi par les jeunes et claquant du bec, j'ai regretté quelquefois d'avoir agi, de m'être dévoué* (Van der Meersch) ; ***b.*** mourir : *Car ses amants, claquant du bec, / Tués dès la première épreuve, / Ne couchent qu'une fois avec / La veuve* (chanson *la Veuve*, paroles de J. Jouy). **3.** Échouer, en parlant d'une entreprise : *Ce plan d'enfer lui a claqué dans les pattes.*

ETYM. de **donner une claque,** au sens de « faire disparaître » (cf. *calotter*) pour 1, 2 et 3, et de **claquer,** éclater pour 4 et emplois intr. **1.** 1848 [Pierre]. **2.** 1861 [Larchey]. **3.** 1927 [Esnault]. **4.** 1891, Méténier.

◆ *v.i.* **1.** 1856, F. Michel [Larchey]. **2.** 1894 [Virmaître]. **3.** 1945, Duhamel [TLF].

claqueur *n.m.*

Vx. Proxénète : *Parmi les souteneurs de filles, les claqueurs et les escrocs, c'est un usage de ne se faire appeler que par la dernière syllabe du prénom* (Vidocq).

ETYM. var. de **cliqueur,** bretteur, issu de **clique** [Esnault]. 1828, Vidocq.

clarinette *n.f.*

1. Vx. Instrument d'effraction : *L'instrument essentiel du fric-frac est la pince-monseigneur, qu'on appelle encore clarinette, ou sucre de pomme* (Locard). **2.** Pénis : *Ils la trouvèrent si troublante que, sous leurs cottes, les clarinettes montèrent à la température du bain chaud* (Devaux). **Faire une partie** ou **jouer de la clarinette baveuse,** pratiquer une fellation. **3.** Vx. Fusil : [Le commandant :] *Ah ! chenapan, tu casses ton fusil, tu fais des jambons avec ta clarinette* (A. Camus). *De temps à autre* [sous le Second Empire], *pour alterner avec la musique d'Offenbach, une symphonie à grand chahut avec des clarinettes de six pieds* (Gill).

ETYM. euphémisme humoristique (1) et métaphore de la « tige » (2) ; le pied-de-biche peut évoquer la fente du méat urinaire. **1.** 1921 [Esnault]. **2.** 1953 [Sandry-Carrère]. **3.** 1808 [d'Hautel].

class *adj. et adv.*

1. Terminé : *C'est class, Dédé... T'es le plus fort... J'ai compris...* (Malet, 1). *Quand il a définitivement compris que pour lui c'était class, il s'est décidé à me pondre ses dernières petites volontés dans le creux de la feuille* (Bastiani, 4). **2.** Assez : *Le Vénéré Daron se décida à rebrider les robinets du Bain Mondial. Il trouvait que c'était class comme ça* (Devaux). **En avoir class de,** être dégoûté de, écœuré de : *Moi, j'en ai clas d'être victime. Depuis minuit que je change des roues à des connards de ton espèce !* (Simonin-Bazin). *Il en a marre de la patrouille. Archiclass, plein les bottes* (Morgiève).

ETYM. de l'arabe **khlas,** il a fini, c.-à-d. « pas du tout » ou « la fin », avec influence de **classé,** terminé, réglé. **1.** 1917 [Esnault]. **2.** 1901 [Bruant].

VAR. **classe :** 1901 [Bruant].

1. classe *n.f.*

1. Être de la classe, faire partie du même groupe, de la même tranche d'âge concernée par une libération, la retraite, etc. : *Être de la classe rend fou Bertin, du 22e d'artillerie, à Versailles : il se déshabille devant saint Antoine et se dit son cochon* (Fénéon). **2.** Vx. Convoi de forçats transportés à Nouméa ; chacun d'entre eux : [Le matelot aux forçats transportés :] *Peuh ! C'est rien que ça, la classe, nous en verrons bien d'autres* (Humbert). **3.** Jour de la libération : *Il avait raison, ce surveillant-chef, la santé avant tout. Bouffer, fumer son petit clope par-ci par-là et attendre tranquillement la classe* (Le Dano). SYN. quille.

ETYM. spécialisation du mot usuel, « catégorie de personnes ». **1.** 1878 [Rigaud]. **2.** 1872 [Esnault]. **3.** 1888, Courteline [TLF].

2. classe *n.f.*

Avoir (de) la classe, c'est la classe, appréciation admirative : *L'avait d'l'allure, l'avait d'la classe, / L'avait pas l'air d'un gigolo* (Renaud). *Voilà c'que j'ai et qu'il a pas : la secla. La classe. La classe c'est pas une question d'intelligence. C'est kêk chose qu'on porte en soi. Une breloque dans les chromosomes* (Lasaygues). *Le monsieur a essayé de s'excuser, il avait un look vaguement rétro, pas la classe mais propre et bien élevé* (Ravalec).

◆ *adj.*

Il est classe, c'est classe, c'est beau, bien, prestigieux, etc. : *Qu'est-ce que tu lui as raconté à ce salopard de flic ? – N'importe quoi ! Je t'ai inventé une biographie d'homme de lettres tout ce qu'il y a de plus classe !* (Guégan).

ETYM. l'expression complète **avoir de la classe** (1916 [Esnault]) est démodée, et même **avoir la classe, c'est la classe,** du moins pour certains, qui recommandent l'emploi adjectival : « jugement de valeur favorable, de provenance minet, initialement fondé sur l'apparence, pour qualifier, en premier lieu, l'élégance B.C.B.G. » (1984 [Obalk]).

classiques *n.f.pl.*

Avoir ses classiques, avoir ses règles, en parlant de la femme.

ETYM. jeu de mots probable sur **règles, régulier,** donc classique. 1977 [Caradec].

cleb, clebs ou **clébard** *n.m.*

Chien : *« Où va cette bête ? » se demandait Pierrefeu que ces sorties hebdomadaires étonnaient par leur régularité. Drôle de cleb !* (Carco, 4). *Deux abois brefs retentirent. – Le kleb de la fabrique ! chuchota Jacques* (Rosny). *Aujourd'hui, c'est devenu les rapports amoureux dans le style clebs... on se renifle vite fait le fion et hop ! encaldossarès n'importe où, n'importe comment* (Boudard, 5). *T'as toujours ton sacré clébard, / Croisement d'bâtard avec bâtard* (Renaud).

ETYM. de l'arabe **kelb,** pl. **kleb,** même sens ; nombreuses variantes, celles en *k-* étant désuètes. *cleb* 1895 [Esnault] ; *clebs* 1901 [Rossignol]. Le *s* proviendrait d'une suffixation style Arts et métiers ; *clébard* 1934 [Esnault].

clef ou **clé** *n.f.*

1. ARG. ANC. **Clef d'arrêt :** « On nomme clef d'arrêt une barre de fer passée le long de l'épine dorsale, et qui se reliant aux bras et à la tête par des ferrements, tient le patient dans une constante immobilité » (Alhoy). **2. La clef,** l'évidence même, la solution : *La clef pour éviter d'être emballé, c'est de rester peinard* (Le Breton, 1).

ETYM. emplois métaphoriques du mot usuel. **1.** 1835, selon Alhoy. **2.** 1960 [Le Breton].

Cléopâtre *n.pr.*

Faire Cléopâtre, faire une fellation.

ETYM. image fondée sans doute sur la réputation sensuelle de la reine d'Égypte (peut-être y a-t-il en outre un jeu de mots : faire une « clé au pâtre »). 1977 [Caradec].

clepo ou **cleupo** *n.m.*

Cigarette.

ETYM. verlan irrégulier de **clope.** *clepo* 1984 [Obalk]; *cleupo* 1988 [Caradec].

cliche *n.f.*

1. Diarrhée, colique. SYN. chiasse. **2.** Peur intense: *Si j'avais à le défendre, je la ferais valoir, cette cliche-là, parce que ce n'est pas la colique, c'est la frousse, mais la frousse-malaise qui vous fait s'en aller un bonhomme en eau* (Vercel).

ETYM. mot normand, déverbal de **clicher,** foirer. **1.** 1836, Landais [Quemada]. **2.** 1920 [Bauche].

Cliche (la) *n.pr.*

Quartier de la place Clichy, à Paris.

ETYM. apocope de **Clichy.** 1953 [Sandry-Carrère].

cliché *n.m.*

Visage laid ou antipathique.

ETYM. emploi métaphorique et péj. d'un terme de photographie, sans doute confondu plus ou moins avec le participe passé de **clicher** (→ CLICHE). 1977 [Caradec].

clicli *n.m.* → CLITO.

client *n.m.*

Individu propre à être dupé. SYN. cave.

◆ **client, e** *adj.*

Être client pour qqch, être amateur de, favorable à: *Pas client pour le corps à corps, il me tenait à distance, des pieds et des poings qui partaient alternativement à chacune de mes approches* (Simonin, 3).

ETYM. spécialisation de sens: il s'agit presque toujours d'un marché illégal, voire spécial. 1878 [Rigaud].

◆ *adj.* 1954, Simonin.

clignots ou **clignotants** *n.m.pl.*

Yeux: *Les clignotants je vais te les lui fermer coup sec et casser quelque chose dedans* (Dégaudenzi).

ETYM. de **cligner.** *clignots* 1881 [Esnault]; *clignotants* 1897, Rictus.

clille *n.m.*

Client: *À Montmartre, les prodigalités du planteur font rêver toutes les filles qui ont baptisé ce « clille » exceptionnel : « le Maharadja »* (Larue). *Il est surévident que l'un et l'autre n'ont rien à faire de ces clilles suspects* (Dégaudenzi).

ETYM. altération apocopée de **client.** 1931 [Esnault].

cliquette *n.f.*

1. Oreilles (le plus souvent au pl.): *Gagner du fric en faisant un boulot agréable, vous pensez si ça m'avait ouvert les cliquettes en grand* (Stewart). *Les électeurs qui ont bien voulu se déranger pour écouter Deladucq sont assis sur des bancs et, cliquettes tendues* [...] *boivent les paroles du candidat* (Siniac, 3). **2.** Jambes. **Jouer des cliquettes,** fuir. **Faire qqn aux cliquettes,** le faire tomber d'un croc-en-jambe: [Les spectateurs de la rixe :] *Fais-le aux gambilles ! aux cliquettes !* (Humbert). **3.** Clitoris.

ETYM. nom d'une sorte de castagnette, souvent faite de lamelles de bois ou d'os: d'où idée de percevoir des sons (1) et analogie de forme allongée (2); resuffixation diminutive de **clitoris** (3). **1** et **2.** 1872 [Esnault]. **Jouer des cliquettes,** 1826, E. Debraux [Duneton-Claval]. **Faire qqn aux cliquettes,** 1880, Humbert. **3.** 1977 [Caradec].

clito ou **clicli** *n.m.*

Clitoris: *Elle avait un petit clito, pareil que les autres gonzesses, qui vivait très bien dans un écrin si jeune qu'on aurait dit une figue fraîche éclatée* (Dégaudenzi).

ETYM. apocopes et redoublement de la première syllabe de **clitoris.** *clicli* 1953 [Sandry-Carrère]; *clito* (plus courant auj.) 1972 [George].

1. cloche *n.f.*

1. Vx. Tête; ventre: *Après s'en êt'foutu plein l'cloche, comme de ben étendu, on s'endormit comme des bienheureux, le vent'plein* (Stéphane). **2. Déménager à la cloche (de bois)** ou (vx) **de cuir,** quitter un lieu sans payer ses dettes, son terme: *Je me souviens que l'on m'avait adressé à lui pour déménager à la cloche de bois une étudiante russe qui voulait quitter son amant* (Cendrars). *Il y a quelques jours, mercredi dernier pour être précis, un de leurs clients a déménagé à la cloche* (Malet, 19).

◆ *adj. et n.f.*

Se dit d'un individu stupide (terme d'injure): *Quand on est trop cloche pour faire un turbin, c'est pas régulier d'y foutre son poinçon* (Lefèvre, 1). *Génération d'alcooliques ! lâcha*

Jeff avec mépris. Et c'est nous qu'on appelle des drogués !... Pauvres cloches ! (Varoux, 1).

ETYM. analogie de forme et idée d'instabilité, d'indécision, à cause du balancement de la cloche. **1.** 1898 [Esnault]. **2.** 1878 [Rigaud] ; **de cuir,** 1894 [Virmaître], mais *déménager à la sonnette de bois* dès 1862 [Larchey].

◆ *adj.* 1947, Malet ; *n.f.* 1870, D. Poulot [TLF].

2. cloche *n.f.*

1. Absence provisoire de gîte : *Un soir, j'avais emmené coucher chez moi le jeune poète Pierre Minet, qui était à la cloche* (Paraz, 1). **2.** Condition habituelle du clochard : *Vous êtes pensionné, bien entendu. – Quatre-vingts pour cent, une misère. Ça permet de vivre à la cloche sans faire d'écarts* (Naud) ; ensemble des clochards : *Je participais au régime de la confrérie de la Cloche, qui représente plus exactement les vagabonds des rues* (Mac Orlan, 8). *Quand on est de la cloche, la soumission, ça vous connaît* (Pelman). **3.** Clochard : *Le Noir vint s'asseoir près de Ferdinand et, subodorant en lui la cloche miséreuse, l'étranger sans feu ni lieu, il lui offrit un quart de gauloise non filtrée* (Klotz).

ETYM. apocope de **clochard,** ou du picard **cloque,** vide. **1.** 1890 [Esnault]. **2.** 1891, O. Méténier [TLF]. **3.** 1898 [Esnault] ; très usité à cette date, auj. beaucoup moins que *clodo.*

3. cloche *n.f.*

Vx. **1. Être à la cloche,** être bien informé, malin : *Ce type-là, qu'est à la cloche, m'a fait poser. Ça ne peut pas durer comme ça* (Méténier). **2. Se mettre à la cloche,** prêter l'oreille, s'informer.

ETYM. expression ancienne signifiant sans doute « être attentif au signal » [Rey-Chantreau]. **1** et **2.** vers 1885 [Esnault].

clocher *v.t.*

1. Vx. Ennuyer. **2.** Entendre, écouter : *Fallait parer le gamin, même s'il avait entendu. Et Louis était sûr qu'il avait cloché leur conversation* (Le Breton, 1).

ETYM. de **1. cloche. 1.** 1928 [Esnault] ; du sens de « sonner » (cf. *sonner les cloches*). **2.** 1954, Le Breton.

clodo *n.*

Clochard : *Chemineau, c'est un terme désuet pour désigner les vagabonds, les clodos* (Jonquet, 1). *Ça paraît des hordes de clodos nos fantassins de la drôle de guerre... dépenaillés, avec des sapes d'asile de vieux* (Boudard, 5).

ETYM. resuffixation de **clochard,** d'après **crado,** sale. 1926 [Esnault], sous la forme *clodot.*

VAR. **clocheton :** 1925. **clodoche :** 1921, Mac Orlan. **clodomir :** 1953 [Sandry-Carrère]. Semble sans lien avec **Clodoche,** nom d'un danseur de bal habile à se désosser, vers 1844 [Larchey]. Le personnage monstrueux créé par Pierre Siniac en 1971 sous le nom de **la Cloduque** est resté célèbre ; mais la forme **clodo** est de loin, auj., la plus répandue.

clope *n.m.*

Mégot : *Didier* [...] *jette un regard dégoûté vers les cendriers regorgeant de mégots. – Vous faites collection de clopes ?* (Jaouen).

◆ *n.f. ou m.*

Cigarette : *Gonzalès sortit un paquet de Gauloises dont il tapota le fond pour éjecter une clope qu'il se ficha dans le bec* (Topin). *Triste fête, défaite, Schmitz a bu le champagne et fumé son clope* (Prudon).

◆ **clopes** *n.m.pl.*

Des clopes, rien. **Béqueter des clopes,** jeûner.

ETYM. origine inconnue ; ce mot, masc. à l'origine, devient rare au sens de « mégot » et tend auj. à devenir fém. au sens de « cigarette ». 1902 [Esnault].

◆ *n.f. ou m.* 1942 [id.].

◆ *pl.* 1925 [id.].

DER. **cloper** *v.i.* Fumer : 1985, *Libération.*

clopinettes *n.f.pl.*

Des clopinettes. ***a.*** rien du tout : *Celle d'hier, quoi ! La poule qui t'a fait bouffer des clopinettes à la sauce froide* (Lefèvre, 2) ; ***b.*** s'emploie aussi comme interj., pour signifier un refus méprisant. SYN. des clous.

ETYM. diminutif de **clope.** 1925 [Esnault] (interj.).

VAR. **cropinette** (au sing. et au pl.) : 1936, Céline.

cloporte *n.*

Concierge : *Il passe la loge d'la cloporte, une serviette sous le bras. « Eh bien ! crie la pip'lette, où qu'vous allez ? »* (Carco, 1). *C'est une cloporte classique d'époque avec le chignon, les charentaises, le sarrau noir, le balai tenu à la pogne comme un sceptre* (Boudard, 6).

ETYM. d'un jeu de mots qui existe probablement déjà pour le nom de l'insecte, qui s'enroule quand on le touche : le ou la concierge **clôt la porte.** 1862 [Larchey].

cloque *n.f.*

1. Vx. Pet. **2. En cloque,** enceinte : *À peine consommé mon péché de la chair, je me suis mis à penser aux conséquences... si je l'avais pas mise en cloque du premier coup* (Boudard, 5). *Elles me font marrer ses idées loufoques / Depuis qu'elle est en cloque...* (Renaud) ; (rare en emploi autonome), état d'une femme enceinte : *Au bout du compte, la cloque, les mensonges, l'avortement, la vraie vie gynécologique des femmes qui commence à seize ans* (Cardinal).

ETYM. emploi métaphorique du mot signifiant « boursouflure ». **1.** 1878 [Rigaud]. **2. Être en cloque,** 1936, Céline [TLF].

cloquer *v.i.*

Vx. Péter.

◆ *v.t.*

Donner, jeter, mettre : *Cloque-lui une potée d'eau sur la tronche, ordonna le caïd à Paulo* (Grancher). *Henriette, il lui cloque une bise. « À moi l'Auvergne et les Auvergnates ! »* (Boudard, 3).

◆ **se cloquer** *v.pr.*

Se priver de qqch.

ETYM. de **cloque,** pet. 1878 [Rigaud].

◆ *v.t.* 1908 [Esnault]. Ce verbe s'applique à toutes les situations dans lesquelles on transmet un objet à autrui (ou on se l'approprie) sans ménagement.

◆ *v.pr.* 1901 [Bruant].

clou *n.m.*

1. Vx. Suspension d'un puni à une barre après ligotage. **2.** Mont-de-piété : *La panade, ce que nous appelons le « clou » et que d'autres – mieux élevés – nomment Mont-de-Piété ou Crédit Municipal* (Fajardie, 1). **Mettre un objet au clou,** le déposer en gage : [Je n'ai pas d'argent.] – *Mets ton alpague au clou* (Méténier). **3.** Salle de police : *Comme ça, on nous fout au clou ? – C'est probable, dit le brigadier* (Courteline). **4.** Vx. Prison : *J'avais un môme qui s'est refroidi à la peine : c'est pour cela que j'ai été au clou six ans* (Sue). **5. Ça ne vaut pas un clou,** ça ne vaut rien. **Ne pas en fiche (foutre) un clou,** ne rien faire. **6.** Engin en plus ou moins bon état : *Ce n'était pas un de ces vieux clous que l'on trouve à l'étalage de chaque bazar, mais une longue-vue des plus puissantes* (Thomas, 1). **7.** Bicyclette : *Et c'est avec une bicyclette, un vieux clou, qu'il va ratisser toute la banlieue nord* (Larue). **8.** Vx. **Clou de girofle,** dent gâtée : *Qu'as-tu donc à regarder si j'ai dans la bouche des clous de girofle au lieu de dents ?* (Balzac, 3).

◆ **clous** *n.m.pl.*

1. Ferrailles, outils : *Je prends mes clous* [de cambriolage] *et j'plaque la colbasse...* (Méténier). **Boîte à clous,** boîte à outils. **2. Des clous.** ***a.*** peu de chose : *J'étais venue pour me faire engager, mais ça n'a pas collé... Ils m'offraient des clous...* (Grancher) ; ***b.*** formule méprisante de refus, de rejet : *Écoute, on va faire un pacte : tu me laisseras dormir et je raconterai partout que tu files du mauvais coton. – Des clous* (Paraz, 2).

ETYM. le clou est pris comme symbole d'un objet sans valeur ou comme objet servant à suspendre ou à fixer. **1.** vers 1845 [Esnault]. **2.** 1823 [id.]. **Mettre un objet au clou,** 1851, *Almanach des débiteurs* [Larchey]. **3.** 1833 [Esnault]. **4.** 1835 [Raspail]. **5.** vers 1900, Léautaud [TLF]. **Ne pas en foutre un clou,** 1901 [Bruant]. **6.** 1865 [Esnault]. **7.** 1909 [id.]; peut-être pris auj. pour une aphérèse de **biclou. 8.** 1764, Santoliana [Larchey].

◆ *pl.* **1.** 1829 [Esnault]. **2.** ***a.*** 1928 [Lacassagne]; ***b.*** 1942, Paraz.

DER. **clouer** *v.t.* **1.** Mettre en salle de police, en prison : 1813 [Esnault]. **2.** Mettre au mont-de-piété : 1851, Murger [TLF].

club *n.m.*

Vx. **Faire le club,** former un groupe au coin d'une rue pour bavarder.

ETYM. emploi parodique d'un mot « distingué ». 1928 [Lacassagne].

☞ **coa**

→ Liste des argots spécifiques *page [33].*

coaltar, colletar ou **coltar** *n.m.*

1. Vx. **Rouge-coaltar** ou simpl. **coaltar,** vin rouge épais. **2. Être dans le colletar, en plein coltar.** ***a.*** se trouver dans une situation embrouillée, difficile : *S'ils le trouvent à Paris, ils croiront à une bagarre. Ils nageront en plein colletard* (Le Breton, 1) ; ***b.*** être ivre : *Mais après mes quatorze bibines / J'étais un petit peu dans l'coltard* (Renaud) ; être plus ou moins inconscient, évanoui : *Anna, les mains quasi violettes, ne s'était pas arrêtée de geindre malgré le coltard dans lequel le gnon d'Harlette l'avait jetée* (Pouy, 2).

ETYM. image d'un milieu épais, trouble, à partir du mot angl. **coaltar,** goudron de houille.

1. 1917 [Esnault]. **2. *a.*** 1954, Le Breton; ***b.*** 1981, Renaud, mais sûrement antérieur. Les variantes francisées *colletar(d), coltar(d),* sont favorisées par la prononciation anglaise *[koltar]* (et non *[koa-])* et par l'idée contenue dans *se colleter,* s'affronter à.

DER. **coaltarer** *v.t.* **1.** Punir (un matelot) en l'enduisant de coaltar : 1866 [P. Larousse]. **2.** Infliger : 1952, Nouméa [Esnault].

cocange *n.f.*

Vx. Coquille de noix qui, au nombre de trois, entre dans un jeu de dupes, ancêtre du bonneteau : *C'est dans le port surtout qu'ils exploitent la crédulité des étrangers, marins et militaires, avec un jeu qu'on appelle coquenges* (Clémens).

ETYM. de **coque** et du suff. **-ange.** 1836 [Vidocq].

DER. **cocangeur** *n.m.* Escroc qui organise le jeu des cocanges : [id.].

cocard, coquard ou **coquart** *n.m.*

1. Œil tuméfié : *Elle me gifla, un aller et retour qui claqua et réveilla ma souffrance. Je m'étais trimbalé chez les flics avec mon cocard* (Pagan). **2.** Marque noire laissée autour de l'œil par un coup de poing : *J'avais morflé, je devais avoir un vache de coquart sur l'œil, mais pas question de passer la main* (Pelman, 1). SYN. coquelicot.

ETYM. de **coque,** coup, contusion, et de **œil à la coque,** gros œil bouffi (1883 [Larchey]). *coquard* 1883, Macé [Esnault] ; d'abord « œil » 1867 [Delvau].

VAR. **coq :** 1901 [Bruant]. **coquon :** 1899 [Nouguier]. *cocard* est auj. la forme la plus répandue.

cocarde *n.f.*

Vx. Tête. **Avoir sa cocarde,** être ivre : *Les mastroquets, l'air rigolo, / Sur le seuil de leur caboulot, / Se disent : « Elle a sa cocarde, / La soularde* (chanson *la Soularde,* paroles de J. Jouy). **Taper sur la cocarde,** se dit d'une boisson qui enivre vite.

ETYM. allusion aux couleurs que donne l'alcool au visage. 1862 [Larchey].

DER. **se cocarder** *v.pr.* S'enivrer : 1877, Zola.

cochonceté *n.f.*

Cochonnerie (dans tous les sens) : *Mais voilà qu'au dessert, c'cochon de Boireau, qui était à côté d'ma frangine Pauline, commence à lui murmurer des cochoncetés dans l'trou d'l'oreille en lui foutant la main au train* (Plaisir des dieux).

ETYM. resuffixation humoristique de **cochonnerie,** sur le modèle de **méchanceté.** 1891, Goncourt [TLF]. Les emplois péjoratifs ou érotiques des mots de cette famille ne sont plus que familiers ou vieillis (comme *cinéma cochon*).

1. coco *n.m.*

1. Vx. Tête. **Dévisser le coco à qqn,** l'étrangler. **2.** Gosier ; estomac ; postérieur. **3.** Individu peu recommandable : *Le commissaire se retourne : Gilbert de Verpré dort, la tête posée sur le bureau, on trouvera sans doute un motif d'inculpation pour ce coco-là* (Galland) ; employé comme apostrophe péjorative ou amicale : *Je vais te dire une bonne chose, coco : j'en ai sérieusement marre de toi !* (Monsour). *Pour lancer un hebdo, coco, il faut du punch !* (*Libération,* 8 septembre 1983). **Coco bel-œil,** sobriquet donné à un borgne ou à une personne laide (par ex., qui louche). **4.** Boisson alcoolique de médiocre qualité : *Ils causent avec un des derniers débiteurs de coco, que les fontaines Wallace n'ont pas encore tués* (Macé). **5.** Essence : *Y a trop d'monde ici, pas le moment de s'arrêter. – Faut pourtant, avertit le chauffeur, y'a plus d'coco* (Le Dano).

ETYM. de **noix de coco :** analogie de forme et emplois métonymiques. **1.** 1847, P. Féval [TLF]. **2.** 1847 [Dict. nain]. **3.** avant 1850, Balzac [Larchey]. **Coco bel-œil,** 1929, Mauriac [TLF]. **4.** 1718, Le Roux [id.]. **5.** 1912 [Esnault].

2. coco *adj. inv. et n.*

Communiste : *Ce que c'est moche, ces banlieues coco ! grimace Pinoche* (Lacroix). *Tu crois que d'ici au deuxième tour des élections ils auront... – Ça dépendra des socialos. Ils vont peut-être leur faire une fleur ainsi qu'aux cocos* (C. Sarraute, in *le Monde,* 17 mai 1988).

ETYM. redoublement de la première syllabe de **communiste.** 1941, *l'Œuvre* [TLF].

3. coco *n.f.*

Vieilli. Cocaïne : *Supprimer l'opium et la coco, tu vois ça ?... Faut-il être assez bête ! C'est comme un médecin qui vous refuse de la morphine, quand on souffre !* (Margueritte).

ETYM. redoublement de la première syllabe de **cocaïne.** 1914, chanson *la Coco,* paroles de E. Bouchaud [Pénet] ; ce mot est remplacé auj. par *coke.*

cocotier *n.m.*

1. Grimper au cocotier, se mettre rapidement en colère. SYN. grimper à l'arbre. **2.** ARG. ANC. **Aller voir les cocotiers,** être interné aux îles du Salut.

ETYM. locutions imagées. **1.** 1977 [Caradec]. **2.** 1921 [Esnault].

cocotte-minute *n.f.*

1. Prostituée pratiquant l'abattage : *Certes il existe bien dans certains quartiers populaires des taules d'abattage où les filles, les cocottes-minute, s'essuient jusqu'à soixante clients chacune par jour* (Alexandre). **2.** Syn. de camembert au sens 1.

ETYM. analogie de rapidité à l'ouvrage (1) et de forme (2). **1** et **2.** 1977 [Caradec].

cocotter ou **cocoter** *v.i.*

Sentir mauvais : *Elle-même s'était vue contrainte, ce matin, d'acheter un faisan, qui commençait à cocotter dans son cabas en attendant midi* (Van Cauwelaert).

ETYM. de **sentir la cocotte,** c.-à-d. le parfum trop fort et bon marché dont s'inondaient les courtisanes. 1890 [Chautard].

coesme [kwɛm] *n.m.*

ARG. ANC. Mercier accompli : *Il* [ce petit mercier] *n'estoit coesme ; n'ayant parvenu à ce degré, ains estoit simple blesche* (Péchon de Ruby).

ETYM. de l'esp. pop. **coime**, maître de maison [Esnault]. 1596, Péchon de Ruby.

coesmelotier [kwɛmlɔtje] *n.m.*

ARG. ANC. Marchand de mercerie : *Ces bons pauvres s'accostèrent des Blesches et Coëmelotiers, desquels ils apprindrent le langage et cérémonie* (Responce au grand Coesre). **Coesmelotier huré,** marchand en gros.

ETYM. de **coesme.** 1596, Péchon de Ruby.

coesmelotrie [kwɛmlɔtri] *n.f.*

ARG. ANC. Mercerie : *Notre coesmelotrie* [...], *c'est-à-dire notre marchandise* (Péchon de Ruby).

ETYM. de **coesmelotier.** 1596, Péchon de Ruby.

coesre [kwɛr] *n.m.*

ARG. ANC. Chef de mendiants (on trouve aussi **le grand Coesre)** : *Le baston de monsieur le Coesre estoit de pommier* (Péchon de Ruby). *Il y a quelques luisants que je receus une lettre de nostre grand Coesre* (Responce au grand Coesre).

ETYM. origine peu claire. 1596, Péchon de Ruby.

coffiot *n.m.*

Coffre-fort : *À la vue du contenu, Toussaint eut un choc* [...] *La vraie panoplie du parfait casseur de coffiots et la toute dernière technique* (Bastiani, 1). *Ça lui serait facile à présent de piquer le contenu du coffio* (Boudard, 2). **Débrider un coffiot,** forcer un coffre.

ETYM. resuffixation de **coffre(-fort),** avec sans doute influence de **faffiot.** 1901 [Bruant].

VAR. **coffio** : 1957 [PSI].

coffre *n.m.*

1. Estomac : *Mais il avait un « coffre », il tenait l'alcool comme nul autre* (Duvert). **2.** Poitrine : *Deux chemisettes : des chouettes en lin blanc, de celles qui mettent le coffre en valeur* (Simonin, 5). *Aie pas peur, grand-mèr', t'as cor' une bonn'mine, / Ton coffre est solid' pus qu'ceux des bazars* (chanson *la Boîte de Chine*, paroles de Y. Nibor). **Avoir du coffre,** être doué d'une stature ou d'une voix puissante : *J'ai encore du coffre, vous allez voir ça... et je vais te lui foutre une de ces entrées !...* (Machard, 4) ; avoir de l'audace. **3.** Prison.

ETYM. analogie de volume (→ **BUFFET**). **1.** 1808 [d'Hautel]. **2.** 1831, Cogniard [Larchey]. **3.** vers 1460, Villon.

DER. **coffret** *n.m.* Poitrine, cœur : 1968 [PSI].

coffrer *v.t.*

Incarcérer : *Je me rappelai qu'on allait le coffrer simplement parce qu'il se baladait dans les rues après l'heure du couvre-feu, ce qui est tout de même une faute vénielle* (Héléna, 1).

ETYM. de **coffre.** *coffrer en prison* 1562, J. Thierry [TLF]. Ce verbe est auj. très répandu.

DER. **coffrage** *n.m.* Emprisonnement : 1901 [Bruant].

cognard *n.m.*

Vx. Gendarme : *Le colonel qui présidait le conseil m'avait dit, avant de me faire faire le demi-tour traditionnel entre les deux cognards...* (A. Camus). SYN. cogne.

ETYM. du verbe **cogner.** 1856, F. Michel [Larchey].

DER. **cognarderie** *n.f.* Vx. Gendarmerie : 1899 [Nouguier]. **cognerie** *n.f.* Même sens : 1953 [Esnault].

1. cogne *n.m.*

Gendarme ou agent de police : *Tu vas partir trouver les cognes... Tu raconteras que je t'ai obligée à me filer le train depuis Paris* (Malet, 1). *Or, sous tous les cieux sans vergogne, / C'est un usag' bien établi, / Dès qu'il s'agit d'rosser les cognes / Tout l'monde se réconcilie* (Brassens).

◆ *n.f.*

1. Gendarmerie ; police municipale. **2.** Vx. Rixe.

ETYM. déverbal de **cogner.** 1800, P. Leclair [TLF]. ◆ *n.f.* **1.** 1829 [Forban]. **2.** 1887, Zola [TLF].

DÉR. **cognac** *n.m.* **1.** Coup de poing : 1809 [Esnault]. **2.** Gendarme : 1836 [Vidocq].

2. cogne *n.m.*

Vx. Cognac : *Il boit du cogne* [...] *pour oublier* (Gill).

ETYM. apocope de **cognac.** 1878, Gill.

cogner *v.t.*

1. Cogner les brêmes, tenir un bonneteau. **2. Cogner qqn d'une somme d'argent,** la lui emprunter. **3.** Posséder sexuellement.

◆ *v.i.*

Sentir mauvais : *Si ça cogne, les pompes de cognes !* (Boudard-Étienne).

◆ **se cogner** *v.pr.*

1. Posséder sexuellement : *L'un affirmait avoir jamais rencontré une si jolie pute... il voulait à toute force se la cogner* (Simonin, 1). **2.** Faire (une chose peu agréable, difficile ou pénible) : *Les grands-pères et les enfants ont bouffé, ils ont desservi la table, se sont cogné la vaisselle* (Pennac, 1). SYN. s'appuyer, s'envoyer. **3.** Se passer de qqch ; ne pas se soucier de qqch, s'en désintéresser : *Le dix-huitième mariage d'Eddy Barclay, on s'en cogne* (C. Sarraute, in *le Monde,* 25 juin 1988).

ETYM. emplois spécialisés et métaphoriques. **1.** 1883 [Esnault]. **2.** 1883, Macé [id.]. **3.** 1901 [Bruant].

◆ *v.i.* 1913 [Esnault].

◆ *v.pr.* **1.** 1925 [id.]. **2.** mil. du XXe s. **3.** « se passer de » 1901 [Rossignol] ; « se moquer de » 1930 [Esnault].

DÉR. **cognade** *n.f.* Gendarmerie : 1835 [Raspail]. **cognage** *n.m.* Emprunt : 1901 [Bruant].

cogneur *n.m.*

1. Vx. Batteur de cartes. **2.** Vx. Emprunteur impénitent. **3.** Videur de la Military Police américaine, après la Libération.

ETYM. de **cogner. 1.** 1883 [Esnault], « ceux qui battent les trois cartes du bonneteau ». **2.** 1901 [Bruant]. **3.** 1975 [Arnal].

cognoter *v.i.*

Sentir mauvais : *Merde ! Si ça cognote, ici... Dans quoi qu'j'ai foutu mes mains ?* (Gibeau).

ETYM. de **cogner,** v.i. ; le suff. n'a pas ici une valeur diminutive, mais plutôt intensive. 1975 [Le Breton].

coiffe *n.f.*

Tête. **Transpirer de la coiffe,** réfléchir laborieusement : *Connaissant plus de vice et de courage au Gros que d'instruction, je le soupçonnais d'avoir un brin transpiré de la coiffe pour rédiger ce texte* (Simonin, 4).

ETYM. emploi métonymique du terme usuel. 1954, Simonin.

coiffer *v.t.*

1. Arrêter qqn en lui faisant face : *Ils se sont fait coiffer en entrant. – Ils n'ont donc pas vu la voiture de la police ?* (Héléna, 1). **2. Coiffer au poteau,** dépasser un concurrent juste à l'arrivée ; surclasser par surprise, au dernier moment : *Déjà, à la course au pouvoir dans la capitale, ces derniers s'étaient fait coiffer au poteau* (Boudard, 6).

ETYM. du verbe de vénerie, « happer (la proie) aux oreilles », en parlant des chiens. **1.** vers 1940 [Esnault]. **2.** 1926 [id.].

coincer *v.t.*

1. Duper. **2.** Attraper, arrêter (qqn) : *Ne vous foutez pas de moi, Vence. Ce n'est pas moi qui passe l'éponge, je ne manquerai pas de vous coincer à la première occasion* (Destanque).

◆ *v.impers.*

Ça coince, ça sent mauvais.

ETYM. emplois spécialisés et négatifs du verbe usuel. **1.** 1866 [Esnault]. **2.** 1922, Carco [TLF]. ◆ *v.impers.* 1942 [Esnault].

VAR. **coincher** *v.t.* Duper : 1844 [id.].

coing *n.m.*

Gelée de coing, situation ennuyeuse, difficile, incompréhensible.

ETYM. métaphore de la matière à consistance molle évoquant une situation délicate (cf. *purée, panade,* etc.). 1960 [Le Breton].

coinsteau ou **coinsto** *n.m.*

Coin, endroit : *Dans son coinsto, Dick sentait pas l'enthousiasme le submerger* (Simonin, 1).

Mme Loiseau parle une langue que je n'aime pas, le bagout banlieusard. Elle dit le paxon, le coinsteau, la mouscaille. C'est de l'argot de cheftaine. Bouac (Paraz, 1).
ETYM. suffixations populaires de **coin** (les acceptions étant à peu de chose près les mêmes). 1883 [Chautard].
VAR. elles sont nombreuses : les deux indiquées ci-dessus semblent auj. les plus fréquentes ; Esnault donne **coincetot,** sans référence à l'écrit.

coke *n.f.*
Cocaïne : *La Narine prépare des rails de coke sur le miroir déjà plein de traces de doigts* (Lasaygues).
ETYM. apocope de **cocaïne,** avec une terminaison anglo-saxonne, ou emprunt au slang américain. vers 1975.

col *n.m.*
1. Vx. Gosier. **S'enfiler qqch dans le col, s'en mettre plein le col, un coup dans le col,** etc., manger ou boire. **2. Être pris au col,** se faire bluffer : *Des moments, alors que ce mec vannait sur sa vie à New York, les arnaques mirifiques qu'il avait montées, en cheville avec des potes ricains, on pouvait croire être pris au col, se trouver face à un bidonneur* (Simonin, 8). **Alerte au col,** attention, il bluffe. **3. Faux col,** mousse dans un verre de bière : *Tavernier tire des bocks. Un coup de pompe, dit-il. Et voilà un demi, sans faux col !* (Dabit, 2).
ETYM. emploi métonymique : la circonférence pour son centre. **1.** 1880 à 1916 [Esnault]. **2.** 1935 [id.] ; le sens serait « desserre ton col, il va t'asphyxier par son bluff ». **3.** 1867 [Delvau].

[-col ou **-colle]**
suffixe servant à former des pronoms personnels : **mécol(le), técol,** etc. : *Cécolle, y avait pas besoin de lui faire passer des tests pour comprendre qu'il avait pas inventé l'eau tiède* (Houssin, 3). → **MÉZIG.**

colas *n.m.*
Vx. Cou : *Quand Tortillard t'aura amené la petite au milieu de la ravine, cesse de geindre et saute dessus, une main autour de son colas* (Sue). **Faire suer le colas,** couper le cou. **Faire rafraîchir colas,** guillotiner.
ETYM. de **col,** avec influence de **colas** (aphérèse de **Nicolas**), niais. 1797, Orgères. **Faire suer le colas,** 1829 [Forçat]. **Faire rafraîchir colas,** 1881 [Rigaud].
VAR. **colabre :** 1829 [Forban]. **colin :** 1836 [Vidocq]. **colasse** *n.f. :* 1844 [Dict. complet]. Toutes ces formes sont très archaïques.

colbac, colback ou **colbak** *n.m.*
1. Cou, col : *Le lion vous gratinait mille agaceries charmingues en vous chatouillant le colbac avec ses bacchantes soyeuses* (Devaux). *Mireille te les a balancés, vite fait, sur le trottoir d'en face, reprend Tardu, une main au colback et l'autre au fond de culotte* (Faizant). **Pas franc du colbac,** douteux : *J'ai tout de suite reniflé que c'était encore pour un boulot pas franc du colbac, une sorte de fatalité nous conduit toujours, immanquablement, vers ce genre d'activités* (Siniac, 1). **2.** Gosier. **3.** Dos : [Adam et Ève cueillaient des feuilles] *afin de' se les filer su' le colbaque, en guise de liquettes et de culbutants* (Stollé).
ETYM. détournement de sens, le **colback** (emprunt au turc) étant un bonnet à poil porté par les cavaliers des I^e^ et IIe Empires ; le mot **col** est ici prédominant, et les soldats ont feint de croire à une sorte de suffixation par **-back. 1.** 1899 [Nouguier]. **2.** 1947 [Esnault]. **3.** 1947, Stollé.

colibar *n.m.*
Colis : *L'Érudit a dû laisser un colibar pour moi chez Zoé. Une boîte à violon* (Bastiani, 1) ; en partic., colis que reçoit le détenu : *Deux mois durant, il a nourri Petit-Paul sur ses colibars, Léonce, cellule 207, deuxième division, en bon pote, partagé ses pipes et ses savonnettes de luxe* (Simonin, 8).
ETYM. suffixation arg. de **colis** (dont il assume tous les sens, y compris le sens arg.). 1939 [Esnault].

colibri *n.m.*
1. Vx. Fille pauvre. **2.** Mauvais camarade.
ETYM. suffixation arg. de **colis. 1.** 1894 [Esnault]. **2.** 1935 [id.].

colique *n.f.*
1. Avoir des coliques bâtonneuses ou **cornues,** être en érection : *Maintenant, ô grand roi, cochonnet des cochonnets, pollope pour tes coliques bâtonneuses* (Devaux). **2. Être atteint de coliques de plomb,** être blessé par balle : *La loi avait emporté le truand atteint de coliques de plomb* (Malet, 17).

ETYM. images physiologiques hardies. **1. Avoir des coliques bâtonneuses,** 1901 [Bruant] ; **cornues,** 1640 [Oudin]. **2.** 1954, Malet.

colis *n.m.*

1. Fille novice envoyée à une maison par son souteneur : *Je n'avais pas assez d'argent pour partir pour la France en remonte, et quant à trouver un colis qui traîne en Argentine, c'est midi sonné* (Bénard). *Gueule d'Amour vient de la vendre et l'colis, à l'heure qu'il est, navigue pour l'Amérique* (Carco, 2) ; fille quelconque. **2.** Malfaiteur arrêté et livré à la police.

ETYM. euphémisme méprisant. **1.** 1881 [Esnault]. **2.** 1901 [Rossignol].

collabo *adj. et n.*

Se dit d'un Français partisan, entre 1940 et 1944, de la collaboration avec l'occupant allemand : *Le Figaro publie les souvenirs de Jean Hérold-Paquis sur l'exode des collabos vers l'Allemagne et les ultimes intrigues de Baden-Baden et de Sigmaringen* (Galtier-Boissière, 1).

ETYM. apocope de **collaborateur.** vers 1940 [GLLF]. Ce mot reste définitivement attaché pour les Français à la Seconde Guerre mondiale, mais sa forme apparaît dès 1865 [George].

collage *n.m.*

1. VIEILLI. Liaison, concubinage : *Ce collage ne peut rien donner de bon et c'est à vous de mettre les pieds dans le plat* (Lefèvre, 1). **2.** Vx. Concubine : *Un courrier monstre* [...] *Deux vieux collages qui m'envoyaient leur photo pour me montrer qu'elles n'étaient pas complètement déjetées* (Barnais, 1).

ETYM. de **se coller. 1.** 1861 [Larchey]. **2.** 1895 [Esnault].

collante *n.f.*

Convocation, en partic. celle que la P.J. envoie aux témoins d'un crime pour recueillir leurs dépositions.

◆ **collantes** *n.f.pl.*

Vx. Bottes : *J'ai le dessein de grinchir les collantes du cardeuil pour m'exbalancer du pré* (Ansiaume).

ETYM. de **coller.** 1900 [Esnault] ; d'abord au sens scolaire « convocation à un examen », encore actuel, mais seulement fam.

◆ *pl.* 1821 [Ansiaume].

-colle *suffixe* → **-COL.**

1. colle *n.f.*

1. Être, se marier, vivre, etc., **à la colle,** vivre en concubinage : *Toujours, il avait dit non. Se mettre à la colle ? Se forcer à sourire à une julie quand on a envie de lui foutre une paire de baffes ? Jamais* (Le Breton, 1). *Aujourd'hui, les vicaires* [...] *se marient même plus, ils sont à la colle avec des nénettes pas possibles* (Boudard, 2). *Ici l'élément locataire se compose de (ou se décompose en) cinq ménages dont trois à la colle* (Yonnet). **2. Mec à la colle forte.** ***a.*** voleur dur et tenace ; ***b.*** homme robuste. **3. À la colle,** se dit d'une enquête ou d'une procédure solidement charpentée.

ETYM. de **se coller** et de **colle :** idée de lien durable (1) ou de solidité (2 et 3). **1.** 1883 [Fustier]. **2. *a.*** 1867 [Larchey] ; ***b.*** 1901 [Bruant]. **3.** 1975 [Arnal].

VAR. **à la colle de Béziers** au sens 1 : 1907 [Esnault] ; jeu de mots probable sur *baiser/Béziers.*

2. colle *n.f.*

Vx. Faux-semblant. **Pratiquer la colle,** tromper l'acheteur. **Lutte** ou **match à la colle,** compétition truquée.

ETYM. origine obscure. 1455, Coquillards. **Pratiquer la colle,** 1883 [Esnault]. **Lutte à la colle,** 1932 [id.].

collège *n.m.*

Vx. **1.** Prison ; bagne : *Je suis lasse de manger du collège, je rengracie* (Vidocq). *S'il avait fui le bagne, ce n'était pas pour retomber aux mains des anciens compagnons du « grand collège »* (Merlet). **Ami de collège,** camarade de détention. **2.** Poste de police.

ETYM. emploi euphémique du mot usuel. **1.** 1821 [Ansiaume]. **Ami de collège,** 1828, Vidocq. **2.** 1899 [Nouguier].

DER. **coll** *n.m.* Prison : 1844.

collégien, enne *n.*

Vx. **1.** Prisonnier : [Celui qui arrive dans la souricière de la Préfecture] *est abordé par le plus ancien collégien* (Clémens). **2.** Agent de police.

ETYM. de **collège. 1.** 1836 [Vidocq]. **2.** 1899 [Nouguier].

collègue *n.m.*

Vx. **1.** Codétenu. **2.** Complice. **3.** Amant de bagne.

ETYM. emplois ironiques et spécialisés. **1.** 1834 [Esnault]. **2.** 1842 [id.]. **3.** 1929 [id.].

coller *v.t.*

Donner, mettre (avec force) : *Des cinglés comme ça, dit Asperge, on leur collerait une bonne balle dans la nuque que l'humanité ne s'en porterait pas plus mal* (Bénoziglio). **Coller un gosse, un marmot (à une femme),** la mettre enceinte : *J'aim'rais bien un d'ces jours lui coller un marmot* (Renaud).

◆ *v.i.*

Coller au train, au cul de qqn. ***a.*** le suivre de près (notamment dans une filature) : *Comme je te le dis, et ils ont dû me coller au train un bon moment !* (Agret) ; ***b.*** l'importuner continuellement.

◆ *v. impers.*

Ça colle. ***a.*** cela va bien, ça (me) convient : *Huit heures et demie. Ça colle? – Je lève le pouce* (Villard, 2) ; ***b.*** nous sommes d'accord : *Tu verras, René, qu'entre un grand fils et sa mère, quand ça colle, quand on se comprend...* (Duvert).

◆ **se coller** *v.pr.*

1. Se mettre en ménage ; au participe adjectivé (emploi encore fréquent) : *Pourquoi, c'est quelqu'un de marié? – Non, enfin... oui... Un peu collé, quoi* (Sarraute). **2. S'y coller,** se mettre à (une tâche). **3. S'en coller,** s'en moquer : *Ce que c'est de la soupe, d'abord? Et puis moi, hein, j'm'en colle* (Dorgelès).

ETYM. de **1. colle.** 1867 [Delvau]. **Coller un marmot,** [id.].

◆ *v.i.* **Coller au train,** 1957 [Sandry-Carrère].

◆ *v.impers.* ***a.*** 1904, Frapié [TLF] ; ***b.*** 1901 [Bruant].

◆ *v.pr.* **1.** 1861 [Esnault]. **2.** 1901 [Bruant]. **3.** 1919, Dorgelès.

collet *n.m.*

Collet rouge, commissaire de l'hôtel des ventes, à Paris, dans le langage des brocanteurs.

ETYM. origine obscure ; sans doute lié à la tenue du commissaire en question. 1977 [Caradec].

colletar *n.m.* → **COALTAR.**

colletin *n.m.*, **colletiner** *v.t.* → **COLTIN, COLTINER.**

collier *n.m.*

Vx. **1.** Cravate. **2.** Carcan triangulaire mis au cou du forçat partant pour le bagne : *Quand toutes les têtes avaient reçu ce collier, un porte-clefs ouvrier* [...] *rivait le boulon qui fermait le triangle* (Alhoy). **3. Collier de force,** à la lutte, prise de cou par-derrière : *Les Américains pratiquent deux tours spéciaux défendus en France. Le premier, c'est le collier de force* [...] *: lorsque l'adversaire est penché, on lui cercle la tête avec les deux bras et on l'relève* (d'Esparbès).

ETYM. emprunt au vocabulaire des dresseurs de chiens ; type de « clé » interdit entre lutteurs. **1.** 1835 [Raspail]. **2.** 1829, Forban. **3.** 1891, Méténier.

collignon *n.m.*

Vx. Cocher de fiacre ; postillon : *Ce mince paltoquet !... Pour qui me prend-il, ce lascar ?... Pour un collignon dévoyé?* (Céline, 5).

ETYM. du nom d'un cocher meurtrier de deux clients grincheux, qui fut condamné et exécuté en 1855. 1856 [Esnault].

collimateur *n.m.*

Avoir qqn dans le collimateur, le surveiller de très près, avec une intention hostile : *Ils m'ont dans le collimateur, je crois que je suis cuit* (Delacorta).

ETYM. le **collimateur** est un instrument de visée qui donne une très grande précision au tir des armes à feu. vers 1960, P. Nord [GR] ; mais déjà *collimater,* tenir à l'œil, vers 1937 [Esnault].

colloquer *v.t.*

Mettre, placer, donner : *Il m'a repris la photo, m'en a colloqué une autre, encore plus affreuse* (Malet, 1).

◆ **se colloquer** *v.pr.*

Se placer, s'asseoir.

ETYM. suffixation fantaisiste de **coller,** avec sans doute influence de **cloquer.** 1869 [P. Larousse].

◆ *v.pr.* 1867 [Delvau].

colmater *v.t.*

1. Empêcher (un complice) de parler. **2.** Neutraliser (un malfaiteur, pour procéder à son arrestation).

ETYM. image expressive : il s'agit d'empêcher les aveux de sortir ou le malfaiteur d'agir. **1** et **2.** 1975 [Arnal].

colombienne *n.f.*

Variété de marijuana originaire de Colombie.

ETYM. de **Colombie.** 1975 [Beauvais].

colombin *n.m.*

1. Étron : *J'attirais le coup fourré comme le colombin la mouche* (Simonin, 3). **Des colom-**

bins, rien du tout (formule de refus méprisant). **2. Avoir, foutre les colombins,** avoir peur, faire peur : *Mais surtout faut pas que t'aies les colombins au sujet de Loth. J'vas y faire le sert en y envoyant mes deux anges* (Devaux). *Ce spectacle* [un incendie] *m'aurait plutôt foutu les colombins* (Stéphane).

ETYM. analogie de forme : le **colombin** est, pour les céramistes, un long boudin de pâte avant cuisson. **1.** 1867 [Delvau]. **Des colombins,** 1928 [Lacassagne]. **2.** 1914 [Esnault].

colon *n.m.*

1. Colonel : *Mais que va dire le colon ? Voilà le problème. Le colonel Héchier savait préparer son entrée* (Paraz, 2). **2.** Camarade (seulement en apostrophe) : *Ben mon colon, il a pas fait le détail* (Rank).

ETYM. apocope de **colonel** et spécialisation du mot **colon,** personne qui exploite une terre de colonisation (avec, probablement, un jeu de mots sur *colonel*). **1.** 1883 [Esnault]. **2.** 1886, Courteline [Sainéan].

VAR. **colo** au sens 1 : 1878 [Rigaud].

colonne *n.f.*

Vx. **1.** Pénis. **Se taper (sur) la colonne, s'astiquer, se polir la colonne,** se masturber, en parlant d'un homme : *Les plaisirs de l'amour ? Tu repasseras. Plutôt se taper sur la colonne jusqu'à la fin de ses jours !* (Guérin). **2.** Chapeau haut de forme.

ETYM. métaphores brutales et approximatives. **1.** 1864 [Delvau]. **Se polir la colonne,** 1881 [Rigaud]. **2.** 1901 [Bruant].

coloquinte *n.f.*

Tête ; cerveau : *Un soleil à vous faire bouillir la cervelle et à vous fêler la coloquinte* (Guéroult). *Pour inventer le brevet de grande Prêtresse Vaudou de Paris, il faut en avoir dans la coloquinte* (Bastid-Martens, 1).

ETYM. analogie de forme : fruit d'une plante grimpante de la famille des cucurbitacées (→ CALEBASSE). 1809 [Esnault].

coltar *n.m.* → COALTAR.

coltin ou **colletin** *n.m.*

1. Vx. Fort des Halles. **2.** Travail, généralement pénible, besogne : *Je pouvais pas le laisser se farcir tout seul le coltin ; je m'y suis mis aussi* (Simonin, 3).

ETYM. de **colletin,** chapeau de cuir très débordant, qui protège aussi le cou et les épaules, et que portaient les forts des Halles. **1.** 1850, forçat Clémens [Esnault]. **2.** 1836 [Vidocq].

coltiner ou **colletiner** *v.t.*

1. Porter (une lourde charge) : *Certes, je ne me sentais aucune vocation pour souquer sur des cordages et pour colletiner des masses de fonte* (Humbert). *Après avoir coltiné de la viande morte toute la journée, il va passer sa nuit à remuer de la viande froide* (Lefèvre, 1). **2.** ARG. ANC. Arrêter, emporter : *Si les railleux t'avaient coltiné avec six peignes dans ta profonde* (le Rat du Châtelet).

◆ **se coltiner** *v.pr.*

1. Exécuter (une tâche pénible) : *C'est vous qui vous coltinez tout le sale boulot, pas vrai ? – Comme vous dites* (Delacorta). SYN. s'appuyer, se cogner, s'envoyer. **2.** Se battre (avec qqn).

ETYM. de **coltin. 1.** 1835, Raspail. **2.** 1790, *le Rat du Châtelet.*

◆ *v.pr.* **1.** 1916 [Esnault]. **2.** 1913 [id.] ; en ce sens, tend à remplacer *se colleter,* devenu archaïque.

coltineur *n.m.*

1. Marchand des quatre saisons. **2.** Mauvais ouvrier. **3.** Porteur : *Et puis cette manière ridicule* [...] *de toiser autour de lui ! D'un coltineur qu'il a l'air !* (Simonin, 5).

ETYM. de **coltiner. 1.** 1878 [Rigaud]. **2.** 1883 [Fustier]. **3.** 1901 [Bruant].

comac, comaque ou **comacos** *adj.*

D'une taille, d'une grosseur, d'une importance impressionnante : *Je lui ai promis un cadeau comac et je suis en train de me triturer les méninges pour savoir quoi lui offrir* (Bastid-Martens, 1). *J'étais prête à partir, et v'lan ! la vieille me donne une addition comaque avec des retenues maousses* (Fallet, 1). *Celui qui m'a pris pour un punching-ball l'est un peu plus comacos que l'autre, qu'est déjà suffisamment balèze pour envoyer un bourrin dans les fleurs* (Bauman).

ETYM. amalgame de l'expression méridionale **comme aco** (prov. **aco,** « ça »), « (grand) comme ça », qui se dit emphatiquement, avec un geste de mesure des deux mains écartées. *comac, comaco* 1867 [Delvau] ; *comme ac* 1899 [Nouguier]. La première forme semble être auj. la plus vivante.

combinard, e *adj. et n.*

Qui n'hésite pas à pratiquer des combinaisons douteuses : *Biloquet n'était pas un impulsif, mais un combinard réfléchi, doué d'une roublardise calme et prudente, faisant ses coups en douceur* (Mensire). SYN. magouilleur.

◆ *n.m.*

Forçat ayant un « truc » personnel pour s'évader.

ETYM. de **combine** et du suff. péj. **-ard.** 1920 [Bauche].

◆ *n.m.* 1921 [Esnault].

combine *n.f.*

Arrangement malhonnête ou hasardeux ; collusion : *Je le jure, assura-t-elle. Il marche dans la combine au Marseillais. Il te fait du tort* (Carco, 8). *Combine et système D / Font plus que pétard et rouscaille* (Marcus). *L'article de* Marie-Claire, *la vénalité, l'esprit de combine qu'il révélait chez Marthe me donnait à penser qu'elle n'avait pas refusé* [...] *l'enveloppe des proxénètes associés* (Boudard, 2).

ETYM. apocope de **combinaison**. 1906 [Esnault] ; ce mot est auj. supplanté par *magouille*.

comblance *n.f.*

Vx. **Par** ou **pour comblance,** pour comble : *Rien que de la lance. Et, pour comblance, il se couvre la tronche de cendres* (Gill).

ETYM. resuffixation de **comble.** 1815, *chanson de Winter* [Vidocq].

comble, combre ou **cambre** *n.m.*

Arg. anc. Chapeau : *Je mis donc le comble à la lousche* (Responce au grand Coesre). *Les fuyards avaient abandonné sur la place des combres, des sabots, des écharpes* (Burnat). **Combre galuché,** chapeau bordé d'un galon : *Marceau le séducteur, avec son habit à la française et son chapeau tricorne qu'il appelait « un combre galuché »* (Mac Orlan, 10).

ETYM. emploi imagé de **comble,** faîte. *combre* 1596, Péchon de Ruby ; *cambre* 1844 [Dict. complet]. **Combre galuché,** 1800, Leclair.

VAR. **combriot** : 1815 [Esnault]. **combriault** : 1835 [Raspail]. **combrieu** : 1836 [Vidocq].

DER. **combrier** *n.m.* Chapelier : [id.].

comédiens *n.m.pl.*

Argent monnayé, surtout dans la loc. **les comédiens (ils) sont pas là,** il n'y a pas d'argent.

ETYM. sorte d'euphémisme ironique (arg. de théâtre). 1928 [Lacassagne].

commande *n.f.*

1. Affaire délictueuse préméditée. SYN. plan. **2.** Accointance illicite. **3.** Système délictueux qui a fait la preuve de son efficacité et que qqn exploite avec constance.

ETYM. spécialisation de sens du mot usuel. **1.** 1926 [Esnault]. **2.** 1938 [id.]. **3.** 1957 [PSI].

comme ou **commiss** *n.f.*

Part de bénéfice accordée à un complice.

ETYM. apocope de **commission.** *commiss* 1925 [Esnault] ; *comm'* 1960 [Le Breton] ; *comme* 1977 [Caradec].

commencer (se) *v.pr.*

Entreprendre de se griser : *Le samedi soir il se commence, et le dimanche il est complètement paf* (Gill).

ETYM. emploi ironiquement allusif du verbe usuel. 1878, Gill.

commerçants *n.m.pl.*

Policiers en surveillance, cachés à l'intérieur de voitures publicitaires camouflées et équipées de radios.

ETYM. détournement humoristique du mot usuel. 1957 [Sandry-Carrère].

commode *n.f.*

1. Cheminée (dans une pièce), âtre. **2.** Orgue de Barbarie : *Comme Castro et Champenois passaient près du joueur d'orgue, celui-ci se levait et endossait son instrument en murmurant : « En v'là un temps pour jouer de la commode ! »* (Guéroult). **Remuer** ou **secouer la commode,** jouer de l'orgue de Barbarie ; chanter. **3.** Piano : *C'lui qu'est au piano* [...]*/ Il est jaloux, jaloux d'Charlot / Rageur il tape sur sa commode* (chanson *Quand Charlot joue du saxophone,* paroles de Georgius).

ETYM. ce mot est pris au sens large de meuble encombrant. **1.** 1822 [Mésière]. **2. Secouer la commode,** « jouer » 1866 [Delvau] ; **remuer la commode,** « chanter » 1881 [Rigaud] **3.** 1923, Georgius.

DER. **commodier** *n.m.* Déménageur : 1889 [Esnault].

communard *n.m.*

Vin rouge additionné de cassis (au fém., par plaisanterie) : *Puis-je vous offrir une communarde ?* [kir au vin rouge, appelé dans d'autres milieux *cardinale*] (Bernheim-Cardot).

ETYM. analogie de couleur : cette boisson est deux fois rouge. 1977 [Caradec].

compas *n.m.*

Ensemble des deux jambes, en général grandes (souvent au pl.) : *Cette ouverture de cannes, grand compas, il ne la connaît qu'à la Lucie* (Simonin, 5). **Allonger le(s) compas,** marcher vite : *L'un suivant l'autre, allongeant le compas, nous parvînmes à la rue Lecourbe* (Malet, 18). Vx. **Ouvrir le compas,** marcher : *Le voilà qui arpente l'interminable rue du Faubourg-Saint-Antoine, ouvrant largement ses « compas », pour réparer le temps perdu* (Bibi-Tapin). **Fermer le compas,** s'arrêter.

ETYM. emploi métaphorique du mot usuel. 1829, Balzac [TLF]. **Allonger, ouvrir le compas,** 1867 [Delvau]. **Fermer…,** 1881 [Rigaud].

compçon *n.m.*

Complet (veste et pantalon) ; uniforme.

ETYM. resuffixation de **complet,** avec p.-ê. influence de **caleçon.** 1927 [Esnault].

complet *n.m.*

Relevé exhaustif des empreintes digitales : *Prenez-lui seulement les empreintes de la main droite, la seule qui nous intéresse… On verra plus tard à lui faire un « complet », si c'est nécessaire…* (Malet, 15).

◆ *adj.*

Vx. Ivre.

ETYM. emploi spécialisé de l'adj. substantivé. 1945, Malet.

◆ *adj.* 1862 [Larchey].

complice *n.m.*

Greffier du juge d'instruction.

ETYM. audacieux détournement d'appellation. 1928 [Lacassagne] ; encore en 1975 chez Arnal.

compotier *n.m.*

Agiter les pieds dans le compotier, insister lourdement, une fois la gaffe commise.

ETYM. image pittoresque, à rapprocher de *mettre les pieds dans le plat, pédaler dans…* (→ PÉDALER). 1977 [Caradec].

comprendre *v.t.*

Comprendre sa douleur, subir un vif désagrément ; souffrir beaucoup : *Que le souverain, convenablement éclairé, le gracie* [Mandrin] *puis lui donne le commandement d'un régiment, et les ennemis du Royaume allaient un peu comprendre leur douleur !* (Simonin, 6).

ETYM. loc. à valeur expressive. 1935, Simonin-Bazin.

comprenette ou **comprenoire** *n.f.*

Faculté de comprendre, intelligence : *Voilà ce qui dépassait son entendement, heurtait son bon sens et faisait vaciller sa comprenette* (Varoux, 2).

ETYM. de **comprendre** et du suff. diminutif **-ette,** ou du suff. **-oire.** *comprenette* 1896 [Delesalle] ; *comprenoire* 1926, Genevoix [TLF] (terme de l'ouest de la France). Ces deux mots sont devenus plutôt familiers.

compte *n.m.*

1. Régler son compte à qqn, le tuer. SYN. faire son affaire. **2. Avoir** ou **recevoir son compte.** ***a.*** être blessé à mort : *Ça y est, dit Huile-de-Bras, l'ont leur compte... Un coup dans le globe, ça ne pardonne pas* (Rosny jeune) ; ***b.*** être complètement ivre.

ETYM. emplois intensifs du mot usuel. **1.** 1835 [Acad. fr.]. **2. *a.*** 1680 [Richelet] ; ***b.*** 1862 [Larchey].

comptée *n.f.*

1. Recette quotidienne qu'une prostituée remet au proxénète : *Colle-toi une robe sur le cul, file au boulot et tâche de revenir avec la comptée sinon je te dérouille sérieusement* (Salinas). *Nadia ne conservait que 50 F sur le montant de la comptée qui pouvait atteindre, certains jours, 3 000 F* (*le Monde*, 26 juin 1980). **2.** Comptes, bilan : *Ne pas donner au « personnel » des habitudes de dissipation préjudiciables à la « comptée », ah mais !* (Simonin-Bazin). *On avait mis deux mois à monter cette salade sur Frédo, et, le jour venu, à deux heures de la comptée, il ronflait !* (Dominique).

ETYM. du participe passé de **compter,** sans doute par ellipse de **somme comptée. 1.** 1920 [Esnault]. **2.** 1935, Simonin-Bazin.

compteur *n.m.*

1. Vx. Employé qui tenait les registres d'une maison close. **2. Relever le(s) compteur(s),** percevoir la comptée : *Que lui était-il arrivé ? Plus gris que d'ordinaire ou parti relever ses compteurs, bref, démouler sa pâte à tarte comme il avait coutume d'expliquer ?* (Lépidis). **Faire tourner le compteur,** faire de nombreuses passes, en parlant d'une prostituée : *Et ton mac alors, lui qui chaque soir à la comptée te battait : « Petite,*

faudrait faire tourner le compteur, sinon tu vas morfler» (*Actuel,* décembre 1981).
ETYM. de **compter. 1.** 1905 [Esnault]. **2.** 1938 [id.]. Il y a un évident jeu de mots avec la fonction de l'employé du gaz. **Faire tourner le compteur,** 1981, *Actuel.*

comptoir *n.m.*
Vx. Tribunal.
ETYM. c'est là qu'on « rend des comptes ». 1901 [Bruant].

comtois *n.m.*
Vx. **1.** Compère (dans un jeu, une vente, etc.) : *Ce fin renard et son comtois / Cet imbécile de Courtois / [...] me semblent moins des assassins / Que d'ignobles satyres* (Ponchon). **2. Battre comtois,** faire l'imbécile, l'innocent: *Tout ça, s'écrie l'agent devant l'hôtelier et le voisin narquois, tout ça, c'est des bêtises, vous battez comtois pour nous abuser. C'était bien vous qui étiez ensemble à l'hôtel ; vos scènes de jalousie ne sont inventées que pour nous monter le coup !* (Claude) ; déformé en **comptoir** dans l'exemple suivant : *En attendant, je vais battre comptoir, et il faudra bien qu'il aboule* (Vidocq).
ETYM. aphérèse de **franc-comtois** ou resuffixation de **contre,** compère (peut-être les deux origines fusionnent-elles dans ce mot peu clair). **1.** 1834 [Esnault]. **2.** 1827, *Un monsieur comme il faut.* Il y a souvent, dans les textes anciens, confusion avec *comptoir,* qui se prononçait également [-we], sans faire entendre le [r] final.

con *n.m.*
Sexe de la femme (vulve et vagin) : *Il faut attendre une vacance, et se tenir au bord du con, sa racine à la main, pour la planter au moment où la place est vide* (Gautier).
◆ *adj. et n.m.*
1. Se dit d'un homme stupide : *C'est un con lugubre, mais un con honnête. Si vous avez besoin d'un con gai, faites appel à moi* (ADG, 1). *Qu'on ait vingt ans, qu'on soit grand-père / Quand on est con, on est con* (Brassens). **Con comme un balai, un panier, une valise (sans poignée), comme la lune,** etc., tout à fait stupide : *Regarde-les travailler, plus cons que les balais qu'ils fabriquent, dix heures par jour pour ne rien gagner* (Spaggiari). *« C'est pas mal ! » que je disais, ou bien : « C'est moche ! C'est con comme la lune ! » et ça renfermait toute l'analyse* (Meckert). **Faire le con, jouer au con,** faire l'imbécile : *Tâchez de ne pas faire les c..., ou je vous f...lanque tous aux fers !* (Humbert). *Il me répond de ne pas jouer au con et que j'ai fort bien compris* (Bénoziglio). **2. À la con,** ridicule, sans intérêt : *Alors tu es gonflé, toi ! Venir se paumer dans un bled à la con comme celui-là !* (Réouven). **3. Se retrouver comme un con,** tout seul et dans une situation grotesque : *La limite d'âge arrive plus vite qu'un sprint et vous vous retrouvez comme un con, sans oseille, avec votre vélo accroché à un clou* (Pousse). **4. Si les cons volaient, tu serais chef d'escadrille,** formule gentiment méprisante.
ETYM. du lat. **cunnus,** même sens ; vieux mot français qui n'est pas demeuré vraiment arg., les valeurs «intellectuelles» dérivées étant depuis longtemps pop., voire fam. dans certains emplois ; il nous a paru cependant impossible de l'exclure de ce dictionnaire. 1200, *Roman de Renart.*
◆ *adj. et n.m.* **1.** *n.m.* 1725 [Granval] ; *adj.* 1831, Mérimée [Quémada] ; comparé à divers objets pris, parfois bizarrement, comme symboles de creux, de stupidité, etc. Il est probable que **con comme la lune** réfère à la fois au mot **lune,** postérieur, cul et au **C** majuscule, première lettre du mot, parfois euphémisé en *C...,* et «dessin» du dernier quartier lunaire. **Faire le con,** 1828, Vidocq ; **jouer au con,** av. 1950, Sylvère [Duneton-Claval]. **2.** 1908 [Chautard]. **3** et **4.** 1977 [Caradec].

conard, e *adj. et n.,* **conasse** *n.f.*
→ **CONNARD, CONNASSE.**

concasser *v.t.*
En concasser, se livrer à la prostitution.
ETYM. sorte de mot composé, par jeu de mots et amalgame sur **con** et **se faire casser le pot.** 1982 [Perret].

concentre *n.f.*
Rassemblement festif de motards.
ETYM. apocope de **concentration.** 1976 [George].

concepige ou **conspige** *n.*
Concierge : *Là c'était plutôt, ce Neuilly, le style Courbevoie, de l'autre côté de la Seine... les rues mal pavées... les ruisseaux charriant des eaux grasses... les grosses concepiges devant les porches* (Boudard, 5). SYN. bignole, pipelette.
ETYM. suffixation pop. de **concierge,** p.-ê. sous l'influence de **piger,** comprendre. 1957 [Sandry-Carrère].
VAR. **constoque :** 1954, Tachet.

conceté *n.f.*

Sottise (en parole ou en acte).

ETYM. suffixation plaisante de **con,** sur le modèle de **cochonceté.** *concetée* 1957 [Sandry-Carrère].

concours *n.m.*

Concours Lépine, nom donné à certains quais de Paris, notamment entre le pont de la Concorde et le pont de l'Alma, fréquentés par les homosexuels.

ETYM. jeu de mots sur **pine** (au pluriel), favorisé par le nom du **Cours-la-Reine** que fréquente cette clientèle. 1975 [Arnal].

condé *n.m.*

1. Vx. Magistrat. **2.** Commissaire de police ; agent de la Sûreté : *Qui pouvait se la donner que le gibier des condés était la traction noire là-bas qui, déjà, se perdait dans une rue ?* (Le Breton, 1). **Grand condé.** ***a.*** inspecteur général des prisons : *Les légumes sont arrivés* [pour assister à l'exécution] *: les bricules, le grand Condé* (Méténier). ***b.*** préfet de police. **Petit condé,** maire. **3.** Accord tacite de la police, qui ferme les yeux sur la situation irrégulière d'un individu qui, en échange, lui fournit des renseignements : *Quand vous auriez deux Condés et même dix Turennes, cela n'empêche pas que vous soyez un filou. – Allons, monsieur veut rire. Il est de la police, et il ne sait pas ce que c'est qu'un « condé » ?* (Goron). **Avoir du condé** ou **le condé,** jouir d'une protection policière : *Quand donc* [les voleurs disent] *: – Un tel a un grand condé, il a le condé de faire telle chose, il faut entendre par là qu'un prisonnier s'est acquis* [...] *une influence qui le place au-dessus de la foule* (Joigneaux). **4.** Moyen habile et sûr d'obtenir qqch : *Madame Vitruve et sa nièce c'est moi qui douille le ménage avec des condés ingénieux* (Céline, 5) ; bon renseignement. **SYN.** tuyau.

ETYM. origine obscure, p.-ê. du portugais **conde,** comte, gouverneur [TLF]. **1.** 1836 [Vidocq]. **2.** « commissaire » 1844 [Dict. complet] ; « agent » 1906 [Esnault]. **Grand condé.** ***a.*** 1833 [Moreau-Christophe] ; ***b.*** 1836 [Vidocq]. **Petit condé,** 1844 [Dict. complet]. **3.** 1822 [Mésière]. **Avoir du condé, le condé,** 1841, Joigneaux. **4.** « moyen » 1936 [Esnault] ; « bon renseignement » 1929 [id.].

condice ou **condisse** *n.f.*

1. Vx. Logis : *Tu y r'dis : « Viens, mon p'tit Narcisse, / Viens, pour toi ça s'ra qu'larantequet » / Et tu l'emmèn' à la condisse* (Bruant). **Faire une condisse,** cambrioler. **2.** Vx. Cage à forçat : *C'est le plus chouette argotier de la condice* (Humbert). **3.** Syn. de conditionnelle.

ETYM. apocope de **condition** (1 et 2) et de **conditionnelle** (3). **1.** 1880 [Esnault]. **Faire une condisse,** 1901 [Bruant]. **2.** 1873 [Esnault]. **3.** 1899 [Nouguier].

condition *n.f.*

Vx. Maison, logis : *Pas un chat aux environs. La condition est franche* (Humbert). **Faire une condition,** faire un cambriolage avec effraction : *Nous faut le valant et des caroubles pour faire la condition d'un farfouillard chic* (Méténier).

ETYM. dér. du sens social et domestique du mot. 1877 [Esnault]. **Faire une condition,** 1873, Beauvillier [Larchey].

conditionnelle *n.f.*

Libération du condamné avant l'expiration de sa peine, si du travail lui est assuré : *Avec un bon curieux et un bon baveux, vous casquerez le tout avec trois longes. Je vous ferai avoir la conditionnelle* (Trignol).

ETYM. abrègement de **loi conditionnelle.** 1931 [Chautard].

conduite *n.f.*

1. Rue. **2. Acheter** ou **s'acheter une conduite,** s'assagir : *Les affaires vont bien. Alain Caillol a-t-il vraiment acheté une conduite ?* (*le Nouvel Observateur,* 27 novembre 1982). **3. Faire à qqn la** ou **une conduite de Grenoble,** le reconduire sous les coups et les huées.

ETYM. emplois spécialisés et jeux de mots sur le sens moral et le sens matériel. **1.** 1879 [Esnault]. **2.** 1863 [id.]. **3.** 1778, Paris [id.]. Ce dernier sens est lié à une manifestation contre Terray, ministre de Louis XVI très impopulaire, qui fut remplacé par Turgot.

cône *n.f.* → **COSNE.**

coneau *adj. et n.* → **CONNARD.**

confessionnal *n.m.*

1. Cabinet du juge d'instruction : *Le curieux m'a fatigué deux plombes dans son confessionnal* (Nouguier). **2.** Long couloir où s'asseyaient les prostituées arrêtées par la Mondaine, à Paris.

ETYM. emplois spécialisés et ironiques du mot usuel. **1.** 1899 [Nouguier]. **2.** 1975 [Arnal].

confiture *n.f.*

1. Boulette d'opium : *Tu tombes mal. Pas de confiture ! – Je croyais... – Non. Le type qui devait me l'apporter – et de la bonne, directe, arrivant de Londres ! – s'est fait chopper hier, au « Saphir »* (Margueritte). **2.** Gratification d'emprunteur à prêteur. **3.** Homosexualité passive. **4.** Excrément. **5.** Vx. Menstrues.

ETYM. emplois métaphoriques du mot usuel. **1.** 1882, Maupassant [TLF]. **2.** 1894 [Virmaître]. **3.** 1977 [Caradec]. **4.** 1867 [Delvau]. **5.** 1901 [Bruant].

DER. **confiturier** *n.m.* Vidangeur : 1867 [Delvau].

cônir ou **cosnir** *v.i.*

ARG. ANC. Mourir : *Qu'avait aquigé ce pauvre marcandier que l'on fit cosnir ?* (Responce au grand Coesre).

◆ *v.t.*

ARG. ANC. Tuer, assassiner : *Je leur saute au colas, et je les conis* (Leclair). → CROUNIR.

ETYM. de **cône**, corne (idée de [se] racornir, raidir) ; très usuel dans l'arg. anc. 1562, Rasse des Nœuds

◆ *v.t.* 1566, id.

connard, conard, e ou **conneau, coneau** *adj. et n.*

Se dit d'un individu stupide, sans intérêt : *Il n'était pas toujours facile de sauver la mise à un connard mal embarqué* (G. Arnaud, 2). *Tu as profité de la mort de ta mère pour me voler ? – C'est ça, connard* (Veillot). *Je joue l'apéro ! Ce conard perd à tous les coups ! Normal, non ? Un gendarme ! Et, de plus, affecté à l'État-Major !* (Viard). *Du bout de sa grolle, Bibi lui cogna la cheville. « Tiens-toi tranquille, hé ! conneau. Le patron veut te voir »* (Le Breton, 3).

ETYM. de **con**, le premier terme ayant un sens assez fort (suff. péj. **-ard**), le second adouci. *conart* 1280 [TLF], p.-ê. dû aussi à une altération de *cornard*, cocu, stupide ; *conneau* 1889, Verlaine [id.]. Les nombreuses variantes sont toutes usuelles, y compris le masc. *conno* 1920 [Bauche].

connasse ou **conasse** *n.f.*

1. Vx. Vagin : *Qu'elle se trancherait toute la conasse, qu'elle se la mettrait toute en lanières, pour me plaire, qu'elle se la roulerait autour du cou [...] j'y causerais pas !* (Céline, 5). **2.** Femme (ou parfois homme) stupide, inexpérimentée : *Une connasse inflexible énonçait gravement que Gabriel était trop dans la lune pour obtenir la moyenne, excepté en musique* (Van Cauwelaert) ; terme d'injure : *Avance, connasse, on va être à la bourre !* (Simonin, 8). **3.** Prostituée marginale, se livrant occasionnellement à la prostitution sans observer les règles du milieu.

ETYM. de **con** et du suff. péj. **-asse**. **1.** 1610, Béroalde de Verville [TLF]. **2.** vers 1810 [Esnault]. **3.** 1849 [Chautard].

VAR. **colasse** : vers 1810 [Esnault], plus ou moins confondu avec *colas*.

conne *adj. et n.f.*

Se dit d'une femme stupide : *La femme sans âge portugaise même pas foutue merde de causer comme y faut le français, trop conne, la conne, pour s'apercevoir que le collier de strass dépassait de sa poche* (Bénoziglio).

ETYM. de **con.** 1920 [Bauche].

connement *adv.*

D'une façon stupide, bêtement : *S'être fait piéger si connement dans cette maison de rencarts, les déponne l'un et l'autre au maximum* (Simonin, 5).

ETYM. de **con.** 1953, Simonin [TLF].

connerie *n.f.*

Pensée, parole ou acte stupide : *« Les nègres ont la langue rose et jamais le cafard », pensa Sam Schneider. Il s'en voulut aussitôt de penser une connerie pareille* (Vautrin, 1). *Le caissier, justement, l'a fait fonctionner* [le signal d'alarme] *alors qu'il était sous la menace d'une arme. Une vraie connerie* (Jaouen).

ETYM. de **con.** 1865, chanson, sous la forme *conn'ri* [Larchey]. Ce mot est très usité, et son sens s'est considérablement affaibli. Il reste néanmoins exclu du bon usage.

conobler, connobler ou **conobrer, connobrer** *v.t.*

1. Vx. Reconnaître : *Il était si bien renfrusquiné, que les cognes ne l'ont pas conoblé* (Ansiaume). *J'ai pas connobré un miché de l'an passé* (Méténier). **2.** Connaître : *J'ai pas l'habitude de ronfler avec des gonzesses que je conoble pas* (Devaux). *Eun' femme qu'est pus bas que l'ruisseau / Devrait conobrer ses prières. / Mais y m'en r'vient qu'des p'tits morceaux* (Rictus). *À part ça, c'était pas une tranche que j'avais l'honneur de connobrer* (Bastiani, 4).

ETYM. suffixation arg. de **connaître,** sans doute avec l'influence de l'esp. **columbrar,** apercevoir. **1.** *connobler* 1821 [Ansiaume] ; *connobrer* 1811 [Esnault]. **2.** *conobler* 1844 [Sainéan] ; *con(n)obrer* 1829, Vidocq. Toutes ces formes sont archaïsantes.
VAR. **colomber** (aux deux sens) : 1829 [Forban].

conomètre *n.m.*
Faire péter le conomètre, atteindre des records de stupidité. SYN. déconomètre, déconophone.
ETYM. formation pseudo-savante sur **con(nerie)** et **-mètre,** au sens d'« instrument (imaginaire) de mesure de la stupidité ». 1977 [Caradec].

conserves *n.f.pl.*
Vx. Morceaux de corps humain : *Je viens de préparer pour lui* [le médecin légiste] *les conserves, l'os de l'égout Jacob, et la cuisse des Saints-Pères* (Macé).
ETYM. spécialisation macabre : l'institut médico-légal (la morgue) conserve au frais les débris humains. vers 1885, Macé.

consolation *n.f.*
1. Vx. Rasade d'eau-de-vie : *D'autres préfèrent se réchauffer en avalant au cabaret voisin un petit verre de consolation* (Vidocq). **2.** Débit de boissons : *Les nouveaux venus payant leur* quand est-ce, *les stations dans les* assommoirs, *les* consolations, *les* mines à poivre (Daudet). **3.** Partie de dés à laquelle pousse un cabaretier, avec don d'un petit bijou au perdant ; partie de bonneteau ou de dés proposée dans le train, au retour des courses, mais sans lot de consolation.
ETYM. spécialisation très matérielle du mot usuel. **1.** 1829, Vidocq. **2.** d'abord *débit de consolation* 1867 [Delvau] ; 1876, Daudet. **3.** « dés » 1875 [Esnault] ; « bonneteau » 1880 [id.].
DER. **console** ou **consolette** *n.f.* Partie truquée (le sens diminutif faisant sans doute allusion à l'absence effective de la consolation promise) : 1880 [Chautard] ; *consolette* 1894 [Esnault]. **consolateur** *n.m.* Bonneteur qui incite à jouer à la consolation : 1880 [id.].

conspige *n.* → CONCEPIGE.

construction *n.f.*
Écoute téléphonique : *Depuis cette époque, la demande de « construction » sur une ligne jugée suspecte émane du fonctionnaire, qui la réclame à son ministre de tutelle* (*Libération*, 4 mars 1993). SYN. bretelle.
ETYM. emploi spécialisé du mot usuel. 1993, *Libération*.

contact *n.m.*
Individu qui met en relation deux personnes, notamment dans une escroquerie.
ETYM. abrègement de **contact-man,** agent de liaison, anglicisme à la mode en 1939 chez des filous à l'américaine [Esnault]. 1977 [Caradec].

contrat *n.m.*
Convention entre truands en vue d'un assassinat : *Si j'avais su la chose concernant ce « contrat » entre Flavien et Goony, j'aurais peut-être agi autrement. Mais Barnson est mort. C'est fini* (Lesou).
ETYM. spécialisation de sens. 1975 [Arnal] ; hérité du milieu criminel des USA.

contre *n.m.*
Vx. **1.** Compère de jeu : *Le bonneteur commence alors un boniment et propose à un passant de jouer avec lui. C'est, bien entendu, un complice : c'est, comme on dit en argot, un « baron » ou un « contre »* (Locard). **2. Battre contre,** mentir. **Chiquer contre.** ***a.*** faire semblant : *Ne chique pas contre, toi. Je cherche Thomas, tu sais où il est, pas de boniment* (Lorrain) ; ***b.*** servir de compère. **3.** Au café, consommation qui sert d'enjeu.
ETYM. emploi spécialisé du sens musical de **faire le contre,** chanter une seconde partie mais au sens 2, il y a parfois confusion avec *comtois* (v. ce mot) sous la forme *comte* : 1881 [Rigaud]. **1.** 1776 [Esnault], mais dès le XVe s. (Villon) au sens de « complice ». **2. Battre contre,** 1901 [Bruant]. **Chiquer contre.** ***a.*** 1867 [Esnault] ; ***b.*** 1899 [Nouguier]. **3.** 1867 [Delvau].

contrebûche ou **contremouche** *n.f.*
Contrebande : *On va tenter de t'abuser, de te travestir un simple passeur de contremouche en émancipateur* (Simonin, 6).
ETYM. resuffixations de **contrebande,** avec **bûche,** allumette (dont la contrebande, jadis, était fructueuse) et **mouche,** au sens d'employé de police. *contrebûche* 1899 [Nouguier] ; *contremouche* 1951 [Esnault].

contrecarre *n.m.*
Empêchement, ennui : *Arthur avait dû prendre sa décision dès l'annonce du contrecarre*

(Simonin, 1). **Faire du contrecarre,** s'opposer en paroles ou en actes.

ETYM. de **contre** et de **carre,** objet carré ; dès 1475, Chastellain [TLF] au sens d'« opposition ». 1953 [Sandry-Carrère], n.f., au sens de « concurrence ». Ce nom est de genre indécis.

contrecoup ou **contrefiche** *n.m.*

1. Contremaître : *Au bout de trois jours de présence chez Debêche, il m'a fallu me décider à demander un acompte. Ni le contrecoup ni le caissier n'ont paru trouver mon besoin d'argent à leur goût* (Malet, 1). **2.** Détenu qui répartit le travail dans les cellules.

ETYM. resuffixation de **contremaître** avec **coup** (terme de joueur ? ou, selon Sandry-Carrère, parce qu'il « reçoit le contrecoup du singe quand l'ouvrier se gourre ») ou **fiche** (probablement de *en fiche un coup,* ou *s'en contrefiche*). **1.** *contrecoup* 1870, Poulot ; *contrefiche* 1900 [Esnault]. **2.** 1929 [id.].

contredanse *n.f.*

Contravention infligée aux camelots, aux automobilistes, etc. : *Il a l'air d'un bon zigue, ce type. Même qu'il a fait sauter la contredanse à Jojo-la-Cravate* (Yonnet).

ETYM. resuffixation humoristique de **contravention** avec un suff. fantaisiste, qui exprime une légère désinvolture. 1901 [Bruant].

VAR. **contrebande** : 1947 [Esnault]. **contrevence** : 1901 [Bruant].

contrefiche (se) ou **contrefoutre (se)** *v.pr.*

Se moquer complètement de qqch ou qqn : *« L'adjudant... que je m'en contref...iche ! répond l'autre dont la vaillance ne connaît plus de bornes* (Bibi-Tapin). *Les mots me manquent pour vous dire à quel point je me fous, je me contrefous de ce trombone, égaré là entre une pochette d'allumettes et la monnaie du boulanger* (Desproges).

ETYM. de **contre,** qui renforce le sens des verbes **se fiche(r), se foutre.** *se contreficher* 1839 [Boiste] (auj. n'existe plus que la forme d'infinitif en *fiche,* sans désinence *-r*) ; *contrefoutre* 1790, J. de Domfront [TLF]. Ces deux verbes sont demeurés assez usuels.

VAR. (rare) **se contremoquer** : 1942, Malet.

convalo *n.f.*

Congé de convalescence ; la convalescence elle-même : *Moi, j'y ai resté vingt jours en convalo, plus deux permes de quarante-huit heures* (Dorgelès).

ETYM. apocope et resuffixation de **convalescence.** 1915 [Esnault].

converse *n.f.*

1. Conversation : *La jeunesse de maintenant... ! C'était tout le fond de la converse du père Bob* (Amila, 1). **2. Faire sa victime à la converse,** l'enjôler pendant qu'un complice traite l'affaire. **Lever le client à la converse,** le séduire par des paroles adroites.

ETYM. apocope de **conversation. 1.** 1901 [Bruant]. **2. Faire sa victime à la converse,** 1900 [Esnault]. **Lever le client à la converse,** 1949 [id.].

cool [kul] *adj.*

1. Détendu, tranquille ; ouvert à autrui : *C'est quand même plus cool de faire comme Fred. Il écrit la vie, peinard, assis à sa table* (Lasaygues). *Il avait vachement peur. Moi, au bout d'un moment, ça allait mieux ; je me sentais cool* (Cardinal) ; en apostrophe, **cool, Raoul,** du calme ! **2.** PÉJ. Sans vivacité, mou.

ETYM. emprunté à l'angl., ce mot est d'origine hippie [Obalk]. **1.** 1975, Cardinal. **2.** 1984 [Obalk]. Ce mot très répandu auj. a remplacé *relax* dans l'usage courant.

cop *n.m.*

Agent de police : *Si les cops s'occupent de nous, il sera toujours temps de filer* (Boileau-Narcejac).

ETYM. mot pop. angl. 1948, Boileau-Narcejac.

copaille *n.f. ou m.*

1. Vx. Ami suspecté d'homosexualité ou de délation : *C'est une copaille ! Il jaspinera au quart, pour la forme, mais y aura pas de pet pour toi !* (Méténier). **2.** Bon à rien : *Ce copaille-là, il n'avait même pas enlevé le cran de sûreté à son feu ! Quelle tarte !* (Fauchet).

ETYM. resuffixation de **copain** avec le suff. péj. **-aille** (cf. *bleusaille, mouscaille,* etc.). **1.** 1883 [Esnault]. **2.** 1927 [id.].

copaud ou **copo** *n.m.*

Camarade, copain.

ETYM. resuffixation arg. de **copain.** 1928 [Esnault].

copeau *n.m.*

1. Bois brisé. **Coup de vague avec copeaux,** effraction. **Faire des copeaux,** avoir un accident de voiture. **2.** Langue de l'homme. **Lever son copeau,** parler. **3.** Crachat. **4.** Chose sans grande valeur. **Des copeaux,** rien ; spéc., course en taxi jugée peu rentable : *J'ai* *fait trois ou quatre courses, des copeaux, je dois avoir trente ou quarante balles* (Varoux, 1) ; client qui demande une telle course. → **BOULER.**

ETYM. emploi imagé, à partir du menuisier qui rabote une planche (1); métaphore (2) et idée de ce qui reste après un travail, le déchet (3). **1. Coup de vague avec copeaux,** 1867, Stamir [Larchey]. **Faire des copeaux,** 1927 [Esnault]. **2.** 1867 [Delvau]. **3.** 1881 [Larchey]. **4.** 1923 [Esnault]. **Des copeaux,** 1928 [Lacassagne]; spéc., 1935, Simonin-Bazin.

copeaux *n.m.pl.*

Avoir les copeaux, avoir peur : *Si tu avais pour la tuer, fallait le faire toi-même, mais, pour ça, tu avais trop les copeaux, trancha Zoé* (Bastiani, 1). **Filer, foutre les copeaux,** effrayer : *Quelques scandales récents démontraient le bien-fondé de ses craintes. Lyon, Marseille, Lille, des noms de ville qui lui filaient rudement les copeaux au lardu marron* (Risser).

ETYM. d'un mot dial. de Guernesey, **couépiaux,** bouse de vache (association courante en arg. de la défécation et de la peur). 1917 [Esnault].

coq *n.m.*

1. Vx. Chef ; champion : *Je ne menais avec moi sur la plaine qu'un de mes fils et un autre jeune homme* [...]; *c'est alors qu'on voudrait me faire passer pour le coq des mioches* (Orgères). *Argentan – c'est le coq du garage, deux cent cinquante francs de compteur à la moyenne* (Simonin-Bazin). **2.** Pièce ou somme de vingt anciens francs : *Le client* [...] *ressort une heure plus tard, un peu las et délesté de vingt-cinq coqs* (Simonin-Bazin). **3. Avoir les deux coqs,** être âgé de quarante ans. **SYN.** cigue.

ETYM. métaphore pop. (cf. *le coq du village*) au sens 1 et emploi métonymique aux sens 2 et 3, la pièce portant un coq au revers. **1.** « chef » avant 1800, Orgères ; « champion » 1833 [Esnault]. **2.** « pièce de vingt francs en or » 1903 [id.], encore en 1960 [Le Breton] ; « somme » 1928 [Lacassagne]. **3.** 1939 [Esnault].

DER. **coquelicot** *n.m.* Pièce de vingt francs: 1933 [Esnault].

coquard ou **coquart** *n.m.* → **COCARD.**

coquelicot *n.m.*

Syn. de cocard : *Tu as intérêt à porter des lunettes de soleil pendant quelque temps, histoire de camoufler le charmant coquelicot que tu trimbales sur ton œil !* (Agret).

◆ **coquelicots** *n.m.pl.*

Avoir ses coquelicots, avoir ses règles, en parlant d'une femme.

ETYM. analogie de couleur. 1884 [Chautard]. ◆ *pl.* 1901 [Bruant].

coquer *v.t.*

Vx. **1.** Donner, tendre qqch avec la main. **Coquer le poivre à qqn,** l'empoisonner. **Coquer le rifle,** incendier. **Coquer du tabac,** rosser. **2.** Dénoncer : *Que veux-tu, mon ami ? je ne suis pas sorcier, si l'on ne t'avait pas coqué, je ne viendrais pas interrompre ton sommeil* (Vidocq).

ETYM. origine obscure. **1.** 1829 [Forban]. **Coquer le poivre, le rifle, du tabac,** 1836 [Vidocq]. **2.** 1829 [id.].

DER. **coquage** *n.m.* Dénonciation : 1862, Canler [Larchey].

coquette *n.f.*

1. Pénis : *Pour peu que la carrée Modern Style lui produise le même effet, et une bonne roteuse aidant, la môme va pas bouder coquette* (Simonin, 5) ; et, en apostrophe : *Allez, bande, Coquette, bande ! Fais plaisir à papa* (Roubaudi). **2.** Braguette : *Je pensais qu'à ça, dans les petites rues, pendant qu'elle m'ouvrait la coquette* (Céline, 5).

ETYM. surnom attendri donné à cette partie du corps qui, telle une femme coquette, se redresse avec fierté. **1.** 1957 [Sandry-Carrère]. **2.** 1936, Céline.

coqueur *n.m.*

Vx. **1.** Complice du tireur qui reçoit l'objet volé et s'éloigne : *Une montre ou une bourse est-elle le résultat de cette presse factice, à l'instant même elle passe dans les mains d'un affidé, le coqueur, qui s'éloigne le plus vite possible, mais sans affectation* (Vidocq). **2.** Personne qui donne. **Coqueur de bille,** bailleur de fonds. **3.** Délateur : *C'est avec ces fonds qu'on doit* [...] *payer les coqueurs qui viennent dénoncer les projets du vol* (Canler).

ETYM. vieux mot issu de **coquer. 1.** 1829, Vidocq. **2.** 1836 [id.]. **3.** 1829 [Forban].

VAR. **coqueux** : 1835 [Raspail]. **coqueuse** *n.f.* : 1877 [Esnault].

coquin *n.m.*

1. Vx. Délateur : [Les prisonniers] *disent d'un homme qui les trahit, qui les livre à la justice :*

C'est un coquin, un coqueur (Joigneaux). **2.** Vx. Agent de la Sûreté. **3.** Amoureux, amant de cœur: *Un de perdu, dix de retrouvés. Moche comme vous êtes, vous n'aurez pas de mal à redécrocher un coquin* (Queneau, 1). **4.** Homosexuel passif. **5.** Vin capiteux; alcool.

ETYM. origine obscure. **1.** 1841, Joigneaux [TLF]. **2.** 1928 [Lacassagne] dans la région de Saint-Étienne. **3.** 1921 [Esnault]. **4.** début du xxe s. [Carabelli]. **5.** 1904 [Chautard].

coquine *n.f.*

1. Femme vénale ou homme vénal. **2.** Délateur, mouchard. SYN. donneuse. **3.** Amante de cœur : *Elles seraient libres et l'époux aurait trois mois pour se remettre et trouver une coquine... ou un coquin, se dirent-elles, cyniques* (Bernheim-Cardot). **4.** Homosexuel : *Il n'irait pas chez une lope ? – Qui ça, une lope ? – Mais une coquine, un pédé* (Lorrain). *Vise-le, disait l'une. – Une vraie coquine, renchérissait l'autre* (Carco, 2). **Être en coquine,** être homosexuel.

ETYM. de **coquin. 1.** 1864 [Delvau]. **2.** 1899 [Nouguier]. **3.** avant 1850, Balzac [GLLF]. **4.** 1873 [Esnault]. **Être en coquine,** 1896 [Delesalle].

corbaque ou **corbac** *n.m.*

Corbeau : *Et puis les autres zonards, crapuleux, teigneux comme les corbaques, blessés, malheureux comme toi jusqu'à la moelle* (Dégaudenzi). *Autour d'eux, un aréopage en grand deuil faisait cercle comme une bande de corbacs dans un champ* (Pécherot).

ETYM. resuffixation pop. de **corbeau.** *corbaque* 1945 [Esnault].

corbeau *n.m.*

1. Curé en soutane : *Journalier pour la forme comme son capitaine est aubergiste, il est connu sous les noms caractéristiques de Pille-Bourse ou Tueur de Corbeaux. Ce dernier sobriquet lui est acquis après le meurtre du curé* (Claude). **2.** Vx. Employé des pompes funèbres.

ETYM. vieille métaphore anticléricale de l'oiseau noir, c.-à-d. qui porte malheur, que Prévert a aggravée, en 1946 (dans *Paroles*), avec son fameux: «Ceux qui croient croire / Ceux qui croâ croâ.» **1.** 1829 [Forçat]. **2.** 1808 [d'Hautel].

corde *n.f.*

1. ARG. ANC. **Coucher, dormir à la corde, être à la corde,** être dans le dénuement. **Logis à la corde,** mode d'hébergement des miséreux : *Placés comme des chevaux dans une écurie, les dormeurs étaient séparés entre eux par une corde. Par mesure d'hygiène et de salubrité, l'un de vos prédécesseurs a fait disparaître ce « logis à la corde », le dernier de l'espèce* (Macé). **2. Faire des cordes,** être très constipé.

ETYM. la citation de Macé (vers 1885) explique l'origine des locutions. **1. Coucher à la corde,** 1867 [Delvau] ; **dormir à la corde,** 1894 [Virmaître]. **2.** 1867 [Delvau]; image scatologique, à rapprocher de *travailler pour la marine.*

corder (se) *v.pr.*

Vx. Se pendre : *Je ferai une tourtouze, et je me corderai* (Leclair).

ETYM. de **corde**. 1800, Leclair.

cordon *n.m.*

Groupe de condamnés au bagne, reliés entre eux par la chaîne : *Des détachements* [...] *étaient amenés par la maréchaussée ; ces groupes qui s'appelaient cordon d'Angers, cordon de Nantes* [...] *venaient se fondre dans la masse* (Alhoy).

ETYM. emploi spécialisé du mot usuel. de 1796 à 1838, selon Esnault.

corgnolon *n.m.*

Cou, gosier : *Tes mamis les gones n'ont pas de quoi se rincer le corgnolon* (Gill). *Il ne peut parler que très bas car, en tentant d'avaler son presse-papiers, il s'est fait une déchirure du corgnolon* (San Antonio, 5). **Tirer sur le corgnolon,** forcer sur ses cordes vocales, hurler.

ETYM. déformation probable de **cornet**. 1878, Gill.

cormoran *n.m.*

1. Croque-mort. **2.** Juif. **3.** Gardien de phare.

ETYM. d'après la couleur noire de l'oiseau. **1.** 1797 [Enckell]. **2.** 1960 [Le Breton]. **3.** 1953 [Sandry-Carrère].

cornanche *n.f.*

1. Corne faite frauduleusement à une carte à jouer : *Bedeau ne quittant jamais son paquet sale de brêmes, usées jusqu'à la corde, triturées de marquouses et de cornanches* (Clébert, 2). **2.** Vx. Coup de poing.

ETYM. de **corne** et du suff. arg. **-anche. 1.** 1893 [Esnault]. **2.** 1916 [id.].

cornancher *v.t.*

1. Marquer une carte à jouer frauduleusement. **2.** Frapper du poing, battre : *Vous allez vous faire cornancher. Il n'aime pas qu'on lui rappelle ça, vous savez* (Lorrain) ; tuer.

◆ *v.i.*

Sentir mauvais.

◆ **se cornancher** *v.pr.*

Se battre.

ETYM. de **cornanche. 1.** 1901 [Bruant]. **2.** 1896 [Chautard] ; « tuer » 1953 [Sandry-Carrère].

◆ *v.i.* 1901 [Esnault].

◆ *v.pr.* 1952 [id.].

DER. **cornanchouiller** *v.i.* Puer : 1916 [Esnault].

cornant *n.m.*

Vx. Bœuf : *Nous sommes quatre, il faut six plombes de cornant* (Ansiaume).

ETYM. participe présent substantivé du verbe **corner**. 1596, Péchon de Ruby.

cornard *n.m.*

Mari trompé : *Être trompé, ça me plairait pas, mais cornard par un Sent-l'urine pareil, ça me ferait mal au ventre* (Tachet).

ETYM. de **corne,** cet appendice étant traditionnellement pris comme signe de la bêtise, notamment sur le plan conjugal. 1608, Jean de Schelandre [TLF].

corne *n.f.*

Bœuf. **Roulotte à cornes,** camion pour transporter les bœufs. **Travail à la corne,** vol à la tire pratiqué sur un marchand de bestiaux.

ETYM. emploi métonymique : l'appendice pour l'animal entier. **Roulotte à cornes,** 1836 [Vidocq]. **Travail à la corne,** 1911 [Esnault].

VAR. **cornu** *n.m.* : 1836 [Vidocq].

DER. **cornante** *n.f.* Vx. Vache : 1596, Péchon de Ruby. **cornière** *n.f.* Étable : 1821 [Mézière].

cornet *n.m.*

Gosier ; estomac : *Ah ! pitié ! voilà un garçon qui se dit plein... plein de quoi ?... il ne pèse rien... C'est à croire qu'il ne s'est pas rempli le cornet* (Chavette).

ETYM. métaphore : le cornet est fait pour être rempli, comme le système digestif. 1829, Vidocq.

corniaud *adj. et n.m.*

Imbécile : *N'attendez tout de même pas que je me rende comme un corniaud au fond d'une impasse où l'on pourra joyeusement me flinguer aux petits plombs !* (Amila, 1).

ETYM. probablement resuffixation de **cornier** ou **cornard,** niais, plutôt que de **corniaud,** chien mâtiné (littéralement « né à la corne », c.-à-d. au coin d'une rue). 1947, Malet.

VAR. **corgnaud** ou **corniot** : 1938 [Esnault].

cornichon *n.m.*

1. Cornet à dés. **2.** Cornet porte-voix. **3.** Téléphone : *Sa veste sous le bras, le Blond alla s'enfermer dans le réduit. Il prit le cornichon : « Allô ! Frédo ? »* (Le Breton, 1). **4.** Vx. Veau.

ETYM. analogie de forme. **1.** 1928 [Esnault]. **2** et **3.** 1953 [Sandry-Carrère]. **4.** 1836 [Vidocq].

Cornouailles *n.pr.*

Aller en Cornouailles, être trompé, en parlant d'un mari. **Envoyer en Cornouailles,** tromper (un mari).

ETYM. jeu de mots sur **corne, cornard.** 1640 [Oudin].

correctio *n.m.*

Délinquant justiciable de la correctionnelle : *Dans ce car, il n'y a que des correctios ; Petit-Rébus et moi, on est les seuls destinés aux assiettes* (ADG, 4).

ETYM. apocope de **correctionnelle,** avec emploi métonymique : la peine pour le délinquant. 1971, ADG.

corrida *n.f.*

1. Scène plus ou moins violente, en gestes et en paroles, entre plusieurs personnes : *Juste j'avais pris quelques coups de latte dans le train... des coups de pèlerine, de poing dans les côtes sans conséquences. Je m'extirpais de la corrida sans trop de bobo, mais aux yeux de Jacqueline je prenais du galon* (Boudard, 5). **2.** Confrontation, en termes de police.

ETYM. emploi métaphorique et pittoresque. **1.** 1902, Alger [Esnault]. **2.** 1975 [Arnal].

corridor *n.m.*

Vx. Bouche, gosier. **Rebouiser, refouler du corridor,** avoir mauvaise haleine.

ETYM. métaphore de la « voie de passage ». 1861, Turpin de Sansay [Doillon]. **Rebouiser du corridor,** 1894 [Virmaître] ; **refouler du corridor,** 1957 [Sandry-Carrère].

corsico *adj. et n.m.*

Corse : *Des tas de petits Corsicos, mauvais comme leurs mères* (Daudet). *Les corsicos ? Le*

mieux était de les traiter de loin par le mépris (Trignol).
ETYM. suffixation arg. de **corse** (cf. *belgico*). 1897, Daudet.

corsif *n.m.*
Corset: *Vingt-deux piges, toutes mes chocottes et pas d'corsif* (Stollé).
ETYM. resuffixation arg. de **corset.** 1947, Stollé.

cortausse *n.f.*
Correction infligée à qqn: *Les perruches, une fois qu'elles vous ont doublé, après elles se croient tout autorisé. Et le respect est long à leur faire retrouver. L'en faut des cortausses. Des cortausses avoinées* (Bastiani, 4).
ETYM. resuffixation arg. de **correction** (cf. *détosse*). 1952 [Esnault], sous la forme désuète *corrtôsse.*

corvette *n.f.*
1. Fille séduisante. **2.** Jeune homosexuel : *Dans la société ordinaire où ce penchant contre nature est en quelque sorte inné chez certains individus, ces anti-physiques s'appellent tantes ; chez les marins, corvettes ; dans l'armée, étendards* (Claude).
ETYM. mot de marin, « fille qui ondule de la poupe » (1) et féminisation méprisante (2). **1.** 1844 [Esnault], mais antérieur. **2.** 1836 [Vidocq].

cosaque *n.m.*
Vx. Boisson alcoolisée composée de rhum, de kirsch et de bitter.
ETYM. peu claire. 1878, Gill.

cosne ou **cône** *n.f.*
Mort: *Le luysant de sa cosne, il bia demander la thune* (Responce au grand Coesre).
ETYM. altération de **corne**, idée de « ce qui est racorni, raidi ». 1628 [Chéreau]. → CÔNIR.

cosnir *v.i.* → CÔNIR.

cossard, e *adj. et n.*
Paresseux: *Il n'avait qu'une confiance mesurée dans Canotti, un Corse ondoyant et cossard* (Coatmeur). *Il avait bu un verre pour se donner de l'allant, parce que ce cossard-là n'aime pas beaucoup le travail* (Arnoux).
ETYM. probablement resuffixation de **cossu** : l'homme riche peut se dispenser de travailler [TLF]. 1898, *le Père Peinard* [Sainéan]. Est passé dans l'usage courant.
VAR. **cosseux** *adj.m.* : 1929, Fresnes [Esnault].

cosse *n.f.*
Paresse: *La sœur m'entreprend. Elle est fière de son Alexandre* [Breffort], *mais se plaint de sa cosse chronique, et est persuadée que s'il travaillait, il pourrait aller très loin* (Galtier-Boissière). **Tirer sa cosse,** ne rien faire.
ETYM. apocope de **cossard.** 1899 [Nouguier]. Est passé dans l'usage courant.

costard *n.m.*
Costume : *Cela avait l'air d'aller pas mal du tout d'ailleurs : le costard était de pure laine et la chemise ne sortait pas de chez Prisu* (Klotz). **Tailler un costard,** critiquer, dénigrer.
ETYM. resuffixation de **costume.** 1928 [Lacassagne], mais d'abord sous la forme (auj. désuète) *costo* 1889, Macé. **Tailler un costard,** 1983, *Actuel* [Doillon].

costaud, e, costeau ou **costo** *adj. et n. (rare au fém.)*
Se dit d'un individu physiquement, intellectuellement ou moralement solide, vigoureux: *La porte était gardée par un larbin costaud* (Lefèvre, 2). *J'ai connu tous les tourments de l'amoureux, du fils, du mari... et je suis là, on me dit: «Vous, vous êtes costaud, vous supportez tout!»* (Dalio). *Quand nous entrons au Bar des Abeilles, la clientèle, en cette après-midi, se réduit à un costaud en bleu de travail qui, accoudé au zinc, boit un demi à petits coups* (Faizant). *Ah ! pour un costeau c'est un costeau, et dans son physique d'homme, le même genre que la Mélie* (Lorrain). *C'est nous les petits apaches / Les gâs costos qu'ont pas d'moustache* (chanson *les Rois du pavé,* paroles de E. Plessis).
◆ *adj.*
Se dit de qqch de solide, d'intense, etc.: *Souvenez-vous de l'avortement. Là aussi le tabou était costaud* (*Libération,* 4 mars 1982).
ETYM. de **coste, côte** (homme qui a de fortes côtes) ou du romani **cochto,** bon, solide. 1884, abbé Moreau ; *costo* 1899 [Nouguier] ; *costeau* 1901 [Bruant].

costume *n.m.*
Se faire faire un costume en bois, en sapin, mourir.
ETYM. métaphore ironique: ledit costume est évidemment le cercueil. 1977 [Caradec].

cote *n.f.*
Réputation dans le milieu : *Elles doivent se brouter, ces connasses? C'est du propre! Grillée par des gouines, avec ma cote, c'est un monde!*

(Simonin, 2). **Marcher à la cote,** profiter de sa réputation d'homme fort pour imposer sa loi.

ETYM. transfert sociologique du mot usuel. 1953 [Sandry-Carrère]. **Marcher à la cote,** 1960 [Le Breton].

côte *n.f.*

1. Avoir les côtes en long, être paresseux. **2.** Vx. **Côte de bœuf,** sabre. **3. Être à la côte,** être sans ressources, démuni. **Frère de la côte,** compagnon de misère.

ETYM. emplois ironiques du mot anatomique. **1.** 1867 [Delvau]. **2.** 1836 [Vidocq]. **3.** avant 1850, Balzac [Larchey]. **Frère de la côte,** 1867 [Delvau].

côtelette *n.f.*

1. Côte de l'homme; par ext. et au pl., le torse, l'individu lui-même : *Ça me ferait plaisir de prendre un bain chaud, de pouvoir* [...] *me cloquer sur les côtelettes une limace propre* (Trignol). **Travailler les côtelettes à qqn,** le rosser. **Planquer ses côtelettes,** se cacher. **2. Pisser** ou **sortir sa côtelette,** accoucher : *Toi, Ève, je te refilerai des douleurs épouvantables dans la nursery quand tu seras sur le point de pisser ta côtelette* (Devaux). **3.** Vx. **Côtelette de Brie, de menuisier, de perruquier, de vache,** morceau de fromage. **Côtelette d'Espagne,** grosse sardine. **4.** Retrait temporaire du permis de conduire à un chauffeur de taxi; commission de discipline de la préfecture de police, qui statue en la matière : *Pourquoi ces sanctions ? Quel est ce tribunal ? C'est la « Commission de discipline », que les chauffeurs de taxi ont baptisé « La Côtelette », sans doute parce qu'elle les en prive* (Simonin-Bazin).

◆ **côtelettes** *n.f.pl.*

Vx. Favoris larges du bas et minces du haut : *Aussitôt les domestiques cravatés de blanc dressèrent l'oreille et firent un nez entre leurs honorables côtelettes, flairant la concurrence* (J. Renard).

ETYM. emploi ironique du diminutif de **côte. 1. Travailler les côtelettes,** 1793 [Esnault]. **Planquer ses côtelettes,** 1947 [id.]. **2. Pisser sa côtelette,** 1862 [Larchey] ; **sortir sa côtelette,** 1975 [Arnal] ; peut-être y a-t-il une référence discrète à la biblique *côte d'Adam ?* **3. Côtelette de perruquier, de vache,** 1866 [Delvau]. **Côtelette de menuisier,** 1878 [Rigaud]. **Côtelette d'Espagne,** 1938 [Esnault]. **4.** 1935, Simonin-Bazin ; il s'agit ici d'une antiphrase, par rapport au sens « applaudissements chaleureux reçus par des comédiens » (1833 [Esnault]).

◆ *pl.* 1855, Paillet.

côtier *n.m.*

1. Bon grimpeur, chez les cyclistes. **2.** Vx. Cheval de renfort (et l'homme qui le conduisait) prévu par la Compagnie des omnibus pour aider les voitures trop chargées à gravir le boulevard Saint-Michel : *L'homme et la bête attendaient sous la pluie, sous la neige et l'on ne savait lequel des deux était le plus à plaindre. Bruant a chanté ces « côtiers » avec le rude et chaleureux accent que ce genre de spectacles lui inspirait* (Carco, 4).

ETYM. de **côte. 1.** 1927 [Esnault]. **2.** av. 1900, Bruant.

coton *n.m.*

1. Vx. **Avaler du coton,** être pris pour dupe. **2.** Difficulté, travail pénible; querelle d'issue indécise.

◆ *adj.*

Se dit de ce qui est ardu, malaisé : *Ça va être coton, mais le passage, ils vont me le laisser, moi je dis* (G. Arnaud, 2). *Pour Lancel, ce sera autrement coton puisque déjà, de son vivant, on avait du mal à le situer* (Fajardie, 1). *Tu fonces dans les turnes – c'est pas coton puisqu'y a pas de portes* (Lefèvre, 2).

ETYM. métaphore de tisserand : pour lui, le coton est un dommage, un obstacle (1836 [Chéreau]). **1.** 1878 [Rigaud]. **2.** « difficulté » 1867 [Delvau]; « querelle » 1849 [Halbert].

◆ *adj.* 1890 [Esnault]; issu du sens « travail pénible ».

DER. **cotonneux** *adj.m.* Difficile : 1878 [Esnault]. **cottard** *adj. m.* Même sens : 1957 [Sandry-Carrère].

coucher ou couché *n.m.*

1. Nuit entière passée avec une prostituée : *Il se vantait d'avoir obtenu d'une nommée Pierrette un coucher à vingt francs* (Paraz, 2). *Le hasard faisait de moi un esseulé, j'allais faire* un couché *dans une des maisons où j'avais mes habitudes* (Galtier-Boissière, 4). **2.** Client faisant un coucher : *Désignant la chambre : « J'ai un coucher, dit-elle froidement. Renvoyez-le »* (Carco, 5). *J'ai un client dans la salle de bains, en train de pisser dans le bidet. Un « couché ». Quelle angoisse !* (Cordelier).

ETYM. spécialisation du mot usuel. **1.** 1864 [Delvau]. **2.** 1867 [id.].

VAR. **coucheur** au sens 2 : 1886 [Esnault].

coucheuse *n.f.*

Prostituée pensionnaire d'une maison close : *Son éditeur convia rue de Lappe le Tout-Paris des lettres et de la truanderie naturellement, sans compter les coucheuses et autres échassières des meilleurs arrondissements* (Lépidis).

ETYM. de **coucher.** 1925 [Esnault].

coucou *n.m.*

1. Montre : *Enfin, vous n'avez rien grinchi... Il y avait pourtant de belles foufières, des coucous, des brides d'orient* (Vidocq). **2.** Machine ou véhicule, en partic. avion : *Nous allâmes louer à la porte Saint-Denis deux coucous qui allèrent nous attendre rue de Paradis-Poissonnière* (Canler). *Une nuit, comme il décollait d'un pré avec sa maîtrise habituelle, le commandant se tourne vers un des voyageurs assis au fond de son coucou* (Galtier-Boissière, 1). SYN. clou. **3.** Chapeau melon. **4. Faire coucou à un homme,** le tromper avec sa femme.

ETYM. du cri monotone de l'oiseau ou de la pendule suisse appelée **coucou** (1), de la forme de son nid (3), et probablement de la couleur jaune du grand cabriolet à deux roues qui transportait les Parisiens en banlieue (2). **1.** 1828, Vidocq. **2.** 1870 [Esnault] ; d'abord « cabriolet » vers 1800 [Brunot] ; « taxi » 1935 [Simonin-Bazin]. **3.** 1899 [Nouguier]. **4.** 1865 [Larchey], mais *être coucou,* être trompé, dès 1690 [Furetière].

coude *n.m.*

Lever le coude, boire volontiers, avec excès : [M. Populot aux proprios] *Laissez un peu lever le coude à des gens que ça empêche de trop lever la tête* (Gill). *Vous êtes mon bras droit. Il en avait certes un sérieux besoin, le sien lui servait surtout à lever le coude dans une variété infinie de bistrots entre les champs de courses et le domicile de la fleuriste* (Boudard, 5).

ETYM. emplois métonymiques du mot usuel, évoquant des gestes familiers. 1752, Le Roux [TLF], mais *plier le coude,* même sens, dès la fin du XVIe s., Bouchet [id.].

couenne *n.f.*

1. Chair, peau : *J'esquisse, aussi sec, un pas de gigue. Pas par plaisir. Pour éviter le jet d'eau glacé qui m'inonde la couenne* (Le Dano). **Gratter la couenne à qqn,** le flatter. **Se gratter, se racler, se ratisser la couenne,** se raser. **Se sucer la couenne,** s'embrasser. **2. Couenne de lard,** brosse. **3. Couenne de lard** ou **couenne,** imbécile (seul, s'emploie aussi adj.) : *Le boucher haussa les épaules : « Zut ! fit-il, t'es trop couenne, aussi »* (Courteline).

ETYM. comparaison rude avec la peau de porc raclée. **1. Gratter la couenne à qqn,** 1867 [Delvau]. **Se ratisser la couenne,** 1808 [d'Hautel]. **2.** 1836 [Vidocq]. **3.** 1808 [d'Hautel].

couic *n.m.*

1. Onomatopée imitant la brève action de la guillotine. **Faire couic,** mourir. **2. (Que) couic,** rien du tout (s'emploie avec des verbes signifiant « comprendre ») : *Jamais il n'avait entendu quelqu'un parler comme ça. Il en bayait, surtout qu'il n'y comprenait que couic* (Le Breton, 6).

ETYM. onomatopée connue. **1.** 1809 [Esnault]. **Faire couic,** 1891 [id.]. **2.** 1914 [id.].

couille *n.f.*

1. Testicule : *J'lui aurais pas fait grand-chose... Non... J'l'aurais juste obligé à becter ses couilles toutes rôties* (Le Breton, 6). *Je vénérai le fils de la concierge, taillé en athlète et dont la mère avait rajusté les jeans pour lui mouler les couilles, les cuisses, le cul* (Prudon). **À couilles rabattues,** avec une grande intensité, une grande fréquence (notamment en parlant de l'acte sexuel) : *Mais comme demain c'est dimanche, pour satisfaire à la coutume, on baisera à couilles rabattues, comme en 14* (Spaggiari). Vx. **Couille à Joffre,** ballon captif d'observation. **2.** Syn. de courage : *Il en faut des couilles pour faire ce que t'as fait* (Roubaudi). **Avoir des couilles (au cul), en avoir,** être viril, courageux : *Passer devant les mitrailleuses des mecs à Rommel... Évidemment... ça ! Faut avoir des couilles au cul !* (Siniac, 5). *Monsieur le Président/Je vous fais une bafouille / Que vous lirez sûr'ment / Si vous avez des couilles* (Renaud). **Ne pas avoir de couilles (au cul),** être lâche : *Il est pas capable de répondre, ton minet ? Il a peut-être pas de couilles au cul !* (Jaouen). *T'as pas de cœur, pas de tripes, pas de couilles ?* (G. Arnaud). **3. Couille molle,** individu sans énergie, veule : *Mais pourquoi ces précautions ? Qu'est-ce qu'il craignait encore, cette couille molle ?* (Coatmeur). **4. C'est de la couille (en barres, en bâtons),** c'est sans intérêt, sans valeur : *Tout ça, c'est de la zoubia, de la merde d'ange, de la couille en barres...* (Pagan). **De mes (deux)**

couilles, épithète dévalorisante : *Une certaine Chantal de kekchose, Chantal de mes couilles… ouais !* (Pouy, 3). **5. (Se) barrer, partir, tomber, tourner en couille(s),** ne pas réussir, se dégrader : *Il se rendit compte, en frimant les graffiti taillés sur les murs de sa cellotte, que sa vue barrait en couilles* (Houssin, 2). *En fait, je craquais. J'avais tenu par le poids des nerfs, et là ils se barraient en couilles* (Pouy, 3). **6. Se faire des couilles en or,** gagner beaucoup d'argent : *Ah, monsieur, si la France touchait des droits d'auteur sur la révolution… On se ferait des couilles en or* (Wolinski, in *Libération,* 23 juillet 1987). **7.** Erreur, faute : *T'as fait une belle couille ! Est-ce qu'on va seulement le toucher, notre pognon ?* (Varoux, 2) ; ennui : *La couille que je subodore, elle nous arrive juste après Meaux… pleine cambrousse et il fait nuit. Badaboum ! Un choc violent… tout le fourgon qui valdingue, sursaute… on dérape dans le fossé, dans la flotte, il me paraît* (Boudard, 6).

ETYM. du lat. vulgaire **colea,** même sens ; mot fameux et employé depuis le Moyen Âge, comme symbole de virilité ; certains emplois sont métaphoriques, comme dans le cas de la *saucisse,* autre nom du ballon captif. **1.** vers 1178, *Roman de Renart.* **À couille rabattue** (au sing.), 1920 [Bauche] ; d'abord *à couillon rabattu* 1862, Lemercier de Neuville [Delvau]. **Couille à Joffre,** 1916 [Esnault]. **2. Avoir des couilles,** 1790 [Enckell]. **Ne pas avoir de couilles,** 1901 [Bruant]. **3.** 1847 [Dict. nain]. **4. De la couille en bâtons,** 1894 [Virmaître]. **De mes deux couilles,** 1913 [Esnault]. **5.** 1947 [id.]. **6.** contemporain. **7.** par apocope de **couillonnade.** contemporain.

couillé ou couiller, ère *n.*

Niais, nigaud : *J'ai sous la main un couillé… il a l'air farouche, il passe pour brusque ; c'est un homme simple, sans défense, que faut-il de plus pour qu'on le condamne ?* (Lhéritier).

ETYM. var. de **couillon.** chanson du XVIIIe s. [Esnault], au masc. ; 1829, Vidocq, au fém.

couiller *v.t.*

Syn. de couillonner.

ETYM. de **couille.** 1927 [Esnault].

couillon, onne *adj. et n.*

Se disait d'un individu peureux ; auj., dupé, niais ou stupide (surtout dans la France méridionale) : *La paix signée, le héros se retrouve ruiné, couillon et souvent cocu* (Galtier-Boissière, 1). *On ne pourrait sauver le tabac qu'en lui donnant beaucoup d'eau, mais avec prudence, pas comme ce couillon de Marco, qui l'avait arrosé tard dans la matinée, sous un soleil déjà fort* (Réouven).

ETYM. de **couille ;** mot très populaire dans le sud de la France. *coïon* « lâche » 1808 [d'Hautel] ; « imbécile » XVIe s. [Cellard-Rey].

VAR. **couillet** *n.m.* : 1878 [Esnault]. **couillette** *n.f.* Niaise : 1610, Berry [id.]. **couillibi** *n.m.* : ouest de la France [id.], repris en 1977 [Caradec].

couillonnade ou couillonnerie *n.f.*

1. Sottise (d'un individu). **2.** Chose sans valeur ; acte ou parole stupide, maladroite : *Le « Ninja blanc », sombre couillonnade, dont la seule performance semble consister à accumuler le maximum de pif-paf dans la poire en un minimum de temps* (*Libération,* 22 juillet 1987).

ETYM. de **couillon. 1.** 1859, Flaubert [TLF]. **2.** « chose sans valeur » 1791, Hébert [id.] ; « acte stupide » 1808 [d'Hautel].

couillonner *v.t.*

Tromper, escroquer : *Eh bien, tu t'es laissé couillonner par le Rouquin, c'est des choses qu'arrivent* (Le Breton, 6). *L'excellent Ferré se sentait grugé, escroqué, « couillonné », pour employer ses mots, par ses patrons successifs* (Thomas, 1).

ETYM. de **couillon.** *coionner* 1808 [d'Hautel] ; *couyonner* 1867 [Delvau].

coulant *n.m.*

1. Fromage fait (se dit surtout du camembert). **2.** Vx. Lait. **3.** Vx. Chaîne de cou : *Son carle, aussi sa toquante / Et ses attaches de cé, / Son coulant et sa montante* (Vidocq) ; spéc., collier de forçat. **4.** Vx. Cravate. **5.** Vx. Poisson : *Nous avons tortillé deux coulants qui étaient mâtes* (Ansiaume).

ETYM. emploi substantivé du participe présent de **couler. 1.** 1953 [Sandry-Carrère]. **2.** 1628 [Chéreau]. **3.** 1776 [Vidocq] ; spéc., 1835 [Esnault]. **4.** 1836 [Vidocq]. **5.** 1821 [Ansiaume].

coulante *n.f.*

Vx. **1.** Huile : *Il faudrait de la coulante pour arranger la crignole* (Ansiaume). **2.** Gonorrhée.

ETYM. participe présent substantivé de **couler. 1.** 1821 [Ansiaume]. **2.** 1901 [Bruant].

coule *n.f.*

Être à la coule. ***a.*** être indulgent, bon enfant : *Quelquefois, de l'office, le maître d'hôtel – un qui était à la coule – nous apportait des gâteaux, des toasts au caviar* (Mirbeau) ; ***b.*** être au courant, informé, en partic. dans le milieu : *Jean-Jean est un maq, s'énerva Maur. Il est pas à la coule pour se procurer une suçoire à coffiot... C'est pas son rayon* (Lesou, 2). *Des hommes à la coule, des gonces redoutés se retourneront pour voir le môme qui a battu le chef des Ronfleurs* (Rosny). SYN. affranchi ; ***c.*** agir en complice.

ETYM. apocope de **couleur** (cf. *ne pas être à la couleur*). ***a*** et ***b.*** 1866 [Delvau] ; ***c.*** 1881 [Larchey].

couler *v.i.*

Faire couler un môme, un enfant, avorter.

◆ *v.t.*

1. Discréditer (une personne, une entreprise) : *Le sublime n'a qu'un but, dès qu'il entre chez un nouveau patron, sur des instructions secrètes : le couler. Il attend le moment d'embaucher sa flotte dans une grève générale dont le mot d'ordre part de la frontière* (Claude). **2. Se la couler (douce),** vivre sans se faire de souci, tranquillement : *T'as pas à te plaindre en fin de compte, dit Gabriel, tu te la coules douce, c'est un métier de feignant que le tien* (Queneau, 1). *Mais j'fais encore des béguins. / Je me la coul' joyeuse / Car je n'suis pas crâneuse* (chanson *la Grande Mélie*, paroles de G. Isnel).

ETYM. emplois spécialisés. 1866 [Delvau].

◆ *v.t.* **1.** 1738, Piron [TLF]. **2.** 1867 [Delvau].

couleur *n.f.*

1. Gifle. **2.** Mensonge fait pour éblouir ; prétexte. **Monter une couleur,** dire des mensonges : *Je lui ai monté une couleur et il a quimpé* (Ansiaume). **3. Connaître les couleurs,** connaître les procédés propres à certaines activités : *Vous connaissez les couleurs... vous remplaceriez très-bien mon secrétaire* (Lhéritier). **4. Affranchir, donner la couleur à qqn, ouvrir à la couleur,** renseigner, mettre au fait : *Désirant pas le faire languir, elle ouvrit à la couleur, très prudemment, ayant bien jugé de la susceptibilité de l'adversaire* (Simonin, 1). **Ne pas être à la couleur,** s'en laisser conter. **5. Annoncer la couleur,** prévenir de ses intentions : *J'annonçai la couleur, nous échangeâmes les politesses d'usage* (Malet, 2). **6. Défendre ses couleurs,** savoir prendre soin de ses propres intérêts.

ETYM. la couleur (rouge) résulte de la gifle (1) ; la couleur du peintre masque (2) ; les autres sens sont liés aux couleurs des cartes à jouer. **1.** 1865 [Larchey]. **2. Monter la couleur,** 1815, *chanson de Winter*. **3.** 1829, Vidocq. **4.** 1926 [Esnault]. **Ne pas être à la couleur,** 1870, Poulot [TLF]. **5.** 1935, Vertex [Giraud]. **6.** 1960 [Le Breton].

couloir *n.m.*

1. Échancrure du veston, dans le langage des voleurs à la tire. **2. Couloir à** ou **aux lentilles,** anus.

ETYM. spécialisation de sens du mot usuel. **1.** 1929 [Esnault]. **2.** 1960 [Le Breton].

coup *n.m.*

1. Entreprise plus ou moins délictueuse : *Ils avaient bien réussi, avaient fait un bon coup, et avaient volé beaucoup d'argent* (Orgères). *Ils ont cru que c'était moi qui avais fait le coup, cette nuit, chez Mme Girnot !* (Ropp). *Monter, préparer un coup.* **Être dans le coup, se mettre dans le coup, sur le coup,** participer à une telle entreprise : *On a décidé de se mettre sur le coup, d'autant plus que notre informateur avait été assassiné par Diamant* (Delacorta) ; **être hors du coup,** ne pas y être impliqué. **Être, mettre au coup, dans le coup,** être, mettre au courant. **Coup dur.** ***a.*** événement fâcheux : *Les ordres étaient formels. Le résident ne devait jamais s'exposer en cas de « coup dur »* (Abossolo) ; ***b.*** (vx) meurtre. **Coup fourré,** situation douteuse, malhonnête, qui risque de tourner mal : *C'est un truc qui, à des tas de reprises, m'a poussé à me mettre dans des coups fourrés dans lesquels je n'avais rien à voir* (Héléna, 1). **Coup de Jarnac, coup (de pied) en vache, coup de chien,** traîtrise : *Ça devait être un bobard. J'eus beau chercher, nulle part on ne mentionnait le coup de Jarnac survenu à Cabirol* (Malet, 12). *Au coup de pied en vache du fabricant monopoliste [...], il riposta par un expédient* (Simonin-Bazin). *Avec le colon ça flairait le coup de pied en traître, même pour une petite boulette de rien* (Malaquais). **Coup de Trafalgar** ou **trafalgar.** ***a.*** situation difficile et violente ; rixe : *Rondel avait tout de suite reniflé le coup de Trafalgar, mais la partie était engagée et il ne pouvait pas refuser ces entrées. Il était trop tard* (Vexin). *Qu'est-ce qu'on peut faire, nous ? Que dalle. Déclencher le trafalgar, pas question* (Bastiani, 4) ; ***b.*** (VIEILLI) partie de plaisir effrénée : *Moi, pendant la nouba, j'avais reconnu Sonia sous un masque. J'ai pensé qu'elle venait là pour un coup de trafalgar* (Tachet) ; ***c.*** échec : *Il voulait plus rien risquer [...] Il était vraiment affecté par le dernier trafalgar* (Céline, 5). **2. Coup du lapin,** coup mortel assené sur la nuque : *Au même moment, il reçoit le coup du lapin en plein cervelet et tombe sans bruit* (Charrière). **Coup du père François.** ***a.*** (vx) étranglement par-derrière avec une courroie, l'agresseur soulevant sur son dos la victime, tandis qu'un complice la dévalise : *À peine Thomery avait-il fait quelques pas dans l'appartement, que la courtière, qui le suivait, lui jetait autour du cou un long foulard de soie et, prenant appui de son genou sur le dos du sucrier, tentait de lui faire, avec une force herculéenne, ce qu'on appelle le « coup du père François »* (Allain-Souvestre). SYN. charriage à la mécanique ; ***b.*** auj., coup pour assommer par surprise : *Quand l'concierge de notr'meublé / Viendra pour toucher l'loyer / Ma femme au lieu d'payer c'qu'on doit / Lui f'ra l'coup du pèr'François* (chanson *la Demoiselle du cinéma*, paroles de L. Lemarchand et R. Nazelles, 1922). **Coup de bélier, de la rencontre** ou **coup de Garibaldi,** coup de tête dans l'estomac, suivi d'un vol. Vx. **Donner le coup de pouce à qqn,** l'étrangler. **Coup de torchon.** ***a.*** rixe : *Aie pas peur, mère... c'est rien... On s'est flanqué un coup de torchon avec Buchot, voilà tout* (Hirsch) ; ***b.*** baiser sur la bouche. **3.** Résultat d'une action. **Un fier coup,** un gros butin. **Coup de nib,** acquittement. **4. Coup de barre, de buis, de masse, de matraque, de pompe,** etc., défaillance physique ; épuisement passager : *Tout à l'euphorie procurée par ces bonnes sensations, on en oublie de s'alimenter. Et soudain, c'est le « coup de buis » qui laisse les jambes en coton, à peine capables de tourner les pédales* (P. Le Cœur, *le Monde*, 13 août 1997). *Tu as un coup de pompe, dit-elle. La tension nerveuse, sans doute. Tu devrais te détendre un peu* (Noro). **Coup de masse, de massue, de fusil, de bambou, de barre,** note très élevée (surtout dans un restaurant, un hôtel) : *La victime s'apporta le bec enfariné pour recevoir le coup de masse. Elle tenta de marchander* (Simonin-Bazin). **Coup de bambou.** ***a.*** punition sévère : *S'il s'agissait de faux poids mis au turf... les jeunes filles mineures... [...] là, le coup de bambou !* (Boudard, 2) ; ***b.*** accès de folie : *Pas possible, il a le coup de bambou [...] Pour moi, c'est un fada de père en fils, ça existe, des cinglés qui se marrent tout le temps* (Paraz, 2). **En avoir un coup,** être dérangé mentalement. Vx. **Coup de soleil,** syn. de coup de foudre : *Il y avait là une petite mauricaude qui t'avait donné dans l'œil...* [Saint-Hippolyte :] – *Oh ! un vrai coup de soleil !* (Villard). Vx. **Coup de bouteille, de chasselas, de feu, de gaz, de picton, de polochon, de rifle, de sirop, de soleil,** ivresse : *Quand t'as un p'tit coup d'sirop, / Tu fous la beigne* (Bruant). *J'avais mon cascamèche, / Mon mari son pompon ; / Nous avions pris sans doute / Un coup de soleil en plein* (chanson *Un coup de soleil*, paroles de J. Baldran). **(En) avoir un coup dans l'aile, le nez** ou **le pif,** être plus ou moins ivre : *Dès qu'elles avaient un coup dans l'aile, ça ne ratait jamais, elles entonnaient* « la Marseillaise » (Jamet). *Mais dès qu'elle avait un coup dans le nez, c'était la plus fêtarde de nous tous* (Granotier). **Coup de pied, de soulier,** emprunt aux garanties plus que douteuses. **Coup de pied de Vénus,** MST : *Miséricorde, il trouve de la volupté à recevoir des coups de pied de Vénus !* (Stéphane). **5. Coup de filet, de serviette, de torchon,** rafle de police. **6. Marquer le coup,** laisser voir qu'on a été atteint par une action ; célébrer dignement un événement : *Il a épaulé son Crosio et pris un taxi pour la Bastille, histoire de marquer le coup pour une fois* (Lépidis). **7. Avoir le coup, piger le coup,** être pourvu d'une compétence pratique ou théorique. **(En) deux** (rarement **trois**) **coups les gros,** en très peu de temps, aussitôt : *J'ai beau me débattre, gueuler, cogner, en deux coups les gros, je suis réduit à l'impuissance* (Le Dano). **8. En mettre un (vieux) coup, en jeter un coup,** travailler ferme, faire un gros effort : *J'suis débauché. Y a huit jours que j'en fous pas le coup, rapport à des raisons que j'ai eues avec* [mon patron] (Méténier). *C'est à ça que je turbine. Et j'te jure que j'y en mets un coup !* (Lefèvre, 2). **9.** Vx. **En jeter un coup,** regarder. **10. Tirer un coup,** (vx) **donner le coup,** coïter, en parlant de l'homme : *N'importe quel homme pouvait venir y baiser une fille. L'employé de bureau et l'évêque, le petit mec venu tirer son petit coup* (Jamet). **Coup de queue, de sabre, de brosse, de guiseau, de rouleau, de traversin, de tromblon,** etc., coït : *Je frime une petite... cette grande loucheuse, je m'en contenterais pour un coup de sabre vite fait* (Boudard, 5). **11.** Partenaire sexuel occasionnel : *Aux États-Unis, si on fréquente les* *single-bars, ce n'est plus pour trouver un coup pour la soirée* (*Libération*, 26 avril 1984). **Être un bon coup,** être un bon partenaire sexuel: *Ma plus longue histoire dura trois semaines : Claire. Et j'en demande pardon à Stendhal si je suis si vulgaire: elle fut aussi mon meilleur coup au plume* (Smaïl).

ETYM. étant donné les nombreux sens de ce mot, nous avons dû nous limiter ici à ceux qui nous semblaient les plus liés à la notion de délit. **1.** 1817 [Larchey], art. *monter*. **Être** et **se mettre dans le coup,** 1926 [Esnault]. **Mettre au coup,** 1950 [id.]. **Hors du coup,** 1960, S. de Beauvoir [GR]. **Coup dur.** ***a.*** 1867 [Delvau]; ***b.*** 1924 [Esnault]. **Coup fourré,** vers 1800, J. de Maistre [GR]. **Coup de Jarnac,** 1808 [d'Hautel]; **coup en vache,** 1860, T. Gautier [GR]; **coup de pied de vache,** 1894 [Virmaître]; **coup de pied en vache,** 1935 [Simonin-Bazin]; **coup de chien,** 1793, Hébert [Larchey]. **Coup de Trafalgar** (du nom d'un cap d'Espagne, lieu d'une grave défaite de la flotte française infligée par les Anglais le 21 octobre 1805). ***a.*** 1889, *le Père peinard*; ***b.*** 1900 [Esnault]; ***c.*** 1877, *Petit Parisien*. **2.** 1866 [Delvau]. **Coup du père François,** 1868 [Esnault] (vient du surnom d'Arpin, lutteur savoyard, célèbre vers 1852). **Coup de bélier, de la rencontre,** 1881 [Rigaud]; **de Garibaldi,** 1869 [Larchey]. **Donner le coup de pouce,** 1783 [id.]. **Coup de torchon.** ***a.*** 1821 [Ansiaume]; ***b.*** 1867 [Delvau]. **3. Fier coup,** 1799 Orgères. **Coup de nib,** 1901 [Bruant]. **4. Coup de buis,** 1915 [Esnault] (première forme de cette loc. encore très vivante); **coup de masse** « physique », 1953 [Sandry-Carrère]; « financier », 1935, Simonin-Bazin; **coup de pompe,** 1922 [Duneton-Claval]. **Coup de bambou,** 1919 [Esnault]. **Coup de soleil, de feu,** 1808 [d'Hautel]; **de sirop,** 1830, Lhéritier; **de bouteille, de chasselas, de gaz** et **de rifle,** 1867 [Delvau]; **de polochon,** 1894 [Virmaître]; autres compl., 1901 [Bruant]. **Coup dans l'aile,** 1947, Malet; **(en) avoir un coup dans le pif,** 1953 [Sandry-Carrère]. **Coup de pied** et **coup de pied de Vénus,** 1866 [Delvau]. **5. Coup de filet,** 1690 [Furetière]; **coup de torchon,** 1960 [Le Breton]. **6.** 1867 [Delvau]. **7. Avoir le coup,** 1872 [Esnault]; **piger le coup,** 1910 [id.]. **En deux coups les gros,** 1970 [Boudard-Étienne]. **8. En mettre un coup,** 1885 [Esnault]; **en jeter un coup,** 1916, Barbusse [TLF]. **9.** 1889 [Esnault]. **10.** XVIe s., Marot [Delvau]; **donner le coup,** 1899 [Nouguier]. **Coup de sabre, de rouleau,** 1928 [Lacassagne]; **de brosse,** 1948 [id.]; **de guiseau, de traversin, de tromblon,** 1953 [Sandry-Carrère]. **11.** 1881 [Rigaud].

coupé ou couparès *adj.*

Sans ressources. **Coupé à blanc,** syn. de saigné à blanc: *C'est que nos truands, pour se voir trop souvent coupés à blanc le matin, oubliaient régulièrement de payer la voiture* (Simonin-Bazin).

ETYM. métaphore reposant sur la même idée que *fauché comme les blés,* loc. beaucoup plus connue. *coupé* 1848 [Pierre]; *couparès* 1935, Simonin-Bazin.

coupe-chiasse *n.m.*

Pharmacien.

ETYM. de **couper**, stopper, et de **chiasse**. 1977 [Caradec].

coupe-cigare *n.m.*

Vx. **1.** Guillotine: *Le coupe-cigare, ça me débecte. Très peu pour ma pomme!* (Méra). **2.** Anus. **3. Baptiser au coupe-cigare,** circoncire.

ETYM. de **couper** et de **cigare** (v. ce mot). **1.** 1954, Méra. **2.** 1982 [Perret]. **3.** 1901 [Bruant].

coupe-la-soif *n.m. inv.*

Boisson (généralement alcoolique).

ETYM. de **couper** et de **soif**. 1977 [Caradec].

couper *v.t.*

1. Séparer (le tireur de sa victime, quand elle se sent volée). **2.** Dépouiller qqn (surtout au jeu). **3. La couper,** rendre muet de surprise: *Écoutez, commissaire, je veux rester courtois, mais c'est tellement con, ça me la coupe!* (Amila, 1). **4. Qu'on me les coupe si...,** formule de protestation contre une hypothèse jugée absurde: *La vache! Le petit salaud! s'écriait-il. On m'y r'prendra à être trop doux! Si jamais j'ai encore un bon geste pour lui, j'veux qu'on m'les coupe!* (Gibeau). **5. Couper à (qqch de désagréable),** y échapper: *Vous avez de la veine d'être six* [pour me maîtriser...]. *Si vous aviez été que trois, vous y auriez pas coupé!* (Méténier). *Mon enquête aboutit à rien, néant, zéro et pour mémoire et tu y coupes... pour cette fois-ci* (Desnos). **6. Couper dans le truc,** (vx) **dans le pan, couper dedans,** se laisser duper: *Toi, pensait-il, t'as beau faire le malin, je ne coupe pas dedans; pas de rancune, toi! avec une tête comme celle-là! ah! mais non, je n'y crois pas* (Guéroult).

Fallait-il encore pour cela que les flics fassent semblant de couper dans ses boniments et qu'on ne retrouve pas dans les lieux des objets d'un caractère par trop érotique... (Boudard, 2). **Couper dans des salades,** se laisser abuser par un discours mensonger. → PONT.

ETYM. emplois spécialisés du verbe usuel. **1.** 1911 [Esnault]. **2.** 1935 [Simonin-Bazin]. **3. Ça te (la) coupe,** 1808 [d'Hautel] ; auj., **la couper** joue sur une équivoque (v. le sens suivant). **4.** 1916, Werth ; **les** représente évidemment les testicules. **5.** 1861 [Esnault] ; au début, le compl. est presque toujours *corvée* ou un synonyme. **6. Couper dedans,** 1866 [Delvau]; **couper dans le pan,** 1881, abbé Moreau.

coupe-tifs *n.m. inv.*

Coiffeur : *Elle avait son salon au forum et je la voyais quand elle lavait la tête des clients* [...]. *Alors, je me suis payé le coupe-tifs, une ou deux fois, rien que pour ça* (Roubaudi).

ETYM. de **couper** et de **tif**. mil. du XXe s., mais absent des dictionnaires.

coupeur *n.m.*

Voleur qui incise les poches : *Les coupeurs utilisent une lame de rasoir ou un couteau spécial à double tranchant pour découper la poche ou le sac de leurs victimes* (Larue).

ETYM. de **couper**. 1969, Larue.

couple *n.m.*

ARG. ANC. **Couple de baquets,** nom donné au bagne aux deux forçats vidangeurs. **Couple de vivres,** les deux forçats qui approvisionnent leurs camarades.

ETYM. loc. assez explicite. 1850, Clémens.

coupure *n.f.*

1. Manœuvre trompeuse pour détourner l'attention d'une victime. **2.** Changement de conversation avec signe d'alerte, à l'arrivée d'un gêneur : *De la part d'Arsène, ce brusque arrêt, ça pouvait pas être une coupure. Réellement, il ne devait pas se souvenir* (Simonin, 3). **3.** Parole, procédé, etc., destinés à donner le change : *Son bar ne constituait qu'une coupure, encore qu'il ne dédaignât pas les menus profits qu'il lui rapportait* (Grancher). **Saisir la coupure,** comprendre la manœuvre : *Un rien... un mouvement de la pogne, un battement de cils, un sourire furtif... hop ! elles entravent la coupure aussi sec* (Boudard, 5). **4.** Faux bruit, racontar : *Une petite rancune lui venait contre Dick de ne pas aimer Brigitte, d'avoir imaginé Dieu sait quoi encore pour gâcher leur rencontre ! Ce n'était pas la première fois qu'il montait ce genre de coupure* (Simonin, 1). **(La) coupure !,** interjection qui signale à l'auditeur qu'on exagère, qu'on altère la vérité : *Je croyais être sa femme, au Paulo, oh ! là ! là ! coupure ! Moi comprise, ça faisait neuf sœurs qu'il avait en maison* (Galtier-Boissière, 2). **5.** Renseignement confidentiel.

ETYM. idée générale de séparation, détournement. **1.** 1890 [Esnault]. **2.** 1889 [id.]. **3.** 1902 [id.]. **4.** 1921 [id.]. **La coupure,** 1925, Galtier-Boissière. **5.** 1977 [Caradec].

courant *n.m.*

1. Courant d'air. ***a.*** individu fuyant et instable ; ***b.*** indiscrétion, fuite : *Il y avait, indiscutable, chez Angelo, des courants d'air. Un gonze ou une fille qui en croquait, qui envoyait le duce, heure par heure* (Simonin, 2). **2. Se déguiser en courant d'air,** s'esquiver : *Pour en revenir à Jo, les jours de visite ses vieux se déguisent en courant d'air. Il les a jamais vus* (Le Breton, 6). **3. Faire courant d'air avec les chiottes,** avoir mauvaise haleine.

ETYM. emplois imagés du mot composé usuel. **1. *a.*** 1911 [Esnault]. ***b.*** 1914 [Esnault] **2. Se déguiser en courant d'air,** 1894 [Esnault] ; d'abord *se pousser un courant d'air* 1850 [id.]. **3.** 1977 [Caradec].

courante *n.f.*

1. Diarrhée : *Je prétextais de frénétiques courantes pour m'enfermer dans les gogues* (*Actuel*, février 1981). **2.** Vx. **Se payer une courante,** s'enfuir rapidement.

ETYM. de **courir**. **1.** 1640 [Oudin]. **2.** 1881 [Rigaud].

courette *n.f.*

Poursuite : *Petit-Paul et Johnny remontaient l'avenue Hoche d'un pas de promeneurs paisibles, plus accordé au caractère foncièrement rupin du quartier, où une courette eût semblé insolite* (Simonin, 8). **Faire qqn à la courette,** le rattraper.

ETYM. de **courir**, avec le suff. diminutif **-ette**. 1909 [Esnault].

coureuse *n.f.*

Vx. Plume (pour écrire) : *Prête-moi ta coureuse pour broder ma babillarde* (Ansiaume).

ETYM. emploi spécialisé de l'adj. substantivé. 1821 [Ansiaume].

courir *v.i.*

Courir à qqn sur le ciboulot, le haricot, le système, la trompe, etc., ou simpl. **courir,** (vx) **la courir à qqn,** l'agacer vivement, l'exaspérer : *Donc Brigitte de Savoir et l'autre moitié du ciel le tohubohutaient, lui couraient sur le haricot. Toutes les gonzesses lui paraissaient superflues* (Bernheim-Cardot). *Mais l'Vicomte reprit: « Bell' gonzesse / Tu nous cours sur le bigoudi »* (chanson *les Archers du Roy*, paroles de Georgius). *La Touraine et les gastéropodes commencent à me courir, vous pouvez pas savoir !* (Roulet). *T'as pas fini tes magnes ? ... Tiens, tu m' la cours* (Brissac).

◆ *v.t.*

Vx. **Courir le rat,** voler à tâtons la nuit dans un lieu habité : *J'ai couru le rat dans sa turne, je n'ai eu qu'un bogue en orient* (Ansiaume).

◆ *v.pr.*

Vx. **Se la courir,** s'enfuir.

ETYM. l'idée est de marcher sur les pieds de qqn (**haricot** signifie « orteil, pied » dans ce contexte). 1896 [Chautard]. **Courir à qqn,** 1901 [Rossignol] ; **la courir à qqn,** 1880, Brissac.

◆ *v.t.* 1821 [Ansiaume].

◆ *v.pr.* 1862 [Larchey], art. *air*.

courrier *n.m.*

1. Valet de cartes. **2.** Vx. **Courrier du palais,** voiture cellulaire : *Le panier à salade, cette voiture cellulaire que les récidivistes dénomment, par dérision, le courrier du palais, devait me renvoyer deux captures autrement importantes* (Claude).

◆ **courriers** *n.m.pl.*

Vx. Pieds.

ETYM. emplois métonymiques : il s'agit dans tous les cas de « porteurs de message ». **1.** 1902 [Esnault], appliqué au valet de carreau, sans motif clair. **2.** vers 1880, Claude.

◆ *pl.* 1889, Macé.

cours *n.m.*

Ne pas avoir cours, se dit de ce qui n'est pas admissible, selon les règles du milieu : *Y peut pas m'piffer parce que devant moi y peut pas raconter ses salades. Ça n'a pas cours* (Simonin-Bazin).

ETYM. métaphore financière : certains actes ne sont pas cotés à la Bourse des valeurs truandières. 1935, Simonin-Bazin.

course *n.f.*

1. Grivèlerie. **2. Acheter à la course,** voler au passage, sur un étalage. **3.** Entreprise délictueuse. **4. Ne plus être dans la course,** avoir des principes ou des pratiques en retard sur son époque.

ETYM. emplois spécialisés du mot usuel. **1.** 1885 [Esnault]. **2.** 1894 [Virmaître]. **3.** 1952 [Esnault]. **4.** vers 1927 [id.].

course-par-course *n.f.*

VIEILLI. Réunion clandestine, dans un café, de parieurs renseignés par téléphone sur les résultats successifs du champ de courses.

ETYM. ces tricheurs modernes étaient renseignés **course par course.** 1923 [Esnault].

courser *v.t.*

Poursuivre en courant : *Il tentait de courser des loubards qui étaient entrés irrégulièrement dans l'établissement* (*Libération*, 6 décembre 1980).

ETYM. de **course** ; fonctionne comme un intensif de *courir (après qqn)*. 1843, Sue [TLF].

coursives *n.f.pl.*

Courses de chevaux. SYN. courtines.

ETYM. altération de **courses**, avec l'influence probable de **coursive,** terme de marin syn. de coursier. 1939 [Esnault].

VAR. **cursives** : 1928 [Esnault].

courtaud *n.m.*

ARG. ANC. **Courtaud de boutique, de boutange** ou **boutanche,** valet de boutique, apprenti : *Quel genre ! Je l'aurais pris pour un faubourien endimanché, tout au plus pour un courtaud de boutique. Genre arsouille* (Lhéritier). *Sous Louis XIV, les cagoux, les marcandiers [...] et les courtauds de boutanges, tous coupeurs de bourses ou de jarrets* (Alhoy). *Grâce à la complaisance de ce jeune courtaud de boutanche, nous aurons le plaisir de le voir mordre à l'hameçon* (Mac Orlan, 11).

ETYM. allusion au vêtement plus court que celui des nobles et des bourgeois. *courtau de boutique* 1585, Noël du Fail [TLF].

court-bouillon *n.m.*

1. Vx. **Le grand court-bouillon,** la mer. **2. Se mettre la rate au court-bouillon,** se faire du souci, s'inquiéter.

ETYM. emplois métaphoriques et humoristiques du mot usuel. **1.** 1847 [Dict. nain]. **2.** 1970 [Boudard-Étienne].

court-circuit *n.m.*

Douleur vive et rapide. **Avoir un court-circuit dans le gésier** ou **le palpitant,** ressentir une vive émotion, recevoir un coup au cœur : *Le mari de Suzanne, quand il fut rencardé, fut tenaillé par un court-circuit dans le gésier* (Devaux).

◆ **courts-circuits** *n.m.pl.*

Infidélités ; tracasseries.

ETYM. emplois métaphoriques du mot usuel. 1960, Devaux.

◆ *pl.* 1982 [Perret].

courtille *n.f.*

1. Jupe de la Courtille, s'arrêtant au genou. **Mégot de la Courtille** ou **courtille,** *n.m.*, mégot court. **2.** Vx. Zone de la cour de la Roquette fréquentée par les détenus démunis d'argent : *Gavroche habite la Courtille* (abbé Moreau). **Être de la courtille,** être sans argent.

ETYM. suffixation de l'adj. **court**, et particule ironique au sens 2. **1. Jupe de la Courtille**, 1926 [Esnault]. **Mégot de la Courtille**, 1894 [id.]. **2.** 1881, abbé Moreau.

VAR. **courtange** (au sens 2) : 1867 [Delvau].

courtines *n.f.pl.*

Courses de chevaux : *Aux courtines, il balançait son oseille, obligé de donner à ses valses et à ses polkas le nom de ses bourrins pour se refaire* (Lépidis).

ETYM. suffixation arg. de **courses**, avec jeu de mots sur *court* et l'hippodrome de *Longchamp*, et influence probable de **coursives.** 1896 [Esnault].

VAR. **courtilles** : 1939 [Esnault].

courtineur *n.m.*

Chauffeur de taxi qui a essentiellement la clientèle des turfistes : *Il y avait encore les « courtineurs », ceux qui allaient « au champ » tous les après-midi* (Simonin-Bazin).

ETYM. de **courtines**. 1935, Simonin-Bazin.

court-jus *n.m.*

Court-circuit : *L'époque des amplis rachitiques et des courts-jus* (Pagan). **Court-jus dans la penseuse,** migraine.

ETYM. de **court** et de **jus**, courant électrique. vers 1914 [Esnault]. **Court-jus dans la penseuse**, 1977 [Caradec].

cousu *n.m.*

Du cousu, se disait de qqch d'élégant. **Du cousu main.** ***a.*** se dit d'une chose dont l'exécution ne présente aucune difficulté : *Bientôt je vais avoir un donné, comme ça – il agita le pouce. Au moins cinq briques et c'est cousu main* (Braun) ; ***b.*** se dit d'une chose parfaitement réalisée : *Le mec qui a fait ça, disait-il, c'est un caïd ! Un champion ! [...] Du cousu main, un turbin pareil !* (Méra).

◆ **cousue** *n.f.*

Une (toute) cousue, une cigarette faite à la machine : *« T'as pas une toute cousue ? » Il lui lança son paquet* (Grancher). *Qu'est-c' que tu paies, sale Cous ? – Sors ton paquet de cousues, on verra après* (Fallet, 1). **Une cousue main,** une cigarette roulée à la main : *Bedeau suçotait des allumettes mortes, et je me préparais quelques cousues main pour le reste du voyage* (Clébert, 2).

ETYM. la **couture** symbolise ici la finition technique du travail (notamment chez les cordonniers). **Du cousu**, 1930 [Esnault]. **Du cousu main. *a.*** 1947, Malet ; ***b.*** 1953, Le Breton [TLF].

◆ *n.f.* **Une (toute) cousue,** 1926 [Esnault]. **Une cousue main,** 1953 [Sandry-Carrère].

couteau *n.m.*

1. Second ou **troisième couteau,** personnage qui joue un rôle secondaire : *Notre fournisseur de drogue était grotesque. Il aurait pu jouer des rôles de troisième couteau à l'Odéon* (Dalio) ; truand de seconde zone, qui n'est pas pris au sérieux : *Non, mais tu me vois pas, Dick, envoyer un troisième couteau de Barbès chouraver les valoches du père Geoffrain* (Simonin, 1). **2. Grand couteau,** éminent chirurgien.

ETYM. emprunt au langage des comédiens, « vieil acteur à qui le dentiste a fait une troisième denture », mais p.-ê. aussi allusion au proverbial **couteau de Jeannot** (1838, Balzac), dont les générations successives changent tantôt le manche, tantôt la lame, et qu'on croit cependant toujours être le même (1) ; emploi métonymique au sens 2 : le scalpel pour désigner son utilisateur. **1. Troisième couteau,** 1959 [Esnault] ; **second couteau,** 1970 [Boudard-Étienne]. **2.** 1957 [Sandry-Carrère].

1. couvert *n.m.*

1. Mettre le couvert, disposer sur la table de jeu le tapis et les cartes : *On met encore « le couvert », à Paris, pour ces sortes de parties clandestines* (Carco, 4). **2. Remettre le couvert,** recommencer (notamment en parlant du coït) : *Pendant que je pense à tout ça, elle revient dans la chambre et elle remet le couvert,*

merde, c'est pas fini (Pousse). *Yeux mi-clos, elle gémissait doucement et attendait, attendait encore, que Gaultier remette le couvert* (Agret). **3. Couvert trois pièces,** organes sexuels masculins. SYN. service trois pièces.
ETYM. emplois spécialisés et humoristiques du mot usuel. **1.** 1932 [Esnault]. **2.** 1954, Le Breton [TLF]. **3.** 1960 [Esnault].

2. couvert, e *adj.*

Être couvert, se dit de qqn dont la raison sociale « honnête » dissimule l'activité réelle et délictueuse. SYN. avoir une couverture.
ETYM. participe passé de **couvrir**. 1928 [Lacassagne].

couverte *n.f.*

1. Couverture de lit : *J'ai ben souvent passé mes nuits / Sans couverte* (Bruant). Vx. **Être de couverte,** se faire volontairement incarcérer à Saint-Lazare, où on apportait une couverture. **2.** Syn. de couverture au sens 1.
ETYM. apocope de **couverture. 1.** 1829 [Forban]. **Être de couverte,** 1932 [Esnault]. **2.** 1950 [id.].

couverture *n.f.*

1. Profession « officielle », souvent fictive et dissimulant d'autres activités moins licites : *Tous ces feignants-là, entre nous, leur métier, c'est une couverture, c'est juste pour répondre au chien du commissaire* (Lorrain). *Pour eux, ils* [les Corses] *prirent une représentation fictive de n'importe quoi. Ils avaient une couverture. Ils pouvaient se lancer dans leur véritable commerce : celui du plaisir* (Larue). SYN. couverte, couvrante. **2.** Responsabilité prise par un supérieur (dans l'Administration, la police, etc.), qui assume les actes d'un subordonné.
ETYM. emploi métaphorique, au sens de « protection ». **1.** 1904, Lorrain. **2.** 1977 [Caradec].

couvrante *n.f.*

1. Couverture : *Tout a été aménagé avec soin : longues rangées de lits-cages, les couvrantes au pied, pliées au carré* (Siniac, 1). **2.** Syn. de couverture au sens 1 : *Seuls* [...] *quelques gonzes nantis d'une couvrante à toute épreuve pouvaient, en toute quiétude, se permettre les délices du volant* (Simonin, 10). **3.** Vx. Casquette.
ETYM. participe présent substantivé de **couvrir** : ce mot est encore très populaire au sens 1. **1.** 1895 [Esnault]. **2.** 1935, Simonin-Bazin [TLF]. **3.** 1844 [Dict. complet].

couvre-feu *n.m.*

Moment où expire le délai de garde à vue, dans le langage des policiers.
ETYM. plaisant transfert de sens du mot usuel. 1975 [Arnal].

coxer *v.t.*

1. Attraper, surprendre, arrêter : *Au second coup, les flics avaient laissé des mouches sur place ; ils ont coxé Brizou... – Ah ! Brizou est arrêté* (Yonnet). **2.** Dérober.
ETYM. d'origine obscure, ce verbe ne figure que chez Cellard-Rey ; p.-ê. à rapprocher de *se coq'ser* (issu de **coq**), se fâcher, se bouder. **1.** 1878, École des arts et métiers d'Angers [Esnault]. **2.** vers 1950, chez les militaires d'Algérie [Cellard-Rey].

crabe *n.m.*

1. Individu peu recommandable : *Les crabes, ce sont tous ceux qui ne sont pas francs du col, les tordus, les vrais vicieux, ceux dont on sent tout de suite la turpitude morale et physique* (de Goulène). **Vieux crabe,** vieillard (plus ou moins décrépit) : *La sonnerie d'alarme s'était mise à retentir. C'était le vieux crabe qui, revenu à lui, l'actionnait sournoisement sous le comptoir* (Grancher). **Panier de crabes,** ensemble d'individus aux relations complexes et hostiles : *Le Français même anarchiste garde une indulgence au régiment parce qu'il est une communauté tolérante. Les comités, clubs, salons, usines, partis, ça fait panier de crabes* (Paraz, 2). **2.** Gardien de prison. **3.** Caporal. **4.** Porte-monnaie : *Tirant donc discrètement m'crabe de m'poche, je me détourne un peu del môme* (Stéphane). **5.** Pou de pubis. SYN. morpion. **6.** Cancer.
ETYM. métaphore le plus souvent péjorative. **1.** 1901 [Bruant]. **Vieux crabe,** d'abord non péj., « homme de mer expert », 1890 [Esnault], puis péj., « vieil acteur », 1949 [id.]. **Panier de crabes,** 1942, Paraz. **2** et **3.** 1970 [Boudard-Étienne]. **4.** 1928, Stéphane. **5.** 1928 [Lacassagne]. **6.** 1975 [Le Breton].
DER. **crabesse** *n.f.* Femme : 1901 [Bruant].

crachat *n.m.*

Plaque pectorale distinguant les grades supérieurs, dans certains ordres : *Ses croix, ses cordons, ses crachats ?... Eh ! je les aurai quand je voudrai* (Daudet). *Là, face à la photo officielle du Président Grand Gaulle en habit et crachat, il s'interroge sur l'illogisme de sa situation présente* (Vautrin, 2).
ETYM. métaphore irrévérencieuse. 1879, Daudet.

craché, e *adj.*

(Tout) craché, parfaitement ressemblant : *Regardez comme il lui ressemble, faisait-elle en rapprochant le portrait du père de celui du fils, c'est les mêmes yeux, le même nez, c'est tout craché le physique de mon pauvre homme !* (Lorrain). *C'est-i' pas la même gueule, dis, toi qu'étais avec moi. C'est-i' pas lui tout craché […] ?* (Mac Orlan, 4). SYN. tout chié.

ETYM. de **crachis** (terme des beaux-arts), ensemble de petits points destinés à préciser ou souligner un dessin, et obtenus par éclaboussures à partir d'une brosse. 1789, *Cahiers de doléances* [Duneton-Claval]. Est auj. passé dans la langue fam. courante.

cracher *v.t.*

1. Avouer : *On va d'abord chercher ce qu'il a dans le ventre. Il y a peut-être d'autres gens qui sont au courant, il faut tout lui faire cracher* (Delacorta). **2.** Débourser : *Alors, mon p'tit pote, dit la voix, tu sais qu'il va falloir que Jacquot crache* (ADG, 7). **Cracher au bassinet,** payer sous l'effet d'une contrainte : *Le moment était venu d'éclairer un peu le cher représentant du peuple, de cracher au bassinet* (Boudard, 2). Vx. **Cracher jaune,** être riche. **3. Ne pas cracher sur (qqch),** l'apprécier : *Tiens, lui, il l'a aimé le rouge, et y crachait pas sur le blanc non plus. On en a vidé des chopines ensemble quand on grattait la nuit* (Fallet, 1). **4. Cracher le marmot,** accoucher : *Vite ! Ursula va cracher l'marmot d'ici peu ! Y m'faudrait un taxi pour la conduire à l'hosto* (Lépidis). **Cracher son venin,** éjaculer. **5.** Vx. **Cracher blanc, du coton, de la ouate,** avoir soif. **6.** Vx. **Cracher son âme, son embouchure,** mourir. **7.** Déposer (qqn) : *J'étais rentré en stop. L'automobiliste complaisant me cracha à deux minutes de chez moi* (Prudon).

ETYM. emplois métaphoriques qui dévalorisent le produit excrété. **1.** 1836 [Vidocq]. **2.** 1759 [Esnault]. **Cracher au bassinet,** 1789 [Duneton-Claval], mais dès le XVIe s., *cracher au bassin,* même sens. **3.** 1866 [Delvau]; le positif *cracher sur,* mépriser (1859, Ponson du Terrail) est rare et moins argotique. **4. Cracher le marmot,** 1986, Lépidis. **Cracher son venin,** 1977 [Caradec]. **5** et **6.** 1867 [Delvau]. **7.** 1981, Prudon.

DER. **crachée** *n.f.* Courte distance : 1935, Fauchet.

cracher (se) *v.pr.* → SCRATCHER (SE).

crachoir *n.m.*

1. Tenir ou **garder le crachoir,** garder la parole d'une façon jugée souvent importune : *Valemblois était précis, châtié. Joseph Kuntz qui le laissait tenir le crachoir essayait de situer le personnage* (Coatmeur). *Pour moi, c'était reposant qu'il garde le crachoir sans penser à me le tendre* (Granotier). **Reprendre le crachoir,** reprendre la parole : *Lorsque j'eus terminé, le commissaire reprit le crachoir et m'expliqua de quelle façon on avait découvert le drame* (Malet, 9). **2.** Vx. Bouche : *Pas plus que moi, Henry, Mme D***, ne vous diront rien sur le grand chef, parce que, si nous ouvrions le crachoir sur le grand chef, la saignante nous la fermerait !* (Claude).

ETYM. emploi ironique, faisant allusion aux postillons de celui qui parle d'abondance. **1.** 1866 [Delvau] ; dès 1841, Joigneaux note dans le même sens *lever* ou *tenir une personne au crachoir.* **2.** vers 1880, Claude.

1. crack *n.m.*

Individu remarquable par sa compétence, son talent : *J'ai l'impression que vous êtes un type plutôt bien pour un privé et que vous en connaissez un rayon dans votre partie… mais question courses, vous n'avez pas l'air d'un crack* (Averlant).

◆ *adj.*

Fort, difficile : *C'est drôlement crack ! Un type crack.*

ETYM. mot angl. désignant tout d'abord un bon cheval de course. 1918, Proust [TLF].
◆ adj. 1934, école normale de Melun [Esnault].

2. crack *n.m.*

Cocaïne cristallisée qui se fume, d'une très grande toxicité : *À New York, 75 % des cas d'hospitalisation sont liés à la consommation du crack* (*le Nouvel Observateur,* 2 septembre 1988). *Un jour, je me finirai au crack, le cerveau grillé dans une case, rue Myrha* (Villard, 4).

ETYM. de l'angl. **crack,** coup de fouet. 1987, *Libération.*

crackeur, euse *n.*

Fumeur de crack : *Comme un crackeur prêt à tout pour remplir sa pipe, il s'angoissait en priorité pour ses piles, parce qu'elles coûtent cher* (Granotier).

ETYM. de **2. crack.** 1999, Granotier.

cracra, crade, cradingue ou **crado** *adj.*

Très sale : *Les Sodomistes chutaient dans les abîmes merdouillards de la plus cracra et dégueulasse luxure* (Devaux). *Dommage que la gare soit si crade, on voit bien que Saint-Marc n'est pas encore passé par là* (*Libération*, 10 mai 1983). *Moi, mon av'nir est sur le zinc / D'un bistrot des plus cradingues* (Renaud). *Il ressemble à un type qui peut entrer chez Maxim's avec un jean crado* (Vilar). **La môme Cracra,** archétype de la fille négligée. → CRASSINGUE.

ETYM. de **crasseux**, modifié par des procédés variés. apocope et redoublement : *cracra* 1916 [Esnault]. **La môme Cracra,** 1953 [Sandry-Carrère]. suffixation : *crassouillard* 1925 [Esnault] ; *crado, crassignol, crassepète* 1935 [Simonin-Bazin] ; *cradoque* 1938 [Esnault] ; *cradingue* 1957 [Sandry-Carrère] ; *cradasse* et *cradeux* 1980, Bastid-Martens. apocope *crade* 1980, Galland ; etc. Ces variantes, qui ne présentent pas de différence de sens appréciable, témoignent de l'extraordinaire vitalité, en arg., de la notion de saleté.

craignos ou **craigneux, euse** *adj.*

Se dit de qqch de laid, douteux, voire inquiétant : *À gauche, un magasin de meubles craignoss, genre formica imitation chêne* (Lasaygues). *Il est flippé, disait-elle. Cet hôpital ripou devient craignos* (Francos). *Les détenus infirmiers [...] évacuent presque toujours à temps les cas les plus craigneux* (Spaggiari) ; adverbialement : *J'vais t'me les emboutir craignos, tes couilles de rat* (Dégaudenzi).

◆ *adj. et n.*

Se dit de qqn de peu recommandable : *« Classe » a pour contraire « craigneux », mais y a des nuances* (*le Nouvel Observateur*, 4 décembre 1982). *Rachid possédait assez d'humour pour chambrer le comportement des craignos qu'il fréquentait* (*Actuel*, novembre 1982).

ETYM. du radical de **craindre** et du suff. **-os** ; il s'agit d'un mot très branché des années 1980, malaisé à dater et à définir précisément.

VAR. **cragnos** : 1982 [Perret].

craindre *v.t.*

Ça craint le soleil, c'est de la marchandise volée.

◆ *v.i.*

1. Être recherché par la police. **2.** Manquer de compétence, ne pas être à la hauteur : *Y s'prend pour un vrai mec mais y craint un petit peu / Pour tout dire il est presque à la limite du hors-jeu* (Renaud) ; échouer dans une entreprise. **3. Ça craint !** ***a.*** c'est ridicule et prétentieux ; ***b.*** ça sent le roussi : *Olga. Essoufflée. La trouille dans la gorge. Des mots entrecoupés. Ça craint* (Lasaygues).

ETYM. au sens tr., spécialisation de sens qui tombe en désuétude ; au sens intr., emploi très récent du verbe usuel (v. ci-après). 1910 [Esnault].

◆ *v.i.* **1.** 1957 [Sandry-Carrère]. **2.** 1982, Renaud. **3.** 1984 [Obalk]. C'est ce dernier qui est allé le plus avant dans l'interprétation : « Celui qui n'*assure* pas son cuir *craint* quelque chose : de s'en voir dépouiller *[...]. Assurer* et *craindre* sont alors devenus deux verbes intransitifs signifiant respectivement la maîtrise et son contraire *[...]. Assurer* ou *craindre* dépend donc de la prétention affichée par le protagoniste ».

craintif, ive *adj.*

Syn. désuet de craignos : *Pour les petits boulots un peu craintifs, il devait faire impression, le samedi soir, au musette de son coin* (Simonin, 2).

ETYM. emploi spécialisé de l'adj. usuel. 1953, Simonin.

cramer *v.i. et t.*

Brûler : *J'ai vu ma mort, mec, j'allais cramer vivant pour toutes mes enculeries* (Ravalec). *Et arrête de cramer la moquette, t'as des cendriers* (Topin). VIEILLI. **Cramer une sèche,** fumer une cigarette.

ETYM. de l'anc. prov. **cramar**, brûler (même famille que *crématoire*). **Cramer une sèche,** 1878 [Rigaud].

VAR. **crémer** : 1882 [Fustier].

cramouille *n.f.*

Vulve : *Moi ça m'agite la cramouille les oreilles à Gassé ! Ça m'fait zig-zig !* (Duvert).

ETYM. origine peu claire ; dér. de **craquette** d'après Guiraud, probablement lié à **mouiller,** au sens sexuel du terme. 1935 [Esnault].

crampe *n.f.*

1. Vx. Évasion : *Quelle bonne sorgue pour une crampe ! lui dit tout bas le Kalmouck* (abbé Moreau). **2.** Vx. Filature policière. **3. Tirer sa crampe.** ***a.*** s'enfuir, s'évader ; ***b.*** coïter : *Qui c'est qui te parle de la femme de ma vie ?*

Même juste pour tirer ma crampe, je suis pas foutu d'en dégotter une (Page).

ETYM. idée de s'accrocher, se cramponner. **1.** 1829 [Forban] (mais existe déjà en style poissard). **2.** 1835 [Raspail]. **3.** ***a.*** 1829 [Forban] ; ***b.*** 1872 [Larchey].

DÉR. **crampage** *n.m.* Coït : 1901 [Bruant]. **Crampmann** *n.pr.* **Aller chez Crampmann,** copuler : 1901 [id.]. **cramper** *v.t.* Copuler : 1835 [Raspail]. *v.i.* S'enfuir : 1800, Leclair.

crampette *n.f.*

Coït (syn. de crampe au sens 3) : *Vous tombez mal, ma sœur est justement en train de tirer une crampette dans le lit des vieux, en profitant de leur absence* (Cordelier).

ETYM. de **crampe** avec un suff. diminutif. 1901 [Bruant].

crampon, onne *n.* ou **crampe** *n.f.*

Individu importun et tenace : *Le docteur médite de se débarrasser de son vieux crampon pour pouvoir épouser une jeunesse* (Daudet). *Mais le nabot n'est pas de ceux qui s'aperçoivent qu'ils gênent, et quand il tient son homme, il devient un solide crampon* (Chavette).

◆ *adj.*

Insistant, tenace : *Les cloches, mâles ou femelles, c'est crampon, ça ne pilonne pas discrètement* (Malet, 17).

ETYM. métaphore de l'individu qui s'accroche à sa proie et ne la lâche plus. *crampon* 1858, Crémieux [TLF] ; *crampe* 1926, Bernanos [TLF]. ◆ *adj.* 1929, Arland [TLF].

cramponner *v.t.*

1. Importuner vivement. **2.** Vx. Arrêter sur le fait.

ETYM. de **crampon. 1.** 1895, Gyp [TLF]. **2.** 1901 [Rossignol].

DÉR. **cramponnant, e** *adj.* Se dit d'un importun : 1901 [Rossignol].

crampser ou **cramser** *v.i.*

Mourir : *Merde ! elle a crampsé, déclara Cornabœux. Et c'était vrai, Mariette était morte étranglée par les jambes de sa maîtresse* (Apollinaire, 1). *On n'a jeté l'ancre sur rade que ce matin, et il avait déjà cramsé ! – Mais comment qu'il est mort ?* (Leroux).

ETYM. d'une racine expressive **cra-** (cf. *craquer*). *crampser* 1883 [Esnault] ; *cramser* 1878 [Rigaud].

VAR. **crapser** : 1877 [Esnault]. Cette série est parallèle aux verbes synonymes commençant par *cla-* (claboter, clamser). **krapser** : 1867 [Delvau].

cran *n.m.*

1. Cran d'arrêt ou simpl. **cran,** couteau à cran d'arrêt : *Il rentre dans le bar, son « cran d'arrêt » dans la main. Le pistolet, c'est pour la verrerie ; quand il doit tuer, c'est au couteau !* (Larue). **2.** Vx. Repère servant à mesurer une consommation, un achat : *Il y a quelques années, il existait une brave femme qui vendait aux chiffonniers du bouillon à un sou le cran* (Claude). **3.** Vx. Marque faite sur une ardoise pour compter le nombre des passes d'une prostituée. **4.** Jour de punition ou d'arrêts. **5. Être à cran,** être irrité, exaspéré : *Non seulement il n'a pas bonne mine, mais en plus, il a l'air à cran... – Il est à cran, dit Anne. Il a des ennuis* (Faizant).

ETYM. le cran a longtemps servi de mesure, de repère, dans un contexte de pauvreté. **1.** 1953 [Esnault]. **2.** 1833 [id.] ; on marquait, chez les boulangers et les cafetiers, les produits pris à crédit, en faisant une encoche sur un morceau de bois appelé *taille.* **3.** 1886 [id.]. **4.** 1879 [id.]. **5.** 1897, Rictus ; d'abord *avoir son cran* 1878 [Rigaud] et *bouffer son cran* 1894 [Virmaître].

crâne *n.m.*

1. Vx. Bagnard récemment tondu : *Quand j'arrivais, il m'accueillait par l'éternelle question : « T'as besoin d'un crâne ? » Un crâne, c'est un bagnard, un tondu* (Carco, 1). **2.** Arrestation d'un malfaiteur : *Ils étaient maintenant à la P.J. deux flics bien décidés à s'offrir le « crâne » de Pierrot-le-Fou* (Larue). *Cette pratique conduit les policiers à être plus préoccupés de faire tomber les malfaiteurs, « faire un crâne », comme ils disent si joliment* (*Libération,* 8 février 1982).

ETYM. emploi métonymique : le crâne (mesuré à l'anthropométrie) pris pour l'individu lui-même. **1.** 1927, Carco. **2.** 1944 [Esnault].

crapahuter ou **crapaüter** *v.i.*

Faire des exercices ou des manœuvres au sol, dans l'argot des militaires et des gendarmes : *L'escadron de gardes mobiles joue à Kolwezi et Entebbe tout à la fois. Ça rampe, ça crapahute, ça patrouille et merdouille à qui mieux mieux dans la gadoue* (Bastid-Martens, 1) ; par ext., faire une randonnée pédestre : *Trois à quatre millions de Français crapaütent allègrement sur les 38 000 kilomètres de sentiers* (*Que choisir ?* février 1984).

ETYM. de **crapaü** ou **crapahu** (prononciation en 1898, à Saint-Cyr, de *crapaud,* exercice au trapèze). Ce verbe, auj. très connu, désigne à l'origine les exercices à pied en milieu naturel, de préférence boueux, au cours desquels les recrues se déplacent au ras du sol, en faisant le crapaud (ou le serpent). 1942 [Esnault].

DÉR. **crapahuteur** *n.m.* Marcheur : [id.].

crapaud *n.m.*

1. Vx. Cadenas : *Pour brider la malouse, il y avait trois crapauds* (Ansiaume). **2.** Vx. Bourse ; porte-monnaie : *Pour nous ramener des commissions un parfait morlingue... Le fort crapaud cousu main, à multiples compartiments, article inusable* (Céline, 5). **3.** Petit garçon, apprenti : *Mais, sacré crapaud, dis-moi un peu ce que tu fais ici ? Pinpin se frotte les oreilles* (Machard, 4). **4.** Vx. **Faire crapaud,** syn. de boire en suisse.

ETYM. analogie de forme (arrondie et béante). **1.** 1821 [Ansiaume], mais dès le XVe s. [Esnault]. **2.** « bourse » 1847 [Dict. nain] ; « porte-monnaie » 1899 [Nouguier]. **3.** 1850, Clémens ; comparaison fréquente de l'enfant gracile avec un batracien : têtard, grenouille, etc. **4.** 1881 [Rigaud].

VAR. **crâp** : 1907 [Esnault]. **cracmuche** : 1970 [Boudard-Étienne]. **crapouillot** : 1858 [Esnault] au sens 3.

crapaudine *n.f.*

Petite cordelette de chanvre qui servait à lier les membres des soldats révoltés aux bat' d'Af' ; par ext., la punition ainsi infligée : *En deux coups les gros, je suis réduit à l'impuissance. La crapaudine. Torture empruntée aux Romains, paraît-il. Pieds et mains liés derrière le dos, je suis jeté face contre terre. Une troisième chaîne relie les mains et les pieds* (Le Dano).

ETYM. de **crapaud** (par analogie avec la position du soldat puni). 1850, Clémens.

crapautard *n.m.*

Portefeuille ou porte-monnaie : *Bon sang, un crapautard Lancel ! Moi je l'aurais embourbé* (Dégaudenzi).

ETYM. de **crapaud** et du suff. **-ard.** 1945 [Esnault].

crâpe ou **craps** *n.f. et adj.*

Crapule.

ETYM. apocope de **crapule** et suffixation en **-s.** *crâpe* 1809 [Esnault] ; *craps* 1899-1926 [id.].

crapoteux, euse *adj.*

Très sale : *À « La Java » de Belleville ça sentait la fesse et le bal crapoteux* (Lépidis). *Mais, déjà, il enfilait sa canadienne crapoteuse* (Pécherot). SYN. cracra.

ETYM. apocope de **crasseux** et resuffixation avec un élément obscur, peut-être influencé par **crapaud.** 1936, Céline.

craps *n.m.*

Jeu de dés : *À une table, quatre matelots à col roulé jouaient au « craps », en se gavant de bière âcre* (Lesou, 1).

ETYM. origine incertaine. 1963, Lesou.

crapuleux, euse *adj.*

Se la faire crapuleuse, faire une fête joyeuse dans les endroits où l'on s'amuse.

ETYM. atténuation du sens génér. très péj. de cet adj. 1960 [Le Breton].

crapulos, crapulados ou **crap's** *n.m.*

Vx. Cigare bon marché : *Il se nommait Paul Martin, mais on l'avait baptisé Cigare, parce qu'il fumait des crapulos et des deux sous-tos* (Rosny).

ETYM. sobriquet formé avec **crapule** et le suff. **-os,** du *cigare à un sou,* sur le modèle du *trabucos,* cigare de prix. *crapulados* 1866 [Delvau] ; *crapulos* 1873 [Larchey], « le havane de la crapule » ; *crap's* 1903, Arts et Métiers, Angers [Esnault].

craquant, e ou **craquos** *adj.*

Marque une appréciation très positive : *Elle a dégotté un job craquant !*

ETYM. participe présent substantivé de **craquer.** 1899 [Nouguier].

craque *n.f.*

Mensonge, hâblerie : *I les a mis en fuite, mon vieux... Tous ! – Des craques ! – Des craques ? C'est lui qui m'l'a dit ! Et mon père, t'apprendras, i ment jamais...* (Gibeau).

ETYM. de **cracq,** interj. dont on se sert pour interrompre un discours suspect, mensonger, excessif. À rapprocher de la formule phatique *et cric ! et crac !* des conteurs antillais, ou encore de *M. de Crac dans son petit castel,* comédie de Collin d'Harleville (1791) qui mettait en scène un personnage de hâbleur ? 1836 [Landais].

DÉR. **craquerie** *n.f.* Mensonge : 1808 [d'Hautel]. **Cracovie** *n.pr.* **Aller à Cracovie** ou **avoir ses lettres de Cracovie,** mentir ; être un menteur : 1979 [Rey-Chantreau].

craquer *v.i.*

1. Avoir une défaillance physique ou morale : *Les junkies sont des indicateurs en puissance. Au bout de quelques heures, ils craquent* (Galland). *Ah ! ce suspense, les enfants, j'en peux plus, je craque !* (C. Sarraute, *le Monde,* 11 juin 1988). **2.** Dire des mensonges. **3. Faire craquer** ou **craquer (une porte,** etc.**),** cambrioler avec effraction : *La plume à la main prête à craquer la lourde bourgeoise* (Simonin, 6).

ETYM. de l'onomatopée **crac,** évoquant la cassure. **1.** 1911, R. Rolland [TLF]. **2.** 1808 [d'Hautel]. **3.** 1928 [Esnault]. Ce verbe est très usité auj. au sens 1.

craquette *n.f.*

Vulve : *Mais il a des désirs, tu sais, il aime voir, je lui ai déjà montré ma craquette, mes seins, mon fion* (Prudon). SYN. cramouille.

ETYM. origine obscure, p.-ê. emploi métaphorique et diminutif d'un régional **craque,** fente dans un rocher [Cellard-Rey]. 1877 [Chautard].

VAR. **craque** : 1899 [Nouguier].

craqueur, euse *n.*

1. Vx. Menteur : *Il était nobl' (du moins je le croyais), / C'était hélas ! l'plus grand craqueur du monde* (chanson *la Jeune Fille au trombone,* paroles de Hervé). **2. Craqueur de lourdes,** cambrioleur : *Dans quatre-vingt-dix-huit pour cent des cas, ils achètent que dalle, les pauvres craqueurs de lourdes* (Simonin, 6).

ETYM. de **craquer. 1.** avant 1720, Mme du Noyer [Trévoux]. **2.** 1966, Simonin.

craquos *adj.* → CRAQUANT.

crasher (se) *v.pr.* → SCRATCHER (SE).

craspec *adj.*

Très sale : *La Clod' incline un peu son galure en arrière, aérant son énorme front crevassé, mais dégageant surtout les boucles craspecs qu'elle a sur les tempes* (Siniac, 1). SYN. cracra.

ETYM. de **crasseux** et du suff. arg. **-spec.** 1926 [Esnault].

crasse *n.f.*

Mauvais tour, méchanceté, traîtrise : *Elle trouva le moyen de nous montrer toutes ses dents et une bonne partie des cuisses en riant des crasses que se faisaient les deux députés de la nouvelle majorité* (Pagan). *Le genre de type qu'on voit dans les films des frères Cohen, toujours prêt à faire des crasses, écraser la gueule des autres sous leurs croquenots* (Pouy, 3).

ETYM. substantivation de l'anc. adj. **cras, crasse,** épais (cf. *ignorance crasse*). 1853, Flaubert [TLF].

DER. **crasserie** *n.f.* **1.** Avarice sordide. **2.** Mauvais tour : 1807 [Michel]. Les deux mots ont été synonymes aux deux sens, mais seul le plus court, *crasse,* a survécu.

crasseux *n.m.*

Peigne : *File-moi ton crasseux, que j'm'aligne les douilles !*

ETYM. emploi métonymique : la saleté supposée (cf. *sale comme un peigne*) pour l'objet. 1954, Le Breton [TLF].

crassingue *adj.*

Très sale : *Des bicots crassingues* (Malet, 2). SYN. cracra, cradingue, etc.

ETYM. resuffixation de **crasseux.** 1935 [Simonin-Bazin].

crassouille *n.f.*

Saleté.

ETYM. de **crasse** et du suff. péj. **-ouille.** 1925 [Esnault].

DER. **crassouillard, e** *adj.* Sale : [id.].

cravate *n.f.*

1. Vx. Collier triangulaire, formé de deux pièces unies par une charnière et un boulon, qui servait de carcan au forçat en partance pour le bagne. SYN. collier, coulant. **2.** Lacet pour prendre le gibier. **Marquis de la cravate,** braconnier. **3.** Vx. **Cravate (de chanvre),** corde pour pendre qqn : *Je suis fils d'un bon peigre : c'est dommage que Charlot ait pris la peine de lui attacher sa cravate* (Hugo). **Tour de cravate,** strangulation. **4.** Syn. de coup du père François. **5.** Esbroufe, vantardise. **6. Cravate à Gaston, Gustave, Charlot,** etc., serviette périodique. SYN. balançoire.

ETYM. emplois métaphoriques du mot usuel. **1.** 1828, Vidocq. **2.** 1922 [Esnault]. **Marquis de la cravate,** 1929 [id.]. **3.** 1829, Hugo [TLF]. **Tour de cravate,** 1901 [Bruant]. **4.** 1928 [Lacassagne]. **5.** 1953 [Sandry-Carrère]. **6. Cravate à Gustave,** 1957 [id.].

cravater *v.t.*

1. Attraper ; appréhender : *Dès qu'il s'imaginait, lui, en train de franchir la porte de* *l'immeuble, hop, il se voyait cravaté par une grappe de flics* (Lesou, 1). *Il s'est fait cravater par les flics français ou par les Fritz?* (Pousse). **2.** Tromper par des vantardises. **3.** Voler ; confisquer : *Allez chez l'avocat, dit-il à Mario, et cravatez tous les dossiers qui portent le nom d'un suspect ou d'un mort* (Roulet).

ETYM. de **cravate. 1.** 1926 [Esnault]. **2.** 1935 [id.]. **3.** 1940 [id.].

cravateur *n.m.*

Hâbleur, fanfaron, bon à rien : *Je suis bien attelée avec un bon à nibe, un cravateur qui va de mal en pis, de tours de passe-passe en grasses supercheries, un pauvre type* (Cordelier).

ETYM. de **cravater** au sens 2. 1935 [Esnault].

cravetouse *n.f.*

1. Cravate (pièce d'habillement et lacet) : *Avec son costard à raies, sa limace jaune et sa cravetouse de loufiat, à coup sûr il faisait le sauret* (Houssin, 2). **2. La Cravetouse,** surnom donné à un hâbleur.

ETYM. suffixation arg. de **cravate. 1.** 1941 [Esnault]. **2.** 1957 [Sandry-Carrère].

crayon *n.m.*

1. Vx. Canne. **2.** Vx. Pénis. **Avoir sucé son crayon,** être enceinte. **3.** Crédit : *Avec lui, pas moyen d'avoir un crayon, il fallait payer cash* (Rognoni). *Sur sa bonne présentation, il arrivait à se faire faire du crayon dans un tas de bistrots, à extirper des fouilles les plus harpagonesques quelques piécettes qui lui servaient, en général, à apaiser d'autres créanciers devenus par trop harcelants* (Boudard, 5).

◆ **crayons** *n.m.pl.*

1. Jambes. **S'emmêler les crayons,** trébucher (au physique ou au moral) : *On se tordait à voir la façon dont ils s'emmêlaient les crayons, ne sachant plus quels étaient les paquets qui n'avaient pas encore été sortis et ceux qui étaient déjà rentrés* (Gerber). **2.** Cheveux: *Je sens mes crayons se hérisser sur mon crâne* (Tachet).

ETYM. analogie de forme et métonymie au sens 3 : il s'agit du crayon d'ardoise, qui commence par *cr,* comme *crédit.* **1.** 1878 [Esnault]. **2.** 1905 [id.]. **Avoir sucé son crayon,** 1948 [Lacassagne]. **3.** 1953, Le Breton [TLF].

◆ *pl.* **1.** 1907 [Esnault]. **S'emmêler les crayons,** contemporain. **2.** 1954, Le Breton [TLF].

crayonner *v.i.*

Accélérer (en voiture). **Crayonne, Lulu !** formule ironique à l'adresse du chauffeur trop lent qui vous précède.

ETYM. de **crayon,** probablement au sens de jambe (c.-à-d. « faire marcher ses crayons »). 1975 [Le Breton].

crécelle *n.f.*

Tête.

ETYM. de **voix de crécelle,** voix criarde, ou de **crécelle,** personne bavarde et à la voix aiguë. 1846, Dumas [TLF], repris en 1982 [Perret].

crèche *n.f.*

1. Vx. Gîte misérable. **2.** Lieu où on réside, domicile : *Sa dernière crèche connue était à Lyon, une boîte qu'elle tenait en gérance, mais ça datait de plus de cinq berges et il y avait toutes sortes de chances pour qu'elle ait changé de crémerie depuis* (Bastiani, 4).

ETYM. urbanisation du mot usuel, qui a perdu à la fois son caractère rural et l'idée de pauvreté, pour désigner en arg. le « logis occasionnel ou habituel ». **1.** 1905, chanson sur la Petite Roquette [Esnault]. **2.** 1915 [id.].

crécher *v.i.*

Habiter, résider : *Je n'ai jamais créché ici ou là qu'au hasard de mes bonnes ou mauvaises fortunes* (Bastid-Martens, 1). *C'est pourtant pas difficile de savoir si tu crèches à Paname ou pas !* (Daeninckx, 1).

ETYM. de **crèche.** 1921 [Esnault].

crédence *n.f.*

Abdomen, ventre. SYN. buffet.

ETYM. variation sur la métaphore du contenant. 1977 [Caradec].

crédo *n.m.*

Crédit : *Fallait quand même que je trouve du bulle !... On me faisait du « crédo » nulle part* (Céline, 5). SYN. crayon, croume.

ETYM. vieux jeu de mots sur **crédit** et la prière du **Credo.** XIIIe s. [Esnault].

crème *n.f.*

1. Travail aisé; matériau docile: *Le sol est doux et lisse sous les pneus, maintenant. On roule dans la crème* (G. Arnaud). SYN. chocolat, gâteau, sucre. **2.** La meilleure partie d'un ensemble (souvent ironique) : *Car, voyez-vous, un pareil bal, / Faut avouer qu'c'est la crème, / Le nec plus ultra* (chanson *Un bal à l'hôtel de* *ville,* paroles de Mac-Nab). *Et le petit André alors? C'était pas lui, la crème des tantes?* (Céline, 5). **3. Faire une crème,** mettre en commun des paris différents pris dans la même course. **4. Faire crème, être fait crème,** duper; être dupé ou pris en flagrant délit: *Hum! Pas facile! Tu seras fait crème* (Méténier). **5.** Sperme : *Pour finir il lui lâche la crème sur l'abdomen* (Lasaygues).

◆ *adj. inv.*

Vx. Méchant: *Il est crème pour les gonzesses.*

ETYM. idée d'excellence et de matière aisée à recueillir. **1.** 1950, G. Arnaud. **2.** 1789, *Cahiers de doléances* [Duneton-Claval]. **3.** 1975 [Arnal]. **4.** 1885, Méténier [TLF]. **5.** 1985, Lasaygues.

◆ *adj.* 1886 [Esnault] ; vient sans doute de **crème de fripouille,** 1911 [id.] ; cf. auj. *crème d'andouille,* injure fam. très atténuée.

crémerie *n.f.*

Habitation, domicile : *Un stiff doit bien prévoir son coup, lorsqu'il essaie une nouvelle crémerie* (Porquet). *Si j'avais pas biglé un type en planque devant ta crémerie, tu descendais! T'es fondu, ma parole!* (Le Breton, 3). **Changer de crémerie,** partir, déménager pour un endroit en principe plus agréable ou plus commode que celui qu'on quitte : *C'est le troisième hôtel en une semaine. Je traîne tant que je peux pour pas remplir la fiche ; un jour, deux ou trois, ça dépendait, et au dernier moment on changeait de crémerie* (Giovanni, 1).

ETYM. emploi péj. du mot usuel. « petit restaurant » 1867, Zola [TLF] ; « banque » 1901 [Bruant]. **Changer de crémerie,** 1920 [Bauche].

créolo *n.m.*

PÉJ. Proxénète sud-américain : *Mais la véritable haine de Jacquot va aux créolos. Le créolo! C'est le souteneur argentin* (Bénard).

ETYM. de l'esp. **criollo,** créole. 1932, Bénard.

crêpe *n.f.*

1. Casquette plate. **2.** Imbécile, personne molle et sans énergie : *Cet homme n'était qu'une crêpe qu'on retournerait sans problème, en lui garantissant qu'il serait doré de l'autre côté* (Van Cauwelaert).

ETYM. emplois métaphoriques, le second étant clairement explicité par la citation. **1.** 1926 [Esnault]. **2.** 1908 [Chautard].

crépine *n.f.*

1. Vx. Bourse. **2.** Pièce d'étoffe servant d'étal aux camelots à la sauvette.

ETYM. emploi métaphorique du mot désignant une membrane graisseuse enveloppant les viscères de certains animaux et utilisée sur les étals de boucher pour recouvrir la viande. **1.** 1836 [Vidocq]. **2.** 1950 [Esnault].

DER. **crépinière** *adv.* Beaucoup : 1821 [Ansiaume].

cresson *n.m.*

1. Cheveux. **Ne pas avoir de cresson sur la cafetière, le caillou, la fontaine,** etc., être chauve : *Salut, Maurice, fit Rita. T'as de moins en moins de cresson sur la coupole, à c'que j'vois* (Houssin, 4). *Elle apprit donc en même temps que son fils qu'on ne dit jamais d'un monsieur qu'il est chauve, mais que «monsieur un tel n'a plus de cresson sur la fontaine»* (Leroux, 2). **2.** Poils du pubis: *Tel Babylonien qui s'était mis dans le cigare d'y cueillir* [à Suzanne] *le cresson fontaine* (Devaux). **3.** Argent. **4. Idem au cresson,** la même chose: *Biture en écrasait toujours comme une cornante. / Papy, idem au cresson, poire sur la carante* (Legrand).

◆ *adj.*

Arrogant : *Tous ses griff'tons* [de Napoléon] *l'avaient à la chouette, car il n'était pas cresson* (Stollé).

ETYM. emploi métaphorique du mot usuel. **1.** 1878 [Esnault]. **Ne pas avoir de cresson sur la fontaine,** 1878 [Rigaud] ; **sur la cafetière,** 1953 [Sandry-Carrère]. **2.** 1930 [Esnault]. **3.** 1750, Halles [id.]. **4.** 1901 [Bruant].

◆ *adj.* 1947, Stollé [TLF].

DER. **cressonnière** *n.f.* Poils du pubis: 1978, San Antonio [Cellard-Rey].

cressonnée *n.f.*

Absinthe: *J'viens vous avertir que l'Bob pourra pas s'amener avant moins le quart. – Qu'est-ce que tu prends ? Une cressonnée, répondit-il* (Carco, 1).

ETYM. analogie de couleur (cf. *mandoline* et *perroquet*). 1927, Carco.

crevaison *n.f.*

Mort, décès : *Il n'avait plus qu'une chose à faire : sa crevaison.* [...] *Il s'est tué d'un coup de chassepot* (Gill).

ETYM. de **crever.** 1847, Balzac [TLF].

crevant, e *adj.*

1. Très fatigant. SYN. claquant. **2.** Très drôle : *Elle le toisa, sans cacher son mépris, et continua de se vêtir. – Non, jurait-elle entre temps... Sa femme ?... C'est crevant...* (Carco, 2). SYN. tordant.

ETYM. emplois emphatiques du participe présent de **crever. 1.** 1876, Zola [TLF]. **2.** 1880 [id.]. Cet adj. est devenu très courant dans le parler pop.

crevard *n.m.*

1. Moribond. **2.** Homme de faible santé : *Tous mal nourris, perclus de maladies et de vices, tremblants de fièvre, « crevards » après quelques années, poussent [...] le grand blasphème du bagne français* (Merlet). **3.** Goinfre : *Ils croient nous avoir plus facilement par la gueule, j'vous l'dis. Justement, faut leur montrer qu'on n'est pas des crevards. Leur dessert, i peuvent se l'mettre où qu'i voudront* (Gibeau).

ETYM. formé avec le suff. péj. **-ard** à partir de **crever,** mourir, et **crever la faim** (3). **1.** 1861 [Esnault]. **2.** 1907 [id.]. **3.** 1939 [id.].

crève *n.f.*

1. Maladie plus ou moins grave (rhume tenace, grippe, pneumonie, etc.) : *Il fait frisquet ici, déclara Rossignol en battant la semelle ; on va, pour sûr, piper la crève !* (Machard). *Je passais des journées dans la cave, à manipuler des barils et des caisses de fuschine, de méthylène [...] « T'y résisteras pas. T'attraperas la crève comme les autres »* (Van der Meersch). **2.** Mort : *C'est à leur fin qu'on juge les vrais durs. Je pense qu'il faut savoir se tenir à l'heure de la crève* (Stewart).

ETYM. déverbal de **crever. 1.** 1911, Machard. **2.** 1901 [Bruant].

crevé, e *adj. et n.*

1. Mort. **2.** Très fatigué, épuisé. **3. Avoir une veine de crevé,** avoir beaucoup de chance.

ETYM. emploi adj. et nominal du participe passé de **crever. 1.** 1835, Balzac [TLF]. **2.** 1932, Céline [id.]. **3.** 1928 [Esnault].

crève-la-faim *n.m.inv.*

Individu qui vit dans la misère : *Toute cette population de crève-la-faim et de filles qui viennent la nuit s'abriter aux Halles, et manger les soupes à deux sous, n'est même pas criminelle par instinct ou par besoin* (Goron).

ETYM. mot composé de **crever** et de **faim,** dont le sens était beaucoup plus fort que dans notre actuel *crever de faim,* plutôt emphatique que descriptif. 1870, Poulot [TLF].

crever *v.t.*

1. Percer, fracturer. **2.** Blesser, mettre à mal. **Crever la gueule, la paillasse, la peau à qqn** ou simpl. **crever qqn,** le tuer : *La solde des bons zigs qui [...] se font crever aujourd'hui la paillasse pour que leurs mômes se la remplissent demain* (Cladel). *L'Môme l'a dans le nez et lui crèvera la peau. C'est une mauvaise bête qui n'a peur de rien* (Lorrain). *S'il tourne encore autour de Gérard, moi, je lui crève le ventre, dit Linda à sa voisine* (G. Arnaud). *L'œil rivé sur le cadavre de Vanini, le commissaire divisionnaire Cercaire cherchait un responsable : « Je le crèverai, celui qui a fait ça ! »* (Pennac, 1). **3.** Saisir, dérober. **4.** Appréhender. **5.** Posséder sexuellement. **Crever le parapluie, la pièce de dix sous,** sodomiser. **6. Crever la dalle, la faim** ou **la crever,** avoir très faim (ou, rarement, soif) : *Je la crève. Il ne te reste rien dans ton bidon ?* (Dorgelès) ; être dans la misère : *On l'a trop vu avec la pire engeance... il a trop bien vécu pendant que les autres crevaient la dalle* (Boudard, 2). *Décidément, j'ai été mis au monde pour crever la faim. Je ne peux pas vivre six mois sans que la fringale intervienne bêtement dans mon existence* (Boussenard). **7.** Vx. **Crever son pneu,** mourir.

◆ *v.i.*

1. Mourir : *Ces types crèvent sans raison. Ou alors, ils ont toutes les raisons du monde de crever, et ils mettent un temps fou à le faire* (Demouzon). **2. Crever de rire** ou simpl. (vx) **crever,** éclater de rire.

◆ **se crever** *v.pr.*

1. Se battre farouchement, avec des intentions meurtrières. **2. Se crever (le cul, la paillasse) à (faire) qqch,** faire de très gros efforts, s'éreinter : *S'agit pas que je me crève, grogne-t-elle, en s'asseyant sur toutes les chaises qu'elle rencontre* (Dabit, 1). *On les aime, on se crève le cul pour leur acheter un magasin et au bout du compte elles dansent sur nos tombes* (Villard, 4).

ETYM. emplois très marqués du verbe usuel, souvent appliqués à des humains (alors qu'il concerne à l'origine objets ou animaux). **1.** 1798, Orgères. **2.** vers 1800 [Esnault]. **Crever la gueule,** 1842 [id.] ; **la paillasse,** 1808 [d'Hautel] ; **la peau,** 1890 [Esnault]. **3.** 1926 [id.]. **4.** 1907 [id.]. **5.** 1926 [Esnault] ; d'abord **crever la pièce de dix sous,** 1881 [Rigaud] ; **le parapluie,** 1899 [Nouguier]. **6. Crever la faim,** 1877, Zola [TLF] ; **la crever,** 1870 [TLF]. **7.** 1901 [Bruant].

◆ *v.i.* **1.** mil. du XVIIe s. (moins arg. qu'auj.). **2.** d'abord *se crever* 1901 [Bruant].

◆ *v.pr.* **1.** contemporain. **2. Se crever,** 1920 [Bauche].

crevette *n.f.*

1. Vx. Femme entretenue ; prostituée : *Ces michetonneuses sont l'équivalent des crevettes, biches, cascadeuses d'autrefois qu'on englobait sous le terme générique de « femmes entretenues »* (Alexandre). **2.** Jeune homosexuel qui se prostitue occasionnellement : *Les jeunes sont aussi appelés « crevettes » par les cuirs. Cyniques et gâtés* (*Actuel,* février 1983).

ETYM. emploi métaphorique du mot usuel. **1.** 1864 [Delvau] ; popularisé par la *Môme Crevette,* personnage de cocotte dans *la Dame de chez Maxim,* de Feydeau (1899). **2.** 1983, *Actuel.*

cri *n.m.*

1. Protestation, scandale : *Seulement, ça n'avait pas duré. Il y avait eu du cri. Les femmes marida, les ligues de vertu et tout le bazar avaient gueulé au charron* (Le Breton, 1). **Aller au cri, faire du cri, pousser le cri. *a.*** appeler à l'aide, au secours : *En Corse, c'est bien connu, quand on décide d'abandonner la terre trop basse pour plonger chez les truands de Paris, de Marseille ou d'ailleurs, on ne manque pas de pousser le cri aux amis qui sont dans la place* (Le Chaps) ; ***b.*** faire du tapage, du scandale : *Le Nantais allait au cri : « Puisque j'vous dis que j'suis commerçant ! Vous avez pas le droit... – Fous-nous la paix ! » interrompit l'un des inspecteurs* (Le Breton, 3). **2.** Renseignement. **Faire le cri,** avertir un complice. **3.** Simulation, bluff. **Cri sec,** escroquerie : *Sacré Germain ! Il me semble que je le retapisserais immédiatement ! C'est du cri sec qu'on soye resté si longtemps sans se voir !* (Faizant). **Faire le cri, taper le cri,** faire des tours de passe-passe, tenir le bonneteau. **Ronfler à cri,** simuler le sommeil. **À cri,** à gauche, dans le langage des bonneteurs. **4. La bête a lâché son cri,** se dit ironiquement du moment de l'éjaculation.

ETYM. emplois spécialisés du mot usuel. **1. Aller au cri,** 1894 [Esnault] ; **faire du cri,** 1935 [id.]. **2.** 1890 [id.]. **3.** 1927, Carco. **Cri sec,** 1953 [Sandry-Carrère]. **Faire le cri,** 1892 [Esnault] ; **taper le cri,** 1935 [id.] ; Le Breton (1960) affirme que ce sont ses amis de la rue Jules-Vallès, à Saint-Ouen, qui ont lancé cette expression. **Ronfler à cri,** 1849 [Halbert]. **À cri,** 1895 [Esnault]. **4.** 1977 [Caradec].

DER. **cricer** *v.i.* Tenir le bonneteau : 1902 [Esnault].

criaver *v.t.*

Manger : *Hé, Louis ! On criave pas ensemble ?* (Le Breton, 1).

ETYM. d'un mot gitan **craillave,** manger. 1953 [Sandry-Carrère].

criblage *n.m.*

Clameur, cri : *De leur criblage sans avoir l'âme émue / Bouclant la lourde, nous les jardinons tous* (Goualante de la Courtille).

ETYM. de **cribler.** 1865, *Goualante de la Courtille* [Rossignol].

criblement *n.m.*

Vx. **1.** Aboiement : *Il y a des cabots en rompant, entends-tu leurs criblements ?* (Ansiaume). **2.** Cri des damnés en enfer.

ETYM. du verbe **cribler. 1.** 1821 [Ansiaume]. **2.** 1829 [Forban].

cribler *v.i.*

Vx. **1.** Crier : *Reste là, dit le Maître d'école à la Chouette : attention, et crible à la grive si tu entends quelque chose* (Sue). **2.** Aboyer : *Entends-tu le cabot cribler ? Apprête-toi à lui donner le poivre* (Ansiaume).

ETYM. altération de **crier,** d'après **crible,** tamis. **1.** 1790, *le Rat du Châtelet.* **2.** 1821 [Ansiaume].

cribleur *n.m.*

Vx. **1.** Chien qui aboie : *C'est un cribleur leur cabot, mais il est à la cadenne* (Ansiaume). **2.** Crieur. **Cribleur de lance,** porteur d'eau. **Cribleur de verdouze,** marchand des quatre-saisons : *Ça serait mieux d'avoir une petite boutique... ou même d'être cribleur de verdouze !* (Rosny). **Cribleur de malades,** dans une prison, celui qui est chargé d'appeler les détenus au parloir.

ETYM. de **cribler. 1.** 1821 [Ansiaume]. **2.** 1822 [Mésière]. **Cribleur de lance** et **cribleur de malades,** 1836 [Vidocq]. **Cribleur de verdouze,** 1878 [Rigaud].

cric [krik] *n.m.*

Vx. Eau-de-vie : *Quel brouhaha, dimanche, dans la cour, quand on a distribué le « cric »*

– un quart pour deux ! – et donné les cigares (Dorgelès).

ETYM. de **cric-croc,** ancienne formule pour trinquer, 1628 [Chéreau]. 1835 [Raspail].

VAR. **crique :** 1836 [Vidocq]. **crick, crik :** 1901 [Bruant].

cric-à-bite *n.m.*

Piment ou poivre, considérés comme aphrodisiaques.

ETYM. de **cric,** instrument de levage, et de **bite,** pénis. 1982 [Perret].

crignole ou **crigne** *n.f.*

ARG. ANC. Viande : *Comme tu joues des dominos, à te voir, on croirait que tu morfiles dans de la crignole* (Vidocq). *Tu morfileras* [...] *de la crigne* (Clémens).

ETYM. du grec anc. **kreas,** chair. *crignole* 1800, Leclair ; *crigne* 1844 [Dict. complet]. Il existe de nombreuses variantes de ce mot dans les patois français et certains argots étrangers.

VAR. **crie, criolle :** 1829 [Forçat].

DER. **cri(g)nolier** *n.m.* Boucher : 1836 [Vidocq].

1. **crime** *n.m.*

Avoir du crime, ne pas manquer de crime, avoir de l'audace ou de la finesse : *Non, ce qu'elle avait du crime, cette ménesse-là ! Un vrai trésor, dans un ménage* (Stéphane).

ETYM. atténuation du sens usuel. 1928, Stéphane.

2. **Crime (la)** ou **Crim (la)** *n.pr.*

La brigade criminelle : *Bon, tu réveilles avec précaution le patron de la Crim'... Qu'il réveille le Directeur, le Préfet, n'importe, mais vite* (Rank).

ETYM. apocope de **criminelle** (on a dit antérieurement *la Criminelle*). 1957 [Sandry-Carrère]. Ce mot a été popularisé par le film de P. Labro, *la Crime,* 1983.

crique *n.f.*

Vx. Fuite, évasion.

ETYM. déverbal de **se criquer.** 1899 [Nouguier].

criquer (se) *v.pr.*

S'en aller, s'évader.

ETYM. de **cric,** onomatopée imitant le bruit d'une clé qui tourne dans une serrure. 1899 [Nouguier], qui donne également la loc. syn. *faire cric.*

crobard *n.m.*

Croquis : *C'est le topo de l'objectif à traiter. Clod' et moi on se penche sur le crobard. S'agit d'un plan de rues, sommaire mais clair* (Siniac, 1).

ETYM. resuffixation de **croquis** avec le suff. péj. **-ard.** 1951 [Esnault] ; d'abord « petit enfant » 1933 [id.].

1. **croc** [kro] ou **crochet** *n.m.*

Dent : *Philbert ouvrit la bouche, dévoilant les béances noires entre ses crocs déchaussés* (Coatmeur). *Rien qu'à entendre son rire,* [...] *vous oubliez votre prostate, votre arthrite, votre colite chronique, vos crochets qui se déchaussent* (Pelman, 1). **Avoir les crocs, les crochets,** avoir faim : *Le pain est un peu rassis, fit-il. Ça ira. J'ai assez les crocs pour ne pas m'en apercevoir* (Noro). *J'suis resté près de six plombes dans un trou d'obus, expliqua-t-il. J'ai un peu les crochets...* (Siniac, 5). **S'affûter les crochets,** manger. **Se rincer les crochets,** boire.

ETYM. métaphore animalisante. 1725 [Granval]. **Avoir les crocs,** 1821 [Ansiaume]. **Avoir les crochets,** 1924 [Esnault]. **S'affûter les crochets,** 1901 [Bruant]. **Se rincer les crochets,** 1907 [H. France].

2. **croc** [kro] *n.m.*

Proxénète.

ETYM. aphérèse et transcription suggestive de **escroc** et **maquereau.** 1745 [Duneton-Claval].

crocher ou **crocheter** *v.t.*

1. Ouvrir avec un crochet. **2.** Attraper, arrêter : *Il croche donc les bras des deux femmes et se met à hurler comme un fou* (Jamet). *Tu me conteras comment qu'elle s'est fait crocheter* [à Saint-Lazare] (Méténier).

◆ **se crocher** ou **se crocheter** *v.pr.*

Vx. Se battre à coups de poing et de pied : *Il fallait voir, dans ce tout petit port noyé d'embruns,* [...] *trois cents marins, hurlants et saouls,* [...] *tourner leur rage contre eux-mêmes, se crocher, s'entre-tuer avec tant de furie* [...] (Daudet).

ETYM. de **croc, crochet. 1.** 1842, Sue ; *crocheter* est la forme standard de ce verbe. **2.** 1925, Pourrat [TLF].

◆ *v.pr.* 1842, Sue [Larchey].

crochet *n.m.*

1. Syn. de 1. croc. **2. Faire crochet,** à la pétanque, lancer très haut sa boule, avec un

effet tel qu'elle reste presque sur place en retombant au sol. SYN. plomber.
ETYM. dér. de **1. croc.** 1939 [Esnault].

croco *n.m.*
1. Peau de crocodile : *Il a une chemise avec des palmiers et des valises en croco dans chaque main* (Klotz). **2.** Soulier dont l'empeigne est faite de cette matière : *D'accord, je suppose que je n'ai besoin ni de ma voilette, ni de mes crocos, ni de mon tailleur tube* (Delacorta).
ETYM. apocope de **crocodile. 1.** 1937 [Esnault], surtout pour désigner un similicuir. **2.** 1956, Dominique.

crocodile *n.m.*
1. Créancier, usurier. **2.** Individu très dur en affaires. **3.** Malfaiteur chevronné.
ETYM. métaphores, d'après les qualités supposées de voracité (1) et de férocité (2 et 3) de l'animal. **1** et **2.** 1866 [Delvau]. **3.** 1975 [Arnal].

croissant ou **croisant** *n.m.*
Vx. **1.** Gilet : *Rebouise donc ce niert, ses maltaises et son pèze sont en salade dans la valade de son croissant* (Canler). **2. Demeurer, loger rue du croissant,** être trompé par sa femme.
ETYM. jeu de mots probable sur **croiser**, et p.-ê. allusion à la forme cintrée du gilet (1) ; allusion aux cornes du croissant (2). **1.** *croissant* 1800, Leclair ; *croisant* 1821 [Ansiaume]. **2. Loger rue du croissant,** 1867 [Delvau].

croix *n.f.*
1. Vx. Écu de six francs ; par ext., monnaie métallique : *Ayant planqué ses croix dans le coffre-fort paternel, […] Bouboule s'était pointé dans son comptoir* (Simonin, 5). **2.** Client difficile ou maniaque. **3.** Imbécile, ignorant : *Et cette croix, voyant bien qu'on s'offrait sa fiole, cédait à la panique et commençait à hausser le ton* (Houssin, 3) ; adjectivement : *Il est en train de se gourer, disait Bébé-Cadum. Ce qu'ils sont croix, les flics !* (Japrisot). **4. Croix des vaches,** cicatrice infamante dans le milieu, faite en forme de croix sur la joue ou le front, pour marquer un traître : *Je ne respirerai que le jour où il sera pendu, après essorillement et croix des vaches* (Paraz, 1). *Il y en avait un autre, gras et jovial, qui avait, lui, été marqué en croix ; la fameuse « croix des vaches », dont vous n'êtes pas sans avoir entendu parler* (Grancher, 2).
ETYM. certaines pièces de monnaie portaient une croix sur une face (1) ; individu pénible, lourd à supporter comme une croix (2) et individu qui ne sait pas écrire et signe d'une croix (3). **1.** 1836 [Vidocq]. **2.** 1928 [Lacassagne]. **3.** 1926 [Esnault]. **4.** début du XXe s. [Carabelli].

crompe *n.f.*
Vx. Évasion.
ETYM. var. de **crampe.** 1821 [Ansiaume].

cromper *v.i.*
Vx. S'évader : *J'ai ébobi deux cognes, sans la grive, je crompais* (Ansiaume).
ETYM. de **crompe.** chanson du XVIIIe s., *in* Vidocq.

crompire *n.f.*
ARG. ANC. Pomme de terre : *C'est un tortilleur de crompires, le dab, il ne fera rien pour nous* (Ansiaume). *Ce qu'il y a de meilleur dans le gigot, c'est les crompirs !* (Méténier).
ETYM. de l'all. dial. **Grundbirne.** 1821 [Ansiaume].

crônir *v.i.* → CROUNIR.

croquant *n.m.*
1. Vx. Nez. **2.** Paysan, rustre (fém. rare) : *Toi qui m'as donné du feu quand / Les croquantes et les croquants / Tous les gens bien intentionnés / M'avaient fermé la porte au nez* (Brassens) ; terme de mépris : *Quoi ! vociférait-il, mais, pauvre croquant, tu marchais à quatre pattes que j'avais déjà des vernis* (Dorgelès).
ETYM. origine obscure au sens 2 ; le sens 1 paraît provenir de **croquant,** au sens de cartilage. **1.** 1827 [Esnault]. **2.** 1838, Barbey d'Aurevilly [TLF]. Le féminin, employé par Brassens, date de 1954.

1. croque *n.m.*
Croque-monsieur.
ETYM. apocope de **croque-monsieur.** 1988 [Caradec].

2. croque *n.m.*
Croque-mort.
ETYM. apocope de **croque-mort.** 1911 [Esnault].

3. croque *n.f.*
Nourriture : *La croque était de choix et le larbinos qui nous servait avait le style vieux*

serviteur de famille comme on n'en fait plus (Bastiani, 4).

ETYM. déverbal de **croquer.** 1930 [Chautard].

croquenot ou **croquenaud** *n.m.*

Grosse chaussure : *Une demi-heure plus tard, les premiers spectateurs débouchant par la sortie de secours butaient dans les deux croquenots de pointure 44 qui émergaient de l'amas de détritus* (Veillot). *Des vagabonds accroupis pioncent, ayant acquis* [...] *le droit de sécher leurs croquenauds au poêle hospitalier de la maison* (Méténier). SYN. godillot.

ETYM. origine obscure, p.-ê. onomatopéique (« chaussure qui **craque** »). 1866 [Delvau], sous la forme *croqueneaux.*

croquer *v.t.*

1. Manger : *Ça vous dérangerait qu'on aille croquer au* Berkeley ? (Malet, 9). *Il marchait, pas un sou, rien à croquer* (Sartre). **Croquer avec une côtelette dans le genou,** jeûner. **2.** Dilapider : *J'en avais honte de ma faiblesse, une honte pareille à celle que doit éprouver le boulot qui, le samedi soir, croque sa semaine au troquet* (Simonin, 3). **3.** Posséder sexuellement : *Alors l'espionne, le caporal Gustave se demande s'il pourrait pas en croquer, tirer sa crampe, ça ne serait que justice* (Boudard, 6). **4. En croquer.** ***a.*** être indicateur de police : *Des fois que les caissiers et employés, là-bas, en croqueraient un peu avec la Maison Parapluie, mieux valait ne pas leur faire ouvrir l'œil sur mes transactions* (Sarrazin, 2) ; ***b.*** tirer sa subsistance d'une activité inavouable : *À Ménilmontant, le Louis s'étonnait quand même, bien qu'il en croquât lui aussi, de voir son fils sortir de la poche des billets* (Lépidis). *Il est fondé de pouvoir chez Murville. Mais il est pas le seul à en avoir croqué* (Pécherot) ; ***c.*** assister à un spectacle érotique : *Un vioque, qui croquait en solitaire, faillit s'étouffer. Le raisin lui grimpa à la face. Belle façon de la glisser, pour un gonze de son âge ! Avaler son bulletin de naissance en lorgnant une si chouette pépée, c'était le rêve !* (Le Breton, 3) ; ***d.*** être amoureux : *Nicole H..., femme émancipée, distinguée, intelligente, en croquait dur pour ma pomme* (Boudard, 7) ; ***e.*** être invité à honorer une fille par son partenaire. **5.** Arrêter : *Expliquons-nous une bonne fois, monsieur Paul, dit-il. Si vous avez l'idée de me croquer, je n'comprends pas pourquoi, et si vous me mettez en double, c'est pas chic* (Carco, 1).

ETYM. spécialisations de sens, plus ou moins liées aux connotations de **croc, crochet,** etc. **1.** 1926 [Esnault]. **Croquer avec une côtelette dans le genou,** 1977 [Caradec] ; probablement jeu de mots sur *genou/jeûner.* **2.** 1885, Maupassant [TLF]. **3.** 1887, Laforgue [id.]. **4.** ***a.*** 1850 [Esnault] ; ***b*** et ***c.*** 1935, Simonin-Bazin ; ***d.*** 1963, Boudard ; ***e.*** 1968 [PSI]. **5.** 1927, Carco.

croqueuse *n.f.*

1. Prostituée : *Et me v'là parti à chasser, histoire de trouver une croqueuse* (Simonin-Bazin). **2. Croqueuse de santé,** femme ayant de forts appétits sexuels. **3. Croqueuse de diamants,** femme qui, par ses goûts de luxe, coûte cher à celui qui la fait vivre.

ETYM. emplois humoristiques issus de **croquer. 1.** 1935, Simonin-Bazin. **2.** contemporain. **3.** 1952, J. Carlier [TLF], mais au masc. *croqueur de dots* dès 1861, Labiche [id.].

croquignol, e ou **croquignolet, ette** *adj.*

Joli, mignon (souvent ironique) : *Ces furies perdant tout'mesure / Se ruèrent sur les guignols / Et donnèrent, je vous l'assure / Un spectacle assez croquignol* (Brassens). *Naturlich comme poupée d'amour, y avait pas à chercher loin pour trouver plus croquignolet* (Bastiani, 4).

ETYM. de **croquignole,** petit gâteau, et du suff. diminutif **-et.** *croquignol* 1936, Céline [TLF] ; *croquignolet* 1939, A. Arnoux [id.].

crosse *n.f.*

1. Querelle : *À la sortie, y a pas eu de rifles ni de crosses, mais une sorte d'arrangement à l'amiable. Guy a empoché ses deux briques sans piper* (Cordelier). **Chercher des crosses à qqn,** lui chercher querelle : *Faudrait plus que ça que le mec se fasse un dessin de marles. Si se fait tatouer autre chose qu'une pensée, c'est moi qui y cherche des crosses* (Genet). **Prendre les crosses de qqn,** adopter sa cause, intervenir en sa faveur : *Je parle pas des services que je t'ai rendus à Poissy, quand tu t'es farci tes trois piges, quand j'ai pris tes crosses le jour où Paulo la Soudure voulait te faucher ton colis* (Trignol). **2.** Colère : *À la moindre remarque de travers il se foutait en crosse, il paquetait déjà ses outils* (Céline, 5). **3.** ARG. ANC. Avocat du roi (ancêtre de l'avocat général).

ETYM. probablement déverbal de **1. crosser,** frapper à coups de crosse. **1. Chercher des**

crosses, 1881, Segré [Esnault]. **Prendre les crosses**, 1919 [id.]. **2.** 1929 [id.]. **3.** 1836 [Vidocq].

1. crosser *v.t.*

1. Chicaner, provoquer : *Et n'ayez pas un air de mécaniser les gens, voyez-vous… Je n'aime pas qu'on ait l'air de me crosser* (Forçat). **2.** Frapper : *Et rue Royer-Collard, les secouristes crossés à tour de bras alors qu'ils donnaient leurs soins aux blessés* (Veillot).

◆ *v.i.*

Sonner (heure) : *Voilà six plombes et une mèche qui crossent* (Vidocq).

◆ **se crosser** *v.pr.*

Se battre : *Suspendez l'audience, tranche Jo le Maigre. C'est pas le moment de vous crosser* (Trignol).

ETYM. de **crosse. 1** et **2.** 1808 [d'Hautel].

◆ *v.i.* 1828, Vidocq.

◆ *v.pr.* 1899 [Nouguier].

DER. **crosseur** *adj. et n.m.* Se dit d'une personne qui critique avec hargne : 1901 [Bruant]. *n.m.* Sonneur : 1836 [Vidocq]. **crossage** *n.m.* Critique : 1850, Clémens. **crosson** *n.m.* Crâneur : 1953 [Sandry-Carrère].

2. crosser *v.i.*

Vx. **1.** Récriminer, se lamenter : *Comme la marque crossait indignement, il* [le commissaire] *m'a fait abouler ici* (le Rat du Châtelet). **2.** Se vanter. **3.** Sonner (en parlant de l'heure).

ETYM. d'un verbe angevin **crosser,** glousser, selon Esnault. **1.** 1790, *le Rat du Châtelet.* **2.** 1901 [Bruant]. **3.** 1811, chanson *in* Vidocq.

crottaleux *adj. et n.*

Miséreux : *On l'fila* [C. Colomb] *en cabane, où y calencha comme le dernier des crottaleux* (Stollé).

ETYM. de **crotte.** 1947, Stollé.

crotte *n.f.*

1. Vx. **Ne pas chier de grosses crottes,** avoir mal dîné ou pas dîné du tout. **Chier de petites crottes,** être dans la misère. **2.** Vx. **Se carrer, vivre dans la crotte,** mener une vie crapuleuse. **3. De la crotte de bique,** une chose sans aucune valeur : *Sa plus belle réussite commerciale n'était que crotte de bique auprès de ce triomphal succès* (Mensire). Vx. **Crottes de bique,** moustaches « à la Charlot ». **4. Avoir qqn à la crotte,** ne pas l'aimer : *Oui, elle peut pas me piffer, me blairer! Elle m'a à la crotte, quoi!* (London, 1). **5.** Vx. **Crotte (de pie),** pièce d'un demi-franc.

ETYM. mot d'origine francique, réputé moins grossier que *merde*, peut-être parce qu'il s'applique normalement à la fiente de nombreux animaux (dès la fin du XIIe s., on rencontre l'expression *crotes de chievres*). **1** et **2. Ne pas chier de grosses crottes, chier de petites crottes** et **vivre dans la crotte,** 1866 [Delvau]. **3.** 1934, Montherlant [TLF] ; « moustaches » 1925 [Esnault]. **4.** 1947, London. **5.** 1889, Macé [Esnault].

crouille, crouillat, crouilla ou **crouya** *n.m.*

Désignation raciste de l'Arabe d'Afrique du Nord : *Quand j'étais jeune flic à Blida, en Algérie, les crouilles de merde me respectaient et se tenaient tranquilles* (Bialot). *Ici a dit Gilles c'est que des Arabes pratiquants ou des intellectuels, c'est pas le crouillat de base qui vient là* (Ravalec). *Effectivement, Mohamed a un mousqueton sous le bras. On aura tout vu aux durs.* […] *– Viens, me dit le crouilla, je suis là pour te protéger et te défendre si c'est nécessaire* (Charrière).

ETYM. du mot arabe **('a) hùya,** mon frère, l'arg. a fait une des appellations les plus injurieuses à l'égard des Nord-Africains. *crouya* 1917 [Esnault] ; *crouillat* 1935, Simonin-Bazin ; *crouille* 1953, Le Breton.

VAR. **crougna :** 1952 [Esnault]. **crouilledouche :** 1955 [id.]. **krouïa :** 1949, Malet.

croulant, e *adj. et n.*

Se dit d'une personne âgée ou considérée comme telle (notamment les parents, du point de vue des enfants) : *Voilà la vérité, ma Foune. Je me sens croulant, je ne fais plus le poids* (Amila, 1). *Ils ont dû rentrer chez eux, ces croulants* [les jurés], *très satisfaits d'avoir accompli leur devoir avec un grand D* (Charrière). *Mlle Evelyne vit avec sa croulante, une honorable vieille gonzesse qui a plus de poil au menton qu'elle en a au c…* (Barnais, 1).

ETYM. emploi péj. et vieilli du participe présent de **crouler,** s'effondrer (de sens faiblement péj.). *adj.* 1905 [Esnault] (appliqué aux sexagénaires) ; *n.m.pl.* 1944, Queneau.

croume *n.m.*

Crédit : *On a aussi balancé un parpaing dans la glace d'un troquet dont le taulier nous avait refusé du croum* (Audiard) ; surtout dans la

loc. adv. **à croume**, à crédit : *Des inventions de politicard pour qu'on roupille ! Pour qu'on s'occupe qu'à payer notre électroménager à croume !* (Vautrin, 1).
ETYM. altération de **crédit,** sous l'influence du provençal **croumpo,** achat. 1878 [Rigaud].
VAR. **crôme :** 1821 [Ansiaume]. **kroume :** 1935 [Simonin-Bazin].
DER. **croumier** *n.m.* Courtier louche : 1867 [Esnault].

crounir ou **crônir** *v.i.*
Mourir : *On les a transportés à Lariboisière ; mais ils avaient dû crounir sur le coup* (Yonnet). *Bibi appuya sur la gâchette. Cassé net dans son élan, Satan, foudroyé, tomba lourdement sur le parquet. Il était crouni* (Le Breton, 3). *Ça serait cave de crônir quand on est si bien logés et défrayés de toutime !* (Devaux).
◆ *v.t.*
Tuer : *Tout ce qu'on vous demande, c'est d'aller crounir une poignée de loquedus de temps en temps* (Houssin, 1).
ETYM. de **cornir,** devenir de corne, c.-à-d. inerte, sans vie, avec interversion du *o* et du *r*, selon Esnault (cette explication est peu convaincante). *crôni* 1889, Macé ; *crounir* 1899 [Nouguier].
◆ *v.t.* 1899 [Nouguier]. On rencontre auj. surtout le verbe *crounir* à l'infinitif et au participe passé adj.
VAR. **chrônir** : 1894 [Esnault].
DER. **cronissage** *n.m.* Meurtre : 1899 [Nouguier]. **cronisseur** *n.m.* Meurtrier : [id.].

croupanche *n.m.*
Croupier de baccara : *Le « croupanche » qu'avait fait le sabot [...] y filait deux p'tits coups de palette sur la table : « On peut faire en dehors »* (Simonin-Bazin).
ETYM. resuffixation de **croupier** avec le suff. arg. **-anche.** 1935 [Simonin-Bazin].

croupionner *v.i.*
Tortiller du postérieur en marchant.
ETYM. de **croupion.** 1862 [Larchey].

croustance ou **croustaille** *n.f.*
Nourriture ; repas : *Pour ce soir, c'est toi qui feras la croustance* (Dorgelès).
ETYM. resuffixations de **croustille.** *croustance* 1918, Déchelette [TLF] (forme la plus usuelle); *croustaille* 1915, Benjamin [id.].

croustille *n.f.*
Vx. **1.** Nourriture : *J'avais repris, faute d'incidents nouveaux, le trantran de la vie, les petites luttes quotidiennes pour la croustille* (Bernard). **2.** Action de manger : *Avec le produit de la quête, la gobette. Après la gobette, la croustille. Une vraie noce, quoi !* (abbé Moreau).
ETYM. déverbal de **croustiller. 1.** 1808 [d'Hautel]. **2.** 1877 [Chautard].

croustiller *v.i.*
Vx. Manger : *Tout chacun n' pens' qu'à croustiller. / Y a plein d'mond' dans les rôtiss'ries* (Rictus).
ETYM. du prov. **croustilha,** manger de petites croûtes pour boire après le repas et pour être plus longtemps à table ; non arg. à l'origine : « manger une croûte de pain » 1612, P. Troterel [TLF]. 1829, Vidocq.

croûte *n.f.*
1. Nourriture ; repas : *Quant à la croûte, d'une limpidité cristalline, elle était distribuée dans de vieilles boîtes de conserve que chacun balançait, après absorption, dans un tas* (Le Dano). **2.** Cuisine : *Je ne ferai pas la croûte, mon cher, réplique Dany-la-Cruelle. Je suis une femme totalement libérée et on bouffera des conserves du supermarca comme tous les libérés* (Siniac, 3). **3.** Subsistance : *Peut-être qu'en province ça marchait encore, mais à Paris on faisait juste la croûte. Autant fermer* (Lorrain). *Il faut bien que tu gagnes ta croûte, sinon c'est toi qui passeras par la fenêtre* (Malet, 11). **4.** Personne bornée, stupide. SYN. croûton.
ETYM. métonymie : la croûte est prise comme symbole du minimum alimentaire (ce qu'on jette aux pauvres). **1.** 1829 [Forçat]. **2** et **3.** 1900 [Esnault]. **4.** 1850, Balzac [TLF].

croûter *v.t. et i.*
Manger, se nourrir : *Les mulots se mirent à croûter les fraisiers* (Devaux). *J'avais réduit mes ambitions à leur plus simple expression, croûter et dormir le plus possible* (Pagan). *Je l'emmène croûter, catégorie A ; j'avais du flouze, j'étais paré* (Fallet, 1).
ETYM. de **croûte.** 1879, Huysmans [TLF]. On rencontre rarement ce verbe en emploi transitif, sauf avec un compl. d'objet indéfini *(quelque chose, rien)*.

croûton *n.m.*

1. Vx. **S'ennuyer comme un croûton de pain derrière une malle,** s'ennuyer énormément: *M. Charlie Mac Gee devait s'ennuyer comme un croûton derrière une malle, dans sa carrée* (Malet, 13). **2.** Morceau de pain laissé à dessein dans les urinoirs par les maniaques. SYN. baba, biscuit. **3.** Vx. Enfant détenu dans une maison de correction. **4.** Personne arriérée et acariâtre (surtout dans la loc. **vieux croûton**). SYN. croûte.

ETYM. ce diminutif de **croûte** prend aisément des connotations négatives. **1.** 1881 [Rigaud], mais *s'embêter comme une croûte* dès 1862 [Larchey]. **2.** vers 1950 [Cellard-Rey]. **3.** 1835 [Esnault]. **4.** 1838, Proudhon [TLF].

croûtonnard *n.m.*

Maniaque sexuel déposant dans les urinoirs publics des morceaux de pain qu'il retire ensuite, à des fins de consommation. SYN. soupeur.

ETYM. de **croûton** et du suff. péj. **-ard.** 1957 [Sandry-Carrère].

croûtonner *v.i.*

1. Se livrer aux pratiques du croûtonnard. **2.** Vx. Peindre très mal.

◆ **se croûtonner** *v.pr.*

S'ennuyer intensément: *Eh ben, ça boume? demanda à Adam le Vénéré Daron.* [...] *Tu t'es pas trop croûtonné tout seulabre?* (Devaux).

ETYM. de **croûton** (aux sens 1 et 2). **1.** attesté oralement, selon Cellard-Rey (sans date). **2.** 1862 [Larchey]; de **croûte,** tableau médiocre.

◆ *v.pr.* 1953, Simonin [TLF].

crouya *n.m.* → CROUILLE.

crucifix *n.m.*

1. Individu sot et ennuyeux. SYN. croix. **2.** Vx. **Crucifix à ressort,** pistolet: *Ce bel or fut transformé en crucifix à ressort et en bonnes dagues de Tolède ou de Damas qui faisaient du travail propre et soigné* (Burnat).

ETYM. idée de porter sa croix... en supportant un tel individu (1) et métaphore approximative et audacieuse (2). **1.** 1930 [Esnault]. **2.** 1791, *le Père Duchesne* [Larchey].

cuber *v.i.*

Représenter un volume ou une somme importante (surtout dans l'expression **ça cube**): *Soixante-cinq centimes la page, mais ça cube quand même à la fin* (Céline, 5).

ETYM. dénominal de **cube.** 1889 [Chautard].

cucul ou **cucu** *adj.*

Niais, ridicule: *À gauche, il y a un couple d'amoureux, émouvant et cucul* (Vilar). *Elle fignole chaque matin un sous-Vautel au genre larmoyant et cucul-la-praline, dont la série* [...] *constituera une mine précieuse pour les futures anthologies de la sottise journalistique* (Galtier-Boissière, 1).

ETYM. qualification péjorative, mais pas méchante, formée du redoublement enfantin de **cul,** complété souvent par **-la-fraise, -la-praline** (bonbon) ou **-la-rainette.** *cucul* 1941, M. Aymé [TLF]; *cucu* 1929 [Bauche].

DER. **cucuterie** *n.f.* Niaiserie: vers 1920 [Carabelli].

cueille *n.f.*

Arrestation, rafle: *Impossible pour moi d'approcher du «Kentucky», les poulets ont fait une descente en force, une de ces cueilles sanglantes. Un vrai panier* (Bastiani, 4).

ETYM. de **cueillir.** 1953 [Sandry-Carrère].

cueillir *v.t.*

1. Saisir, appréhender: *Comme on l'avait à l'œil pour un vol de soieries... on a été le cueillir doucement à la sortie du spectacle* (Barnais, 1). **2.** Vx. Détrousser (spéc., un ivrogne).

ETYM. emplois métaphoriques du verbe usuel. **1.** 1878 [Rigaud]. **2.** 1880, *le Petit Journal* [Rigaud].

cuiller ou **cuillère** *n.f.*

1. Vx. **Avaler, rendre sa cuiller, verser sa cuiller au magasin,** mourir. **2. Ne pas y aller avec le dos de la cuiller,** agir brutalement, sans ménagement. **En deux (trois, etc.) coups de cuiller à pot,** avec facilité et une grande rapidité: *Ce Cuvier* [...] *vous reconstituait en deux coups de cuiller à pot le squelette complet de je ne sais quelle bestiole préhistorique* (Malet, 12). *Vite en trois raisonnements comme en trois coups de cuiller à pot, je retournais ça* (Meckert). **3. Être à ramasser à la (petite) cuillère,** être sans énergie, épuisé, à la suite d'un effort violent, d'une maladie, etc.: *T'aurais pas la force de tenir... On te ramasserait à la cuiller* (Céline, 5). **4.** Main: *Compris, Blankie. On se serre la cuillère et la troupe prend le large* (Tachet). **5. Condé à la petite cuiller,** demi-tolérance pour un stage de durée limitée dans la police secrète.

ETYM. images fondées sur le fonctionnement de cet ustensile; le sens 4, métaphorique, repose sur l'analogie de forme. **1.** 1867 [Delvau]. **2.** 1936, Aragon [TLF]. **Trois coups de cuiller à pot** [= trois coups de poing] **et sa soupe est trempée,** 1881 [Rigaud]. **3.** 1936, Céline. **4.** 1883 [Chautard]. **5.** 1932 [Esnault].

cuir *n.m.*

1. Blouson de cuir. **2.** Homosexuel à l'allure virile, vêtu de cuir. **3.** Peau de l'homme : *La soixantaine très accusée, le poil gris, le cuir patiné, un faciès de chien boxer que tempérait la lumière des yeux verts* (Coatmeur). **Tanner le cuir à qqn,** le rosser. **4.** Vx. **Cuir de brouette,** bois : *J'ai le dessous des arpions doublé en cuir de brouette* (Sue). **Cuir de peuplier,** sabots ou galoches fournis par l'Administration pénitentiaire.

ETYM. métonymie : la matière pour l'objet (1) et comparaison suggérant la dureté extérieure de l'homme. **1.** *cuir d'aviateur* 1937, Malraux [TLF]. **2.** contemporain. **3.** 1808 [d'Hautel]. **4.** 1842, Sue. **Cuir de peuplier,** 1928 [Lacassagne].

cuisine *n.f.*

1. Vx. Préfecture de police : *Je suis bien sûr que si tu trouvais un bon coup à faire, tu brûlerais la politesse à la cuisine* (Vidocq). **2.** Interrogatoire policier. **3.** Manœuvre louche. **4.** Secret de fabrication.

ETYM. emploi métaphorique, p.-ê. lié à la pratique des *chauffeurs.* **1.** 1829, Vidocq. **2.** 1950 [Esnault]. **3** et **4.** 1867 [Delvau], en parlant d'un journal.

cuisiner *v.t.*

Interroger longuement et plus ou moins énergiquement (un prévenu, un suspect, etc.) : *Ils furent « cuisinés » pendant deux heures, tout comme de vrais criminels* (Van der Meersch). *Les gars qui l'ont cuisinée avant de la jeter dans la péniche n'ont certainement rien tiré d'elle* (Pennac, 1).

ETYM. de **cuisine** (il s'agit toujours d'une préparation qui dure... un certain temps). 1881 [Rigaud], au sens d'« espionner (un détenu) ».

DER. **cuisinage** *n.m.* Interrogatoire : 1953 [Sandry-Carrère].

cuisinier *n.m.*

Vx. **1.** Délateur, espion : *Lui, qui déjà plusieurs fois avait servi de cuisinier à la police, trouva dans la bassesse de son cœur un moyen, non de conquérir sa liberté, mais d'adoucir sa position* (Canler). **2.** Avocat.

ETYM. de **cuisiner** ou plutôt **être cuisiné** (qui suggère l'aveu). **1.** 1828, Vidocq. **2.** 1848 [Pierre].

cuistance *n.f.*

1. Cuisine : *Il pénétra dans la cuistance. Y avait une cocotte sur le réchaud* (Le Breton, 1). **2.** Nourriture, repas : *Le soir je me faisais pas de cuistance, j'allais seul à l'Automatic au coin de la rue Rivoli* (Céline, 5). *Elle fit une grimace, beurk les relents de cuistance* (Malaquais).

ETYM. resuffixation de **cuisine,** avec le suff. **-ance** (à rapprocher de *bectance*). **1.** 1912 [Esnault]. **2.** 1936, Céline.

DER. **cuistancier, ère** *n.* Cuisinier : 1920 [Bauche].

cuistot *n.m.*

Cuisinier : *Le cuistot qui devait être le patron, et qui était revêtu de blanc et coiffé d'une toque, comme partout ailleurs, abandonna son rôti et accourut* (Héléna, 1) ; au fém. : *Joséphine la cuistote opinait, elle, avec une sorte de jubilation maléfique* (Simonin, 7).

ETYM. de **cuistance,** avec le suff. pop. **-ot** (cf. *boulot, cheminot,* etc.). 1914 [Esnault]. Ce mot est passé dans l'usage courant, mais le fém. *cuistote,* 1920 [Bauche], est très rare.

VAR. **cuisteau** : 1920 [Bauche].

cuit, e *adj.*

1. Assuré, certain ; auj. surtout dans **(du) tout cuit** : *Je disais que, pour moi, Lady Belle, à Auteuil, dimanche, c'était du tout cuit* (Faizant). **2.** Pris, condamné en justice : *Allons, se dit Jacques Collin, je suis cuit, ils y sont, il faut les gagner de vitesse* (Balzac, 3). *Le voyou réfléchit. C'est vrai qu'il est cuit. Il y a assez de preuves contre lui pour l'envoyer, de toute façon, aux assises* (Larue) ; terminé, manqué : *Tout était cuit ; il n'y avait plus d'espoir. Il a abandonné et s'est terré* (Malet, 19). → **CAROTTE. 3.** Ivre : *C'est jour de paye pour les ouvriers de Nicolas Flamel. Il y a ceux qui commencent à boire, ceux qui sont déjà cuits* (Demouzon).

ETYM. emploi adjectival du participe passé de **cuire. 1.** 1842 [Esnault]. **Du tout cuit,** 1953, Simonin [TLF] ; d'abord *c'est tout cuit* 1842, Sue. **2.** 1690 [Furetière]. **3.** 1901 [Bruant].

DER. **cuitarès** *adj.* Réglé : 1941 [Esnault].

cuite *n.f.*

Ivresse : *Je le vois très bien avec une cuite dans le creux de l'estomac* (Mac Orlan, 4). *Elle des-*

cendait dans la boutique acheter du rhum pour lui préparer un grog. Il aimait prendre une « bonne cuite », l'hiver, avant de se coucher (Dabit, 1).

ETYM. emprunt à certains vocabulaires techniques (par ex., laiterie) : l'alcool chauffe l'organisme (cf. *chauffer son four,* boire). 1864, Fribourg [Esnault]. Ce mot est passé auj. dans l'usage fam.

DER. **cuitard** *n.m.* Ivrogne : 1974, Bastiani [Giraud].

cuiter (se) *v.pr.*

S'enivrer : *Va au diable, ma petite sœur, et laisse en paix un novice qui désire se cuiter pour la première fois de sa vie* (Le Dano).

ETYM. de **cuite.** 1879, *le Sans-Culotte* [Rigaud].

cul *n.m.*

1. Partie basse et charnue du tronc humain : *Une vieille qui prête son gros cul exactement comme elle apporte la soupière* (Duvert). *Botter le cul à qqn. Se geler le cul.* **Être cul et chemise,** être inséparables, s'entendre parfaitement : *Louise et la bonne étaient comme cul et chemise et s'étaient refilé tous les tuyaux utiles à leur métier respectif* (Lefèvre, 2). **Avoir qqn au cul,** être poursuivi : *Didier se sentait dans une forme éblouissante, le Muscadet et la Camel aidant. Il en oubliait qu'ils avaient les flics au cul* (Jaouen). **Il y a des coups de pied au cul qui se perdent,** se dit de façon critique devant un comportement répréhensible ou irresponsable. **En tomber** ou **en rester sur le cul,** être stupéfait : *Si vous saviez ce qu'on peut faire, à trois, avec deux masques de Giscard et de Chirac, vous en tomberiez sur le cul !* (Varoux, 1). Vx. **Montrer son cul,** faire faillite ; **être à cul,** être ruiné. **2. Avoir du cul, le cul bordé de nouilles,** être chanceux : *J'ai vraiment du cul de posséder un domaine aussi chouette* (Devaux). *Vous avez eu le cul bordé de nouilles. À quelques centimètres près, vous y aviez droit* (Pagan). **L'avoir dans le cul,** manquer de chance ; être dupe ou victime : *Hé oui, mon pote ! Si tu m'embarques, on fait un comité de défense et tu vas l'avoir dans l'cul !* (Knobelspiess). **3. Baiser** ou **lécher le cul de qqn,** le flatter outrageusement. **Baiser le cul de Fanny, le cul de la vieille,** à certains jeux, ne pas marquer un seul point, dans une partie : *Et Batiss' a beau baiser le cul del vieille, l'est pas pus con qu'un aut'* (Stéphane). **4. Avoir au cul, dans le cul, se mettre au cul,** mépriser complètement : *Ballon crie au cuisinier : – Je t'ai vingt fois dans le cul et je te chie à temps perdu...* (Werth, 1). **Tu peux te le mettre, foutre au cul,** je n'en ai rien à faire, cela ne m'intéresse aucunement : *Et comment que je refuse de gratter ! Même que tu peux te les mettre au cul, tes patates* (Le Dano). **Mon cul (c'est du poulet !),** interj. négative et méprisante : *Artisanales, mon cul ! Les bombes qui explosent depuis trois jours dans les lieux publics parisiens sont de toute évidence l'œuvre de bons professionnels* (*Libération,* 6 février 1986). **5.** Individu méprisable : *Sa fille, elle la trouvait con aussi d'avoir marié un cul pareil, à soixante-dix francs par mois, dans les Assurances* (Céline, 5). **Rire comme un cul,** sans desserrer les dents. **Cul béni,** syn. de bigot : *C'est la vraie famille traditionnelle, cul-gelé, cul-béni* (Amila, 1). **Cul de plomb,** préparateur en pharmacie ; salarié travaillant assis : *Le père, un cul de plomb de la « Condition des Soies », un homme entier et ambitieux, porté sur les sous* (Arnoux) ; homme paresseux. **Cul terreux,** paysan : *Mais vu qu'il a horreur de la « cambrousse », bien qu'il soit né chez les culs terreux, il s'est mis à aller respirer sur les champs de courses* (London, 1). **Cul goudronné,** matelot. **6.** Le sexe, en tant qu'activité physique : *Votre esprit « parisien » ne s'adressait qu'à quelques Français, tandis que le cul est international !* (Lefèvre, 1). *C'est comme si moi je sortais un pied à coulisse de ma poche pour te mesurer le machin avant une partie de cul* (Roulet). **Aller au cul,** coïter : *Antoine, d'ailleurs, il se dégonflait, il allait plus si fort au cul* (Céline, 5). **7. Le cul,** la pornographie : *La B.D. adulte flirte langoureusement avec la S.F., le polar et le cul* (*le Nouvel Observateur,* 29 novembre 1984). **De cul,** érotique ou pornographique : *Augustin en a tant vu de ces photos de cul qu'il s'étonne encore de son émotion* (Demouzon). *Il s'enfonce dans l'alcool et les histoires de cul. L'a manqué de finir en prison* (G.-J. Arnaud). *La vidéo qu'elle avait mise était un film de cul. J'ai enlevé mon pantalon* (Ravalec).

◆ *adj.*

1. Stupide : *Et maintenant ? hein ? Vous trouvez pas que vous avez l'air un peu cul ?* (Blier).
2. Se dit d'une femme excitante sur le plan sexuel.

ETYM. nous n'avons fait ici qu'une sélection des emplois les plus argotiques de ce mot très

répandu. **1.** 1179, *Roman de Renart.* **Être cul et chemise,** d'abord *ce n'est qu'un cul et une chemise* 1640 [Oudin]. **Montrer son cul** et **être à cul,** 1878 [Rigaud]. **2.** 1960, Devaux. **Le cul bordé de nouilles,** 1977 [Caradec]. **L'avoir dans le cul,** 1945, Sartre. **3.** 1694 [Th. Corneille]. **Baiser le cul de la vieille,** 1808 [d'Hautel]. **4. Avoir qqn dans le cul,** 1878 [Rigaud]. **Se foutre qqch au cul,** 1877, Zola [TLF], mais *Il l'a mis au trou de son cul* dès 1640 [Oudin]. **Mon cul,** 1949, Sartre [TLF]. **5.** 1863, Goncourt [id.]. **Rire comme un cul,** 1866 [Delvau]. **Cul béni,** 1933, M. Aymé [TLF]. **Cul de plomb,** 1640 [Oudin]. **Cul terreux,** 1864 [Delvau]. **Cul goudronné,** 1862 [Larchey]. **6.** 1903, L. Bloy [TLF]. **Aller au cul,** 1906 [Chautard]. **7.** *Histoires de cul* 1947, Malet.
◆ *adj.* **1.** 1901 [Bruant]. **2.** 1986 [Merle].

culbutant *n.m.* ou (vx) culbute *n.f.*

Pantalon : *La jambe de son culbutant se retroussa, découvrant une chaussette en coton bleu* (Le Breton, 1). *Mon'ieux, dit La Biscotte, s'sais pas comment qu'ça se fait..., s'peux pas ertirer ma culbute* (Courteline).

ETYM. resuffixation-jeu de mots de **culotte** sur **cul** et **culbute.** *culbute* (masc. chez Caradec) 1786 [Esnault] ; *culbutant* 1872 [id.] (influence de *montant, grimpant*).

culbute *n.f.*

Faire la culbute. ***a.*** être décapité : *Et par-dessus le marché venir encore nous voir faire la culbute !* (Vidocq) ; ***b.*** faire faillite, être ruiné ; ***c.*** faire l'amour : *Honteuse, un soir, / Pour deux francs ça fait la culbute. / Chair à trottoir* (chanson *Fille d'ouvriers,* paroles de J. Jouy) ; ***d.*** être à la moitié du temps de sa peine de détention ; ***e.*** revendre une marchandise le double du prix d'achat : *En transformant la morphine en héroïne, les marchands de drogue font la culbute* (Larue) ; ***f.*** doubler la mise.

ETYM. emplois métaphoriques du mot usuel. ***a.*** 1829, Vidocq ; ***b.*** XVIIe s. [Duneton-Claval] ; ***c.*** 1887, J. Jouy [Pénet] ; ***d.*** 1930 [Esnault] ; ***e.*** 1846 [id.] ; ***f.*** 1977 [Caradec].

culbuté, e *adj.*

1. Ivre. **2. Bien culbuté** (surtout au fém.), bien fait de sa personne.

ETYM. emploi adj. du participe passé de **culbuter. 1.** 1950 [Esnault]. **2.** 1953, Le Breton [TLF].

culbuter *v.t.*

1. Convaincre, faire changer d'avis. **2.** Posséder sexuellement, de façon rapide et occasionnelle : *Contre-appel ! dit le capitaine, qui, esprit pervers, soupçonne nombre de nos gaillards de se relever après l'appel et d'aller culbuter des bergères dans les chemins creux* (Faizant). **3.** Vider (un verre).

ETYM. emplois imagés et transitifs du verbe usuel. **1.** 1947 [Esnault]. **2.** 1640 [Oudin]. **3.** 1989 [Giraud].

cul-de-jatte *n.m.*

Malfaiteur qui opère en voiture.

ETYM. image pittoresque : on ne voit jamais ses jambes. 1975 [Arnal].

culetage *n.m.*

Coït : *Alexine croisa ses jambes sur les reins du cambrioleur et le tint si serré que même s'il avait voulu sortir, il ne l'aurait pas pu. Le culetage fut enragé* (Apollinaire, 1).

ETYM. de **culeter.** XVIIe s., Théophile de Viau [Delvau].

culeter *v.i.*

Coïter, forniquer : *Le ventre de Mony venait battre le cul d'Alexine. Bientôt le prince culeta plus fort* (Apollinaire, 1).

ETYM. de **cul,** avec un suff. fréquentatif. XVIe s., Marot [Delvau].

culot *n.m.*

1. Audace excessive, effrontée : *Ces gitans ont tous les culots, dit la femme au caniche d'une voix crémeuse* (ADG, 1). **Y aller au culot, le faire au culot,** agir par intimidation : *Ils avaient, sans mandat, examiné le petit appartement – juste un coup d'œil sans rien toucher, en le faisant au culot à la concierge* (Japrisot). **2.** Dernier-né d'une famille.

ETYM. métaphore à partir de **culot (de pipe),** avec l'idée d'être aguerri, endurci. **1.** 1879 [Esnault]. **Y aller au culot,** 1917 [id.]. Est passé dans l'usage courant. **2.** 1977 [Caradec].

culotte *n.f.*

1. Forte ivresse : *J'ai toujours empoigné les clés de la cave, c'est le principal. – Et moi celles de l'office. – Oh ! il faut nous en taper une culotte, il n'y a pas à dire* (Vidocq). **2. Prendre une culotte,** subir une perte importante au jeu ; être nettement battu : *À la suite d'une culotte dans les grands prix, mon dab m'a forcé à reprendre les eaux et forêts* (Daudet). *C'est un grand nerveux, et il est encore déprimé par une culotte qu'il a prise à son cercle* (Vexin). *Seuls quelques tribunaux accordent aux tenanciers de cercles le droit d'obtenir par la voie pénale [...] le remboursement des chèques dits « de culotte »* (London, 2). **3. Faire** ou **chier dans sa culotte,** avoir très peur : *Pourquoi tu les as laissés tranquilles ? Sûr qu'ils savent des choses et qu'ils font dans leur culotte, y'a pas besoin de les secouer bien fort pour qu'ils s'agitent* (Destanque). **4. Baisser sa culotte (devant qqn),** refuser lâchement une confrontation. **5. Fond de culotte** ou simpl. **culotte,** apéritif consistant en Suze additionnée de cassis.

ETYM. déverbal de **se culotter** (1) et de **culot** (2). **1.** 1718, Le Roux [TLF]. **2.** 1858 [Esnault]. **3.** 1897, L. Bloy [TLF]. **4.** 1917 [Esnault]. **5.** 1967, Bastiani [Giraud]. Jeu de mots : « ne s'use qu'assis ».

culotté, e *adj.*

1. Effronté ; intrépide : *Pollet m'avait observé, les yeux grands comme des huîtres : il avait l'air de penser que je n'étais pas assez culotté ni pété des neurones pour inventer une histoire pareille* (Pouy, 2). *Au Deuxième Bureau, on dira aussi que Marthe Richard est inintelligente mais culottée* (Boudard, 2). **2.** Vx. Ivre.

ETYM. emploi adjectival du participe passé de **culotter. 1** et **2.** 1862 [Larchey]. Est passé, au sens 1, dans l'usage fam. courant.

VAR. **culotmann :** 1953 [Sandry-Carrère].

culotter *v.t.*

1. Rendre audacieux. **2.** Fatiguer, épuiser : *On n'est pas de fer. La noce culotte. Les aventures galantes du dur délabrèrent un peu sa santé* (Gill).

◆ **se culotter** *v.pr.*

1. S'endurcir. **2.** S'enivrer. **3.** S'esquinter.

ETYM. le premier sens est « noircir » (une pipe), d'où métaphore : « endurcir » et jeu de mots sur *se noircir* « s'enivrer ». **1.** 1842, Sue. **2.** 1878, Gill.

◆ *v.pr.* **1.** 1838, Gautier [Larchey]. **2.** 1821 [Esnault]. **3.** 1858 [id.].

curaille *n.f.*

Petit clergé : *La curaille, dit Neveux, est une drôle d'engeance. Elle vous emmerde jusque dans les cimetières* (Lefèvre, 1).

ETYM. suffixation péj. de **curé** (avant 1892, M. Prévost [Guérin]). 1955, Lefèvre.

cure-dents *n.m.inv.*

1. Arme blanche. **2.** Enquête qui n'aboutit à rien, dans le langage des policiers. SYN. VR.

ETYM. métaphore euphémisante (1) et enquête qui, malheureusement, laisse tout le temps de se curer les dents (2). **1.** 1881 [Rigaud]. **2.** 1975 [Arnal].

cureton ou **curton** *n.m.*

Prêtre : *Et aussi les curetons encore pas trop branques ou tout à fait cons qui te disent, l'index à Dieu, de pas les boire, hein, surtout, les trois tunes qu'y t'ont filées* (Dégaudenzi). *Tu sais pas ce qu'il a dit de toi, le curton ? Dombeau désigne ainsi le curé Évariste* (Werth, 1).

ETYM. suffixation arg. de **curé** (cf. *biffeton*). vers 1916 [Esnault].

VAR. **curetot :** 1917 [id.]. **curetosse :** 1935 [id.].

curieux *n.m.*

1. Commissaire de police : *Croirais-tu, me dit-il, que le curieux m'a demandé si je voulais macaroner des pègres de la grande vergne* (Vidocq). **2.** Confesseur. **3.** Juge d'instruction : *Mon temps est fini, je ne dois rien aux curieux, et je n'ai jamais grinché* (Sue). *Certes, Pécheux pouvait l'envoyer au trou. Il en savait assez pour que le « curieux » inculpât Ledoux* (Larue). **4.** Président de tribunal : *Hé ! dit quelqu'un, pensez si les « curieux » le connaissent, tout de même, ce sacré Riboneau ! dire qu'il a déjà atteint le numéro sept !* (Allain-Souvestre). **5.** Préposé au service anthropométrique.

ETYM. la fonction de ces personnages est d'être (trop) curieux, du point de vue du malfaiteur. **1.** 1828, Vidocq. **2, 3** et **4.** 1836 [id.]. **5.** 1899 [Esnault].

cursives *n.f.pl.* → COURSIVES.

Cusco *n.pr.*

Salle Cusco, service de l'Hôtel-Dieu, à Paris, réservé aux détenus : *Tu étais toujours bon pour l'Hôtel-Dieu, mais salle Cusco...* (Malet, 17). *Et celui-là, que je connais même pas, vous me l'amenez mourir chez moi ? Non, mais vous êtes givrés, tous les deux, où vous vous croyez ? Vous prendriez pas des fois mon intérieur pour la morgue ou pour Cusco ?* (Bastiani, 4).

ETYM. du nom de la salle en question. 1953, Simonin.

cuterie *n.f.*

Chose ou parole inepte : *Il plaît à une bande de cons d'abrutir les foules avec des cuteries horribles, une littérature encore au-dessous de celle des journaux de cinéma* (Paraz, 1).

ETYM. dér. de **cul,** au sens plus fort que **cucuterie** (→ CUCUL). 1901 [Bruant].

cuti *n.f.*

Virer sa cuti, subir un changement radical dans son existence : changer d'opinion ; perdre sa virginité ; se convertir à l'homosexualité, etc.

ETYM. métaphore empruntée au langage médical : cuti-réaction, « réaction inflammatoire de la peau à une petite quantité de tuberculine », servant à lutter contre la tuberculose. 1969 [George].

cuver *v.t. et i.*

Laisser passer lentement et naturellement les effets de (généralement l'ivresse, mais aussi un sentiment hostile : colère, jalousie, etc.) : *Je la laisse cuver sa cuite et entreprends d'explorer les lieux* (Malet, 19). *Voilà, dit-il, ça a été un peu long parce que le gus qui pouvait m'instruire suffisamment cuvait son pot au quartier* (Abossolo). *T'es saoul, Albert, rond comme un boudin, va cuver* (Jaouen).

ETYM. image très ancienne du vin qu'on laisse séjourner dans la cuve (c.-à-d., ironiquement, dans le ventre). 1611 [Cotgrave].

cyclo ou **cycliste** *n.m.*

Agent cycliste. → cit. à EMBALLER.

ETYM. resuffixation pop. de **cycliste.** 1928 [Lacassagne].

[-da]

suffixe assez productif en argot (forme divers types de mots, notamment des formes verbales inconjugables) : **charrida, flagada, flagda, marida,** etc.

dab ou **dabe** *n.m.*

1. Roi : *Si je remplaçais le Dabe, je serais obligé de commander la pousse, de lever les impôts* (Burnat). **Le Grand Dab,** Dieu : *Tu diras ça de ma part au Grand Dab, quand le moment sera venu de lui rendre tes comptes* (Leroux). **2.** Chacun des quatre rois, aux cartes. **3.** Surnom pour un homme respectable, un patron, etc. : *Clairette Mangin s'est fait remarquer, pour la première fois, un jour que M. le Directeur arrivait à l'improviste au préau pendant la récréation. Elle a simplement dit : « M... Voilà le Dab ! »* (Roubaud). **4.** Père : *Parisien né natif. Lui, son dabe était stéphanois et sa vioque franc-comtoise* (Audiard). *Pour te dire, d'abord mon dabe y m'a reconnu au bout de trois ans* (*Actuel,* novembre 1982). **5. Dab d'argent,** spéculum de visite sanitaire.

◆ **dabes** *n.m.pl.*

Parents : *Et on s'en fout d'la République / Et des électeurs alcooliques / Qui sont nos dabs et nos darons* (Rictus).

ETYM. du lat. **dabo,** je donnerai, par l'ital. (terme de jeu). **1.** 1628 [Chéreau], sous la forme *dabusche.* **Le Grand Dab,** 1835 [Raspail]. **2.** 1835 [id.]. **3** et **4.** 1725 [Granval]. **5.** 1878 [Rigaud].

◆ *pl.* 1889, Macé [Esnault].

VAR. **dobiche** (au sens 4) : 1936 [Esnault].

DER. **dabier** *n.m.* Oncle ou père : 1847 [Dict. nain]. **dabmuche** *n.m.* Petit patron : 1878 [Rigaud]. **dabon** *n.m.* Patron : 1936 [Esnault].

dabe, dabesse ou **dabuche** *n.f.*

1. Mère : *Après tout, c'est sa dabe ! Elle l'a foutu au monde, non ?* (Le Breton, 6). *L... a de bonne heure lâché le dabe et la dabesse* (Humbert). *Ma dabuche aussi chassait d'race : / A s'est fait gerber à vingt ans* (Bruant). **2.** Mère supérieure d'un couvent : *Ces frangines, leur dabe supérieure, pas possible qu'elles soyent si nature pour savourer son homélie vertueuse à cézig* (Boudard, 6). SYN. dobe, doche. **3.** Maîtresse : *Il a refroidi sa dabesse* (Nouguier).

ETYM. féminin du précédent. **1.** *dabesse* 1872 [Esnault] ; *dabe* 1883 [id.] ; *dabuche* 1835 [Raspail]. **2.** 1979, Boudard. **3.** 1875 [Esnault] ; *dabesse* 1899 [Nouguier]. *dabesse* a aussi le sens de « reine » 1836 [Vidocq].

VAR. **dobe** (au sens 1) : 1935 [Esnault].

dabot *n.m.*

Vx. **1.** Roi : *Le gros Dabo a promis d'adoucir mon gerbement* (Ansiaume). **2.** Préfet de police.

ETYM. dér. de **dab. 1.** 1821 [Ansiaume]. **2.** 1836 [Vidocq].

dac ! *interj.*

D'accord ! Parfois redoublé en **dac-dac** : *Y faut vous marida. – Dac-dac, répondit Dagobuche. Connais-tu des mistonnes bien roulées ?* (Stollé).

ETYM. agglutination et apocope de **d'accord !** 1940 [Esnault].

dache (à) *loc. adv.*

Très loin : *Le téléphone reposait au pied du lit et non pas à dache* (Pagan). *Mais appeler qui ? Les flics de Lyon ? Y m'enverront à dache...* (Clavel, 3) ; parfois pris plaisamment comme n. propre : *Elle vous a envoyé vous faire voir par Dache, le perruquier de zouaves, et n'a pas marché une seconde dans votre stratégie* (Méra).

ETYM. origine obscure ; p.-ê. lié à des mots régionaux, **diache, diachena** (Nord et Rhône-Alpes) signifiant « diable ». 1866 [Delvau]. *n.pr.* 1899 [Virmaître].

dada *n.m.*

1. Cheval de course. **2.** Mélange d'héroïne et de cocaïne. **3.** VIEILLI. **Aller à dada,** chevaucher une femme. **Truquer à dada,** se livrer à la prostitution : *J'm'ai mis avec un' petit' grue / Qui truquait, le soir, à dada* (Bruant).

ETYM. détournement du mot enfantin. **1.** 1953 [Simonin]. **2.** 1977 [Caradec], traduction du slang **horse**. **3.** 1907 [France]. **Truquer à dada,** vers 1890, Bruant.

daim *n.m.*

Vx. Niais, dupe : *On ne refroidit pas une terreur redoutée et superbe, comme un simple daim !* (Claude). *Quand* [Trochu] *a fait son plébiscite, j'ai voté pour, comme un daim* (Gill). **Daim huppé,** bourgeois riche et bon à voler : *Il y a de l'argent à gagner ; c'est des daims huppés qui veulent monter un coup à un ennemi* (Sue). Parfois employé comme injure : *« Et vous, vous ne vous êtes pas regardé, espèce de vieux daim ! » Espèce de vieux daim... J'avais jamais entendu ça* (Pousse).

ETYM. métaphore péjorante, à cause de la vanité attribuée à l'animal. **Daim huppé,** 1835 [Raspail].

1. dalle *n.f.*

1. Gorge, gosier. **Avoir la dalle en pente,** être porté à boire (autrefois, aussi à manger) : *La Tringle – dont, il faut l'admettre, la dalle se trouvait déjà plutôt en pente – dès son arrivée dans la petite cité fut pris d'une soif ardente* (Grancher). **S'arroser, se rincer la dalle (du cou),** boire : *J'ai du sable à l'amygdale. / Ohé ! ho ! buvons un coup, [...] / Il faut s'arroser la dalle / Du cou* (Richepin). *Le Club 65 ! L'endroit en vogue où ces messieurs prennent des cures de rajeunissement en se rinçant la dalle au champagne, en lorgnant les cuisses roses des twisteuses* (Cordelier). **2. Avoir la dalle,** avoir faim : *Et après, on va casser la croûte, propose Didier. Je commence à avoir la dalle, pas toi, Came ?* (Jaouen).

ETYM. métaphore expressive, à partir d'un mot normand signifiant « auge, bassin » et non de son homonyme plus connu, « plaque de pierre ». **1.** mil. du XVe s., Molinet [TLF]. **Avoir la dalle en pente,** 1879, *la Petite Lune* [Rigaud]. **S'arroser la dalle (du cou),** 1866 [Delvau] ; **se rincer la dalle,** 1863, Léonard [Duneton-Claval]. **2.** 1960 [Le Breton].

2. dalle (que) *loc. adv.*

Rien du tout : *Chaque semaine au loto / Elle mise dix ou vingt balles* [...] / *C'est pas dur c'est pas cher / Mais ça rapporte que dalle* (Renaud). *Il n'oublie pas, lui, Grazzi, de jeter un coup d'œil sur les autres compartiments, on ne sait jamais et même quand on trouve que dalle, ça fait du poids dans le rapport* (Japrisot). *Ils nous balançaient peut-être des vannes, mais comme on comprenait que dalle, on prenait ça pour des encouragements* (Pousse).

ETYM. p.-ê. de **dalle**, monnaie allemande, 1587, Tabourot [Sainéan] ; cf. la *Chanson de Winter* (1815) : *de la dalle au flaquet* (= de l'argent au gousset). *que dal* 1884 [Esnault] ; *que dalle* début du XXe s. [Carabelli]. Cette loc. est devenue très pop. avec le verbe *comprendre* et ses synonymes.

1. dame *n.f.*

1. Vx. Pour un homosexuel, le partenaire qu'il courtise. **2.** Vx. **Dame blanche, dame du lac,** prostituée. **Dame de maison,** tenancière de maison close. **3. Entrer en dame avec qqn,** lier la conversation.

ETYM. emplois spécialisés et ironiques du mot usuel. **1.** 1904 [Esnault]. **2. Dame blanche,** 1847 [Dict. nain] ; influence de l'opéra-comique du même nom (1825) et de la compagnie d'omnibus (v. ce mot) des *Dames blanches* [Esnault] ; **dame du lac,** 1866 [Delvau]: allusion au lac du bois de Boulogne. **Dame de maison,** 1798 [id.]. **3.** 1960 [Le Breton].

2. dame *n.f.*

Aller à dame, tomber ; s'évanouir : *Nous avions une discussion, je lui flanque un coup de poing, il va à dames* (abbé Moreau). *Ses semelles ferrées percutèrent la mâchoire de Ser-*

gio qui partit à dame (Houssin, 1). **Envoyer à dame,** repousser, faire tomber.

ETYM. apocope de **damage,** action de damer la terre ; l'interprétation par le jeu de dames est à exclure, puisque *aller à dame* veut dire « l'emporter » et non « être battu ». 1884 [Esnault]. Le sens « s'évanouir » apparaît pour la première fois en 1982 [Perret].

damer *v.i.*

Tomber brutalement : *La clef qui avait dammé dans le raisiné était toute salingue* (Stollé).

◆ *v.t.*

1. Faire tomber. **2.** Vx. Séduire (une jeune fille). **3. Damer le pion à qqn,** lui jouer un mauvais tour ; le reprendre vertement : *Fotso qui tenait à passer pour un dur pour damer le pion à sa cliente, trouva un terrain propice* (Abossolo).

ETYM. emplois métaphoriques du verbe technique, « battre le sol, le tasser avec une dame ». vers 1930 [Esnault].

◆ *v.t.* **1.** 1988 [Caradec]. **2.** 1866 [Delvau] ; jeu de mots sur **amener à dame,** c.-à-d. déflorer. **3.** 1688, Miège [TLF].

danse *n.f.*

1. Correction infligée à qqn : *Foi d'homme ! dit-il à Rodolphe, quoique j'aie eu ma danse, je suis tout de même flatté de vous avoir rencontré* (Sue). *Z'en faites pas, on va grimper là-haut, s'les fic'ler tous et t'leur filer une de ces danses !* (Bastid). **2.** Puanteur.

ETYM. il s'agit de faire danser (de douleur), idée de va-et-vient désagréable. **1.** 1792 [Duneton-Claval]. **2.** 1883 [Fustier].

danser *v.i.*

Vx. **1. Danser devant le buffet,** ne rien avoir à manger. **2.** Sentir mauvais.

◆ *v.t.*

Vx. **La danser.** ***a.*** être maltraité en paroles ou en actes ; ***b.*** être congédié ; ***c.*** payer ce qui n'est pas dû. **Danser de (plusieurs consommations),** payer pour un autre, au café.

ETYM. le sens 2 est d'origine obscure : de **danser,** remuer le fumier (Vosges) [Esnault] ou allusion au fromage qui grouille de vers [H. France], ou abrègement de **danser tout seul** (parce qu'on ne trouve pas de partenaire à cause de sa mauvaise haleine) [Granval]. **1.** 1835, chanson [Larchey]. **2.** 1827 [Demoraine].

◆ *v.t.* ***a.*** 1788, Vadé [Larchey] ; ***b*** et ***c.*** 1866 [Delvau].

dard *n.m.*

1. Vx. Épée ou sabre. **Canne à dard,** canne-épée. **Fligue à dard,** sergent de ville. **2.** Pénis : *Entre eux, ça marchait côté génital* [...] *Il se prenait pour un dard du plumard* (Bernheim-Cardot). **Avoir du dard,** être porté sur les plaisirs sexuels, en parlant de l'homme. **3. Comme un dard,** très vite (surtout après le verbe **filer**) : *Au lieu de filer comme un dard, il resta là, les bras ballants* (Page).

ETYM. emploi métaphorique et avantageux du mot d'origine militaire (vers 1100). **1.** 1836 [Vidocq]. **Canne à dard,** 1806 [Esnault]. **Fligue à dard,** 1836 [Vidocq]. **2.** 1836 [Vidocq]. **3.** 1901 [Bruant].

dardant *n.m.*

Vx. Amour : *Le dardant a coqué le rifle dans mon palpitant* (Vidocq).

ETYM. du verbe **darder** (allusion à Cupidon). 1725 [Granval].

dardillon *n.m.*

Pénis : *Alorss, j'allais à mon boulot* [...] */ Avec pour tout l'restant du jour, Dans ma liquette et ma culbute, / Le dardillon comme un épieu !* (Rictus).

ETYM. diminutif de **dard.** 1847 [Esnault].

dargeot ou **dargif** *n.m.*

Postérieur : *L'œuf qu'on laisse dans le nid pour suggérer le dargeot des poules* (San Antonio, 4). *Il s'agira de travailler rapidement Bridel pour lui mettre la pétoche au dargif* (ADG, 6). SYN. derche.

ETYM. resuffixation arg. de **darrière,** prononciation pop. et parisienne de **derrière.** *dargeot* 1971, San Antonio.

darioles *n.m.pl.*

Arg. anc. Arrière d'une maison : *Si tu es si crôle, passe, grinche, par les darioles* (Leclair).

ETYM. resuffixation de **darrière,** forme patoise de *derrière.* 1800, Leclair.

daron *n.m.*

1. Maître, patron ; tenancier de cabaret ou de maison close : *Tu vois, me dit-il, le daron sait l'ordonnance, le pivois, le rôti et la salade* (Vidocq). **Daron de la raille** ou **de la rousse,** préfet de police. **2.** Père : *Cette frangine appréciait beaucoup le parler direct que*

Tony et Dick employaient entre eux, et devait se défendre d'en adopter quelques termes séduisants, mais que son daron, un vrai bêcheur, lui, aurait pu trouver pas de saison (Simonin, 1).

◆ **daronne** *n.f.*

1. Maîtresse de maison. **2.** Mère : *Eh bien, Irène, annoncez-moi à votre daronne et, pour la peine, je vous embrasserai pour le jour de l'an* (Tachet).

◆ **darons** *n.m.pl.*

Parents : *Je me mis à boire en repensant à mes darons. Ils avaient pas mérité des enfants comme nous* (Burnat).

ETYM. probablement croisement de **baron** avec **dam,** seigneur, en anc. fr. Au sens 1 du n.m., ce mot tendrait, selon Simonin (1957), à disparaître au profit de *dabe.* Au sens 2, on peut noter que le roi et la reine de France ont été désignés sous ces termes vers 1791-92 par le peuple de Paris. **1.** 1725 [Granval] ; « patron » 1808 [d'Hautel] ; « tenancier » 1829, Vidocq. **Daron de la raille,** 1836 [id.]. **2.** 1725 [Granval].

◆ *n.f.* **1** et **2.** [id.].

◆ *pl.* 1928 [Esnault].

darrac ou darraque *n.m.*

1. Marteau : *En trois coups de darracq et deux coups de chalumeau, c'était fait* (Simonin-Bazin). *Au darraque, ils l'ont achevée, les fumiers* (Bastiani, 4). **2.** Pénis.

ETYM. p.-ê. du n.pr. **Darracq,** industriel français mort en 1931. **1.** 1935, Simonin-Bazin. **2.** 1977 [Caradec].

datte *n.f.*

Ne pas en faire, fiche, foutre une datte, ne rien faire : *Moi, j'n'en fiche pas un'datte, / Je fais dodo comme un'chatte* (chanson *Moi je ne fiche rien,* paroles de Saint-Granier, 1931). Vx. **C'est comme des dattes,** c'est impossible, infaisable : *Oui, mais c'est comm' des pommes ! / Des datt's ! ! des nèfl's ! ! !* (*Chanson des michetons,* paroles de A. Bruant). **Des dattes !,** formule de refus (rien à faire, jamais de la vie) : *Mais quant à la liaison sérieuse, des dattes !* (Galtier-Boissière, 2). SYN. des nèfles ! **Pour des dattes,** pour rien : *On fouillait le passé d'André Clément, on cherchait à savoir qui lui avait téléphoné récemment et qui il avait appelé. Pour des dattes, j'en étais convaincu* (Malet, 16).

ETYM. ce fruit est pris comme archétype d'une très petite chose. **Ne pas en foutre une datte,** 1897, Rictus [Duneton-Claval]. **C'est comme des dattes,** 1886, Courteline [TLF]. **Des dattes !** 1897, Rictus [Sainéan].

daube *n.f.*

1. Mouchard. **2.** Prostituée bien vue de la police. **3.** Chose ou personne sans valeur : *Les TUC, c'est de la daube. Je préfère schtroumpfer toute seule* (Buron). *Si la daube* [une Bretonne naïve] *restait en gelée, Bébert jugeait qu'elle était vouée aux eaux grasses et aux couches merdeuses, il lui indiquait alors le métro Edgar-Quinet* (Audiard).

ETYM. d'un adj. lyonnais **daube,** gâté [Esnault]. **1** et **2.** 1899 [Nouguier]. **3.** « souillon de cuisine » 1881 [Rigaud] ; « chose » 1986 [Merle].

DER. **dauberie** *n.f.* Mouchard : 1899 [Nouguier]. **daubé, e** *adj.* Truqué (dans le langage des brocanteurs) : 1975 [Beauvais]. **daubier** *n.m.* Revendeur, camelot : 1948 [Lacassagne].

dauber *v.t.*

1. Vx. Tromper : *Tous, hommes et femmes, s'entendaient comme larrons en foire pour dauber les contremaîtres* (Huysmans). **2.** Transmettre la syphilis à qqn. SYN. poivrer.

ETYM. de **daube. 1.** 1808 [d'Hautel]. **2.** 1948 [Lacassagne].

daufer ou dauffer *v.t.*

Sodomiser.

ETYM. de **daufe.** jeu de mots avec **dos.** 1890 [Esnault].

DER. **doffage** *n.m.* Action de sodomiser : 1899 [Nouguier]. **doffeur** *n.m.* Homosexuel : [id.].

dauffe ou daufe *n.m.*

ARG. ANC. Pince à effraction : *Si les railleux t'avaient coltiné avec un dauffe sous ton frusque* (le Rat du Châtelet).

ETYM. apocope de **dauphin.** 1790, *le Rat du Châtelet.*

daufier *n.m.*

Vx. Proxénète : *J'suis foutu si j'ai la tremblote, / J'suis pus daufier, j'suis pas dauphin* (Bruant).

ETYM. var. de **dauphin,** au sens 2. 1901 [Bruant].

Dauphe *n.f.*

Dauphine (modèle de voiture Renault) : *La Dauphe abandonne la route emplatanée et vire dans un chemin cahoteux* (Malet, 19).

ETYM. apocope de **Dauphine.** 1967, Malet.

dauphin *n.m.*

1. ARG. ANC. Pince à effraction : *Prévenus de vol avec effraction, à l'aide d'une pince ou « monseigneur le dauphin », ils répandirent le bruit que j'étais à la veille d'une catastrophe* (Vidocq). **2.** Vx. Proxénète.

ETYM. la citation de Vidocq fournit l'origine de ce mot, résultat d'un télescopage plaisant entre **pince-monseigneur** et **monseigneur le dauphin** (1) ; au sens 2, il s'agit d'un calembour sur **dos fin** (→ DOS). **1.** 1821 [Ansiaume]. **2.** 1849 [Halbert].

David *n.f.*

Vx. Casquette portée par les voyous : *Ces pègres* [...] *portant la David crânement posée sur le front* (Humbert).

ETYM. du nom d'un faiseur de la rue du Temple. 1850 [Esnault].

dé *n.m.*

1. Vx. Cube de pierre scellé au sol, dans la salle de discipline d'une prison, pour les minutes de repos. **2. Passer, poser** ou **lâcher les dés,** être conciliant; renoncer: *S'ils s'imaginent que je vais passer les dés, ils se berlurent, murmura-t-il en préparant son lit* (Giovanni, 1). *Pose les dés, lui crièrent* [à Roland] *les Sarrazoches, vous êtes ratatinés* (Stollé). **3.** Vagin. **4. Dé** ou **dé à coudre,** anus.

ETYM. analogie de forme (1) et emprunt au jeu (2) ; métaphores tirées de **dé à coudre,** objet creux (3 et 4). **1.** 1930, prisons centrales [Esnault]. **2. Passer les dés,** 1935, Simonin-Bazin ; **poser les dés,** 1947, Stollé ; **lâcher les dés,** 1953 [Sandry-Carrère]. **3.** 1901 [Bruant]. **4.** 1907 [Esnault]. **Dé à coudre,** 1977 [Caradec].

deal [dil] *n.m.*

Vente de drogue : *Le deal est une activité rémunératrice, à condition d'avoir beaucoup de clients, et plus on a de clients, plus le risque de se faire pincer est grand* (Galland).

ETYM. emprunt à l'angl., de sens plus large : « distribuer, vendre ». 1980, Galland. Moins usité que le suivant.

1. dealer [dilœr] *n.m.*

Revendeur de drogue : *Elle travaillait pour un dealer à trente pour cent des ventes, il cherchait de l'herbe* (Jaouen). *Elle n'était pas un dealer ordinaire, monsieur. Elle trafiquait pour déshonorer un père qu'elle imaginait irréprochable* (Pennac, 1). Le fém. *dealeuse* est rare : *Dealeuse et virtuose de guitare jazz, c'était nouveau* (Villard, 4).

ETYM. abrègement de l'angl. **drug dealer,** vendeur de drogue. 1975, *le Nouvel Observateur* [Rey-Debove et Gagnon] ; *dealeuse* 1997, Villard.

2. dealer [dile] *v.t.*

Vendre de la drogue : *Dire que j'en prends autant que Christina von Opel qui dealait des tonnes de H, c'est vraiment dégueulasse* (*Actuel,* octobre 1981).

◆ *v.i.*

1. Faire du trafic de drogue, exercer l'activité du dealer : *Pour envoyer de l'argent à sa famille, il deale rue de l'Ouest* (*le Nouvel Observateur,* 22 février 1984). **2.** Marchander : *La bataille des crucifix est perdue d'avance, mais elle permet à Jaruzelski de dealer en force : je te laisse les crucifix, tu me saques les curés* (*Actuel,* décembre 1984).

ETYM. de **deal.** vers 1980.

deb *adj. et n.* → DÈBE.

débâcher *v.t. et i.*

Débâcher la roulotte ou simpl. **débâcher,** quitter la ville.

◆ **se débâcher** *v.pr.*

1. Sortir de son lit. **2.** Se déshabiller.

ETYM. de **bâche. 1. Débâcher la roulotte,** 1894 [Esnault] ; **débâcher,** 1977 [Caradec].

◆ *v.pr.* **1.** 1907 [Esnault]. **2.** 1905, Bourges [id.].

débâcler *v.t.*

Vx. **1.** Ouvrir : [Le bourreau] *a débâclé sa roulante* (Méténier). **2.** Accoucher.

ETYM. antonyme du vieux verbe **bâcler,** fermer au moyen d'une barre. **1.** 1725 [Granval]. **2.** 1847 [Dict. nain].

débâcleuse *n.f.*

Vx. **Débâcleuse (de mômes),** accoucheuse : [Ne vous logez pas] *dans la piaule* [...] *d'une débâcleuse de mômes* (Paillet).

ETYM. de **débâcler.** 1847 [Dict. nain].

débagoule *n.f.*

Tortiller de la débagoule, parler d'abondance : *Avant d'en arriver là, faut tortiller de la débagoule, appâter, enjôler, cajoler, flagorner, promettre... déployer tout le cirque de la séduction* (Boudard, 5).

ETYM. formation plaisante sur **débagouler.** 1983, Boudard.

débagouler *v.i.*
Dire, raconter; parler facilement et d'abondance: *Dis donc, fainéant, il a fait, tu dois avoir plein de trucs à raconter? Hein, ben, depuis le temps?... Quand ça va débagouler, tu seras drôlement bavard!* (Vautrin, 2).
ETYM. de l'anc. fr. **bagouler,** railler grossièrement, qui a donné **bagou,** auj. fam. 1694 [Acad. fr.].

déballage *n.m.*
1. Au déballage, au saut du lit, sans maquillage, en parlant d'une femme : *La grande Lulu, ça la débecte d'être cueillie au déballage.* **2. Être volé au déballage,** se dit d'un homme qui constate que les charmes de la femme qu'il voit dévêtue étaient dus principalement à ses atours. **Gagner, perdre au déballage,** gagner ou perdre des charmes à être dévêtue, en parlant d'une femme.
ETYM. de **déballer,** pris métaphoriquement. **1.** 1862 [Larchey]. **2. Être volé au déballage,** [id.]. **Gagner, perdre au déballage,** 1878 [Rigaud].

déballé, e *adj.*
Ennuyé, anxieux.
ETYM. participe passé du verbe **déballer.** 1953 [Sandry-Carrère].

déballer *v.t.*
1. Raconter; avouer. **Déballer le jars,** parler argot. **2.** Déshabiller. **Déballer ses outils.** ***a.*** avouer; ***b.*** se déculotter; déféquer.
◆ *v.i.*
Déborder.
ETYM. emploi métaphorique du verbe usuel. **1.** vers 1920 [Carabelli]. **Déballer le jars,** 1953 [Sandry-Carrère]. **2.** 1878 [Rigaud]. **Déballer ses outils.** ***a.*** 1953 [Sandry-Carrère] ; ***b.*** 1881 [Rigaud].
◆ *v.i.* 1953 [Sandry-Carrère].

déballonner (se) *v.pr.*
1. Perdre son courage, renoncer par crainte: *Je me pose toujours la question, si des fois elle ne serait pas encore vierge. Je me déballonne de l'interroger... je ne sais pas comment m'y prendre* (Boudard, 5). **2.** Ne pas exécuter ce qu'on s'était vanté de faire; avouer: *Pour moi, c'est un gonze qui va se déballonner. Y tiendra pas le coup. Les poulets l'ont questionné* (Le Breton, 1). SYN. se dégonfler. **3.** Vx. Accoucher.
ETYM. de **ballon,** enveloppe gonflée d'air. **1.** 1927 [Esnault]. **2.** 1947, Marcus. **3.** 1894 [Virmaître].

débander *v.i.*
1. Cesser d'être en érection: *Un strip de travelot à faire débander un raton en fin de Ramadan!* (Coatmeur). **2.** Avoir peur, perdre courage. **3. Sans débander,** sans discontinuer: *Nous, on dérouille depuis trois jours sans débander, sans boire, sans liaison, sans rien, et si je suis là, c'est que j'ai rendez-vous avec l'O.R.A., et le maquis Marceau pour interdire le col* (J. Perret).
ETYM. inverse de **bander. 1.** 1690 [Furetière]. **2.** 1920 [Bauche]. **3.** 1942, Meckert.
DER. **débandant, e** *adj.* **1.** Qui supprime l'excitation sexuelle. **2.** Qui n'est pas intéressant : vers 1980, aux deux sens.

débarbot *n.m.*
Avocat de la défense: *Comme ça, Pierre évitera de passer en flag. Et quand ils le jugeront, il aura un bon débarbot à ses côtés. Ça sera mieux* (Le Breton, 1).
ETYM. de **débarboter.** 1926 [Esnault].
VAR. cette forme a supplanté **débarboteur:** 1899 [Nouguier] et **débarbe:** 1926 [Esnault].

débarboter *v.t.*
Défendre en tant qu'avocat: *Il préférait attendre, mais le jour où vous tombiez dans ses griffes, il avait tellement accumulé de preuves patentes et irréfutables que Torrès lui-même ne pouvait plus vous débarboter* (Trignol).
◆ **se débarboter** *v.pr.*
Se tirer d'affaire, se débrouiller: *Ça le rassurait de la savoir là. Il lui faisait confiance. Elle était démerde, c'te gosse. Comme toutes les mômes élevées au sirop de rue, elle savait se débarboter* (Le Breton, 3).
ETYM. var. de **débarbouiller,** éclaircir une chose (1866 [Delvau]). 1899 [Nouguier].
◆ *v.pr.* vers 1920 [Cellard-Rey].
DER. **débarbottage** *n.m.* Vx. Défense d'un accusé: 1899 [Nouguier].

débarbouiller *v.t.*
Tuer: *Je suis descendu et j'ai trouvé Jo mort à ma porte de service. Je peux même vous dire que j'étais persuadé que c'était vous ou un des hippizes qui l'aviez débarbouillé, c'est d'ailleurs pour ça que je voulais faire la paix* (ADG, 8).
ETYM. transfert du sens fig. de **nettoyer,** tuer. 1972, ADG.

débarquer *v.t.*
Déposer qqn, l'obliger à abandonner son poste : *Laval raconte en particulier comment*

Daladier, le 26 mai 1940, après seize jours d'offensive, serait venu lui proposer de débarquer Reynaud (Galtier-Boissière, 1).

◆ *v.i.*

1. Agir ou parler comme un naïf ou un sot; ne pas être au courant: *Mais tu débarques ! Comment, t'es pas au parfum ?* **2.** Arriver chez qqn sans prévenir: *Qu'est-ce que tu attends ? insista Sylvie. De voir les flics débarquer chez toi ?* (Camara).

ETYM. emploi métaphorique du verbe maritime. 1899, Vogüé [TLF].

◆ *v.i.* **1.** 1928 [Lacassagne]. **2.** 1939, Drieu La Rochelle [TLF].

DER. **débarcade** *n.f.* Élargissement (de prison): 1953 [Sandry-Carrère].

dèbe ou **deb** *adj. et n.*

Débile mental: *Me prends pas pour un deb', Mustaf ! T'as du sang sur les pattes !* (Lasaygues). *Vous êtes une deb, vous fait comprendre votre cadette* (Buron). *Loulou était un fou, un dèbe, un psychopathe, un idiot du village sans village* (Prudon). SYN. gol.

ETYM. apocope de **débile,** adj. en vogue dans le parler branché des années 1980. *deb* 1977 [George].

débectant, e *adj.*

Dégoûtant: *Pour supporter le spectacle de toutes ces femmes rendues chauves par ses traitements, il avait dû se convaincre que les douilles c'était débectant* (Francos). *Il range méticuleusement sa documentation dans un sac de marin débectant de crasse* (Dégaudenzi).

ETYM. emploi adjectival du participe présent de **débecter.** 1883 [Fustier] au sens de « ennuyeux, désagréable ».

débecter *v.t.*

Dégoûter: *Tout ça n'a pas d'importance. Plus ils me débectent, plus ils me rassurent* (Céline, 5). *Non, merci, j'aime pas les blondes, ça me débecte* (Topin). *Plutôt tartouze comme piaule ! Vrai, il était pas débecté, le mironton !* (Le Breton, 3). *Il y a quand même des jours où je me débecte moi-même* (Malet, 11).

ETYM. inverse de **becter,** manger. 1936, Céline.

DER. **débectance** *n.f.* Dégoût, contrariété: 1901 [Bruant].

débéqueter *v.t. et i.*

1. Vx. Vomir: *Sale à faire débéqueter un biffin.* **2.** Vx. Dire des inepties. **3.** Vx. Repousser (ce qui ennuie). **4.** Dégoûter (qqn de qqch).

◆ **se débéqueter** *v.pr.*

S'ennuyer.

ETYM. action inverse de **béqueter,** manger. **1.** 1883 [Fustier]. **2.** 1902 [Esnault]. **3.** 1914 [id.]. **4.** 1892 [id.].

◆ *v.pr.* [id.]. Ce verbe, qu'on rencontre rarement sous la forme *débecqueter* (1912 [Villatte]), semble, en s'appauvrissant au point de vue sémantique, avoir cédé la place auj. à la forme *débecter,* qui ne conserve guère de *débéqueter* que le sens 4.

DER. **débéquetoir** *n.m.* Bouche: 1940 [Esnault].

débine *n.f.*

1. Dénuement, misère: *La débine, cela se voit aussi aux détails. Les taches de peinture plus claires sur les murs, traces tristounettes des tableaux, lithos et meubles disparus* (Fajardie, 1); ruine: *À Critérion bar, après la débine, / Tu f'sais la barmaid pour les Norvégiens* (Mac Orlan, 2). **2.** Découragement. **3.** Dispute. **4.** Déroute militaire. **5.** Dépense.

ETYM. déverbal de **débiner. 1.** 1808 [d'Hautel]. **2** et **5.** 1899 [Nouguier]. **3.** 1844 [Dict. complet]. **4.** 1945 [Esnault].

DER. **débiné, e** *adj.* Vx. Très pauvre, dont les vêtements sont sales et en lambeaux : 1808 [d'Hautel].

débiner *v.t.*

1. Dénoncer : *« Ah ! vous venez débiner votre petit Fifi ! C'est bon, nous allons rire. » Le premier témoin interrogé est M. Gontier* (Guéroult); dénigrer: *Quand je pense qu'il est des domestiques qui passent leur vie à débiner leurs maîtres, à les embêter, à les menacer* (Mirbeau). *Désiré se vengeait d'ailleurs des écarts d'imagination de Krühl en le débinant adroitement chez la petite Marie-Anne* (Mac Orlan, 4). **Débiner le truc,** dévoiler (une tricherie, un complot, etc.): *Le patron de la baraque pâlit : il comprenait que j'avais « débiné son truc », comme il me le dit le lendemain* (Goron). **2.** Vx. **Débiner le pante,** voler l'homme qu'un autre voleur s'était réservé. **3.** Vx. Disputer (qqch). **4.** Vx. Dépenser.

◆ *v.i.* ou **se débiner** *v.pr.*

Partir, s'enfuir; déserter: *Allez, va, débine, petit gars* (Malet, 8). *Il comprenait que ce n'était pas le moment de se débiner, mais aussi qu'il était inutile de s'exposer à ce relent d'égout collecteur* (Viard). *Dans nos autobus, les Allemands se débinaient. La pagaille* (Jamet) ;

perdre sa fermeté, sa vigueur : *Ta bouche ? C'est pas commode parce que tout le haut est débiné, mais je vois quand même bien comment qu'elle était* (Lefèvre, 2).

ETYM. origine obscure. **1.** 1790, *le Rat du Châtelet*. **Débiner le truc,** 1867 [Delvau]. **2.** 1907 [H. France]. **3.** 1822 [Mésière]. **4.** 1899 [Nouguier].
◆ *v.i.* « partir » 1834, Flandre [Esnault] ; « perdre sa fermeté » 1790, *le Rat du Châtelet*. *v.pr.* « s'en aller, s'enfuir » 1808 [d'Hautel] ; « perdre sa vigueur » 1867, *le Corsaire* [Larchey]. Ce verbe est resté très vivant au sens 1 (« dénigrer ») et à la forme pronominale.

DER. **débin** *n.m.* Dispute : 1821 [Mézière]. **débinage** *n.m.* **1.** Médisance : 1836 [Vidocq]. **2.** Fuite : 1878 [Rigaud]. **3.** Dénonciation : 1901 [Bruant]. **débinance** *n.f.* Médisance : 1881 [Rigaud]. **débineur, euse** *n. et adj.* Personne qui dénigre volontiers autrui : 1875, *Tam-Tam* [Larchey].

déblocage *n.m.*

Discours absurde : *Et ayant ainsi sacrifié au rituel déblocage maison, nous partîmes* (Malet, 13).

ETYM. de **débloquer**. Malet, 1955.

débloquer *v.t.*

1. Faire sortir (un soldat) du bloc. **2.** Ouvrir, lâcher. **Débloquer les châsses,** s'éveiller. **Débloquer des vannes,** blaguer.
◆ *v.i.*
1. Déféquer. SYN. débourrer. **2.** Dire des sottises, déraisonner : *Il y avait toujours un monde fou, on y était mal installé, seulement Roger faisait oublier ça ! Il débloquait à tout va dans un langage pittoresque* (Giovanni, 3). **3.** Ne pas fonctionner, être en panne : *Le financier n'est pas chez lui, mais il habite bien où c'est marqué dans l'annuaire. Il a dû se gourrer, il est beurré ou son appareil à la con débloque* (Siniac, 3).

ETYM. emplois spécialisés du verbe usuel et technique. **1.** 1838 [Esnault]. **2. Débloquer les châsses,** 1901 [id.]. **Débloquer des vannes,** 1938 [id.].
◆ *v.i.* **1.** 1910 [id.]. **2.** 1915 [id.]. **3.** 1979, Siniac.

déboiser *v.t.*

Se faire déboiser la colline, se faire couper les cheveux.
◆ **se déboiser** *v.pr.*
Perdre ses cheveux.

ETYM. emploi métaphorique et ironique. 1957 [Sandry-Carrère].
◆ *v.pr.* 1977 [Caradec].

DER. **déboisé** *adj.m.* **Déboisé (de la colline),** chauve : [id.].

déboucler *v.t.*

1. Ouvrir, fracturer (une porte) : *Mischa nous précédait. Il dit quelques mots au planton, qui salua et déboucla la lourde* (Héléna, 1). *Ils l'ont sauté pendant qu'il débouclait une villa. Total, le voilà à Mettray pour un bail* (Le Breton, 6). SYN. débâcler, débrider. **2.** Faire sortir de cellule ou de prison : [Le matin], *le surveillant de chaque corridor déboucle les détenus* (abbé Moreau).

ETYM. inverse de l'action de **boucler. 1.** 1835 [Raspail]. **2.** 1836 [Vidocq].

DER. **déboucleur** *n.m.* **1.** Syn. de casseur de portes : 1835 [Raspail]. **2.** Geôlier : 1901 [Bruant]. **débouclante** *n.f.* Clé [id.].

débouler *v.i.*

1. Arriver subitement : *Quand un toubib me voit débouler dans son cabinet, pas besoin de lui faire un dessin. Il sort des ordonnances* (Galland). **2.** Syn. de dégoiser. **Débouler de la cocotte,** déraisonner. **3.** Accoucher.

ETYM. de **bouler,** rouler comme une boule (notamment en parlant d'un lapin). **1.** 1842, Sue. **2.** 1918 [Esnault]. **Débouler de la cocotte,** 1935 [id.]. **3.** 1847 [Dict. nain].

DER. **déboulement** *n.m.* Accouchement : [id.].

déboulonner *v.t.*

Faire perdre à qqn sa situation, son poste : *Il déteste le chanteur. Il voulait jouer de notre douleur contre lui, pour le déboulonner* (Malet, 11). Vx. **Déboulonner sa colonne,** mourir.

ETYM. emploi métaphorique du verbe technique. 1871 [Virmaître] ; allusion au déboulonnage de la colonne Vendôme par Courbet.

DER. **déboulonnage** ou **déboulonnement** *n.m.* Action de faire perdre sa situation à qqn : 1922, L. Daudet [TLF].

débourrer *v.t.*

1. Vx. Déniaiser. **2. Débourrer sa pipe** (vx) ou simpl. **débourrer,** déféquer : *On ne tire pas sur un homme qui débourre : pas besoin de convention de La Haye pour expliquer la chose. C'est un interdit qui vient du fond des entrailles* (J. Perret, 1). **3.** Mépriser : *J'avais beau tous les* *mépriser, les débourrer en effigie, ces petits cons* (Boudard, 1).

◆ **se débourrer** *v.pr.*

Vx. S'émanciper.

ETYM. emploi métaphorique du verbe signifiant «débarrasser de sa bourre». **1.** 1866 [Delvau]. **2. Débourrer sa pipe,** 1881 [Rigaud]; simpl. **débourrer,** 1899 [Nouguier]. **3.** 1962, Boudard.

DER. **débourre** *n.f.* Latrines. **Aller à la débourre,** déféquer: 1901 [Bruant]. **Envoyer à la débourre,** éconduire: 1903 [Esnault].

débousille *n.f.*

Action de faire disparaître un tatouage.

ETYM. de **débousiller** (non attesté), enlever un tatouage. 1977 [Caradec].

déboutonner (se) *v.pr.*

Dire ce qu'on pense; avouer: *Devant une fiole de pastaga, dans le boudoir rose de la cagna, je l'avais pris, lui tout seul, César, et j'avais commencé à me déboutonner sur mes intentions* (Bastiani, 4).

ETYM. emploi métaphorique du verbe usuel. 1808 [d'Hautel].

débrider *v.t.*

1. Ouvrir; fracturer: *Tu vois, pour ce qui est des visions d'art, je préfère la gueule d'Eugène en train de débrider un coffiot* (Faizant). SYN. déboucler. **Débrider ses châsses,** guetter: *Et j'ai beau débrider mes chasses, / Je ne zieute que balle-peau* (Marcus). **Débrider l'esgourde,** écouter. **Débrider la margoulette,** manger. **2.** Suspendre une interdiction de commercer; dispenser, à temps, de l'interdiction de séjour.

◆ *v.i.*

1. Tirer son arme de la poche. SYN. défourailler. **2.** Ouvrir le feu brusquement, sans sommation, dans le langage des policiers.

ETYM. action inverse de **brider. 1.** 1628 [Chéreau]. **Débrider ses châsses,** 1836 [Vidocq]. **Débrider l'esgourde, la margoulette,** 1878 [Rigaud]. **2.** «suspendre» 1891 [Esnault]; «dispenser» 1925 [id.].

◆ *v.i.* **1.** 1926 [id.]. **2.** «brusquement» 1930 [id.]; «sans sommation» 1975 [Arnal].

DER. **débride** *n.f.* Suspension provisoire et limitée dans le temps d'une interdiction de séjour: 1935 [Esnault]. **débridoir** *n.m.* Clé: 1836 [Vidocq].

débrideur *n.m.*

Perceur de coffres-forts: *Le débrideur de coffiots restant impuissant des heures entières devant le meuble blindé qu'il s'était engagé à faire bâiller en trente minutes* (Simonin, 10).

ETYM. de **débrider.** 1967, Simonin.

débris *n.m.*

Vieillard, souvent dans la loc. **vieux débris:** *Ah ! mais, vous savez que vous commencez à m'emmerder sérieusement, bande de débris* (Cristin-Bilal). *C'est un vieux gâteux. – Qui parle par ta bouche ? – Je suis capable de me rendre compte si un vieux débris est gaga, non ?* (G.-J. Arnaud).

ETYM. emploi métaphorique du mot usuel. 1878 [Rigaud].

débrouillage *n.m.*

Vx. Syn. de débrouille au sens 1: *Le nouveau* [forçat], *lui, qui n'a pu se créer encore aucun «débrouillage», [...] demeurera les dents longues* (Humbert).

ETYM. du verbe **se débrouiller.** 1872 [Esnault].

débrouille *n.f.*

1. Activité plus ou moins fructueuse et semi-clandestine: *Aux durs, la «débrouille» est la manière qu'a chacun de se débrouiller pour se procurer de l'argent [...] C'est le cuisinier qui vend la viande et la graisse; le boulanger qui vend du pain fantaisie et du pain blanc en baguettes destiné aux surveillants [...] Mais la meilleure débrouille, la plus dangereuse aussi, c'est d'être teneur de jeux* (Charrière). **2.** Objet fabriqué en cachette; gain réalisé sur sa vente.

ETYM. déverbal de **se débrouiller,** verbe auj. seulement fam. **1.** 1872 [Esnault]; dans l'armée, à l'origine. **2.** «objet» 1910 [id.]; «gain» 1930 [id.].

dèc ou deck *n.m.*

Policier: *Ben, un dèc, c'est un condé, répond un petit frisé à l'air particulièrement vif. À l'envers, ça fait décon, dèc en abrégeant* (*le Nouvel Observateur,* 12 janvier 1981). *Nous, on crève, on n'a pas une thune alors que les enculés s'en mettent plein les poches, ils mangent sur tout: sur les femmes, sur les machines à sous, et, en plus, ils sont de mèche avec les decks* (Knobelspiess).

ETYM. verlan apocopé de **condé.** *dèc* 1981, *le Nouvel Observateur; deck* 1984, Knobelspiess.

décalcifier (se) *v.pr.*

Enlever son slip.

ETYM. de **calcif,** avec jeu de mots sur le verbe homonyme, « perdre son calcium, en parlant d'un organisme ». 1977 [Caradec].

décambuter *v.i.*

1. Partir : *Il s'est tourné vers le grand Pierre qui s'était lui aussi levé : – Toi, je te donne deux jours pour décambuter avec ta bande de rabouins. Après, tu cours à des ennuis sérieux* (ADG, 8). **2.** Sortir : *Ahmed décambuta de la trottinette, et alla ouvrir la grille* (Le Breton, 2).

◆ *v.t.*

Extraire : *À titre d'avertissement, Frédo. T'avise plus jamais de décambuter un flingue devant nous* (Le Breton, 1). *Les journées entières où ils* [les pêcheurs] *ont pris la flotte sur la gueule sans rien faire décambuter de la rivière* (Trignol).

ETYM. de **cambuse,** avec influence de **cambuter,** changer. fin du XIXe s. [Esnault].

◆ *v.t.* 1954, Le Breton.

DER. **décambutage** *n.m.* Sortie : 1901 [Bruant].

décaniller *v.i.*

S'en aller rapidement, s'enfuir : *Si tu avais entendu seulement un mot de ce qui ne te regarde pas, ton affaire était bonne. Allons, décanille !* (Leroux). *Allez, foutez le camp ! Décanillez faire les imbéciles plus loin* (Bastid).

◆ *v.t.*

Vx. Faire déguerpir : *C'est pas un homme qui peut faire peur à mâme Soubigou* [...]. *Je te vas les décaniller, moi* (Méténier).

ETYM. emprunt au lyonnais **se décanilli,** se hâter de fuir, issu de **canne,** jambe. 1792, Marat [Brunot].

◆ *v.t.* 1885, Méténier.

DER. **décanillage** *n.m.* Fuite : 1901 [Bruant].

décapant *n.m.*

Vin de très mauvaise qualité : *Déjà Tartan se soignait au gros rouge, imité par plusieurs sages, anxieux tout le long du jour de réunir quelques bouteilles de « décapant »* (Paraz, 2).

ETYM. emploi énergiquement métaphorique du mot désignant un produit corrosif qui sert à ôter la rouille, la peinture, etc. 1942, Paraz.

décarpillage *n.m.*

1. Inventaire d'un vol ou d'un sac : *Au décarpillage, ils trouvèrent quelques chaussures dépareillées, quelques ceintures de cuir, des boîtes de cirage et des bottes* (Spaggiari). **2.** Déshabillage, strip-tease : *L'Amanda, pour qui avait assisté à son décarpillage, de toute évidence, c'était l'athlète !* (Simonin, 1). SYN. déballage.

ETYM. de **décarpiller. 1.** 1899, Lyon [Nouguier]. **2.** 1928 [Lacassagne].

VAR. **décarpillement** : 1901 [Bruant].

décarpiller *v.t.*

1. Inventorier (le butin à partager). **2.** Déshabiller : *Suis allé la prendre par l'aile* [...] *comme elle avait fait avec moi au commissariat quand on voulait la décarpiller* (Dégaudenzi). **3.** Dégainer : *Et puis le voilà qui se fouille et qui décarpille un flingue de sa ceinture* (Lesou, 2).

ETYM. à rattacher à un vieux verbe lyonnais **écharpir,** déchiqueter, réduire en charpie. **1.** 1899 [Esnault]. **2.** 1987, Dégaudenzi. **3.** 1899 [Nouguier].

décarrade *n.f.*

1. Départ : *En appel à la décarrade immédiate, la gentille môme suggérait, réaliste : « Si nous devons jouer demain, il serait peut-être temps de partir... »* (Simonin, 1). **2.** Sortie de prison, de spectacle : *Ce soir, avant la décarrade, je vais leur dire ce que je pense. Oui, oui, ajouta-t-il devant mon air étonné, je suis libéré demain matin, mais on se reverra* (Le Dano) ; porte (de sortie) : *D'un bras amical, Bibi le prit par le cou et l'entraîna vers la décarrade. Le Catalan les attendait au bas des marches* (Le Breton, 3). Vx. **Tire à la décarrade,** vol à la sortie des spectacles : *Pour la tire à la décarrade, des brides d'orient c'est mon flanchet* (Ansiaume). **3.** Congé.

ETYM. de **décarrer. 1.** 1829 [Forban]. **2.** 1821 [Ansiaume]. **3.** 1939 [Esnault].

décarrer *v.i.*

1. Partir : *Dès les poulets décarrés, tout le monde a mis les adjas* (Simonin, 2) ; sortir d'un lieu : *Pojarski était-il sincère ? Il ne voulait plus décarrer de chez moi, il voulait de l'amitié* (Prudon). **2.** S'enfuir, s'évader : *S'il n'y a que moi pour les enflaquer, ils pourront bien décarrer de belle* (Vidocq). **Décarrer de rif, de l'avant,** prendre vivement le large.

◆ *v.t.*

1. Enlever qqch. **2.** Acquitter, en justice. **3.** Faire sortir, extraire : *Le gros décarra un mouchoir à carreau de la dimension d'un essuie-main et s'en épongea la nuque* (Le Breton, 1). **4.** Trouver un objet à la suite d'une recherche, d'une perquisition : *Dès qu'ils décarrent le fric, je descends derrière eux et ils se trouvent coincés entre vous deux et moi* (Giovanni, 3).

ETYM. du préf. **dé-** et de **carre,** coin, logis : ce verbe, très répandu en arg., assume à peu près tous les emplois, intr. et tr., de *partir* et de *sortir.* **1.** 1790, *le Rat du Châtelet*. **2.** 1813, chanson [Esnault].

◆ *v.t.* **1** et **2.** 1878 [Rigaud]. **3.** 1928 [Esnault]. **4.** 1959, Giovanni.

DER. **décarrage** *n.m.* Sortie : 1901 [Bruant]. **décarrement** *n.m.* Évasion : 1836 [Vidocq]. **décarre** *n.f.* **1.** Foule sortant d'un lieu : 1829 [Forban]. **2.** Sortie, évasion : 1901 [Bruant]. **3.** Acquittement : 1881 [Rigaud].

décaver *v.t.*

Ruiner (surtout au jeu) : *Tu n'as pas d'cœur Mariette / De m'flanquer sur l'pavé ! / En gardant ma liquette / Après m'avoir décavé !* (chanson *Mariette !*, paroles d'E. Rhein). *Ici tout l'monde est décavé, / La braise est rare* (Bruant).

ETYM. de **cave,** enjeu (1690 [Furetière]). 1819 [Boiste].

DER. **décavage** *n.m.* État du joueur ruiné : 1854, Alyge [Larchey].

déchard, e *adj. et n.*

1. Qui est dans la misère : *Le gars se méfie. Me sait déchard. J'ai une sale gueule après la nuit dernière* (Dégaudenzi). *Tandis que les pauvres déchards, / À demi morts de froid, / Et soufflant dans leurs doigts, / Refilent la comète* (chanson *la Ravachole*, paroles de S. Faure). **2.** Dépensier.

◆ **déchard** *n.m.*

Proxénète.

ETYM. de **dèche. 1.** 1879, *le Père Duchêne* [Rigaud]. **2.** 1901 [Rossignol].

◆ *n.m.* 1889, Macé.

VAR. **décheux, euse** au sens 1 : 1866 [Delvau].

décharge *n.f.*

Éjaculation : *Savamment sucé par Anella, et trop novice pour se retenir, il lâcha une première décharge à peine entré et me pénétra complètement aussitôt* (Cellard).

ETYM. déverbal de **décharger.** 1664, Millot [Cellard-Rey].

décharger *v.i.*

1. Éjaculer : *Les canons sont transformés en membres qui déchargent, les roues forment les couilles, les canons, la pine, et la fumée simule la mousse éjaculatoire* (Gautier). **2.** Expectorer. **3.** Déféquer.

ETYM. métaphore illustrée par la citation de Th. Gautier (cf. *tirer un coup*). **1.** Début du XVIIe s. [Cellard-Rey]. **2** et **3.** 1808 [d'Hautel]. Les dictionnaires généraux sont extrêmement discrets sur ce verbe et le dér. *décharge,* cependant couramment employés auj. dans un contexte vulgaire.

dèche *n.f.*

1. Perte au jeu ; dépense. **Battre la dèche,** perdre de l'argent, être en déficit : *Je voudrais t'y voir... avec un cabaret qui bat la dèche* (Le Chaps). **2.** Mauvais état : *Être en dèche.* **3.** État de dénuement, manque d'argent : *Cela se passait justement un de ces jours d'effroyable dèche qui occupaient pour nous tant de place dans le mois* (Courteline). *J'aim' mieux qu'on m'batt' que d'battr' la dèche, / J'pourrais plus boir' Moët-et-Chandon* (chanson *Je suis pocharde !*, paroles de L. Laroche). **4.** Danger : *Y a de la dèche.* **5.** Échec : *Faut que ça vaille le coup. En cas de dèche... Vol à main armée, on peut se récolter douze ou quinze piges facile, aux assises* (Boudard, 5). **6.** Superflu.

ETYM. probablement issu, par régression, de **déchet, déchoir. 1.** « perte au jeu » 1835 [Raspail] ; « dépense » 1836 [Vidocq]. **2.** 1843 [Dict. moderne]. **3.** 1846, *Intérieur des prisons*. **4.** 1901 [Bruant]. **5.** 1983, Boudard. **6.** 1977 [Caradec].

décher *v.t.*

1. Dépenser : *À quoi il lui servait, son osier ? Il déchait même pas* (Le Breton, 1). **2.** Payer : *Les bavards vivent des honoraires que dèchent les harengs, les casseurs et les escrocs en souffrance avec la reine-mère Justice* (Boudard, 1) ; sans complément : *Les filles, les chasseurs, les musicaux, les loufiats, tout le monde avait déché à la quête ; il manquait quinze sacs quand même à l'arrivée !* (Simonin, 2).

ETYM. de **dèche. 1.** 1876 [Esnault]. **2.** 1901 [Bruant].

DER. **décheur** *n.m.* Dépensier : 1901 [Bruant].

déchiré, e *adj.*

1. Ivre. **2.** Sous l'effet de la drogue : *Deux rails plus tard. Les tempes qui palpitent. Bien déchirés qu'on est. Pas speed* (Lasaygues). **3.** Vx. **Pas trop déchirée,** s'est dit d'une femme au physique agréable.

ETYM. emplois métaphoriques du participe passé du verbe usuel. **1.** 1982 [Perret]. **2.** 1985, Lasaygues. **3.** 1640 [Oudin].

déchirer *v.t.*

Vx. **1. Déchirer la cartouche,** manger. **2. Déchirer son faux col, son habit, son tablier** ou **la déchirer,** mourir. **3. Déchirer (de) la toile.** ***a.*** faire un feu de peloton ; ***b.*** émettre un pet. **4. Ne pas se déchirer,** se vanter.

ETYM. emplois métaphoriques du verbe usuel ; aux sens 1 et 3 a., locutions empruntées aux soldats ; au sens 3 b., image onomatopéique. **1, 2** et **4.** 1867 [Delvau]. **La déchirer,** 1960 [Le Breton]. **3.** ***a.*** 1867 [Delvau] ; ***b.*** 1881 [Rigaud].

deck *n.m.* → **DÈC.**

déclouer *v.t.*

Dégager (du mont-de-piété).

ETYM. de **clou.** 1867 [Delvau].

décocter ou **décoqueter** *v.i.*

Déféquer.

ETYM. origine peu claire ; vient p.-ê. de la racine **cok,** évoquant l'œuf qui sort du cul de la poule. *décoqueter* 1905 [Chautard] ; *décocter* 1960 [Le Breton].

décoiffer *v.i.*

Ça décoiffe, ça marche très fort, très vite ; ça fait un gros effet : – *Vraiment, vous avez aimé? demande, épanouie, la jeune Célia. – Formidable ! Ça décoiffe* (Buron).

ETYM. emploi métaphorique du verbe usuel, diffusé par la publicité. 1988 [Caradec].

décoller *v.t.*

Vx. **1.** Tuer : *Par vengeance* [...], *elle aura fait décoller Thomas par le môme* (Lorrain). **Décoller la cafetière, le citron,** etc., guillotiner. **2. Décoller le billard,** mourir.

◆ **se décoller** *v.pr.*

1. Se suicider. **2.** Vieillir ; tomber malade : *Ma poitrine sonn'creux. / Le méd'cin dit que je m'décolle* (chanson *Fleur de berge*, paroles de J. Lorrain).

ETYM. de **colle,** d'après Esnault (idée de défaire, démolir et non de couper le cou). **1.** 1885, Méténier. **Décoller la cafetière,** etc., 1901 [Bruant]. **2.** 1867 [Delvau].

◆ *v.pr.* **1.** 1896 [Esnault]. **2.** 1867 [Delvau].

DÉR. **décollage** *n.m.* Meurtre ou exécution capitale : 1899 [Nouguier].

déconnage *n.m.*

Action de déconner (en paroles ou en actes) : *Moi j'ai déconné jusqu'en 1950 et je retrouve tout ce déconnage dans la bouche des gens qui ont trente ans de moins que moi* (*Libération,* 28 mars 1984).

ETYM. de **déconner.** 1984, *Libération,* mais dès 1896, à Polytechnique, au sens de « discours, rédaction » [Esnault].

déconnante *n.f.*

Stupidité, idiotie : *Avant de partir sauver la France, elle, elle m'avait pas caché que toutes mes prouesses patriotiques, mes barricaderies, elle trouvait ça ridicule, absurde, la déconnante intégrale* (Boudard, 6).

ETYM. de **déconner.** 1979, Boudard.

déconner *v.i.*

1. Au cours d'un rapport sexuel, sortir du vagin, en parlant du pénis ou du partenaire masculin. **2.** Dire ou faire des sottises : *Il allait mourir avant de m'avoir revu, c'était sûr. – Déconne pas, petit frère ! Tu es fou ! Tu vas t'en sortir !* (Smaïl). *Lundi, il faudra faire autrement. Trouver un vrai boulot, arrêter de déconner, ne plus vivre seulement d'expédients* (Demouzon). **Faut pas déconner,** formule de dénégation énergique : *Parce que vous allez quand même pas me dire que les histoires de flics ça intéresse plus personne, faut quand même pas déconner... !* (Djian, 1).

◆ *v.t.*

Faire sortir du vagin : *Toutes étaient en train de foutre, et n'ont pas voulu déconner leurs amants* (Gautier).

ETYM. de **con** (1) et de **connerie** (2). **1.** 1655, Millot [Cellard-Rey]. **2.** 1883 [Larchey].

◆ *v.t.* 1850, Gautier.

DÉR. **déconnant, e** *adj.* Idiot, stupide : contemporain.

déconneur, euse *adj. et n.*

1. Qui dit des inepties ou agit de façon stupide. **2.** Qui aime plaisanter : *Un de mes bons copains cultivé et déconneur, Francis Blanche, adorait faire des farces* (Pousse) ; bavard impénitent.

ETYM. du verbe **déconner. 1.** 1910 [Esnault]. **2.** 1912 [Villatte].

déconomètre ou **déconophone** *n.m.*

1. Appareil servant à la communication (poste de radio, de télé, téléphone, etc.). **2.** Bouche : *Il jaspine, débloque, déconne, Nounours, entre deux bâfrées d'étouffe-misère et pareil la bouche pleine. Chôme pas le déconomètre !* (Dégaudenzi). **3.** Personnage fort en

gueule : *Au cours de ces nuits de détente, il avait trinqué avec tous les grands « déconophones » du quartier* (Rognoni).
ETYM. formation plaisante, à partir de **déconner** et des éléments **-mètre** et **-phone.** **1.** *déconomètre* 1977 [Caradec] ; d'abord en 1957 [Sandry-Carrère], au sens d'« appareil imaginaire servant à enregistrer toutes les bourdes et fautes de langage à la radio et à la télé ». **2.** *déconophone* 1916 [Esnault]. **3.** 1959, Rognoni.

déconoscope *n.m.*
Panneau de contreplaqué sur lequel, dans les commissariats de police, sont affichées les circulaires, les décisions, etc.
ETYM. formation faussement savante, à partir de **déconner** et de l'élément **-scope.** 1975 [Arnal].

décontract' *adj.*
À l'aise, tranquille : *C'est la débandade molle, la fuite visqueuse à pas glissés, les regards en débine et les airs décontract'* (Demouzon).
◆ *adv.*
Tranquillement : *« Salut les potoss ! » j'lance décontract'* (Lasaygues).
ETYM. apocope de **décontracté.** 1968 [George].
◆ *adv.* 1985, Lasaygues.

découqueter *v.i.* → DÉCOCTER.

décramponner *v.t.*
1. Faire lâcher prise. **2.** Vx. Voler.
◆ **se décramponner** *v.pr.*
1. Se défaire d'un importun. **2.** Rompre une liaison amoureuse : [Avec le divorce, les époux mal assortis] *pourraient se décramponner* (Gill).
ETYM. de **crampon** (aux deux sens). **1.** emprunt à l'arg. des cyclistes, « lâcher son poursuivant ». 1957 [Sandry-Carrère]. **2.** 1901 [Bruant].
◆ *v.pr.* **1.** [id.]. **2.** 1870, Poulot [TLF].

décrapouiller (se) ou **décraspouiller (se)** *v.pr.*
Se nettoyer, se laver : *Y en a qui devraient apprendre à se décrapouiller la chatte au lieu de se chatouiller le bouton* (Sarrazin, 2). *Je me suis changé à l'Arnaque, ce matin, décraspouillé hier soir. Je repousse pas* (Dégaudenzi).
ETYM. formation expressive à partir de **crasse** et de **pouilleux.** 1965, Sarrazin.

décrasser *v.t.*
1. Voler, ruiner (qqn). **2.** Battre (qqn). **3. Décrasser la carrée,** quitter (une pièce), s'en aller : *Allez ! cueille tes nippes et décrasse la carrée, qu'on respire !* (Machard). **4. Se décrasser la gueule, le gosier,** boire un verre : *Tiens, v'là vingt ronds, j'suis bon zigue, pour te décrasser la gueule* (Lorrain). *Tout en versant un gobelet de picolo, histoire de se décrasser le gosier…* (Galtier-Boissière, 4).
ETYM. de **crasse.** le sens « nettoyer » est seulement fam. **1.** 1866 [Delvau]. **2.** 1901 [Bruant]. **3.** 1911, Machard. **4.** 1904, Lorrain.

décrasseur *n.m.*
Chargeur de revolver vidé de ses balles.
ETYM. métaphore ironique. 1957 [Sandry-Carrère].

décrassing-room *n.m.*
Cabinet de toilette ou salle de bains.
ETYM. pseudo-anglicisme humoristique. 1957 [Sandry-Carrère] ; jeu de mots probable sur **dressing-room,** vestiaire.

décrocher *v.t.*
1. Chaparder; voler à la tire. **2.** Vx. Faire avorter. **3. Décrocher la timbale,** atteindre un but envié, remporter une victoire : *Ce soir-là, Betty était particulièrement bien disposée et j'ai pas eu besoin de me surpasser pour décrocher la timbale* (Djian, 1). **4.** Vx. **Décrocher ses tableaux,** se mettre les doigts dans le nez. **5.** Dégager (du mont-de-piété).
◆ *v.i.*
1. Abandonner une poursuite, une enquête, dans le langage des policiers. **2.** Se défaire de l'accoutumance à une drogue, d'une toxicomanie : *La plupart des junkies décrochent « en ambulatoire », c'est-à-dire sans être hospitalisés* (*Libération*, 4 février 1980). **3.** Cesser son activité : *Y a les vieux qui vu l'absence de retraite peuvent pas décrocher, et continuent ou essaient de continuer à exercer* (Simonin, 6).
◆ **se décrocher** *v.pr.*
1. Vx. Sonner, en parlant des heures : *V'là qu'il se décroche deux plombes moins cinq broquilles !* (Méténier). **2.** Se défaire de l'accoutumance à l'héroïne.
ETYM. emplois spécialisés du verbe usuel. **1.** vers 1857 [Esnault]. **2.** 1866 [Delvau]. **3.** 1719 [GR]; il s'agissait à l'origine de s'emparer du prix suspendu au mât de cocagne. **4** et **5.** 1867 [Delvau].
◆ *v.i.* **1.** 1975 [Arnal]. **2.** 1977 [Caradec]. **3.** 1966, Simonin.

◆ *v.pr.* **1.** 1879 [Esnault]. **2.** 1984 [Walter-Obalk].

DER. **décroche** *n.f.* Fait de sortir d'une toxicomanie : 1981, *Actuel.*

dedans *adv.*

1. Mettre, foutre, etc., **qqn dedans.** ***a.*** le tromper, le berner : *Comme la plupart des paysans, il est extrêmement méfiant, il évite de se livrer aux autres, car il croit qu'on veut le « mettre dedans »* (Mirbeau) ; ***b.*** le mettre en prison (surtout dans un contexte militaire) : *Chacun peut dir' ses idées politiques / Sans avoir peur d'être foutu dedans* (chanson *On est en République*, paroles de Montéhus). **Être dedans,** être en prison : *On était à la Santé ensemble, en 1942. Il était dedans pour une affaire de faux tickets de pain, moi, comme julot* (Borniche, 2). **2. Se foutre dedans,** se tromper. **3. Mettre** ou **jeter (une lourde) dedans** ou **en dedans,** enfoncer, fracturer (une porte) : *Avec la porte que Faiblesse avait mise en dedans au cours de sa visite préparatoire, on pouvait rentrer et sortir comme si on avait les clefs* (Trignol). *Vas-y Julot, vas-y vieux frère, / Faut m'mett' dedans c'te lourde-là* (Rictus). **4. Entrer** ou **rentrer dedans,** heurter violemment (qqch) ; attaquer (qqn) : *Y a la môm' qui m'racont' des histoires / Paraît qu't'y fais du boniment / Faut pas qu'tu r'biff's je t'rentr' dedans* (chanson *la Valse à Julot*, paroles de F.-L. Bénech). **5. Se faire tirer dedans,** recevoir un projectile.

ETYM. emplois spécialisés de l'adverbe usuel, qui désigne souvent l'espace clos par excellence : la prison. **1.** ***a.*** 1793, Hébert [Larchey], art. *ficher* ; ***b.*** 1807 [d'Hautel]. **Être dedans,** vers 1920 [Cellard-Rey]. **2.** 1954, S. de Beauvoir [id.]. **3. Mettre (en) dedans,** 1796, Orgères. Esnault signale un emploi avec le compl. explicite *porte,* en 1674. **4.** 1892 [Chautard] ; d'abord *buter dedans* 1877, Zola [TLF]. **5.** vers 1914-1918 [id.].

défarguer *v.t.*

1. Décharger ; déplacer. **2.** Innocenter ou commuer (une peine) : *Le bêcheur fargue, / L'parrain défargue* (Goualante de la Courtille).

◆ *v.i.*

1. Déféquer. **2.** Vx. Pâlir.

◆ se défarguer *v.pr.*

1. Se débarrasser de qqch (notamment d'objets volés ou compromettants) ou de qqn : *Tout doucement, le Frisé s'estompait dans le brouillard des mauvais souvenirs dont on veut vite se défarguer* (Trignol). *Vous êtes encore défargués des flics aujourd'hui* (Fauchet). **2.** Se disculper : *Il y avait maintenant au moins cinq dangereux susceptibles à tout moment de se mettre à table dans un coup fourré, pour se défarguer un peu, ou uniquement par vengeance* (Simonin, 2).

ETYM. de **dé-** et de **farguer. 1.** 1821 [Mézière]. **2.** 1865, *Goualante de la Courtille* [Rossignol].
◆ *v.i.* **1.** 1835 [Raspail]. **2.** 1866 [Delvau].
◆ *v.pr.* **1.** 1850, forçat Clémens [Esnault]. **2.** 1865 [Esnault].

DER. **défargueur** *n.m.* Témoin à décharge : 1836 [Vidocq]. **défargue** *n.f.* Disculpation : 1901 [Bruant].

défaucher *v.t.*

Procurer de l'argent à une personne qui en manque.

◆ se défaucher *v.pr.*

Rétablir des finances en piètre état : *Éric se demandait de quelle façon Abel comptait se défaucher en pillant seul* (Giovanni, 1).

ETYM. de **dé-** et de l'adj. **fauché,** démuni. 1975 [Le Breton].
◆ *v.pr.* 1958, Giovanni.

défausser (se) *v.pr.*

Se défaire discrètement d'un objet compromettant.

ETYM. emploi élargi du verbe, « se débarrasser d'une carte inutile ». 1960 [Le Breton].

défendre (se) *v.pr.*

1. Montrer de l'habileté, de la compétence dans un domaine particulier : *Toto natif du passage Buzelin, qui se défend tout seul aux étalages depuis sa dixième année* (Simonin, 6). **2.** Se livrer à la prostitution : *Je souris, sachant qu'il est déjà marié, que sa femme se défend à Pigalle, qu'il a aussi des intérêts chez la grande Suzie, avec Sandra* (Cordelier).

ETYM. emplois élargis du verbe usuel. **1.** 1932, Céline [TLF]. **2.** 1920 [Esnault].

défense *n.f.*

1. Avoir de la défense, se défendre, au sens 1. **2.** Interdiction de séjour. **3.** Infraction à cette interdiction. **4.** Combinaison lucrative, pratiquée en solitaire : *Jamais les défenses n'ont été plus juteuses, jamais les caves n'ont disposé d'autant d'oseille !* (Simonin, 6).

ETYM. emplois spécialisés du mot usuel. **1.** 1953 [Sandry-Carrère]. **2.** 1936 [Esnault]. **3.** 1938 [id.]. **4.** 1935, Simonin-Bazin.

deffe ou **dèfle** *n.f.*

Vx. Casquette; béret: *Il était toujours en cotte bleue, le père Clancul, même le dimanche, une cotte rapiécée, et avec sa deffe sur le ciboulot, bien enfoncée, droite* (Boudard, 1). *Thomas, donne ta dèfle au frisé* (Lorrain). *Il coiffa sa molle dèfe de rôdeur, releva le col de son veston* (Carco, 8). SYN. desfous, trois-ponts.

ETYM. apocope de **Desfoux,** nom d'un chapelier installé en 1857 place des Trois-Maries, créateur d'une casquette à trois ponts, portée par les voyous de 1872 à 1883. *dèf* « casquette » 1895, Paris et Lyon [Esnault]; « béret » 1929 [id.]; *dèfle* 1904, Lorrain.

défiler *v.t.*

Vx. **Défiler la parade,** mourir: *Il a continué à marcher* [vers la guillotine] *chenûment. Ah! On peut dire qu'il a défilé la parade... crânement!* (Méténier).

◆ **se défiler** *v.pr.*

1. Se cacher: *Leur feu eût été fatal aux matelots, si, en hommes soucieux de leur épiderme, ils ne se fussent prudemment « défilés », soit derrière les arbres, soit derrière les moindres anfractuosités du récif* (Boussenard). **2.** Se dérober devant une tâche ennuyeuse, une responsabilité.

ETYM. emplois spécialisés du verbe militaire, sans doute issus du bizutage consistant à faire **défiler** sous une table les nouveaux arrivants. *v.t.* 1843 [Esnault].

◆ *v.pr.* **1.** vers 1860, Saint-Cyr [Esnault]. **2.** 1927, Gide [GR].

définitif *adv.*

Définitivement: *Martial, lui, rêvait au gros coup, celui qui le renflouerait définitif* (ADG, 5). *Non, non, il me rassure, il est rangé définitif. Un travail tellement honnête qu'un substitut du procureur n'hésiterait pas à me le souffler* (Boudard, 4).

ETYM. emploi adverbial de l'adj., procédé assez productif en arg. (→ FACILE). 1971, ADG.

déflaquer *v.i.*

Déféquer.

ETYM. intensif formé sur **flaquer,** le préf. **dé-** insistant sur l'expulsion. 1901 [Bruant]. En 1827, Demoraine enregistre dans le même sens *défalquer,* qui semble être un jeu de mots « inversant ».

défonce *n.f.*

Prise de drogue ou état de celui qui s'est drogué: *Tu flippes, alors un jour, par un copain, par une nana, c'est la défonce, extra, et le besoin grimpe, la seringue, le pied, le plaisir, la lumière* (Bialot). *Les autres ont raconté l'enfance prolo, ni pauvre ni riche, et le C.E.S., les cuites, les défonces, Mai 68 et j'en passe des Katmandou de banlieue* (Prudon).

ETYM. déverbal de **se défoncer.** 1971 [Duchaussoy].

défoncé, e ou **défonçarès** *adj. et n.*

Qui est ivre ou drogué: *C'était bien lui... Mais en quel état: défoncé à zéro et répandant à la ronde des effluves nettement vinicoles* (Grancher). *Carlos repart d'un grand rire sonore. La ganja que j'ai fumée avec lui commence à me monter à la tête. Façon de parler. En fait, je suis défoncé* (Dupont). *Il faut éviter les nouveaux jeunes défoncés qui sont arrogants comme s'ils avaient inventé le désespoir* (Granotier). *Tous les Français d'alors les ont vus... la bouteille en pogne, titubant, défonçarès, hoquetant, roulant dans les caniveaux, les fossés du bord de la route* (Boudard, 6).

ETYM. participe passé de **se défoncer.** 1957, Le Breton [Giraud]; *défonçarès* 1970 [Boudard-Étienne].

VAR. **défoncemane:** 1975 [Le Breton].

défoncer (se) *v.pr.*

1. Se droguer, atteindre l'état provoqué par l'absorption de certains hallucinogènes: *Il se défonce, il roule des joints à cinq feuilles pour les copains, c'est le pied!* (Galland). **2.** Se donner à fond à une activité: *J'ajoute qu'il a mieux géré sa carrière qu'il ne s'est défoncé sur le terrain. Le terrain, le turf, c'est loin, et les burlingues l'ont rendu con* (Fajardie, 1).

◆ **défoncer** *v.t.*

1. Provoquer un état d'hallucination, en parlant d'une drogue. **2.** Posséder sexuellement. **Se faire défoncer la pastèque,** être homosexuel passif.

ETYM. emploi métaphorique du verbe usuel (souvent appliqué, à l'origine, à un tonneau, à une barrique). **1.** 1970, *Paris-Match* [Gilbert]. **2.** 1970, *la Croix* [id.].

◆ *v.t.* **1.** 1969, *Paris-Match* [id.]. **2.** 1957 [Sandry-Carrère]. **Se faire défoncer la pastèque,** 1970 [Boudard-Étienne].

défonceuse *n.f.*

Pénis: *Elle devait se faire des imaginations surprenantes sur l'homme des Tropiques cette cavette, confondre la défonceuse caraïbe et le colibri parisien!* (Simonin, 3). **Être amputé de la défonceuse,** être impuissant: *Certain que les deux mignonnes iraient pas prétendre avoir été volées par deux amputés de la défonceuse, il avait sur ce point sa conscience pour lui* (Simonin, 8).

ETYM. emploi métaphorique d'un mot qui désignait, en 1877, selon le Supplément du Littré, une «sorte de charrue sans versoir». 1937 [Esnault]. **Amputé de la défonceuse,** 1948 [Lacassagne].

déforme *n.f.*

Syn. de déveine : *J'suis un peu en déforme, mais vous allez voir tout à l'heure, j'ai des retours de flamme terribles* (Simonin-Bazin).

ETYM. du préf. **dé-** et de **forme.** 1935, Simonin-Bazin.

défourailler *v.t. et i.*

1. Sortir de sa poche une arme à feu; dégainer: *À un certain mouvement de recul des trois hommes au fusil, je sus qu'il avait défouraillé son revolver* (ADG, 1). *Pour nous, étant donné leur style de braquage, il était évident que leur interpellation allait être violente. Nous étions sûrs qu'ils allaient défourailler* (le Monde, 15 novembre 1990). **2. Défourailler dedans** ou **défourailler sur,** tirer des coups de feu (sur qqn): *Comme l'on sait dans le mitan que jamais les hommes de Chenevier ne tireront les premiers, on évite de défourailler sur eux* (Larue).

◆ *v.i.*

Vx. **1.** Tomber. **2.** Baisser sa culotte pour déféquer. **3.** S'enfuir.

◆ *v.t.ind.*

Débourser : *Ça avait beau être seulement du skunks, y avait fallu défourailler de cent cinquante tickets pour!* (Simonin, 5).

ETYM. var. de **défourner,** tirer du four. **1.** 1827 [Demoraine]. **2. Défourailler dedans,** 1950 [Esnault].

◆ *v.i.* **1.** 1827 [Demoraine]. **2.** 1903 [Esnault]. **3.** 1836 [Vidocq].

◆ *v.t.ind.* 1960, Simonin.

défringuer *v.t.*

Déshabiller (surtout à la voix pron.): *Mado s'était endormie avec la lumière éclairée. Lulu se défringua, se glissa dans les toiles* (Mariolle). SYN. défrusquer.

ETYM. de **dé-** et de **fringue.** 1883, Macé. **Se défringuer,** 1890, chanson [Esnault].

défromager *v.t.*

Soulager sexuellement un homme à la propreté douteuse : *Et d'abord qu'est-ce que t'en sais qu'elle préférait pas rester baiser avec nous, plutôt que d'aller défromager le grifton?* (Blier). **Défromager le minaret,** faire une fellation.

ETYM. de **dé-** et de **fromage,** pris au sens de résidu blanchâtre logé sous le prépuce, dans le cas d'un homme abstinent et peu soigné de sa personne. **Se faire défromager le minaret,** 1957 [Sandry-Carrère].

défrusquer ou **défrusquiner** *v.t.*

Vx. Déshabiller (surtout à la voix pron.) : *Il a exbalancé les falourdes après les avoir défrusquinés* (Ansiaume). SYN. défringuer.

ETYM. du préf. **dé-** et de **frusque.** *défrusquer* 1836 [Vidocq]; *défrusquiner* 1725 [Granval].

dégager *v.i.*

1. Sentir mauvais; péter. **2.** Partir, s'en aller: *Tu vas calter, et vite! – Marie-Claude... j'ai reniflé. – Dégage!* (Pouy, 1).

◆ *v.t.*

Vx. Dévaliser (qqn): *Eh! oui, je vole... Je dégage les hommes saouls dans les rues, et je ne travaille que trois jours par semaine* (Forçat).

ETYM. emplois spécialisés du verbe usuel. **1** et **2.** 1977 [Caradec].

◆ *v.t.* 1827 [Esnault].

dégauchir *v.t.*

Trouver, découvrir : *Dans la voiture de Fred, Francis avait dégauchi un réchaud à alcool solidifié. Précieuse découverte* (Grancher). *À présent, je devais tout de même penser à me dégauchir un boulot... un gagne-pain si modeste fût-il* (Boudard, 5). SYN. dégotter.

ETYM. emploi métaphorique du verbe technique, « redresser, aplanir » : évocation d'une main niveleuse. 1867 [Delvau].

dégelée *n.f.*

Correction infligée à qqn : *Je me lève sans vertige, et lui flanque une dégelée de coups de canne sur sa bosse* (Paraz, 1). *T'as de la chance d'être plus fort que nous, gueula Bonne Mesure, sans ça on t'aurait foutu une dégelée!* (Varoux).

ETYM. participe passé substantivé de **dégeler** (a le sens d'« avalanche, averse » dans divers dialectes). 1790 [Enckell].

dégeler *v.t.*

Tuer : *Le corps débile s'agite et pantèle, cependant qu'une horreur mortuaire s'épand sur la face et fait jaillir les yeux. – La dégèle pas ! supplie Jacques, dominé par le complice* (Rosny aîné).

◆ *v.i.*

Vx. **1.** Mourir. **2.** Se déniaiser. **3.** Se remettre d'une émotion.

ETYM. emploi imagé de **dégeler,** partir en morceaux (de glace), comme un cours d'eau en débâcle. 1901 [Bruant].

◆ *v.i.* **1.** 1808 [d'Hautel]. **2** et **3.** 1867 [Delvau].

dégivrant *n.m.*

Alcool (plus ou moins fort) : *Un de ses potes qui tapait la semelle a sorti une flasque et ils se sont passé le dégivrant* (Pécherot). **SYN.** antigel.

ETYM. emploi humoristique du mot usuel. 2001, Pécherot. On rencontre *dégivrer,* dessoûler, en 2000 chez Dontchev.

déglingué, e *adj.*

1. En mauvaise santé : *T'es moch', t'es vidé, / T'es à fond d' cal', t'es déglingué* (Rictus, 2). **2.** Ivre.

ETYM. emploi adjectival du participe passé de **déglinguer. 1.** 1897, Rictus. **2.** 1982 [Perret].

déglinguer *v.t.*

1. Détériorer un mécanisme, désarticuler un objet : *Chez nous les locos sont dégueulasses et aujourd'hui elles sont déglinguées* (Cendrars, 1). **2.** Tuer : *Entre chaque morceau, il se tournait vers l'arrière de la scène et s'envoyait une lampée de whisky qui aurait pu déglinguer un débutant au Cutty Sark* (Villard, 4).

ETYM. origine obscure. **1.** 1880, Brissac [TLF]. **2.** 1935, Galtier-Boissière.

dégobiller *v.i.*

Vomir : *Il est secoué par des spasmes fréquents, il dégueule, ça dure une éternité, oh froid et chaleur, je vous jure, il dégobille sur lui, n'en finit plus, s'arrache la boyauderie* (Vautrin, 1).

ETYM. de **dé-** et du radical de **gober.** 1611 [Cotgrave]. Ce verbe est passé dans l'usage fam. courant.

DÉR. **dégobillage** *n.m.* Action de vomir : 1809, Leclair [TLF]. **dégobillade** *n.f.* Vomissure : 1867 [Delvau].

dégommer *v.t.*

1. Tuer : *Le métier de flic contient le risque de passer pour une cible. Ou de dégommer un inconnu, de sang-froid* (Daeninckx, 1) ; au fig. : *Chaque boulot a été pour moi une occasion de vérifier que l'homme est doué d'une résistance surnaturelle, la vie a toujours du mal à le dégommer* (Djian, 1). **2.** Briser, abattre : [Ayant sonné en vain] *il dégomma la lourde et renquilla d'auto* (Stollé). **3.** Exclure, mettre à la porte : *Vers cette époque y a eu la crise, j'ai bien failli être dégommé du dispensaire* (Céline, 5). **4.** Recevoir (un coup, une réprimande). **5.** Surpasser.

◆ *v.i.*

Vx. **1.** Mourir. **2.** Vieillir.

◆ **se dégommer** *v.pr.*

1. S'entretuer. **2.** Vx. Vieillir, perdre de sa fraîcheur.

ETYM. emplois métaphoriques du verbe technique, « débarrasser qqch de sa gomme » (1653, Oudin). **1.** 1832 [Esnault]. **2.** 1947, Stollé. **3.** 1833, Balzac [TLF]. **4.** 1977 [Caradec]. **5.** 1881 [Rigaud].

◆ *v.i.* **1.** 1846, *Intérieur des prisons*. **2.** 1858 [Esnault].

◆ *v.pr.* **1.** 1862 [Larchey]. **2.** 1845, Labiche [TLF].

DÉR. **dégommage** *n.m.* Cassation ; ruine morale ou physique : 1881 [Rigaud]. **dégommade** *n.f.* Décrépitude : 1867 [Delvau].

dégonflage *n.m.*

1. Vx. **Vol au dégonflage,** qui se pratiquait en remplaçant certains rembourrages par un matériau sans valeur. **2.** Action de se dégonfler : *Pour les lecteurs fidèles, cette attitude courageuse* [du Canard enchaîné] *en face du dégonflage de l'ensemble de la presse fut accueillie avec enthousiasme* (Galtier-Boissière, 4).

ETYM. de **dégonfler. 1.** 1887, Hogier-Grison [TLF]. **2.** 1936, Montherlant [id.].

dégonflé, e, dégonflard, e ou **dégonfleur, euse** *adj. et n.*

Se dit d'un individu peu courageux, poltron ; qui manque à ses engagements : *Ah ! fais-moi rire, Pascal le dégonflé, oui Pascal la Courante ! Pascal la Gonzesse !* (Bastiani, 1).

Roland-la-Châtaigne n'est pas un dégonflard (Stollé). *Tu crânes pas, dégonfleur!* (Gibeau).
ETYM. formes issues du verbe **se dégonfler.** *dégonflé* 1929 [Bauche]; *dégonflard* 1932, Céline [TLF]; *dégonfleur* 1913 [Chautard].

dégonfler (se) *v.pr.*
Manquer de courage, renoncer au moment de l'action: *Non, je ne me battrai pas. – Tu te dégonfles? – Oui. Parce que je risque de prendre un coup de couteau ou me faire tuer par un fier-à-bras comme toi* (Charrière). SYN. se déballonner.
ETYM. emploi métaphorique et psychologique du verbe concret. 1913-1918 [Esnault]. Cette acception s'inspire sans doute des *saucisses,* ballons captifs très utilisés pendant la Première Guerre mondiale. Le mot et ses dérivés sont passés dans l'usage fam.
DER. **dégonflade** *n.f.* Reculade: 1953 [Sandry-Carrère]. **dégonfle** *n.f.* Lâcheté: 1981, Amila.

dégotter ou **dégoter** *v.t.*
1. Vx. Abattre, faire tomber; tuer. **2.** Trouver, rencontrer: *Si j'étais Mimile, qu'est-ce que je ferais? Je chercherais d'abord une bonne planque. Ensuite, je tâcherais de dégoter une voiture pour remonter un coup* (Larue). *Pas facile de vous dégotter dans un foutoir pareil! Y a que des couloirs, chez vous* (Borniche, 2). **3.** Vx. Surpasser: *Parole, vous les Princes, vous dégottez en cocosseries toutes les opérettes* (Gill).
◆ *v.i.*
Dégotter bien ou **mal,** avoir fière allure ou une mauvaise tenue: *Je comprends pas pourquoi, dans son mot, elle dit que le bonhomme marque mal... Il dégote très bien, au contraire, le Boudon* (La Fouchardière); absol., faire bonne impression: *Une bagnole blanche et bleue, au soleil, ça dégote!* (Le Chaps). SYN. marquer.
ETYM. origine obscure, p.-ê. liée au mot angevin **got,** trou pour la balle, dans un jeu [TLF]. **1.** 1883, Maupassant [id.]. **2.** 1846, *Intérieur des prisons.* **3.** XVIIIe s. [Sainéan].
◆ *v.i.* 1878 [Rigaud]; absol., 1920 [Bauche].
DER. **dégottage** *n.m.* **1.** Action de surpasser. **2.** Recherche couronnée de succès: 1867 [Delvau], pour les deux sens.

dégoulinante *n.f.*
1. Horloge; montre: *Y'avait six plombes et quatre broquilles qui tombaient à la dégoulinante qu'est dans la profonde du grimpant du mec à Môman qu'on entend un grand cri* (Plaisir des dieux). **2.** Volée de coups: *Maintenant, c'est la dégoulinante. Tiens, Paysan, t'as pas l'temps d'respirer avec mézigue* (Simonin-Bazin). **3.** Malchance persistante, poisse: *Tout foirait. Pépère sentait une dégoulinante infernale s'amorcer* (Simonin, 1).
ETYM. emploi imagé du participe présent substantivé de **dégouliner. 1.** «horloge» 1912, Halles centrales [Esnault]; «montre» 1916 [id.]. **2.** 1935 [id.]. **3.** 1958, Simonin.

dégourer ou **dégourrer** *v.t.*
1. Dénigrer, calomnier. **2.** Dégoûter: *Dégouré par la ville, un écrivain chenu / Cherche à cent lieues de tout un cornère inconnu* (Vian, 2).
ETYM. de **dé-** et **gourer.** 1937 [Esnault], sous la forme adj. *dégouré,* désillusionné; *dégourrer* 1960 [Le Breton], aux deux sens.

dégrafer (se) *v.pr.*
Renoncer.
ETYM. emploi métaphorique du verbe usuel. 1977 [Caradec].

dégrainer ou **dégréner** *v.t. et i.*
Calomnier, se répandre en médisances: *Et si j'vous apprenais à m'respecter dans ma femme, hein? Si j'vous prévenais qu'à essayer d'la dégrainer...* (Carco, 5). *Dick, toujours réticent lorsqu'on admirait Brigitte, se sentait cette fois moins porté à dégréner* (Simonin, 1).
ETYM. de l'anc. fr. **graignier,** grincer des dents. 1649 [Sainéan].
DER. **dégrène** *n.f.* Médisance: 1972, Boudard [Cellard-Rey].

dégraisser *v.t.*
1. Vx. Faire perdre de l'argent à qqn: *Y tirent tout à eux, les canailles, y conseillent les gonzesses, y les dégraissent* (Lorrain). **2. Dégraisser son hareng saur, son panais,** coïter, en parlant de l'homme.
ETYM. du préf. **dé-** et de **graisse,** argent. **1.** mil. XVIIe s. [Duneton-Claval]. **2. Dégraisser son hareng saur,** 1920 [Bauche]; **dégraisser son panais,** 1953 [Sandry-Carrère].
DER. **dégraisseur** *n.m.* **1.** Filou: 1881 [Rigaud]. **2.** Garçon de recettes: 1894 [Esnault]. **3.** Percepteur: 1901 [Bruant].

degré *n.m.*
Deuxième degré, passage à tabac.
ETYM. établissement fictif de degrés dans l'enquête policière: on peut supposer que le pre-

mier degré est l'interrogatoire sans violences. 1977 [Caradec].

1. dégréner *v.t.*

Séduire, débaucher : *Monsieur, je l'sais, dégrène les mômes* (Carco, 2).

◆ **se dégréner** *v.pr.*

Délaisser un amant pour un autre : *Quand il est parti, le mec a dit à la môme : « Ne te dégrène pas. » Enfin, bref, ne fais pas le truc, sois rangée* (Carco, 6).

◆ *v.i.* ou **se dégréner** *v.pr.*

Débrayer, faire grève.

ETYM. inverse de **engrener** : idée de défaire un engrenage, un lien.

◆ *v.t. et v.pr.* fin du XIXe s. [Esnault].

◆ *v.i.* 1977 [Caradec] ; *v.pr.* 1920, CGT [Esnault].

Ce verbe est souvent confondu avec *dégrainer.*

DER. **dégreneur** *n.m.* Homme qui débauche : 1904, Lorrain.

2. dégréner *v.t. et i.* → DÉGRAINER.

dégréneur, euse *adj. et n.*

Se dit d'une personne qui médit ou calomnie : *De fières dégrêneuses, ces usagères de la troisième personne, même dans l'insinuation calomnieuse* (Simonin, 7).

ETYM. de **dégrainer.** 1960, Simonin.

dégringolage *n.m.* ou **dégringolade** *n.f.*

Vx. Escamotage opéré sur le client par une prostituée : [La fille Coco] *tire six marqués pour dégringolage* (Méténier).

ETYM. de **dégringoler.** *dégringolage* 1885, Méténier ; *dégringolade* 1881 [Rigaud].

dégringolante *n.f.*

Montre. SYN. dégoulinante.

ETYM. participe présent substantivé de **dégringoler.** 1925 [Esnault].

dégringoler *v.t.*

1. Voler : *Les Parisiens, au bagne, s'aident les uns les autres* [...], *mais ne se voleront pas moins, dès que la chance de dégringoler un aminche s'offrira* (Humbert). **2. Dégringoler (à la dure),** tuer : *Toi, tu me quittes pas ou je te dégringole* (Bastiani, 4). *Pour être de la bande au Barbu, il faut avoir dégringolé au moins une fois son pante* (Allain-Souvestre). SYN. descendre. **3.** Verser, prêter (de l'argent). **4. Dégringoler qqn d'une somme,** la lui emprunter. **5.** Boire (en grande quantité).

◆ *v.i.*

Sonner, en parlant des heures.

ETYM. emplois transitifs, avec l'idée de faire tomber (de l'argent, une personne, etc.) ; quant aux heures, elles tombent du haut de l'horloge ou du clocher. **1.** 1876 [Esnault]. **2.** 1887, Hogier-Grison [Esnault]. **3.** 1947 [Esnault]. **4.** 1928 [id.]. **5.** 1989 [Giraud].

DER. **dégringoleuse** *n.f.* Prostituée qui vole dans les vêtements de ses clients : 1881 [Esnault].

dégrossir *v.t.*

Mettre à contribution (une prostituée). SYN. délarder.

ETYM. emploi spécialisé au sens d'« initier au travail ». 1901 [Esnault].

dégrouiller (se) *v.pr.* ou **dégrouiller** *v.i.*

Se hâter : *Une autre fois, les discours, tranche Paulo, dégrouillez-vous de voir ce qu'on peut faire* (Chabrol). *Nous deux, des Péreires on se levait pas de très bonne heure, il faut reconnaître !... Ça la faisait déjà râler !... Elle voulait toujours qu'on dégrouille !* (Céline, 5).

ETYM. du préf. **dé-** (valeur intensive) et de **(se) grouiller.** 1899 [Nouguier].

dégueulando *n.m.*

Syn. péj. de decrescendo : *Quand Charlot joue du saxophone* [...] */ Il fait des petits dégueulandos* (chanson *Quand Charlot joue du saxophone,* paroles de Georgius). *Lorsque, sur un dégueulando très réussi, le microsillon s'arrêta, un tonnerre d'applaudissements éclata* (Malet, 11).

ETYM. de **dégueuler.** 1923, Georgius.

dégueulasse *adj.* ou **dégueu** *adj. inv.*

1. Qui est très sale, très mauvais, très laid : *Un tableau d'honneur pour l'hospice le plus puant, la cuisine la plus dégueulasse, les labos les plus sales* (Paraz, 1). *J'ai soupiré, regardant le plafond en plastique dégueu de la bagnole* (Pouy, 1). **2.** Qui est moralement répugnant : *Ce qui m'inspira cette pensée dégueulasse, c'est la vision que j'eus quand la porte s'ouvrit* (ADG, 1). *Mon propre fils qu'essaie de me doubler. Avec toutes les emmerdes de fric que j'ai, et qu'il connaît... Vous voulez que je vous dise. C'est dégueu !* (Varoux). **3. Pas**

dégueu(lasse), se dit de qqch d'excellent, de remarquable.

◆ *adj. et n.*

Se dit d'un individu répugnant (surtout au moral) : *Pas les flics, maman, je t'en prie, pas les flics, c'est des salauds, ils sont dégueulasses avec les jeunes* (Cardinal). *L'est un vieux bistro / Tenu par un gros / Dégueulasse* (Brassens). *Un ultime scrupule l'avait arrêté. Il n'était évidemment qu'un dégueulasse, mais pas à ce point-là* (Grancher).

ETYM. de **dégueuler,** avec le suff. péj. **-asse** (cf. *lavasse, fadasse,* etc.). **1.** 1867 [Delvau], sous la forme *dégueulas ; dégueu* 1967 [George]. **2.** 1904, Lorrain. **3.** 1974, V. Thérame [George].

◆ *adj. et n.* 1943, Van der Meersch.

VAR. elles sont désuètes : **dégueulbite, dégueulboche :** 1878 [Rigaud]. **dégueulbie, bite :** 1879 [Esnault].

dégueulasser *v.t.*

Salir, tacher : *Il dégueulasse toute la voiture. Putain, c'est pas vrai !* (Villard, 4). *Il tira le cadavre par le col de sa veste [...] et, tout en essayant de ne pas se dégueulasser avec le sang qui poissait de partout, il le hissa sur la banquette arrière* (Viard).

ETYM. de **dégueulasse.** ce verbe est d'emploi plus exclusivement concret que l'adj. dont il est issu. 1947, Malet.

dégueulasserie *n.f.*

Chose ou action répugnante : *Tant de dégueulasserie nous avait avachis et la fatigue morale et physique avait cassé le ressort* (Trignol). *Ce qui est arrivé me gêne, comme miettes de pain dans les draps, comme musique fausse, comme dégueulasserie dysharmonique* (Sarrazin, 3). *On atteint dans ce domaine* [les scatologues] *une dégueulasserie difficilement supportable à imaginer* (Boudard, 2).

ETYM. de **dégueulasse.** 1916, Barbusse [TLF].

dégueulatoire ou dégueulatif, ive *adj.*

Qui donne envie de vomir : *Ne doit-on pas plutôt incriminer le goût dégueulatoire de la clientèle qui s'est chargée toute seule de dissuader les innovateurs ?* (*Libération,* 15 janvier 1983). *Vos pareils ont l'habitude, vraiment dégueulative, d'attendre les filles du peuple à la sortie des ateliers* (Gill).

ETYM. de **dégueuler** et des suffixes **-atif** et **-atoire** (cf. *probatoire, natatoire*), peut-être sous l'influence de *vomitoire,* passage des arènes antiques. *dégueulatif* 1879 [Rigaud] ; *dégueulatoire* 1883 [Fustier].

dégueulbif *adj.*

Syn. de dégueulasse : *Ignobles gougnaffiers ! hurla le Vénéré Daron [...] Gourmands lubriques et dégueulbiffes !* (Devaux).

ETYM. resuffixation de **dégueulasse.** 1894 [Virmaître].

VAR. **dégueulbite** et **dégueulboche :** 1881 [Rigaud].

dégueuler *v.i. et t.*

1. Vomir : *Le stagiaire, les deux mains sur le ventre, louvoie jusqu'aux chiottes [...] et dégueule dans la cuvette. Il surprend sa gueule dans un miroir : oh beurk !* (Galland). SYN. dégobiller, gerber. **Dégueule, on va trier,** se dit ironiquement à qqn qui ne s'exprime pas très clairement ou hésite à parler. **2.** Dénoncer ; dire : *Je vais commencer par ce pourri de Fargier. Et s'il a quelque chose à me raconter sur Riton de la Porte, il le dégueulera avant de canner* (Giovanni, 1) ; spéc., raconter son crime pour soulager sa conscience. **3.** Au jeu, perdre ce qu'on avait gagné.

ETYM. du préf. **dé-** et de **gueule. 1.** 1680 [Richelet]. **Dégueule, on va trier,** 1977 [Caradec]. **2.** « dénoncer » 1883, Macé ; « dire » 1906 [Esnault] ; spéc., 1975 [Arnal]. **3.** 1923 [Esnault].

dégueulis *n.m.*

Vomissures : *Y a déjà une flaque de dégueulis sur le parquet et son sweat-shirt est plein de dégoulinures vertes et rouges* (Lasaygues). **Dégueulis de poivrot,** se dit d'une couleur rougeâtre, mal définie.

ETYM. de **dégueuler** et du suff. **-is.** 1845 [Bescherelle].

VAR. (désuètes) **dégueulade** *n.f.* et **dégueulage** *n.m.* 1883 [Fustier].

dégueuloir *n.m.*

1. Bouche (généralement ouverte). **2. Arriver au dégueuloir,** relire à haute voix ses déclarations, en parlant d'un inculpé après son interrogatoire.

ETYM. de **dégueuler** et du suff. **-oir. 1.** début du XXe s. [Carabelli]. **2.** 1975 [Arnal].

dégun *pron. indéf.*

Quelqu'un : *On a dragué un moment dans le coin pour voir si on ne pouvait pas repérer l'endroit sans s'adresser à dégun, mais macache* (Bastiani, 4).

ETYM. origine inconnue. avant 1955, P. Lefèvre [Le Breton], qui signale ce mot comme très répandu.

déguster *v.i.*

1. Subir qqch de fâcheux : *Un flingue aboya. Une lueur rouge troua la nuit. Le maton dégusta en pleine poitrine* (Le Breton, 3). **2.** Souffrir, avoir mal : *En tout cas, il dégustait vilain et pouvait pratiquement plus bouger son bras gauche* (Houssin, 2). **SYN.** dérouiller.
◆ *v.t.*
Recevoir (un coup, un projectile) : *Au même moment le Frisé saute par-dessus le fauteuil, un vrai poisson volant, et m'atterrit en plein buffet, tout en me faisant déguster ses phalanges dans mes gencives* (Bastiani, 4).
ETYM. emploi antiphrastique du verbe usuel. **1.** 1916, Mac Orlan [TLF]. **2.** contemporain.
◆ *v.t.* 1947, Stollé.

déharnacher *v.t.*

Déshabiller (une femme).
ETYM. emploi métaphorique du verbe usuel. 1977 [Caradec].

déhotter *v.t.*

1. Faire sortir ; dénicher : *Décarreras-tu... ? Ou je grimpe te déhotter* (Stollé). **2.** Déposer un client, dans l'argot des chauffeurs de taxi : *En voici un autre que l'on déhotte à domicile. Adieu. Rendez-vous* (Simonin-Bazin).
◆ *v.i.* ou **se déhotter** *v.pr.*
1. Sortir : *Pour leur fourguer quoi que ce soit, à ceux-là, c'était avant les aurores qu'il fallait se déhotter du page* (Boudard, 5) ; s'en aller : *Y avait intérêt à être au mieux avec sa bignole si on voulait pas déhotter à Ravensbrück* (Audiard). **2.** Se hâter de : *L'aprème, Orlando déhotte têtu faire une millionième fois de plus le con aux courtines* (Dégaudenzi).
ETYM. mot dial. (nord-est de la France), « débourber ». **1.** 1906 [Esnault]. **2.** 1935, Simonin-Bazin.
◆ *v.i. ou pr.* **1.** 1915 [Sainéan]. **2.** 1927, Dussort.

Deibler (à la) *loc. adj.*

Se dit d'une coupe de cheveux qui dégage largement la nuque.
ETYM. référence sinistre au bourreau, qui dégageait la nuque en vue de faciliter la tâche de la guillotine. 1977 [Caradec].

déjanté, e *adj. et n.*

1. Qui vit en dehors des normes sociales admises. **2.** Qui a perdu la tête, fou : *Gagner du temps ? Mais comment ? Et à quoi ça servirait avec ce type complètement déjanté ?* (Page).
ETYM. emploi adj. du participe passé de **déjanter**. **1.** 1986 [Merle] ; fait partie du langage branché. **2.** 1982, Page.

déjanter *v.i.*

1. Jouir sexuellement ou sous l'effet d'une drogue : *Un insatiable, l'oncle Abraham. Malgré ses quatre-vingt-dix-neuf ans, il déjantait sans arrêt* (Vautrin, 1). *Ils* [les nouveaux junkies] *déjantent complètement, ils sont barrés dans des trips pas possibles* (Galland). **2.** Devenir fou, alcoolique, drogué ; sombrer dans la déchéance : *Je me doutais de ce qu'elle pensait : j'avais été assez con pour déjanter alors que s'ouvrait sous mes pas la Voie Royale de la Réussite Sociale* (Pagan).
ETYM. de **dé-** et de **jante** (« sortir de sa jante », en parlant d'un pneu de vélo) ; emplois métaphoriques très expressifs. **1.** 1979, Vautrin. **2.** 1986, Pagan.

delacroix *n.m.*

Billet de cent francs : *Chacun a le bon feeling. Et puis les liasses de Delacroix au fond de la poche, ça aide pas qu'un peu !* (Lasaygues).
ETYM. emploi métonymique courant (l'effigie pour le billet de banque). vers 1970.

délarder *v.t.*

Syn. de dégrossir (une prostituée).
ETYM. emploi métaphorique d'un terme de cuisine, « enlever le lard », d'où « affiner, initier ». début du XXe s. [Esnault].

déloquer *v.t.*

Déshabiller (surtout à la forme pron.) : *Depuis quelques jours, j'allais de service en service, je me déloquais, je me rhabillais, on me prenait des litres de sang, me ponctionnait* (Francos).
ETYM. du préf. **dé-** et de **loques** (non péj.). 1941 [Esnault].

délourdage *n.m.*

Ouverture, en partic. par effraction : *Tu vas me dire que tu ne possèdes pas le monopole du délourdage des jacquots* (Salinas).
ETYM. de **délourder.** 1968, Salinas.

délourder *v.t.*

1. Ouvrir (une porte, un meuble) : *D'une armoire qu'Hélène venait de délourder, sur une*

alignée de robes, s'évadaient des odeurs sensuelles (Le Breton, 1). **2.** Vx. Détrousser.
◆ *v.i.*
Déverrouiller : *Le Naze délourda, entrouvrit la porte, découvrit deux filles au visage inquiet* (Risser).
ETYM. du préf. **dé-** et de **lourd** (2), **lourde** *n.f.* (1). **1.** 1953 [Esnault]. **2.** 1851 [Sainéan].
◆ *v.i.* 1973, Risser.

démancher (se) *v.pr.*
1. Se donner du mal, s'activer : *J'ai fièrement à me démancher aujourd'hui, si je veux pincer le Gravoiseau et son million avant qu'ils puissent me glisser entre les mains* (Chavette) ; on rencontre aussi **se démancher le trou du cul** ou **le cul** : *C'est pas une raison passe que on est bonne à tout faire pour se démancher le cul dans le bric à brac* (Stéphane). **2.** Vx. Se séparer, en parlant d'un couple.
ETYM. emplois métaphoriques du verbe usuel, « ôter le manche, désarticuler ». **1.** 1808 [d'Hautel] ; *se démancher le fignard* 1878, Gill. **2.** 1912 [Villatte].

démaquer (se) *v.pr.*
Se séparer de son compagnon ou de sa compagne ; divorcer.
ETYM. inverse de **se maquer.** 1935 [Esnault].

dément, e *adj.*
Extraordinaire : *On a vu ça à l'Ornano mardi dernier, une soirée démente* (Klotz).
ETYM. emploi très emphatique de l'adj., courant dans le parler jeune des années 1975-1980. 1974, Klotz.

démerdard, e ou **démerdeur, euse** *adj. et n.*
Qui est habile, débrouillard : *Démerdard comme tous les harengs* [...], *M. Louis est parvenu à se faire affecter au Train des équipages!* (Simonin, 7). *Seuls les démerdards, les types au courant savaient les dénicher* [les premiers blue-jeans] *dans quelques rares stocks américains de Lyon* (*Libération*, 7 février 1978). *Il est vachement démerdeur, ce môme!*
◆ **démerdeur** *n.m.*
Avocat défenseur.
ETYM. de **(se) démerder** et du suff. **-ard** (ici non péj.) ou **-eur.** *démerdard* 1915 [Sainéan] ; *démerdeur* 1920 [Bauche].
◆ *n.m.* 1899 [Nouguier].

démerde *n.f.*
Le fait de savoir se débrouiller : *Les anecdotes sur les multiples pays traversés ; l'orgueil de la démerde : « les contrôleurs de train, je les connais bien ! »* (Porquet).
◆ *adj.*
Débrouillard : *Quant à moi, eh bien... sans domicile fixe, comme tous les gens un peu démerdes* (Sarrazin, 2).
ETYM. apocope de **se démerder** et de **démerdard.** contemporain.
◆ *adj.* 1936, Céline.

démerder (se) *v.pr.*
1. Se débrouiller : *C'est une bien courageuse dame que votre maman elle qui est pour ainsi dire plutôt délicate de santé mais voilà il faut se démerder au jour d'aujourd'hui* (Malaquais). *Eh ben, conclut-il, puisque c'est du boulot fini, je porte le tout. Ils se démerderont avec!* (Lefèvre, 1). **2.** Se tirer d'affaire : *Il s'était bien rendu compte que dans les boulots réguliers je me démerdais franchement mal* (Céline, 5). **3.** Se dépêcher : *Démerdez-vous, bon Dieu ! le mec va pas nous attendre dix plombes !*
◆ *v.t.*
Mettre de l'ordre, éclaircir (qqch d'embrouillé) : *J'arriverai jamais à démerder cette entourloupe !*
ETYM. du préf. **dé-** et de **merde. 1.** 1915 [Sainéan]. **2.** 1901 [Bruant]. **3.** 1899 [Nouguier] ; emploi intr. en ce sens : 1912 [Villatte].
◆ *v.t.* 1977 [Caradec].

demi-jambe, demi-jetée, demi-livre ou **demi-pile** *n.f.*
Somme de cinquante francs d'avant 1960 : *« Nous disons donc 133 250... » Il ne risquait pas de vous donner une demi-jetée de plus* (Boudard, 1). *Tu me dois une « demi-jambe »* (Simonin-Bazin). *Oui, une demi-livre. Cinquante francs, quoi* (Simonin-Bazin).
ETYM. de **demi-** et de **jambe, jetée, livre** ou **pile,** unité de cent francs. *demi-jambe* 1926 [Esnault] ; *demi-jetée* 1894 [id.] ; *demi-livre* 1899 [Nouguier] ; *demi-pile* 1935 [Simonin-Bazin].

demi-lune *n.f.*
Fesse : *Je suis pas sûr de vous fournir le micheton. Le bon, évidemment, celui à la demi-lune accueillante* (Combescot).
ETYM. emploi métaphorique du terme astronomique. 1901 [Bruant].

demi-molle *n.f.*

L'avoir ou **être en demi-molle,** se montrer assez réservé à l'égard d'une entreprise, amoureuse ou technique : *Deux machins viocards, deux cochonnets au pélican à la demi-molle, deux vieux frotadous de boniches* (Devaux). *C'est du fric qu'on laisse tomber, Paulo. – Si on veut, Jo. Mais moi, je suis en demi-molle* (Trignol).

ETYM. image érotique de la tiédeur (cf. *ne bander que d'une*). **Être en demi-molle,** 1955, Trignol ; **l'avoir en demi-molle,** 1977 [Caradec].

demi-portion *n.f.*

Individu malingre, chétif : *Le Chintoc, demi-portion d'homme, m'examine de la tête aux pieds* (Charrière) ; et, en apostrophe : *« La demi-portion, t'as intérêt à t'occuper de ton froc. » Il était en rogne* (Genet).

ETYM. composé humoristique de **demi-** et de **portion,** avec application méprisante à l'humain. 1915 [Esnault].

VAR. **demi-porkesse :** 1953 [Sandry-Carrère].

demi-sac *n.m.*

Somme de cinq cents francs d'avant 1960 ; de cinq mille francs, ensuite.

ETYM. de **sac.** « 500 F » 1953 [Sandry-Carrère] ; « 5 000 F » 1988 [Caradec].

demi-sel *n.m.inv.*

Individu, méprisé par le milieu, qui exerce un travail régulier et qui en même temps tire des revenus de la prostitution : *L'apprenti julot, un demi-sel qui voulait briller devant sa marmite, s'amena un soir dans la taule avec dans l'intention de faire du vilain* (Houssin, 3) ; petit truand sans envergure : *Il* [Pierrot-le-Fou] *ne tarde pas à jouer les caïds à Rochechouart. Ce n'est qu'un demi-sel, mais il a de l'appétit* (Larue).

ETYM. tiré de **(beurre) demi-sel,** qui n'est pas vraiment salé, c.-à-d. du milieu. 1894 [Esnault].

démonté *adj.m.*

1. Se dit d'un proxénète momentanément privé de sa maîtresse. **2.** Se dit d'un automobiliste qui n'a plus de voiture.

ETYM. emplois métaphoriques d'un terme d'équitation, « qui n'a pas ou plus de monture ». **1.** 1902 [Esnault]. **2.** 1934 [id.].

démouscailler (se) *v.pr.*

1. Se sortir d'une situation difficile : *Depuis tout à l'heure, sa décision était prise. Que chacun se démouscaille* (Simonin, 1). SYN. se démerder. **2.** Se hâter.

ETYM. du préf. **dé-** et de **mouscaille. 1.** 1953 [Sandry-Carrère]. **2.** 1928 [Lacassagne].

démurger *v.i.*

S'en aller, sortir : *Abraham mit les bouts vers Chanaan tandis que Loth démurgea en direction de la fertile plaine du Jourdain* (Devaux).

◆ *v.t.*

1. Découvrir : *La renifle a été une semaine sans pouvoir démurger qui l'avait arrangé* (Lorrain). **2.** Faire sortir, emporter : *Je lui expliquai* [...] *la façon dont Paul s'était amené en force pour démurger la charogne de son frangin* (Simonin, 4).

ETYM. du préf. **dé-** et de **murger,** amas de pierres extraites d'un champ qu'on cultive ; l'image est de « déplacer les cailloux ». 1725 [Granval]. ◆ *v.t.* **1.** 1901 [Bruant]. **2.** 1901 [Esnault].

dent *n.f.*

1. Avoir la dent, avoir faim : *Des petites montagnes de jambons... Des ravins en salaisons... J'avais une dent pas ordinaire, mais j'ai pas osé entrer* (Céline, 5). **2. Avoir les dents (du fond** ou **de derrière) qui baignent,** avoir trop bu ou trop mangé. **3. Il n'a plus mal aux dents** ou **les dents ne lui font plus mal,** il est mort (depuis un certain temps).

ETYM. contraction probable de **avoir la faim aux dents. 1.** 1899 [Nouguier]. **2. Avoir les dents qui baignent,** 1989 [Giraud]. **3.** mil. du XVIIe s. [Duneton-Claval].

dépagnoter (se) *v.pr.*

Sortir de son lit. SYN. se dépieuter.

ETYM. du préf. **dé-** et de **pagnoter.** 1894 [Virmaître].

dépatouiller *v.t.*

1. Tirer qqn d'affaire : *Pourtant, Maître m'a souvent dépatouillée et je lui en sais gré ; mes « sincère gratitude » ne sont pas de simples formules* (Sarrazin, 2). **2.** Régler une affaire, démêler une situation compliquée : *Les histoires, faut les dépatouiller une à une. On termine avec le Dabe avant toute chose* (Simonin, 3).

◆ **se dépatouiller** *v.pr.*

Se tirer d'affaire : *Moi je sais que cette môme est défigurée, qu'elle a perdu l'œil droit et que*

l'œil gauche ne vaut guère mieux. Alors il m'est impossible de la laisser maintenant se dépatouiller toute seule (Amila, 1).
ETYM. du préf. **dé-** et de **patouiller,** mot du centre et de l'ouest de la France, « patauger ». **1.** 1965, Sarrazin. **2.** 1954, Simonin.
◆ *v.pr.* 1936, Aragon [TLF].

dépiauter *v.t.*
1. Vx. Dévaliser. **2.** Vx. Fouiller. **3.** Démonter, défaire ; éplucher (un document) : *Le premier rapport des Renseignements généraux atterrit une heure plus tard sur la table de Kuntz, qui le dépiauta immédiatement* (Coatmeur).
◆ **se dépiauter** *v.pr.*
Se déshabiller : *Dans le désespoir, il se dépiaute, il se fout à poil rapidement* (Céline, 5).
ETYM. du préf. **dé-** et de **piau,** forme dialectale de **peau. 1.** 1846, *Intérieur des prisons*, sous la forme *dépiotter.* **2.** 1920 [Esnault]. **3.** 1920 [Bauche].
◆ *v.pr.* 1867 [Delvau].

dépieuter (se) *v.pr.* ou **dépieuter** *v.i.*
Sortir de son lit. SYN. se dépagnoter.
ETYM. de **dé-** et de **pieu.** 1928 [Lacassagne].

déplaner *v.i.*
Revenir à la réalité après avoir « voyagé » sous l'emprise d'une drogue.
ETYM. du préf. **dé-** et de **planer** (action inverse). 1975 [Le Breton].

déplanquer *v.t.*
1. Voler ce qui est dissimulé dans une cachette : *Oui, c'est lui qui a déplanqué mon carle, je l'ébobis aujourd'hui* (Ansiaume). **2.** Extraire d'une cachette : *Même les boutanches que Nora avait déplanquées de sa réserve personnelle* [...] *n'étaient pas parvenues à calmer les impatiences!* (Simonin, 1). **3.** Dégager du mont-de-piété.
◆ *v.i.* ou **se déplanquer** *v.pr.*
Sortir (d'une planque, de prison, etc.).
ETYM. du préf. **dé-** et de **planquer** (action inverse). **1.** 1821 [Ansiaume]. **2.** 1836 [Vidocq]. **3.** 1843, chanson [id.].
◆ *v.i.* 1878 [Esnault] ; *v.pr.* 1894 [Virmaître].

dépoiler (se) *v.pr.*
Se déshabiller : *Sans se soucier de ce témoin minable, il se dépoilait en vitesse, sautait dans son pantalon, fourrait sa cravate dans sa poche* (Grancher) ; au participe passé : *Sur l'herbe, le gazon, les deux créatures à la voiture rouge étaient couchées dans des chaises longues, à moitié dépoilées* (ADG, 8).
ETYM. du préf. **dé-** et de **(à) poil.** 1966, Grancher.

déponner ou **déponer** *v.i.*
1. Déféquer. **2.** Éjaculer.
◆ *v.t.*
1. Ennuyer fortement. **Être déponné,** abattu, découragé : *Josy et Lola restaient sur la banquette, déponnées à zéro devant leur double Martel* (Simonin, 2). **2.** Ouvrir (une porte).
ETYM. intensif de l'anc. fr. **poner,** pondre, du lat. **ponere,** poser. **1.** 1848 [Pierre]. **2.** 1874 [Esnault].
◆ *v.t.* **1.** 1901 [id.]. **Être déponné,** 1935 [Simonin-Bazin]. **2.** 1982 [Perret], seul à mentionner cette acception.
DER. **dépone** *n.f.* Éjaculation : 1874 [Esnault].

déposer *v.t.*
1. Se séparer de (qqn). **2. Déposer le** ou **son bilan, son mandat, ses bouts de manche,** mourir. **3.** Vx. **Déposer un kilo, une pêche, son bulletin,** déféquer.
ETYM. emplois spécialisés du verbe usuel. **1.** 1901 [Bruant]. **2. Déposer ses bouts de manche,** 1867 [Delvau] ; **son mandat,** 1881 [Rigaud] ; **le bilan,** 1953 [Sandry-Carrère]. **3.** 1867 [Delvau].

dépoter *v.t.*
1. Déposer qqn à tel endroit, en parlant d'un moyen de transport (en particulier d'un chauffeur de taxi qui dépose un client) : *L'Ile-de-France ayant le matin même dépoté au Havre un contingent d'amerloques, y avait gros à parier que les inters allaient en rabattre quelques-uns en fin de soirée* (Simonin, 2). **2.** Exhumer. **3. Dépoter son géranium,** mourir.
◆ *v.i.*
Aller vite : *Si c'est lui qui s'en occupe, ça va dépoter !*
ETYM. emploi métaphorique du verbe usuel. **1.** 1935, Simonin-Bazin. **2.** 1928 [Esnault]. **3.** 1982 [Perret].
◆ *v.i.* contemporain.
DER. **dépotage** *n.m.* Exhumation : 1888 [Esnault].

dépuceler *v.t.*
1. Déflorer. SYN. dévierger. **2.** Se servir pour la première fois de qqch ; spéc., déboucher,

décapsuler (une bouteille) : *J'allai chercher une autre bouteille dans la cuisine, entrepris de la dépuceler* (Pagan).

ETYM. du préf. **dé-** et de **pucelage.** **1.** 1694 [Acad. fr.]. **2.** 1640 [Oudin] ; spéc., 1920, Bauche [GLLF].

DÉR. **dépuceleur** *n.m.* **Dépuceleur de nourrices :** XVIe s. [Duneton-Claval], **de femmes enceintes :** 1881 [Rigaud], don Juan grotesque, fanfaron.

déquiller *v.t.*

1. Abattre, tuer : *Vous en déquillez bien quelques-uns de temps en temps. Les règlements de comptes, ce n'est pas uniquement une invention de journalistes* (Malet, 11). **2.** Arrêter : *Pendant ce temps, ils ont déquillé Béliardi* [...] *Oui, ils l'ont alpagué* (Dominique).

ETYM. vieux verbe dial. (franco-prov.), du préf. **dé-** et de **quille.** **1.** 1951, Héléna. **2.** 1956, Dominique.

der *n.*

Dernier : *Nous avons pu bigler* [...] *la fille Suzanne qui pourtant est marida, s'adonner au plaisir infâme de la bordelaise* [...] *avec le der des macs de Babylone* (Devaux). **Le der (des ders),** le dernier verre bu avant de se quitter : *Quelques bons clients venus jusqu'au buffet de la gare s'envoyer le der des ders à bon compte* (Le Dano). *Au buffet de la gare, deux hommes, en cotte bleue, bottés de caoutchouc, liquidaient du beaujolais. « On boit le der, Mimile ? » proposa l'un* (Le Breton, 3). **La der des ders,** la dernière fois : *C'est mézigue qui jaspine aujourd'hui sur ton orgue, pour la der des ders* (Marcus) ; spéc., la guerre décisive, après laquelle il n'y en aura plus jamais : *Aujourd'hui, du soldat de Leclerc au fifi, chaque combattant de la dernière (on n'ose plus dire « la der des ders ») se présente en « miles gloriosus »* (Galtier-Boissière, 1) ; dernière partie jouée avant de se séparer; dernière danse avant la fermeture du dancing : *Lorsque la serveuse* [...] *annonce la « der des der », j'invite la belle à un petit casse-croûte dans un café-tabac de la rue Beaubourg* (Galtier-Boissière, 4). **Dix de der,** dernière levée, à la belote, comptant pour dix points : *Belote et re, dix de der, / Ça sent bon le pays !* (chanson *Ça sent si bon la France,* paroles de J. Larue, 1941).

ETYM. apocope de **dernier.** 1879 [Larchey]. « dernier verre » 1919, Dorgelès [TLF]. **Le der des ders,** 1926, chanson *Tu m'as possédée par surprise,* paroles de Bertal et Maubon. **La der des ders,** « dernière guerre » 1948, Cendrars [TLF], mais apparu très antérieurement, vers 1920 ; « dernière partie » 1920 [Esnault]. **Dix de der,** 1927 [id.].

derby *n.m.*

1. Règlement de comptes entre bandes de malfaiteurs. **2.** Affaire compliquée : *Je ne suis pas partant pour ce derby.*

ETYM. emploi métaphorique du terme de turf ou de sport. **1.** 1952 [Esnault]. **2.** contemporain.

derche *n.m.*

Postérieur : *La souris remue toute sa graisse en marchant, son derche appétissant soulève presque sa jupette* (Siniac, 1). **SYN.** dargeot. **Faux derche → FAUX.**

ETYM. apocope et resuffixation de **derrière.** 1906 [Esnault], sous la forme *derch.*

VAR. **derr :** 1890, Maine [id.]. **derj :** 1906 [id.]. **derjo :** 1928 [id.]. **derge :** 1928 [Lacassagne].

derjo *adv.*

Derrière : *Derjo, la 203 décollait à peine à l'emballage et, en quelques secondes, refaisait la distance* (Simonin, 1).

◆ *prép.*

Derrière : *Bonne la journée ? Armand qui enquillait l'escalier derjo la pipelette se le demandait* (Simonin, 5).

ETYM. resuffixation pop. de **derrière.** 1930 [Esnault].

◆ *prép.* 1960, Simonin.

VAR. **derr :** 1878, Morvan [Esnault]. **derjère :** 1908 [id.]. **derrio :** 1927 [id.]. **derjé :** 1947, Stollé-Marcus. **dergeot :** 1953 [Sandry-Carrère].

dérober *v.i.*

1. S'esquiver : *Quand les poulets sont arrivés, il a réussi à dérober par la porte de derrière.* **2.** Ne pas être à la hauteur ; ne pas tenir ses engagements, manquer de parole : *Qu'est-ce que tu insinues, Gros, que moi j'ai eu les flubes ?... Que moi, j'ai dérobé ?* (Simonin, 4). **3.** En parlant d'une prostituée, ne pas honorer ses devoirs envers son souteneur en abandonnant la prostitution : *J'ai même failli mourir au 45. Que me veut-elle de plus cette charogne de taulière, à quoi espère-t-elle arriver en m'accusant publiquement d'avoir dérobé ?* (Cordelier).

ETYM. image du cheval qui se dérobe, s'écarte de la ligne droite. **1.** 1938 [Esnault]. **2.** 1955, Simonin. **3.** 1976, Cordelier.

dérobeuse *n.f.*

Prostituée qui « dérobe », tente d'échapper au milieu: *Chut, ils enchaînent sur Valérie, Valérie la Bordille, la honte du mitan, la dérobeuse qui s'est fait la malle avec un gigolo quand son homme est tombé* (Cordelier).

ETYM. de **dérober.** vers 1950 [Cellard-Rey]. Ces mots ont été popularisés par le récit de Jeanne Cordelier, *la Dérobade* (1976).

derondi, e *adj.*

Dégrisé.

ETYM. de **dé-** et de **rond,** ivre. 1957 [Sandry-Carrère].

dérondiner *v.i.*

Vx. **1.** Déféquer. **2.** Payer.

◆ *v.t.*

Vx. Déboutonner : *Pour me dérondiner, ils étaient cinq cognes* (Ansiaume).

ETYM. dér. de l'adj. **rond.** *v.i.* 1849 [Halbert].
◆ *v.t.* 1821, [Ansiaume].

dérouillée ou **dérouille** *n.f.*

Correction infligée à quelqu'un, défaite cuisante : *Ben crut se souvenir que, dans ce film, Raymond Pellegrin flanquait une dérouillée sublime à Françoise Arnoul* (Veillot). *Beau radoter ceci cela, le moral combatif, fringué pareil ça pousse pas aux grands exploits... ça respirait déjà la retraite, la dérouille sévère, le camp de prisonniers* (Boudard, 5).

ETYM. participe passé substantivé de **dérouiller.** *dérouillée* 1926 [Esnault]; *dérouille* 1934 [id.].
VAR. **dérouillade :** 1947, Malet.

dérouiller *v.t.*

1. Rosser, blesser : *Avoir vu dérouiller le patron, un plaisir rare, dont chacun allait vouloir tirer le maximum de sel* (Noro). **2.** Procurer un premier client (à une prostituée). **3. Dérouiller son** ou **le braquemard, son panais, son petit frère,** coïter.

◆ *v.i.*

1. Prendre des coups : *Au quartier, ce ne sont que des hurlements. Qu'est-ce qu'ils doivent dérouiller les pauvres mecs !* (Le Dano) ; être puni, battu ou blessé : *Tu vois, dit-il à Lou, j'étais sûr de la victoire, je l'avais mis au frais au premier coup de gong. – Et si j'avais dérouillé ? demanda l'autre, feignant l'inquiétude* (Lefèvre, 1). **2.** Faire son premier gain, sa première opération de la journée : *La fille s'indigne : « [...] Ma parole, c'est tous des tantes... Si ça continue de pas dérouiller, j'vais r'tourner en maison »* (Yonnet). *De permanence à tour de rôle, ils prenaient au hasard les crimes qui se présentaient. Certains restaient des semaines sans dérouiller, d'autres, par contre, dégustaient affaire sur affaire* (Larue). **3.** Souffrir : *Je murmure : « Ça va, Paulinette ? Tu dérouilles pas trop ? »* (Sarrazin, 2).

◆ *v.impers.*

Ça dérouille, ça devient intense; il y a beaucoup à faire.

ETYM. emplois expressifs : « ôter la rouille », au besoin par des coups. **1.** 1924 [Esnault]. **2.** 1931 [id.]. **3. Dérouiller le braquemard,** mil. XVIIe s. [Duneton-Claval]; **dérouiller son panais,** 1928 [Lacassagne].
◆ *v.i.* **1.** 1926 [Esnault]. **2.** « camelots » 1907 ; « prostituées » 1925 [id.]. **3.** 1965, Sarrazin.
◆ *v.impers.* 1935, Simonin-Bazin.

dérouler *v.i.*

Courir les cafés, les lieux de plaisir : *Le Gitan ricana doucement et s'informa : – Tu déroules avec moi, après ? J'ai envie d'écluser du champ* (Le Breton, 1).

ETYM. intensif de **rouler.** 1954, Le Breton.

désaper (se) *v.pr.*

Se déshabiller : *Il ne fera pas grand chose, cet abruti ! je lance. Je suis prêt à parier qu'il ne s'est même pas désapé* (Siniac, 1).

ETYM. action inverse de **se saper.** 1957 [Sandry-Carrère].

descendre *v.i.*

1. Racoler dans la rue. **2.** Comparaître comme inculpé. **3.** Être incarcéré : *Qu'est-ce que tu croyais ? Que j'allais te relarguer ? Et le coup du calibre, alors ? Tu descends, mon pote, tu descends ! Tu passeras en flag demain pour port d'armes* (Le Breton, 3). **4. Descendez, on vous demande,** apostrophe ironique à qqn qui tombe. **5.** Vx. **Descendre en fouille,** explorer sa poche pour une dépense, la poche d'autrui pour un vol. **6. Faire descendre (un enfant),** avorter. **7. Descendre à la cave, au lac,** faire un cunnilingus.

◆ *v.t.*

1. Abattre qqn, le tuer, en partic. avec une arme à feu : *Rendons-nous, souffla-t-elle. – Tu es folle. J'ai descendu un gendarme. Vont pas nous faire de cadeau* (Jaouen); mettre hors de combat: *Elle a flanqué son poing dans la figure* *du pianiste. Cette fille tapait drôlement dur. Elle l'a descendu aussi net qu'un flic* (Sullivan). **2.** Dérober ; dissiper (de l'argent) : *Mon voleur [...] me conta lui-même en riant, comment il m'avait descendu ma galette* (Humbert). **3.** Passer à tabac. **4.** Vx. **Descendre la garde,** mourir.

ETYM. emplois spécialisés et expressifs du verbe usuel. **1.** 1883 [Esnault]. **2.** 1831 [id.]. **3.** 1841 [id.]. **4.** 1977 [Caradec]. **5.** 1901 [Esnault]. **6.** 1920 [Bauche]. **7.** 1899 [Nouguier].

◆ *v.t.* **1.** 1830, Lhéritier. **2.** « dérober » 1872 [Esnault] ; « dissiper » 1878 [id.]. **3.** 1928 [id.]. **4.** 1808 [d'Hautel].

descente *n.f.*

1. Irruption en bande dans une maison à cambrioler, un quartier, etc. : *Bouhou et Renou me dirent qu'il était question d'aller faire une descente dans une petite maison bourgeoise* (Orgères). **2.** Rafle de police ; perquisition : *Si j'étais le commissaire Gaillard, je viendrais de temps en temps faire une petite descente ici. Ça doit être bourré de came* (Rognoni). *Le* Libertaire *était bon pour la descente de police et nous, pour les avis de recherche* (Pécherot). **3.** Exploration d'une poche. **Descente au barbu, à la cave, au lac,** cunnilingus. **4.** Fin du « voyage » du drogué : *C'est avec les amphétamines que la « descente », la fameuse descente qui termine toujours, inexorablement, le voyage, est spécialement désagréable* (Duchaussoy). **5.** Gosier amateur de boisson : *On a eu l'idée de jouer avec lui à l'« avant-dernier-qui-boit », vous vous souvenez ce jeu s'pas, seulement c'était un sacré dur à cuire, le mec, une de ces descentes !* (Bénoziglio). **6.** Vx. Correction à coups de pied ou à coups de bâton. **7. Descente de lit,** individu veule, sans personnalité ni autorité.

ETYM. emplois spécialisés du mot usuel. **1.** 1795, Orgères. **2.** « rafle » 1847, Balzac [TLF] ; « perquisition » 1901 [Bruant]. **3.** 1901 [id.]. **Descente au barbu, au lac,** 1953 [Sandry-Carrère] ; **à la cave,** 1928 [Lacassagne]. **4.** 1971, Duchaussoy. **5.** *descente de gosier* 1894 [Virmaître]. **6.** 1881 [Esnault]. **7.** 1867 [Delvau].

désentifler *v.i.*

Se quitter, divorcer.

ETYM. contr. de **entifler.** 1836 [Vidocq].

DER. **désentiflage** *n.m.* Séparation, divorce : [id.].

désert [dezɛrt] *n.m.*

Déserteur : *Il était désert du 4ᵉ zouaves. Il a mis les voiles à l'étranger après la fusillade du bal de la Grille* (Galtier-Boissière, 2).

ETYM. apocope de **déserteur.** 1925, Galtier-Boissière.

desfoux ou **desfous** *n.f.*

Syn. de deffe : *C'est pas la peine de te foutre ta desfous sur l'œil, je te vois bien !* (Méténier).

ETYM. → DEFFE. 1881 [Rigaud].

déshabiller *v.t.*

Dépecer une voiture volée.

ETYM. emploi métaphorique du verbe usuel. 1950 [Esnault].

DER. **déshabillage** *n.m.* Action de dépecer une voiture volée : 1957 [Sandry-Carrère].

désosser *v.t.*

1. Vx. Rosser. **2.** Démonter pièce à pièce (dans un dessein de revente frauduleuse). **Désosser le jonc,** séparer l'or des bijoux (volés), pour le fondre.

ETYM. emploi métaphorique du terme culinaire. **1.** 1843 [Esnault]. **2.** 1883 [id.].

dessalé, e *adj. et n.*

Se dit d'un individu sexuellement sans complexe : *Ils sont dessalés, les curetons, cette année !* (Beauvais). *Eh bien, ma petite, pour une sainte nitouche tu es plutôt dessalée !* (Malaquais).

ETYM. emploi adj. du participe passé de **dessaler.** 1808 [d'Hautel].

dessaler *v.t.*

1. Vx. Jeter qqn à l'eau. **2.** Rendre moins niais, moins stupide : *T'es pas dessalé, que j'te dis, / T'as trimardé tout' la soirée / Et te v'là 'cor sans un radis* (Bruant). **3. Dessaler l'oseille.** ***a.*** contraindre une femme à se prostituer ; ***b.*** retenir les arguments essentiels, dans un interrogatoire de police.

◆ **se dessaler** *v.pr.*

1. ARG. ANC. Boire : *Eh oui, buvons ! qui payera ? ça sera les pantres. – Tu l'as dit, mon homme, dessalons-nous* (Vidocq). **2.** S'acquitter d'un travail payé à l'avance. **3.** Se déniaiser : *Les capacités de répartie des frères Gassé l'avaient pris au dépourvu : ils se dessalaient vite, les bourgeois* (Duvert).

ETYM. du préf. **dé-** et de **saler,** faire perdre son sel (en trempant dans l'eau douce). **1.** 1848 [Pierre]. **2.** 1880 [Esnault]. **3.** 1975 [Arnal].

◆ *v.pr.* **1.** 1829, Vidocq. **2.** 1881 [Rigaud]. **3.** 1899 [Nouguier].

DÉR. **dessalage** et **dessalement** *n.m.* Perversion : 1901 [Bruant]. **dessaloir** *n.m.* Groupe dans lequel on se déniaise : 1899 [Nouguier].

desserte *n.f.*

Vx. Vol de couverts d'argent sur une table bourgeoise : [Ces bonjouriers] *saisissent le moment où l'argenterie vient d'être posée sur la table. Ils entrent, et en un clin d'œil ils la font disparaître : c'est ce qu'on appelle « goupiner à la desserte »* (Vidocq).

ETYM. emploi ironique du mot signifiant « action de desservir une table ». 1829, Vidocq.

dessouder *v.t.*

1. Tuer : *Paraît qu'on a dessoudé un de nos gars là-bas. Tu vois, ça promet d'être très dur* (Abossolo). **2. La dessouder** ou simpl. **dessouder,** mourir.

ETYM. emploi métaphorique expressif ; dans **la dessouder,** selon Esnault, **la** représente le mot *cafetière,* tête. **1.** 1935 [id.]. **2.** 1953 [id.].

dessoûler ou **dessaouler** *v.t. et i.*

(Faire) sortir d'un état d'ivresse : *Elle ouvre les yeux dans la même seconde, des yeux limpides, lucides. Elle est parfaitement dessoûlée* (Veillot) ; surtout comme v.i. dans un contexte négatif : *Beaufilet et Maudant n'ont pas dessaoulé depuis le jour de la mobilisation* (Werth, 1).

ETYM. du préf. **dé-** et de **soûler.** 1557, J. de Rochemore [TLF].

dessous *n.m.*

1. Amant de cœur d'une prostituée, caché au souteneur officiel : *La môme se dérange. Je l'vois. Parole. Si j'la pince, elle et son « dessous », je les rate pas* (Carco, 2). **2.** Prostituée qui entretient un homme à l'insu de sa « femme » officielle : *C'est sa femme, la Carmen, sa grande favorite, quoi, mais il a trois dessous. Toutes les trois sont en maison, mais avec des jours de sortie différents* (Galtier-Boissière, 2). SYN. doublard.

ETYM. emplois expressifs de l'adverbe usuel (idées d'infériorité et surtout de clandestinité). **1.** 1841, Lucas. **2.** 1881 [Esnault].

dessus *n.m.*

1. Amant de cœur en titre : *Il arrive parfois que les prostituées ont deux amants, le premier est le* barbillon en pied, *ou le* dessus (Lucas). **2. Dessus des châsses,** sourcils ; front. **3. Dessus de malle,** poitrine très velue : *Jamais, je crois, je n'ai rencontré, chez un être humain, de tels sourcils, épais jusqu'à en être obscènes, et des mains si velues... Ce qu'il doit en avoir un dessus de malle, le gros père!* (Mirbeau).

◆ *adv.*

ARG. ANC. **Marcher dessus,** manquer une affaire : *Le dernier* [coup] *a raté... une affaire superbe... qui d'ailleurs reste à faire... malheureusement, nous deux Frank, que voilà, nous avons marché dessus* (Sue).

ETYM. emplois expressifs de l'adv. usuel. **1.** 1841, Lucas. **2.** 1883, Macé. **3.** 1891 [Esnault].

◆ *adv.* 1842, Sue.

destroy [destrɔj] *n.m.*

Pratique punk consistant à tout détruire.

◆ *adj.inv.*

Remarquable par son caractère destructeur ou par son aspect dévasté : *Il comparaît aux assises pour l'issue fatale d'une liaison « destroy »* (*Libération,* 29 novembre 1988). *On termine sur une version destroy de* Walkin the dog. *Il s'est levé, Baker, il n'en peut plus* (Villard, 2).

ETYM. de l'angl. **to destroy,** détruire. 1984 [Walter-Obalk].

destructeur *n.m.*

Vin rouge.

ETYM. emploi métonymique et ironique du mot usuel. 1977 [Caradec].

dételer *v.i.*

1. Se retirer des « affaires » illégales, en parlant d'un membre du milieu : *Il avait bien fait de dire une fois de plus qu'il voulait dételer. Cinq ans que ça durait. Il était temps qu'il en profite, de sa maison de campagne* (Le Breton, 3). **2.** Renoncer à l'amour physique : *En 1945, elle a cinquante-six piges Mme veuve Crompton... elle n'a pas dételé* (Boudard, 2).

ETYM. emplois spécialisés du terme usuel. **1.** 1954, Le Breton. **2.** 1867 [Delvau].

détentionnaire *n.m.*

Détenu à la suite d'une condamnation : [Ces onze bandits] *disaient entre eux que s'ils étaient condamnés à mort, tous les détentionnaires, qui n'étaient qu'autant de mouchards, seraient tués par eux* (Orgères).

ETYM. de **détention.** 1798, Orgères.

détorse ou **détosse** *n.f.*

Misère : *Si on veut désigner quelqu'un mal vêtu, on dit alors « Il joue la ruine, il est de la détosse »* (Lucas) ; spéc., **la détorse,** le système pénitentiaire : *Là, plus de noce, / Car la détorse / Vous met si bas / Qu'on ne béquille pas* (Goualante de la Courtille).

ETYM. resuffixation de **débine.** *détosse* 1841, Lucas ; *détorse* 1850, Clémens.

détourne *n.f.*

ARG. ANC. Vol dans une boutique : *Voici comment s'y prennent les voleurs et voleuses à la détourne. Un des personnages de la bande se présente dans un magasin ; il demande diverses marchandises qu'il fait déployer, et tandis qu'il paraît occupé de choisir, un ou deux affidés viennent marchander d'autres objets ; ils ont toujours soin de se faire montrer ce qui est placé dans les cases supérieures et derrière le marchand ; celui-ci se met en devoir de les satisfaire ; mais à peine sa vue est-elle distraite, que l'un des voleurs escamote ce qui est à sa convenance et disparaît* (Vidocq).

ETYM. déverbal de **détourner.** 1821 [Ansiaume].

détourner *v.t.*

ARG. ANC. **1.** Escamoter dans une boutique : *Un jour, Mme la colonelle et sa prétendue nièce furent prises en flagrant délit quand elles détournaient dans un magasin une pièce d'étoffe* (Claude). **2.** Ouvrir.

ETYM. emploi spécialisé du verbe usuel, au sens de « distraire l'attention ». **1.** 1821 [Ansiaume]. **2.** 1827 [Demoraine].

détourneur, euse *n.*

ARG. ANC. Voleur pratiquant la détourne : *J'ai suivi des détourneuses qui, ayant entre leurs cuisses une pièce d'étoffe de vingt-cinq ou trente aunes, marchaient sans la laisser tomber* (Vidocq).

ETYM. de **détourner.** 1829, Vidocq.

détrancher ou **détroncher** *v.t.*

1. Dévisager avec soin : *Les rares jours de presse des entraîneuses des cabanes voisines venaient détroncher les clients qu'elles emballaient sous leur pif* (Simonin, 1). **2.** Repérer, remarquer : *Plus il y aura de poulets après lui, plus il les détranchera et moins nous aurons de chances de le sauter* (Larue). **3.** Détourner l'attention de qqn : *Elle avait chanstiqué ses paillettes pour une roupane de satin noir tout aussi collante. Un genre de robe à détrancher un cureton de son confessionnal* (Le Breton, 2).

◆ **se détrancher** *v.pr.*

1. Baisser la tête pour cacher son visage. **2.** Détourner la tête, regarder derrière soi : *Le Gitan se détrancha sur son ami* (Le Breton, 1). **3.** Changer d'avis ou de cheval juste avant la course. **4.** Quitter la tête de file ou la file des taxis : *Ayant attendu de passer à votre tour, et la grille venant de vous le faire perdre, vous vous détranchez, vous foncez comme les autres* (Simonin-Bazin).

ETYM. du préf. **dé-** et de **tranche** ou **tronche,** visage. **1.** 1926 [Esnault]. **2.** 1953 [Sandry-Carrère]. **3.** 1953, Le Breton.

◆ *v.pr.* **1.** 1901 [Bruant]. **2.** 1926 [Esnault]. **3.** 1975 [Arnal]. **4.** 1935, Simonin-Bazin.

deuil *n.m.*

1. Ennui. **2.** Danger : *Ils étaient là. Hé oui ! Pas de deuil que les perdreaux les aient oubliés* (Le Breton, 3). **Porter le deuil,** avertir d'un danger : *Faut voir ça de près, j'ai fait, et tout de suite, et porter le deuil, aussi sec !* (Simonin, 3). **3.** Dénonciation. **Aller au deuil, porter le deuil,** porter plainte : *Quand un cave s'est laissé dérober un objet de valeur, s'il se plaint à la police, on dit : « Le cave il a porté le pet », et encore : « Il a porté le deuil »* (Genet). **4.** VX. **Grand deuil,** café avec cognac ; **demi-deuil,** café sans cognac.

ETYM. emplois spécialisés du mot usuel, ou substantivation de l'adj. lorrain **deuil,** douloureux. **1.** 1870 [Esnault]. **2.** 1896 [id.]. **Porter le deuil,** 1954, Simonin. **3. Aller au deuil,** 1941 [Esnault]. **Porter le deuil,** 1952 [id.]. **4.** 1879 [Larchey].

deusio, deuzio ou **deuxio** *adv.*

Deuxièmement (dans une énumération) : *Il fallait, entre autres, primo, parer notre cité phocéenne aux couleurs nationales, et deuzio, susciter une liesse populaire absolument franche et spontanée* (Malaquais).

ETYM. troncation et suffixations populaires de **deuxièmement.** *deusio* 1926, Montherlant [TLF] ; *deuzio* 1947, Malaquais.

deux *adj. num.*

1. Ça fait deux, il y a une notable différence (entre deux choses ou deux personnes). **2. En moins de deux,** très rapidement : *Tom Pouce lui calotta* [à l'Ogre] *ses tatanes en moins de deux* (Stollé). *Il a choisi un wagon et, en moins de deux, il est venu à* *bout de la porte* (Pécherot). **3. De mes deux,** épithète méprisante : *Évidemment, le régime de cet abruti de général de mes deux ne marchait pas tout seul* (Héléna, 1). *Le bureau d'études ? Feignants, incapables, diplômés de mes deux et compagnie !* (Siniac, 1). **4.** Vx. **Deux sur dix !,** attention au filou ! **5. Deux mille deux cent vingt-deux,** se dit à la manille quand on a en main deux cartes de chacune des quatre couleurs.

ETYM. emplois spécialisés du numéral. **1.** 1946, Prévert [TLF]. **2.** 1947, Stollé. **3.** 1879, Huysmans [TLF] ; il faut comprendre *de mes deux fesses* ou *burnes,* sorte de particule nobiliaire dérisoire. Cette loc. est très répandue auj. **4.** 1829, Vidocq ; avertissement de commerçants à leur commis: «Garde tes deux yeux sur ses dix doigts ! » [Esnault]. **5.** 1889 [id.].

devant *adv.*

1. S'arracher de devant, quitter en hâte un lieu peu sûr. **2. Sortir d'un local les pieds devant,** ne pas en sortir vivant : *Lui et son valet de chambre, ils ne sortiront de la Santé que les pieds devant* (Claude).

◆ *n.m.*

Le devant, les organes sexuels : *Les boniches, elles se levaient de son devant, elles se tenaient au large de ses pattes* (Chabrol).

ETYM. emplois expressifs de l'adverbe et du nom usuels. **1.** 1975 [Le Breton]. **2.** 1467, *les Cent Nouvelles nouvelles* [Duneton-Claval].

◆ *n.m.* 1640 [Oudin], d'abord pour les femmes.

dévider *v.t.*

Vx. Parler, raconter : *« Dévider le jars » implique donc, lorsqu'on le parle avec la science de Villon, l'obligation d'accommoder sa vie au déguisement de certaines formules obscures* (Carco, 4). **Dévider l'écheveau,** même sens : *Je demande la parole. – Et moi aussi. – Alors, numérotez-vous pour dévider l'écheveau* (A. Camus). Vx. **Dévider à l'estorgue,** parler longtemps ; mentir.

ETYM. image domestique, issue de **dévider le peloton,** 1725 [Granval]. **Dévider le jars,** 1842, Sue.

DER. **dévidage** *n.m.* Long discours : 1836 [Vidocq]. **Dévidage à l'estorgue,** accusation : [id.]. **dévideur, euse** *n.* Causeur : [id.].

dévierger *v.t.*

1. Déflorer. **2.** Déboucher, décapsuler : *Il avait une deuxième rouille de pisse-dru dans sa musette* [...] *– Tiens, il a dit en me la tendant, dévierge-la* (Pelman, 1).

ETYM. de **dé-** et **vierge. 1.** 1836 [Vidocq]. **2.** 1982, Pelman.

dévirade *n.f.*

Syn. de détourne : *Il a fait ce matin deux enfants de chœur à la dévirade* (Ansiaume).

ETYM. du verbe de l'Ouest **dévirer,** faire prendre une autre direction. 1821 [Ansiaume].

dévisser *v.t.*

1. Blesser ; tuer. **Dévisser le coco, le trognon, la tronche,** etc. **(à qqn),** l'étrangler. **2.** Trouver.

◆ *v.i.*

1. Partir : *On s'est enfin décidé à dévisser et à se souhaiter la bonne noye* (Bastiani, 4); spéc., sortir de prison : *Il donna aux femmes des copains de cellule des nouvelles absolument fraîches : – Ouais, j'ai dévissé ce matin... il m'a dit de vous dire...* (Mariolle). **2.** Mourir : *Je croyais que la vieille était dévissée ; il faut qu'elle ait l'âme chevillée dans la carcasse !* (Claude). **3. Dévisser du cigare,** déraisonner : *Reniflant que je le suspecte de dévisser un chouaye du cigare, mon voyou se blanchit* (Simonin, 6).

◆ **se dévisser** *v.pr.*

Se dévisser le tempérament, le trou de balle, le trou du cul, faire de grands efforts. SYN. se démancher. Vx. **Se dévisser la pétronille,** se mettre en frais d'imagination.

ETYM. emplois expressifs du verbe usuel. **1.** 1879, L. Cladel [Rigaud]. **Dévisser le coco,** 1846, Féval [TLF] ; **le trognon,** 1867 [Delvau]. **2.** 1894, Polytechnique [Esnault] ; encore en 1977 [Caradec].

◆ *v.i.* **1.** 1883 [Esnault]. **2.** 1881 [Rigaud]. **3.** 1966, Simonin.

◆ *v.pr.* **Se dévisser le trou de balle,** 1901 [Bruant] ; **le trou du cul,** 1920 [Bauche]. **Se dévisser la pétronille,** 1881 [Rigaud].

DER. **dévisseur** *adj. et n.m.* Médisant : 1867 [Delvau].

dévorage *n.m.*

Action du dévorant : *Le fait que ça boumait autorisait l'arnaque, la grille et le dévorage* (Simonin-Bazin).

ETYM. de **dévorer.** 1935, Simonin-Bazin.

dévorant *n.m.*

Chauffeur de taxi dit « de grande journée », âpre au gain et maraudeur acharné : *Les hommes assez jeunes étaient les plus forts à la moyenne, tous des maraudeurs, des dévorants de kilomètres* (Simonin-Bazin). SYN. morfalou.

ETYM. de **dévorer** au sens fig. 1935, Simonin-Bazin.

dézinguer *v.t.*

1. Démolir : *J'ai encore discuté quelques instants avec le Gros de la façade qui réclamait d'urgence un coup de lessive, et aussi de l'enseigne au néon qui semblait dézinguée* (Simonin, 3). **2.** Tuer.

ETYM. de **dé-** et **zinc. 1.** 1903, Arts et métiers, Angers [Esnault]. **2.** 1918 [id.].

diam [djam] *n.m.*

1. Diamant: *Rectifier un diamantaire et laisser tomber les diams, moi, j'trouve ça un peu cave!* (Méra). **2.** Vx. Clou de soulier.

ETYM. apocope de **diamant. 1.** vers 1877 [Esnault]. **2.** 1901 [Bruant], mais *diamant* dès 1881 [Rigaud].

didi *n.m.*

Doigt: *Vois-le un peu, Gina, ton beau mâle, les didis qui sucrent les fraises* (Bastiani, 1).

ETYM. redoublement de la première syllabe de **digital,** ou redoublement d'origine enfantine. 1953 [Sandry-Carrère].

didite *adv.*

Faire didite, parier sur un cheval qui arrive ex aequo avec un autre.

ETYM. francisation pop. de l'angl. de turf **dead-heat,** arrivée ex aequo. forme anglaise, 1868, Parent [Larchey]; forme française, 1977 [Caradec].

dig ou **digue** *interj.*

Vx. Gare !

◆ *n.m. et f.*

Vx. Rien. **N'avoir que le dig,** être démuni d'argent. **La digue,** rien à faire. **Que dig,** rien.

ETYM. onomatopée (?). 1829 [Forban].

◆ *n.* **N'avoir que le dig,** 1901 [Rossignol]. **La digue,** 1898, Bercy [Esnault]. **Que dig,** 1883 [Esnault]; **que digue,** 1901 [Bruant].

VAR. **ding** Rien; personne: 1899 [Nouguier].

dig-dig ou **digue-digue** *n.m.*

1. ARG. ANC. Épilepsie. **Batteur de dig-dig,** mendiant ou voleur qui simule l'épilepsie : *Le soi-disant épileptique, revenant à lui, demande, tout confus, une voiture pour se rendre à son domicile. Nos deux larrons montent dans le véhicule et disparaissent avant que le calme revenu dans la boutique ait permis à l'infortuné bijoutier de s'apercevoir qu'il a été victime d'un vol dit au batteur de dig dig* (Canler). **2. En digue-digue,** délabré, en mauvais état: *Ces innocents fonçant tête baissée vers les cirrhoses, infarctus, ulcères et autres joyeusetés qui font tomber en digue-digue avant la fleur de l'âge le brave bipède* (Faizant). *Antoine, ses vieux réflexes ont joué, malgré son cœur en « digue-digue »* (Audouard). **Tomber en digue-digue,** s'évanouir : *Mais cette fois, elle paraît à bout, elle a une sorte de hoquet qui la secoue toute, puis tout à trac, elle me fond dans les pognes. Adios ! elle est tombée en digue-digue. Entracte* (Bastiani, 4) ; se pâmer: *Lorsque je lui virgule mon œillade friponne 56 ter, approuvée par le Conseil d'État, elle tombe en digue-digue, c'est visible* (San Antonio, 5).

ETYM. redoublement onomatopéique évoquant la sonnerie des cloches, d'où l'agitation des épileptiques. **1.** 1836 [Vidocq]. **2.** 1901 [Bruant], p.-ê. en relation avec *dingue-dingue n.f.* « fièvre paludéenne » 1918 [Esnault] ; le mot officiel est *dengue* (1829 [DDL]).

dinde *n.f.*

Plumer la dinde, jouer de la guitare.

ETYM. emploi très imagé d'une loc. domestique. 1982 [Perret].

dîne *n.f.*

Vx. Repas : *Au « Rendez-vous des amis », la dîne, la dorme et le reste m'étaient assurés gratuitement* (Malet, 8).

ETYM. déverbal de **dîner.** 1905 [Esnault].

dingo *adj. et n.*

Fou: *Qu'est-ce qui lui prend? grommela Blondeau, la mâchoire durcie. Il est devenu dingo!* (Le Breton, 6). *Tout l'monde la croit dingo / Quand elle étudie dans l'métro* (chanson *Quand les Français apprennent à « Do you speak english »*, paroles de L. Boyer). *Largeau* [le psychanalyste] *doit absolument s'en aller à une heure moins dix, c'est dire qu'il a exactement une minute et deux tiers, soit cent secondes par dingo et ces gens-là sont très susceptibles* (Paraz, 1).

ETYM. de **1. dingue,** avec le suff. pop. **-o.** *dingot* (forme auj. rare) 1907 [Esnault]. Le fém. est soit *dingo* 1917, L. Boyer [Pénet], soit *dingote* (rare) 1916 [Esnault].

1. dingue *adj. et n.*

1. Qui a l'esprit dérangé ; fou : *Alba éclata de rire: « T'es vraiment un mec dingue, Serge! » hurla-t-elle* (Delacorta). *C'est pas vrai, murmura-t-il, entre les deux petites salopes, les vieux cons de Vaugirard, la cinglée de Lucienne et ce dingue, ce n'est pas possible, l'humanité marche vers sa fin* (Klotz). SYN. dingo. **2. Dingue de,** passionnément épris (de qqn ou de qqch).

◆ *adj.*

Qui dépasse toute mesure ; incroyable : *Le projecteur qui était braqué sur nous dégageait une chaleur dingue* (Vilar). *Dingue, dis-je, tu sais qui c'était? La fameuse cousine qui...* (Bénoziglio).

ETYM. emploi adj. de **dengue,** fièvre paludéenne (du swahéli **dinga**) 1890 [Esnault]. **1.** 1888 [Rigaud]. **2.** 1953 [Sandry-Carrère].

◆ *adj.* 1967, H. Parmelin [Gilbert]. Avec cette valeur emphatique, l'adj. est à la mode dans les années 1980.

2. dingue *n.f.*

Pince à effraction : *Léo attaqua à la « dingue », passée par l'ouverture, le blindage intérieur protégeant le mécanisme du coffre* (Braun).

ETYM. déverbal de **dinguer.** 1948 [Lacassagne].

dinguer *v.t.*

Vx. Jeter bas (une porte, un dormeur, etc.).

◆ *v.i.*

Être condamné.

ETYM. d'une racine onomatopéique **ding** (→ DIG-DIG) évoquant le balancement d'une cloche. 1879 [Esnault].

◆ *v.i.* 1896 [id.].

dinguerie *n.f.*

Action ou parole digne d'un fou : *Je connais des amis de mon âge, de mon milieu, de ma ville, des amis qui ont fait des dingueries insensées il y a vingt ans* (Cardinal).

ETYM. de **1. dingue** et du suff. **-erie.** 1960 [DDL].

diogène *n.m.*

Vagabond, mendiant.

ETYM. emploi métaphorique et modernisé du n.pr. antique. 1975 [Arnal].

directo ou **directos** *adv.*

Directement ; tout droit : *La pluie tombait bien droit mais elle me cinglait le visage. Il y avait des gouttes que j'avalais directo* (Djian, 1). *Les traces de parfum* [...], *c'est la peau des cavettes qui les diffusent directos* (Simonin, 6).

ETYM. apocope et resuffixation pop. de **directement.** 1878, J. Vallès [GR].

dirlo, ote ou **dirlingue** *n.*

Directeur : *J'me suis fait percer l'oreille / Par un copain. / Mais ça plaisait pas au dirlo, / Alors y m'a viré de l'école* (Renaud).

ETYM. resuffixation pop. de **directeur.** *dirlo* 1926, école Rouvière, Toulon [Esnault]; *dirlote* 1938 [id.] ; *dirlingue* 1935, École centrale de TSF [id.]. Très usuel auj. dans l'arg. scolaire.

disciplote *n.f.*

Discipline (dans l'armée) : *Compagnies de disciplote.*

ETYM. resuffixation pop. de **discipline,** avec jeu de mots sur **pelote.** 1899 [Nouguier].

disco *n.m.*

1. Anus. SYN. dix. **2.** Retenue d'un dixième sur le salaire d'un détenu. **3.** Promenade d'un détenu : *Batiss a toudi* [toujours] *profité de ses séjours en taule, pour dévorer, ent' deux discos, tous les liv' de voyages* (Stéphane).

ETYM. analogie de forme ronde (1) et altération de **dixième** (2) ; l'origine du sens 3 est sans doute « promenade en rond » (cf. *dix*). **1.** 1902 [Esnault]. **2.** 1880 [id.]. **3.** 1884 [id.].

disjoncter *v.i.*

Perdre la tête, devenir fou ; au participe adjectival : *Tu vois le genre disjoncté qu'on peut avoir quand ça fait trop longtemps qu'on n'a pas touché une femme* (Bohringer).

ETYM. emploi métaphorique d'un terme technique (électricité). contemporain.

disque *n.m.*

Vx. Anus ; postérieur. **Casser le disque,** sodomiser. **Cassage de disque,** sodomie.

ETYM. métaphore visuelle. 1885 [Esnault]. **Casser le disque** et **cassage de disque,** 1953 [Sandry-Carrère].

distribe *n.f.*

Distribution (notamment de coups) : *Un gars qui débarque, qui croit que les carottes, ça pousse chez le fruitier, c'est tout ce que tu trouves, pour envoyer aux distribes* (Dorgelès).

ETYM. apocope de **distribution.** 1892 [Esnault].

distribution *n.f.*

Vx. Correction : *Oh ! la ! la ! j'y en ai t'y foutu de ces distributions !* (Méténier).

ETYM. ellipse du compl. *coups*. 1891, Méténier.

dix *n.m.*

1. Anus : *Pour le rond, pour le dix et pour la terre jaune, / Une chiée a la dent* (Desnos). **2. Piquer le dix,** parcourir sa cellule en décrivant un 8.

ETYM. emplois métaphorique (1 : ellipse pour **pièce de dix sous**) ou spécialisé du numéral. **1.** 1902 [Esnault]. **2.** 1926 [id.].

dix-huit *n.m.*

Peine de dix-huit jours de cellule ou de dix-huit mois de prison.

ETYM. emploi fortement elliptique du numéral composé. « jours » 1926 [Esnault] ; « mois » 1939 [id.].

dixième *n.f.*

Pièce de dix sous.

◆ *n.m.*

1. Anus. **2.** Promenade (généralement, du détenu).

ETYM. emplois spécialisés du numéral. 1899 [Nouguier].

◆ *n.m.* **1.** 1902 [Esnault]. **2.** 1884, abbé Moreau.

1. doche *n.m.*

Père.

◆ *n.f.*

Mère : *La pauv' dondon, à force' d'êt' doche, / A tous ses trésors cavalés* (Rictus) ; femme âgée : *Sans faire de bruit, il était arrivé au palier sur quoi s'ouvrait le modeste deux-pièces de la vieille doche* (Grancher).

◆ **doches** *n.m.pl.*

Les parents : *Dès qu'ses doches étaient au page et roupillaient, Roméo décanillait d'sa crèche* (Stollé).

ETYM. suffixation arg. de **dabe**. 1880 [Esnault].

◆ *n.f.* 1876 [id.].

◆ *pl.* 1927 [id.].

2. doche *n.m.*

1. Domino. **2.** Dé à jouer. **Passer les doches,** renoncer : [Les vieux de la garde] *s'feraient buter jusqu'au der, plutôt que d' passer les doches* (Stollé).

ETYM. apocope puis suffixation arg. de **domino**. **1.** 1878 [Rigaud]. **2.** 1928 [Lacassagne].

doches *n.f.pl.*

Menstrues.

ETYM. origine obscure. 1928 [Lacassagne].

dodoche *n.f.*

Sein de femme : *D'un coup, elle s'inquiète pour elle-même, ses dodoches qui flottent au gré, preuve qu'elle a de l'eau jusqu'au cou* (Vautrin, 1).

ETYM. var. de **doudoune**, avec le suff. **-oche**. 1979, Vautrin.

doigt *n.m.*

1. Y mettre le(s) doigt(s), voler. **2. Les doigts dans le nez,** très facilement, sans peine : *J'ai dit non, certainement pas, en cas de problème de nous deux c'est vous qui passez au travers les doigts dans le nez et il en a convenu* (Ravalec). **3. Doigt d'honneur,** geste de dérision effectué en brandissant le majeur tendu, les autres doigts étant repliés (figurant une introduction anale).

ETYM. emplois expressifs du mot usuel. **1. Y mettre le doigt,** 1878 [Rigaud] ; **y mettre les doigts,** 1926 [Esnault]. **2.** 1912 [id.]. **3.** contemporain.

doigté *n.m.*

Intromission de l'index dans l'anus : *L'expression « faire un doigté » signifiait se laisser, par un marle, d'abord caresser les fesses, puis enfoncer le doigt (l'index) dans le derrière* (Genet).

◆ **doigtés** *n.m.pl.*

Gants utilisés par les cambrioleurs pour éviter de laisser leurs empreintes digitales.

ETYM. emploi très spécialisé et concret du mot usuel abstrait, « habileté manuelle ». 1864 [Cellard-Rey].

◆ *pl.* 1928 [Lacassagne].

dolluche *n.m.*

Dollar.

ETYM. suffixation arg. de **dollar.** 1957 [Sandry-Carrère].

domb ou **dombi** *adj.*

Ridicule, complètement nul.

ETYM. verlan de **bidon.** 1982 [DDL].

domino *n.m.*

Dent : *Installé sur le bras d'un fauteuil, P'tit Louis se curait distraitement les dominos* (Houssin, 1). **Jouer des dominos,** manger : *Comme tu joues des dominos, à te voir, on* *croirait que tu morfiles dans de la crignole* (Vidocq). **Bouder aux dominos,** avoir perdu une ou plusieurs dents de devant.

ETYM. métaphore visuelle. 1829, Vidocq. **Bouder aux dominos,** 1841, Lucas.

dondon *n.f. ou m.*

Femme dotée d'un fort embonpoint : *Je remarque aussi quelques plantureuses dondons engraissées par le marché noir* (Galtier-Boissière, 1). *J'eusse préféré apprendre qu'il eût fait un enfant par exemple à Christine de Suède. – Comment, à ce dondon ! s'esclaffa Paul* (Cendrars, 1).

ETYM. redoublement onomatopéique, dès 1579 sous la forme *domdom* [GR]. 1808 [d'Hautel].

donf (à) *loc. adv.*

Au maximum, à fond : *Voici le seul moment un peu grisant du job : à tac les manos, à donf la roue arrière et, tous les sens aux aguets, foncer dans la bourre* (Smaïl). **Être à donf,** être en forme.

ETYM. verlan de **à fond.** 1993 [Vandel]. **Être à donf,** 1996 [Girard-Kernel].

donne *n.f.*

1. Aspect extérieur, allure. **2.** Action de distribuer ; aumône, générosité. **Être de la donne.** ***a.*** être généreux ; ***b.*** en être de sa poche ; ***c.*** être rossé.

ETYM. déverbal de **1. donner. 1.** 1878 [Esnault]. **2.** 1953 [Sandry-Carrère]. **Être de la donne.** ***a.*** 1834, Flandre [Esnault] ; ***b.*** 1928 [id.] ; ***c.*** 1899 [Nouguier].

1. donner *v.t.*

1. Indiquer (un coup). **2.** Dénoncer (un complice) : *Le braconnier Dusausoy, d'Ivry, « donné » à la police par le camelot Chérot, a planté une lime dans le dos du dénonciateur* (Fénéon). *Des misérables qui, prêts à tout, et dans l'espoir d'une faveur, d'un adoucissement de peine, disent ce qu'on veut leur faire dire, trahissent, mentent, « donnent » leur frère de misère, sans hésitation ni scrupules* (Merlet). **3. La donner.** ***a.*** porter son attention sur ; ***b.*** porter son ardeur sur. **4. La donner bien, mal,** avoir bonne, mauvaise tournure. **5. Se la donner.** ***a.*** fuir, s'évader : *Quand j'ai eu la filoche, nous nous la sommes donnée* (Ansiaume) ; ***b.*** se battre (on trouve aussi **se donner ça**) ; ***c.*** se méfier : *Les revendeurs se la donnent depuis que vous avez cravaté l'équipe des Corsicos. On les voit plus par ici* (Le Breton, 2). **6. En donner, donner du rond,** pratiquer l'homosexualité masculine passive ; se prêter à la sodomie. **7. S'en donner.** ***a.*** s'amuser beaucoup : *Le capitaine sautait, dansait, gambadait et s'en donnait avec son gros ventre et son gros rire à gorge déployée* (Lhéritier) ; ***b.*** ne pas ménager ses efforts.

◆ *v.i.*

Sentir mauvais.

ETYM. emplois spécialisés du verbe usuel. **1.** 1821 [Ansiaume]. **2.** 1829 [Forban]. **3.** ***a.*** 1836 [Vidocq] ; ***b.*** 1878 [Rigaud]. **4.** 1878 [Esnault]. **5.** ***a.*** 1821 [Ansiaume] ; **la** représente *poudre d'escampette* selon Esnault ; ***b.*** 1899 [Nouguier] ; ***c.*** 1815, *Chanson de Winter* [Vidocq]. **6. En donner,** 1640 [Esnault] ; **donner du rond,** 1901 [Bruant]. **7.** ***a.*** 1808 [d'Hautel] ; ***b.*** 1977 [Caradec].

◆ *v.i.* 1906 [Esnault].

2. donner ou **donné** *n.m.*

Coup indiqué comme sûr, sans risque.

ETYM. substantivation de l'infinitif ou du participe passé de **donner** au sens 1. 1911 [Esnault].

donneur, euse *n.*

1. Délateur (surtout employé au féminin, pour désigner un homme) : *Ce traître – l'indicateur ou le donneur, pour parler le langage technique – est d'ailleurs un être répugnant. C'est généralement un ancien condamné* (Locard). *Réveillé, il déclara qu'il avait encore des révélations à faire. Jusqu'à la fin, il se conduisit comme une « vraie donneuse »* (Larue). *Dites donc, fit-elle, mesurez vos paroles. J'ai rien d'une donneuse* (Carco, 5). **2.** Vx. **Donneur d'affaires,** individu qui indique des opérations fructueuses à faire.

ETYM. de **1. donner** aux sens 1 et 2. **1.** 1901 [Bruant]. **2.** 1836 [Esnault].

dopage ou **doping** *n.m.*

Action d'absorber ou d'administrer une drogue : *J'en profitai pour boire un alcool. C'était toujours ainsi : chacune de mes visites exigeait un léger doping* (Malet, 7).

ETYM. de l'angl. **to dope,** droguer. *doping* 1903 [TLF] ; *dopage* 1934, Daniel-Rops [id.].

dope *n.f.*

Drogue : *C'est entre chien et loup que le démon de la dope les démange. Leur cervelle réclame la sale piquouse* (Pennac, 1). *Si c'était de la vraie dope pour voir la vie en rose, encore, je*

comprendrais. Mais non ! Tu te tues pour rien, putain ! (Smaïl).
ETYM. déverbal de **doper.** 1981, Prudon.

doper *v.t.*
Faire absorber une drogue à un athlète, un cheval, etc. : *Deux jours après leur arrivée à destination, l'un des chevaux crevait. On présume qu'il avait été dopé* (La Fouchardière).
◆ **se doper** *v.pr.*
Se droguer, en partic. pour se stimuler, améliorer ses performances : *Se doper à la coke.*
ETYM. de l'angl. **to dope,** droguer. 1913 [Esnault]. ◆ *v.pr.* vers 1980.

dorancher *v.t.*
Vx. Dorer.
ETYM. resuffixation arg. de **dorer.** 1836 [Vidocq].
DER. **dorancheur** *n.m.* Doreur : 1901 [Bruant].

doré, e *adj. et n.*
Chanceux : *Chez moi, elle prend des gnons, elle est pas dorée...* (Fallet, 1). *Oui, un verni, un doré, un chançard, un qu'a du pot* (Malet, 8). **L'avoir doré,** être naturellement gâté par la chance.
ETYM. emploi métaphorique. 1915 [Esnault]. **L'avoir doré,** 1928 [id.] ; **l'** représente l'anus.

dorer *v.t.*
Aller se faire dorer (la lune, la feuille). ***a.*** se faire sodomiser : *Il devait pas être le dernier à aller se faire dorer dans les tasses de Barbès* (Houssin, 2) ; ***b.*** façon injurieuse de traiter qqn d'homosexuel passif, de l'envoyer au diable : *Hennique essaya de me répondre courtoisement que l'enquête ne faisait que commencer et que je pouvais aller me faire dorer par la peuplade de mon choix et dans la position qui me siérait céans* (ADG, 1).
ETYM. métaphore pâtissière, image de la dorure à l'œuf, dont le jaune évoque ici l'excrément humain (cf. *terre jaune*). 1935 [Esnault].
DER. **dorure** *n.f.* Imbécile : 1930 [Chautard].

dorme *n.f.*
1. Sommeil : *À la gare de Lyon, je suis descendu dans la salle d'attente d'où on vire encore pas trop les zonards qui tirent un petit crédit supplémentaire sur la dorme* (Dégaudenzi). **2.** Nuit d'amour.
ETYM. déverbal de **dormir. 1.** 1919, Bat' d'Af' [Esnault]. **2.** 1926 [id.].

dos *n.m.*
1. L'avoir dans le dos, être dupé. **2. Avoir les pieds dans le dos, les avoir sur le dos,** être poursuivi par la police : *Avec ce rassemblement, on n'allait pas tarder à avoir les flics sur le dos* (Jamet). **3. Dos d'azur, dos vert** ou simpl. **dos,** proxénète : *Tais ta g..., la rousse est là, a répondu la femelle, en vous désignant. Mais non, a répliqué le dos-vert ; tu vois bien qu'ils n'ont pas les poches du pantalon cousues sur le côté* (Macé). *Je m'disais : Quand on est dos, / On peut nager avec eun'sole, / À Batignolles* (Bruant). **4. Lâcher** ou **donner du dos,** pratiquer l'homosexualité passive.
ETYM. emplois euphémiques pour **cul** (1 et 2) et, au sens 3, comparaison avec le maquereau, poisson strié de vert et de bleu. **1** et **4. Donner du dos,** 1901 [Rossignol]. **2.** début du XXe s. [Carabelli]. **3. Dos d'azur,** 1864, Lemercier [Esnault] ; **dos vert,** 1773 [Sainéan] ; **dos,** 1876, Richepin.

dossière *n.f.*
1. Prostituée de dernière catégorie. **2.** Poche intérieure dans le dos d'un pardessus, qui reçoit les objets volés à la tire. **3.** Postérieur : *Craignons ni la sueur perleuse dans l'entrejoufflu, ni la courbature de la dossière* (Devaux). **Prendre, refiler de la dossière,** être homosexuel actif, passif : *Autour c'est plutôt des frêles gabarits, snobinailles, chochottes, menus sophistiqués, mectons qui refilent tous plus ou moins de la dossière* (Boudard, 1). **4.** Chance insolente. **5.** Slip fendu par derrière ; partie du trousseau de l'homosexuel. **6.** Vx. **Dossière de satte,** chaise.
ETYM. la dossière du cheval est une partie du harnais qui reçoit les brancards (sens 1) ; les autres sens sont dérivés directement de **dos. 1** et **6.** 1836 [Vidocq]. **2.** 1880, *le Petit Journal* [Rigaud]. **3.** 1926 [Esnault]. **Prendre, refiler de la dossière,** 1960 [Le Breton]. **4.** 1968 [PSI]. **5.** 1977 [Caradec].

douane *n.f.*
1. Dîme perçue par le préposé à la fouille sur ce qui entre en fraude au bagne. **2. Passer à la douane,** copuler debout sous une porte cochère.
ETYM. détournement subversif du mot usuel au sens 1 et probable jeu de mots (passe = coït) sur **passe-debout,** permis de passage pour les produits soumis à l'octroi, au sens 2. **1.** 1930 [Esnault]. **2.** 1975 [Arnal].

doublage *n.m.*

1. Temps de résidence obligatoire dans la colonie, d'une durée égale à celle de la peine purgée : *Les uns sont partis après avoir été libérés, ils avaient terminé leur peine et devaient accomplir le « doublage » en liberté* (Charrière). **2.** Mensonge ; trahison. **3.** Entretien de deux proxénètes par une seule prostituée : *Meurtri dans son honneur par le doublage […], cet homme se trouverait fondé à vous frapper d'une amende massive* (Simonin, 10).

ETYM. emplois spécialisés (1 et 3) et dérivé de **doubler,** trahir (2). **1.** 1870 [Esnault] (loi du 30 mai 1854 et décret du 29 août 1855). **2.** 1881 [Rigaud]. **3.** 1967, Simonin.

doublard *n.m.*

1. Vx. Forçat accomplissant le doublage. **2.** Amant en second d'une prostituée. **3.** Prostituée « clandestine » ou « secondaire » d'un proxénète : *Il prétend qu'il l'a bien en mains et qu'il va l'envoyer au tapin rue de Budapest, c'est le coin de ses doublards* (Paraz, 1). SYN. dessous. **4.** Dé truqué. **5.** Nom donné dans l'armée à certains gradés : *Un m'a dit qu'il fallait des comptables susceptibles de passer sergent en premier, ce que vous appelez en France des « doublards »* (Mac Orlan, 1).

ETYM. de **1. double** et du suff. péj. **-ard. 1.** 1928 [Lacassagne]. **2.** 1921 [Esnault]. **3.** 1926 [id.]. **4.** 1928 [id.]. **5.** 1881 [id.].

doublarde *n.f.*

Syn. de doublard au sens 3 : *Fabienne ! Quel dossard portes-tu ? Tu n'es pas la régulière, tu le sais et ça te mine. Doublarde ! Oui, bien sûr, c'est le mot qui convient* (Cordelier).

ETYM. var. féminisée de **doublard.** 1939 [Esnault].

1. **double** *n.m.*

1. Syn. de doublard au sens 5. **2.** Brigadier de police. **3.** Dé truqué : *Les* doubles, *par exemple, sont les dés qu'on remplace au moment qu'ils roulent par terre et que, seuls, les tricheurs s'arrangent pour avoir en main* (Carco, 4). SYN. doublard. **4. Mener, faire, mettre, charrier en double,** tromper : *C'est ce qu'on appelle, aujourd'hui : « mettre en boîte, en caisse, en double »* (Carco, 4). **Chiquer en double,** simuler le consentement.

ETYM. du double galon qui orne l'uniforme de certains gradés (1 et 2) ; emploi spécialisé du terme usuel (3). **1.** 1861 [Esnault]. **2.** 1883 [id.]. **3.** 1931 [id.]. **4. Mener en double,** 1878 [id.] ; **charrier en double,** 1928 [id.]. **Chiquer en double,** 1926 [id.].

2. **double** *n.f.*

Vx. **1.** Pièce de deux sous. **2.** Doublure de vêtement. **Vol à la double,** qui se pratique en coupant la doublure d'un vêtement.

ETYM. emplois spécialisés de l'adj. substantivé. **1.** 1899 [Nouguier]. **2.** 1911 [Esnault].

doublé *n.m.*

1. Deuxième coït, sitôt après le premier. **2. Monter un doublé,** tromper. **3. Faire un doublé,** mettre au monde des jumeaux.

ETYM. emplois spécialisés du participe passé substantivé de **doubler. 1.** 1950 [Esnault]. **2.** 1870 [id.]. **3.** 1977 [Caradec].

doubler *v.t.*

1. Tromper (la confiance d'un associé, d'un complice) : *Il s'était lancé à la conquête de nouveaux marchés et, pour bien montrer à son ancien patron qu'il ne voulait à aucun prix le doubler, il avait fait venir de Paris Max, son plus proche collaborateur* (Audouard). **2.** Tromper, en amour, celle avec qui on vit « régulièrement » : *Oui, il te doublait avec moi, ton homme, et drôlement ! Et on se serait fait la valise ensemble, s'il lui était pas arrivé ce malheur* (Bastiani, 1).

◆ **se doubler** *v.pr.*

1. Coucher à deux dans le même lit. **2.** Faire un coup à deux.

ETYM. emplois négatifs, très anciens, du verbe usuel. 1670, Montfleury [Esnault].

◆ *v.pr.* **1.** 1928 [Lacassagne]. **2.** 1945 [Esnault].

DER. **doubleur, euse** *n.* **1.** Menteur : 1881 [Rigaud]. **2.** Voleur : 1725 [Granval].

double-rambot *n.m.*

Tromperie machiavélique.

ETYM. de **double** et de **rambot,** rendez-vous. 1960 [Le Breton], qui signale ce mot comme très énergique.

double-six *n.m.*

1. Vx. Sergent de ville. **2. Jouer** ou **rendre le double-six à qqn,** se montrer supérieur à lui : *Don Juan, dont on a coutume de faire un patafar excessif, mon voyou lui rend allégrement le double six* (Simonin, 6).

◆ *n.f.pl.*

Les molaires.

ETYM. emprunts au jeu de dominos: le double-six est le domino le plus noir, couleur de l'uniforme du sergent de ville ; les molaires sont au nombre de deux fois six. **1.** 1868 [Esnault]. **2.** vers 1930 [Cellard-Rey] (le double-six est la pièce la plus forte), mais *double-six* « poseur » dès 1881 [Rigaud].
◆ *pl.* 1867 [Delvau].

doubleuse *n.f.*
Prostituée associée à une autre pour certains « exercices ».
ETYM. de **doubler**. 1901 [Bruant] ; arg. des maisons closes.

double-vé *n.m.*
Faire double-vé, être de planton.
ETYM. jeu de mots sur les initiales de **va-et-vient** (du policier sur le trottoir). 1950 [Esnault].

doublure *n.f.*
1. Vx. Ensemble des battants d'une porte. **2.** Maîtresse en second. SYN. doublard, doublarde.
ETYM. emplois spécialisés du nom usuel. **1.** 1879 [Esnault]. **2.** 1925 [id.].

1. **douce** *n.f.*
1. Marijuana (drogue). **2.** Vx. Masturbation: *Se faire une douce.* **3.** ARG. ANC. Soierie.
ETYM. emplois spécialisés de l'adj. substantivé. **1.** 1977 [Caradec]. **2.** 1849 [Esnault]. **3.** 1836 [Vidocq].

2. **douce** *n.f.*
1. En douce. ***a.*** en cachette : *Vous n'êtes pas encore mûrs pour opérer en douce tous les deux* (Clavel, 2) ; ***b.*** en confidence : *Maître Renard, au lieu d'aller au râle, / Bonit en douce au bouc [...] : Il faut nous prêter la pogne* (Marcus). **2.** Vx. **À la douce,** sans se presser ; avec douceur : *D'abord, si on le prend à la douce, ce gars-là, j'ai l'impression qu'il peut encore nous raconter pas mal de choses* (Simonin, 4).
ETYM. apocope de **en douceur. 1. *a.*** 1884 [Esnault] ; ***b.*** 1900 [id.]. **2.** 1862 [Larchey].

doudoune *n.f.*
Sein de femme rebondi : *Et la patronne qui te vous faisait ballotter ses doudounes au bout des lèvres quand elle vous parlait* (Chabrol).
ETYM. aphérèse de **bedoune,** vache, avec redoublement syllabique. 1930 [Esnault].

doudoute *n.f.*
Homosexuel : *Comme somme toute il y avait mis les formes, je n'avais aucune raison de brutaliser la vieille doudoute* (Simonin-Bazin).
ETYM. redoublement probable de **doux,** avec un suff. féminisant. 1935, Simonin-Bazin.

douillance *n.f.*
Paie, appointements : *La bretelle, sur le plan de la « douillance », se trouvait loin de valoir la godasse* (Simonin, 7).
ETYM. de **douiller.** 1977, Simonin.

douillard, e *adj. et n.*
Riche : *Maréchaux de l'empereur, chamarrés, douillards et ventrus* (Daudet). *Ces douillards sont à la même enseigne que nous, les purées : tous vérolés !* (Combescot).
ETYM. de **douille** et du suff. péj. **-ard.** 1857 [Esnault].

douille *n.f.*
1. Argent : *Une fois un coup fait sous la direction du toucheur, l'assommeur donne aussi sa douille à sa Ménesse* (Claude). **2.** Paiement : *Et puis, au moment de la douille, c'était toujours le même bidon, de l'entourloupe et du nuage !* (Céline, 5).
ETYM. origine obscure, p.-ê. aphérèse de **guindouilles,** « sous ». **1.** 1827, *Un monsieur comme il faut.* **2.** 1936, Céline.
DÉR. **douillé, e** *adj.* Riche : 1930 [Esnault].

douiller *v.t.*
Payer (qqn ou qqch), régler (une dette) : *Chez les Wurzem, l'agréable c'est qu'ils avaient pas de rancune. Après les pires engueulades, dès qu'on les douillait un peu, ils se remettaient à chanter* (Céline, 5). *Il avait certainement pas l'intention de me laisser douiller les consos puisqu'il avait déjà réglé* (Dégaudenzi). *Le voyage doit être drôlement chérot ? demanda un autre. – C'est ma maison qui douille, dit Neveux* (Lefèvre, 1).
◆ *v.i.*
Ça douille, ça rapporte ; ça coûte cher.
ETYM. de **douille.** 1858 [Larchey].
◆ *v.i.* 1988 [Caradec].

douilles *n.f.pl.*
1. Cheveux : *Sa moustache blonde et bien frisée, ses douilles toujours peignées* (Méténier). *Par mesure d'hygiène, coupe des douilles à double zéro* (Le Dano). ARG. ANC. (au masc.). **Douilles savonnés,** cheveux blancs. **2.** Barbe.

ETYM. apocope probable de **douillets**, de même sens (1747, Caylus), de l'adj. **douillet**, sensible. **1.** 1821 [Ansiaume]. **Douilles savonnés,** 1835 [Raspail]. **2.** 1844 [Dict. nain].
DER. **douillard** *n.m.* Homme chevelu : 1867 [Delvau]. **douillettes** *n.f.pl.* Barbe : 1844 [Dict. complet]. **douillets** *n.m.pl.* **1.** Cheveux : 1800, Leclair. **2.** Crins : 1836 [Vidocq]. **douillure** *n.f.* Chevelure : [id.].

douillette *n.f.*
Vx. Figue.
◆ **douillettes** *n.f.pl.*
Testicules.
ETYM. de **douillet**, tendre, sensible. 1841, Halles de Paris [Esnault].
◆ *pl.* 1952 [id.].

doulos, doulosse, doul ou **doule** *n.m.*
1. Chapeau : *Son doul lui a glissé sur ce que furent ses bajoues, seul le blair réussit à stopper cette dégringolade* (Siniac, 1) ; au fig. : *Ça canonne encore dur. Tu vas voir qu'ils vont finir par dégommer le doulosse de la basilique* [le Sacré-Cœur] (Combescot). **2. Porter le doule,** être indicateur de police ou soupçonné de l'être : *Il refusait d'avoir ouvertement l'air d'un indic ou, si vous préférez, de porter le « doule », le chapeau, à quoi l'on nous* [les policiers] *reconnaît* (Carco, 1). **3.** Indicateur de police.
ETYM. de **douil,** petit cuveau à vendange. **1.** *doul* 1889 [Esnault] ; *doulos* 1901 [Bruant]. **2.** 1927, Carco. **3.** vers 1950 [Cellard-Rey]. Le mot a été popularisé par le film de J.-P. Melville, *le Doulos* (1962), tiré du roman de P. Lesou (1957).
VAR. **doulard :** 1935 [Simonin-Bazin].

douloureuse *n.f.*
Note à payer (dans un restaurant, un hôtel, etc.) : *Lorsqu'arrive l'heure de la douloureuse, le dentiste propose au marchand de lui bailler en règlement une petite toile qu'il a remarquée dans sa galerie* (Galtier-Boissière, 1).
ETYM. emploi substantivé et ironique de l'adj. 1880, Montépin [Rigaud].

doutance *n.f.*
Vx. Doute, soupçon : *Pas de doutance possible. C'est cette tante-là qu'il allait voir* (Lorrain). *Bien que madame ne m'en ait jamais soufflé mot, j'ai une doutance qu'elle sait à quoi s'en tenir sur le compte de son gérant* (Chavette).
ETYM. suffixation arg. de **doute.** mil. du XVIIIe s., Vadé [Sainéan].

douze *n.m.*
1. Condamnation à douze mois qui se purge en prison départementale, par opposition au treize, que l'on effectue obligatoirement en centrale. **2.** Impair, bévue : *Hélène comprit qu'elle avait fait un douze. Elle se rattrapa : « Pourquoi te fâcher ? »* (Le Breton, 1).
ETYM. emplois spécialisés du numéral. **1.** 1939 [Esnault]. **2.** 1953 [id.] (le douze est, à la passe anglaise, un coup qui fait perdre la mise).

dragée *n.f.*
1. Balle d'arme à feu : *À ma quatrième dragée, un pan de glace descend avec fracas* (Tachet). **2.** Nez.
ETYM. emplois métaphoriques anc. (analogie de forme). **1.** 1792, Marceau [Larchey]. **2.** 1881 [Rigaud].

1. **drague** *n.m.*
Arg. anc. Médecin charlatan.
◆ *n.f.*
1. Tréteau ou métier de charlatan. **2.** Vente d'herbes médicinales : *Faire la drague.* **3.** Médecine.
ETYM. p.-ê. de **drague,** filet pour pêcher à la traîne. 1836 [Chéreau].
◆ *n.f.* **1.** 1866 [Delvau]. **2.** 1937 [Esnault]. **3.** 1957 [Sandry-Carrère].
VAR. **drage** au sens 2 : 1957 [PSI].
DER. **dragueur** *n.m.* Charlatan : 1836 [Vidocq].

2. **drague** *n.f.*
1. Vx. Maraude. **2.** Action de draguer (une personne) : *P..., qui s'est constitué l'équivalent du Guide Michelin de la drague homosexuelle, affirme que l'on y a affaire aussi à une catégorie de jeunes bisexuels* (de Goulène).
ETYM. déverbal de **draguer. 1.** 1915 [Esnault]. **2.** 1977 [Caradec].

draguer *v.i.*
Aller et venir ; s'affairer : *Maintenant qu'ils avaient ripé, elle draguait, dans la maison, très affairée* (Simonin, 1).
◆ *v.t. et i.*
1. Tenter de séduire qqn, le plus souvent dans un dessein érotique : *Retrouvez le parfum que vous aviez le soir où il vous a draguée à la sortie d'un cinéma de quartier et aspergez-vous-en* (Sarraute). *Les deux filles qui m'encadrent sont superbes. Si elles me déconcertent,*

c'est sans doute que je ne drague pas assez dans les gymnases (Vilar). **2.** Vx. Quereller, chercher noise à qqn.

ETYM. emplois spécialisés du terme usuel. 1914 [Esnault].

◆ *v.t. et i.* **1.** 1953, Le Breton et Simonin [id.]. Est passé auj. dans l'usage fam. courant. **2.** 1906, Brest [Esnault].

dragueur, euse *n. et adj.*

1. Vx. Charlatan, escamoteur. **2.** Garçon ou fille qui drague : *Il porte des cheveux mi-longs, sur une gueule de dragueur de plage* (Galland).

ETYM. de **draguer** au sens 1. **1.** 1836 [Vidocq]. **2.** 1892, J. Renard [TLF].

drapeau *n.m.*

1. Dette demeurant impayée (surtout dans les loc. **laisser** ou **planter un drapeau,** quitter un lieu sans régler la note) : *Il a bâillé qu'il devait y avoir des lits de libres, deux locataires s'étant récemment débinés en plantant un drapeau* (Malet, 1). *Pourquoi Fargue posait-il des drapeaux – c'est le cas de le dire – aux chauffeurs de taxi ?* (Galtier-Boissière, 4). **2.** Vx. **Drapeau de la Commune** ou **drapeau rouge,** menstrues. **3.** Plaque rectangulaire reliée au taximètre par un petit levier et indiquant la prise en charge : *Il tournait et retournait le drapeau jusqu'à ce qu'il eût retrouvé ses chiffres de départ au voyant des prises en charge à deux francs* (Simonin-Bazin).

ETYM. **1.** 1894 [Virmaître] ; dans un restaurant, sans doute du sens de « serviette », ou p.-ê. du drapeau planté par les cantonniers sur l'emplacement qu'ils réparent. **2.** 1901 [Bruant]. **3.** 1922, chanson *Machinalement,* paroles d'A. Willemetz.

drauper ou **dreauper** [dropœr] *n.m.*

Policier : *L'un des draupers bondit et abattit le quartier de bœuf qui lui servait de main sur l'épaule d'un client* (Le Breton, 3).

ETYM. verlan de **perdreau.** 1953 [Esnault].

drepou ou **dropou** *n.f.*

Drogue en poudre (héroïne ou cocaïne) : *Le président à Yves Jobic : « Dans les écoutes téléphoniques, on constate que vous parlez un autre langage. Vous parlez de dropou »* (*Libération,* 20 mars 1989).

ETYM. verlan de **poudre.** *drepou* 1984 [Obalk].

dringue *n.f.*

Vx. **1.** Diarrhée. **2.** Sonnette : *N'ayant pas d' dringue à la lourde de leur piaule,* [Robinson et Bamboula] *z'y filèrent un serpiche à sonnanches* (Stollé).

ETYM. formation onomatopéique, d'après **dring !** **1.** 1866 [Delvau]. **2.** 1904 [Esnault].

dringuer *v.i.*

Sonner : [Tom Pouce] *alla dringuer un p'tit chouïa à la piaule d'un grand malabar* (Stollé). *Quand midi dringua, ayant les crocs, / Le mariol s'apporta* (Marcus).

ETYM. de **dringue.** 1947, Stollé-Marcus.

drive [drajv] *n.m.*

Qualités d'un individu manifestant énergie et enthousiasme : *Il n'a pas de punch, pas de drive, pas d'ambition, enfin de vraie ambition* (Sarraute).

ETYM. emprunt au vocabulaire arg. du jazz. 1967, Ténot [TLF].

1\. **driver** *v.t.*

1. Conduire (un véhicule) : *Il y a des putains de journées où on ferait mieux de se faire mettre par un putain de grec que de driver un putain de gros-cul* (Pelman, 1). **2.** Accompagner (qqn) dans telle direction : *Le type a un accent africain à couper à la machette. Il me drive vers une petite porte dérobée* (Bastid-Martens). **3.** Conseiller (qqn) : *Le chef de l'État n'est pas le seul à être ainsi drivé. Pas un homme politique, désormais, qui n'ait son conseil* (*le Point,* 20 mai 1985). **4.** Diriger, être à la tête de (notamment dans le proxénétisme) : *Voilà, quand cette table est au complet, on est douze. C'est moi qui la drive. Ici, pas de passe-droit* (Le Breton, 6). *Le vieux pouvait sourire, il pouvait bien rêver aux trois mille femmes qu'il avait drivées dans le plus grand bordel d'Alger* (Prudon).

◆ *v.i.*

Commander, être le chef : *Le Bosco s'est fait repasser la semaine dernière à Marseille. C'est moi qui drive maintenant* (Le Breton, 3).

ETYM. de l'angl. **to drive**, conduire. **1.** 1935, Simonin-Bazin. **2.** contemporain. **3.** 1946 [Esnault]. **4.** 1957 [Sandry-Carrère].

◆ *v.i.* 1954, Le Breton.

2\. **driver** [drivœr] *n.m.*

Chauffeur : *À Asnières ! s'écrie l'Homme-au-sous-marin (le driver de la dernière Bellanger)* (Simonin-Bazin).

ETYM. de l'angl. **driver**, de même sens. 1935, Simonin-Bazin.

droguer *v.i.*

1. Vx. Marauder : *Je ne savais pas où vous trouver, alors je suis venu droguer ici* (Fauchet). **2.** Mendier. **3.** Poser une question. **4.** Attendre longuement : *Ne l'interromps pas, dit Marie-Charlotte, sans ça il va en profiter pour nous faire encore droguer une demi-heure !* (Faizant).

ETYM. du vieux mot **drogue,** maraudage (1628, Chéreau). **1** et **2.** [id.]. **3.** 1811, chanson [Vidocq]. **4.** 1808 [d'Hautel].

DÉR. **droguerie** *n.f.* Question : 1836 [Vidocq]. **drogueur** *n.m.* Escroc : [id.].

droico ou **droi-co** *n.m.*

Condamné de droit commun : *En 47, y' avait encore toute une division de collabos qui faisaient rentrer des bouquins, ils étaient plus lettrés que les droicos* (*Libération,* 19 février 1985).

ETYM. apocope et soudure de la loc. officielle : **droit-commun** figure en 1946 chez Galtier-Boissière et **droit-co** en 1957 chez Sandry-Carrère. 1960 [George].

droper ou **dropper** *v.i.*

Se dépêcher, courir : *La gare ouvre ses quinquets poussiéreux. Quelques boulots dropent vers la sortie et leur chagrin* (Dégaudenzi).

◆ *v.t.*

Amener, conduire en hâte : *C'est le bar que fréquente René Happy, René la vache... Tu le droppes directement à la Brigade si tu le trouves là-bas* (Risser). SYN. driver.

ETYM. aphérèse de **adroper**, se hâter (1869, arg. militaire), issu de l'arabe **dreb**, frapper. 1902 [Esnault].

◆ *v.t.* 1973, Risser. Cet emploi transitif vient p.-ê. de l'angl. **to drop off**, déposer (qqn).

VAR. **draper** (souvent impers. : **ça drape**, c'est urgent) : 1928 [Esnault].

dropou *n.f.* → **DREPOU.**

dross *n.m.*

Résidu qu'on retire des pipes d'opium : *Un Fransquillon qui, officiel, revenait d'Indochine ! [...] Un coriace sans doute, car il délayait son dross dans un verre d'eau qu'il s'envoya d'un seul jet* (Le Breton, 3).

ETYM. mot angl., « déchets, impuretés ». 1933, Carco [TLF]. Mais on rencontre en ce sens, dès 1922, dans *la Garçonne* de V. Margueritte, la forme **drops**, p.-ê. influencée par le paronyme **drop**, goutte, larme, dépôt.

drouille *n.f.*

Marchandise sans valeur, dans le langage des brocanteurs : *L'énumération exacte serait trop longue de tout ce qui aux Puces officielles de Saint-Ouen serait considéré comme de la drouille, mais qui permet quand même aux habitués de gagner leur sac avant midi* (Clébert) ; marchandise d'occasion : *Baudoin Janninck donne ses lettres de noblesse à la drouille, le marché de l'occasion dans le langage des bouquinistes* (*Libération,* 22 novembre 1985).

ETYM. origine obscure. 1952, Clébert.

DÉR. **drouilleur** *n.m.* Soldeur : 1977 [Caradec].

[-du]

suffixe argotique : **chômedu, lardu, lavedu, ligedu, loquedu,** etc.

duc *n.m.*

1. Vx. Chapeau melon à bords étroits. **2. Duc de Guiche,** directeur de prison. **3. À la duc d'Aumale,** position érotique compliquée, sur la technique de laquelle les auteurs divergent : *J'ai une envie à me damner de cette gonzesse, de la trousser, de la prendre debout, de face, à la duc d'Aumale ou en levrette* (Boudard, 5).

ETYM. de l'opéra-comique de Meilhac et Halévy *le Petit Duc* (1878) au sens 1 ; au sens 2, jeu de mots sur **Guise** et **guichet**. **1.** 1883 [Fustier]. **2.** 1847 [Dict. nain]. **3.** vers 1880 [Cellard-Rey] (ce quatrième fils de Louis-Philippe était renommé pour ses acrobaties amoureuses).

duce *n.m.*

1. Avertissement ou signal convenu pour prévenir qqn : *Je me vois réduit à t'envoyer le duce au flan, au hasard* (Simonin, 6). *Le Maigre me regarda. Un duce de moi l'assura que j'étais d'accord pour affranchir complètement notre nouvel associé* (Trignol). **2.** Renseignement confidentiel : *Du moment que personne ne demande qui a frappé, l'patron leur aura « filé le duce » et nous sommes cuits* (Carco, 1).

ETYM. var. du **tuss !** des écoliers prévenant de l'arrivée d'un surveillant. **1.** 1850, forçat Clémens [Esnault]. **2.** 1935 [id.].

VAR. nombreuses selon Esnault : **duss, dus, duse.** Seule la forme prise ici en entrée paraît être usuelle aujourd'hui.

duchnoque *adj. et n.m.*

Qualification ou appellation injurieuse: *Madam'Duchnock est d'un âge / Où l'on fait ce que l'on doit* (chanson *Elle a un stock,* paroles de Georgius). *Eh! du schnock! Montons à l'air en vitesse et prenons un tacot* (Galtier-Boissière, 2).

ETYM. parodie des noms à particule, à partir de **chnoque** ou **schnoque**. 1925, Galtier-Boissière. Les var. graphiques sont nombreuses. → SCHNOQUE.

ducon ou **duconno** *n.m.*

Appellations injurieuses: *Je te connais. C'est toi qu'on appelait Ducon, à la troisième pièce* [d'artillerie] (Dabit, 2). *Maréchal Duconno* [Pétain] *se page avec méfiance, / Il rêve à la rebiffe et il crie au charron* (Desnos). **Ducon-la-joie,** imbécile heureux.

ETYM. de **du** et **con, conno,** etc. *ducon* 1946, Prévert ; *duconno(t)* 1920 [Bauche]. **Ducon-la-joie,** 1977 [Caradec].

VAR. très nombreuses, comme celles du nom simple. **duconnard :** 1953 [Sandry-Carrère]. **duconneau :** 1894 [Virmaître].

Dudule *n.pr.*

VIEILLI. Type de sot nonchalant. **Un** ou **le poisse Dudule,** type de proxénète médiocre: *Je m'attends à chaque seconde à voir surgir ironiquement, fantômes du passé, le poisse Dudule et sa pierreuse s'accouplant dans une féroce chaloupée* (Simonin-Bazin). **La poisse (à) Dudule,** la déveine.

ETYM. redoublement expressif, p.-ê. à partir de **bidule.** 1913 [Esnault]. **Un** ou **le poisse Dudule,** 1915 [id.]. **La poisse (à) Dudule,** 1920 [id.].

dur, e *adj. et n.*

1. À la dure ou **au dur.** ***a.*** avec violence : *J'étais convaincu que le coffre-fort se trouvait au second étage et Issacar soutenait qu'il était au troisième. Il avait deviné juste! Il a le flair, celui-là. C'est dommage qu'il ne veuille rien faire à la dure* (Darien, 2). *Donc, notre type fera comme les autres, et se trouvera obligé de descendre à pied. C'est alors qu'on l'attend pour le « faire à la dure »* (Robert-Dumas). **Travail au dur,** vol avec agression ; ***b.*** avec rigueur, sévérité : *Monsieur Luis est de la vieille école. Il nous traite à la dure, toujours l'injure à la bouche* (Smaïl). **Sapement à la dure,** réclusion en centrale. **2. L'avoir dur(e) pour une fille,** la désirer fortement : *J'l'aimais et je crois que d'son côté, il l'avait dure pour moi* (Cordelier).

◆ *adj. et adv.*

Dur dur, exprime de façon forte le caractère difficile ou pénible d'une chose : *J'ai trouvé ça dur dur de la part d'un compagnon Rebelle* (Lasaygues).

◆ *n.m.*

1. Homme viril, solide, selon la morale du milieu : *Le commissaire Chenevier rappelle une histoire de faux aveux dans laquelle il fut entraîné et qui ne mettait en cause ni un naïf ni un pauvre diable, mais un dur qu'on pouvait croire en toute bonne foi* (Larue). **Dur de dur** ou **dur à cuire,** homme énergique et décidé à tout : *C'était les durs des durs de la Brigade spé, frais émoulus des internes concours* (Bernheim-Cardot). *Dans la nouvelle tenue, avec tout le fourniment à la ceinture et le 357 sur la hanche, il n'était pas difficile de se composer un look de dur à cuire* (Pagan) ; rare au fém. : *Bagotant comme une dingo, / Ell'* [la tortue] *fit tant, en vraie dure de dure, / Qu'ell' triompha devant l'gib'lot* (Marcus). *C'était une naïve sous ses airs de dure à cuire* (Granotier). **2.** Crime sanglant. **3.** Vx. Fer. **4.** Train : *Reprendre demain matin, à Mouchard, le dur de 8 heures 2, qui m'amènera frais et rose à Lons* (Grancher). **Brûler** ou **griller le dur,** prendre le train sans payer son billet : *Une partie du trajet Paris-Anvers s'était faite à pinces, l'autre, en brûlant le dur* (Cendrars, 1). **5.** Pince-monseigneur. **6.** Monnaie d'or. **7.** Eau-de-vie forte : *Je n'étais pas encore comme un détective amerloque, qui boit à toute heure, et des lessiveuses, du dur de dur* (Pouy, 3). SYN. raide. **8.** Vx. Bagne : *La maison de correction a pris leur enfance, le turbin les bondes et le dur, le reste de leur vie* (Humbert). On rencontre plus souvent le plur. → DURS.

◆ **dure** *n.f.*

Vx. **1.** Terre (en divers sens) : *Ô grand Havre, Dasbusche du ciel et de la Dure* (Responce au grand Coesre). **2.** Maison centrale. **3.** Pierre.

ETYM. emplois spécialisés de l'adj. **1. *a.* À la dure,** 1878 [Rigaud] ; **au dur,** 1939 [Esnault] ; ***b.* Sapement à la dure,** 1878 [Rigaud]. **2. L'avoir dur,** 1901 [Bruant] ; **dure,** 1914, J. Rictus [Cellard-Rey].

◆ *adj. et adv.* vers 1980 (redoublement expressif qui appartient au langage des jeunes). ◆ *n.m.* **1.** vers 1910, Carabelli [TLF]. **Dur de dur,** 1944 [Esnault] ; **dur à cuire,** 1808 [d'Hautel]. **2.** 1901 [Esnault]. **3.** 1836 [Vidocq]. **4.** 1886

[Esnault]. **5.** 1899 [Nouguier]. **6.** 1960 [Le Breton]. **7.** 1847, Féval [TLF]. **8.** 1841, Joigneaux.

◆ *n.f.* **1.** vers 1460, Villon. **2.** 1881 [Rigaud]. **3.** 1866 [Delvau], art. *duraille.*

DÉR. Vx. **durême** *n.m.* Fromage : 1628 [Chéreau]. **duret** *n.m.* Fève : 1800, Leclair. **durier** *n.m.* Mur : [id.]. **durin** *n.m.* Fer : 1821 [Mézière]. **duriner** *v.t.* Ferrer (un cheval) : 1822 [Mésière].

duraille ou (RARE) **durail** *adj.*

Dur (dans tous les sens) : *Qui me l'a dit ? Pas duraille à imaginer* (Tachet). *Le tueur doit être endormi dans le lit de sa maîtresse. Ça ne sera peut-être pas trop duraille* (Larue). *C'est durail. En principe ça résiste à la chimio* (Francos).

◆ *adv.*

Durement : *Marner duraille.*

◆ *n.f.*

ARG. ANC. **1.** Mur : *Le messière a rebridé le boulin de la duraille. Décarrons* (Ansiaume). **2.** Pierre. **3.** Fers qu'on met aux pieds.

ETYM. suffixation pop. de **dur.** *duraille* 1907 [Esnault] ; *durail* 1983, Francos.

◆ *adv.* 1950 [Esnault].

◆ *n.f.* **1.** 1821 [Ansiaume]. **2.** 1836 [Vidocq]. **3.** 1850 [Sainéan].

VAR. **durillot** : 1953 [Sandry-Carrère].

durillon *adj.*

Syn. de dur (dans tous les sens) : *Ce sont ces documents que j'aimerais me procurer avant tout le monde. Ce sera durillon* (Malet, 14).

ETYM. suffixation arg. de **dur.** 1889 [Esnault].

durs *n.m.pl.*

Vx. **1.** Fers des détenus : *Ils m'ont mis des durs aux paturons de dix-huit plombes* (Ansiaume). **2.** Le bagne : *Il a déjà été aux durs, et s'il tient à y retourner, c'est son affaire* (Trignol). **3.** Travaux forcés : *Auteur d'un fait peu commun qui l'a envoyé vingt ans aux durs, c'est un homme d'action très respecté* (Charrière).

◆ *n.m.*

Forçat condamné à une telle peine.

ETYM. emplois métonymiques de l'adj. **1.** 1800, Leclair. **2.** 1833 [Moreau-Christophe]. **3.** 1881, abbé Moreau.

◆ *n.m.* 1925 [Esnault].

dynamite *n.f.*

Cocaïne. **Marcher à la dynamite,** se droguer.

ETYM. emploi métaphorique et emphatique. 1926 [Esnault]. **Marcher à la dynamite,** 1953 [Sandry-Carrère], en parlant d'un coureur cycliste dopé.

eau *n.f.*

1. Ne pas avoir inventé l'eau tiède ou **l'eau chaude,** être peu intelligent. **2. Compte là-dessus et bois de l'eau (fraîche),** se dit ironiquement pour rejeter une proposition. **3.** Vx. **Passer l'eau,** être transporté (au bagne): *On l'a fourré dedans... avec ses six jugements, il est foutu de passer l'eau* (Méténier). **4. Eau à pédale, à ressort,** eau gazeuse, notamment eau de Seltz: *Je versai un peu d'eau à ressort dans son verre, la lui fis boire* (Malet, 14). **5.** Vx. **Eau d'affe.** ***a.*** eau-de-vie: *Le café, merci, ça ne me dit rien, mais l'eau d'af, je ne dis pas ; ça me sert d'huile de foie de morue* (Guéroult); ***b.*** cognac. Vx. **Eau de moule,** absinthe coupée de beaucoup d'eau. **6.** Vx. **Gâter** ou **lancer de l'eau,** uriner: *J'entendis le marchand qui se levait et allait dans son écurie pour gâter de l'eau* (Orgères).

◆ **eaux** *n.f.pl.*

1. Les eaux sont basses, l'argent manque: *Tiens, ma fille, les eaux sont basses aujourd'hui, nous n'irons pas à la barrière* (Vidocq). **2. Dans les eaux de...,** à peu près: *Une nuit, il devait être dans les eaux de quatre heures du matin, je suis à la Cloche d'or* (Pousse).

ETYM. emplois spécialisés du mot usuel: au sens 3, il s'agit de l'océan Atlantique ; au sens 5, altération et emploi antiphrastique de **eau nafe**, eau de fleur d'oranger; au sens 4, image pittoresque : le gaz fait sauter l'eau. **1.** 1977 [Caradec], mais dès le XVIIe s. *il n'a pas inventé la poudre à canon* [Duneton-Claval]. **2.** *croyez ça et buvez de l'eau* 1792 [Larchey]. **3.** 1885, Méténier. **4. Eau à ressort,** 1929, Aressy [Giraud]; **eau à pédale,** 1957 [Sandry-Carrère]. **5.** ***a.*** 1790, *le Rat du Châtelet*; ***b.*** 1856, Arts et métiers, Angers [Esnault]. **Eau de moule,** 1881 [Rigaud]. **6.** 1798, Orgères (pour les deux verbes).

◆ *pl.* **1.** 1808 [d'Hautel]. **2.** 1989, Pousse.

ébobir *v.t.*

Vx. Tuer: *S'il vient un cogne pour me pommer, je l'ébobis de rif* (Ansiaume).

ETYM. emploi fort du verbe **ébaubir**, frapper d'étonnement. 1821 [Ansiaume].

ébobisseur *n.m.*

Vx. Assassin : *Toi qui es un ébobisseur, paie une rouillarde, je te vais donner une affaire* (Ansiaume).

ETYM. du verbe **ébobir**. 1821 [Ansiaume].

ébouzer ou **ébouser** *v.t.*

Tuer, assassiner : *L'un suivant l'autre, à une seconde d'intervalle, je les ai ébouzés, les malfaisants, aussi aisément que si ce flingue avait pensé pour moi, s'était substitué à ma volonté, avait épousé mes crosses* (Simonin, 3).

ETYM. origine obscure, à rapprocher de **bazir**, même sens (1455, Coquillards). 1954, Simonin.

écailler *v.t.*

Escroquer: *On a beau essayer de lutter, ajouta l'inspecteur avec un hochement de tête, et infliger deux ou trois ans de prison aux tristes individus qui « écaillent », comme ils disent,*

€ forme de l'euro

leurs contemporains... rien à espérer (Carco, 1).

ETYM. emploi métaphorique du verbe usuel (cf. *plumer*, plus répandu). 1927, Carco.

écarté *n.m.*

1. Partie d'écarté, coït. **2. Jouer à l'écarté,** organiser des partouzes, dans le langage de la police des mœurs.

ETYM. métaphore et jeu de mots érotique. **1.** 1901 [Bruant]. **2.** 1975 [Arnal].

écarter *v.t.*

1. Les écarter, pratiquer le coït, en parlant d'une femme : *Tout ce qu'on peut raisonnab'ment exiger d'une femme, ici-bas dans cette vallée sus l'terre, c'est d'êt' bonne ménagère et d'aimer ben les écarter* (Stéphane). **2.** Vx. **Écarter la dragée** ou **écarter du fusil,** postillonner.

◆ **s'écarter** *v.pr.*

Vx. Être impossible à supporter.

ETYM. les représente les jambes, les cuisses. **1.** 1928, Stéphane. **2. Écarter la dragée,** 1690 [Furetière] ; **écarter du fusil,** 1867 [Delvau].

◆ *v.pr.* 1835 [Raspail].

échalas *n.m.*

1. Jambe maigre. **2.** Individu dégingandé : *J'suis pas taillée en échalas, / J'ai du ballon et d'la plastique* (chanson *la Femme athlète*, paroles de L. Delormel et L. Laroche). *Un grand échalas avec une moustache à la Charlot demanda quel film on tournait* (Stéphane). **3. Jus d'échalas, vin à racler les échalas,** vin médiocre.

ETYM. analogie de forme («minceur excessive»). **1.** 1808 [d'Hautel]. **2.** 1690 [Furetière]. **3.** 1907 [H. France].

échalote *n.f.*

Anus. **Course à l'échalote.** ***a.*** traitement énergique consistant à faire courir qqn devant soi en le tenant d'une main par le col, de l'autre par le fond du pantalon : *Les matons lui font une course à l'échalote mais se trouvent trop éloignés pour l'empêcher d'exécuter le plongeon* (Le Dano) ; ***b.*** poursuite en voiture, dans laquelle on touche presque la voiture qui précède.

◆ **échalotes** *n.f.pl.*

Ovaires : *Je craignais tant que l'on vous dévisse les échalotes !* (Lacassagne).

ETYM. analogie de forme (cf. *oignon*). ***a*** et ***b.*** 1953 [Sandry-Carrère].

◆ *pl.* 1948 [Lacassagne].

échangisme *n.m.*

Pratique érotique consistant à opérer des permutations de partenaires entre couples : *Laissons donc pour l'instant les motivations de ce phénomène de société qu'il est convenu d'appeler depuis quelques années d'un nom presque barbare, l'échangisme : en jargon américain, le swap ou le swing* (de Goulène).

ETYM. détournement d'un terme d'économie : la thèse du **libre-échangisme** a été soutenue vers 1860-1880 ; p.-ê. y a-t-il ici, en outre, un souvenir du vaudeville de G. Feydeau, *l'Hôtel du libre échange* (1894). vers 1965.

échangiste *n.*

Partisan de l'échangisme : *Il y en eut pour tous les goûts, pour toutes les perversités, de l'échangiste au partouzeur* (Agret).

ETYM. du précédent. 1985, Agret.

échassière *n.f.*

Prostituée travaillant dans un bar.

ETYM. elle est perchée sur un tabouret. 1954, Delpèche.

éclairer *v.t.*

1. Éclairer le tapis ou simpl. **éclairer,** miser : *On constata d'abord que le croupier, ayant omis de faire « éclairer » le ponte, était responsable de l'enjeu non payé* (London, 2). **2.** Payer : *Il a ça dans le sang. Même pas besoin d'éclairer (de le payer) pour en faire une « casserole »* (Yonnet). **3.** Voir : *V'là q'j'éclaire trois fafs* (Brissac).

◆ **s'éclairer** *v.pr.*

Vx. **S'éclairer le fanal,** boire un verre de vin ou d'eau-de-vie.

ETYM. idée de mettre au jour, faire sortir. **1. Éclairer le tapis,** 1752 [Trévoux] ; **éclairer,** XVIe s. [Esnault]. **2.** 1859 [id.]. **3.** 1875, Rabasse [Larchey].

◆ *v.pr.* 1866 [Delvau].

DER. éclairage *n.m.* Vx. Enjeu : 1875, Cavaillé [Larchey].

éclate, éclatade ou **éclaterie** *n.f.*

Plaisir intense, sentiment de plénitude intérieure : *Ell'm'dit : j'préfère le rockn'roll, / C'est plus l'éclate* (Renaud). *Je vis un rythme d'éclatade. Les gens se défoncent, coco* (le Nouvel Observateur, 20 juillet 1984). *On a claqué un sacré paquet de pèze à faire les cons, à s'poudrer les narines comme des bêtes. L'éclaterie, quoi !* (Lasaygues).

ETYM. déverbal de **(s')éclater**, avec suffixation en **-ade** et en **-erie.** *éclate* 1980, Renaud ; *éclatade* 1984, *le Nouvel Observateur ; éclaterie* 1985, Lasaygues.

éclater *v.t.*

Frapper violemment : *Dans des cas comme ça, je fonce dans la foule et j'en éclate trois ou quatre* (*le Monde*, 11 mai 1980). *Il s'était lui-même arrangé la gueule en se l'éclatant contre le comptoir* (Roux).

◆ **s'éclater** *v.pr.*

1. Avoir des visions colorées sous l'effet du LSD. **2.** Éprouver l'orgasme : *Il fait souvent la tête, mais ça fait rien. Je reste avec lui quand même. Des fois, on s'éclate bien tous les deux* (Varoux, 1). **3.** Prendre un plaisir intense en s'exprimant complètement, en allant jusqu'au bout de ses fantasmes : *Mais moi, pour m'éclater, pas b'soin d'aller si loin, / Je joue du rock'n'roll à Lille-Roubaix-Tourcoing* (Renaud).

ETYM. à la voix pronominale, emplois emphatiques empruntés au langage des drogués. 1980, *le Monde.*

◆ *v.pr.* **1.** 1975 [Le Breton]. **2.** 1979, Varoux. **3.** vers 1968 [GR]. Les sens 2 et 3 sont passés dans l'usage fam. courant.

écluse *n.f.*

Lâcher, ouvrir les écluses. ***a.*** pleurer : *Donc, elle avait ouvert les écluses, la grande Léone. Ça y allait ! Je pouvais toujours essayer les consolations d'usage* (Boudard, 1) ; ***b.*** uriner.

ETYM. métaphore expressive. ***a.*** 1881 [Rigaud] ; ***b.*** 1808 [d'Hautel].

écluser *v.t.*

Boire (une consommation, une bouteille) : *Je me tourne vers elle qui écluse un nouveau godet de rouge* (Veillot) ; absol., boire avec excès : *Briancourt était là, joyeux comme un pinson, et ayant passablement éclusé* (Malet, 18). *Qu'est-ce qu'ils éclusent ! Depuis hier, j'ai déjà rempli sept fois cette longue carafe* (*Actuel*, mai 1981).

◆ *v.i.*

1. Uriner. **2.** Travailler beaucoup.

ETYM. emplois métaphoriques et expressifs (« laisser passer un liquide en quantité abondante »). 1936 [Esnault] ; absol., 1945, Malet.

◆ *v.i.* **1.** 1866 [Delvau]. **2.** 1975 [Arnal].

écolo *n. et adj.*

Partisan de la protection de la nature et de la lutte contre la pollution : *À Tolbiac, il y avait le comité anti-nucléaire qui s'agitait ferme contre la construction du surgénérateur de Malville. Les écolos classiques voulaient des manifestations pacifiques* (Veillot).

ETYM. apocope de **écologiste**, en un sens engagé et non scientifique (c.-à-d. « étude des relations entre les êtres vivants et le milieu dans lequel ils vivent ») ; mot très en vogue depuis les années 1970.

éconocroques *n.f.pl.*

Économies personnelles : *Pas trop vieux. Pas trop jeune. Bonne santé. Costaud. Sûrement des éconocroques. Il a tout pour lui, Charles* (Queneau, 1).

ETYM. resuffixation plaisante de **économies**, à l'aide d'un pseudo-suffixe tiré du verbe **croquer**, dépenser. 1913 [Esnault].

écoper *v.t.*

Recevoir, subir (qqch de désagréable, notamment une condamnation) : *Je m'étais souvent posé la fameuse question à mille balles : préférais-je mourir de neuf balles de 7,65, écoper perpète, devenir folle ?* (Francos). *Le médecin-chef* [...] *m'apprit que j'avais écopé de quatre balles* (Pagan).

ETYM. du sens « mouiller à l'écope », utilisé par les jardiniers [Esnault], et non de « vider la coque d'un bateau ». 1867 [Delvau]. Est passé auj. dans la langue familière.

écorcher *v.t.*

1. Faire payer trop cher à un client, un acheteur. **2. Écorcher le renard,** vomir.

ETYM. emplois métaphoriques du verbe usuel. **1.** *écorcher à l'hostellerie* 1640 [Oudin]. **2.** 1534, Rabelais [TLF].

écorner *v.t.*

Vx. **1.** Fracturer qqch : *J'aimerais mieux faire suer le chêne sur le grand trimard que d'écorner les boucards* (Vidocq). **2.** Charger qqn devant le tribunal.

ETYM. de **corne**, littéralement « ôter une corne en la brisant ». **1.** 1828, Vidocq. **2.** 1836 [Vidocq].

DER. **écornage** *n.m.* Bris de vitre dans un dessein de vol : 1843 [Dict. moderne]. **écorne** *n.m.* Même sens : vers 1845 [Esnault]. **écorneur** *n.m.* **1.** Briseur de devantures : 1844 [Esnault]. **2.** Avocat général : 1836 [Vidocq].

écosser *v.t.*

1. Gruger. **2.** Dépenser. **En faire écosser à qqn,** lui coûter cher. **3.** Arracher ; obtenir (un gain) : *En fonçant sur le labeur, je parvenais tout juste à écosser soixante-dix points par semaine* (Simonin, 7). **Écosser du boulot, en écosser,** travailler dur : *À l'enclume, à l'étau, sur le chantier, tout môme encore, il écossait la tâche d'un compagnon* (Simonin, 5). **4. En écosser. *a.*** se livrer à une activité fructueuse ; ***b.*** se livrer à la prostitution : *Les pouliches, officiel qu'elles en écossent à la Madeleine ou à Pigalle, ça me paraît difficile de les imaginer dans une de ces professions qui commencent à s'ouvrir au deuxième sexe... le professorat de philosophie, le barreau ou la médecine* (Boudard, 6). **5. Écosser les chasses,** crever les yeux.

ETYM. emplois métaphoriques : « débarrasser de (son argent) ». **1.** 1851 [Esnault]. **2.** 1881 [id.]. **3.** 1888 [id.]. **Écosser du boulot,** 1915 [id.]. **4. *a.*** 1957 [PSI] ; ***b.*** 1960 [Le Breton]. **5.** 1901 [Rossignol].

écoutilles *n.f.pl.*

Oreilles.

ETYM. jeu de mots sur **écouter.** 1881, Richepin [Esnault].

écrase-merde *n.m. ou f. inv.*

Chaussure à semelle large et épaisse : *Les écrase-merde appartiennent à deux paires divorcées. L'une était chamois, l'autre noire* (Dégaudenzi).

ETYM. mot composé, du verbe **écraser** et de **merde.** 1898 [Chautard] ; 1977 [Caradec], pour qui ce mot est féminin pluriel ; 1980 [Cellard-Rey], qui donnent le mot comme masculin.

écraser *v.t.*

1. Tuer. **2. Écraser le coup,** s'arranger pour faire oublier une affaire ; passer l'éponge : *Pour écraser le coup, se faire pardonner notre esclandre, on est retourné dans la chapelle tous les deux* (Boudard, 6). *Tu lui as dit qu'il s'agissait d'écraser votre coup ?* (Simonin, 1). **3.** Avaler. **Écraser un grain,** boire un verre d'eau-de-vie. **4.** Voler. **5.** Exécuter rapidement (une tâche). **6. En écraser. *a.*** dormir profondément : *Quant à son équipier, il en écrase sur la couchette* (G. Arnaud, 2). *Là aussi d'ailleurs tout le monde en écrasait, sauf peut-être les sentinelles ratatinées sous la pluie au tournant du chemin* (J. Perret, 1) ; ***b.*** se livrer à la prostitution : *J'avais même levé une môme qu'en écrasait sur le Faubourg du Temple* (Le Breton, 6). SYN. en concasser. **7. Écraser des** ou **ses tomates,** avoir ses règles, en parlant d'une femme.

◆ *v.i.* ou **s'écraser** *v.pr.*

1. Se soumettre ; renoncer à se manifester : *Le mieux, je crois, c'est d'écraser... Toujours le même conseil, qui lasse et qui crispe, je sais. Mais que conseiller d'autre ?* (Sarrazin, 2). *On gueule contre les rampouilles quand ils ont le dos tourné, mais on s'écrase comme des merdes devant eux* (Monsour). **2.** Se taire, ne pas dénoncer qqn ou qqch : *Si elle n'est ni la femme ni la fille d'un maton, elle écrasera. Si c'est le contraire, nous allons plonger comme un seul homme* (Le Dano).

◆ **s'écraser** *v.pr.*

En parlant d'une affaire criminelle, cesser d'être d'actualité, devenir moins brûlante : *Faut laisser passer deux semaines et tout va s'écraser.*

ETYM. emplois expressifs du verbe usuel. **1.** 1798, Orgères. **2.** 1952 [Esnault]. **3.** 1844 [id.]. **4.** 1914 [id.]. **5.** 1928 [id.]. **6. *a.*** 1908 [id.] ; ***b.*** 1928 [id.]. **7. Écraser des tomates,** 1864 [Delvau].
◆ *v.i. ou pr.* **1** et **2.** vers 1950 [Cellard-Rey].
◆ *v.pr.* contemporain.

écrémer *v.t.*

Dépouiller qqn de ce qu'il a de plus précieux.

ETYM. emploi métaphorique du verbe usuel : il s'agit du sperme et de l'argent, les biens que la prostituée arrache au client. 1960 [Esnault].

écrire *v.t.*

Vx. **1. Écrire à sa famille,** se masturber, en parlant d'une femme : *Écoute, fit Rutha à Bagah [...] On va pas passer toute notre vie à s'écrire à notre famille dans le plumard pendant le borgnon* (Devaux). **2. Écrire à Bismarck, au pape, à saint Pierre, à son propriétaire,** déféquer.

ETYM. images peu claires. **1.** 1960, Devaux. **2.** 1901 [Bruant], mais *envoyer une lettre chargée au pape* dès 1894 [Virmaître].

écumoire *n.f.*

1. Visage grêlé. **2. Faire l'écumoire,** se faire fusiller. **Transformer en écumoire,** cribler de balles : *Il avait, peu de temps après, de ses propres mains transformé en écumoire Napoléon, le cadet* (Bastiani, 1).

ETYM. images très expressives. **1.** 1808 [d'Hautel]. **2.** évoque les multiples impacts provoqués par un tir en rafale. 1948 [Lacassagne].

écureuil *n.m.*

1. Coureur cycliste sur piste : *Le gratin du Tout-Paris était là, venu s'encanailler, voir évoluer à Grenelle sous les trémolos du faubourg les écureuils sur leurs vélos dans l'indescriptible brouhaha des Six Jours* (Lépidis). **2.** Carte escamotée, au jeu.

ETYM. au sens 1, le sportif tourne en cage dans le vélodrome ; au sens 2, la carte en question saute ou est sautée. **1.** 1926 [Esnault]. **2.** 1902 [id.].

édredon *n.m.*

1. Promesse faite à un détenu. **2.** Lieu de rapports sexuels : *Ton mec, il vaut rien, sous l'édredon.* **Sauterelle d'édredon,** prostituée. **Faire l'édredon,** voler un client endormi, en parlant d'une prostituée.

ETYM. emplois spécialisés du mot usuel. **1.** 1975 [Arnal]. **2. Faire l'édredon,** 1878 [Rigaud].

effacer *v.t.*

1. Assommer ; tuer : *Deux Maghrébins agressent un officier de police en proche banlieue. Celui-ci, se sentant menacé, efface les assaillants. Une broutille* (Villard, 4). **2.** Détruire. **3.** Avaler. **4.** Recevoir (génér. un coup, un projectile, une balle) : *J'ai pas envie de m'effacer une valda. J'ai rien à voir avec vos affaires* (Houssin, 1). **5.** Rafler : *Une pièce de deux francs vint rebondir sur la piste. De sa grosse patte brune, Molina l'effaça prestement* (Le Breton, 6). **6.** Faire hâtivement.

◆ *v.i.*

Faire des attouchements érotiques avec la langue.

◆ **s'effacer** *v.pr.*

Mourir.

ETYM. emplois euphémiques du verbe usuel. **1.** 1867 [Esnault]. **2.** 1915 [id.]. **3.** 1867 [Delvau]. **4.** 1921 [Esnault]. **5.** 1920 [id.]. **6.** 1930 [id.].
◆ *v.i.* 1953 [Sandry-Carrère].
◆ *v.pr.* 1927 [Esnault].

DER. **effaceuse** *n.f.* Arme à feu : 1982, Morgiève.

effaroucher *v.t.*

Voler (qqch) : *En me rappelant avec quelle précipitation la femme s'est sauvée, il est indubitable que c'est elle qui m'a effarouché l'objet* (Chavette).

ETYM. plaisante image de l'objet à qui on donne des jambes, qu'on fait fuir. 1827, *Un monsieur comme il faut.*

DER. **effaroucheur** *n.m.* Malfaiteur qui frustre ses complices : 1844 [Esnault].

effeuiller *v.t.*

Effeuiller la marguerite. ***a.*** se livrer à des approches amoureuses : *Je suis la bobonne pratique qui s'occupe de ton linge et de ta maison, durant que tu t'en vas effeuiller la marguerite* (Amila, 1) ; ***b.*** exécuter un strip-tease.

ETYM. image poétique de la progressivité des manœuvres érotiques, qui dépouillent peu à peu l'objet, comme on arrache un à un les pétales d'une fleur. ***a.*** 1935, chanson *Ça sent la friture,* paroles de J. Marèze ; ***b.*** 1953 [Sandry-Carrère].

DER. **effeuillage** *n.m.* Strip-tease : [id.].

effeuilleuse *n.f.*

Strip-teaseuse : *L'assistance a frappé dans ses mains pour rythmer le déshabillage d'une effeuilleuse* (Mazarin, 1).

ETYM. de **effeuiller.** 1977 [Caradec].

égnaffer *v.t.*

Vx. Étonner : *Je ne suis pas un bourin ! – Tu m'égnaffes ! riposte sardoniquement Jacques* (Rosny).

ETYM. origine obscure, probablement d'une racine expressive. 1878 [Rigaud].

égnolant, e *adj.*

Vx. **1.** Ennuyeux. **2.** Étonnant, surprenant : C'est épatant ! *Mlle Berthe lui apprit que depuis deux ou trois années, ce terme très vulgarisé avait été abandonné des salons qui se respectent ! Maintenant on dit :* C'est égnaulant ! (Leroux, 2).

ETYM. d'un verbe pop. **égnoler,** ennuyer. **1** et **2.** 1881 [Rigaud].

égoïner *v.t.*

1. Tourmenter. **2.** Éliminer, évincer. **3.** Posséder sexuellement : *Je redoute personne à la chibrade... les dabuches, je peux les égoïner autant qu'un nègre, les envoyer dans les extases par tous les bouts* (Boudard, 5).

◆ *v.i.*

Forniquer.

ETYM. la scie **égoïne** est considérée comme instrument de torture répétitive (1), d'ablation (2) et aussi dans son mouvement alternatif (3 et *v.i.*). **1.** 1959 [Esnault]. **2** et **3.** 1960 [Le Breton].

égoutter *v.t.*

Égoutter son colosse, uriner.

ETYM. métaphore immodeste. 1957 [Sandry-Carrère].

éjecter *v.t.*

Expulser : *Avoir tous les soirs une demi-douzaine de types à éjecter plus ou moins proprement, à la longue, ça finissait par devenir fatigant* (Sullivan).

ETYM. emploi fig. du verbe technique. 1947, Sullivan.

élastique *n.m.*

Les lâcher, les envoyer avec un élastique, se faire prier pour payer : *Et comme c'est un gonc' qui les lâch' / Avec un élastique, / À gauch, il carr' tout son pognon* (chanson *Il a les bras r'tournés,* paroles de C.-L. Pothier et H. Varna).

ETYM. image plaisante de l'avare, qui voudrait toujours voir revenir son argent vers lui (**les** représente *les sous*). **Les lâcher avec un élastique,** 1927, Pothier et Varna.

éléphant *n.m.*

Voir des éléphants roses, être ivre ou drogué : *Machin devait être à son journal, rue des Juifs, pour peu que les petits éléphants roses et les gros cafards noirs ne l'aient pas mangé* (ADG, 7).

ETYM. métaphore poétisant le delirium. 1977, ADG.

emballage *n.m.*

1. Arrestation : *On entrait au salon où le Gros se trouvait aux prises avec Maffeux, autre lichedu de ma connaissance, un maniaque de l'emballage exprès, celui-là* (Simonin, 3). **2.** Vx. Vol à la tire.

ETYM. de **emballer. 1.** 1830, Lhéritier. **2.** 1902 [Esnault].

emballer *v.t.*

1. Emmener en voiture, soit lors d'une arrestation, soit pour une course en taxi : *Maurice emballe, se casse et ne revient pas de la soirée afin d'éviter les questions indiscrètes des cyclistes* (Simonin-Bazin). **2.** Arrêter, écrouer : *À la sortie d'une école, je ne donnais pas quatre minutes à l'ensemble de la bande avant qu'elle ne se fît emballer par les collègues des Mœurs* (Fajardie, 2). **3.** Séduire (un partenaire sexuel) : *Je l'ai pas encore emballée mais je peux vous dire qu'elle m'a à la bonne* (Demure, 1) ; souvent employé absol. : *J'arrivais pas à emballer ou à dire je t'aime* (*Actuel,* janvier 1985). **4.** **Emballer le moteur,** précipiter le rythme de l'interrogatoire, dans le langage des policiers. **5.** Injurier ; adresser des reproches.

◆ **s'emballer** *v.pr.*

1. S'enthousiasmer pour qqn ou qqch. **2.** Se mettre en colère rapidement.

ETYM. emplois spécialisés du verbe usuel, qui considèrent la personne comme un objet. **1** et **2.** 1829, Vidocq. **3.** 1935 [Esnault]. **4.** 1975 [Arnal]. **5.** 1882 [Esnault].

◆ *v.pr.* **1.** 1886 [id.]. **2.** 1877 [id.].

VAR. **emballarès** : 1977 [Caradec].

emballeur *n.m.*

1. Policier. **2.** Séducteur : *Faut le connaître, l'outil ! avoir en tête ses performances d'emballeur* (Simonin, 6). **3.** **Emballeur de refroidis,** croquemort.

ETYM. de **emballer** aux sens 1 et 2. **1.** 1867 [Delvau]. **2.** 1966, Simonin. **3.** 1878 [Rigaud].

DÉR. **emballeur-maison** *n.m.* au sens 1 : 1953 [Sandry-Carrère].

emballuchonner *v.t.*

1. Vx. Empaqueter. **2.** Arrêter (qqn) : *Il faisait équipe avec Gé le Sicilien avant que le Sicilien ne se fasse emballuchonner* (Houssin, 2).

ETYM. de **en** et de **balluchon.** 1836 [Vidocq].

embaquer (s') *v.pr.*

Être perdant (aux cartes, au turf, etc.).

ETYM. de **en** et de **baccara,** faillite, chez les joueurs de baccara. 1924 [Esnault] ; « au turf » 1977 [Caradec].

embarquer *v.t.*

1. Arrêter (qqn) : *Toi, dit Cul-Plomb, tu ferais mieux de ne pas essayer de jouer au petit malin. Sinon je te fais embarquer dans la seconde* (Audouard). **2.** Conquérir, séduire : [Il ferait bon d'avoir] *au bras eun'gigolette.* [...] / *J'ai pas d'pèze pour en embarquer* (Rictus, 2). **3.** Emporter ; dérober : *On l'embarqua jusqu'au cim'tière* (Marcus).

ETYM. emplois métaphoriques du verbe maritime. **1.** 1883 [Esnault]. **2.** 1895 [id.]. **3.** 1947, Marcus.

embellemerdé, e *adj.*

Pourvu d'une belle-mère envahissante.

ETYM. de **en** et de **belle-mère :** création plaisante et pop. 1953 [Sandry-Carrère], encore en 1982 [Perret].

embellie *n.f.*

1. Mansuétude soudaine du destin, amélioration de la situation : *De telles situations, en se décantant, apportaient toujours une embellie, une découverte et surtout éliminaient quelques crapules* (Agret). **2.** Bonne affaire : *C'est l'embellie du siècle* [...] *On serait vraiment des pommes de manquer l'occase* (Houssin, 1).

ETYM. emploi spécialisé et poétique du terme météorologique. **1.** 1953, Le Breton. **2.** 1984, Houssin.

embistrouiller *v.t.*

Ennuyer vivement.

ETYM. mot-valise très expressif, formé du début de **embêter** et de **bistrouille.** 1901 [Bruant].

emblémeur, euse *adj. et n.*

ARG. ANC. Qui cherche à séduire par ses discours : *Cette emblémeuse nous a tant tourmentés, en nous répétant qu'il y avait gras* (Vidocq).

◆ **emblémeur** *n.m.*

Prêtre.

ETYM. de **emblême,** blague [Esnault]. 1828, Vidocq.

◆ *n.m.* 1847 [Dict. nain].

emboîter *v.t.*

1. Arrêter, mettre en prison. **2.** Railler, conspuer : *Et voilà que le comique idiot qui se faisait emboîter lorsqu'on le voyait sur scène, déchaîne, invisible, un ouragan de rire !* (Galtier-Boissière, 1). **3.** Défavoriser, en parlant des points amenés, au baccara. **4.** Vx. Rosser.

◆ *v.i.*

Vx. Entrer.

ETYM. emplois spécialisés et ironiques du verbe technique (*mettre en boîte* est plus pop., voire fam.). **1.** 1894 [Virmaître]. **2.** 1883 [Fustier]. **3.** 1878 [Rigaud]. **4.** 1881 [id.].

◆ *v.i.* 1883, chanson [Esnault].

DER. **emboîtage** *n.m.* Action de railler, de mystifier qqn : 1901 [id.].

emboucanement *n.m.*

Vx. **1.** Assassinat par empoisonnement : [Cet assassin] *a nié longtemps l'emboucanement de sa femme, accompli de complicité avec sa bonne* (Humbert). **2.** Tâche ennuyeuse ou pénible.

ETYM. de **emboucaner. 1.** 1872 [Esnault]. **2.** 1904, Lorrain.

emboucaner *v.i.*

Sentir très mauvais : *Il commençait à emboucaner un tantinet, le macchab. Rien de drôle ! Avec cette chaleur...* (Le Breton, 1).

◆ *v.t.*

1. Ennuyer : *Jo Argent avait dû se trouver salement emboucané lorsque Mado lui avait lâché le paquet !* (Braun). **2.** Empoisonner. **3.** Exhaler une odeur, généralement déplaisante : *Il emboucane la brillantine et l'eau de Cologne* (Trignol).

ETYM. dér. de **bouc,** animal à l'odeur forte. 1866 [Delvau].

◆ *v.t.* **1.** 1883, Macé [Esnault]. **2.** 1925 [id.]. **3.** 1955, Trignol.

emboucaneur *n.m.*

Vx. Empoisonneur : *Une célébrité, l'emboucaneur de Marseille, comme on l'appelle* (Brissac).

ETYM. de **emboucaner.** 1872 [Esnault].

embourber *v.t.* ou **s'embourber** *v.pr.*

Posséder sexuellement : *On sait que tu as buté Mado pour l'empêcher d'apprendre à Dominique que tu t'es embourbé sa nana* (Braun).

◆ **s'embourber** *v.pr.*

1. Faire à son corps défendant, supporter. SYN. se farcir. **S'embourber un long poireau, deux plombes de poireau,** attendre longtemps. **2.** S'enivrer : *Direct, je me rends au buffet, je commence à m'embourber* (Pelman, 1).

ETYM. idée de pénétration dans un milieu visqueux ou difficile. *v.t.* 1960 [Le Breton] ; *v.pr.* 1957 [PSI].

◆ *v.pr.* **1.** 1953 [Sandry-Carrère]. **2.** 1982, Pelman.

embourrmaner *v.t.*

Incarcérer.

ETYM. de **en** et de **bourre,** suffixé avec **-man.** 1926 [Esnault].

embrayer *v.i.*

Commencer à comprendre ou à expliquer qqch.

ETYM. emploi métaphorique qui assimile le cerveau à un mécanisme complexe. 1948 [Esnault].

embrennage *n.m.*

Salissure fécale : *L'embrennage quasi perpétuel des marches de la cuvette de faïence, dont chacun déclinait la responsabilité* (Simonin, 7).

ETYM. de **embrenner**. 1977, Simonin ; Littré donne *embrènement* en 1877.

embrenner ou **embrener** *v.t.*

Syn. anc. de emmerder : *Des keufs m'avaient demandé mes papiers* [...] *et menacé d'un toucher rectal si je me rebiffais – pour rien, sans autre motif que le plaisir d'embrenner du bougnoule !* (Smaïl).

ETYM. de **bren,** excrément. dès 1532, Rabelais, au sens matériel ; 1955, La Varende, au sens fig. [TLF].

embringuer *v.t.*

Entraîner dans une action difficile, une entreprise douteuse : *En descendant du train, l'ex-policier fut embringué dans une file de voyageurs qui avançait à peu près aussi vite qu'un mille-pattes* (Grancher).

◆ **s'embringuer** *v.pr.*

Être entraîné dans une difficulté matérielle ou psychologique : *Mes pensées ont bifurqué vers ce que j'étais avant de m'embringuer dans la clique du Caïd* (Malet, 8).

ETYM. de **imbringuer**, charger de dettes, de **bringue**, morceau. 1936, Montherlant [GR]. Est passé dans l'usage fam.

embrocher *v.t.*

1. ARG. ANC. Lier par les pieds un puni à la barre de justice. **2.** Posséder sexuellement : *Je me suis tout de même décidé avec Odette, pour arriver à l'enjamber, de me fendre d'un peu de romantisme,* [...] *toutes les platitudes habituelles pour masquer vos bandaisons... votre désir d'embrocher la belle dans le premier coin de porte venu* (Boudard, 5).

ETYM. emplois imagés du verbe usuel, qui s'applique normalement à une volaille ou à une pièce de gibier qu'on met à la broche. **1.** 1898 [Esnault]. **2.** XVIIe s. [Cellard-Rey].

embrouille *n.f.*

1. Tricherie, combinaison délictueuse : *Allez ! raconte-moi ta prochaine embrouille, / Est-c'que t'as encore trouvé un pigeon / Une nouvelle galère pour t'remplir les fouilles ?* (Renaud). **2.** Bagarre, conflit, situation illégale : *Comme la justice l'avait à l'œil à cause des embrouilles du Service d'Action Civique, il se tenait tranquille, évitait ses copains* (Veillot). **3.** Situation confuse : *Je veux que tu empêches le BCN de laisser expédier quoi que ce soit vers EEQ Madrid par Saint-Cloud. Madrid fait souvent la liaison avec Rabat. Ça ficherait l'embrouille* (Rank). **4.** Ennui, difficulté, malentendu : *Je vois venir les embrouilles. Le policier aboie trois phrases et nous montre du doigt* (*Actuel*, novembre 1981). *Mais le chef, il y tient à sa feuille bleue, dit David avec un clin d'œil complice. Sinon... oh, la, la ! Ça fait des embrouilles !* (T. Colin). **5.** Bourse des valeurs, dans le langage des escrocs.

ETYM. déverbal de **embrouiller,** avec forte influence de l'ital. **imbroglio,** situation confuse ; mot répandu dès 1747, Caylus [TLF] et diffusé au XXe s. à partir de 1921, L. Daudet [id.]. Il est difficile de dater les acceptions argotiques : le sens 1 apparaît en 1948, chez Carco, et les sens 2 à 4 dans les années 1950 ; le sens 5 figure pour la première fois chez Arnal (1975).

embrouiller *v.t.*

Ni vu ni connu je t'embrouille, formule qui exprime l'aspect clandestin, tortueux et complexe d'une action de duperie : *Élémentaire, mon cher ! Elle sort chaque jour un gramme de cyanure qu'elle administre à son petit mari... Ni vu ni connu, je t'embrouille* (Amila, 1).

◆ **s'embrouiller** *v.pr.*

Éprouver les premiers effets de l'ivresse.

ETYM. loc. stéréotypée d'origine pop. et emploi pronominal expressif, faisant allusion à la diction et à la réflexion troublées par l'alcool. 1808 [d'Hautel].

◆ *v.pr.* 1867 [Delvau].

DER. **embrouilleur** *n.m.* Voyou sans envergure ni cote, capable de compromettre ses camarades par ses actions inconsidérées : 1953, Simonin.

embusqué, e *adj. et n.*

Se dit de qqn qui se cache pour échapper à une corvée ou à un risque grave : *Au lieu d'se cacher, tous ces embusqués / F'raient mieux d'monter aux tranchées* (*la Chanson de Craonne*, 1917, paroles recueillies par P. Vaillant-Couturier). *Je voudrais que les aéroplanes anéantissent Marseille et tous les embusqués* (Werth, 1).

ETYM. participe passé du verbe **embusquer.** d'abord « soldat exempté de corvée ». 1883 [Fustier].

embusquer *v.t.*

1. Séduire : *Dès qu'il est r'dev'nu civ'lot, il embusque une mistonne bien roulée* [...] *pour se marida* (Marcus). **2.** Arrêter.

◆ *v.i.*
Entrer.
◆ **s'embusquer** *v.pr.* ou **être embusqué** *v.passif.*
Se tenir à l'écart (d'un risque) : *Le rêve que chacun fait de s'embusquer, de ne pas monter au front, je le fais.* (Dabit, 2). SYN. se planquer.
ETYM. emprunt au vocabulaire cynégétique, « aposter ». **1.** 1896 [Esnault]. **2.** 1904 [id.].
◆ *v.i.* 1930 [id.].
◆ *v.pr.* 1855 [id.].

émeraudes *n.f.pl.*
Hémorroïdes.
ETYM. poétisation jouant sur la ressemblance phonétique entre les deux mots. 1928 [Lacassagne].

émietteuse *n.f.*
Prostituée.
ETYM. emploi métaphorique tiré du verbe **(en) émietter,** se livrer à la prostitution. Tous deux créés en 1969 par Le Breton, selon lui (1975).

emmaillotter *v.t.*
Vx. Tromper, abuser : *Je n'étais pas trop niolle, et cependant il m'emmaillotta le mieux du monde* (Vidocq).
ETYM. emploi métaphorique et ironique du verbe usuel. 1828, Vidocq.

emmanché *n.m.*
Imbécile, incapable (terme d'insulte) : *Il demande qui vous êtes, dit-il. – Il n'a qu'à regarder le livre de police, cet emmanché* (Héléna, 1).
ETYM. emploi nominal du participe passé de **emmancher.** 1881 [Rigaud] ; d'abord « homme viril » 1808 [d'Hautel].

emmancher *v.t.*
1. Posséder sexuellement : *Dis-moi plutôt qu'il n'a pas pu t'emmancher, ça sera plus correct ! – Tu ne me crois pas, Félix ? qu'elle m'a demandé, douce et petite* (Meckert). **2.** Sodomiser : *C'est le poids de la virilité du monde que je supportais sur mes reins tendus quand Villeroy m'emmanchait* (Genet).
◆ **s'emmancher** *v.pr.*
1. Avoir un rapport sexuel : *Il voulait à toute force les voir, Antoine et la patronne en train de s'emmancher* (Céline, 5). **2. S'emmancher mal** ou **être mal emmanché,** prendre un mauvais départ, en parlant d'une entreprise.
ETYM. emplois métaphoriques de **emmancher,** adapter sur un manche, avec acception érotique ou technique : « préparer, entamer (un travail) ». **1.** avant 1543, Bonaventure des Périers [Delvau]. **2.** 1920 [Bauche].
◆ *v.pr.* **1.** 1936, Céline. **2.** 1934, Vercel ; *emmancher une affaire* 1690 [Furetière].

emmener *v.t.*
1. Trahir, tromper. **2.** Syn. euphémique de emmerder, notamment dans les loc. **emmener à la campagne, emmener à pied et à cheval,** etc.
ETYM. emploi négatif du verbe usuel (1) et altération volontaire du verbe **emmerder,** qui débute par la même séquence [ɑ̃m]. **1.** dès 1625 [Esnault]. **2. Emmener à la campagne,** 1881 [Rigaud], art. *emmieller.*

emmerdant, e *adj.*
Très ennuyeux ou désagréable : [Les enfants] *veulent quitter ce stade emmerdant de la croissance où tout le monde a quelque chose à leur apprendre et ça n'en finit pas* (Vautrin, 2). **Emmerdant comme la pluie, comme un boisseau de puces,** etc., ennuyeux au suprême degré : *Les imbéciles, sitôt qu'on leur donne la moindre parcelle de pouvoir, deviennent emmerdants comme un boisseau de puces* (Héléna, 1).
ETYM. emploi adj. du participe présent de **emmerder.** 1834, Flaubert [Cellard-Rey]. **Emmerdant comme la pluie, comme un boisseau de puces,** 1901 [Bruant].
VAR. **emmerdatoire** : 1894 [Virmaître].

emmerdé, e *adj.*
Ennuyé : *Le commissaire Poncet avait l'air soucieux. Pour tout dire, il semblait très emmerdé* (Lion).
ETYM. de **emmerder.** 1894 [Virmaître].

emmerdement *n.m.* ou **emmerde** *n.m. ou f.*
Ennui sérieux : *Elle* [Lys Gauty] *avait causé de tels « emmerdements » aux Boches qu'ils s'étaient dépêchés de mettre fin à son contrat et de la réexpédier à Paris* (Chevalier). *On a abandonné la charrette volée. Peur des ennuis – des emmerdes, si vous préférez* (Siniac, 1) ; difficulté, souci : *Le secrétaire du syndicat confie sa méthode : Nous nous efforçons de coller à la vie des gens, à leurs joies, à leurs emmerdes* (*le Monde,* 27 novembre 1983).

ETYM. dér. de **emmerder,** la seconde forme étant issue de la première par apocope. *emmerdement* 1839, Flaubert [TLF]; *emmerde* 1972, Boudard. Ces mots sont passés dans l'usage fam., avec un net affaiblissement du sens.
VAR. **emmerdation** *n.f.* : 1953 [Sandry-Carrère].

emmerder *v.t.*
1. Ennuyer considérablement : *Ah ! tu m'emmerdes, à la fin !... vomit Madame d'une voix de lavoir... tu m'emmerdes !... Va-t'en...* (Mirbeau). **2.** Mépriser, envoyer promener : *J'emmerde l'homme en blouse blanche jusqu'à la trentième génération de ses ancêtres. J'emmerde les juifs comme j'emmerde les abrutis et les salauds qui les emmerdent* (Bénoziglio). **Je t'emmerde, je vous emmerde,** formules de défi mettant fin brutalement à une conversation.
◆ **s'emmerder** *v.pr.*
1. S'ennuyer : *Depuis que les régiments vont en guerre sans musique il n'y a plus de drapeau ni à prendre ni à perdre et les soldats s'emmerdent* (J. Perret, 2). **2. Ne pas s'emmerder,** se comporter avec désinvolture, sans-gêne ou ostentation : *Eh ben ! vrai ! m'exclamai-je. Y en a qui s'emmerdent pas. – Ils emmerdent les autres, conclut le flic* (Malet, 7).
ETYM. emploi métaphorique du verbe concret, « souiller d'excréments ». **1.** 1808 [d'Hautel]. **2.** 1828, Raban et Marco Saint-Hilaire [TLF]. ◆ *v.pr.* **1.** 1839, Flaubert [TLF]. **2.** 1947, Malet. Est passé dans l'usage courant.

emmerdeur, euse *n.*
Individu qui ennuie, importune particulièrement : *Pour m'avoir vu souvent au commissariat, à la fois comme journaliste, inculpé, innocent notoire, suspect probable et emmerdeur patenté, tous les flics tourangeaux me connaissaient* (ADG, 1). *C'est pas comme votre Emma, hein mon cher monsieur Flaubert. Quelle emmerdeuse !* (Sarraute).
ETYM. de **emmerder.** 1866, Goncourt [TLF].
VAR. **emmerderesse** *n.f.* : 1969, Brassens.

emmiellant, e *adj.*
Syn. de emmerdant : *Ça doit être souvent emmiellant d'être riche* (Gill).
ETYM. participe adj. de **emmieller.** 1878, Gill.

emmiellement *n.m.*
Syn. de emmerdement : *J'évite impôts, loyers, paiements, / Bref, tous les emmiell'ments !* (chanson *J'hésite,* paroles de P. Varenne et M. Eddy, 1930).
ETYM. altération euphémique de **emmerdement.** 1901 [Bruant].

emmieller *v.t.*
Syn. euphémique de emmerder.
ETYM. jeu phonétique (→ EMMENER), favorisé ici par l'emploi de **miel** comme substitut euphémique de **merde.** 1808 [d'Hautel].

emmistouflé, e *adj.*
Réduit à la misère : *Je te dis, quand t'es emmistouflé, t'as droit à rien* (Malet, 1).
ETYM. de **en** et de **mistoufle,** avec un jeu de mots antiphrastique sur **emmitouflé.** 1949, Malet.

emmouscailler *v.t.*
Syn. euphémique de emmerder : *Et qui c'est qui va être emmouscaillé jusqu'à la bavette ? C'est les Langlois* (Viard).
ETYM. de **en** et de **mouscaille.** vers 1883 [Esnault].
DÉR. **emmouscaillant, e** *adj.* et **emmouscailleur, euse** *n.* : 1899 [Nouguier]. **emmouscaillement** *n.m.* : 1901 [Bruant]. **emmouscaillure** *n.f.* : 1960, Devaux. Famille de mots parallèle à celle de *emmerder* [id.].

émos ou **émoss** *n.f.*
Vx. Motif d'inquiétude, alerte : *Oh ! à preusent, y a pus d'émosse, / Y planqu'ra là jusqu'au matin !* (Rictus).
ETYM. apocope de **émotion.** *émoss* 1872 [Esnault] ; *émos* 1881 [Rigaud].

empache ou **empaffe** *n.m.*
Vx. Drap de lit : *Il a été roncé pour avoir abloqui des empaches de l'hôpital* (Ansiaume).
ETYM. de l'adj. **ample,** littéralement « grand linge ». 1821 [Ansiaume] ; *empaffes* 1867 [Delvau].
VAR. **empave** : 1628 [Chéreau]. **ampasses** : 1850, Clémens.

empaffé *n.m.*
Terme d'injure : *Quand je pense que tu voulais leur faire une fleur, à ces empaffés !* (Demure, 1). *Ils vont me laisser doubler, bon Dieu ! Même pas tenir leur droite, ces empaffés* (G. Arnaud, 2). SYN. enculé.
ETYM. de **en** et de **paf,** saoul; d'abord « ivre » 1808 [d'Hautel]. Esnault donne à ce mot le sens de « sot, goujat » ; mais il a depuis subi très fortement l'attraction de **empaffer.** 1926 [Esnault].

empaffer *v.t.*
Sodomiser : – *Que pensez-vous de la grève des ouvriers de la SEITA ? – Qu'ils se démerdent et que leur patron aille se faire empaffer !* (interview de S. Gainsbourg, in *Libération,* 4 décembre 1984).
ETYM. de **en** et de **paf,** pénis. 1928 [Lacassagne].

empaillé, e *adj. et n.*
Imbécile, maladroit : *L'empaillé ! Il savait pas que j'avais les fouilles pleines de mitraille* (Pelman, 1).
ETYM. emploi métaphorique : lent ou figé comme un animal empaillé. 1867 [Delvau].

empailler (s') *v.pr.*
S'adresser de violents reproches : *Nous nous sommes empaillés comme ça pendant un petit quart d'heure et puis ça a fini par se tasser* (*Actuel,* mai 1985).
ETYM. euphémisme probablement formé sur **s'engueuler** (comme *emmieller* sur *emmerder*). 1985, *Actuel.*

empalmer *v.t.*
1. Dérober. **2.** Escamoter dans sa paume : *Personne avait jamais pu dire s'il s'agissait pas là d'une chansonnette destinée à masquer une trop grande habileté à empalmer la brême !* (Simonin, 8).
ETYM. var. provençale de **empaumer. 1.** 1915 [Esnault]. **2.** 1950 [id.].

empalmeur *n.m.*
Joueur qui empalme les cartes : *Il a des paluches larges comme des éventails, comme les ont généralement les empalmeurs* (Simonin, 4).
ETYM. de **empalmer.** 1955, Simonin.

empapaouté *n.m.*
Terme d'injure : *Cet empapaouté académique a une âme de petit calibre et de mince appétit* (Werth, 2). SYN. enculé.
ETYM. emploi substantivé du participe passé de **empapaouter.** 1953 [Sandry-Carrère], art. *tapette.*

empapaouter ou **empapahouter** *v.t.*
Sodomiser : *Si Maurice Schuman devient pédéraste demain, s'exclame Henri, il faudra que nous nous fassions tous empapahouter !* (Galtier-Boissière, 1).
ETYM. formation plaisante, à partir sans doute de **empaffer,** avec une pseudo-suffixation évoquant une peuplade imaginaire (cf. *aller se faire voir chez les...*). 1894, Pouget [Cellard-Rey].
DER. **empapaoutage** *n.m.* Sodomie : 1892, *le Père Peinard* [Sainéan].

empaqueté, e *n.*
Individu stupide et maladroit : *Ah ! les empaquetés ! J'arrive au sirop et je pique le taulier. V'là la postiche qui commence* (Simonin-Bazin). *Je gamberge : qu'est-ce qu'il peut bien me vouloir ce sale empaqueté ? Une rallonge peut-être ?* (Le Dano).
ETYM. emploi injurieux du participe passé d'un verbe concret, appliqué à des objets. 1935, Simonin-Bazin.

empaqueter *v.t.*
1. Appréhender, arrêter : *Ils vont pas l'empaqueter ? – Autant qu'on puisse en être sûr, répondis-je, elle sortira demain* (Carco, 5). **2.** Voler. **3.** Tuer. **4.** Duper.
ETYM. emplois métaphoriques et négatifs du verbe usuel. **1.** 1891, Méténier. **2** et **3.** 1916 [Esnault]. **4.** 1935 [id.].

empaumer *v.t.*
Tromper, escroquer : *J'espère que nous vous avons fameusement empaumé la jeune campagnarde* (Sue).
ETYM. emploi généralisé d'un terme d'escamoteur, « cacher sous sa paume » (→ **EMPALMER**). 1808 [d'Hautel].

empaumeur, euse *n.*
Individu qui empaume, escroc : *Qu'est-ce qui t'amène, empaumeur ! – Eh, va donc, envapeuse !* (Bastid-Martens, 1).
ETYM. de **empaumer.** 1808 [d'Hautel].

emperlouser *v.t.*
Garnir ou couvrir de perles (surtout au participe passé adjectivé) : *Elle s'emperlouse, se maquille juste ce qu'il faut* (Boudard, 2). *Elle s'installe, fouille dans un petit sac qu'elle tient à la ceinture, tout emperlousé* (Vilar). *Une dame « emperlousée », apparemment « pleine aux as » et que ledit danseur croyait déjà tenir, lui avait préféré un échappé du terre-plein* (Chevalier).
ETYM. du préf. **en-** et de **perlouse.** *emperlousé* 1928, Carco [DDL 40] ; *emperlouzé* 1935, Simonin-Bazin.

empiler *v.t.*

Vx. Tromper en mentant : *Ceux qui s'laiss' empiler sans s'cousse [...] / On les dégringole à la douce* (Bruant).

◆ *v.i.*

Tricher.

ETYM. emploi spécialisé du verbe usuel, « mettre en pile ou sur la pile ». 1889 [Esnault].

◆ *v.i.* 1894 [id.].

DER. **empilage** *n.m.* ou **empile** *n.f.* Duperie : 1899 [Nouguier]. **empileur** *n.m.* Escroc : [id.].

emplacarder *v.t.*

Incarcérer : *Il s'en voulait d'avoir laissé repartir l'ancien braqueur : emplacardé pour sa détention d'arme, il serait encore en vie* (Risser).

ETYM. du préf. **en-** et de **placard.** 1963, Boudard [George, 2].

emplafonner *v.t.*

1. Frapper d'un coup de tête : *Quelque chose me dit intérieur que je me dégonfle salement, que je devrais, ce dégueulasse, l'emplafonner brusquement, lui labourer sa sale gueule de coups de latte, lui faire cracher ses ratiches en or* (Boudard, 5). **2.** Heurter violemment (un obstacle, un véhicule, etc.) : *Dans un virage j'ai emplafonné deux lardus. Ils ont été d'une grossièreté !* (Le Dano). **3.** Recevoir (de l'argent) ; subir, encaisser : *De tout cela, j'étais parfaitement conscient après m'être emplafonné une grenade artisanale dont les séquelles me faisaient encore souffrir* (Fajardie, 1). **4.** Dérober.

ETYM. du préf. **en-** et de **plafonner,** heurter avec la tête. **1.** 1957 [Sandry-Carrère]. **2.** 1975 [Beauvais]. **3.** « recevoir de l'argent » 1960, Simonin ; « encaisser » 1974, Klotz. **4.** 1960 [Le Breton].

1. **emplâtre** *n.m.*

1. Vx. Toile collée à la farine sur une vitre, pour la briser sans bruit. **2.** Cire molle propre à prendre l'empreinte d'une clé. **3.** Combinaison de cartes préparée par un tricheur. **4.** Coup. **5. Marcher à l'emplâtre,** vivre de larcins (notamment vols à l'étalage) : *Je lui ai vendu des bricoles autrefois, quand je débutais à l'emplâtre* (Boudard, 1).

ETYM. emplois métaphoriques du terme médical. **1.** 1829 [Esnault]. **2.** 1836 [Vidocq]. **3.** 1878 [Rigaud]. **4.** 1790 [Doillon]. **5.** 1960 [Le Breton].

2. **emplâtre** ou **emplâtré** *n.m.*

Individu mou, sans énergie (terme d'injure) : *Cet emplâtre, on lui avait pourtant dit de se tirer avant l'arrivée des poulets.*

ETYM. emploi métaphorique du précédent et participe passé substantivé de **emplâtrer.** *emplâtre* 1690 [Furetière] ; *emplâtré* 1879, L. Cladel [TLF].

emplâtrer *v.t.*

1. Frapper avec la tête ou les poings ; assaillir : *Il suffirait qu'il se pointât au bistrot pour que, un mot en entraînant un autre, il en emplâtre un ou deux* (Mariolle). **2.** Percuter avec un véhicule : *La plus grande joie des hommes de nuit était de voir ce genre spécial d'abruti se faire emplâtrer avec ses clients à la traversée d'un carrefour* (Simonin-Bazin). *Elle lui entoura le cou de son bras nu et l'embrassa sous l'oreille. Il la repoussa doucement : « T'as envie que j'emplâtre un arbre ? »* (Le Breton, 3). **3.** Mettre la main sur de l'argent (de manière plus ou moins licite) : *Malgré la mise en garde du commissaire Bouteiller, la maquerelle n'avait pu résister au besoin d'emplâtrer quelques billets supplémentaires* (Risser). **4.** Dissimuler une carte dans sa main. SYN. empalmer, empaumer.

ETYM. emplois métaphoriques du verbe médical, « couvrir d'un emplâtre ». **1.** 1901 [Bruant]. **2.** 1935, Simonin-Bazin. **3.** 1876 [Esnault]. **4.** 1905 [id.].

DER. **emplâtrage** *n.m.* **1.** Vol à la carre : 1876 [Esnault]. **2.** Vol commis sur le client : 1948 [Lacassagne].

emporter *v.t.*

Vx. **1.** Éblouir par de belles paroles. **2.** Arrêter, appréhender qqn : *Résultat, j'me suis fait emporter et, après enquête, ils m'ont ramené ici* (Le Breton, 6).

ETYM. emplois spécialisés du verbe usuel. **1.** 1818 [Esnault]. **2.** 1927 [Chautard].

DER. **emportage à la côtelette** *n.m.* Arg. anc. Escroquerie dans un tripot : 1836 [Vidocq].

emporteur *n.m.*

Arg. anc. Joueur escroc qui rançonne les dupes : *Avant moi, les emporteurs au billard n'étaient punis qu'administrativement, c.-à-d. arbitrairement* (Vidocq).

ETYM. du verbe **emporter.** 1829, Vidocq.

emprosé *n.m.*

Terme d'injure : *Je suis tranquillement accroupi en attendant que ça se passe, quand un de ces messieurs vient dégonfler sa vessie. Cet*

emprosé choisit l'endroit où je suis camouflé (Le Dano). SYN. enculé.
ETYM. emploi substantivé du participe passé de **emproser.** 1899 [Nouguier].

emproser *v.t.*
Sodomiser.
ETYM. du préf. **en-** et de **prose.** 1836 [Vidocq].
DER. **emproseur** *n.m.* Homosexuel actif: [id.].

emprunt *n.m.*
Emprunt forcé. ***a.*** vol à main armée: *Nous dîmes au maître de la maison* [où nous venions faire notre coup] *que nous venions chercher l'emprunt forcé* (Orgères); ***b.*** chantage, racket.
ETYM. emploi imagé et ironique. ***a.*** 1796, Orgères; ***b.*** 1977 [Caradec].

emprunteur *n.m.*
ARG. ANC. Escroc qui emprunte en laissant une caution sans valeur: *L'industrie des emprunteurs n'a point péri avec les assignats: seulement pour atteindre le même but, elle s'est ingéré de nouveaux moyens* (Vidocq).
ETYM. du verbe **emprunter.** 1829, Vidocq.

en *pron. pers.*
1. En sortir, sortir de prison. **2. En être,** appartenir à une catégorie méprisée, notamment: ***a.*** les policiers ou les mouchards: *Oh! murmura-t-il, vous n'en êtes pas. Alors pourquoi que vous me pistez?* (Arnoux). *On en faisait un espion attaché à la haute police; mais Vautrin prétendait qu'il n'était pas assez rusé pour* en être (Balzac, 1); ***b.*** les homosexuels: *Car tôt ou tard i'faut en être, / À Biribi* (Bruant).
ETYM. emploi litotique du pronom neutre. **1.** 1900 [Esnault]. **2.** ***a.*** 1834, Balzac; ***b.*** 1836 [Vidocq]. Est souvent associé de façon peu analysable à certains verbes.

en-bourgeois ou **hambourgeois** *n.m.*
Policier en civil: *Pas de bagnoles pour les flics, et des bicyclettes pour les sergents de ville... Nous, les en-bourgeois, on aurait démérité de faire autrement qu'à pied* (Demouzon).
ETYM. du préf. **en-** et de **bourgeois** (par opposition à *en uniforme*). *en-bourgeois* 1931 [Esnault]; *hambourgeois* (jeu de mots), 1939 [id.].

encadrer *v.t.*
1. Gifler à droite et à gauche, alternativement; rosser. **2.** Heurter violemment (un obstacle fixe), à bord d'un véhicule: *Ce fou du volant a encadré un platane.* **3. Ne pas pouvoir encadrer qqn,** ne pas pouvoir le supporter: *Ce type, Melchior ne pouvait pas l'encadrer. Rien de particulier pourtant à reprocher au veilleur de nuit* (Coatmeur).
ETYM. référence à la peinture: la double gifle fait une sorte de cadre au portrait de l'individu giflé; le sens 3 est à rapprocher de *ne pas pouvoir voir qqn en peinture.* **1.** 1899 [Nouguier]. **2.** 1927 [TLF]. **3.** 1931 [Esnault].

encaisser *v.t.*
1. Recevoir plus ou moins stoïquement (des coups, des projectiles): *Il tressauta, encaissa une bonne moitié du chargeur dont le reste des balles* [...] *se perdit dans les feuillages* (Jaouen). **2.** Supporter (qqn ou qqch, dans un tour négatif): *C'est une chose alors mes dabs qu'ils n'auraient pas pu encaisser, qu'ils n'avaient jamais pu blairer* (Céline, 5). *J'peux pas encaisser les drapeaux, / Quoiqu'le noir soit le plus beau* (Renaud).
ETYM. emplois métaphoriques du verbe usuel. **1.** 1867 [Delvau]. **2.** 1899 [Nouguier] (emploi positif devenu exceptionnel).

encaldosser *v.t.*
1. Saisir par derrière. **2.** Sodomiser; posséder en levrette: *Le chef, le plus ballèse du clan, s'embourbe toutes les femelles, encaldosse tous les jeunes mâles...* (Boudard, 5).
ETYM. de **encaler,** enjamber (mot du Nord-Ouest), combiné avec **endosses. 1.** 1885 [Esnault]. **2.** 1901 [Bruant].

encaper *v.t.*
Obtenir: *En plus des quinze jours de mite, j'ai encapé que fifre comme grâce au 14 juillet* (Boudard-Étienne).
ETYM. origine peu claire, en relation avec la racine **cap,** prendre, qu'on trouve dans *accaparer.* 1970 [Boudard-Étienne].

encarrade ou (vx) **encarde** *n.f.*
Entrée: *Aussi, dès l'encarrade de Petit-Paul et de Johnny, et en dépit de leur allure désinvolte, la vioque sait-elle que les deux drôles ont quelque chose à fourguer* (Simonin, 8). **Tire à l'encarde,** vol à l'entrée d'un spectacle: *Aujourd'hui nous ferons la tire à l'encarde* (Ansiaume).
ETYM. du verbe **encarrer**, entrer. *encarde* 1821 [Ansiaume]; *encarrade* 1836 [Vidocq].

encarrer *v.i.*

Entrer.

◆ *v.t.*

Faire entrer ; envoyer (qqn).

ETYM. du préf. **en-** et de **carre,** coin. 1836 [Vidocq].

◆ *v.t.* 1855, Paillet [Esnault]. Ce verbe a eu moins de succès que son inverse *décarrer,* sortir.

DER. **encarde** *n.f.* Entrée (d'un bâtiment) : 1821 [Ansiaume].

encartée *adj. et n.f.*

Se dit d'une prostituée fichée par les services de police : *Les arrêtés municipaux draconiens qui régissent la prostitution fournissent toujours à la Police un bon motif pour rafler les radasses même encartées* (Alexandre).

ETYM. participe passé substantivé de **encarter.** 1845 [Bescherelle].

encarter *v.t.*

Pourvoir (une prostituée) d'une carte, l'enregistrer officiellement.

ETYM. du préf. **en-** et de **carte.** 1928 [Lacassagne], mais apparu vers 1840.

enceinter ou **enceintrer** *v.t.*

Rendre enceinte : *Tu t'as laissé enceintrer / T'es aussi putain qu'ta mère !* (Plaisir des dieux).

ETYM. de **(femme) enceinte.** *enceintrer* 1867 [Delvau] ; *enceinter* 1926, Aymé [TLF]. Cette forme est usuelle en Afrique noire.

enchetarder *v.t.*

Incarcérer. SYN. enchtiber.

ETYM. du préf. **en-** et de **chtar.** 1960 [Le Breton].

enchrister *v.t.,* **enchristage** *n.m.* → **ENCRISTER, ENCRISTAGE.**

enchtiber ou **enchetiber** *v.t.*

Emprisonner : *Me semble pas possible, je leur disais, qu'il y a seulement un peu plus d'une plombe, j'étais encore lourdé, bouclave, enchtibé jusqu'aux yeux et pas près d'en décarrer si je vous avais pas eu, mes potes* (Bastiani, 4). *Ils n'allaient plus nous décoller afin d'accumuler un tas de charges contre nous avant de nous enchetiber* (Trignol).

ETYM. du préf. **en-** et de **chtibe.** *enchetiber* 1867, Stamir [Larchey].

encible *adv.* → **ENSIBLE.**

encloquer *v.t.*

Syn. de enceinter : *Pauline qui menaçait de le larguer s'il ne l'encloquait pas, prétendait le plaquer s'il ne lui accordait pas une nuit complète* (Francos).

ETYM. du préf. **en-** et de **cloque.** 1957 [Sandry-Carrère].

encoinstat ou **encoinsto** *n.m.*

Vx. Coin de bois utilisé pour forcer une porte : [L'outillage du fric-frac] *comporte aussi des encoinstats, sortes de coins en bois tout préparés que l'on enfile dans le joint de la porte, à mesure que les pesées commencent à l'écarter* (Locard). *Pas la moindre morsure d'encoinsta ne se distinguait sur les huisseries* (Simonin, 3).

ETYM. du préf. **en-** et de **coin,** avec une suffixation expressive. *encoinstat* 1879 [Esnault] ; *encoinsto,* d'abord « coin de deux rues » [id.], puis syn. de *encoinstat* 1977 [Caradec].

enconner *v.t.*

Posséder sexuellement (une femme).

ETYM. du préf. **en-** et de **con.** 1777-1789, Mérard de Saint-Just [Pauvert].

encoqueté, e *adj. et n.m.*

Syn. de enculé : *Ah ! les enviandés, les enfifrés, les encoquetés !* (Simonin-Bazin).

ETYM. du préf. **en-** et de **coqueter.** 1935, Simonin-Bazin.

encre *n.f.*

Nager dans l'encre, ne rien comprendre à qqch. **Vendre de l'encre,** fournir des informations obscures : *Il voulait connaître ta planque, ce que tu disais, etc. J'ai vendu de l'encre et ça n'a pas eu l'air de l'enchanter* (Giovanni, 1).

◆ **de l'encre !** *interj.*

Formule de refus.

ETYM. l'encre est prise comme symbole d'obscurité, de refus. **Nager dans l'encre,** 1926 [Esnault]. **Vendre de l'encre,** 1958, Giovanni.

◆ *interj.* 1835 [Raspail].

encristage ou **enchristage** *n.m.*

Incarcération : *Qu'une série d'enchristages s'ensuive, et vous voilà figurant parmi les balanceurs possibles* (Simonin, 10).

ETYM. de **enc(h)rister.** 1967, Simonin.

encrister ou **enchrister** *v.t.*

1. Incarcérer : *Ça allait très mal. Sava essayait de revenir sur ses conneries, mais ils étaient soli-*

dement emballés, confrontés, reconnus et encristés (Ryck). *Les truands pour toutes ces raisons préféraient être «enchristés» par les policiers de la Sûreté nationale qui avaient une réputation de plus grande correction* (Larue). **2.** Escroquer : *Amitié, loyauté, honneur, obéissance, etc. – du bidon, des boniments pour t'enchrister* (Spaggiari).

ETYM. du préf. **en-** et de **crist,** poste de police, par apocope du romani **cristani,** boîte : la plupart des dictionnaires et des auteurs y voient, à tort, un dérivé de *Christ,* d'où l'orthographe *enchrister.* **1.** vers 1884 [Esnault]. **2.** 1931 [id.].

encrotter *v.t.*

Syn. de emmerder : *Vous êtes un flic intellectuel ? Je glousse. – Je vous encrotte !* (Lacroix).

ETYM. du préf. **en-** et de **crotte.** d'abord au sens de «salir de boue» 1915, Benjamin [TLF].

encroumer (s') *v.pr.* ou **être encroumé** *v. passif*

S'endetter, être endetté : *Mais, Tony ! reprocha-t-il doucement. Tu sais bien que t'es déjà encroumé de… – J't'ai demandé ton avis ? stoppa le Stéphanois. Je cigle toujours mes dettes, non ?* (Le Breton, 2).

ETYM. du préf. **en-** et de **croume.** 1935, Simonin-Bazin, sous l'orthographe *enkroumé.*

enculage *n.m.* ou **enculade** *n.f.*

1. Sodomie : *Le prince et Cornabœux manifestèrent leur enthousiasme par des enculades réciproques* (Apollinaire, 1). **2. Enculage de mouches,** action de ratiociner, de se perdre dans des détails oiseux : [Période] *incompréhensible pour qui ne se donne pas la peine d'étudier tout ça à la loupe, à la longueur d'enculage de mouches vertes ou bleues au fond des bibliothèques* (Boudard, 2).

ETYM. de **enculer. 1.** *enculage* 1778, Restif de La Bretonne [Doillon] ; *enculade* 1906, Apollinaire. **2.** 1949, Sartre [TLF].

enculé *n.m.*

Homosexuel passif (s'emploie de façon uniquement injurieuse) : *Ils sont encore là ces peaux d'enculés ! oh ! mais je vais leur fendre la gueule en deux* (Paraz, 1). *La médecine, c'est une profession où il y a beaucoup d'enculés, docteur* (G. Arnaud, 2). *Maintenant on se traite d'enculé pour un oui, pour un non, personne ne se vexe, c'est devenu une habitude* (Pousse).

ETYM. emploi nominal du participe passé de **enculer.** vers 1860 [Cellard-Rey]. Mot de base pourvu de nombreux synonymes.

enculer *v.t.*

1. Sodomiser : *Le maître d'école enculait tous les élèves, c'est pourquoi il n'a pas appris* (Paraz, 1). *Poète, prend ton luth et va t'faire enculer* (Bénoziglio). **2. Enculer les mouches,** se prêter à des ratiocinations interminables. **3.** Tromper : *Puisqu'on se plaît à vanter partout les attentions qu'il prodigue à ses amis, qu'on admette enfin qu'à l'occasion il essaie de les enculer* (Guégan). SYN. baiser.

ETYM. du préf. **en-** et de **cul. 1.** 1734, Piron [Cellard-Rey]. **2.** 1977 [Caradec], mais bien antérieur (→ ENCULAGE). **3.** contemporain. Ce verbe de base a de très nombreux synonymes.

enculerie *n.f.*

Tromperie : *Horreur ! Le sous-mac de Fresnes nous a fait une enculerie de première !* (Le Dano).

ETYM. de **enculer** au sens 3. 1955, Le Breton [TLF].

enculeur *n.m.*

1. Homosexuel actif : *Un poète n'est illustre parmi vous que s'il a consacré dix chants aux fesses de vos mignons ou au priape de vos enculeurs* (Cellard). **2. Enculeur de mouches,** individu qui se perd dans les détails sans importance : *Comme plombier aussi on trouvait que j'avais du génie. Et comme enculeur de mouches, est-ce que j'avais assez de mordant ?* (Djian, 1). SYN. pinailleur.

ETYM. de **enculer. 1.** 1790, Jean Bart [Enckell]. **2.** vers 1930 [Cellard-Rey].

endauffer ou **endoffer** *v.t.*

Syn. de enculer : *Mais il parlait à un mur et Bébert l'envoya se faire endoffer* (Spaggiari).

ETYM. du préf. **en-** et de **daufer.** *endoffer* 1957 [Sandry-Carrère].

endormeur *n.m.*

ARG. ANC. Voleur usant de narcotique pour endormir ses victimes : *Une certaine quantité de pavots et de pommes épineuses, mise dans un litre d'eau que l'ébullition réduit bientôt à un certain degré, produit un narcotique très violent ; l'endormeur en emporte toujours sur lui dans une petite fiole et s'en sert pour endormir ses victimes* (Canler).

ETYM. de **endormir.** 1781, Mercier [Esnault].

endormir *v.t.*

1. Assommer : *L'abbé [...] fonça sus aux mécréants, endormit le plus balaise d'une droite fulgurante* (Simonin, 7) ; tuer. **2.** Empoisonner. **3.** Dérober. **4.** Donner indûment confiance à qqn : *On sait qu'il y a une histoire de came là-dessous, ce n'est pas la peine d'essayer de nous endormir* (Ravalec).

◆ **s'endormir** *v.pr.*

S'endormir sur le rôti, le bifteck ou **le mastic,** paresser, perdre du temps.

ETYM. emplois euphémiques du verbe usuel. **1.** « assommer » 1845 [Esnault] ; « tuer » 1749, poissards [id.]. **2.** 1797, Orgères. **3.** 1894 [Virmaître]. **4.** 1640 [Oudin].
◆ *v.pr.* 1867 [Delvau].

DER. **endormage** *n.m.* Vol dit « au narcotique » : 1878 [Larchey].

endos *n.m.* ou **endosse** *n.f.*

Épaule ; reins, dos : *Tandis que l'orphelin avait les endos tournés, je lui ai pésillé trois rondinets* (Ansiaume). *D'un coup d'œil, le boucher jugea le puncheur : « Ah, la la ! laisse-moi rigoler ! Je voudrais le voir avec un demi-bœuf sur les endosses ! »* (Lefèvre, 1) ; au fig. : *Gros comme une maison, je voyais ce qui allait suivre : le commissaire Hennique sur les endosses* (ADG, 1).

ETYM. déverbal de **endosser.** 1821 [Ansiaume] ; d'abord au sing. *andosse* « échine » 1598, Bouchet [Sainéan] ; *endos* 1866 [Delvau].

enfant *n.m.*

1. Désignation euphémique de diverses opérations ou objets : « coup », trésor, coffre, pince, etc. **2. Enfant de chœur.** ***a.*** (ARG. ANC.) pain de sucre : *On ne s'y prendrait pas autrement pour ficeler un enfant de chœur : c'est fort bien, c'est ce qui s'appelle goupiner* (Vidocq) ; ***b.*** chopine de vin rouge ; ***c.*** personne naïve et douce (surtout dans un contexte négatif) : *On ne pouvait pas dire qu'il était un enfant de chœur et pourtant ce qu'il venait de voir l'avait profondément choqué* (Roux). *Les clients de Fresnes, c'est pas tous des enfants de chœur !* **3. Faire un enfant dans le dos à qqn,** le tromper, le trahir : *Les Allemands n'avaient qu'à regarder sa tronche pour comprendre qu'on était en train de leur faire un enfant dans le dos* (Jamet).

ETYM. emplois spécialisés du mot usuel. **1.** « coup » 1797, Orgères ; « trésor » 1845 [Esnault] ; « pince » 1885 [id.] ; « coffre » 1877, chanson *les Pègres* [Rossignol]. **2.** ***a.*** 1821 [Ansiaume] ; empaqueté de papier bleu, comme certains jeunes enfants de chœur ; ***b.*** 1790, Enckell [DDL 32] ; ***c.*** 1939, Vialar [TLF]. **3.** 1933, Aymé [TLF].

enfariné, e *adj.*

1. Qui est dans une situation fâcheuse. **2. (Arriver) le bec** ou **la gueule enfarinée,** avec une confiance naïve et ridicule : *Ceux qui revenaient, comme Lévitan, au bout de quatre ans, la gueule enfarinée, je ne les portais pas dans mon cœur* (Jamet).

ETYM. emploi métaphorique du verbe concret, « rouler dans la farine » ou « enduire de farine » (comme dans les anciennes comédies). **1.** 1960 [Le Breton]. **2.** 1680, Sévigné [Duneton-Claval].

enfer *n.m.*

1. C'est l'enfer, se dit d'une situation très désagréable, insupportable : *Tu sais bien que je ne peux rien pour toi, dit-il. Des patientes comme toi, c'est l'enfer* (Dormann). **2. D'enfer.** ***a.*** marque une grande intensité ou rapidité : *Toute la nuit, je l'ai passée à jouer un jeu d'enfer à la Marseillaise* (Charrière) ; ***b.*** marque la haute qualité, l'excellence de qqch : *Et puis ce coup-là, c'est mon idée à moi. Un plan d'enfer* (Lasaygues).

ETYM. expressions hyperboliques. **1.** 1974, Dormann. **2.** ***a.*** *un jeu d'enfer* 1808 [d'Hautel]. Ce type d'exagération est ancien en français, mais a trouvé, au sens b, un regain de succès vers 1980, dans le parler branché.

enfifré *n.m.*

Terme d'injure : *Mais les autres enfifrés qui vous font passer les gamelles à la pâte au sabre pour qu'elles reluisent mieux, tu crois qu'on devrait pas tous les fusiller ?* (Dorgelès). SYN. enculé.

ETYM. emploi nominal du participe passé de **enfifrer,** sodomiser. 1883 [Fustier].

enfiler *v.t.*

1. Absorber, avaler : *Ça ne songe qu'à faire la noce, à enfiler des pernods* (Lorrain). **2.** Arrêter (un délinquant). **3.** Posséder sexuellement : *Il l'enfila tranquillement en la regardant dans les yeux, il lui cramponna les fesses et lui mâchouilla les nichons* (Djian, 1).

◆ **s'enfiler** *v.pr.*

1. Copuler : *Dans la plupart de ces burlingues, les gens ne venaient que quelques heures de temps en temps, pour des rendez-vous d'affaires hautement importants ou pour s'enfiler, des* *machins comme ça…* (Siniac, 3). **2.** Consommer, absorber voracement : *Excusez-moi, j'ai du mal à me concentrer : je n'ai pas déjeuné et je me suis enfilé une demi-bouteille de champagne, tout à l'heure, avec vous* (Van Cauwelaert). *Je ne tenais pas du tout à ce qu'elle passe sa grossesse devant un écran à s'enfiler des imbécillités* (Ravalec). SYN. s'appuyer, s'envoyer, s'enfoncer, se farcir, etc. **3.** Effectuer (qqch de difficile) ; supporter (qqch de pénible) : *Je m'enfilais l'énorme bouquin tout en équations des « Conference Proceedings »* (*Libération*, 19 septembre 1978). *S'enfiler une corvée.* **4.** Vx. S'endetter, se laisser entraîner à jouer gros jeu.

ETYM. emplois métaphoriques expressifs. **1.** 1904, Lorrain. **2.** 1881 [Rigaud]. **3.** mil. XVIIe s. [Duneton-Claval].

◆ *v.pr.* **1.** 1977 [Caradec]. **2.** 1880, Brissac. **3.** 1920 [Bauche]. **4.** 1808 [d'Hautel].

VAR. **enfilarès** : 1897 [Esnault].

DER. **enfilage** *n.m.* Vx. **1.** Arrestation. **2.** Pertes successives au jeu : 1881 [Rigaud].

enfiotté *n.m.*

Terme d'injure : *Alors là, le gros enfiotté il crânait pas comme avec nous ! Il bredouillait même plutôt* (Céline, 5). SYN. enculé.

ETYM. du préf. **en-** et de **fiotte.** 1936, Céline.

enflaquer *v.t.*

ARG. ANC. **1.** Empaqueter. **2.** Arrêter ; incarcérer : *Moi… je grinche en risquant ma peau ; c'est pas toi qui aurais été enflaquée si on m'avait pincé sur la galiote* (Sue). **3.** Conclure, régler correctement. **4.** Ennuyer.

◆ **s'enflaquer** *v.pr.*

S'engager dans un coup dangereux.

ETYM. du préf. **en-** et de **flac,** sac. **1.** 1815, Winter, *in* Vidocq. **2.** 1828, Vidocq. **3.** 1842, Sue. **4.** 1867 [Delvau].

◆ *v.pr.* 1828, Vidocq.

enflé, e *n.*

Individu lourdaud, imbécile : *Comme si on lui demandait quelque chose, à cet enflé* (Grancher). *Me parle pas de ces deux enflés !* (Gainsbourg, in *Globe*, 1988). *Et pis l'or que j'ramasserai tu pourras te le passer sous le blair, hé, enflée !* (Machard, 2).

ETYM. emploi substantivé du participe passé de **enfler.** 1867 [Delvau] ; apostrophe pop. dès 1749, selon Esnault.

enflée *n.f.*

ARG. ANC. Vessie gonflée servant de récipient : *La vessie ou l'enflée d'eau d'affe fut pressée jusqu'à la dernière goutte* (Vidocq).

ETYM. emploi substantivé du participe passé d'**enfler.** 1829, Vidocq.

enfler *v.t.*

1. Mettre enceinte : *Quant qu'aux fill's, gn'en a justement eun' qui n'a su que s'faire enfler* (Rictus). **2.** Gruger : *Je jetai mon chapeau sur ma nuque et me grattai la tête. Ces pauvres diables s'étaient fait enfler comme des ballons* (Héléna, 1).

ETYM. emploi métaphorique et méprisant du verbe usuel. **1.** fin du XIXe s. **2.** 1882 [Esnault].

enflure *n.f.*

Individu méprisable, crétin (terme d'injure) : *Mais lui, là, la grosse enflure : il éclaterait sûrement en rendant un son mouillé* (Fajardie, 2).

ETYM. de **enfler,** au sens de gonfler (de vent). 1936, Céline. Plus fort que *enflé.*

enfoiré, e *adj. et n.*

Imbécile et malfaisant : *Occupe-toi plutôt de passer un savon à l'enfoiré qui t'a repassé ses tuyaux pourris* (Topin). *Toi, mon enfoirée, je te retrouverai et ton mec ne perd rien pour attendre* (Braun).

◆ *n.m.*

Homosexuel : *Si ça se trouve, se dit-il, il en est aussi, celui-là. C'est tout à fait le genre enfoiré mondain* (Lefèvre, 1).

ETYM. participe passé substantivé de **enfoirer,** souiller d'excréments. 1905 [Chautard].

◆ *n.m.* 1928 [Lacassagne]. Ce mot est revenu fortement à la mode, dans les années 1980, avec l'apostrophe célèbre du comique Coluche.

enfoirer *v.t.*

1. Syn. rare de emmerder : *Bon sang ! Quoi ! Tu m'enfoires avec ta méfiance !* (Fauchet). **2.** **Se faire enfoirer,** se livrer à l'homosexualité passive, en parlant d'un homme.

ETYM. du préf. **en-** et de **foire,** diarrhée. **1.** 1935, Fauchet. **2.** 1931 [Chautard].

enfoncer *v.t.*

1. Dominer, surpasser. **2.** Vx. Tromper : *Lesage respira. Bien ! pensa-t-il, c'est avec ça que je vais les enfoncer tous* (Guéroult). **3.** Vx. Arrêter (un délinquant) : *Un tel est enfoncé, racontait un ami à sa femme, lorsque le matin ou* *le soir il revenait au gîte* (Vidocq). **4.** Inculper dans un procès; charger un prévenu à l'audience.

◆ **s'enfoncer** *v.pr.*
Vx. Avaler, engloutir : *Ah ! ce qu'on s'en est enfoncé des frites!* (Machard, 4). SYN. s'enfiler, se farcir.

ETYM. emplois spécialisés et humains d'un verbe s'appliquant à l'origine à des choses. **1.** 1824 [Esnault]. **2.** 1836 [Vidocq]. **3.** 1828, Vidocq. **4.** «inculper» 1847 [Dict. nain]; «charger» 1923 [Esnault].
◆ *v.pr.* 1901 [Rossignol].
DER. **enfonçoir** *n.m.* Agence véreuse : 1889, Macé [Esnault].

enfonceur *n.m.*
1. Policier habile. **2.** Homme d'affaires malhonnête. **3.** Vx. **Enfonceur de portes ouvertes.** ***a.*** fanfaron; ***b.*** client naïf d'une fille qui se fait passer pour vierge.
ETYM. de **enfoncer. 1.** 1829 [Esnault]. **2.** 1836 [Vidocq]. **3. *a.*** 1808 [d'Hautel], d'abord *enfonceur d'huis ouverts* 1640 [Oudin]; ***b.*** 1864 [Delvau].

enfouiller *v.t.*
Empocher : *Les quelques biffetons que j'avais enfouillés... de la broutille!* (Boudard, 1).
ETYM. du préf. **en-** et de **fouille.** 1901 [Bruant].

enfourailler *v.t.*
1. Armer (surtout à la forme pronominale et au participe passé) : *Il y avait les deux calibres de feu Gino. Il en mit un dans la poche gauche et un à sa ceinture. C'était pourtant pas son habitude de s'enfourailler à ce point* (Audouard). *C'est la secrétaire de Valentin, dit-il à voix basse. Et il paraît qu'elle est enfouraillée* (Vexin). **2.** Arg. anc. Incarcérer : *Va-t-en dire à ma largue, / Lirlonfa malurette, / Que je suis enfouraillé* (Hugo).
ETYM. du préf. **en-** et de **four** : c'est l'équivalent belliqueux de *enfourner.* **1.** 1925 [Esnault]. **2.** chanson du XVIIIe s., réécrite par Hugo en 1829.
DER. **enfouraillement** *n.m.* Emprisonnement : 1901 [Bruant].

enfromagé, e *adj.*
Vx. Souillé d'un résidu blanchâtre : *Et trop romantique Insurgé / Tu t'mets des rouges églantines / mais t'as l'prépuce enfromagé!* (Rictus).
ETYM. du préf. **en-** et de **fromage.** vers 1900, Rictus.

enfroqué, e *n.*
Vx et péj. Religieux : *Il devint évident que le conciliabule des trois enfroqués* [l'aumônier et les deux religieuses] *préparait avec lui* [le commandant] *quelque chose* (Humbert).
ETYM. du préf. **en-** et de **froc.** 1880, Humbert.

enganter *v.t.*
Vx. Séduire.
◆ **s'enganter** *v.pr.*
Arg. anc. **S'enganter de qqch,** le prendre : *Attaches de gratousse, / Combriot galuché, / Cheminant en bon drille, / Un jour à la Courtille, / J'm'en étais enganté* (Chanson de Winter, *in* Vidocq).
ETYM. du préf. **en-** et de **gant.** 1834, Balzac [GR].
◆ *v.pr.* vers 1815, Vidocq.

engelure *n.f.*
Individu très désagréable (souvent en apostrophe injurieuse) : *Vain Dieu, n'avoir qu'un fils et tomber sur une pareille engelure !* (Amila, 1).
ETYM. emploi métaphorique et méprisant : individu qui fait souffrir (en «cassant les pieds» ?). 1936, Céline.

engerber *v.t.*
Arrêter (qqn).
ETYM. renforcement de **gerber.** 1867, Stamir [Larchey]; repris en 1953 par Sandry-Carrère.

engin *n.m.*
1. Pénis (généralement de belle taille) : *Murrula se souleva, j'empoignai de mon mieux l'engin de Marcus pour qu'elle pût se laisser retomber sur lui sans se fourvoyer* (Cellard). **2.** Individu laid et désagréable : *Comment ça peut se trimballer, un engin pareil!*
ETYM. emplois métaphoriques et emphatiques. **1.** XVe s., *Farce du cuvier* [Doillon]. **2.** contemporain.

englander *v.t.*
1. Syn. de enculer : *Je t'englande à la grand Vizir de toute ma longueur, foireux condé* (Dégaudenzi). **2.** Tromper : *Comme le dernier des caves que je me suis fait englander* (Boudard, 1).
ETYM. du préf. **en-** et de **gland. 1.** 1936, Céline, mais antérieur puisque le sens 2, qui apparaît dérivé de 1, figure en 1919 chez Dorgelès, sous la forme *englanter.*

engliche ou **english** *adj. et n.* → ANGLICHE.

engourdir *v.t.*

1. Assommer. **2.** Enjôler. **3.** Voler (qqch): *Les condés avaient dû engourdir la photo en perquisitionnant chez lui* (Le Breton, 3).

ETYM. emplois euphémiques du verbe usuel. **1.** 1821 [Ansiaume]. **2.** 1807 [d'Hautel]. **3.** 1947 [Esnault].

engourdissement *n.m.*

Vol, chapardage : *Ça commençait par l'engourdissement d'un roudoudou, d'un bâton de réglisse* (Simonin, 7).

ETYM. de **engourdir.** 1977, Simonin.

engraisser *v.t.*

Entretenir (qqn): *Tu crois pas que je vais t'engraisser à rien foutre, non?*

◆ **s'engraisser** *v.pr.*

Prospérer (au détriment de qqn): *Moi, je n'ai jamais donné un centime à une banque. Pour qu'on s'engraisse sur mon dos ? Pas fou* (Camara).

ETYM. emploi métaphorique et expressif. 1897 [Esnault].

engrener *v.i.*

Vx. Se faire embaucher.

◆ *v.t.*

1. Obtenir: *Dis-moi* [...] *si t'espères engrainer un fourbi* (Clémens). **2.** Embaucher : *Vais-je être obligé d'engrainer tous les indigènes qui traînent la savate dans les rues de Paris ?* (Tachet). **3.** Causer, provoquer.

ETYM. emplois imagés du verbe technique, « entraîner au moyen d'un engrenage ». 1808 [d'Hautel].

◆ *v.t.* **1.** 1850, forçat Clémens [Esnault]. **2** et **3.** 1901 [Bruant]. La var. *engrainer,* fréquente, est peu justifiée et résulte d'une confusion avec le verbe *dégrainer.*

DER. **engreneur** *n.m.* Compère: 1902 [Esnault].

engueulade *n.f.*

1. Réprimande sévère: *Le capitaine, soupçonneux, téléphonait à la soixante-quinzième et me renvoyait dans mes pénates, après une bonne engueulade* (Dalio). **2.** Échange virulent de critiques, d'injures, d'insultes : *Les plus violentes engueulades de bateau-lavoir* (Daudet). *Ça va me coûter encore six cents francs de taxi et une engueulade avec le commissaire principal* (Trignol).

ETYM. de **engueuler. 1** et **2.** 1846, Flaubert [TLF].

VAR. **engueulage** *n.m.* : 1878 [Rigaud]. **engueulement** *n.m.* : 1844, *Catéchisme poissard* [Larchey]. **engueulo** *n.m.* : 1910, Arts et métiers d'Angers [Esnault].

engueuler *v.t.*

Réprimander, injurier: *J'ai commencé par engueuler l'patron / En n'y* [sic] *disant : vous êt's qu'un sal' cochon* (chanson *J'ai engueulé l'patron*, paroles de Marnois et L. Maubon). *La foule les* [des collaborateurs] *engueulait, leur crachait dessus, et les aurait bien lynchés si les flics n'avaient pas assuré leur protection* (Jamet).

◆ **s'engueuler** *v.pr.*

Se disputer: *Ils se sont engueulés et les portes ont claqué* (Demouzon).

ETYM. du préf. **en-** et de **gueule.** 1783 [Esnault], qui signale une pièce poissarde de 1754, *Madame Engueule,* personnage de commère aux mots crus.

◆ *v.pr.* 1862 [Larchey]. Ce verbe, ainsi que *engueulade,* sont passés dans l'usage fam.

engueuseur *n.m.*

Vx. Confesseur: *En approchant de la béquille, il a mangé le morceau à l'engueuseur* (Ansiaume).

ETYM. du verbe **engueuser**, tromper (terme pop. et bas, selon Littré). 1821 [Ansiaume].

enguirlander *v.t.*

1. Syn. de engueuler. **2.** Variante euphémique de emmerder: *Vous pourrez vous fouiller, voilà ! / Et je vous... enguirlande* (Ponchon). **3.** Enchaîner.

ETYM. du préf. **en-** et de **guirlande**, avec jeu de mots phonétique sur *engueuler* et *emmerder,* aboutissant à une var. poétique. **1.** 1920 [Bauche]. **2.** avant 1937, Ponchon. **3.** 1901 [Bruant].

enjamber *v.t.*

Posséder sexuellement: *Je sentais bien que si je voulais me l'enjamber celle-là, si elle en valait le coup de zob, je devais faire un petit effort dans cette direction* (Boudard, 5).

ETYM. emploi érotisé du verbe usuel. XVIIIe s., Nerciat [Cellard-Rey].

enjambeur *n.m.*

Homme d'une grande puissance sexuelle : *Au cantonnement, c'était la terreur des cramouilles, un enjambeur terrible!* (Simonin, 2).

ETYM. de **enjamber.** 1953, Simonin.

enjoliveurs *n.m.pl.*
Seins d'une femme. SYN. amortisseurs, pare-chocs.
ETYM. emploi métaphorique du mot technique. 1982 [Perret].

enjuponné, e *adj.*
Ivre.
ETYM. renforcement de **juponné**. 1975 [Le Breton].

enlever *v.t.*
Vx. **Enlever le ballon, le cul, qqch à qqn,** lui donner un coup de pied au derrière: *Mais j'me fais enl'ver l'ballon / À l'Exposition* (chanson *À l'Exposition*, paroles d'E. Rimbault et R. de la Croix-Rouge).
◆ **s'enlever** *v.pr.*
Vx. Souffrir de la faim.
ETYM. ces emplois sont des métaphores renvoyant à l'aérostation, très à la mode dans la seconde moitié du XIXe s. 1867 [Delvau].
◆ *v.pr.* 1835 [Raspail].

enquiller *v.i.* ou **s'enquiller** *v.pr.*
Entrer, s'introduire dans: *La chance de voir un client enquiller dans le bar, à cette heure, avoisinait le zéro* (Simonin, 1). *Sur le point d'être rejoint, Bébert s'enquille dans un immeuble dans l'espoir de s'échapper par les toits* (Spaggiari); s'embaucher.
◆ *v.t.*
1. ARG. ANC. Dissimuler entre ses cuisses (un objet volé), dans le vol à la détourne. **2.** S'engager dans (une voie): *La jeune femme, flanquée de son passager, enquilla donc la rue Rouget-de-l'Isle* (Grancher). **3.** Posséder sexuellement: *Je m'excusai sur ce que nous étions deux ; à quoi elle me répondit gracieusement que cela ne faisait rien, et que nous l'enquillerions tous les deux en même temps, l'un par devant, l'autre par derrière* (Gautier). **4.** Revêtir: [Cendrillon] *s'enquilla la tatane en moins de deux* (Stollé). **5.** Placer (qqch): *J'ai vu que j'allais m'amuser pour enquiller tout le bazar là-dedans* (Djian, 1). **6.** Vx. Placer qqn chez un patron.
ETYM. du préf. **en-** et de **1. quille**, jambe. *v.i.* 1828, Vidocq ; *v.pr.* 1901 [Bruant] ; « s'embaucher » 1874 [Boutmy].
◆ *v.t.* **1.** 1847 [Esnault]. **2.** 1863 [id.]. **3.** 1850, Gautier. **4.** 1899 [Esnault]. **5.** 1881 [Rigaud]. **6.** 1870 [Esnault].
DER. **enquilleur** *n.m.* Compère invitant à participer à une partie de bonneteau : 1886 [Esnault]. **enquilleuse** *n.f.* Voleuse qui dissimule sous un tablier le produit de son vol : 1725 [Granval].

enquiquiner *v.t.*
Ennuyer: *Topin a un soubresaut: « Mais, commissaire, ils vont m'emm... m'enquiquiner à mort! Ils m'en veulent »* (Morgiève).
ETYM. var. euphémique de **emmerder**, tirée de la racine expressive **kik-** (cf. *serrer le kiki*). 1844, Flaubert [TLF], sous la forme *enkikinante.* Ce verbe et ses dérivés sont passés dans la langue familière.
DER. **enquiquinement** *n.m.* Syn. de emmerdement: 1883 [Larchey].

enquiquineur, euse *n.*
Individu importun, ennuyeux : *Je vis pour moi, je m'appartiens ! / Mais au studio je redeviens / L'enquiquineuse !* (chanson *Je ne suis pas ce que l'on pense,* paroles de P. Knepler et A. Robinson).
ETYM. de **enquiquiner**. 1937, Knepler et Robinson.

enrhumer *v.t.*
ARG. ANC. Ennuyer : *Cette fois, ta jolie frimousse y passera... car tu m'enrhumes avec ta figure de vierge* (Sue).
ETYM. emploi euphémique du verbe usuel. 1808 [d'Hautel].

enroupiller (s') *v.pr.*
S'endormir: *Là-haut, non plus, les spécialistes ne s'enroupillaient pas. Ça se mit à bouger sur les ondes. « Appel général à toutes les voitures-radio »* (Le Breton, 3).
ETYM. formation expressive, à partir de **roupiller**, sur le modèle de *s'endormir.* 1953, Clébert.

ensible ou **encible** *adv.*
VIEILLI. Ensemble.
ETYM. resuffixation arg. de **ensemble.** *ensible* 1926 [Esnault]; *encible* 1829 [Forban].

ensoutané *adj. et n.m.*
Se dit d'un prêtre en soutane.
ETYM. de **en-** et de **soutane**. 1977 [Caradec].

ensuqué, e *adj. et n.*
Abruti, épuisé (par diverses causes: fatigue, drogue, soleil, etc.): *J'ai la gueule tout ensuquée et presque envie de vomir* (Bastid-Martens, 1). *Mr. D., complètement ensuqué, tombe dans les bras de l'infirmier* (*Libération,* 4 fé-

vrier 1980). *Le Nantais pointa son doigt sur les ensuqués. « T'as d'autres carrées comme celle-là ? » Ho-Yen inclina son crâne où luisaient des cheveux noirs. « Oui. Deux autres. »* (Le Breton, 3).

ETYM. participe passé de **ensuquer.** 1954 [Esnault].

ensuquer *v.t.*

Assommer, abrutir : *Une fois dehors, après ce festin, grand soleil fou et bise de Durance ont achevé d'ensuquer mon père et ma mère* (Spaggiari).

ETYM. mot franco-provençal, du préf. **en-** et de **suc**, nuque. mil. du XXe s.

entaulage ou **entôlage** *n.m.*

1. Vol pratiqué par une prostituée aux dépens d'un client : *L'entôlage est relativement rare dans les bocsons à cause de l'étroite surveillance des mères maca* (Alexandre). **2.** Extorsion quelconque : *Petit, qui reconnaît l'entôlage, essaie de convaincre le tribunal que cet acte fâcheux fut en quelque sorte la protestation de son honnêteté morale contre des propositions qu'il n'est pas exagéré de qualifier de désobligeantes* (London, 2).

ETYM. de **entauler. 1.** 1903 [Esnault]. **2.** 1904, Lorrain.

VAR. **entau** : 1928 [Esnault]. **ento** : 1928 [Lacassagne].

entauler ou **entôler** *v.t.*

1. Escroquer (qqn), notamment en parlant d'une prostituée : *J'entôle jamais en cambrouse ; c'est trop durillon de jouer l'fille de l'air, qu'elle dit* (Stéphane) ; dérober (qqch). **2.** Introduire. **3.** Incarcérer : *Clara et moi décidons de lui rendre visite dans sa geôle. On l'a entaulé à la maison d'arrêt de Champrond dans l'Essonne* (Pennac, 3).

◆ *v.i.*

1. Pénétrer dans une demeure pour un vol. **2.** Emménager, entrer dans une pièce, une maison.

ETYM. du préf. **en-** et de **taule** ou **tôle. 1.** 1901 [Bruant]. **2.** 1829, Vidocq. **3.** 1935 [Esnault].

◆ *v.i.* **1.** 1836 [Vidocq]. **2.** 1895 [Delesalle].

entauleur ou **entôleur** *n.m.*

Vx. Client d'une prostituée qui paie mal : *J'appelle mon homme, et tu vas voir s'il te les fera pas lâcher, et en vitesse, mes cent francs. Espèce d'entôleur ! Voleur de femmes !* (Galtier-Boissière, 2).

◆ **entauleuse** ou **entôleuse** *n.f.*

1. Voleuse. **2.** Fille qui pratique l'entaulage : *Un certain Châlus, méridional, tenancier d'une « maison » sur la Côte d'Azur, marié avec une ancienne entôleuse, Anna Calendini, devenue sous-maîtresse* (Thomas, 1).

ETYM. de **entauler.** 1925, Galtier-Boissière.

◆ *n.f.* **1** et **2.** début du XXe s. [id.].

enterver *v.t.*

ARG. ANC. Comprendre : *Ne jaspine pas si haut, fit Guénolé, car le mion enterve peut-être comme nouzailles* (Mac Orlan, 11).

ETYM. du lat. **interrogare**, interroger. 1460, *Mistère* [Esnault].

entifle *n.f.* → **1. ANTIFLE.**

entifler ou (vx) **antifler** *v.t.*

1. Épouser (avec ou sans sacrement). **2.** Séduire. **3.** Tromper, duper : *Si j'en connaissais un tout petit bout comment l'Achille m'entiflait ! oh, là là* (Céline, 2). **4.** Emprunter (une voie de communication, un itinéraire) : *Je repiquais sur le XIVe que j'entiflais de Nord en Sud, le sens que j'aime pas* (Audiard).

◆ *v.i.*

Entrer.

◆ **s'entifler** *v.pr.*

1. Vx. Se marier. **S'entifler de sec,** se marier légalement : *Les plus belles nanas du royaume des Perses doivent s'amener au Palais où Assuérus en choisira une pour s'entifler de sec avec sa poire* (Devaux) ; **s'entifler à l'estorgue,** vivre en concubinage. **2.** S'introduire, se glisser dans : *Dès neuf heures du soir il s'était entiflé dans ce court boyau d'un immeuble serré entre un coiffeur pour dames et un magasin de vêtements* (Risser).

ETYM. de **entifle. 1.** XVIIIe s., chanson, *in* Vidocq. **2.** 1847 [Dict. nain]. **3.** 1957, Céline. **4.** 1973, Audiard.

◆ *v.i.* 1866 [Delvau].

◆ *v.pr.* **1.** 1800, Leclair, pour les deux loc. **2.** 1930 [Esnault]. Il est possible que le sens pronominal 1 résulte d'une contamination plus ou moins consciente entre *entifler*, entrer à l'église, et le verbe usuel *entrer.*

DÉR. **entiflage** *n.m.* Mariage : 1847 [Dict. nain]. **entiflement** *n.m.* Mariage : 1836 [Vidocq]. **entifleur** *n.m.* **1.** Prêtre ou maire : 1899 [Nouguier]. **2. Entifleur à la plaque**, notaire à panonceau : 1847 [Dict. nain].

entoiler *v.t.*

Incarcérer : *Ça serait peut-être un service à vous rendre de vous faire entoiler, parce que derrière les murs et les grosses lourdes de Fresnes ou du boulevard Arago, vous n'auriez pas à craindre les coups de soufflant des Corses* (Trignol).

ETYM. selon Virmaître, vient de ce que, dans les camps, la salle de police était une tente-abri. 1883 [Chautard], encore en 1988 chez Caradec.

entôlage *n.m.*, **entôler** *v.t.*, **entôleur, euse** *n.* → ENTAULAGE, ENTAULER, ENTAULEUR.

entonne *n.f.* → ANTONNE.

entonnoir *n.m.*

1. Bouche. **Entonnoir à musique,** oreille. **2.** Buveur.

ETYM. emplois métaphoriques du mot usuel. **1.** 1867 [Delvau]. **Entonnoir à musique**, 1977 [Caradec]. **2.** 1901 [Bruant].

entortiller *v.t.*

1. Se moquer de : *Il a voulu me faire manger, mais je l'entortille* (Ansiaume). **2.** Ennuyer. **3.** Circonvenir par flatterie : *Il les entortille si bien, qu'il les mène su zune affaire, rue du Grand...urleur* (Vidocq).

ETYM. emplois imagés du vieux verbe présent dans plusieurs langues romanes et signifiant «enrouler (dans)». **1.** 1821 [Ansiaume]. **2.** 1850 [Esnault]. **3.** 1828, Vidocq.

entourloupe *n.f.*

1. Tromperie ; escroquerie ; coup fourré : *Tony, qui avait jusqu'alors espéré qu'il s'agissait d'une entourloupe, faite par une entraîneuse à un client, d'une mise en l'air mignonne* [...] *sentait arriver une vape peu ordinaire* (Simonin, 1). **2.** Propos fallacieux : *J'étudie les cas, les névroses, les risques de vie, les malchances de survie, les désespoirs communs, les entourloupes, la grammaire* (Prudon).

ETYM. apocope de **entourloupette**, petite escroquerie (1906 [Chautard]), création plaisante à partir de *(mauvais) tour,* avec p.-ê. influence de **turlupin**. 1936, Céline, pour les deux sens.

entourlouper *v.t.*

Tromper, duper : *Passe encore de baiser sa femme, mais l'entourlouper, non* (ADG, 7).

ETYM. de **entourloupe**. 1959, Vialar [TLF].

entracte *n.m.*

Enquête sur une mort subite et naturelle ne soulevant aucune difficulté, dans le langage des policiers.

ETYM. emploi métaphorique et légèrement dédaigneux. 1975 [Arnal].

entraîneuse *n.f.*

Jeune femme qui met en train la clientèle et la pousse à consommer, dans un bar, un dancing, etc. : *D'ordinaire, il y avait d'office une tournée des petits-ducs tourangeaux, mention spéciale au Scotch-Club à côté du cabaret La Paix où les entraîneuses étaient devenues des copines* (ADG, 1).

ETYM. de **entraîner**, en un sens commercial, favorisé par le sens hippique de « dresser (des chevaux) ». 1878 [Rigaud].

entraver *v.t.*

Comprendre : *Je lance quelques mots d'argot, on voit que j'entrave, on me fait un sourire d'intelligence que je rends* (Vidocq). *Hier midi, j'ai pas tout entravé ce que Fil-de-Fer déconnait à la vache* (Le Breton, 6). *L'école ne voulait pas la garder, elle n'entravait rien, et faisait tout un tas de conneries qui troublait le déroulement des classes* (Rochefort).

ETYM. dès 1170-1180, G. de Saint-Pair [TLF], **enterver**, s'informer, du lat. **interrogare**, questionner, puis par métathèse **entraver.** 1725 [Granval]. Ce verbe est très courant en arg., surtout dans un contexte négatif : *(n') entraver que dalle, que pouic,* etc.

entrée *n.f.*

Entrée des artistes, anus ; surtout dans les loc. **prendre** ou **passer par l'entrée des artistes,** sodomiser.

ETYM. elle est placée derrière le théâtre... des opérations ; la sodomie est ironiquement assimilée à un art. 1864 [Delvau].

entremichon, entrefesson ou **entrejoufflu** *n.m.*

Raie fessière : *Craignons ni la sueur perleuse dans l'entrejoufflu, ni la courbature de la dossière* (Devaux).

ETYM. de **entre** et de **miches**, resuffixé par **-on.** *entremichon* 1977 [Caradec] ; *entrefesson* XVIe s., A. Paré ; *entrejoufflu* 1960, Devaux.

entre-sort *n.m.*

Vx. Boutique foraine donnant un spectacle avec parades, et ne se produisant qu'une

seule fois dans une même localité : *L'entre-sort primitif – avec ses volets verts aux gonds rouillés, sa robe mangée par la pluie, son toit tremblant sous l'orage – à la fois cuisine, dortoir et estrade des monstres* (Vallès); et, au fig.: *Après vingt ans de liaisons et de multiples « entre-sort » – comme on dit à la fête foraine – un moment arrive où l'on aspire à faire la pause* (Galtier-Boissière, 4).
ETYM. de **entrer** et **sortir**, évoquant la fugacité du phénomène en question. avant 1870, Vallès [Rigaud].

entroller *v.t.*
ARG. ANC. Emporter : *Il cosnit, et les anges entrollèrent son âme avec les myons du grand Havre* (Responce au grand Coesre).
ETYM. de **troller**, promener çà et là, du lat. pop. **tragullare.** 1628 [Chéreau].

entubage *n.m.*
Tromperie ; escroquerie : *Le cœur du Grand Sorcier était ulcéré. Il ne supportait pas l'idée de toutes ces combinaisons fructueuses dont il était écarté, et son entubage magique lui semblait de bien peu de poids devant la scientifique technique presse-citron du sénateur* (Bastid-Martens, 1).
ETYM. de **entuber.** 1975 [Le Breton].

entuber *v.t.*
1. Sodomiser. **2.** Duper, escroquer : *J'comprends qu'elle veuille entuber le Hanneton, le faire marron, le faire caca* (Lasaygues). *Foutu pour foutu, il préfère griller l'affaire plutôt que de se faire entuber* (Houssin, 2). **3.** Manger.
◆ **s'entuber** *v.pr.*
S'entuber d'une somme, la perdre au jeu.
ETYM. du préf. **en-** et de **tube. 1.** 1975 [Le Breton], mais certainement antérieur, vu la date du sens 2 : 1901 [Esnault]. **3.** 1953 [Sandry-Carrère].
◆ *v.pr.* 1905 [Bruant].

entureur, euse *n.*
VX. Farceur : *Les rires éclatants provoqués par les facéties de quelque entureur* (Humbert).
ETYM. de **enturer**, tromper, issu de l'arg. piémontais **turir** [Esnault]. 1880, Humbert.

enturner *v.i.*
VX. Entrer (dans une maison).
ETYM. de **turne.** 1800, Leclair.

envapé, e *adj.*
1. Hébété (sous l'effet de l'alcool ou d'une autre drogue) : *Agglutinés par paquets autour des comptoirs, des marins tout à fait poivres, à demi envapés, suivaient d'un œil vague les allées et venues des nistonnes montantes* (Bastiani, 1). **2.** Qui se trouve dans une situation catastrophique.
ETYM. de **en-** et de **vape. 1** et **2.** 1957 [PSI].

envapement *n.m.*
Évanouissement : *Revenu de son envapement, le Bordelais se leva. Il était hagard* (Le Breton, 2).
ETYM. de **envapé.** 1953, Le Breton.

enveloppé, e *adj.*
C'est enveloppé. ***a.*** c'est gagné d'avance ; ***b.*** c'est conclu : *Bravo, Max ! il me faisait, tu as été sensationnel, à ce qu'on me dit ; c'est conclu pour demain, dimanche... Et de ton côté, c'est enveloppé ?* (Simonin, 3).
ETYM. emploi métaphorique, issu du sens commercial de *envelopper une marchandise* (qui a été payée). ***a.*** 1913 [Esnault] ; ***b.*** 1954, Simonin.

envelopper *v.t.*
1. Prendre, voler. **2.** Faire prisonnier ; arrêter : *Je commence à respirer la vape... qu'il a dû se faire envelopper le Ténor... une opération poulaga* (Boudard, 5). **3.** Circonvenir, duper.
ETYM. emplois expressifs du verbe usuel, qui ne s'applique originellement qu'à des choses. **1.** 1913 [Esnault]. **2.** 1915 [id.]. **3.** 1935 [Simonin-Bazin].

enviandé *n.m.*
Terme d'injure : *Je me dis tout bas que cet enviandé trop plein de science ne manque vraiment de rien pour faire ses saloperies* (Tachet). *Tu as osé nous repasser, enviandé !... Tu t'es permis de nous faire ça, à nous ?* (Simonin, 3).
SYN. enculé.
ETYM. emploi substantivé du participe passé de **enviander,** copuler. 1883 [Fustier].

enviander *v.t.*
1. Posséder sexuellement ; spéc., sodomiser : *Celui qui se fait enviander, si ça ne lui paye pas ses dettes, ça lui bouche toujours un trou* (Rossignol). **2.** Tromper, duper.
ETYM. du préf. **en-** et de **viande. 1.** 1883 [Fustier] ; spéc. 1890 [Chautard]. **2.** contemporain (moins fréquent que *envelopper*).

envoyer *v.t.*

1. Les envoyer, envoyer la monnaie, la soudure, payer : *Le nabot a dû plusieurs fois les envoyer sous menace de se faire fendre la tête* (Simonin-Bazin). *Il connaissait les entraîneurs, les jockeys, les bookmakers et il envoyait la soudure comme tout un chacun au guichet* (Boudard, 2). **2. Envoyer les pognes, les paluches,** caresser, dans un dessein érotique. **3. Envoyer le cerf,** au jeu, répandre inconsidérément un renseignement confidentiel. **4. Envoyer baigner, balader, baller, bouler, chier, dinguer, paître, péter, pisser, pondre, promener, s'asseoir, valser qqn** ou **l'envoyer au bain, aux fraises** ou **sur les fraises, sur les roses,** (vx) **à l'ours, à la balançoire, au large, l'envoyer se faire fiche, (se faire) foutre,** l'éconduire : *Mais moi, s'ils voulaient me choper / Ils pourraient toujours s'aligner / Je les enverrais tous baigner* (chanson Si j'avais des ailes). *La vieille femme de chambre tenta mais vainement de ramener Georges à une notion plus saine de la réalité. Celui-ci l'envoya bouler* (Carco, 7). *Le Belge a voulu venir avec moi, mais je l'ai envoyé chier. Je ne voulais plus le voir* (Roubaudi). *Je l'avais bousculée et failli l'envoyer dinguer comme une reine* (Malet, 12). *Tu commences à me baver sur la tartine, et d'ici que je t'envoie faire foutre, y a pas loin !* (Lefèvre, 1). *La Commission exige un droit de regard. Eh bien, le droit, je le prends, la Commission je l'envoie paître* (Malaquais). *Quand il aura fini son stage, son patron va l'envoyer péter* (Sarraute, *le Monde,* 1988). *Si tu lui parles de tes conneries, ce n'est pas le type à t'écouter dix ans... Il t'enverra pondre* (Fallet, 1). *Fait's vous payer un bon dîner / Des p'tits cadeaux sans vous gêner / Et quand ils d'mand'nt le reste envoyez-les prom'ner* (chanson *Polka des trottins,* paroles de A. Trébitsch). *Elle* [S. Ride, la cosmonaute américaine] *se veut avant tout « professionnelle » et envoie au bain ceux qui tentent de lui faire jouer les stars* (*le Monde,* 19 juin 1983). *Édouard Vence pensa que le bonhomme allait l'envoyer sur les roses et il s'apprêta à résister comme il pourrait* (Destanque). *Louis, absolument terrorisé, se recroquevillait, sans oser envoyer foutre sa terrible séductrice* (Buron).

◆ **s'envoyer** *v.pr.*

1. Absorber : *Ils sont venus ici et ils se sont envoyé quelques douzaines d'huîtres et je ne sais combien de bouteilles* (Vilar). *Le soir, on essayait d'attraper un film à la télé et on s'envoyait le programme jusqu'à la fin* (Djian, 1). **2.** Accomplir, faire (une tâche difficile ou pénible) : *Comme on ne devait pas enlever les wagons du quai avant une bonne demi-heure, [le cheminot] décida, en descendant de l'Annecy, d'aller prendre le café avant de « s'envoyer » le Phocéen* (Japrisot). **3.** Posséder sexuellement : *« Si tu veux t'envoyer la comptable, ça te regarde, mais permets-moi de te dire que tu te compliques la vie pour pas grand-chose ! » Je ne suis pas plus pudibond qu'un autre, mais l'expression triviale « s'envoyer », appliquée à Mandoline, me glace le sang* (Faizant). **4. S'envoyer en l'air,** coïter : *Un gala à Knokke-le-Zoute ! Tu parles ! elle devait être en train de s'envoyer en l'air avec un coquin dans un hôtel borgne de Dunkerque* (Viard).

ETYM. emplois spécialisés et expressifs du verbe usuel. **1. Les envoyer,** 1927 [Chautard]. **2.** 1953 [Sandry-Carrère]. **3.** 1975 [Arnal] ; il y a ici, vraisemblablement, confusion avec *serre,* signal (v. ce mot). **4. Envoyer baigner,** 1901 [Bruant]; **balader,** 1894 [Virmaître]; **baller** et **péter,** 1920 [Bauche]; **bouler,** 1878, Gill; **chier** et **dinguer,** 1862 [Larchey]; **paître,** 1640 [Oudin]; **pisser,** XVe s., Du Cange [Larchey]; **pondre,** 1942, Meckert ; **promener,** 1690 [Furetière] ; **s'asseoir,** 1867 [Delvau] ; **valser,** 1964 [GR] ; **envoyer au bain,** 1884 [Duneton-Claval] ; **aux fraises,** 1975 [Le Breton] ; **sur les roses,** 1948, Guérin [Duneton-Claval] ; **envoyer à l'ours** et **se faire fiche,** 1862 [Larchey]; **à la balançoire,** 1858, Monselet [Duneton-Claval]; **au large,** 1883 [Fustier]; **envoyer se faire foutre,** 1845, Flaubert [TLF].
◆ *v.pr.* **1.** 1897, Courteline [TLF]. **2.** 1919, Carco [id.]. **3.** 1920 [Bauche]. **4.** 1928 [Lacassagne].

épais, aisse *adj.*

Vx. **1. Ne pas l'avoir épais,** manquer de courage à l'ouvrage. **2. En avoir épais (sur le cœur),** avoir des regrets ou des remords : *Petit Henri dit simplement, oubliant d'affranchir sur leur nouvel objectif : « Viens... on se tire. » Tomate en avait épais* (Simonin, 1).

ETYM. substitution synonymique. **1.** 1912 [Esnault]. **2.** 1950 [id.]. Cet emploi vient des métallurgistes et tailleurs de pierres, ouvriers habitués à mesurer avec précision.

éparpiller *v.t.*

En éparpiller (de première) ou simpl. **éparpiller,** dormir (à poings fermés) : *Notre chambre n'étant pas retenue, nous avions donc* *beaucoup de chances de faire tintin et d'en éparpiller sur les coussins de la tire* (Tachet).

ETYM. emploi expressif, à rapprocher de *en écraser.* **En éparpiller de première,** 1957 [Sandry-Carrère]; **éparpiller,** 1975 [Arnal].

épatage *n.m.*

Vx. **1.** Attitude supérieure. **2. À l'épatage,** par intimidation et menace : [le cambrioleur :] *Si tu veux pousser une goualante, je te lingue. Pauv' vieux !* [...] *Avant de m'esbigner, j'fais l'vieux encore à l'épatage, et j'joue des cliquettes* (Brissac).

ETYM. de **épater. 1.** 1835 [Raspail]. **2.** 1880, Brissac.

épate *n.f.*

Affectation de grands airs : *Le brigadier haussa l'épaule : « Taisez-vous donc ; d'l'épate, tout ça »* (Courteline). *Le vol à l'épate, c'est l'escroquerie dans le grand chic. Les étrangers et particulièrement les Anglais offrent de nombreux types d'épateurs dont j'ai déjà esquissé les traits* (Claude). **Faire des épates** (vx), **de l'épate,** prendre de grands airs : *Le soir, on fait ses épates, / on étal' son culbutant* (Bruant).

ETYM. déverbal de **épater.** 1846 [Esnault].

épater *v.t.*

1. Étonner profondément: *M. Antoine remercia en priant qu'on ne parlât pas à son fils de sa démarche : « Je veux l'épater par ma mémoire»* (Mensire); absol., affecter de grands airs. **2.** Vx. Réprimander.

ETYM. de **patte,** littéralement « couper les pattes » (cf. *asseoir, en tomber sur le cul,* etc.). **1.** 1848 [Pierre]; absol., 1835 [Raspail]. **2.** 1866 [Delvau]. Ce verbe et ses dérivés sont passés dans l'usage fam. et sont un peu vieillis, à l'exception de *épate,* encore très répandu.

DER. **épatement** *n.m.* Stupéfaction: 1859, Goncourt [TLF].

épateur, euse *n.*

Faiseur d'embarras : *Parce qu'au fond, tout nous est bien égal, et que nous sommes aussi enthousiastes, aussi lucides et aussi épateurs l'un que l'autre !* (Sarrazin, 3).

ETYM. de **épater.** 1835 [Raspail].

épaule *n.f.*

1. Épaules de serpent ou **en bouteille de Saint-Galmier,** épaules tombantes. **2.** Vx. **Épaules qui marchent, qui trottent,** cuisses, fesses: *Ce polisson de « gosse » lui allonge un maître coup de pied entre les « deux épaules qui trottent », comme disaient au régiment ceux qui se piquent d'élégance* (Bibi-Tapin).

ETYM. emplois expressifs. **1.** 1953 [Sandry-Carrère]. **2. Épaules qui marchent,** 1899 [Nouguier]; **qui trottent,** 1894, Bibi-Tapin.

VAR. la variante en diérèse **épaüle** ou **épahule** (1950 [Esnault]) provient de certaines grandes écoles (ou des classes préparatoires). → **CRAPAHUTER.**

épée *n.f.*

Homme ou femme d'une grande réputation dans le milieu, soit à cause de sa mentalité très sûre, soit en raison de son habileté « professionnelle » (cambrioleur, braqueur, tueur, etc.): *Habituellement, l'argent, je le gagne d'abord. Après on me casque, déclara-t-il dignement. On avait avec nous ce qu'on peut appeler une épée, en terme de métier* (Trignol). *Marthe Richard* [...] *il lui tire son chapeau. Il trouve que c'est une épée dans son genre, une gonzesse hors du commun* (Boudard, 2).

ETYM. emploi imagé et valorisant du mot usuel. 1955, Trignol, mais *c'est une rude épée* dès 1640 [Oudin].

épicemar ou **épicemard** *n.m.*

Épicier: *M. Poivrésel, épic'mar, 22, rue Ménilmuche* (Marcus). *Le cabinet de la mère Broc tient plutôt, faut l'dire, de la réserve de l'épicemard grossiste que du bureau d'affaires* (Simonin, 8).

ETYM. resuffixation arg. de **épicier.** 1833 [Esnault].

VAR. **épicemince :** 1901 [Bruant].

épinards *n.m.pl.*

1. Aller aux épinards. ***a.*** récolter les gains quotidiens d'une prostituée. SYN. relever les compteurs ; ***b.*** gagner son pain, en parlant d'un ouvrier ; ***c.*** vivre sans souci. **2. Plat d'épinards.** ***a.*** tableau médiocre dans lequel domine la verdure ; ***b.*** bouse de vache fraîche, rencontrée en plein champ.

ETYM. emploi métaphorique du mot usuel et très probablement, au sens 1 a, jeu de mots sur **pine. 1.** ***a.*** 1866 [Delvau] ; ***b.*** 1907 [Esnault] ; ***c.*** début du XXe s., Carabelli [TLF]. **2.** ***a.*** 1836, Stendhal [TLF] ; ***b.*** 1878 [Rigaud].

épingle *n.f.*

Vx. **Avoir une épingle à son col,** avoir un verre de vin payé d'avance par un camarade. **Avoir son épingle au col,** être ivre : *Après quatre verrées de verte, j'avais mon épingle au col* (Méténier).

ETYM. image peu claire, p.-ê. évocation d'une certaine raideur d'ivrogne ? **Avoir une épingle à son col,** 1867 [Delvau]. **Avoir son épingle au col,** 1885, Méténier.

épingler *v.t.*

1. Vx. Étrangler. **2.** Dérober : *J'avais pris le fétu, une vraie barre de bourreau que nous avions eu du mal à épingler au Fort-l'Évêque* (Burnat). **3.** Arrêter (qqn) : *Ils étaient trois. La police en a épinglé un, abandonné par ses collègues : il avait oublié quelques liasses sur le guichet et a commis l'erreur de rentrer les chercher* (Jaouen). SYN. pingler. **4.** Surprendre ou mettre dans une situation fâcheuse : *Lorsqu'il se pose sur elle, le regard du terrible garçon, si prompt à épingler les gens, ne manifeste aucune ironie* (Chevalier).

ETYM. de **épingle,** pince à linge. **1.** 1899 [Nouguier]. **2.** 1953 [Sandry-Carrère]. **3.** 1889 [Fustier]. **4.** 1939 [Esnault].

éplucheuse *n.f.*

Éplucheuse de lentilles, homosexuelle.

ETYM. celle qui épluche des **landies** (1250, *Roman de Renart*), sexe de la femme, issu de **lande,** contrée boisée, et déformé en **lentille,** sans doute par comparaison entre le clitoris et le légume. 1836 [Vidocq].

époilant, e *adj.*

Étonnant, amusant : *Mais le plus extraordinaire / C'est qu'on parle dans cette affaire / D'y* [au bas noir] *substituer le bas blanc, / C'est époilant !* (Ponchon).

ETYM. du verbe dial. **éboéler,** écraser [Esnault], et non de *poil.* 1889 [id.].

VAR. **époil** *adj.inv.* Admirable, bon, heureux (en parlant d'un événement) : 1920 [Bauche]. **époêlant :** 1901 [Esnault].

éponge *n.f.*

1. Ivrogne : *Le joueur d'harmonica et son éponge de compère* (Arnoux). **Boire comme une éponge** ou **avoir une éponge dans le gosier,** être alcoolique : *Je suis l'invité d'honneur, à ce que je comprends ? – C'est ça, et tu t'arrangeras pour boire comme un homme et pas comme une éponge, dit Yan* (Giovanni, 3). **2.** Vx. Maîtresse d'un proxénète. **Éponge à mercure,** prostituée atteinte d'une MST.

◆ **éponges** *n.f.pl.*

1. Poumons : *La vitre baissée de mon côté, je m'emplissais les éponges à petits coups d'air frais de la nuit* (Bastiani, 4). **Éponges mitées** ou **bouffées aux mites,** poumons rongés par une maladie, en partic. la tuberculose : *À mon âge ! après ces années dans les égouts ! avec mes éponges mitées !* (Boudard, 1). **2.** Vx. Gros souliers.

ETYM. emplois métaphoriques, reposant sur l'idée d'absorption abondante ou sur une certaine analogie de structure. **1.** 1867 [Delvau]. **Boire comme une éponge,** 1808 [d'Hautel] ; **avoir une éponge dans le gosier,** 1901 [Bruant]. **2.** 1858 [Esnault] (avec jeu phonétique sur *épouse*). **Éponge à mercure,** XVIIIe s., Vadé [Rigaud].

◆ *pl.* **1.** 1945, Fresnes [Esnault]. **2.** 1888, Guéroult, au sing.

épongeable *adj.*

Facile à gruger, à dépouiller : *Un certain nombre de branques épongeables et essorables à merci* (Simonin, 6).

ETYM. de **éponger** au sens 2. 1966, Simonin.

éponger *v.t.*

1. Faire jouir rapidement (un client), en parlant d'une prostituée : *On l'a gardée... Pour des boutons, qu'le toubib a dit. À la chagatte ! Tu parles... Comme si ça empêchait la môme d'éponger les michetons !* (Le Breton, 3). **2.** Dépouiller complètement (qqn) : *Porto ou Xérès, il s'agissait de liquides hors commerce, legs d'un baronnet folingue que Nora avait épongé dix piges durant* (Simonin, 1). **3.** Subir sans réagir.

◆ *v.i.*

Exercer son activité, en parlant d'une prostituée : *La môme épongeait au cinquième, sans ascenseur* (Houssin, 1).

ETYM. de **éponge. 1.** 1954, Le Breton. **2.** 1958, Simonin. **3.** 1977 [Caradec].

◆ *v.i.* 1984, Houssin.

épongeur *n.m.*

Se dit d'un individu habile à gruger, à dépouiller autrui : *Ce matin aucun message de ces épongeurs ne l'attend, vu qu'il casque recta* (Simonin, 5).

ETYM. du verbe **éponger.** 1960, Simonin.

époques *n.f.pl.*

Avoir ses époques, avoir ses règles, en parlant d'une femme.

ETYM. emploi euphémique du mot usuel. 1864 [Delvau].

éprouvé *n.m.*

Vx. Forçat s'étant fait remarquer par sa bonne conduite : *Les éprouvés peuvent être nommés* [...] *fourgonniers* (Alhoy).

ETYM. emploi spécialisé du mot usuel. 1845 (Alhoy).

équarrisseuse *n.f.*

Prostituée travaillant à proximité des abattoirs: *Une équarrisseuse qui, près des abattoirs parisiens où l'on dépèce les chevaux dont on ne consomme pas encore la viande, hélera les bouchers pour les ronger jusqu'à l'os !* (Alexandre).

ETYM. de **équarrir,** employé métaphoriquement. 1987, Alexandre.

équerre *n.f.*

Vx. **Fendre son équerre,** partir, s'en aller.

SYN. ouvrir le compas.

ETYM. image « géométrique », l'équerre étant celle des jambes. 1866, Villars.

équiper (s') *v.pr.*

S'associer: *Éric les avait vus à l'œuvre, lorsqu'il s'était agi de conduire l'ambulance. Il pensait que même le petit Jeannot ne s'équiperait plus avec Abel* (Giovanni, 1).

ETYM. emploi spécialisé, au sens de « faire équipe ». 1926 [Esnault].

DER. **équipier** *n.m.* Complice : [id.].

esbigner *v.t.*

1. Voler. **2.** Cacher.

◆ **s'esbigner** *v.pr.*

1. S'en aller, partir, s'enfuir : *Pascal profita de l'accalmie en ce qui concernait sa précieuse personne pour s'esbigner carrément sur la pointe des pieds* (ADG, 1). **2.** Vx. S'éteindre, en parlant d'une chandelle.

ETYM. du fourbesque **sbignare,** courir. **1.** 1754, P. Boudin [TLF]. **2.** 1829 [Forçat].

◆ *v.pr.* **1.** 1809, Désaugiers [Esnault]. **2.** 1841, Lucas [id.].

esblindant, e *adj.*

Vx. Stupéfiant : *Exécutes-tu toujours ces tours de force de gueulardise esblindants, qui t'ont fait surnommer le roi des goinfres ?* (Gill).

ETYM. participe présent adjectivé de **esblinder.** 1878, Gill.

esblinder *v.t.*

Vx. Stupéfier : *Ils se laissent esblinder par les faiseurs d'esbrouffe* (Gill).

ETYM. du préf. intensif **ex-** et de **blinde,** pièce de bois servant à dissimuler une tranchée. 1875, *Tam-Tam* [Larchey].

esbroufe ou **esbrouffe** *n.f.*

ARG. ANC. **1. (Vol) à l'esbroufe:** *« L'Allemand est un excellent tireur à l'esbroufe, genre de vol très ancien, consistant à bousculer violemment une personne, et profiter de son ahurissement pour lui enlever son portefeuille »* (Macé). On disait aussi **vol à la bousculade. 2. D'esbrouffe,** violemment.

ETYM. du provençal moderne **esbroufe,** ébrouement. **1.** 1821 [Ansiaume]. **2.** 1901 [Bruant].

esbroufer ou **esbrouffer** *v.t.*

1. Brusquer : *Les Toussaint ! des portiers imbéciles, qu'il compte esbrouffer sans peine et dont la déposition ne saurait avoir qu'une faible influence sur le jury* (Guéroult). **2.** Intimider : *Il m'esbrouffe d'entrée... m'aborde à l'ironie... au sarcasme prometteur...* (Boudard, 5).

◆ *v.i.*

Faire des embarras.

ETYM. du provençal **esbroufa,** s'ébrouer, en parlant d'un cheval. **1.** 1841, Lucas. **2.** 1862 [Larchey].

◆ *v.i.* 1835 [Raspail].

esbroufeur ou **esbrouffeur** *n.m.*

Vx. Voleur à l'esbroufe : *Les criminels de bas étage, tiraillons, étalagistes ou esbroufeurs opèrent sans aucune préparation* (Locard).

◆ **esbroufeur, euse** *adj. et n.*

Qui cherche à intimider autrui, à en imposer par son langage et ses manières.

ETYM. de **esbroufe.** 1870 [Esnault].

◆ *adj. et n.* 1836 [Vidocq].

escadrin *n.m.* → ESCANDRIN.

escagasser *v.t.*

1. Frapper, assommer. **2.** Abîmer. **3.** Ennuyer : *Comme dans une ville où on circule si mal, les tueurs sont souvent à moto, une expression se met à courir dans les bars : « Toi, ne m'escagasse pas, sinon je t'envoie la moto ! »* (*Actuel,* janvier 1986).

ETYM. du provençal **escagassa**, affaisser, écraser. **1.** 1902, Nantes [Esnault]. **2.** 1977 [Caradec]. **3.** 1957, Pagnol [Doillon].

escaladeuse *n.f.*

Escaladeuse de braguette. ***a.*** prostituée : *On allait voir nos escaladeuses de braguettes / Marchander le bifteck avec des p'tits gourmands* (P. Perret) ; ***b.*** femme très portée sur les plaisirs sexuels: *Ou alors derrière sa façade de vertu, elle était rongée par une sexualité torride, un tempérament d'escaladeuse de braguette* (Boudard, 5).

ETYM. image forte d'un alpinisme un peu spécial. ***a.*** 1957 [Sandry-Carrère] ; ***b.*** 1977, Simonin.

escalier *n.m.*

Escalier de service, postérieur ou anus : *Certaines maisons annonçaient la couleur :* L'Envers vaut l'endroit, *ce qui voulait dire que toutes les pensionnaires refilaient du petit, de la dossière, de l'escalier de service* (Boudard, 2).

ETYM. image proche de l'*entrée des artistes.* 1986, Boudard.

escalope *n.f.*

1. Langue. **2.** Pied ; (RARE) main.

◆ **escalopes** *n.f.pl.*

1. Oreilles : *Y nous disait : « Les mecs ouvrez vos escalopes / J'vais vous déculotter un p'tit coup mes souv'nirs »* (P. Perret). **2.** Petites lèvres de la vulve, enflées de façon anormale et disgracieuse.

ETYM. analogie de forme. **1.** 1975 [Le Breton]. **2.** 1977 [Caradec].

◆ *pl.* **1.** 1953 [Sandry-Carrère]. **2.** 1928 [Lacassagne].

escandrin ou **escadrin** *n.m.*

Escalier : *Encore un loquedu qu'il allait falloir faire descendre les escandrins à plat ventre* (Houssin, 1).

ETYM. resuffixation pop. de **escalier.** *escandrin* 1982 [Perret] ; *escadrin* 1988 [Caradec].

escanne (à l') *loc. interj.*

Vx. Fuyons ! : *J'entendis le marchand qui se levait* [...]. *Je criai à l'escanne, c'est-à-dire de se sauver ; ce qu'ils firent aussitôt* (Orgères).

ETYM. de **s'escanner**, s'enfuir, issu de **canne**, jambe, mot du Lyonnais, encore en 1894 *in* Nizier du Puitspelu. 1796, Orgères.

escape *n.f.* ou **escapouche** *n.m.*

Vx. Assassinat : *Il travaille à la forge le reluis et la sorgue à l'escape* (Ansiaume). *Nous sommes gerbés pour un escapouche sur le grand trimard* (id.).

ETYM. du verbe **escaper.** 1821 [Ansiaume].

escaper *v.t.*

Vx. Assassiner : *Il faut que j'escape un messière pour me mettre en carle* (Ansiaume).

ETYM. apocope du verbe **escapoucher**, issu de l'ital. **scapucciare**, ôter le capuchon. 1821 [Ansiaume].

escarette *n.f.*

Se faire l'escarette, s'enfuir, s'évader.

ETYM. de l'anc. fr. **escarrir**, déguerpir. 1975 [Le Breton].

1. escarpe *n.f.*

Vx. Vol accompagné de meurtre : *Ce qui semblerait prouver que vous aviez une autre résolution, ce sont les propos tenus par vous en prison : « Il me faut de l'argent à tout prix ; j'ai une escarpe à faire »* (Guéroult).

ETYM. déverbal de **escarper.** 1800 [Leclair].

2. escarpe *n.m.*

Vx. Voleur qui n'hésite pas à tuer : *Quelquefois les voleurs au radin, même très jeunes, deviennent des escarpes ; ce qui veut dire que si le marchand les prend en flagrant délit, ils l'attaquent, et compliquent leur vol de coups et blessures, quand ils ne vont pas jusqu'au meurtre* (Locard).

ETYM. déverbal de **escarper.** 1829, Vidocq.

escarper *v.t.*

Vx. Assassiner qqn pour le voler : *Mon ami, dit-il, les deux qui ont escarpé le roulier avec moi, on les a fauchés à Beauvais* (Vidocq).

ETYM. du provençal **escarpi**, déchirer, mettre en pièces. 1800 [Leclair].

escoffier *v.t.*

1. Vx. Tuer : *Alors, qu'est-ce qu'il faut faire ? – Escoffier le cabot* (Rosny). **2.** Voler.

ETYM. du provençal **esco(u)fir,** défaire, vaincre. **1.** 1797, P. Leclair [TLF] ; d'abord *coffier* 1725 [Granval]. **2.** 1808 [d'Hautel].

escouane *n.f.*

VIEILLI. Oreille : *Faut d'abord que je dise un mot. Et tâchez de bien ouvrir vos escouanes !* (Rosny).

ETYM. p.-ê. du breton **skouarn,** même sens, ou de **couenne,** selon Guiraud. 1850, forçat Clémens [Esnault]. → ESGOURDE.

escoute *n.f.*

Vx. Oreille : *Je me creusais la cervelle* [pour trouver un refrain] / *Quand mon escoute entendit / Cette phrase officielle* (Gill).

ETYM. déverbal du vieux verbe **escouter.** au pl. 1725 [Granval].

1. **escrache** *n.f.*

1. Injure. **Passer à l'escrache,** admonester. **2.** Médisance.

ETYM. de l'ital. **scaracio,** billet, écrit. **1.** 1899 [Nouguier]. **Passer à l'escrache,** 1901 [Bruant]. **2.** 1960 [Esnault].

2. **escrache** *n.m.*

Vx. Passeport.

ETYM. de l'ital. **scaracio,** billet, écrit. 1836 [Vidocq].

escracher *v.t.*

Vx. **1.** Exiger de voir le passeport (de qqn). **2.** Dévisager avec colère. **3.** Insulter. **4.** Renvoyer.

◆ **s'escracher** *v.pr.*

Se critiquer mutuellement.

ETYM. de **1** et **2. escrache. 1.** 1836 [Vidocq]. **2.** 1843, chanson [Esnault]. **3.** 1846, *Intérieur des prisons*. **4.** 1844 [Dict. complet].
◆ *v.pr.* 1960 [Esnault].

esgourde *n.f. (surtout au pl.)*

Oreille : *Marcel la Bohème posa l'oreille coupée sur le bar. Une goutte de sang coula de sa lame sur le plancher. Quelques clients approchèrent de l'esgourde du grand Lulu qui, sur le comptoir, séchait à la lumière* (Lépidis). *Un tzigane nous joue du violon dans les esgourdes* (Siniac, 1).

ETYM. origine obscure selon TLF, malgré la proximité du breton **skouarn,** même sens (→ ESCOUANE) ; du lat. **scorta,** pl. de **scortum,** peau, selon Guiraud (1982). 1867 [Delvau].

VAR. **esgourne :** 1833 [Moreau-Christophe]. **esgouverne :** 1844 [Dict. complet].

esgourder *v.t.*

1. Écouter : *Ne pas l'ouvrir, ne pas esgourder, ne pas zieuter, tel est le secret du bonheur* (Le Breton, 2). **2.** Entendre : *S'il fallait se casser le timbre pour tout ce qu'on esgourde à la T.S.F. !* (Tachet).

ETYM. de **esgourde. 1.** 1875 [Rigaud]. **2.** 1901 [Bruant].

VAR. **escourder :** 1879 [Esnault].

espagas ou **espadoches** *n.f.pl.*

Espadrilles.

ETYM. resuffixation arg. de **espadrilles.** 1953 [Sandry-Carrère].

espincher *v.t.*

Épier, surveiller : *Au lieu de regarder la mer avec des jumelles de marine, il l'espinche à la longue-vue* (Audouard).

ETYM. issu de la forme provençale du verbe **espier,** observer attentivement. 1962, Audouard.

espingo ou **espingouin** *adj. et n.*

Espagnol : *Le Boucanier se faisait gicler sur la luette le filet courbe d'une outre espingouine* (Clébert, 2). *Un ramassis de métèques puants. Des turcos, des portugais, des espingos de merde* (Bialot). *À l'école, le prof qui était complètement idiot me disait : « L'Espingouin, passe au tableau »* (*Libération*, 26 mars 1985). *Persantina sa femme l'attendait rue Moret avec son fils, beau garçon de trois ans, comme son père, comme sa mère, très brun, moitié Rital, moitié Espingoin* (Lépidis).

ETYM. déformations péjorantes de **espagnol** sous l'influence de **pingouin.** *adj.* 1953, Clébert ; *n.* 1957 [Sandry-Carrère].

esquinter *v.t.*

1. Frapper, battre. **2.** Fracturer.

◆ **s'esquinter** *v.pr.*

Se fatiguer : *Roland et ses potes s'mirent à goualer au charron… N' vous esquintez pas, bonirent les Sarrazoches, vot' Charlemuche* […] *n' peut pas vous esgourder* (Stollé). **S'esquinter le tempérament, les tripes,** se donner beaucoup de mal : *Le soir, alors que lui s'esquinte le tempérament à veiller tard et se prive des douceurs du foyer afin de permettre à cette ingrate de ne plus piquer à la machine et de rester paisiblement à la maison, elle profite de ses absences pour recevoir un galant* (Machard, 4).

ETYM. du lat. vulgaire **exquintare,** mettre en cinq morceaux. **1.** 1833, Vidal [Larchey]. **2.** 1836 [Vidocq].

◆ *v.pr.* 1861 [Esnault]. **S'esquinter le tempérament,** 1866 [Delvau] ; **s'esquinter les tripes,** 1879, *la Petite Lune* [Rigaud]. Les emplois transitifs « abîmer » (qqch), « blesser » (qqn), présents chez Vidocq, sont auj. familiers.
DÉR. **esquinteur** *n.m.* Voleur qui pratique l'effraction : 1811, chanson [Esnault]. **esquintement** *n.m.* Effraction : 1836 [Vidocq].

essorable *adj.*
Syn. de épongeable. V. ce mot.
ETYM. de **essorer** au sens 2. 1966, Simonin.

essorer *v.t.*
1. Gagner, se procurer (de l'argent) : *Vous êtes partant dans la course et on fait fifty-fifty... Au bas mot, y a pour vous cinquante briques à essorer* (Simonin, 1). **2.** Dépouiller complètement (qqn) : *J'étais encor mal tombé, un jour où il s'était fait essorer au P.M.U. Ça devait bien lui arriver de toucher un bon cheval... fallait être là au moment des embellies* (Boudard, 5). **3.** Soulager rapidement un client par un coït sommaire, en parlant d'une prostituée. SYN. éponger.
ETYM. emplois métaphoriques et expressifs du verbe usuel. **1.** 1958, Simonin. **2.** 1957 [PSI]. **3.** 1960, Simonin [Cellard-Rey].

essoreuse *n.f.*
1. Motocyclette bruyante. **2. Coup d'essoreuse,** affaire qui revient cher : *Les décarrades subreptices, taxis-autos, fins casse-graine et gorgeons : c'est le drôle de coup d'essoreuse pour le morlingue* (Simonin, 5).
ETYM. métaphore acoustique. **1.** 1977 [Caradec]. **2.** 1960, Simonin.

estamper *v.t.*
1. Tromper, escroquer (sous couleur d'emprunt) : *C'est une bande d'escrocs qui, crevant de faim dehors, ne rêvent qu'à estamper quelqu'un* (abbé Moreau). **2.** Faire payer trop cher (un client) : *Raconte pas ta vie ; aboules-en un paquet, prends tes cent balles et continue à estamper le populo* (Fallet, 1).
ETYM. du francique **stampon**, fouler, piler. **1.** 1883 [Larchey]. **2.** 1901 [Rossignol].
DÉR. **estampage** *n.m.* Tromperie, escroquerie et **estampeur** *n.m.* Voleur, escroc : 1894 [Virmaître].

estanco *n.m.*
1. Petit café : *Si le nain affreux qui présidait aux destinées de cet estanco négligeait son bistrot, il avait soigné sa cave* (Vexin). **2.** Magasin, boutique ; petite pièce d'habitation.
ETYM. mot espagnol, « bureau de tabac, boutique », avec influence probable du nordique **estaminet. 1** et **2.** 1928 [Lacassagne], mais d'abord *estango* 1899 [Nouguier].

estome ou **estogom** *n.m.*
1. Estomac : *Sa grillade trop cuite lui restait sur l'estome* (Houssin, 2). *Et si la pauvrett' n'est pas très gastronome, / C'est la faute bien sûr à son petit estogom* (P. Perret). **2.** Assurance effrontée : *Les ancêtres de ces mecs-là, j'suis sûr que c'étaient des truands qu'avaient de l'estom', pas plus !* (Le Breton, 5). **À l'estome,** en usant d'intimidation : *Renard le combinard qui n'avait pas croqué, / Radina en loucedé pour lui faire à l'estome* (Marcus).
ETYM. apocope de **estomac. 1.** 1848 [Pierre] ; *estogom* 1982, P. Perret. **2.** 1880 [Chautard]. On rencontre parfois le mot entier en ce sens : dès 1868, *les Joueuses* [Rigaud], *la Littérature à l'estomac,* titre d'un pamphlet de J. Gracq (1950).

estorgue *adj.*
Vx. Défectueux, mal fait.
◆ **à l'estorgue** *loc. adj. et adv.*
Mensonger. **Chasses à l'estorgue,** yeux qui louchent. **Faffes à l'estorgue,** faux papiers. **Centre à l'estorgue,** faux nom.
ETYM. de l'ital. **a la storta**, par moquerie. 1836 [Vidocq].
◆ *loc.* 1830, Lhéritier.

estourbir *v.t.*
1. Assommer : *Personne n'a plus le droit de vous estourbir, trop de comptes à rendre à la société* (Le Dano). **2.** Tuer : *Cela n'aurait pas signifié grand-chose si le même Malaussène n'était soupçonné de trafiquer dans la drogue et peut-être même d'estourbir les vieilles dames de Belleville* (Pennac, 1).
ETYM. de l'alémanique correspondant à l'all. **sterben**, mourir. **1.** 1815, *Chanson de Winter*, in Vidocq. **2.** 1835 [Raspail].

estrassière *n.f.*
Syn. de camelotière : *Les escouades, à la sortie du port* [de Toulon], *sont souvent suivies par* [...] *des Estrassières ou Camelotières, qui*

font commerce illicite avec les condamnés, sous la protection du garde-chiourme, ou bien en trompant sa vigilance (Alhoy).
ETYM. de l'anc. prov. **estrassa**, rebut [selon Esnault]. 1845, Alhoy.

établi *n.m.*
1. Table de jeu. 2. Lit de la prostituée. 3. **Aller à l'établi,** se rendre à son travail.
ETYM. emplois métaphoriques : il s'agit dans les deux cas d'un meuble de travail. 1. 1886 [Esnault]. 2. 1975 [Arnal]. 3. 1953 [Sandry-Carrère].

étagère *n.f.*
1. Prostituée qui racole depuis sa fenêtre, ou qui monte et descend les étages de l'hôtel de passe. 2. **Étagère à mégots,** oreille : *Vous avez pourtant besoin, quand je jacte, d'ouvrir vos étagères à mégot* (Trignol).
ETYM. emplois métaphoriques : analogie de position (1) et de fonction (2). 1. « qui racole... » 1902 [Esnault] ; « qui monte et descend... » 1987, Alexandre. 2. 1952 [Esnault].

étalage ou **étal'** *n.m.*
1. Vx. Vol à l'étalage. 2. **Faire l'étalage,** s'exposer au choix du client, en parlant d'une prostituée.
ETYM. abrègement de l'expression complète. 1. *étalage* 1844 [Dict. complet] ; *étal'* 1872 [Esnault]. 2. 1987 [Alexandre].

étalagiste *n.*
Voleur à l'étalage : *En janvier 1907, la Sûreté de Paris réussit à mettre la main sur une bande de jeunes étalagistes composée de quinze membres, dont dix femmes* (Locard).
ETYM. de **(vol à l') étalage.** 1927, Locard.

étaler *v.t.*
1. Jeter (qqn) à terre : *Nous tirions une espèce de fierté à comparer les coups que Marco nous avait donnés et ceux que nous lui avions rendus avant qu'il ne nous étale pour le compte* (Roubaudi). 2. **En étaler** ou absol. **étaler,** faire preuve d'ostentation dans les gestes ou le langage.
◆ **s'étaler** *v.pr.*
Passer des aveux complets.
ETYM. emplois expressifs du verbe usuel, qui s'applique originellement aux choses. 1. 1829 [Forban]. 2. **Étaler,** 1935 [Esnault] ; **en étaler,** 1950 [id.].
◆ *v.pr.* 1953 [Sandry-Carrère].

étang *n.m.*
Vx. **Le Grand Étang,** la Méditerranée : [Ces zéphirs] *avaient vendu leurs effets de linge et chaussure pour passer le Grand Étang* (A. Camus).
ETYM. image familière et rassurante. 1863, A. Camus.

étau *n.m.*
Mettre la tête à l'étau ou **faire une descente à l'étau,** faire un cunnilinctus : *Quand j'aurai resserré sur sa poire l'étau de mes cuissots, par ici la bonne soupe* (Devaux).
ETYM. emploi imagé du mot usuel, les cuisses de la femme étant assimilées aux mâchoires d'un étau. 1928 [Lacassagne].

éteignoir *n.m.*
Vieilli. Pèlerine à capuchon, portée par les agents de police.
ETYM. désigne d'abord la Préfecture de police, le Palais de justice de Paris, allusion aux tours pointues de la Conciergerie. 1881 [Rigaud].

éteindre *v.t.*
Vx. **Éteindre sa braise,** mourir.
ETYM. métaphore expressive. 1894 [Virmaître].

étendre *v.t.*
1. Jeter à terre, assommer ; tuer : *Je préférais nettement me faire étendre d'une balle en plein cœur, en pleine tronche* (Boudard, 5). 2. **Se faire étendre,** échouer, être perdant.
ETYM. emploi impliquant la violence (éventuellement meurtrière). 1. « jeter à terre » 1925, Genevoix [TLF] ; « tuer » 1944, Saint-Exupéry [id.], mais *étendre sur le carreau,* même sens, 1600 [FEW]. 2. 1968 [PSI]. Le sens scolaire de « se faire ajourner à un examen » est fam. 1929 [Esnault].

éternuer *v.i.*
Vx. **Éternuer dans le sac, le son, la sciure** ou **le panier,** être guillotiné : *Pauvre petit Théodore ! s'écria le Biffon* [...]. *C'est dommage d'*éternuer dans le son *à son âge...* (Balzac, 3). *J'veux pas qu'on dis' que j'ai eu l'trac / De la lunette / Avant d'éternuer dans l'sac, / À la Roquette* (Bruant). *Je me fais une fête d'aller lui voir couper le cou, c'est vrai ; mais simple curiosité, histoire de voir la tête qu'il fera au moment d'éternuer dans le panier* (Guéroult).

ETYM. expressions énergiques et d'un humour très noir. **Éternuer dans le sac,** 1791, Hébert [Doillon]; **le son,** 1847, Balzac; **le panier,** 1888, Guéroult.

étiquettes *n.f.pl.*

Oreilles : *Ce ne sont pas des traits, mais des stigmates qui composent sa tête à claques. Avec ça, des œufs de pigeon sous les châsses et des contrevents en fait d'étiquettes* (Yonnet).

ETYM. emploi métaphorique et comique, assimilation aux étiquettes mobiles d'un ballot. 1906 [Esnault].

étoile *n.f.*

Étoile filante ou simpl. **filante,** prostituée occasionnelle : *On flâne, mine de rien, prêtes à tout, dans la contre-allée de l'avenue Foch où roulent au ralenti quelques étoiles filantes solitaires super platinées, super carrossées* (Cordelier). *Elle avait son imper par-dessus, je pouvais pas deviner. Elle avait l'air d'une filante de rien du tout... Discrète* (Smaïl).

ETYM. métaphore poétique, suggérant l'irrégularité d'apparition. 1977 [Caradec]. **Filante,** 1997, Smaïl.

étouffer *v.t.*

1. Faire disparaître ; escamoter (un objet volé) : *Bref, ils se sont tirés sans même étouffer le fric. Ils étaient couverts de sang. Ils ne sont pas allés loin* (Malet, 1). **2.** Empocher son gain en continuant le jeu ; priver l'associé d'une juste part. **Étouffer l'orphelin,** subtiliser l'argent ou les jetons au cours d'une partie de cartes. **3. Étouffer le coup,** syn. de écraser le coup. **4.** Boire : *Elle [...] me coula un œil noir par-dessus le verre cependant qu'elle en étouffait le contenu* (Malet, 11). *Étouffer un perroquet.*

◆ *v.i.*

1. Reconnaître que les derniers renseignements contredisent les premiers, dans le langage des policiers. **2.** Boire pendant les heures de travail.

ETYM. emplois imagés du verbe usuel. **1.** 1867 [Delvau]. **2.** « empocher » 1878 [Rigaud] ; « priver » 1881 [id.]. **Étouffer l'orphelin,** 1975 [Arnal]. **3.** 1960 [Le Breton]. **4.** 1793 [Duneton-Claval].

◆ *v.i.* **1** et **2.** 1975 [Arnal].

DER. **étouffage** *n.m.* Escamotage au jeu : 1878 [Rigaud]. **étouffeur, euse** *n.* **1.** Buveur : 1901 [Bruant]. **2.** Personne qui cache de l'argent sur elle, pour éviter qu'on ne le lui prenne : 1881 [Rigaud]. **Étouffeur de fric,** percepteur : 1953 [Sandry-Carrère].

étouffoir *n.m.*

ARG. ANC. **1.** Tripot où l'on se faisait escamoter son argent : *La police tolérant ces tripots particuliers nommés « étouffoirs », on ne se contentait pas de filer la carte ou d'assembler les couleurs* (Vidocq). **2.** Cage dans laquelle on enfermait les bagnards : *Des détenus à Melun sont mis aux étouffoirs... Les étouffoirs sont des espèces de cages, sept pieds de large sur neuf de long. [...] On y entasse jusqu'à quinze détenus* (Alhoy).

ETYM. de **étouffer** au sens 1. **1.** 1828, Vidocq. **2.** 1845, Alhoy.

VAR. **étouffe :** 1836 [Vidocq].

étourdir *v.t.*

1. Assommer (au propre et au fig.). **Se faire étourdir,** payer trop cher une passe. **2.** Tuer : *D'ailleurs il n'y avait pas grand mal à étourdir une vieille femme* (Vidocq). **3.** Voler. **4.** Vx. Solliciter.

ETYM. emplois violents du verbe usuel, plus abstrait. **1.** 1829, Vidocq. **Se faire étourdir,** 1899 [Nouguier]. **2.** 1828, Vidocq. **3.** 1956 [Esnault]. **4.** 1836 [Vidocq].

DER. **étourdisseur** *n.m.* Solliciteur, chapardeur : [id.]. **étourdissement** *n.m.* Requête : 1901 [Bruant].

étrangler *v.t.*

Vx. Boire.

ETYM. emploi humoristique du verbe usuel. 1820, *Fort en gueule* [Larchey].

étrenner *v.i.*

Faire la première affaire ou opération de la journée : *Je recruterai par là quelque bon paysan, et puis si je n'étrenne pas à ce soir, tant pis* (Vidocq). *Tu viens t'amuser, mon joli ? – Non. – Viens. J'ai pas étrenné ce soir* (Louÿs). SYN. dérouiller.

ETYM. de **étrenne.** 1794, Chamfort [TLF].

étriller *v.t.*

1. Infliger une correction (surtout dans le tour **se faire étriller**). **2.** Faire payer trop cher (à qqn).

ETYM. emploi métaphorique du verbe technique, « nettoyer énergiquement un animal en le frottant à l'étrille ». **1.** 1690 [Furetière]. **2.** 1865 [Littré].

étroite *n.f.*

Faire son étroite. ***a.*** se prétendre vierge : *Ah ! fais donc ton étroite ! dit Mauricette. Est-ce que tu as besoin de vaseline ?* (Louÿs) ; ***b.*** se refuser aux hommes : *J'te gobe… Bon ! v'là qu'a pleure… / Tu f'rais pas tant l'étroite à c't'heure / Si j't'aurais laissé t'fout'dans l'eau* (Gill).

ETYM. adj. substantivé, en un sens à la fois physiologique et psychologique. ***a.*** 1862 [Larchey] ; ***b.*** 1864 [Delvau]. Rare au masc. 1794, Sade [Cellard-Rey]. « faire des manières » 1829 [Forçat].

eurêka *n.m.*

Arme à feu : *Dans l'encadrement de la porte […] s'inscrivait la silhouette de Paulo, un eurêka fumant au poing* (Malet, 10).

ETYM. origine obscure (nom de marque ?). 1942, Malet.

eustache *n.m.*

Vx. Couteau : *Les deux chenapans tournaient en cercle, se regardant dans les yeux, l'eustache prêt à donner ce coup de haut en bas tant conseillé par les vétérans* (Rosny jeune).

ETYM. du nom d'**Eustache Dubois**, coutelier à Saint-Étienne. 1772, Cailleau [Enckell].

évaporer *v.t.*

Voler adroitement (qqch).

◆ **s'évaporer** *v.pr.*

S'en aller, disparaître.

ETYM. emplois très imagés du verbe usuel. 1866 [Delvau].

◆ *v.pr.* 1866, *le Petit Moniteur* [Larchey].

éventail *n.m.*

1. Avoir les doigts de pieds, les orteils en éventail. ***a.*** éprouver une grande jouissance sexuelle ; ***b.*** jouir d'un farniente bien mérité : *Toute joice elle […] se détend dans le pageot les orteils en éventail* (Simonin, 5). *Alors qu'elle pourrait toucher des allocations de chômage et rester les doigts de pied en éventail – elle s'est fait engager comme guide dans un château historique classé* (Buron). **2. Éventail à bourrique,** gourdin : *Si, au contraire, c'est Batiss' qu'a au poing l'éventail à bourrique, pour défend' l'assiette au beurre dont il est participant, alors c'est ti qui joues à cochon-va-devant* (Stéphane).

ETYM. emploi métaphorique, qui tente de décrire une des manifestations extérieures de l'orgasme. **1.** ***a.*** 1970 [Boudard-Étienne] ; ***b.*** 1960, Simonin. **2.** 1831, Sue [TLF].

exbalancer *v.t.*

Vx. Jeter : *J'exbalance la camelote, car elle me ferait tomber* (Ansiaume).

◆ **s'exbalancer** *v.pr.*

Partir, s'évader : *Reprenons le trimard, exbalançons-nous, car le messière vient de nous entraver* (id.).

ETYM. du verbe **balancer**, avec un préf. intensif **ex-** (parfois **es-**). 1821 [Ansiaume].

excracher *v.t.*

Médire (de qqn).

ETYM. renforcement de **cracher** par le préf. **ex-**. 1960 [Le Breton].

expliquer (s') *v.pr.*

1. Discourir. **2.** Procéder à un interrogatoire. **3.** Discuter âprement, s'injurier. **4.** Se battre pour régler un différend : *Bernard et le gros Riton se sont expliqués chez Albert. Bernard y a cloqué une balle en plein bide, à Riton* (Carco, 7). **5.** Exercer une activité rémunérée (notamment la prostitution) : *J'suis pas jaloux : la mienne s'explique pour m'envoyer des colis* (Dorgelès).

ETYM. emplois intensifs du verbe usuel. **1.** 1828, Vidocq. **2.** 1975 [Arnal]. **3.** 1851 [Esnault]. **4.** 1894 [id.]. **5.** vers 1900 [id.].

explorateur *n.m.*

Rat d'hôtel.

ETYM. emploi ironique du nom usuel. 1975 [Arnal].

exploser *v.i.*

Éprouver l'orgasme : *Il m'embrassait super, puis me jetait à plat ventre et s'emparait de moi comme un fou furieux, et j'explosais avec une violence inouïe* (*Libération*, 17 août 1981).

◆ *v.t.*

Faire éclater ; tuer : *Je suis cool, putain ! – Non, tu es prêt à exploser la gueule au premier mec qui te regarde en coin* (Villard, 4). *Écoute-moi bien, petite crevure, si j'entends encore une fois parler de toi […], je t'explose, compris ?* (Ravalec).

ETYM. emploi métaphorique du verbe usuel. 1981, *Libération*.

◆ *v.t.* tour et sens très répandus à partir de 1990 environ.

1. extra *adj. inv.*

Exprime une appréciation extrêmement positive : *Un' fille qui tangue un air anglais / C'est extra* (Ferré). *Mon père a toujours été extra avec moi* (*Libération*, 5 avril 1986).

ETYM. apocope de **extraordinaire.** 1969, Léo Ferré.

2. extra *n.m.*

Acte qui n'entre pas dans le programme prévu : *Comme il avait faim et qu'aujourd'hui on pouvait se payer un extra, il lui dit : « Allons, habille-toi, on dîne à la Chope des Singes»* (Dabit, 1) ; se dit aussi d'un amant ou d'une maîtresse occasionnels.

ETYM. emploi substantivé du début de **extraordinaire.** 1825, Brillat-Savarin [TLF], au sujet d'une dépense.

extrace *n.f.*

Origine : *« Toi, l'Chargeur, t'es bien né à la Bastide-Murat, hein, ou bien est-ce que je m'trompe ? » Le Grand Louis n'eut pas honte de son extrace : « Je veux ! »* (Viard).

ETYM. apocope de **extraction**, ou réfection de l'anc. fr. **estrace**, même sens. 1160, Benoît de Sainte-Maure. Ce vieux mot survit chez Viard comme un archaïsme.

ƒ forme du florin

fabriquer *v.t.*

1. Voler qqch : *Je sais ousque le singe planque s'n aubert. – Sans blague, que j'y dis. – Oui qu'elle dit, et je vas m'arranger pour le lui fabriquer en douce* (Stéphane). **2.** Exploiter, duper qqn : *Ah ! vraiment y avait plus d'amour ! Elle nous fabriquait sur le vif !* (Céline, 5). **3.** Arrêter qqn (surtout à la forme passive) : *Les femmes, il y en a... mais les agents les tiennent. On serait vite fabriqué* (Carco, 6). **4.** Avoir des relations sexuelles avec qqn : *Bien ma veine encore de tomber sur cette militante d'un parti sur la touche ! Ça me semblait tout à fait exclu que je puisse me la fabriquer sans me farcir quelques cours du soir de dialectique marxiste* (Boudard, 5).

ETYM. emplois spécialisés et très anciens du verbe usuel : Esnault remonte au **dare fabricam**, tromper, de Plaute ! **1.** 1887, Hogier-Grison [Esnault]. **2.** 1878 [Rigaud]. **3.** 1876, Rabasse [Larchey]. **4.** 1983, Boudard.

DER. **fabrication** *n.f.* **Passer à la fabrication. 1.** Être dupé : 1878 [Rigaud]. **2.** Être arrêté (par la police) : 1881 [id.].

face *n.f.*

ARG. ANC. Pièce de monnaie : *Monsieur Saint-Germain, lui dit Cotenson* [...], *vous m'avez fait gagner cinq cents* faces [francs] (Balzac, 3).

ETYM. au sens d'« effigie ». 1827 [Demoraine].

facho *adj. et n.*

Fasciste ; réactionnaire : *Il se félicita au passage de ne pas avoir amené Elvis qui était bagarreur et dont ces chiens fachos n'auraient fait qu'une bouchée* (T. Colin). *James Stewart n'était qu'un répugnant facho qui avait milité pour Reagan* (Coatmeur).

ETYM. abrègement de **fasciste** ou **fachiste**. vers 1968 [GR].

facile *adv.*

Facilement : *Pour mes yeux, moi, je donne facile les deux jambes et un bras* (Pouy, 3).

ETYM. apocope de **facilement** ou emploi adverbial de l'adj. 1954, Simonin. Cet emploi est auj. très répandu.

factionnaire *n.m.*

Vx. Étron. **Poser un factionnaire,** déféquer.

ETYM. syn. de sentinelle (le factionnaire « empêche de passer »). 1862 [Larchey].

fada *adj. et n.*

Fou : *Fathi s'écria : Voyons, Jojo, sois pas fada !* (Carco, 7). *Le Crapouillot pastiche se présentait sous une couverture complètement fada attribuée à Picabia* (Galtier-Boissière, 4). *Pensant qu'il s'agit d'un fada ou d'un mauvais plaisant, je lui retire la parole* (Grancher).

ETYM. du provençal **fadatz**, fou, niais. 1927 [Chautard], mais « sot » dès 1611 [Cotgrave].

fade *n.m.*

1. Part de butin distribuée à chacun des participants d'une affaire délictueuse : *Si tu veux marcher en éclaireur et venir avec nous jusque dans la rue Saint-Sébastien,* [...] *tu auras ton fade* (Vidocq). *Et puis on va perquisitionner chez ta mère et dans tous les endroits où tu es* *susceptible d'avoir caché ton fade* (Le Breton, 1). **2.** Partage du butin : *Rien que nous deux, sur le coup, César, afnaf pour le fade* (Bastiani, 4). **Être de fade, aller au fade,** toucher sa part : *Si tout se goupille bien, quand on aura été au fade avec Nuttheccio et Armand, je te refilerai un bouquet* (Lesou, 2). **Y aller de son fade,** payer sa part. **3. Avoir son fade,** y trouver son compte : *Pour qu'ils couvrent tous ces négoces, tous ces bénefs illicites, fallait bien qu'ils en croquent, n'est-ce pas, qu'ils aient leur fade* (Boudard, 6) ; être ivre. **En avoir son fade,** être fatigué. **4. Prendre son fade,** éprouver l'orgasme : *Une plainte parvint de la carrée. Puis un cri féminin, de joie cette fois. Parole ! La sœur disait oui. Elle prenait son fade* (Le Breton, 3).

ETYM. déverbal de **fader. 1.** 1821 [Ansiaume]. **2.** 1847 [Dict. nain]. **3.** 1899 [Nouguier]. **4.** 1935, Simonin-Bazin.

DER. **fadage** *n.m.* Partage : 1836 [Vidocq]. **Fadard** *n.pr.* **S'entendre avec monsieur Fadard,** partager le butin : [id.]. **falmuche** *n.m.* Part : 1878 [Chautard].

fadé, e *adj.*

1. Se dit de qqn qui a reçu son compte, qui est largement pourvu (souvent dans un contexte ironique ou négatif) : *Je suis pas fadé question longueur d'existence* (Céline, 5). *Ah, on est fadé comme vaguemestre... Ils doivent les foutre en l'air au burlingue* (Dorgelès). **2.** Ivre. **3.** Qui est atteint d'une maladie grave, en partic. une maladie vénérienne : *L'intérêt, l'éloquence, l'enjouement même* [du médecin] *sont d'autant plus vifs que le pauvre mec est plus fadé et s'il réunit dans ses tripes deux ou trois affections chroniques plus un bobo aigu, avec une hérédité alcoolique et une vieille syphilo ensemble, alors ça devient du délire* (Paraz, 1).

ETYM. emploi adj. du participe passé de **fader. 1.** 1883, Richepin [TLF]. **2.** 1881 [Rigaud]. **3.** 1901 [Esnault].

fader *v.t.*

1. Partager : *J'ai besoin, avant de batifoler avec le zig, de fader avec lui, sur le comptoir du mastro, un verre de verte* (Claude) ; et, absol. : *Orlando fade par deux jusqu'au dernier radis* (Dégaudenzi). **2.** Verser son écot. **3.** Servir largement. **4.** Condamner à une peine : *Après cette dure raclée, il avait gueulé à l'injustice en s'entendant fader de huit jours de cachot* (Le Breton, 6). **5. Se faire fader,** contracter une MST : *Ne m'en parlez pas, dit le toubib désolé, il faut toujours qu'il y ait des cochons qui aillent se faire fader en ville* (Paraz, 2).

◆ *v.i.*

1. Réussir. **2.** Jouir.

◆ **se fader** *v.pr.*

1. Se répartir : *De son couteau, le Gitan indiqua les billets de dix mille. « Qu'est-ce qu'on branle de ce calleri-là ? – Y a qu'à s'les fader, décida le Blond. »* (Le Breton, 1). **2.** Se servir largement : *Tony s'en alla vers son bar et s'y fada une rasade de fine* (Le Breton, 2). **3.** Avoir à faire qqch de pénible, à supporter qqn de désagréable : *La nuit dernière, je me suis fadé une bonne partie de ton job, j'te rappelle* (Demouzon). *Je n'avais pas du tout envie de me fader un grand frère qui m'accompagne partout* (Boudard, 5). SYN. s'envoyer, se farcir.

ETYM. du provençal **fadar**, douer, charmer. **1.** 1821 [Ansiaume]. **2.** 1885 [Esnault]. **3** et **4.** 1888 [id.]. **5.** 1888, Courteline [TLF].

◆ *v.i.* **1.** 1917 [Esnault]. **2.** 1934 [id.].

◆ *v.pr.* **1** et **2.** 1953, Le Breton. **3.** 1982, Demouzon.

VAR. **falmucher** (au sens 1) : 1878 [Chautard].

DER. **fadeur** *n.m.* Témoin gênant qui réclame à un tireur une part du butin : 1829 [Forban].

1. faf *adj. et n.*

Fasciste : *Un procureur qui avait des tuyaux sur tous les fafs de la police et de l'armée* (Francos). SYN. facho.

ETYM. apocope et altération de **fasciste.** Plus anc. que *facho*, ce mot appartient depuis les années 1950 au militantisme marxiste.

2. faf, faffe ou fafiot *n.m.*

1. (souvent au pl.) Papiers d'identité : *Nous avions aussi des fafiots de griviers* (Ansiaume). *Les faf's, dit Piju, certain de ne pas commettre une gaffe. – Voilà, Monsieur l'inspecteur. – Ah ! Mario Santarelli* [...] *C'est marrant, c'est un nom qui me dit quelque chose* (Rognoni). *Il glissa ses propres faffes dans les poches de l'autre et l'eau noire se referma, discrète comme une tombe* (Grancher). *Besoin de quoi, Gaby ? – Des faux fafs, pour demain après-midi. Possible ?* (Reboux). **2.** Billet de banque : *C'est 98 balles, putain, a te file un faf de 100 et l'attend que tu y rends les deux balles, la salope !* (Smaïl). *J'ai trouvé un brave vieux qui ne m'a pas trop embêtée et m'a allongé deux fafiots au lieu d'un... On va faire la bombe !* (Rosny jeune). **Grand faf,** billet de 1 000 francs. **Fa-**

fiot mâle, femelle, billet de 1 000, de 500 francs : *C'est qu'il en tombe, des sigues et des fafiots mâles, quand il prend à ces dames la fantaisie d'une orgie à la Tour* (Lorrain). **Fafiot en bas âge,** billet de 100 francs.

◆ **fafs** *n.m.pl.*

Rapport de police.

ETYM. d'un radical onomatopéique **faf** qui réfère à des objets de peu de valeur (cf. *fanfreluche*). Selon Le Breton (1960), *fafiot* tombe en désuétude ; *faf* l'a remplacé, mais seulement pour le sens 1. **1.** *fafiot* 1821 [Ansiaume] ; *faffe* 1829 [Forban]. **2.** *faffe* 1846, *Intérieur des prisons* ; *fafiot* (aussi *mâle* et *femelle*), 1847, Balzac [Esnault]. **Grand faf,** 1915 [id.]. **Fafiot en bas âge,** 1878 [Rigaud].

◆ *pl.* 1975 [Arnal].

VAR. **faves** au sens 1 : 1899 [Nouguier]. **faflard** **1.** Billet de banque : vers 1840 [Esnault]. **2.** Passeport : 1878 [Rigaud].

DER. **faf(f)ioteur** *n.m.* Vx. Marchand de papier, banquier ou écrivain : 1836 [Vidocq]. **fafioter** *v.i.* S'occuper de paperasses : 1901 [Bruant].

fagot *n.m.*

1. Arg. anc. Forçat ; transporté : *Il me semble encore le voir* [le petit matelot] *sur le banc treize, faire des patarasses pour les fagots* (Vidocq). **2.** Détenu. **3.** Uniforme pénitentiaire : *Des droguets ! Je n'en veux pas, vous pouvez vous les carrer je sais bien où. Je ne suis pas encore condamné pour être habillé en fagot !* (Le Dano).

ETYM. de **fagoter**, habiller du costume pénal (terme officiel à la fin du XIXe s.). **1.** « forçat » 1797 [Esnault] ; « transporté » 1930 [id.]. **2.** vers 1840 [id.]. **3.** 1926 [id.].

VAR. **fag** Transporté : 1896 [id.]. **fagzir** Même sens : 1872 [id.]. **fague** Même sens : 1901 [Bruant].

faible *adj.*

Tomber faible, s'évanouir : *Mélie qu'est tombée faible dans un baquet de teinture !* (Méténier). **Tomber faible sur qqch,** le voler.

ETYM. image déculpabilisante du vol, presque assimilé à un malaise. **Tomber faible,** 1891, Méténier. **Tomber faible sur qqch,** 1977 [Caradec].

faignantise *n.f.*

Paresse : [Ma femme ne turbine pas assez :] *c'est la faignantise, et puis c'est jeune* (Méténier).

ETYM. de **feignant**. la forme standard est *fainéantise*. 1891, Méténier.

faignantiser *v.i.*

Paresser : *Je pense toujours au temps que je passais autrefois à faignantiser au pieu* (Méténier).

ETYM. de **faignantise**. on rencontre *fainéantiser* chez Flaubert. 1891, Méténier.

faire *v.t.*

1. Cambrioler (une maison, une banque, etc.) : *Le nommé Pillard qui leur a raconté qu'il était du nombre de ceux qui ont fait la maison du nommé Richard* (Orgères). Vx. **Faire la vitre,** savoir la briser sans bruit. **Faire du bois,** cambrioler avec effraction. **2.** Voler (qqch) : *C'est vous autres* [...] *qui avez fait son morlingue* (Méténier). **3.** Séduire, exploiter, voler ou tuer (qqn) : *Des grinches* [...] *qui se camouflent aussi en blouses pour faire nos beurriers de Gournay, sous prétexte de les aider à décharger* (Lhéritier). *Elle aurait pu faire un bijoutier, un épicier, un boucher, l'arracher à sa femme et à ses enfants* (Rosny jeune). *Moi, dit Marcelle, je ne veux plus faire les Sénégalais* (Dabit, 2). *Altieri en avait parlé à Scapula, qui lui avait répondu : « Le juge* [Michel], *je lui donnerais volontiers un coup de fusil, il est facile à faire. Il habite au Corbusier »* (*le Monde*, 23 juin 1988). **4. En faire,** se livrer à la prostitution. **5. Faire le détail,** dépecer sa victime. **6.** Infliger un traitement violent (à qqn). Vx. **Faire un gars au foulard,** lui serrer le cou ; **faire au cabochon,** le rosser. **7. Le** ou **la faire (à la vertu, au culot,** etc.**),** employer ces moyens pour parvenir à ses fins. **On ne me la fait pas** ou **faut pas me la faire,** je ne me laisse pas tromper aussi aisément : *Très jolie, mais on ne me la fait pas à moi, celle-là !* (Sardou). *Oh ! mais non, ma petite vieille, s'était dit Fifi, on ne se balade pas par un temps pareil : faut pas me la faire au canard qui barbote* (Guéroult). **(Il) faut le faire !,** exprime la surprise face à la difficulté d'une entreprise, ou à l'aplomb de celui qui la tente : *Il était tellement précoce, Mozart, qu'à trente-quatre ans et demi à peine, il était déjà mort. Ah ! faut l'faire* (Desproges). **8. Faire qqn,** l'arrêter : *Sur quoi es-tu fait ? – Sur une cambriole, répondit-il,* [...] *j'ai été fait en travaillant la bauche* (le Rat du Châtelet). *Alors, patron, après son coup de téléphone donné aux autres, le type, on ne le « fait » pas ?* (Robert-Dumas).

◆ *v.i.*

1. Savoir y faire, être très compétent : *Elle sait y faire et j'aime bien la manière dont elle s'y prend* (Vilar). **2. Faire au mendigot,** contrefaire le mendiant. **3.** Vx. **Bien faire** et **faire beau,** réussir.

◆ **se faire** *v.pr.*

1. Se faire qqn. ***a.*** lui infliger un traitement violent : *Ça fait des années que je voulais me les faire, pas forcément ceux-là, mais des gens comme eux. Je les ai toujours haïs* (Destanque) ; ***b.*** le posséder sexuellement : *Si vous croyez que je vais danser des heures pour me faire une femelle acariâtre...* (G.-J. Arnaud). *Et comment veux-tu que je me fasse des mectons que je connais même pas si je suis pas bourrée ?* (Bretécher). **2. Il faut se le** ou **la faire,** se dit d'une personne désagréable, difficile à supporter : *Mais je vous préviens honnêtement : ma famille, il faut se la faire !* (Pennac, 1). **3. Se la faire belle, douillette,** etc., se ménager une vie agréable, confortable. **4. Se la faire** ou **se faire la paire, la fuite, la belle,** s'évader. **5. Se faire du fric, du pognon,** etc., gagner de l'argent : *Diététique, que de fric on va se faire en ton nom !* (*le Nouvel Observateur,* 24 novembre 1980).

ETYM. emplois délictueux de ce verbe « à tout faire ». **1** et **3.** 1797, Orgères. **Faire la vitre,** 1835 [Raspail]. **2.** XVIIIe s. **4.** fin du XIXe s. [Esnault]. **5.** 1975 [Arnal]. **6. Faire au foulard,** 1878 [Esnault] ; **faire au cabochon,** 1899 [Nouguier]. **7.** 1866 [Delvau]. **On ne me la fait pas,** 1865, Sardou ; **il ne faut pas me la faire,** 1865, *la Vie parisienne* [Larchey]. **Il faut le faire,** 1975, Cardinal. **8.** 1790, *le Rat du Châtelet.*

◆ *v.i.* **1.** 1894 [Chautard]. **2.** 1877 [Esnault]. **3.** 1872 [id.].

◆ *v.pr.* **1.** ***a.*** 1958, Simonin ; ***b.*** 1880, Zola [TLF]. **2.** 1977 [Caradec]. **3.** 1969, Giovanni. **4. Se la faire,** 1836 [Vidocq]. **5.** 1960, Simonin, mais dès 1882, Zola [TLF] « se faire dans les vingt-deux mille francs ». Ces derniers emplois représentent génér. une simple extension affective des emplois transitifs précédents et ne sont pas véritablement pronominaux.

faisandé, e *adj. et n.m.*

Se dit de ce qui est suspect ou faux : *On me l'ôtera pas de l'idée, il y a du faisandé dans ce turbin* (Bastiani, 1).

ETYM. emploi métaphorique du participe passé de **faisander,** s'altérer, en parlant du gibier. 1893, Gyp [TLF].

faisander *v.t.*

1. Tromper, escroquer : *Alors je pense que c'est à cause de moi que la Vache l'a faisandé dans leur combine* (Carco, 2). *Petit Jules s'est amèrement plaint à La Torpille d'avoir été faisandé de trois bonnes livres* (Simonin-Bazin). **2.** Arrêter : *Je crois que sans le coup de la bouteille d'essence, on se serait fait faisander de la belle manière* (Stewart).

ETYM. de **faisant. 1.** 1901 [Esnault]. **2.** 1921 [id.].

faisant ou **faisan** *n.m.*

1. Acolyte rapace. **2.** Carambouilleur, escroc : *Un caissier confie à cet illustre faisan parisien qu'il a pris 150 000 francs dans la caisse de son patron et les a perdus aux courses* (Galtier-Boissière, 1). **3.** Garçon de café complice de tricheurs. **4.** Teneur de jeux truqués : *Lorsque cette tricherie se pratique, un ou deux « faisans », munis comme le croupier de lunettes spéciales, misent ou ne misent pas, selon qu'une « bûche » est ou n'est pas tirée* (Cendrars, 2).

ETYM. à l'origine, participe présent du verbe **faire,** « celui avec qui on fait, on est de moitié » (collégiens au XVIIIe s., selon Esnault), avec une forte influence de **faisan. 1.** 1849 [id.]. **2.** 1887 [id.]. **3.** 1902 [id.]. **4.** 1918 [id.].

DÉR. **faisandier** *n.m.* Escroc : 1887 [Esnault]. **faisande** *n.f.* Commerçante véreuse : 1901 [Bruant]. **faisanderie** *n.f.* Carambouille : 1876 [Chautard].

faiseur *n.m.*

Vx. Escroc dupant les gens sous une couverture commerciale : *Lorsque le crédit des faiseurs est bien établi, ils se font apporter des marchandises pour des sommes importantes qu'ils paient avec des billets à courte échéance, et disparaissent bientôt, à la grande stupéfaction de leurs créanciers* (Canler).

◆ **faiseur, euse** *n.*

Faiseur, euse d'anges, avorteur : *Tu racontais plaisamment ta visite au faiseur d'anges à l'époque où tu m'avais dans le buffet* (Fallet, 1). *Une vieille sage-femme de faubourg, faiseuse d'anges. Jamais, avant le gouvernement du maréchal, le hobereau n'eût adressé la parole à cette avorteuse* (Werth, 2). *Un relent fétide se dégageait de ce corps nu, déjà épuisé par les étreintes sans amour et les faiseuses d'anges du lendemain* (Combescot).

ETYM. de **faire (des affaires louches).** 1828, Vidocq ; mot popularisé en 1847 par Balzac dans sa pièce *le Faiseur.*

◆ *n.* **Faiseuse d'anges** (beaucoup plus fréquent que le masc.), 1881 [Rigaud].

fait, e *adj.*

1. Fait aux pattes, fait bon ou simpl. **fait,** arrêté : *Bonsoir, la Vache, dit en entrant Jésus la Caille et, plus bas,– il était blême – : Bambou est fait* (Carco, 2). **Fait comme un rat,** pris, mis dans l'impossibilité de fuir : *Les Allemands rôdaient aux alentours. Bref et fin finale, on a été faits comme des rats* (Malet, 10). **2.** Ivre ou drogué : *Carlos roule un énorme joint de ganja. Autour de nous, affalés sur les tables, les rastas locaux semblent bien faits, totalement cassés* (Dupont).

ETYM. emploi adj. du participe passé de **faire**. **1. Fait,** 1790, *le Rat du Châtelet*. **Fait comme un rat,** 1915 [Esnault]. **2.** 1977, Vers [Giraud].

falaque *n.f.*

Supplice infligé à certains condamnés : *Dumont, esclave chez les Koubals, fut, en 1814, condamné à la falaque, supplice qui consiste à avoir la main brisée à coups de bâton* (Alhoy).

ETYM. du portugais **falaca**, issu de l'arabe maghrébin **falaga**. 1845, Alhoy.

falot *n.m.*

Tribunal militaire ; conseil de guerre : *Surtout ne cassez pas vos képis, hein ? dit l'adjudant, ou alors je vous fais passer au falot* (Mac Orlan, 6). *Il n'y avait pas absence illégale, mais désertion. Wladimir fut cassé de son grade. Il passa le falot à Bel-Abbès : six mois de taule, six mois de rab* (Yonnet).

ETYM. par analogie de forme entre le képi des juges et la lanterne utilisée pour faire les patrouilles. 1888 [Esnault].

faloter *v.i.*

Passer en jugement devant un tribunal militaire : *Un quartier-maître s'est amené qui m'a dit comme ça : mettez-vous donc au garde-à-vous pour me causer, c'est ce qui fait que je lui ai répondu : j't'emmerde... C'est ce qui fait que j'ai faloté* (Galtier-Boissière, 2).

ETYM. de **falot.** 1925, Galtier-Boissière.

falourde *n.f.*

Vx. **1.** Corps inerte. **Falourde engourdie,** cadavre de forçat : *J'ai porté la falourde engourdie depuis le trimard jusqu'au satou* (Ansiaume). **2.** Double-six, aux dominos.

ETYM. du vieux mot **falourde,** fagot. **1.** 1821 [Ansiaume]. **2.** 1867 [Delvau].

falzar ou **phalzar** *n.m.*

1. Pantalon d'homme ; culotte de femme : *Il a fendu le falzar en deux et découvert mon genou et mon mollet à vif* (Malet, 1). *Le cul, y n'y a que ça pour les bourgeois, tout dans le falzar, rien dans le cigare !* (Sacquard de Belle-Roche). *C'est elle qui blanchit le linge, j'lui ai encore porté trois liquettes et deux phalzars* (Lorrain). **2.** Vx. Cotte de toile bleue ; pantalon de travail.

ETYM. origine inconnue, mais le suff. **-zar** est relativement usuel en arg. à la fin du XIXe s. **1** et **2.** 1878 [Rigaud] (qui fournit aussi *dalzar,* forme désuète) ; *phalzar* 1897, Rictus.

VAR. **false :** 1962, Boudard. **fann'zar :** vers 1900, Rictus.

famille *n.f.*

Des familles, banal, sans prétention : *Guérin filme un biologiste branchant son savoir sur la tête d'un ouistiti des familles qui, normal, le paie en monnaie de singe* (*Libération,* 19 mai 1982). *Il charge, je lui fignole une planchette japonaise des familles* (Bauman).

ETYM. emploi plaisant du mot usuel. 1942, Meckert.

fan [fan] ou **fana** *adj. et n.*

Admirateur passionné d'une vedette ; adepte intransigeant d'un mode de loisir, d'un sport, etc. : *Elle a joué avec mes cheveux. J'aurais pas aimé que mes futurs fans me regardent à ce moment-là* (Djian, 1). *C'est le jour de repos du Yougoslave, un jeunot fan de pop, et sourd à quarante pour cent, par suite de stages trop fréquents dans les ateliers de chaudronnerie* (Klotz). *Avec, en prime, l'automatique calibre 22 Unique, à crosse anatomique. Le pied ! Pour le fana des armes qu'est l'ami Ganne* (Jaouen).

ETYM. apocope de **fanatique** (*fan* est apocopé dès l'angl., à la différence de *fana,* apocopé en français). *fana adj.* 1936, arg. de Polytechnique [TLF] (surtout avec un compl. non animé). *fana n.f.* 1957 [Sandry-Carrère], compl. ; *fan n.* 1948, Cendrars [Rey-Debove et Gagnon] (avec un compl. désignant une vedette).

fanal *n.m.*

Vx. Gosier, estomac : *L'avait eu son compte, Torpédo* [un chien]*. Le gras, les os d'au moins quinze assiettes. L'avait le fanal comme une outre* (Pelman, 1).

ETYM. métaphore qui s'explique à la lumière de *huile*, vin (xve s.), *s'en mettre plein la lampe* vers 1825, chanson [Esnault].

fanandel *n.m.*

Vx. Compagnon : *Mes fanandels se sont sauvés ; mais moi, le plus vieux, je suis resté sous la griffe de ces chats à chapeaux galonnés* (Hugo). *Un peuple* [...] *de fanandels recherchant l'abri des guinguettes romaines* (Mac Orlan, 5).

ETYM. p.-ê. var. du prov. **farandel,** écervelé. 1628 [Chéreau], repris en 1829 par Hugo, comme archaïsme.

fantabosse *n.m.*

Vx. Fantassin : *Ça me rappelle quand j'étais en Chine / Cabot fantabosse ed'marine* (Rictus).

ETYM. resuffixation fantaisiste de **fantassin.** 1881 [Rigaud].

fantaisie *n.f.*

Fellation.

ETYM. emploi euphémique du mot usuel. 1866 [Delvau].

fantassin *n.m.*

Pou du pubis. SYN. morpion.

ETYM. métaphore désignant un animal qui crapahute. 1977 [Caradec].

fantoche *n.f.*

1. Fantaisie : *Sachant qu'elle remettrait plus jamais ses roberts à l'air dans cette cabane, Amanda se permettait quelques fantoches dans son tour* (Simonin, 1). **2.** Fellation.

◆ *adj.*

Fantaisiste, peu sérieux : *Tu comprends, lui expliqua son collègue, tous ces groupuscules sont fantômes, fantoches* (Bernheim-Cardot).

ETYM. de l'ital. **fantoccio,** d'abord « marionnette » (2), et resuffixation pop. de **fantaisie** et **fantaisiste** avec le suff. **-oche. 1.** 1955, Simonin. **2.** 1977 [Caradec].

◆ *adj.* 1915 [Esnault]. L'adj. est passé dans la langue courante.

fanzine *n.m.*

Périodique publié avec des moyens limités et destiné à un public d'amateurs avertis de « para-littérature » (BD, roman policier, populaire, etc.) : *« Énigmatika », « Encrage » et « les Cahiers de l'Imaginaire » sont des fanzines de première bourre.*

ETYM. mot hybride d'origine américaine, composé de **fan(atic)** et de **magazine.** 1969, *Vie et Langage* [Höfler].

farci, e *adj.*

Truqué, dans le langage des jeux ou de la brocante. SYN. daubé.

ETYM. emploi métaphorique, désignant un objet modifié à l'intérieur. 1975 [Beauvais].

farcir *v.t.*

1. Cribler (de projectiles) : *Un beau matin, on retrouva le Napolitain farci de balles devant sa porte* (Chevalier). *Un soir à la veillée où Stérile et moi contemplions à la télévision, muets, blafards, les tonitruantes et blafardes images de truands se farcissant les uns les autres, le téléphone sonna* (Bénoziglio). **2.** Tromper, escroquer.

◆ **se farcir** *v.pr.*

1. S'approprier (de façon licite ou illicite) ; absorber : *Chaque fois, il apportait un jambonneau, « pour qu'on se le farcisse en potes », disait-il* (Yonnet). SYN. s'enfiler, s'enfoncer. **Se farcir la dîne,** manger. **2.** Posséder sexuellement : *Dès que je vous ai vue, je me suis dit : je pourrais plus vivre sur cette terre si je ne me la farcis pas un jour ou l'autre* (Queneau, 1). **3.** Être vainqueur de qqn, l'humilier : *Je pense pas avoir besoin de toi, Coco. Le Mac', si poilu qu'il soit, je suis encore de taille à me le farcir tout seul* (Viard). *Il y avait longtemps que ce ministre voulait, pardonnez-moi l'expression, « se farcir une avocate »* (*le Nouvel Observateur,* 23 mars 1981). **4.** Faire (qqch de pénible) ; supporter (qqn de désagréable) : *Pour les déménagements* [de coffres], *on repérait des rez-de-chaussée, pas question de se farcir des étages avec une charge pareille* (Pécherot). *Après ce qu'il s'est passé, il nous obligera à nous farcir tout de même quelques mois de cabane, vous verrez ce que je vous dis* (Héléna, 1). *Mort de Jacques Lacan : chaque chaîne se farcit son penseur-baratin* (*Actuel,* octobre 1981). **5. Se farcir la panse, le chou,** se gaver ou s'enivrer.

ETYM. emplois métaphoriques et expressifs du verbe usuel. **1.** 1948, H. Bazin [TLF]. **2.** 1952 [Esnault].

◆ *v.pr.* **1.** 1932 [Esnault]. **Se farcir la dîne,** 1952 [id.]. **2.** 1935, Simonin-Bazin. **3.** 1969, Viard. **4.** « faire » 1946, Trignol [TLF] ; « supporter » 1957 [PSI]. **5. Se farcir la panse,** 1859, H. Berlioz [TLF] ; **se farcir le chou,** 1939 [Esnault].

fardaine ou **fardenne** *n.f.*

Vx. Vêtement ; butin divers : *Pour lui Marrabou, il avait pris plein un sac de fardaines, c'est-à-dire différents effets* (Orgères).

ETYM. sans doute de l'anc. fr. **fardes,** vêtements. 1797, Orgères.

farguer *v.t.*

1. Charger (d'un poids) : *Tu m'en diras tant ! Si vous êtes fargués de camelotte grinchie...* (Vidocq) ; et comme v.pr. : *Il renaude ferme, le mec, de s'être fargué cette greluche, et de se retrouver dans une situation qu'il a déjà connue : celle du gonze embarrassé d'un butin infourgable* (Simonin, 8). **2.** Charger (en justice) : *Tchang buté... les trois témoins prêts à farguer ces deux mômes du cadavre* (Simonin, 1). **3.** RARE. Exagérer.

ETYM. doublet de **farder,** charger. **1.** 1821 [Ansiaume]. **2.** 1828, Vidocq. **3.** 1875 [Esnault].

DÉR. **fargue** *n.f.* **1.** Poids pesant : 1821 [Mézière]. **2.** Accusation : 1836 [Chéreau]. **farguement** *n.m.* Chargement : 1836 [Vidocq]. **fargueur** *n. et adj.m.* Accusateur ; témoin à charge : [id.].

☞ **faria**
→ Liste des argots spécifiques *page [33].*

faridon ou **faridondaine** *n.f.*

1. À la faridon. ***a.*** sans le sou : *Grouill' Julot, c'est l'hiver, les pègres / À la faridon sont ben maigres* (Rictus) ; ***b.*** inauthentique. **2. De la faridon,** défaillant, incapable. **3. Faire la** ou **une faridon,** participer à une partie de plaisir : *De chez elle, elle l'avait entendu une partie de la nuit faire la faridon avec des copains* (Lefèvre, 2). *D'après ce qu'il nous a dit, il devait retrouver des potes à lui, trois Ricains de passage, et faire une petite faridon pour marquer la rencontre* (Bastiani, 4).

ETYM. du refrain **la faridondaine, la faridondon** (1648 [Esnault]). **1.** ***a.*** 1875, Rabasse [Larchey] ; ***b.*** 1916, Bruant. **2.** 1903 [Esnault]. **3. Faire la faridon,** 1927 [id.]. Ces mots sont expressifs et, pour le sens 3, rapprochés de *foire.*

DÉR. **faridonneau** *adj.m.* Misérable : 1898, Bruant.

fastoche *adj.*

Facile : *Pas fastoche ! Je crois qu'on peut commencer sa vie en mentant, mais la finir sans mentir* (Bohringer).

ETYM. resuffixation pop. de **facile.** vers 1980.

fatigue *n.f.*

ARG. ANC. Travaux auxquels sont astreints les bagnards : *Pour me débarrasser du Bourguignon, je feignis une indisposition : on le mit au couple avec un autre pour aller à la fatigue* (Vidocq).

ETYM. emploi spécialisé du mot usuel. 1828, Vidocq.

fatma *n.f.*

Femme arabe et, par ext., toute femme : *Fagotée comme une fatma de Barbès, elle restait l'enfant gâtée* [...] *la fille-à-papa qu'elle avait cru noyer dans le sidi-brahim* (Van Cauwelaert).

ETYM. mot arabe, de **Fatima,** nom de la fille du prophète Mahomet et prénom usuel chez les musulmans. 1899 [Nouguier]. Ce mot a en France des connotations xénophobes, voire racistes.

VAR. **fatmuche** : 1911 [Esnault].

fauberder *v.t.*

Vx. Laver : *Dans les cas extrêmes, le coupable était fauberdé, rincé, frotté, étrillé* (Humbert).

ETYM. de **faubert,** sorte de balai fait de vieux cordages. 1880, Humbert.

Faub-Germ *n.pr.*

Vx. Le faubourg Saint-Germain : *Jean Populot a eu l'idée de faire comme les types du Faub-Germ* (Gill).

ETYM. double apocope avec ellipse de **faubourg Saint-Germain.** 1878, Gill.

faubourg *n.m.*

Postérieur : *Et aussi sec, il lui cingla le faubourg d'un revers de main. Un moche coup ! La gosse brailla et se frotta le valseur* (Le Breton, 1). *Sans s'casser l'faubourg / Faisant gaffe aux bourres / Il récoltait des pacsons* (Vian, 1).

ETYM. emploi métaphorique et érotique : quartier qui se situe avant l'entrée. 1879, Huysmans [Rigaud], mais *le faubourg du cul* dès 1640 [Oudin].

fauchant *n.m.*

ARG. ANC. Sabre.

◆ *n.m.pl.*

ARG. ANC. Ciseaux : *N'approche pas, ou je te crève les ardents avec mes fauchants, dit-elle d'un ton décidé* (Sue).

ETYM. participe présent substantivé de **faucher.** 1850, forçat Clémens [Esnault].

◆ *pl.* 1821 [Ansiaume].

fauche *n.f.*

1. Vol ; chapardage, en partic. dans les magasins : *Marlou portait toujours un très grand imperméable pour la fauche et le look Bogart* (Prudon). **2.** Le monde des voleurs. **3.** Misère.

ETYM. déverbal de **faucher. 1.** 1920 [Esnault]. **2.** 1933 [id.]. **3.** 1925 [id.].

VAR. **fauchage** *n.m.* au sens 1 : 1916 [id.].

fauché, e *adj.*

Fauché à blanc, comme les blés ou simpl. **fauché,** totalement démuni d'argent : *Deux combinards, fauchés à blanc, / Gaffant qu'ils n'avaient plus de ronds...* (Marcus). *Ils étaient de bons et excellents bourgeois, patrons d'entreprises, pas spécialement fauchés* (Amila, 1). **Pas fauché,** s'emploie par ironie pour qualifier qqn qui a obtenu qqch d'inutile, voire de nuisible : *J'ai appris hier à minuit que le ministre décernerait... une médaille à titre posthume à Pédro. « Pas fauché avec ça »* (Rank).

◆ *n.*

Personne démunie d'argent : *La dame du vestiaire et le maître d'hôtel étaient bien distraits pour ne pas avoir subodoré que ce couple de « fauchés » évidents ne grossirait guère la recette du jour* (London, 1).

ETYM. participe passé de **faucher,** employé de façon imagée avec ou sans compl. **Fauché,** 1876, Rabasse [Larchey] ; **fauché à blanc,** 1890 [Esnault] ; **fauché comme les blés,** 1899 [id.].
◆ *n.* 1937, L. Daudet [TLF]. Est passé dans la langue fam. usuelle.

DER. **fauchmann** *adj.* Sans le sou : 1889 [Esnault]. **La maison Fauchmann et Cie,** le manque de ressources : 1953 [Sandry-Carrère]. **faucheman** *adj.* Même sens : 1894 [Virmaître]. **faucharès** *adj.* Même sens : 1901 [Bruant].

faucher *v.t.*

1. Couper : *Le cardeuil a fait faucher les douilles de tous les amis* (Ansiaume). **Faucher le (grand) pré,** être aux galères : *Il s'appelait Lemeunier, avait fauché le pré à Toulon avec Lesagne et Soufflard et les avait retrouvés à Paris* (Guéroult). **2.** Faire périr ; guillotiner : *Tu t'es donc sauvé ? – Non, mais j'ai été quinze ans au pré au lieu d'être fauché* (Sue). **3.** Voler : *Le gaffe devait garder cinq mille et lui remettre dix mille. Ce gaffe lui a tout fauché, puis est parti à Cayenne* (Charrière) ; chaparder : *Elle ressert à boire, me fauche une gauloise, penche la tête et me regarde à nouveau* (Vilar). **4.** Dévaliser : *Je voulus savoir par quel tourdion présumab' peu banal elle était parvenue à faucher le singe* (Stéphane). **5.** Ruiner (surtout au jeu).

ETYM. emplois métaphoriques et énergiques du verbe technique. **1.** 1808 [d'Hautel]. **2.** « faire périr » 1745 [Esnault] ; « guillotiner » 1828, Vidocq. **3.** 1835 [Raspail]. **4.** 1878 [Rigaud]. **5.** 1901 [Bruant].

DER. **fauchable** *adj.* Facile à voler : 1949, Malet.

faucheur *n.m.*

Vx. **1.** Bourreau : *Tant qu'à moi, on m'enverrait au faucheur, je ne vous donnerais pas. Si on vous bouclait, vous n'auriez qu'à faire les jacques* (Rosny). **2.** Voleur : *Il les* [les bijoux] *avait fauchés aux faucheurs originels* (Malet, 13) ; vx et spéc., voleur qui coupe les chaînes de montres. **3.** Ciseaux acérés : *Le pickpocket a un outillage, alors que le tireur ne se sert que de ses doigts. Il a le faucheur, ciseau court et tranchant* (Locard).

ETYM. de **faucher. 1.** 1829, Hugo. **2.** 1955, Malet ; vx, 1881 [Rigaud]. **3.** 1862, Canler, au pl.

VAR. **faucheux** *n.m.pl.* Ciseaux : 1835 [Raspail].

DER. **fauchemanedouille** *n.m.* Voleur : 1947, Marcus.

faucheuse *n.f.*

1. La mort : *Les blacks et les bougnoules conciliabulent dans leur coin. Essaient aussi d'exorciser la faucheuse dans leur langue qu'on comprend pas* (Dégaudenzi). **2.** Guillotine. **3.** Variété de baccara où on perd beaucoup. **4.** Voleuse à la détourne.

ETYM. de **faucher. 1.** 1745 [Esnault]. **2.** 1872 [id.]. **3.** 1907 [id.]. **4.** 1909 [id.].

faux, fausse *adj.*

1. Faux cul, faux derche, hypocrite : *Un égoïste finalement pareil aux autres, phallo, robot, sans écoute, sans partage, faux-cul qui se branle avec les idées subversives et, au fond, il en a rien à cirer* (Knobelspiess). *J'en touche deux mots à Jean Lefèbvre, qui se marrait en coin avec sa gueule de faux cul* (Pousse). *Pour être ambigu, Dédé, il l'est. J'irais jusqu'à dire faux derche même* (Lasaygues). **2. Faux comme un jeton** ou, subst., **faux jeton,** individu déloyal : *Aussi, bientôt en eut-on assez, de la meilleure des Républiques, incarnée en ce prince faux comme un jeton* (Cladel). *Enfin, bande de faux jetons, cria Beaufort, qu'est-ce que c'est que ces histoires ?* (Paraz, 2). **3. Faux poids.** ***a.*** fille mineure : *Il veille à ce que les turfs qui fréquentent le bar ne soient pas des* *faux poids* (Larue) ; ***b.*** mauvais argument, dans le langage des policiers. **4. Fausse couche** ou **résidu de fausse couche,** se dit de façon très péjorative d'un individu mal conformé ou méprisable. **5. Fausse poule.** ***a.*** fausse police ; ***b.*** faux policier. **6. Mettre une fausse barbe,** faire un cunnilinctus : *D'autres fois, il appelait la plus chouette gisquette et mettait la fausse barbe* (Devaux).

◆ **fausse** *n.f.*

1. Fausse carte. **2.** Fausse monnaie.

ETYM. emplois péjoratifs fondés sur l'idée de falsification de l'humain. **1.** début du XXe s. **2. Faux comme un jeton,** 1808 [d'Hautel] ; **faux jeton,** 1910 [Esnault]. **3. *a.*** 1953 [Sandry-Carrère] ; ***b.*** 1975 [Arnal]. **4. Fausse couche,** 1866 [Delvau]. **5. *a.*** 1957 [PSI]; ***b.*** 1953 [Sandry-Carrère]. **6.** 1960, Devaux.

◆ *n.f.* **1.** 1902 [Esnault]. **2.** 1938 [id.].

fav' *n.m.*

Favori, en parlant d'un cheval.

ETYM. apocope de **favori.** 1975 [George].

faveur *n.f.*

Fellation. SYN. fantaisie, gâterie.

ETYM. emploi spécialisé du nom usuel. 1977 [Caradec].

favouille *n.f.*

Poche.

ETYM. javanais de **fouille.** 1960 [Le Breton].

☞ **fayau**
→ Liste des argots spécifiques *page [33].*

fayot *n.m.*

1. Haricot (en grain): *Je me souviens qu'il évoqua alors, avec une petite grimace, les fayots dont on le gavait dans son lycée en Turquie* (Bénoziglio). **2.** Matelot ou soldat rengagé ; sous-officier, en partic. adjudant: *Il faisait un peu n'importe quoi, Narcisse Lebrun. Devenu très vite la bête noire de tous les fayots, les adjudants de carrière* (Boudard, 5). **3.** Homme qui fait du zèle : *Il prétendait s'élever au-dessus de leur condition. Il frayait avec la « mestrance ». C'était donc un fayot* (Thomas, 1) ; emploi adj. : *Faut donc profiter du lot, mon député, je plaisante, aimable et fayot, en allumant une petite cigarette pas trop froissée* (Siniac, 3).

ETYM. du provençal **faiol,** haricot, apparu en français, dans la marine, au XVIIIe s. sous la forme **fayol,** avec un *l* muet qui a facilité le changement d'orthographe, *fayot* étant auj. la seule forme courante. **1.** 1867 [Delvau], arg. des marins. **2.** «matelot» 1833 [Esnault]; «soldat» 1910 [id.]. **3.** 1935 [id.].

fayoter *v.i.*

Faire du zèle pour se faire bien voir: *Et v'la qu'y veut nous faire fayoter malgré la lansquine!* (Boudard-Étienne).

◆ *v.t.*

Flatter (un chef).

ETYM. de **fayot.** 1936 [Esnault].

◆ *v.t.* 1951 [id.].

DER. **fayotage** *n.m.* Zèle excessif : vers 1950. **fayoterie** *n.f.* Même sens: 1918 [Esnault].

fébosse *n.f.*

Vx. Femme déplaisante, sans intérêt: *Faut-il qu'nous soyons été gnolles / D'laisser marcher aux Batignolles / Un' féboss' qu'est pas du quartier* (Bruant).

ETYM. de **fée,** fille, et du suff. péj. **-bosse,** issu peut-être de **Carabosse.** 1867 [Delvau].

fée *n.f.*

1. Vx. Amour. **2. La fée blanche,** la cocaïne ; **la fée brune,** l'opium ; **la fée verte,** le haschisch. **3.** Vx. **La fée aux yeux verts,** l'absinthe.

ETYM. emplois spécialisés (et euphémique au sens 2) du nom usuel. **1.** 1821 [Mézière]. **2. Fée blanche** et **brune,** 1953 [Sandry-Carrère]; **fée verte,** 1957 [id.]. **3.** 1894 [Virmaître].

feignant, e, feignard, e ou feignasse *adj. et n.*

Paresseux: *D'un naturel plutôt feignasse, mon mérite consiste à avoir écouté la voix de la raison* (Le Dano). *Ils n'aiment pas se lever avant midi. Des feignards, mes confrères* (Barnais, 1). *Ça sent la paresse, c'est mou, c'est gnangnan / Voilà c'qu'on appell' des mains de feignant* (Montéhus). *Victoria, d'humeur aigre-douce, lui confia que « cette feignasse de négro » se pavanait au Centre d'art contemporain* (Villard, 4). *Plus de travailleuses, rien que des feignantes!* (Lorrain).

ETYM. forme pop. de **fainéant.** Les variations graphiques sont nombreuses: alors qu'il s'agit à l'origine du verbe **faire (néant),** il y a eu influence du verbe **feindre,** au sens de «faire semblant de travailler». *feigniant* 1829, Monnier ; *feignant* 1842, Sue ; *faigniant* 1828,

Vidocq ; *faignant* 1820 [Desgranges] ; *feignasse* 1894 [Virmaître].

feinter *v.t.*

Berner, tromper.

ETYM. de **feinte.** 1931, école Boulle [Esnault], mais dès 1926, intr., en sport, au sens de « ruser pour tromper l'adversaire ».

fêlé, e *adj. et n.*

Qui a l'esprit dérangé : *C'était un gars plutôt gentil, un peu fêlé... mais, dans le coin, il ne manquait pas de concurrents ! Y en a beaucoup comme lui qui viennent d'hospice* (Demouzon). *Moi, j'ai un bonus sur mon assurance de 35 %. Ça prouve bien qu'il n'y a pas que des fêlés chez les motards* (*le Nouvel Observateur*, 3 mars 1980).

ETYM. emploi métaphorique du verbe concret. *Avoir la tête fêlée* 1690 [Furetière].

felouse ou **felouze** *n.m.*

Combattant algérien du FLN (1954-1962) : *Dzzzing, l'espèce de felouze tirait sous la voiture* (ADG, 7).

ETYM. resuffixation pop. de l'arabe maghrébin **fellagha**, casseur de têtes (du verbe **felleq**, fendre) ; ce mot fut à la guerre d'Algérie ce que fut *terroriste* en France durant la Seconde Guerre mondiale pour désigner les résistants. 1958 [Esnault].

femme *n.f.*

1. Maîtresse en titre. **Bonne femme,** même sens, ou employé péjorativement comme synonyme de femme. **2.** Dame du jeu de cartes. **3. Femme du capitaine,** poupée gonflable à destination érotique.

ETYM. emplois spécialisés du nom usuel. **1.** 1833 [Esnault]. **Bonne femme,** « maîtresse », 1926 [id.]. Le sens péj. s'est diffusé à partir du film de Claude Chabrol, *les Bonnes Femmes* (1960). **2.** 1888 [Esnault]. **3.** 1977 [Caradec].

fendant, e *adj. et n.*

1. Amusant, très drôle : *Sur la table, un bouquin de Guitou des Cars* [...] *C'est Sylvette qui me l'a refilé. Elle dit qu' c'est fendant. Moi, ça m'endort* (Lasaygues). **2. Faire son fendant,** faire le matamore : *N'y a qu'à se soumettre ou bien qu'à fout' le camp. / C'est fou de vouloir faire le fendant, le brave* (chanson *Si vous connaissiez papa,* paroles de P. Soulaine et R. Pujol, 1928).

ETYM. de **se fendre (la gueule). 1.** 1985, Lasaygues. **2.** 1867 [Delvau].

1. **fendard, e** *adj.*

1. Qui aime rire : *Voilà dix mois qu'il tire... ça vous amoche tout de même. Lui qu'était si fendard !* (Carco, 2). **2.** Qui provoque le rire, drôle : *C'était assez fendard de se retrouver accroché au mur, sous verre, dans une position toujours drôle ou solennelle* (Ravalec).

ETYM. de **se fendre (la gueule). 1.** 1914, Carco. **2.** 1994, Ravalec.

2. **fendard, fendant** ou **fendu** *n.m.*

Pantalon d'homme : *Quant à Zézé, une douce langueur l'étreignait. Je la matais en douce et une vive érection se coinçait dans mon fendard* (Bastid-Martens).

ETYM. de **fendre** (allusion à la braguette). *fendard* 1896 [Esnault] ; *fendant* 1918 [id.] ; *fendu* 1939 [id.].

fendasse *n.f.*

1. Vulve. **2.** Femme : *Tout alors serait devenu tragiquement facile. L'autre fendasse se serait arrêtée de taper sur sa machine à écrire* (Boudard, 1).

ETYM. resuffixation arg. de **fente** (sous l'influence probable de *connasse*). **1.** 1863, *Parnasse satyrique* [Delvau]. **2.** 1962, Boudard.

fendre (se) *v.pr.*

1. Se fendre la gueule, la pipe, la pêche, la prune, ou **se fendre,** rire intensément : *Du coup, les gars, ils se fendent la prune. Ils n'ont jamais vu ça* (Paraz, 1). *Moi, je suis un drôle... – Laisse-moi me fendre la pipe, dit tranquillement Jojo* (Lefèvre, 1). *Maverde, répondit Cambronne, devant ses grenadoches, qui s'fendaient la pipe* (Stollé). *Le regard luisant de plaisir, mais te fendant néanmoins la terrine, tu hoches la tête, indécis* (Simonin, 6). *Il devait manquer de rien chez lui. Ça le fait se fendre, ce bovidé, ma réflexion l'air de rien* (Boudard, 5). **2. Se fendre de.** ***a.*** dépenser, acheter à regret : [La concierge] *avait déjà dit tout ce qu'elle savait à ces premiers Messieurs de la police [...] Je me suis fendu de vingt francs pour l'assouplir et nous la mettre en main* (Robert-Dumas) ; ***b.*** accorder avec plus ou moins de parcimonie : *Paulette trônait seule derrière le bar. Elle se fendit d'un sourire à notre entrée* (Pagan).

ETYM. emplois imagés du verbe usuel. **1. Se fendre la gueule,** 1936, Céline ; **la pipe,** 1947,

Stollé-Marcus, mais *se fendre* dès 1755, Vadé [Duneton-Claval]. **2.** ***a.*** avant 1850, Balzac [Rigaud]; ***b.*** 1930 [Ayne]; absol., *se fendre* « être généreux », 1901 [Bruant].

fendu *n.m.*

1. Postérieur: *Je manque me casser la gueule, m'écraser le fendu sur le parquet* (Siniac, 1). **2.** Vulve.

ETYM. emploi métonymique: la raie pour les hémisphères. **1.** 1982, Siniac. **2.** 1901 [Bruant].

fenêtre *n.f.*

1. Faire la fenêtre. ***a.*** ne pas faire de points aux cartes; ***b.*** racoler depuis sa fenêtre, en parlant d'une prostituée. **Se mettre à la fenêtre,** tenter d'apercevoir les cartes de l'adversaire. **2. Voir ça par la** ou **de sa fenêtre,** se faire des illusions. **3. Sauter par la fenêtre,** faire un bénéfice de 100 %. SYN. faire la culbute. **4.** Vx. **Mettre la tête à la fenêtre,** être guillotiné.

ETYM. emplois métaphoriques et pittoresques du mot usuel. **1.** ***a.*** 1907 [Esnault]; ***b.*** 1872 [Larchey]. **Se mettre à la fenêtre,** 1959 [Esnault]. **2.** 1938 [id.]. **3.** 1846, quartier du Temple [id.]. **4.** 1867 [Delvau], mais date de la Révolution française: *mettre la tête à la petite fenêtre.*

fenêtrière *n.f.*

Prostituée racolant depuis sa fenêtre. SYN. étagère.

ETYM. de **fenêtre.** 1867 [Delvau].

fente *n.f.*

1. Vulve : *En sentant l'énorme tête de son priape aller et venir le long de ma fente, je jouis une première fois avec abondance* (Cellard). **2.** Bouche. **Se boucher la fente,** boire ou manger.

ETYM. emplois spécialisés du mot usuel. **1.** 1618, *Cabinet satyrique* [Delvau]. **2.** 1894 [Virmaître].

fer *n.m.*

1. Mauvais ou **sale fer,** individu dangereux: *Mauvais fer, comme il était, ça devait lui arriver un jour!... À part Nini, j'crois que personne le regrettera !* (Simonin, 8). *C'est des sales fers, mec. À c'qu'on dit sur eux, ils semblent même un peu déchirés de là... René la vache tapota d'un index aussi gros qu'une saucisse son front bas* (Risser). **2. Fer à repasser.** ***a.*** mauvais cheval de course: *Il jouait des canassons impossibles : l'Éblouissante ! Flèche d'or ! Bref, des fers à repasser comme l'on disait dans son entourage* (Lépidis); ***b.*** chaussure à semelle lisse, sans clous; ***c.*** dans la locution **nager comme un fer à repasser,** très mal ou pas du tout. **3. Fer à souder,** grand nez: *Vlam ! Dans son nez, cette fois. L'aller et retour sec et méchant. Son fer à souder se mit à pisser* (Houssin, 3). **4. Marmite de fer,** prostituée dure à l'ouvrage.

◆ **fers** *n.m.pl.*

Outils du perceur de coffres. SYN. clous.

ETYM. emplois spécialisés et issus d'acceptions techniques. **1.** 1953 [Esnault], probablement né dans la bouche d'ouvriers métallurgistes. **2.** ***a.*** 1935 [id.]; ***b.*** 1883 [Fustier]; ***c.*** 1917 [Esnault], chez les marins (le *fer à repasser* désignant un cuirassé peu maniable). **3.** 1960, Devaux. **4.** 1841, Lucas [Esnault].

◆ *pl.* 1928 [Lacassagne].

ferblanterie *n.f.*

Brochette de décorations: *Gaston Vidal avait d'abord trôné dans son fauteuil directorial avec sa tenue d'officier de chasseurs à pied et sa ferblanterie au grand complet* (Galtier-Boissière, 4). SYN. quincaillerie.

ETYM. emploi ironiquement métaphorique du mot usuel. 1879 [TLF].

ferlampier *n.m.*

Vx. Vaurien: *Un temps où j'étais passé maître / Comme ferlampier, franc luron* (Richepin).

ETYM. du normanno-picard **ferlamper,** boire comme un ivrogne, p.-ê. lui-même emprunté à une langue germanique ; la forme *frelampier* s'explique par métathèse: *er > re. ferlampié* 1692, A.-M. de Fatouville [TLF]; *frelampier* 1640 [Oudin].

VAR. **ferlandier** (p.-ê. par attraction de *landier,* chenet de cuisine): 1876, Rabasse [Larchey].

fermer *v.t.*

1. Fermer son clapet, son claque-merde, sa gueule, son plomb, etc., **la fermer,** se taire: *Ferme ta gueule et tiens-toi assis à côté des cordes du foc et de la trinquette. Toi aussi, Clousiot, la ferme!* (Charrière). **2. Fermer les portes,** dans une enquête de police, vérifier minutieusement chaque piste, même la plus douteuse: *« La porte est fermée », comme disent les policiers lorsqu'ils abandonnent une piste après avoir eu la certitude qu'elle n'était pas la bonne, mais qu'il fallait néanmoins vérifier* (Larue).

ETYM. au sens 1, expressions très répandues auj., symétriques de *(l')ouvrir.* **1. Fermer son**

plomb, 1883 [Fustier]; **la ferme !,** 1914, Carco. **2.** 1957 [Sandry-Carrère].

ferraille *n.f.*

1. Petite monnaie : *Je donne aussi la ferraille ? demanda le caissier en essuyant son front perlé de sueur* (Varoux). **Ferraille à la manque** ou **doranchée,** bijouterie fausse. **2.** Vx. Parodie d'escrime. **3.** Vx. Peine des travaux forcés. **4.** Vx. Fers qu'on met aux pieds du puni ; dans la marine, syn. de barre de justice.

ETYM. emplois spécialisés de **ferraille,** mot péj. désignant une arme blanche ou les fers du condamné. **1.** 1881 [Rigaud]. **Ferraille à la manque, doranchée,** 1901 [Bruant]. **2.** 1829 [Forban]. **3.** 1835 [Raspail]. **4.** 1906 [Esnault].

ferte (bonne) *n.f.* → BONNE FERTE.

fertille, ferte ou **fretille** *n.f.*

Vx. Paille : *Il y avait plus de six plombes qu'on n'y avait mis de la fretille* (Ansiaume). *Le même pantinois n'est pas maquillé de fertille lansquinée* (abbé Moreau).

ETYM. obscure, p.-ê. de l'adj. **fertile** ou du verbe **frétiller.** *fertille* 1821 [Ansiaume] ; *fretille* 1596, Péchon de Ruby.

VAR. **fertange** : 1829 [Forçat]. **fertanche** et **fertouse** : 1899 [Nouguier].

fertouses *n.f.pl.*

Vx. Menottes : *Le cardeuil* […] *me fit river les fertouses* (Ansiaume).

ETYM. p.-ê. de **frette,** anneau métallique, avec métathèse et resuffixation. 1821 [Ansiaume].

fesse *n.f.*

1. La femme, considérée d'un point de vue érotique ou pornographique : *Vite cocu, le père avait délaissé son fils pour courir la fesse* (Jaouen). *Autrement dit, elle se charge de procurer de la fesse de choix enveloppée dans de la lingerie suggestive à messieurs seuls, ayant un matelas suffisamment confortable pour prétendre être aimés pour eux-mêmes par des femmes du monde* (Bastiani, 4). **De fesse,** pornographique : *Un bouquin de fesse.* **2. Magasin de fesses,** maison close. **Pain de fesse,** argent rapporté par la prostitution. **3. Serrer les fesses,** avoir peur : *J'étais tout tremblant, je l'confesse ; / Serrez l'frein ! m'dit la dam' viv'ment ! / J'lui dis : Madam', je serre les f... / C'est tout c'que j'peux fair' pour l'instant !* (chanson *l'Automobile du colon*, paroles de E. Rimbault). **N'y aller que d'une fesse,** être timoré, hésitant : *Les idiotes qui ne vont au plaisir que d'une fesse* (Dormann). **4. Fesse d'huître, de rat, peau de fesse,** etc., injures méprisantes. **De mes fesses,** épithète dégradante : *Fils de chienne que vous êtes tous, y compris Georges Merry et ce chirurgien de mes fesses qui n'est bon qu'à caqueter !* (Mac Orlan, 10). *J'me serais aussi occupé de tous les présidents constipés et des journalistes de mes fesses qui se penchent soi-disant sur « l'enfance délinquante »* (Le Breton, 6). SYN. de mes deux, de mon cul. **5.** Vx. **Avoir les fesses comme des épaules de mouton,** avoir un postérieur charnu : *Ledit Normand de Rambouillet lui avait dit qu'elle avait les fesses comme des épaules de mouton* (Orgères).

ETYM. emplois plus ou moins vulgaires du terme anatomique : nous ne retenons ici que quelques exemples, notamment ceux dans lesquels on ne peut guère commuter ce mot avec *cul,* dont il n'est qu'un synonyme édulcoré et quasi fam. dans quantité de tours. **1.** 1867 [Delvau]. **De fesse,** 1975 [Larousse]. **2. Magasin de fesses,** 1867 [Delvau]. **Pain de fesse,** 1960 [Le Breton], qui fait de G. Panafieu l'auteur de cette loc. **3.** 1877, Zola [TLF]. **N'y aller que d'une fesse,** 1611 [Cotgrave]. **4. Fesse d'huître,** 1939, L.-P. Fargue [TLF]. **De mes fesses,** 1901 [Bruant]. **5.** 1798, Orgères.

festonner *v.i.*

Vx. Marcher en zigzaguant : *Tu vas de travers, tu festonnes... Est-ce que tu n'y vois pas clair ?* (Sue).

ETYM. emploi humoristique du verbe technique de la couture, « dessiner ou broder des festons ». 1842, Sue.

DER. **festonnage** *n.m.* Démarche zigzagante d'un ivrogne : 1881 [Rigaud].

fête *n.f.*

1. Souhaiter sa fête, faire sa fête à qqn, le rosser : *Si tu touches à son fils, c'est à toi qu'on fera ta fête* (Larue). **Ça va être ta fête !,** formule évoquant une correction infligée à qqn, un traitement particulièrement sévère : *Si on est cravatés, c'est notre fête. T'oublies pas que je viens de repasser deux condés, non ?* (Le Breton, 3). *Lui, c'est le trou à sa gauche, et si y en a pas un de nous qui est moins con que l'autre, mon pote, c'est ta fête* (G. Arnaud, 2). **2.** Vx. **Être de la fête,** être riche, bien vêtu.

ETYM. emplois ironiques du mot usuel. **1.** 1951 [Esnault]. **2.** 1827 [Demoraine].

féticher *v.i.*

Dans l'attente du résultat d'une course de chevaux, se persuader à haute voix qu'on a perdu pour conjurer le sort.

ETYM. de **fétiche.** 1975 [Arnal]. Cet emploi curieux témoigne des comportements superstitieux qui s'attachent au turf.

feu *n.m.*

1. Arme à feu (surtout de poing): *Bon, écoute bien, maintenant, parce que ça, je l'assume de bout en bout: si les Begovitch sortent leurs feux, tirez !* (Fajardie, 1). **2. Avoir le feu au cul, aux fesses, quelque part.** ***a.*** être très pressé: *Foutre un coffre-fort bourré sur la butte à enlever. Je te garantis que, pour aller à l'assaut, les gars auraient encore plus le feu au cul qu'avec de la gnôle !* (Siniac, 5). *Ah ! là ! là ! c'qui va vit', la rosse, / On voit bien qu'il a l'feu quéqu' part!* (chanson *l'Automobile du colon*, paroles de E. Rimbault) ; ***b.*** être très porté sur les plaisirs sexuels: *Tiens ! tiens ! tiens ! / S'écrient les pharmaciens / Mêm'les pompiers ont le feu au derrière* (chanson *Tiens, tiens, tiens,* paroles de A. Hornez, 1939). *Dépêch'-toi, mon amour / Elle a l'feu au tambour* (P. Perret). *Une blonde incendiaire ? – C'est plutôt elle qui avait le feu au train* (Malet, 2). **3. Il (n') y a pas le feu,** rien ne presse.

ETYM. emplois métonymique (1) et métaphoriques (2 et 3) du mot usuel. **1.** 1899 [Esnault]. **2.** ***a.*** **Avoir le feu au cul,** 1690 [Furetière]; **aux fesses,** 1933, M. Aymé [TLF] ; **quelque part,** 1901, E. Rimbault ; ***b.*** 1864 [Delvau]. **3.** 1977 [Caradec].

feuille *n.f.*

1. Oreille: *J'vais vous raconter ça pendant qu'y a personne. Ouvrez vos feuilles* (Fallet, 1). **Feuille de chou,** grande oreille. **Dur de la feuille,** (RARE) **constipé des feuilles,** plus ou moins sourd: *On l'a baptisé « la Feuille », parce qu'il est sourdingue. – Il est dur de la feuille, dit Tréguier* (Le Breton, 6). **Glisser dans la** ou **les feuilles,** confier un secret. **2. Feuille de chou.** ***a.*** journal ou écrit médiocre: *Vendredi matin, les délégués ont longuement épluché le projet d'accord et, disent-ils, au vu de ce texte, la « feuille de chou », c'est-à-dire la convention collective, va faire un bond* (Le Guilledoux, *le Monde*, 9 novembre 1997). *Il avait sa pipe en porcelaine peinturlurée, pour singer l'ami Fritz, sa feuille de chou locale, il allait pouvoir digérer peinardement sa brioche* (Coatmeur); ***b.*** forçat à bonnet vert: *Les bonnets verts, autrement appelés feuilles de chou, c'est-à-dire les condamnés à perpétuité* (Humbert) ; ***c.*** guêtre en drap. **3. Voir, regarder la feuille à l'envers,** coïter dans un cadre champêtre : *Manger seul – voyez-vous – me semble aussi pervers / Que d'aller voir tout seul les feuilles à l'envers* (Ponchon). *Elle donnait une envie de bords de Marne, de canotage, de champs de fleurs, de propreté. Une fille à se rouler dans l'herbe avec et à regarder la feuille à l'envers* (Le Breton, 3). Vx. **Feuille de sauge,** vulve. **4. Feuille de rose,** anilinctus: *Un frais vagin, c'est autre chose / On l'suce on lui fait mille horreurs / Puis on finit par feuille de rose / Que c'est comme un bouquet de fleurs* (Plaisir des dieux). **5. Feuille morte,** boisson composée d'anis, de menthe et de grenadine.

ETYM. emplois métaphoriques et emphatiques du nom usuel. **1.** abrègement de **feuille de chou.** 1867 [Delvau]. **Dur de la feuille,** 1928 [Esnault] ; **constipé des feuilles,** 1977 [Caradec]. **Glisser dans la feuille,** 1953 [Sandry-Carrère]. **2.** ***a.*** 1860, Goncourt [TLF] ; ***b.*** 1872 [Esnault] ; ***c.*** 1879 [Larchey]. **3.** 1690 [Furetière]. **Feuille de sauge,** 1801 [Bruant]. **4.** 1881 [Rigaud]. **5.** 1975 [Beauvais].

feuj *adj. et n.*

Juif : *Lorsque Kader découvre qu'il est au lit avec une « feuj », il l'embrasse sans autre forme de procès* (*Libération*, 30 avril 1985). *Diego, il est allé voir les commerçants du coin ce matin, des feujs et des beurs* (Reboux).

ETYM. verlan de **juif.** Répandu dans les années 1980.

fiaque ou **fiacre** *n.m.*

Vx. Postérieur : *Monsieur veut être vidé à coups de pompe dans le fiacre ?* (Fauchet). **Se grouiller le fiaque,** se hâter. **En avoir plein le fiacre,** être excédé.

ETYM. déverbal du mot dial. et onomatopéique du nord-ouest de la France **fiaquer,** déféquer. vers 1883 [Esnault]. **Se grouiller le fiaque** et **en avoir plein le fiacre,** 1902 [id.].

fias ou **fiasse** *n.m.*

1. Vx. Camarade : *Le curieux n'a trouvé que le sac et pour ce qui est de nous donner, c'est un vieux fiasse ! S'il est sapé, on l'aidera* (Rosny).

2. Individu quelconque : *Avec ce genre de fias, il était difficile de démêler les intentions* (Simonin, 1). **Sale fiasse, bon fiasse,** triste individu, brave type.
ETYM. du wallon **fiase,** gendre, ou var. de **fio, fieu,** fils, enfant. **1.** 1879 [Esnault]. **2.** 1901 [Bruant].

fiasc ou **fiasque** *n.m.*
Échec, insuccès.
ETYM. abrègement et francisation de **fiasco.** 1882 [Chautard], encore chez Caradec.

fiasquer *v.i.* → FLASQUER.

fiasse *n.f.*
Fille, femme (terme de mépris) : *Sacré Bernard, va ! Heureusement que les potes valent bien dix mille francs, et toutes les fiasses du monde* (Fallet, 1).
ETYM. de **fillasse,** dér. péj. de **fille.** vers 1860 [Cellard-Rey].

ficelé, e *adj.*
1. Habillé, en parlant d'une personne. **2.** Arrangé, conduit, en parlant d'une affaire, d'une entreprise.
ETYM. emplois métaphoriques du verbe **ficeler. 1.** 1830, Levasseur [Enckell]. **2.** 1844 [Esnault]; sens devenu fam.

ficeler *v.t.*
Soumettre à une filature : *Il ne m'a pas ficelé parce que je l'ai servi. Je suis un coquin, mais j'en ai assez* (Merlet).
ETYM. de **ficelle** au sens 4. 1878 [Rigaud].

ficelle *n.f.*
1. ARG. ANC. Chaîne de fer : *Les uns allèrent étendre dans un coin de la cour les longues chaînes qu'ils nommaient dans leur argot les ficelles* (Hugo). **2.** Menottes ; courroie liant les mains d'un prisonnier : *Pour les gens qui croient aux remords, c'était bien une présomption d'innocence, mais pour les gens qui ne croient qu'aux ficelles...* (Vidocq). **3.** Galon : *Mon capitaine ! [...] – Je t'ai attendu pour fêter ça... Oui, ils me l'ont tout de même donnée, ma ficelle* (Vercel). **La course à la ficelle,** les ambitions militaires. **4. Pousser de la ficelle,** prendre en filature policière. **5. Casser, couper la** ou **sa ficelle.** ***a.*** s'évader ; ***b.*** divorcer.
◆ *adj.*
Être ficelle, être malin, rusé : *Ne jouons pas à la plus ficelle, hein, Mirza !* (Rosny jeune). *Il devait être plus ficelle que ne laissait supposer l'humilité de ses manières* (Malet, 15).
ETYM. emplois spécialisés et ironiques du nom usuel. **1.** 1829, Hugo. **2.** 1828, Vidocq. **3.** 1895 [Esnault]. **Course à la ficelle,** 1918 [id.]. **4.** 1901 [Rossignol]. **5.** ***a.*** 1867 [Delvau] ; ***b.*** 1901 [Bruant].
◆ *adj.* issu de **(tirer les) ficelles** (art des marionnettistes). 1808 [d'Hautel].

fichaise *n.f.*
Syn. euphémique de foutaise : *Est-ce que par hasard tu aimerais cette femme ? Fichaises, écrivain ! Est-ce qu'on aime ce qu'on a inventé ?* (Vautrin, 2).
ETYM. de **fiche(r)** et du suff. **-aise.** 1756, Vadé [Larchey].

fichant, e *adj.*
Ennuyeux, pénible : *C'est-il fichant, tout de même, comme la vie vous change !* (Daudet).
ETYM. de **ficher (un coup).** avant 1857, Sue [Larchey].

ficher ou **fiche** *v.t.*
Syn. euphémique de foutre : *On peut se ficher de son patron et tenir à sa place, fait remarquer le concierge* (Chavette). *C'est une femme qui vient de se fiche à l'eau* (Daudet). **Ficher le camp,** partir rapidement ; se dégrader, en parlant d'une chose : *Allons, fichez-moi le camp ! Au trot et plus vite que ça* (Boussenard). *Mieux vaut que tu ne remettes plus les pieds à Ménilmontant puisque tout fiche le camp !* (Lépidis).
ETYM. même mot que **ficher,** enfoncer, dér. du lat. class. **figere,** même sens. *ficher* 1628 [Chéreau], au sens de « donner » ; ce verbe vieilli s'emploie parallèlement à *foutre ; fiche* 1874, Daudet. **Ficher le camp,** 1754, Vadé [Duneton-Claval].

fichets *n.m.pl.*
Menottes.
ETYM. sans doute du nom d'Alexandre **Fichet,** célèbre serrurier et fabricant de coffres, mort à Paris en 1862. 1953 [Sandry-Carrère], mais probablement bien antérieur.

fichu, e *adj.*
Variante euphémique de foutu dans tous ses emplois : *Le médecin s'agenouilla près d'Horace, l'examina rapidement avant d'énoncer, laconique : « Pratiquement fichu ! On va faire l'impossible... »* (Ropp). *Jamais je n'ai*

trouvé l'Arc de Triomphe aussi bien fichu ! Éloquent dans son silence de pierre ! (Murelli). *Je n'en menais pas large. Qui sait, il était bien fichu de tirer !* (Jamet).

ETYM. participe passé déviant de **ficher.** 1808 [d'Hautel] ; *pas fichu de* 1829, Monnier.

fièvre *n.f.*

1. ARG. ANC. **Fièvre chaude,** détention du prévenu qui encourt une peine sévère : *J'ai bien peur qu'il ne s'en relève pas de sitôt, il a une fièvre chaude* (Vidocq). **Fièvre cérébrale,** inculpation pouvant entraîner la condamnation à mort : *Barbillon a une peur de chien d'avoir une fièvre cérébrale* (Sue). **2. Fièvre de Bercy,** ivresse ; goût prononcé pour le vin : *On avait apporté quelques litres aussi, / Car le bonhomme avait la fièvre de Bercy* (Brassens).

ETYM. emplois euphémiques et d'un humour noir. **1. Fièvre chaude,** 1829, Vidocq. **Fièvre cérébrale,** 1836 [id.]. Il n'est pas rare que la détention soit assimilée à une maladie et la libération au fait d'être guéri. **2.** 1969, Brassens. Bercy a été jusque dans les années 1960 le port et le marché aux vins de Paris.

fiévreux, euse *adj. et n.*

Fou, dément. **Aux** ou **chez les fiévreux,** à l'asile psychiatrique.

ETYM. emploi métonymique et euphémique : la manifestation physiologique pour la cause mentale. 1975 [Le Breton].

1. fifi *n.m.*

Membre des Forces françaises de l'intérieur : *Figure-toi qu'un fifi, poursuivi par les Boches, s'était réfugié ici !* (Galtier-Boissière, 1).

ETYM. redoublement avec jeu phonétique sur le sigle **FFI** (Forces françaises de l'intérieur). 1944 [Esnault].

2. fifi *n.m.*

Vx. Vidangeur.

ETYM. origine peu claire. 1867 [Delvau].

fifine *n.f.*

Éponge ou serviette hygiénique pour femmes. **Fifine est saoûle,** ma serviette a besoin d'être changée.

ETYM. origine peu claire, p.-ê. dér. de **fifi,** petit oiseau, ou du petit nom de **Joséphine.** 1928 [Lacassagne].

fifre *n.m.*

1. Liard, sou : *Ça m'étonnait plus beaucoup qu'on aye jamais un fifre d'avance...* (Céline, 5). **2. Que fifre** ou **fifre,** rien du tout : *Seulement son Teilhard de Chardin, il pouvait se le gaver tout seul, j'y pigeais que fifre* (Boudard, 5). *Des châsses, le Suédois balaya la rue. Fifre. Calme complet* (Le Breton, 2). **3. Pour fifre.** ***a.*** en vain : *Les poulets avaient tout tenté. Filatures et tout le bordel. Pour fifre. Le Blond était courageux, méfiant et intelligent* (Le Breton, 1) ; ***b.*** gratuitement.

ETYM. apocope de **fifrelin. 1.** 1918, P.-J. Toulet [TLF]. **2** et **3.** 1953, Le Breton.

fifrelin *n.m.*

Chose sans valeur ; monnaie insignifiante (le plus souvent dans un contexte négatif) : *Et les Fritz ici, et la misère générale, pas le moment d'espérer un fifrelin* (Yonnet). *Je suis repassée à ma banque et miracle, j'ai encore quelques fifrelins* (Granotier).

ETYM. de l'all. **Pfifferling,** girolle. « objet sans valeur » 1821 [Esnault] ; « monnaie » 1867 [Delvau].

fifty-fifty ou **fifti-fifti** *adv.*

Moitié-moitié : *Bonape s'occuperait de l'achat, du transport, de la vente. Les bénéfices seraient partagés fifty-fifty* (Viard).

ETYM. emprunt à l'angl., « partagé cinquante cinquante ». 1901 [Cellard-Rey]. Ce mot est moins vieilli que son synonyme *afanaf.*

Figaro *n.pr.*

Vx. Consommateur qui ne donne pas de pourboire. **Faire Figaro,** ne pas recevoir de pourboire, en parlant d'un garçon de café.

ETYM. emploi spécialisé du nom propre. 1901 [Bruant]. **Faire Figaro,** 1953 [Sandry-Carrère].

figé *n.m.*

Juge d'assises : *Il revenait de la Cour d'Assises depuis quelques instants, le verdict avait été prononcé fort tard : les figés avaient collé dix ans de réclusion à Riboneau* (Allain-Souvestre).

ETYM. emploi métonymique, référant à l'impassibilité du personnage. 1887, Hogier-Grison [Esnault].

fignard, fignon ou **figne** *n.m.*

1. Anus, postérieur : *Il affirme que* [...] *les gens qui répudient l'idée même de la guerre sont*

dépourvus de coïllons au figne (Yonnet). **Donner** ou **lâcher du figne,** être homosexuel passif. **2.** Niais. **3.** Fille de bas étage.

ETYM. d'origine obscure, ce mot se combine également avec *trou,* pour donner *troufignon, troufignard,* de même sens (→ TROUFION). **1.** *fignard* 1847 [Dict. nain] ; *figne* 1881 [Esnault];*fignon* 1898 [id.]. **Donner** ou **lâcher du figne,** 1970 [Boudard-Étienne]. **2.** 1891 [Esnault]. **3.** vers 1900 [id.].

VAR. très nombreuses au sens 1. **fignarès:** 1935 [Esnault]. **fignedé:** 1883 [id.]. **fignedarès:** 1891 [id.]. **fignoton :** 1894 [id.]. **fignolet :** 1901 [Bruant]. **fignoleau** au sens 2: [id.].

figue *n.f.*

1. Vulve : *Les messieurs pouvaient se tremper l'asperge dans la préparation de leur choix et les dames s'emplir la figue de leur boisson favorite. Il était très fier de sa panoplie érotique « de luxe »* (Bernheim-Cardot). **2.** Testicule (généralement au pl.). **Avoir les figues molles,** ne pas éprouver de désir sexuel. **3. Des figues,** peu de chose : *Tu gueules pour des figues ; / Au lieu de t'esquinter, laisse opérer mézigue* (Marcus). SYN. dattes, nèfles, prunes.

ETYM. métaphore très ancienne au sens 1 (dès Aristophane) ; du grec **sukon,** par l'ital. **fica,** vulve. **1.** 1864 [Delvau]. **2.** 1931, Giono [TLF]. **Avoir les figues molles,** 1977 [Caradec]. **3.** 1947, Marcus.

figurant *n.m.*

Cadavre (à la morgue) : [À la Morgue, la foule inspecte] *les tableaux où s'étalent, timbrées, les photographies d'anciens figurants restés inconnus* (Méténier).

ETYM. emploi ironique du nom usuel: le cadavre, comme le figurant, ne parle pas. 1883 [Fustier].

figure *n.f.*

1. Individu, dans les tours **ma figure, ta figure,** moi, toi. **2.** Vx. Compère qui joue un rôle décisif dans certains vols. **Tomber en figure,** entrer en scène pour une opération de ce type.

ETYM. emploi métonymique du mot usuel. **1.** 1866 [Delvau]. **2.** 1836 [Vidocq]. **Tomber en figure,** 1850, Clémens.

figurer *v.i.*

1. Être assez en fonds pour faire face aux hasards du jeu. **2.** Vx. Être attaché au poteau d'exposition avec le carcan. **3.** Vx. Jouer le rôle de l'Américain, dans le vol dit « au charriage ».

ETYM. de **figure** au sens théâtral de parade. **1.** 1952 [Esnault]. **2.** 1827 [Demoraine]. **3.** 1836 [Vidocq].

fil *n.m.*

1. Ligne d'arrivée, aux courses : *Être coiffé sur le fil.* **2.** Filature policière. **Faire qqn au fil,** l'arrêter à la suite d'une filature. **3.** Vx. **Avoir le fil,** être habile à ourdir une entreprise délictueuse : *Personne n'était plus habile à moucharder les femmes ou à les tenter par l'appât des colifichets et des ajustements : elle avait ce qu'on appelait le « fil » au suprême degré* (Vidocq). **Être au fil,** comprendre l'affaire en question. **4.** Aux cartes, action d'annuler frauduleusement la coupe. SYN. filage. **5.** VIEILLI. Coup de téléphone : *De Boulogne à Ostende, ça fait pas quatre-vingts bornes et tu roules vite. J'attends ton fil pour dans une heure au plus tard* (Viard). **6.** Vx. Boisson alcoolique. **Fil en double,** vin. **Fil en trois** ou **en quatre,** eau-de-vie : *On entre chez un marchand de fil en trois pour voir ce que c'est* (Paillet). **7. Glisser, lâcher un fil, un filet,** uriner, en parlant d'un homme : *En fouillant rasoir, blaireau et brosse à dents, il lâche [...] un dernier fil dans le broc à eau en émail* (Simonin, 8).

ETYM. emplois spécialisés du mot usuel, avec souvent l'idée de ligne directrice. **1.** 1955 [Esnault]. **2.** 1867 [id.]. **Faire qqn au fil,** 1928 [id.]. **3.** 1798, Orgères (allusion au fil du rasoir). **Être au fil,** 1899 [Nouguier]. **4.** 1928 [Esnault]. **5.** 1969, Viard. **6. Fil en double** et **en quatre,** 1827 [Demoraine] ; **fil en trois,** 1808 [d'Hautel]. **7. Lâcher un fil,** 1901 [Bruant].

filante *adj.f. et n.f.* → ÉTOILE.

filer *v.t.*

1. Aux jeux, miser avec méthode. **Filer la carte,** l'escamoter en en donnant une autre à la place. **Filer la comète,** payer. **2. Filer le rondin, la mousse,** (vx) **du prois,** déféquer. **3. Filer le train à qqn** ou **filer qqn au train,** le suivre en l'épiant et en se cachant de lui, soit dans un dessein délictueux (ou érotique), soit (plus souvent) en tant que policier : *Rien que de le voir avec vous, ça a suffi aux perdreaux pour vous filer le train* (Trignol). **4.** Vx. Passer (du temps) ;

purger (une peine). **Filer la sorgue, la comète, la cloche,** passer la nuit dehors : *J'étais fatigué de filer la comète, j'en avais assez de la belle, je me suis fait barbe !* (Méténier). *V'là qu'au lieur ed'filer la cloche / La nuit, avec un tas d'maqu'reaux [...] / Ej' demeure aux Arts libéraux* (Bruant). **5.** Équivaut à des verbes exprimant la direction, le mouvement (donner, mettre, jeter, envoyer) : *Comme elle ne voulait pas s'occuper des questions d'argent, Loulou me filait du liquide chaque semaine pour que je règle à sa place* (Pousse). *Elle a tendu la main. Je lui ai filé une thune* (Bénoziglio). *Papa, énervé à force, lui fila une beigne, ce qui le fit comme d'habitude rigoler* (Rochefort). *Le soir, si tu es gentil avec le chef de table, il te filera du rab de frites* (Sarraute). **Filer une avoine, une danse, une pâtée, une trempe,** etc., corriger sévèrement : *Une fois qu'elle avait eu filé la trempe à Anna, cette pourriture s'était tirée* (Carco, 3). **Filer en l'air,** tuer : *Sans le petit qu'a pas voulu qu'j'aille à ma table de nuit, vous étiez bons, je vous filais en l'air, j'avais mon browning dans le tiroir* (Carco, 1). SYN. mettre en l'air. Vx. **Filer son câble par le bout** ou **filer son nœud,** s'enfuir ; mourir. **6.** Vendre en cachette (de la drogue) : *José Dios filait de la coke dans la rue à Belleville* (*Libération,* 20 février 1980). **7. Filer du chouette** ou **en filer,** être homosexuel passif.

◆ *v.i.*

S'esquiver, s'enfuir : *La prime, ils s'en rendaient compte, venait de leur filer sous le nez* (Héléna, 1).

◆ **se filer** *v.pr.*

S'introduire, se glisser. **Se filer dans les toiles,** se coucher.

ETYM. emplois spécialisés de ce verbe très polysémique. **1.** 1886, Hogier-Grison, mais dès 1690, Dancourt [Esnault]. **Filer la comète** (anc. nom de la manille aux cartes), 1888 [Chautard]. **2. Filer le rondin,** 1800, Leclair ; **la mousse,** 1827 [Demoraine] ; **du prois,** 1596, Péchon de Ruby. **3.** absol., 1815, *Chanson de Winter.* **Filer le train à qqn,** 1928 [Lacassagne] ; **filer qqn au train,** 1950 [Esnault]. **4.** 1872 [id.]. **5.** 1835 [id.]. **Filer une trempe,** 1936, Céline. **Filer en l'air,** 1927, Carco. **Filer son câble** et **son nœud,** 1867 [Delvau], arg. des marins. **6.** 1980, *Libération.* **7.** 1957 [PSI].
◆ *v.i.* de **filer (la venelle),** prendre la fuite (par une petite rue) : 1650, Rouen. 1754, poissard [Esnault] (est passé dans l'usage courant).
◆ *v.pr.* 1901 [Bruant].

filetouze *n.m.*

Filet à provisions.

ETYM. resuffixation arg. de **filet.** 1953 [Sandry-Carrère].

VAR. **fil'touse :** 1952 [Esnault].

fileur *n.m.*

1. Individu qui en file un autre. **2. Fileur de gagnant,** celui qui cherche à obtenir des renseignements auprès des turfistes chanceux. **3.** Manieur de cartes expert en filages et autres substitutions. **4. Fileur de comète,** vagabond : *Entre les pyramides de choux, de salades, de carottes et de cageots odorants, les fileurs de comètes ne manquaient pas* (Malet, 1).

ETYM. de **filer. 1.** 1829 [Forban]. **2.** 1960 [Le Breton]. **3.** 1866 [Esnault]. **4.** 1894 [Virmaître].

fileuse *n.f.*

1. Celui ou celle qui indique à un malfaiteur un coup à faire. **2.** Vx. Témoin accidentel d'un vol ou d'une escroquerie, qui demande et obtient sa part du butin. (On rencontre aussi ce sens au masc.) **3.** Vx. Au bagne de Cayenne, pirogue indigène recherchée pour les évasions.

ETYM. de **filer. 1.** 1935 [Esnault]. **2.** 1836 [Vidocq]. **3.** 1921 [Esnault].

filin *n.m.*

Appel téléphonique : *Je ne vous surcharge pas avec son numéro, il y a des annuaires dehors ; donc, si vous voulez envoyer un petit filin chez lui, il transmettra* (Sarrazin, 2).

ETYM. de **coup de fil.** 1965, Sarrazin.

fillasse *n.f.*

PÉJ. Fille vulgaire se livrant à la prostitution : *Des mômes ! Je ne vois guère que des fillasses. Ces gueules fardées, ces cheveux ramenés en oreilles de chien, tout cela pue la basse prostitution* (Lorrain).

ETYM. de **fille** et du suff. péj. **-asse.** 1881 [Rigaud].

fille *n.f.*

Prostituée : *Des filles au foulard hurlant leur univers / S'en allaient doucement drapées de ma tendresse* (Ferré). Vx. **Fille d'amour, de joie, fille publique, soumise, fille à parties, à passe, fille de marbre, de plâtre** ou **de vie,** prostituée exploitée soit par un tenancier de maison close, soit par une autre fille, soit par un proxénète déjà pourvu : *Les rafles... les fouilles pour trouver de la drogue*

plutôt que des filles de joie (Boudard, 2). *La rafle n'était qu'une des prérogatives du vent aigu qui faisait tourner les filles admirablement qualifiées de soumises* (Mac Orlan, 6).
ETYM. emploi spécialisé. vers 1810, Stendhal [TLF]. **Fille d'amour,** 1836 [Vidocq] ; **de joie,** 1389 [TLF]; **publique,** 1771, Trévoux [TLF]; **soumise,** 1829 [Forçat] ; **à parties,** avant 1862 [Larchey]; **de vie,** 1943, Van der Meersch.

filochard, e *adj. et n.*

VIEILLI. Débrouillard.
ETYM. de **filocher.** Mot popularisé vers 1910 comme nom propre par Forton, dans *les Pieds nickelés.*

1. filoche *n.f.*

Filature : *C'est ainsi que l'inspecteur Boithias, le benjamin de la brigade, fut désigné pour la plus longue filoche de sa carrière* (Larue). *Ce n'est pas une situation pour vous; vous ne devez œuvrer que dans la filoche de femmes infidèles et vous vous retrouvez dans une histoire de série noire !* (ADG, 7).
ETYM. suffixation arg. de **filature.** 1951 [Esnault].
VAR. **filochage** *n.m.* : 1899 [Nouguier].

2. filoche *n.f.*

Vx. Bourse : *Il faut absolument que je lui grinchisse sa filoche* (Ansiaume). *Tunes, filoche, tout lui est chouette* [à cette voleuse à la tire] (Clémens). **Filoche à jeun,** bourse vide.
ETYM. resuffixation arg. de **filet.** 1821 [Ansiaume]. **Filoche à jeun,** 1836 [Vidocq].

filocher *v.t.*

1. Étudier de très près (une entreprise délictueuse). **2.** Prendre qqn en filature : *Je gardais un œil sur le rétroviseur, mais si quelqu'un me filochait, c'était un expert* (Pagan). *Les deux hommes furent repérés en pleine action, « filochés », selon l'expression de l'argot policier, et finalement interpellés en flagrant délit* (*le Monde,* 18 octobre 1987). **Filocher le train à qqn,** même sens : *Mutter filochait le train derrière lui... J'ai sifflé... tu sais comment pour le signal* (Mac Orlan, 9). **3.** Passer du temps (à faire qqch).
◆ *v.i.*
1. Se débrouiller égoïstement. SYN. se défiler.
2. Se déplacer rapidement, courir, s'enfuir : *J'ai pas écouté la suite... J'ai filoché dans le Passage... et puis dans la rue au pas de course* (Céline, 5).
ETYM. de **filer** et du suff. pop. **-oche. 1.** 1885 [Esnault]. **2.** 1899 [Nouguier]. **3.** 1947 [Esnault].
◆ *v.i.* **1.** 1916, Barbusse [TLF], usité au bagne vers 1929 [Esnault]. **2.** 1921 [id.].

filocheur *n.m.*

1. Homme qui prend qqn en filature : *L'impression soudaine d'avoir un flic à mon cul. Un filocheur expert de la XXe Brigade territoriale* (Boudard, 1). **2.** Homme qui profite égoïstement de la situation.
ETYM. de **filocher. 1.** 1899 [Nouguier]. **2.** 1916 [Esnault].

1. fin *adv.*

Complètement (sert à former des superlatifs) : *Il est fin fou, ce mec. Elle était fin soûle l'autre soir.*
ETYM. emploi pop. de l'adj. comme adverbe d'intensité. *tout fin neuf* 1640 [Oudin].

2. fin *n.f.*

Fin de mois, prostituée occasionnelle : *Les occasionnelles, les fins de mois se confessent dans les magazines féminins. Ça banalise le métier* (Boudard, 2).
ETYM. celle qui se prostitue pour boucler son budget mensuel. 1977 [Caradec].

finette *n.f.*

Vx. Poche spéciale du tricheur aux cartes : *Il a sous son habit, au dos de son pantalon, une poche dite finette dans laquelle il place les cartes non biseautées qu'il doit substituer aux siennes dans la maison où il joue* (Claude).
ETYM. de **fin** et du suff. diminutif **-ette.** vers 1880, Claude.

finir *v.t.*

Achever, tuer : *Comme il bougeait encore, ils l'ont fini à coups de tatane avant de le balancer au jus.*
◆ **se finir** *v.pr.*
1. Achever de s'enivrer : *Pour terminer en beauté, on s'est finis au calva.* **2. Se finir (à la main),** achever par la masturbation une relation sexuelle interrompue : *Non ça c'est pas chouette tout d'même / Ça qu'il a dû s'finir soi-même!* (Plaisir des dieux). *Ces femmes qui se finissaient en catimini dès que le mari s'était rendormi sur le flanc gauche* (Guérin).
ETYM. emplois humains du verbe usuel. 1936, Céline.
◆ *v.pr.* **1.** contemporain. **2.** vers 1850, Monnier [Doillon].

fiole *n.f.*

1. Vx. Bouteille de vin. **Grinchir à la fiole,** voler en usant de narcotique (datura). **2.** Visage : *Celle qui a balancé une tarte à la crème en pleine fiole du prince Charles ne l'a pas raté* (*Libération*, 28 décembre 1983). **3.** Tête : *J'ai bien envie de me casser la fiole, une fois pour toutes, moi aussi* (Dégaudenzi). **Foutre sur la fiole à qqn,** le battre : *Une fille qui s'amuse à ce petit jeu, y a qu'un remède : lui foutre sur la fiole ; elle finit toujours par comprendre* (Fallet, 1). **4.** La personne elle-même : *Car, pour ce qui est de ma fiole, / Je doute fort que vous puissiez, / Prestidigitatrice blonde, / Malgré le Diable et ses huissiers, / M'escamoter une seconde* (Ponchon).

◆ **fioles** *n.f.pl.*
Vx. Souliers.

ETYM. métaphore assez courante pour la tête (→ CARAFE). **1.** 1862 [Larchey]. **Grinchir à la fiole,** vers 1840 [Esnault]. **2.** 1848 [Pierre]. **3.** 1866 [Delvau]. **4.** *ma fiole* moi, 1867 [Delvau], art. *mézigo*.
◆ *pl.* 1835 [Raspail].

DER. **fioler** *v.t.* **1.** Dévisager : 1881 [Rigaud]. **2.** Boire : 1808 [d'Hautel]. **fioleur** *n.m.* Ivrogne : 1867 [Delvau].

1. fion *n.m.*

1. Postérieur ; anus : *Allez, Jo, lui lança-t-elle, jusqu'au fion tu me l'enfonces ta chanson* (Lépidis). **Se casser le fion,** se donner du mal : *Ça fait des lustres qu'il se casse le fion à faire un canard potable* (*Libération*, 20 janvier 1984). **2.** Chance : *Loulou s'était penché vers eux, les yeux extasiés : « Il a du fion, le gars ! »* (Dominique). **3.** Individu méprisable : *On serait de la viande à claques, des meulards et des fions !* (Rosny). SYN. fignard.

ETYM. origine inconnue (→ FIGNON). **1.** 1880 [Chautard]. **2.** 1925 [Esnault]. **3.** 1913 [id.].

2. fion *n.m.*

Coup de fion, dernière touche donnée à un ouvrage quelconque : *Marceau s'était retrouvé seul, avec envie d'appeler le copain Francis pour passer le coup de fion là-dessus* (Amila, 1). *On donnait alors un coup de fion aux paquetages* (Gibeau).

ETYM. origine obscure, p.-ê. onomatopéique. 1783, Mercier [Larchey].

DER. **fionner** *v.t.* Donner la dernière touche (à un ouvrage) et **fionneur** *n.m.* Individu qui affecte un air élégant : 1862 [Larchey].

fiotte *n.f.*

1. Homosexuel (désignation très méprisante de « celui qui n'est pas un homme ») : *Grosse fiotte, dit Turandot. Si tu te crois raisonnable avec ta jupette. – Laisse-le tranquille, dit Gabriel, c'est son instrument de travail* (Queneau, 1). **2.** Homme quelconque (souvent terme d'injure) : *Venez me chercher, bande de fiottes, si vous avez quelque chose dans votre froc* (Trignol).

ETYM. contraction du franc-comtois **fillotte,** petite fille, employé par dérision. **1.** 1879 [Chautard]. **2.** 1936, Céline.

fiscaille *n.f.*

Ficelle.

ETYM. resuffixation arg. de **ficelle.** 1975 [Le Breton].

fissa *adv. et interj.*

Vite, souvent dans la loc. **faire fissa :** *Il valait mieux faire fissa. Tant pis pour les précautions d'usage. Ils marchaient droit au cordeau Bickford pour le rallumer* (Audouard). *Allez ! Demi-tour, vaurien ! Et fissa !* (Gibeau).

ETYM. de l'arabe **fi's-sā'a,** à l'instant, vite ; de **fi,** dans, et **sā'a,** moment. avant 1870 [Esnault].

fissure *n.f.*

1. Avoir une fissure, être un peu fou. **2. Mastiquer une fissure,** étonner.

ETYM. emploi métaphorique : par la fissure s'échappe l'esprit. **1.** 1872 [Larchey]. **2.** 1920 [Bauche]. à rapprocher de *en boucher un coin*.

fistule *n.f.*

Avoir de la fistule, être chanceux.

ETYM. emploi métaphorique du mot médical, « canal d'écoulement » (souvent dans la pathologie de l'anus). 1928 [Esnault].

fixe ou **fix** *n.m.*

Piqûre de drogue (génér. d'héroïne) : *Les adeptes du « fixe » sont largement majoritaires, 22 % seulement des recensés lui préférant le « sniff »* (*Libération*, 8 mai 1985). SYN. shoot.

ETYM. emprunt direct à l'angl. **fix.** 1971, Duchaussoy.

fixer (se) *v.pr.*

Se faire une piqûre de drogue : *On ne se « fixe » plus pour une bouchée de pain, le besoin absolu d'acheter sa dose au prix fort a changé*

le climat: vol, meurtre, prostitution (*le Monde*, 14 août 1979). SYN. se shooter.
ETYM. emploi métaphorique du verbe usuel: la seringue fixe le drogué sur son trip. 1975 [Beauvais].

flac *adv.*
(Il) y en a flac, il y en a assez.
ETYM. p.-ê. de l'anc. fr. **flac,** épuisé, ou onomatopée simulant la défécation. 1921 [Cellard-Rey].

flacdal ou **flaquedalle** *n.m.*
1. Individu mou, imbécile. **2.** Défécation: *Aller à flacdal.* **3.** Misère.
ETYM. de **flaquer,** avec influence de **flasque** au sens 1. **1.** 1901 [Bruant]. **2.** 1894 [Virmaître]. **3.** 1908, chanson [Esnault].
DER. **Flacmann** *n.pr.* **Aller chez Flacmann,** déféquer: 1901 [Bruant].

flacon *n.m.*
1. Avoir, prendre du flacon, être âgé, vieillir: *Par certains traits, la façon de se fringuer, elle lui rappelle avec un peu plus de flacon la môme Marguerite* (Simonin, 5). SYN. bouteille. **2. Déboucher les flacons,** ôter ses chaussettes ou ses chaussures, ses bottes: *V'là qu'Paul fait mine / D'ôter ses bottines / J'dis: nous étouff'rons / Si tu débouch's tes flacons* (chanson *À l'Exposition*, paroles de E. Rimbault et R. de la Croix-Rouge).
ETYM. emplois métaphoriques et pittoresques. **1.** 1953 [Sandry-Carrère]. **2.** 1867 [Delvau].

flacul ou **flacu** *n.m.*
Vx. Sac (qui contient de l'argent): *On a beau battre l'antifle, le flacul fait pas ses frais* (Méténier).
ETYM. de **flac**, même sens (origine inconnue). 1836 [Vidocq].

flaflas *n.m.pl.*
Manières affectées: *Non, moi tous ces chichis, ces flaflas… Ils t'en foutent plein la vue et finalement c'est toujours dans ceux-là que tu bouffes le plus mal* (Duvert). SYN. magnes.
ETYM. origine incertaine ; redoublement de la syllabe **fla,** qui correspond souvent à une idée d'enflure. 1830, F. Letellier [TLF]. Auj. plus fam. qu'argotique.

flag *n.m.*
1. Flagrant délit: *Les inspecteurs de la Volante […] voués par définition à se déplacer sans cible précise, peuvent opérer aussi bien « en flag' » que sur commission rogatoire* (Larue). **2.** (génér. au pl.) Tribunal correctionnel où sont jugés les flagrants délits: *Clientèles pour les flags, qu'on appelle maintenant « saisines directes », mais qui envoient toujours au trou pour six mois ferme avant qu'on ait eu le temps d'ouvrir la bouche* (Demouzon). *Qu'est-ce que tu croyais? Que j'allais te relarguer? Et le coup du calibre, alors ? Tu descends, mon pote, tu descends ! Tu passeras en flag demain pour port d'armes* (Le Breton, 3).
ETYM. apocope de **flagrant (délit). 1.** *flag* ou *flagr* (rare) 1935 [Esnault]. **2.** 1954, Le Breton.
VAR. **flagre:** 1955, Simonin.

flagada *adj. inv.*
Fatigué : *Il se sentit si flagada qu'il chuta au pied d'une muraille et qu'il se mit à en écraser* (Devaux) ; sans force, en mauvaise santé : *On y mange de nouveaux champignons hallucinogènes, meurtriers pour les personnalités un peu flagada* (*le Monde*, 14 août 1979).
ETYM. de **flaquer,** avec influence de la famille de **flasque.** 1936 [Esnault]. A été employé comme interj. au sens de « merde ! » (1917 [Esnault]) et a désigné au bagne les latrines (1929 [id.]).
VAR. **fladaga:** 1938 [id.]. **flâ:** 1900, Colette [TLF].

flagda *n.m.*
Haricot: *Je fais honneur au gigot… aux flagdas… à tous les fromages* (Boudard, 6).
ETYM. resuffixation arg. de **flageolet.** 1962, Boudard.

flagellant *n.m.*
Pervers sexuel adepte de la flagellation: *Les flagellants trouvaient toujours dans ces taules de quoi s'amuser. On y prenait des petites fessées pour ceux qui recherchaient leur enfance* (Boudard, 2).
ETYM. participe présent substantivé de **flageller.** 1986, Boudard.

flagelle *n.f.*
Flagellation érotique : *Son truc, c'est la flagelle. Tout nu avec un bonnet d'âne sur la tête, se faisant du cinéma pour s'imaginer qu'il est redevenu un tout petit garçon, et une belle fille simplement habillée de hautes bottes noires qui lui donne du fouet* (Braun).
ETYM. déverbal de **flageller** ou apocope de **flagellation.** 1948 [Lacassagne].

flageolet *n.m.*

1. Pénis. **Avoir le flageolet à la portière,** être en érection. **Se faire souffler dans le flageolet,** se prêter à une fellation. **2.** Clitoris.

◆ **flageolets** *n.m.pl.*

Vx. Jambes maigres.

ETYM. analogie de forme (?) et jeu de mots sur les sens « légume » et « flûte ». **1.** XVIIe s., Théophile de Viau [Delvau] ; 1953 [Sandry-Carrère] (pour les loc.). **2.** 1901 [Bruant].

◆ *pl.* 1808 [d'Hautel].

flahute ou **flahut** *n.m.*

Flamand ou dunkerquois : *Cette coursette que lui donnaient Tomate et son pote l'arrangeait pas le flahut* (Simonin, 1).

◆ **flahutes** *n.m.pl.*

Coureurs cyclistes belges.

ETYM. de **flaütes,** forme nordique de **flûtes,** jambes. 1900 [Esnault].

◆ *pl.* 1953 [Sandry-Carrère].

flambant *adj.m.*

Vx. **1.** Brillant : *On paye, on m'a payé, regardez comme je suis flambant* (Daudet). **2.** Fâcheux (par antiphrase) : *Pourvu que le zig ne l'ait pas escarpé à la capahut. – Ça serait flambant pour nous qui avons nourri le poupard !* (Sue).

◆ *n.m.*

Vx. Homme bien habillé.

ETYM. participe présent de **flamber.** 1807 [Esnault].

◆ *n.m.* 1836 [Vidocq].

flambante *n.f.*

Vx. Allumette : *Tu m'as balancé une boîte de flambantes* (Barbusse).

ETYM. de **flamber.** 1916, Barbusse.

flambard *n.m.*

1. Arme blanche. **2.** Noceur prétentieux. **3.** Fanfaron : *Un groupe de jeunes flambards aux grands cols cassés* (Daudet). **Faire le flambard,** fanfaronner, se pavaner : *Aussi je me rattrape sur les vieux. Y ne jouent pas les flambards, comme la jeune cochonnaille d'à présent* (Rosny jeune).

ETYM. dér. de **flambe,** flamme, avec le suff. péj. **-ard. 1.** 1596, Péchon de Ruby. **2.** 1837, T. Gautier [Quemada]. **3.** 1895, Daudet. **Faire le flambard,** 1926, Rosny jeune.

flambe *n.m.*

1. Jeu d'argent : *Maintenant il sera obligé non seulement de jouer mais de prendre la banque lorsqu'elle sera à sa main. Et ça, c'est le flambe le plus tocard que je connaisse* (Vexin). **2.** Tripot. **3.** Plan d'un parieur.

ETYM. de **flambe,** flamme, ou plus probablement apocope de **flambeau. 1.** 1886 [Esnault]. **2.** 1926 [id.]. **3.** 1942 [id.].

flambeau *n.m.*

1. Jeu d'argent. **2.** Cartes qu'un joueur a en mains. **3. Avoir le flambeau,** être habile (dans un domaine). **4. Avoir du flambeau.** ***a.*** avoir de la chance (au jeu ou ailleurs), des cartes maîtresses ; ***b.*** avoir du succès auprès des femmes.

ETYM. de la loc. **mettre au flambeau,** laisser près d'un chandelier de quoi payer les cartes du cercle [Esnault]. **1.** 1829 [Forçat]. **2.** 1901 [Rossignol]. **3.** 1894 [Virmaître]. **4. *a.*** 1960 [Le Breton] ; ***b.*** 1982 [Perret].

flamber *v.i.*

Jouer avec passion : *Si je flambais, cette connerie ! Mais sur tout que je flambais ! Sur le café d'abord, sur le coton, sur le sucre, sur l'étain !* (Simonin, 3). *Quand j'ai du blé, je flambe comme un malade* (Renaud).

◆ *v.t.*

1. Dépenser (notamment au jeu) ; dilapider : *À Metz, le tôlier de la « Brasserie universelle » est un client à moi et un bon. Il vient à Paris tous les mois flamber son oseille* (Lépidis). **2. Être flambé. *a.*** être pris, arrêté : *Au même instant, une main se posait sur son épaule et le clouait à sa place. C'était la main de Castro. « Flambé ! » pensa Champenois* (Guéroult) ; ***b.*** être ruiné au jeu.

ETYM. de **flambeau, flambe.** 1935, Simonin-Bazin [TLF], mais dès le mil. du XIXe s. au sens de « jouer la comédie ».

◆ *v.t.* **1.** vers 1865 [Littré]. **2. *a.*** 1888, Guéroult ; ***b.*** « ruiner au jeu » (voix active) 1676, Sévigné [TLF].

DER. **flamboter** *v.i.* Jouer : 1901 [Rossignol].

flambeur *n.m.*

1. Joueur passionné : *Je lui confirmai ma décision, sur le ton roublard du flambeur qui monte sur un full aux as par les dames avec une toute petite paire de sept* (Pagan). **2.** Vx. Comédien.

ETYM. de **flamber,** jouer (aux divers sens du mot). **1.** 1885 [Esnault]. **2.** 1898 [id.].

flan *n.m.*

1. Activité « régulière » (par opposition à la délinquance avouée) : *Le bandit chic qui s'en tient au flan, traduisez : aux femmes et aux cartes* (Carco, 1). **Jouer, donner, faire un flan, y aller du flan,** jouer, agir sans tricher. **À la flan,** spontané, sans tromperie : *Profitant de la bonhomie de notre conducteur – un mèque à la flan, disait un Pantinois de mon escouade – nous allions tout doucettement* (Humbert). **2. Du flan !** ***a.*** parole ! ; ***b.*** non, jamais ! **Du grand flan,** parole d'honneur ! **3.** Fausse nouvelle ; machination : *Qui sait même si cet enlèvement était pas un flan ? Un coup monté par les condés pour me mouiller* (Simonin, 2). *Toute son histoire à l'aristo, c'était peut-être du flan* (Pécherot). **C'est du flan,** ce n'est pas sérieux, c'est une blague : *Tu as dit qu'on avait appris la nouvelle par les journaux... C'est pas du flan, au moins ?* (Simonin, 1). **4. Au flan,** par hasard, au petit bonheur : *J'me suis aperçu qu'à la maraude c'était trop du travail au flan* (Simonin-Bazin). *Je veux savoir comment les flics ont su qu'il était à Paris. Car c'est pas au flan qu'ils l'ont empaqueté. Quelqu'un l'a balancé, sûr !* (Le Breton, 1). **Coup de flan.** ***a.*** vol non prémédité : *Je prends mes clous... Me fallait un coup de flan !* (Méténier) ; ***b.*** arrestation non motivée. **Cambrioleurs à la flan,** qui volent sans plan prémédité. **5. À la flan.** ***a.*** à l'aventure : *Une section a la spécialité de la voie publique. Les agents qui la composent vont « à la flan » dans les rues de Paris, flairant le voleur à la tire ou le voleur à l'étalage* (Goron) ; ***b.*** fait sans soin ni méthode ; qui est sans valeur : *Je vous préviens, si c'est encore pour une histoire à la flan, faites comme si j'étais pas là et barrez-vous* (Tachet). **6. En être, en rester comme deux ronds de flan, comme du flan,** être complètement abasourdi : *La maudite pécore, / Tout en me bousculant, / Me dit : « C'est pas trop tôt ! » Aussi, j'en suis encore / Comme « deux ronds de flan »* (Ponchon). *As-tu pensé à t'faire inscrire ? / Elle en était comm' deux ronds d'flan, / Me faire inscrir', qu'ell' dit viv'ment, / Mais pour quoi fair', mon doux Jésus ?* (chanson *J'ai le téléphone*, paroles de L. Boucot). *Ils en étaient comme du flan, mes darons, en entendant ça* (Céline, 5). *Aimée en resta comme deux ronds de flan. Sa petite dame était une grande dame !* (Bernheim-Cardot).

ETYM. origine peu claire, p.-ê. rapport secondaire avec la pâtisserie bourrative. **1.** 1835 [Raspail]. **À la flan,** 1850, forçat Clémens [Esnault]. **2. *a.*** 1841, Lucas [id.], sous la forme *duf*, contraction et apocope de **du flan,** dans *y aller du grand duf*, s'engager en toute confiance ; ***b.*** 1862 [Larchey]. **3.** 1862 [Larchey]. **4.** 1898 [Esnault]. **Coup de flan. *a.*** 1885 [id.] ; ***b.*** 1908 [id.]. **Cambrioleurs à la flan,** 1828, Vidocq. **5. *a.*** 1833 [Moreau-Christophe] ; ***b.*** 1894, *le Père Peinard*. **6.** 1892, Courteline [TLF].

VAR. **flanc :** 1844 [Dict. complet].

flanche *n.m.*

1. Jeu clandestin ; tripot. **2.** Affaire, coup : *Pour avoir morflé six marcottins avec sursis, plus six autres ferme dans un flanche à la roulotte idiot,* [...] *Petit-Paul, lui, croyait à la réalité des poulets et des maisons de détention* (Simonin, 8). **Flanche à la manque,** chose sans valeur. **Flanche à la mie de pain,** trahison. **3.** Boniment de camelot. **4.** Vx. Action peu ordinaire ; malice : *Au travers de la porte il épie le bruit, distingue deux pas différents, incertains. Y a un flanche !* (Simonin, 5).

ETYM. déverbal de **flancher. 1.** « jeu » 1835 [Raspail] ; « tripot » 1926 [Esnault]. **2.** 1867 [Delvau]. **Flanche à la manque,** 1901 [Bruant]. **Flanche à la mie de pain,** 1953 [Sandry-Carrère]. **3.** 1890, *le Père Peinard* [Sainéan]. **4.** 1833, chanson [Esnault].

flancher *v.i.*

Vx. **1.** Jouer régulièrement. **2.** Plaisanter. **3.** Monter une entreprise délictueuse : *Si L... ne craint plus rien depuis qu'il a flanché en enjambant la frontière, il n'en est pas de même de ce daim de Maillard* (Claude).

ETYM. origine obscure, p.-ê. altération de **flacher,** mollir. **1.** 1835 [Raspail]. **2.** 1846, *Intérieur des prisons*. **3.** 1885 [Esnault].

flanchet *n.m.*

Vx. **1.** Rôle, entreprise : *J'ai fait les papillons, mais c'est un vilain flanchet* (Ansiaume). **2.** Part, participation.

ETYM. du verbe **flancher,** jouer. **1.** 1815, *Chanson de Winter* [Esnault]. **2.** 1867 [Delvau].

flancheur *n.m.*

Vx. **1.** Joueur : *Les rabatteurs employés par les teneurs de jeu ont été dans les cases battre le rappel des flancheurs* (Humbert). **2.** Dénonciateur.

ETYM. du verbe **flancher. 1.** 1872 [Esnault]. **2.** vers 1880, Claude.

flanelle *n.f.*

1. Mauvais client, qui ne consomme pas (dans une maison close ou un café), n'achète pas (chez un commerçant) : *Nib de michetons aujourd'hui, dit une belle fille brune en entrant... – Rien que des flanelles, ajouta Liquette* (Rosny jeune). **2.** Défaillance sexuelle à l'instant décisif, fiasco : *À l'inverse du Johnny qui, durant que Petit-Paul se farcissait en douceur la Charlotte sur un des pages, s'était offert sur l'autre, avec la rouquine, une flanelle de première* (Simonin, 8). **Faire flanelle.** ***a.*** faire le badaud : *Aujourd'hui forcé d'faire flanelle... / V'là porquoi que j'cherche un log'ment* (Bruant) ; ***b.*** être impuissant ; ***c.*** échouer. **3.** Homme manquant d'énergie ou impuissant.

ETYM. jeu de mots sur **flâner** et emploi métaphorique (idée de mollesse). **1.** « chez les prostituées » 1861, L. de Neuville [Larchey]. **2.** ***a.*** vers 1890, Bruant ; ***b.*** 1867 [Delvau] ; ***c.*** 1928 [Lacassagne]. **3.** « homme sans énergie » 1835, Balzac [TLF] ; « impuissant » 1867 [Delvau].

flaquant, e *adj.*

Vx. Syn. de emmerdant : *C'en est flaquant ! ben merde !... en v'là / Un' marmit' qui fait sa soupière* (Bruant).

ETYM. de **flaquer.** 1893 [Esnault].

flaque *n.m.*

Sac (contenant de l'argent) : *Je vais aller planquer le flaqu de carle dans le jardin* (Ansiaume).

ETYM. inconnue. 1821 [Ansiaume].

flaquedalle *n.m.* → **FLACDAL.**

flaquer *v.t. et i.*

1. Déféquer : *C'est de l'apparition de ce spectre-là que les repus et les engraissés ont peur à en flaquer dans leurs calintes* (Gill). **Flaquer des châsses,** pleurer. **2.** Avoir une défaillance physique. **3.** Vx. Mettre au monde. **4.** Vx. S'ennuyer.

ETYM. de l'onomatopée **flac,** utilisée notamment pour la chute d'une bouse de vache. **1.** 1835 [Raspail]. **Flaquer des châsses,** 1878 [Rigaud]. **2.** 1977 [Caradec]. **3.** 1846, *Intérieur des prisons*. **4.** 1896 [Esnault].

DÉR. **flaquader** *v.i.* et **aller à flaquada** *loc. verbale.* Déféquer : 1867 [Delvau].

flash *n.m.*

1. Brusque éblouissement avec montée de couleurs au visage sous l'effet rapide de la drogue : *Les yeux du joueur à ce moment-là sont de l'eau la plus pure, des yeux avec l'éclat des grands carnages, de l'amour fou, d'un flash à l'héro* (Spaggiari) ; dose de drogue : *Tu peux planer ou prendre ton pied, ça dépend si t'as un flash ou un superflash* (W. Camus). **2.** Sensation ou émotion vive (s'applique à diverses situations) : *Une boule. Une énorme boule noire. Qui roule, roule. Roule. J'suis allongé face contre terre et elle arrive sur moi* [...] *C'est un flash que j'ai souvent quand je flotte entre deux eaux* (Lasaygues). *Dis, tu crois qu'on a un flash, tous les deux ?* (Varoux, 1).

ETYM. anglicisme d'origine onomatopéique : « éclat, éclair ». 1970, *Paris-Match* [Höfler]. Appartient à l'origine, ainsi que ses dérivés, au vocabulaire hippie.

flashant, e *adj.*

Qui fait éprouver le flash ou un plaisir intense : *« Cinq à Manille », c'est un peu costaud à suivre, mais c'est super flashant, un mec à Manille avec des histoires de gonzesses* (*Libération,* 16 mars 1982).

ETYM. emploi adj. du participe présent de **flasher.** 1982, *Libération.*

flasher *v.i.*

1. Éprouver le flash procuré par la drogue. **2.** Éprouver un intérêt soudain et passionné pour qqch ou pour qqn : *Laurent, musicien de jazz, avait flashé sur une fille dans la salle* (*le Nouvel Observateur,* 29 décembre 1980). *Quel joli casse-tête ! Et dire que c'est le commentaire de Paul qui m'a fait flasher !* (Agret).

ETYM. de **flash.** 1980, *le Nouvel Observateur.* Ce mot appartient au vocabulaire hippie.

flasquer ou **fiasquer** *v.i.*

Vx. Déféquer ; au fig. : *Ça m'fait flasquer d'voir eun' pétasse / Qui passe tous les soirs à travers !* (Bruant).

ETYM. var. de **flaquer.** 1881 [Rigaud].

flauper ou **floper** *v.t.*

Vx. Battre qqn, le rosser : *Ch... n'hésitait pas plus à saigner un gonse qu'à flôper une gonsesse* (Humbert). *Tu dois ben ça à ton p'tit homme / Qu'a p't'êt' été méchant pour toi / Mais qui t'aimait ben, car en somme, / Si j'te flaupais, tu sais pourquoi* (Bruant).

ETYM. verbe dial., du lat. médiéval **faluppa,** balle de blé. 1830-1837, Jacquinot [Larchey].

flébosse *n.f.*

Vx, péj. Femme : *Je n'voudrais pas chialer comme une flébosse ou un moujingue* (Marcus).

ETYM. var. ou déformation de **fébosse,** formé sur **fée.** 1899 [Nouguier].

fléchard *n.m.*

Vx. Sou : [Des forçats employés de la cantine] *circulaient* [...] *offrant pour dix fléchards des poêlons de ragoût peu appétissants* (Humbert).

ETYM. de **1. flèche.** 1872 [Esnault].

1. **flèche** *n.m. ou* (vx) *f.*

1. Pièce de monnaie : *Et le vingt-deux* [...], *ça peut encore se fourguer cinq ou six flèches* (Humbert). *Vous me ferez jamais croire qu'à vous tous vous avez pas une flèche à mettre dans le commerce* (Ménénier) ; surtout dans les loc. **être sans un flèche, n'avoir pas un flèche,** être démuni d'argent : *J'avais pas un flèche de côté, je devais un max aux filles du cabinet, car elles m'avaient gardé ma place au chaud* (Francos). **2.** Mégot.

ETYM. du slang **flatch,** demi-penny (verlan angl. de **half**). **1.** 1872 [Esnault]. **2.** 1918 [id.].

2. **flèche** *n.f.*

1. Expédient. **2.** Équipier d'un policier : *Le commissaire divisionnaire Pinault allait avoir avec l'officier de police Casanova une fameuse « flèche ». La « flèche », c'est l'équipier. Les policiers vont toujours par deux et l'un dit en parlant de l'autre : « ma flèche »* (Larue). **Faire flèche,** s'associer : *Quelle belle flèche nous faisons, cet étonnant sujet et moi-même* (Le Dano). **3.** Individu intelligent et habile dans sa partie : *Annie arriva à la conclusion qu'il ne coûtait rien d'essayer de faire chanter ce Damien Givors qui n'avait pas l'air d'une flèche* (T. Colin). **4. La Flèche,** le milieu.

ETYM. de **flèche indicatrice** (1) et de **attelage en flèche** (2). **1.** 1953 [Esnault]. **2.** 1955, Simonin. **Faire flèche,** 1973, Le Dano. **3.** contemporain. **4.** 1975 [Arnal].

flécher *v.i.* ou **se flécher** *v.pr.*

S'associer pour une entreprise (génér. délictueuse) : *Un homme comme Frédo ? En arriver là ? Une véritable lavette, qu'il était devenu ! Alors, pourquoi continuer à flécher avec ?* (Le Breton, 1). SYN. faire flèche.

ETYM. de (**attelage en) flèche.** 1953 [Esnault].

flemme *adj.*

Vx. Paresseux : *Massons, soyons pas flemme, / Et goualons en chœur : / On récolte c'qu'on sème, / Massons avec ardeur* (Gill).

ETYM. apocope de **flemmard,** qui n'est que fam. 1879, Gill.

fleur *n.f.*

1. Gratification pour service rendu : *Peut-être qu'il toucherait une ristourne, qu'il attendait sa petite « fleur »* (Céline, 5). SYN. bouquet. **2.** Cadeau, avantage accordé à qqn (intéressé ou spontané) : *Il a voulu te faire une fleur, dit Clousiot. – Va savoir pour quel motif il a fait ça, le toubib* (Charrière). *Une fleur (il voulait dire : un bienfait) te rapporte un champ, une province de fleurs* (Yonnet). **3.** Vx. **Fleur de Marie,** virginité : *On l'appelait encore Fleur-de-Marie, mots qui en argot signifient la Vierge* (Sue). **Perdre sa fleur (d'oranger),** être déflorée. **4.** Vx. **Fleur de bagne** ou **de veuve,** tatouage. **5. Fleur de pavé.** ***a.*** fille des rues : *Ell' c'était une simple fille, / Sans un parent, fleur de pavé* (chanson *Rôdeuse de barrière,* paroles de L. Stollé) ; ***b.*** mégot. **6. Fleur de tunnel,** femme à la peau noire ou très foncée. **7. Comme une fleur,** avec une confiance naïve : *Je débarque comme une fleur avec l'artillerie dans le sac de sport* (Villard, 2). **Fleur de nave,** imbécile, idiot : *Eh conne, dit la voix de Gabriel, si y a personne tu boucles la lourde, si y a quelqu'un tu le fous dehors. T'as compris, fleur de nave ?* (Queneau, 1).

◆ *adj.*

Être fleur. ***a.*** être sans le sou : *Pour emprunter ce train, il me fallait auparavant emprunter autre chose. Car bien entendu, pour ne pas changer, j'étais fleur* (Malet, 15). *Bébert comptait : « J' peux pas lui payer sa place, j' suis fleur... »* (Fallet, 1) ; ***b.*** ne pas avoir subi de condamnation ; ***c.*** être naïf, sans expérience.

ETYM. emplois spécialisés du mot usuel, la **fleur** (ou le bouquet) étant considérée comme le cadeau à la fois élémentaire et symbolique. **1.** 1935 [Esnault]. **2.** 1953 [Sandry-Carrère]. **3.** 1836 [Vidocq]. **Perdre sa fleur,** XVIIe s., Bussy-Rabutin [Delvau]. **4.** 1901 [Bruant]. **5.** ***a.*** 1922, Stollé ; ***b.*** 1955 [Esnault]. **6.** 1975 [Le Breton], qui affirme avoir lancé l'expression. **7.** 1916 [Esnault]. **Fleur de nave,** 1901 [Bruant].

◆ *adj.* ***a.*** vers 1882 [Esnault] ; ***b.*** 1895 [id.] ; ***c.*** 1936, Céline.

flibocheuse *n.f.*
Prostituée très avide, ne manquant pas une occasion de gagner de l'argent.
ETYM. altération probable de **flibustier,** mis au féminin. 1881 [Rigaud], repris par Alexandre en 1987.

flibusterie *n.f.*
Action malhonnête, escroquerie : *C'est l'abus de confiance votre histoire, une véritable flibusterie caractéristique* (Céline, 5). SYN. arnaque.
ETYM. de **flibustier.** 1841 [Dauzat].

flibustier *n.m.*
Individu malhonnête : [Un forçat à Toulon, en 1867 :] *J'étais accouplé avec R..., effronté voleur, ce qui lui avait valu la dénomination de flibustier du bagne* (Clémens).
ETYM. emploi spécialisé dans la pègre du mot de marin, « pirate ». 1828, Vidocq.
DER. **flibuster** *v.t.* Escroquer, voler : 1845 [Bescherelle].

flic ou (vx) **flique** *n.m.*
Membre de la police ou de la gendarmerie (quel que soit son rang) : *Il a une drôle de gueule, ce flic. Pas trop vieux encore, mais une drôle de gueule. Il n'est pas en uniforme, comme les autres, et les flics à képi lui parlent avec un ton spécial, respectueux à en être haineux* (Demouzon). *Sale quartier !... On ne peut pas faire un pas sans rencontrer des fliques !* (Méténier). **C'est clair comme un pavé** ou (vx) **un tas de boue dans la gueule d'un flic,** c'est limpide, évident.
ETYM. de l'all. **Fliege,** mouche, c.-à-d. policier. 1828 [Esnault] ; le surnom de *flique à dard* (« à épée courte ») apparaît en 1836 chez Vidocq, appliqué à des sergents de ville par des voleurs juifs (*flique* 1836, Parent-Duchâtelet). Ce mot très répandu a partiellement perdu son caractère péj. (cf. par ex. *le premier flic de France,* expression qui désigne le ministre de l'Intérieur). **Clair comme un tas de boue...,** 1921 [Esnault] ; **clair comme un pavé...,** 1977 [Caradec].

flicage *n.m.*
Surveillance policière : *De plus il y a le « flicage », les mouchards, on n'ose guère parler à son voisin* (*le Monde,* 3 novembre 1982).
ETYM. de **fliquer.** vers 1970 [GR].

flicaille ou **flicaillerie** *n.f.*
Ensemble des policiers : *Plus d'une fois, ils surgirent là où personne ne les attendait, forçant les barrages, obligeant la flicaille à déguerpir devant eux* (Guégan). *« Team », une série américaine de flicaillerie classique* (*Libération,* 8 février 1984).
ETYM. de **flic** et du suff. péj. **-aille.** *flicaille* 1939 [Esnault] ; *flicaillerie* 1984, *Libération.*

flicard *n.m.*
1. Policier : *Il se rassit et planta dans mes yeux las son regard si terriblement sincère : Tu veux l'avis d'un vieux flicard ?* (Fajardie, 1). **2.** Indicateur de police.
◆ **flicard, e** *adj.*
Propre à la police ou à un policier : *Il s'agissait, à l'entendre, non pas de bureaucratie flicarde [...], mais du climat toujours plus dictatorial qui prévalait dans la boîte* (Malaquais).
ETYM. de **flic** et du suff. péj. **-ard.** 1883, Macé.
◆ *adj.* 1947, Malaquais.

flingage *n.m.*
Action de tirer sur qqn ou de le tuer avec une arme à feu : *Il y avait toujours, en faveur du suspect, deux ou trois bons amis pour déclarer qu'au moment du flingage, celui-ci se trouvait à 100 kilomètres, occupé à jouer à la belote* (Larue).
ETYM. de **flinguer.** 1969, Larue.

flingot *n.m.*
1. VIEILLI. Fusil de guerre : *Et quels fusils, mon ami ! de vieux flingots à percussion transformés en tabatières dont nous connaissions à peine le maniement* (Courteline). **2.** Arme de poing (pistolet, revolver) : *Si tu décides de faire une bonne lessive et de laver dans le sang l'affront que je viens de subir, je me fais fort de te procurer un bon flingot, un parabellum à crosse douce, équipé de silencieux* (Cordelier). **3.** Vx. **Se charger, se garnir le flingot,** manger. **4.** Vx. Couteau de boucher.
ETYM. du bavarois **Flinke,** fusil, et du suff. **-ot.** **1.** 1858, Saint-Cyr [Esnault]. **2.** 1889, Macé [id.]. **3.** 1883 [id.]. **4.** 1867 [Delvau].

flingotage *n.m.*
Action de tirer (avec une arme à feu) : *... lorsqu'une contestation en arrive au stade malveillant du flingotage* (Simonin, 6).
ETYM. de **flingot.** 1966, Simonin.

flingoter *v.t.*

1. Vx. Chaparder. **2.** Tirer sur (qqn).

◆ *v.i.*

Sentir mauvais.

ETYM. de **flinguer. 1.** 1910 [Esnault]. **2.** 1954, Simonin.

◆ *v.i.* 1980 [Cellard-Rey], sans exemple à l'appui ni datation.

DER. **flingoteur** *n.m.* Chapardeur : 1910 [Esnault].

1. flingue *n.m.*

1. Arme à feu (surtout arme de poing) : *Un type se tenait debout au milieu de la route, les jambes écartées, tenant sous le bras un flingue qu'il braquait sur nous* (Héléna, 1). *J'ai deviné l'autre flic à l'intérieur, son flingue pointé entre mes deux yeux* (Bénoziglio). **2. Coup de flingue,** accès de découragement ; traitement particulièrement sévère : *C'est comme de faire du service ou passer des examens par correspondance, dans l'espoir qu'on en tiendra compte au jugement : ça ne les empêche pas de te filer le coup de flingue, au contraire* (Sarrazin, 2).

ETYM. apocope de **flingot** ou francisation directe de **Flinke** (→ FLINGOT). **1.** 1881 [Rigaud]. **2.** 1965, A. Sarrazin [GR].

2. flingue ou **flingué, e** *adj.*

Qui est sans argent : *Je rase les murs, j'ai l'air humble et flingué, je n'ai plus rien, je ne suis plus rien, jusqu'au retour des gros sous* (Sarrazin, 2).

ETYM. combinaison de **fleur** et de **fusillé.** *flingue* 1910 [Esnault] ; *flingué* 1957 [PSI].

flinguer *v.t.*

1. Tirer sur qqn ; le blesser ou le tuer avec une arme à feu : *Les mains sur la tête ! ordonna Igor. Et ne vous amusez pas à tenter n'importe quoi, je vous flinguerais séance tenante* (Abossolo). **2.** Critiquer durement : *Le lendemain, je me suis fait flinguer dans le « Quotidien » et « Libé » a parlé d'un match nul* (*Libération,* 18 octobre 1985). **3.** Dérober. **4.** Posséder sexuellement (une femme).

◆ **se flinguer** *v.pr.*

1. Se suicider avec une arme à feu : *L'oncle Adolf s'était déjà flingué* (N. Peyrac, *in* Saka). **2.** Se désespérer, se faire beaucoup de souci, se miner.

ETYM. de **flingot. 1.** 1947 [Esnault]. **2.** 1964, Fallet [Gilbert]. **3.** 1953 [Esnault]. **4.** 1977 [Caradec].

◆ *v.pr.* **1.** 1975, Peyrac. **2.** 1970 [GR].

flingueur *adj. et n.m.*

Tireur à la détente facile ; tueur : *En 1974, les Uhlans flingueurs ne font pas plus recette que le Pétomane ou la Femme à barbe* (Boudard, 2). *Et dire qu'il y a quelques jours ce flingueur gazouillait avec Verdun dans ses bras* (Pennac, 1). *La Gestapo, ayant besoin de personnel pour des besognes difficiles, délicates et particulières, fait appel à leurs services… n'est pas flingueur qui veut* (Pousse).

ETYM. de **flinguer.** 1953 [Sandry-Carrère]. Ce mot s'est diffusé surtout à partir de 1963, date du film de Georges Lautner *les Tontons flingueurs.*

1. flip *n.m.*

1. État de dépression qui suit l'absorption de la drogue. **2.** Sentiment d'angoisse mal défini, abattement : *Y a les flips généreux et les flips égoïstes. Chaque fois que je passe devant une boucherie, je suis malade* (*Libération,* 16 janvier 1981).

ETYM. déverbal de **flipper. 1.** 1977, Olievenstein [GR]. **2.** 1974, *Actuel* [id.].

2. flip *n.m.*

Billard électrique : *J'ai dit à Bob qui était au flip : Viens voir le mariole qui s'ramène* (Renaud).

ETYM. apocope de **flipper,** *n.m.* 1975, R. Beauvais [GR].

flippage *n.m.*

État de celui qui flippe : *Le danger du LSD, ce n'est pas la mort. C'est le flippage. Flipper, c'est devenir fou* (Duchaussoy).

ETYM. du verbe **flipper.** 1971, Duchaussoy.

flippant, e *adj.*

Qui crée des effets dépressifs, comparables à ceux de la drogue ; déprimant : *Regarde un peu tous ces cons, disait un type un peu défoncé à une nana à moitié vaseuse. Métro, boulot, dodo… Quelle chierie ! – T'as super-raison, répondit la nana avec un hochement de tête accablé. Ils sont flippants* (Varoux, 1).

ETYM. de **(faire) flipper.** 1974, Cécil Saint-Laurent [GR].

flippé, e *adj. et n.*

1. Qui est sous l'effet de la drogue : *Une gigantesque drogue-partie au cours de laquelle il y a eu au moins une dizaine de flippés* (Duchaussoy). **2.** Dérangé mentalement : *Ma co-*

pine, elle est complètement flippée, elle croit qu'elle va mourir (Francos). **3.** Qui a des idées noires.

ETYM. participe passé de **flipper. 1.** 1971, Duchaussoy. **2.** 1977 [Caradec]. **3.** 1973, *le Nouvel Observateur* [GR].

flipper *v.i.*

1. Délirer sous l'effet de la drogue : *Une équipe de hippies s'était fait épingler, du côté des monts d'Arrée, en pleine brousse, dans une masure isolée où ils se croyaient peinards pour « flipper »* (Jaouen). **2.** Être en état de manque de drogue. **3.** Se trouver dans un état d'angoisse ou de dépression : *Ils sont dépressifs, ils se morfondent dans leurs problèmes, ils intériorisent. À force de ne parler que de leurs emmerdes, ils me font flipper* (Porquet).

ETYM. dér. de la métaphore en anglo-américain **to flip one's lid,** faire sauter le couvercle [TLF]. **1.** 1971, Duchaussoy. **2.** 1978, Ph. K. Dick [TLF]. **3.** 1975, *le Nouvel Observateur* [id.]. Ce verbe et ses dérivés font auj. partie de l'usage fam.

flique *n.m.* → FLIC.

fliqué, e *adj.*

1. Vx. Arrêté par les gendarmes. **2.** Qui fait l'objet d'une surveillance policière, en parlant d'un individu, d'un immeuble, d'un quartier, etc.

ETYM. de **flic. 1.** 1915 [Esnault]. **2.** 1984, *Libération* [GR].

fliquer *v.t. et i.*

Exercer une surveillance policière renforcée autour d'un individu, d'un quartier, d'un établissement, etc. : *Il y a un vrai danger de fliquer ainsi la population, de ficher tout le monde* (*le Nouvel Observateur,* 23 novembre 1984). *Après le casse, ils ont aussi sec fliqué tout le coinstot.*

ETYM. de **flic.** 1947, Céline [Cellard-Rey], en emploi intr.

fliquesse ou **fliquette** *n.f.*

Policière : *L'arrivée d'une fliquesse grassouillette ne passa pas inaperçue* (T. Colin).

ETYM. fém. (encore assez rare) de **flic.** 2001 [GR].

flop *n.m.*

Insuccès : *Nous avions produit une pièce de François Billetdoux « le Comportement des époux Bradbury » : un flop !* (*le Matin,* 17 octobre 1981).

ETYM. mot angl., « four (au théâtre) ». 1965, *l'Express* [Gilbert] ; d'abord appliqué au cinéma, ce mot est devenu dans les années 1980 un synonyme branché de « échec » (repris en 1986 par P. Merle).

flopée ou **floppée** *n.f.*

1. Grande quantité : *Autour de l'hôtel, flopées de bagnoles cabossées en tout genre* (Rank). *En arpentant la rue Saint-Antoine vers Bastille, j'ai à nouveau croisé une flopée de mendiants bancroches* (Pouy, 3). **2.** Vx. Correction infligée à qqn.

ETYM. de **flauper. 1.** 1866 [Delvau]. **2.** 1843 [Dict. moderne].

floper *v.t.* → FLAUPER.

flot *n.m.*

Grande quantité : *Des petits boulots. Yann a bien étudié la question. On peut très bien ramasser un flot, enfin beaucoup de sous comme ça* (Buron).

ETYM. emploi intensif du mot usuel. 1989, Buron.

1. flotte *n.f.*

1. Vx. Bain. **2.** Eau (sous tous ses aspects : milieu, pluie, boisson) : *« Y a un bon Dieu pour les ivrognes », pense Lecouvreur en suivant de l'œil la marche acrobatique d'Achille. « Jamais il ne tombera dans la flotte »* (Dabit, 1). *Tout à l'heure, la flotte va tomber comme vache qui pisse et y aura du monde à l'abri sous les charmilles* (Demouzon). *T'arrives trop tard pour la soupe [...]. Mais t'as rien paumé. C'était de la flotte avec des croûtons de pain* (Le Breton, 6).

ETYM. déverbal de **flotter,** pleuvoir. **1.** 1883, Macé [Larchey]. **2.** 1886 [Chautard]. Ce mot est auj. fam.

2. flotte *n.f.*

ARG. ANC. **1.** Bande, groupe : *Lebrun avait bien calculé sa vengeance contre Lebeau, condamné à l'avance par la flotte, dont il avait tenu à devenir le digne instrument* (Claude). **Être de la flotte,** faire partie des voleurs, des réprouvés. **2. Des flottes,** des quantités : *Vous en pincez pour la ménesse de claque. Dans le temps, il en venait des flottes ici* (Lorrain). **3.** Pension (en argent).

ETYM. emprunt probable au vocabulaire des marins (1), et déverbal de **flotter** (2). **1.** 1835

[Esnault]. **Être de la flotte,** 1866 [Delvau]. **2.** 1897, Rictus. **3.** 1718, Le Roux [Rigaud] (par allusion au retour de la flotte des Indes).

flotter *v.i.*

1. Pleuvoir: *Bien entendu, ce jour-là, il a fallu qu'il flotte à verse* (Bénoziglio). **2.** Vx. Se baigner, nager: [Robinson] *s'mit à flotter comme un pescale pendant trois jourdées et trois neuilles* (Stollé). **3.** Vx. Être submergé. **Faire flotter,** noyer.

ETYM. emplois anciens du verbe signifiant « nager » plutôt que « se maintenir à la surface de l'eau ». **1.** 1886 [Esnault]. Ce sens est auj. fam. **2** et **3.** 1836 [Vidocq]. **Faire flotter,** 1842, Sue.

flotteur *n.m.*

Vx. Nageur.

◆ **flotteurs** *n.m.pl.*

Seins opulents d'une femme: *Sous le tissu, j'imagine les accessoires aristocratiques, valseur royal, flotteurs Pompadour, ça me fout des vibrations jusque dans les talons* (Pelman, 1).

ETYM. de **flotter.** 1836 [Vidocq].

◆ *pl.* 1930 [Ayne].

flouant ou **flouau** *n.m.*

ARG. ANC. Jeu d'argent: *C'est un bon pègre, mais il ne pense qu'au flouan* (Ansiaume). *Je quittai la banque pour tenir un flouau* [jeu de hasard sur la voie publique] (Canler).

ETYM. du verbe **flouer.** *flouant* 1821 [Ansiaume]; *flouau* 1862, Canler.

flouer *v.i. et t.*

1. Vx. Jouer: *Qué donc que tu veux faire, toi? S'il y avait des brêmes, on pourrait flouer* (Vidocq). **2.** Tromper au jeu.

ETYM. origine obscure. **1.** 1821 [Ansiaume]. **2.** 1827 [Granval]; sens de « duper » dès le XVIe s. [TLF].

DER. **flouerie** *n.f.* Escroquerie: 1840 [Esnault]. **floueur** *n.m.* **1.** Joueur: 1821 [Ansiaume]. **2.** Tricheur: XVe s., Villon (forme *floar*) [Sainéan]. **3.** Teneur de jeux truqués: 1850, forçat Clémens [Esnault]. **4.** Agent d'affaires véreux: 1847 [Dict. nain]. **floumann** *n.m.* Escroc: 1861 [Esnault]. **flouchipe** *n.m.* Même sens (de *chiper*): 1867 [Delvau]. **floupin** *n.m.* Même sens: 1894 [Virmaître].

floutière *n.f.*

ARG. ANC. **Que floutière,** rien: *En sçauroit-on trouver de plus pauvres que ceux qui n'ont que floutière?* (Responce au grand Coesre).

ETYM. dér. de **flou,** au sens de « mince, ténu ». 1628 [Chéreau], nombreux exemples.

flouze, flouse ou **flousse** *n.m.*

1. Argent: *Pour moi les vacances, c'est pas ça. C'est toutes les femmes que je veux, plein de flouze et aller où je veux quand j'en ai envie* (Monsour). *Fais pas le difficile; mon flouze, t'étais bien content de l'avoir pour les colis et l'avocat* (Bastiani, 4). *Il faisait de trop claires allusions aux camarades francés de la mitropole* [...] *qui ne manqueraient pas, eux aussi, de lâcher leur petit flouse* (Paraz, 2). **2.** Sou: *Il me donnait en plus un petit flouze, des trente sous, deux francs* (Céline, 5).

ETYM. de l'arabe maghrébin **flûs,** sous, argent. **1.** 1895, lycéens de Bône [Esnault] (au fém.); *flousse* 1935 [Simonin-Bazin]. **2.** 1902, Alger [Esnault], mais dès 1840 en arg. marseillais au sens de « gros sous ». Seule la var. avec *-z-* se rencontre encore dans la littérature policière.

DER. **flousards** *n.m.pl.* Sous, argent: 1952 [Esnault].

flubard *adj. et n.m.*

Peureux: *Not'e Majesté a du r'tard, lui bonit Saint-Éloi, d' plus en plus flubard* (Stollé).

◆ *n.m.*

Vx. Téléphone.

◆ **flubards** *n.m.pl.*

Vx. Jambes.

ETYM. dér. de **flube.** idée générale de « trembler, grelotter ». *adj.* 1906 [Esnault].

◆ *n.m.* 1918 [id.], encore en 1977 chez Caradec.

◆ *pl.* 1928 [Esnault].

flubes *n.m.pl.*

1. Jambes: *Je me suis enfin dressé sur mes flubes. Tout ça se faisait au ralenti* (Simonin, 3). **Mettre les flubes,** fuir. **2.** Peur, dans les loc. **avoir les flubes, filer, foutre les flubes,** avoir, faire peur: *Jeff fut rassuré immédiatement. Un instant il avait eu les flubes: les façons de mourir sont parfois trop bêtes* (Lesou, 1). *Cet enculé de job de merde qui me file autant les flubes qu'à toi* (G. Arnaud). *Des trucs comme ça, pas naturels ni rien, ça lui fout les flubes* (Vautrin, 1); exceptionnellement au sing.: *Il a l'flube! chuchota Petite-Rosse. Tous, même Gobiche, commençaient à le mépriser* (Rosny).

ETYM. déverbal d'un verbe rare, **fluber,** grelotter, d'où « avoir peur ». 1896 [Delesalle]. **1.** 1918 [Esnault]. **2. Avoir le flube,** 1888, Darien;

avoir les flubes, 1901 [Bruant] ; **filer les flubes,** 1941 [Esnault] ; au sing., vers 1880 [id.].

flurer *v.t.*

Flurer le pet, chercher des noises.

ETYM. p.-ê. déformation de **fleurer** (c.-à-d. flairer) **le pet,** autrement dit s'approcher de qqn d'une manière incommodante, désagréable. 1960 [Le Breton].

VAR. **furer :** 1928 [Esnault].

flûte *n.f.*

1. Jambe, plutôt mince et longue (généralement au pl.) : *Monsieur le commissaire, j'ai parié un litre avec mon nouveau copain [...] que ces deux flûtes repêchées par vous dans la lance du puits n'avaient jamais porté une femme* (Macé). *Là j'allong' mes flûtes / Et j'm'endors* (Bruant). **Dégringolade à la flûte,** pour une prostituée, action de voler un client, puis de s'enfuir « à toutes jambes ». **Jouer** ou **se tirer des flûtes,** s'enfuir : *Et ce coup-là, je m'arrache, je me tire des flûtes, je fonce dans la foule, un vrai courant d'air...* (Pelman, 1). **2.** Pénis. **Jouer de la flûte, tailler une flûte,** faire une fellation. SYN. pipe.

ETYM. emplois métaphoriques du mot usuel (analogie de forme). **1.** 1640 [Oudin]. **Dégringolade à la flûte,** 1878 [Rigaud]. **Jouer des flûtes,** 1867 [Delvau] ; **se tirer des flûtes,** 1880, G. Marot [Rigaud] ; *jouer son solo de flûtes* 1927 [Esnault] (en parlant de cyclistes). **2.** 1864 [Delvau]. **Jouer de la flûte,** 1953 [Sandry-Carrère].

focard *n.m.*

Individu dangereux et quelque peu fou : *Des « focards », comme on dit en argot de métier, ayant toujours le browning en poche et... la main dans la poche* (Grancher, 2).

ETYM. aphérèse de **loufoquard.** 1896 [Delesalle].

foie *n.m.*

1. Foie blanc, individu lâche, peu sûr : *On se battra comme au temps d'la Révolution, quoi ! Tant pis pour les foies blancs !* (Leroux). **2. Avoir les foies** ou (vx) **avoir les foies blancs, les avoir blancs,** avoir peur : *I's ont beau m'dir' : Va donc... eh ! tante ! / E j'marche pas... j'ai les foi's blancs* (Bruant). *La pépée qui n'avait pas été très, très régulière avec son homme, elle l'avait elle-même reconnu, avait eu salement les foies en apprenant qu'il s'était fait la paire* (Bastiani, 4). **Foutre les foies,** faire peur : *Mais bon Dieu ! Qu'ils l'enlèvent vite, ça m'fout les foies, ce machin !...* (Le Breton, 6). **3. Avoir les jambes en pâté de foie,** avoir les jambes molles (sous l'effet de la fatigue ou de la peur).

ETYM. cette expression procède de la croyance, jusqu'en 1628 (Harvey), que le sang est fourni au corps par le foie, qui blanchit sous l'effet de la crainte. **1.** 1840 [Esnault]. **2.** 1813 [Chautard] ; **les avoir blancs,** 1928 [Lacassagne]. **3.** 1920 [Bauche].

foin *n.m.*

1. Vx. Barbe : *La Comtesse, allongeant brusquement sa griffe, lui avait accroché le menton : « J'tiens son foin ! J'tiens son foin ! »* (Leroux). **2.** Tabac de mauvaise qualité. **3.** Argent : *Même que c'est un bas de laine ! – Alors, Beau-môme, il y a du foin, fais voir ça ici !* (Allain-Souvestre). **Avoir, mettre du foin dans ses bottes,** être riche, gagner beaucoup d'argent : *Ces particuliers dont le vêtement cossu fait présumer qu'ils ont du foin dans leurs bottes* (Vidocq). **4. Faire du foin.** ***a.*** causer du tapage : *Une heure après, toute la maison était encore révolutionnée ; et pis, pas que la maison : la rue ! tellement ça avait fait du foin !* (Courteline) ; ***b.*** faire scandale : *Pour un malheureux obus qui tombe à cent mètres, ils écrivent des lettres de huit pages. Et quand, par hasard, ils sont tués, on en fait un foin...* (Werth, 1). *C'est malin ! Ils sont capables de nous couper les vivres à cause de toi. Tu imagines le foin qu'ils vont faire* (Dormann).

ETYM. emplois métaphoriques du nom usuel. **1.** 1876, Richepin [Esnault]. **2.** vers 1875 [id.]. **3.** 1867 [Delvau]. **Avoir, mettre du foin dans ses bottes,** 1798 [Acad. fr.]. **4.** 1881 [Rigaud].

foirade *n.f.*

1. Action de déféquer ; diarrhée. **2.** Vx. Peur. **3.** Échec, reculade : *Vence, le moment est venu de prendre tes responsabilités, ou bien tu fais marche arrière et tu vas noyer ta foirade dans les troquets de la côte, ou bien tu sautes à pieds joints dans le vide* (Destanque).

ETYM. de **foirer. 1.** fin du XVIIIe s. [Littré]. **2.** 1881 [Rigaud]. **3.** 1920 [Bauche].

1. foire *n.f.*

Vx. **1.** Produit de la défécation ; diarrhée : *J'ai tâté du vin d'Argenteuil / Et ce vin m'a foutu la foire* (Plaisir des dieux). **2.** Peur.

ETYM. du lat. **foria**, diarrhée. **1.** 1165, Benoît de Sainte-Maure [TLF]. **2.** 1867 [Delvau].

2. foire, foiridon ou **foiridondaine** *n.f.*

Fête, goguette : *À la Bastille, c'est l'heure de la foiridon et nous qu'est-ce qu'on fout là dans ce bled pourri à nous geler les marrons ?* (Lépidis). *On a beuglé, hurlé dans les rues de la petite ville... foiridondaine pas très reluisante* (Boudard, 6). **Faire la foire, la foiridon, partir en foire,** faire la fête, se livrer à la débauche : *Je vais te le dire, moi, pourquoi t'es tombé ! [...] Parce que ton con de père te donne du fric pour faire la foire* (Jaouen). *Évidemment, elle peut être partie une nouvelle fois en foire...* (Malet, 2). → FARIDON.

ETYM. emploi métonymique du mot usuel : la foire est toujours l'occasion de réjouissances, plus ou moins innocentes. vers 1160, *Enéas* [TLF]. *foiridon* 1947, Marcus. **Faire la foire,** 1907 [Chautard].

VAR. **foirida :** 1966, A. Sarrazin [Cellard-Rey].

foirer *v.i.*

1. Déféquer : *J'ai tout lâché sur le dallage... J'ai foiré encore... C'était une débâcle marmelade* (Céline, 5). **Foirer dans la** ou **les mains de qqn,** lui retirer son aide, ne pas être à la hauteur pour coopérer : *Le flicard, on devait facilement le retrouver, mais cette sale conne me foirait dans la main* (Simonin, 3). **2.** Tourner à vide, en parlant d'une vis, d'un écrou ; mal fonctionner : *Le revolver avait bien fonctionné, c'était la balle qui avait foiré* (Noro). **3.** Échouer : *Qu'est-ce qui se passe ? –...cauchemar... – Où est Marie ? – Ça a foiré* (Conil). *Pour la première fois, mon programme avait foiré. J'avais raté ma dernière cible* (Veillot).

ETYM. dénominal de **1. foire. 1.** 1576, Baïf [TLF]. **Foirer dans la main,** 1954, Simonin. **2.** 1942, Saint-Exupéry [TLF]. **3.** 1947, Audiberti [id.], mais le sens factitif « faire échouer » apparaît dès 1850, chez Flaubert [id.].

foireux, euse *adj. et n.*

1. Qui a la diarrhée ; qui est souillé d'excréments. **2.** Peureux : *C'est ce foireux de Jérôme Bidochon, avec sa coupe au rasoir, qui conduisait* (Vautrin, 2).

◆ *adj.*

1. Qui est voué à l'échec : *Vous en faites pas, ce type est un peu branque. J'ai l'impression qu'il passe son temps à préparer des coups d'État foireux* (Galland). **2.** Médiocre, sans valeur : *Ne vous a-t-il pas annoncé par téléphone que j'avais avidement gobé ses explications foireuses ?* (Granotier).

ETYM. de **1. foire** (1 et 2) et de **foirer** (adj.). **1.** 1388, Du Cange [TLF]. **2.** 1808 [d'Hautel].

◆ *adj.* **1.** 1896, Willy [TLF]. **2.** contemporain.

VAR. **foirard, e :** 1534, Rabelais [TLF].

foiridon ou **foiridondaine** *n.f.*

→ **2. FOIRE.**

foirinette *n.f.*

Fête, goguette : *Le chauffeur de taxi [...] planqué à la porte d'une boîte, d'un bordel ou de toute autre taule à foirinette* (Simonin-Bazin). *Tiens, c'est tout ce qui me reste comme tunes. Mais ce soir, c'est la foirinette, d'accord !* (Dégaudenzi). SYN. foire, foiridon.

ETYM. de **2. foire** et du suff. diminutif **-ette.** 1935, Simonin-Bazin.

foiron *n.m.*

Postérieur : *Une vague faucha le mât de misaine qui rentra dans le foiron au pitaine* (Devaux). **Avoir le foiron flottant,** onduler des fesses en marchant.

ETYM. de **1. foire.** 1847 [Dict. nain]. **Avoir le foiron flottant,** 1977 [Caradec].

VAR. **foirou :** 1835 [Raspail]. **foirpette :** 1897 [Esnault].

foisonner *v.i.*

Sentir mauvais.

ETYM. sans doute emploi métonymique, associé à l'idée de « pulluler, se multiplier », d'où « sentir mauvais en se décomposant ». 1873 [Chautard].

DER. **foisonnant, e** *adj.* Qui sent mauvais : 1934 [Esnault].

folingue, follingue ou **foldingue** *adj. et n.*

Fou : *C'est pas tellement son genre à JJ. Il la trouve trop folingue, trop feignasse, trop... Trop, quoi ! Too much* (Sarraute). *La Clod' gueule qu'il voudrait bien dormir un peu et demande si cette nuit follingue va bientôt se terminer et de quelle façon* (Siniac, 3). *Le dieu des follingues a baissé les yeux sur moi au bon moment* (G. Arnaud, 2). *Y a des restrictions d'interféron pour moi, mais y en a pas pour les chats des foldingues qu'ont de l'argent ou le bras long* (Francos). SYN. louf.

ETYM. suffixation arg. de **fol.** *folingue* 1949, Malet ; *follingue* 1935, Simonin-Bazin ; *foldingue* (avec influence de *dingue*) 1983, Francos.
VAR. **foliga :** 1899 [Nouguier]. **folio :** 1915 [Esnault].

folkeux, euse *n.*
Joueur de musique folk ; chanteur de folk-songs : *Alors, écoutez-moi un peu,* [...] */ Les ringards, les folkeux, les journaleux* (Renaud).
ETYM. de **(musique) folk,** abrègement de **folk-song** (1966). 1980, Renaud.

folklo *adj.*
Démodé ou original : *Il vit avec une mégère qui tient un bar, c'est assez folklo* (Villard, 4).
ETYM. apocope de **folklorique,** employé dans le même sens à partir de mai 1968. 1973, *le Nouvel Observateur* [GR].

folle *n.f.*
Homosexuel à la mise et au comportement très efféminés : *Il fendit le flot étourdissant des petites folles que le bal de l'apéritif du Moulin-Rouge attirait* (Carco, 2). *Depuis deux ou trois ans, le carnaval des folles du bois* [de Boulogne] *a quasiment relégué les pédés aux musées du folklore* (de Goulène). **Folle perdue, tordue,** même sens au superlatif : *1970, cette époque qui a inventé le has-been, les folles tordues, le quatrième sexe, les gazolines* (*Actuel,* décembre 1983).
ETYM. emploi spécialisé et ironique de l'adj. usuel. 1914, Carco. Ce mot a connu un grand succès populaire depuis le vaudeville de Jean Poiret *la Cage aux folles* et surtout le film qu'en a tiré Édouard Molinaro en 1978.

foncer ou **fousser** *v.t.*
ARG. ANC. Donner (surtout de l'argent) : [Dieu] *punit gourdement ceux qui ne foncent la thune gourdement* (Responce au grand Coesre).
ETYM. de **fonds.** 1486, *Mistère.*

fondant *n.m.*
ARG. ANC. Beurre : *Il nous faudrait de la crignole, voilà du fondant* (Ansiaume).
ETYM. emploi métonymique du participe présent substantivé de **fondre.** 1628 [Chéreau].

fondier *n.m.*
ARG. ANC. Suif : *Il faut aussi retirer le larton de fondier* (Ansiaume).
ETYM. du verbe **fondre.** 1821 [Ansiaume].

fondu, e *adj. et n.*
1. Qui a perdu la raison, fou : *Birot a refilé cinq kilos de blanche à un porteur. – Pourtant... – Oui, il sait bien qu'il doit pas en donner plus d'un à la fois. Mais à force de se chnoufer il est devenu à moitié fondu* (Le Breton, 3). *La femme étranglée était connue de Barbès sous le nom de Minouche la fondue, ce qui signifie qu'elle était complètement déboussolée* (Chevalier). **2.** Qui ne sait plus où se réfugier, dans le langage des policiers.
◆ *n.*
Admirateur passionné : *Vous deviez être un fondu de Talma, Frédérick Lemaître, Bressant et Mlle Rachel* (Chavette).
◆ **fondu** *n.m.*
Faire un fondu, disparaître, en parlant d'un individu : *En plus, avec ce qu'il nous a bonni sur Féfé qui, lui, n'est pas un duraille à la mie de pain, il préférera faire un fondu pendant un certain temps* (Bastiani, 4).
ETYM. participe passé de **fondre. 1.** 1925 [Esnault]. **2.** 1975 [Arnal].
◆ *n.* 1877, Chavette.
◆ *n.m.* 1957 [Sandry-Carrère].

footeux, euse *adj. et n.*
Se dit de qqn qui aime ou qui pratique le football : *Dany et sa bande s'étaient donc rabattus sur des footeux de gauche, le genre à aimer partager avec le peuple* (Roux).
ETYM. de **foot,** apocope de **football.** *n.m.* 1980, *Libération* [MNC].

format *n.m.*
Billet de dix francs. **Petit format,** billet de cent francs. **Grand format,** billet de cinq cents francs ou de mille francs : *L'addition impressionnante réglée imperturbablement avec des « grands formats » extraits d'une accorte liasse* (Méra).
ETYM. emploi métonymique du mot usuel. 1977 [Caradec]. **Grand format,** « cinq cents » 1954, Méra ; « mille » 1928 [Lacassagne].

forme *n.f.*
VX. **Avoir de la forme,** être chanceux : *« Oui, m'man ! D'un seul coup qu' j'ai touché ce pognon-là. J'ai eu d'la forme, v'là tout ! » La grosse femme hocha sa tête neigeuse et marmonna : « Toi et ta chance ! Enfin... »* (Le Breton, 1).
ETYM. emploi spécialisé de ce mot très polysémique, dont les emplois « physiques » *tenir la forme, être en (bonne) forme,* etc., ne relèvent plus auj. de l'arg. 1954, Le Breton.

formid ou **formide** *adj.*

Vx. Appréciation suprêmement positive.

ETYM. apocope de **formidable.** 1957 [Sandry-Carrère].

formidable *n.m.*

Verre de bière d'une contenance d'un demi-litre (un litre dans le nord et l'est de la France).

ETYM. appellation emphatique (et traditionnelle dans les brasseries). 1912 [Villatte].

fort, e *adj.*

Fort (de café), se dit de qqch qui est excessif, qui dépasse les bornes: *Je la trouve un peu fort de café, votre dernière trouvaille !* (Lacroix).

◆ *adj. et n.*

Vx. Crâneur, fanfaron.

◆ *adv.*

1. (Y) aller fort, exagérer : *Hé bien, dit Aurore, tu vas fort. Vous êtes fâchés* (G.-J. Arnaud). **2. Faire fort,** employer les grands moyens ; réussir brillamment dans une entreprise.

ETYM. emplois intensifs de cet adj. polysémique. fin du XVIIIe s. [Duneton-Claval].

◆ *adj. et n.* 1850, forçat Clémens [Esnault].

◆ *adv.* **1.** 1901 [Bruant]. **2.** 1984 [Obalk].

fortanche *n.f.*

Bonne fortanche → BONNE FERTE.

fortiche *adj. et n.*

1. Fort, robuste : *Les cabarets et les brasseries se remplissaient et l'on voyait les costauds et les fortiches du port assiéger les comptoirs* (Cendrars, 1). **2.** Malin, habile, compétent : *Parce que tu crois peut-être qu'on y échappera, toi, le mec fortiche ?* (G. Arnaud). *Sœur Marie de la Conception est une fortiche. Pas sa pareille pour utiliser les restes, le pain dur, par exemple* (Le Dano). **3. Fortiche sur,** porté sur, enclin à : *Quand il émettait la prétention de tenir le litre, chacun admirait sa modestie. C'était sur le vieux marc surtout qu'il était fortiche* (Lefèvre, 1).

ETYM. suffixation arg. de **fort. 1.** 1897 [Esnault]. **2.** 1915 [id.]. **3.** 1919 [id.].

VAR. **fortif** au sens 1: 1906 [Chautard], repris par Renaud dans *Gueule d'aminche* (1974).

fortifs ou **fortifes** *n.f.pl.*

Les anciennes fortifications de Paris : *Ils sont là, menaçants, le genre apache de fortifs ou noceur de Pigalle éméché, particulièrement vulgaires et très mal embouchés, le surin en pogne, méchants comme la vérole* (Siniac, 3). *Lorsqu'on se rencontrait à la clinique, on s'attendait l'un l'autre et on allait rôdailler sur les fortifs* (Malet, 1). SYN. lafs, louarfs.

ETYM. apocope de **fortifications.** *fortifes* 1881 [Esnault]. Les dernières fortifications de Paris, fréquentées surtout par des voyous et des clochards, furent détruites en 1919.

VAR. **forts :** 1901 [Bruant].

fosse *n.f.*

1. Petite baraque de forain. **2.** Vx. **Fosse à Bidel, fosse aux lions,** désigne divers lieux d'incarcération, notamment le Dépôt : *La cour du Bâtiment-Neuf* [à La Force] *est surnommée la Fosse-aux-Lions. C'est vous dire assez qu'elle sert de repaire aux mauvaises têtes, aux hommes les plus dangereux et les plus difficiles à manier* (Joigneaux). **3. Fosse aux ours,** cour de promenade, dans les prisons.

ETYM. emplois animalisants du mot usuel. **1.** 1888 [Esnault]. **2. Fosse à Bidel,** 1879, *la Lanterne* [Rigaud] (du nom d'un dompteur célèbre) ; **aux lions,** 1841, Joigneaux. **3.** 1939 [Esnault].

fossile *n.m.*

Individu rétrograde, qui semble appartenir à une époque reculée.

ETYM. métaphore méprisante, utilisée dès 1830 par les écrivains romantiques contre les académiciens. 1833, A. Duval [Larchey].

fouettard *adj.m. et n.m.*

1. (Père) fouettard, postérieur : *Le Miroton encore si bluffé par c'te merveilleuse vision qu'il allait en chuter sur son père fouettard* (Devaux). *Sauveur lui avait jeté sa fausse panthère sur les épaules, et ils lui avaient fait descendre l'escalier à coups de pompes dans le fouettard* (Bastiani, 1). **L'avoir** ou **se le faire mettre dans le père Fouettard,** être dupé, se faire vaincre ou manœuvrer : *Elam, qui ne devait jamais revoir à l'horizon le museau pointu de Latrique, l'avait comme on dit « dans le père Fouettard » !* (Simonin-Bazin). **2.** Amateur de flagellations érotiques : *Tu parles que ce général, je le connais ! Il n'y a pas un bouton de sa vareuse qu'elle ne nous ait décrit. C'est le père fouettard de Tsarskoïe Selo !* (Combescot).

ETYM. de **fouetter** et du suff. péj. **-ard. 1.** 1935, Simonin-Bazin. Précédé du mythique *père Fouettard* (1903, Huysmans) dont on usait dans les familles bourgeoises pour effrayer les enfants. **2.** 1957 [PSI].

fouetter *v.i.*

1. Sentir mauvais : *Je partis bourré de recommandations, de sandwiches au calendo qui fouette* (Le Dano). *Dites donc, les copains, intervint l'acrobate cordialement, ça fouette, ici. Ouvrez la fenêtre, bon Dieu !* (Bénard). *Aggravant ma totale confusion, je commençai, en plus du reste, à fouetter pour parler vulgairement* (Granotier). **2.** Avoir peur : *Fouetter comme un rat.*

ETYM. emploi métaphorique (idée de coup souvent associée à celle de puanteur : cf. *cogner, taper*, etc. **1.** 1878 [Rigaud], sous la forme parisienne *fouatter*. **2.** 1946 [Esnault].

DER. **fouataison** *n.f.* Vx. Mauvaise odeur : 1899 [Nouguier].

foufière *n.f.*

ARG. ANC. Tabatière : *Tu sais, la foufière d'orient ? Le fourga m'a donné trois cigues* (Ansiaume). → citation à BRIDE.

ETYM. il s'agit de tabac à priser ; ce mot vient du rouchi **foufrin,** poussier de bois sous les fagots. 1821 [Ansiaume]. nombreuses variantes.

foufounette, foufoune ou **founette** *n.f.*

Vulve : *C'est mon tour de regarder [...] les nanas qui relèvent leur jupe jusqu'à la foufounette pour entretenir leur bronzage* (Dégaudenzi). *Toutes ces lumières, ces néons qui claquent, ces posters de cul avec ces foufounes roses et ces tétons turgescents, ça vous prend la tête* (*Actuel*, avril 1990). *De nos jours, vous avez beaucoup mieux dans le genre à l'étal de n'importe quel sex-shop... des ouvrages à n'en plus finir avec des photos de biroutes, de founettes embrochées, de turlutes, de cunnilinctus* (Boudard, 5).

ETYM. création expressive et hypocoristique, avec le suff. diminutif **-ette.** 1982 [Perret].

fougonnier *n.m.* → FOURGONNIER.

fouignedé ou **fouindé** *n.m.*

Variantes de fignard : *Tu as déplu à mon Vénéré Daron en me filant un coup de tatane dans le fouignedé* (Devaux). *C'est ma faute si je me déhanche en souplesse et si, au lieu d'avoir des molletons d'première ligne, j'ai la gambette racée, si j'ai pas le fouindé à ras du sol ?* (Cordelier).

ETYM. renforcement de **figne.** 1932, chanson *Il n'est pas distingué*, paroles de M. Hély.

VAR. **fouinedarès :** 1939 [Esnault]. **fouinedé :** 1975 [Le Breton].

fouille, fouillette ou **fouillouse** *n.f.*

1. Poche : *Le Rouquin [...] appelait ses poches, les fouilles, les fouillouses* (Carco, 1). *Augustin le flic fourre la pochette dans un sac de plastique, avec les mégots et ce qu'il tire des fouilles profondes du pardessus* (Demouzon). **C'est dans la fouille,** c'est sûr d'avance, c'est gagné : *Quand je sortirai avec le mec, s'il marche dans la combine, parce que c'est pas encore dans la fouille, tu te faufileras comme tu pourras* (Tachet). *Sans l'autre fumier de Fresnes, c'était dans la fouillette !* (Le Dano). **Être une fouille percée,** être dépensier. **2.** Contenu d'une poche : *Notre « fouille » à la main – tout le contenu de nos poches enveloppé dans le mouchoir – marchant avec difficulté dans des souliers veufs de lacets, nous avons obéi* (Malet, 1).

ETYM. de **fueil,** doublure de bourse (vers 1260 : apparenté à **feuille** plutôt qu'à **fouiller**). **1.** 1883 [Fustier]. **C'est dans la fouille,** 1935 [Esnault] (mais *fouillouse* apparaît dès 1546 chez Rabelais au sens de « bourse » et *fellouze* en 1628 chez Chéreau au sens de « poche ») ; *fouillette* 1957 [Sandry-Carrère]. **Être une fouille percée,** contemporain. **2.** 1949, Malet.

VAR. **fouillousse :** vers 1882 [Esnault], encore en 1954 chez Tachet.

fouille-merde *n.m. inv.*

1. Vx. Vidangeur ou chiffonnier. **2.** Personne trop curieuse, amateur de scandales, souvent en parlant de journalistes : *Quatre distingués fonctionnaires de la commission de l'Inspection générale de l'Administration (I.G.A.) sont allés jouer les fouille-merde à Lyon* (*Libération*, 9 décembre 1981). *Aussi, tant que le terrain n'aura pas été reconnu, j'allais dire déminé, prudence ! Gardez-vous tout spécialement des fouille-merde de la presse locale !* (Coatmeur). **3.** Vx. Idées noires.

ETYM. de **fouiller** et de **merde. 1.** « vidangeur » 1867 [Esnault] ; « chiffonnier » 1901 [Bruant]. **2.** 1690 [Furetière]. **3.** 1926 [Esnault].

fouiller *v.t.*

Posséder sexuellement.

◆ **se fouiller** *v.pr.*

Tu peux te fouiller, il ne faut pas y compter : *Et Madame ne lui en donne jamais* [de l'amour]. *Du moins, depuis que je suis ici. Monsieur peut se fouiller* (Mirbeau).

ETYM. emplois imagés du verbe usuel. 1640 [Oudin].

◆ *v.pr.* 1864 [Esnault] ; l'idée est : tu peux te fouiller tant que tu voudras, tu ne trouveras rien.

fouillette ou **fouillouse** *n.f.* → FOUILLE.

fouindé *n.m.* → FOUIGNEDÉ.

fouitenard *n.m.*

Vx. Pantalon : *Un fouitenard déglingué aux gambettes* (Méténier).

ETYM. → FUTAL. 1885, Méténier.

foulant, e *adj.*

Fatigant, pénible (en général dans un contexte négatif) : *Ce n'était pas foulant, fallait bien le reconnaître, juste marcher et siffler* (Ravalec).

ETYM. du verbe **se fouler (la rate).** mil. du XXe s.

foulard *n.m.*

Bander (comme un) foulard, être peu viril, voire impuissant : *Tu bandes, dit Moûlu incrédule, ah ! je te crois bien, comme un foulard !* (Sartre, 2).

ETYM. var. de **faire flanelle** (idée de mollesse). 1949, Sartre.

fouler *v.t.*

Ne pas se fouler (la rate, le poignet, les méninges), ne pas faire d'efforts, se ménager à l'extrême physiquement ou intellectuellement : *Profession ? – Rempailleurs. – De braves ouvriers ? – Qui ne se foulent pas la rate. – Ah ! – Ça boit et Ça noce tout le jour* (Guéroult). *Les gens qui ont construit Buenos-Ayres ne se sont pas foulé l'imagination* (Bénard). *Je n'oublierai pas de sitôt le titre de ce canard. Le gars qui l'avait pondu ne s'était rien foulé* (Malet, 8). *Mais sois sûr que, comme au collège, / Je ne dois guère me fouler* (Ponchon).

ETYM. loc. expressive et pseudo-médicale ; presque exclusivement dans un contexte négatif. 1828, Vidocq, mais d'abord *gardez de vous fouler la verge* 1640 [Oudin].

foultitude *n.f.*

Grande quantité : *Avec 40 % d'enfants scolarisés dans une foultitude d'établissements cléricaux, la querelle scolaire ne peut pas être à Angers simple bataille idéologique* (*Libération*, 10 mai 1982).

ETYM. suffixation accroissante et plaisante de **foule,** sur le modèle *multitude. fouletitude* 1867 [Delvau].

founette *n.f.* → FOUFOUNETTE.

fouquer *v.t.*

ARG. ANC. Donner : *Si nos Cagous et vouzailles Archisupposts, n'y fouquez remède, tout est perdu* (Responce au grand Coesre).

ETYM. du verbe tourangeau **fouquer**, manier, toucher. 1566, Rasse des Nœuds.

four *n.m.*

1. Insuccès : *Je ne parlais jamais d'un succès ou d'un four / Sans avoir consulté ma vénérable tante* (Ponchon). *Eh bien ! tu vas nous conduire à sa taule* [...] *Passe devant. S'il y a un four, ce sera pour tes pieds* (Larue). **Faire un four,** pour un voleur, ramener un porte-monnaie vide. **2.** Vx. **Four banal,** omnibus.

ETYM. image empruntée au théâtre. **1.** dès 1659, Lagrange, le comptable de Molière, désigne comme *four* une pièce jouée devant une salle vide (en relation avec *éclairer,* payer, d'où rapporter de l'argent). **Faire un four,** chez les comédiens, 1682, *Mercure;* pour un voleur, 1911 [Esnault]. **2.** 1836 [Vidocq], plaisante métaphore, évoquant la chaleur des corps pressés dans le véhicule démocratique.

fouraillé, e *adj.*

Variante de enfouraillé.

ETYM. emploi adj. du participe passé de **fourailler.** 1934 [Esnault].

fourailler *v.t.*

1. Vx. Mettre, fourrer qqch quelque part. **2.** Vendre à un receleur. **3.** Posséder sexuellement, de façon expéditive.

◆ *v.i.*

Tirer avec une arme à feu.

ETYM. de **four,** avec influence de **fourrer** (d'où parfois un double *r* dans l'orthographe). **1.** 1899 [Nouguier]. **2.** 1833 [Moreau-Christophe]. **3.** 1901 [Bruant].

◆ *v.i.* 1977 [Caradec].

DER. **fouraille** *n.f.* Arme à feu : [id.]. **fouraillis** *n.m.* Boutique du receleur : 1815, *Chanson de Winter*, in Vidocq.

☞ **fourbesque**

→ Liste des argots spécifiques *page [33].*

fourbi *n.m.*

1. Chose indéterminée : *Mais avant, il faut mettre de l'ordre dans le fourbi* (Veillot). **Et tout le fourbi,** syn. de et tout le bataclan, le saint-frusquin : *Mes godillots, tout l'fourbi, / Au r'voir et merci* (Vyle et Plébus *in* Saka). **2. Fourbi arabe,** désordre incompréhensible : *Peux-tu me dire ce que je fais dans ce fourbi arabe ?* (Desnos). **3.** Trafic douteux. **4.** Emploi. **Engrainer un fourbi,** obtenir un bon poste, au bagne : *Dis-moi [...] si t'espères engrainer un fourbi* (Clémens). **5.** Vx. Jeu.

ETYM. se rattache à un verbe **fourbanser,** remuer en cherchant (selon Esnault), mais vraisemblablement participe passé de **fourbir** (désigne tout ce que le soldat astique). **1.** 1886, Courteline [Sainéan]. **2.** 1914 [Esnault]. **3.** 1861 [id.]. **4.** 1850, forçat Clémens [id.]. **5.** 1835 [Raspail], après une longue éclipse : depuis 1542, Rabelais.

Fourcaga (le) *n.pr.*

Maison d'abattage parisienne nommée « Le Moulin Galant » (au 10, rue de Fourcy, IVe arrondissement) : *Les maisons de la plus basse catégorie... le fameux Fourcy, dit* Le Fourcaga *en argot, dans le quartier Saint-Paul* (Boudard, 2).

ETYM. resuffixation de **Fourcy.** 1951, Breffort [Doillon].

fourchette *n.f.*

1. La fourchette du père Adam, les doigts (comme ustensile de table) : *Sans autre fourchette que celle du père Adam, nous fîmes à ce dieu qui est en nous, c.-à-d. au dieu des Ventrus, députés ou non, un sacrifice à la manière des Anciens* (Vidocq). **À la fourchette,** à la main. **2. Coup de fourchette.** ***a.*** vol à la tire opéré avec l'index et le majeur : *Il lui faudra s'entraîner à glisser deux doigts en fourchette, c'est-à-dire l'index allongé et le médius très légèrement replié, pour saisir l'objet dans la poche* (Locard) ; ***b.*** coup donné dans les deux yeux avec l'index et le majeur. **3.** Voleur à la tire. **4. Jouer des fourchettes,** s'enfuir.

ETYM. emplois métaphoriques et expressifs. **1.** 1808 [d'Hautel]. **À la fourchette,** 1977 [Caradec]. **2.** ***a.*** 1848 [Pierre] ; ***b.*** 1867 [Delvau]. **3.** 1878 [Rigaud]. **4.** 1872 [Larchey].

fourgat *n.m.*

1. Butin. **2.** Boutique de receleur. **3.** Receleur : *La mauvaise mine, la mauvaise réputation de son client voleur sont les plus sûres garanties offertes au fourgat d'outre-Manche* (Claude). **4. Grand fourgat,** mont-de-piété.

ETYM. de **fourguer. 1.** 1835 [Esnault]. **2.** 1828, Vidocq. **3.** 1821 [Ansiaume], souvent sans *t* final. **4.** 1847 [Dict. nain].

DÉR. **fourgater** *v.i.* Pratiquer le recel : 1829 [Forban]. **fourgature** *n.f.* Larcin vendu : 1878 [Rigaud].

fourgate ou **fourgatte** *n.f.*

1. Receleuse : *Ne t'inquiète pas, te dis-je, mon plan est tiré, c'est de l'argent sûr ; la fourgatte est à deux pas* (Vidocq). **2.** Vx. Détenue qui détourne et vend au-dehors des laines, du fil.

ETYM. fém. de **fourgat. 1.** 1828, Vidocq. **2.** 1829 [Forban].

VAR. **fourgasse :** 1843 [Dict. moderne].

fourgonnier ou **fougonnier** *n.m.*

ARG. ANC. Cuisinier du bagne : *Les éprouvés peuvent être nommés [...] fourgonniers* (Alhoy). *Nous les inondions* [les planches des tollards] *sur les deux faces d'eau bouillante, que tenaient toute prête les fougonniers* (Humbert).

ETYM. de **fourgon,** équivalent anc. du tison. 1845, Alhoy.

fourgue *n.m.*

Receleur : *J'ai affaire à deux fourgues, dit-il, l'air dégoûté. Un pour les diams et l'autre pour la joncaille* (Lesou, 2).

◆ *n.f.*

1. Activité du receleur : *Proposer la mise en place d'un arsenal répressif plus efficace permettant de lutter contre les plus gros ténors de la « fourgue »* (le Nouvel Économiste, 9 août 1985). **2.** Marchandise en général : *Toute la petite fourgue ils l'ont paquetée* (Céline, 5).

ETYM. déverbal de **fourguer.** 1835 [Raspail].

◆ *n.f.* **1.** 1845 [Esnault]. **2.** 1936, Céline.

fourguer *v.t.*

1. Acheter des objets provenant d'un vol : *T'as raison, Jean-Louis, mais la fourgatte ne t'a pas encore vu, elle ne veut fourguer qu'à nous* (Vidocq). **2.** Vendre au receleur (des objets volés) : *Alors, hein, t'arrives le premier, tu piques la came, tu la remplaces par de l'ersatz, on la fourgue, et moitié moitié. D'ac ?* (Fallet, 1). **3.** Vendre au rabais : *Que l'on ne doit jamais, à moins d'être sinoque, / Fourguer la p'lure de l'ours avant qu'il soit clamsé* (Marcus) ; se débarrasser de qqch ou de qqn : *Il m'a trouvé, j'aurais pu être son adoptif, il* *m'aurait fourgué à l'assistance* (Prudon). **4.** Dénoncer (aux rivaux, à la police, etc.) : *Des gens qui avaient marché avec Robespierre et Saint-Just presque jusqu'au bout avaient senti le vent et les avaient fourgués, vendus, empaquetés, mettons vers le 2 ou le 3* [Thermidor] (Paraz, 1).

ETYM. de l'ital. **frugare**, chercher avec minutie, par métathèse. **1.** 1821 [Ansiaume]. **2.** 1835 [Raspail]. **3.** 1901 [Bruant]. **4.** 1948, Paraz.

fourgueur, euse *n.*

1. Receleur : *Si, en effet, il n'y avait pas de fourgueurs, la plupart des vols, et surtout des cambriolages deviendraient impraticables* (Locard). SYN. fourgat, fourgue. **2.** Vendeur clandestin : *Il se lia avec une nouvelle bande de fourgueurs de drogue, y goûta lui-même* [...] *et vécut d'expédients* (Jaouen). **3.** Vx. **Fourgueuse de poules,** entremetteuse.

ETYM. de **fourguer. 1.** 1847 [Dict. nain]. **2.** 1979, Jaouen. **3.** 1901 [Bruant].

fourline ou **fourlineur, euse** *n.*

ARG. ANC. Voleur ou voleuse à la tire : *Ces orgueilleux voleurs considèrent le fourline ou simple tireur comme un mendiant de la basse pègre, rangé par eux dans la catégorie très inférieure des goupineurs ou gueux sans talent* (Macé). *Le plus fin, le plus rusé, le plus adroit de tous les fourlineurs était Mimi Preuil, surnommé le roi des tireurs ; la nature l'avait gratifié de doigts d'une longueur démesurée* (Canler).

◆ **fourline** *n.f.*

1. Vol à la fourline, syn. de vol à la tire. **2.** Monde des voleurs. **3.** Poche.

ETYM. de l'arg. ital. **forcellina,** fourchette, contracté en **furlen** à Bologne [Esnault]. *n.m.* 1835 [Raspail] ; *n.f.* 1848 [Pierre] ; *fourlineur* 1830, Barthélemy [Esnault].

◆ *n.f.* **1.** 1844 [Dict. complet]. **2.** 1865, chanson [Esnault]. **3.** 1899 [Nouguier].

DER. **fourliner** *v.t.* Voler à la tire : 1836 [Vidocq].

fourmi *n.f.*

1. Petit revendeur de drogue : *À côté des gros trafiquants, il y a de plus en plus de petits pourvoyeurs qui vendent uniquement pour subvenir à leur consommation personnelle. C'est ce que nous appelons les fourmis* (Galland). **2. Fourmi rouge,** syn. désuet d'aubergine, contractuelle de la police.

ETYM. métaphore issue de la colonne de fourmis, dont chacune porte une parcelle, et analogie de couleur (uniforme aubergine). **1.** 1980, Galland. **2.** 1975 [Beauvais].

fourmillante *n.f.*

ARG. ANC. Rassemblement joyeux, fête : *J'ai fait trois bogues à la fourmillante de St-Sever* (Ansiaume).

ETYM. du verbe **fourmiller.** 1821 [Ansiaume].

VAR. **frémillante** : 1821 [Mézière].

fourmiller *v.i.*

Vx. Aller et venir : *Qu'importe ?... on me laissera fourmiller dans la vergne, et je trouverai bien moyen de me cavaler* (Vidocq).

ETYM. de **s'agiter comme une fourmi.** 1828, Vidocq.

fourmillon *n.m.*

Marché : *Jolie la plus franche des pecques / Et Paméla du Fourmillon / Aux-Veaux et marquise d'altèque / Quêtent les grâces du patron* (Mac Orlan, 2). **Travail au fourmillon,** vol à la tire pratiqué sur des femmes au marché.

ETYM. de **fourmiller.** 1836 [Vidocq]. **Travail au fourmillon,** 1911 [Esnault].

DER. **fourmillonneur** *n.m.* Voleur à la tire sur les marchés : 1847 [Dict. nain].

fourneau *n.m.*

Vx. Imbécile (surtout en apostrophe) : *Laisse-le donc ce fourneau-là ! dit la voix de Mme Augustine. Tu vois donc pas que c'est un pané* (Courteline). *Grand-père ! c'est ta petite-fille Sylvie qui te cherche. Montre-toi, vieux fourneau. Tu vas encore rentrer rond comme une soucoupe* (Aymé).

ETYM. à l'origine, vagabond habitué des « fourneaux de charité ». 1881 [Rigaud].

fourobe *n.f.*

ARG. ANC. Perquisition : *Les cognes font la fourobe, il faut faire l'accent à ta larcque* (Ansiaume).

ETYM. de **fuora roba !,** bas le vêtement !, ordre de fouille aux galères, puis au bagne, selon Esnault. 1821 [Ansiaume].

DER. **fourober** *v.t.* Fouiller : 1867 [Delvau].

fourrer *v.t.*

1. Posséder sexuellement : *Il y a comme ça des tapineuses qui se mettent tout d'un coup à reluire passé la trentaine, qui se sont fait fourrer des années par de pleines rames de métro sans rien sentir, et puis toc ! L'étincelle* (Ryck) ; au fig., duper : *Marco lui répondit par ce petit sou-*

rire qu'il avait quand il venait de fourrer quelqu'un (Roubaudi). **2. Fourrer dedans.** ***a.*** tromper ; ***b.*** incarcérer. **3. Se fourrer le doigt dans l'œil (jusqu'au coude),** se tromper grossièrement : *Allons, mes petits agneaux, vous vous fourrez le doigt dans l'œil jusqu'à la cervelle* (Boussenard).
ETYM. emplois spécialisés du verbe usuel. **1.** 1899 [Nouguier]. **2.** ***a.*** 1885, Vallès [TLF] ; ***b.*** 1915, Benjamin [id.]. **3.** 1860, Goncourt [id.].
VAR. **faire sa fourre** (au sens 1) : 1899 [Nouguier].

fousser *v.t.* → FONCER.

foutable *adj.*
Désirable, en parlant d'une femme.
ETYM. de **1. foutre.** vers 1787, Mirabeau [Cellard-Rey].

foutaise *n.f.*
Propos ou chose sans valeur : *Le moniteur qui, après avoir compté ses troupes, leur citait mon courage en exemple et disait des foutaises sur la solidarité en cas de coup dur* (Van Cauwelaert). *Je dis que c'est de la foutaise* [ce livre], *mais qu'il m'a été dédicacé, alors...* (Bénoziglio).
ETYM. de **1. foutre,** sans connotation sexuelle. 1668, C. Le Petit [TLF].

foutant, e *adj.*
Vx. Très fâcheux : *Faut avouer que c'était rudement foutant d'être réveillé* [par ce coq] *au petit reluit* (Méténier). *Ah ! s'épanchait Jacques, ça serait foutant qu'on ne s'enverrait pas un cigare* (Rosny).
ETYM. de **1. foutre.** 1790, J. Bart [Quemada].

fouterie ou **foutrerie** *n.f.*
1. Copulation ; débauche : *Le ministre arrivait en blouse blanche entouré de deux ou trois putes déguisées en infirmières.* [...] *Une parodie d'opération se terminait en foutrerie* (Boudard, 2). **2.** Parole ou action sans valeur.
ETYM. de **1. foutre. 1.** 1790, *les Confédérés vérolés* [Pauvert] ; *foutrerie* 1986, Boudard. **2.** 1889, Darien ; *foutrerie* 1947, Giono [TLF].

fouteur, euse *n.*
1. Individu porté sur les plaisirs sexuels : *Elle a déjà une petite moule succulente, ta protégée ! Et ce sera un jour une bonne fouteuse, par Vénus !* (Cellard). SYN. baiseur. **2. Fouteur de merde,** individu qui crée un désordre, une perturbation : *Quant à moi, repéré depuis le matin et dès lors qualifié de « fouteur de merde », je me suis vu physiquement menacé* (*Libération,* 15 décembre 1980).
ETYM. de **1. foutre. 1.** mil. du XVIIe s. [Delvau]. **2.** 1951, J. Perret [GR].

foutoir *n.m.*
1. Maison de tolérance : *Avant la guerre, existait dans le quartier Saint-Paul, rue de Fourcy, je crois, le plus étonnant des lieux publics, un bordel pour clochards. Ce foutoir maintenant disparu* [...] *était composé de deux pièces, le Sénat où le tarif était uniformément de dix francs, et la Chambre des Députés où il variait selon l'humeur et la qualité autour de quinze* (Clébert). **2.** Pièce en grand désordre : *Ça m'étonnerait qu'il la retrouve* [sa lentille de contact]. *Cette salle de bains, c'est un vrai foutoir* (Sarraute). **3.** Situation embrouillée, anarchique : *La programmation* [de la télévision] *est un véritable foutoir où personne ne se retrouve* (*Libération,* 9 novembre 1985).
ETYM. de **1. foutre. 1.** 1732, Caylus [DDL 44]. **2.** 1857, Goncourt [TLF]. **3.** 1954, Beauvoir [id.].

foutral, e *adj.*
Se dit de qqch qui possède une qualité au plus haut point : *La foutue rigolade ! Mais l'ennui en même temps. L'insupportable, le foutral ennui !* (Vautrin, 2).
ETYM. de **2. foutre,** *interj.* 1938 [Esnault].

1. foutre *v.t.*
1. Posséder sexuellement : *La vieille Grandieu* [...] *s'était offert un superbe monsieur mûr pour la conversation, la prestance, le style, lui sucer la queue, être parfois foutue* (Duvert). **Va te faire foutre,** formule de congédiement : *Cinq minutes plus tard, j'invitais Guy Mollet, en termes exquis, à aller se faire foutre* (Fajardie, 1). **2.** Donner, mettre (en divers sens) : *Je leur en foutrais, moi, du printemps... Ça pue l'essence* (Rognoni). *Ton bateau était trop gros pour toi. Tôt ou tard, tu l'aurais foutu sur les rochers* (Viard). *C'est pas souvent que je fous les pieds ici !* (Demouzon). *Le reste, et pourquoi je partais, et si ça me foutait le cafard, et tout ça, elle s'en foutait complètement* (Bénoziglio). **Foutre le camp,** (vx) **son camp,** s'en aller : *Toi, dans deux mois, tu foutras le camp en laissant derrière toi pas mal de ravages* (G.-J. Arnaud). *Tu lui as dit de s'habiller et de foutre son camp, hein ?* (Méténier). **Foutre la paix,** laisser tranquille : *Lucas ne comprend pas pourquoi je lui hurle dans le nez de*

me foutre la paix (Faizant). **Foutre dedans,** induire en erreur : *Ce qui m'a foutu dedans, c'est que j'ai pas compté les heures sup.* **Foutre en l'air, foutre en bas,** démolir ; tuer : *Ne crains rien, il* [Boullanger] *ne crossera plus ! Je l'ai foutu en bas dans le milieu de l'allée du bois d'Épiney* (Orgères). **Ça la fout mal,** ça fait mauvais effet : *Je demanderai un acompte demain. – Ça la foutra mal* (Malet, 1). **3.** Faire (en divers sens) : *Que foutez-vous donc là, je m'en vas appeler cinq moissonneurs, qu'il y a pas loin* (Orgères). *Des esprits fols et chimériques / Si nombreux dans les Amériques / Diront : « Qu'est-ce que cela fout ? »* (Ponchon). *Il ne savait rien foutre de ses mains à part la barre fixe et le trapèze* (Céline, 5). *Alors, qu'est-ce que t'as foutu ? Le vermicelle quand est-ce qu'y va cuire ?* (Rochefort). **Ne pas en foutre une rame, une datte, un coup, un clou, une secousse,** etc., ne rien faire : *J'en foutrai jamai' eun' secouss, / Mêm' pas dans la rousse / Ni dans rien* (Bruant). *J'suis débauché. Y a huit jours que j'en fous pas le coup* (Méténier). **(N')en avoir rien à foutre,** s'en moquer complètement : *Mustapha montra, en se mettant ostensiblement à se curer les ongles avec une allumette, qu'il n'en avait rien à foutre* (Fauque).

◆ **se foutre** *v.pr.*

1. Se foutre à, commencer à, se mettre à : *Quand il l'a entendu déconner, il s'est foutu à ricaner.* **2. Se foutre de (la gueule de) qqn,** (vx) **de la fiole de qqn,** se moquer de lui : *Nos voleurs n'avaient que de faux pistolets, ils se sont foutus de nous et on va leur faire payer ça !* (Ropp). *Les gens, dit-il, se foutent de notre gueule. Pour un peu, ils nous reprocheraient de ne pas avoir mauvaise mine* (Werth, 1). *Penses-tu que ce mal blanchi avait l'air de s'foutre de ma fiole ?* (Méténier). **Se foutre de qqch,** s'en désintéresser : *Le foot, je m'en fous. La bagnole, je m'en fous. Dieu, je m'en fous* (Desproges). **3. Se foutre dedans,** se tromper. **4. S'en foutre jusque-là, plein la lampe,** manger gloutonnement.

ETYM. du lat. **futuere,** posséder sexuellement. **1.** vers 1180, *Roman de Renart* [TLF]. **Aller se faire foutre,** 1661 [DDL 38]. **2.** 1789 [TLF]. **Foutre le camp** et **la paix,** 1790, *le Père Duchesne* [TLF]. **Foutre dedans,** 1881, Goncourt [TLF]. **Foutre en bas,** 1791, Orgères. **Ça la fout mal,** 1936, Martin du Gard [TLF]. **3.** 1798, Orgères. **Ne pas en foutre un coup,** 1881 [Rigaud] ; **une datte,** 1897, Rictus [Duneton-Claval] ; **une rame,** 1892 [Esnault] ; **une secousse,** 1883 [Fustier]. **(N')en avoir rien à foutre,** 1957 [Sandry-Carrère].

◆ *v.pr.* **1.** 1883, Goncourt [TLF]. **2.** vers 1730, Piron. **3.** 1954, Beauvoir [TLF], mais *foutre dedans* tromper, date de la fin du XIXe s. **4. S'en foutre jusque-là,** 1901 [Bruant] ; **s'en foutre plein la lampe,** 1915 [Sainéan].

2. foutre *n.m.*

Sperme : *L'impossibilité de chauffer décourage les plus ardents à se hasarder dans les salles glacées* [de cinéma porno] *qui sentent l'urine, le vomi, le foutre refroidi, l'eau de Javel* (Chevalier). *C'était une sueur blanche, épaisse, grasse, mousseuse comme l'écume à l'encolure des chevaux… Gluante, oui, comme du foutre* (Smaïl). *Alors, de ma mort atroce, de mon foutre et de mon sang, la vie renaîtra pour ces terres oubliées* (Richard).

◆ *interj.*

Appuie une assertion, renforce une question : *Mais peut-elle prouver que ces enfants sont de toi ? – Non. Ou plutôt, je n'en sais foutre rien* (Amila, 1). *Ça te fait bander, ta propre mort. Eh bien, pas moi, mon pote* […]. *Foutre non* (G. Arnaud).

ETYM. infinitif substantivé du précédent : l'emploi au sens sexuel de ces deux mots est rare auj., à la fois démodé et considéré comme très grossier. fin du XVe s. [TLF].

◆ *interj.* 1618, Sigogne [id.].

foutrement *adv.*

Extrêmement : *Rumba, cha cha, salsa et tango se succédaient sans faiblesse car l'orchestre était foutrement bon* (Villard, 4).

ETYM. de **2. foutre,** *interj.* 1891, Verlaine [TLF].

foutrerie *n.f.* → FOUTERIE.

foutriquet *n.m.*

VIEILLI. Individu insignifiant et incapable : *C'en fut trop. Julien traita le baron de foutriquet et son fils de Ménélas. Depuis la Belle Hélène, c'était une injure !* (Swennen). *Qu'est-ce que tu crois qu'il va faire, ce foutriquet de maire ?* (Clavel, 3).

ETYM. dér. de **1. foutre,** avec un suff. inspiré de *paltoquet.* 1791, Lemaire [Quemada].

foutu, e *adj.*

1. Voué à une mort certaine : *T'as l'air fatigué, papa. – Je suis foutu, répondit-il* (Mensire). **2.** Cassé, hors d'usage : *L'entraîneur tremblait comme une feuille : « Fringale aura le cœur foutu avant le deuxième tournant »*

(Averlant). *Connard avec les filles, imbuvable. Une réputation foutue. Bousillée* (G.-J. Arnaud). **3.** Porte un jugement dépréciatif (toujours avant le substantif) : *Il y a bien deux cents personnes autour de lui et de ces deux foutues gamines* (Klotz). *Quel foutu caractère il a, ce môme ! s'emporta le Rouquin* (Le Breton, 6). **4.** Fait, exécuté. **Bien foutu,** bien fait de sa personne : *J'avais déjà baisé des filles bien foutues mais elle dépassait l'entendement* (Ravalec). SYN. bien balancé. **Mal foutu.** ***a.*** (vx) mal habillé (on rencontre aussi **foutu comme quatre sous**) : *Et me voilà, ma bonne femme / Oui, foutu comme quatre sous. / Mon linge est sale, aussi mon âme...* (chanson *Tour de lessive*, paroles de G. Couté) ; ***b.*** qui n'a pas un physique très plaisant : *Pour paraître ainsi vêtues / Je suppose, en résumé, / Que vous êtes mal foutues / Jusqu'à plus ample informé* (Ponchon) ; ***c.*** souffrant : *Il venait prévenir que sa femme n'irait pas travailler le lendemain, parce qu'elle était mal foutue* (Amila, 1). **5. Foutu de,** capable de : *Il admet qu'un Parisien ne soit pas foutu d'exprimer simplement des choses simples* (Paraz, 1). *J'ai pensé que c'était mieux que personne se le soit pris sur le coin de la tête, Machin aurait été foutu d'avoir un procès sur le dos* (Cailhol).

ETYM. emploi adj. du participe passé de **1. foutre,** plus nettement arg. que son quasi-synonyme *fichu* (aux emplois strictement parallèles). **1.** mil. du XVIIe s., Théophile [Delvau]. **2.** 1790 [Duneton-Claval]. **3.** 1610, Béroalde de Verville [Enckell]. **4.** 1843, Flaubert [TLF]. **Mal foutu.** ***a.*** 1866 [Delvau], **comme quatre sous,** [id.] ; ***b.*** 1881 [Rigaud] ; ***c.*** 1954, Beauvoir [TLF]. **5.** 1888, Courteline [id.], mais *foutu pour* même sens dès 1830, Lhéritier.

fraîche *n.f.*

1. Argent en espèces : *Il avait jamais pu garder de fraîche à la maison. Tout passait aux courtines, à la passe anglaise, au 421* (Audouard). *Huit cent mille balles ! Jamais le Mickey n'avait eu entre les mains autant de fraîche* (Lépidis). **2.** Carafe d'eau.

ETYM. adj. substantivé, var. arg. de l'*argent frais*. **1.** 1948 [Lacassagne]. **2.** 1977 [Caradec].

frais *n.m.*

Mettre au frais. ***a.*** emprisonner ; ***b.*** retirer de la circulation, mettre à l'abri.

ETYM. emploi subst. et métonymique de l'adj. usuel. ***a.*** 1881 [Rigaud] ; ***b.*** contemporain.

fraise *n.f.*

1. Aller aux fraises. ***a.*** chercher dans la nature un coin propice à l'amour physique ; ***b.*** quitter la route par accident. **2.** Visage ; personne : *J'y mis un marron sus l'fraise, de colère, un soir qu'elle prétendait me régaler d'iau rougie* (Stéphane). **Ramener sa fraise.** ***a.*** avoir un comportement fanfaron ou importun : *Si tu continues, on va te démolir ! Tu ramènes un peu trop ta fraise ! C'est nous les maîtres, ici, à la fin* (Van der Meersch). SYN. la ramener ; ***b.*** arriver, en parlant d'une personne : *Les gens disaient simplement : « Voilà Arsène qui ramène sa fraise », et il est vrai que son visage rappelait assez bien ce fruit, dans des proportions monstrueuses* (Lefèvre, 2).

ETYM. emplois teintés d'humour (1) et vague analogie de forme (2). **1.** ***a.*** 1887, Maupassant [TLF] ; ***b.*** 1975 [Beauvais]. **2.** 1901 [Esnault]. **Ramener sa fraise,** 1921 [Esnault].

fralin, e *n.*

1. Frère, sœur : *Ma femme aussi a grand désir d'embrasser son fralin Jean, comme elle dit en son parler de Parisienne* (Gill). **2.** Ami, amie. SYN. frelot.

ETYM. suffixation arg. de **frère. 1.** « frère » 1821 [Mézière] ; « sœur » 1836 [Vidocq]. **2.** au masc., 1878, Gill.

framboise *n.f.*

Clitoris : *Des radeuses au pétrus démesuré et à la framboise ravageuse poussaient leur goualante en l'honneur du visiteur de marque* (Devaux).

◆ **framboises** *n.f.pl.*

Vx. **Avoir les framboises,** avoir peur.

ETYM. analogie de forme. 1928 [Lacassagne]. ◆ *pl.* 1919, Dorgelès [Le Breton].

franc, franche *adj.*

1. Correct, régulier (selon le milieu) : *Souillot [...] me dit : Sacré nom de Dieu, ma brave dame, êtes-vous franche ? C'est-à-dire qu'il me demandait si j'étais de la bande des voleurs, et s'il pouvait se fier à moi* (Orgères). *Refile ta babillarde à quelque gaffe franc* (Clémens). *Non ! non ! méfiez-vous. Il n'est pas franc* (Carco, 2). **Franc du collier,** à qui on peut faire confiance : *Il ajouta non sans se rengorger qu'il s'était douté que ces deux-là n'étaient pas francs du collier* (T. Colin). **2.** Courageux.

◆ *n.*

ARG. ANC. Homme ou femme à qui on peut se fier (du point de vue des malfaiteurs), notamment pour le recel : *Voiteau* [garde champêtre de la commune du Gault] *et sa femme étaient du nombre des* francs *ou receleurs affidés à la bande* (Leclair). **Franc de campagne,** indicateur qui signale les coups à faire sur la plaine. **Franc de maison,** individu qui héberge les voleurs, recèle leur butin et parfois agit avec eux.

◆ *n.m.*

Vx. Lieu sûr.

ETYM. emplois très localisés de l'adj. usuel. **1.** 1797, Orgères. **Franc du collier,** 1828, Vidocq. **2.** 1877 [Esnault].

◆ *n.* « homme » 1724 [Esnault] ; « femme » 1800, Leclair.

◆ *n.m.* 1829 [Forban].

DÉR. **franchise** *n.f.* Bravoure : 1851 [Esnault].

francaoui ou **frankaoui** *adj. et n.*

Français : *Les Francaouis de souche me caguaient parce qu'ils me jugeaient un peu trop sidi* (Smaïl). *Ce petit merdeux de frankaoui le laissait choir comme une vieille chaussette* (Villard, 4).

ETYM. mot de sabir méditerranéen anc., selon Lanly ; d'abord *frangaoui* 1955, *l'Express*.

francforts *n.m.pl.*

Doigts : *Le monstre lève alors sa lourde main aux francforts couverts de poils frisés* (San Antonio, 5).

ETYM. par analogie de forme avec les **saucisses de Francfort.** 1953, San Antonio.

Franchecaille (la) *n.pr.*

La France : *Quitter la Franchecaille, passer une frontière, dès maintenant, ça devait pas être du tout cuit* (Simonin, 2).

ETYM. suffixation arg. de **France,** avec le suff. **-caille.** 1953, Simonin.

franchouillard, e *adj. et n.*

Français : *Et puis, brutal, déprimant, destructeur, joue le réflexe franchouillard* (Simonin, 10). *Pour d'autres, en revanche, notre langue se porte à merveille, et c'est jouer les Cassandre patriotardes ou franchouillardes que de s'en inquiéter* (Saint-Robert). *Restent pour les autochtones, les Franchouillards vaincus* [en 1940], *les taules d'abattage* (Boudard, 2).

◆ **franchouillard** *n.m.*

La langue française.

ETYM. suffixation péj. de **français.** 1967, Simonin.

VAR. nombreuses altérations plus ou moins fantaisistes. **francillon** : 1866 [Delvau]. **franzouse** (d'après l'all. *Franzose*) : 1957 [Sandry-Carrère]. **françouze** : 1986, Vautrin.

DÉR. **franchouillardise** *n.f.* Traits de comportement typiquement français : 1983, *le Monde* [Merle].

franchucha *adj. et n.f.*

Appellation, en Amérique du Sud, des prostituées françaises : *Dans les bas quartiers de Buenos Aires, Montevideo... on se disputait farouche la possession des Franchuchas qui gagnaient gros à la roulette du trou du cul* (Boudard, 2).

ETYM. de l'espagnol. 1986, Boudard.

franco *adj. inv.*

1. Loyal : *Je passe intérieurement en revue les binettes que j'ai classées hier parmi les pas franco : le secrétaire cadenas, le Jérôme, le bourreau noir...* (Murelli). **2.** Sans danger : *Il y avait mieux mais c'était moins franco et seuls, les « noirots » endurcis pratiquaient « le drapeau levé » à des heures tout à fait indues* (Simonin-Bazin). *À l'extrémité du couloir, conduisant au sanctuaire directorial, une porte béait, par où s'échappait une ligne lumineuse... Encore un turbin pas franco pour Nestor !* (Malet, 11). **3.** Sans façons : *J'aime mieux l'musette, parce que là c'est franco, y a pas à s'casser la tête* (Simonin-Bazin).

◆ *adv.*

1. Sans hésiter, franchement : *Voilà : je vais vous poser des questions. Si vous répondez franco, on en tiendra compte* (Tachet). **2.** Immédiatement.

ETYM. suffixation pop. de **franc, franchement** ou extension d'emploi de **franco (de port).** **1.** 1926 [Chautard]. **2** et **3.** 1935, Simonin-Bazin.

◆ *adv.* **1.** 1879 [Esnault]. **2.** 1936 [id.].

francouillard *n.m.*

Franc (monnaie).

ETYM. de **franc** et des deux suffixes péjoratifs **-ouill** et **-ard.** 1957 [Sandry-Carrère].

frangibus [-bys] *n.m.*

Frère : *Comme de bien entendu, le frangibus avait été éliminé de la course au trésor au profit du secrétaire dévoué et câlin* (Barnais, 1).

ETYM. de **frangin,** avec un suff. plaisant. 1882 [Esnault].

DÉR. **frangib** *n.m.* Individu : 1946 [id.].

frangin *n.m.*

1. Frère : *Ils avaient fait Boulle tous les deux, Francis et Marceau [...] Ils apprenaient les métiers du bois, mieux que des frangins, même carré de maisons, mêmes donzelles* (Amila, 1). **2.** Camarade ; congénère : *Vive la République / Les gens du pouvoir y nous soutien't / C'est des frangins* (chanson *les Rois du pavé,* paroles d'E. Plessis). **3.** Individu quelconque : *On aurait juré deux frères. C'étaient, en, effet, de drôles de frangins* (Malet, 10). **4.** Frère de la doctrine chrétienne : *C'était, chaque jour, quelque nouveau mauvais tour imaginé contre le frangin* [frère des écoles chrétiennes actuellement forçat] (Humbert).

◆ **frangins** *n.m.pl.*

Francs-maçons.

ETYM. déformation pop. de **frère. 1** et **3.** 1821 [Ansiaume]. **2.** 1850, forçat Clémens [Esnault]. **4.** 1872 [id.].

◆ *pl.* 1957 [Sandry-Carrère].

DER. **frange** *n.m.* Ami : 1901 [Bruant].

frangine *n.f.*

1. Sœur : *Y a un tronc d'arbre qui se détache, qui rentre dans la 2 CV de ma sœur. Ma frangine, ça lui a fait comme un coup* (Raynaud). **2.** Fille, femme (maîtresse, prostituée, etc.) : *Pour ce qui est du sexe à piles de la frangine, y faudrait changer les piles !* (Lasaygues). *Les harengs me dégoûtent ; ils sont à la merci d'une frangine et des flics* (Le Chaps). **3.** Religieuse : [L'aumônier :] *La bonne sœur avait cru comprendre...* [Le forçat :] – *La frangine... Je n'y ai pas seulement parlé !* (Humbert).

ETYM. féminin de **frangin. 1.** 1821 [Ansiaume]. **2.** 1926 [Esnault]. **3.** 1850, Clémens.

frankaoui *adj. et n.* → **FRANCAOUI.**

fransquillon, e ou **franquillon, e** *adj. et n.*

Français.

◆ *n.m.*

Langue française : *Mais j'peux pas le laisser seul. Y jaspine pas le franquillon* (Le Breton, 2).

ETYM. mot d'origine wallonne (nom donné aux Français par les Belges). *fransquillon* 1867 [Delvau] ; *franquillon* 1953, Le Breton.

frappadingue *adj. et n.*

Complètement fou : *On dit que je suis barge, givrée, frappadingue ; ou tout simplement folle, c'est selon et c'est vrai* (*Actuel,* juillet 1985). *« Lâchez-moi, m'sieu, dit-il, et je vous dirai tout. » L'autre frappadingue desserra ses pognes* (Vautrin, 1).

ETYM. combinaison de **frappé** et de **dingue.** 1942, Meckert, mais *frappe-dingue* 1957 [Sandry-Carrère], au sens de « prisonnier ».

VAR. **frappadingo :** 1979, Vautrin.

frappe *n.f.*

Vaurien dangereux, surtout dans l'expression **petite frappe :** *Et puis Noël Blondel, le joli Blondel, une petite frappe pour qui Ferrand avait un tendre* (Thomas, 1). *De jeunes frappes de banlieue descendues en bandes de la grande couronne, à bord d'autos rafistolées ou sur des motos, cherchent la bagatelle et la bagarre* (Siniac, 1).

ETYM. apocope de **frapouille,** dér. de **frapa** (mot du centre de la France), guenille. 1875 [Chautard].

VAR. **frape :** 1888 [Esnault].

frappé, e *adj. et n.*

Fou : *Mais ils sont complètement frappés, je vous jure ! gueula Christo. Tu veux démolir ma baraque, ou quoi ?* (Topin).

ETYM. emploi métonymique, décrivant l'effet du coup sur la tête. 1931 [Chautard].

VAR. **frapada :** 1954, Yonnet.

frapper *v.t.*

Vx. **1.** Mendier ; emprunter. **2.** Cambrioler.

◆ *v.i.*

Frapper devant, servir de compère pour amorcer les dupes ou pour les rabattre dans un café.

◆ **se frapper** *v.pr.*

Ne pas se frapper, ne pas s'inquiéter : *Mais Madame Gorloge, elle se frappait pas comme maman* (Céline, 5).

ETYM. emploi métaphorique (cf. *taper* pour le sens 1). **1.** « mendier » vers 1860 [Esnault] ; « emprunter » 1883, Macé [id.]. **2.** 1926 [id.].

◆ *v.i.* 1926 [id.] (sens emprunté au forgeron qui « frappe à devant »).

◆ *v.pr.* 1893, Zola [TLF].

DER. **frappeur** *n.m.* **1.** Adolescent qui mendie : vers 1860 [Esnault]. **2.** Cambrioleur : 1926 [id.]. **frappe-devant** puis **frappe** *n.m.* Compère qui rabat pour des bonneteurs ou des tricheurs : 1926 [id.].

fraquer *v.t.*

Fracturer (une porte).

ETYM. de l'onomatopée **(fric-)frac.** 1957 [Sandry-Carrère].

fraqueur *n.m.*

Cambrioleur : *Le commissaire Clot ne l'oublie pas. Castex non plus qui possède un flair extraordinaire, une sorte de sixième sens pour sauter les casseurs, les fraqueurs, les perceurs de coffres* (Larue).

ETYM. aphérèse de **(fric-)fraqueur.** 1969, Larue.

freak [frik] *n.m.*

Marginal refusant toute forme de sociabilité, souvent drogué et dépressif : *Le shit, ça intéresse les flics d'habitude et une heure après ils déboulent chez les freaks* (Galland).

ETYM. mot angl., « monstre de foire », d'où, péj., « hippie ; fan ». 1972, *le Nouvel Observateur* [Rey-Debove et Gagnon].

frégate *n.f.* ou **frégaton** *n.m.*

Jeune homosexuel passif : *Et, à travers la colonie, restent les mots de gabier, bordée, second, frégate (ce mot désignant un vautour, un giron)* [Genet]. *J'avais un petit frégaton qui m'a dit avoir reconnu la fille d'un amiral* (Lorrain).

ETYM. métaphore de la sveltesse. *frégate* 1821 [Ansiaume] ; *frégaton* 1904, Lorrain.

frelot, ote *n.*

Frère, sœur : *C'est même pas vrai, ça, son frelot dans les pompes funèbres. Pas plus de frangin que de beurre au cul* (Boudard, 1). SYN. fralin.

ETYM. resuffixation arg. de **frère.** 1926 [Esnault]. Succède à une forme ancienne *frelin* 1797, Rouen [id.].

fréquenter (se) *v.pr.*

Se masturber.

ETYM. emploi très intime du verbe usuel ; l'acception « courtiser » est plus régionale, voire rurale, qu'argotique. 1867 [Delvau].

frère *n.m.*

1. Individu quelconque : *J'ai rien vu... probable que l'frère se cache* (Carco, 2). **2.** Vx. **Frère de l'attrape.** ***a.*** vendeur de faux bijoux ; ***b.*** agent de la Sûreté. **3. Petit frère,** pénis. **4. Grand frère,** train : *Fandor, intrigué, sachant simplement que le « grand frère » en argot signifie « chemin de fer » se demandait par suite de quelles circonstances les bandits paraissaient s'extasier sur la rapidité du train* (Allain-Souvestre). **5. Frère trois points,** franc-maçon : *Hors devenir frère trois points t'avais pas une chance sur mille de mettre le pied à l'étrier* (Malaquais). *Le père Viguier, c'était un frère trois-points, dit-il. – Qu'est-ce que tu en sais ? [...] – Il me dessinait des triangles sur la paume, avec son pouce, quand il me serrait la main* (Sartre).

ETYM. emplois spécialisés du nom usuel, le sens 1 étant parallèle à *sœur ;* le sens 4 ne figure dans aucun dictionnaire, p.-ê. provient-il d'une altération volontaire de **fer ? 1.** 1894 [Virmaître]. **2.** ***a.*** 1830 [Esnault] ; ***b.*** 1875, Cavaillé [Larchey]. **3.** avant 1819, Ducray-Duminil [Delvau]. **4.** 1911, Allain-Souvestre. **5.** les francs-maçons accordent beaucoup d'importance à la figure du triangle, appelée aussi *Delta lumineux*. 1932, J. Romains.

frétillante ou **frétille** *n.f.*

Vx. **1.** Plume. **2.** Danse : *Dans les guinches... Un tas de foutriquets qui pincent des frétillantes* (Méténier).

ETYM. de **frétiller. 1.** 1866 [Delvau]. **2.** 1891, Méténier ; *frétille* 1847 [Dict. nain].

fretille *n.f.* → FERTILLE.

frétiller *v.i.*

Danser : *Bals modestes mais honnêtes, des prolétaires [...]. On y rigole, on y frétille tout son soûl* (Gill).

ETYM. emploi imagé du verbe usuel. 1725 [Granval].

fretin *n.m.*

1. Vx. Poivre. **2.** Billard ; partie de billard.

ETYM. altération phonétique, à Paris, de **frottin. 1.** 1836 [Vidocq]. **2.** 1953 [Sandry-Carrère].

fric *n.m.*

Argent : *Je ne tenais pas à entamer mon peu de fric ; je sentais trop que j'en aurais besoin* (Malet, 1). *Tu vas tuer le concierge... Il transporte des mandats pour les P.T.T., quand il rentre il est plein de fric* (Larue). **Au fric,** riche : *Cet original, possesseur d'une paire de châteaux dans le Rouennais [...] doit s'ennuyer, comme beaucoup de types au fric* (Malet, 17).

ETYM. p.-ê. apocope de **fricot.** 1879 [Esnault]. **Au fric,** 1901 [Bruant]. Fait auj. partie de la langue familière courante.

VAR. **fricandeau :** 1879 [Esnault].

fricadelasse *n.m.*

Croûton déposé dans les urinoirs. SYN. baba.

ETYM. origine obscure, p.-ê. mot-valise issu de **fricassée** et de **dégueulasse.** 1957 [Sandry-Carrère].

fricassée *n.f.*

1. Vx. Coups donnés ou reçus. **2. Fricassée de museaux,** embrassade affectueuse: *C'en est des fricassées d'museau : / Du p'tit môme à la trisaïeule, / Les gén'rations s'lich'nt la gueule* (Bruant).

ETYM. métaphore pittoresque, renvoyant à un savoureux mélange culinaire. **1.** 1867 [Delvau]. **2.** 1881 [Rigaud]. Est devenu fam.

fricasser *v.i.*

Avoir des relations sexuelles.

◆ *v.t.*

1. Dépenser, gaspiller : *Son soûlard fricassait pour sûr la quinzaine avec les camarades, chez les marchands de vin du quartier* (Zola). **2.** Battre, défaire : *Il s'était empressé* [...] *de partir pour la capitale où, disait-il, on fricasserait les Prussiens* (Cladel).

◆ **se fricasser** *v.pr.*

Se fricasser le museau, s'embrasser avec une affection démonstrative. SYN. se sucer la pomme.

ETYM. emploi métaphorique du verbe culinaire, « cuire dans leur jus des aliments coupés en morceaux », plus ou moins rapproché de **fricoter.** 1920, Martin du Gard [TLF].

◆ *v.t.* **1** et **2.** 1808 [d'Hautel].

◆ *v.pr.* 1951, Giono [TLF].

DER. **fricasseur** *n.m.* Celui qui dépense son patrimoine : 1867 [Delvau].

fric-frac *n.m.*

1. Vol avec effraction : *Le coffre-fort lui résista comme un gigot à un édenté* [...] *Le lendemain du fric-frac, deux inspecteurs l'arrêtèrent dans le café où il attendait sa compagne* (Thomas, 1). **2.** Voleur spécialiste de l'effraction : *Bambou, logé, nourri, vêtu, se remettait lentement de sa longue claustration en s'attardant volontiers dans un petit débit où fric-fracs et chiqueurs des deux boulevards battaient les cartes et remuaient les dominos* (Carco, 2).

ETYM. origine onomatopéique (avec influence de **fracture**). **1.** 1836 [Vidocq]. **2.** 1885 [Esnault].

DER. **fricfraquer** *v.t.* Dévaliser avec effraction : 1954, Le Breton. **fricfraqueur** *n.m.* Cambrioleur : 1975 [id.]. Ces deux dérivés sont usités surtout par Le Breton, et auj. remplacés par *casser* et *casseur.*

frichti *n.m.*

Repas : *Elle nous avait concocté une espèce de frichti en y allant franco sur le piment* (Pouy, 2) ; nourriture : *Ça sent bon le frichti ! Vous n'êtes pas fatigué de cuisiner tout le temps ?* (Dabit, 1). **Être de frichti,** être chargé de la cuisine.

ETYM. de l'all. rhénan **Frichti,** issu de **Frühstück,** petit déjeuner. *fricheti* 1863, A. Camus.

fricot *n.m.*

1. Nourriture, repas : *Chacun d'vait emporter / D'quoi pouvoir boulotter* [...] */ Ma bell'-mère comme fricot, / Avait une tête de veau* (Delormel et Garnier). **2.** Bombance. **3.** Travail. **4.** Activité fructueuse ; profit.

ETYM. dér. du radical de **fricasser. 1.** 1773, langage poissard [Sainéan]. **2.** 1870, Mérimée [TLF]. **3.** 1919 [Esnault]. **4.** 1901 [Rossignol].

DER. **fricmart** *n.m.* Mets : 1844 [Dict. complet]. **fricmont** *n.m.* Travail délictueux, crime : 1851 [Esnault].

fricotage *n.m.*

1. Trafic malhonnête. **2.** Relations sexuelles : *De nuit, dans les buissons, en compagnie du sexe fort, Genoveva-la-Rosière ? Elle aimait donc ça, les fricotages sur la mousse ?* (Malaquais).

ETYM. de **fricoter. 1.** 1895 [Esnault]. **2.** 1947, Malaquais.

fricoté, e *adj. et n.*

Riche.

ETYM. c.-à-d. « qui ne manque pas de **fricot** ». 1889, Macé [Esnault].

VAR. **fricotin :** 1973, Lépidis.

fricoter *v.i.*

1. Faire bombance : *Avec les dix francs de ce lavage, ils fricotèrent trois jours* (Zola). **2.** Marauder. **3.** Se livrer à des activités louches : *Avoue ! Pour qui tu fricotes ? Qui t'a demandé de te taire ?* (Coatmeur). **4.** Avoir des relations sexuelles : *L'histoire avec madame Favrelle, c'est déjà pas joli joli... profiter que le mari est dans un stalag pour fricoter avec sa femme* (Boudard, 6).

◆ *v.t.*

1. Vx. Dépenser, gaspiller : *Cette clientèle* [d'un tripot] *se compose d'abord de « certains » étudiants étrangers qui viennent régulièrement perdre sur le tapis, dès sa réception, la totalité de leur mensualité et qui reviennent les jours suivants voir si l'occasion se présentera pour eux de « fricoter » encore* (Cendrars, 2). **2.** Faire, manigancer : *Vous avez peut-être envie que je retrouve votre lad, que je le cuisine et* *que je lui demande ce qu'il fricote depuis ce matin* (Averlant).

ETYM. dénominal de **fricot. 1.** 1767 [Esnault]. **2.** 1866 [Delvau]. **3.** 1867 [id.]. **4.** 1883, Zola [TLF].

◆ *v.t.* **1.** 1842, Sue [Esnault]. **2.** 1868 [id.].

DÉR. **fricoteur** *n.m.* **1.** Bonne fourchette : 1865 [id.]. **2.** Gargotier : 1842, Sue [id.]. **3.** Profiteur : 1862 [Larchey]. **fricoteuse** *n.f.* Trafiquante louche : 1843, Sue.

fricotier *n.m.*

1. Forçat cantinier, vendant des vivres. **2.** Restaurateur : *Le havre il faut morfiler ; / Au radeau de la cambuse / Le raze est le fricotier* (Alhoy).

ETYM. de **fricot. 1.** 1841 [Esnault]. **2.** 1845, Alhoy.

fridolin *n.m.*

Allemand : *Le marchand de tableaux F... est inculpé : il aurait gagné quelque 500 millions avec les fridolins* (Galtier-Boissière, 1).

ETYM. diminutif de **Fritz,** utilisé négativement lors de chaque conflit franco-germanique. 1917 [Esnault] ; mais dès 1880 d'après Chautard (1931) : *un drôle de fridolin,* un homme drôle.

VAR. **frigolin :** 1915 ; plus fréquent que *fridolin,* selon Esnault.

fri-fri *n.m.*

Vulve : *Une fois Evelyne occupée à se rincer le frifri, il avait pris son calibre et était sorti sur la pointe des pieds* (Grancher).

ETYM. redoublement hypocoristique de la première syllabe de **frisée** ou de **frisette,** qui évoque la toison pubienne. 1957 [PSI]. surtout dans *cache-fri-fri.*

frig [frig] *n.m.*

La morgue : *Bon boulot ! Pour ce qui me concerne, vous pouvez l'embarquer au frig* (Fajardie, 1).

ETYM. apocope de **frigidaire.** 1982, Fajardie.

frigidaire *n.m.*

Cachot du commissariat : *De toute manière, les inspecteurs de la Criminelle l'avaient collé au « frigidaire », à tout hasard* (Méra).

ETYM. emploi spécialisé du nom usuel (marque déposée). 1954, Méra.

1. frigo *adj. inv.*

1. Froid ; glacé de froid : *Brrr !... Un peu frigo, comme climat* (Tachet). *Pas de doute, elle est aussi frigo que moi. Une vague sympathie de gens frigo circule, j'ai presque envie de rompre la glace* (Sarrazin, 2). **2. En avoir frigo** ou **frigousse,** en avoir assez.

ETYM. apocope de **frigorifié. 1.** « froid » 1936, Céline ; « glacé de froid » 1919 [Esnault]. **2.** 1928 [Lacassagne].

2. frigo *n.m.*

Frigidaire : *J'ai trouvé des tas de choses dans le frigo. Vous allez partager avec moi* (Vilar). **Mettre au frigo,** placer en attente, en réserve : *Au frigo l'enquête sur les circonstances de la première disparition de Rolande Stern, dont la date avait été fournie par son frère Camille* (Coatmeur).

◆ *n.m. ou f.*

Viande frigorifiée : *De la frigo, quatre paquets de margarine* (Bénard).

ETYM. apocope de **frigorifique.** 1941, *l'Œuvre* [TLF]. **Mettre au frigo,** 1968, *le Nouvel Observateur* [Gilbert].

◆ *n.m.* 1919, Dorgelès ; *n.f.* 1932, Bénard.

frileux, euse *adj.*

Poltron, timoré : *Je suis un ferlampier qui n'est pas frileux* (Sue).

ETYM. emploi euphémique de l'adj. usuel (cf. *n'avoir pas froid aux yeux*). 1836 [Vidocq].

frimant *n.m.*

1. Figurant de théâtre ou de cinéma : *Nous savions qu'il s'agissait d'une réplique, d'un « frimant » comme on dit en argot de ciné* (Carco, 4). *Vous lui donnez le plateau. Moi, là-dedans, je deviens le frimant de passage* (Amila, 1). **2.** Juge assesseur. **3.** Individu sans importance.

ETYM. de **frimer. 1.** 1890 [Esnault]. **2.** 1893 [id.]. **3.** 1936, Céline.

VAR. **frimand** au sens 1 : 1957 [PSI].

frime *n.f.*

1. Visage : *Je m'étais approchée d'elle et je l'avais secouée par l'épaule jusqu'à ce qu'elle me montre sa frime* (Pelman, 1). **Ma frime, ta frime,** etc., moi, toi : *Mézigue j'entasse comme ta frime* (Nouguier). **En frime.** ***a.*** nez à nez ; ***b.*** en plan (avec les verbes **laisser, rester**) : *Vous ne m'embarquez pas ? balança Cendrillon qui l'avait sec de rester en frime* (Stollé). **2.** Aspect, allure générale : *À première vue, il a une frime qui me déplaît pas, le Ricain. C'est le gonze qui fait le bon poids* (Bastiani, 4). **3.** Feinte, simulation : *Mais les parties de volants n'étaient qu'une frime pour* *s'échapper* (Zola). *Vous n'êtes pas pour l'ouvrier, vous ? Eh ben, alors, tout ce que vous avez écrit dans vos feuilles, c'était donc de la frime ?* (Claude). *C'est dit paisiblement, sans frime, avec le sourire. Je sais qu'il ne bluffe pas* (Bastid-Martens). **Pour la frime,** pour faire semblant : *Que risquez-vous, puisque je ne suis emballé que pour la frime ?* (Vidocq). **4.** Figuration théâtrale ou cinématographique : *Toute une journée à attendre pour faire un plan parmi les loquedus délirants, les professionnels de la frime qui nourrissent toujours l'espoir de finir en haut de l'affiche* (Boudard, 5).

ETYM. issu du vieux mot **frume**, mine, d'origine discutée. **1.** 1835, *le National* [TLF]. **Ma frime,** 1879 [Esnault]. **En frime.** ***a.*** 1835, chanson [id.] ; ***b.*** 1882 [id.]. **2.** 1878, Durandeau [TLF]. **3. Pour la frime,** 1789, *Cahiers de doléances* [Duneton-Claval]. **4.** vers 1920 [Cellard-Rey].

frimer *v.i.*

1. Avoir l'air. **Bien frimer,** avoir de l'allure ; **mal frimer,** avoir mauvais genre, piètre apparence. **SYN.** marquer. **2.** Prendre de grands airs, se faire valoir : *On a monté des coups, raflé la monnaie et constitué un trésor de guerre... Pas pour frimer ou flamber à tout va : pour investir un gros paquet* (Pagan). *Dans le seul but de produire une impression spectaculaire, le Minet voudrait montrer sa « suradaptation » au monde contemporain et sa superbe aisance face aux « choses de la vie ». Pensant ainsi se mettre en valeur aux yeux de son entourage, IL FRIME* (Obalk). **3. Frimer de,** faire semblant de : *Nous frimions de prier les mains jointes comme des pécheurs bien repentants* (Trignol).

◆ *v.t.*

1. Simuler. **Frimer le marlou,** jouir des avantages d'un amant de cœur : *Oh ! n'pus êt'planqué à la dure / Et n's'rait-ce qu'eun'nuit frimer le marlou / Et m'les rouler dans d'la guipure* (Rictus, 2). **2.** Regarder (avec plus ou moins d'attention) ; étudier : *Elle m'a frimé quelques secondes d'un regard que je lui connaissais pas* (Simonin, 2). **Faire frimer,** confronter. **3.** Narguer : *'vec ton nez cassé, tu frimes tous les mecs / Tu dis qu' t'as été boxeur, ça en jette* (Renaud).

ETYM. dénominal de **frime. 1.** 1878, Durandeau [Larchey]. **2.** 1894 [Virmaître]. **3.** *frimer de* 1867, Stamir [Larchey].

◆ *v.t.* **1.** 1897, Rictus. **2.** 1836 [Vidocq]. **3.** 1980, Renaud.

DER. **frimage** *n.m.* Comparution devant la police : 1848 [Pierre]. **frimardise** *n.f.* Grimace : 1907 [Esnault].

frimeur, euse *adj. et n.*

1. Curieux (en partic. dans un but d'investigation policière) : *Comme les portes de l'ascenseur se referment, je vois Kiki restée sur place, stupéfaite, entourée de trois frimeurs identiques à celui qui s'occupe de moi* (Vilar). **2.** Qui se donne de grands airs, se conduit avec ostentation.

ETYM. de **frimer. 1.** 1954 [Esnault]. **2.** 1976, *Marie-Claire* [TLF].

fringuer *v.t.*

Vêtir (surtout à la voix pron. et au participe passé) : *Pas rasé, les tifs humides, l'homme sortit de la salle de bains. Il se fringua en vitesse, sans faire de boucan* (Le Breton, 1). *Tu vois y sortirait d'ici, fringué comme ça, avec la gueule qu'il a, il fait pas cent mètres. Les flics l'embarquent en le tirant par les cheveux !* (Cardinal).

ETYM. de **fringues.** 1878 [Rigaud].

DER. **fringueur** *n.m.* Costumier : 1883, Macé [Esnault].

fringues *n.f.pl.*

Vêtements : *Aimée ne pouvait décoller ses yeux des vêtements de la susdite. Elle n'avait jamais vu une telle profusion de fringues multicolores* (Bernheim-Cardot). **Fringues de coulisse,** sous-vêtements.

◆ **fringue** *n.f.*

1. Vêtement de luxe. **2.** Commerce de l'habillement : *Il fait dans la fringue.*

ETYM. d'un radical expressif **fring-,** se rapportant à l'élégance du pinson (cf. *fringoter,* verbe dial., chanter comme le pinson). 1886, Hogier-Grison [TLF]. **Fringues de coulisse,** 1977 [Caradec].

◆ *n.f.* **1.** 1878 [Rigaud]. **2.** contemporain. Ce mot est auj. très largement répandu.

VAR. **fringots :** 1879 [Esnault].

frio, friod ou friot *adj.m. et n.m.*

Vx. (Le) froid : *Su' la paill' de vot' écurie / V's'z'avez rien dû avoir frio, / Jésus et vous, Vierge Marie* (Rictus).

ETYM. sans doute de **friller,** geler (mot du Berry et de la Bourgogne), ou de l'esp. **frío,** froid.

frio 1883, Bruant [GR] ; *friod* 1912 [Villatte] ; *friot* 1894 [Virmaître].

fripe *n.f.*

Cuisine, nourriture : *La vieille Mélanie a mitonné une fripe exemplaire : buisson d'écrevisses, pigeons petits pois, soufflé marasquin* (Simonin, 8). **Faire la fripe,** faire la cuisine.

ETYM. déverbal de **friper,** avaler goulûment. 1655, D. Ferrand [TLF]. **Faire la fripe,** 1878 [Rigaud]. Le pl. *fripes,* chiffons, vieux vêtements, est un autre mot, d'origine obscure, et plus populaire qu'argotique.

friqué, e *adj.*

Qui a de l'argent : *La femme le regarde. Baisable, pense Peter, et en tout cas friquée* (Dupont).

ETYM. de **fric.** 1931 [Chautard].

friquet *n.m.*

1. Vx. Indicateur de police : *Une rafale tirée par le grand emplit la voiture de fumée et de poudre, tandis qu'une douzaine de douilles allaient cliqueter sur les caisses. Le friquet fit un bond de poupée désossée, passa par-dessus sa machine, s'affala dans l'herbe* (Fallet, 1). **2.** Détenu qui dénonce ses compagnons de chambrée pour le compte de l'Administration. SYN. mouton.

ETYM. emploi péj. du mot pop. **friquet,** moineau. **1.** 1836, chanson de détenus, *in* Vidocq. **2.** 1867 [Delvau].

frire *v.i.*

Vx. Être exécuté.

◆ *v.t.*

Vx. Manger ; voler : *Le restaurant de nuit sert de dernier refuge à celles* [les soupeuses] *qui n'ont rien trouvé à frire au café, au théâtre ou au bal* (Macé). **Rien à frire,** rien à faire ; rien à manger : [le lutteur :] *Y a pus rien à frire dans la partie, j'en veux pus* (Méténier).

ETYM. emplois spécialisés et parodiques du verbe usuel. 1830 [Esnault].

◆ *v.t.* 1867 [Delvau]. **Rien à frire,** 1651, *la Juliade* [Duneton-Claval].

frisco ou **frisbi** *adj. inv.*

Frais ou froid (en parlant du temps) : *On voudrait se pagnotter, car il fait frisbi* (Stollé).

ETYM. resuffixation arg. de **frisquet,** même sens dans le registre fam. 1883 [Esnault], pour les deux formes.

Frisco *n.pr.*

San Francisco (États-Unis) : *Petit-Louis, que nulle affaire urgente n'appelait à Belleville, décida de tenter fortune dans les Amériques. À Frisco, le hasard, qui fait bien les choses, lui fit rencontrer une fille* (Galtier-Boissière, 2).

ETYM. emprunt au slang américain, contraction de **San Francisco.** 1925, Galtier-Boissière. Popularisé vers 1950 par le film de Jules Dassin *les Bas-fonds de Frisco* et les traductions de la Série noire.

frisé *n.m.*

1. Allemand (surtout pour désigner un soldat allemand, durant l'Occupation) : *Ce soir, pas beaucoup de frisés dans les rues. Paraît qu'ils sont consignés rapport au débarquement des Américains en Algérie* (Mazarin, 1). SYN. fridolin, fritz. **2.** Vx. Juif.

ETYM. emplois xénophobes de l'adj. et jeu de mots altérant le prénom all. **Fritz. 1.** 1941 [Esnault]. **2.** 1836 [Vidocq].

VAR. **frisou** sens 2 : 1942 [Esnault]. Le français affectionne ces jeux phonétiques sur la syllabe initiale *fri.*

frit *adj.m.*

1. ARG. ANC. Condamné (surtout à mort). **2.** Perdu, attrapé : *J'pensai : j'suis frit / J'vais pas y couper d'une engueulade* (chanson *Il était syndiqué,* paroles de Marc-Hély, 1920). *T'aurais qu'un mot à dire et il s'rait frit… – Fumier !* (Carco, 8). SYN. cuit.

ETYM. participe passé de **frire. 1.** 1836 [Vidocq]. **2.** 1530, *Vie de saint Christophe* [Larchey].

frite *n.f.*

1. Coup violent, notamment celui qu'on donne de l'index replié, sur le postérieur. **2.** Visage, tête : *La maladie l'a creusé et son costume paraît tout vide. Sa frite est toute faite de bosses, de vides et de saillies* (Trignol) **3.** VIEILLI. **Tomber, être dans les frites,** s'évanouir, être évanoui. **4. Avoir la frite,** être en parfaite santé ; avoir bon moral, être plein d'allant, de dynamisme : *Pas vraiment jolie, mais elle a toujours une frite pas possible. En cas de spleen général, c'est elle qui remonte le moral des troupes* (Lasaygues). SYN. avoir la pêche.

ETYM. emplois métaphoriques du mot usuel. **1.** 1930 [Esnault]. **2.** 1953, Le Breton [TLF]. **3.** 1957 [Sandry-Carrère]. **4.** depuis 1965 [Rey-Chantreau].

friter *v.t.*

Battre : *Il avait mené sa course en réserve et venait nous friter sur le poteau* (Trignol) ; et, pron. : *Y'avait une bande de mecs / D'l'autre côté de la piste [...] / On s'est frité avec, / C'était vraiment pas triste* (Renaud).

ETYM. de **frite**, coup. 1955, Trignol.

fritz *n.*

Allemand (en partic. soldat allemand) : *Au sujet des Fritz, le châtelain de Châteldon fait son mea culpa, avoue ses erreurs de jugement en 1940* (Galtier-Boissière, 1). SYN. fridolin, frisé.

◆ *n.m.*

La langue allemande.

ETYM. emploi généralisant du prénom all. **Fritz.** 1914 [Esnault], aux deux sens.

froc *n.m.*

Culotte ; pantalon : *Sous ses yeux ébahis, je fis sauter les boutons de mon froc qui me dégringola sur les chevilles* (Fajardie, 1). **En avoir dans son froc,** être courageux : *Ça, c'est encore une idée paternelle pour voir si son fils en avait dans son froc* (Pousse). **Faire** ou **chier dans son froc,** avoir grand-peur : *Rassure-toi, Jo, ne fais pas dans ton froc, reprends ton sourire et viens vider un pot* (Barnais, 1). **Baisser son froc,** se soumettre d'une façon humiliante : *Ces prof' de philo arrivistes ont montré qu'ils ne craignaient personne dans l'art de baisser leur froc* (Paraz, 1).

◆ **frocs** *n.m.pl.*

Vêtements.

ETYM. du francique, qui a donné l'all. **Rock,** habit. « culotte » 1905, Petite Roquette [Esnault] ; « pantalon » 1912, Temple [id.]. **Faire dans son froc,** 1936, Céline. **Baisser son froc,** 1917 [Esnault].

◆ *pl.* vers 1905 [Esnault].

frocard *n.m.*

1. Moine : *Encore un « pater » de fichu. Le propos est entendu, et les larmes séchées, tout le monde rit, le frocard plus fort que les autres* (Daudet). **2.** Pantalon.

ETYM. de **froc. 1.** 1752 [Trévoux]. **2.** 1889 [Esnault].

frognon *n.m.*

Irritation du périnée causée par la marche et le frottement.

ETYM. sorte de mot-valise expressif, composé de **fro(tter)** et de **(fi)gnon.** 1920 [Bauche] (sans doute inventé par les sportifs).

VAR. **froyon :** [id.].

froller *v.i.*

ARG. ANC. Médire : *Ce chétif pilier de boutanche, qui a [...] tellement frollé sur nos balles* (Responce au grand Coesre).

ETYM. du verbe dial. **froler** (Berry). 1628 [Chéreau].

DER. **frolleur (ou frolleux), euse** *adj. et n.* Médisant, traître : [id.].

from, fromegi ou **frometon** *n.m.*

1. Fromage : *Passe-moi-z'en, dis, un bout de ton fromji, j'te passerai un bout de ma bidoche ?* (Machard). *Cela s'est passé au restaurant ouvrier où mon menu ne variait guère : bœuf gros sel, quart de rouge, frometon et café* (Malet, 1). **2.** Crasse : *Comment voulez-vous qu'on m'nomme / Un Homme / Si j'ai des bestiaux dans les poils / Et du fromgi dans les doigts d'pied ?* (Rictus).

ETYM. apocope de **fromage,** avec des resuffixations diverses. *from* 1856, Arts et métiers d'Angers [Esnault] ; *frome* 1867 [Delvau] ; *frometon* 1899 [Nouguier].

VAR. **frogom(m)e :** 1947, Marcus. **fromgi :** 1878 [Rigaud]. **fromton :** 1888 [Esnault]. **fromgom :** 1918 [id.]. **frometegom :** 1948 [id.]. **fromtegomme :** 1948 [Lacassagne], etc. Il n'est pas surprenant que les formes linguistiques désignant cet aliment si populaire aient connu tant de variété.

fromage *n.m.*

1. Nom donné à divers objets de forme circulaire. ***a.*** pièce de cinq francs ; ***b.*** casquette d'uniforme ; ***c.*** chargeur de mitraillette. SYN. camembert. **2.** Emploi rémunérateur, plus ou moins officiel : *J'aurais dû d'ailleurs persévérer dans la tartinade pour devenir ministre, pour me placarder par la suite dans un fromage bien gras* (Boudard, 6). **3. Faire un fromage de** ou **avec qqch,** l'exagérer ; le prendre au tragique : *C'est bon, que j'y rétorque bourrûment ; n'en fais pas un fromage, c'est pas ce que j'ai demandé* (Stéphane). **4.** Individu quelconque (terme de mépris) : *Putain, qu'ils me le filent un peu, le gouvernement, et j'leur ferai passer le goût des* *grèves, à ces fromages* (film *Flic Story,* de J. Deray, 1975). **Fromage à la pie,** homme sans caractère. **5.** Terme raciste désignant un individu à la peau claire : *Il a fallu qu'elle se pointe là-dedans avec son teint trop pâle de sale « fromage » (équivalent inverse de nos « bougnoule », « raton », « bicot »)* [*Libération,* 11 août 1980].

◆ **fromages** *n.m.pl.*

1. Jurés de cour d'assises : *Quand ils recevront la nouvelle de ma capture, ils vont bien rigoler les douze fromages du Jury, le Polein pourri, les poulets et le procureur* (Charrière). **2.** Pieds. SYN. nougats.

ETYM. emplois métaphoriques du nom usuel : analogie de forme (1) et idée de consommation (2). **1.** ***a.*** 1923 [Esnault] ; ***b.*** 1900, Quimper [id.] ; ***c.*** 1977 [Caradec]. **2.** 1932 [Acad. fr.]. **3.** 1928, Stéphane. **4.** **Fromage à la pie,** 1847 [Dict. nain]. **5.** 1980, *Libération.*

◆ *pl.* **1.** 1969, Charrière. **2.** 1977 [Caradec].

DER. **fromager** *v.t.* Préparer, manigancer : vers 1970, San Antonio [Cellard-Rey].

frottadou *n.m.*

Variante méridionale du frotteur : *Plus tard, dans le bien-être de la digestion, et vu que les frottadous guincheurs de tangos ou de blues devaient les avoir drôlement mises en condition, les mignonnes n'avaient pas davantage bêché la petite pause rue Biot, suggérée par Johnny* (Simonin, 8).

ETYM. mot provençal. 1925, Marseille [Esnault].

frotte *n.f.*

Vx. **1.** Gale : *J'leur donne ma lèvre / J'leur donne la fièvre / J'leur donne du rêve / Et j'leur donne mêm' la frotte !* (Georgius *in* Saka). **2.** Friction contre la gale : *Ils allaient en chœur à Saint-Louis chercher la pommade... ils partaient ensemble à la « frotte »* (Céline, 5). **3.** Allumette chimique.

◆ **Frotte (la)** *n.pr.*

Vx. L'hôpital Saint-Louis, à Paris, où se traitait la gale.

◆ **frottes** *n.f.pl.*

Vx. Fesses.

ETYM. déverbal de **frotter. 1.** 1866 [Delvau]. **2.** 1878 [Rigaud]. **3.** 1899 [Nouguier].

◆ *n.pr.* 1881 [Rigaud].

◆ *pl.* 1887 [Esnault].

DER. **frottard** *n.m.* Galeux : 1901 [Bruant]. **frottouse** *n.f.* Gale : 1922 [Esnault].

frottée *n.f.*

Correction ; défaite.

ETYM. de **frotter.** 1794 [Enckell].

frotter *v.i.*

1. Danser d'une manière étroitement érotique : *C'était après minuit, un soir de pluie, au Tourbillon, rue de Tanger. Vous aviez dû frotter. Et la môme, mordue, s'appuyait contre toi* (Simonin-Bazin). **2.** Nouer une intrigue amoureuse, flirter : *Remontant la rue Clignancourt, à une heure du mat', je croise pas une âme. En cette saison où les jeunots se mettent à frotter, je trouvais ça phénoménal !* (Simonin, 3).

◆ *v.t.*

Vx. Corriger (qqn) : *On entendait gueuler Pauline qui voulait nous prévenir du danger et qui se faisait frotter pour lui apprendre à être plus discrète* (Trignol).

◆ **se frotter** *v.pr.*

1. Vx. **Se frotter le ventre,** jeûner involontairement : *Les ceux qui rotent / Dans l'nez des vieux comm' moi qui s'frottent / El' vente au lieur ed' boulotter* (Bruant). **2.** **Se frotter la couenne, le lard,** faire l'amour.

ETYM. emploi sensualisé du verbe usuel. **1.** 1935, Simonin-Bazin. **2.** 1875 [Chautard].

◆ *v.t.* 1808 [d'Hautel].

◆ *v.pr.* **1.** vers 1890, Bruant. **2.** 1901 [id.], mais *frotter son lard* dès 1534, Rabelais.

DER. **frotting** *n.m.* Dancing : 1957 [Sandry-Carrère].

frotteur *n.m.*

1. Homme qui aime frotter (les femmes), soit en dansant, soit en d'autres circonstances : *La première chose qu'on apprend aux jeunes inspecteurs, c'est de reconnaître dans une foule les tireurs des « frotteurs ». Les frotteurs, ce sont les vicieux qui emploient leurs mains à une autre activité que celle du vol* (Larue). **2.** Vx. Contrebandier en allumettes.

ETYM. de **frotter. 1.** 1883 [Fustier]. **2.** 1899 [Nouguier].

frotteuse *n.f.*

1. Allumette. **2.** Pénis : *J't'la mets au cul ! Au valseur, la frotteuse !* (Dégaudenzi). **3.** Danse : *Durant cette Occupe de merde, on n'a pas appris le tango, la valse... c'était interdit par le Maréchal, il nous avait condamnés à pénitence... ni stèques-frites, ni flonflons, ni frot-*

teuse, ni rien... régime clope et nous voilà ! (Boudard, 6).

ETYM. de **frotter. 1.** 1952 [Esnault]. **2.** 1987, Dégaudenzi. **3.** 1979, Boudard.

frotti-frotta *n.m.*

Danse lascive : *Les seuls instants de défoulement sont occupés par des danses hystériques, des hurlements, des frottis-frottas et de superbes soûlographies* (*le Nouvel Observateur,* 23 mars 1981). *Faire du frotti-frotta.*

ETYM. redoublement expressif, formé à partir de **frotter**, sur le modèle *prêchi-prêcha.* 1937, Giono [TLF].

frottin *n.m.*

1. Billard : *Il y avait dans un coin un vieux billard. « On fait un frottin ? »* (Paraz, 2). **2.** Proxénète.

ETYM. dér. de **frotter. 1.** 1835 [Raspail]. **2.** 1851, Reims [Esnault] ; souvent écrit *frotin* au XIXe s.

frusque *n.f. ou m.*

Habit, vêtement (auj. génér. au pl.) : *Son frusque a des rondins de cé* (Ansiaume). *Ils l'avaient enfermée avec ses frusques dans un cabinet de toilette hermétiquement clos pour qu'elle puisse se rhabiller* (Héléna, 1).

ETYM. apocope de **frusquin.** 1790, *le Rat du Châtelet* (au sing.) ; masc. jusqu'en 1845, selon Esnault.

frusquer *v.t.*

Habiller (surtout à la voix pron. et au participe passé) : *Non mais, reprit l'autre, tu penses pas les avoir comme tu t'es frusquée !* (Rosny jeune). *Joseph veut que je sois bien frusquée ; et il ne me refuse jamais rien de ce qui peut m'embellir* (Mirbeau).

ETYM. de **frusque.** 1883, Macé [Esnault].

frusquin *n.m.*

ARG. ANC. **1.** Bien, avoir : [Lazare] *aquigea son testament, recommandant* [...] *son pauvre frusquin pour ceux qui le trolleroient en la dure* (Responce au grand Coesre). **2.** Coquetterie.

ETYM. obscure, p.-ê. de l'anc. fr. **frisque**, pimpant, ou dér. du lat. **frustulum**, morceau, pièce. **1.** 1710, Senecé [TLF] ; d'abord « hardes » 1628 [Chéreau]. **2.** 1848 [Pierre]. → SAINT-FRUSQUIN.

DÉR. **frusquine** *n.f.* Veste : 1821 [Mézière]. **frusquineur** *n.m.* Tailleur : 1836 [Vidocq].

frusquiner *v.t.*

Vx. Habiller : *Est-c' qu'un mâle a besoin d'limace, / D'caneçon d'flanell' ? C'est d'la grimace, / Bon pour frusquiner nos jeun's vieux !* (Richepin).

ETYM. de **frusquin.** 1725 [Granval].

fuite *n.f.*

1. Évasion. SYN. belle. **2.** Libération (du détenu ou du soldat) : *Vive la fuite !* SYN. quille.

ETYM. emploi très localisé du nom usuel. **1.** 1898 [Esnault]. **2.** vers 1905 [id.].

fuiter *v.t.*

Fuir (qqn ou qqch) : *Y me restait maintenant qu'une rage d'enfer de fuiter ces hyènes* (Dégaudenzi).

◆ *v.i.* ou **se fuiter** *v.pr.*

S'en aller, s'enfuir : *Il ne m'a pas parlé. Il se fuitait par la rue Girardon comme un courant d'air* (Mac Orlan, 6).

ETYM. de **fuite.** 1987, Dégaudenzi.

◆ *v.i. et pr.* 1921 [Esnault].

fumant, e *adj.*

1. Remarquable, exceptionnel : *Je crois que j'ai dégotté un coup fumant, et peut-être assez fastoche !* **2.** Syn. de fumasse.

ETYM. de l'expression anc. **bloc fumant,** coup par lequel un joueur de billard bloquait si vivement sa bille qu'il soulevait un petit nuage de poussière [TLF]. 1952, Vialar [id.].

fumante *n.f.*

1. Cigarette. **2.** Chaussette : *Sans parler de l'odeur. Une puanteur épaisse de sueur sale et de fumantes jamais ôtées* (Pécherot). **3.** Vx. Automobile : *Il en passe ? – De quoi ? – Des fumantes. – Oui... Tu en veux une ?* (Allain-Souvestre).

ETYM. emploi métonymique du participe présent de **fumer. 1.** 1888 [Esnault]. **2.** 1970 [Boudard-Étienne]. **3.** 1911, Allain-Souvestre.

fumasse *adj.*

Furieux : *Le surveillant-chef, dont le tarin s'orne d'une énorme verrue, a l'air fumasse* (Le Dano).

◆ *n.f.*

Être en fumasse, être en colère.

ETYM. de **fumer,** chauffer, barder, avec le suff. péj. **-asse.** 1918 [Esnault].

◆ *n.f.* 1929, Angers [id.].

fume *n.f.*

Action de fumer ; tabac : *Tu peux arrêter de me donner du pain et de la fume, si tu crois que c'est par intérêt que je suis copain avec toi* (Genet).

ETYM. déverbal de **fumer.** 1943, Genet.

fumé *n.m.*

Syn. raciste de basané : *Il paraît qu'à la base du racisme, il y a chez les Blancs une jalousie sexuelle contre les fumés* (Malet, 13).

ETYM. désignation péj. de la teinte sombre de la peau. 1955, Malet.

fumée *n.f.*

1. Danger, situation difficile : *T'es pas prudent, Max, qu'y m'a fait dans l'ascenseur, y a une fumée terrible dans le coin* (Simonin, 2). **2. Envoyer** ou **balancer la fumée.** ***a.*** tirer des coups de feu : *Les flics ont envoyé la fumée mais Nono est passé à travers les balles* (Mariolle) ; ***b.*** éjaculer. SYN. purée. **3. Avaler la fumée,** avaler le sperme du partenaire à qui on fait une fellation : *Il demanda une audience au roi, qui le reçut grossièrement, la pipe à l'air, en train de se faire avaler la fumée au milieu des souris royales* (Devaux).

ETYM. jeu de mots sur **fumer,** aller mal. **1.** 1953, Simonin. **2.** ***a.*** 1953, Simonin ; ***b.*** 1912 [Villatte]. **3.** 1931 [Chautard], mais au sens de « sperme » dès 1901 [Bruant].

fumelle ou **fume** *n.f.*

VIEILLI. Femme : *Faut être louf de se trouer la peau pour une fumelle* (Rosny). *Aller à la piscine pour chercher des fumelles ? D'mon temps, j'allais au bal breton* (Simonin-Bazin).

ETYM. altération péjorative de **femelle** (p.-ê. sous l'influence de **fumier,** terme d'injure). *fumelle* 1458, *Mistère du viel Testament* ; *fume* 1881 [Rigaud].

fumer *v.i.*

1. Être ou devenir dangereux. **2.** Être en colère : *Qu'avez-vous fait de Gudule, patron ? – Il fume comme cinq cents dragons* (Rank). **3. Faire fumer qqn,** lui faire réaliser une bonne opération financière.

◆ **se fumer** *v.pr.*

VIEILLI. Se battre.

ETYM. la fumée est considérée comme l'indice de la chaleur, d'où l'idée de danger (cf. *on a eu chaud*) et celle de colère (cf. *bouillant de colère*). **1.** 1948, M. Aymé [TLF]. **2.** par ellipse de *fumer sans pipe* 1808 [d'Hautel], mais *fumer de colère* dès 1640 [Oudin]. **3.** 1975 [Le Breton].

◆ *v.pr.* 1827 [Demoraine].

fumerons *n.m.pl.*

1. Jambes : *Ça faisait des heures que je cavalais en ville et j'en avais plein les fumerons* (Stewart). **2.** Pieds : *Une mince cordelette de laine tressée servant à empêcher le grimpant de mon commissaire de lui tomber sur les fumerons* (Le Dano). **3.** Excréments. **Avoir les fumerons,** avoir peur.

◆ **fumeron** *n.m.*

Vx. **1.** Mulâtre. **2.** Faux dévot. **3.** Fumeur acharné. **4.** Repasseuse.

ETYM. métaphore à partir du sens « morceau de charbon de bois mal cuit, qui fume ». **1.** 1833 [Moreau-Christophe]. **2.** 1883 [Esnault]. **3.** 1901 [Bruant]. **Avoir les fumerons,** 1926 [Esnault].

◆ *n.m.* **1.** 1847 [Dict. nain]. **2** et **3.** 1867 [Delvau]. **4.** 1883 [Fustier].

fumette *n.f.*

Action de fumer de la drogue, en partic. du haschisch : *À cause de la pension, elle avait dû laisser la dope, et même la fumette* (Pagan). *Vous avez bu ? Ou trop abusé de la fumette ? Peut-être que vous vous piquez également ?* (G.-J. Arnaud).

ETYM. de **fumer.** 1971, Duchaussoy.

fumier *n.m.*

Terme d'injure : *Comme feraient des apaches, / Elle vous traite de « vaches », / De « tantes » et de « fumier »* (Ponchon). *Pas d'alliance. Sans doute l'une des poules du fumier qui est en train de crever tout doucement dans son lit* (Mazarin, 1). *Sinon vous me dites où vous l'avez trouvé et moi j'ai deux mots à lui dire, à ce fumier !* (Faizant). *Méfie-toi des femmes, mon petit gars, appuya-t-il, c'est toutes des fumiers* (Bénard).

◆ *adj.*

Ignoble : *Les mistonnes, c'est si fumier quand ça en veut à quelqu'un* (Lorrain). *Je me suis dit [...] qu'une femme c'était sans doute moins fumier* (Malet, 8).

ETYM. emploi très fortement métaphorique de ce subst. « stercoraire ». 1881 [Rigaud].

◆ *adj.* 1904, Lorrain.

fumigo *n.m.*
Ouvrier fumiste.
ETYM. suffixation pop. de **fumiste.** 1957 [Sandry-Carrère].

fun [fœn] *adj. et n.*
« Être **fun** consiste à en faire artificiellement trop dans le souci de produire un spectacle haut en couleur, exubérant et gai, mais avec un enthousiasme anti-intellectuel souvent dérisoire » (Obalk) : *Votre fille s'est toujours refusée à vous révéler la boutique où elle se procurait ces tee-shirts qu'elle arbore avec fierté. C'est fun, non ?* (Buron).
ETYM. mot angl., « amusant ; amusement ». 1984 [Obalk-Walter]. Mot très branché et d'avenir incertain.

funky ou **funk** [fœnki] ou [fœnk] *n. et adj.*
Catégorie de jeunes des années 1980, proches des minets ou du new-wave, amateurs de musique noire américaine et de patins à roulettes, qu'ils pratiquent avec un baladeur sur la tête : *Je considère que le Funk, c'est de l'oignon éventé* (Bauman). *Le funky écoute de la musique disco, funk, rap. Il porte un flight* [blouson de cuir usé] (*le Nouvel Observateur,* 18 février 1983). *Elle* [Sade] *se fait d'abord gentiment jeter de chez Virgin Records* [...] *car on ne la trouve pas assez funky* (*Globe,* décembre 1985).
ETYM. de **funky music** (*funky* signifie en slang « froussard »), type musical proche du disco. *funk* 1980, Bauman ; *funky* 1983, *le Nouvel Observateur*.

furax, e ou **furibard, e** *adj.*
Furieux : *Il est colère, là, Patrice, vraiment furax* (Sarraute). *J'étais furaxe, de là à la tuer, quand même... j'suis violente et cinglée, mais pas à ce point-là* (Bernheim-Cardot). *Il* [...] *s'arracha un raclement de gorge furibard, et, d'un ton de sergent de semaine, posa la question : « Désirez, jeune homme ? »* (Klotz).
ETYM. resuffixations argotiques de **furieux** et de **furibond.** *furax* 1944, Céline [Doillon] ; *furibard* 1878, Gill.

fusain *n.m.*
Prêtre en soutane.
◆ **fusains** *n.m.pl.*
1. Jambes. **2. Avoir les fusains,** avoir peur.
ETYM. emplois métaphoriques : « noirceur, minceur » et jeu de mots sur **fuser,** déféquer. 1901 [Bruant].
◆ *pl.* **1.** 1977 [Caradec]. **2.** 1926 [Esnault].
DER. **fusinguettes** *n.f.pl.* Jambes : 1916 [Esnault].

fuseaux *n.m.pl.*
Jambes (en général maigres) : *Dès que la féminine engeance / Sut que le singe était puceau, / Au lieu de profiter d'la chance / Elle fit feu des deux fuseaux* (Brassens).
ETYM. emploi métaphorique du mot désignant l'instrument de la fileuse au rouet. 1808 [d'Hautel].

fusée *n.f.*
1. Vomissement. **Lâcher une fusée.** ***a.*** vomir ; ***b.*** émettre un pet (souvent foireux). **2.** Individu génial en son genre : *Y a pas à dire, avoua Bonne Mesure, t'es une fusée* (Varoux, 1).
ETYM. analogie de mouvement, de processus. **1.** 1640, Oudin [Esnault]. **Lâcher une fusée.** ***a.*** 1862 [Larchey], mais d'abord *jeter des fusées* 1808 [d'Hautel] ; ***b.*** 1975 [Le Breton]. **2.** 1979, Varoux.

fuser *v.i.*
1. Déféquer. **2.** Vomir. **3.** Partir sans payer.
ETYM. du lat. **fundere,** fondre. **1.** 1866 [Delvau]. **2.** 1901 [Rossignol]. **3.** 1901 [Bruant].
DER. **fusant** *n.m.* Pet : 1977 [Caradec].

fusil *n.m.*
1. Gosier ; estomac : *Tu t'en colleras une bonne cuiller dans le fusil* (Bibi-Tapin). *Et même qu'on casserait un peu la croûte, qu'on se taperait le fusil...* (Arnoux). **Écarter du fusil,** émettre des postillons. SYN. fusiller. **Repousser du fusil,** avoir mauvaise haleine. **2. Fusil à trois coups** ou **à trois trous,** se dit d'une prostituée qui utilise les ouvertures (buccale, vaginale et anale) de son corps à des fins érotiques. **3.** Vx. **Aller à la chasse avec un fusil de toile,** mendier.
ETYM. métaphores de l'orifice. **1.** 1850, Clémens. **Écarter du fusil,** 1866 [Delvau]. **Repousser du fusil,** 1852 [Larchey]. **2. Fusil à trois coups,** 1928 [Lacassagne]. **3.** 1867 [Delvau].

fusiller *v.t.*
1. Chiper. **2.** Séduire : *Elle a levé à Mabille un noble étranger qui a été fusillé par ses bottes*

(Villars). **3.** Dépouiller (surtout au jeu) : *Les volés [...] jurent qu'il n'y a que les « saloperies » capables de fusiller un camarade* (Humbert). *Il s'est fait fusiller rasibus.* **4.** Faire payer très cher : *Le touriste, s'il se fait parfois fusiller par les hôteliers, l'est rarement et d'une manière moins métaphorique par des truands* (Héléna, 1). **5.** Dépenser : *Fusiller son pèze.* **6.** Vendre. **7.** Démolir ; tuer. **8. Fusiller le pavé,** se moucher avec un doigt.

◆ *v.i.*

Émettre des postillons. SYN. écarter du fusil.

ETYM. dér. de **fusil.** La notion globale est celle d'« expédier rapidement ». **1** et **3.** 1872 [Esnault]. **2.** 1866, Villars. **4.** 1935, Simonin-Bazin. **5.** 1881 [Rigaud]. **6.** 1887 [Esnault]. **7.** 1908 [id.]. **8** et *v.i.* 1872 [Larchey].

futal ou **fute** *n.m.*

Pantalon : *Denis, vas-y, tu grimpes comme un singe. – Merci, pour déchirer mon futal !* (Fallet, 1). *Elle [...] se tourna à nouveau vers Sacco en enfilant son fute, tortillant du croupion tout ce qu'elle savait* (Varoux, 1).

ETYM. origine obscure, à rapprocher de l'arabe **fout'a,** culotte (de femme) ou de l'all. **Futte,** étui. *futal* 1916 [Cellard-Rey] ; *fute* 1979, Lacroix ; *fut'* 1972 [George].

VAR. **fouitenar** ou **foutanar** : 1885 [Esnault].

fute-fute *adj.*

Intelligent, astucieux : *Il est pas fute-fute, le clille !*

ETYM. simplification de **futé,** avec redoublement expressif et ironique. 1977 [Caradec].

gabardine *n.f.*

Précaution visant à éviter une mauvaise surprise, dans le langage des policiers.

ETYM. emploi métaphorique, la gabardine sert de « couverture ». 1975 [Arnal].

gâche *n.f.*

1. Vx. Procédé. **2. Bonne gâche.** ***a.*** travail facile : *Autour de nous, sur la piste, je subodore qu'il y en a ici... de ces gominés à moustagaches fines, les dents blanches et l'œil caressant, qui ont trouvé la bonne gâche, la solution à leurs problèmes financiers les plus pressants* (Boudard, 5) ; ***b.*** combinaison fructueuse comportant le minimum de risque pénal : *Gérant de deux sirops clandestins et tuteur d'une tigresse de cinquante et des piges, ça ne semblait pas la gâche rêvée* (Simonin, 4). **3.** Commande précise faite par un receleur à un cambrioleur : *Un grand « flic » de la P.J. parisienne a en mémoire des exemples où le voleur a balancé sa « gâche » ; ainsi a-t-on pu remonter jusqu'à un antiquaire dont trois articles sur quatre provenaient de vols* (*le Monde*, 16 mars 1985).

ETYM. déverbal de **gâcher,** d'abord chez les maçons. **1** et **2.** ***a.*** 1899 [Nouguier]. ***b.*** 1957 [PSI]. **3.** 1985, *le Monde.*

gâcher *v.i.*

Vx. Travailler.

◆ *v.t.*

1. Gâcher le métier, pour un salarié, accepter une rémunération trop basse, ce qui désamorce les revendications salariales ; pour un commerçant, faire une concurrence déloyale en pratiquant des tarifs trop bas ; pour un client, donner un pourboire excessif. **2.** Vx. **Gâcher du gros,** déféquer.

ETYM. verbe pris comme symbole du travail citadin par excellence. 1878 [Rigaud]; emprunt au travail des maçons.

◆ *v.t.* **1.** 1741, Savary [TLF]. **2.** 1640 [Oudin].

gâchette *n.f.*

Bon tireur : *J'ai reçu votre message, Barbier ! J'ai envoyé deux motards... des gâchettes !* (Morgiève) ; spéc., garde du corps d'un malfaiteur « haut placé » : *On le raccompagne jusqu'à sa Cadillac où l'attendent ses deux gâchettes, ses gardes du corps* (Pousse).

ETYM. emploi métonymique : la gâchette (ou plus exactement la détente) pour « celui qui la presse au bon moment ». 1970 [Boudard-Étienne].

gâcheur *n.m.*

1. Homme dépensier. **2.** Charpentier. **3.** Président de tribunal d'assises.

ETYM. du verbe **gâcher.** 1901 [Bruant], aux trois sens.

gâcheuse *n.f.*

1. Prostituée qui rapporte. **SYN.** gagneuse. **2.** Fille ou femme maniérée et prétentieuse. **3.** Jeune homme efféminé.

ETYM. de **gâcher. 1.** 1867 [Delvau]. **2.** 1894, A. France [TLF]. **3.** 1977 [Caradec].

1. gadin *n.m.*

1. Vx. Jeu du bouchon. **2.** Tête : *S'ils arrivent à prouver que t'es dans l'histoire de Dourdan,*

« forme du guillemet

y vont t'couper le gadin (Le Breton, 1); peine capitale : *Pour les plus malchanceux, ça allait même jusqu'au gadin dans les aurores derrière les murs de la Santé au temps où la guillotine fonctionnait encore* (Boudard, 5). *Tu comprends, Dédé, il a payé, Émile* [Buisson], *il y a été du gadin... on lui a coupé la tronche* (Pousse). **3.** Vx. Chapeau délabré. **4. Faire, ramasser** ou **prendre un gadin,** faire une chute : *Des flics allaient et venaient, débonnaires, surtout attentifs à ne pas poser leurs godasses sur des détritus, ce qui leur aurait fait perdre l'équilibre et ramasser un gadin incompatible avec leur dignité* (Malet, 1).

ETYM. origine incertaine, à rapprocher de **galet,** palet servant à jouer au billard. **1** et **3.** 1867 [Delvau]. **2.** 1926 [Esnault]. **4. Ramasser un gadin,** fin du XIXe s. [id.]; **prendre un gadin,** 1924 [id.].

DER. **gad'** et **gadiche** *n.f.* Jeu du bouchon : 1898 [id.]. **Ramasser une gadiche. 1.** Choir : 1877 [Chautard]. **2.** Rater son effet : 1921 [Esnault].

2. **gadin** *n.m.*

Vx. Cheval.

ETYM. du cauchois **guedan,** mauvais cheval. 1910 [Esnault].

VAR. très nombreuses selon Esnault. **gad', gag'** : 1910. **gadasson, gadass'** : 1927, etc. Toutes disparues auj.

gadjo ou **gadji** *n.*

1. Pour les gitans, tout individu non gitan : *Et je cogne sur les volets / D'une roulotte de rabouine / Je viens pour la bonne ferte / Et je me fous bien des gadjos* (Mac Orlan, 2). *Avec nos costumes, nous étions les « messieurs », ces gadjé redoutables qui sont flics, percepteurs, instituteurs ou même curés* (ADG, 1). **2.** Homme naïf : *Dis qu'y s'inquiète pas pour moi, / Son fiston, c'est pas un gadjo* (Renaud).

ETYM. mot romani désignant l'autochtone non rom. **1.** *gatgi* 1856 [Esnault]. **2.** 1899 [Nouguier]. Le pluriel de *gadjo* est *gadjos* ou *gadjé.*

VAR. **gadjiou** : 1899 [Nouguier]. **gadjgé** : 1952 [Esnault]. **kadjo** : 1932 [id.]. **gorgio** : 1845, Vidocq. La forme *gadjo* l'a auj. nettement emporté.

1. **gaffe** ou **gaffre** *n.m.*

1. Vx. Homme qui surveille, qui est en faction (surtout dans l'armée et dans la police) : *Mon gaffe, celui qui, dans une action isolée (par exemple quand moi, Girodot, j'écoule de la fausse monnaie à Étampes), a l'œil aux dangers* (Orgères). *Quant aux gaffes, bien sûr, y en a pas un atome* (Mac Orlan, 1). **2.** Vx. **Faire le gaffe,** faire le guet : *J'ai tout vu, puisqu'ils m'avaient planté à faire le gaf, et j'en sais assez pour faire gerber à la passe ce gueux de Blignon* (Vidocq). **3.** Gardien de prison, de bagne : *Une nuée de gardiens aidaient Fouchtra dans cette tâche ingrate. Ceux-ci, comme tout bon gaffe qui se respecte, étaient aussi vaches que fainéants* (Le Dano).

ETYM. de **gaffre** (XVe s.), issu de l'anc. all. **kapfen,** regarder bouche bée, ou emprunt à l'all. moderne **Gaffer,** badaud, de même origine. **1** et **2.** 1797, Orgères. **3.** 1455, Coquillards.

2. **gaffe** *n.f.*

1. Garde municipale, gendarmerie. **2.** Action de guetter, d'être en faction. **Grivier de gaffe,** sentinelle. **3. Faire gaffe,** faire attention, se méfier : *Moi, pendant ce temps-là, je ferai bien gaffe à ne pas sortir des traces* (G. Arnaud). *Faites gaffe où vous mettez les pinceaux, suivez-moi* (Tachet); et, interj. : *Messieurs, gaffe ! Voilà le retour des bourriques !* (Veillot). **Être en gaffe sur qqn,** le surveiller : *Mais c'cave-là s'figure que les matuches sont en gaffe sur lui* (Le Breton, 1). **4.** Vx. Bouche ; langue.

ETYM. même origine que le précédent. **1.** 1836 [Vidocq]. **2.** 1829 [Forban]. **Grivier de gaffe,** 1878 [Rigaud]. **3.** 1880, Brissac. Est passé dans l'usage courant. **Être en gaffe,** 1800, Leclair. **4.** 1866 [Delvau].

VAR. assez nombreuses, de **gaffre** : 1455, Coquillards [Esnault] à **gaf** : 1828, Vidocq. Auj. subsiste seulement *gaffe* dans les sens masc. 3 et fém. 3.

DER. **gâferie** *n.f.* Ensemble des gardiens : 1896 [Esnault]. **gaffier** *n.m.* Garde-chiourme : 1842 [id.].

gaffer, gafer ou (vx) **gaffrer** *v.i.*

1. Rester en attente. **2.** Faire le guet : *Dagobuche faisait tout à l'envers* [...], *mais Saint-Éloi gaffait* (Stollé).

◆ *v.t.*

1. Voir, regarder : *À la table onze, les gaffant froidement, le torse très raide, se tenait le Maltais!* (Simonin, 1). **2.** Surveiller : *Lui, il gaffrait la rue et moi je le gaffrais, lui, sur ordre de l'Enfant* (Burnat). **3.** Attraper, contracter.

◆ **se gaffer** *v.pr.*

Faire attention à, s'aviser de : *Il était plutôt affectueux si on se gafait de pas le contrarier* (Céline, 5).

ETYM. dénominal de **1. gaffe. 1.** 1829, Vidocq. **2.** 1836 [id.].
◆ *v.t.* **1.** 1879 [Esnault]. **2.** 1866 [Delvau]. **3.** 1915 [Esnault].
◆ *v.pr.* 1936, Céline.

gaffeur *n.m.*

1. Sentinelle. **2.** Surveillant ou guetteur : *Les professionnels de cette spécialité, connus sous le nom d'étalagistes, opèrent en général par deux. L'un, le « gaffeur », surveille les passants et surtout les employés du magasin* (Locard). **3.** Vx. **Gaffeur (de braise),** caissier.
ETYM. de **gaffer. 1.** 1836 [Vidocq]. **2.** 1847 [Dict. nain]. **3.** 1881 [Rigaud].

gaffre *n.m.*, **gaffrer** *v.i.* → **1. GAFFE, GAFFER.**

gafiller ou **gafouiller** *v.t.*

Voir, regarder : *Quand par mégarde on a gafouillé le borgne à roulettes à son papa, on doit pas aller le gueuler sur les toits* (Devaux).
ETYM. diminutifs de **gaffer.** *gafiller* 1882 [Esnault] ; *gafouiller* 1916 [id.].
VAR. **gafillotter :** 1889, Macé.

gaga *adj. et n.*

1. Qui est retombé en enfance : *Aurore a fait un bide avec le vieux dépositaire. Il paraît qu'il est gaga* (G.-J. Arnaud). *On y voit beaucoup d'journalistes / […] Des vieux gagas et des artistes* (chanson *Vive les bains de mer*, paroles de P. Briollet et F. Montreuil). **2. Vol au gaga,** vol qui se pratique à l'encontre des individus débiles.
ETYM. redoublement expressif, à rapprocher de *gâteux* (mais non issu de lui). **1.** 1879, Daudet [TLF]. **2.** 1887, Hogier-Grison.

gagne-pain *n.m. inv.*

1. Postérieur d'une femme : *Beaux châssis, beaux châssis ! apprécie César dont l'œil de verre frétille, en passant en revue le gagne-pain de ces demoiselles* (Bastiani, 4). **2.** Prostituée qui rapporte : *Supposez que la police lui embarque chaque soir, ou presque, des gagne-pain : son train de vie s'étiole, ses ressources financières s'écroulent* (Borniche, 1).
ETYM. emplois spécialisés du mot composé. **1.** 1878 [Esnault]. **2.** 1890 [id.].

gagneuse *n.f.*

Prostituée d'un bon rapport (du point de vue du proxénète) : *Les manteaux de fourrure, c'était plus loin, rue Caumartin, où évoluent les gagneuses de haute volée* (Malet, 17). *En fait, c'était un hôtel de passe. Les gagneuses du boulevard y amenaient leurs clients et leurs julots passaient ensuite au tiroir-caisse* (Jamet).
ETYM. de **gagner.** 1873 [Esnault].

gail, gaille ou **gaye** *n.m.*

1. Cheval, surtout cheval de course (parfois jument, au fém.) : *Bernard m'avait donné le tuyau. Ces trois gails-là étaient imbattables* (Vexin). *Le seul* [journal] *qui lui permettait de rafler un peu de fraîche au PMU. Pourtant il avait la tête bien loin des gailles ce soir* (Risser). *Attelé à une charrette de livraison, un gaye mâchouillait son mors en attendant son cocher parti lever le coude* (Pécherot). **2.** Désigne aussi les « chevaux-vapeur » : *Elle avait, comme ça, un aspect très anonyme de charrette pour père tranquille, mais, sous le capot, un gentil compresseur lui apportait quelques gails de complément* (Simonin, 1). **3.** Bicyclette. **4.** Chien.
ETYM. du lorrain **gaille,** chèvre, issu de l'all. **Geiss,** idem et « femme maigre ». **1.** 1821 [Ansiaume]. **2.** 1958, Simonin. **3.** 1915 [Esnault]. **4.** 1977 [Caradec].
DER. **galière** *n.f.* Jument : 1597 [Sainéan]. **gaillon** *n.m.* Cheval : 1881 [Esnault]. **galtron** *n.m.* Poulain : 1822 [Mésière]. **gayerie** *n.f.* Cavalerie : 1836 [Vidocq].

gaillet ou **gayet** *n.m.*

Vx. **1.** Cheval : *Tu vois ce messière hautocher sur son gaillet* (Ansiaume). **2.** Chien.
ETYM. de **gail. 1.** 1821 [Ansiaume]. **2.** 1850 [Esnault].

gailloterie *n.f.*

Vx. Écurie : *Il y a de bons gayets dans la gailloterie, hautochons sur un* (Ansiaume).
ETYM. de **gaillet.** 1800, Leclair.

galère *n.f.*

Situation difficile, marquée par la malchance, pénible à supporter : *Tu sais que je les ai dans les reins, qu'au premier signe je défouraille, et tu te files dans cette galère pour passer le temps ?* (Giovanni, 1). *Je m'suis fait chier comme un débile / Dans cette galère, dans cette galère* (Renaud). **C'est la galère,** se dit lorsqu'on se trouve dans une telle situation : *Trois morts, un suicide… c'est*

beaucoup pour M... ! Beaucoup trop ! C'est la galère... la mélasse gélatineuse ! (Morgiève). ◆ *adj.*
Très pénible : *Bruno voulait me féliciter, tu vois que je ne t'ai pas mis sur un plan galère* (Ravalec).
ETYM. résurgence d'un emploi métaphorique remontant aux *Fourberies de Scapin* de Molière (1671) : *« Que diable allait-il faire dans cette galère ? »* (acte II, scène 7). 1958, Giovanni. **C'est la galère,** 1944, Guérin. Très en vogue auj. dans le parler branché des jeunes.

galérer *v.i.*
1. Être dans une situation matérielle ou morale difficile : *Patrick Berger, 37 ans, galère depuis 1972 [...] pour élever des moutons* (*Libération,* 15 juin 1985). **2.** « Se lancer dans des entreprises laborieuses, mais sans résultat » (Obalk) : *On commence à jacter de comment chacun a galéré joyeusement dans la semaine* (Lasaygues). **3. Ça galère,** cela se passe mal, tout va de travers : *Dès que Frankie-Pat se mêle d'une affaire, vous pouvez être sûr que ça va galérer dur* (*Actuel,* mai 1984).
ETYM. du précédent. **1.** 1981, *Actuel.* **2.** 1984 [Obalk]. **3.** 1984, *Actuel.*

galéreux, euse *n.*
1. Personne qui galère. **2.** Individu désagréable : *Les plagistes essaient de nous empêcher de vendre à leurs clients parce que ça fait concurrence à leur bar [...] Ces galéreux disent que nos glaces sont pleines de microbes et donnent la colique* (Buron).
ETYM. de **galère. 1.** début des années 1980. **2.** 1989, Buron.

galérienne *n.f.*
1. Vx. Wagon cellulaire menant à La Rochelle les condamnés à la transportation. **2.** Prostituée qui arpente les galeries autour des pistes de danse, dans les casinos, ou racole dans les galeries marchandes.
ETYM. de **galère** (1) et de **galerie** (2). **1.** 1895 [Esnault]. **2.** 1862, d'après Rigaud ; 1987, selon Alexandre, pour les galeries marchandes.

galetouse ou **galtouse** *n.f.*
1. Gamelle : *Y a un os à moelle dans la galetouse, remarqua Blondeau* (Le Breton, 6). *Logiquement, en plus de ma galtouze, j'ai droit à la viande* (Le Dano). *Les deux jeunes gens s'éloignèrent vers la cuisine. – Au poil, les galtouses sont déjà chaudes ! Hop, au château du sous-sol* (Fallet, 1). **2.** Argent : *J'cass'rai la gueule aux proprios, / À tous les gens qu'a d'la galtouze* (Bruant). *Aboule illico notre galletouze et nos tocantes, ou nous te ferons passer le goût du corned beef* (Forton, 1).
ETYM. suffixation arg. de **gamelle** et de **galette. 1.** *galetouse* 1879 [Esnault] ; *galtouse* 1881 [id.]. **2.** 1851, Méténier.

galettard, e ou **galetteux, euse** *adj.*
Riche : *Elle a fait un miché, dit-elle à Victor. – Peuh, fit Victor, a pas l'air galetteux* (Rosny jeune).
ETYM. de **galette** (cf. *richard*). *galettard* 1942, Genevoix [TLF] ; *galetteux* 1901 [Bruant].

galette *n.f.*
1. Vx. Matelas. **2.** Argent : *Et pourtant, avec la galette, / Sotte France ! que tu leur sers, / Ils pourraient sans faire de dettes, / Se payer des fameux desserts* (Ponchon). *Riche et voleur, c'est kif-kif. T'inquiète pas, la galette de ta boulangère n'est pas sortie de ses doigts de pieds !* (Rosny). **La grosse galette,** la fortune : *De long en large, poursuivant sa pensée, Eliasar arpentait sa chambre : C'est la grosse galette, la grosse galette !* (Mac Orlan, 4). Vx. **Coquer la galette,** corrompre un témoin. **Mangeur de galette,** fonctionnaire vénal. **3.** Film enroulé sur une bobine. **4.** Disque microsillon ou compact, dans le langage des médias : *L'année suivante Jackson balance « Jumpin' Jive Live », un disque entièrement swing [...] C'est une galette de choix, enlevée et joyeuse* (*Globe,* décembre 1985). **5.** Suite d'enregistrements radiophoniques mis bout à bout. **6.** Béret : *Ils ne rechignaient point, frottaient avec fougue parquets et chaussures, enfonçaient la galette sur leur crâne ras dans un inconscient mépris du ridicule et de la laideur* (Gibeau).
ETYM. analogie de forme au sens 1, le sens 2 étant issu de **mangeur de galette. 1.** 1833 [Esnault]. **2.** 1872 [id.] ; d'après lui, ce mot est demeuré « honteux » jusqu'en 1888. **Coquer la galette** et **mangeur de galette,** 1836 [Vidocq]. **3** et **4.** 1977 [Caradec]. **5.** vers 1980. **6.** 1952, Gibeau, mais dès 1916 au sens de « képi sans hauteur » [Esnault].
VAR. **galetouille :** 1930 [Esnault]. **gadouche :** 1898 [id.], au sens d'« argent ».

galipette *n.f.*
Ébats amoureux : *Et pour la bagatelle, Arlette, l'était douée, l'apprenait vite [...] La galipette,*

c'était vraiment son truc. Elle voulait tout savoir, tout essayer (Pelman, 1). **Champ des galipettes,** partie d'amour.
ETYM. d'origine dialectale (ouest de la France) : **calipette,** cabriole. 1897, Rictus.

galocher *v.i. et t.*
Embrasser sur la bouche, en entremêlant sa langue à celle du ou de la partenaire : *Je calme cette pauvre biquette. J'y galoche un peu la menteuse, je lui fais un petit massage de balcon et tout, quoi !* (San Antonio, 6).
ETYM. de **rouler une galoche.** 1971, San Antonio.

galopin *adj. et n.m.*
Vx. Vagabond ; romanichel.
◆ *n.m.*
1. Vx. Petit verre à boire : *Près du bock est arrivé le galopin, petit verre étroit dont le contenu s'avalait d'un trait sans avoir le temps d'humecter les lèvres* (Macé). **2.** Verre de bière, équivalant d'abord à un demi, et actuellement à environ la moitié d'un demi.
ETYM. de **galoper,** surnom donné dès le XIIe s. à des personnes, notamment des garçons de course. « vagabond » 1545 [Esnault] ; « romanichel » 1935 [id.].
◆ *n.m.* **1.** 1680 [Richelet]. **2.** 1881 [Rigaud].

galoup, galloup ou **galoupe** *n.m.*
1. Vx. Homme de peine, notamment garçon de cages dans une ménagerie : *Les galup's qu'a des ducatons / Nous rinc'nt la dent* (Richepin). **2.** Indélicatesse : *Je hausse les épaules en me disant que le patron des lieux a fait un galloup à des tordus quelconques qui viennent de se venger, comme ça se fait dans le monde* (Tachet). **3.** Infidélité : *J'avais compris à temps qu'il fallait dételer, aussi sec, dès qu'une femme vous faisait un galoup* (Simonin, 2). **4.** Gros ennui.
ETYM. de **galuppo,** domestique (en italien), goujat d'armée (en espagnol). On est passé de « homme grossier » à « grossièreté de conduite ». **1.** 1876, Richepin. **2, 3** et **4.** 1926 [Esnault].

galtouse *n.f.* → GALETOUSE.

1. galuche *n.m.*
Galon : *Le commandant a beau avoir des galuches, cria le Rouquin, ça ne l'empêche pas d'être un bon zig !* (Leroux). → COMBRE.
ETYM. suffixation arg. de **galon.** 1835 [Raspail].

2. galuche *n.f.*
Cigarette de marque « Gauloises » : *Trente centimes de solde par jour, autant qu'il m'en souvienne. Et quatre paquets de troupes pour former des fumeurs de galuches* (Vautrin, 2).
ETYM. resuffixation arg. de **gauloise.** 1957 [PSI].
VAR. **gauluche, gauldo** ou **goldo** : contemporains.

galure ou **galurin** *n.m.*
1. Chapeau (le plus souvent d'homme) : *Mon copain, qui a un galure à large bord et un imperméable qu'il porte seulement aux heures de boulot, reste le nez au fond de sa serviette où il remue des papiers* (Carco, 1). *Les chaises réservées présentent une brochette de jolies femmes, caquetantes, aux galurins pharamineux* (Galtier-Boissière, 1). **Porter le galure, le galurin,** syn. de porter le chapeau. **2.** Bourgeois.
ETYM. p.-ê. déformation de **galeron,** chapeau de fauconnier (XIIIe s.), issu du lat. **galerus,** bonnet (de fourrure). **1.** *galurin* 1866 [Delvau] ; *galure* 1881 [Rigaud]. **Porter le galure,** 1982 [Perret]. **2.** 1920 [Bauche] ; métonymie : la coiffure pour celui qui la porte.

gamahucher *v.i. et t.*
Pratiquer le cunnilinctus et la fellation : *« Alors, tu dardes, chérie ? » Elle la regamahucha un tantinet : fiasco* (Bernheim-Cardot).
ETYM. origine obscure, p.-ê. arabe. 1787, Nerciat [Cellard-Rey].

gamberge *n.f.*
1. Action de réfléchir, de calculer : *Ah oui, c'est bon la gamberge où l'on ne rumine pas un foin amer et sec* (Sarrazin, 3). *Malheureusement, c'est son cerveau qui fait des cendres* [...] *Il peut fumer autant de cigarettes qu'il veut, ça n'empêche pas la gamberge* (Demouzon). **Se faire une pendule de gamberge,** réfléchir intensément. **2.** Flânerie.
ETYM. déverbal de **gamberger. 1.** 1952 [Esnault]. **Se faire une pendule de gamberge,** 1982 [Perret]. **2.** 1977 [Caradec].

gamberger *v.t.*
1. Vx. Compter. **2.** Imaginer, combiner : *Ah ! je les avais gambergées autrement les retrouvailles !* (Boudard, 1).
◆ *v.i.*
1. Réfléchir : *Il ramena son index vers son propre visage, se toucha le front avec conviction. « Fais confiance à ça. S'il y a une chose que je sais faire, c'est gamberger »* (Japrisot). *J'avais*

fait tout mon possible, gambergeant à m'en faire exploser les neurones (Fajardie, 1). **2.** Faire fonctionner son imagination : *Gabin, bougon, prenait la mouche : « Et alors ? Je gamberge, moi ! J'ai pas besoin de lire, je connais la vie... »* (Dalio). **3.** Ruminer, méditer : *Il m'arrivait, depuis quelque temps surtout, de gamberger un peu : qui étais-je ? d'où venais-je ? et toutes les habituelles foutaises de ce style* (Bénoziglio). **4.** Flâner : *Le môme Tom Pouce l'avait à la caille. Ayant gambergé pendant cinq broquilles, il alla dringuer* [chez l'ogre] (Stollé).

ETYM. var. de **comberger** ou **gomberger,** compter (1836 [Vidocq]), p.-ê. déformation de **compter,** à l'aide d'une suffixation étrange ; Esnault relève chez Mésière (1822) un autre verbe *comberger,* qui serait une déformation de *confesser.* **1.** 1844 [Dict. complet]. **2.** 1926 [Esnault].

◆ *v.i.* **1, 2** et **3.** 1926 [Esnault]. **4.** 1947, Stollé. Est passé dans l'usage pop. courant.

DER. **gambergeailler** *v.i.* Rêvasser : 1977 [Caradec]. **gambergement** *n.m.* **1.** Partage de profit : 1874 [Esnault]. **2.** Combinaison délictueuse : 1901 [Rossignol].

gambergeur, euse *adj et n.*

Se dit d'un individu intelligent ou imaginatif : *Oui, Jean, c'était une grosse tronche, un gambergeur. Un savant quoi !* (Bohringer).

ETYM. de **gamberger.** 1956, Simonin [TLF].

gambette *n.f.*

Jambe : *Andy Warhol, à la Coupole, / Peint les gambettes de Mistinguett* (Renaud). **En avoir plein les gambettes,** être fatigué ou excédé : *Le lendemain du 14 juillet, les gens en ont plein les gambettes* (Dominique). Vx. **Faire aux gambettes,** saisir qqn par les jambes : *Voulant dégringoler un poivrot, il l'avait fait aux gambettes* (Brissac).

ETYM. var. picarde de **jambette.** 1880, Brissac [TLF]. **En avoir plein les gambettes,** 1918 [Esnault]. **Faire aux gambettes,** 1880, Brissac.

gambille *n.f.*

1. Danse ; bal : *Pour reprendre le pas, Riton eût été obligé de faire un petit saut en marchant, pareil à un pas de danse. Il répugnait à sautiller, il ajouta donc encore : « C'est pas l'heure de la gambille »* (Genet). **2.** Jambe : *Son œil errait des belles gambilles haut croisées aux seins qu'on devinait* (Le Breton, 1).

ETYM. déverbal de **gambiller. 1.** 1929 [Esnault]. **2.** 1867 [Delvau].

VAR. **gambriade** *n.f.* Danse : 1815, *Chanson de Winter,* in Vidocq.

gambillement ou **gambillage** *n.m.*

Vx. Danse : *Je préfère une rouillarde de Bordeaux à tous vos gambillements* (Ansiaume).

ETYM. de **gambiller.** *gambillement* 1821 [Ansiaume] ; *gambillage* 1899 [Nouguier].

gambiller *v.i.*

1. ARG. ANC. Être pendu. **2.** Vx. Marcher sur la route : *Gervaise allait toujours, gambillant, remontant et redescendant avec la seule pensée de marcher sans cesse* (Zola). **3.** Danser : *Après ça [le supplice des brodequins], faut plus compter sur vos guiboles pour aller gambiller* (Burnat). *Nous étions en train de dîner chez Perrin, une taule assez chouette, une des rares où on gambille encore pendant la tortore* (Simonin, 3). **4.** S'agiter : *Étendu sur le dos à même le marbre, il gambillait frénétiquement de ses deux petites jambes courtes* (Lorrain).

ETYM. dér. du normanno-picard **gambe,** jambe. **1.** 1609, C. Oudin [Quemada]. **2.** 1835 [Raspail]. **3.** 1821 [Ansiaume]. **4.** 1808 [d'Hautel].

gambilleur, euse *n.*

Personne qui danse : *Faut que j'chahute... / Ça m'rend très farceur / Et y a pas d'erreur, / Je suis le roi des gambilleurs !* (chanson *Quand je joue du banjo,* paroles de C. Forge). *Ils avaient jamais pu supporter la gambilleuse qui s'était collée au soutien de leur famille* (Viard).

◆ **gambilleur** *n.m.*

Vx. Bourreau.

ETYM. de **gambiller.** 1821 [Ansiaume].

◆ *n.m.* 1824, poissard [Rigaud].

gamel *n.m.*

Pou.

ETYM. de l'arabe **qamla.** 1910, Alger [Esnault].

gameler *v.t.*

1. Vx. Abandonner. **2.** Vx. Dénoncer. **3.** Manger.

ETYM. de **gamelle. 1.** 1876 [Esnault]. **2.** 1881 [Rigaud]. **3.** 1975 [Le Breton].

DER. **gamelage** *n.m.* Dénonciation : 1881 [Rigaud].

gamelle *n.f.*

1. Demi-journée, pour un détenu. **2.** Nom donné à divers objets en forme de récipient :

au sing., casque de motard, projecteur, filtre à air, etc.; au pl., pistons de moteur à explosion, cymbales, etc. **À fond la** ou **les gamelles,** syn. de à fond la caisse: *J'ai entendu dire kêk part que le bonheur c'est d'être soi-même à fond la gamelle* (Lasaygues). **3.** Délateur. **4. Attacher une gamelle à qqn,** l'abandonner. **5. S'attacher** ou **s'accrocher une gamelle,** se passer de qqch, en être privé : *Avant d'm'attacher une gamelle, / Ej'déjeune aux Arts libéraux* (Bruant). **6. Mettre une gamelle.** ***a.*** renoncer; ***b.*** s'en aller. **Se mettre une gamelle,** s'évader. **7. Ramasser** ou **prendre une gamelle.** ***a.*** tomber: *Ça aussi, il faudrait s'en occuper : faire changer les tambours avant, sinon un jour il allait se payer la gamelle et se casser les incisives sur le pavé* (Klotz) ; ***b.*** échouer dans une entreprise : *Voilà qu'un membre de ce vilain corps médical, cette intouchable secte en blouse blanche, se prend une gamelle* (*Libération,* 6 février 1979). **8.** Cuisine, repas : *Porte d'Auteuil, il s'est inquiété du programme de la soirée. « Qu'est-ce qu'on fait, on s'autorise une petite gamelle ? »* (Ravalec).

ETYM. emplois issus pour la plupart du récipient dans lequel on met la nourriture du soldat ou du détenu. **1.** 1939 [Esnault] (on donne au détenu deux gamelles par jour). **2.** «projecteur» 1957 [Sandry-Carrère]; «casque, filtre, piston» 1975 [Beauvais]. **À fond les gamelles,** 1975 [Le Breton]. **3.** 1939 [Esnault]. **4.** 1887 [id.]. **5. S'attacher une gamelle,** 1899 [Nouguier]; **s'accrocher...,** 1925 [Esnault]. **6. *a*** et ***b.*** 1977 [Caradec]. **Se mettre...,** 1878 [Rigaud]. **7. *a*** et ***b.*** 1901 [Bruant]. **8.** 1994, Ravalec.

DER. **gamelleur** *n.m.* Détenu distribuant la soupe: 1927 [Esnault].

gamin *n.m.*

En gamin ou **faire le gamin,** se dit d'une position érotique dans laquelle la femme chevauche l'homme allongé sur le dos.

ETYM. comparaison avec l'enfant qui joue *à dada* sur son père. 1864 [Delvau].

gamme *n.f.*

1. Toute la gamme, synonyme ironique de « et cetera ». **2.** Vx. **Faire chanter sa gamme, faire monter la gamme** ou **monter une gamme à qqn,** le corriger. **3.** Ensemble des renseignements que cherchent à recueillir les policiers. **Petite gamme,** simples vérifications d'identité et de domicile ; **grande gamme,** recherches auprès des administrations.

ETYM. emplois métaphoriques et ironiques du terme de musique. **1.** 1977 [Caradec], mais sûrement antérieur : dès 1843 chez Gautier au sens, non ironique, de série (de vins). **2. Chanter la gamme à qqn** et **monter une gamme,** 1808 [d'Hautel]. **3.** 1975 [Arnal].

ganache *n.f.*

1. Mâchoire inférieure: *En se tâtant la ganache – qui enflait à vue d'œil – il se rendit chez le Chinois* (Grancher). **2.** Imbécile, notamment dans la loc. **vieille ganache:** *Si j'avais à choisir parmi tes adorateurs, j'aimerais encore mieux cette vieille ganache de Vaudrec* (Maupassant). **3.** Vieillard: *Ce Chevalier est-il un philosophe spirituel pour les femmes du monde, une ganache branlante ou un roublard?* (Werth, 2). *Bien qu'il fût encore jeune, la ganache se profilait en lui, comme le squelette sous la décharnance du vieillard* (San Antonio, 4).

ETYM. de l'ital. **ganascia,** mâchoire (des animaux), XVIe s. **1.** 1642, Oudin [TLF]. **2.** 1808 [d'Hautel]. **3.** avant 1815, Raban [TLF].

1. gandin *n.m.*

Valet, dans un jeu de cartes.

◆ **gandin, e** *adj.*

VIEILLI. Marque une appréciation positive sur qqn ou qqch (fort, riche, élégant, etc.): *Elle est gandine, ta sœurette! Dis donc, Reine... Si que j'y faisais un doigt de cour ?* (Rosny jeune).

ETYM. mot dial. du Sud-Est, « nigaud, niais » ; d'abord au sens non arg. de «dandy médiocre et stupide» 1855, Delacour et Thiboust [TLF]. 1866, Villars.

◆ *adj.* 1881 [Esnault].

2. gandin *n.m.*

Vx. Tromperie. **Hisser, monter un gandin,** tromper. **Battre un gandin,** faire semblant de travailler.

ETYM. mot lyonnais. **Hisser un gandin,** 1844 [Esnault]. **Battre un gandin,** 1850, forçat Clémens [id.].

ganja *n.f.*

Marijuana d'origine indienne: *Ce n'est pas du haschisch qu'ils y mettent* [dans la pipe à eau], *plutôt une boue séchée ressemblant à du tabac, mais qui visiblement n'en est pas. J'ai tout de suite compris que c'est de la ganja, autrement dit du kif, la marijuana des Indes* (Duchaussoy).

ETYM. mot hindi. 1971, Duchaussoy.

gano ou **ganot** *n.m.*

1. Sac contenant de l'argent ; porte-monnaie : *Elle pose son pot grotesque sur le rebord de la tombe voisine. Mais pas le sac, pas le ganot où doit y avoir la mornifle* (Dégaudenzi). **2.** Butin : *Le prévoyant gus s'était fait la malle avant et, supposait-on, avec la totalité du ganot* (ADG, 7).

ETYM. mot d'origine tsigane: **gono,** sac (caló d'Espagne) [Esnault]; d'après Littré, ce terme cité par Boileau, *Satire X*, serait employé dans le jeu espagnol de l'hombre ; mais il n'est pas sûr qu'il s'agisse du même mot, l'espagnol possédant aussi **gano,** gain (non arg. ni tsigane). **1.** *guano* 1899 [Nouguier]. **2.** 1953, Le Breton.

gants *n.m.pl.*

1. Vx. Souliers; chaussettes. **2.** Gratification ajoutée au tarif de la passe. **3. Mes gants, tes gants,** moi, toi: *Assuérus* [...] *se faisait lire les Annales de son règne où justement il était question du complot contre ses gants jadis dégauchi par Mardochée* (Devaux). **Pour mes gants. *a.*** pour mes frais : *En être pour ses gants;* ***b.*** pour mon compte.

ETYM. emplois imagés du mot usuel. **1.** «souliers» 1878 [Esnault]; «chaussettes» 1927 [id.]. **2.** 1864 [Delvau], issu de *donner (à une prostituée) pour ses gants* 1862 [Larchey]. **3.** 1926 [Esnault], mais **pour mes gants** au sens de «pour mes frais» est antérieur: 1901 [Rossignol].

gapette ou **gâpette** *n.f.*

Casquette: *Il est en noir, Gaston, costard, cravate et il a troqué sa gapette de louchébem pour un chapeau noir à bord roulé* (Boudard, 6). *L'on vit parader au milieu de la place Corbis, sous leur plus belle gâpette, des personnages qui rarement avaient poussé plus loin que le Kursaal* (Gerber).

ETYM. origine inconnue, p.-ê. altération de **capette,** petite chape, bonnet. 1919 [Esnault].

VAR. **guimpette:** 1939 [id.]. **capette:** 1954 [id.].

garage *n.m.*

Chambre d'un hôtel de passe.

ETYM. emploi métaphorique et ironique du mot usuel. 1977 [Caradec].

garçon *n.m.*

1. Vx. Délinquant avéré, reconnu comme tel dans le milieu: *Amis, buvons à tous les vrais garçons!* (Goualante de la Courtille, *in* Rossignol). **Joli garçon,** compagnon loyal. **2. Garçon de cambrouse** ou **de campagne,** voleur de grand chemin: *C'est un garçon de cambrouse qui n'est propre à rien* (Ansiaume). *Ne va pas faire le sinvre au moins quand tu seras sur la placarde... Les garçons de campagne se moqueraient joliment de toi* (Vidocq). **3.** Vx. **Garçon de famille,** forçat au service d'un agent du bagne : *Je me pavanais dans mes appartements, quand le «garçon de famille», pieds nus, me tendit une lettre. Le garçon de famille est le bagnard élevé à la dignité de domestique* (Londres). **4. Garçon d'honneur,** complice, dans le langage des policiers.

ETYM. emplois spécialisés de ce très vieux mot français (vers 1100, *Chanson de Roland*). **1.** 1797, Orgères. **2.** 1821 [Ansiaume]. **3.** de 1872 à 1930, bagnes [Esnault] ; c'est le mot normal entre bagnards et de la part de l'Administration pour les interpeller. **4.** 1975 [Arnal] (jeu de mots sur *donneur*).

garde-bidon *n.m.*

Vx. Allumeur de lanternes dans les bagnes: *Les éprouvés peuvent être nommés* [...] *garde-bidons* (Alhoy).

ETYM. de **garder** et de **bidon**. 1845, Alhoy.

garde-manger *n.m.inv.*

1. Estomac, ventre. **2.** Vx. Postérieur. **3.** Vx. Lieux d'aisances.

ETYM. métaphores utilitaires. **1.** 1894 [Virmaître]. **2.** 1881 [Rigaud]. **3.** 1867 [Delvau].

garde-mites *n.m.*

Dans l'armée, garde du magasin d'habillement: *Comme je n'ai pas un sou pour payer à boire au garde-mites, je n'ai d'autre ressource que d'attendre* (Mac Orlan, 6).

ETYM. syn. ironique du terme officiel *garde-magasin.* 1918 [Dauzat].

gare *n.f.*

VIEILLI. **À la gare!,** formule de rejet, de refus: *Y a la poisse ! remarqua Marie-Bonheur. – À la gare! railla Bouve. La poisse, ça n'existe pas* (Carco, 8). *Une chaumière et un cœur? Il connaissait le boniment. À la gare!* (Guérin). **Envoyer à la gare,** éconduire.

ETYM. la gare est prise comme indice de départ. 1915 [Sainéan].

garé, e *adj.*

1. (Être) garé en double file, attendre une prostituée occupée avec un autre client. **2. Garé des voitures,** syn. de rangé des voitures : *Elle avait connu ça, Rose. Ce n'était pas parce qu'elle était garée des fiacres qu'elle avait oublié* (Thomas, 1).

ETYM. emploi métaphorique d'expressions issues du langage des automobilistes. **1.** 1977 [Caradec]. **2.** 1862 [Larchey], mais au sens de « prudent et rangé ».

garer (se) *v.pr.*

Vx. Se méfier : *Ton pèze, tu l'avais à donner des mômes qui s'garaient pas de toi, vendu !* (Carco, 2).

ETYM. emploi spécialisé et abstrait du verbe usuel. 1914, Carco.

gargamelle *n.f.*

1. Gosier : *Il n'ose plus manger, de peur de se boucher la gargamelle* (Spaggiari). **2.** Tête, visage : *J'ai compris que je n'allais pas tarder à recevoir une tuile sur le coin de la gargamelle* (Malet, 1).

ETYM. mot provençal (dès 1468), popularisé par le *Gargantua* (1534) de Rabelais. **1.** 1876, Huysmans [TLF]. **2.** 1949, Malet.

gargoine, gargane ou **gargue** *n.f.*

1. Gosier ; bouche ; gorge : *Eh mon Dieu, tout ce qui passe par la gargoine emplit le beauge* (Vidocq). *Quand il s'est bien lavé l'dedans / D'la gargouenne, i prend sa serviette, / I s'récure la langue et les dents* (Gill). *La fin du mot lui resta dans la gargane* (Le Breton, 1). *Un clope fait pas dévisser l'amertume qui me dévale de la gargue au ventre* (Dégaudenzi). **Se rincer la gargoine,** boire. **2.** Visage.

ETYM. d'une racine onomatopéique **gar-** (cf. *Gargantua, Gargamelle,* etc.). **1.** 1827, *Un monsieur comme il faut,* sous la forme *gargouenne. gargane* vers 1864 (Poitou et Louisiane) ; *gargoine* 1828 et *gargue* 1836 [Vidocq]. **2.** 1874, Hugo [TLF].

VAR. **gourgan(n)e** : 1800, Leclair. **gargouanne** : 1835 [Raspail]. **gargouine** : 1844 [Dict. complet]. **gargoinche** : 1955, Trignol. **gargotte** : 1901 [Bruant].

garnaffe, garnafle ou **gernafle** *n.f.*

Vx. Maison rurale, ferme : *Les Marquises (c'était ainsi que les Errants nommaient leurs femmes) étaient chargées d'examiner la position, les alentours, les moyens de défense des garnaffes ou des pipés qui devaient être attaqués* (Claude). *Maintenant, dit le cocher du fiacre, à la gernafle de Bouqueval !* (Sue).

ETYM. de **grenafle** (lui-même issu de **grain**), grange, grenier, par métathèse. 1836 [Vidocq].

garnafier *n.m.*

ARG. ANC. Fermier : *Si j'avais refroidi tous les garnafiers que j'ai mis en suage, je n'en aurais pas le taf aujourd'hui* (Vidocq).

ETYM. de **garnaffe.** 1828, Vidocq.

garno ou **garnot** *n.m.*

1. Chambre d'hôtel meublé : *Si tu veux, on s'louera eun' tôle, / Un bath garno chez un bougna* (Rictus). **2.** Agent ou service chargé de la surveillance des hôtels garnis : *À l'époque les « garnos », comme on appelait le service des garnis, dépendaient de la Brigade mondaine de la Police judiciaire* (Larue).

ETYM. abrègement et suffixation populaires de **(hôtel) garni. 1.** 1867 [Delvau]. **2.** 1928 [Lacassagne]. La forme *garni* (1835 [Acad. fr.]) n'est pas arg., mais quasi officielle au XIXe s.

garouse *n.f.*

Gare.

ETYM. suffixation arg. de **gare.** 1928 [Lacassagne].

gaspard *n.m.*

1. Rat : *Avec les gaspards ici, on sait jamais. Y en a des gros comme des chats, et teigneux !* (Le Chaps). *L'ennemi personnel de l'égoutier, c'est le rat [...] les gaspards pullulent dans les égouts* (*Libération,* 25 novembre 1977). **2.** Vx. Homme malin : *Alors mes deux gaspards feignirent de ne point s'apercevoir, et sans ostentation s'éloignèrent l'un de l'autre* (Canler). **3. Bouffer Gaspard** ou **avaler le gaspard,** communier.

ETYM. de **Gaspard,** prénom donné à un rat apprivoisé en prison. **1.** 1833 [Esnault] (popularisé vers 1878 à Paris). Est appliqué parfois aussi au chat [Rigaud], aux organes sexuels masculins et féminins. **2.** 1862, Canler. **3. Bouffer Gaspard,** 1920 [Bauche] ; **avaler le gaspard,** 1953 [Sandry-Carrère].

gastos [gastos] *n.m.*

Bistrot, café : *Une p'tite bourgeoise bêcheuse, / Maquillée comme un carré d'as, / A débarqué dans mon gastos* (Renaud).

ETYM. de l'all. **Gasthaus,** auberge. 1980, Renaud.

gâteau *n.m.*

1. Arg. anc. Au bagne, argent glissé au fouetteur pour que la correction infligée soit plus douce. **2.** Magot. **3.** Gain; argent en général: [après un refus d'achat:] – *T'as donc pas de gâteau ? – Non* (Brissac). **Avoir part au gâteau** (vx), **partager le gâteau, avoir sa part de** ou **du gâteau,** se voir attribuer une part du profit, des bénéfices : *C'est toujours entre bons poteaux / Qu'on s'partage les morceaux d'gâteau* (chanson *Si j'étais chef de gare,* paroles de A. Barde, 1929). **4. Du gâteau,** une chose facile à réaliser, à supporter : *Avec lui, Patron, ça va être du gâteau, ce n'est pas un dur* (Rognoni). *Aujourd'hui, quand le soleil va à nouveau me retaper dessus, ça ne sera pas du gâteau* (Charrière). SYN. c'est du sucre, du chocolat, de la tarte, etc.

ETYM. métaphore fréquente : nourriture pour ressources, argent (cf. *blé, galette,* etc.). **1.** 1845 [Esnault]. **2.** 1875 [id.]. **3.** « gain » 1886 [id.] ; « argent » 1880, Brissac. **Avoir part au gâteau,** 1541, *Amadis* [Huguet] ; **partager le gâteau,** 1690 [Furetière]. **4.** 1944, Desnos.

gâter (se) *v.pr.*

Vx. Avoir des doutes, des soupçons : *L'affaire est mâte, le messière ne se gâte pas* (Ansiaume).

ETYM. sens conditionné par le contexte délictueux. 1821 [Ansiaume].

gâterie *n.f.*

Supplément érotique (cunnilinctus, fellation) : *Personne ne peut me dire le temps qu'il est resté dans les murs, le gros poussah* [Gœring]*... s'il a exigé des gâteries tout à fait spéciales* (Boudard, 2). *Une fille aux hanches pleines roula vers lui, la bouche professionnellement ouverte et proposa une gâterie-maison* (Bernheim-Cardot). SYN. fantaisie, faveur.

ETYM. emploi métaphorique du mot usuel. 1953, Simonin [Cellard-Rey].

gau *n.m.*

Vx. Pou : *« Ce qu'on s'embête, hein ! » remarqua Jacques. « Tu parles », ajouta Loupeau. Le vieux dit à son tour : « Pire que des gaus sur un macchabée ! »* (Rosny).

ETYM. emploi ironique de **gallus,** coq. 1628 [Chéreau]. Le pluriel est *gaus,* ou plus souvent *gaux.*

VAR. **got** ou **goth :** XVIIe s. **(la famille) gautier :** 1899 [Nouguier].

gauche *n.f.*

1. Jusqu'à la gauche, complètement, jusqu'au bout : *Tu es allé au feu ? – Non... j'ai chipé le truc au début... Malade, jusqu'à la gauche* (Carco, 6). **2. Passer l'arme à gauche,** mourir : *Pour un doigt / De vin pur – Ô sombre débauche ! / Tu passas, du coup, l'arme à gauche / Après cet exploit* (Ponchon). *Le passager de la banquette arrière aussi avait passé l'arme à gauche. Au sens propre et au sens figuré. Sa mitraillette reposait sur son épaule* (Abossolo). **3. En avoir, en mettre à gauche,** avoir, faire des économies : *J'aurais pourtant cru qu'avec la guerre* [...], *vous auriez pu mettre quelques sacs à gauche* (Mac Orlan, 4). *Il avait les jetons quand il exerçait son métier de fourgue, et c'est pour ça que dès qu'il a pu le quitter, avec un peu de fric à gauche, il l'a fait* (Malet, 8).

◆ *n.m.*

Vx. **Il y a du gauche,** c'est louche.

ETYM. emplois d'origine souvent militaire **1.** « Sur toute la ligne, en partant du premier homme à droite » 1881 [Rigaud]. **2.** Il s'agit de prendre l'attitude militaire du repos : 1832, Lacroix [Larchey]. **3.** et *n.m.* 1901 [Bruant].

gaucho *adj. et n.*

Gauchiste : *Pinelli sait que je garde l'œil, que son canard ne va pas virer gaucho tant que je serai là* (G.-J. Arnaud). *C'est un ancien gaucho qui a sombré dans le trafic de coke* (*Actuel,* janvier 1981).

ETYM. suffixation pop. de **gauchiste.** 1974 [George]. Ce mot a été très en vogue dans les années qui ont suivi mai 1968. On rencontre parfois la var. péjorative *gauchard, e.*

gaufre *n.f.*

1. Gamelle. **Prendre, ramasser une gaufre,** recevoir un coup ; tomber : *Monsieur Ponosse, c'est saint Roch qu'a pris la gaufre ! – S'est-il fait du mal ? demanda la voix aigre de Justine Putet* (Chevallier). SYN. gadin. **2.** Nourriture. **3.** Visage : *Certainement ça nous retomberait en putaines vengeances sur la gaufre* (Céline, 5). **Se sucrer la gaufre,** se maquiller, se poudrer la figure : *Annunciata, la cousine de Dany, était justement en train de se sucrer la gaufre devant sa coiffeuse* (Bastiani, 4). **4. Moule à gaufres** ou simpl. **gaufre,** imbécile. **5. Moule à gaufres,** appareil utilisé par les policiers pour relever les empreintes sur le sol. **6.** Casquette. **7.** Erreur :

Autre chose, mesdames: la première qui se paie la gauffre de lever la main sur un mec dans le couloir ou dans la rue, celle-là, mesdames, aura personnellement affaire à moi (Cordelier).

ETYM. emplois métaphoriques du mot usuel. **1.** 1926 [Esnault]. **Prendre une gaufre,** 1886, Lévy-Delmare [Chautard]. **2.** 1960 [Le Breton]. **3.** 1936, Céline. **Se sucrer la gaufre,** 1920 [Bauche]. **4. Moule à gaufres,** 1920, Bauche (employé comme injure amusante par le capitaine Haddock, dans *Tintin et Milou*); **gaufre,** 1920, P.-J. Toulet [TLF]. **5.** 1975 [Arnal]. **6.** 1878 [Chautard]. **7.** 1976, Cordelier.

gaufrer *v.t.*

Surprendre, arrêter: *La bagnole aux flicards radina d'rif, gauffrant les deux fauche-man'douilles* (Marcus).

◆ **se gaufrer** *v.pr.*

1. Se régaler. **2.** Faire une chute.

ETYM. de **gaufre.** 1947, Marcus.

◆ *v.pr.* **1** et **2.** 1977 [Caradec].

gauldo, goldo ou **gauluche** *n.f.*

Cigarette de marque «Gauloises»: *Nerveux, je tire sec sur ma goldo. Mandrax fume pas* (Lasaygues). SYN. galuche.

ETYM. altérations et suffixations de **gauloise.** *goldo* vers 1974 [George].

gaule *n.f.*

Pénis en érection: *Il disait que l'éther mélangé à l'alcool donnait la gaule et excitait les filles* (Roubaudi). **Avoir la gaule,** être en état d'érection: *T'as p't'être raison j'te parle comme un vieux con / Mais j'suis un vieux con vivant j'ai la gaule j'suis content* (Renaud). **S'astiquer la gaule** ou (vx) **s'appuyer sur la gaule,** se masturber: *Elle, le soir, le matin, dans le lit, je l'aurais grimpée sans arrêt, sûrement aurions-nous eu un enfant et là, je m'astiquais la gaule comme un forcené, allongé sur le lit de camp* (Knobelspiess).

ETYM. analogie de forme et de rigidité. 1880 [Chautard]. **S'appuyer sur la gaule,** 1899 [Nouguier].

gauler *v.t.*

1. Posséder sexuellement. **2.** Dérober; attraper, capturer: *Le lion, comme une baluche, [...] / Fut gaulé dans un filetmuche (Marcus).* **3.** Arrêter (qqn), surtout dans le tour **se faire gauler**: *Sam s'est fait gauler pour un braquage de banque à main armée* (*Actuel*, avril 1985).

ETYM. dér. de **gaule. 1.** 1876 [Esnault]. **2** et **3.** 1915 [id.]. Selon Le Breton (1960), ce verbe, aux sens 2 et 3, est en voie de disparition, mais P. Perret (1982) le considère, avec raison, comme usuel.

gaupe *n.f.*

Vx. Vieille femme, notamment prostituée: *Ah ! la crapule ! ah ! la gaupe ! s'exclame la Poule* (Rosny). *Cette gaupe, disait M. Poder, s'en est allée pendant la nuit en emportant toutes ses nippes* (Mac Orlan, 11).

ETYM. du bavarois **walpe,** femme sotte; dès 1401 au sens de «femme de mauvaise vie» [TLF].

gavalie *n.f.*

Fille: *Quand les nerfs d'un gonze craquent, il devient plus bavard qu'une gavalie et déconne à tort et à travers* (Le Breton, 1).

ETYM. mot manouche **gavali,** jeune fille (auquel correspond **gavalo,** jeune homme). 1954, Le Breton.

gaver *v.t.*

Enivrer: *Je l'ai gavé, il roupille, c'est le moment de faire l'affaire* (Ansiaume).

ETYM. emploi d'origine normande, selon Esnault. 1821 [Ansiaume].

gaviot *n.m.*

Vx. Gosier: *Et mes cinq doigts étaient marqués / En noir, dans la chair, sous l'menton: / J'avais dû y briser l'gaviot* (Rictus). *L'oppression qui l'avait pris au gaviot s'atténuait lentement* (Simonin, 5).

ETYM. du picard **gave,** gosier (d'un oiseau). 1867 [Delvau], mais existe dès 1606 [Huguet].

gavousse *n.f.*

Homosexuelle.

ETYM. javanais de **gousse.** 1977 [Caradec].

gay *adj. et n.*

Se rapporte à un type d'homosexuel jeune et militant: *Dormez en paix, disaient les pédés du boulevard Heurteloup, le gay veille* (ADG, 1). *Un périodique gay.*

ETYM. emprunt au slang américain (**gay** étant lui-même un vieil emprunt de l'angl. au français **gai**). vers 1970 [Rey-Debove et Gagnon]. Ce mot, à la différence de nombreux synonymes, n'est pas péj., et assez peu argotique.

gaye *n.m.*, **gayet** *n.m.* → GAIL, GAILLET.

gaz *n.m.*

1. Pet. **Éteindre** ou **fermer son gaz.** ***a.*** se coucher ; ***b.*** mourir : *J'ai décidé de continuer un jour ou deux, perso* [...] *pour tenter de savoir pourquoi Lionel avait pensé à moi, juste avant de souffler son gaz* (Pouy, 3). **2.** Excrément malodorant. **3. Avoir son gaz,** être légèrement ivre.

◆ *adj.*

Ivre : *Julien, aussi gaz que son copain, avait le vin triste* (Malet, 1).

ETYM. emplois métaphoriques du mot usuel. **1.** 1836, chanson [Esnault] (devenu fam.). **Éteindre son gaz,** 1867 [Delvau]. **2.** 1725 [Granval]. **3.** 1859 [Esnault].

◆ *adj.* 1915 [id.].

gazer *v.i.*

1. Aller vite : *L'populo / Te crie d'là-haut : / Gaze, gaze, gaze mon poteau, / Si tu veux être le vainqueur, mon vieux, / Pousse, pousse, pousse tant qu'tu peux* (chanson *Tout autour du Vel d'Hiv'*, paroles de J. Rodor, 1929). **2.** Aller bien : *Ça gaze, Frigo, dit Molina, défroissant le billet sur l'os nu de son genou* (Le Breton, 6). *Ernest Boyrie voyait bien que quelque chose ne gazait pas chez son copain* (Lefèvre, 1). **Gazer avec qqn,** vivre un amour partagé : *Ta mère et moi, ça ne gaze plus depuis un bon moment* (Amila, 1).

◆ *v.t.*

Vx. Fumer (une cigarette).

◆ **se gazer** *v.pr.*

Vx. S'enivrer.

ETYM. de **gaz,** dans les locutions *mettre les gaz, marcher pleins gaz,* etc. **1** et **2.** 1915 [Esnault]. **Gazer avec qqn,** 1977 [Caradec].

◆ *v.t.* 1882 [Chautard].

◆ *v.pr.* 1899 [Nouguier]. Aux sens intr., ne s'emploie qu'avec un sujet impersonnel ou indéfini.

gazier *n.m.*

1. Vx. Homme énergique, notamment soldat. **2.** Individu quelconque, de sexe masculin : *Y a pas à dire, vous êtes un drôle de gazier ! Sèche sa permanence, arrive à la bourre le lendemain* (Demouzon). **3.** Homosexuel : *Tarascon était allongé sur ce gazier en appui tendu sur les bras, et le besognait hardiment* (Spaggiari).

ETYM. de **gazer. 1.** 1945 [Esnault]. **2.** 1950 [id.]. Ce sens est très répandu dans l'armée. **3.** 1953 [Sandry-Carrère]. Ce sens serait issu de la métaphore *boîte à gaz,* postérieur.

gazoline *n.m. ou f.*

Homosexuel passif : *Léon Mercadet qui, aux dires des gazolines, suce mieux qu'il n'écrit, parle* (*Libération*, 1er juin 1981).

ETYM. de **gaz** avec un suff. féminin. 1981, *Libération.*

gazomètre *n.m.*

Estomac.

ETYM. emploi métaphorique et ironique du mot composé. 1901 [Bruant].

gazon *n.m.*

1. Cheveux : *J'ai tombé une minette, une p'tite rousse. Elle avait plus d'gazon sous l'chapeau* (P. Perret). **2.** Toison pubienne.

ETYM. emplois métaphoriques du mot usuel. **1.** 1830, Lhéritier. **2.** mil. XVIIe s., Théophile [Delvau], popularisé par le film de J. Balasko, *Gazon maudit* (1994).

DER. **gazonner** *v.t.* Couvrir de cheveux ou de poils : 1888, Courteline [TLF].

gazouiller *v.i.*

1. Sentir mauvais : *Oh ! là là, ça gazouille ! dit Clémence, en se bouchant le nez* (Zola). **2.** Syn. de gazer (aux sens 1 et 2).

ETYM. de **gaz** au sens 1. **1.** 1877, Zola. **2.** 1919 [Esnault].

GDB [ʒedebe] *n.f.*

Euphémisme pour gueule de bois : *Je passe l'après-midi chez mon oncle à essayer de me débarrasser de ma g.d.b.* (Malet, 19). *Après le quand-est-ce du contrecoup, on s'est payé une G.D.B. comaque !*

ETYM. pseudo-sigle formé des initiales de *gueule de bois.* 1953 [Sandry-Carrère].

gé *n.m.* → CÉ.

géant, e *adj.*

Remarquable, extraordinaire (le plus souvent dans la loc. **c'est géant !**) : *Un petit coup de chaleur ! Géant pour la vente des glaces ! s'exclame votre adolescente qui attrape fébrilement une glacière portative et la remplit hâti-*

vement d'esquimaux (Buron). *Sans vouloir te vexer, ton troisième album, c'était pas géant* (Villard, 2).

ETYM. emploi adj. du subst., qui appartient au langage branché des années 1980. 1984 [Walter-Obalk].

1. gégène *n.f.*

Génératrice d'électricité, pouvant servir d'instrument de torture: *Mais allez rattraper ces gens en folie [...] Courant vers les barrages, refluant, prêts à braver l'électricité, la gégène, les miradors, le feu croisé des sentinelles* (Vautrin, 2).

ETYM. apocope et redoublement expressif de la première syllabe de **génératrice.** 1957, H. Alleg, *la Question.*

2. gégène *n.m.*

Général.

ETYM. apocope et redoublement expressif de la première syllabe de **général.** 1977 [Caradec].

3. gégène *adj.*

Formidable, extraordinaire (presque exclusivement dans des tours négatifs): *Son spectacle, il est pas gégène.*

ETYM. apocope et redoublement expressif de la première syllabe de **génial.** 1988 [Caradec].

gelé, e *adj.*

1. Ivre: *Ça discréditait la classe laborieuse, son ivrognerie [...] À la permanence, les dimanches vers midi il se pointait déjà bien gelé* (Boudard, 3). **2.** Fou.

ETYM. le froid, comme l'alcool, annihile les fonctions normales du cerveau et du corps. **1.** 1896 [Chautard]. **2.** 1977 [Caradec].

geler *v.t.*

Se les geler, avoir froid : *Cet enculé voulait pas nous laisser rentrer. On se les a gelés au moins dix minutes à cause de lui* (Monsour). *À couvert derrière les tombes, les poulets commençaient à se les geler* (Pécherot). SYN. se les cailler.

ETYM. tour pop. dans lequel **les** représente le mot *clãouis* ou *couilles.* 1982, Monsour.

gendarme *n.m.*

Vx. **1.** Cigare d'un sou à bout coupé. **2.** Breuvage réparateur, pour les lendemains d'ivresse, composé de vin blanc, de sirop de gomme et d'eau. **3. Dormir en gendarme,** ne dormir que d'un œil. **4.** Hareng saur.

ETYM. emplois métaphoriques du mot usuel, faisant allusion à la couleur jaune des buffleteries du gendarme de jadis. **1, 2** et **3.** 1881 [Rigaud]. **4.** 1867 [Delvau].

genou *n.m.*

1. Crâne chauve. **Avoir son genou dans le cou,** être chauve. **2.** Vx. **Couper comme un genou, comme le genou à ma grand-mère,** être émoussé. **3. Être sur les genoux,** être épuisé: *On a beau établir des tours, les mômes, les filles et les grands-pères sont sur les genoux. Clara, surtout, qui s'appuie l'essentiel du boulot* (Pennac, 1). SYN. être sur les rotules, (vx) sur les boulets.

ETYM. emplois imagés du nom usuel. **1.** 1862 [Larchey]. **Avoir son genou dans le cou,** 1866 [Delvau]. **2. Couper comme les genoux de ma grand-mère,** 1808 [d'Hautel]. **3.** 1927, *la Pédale* [TLF].

georgina *n.m.*

Sorte d'accordéon : *Parvenu au plan incliné qui conduit à la berge, j'ai entendu une musique, des sons d'accordéon, de georgina plus précisément, car ce n'est pas tout à fait pareil* (Malet, 1).

ETYM. nom issu de **Jorgina**, marque d'accordéons diatoniques fabriqués dans la région de Nice [Bouchaux, Juteau et Roussin]. 1949, Malet.

1. gerbe *n.f.*

1. Masturbation clitoridienne: *Petite-Lulu, la jupette un peu troussée, perçoit rien, attentive aux subtilités de la gerbe qu'en hypocrite lui passe Petit-Paul, qui s'est déganté* (Simonin, 8). **2.** Vomissement: *Son connard de p'tit frère est v'nu jouer au cow-boy / Dans sa piaule, c'est l'boxon et ça lui fout la gerbe!* (Renaud). **Avoir la gerbe,** avoir envie de vomir.

ETYM. déverbal de **1. gerber. 1.** 1968 [PSI]. **2.** 1977 [Caradec].

2. gerbe *n.m.*

1. Condamnation. **Carrée des petits gerbes,** chambre correctionnelle ; **carrée des grands gerbes,** cour d'assises. **Almanach aux gerbes,** Code pénal. **2.** Tribunal. **Planque du gerbe,** cour d'assises.

◆ *n.f.*

Année de prison.

ETYM. de **2. gerber. 1. Carrée des petits gerbes,** 1878 [Rigaud] ; **carrée des grands gerbes** et

almanach aux gerbes, 1899 [Nouguier]. **2.** 1911 [Esnault]. **Planque du gerbe,** 1878 [Rigaud].
◆ *n.f.* 1877, Rabasse [Esnault] ; il voit dans ce mot un verlan de *berge*.

gerbement *n.m.*
1. Vx. Jugement : *La conversation qu'ils eussent été très embarrassés d'alimenter autrement roulait sur les camarades qui étaient au pré, sur ceux qui étaient en gerbement* (Vidocq). **2.** Condamnation : *Il doit son gerbement à son camarade d'affaire, qui a mangé* (Ansiaume). **3.** Détention.
ETYM. de **2. gerber. 1.** 1829, Vidocq. **2.** 1821 [Ansiaume]. **3.** 1847, Balzac [TLF].

1. gerber *v.i. et t.*
Vomir : *Il a gerbé en arrivant. C'est naturel. Au début... Il a tenu le coup une bonne minute à regarder les corps, enfin...* (Fajardie, 1) ; au fig. : *Elle n'arrive pas à se retenir de lui gerber toute sa rage, sa haine* (Boudard, 2).
◆ *v.t.*
Mettre à la porte : *Tout allait se mettre en marche quand le leader du réseau fut gerbé de l'établissement* (*Libération*, 4 août 1981).
ETYM. métaphore provenant de la gerbe des feux d'artifice. 1925 [Esnault].
◆ *v.t.* 1979, Renaud.
VAR. **germer** : 1957 [Sandry-Carrère], au sens intr.

2. gerber *v.t.*
1. Incarcérer. **2.** Juger. **Gerber à la passe,** condamner à mort : *J'en sais assez pour faire gerber à la passe ce gueux de Blignon* (Vidocq). **Gerber à vioc,** condamner à perpétuité : *Il est gerbé à vioc pour avoir ébobi un roulottier* (Ansiaume). **3.** Encourir (une peine) : *N'amenez pas les preuves vous-même. Dans ce cas je gerberais pas seul, menaça-t-il* (Risser).
ETYM. de **gerber,** mettre du blé en gerbe, puis empiler des fûts dans une cave. **1.** 1793 [Esnault]. **2. Gerber à la passe,** 1815, *Chanson de Winter,* in Vidocq. **Gerber à vioc,** 1821 [Ansiaume]. **3.** 1960 [Le Breton].
DER. **gerbable** *adj.* Passible d'une condamnation : 1836 [Vidocq]. **gerbage** *n.m.* Condamnation : 1901 [Bruant]. **gerbière** *n.f.* Clef : 1953 [Sandry-Carrère]. **gerberie** *n.f.* Tribunal : 1836 [Vidocq].

gerbier *n.m.*
1. Juge : *Le gerbier a bien jacté un peu... mais il a fermé tout de suite son plomb !* (Leroux). **2.** Juré. **3.** Avocat commis d'office.
ETYM. de **2. gerber. 1.** 1836 [Vidocq]. **2.** 1878 [Rigaud]. **3.** 1867 [Delvau].

gerbique ou **gerbeux, euse** *adj.*
Qui fait vomir ou donne envie de vomir : *Il y a une dizaine de jours, j'ai reçu ce disque. Pochette à rendre, couleurs gerbiques, effets vomis* (*Libération*, 17 septembre 1981). *Bydgoszcz est une ville moche. Le neuf est vieux, le vieux est gerbeux et ce gerbeux domine* (*Actuel*, décembre 1984).
ETYM. de **1. gerbe.** *gerbique* 1981, *Libération ; gerbeux* 1984, *Actuel.*

gerce *n.f.*
1. Jeune fille ou jeune femme ; maîtresse : *Alors, j'ai fait le mendiant pour les entendre dégoiser. La gerce au Loupart était de mèche* (Allain-Souvestre). *Mais le p'tit Jules était d'la tierce / Qui soutient la gerce* (Bruant). **2.** Épouse : *Il a enfin pris le contrôle de son foyer et muselé sa gerce* (San Antonio, 5).
ETYM. origine obscure, p.-ê. influence de **garce. 1.** 1866 [Delvau]. **2.** 1953, San Antonio.

☞ **germania**
→ Liste des argots spécifiques *page [33].*

gernafle *n.f.* → GARNAFFE.

gervais *n.m.*
Syn. de demi-sel.
ETYM. emploi métonymique du nom d'une marque de fromage demi-sel. 1898 [Esnault].

gésier *n.m.*
Gorge, gosier ; estomac : *Le rosbeaf rouge, avec beaucoup de pickles... Ça vous monte au nez et ça vous ratisse le gésier* (Villars).
ETYM. emploi anthropomorphique du mot désignant la poche digestive de certains oiseaux. « gorge, gosier » 1866, Villars ; « estomac » 1879, Flaubert [TLF].

gestape ou **gest** *n.f.*
La Gestapo : *En deux mots comme en cent, il s'agissait d'aller mettre la pogne sur le trésor de guerre de la gestape de la rue de la Pompe que les mecs avaient planqué quelque part en*

Italie, en mai 45 (Bastiani, 4). *La Gest devait être fatiguée cette nuit-là. Ils nous ont foutu la paix* (Jamet).

ETYM. apocopes de **Gestapo,** police d'État des nazis. vers 1943.

☞ **ghos**
→ Liste des argots spécifiques *page [33].*

gi *interj.* → **GY.**

gibe *n.m.*

Vx. Argent : *D'autres fois, j'avais pas de gibe ! Dam ! C'est naturel ! Quand mon lard était fait !* (Méténier).

ETYM. apocope de **gibier** (v. ce mot au sens 2). 1885, Méténier.

gibelot ou **giblot** *n.m.*

Gibier (surtout lapin ou lièvre) : [Ils] *cravataient les gib'lots dans la cambrouse* (Stollé).

ETYM. suffixation arg. de **gibier.** 1947, Stollé.

gibier *n.m.*

Vx. **1.** Malfaiteurs arrêtés : *Deux hommes de la brigade de Lille arrivent en effet devant la prison, et demandent s'il y a du gibier* (Vidocq). **2. Manger le gibier,** se dit d'une prostituée qui ne remet pas à son proxénète la totalité de la comptée.

ETYM. emplois métaphoriques du mot usuel : au sens 2, image du chien de chasse qui mange le gibier au lieu de le rapporter à son maître. **1.** 1828, Vidocq. **2.** 1866 [Delvau].

gibler *v.t.*

Vx. Juger : *Aussitôt que je serai giblé et qu'on m'aura mis aux mittes* [...], *je me corderai* (Leclair).

ETYM. déformation probable de **juger** (influence de *cribler*). 1800, Leclair.

giclée *n.f.*

1. Rafale d'arme à feu : *Suffirait qu'un autre Russkoff* [...] *me prenne pour un Allemand et, avant toute explication, m'envoie la giclée* (Cavanna, 1). **2.** Éjaculation. **Tirer une giclée,** coïter. **Giclée de grenouille,** sperme des clients, recueilli et mis en flacon par des prostituées et cédé ensuite à certains amateurs. **3.** Tournée nouvelle ; dose de vin ou d'alcool.

ETYM. emplois spécialisés du mot usuel. **1.** 1916 [Esnault], à propos d'une mitrailleuse. **2.** 1953 [Sandry-Carrère]. **Giclée de grenouille,** 1975 [Arnal]. **3.** 1975, Bastiani [Giraud].

gicler *v.i.*

1. Partir, tirer, en parlant d'une arme à feu : *J'arrache la bombinette italienne à la pénombre et les premières rafales commencent à gicler* (Villard, 2). **2.** Partir en hâte : *Un contrôleur du ravitaillement a dit à Busquet que Saint-Amour était visé, qu'il fallait s'attendre à de nombreuses visites de la Gestapo* [...]. *« En tout cas, me dit Busquet, j'ai tout préparé pour gicler »* (Werth, 2). [On a également employé la forme pronominale **se gicler.**] **3.** Être congédié : *Dès que les sous-entendus, les entre-les-lignes, monteraient en manchettes, on n'hésiterait pas à la faire gicler ! Femme, flic... Une aubaine pour habiller l'échec* (Daeninckx, 1). **4. Gicler des mirettes,** pleurer.

◆ *v.t.*

1. Dire (qqch à qqn). **2.** Faire sortir.

ETYM. emplois imagés du verbe usuel, appliqué en principe à des choses (liquides). **1.** 1916 [Esnault]. **2.** 1906 [id.] ; **se gicler,** 1928 [Lacassagne]. **3.** contemporain. **4.** 1901 [Bruant].
◆ *v.t.* **1.** 1911 [Esnault]. **2.** 1988 [Caradec].

gicleur *n.m.*

Bouche.

ETYM. emploi métaphorique, emprunté au vocabulaire de l'automobile. 1932 [Esnault], repris par Caradec (1977).

gidouille *n.f.*

1. Ventre : *Je commence à constater que Ma Gidouille est plus grosse que toute la terre, et plus digne que je m'occupe d'elle* (Jarry). **2.** Nombril. **3.** Spirale.

ETYM. altération de **guedoufle,** sorte de bouteille, attesté chez Cotgrave et présent chez Rabelais. **1.** 1896, Jarry. **2** et **3.** 1977 [Caradec] ; cf. *les Langages de Jarry,* de M. Arrivé. Le mot a fait florès, et le sens de « spirale » a été popularisé par le cadran de la pendule qui donnait l'heure, sur les écrans de la télé française, dans les années 1970, et qui s'inspirait du costume de scène du Père Ubu.

VAR. **giborgne :** 1896, Jarry (sans doute déformation de *giberne*).

gigal *n.m.*
1. Plombier. **2.** Couvreur.
ETYM. origine inconnue. d'abord « contremaître dans le bâtiment » 1898, chez les maçons du Havre [Esnault], puis en 1930 « ouvrier dont on est l'aide », chez les plombiers-zingueurs parisiens [id.]. Encore mentionné en 1982 par P. Perret.

gigolette *n.f.*
1. Vx. Grisette : *Il s'est borné à me montrer le souteneur Entouca et sa « gigolette » Gloria* (Macé). **2.** Très jeune fille : *Trois gigolettes étaient assises à trois tables différentes. Des jeunabres de seize, dix-huit carats* (Le Breton, 1).
ETYM. de **gigue,** instrument de musique, de caisse voisine de celle de la mandoline, par analogie de forme. **1.** vers 1850 [Sainéan]. **2.** 1890, Bruant.
VAR. **gigi** : 1925 [Esnault]. **gigoince** : 1950 [id.].

gigolo *n.m.*
1. Vx. Amant de cœur d'une gigolette : *Les poul's avec leurs gigolos / Valsent sous les yeux des badauds* (chanson *la Valse à Julot*, paroles de F.-L. Bénech). **2.** Jeune homme entretenu par une femme (généralement plus âgée que lui) : *L'un d'eux, qui se présente sous le pseudonyme de Darien, est le pourvoyeur et le gigolo attitré d'une fausse baronne de Montparnasse* (de Goulène). **3.** Jeune et joli garçon : *Trois cent mille francs ! Quelle aubaine, me dis-je, indifférent aux gigolos de service qui tournent autour de Madeleine* (Dalio). **4.** Valet de cartes.
ETYM. de **gigolette,** avec le suff. pop. **-o. 1.** 1850, chanson [Larchey]. **2.** 1866 [Delvau]. **3.** 1894 [Virmaître]. **4.** 1977 [Caradec]. Est passé dans l'usage courant aux sens 2 et 3.

gigolpince *n.m.*
Syn. de gigolo : *Je suis pourtant minus opposé à Rambo le gigolpince bibineux* (Dégaudenzi). *À côté de mon pote César, Frankenstein avait tout du gigolpince et King-Kong aurait pu jouer les doux Jésus* (Bastiani, 4).
ETYM. resuffixation arg. de **gigolo.** 1925 [Esnault]. À la différence du précédent, ce mot est resté argotique.

1. gigot *n.m.*
1. Cuisse ou fesse volumineuse : *Tâchez voir mes gaillardes / De cacher vos gigots / Aux yeux matrimoniaux / Des gard's municipaux* (chanson *les Gardes municipaux*, paroles de L. Delormel et L. Garnier). **2.** Jambe : *Si jamais les policemen ramenaient leurs gigots par ici, nous serions chocolats* (Forton, 1).
ETYM. emploi métaphorique et dévalorisant. **1.** 1864 [Delvau]. **2.** 1644, *Gigantomachie* de Scarron.

2. gigot *interj.* → **GY.**

gigoter *v.i.*
Vx. **1.** Danser. **2.** Manger du gigot.
ETYM. de **gigue** et **1. gigot. 1.** 1867 [Delvau]. **2.** 1901 [Bruant].

gigoteur *n.m.*
Vx. Danseur.
ETYM. du verbe **gigoter.** 1953 [Sandry-Carrère].

gileton ou **gilton** *n.m.*
VIEILLI. Gilet.
ETYM. suffixation pop. de **gilet.** 1880 [Chautard].
VAR. **gilmont** : 1800, Leclair. **gilemon** : 1901 [Bruant].

gillette *n.f.*
Guillotine.
ETYM. emploi métonymique du nom déposé d'une marque de rasoirs... et de lames. 1952 [Esnault].

gingin *n.m.*
VIEILLI. **1.** Jugement, bon sens. **2.** Cerveau : *Il n'a rien dans le gingin.*
ETYM. redoublement de la dernière syllabe de **engin,** esprit. **1.** 1867 [Delvau]. **2.** 1901 [Bruant].

ginglard, ginglet ou **ginguet** *n.m.*
Petit vin : *Tu dois avoir beaucoup soif !... Non ?... Tu veux pas un coup de ginglard ?* (Céline, 5). *Que pictes-tu ? – Un ginguet, et tézigue ?* (Nouguier).
ETYM. dér. de **gi(n)guer,** gambader, sauter, et altération de **ginguet,** vin aigre. 1568, P. Delorme [TLF]. *ginglard* et *ginglet* 1872 [Larchey].

girèle *n.f.*
Fille : *Celle qui n'en vaut pas la peine, c'est cette girèle ! hurla l'autre, qu'est-ce qu'elle se croit ?* (Bastiani, 1).
ETYM. emploi anthropomorphique et dévalorisant de **girelle,** poisson coloré à la forme élégante, qui entre dans la composition de la bouillabaisse. 1960, Bastiani.

giries *n.f.pl.*

1. Manières affectées : *J'en ai marre, poursuivit-il en toisant la grande Ernestine, de toutes ces giries, de toutes ces manières* (Allain-Souvestre). **2.** Embarras, plaintes hypocrites : *Tu m'exaspères à pleurnicher tout le temps et à me contredire sans arrêt. J'en ai assez de tes giries, comprends-tu ?* (Mensire).

ETYM. probablement du radical du lat. **girare,** virer. **1** et **2.** 1808 [d'Hautel].

girofle *adj.*

Vx. Joli, beau : *La plus girofle des fatmas, celle qui faisait tournancher en gelée de veau les quinquets des galants babyloniens* [...], *c'était Madame Suzanne* (Devaux).

ETYM. origine obscure, à rapprocher de l'esp. **giro,** beau, et du bas lat. **gyrare,** tourner (idée de formes rondes), avec un suff. expressif. 1811 [Esnault].

DÉR. **giroflerie** *n.f.* Amabilité : 1836 [Vidocq].

giroflée *n.f.*

1. ARG. ANC. Instrument servant à crocheter les serrures. **2. Giroflée (à cinq feuilles),** gifle : *Elle-même, s'étant avisée de l'appeler scélérat, s'était attiré une giroflée tellement fleurie que sa joue en avait gardé l'empreinte pendant tout un jour* (Huysmans).

ETYM. analogies de forme : les branches de l'instrument et les marques sur la joue évoquent les pétales de la fleur. **1.** 1457, Coquillards (encore usité en 1890). **2.** 1783, Rétif [Larchey].

DÉR. **girofletter** *v.t.* Gifler : 1846, Balzac [Rigaud].

girond, e *adj.* ou **giron** *adj.m.*

1. Joli, séduisant : *Si tu voyais la gueule que t'as ! Personne ne pourrait te reconnaître. – T'es pas tellement girond, toi non plus !* (Le Dano). *Mon oncle a une technique simple mais efficace. Lorsqu'il a affaire à une cliente, accorte et gironde, il a posé en principe un rapport charnel* (Bastid-Martens, 1). *Mince ! qu'il devait être giron à quinze ans, le môme* (Lorrain). **2.** Bon : *Tu viens de Valence, toi ? – Oui. Eh bien, t'es giron ! Tu ne seras pas malheureux ici* (Thomas).

◆ **gironde** *n.f.*

1. Fille séduisante : *Je me souviens aussi d'avoir arrêté une vieille femme dont les cheveux blancs étaient noircis avec de la suie et que tous les souteneurs désignaient sous le nom de la « Gironde » – la belle – en argot* (Goron). **2.** Maîtresse : *J'peux pus compter su' ma gironde, / On me l'a ramassée l'aut' soir* (Bruant).

◆ **girond** ou **giron** *n.m.*

1. Joli garçon. **2.** Syn. de giton : *Même un girond endurci par vingt ans de pédale se serait détronché sur cette petite merveille* (Simonin, 3).

ETYM. origine incertaine, p.-ê. à rapprocher du lat. **gyrus,** cercle (→ GIRIE). **1.** 1815, *Chanson de Winter,* in Vidocq. **2.** 1895 [Bruant].

◆ *n.f.* 1833 [Moreau-Christophe].

◆ *n.m.* **1.** 1881 [Esnault]. **2.** 1872 [id.].

gisquette *n.f.*

1. Prostituée. **2.** Jeune fille ou jeune femme : *Monsieur ? – Bauman ! Henri pour les gisquettes !* (Bauman).

ETYM. du nom du préfet de police **Henri Gisquet** (de 1831 à 1836), qui imposa de mettre en carte les prostituées. **1.** 1925 [Esnault]. **2.** 1928 [Lacassagne].

VAR. **gisclette :** 1973, Spaggiari.

giton *n.m.*

Jeune homosexuel passif, entretenu par son amant : *Toi, le Poglavnik ? On ne te ferait même pas l'honneur de te prendre pour giton dans une prison d'État* (Fajardie, 1).

ETYM. du nom propre **Gito,** jeune homosexuel, dans le *Satiricon* de Pétrone. 1839, Pommier [TLF].

givré, e *adj.*

1. Ivre : *L'hôtelier qui, depuis la découverte du cadavre, n'arrêtait plus de boire des tournées et finissait par se trouver sérieusement givré* (Grancher). **2.** Fou : *T'es givré ? s'étonna Valérie. T'envoies une lettre à quelqu'un qui crèche dans ton immeuble ?* (Varoux, 1).

ETYM. emploi métaphorique : la folie et l'ivresse, comme le froid, stoppent les facultés intellectuelles. **1.** 1957 [Sandry-Carrère]. **2.** 1953 [id.].

1. glace *n.f.*

1. Vx. Six de carreau d'un jeu de cartes. **2.** Vx. Tribunal : *Elle l'a fait secouer marron sur le tas !... Et devant la glace, elle l'a chargé !* (Méténier). **3. Passer devant la glace.** ***a.*** au café, payer sa consommation ou la tournée ; ***b.*** être perdant, dans une affaire ; ***c.*** ne pas payer, par faveur spéciale. **4. Se bomber devant la glace,** ne pas recevoir sa part de butin. **5. Être à la glace avec qqn,** entretenir avec lui de mauvais rapports : *En plus de ça, avec Cécel, il était plutôt à la glace* (Boudard-Étienne).

ETYM. emplois spécialisés du mot usuel (image fréquente du comptoir de café orné d'une glace). **1.** 1881 [Esnault]. **2.** 1885, Méténier. **3.** ***a.*** 1866 [Delvau] ; ***b.*** 1900 [Esnault] ; ***c.*** 1901 [Bruant]. **4.** 1952 [Esnault]. **5.** 1970 [Boudard-Étienne].

2. glace ou **glacis** *n.m.* → GLASS.

glagla *adj. inv.*

Glacé de froid : *Je suis glagla, dit-il, je préfère rentrer* (Klotz).

ETYM. redoublement expressif de la première syllabe de **glacé.** On rencontre parfois la formule *les avoir à glagla.* 1956, P. Guth [GR].

glaglater *v.i.*

Avoir froid : *Sa mère, c'est Janine. Pas saoule. Juste chauffée pour pas trop glaglater la nuit* (Dégaudenzi).

ETYM. de **glagla.** 1972, Boudard [Cellard-Rey].

gland *n.m.*

1. Imbécile : *Et moi je restais là comme un gland, je bougeais pas* (Blier) ; et, adj. : *Ce que je peux être gland, mille bons dieux !* (Le Dano). **2.** Pénis : *Sa langue de salamandre qui n'a pas son pareil pour vous gober le gland* (Lasaygues).

ETYM. emploi péj. du mot usuel (1) et métonymie : l'extrémité pour l'organe entier (2). **1.** 1901 [Bruant]. **2.** 1864 [Delvau].

glander ou **glandouiller** *v.i.*

Rester inactif, perdre son temps : *Jo, réveille-toi ! qu'est-ce que tu fous ici, à glander ?* (Lépidis). *Pourquoi aurait-il glandouillé sur les routes ?* (Jaouen).

◆ *v.t.*

Faire (sens très vague, avec un compl. indéterminé) : *Eh ! dis-moi, Lucien, où c'est qu'elle est ta bande, / Maint'nant qu'est-c'que tu glandes, sans tes copains ?* (Renaud). **N'avoir rien à glander (de qqch),** y être totalement indifférent : *Vous prenez ça à la légère, vous, parce que vous n'en avez rien à glander* (Guégan).

ETYM. de **gland** au sens 1. *glander* 1941 [Esnault] ; *glandouiller* 1938 [id.].
◆ *v.t.* 1977 [Caradec].

glandes *n.f.pl.*

Avoir, foutre les glandes, être irrité ou déprimé ; irriter ou démoraliser : *À quatre heures du matin, j'avais fait une comptée pas possible ! Je pouvais plus fermer mon sac. Elles avaient les glandes, les autres* (Cordelier). *Cette nom de Dieu de cité du Labyrinthe qui avait vraiment tout pour vous mettre les glandes* (Page). *J'ai chopé l'mec par le paletot / Et j'ui ai dit : toi, tu m'fous les glandes* (Renaud).
SYN. foutre les boules.

ETYM. image hardie des testicules ou des ovaires (?) qui, sous l'effet de l'énervement ou de la démoralisation, remontent plus ou moins haut, jusqu'à être parfois confondus avec les ganglions lymphatiques. 1976, Cordelier. Ce mot, très répandu chez les jeunes, est d'emploi antérieur à *boules,* selon Merle (1986). *glande,* au sing., a pour Bauche, en 1920, le sens de « inflammation des ganglions du cou ».

glandeur, euse ou **glandouilleur, euse** *n.*

Personne qui perd son temps à des futilités, qui ne fait rien d'utile (souvent comme injure) : *Antoine, un jeune glandeur de la scène rock parisienne, a pas mal fréquenté les* Teddy boys *de Villejuif* (*Actuel,* novembre 1982).

ETYM. de **glander, glandouiller.** *glandeur* 1974, Cécil Saint-Laurent [GR] ; *glandouilleur* 1977 [Caradec].

glandilleux, euse ou **glandouilleux, euse** *adj.*

Difficile, délicat à réussir ; qui comporte des risques, dangereux : *J'ai roulé ma bosse dans pas mal d'endroits, j'ai eu ma part de coups glandilleux, d'embrouilles féroces* (Faizant). *Il hésitait entre sa douce sécurité d'hareng montmartrois et des aventures plus lucratives mais bien sûr plus glandilleuses* (Boudard, 5).

ETYM. du mot angevin **gandilleux,** altéré sous l'influence de **gland,** et d'origine inconnue [Cellard-Rey]. *glandilleux* 1957 [PSI] ; *glandouilleux* 1977 [Caradec].

glandu *n.m.*

PÉJ. Individu quelconque : *Et puis quoi encore ?... Faire comme ces glandus qui ne jurent que par Coluche, et Montand ? Ça, jamais !...* (Guégan).

ETYM. de **gland.** contemporain (diffusion favorisée par le personnage de **Glandu,** créé dans les années 1975 par Thierry Le Luron).

glaner *v.i.*

Laisse glaner, laisse tomber : *Laisse glaner cette conne, a murmuré Johnny, elle pourrait que gêner... et tu vas t'en cogner des plus chouettes !* (Simonin, 8).

ETYM. altération de **gliner,** glisser (1901 [Esnault]). 1953 [Sandry-Carrère].

glaouis *n.m.pl.*

Testicules : *Le type déguisé en Angus Young, en dépit (ou à cause) de son bermuda en Tergal, se gelait violemment les glaouis* (*Libération,* 27 août 1981).

ETYM. altération phonétique de **claouis** par sonorisation de la consonne initiale. contemporain.

glass, glasse ou (vx) **glace, glacis** *n.m.*

1. Verre à boire ; consommation : *Prendrez bien un glass avec nous ? Nous remettrez une roteuse, je vous prie* (Viard). *En attendant, dit Zazie rondement, descendez donc boire un glasse avec nous* (Queneau, 1). *Je lui déglingue* [à ma femme] *un glassis dans un d'ses sabords* (Brissac). *J'vas m'permettre* [le plaisir] *de m'infiltrer un glacis dans le fusil* (Méténier). **2.** Vx. Carreau d'une fenêtre : *Ce métier consiste* [...] *à ouvrir les venternes, esquinter l'espagnolette ou le glassi* (Clémens).

ETYM. emprunt à l'all. **Glas,** verre à boire. **1.** *glace* 1628 [Chéreau], puis *glacis* 1821 [Ansiaume] ; *glass* 1886, Courteline [TLF] ; *glasse* 1901 [Bruant]. **2.** 1850, Clémens. Ce mot est auj. pris pour un anglicisme, l'angl. ayant le mot voisin *glass* qui s'est substitué, en fait, à l'étymon all.

1. glaude *n.f.*

Poche de vêtement : *Un bruit sec, comme étouffé. Le Gitan avait tiré à travers sa glaude* (Le Breton, 1).

ETYM. origine obscure, p.-ê. altération du breton **gôd,** poche. 1954 [Esnault].

2. glaude *n.m. et adj.*

Imbécile.

ETYM. altération du prénom **Claude.** 1867 [Delvau].

glauque *adj.*

Exprime une appréciation fortement négative : *Son énorme réveil anglais qu'elle transporte partout dans son sac, en lieu et place de montre (c'est glauque, une montre)* [Buron]. *Au Tapioca, l'ambiance glauque était relevée par le juke-box qui proposait une sélection Tamla Motown impeccable* (Villard, 4).

ETYM. emploi intensif et péj. de l'adj. usuel. 1984 [Obalk].

glaviot *n.m.*

Crachat : *Je propulse un majestueux glaviot à deux mètres, juste en bordure du chemin, par une poussée silencieuse et puissante de la langue agissant comme un piston* (Paraz, 1).

ETYM. déformation de **claveau,** virus de la clavelée, donnant d'abord *claviot* 1808 [d'Hautel], puis, p.-ê. sous l'influence de **glaire,** *glaviot* 1862 [Larchey].

glavioter ou **glaviotter** *v.i.*

1. Cracher : *Pour passer le temps, il glaviotait à intervalles réguliers sur l'enseigne, cherchant vraisemblablement à atteindre une ampoule* (Malet, 1). **2. Glavioter sur (qqn** ou **qqch),** le considérer avec mépris : *Tous les mômes aux barricades avec Cohn-Bendit qui glaviotait sur les ministres ! Aucun respect* (Boudard, 4).

◆ *v.t.*

1. Insulter : *C'est plus aujourd'hui dans les mœurs de se pavaner griveton héros. De quoi au contraire se faire glavioter par les minettes émancipées* (Boudard, 6). **2.** Expulser en crachant : *Il l'a pas encore cassé, celui-là ? Car ça fait dix piges qu'il glaviotte ses éponges* (Trignol).

ETYM. dénominal de **glaviot.** *glaviotter* 1866 [Delvau] ; *glavioter* 1881 [Rigaud].
◆ *v.t.* **1.** 1936, Céline. **2.** 1955, Trignol.

Glier ou **Guelier** *n.pr.*

Arg. anc. Le Diable : *As-tu point ouy rouscailler de ce mauvais riche, de quoy le Glier fait des grillades en son pacquelin ?* (Responce au grand Coesre). *Tu es gardé ? – Et par le Glier, Petit Morgat ! Crois-tu que l'on sort de chez nous* [le bagne] *comme de ton séminaire ?* (Mac Orlan, 11).

ETYM. de l'anc. fr. **galier,** vaurien, selon Esnault. 1596, Péchon de Ruby.

glissade *n.f.*

Vx. Bonneteau.

ETYM. notion de coup de pouce faisant frauduleusement glisser les cartes. 1913 [Esnault].

glissant *n.m.*

Vx. Savon : *Ma larque a besoin de glissant* (Ansiaume).

ETYM. participe présent substantivé de **glisser.** 1821 [Ansiaume].

glisse *n.f.*
Dissimulation d'une partie du butin, pour la soustraire au partage.
ETYM. déverbal de **(faire) glisser.** vers 1953 [Esnault].

glisser *v.i.*
Décliner physiquement ou intellectuellement : *Elle fut prise de maux d'estomac, de tête et de reins... Je glisse, qu'elle confia, souriant avec tendresse à son petit-fils* (Lépidis). **Se laisser glisser** ou **(la) glisser,** mourir de mort naturelle ou de maladie (à l'exclusion de la mort violente) : *Non, lui il voulait pas se laisser glisser avant d'avoir revu une dernière fois sa marmite, la grande Nini qui tenait un rade à Toulon, rue du Bon-Pasteur* (Bastiani, 4). *J'ai la vague conscience que j'ai tout de même une drôle de façon de me conduire le soir où ma gonzesse l'a glissée* (Trignol). *Il l'a glissée, là, comme tout à l'heure, exact, pas plus causant, juste le nécessaire pour qu'il y ait entre eux un secret* (Simonin, 5).
◆ *v.t.*
Glisser une femme ou **en glisser une paire, un bout à une femme,** la posséder sexuellement.
ETYM. emplois métaphoriques du verbe usuel (image de la pente de la vie). 1846, *Intérieur des prisons*. **Se laisser glisser,** 1870 [Esnault]; **glisser,** 1846, *Intérieur des prisons*; **la glisser,** 1947 [Esnault].
◆ *v.t.* 1960, Simonin. **Glisser un bout,** 1911 [Chautard].

globe *n.m.*
Vx. Ventre. **Se faire arrondir le globe,** se faire mettre enceinte : *Tiens, vous prenez du vent'. / Ah ! bon, chaleur ! J'comprends l'tableau : / On s'a fait arrondir el' globe !* (Gill).
ETYM. métaphore par analogie de forme. 1878 [Rigaud].

glottiner *v.t. et i.*
Pratiquer des caresses buccales (fellation ou cunnilinctus) sur qqn : *Ah ! fellatrice sans pareille, tu glottines incomparablement !... Ne suce pas si fort* (Apollinaire, 1).
ETYM. du grec **glotta,** langue. 1788, Nerciat [Cellard-Rey].

gluant *n.m.*
1. Nouveau-né : *Neuf mois plus tard comme pour m'achever / Les p'tits gluants sont arrivés* (P. Perret). **2.** Savon.
◆ **gluante** *n.f.*
1. Pénis. **2.** Confiture.
ETYM. emplois métonymiques : le visqueux pour l'objet. **1.** 1866 [Delvau]. **2.** 1957 [Sandry-Carrère].
◆ *n.f.* **1.** 1900 [Chautard]. **2.** 1901 [Bruant].

gluau *n.m.*
1. Nourrisson. **Pisser son gluau,** accoucher. **2.** Fainéant. **3.** Crachat. **4. Poser un gluau (à qqn),** l'arrêter.
◆ **gluaus** *n.m.pl.*
Accroche-cœurs à la tempe.
ETYM. emplois métaphoriques du mot désignant une branche engluée pour prendre les oiseaux. **1.** 1894 [Virmaître]. **2.** 1901 [Esnault]. **3.** 1867 [Delvau]. **4.** 1835, Lacenaire.
◆ *pl.* 1900 [Esnault].

gluc ou **gluck** *n.m.*
Chance : *Qu'on l'ait dans le dos, c'était un papier écrasant ! À moins !... à moins qu'on ait un tout petit peu de gluck !* (Simonin, 4).
ETYM. emprunt à l'all. **Glück,** même sens. *gluck* 1968 [PSI]; *gluc* 1977 [Caradec].

gnaf *n.m.*
1. Savetier ; cordonnier : *Un des morveux, le fils du gnaf, le plus avancé en âge et en malice, le baptisa immédiatement Pet-de-Russe* (Mensire). **2.** Vx. **Gnaf du drap,** tailleur à façon.
ETYM. formation expressive et péjorative, p.-ê. en relation avec le **Gnafron** du Guignol lyonnais. **1.** 1691 [TLF]. **2.** 1878 [Rigaud].
VAR. **gniaf** : 1691 [FEW]. **gniaffe** : vers 1770 [Esnault]. **niaffe** : 1820 [Humbert]. **gnaffre** : 1879 [Esnault].

gnafron *n.m.*
Homme quelconque, type : *Autant dire qu'on peut se fier à personne dans le secteur, ça doit être le climat qui leur pourrit la mentalité aux gnafrons* (Bastiani, 4).
ETYM. de **Gnafron,** compère de Guignol : le glissement de sens est le même que pour Guignol, n.pr. devenant n. commun. 1955, Bastiani.

gnard, e ou **gniard, e** *n.*
1. Enfant : *D'autres gnards, embarqués sur des matelas ou des petits canots pneumatiques, essaient de nous couler* (Smaïl). *Félix voulait fuir son épouse parpaillote qui, bien que grand-mère, avait décidé à quarante-cinq ans de pondre un nouveau gniard* (Francos). **2.** Individu

(homme ou femme) : *Formidable qu'il est ce gniar-là* (Yonnet). *Le Nantais se retourna. Une floppée de gniards, flingues aux poings, s'engouffraient dans le tapis* (Le Breton, 3). SYN. type. *Les gnardes, ça les excite, un différend entre matous.* [...] *Une autre manière de leur détremper le slip* (San Antonio, 7). SYN. bonne femme.

ETYM. aphérèse de **mignard,** petit garçon. **1.** *gnard* 1903 [Esnault] ; *gniard* 1936, Céline. **2.** au masc., 1928 [Lacassagne], p.-ê. par attraction du suivant. Le féminin *gn(i)arde* est rare.

gniasse ou **gnasse** *n.m.*

1. Individu quelconque, de sexe masculin : *Des dizaines, des centaines même de gens, gniasses et gonzesses mêlés, les avaient rencontrés tous les trois dans Montmartre !* (Simonin, 1). *Moi, je suis pour faire le maximum, mais un petit gnasse ça n'a pas le droit de peser sur une organisation* (Dominique). **2.** Entre dans les périphrases pronominales **mon, ton,** etc., **gniasse,** moi, toi, etc. : *Adèle et mon gnasse, c'est comme père et fille* (Lorrain). *Tu passeras en sapement... As pas peur ! Je jaspinerai sur ton gniasse !* (Méténier). *Ralège, tes gnasses !* (Nouguier). *La lourde se débrida et l'daron montra son gniasse* (Stollé). *Et vous, vous z'aurez pas mon ouistiti !... Ça, c'est pas pour votre gnasse !* (Machard). *Tous les grincheux sont des cochons,* [...] */ Et sur leur gniasse j'fais pipi* (Gill). → **MÉZIG.**

ETYM. origine incertaine. **1.** 1890, Richepin [Sainéan]. **2.** 1878 [Rigaud]. On rencontre l'orthographe *gnace* chez ADG.

gnière, gnère ou **nière** *n.m.*

1. Individu quelconque : *Dis donc, fit Neveux sans transition, ton curé, c'est un drôle de gnierre* (Lefèvre, 1). *Ça prenait à la gargane, donnait envie d'aller au renard. Le nière qui vivait là d'habitude devait avoir l'estom' bien accroché !* (Le Breton, 2). **Sale gnière,** triste individu. **2.** Imbécile, maladroit : *Bah ! fit Bob en riant, un gnière qui s'laisse paumer par les gonzesses n'est pas un homme* (Carco, 1). **3.** Entre dans les périphrases pronominales **mon, ton,** etc., **nière,** moi, toi, etc. : *Pour votre nière, / Tout est flambé. / Et vous voilà gerbé* (Goualante de la Courtille).

ETYM. issu de la série de **messière,** avec agglutination du *n* au suffixe. **1.** 1836 [Vidocq], sous la forme *niert.* **Sale gnière,** 1953 [Sandry-Carrère]. **2.** 1846, *Intérieur des prisons.* **3.** 1865, *Goualante de la Courtille* [Rossignol].

gnôle *n.f.*

Eau-de-vie : *Ça ne vaut pas la gnolle française, prétendit Croquignol, mais ça s'avale quand même sans répugnance* (Forton, 1). *On sent la déchéance précoce, l'orgueil qui décline à petits coups de gnôle, avant d'aller pointer dans un travail idiot* (Van Cauwelaert). *Il va tomber dans les pommes, annonce Conan... Assistoi... De la gniole ! Il en verse lui-même dans un quart qu'il introduit entre les dents serrées* (Vercel).

ETYM. issu, par agglutination de l'article indéfini, d'une forme franco-provençale de **hièble,** sureau noir, à partir duquel on obtient un alcool par distillation. 1882 [Esnault].

VAR. **gnolle :** vers 1910, Forton. **gniôle :** 1923, Genevoix [TLF]. **gnole :** 1916, Werth. **gniaule, niaule :** 1930 [Larousse]. **gniolle :** 1936, Le Breton [TLF].

gnolle ou **gniol** *adj. et n.*

Vx. Sot, niais : *L'élève de Lenoir* [...] *après avoir examiné l'air niais du vieux gentilhomme qu'il crut rusé* [...], *vint à Corentin et lui dit à l'oreille : Nous n'avons pas affaire à des* gnioles ! (Balzac, 2). *Allons donc, m'sieu le commissaire, nous sommes pas assez gniols pour croire cela* (Goron). *Pour moi, ça s'ra Louise qu'aura tout raconté. Si vous saviez c'qu'elle peut être gnolle, des fois !* (Carco, 5). *Il était pas comme d'autres qui sont des glaces, qui vous considèrent comme de pauvres gnolles, comme des rien-du-tout qu'on ne battrait même pas* (Huysmans).

ETYM. resuffixation pop. de **niais.** *gnolle* 1805 Rousseliana [Larchey].

gnon *n.m.*

1. Coup : *Il balança un gnon qui fit rouler Bogart sur le tapis* (Delacorta). **2.** Marque laissée par un coup : *Elle bouge à peine, évalue distraitement, du bout des doigts, le méchant gnon qu'elle a sur la pommette* (Vilar).

ETYM. aphérèse de **oignon. 1.** 1853, E. Martin [TLF]. **2.** 1867 [Delvau].

gnouf ou **gniouf** *n.m.*

Prison (surtout militaire) ; poste de police : *Évite le mitard, car au bout d'un certain nombre de jours au gnouf, on se débarrasse de toi* (Le Dano). *J'ai dit : au gniouf ! gardes, emmenez-le* (Naud). SYN. bing, trou.

ETYM. aphérèse de **bignouf.** *gnouf* 1910, V. Leca [Doillon] ; *gniouf* 1948, Carco.

[-go]
suffixe qui abrège un mot, ou renforce un démonstratif : **auxigo, çago, gigo, icigo, lago, Saint-Lago,** etc. Larchey donne en 1862 la locution **parler en go,** « ajouter la syllabe **go** à la fin de chaque mot ».

Gob' (les) ou **Gobs' (les)** *n.pr.*
Le quartier des Gobelins, à Paris.
ETYM. apocope de **Gobelins.** 1953 [Sandry-Carrère].

gobelet *n.m.*
Vx. **Être sous le gobelet,** être en prison : *C'qui fait que j'renaude c'est de te savoir sous le gobelet* (Clémens).
ETYM. image dérivée du bonneteau. 1850, Clémens.

gobelette *n.f.*
Boisson : *Mon penchant pour la gobelette, qui répandait dans la chambre à coucher une atmosphère d'étable* (Dégaudenzi). SYN. gobette.
ETYM. de **gobelet.** 1987, Dégaudenzi.

gobelot *n.m.*
Vx. Ciboire ou calice : *Il est gerbé à dix longes, pour avoir grinchi un gobelot* (Ansiaume).
ETYM. de **gober.** 1821 [Ansiaume] ; d'abord « petit cabaret » 1808 [d'Hautel].

gobelotter *v.t.*
Vx. Boire : *Les sales bougres le seront toujours, et c'est pas les loteries qui leur feront gobelotter davantage leur paye* (Gill).
ETYM. de **gobelot.** 1808 [d'Hautel].

gobe-mouches *n.m. inv.*
1. Vx. Espion. **2.** Vulve : *Depuis la captivité de Babylone, tu as chouravé ignoblement le gobe-mouches des vierges judéennes, tes captives* (Devaux). **3.** Virginité : *C'est à cet instant Minouche / Que t'as perdu ton gobe-mouches* (P. Perret).
ETYM. emplois métaphoriques et jeu de mots sur **mouche,** espion au sens 1. **1.** 1848 [Pierre]. **2.** 1960, Devaux. **3.** 1975, P. Perret.

gober *v.t.*
1. Vx. Attraper comme au vol : *Excellent moyen pour attendre nos bandits au passage et les gober un à un au moment où ils se sauveraient* (Guéroult). **2.** Croire sans discernement : *Sans ma blague, les vingt francs filaient pour la propriétaire... Ah ! il en a gobé une belle, le Gravoiseau !* (Chavette). *Elle aurait eu du mal à faire gober aux Fritz son histoire de divorce* (Malaquais). **La** ou **le gober,** être dupe : *Et tu la gobes... t'es joliment encore de ton pays* (Vidocq). **3.** Aimer, apprécier (qqch ou, plus souvent, qqn) : *Y a pas à dire, on nous gobe ici, fit Victor* (Rosny jeune). *Moi, je n' gob' pas / El' son du glas / D' l'église du Maine* (Bruant). *Ell' m'appelait Bridou, j'la nommais Julie, / Tous deux on s'gobait comme des œufs frais* (chanson *Mon horizontale,* paroles de Mauprey et Celval). **4.** Vx. **La gober,** mourir.
◆ **se gober** *v.pr.*
Avoir une trop haute opinion de soi-même.
ETYM. emplois dévalorisants du verbe usuel. **1.** fin du XVIIIe s. [Esnault]. **2.** 1830, Lhéritier. **La gober** (sans doute « la pilule »), 1818, Merle-Brasier [Quemada] ; **le gober,** 1822, Rougemont [TLF]. **3.** 1846, *Intérieur des prisons.* **4.** avant 1862, Desnoyers [Larchey].
◆ *v.pr.* 1856, Arts et métiers d'Angers [Esnault].

gobette *n.f.*
1. Gobelet en étain de 33 cl, unité de mesure pour le vin de la cantine de la prison : *Les prisonniers qui possédaient quelque argent pouvaient acheter du vin à la cantine, et y aller boire, en termes de prison, la « gobette »* (Sue). **2.** Boisson ; habitude de la boisson : *On n'est pas encore de vrais bons Français tous les deux, on ne tient pas suffisant à la gobette* (Boudard, 6). SYN. gobelette. **3.** Cantine de prison.
ETYM. de **gober,** avec le suff. diminutif **-ette.** **1.** 1841, Joigneaux. Encore usité au Dépôt de mendicité de Nanterre selon PSI (1957 et 1968). **2.** 1952 [Esnault]. **3.** 1901 [Bruant].

gobeur, euse *adj. et n.*
Se dit d'un individu excessivement crédule : *Elle était bien loin, l'étudiante un peu gobeuse qui découvrait Paris, qui se trémoussait à la verve du Faubourg* (Amila, 1). *Il détestait les ouvriers que son ami Rigault désignait ainsi : « un tas de gobeurs »* (Claude).
ETYM. de **gober** au sens 2. *grand gobeur de fausses nouvelles* 1721 [Trévoux].

gobi *n.m.*
Désignation injurieuse du Noir.
ETYM. de l'arabe **qebih',** salaud. 1917 [Esnault], chez les tirailleurs sénégalais. Ce mot, selon lui, s'emploie dans l'armée comme apostrophe amicale.

gobilleur *n.m.*

Juge d'instruction.

ETYM. il joue aux **gobilles,** mot bressan pour **billes,** avec la tête des autres. 1848 [Pierre].

Gobs' (les) *n.pr.* → GOB' (LES).

godaille *n.f.*

Vx. Débauche de table et de boisson, ripaille : *Un désir de godaille les avait peu à peu chatouillés et engourdis tous les quatre* (Zola).

ETYM. du néerlandais **goed ale,** bonne bière. 1795 [Enckell].

1. **godailler** *v.i.*

1. Se livrer à des excès de table, festoyer : *Oh ! fit sévèrement le fondé de pouvoir, veuillez croire que je connais les artistes. Ils savent bien trouver les sommes pour godailler* (Chavette). **2.** Flâner, paresser.

ETYM. de **godaille** (idée d'activité agréable ou excitante). **1.** 1750, Vadé [TLF]. **2.** 1894 [Virmaître].

2. **godailler** *v.i.*

1. Être en érection. **2.** Copuler.

ETYM. de **goder. 1** et **2.** 1953 [Sandry-Carrère].

godant, e *adj.*

Qui excite le désir sexuel, ou simplement l'intérêt : *Pas godant d'aspect, presque unanimement détesté, il paraissait pas en posture, ce mec* [le voyou de jadis] *de conquérir le cœur du populaire* (Simonin, 6). SYN. bandant.

◆ **godant** *n.m.*

1. Homme porté sur les plaisirs sexuels : *Ce serait le moment de se casser en loucedoc. Mais comment le faire savoir à Petit-Paul, acharné à affirmer la suprématie des godants de Saint-Ouen ?* (Simonin, 8). **2.** Mensonge, piège, tromperie : *Merci, les évanouissements de femmes. Est-ce que je donne encore dans ces godants-là ?* (Sardou).

ETYM. participe présent de **goder.** 1948 [Lacassagne].

◆ *n.m.* **1.** 1968 [PSI]. **2.** av. 1725 [TLF].

godasse *n.f.*

Chaussure, soulier : *Des souliers de boche, les mecs, criait-il... Des baths godasses d'officier, qui c'est qui en veut ?* (Dorgelès).

ETYM. resuffixation de **godillot,** avec le suff. péj. **-asse.** 1888 [Chautard].

gode *n.m.* → GODEMICHÉ et GODET.

godemiché ou **gode** *n.m.*

Phallus postiche utilisé par les femmes pour se procurer le plaisir sexuel : *Il s'agissait d'un gros coup – mais très gros, quelque chose d'énorme, qui pouvait aller chercher dans les deux à trois cents millions, en l'occurrence un godemiché en jade, jadis utilisé par les impératrices de Chine* (Grancher). *Les godes elle trouvait ça supermarrant* (Ravalec).

ETYM. de l'espagnol **gaudameci,** cuir de Gadamès, par le catalan, renforcé sans doute par le lat. médiéval **gaude michi,** réjouis-moi, apport d'étymologie dite populaire. 1578, Ronsard [TLF], sous la forme *godmicy. gode* 1920 [Bauche].

VAR. **godemichet :** 1862, Goncourt [TLF].

goder *v.i.*

1. Être en érection : *Même si elle est tarte, cette mémère, il faut pas dire le contraire, je gode comme un cerf* (ADG, 4). SYN. bander. **2. Goder pour,** éprouver un fort désir (pour qqn ou pour qqch) : *D'une sœur qui gode pour un julot, on peut tout espérer. Au bout du monde, qu'elle irait* (Le Breton, 3). *Je gode pour ton froc, me dit-il avec une œillade contre laquelle je ne pus résister. Et dans l'escalier, vite, l'un et l'autre nous enlevâmes notre pantalon et l'échangeâmes* (Genet). **3.** Jouir sexuellement. **4.** S'amuser : *Du haut du Polygone, les Bavarois godent comme des fous. S'en donnent à cœur joie. Pilonnent le village* (Vautrin, 2).

ETYM. probablement de l'anc. fr. **goder,** railler, se réjouir. **1.** 1894 [Esnault]. **2.** « pour qqn » 1957 [PSI] ; « pour qqch » 1943, Genet. **3.** 1953, Simonin [TLF]. **4.** 1986, Vautrin.

VAR. **godarès :** 1953 [Sandry-Carrère].

DER. **godeur** *n.m.* Paillard : 1901 [Bruant]. Boudard-Étienne donnent le féminin **godeuse,** qui est rare.

godet ou **gode** *n.m.*

1. Verre à boire : *Je liquide ce qui reste de Courvoisier. Je lampe. Je repose le godet* (Bauman). **2.** Consommation : *Salut, Bébert, tu paies un gode ? Tu prends le train ? Bonne chance alors, bonjour à ton frangin* (Fallet, 1). **3.** Anus. **Avoir le godet,** avoir de la chance.

ETYM. emplois spécialisés de ce mot euphémique et réducteur par rapport à *verre.* **1.** 1640 [Oudin]. **2.** 1906 [Chautard]. **3.** 1899

[Nouguier]. **Avoir le godet,** 1926 [Esnault], ellipse de *avoir le godet verni*. *gode* 1931 [Chautard].

godiche *n.f.*

Fièvre, souvent d'origine paludéenne : *Un groupe de trente-cinq soldats amaigris par la godiche* (Mac Orlan, 7).

ETYM. issu de **godiche,** maladroit, timide, dimin. péj. du prénom **Claude,** 1743 [Trévoux]; cette fièvre fait déraisonner. 1885 [Esnault].

1. **godille** *n.f.*

1. Imbécile. **2.** Discours stupide. **3. À la godille.** ***a.*** de travers : [le paralytique :] *Je ne peux pas arquer / Avec mes pattes à la godille* (Marcus) ; et, au fig. : *Aucune ménesse avait jamais bonni un pastis aussi doux à Holopherne qui, complètement à la godille, se fila à genoux devant Judith* (Devaux) ; ***b.*** sans recherche, médiocre : *Pour mon genre et ma balance, ce qui serait plutôt indiqué c'était les trucs « en dehors », des espèces d'astuces capricieuses, des manigances à la « godille »* (Céline, 5).

ETYM. emplois métaphoriques du terme de marine. **1.** 1928 [Esnault]. **2.** 1936 [id.]. **3.** ***a.*** 1939 [id.] ; d'abord 1922, « en zigzag », chez les cyclistes ; ***b.*** 1924 [id.].

2. **godille** *n.f.*

Soulier : *Ce ne peut être que lui qui se promène ici dans d'aussi superbes godilles !* (Leroux, 3).

ETYM. apocope de **godillot.** 1917, Leroux.

godiller *v.i.*

1. Être en érection, éprouver un vif désir sexuel, en parlant d'un homme ou d'une femme : *Elle godillait comme une hystéro... les grandes chaleurs... elle dormait plus* (Blier). **2.** Vx. Syn. de être en goguette.

◆ *v.t.*

Posséder sexuellement (une femme).

ETYM. diminutif de **goder,** avec influence probable de **godille** (d'une embarcation), métaphore du pénis en érection. **1.** 1835 [Raspail]. **2.** 1846, *Intérieur des prisons*.

◆ *v.t.* 1875, Flaubert [TLF].

DÉR. **godilleur** *n.m.* Homme toujours empressé auprès des femmes : 1881 [Larchey].

godillot *n.m.*

Gros soulier : *Une force décuplée, semblait-il, le poussait, mettait des ailes à ses pieds lourdement chaussés des godillots du « Collège »* (Merlet).

◆ *adj. et n.m.*

Se dit, en politique, d'un individu d'une fidélité partisane aveugle : *Les « godillots » du RPR ne veulent plus marcher en silence* (*le Monde,* 29 juillet 1988).

ETYM. du nom de A. **Godillot** (1816-1893), inventeur d'une chaussure militaire à tige courte utilisée jusqu'en 1918. 1869, Arts et métiers de Châlons [Esnault].

◆ *adj. et n.m.* sens forgé en 1959-60, pour critiquer l'attitude de confiance aveugle faite à de Gaulle par l'UNR.

gogne *adj.*

1. ARG. ANC. Se disait d'un individu affligé d'une dissymétrie quelconque (strabisme, boiterie, etc.). **2.** Mal présenté, mal habillé.

ETYM. var. de **côgne,** au cou tors (1824, Rennes [Esnault]). **1.** 1850, forçat Clémens [id.]. **2.** 1977 [Caradec].

DÉR. **gogneuse** *n.f. et adj.* Lettre dont la suscription, mal rédigée, ne permet pas l'acheminement : 1953 [Esnault].

gogo *n.m.*

Individu naïf et crédule : *Fandor était furieux de s'être ainsi laissé berner, stupidement prendre comme le dernier des gogos* (Allain-Souvestre).

ETYM. redoublement de la première syllabe de **gobeur** ou de la seconde de **nigaud.** 1834 [TLF], nom d'un personnage de *Robert Macaire,* pièce de Saint-Amand, Antier et F. Lemaître.

gogol *adj. et n.m.* → **GOL.**

gogue *n.m.*

Vase de nuit.

◆ **gogues** *n.m.pl.*

Lieux d'aisances : *Sans attendre, cassez-vous en direction des gogs ou du téléphone* (Simonin, 10). *« Rien décidément ne te sera épargné », me dis-je en rêvant à l'architecte qui dessinerait les gogues de mes rêves* (Francos) ; rare au sing. : *La Clod', lui* [...] *le ventre légèrement tassé, comme traité au bulldozer, devait avoir laissé tomber dix bons kilos dans le gogue* (Siniac, 1).

ETYM. apocope de **goguenot.** 1883 [Chautard].

◆ *pl.* 1888, Courteline [TLF].

VAR. **gogs :** 1936, Céline. **gogci :** 1889, Macé.

goguenot ou **gogueneau** *n.m.*

1. Vx. Gobelet à boire : *Je m'aperçois qu'au lieu de puiser au bidon, c'est dans le baquet que* *j'ai puisé mon goguenau* (Vidocq). **2.** Seau de toilette. **3.** Détenu chargé de vider les baquets d'aisances.

◆ **goguenots** *n.m.pl.*

Lieux d'aisances : *Derrière eux, chez Mado, l'Allemand et Henriette attendaient patiemment que Mickey sorte des goguenots* (Lépidis).

ETYM. mot normand, « pot à cidre ». **1.** 1805 [Esnault]. **2.** 1849 [Halbert]. **3.** 1823, Sainte-Pélagie [Esnault].

◆ *pl.* 1861 [id.].

goinfrer *v.t.*

Fournir abondamment (en qqch).

◆ **se goinfrer** *v.pr.*

1. Faire des profits, des gains considérables : *Malheureusement, tant qu'il y aura des nénettes comme toi, il y aura des arsouilles qui se goinfreront sur notre dos* (Cordelier). **2.** Recevoir (qqch), être frappé d'une condamnation : *Comme j'ai claironné à l'arrivée que je repartais pour les Assiettes et que dans ce service-là il faudrait probablement se goinfrer au moins cinq piges, Gina pense que la cavale doit logiquement me venir à l'esprit* (Sarrazin, 2).

ETYM. emploi métaphorique, à partir du sens « manger voracement » (lien fréquent entre nourriture et argent : cf. *blé, galette,* etc.). 1953, Simonin [TLF].

◆ *v.pr.* **1.** 1966, [id.]. **2.** 1965, Sarrazin.

gol ou **gogol** *adj. et n.m.*

Idiot, stupide : *Nos ancêtres s'appelaient les Gaulois, mais nos parents sont un peu « gols »* (*le Nouvel Observateur,* 4 décembre 1982). *Une instit gogol, comme ils jactent aujourd'hui pour dire con* (Dégaudenzi).

ETYM. apocope de **golman,** verlan (?) de **mongolien,** d'après P. Merle (1986). 1982, *le Nouvel Observateur.* Appartient au parler jeune (arg. des lycées et collèges).

goldo *n.f.* → GAULDO.

1. **gomme** *n.f.*

1. Caoutchouc des pneumatiques : *Laisser de la gomme sur la chaussée.* **2. Mettre la gomme.** ***a.*** accélérer : *Les dernières maisons dépassées, il remit de la gomme. Le compteur de la DS grimpa de nouveau à cent cinquante* (Viard) ; ***b.*** exagérer ; faire qqch avec énergie : *Ah ! ça, ils n'ont pas marchandé. Ils ont mis toute la gomme !* (Murelli). **À pleine gomme,** à toute vitesse : *Regardez-les, ils n'attendent que ça, que la route soit dégagée, pour repartir à pleine gomme, a dit le gendarme* (Destanque, 2). **3. Remettre la gomme,** accomplir de nouveau un processus (cartes, coït, engagement militaire, etc.) : *Ça va mieux. Il est revenu de l'hosto. Ils l'ont mis en cellule avec le comptable, de peur qu'il remette la gomme* (Le Dano). **4. À la gomme,** sans valeur, médiocre : *Si j'avais pas mes aventures à la gomme, quelle belle vie !* (Tachet). *Maintenant, embarque-moi ton tueur à la gomme. Pas besoin de ça ici !* (Le Breton, 5). **5. Gomme à effacer le sourire,** matraque : *Le catcheur venait d'abattre sa matraque. La gomme à effacer les sourires avait morflé le Blond à la naissance de l'épaule* (Le Breton, 1).

SYN. goumi.

ETYM. emplois métonymiques du mot usuel, « caoutchouc » (1, 4 et 5). **1.** 1975 [Beauvais]. **2.** ***a.*** 1925 [Esnault] ; ce sens résulte d'un compromis entre *mettre les gaz* et la *gomme-dynamite,* explosif brisant à consistance caoutchouteuse, breveté en 1875 par Nobel ; ***b.*** 1959 [id.]. **3.** 1937 [id.]. **4.** 1921 [id.]. **5.** 1931 [id.].

2. **gomme** *n.f.*

Vx. **La Gomme,** le monde des élégants et des cocottes : *Or l'épée est le seul outil / Qu'on puisse admettre dans la gomme* (Gill). *Cette expression* [siffler au disque] *passée de l'argot des mécaniciens dans celui de la haute Gomme...* (Daudet).

ETYM. → GOMMEUX. 1875 [Larchey].

gommé *adj.m.*

Blanc gommé, vin blanc adouci par un sirop : *Sous la moustache, il affiche l'affection pour sa clientèle. Il paie le blanc gommé* (Vautrin, 1).

ETYM. emploi euphémique de l'adj. : l'effet de l'alcool est prétendument effacé par le sirop. 1929, Pannetier [Giraud].

gommeuse *n.f.*

Vx. **1.** Demi-mondaine : *Les petites femmes faciles auxquelles il était habitué : gommeuses de troisième zone, demoiselles de maison ou bonniches en rupture de torchon* (Mensire). **2.** Chanteuse de couplets galants : *Je comprends que d'aucuns préfèrent la plaisante alternance du caf'conc' : un chanteur de sentiment, une gommeuse excentrique* (Galtier-Boissière, 1).

ETYM. dér. (peu clair) de **1. gomme. 1.** 1873 [Esnault]. **2.** vers 1913 [id.].

gommeux *n.m.*

VIEILLI. Jeune élégant prétentieux : *Les « gommeux » s'y proclamaient* [dans les beaux quartiers] *«éreintés», «vannés», «crevés», tout en jouant au «lawn-tennis» avec de belles cocottes* (Thomas, 1). *Voyez donc cet aristocrate ; / Pâl' gommeux, qui fait des épates* (chanson *Ils ont les mains blanches*, paroles de Montéhus). *Si les gommeux qui vous suivent rigolent, engueulez raide et lâchez-moi ces andouilles-là* (Gill).

ETYM. dér. de **1. gomme** (soit « qui met de la gomme dans son absinthe », soit « qui porte des vêtements passés à la gomme», c.-à-d. empesés). 1842, Stendhal [TLF].

gonce, goncier *n.m.* → GONZE.

gonde, gondole ou **gondoleuse** *n.f.*

Porte: *Le poivre salutiste ouvre enfin la gonde. On passe à cinq* (Dégaudenzi).

ETYM. dér. de **gond.** 1879 [Esnault], pour les trois formes.

gondolant, e *adj.*

Très drôle : *Le plus gondolant, c'est qu'il y a une gendarmerie à deux cents mètres de la piaule* (Malet, 8). *Un sketch gondolant.*

ETYM. emploi adj. du participe présent de **se gondoler.** 1894 [Virmaître].

gondoler (se) *v.pr.*

Rire bruyamment: *Et toutes deux nous nous tordîmes. Ma tante n'arrêtait pas de se gondoler, elle en pleurait presque* (Francos).

ETYM. emploi métaphorique : le rire déforme le corps (cf. *être plié en deux*). 1881, *le Figaro* [Larousse].

gonflant, e *adj.*

1. Amusant, risible. **2.** Insupportable, exaspérant: *Il était temps parce qu'il commençait à devenir gonflant, le pote à Marceau* (Demure).

ETYM. emploi adj. du participe présent de **gonfler. 1.** 1930 [Ayne]. **2.** 1978, E. Hanska [Doillon].

gonfle *n.f.*

1. Gros homme vulgaire : *Qu'est-ce qu'il a, mon frangin ? – Putain, la gonfle, ouaouh !* (Smaïl). **2.** Affaire compromettante. **3.** Propos mensonger: *Il m'a versé un boniment gros comme un sirop. J'ai vérifié son truc, c'était une gonfle* (Delacorta).

ETYM. déverbal de **gonfler. 1.** 1966, B. Clavel [Cellard-Rey]. **2.** 1938, W.-A. Prestre [TLF]. **3.** 1981, Delacorta.

gonflé, e *adj. et n.*

Se dit d'un individu qui ne manque pas d'audace : *Je suis bien obligé de reconnaître que tu es gonflé comme pas deux et que moi j'étais malade de peur* (G. Arnaud). *Oh, ben merde! s'exclame le garagiste, sidéré. J'en ai vu des gonflés. Mais toi...* (Jamet).

◆ **gonflée** *n.f.*

Vx. Femme enceinte.

ETYM. emploi adj. du participe passé de **gonfler,** au sens imagé de remplir d'énergie, d'audace (cf. la loc. *ne pas manquer d'air*). *gonflé à bloc* 1910 [Esnault].

◆ *n.f.* 1901 [Bruant].

VAR. **gonflaga**: 1988 [Caradec].

gonfler *v.t.*

1. Assommer. **2.** Duper. **3. Les gonfler à qqn** ou **gonfler qqn,** l'exaspérer, l'importuner vivement : *O.K. a complètement changé de sens depuis quelques années. Il a perdu son acception positive. O.K., c'est : fous-moi la paix. C'est : on verra plus tard. C'est : tu me gonfles* (Sarraute). *Bertrand, tout gêné, s'est levé, il bredouille je ne sais quoi. Lui, alors ce soir, il m'a gonflé les baloches!* (Boudard, 5). **4.** Mettre enceinte.

◆ *v.i.*

Exagérer, bluffer.

◆ **se gonfler (le mou)** *v.pr.*

Rire puissamment : *Alors, j'finissais par me taire, / Vexé qu'j'étais d'vant les copains / Qui s'gonflaient, s'payaient ma bobine* (Rictus).

ETYM. emplois spécialisés et plutôt négatifs du verbe usuel. **1.** 1892 [Esnault]. **2.** 1918 [id.]. **3.** 1984, *Libération* [GR] ; **les** représente vraisemblablement le mot *couilles.* **4** et *v.pr.* 1901 [Bruant].

◆ *v.i.* 1977 [Caradec].

DER. **gonfleur** *n.m.* Bluffeur : 1977 [Caradec], mais on rencontre dès 1938 chez R. Brasillach *gonfleur de biceps,* au sens de «fanfaron».

gongonneur *n.m.*

Vx. Anus; postérieur: *Elle balança son nougat en plein sur les burettes du second viocard qui chuta, le gongonneur en plein dans un massif de chardons* (Devaux).

ETYM. origine obscure, sans doute à rattacher au verbe **gongonner,** «terme familier qui se dit des pièces de vêtement qui font des plis et vont mal» (Littré). 1899 [Nouguier].

gonze, gonzier, gonce ou **goncier** *n.m.*

1. Vx. Maître du logis : *Il faut être bon pègre, car le gonze est marloux* (Ansiaume). **2.** Homme, individu : *Fallait-il que ce gonze ait du temps à perdre pour s'amuser à de telles conneries !* (Le Dano). *Le gonse s'avait déglingué la poire* (Brissac). *Des gonziers dont les mouflets apprenaient les noms dans les manuels* (Simonin, 6). *Mon vieux, si tu savais ce qu'il a pris de moelle. C'est rare qu'un gonce lui résisterait* (Rosny). *C'est pas un homme, c'est un bouillon de culture, ce goncier-là* (Trignol).

ETYM. de l'ital. **gonzo,** individu stupide. 1628 [Chéreau], sous la forme *conce ; gonze* 1684, La Fontaine [TLF] ; *gonzier* 1966, Simonin ; *gonce* 1841, Lucas ; *goncier* 1846, *Intérieur des prisons.*

VAR. **gonse :** 1828, Vidocq. **gonsier :** 1880, Humbert.

gonzesse *n.f.*

1. Fille ou femme : *Ça fait trois ans que je le prends pour un homme, et il a même pas le courage de s'expliquer avec une gonzesse* (Giovanni, 1). *On disait « môme » avec tendresse, « gonzesse » avec mépris* (Sabatier). **2.** Maîtresse : *Ma gonzesse, / Celle que j'suis avec, / Ma princesse, / Celle que je suis son mec* (Renaud). **3.** Homme sans courage, pleutre : *J'ai dit : on remet ça. Tu m'entends, gonzesse ? – Non, Gérard, non. Il avait une petite voix ridicule, le Johnny* (G. Arnaud).

ETYM. féminin de **gonze. 1.** 1811, chanson [Vidocq]. **2.** 1847 [Dict. nain]. **3.** 1919, Dorgelès [TLF].

VAR. **goncesse :** 1833 [Esnault]. **gonz'** ou **gonce :** 1811 [Dict. complet]. **gonze :** 1889, Macé.

gorgeon *n.m.*

1. Boisson, consommation dans un café, verre : *Tu sais bien que j'suis un ami. J'm'excuse d'être en retard et d'avoir enquillé quelques gorgeons* (Grancher). **2.** Budget consacré à la boisson. **3.** Vx. **Avaler le gorgeon,** subir une perte, un déboire.

ETYM. de **gorge. 1.** 1840 [DDL 10]. **2.** 1957 [PSI], mais dès 1910, « marchand de vins » [Chautard]. **3.** 1894 [Puitspelu].

gorgeonner (se) *v.pr.*

Boire, s'enivrer : *Le bal, il est dans la grande arrière-salle d'un café. Au zinc, les billards biberonneurs se gorgeonnent, eux, aux fillettes de blanc* (Boudard, 6).

ETYM. de **gorgeon.** vers 1945, Vian.

gorille *n.m.*

1. Garde du corps : *J'assure la protection ? – En quelque sorte... – Mais ils n'avaient pas de gorille attitré ?* (Bauman). **2.** Vagabond ou clochard au système pileux très développé. **3.** Agent secret.

ETYM. métaphore de la force bestiale. **1.** 1954, Héléna. **2.** 1957 [Sandry-Carrère]. **3.** 1954, A.-L. Dominique (créateur du héros-espion de Série noire *le Gorille*).

gosse *n.m.*

1. Amant. **2. Beau gosse,** joli garçon : *Elle répéta, comme Antée touchant la terre et reprenant des forces : – Beau gosse... mon beau gosse* (Mac Orlan). **3. Gosse de riche,** inspecteur de police jouant le rôle d'un jeune homme aisé pour se faire proposer de la cocaïne.

◆ *n.f.*

Maîtresse : [Bec d'Amour, à sa maîtresse :] *La gosse, à toi l'honneur !* (Méténier). **Une belle gosse,** une belle fille : *Pris dans ses tendres tentacules / La belle gosse m'a mis sur les rotules* (P. Perret).

ETYM. origine inconnue, à rapprocher de **gos,** chien [Guiraud], lui-même obscur, p.-ê. issu du lat. **coxus,** boiteux. **1.** 1903 [Esnault]. **2.** 1920 [id.]. **3.** 1923 [id.].

◆ *n.f.* 1890 [Chautard]. Les sens « enfant, fils, fille, adolescent » sont auj. seulement familiers.

DER. **gossemard** *n.m.* Enfant : 1866 [Delvau]. **gossinet** *n.m.* Enfant : 1887 [Esnault]. **gosselard** *n.m.* : 1901 [Bruant]. **gossette** *n.f.* Fillette : 1878 [Esnault]. **gossinette** *n.f.* Fillette : 1915 [id.]. **gogosse** *n.f.* Maîtresse : 1901 [id.].

gosselin *n.m.*

1. Petit enfant. **2.** Jeune homme.

◆ **gosseline** *n.f.*

1. Fillette, jeune fille : *On s'en fout de Zazie. Les gosselines, ça m'écœure, c'est aigrelet, beuhh. Tandis qu'une belle personne comme vous... crénom* (Queneau, 1). **2.** Maîtresse : *Tu m'aimes, petit homme ? – Tu ne le sais pas, gosseline ?* (Rosny).

ETYM. de **gosse. 1.** 1827 [Demoraine]. **2.** 1835 [Raspail].

◆ *n.f.* **1.** 1836 [Vidocq]. **2.** 1881 [Rigaud].

DÉR. **gosselinage** *n.m.* Enfance : 1846, *Intérieur des prisons.*

gosselot *n.m.*

Petit enfant : *Je ne parle pas pour t'épater mais moi, l'Milord, j'ai toujours gratté, même gosselot* (Carco, 6).

ETYM. diminutif de **gosse.** 1914, Carco.

gossette *n.f.*

Vx. Petite fille : *Ils s'en vont tous trois – le mari, la femme et la gossette – à travers les rues empestées du quartier souffrant* (Gill).

ETYM. de **gosse.** 1878, Gill.

gothon *n.f.*

Vx. Fille facile ; servante : *Aujourd'hui, je vais picter et rigoler avec les gothons* (Ansiaume). *Dignimont, estimant que l'un des « sujets » ne montrait pas assez d'ardeur à chevaucher sa goton, alla quérir un martinet* (Galtier-Boissière, 4).

ETYM. apocope de **Margoton.** 1809 [Esnault].

goualante *n.f.*

Chanson populaire : *Des goualantes réalistes à la Damia et à la Berthe Sylva, avec contraltos râpeux et trémolos appuyés* (Sabatier).

ETYM. participe présent substantivé de **goualer.** 1821 [Mézière].

gouale *n.m.*

1. Chantage : *En fait, ce n'était pas le style de la maison ce ton agressif et cet appel au gouale* (ADG, 1). **2. Faire du gouale,** protester, faire du scandale : *Allait falloir tenir, maintenant... Le mieux était de faire du gouale aux poulets* (Le Breton, 1).

ETYM. déverbal de **goualer. 1.** 1928 [Lacassagne]. **2.** 1954, Le Breton.

goualer *v.t. et i.*

1. Chanter : *Ça donnait parfois de l'imprévu, lorsqu'il goualait à faire vibrer les lustres l'air de « Mimi » : « Je brode des lys et des roses »* (Amila, 1). *Allons, dégosille ton couplet, je t'apprendrai, à mesure que tu le goualeras, les nuances à observer* (Huysmans, 1). **2.** Dénoncer. **3. Faire goualer,** soumettre à un chantage.

ETYM. altération de **gouailler,** avec influence de **gueule. 1.** 1836 [Vidocq]. **2.** 1883, Macé [Esnault]. **3.** 1977 [Caradec].

goualeur *n.m.*

1. Chanteur des rues ; on rencontre aussi **goualant** : *A m'prendra dans ses bras* [...] */ Comme un goualant sa guitare* (Rictus, 2). **2.** Dénonciateur. **3.** Maître chanteur.

◆ **goualeuse** *n.f.*

Chanteuse, en partic. chanteuse des rues : *Dis donc, la Goualeuse, est-ce que tu ne vas pas nous goualer une de tes goualantes ?* (Sue).

ETYM. dér. de **goualer. 1.** 1822 [Mésière] ; *goualant* 1897, Rictus. **3.** 1977 [Caradec].

◆ *n.f.* 1836 [Vidocq].

gouape *n.f.*

1. Voyou : *Celui qui parlait était un grand dé-sossé, condamné pour plusieurs meurtres sur les boulevards extérieurs, véritable gouape de quartier, cambrioleur et souteneur* (Merlet). **2.** Vx. Milieu des débauchés. **3.** Vx. Débauche. **4.** Vx. Noceur ; ivrogne.

◆ *adj.*

Qui tient du voyou : *Un autre grifton est venu... un jeune qui avait l'air gouape* (Werth, 1). *Vise donc, il n'y a rien de plus gouape que le genre anglais, quand il est bien porté* (Carco, 6).

ETYM. de l'espagnol **guapo,** ruffian, coupe-jarret. **1.** 1862 [Larchey]. **2.** 1840, poissard [Esnault]. **3.** 1850 [id.]. **4.** 1846, Féval [id.], sous la forme *goipe.*

◆ *adj.* 1916, Carco.

gouaper ou **gouêper** *v.i.*

Vx. **1.** Être sans domicile. **2.** Vagabonder : *Où sont les môm's ? Y sont pas là. / Gn'en a qu'est à gouaper quéqu'part* (Rictus). *J'ai comme un brouillard d'avoir gouêpé dans mon enfance avec un vieux chiffonnier* (Sue). **3.** Mener une vie de débauche : *Lorsqu'on était marié avec une femme gentille et honnête, on ne devait pas gouaper dans tous les bastringues* (Zola).

ETYM. de **gouape. 1.** *goëper* 1835 [Esnault]. **2.** 1835 [Raspail]. **3.** 1846, Féval [Esnault].

gouapeur, euse ou **gouêpeur, euse** *n.*

Vx. **1.** Individu sans domicile fixe ; aventurier : *Pour le gouapeur parisien / Le ciel d'automne ressemble, / Étant rouge et vert ensemble, / Aux bocaux d'un pharmacien* (Richepin). *Moi, je couchais les bonnes nuits dans les fours à plâtre de Clichy, en vrai gouêpeur* (Sue). **2.** Noceur bruyant : *Les assistants, petits vieux* [...]*, gouapeurs en goguette, militaires* (Méténier). *Elle se tient là debout, la grande goua-*

peuse ravagée, en tablier noir de marchande de quat' (Monnet).

◆ *adj.*

Qui manifeste une morgue effrontée.

ETYM. de **gouaper.** **1.** 1827 [Demoraine]. **2.** 1834, Festeau [TLF].

◆ *adj.* 1921, Genevoix [id.].

VAR. **gouapard, e** *adj.* : 1919, Dorgelès [id.].

goudou *n.f.*

Homosexuelle : *Les policiers décidèrent alors de placer une souricière à « la Salomé », car cette boîte de goudous servait de Q.G. à Renée et à ses camarades de mœurs* (Bernheim-Cardot).

ETYM. origine obscure, sans doute en relation avec **gouge, gouine** et **gode(miché).** 1975, H. Bostel [Cellard-Rey].

gouge *n.f.*

1. Fille facile : *Le jour où Jo fit sa connaissance devant une bouteille et trois gouges de son écurie, Tania vint les rejoindre, à moitié ronde* (Lépidis). **2.** Écu de cinq francs.

ETYM. de l'anc. béarnais **goge,** fille, femme non mariée, issu de l'hébreu **goyâ,** servante chrétienne. **1.** mil. du XVe s., *Cent Nouvelles nouvelles* [TLF]. **2.** vers 1882 [Esnault].

VAR. **gougeon** au sens 2 : 1930 [id.].

gougnafier *n.m.*

Individu grossier, médiocre, bon à rien ; ouvrier qui sabote le travail : *Nous ne tenons pas à ce que des gougnafiers dans le genre de ton Valentin viennent mettre le nez dans nos combinaisons* (Vexin).

ETYM. du gascon **gounha,** truie ; finale à rapprocher de celle de *estafier.* 1901 [Bruant].

gougnottage ou **gougnottisme** *n.m.*

Relation homosexuelle entre femmes : *Zulmé, l'amie de Toné et sa partenaire en gougnottage, se saisit brusquement des couilles de Mony* (Apollinaire, 1).

ETYM. de **gougnotter.** *gougnottage* 1878, Goncourt [TLF] ; *gougnottisme* 1864 [Delvau], art. *goût.*

gougnotte, gougnote ou **gougne** *n.f.*

Homosexuelle : *Espiègleries des gougnottes d'Henri Monnier qui s'esclaffent gentiment : « Nous sommes deux petites cochonnes »* (*le Nouvel Observateur,* 13 février 1982).

ETYM. diminutifs de **gouine.** 1856, F. Michel [Larchey].

gougnotter ou **gougnoter** *v.t. et i.*

1. Avoir une relation homosexuelle avec une femme : *Et même la rosière, nous dit-on, va plus s'faire gougnoter en ville* (chanson paillarde). **2.** Pratiquer un cunnilinctus : *Que n'la gougnotez-vous / Jean-Gilles mon gendre ? […] / Oui, mais si j'la gougnote / Ça m'laissera comme un goût* (Plaisir des dieux).

◆ **se gougnotter** *v.pr.*

Avoir des relations homosexuelles entre femmes : *Tous les témoignages de tenancières ou de sous-maques rapportent que les putes avaient tendance à se gougnotter dans les bordels* (Boudard, 2).

ETYM. de **gougnotte.** 1856 [Michel], pour tous les emplois.

gouine *n.f.*

1. Femme homosexuelle : *N'imaginez pas que j'avais tendance à être gouine. Denise, je l'aimais juste bien* (Jamet). **2.** Vx. Vieille femme, notamment prostituée.

ETYM. mot normand ; féminin de **gou(a)in,** salaud, issu de l'hébreu **goy,** non-juif (d'où des valeurs péjoratives). **1** et **2.** 1808 [d'Hautel].

gouiner (se) *v.pr.*

Pratiquer l'homosexualité féminine : *La plupart du temps* [ce spectateur] *était un tout jeune homme à qui elles demandaient seulement de se masturber pendant qu'elles se gouinaient comme des bêtes* (de Goulène).

ETYM. de **gouine.** 1953 [Sandry-Carrère].

goujon *n.m.*

1. Vx. Jeune proxénète : *Dans les bals de faubourgs, les souteneurs ou « goujons » arrivent vêtus de longues blouses et coiffés de la traditionnelle casquette de soie dissimulant des cheveux plaqués* (Macé). **2.** Pénis. **Taquiner le goujon,** chercher à provoquer l'érection masculine par des caresses buccales. **3.** Vx. **Goujon d'hôpital,** sangsue. **4.** Vx. **Lâcher son goujon,** vomir.

ETYM. emploi métaphorique de la loc. class. chez les pêcheurs (2). **1, 3** et **4.** 1881 [Rigaud]. **2.** 1864 [Delvau].

goulot *n.m.*

1. Bouche : *Gardez-en au moins un verre pour moi, n'vous enfilez pas tout dans l'goulot* (Lorrain). **Se rincer le goulot,** boire. **Repousser, taper du goulot,** avoir mauvaise haleine : *Ils repoussaient, eux aussi* [les grévistes de la faim], *du goulot. J'ai fait le rapprochement* *après. Cette odeur d'égout insoutenable qu'Edmond m'avait soufflée dans le pif, tout à fait normal chez les gens qui restent longtemps sans bouffer* (Boudard, 1). **2. Casser le goulot à une bouteille,** la déboucher et la boire : *On cassa le goulot à quatre nouveaux litres* (Zola). **3. Boire au goulot,** faire une fellation.

ETYM. emplois métaphoriques du mot usuel. **1.** 1616 [TLF]. **Se rincer le goulot,** 1901 [Bruant]. **2.** 1877, Zola. **3.** 1864 [Delvau].

goumi *n.m.*

1. Matraque de caoutchouc : *Le coup de goumi qu'il avait laissé aller à la bergère, il l'avait dosé léger* (Simonin, 1). **2.** Trique ou matraque de bois souple, utilisée dans certains corps militaires en Afrique.

ETYM. de l'all. **Gummiknüppel,** matraque en caoutchouc. **1.** 1946, D. Rousset [TLF]. **2.** avant 1930 [Cellard-Rey] (selon eux, mot distinct du sens 1).

goupiller *v.t.*

Manigancer, organiser, combiner : *Il a bien goupillé son coup, le salaud ! grogna Jeannot. On pourra jamais rien prouver* (Monsour).

◆ **se goupiller** *v.pr.*

1. Se tramer, se manigancer : *Je saurais toujours à temps, plus tard, ce qui se goupillait en Tarmanie* (Héléna, 1). **2.** Se dérouler, se faire : *En somme, ce petit ballet s'est goupillé tout seul, avec un coup de pouce par-ci par-là. Bravo, mes enfants !* (Lefèvre, 1).

ETYM. var. de **goupiner.** 1900 [Esnault].

◆ *v.pr.* 1916, Barbusse [TLF].

DER. **goupille** *n.f.* Entreprise : 1936 [Esnault].

goupillon *n.m.*

Pénis.

ETYM. emploi métaphorique (notions de rigidité et d'aspersion). 1793, Nerciat [Pauvert].

DER. **goupillonner** *v.i.* Sacrifier à Vénus : 1953 [Sandry-Carrère].

goupinage *n.m.*

Vx. **1.** Travail (génér. délictueux) : *Après un goupinage de deux plombes, il a fallu décarrer* (Ansiaume). **2.** Prostitution.

ETYM. de **goupiner. 1.** 1821 (Ansiaume). **2.** 1847 [Esnault].

goupiner *v.i.*

ARG. ANC. Travailler, de façon plus ou moins honnête : *Vidocq dit comme ça qu'il vient du pré, qu'il voudrait des amis pour goupiner* (Vidocq).

◆ *v.t.*

Faire : *Du petit souteneur, de l'escarpe à trois sous, mêlés aux filles qui venaient de goupiner leur dernier client* (Combescot). **Goupiner le poivre, les poivriers,** dévaliser des ivrognes.

ETYM. de **gouspin,** factotum. chanson du XVIIIe s., *in* Vidocq.

◆ *v.t.* 1827 [Demoraine]. **Goupiner le poivre,** 1835 [Raspail] ; **les poivriers,** 1836 [Vidocq].

VAR. **coupiner** ou **coubiner :** 1850, forçat Clémens [Esnault].

DER. **goupin** *n.m.* Travail ou vol : 1899 [Nouguier]. **goupine** *n.f.* **1.** Trafic : 1850, Clémens [Esnault]. **2.** Accoutrement bizarre : 1849 [Halbert].

goupineur *n.m.*

ARG. ANC. Voleur : *Ces orgueilleux voleurs considèrent le fourline ou simple tireur comme un mendiant de la basse pègre, rangé par eux dans la catégorie très inférieure des goupineurs ou gueux sans talents* (Macé).

ETYM. de **goupiner.** 1828, Vidocq.

gourance *n.f.*

1. Erreur : *Tu parles d'une gourance, merde ! fait Kern. Gourance ! pense Maur écœuré. Ouais, tout le monde s'est gouré : je me suis gouré sur Silien* (Lesou, 2). **2.** Méfiance, doute, soupçon : *Pour que les Prastignis lui aient promis un condé, c'est qu'ils ont des gourances sur nous. Va falloir faire gaffe, dis donc !* (Le Breton, 1).

ETYM. de **(se) gourer. 1.** 1913 [Esnault]. **2.** 1890 [Chautard].

gourancer (se) *v.pr.*

Se tromper : *Et si, par hasard, elle se gourançait pas, la grosse, que Nelly soit bel et bien de mèche avec Féfé. Si c'était elle qui ait balancé le coup de tube pour le prévenir* (Bastiani, 4).

ETYM. de **gourance.** 1955, Bastiani.

gourbi *n.m.*

1. Habitation (généralement sommaire et mal tenue) : *Le feu a démarré dans un gourbi turc, chez un certain Demirel* (Bialot). *La tribu Dupanard / Les parents les moutards / Habit' dans un gourbi / À Vitry / À Vitry-sur-Seine* (Desnos). **2. Faire gourbi.** ***a.*** mettre ses ressources en commun avec un camarade, en prison ou au bagne : *Avant de partir, Galgani me dit qu'il m'a déjà réservé une place dans son coin et qu'on fera gourbi ensemble – les membres d'un gourbi mangent ensemble et l'argent de l'un est à tout le monde* (Charrière) ; ***b.*** s'associer avec qqn ; ***c.*** vivre en concubinage avec qqn (en partic. dans le cas d'un couple homosexuel).

ETYM. de l'arabe d'Algérie **gurbi,** maison de terre, chaumière, employé assez souvent, au moins à l'origine, de façon xénophobe. **1.** 1841 [Esnault], puis « abri sommaire dans les tranchées » 1919, Dorgelès [TLF], mais déjà en 1878, Gill, par ironie, pour désigner une belle demeure. **2. *a.*** 1943, Genet (mais en 1969, Charrière emploie cette loc. à propos de faits qui se déroulent en 1932) ; ***b*** et ***c.*** contemporain.

gourd *n.m.*

ARG. ANC. **Enterver le gourd,** être expert, « connaître le truc » : *Je fus accosté par tous les Péchons, Belsches et Coesmelotiers hurez pour sçavoir si j'entervais le gourd et toutime* (Péchon de Ruby).

ETYM. du lat. **gurdus**, gras, épais (d'origine esp.). 1596, Péchon de Ruby.

gourdin *n.m.*

Pénis : *Je devrais me contenter d'être jeune, d'avoir le gourdin salvateur... le lingam du dieu Civa dans mon false, toujours prêt tel un boy-scout à se propulser pour le service exclusif des mignonnes* (Boudard, 5). **Avoir le gourdin,** être en érection : *On disait aussi qu'ils* [les Noirs] *avaient le gourdin en permanence* (Boudard, 2). SYN. avoir la trique. **Avoir du gourdin. *a.*** être porté sur les plaisirs sexuels, en parlant d'un homme ; ***b.*** être physiquement épris d'une femme. SYN. goder.

ETYM. métaphore de la rigidité. 1960 [Le Breton]. **Avoir du gourdin,** [id.]. **Avoir le gourdin,** 1910 [Chautard].

goure *n.f.*

ARG. ANC. Simulation (surtout dans le commerce) : *Le marchand à la goure va au marché du Temple acheter de vieux paletots ou de vieilles redingotes, refaçonnés* (Canler). **Solir à la goure,** vendre des faux : *Je lui ai soli à la gourre deux rondines* (Ansiaume).

ETYM. déverbal de **gourer.** 1562, Rasse des Nœuds [Esnault].

DER. **goureur** *n.m.* Commerçant qui se livre à la goure : 1752 [Trévoux].

gourer ou **gourrer** *v.t.*

Tromper : *Il n'en est pas moins vrai que vous vous êtes laissé gourer* (Vidocq). *C'est ces bon dieu de travaux au croisement qu'ont dû me gourrer, répondit Jeannot* (ADG, 5).

◆ **se gourer** ou **se gourrer** *v.pr.*

1. Se tromper : *Je te reproche rien, note bien, mais il y a des fois, dans la vie, où on croit faire le bonheur des gens et puis, en toute bonne foi, on se gourre* (Faizant). **2.** Se douter (de ou que) : *S'gourrant qu' sa moujingue décarrait en louc'dé* [...] *; l' daron d' Juliette l'enferma* (Stollé). *Il ne parut pas le moins du monde surpris. « Je m'en gourrais ! » qu'il avança pour paraître malin* (Lépidis). **3.** Se méfier : *D'ailleurs, il se gourrait du môme, il n'osait plus aller lui-même dans les bals* (Lorrain).

ETYM. dér. du radical **gorr-** (cf. *goret*) ; le sens initial serait « agir comme un porc ». mil. du XVe s., Villon [TLF].

◆ *v.pr.* **1.** 1808 [d'Hautel]. **2.** 1898 [Esnault]. **3.** 1901 [Bruant]. Le sens 1 du v.pr. est passé dans la langue familière courante.

gourgane *n.f.*

VX. Haricot : *La gamellée de soupe aux gourganes* (Humbert). *Les sacs de gourganes, les boîtes de quatre épices* (Mac Orlan, 11).

ETYM. mot de l'Ouest, d'origine inconnue, enregistré par l'Acad. fr. dès 1835. 1821 [Ansiaume].

gourmandise *n.f.*

Fellation. SYN. faveur, gâterie.

ETYM. emploi spécialisé du mot usuel. 1960 [Le Breton].

gourpline *n.f.*

ARG. ANC. Pinte : *On solliçoit du pivoye à quatre ronds la gourpline* (Responce au grand Coesre).

ETYM. apparenté à **cruon,** cruchon. 1628 [Chéreau].

gousse *n.f.*

1. Nymphomane. **2.** Homosexuelle : *Elles étaient comme baba et limace, et la gousse avait le béguin !* (Méra).

ETYM. p.-ê. emploi métaphorique de l'anc. provençal **gossa,** chienne. **1.** « fille publique » 1878 [Rigaud]. **2.** 1865 [Larchey].

gousser *v.t.*

Posséder, en parlant d'une homosexuelle : *Quand Lili va me gousser, tu verras si je me retiens !* (Louÿs).

ETYM. de **gousse.** 1899 [Nouguier].

gousserie *n.f.*

Monde des homosexuelles ; pratique de l'homosexualité féminine : *Elle sait que t'as couché avec moi ; elle m'a fait une leçon de gousserie pendant une demi-heure* (Louÿs).

ETYM. de **gousse.** 1901 [Bruant].

goutte *n.f.*

1. Donner la goutte, donner une tétée, un biberon: *Quand Margot dégrafait son corsage / Pour donner la gougoutte à son chat / Tous les gars, tous les gars du village / Étaient là* (Brassens). **2. Boire la goutte.** ***a.*** se noyer ; ***b.*** subir une perte d'argent. SYN. boire la tasse. **3. Goutte de lait,** pièce blanche : *Le voleur [...] désigne élégamment les petites pièces de monnaie blanche sous le nom de gouttes-de-lait* (Joigneaux). **4.** Vx. Boisson contenant un narcotique.

ETYM. emplois détournés du sens pop. « eau-de-vie » (1 et 2) et analogie de teinte (3). **1.** 1878 [Rigaud]. **2.** ***a.*** 1894 [Virmaître] ; ***b.*** 1901 [Bruant]. **3.** 1841, Joigneaux. **4.** 1840 [Esnault].

gouttière *n.f.*

Vx. **Gouttière à merde,** postérieur.

ETYM. métaphore réaliste. 1881 [Rigaud].

goyau ou **goyo** *n.m.*

1. Prostituée de dernière catégorie: *Nini, Petit-Paul a dû se rendre à l'évidence, comparée à Colette, c'est rien qu'un grossier bourrin, une gâcheuse élémentaire, un goyau sans subtilité* (Simonin, 8). *J'étais une rognure de vache, une morue d'égout, une punaise en rut, un goyo pourri* (Devaux). **2.** Paysan.

ETYM. du gascon **goujo,** jeune fille [Sainéan]. **1.** 1895 [Cellard-Rey]. **2.** 1988 [Caradec].

grabasse *adj.*

Ivre.

ETYM. origine incertaine, p.-ê. liée à l'occitan **grepi,** gourd de froid. 1926 [Esnault].

graffigner *v.t.*

1. Empoigner (qqn) : *Voilà alors que ma sacrée gouine saute aux yeux de sa bourgeoise, et qu'elle la graffigne, et qu'elle la déplume* (Zola). **2.** Voler (qqch).

ETYM. mot d'origine scandinave, idée de ramper ou de gratter. **1.** 1867 [Delvau]. **2.** 1899 [Nouguier].

DER. **graffignage** *n.m.* Vol : [id.]. **graffigneur, euse** *n.* Voleur: [id.]. **graffin** *n.m.* Chiffonnier: 1867 [Delvau].

graille *n.f.*

1. Nourriture, repas: *Pour la graille et la becquetance, pour la soif, nous les Français on est les plus forts* (Lépidis). **Aller à la graille,** aller manger. **2.** Vx. Bâtiment des cuisines, au bagne.

ETYM. de **graillon. 1.** 1929 [Esnault]. **2.** 1930 [id.].

grailler *v.t. et i.*

Manger : *« Je t'ai fait des bonnes paupiettes de veau. » Manque de vase, elle tombe juste un soir qu'il en a graillé le midi au restaurant* (Boudard, 1). *C'est l'heure de la popote. On repassera voir après avoir graillé* (Abossolo).

SYN. grainer.

ETYM. dénominal de **graille.** 1944 [Esnault].

grain *n.m.*

1. Vx. Écu : *Le sergent me promit trois grains par tête. Pour moi, en ce moment où j'étais empêché d'argent, trois écus c'était une somme !* (Burnat). **Grain de six balles** ou **gros grain,** écu de six francs. **Petit grain,** écu de trois francs. **2. Avoir un grain,** être un peu fou. **3. Avoir des grains de plomb dans les nougats,** avoir les pieds sales. **4. Grain de café.** ***a.*** clitoris ; ***b.*** dent gâtée.

ETYM. emplois métaphoriques du mot usuel. **1.** XVe s., Villon [Sainéan]. **Grain de six balles,** 1800, Leclair ; **gros grain,** vers 1800 [Esnault]. **Petit grain,** 1836 [Vidocq]. **2.** 1740 [Acad. fr.], abrègement de *avoir un grain de folie* 1660 [Oudin]. **3.** 1953 [Sandry-Carrère]. **4.** ***a.*** 1902 [Chautard] ; ***b.*** 1901 [Bruant].

graine *n.f.*

1. Nourriture, repas. **Casser** ou **briser la graine,** manger : *Moustache est occupée, on a le temps de casser la graine, dit Cous en mordant déjà dans un sandwich* (Fallet, 1). **2. Semer sa graine,** coïter, en parlant d'un homme : *Et cet abruti de Jeannot, toujours handicapé par une histoire de femme ! C'était bien le moment de semer sa graine !* (Giovanni, 1). **Graine de bois de lit** ou **des quatre fesses,** nouveau-né ; par ext., enfant : *« Allons, la graine de bois de lit, y a-t-il moyen de passer ? » Les plus âgés seulement se rangeaient* (Lorrain). **3. Graine de con,** désignation injurieuse. **4.** Vx. **Graine d'Amérique,** café. **5.** Vx. **Graine d'oignon,** poudre à canon ou à fusil.

ETYM. emplois spécialisés du mot usuel. **1.** 1926 [Esnault]. **2.** 1958, Giovanni. **Graine de bois

de lit, 1923, Machard; **des quatre fesses,** 1894 [Virmaître]. **3.** d'abord *graine de niais* 1791 [Enckell]. **4.** 1836 [Vidocq]. **5.** 1796 [Esnault].

grainer *v.t. et i.*

Manger : *Sinon quoi qu't'avais à grainer ? Y a du thon, j'ai cuit du thon* (Duvert). SYN. grailler.

ETYM. dénominal de **(casser la) graine.** 1935, Simonin-Bazin.

graisse *n.f.*

1. Vx. Substitution d'un colis factice à celui qui contient l'argent, dans le vol au chariage. **Vol à la graisse,** syn. de vol au chariage : *Votre ami Bob pratique, sans la discrétion suffisante, certain vol nommé « vol à la graisse ». Oui, ça consiste, lors des arrivées des trains, à faire semblant de reconnaître de braves bougres qu'on emmène boire afin de rafler aux cartes leurs pauvres économies* (Carco, 1). **2. À la graisse (d'oie, de chevaux de bois,** etc.**),** faux, sans valeur : *Mais l'jeune homm' gueule à plein' voix / C'est des trucs à la graiss' d'oi' ! / Tu t'fous d'moi !* (chanson *Tous en chœur !*, paroles de Will). *Tu nous barbes. Va dégoiser ailleurs tes boniments à la graisse de chevaux de bois* (Forton, 1). *À supposer que je marche dans tes raisonnements à la graisse, nous allons passer le reste de la nuit à le contourner, ce trou* (G. Arnaud). **3.** Jeu de cartes où les badauds sont dupés. **4.** Gain au jeu ; butin. **5. Faire de la graisse,** exagérer verbalement.

ETYM. emplois métaphoriques du mot usuel (idée d'épaississement frauduleux). **1.** vers 1820 [Esnault]. **2.** 1901 [Bruant]. **3.** 1913 [Esnault]. **4.** 1872 [Larchey]. **5.** 1960 [Le Breton].

DER. **graisseur** *n.m.* Tricheur : 1876 [Esnault].

graisser *v.t.*

1. Graisser la patte à qqn, lui offrir une gratification intéressée : *Ding ding dong, faut l'dire à personne, / J'ai graissé la patte au sonneur* (Brassens). **2. Graisser ses bottes,** être sur le point de mourir : *Vrai, on claquait vite, chacun pouvait graisser ses bottes* (Zola). **3. Graisser les bottes à qqn,** le flatter. **4. Graisser les roues, la machine,** boire copieusement. **5.** Vx. **Graisser la marmite,** améliorer le repas. **6. Graisser les miches à qqn,** le sodomiser.

◆ *v.i.*

Exagérer dans ses propos. SYN. faire de la graisse.

ETYM. emplois spécialisés du verbe usuel. **1** et **3.** 1640 [Oudin]. **2.** 1808 [d'Hautel]. **4.** 1881 [Rigaud]. **5.** 1828, Vidocq. **6.** 1899 [Nouguier].

◆ *v.i.* 1958 [Esnault].

DER. **graissage de bottes** *n.m.* Extrême-onction : 1901 [Bruant].

grand-dabe *n.*

Grand-père, grand-mère : *Rencardez-moi su'l'grand-dabe* (Marcus). *Comme elle parlait bien la grand-dabe et comme elle savait manier la langue ! L'argot ça la connaissait* (Lépidis).

ETYM. de **grand** et **dabe.** 1847 [Dict. nain].

VAR. **grand-daron** *n.m.* et **grande-daronne** ou **grande-doche** *n.f.* : 1901 [Bruant].

grande *n.f.*

Vx. Maison centrale ; réclusion. **S'appuyer la grande,** être condamné à subir une peine en maison centrale.

ETYM. emploi emphatique et spécialisé du mot usuel. 1899 [Nouguier].

grand-mère *n.f.*

Contrebasse à cordes.

ETYM. métaphore humoristique : allusion aux formes rebondies de l'instrument de musique. 1982 [Perret].

Grand-père *n.pr.*

Surnom donné au directeur de la PJ, à Paris.

ETYM. appellation affectueusement ironique. 1975 [Arnal].

grappe *n.f.*

Lâcher la grappe, laisser tranquille : *Immédiatement, je pensai à ma malheureuse demi-sœur devenue mon bouc émissaire, à Noémi, celle dont j'aurais tant souhaité qu'elle me lâchât enfin la grappe* (Francos).

ETYM. image qui double *lâcher les baskets,* avec jeu de mots sur **grappin.** 1983, Renaud.

grappin *n.m.*

1. Main. **Mettre** ou **poser le grappin sur qqn,** le saisir, l'arrêter : *Te sens pas forcé de fuir. Je voulais pas te mettre le grappin dessus* (Vilar). **Jeter** ou **mettre le grappin sur qqn** ou **qqch,** se l'approprier, l'accaparer : *C'était même Mes-Bottes qui finançait ; il avait dû jeter le grappin sur le magot de sa bourgeoise* (Zola). *Depuis qu'elle lui a mis le grappin dessus, il sort plus.* **2. Sauter sur le grappin,** aborder (qqn).

ETYM. emploi métaphorique du terme de marine, « petite ancre ». **1.** 1867 [Delvau]. **Jeter le grappin sur qqn** ou **qqch,** 1828, Vidocq. **2.** 1888, Courteline [TLF].

DÉR. **grappiner** *v.t.* Saisir (qqch), arrêter (qqn) : 1867 [Delvau].

gras, grasse *adj.*

1. Il (n') y a (pas) gras, il y a beaucoup (peu) de profit à en tirer : *J'ai trouvé un porte-monnaie où il y avait gras* (Rossignol). *Il n'y a pas gras… ici… c'est pas comme chez le vicomte de Saint-Rémy!* (Sue). *Trois cents francs par jour, c'est pas gras! ronchonna Ludo* (T. Colin). **2. Gras du bide** ou **du genou,** ventripotent : *J'm'en serais gourrée, il veut me fourguer à ce gras du bide ronfleur et bouffeur, qu'elle se fit à part la déliciarde Esther* (Devaux). *C'est un gros garçon de trente-deux ans qu'on classerait volontiers dans la catégorie des « gras du genou »* (London, 1). **3. Se la faire grasse,** vivre très à l'aise : *Ils empochaient les bénefs, uniquement sur le prix des chambres. Ça leur suffisait pour se la faire grasse et crapuleuse* (Boudard, 2). **4. Être gras pour,** être partisan de : *Mais je suis pas gras pour les vengeances!* (Céline, 5).

◆ **gras** *n.m.*

1. Bénéfice, profit : *Soixante balles de gras… Ça rallonge la sauce et ça paiera toujours ma piaule!* (Le Breton, 5). **2.** Ventre replet ; postérieur charnu : *Qu'est-ce que je ramasse dans le baigneur! Directos dans le gras que je reçois le barbelé!* (Bauman).

ETYM. emplois métaphoriques de l'adj. usuel (cf. les emplois argotiques de *beurre*). **1.** 1739, poissard [Esnault]. **2. Gras du bide,** 1936, Céline ; **gras du genou,** 1947, London. **3.** 1960 [Le Breton]. **4.** 1936, Céline.

◆ *n.m.* **1.** 1836 [Vidocq]. **2.** 1906, chanson *le Grand Jeu,* paroles de V. Damien et E. Giraudet [Pénet].

gras-double *n.m.*

1. Vx. Seins opulents d'une femme. **2.** Ventre rebondi (s'emploie souvent comme sobriquet à l'adresse d'une personne ventripotente). **3.** Vx. Plomb volé sur les chantiers : *Vous avez grinchi du gras-double sur le boulevard Saint-Martin où vous avez failli être arrêtés par le gardien* (Vidocq). **4.** Aux dominos, le double-six : *« C'est encore moi que j'ai le « gras-double », pour changer!… » Et Mme Godache fait claquer le double-six, en le posant sur la table* (Hirsch).

ETYM. emplois métaphoriques et dévalorisants du mot composé signifiant « paroi de l'estomac du bœuf ». **1.** 1867 [Delvau]. **2.** 1953 [Sandry-Carrère], mais bien antérieur, car le sens 3 (1821 [Ansiaume]) vient de ce que les voleurs de plomb s'enroulaient autour du ventre les plaques dérobées sur les toits. **4.** 1908, Hirsch.

DÉR. **gras-doublier** *n.m.* Voleur de plomb : 1836 [Vidocq].

1. gratin *n.m.*

1. Monde des gens raffinés : *Le grand coup de filet, hein? Pour ramasser un pauvre bougre innocent! Le gratin, pas touche* (Camara). **Faire gratin,** ressembler aux gens de la bonne société. **2.** Élite : *Le gratin de Hollywood se donnait rendez-vous chez eux ainsi que quelques Français* (Dalio).

◆ *adj.*

Vx. Chic.

ETYM. de **gratter,** racler. **1.** 1881 [Esnault]. **Faire gratin,** 1922, Proust [TLF]. **2.** 1881, *l'Événement* [Larchey].

◆ *adj.* 1894 [Virmaître].

2. gratin ou **grattin** *n.m.*

Travail : *Jo, faut qu'j'y aille… Où?… Au gratin. Lui, pourtant affranchi, se l'imaginait faire les trois-huit dans une fabrique à un boulot quelconque : sertisseuse! ajusteuse!* (Lépidis).

ETYM. de **gratter** au sens intr. 1926 [Esnault].

gratiné, e *adj.*

1. Vx. Qui recherche l'élégance. **2.** Se dit de qqn ou de qqch qui atteint le plus haut degré dans le ridicule, l'outrance, etc. : *T'as vu les viocs qui jouent aux brêmes? souffla Bernard. – Oui, y sont gratinés. À la tienne!* (Fallet, 1). *Mollo-mollo! Ça devient vraiment gratiné!* (Bauman). SYN. carabiné.

ETYM. de **1. gratin** (1) et de **gratiner** (2). **1.** 1889 [Esnault]. **2.** 1939, L.-P. Fargue [TLF].

gratos ou **grattos** [gratos] *adv.*

Gratuitement : *Les huissiers de justice travaillent gratos samedi* (*Libération,* 22 juin 1984). *Pi comme ça, j's'rais à la sécu / J'pourrais grattos me faire remplacer / Toutes les ratiches que j'ai perdues* (Renaud).

ETYM. resuffixation arg. de **gratis,** influencé par **gratter.** 1983, Renaud. Cet adverbe est très usuel actuellement.

gratouiller (se) *v.pr.*

S'ouvrir les veines, dans l'argot des prisons : *Le détenu avait commencé par s'ouvrir les vei-*

nes – on dit « se gratouiller » en jargon pénitentiaire (*le Canard enchaîné*, 12 octobre 1994).

ETYM. euphémisme. 1994, *le Canard enchaîné*.

grattante *n.f.*

1. VIEILLI. Allumette chimique. **2.** ARG. ANC. Main.

ETYM. emploi nominal du participe présent à sens passif ou actif de **gratter**. **1.** 1953 [Esnault]. **2.** 1596, Péchon de Ruby.

gratte *n.f.*

1. Vx. Gale. SYN. frotte. **2.** Menu bénéfice prélevé indûment et discrètement sur une somme d'argent, une vente, etc. : *Madame était la fille d'un ancien cocher et d'une ancienne femme de chambre, lesquels, à force de grattes et de mauvaise conduite, réunirent un petit capital* (Mirbeau). **3.** Supplément. SYN. rab. **4.** Guitare : *Un pauv'type sur sa gratte / Jouait* Jeux interdits (Renaud). **5.** Vx. Lame servant à nettoyer : *Les seaux, balais, grattes et fauberts qui servent chaque matin à faire la propreté* [bagne de Toulon, 1871] (Humbert).

ETYM. apocope de **gratelle,** gale légère (1) et déverbal de **gratter** aux autres sens. **1.** 1836 [Vidocq]. **2.** 1862 [Larchey]. **3.** 1977 [Caradec]. **4.** 1975 [Le Breton]. **5.** 1880, Humbert.

DER. **grattiche** *n.f.* Gale : 1922 [Esnault]. **gratouille** *n.f.* Même sens : 1847 [Dict. nain].

gratter *v.t.*

1. Vx. Raser. **2.** Surprendre qqn, l'arrêter. **3.** Recueillir, gagner, en général une petite somme (souvent de façon illicite). **Gratter les fonds de tiroir,** rassembler ses dernières économies. Vx. **Gratter les pavés,** vivre dans la misère : *Ma femme, qui a l'établissement en son nom, va peut-être vouloir me mettre à la porte, et alors il me faudra gratter les pavés* (Vidocq). **4.** Chaparder : *Un sale bastringue... rien à gratter... elle fait son marché elle-même* (Mirbeau). **5.** Devancer, dépasser : *Malgré mon âge, j'avais gratté pas mal de jeunes types au parcours police* (Pagan, 1).

◆ *v.i.*

1. Travailler : *Je pourrais bien faire des heures supplémentaires à la boîte où je gratte, mais c'est une question de principes* (Malet, 1). **2.** **En gratter.** ***a.*** être expert dans sa matière ; ***b.*** se plaire à faire qqch. **3.** **Gratter du jambonneau,** jouer d'un instrument à cordes.

◆ **se gratter** *v.pr.*

1. Hésiter : *Je suis sûr que si Marcel n'avait pas été là, il m'aurait allumé sans se gratter, le Ricain* (Pousse). *Je ne me gratte pas, je choisis deux cannes, deux joncs* (Céline, 3). **2.** Se gêner : *Pour une fois qu'on profite de la générosité de la compagnie... On aurait tort de s'gratter !* (Le Breton, 3). **3.** Se passer de. **Tu peux te gratter,** syn. de tu peux te brosser.

ETYM. emplois concrets et spécialisés du verbe usuel. **1.** 1822 [Mésière]. **2.** 1836 [Vidocq]. **3.** 1862 [Larchey]. **Gratter les fonds de tiroir,** 1977 [Caradec]. **Gratter les pavés,** 1828, Vidocq. **4.** 1829 [Forçat]. **5.** 1895 [Esnault].

◆ *v.i.* **1.** 1889 [id.]. **2.** ***a.*** 1890 [id.] ; ***b.*** 1892 [id.]. **3.** 1901 [Bruant].

◆ *v.pr.* **1.** 1935 [Simonin-Bazin]. **2.** 1973, Le Dano. **3.** 1886, Courteline [TLF].

gratteur *n.m.*

1. Vx. Coiffeur. **2.** Joueur d'un instrument à cordes (guitare, violon) : *Les trois cents gratteurs et souffleurs du métro constituent une population particulièrement rétive au contrôle* (*Libération,* 25 décembre 1989).

ETYM. de **gratter**. **1.** 1901 [Bruant]. **2.** 1957 [Sandry-Carrère].

grattin *n.m.* → **2. GRATIN.**

grattoir *n.m.*

Rasoir. **Se passer au grattoir,** se raser.

ETYM. de **gratter.** 1867 [Delvau].

VAR. **gratou :** 1836 [Vidocq].

grattos *adv.* → **GRATOS.**

grattouse *n.f.*

1. Vx. Gale : *Maquille-toi la tremblante ou la grattouse, pour décarrer à l'oustot* (Clémens). **2.** Profit illicite.

ETYM. de **gratter**. **1.** 1850, Clémens. **2.** 1926 [Esnault].

grave *adv.*

Fortement, sévèrement : *Les parents, au premier trimestre, nous ont alignés grave. C'était la Troisième Guerre punique à la maison* (Pouy, 3).

ETYM. emploi adv. de l'adj. (→ **FACILE**). 1989 [Merle].

Gravelotte *n.pr.*

Ça tombe comme à Gravelotte, cela arrive de tous les côtés ; il pleut à verse : *J'en ai vécu*

du bien pire. Tiens, une fois que ça tombait comme à Gravelotte... (Chabrol).
ETYM. du nom d'une commune de Moselle, où se déroula en août 1870 une violente bataille entre Français et Prussiens (avec p.-ê. influence phonétique de *flotte*, pluie). 1944, Romain Roussel, mais bien antérieur.

gravos [gravos] ou **gravosse** *adj. et n.*
Gros: *S'il se pointait tous les midis au « Bar des Tropiques », c'était pas spécialement pour discuter le bout de gras avec la gravosse* (Bastiani, 1).
ETYM. javanais de **gros, grosse.** 1947, Malet.

gré *n.m.*
Vx. Cheval.
ETYM. du romani **gray.** 1800, Leclair.

grec *n.m.*
1. Tricheur habile: *Lorsque le grec opère dans un café, dans un casino, dans une réunion, c'est-à-dire hors des maisons de jeu proprement dites, et sans qu'il y ait de croupiers, ni, moins encore, de surveillants, sa méthode consistera essentiellement à employer des cartes préparées par lui et qu'il saura reconnaître au passage* (Locard). **2.** Client peu généreux. **3. Va te faire voir, enfiler, foutre chez** ou **par les Grecs,** formule injurieuse servant à éconduire qqn: *Je le débarque. C'est pis que de n'avoir personne. Il ira se faire voir par les Grecs* (C. Arnaud). *Va te faire fourrer chez les Grecs, trou du cul sans fesses!* (film *Série noire* d'Alain Corneau, 1979). *Généralement, c'était aimable, comme conversation. Une ou deux fois seulement, je me suis fait envoyer chez les Grecs ou équivalent* (Pouy, 3).
ETYM. emploi péj. de l'adj., qui provient, selon Locard, du Grec Apoulos, fameux tricheur au lansquenet à la cour de Louis XIV. **1.** 1752 [Trévoux]. **2.** 1878 [Rigaud]. **3.** d'abord *se faire peigner par les Grecs* 1874, chanson *la Bachelière du Quartier latin,* paroles de P. Burani [Pénet]. *va te faire toucher par les Grecs* 1899 [Nouguier]. **Va te faire enfiler chez** ou **par les Grecs,** 1901 [Bruant].
VAR. (au sens 1) **grèce**: 1828, Vidocq.
DÉR. **grecquerie** *n.f.* Tricherie : 1867 [Delvau] (inventé par Robert-Houdin).

Grèce (la) *n.pr.*
Vx. Le monde des tricheurs ; l'art de tricher au jeu: [La partie de baccara] *prend peu à peu des proportions audacieuses... C'est à ce moment-là que la Grèce s'apprête à fondre sous le pseudonyme de Raoul de Brise-Mailles* (Paillet). **Tomber dans la Grèce,** devenir tricheur, après avoir été dupe.
ETYM. emploi issu de **grec.** 1855, Paillet. **Tomber dans la Grèce,** 1881 [Rigaud].

grecque *n.f.*
Vx. **Vol à la grecque,** pratiqué sous la forme d'une proposition de change prétendument très avantageux, au cours duquel on remplace l'or de la victime par du plomb.
ETYM. méthode de vol qui s'apparente au rendez-moi. 1894 [La Rue].

greffer *v.i.*
Vx. Jeûner, avoir faim: *Et le tortorage? – Mon vieux, si tu veux greffer, t'as mis la main dessus* (Humbert). *À Tazas, elle est seulement pas venue m'assister!... Je greffais pourtant assez souvent!* (Méténier).
ETYM. origine inconnue. 1843 [Dict. moderne].

greffier *n.m.*
1. Vx. Aigrefin. **2.** Chat: *Un peu à mézigue de jouer au chat et à la souris. Désormais, elle peut y aller : le greffier c'est plus elle, c'est moi* (Tachet).
ETYM. jeu de mots sur la **griffe** preneuse. **1.** 1800, Leclair. **2.** 1821 [Ansiaume].

greffière *n.f.*
Pubis, vulve.
ETYM. féminin du précédent, avec jeu de mots sur **chatte.** 1977 [Caradec]. On rencontre parfois le masc. *greffier* en ce sens : 1977, M. Rolland [Cellard-Rey].

grèle *n.m.*
Vx. Patron: *Ces messieurs* [...] *ont compté sans les principes de la grande Révolution faite par nos pères, les hommes de 89 et 93. Ils ne nous exploiteront plus en maîtres, ces grèles* (Macé).
ETYM. apocope de **grelu,** misérable, garnement, mot bourguignon et jurassien. 1866 [Delvau].
DÉR. **grelesse** *n.f.* Femme du patron : [id.]. **grelasson** *n.m.* Patron d'une maison de dernier ordre : 1878 [Rigaud].

grelot *n.m.*
1. Vx. Voix: *Faire entendre son grelot.* **2. Coup de grelot,** coup de téléphone: *Il recevait un coup de grelot. On lui disait où il devait se rendre, ce qu'il devait dire. Simple* (Le Breton, 3). **Filer du grelot,** téléphoner: *Mais vous êtes pressé d'alerter les baveux / Filez-leur du grelot si ça vous rend nerveux* (Vian, 2). **3.** Vx. **Trem-**

bler le grelot, claquer des dents (de peur ou de froid).

◆ **grelots** *n.m.pl.*

1. Testicules : *Ma pair' de grelots / J'peux l'avouer [...] / Est flapie [...] / D'puis tant d'nuits / Qu'elle joue le shimmy* (chanson *Sur un air de shimmy,* paroles de Georgius). **2. Avoir, filer les grelots,** avoir peur, faire peur : *J'avais les grelots, le spectacle était effrayant ; je la croyais morte* (Francos). *Ça m'en refoutait les grelots de revoir leur tôle et la porte cochère* (Céline, 5). **3.** Parcelles d'excréments collées aux poils : *Déjà qu'un entrecuisse ça impressionne, ça fait cloaque, mais alors là, grelots et crasse assaisonnés au vermillon, c'était le genre en-cas pour vampires* (Blier). **Avoir des grelots au cul,** avoir les fesses malpropres.

ETYM. emplois métaphoriques (surtout sonorité). **1.** 1867 [Delvau]. **2.** 1925 [Chautard]. **3.** 1690 [Furetière].

◆ *pl.* **1.** 1921, Georgius. **2. Avoir les grelots,** 1915, Sainéan [TLF] ; **filer les grelots,** 1960 [Le Breton]. **3.** 1901 [Bruant]. **Avoir des grelots au cul,** 1953 [Sandry-Carrère].

DER. **grelotter** *v.i.* Avoir peur : 1977 [Caradec].

grelotte *n.f.*

Peur : *La grelotte me quittant plus, j'ai refusé son café à Lili* (Simonin, 2).

ETYM. de **(avoir les) grelots.** 1953, Simonin.

grelu *n.m.*

Garçon, adolescent : *À part l'éruption du Krakatoa (1883), rien ne peut vraiment réveiller un dortoir où des grelus de seize ans roupillent* (Pouy, 1).

ETYM. par apocope de **greluche.** 1987, Pouy.

greluche *n.f.*

1. Fille de virginité incertaine. **2.** Fille, femme, épouse : *Un grand mec assez costaud, avec une petite greluche blonde ?* (Delacorta).

ETYM. dér. de **greluchon. 1.** 1912 [Esnault]. **2.** 1953, Simonin.

DER. **greluchette** *n.f.* Même sens : 1857 [Esnault].

greluchon *n.m.*

Amant de cœur d'une femme entretenue par un autre homme : *Prenez ma chambre, donnez-la à votre greluchon et considérez que je vous rends service* (Mac Orlan, 4). *Au XIXe s., voir Balzac, le greluchon est l'amant de cœur d'une pute ou d'une demi-mondaine* (*le Canard enchaîné,* 23 mars 1988).

ETYM. d'un **saint Guerluchon** (jeu de mots sur *grelot,* testicule) imaginé par les Berrichons dès le XVIe s. et célébré pour ses vertus fécondantes. 1725 [Granval].

DER. **greluchonner** *v.t.* Aimer en qualité de greluchon : 1752 [Trévoux].

grenier *n.m.*

Somme de dix mille francs.

ETYM. emploi à la fois métonymique et métaphorique du mot usuel : « une grande quantité de blé ». 1954 [Esnault].

grenouillage *n.m.*

1. Cancans scandaleux. **2.** Intrigue ou manœuvre douteuse (notamment dans le domaine politique) : *Si vous racontez partout que vous travaillez sur la vie et les œuvres de notre patron bien aimé, ça sera la panique et le grenouillage* (G.-J. Arnaud). SYN. magouillage, magouille.

ETYM. de l'idée de mare aux grenouilles... et aux canards (fausses nouvelles, cancans). **1.** 1954 [Esnault]. **2.** 1969 [Riverain-Caradec].

grenouille *n.f.*

1. Femme vulgaire ou facile : *Les grisettes de Murger, en abandonnant leur indépendance et leur gaîté, sont devenues, selon le terme employé par les étudiants, des grenouilles de brasseries* (Macé). **2. Manger** ou **bouffer la grenouille.** ***a.*** s'approprier une caisse commune qu'on est chargé de gérer : *Ça me rappelle Oustre, le caissier de la banque Carcanet. Il a voulu manger la grenouille ; il a filé un samedi avec le magot* (Arnoux) ; ***b.*** faire faillite : *Il en a mis, du temps, le petit baron de Cleuville, à bouffer la grenouille* (Mensire). **3. Grenouilles de bidet,** traces de sperme, dans le langage des policiers.

ETYM. emplois spécialisés du mot usuel. **1.** 1808 [d'Hautel]. Quant à *grenouille de bénitier,* femme bigote, il est auj. fam. **2.** 1793, Hébert [Duneton-Claval] (il s'agit à l'origine d'une tirelire en forme de grenouille). **3.** 1975 [Arnal].

grenouiller *v.i.*

1. Boire de l'eau : *Il a voulu aujourd'hui qu'on fasse guindal à sa santé ! Nous avons assez grenouillé comme ça ; allons, toi, le Rouquin, fouille tout au fond de ton flac* (Leroux). **2.** Se livrer à des intrigues, des manœuvres douteuses : *Alors pour marquer le coup, car je n'aime pas qu'on grenouille dans mon dos, je lui colle une balle professionnelle dans le genou* *droit* (Villard, 2). *Ton père connaît forcément la bonne femme. Avocat, juge, tout ça grenouille ensemble. Tu paries qu'il lui a téléphoné* (Boileau-Narcejac).

ETYM. de **grenouille** (idée de barboter dans un milieu peu clair, une mare) ; a signifié jadis «boire du vin» (1692, de Caillères [Sainéan]). **1.** 1865 [Larchey]. **2.** avant 1945 [DDL 20].

DER. **grenouilleur, euse** *n.* Individu qui se livre à des grenouillages : 1977 [Caradec].

grenouillette *n.f.*

Faire à la grenouillette, faire croire au cours d'un interrogatoire qu'on en sait plus qu'on ne dit.

ETYM. origine peu claire. 1975 [Arnal].

grenu *n.m.*

ARG. ANC. Blé. **Sabouler le grenu,** battre le blé.

ETYM. de l'adj. signifiant «riche en grains». 1628 [Chéreau]. **Sabouler le grenu,** 1800, Leclair.

gribier *n.m.*

Vx. Soldat : *Holopherne renaudait vachement. Les gribiers qui clapaient plus que nib désertaient en pagaye* (Devaux).

ETYM. var. de **griveton.** 1883, Macé.

1. griffe *n.f.*

1. Main ou doigt : *Je m'avance teigneux vers ces minables, avec mon tuyau de gogues tordu dans la griffe* (Dégaudenzi). **2.** Pied. **À griffe,** à pied : *Il va se planquer avant ou après... Au coin, je vais descendre à griffes me rendre compte* (Simonin, 1).

◆ **griffes** *n.f.pl.*

Pinces servant à forcer les coffres-forts.

ETYM. emplois anthropomorphiques de ce mot animalier. **1.** 1808 [d'Hautel]. **2.** 1908 [Esnault].

◆ *pl.* 1928 [Lacassagne].

2. griffe *n.f.* → **1. GRIVE.**

3. griffe *n.m.* → **GRIVETON.**

griffer *v.t.*

Saisir, prendre, gagner (sens très large) : *Ses rades se situent plutôt dans le périmètre Bac-Saint-Sulpice, où gravitent les éditeurs auxquels il espère toujours griffer des acomptes* (Audiard). *Christini aurait parié jusqu'à sa dernière chemise que le Rital allait griffer un taxi à la volée* (Houssin, 2).

◆ **se griffer** *v.pr.*

1. Se maquiller. **2.** Se masturber : *« Tu te griffes ? » Elle répond que non, je suis fou. « Tu complètes ailleurs ? »* (Vautrin, 1).

ETYM. emplois métaphoriques du verbe usuel. 1829 [Forçat].

◆ *v.pr.* **1.** 1977 [Caradec]. **2.** 1948 [Lacassagne].

griffon *n.m.*

Vx. Chat : *Voilà un bon griffon, il faut demain le tortiller, ébobis-le* (Ansiaume).

ETYM. de **1. griffe.** 1821 [Ansiaume].

grifton *n.m.* → **GRIVETON.**

1. grille *n.f.*

1. Jeter de la grille, accabler (un accusé), en parlant du procureur. **2. Repeindre sa grille en rouge** ou **au minium,** avoir ses règles : *Breffort, spécialiste de la langue verte, reprend l'avantage avec l'histoire d'une jeune fille nubile dont son père dit : « C'est une grande maintenant. Tous les mois elle repeint sa grille au minium »* (Galtier-Boissière, 1). **3. Grille d'égout,** denture.

ETYM. emplois spécialisés du mot usuel. **1.** 1878 [Rigaud]. **2. Repeindre sa grille au minium,** 1946, Galtier-Boissière ; **avoir repeint sa grille en rouge,** 1953 [Sandry-Carrère], art. *avoir*. **3.** 1977 [Caradec].

2. grille *n.f.*

Action de griller (au sens 6, spéc.) : *Le fait que ça boumait autorisait l'arnaque, la grille et le dévorage* (Simonin-Bazin) ; l'ensemble des grillots.

ETYM. de **griller.** 1935, Simonin-Bazin.

griller *v.t.*

1. Griller (une cibiche, etc.**)** ou **en griller une,** fumer (une cigarette, une pipe, etc.) : *Le garçon ne lui avait-il pas confié, tout en grillant une cigarette, allongé, à poil sur le lit* [...] (Combescot). *« Après tout, j'en grillerais bien une. » Legoff avait poussé le paquet bleu vers lui, avait tendu son briquet allumé* (Amila, 1). *Ni boire un verre ni griller une bouffarde ! Voilà la consigne* (Claude). **2.** Vx. Tromper (son conjoint). **3.** Dénoncer : *La police, là-dessus, est des plus discrètes... on ne grille pas un informateur* (Boudard, 2). **4.** Compromettre : *Je risque de me griller aux yeux des flics, de perdre ma licence et même de me retrouver en taule pour complicités diverses* (Averlant). **Être grillé.** ***a.*** être déconsidéré, en parlant de qqn ; être repéré, en parlant d'un espion ou d'un indicateur : *Si l'employé que je vais contacter s'aperçoit qu'on est filés, je suis définitivement grillé* (Tachet) ; ***b.*** être raté, en parlant d'une entreprise : *Nous, les créateurs, nous avions déjà renoncé à ce truc que nous tenions pour grillé* (G. Arnaud, 2). **5.** Anéantir, gâcher. **6.** Dépasser qqn, l'évincer : *Donc il aurait sa nécro et grillerait tout le monde ?* (G.-J. Arnaud) ; spéc., passer ou charger avant son tour, en parlant d'un chauffeur de taxi : *La Torpille est viré à l'unanimité parce que grillant partout* (Simonin-Bazin). **7.** Enfreindre l'interdiction représentée par un signal d'arrêt : *Grâce à un billet de cinquante sur le siège avant, chaque fois qu'il grillait un feu, mon taxi me déposa à l'heure au palais de justice* (Van Cauwelaert).

ETYM. emplois métaphoriques reposant sur la notion de chaleur, d'où souvent de danger imminent ou de malfaisance. **1. En griller une,** 1862 [Larchey]. **2.** 1881 [Rigaud]. **3.** 1887, Hogier-Grison [TLF]. **4.** 1932 [Esnault]. **Être grillé.** ***a.*** 1928 [Lacassagne] ; ***b.*** 1926, M. Aymé [TLF]. **5.** 1921 [Esnault]. **6.** 1901 [Bruant] ; spéc., 1935, Simonin-Bazin. **7.** 1977 [Caradec].

grilleur, euse *n.*

1. Personne qui séduit la maîtresse ou l'amant de qqn : *Arlette renaudait, ça se comprend. Clara, elle lui faisait auprès de ses potes un papier de grilleuse* (Simonin, 1). **2.** Délateur. **3.** Fumeur.

ETYM. de **griller. 1.** 1880 [Esnault]. **2.** 1887 [id.]. **3.** 1901 [Bruant].

grilling *n.m.*

Mode d'interrogatoire policier : *Le vieux Marc était venu me voir dans les locaux de la criminelle pendant mes trois jours de grilling* (Trignol).

ETYM. pseudo-anglicisme tiré de **(mettre sur le) gril.** 1955, Trignol.

grillot *n.m.*

1. Vx. Individu qui séduit la femme d'autrui. **2.** Document compromettant. **3.** Chauffeur de taxi qui passe ou charge avant son tour : *Les « grillots » apparurent en flanc-garde sur le pavé de Paris. C'étaient surtout les nuiteux* (Simonin-Bazin).

ETYM. de **griller** et du suff. **-ot** (peut-être influence de *brûlot* au sens 2). **1.** 1900 [Esnault]. **2.** 1940 [id.]. **3.** 1935, Simonin-Bazin.

grime *n.m.*

Vx. **1.** Squelette. **2.** Maquillage ; figure : *Assis autour d'une table de fer style jardin se tenaient l'Élégant et Petit-Nino, grime de boxeur sur un corps de jockey* (Bastiani, 1).

ETYM. apocope de **grimace,** influencé par l'ital. **grimo,** vieillard ridé. **1.** vers 1674 [Esnault]. **2.** 1828, Vidocq.

grimer *v.t.*

Vx. **1.** Prendre : *J'ai une paire de bayaffes à deux jetées, que j'ai grimée à un messière* (Ansiaume). **2.** Arrêter : *J'aurais balancé le pantre qui t'a grimé* (Clémens).

ETYM. verbe dial. au sens de « griffer » ; Laval, selon Esnault. **1** et **2.** 1821 [Ansiaume].

grimpant *n.m.*

1. Pantalon : *Il eut tôt enlevé son grimpant, sa liquette / Et fut sur la sellette* (Ponchon). *Il leur avait coupé leurs bretelles pour pas qu'ils se cavalent ! […] Il faisait « non » de la tête, en tenant son grimpant à deux mains* (Vercel). **2.** Vx. Escalier.

ETYM. participe présent substantivé de **grimper. 1.** 1872 [Esnault]. **2.** 1901 [Bruant].

DER. **grimpante** *n.f.* Culotte : 1895 [Esnault].

grimper *v.t.*

1. Posséder sexuellement : *T'entends ça ? dit la bonne femme à un ptit type à côté d'elle, probablement celui qu'avait le droit de la grimper légalement* (Queneau, 1). **2.** ***a.*** Faire une passe avec un client, en parlant d'une prostituée : *Les dizaines de michetons sérieux qu'elle avait grimpés, y compris l'extraordinaire baronnet, si ça leur avait coûté grisol, pouvaient pas sur ce point se porter plaignants* (Simonin, 1) ; ***b.*** monter avec une prostituée, en parlant d'un client : *La première radeuse venue, il la grimpait. Ça durait pas cinq minutes. Il casquait sa passe et se taillait* (Le Breton, 3).

ETYM. emploi métaphorique du verbe usuel. **1.** 1640 [Oudin]. **2.** ***a.*** 1958, Simonin ; ***b.*** 1954, Le Breton.

1. grinche *n.m.*

1. Vx. Amoureux. **2.** Voleur : *Il n'y a pas, dans le monde des grinches, uniquement des gens habiles* (Locard). *C'est l'histoire d'un drôle de grinche, / Tronche d'amour, gueule de voyou* (Renaud).

ETYM. déverbal de **grinchir. 1** et **2.** 1800, Leclair.

DER. **grinchemann** *n.m.* Voleur : 1901 [Bruant]. **Chez Grinchemann,** par le moyen du vol : [id.].

2. grinche *n.m. ou f.*

Vol : *Ce branque-là n'a pas trouvé mieux que d'avertir son pote qui, lui aussi, était encristé pour un grinche bidon* (Le Dano).

ETYM. déverbal de **grinchir,** au genre hésitant. 1877, chanson [Esnault] (fém., ainsi que pour Caradec).

grincheur, euse ou grinchisseur, euse *n.*

ARG. ANC. Voleur : *Les traiteurs qui envoient de l'argenterie en ville sont aussi très souvent victimes des* grinchisseurs à la limonade (Vidocq). *Ça s'ra une crâne grincheuse* (Clémens). SYN. grinche.

ETYM. de **grincher.** *grincheur* 1835 [Raspail] ; *grinchisseur* 1836 [Vidocq].

grinchir ou grincher *v.t.*

Vx. Voler : *L'argent ? J'en possède assez pour vivre, et que je l'ai grinchi avec la pince du voleur au lieu de le gagner avec le faux poids du commerce, je suis seul à le savoir* (Darien, 2). *Des bijoutiers marrons qui, eux aussi, sont connus de la pègre et s'approvisionnent de pierres grinchies qu'ils démontent et remontent ensuite pour les rendre méconnaissables* (Locard).

◆ *v.i.*

Vx. **1.** Pratiquer le vol : *Mon temps est fini, je ne dois rien aux curieux, et je n'ai jamais grinché* (Sue). **2.** Être amoureux.

ETYM. verbe d'origine francique, au sens de « saisir, agripper » (de la même famille que *agricher*). *grincher* apparaît dans tous les emplois vers 1800, chez les bandits d'Orgères. La forme *grinchir* (1821 [Ansiaume] aux sens tr. et intr. 1), influencée par le fourbesque *grancire,* voler, donne des dérivés en *-iss-,* à la différence de la forme *grincher* (influencée p.-ê. par *grincer* ?).

DER. **grinchage** *n.m.* Vx. Vol : 1855, Paillet.

grinchissage *n.m.*

ARG. ANC. Vol : *C'est un bon miston, mais pour le grinchissage, niberg* (Ansiaume). *Le* grinchissage à la desserte *n'est guère pratiqué qu'à Paris* (Vidocq).

ETYM. de **grinchir.** 1821 [Ansiaume].

gringo *n.m.*

PÉJ. Anglo-Saxon : *Moi je suis Espagnol, lui est Italien, lui Français, lui Roumain, toi tu es de ce pays-ci* [le Venezuela] *et les gringos, tous tant qu'on est, on leur chie dessus* (G. Arnaud).

ETYM. mot esp. ; désignation méprisante des Américains du Nord par les Latino-Américains. 1899 [DDL 21].

gringue *n.m.*

1. Être en gringue, flirter : *Et comment qu'il est resté avec elle !... Ils sont en plein gringue faut vous dire !* (Machard, 4). **2. Faire du gringue à qqn,** lui faire la cour, chercher à le séduire : *Du premier coup que je l'ai vu, je m'en suis ressentie pour lui. Il a même pas eu à me faire du gringue, déjà j'étais à lui, je voyais plus que lui* (Bastiani, 1). *Joël lui faisait un gringue terrible, mais juré promis il ne s'était rien passé* (Ravalec).

ETYM. origine peu claire : le rapport avec le vieux mot **gringue,** pain, est douteux, en dépit de la loc. *faire des petits pains à qqn,* faire l'aimable (1867, chez les comédiens) ; on rapprochera plus valablement ce mot du fém. **grigne,** grimace, qui a pu être employé de façon ironique ou ambiguë. **1.** 1935, Machard. **2.** 1901 [Bruant].

gringuer *v.t.*

Faire des avances à qqn : *Qu'est-ce qui lui avait pris, à ce nave, de me gringuer... d'habitude, ils entrevoient mieux leurs perspectives de coup de bite, les pédoques* (Boudard, 6).

ETYM. var. de **être en gringue.** 1952 [Esnault].

grinque *n.f.*

Nourriture.

ETYM. origine inconnue, à rapprocher de **grigne,** croûton de pain, et de **gringne,** pain (1901 [Bruant]). 1977 [Caradec].

grippette ou gripette *n.f.*

Vulve : *On sait que quand il y a en présence une balayette et une gripette, y a plus de lutte des trêpes qui compte* (Devaux).

ETYM. elle agrippe l'homme (?). 1876 [Chautard].

grisbi *n.m.*

1. Argent : *Ça ne serait jamais une affaire de premier ordre, cette cabane, il s'en était rendu compte tout à l'heure, mais elle pouvait, tout en ramenant un peu de grisbi, offrir quelques commodités* (Simonin, 1). **2.** Pièce à conviction placée sous scellés pour les besoins d'une enquête.

ETYM. origine très controversée : soit de **griset,** pièce de monnaie, et d'un mystérieux suff. **-bi,** ou du pain à la fois **gris** et **bis,** ou du slang angl. **crispy,** argent. Nous proposons d'y voir un emploi métonymique de **gripis** (1628 [Chéreau]), **grispin, grisbis** (1849 [Halbert]), « meunier », c.-à-d. « celui qui a chez lui du blé ». **1.** 1895 [Delesalle], mais remis en circulation par *Touchez pas au grisbi,* célèbre roman de A. Simonin, paru en 1953. **2.** 1975 [Arnal].

VAR. **grijbi :** 1902 [Esnault]. **grèzbi :** vers 1926 [id.].

DER. **grisbinette** *n.f.* Pièce de cent anciens francs : 1957 [Sandry-Carrère].

grisol *adj. et adv.*

1. Coûteux, cher : *Les deux souris se farcissaient le mint julep corsé que Colette ne tapait que pour les gorges amies, bicause son prix de revient trop grisol pour la clientèle* (Simonin, 1). *Avec un marteau comme Ali, les heures qui s'écoulaient pouvaient coûter grisole au môme Tony* (Le Breton, 2). **2.** Facile, aisé.

ETYM. changement de sens obscur, p.-ê. de **griset** ou **grisette,** pièce de monnaie. **1.** 1899 [Nouguier]. **2.** 1975 [Le Breton].

VAR. **grisolle :** 1836 [Vidocq]. **gris :** 1881 [Rigaud]. **grisole :** 1975 [Le Breton].

1. grive ou **griffe** *n.f.*

1. Vx. Corps de garde : *On la crible à la grive, / Je m'la donne et m'esquive* (Vidocq). **2.** Police. **3.** Infanterie : *T'as l'air de nager, tu veux que je m'en charge ?... À la grive, j'étais radio* (Tachet). *Tu veux pas aller dans la « griffe » ?... T'es pas pour la « Reine des Batailles » ?* (Céline, 5). **Faire sa grive,** faire son service militaire.

ETYM. probablement par substantivation du féminin de l'anc. adj. **grief,** douloureux, le premier sens étant « guerre » (c.-à-d. l'événement douloureux par excellence), avec p.-ê. influence de l'homonyme désignant un oiseau pillard, vorace. **1.** 1815, *Chanson de Winter.* **2.** 1846, *Intérieur des prisons.* **3.** 1899 [Nouguier]. **Faire sa grive,** [id.], mais *grive,* guerre, dès 1881 [Rigaud].

2. grive *n.m.* → GRIVETON.

grivelle *n.f.*

Casquette à la visière pincée portée au début du siècle : *Il a débuté avec sa grivelle, ses bénards patte d'éléphant, sous Casque d'or, la belle Amélie... la bande à Manda* (Boudard, 4).

ETYM. de **Grivel,** nom d'un chapelier du boulevard du Temple. 1898 [Esnault].

griveton, grifton, grive ou **griffe** *n.m.*

1. Soldat (surtout fantassin) : *On croirait un convoi de grivetons qui monte au casse-pipe* (Siniac, 1). *Les guerriers qui se rappellent avec joie les bonnes soirées de l'arrière du front, le cabaret à griftons où ils ont culbuté la bonne* (Trignol). **2.** Gendarme, policier : *Le Procureur il faisait vilain ! On lui marchait dessus !... Il a donné l'ordre aux griffes de faire immédiatement place nette* (Céline, 5).

ETYM. dér. de **1. grive. 1.** *griveton* et *griffeton* 1881 [Rigaud] ; *grifton* 1895 [Delesalle] ; *grive* 1833 [Esnault]. **2.** *griveton* 1836 [Vidocq] ; *griffe* 1936, Céline.

VAR. **grivet :** 1861 [Rigaud].

grivier *n.m.*

Vx. Soldat : *C'est un grivier, qui de sa chandelle à bout sur le nez, me fit tomber* (Ansiaume). **Grivier de gaffe,** sentinelle.

ETYM. de **1. grive.** 1811, chanson, *in* Vidocq. **Grivier de gaffe,** 1881 [Rigaud].

grivois *n.m.*

ARG. ANC. Luron, lascar : *Les Parisiens [...] croiront peut-être que j'exagère, mais qu'ils le demandent à quelque bon grivois qui a vu le monde* (le Rat du Châtelet).

ETYM. de **2. grive.** 1790, *le Rat du Châtelet.*

groggy *adj. inv.*

Épuisé, étourdi, à la suite d'un effort violent ou d'un coup (surtout dans le vocabulaire des sports), ou encore sous l'effet de l'alcool : *Le fuyard geint : « Houille ! » et les jambes molles, dodeline un instant la tête, apparemment groggy* (Machard, 4).

ETYM. mot angl. de même sens (d'abord « ivre » en 1770). 1911 [Petiot].

grognasse *n.f.*

1. Femme ou fille (terme d'injure) : *D'après Dédé il a été un mec assez malin avant sa blessure. Puis il a épousé une grognasse et s'est laissé convaincre par Dédé de quitter la région parisienne* (Manchette, 3). **2.** Prostituée de bas étage : [La Mondaine] *a aussi le plus souvent affaire aux hôtels de passe sordides, aux*

grognasses de Clignancourt, aux filles contaminées (Larue).
ETYM. de **grogner,** avec le suff. péj. **-asse** (cf. *poufiasse*). 1883 [Fustier], aux deux sens.

grôle *n.m.*
Vx. Pou.
ETYM. emploi réducteur de **grolle** ou **grole** *n.f.,* désignant dans l'ouest de la France le corbeau. 1955 [Esnault].

1. **grolles** *n.f.pl.*
1. Chaussures : *Ils avaient quelques grolles de «fauche» qu'étaient jamais la pointure. Ils en mettaient souvent qu'une* (Céline, 5). **Traîner ses grolles quelque part,** y aller, y être présent : *À Saint-Trop je n'y avais jamais traîné mes grolles et ça ne m'empêchait pas de dormir* (Boudard, 4). **2. Avoir ses grolles percées,** en être réduit à des justifications peu sérieuses, dans le langage des policiers.
ETYM. d'un mot occitan issu du lat. pop. **grolla,** d'origine inconnue. **1.** XIIIe s. [TLF]. **2.** 1975 [Arnal].

2. **grolles** *n.f.pl.*
Avoir les grolles, avoir peur : *T'as les grolles de te faire repérer ? répondit l'homme, d'une voix qui me surprit* (Dorgelès). **Fiche, foutre les grolles,** faire peur : *C'était surtout celui qui le braquait avec son tromblon qui lui foutait les grolles* (Le Breton, 2).
ETYM. déverbal de l'anc. fr. **grouler,** trembler [TLF], avec attraction du précédent. **Avoir les grolles,** 1880 [Chautard]. **Fiche les grolles,** 1916 [Esnault].

grommelots ou **gromlaux** *n.m.pl.*
Parcelles d'excréments séchés et durcis qui restent collées au système pileux bordant l'anus. SYN. grelots.
ETYM. altération de **grumeau,** avec un suff. diminutif. *grommelots* 1878 [Chautard] ; *gromlaux* 1975 [Le Breton].

gros, grosse *adj.*
1. Grosse cavalerie. ***a.*** condamnés les plus dangereux ; ***b.*** cureurs d'égouts ; ***c.*** tout-venant, objets sans valeur. **Sortir la grosse cavalerie,** mettre en action d'importants moyens pour parvenir à ses fins. **2. La Grosse Horloge,** la Conciergerie.
ETYM. emplois spécialisés de l'adj. usuel. **1. *a.*** 1842 [Esnault] ; ***b.*** 1881 [Larchey] (allusion aux grandes bottes des éboueurs) ; ***c.*** 1860, Goncourt [TLF]. **2.** 1950 [Esnault].

gros-cul *n.m.*
1. Tabac de troupe : *Je t'ai apporté deux paquets de tabac gris, c'est du gros cul de soldat, mais il n'y avait que ça* (Charrière). **2.** Vx. Chiffonnier aisé. **3.** Poids lourd, gros camion : *Il nous fallait à chaque fois esquiver d'un pas leste le gros cul qui nous cornaillait aux oreilles* (Clébert, 2). **4.** Vin de qualité médiocre.
ETYM. par jeu de mots sur *trèfle* au sens 1 ; sobriquets aux sens 2 et 3. **1.** 1895 [Esnault]. **2.** 1878 [Rigaud]. **3.** 1953, Clébert (jeu de mots avec l'abréviation C.U., charge utile, souvent inscrite, avec l'indication d'un fret, à l'arrière du véhicule). **4.** contemporain.

grossium *n.m.*
1. Personnage important, influent : *Les poulets les ont vus devenir des grossiums. Arrivés, ces truands n'aspirent plus qu'à la tranquillité en maintenant, grâce à leurs avocats, leurs affaires à la limite de la légalité* (Larue). *Fringué comme tu es, avec ta gueule déjà pas franche, je te trouve jeune d'aller croire que tu pourrais faire le grossium en viande* (Aymé). **2.** Syn. de richard : *Si tu connais un grossium qui nous achèterait notre bille en tranche pour un bon prix, je te refile un pourliche* (Devaux).
ETYM. de **gros.** faux latinisme, influencé sans doute par **consortium. 1.** 1899 [Nouguier]. **2.** 1928 [Lacassagne].

grouille *n.f.*
Jeter, balancer (de l'argent) à la grouille, le dépenser sans compter : *Le bordelier balança un billet de cinquante francs sur la table. Un autre de ses côtés, cette façon de briller, en jetant l'argent à la grouille* (Risser).
ETYM. d'abord *à la gouille,* à la volée (p.-ê. du franco-provençal **gouille,** flaque), loc. utilisée par les enfants jouant aux billes (1866 [Delvau]), devenu *à la grouille* sous l'influence de **grouiller** (1935 [id.]). 1960 [Le Breton].

grouiller (se) *v.pr.* ou **grouiller** *v.i.*
Se dépêcher : *Alors, tu roupilles, oui ? Grouille-toi, mon vieux, je ne vais pas t'attendre cent sept ans, moi !* (Clavel, 2). *Allons grouillons ! Schnell ! Schnell ! Mais les gens grouillaient pas, fortement intéressés par Gabriel et sa nièce* (Queneau, 1). **Se grouiller la tomate, les miches,** etc., même sens : *N'im-*

porte, grouille-toi les miches ! braille l'Auvergnat qui s'énerve (Vautrin, 1).

ETYM. de l'anc. verbe **grouiller,** remuer (encore usité en ce sens au Québec). 1645, Cyrano de Bergerac [TLF]. **Se grouiller la tomate,** 1953 [Sandry-Carrère]. *v.i.* 1867 [Delvau]. Est passé auj. dans la langue pop. courante.

grouillot *n.m.*

1. Vx. Petit garçon de course : *J'expédiais des petits boulots. Crieur de journaux, rabatteur aux portes des boîtes de nuit, grouillot* (Pécherot). **2.** Individu sans responsabilité, dépendant de qqn : *La politique, c'est pour les grouillots. Ton Maraisse, s'il était député, il vaudrait pas un clou* (Demouzon).

ETYM. masculin formé sur **groule,** apprentie (1847 [Esnault]), déverbal de **grouler,** grouiller. **1.** 1913 [Esnault]. **2.** 1924 [id.].

groumer *v.i.*

Renâcler, protester : *On m'a empêché de passer, il y avait une voix dans les arbres qui disait : « Sur les trottoirs la grosse mémère », c'est un scandale… Elle groume, elle agite sa canne* (Paraz, 1). *Là, Pierrot n'a plus été d'accord et s'est mis à groumer* (Simonin, 4).

ETYM. mot dial., de l'all. **grummeln** ou du néerlandais **grommen,** même sens. 1867 [Delvau].

grouper *v.t.*

1. Saisir. **Être groupé,** être amoureux. **2.** Appréhender, arrêter (qqn) : *Total, y s'font grouper su' l'tas à chaque coup* (Boudard-Étienne).

ETYM. du verbe **grupper,** saisir (XVe s., Villon), confondu ensuite avec le verbe usuel **grouper,** rassembler. **1.** 1856, Michel [Esnault]. **Être groupé,** 1900 [id.]. **2.** 1856, Michel [id.].

groupie *n.f.*

1. Jeune admiratrice fanatique qui suit les musiciens d'un groupe dans leurs tournées : *Stupeur enfin, Mexico Flat avait rasé sa légendaire colonne de tifs noirs et changé de robe de mariée. Trois groupies multicolores l'accompagnaient* (Delacorta). **2.** Jeune fille affiliée à un groupe quelconque : *J'ai un quatre-pièces qui appartient à mes enfants et à leurs copains dont le nombre est variable. Le centre du groupe est composé d'une douzaine d'adolescents, autour d'eux évoluent des « groupies »* (Cardinal).

ETYM. emprunt à l'américain, de même sens. **1.** vers 1970 [Rey-Debove et Gagnon]. **2.** 1972, Cardinal.

groupin *n.m.*

1. Besogne : *Vous pourriez tracer loin avant de trouver une couche d'engrais aussi adéquate. Au groupin, mes chéris* (Devaux). **2.** Combinaison.

ETYM. sans doute croisement entre **grouper** et **goupiner. 1.** 1928 [Lacassagne]. **2.** 1937 [Esnault].

gruau *n.m.*

Faire du gruau à qqn, lui faire la cour.

ETYM. en relation avec **gringue.** 1901 [Bruant].

grue *n.f.*

1. VIEILLI. Fille légère ; prostituée : *Quelle grue ! se disait Charrigaud… quelle femme stupide et ridicule !… Et quelle toilette de chienlit !* (Mirbeau). *Une grue ? Une femme du monde ? Jolie en tout cas ! Qu'est-ce qu'elle fichait, seule, un jour pareil, et à cette heure ?* (Margueritte). **Faire la grue,** attendre les clients debout sur le trottoir, en parlant d'une prostituée : *Si vous l'aviez si bien élevée, votre fille Amélie ne ferait pas la grue* (Méténier). **2. Faire le pied de grue,** attendre longuement à un rendez-vous : *Lolotte fait le pied de grue devant le cinéma. Le film vient de commencer. Non, mais c'est pas vrai ! Qu'est-ce qu'il fout, ce con ?* (Sarraute) ; attendre les clients debout sur le trottoir, en parlant d'une prostituée.

ETYM. emploi dévalorisant du nom de l'oiseau migrateur et grégaire. **1.** dès 1415 [TLF]. **Faire la grue,** 1885, Méténier. **2.** 1608, M. Régnier [TLF].

DÉR. **gruerie** *n.f.* Ensemble des prostituées ; état de prostituée : 1920 [Bauche].

guenon *n.f.*

1. Femme du patron. **2.** Besoin de drogue.

ETYM. trad. de l'anglo-américain **monkey,** singe et au fig. « habitude de la drogue », en slang : *to have a monkey on one's back,* être drogué (littéralement « avoir un singe sur le dos »). **1.** 1977 [Caradec]. **2.** 1881 [Rigaud]. → **SINGE** au sens 3.

guêpe *n.f.*

1. Pou. **2.** Syn. de guenon au sens 2.

ETYM. transfert ironique au sens 1 : il s'agit d'un animal qui pique. Peut-être s'agit-il, au sens 2, de l'aiguillon du besoin? **1.** 1948 [Lacassagne]. **2.** 1977 [Caradec].

guéri, e *adj.*

Vx. Libéré : *Et vous ? Il paraît que vous êtes guéri? – Oui, guéri, mais qui sait si je ne retomberai pas bientôt?* (Vidocq).

ETYM. métaphore médicale fréquente, assimilant la détention à une maladie. 1829, Vidocq.

guette-au-trou *n.inv.*

1. Accoucheur ou sage-femme : *Du coup, les gynécos, trop longtemps méprisés (on les appelait les « guette-au-trou » dans les salles de garde) prennent enfin leur revanche (le Nouvel Observateur,* 10 mai 1990). **2.** Détenu chargé de faire le guet : *Je me mets en frime derrière le guichet. J'aurai tout fait ici, même le guette-au-trou* (Sarrazin, 2).

ETYM. de **guetter** et de **trou. 1.** 1891, Méténier. **2.** 1965, Sarrazin.

gueulante *n.f.*

1. Clameurs de protestation ou d'approbation : *Finis vite ta canette, si King-Kong s'amène, il va encore pousser sa gueulante !* (Monsour). **2. Pousser la gueulante,** pousser la chansonnette, chanter.

ETYM. participe présent substantivé de **gueuler. 1.** 1939, Sartre [TLF]. **2.** 1945, Gelval [id.].

gueulard, e *adj. et n.*

1. Se dit d'un individu qui aime protester, faire des éclats, ou qui a une voix forte : *C'est un grand gaillard à moustaches en crocs, gueulard et maniaque* (Werth, 1). *C'était nous, les braves gens, les inoffensifs, qui écopions les corvées et sales besognes dont les gueulards ne voulaient plus* (Van der Meersch). SYN. gueuleur. **2.** Vx. Se dit d'une personne portée sur la bonne chère : *Sûr qu'il l'a bouffée, le gueulard !* (Le Breton, 6).

ETYM. de **gueule, gueuler. 1.** 1660, Oudin [TLF]. **2.** 1808 [d'Hautel].

gueulardise *n.f.*

Vx. Gourmandise : *Exécutes-tu toujours ces tours de force de gueulardise esblindants ?* (Gill).

ETYM. de **gueulard.** 1878, Gill.

gueule *n.f.*

1. Bouche : *La table est bonne, oui, et abondante, mais c'est parce que monsieur est gourmand ; y soigne sa gueule avant la nôtre* (Lorrain). **Arracher, emporter la gueule,** enflammer le palais, en parlant d'un plat très épicé. **Être de la gueule, porté sur la gueule,** être amateur de bonne chère : *Désiré Pointe était de la gueule comme un mâtin, et pour un bon dîner on l'aurait fait marcher pieds nus, en chemise et la corde au cou, jusqu'à Sainte-Anne-d'Auray* (Mac Orlan, 4). **Fine gueule,** gourmet : *Chaque soir, comme il était dégoûté du restaurant, elle lui faisait des chatteries. Une fine gueule, son Pierre !* (Dabit, 1). **Se soûler, se péter la gueule,** s'enivrer : *Quand je pense que ce petit salaud se saoule la gueule pendant que sa mère se crève la paillasse à trimer !* (Clavel, 3). **S'en mettre plein la gueule,** s'empiffrer. **Crever la gueule ouverte,** mourir dans une solitude complète, abandonné de tous : *Tiens, je voudrais bien en voir crever un la gueule ouverte dans le barbelé pour lui demander d'apprécier le paysage* (Dorgelès). **Gueule de bois,** état de malaise pâteux au lendemain d'une trop grosse absorption d'alcool : *On se caressait tendrement la joue, comme pour voir si on était bien rasé ou plutôt si on était bien remis des fatigues de la veille et de la formidable gueule de bois que l'on avait encore au petit jour* (Chevalier). → **GDB**. **2.** Organe de la parole. **Ta gueule, vos gueules !,** tais-toi, taisez-vous ! : *Nos ambitions carriéristes dont la tyrannie nous condamne à répondre distraitement ta gueule à l'enfant qui nous dit maman, je m'ai faite violer* (Desproges). **Fort en gueule,** qui crie souvent. **Taire sa gueule,** se taire : *Tais ta gueule, Titine, madame t'insulte pas* (Vidocq). **Pousser un coup de gueule,** faire une vive réprimande. **Grande gueule,** personne qui sait, à l'occasion, s'exprimer ou protester avec vigueur ; qui parle haut, mais tient moins qu'elle ne promet : *Comme je suis une grande gueule, je ne me suis pas laissé faire* (*Libération*, 17 mai 1979). **3.** Visage : *T'es encore malade ?... Mais t'as fini cette gueule oui ou moi je vais t'en faire faire une gueule pour de bon* (Duvert). *Ma technique à moi, ce n'est pas de taper sur la gueule des gens pour leur sortir des confidences* (Averlant). **En pleine gueule, sur le coin de la gueule,** en plein visage, en pleine tête. **Casser, péter la gueule à qqn, lui foutre sur la gueule,** le frapper violemment au visage : *Il ne faut pas perdre de vue qu'on a souvent / Besoin d'un plus petit que soi pour lui casser la gueule* (P. Perret). *Dès que la musique cessait, il retombait sur terre et se je-*

tait sur nous comme s'il voulait nous péter la gueule (Pouy, 3). **Se foutre sur la gueule,** se battre : *Arrivés au duce, ils s'étaient foutus sur la gueule six contre six douzaines* (G. Arnaud, 2). **Cracher à la gueule de qqn,** le mépriser, l'insulter. **Sale gueule, gueule de con, d'empeigne, de raie, de travers, en coin de rue, à chier dessus,** visage très antipathique : *Quand un nouveau arrivait, un nouveau dont on avait décidé qu'il avait une sale gueule, on l'attirait sous le baquet* (Paraz, 2). *On ne peut pas blairer les Marseillaises, grandes gueules, menteuses, bagarreuses comme c'est pas permis. Chaque fois qu'il y en a une dans une taule, elle file la zizanie. En résumé, toutes des gueules d'empeigne* (Cordelier). *Tu m'apprends que ta gueule de raie est très connue à Quimper. Si on a des emmerdes, ce sera ta faute* (Jaouen). **Délit de sale gueule,** tracasserie policière occasionnée par l'aspect physique, le faciès de qqn. **Gueule de faire-part** ou **à caler les roues de corbillard,** visage sinistre : *Qu'est-ce que t'as, Fernande ? lui demandait Kiki-la-Rouquine. Tu vas nous fout' la poisse avec ta gueule de faire-part* (Carco, 2). **Gueule de vache,** personne brutale et autoritaire. **Gueule cassée,** blessé de la face, à la guerre de 1914-1918 : *Max s'amène à Deauville en 1919 et acquiert une magnifique villa à côté du Casino* [...] *Il avertit le maire de Deauville qu'il va faire de sa villa une maison de convalescence pour gueules cassées* (Galtier-Boissière, 1). **Gueule noire.** ***a.*** mineur ; ***b.*** mécanicien ou chauffeur de locomotive. **4. Faire la gueule,** être de mauvaise humeur, bouder : *Depuis il se renfrogne. Il me fait même un tantinet la gueule* (Murelli). **5. Avoir de la gueule,** avoir de l'allure, du chic. **6. En mettre plein la gueule à qqn,** lui faire subir de sérieux dommages (surtout physiques). **En prendre plein la gueule (pour pas un rond),** subir d'importants dommages physiques ou moraux : *Notre Premier ministre en prendrait plein la gueule, comme disait élégamment Jo Bambolino en touillant son œuf* (Van Cauwelaert). **7.** Le visage pour l'individu lui-même. **Se casser** ou **se ramasser la gueule,** tomber : *La plupart auraient offert, et de grand cœur, leur soupe du soir pour en voir une se casser la gueule sur le carrelage* (Le Breton, 6). *Finalement on n'a pas besoin de tomber de bien haut pour se ramasser la gueule salement* (Granotier). **Retomber sur la gueule de qqn,** avoir des conséquences fâcheuses pour lui. Vx. **Ma, ta,** etc., **gueule,** moi, toi, etc. **8.** Personne aimée : *Un homme, un vrai, ça vous tient chaud / Au palpitant comme à la peau / Et j'ai froid d'être toute seule / Sans toi, ma gueule* (Breffort). *Ma belle gueule, tu ne vas pas te mettre en rogne, un jour pareil !* (Carco, 3). **Gueule d'amour,** séducteur.

ETYM. emplois très anciens et souvent populaires (distinction parfois difficile d'avec l'arg. proprement dit) du mot issu du lat. **gula,** gosier, gorge, et qui s'applique d'abord, en anc. fr., à l'homme, avant de référer aux animaux. **1. Emporter la gueule,** 1866, Veuillot [TLF]. **Fine gueule,** 1881 [Rigaud], d'abord *gueule fine,* avant 1850, Balzac [Larchey]. **Porté sur la gueule** et **gueule de bois,** 1867 [Delvau]. **Se soûler la gueule,** 1902 [Chautard]. **S'en mettre plein la gueule,** 1931 [TLF]. **Crever la gueule ouverte,** 1919, Dorgelès. **2.** 1174, *Roman de Renart* [TLF]. **Ta gueule, vos gueules,** 1901 [Bruant]. **Fort en gueule,** 1690 [Furetière]. **Taire sa gueule,** 1744, Vadé [Enckell]. **Coup de gueule,** 1790, Lemaire [Doillon]. **Grande gueule,** 1947, Carco [GR]. **3.** fin du XVIe s., Béroalde de Verville [TLF]. **Sur le coin de la gueule,** 1920 [Bauche]. **Casser la gueule,** 1764, langage poissard [Duneton-Claval] ; **foutre sur la gueule,** 1915, Benjamin [TLF]. **Se foutre sur la gueule,** 1907, Moselly [id.]. **Cracher à la gueule,** contemporain. **Sale gueule,** 1920 [Bauche] ; **gueule de con,** 1893 [Chautard] ; **d'empeigne,** 1867 [Delvau] ; **de raie, de travers,** 1881 [Rigaud] ; **gueule en coin de rue,** 1901 [Bruant] ; **à chier dessus,** 1881 [Rigaud], art. *échappé de capote.* **Gueule de faire-part,** 1914, Carco ; **à caler les roues de corbillard,** 1953 [Sandry-Carrère]. **Gueule de vache,** 1977 [Caradec]. **Gueule cassée,** guerre de 1914-1918. **Gueule noire.** ***a.*** 1945, E. Schneider [TLF] ; ***b.*** 1957 [Sandry-Carrère]. **4.** 1877, Zola [TLF]. **5.** 1948, H. Bazin [id.]. **6.** 1883 [Chautard] ; ces locutions sont très en vogue dans les années 1980. **7. Se casser la gueule,** 1905, Lesueur [Duneton-Claval]. **Ma gueule,** 1901 [Esnault]. **8.** 1914, Carco. **Gueule d'amour,** 1926, A. Beucler, roman popularisé par le film de Jean Grémillon (1937).

gueulement *n.m.*

Clameur ; protestation : *Un tel gueulement monta dans l'air tiède et calme de la nuit, que ces gueulards-là s'applaudirent eux-mêmes* (Zola).

ETYM. de **gueuler.** 1877, Zola.
VAR. **gueulade** *n.f.* : 1860, Flaubert [TLF]. **gueulerie** *n.f.* : 1906, Léautaud [id.].

gueuler *v.i.*
1. Vociférer : *Doucement, petit. Ici, on gueule pas, on cause* (Clavel, 1). **2.** Produire un effet éclatant, en parlant de couleurs.
◆ *v.t.*
Dire, crier très fort.
ETYM. dénominal de **gueule. 1.** 1660, Oudin [TLF]. **2.** 1883, Rollinat [id.].
◆ *v.t.* 1884, A. Daudet [id.]. Ce verbe est très répandu auj. dans des contextes non (ou peu) argotiques, comme le subst. dont il est issu.

gueuleton *n.m.*
Repas abondant et sortant de l'ordinaire : *On but à la santé des nouveaux époux. Appuyé sur le zinc, le mégot au coin de la bouche, Mimar parla du « gueuleton » qui avait suivi le mariage* (Dabit, 1).
ETYM. de **gueule** et du suff. **-(t)on.** 1751, Vadé [TLF].

gueuletonner *v.i.*
Festoyer : *Le capitaine, qui adorait la bonne cuisine, n'était que trop heureux de nous rendre ce service qui lui permettrait de venir gueuletonner au 122* (Jamet).
ETYM. de **gueuleton.** 1858, Larchey [TLF].

gueuleur, euse *adj. et n.*
Syn. de gueulard au sens 1 : *Pour quelle liberté, pour quelle Europe sont-ils, ces voyeurs de sport, ces gueuleurs de stade ?* (Werth, 2).
ETYM. du verbe **gueuler.** 1943, Werth.

Guelier *n.pr.* → GLIER.

gueuse *n.f.*
Vx. **1.** Femme débauchée, prostituée : *Petits profits et grosses pertes, disait en riant M. Antoine qui passait à son fils toutes ses fantaisies. J'aime mieux ça que la gueuse ou la boisson* (Mensire). **Courir la gueuse,** rechercher des aventures sexuelles, se livrer à la débauche. **2. La Gueuse,** sobriquet donné à la République par les royalistes.
ETYM. probablement du néerlandais **guit** *n.m.*, « coquin, fripon ». **1.** mil. du XVe s. [TLF]. **Courir la gueuse,** 1808 [d'Hautel]. **2.** 1901, A. France [TLF].

gugus *n.m.* → GUS.

guibolle ou **guibole** *n.f.*
Jambe : *Tu voudrais que ceux-là embauchent des clochards qui ne tiennent pas sur leurs guiboles et qu'une charge de vingt kilos aplatirait sur le trottoir ?* (Malet, 1). *C'était la fouille comme à Londonderry, mains en l'air et guibolles écartées* (Blier). **Jouer des guibolles.** ***a.*** courir, s'enfuir ; ***b.*** danser.
ETYM. du normand **g(u)ibon** (1725 [Granval]), même sens (à rapprocher de l'anc. fr. **giber,** secouer). 1850, Clémens. **Jouer des guibolles. *a.*** 1867 [Delvau] ; ***b.*** 1877, Zola [TLF].
VAR. **guibonne :** 1836 [Vidocq]. **guibbe :** 1835 [Raspail].

1. **guiche** *n.f.*
Vx. **1.** Accroche-cœur : *Trois messieurs pourvus d'accroch'-cœur* [menaçaient une pierreuse] */ Un ouvrier* [...] */ Cass'la gueule aux porteurs de guiches* (Gill). **2.** Touffe de cheveux frisés, vrais ou faux, placés sur l'oreille et la joue : *Le client* [...] *ne la reconnut pas, car Nénette, qui est rousse, avait enlevé les « guiches » blondes qu'elle porte, pour le travail, accrochées à son foulard de tête* (Galtier-Boissière, 2). **3. La Guiche,** le monde des proxénètes.
◆ *n.m.*
Arg. anc. Jeune voleur qui combine un coup : *La plupart du temps, le chef d'attaque est seul en relation avec son guiche, ne s'adjoint pour chaque affaire qu'un ou deux assommeurs* (Claude). SYN. toucheur.
ETYM. probablement d'une mode lancée par le marquis de La **Guiche** (1777-1842). **1.** *Favoris taillés à la Guiche* (mode lancée en 1824) 1847, Féval [Esnault]. **2** et **3.** 1876 [Esnault].
◆ *n.m.* vers 1880, Claude (qui définit le *guiche* comme un « jeune homme aux mains blanches, à l'accroche-cœur, un Adonis des nymphes des musettes »).

2. **guiche** *n.f.*
1. Jambe. **2.** Pénis.
ETYM. emplois métaphoriques du mot désignant un morceau de bois court servant au jeu de bâtonnet. **1.** 1876, Richepin. **2.** 1903 [Esnault].
→ GUISOT.

guichemar *n.m.*
Guichetier : *Vieux guichemar, reluque-moi avec tes chassans* (Leclair).
ETYM. resuffixation arg. de **guichetier.** 1800, Leclair. C'est, d'après Esnault, le premier exem-

ple d'une telle suffixation, pour des termes professionnels.
VAR. **guichemuche, guichemince** : 1881 [Rigaud].

guichet *n.m.*

1. Vx. Salle des gardiens (de prison) : *L'un de ces gardiens me prit à part au fond du guichet* (Joigneaux). **2.** Vx. Guillotine. **3. Petit guichet,** anus. **4. Fermer le guichet,** mourir : *Je me fais vieux et ne tarderai guère à fermer le guichet* (Malaquais).
ETYM. emplois métaphoriques du mot usuel. **1.** 1793 [Esnault]. **2.** 1847 [Dict. nain]. **3.** 1938 [Esnault]. **4.** 1947, Malaquais.
DER. **guicheter** *v.t.* Regarder : 1880 [Esnault].

guignal *n.m.* → GUINAL.

guignard, e *adj. et n.*

Malchanceux : *Il est méritant, courageux, sentimental et assez guignard. Le destin semble le bouder* (*le Nouvel Observateur,* 9 mars 1981).
ETYM. de **guigne** et du suff. péj. **-ard.** 1881 [Rigaud].

guigne *n.f.* ou **guignon** *n.m.*

Malchance : *La vérité, c'est qu'il* [M. Taylor, chef de la Sûreté] *avait la guigne. Il lui était tombé à la fois un si grand nombre de crimes dans le même mois qu'il lui était impossible de les instruire tous avec la même ardeur* (Goron). **Porter la guigne à qqn,** lui porter malheur : *Nom de dieu de treize, il me porte toujours la guigne, ce bougre-là* (Maupassant).
ETYM. de **guigner,** regarder de manière défavorable (cf. *jeter le mauvais œil*), hypothèse étymologique plus vraisemblable que celle du bouquet de *guignes,* c.-à-d. de griottes (séchées) qu'on offrait au malheureux conscrit qui avait tiré un mauvais numéro et devait partir pour l'armée. *guigne* 1811 [Esnault] ; *guignon* 1609, M. Régnier [TLF]. **Porter la guigne,** 1866 [Delvau].
DER. **guignasse** *n.f.* Malchance : 1881 [Rigaud].

guignol *n.m.*

1. Voleur maladroit. **2.** Gendarme, gardien de la paix : *Les mômes ils avaient horreur de voir les guignols... Comme ça j'étais bien tranquille ! Ils nous fileraient sûrement pas !* (Céline, 5). **Faire le guignol,** régler la circulation à un carrefour : *Après, changement d'uniforme, la maison poulaga, par la porte de service, le guignol aux carrefours sous la flotte* (Coatmeur). **3.** Tribunal. **4.** Individu ridicule, grotesque : *Un des jeunes guignols se retourna, haussa les épaules, et dit, d'une voix de tête bien désagréable : Fichez-nous la paix !* (Gibeau). **Faire le guignol,** se livrer à une démonstration ridicule. **5.** Pénis : *Deux qui renaudaient vachement ce furent les deux viocards qui renquillèrent chez leurs poires avec leur guignol en bandoulière* (Devaux).
ETYM. emplois dévalorisants du nom propre **Guignol,** célèbre marionnette lyonnaise, qui *guigne,* c.-à-d. jette des regards furtifs à droite et à gauche. **1** et **5.** 1899 [Nouguier]. **2.** 1880 [Esnault]. **Faire le guignol,** 1975 [Arnal] ; l'agent agite son bâton... comme Guignol. **3.** 1889 [Fustier]. **4.** 1933, Martin du Gard [TLF]. **5.** 1948 [Lacassagne].
DER. **être guignolé** *v. passif.* Être arrêté par les gendarmes : 1918 [Esnault]. **guignolet** *n.m.* Gendarme : vers 1900, Forton [Cellard-Rey].

guignonant, e *adj.*

Vx. Ennuyeux, fâcheux : *Ce n'est-il pas guignonant ! dans ce fichu pays de loups, on ne peut rien trouver* (Vidocq).
ETYM. de **guignon.** 1828, Vidocq.

guiguite *n.f.*

Pénis : *Dans le noir, c'est bien le diable s'il arrivait pas à se faire cajoler la guiguite* (Vautrin, 1).
ETYM. redoublement hypocoristique, ce mot appartenant plutôt, d'ordinaire, au langage enfantin. 1901 [Bruant].

guillotine *n.f.*

Vx. **1. À la guillotine,** se dit d'une coupe de cheveux très dégagée sur la nuque. SYN. à la Deibler. **2. Guillotine sèche,** bagne de la Guyane. **3. Le Père Guillotine,** l'aumônier de la prison.
ETYM. emplois spécialisés du mot usuel. **1.** vers 1870 [Esnault]. **2.** 1906 [id.]. **3.** 1841 [id.].

guimauve *n.f.*

Guitare.
◆ *adv.*
Bander (en) guimauve, être impuissant.
ETYM. resuffixation humoristique de **guitare,** sous l'influence du sens métaphorique de *guimauve,* sentimentalité douceâtre. 1901 [Bruant].
◆ *adv.* 1953 [Sandry-Carrère].

guimbarde *n.f.*

1. Voiture en mauvais état : *Elle grince tant qu'elle peut, cette guimbarde et ces mauvais ressorts qui vous rentrent dans le cul* (Demure, 1) ; par ext., toute voiture : *Votre guimbarde marche comme l'horloge parlante, monsieur Lucien. Je vais vous la chercher* (Mariolle). **2.** Vx. Pendule, horloge : *J'ai dans ma chambre une pendule / Qui n'a rien de particulier [...] / Jadis, je n'y prenais pas garde. / Comment se fait-il qu'aujourd'hui / Je m'attarde à cette guimbarde ?* (Ponchon). **3.** Vx. Porte. **4.** Guitare : *La carte du pays de Tendre... avec accompagnement de guimbarde ? Ah ! zut alors !* (Villars).

ETYM. du prov. **guimbardo,** outil, instrument. **1.** « voiture mal suspendue » XVIIIe s., Restif de La Bretonne [Delvau] ; par ext., 1901 [Bruant]. **2** et **3.** 1881 [Rigaud]. **4.** 1866, Villars.

guinal ou **guignal** *n.m.*

Arg. anc. **1.** Juif : *Le guinal n'aura rien à remettre au fourgat* (Vidocq). **2.** Marchand de chiffons en gros. **3. Grand guignal,** mont-de-piété.

ETYM. origine obscure, en relation avec le fourbesque **guigno,** juif. **1.** 1821 [Ansiaume]. **2.** 1878 [Rigaud]. **3.** 1847 [Dict. nain] (jeu de mots sur *grand-guignol*).

guinche *n.m.*

1. Danse : *Photographes et représentants des maisons de disques entourent le nouveau roi du guinche qui réalise un rêve depuis longtemps sur le métier* (Lépidis). **2.** Cabaret où l'on danse ; dancing : *Il allait pas traîner son uniforme Rhin et Danube dans les guinches de basse espèce, les bouges... les bordels encore ouverts en cette année 1945* (Boudard, 5). **3.** Vx. Barrière de Paris.

ETYM. déverbal de **guincher. 1.** 1820 [Desgranges]. **2.** 1867 [Delvau], au fém. **3.** 1841, chanson [Esnault].

DER. **guinchard** *n.m.* **1.** Cabaret où l'on danse. **2.** Réunion dansante : 1889 [id.]. **guinchepette** *n.m.* Mêmes sens : 1907 [id.].

guincher *v.t. et i.*

Danser : *Ce petit boulot laissait les après-midi libres pour aller guincher dans les musettes* (Lefèvre, 2). *Il se mit à guincher une gigue et à pousser la si célèbre goualante* (Devaux).

ETYM. altération de l'anc. fr. **guenchir,** obliquer, esquiver. 1820 [Desgranges].

DER. **guincheur** *n.m.* Danseur : 1867 [Esnault]. **guincheuse** *n.f.* Danseuse professionnelle : 1923 [id.].

guindal *n.m.*

Verre à boire : *À droite en entrant, un comptoir à la peinture écaillée. Derrière, un seau d'eau pas claire pour rincer les guindals* (Tachet). **Siffler le guindal,** boire. **Faire (un) guindal,** boire tous en chœur : *La preuve que nous aurons des armes quand il voudra, déclara Gueule-de-Bois en se levant [...] c'est qu'il a voulu aujourd'hui qu'on fasse guindal à sa santé !* (Leroux).

ETYM. mot d'origine franco-prov., var. de **gondole** au sens de « coupe, récipient ». 1844, société bachique des Joyeux [Esnault]. **Faire (un) guindal,** 1895 [id.].

DER. **guinde** *n.m.* Même sens : 1954 [id.].

guinde ou **guingue** *n.f.*

Voiture : *Il était venu dans une grosse guinde américaine, une Impala blanche à sièges rouges* (Delacorta). *Maintenant à Pantruche ! Dommage, cette guingue marche bien et faudra l'abandonner* (Allain-Souvestre).

ETYM. resuffixations de **guimbarde,** ou encore mot dial. désignant des appareils de treuillage. *guingue* 1911, Allain-Souvestre ; *guinde* 1957 [Sandry-Carrère].

guirlande *n.f.*

Chaîne liant les forçats : *Le Parisien joue avec sa chaîne, il la nomme guirlande* (Alhoy).

ETYM. emploi ironique du mot usuel. 1827 [Esnault].

guisot ou **guise** *n.m.*

1. Jambe : *Je suis revenu Porte Saint-Martin... Je tenais plus sur mes guizots !* (Céline, 5). **2.** Pénis. **Filer le coup de guisot,** coïter.

ETYM. altération de **2. guiche.** orthographe très indécise pour la forme à suffixe. **1** et **2.** *guisot* 1930 [Esnault] ; *guizot* 1936, Céline ; *guise* 1960 [Le Breton] (selon lui, en voie de disparition). **Filer le coup de guiseau,** 1953 [Sandry-Carrère].

DER. **guiser** *v.t.* Posséder sexuellement : 1953 [id.].

guitare *n.f.*

1. Bidet. **2.** Jambe. **3. Avoir une belle guitare,** avoir les hanches larges, en parlant d'une femme. **4.** Vx. Rabâchage. **Jouer de**

la guitare, rabâcher. **5.** Vx. **Pincer** ou **jouer de la guitare,** être en prison.

ETYM. emplois métaphoriques (analogie de forme). **1.** 1957 [Sandry-Carrère]. **2.** contemporain. **3.** 1953 [Sandry-Carrère]. **4.** 1858 [Larchey]. **5.** 1867 [Delvau].

DER. **guitariste** *n.m.* Rabâcheur : 1881 [Rigaud].

1. guitoune *n.f.*

1. Tente ; abri militaire : *Un ordre empoisonnant qui va réveiller dans les guitounes une indignation tonique* (Vercel). **2.** Baraque de foire : *Y avait une quantité de guitounes tout à travers l'esplanade... Pour les merlans, pour les frites* (Céline, 5). **3.** Chambre, logement. **4.** Restaurant.

ETYM. de l'arabe maghrébin **gitun,** tente. **1.** Second Empire [Esnault]. **2.** 1936, Céline. **3.** vers 1880 [Esnault]. **4.** 1949 [id.].

2. guitoune *n.f.*

Guitare (notamment électrique).

ETYM. altération humoristique de **guitare,** sous l'influence du précédent. 1957 [Sandry-Carrère].

gus [gys], **gusse** ou **gugus** *n.m.*

Individu quelconque : *Le gus m'a pris pour un dingo, un menteur et un malappris* (Bastid-Martens). *Un gusse correct, un peu trop typefédé pour mon goût, mais baste!* (Pagan). *On a l'impression à propos de ces entreprises d'espionnage franco-allemand, qu'un tas de gugusses jouaient à des jeux délirants* (Boudard, 2).

ETYM. du prov. **gus,** gueux, fripon. *gus* 1954 [Esnault] ; *gusse* 1977 [Caradec]. Sans doute influencé par *gugusse,* issu de **Auguste,** nom d'un clown de cirque.

Gustave *n.pr.*

Individu quelconque : *Y avait que nous comme clients importants, mis à part deux Gustaves en salopettes de peintres* (Blier).

ETYM. emploi humoristique du prénom masculin. 1972, Blier.

guts *n.m.pl.*

Ne pas avoir les guts (de faire qqch), ne pas avoir le courage de le faire, manquer d'audace.

ETYM. mot angl., « boyaux » ; traduction de la loc. *he's got no guts,* il n'a rien dans le ventre. 1986 [Merle].

gy, gi ou **gigot** *interj.*

Oui, d'accord ; allons-y ! : *En poussant vers lui un talbin de cinq raides, j'ai expliqué à Alfred ce que je voulais. Il l'a enfouillé, fait gy de la tête* (Simonin, 2). *Gi ! fit Georges qui n'avait jamais pu faire autrement que parler la langue verte à tort et à travers* (Méra). *Le temps pour l'Élégant de jeter un coup d'œil sur son plan, sous la pâle clarté de sa torche. « Gigot ! On y est »* (Bastiani, 1). *Gygo, dit à son tour Noé, mais avant de dévaler faudrait être rencardé* (Devaux).

ETYM. origine inconnue, p.-ê. issu de **j'y vais** ; sans doute influence humoristique du mot **gigot** ou de l'angl. **to go,** aller. *gis* 1596, Péchon de Ruby ; *gy* 1628 [Chéreau] ; *gi* 1835 [Raspail] ; *gigot* 1879 [Esnault] ; *gigo* 1899 [Nouguier].

H [aʃ] *n.m.*

1. Haschisch : *À Chicago, le « H » est aussi populaire que la gauloise et les quelques acides en provenance d'Amsterdam se vendant aux enchères* (Galland). **2.** Héroïne.

ETYM. siglaison de **haschisch** et **héroïne**, avec changement de genre pour le second mot. **1.** 1975 [Beauvais]. **2.** 1939 [Esnault].

habillé *n.m.*

1. Policier en uniforme : *Touche pas au commerce, râla une autre en chassant de sa croupe la paluche de l'habillé qui la poussait dans le car* (Risser). **2. Habillé d'une peau de vache** ou **d'une salope,** qui a toutes les apparences d'un délateur.

ETYM. participe passé substantivé de **habiller.** **1.** 1844 [Esnault]. **2. Habillé d'une peau de vache,** 1925 [id.] ; **habillé d'une salope,** 1930 [id.].

habiller *v.t.*

1. Prendre en flagrant délit (un malfaiteur). **2.** Accumuler les charges (contre un prévenu) : *C'est le rapport d'antécédents. Il faut en rassembler les éléments un peu partout, aux sommiers de la Préfecture, à la Sûreté nationale, à la D.G.E.R. Le policier arrive à « habiller » le gangster. C'est même un joli paletot qu'il lui confectionne* (Larue).

ETYM. emploi spécialisé du verbe usuel (éclairé par la citation). **1.** 1957 [Sandry-Carrère]. **2.** 1881 [Rigaud], mais *habiller qqn,* le maltraiter, dès 1808 [d'Hautel].

habin *n.m.* → **HAPIN.**

habitants *n.m.pl.*

Avoir des habitants, être envahi de poux, de vermine.

ETYM. euphémisme plaisant. 1897, J. Renard [GLLF].

hacker *n.m.*

Individu qui se livre au piratage en informatique : *Faut-il, par exemple, mettre en prison les « hackers », ces pirates dont le passe-temps favori consiste à s'infiltrer sur les réseaux informatiques ?* (*le Monde,* 5 avril 1990).

ETYM. mot angl., de *to hack,* hacher, tailler. 1990, *le Monde.*

haine *n.f.*

Avoir la haine, être irrité, plein de rancœur, ou simpl. contrarié : *Je grimace exprès, je prends l'air mauvais du vigile fils de harki, du beur qui a la haine* (Smaïl).

ETYM. emploi emphatique du mot usuel, très répandu à partir de 1995. cf. le film de Matthieu Kassowitz, *la Haine,* en 1996.

halluciner *v.i.*

Délirer, extravaguer (comme sous l'effet d'une drogue) : *Ouaouh, putain, l'enculé, j'hallucine, là ! Je suis* live ? (Smaïl). *En voyant les représentants de l'ordre m'arrêter, j'avais halluciné pendant un moment, persuadée que je l'avais réellement tué* (Granotier).

◆ *v.t.*

Mettre dans un état second (en parlant de la drogue) : *J'aimais bien Francis mais vraiment*

« forme du guillemet dit « anglais »

l'éther l'hallucinait complètement. Il débloquait à plein tube (Roubaudi).

ETYM. emploi intr. du verbe usuel, antérieurement tr. (1862, Hugo, au sens de « provoquer des hallucinations »). 1986 [Merle].

◆ *v.t.* 2002, Roubaudi.

hambourgeois *n.m.* → **EN-BOURGEOIS.**

hapin ou **habin** *n.m.*

ARG. ANC. Chien: *Gare! cria Jean de la Sorgue, les hapins sont lâchés. L'alarme est donnée, notre évasion est connue* (Mac Orlan, 11).

ETYM. du verbe **happer.** *hapin* 1666 [Esnault]; *habin* 1566, Rasse des Nœuds.

hard [ard] *adj. inv. et n.m.*

1. Excessif, tendu; qui crée l'angoisse. **2.** Désigne certaines activités « dures » (hard rock, cinéma porno, etc.): *Les maisons de la Presse* [...] *sont envahies par des magazines tous plus hard les uns que les autres* (*Libération*, 23 décembre 1982). *Géant! Ils cherchent des acteurs pour un film hard!* (T. Colin).

ETYM. anglicisme d'origine hippie : **hard,** dur. **1.** 1984 [Obalk]. **2.** 1982, *Libération.* Mot très en vogue dans les années 1980, dans les milieux du rock et de la pornographie.

hardeux, euse *adj.*

Amateur de hard rock : *Le Baba-hard (dit « Heavy Metal Kid », dit « Hardeux », dit « Graisseux ») parle verlan et joue rarement du piano. Son look continue d'exister dans les années 80. C'est même statistiquement le plus répandu en Europe* (Obalk).

ETYM. de **hard rock.** 1984 [Obalk].

hareng *n.m.*

1. Vx. Cheval maigre. **2.** Proxénète : *De tous les barbeaux t'étais l'Amphitrite / T'aimais les harengs jeunets et jaloux* (Mac Orlan, 2). *C'était un mac – un hareng comme ils disent maintenant – et nous ne l'aimions pas, nous les casseurs* (Genet). **3. Hareng saur. *a.*** gendarme : *Il répétait à tout le monde que je finirais hareng saur, un peu comme mon père d'après son avis, tout juste bon pour emmerder les gens* (Céline, 5); ***b.*** (vx) privation d'eau à boire, infligée comme punition dans les régiments disciplinaires. **4. Peau d'hareng,** appellation injurieuse : *Dommage qu'il n'y ait pas pensé plus tôt à ma santé. Quelle peau d'hareng!* (Le Dano).

ETYM. pris comme quasi-synonyme (mais moins insultant, selon Cellard-Rey) de *maquereau* (2); le sens 3.a provient de la notion de raideur, sécheresse, et de l'analogie de couleur jaune entre le poisson et les buffleteries des gendarmes. **1.** 1916 [Esnault]. **2.** 1925 [id.]. **3. *a.*** 1897 [id.]; simpl. *hareng* 1876 [id.]; ***b.*** 1890 [id.]. **4.** mil. du XVIIIe s. [Duneton-Claval].

haricot *n.m.*

1. Orteil. **2.** Pied. **3.** Clitoris. **Avoir, mettre le haricot à la portière,** être excitée sexuellement, en parlant d'une femme. **4. Haricot vert. *a.*** mauvais voleur ; ***b.*** soldat allemand, pendant l'Occupation; ***c.*** banane étique. **Jambes en haricots verts** ou simpl. **haricots verts,** jambes maigres et arquées.

◆ **haricots** *n.m.pl.*

1. Des haricots, quasiment rien : *Et nous, qu'est-ce qu'on récolte, dans le coup? Des haricots!* (Mensire). SYN. des clous. **2. La fin des haricots,** la fin de tout: *Si Ali se décide pas à rappliquer avec sa bande de marchands de tapis et de cacahuètes en faillite, c'est la fin des haricots* (Tachet). **3. Aller manger des haricots, être condamné aux haricots,** aller en prison. **Hôtel des haricots,** prison municipale.

ETYM. analogies de forme, et idée du peu de valeur (cf. *radis, nèfles,* etc.). **1.** 1880 [Esnault]. **2.** 1881 [Rigaud]. **3.** 1901 [Bruant]. **Avoir le haricot à la portière,** 1975, Fallet. **4. *a.*** 1843 [Dict. moderne]; ***b.*** 1940 [Esnault]; ***c.*** 1960, dockers de Dieppe [Le Breton]. **Jambes en haricots verts,** [id.].

◆ *pl.* **1.** 1911 [DDL]. **2.** 1936, chanson *Triste lundi,* Georgius. **3. Aller manger des haricots,** 1953 [Sandry-Carrère]; **être condamné aux haricots,** 1862 [Larchey]. **Hôtel des haricots,** 1793 [Delvau]; p.-ê. altération de *hôtel Darricaud.*

haricoter *v.t.*

Vx. **1.** Rompre (un condamné) sur la roue; pendre: *Il ne méritait pas de se faire haricoter au bout de deux pieds de chanvre à deux pas de sa Courtille* (Burnat). **2.** Couper: *Il faut haricoter la ligotante et l'exbalancer avec le canot* (Ansiaume).

ETYM. du vieux verbe **harigoter,** déchiqueter, mettre en lambeaux. **1.** 1800, Leclair. **2.** 1821 [Ansiaume].

DER. **aricotage** *n.m.* Supplice de la roue: 1836 [Vidocq]. **aricoteur** *n.m.* Bourreau: [id.].

harmone *n.f.*

Vx. Contestation, rouspétance : *J'viens d'rencontrer la femme à Pierre, / C'qu'a fait d'l'harmone, ah ! nom de d'là !* (Bruant).

ETYM. déverbal de **ramoner**, ronchonner : la **ramone** est devenue par syncope et agglutination l'**armone.** 1827 [Demoraine], sous la forme pleine *harmonie*, avec jeu de mots et antiphrase.

harnacher *v.t.*

1. Amuser (une dupe) ; tromper. **2.** Arranger de façon frauduleuse. **3.** Habiller (surtout employé à la forme pron. **se harnacher**).

ETYM. dénominal de **harnais. 1.** 1835 [Raspail]. **2.** 1847, Féval [Esnault]. **3.** 1881 [Rigaud].

DÉR. **harnacheur** *n.m.* Tailleur : 1899 [Nouguier] (toujours en bonne part, selon Esnault). **harnachement** *n.m.* Uniforme : 1953 [Sandry-Carrère].

harnais *n.m.*

Vx. Costume, équipement. **Harnais de grive,** uniforme militaire.

◆ *n.m.pl.*

1. Habits de gala : *Vous êtes sapés comme des milords. Des harnais de première ! En smoking, monsieur l'ambassadeur...* (Le Chaps). **2.** Parures, accessoires vestimentaires : *Tu t'sapes chez l'couturier d'ton cru / Qu'a des harnais démocratiques* (Ferré).

ETYM. vieux mot d'origine nordique qui désigne dès le XIIe s. l'armure d'un chevalier. 1806, P.-L. Courier [TLF]. **Harnais de grive,** 1836 [Vidocq].

◆ *pl.* **1.** 1898, Bercy [Esnault]. **2.** 1873 [Esnault].

harper ou **harpigner** *v.t.*

Prendre, saisir : *Hein ! C'est pu commode de harper une môme, susurrait le Lézard* (Rosny). *Suite de quoi, il harpigna par la manche le surveillant des trous d'égouts* (Vautrin, 1).

◆ **se harpigner** *v.pr.*

Se battre.

ETYM. origine incertaine (cf. *arpion*), probablement du germanique **harpan,** saisir. 1845 [Bescherelle] ; on rencontre aussi les graphies *arper, arpigner*.

◆ *v.pr.* 1867 [Delvau].

harponner *v.t.*

1. Arrêter (qqn) au passage : *Cimaise et Plinthe qui montaient la garde au rocher ont harponné un suspect* (Chabrol). *René-la-Feignasse, un grand veau dans les quarante berges, me harponne par le bras* (Cavanna). **2.** Posséder (une femme) avec brutalité.

ETYM. dér. de **harpon. 1.** 1883, Macé [Esnault]. **2.** 1864 [Delvau].

hasch *n.m.*

Haschisch (drogue extraite du cannabis, ou chanvre indien) : *Putain, c'qu'il est blême, mon HLM ! / Et la môme du huitième, le hasch, elle aime !* (Renaud). *Qu'est-ce qu'ils avaient fumé, Claude ? – Sais pas... du hasch* (W. Camus). SYN. H, merde, shit.

ETYM. apocope de **haschisch,** transcription d'un mot arabe désignant le chanvre indien. vers 1968 [Gilbert].

DÉR. **hasch-party** *n.f.* Réunion où l'on fume du hasch : 1969, *Paris-Match* [id.].

haut *n.m.*

Vx. **Faire le haut,** faire la parade sur l'estrade, en parlant de lutteurs de foire.

ETYM. loc. descriptive, qui s'oppose à *faire le bas*, en parlant du compère resté dans la foule. 1925 [Esnault].

haute *n.f.*

1. Vx. Prospérité : *Il vint un moment où l'abondance du butin surpassant toutes ses espérances, elle éprouva pour la première fois l'embarras des richesses. Adèle, se voyant de la haute, sentit tout à coup le poids de l'isolement* (Vidocq). **2.** Haute position (dans le milieu ou dans la société en général) : *C'est un pègre, mais de la haute* (Ansiaume). *On ne jaspine pas autrement dans la haute, chez les Esbroufville* (Villard). *Les jeunes filles rangées troquaient par contrat leur corps contre un nom, une voiture, des toilettes, un château : ils appelaient ça l'amour, les gens de la haute !* (Thomas, 1).

ETYM. idée d'élévation dans les richesses, dans les classes sociales. **1.** 1821 [Ansiaume]. **2.** « dans le milieu » [id.] ; « dans la société » 1844, Ornano [Larchey].

hautocher *v.i.*

Vx. Monter, grimper : *Il y a trop à hautocher, l'affaire n'est pas bonne* (Ansiaume).

ETYM. de **haut.** 1821 [Ansiaume].

Havre (Le) ou **Grand Havre (Le)** *n.pr.*

Vx. Dieu : *Le havre il faut morfiler ; / Au radeau de la cambuse / Le raze est le fricotier* (Alhoy). [Sainte Pauvreté] *fut tellement honorée et révérée par les Myons et chenastres serviteurs du Grand Havre* (Responce au grand Coesre).

ETYM. de l'adj. **havre**, anc. forme de **hâve**, amaigri, s'appliquant au Crucifié [selon Esnault]. 1628 [Chéreau].

herbe *n.f.*

1. Tabac. **2.** Cannabis en feuilles qui se fume comme du tabac; haschisch: *Enfin elle se lève, farfouille dans les poches de son manteau et en sort un sachet de la meilleure herbe qu'il soit sur Paris en ce moment. Consciencieusement, elle se roule un pétard à étouffer un asthmatique, sans un brin de tabac* (Conil). **3.** Vx. **Herbe à couper le fer,** petite scie bien trempée: *Le commissaire des prisons, voyant alors que nous possédions cette fameuse herbe à couper le fer, qu'aucun botaniste n'a encore découverte, nous fit déshabiller et visiter de la tête aux pieds* (Vidocq). **4.** Vx. **Herbe de prison,** malfaiteur ayant grandi à la Petite Roquette. **5. Brouter l'herbe,** être désarçonné, en parlant d'un cavalier.

ETYM. emplois métaphoriques du mot usuel. **1.** 1926 [Esnault]; abrègement de *herbe à vache,* trèfle. **2.** 1860, Baudelaire [TLF]; ce terme a été remis en vogue dans les années 1970. **3.** 1828, Vidocq. **4.** 1869 [Esnault]. **5.** 1977 [Caradec].

hérisson *n.m.*

1. Vx. Vulve. **2.** Individu qu'on ne sait « par quel bout prendre » pour l'interroger, dans le langage de la police.

ETYM. emploi métaphorique, qui rappelle les fameux « cactus » du domaine politique. **1.** 1864 [Delvau]. **2.** 1808 [d'Hautel]; dans la police, 1975 [Arnal].

héro *n.f.*

Héroïne (drogue): *Les yeux du joueur à ce moment-là sont de l'eau la plus pure, des yeux avec l'éclat des grands carnages, de l'amour fou, d'un flash à l'héro, des yeux de saint qui a vu l'Éternité* (Spaggiari). *Accusé d'avoir trempé dans le trafic d'héro [...], il s'était retrouvé avec des trous de trésorerie difficiles à justifier* (*Libération,* 20 février 1980).

ETYM. apocope de **héroïne.** 1943, Desnos.

heure *n.f.*

1. Je ne te demande pas l'heure qu'il est, laisse-moi tranquille, occupe-toi de tes affaires. **2. À cent sous, à cent** (ou **mille) balles** ou **francs (de) l'heure,** énormément (surtout avec des verbes syn. de s'ennuyer): *Je me serais emmerdé à cent sous de l'heure dans ce désert du diab', si je n'avais eu, pour me distraire, l'pétoire du défunt* (Stéphane). *S'il fallait qu'à Versaill's je d'meure, / [...] Je m'canul'rais à cent francs l'heure* (Gill). *Un jeunot qui donnait furieusement l'impression de se barber à mille balles de l'heure, minimum garanti* (Malet, 12).

ETYM. emplois spécialisés du mot usuel. **1.** 1916, Benjamin. **2.** 1878, Gill, mais *s'emmerder à vingt-cinq francs par tête* dès 1867 [Delvau].

hibiscus *n.m.*

Se caresser ou **se chatouiller l'hibiscus,** se masturber, en parlant d'une femme.

ETYM. loc. métaphorique (plante à grandes fleurs en cornet), à prétention poétique. 1982 [Perret].

hiboux *n.m.pl.*

VIEILLI. Policiers appartenant à la section « Voie publique » et ne patrouillant que la nuit.

ETYM. métaphore de l'oiseau de nuit (plus ou moins de mauvais augure). 1957 [Sandry-Carrère].

high [aj] *adj.*

Être high, planer sous l'effet des amphétamines.

ETYM. mot angl., « haut ». 1977 [Caradec].

hippie ou **hippy** *adj. et n.*

S'est dit d'un type de jeune « occidental pro-oriental et mystique, anticonformiste et révolté, mais pacifique » (Obalk), portant les cheveux longs, amateur de vie dans la nature, de guitare et de LSD: *Les vendeurs de bijoux, de produits exotiques, de bidules hippies* (Lacroix). *À la fontaine Saint-Michel, ça grouillait de monde, des guitareux rêveurs, des voyageurs sans voyages, des vrais paumés, des faux hippies, tout un monde en déréliction* (Varoux, 1).

ETYM. mot anglo-américain, issu de **hip,** dans le coup, à la dernière mode. 1967, *l'Express* [Gilbert]. Ce mot, en faveur chez les beatniks des années 1950, a été repris par le mouvement psychédélique; il s'est dégradé dans la langue commune et désigne souvent de façon péjorative n'importe quel jeune à cheveux longs, en particulier les jeunes qui ont participé au mouvement de retour à la terre et ceux des communautés des années 1970.

hirondelle *n.f.*

Vx. **1.** Nom donné à divers travailleurs « migrateurs » (commis voyageur, ouvrier saisonnier). **Hirondelle de gouttière,** maçon. **Hirondelle d'hiver,** marchand de marrons ; ramoneur. **2. Hirondelle des Carrières d'Amérique** ou **hirondelle du pont d'Arcole, hirondelle de nuit,** sans-logis : *Ce prétendu Gabriel appartenait à cette catégorie des hirondelles de nuit qui couchent sous les ponts en attendant le moment d'être le pégriot d'une bande d'escarpes* (Claude). **3. Hirondelle (bleue),** gendarme : *Les hirondelles à tête bleue nous ont cueillis comme des fleurs* (Malet, 1). **Hirondelle de (la) Grève, de la mort** ou **de potence,** gendarme qui assiste aux exécutions capitales : *Et par-dessus le marché, les hirondelles de la Grève que nous nous sommes rendus nez à nez avec leurs chevaux* (Vidocq). **4. Hirondelle à roulettes, de bitume, du faubourg, de nuit,** agent cycliste : *La police venait de toucher ses premières automobiles et on appelait « hirondelles » les « à vélo », à cause de leur cape qui voletait dans leur dos comme des ailes* (Jamet). *Inutile de préciser que devant un tel chahut les hirondelles du faubourg rappliquèrent illico et en quatrième vitesse, les pèlerines roulées prêtes à l'emploi* (Lépidis). **Hirondelle de trottoir,** gardien de la paix : *Tiens, voilà les hirondelles du trottoir, déclara Sarah, c'est la fin* (Galtier-Boissière, 2). **5.** Resquilleur (dans certains lieux publics, les cocktails, etc.).

ETYM. métaphore de la migration, du retour régulier ; en ce qui concerne les policiers (au sens large), il y a conjonction de la ronde, de la couleur bleu-noir, de la cape qui vole de chaque côté du cycliste et, pour ce dernier, de la fameuse marque de bicyclette **Hirondelle,** fabriquée par Manufrance et dont étaient dotés les agents. **1.** 1847 [Esnault]. **Hirondelle de gouttière**, 1899 [Nouguier] ; **d'hiver,** 1867 [Delvau]. **2. Hirondelle des Carrières,** 1855 [Esnault] ; **du pont d'Arcole,** 1862, Hugo [TLF] ; **de nuit,** vers 1885, Claude. **3. Hirondelle bleue,** 1917 [Esnault] ; **hirondelle,** 1915 [id.]. **Hirondelle de la Grève,** 1829, Vidocq ; **de la mort,** 1881 [Rigaud] ; **de potence,** 1829 [Forçat]. **4. Hirondelle à roulettes,** 1923 [Esnault] ; **de bitume,** 1930 [id.] ; **du faubourg,** 1950 [id.] ; **de nuit,** 1952 [id.]. **Hirondelle de trottoir,** 1913 [id.]. **5.** 1943, S. de Beauvoir [TLF].

histoires *n.f.pl.*

Vieilli. **Avoir ses histoires,** avoir ses règles, en parlant d'une femme. SYN. affaires, époques.

ETYM. emploi euphémique de ce subst. à sens large. 1881 [Rigaud].

hivio *n.m.*

Hiver : *En hivio, quand il fait trop frisquet* [...] *y va direct à l'hosto* (Boudard-Étienne).

ETYM. suffixation arg. de **hiver,** sous l'influence de **hivieu,** forme dialectale du Nord, et de **frio.** 1889, Macé.

VAR. **hiviot :** 1901 [Bruant]. **hiviau :** 1960 [Le Breton].

holdopeur *n.m.*

Auteur d'un hold-up.

ETYM. de **hold-up.** 1975 [Le Breton].

holpète, holpif *adj.* → **OLKIF.**

homard *n.m.*

Anglais.

ETYM. analogie de couleur (les Anglais eurent très longtemps des uniformes rouges). 1847 [Dict. nain].

homme *n.m.*

1. Individu pourvu des qualités viriles, selon les critères du milieu : *Enfin, comme à son tour on le couchait sur la bascule, il cria très distinctement : Au revoir, tous les « hommes ». « Hommes », en argot, signifie gaillards capables de faire un coup* (Goron). *Clientèle classique* [d'un bal musette] : *des « hommes », des vrais, dégageant une impression de force inquiétante, le cou traçant une raie livide – présage ? – entre le foulard à pois et le col du veston* (Grancher, 2). **L'homme,** moi. **Faire l'homme,** se montrer combatif. **Homme de poids,** celui qui a acquis une certaine considération dans le milieu. **Homme du jour,** camarade secourable. **2.** Amant en titre : *J'ai besoin de mon homme pour sortir. Si j'étais insultée, je crierais donc pour rien ?* (Balzac, 3). *Où est-elle, la Nénette, avec sa figure de Madone, véritable camée qui, ses grands yeux noirs me dévorant de désespoir, a crié aux assises : « T'en fais pas, mon homme, j'irai te chercher là-bas » ?* (Charrière). **3.** Proxénète : *On s'est connus, dans le temps, répondit-il. Du temps qu'j'étais homme à Montmartre* (Carco, 5). **4.** Roi de cartes. **5. Homme de classe,** forçat de 1re ou 2e classe (par opposition à celui qui ne dépasse pas la 3e classe).

6. Vx. **Homme de peine,** glorieux récidiviste. **Homme du voyage,** celui qui revient d'Amérique du Sud. **7.** Vx. **Homme de lettres,** faussaire.

ETYM. emplois spécialisés du mot usuel. **1. Faire l'homme,** 1841, Lucas. **L'homme,** 1899 [Nouguier]. **Homme de poids,** 1957 [Sandry-Carrère]. **Homme du jour,** 1930 [Esnault]. **2.** 1844, Balzac. **3.** 1883 [Fustier]. **4** et **5.** 1925 [Esnault]. **6.** 1836 [Vidocq]. **Homme du voyage,** 1953 [Sandry-Carrère]. **7.** 1836 [Vidocq].

homo *adj. et n. (surtout masc.)*

Homosexuel : *Dans le milieu homo, ils disent qu'il était trop bavard* (Villard, 4). *On ne disait point encore « homo » en ce temps-là, et « pédé » étant péjoratif, on ne pouvait pas parler de ce phénomène en salon* (Spaggiari). *Deux ou trois couples d'homos ténébreux patrouillent silencieusement, comme des poissons de fond, mélancoliques* (de Goulène).

ETYM. apocope de **homosexuel.** 1964 [George].

honte *n.f.*

C'est la honte, c'est déplorable : *Tu veux que je te gronde, que je te dise que c'est pas bien du tout ce que tu fais et tout ? Que c'est la honte* [...] (Smaïl). *C'est longtemps après que j'ai appris que c'étaient des prépas d'Agro qui effectuaient le bizutage rituel. La honte* (Pouy, 3).

SYN. ça craint !

ETYM. emploi moderne et intensif du mot usuel, traduction probable de l'arabe **hachuma,** honte. 1984 [Obalk].

VAR. **avoir la hach :** 1995 [Goudaillier].

honteuse *n.f.* ou **honteux** *n.m.*

Vx. Homosexuel : *Il avait amené avec lui un jeune néophyte de la classe des honteuses, garçon de dix-huit ans, à moustaches soyeuses, au nez retroussé, à la voix et aux allures féminines* (Canler).

ETYM. emploi substantivé de l'adj. usuel. *honteuse* 1862, Canler ; *honteux* 1901 [Bruant].

hool *n.m.*

Manifestant ou supporter violent : *Les rosbifs viennent au Parc avec une cargaison de hools tout neufs, des petits pédés qui viennent se faire démolir la gueule* (Roux).

ETYM. apocope de l'angl. **hooligan.** 2002, Roux.

hôpital *n.m.*

Vx. Prison.

ETYM. détournement euphémique du mot usuel. 1836 [Vidocq].

horizontale *n.f.*

VIEILLI. Prostituée : *Venez, sirènes, sphinges, fées, / Horizontales, dégrafées : ô nos dames de volupté* (Ponchon). *Monsieur Léonce Vaussanges, je crois ? interrogea l'horizontale, avec l'aplomb des galantes aventurières* (Dubut de Laforest).

ETYM. emploi métonymique et substantivé de l'adj. : la position pour la fonction. 1890, *Chanson des michetons,* Bruant.

horloge *n.f.*

La petite horloge, le cœur.

ETYM. métaphore du battement, du tic-tac. 1975 [Le Breton].

hosto, hostau ou **hosteau** *n.m.*

1. Vx. Salle de police, prison (militaire ou civile). **2.** Hôpital ou hospice : *Sur ta dernière bafouille, tu m'disais que mon dab se trouvait à l'hosto. C'est grave ?* (Le Breton, 5). *Le lendemain après avoir dîné avec Loupart je manquais d'être empoisonnée... je me traînai à Lariboisière... à peine que j'étais à l'hostot, mon amant, qui savait que je l'avais trahi, m'ordonnait de revenir avec lui* (Allain-Souvestre). *Elle croit qu'un jour, il va y avoir un mec plein de blé qui va la tirer de son hostau et qu'il va l'emmener dans sa ville de super-Miami* (Klotz).

ETYM. nombreuses variantes de la forme provençale **oustau** (1850, forçat Clémens) : **ostio, osto,** données par Esnault sans référence, au sens 2. 1861 [id.] au sens 1. Issu du lat. **hospitale,** qui a produit en français *hôtel* et *hôpital.* **1.** 1842 [Esnault]. **2.** 1846, *Intérieur des prisons.*

hôtel *n.m.*

Coucher à l'hôtel du cul tourné, coucher dos à dos (en signe de désaccord) avec sa femme ou sa maîtresse : *Voilà un marcotin que le roi ne veut pas me garfouiller, et nous plumons à l'hôtel du cul retourné* (Devaux).

ETYM. loc. pittoresque et assez claire par elle-même. 1894 [Virmaître].

hotte *n.f.*

1. Gueule. **2.** Ventre. **Se remplir la hotte,** bien manger : *Ce n'est pas en bluffant les potes / Que vous vous remplirez la hotte* (Marcus). **3.** Automobile (notamment taxi) : *Acagnardé de trois quarts au fond de la hotte, Armand rasséréné se laissait doucement gagner par les vapes de la rêverie* (Simonin, 5). **4. En avoir plein la hotte,** être épuisé.

ETYM. emplois métaphoriques du mot usuel (idée de contenant). **1.** 1916 [Esnault]. **2.** 1947, Marcus [TLF]. **3.** 1924, Chautard [id.] ; déjà « petit tombereau », 1866, chez Littré. **4.** 1975 [Le Breton].

hotu *n.m. et adj.*

Individu (homme ou femme) insignifiant, et qu'on tient en médiocre estime : *Il se sentait des démangeaisons de lui tarter le beignet et une petite rancune lui venait contre Pépère d'avoir amené ce hotu* (Simonin, 1). *Les officiantes de ce temple d'amour au rabais étaient des hotus qui n'avaient guère de quoi susciter les appétits bandatifs* (Boudard, 2).

ETYM. métaphore à partir du poisson à la chair molle et insipide. 1944 [Esnault]. Ce mot apparaît fréquemment chez Simonin, qui a surnommé ainsi un de ses héros. Le fém., très rare, apparaît en 1956 chez A.-L. Dominique.

houblon *n.m.*

Argent : *Le franc belge est en hausse. T'allonges le bras et tu prends du houblon plein la fouille* (Lépidis).

ETYM. métaphore nordique, équivalent du *blé*. 1986, Lépidis.

hourdé, e *adj.* → OURDÉ.

housard ou **houzard** *n.m.*

Vx. Trou pratiqué dans un mur, à des fins d'évasion ou de vol : *Il faut bouliner un houzard pour arriver à la malouse* (Ansiaume).

ETYM. origine inconnue, p.-ê. à rapprocher de **houseau,** guêtre. « aux fins d'évasion » 1793, Conciergerie [Esnault] ; « aux fins de vol » 1821 [Ansiaume].

HP [aʃpe] *n.m.*

Service de protection des hautes personnalités, dans le langage de la police.

ETYM. siglaison de **haute personnalité.** 1975 [Arnal].

HS [aʃɛs] *adj.*

1. Inutilisable, en parlant d'un objet. **2.** Indisponible, parce que malade, épuisé, ou plus souvent saoul ou drogué, en parlant de qqn : *Cette grippe m'a laissé complètement HS.*

ETYM. siglaison de **hors service.** 1977 [Caradec]. On rencontre parfois la forme rédigée *hachesse* ou *hachès.*

hublot *n.m. (surtout au pl.)*

1. Verre de lunettes. SYN. carreaux. **2.** Œil : *Ouvrez grand vos hublots, tas de caves, dit Fédor Balanovitch. À droite vous allez voir la gare d'Orsay* (Queneau, 1). **Avoir les hublots ensablés,** être mal réveillé.

ETYM. emploi métaphorique et grossissant du terme de marine. **1.** 1977 [Caradec]. **2.** 1959, Queneau [TLF].

huile *n.f.*

1. Argent. **2.** Personnage important dans son domaine : *Bientôt, toutes les huiles de la Préfecture sont sur place : le préfet, M. Fernet, Bouvier, les représentants du Parquet, le juge d'instruction* (Larue). **3. Tête** ou **tronche à l'huile,** naïf : *Tant pis pour les « bonnes têtes », pour les tronches à l'huile* (Humbert). **4. Filer de l'huile,** être en train de mourir. **5. Prendre de l'huile,** se défier. **6.** Extrait liquide tiré du cannabis : *À l'aide d'un trombone déplié, Michel a badigeonné d'« huile » deux cigarettes Camel* (Galland). **7. Huile de coude** ou **de bras,** énergie physique nécessaire à une tâche manuelle : *Je cesse de balayer, au même instant Lesueur arrive : « Dis donc, tâche d'user un peu plus d'huile de bras ! »* (Dabit, 2).

ETYM. emplois spécialisés du mot usuel. **1.** 1725 [Granval]. **2.** 1887 [Esnault], p.-ê. d'un jeu de mots sur **sardine... à l'huile** [Cellard-Rey]. Est passé dans l'usage familier. **3.** 1872 [Esnault] (issu du vocabulaire du théâtre : *tête à l'huile,* figurant non rétribué). **4.** 1925 [id.] (allusion à la pratique des marins qui répandent de l'huile sur la mer démontée, pour la calmer). **5.** 1836 [Vidocq]. **6.** 1980, Galland. **7. Huile de coude,** 1877, Zola ; **de bras,** 1930, Dabit.

huître *n.f.*

1. Personne stupide. **2.** Crachat. **Parc aux huîtres,** mouchoir. **3.** Vulve.

ETYM. métaphores du bâillement, de l'inertie (1) et de l'aspect extérieur (2). **1.** 1660, Oudin [TLF]. **2.** 1840, *Catéchisme poissard* [Larchey]. **Parc aux huîtres,** 1894 [Virmaître]. **3.** 1666, Le Jolle [Doillon].

humecter *v.t.*

Humecter sa fourrure, uriner, en parlant d'une femme.

◆ **s'humecter** *v.pr.*

S'humecter le gosier, les amygdales, etc., boire : *De fières buveuses, celles qui s'humectaient la dalle à toutes sortes de boissons alcoolisées* (Boudard, 2). *Deux ouvriers qui* *entraient s'humecter le gosier avant la pointeuse ont salué la bagnole* (Pécherot).

ETYM. litotes argotiques. 1977 [Caradec].

◆ *v.pr.* 1842, L. Reybaud [TLF], mais *s'humecter le lampas,* même sens, dès le XVIIe s. [Duneton-Claval].

hure *n.f.*

Visage hirsute, peu raffiné ; tête : *Pan sur la hure ! pouf, sur le naseau !* (Gill). *Quand ma dabuche elle a décloqué de ma hure (m'a mis au monde), j'étais le jeunot de trois frangines* (Yonnet). **Se gratter la hure,** se raser.

ETYM. métaphore vigoureuse, la **hure,** mot germanique, désignant à l'origine la tête du sanglier et de certains fauves. XIIIe s., *Aucassin et Nicolette* [TLF]. **Se gratter la hure,** 1953 [Sandry-Carrère].

huré *adj.m.*

Vx. **1.** Bon, authentique. **2.** Grand. **3.** Riche : *Tout le monde, ouvriers et bourgeois, pauvres bougres et gens hurés* (Gill).

ETYM. de l'anc. fr. **huré,** poilu, hérissé. **1** et **2.** 1596, Péchon de Ruby. **3.** 1821 [Mézière].

hussard *n.m.*

Vx. **Hussard de l'Abbaye, de la guillotine, de la Veuve,** gendarme : *Ne vas-tu pas m'écraser, hussard de la guillotine, répondit-elle* (Balzac, 3). *À minuit* [en vue de l'exécution capitale] *les railles ont rappliqué, puis les hussards de la veuve* (Méténier).

ETYM. locutions imagées. **Hussard de la guillotine,** 1830, Monnier ; **de la Veuve,** 1867 [Delvau] ; **d'Abbaye,** 1875, Rabasse [Larchey].

hussarde *n.f.*

À la hussarde, brutalement, sans délicatesse (notamment en parlant du coït) : *Quatre ou cinq voitures cessent de clignoter, à l'écart de la route de Saint-Denis. Les échangistes copulent frénétiquement, à la hussarde, sous les yeux de quelques « Indiens » surgis de l'ombre* (de Goulène). *Il a du pif, Gudule, pas vrai ? Il vous l'a située à la hussarde, l'huile de la rue Fondary* (Rank).

ETYM. loc. formée sur **hussard,** rude cavalier. 1899, Clemenceau [TLF].

hyper, hypra *adv.*

Employés comme équivalents de très, extrêmement : *À cette allure, on arrivera hyper vite à la sortie de Saint-Jean* (Bauman). *Il était très marrant, pendant le trajet il n'arrêtait pas avec des anecdotes sur sa famille, toutes hyperhorribles* (Ravalec).

ETYM. *hyper* est l'homologue grec du **super** latin ; *hypra* est un néologisme combinant **hyper** et **supra.** *hyper* 1907, Polytechnique [Esnault] ; remis à l'honneur dans les années 1980 dans le parler minet, il rend *super* démodé ; *hypra* 1984 [Obalk] (renchérit sur *hyper*).

hypocrite *adj.*

1. En hypocrite, discrètement : *Je jetais, en hypocrite, un coup d'œil au compteur* (Simonin-Bazin). **2. À l'hypocrite,** sans prévenir, brutalement : *Le feu est passé au rouge à l'hypocrite.*

ETYM. emplois spécialisés de l'adj. usuel. **1.** 1935, Simonin-Bazin. **2.** 1977 [Caradec].

icicaille ou **icigo** *adv.*

Ici: *Et le conseiller Truffime, demanda Cartouche, mon meilleur indicateur, je ne le vois pas icicaille ?* (Burnat). *Passe gentiment ta journée, va te balader à mes frais à la campagne et à ce soir, icigo* (Grancher).

ETYM. suffixation arg. de **ici.** *icycaille* 1660 [Chéreau]; *icigo* 1821 [Mézière].

VAR. **icidé:** 1899 [Nouguier].

illico (presto) *adv.*

Immédiatement : *Ça vous coûtera quinze francs par leçon. Le prix d'une passe rue des Écouffes, a traduit illico le Louis dans sa tête* (Lépidis). SYN. subito.

◆ *n.m.*

Vx. Grog confectionné en fraude dans les hôpitaux.

ETYM. de **illico,** mot lat., « sur le champ », et de **presto,** mot ital. *illico* 1417-1435, Clément de Fauquembergue [TLF]; *illico presto* 1977 [Caradec].

◆ *n.m.* 1867 [Delvau].

illuse *n.f.*

Illusion: *Oh, je ne me fais pas d'illuses, dit Lou en souriant. J'sais que j'y passerai* (Genet).

ETYM. apocope de **illusion.** 1943, Genet.

image *n.f.*

1. Billet de banque. **Grande image,** billet de mille francs (anciens) ou de cent francs (nouveaux). SYN. format. **2.** Vx. Passeport. **3.** Vx. Mandat d'arrêt.

ETYM. emplois spécialisés du mot usuel. **1.** 1901 [Bruant]. **Grande image,** «1 000 F» 1928 [Lacassagne]; «100 F» 1977 [Caradec]. **2** et **3.** 1847 [Dict. nain].

imbibé, e *adj.*

Ivre: *Il y avait une bouteille de vin rouge sur la table basse, à moitié vide. Mme Darnetti paraissait déjà très imbibée* (G.-J. Arnaud).

ETYM. emploi adj. du participe passé de **s'imbiber,** boire (1867 [Delvau]). 1877, Zola [TLF]. Métaphore de l'*éponge* (v. ce mot).

imbitable *adj.*

Incompréhensible : *J'ai dévoré son livre sur « L'Ordre impliqué », sautant des dizaines de pages mathématiques imbitables* (*Actuel*, juin 1983).

ETYM. de **in-,** préf. négatif, et de **biter,** comprendre. 1977 [Caradec].

impair *n.m.*

Acte déloyal, selon le code du milieu.

ETYM. emploi spécialisé du mot signifiant « bévue ». 1884 [Esnault].

impec *adj. et adv.*

Impeccable; impeccablement: *Les enfants, je suis content de vous. Vous êtes tous là, impec' et en pleine santé* (Viard). – *Ça a gazé? demande Pat. – Impec. D'ici une heure, j'en connais un qui va se taper une sacrée sieste* (Conil).

ETYM. apocope de **impeccable(ment).** 1950, Nimier [GR].

incendiaire *n.f.*

Prostituée amazone spécialisée dans la fellation.

ETYM. elle met le feu quelque part (en relation avec *pompier*). 1975 [Arnal].

incendier *v.t.*

Agonir d'injures : *Une envie démesurée d'incendier ce connard le démangeait* (Simonin, 5). *Et il a entrepris de l'incendier, de le railler, le mettre en garde* (Malet, 8).

ETYM. emploi métaphorique du verbe usuel. 1912 [Chautard].

inco *adj. et n.*

1. Incorrigible : *Le surveillant est bon chasseur d'hommes, mais... chaque semaine un inco joue sa chance* (Londres). **2.** Inconnu.

ETYM. **1.** apocope de **incorrigible.** 1921 [Esnault]; c'était le surnom donné par les forçats au camp de Charvein, en Guyane, et à ceux qui y étaient envoyés. **2.** apocope de **inconnu.** 1988 [Caradec].

incon *n. et adj.*

Partisan inconditionnel (de qqch ou de qqn) : *C'est un incon du hard rock.*

ETYM. apocope de **inconditionnel.** 1966 [George].

inconobré, e ou **inconnoblé, e** *adj.*

Inconnu.

ETYM. du préf. négatif **in-** et de **conobrer, connobler,** connaître. *inconobré* 1836 [Vidocq] ; *inconnoblé* 1901 [Rossignol].

incurable *n.m.*

Condamné à mort.

ETYM. file la métaphore de *malade,* détenu. 1847 [Dict. nain].

indérouillable *adj.*

Se dit d'une femme peu douée pour le racolage, et d'un maigre rapport pour son proxénète.

ETYM. du préf. négatif **in-** et de **dérouiller.** 1935 [Esnault].

indic *n.m.*

1. Indicateur de police : *Tout ça sent le mouchard, l'indic, le trafic qui s'exerce maintenant sur la douleur des gens* (Dalio). **2.** Dans le milieu, celui qui indique un coup, mais n'y participe pas : *Ça nous fait un fade de deux briques chacun parce qu'il y a une part pour l'indic, c'est normal* (Borniche, 2).

ETYM. apocope de **indicateur.** fin du XIXe s. [Esnault], mais la forme pleine *indicateur* apparaît dès 1799 (Orgères), pour désigner un malfaiteur qui trahit et vend une affaire à des bandits.

VAR. **index** : 1902 [Esnault].

indien *n.m.*

1. Malfaiteur, homme hardi (pas nécessairement péjoratif). SYN. apache, peau-rouge. **2.** Individu quelconque : *Qui c'est, c't'indien ?*

ETYM. emploi expressif du mot usuel. **1.** vers 1950 [Cellard-Rey]. **2.** contemporain.

influence *n.f.*

Le faire à l'influence, procéder par intimidation (notamment dans un interrogatoire).

ETYM. emploi concret et spécialisé du mot. 1901 [Esnault].

info *n.f.*

Information : *C'est un dingue du micro, un passionné de l'info* (*le Monde,* 26 janvier 1978) ; au pl. : *On parle déjà de deux fréquences noires : Radio-Caraïbes et Radio-Cocotier. Avec des musiques antillaises et africaines, des infos axées comme il faut, on ramasse tous les Noirs de la région parisienne* (*le Nouvel Observateur,* 8 décembre 1981).

ETYM. apocope de **information.** 1972 [George], au pl. Ce mot est auj. très répandu et tend à sortir de l'arg. journalistique pour devenir familier.

VAR. **informe** : 1979, Lacroix.

infoutu, e ou **infichu, e** *adj.*

Incapable (de faire qqch) : *Il est infoutu de reconnaître le mur de Berlin du mur des Lamentations* (Desproges).

ETYM. du préf. **in-** et de **foutu, fichu,** capable. 1988 [Caradec], mais beaucoup plus ancien.

innocent *n.m.*

Individu qui joue le rôle de greffier du milieu, dans les transactions.

ETYM. emploi spécialisé et positif du nom usuel. 1975 [Arnal].

inquiète (t') *interj.*
Ne te fais pas de souci ; ne t'occupe pas de ça : *Les filles ont intérêt à la boucler. Le plus vieux secret du monde est bien gardé, t'inquiète !* (Sarraute).
ETYM. ellipse de **ne t'inquiète pas,** impératif du verbe *s'inquiéter,* employé de façon figée. contemporain.

insoumise *adj. et n.f.*
Se dit d'une prostituée occasionnelle, qui n'est pas « en carte » : *Les filles « insoumises » étaient les prostituées primaires, c'est-à-dire inhabituelles. Quand elles étaient arrêtées, on les envoyait au dispensaire pour examen* (Larue).
ETYM. emploi spécialisé de l'adj. usuel. 1867 [Delvau], art. *fille.*

installer *v.i.*
(En) installer, avoir un comportement fanfaron, vaniteux : *Ils arrêtaient pas d'installer, ils s'époumonaient en bluff, ils se sortaient la rate pour raconter leurs relations* (Céline, 5). *« Entrons et je vous expliquerai. » C'est vraiment un mec qui en installe* (Malet, 19). *Jo, le petit maquerotin de Pigalle, n'en installait pas. Il baissait le trognon comme s'il avait peur de prendre des jetons* (Le Breton, 3). SYN. la ramener, frimer.
ETYM. emploi métaphorique du verbe usuel (idée de remuer du vent ou d'occuper le terrain). **Installer,** 1888 [Esnault] ; **en installer,** 1917 [id.].

installeur, euse *adj. et n.*
Vantard : *Tu connais notre genre pas installeur, on essayait de minimiser les dégâts qu'on avait pu faire* (Simonin, 6).
ETYM. de **en installer.** 1967, Simonin.

intello *n. et adj.*
Intellectuel : *Elle a une bibliothèque du genre municipal. C'est une intello* (Pouy, 1). *Ipanema c'est le quartier chic, un brin intello de Rio* (*Libération,* 27 décembre 1980).
ETYM. apocope et resuffixation pop. de **intellectuel.** 1977 [DDL].
DER. **intel** *adj.* Intelligent : 1957 [Sandry-Carrère].

inter *n.m.*
1. Intermédiaire véreux qui rabat la clientèle sur les maisons closes : *Quelques « inters » se mêlent aux chauffeurs et c'est le chantier des anecdotes* (Simonin-Bazin). **2.** Interprète.
ETYM. apocope de **intermédiaire** et **interprète. 1.** 1928 [Lacassagne]. **2.** 1977 [Caradec].

interjo *n.m.*
Intérêt, surtout dans les tours **y a interjo, avoir interjo à :** *Il y a sérieusement interjo à faire gaffe* (Bauman).
ETYM. resuffixation pop. de **intérêt.** vers 1950.

intox ou **intoxe** *n.f.*
Information tendancieuse ou fausse : *Les « Médecins sans frontières » ne sont pas* [...] *des experts en communication, rompus aux manœuvres d'intox et de contre-intox, mais des médecins et des témoins* (*le Nouvel Observateur,* 18 mars 1980).
ETYM. apocope de **intoxication.** 1966 [George].

intoxiquo *n.m.*
Drogué. SYN. toxico.
ETYM. var. de **intoxiqué,** par changement pop. de suff. 1975 [Le Breton].

introduire *v.t.*
L'introduire à qqn. ***a.*** le posséder sexuellement ; ***b.*** le duper. SYN. mettre.
ETYM. emploi sexuel du verbe usuel, avec glissement du sens vers l'idée de tromperie (→ **BAISER, COUILLONNER,** etc.). ***a.*** depuis le XVIIe s. ; ***b.*** 1920 [Bauche].

invalides *n.m.pl.*
Prendre ses invalides, se retirer, prendre sa retraite : *Un tiers du mitan projetait d'y prendre ses invalides ! Il est vrai que les projets de truands !* (Simonin, 5).
ETYM. emploi ironique forgé à partir de **prendre sa retraite** et de **(toucher une pension d') invalidité.** 1867 [Delvau].

invalo *adj. et n.*
Invalide : *Derrièr' la musiqu' militaire / Près d'l'invalo, / L'brav' porteur d'eau / Sifflotait l'refrain populaire* (chanson *Derrièr' la musiqu' militaire,* paroles de L. Delormel et L. Garnier).
◆ **les Invalos** *n.pr.*
L'hôtel des Invalides, à Paris ; le quartier environnant : *Au pont des Invalos le jour j'lav' les caniches* (chanson *Trimardeur du boul' exter,* paroles de F. Dufort et E. Morel).

ETYM. resuffixation pop. de **invalide.** 1857 [Esnault].

VAR. **les Invatloches :** 1921 [id.]. **les Invaloches :** 1977 [Caradec].

invitation *n.f.*

Invitation à la valse, invitation à régler l'addition, la note.

ETYM. détournement humoristique d'un processus gracieux (cf. *lâchez-les, valse lente*). 1953 [Sandry-Carrère].

iroquois *n.m.*

1. Adepte de la coupe de cheveux hérissée sur le crâne, les tempes étant rasées. **2.** Vx. Imbécile.

ETYM. emploi métaphorique et expressif du nom désignant une tribu d'Amérindiens. **1.** 1986 [Merle]. **2.** 1808 [d'Hautel].

isoloir *n.m.*

Urinoir.

ETYM. emploi humoristique du mot usuel, au sens plus noble. 1977 [Caradec].

italboche, italo ou italgo *n.m.*

VIEILLI. Italien : *Le casuel du méquier, quoi, comme disait l'Italboche* (Stéphane). SYN. rital.

ETYM. resuffixations de **italien.** *italboche* 1889 [Esnault] ; *italo* 1894 [Virmaître] ; *italgo* 1899 [Nouguier].

jab [dʒab] *n.m.*

Direct au plexus ou au visage : *Le premier qui viendra m'alourdir avec l'antiracisme des jeunes, je lui balancerai un jab du gauche dans la chetron* (Smaïl).

ETYM. de l'angl. **jab,** coup (terme de boxe). 1986 [Merle].

jaboter *v.t.*

1. Dire : *Pour sûr que c'est une douairière, et certainement bien nantie, l'octogénaire ! Autrement Zézé ne perdrait pas son temps à lui jaboter ses salades* (Bastid-Martens). **2.** Demander.

◆ *v.i.*

1. Bavarder : *Il lui passait un bras autour de la taille et la laissait jaboter. Ils musardaient aux étalages des magasins* (Dabit, 1). **2.** Manger.

ETYM. dénominal de **jabot. 1** et **2.** 1800, Leclair. ◆ *v.i.* **1.** 1694, *la Fontaine de Sapience* [TLF]. **2.** 1951 [Esnault].

DER. **jabotage** *n.m.* Bavardage et **jaboteur, euse** *adj. et n.* Bavard : 1867 [Delvau].

Jacques *n.pr.*

1. Vx. Sou : *Eh ! par ici, mon fi Guillotin ; un petit père noir de quatre ans à huit Jacques* (Vidocq). **2.** Sot, imbécile : *Tiens, c'est pour ton dimanche. Tu peux aller au cinoche. Et ne fais pas le Jacques !* (Sabatier). **Battre le Jacques,** simuler la niaiserie.

ETYM. surnom dévalorisant du paysan, depuis le mil. du XIVe s. **1.** 1813, poissard [Esnault]. **2.** *faire le Jacques* 1881 [Rigaud]. **Battre le Jacques,** vers 1875 [Esnault].

jacquot, jacot, jacques ou **jack** *n.m.*

1. Levier servant à fracturer les portes : *C'est au cas qu'on a mis le verrou à l'intérieur que j'me sers du jacques. Ça va vite. Deux, trois pesées...* (Carco, 1). *Il ne rentrait que du suédois comme acier chez cézigue, et ses jacots, démontables deux pièces, avaient beau avoir l'air de petits bijoux, vous auriez quand même craqué sans façons une lourde d'église avec* (Simonin, 3). **2.** Pénis. **3.** Mollet : *Du pétoulet aux roberts, en passant par les jacots, il y avait bien des sujets d'intérêt pour les connaisseurs, sans compter la bouille* (Simonin, 1). **4.** Coffre-fort : *De bonnes grosses barres déposées dans son jacquot à la banque* (Bastid-Martens). **5.** Taximètre : *Comment, dans ces conditions, notre homme se serait-il contenté des vingt-trois cinquante que pouvait annoncer le « jacquot » pour une bonne voie ?* (Simonin-Bazin). **Faire parler le jack,** tricher sur le montant indiqué par le taximètre : *Ce sera seulement alors que l'on pourra te montrer à « faire parler le jack ». Un bon compteur doit obéir au commandement du chauffeur* (id.).

ETYM. de **Jacques. 1.** *jacques* 1895 [Esnault] ; de *Jacques, n.m.* bâton des pèlerins de Saint-Jacques-de-Compostelle ; *jacquot* 1926 [id.]. **2.** XVIIe s. sous la forme *frère Jacques* [Duneton-Claval]. **3.** *jacquot* 1889 [Esnault] ; *jacques* 1894 [Virmaître]. **4.** *jacques* 1899 [Nouguier] ; *jacquot* 1926 [Esnault]. **5.** *jacques, jacquot* et *jack* 1935, Simonin-Bazin.

DER. **jacquoté** *adj.m.* Pourvu de bons mollets : 1930 [Esnault].

! forme du point d'exclamation

jactance *n.f.*

1. Parole : *Brusquement, il allongea le bras et coupa la jactance au speaker qui enchaînait sur la grève des mineurs* (Le Breton, 1). **2.** Bavardage : *Et soudain, ces quatre paisibles Parisiens dressèrent l'oreille et Augustine arrêta sa jactance* (Klotz).

ETYM. de **jacter.** Le mot *jactance,* vantardise, est sans rapport étymologique avec celui-ci. **1.** 1875, Rabasse [Larchey]. **2.** 1881 [Rigaud].

VAR. **jaquetance** : 1876 [Esnault].

DER. **jacte** ou **jaqu'te** *n.f.* Bagout : 1905 [id.]. **jaquetancer** *v.i.* Bavarder : 1958 [id.].

jacter *v.i. et t.*

1. Parler, causer, bavarder : *Vous savez jacter le français ? – Oui, monsieur, il y a longtemps que nous sommes à Paris, font-ils presque sans accent* (Tachet). *Je lui file une toise / Quand elle jacte de traviole* (P. Perret). *Là, y a des gonzesses, excuse-moi, t'oserais même pas aller leur jacqueter* (Simonin-Bazin). **2.** Dire des noms, dénoncer ses complices.

ETYM. de **jaquette,** pie (1611 [Cotgrave]) ; ce verbe est très répandu dans les couches populaires. **1.** 1821 [Ansiaume]. **2.** 1846, *Intérieur des prisons.*

VAR. **jacqueter** : 1562, Du Pinet [TLF].

DER. **jactage** *n.m.* **1.** Voix : 1833 [Esnault]. **2.** Conversation : 1879 [id.]. **3.** Mention, allusion : [id.]. **jaquetant** *n.m.* Bouche : 1952 [id.]. **jacteur** *n.m.* Bavard : 1881 [Rigaud].

jaffe *n.f.*

1. Soupe : *Dans ces inhumains séjours au mitard – une jaffe et un bout de brignolet deux fois par semaine – c'est là que le tube avait ravagé son organisme* (Le Breton, 2). **Être de jaffe,** être de corvée de soupe. **2.** Nourriture : *Premier boulot : une carrée et la jaffe. Après, on verra* (Tachet). **3.** Repas : *Le moment de la jaffe venait, qu'ils aimaient bien tous deux. À la terrasse, leur table était retenue au nom de Brigitte* (Simonin, 1).

ETYM. du gaulois **jefa,** écume, embrun. **1.** 1628 [Chéreau] (encore en 1966, Grancher). **Être de jaffe,** 1914 [Esnault]. **2** et **3.** 1918 [id.].

VAR. **jaffle** : 1867 [Delvau].

jaffer *v.i.*

Souper, manger : *La tortore tenait une telle place dans l'existence de Pierrot, que refuser de jaffer en sa compagnie lui apparaissait comme un affront mortel* (Simonin, 2).

ETYM. de **jaffe.** 1824 [TLF].

jaja *n.m.*

Vin : *Kim est pas trop portée sur le jaja ; ce qui l'intéresse, c'est la croustance* (Pelman, 1). SYN. jin-jin.

ETYM. redoublement expressif de la première syllabe de **jarret,** au sens métaphorique de « vigueur ». 1918 [Esnault].

jalmince *adj.*

Jaloux : *Te fâche pas, mon chéri... Pisque on ne se connaissait pas encore, tu vas pas être jalmince...* (Grancher). *Tu es plus jalmince des hommes que des femmes, faut croire que tu as des raisons pour ça* (Lorrain). *On croirait que t'es jalmince que j'm'occupe de l'ami à Blondeau* (Le Breton, 6).

◆ *n.f.*

Jalousie : *Le regard de Crevette glisse sur Colette, avec un rien de rancune inavouée et une jalmince lucide pour l'étole de fourrure que cette prétentieuse laisse pendre dans son dos* (Simonin, 8).

ETYM. suffixation arg. de **jaloux.** 1899 [Nouguier].

◆ *n.f.* 1957 [PSI].

VAR. **jaliance** *n.f.* Jalousie : 1925 [Esnault].

jalmincerie *n.f.*

Jalousie : *On en rajoutait sans doute par malveillance raciste, jalmincerie peut-être. On citait les proportions de leur braquemart* [aux Noirs] (Boudard, 2).

ETYM. de **jalmince.** 1926 [Esnault].

1. jambe *n.f.*

1. Vx. **Jambe en l'air,** potence. **2. Faire jambe de bois.** ***a.*** quitter le restaurant sans payer ; ***b.*** faire défaut en justice ; ***c.*** se donner des forces pour la marche en buvant. **3. Sur une jambe,** facilement, sans difficulté : *Pour lui, c'était pas un fait d'armes. À l'entendre, il avait fait ça sur une jambe* (Pousse). *Vingt piges de durs, petit mec, ça se fait pas sur une jambe* (Boudard, 5). **S'en aller sur une jambe,** partir en refusant de prendre un dernier verre : *On s'attable, le bon marché, l'occasion, l'innocence du petit vin, l'on ne s'en va pas sur une seule jambe* (Vidocq). **4. La jambe !,** syn. de la barbe ! **Être jambe,** être ennuyeux. **5. Jambe du milieu** ou **troisième jambe,** pénis. **6. Être vite sur jambes,** comprendre très rapidement. **7. Partie de jambes en l'air,** coït (souvent avec une nuance de liberté, de bonne humeur) : *Les gens convenables s'étaient plaints. Ces parties* *de jambes en l'air troublaient la promenade de leurs chiens, de leurs chevaux et de leurs enfants* (Jamet).

ETYM. emplois spécialisés et souvent ironiques du mot usuel. **1.** 1847 [Dict. nain]. **2.** ***a.*** 1899 [Nouguier] ; ***b.*** 1928 [Lacassagne]. **3.** 1872 [Esnault] ; d'abord *par-dessus la jambe,* 1844, qui signifie auj. dans un registre fam. « avec négligence, sans soin ». **Ne pas s'en aller sur une jambe,** 1828, Vidocq. **4.** 1901 [Bruant] ; issu de loc. comme *tenir la jambe à qqn, lâche-moi la jambe,* etc. **Être jambe,** 1933, Morand [TLF]. **5. Troisième jambe,** 1864 [Delvau] ; **jambe du milieu,** 1978 [Guiraud]. **6.** 1975 [Le Breton]. **7.** 1894 [Virmaître].

DER. **jamber** *v.t.* Importuner : 1901 [Bruant]. **jambier** *n.m.* Individu ennuyeux : [id.].

2. jambe *n.f.*

VIEILLI. Unité de cent francs (anciens).

ETYM. de l'arg. ital. **gamba,** cent lires (1898). 1926 [Esnault].

jambon ou jambonneau *n.m.*

1. Cuisse d'un beau diamètre : *Une fois sur place, elle relevait la traîne de sa longue robe sur ses jambons pour que fonde la glace* (Lépidis). *J'en connais un'de danse qu'est ben plus chouette / Ça vient d'la butt' c'est tout nouveau / Allons Méli' prépar' tes jambonneaux* (chanson *la Valse à Julot,* paroles de F.-L. Bénech). **Partie de jambons,** syn. de partie de jambes en l'air : *Qu'est-ce que les médias ont à cirer des parties de jambons d'une dame, à moins qu'il ne s'agisse, bien sûr, d'une star* (San Antonio, 7). **2.** Nom donné à divers instruments de musique à cordes, à la forme pansue (banjo, guitare, mandoline et même violon) : *Des joueurs de guitare entrèrent, sur ces entrefaites, ils pinçaient du jambonneau avec les doigts* (Huysmans, 2).

ETYM. transfert anthropomorphique (1) et analogie de forme (2). **1.** 1864 [Delvau]. **Partie de jambonneaux,** 1982 [Perret]. **2.** *jambon* « violon » vers 1865 [Esnault] ; *jambonneau* 1879, Huysmans.

DER. **jambonnée** *adj.f.* **Être bien jambonnée,** posséder de jolies jambes, en parlant d'une femme : 1975 [Le Breton].

jambonner *v.t.*

1. Vx. Frapper : *Si a veut pas s'faire eun'raison, / Un matin j'y jambonne l'blaire* (Bruant). *Ça se jambonnait parfois la tronche pendant les réunions* (Boudard, 2). **2.** Importuner.

◆ *v.i.*

Jouer d'un instrument à cordes.

ETYM. de **1. jambe. 1.** vers 1890, Bruant. **2.** 1953 [Sandry-Carrère].

◆ *v.i.* 1977 [Caradec].

jante *n.f.*

Rouler ou **être sur la jante,** être épuisé à la suite de coïts successifs, d'efforts physiques intenses : *Il a fini par avoir l'air de c'qu'il était : un type sur la jante* (film *le Pacha,* de Lautner, 1968).

ETYM. métaphore humoristique empruntée à l'arg. des cyclistes, « être à la limite de ses forces » (Caradec). 1968, Lautner.

japonais *n.m.pl.*

Argent. **Les Japonais ont tourné le coin** ou **sont pas laga,** je n'ai pas un centime.

ETYM. altération probable (sous l'influence du slang *jap,* japonais ?) de **tchapes,** sous, en pataouète algérois, issu de l'espagnol **chapa,** disque de métal. **Les Japonais ont tourné le coin,** 1926 [Esnault] ; **les Japonais sont pas laga,** 1953 [Sandry-Carrère].

jaquette *n.f.*

1. Anus. **Filer, refiler** ou **être de la jaquette (flottante),** pratiquer l'homosexualité masculine : *Encore un qui refile de la jaquette… Une jolie tantouse qui me regarde elle aussi avec des yeux humides, la sagouine !* (Boudard, 1). *M. Gobert, il était de la jaquette ! Généralement, c'était des petits jeunes du lycée Corneille…* (Veillot). *Et Henriette qui nous venait de Grenoble… Tout cela, suivant leur pittoresque expression, « donnait de la jaquette »* (Grancher, 2). **2. Jaquette flottante,** homosexuel : *Bourgeoise, p'têt, mais j'suis sûr qu'elle fait même bander la jaquette flottante* […] *Elle laisse pas indifférents les adorateurs de la quéquette !* (Lasaygues).

ETYM. emploi spécialisé de ce mot anc., désignant un vêtement d'homme fendu dans le dos (le féminin de *Jacques* est du reste génér. dévalorisant). **1.** 1928 [Lacassagne] (en parlant d'une femme qui pratique le coït anal). **Filer de la jaquette,** 1953 [Sandry-Carrère] ; **être de la jaquette,** 1953, Simonin [TLF]. **2.** 1901 [Bruant].

jar ou **jars** *n.m.*

Argot des malfaiteurs : *L'apache use d'une langue spéciale, le « jar »* (Locard). *Il me paraissait même drôlement gentil, à présent, le jars qu'on roulait pour jouer aux durs quand j'avais dix-sept ans* (Boudard, 1). *C'est qu'elle ne jaspine pas le jar, cécolle, et qu'elle est très réservée, très « détenue modèle », et certainement pas récidiviste* (Sarrazin, 2).

ETYM. apocope de **jargon.** 1836 [Vidocq], mais dès le XVIIe s. au sens de « vocabulaire mystérieux ». Ce mot a été rapproché de bonne heure (1640, Oudin), par calembour, de *jars,* mâle de l'oie, avec lequel il n'a pas de rapport étymologique.

VAR. **jarg :** 1844 [Dict. complet]. **jar(r)e :** 1880, Humbert.

DER. **jarguer** *v.i.* Parler argot : 1867 [Delvau].

jardin *n.m.*

1. Recherche d'escroquerie : *Aller au jardin.* **2. Faire du jardin,** critiquer, calomnier qqn. **3. Jardin des claqués, des crônis, des refroidis,** cimetière.

ETYM. déverbal de **jardiner. 1.** 1835 [Esnault]. **2.** 1876 [id.]. **3.** 1867 [Delvau].

jardiner *v.t.*

ARG. ANC. **1.** Duper par un discours : *Sa mission* [au jardinier] *consiste à trouver le pigeon pourvu d'argent et qu'il croit bon à dévaliser. Il le lève et le jardine* (Macé). **2.** Railler, bafouer. **3.** Se moquer avec emphase.

ETYM. de **jardiner un bois,** le mettre en coupe réglée [Esnault]; cette étymologie paraît difficile à admettre, car on ne voit pas comment il a pu y avoir métaphorisation et péjoration de cette loc. technique des sylviculteurs. **1.** 1835 [Raspail]. **2.** 1846, *Intérieur des prisons.* **3.** 1865, *Goualante de la Courtille* [Rossignol].

DER. **jardinage** *n.m.* Médisance : 1867 [Delvau]. **jardineur** *n.m.* **1.** Curieux : 1876 [Esnault]. **2.** Moqueur : 1883, Macé [id.].

jardinier *n.m.*

ARG. ANC. **1.** Complice qui, au cours du « charriage », exploite la cupidité de la dupe et l'incite à traiter avec « l'Américain » : *Pour jouer cette comédie dont le dénouement doit être le dépouillement de la victime, deux compères sont de rigueur : l'un qui fait l'Américain, l'autre qui sert de leveur ou de jardinier, ainsi qu'on l'appelait autrefois* (Canler). **2.** Rabatteur de clients pour tripots.

ETYM. de **jardiner. 1.** 1835 [Raspail]. **2.** 1886 [Esnault].

☞ **jargon**
→ Liste des argots spécifiques *page [33].*

jarretelle *n.f.*

Écoute téléphonique.

ETYM. emploi métaphorique et humoristique du mot usuel, pour désigner la dérivation téléphonique. 1975 [Arnal].

jarvillage *n.m.*

Vx. Entretien : *Après deux jarvillages, il a pourtant quimpé* (Ansiaume).

ETYM. de **jarviller.** 1821 [Ansiaume].

jarviller *v.i.*

Vx. Causer : *Tu jarvilleras avec le daron et la daronne, tandis que je ferai l'affaire* (Ansiaume).

◆ *v.t.*

Faire parler : *Le lartonnier a du carle, il faudra le jarviller* (id.).

ETYM. de **javiller,** verbe dial. du Mans [Esnault]. 1821 [Ansiaume].

jaser *v.i.*

1. Parler trop, répéter : [Ces gens-là] *ne tiennent pas nouzailles* [les argotiers] *au rang des pauvres, et jasent que devrions maquiller* (Responce au grand Coesre) ; faire une dénonciation : *Un homme de la bande est arrêté. Il jase. – Alerte !* (Lhéritier). **2.** Vx. Révéler où est caché l'argent. **3.** Vx. Prier.

ETYM. d'un radical onomatopéique qui est le même que celui de **gazouiller. 1.** 1867 [Delvau]. **2.** 1798, Orgères. **3.** 1822 [Mésière].

DER. **jasante** *n.f.* Vx. **1.** Prière : 1822 [Mésière]. **2.** Chanson : 1919 [Esnault]. **3.** Lettre : 1925 [id.].

jaspin ou **jaspinage** *n.m.*

Bavardage : *Et ce sale môme qui rigole. Sammy-soft y perd son jaspin* (Vautrin, 1).

ETYM. déverbal de **jaspiner.** *jaspin* 1865, *Goualante de la Courtille* [Rossignol] ; *jaspinage* 1883 [Larchey].

jaspiner *v.i.*

1. Bavarder : *Urbain Chanzy dit Kaliban et Louise Michalin dite Zézé Maldoror se font la bise comme deux vieilles concierges qui n'en finissent pas de jaspiner dans l'escalier*

(Bastid-Martens). **2.** Parler: *On jaspine de ci et de ça, politique et littérature, surtout* (Lacroix). *Faut répondre quand un ancien t'jaspine!* (Le Breton, 6). *Loupart avisa la fille qui venait aux écoutes: «Jaspine!... de quoi qu'il retourne?»* (Allain-Souvestre).

◆ *v.t.*

Parler (une langue): *Moi, si je jaspine le french, c'est uniquement parce que j'ai fait mes études comme boursier sur le Boul'Mich'* (Grancher). *Jaspiner le jar.*

ETYM. de **jaser,** avec le suff. arg. **-piner. 1** et **2.** avant 1715 [Esnault] (usité à la cour).
◆ *v.t.* 1855 [id.].

DÉR. **jasper** *v.i.* Parler: 1920 [Esnault]. **jaspinement** *n.m.* Aboiement: 1836 [Vidocq]. **jaspineur** *n.m.* **1.** Avocat: 1846, *Intérieur des prisons.* **2.** Individu bavard: 1901 [Bruant].

jaune *n.m.*

1. Ouvrier travaillant malgré un ordre de grève donné à sa corporation. **2.** Ouvrier syndiqué non socialiste: *Chez les ouvriers, d'abord, beaucoup m'en veulent. Je passe pour un jaune, un traître* (Van der Meersch); et adj.: *Syndicat jaune.* **3.** Vx. **Peindre en jaune,** tromper (son conjoint): *Elle plaignait son frère, ce jeanjean que sa femme peignait en jaune de la tête aux pieds* (Zola). **4.** Vx. Été. **5.** Vx. Eau-de-vie; auj., apéritif anisé: *La nuit suivante, Mado vient écluser des «jaunes» (des pastis) au Bora-Bora jusqu'à la fermeture* (*Libération,* 8 mai 1990).

ETYM. emplois spécialisés de l'adj. de couleur, le jaune étant souvent considéré comme infamant: à l'égard des Juifs dès le Moyen Âge, des forçats libérés, des maris trompés, etc. **1** et **2.** vers 1900 [Esnault]; les adversaires des socialistes, des «rouges», avaient pour symboles un gland jaune et un genêt et collaient des affiches de couleur jaune, en 1900, à Montceau-les-Mines. **3.** 1877, Zola [TLF]. **4.** 1822 [Mésière] (métonymie des blés d'or). **5.** «eau-de-vie» 1858 [Larchey]; «apéritif anisé» 1990, *Libération.*

DÉR. **jaunier** *n.m.* **1.** Cabaret; tenancier: 1867 [Delvau]. **2.** Ivrogne: 1881 [Rigaud].

jauneau *n.m.*

ARG. ANC. Syn. de jaunet au sens 1: *Il avait encore de bons coups à faire; [...] il connaissait particulièrement deux ou trois maisons où il y avait beaucoup de jauneaux* (Orgères).

ETYM. de **jaune.** 1798, Orgères.

jaunet *n.m.*

1. Pièce d'or: *Tendant un affreux bourgeron, il ajouta avec un effroyable sourire: Un jaunet, ma princesse, ça vous portera bonheur* (Huysmans). **2.** Asiatique. **3.** Vx. Gendarme: *Et si le jaunet s'inquiète de savoir quoi t'est-ce que nous foutions, à nuit [...], nous qu'avons tant payé pour délit de braconne?* (Stéphane). **4.** Apéritif anisé.

ETYM. diminutif de **jaune. 1.** 1640 [Oudin]; encore usité en Bourse selon Sandry-Carrère (1953). **2.** 1977 [Caradec]. **3.** 1928, Stéphane (allusion à la couleur des buffleteries). **4.** contemporain.

java *n.f.*

1. Partie de plaisir, débauche: *Ensemble on s'offrira du bon temps. On se paiera une bagnole. On fera la java sur la côte, à Deauville* (Lépidis). **Être en java, partir en java,** s'offrir une partie de plaisir. **2.** Correction infligée à qqn: *Elle me brosse une fresque monumentale de la java que ça va être, dans la bicoque, une fois qu'elle y aura seulement mis un pied* (Faizant). **Java des baffes,** passage à tabac. SYN. danse, valse. **3.** Évasion mouvementée.

ETYM. emplois élargis du mot désignant la danse populaire. **1.** 1901 [Chautard]. **2.** 1953 [Esnault]. **3.** 1975 [Arnal].

☞ javanais
→ Liste des argots spécifiques *page [33].*

jazz-tango *adj.*

Être jazz-tango, être bisexuel. SYN. aller, être à voile et à vapeur.

ETYM. image de la duplicité de mœurs, empruntée au vocabulaire de la musique. 1975 [Beauvais].

jean-foutre ou (vx) jean-fesse *n.m.inv.*

Désignation péjorative d'un individu: *Ce grand jean-foutre avait une telle habitude d'être obéi, il répandait si bien la terreur que ce geste de révolte l'épatait* (Héléna, 1). *C'est comm' les curés: des Jean-Fesse, / Un tas d'clients qui foutent rien / Que d'licher du pive à la messe* (Bruant).

ETYM. formé à partir du prénom **Jean** et de **2. foutre.** 1750, Fougeret de Montbron [TLF]; *jean-fesse* 1640 [Oudin].

DÉR. **jeanfoutrerie** *n.f.* Action, comportement propre à un jean-foutre : 1852, Mérimée [TLF].

jean-nu-tête *n.m.*

Pénis.

ETYM. désignation humoristique du pénis comme d'un crâne chauve (cf. *charles, chinois*). 1977 [Caradec].

je-m'en-foutisme *n.m.*

Attitude exprimant une désinvolture plus ou moins méprisante : *Il y avait des politiciens suant le je-m'en-foutisme* (Margueritte).

ETYM. substantivation de **je m'en fous,** avec le suff. pseudo-savant **-isme.** 1891, Goncourt [TLF].

je-m'en-foutiste *adj. et n.*

Qui se comporte avec une totale désinvolture : *Ne soyons pas trop j'm'enfoutistes, / L'excès en tout est un abus* (chanson *Au r'voir... et merci !* paroles de Vylé et Plébus).

ETYM. du précédent. 1886, Goncourt [TLF].

Jérusalem *n.pr.*

Vx. **1. Être de la rue de Jérusalem,** être de la police. **2. Lettre de Jérusalem,** lettre de détenu laissant espérer (faussement) l'appropriation d'un trésor caché par ses soins : *L'arcat ou lettre de Jérusalem était pratiquée au XVIIIe siècle avec tout autant de succès que de nos jours* (Rigaud).

ETYM. **1.** cette rue était le siège, au XIXe s., de la Préfecture de police. 1901 [Bruant]. **2.** origine peu claire, le rapport avec le sens 1 n'étant pas établi. 1828, Vidocq ; mais dès l'an VIII (1800) dans *Paris métamorphosé* de Nougaret [Rigaud].

jésuite *n.m.*

Vx. Dindon : *Je donnerais trente jacques pour tortiller ma part d'un jésuite* (Ansiaume).

ETYM. gallinacé d'Amérique introduit en France au XVIe s. par les jésuites. 1821 [Ansiaume].

Jésus *n.m.*

1. Adolescent plus ou moins efféminé et homosexuel (qu'on utilise souvent pour monter un chantage) : *Elle aurait donné aux flics un ancien Jésus en contrepartie d'un permis de circuler* (Lépidis). **2.** Pénis en érection : *Napoléon s'agenouille devant elle, se signe, joint les mains et grogne d'une voix sourde : Baise-moi l'Jésus !* (Simonin-Bazin). *Depuis quelque temps, il ne se contente plus de faire voir son jésus en se guignolant* (Combescot). **3. Le petit Jésus en culotte de velours** → VELOURS.

ETYM. emplois pseudo-hypocoristiques et plus ou moins blasphématoires du nom sacré. **1.** 1835 [Raspail]. **2.** 1935, Simonin-Bazin.

jetar *n.m.* → **1.** CHTAR.

jetard *n.m.* → **2.** CHTAR.

jeté, e *adj.*

1. Qui a mauvais moral. **2.** Qui a perdu la perception claire de ce qui l'entoure (notamment sous l'effet de l'ivresse) : *Complètement jeté, ce mec. Peut-être devenu barjot à la suite de sa chute* (Page). **3.** Qui n'est plus bon à rien : *Les qualificatifs fusent pour décrire la santé mentale des uns et des autres : les « bons pour la retraite » rivalisent avec les « complètement jetés »* (*Libération,* 25 juillet 1985). **4.** Se dit d'une réponse appropriée, convaincante : *J'en veux pas ! Aussitôt la tête disparut et la fenêtre se referma. – Ça, c'est jeté, gouailla Pancucule* (Machard, 1).

ETYM. emplois métaphoriques du participe passé du verbe **jeter. 1.** 1975 [Beauvais]. **2.** 1980, *le Nouvel Observateur* [TLF]. **3.** 1985, *le Nouvel Observateur.* **4.** 1911, Machard.

jetée *n.f.*

1. Somme de cent francs (anciens). → DEMI-JETÉE. **2.** Vol fructueux. **3.** Coup d'arme à feu : *Avec mes repoussants à deux jetées, je ne crains pas les cognes* (Ansiaume).

ETYM. emplois spécialisés et dynamiques du participe passé substantivé du verbe **jeter. 1.** 1894 [Esnault]. **2.** 1930 [id.]. **3.** 1821 [Ansiaume].

jeter *v.t.*

1. Chasser qqn, l'expulser : *D'autres m'ont raconté leurs démêlés avec des contrôleurs hargneux qui les insultaient et les jetaient au premier arrêt* (Porquet). **2. Jeter de la pommade,** flatter. **3. Jeter de la grêle,** médire. **4. Jeter son venin** ou **la purée,** éjaculer. **5. N'en jetez plus, la cour est pleine,** ça suffit, arrêtez : *Bon. Atchoum ! Ça va, ça va, n'en jetez pus, l'cour est pleine* (Stéphane). **6. (En) jeter,** avoir fière allure : *Avec sa petite bâche à jonc sur le crâne, son costume à rayures un peu voyant, avec surtout son mouchoir de soie qui sortait de la pochette de son veston à la manière sicilienne, il en jetait forcément*

(Lépidis). *Sa bagnole, elle jette !* **La jeter mal,** avoir un aspect peu flatteur, médiocre. **7. Se jeter (une boisson) derrière la cravate** ou **derrière le bouton de col** ou **s'en jeter un,** prendre un verre : *Une équipe surgissait, de gars à foulards bariolés, la gapette sur l'œil, qui [...] venaient « s'en jeter un derrière la cravate » pour se donner du cœur à l'ouvrage* (Galtier-Boissière, 4). *À la barrière, mon oncle et papa entraient au bistrot se jeter une canette les premiers* (Céline, 5). *Il n'y a pas moyen de se jeter un godet avant toute chose ? interrompit Johnny avec son culot roumain* (G. Arnaud). *La grosse grommelle qu'elle n'est pas grosse et que tant pis, s'il n'y a que du ouisky, elle ne dit pas non à s'en jeter un petit* (Bénoziglio).

ETYM. emplois spécialisés du verbe usuel. **1.** 1883 [Chautard]. **2.** 1880 [id.]. **3.** 1882 [id.]. **4. Jeter la purée,** 1957 [Sandry-Carrère] ; **jeter son venin,** 1977 [Caradec]. **5.** 1893, Verlaine [TLF]. **6.** 1916 [Esnault]. **La jeter mal,** vers 1890, Goron. **7. Se jeter qqch derrière la cravate,** 1942, Queneau [TLF] ; *s'en jeter un coup derrière le faux-col* 1947, Stollé ; **se jeter (une boisson) derrière le bouton de col,** 1953 [Sandry-Carrère] ; **s'en jeter un,** 1931 [Chautard], mais dès 1918 [Dauzat], *se jeter qqch dans le cou, dans la lampe* ; et dès 1881 [Rigaud], *s'en être jeté,* être ivre.

jeton *n.m.*

1. Coup : *Je l'empoigne par le colback et lui dépose un vache de jeton entre les deux yeux* (Tachet). **2.** Jeûne forcé. **3. Se payer** ou **prendre un jeton (de mate),** assister, volontairement ou non, à un spectacle érotique (animé ou statique) : *C'est égal, il aurait pu frapper. En attendant il s'est payé un jeton de mat ce vieux gougnaffier* (Devaux). *Du premier coup d'œil on pouvait constater qu'on n'était pas volé sur la marchandise, et même prendre un sérieux jeton de mate, because la gerce était intégralement nue* (Bastiani, 4). **4. Avoir, foutre les jetons,** avoir peur, faire peur : *T'as eu les jetons ?–Tu parles. Jamais eu une telle trouille de ma vie. Même pendant les bombardements* (Queneau, 1). *Brusquement, on se retrouvait seul, captif des autres, et ça foutait les jetons* (Veillot). *Ça ne me déplaisait pas, mais alors, là, pas du tout, de flanquer les jetons à M. René Lévyberg* (Malet, 14). **5.** Individu : *Quel âge avez-vous ? – 44 ans. – Bravo, c'est pas une armée de vieux jetons* (Paraz, 2). **Beau jeton,** jolie fille.

ETYM. emplois métaphoriques du mot usuel, et parfois plus proches du verbe **jeter. 1.** vers 1884 [Esnault]. **2.** 1901 [id.]. **3.** début du XXe s., Carabelli [TLF]. **4. Avoir les jetons,** 1916 [Esnault] ; **foutre les jetons,** 1945, Vailland [TLF]. **5.** 1905 [Esnault]. **Beau jeton,** 1910 [id.]. → **FAUX.**

jeu *n.m.*

1. Faire le jeu, racoler des clients pour un tripot. **2. Le grand jeu,** l'ensemble des moyens (notamment dans le domaine érotique) : *Je suis décidé à jouer le grand jeu. Je veux faire une affaire* (Guéroult). *Tu n'as jamais eu l'intention de me tuer, mais simplement de me faire le grand jeu, m'effrayer* (Malet, 7). *À qui dans mon bas glisse une thune entière / C'est déjà l'grand jeu, j'complique mes ébats* (Plaisir des dieux).

ETYM. expression empruntée au tarot ancien (2) et aux joueurs en général (1), notamment aux turfistes : « courir non pour soi-même, mais pour faire gagner un autre cheval de la même écurie ». **1.** 1902 [Esnault]. **2.** 1888, Guéroult ; « domaine érotique » 1864 [Delvau].

jeun (à) *loc. adj.*

Vx. Vide : *Si ta filoche est à jeun, l'ogresse du tapis-franc te fera crédit sur ta bonne mine* (Sue).

ETYM. emploi métaphorique de la loc. usuelle. 1842, Sue.

jeunabre *adj.*

Jeune : *« Tu les auras. – Elles sont jeunabres ? » Le Grec laissa filtrer sur son fournisseur de faux papiers un regard glacé. « Plutôt ! 17, 20 piges ! Pourquoi ? Tu t'en ressens ? »* (Le Breton, 5).

ETYM. suffixation arg. de **jeune.** 1941 [Esnault].

jeune *adj.*

1. Insuffisant : *Tu crois pas que ta mise, elle est un peu jeune ?* **2. Jeune homme,** voleur spécialiste de l'effraction : [Le casseur de portes] *fait le plus grand cas des forces musculaires ; il se fait appeler un* jeune homme, *ce qui est un titre parmi les brutes de son espèce* (Joigneaux). **3. Avoir son jeune homme,** être pris de boisson.

ETYM. emplois spécialisés de l'adj. usuel. **1.** littéralement « pas encore à point », d'où « incomplet, non suffisant ». 1920 [Bauche]. **2.** 1841 Joigneaux. **3.** 1860, Privat d'Anglemont ; le *jeune homme* était une mesure de vin de 4 litres, selon Delvau.

DÉR. **jeunehommerie** *n.f.* Milieu des souteneurs aspirant à l'attaque nocturne : 1872 [Esnault].

jinjin *n.m.*

Vin rouge : *Nulle hypocrisie quant à sa prédilection pour le jinjin... la face couperosée, l'œil injecté, le tarbouif en fraise* (Boudard, 5). SYN. jaja.

ETYM. de **jaja**, avec influence de *gingin* (le vin étant censé donner de l'esprit), et sans doute aussi de *ginglard.* 1960 [Le Breton].

1. job [dʒɔb] *n.m.*

Travail (souvent provisoire) : *Qu'il ait dégoté un bon job, je veux bien le croire, mais c'est pas une raison pour tout foutre en l'air* (Lefèvre, 1). *Je me demande si je ne ferais pas mieux de me trouver un petit job, je m'emmerderais moins* (Varoux, 1).

ETYM. mot angl., de même sens, dont l'emploi est auj. fam. en français. 1831, *Revue britannique* [DDL 1].

2. job [ʒɔb] *n.m.*

Niais. **Monter le job à qqn,** le tromper, le duper : *Et sa bossue qui n'y voit goutte ! – Ah ! il lui monte bien le job à sa Véronique !* (Lorrain).

ETYM. sans doute à rattacher à la famille de **jobard.** 1867 [Delvau].

jobard, e *adj. et n.*

1. Se dit d'un individu trop naïf : *Ils m'ont traité de pauvre jobard. Il a fallu que je leur dise que ma femme m'avait quitté. Ils n'ont pas paru étonnés* (Bohringer). **2.** Fou : *Lorsqu'un docteur te classe « jobard », il ne te donne ni plus ni moins que le droit de faire gratuit n'importe quoi. En effet, tu es reconnu irresponsable de tes actes* (Charrière). SYN. barjo.

ETYM. de **2. job. 1.** 1807, Francis, Désaugiers et Moreau [DDL]. **2.** 1950, G. Arnaud. Ce mot a un sens nettement plus fort en arg. que dans la langue familière ou littéraire.

DÉR. **joberi** *adj.* Dément, fou : 1975 [Le Breton]. **jobré** *adj.* Même sens : 1953, San Antonio [Cellard-Rey]. **joberie** *n.f.* **1.** Niaiserie : 1636 [Esnault]. **2.** Homme niais : 1889 [id.]. **jobardise** *n.f.* Grande naïveté, crédulité excessive : 1887, Laforgue [TLF]. **jobarderie** *n.f.* Même sens : 1836, Souvestre [id.]. **jobardisme** *n.m.* Même sens : 1931, L. Daudet [id.].

jobarder *v.t.*

Duper : *C'était une grande honte pour elle, parce qu'elle avait l'air de profiter de l'amitié du forgeron pour le jobarder* (Zola).

ETYM. de **jobard.** avant 1850, Balzac [Larchey].

☞ **jobelin**
→ Liste des argots spécifiques *page [33].*

jockey *n.m.*

1. Au jeu, compère qui lance de fortes enchères : *Le commissaire des jeux, alerté par le patron, a fait lever un « jockey » somnolent qui cède, à regret semble-t-il, sa place au Petit Juif* (Simonin-Bazin). **2. Faire jockey** ou **être au régime jockey,** être nourri ou se nourrir avec parcimonie : *En taule, c'était le régime jockey et dehors, ça ne valait guère mieux, hein ?* (Malet, 7).

ETYM. emplois métaphoriques du **jockey** du turf, dont les qualités sont le dynamisme entraînant et la sobriété obligée. **1.** 1906 [Esnault]. **2.** 1916 [id.].

joice, joisse ou **jouasse** *adj.*

Joyeux, content : *Moi, joice, je l'étais pas trop, d'arriver dans un trou pareil* (Pouy, 1). *Elle paraissait vraiment joisse de faire enfin ma connaissance de visu... au corps à corps, si je puis dire* (Boudard, 5). *Une qui a l'air moins jouasse que nous, c'est Léa. À son expression je devine qu'elle a pigé ce qui se préparait* (Conil).

ETYM. altération de **joyeux,** avec sans doute influence de **jouir.** *joice* 1957 [PSI]. On trouve la graphie *joyce* chez San Antonio et Gérard Legrand.

joint *n.m.*

Cigarette de haschisch : *Elle se prépara un bon gros joint rustique. Et la fumée dessina dans la pièce des fantômes goguenards, tant d'hommes, souvenirs si flous* (Prudon).

ETYM. emprunt au slang angl. (sens premier « articulation, jointure »). 1970, *l'Express* [GR] ; l'idée est que la cigarette fumée collectivement crée un *lien* entre les fumeurs. Ce mot connaît de nos jours une grande vogue.

1. jojo *adj.*

Joli ; fameux : *Victoire, est-il jojo, mon établissement ? – Très chic, Mademoiselle Sidonie !* (Dubut de Laforest) ; surtout dans un contexte négatif ou employé par antiphrase : *C'est vrai, me dit Fosco, que ce n'est pas jojo comme distractions. Il n'y a rien* (Charrière).

ETYM. redoublement expressif de la première syllabe de **joli.** 1852 [Esnault]. Le tour *pas jojo* est auj. très répandu.

2. jojo *n.m.*

1. Faire son jojo, se montrer puritain. **2. Affreux jojo.** ***a.*** vilain garnement : *Ni « affreux jojo », ni « cher petit ange », à mi-distance de la sagesse et de la dissipation, je n'étais pas pour autant rudoyé par mes parents* (Simonin, 7) ; ***b.*** individu provocateur : *Le voilà, grâce aux médias, en plein exercice de style, l'affreux jojo authentique qui s'amuse de ses propres convictions* (*l'Événement du jeudi*, 4 juillet 1985).

ETYM. redoublement expressif de la première syllabe de **Joseph,** issu (au sens 1) de la loc. **faire son Joseph,** c.-à-d. le vertueux, par allusion à l'épisode biblique de madame Putiphar, femme d'officier qui échoua à séduire le fils de Jacob et de Rachel. **1.** 1867 [Delvau]. **2.** 1977 [Caradec].

Jo-la-bricole *n.m.inv.*

Syn. rare de demi-sel.

ETYM. de **Jo,** abrègement de **Joseph** ou de **Georges,** et de **bricole,** affaire sans envergure. 1975 [Arnal].

jonc *n.m.*

Or en métal ou en monnaie : *Ils n'avaient pas fait le poids pour fourguer les 182 kilos de jonc. Mal placés dans le Milieu, ils avaient dû solliciter les services d'un gros bras, Pierrot-le-Toulonnais, pour écouler les lingots* (Larue). *Ouais, mon poulet ! Du jonc, tout ce qu'il y a de véritable. Des jaunets avec la tronche à Napo* (Demouzon).

ETYM. du sens technique en orfèvrerie, « bague en or sans chaton » ou « bracelet en or partout de même section ». 1790, *le Rat du Châtelet*.

DER. **joncher** *v.t.* Dorer à l'or : 1822 [Mésière]. **joncheur** *n.m.* Doreur : [id.].

joncaille ou **jonquaille** *n.f.*

Bijoux en or : *Boutons de manchettes, stylo, étui à cigarettes en jonc. Je confisquai toute cette jonquaille* (Trignol). *Quand ça n'allait plus, le gros était terrible. À un point que Rara ne saurait imaginer, ne l'ayant connu que ruisselant de joncaille* (Giovanni, 1).

ETYM. de **jonc** et du suff. à sens collectif **-aille.** 1928 [Lacassagne].

DER. **joncailler** *n.m.* Orfèvre : [id.].

jongler *v.i.*

Ne pas toucher ce qui vous est dû ; se passer de qqch : *Chacun son dû ; et si y a une affure consentie par la loi aux proprios, il voit pas la raison pour lui, Armand, de jongler !* (Simonin, 5). **Faire jongler,** priver qqn (de qqch) : *Ça devait pas être dans la fouille que de vouloir faire jongler Lisette d'une addition ! L'œil à tout, qu'elle avait* (Le Breton, 3).

◆ **se jongler** *v.pr.*

Se battre avec qqn.

ETYM. détournement ironique du sens usuel : celui qui jongle n'a rien dans les mains. 1928 [Lacassagne].

◆ *v.pr.* 1905, Musette [TLF].

DER. **jongleur** *n.m.* Escroc qui dupe ses complices : 1857 [Esnault].

Joseph *n.pr.*

1. ARG. ANC. Couteau : *B… condamné à mort […] pour ce simple coup de Joseph* (Humbert). **2.** Vx. **Faire son Joseph,** se faire prier ; être excessivement timide.

ETYM. cette arme a reçu de nombreux surnoms, au bagne et dans les prisons. **1.** 1872 [Esnault]. **2.** 1867 [Delvau].

joséphine *n.f.*

1. Vx. Fausse clé : *J'ai vu la joséphine d'un certain cambrioleur : c'était un chef-d'œuvre de fausse clef : elle s'allongeait, se rétrécissait à la volonté dans la main de son propriétaire* (Claude). **2.** Mitraillette : *À la deuxième balle, il s'est plié, l'enfant de salaud ! Touche, Paulo, elle est encore chaude, ma Joséphine* (Chabrol).

ETYM. appellations hypocoristiques. **1.** 1849 [Esnault]. **2.** 1956, Chabrol.

☞ **joual**
→ Liste des argots spécifiques *page [33].*

jouasse *adj.* → JOICE.

jouer *v.i.*

1. Jouer des jambes, des compas, des flûtes, des fourchettes, des fuseaux, des guibolles, courir, s'enfuir : *Pour le coup, c'était* *une rixe ; Lapierre prévoit que cela va devenir du vilain, il juge qu'il est temps de jouer des fuseaux* (Vidocq). **Jouer (à) la fille de l'air,** s'enfuir, s'évader : *On traverse un couloir. Fait sombre. Je pourrais jouer à la fille de l'air* (Bauman). **2. Jouer de la harpe, du violon, un air de violon,** scier ses fers ; s'évader en sciant les barreaux. **3. Jouer du mirliton, de la clarinette baveuse,** coïter ; pour une femme, faire une fellation. **4.** Vx. **Jouer du pouce,** dépenser ou compter de l'argent.

◆ *v.t.*

Où t'as vu jouer ça ?, exprime l'incrédulité, le refus devant une affirmation : *C'est au cinéma que t'as vu jouer tout ça ? – On te la fera fermer ta grande gueule, bourreur ! avec tes histoires à la noix* (Dorgelès).

ETYM. emplois spécialisés du verbe usuel. **1. Jouer des jambes,** dès 1808 [d'Hautel] ; **des fuseaux,** 1828, Vidocq. **Jouer la fille de l'air,** 1861 [Larchey]. **2. Jouer du violon,** « scier ses fers » 1862 [Colombey] ; **un air de violon,** 1894 [Virmaître]. **3. Jouer du mirliton,** 1864 [Delvau] ; **de la clarinette,** 1953 [Sandry-Carrère]. **4.** 1867 [Delvau].

◆ *v.t.* 1919, Dorgelès.

joufflu *n.m.*

Postérieur : *Elle esquissa un sourire désabusé et de sa grosse patte chargée de pierres, claqua le joufflu de la mignonne avec une sorte d'affection fataliste* (Bastiani, 1).

ETYM. transfert spatial humoristique des rondeurs du visage à celles du postérieur. *gros joufflu* 1881 [Rigaud].

jouge (en moins de) *loc. adv.*

En un rien de temps : *J'allais en moins de jouge envaper tous ces mecs* (Vian, 2). *Il va, en moins de jouge, flûter d'une voix amortie le lamento du mannezingue esclave de son comptoir* (Simonin, 5).

ETYM. de l'arabe maghrébin **jouj,** deux. 1952, Vian.

jouissif, ive *adj.*

Qui procure une grande jouissance (physique ou morale) : *L'intrave* (intraveineuse), *je te raconte pas, tu la sens passer ! T'as le cul en béton pendant une bonne heure, tu peux plus bouger. Mais après, c'est jouissif... Les premières fois, c'est jouissif : tu soulèves le plus petit haltère et, bang ! t'as le biceps qui double de volume...* (Smaïl). *Être à la mode, c'est d'un débile. Ce qui est jouissif, c'est de l'inventer* (Guégan).

ETYM. de **jouir.** 1957 [Sandry-Carrère].

jour *n.m.*

(Ne pas) voir ou **craindre le jour,** se dit de papiers, d'une somme d'argent ou d'une marchandise dont la provenance est douteuse (**voir** avec la négation, et **craindre ;** on rencontre aussi **craindre le soleil**) ; ou, au contraire, légale (**voir** sans négation) : *Avec trente bâtons qui voient pas le jour dans le grenier, tu supposes quand même pas qu'elle va aller se plaindre aux lardus* (Ravalec). *Crois-moi, tu ne risques rien. Ils n'éplucheront même pas tes fafs. Et même s'ils le faisaient, ta carte voit le jour* (Le Breton, 5).

ETYM. locutions à caractère litotique. **Voir le jour,** 1955, Le Breton ; **ne pas voir le jour,** 1926 [Esnault] ; **craindre le jour,** 1977 [Caradec].

jourdé *n.m.*

Jour, journée : *Notre Vénéré Daron donna au Lumignon le blaze de « jourdé », aux Ténèbres le blaze de « noille »* (Devaux).

ETYM. suffixation arg. de **jour.** 1947, Stollé.

journaille ou journanche *n.f.*

Journée : *Tâche de casser la croûte sur place et observe ce qui se passe pendant une grande journaille* (Yonnet).

ETYM. suffixations argotiques de **journée,** avec les suffixes **-aille** et **-anche.** *journaille* 1889, Macé [Esnault] ; *journanche* 1947, Marcus.

VAR. **jorne :** 1867 [Delvau]. **journe :** 1941 [Esnault].

journaleux, euse *n.*

Journaliste : *Tiens, disait l'un, c'est un saligaud de journaliste ! – Qu'est-ce qu'il vient faire ici ? répétait un autre, ce journaleux de malheur ?* (Claude).

ETYM. resuffixation de **journaliste** avec le suff. anc. **-eux,** souvent péj. (cf. *miteux, vaseux,* etc.). 1878, Gill.

journée *n.f.*

Grande journée, chauffeur de taxi appartenant à une compagnie et qui travaille uniquement de jour : *Il a soigneusement serré sa voiture contre celle de la « grande journée » pour l'empêcher de se déboîter* (Simonin-Bazin).

ETYM. abrév. de **homme de grande journée,** loc. en elle-même explicite. 1935, Simonin-Bazin.

joyeuse *n.f.*

Vx. Fête locale.

◆ **joyeuses** *n.f.pl.*

1. Testicules : *Elle a filé un de ces coups de tatane dans les joyeuses d'un gendarme ! Un vrai drop. Je la savais violente, mais à ce point* (Lion). **2.** Seins de femme : *Se penchant, elle m'a soudain tendu le combiné, me refilant* [...] *un jeton sublime sur la drôle de paire de joyeuses qu'elle portait au-dessus de l'estomac* (Simonin, 4).

ETYM. emplois métonymiques de l'adj. usuel. 1899 [Nouguier].

◆ *pl.* **1.** 1881 [Esnault]. **2.** 1955, Simonin.

joyeux *n.m.*

Vx. **1.** Soldat des Bat' d'Af' : *Les disciplinaires, surnommés paradoxalement les « joyeux », cassent des cailloux, subissent une discipline de fer* (Borniche, 2). **2.** Membre d'une société chantante de Belleville : *C'est nous les joyeux, / Les petits joyeux, / Les petits marlous qui n'ont pas froid aux yeux* (Bruant).

ETYM. emplois spécialisés de l'adj. usuel. **1.** 1855 [Esnault]. **2.** 1901 [Bruant].

Judée (la) *n.pr.*

Vx. Préfecture de police de Paris : *Crâne pas ? – Ou alors, si la Judée te botte...* (Carco, 2).

ETYM. de la rue de Jérusalem (ancienne « capitale » de la Judée), où se trouvait jadis la Préfecture. 1881 [Larchey-Rigaud].

juge *n.m.*

Juge de paix. ***a.*** individu pris comme arbitre dans le milieu : *Il était surtout, en raison de sa réputation de sagesse, celui qu'on appelait avec respect dans le milieu le juge de paix, l'homme auquel s'adressaient, plutôt que de s'étriper, les truands en désaccord* (Chevalier) ; ***b.*** ce qui sert à trancher un différend (notamment partie de dés) ; ***c.*** trique : *Il faut ébobir le cabot avec le juge de paix* (Ansiaume) ; ***d.*** pistolet : *N'empêche qu'on devrait jamais sortir sans son juge de paix* (Simonin, 4).

ETYM. emplois ironiquement métaphoriques et réifiants du groupe de mots usuel. ***a.*** vers 1950 ; ***b.*** 1894 [Virmaître] ; ***c.*** 1800, Leclair ; ***d.*** 1955, Simonin.

jugeotte *n.f.*

Passer en jugeotte, passer en jugement.

ETYM. atténuation humoristique de **jugement,** grâce au suff. diminutif **-otte.** 1952 [Esnault].

jugulaire *n.f.*

1. Être de jugulaire. ***a.*** rendre visite à sa femme, pensionnaire d'une maison close ; ***b.*** être dans l'obligation de sortir sa maîtresse, en parlant d'un souteneur : *Ça risquait pas en sa compagnie qu'on me prenne pour un petit hareng de jugulaire... je vous traduis : le souteneur est de jugulaire quand il sort sa pute gagneuse, celle qui lui permet de vivre à son aise, d'aller traîner ses chaussures en croco sur les champs de courses* (Boudard, 5). **2. Être jugulaire-jugulaire,** comprendre son devoir d'une façon très rigide et étroite : *Pour une pas feignante, le front, c'était une affaire ! Mais boulot ! boulot ! Service, service. Jugulaire ! jugulaire !* (Galtier-Boissière, 2).

ETYM. emploi détourné de la loc. militaire, impliquant une obligation stricte de corvée. **1.** ***a.*** 1953 [Sandry-Carrère] ; ***b.*** 1960 [Le Breton]. **2.** 1925, Galtier-Boissière.

juif *adj. et n.m.*

Avare, usurier. **Faire qqch en juif,** en se cachant, sans partager. **SYN.** en suisse.

ETYM. emploi péj. anc. de ce mot ; les métiers d'argent, au Moyen Âge, étaient interdits aux chrétiens et réservés aux juifs. 1640 [Oudin].

DER. **juiffer** *v.t.* Duper en vendant : 1867 [Delvau].

jules, Jules, julot ou **Julot** *n.m.*

1. Vase de nuit ; tinette : *Chaque matin, je regarde Nicole qui descend l'escalier, en chemise pénale, les genoux nus, majestueuse, le jules au bout des doigts* (Sarrazin, 2). **2.** Proxénète : *Ma Gigolette / J'te f'rai jamais gagner l'gros lot / Mais comm'fortun' t'as ton Julot* (chanson *Gigolette,* paroles de R. Ferréol et M. Eddy). *La femme, Anne-Marie L... était une prostituée, qu'un casse par-ci par-là n'effrayait guère. Elle avait sept ans de plus que son Jules et éprouvait pour lui une passion délirante* (Larue). **3.** Amant, mari : *Qu'est-ce que je peux demander à une femme de ménage que son jules a plaquée et qui voudrait récupérer son lit-canapé et son grille-pain ?* (Smaïl). *Sophie, elle dit comme ça, reprit Moune impitoyable, que c'est toi qu'as une mauvaise influence sur son julot* (ADG, 1). **Julot casse-croûte,** amant d'une prostituée occasionnelle : *La plupart des souteneurs relégués étaient* [...] *des Julots casse-croûte... ça définissait les minables qui attendaient que leur dame ait fait une passe pour pouvoir se taper un sandwich* (Boudard, 2). **4.** Homme énergique, au sens du milieu. **5.** Homme en général: *Chez les Turcs, les filles ont même intérêt à être accompagnées par un jules, mari, père, frère ou fils adulte* (*Actuel*, décembre 1984). **6. Se faire appeler Jules,** se faire réprimander, injurier. SYN. se faire appeler Arthur.

ETYM. emplois péjoratifs (1 et 2) ou ironiques (3 à 5) du prénom. **1.** 1866 [Delvau]. **2.** *julot* dès 1904, Lorrain. **3.** 1947, Stollé [TLF]. **4.** 1954, Simonin. **5.** 1984, *Actuel.* **6.** 1967 [Édouard].

julie ou **Julie** *n.f.*

1. Maîtresse : *Vers ce moment-là que Frédo et Zé, accompagnés chacun d'une julie, étaient arrivés* (Le Breton, 1). **2. Faire sa Julie,** adopter un comportement pudibond et maniéré. **3. Julie du Brésil,** cocaïne.

ETYM. emploi symétrique de celui de **Jules** au sens 2. **1.** 1954, Le Breton. **2.** 1920 [Sainéan]. **3.** contemporain.

jumelles *n.f.pl.*

Fesses.

ETYM. emploi ironiquement spécialisé du mot usuel, déjà bivalent. 1867 [Delvau].

junk, junky ou **junkie** [(d)ʒœnk, (d)ʒœnki], au pl. [(d)ʒœnkiz] *n.*

Individu dépendant de la drogue (notamment l'héroïne) : *Il connaissait bien les milieux de la poudre. Pour un gramme de came, les junks tueraient père et mère !* (Galland). *J'ai rencontré une fille qui m'a plu. Elle était junky. Junky depuis l'âge de treize ans. Tu te rends compte. La première fois que je l'ai vue se piquer j'étais comme un fou* (Cardinal). *J'avais entrepris une sorte de roman,* De si gentils garçons, *l'histoire de cinq junkies séropositifs* (Ravalec).

ETYM. du slang américain **junkie,** drogué (1923 [Rey-Debove et Gagnon]), issu de **junk,** camelote. 1970, *Réalités* [Gilbert].

DÉR. **junkerie** *n.f.* Comportement des junks : 1985, Lasaygues.

jupe *n.f.*

1. En avoir plein sa jupe. ***a.*** être enceinte ; ***b.*** être harassée. **2. En avoir un coup dans la jupe,** être ivre : *Des témoins n'affirmaient-ils pas que j'étais ivre ?... – Et c'est vrai, vous n'en aviez pas un coup dans la jupe ?* (Tachet).

ETYM. emplois spatiaux du mot usuel, envisagé comme désignant un contenant. **1.** ***a.*** 1872 [Esnault] ; ***b.*** 1952 [id.]. **2.** 1954, Tachet.

jupé ou **juponné** *adj.m.*

Ivre : *Ils avaient déroulé dans des bistrots jusqu'à neuf heures du mat'. À force de boire, ils étaient à moitié jupés quand ils avaient passé la porte du bain de vapeur* (Le Breton, 3).

ETYM. de **jupe.** *jupé* 1952 [Esnault] ; *juponné* 1954 [id.].

jupette *n.f.*

Accès d'ivresse : *Attends, dit Nouzeilles à son collègue, je vais lui faire prendre une « jupette »... Un premier pastis, un second, un troisième, C... restait de marbre* (Larue).

ETYM. diminutif de **jupe.** 1969, Larue.

jus *n.m.*

1. Eau (d'un cours d'eau, d'un étang, etc.) : *Ça fait pas l'ombre d'un poil, merde ! Rantanplan !... Elle va se foutre à présent au jus !* (Céline, 5). SYN. sirop. **2. Jus de chapeau, de chique, de chaussette(s)** ou simpl. **jus,** café : *Alors, ça vient ? il s'est mis à gueuler tout à coup. – Faut le temps... Je vais pas vous servir du jus de chapeau* (Simonin, 4). *Il a quand même une cafetière électrique, pas un réchaud et une casserole, pas de chaussette pour filtrer le jus* (G.-J. Arnaud). **Au jus !,** invitation (généralement matinale) à boire le café : *Ça sentait vaguement la chambrée, la caserne. Des types lançaient des blagues : « Au jus, là-dedans ! – Marie, mon chocolat ! »* (Van der Meersch). **Du tant au jus,** tant de jours avant la libération du service militaire : *Il attendait son quatrième gosse d'ici quinze jours, pour être libéré. Il disait en se levant : « C'est du 20 au jus, du 15, du 14 au jus... »* (Paraz, 2). **3.** Courant électrique : *La batterie était neuve, ça tournait très rond, mais toujours rien. Gérard déplaça une clé au tableau : – Mets le jus, ça marchera mieux* (G. Arnaud). **4.** Nom donné à divers liquides, organiques ou non, buvables ou non. **Avoir du jus de chique** ou **de navet dans les veines,** être poltron. **Jus de groseille** ou **de chique,** situation périlleuse : *Regardez dans quel jus de groseille vous vous êtes mis, les mômes !* (Trignol). *Je me débats dans un véritable jus de chique* (Malet, 19). **Tirer un jus,** faire une fellation : *Elle prenait pas deux minutes pour tirer un jus* (Céline, 5).

5. Milieu ambiant : *À Saint-Gobain, loin de son pavé, de son bitume et de ses filles, bref de son jus parisien, le bémol ou le dièse n'avait pas la même valeur suivant l'arrondissement* (Lépidis). **6.** Sueur : *Il chocotait fort dans son jus... Il tremblotait dans ses hardes* (Céline, 5). **Cuire, mariner, rester dans son jus.** ***a.*** étouffer de chaleur : *Aucune chambre n'était chauffée. On y grelottait l'hiver, y cuisait dans son jus l'été* (Simonin, 7) ; ***b.*** stagner dans une situation difficile ou dangereuse : *Bismarck jouait avec une égale astuce Paris affolé, bloqué et mourant de faim, en le laissant, comme il le disait lui-même, cuire dans son jus!* (Claude) ; ***c.*** être vétuste et encrassé, en parlant d'un meuble. **7.** Genre, sorte. **C'est le même jus,** c'est la même chose. **8.** Profit. **9. Jeter son jus,** (vx) **du jus, avoir du jus,** avoir fière allure : *Jo les entrecoupait* [les soirées] *de mazurkas, voire de tyroliennes qui jetaient leur jus parmi les feldgraus* (Lépidis). *Visez donc un peu / Ce p'tit jus que j'ai quand je / Tire ma cigarette* (chanson *C'est chouette d'être un Monsieur,* paroles de Y. Mirande, 1930). SYN. en jeter. **10.** Énergie : *Il faut apprendre à rester devant, à frotter, mais tout ça sans perdre de jus. Quand je vois Bernard Hinault passer toute la course devant, ça m'impressionne* (*Libération,* 19 juillet 1985). **11.** Discours (souvent ennuyeux). **12. Premier jus, deuxième jus,** soldat de première, de deuxième classe : *En 16, quand je l'ai rencontré au Four de Paris, il avait déjà deux éclats, deux coups de baïonnette, un coup de crosse, quatre citations et un galon de premier jus* (J. Perret, 2). **13.** Vx. **Jus de réglisse,** désignation raciste du Noir.

ETYM. emplois métaphoriques du mot usuel désignant le suc extrait d'un fruit. **1.** 1884, *Gazette des tribunaux* [Esnault] (ellipse de *jus de grenouille*). **2. Jus de chapeau, de chique,** 1881 [Rigaud] ; **jus,** 1895 [Esnault]. **3.** 1918 [id.] (d'abord « eau acidulée des accumulateurs » 1914). **4.** de 1718 à nos jours (nombreux sens). **Tirer un jus,** 1936, Céline. **5.** contemporain. **6.** 1936, Céline. **Cuire dans son jus.** ***a.*** 1866 [Delvau] ; ***b.*** vers 1885, Claude ; ***c.*** 1956 [Esnault]. **7.** 1889 [id.]. **C'est le même jus,** 1889 [Chautard]. **8, 9** et **13.** 1867 [Delvau]. **10.** 1895 [Esnault]. **11.** 1908, Polytechnique [id.]. **12. Premier jus,** 1918 [Dauzat].

jute *n.m.*

Sperme.

ETYM. déverbal de **juter.** 1977 [Caradec].

juter *v.i.*

1. Émettre un liquide, à partir du corps humain, d'où cracher, pleurer, saigner ; jaillir du corps : *Du sale travail, avec ce raisiné qui jutait partout et dont il s'était barbouillé les mains* (Grancher) ; spéc., éjaculer ou, en parlant d'une femme, émettre des sécrétions vaginales : *Ils peuvent garder la trique des heures, juter quinze fois de suite* (Smaïl). *On se questionnait tous les deux... Comment qu'elle devait être sa craque, si elle jutait fort* (Céline, 5). **2.** Avoir du chic, faire bon effet. **3.** Fanfaronner. **4.** Rapporter un profit quelconque : *Pour des battantes comme nous, il y a toujours une cause qui jute quelque part* (Bretécher).

◆ *v.t.*

Dire ; chanter.

ETYM. dénominal de **jus,** en divers sens (v. ce mot). **1.** « pleurer » 1852 [Esnault] ; « cracher » 1862 [id.] ; « saigner » 1911 [id.] ; « éjaculer » 1910, Louÿs. **2.** 1887, Bergerat (arg. des peintres) [DDL]. **3.** 1924 [Esnault]. **4.** contemporain.

◆ *v.t.* 1907 [Esnault].

1. juteux, euse *adj.*

Fructueux, avantageux : *Le coup est bon, les amis... c'était juteux!* (Allain-Souvestre).

◆ *adj. et n.*

1. Élégant. **2.** Riche.

ETYM. de **jus,** profit. 1830 [Esnault].

◆ *adj. et n.* **1.** 1881 [Larchey]. **2.** 1928 [Esnault].

2. juteux *n.m.*

Adjudant : *Sur les six qu'on est là, intervint la matrone, y a juste Aïcha qu'a un petit coup de Berbère, rapport à un juteux de la coloniale qu'aimait le pain d'épice* (Lefèvre, 1). SYN. adjupète.

ETYM. de **(premier-) jus,** soldat de 1re classe : l'adjudant est aux sous-officiers ce qu'est le soldat de première classe aux hommes de troupe. 1907 [Esnault] (mot encore très vivant).

kaï-kaï *n.m.*

Nourriture.

ETYM. origine inconnue, p.-ê. redoublement onomatopéique évoquant le claquement des mâchoires. 1953 [Doillon].

kaki *n.m.*

Rabais accordé à un client par une prostituée.

ETYM. origine obscure. 1987 [Alexandre].

kangourou *n.m.*

1. Pour une prostituée, client qui ne se décide pas. **2.** Vx. Sac placé entre les cuisses et où les voleuses « à la détourne » glissaient les objets dérobés.

◆ *adj. et n.*

Australien.

◆ **kangourous** *n.m.pl.*

Menstrues : *Savez-vous que, telle une femme, la société a ses règles, je veux dire ses périodes, ses kangourous, ses petites affaires qui sont régies par la lune ?* (Prudon).

ETYM. emplois métonymiques du mot désignant un animal à poche ventrale. **1.** 1987 [Alexandre]. **2.** 1894 [Esnault].

◆ *adj. et n.* contemporain.

◆ *pl.* 1981, Prudon.

kapo *n.m.*

Détenu chargé d'assurer la police d'un quartier, d'une centrale : *Il me dit la popularité de Robert* [Desnos] *après qu'il eut jeté une gamelle bouillante à la tête d'un kapo, geste qui lui valut d'être roué de coups* (Galtier-Boissière, 1).

ETYM. forme allemande de l'ital. **capo,** chef ; emprunté à l'all. en 1940 dans les camps de concentration, ce mot est employé en ce sens civil à partir de 1947 dans les prisons centrales, selon Esnault.

kawa *n.m.* → **CAOUA.**

kebla *adj. et n.*

Se dit d'une personne de race noire : *La nuit de la finale, les cités sont venues en masse, mômes antillais ou keblas avec leurs parents, rigolards et sauvages* (*le Nouvel Observateur,* 3 août 1984).

ETYM. verlan de **black.** 1984, *le Nouvel Observateur.*

kébour *n.m.*

1. Képi : *Y a un salaud qui lui a fauché ses badges. Pour mettre à son kébour* (Demure, 2) ; militaire en tenue : *Un autre kébour passe... le général Serrigny, si je me souviens bien... encore un vieillard qui vient chevroter à la barre* (Boudard, 5). **2.** Agent de police : *Autorisé ? Mieux, protégé par les kébours soi-même, mon pote !* (Dégaudenzi).

ETYM. resuffixation arg. de **képi. 1.** 1909 [Esnault]. **2.** 1987, Dégaudenzi.

VAR. **kepbourg :** 1953 [Sandry-Carrère]. **kép's :** 1856, Arts et métiers d'Angers [Esnault]. **kébroque :** 1915, Maroc [id.]. **képroque, képlard :** 1915 [id.]. **kéblard :** 1925 [id.]. **kibroque :** 1916 [id.], etc. Ce mot, bien qu'appartenant à l'arg. des soldats, a été très répandu dans les couches populaires durant l'entre-deux-guerres.

képa *n.m.*

Papier plié contenant une dose de cocaïne : *Un consommateur se plaint : « T'as vu les képas qu'il fait ? Y'a rien ! C'est un crasseux »* (*Libération,* 11 avril 1989).

ETYM. verlan de **paquet.** 1987, Cahoreau-Tison.

kès *n.m.* → **QUÈS.**

keuf *n.m.*

Policier : *Les jeunes immigrés chopent les boules et se bastonnent avec les keufs autour du Palais de Justice de Créteil* (*Actuel,* novembre 1982).

ETYM. verlan irrégulier de **flic.** 1978 [George]. Ce mot est très en vogue dans le parler jeune.

keufé, e *adj.*

Se dit d'un lieu surveillé par la police : *Ah, ça va être dur, me répond le dealer, tu te rends pas compte, c'est hyper « keufé » ce soir* (*Actuel,* décembre 1989). SYN. fliqué.

ETYM. de **keuf.** contemporain.

keum *n.m.*

Individu, type : *Vaut mieux t'y faire, P'pa, a répondu le grand Keum des quartiers chauds* (Vautrin, 2).

ETYM. verlan irrégulier de **mec.** 1982, *le Nouvel Observateur.*

VAR. **keumé :** 1982, *Actuel.*

keupon *n.*

Punk.

ETYM. verlan de **punk.** 1982, *Actuel.*

keusse *n.m.*

Somme ou billet de cent francs : *On repère un super Mac Douglas, le blouson de la police suédoise, un recui à 500 keusses* (*Actuel,* septembre 1989). SYN. sac.

ETYM. verlan irrégulier de **sac.** contemporain.

kid *n.m.*

Enfant ou adolescent (entre 10 et 16 ans) : *La Haute Autorité a maintenu sa décision d'interdire NRJ Strasbourg en dépit d'une première*

manifestation de cinq à six mille kids alsaciens (*l'Événement du jeudi,* 20 juin 1985).
ETYM. de l'anglo-américain **kid,** enfant, avec p.-ê. le souvenir du film de Chaplin *The Kid* (1921). 1981, *Libération.*

kieffer *v.t. et i.*
Fumer du kif : *Columot et Marie-Jacqueline kieffaient déjà dans un angle obscur de la pièce sur des piles de coussins* (Desnos).
ETYM. de **1. kif.** 1943, Desnos.

1. **kif** *n.m.*
Mélange de chanvre indien et de tabac : *« Qu'est-ce qui sent si mauvais ? murmura Roberte. – Le kif. » La puissante odeur mentholée de la drogue se mêlait aux relents du thé et de la limonade* (Vexin).
ETYM. de l'arabe **kayf** (arabe maghrébin **kif,** plaisir, euphorie). 1885, A. Daudet [TLF].
VAR. **kief :** 1857, Fromentin [GLLF].
DER. **kiffeur** *n.m.* Trafiquant de kif : 1955, *Courrier du Maroc* [Lanly].

2. **kif** ou **kif-kif** *adj.*
Pareil : *Ça devenait absolument kif comme pour le coup des ascensions* (Céline, 5). *Moisir avec eux ou avec toi, c'est kif-kif* (Rosny).
◆ *adv.*
Pareillement : *Il est encadré par deux surveillants et s'en va. Suzini même chose, Girasol kif-kif* (Charrière). *À ça près qu'elle s'est suicidée... c'est kif-kif l'histoire de cette pauvre Blanche* (Hirsch). *C'est kif-kif qu'à Paname / Faut fair' pitit cadeau* (chanson *Tu verras Montmartre,* paroles de L. Boyer, 1922). **Kif-kif bourricot, kif-kif le même sac,** même sens renforcé : *Pour les jeunes, depuis le reportage télévisé, flics et journalistes c'est même combat, blanc bonnet et kif-kif le même sac* (*Libération,* 12 mars 1985).
◆ *n.m.*
C'est du kif, c'est la même chose : *Imaginez un prisonnier que l'on priverait de sommeil, de nourriture et de boisson ! Eh bien un junk, c'est du kif. Besson ne relève pas le jeu de mots vaseux* (Galland).
ETYM. de l'arabe maghrébin **kif-kif,** exactement comme, issu de l'arabe **kif,** comme, ainsi que. 1874 [Esnault].
◆ *adv. kif-kif* 1867 [Delvau]. **Kif-kif bourricot,** 1879, *le Père Duchêne illustré* [TLF].
◆ *n.m.* 1914 [Esnault].

kiki ou **quiqui** *n.m.*
1. Vx. Abattis de volaille ; la volaille elle-même. 2. Cou, gorge : *Ça ne mérite, en tout cas, pas que tu risques de retourner en taule, et pour un bail cette fois. Sans parler de la machine à couper le kiki, qui fonctionne encore parfois* (Noro). **Serrer le kiki,** étrangler : *Fatima [...] s'était accroupie commodément à la mode de son pays et me serrait le kiki d'un bras pour m'empêcher de gigoter* (Sarrazin, 2). *L'Espagnol avait d'abord été étourdi d'un coup d'aviron, ensuite on lui avait serré le kiki* (Malet, 20). 3. **C'est parti, mon kiki !,** se dit au début d'un processus, pour encourager, entraîner autrui.
ETYM. mot onomatopéique, p.-ê. aphérèse de **quiquiriqui,** terme dial. dénotant le chant du coq dans le centre de la France. 1. *kiki* « abattis » 1866 [Delvau]; « volaille » 1877, Zola [TLF]; *quiqui* 1866 [Delvau]. 2. *kiki* 1883, Macé [Esnault]; *quiqui* 1920 [Bauche]. 3. vers 1965 [GR] (valeur hypocoristique, par analogie avec *coco, poussin,* etc.).
VAR. **kik** au sens 2 : 1947, Stollé.

kil *n.m.*
1. Litre de vin (en général, rouge) : *Pour certains, la liberté, c'est la baguette, le camembert et le kil de rouge, où qu'ils aillent en ce monde* (Spaggiari). 2. Gourde.
ETYM. apocope de **kilo.** 1. 1881 [Esnault]. 2. 1945 [id.].

kilbus *n.m.*
Litre de vin : *Je les aperçois qui se passent un kilbus de rouge... avec le boucan de leur infernale machine, je ne les entends pas, mais je devine qu'ils se marrent !* (Boudard, 5).
ETYM. resuffixation de **kilo.** 1957 [Sandry-Carrère].

kilo *n.m.*
1. Vx. Litre de vin. 2. Tête d'un individu. 3. Somme de : ***a.*** mille francs (anciens); ***b.*** cent francs (nouveaux). 4. Jour de consigne. 5. **Déposer un kilo,** déféquer.
◆ **kilos** *n.m.pl.*
Des kilos, beaucoup : *Des gonzesses comme ça, y en a pas des kilos.* SYN. des masses, des tonnes.
ETYM. apocope de **kilogramme** ou issu du grec **chilioi,** mille (3). 1. 1881 [Rigaud]. 2. 1882 [Esnault] ; analogie : litre = fiole = tête. 3. ***a.*** 1935

[id.]; *b.* 1977 [Caradec]. **4.** 1894, Saint-Cyr [id.], encore en 1977. **5.** 1866 [Delvau].
◆ *pl.* contemporain.

kino ou **kinos** *n.m.*

Cinéma : *Il avait appris la vie, si l'on peut dire, à tâtons, dans un univers que n'auraient même pas osé imaginer les enfants sages et dodus des beaux quartiers. « Quel kinos, se disait Lambert, quel kinos »* (Page).
ETYM. emprunt à l'all. **Kino,** de même sens (mais non arg. dans cette langue). 1970 [Boudard-Étienne].

kiwi *adj. et n.*

Néo-zélandais.
ETYM. du nom de l'animal, emblème de la Nouvelle-Zélande. contemporain.

kleb, klebs ou **klébard** *n.m.* → CLEB, CLEBS, CLÉBARD.

knockouter *v.t.*

Assommer, battre : *Ça n'a rien dans le ventre, ces grands types-là. J'en ai knockouté qui le doublaient* (Mac Orlan, 4).
ETYM. de **knock-out**. 1906 [Höfler].

kopeck *n.m.*

Argent, sou (dans un contexte négatif) : *Peut-être [...] ne leur est-il plus resté un seul kopeck pour leur autre fils, feu ton père?* (Bénoziglio).
ETYM. emprunt au russe, « centième de rouble ». 1878, *Tam-Tam* [Doillon].

krouïa *n.m.*

Variante de crouille : *Je décidai de fournir un effort sprinté pour le serrer d'un peu plus près. Deux andouilles de krouïas m'en empêchèrent* (Malet, 12).
ETYM. de l'arabe **'(a)hùya**, mon frère. 1949, Malet.

kroumir *n.m.*

(Vieux) kroumir, individu aux idées rétrogrades : *J'ai l'habitude de découvrir dans les ambassades françaises de vieux kroumirs tout occupés à inventorier leur matériel de bureau* (*Actuel*, octobre 1980).
ETYM. du nom d'une tribu tunisienne de nomades pillards. 1881, Maupassant [TLF].

là *adv.*

1. Prend en argot une valeur positive. **Être (un peu) là,** avoir de l'autorité, de la présence. **Se poser là,** être à la hauteur des circonstances. **2. Ils sont pas là,** il n'y a pas d'argent.

ETYM. emplois emphatiques (1) ou au contraire discret (2). **1. Être un peu là,** 1897, Courteline [TLF]. **2.** 1957 [PSI].

labadé ou **labago** *adv.*

Là-bas.

ETYM. suffixation arg. de **là-bas.** *labadé* 1899 [Nouguier]; *labago* 1835 [Raspail].

lac *n.m.*

Vulve. → DESCENTE.

ETYM. emploi métaphorique hardi : la femme sexuellement excitée « mouille ». 1953 [Sandry-Carrère].

lâchage *n.m.*

Abandon : *Le lâchage de cette cliente, bien explicable par la rupture de Vestris et de Francisquine, prédisait des désertions plus graves* (Dubut de Laforest).

ETYM. du verbe **lâcher.** 1881 [Rigaud].

lâcher *v.t.*

1. Dépenser, débourser, donner (de l'argent), le plus souvent à contre-cœur : *Le Louis, cet enfoiré qui dérobe au moment de lâcher les deux cents sacs fermement promis. Fernand le boufferait tout cru* (Simonin, 5). *Oh ! entretenu, madame Agnès ; c'était plutôt moi, entre nous qui lui en lâchais* (Galtier-Boissière, 2). SYN. allonger. **Les lâcher,** dépenser largement, avec munificence : *Il fréquentait surtout le Cuban Ghost, un endroit où les filles vous mangent dans la main pourvu que vous sachiez les lâcher sans viser à l'économie* (Stewart). **Les lâcher au compte-gouttes, avec un élastique, un lance-pierre,** être avare : *Cette fois, il parlait d'un de nos directeurs... Une peau de vache qui les lâche avec un élastique* (Barnais, 1). *Ma sœur Lucienne, facturière aux Galeries Lafayette, boîte réputée pour les lâcher avec un lance-pierres, amenait son écot* (Simonin, 7). **Lâchez-les, valse lente,** formule ironique annonçant que le moment est venu de payer la note. **2.** Laisser tranquille, abandonner. Vx. **La mère Lâche-nous,** personnage mythique que l'on invoque pour se débarrasser de qqn : *Aldo, je le voyais pas jouant les mères « Lâche-nous », et j'entravais rien à cette trêve insolite* (Simonin, 3). **Lâche-moi les baskets,** (vx) **le coude,** laisse-moi tranquille ! : *Lâche-moi le coude ! riposta-t-il en la repoussant brutalement* (Méténier). **Lâcher les dés, les pédales,** passer la main, s'arrêter. **Lâcher la bouée,** mourir : *Hé ! les amis, on pourra faire du foin chez moi tant qu'on voudra, j'suis toute seule, j'suis orpheline. – Ta vieille a lâché la bouée ? – Non, mais elle est barrée c'te nuit avec le vitrier d'en face* (Fallet, 1). **3. Lâcher le morceau, le paquet,** avouer. **Lâcher du lest. *a.*** reconnaître les faits petit à petit, en parlant d'un malfaiteur ; ***b.*** faire preuve de prudence policière en laissant de côté les arguments les plus faibles. **4. Lâcher un fil, de**

fi forme de la ligature f i

l'eau, l'écluse ou **les écluses,** (vx) **son écureuil, une naïade,** uriner : *Un matelot ivre pénétrait en titubant dans la cour et lâchait de l'eau en appuyant son front contre le mur* (Mac Orlan, 10). **5. En lâcher,** subir le coït anal.

ETYM. emplois spécialisés du verbe usuel. **1.** 1837, Balzac [TLF]. **Les lâcher,** 1926, chanson *Chacun son truc,* paroles de Gus Kahn. **Lâchez-les, valse lente,** 1911, chanson [Esnault]. **2.** 1808 [d'Hautel]. **La Mère Lâche-nous,** 1901 [Bruant]. **Lâche-moi les baskets,** 1985 [GR] ; **le coude,** 1863 [Duneton-Claval]. **Lâcher les dés,** 1928 [Lacassagne] ; **les pédales,** 1957 [Sandry-Carrère]. **Lâcher la bouée,** 1947, Fallet. **3. Lâcher le paquet,** 1881 [Rigaud]. **Lâcher du lest,** 1975 [Arnal]. **4. Lâcher de l'eau,** 1798, Orgères ; **l'écluse,** vers 1732, parodie de *Zaïre* [Duneton-Claval] ; **les écluses, son écureuil, une naïade,** 1867 [Delvau]. **5.** 1928 [Lacassagne].

lâcheur, euse *n.*

Individu qui ne tient pas ses engagements : *Si t'en pinces à ce point pour c'te lâcheuse, va la chercher et dérouille-la !* (Lasaygues).

ETYM. de **lâcher.** 1858, A. Scholl [Larchey].

lacromuche *n.m.*

Proxénète. → LAQUEREAUMUCHE.

ETYM. largonji de **maquereau.** 1881 [Rigaud].

lacrymo *n.f.*

Grenade lacrymogène : *Quand on a senti le gaz, expliqua Christo, j'ai tout de suite pensé aux lacrymos de 68* (Topin).

ETYM. apocope de **lacrymogène.** 1975 [Doillon], mais on rencontre le mot comme n.m. (venant de *obus lacrymogène*) dès 1917 [George].

lacsé *n.m.*

1. Sac : *Il posa le butin, enfila son lardeuss et récupéra le lacsé dont il noua la lanière autour de son poignet* (Le Breton, 2). **2.** Billet de mille francs (anciens) ou de cent francs (d'après 1960). **3.** Un franc : *C'était bien sa veine : un micheton plein aux as, une passe de cent lacsés qu'elle pouvait pas faire à cause de cette placarde pourrie* (Houssin, 2).

ETYM. largonji de **sac,** au sens dénotatif et au sens métaphorique (monnaie). **1.** 1910 [Esnault]. **2.** « 1000 F » 1947 [id.] ; « 100 F » 1977 [Caradec]. **3.** 1982, Houssin.

VAR. **laxé** : 1957 [PSI]. **lacsif** : 1970 [Boudard-Étienne]. **lacsatif** (jeu de mots) : 1958 [Esnault].

lacson *n.m.*

Paquet.

ETYM. largonji de **pacson.** 1928 [Lacassagne].

VAR. **laq'çon** : 1926 [Esnault]. **laq'cé** Paquet de linge envoyé au détenu : 1946, Fresnes [id.].

ladé *adv.* → LAGA.

laféké ou **laféquès** *n.m.*

Café.

ETYM. largonji de **café.** 1883, Macé [Esnault].

VAR. **laféqué** et **lafréqué** : 1953, Halles [id.].

laffes ou **lafs** *n.f.pl.*

Fortifications (de Paris) : *La rapière c'était son point fort, au Riton. Il restait fidèle au genre de sa jeunesse, à l'école de Montreuil, des lafs* (Simonin, 2).

ETYM. largonji de **for(tifs).** d'abord *louarfs* 1907 [Esnault] (prononciation faubourienne de *lorf*), puis *lâfs* 1940 [id.].

laga, lago ou **ladé** *adv.*

Là : *Laga gîte Fifi, beau mec, un peu mac, un peu casseur, que lui a préféré Crevette, une tapineuse débutante* (Simonin, 8). *MM. Mathieu et Grégor sont-ils encore lago ?* (Trignol). *Ladé, elle renquilla dans l'Hôtel de Ville* (Devaux).

ETYM. suffixations arg. de **là.** *laga* 1926 [Esnault] (var. rare *laguche* [id.]) ; *lago* 1835 [Raspail] ; *ladé* (largonji de *d'là* ou simple suffixation renforçante de *là*) 1899 [Nouguier].

laigue ou **lègre** *n.f.*

Vx. Foire, fête : *Il s'est laissé grimer en laigue de Beaucaire* (Ansiaume).

ETYM. de l'arg. ital. **legra,** fête de tel saint, foire. 1821 [Ansiaume].

laine *n.f.*

1. Vx. Ouvrage à faire, dans le jargon des tailleurs. **2.** Soulier. **3. Carder la laine à qqn,** le battre : *Les ceuss qui sont v'nus m'sercher, / Monsieur, y m'ont toujours trouvé, / J'leur z'y ai toujours cardé la laine* (Rictus). **4. Tondre** ou **manger la laine sur le dos de qqn,** l'exploiter, le dépouiller, le plumer. **5. Jambe de laine,** jambe blessée ou estropiée : *En voilà une sacrée bancroche ! Jambe-de-Laine [...]. Mam'zelle Quatre-et-trois-font-sept !* (Méténier).

ETYM. emploi métonymique du nom de matière. **1.** 1866 [Delvau]. **2.** 1884, Roquette [Esnault], c.-à-d. « chausson », par lourde ironie. **3.** vers

1900, Rictus. **4.** 1792 [Duneton-Claval]. **5.** 1894 [Virmaître].

laissez-passer *n.m.inv.*

Billet de banque d'une valeur élevée : *Il décarra de ses profondes un packson de laissez-passer et lui allongea vingt sacs* (Le Breton, 2).
ETYM. allusion claire aux pouvoirs magiques de l'argent : le billet de 500 F était en France, avant l'euro, le plus gros billet existant. 1953, Le Breton.

lait *n.m.*

1. Vx. **Lait à broder,** encre. **2. Lait de tigre, de panthère** ou **de chameau.** ***a.*** autrefois, absinthe ; ***b.*** auj., pastis : *Rhabille les gamins, je dis au Frisé, qui nous rapporta deux anis. Au Lys Bar, la fréquentation des truands biques avait lancé la mode de boire de ce lait de tigre* (Trignol). *On peut se faire monter les laits de panthère, ici ?* (Malet, 16).
ETYM. emplois humoristiques du mot usuel. **1.** 1836 [Vidocq]. **2. *a.*** 1908, Saigon [Esnault] ; ***b.* de panthère,** 1946, Malet ; **de tigre,** 1955, Trignol.

laiterie *n.f.*

Seins d'une femme : *Son popotin superbement joufflu et sa laiterie de marbre qui pointait sous son boléro l'avaient rendue célèbre* (Devaux).
ETYM. emploi métonymique et humoristique du sens courant. 1946, Devaux [Doillon].

laitue *n.f.*

1. Femme quelconque, sans intérêt : *Quand on a une femme comme la tienne, on ne va pas se gaspiller avec une laitue* (Bastiani, 1). **2.** Poils du pubis féminin. SYN. cresson. **Mouiller sa laitue,** uriner, en parlant d'une femme.
ETYM. de **laitue pommelée,** cet adj. signifiant aussi « qui a des seins en pomme ». **1.** 1955 [Esnault], « prostituée ». **2.** 1977 [Caradec].

lame *n.f.*

1. Couteau : *Au premier qui m'touche, j'y fends l'erch et il sort sa lame* (Plaisir des dieux). **2.** Homme courageux et loyal (selon le milieu) : *Malgré son allure de lame, malgré sa cote, Riton, que rien n'effrayait pourtant, pouvait bien en avoir eu le trac* (Simonin, 2) ; aussi dans l'armée (surtout en apostrophe) : [Un zéphir à un autre :] *La vie ressemble diablement à un champ de chardons. Qu'en dis-tu, hein, ma vieille lame ?* (A. Camus).
ETYM. emplois métonymiques : la partie pour le tout, et l'instrument pour l'opérateur ; selon Esnault, plutôt référence ennoblissante à l'épée. **1.** 1889 [Esnault]. **2.** 1901 [Bruant], mais bien antérieur dans l'armée : 1808 [d'Hautel].

lamedé ou **lamdé** *n.f.*

Femme, épouse : *« Un petit kilo de haut de côtelette », vient de bonnir une lamedé* (Simonin, 5). *Avec douceur, il entraîna sa lamdé sur un divan, l'y étendit* (Le Breton, 2).
ETYM. largonji de **dame.** *lamedé* 1960, Simonin ; *lamdé* 1953, Le Breton.

lamedu *n.f.*

Marchandise : *Cent sacs pour vous ! j'ai répété... si on récupère notre lamedu* (Simonin, 3).
ETYM. apocope de **lameduca,** largonji à infixe de **came.** 1939 [Esnault].

lamer *v.t.*

Poignarder.
ETYM. de **lame.** 1957 [Sandry-Carrère].

lamfé *n.f.*

Femme : *D'une tape négligente sur le valseur de sa lamfé, Mario la chassa du fauteuil* (Le Breton, 2).
ETYM. largonji de **femme.** 1953, Le Breton.

lampe *n.f.*

1. Estomac : *Y a pas que le pinard qu'on se met dans la lampe qui a le même goût. Y a nous, d'abord* (Carco, 8). **S'en mettre plein la lampe,** boire et manger en abondance : *Elle avait dîné avant et je peux vous dire qu'elle s'en était mis plein la lampe !* (Roulet). **2.** Vx. Tête. **3. Lampe à souder. *a.*** mitraillette ; ***b.*** turboréacteur d'avion ; ***c.*** grand nez.
ETYM. analogies de fonction. **1.** 1908 [Chautard]. **2.** 1899 [Nouguier]. **3. *a.*** 1952 [Esnault] ; ***b*** et ***c.*** 1977 [Caradec].

lamper *v.t.*

Vider (un verre) : *Alors, demanda Bergeval après avoir lampé son demi, qu'est-ce qui se passe ?* (Lefèvre, 1).
ETYM. forme nasalisée de **laper** (avec influence du précédent). 1694 [Acad. fr.].
DER. **lampeur** *n.m.* Buveur : 1808 [d'Hautel].

lampion *n.m.*

Vx. **1.** Verre d'eau-de-vie : *Qu'est-ce que tu prends ? demandait magnifiquement Jacques. Moi, c'est un perroquet. – Moi, un lampion* (Rosny). **2.** Œil. **3.** Syn. de lampe au sens 1 : *À la saison des légumes on s'en foutait plein le lampion* (Céline, 5). **4.** Sergent de ville. **Lampion rouge,** poste de police. **5.** Inspecteur de la police des jeux. **6.** Voiture postale.

ETYM. emplois imagés du mot usuel ; au sens 4, il s'agit d'une métonymie, le mot **lampion** désignant le tricorne des militaires et des cavaliers, dont une version civile est portée par le sergent de ville. **1.** 1901 [Bruant]. **2.** 1867 [Delvau]. **3.** 1936, Céline. **4.** 1848 [Pierre]. **Lampion rouge,** 1883 [Fustier] ; le poste ou commissariat de police était signalé par un réverbère aux vitres rouges. **5.** 1902, Lyon [Esnault]. **6.** 1900, Paris [id.] ; le postillon porte un haut-de-forme appelé *lampion.*

lanarqué *n.m.*

Client difficile.

ETYM. largonji de **canard.** 1977 [Caradec].

lance *n.f.*

1. Eau (sous diverses formes) : *Je l'ai porté placidement sous la fontaine de la Maubert, et je lui ai fait couler un petit filet de lance sur la tête, histoire de lui rafraîchir la coloquinte* (Macé). *Comme boisson, pas un doigt de picton, rien que de la lance* (Gill). **2.** Pluie : *Sur les Champs-Élysées, la lance qui tombait dru depuis le début de la soirée avait fait le vide* (Simonin, 1). **3.** Liquide émis par le corps (urine, larmes). **4.** Rivière. **5. Avoir la lance,** être condamné à la relégation.

ETYM. de l'ital. **slenza,** fleuve, pluie, urine, boisson. **1.** 1562, Rasse des Nœuds [TLF]. **2** et **3.** 1836 [Vidocq]. **4.** 1835 [Raspail]. **5.** 1928 [Lacassagne] ; il s'agit de l'océan Atlantique à traverser.

lancecaille ou **lanscaille** *n.f.*

Eau, liquide, pluie : *Il pleut, il a plu toute la nuit, cette lanscaille fine et serrée du ciel parisien* (Boudard, 1).

ETYM. de **lanscailler.** *lanscaille* 1957 [Sandry-Carrère].

lancecailler ou **lanscailler** *v.i.*

Uriner : *Jo avait remarqué les toilettes* [...] *« Viens, Roby, on va lancecailler un petit coup »* (Pierquin).

ETYM. de **lance,** avec le suff. arg. **-caill** (→ **BLANCHECAILLE**). *lanscailler* 1628 [Chéreau] ; *lancecailler* 1957 [PSI].

lancelot *n.m.*

Pompier.

ETYM. calembour sur **Lancelot,** valet de trèfle, et **lance l'eau** (fonction du pompier). avant 1912 [Esnault].

lance-parfum *n.m.*

Mitraillette : *Derrière eux se ramène Mario Estoufacado, les griffes en l'air, accompagné lui aussi d'un sacristain muni d'un lance-parfum* (Bastiani, 4).

ETYM. euphémisme humoristique. 1952 [Esnault].

lancequine ou **lansquine** *n.f.*

1. Pluie : *Le ciel fait fissa à se dégager. La lancequine paraît sur le point de se tarir* (Simonin, 5). *La lansquine tombait depuis la veille. Elle ruisselait sur les cirés des flics à vélo* (Le Breton, 2). **2.** Eau : *La lancequine débordait partout, et* [...] *on aurait pataugé dans la bouillasse jusqu'à l'enlisement complet* (Devaux). **3.** Urine : *Lorsque Gaston, enfin délivré de sa lansquine, revient en boutonnant sa braguette, il le cueille aux sentiments, qu'on a besoin de se réchauffer* (Boudard, 6).

ETYM. déverbal de **lancequiner. 1.** *lansquine* 1866 [Delvau]. **2.** *lansquine* 1878 [Rigaud] ; *lancequine* 1901 [Bruant]. **3.** 1899 [Nouguier].

lancequiner ou **lansquiner** *v.i.*

1. Pleuvoir : *I'fait si tell'ment noir qu'on peut / Pas seul'ment voir si i' lanc'quine* (Bruant). *Par une bonne nuit fraîche, surtout si ça lansquine, on doit pouvoir enlever un riche paq !* (Rosny). **2.** Pleurer : *À des fois l'on rigole* [...] */ Qu'on devrait lansquiner* (Vidocq). **3.** Uriner : *À ce point de puanteur, c'était pas possible autrement, les mecs devaient lancequiner directement de leur page, sans se lever* (Houssin, 3).

◆ *v.t.*

Vx. **1.** Mouiller. **2.** Arroser.

ETYM. dénominal de **lance. 1.** 1827 [Demoraine]. **2.** 1811, chanson [Vidocq]. **3.** 1836 [Vidocq].
◆ *v.t.* **1.** 1829 [Forban]. **2.** 1899 [Nouguier].

DÉR. **lansquineur** *n.m.* Vx. Arroseur et **lansquinoir** *n.m.* Vx. Urinoir : 1899 [Nouguier].

langouse ou **languetouse** *n.f.*

Langue. **Filer une langouse à qqn,** l'embrasser sur la bouche.

ETYM. suffixation arg. de **langue.** *langouse* 1926 [Esnault]; *languetouse* 1952 [id.].
VAR. **languette :** 1953 [Sandry-Carrère].

langouste ou **langoustine** *n.f.*

1. Prostituée : *Quand l'homme épargne la gifle, la langouste se gaspille, observa Zoé, sentencieuse* (Bastiani, 1). **2.** Maîtresse : *Quel âge qu'elle a, ta langoustine ? – Cinquante-cinq ans, répondit Martin avec simplicité* (Aymé).
ETYM. métaphore animalisante (→ **CREVETTE**). **1** et **2.** 1936, Céline.

langue *n.f.*

Faire une langue (fourrée), faire un baiser profond, sur et dans la bouche : *Thomas ne sait pas le français ni Marthe l'anglais. Ils vont se comprendre à demi-mot dans la langue de Gœthe avant d'en venir à la langue fourrée* (Boudard, 2).
ETYM. emploi érotique du mot et de l'organe. 1846, L. Protat [Delvau].

lanscaille *n.f.*, **lanscailler** *v.i.* → **LANCECAILLE, LANCECAILLER.**

lansquine *n.f.*, **lansquiner** *v.i.* → **LANCEQUINE, LANCEQUINER.**

lanterne *n.f.*

1. Fenêtre. **2.** Œil : *Elle a déplié un vieux canard tout taché de graisse et me l'a fourré sous les lanternes* (Pelman, 1). **3.** Vx. **Lanterne sourde,** contrebandier. **4.** Vx. **Lanterne rouge,** maison close : *On fautait de la cuisse mais on respectait l'orthographe au temps des lanternes rouges !* (Boudard, 2).
ETYM. emplois métaphoriques (1 et 2), ou p.-ê. embryon de largonji de **vanterne** au sens 1. Emploi métonymique au sens 3. **1.** 1827, *Un monsieur comme il faut.* **2.** 1895 [Esnault]. **3.** 1847 [Dict. nain]. **4.** une lanterne rouge signalait l'entrée des maisons closes : Balzac en fait mention, dès 1846, dans *la Cousine Bette.*

lap ou **lape** *pron. indéf.*

Rien : *J'avais oublié qu'elle n'était pas française. Elle entravait peut-être lap à mon jars* (Malet, 12) ; surtout dans la loc. **bon à lap(e),** bon à rien : *Si t'es sans un, t'es censé pas bouffer, et si t'es censé pas bouffer, t'es bon à lap... Ils voient pas plus loin* (Malet, 1). *Des bons à lappe qu'ont même pas été foutus de creuser de bons gourbis* (Dorgelès). **Que lap(e),** rien du tout : *Le garçon n'y a entravé que lap à mon changement de menu* (Simonin, 3).

◆ *adj.*
Médiocre : *Ils commencent, culot !... à se plaindre que la nourriture était lape* (Céline, 2).
ETYM. par agglutination et apocope de **la peau.** vers 1880, Paris [Esnault]. **Bon à lap(e),** 1901 [id.]. **Que lap(e),** 1893 [id.].
◆ *adj.* 1957, Céline.
VAR. **lapuche :** 1895 [Esnault].

lapin *n.m.*

1. Vx. Apprenti compagnon. **2. Lapin ferré.** ***a.*** cheval ; ***b.*** gendarme. **3.** (souvent associé à un adj. comme **sacré, fameux,** etc.). Individu remarquable dans sa partie (notamment en matière sexuelle) : *Il est crevé à Saint-Domingue pendant l'expédition du Leclerc ; c'est le pian des nègres qui l'a emporté : c'était un fameux lapin* (Vidocq). *Nous somm's dans c'goût-là tout eun' troupe, / Des lapins, droits comm' des bâtons* (Richepin). *Ah ! c'est que, dans ce temps-là, j'étais un sacré lapin* (Grancher). **4.** Vx. Voyageur pris en surnombre dans les voitures publiques, ou voyageant sans billet. **En lapin,** assis sur le siège du cocher : *Les généraux ? Nous n'avons pas de fonctionnaires plus soumis... Demandez à Clemenceau : il les fait monter en lapin, oui, à côté du cocher, en lapin sur son fiacre* (Barrès). **Faire un lapin,** prendre un client pour son propre compte, en parlant d'un cocher de maître. **5.** Refus de paiement. **Coller, poser un lapin.** ***a.*** ne pas rétribuer une prostituée ; ***b.*** ne pas venir à un rendez-vous : *Nous nous passerons de lui. / Peut-être bien qu'il se vante / De nous poser un lapin ? / Baste, avec un peu de vin / Facilement on l'invente* (Ponchon) ; ***c.*** faire échouer un projet : *Elles avaient compté qu'en me plaçant chez de vieilles bigotes, elles pourraient se rembourser, usurairement, sur mes gages, des frais de la pension... Et je jouissais de leur poser un lapin, à mon tour* (Mirbeau). **6. Ça sent le lapin,** ça sent mauvais. **7. Lapin de gouttière,** chat : *Un odorat aguerri y aurait même décelé le souvenir de plusieurs générations de lapins de gouttière que Madame, qui avait le cœur large quant à la gent griffue, recueillait à tour de rôle* (Combescot).
ETYM. emplois imagés référant à la position accroupie, à la célérité, à l'appétit sexuel, etc., de l'animal domestique. **1.** 1862 [Larchey]. **2.** ***a.*** 1807 [d'Hautel] ; ***b.*** 1789 [Esnault]. **3.** 1827 [Demoraine]. **4.** « en surnombre » 1783 [Esnault] ; « sans billet » 1885 [id.]. **En lapin,** 1819 [id.]. **Faire un lapin,** 1901 [id.]. **5.** vers 1868,

Blanche d'Antigny [id.]. **Coller, poser un lapin.** ***a.*** 1880, Macé ; ***b.*** 1890 [Esnault] ; ***c.*** 1881 [Rigaud]. **6** et **7.** 1867 [Delvau].

laquereaumuche, laqueraumé ou **laqueraumème** *n.m.*

Vx. Proxénète.

ETYM. largonji de **maquereau.** 1899 [Nouguier].

VAR. **lacromuche :** 1881 [Rigaud].

larantequé ou **laranque** *n.m.*

Vx. Pièce de quarante sous : *Sûr que j'vas y coller eun' purge / Si a m'rapport' pas larant'quet !* (Bruant). *Pour un larantqué, c'est la simple passe / Un quart d'heure au plus, vas-y v'là le baquet* (Plaisir des dieux). *Allons, les joueurs ! Y a deux laranques à faire ! Qui les veut ?* (Le Breton, 6). *Il distrait un laranqué de son gain, le pousse du doigt vers son copain du temps jadis* (G. Arnaud, 2).

ETYM. largonji de **quarante.** 1872, forçats [Esnault] ; *laranque* 1907 [id.].

VAR. **laranqué :** 1889 [Esnault]. **laranquès :** 1930 [id.]. **larante :** 1896 [Delesalle]. **larantequem :** 1880, Brissac. **arantequé** et **rancké :** 1883, Macé. Ce mot, comme *lidré, lincsé, linvé,* etc., a disparu avec la monnaie correspondante.

larbin, e *n.*

1. Domestique : *Le larbin – il a bien voulu me dire que dans sa famille on était domestique depuis cinq générations, lui ai répondu que j'en avais rien à cirer – le larbin tire les rideaux* (Siniac, 1) ; le fém. est rare : *Et maintenant on peut parler, dit l'officier, lorsque la larbine eut disparu* (Héléna, 1). **Planque à larbin,** bureau de placement. **2.** Valet du jeu de cartes.

ETYM. origine obscure. **1.** 1829 [Forban] ; *larbine* 1855, Paillet. **Planque à larbin,** 1878 [Rigaud]. **2.** 1835 [Raspail].

VAR. **larbinos** *n.m.* : 1953 [Sandry-Carrère].

DER. **larbinier** *n.m.* Complice d'un cambrioleur : 1894 [Virmaître]. **larbinerie** *n.f.* Valetaille : 1836 [Vidocq].

lard *n.m.*

1. Peau : *Quel salaud ! Ça fait une heure que tu t'astiques le lard, et que je claque des bretelles !* (Fallet, 1). **2.** Embonpoint : *Qu'est-ce que tu vas faire après ça ? [...] Une fois que t'auras repris du lard ?* (Céline, 5). **(Se) faire du lard,** engraisser dans l'oisiveté : *Le papa Dupanard / A jadis fait son lard / Au retour d'Biribi* (Desnos). **Perdre son lard,** maigrir. **3.** Individu : *Je ne ferais qu'un'becqu'tée de ton lard* (Marcus). *Dis-y d'am'ner son lard, qu'on discute le bout d' gras* (Stollé). **Mettre le lard au saloir,** se mettre au lit. **Prendre tout sur son lard,** endosser l'entière responsabilité de qqch. **Rentrer** ou **tirer dans le lard à qqn,** l'attaquer sans ménagement : *Les humains occupent leurs loisirs du temps de paix à se donner l'illusion de la guerre. Et pan, vas-y, que je rentre dans le lard !* (Tachet). *Je me demande si je ne vais pas aller ramasser le pistolet d'Espadona, lui tirer dans le lard et me carapater* (Lacroix). **4.** Terme d'injure. **Gros lard,** personne obèse : *Alors, le gros lard, t'es trop feignant pour mettre ta flèche, lui cria un chauffeur de taxi* (Camara). *Pousse-toi, gros lard, je vais te marcher dessus* (Boileau-Narcejac). **Tête de lard,** individu borné et obstiné : *Tiens, tête de lard ! Garde ça ! Et je t'emmerde !* (Guérin). **5.** Vx. Maîtresse : *J'ai rendez-vous. – Avec ton lard ? – Jamais de la vie* (Méténier). **6.** Vx. **Manger du lard,** avouer.

SYN. manger le morceau.

ETYM. emplois animalisants et péjoratifs du mot usuel. **1.** 1877, Zola [TLF]. **2.** 1611 [Cotgrave]. **Perdre son lard,** 1881 [Rigaud]. **3.** *sauver son lard* 1867 [Delvau]. **Mettre le lard au saloir,** 1977 [Caradec]. **Prendre tout sur son lard,** 1883 [Esnault]. **Rentrer dans le lard,** 1920 [Bauche]. **4. Gros lard,** 1929, Giono [TLF]. **Tête de lard,** 1901 [Bruant], art. *bête.* **5.** 1879 [Esnault] (du sens « enfant », cf. *lardon*). **6.** 1907 [H. France].

larder *v.t.*

1. Frapper avec une arme blanche : *Mais les assassins s'acharnèrent / Sur elle à coups d'pied à coups d'poing / De mill' coups d'poignards la lardèrent* (chanson *Elle était souriante,* paroles de E. Bouchaud). **2.** Vx. Importuner : *V'là huit jourdés qu'elle* [cette dent] *me larde, j'veux la virer* (Marcus).

ETYM. de **lard,** peau de l'homme. **1.** 1640 [Oudin]. **2.** 1808 [d'Hautel].

lardeuss, lardoss ou **lardingue** *n.m.*

Pardessus : *Il sourit, posa le butin, enfila son lardeuss et récupéra le lacsé dont il noua la lanière autour de son poignet* (Le Breton, 2). *Mon vieux lardosse parisien est serré à la taille par une ficelle* (Cavanna). *Il avait un petit lardingue d'A.P. bleu marine sur sa tenue blanche à col montant* (Amila, 1).

ETYM. largonji de **pardess(us),** dont la première forme, selon Simonin, a dû être **l-ardess-du-pa.**

1947 [Esnault], pour les deux premières formes; *lardingue* 1954, Tachet.

lardoire *n.f.* ou **lardoir** *n.m.*

Arme blanche : *Renfoncez votre lardoire dans votre poche, il n'y a pas ici de poulet à larder* (Sue). *J'eus le plus grand mal, alors qu'il était déjà en troisième, à refermer la portière, rengainer ma lardoire sans m'empêtrer et souffler un coup* (ADG, 1).

ETYM. de **larder.** Ce mot a désigné diverses armes, du stylet (1842, E. Sue) au couteau (1954 [Esnault]), en passant par le sabre, la canne-épée (dans la cit. d'ADG) et l'épée. *lardoire* 1795 [DDL 32]; *lardoir* 1957 [Sandry-Carrère].

lardu *n.m.*

1. Policier, notamment commissaire de police : *Ils ne m'aimaient pas, parce qu'à leurs yeux, j'étais toujours un lardu* (Pagan). **2.** Commissariat de police : *Il leva machinalement la tête et stoppa net. Sur fond bleu, le mot POLICE se lisait sur l'entrée du lardu* (Le Breton, 1).

ETYM. apocope de **lart-du-quart,** largonji à infixe de **quart (d'œil). 1** et **2.** 1951 [Esnault].

larfeuil ou **larfeuille** *n.m.*

Portefeuille : *Franzie, féroce, qui l'a jeté à poil sur le palier après lui avoir retourné ses poches et son larfeuil* (Cordelier). *Nib ! Total raclé du larfeuille, Tonton Bauman* (Bauman).

ETYM. origine incertaine, p.-ê. largonji de **feuillard** [Cellard-Rey]. *larfeuillle* 1953, San Antonio [Doillon]. Sandry-Carrère (1957) mentionnent le diminutif *larfouillet*.

VAR. **larf :** 1988 [Caradec].

large *adj.*

1. L'avoir large. ***a.*** être chanceux; ***b.*** avoir le bras long. **2. Pas large du dos,** avare ; **large des épaules,** (curieusement) même sens. **3. Du large !,** partez !, cédez la place !

ETYM. emplois spécialisés. au sens 1. a. **l'** représente le postérieur (→ FION, POT). **1. *a.*** 1915 [Esnault] ; ***b.*** 1918 [Dauzat]. **2.** 1953 [Sandry-Carrère] ; **large des épaules,** mil. du XVIIIe s., *Dictionnaire comique* de Le Roux, repris par Delvau et Rigaud. **3.** 1881 [Rigaud].

largeo ou **largeot** *adj.*

Large : *Un Stetson gris souris impubère, un peu largeot des bords façon shérif du Nevada* (Simonin, 4).

◆ *n.m.*

Vx. Pantalon large, porté par certains militaires et corps de métiers.

ETYM. diminutif de **large.** 1953 [Esnault].
◆ *n.m.* 1916, Légion étrangère [id.] ; 1940 [id.], chez les charpentiers. Il signale le composé *larges-ailes* (1905), pantalon large en haut et étroit aux chevilles, porté par les charpentiers.

☞ **largonji**
→ Liste des argots spécifiques *page [33].*

largue ou **larque** *n.f.*

Vx. **1.** Femme en général : *Attends-moi et ouvre l'œil, je vais voir si la largue est décarée* (Vidocq). *Si ta larcque n'est pas franche, elle nous conduira droit au théâtre* (Ansiaume). **Largue en vidange,** femme en couches. **2.** Maîtresse principale : *Le macque, qui joue ici un rôle plus actif que le barbillon, ne quitte sa largue ni jour ni nuit* (Canler). **3.** Prostituée.

ETYM. largonji de **marque. 1.** *larque* 1829 [Forban] ; *largue* XVIIIe s., chanson [Vidocq]. **Largue en vidange,** 1862 [Colombey]. **2.** *larque* 1821 [Ansiaume] ; *largue* XVIIIe s., chanson [Vidocq]. **3.** *larque* 1841, Lucas ; *largue* 1827, *Un monsieur comme il faut.* Selon Esnault, *larque* est désuet après 1850 et *largue* après 1928.

DÉR. **larguecapé** *n.f.* Catin : 1815, Winter, *in* Vidocq. **larcotier** *n.m.* Paillard : 1836 [id.].

largué, e *adj. et n.*

Se dit de qqn qui est dépassé par les événements, qui ne comprend rien à ce qui se passe : *Sur le plan artistique, par exemple, je suis complètement largué ; quand les mômes me parlent de rock, j'arrive pas à suivre* (Desproges). *La porte n'est pas fermée. Michel la pousse. Il est ailleurs, largué pour de bon* (Galland). *Bensoussan connaissait ce genre de largués, chercheurs de salades* (Page).

ETYM. emploi adj. du participe passé de **larguer.** 1975 [Beauvais]. Ce mot est en vogue dans les années 1980 dans le parler branché.

larguer *v.t.*

1. Se débarrasser de, abandonner : *Elle venait d'être larguée par un bellâtre imbécile, qu'elle n'avait jamais aimé* (Varoux, 1). *Savoir à quelle heure le dur passe à Carmagnola et à Savigliano. Si on devait larguer la bagnole, ça nous aidera* (Giovanni, 1). **2.** Donner. **3.** Libérer : *Quand est-ce que vous me larguez ? – Demain à quatorze heures. [...] Voici votre feuille de route* (Le Dano). **4.** Jeter : *On a largué nos caleçons / Nos fanfreluches en nylon* (P. Perret).

5. Renvoyer. SYN. lourder. **6. Larguer les amarres,** partir ; mourir.
ETYM. emplois métaphoriques de ce verbe de marine. **1.** 1886, Richepin [TLF]. **2.** 1925 [Esnault]. **3.** 1957 [PSI]. **4.** 1908, Mille [TLF]. **5.** 1982 [Perret]. **6.** 1977 [Caradec].

Laribo ou **Lariboise** *n.pr.*
L'hôpital Lariboisière, à Paris, dans le XIXe arrondissement, entre la butte Montmartre et les fortifs : *Dégringole avec ce poulet à Lariboise, fais vite !* (Allain-Souvestre).
ETYM. apocope de **Lariboisière.** *Laribo* 1903 [Esnault] ; *Lariboise* 1911, Allain-Souvestre.

larmichette *n.f.*
Très petite quantité de liquide (généralement de l'alcool).
ETYM. suffixation hypocoristique de **larme.** 1957 [Sandry-Carrère].

larmicheur, euse *n.*
Personnage larmoyant, qui pleure facilement : *J'ai connu de sacrés larmicheurs, des sangloteurs pour le décès d'une violette, pourtant dans le fin fond de l'âme crapules pur porc* (Boudard, 6).
ETYM. formation plaisante sur **larme.** 1979, Boudard.

larque *n.f.* → LARGUE.

larreauquem *n.m.*
Carreau (aux cartes).
ETYM. largonji de **carreau.** 1953 [Sandry-Carrère].

larton ou **lartif** *n.m.*
Pain : *Dans le tapis franc de Monron / Le tabac drape ses tentures / Le taulier tout à son affure / Vend son pivois et son larton* (Mac Orlan, 2). *Trois croûtons de lartif bien tendre* (Sue). **Lartif brutal,** pain bis. **Larton savonné,** pain blanc : *Loth [...] empila dans son sac tyrolien un calendo crémeux, une boule de larton savonné* (Devaux).
ETYM. de **arton,** issu du grec **artos,** même sens. **Larton (brutal),** 1800, Leclair ; *lartif* 1836 [Vidocq]. **Lartif brutal,** 1841, Lucas [Esnault]. **Larton savonné,** XVIIIe s., chanson, *in* Vidocq.

lartonnier *n.m.*
Vx. Boulanger : *Le lartonnier a du carle, il faudra le jarviller* (Ansiaume).
ETYM. de **larton.** 1821 [Ansiaume].

lasagne *n.f.* → LAZAGNE.

latino *adj. et n.*
Qui est originaire d'Amérique latine : *Mon tee-shirt ? Heu... ah oui, ah, ah, c'est mexicain. – Ils sont chiés, ces Latinos* (Villard, 4).
ETYM. abrègement de **latino-américain.** 1967 [DDL 24].

latte *n.f.*
1. Soulier (sans talon haut) : *Leste, menue, elle trottinait, les pieds enfouis dans des chaussons. « Eh ! m'man, lui dit son fils sur un ton de reproche, sans amertume, t'aurais pu mettre des lattes ? »* (Carco, 1). **Traîner ses lattes quelque part,** y aller ou y séjourner : *Tous les ans, mon copain Poupon va traîner ses lattes au festival de Cannes* (*Libération*, 16 mai 1983). **2. Filer un coup de latte,** emprunter. **3.** Pied. **4.** Ski.
◆ *n.m.*
Deuxième latte, soldat de deuxième classe.
ETYM. emplois métaphoriques du terme de menuisier (analogie de forme). **1.** vers 1803, poissard [Esnault]. **Traîner ses lattes,** 1928, Stéphane. **2.** 1957 [PSI]. **3.** 1921 [Esnault]. **4.** 1937 [id.].
◆ *n.m.* 1977 [Caradec].
DÉR. **lattine** et **lattoche** *n.f.* Soulier : 1897 et 1914 [Esnault].

latter *v.t.*
1. Frapper avec le pied, chaussé ou non ; frapper en général : *Barbier a envie de frapper. De le latter ce gros porc* (Morgiève). *Je vais lui latter la gueule, se dit Cathy qui avait de plus en plus la nausée* (Francos). **2.** Soumettre à un emprunt quasi forcé : *En pleine déconfiture, Nanar commença par latter ses amis. Puis il s'encrouma à droite et à gauche* (Mariolle). SYN. bottiner, taper.
ETYM. dénominal de **latte. 1.** 1910 [Esnault]. **2.** 1953 [id.].

laubé, laubiche *adj.*
Beau : *Jour après jour, il venait de pointer les dépenses et les recettes de la semaine écoulée. C'était pas laubich !* (Simonin, 1). *Vrai qu'il n'était pas leaubiche son partenaire coutumier du pageot... un bouffi à l'œil morne, la face couperosée* (Boudard, 5).
◆ *n.m.*
Argent, sou : *Un loju, ce mecton ? Il a pas un laubé en fouille !* (Boudard-Étienne).
ETYM. largonji de **beau,** avec un suff. **-iche** qui n'est pas nécessairement marque de fém. 1955, Simonin ; d'abord *lobé* 1953 [Sandry-Carrère].

◆ *n.m.* 1970 [Boudard-Étienne].
VAR. **leaubé, leaubiche** : 1977 [Caradec]. **laubichmard** : 1968 [PSI].

lauchem *adj.*
Chaud : *Tony frissonna, remonta le col de son vêtement : « Fait pas lauchem, hein ? »* (Le Breton, 2).
ETYM. largonji de **chaud.** 1953, Le Breton.

lavable *adj.*
Qualifie toute marchandise illicite et aisée à écouler, ou de l'argent obtenu de façon illicite et facile à recycler.
ETYM. de **laver.** S'est dit d'abord substantivement d'un billet de théâtre facile à revendre. 1830 [Larchey].

lavage *n.m.*
1. Vente d'objets au rabais, génér. pour cause de faillite ou de dette. **2. Lavage de pieds,** condamnation au bagne de Cayenne : *Tu peux plus ou moins bénéficier de l'indulgence du tribunal. Ce qui se traduira par un lavage de pieds à perpète* (Malet, 13).
ETYM. emplois spécialisés du mot usuel. **1.** 1839, Balzac [Larchey]. **2.** 1955, Malet, mais certainement antérieur.

lavasse *n.f.*
Breuvage insipide (surtout café médiocre contenant trop d'eau) : *Le jus des sous-offs* [...] *est froid. Non seulement c'est de la vraie lavasse, pleure Küssling, mais il en manque la moitié* (Paraz, 2).
ETYM. de **laver** et du suff. péj. **-asse.** 1829 [Boiste], mais dès 1808 [d'Hautel] aux sens désuets de « pluie abondante » et de « réprimande » (→ LAVER).

lavé, e *adj.*
Se dit en brocante d'un lot dont les meilleures pièces ont été retirées.
ETYM. participe passé de **laver,** pris en un sens métaphorique. 1977 [Caradec].

lavedu ou **lavdu** *n.m.*
1. Personnage qui n'appartient pas au milieu, et donc méprisable : *Le Nantais se marra. Il connaissait le papier. Les agences qui fourguent le grand frisson aux lavedus à tant par tête de pipe* (Le Breton, 3). **2.** Personnage du milieu dont on se méfie ou qui n'a aucune envergure : *Moi, je le connais. C'est un vieux lavedu. Un Al Capone de banlieue* (Varoux, 1) ; employé comme terme d'injure : *« Va donc, hé, lavedu ! » cracha la fille* (Houssin, 1). SYN. cave.
ETYM. apocope de **laveduca,** largonji à infixe de **cave.** 1947 [Esnault].

lavement *n.m.*
1. Personne très importune : *Quel lavement, quand il est paf ! murmura Gervaise impatientée* (Zola). **2. Partir comme un lavement,** s'enfuir, partir très vite. **Être pressé comme un lavement,** être très pressé.
ETYM. forte image scatologique. **1.** 1808 [d'Hautel]. **2. Partir comme un lavement,** 1977 [Caradec], mais dès 1941, M. Aymé, *foutre le camp comme un lavement,* devenir inconsistant [TLF]. **Pressé ...,** 1881 [Rigaud].

laver *v.t.*
1. Vendre, écouler à bas prix : *C'est pour ça que t'as vendu la boîte pour un morceau de pain ?... Lavé ton journal ?* (Céline, 5). **Laver de l'argent volé.** ***a.*** faire en sorte que son origine frauduleuse ne puisse plus être détectée : *Notre pognon est pas lavé, petit gars, pas question de le remettre dans le circuit directement* (Pierquin) ; ***b.*** l'échanger au-dessous de sa valeur. **2. Laver la tête à qqn,** le réprimander vertement : *Siervenet, le directeur, vint le soir me faire un petit discours sur la liberté, la nécessité de respecter toutes les opinions, etc. Il n'était pas fâché, M. Siervenet, d'avoir cette occasion de me laver la tête* (Van der Meersch). SYN. passer un savon. Vx. **Laver la tête à qqn avec du plomb,** le fusiller. **3. Laver la gueule à qqn,** lui offrir à boire pour obtenir de lui une faveur. **4. Laver la vaisselle,** se dit d'un maladroit qui bave en pratiquant la succion clitoridienne.
◆ **se laver** *v.pr.*
1. Se laver le gosier, les yeux, boire. **2.** Vx. **(Aller) se laver les pieds,** être condamné à la transportation au bagne : *On envoie se laver les panards au bagne le moindre deuxième classe de la Légion des Volontaires contre le bolchevisme* (Boudard, 2).
ETYM. emplois métaphoriques de ce verbe au sens purificateur. **1.** 1808 [d'Hautel]. **Laver de l'argent volé,** 1896, Darien. **2.** « réprimander » vers 1500, Commynes [TLF] ; « fusiller » 1825, Mérimée [id.]. **3.** 1773, langage poissard [Duneton-Claval]. **4.** 1894 [Virmaître].
◆ *v.pr.* **1. Se laver le gosier,** 1867, Baudelaire [TLF] ; **les yeux,** 1867 [Delvau]. **2.** 1878 [Rigaud].

lavette *n.f.*

1. Individu lâche et sans énergie : *Tu es une lavette... Une petite merde, tu entends !* (Clavel, 2) ; employé comme terme d'injure : *Me charrie pas et cause, lavette* (ADG, 4). **2.** Langue (organe) : *En lui glissant sa lavette rose dans le porte-pipe, elle lui roula une de ces fameuses saucisses* (Devaux). **3.** Bavard. **4.** Pénis peu performant.

ETYM. de **laver,** avec le suff. diminutif et, ici, péj. **-ette. 1.** 1862 [Esnault] (d'abord « maladroit »). **2.** 1867 [Delvau]. **3.** 1901 [Bruant]. **4.** 1863, *Parnasse satyrique* [Delvau].

laveur *n.m.*

Individu qui « lave » certains objets de provenance illicite : *Stavisky, le laveur de chèques bien connu, indic de police à ses heures, possédait bien entendu le coupe-file blanc exceptionnel* (Galtier-Boissière, 1).

ETYM. de **laver.** 1894 [Virmaître].

lavougne *n.f.*

Lavage du linge, lessive : *Pauvre ! Les jours de lavougne, elle doit rester ici, à surveiller si les hommes frottent, si sa détenue n'écrit pas, pour eux cette fois, de biftons doux ou désœuvrés* (Sarrazin, 2).

ETYM. de **laver,** avec un suff. expressif. 1965, Sarrazin.

laxé *n.m.* → LACSÉ.

lazagne ou **lasagne** *n.f.*

1. Lettre, missive : *La* Petite Lune *reçoit fréquemment des lazagnes d'un tas d'imbéciles* (Gill). *Il reluit, le gonze, de tracer les mots de ces lasanes* (Simonin, 5). **2.** Porte-monnaie ; portefeuille : *Le pick-pocket* [...] *recherche surtout les lassagnes, – et cette fois-ci il est peut-être utile que je traduise par portefeuille* (Locard).

ETYM. de l'ital. **lasagna,** pâte plate. **1.** 1836 [Vidocq] ; la ligne écrite, selon Esnault, a la forme du ruban de pâte. **2.** abrègement de **porte-lazagne,** de l'arg. ital. **porta-lasagna** (1906). « porte-monnaie » 1899 [Nouguier], au masc., tandis que Caradec le donne comme féminin ; « portefeuille » 1911 [Esnault].

VAR. **lassagne :** 1927, Locard. **lazane :** 1960, Simonin [Cellard-Rey].

DER. **lazagner** *v.i.* Correspondre par lettre : 1899 [Nouguier]. **lazagneur** *n.m.* Correspondant : 1885 [Esnault].

lazaro *n.m.*

1. Prison militaire : *Le soir même, il descendit au lazaro. Et quand il eut tiré quinze jours pour avoir enlevé sa cravate, il en tira quinze autres pour l'avoir conservée* (Courteline). **2.** Prison centrale : *L'indien à Serge, c'était celui qu'on isole en ratière. Parce que ses voisins de lazaro lui feraient la couenne et pas joli-joli* (Dégaudenzi). **3.** Cellule de sûreté des commissariats. SYN. violon.

◆ **Lazaro** *n.pr.*

Vx. Saint-Lazare (prison de femmes) : *D'autres fois, j'avais pas de gibe !* [...] *Quand mon lard était fait ! Ça rapporte rien, Lazaro !* (Méténier). SYN. Saint-Lago.

ETYM. sans doute abrègement et suffixation de **Saint-Lazare,** prison datant de 1779, avec influence de **lazaret,** établissement où l'on isolait les personnes suspectes d'avoir une maladie contagieuse (XVIe s.). **1.** 1886, Courteline. **2.** 1953 [Esnault]. **3.** 1957 [PSI].
◆ *n.pr.* 1885, Méténier.

laziloffe *n.m.*

MST (notamment blennorragie).

ETYM. de **lazi,** altération de **nâze,** morve humaine et chevaline, et de **loffe,** mauvais [Esnault]. 1836 [Vidocq].

DER. **laziloffe** ou **laziloffé, e** *adj. et n.* Atteint d'une MST : 1901 [Bruant].

lazingue *n.m.*

Portefeuille : *Il porta le tout sur l'établi et empila les papelards. « Rifaude-les, dit-il au Gitan. Le lazingue et le briquet, on les virera dans un égout »* (Le Breton, 1).

ETYM. altération de **lazagne,** plus courante que la forme italienne. fin du XIXe s. [Esnault].

lèche *n.f.*

1. Flagornerie : *Le poète obèse à lavallière Georges Pioch, orateur de meetings à qui les purs reprochaient certain article de « lèche » à Poincaré* (Galtier-Boissière, 4) ; surtout dans la locution **faire de la lèche à qqn,** le flatter outrageusement. **2.** Baiser prolongé : *Finie la lèche que Lucie a prolongée, Fernand, pas prolixe, annonce : Je suis crevé !* (Simonin, 5).

ETYM. déverbal de **lécher. 1.** arg. de Polytechnique ; d'abord *piquer la lèche* 1878, Moch [TLF]. **2.** 1960, Simonin.

lèche-bottes ou **lèche-cul** *adj. et n.*

Se dit d'un individu qui en flatte outrageusement un autre (généralement son supérieur) : *Le lieutenant Rousseau, obèse épanoui, tout extasié de se faire servir, d'essayer de somptueux boubous et de goûter l'admiration de deux ou trois lèche-bottes, était considéré comme un cas* (Paraz, 2). *Vantard, hâbleur, lèche-cul, il savait, mieux que quiconque, enfler une de ces rumeurs qui vont, de commissariats en commissariats* (Fajardie, 1).

ETYM. de **lécher** et de **bottes, cul.** d'abord *baise-cul* 1808 [d'Hautel]. *lèche-bottes* 1901 [Bruant] ; *lèche-cul* 1833, Baudelaire [Quemada].

VAR. **lèche-motte** : 1953 [Sandry-Carrère]. **lèche-pompes** : 1978, *Charlie Hebdo* [Cellard-Rey]. **lèche-train** : 1954, Le Breton.

lécher *v.t.*

1. Soumettre au cunnilinctus. 2. **Lécher les bottes, les pieds** ou **le cul de qqn** ou (vx) **lécher qqn,** le flatter outrageusement : *Ce sont des couards, dit Milan, de la sale race d'Allemands. Ils nous léchaient les bottes il y a deux ans* (Sartre). *Tant pis, ils diraient ce qu'ils diraient, elle leur lécherait les pieds s'ils voulaient, mais elle allait emprunter dix sous aux Lorilleux* (Zola).

ETYM. emplois érotiques ou rabaissants du verbe usuel. 1. 1977 [Caradec]. 2. **Lécher le cul,** 1794, Chénier [TLF] ; **lécher les bottes,** 1848, Balzac [id.] ; **lécher les pieds,** 1877 [Zola].

DER. **lécheur** *n.m.* Flatteur : 1878, Moch [TLF]. **léchard** *n.m.* Même sens : 1977 [Caradec].

lecture *n.f.*

Être en lecture, se dit d'une prostituée occupée avec un client : *Carmen ? Elle est sous l'homme... – Zizi, un peu de tenue, je vous prie ! lança la sous-maîtresse* [...] *Mademoiselle, vous ne pouvez pas dire : « Madame Carmen est en lecture » ?* (Galtier-Boissière, 2).

ETYM. image empruntée aux cafés dans lesquels le client lit les journaux ; la prostituée est un livre que le client effeuille. 1894 [Virmaître].

léger *n.m.*

Faire du léger, dans le léger. ***a.*** agir avec doigté ; ***b.*** agir sans risque : *Pour lui, ça allait, il avait réussi à remonter ses billes et m'assurait faire du léger. Juste des combines pour l'alimentaire* (Knobelspiess).

ETYM. emploi substantivé de l'adj. pris au sens de « facile ». ***a.*** 1975 [Le Breton] ; ***b.*** 1977 [Caradec].

légitime *n.*

Époux, épouse : *C'est ma légitime, Francis, c'est mon épouse ! Elle porte mon nom, et je ne permets pas...* (Amila, 1).

ETYM. emploi substantivé et pop. de l'adj. fém. 1845, Flaubert [TLF] ; masc. plus rare : 1901 [Bruant].

légobiffin *n.m.*

Soldat de la Légion étrangère.

ETYM. mot-valise, de **légo,** resuffixation de **légionnaire,** et de **biffin,** fantassin. 1975 [Arnal].

lègre *n.f.* → LAIGUE.

légume *n.m.*

1. Aliment quelconque. **Pertuis aux légumes,** gosier. 2. **(Grosse) légume,** personnage important (souvent fém. en ce sens) : *Les légumes sont arrivés* [pour assister à l'exécution capitale] (Méténier). *Ça faisait des années qu'il connaissait les plus grosses légumes, des ministres, d'anciens ministres, de hauts fonctionnaires, de la police et tout ça !* (Veillot).

SYN. huile. 3. **Perdre ses légumes.** ***a.*** avoir ses menstrues ; ***b.*** déféquer ou uriner involontairement sous l'empire de la peur, de la sénilité, etc. : *Qu'il mouette, l'infect, perde un peu ses légumes à l'idée que je pouvais remettre en question sa placarde au soleil* (Boudard, 1).

ETYM. emplois élargi (1) ou spécialisés et ironiques du mot usuel ; le sens 2 désigne à l'origine un officier supérieur. 1. vers 1802 [Esnault]. **Pertuis aux légumes,** 1859 [id.]. 2. 1832 [id.]. 3. ***a.*** 1929 [Bauche] ; ***b.*** 1881 [Rigaud].

Léon *n.pr.*

1. Personnage important dans le milieu. **Camé Léon,** gros trafiquant de drogue. 2. Vx. **(Gros) Léon,** président de la cour d'assises.

ETYM. origine sans doute liée à un personnage particulier. 1. 1975 [Arnal], jeu de mots sur **camé,** drogué. 2. 1836 [Vidocq].

lerche ou **lerchem** *adj. et adv.*

Cher (financièrement parlant) : *Il avait cherché quelque chose de pas cher. Pour ne pas y engloutir tout son capital, tu comprends ? Et ça ne valait pas lerche, en effet* (Malet, 8). *Il était lingé de prem : des harnais de grand tailleur et des lattes en croco qui avaient dû coûter lerchem* (Le Breton, 2).

◆ *adv.*
Beaucoup (surtout dans un contexte négatif) : *On s'est serré en nourriture, on a fait de plus en plus gafe... Y avait plus lerche de margarine, ni d'huile, ni de sardines non plus...* (Céline, 5).
ETYM. largonji de **cher.** *lerche* 1907 [Esnault] ; d'abord *lerché* 1905 [id.] ; *lerchem* 1926 [id.].
VAR. **lerchot :** 1957 [Sandry-Carrère].

les *pron. pers.*
Représente le mot *testicules* dans diverses locutions : *Tu crois que c'est pour le plaisir que je me les gèle à sept plombes du mat dans cette rue ?* (Bénoziglio). *On se les caille ! Tu me les casses, etc.* Peut aussi représenter d'autres mots : *billets de banque* dans *les aligner ; bouts* ou *voiles* dans *les mettre*, etc.

lésée, lésébombe ou **lesbombe** *n.f.*
Vx. Femme, maîtresse : *J'en connais des tas... des peinards / Qui s'font casquer par leur lesbombe* (Bruant). *La frangine* [religieuse] *ferait bien mieux de s'occuper de ses lésées* (Humbert).
ETYM. d'un élément obscur **lésé-** et du suff. **-bombe** (cf. *calebombe*). 1878 [Rigaud].

lessive *n.f.*
1. Amnistie. **2.** Plaidoyer d'un défenseur. **3.** Correction, humiliation infligée à qqn : *Sur le boulevard de Courcelles un bahut passe en maraude. Louis le griffe, le garde pour cézigue, s'y embarque. Pour la grande, en fait de lessive, c'est total* (Simonin, 5). **4.** Perte importante au jeu. **5.** Vx. **Faire la lessive,** vendre ses effets militaires : *J'ai fait la lessive, vous savez, j'ai placé mon bazar à fond perdu* (A. Camus).
ETYM. emplois métaphoriques : idée globale de faire disparaître, éventuellement en frottant. **1.** 1842 [Esnault]. **2.** 1847 [Dict. nain]. **3.** 1841 [Esnault]. **4.** 1842, Balzac [TLF]. **5.** 1863, A. Camus.

lessivé, e *adj.*
1. Qui est épuisé : *J'étais vraiment lessivé mais en plus j'en rajoutais, je voulais qu'elle s'intéresse qu'à moi. La fatigue me donnait des tas d'idées saugrenues* (Djian, 1). **2.** Ruiné (notamment au jeu). **3.** Qui a perdu tout crédit, tout pouvoir : *Il se prend pour un raté. Il n'a peut-être pas tort, mais il ne bouge pas un arpion pour changer le diagnostic. Il se complait dans son état de lessivé, rincé comme un verre à bière* (Malet, 13). SYN. fini. **4.** Tué : [le] *commissaire Belvoir qui, ne pouvant souffrir les étrangers, en trouvait encore un sur le chemin de sa retraite, lessivé, mais plus empoisonnant que s'il eût été vivant* (Malet, 16).
ETYM. emplois métaphoriques du participe passé du verbe **lessiver. 1.** 1935, Simonin-Bazin. **2.** 1957 [Sandry-Carrère]. **3.** 1955, Malet. **4.** 1946 [id.].

lessiver *v.t.*
1. Dépouiller complètement (en partic. au jeu), ruiner. **2.** Faire disparaître (qqn) : *Si le fumier avait été à ma place, il n'aurait pas mis de gants et il m'aurait proprement lessivé* (Héléna, 1). SYN. liquider. **3.** Bâcler (une procédure). **4.** Défendre ou innocenter en justice. **5.** Congédier. **6.** Vendre une marchandise volée. SYN. laver.
ETYM. emplois expressifs du verbe usuel. **1** et **4.** 1866 [Delvau]. **2.** 1953, Simonin. **3.** 1975 [Arnal]. **5.** 1977 [Caradec]. **6.** 1895 [Esnault].
DER. **lessivage** *n.m.* Changement de personnel : 1901 [Bruant].

lessiveur *n.m.*
1. Avocat de la défense. **2.** Receleur qui « lave » des objets volés.
ETYM. de **lessiver. 1.** 1847 [Dict. nain]. **2.** contemporain.
VAR. **lessivant** au sens 1 : 1867 [Delvau].

lessiveuse *n.f.*
1. Vx. Locomotive à vapeur. **2.** Mitraillette. SYN. sulfateuse.
ETYM. emplois métaphoriques : analogie de forme (1) et de fonction (2). **1.** 1938, SNCF [Esnault]. **2.** 1975 [Arnal].

leurs zigues *pron. pers.* → MÉZIG.

levage *n.m.*
1. Conquête galante : *Les levages réussis grâce à cette charrette vous auront souvent ménagé d'exquises surprises* (Simonin, 10) ; racolage. **2.** Première arrestation d'une prostituée sans carte. **3.** Escroquerie.
ETYM. de **lever. 1.** 1861, Mané [Larchey]. **2.** 1928 [Lacassagne]. **3.** 1867 [Delvau].

lever *v.t.*
1. Séduire (une femme ou un homme) ; racoler : *Monique était certaine que cette rivale n'appartenait pas à la pègre. Elle se demandait où ce bandit d'Éric avait pu la lever* (Giovanni, 1). *Une autre fois, une prostituée avait*

levé un diplomate italien (Larue). **2.** Reprendre, retrouver (qqch ou qqn). **3.** Capturer. **4.** Voler. **5.** Guetter un suspect pour le filer. **6. Lever le pied,** ou simpl. **lever,** partir, s'enfuir : *Je fis une rapide enquête et me convainquis que M... était sur le point de lever le pied avec deux Allemands ses complices* (Goron). *Avant de lever, l'Amerlok, qui regagnait l'après-midi les « states » comme dit Johnny, par le bateau, avait exigé de casquer un sixième magnum* (Simonin, 8). **Lever le pied,** ralentir : *Dans une centaine de mètres la taule allait être en vue : déjà le loche levait le pied* (Simonin, 5). **Se lever de là,** changer de quartier.

ETYM. emplois métaphoriques et souvent empruntés à la chasse. **1.** 1835 [Raspail]. **2.** 1828, Vidocq. **3.** 1872 [Esnault]. **4.** 1834 [id.]. **5.** 1901 [id.]. **6. Lever le pied,** « fuir en emportant la caisse » 1847, Balzac [Duneton-Claval] ; **lever,** 1883 [Esnault]. **Lever le pied,** « ralentir » 1935, Simonin-Bazin [TLF]. **Se lever de là,** 1957 [Sandry-Carrère].

DÉR. **levée** *n.f.* Rafle de filles : 1867 [Esnault].

leveur *n.m.*

Vx. **1.** Charrieur qui amorce la dupe : *Le pigeon qu'on doit plumer sort avec le leveur, et bientôt tous deux reviennent enchantés ; l'épreuve a été des plus satisfaisantes, et ils sont maintenant sûrs d'un beau bénéfice* (Canler). SYN. jardinier. **2.** Syn. de tireur.

ETYM. de **lever** (aux sens 1 et 4). **1.** 1835 [Raspail]. **2.** 1834 [Esnault].

levrette *n.f.*

En levrette, se dit du coït « a retro » : *L'obscénité avec laquelle Teresa ouvrait sa croupe en levrette m'était déjà bien connue* (Louÿs). *Il la tirait deux trois fois la semaine à la va-vite... la seule fantaisie de temps en temps en levrette dans la cuisine* (Boudard, 5).

ETYM. analogie de position avec les chiens. XVIIe s. [Cellard-Rey]; usuel chez les classiques de l'érotisme.

levure *n.f.*

Pratiquer ou **se faire la levure,** partir, s'évader : *Lélia nous a repérés... au loin, elle gueule carrément... elle court après nous. Byron ne peut plus se faire la levure, s'évaporer à son habitude... bel et bien il est coincé* (Boudard, 5).

ETYM. de **lever** au sens 6. **Pratiquer la levure,** 1878 [Rigaud] ; **se faire la levure,** 1901 [Bruant].

lézard *n.m.*

1. Vx. Faux camarade. **2.** Escroc qui change souvent de costume. **3.** Difficulté, empêchement : *Elle me tapa une cigarette et s'inquiéta : – Tu fais la gueule ? Y a un lézard ?* (Pagan). *Bref pas d'lézard, l'affaire était dans la fouillarde* (Legrand).

ETYM. jeu de mots sur **lésiner,** marchander (1), et allusion aux mues du lézard (2) ; le sens 3, assez usuel auj., est d'origine obscure. **1.** 1835 [Raspail]. **2.** 1844 [Esnault] (époque de Rigobert, loueur de costumes chics). **3.** vers 1980, langage jeune.

liberté *n.f.*

Liberté de cheval. ***a.*** escapade clandestine du bagne, chez un restaurateur ; ***b.*** transfèrement au Palais pour être interrogé par le juge d'instruction.

ETYM. emploi humoristique et restrictif : le cheval est attaché à un piquet par une longe. ***a.*** 1923 [Esnault] ; ***b.*** 1930 [id.].

lices *n.m. ou f.pl.* → LISSES.

licher ou **lichailler** *v.t.*

1. Boire : *Mais à forc' de licher des verres, / Ma famille avait son p'tit grain* (Delormel-Garnier *in* Saka). *Je l'ai vu passer de la porte d'un bistrot où nous étions quelques-uns à lichailler je ne sais quelle piquette* (Boudard, 6). **2.** Lécher. **Se licher le citron, la couenne, la pêche, la pomme, la gueule, le museau,** s'embrasser : *Du p'tit môme à la trisaïeule, / Les gén'rations s'lich'nt la gueule* (Bruant).

ETYM. var. de **lécher,** p.-ê. sous l'influence de **lisser. 1.** *licher* 1772, chanson poissarde [Larchey] ; *lichailler* 1901 [Bruant]. **2.** avant 1486, Guillaume Alexis [TLF]. **Se licher la gueule,** vers 1890 [Bruant].

VAR. **lichecailler** au sens 2 : 1915 [Esnault].

licheur, euse *n.*

1. Personne qui aime boire : *Est-ce comme gifleur ou comme licheur que vous désirez employer Bouchu ? – Son talent de buveur m'a séduit* (Chavette). **2.** Personne qui embrasse volontiers.

ETYM. de **licher. 1.** 1827 [Demoraine] (dès le XIIIe s., mais rare avant le XIXe s.). **2.** 1901 [Bruant].

lidré ou **lisdré** *n.m.*

1. Dix sous : *Vingt ronds de chambre, autant pour moi, un lidré pour le garçon, rapport à*

l'eau ! (Méténier). *Quatorze flèches, sans compter le lisdré* (id.). **2.** Le dix (aux cartes).
ETYM. largonji de **dix (ronds)**. **1.** 1883 [Chautard]. **2.** 1953 [Sandry-Carrère].

liéchem, lierchem ou **lierchème** *v.t.*
Chier: *En attendant, ils me font liéchem, ils me baratent, ils pérorent* (Céline, 2). *Un soir qu'a m'f'ra trop lierchéme / J'y fous mon vingt-deux dans la peau* (Bruant).
ETYM. largonji de **chier.** 1888 [Chautard].

lièvre *n.m.*
1. Vx. Gendarme. **2.** Homme alerte et déluré : *Tu parles d'un lièvre qui est roulant* (Nouguier). **3.** Maîtresse ; spéc., fille qui ne tient pas en place et impossible à diriger, en langage de proxénète. **4.** Cheval qui force les autres à prendre une allure trop rapide.
ETYM. emplois métaphoriques du mot usuel. **1.** 1851 [Esnault]. **2** et **3.** 1899 [Nouguier]; spéc., 1901 [Bruant]. **4.** 1950 [Esnault].

ligne *n.f.*
Dose de cocaïne, qu'on dispose en ligne et qu'on aspire avec un tube ou une paille : *Non, elle ne se droguait plus depuis des années, elle n'y touchait plus – une ligne par-ci par-là, histoire d'illuminer son sourire, rien de plus* (Pennac, 1).
ETYM. emploi spécialisé du mot usuel. vers 1980.

ligodu ou **ligoduji** *adv.*
Oui, d'accord: *Le Daron a défendu d'y goûter si on veut pas être refroidis à la broquille même qui suivra notre désobéissance. – Ligodu, on y touchera pas* (Devaux).
ETYM. largonji de **gigo** (→ **GY**). 1948 [Lacassagne].

ligote ou **ligotante** *n.f.*
Vx. Corde pour lier ou entraver un prisonnier ; corde en général : *Celle qui me mettra dans la ligotante, je ne l'ai pas encore vue... elle n'a pas ta cabèche !* (Rosny).
ETYM. de **ligot,** d'abord (au XVIe s.) jarretières, puis ficelle utilisée par les agents de police pour lier le poignet droit des malfaiteurs en l'attachant à la ceinture (1883 [Fustier]). *ligotante* 1800, Leclair ; *ligote* 1836 [Vidocq].

ligoter *v.t.*
Lire : *J'ai ligoté tout Simonin plusieurs fois et ça m'a affranchie pour ce qui est de dévider le jars* (Faizant).
ETYM. dér. fantaisiste de **lire,** avec jeu de mots sur le verbe **ligoter,** lier. 1953 [Esnault].

Lilange *n.pr.*
Vx. Lille.
ETYM. suffixation arg. du nom de la ville. 1836 [Vidocq].

lili-pioncette *n.f.*
Sobriquet de la morphine.
ETYM. composition humoristique, le second élément se rattachant à **pioncer,** dormir : la morphine est aussi un calmant. 1957 [Sandry-Carrère], compl.

limace *n.f.*
Chemise: *Et l'restant d'la nuit là, y pleure / Su' sa limac' de cravailleur... / Su' sa pauv' liquette à carreaux* (Rictus). *Ils achètent chez* Cow Boy Dream, *rue de Turbigo, [...] des limaces aveuglantes et des pointes de col en métal* (*le Nouvel Observateur,* 4 novembre 1983).
◆ **limaces** *n.f.pl.*
Lèvres.
ETYM. suffixation du vieux mot **lyme,** même sens (1527, Chevalet) : la chemise fut ainsi nommée parce qu'elle frotte contre la peau, comme une lime ; la forme *limace* (1815, *Chanson de Winter,* Vidocq) résulte d'un jeu de mots, le vrai suff., péj., étant *-asse* (1725 [Granval]).
◆ *pl.* 1977 [Caradec].
DER. **limacière** *n.f.* Lingère : 1836 [Vidocq].

limande *n.f.*
1. Homme sans courage. **2.** Prostituée : *Il avait donc guetté Céline et, un soir, il l'avait hélée : « Hé limande ! »* (Huysmans, 2). **3. En limande,** en position couchée, en parlant d'un motard. **4.** Vx. Coup, gifle.
ETYM. emplois métaphoriques, avec sans doute influence de **limer** pour le sens 2. **1.** 1836 [Vidocq]. **2.** 1879, Huysmans. **3.** 1975 [Beauvais]. **4.** 1870, Poulot.

lime *n.f.*
1. Syn. de limace. **2.** Vx. **Lime sourde,** se dit d'un individu hypocrite : *T'es un bon enfant, mais t'es pas franc avec les amis ; nous savons bien que tu travailles, mais t'es une lime sourde* (Vidocq).
ETYM. emplois spécialisés du mot technique ; une **lime sourde** est une lime qui ne fait pas de bruit, d'où le sens métaphorique de « qui agit avec une discrétion hypocrite ». **1.** 1596,

Péchon de Ruby. **2.** 1450, Charles d'Orléans [TLF] (à propos d'une femme).

limé ou **lime** *adj.m.*

Se dit d'un vin blanc (parfois rouge) additionné de limonade : *En s'arrêtant dans presque tous les troquets pour des blancs secs ou des rouges lime* (Roubaudi).

ETYM. emploi métaphorique du verbe **limer,** pris au sens d'« adoucir (le degré d'alcool) », avec influence de *limonade.* **Blanc limé,** 1975 [Beauvais] ; **blanc lime,** 1985 [GR].

limer *v.t.*

Posséder sexuellement, généralement avec une lente application : *Quand j'ai le piquet de tente, Bambou, je peux la limer pendant des heures* (Gainsbourg, in *Globe,* 1988) ; absol. : *Quelques couples [...] font l'amour, ça lime dur, et après une rude journée au service de l'industrie, c'est bien leur droit* (Siniac, 1).

◆ *v.i.*

Réfléchir longuement avant de répondre, dans le langage des policiers.

◆ **se limer** *v.pr.*

Se masturber.

ETYM. emplois métaphoriques du verbe technique. fin XVIIIe s., Sade [GR].

◆ *v.i.* 1975 [Arnal].

◆ *v.pr.* contemporain.

limonade *n.f.*

1. Vx. Eau. **Se plaquer dans la limonade,** se jeter à l'eau : [à une femme qui veut se noyer :] *C'est donc marioll', c'est donc rupin / De s'plaquer dans la limonade ?* (Gill). **Limonade de linspré,** vin de Champagne. **2. Être dans la limonade.** ***a.*** dans la misère ; ***b.*** être patron d'un café : *Un temps, les tauliers vont essayer de se reconvertir dans la limonade avec les serveuses montantes* (Boudard, 2). **Grinchir à la limonade,** voler dans les hôtels meublés.

ETYM. emplois métaphoriques dus à la vogue populaire de ce breuvage pétillant. **1.** 1867 [Delvau] (*linspré* est le largonji de *prince*). **2.** ***a.*** 1879, *le Figaro* [Larchey] ; ***b.*** 1867 [Delvau]. **Grinchir à la limonade,** 1836 [Vidocq].

limouse *n.f.*

1. Syn. de limace : *Des gens en occupaient le seuil. Il pouvait les repérer grâce à la blancheur de leurs limouses et au rougeoiement de leurs cigarettes* (Le Breton, 1). **2.** Lime.

ETYM. suffixation arg. de **lime. 1.** 1940 [Esnault]. **2.** 1977 [Caradec].

VAR. **limousse** au sens 1 : 1930 [Esnault]. **limouze :** 1967, Simonin.

limousin *n.m.*

ARG. ANC. Maçon : *Un combat qui a eu lieu avec des limousins* (Orgères).

ETYM. les maçons provenaient souvent du Limousin. 1798, Orgères.

lingaresse *n.m.* → **2. LINGUE.**

linge *n.m.*

1. Personne bien vêtue, ou personnalité importante, notamment dans la locution **du (beau) linge,** femme élégante, gens distingués : [le surveillant-chef aux forçats :] *Il va passer du linge. Tâchez de ne pas faire les c..., ou je vous f...lanque tous aux fers* (Humbert). *La soirée en question rassemblait du beau linge ; notables et commerçants pour qui la guerre se traduisait en soirées particulières* (Lépidis). *Avant quand j'avais la pêche, je soignais mes scandales. Malheureux mais avec du talent. Maintenant, je m'en tape du beau linge* (Bohringer). **2.** Joueur de bonneteau. **3.** Jeu de bonneteau. **4.** Vx. **Mon linge est lavé.** ***a.*** je suis vaincu : *Pour la troisième fois le brigand tomba comme un bœuf sur le pavé en murmurant : « Mon linge est lavé »* (Sue, 1) ; ***b.*** je suis mourant.

ETYM. emploi métonymique issu de **avoir du (beau) linge,** être élégamment vêtu (1835, Michelet). **1.** vers 1865 [Esnault]. **2.** 1889 [id.]. **3.** 1901 [Bruant]. **4.** ***a.*** 1842, E. Sue ; ***b.*** 1901 [Bruant].

lingé, e *adj.*

Habillé (souvent dans un contexte positif) : *Un jour Lesigne voit arriver à son bureau Simone, un tapin bien « lingé », qui aimait l'aventure* (Larue).

ETYM. emploi adj. du participe passé de **(se) linger.** 1850 [Esnault].

linger *v.t.*

Habiller (souvent comme v.pr.) : *Il est sans un. On le loge. On le linge. On l'entretient* (Bénard). *Sa façon de se linger, costume à rayures et chemise voyante, ne passait pas inaperçue* (Risser).

ETYM. dénominal de **linge.** 1932, Bénard.

1. **lingue** ou **lingre** *n.m.*

Couteau : *Ensemble ils avaient balancé leur premier coup de lingue, à l'époque où les couteaux portaient encore ce nom-là. Ils s'étaient pour ainsi dire jamais quittés* (Le Breton, 2).

Je tire mon lingre de ma fouillouse et je les conis (Leclair).

ETYM. altération du nom de **Langres,** ville réputée pour sa coutellerie ; d'abord *lingre* 1612, Péchon de Ruby. 1835 [Raspail].

DER. **lingriot** *n.m.* Petit couteau, canif et **lingrerie** *n.f.* Coutellerie : 1836 [Vidocq].

2. **lingue** ou **lingaresse** *n.m.*

Lingot : *Ce Monsieur Ribourdoir, probable qu'il avait mis dans sa cave un drôle de magot à gauche, une ou deux de ces fameuses lessiveuses pleines de biffetons, de lingaresses !* (Boudard, 6).

ETYM. apocope de **lingot.** 1953 [Sandry-Carrère].

linguer ou **lingrer** *v.t.*

Vx. Frapper (avec un couteau) : *Bien qu'avoir lingué son pantriot soit tenu pour un tel titre à l'estime publique que ceux qui le possèdent tendent à constituer une caste supérieure...* (Humbert).

ETYM. de **1. lingue.** *lingrer* 1836 [Vidocq] ; *linguer* 1880, Brissac-Humbert.

linvé *n.m.*

Vx. Pièce d'un franc : *Ici tout le monde est décavé, / La braise est rare ; / Faut trois mois pour faire un linvé, / À Saint-Lazare* (Bruant).

ETYM. largonji de **vingt (sous).** 1872 [Esnault].

liquepé *n.m.*

Pique (aux cartes).

ETYM. largonji de **pique.** 1953 [Sandry-Carrère].

liquette *n.f.*

Chemise : *Tu voudrais la voir en liquette, hein? demande Gabriel* (Dabit, 1). *Dès le lendemain il pouvait sortir sa voiture du garage, retirer ses costards et son imper du pressing, se payer une liquette neuve et une paire de pompes* (Destanque). SYN. limace. Vx. **Décarrer le centre des liquettes,** démarquer du linge.

ETYM. de **limace,** par apocope et suffixation diminutive. 1878 [Rigaud] (aussi pour la loc.). Est passé dans l'usage fam. courant.

liquider *v.t.*

1. Consommer rapidement, se débarrasser de qqch : *Les 500 F de rente étant littéralement liquidés, il fallait faire crédit chez les fournisseurs qu'on remboursait de plus en plus difficilement* (Mensire). **2.** Se débarrasser de qqn avec violence, le tuer : *Mon voisin de cellule, un petit juif noir de poil, dont j'ai oublié le nom, a, paraît-il, la cote de tous les journaux. Il aurait liquidé à coups de pistolet un Gross-Deutschland* (Le Dano).

ETYM. emplois expressifs du vieux verbe financier : « régler (définitivement) une affaire, une dette ». **1.** 1866, Goncourt [TLF]. **2.** 1928, Malraux [id.].

lisbroquer ou **lissebroquer** *v.i.*

Uriner : *Il leur pisse au train et ce n'est pas une métaphore... tout à fait, il leur sort sa quéquette maintenant apaisée et il lisbroque* (Boudard, 6).

ETYM. largonji de **pisser,** avec suffixation fantaisiste, p.-ê. inspirée par *broquette,* pénis. *lisbroquer* 1942, Meckert ; *lissebroquer* 1966, Boudard [Cellard-Rey].

VAR. **lispoquer** : 1957 [Sandry-Carrère].

DER. **lisbroque** *n.f.* Envie d'uriner : 1960, Simonin.

lisbroqueuse *n.f.*

Urinoir : *Il s'est pas fait agrafer dans une lisbroqueuse avec une tantouse, des fois ?* (Piljean, 1).

ETYM. de **lisbroquer.** 1951, Piljean.

lisdré *n.m.* → LIDRÉ.

lisette *n.f.*

Vx. Veste ou gilet : *Si ta lisette peut m'aller, je suis renfrusquiné* (Ansiaume).

ETYM. du costume de **Lisette,** soubrette. chanson du XVIIe s. [Esnault].

lissépem *v.i.*

Syn. de lisbroquer : *S'il se saisissait d'un pot à lissépême, le pot à lissépême se chanstiquait en service à thé* (Devaux).

ETYM. largonji de **pisser.** 1953 [Sandry-Carrère].

lisses ou (vx) **lices** *n.m. ou f.pl.*

Bas de femme.

ETYM. emploi substantival de l'adj. 1957 [Sandry-Carrère], mais dès 1835 [Raspail], sous la forme *lices* donnée comme masc. Caradec (encore en 1988) fait ce mot féminin.

litre *n.m.*

Tenir le litre, être capable d'absorber beaucoup d'alcool.

ETYM. idée d'aptitude à supporter la boisson, avec influence de *tenir le coup, la route,* etc. contemporain.

litron ou (vx) **litro** *n.m.*

Bouteille d'un litre de vin : *Sans tourner la tête, il envoie sa main sur le côté, attrape au jugé un litron posé au sol et embouche le goulot* (Veillot). *Aboule un litro ! commanda Pacha au garçon* (Méténier).

ETYM. du lat. médiéval **litra,** mesure pour les liquides. 1755, Vadé [Sainéan] ; *litro* 1885, Méténier. À noter que *litre* vient de ce mot, par apocope (alors qu'on pourrait croire à la filiation inverse).

livre *n.f.*

VIEILLI. Somme de cent francs (anciens) : *Le tarif était [...] pour la nuit – après deux heures du matin – de 100 francs, en argot : une livre* (Galtier-Boissière, 4).

ETYM. emploi modeste du mot usuel, qui, en français standard du XIXe s., était synonyme de *franc.* 1860 [Esnault].

DER. **livraille** *n.f.* Même sens : 1926 [id.].

lloumi *n.f.* → LOUMI.

localité *n.f.*

Vx. Emplacement assigné à chaque forçat : *Une pensée sombre de précaution me prit [...] Je me présentai dans la localité où Boissieu reposait* (Alhoy). *On nous remit aux mains des forçats préposés au service intérieur des localités* (Humbert).

ETYM. emploi spécialisé du mot usuel. 1845, Alhoy.

locdu, e *adj. et n.* → LOQUEDU.

1. **loche** *n.f.*

Oreille : *Tu gardes le corridor ! lui dit Jacques. Ouvre les châsses et les loches !* (Rosny). *Il prêtait l'oche, tandis que je goupinais* (Ansiaume).

ETYM. de l'all. **lauschen,** écouter. 1821 [Ansiaume], sous la forme déglutinée *oche.*

DER. **locher** *v.t.* Entendre : 1829 [Forban].

2. **loche** *n.m.*

Chauffeur de taxi : *Alex grimpa dans le taxi et fila au loche l'adresse d'une boîte de tantes* (Houssin, 1).

ETYM. origine obscure, p.-ê. largonji tronqué de **cocher.** 1951 [Esnault].

locomotive *n.f.*

Client fortuné qui dépense sans compter dans les établissements qu'il fréquente.

ETYM. emploi métaphorique du mot usuel (auj. assez fréquent dans d'autres contextes que celui de l'arg.). 1975 [Arnal].

loffe, lofiat ou **lofin** *adj. et n.*

Vx. Imbécile, niais : *Ce matin-là, les pousse-culs du Guet offraient du gâteau aux badauds et à toute cette bande de loffes. On allait rouer Cartouche* (Burnat). *C'est un lofia qui roupille sans cesse, et ne veut point travailler* (Ansiaume). *Il n'y a pas de marins, en effet, qui soient assez* lofins *(comme ils disent pour exprimer la niaiserie) pour avaler les couleuvres que l'on trouve moyen de glisser aux gens de terre* (abbé Moreau).

ETYM. de l'arg. ital. **lofi,** sot, méchant. *loffe* 1790, *le Rat du Châtelet* ; *lofia* et *lofin* 1821 [Ansiaume] (les var. sont nombreuses).

loge *n.f.*

Occuper la loge, surveiller de loin le déroulement des opérations pour intervenir au bon moment, dans le langage des policiers.

ETYM. allusion à la loge du concierge, d'où on est censé voir tout ce qui se passe. 1975 [Arnal].

loger *v.t.*

Déterminer avec précision le domicile d'un suspect ou d'un malfaiteur : *La DST avait « logé » un certain nombre de personnes suspectes d'appartenir à l'ASALA* (le Monde, 22 juillet 1983). *Je vais essayer de loger cette voiture... Il y a peut-être un moyen* (Pouy, 2).

ETYM. emploi spécialisé du verbe usuel. 1949 [Esnault].

loi *n.f.*

Avoir la loi, imposer ses volontés dans le milieu : *On peut avoir la loi avec un malabar / Et tomber sur un bec avec un tout mignard* (Marcus). *Tu me condamnes à réussir, voyou ? j'ai dit en chambrant... J'ai plus le droit de pas avoir la loi !* (Simonin, 2).

ETYM. loc. prenant un sens spécialisé dans le milieu. 1931 [Chautard].

loific *n.m.*

Foie : *Faut que t'arrêtes de picoler. – J'ai le loific pourri. Sophie, j'voudrais crever* (Cordelier).

ETYM. largonji de **foie** avec un suff. plaisant. vers 1940 [Cellard-Rey].

loilpé ou **loilpuche** *loc. adv.*

1. À loilpé ou **à loilpuche,** tout nu : *La bonne femme hurle son horreur à nous voir comme ça, à loilpé sur le paddock bibliothèque rose de son innocente chérubine* (Lasaygues). *Une jeune mousmé se tenait dans l'encadrement. Elle était à loilpuche sous sa chemise de nuit transparente* (Le Breton, 1). **2. Au loilpé,** très bien : *Martha, j'en suis certain / Vous skiez au loilpé, c'est pas du baratin* (Vian, 2).

ETYM. largonji de **à poil** (1) et de **au poil** (2), avec le suff. arg. **-uche. 1.** *à loilpé* 1953, Simonin ; *à loilpuche* 1954, Le Breton. **2.** 1952, Vian.

Loin-du-Ciel *n.pr.*

Sobriquet appliqué à un individu de petite taille : *Je croyais que le parfum incriminait surtout Loin du Ciel, observai-je* (Malet, 18).

ETYM. image pittoresque. 1901 [Bruant].

1. **loinqué** *n.m.*

Coin : *Cette fois, l'Élégant comprit que ça sentait sérieusement le moisi, dans le loinqué* (Bastiani, 1).

◆ **les loinqués** *n.m.pl.*

Les environs.

ETYM. largonji de **coin.** 1947, Stollé, aux deux sens.

VAR. **loinquès** et **loinquier** : 1883 [Esnault].

2. **loinqué (au)** *loc. adv.*

Au loin.

ETYM. suffixation arg. de **loin.** 1953 [Sandry-Carrère].

lolo *n.m.*

Sein de femme (plutôt opulent) : *Elle se presse les seins [...] « Avant deux ans, je me fais remonter les lolos, sinon ils vont tomber sur mes chaussettes »* (Morgiève).

ETYM. redoublement enfantin, d'abord au sens de « lait » (1867 [Delvau]). 1901 [Bruant].

lolotière *n.f.*

Bustier : *Dalbi avait donc cédé, et elle portait maintenant une sous-ventrière de percheron surmontée d'une lolotière en fer forgé* (Lefèvre, 1).

ETYM. du précédent. 1955, Lefèvre.

lonbem ou (vx) **lonben** *adj.*

Bon : *Le picton est lonben aujourd'hui, j'en voudrais deux rouillardes* (Ansiaume).

◆ *adv.*

Oui.

ETYM. largonji de **bon.** *lonben* 1821 [Ansiaume] ; *lonbem* 1852 [Esnault].

longe *n.f.*

1. Vx. Lieue. **2.** Année (toujours pour la durée, non pour l'âge) : *Pourtant j'avais pas encore passé aux assiettes. J'pouvais morfler moins de cinq longes* (Le Breton, 2). **3.** Vx. **Tirer sa longe,** marcher péniblement.

ETYM. anc. féminin de **long. 1.** 1835 [Raspail]. **2.** 1815, *Chanson de Winter,* in Vidocq. **3.** 1847 [Dict. nain].

longue *n.f.*

1. ARG. ANC. Couloir d'entrée : *La marque crible au charron, bride la lourde de la longue* (le Rat du Châtelet). **2. De longue,** sans discontinuer.

ETYM. emplois substantivés de l'adj. **1.** 1790, *le Rat du Châtelet.* **2.** version arg. de *à la longue.* 1960 [Le Breton].

Lontou *n.pr.*

Vx. Toulon.

ETYM. verlan de **Toulon.** 1842, *Intérieur des bagnes.*

look *n.m.*

Apparence extérieure : *Malheureusement, l'allumé à qui Petite Chérie avait « vendu » sa tête avait des idées géniales d'un nouveau look d'enfer pour pouffs branchées* (Buron).

ETYM. mot angl. déjà acclimaté dans le registre fam. 1984 [Obalk].

looké, e *adj.*

Qui se donne l'apparence de : *Le travail consiste pour le Matelot Tatoué et Ahmed à se faufiler, dépenaillés, mal rasés, lookés casseurs, dans un grand immeuble* (Buron).

ETYM. de **look.** 1986 [Merle].

lopard, e *adj.*

Relatif à la lope : *La veste coupée en blouse à la Russe, dont le col montant gansé, incommode au premier chef, a en outre le défaut de donner déplorablement au visage le plus viril un faux air lopard et pédalin* (Simonin, 10).

ETYM. de **lope.** 1967, Simonin.

lope, lopette ou **lopaille** *n.f.*

1. Homosexuel : *Le môme s'assit entre un clodo qui se grattait et une lope qui se lissait les cils* (Le Breton, 1). *Celui qui est de service aujourd'hui, c'est un sale con, paraît même que c'est une lopette… enfin à ce qu'on dit, moi, j'ai jamais tenu la chandelle* (Le Dano). **2.** Homme lâche, capable de dénoncer ses amis : *Popaul, je le croyais régulier, loyal et fidèle. Je me suis trompé sur son compte. Il s'est conduit comme une lope* (Céline, 5). *Vous avez vu, les frangins ? Il se fout de notre gueule, la lopette. Je vais lui faire une grosse tête* (Jaouen).

ETYM. *lopaille* est le largonji de **copaille,** issu de **copain** par suffixation péj. ; *lope* est une apocope de **lopaille** et *lopette* une suffixation de **lope. 1.** 1889 [Esnault]. **2.** 1899 [Nouguier].

VAR. **lopesse:** 1883 [Esnault]. **lopaillekem:** vers 1887 [id.]. **lopard:** 1953 [id.].

DER. **loper** *v.t.* Sodomiser : 1899 [Nouguier].

loquedu, e ou **locdu, e** *adj. et n.*

1. Marque une appréciation très négative sur qqn ou qqch : *Pour vous consoler, ditesvous que ma bagnole fait franchement locdu à côté de la vôtre* (Lion). *C'est la moins locdu des guenons qui est venue me faire du charme* (Malet, 8). **2.** Se dit d'un individu méprisable ou dangereux : *Juste un loquedu en somme, une tartissure d'immondices, un rat d'égout* (Vautrin, 1) ; terme d'injure : *Considère-toi comme mort, locdu ! grogna l'Érudit, les yeux exorbités* (Bastiani, 1).

ETYM. de **loque-du-toc,** largonji infixé de **toqué,** tocard. **1.** 1935, Simonin-Bazin. **2.** 1947, Stollé.

loquer *v.t.*

Habiller : *Outre sa tronche mal rasée, ses oreilles trop écartées et ses longues moustaches noires, il était loqué comme un misérable* (Héléna, 1).

ETYM. de **loques.** 1931 [Chautard] ; 1935, Simonin-Bazin, au participe passé (forme la plus fréquente).

loques *n.f.pl.*

Vêtements : *Les plus chouettes de Babylone arquaient sur le mail, histoire de faire admirer leurs loques d'un luxe très choucard* (Devaux).

ETYM. l'arg. renverse le mot usuel (issu du néerlandais **locke,** mèche de cheveux) en l'employant de façon non péj. 1897, J. Lorrain [TLF].

loquétoque *adj. et n.*

Qui est un peu dérangé mentalement : *Entêté comme une mule, ce loquétoque-là ! Moi, têtu aussi* (Gill).

ETYM. largonji de **toqué,** avec resuffixation en **-toque.** 1878, Gill.

loqueur *n.m.*

Tailleur : *Il se sapait chez Arbenz, un des cinq loqueurs parisiens* (Simonin, 1).

ETYM. de **loquer.** 1958, Simonin.

Lorcefée (la) *n.pr.*

Vx. La Force, prison installée dans l'ancien hôtel du duc de La Force, entre 1780 et 1845 : *Pas si haut, lui dis-je, en me mettant mystérieusement un doigt sur la bouche. Tu sais bien qu'à la Lorcefée les murs ont des oreilles* (Vidocq).

ETYM. largonji de **force.** 1828, Vidocq.

VAR. **la Lorceffe:** 1843, Sue. **la Lors:** 1844 [Dict. complet].

lorette *n.f.*

Vx. Fille facile : *Elles ont cédé la place aux lorettes, qui tirent leur nom du quartier où naguère elles opéraient. Une lorette n'est pas à proprement parler une courtisane ; néanmoins elle croirait manquer à son état si elle se donnait pour le plaisir* (Swennen).

ETYM. de **Notre-Dame-de-Lorette,** église et quartier proches de Pigalle. 1841, N. Roqueplan [TLF]. Terme plus littéraire que vraiment argotique.

lorgne *adj.*

Vx. Borgne.

◆ *n.m.*

1. Vx. Postérieur ; anus. **2.** As (aux cartes).

ETYM. largonji de **borgne.** 1836 [Vidocq].

◆ *n.m.* **1.** 1901 [Bruant]. **2.** 1836 [Vidocq].

loser [luzœr] *n.m.*

Homme malchanceux, qui a une vocation de perdant : *Les losers vont aux losers et ça n'arrange les affaires ni des uns ni des autres* (Fajardie, 2).

ETYM. mot angl., « perdant », de **to lose,** perdre. 1983, Fajardie.

lot *n.m.*

1. Femme ou fille séduisante : *La pépée choucarde est là-bas. Je viens de voir sa photo en tenue extra-légère sur le bureau ; un petit lot* *d'une facture inestimable et qui m'a foutu des secousses fantastiques dans le futal* (Siniac, 3) ; souvent employé pour désigner celle qui est destinée à la prostitution. SYN. colis. **2.** Femme ou fille à forte personnalité et se distinguant par certains travers.

ETYM. spécialisation du sens commercial. **1.** 1907 [Chautard]. **2.** 1957 [PSI].

loubard ou **loub** *n.m.*

Jeune voyou, qui hante les banlieues et notamment les grands ensembles : *Ce n'est pas la planque idéale – les sous-sols ont toujours été le terrain d'élection des apprentis loubards* (Galland). *Y avait deux, trois loubards / Qu'assumaient leurs instincts / En chouravant dans l'noir / Les disques et les larfeuilles* (Renaud). *Au cours de leur fuite, ils vont rencontrer un pharmacien compréhensif, un pédé violeur, un coyote chef de loubs et des tas d'abrutis* (*Libération,* 25 mars 1985).

ETYM. resuffixation de **loulou** (terme de tendresse, issu de **1. loup**) avec le suff. péj. **-ard,** ou altération de **loubaque,** mioche (1884 [Chautard]). *loubard* 1973 [GR] ; *loub* 1977 [George]. Le fém. *loubarde* est rare. 1975 [Beauvais].

loubarde *n.f.*

Lampe ou ampoule électrique : *Pépère éteignit la loubarde. Serge fila vers la fenêtre donnant sur la petite rue* (Mariolle).

ETYM. sans doute var. de **loupiote,** formée sur **loubard.** 1969, Mariolle.

loubé ou **loubem** *n.m.*

1. Bout (dans divers sens) : *Pas un loubem de brignolet / À se carrer sous les crochets* (Marcus). *Nora roulait maintenant sur le métier, et elle semblait en connaître un loubé* (Simonin, 1). **2.** Enfant. **3. Un loubé,** un peu, un rien : *Le Tony rageait* [...] *D'un loubé qu'il avait manqué le Sora au métro Bagnolet* (Le Breton, 2).

ETYM. largonji de **bout. 1** et **2.** 1892 [Esnault]. **3.** 1953, Le Breton.

loubiat *n.m.*

Haricot.

ETYM. origine espagnole **(alubia),** par l'arabe ; on appelait en Algérie **la loubia** (fém. collectif) les haricots secs préparés à la manière israélite. 1953, Simonin.

loubion *n.m.*

ARG. ANC. Bonnet d'homme : *Il y avait deux limaces, trois blards et six loubions* (Ansiaume).

ETYM. origine obscure. 1800, Leclair.

loucedé (en), lousdé (en), loucedoc (en) ou **lousdoc (en)** *loc. adv.*

Discrètement, en catimini : *J'ai su qu'elle avait emprunté le « Lac des Songes » à Mlle Schüler et l'avait gardé huit jours, en loucedé* (Paraz, 2). *Alors il affranchit Francis en lousdé : – Une affaire ! Elle est chleue et mineure* (Spaggiari). *Elle s'arrêtait aux vitrines de la rue de Rivoli pour mater le suiveur en loucedoc* (Simonin-Bazin). *Il faisait signe à deux filles de se trisser en lousdoc* (Amila, 4).

ETYM. largonji de **(en) douce.** *loucedé* 1914 [Esnault] ; *loucedoque* 1910 [id.] ; *loucedoc* 1935, Simonin-Bazin ; *loussedé* 1932, chanson *Il n'est pas distingué,* paroles de M. Hély ; *lousdoc* 1953 [Sandry-Carrère].

louche *n.f.*

1. Main : *Ça va-t'y mieux ?... Passe-moi ta louche, mon poteau ! – Non ! Non ! fit entendre la voix du Kanak, resté derrière, il ne faut pas lui toucher la main* (Leroux). **2.** Vx. Cuiller : *Ils tortillent avec des louches de sabri, ce sont des pantes* (Ansiaume).

ETYM. emplois métaphoriques (analogie de forme et de fonction). **1.** 1455, Coquillards [Esnault]. **2.** 1790, *le Rat du Châtelet.*

☞ **louchébem**
→ Liste des argots spécifiques *page [33].*

loucherbem ou **louchébem** *n.m.*

Boucher : *Il avait suivi l'autre et l'avait saigné, d'un seul coup* [...] *: son bref passage chez le louchébem avait amélioré son tour de main* (Grancher). *Deux frangins. L'un est bouif, l'autre est loucherbem* (Gill).

ETYM. largonji de **boucher.** 1876 [Esnault]. Le premier *e,* fermé à l'origine, est souvent transformé en un *e* muet, voire escamoté dans la graphie.

1. louf, e ou **louftingue** *adj. et n.*

Fou : *Ils m'ont cru louf pour de bon, alors que je jouais à vanner* (Matas). *Ce chauffeur dans le film, c'est un cas... Un louf mal embouché qui en veut au monde entier* (Pousse). *Ça porte malheur, de descendre un poulet. […] Il n'y a que les « indépendants » et les « loufes » pour s'y laisser aller* (Dominique). *À partir de là, les choses empirent. L'histoire devient loufedingue. Franchement farce* (Vautrin, 2). *Il ne pouvait s'agir que de quelques louftingues, vieux pour la plupart et passablement décrépits* (Grancher, 2).

ETYM. largonji de **fou,** avec et sans suff. *louf* 1848, Murger [Esnault] ; *louftingue* 1885 [id.], altéré ci-dessus en *loufedingue* sous l'influence de *dingue.*

VAR. **loubac :** 1953 [Sandry-Carrère].

DER. **louferie** *n.f.* Folie : 1951, Céline [GR].

2. louf ou **louffe** *n.m.*

Pet : *Et un gazier pas trop dans la course annonce à une table : « Je coupe ! » Quelqu'un qui aurait lâché un louf dans un five o'clock régence, ça ferait pas plus incongru* (Bastiani, 4).

ETYM. du franco-provençal : cf. l'ital. **loffione,** individu qui lâche des pets. Répandu vers 1890 d'après Cellard-Rey.

loufer ou **louffer** *v.i.*

Émettre un pet : *Et tous deux, sans s'causer encore, / Mastiquent, lapp'nt, loufent, tortorent, / Ça sent la... zut et les lilas* (Rictus).

ETYM. de **2. louf.** vers 1900, Rictus.

loufiat *n.m.*

1. Individu médiocre ou sale. **2.** Domestique : *Les toilettes, mon brave, demanda ostensiblement Werner à un loufiat qui lui présentait des mini-toasts de caviar* (Topin). **3.** Garçon de café : *Il cogna sur une soucoupe pour faire venir le loufiat, paya et s'en alla* (Le Breton, 3).

ETYM. sans doute de **loffe,** nigaud, de la racine onomatopéique **lof-,** exprimant le souffle (du vent), en relation probable avec le précédent. **1.** 1808 [d'Hautel]. **2.** 1867 [Delvau]. **3.** 1868 [Esnault].

loufoque *adj. et n.*

Fou : *Dire qu'on peut empêcher les fleuves de déborder, c'est loufoque* (Gill). *Un vrai type de loufoque, celui-là, et comme on en voit peu, je vous assure... Figurez-vous une tête de carpe, avec des moustaches et une longue barbiche grises* (Mirbeau).

ETYM. de **1. louf** et d'un suff. fantaisiste. 1873 [Esnault] ; est devenu plus fam. qu'arg., à la différence de *louf.*

DER. **loufoquisme** *n.m.* Folie : 1892 [id.].

loufoquerie *n.f.*

Bizarrerie : *Si ça les botte d'apprendre à leurs gosses le latin d'église […] et toutes les loufoqueries qui leur passeront par la tronche, c'est leur affaire* (Gill).

ETYM. de **loufoque.** 1879, Gill.

Louis quinze ou **Louis XV** *n.pr.*

Vx. Maîtresse élégante : *Reine se trouva coude à coude avec le* Reluqueur de l'Ornano *qui était venu passer la soirée avec sa Louis XV qu'on appelait la* Colonne (Rosny jeune). *Ch... a été l'idole des femmes. Les Louis les plus girondes se sont disputé ses faveurs à prix d'or* (Humbert).

ETYM. référence au style vestimentaire Louis XV. 1875, Maxime du Camp [Rigaud]. *Louis* 1880, Humbert.

louise *n.f.*

Lâcher une louise, émettre un pet : *Il lâchait une bonne louise sonore de confection classique* (Devaux).

ETYM. abrègement de **Marie-Louise.** 1960, Devaux.

loulou *n.m.*

1. Syn. de loubard : *Chaque jour ces jeunes, que mes enfants appellent des « loulous », attaquent aux sorties du métro. Ils battent les jeunes comme les vieux, les chevelus comme les tondus* (Cardinal). **2. Mon loulou,** appellation affectueuse.

ETYM. redoublement de la syllabe unique de **1. lou(p). 1.** 1928, Stéphane. **2.** 1842, Sue [TLF].

VAR. **louloubard** au sens 1 : 1975 [Le Breton].

louloute *n.f.*

1. Fém. de loubard. **2.** Type de jeune fille superficielle et émancipée : *C'était Bonnaire qui devait faire ce rôle-là, une fille un peu louloute* (Pialat, in *Libération,* 19 décembre 1984). **3.** Appellation affectueuse d'une jeune femme ou d'une jeune fille : *Vrai les louloutes ! Si l'an 2000 nous amène des gars de cet acabit...* (Bauman).

ETYM. féminin de **loulou. 1.** 1975 [Beauvais]. **2.** 1984, *Libération.* **3.** 1846, Balzac [TLF].

loumi ou **lloumi** *n.f.*

1. Prostituée : *On a intérêt à mettre la patte dessus et vite. D'abord pour c'qu'ils ont fait aux lloumis à Mario. Ensuite pour notre sécurité* (Le Breton, 2). **2.** Femme : *J'aimerais assez la pastiquette / Avec une lloumi le soir sur ma carpette* (Vian, 2).

ETYM. mot gitan. **1** et **2.** 1915 [Esnault].

1. **loup** *n.m.*

Avoir vu ou **connu le loup,** avoir eu une première expérience sexuelle, en parlant d'une jeune fille : *Nana reniflait, se grisait lorsqu'elle sentait à côté d'elle une fille qui avait déjà vu le loup* (Zola).

ETYM. emploi métaphorique du nom d'animal, pris comme symbole d'un danger (pour la vertu). 1808 [d'Hautel].

2. **loup** *n.m.*

1. Défaut dans une pièce métallique ; au fig., inconvénient. **2.** Lacune (dans un texte). **3.** Vx. Dette criarde. **Faire un loup,** contracter une dette. **4.** Vx. Créancier : *Nous enflerons, comme de juste, les frais à deux cent quarante ou deux cent cinquante francs. C'est le loup qui paye* (Sue).

ETYM. par analogie avec le sens médical, « lésion cutanée ulcéreuse ». **1.** « défaut » 1867 [Delvau] ; « inconvénient » 1977 [Caradec]. **2.** 1867 [Delvau]. **3** et **4.** 1808 [d'Hautel].

loupe *n.f.*

Vx. Fainéantise, vagabondage : *C'est nous qu'est les ch'valiers d'la loupe. / Pour ne rien fair' nous nous hâtons* (Richepin). **Camp de la loupe,** nom d'une guinguette où se réunissaient les vagabonds. **Tirer sa loupe,** paresser, vagabonder.

ETYM. déverbal de **louper.** 1836, Decourcelle [Larchey]. **Camp de la loupe,** [id.].

DER. **loupiat** *n.m.* Fainéant : [id.].

louper *v.i.*

1. Vx. Faire des dettes. **2.** Vx. Vagabonder, paresser. **3. Ça n'a pas loupé,** cela s'est bel et bien passé comme on s'y attendait, c'était prévisible.

ETYM. de **2. loup. 1.** 1843 [Dict. moderne]. **2.** 1838, chanson [Esnault]. **3.** 1917 [id.].

loupeur *n.m.*

Vx. Vagabond : *Venez à moi, claquepatins [...], / Clampins, loupeurs, voyous, catins* (Richepin).

◆ **loupeuse** *n.f.*

Vx. Fille de mauvaise vie.

ETYM. de **louper.** 1856 [Michel].
◆ *n.f.* 1864 [Delvau].

loupiot, otte *n.*

Petit garçon, petite fille : *Elle courut vers les petits, les cajola [...] et les bécota tendrement. Après quoi, satisfaite, elle revint vers le commissaire qui, à cet instant, regrettait sincèrement de ne pas avoir de « loupiots »* (Méra). *Il vocifère, la gorge sèche : « Vive Bouton et sa loupiote ! »* (Machard, 4).

ETYM. diminutif hypocoristique de **1. loup** (→ LOUBARD). 1875, chanson [Esnault].

VAR. **loupiau :** 1878 [Rigaud].

loupiote *n.f.*

Bougie ou lampe : *Enfin, une loupiote : la vitrine sale d'un débit en bois qui projette par terre une lueur falote* (Tachet). SYN. loubarde.

ETYM. origine incertaine, p.-ê. d'un mot poitevin **loupe,** chandelle de résine [Esnault]. 1915 [id.].

louquer *v.t.*

Regarder ; observer.

ETYM. de l'angl. **(to) look,** même sens. 1975 [Le Breton].

lourd *n.m. et adj.*

1. Riche. **2.** Paysan. **3.** Terrain lourd, dans le langage du turf.

ETYM. emplois substantivés et métaphoriques de l'adj. usuel. **1.** 1927 [Esnault]. **2.** 1953 [Sandry-Carrère]. **3.** 1935, Simonin-Bazin.

lourdage *n.m.*

Licenciement : *Bébert était très aimé à Oermingen, et son lourdage déclencha un bordel monstre* (Spaggiari).

ETYM. de **lourder.** 1983, Spaggiari.

lourde *n.f.*

1. Porte : *D'un seul coup le dauphin a débridé la lourde* (Ansiaume). *Au fond, une lourde s'ouvrait de temps en temps et un type genre fonctionnaire emmerdant apparaissait* (Siniac, 1). **2.** Hôtel garni. **3.** Oubli fait au cours d'une enquête, dans le langage des policiers.

ETYM. emplois substantivés et métonymiques de l'adj. usuel. **1.** 1628 [Chéreau]. **2.** 1881 [Rigaud]. **3.** 1975 [Arnal] ; le sens est : « porte laissée ouverte », c.-à-d. « alibi non vérifié ».

DER. **lourdier, ière** *n.* Concierge: 1836 [Vidocq].

lourder *v.t.*

1. Enfermer (qqn) ; clore (un espace) : *Les boutiques étaient lourdées depuis longtemps. Mais elles laissaient filtrer des odeurs qui donnaient envie d'aller au refile* (Le Breton, 1). **2.** Se débarrasser de qqch : *Il lourda les bouquins de l'étudiante* (Bernheim-Cardot). **3.** Congédier : *Il était défoncé les trois quarts du temps et Barclay a décidé un beau jour de ne plus suivre. Comme c'était moi qui l'avais amené, on m'a lourdé. Suis passé chez Polydor* (Villard, 2).

ETYM. de **lourde. 1.** 1952 [Esnault]. **2.** contemporain. **3.** 1927 [Esnault].

lourdingue *adj. et n.*

Lourd (sur le plan matériel ou intellectuel) : *La classe ! À quoi lui n'avait à opposer qu'un physique ingrat, face lourdingue et molle, les yeux peut-être exceptés* (Coatmeur). *Ses copains eux-mêmes se foutent de sa gueule tellement il est lourdingue* (G. Arnaud, 2). *J'ai vu Marie-Anne aller ouvrir à un lourdingue fatigué d'être moche* (Malet, 8). *On s'est farci un pacson plutôt lourdingue !*

ETYM. suffixation arg. et expressive de **lourd.** 1940 [Esnault].

lousdé (en), lousdoc (en) *loc. adv.* → LOUCEDÉ (EN).

loute *n.f.*

1. Femme, fille : *Ils* [les jeunes] *désignent leur meuf selon les anciennes traductions de Spillane ou de Peter Cheyney : « souris, poule, poulette, caille, poupée », à quoi s'ajoute « belette » (Paris) et « loute » (Sud-Ouest)* [*le Nouvel Observateur,* 4 décembre 1982]. **2. Ma loute,** appellation affectueuse.

ETYM. aphérèse de **louloute. 1.** 1982, *le Nouvel Observateur.* **2.** 1902, *Loute,* pièce de P. Weber [GR].

Louvre (le) *n.pr.*

Section des faux tableaux, dans le langage des policiers.

ETYM. emploi ironiquement métaphorique. 1975 [Arnal].

lové *n.m.*

Argent : *Y a changement. Le transport des lovés est avancé d'une semaine* (Le Breton, 1).

ETYM. mot romani, « pièce de monnaie ». 1899 [Esnault].

loyale (à la) *loc. adv.*

En respectant les règles du milieu : *Il les avait tués à la loyale, « rallonge » contre « rallonge »* (Grancher, 2).

ETYM. emploi spécialisé de la notion de loyauté. 1932, Bénard.

lubin *n.m.*

Vx. Domestique : *Nous ne craignons plus le lubin, je l'ai affranchi* (Ansiaume).

ETYM. du nom d'un personnage de théâtre. 1821 [Ansiaume].

lucarne *n.f.*

Vx. **1.** Œil. **2.** Lorgnon ou lunettes : *Les détenus appellent les lunettes,* lucarnes (Joigneaux). **3. Lucarne enchantée,** anus.

ETYM. emplois métaphoriques du mot usuel. **1.** 1901 [Bruant]. **2.** 1841, Joigneaux. **3.** 1953 [Sandry-Carrère].

lucque *n.m.*

Vx. Portefeuille : *Il n'y avait dans son lucque que trois billemonts, c'est un brodeur* (Ansiaume).

ETYM. abrègement de **porte-lucque,** issu de l'ital. **lucco,** selon Esnault. 1798 [id.].

luctrème *n.m.*

Chose, instrument ; spéc., fausse clef : *File-moi le luctrème.*

ETYM. largonji de **truc.** 1873, Beauvillier [Larchey].

luisant *n.m.*

Vx. **1.** Jour : *Huit luysans après j'arrivay en la vergne* (Responce au grand Coesre). **2.** Soleil.

ETYM. participe présent substantivé du verbe **luire. 1.** 1628 [Chéreau]. **2.** 1835 [Raspail].

luisante *n.f.*

Vx. **1.** Fenêtre. **2.** Lune. **3.** Chandelle. **4.** Étoile.

ETYM. participe présent substantivé du verbe **luire. 1.** 1628 [Chéreau]. **2.** 1830, Alhoy. **3** et **4.** 1901 [Bruant].

luisard *n.m.*

Vx. **1.** Soleil : *Magnotez-vous, sinon le Luisard va tourner* (Vian, 2). **2.** Jour.

ETYM. du verbe **luire** avec le suff. péj. **-ard. 1.** 1660 [Chéreau]. **2.** 1867 [Delvau].

luisarde *n.f.*

Vx. **1.** Lune : *Ce soir, à la luisarde, viens me voir où tu sais, près de la pierre* (Mac Orlan, 11). **2.** Étoile : *Si j'ai un conseil à te donner, tu ferais mieux, ces temps-ci, de mettre ta luisarde de David en veilleuse* (Combescot).

ETYM. du verbe **luire** avec le suff. péj. **-arde. 1.** 1660 [Chéreau]. **2.** 1901 [Bruant].

lumière *n.f.*

Anus. **Boucher la lumière à qqn,** lui donner un coup de pied au derrière.

ETYM. détournement du sens technique de « culasse ». 1883 [Esnault].

lune *n.f.*

1. Vx. Pièce d'argent : *On arrivait à supprimer tout risque en achetant à la fois le servant et l'argousin* [...] *C'était affaire de quelques lunes* (Humbert). **2.** Postérieur. (On rencontre aussi **pleine lune**). **Se faire taper dans la lune,** se faire sodomiser : *Avant que d'être un casseur, un camarade, un « gars régul »* [...] *il était d'abord « un mec qui s'fait taper dans la lune »* (Genet). **3.** Vx. **Lune à douze quartiers,** roue de supplice.

◆ **lunes** *n.f.pl.*

Menstrues : *Avoir ses lunes.*

ETYM. emplois métaphoriques (analogie de forme, de blancheur). **1.** 1872 [Esnault]. **2.** 1862 [Larchey]. **Se faire taper dans la lune,** 1943, Genet. **3.** 1836 [Vidocq].

◆ *pl.* contemporain.

☞ **lunfardo**

→ Liste des argots spécifiques *page [33].*

luttanche *n.f.*

Vx. Lutte : *Maquiller la luttanche.*

ETYM. suffixation arg. de **lutte.** 1899 [Nouguier].

DER. **luttancher** *v.i.* et **luttancheur** *n.m.* : [id.].

luzerne *n.f.*

Haschisch : *À la permanence* [des Stups] *on ne tient pas à être emmerdé par un vulgaire OPJ qui a réussi à sauter un vendeur de luzerne* (*le Nouvel Observateur,* 4 septembre 1982).

ETYM. emploi métaphorique et spécialisé du mot usuel. 1982, *le Nouvel Observateur.*

lycée *n.m.*

Vx. Prison.

ETYM. emploi euphémique. 1847 [Dict. nain].

M m

‡ forme du double poignard

maboul, e *adj. et n.*

Fou : *C'est-y qu't'es maboul ? que dit l'chef. – J'suis pas maboul, que je réponds* (Courteline). *Et alors, tu veux pas ? dit Hervé. Quel maboul !* (Duvert).

ETYM. de l'arabe **mahbûl,** fou, sot. 1860, Pitre Chevalier [TLF].

DER. **maboulisme** *n.m.* Folie : 1883, M. Frescaly [id.]. **maboulite** *n.f.* Même sens : 1977 [Caradec].

mac ou **maq** *n.m.*

1. Proxénète : *Pour celles qui n'avaient pas la tête sur les épaules, un mac était nécessaire. De nos jours encore, la femme qui est avec un jules a plus de chances de réussir* (Jamet). *On reviendra ici pour l'apéro. C'est l'heure où les maqs rappliquent pour jouer au billard* (Le Breton, 5). *Le macque, qui joue ici un rôle plus actif que le barbillon, ne quitte sa largue ni jour ni nuit* (Canler). **2.** Vx. Directeur de prison.

ETYM. apocope de **maquereau. 1.** 1835 [Raspail]. **2.** 1846, *Intérieur des prisons*.

maca *n.f.* → **MAQUA.**

macache *interj.*

Rien à faire (exprime une réponse énergiquement négative) : *Y a une petite porte, mais macache ! pour l'ouvrir, tu repasseras, garçon* (Tachet). *Je retirai la prise et lorsque tu voulus t'en servir, c'était macache…* (Malet, 15) ; parfois renforcé par **bono** ou **bonbon :** *Le turco se dresse à demi et s'écrie d'une voix terrible : Francis macach bono… moi, plus Francis!… moi Prussien!* (Darien, 1). *Mais macache bonbon, le justicier ne voulait rien entendre* (*Libération*, 3 novembre 1980).

ETYM. de l'arabe maghrébin **makanch,** il n'y a pas. 1861, Lecomte [Larchey], sous la forme *makach ; ma cantche bono* 1863, A. Camus.

macadam *n.m.*

1. Trottoir (comme lieu de promenade ou de travail) : *Son papa s'appelle Abraham, / Il est l'enfant du macadam* (Bruant). **2.** Boisson sucrée et jaunâtre ; vin blanc nouveau : *Chez le marchand de vin […] une tournée de Bergerac nouveau – un macadam, c'est le mot* (P. de la Mouillère, *in* Zaccone). **3.** Bière noire anglaise. **4. Piquer** ou **tailler un macadam,** simuler un accident du travail (par chute) : *Fais comme Tellier, a brusquement dit Milo. Pique un macadam. Je viendrai faire un tour dans ton atelier, cet après-midi. Profites-en. Je te servirai de témoin* (Malet).

ETYM. emplois métonymiques (1 et 4) ; le sens 2 renvoie à la consistance boueuse du vin nouveau. **1.** 1864 [Esnault]. **2.** 1867 [Delvau]. **3.** 1878 [Rigaud]. **4. Piquer un macadam,** 1923 [Esnault] ; **tailler…,** 1928 [Lacassagne].

DER. **macadamiste** *n.m.* Individu qui pratique le pseudo-accident du travail : [id.].

macaron *n.m.*

1. Vx. Délateur, traître, espion. **2.** Vx. Huissier. **3.** Volant d'automobile : *César maniait le macaron. Moi, je m'étais installé à côté de lui* (Bastiani, 4). **As du macaron,** champion automobile.

ETYM. métonymie du panonceau (2) et allusion à l'œil orangé qui figurait sur la carte délivrée aux indicateurs de police. **1.** 1829 [Forban]. **2.** 1847 [Dict. nain]. **3.** 1953 [Sandry-Carrère]. **As du macaron,** [id.].

macaroner *v.t.*

Vx. **1.** Dénoncer, trahir : *Le curieux m'a demandé si je voulais macaroner des pègres de la grande vergne* (Vidocq). **2.** Se plaindre : *Il n'est pas franc sur son fade, il macarone toujours* (Ansiaume).

ETYM. de **macaron. 1.** 1828, Vidocq. **2.** 1821 [Ansiaume].

DER. **macaronage** *n.m.* Vx. Dénonciation, trahison : 1881 [Rigaud].

macaroni *n.m.*

1. Filature de police. **Il y a le macaroni,** phrase signal employée par les bookmakers filés par la police. **2.** Fil téléphonique, électrique, etc. **3.** Italien : *Et voilà que pour deux villages récupérés à la frontière, les « macaronis » recommencent à injurier la « sorora latrina »* (Galtier-Boissière, 1). **4.** Pénis. **S'allonger** ou **se griffer le macaroni,** se masturber, en parlant d'un homme.

ETYM. emplois métonymiques (origine) ou métaphoriques. **1.** 1929 [Chautard]. **2.** 1951 [Esnault]. **3.** 1820, Stendhal [TLF]. **4.** 1953 [Sandry-Carrère].

VAR. **macar** au sens 3 : 1948 [Lacassagne].

macchabée ou **macchab** *n.m.*

Cadavre : *La boucle enserrait la gorge du macchabée, l'autre extrémité de la corde était attachée à son bras droit levé et raidi par la mort* (Larue). *Lecouvreur n'a jamais vu de noyé. « C'est ça, leur macchab ? pense-t-il. Ce paquet de vieux chiffons ? »* (Dabit, 1). Vx. **Case des maccabées,** cimetière. **Clou des macchabées,** morgue. **Bâcheur de machabées,** fabricant de cercueils.

ETYM. jeu de mots probable sur les **Maccabées,** nom donné dans la Bible à sept frères morts en martyrs, et sur la danse **macabre** (de l'arabe **maqabir,** tombes). *macab* 1856 [Esnault], d'abord au sens de « noyé » ; « cadavre » 1867 [Delvau]. **Case** et **clou des macchabées,** 1878 [Rigaud]. **Bâcheur de macchabées,** 1899 [Nouguier] ; *macchab* 1920 [Bauche].

machav *v.i.*

Partir.

ETYM. origine tsigane (→ **ADJA, NATCHAVER**). 1926 [Esnault].

machine *n.f.*

1. Machine à coudre, à percer. ***a.*** mitrailleuse ; ***b.*** mitraillette. **Machine à ramer, à battre, à secouer le paletot,** mitrailleuse : *Et si on en était pas tout à fait sûrs d'être dans le bon chemin, on le deviendrait en entendant brusquement crépiter autour de nous une machine à secouer le paletot* (Bastiani, 4). **2. Machine à raccourcir,** guillotine. **3. Machine à soûler,** beuverie au cabaret. **4. Machine à bosseler,** passage à tabac. **5. Machine à moulures, à mouler,** postérieur.

ETYM. périphrases pseudo-techniques et humoristiques (analogie de fonction) ; ces séries sont très ouvertes, et il ne figure ici qu'un échantillon. **1.** ***a.*** 1916 [Esnault] ; ***b.*** **Machine à coudre,** 1956 [id.] ; **machine à percer,** 1950 [id.]. **Machine à ramer, à battre,** etc., 1916 [id.]. **2.** 1953 [id.]. **3.** vers 1865 [id.]. **4.** 1909 [id.]. **5.** 1878 [Rigaud]. **Machine à mouler,** 1901 [Bruant].

machinette *n.f.*

1. ARG. ANC. Supplice des bandits appelés chauffeurs, consistant à larder de coups de stylet la plante des pieds. **2.** Vx. Cachot. **3.** Voleur à la tire : *Comme chacun d'eux devait justifier sa paie en sautant tant de crânes par mois, fallait bien qu'ils empaquètent le menu fretin : maqs, radeuses, piqueurs de troncs, machinettes de marché, voleurs à l'étalage, etc.* (Le Breton, 3). **Vol à la machinette,** pratiqué par celui qui confie le produit de ses escamotages à un complice de l'extérieur.

ETYM. suffixation diminutive de **machine. 1.** 1798, Orgères. **2.** 1894 [Esnault]. **3.** 1899 [Nouguier].

machingol *n.m.*

VIEILLI. MST.

ETYM. suffixation pseudo-scientifique de **machin.** 1924 [Esnault].

machino *n.m.*

Employé subalterne d'un studio de télévision : *Atterri par hasard machino sur un plateau, il s'émerveille* [...] *sur la facilité d'exister des stars* (*Libération,* 27 avril 1982).

ETYM. apocope et resuffixation de **machiniste.** 1948 [George].

macho [matʃo] *adj. et n.m.*

Se dit d'un homme à la masculinité despotique : *– Tu fais cuire les spaghettis chez toi ? Petit Garçon roula des yeux ronds. – J'ai une*

maman pour cela, expliqua-t-il, très macho, elle ne fait pas une cuisine terrible (Buron). *Un genre de macho que seul un certain type de remarque peut atteindre : « Je te baise, là, à la hussarde ! » répondis-je en lui plaçant sous les yeux ma carte barrée de tricolore* (Fajardie, 1).
ETYM. de l'espagnol **macho,** mâle. 1971, Guinchard et Paolantoni [TLF]. Ce mot doit son succès négatif aux mouvements féministes d'après 1968.

Macobo *n.pr.*
L'Institut médico-légal, dans le langage des policiers.
ETYM. mot forgé sur **macchabée.** 1975 [Arnal].

macquecé ou **maxé** *n.f.*
1. Vx. Entremetteuse. **2.** Vx. Patronne de garni. **3.** Tenancière de maison close.
ETYM. apocope et resuffixation de **maquerelle** ou de **maqua. 1.** *maquecé* 1835 [Raspail]. **2.** 1902 [Esnault]. **3.** 1835 [Raspail].

macrotage *n.m.,* **macroter** *v.i.* et **macrotin** *n.m.* → MAQUEREAUTAGE, MAQUEREAUTER et MAQUEREAUTIN.

Madagascar *n.pr.*
Pelouse du champ de courses d'Auteuil.
ETYM. analogie de contour entre la pelouse A d'Auteuil et la carte de Madagascar. 1977 [Caradec].

Madame *n.pr.*
1. Patronne d'une maison close. **2.** La guillotine. **3. Mesdames les gaffes,** les gardiens de la prison.
ETYM. emplois ironiques et déphasés de ce terme « de politesse ». **1.** 1836 [Esnault]. **2.** 1829 [id.]. **3.** 1941 [id.].

Madeleine *n.pr.*
1. La Madeleine, maison de correction pour filles. **2. Aux Madeleines,** à Saint-Lazare (prison de femmes). **3.** Vx. **Faire suer la Madeleine,** avoir de la peine à gagner en trichant.
ETYM. du nom de **sainte Madeleine,** pécheresse repentie. **1.** 1911 [Esnault]. **2.** 1932 [id.]. **3.** 1878 [Rigaud].

Mademoiselle *n.pr.*
1. Appellation infamante de l'homosexuel. **2.** La guillotine. **3.** Sous-maîtresse d'une maison close. **4. Mademoiselle du bitume, du Pont-Neuf,** prostituée.
ETYM. emplois ironiques (1, 2 et 4) ou correspondant à **Madame** (3). **1.** 1828, Vidocq. **2.** 1830, L'Héritier [TLF]. **3.** 1901 [Bruant]. **4.** 1894 [Virmaître].

madone *n.f.*
ARG. ANC. Femme : *La madone est girofle, elle me fait tourner la boussole* (Ansiaume).
ETYM. italianisme, selon Esnault. 1821 [Ansiaume].

madrice *n.f.*
Vx. Malice : *Faudrait avoir la madrice d'être sage pendant quelques jours, ou gare les bourriques* (Rosny).
◆ *adj.*
Malin.
ETYM. de **madré,** rusé. 1836 [Vidocq].
◆ *adj.* 1872 [Larchey].

madrier *n.m.*
Dix millions de francs (un milliard de centimes).
ETYM. emploi métaphorique du mot usuel. 1988, *l'Affaire Saint-Romans,* téléfilm de Viard-Zacharias.

magaze *n.m.*
Magasin : *Toi, Mustaf', t'assureras la sécurité dans le magaz' pendant que Cooloss et moi on chargera* (Lasaygues).
ETYM. apocope de **magasin.** vers 1940 [Esnault].
VAR. **mago :** 1942 [id.].

magner (se) *v.pr.*
Se magner (le cul, le popotin, le train, le fion, etc.), se hâter : *Tarquin* [...] *posa une main potelée sur l'appareil, dit qu'en effet il ferait bien de se magner, lui, Grazzi, et tout le monde, parce que maintenant ils y étaient tous, dans le bain* (Japrisot). *Toujours décidé ? – Magne-toi d'ouvrir ! lança Blondeau en guise de réponse* (Le Breton, 6). *Des commandes à livrer !... Démerde-toi et magne-toi le cul !* (Simonin, 7). *Après le concert à Pleyel, fallait se magner le fion pour ne pas rater ce fameux dernier métro* (Boudard, 5). *Je suis donc redescendu par l'escalier de la courette, je me magnais le train...* (Bastid-Martens).
◆ **magner** *v.i.*
Même sens : *Magne un peu, on est à la bourre !*
ETYM. déformation pop. et phonétique de **manier,** mouvoir. On rencontre avec ce verbe un

grand nombre de synonymes de *postérieur*. **Se magner,** mil. du XVIIIe s., Vadé [Sainéan]; 1901 [Bruant], avec les compl. *cul, fesses, figne, tal, train,* etc.; *la bidoche, les panards,* 1947, Marcus.

magnes *n.f.pl.*

Manières affectées : *Elle hésita quelques secondes, puis s'y décida. – Mince, gouailla Trique, ce que t'en fais, des magnes !* (Machard).
SYN. giries.
ETYM. apocope et orthographe pop. de **manières.** 1878 [Rigaud].

magneuse *n.f.*

1. Prostituée experte en manipulations sexuelles. **2.** Homosexuelle.
ETYM. du verbe **manier** (plus ou moins confondu ici avec *se magner*). 1867 [Delvau], pour les deux sens.

magouillage *n.m.*

Action de magouiller, magouille : *Le responsable du remembrement s'est livré à un magouillage éhonté.*
ETYM. de **magouiller.** 1973, *le Nouvel Observateur* [TLF].

magouille *n.f.*

Combinaison douteuse, voire malhonnête entre des personnes, des groupes, etc. : *Je sais que ce jour... il sera béni entre toutes les monstruosités, vacheries, abominations de magouilles tortueuses dont je suis cap* (Bauman). *Il engraissait, commençait à se trouver mêlé à des magouilles. – Magouilles ? – Ça grenouille toujours dans un journal comme ailleurs. Il y a des clans, des coteries, des ragots, des mouchardages* (G.-J. Arnaud).
ETYM. origine peu sûre, mais le suff. **-ouille** est génér. péj. 1968, *le Nouvel Observateur* [TLF]. Ce mot a connu, depuis lors, un grand succès populaire et a remplacé l'ancien *combine*.

magouiller *v.i.*

Pratiquer la magouille, tricher : *Mais si t'es mon pote, / Tu m'laisses tricher au scrabble, / Tu ramènes pas ta gueule / Quand tu me vois magouiller* (Renaud).
◆ *v.t.*
1. Se livrer à une activité quelconque : *Qu'est-ce qu'y magouille, Max ? Il le sait qu'on n'aime pas voir des blaireaux traîner dans le quartier* (film *Urgence* de G. Bréhat). **2.** Exécuter de manière plus ou moins honnête : *Elle affirme que ce n'est pas son mari, mais des employés qui auraient magouillé l'affaire* (*Libération,* 20 mars 1986).
ETYM. de **magouille.** 1972, G. Mounin [TLF].
◆ *v.t.* **1.** 1985, G. Bréhat. **2.** 1986, *Libération.*

magouilleur, euse *adj. et n.*

Qui pratique la magouille : *Ça m'a mis la puce à l'oreille l'idée d'une femme, d'une SDF, la nommée Dorothée, capable d'inquiéter les deux magouilleurs* (Granotier).
◆ *adj.*
Qui concerne des magouilles : *Il avait eu l'audace inconsidérée de dénoncer, dans un édito virulent, certaines pratiques magouilleuses* (*Libération,* 8 février 1984).
ETYM. de **magouiller.** 1973, *le Nouvel Observateur* [TLF].

1. mahomet ou **maho** *n.m.*

Soleil : *Mon hâle à moi, c'est pas sain comme ça. Il est fait de mauvais sang, de pinard pas meilleur et de soleil volé. Hors castes, tu prends pas le mahomet avec la même sérénité* (Dégaudenzi).
ETYM. emploi métaphorique du nom sacré. *mahomet* 1866 [Esnault] ; *maho* 1950, G. Arnaud.

2. mahomet *n.m.*

ARG. ANC. Sac de cuir pendu sur la poitrine : *La nuit, ils coupaient, pour le voler* [notre argent]*, les cordons de nos mahomets* (Humbert).
ETYM. du rouchi **mahon,** gros sou. 1855 [Esnault].

mahous, ousse ou **maous, ousse** *adj.*

Qui a de grandes proportions : *L'année dernière, mon p'tit pote, c'était maous !...* (Machard, 4). *Justina, femme mahousse, happe les lobes de Charlie avec sa boulimie coutumière* (Vautrin, 2). *L'auto – une torpédo maousse, à en juger par ses phares...* (Stéphane). *Branle-bas de combat ! Le dispositif maousse* (Pagan). *Une douzaine de boîtes de sardines, et maouss, encore !* (Bénard).
◆ *n.*
Individu corpulent et robuste : *À moins qu'un jour, un maous, un costaud, / Nous r'file un bon coup d'surin dans la peau* (chanson *les Hibous,* paroles de E. Joullot et P. Dalbret).
ETYM. mot d'origine probablement gauloise, à travers le breton, peut-être parent de **mailloche.** 1895, Brest et Saint-Brieuc [Esnault], qui indique de nombreuses dérivations et variantes, toutes désuètes. L'origine du *h* est peu

claire (évitement de l'hiatus ?). On trouve aussi la finale *-sse* au masculin.

◆ *n.* 1925, Joullot-Dalbret.

mahoussisme *n.m.*

Gigantisme : *Votre chignole* [...] *devra* [...] *être d'un format valable, pouvant aller jusqu'au mahoussisme* (Simonin, 10).

ETYM. de **mahous.** 1967, Simonin.

maigre (du) *interj.*

Vx. **1.** Arrête ! : *En vain se démanche-t-il à faire le signe qui doit le sauver, du maigre ! du maigre ! crie-t-il à tue-tête* (Vidocq). **2.** Silence ! **3.** Va-t'en ! : *Il vient un jour où la femme vous dit : « Oh ! du maigre ! va t'asseoir sur le bouchon, tu me gênes »* (Huysmans, 2).

ETYM. emprunt au vocabulaire de la peinture, « qui contient peu d'huile ». **1.** 1829, Vidocq. **2.** 1844 [Esnault]. **3.** 1879, Huysmans.

1. mailloche *adj.*

Fort, gros : *Notre moucheron qui se croyait mailloche* [...] / ...*se cloqua dans un'toil' d'araignoche* (Marcus).

ETYM. suffixation arg. de l'angevin **maillé,** râblé, solide. 1916 [Esnault].

2. mailloche *n.f.*

Brutalité (surtout dans les sports).

ETYM. déverbal de **maillocher.** 1929 [Esnault].

DER. **maillocheur** *n.m.* Joueur brutal : 1930 [id.].

maillocher *v.t.*

1. Brutaliser. **2.** Critiquer durement : *J'avais déjà cette tentation de maillocher le Président* [de la République] (Dard, in *Libération,* 4 juillet 1985).

◆ **se maillocher** *v.pr.*

Se battre : *Ils n'y ont pas été de main morte les « zoulous » du Val-d'Oise qui, lundi dernier, se sont « maillochés » à qui mieux mieux dans un quartier paisible de Cergy* (*le Monde,* 17 mai 1990).

ETYM. de **maillet.** détournement d'un verbe à sens technique ; d'abord « travailler ». 1881 [Rigaud].

main *n.f.*

1. Vx. Voleur à la tire : *L'un, le « gaffeur », surveille les passants et surtout les employés du magasin, pendant que l'autre, qu'on nomme la « main », s'empare d'objets choisis parmi ceux qui seront faciles à revendre* (Locard). **2.** **Avoir qqn à sa main,** le tenir à sa merci. **3.** **Être en main.** ***a.*** être occupée avec un client, en parlant d'une prostituée ; ***b.*** avoir des relations avec un homme ; ***c.*** être sous l'autorité d'un proxénète, en parlant d'une prostituée : *Il ne sait pas, cet imbécile, que le « Tipperary » t'appartient et que les trois filles en question sont en main* (Barnais, 2). **4.** **Faire une main levée,** commettre un vol : *Tes parents sont riches, un millier d'écus de plus ou de moins ne leur fera pas de tort : de vieux avares, c'est pain bénit, il faut faire une main-levée* (Vidocq). **5.** **Faire une main tombée.** ***a.*** voler ; ***b.*** faire une caresse discrète sur le postérieur : *Sur le personnel, il* [le taulier] *devait se réserver le privilège de la main-tombée* (Simonin, 5). **6.** **Passer la main,** renoncer, ne pas insister : *Les policiers l'ont pris en train de commettre un délit important et* [...] *ont fait un marché avec lui : on passe la main, à condition que tu charges Papillon* (Charrière). **7.** **Main armée,** agression commise avec une arme : *On retrouverait un apprenti mac, casseur, faiseur de main armée ?* (Simonin, 6). **8.** **Jouer à la main chaude,** s'apprêter à être guillotiné : *Cela me faisait tout drôle de penser que son père avait joué à la main chaude sur la machine à Deibler* (Malet, 2).

◆ **mains** *n.f.pl.*

Vx. **Mains courantes.** ***a.*** pieds ; ***b.*** chaussures.

ETYM. emplois diversement spécialisés du mot usuel. **1.** 1833 [Esnault]. **2.** 1927 [id.]. **3.** ***a.*** 1901 [Bruant] ; ***b.*** 1935, Bernanos [TLF] ; ***c.*** 1958, Barnais. **4.** 1828, Vidocq. **5.** ***a.*** 1952 [Esnault] ; ***b.*** 1960 [id.]. **6.** 1881 [Larchey] ; d'abord au jeu de cartes, 1876, *Tam-Tam.* **7.** 1952 [Esnault]. **8.** 1808 [d'Hautel].

◆ *pl.* ***a.*** 1876, Rabasse [Larchey] ; ***b.*** 1881 [Rigaud].

maison *n.f.*

1. Désigne divers organismes ou collectivités. **La Maison j't'arquepince, poulaga, poulman, parapluie,** etc., la police : *Les affaires criminelles du dernier semestre que la Maison Bourreman avait été impuissante à résoudre* (Malet, 8). *Cette ordure de Tardu à qui il promet, en tout cas, si l'affaire doit mal tourner, de ne pas l'oublier dans ses prières et de le pistonner vigoureusement auprès de la maison Poulaga* (Faizant). *Les identités bidons vont pour lui se substituer à la réelle, aimables falsifications, visant* [...] *à égarer les recherches de la maison Poulardin* (Simonin, 10). **La**

maison tire-bouton, les homosexuelles. **La maison arrangeman, repasseman,** etc., association de filous. **2. La (Grande) Maison.** ***a.*** le Dépôt des condamnés (Grande-Roquette) ; ***b.*** la Préfecture de police : *Le damné baron, avant de me les donner* [les cinq cents francs] *est allé prendre des renseignements à la maison* (Balzac, 3). *C'est un gros, maintenant, et puis... il en est ! – Il en est, de quoi ? – De la Grande Maison, voyons !* (Galtier-Boissière, 2). **3.** Maison close : *À seize ans, j'avais une femme en maison !* (Malet, 8). *Les maisons bouclèrent deux mois plus tard. Quant aux pensionnaires, je ne connais pas une femme qui n'ait pas continué à faire le tapin* (Jamet). **Maison à parties,** maison close clandestine où se rendent des non-professionnelles. **4. Gros comme une maison,** d'une évidence aveuglante et scandaleuse : *C'est gros comme une maison ! C'est un complot contre les services spéciaux !* (Van Cauwelaert).

ETYM. emplois spécialisés du mot usuel. **1.** vers 1930 [Esnault]. **La maison tire-bouton,** 1928 [Lacassagne]. **2.** ***a.*** 1886 [Esnault]; ***b.*** 1844, Balzac. **3.** 1872 [Larchey] (abrègement de *maison de prostitution* ou *maison close*). **Maison à parties,** 1828, Vidocq. **4.** *mentir gros comme la maison* 1862, Hugo [TLF].

mal *adv.*

1. Se trouver mal sur qqch, le dérober. **Être pris de mal,** être arrêté. **2. Être mal,** se trouver dans une situation fâcheuse, pénible : *Quand les flics sont arrivés avec les gilets pare-balles et tout le tralala t'étais vraiment mal, ma vieille* (Villard, 4). *Si on doit rembourser ses arrhes à la bonne femme, on va être mal...* (T. Colin). **3. Faire mal,** avoir de graves conséquences : *Tirez-vous et bouclez-la, sinon ça pourrait faire mal* (Clavel, 2). **Faire mal (aux seins),** agacer ; faire pitié : *Écoute, Nono, tu m'fais mal aux seins avec ta générosité à la noix* (Devaux). **4. À la mal au bide, au ventre, aux tripes,** se dit de poches placées sur le devant du pantalon ; par ext., se dit du pantalon lui-même : *Oublions le poisse à espadrilles, bénard à la mal-au-bide et deffe à pont, chanté par Bruant* (Simonin, 10). *Le vieux Marc était saboulé comme les macs de 1910 : pantalon serré* [...] *poches à la mal au ventre* (Trignol).

ETYM. emplois spécialisés ou euphémiques du mot usuel. **1.** 1881 [Rigaud]. **Être pris de mal,** 1797, Rouen [Esnault]. **2.** vers 1995. **3.** 1960, Clavel ; « agacer » 1901 [Bruant] ; « faire pitié » 1866 [Delvau]. **4.** 1912 [Esnault].

malabar *adj. et n.m.*

1. Vx. Se dit de qqn qui se croit malin : *Le héron au long pif, se croyant malabar, / Lézardait au bord de la flotte* (Marcus). **2.** Se dit d'un homme de forte carrure : *Un car de flics freina brusquement devant le bistrot, et quelques malabars en uniformes en jaillirent* (Varoux, 1).

◆ *n.m.*

Billet de cinq cents francs (anciens).

ETYM. nom donné aux mercantis levantins, issu de **Malabar**, côte du sud-ouest de l'Inde, avec influence probable de *malin* au sens 1 et de *mâle* au sens 2. **1.** 1916 [Esnault]. **2.** 1911 [id.].

◆ *n.m.* 1975 [Le Breton].

malade *adj.*

1. Vx. Détenu : *Hélas ! me dit-elle en sanglotant, il est malade à Canelle* (Vidocq). **Tomber malade,** être arrêté. **Gratis malade,** innocent arrêté à tort. **2. Malade du pouce,** avare ou paresseux. **3. Comme un malade,** avec passion ou excès : *Je me suis mis à fouiller mes papiers comme un malade, à la recherche d'autres photos de classe* (Pouy, 3).

ETYM. emploi métaphorique (→ **GUÉRI**). **1.** 1797, Rouen [Esnault]. **Tomber malade**, 1836 [Vidocq]. **Gratis malade**, 1847 [Dict. nain]. **2.** 1859, Monselet [Larchey] (il ne parvient pas à compter les billets). **3.** 2000 [Dontchev].

DER. **maladie** *n.f.* Vx. Emprisonnement : 1836 [Vidocq].

malaga *n.m.*

Un malaga de boueux, un verre de vin rouge.

ETYM. emploi ironique du nom propre désignant un vin réputé. 1957 [Sandry-Carrère].

malagauche *adj. et n.*

Maladroit.

ETYM. mot-valise plaisant, avec substitution de *gauche* à *droit*. 1864 [FEW].

mal-baisée *n.f.*

Femme qui ne paraît pas avoir son content au point de vue sexuel : *J'aurais bien voulu ramener ce tissu de fredaines aux compensations d'une mal baisée* (Van Cauwelaert).

ETYM. expression machiste reposant sur l'idée qu'une femme ne peut pas être vraiment elle-même si elle n'a pas un homme qui la comble. vers 1970.

mal blanchi *n.m.*

Désignation raciste du Noir : *Sur un bateau, les classes sociales sont très compartimentées. Il y a les quatrièmes pour la plèbe, les troisièmes pour les blancs miteux ou les Oncle Tom et mal blanchis délicats* (Spaggiari).

ETYM. de **mal** et du participe passé de **blanchir**. 1867 [Delvau].

malfrat ou **malfrin** *n.m.*

Gangster, généralement de peu d'envergure, mais dangereux : *Pojarski ne viendra pas, un malfrat de petite envergure s'est fait dessouder par un bijoutier retors, il faut régler l'affaire* (Prudon). *C'est un petit malfrat amateur, à l'ancienne mode, pas du tout moderne* [...] *le genre qui ne tire pas sur les flics ni sur les passants, pas du tout éduqué politiquement, un loustic à l'ancienne* (Siniac, 1).

ETYM. du languedocien **malfaras**, malfaiteur, dér. de **maufa(i)re**, mal faire. *malfrat* 1866 [Delvau] ; *malfrin* (apocope de *mal fringué*) 1882 [Chautard].

VAR. **malfrappe** : 1953 [Sandry-Carrère].

malheur *n.m.*

1. Série de méfaits. **2.** Le bagne. **Tomber dans le malheur,** être condamné : *Ce ne sont pas les criminalistes que le forçat accuse de l'avoir entraîné hors de la bonne voie et de l'avoir fait tomber dans le malheur* (Alhoy). **3. Faire un malheur.** ***a.*** faire un scandale ; ***b.*** avoir un grand succès : *Sur les Champs mon barman faisait un malheur, il m'avait amené un autre gars du bowling de l'avenue Foch* (Ravalec). SYN. faire un tabac.

ETYM. emplois métaphoriques et concrets du mot usuel. **1.** 1841 [Esnault]. **2.** 1883 [id.]. **Tomber dans le malheur**, 1845, Alhoy. **3.** ***a.*** 1877, Zola [TLF] ; ***b.*** 1973, H. Hotier [id.]. Cette dernière loc. est auj. passée dans la langue familière.

malle *n.f.*

1. Salle de police. **Grosse malle,** prison. **2. Faire sa malle,** mourir. **3. Faire la malle à qqn,** l'abandonner : *Depuis quelques minutes, le trac la tient qu'il lui fasse la malle avec une autre, une plus capable* (Simonin, 5). **(Se) faire la malle,** partir, s'enfuir : *Les Anglais* [à Dunkerque, en 1940] *se faisaient la malle, ils n'avaient pas attendu qu'on leur dise : « Go home »* (Pousse). *Je n'ai pas l'intention de faire de vieux os dans cette turne, je vais faire la malle dès que j'aurai pris le vent* (Le Dano). SYN. se faire la valise. **4. Boucler** ou **fermer sa malle,** se taire : *Pour la dernière fois, Machin, boucle ta malle* (Vian, 2). **5.** Vx. **Malle** ou **mallette à quatre nœuds,** mouchoir contenant des économies.

ETYM. emplois métaphoriques et imagés du mot usuel. **1.** 1886, Courteline [Sainéan]. **2.** 1883, Macé. **3.** 1927, Dussort [TLF]. **(Se) faire la malle**, 1935, Simonin-Bazin [id.]. **4.** 1898 [Chautard]. **5.** 1953 [Sandry-Carrère].

mallette *n.f.*

Faire mallette et paquette à qqn, l'abandonner. **Avoir la mallette,** être abandonné.

ETYM. diminutif de **malle**. 1926 [Esnault], pour les deux locutions.

mallouse *n.f.*

Vx. Coffre contenant de l'argent : *Il faut bouliner un houzard pour arriver à la mallouse* (Ansiaume).

ETYM. suffix. arg. de **malle**. 1821 [Ansiaume].

mallouser ou **maller** *v.t.*

Abandonner (qqn) : *J'suis content de savoir que t'as mallousé ces fumiers, t'sais ! Tu vas bien ?* (Le Breton, 1). *Ça se passait pendant que Marco était en cabane. Je veux dire, la première fois, juste après que Mado l'ait mallé* (Braun).

ETYM. de **mallouse**, malle, ou de **malle**. *mallouser* 1954, Le Breton ; *maller* 1959 [Esnault].

malparade *n.f.*

Parade peu efficace.

ETYM. de **mal** et de **parade**. 1960 [Le Breton].

maltaise *n.f.*

ARG. ANC. Louis : *Je refilerai deux maltaises là-bas, et poitou* (le Rat du Châtelet).

ETYM. la Croix de Malte figurait sur les louis et les écus émis en 1718. 1790, *le Rat du Châtelet*.

maltouse *n.f.*

Vx. Contrebande : *Et qu'est-ce qui t'amène dans ce pays, me dit Pons, ferais-tu la maltouse, par hasard ? – Comme tu le dis, mon homme, je suis venu ici pour passer en fraude une bande de chevaux* (Vidocq).

ETYM. resuffixation arg. de **mallette.** 1829, Vidocq.

DER. **maltouzier, ère** *n.* Contrebandier : 1836 [id.].

malva *adv.*

Aller chez Malva, aller mal : *Avec déjà cette histoire du bar qui me semblait s'en aller tout droit chez Malva, je me sentais pas enclin à m'engager sérieusement d'un autre côté* (Simonin, 3).

ETYM. verlan de **(ça) va mal**, avec influence de **malvat**, vaurien, usité en Wallonie et en Languedoc [Esnault]. 1954, Simonin, mais bien plus anc., car Bruant emploie **malva** comme interj. au sens de « attention ! » vers 1890-1900.

[-man(n)]

suffixe arg. servant à renforcer des participes passés : **accrochman, arrangeman,** etc., ou à former des noms d'agents masculins : **bourrmann, poulmann,** etc.

manchard *n.m.*

1. Mendiant. **2.** Personne qui fait la manche sur la voie publique : *Un bon manchard, c'est celui qui connaît le hit-parade, qui sait ce que diffuse la radio et qui change de répertoire en fonction du quartier, du lieu où il se produit* (*le Monde,* 18 janvier 1979).

ETYM. de **2. manche. 1.** 1977 [Caradec]. **2.** 1979, *le Monde.*

VAR. **manchiste :** au sens 2, 1901 [Bruant].

1. **manche** *n.m.*

1. Tomber sur un manche, rencontrer un obstacle sérieux : *C'est pas à ton âge voyons qu'on se détruit comme ça la santé, parce qu'on est tombé sur un manche !... Tu vas pas remâcher ça toujours !* (Céline, 5). **2. Comme un manche,** de façon maladroite : *Ils l'ont perdu ! Ce n'est pas possible, toutes les issues sont gardées... Ils se débrouillent comme des manches* (Daeninckx). **Con comme un manche** ou simpl. **manche,** imbécile, maladroit : *Il était con comme un manche / Comme un déjeuner du dimanche* (Renaud). *Ça va comme ça... mais j'veux pas qu'on me prenne pour un manche...* (Werth, 1). *Je ferais un beau carton sur tous ces manches et leurs dérisoires appétits satisfaits* (Malet, 7). **3.** Vx. Patron, contremaître. **4.** Pénis. **Manche à balai, à couilles,** même sens : *Leurs gonzesses sauront comment un Parisien se sert de son manche à balai !* (Lépidis). **Avoir le manche,** être en érection.

ETYM. abrègement de **manchot** (2) et emplois métaphoriques (idée de raideur stupide). **1.** 1914 [Esnault]. **2. Manche,** *adj. et n.* 1901 [Bruant] ; **comme un manche,** 1945, Sartre [TLF]. **3.** 1881 [Rigaud]. **4.** mil. XVIIe s., Théophile [Delvau]. **Avoir le manche,** 1953 [Sandry-Carrère].

2. **manche** *n.f.*

1. Vx. Monde ou métier des saltimbanques. **2.** Mendicité : *Il donnerait volontiers les quelques pièces qui lui ont coûté des heures honteuses de manche* (Dégaudenzi). **Faire la manche. *a.*** mendier : *Moi, je m'appelle Marcel-le-Coltineur, bien connu sur la place de Paris, et si tu me vois autant dire faire la « manche », c'est que la vie s'est pas goupillée comme elle aurait dû* (Lefèvre, 1) ; ***b.*** faire la quête dans le public, après avoir donné un spectacle. **3.** Quête faite dans le milieu pour venir en aide à un homme qui a des difficultés passagères : *J'ai une dette envers Abel, tu te souviens ? [...] On pourrait faire une manche à quelques-uns* (Giovanni). **4. En manche de peau,** bras nus : *Par le temps qu'il fait, vous comprenez qu'il n'y a pas gras à rester comme ça en manche de peau* (Méténier).

ETYM. de l'ital. **mancia**, gratification, issu lui-même du français **manche**, au sens de « manche d'habit qu'offraient les dames à leur chevalier, dans les tournois ». **1.** 1866, J. Vallès [Esnault]. **2. *a.*** 1836 [Vidocq] ; ***b.*** 1828 [id.]. **3.** 1865, *Goualante de la Courtille* [Rossignol]. **4.** 1891, Méténier.

manchette *n.f.*

Vx. Homosexualité. **Marquis** ou **chevalier de la manchette,** homosexuel.

◆ **manchettes** *n.f.pl.*

Menottes : *Les manchettes ! s'écrièrent alors plusieurs condamnés [...] Le commissaire ordonna les poucettes, et un cri général de : Vive le commissaire ! sanctionna l'acte de sévérité* (Alhoy). SYN. poucettes.

ETYM. diminutif de **2. manche.** 1789, *Cahiers de doléances* [Duneton-Claval]. **Marquis de la manchette,** 1845 [Bescherelle].

◆ *pl.* 1743, Enckell [DDL 38]. La *manchette* est une rougeur laissée au poignet par le frottement des menottes.

manchouillard *adj. et n.m.*

Manchot.

ETYM. suffixation arg. de **manchot.** 1957 [Sandry-Carrère].

mandale *n.f.*

Gifle : *Y m'a filé une beigne, j'y ai filé une mandale, / M'a filé une châtaigne, j'y ai filé mon*

futal (Renaud). *L'autre ordure se tourne vers moi et y m'allonge deux mandales* (Clavel, 3).
ETYM. du prov. **mandolo**, amende, ou altération de **mandarine**, coup. 1849, Caen [Esnault].
VAR. **mandole:** 1866 [Delvau]. **mandane:** 1890 [Esnault].

mandarin *n.m.*

Apéritif fabriqué avec de l'extrait de mandarine : *Le garçon s'informait : « Ça sera ? – Mais tu sais bien, Gustave : un mandarin ! »* (Carco, 1).
ETYM. de **mandarine**, avec changement de genre par attraction de *apéritif.* 1927, Carco.

mandarine *n.f.*

1. Coup de poing. **2.** Sein féminin de petit volume : *C'est la fille / D'un mandarin très fameux / C'est pour ça qu'sur sa poitrine / Elle a deux p'tit' mandarines* (chanson *Ma Tonkinoise,* de Villard et Christiné *in* Saka).
ETYM. analogies de forme. **1.** 1840-1930 [Esnault], sans référence. **2.** 1901 [Bruant].

mandibules *n.f.pl.*

Mâchoires. **Faire marcher ses mandibules, jouer (la polka) des mandibules,** manger.
ETYM. emploi ironique et animalisant du mot technique, « os de la mâchoire inférieure ». **Jouer des mandibules,** 1866 [Delvau] ; **faire marcher ses mandibules,** 1953 [Sandry-Carrère] ; **jouer la polka des mandibules,** 1982 [Perret]. « La Polka des mandibules » fut le nom d'un célèbre restaurant de Saint-Germain-des-Prés dans les années 1950.

mandoline *n.f.*

1. Matraque faite d'un sac bourré de sable. **2.** Mitraillette. **3.** Bassin de lit, bidet sanitaire. **4. Jouer de la mandoline,** se masturber, en parlant d'une femme : *La pauvre Tamar n'eut plus qu'à se jouer un air de mandoline, car la musique adoucit les mœurs, surtout quand elles sont solitaires* (Devaux).
ETYM. analogie de forme (1 à 3) et de geste (4). **1** et **4.** 1928 [Lacassagne]. **2.** 1947, FFI [Esnault]. **3.** 1916 [id.].

mandrillon *n.m.*

Vx. Pistolet.
ETYM. dimin. de **Mandrin.** 1800, Leclair.

mandrin *n.m.*

Avoir le mandrin, être en érection.
ETYM. emploi métaphorique du mot technique (analogie de forme et surtout de fonction : « percer »). 1953 [Sandry-Carrère], art. *canne.*

manège *n.m.*

1. Promenade circulaire dans la cour d'une prison : *Par les temps de pluie, les condamnés [...] cherchaient un abri sous l'auvent des guichets ; alors les gardiens les en chassaient avec des fouets de poste pour les forcer à faire ce qu'ils appelaient le manège* (Alhoy). **2.** Vx. **Manège Mouquin,** tactique de poursuite en cercle des manifestants du 1er Mai par la police à cheval.
ETYM. analogie de parcours circulaire. **1.** 1792, détenus de Bicêtre [Esnault]. **2.** 1913, policiers (dirigés par Mouquin, second du préfet Lépine) [id.].

manettes *n.f.pl.*

1. Oreilles. **2.** Pièce reliant la pédale d'une bicyclette au pédalier ; par ext., pédales de bicyclette : *Appuyer sur les manettes.* SYN. manivelle. **À fond les manettes,** à toute vitesse : *La bise froide nous claque sur les joues tandis qu'on descend le boulevard Beaumarchais à fond les manettes* (Lasaygues). SYN. à fond la caisse.
ETYM. diminutif de **main. 1.** 1925 [Esnault]. **2.** 1924 [id.].

manezingue *n.m.* → **MANNEZINGUE.**

mangave *n.f.*

Mendicité.
◆ *n.*
Mendiant : *Le mangave a remis ça, en guise de remerciements, avec sa musique* (Malet, 1).
ETYM. du romani **mangav**, je demande. 1932 [Esnault]
◆ *n.* 1937 [id.].
DER. **mengaveur** *n.m.* Mendiant : 1957 [Sandry-Carrère].

mange-merde *n.m.*

Personne d'une avarice sordide.
ETYM. de **manger** et de **merde** : le comble de l'avarice pour qqn qui ne veut pas acheter de nourriture parce qu'il la trouve trop chère. 1960 [Le Breton], mais dès 1881 [Rigaud], au sens d'« individu méprisable ».

manger *v.i.*

Vx. **1.** Faire une révélation devant les autorités : *Tiens, Jules, me dit-il, je vois bien qu'il y* *a parmi nous une canaille qui a mangé ; fais-moi conduire devant le quart d'œil, je mangerai aussi* (Vidocq). *Manger sur l'affaire.* **2. Manger sur (l'orgue de) qqn,** le dénoncer : *Quand il serait butté, il ne mangera pas sur moi, il est franc* (Ansiaume).

◆ *v.t.*

1. Vx. Dénoncer : *Je ne mangerai jamais mes pratiques. Qu'on les arrête, bon... chacun son métier... mais je ne les vends pas* (Sue). **2.** Purger (une peine) : *Ancien braqueur des années soixante, Saïd avait fait mettre cet exploit sur le compte des événements d'Algérie mais avait quand même « mangé » quinze piges* (Knobelspiess). **3. En manger,** vivre d'une activité illicite ou inavouable : *Tu en as mangé comme les autres, et ton Russe, c'est le chapelet qu'il disait avec toi ?* (Lorrain). SYN. en croquer.

◆ **se manger** *v.pr.*

1. Recevoir (un coup, un projectile, etc.) : *Vanini était un petit con qui a dû pousser son pion un peu trop loin, dit-elle, il s'est mangé une bastos, paix à son âme* (Pennac, 1). **2.** Vaincre, infliger une correction à : *Si les potes m'avaient pas r'tenu / J'me les serais mangés un par un / J'aime pas les costauds quand j'ai bu* (Renaud). **3. Se manger le nez,** se battre.

ETYM. référence à l'usage du XVIIIe s., qui astreignait le condamné à mort au jeûne s'il ne faisait pas d'aveux dans les trois jours suivant la question préalable. **1.** 1815, *Chanson de Winter,* in Vidocq. **2.** 1835 [Raspail].

◆ *v.t.* **1.** 1842, Sue. **2.** 1829 [Forban]. **3.** 1878 [Chautard].

◆ *v.pr.* **1.** 1968, Monod [Doillon]. **2.** avant 1965 [DDL 42]. **3.** 1867 [Delvau].

mangeur *n.m.*

Vx. **1.** Escroc qui, en échange d'une fausse protection, exige des tripots une part des profits. SYN. racketteur. **2. Mangeur de fer** ou **de galette,** délateur : [Vidocq] *s'acquitta si bien de sa mission auprès de ses anciens camarades, mangeurs de fer comme lui, qu'en 1821 il fut appelé à la préfecture* (Claude). **3. Mangeur de blanc.** ***a.*** proxénète : *Je parie que c'est après Caffin que tu cherches. Bon débarras, je t'assure, un mangeur de blanc* (Vidocq) ; ***b.*** syn. de soupeur.

◆ **mangeuse** *n.f.*

1. Vx. Camarade de détention avec qui une autre détenue partage des suppléments de cantine. **2.** Fellatrice.

ETYM. de **manger. 1.** 1881 [Rigaud]. **2.** 1836 [Vidocq]. **3. *a.*** 1808 [d'Hautel] ; **blanc** signifie ici « monnaie d'argent » ; ***b.*** 1928 [Lacassagne].

◆ *n.f.* **1.** vers 1830, Saint-Lazare, prison de femmes [Esnault]. **2.** 1953 [Sandry-Carrère].

manicle ou **manique** *n.f.*

Vx. Anneau de pied du forçat : *Quand on nous eut donné des vêtements, on nous riva la manicle au pied ; mais sans former les couples* (Vidocq). *J'ai souvent vu Père Barbançon traîner la jambe comme un ancien porteur de manicles. C'est ce souvenir, que Vidocq m'aida à définir, qui me donna l'impression de la très grande légèreté de l'âme de Barbançon* (Mac Orlan, 8).

ETYM. de l'anc. fr. **manicle,** issu du lat. **manicula,** petite main ; désignait en 1165, chez Benoît de Sainte-Maure, la partie de l'armure couvrant l'avant-bras et la main. 1828, Vidocq.

manier *v.t.*

Manier la fonte, pratiquer les poids et haltères : *Un balèze qui s'était d'abord appelé, du temps qu'il maniait la fonte dans les gymnases de Montmartre, « Lulu l'homme fort »* (Simonin, 6).

ETYM. emploi métonymique de *fonte*. 1966, Simonin, mais très probablement antérieur, car on trouve *tirer la fonte* en 1957 chez Sandry-Carrère et *manier un haltère* dès 1920 dans *Journal de Salavin* de G. Duhamel.

manieur *n.m.*

Manieur de fonte, jongleur de poids ou haltérophile.

ETYM. de **manier.** 1926 [Esnault].

manif *n.f.*

Manifestation de rue, pour revendiquer qqch : *Quelques gradés bleus tournaient en rond, l'ennui grave. « C'est quoi, la manif ? » demanda Gonzalès à un Apollon casqué en passant devant lui* (Topin).

ETYM. apocope de **manifestation.** 1952, selon Aragon [GLLF].

manille *n.f.*

1. Vx. Anneau rivé à la cheville du forçat. SYN. manicle. **2.** Anneau relié à la barre de justice : *À six heures du soir, le pied gauche de chaque homme est relié à la barre commune par une manille de fer* (Charrière).

ETYM. de l'anc. prov. **manellie,** anneau auquel on attache la chaîne d'un forçat. **1.** dès le

XVIIe s., pour les galériens. 1833, Balzac [TLF], pour les forçats. **2.** 1900 [Esnault].

manique *n.f.* → MANICLE.

manivelle *n.f.*

Vx. Chose ennuyeuse: *C'est toujours la même manivelle.*

◆ **manivelles** *n.f.pl.*

1. Pièces métalliques qui, sur une bicyclette, relient les pédales au pédalier: *Chatouiller les manivelles. S'expliquer avec les manivelles.* SYN. manettes. **2.** Bras. **3.** Jambes.

ETYM. idée de régularité cyclique, d'où ennui, et emplois dérivés du cyclisme. 1866 [Delvau].

◆ *pl.* **1.** 1957 [Sandry-Carrère]. **2.** 1947 [Esnault]. **3.** 1977 [Caradec].

mannequin *n.m.*

1. ARG. ANC. Voiture, cabriolet. **Mannequin à macchabées** ou **du trimbaleur de macchabées, de refroidis,** corbillard: *J'ai déjà une mauvaise toux. – Ah! bon! je te vois d'ici dans le mannequin du trimballeur de refroidis* (Sue). **2.** Homme ou femme méprisable, de peu de poids. **3.** Dos: *Je l'ai eu sur le mannequin avant de pouvoir dire: ouf* (Malet, 16). **4.** Vx. Remplaçant.

◆ **mannequins** *n.m.pl.*

Gendarmes, policiers: *Surveillant la rue de son rétroviseur, Lulu avait immédiatement repéré le car des mannequins, alors qu'il débouchait au coin de la rue* (Mariolle).

ETYM. de **mannequin,** hotte du chiffonnier (1), et emplois péj. (2 et pl.). **1.** 1842, Sue. **2.** 1844, *Catéchisme poissard* [Larchey]. **3.** 1946, Malet. **4.** 1901 [Bruant].

◆ *pl.* 1975 [Le Breton].

mannezingue ou **manezingue** *n.m.*

Marchand de vin, bistrotier: *Mon ami Charles m'attendait chez le manezingue du coin pour vider une fiole et manger une côtelette* (Canler). *Tomate ni Petit Henri n'avaient perdu un seul instant de vue la porte du mannezingue* (Simonin, 1).

ETYM. suffixation arg. de **Maltais,** cabaretier. *mannezingue* 1844 [Dict. complet]; *manezingue* 1842, Bourgeois et Brisebarre [Quemada].

VAR. **malzingue**: 1836 [Vidocq]. **menzingue**: 1846, *Intérieur des prisons.* **min'zingue**: vers 1854 [Esnault].

manoche *n.f.*

Manille (jeu de cartes): *Tu parles qu'il pouvait s'engraisser, en jouant sa manoche aux enchères, au café franco-arabe!* (Galtier-Boissière, 2).

ETYM. resuffixation arg. de **manille.** 1900 [Esnault].

manouche *n. et adj.*

Tsigane: *Tel était le trajet pour arriver aux Sablons où campaient nos camarades manouches* (ADG, 1).

◆ *n.m.*

La langue tsigane, qui est une des sources de l'argot: *Ils y avaient imposé le manouche montreuillot, vocabulaire qui fleurit par la suite dans l'intelligentsia branchée. S'il est passé de mode dans la nuit parisienne, le manouche orne toujours la conversation des jeunes du cru. On continue à « se marave » en moto, on va « chagrave » mais le moins possible. On « se natchave » en vacances et les dingues sont toujours des « narvalos »* (*Libération,* 4 août 1983).

ETYM. du tsigane **manus,** homme. 1898 [Esnault].

◆ *n.m.* 1953 [Sandry-Carrère].

1. manque *n.f.*

1. À la manque. *a.* de la main gauche, surtout dans la loc. **travail à la manque,** vol opéré dans la poche gauche; ***b.*** marque une opinion négative, défavorable; désigne un défaut, une tare: *Le mec me dégoûte, je parle du gros, de l'armateur à la manque* (Mac Orlan, 4). *Enlevez! ça me brûle. – À la bonne heure! espionne à la manque, dit Ondo en retirant le fer* [à souder] (Abossolo). SYN. à la flan, à la gomme, à la noix. **Avoir qqn à la manque,** le haïr, le détester: *Je ne l'ai à la manque que parce qu'il est toujours au pieu* (Ansiaume). **Être à la manque,** être capable de trahir: *Puisque tu le connaissais, tu devais savoir qu'il était à la manque* (Vidocq). **2. Jouer la manque,** jouer contre celui qui roule les dés.

ETYM. de l'ital. **manca. 1. *a.*** 1836 [Vidocq]. **Travail à la manque,** 1911 [Esnault]; ***b.*** fin du XVIIIe s. [id.]. **Avoir qqn à la manque,** 1821 [Ansiaume]. **Être à la manque,** 1828, Vidocq. **2.** 1950 [Esnault].

2. manque *n.m.*

1. Infraction grave aux règles de comportement dans le milieu. **2.** État dépressif dans lequel se trouve un alcoolique ou un toxicomane privé momentanément de drogue: *D'un moment à l'autre, il va exploser. La*

souffrance d'un junk en manque ne se décrit pas (Galland).
ETYM. apocope de **manquement** (1) et déverbal de **manquer** (2). **1.** fin du XIXe s., à rattacher au sens hippique : faux pas qui peut entraîner la chute d'un cheval [Littré]. **2.** « alcool » 1948, Aymé [TLF] ; « drogue » 1954, Le Breton [TLF].

manquer *v.i.*
Se rendre coupable d'une infraction au code du milieu : *Tu manques ! Tu parles de plus en plus mal. Va falloir que je te redresse le poil !* (Cordelier).
◆ *v.t. ind.*
Manquer à qqn, ne pas remplir ses obligations envers lui, lui faire faux bond : *Zampa s'étouffe de rage : manquer à un ami, c'est lui manquer à lui* (*Actuel,* janvier 1986).
ETYM. de **2. manque** au sens 1. 1976, Cordelier.
◆ *v.t. ind.* contemporain, mais dès 1611, Larivey [TLF], dans un contexte non arg.

mansarde *n.f.*
1. Crâne. **2.** Vx. **Dégringoler de la mansarde,** avoir mauvaise haleine.
ETYM. emploi métaphorique du mot usuel. **1.** 1977 [Caradec]. **2.** 1883 [Fustier].

maous, ousse *adj.* → **MAHOUS.**

maouzi *pron. pers.* → **MÉZIG.**

maq *n.m.* → **MAC.**

maqua ou **maca** *n.f.*
1. Entremetteuse. **2. Maman maca** ou **mère maqua,** patronne de maison close : *Au centre de Paris, les maîtresses de tolérance se font appeler* madame *par leurs pensionnaires. Dans l'ancienne et la nouvelle banlieue, elles conservent encore le titre de* maman maca (Macé).
ETYM. apocope de **maquarelle,** de l'anc. prov. **macarella,** même sens. **1.** 1784 [Esnault]. **2.** 1808 [d'Hautel].
VAR. **macquecée :** 1836 [Vidocq].

maquage *n.m.*
Concubinage : *Des faiblesses, comme toutes, elle en avait eues, des maquages dangereux, mais brefs dans le temps* (Simonin, 1).
ETYM. de **maquer.** 1898 [Esnault].

maqué *n.m.*
Vx. Proxénète : *Les maqués du passage ont écopé [...] Y a Julot qui a voulu défendre sa femme ; on l'a fourré dedans* (Méténier).
ETYM. de **maquer.** 1855, Méténier.

maquer *v.t.*
1. Unir officieusement (deux conjoints) : *Je ne suis pas peu fier de me retrouver si vite quasiment maqué avec une fille aussi belle que la Belzébette* (Bastid-Martens). **2.** Épouser officieusement. **3.** Exploiter une prostituée : *L'aurait mieux fait d'la maquer / su' l'trottoir pour trois cents balles* (Renaud). *J'ai jamais été maquée ! Faut vraiment que vous soyez des truffes pour envoyer votre oseille aux julots* (Cordelier).
◆ **se maquer** *v.pr.*
Se mettre en ménage ; vivre en concubinage : *Sur les campus américains, dans les universités françaises, on se maque plus jeune* (*Libération,* 26 avril 1984).
ETYM. de **mac. 1.** 1928 [Lacassagne]. **2.** 1953 [Esnault]. **3.** 1901 [Rossignol].
◆ *v.pr.* 1883 [Chautard].

maquereau *n.m.*
Proxénète : *Dans « Dédée d'Anvers », que prépare Yves Allégret, je vais jouer un « vilain », un affreux maquereau qui martyrise Simone Signoret* (Dalio).
ETYM. du moyen néerlandais **makelare,** intermédiaire, de **makeln,** trafiquer ; jeu de mots avec l'homonyme désignant le poisson (qui a une autre origine : les taches de sa peau). vers 1270, Jean de Meung.

maquereautage ou (vx) **macrotage** *n.m.*
Activité, agissements du proxénète : *Ces zèbres qui finissent par réussir dans l'illégalité, le maquereautage le plus éhonté [...], ça veut tout de même dire qu'ils ont des drôles de qualités marloupines* (Boudard, 2). SYN. maquerellage.
ETYM. de **maquereauter.** 1867 [Delvau], pour les deux formes.

maquereauter ou (vx) **macroter** *v.i.*
Vivre du proxénétisme.
◆ *v.t.*
1. Livrer qqn à la prostitution. **2.** Avilir qqn ou qqch par des compromis honteux : *Il est prêt à maquereauter les dons exceptionnels de son frère pour les mathématiques, autour*

d'une table de casino (*Libération*, 15 mars 1989).

ETYM. de **maquereau.** 1867 [Delvau], pour les trois sens.

maquereauterie *n.f.*

Milieu du proxénétisme : *Monsieur, en général, venait de la maquereauterie... toutes ses classes, il les avait faites en débutant barbillon* (Boudard, 2).

ETYM. de **maquereau.** 1986, Boudard.

maquereautin ou **macrotin** *n.m.*

Proxénète de seconde zone, ou inexpérimenté : *Chaque jour devant lui évoluaient souteneurs et macrotins dans les bras de filles qui se laissaient avoir au charme et au baratin* (Lépidis).

ETYM. diminutif de **maquereau.** 1864 [Delvau], pour les deux formes.

maquereautique ou **maquereautin, e** *adj.*

Qui se rapporte au proxénète : *Dix articles propres à plonger la gent maquereautine dans des abîmes de gamberges plutôt maussades* (Boudard, 2).

ETYM. de **maquereau.** *maquereautique* 1907 [Esnault] ; *maquereautin* 1986, Boudard.

maquerellage *n.m.*

Activité du proxénète. SYN. maquereautage.

ETYM. de **maquereau.** 1808 [d'Hautel].

maquerelle *n.f.*

1. Entremetteuse : *Souvent de vieilles racoleuses de maisons de passe, des maquerelles à l'air respectable et toutes pareilles, en douceur mielleuse, à des bonnes sœurs, nous attendaient à la sortie, sur le trottoir* (Mirbeau). **2. Mère maquerelle,** patronne de maison close : *Tu veux que je te dise ? Tu es plus ignoble qu'une mère maquerelle !* (Camara).

◆ *interj.*

Marquant l'étonnement : « *Maquerelle ! s'exclama-t-il, le souffle coupé. Maquerelle...* » (Le Breton, 2).

ETYM. fém. de **maquereau. 1.** *makerele* vers 1270, Jean de Meung. **2.** 1920 [Bauche].

◆ *interj.* 1953, Le Breton.

maquillage *n.m.* ou **maquille** *n.f.*

1. Faux en écriture. **2.** Marque faite à une carte à jouer : *Le « maquillage des brêmes », c'est-à-dire le truc destiné à marquer certaines cartes, peut se faire de différentes façons* (Locard). **3.** Transformation de voitures volées : *On est ferrailleurs, trois frangins ferrailleurs. – Tiens-tiens. Quel genre ? Maquillage de tires volées ?* (Jaouen). **4.** Blessure volontaire, pour simuler un accident du travail.

ETYM. de **maquiller. 1.** *maquillage* 1847 [Dict. nain]. **2.** 1875, Cavaillé [Larchey] (aux deux formes). **3.** 1952 [Esnault]. **4.** 1928 [Lacassagne].

VAR. **maquignage** *n.m.* Trafic : 1790 [Esnault].

maquigne *n.f.* Fausse maladie : 1890 [id.].

maquiller *v.t.*

1. Falsifier : *Vous niez que votre jeu soit maquillé et que vous voliez le public ?* (Goron). **Maquiller les brêmes, le carton,** jouer aux cartes (en trichant plus ou moins) : *En maquillant les brèmes, on jaspine mieux !* (Méténier). **2.** Faire (qqch de plus ou moins honnête) : *Et toi, qu'est-ce que t'as maquillé pour courir comme ça ?* (Vautrin, 1). *Qu'est-ce qu'il maquille cet abruti ? Tu peux me le dire, toi, ce qu'il maquille ?* (Cordelier).

◆ *v.i.*

Vx. Combiner un vol : *Nous avons voulu maquiller à la sorgue chez un orphelin* (Vidocq).

◆ **se maquiller** *v.pr.*

Se blesser volontairement ou simuler une maladie, pour toucher une assurance, des indemnités.

ETYM. du verbe picard **maquier,** faire, suffixé par **-ill-. 1.** 1815, *Chanson de Winter,* in Vidocq. **Maquiller les brêmes,** 1827 [Dict. nain] ; sans idée de tricherie, selon Esnault, mais *maquiller le carton* signifiait en 1690, pour Furetière, « faire sauter la coupe » ! **2.** 1790, *le Rat du Châtelet.*

◆ *v.i.* 1628 [Chéreau].

◆ *v.pr.* 1916 [Esnault].

VAR. **maquigner** *v.i.* Travailler : vers 1850 [id.].

maquilleur *n.m.*

Individu qui falsifie, qui se livre à un commerce louche : *Les piliers de la boîte sont les diamantaires marrons, les receleurs* [...], *les maquilleurs d'autos et les voleurs* (Cendrars, 2).

ETYM. de **maquiller.** 1847 [Dict. nain].

[-mar]

suffixe arg. servant à former des noms d'hommes ou de métiers masculins : **artist'mar, boss'mar** (« bossu »), **épicemar, guichemar, officemar, perruq'mar, raccourc'mar,** etc.

marade *n.f.* → MARRADE.

marasquin *n.m.*

Sang.

ETYM. analogie de couleur avec la liqueur de griottes. 1977 [Caradec].

maraude *n.f.*

Recherche d'un client en dehors des stations, en parlant d'un chauffeur de taxi (anc., d'un cocher de fiacre): *Je faisais un petit tour de maraude dans le quartier quand soudain j'aperçus un autocar* (Simonin-Bazin). *Être en maraude.* → citation à RACCROC.

ETYM. emploi fig. du mot désignant le vol de denrées alimentaires ou la cueillette illicite. 1907 [H. France], mais *aller à la maraude* et *faire la maraude* dès 1867 [Delvau], pour un fiacre.

marauder *v.i.*

Chercher des clients en dehors des stations, en parlant d'un cocher (vx) ou d'un taxi: *Jo ne voulait pas arrêter la tire, et pour attendre l'heure H, il se mit à marauder* (Trignol).

ETYM. de **maraud,** vagabond, mendiant. 1866 [Delvau].

maraudeur *n.m.*

Chauffeur de taxi (anc. cocher) pratiquant la maraude : *Notre flicard, qui n'eut pas le temps d'arriver sur les lieux que tout était déjà rentré dans l'ordre, les maraudeurs ayant chargé* (Simonin-Bazin).

ETYM. de **maraude.** dès 1862, About [TLF] au sens de «cocher qui maraude»; 1935, Simonin-Bazin, au sens de « chauffeur de taxi ».

maravédis *n.m.*

Sou : *Quand j'ai trois maravédis en fouille et l'aprème devant moi* (Dégaudenzi) ; surtout dans la loc. **pas un maravédis,** pas un sou.

ETYM. de l'esp. **maravedi** (relatif aux Almoravides, qui frappèrent cette monnaie, au Maroc et en Espagne). 1203 [TLF].

maraver ou **marave** *v.t. et i.*

1. Battre, frapper: *Une grande brute à la force herculéenne dont la seule distraction, lorsqu'il ne bossait pas, était de marave. C'était sa grande expression, marave. Cela voulait dire casser la figure, détruire, écrabouiller* (Roubaudi). **2.** Tuer: *S'agit pas d'le maraver car s'il est dans cette affaire-là et qu'c'est lui qu'a planqué la came, si on l'bute à présent, on saura jamais où il l'a mise* (Le Breton, 2). *Oui, je t'ai maravée, comme on bute une bille / Parce que t'es venue draguer dans mes radis* (Vian, 2).

ETYM. du romani **marav,** je frappe. 1952, Vian.

VAR. **maraf:** 1938 [Esnault]. **se maraffe** *v.pr.* Se battre : 1957 [Sandry-Carrère].

DÉR. **maraveur** *n.m.* Assassin, tueur : 1952, Vian.

marbré, e *adj.*

Qui a l'esprit dérangé : *Tous les jours il lave son mouchoir à une fontaine du cimetière et il le fait sécher sur son bada, tout en se promenant. – Pourquoi qu'y fait ça, il est marbré ?* (Lefèvre, 1). SYN. frappé, tapé.

ETYM. emploi métonymique, les ecchymoses étant de couleur mauve, comme certains marbres, et censées être la cause d'un dérangement mental. 1955, Lefèvre.

marca ou **marquat** *n.m.*

Marché : *Il arriva sur le marca, au milieu de l'habituelle effervescence, parmi les gueulantes des agités de la chine* (ADG, 5). **Marca régul,** marché régulier.

ETYM. suffixation pop. de **marché.** 1947, Stollé. On rencontre aussi la forme *marquant* dès 1928 [Lacassagne].

marcandier, ère ou **mercandier, ère** *n.*

ARG. ANC. Marchand : *L'on fit espouser la veufve à un pauvre marcandier* (Responce au grand Coesre).

ETYM. var. de **marchand,** issu du lat. pop. **mercatantem** [TLF]. *marcandier* 1628 [Chéreau] ; *mercandier* 1789 [Esnault].

marcel *n.m.*

1. Ami de cœur. **2.** Débardeur (vêtement) : *Il était passé de L à XL, à XXL, et achetait désormais ses slips et ses marcels dans une boutique spécialisée pour culturistes* (Smaïl). *T'as qu'à te mettre dans la baignoire, mon grand. Tu ferais mieux d'enlever ton marcel aussi* (Reboux).

ETYM. emploi hypocoristique du prénom, qui tend à remplacer *Jules* en ce sens. **1.** 1986 [Merle]. **2.** 1988 [Caradec].

marchand *n.m.*

1. Vx. **Marchand de lacets,** gendarme : *Les marchands de lacets, une belle nuit, nous ont pris au collet* (Hugo). **2. Marchand de femmes, de plaisir, de viandes,** proxénète : *Cet*

Adolphe Biguet, cambrioleur, chef de bande et racoleur pour gens du monde, est de plus embaucheur de filles pour maisons publiques, ce qu'on appelle en argot un marchand de viandes (Lorrain). **Marchand de barbaque, de fleurs,** proxénète se livrant à la traite des blanches. **3. Marchand de mort subite,** individu qui met en péril la vie d'autrui : mauvais médecin, maître d'armes, etc. : *Après la soupe, un verre de vin tire un écu de la poche du médecin. – Vaut mieux faire gagner le marchand de vin que le marchand de mort subite* (Méténier). *Potard ! Sale pharmacot ! Marchand de mort subite ! Charlatan !* (Leroux, 2). **4. Marchand de sommeil,** hôtelier qui loue à des prix excessifs de simples pièces à dormir (auj., notamment pour les travailleurs immigrés) : *Parmi les industriels qui vivent en exploitant la prostitution, celui tenant la première place est le logeur à la nuit, désigné par les souteneurs et leurs complaisantes moitiés sous le nom de marchand de sommeil* (Macé). **5.** Vx. **Marchand d'hommes,** agent de remplacement militaire.

ETYM. emplois spécialisés et péj. du mot usuel. **1.** 1828, Vidocq. **2. Marchand de femmes,** 1867 [Delvau]. **Marchand de barbaque, de fleurs,** 1901 [Bruant]. **3, 4** et **5.** 1867 [Delvau].

marchande *n.f.*

1. Marchande d'ail, homosexuelle : *Il y a les marchandes d'ail qui vont rejoindre leurs gousses, ça se carre à Montmartre* (Lorrain). **2. Marchande d'amour,** prostituée. **3. Marchande de barbaque, de bidoche, de chair humaine,** tenancière d'une maison close.

ETYM. 1. 1901 [Rossignol] ; jeu de mots sur *gousse* (d'ail). **2.** avant 1890, Maupassant [GR]. **3.** 1881 [Rigaud].

marchandise *n.f.*

1. Objet bon à voler (bourse, montre, porte-monnaie, etc.). **2.** Prostituée. **3.** Excrément (notamment dans le parler des vidangeurs). **4.** Organes sexuels masculins.

ETYM. emplois ironiquement spécialisés du terme générique, « tout ce qui peut faire l'objet d'un commerce ». **1.** 1827, *Un monsieur comme il faut*. **2.** 1848, Dumas fils [TLF]. **3.** 1881 [Larchey]. **4.** XVIe s., Du Bellay [Delvau].

marche *n.f.*

Vx. **Marche de flanc,** aux bat' d'Af', action de disparaître après avoir commis un délit : *Le Chacal courut à la tente du cuisinier et fit avec une merveilleuse adresse ce que les joyeux appellent une* marche de flanc. *Il emporta* [...] *le dîner du général Pellissier* (A. Camus).

ETYM. détournement ironique d'une manœuvre réglementaire. 1863, A. Camus.

marchef *n.m.*

Maréchal des logis-chef : *Vous venez pour le pendu, lui dit le* marchef *de planton à la porte de la caserne* (Daudet).

ETYM. contraction de **maréchal des logis-chef.** 1874, Daudet.

marcher *v.i.*

1. Accepter, consentir à (une proposition) : *Je ne marche pas, proteste-t-il, ne voulant pas payer l'amende* (Dorgelès) ; en partic., accorder ses faveurs, en parlant d'une femme. **2.** Croire avec naïveté à ce qui est dit : *Dieu sait si le nombre de ces gogos-là, capables d'avaler les pires bobards et de « marcher » à fond, est aujourd'hui illimité* (Cendrars, 2). **Faire marcher,** abuser de la crédulité de qqn pour arriver à ses fins. **3.** Agir d'une certaine manière : *Bier sur le rufe, c'est marcher en homme qui a bruslé sa maison* [...] *et avoir une fausse attestation du curé de la prétendue parroisse* (Péchon de Ruby). *Marcher sur un coup fumant.* **4.** Vivre d'une certaine façon (génér. avec qqn) : *Je n'ai jamais marché avec personne, surtout avec des gens semblables* (Orgères). **5. Marcher à côté de ses lattes** ou **de ses pompes.** ***a.*** être dépourvu d'argent : *Ça sautait aux châsses que les affaires de Faiblesse n'allaient pas. Il marchait à côté de ses lattes, les revers de son veston raidis par la pluie étaient au garde à vous* (Trignol). *Les bonnes manières, ça sert à quoi* [...], *si on n'a pas de fortune personnelle... si on marche à côté de ses pompes ?* (Boudard, 2) ; ***b.*** agir de façon peu cohérente, voire stupide : *Cette poursuite n'a que peu d'importance. Jusqu'au bout, les flics marcheraient à côté de leurs pompes* (Galland). **6. Marcher à la dix heures dix,** avoir la démarche d'un individu aux pieds plats. **7. Marcher dedans,** mettre le pied dans un excrément (ce qui est censé porter chance). **8.** Dans un restaurant ou un café, être en préparation, en parlant d'un plat ou d'une consommation : *À deux pas, y a juste un tapis convenable. En moins de rien, ils y sont. C'est le Cinzano pour deux qui marche* (Simonin, 5).

ETYM. emploi métaphorique et élargi du verbe désignant le mouvement humain par

excellence. **1.** 1866 [Delvau]; en parlant d'une femme, 1890 [Esnault]. **2.** 1800, N. Lemercier [TLF]. **Faire marcher,** 1892 [Chautard]. **3.** 1596, Péchon de Ruby. **4.** 1798, Orgères. **5.** ***a.*** 1955, Trignol ; ***b.*** 1977 [Caradec]. **6.** 1957 [Sandry-Carrère]. **7.** 1867 [Delvau]. **8.** 1960, Simonin.
DÉR. **marcheur** *n.m.* Professionnel du vol; cambrioleur: 1899 [Nouguier].

marcheuse *n.f.*

1. Vx. Racoleuse d'une maison close : *Ces pègres* [...] *relevant le chandelier de quelque marcheuse de La Villette* (Humbert). **2.** Prostituée qui fait le trottoir : *Les marcheuses et les chandelles sont plus nombreuses que les pensionnaires des 177 bordels de Paris* (Boudard, 2).
ETYM. du verbe **marcher.** **1.** 1783, Mercier [Larchey]. **2.** 1800, Leclair.

marcotin *n.m.*

Mois : *On m'a filé le sursis et malgré tout je me suis farci trois petits marcotins de ballon* (Le Dano).
ETYM. de **marqué.** 1947 [Esnault].
VAR. **marquotin :** 1975 [Le Breton].

mare *n.f.*

1. Foule, grande quantité : *Il en arrive* [des lettres, à la *Petite Lune*] *des tas, des collections, des mares* (Gill). **2. La Mare (aux harengs),** l'océan Atlantique : *À Montparnasse ou même très loin, à Buenos Aires ou Caracas... de l'autre côté de la mare aux harengs !* (Boudard, 2). *De l'autre côté de la mare, le président Roosevelt se fait des cheveux blancs pour la liberté* (Vautrin, 2). **3. La grande mare,** la rivière des tribunes, au champ de courses d'Auteuil.
ETYM. emplois métaphorique (1) et ironiques (2 et 3) du mot usuel, assez dépréciatif à l'origine. **1.** 1866, Zola [TLF]. **2.** 1902, P. Bourget [id.]. **La Mare aux harengs** (trad. du slang *Herring Pond*), 1926, Neuter. **3.** 1930 [Esnault].

maré *adv.* → **MARRE.**

marengo *n.m.*

Vx. Forçat invalide : *Des Marengos (on donne ce nom à Brest aux forçats invalides, par allusion à un vieux vaisseau, le Marengo, qui servit longtemps de salle d'incurables)* (Alhoy).
ETYM. emploi métonymique du nom du bateau. 1845, Alhoy.

margeot *n.m.* → **MARJO.**

margis ou **marchis** *n.m.*

Maréchal des logis : *Couche-toi, me dit-il. Le margis ne fera pas de ronde* (Dabit, 2).
ETYM. contraction de **maréchal des logis.** 1883, Frescaly [Villatte].

margouillat *n.m.*

1. Vx. Désignation péjorative du Martiniquais. **2.** Vx. Tatouage d'affilié aux « marins-apaches ». **3. Décoller le margouillat,** boire. **4.** Apéritif consistant en vin rouge additionné de cassis : *Histoire de changer un peu, je pris un margouillat, que d'aucuns nomment un bourguignon ou un cardinal et qui est en fait un rouge cassis* (ADG, 1).
◆ *adj.m.*
Arrêté : *Remarque... t'affranchir, je devrais pas. Mais, de toute manière, je suis margouillat. Alors, vaut mieux que je m'allonge* (Le Chaps). **Margouillat sur le tas,** pris sur le fait.
ETYM. emploi métaphorique du nom d'un lézard du type agame. **1.** 1921, Guyane [Esnault]. **2.** 1907 [id.]. **3.** 1847, Antilles [id.] ; ce lézard a des sortes de ventouses sous les pattes. **4.** 1982, ADG.
◆ *adj.m.* 1928 [Lacassagne].

margoulette *n.f.*

1. Vx. Bouche : *Elle était tout de même attrayante avec sa margoulette rose, ses prunelles raiguisées* (Huysmans, 1). **2. Casser la margoulette,** infliger une correction : *Ce mac, il devait le détester, car il dit à voix haute : « Quand je serai grand, je lui casserai la margoulette ! »* (Sabatier).
ETYM. diminutif de **goule,** forme anc. de **gueule.** **1.** 1649 [Enckell]. **2.** *déboîter la margoulette* 1881 [Rigaud]. Est auj. plus familier qu'argotique.

margoulin *n.m.*

1. Individu peu consciencieux (notamment en matière d'échanges commerciaux) : *Les amateurs d'aujourd'hui n'étant plus des passionnés de belle peinture, mais presque uniquement de hauts margoulins du marché noir, je trouve parfaitement moral que ces messieurs échangent leurs « briques » contre de semblables navets* (Galtier-Boissière, 1). **2.** Individu peu sérieux ou peu compétent dans son domaine : *Je n'inspire pas confiance, avait-il dit* *un jour à Terrier. On se méfie de moi parce que j'ai l'air miteux. Si ! Si ! j'ai l'air miteux, monsieur Charles, j'ai l'air d'un margoulin* (Manchette, 3).

ETYM. déverbal de **margouliner,** verbe du bas Maine, « aller vendre de bourg en bourg », issu de **margouline,** bonnet. **1.** 1858 [TLF]. **2.** 1870, Poulot [id.].

DER. **margouliner** *v.i.* Se livrer à un commerce médiocre, douteux et **margoulinage** *n.m.* Activité du margoulin : 1881 [Rigaud].

marguerite *n.f.*

1. Cheveu blanc. **Marguerites (de cimetière),** poils blancs de la barbe. **2.** Préservatif masculin. **3.** Hélicoptère.

ETYM. emplois spécialisés et métaphoriques du mot usuel. **1.** 1896 [Delesalle]. **Marguerites (de cimetière),** 1866 [Delvau]. **2.** 1927 [Chautard]. **3.** 1957 [Sandry-Carrère], compl.

mariage *n.m.*

1. Vx. Anneau joignant les chaînes de ceinture de deux forçats accouplés : *Rien de plus simple alors que de faire sauter en quelques coups de ciseau le rivet de la manille ou du mariage* (Humbert). **2.** Liaison homosexuelle, dans une prison ou au bagne. **3. Mariage à la colle, à la détrempe, de la main gauche,** union illégitime aux yeux de la loi.

ETYM. emplois diversement spécialisés du mot usuel. **1.** 1872 [Esnault]. **2.** 1797 [id.]. **3. Mariage à la colle** et **de la main gauche,** 1953 [Sandry-Carrère] ; dès 1842 chez Sue, au sens de « mariage légitime entre un noble et une roturière à qui on dénie d'avance toute prétention à accéder au même rang que son époux » ; **mariage à la détrempe,** 1789, *Cahiers de doléances* [Duneton-Claval].

1. marida *v.t.*

Épouser : *Je voudrais pas dauber, mais je crois pas qu'il ait marida un prix de vertu, le gros sac à bière !* (San Antonio, 4).

◆ **se marida** *v.pr.*

Se marier : *Il m'a tout juste bonni qu'il était désormais rangé des voitures et qu'il songeait même à se marida* (Grancher). *Fiston, ne va pas faire le con ! Toi marida, ça fera pas sérieux pour un joueur d'accordéon* (Lépidis).

ETYM. verbe occitan, « marier légalement » ; on rencontre cette forme surtout dans les fonctions d'infinitif et de participe passé. 1880 [Chautard].

2. marida *n.m.*

Mariage : *Compte tenu de la saison avancée, Armand tente en ce moment ses derniers essais de marida* (Simonin, 5).

ETYM. même origine que le précédent. 1899 [Nouguier].

Marie-couche-toi-là *n.f.inv.*

Fille facile : [Les juges] *pinceront simplement le nez à l'évocation des amours coupables d'un voleur et d'une Marie-couche-toi-là de dix ans son aînée* (Thomas, 1).

ETYM. du prénom **Marie** et de l'énoncé lexicalisé **couche-toi là,** c'est-à-dire n'importe où, et sur-le-champ. avant 1757, Vadé [France].

mariée *n.f.*

Verre de bière avec une mousse abondante.

ETYM. métaphore de la blancheur. 1982 [Perret].

marie-jeanne *n.f.*

Marihuana : *À la longue ça fait scout. Ça fait messe pour scouts progressistes. À la place des hosties, il y a de la marie-jeanne* (Cardinal).

ETYM. francisation plaisante de **marihuana** (qu'on trouve sous cette forme en 1933 chez M. Chadourne), mot hispano-américain du Mexique désignant un stupéfiant extrait du cannabis. 1965, J.-M. Gerbault [TLF].

marie-louise *n.f.*

Pet.

ETYM. origine obscure, p.-ê. du sens « tonte de cheveux selon une ligne médiane », brimade de Navale, qui par métonymie aurait évoqué le postérieur et sa raie. 1977 [Caradec].

marie-pisse-trois-gouttes *n.f.*

Très jeune fille.

ETYM. mot composé plus moqueur que véritablement péj. 1977 [Caradec].

marier *v.t.*

Vx. Accoupler des forçats par leur chaîne de cou : *Le Payol envoya au billot, où un service intérieur les maria successivement à grands coups de marteau, tous mes compagnons de route* (Humbert).

ETYM. emploi détourné et ironique du verbe usuel. 1826 [Esnault].

mariés *n.m.pl.*

Mariés pour la frime, à la mairie du XXIe arrondissement ou **au treizième,** se dit d'un couple vivant en concubinage.

ETYM. locutions vieillies ; le XXIe arrondissement (de Paris) n'existe pas plus que sa mairie. **Mariés pour la frime,** 1957 [Sandry-Carrère]; **mariés à la mairie du XXIe...,** 1901 [Bruant]; **au treizième,** avant 1859 (Paris ne comptant alors que 12 arrondissements) [Larchey].

marie-salope *n.f.*

1. Femme malpropre et débauchée : *Y a des jours où t'as vraiment l'air d'une Marie-salope! Oui je sais, tu t'en fous du moment que Bébert reçoit son mandat et que tu paies une partie du loyer* (Cordelier). **2.** Jus de tomate additionné de vodka.

ETYM. origine obscure : le lien avec le bateau-drague est probable. **1.** 1867 [Delvau]. **2.** 1977 [Caradec].

marieur *n.m.*

Vx. Bourreau : *En raison du prix que le « marieur» vous faisait payer un cambriolage ou un meurtre, on n'eût point accepté dans la bande Colin-Montigny un bavard de poète, s'il n'avait pas, au préalable, fait ses preuves* (Carco, 4).

ETYM. le bourreau « marie » le condamné à la Camarde ou à la Veuve (v. ces mots). *marieux* vers 1460, Villon.

1. marine *n.f.*

1. Travailler pour la marine, être constipé. **2.** Vx. **Petite marine,** bagne : *Nous pouvons en rencontrer de moins dociles, qui nous coupent les vivres et nous envoient servir dans la petite marine à Toulon* (Vidocq).

ETYM. emplois ironiques du mot usuel. **1.** 1977 [Caradec] (le constipé « fait des cordes »). **2.** 1828, Vidocq.

2. marine *n.m.*

Pantalon évasé vers le bas.

ETYM. emploi métonymique du mot usuel, avec changement de genre. 1961 [Esnault].

mariner *v.i.*

Mariner (dans son jus), attendre seul et longuement, notamment avant un interrogatoire de police : *Il y en a qui sont capables de vous laisser mariner des heures dans l'espoir d'obtenir un petit rabais* (Demure, 1).

◆ *v.t.*

Faire attendre : *On la casa dans un bureau, où elle fut marinée quelque temps. Les flics espéraient ainsi la faire avouer plus vite* (Bernheim-Cardot).

ETYM. emploi métaphorique du sens culinaire, emprunté à l'ital., « macérer dans une saumure », en parlant de poisson ou de viande. 1889 [Esnault].

◆ *v.t.* 1978, Bernheim-Cardot.

DER. **marinade** *n.f.* Situation du prévenu qui attend : 1889 [Esnault].

mariole, mariol ou **mariolle** *adj.*

1. Qui est malin, astucieux : *On ne peut rien. C'est bien là qu'elle est mariolle, ce chameau-là* (Carco, 8). *La déconfiture de tous ces spéculateurs guidés par des mercantis aussi dénués qu'eux de goût et de culture, mais beaucoup plus mariolles* (Galtier-Boissière, 1). *Mon plus jeune qu'a seize ans m'a dit l'autre soir que... attendez... que « j'avais pas été mariole pour travailler encore à mon âge »* (Fallet, 1). **2.** Se dit d'une chose agréable, plaisante : *Le coinstot était pas très mariole.*

◆ *n.m.*

Individu malin, astucieux : *À la salle 5* [forçats à perpétuité], *il jouissait d'une très grande considération et passait pour un mariole* (Humbert). **Faire le mariole, jouer au mariole,** chercher à se rendre intéressant : *On continue à faire les mariolles, hein ? Vous dresserai, moi!* (Coatmeur). *Il nous répète encore qu'ici il s'agit plus de jouer aux marioles... qu'on est désormais dans l'infanterie coloniale où la discipline fait la force des adjudants alcoolos, si je comprends bien* (Boudard, 5).

ETYM. de l'ital. **mariuolo,** voleur (début du XVIe s., Sanudo [TLF]). **1.** 1827 [Demoraine]. **2.** 1930, Morand [TLF].

◆ *n.m.* 1855, Paillet.

marjo ou **margeot** *n.m.*

Jeune marginal.

ETYM. resuffixation arg. de **marginal.** 1975 [George].

marle *adj.*

Fin, malin, rusé : *Vous confondez Montmartre et le Far West... et encore là-bas aussi, c'est passé de mode! alors!... vrai, je vous aurais crus plus marles!* (Simonin, 1). SYN. mariole.

◆ *n.m.*

Proxénète : *Pique-Greluche, un petit marle des bas quartiers, comme l'indiquait son surnom, et qui était prêt à faire n'importe quoi pour trois francs cinquante* (Viard).

ETYM. apocope de **marlou.** 1884 [Chautard].

◆ *n.m.* 1901 [Bruant].

marlou ou **marloux,** *fém. (rare)* **marloue** ou **marlouse** *adj. et n.*

Vx. Finaud, rusé, malin : *Le camelot est marloux, et puis il a deux gros cabots* (Ansiaume). *Elle avait beau être costaud... j'étais plus marlouse qu'elle* (Carco, 3). *Quand nous venons à parler pognon, voilà une marlouse qui fait la petite bouche et exige d'abord deux cents francs* (Lorrain).

◆ *adj.*

Vx. Se dit d'un coup joli à exécuter.

◆ *n.m.*

1. Finasseur. **2.** Jeune danseur protégeant des filles ; proxénète : *Dans le bal musette, il y avait des marlous et des gigolos autour des tables* (Dabit, 1). *Ces pègres* [...] *joignant à la profession de marlou celle de casseur de portes* (Humbert). **3.** Petit voyou : *Les escarpes et les marlous / Qui traînez su' l'macadam / Faites-vous plutôt couper l'cou / Qu'd'en pincer pour une grande dame* (Renaud). **4.** Amant, concubin.

ETYM. de **marlou, marlaud,** mots berrichons désignant le merle, oiseau réputé pour sa malice. *adj.m.* 1821 [Ansiaume] ; *adj.f. marloue* 1836 [Vidocq] ; *marlouse* 1881, Richepin [Esnault].
◆ *adj.* 1850, forçat Clémens [id.].
◆ *n.m.* **1.** 1829, Vidocq. **2.** 1830 [Sainéan]. **3.** 1846, *Intérieur des prisons.* **4.** 1897, Bloy [TLF].

VAR. **merlou** *n.m.* Homme de ressources : 1829 [Forban].

DER. **marlousier** *n.m.* Proxénète : 1827, *Un monsieur comme il faut.* **merlousière** *n.f.* Finaude : 1829 [Forban]. **marlouserie** *n.f.* **1.** Ruse : 1836 [Vidocq]. **2.** Fainéantise : 1846, *Intérieur des prisons.* **3.** Activité du proxénète : 1867 [Delvau].

marloupin ou **marloupier** *n.m.*

Vieilli. Proxénète : *Elle lui désigna un marloupin aux allures de danseur mondain que Jo connaissait pour l'avoir vu au « Petit Jardin »* (Lépidis).

◆ **marloupin, e** *adj.*

Propre au voyou ou au proxénète : *On s'épuiserait à inventorier les travestissements qu'a pu te suggérer ta cervelle marloupine* (Simonin, 6). *Ces zèbres qui finissent par réussir dans l'illégalité, le maquereautage le plus éhonté* [...], *ça veut tout de même dire qu'ils ont des drôles de qualités marloupines pour parvenir où ils sont* (Boudard, 2).

ETYM. suffixation arg. de **marlou** (avec influence de *loup* pour la consonne *p*). *marloupin* 1876, Richepin [TLF] ; *marloupier* 1883, Huysmans [id.].
◆ *adj.* 1966, Simonin.

marloupinerie *n.f.*

Ruse destinée à tromper, escroquerie : *L'arnaque par la joie ! Sans encore connaître ce que peut couvrir cette expression, il est prêt à jurer que ce doit être une marloupinerie du tonnerre !* (Simonin, 8).

ETYM. de **marloupin.** 1957 [PSI].

marmar *n.m.*

Vx. Marché : *Lessiver la came au marmar.*

ETYM. redoublement de la première syllable de **marché.** 1928 [Lacassagne].

marmite *n.f.*

1. Bombe ; obus : *T'avais pas peur en c'temps-là des marmites / Tu n'connaissais que cell'du pot-au-feu* (chanson *Tu le r'verras Paname !* paroles de R. Myra et R. Dieudonné). **2.** Désigne divers éléments mécaniques (chaudière de locomotive, moteur à explosion, carter, etc.). **3.** Prostituée par rapport à un souteneur (elle est pourvue de qualificatifs variés en fonction de ses gains : *Marmite de cuivre, de fonte, de fer, de carton, de terre, qui fuit*) : *Non, lui il voulait pas se laisser glisser avant d'avoir revu une dernière fois sa marmite, la grande Nini qui tenait un rade à Toulon, rue du Bon-Pasteur* (Bastiani, 4). *Au degré le plus bas, et parce qu'elles entretiennent leurs Jules chômeurs, on appelle les rouleuses des « marmites »* (de Goulène). **Marmite cassée, fêlée,** prostituée qui ne rapporte plus rien : *Lorsqu'une de ces femmes tombe malade, ou qu'elle est entre les mains de la police, alors le souteneur a une de ses marmites cassée* (Lucas). **4. Aller à la marmite,** faire une dénonciation à la police. **5. Le drapeau noir flotte sur la marmite,** la situation devient critique, dangereuse : *Nous remontons les Champs en lambinant. Le moral n'y est pas, l'ombre du drapeau noir flotte sur la marmite* (Cordelier).

ETYM. emplois métaphoriques (1 et 2) et métonymique (3) du mot usuel, ce dernier issu de la loc. *faire bouillir la marmite,* faire vivre une famille (1623, Ch. Sorel). **1.** 1855 [Esnault]. **2.** « moteur » 1909 [id.]. **3.** 1841, Lucas [id.]. **4.** 1886 [id.]. **5.** 1955, Simonin ; le drapeau noir est, pour les pirates... et les anarchistes, symbole de la guerre à outrance ; d'abord 1901 [Bruant] au sens de « on jeûne ».

marmiter *v.t.*

Se faire marmiter, se faire surprendre par un gardien en commettant une infraction au règlement de la prison et, de ce fait, encourir la peine du mitard.

◆ *v.i.*

Vx. Tirer des obus : *Maintenant ils vont marmiter dur... Allons, tout le monde dans l'abri* (Dorgelès).

ETYM. de **marmite.** littéralement, «se laisser surprendre, comme par la chute d'un obus». 1928 [Lacassagne].

◆ *v.i.* 1919, Dorgelès.

marmot *n.m.*

1. Objet volé. **2. Beurrer le marmot,** consoler. **3. Croquer le marmot,** attendre en vain : *Auguste croquait le marmot depuis plus de trois quarts d'heure* (Huysmans, 1).

ETYM. euphémisme à valeur hypocoristique : on prend soin du butin comme d'un bébé. **1.** 1876 [Esnault]. **2.** 1975 [Arnal]. **3.** 1790 [Duneton-Claval].

marmotte *n.f.*

1. Cassette contenant de l'argent, ou les échantillons des colporteurs : *Il a au moins trente plombes de blanquette dans une marmotte* (Ansiaume). *Y avait des placiers trop âgés qui laissaient tomber la «marmotte»* (Céline, 5). **2.** Prostituée, syn. rare de marmite : *Et puis toi, marmotte, je te vas crever* (Méténier). **3.** Vulve.

ETYM. le coffret des facteurs montagnards était fait, à l'origine, en peau de marmotte. **1.** 1821 [Ansiaume]. **2.** 1881 [Rigaud]. Dans le nord de la France, *marmotte* a le sens de «poupée», de même que *catin*. **3.** 1797, Restif de La Bretonne [Delvau].

marmouset *n.m.*

Fœtus.

ETYM. emploi spécialisé du mot désignant une statuette grotesque qui sert d'ornement architectural (XIIIe s.). 1977 [Caradec].

marmousse ou **marmouse** *n.f.*

Barbe : *Pas moyen de se tromper : tanné de carcasse, la marmousse en collier autour d'une bobine à la rigolade* (Allain-Souvestre).

ETYM. sans doute en relation avec le précédent, et p.-ê. influence expressive de **mousse.** *marmouse* 1836 [Chéreau] au sens de «bouche».

marner *v.i.*

1. Travailler dur : *Qu'est-ce que c'est que ce turbin ? Tu vas pas me dire que t'as marné jusqu'à vingt piges pour taper le courrier d'un marchand de salade ?* (Lefèvre, 1). *Étudiant en médecine / Tu vas marner pendant sept ans / Pour être marchand d'pénicilline* (Renaud). **2.** Vx. Voler.

ETYM. de **marne,** roche tendre qu'on extrayait des marnières, à diverses fins artisanales et techniques. **1.** 1846, *Intérieur des prisons*. **2.** 1867 [Delvau].

DER. **marnage** *n.m.* Travail : 1901 [Bruant]. **marneur, euse** *adj. et n.* Travailleur : 1881 [Rigaud]. **marne** *n.f.* **Faire la marne,** racoler le long d'une berge et **marneuse** *n.f.* Prostituée : 1878 [Rigaud] (jeu de mots sur *la Marne*).

marocain *n.m.*

Haschisch provenant du Maroc : *J'avais besoin d'un peu de cash pour acheter cent grammes de marocain* (Ravalec).

ETYM. spécialisation de l'adj. substantivé. 1994, Ravalec.

maronner *v.i.*

1. Émettre des protestations sous forme de grognements indistincts : *J'en ai marre de la marine / Je marronne et pleur' tous les jours* (Desnos). **2.** Attendre longuement.

ETYM. mot dial. du nord et de l'ouest de la France, «miauler, grogner». **1.** 1820, Desgranges [TLF]. **2.** 1977 [Caradec].

maroufler *v.t.*

Se livrer à des prélèvements indus sur des véhicules en fourrière, en parlant de certains policiers indélicats.

ETYM. détournement du verbe technique « coller sur un support », utilisé par les peintres. 1975 [Arnal].

marpault *n.m.*

Arg. anc. Homme (souvent péj.) : *Il a fallu des marpauts prudens et sçavans pour avoir aquigé l'ordre et le langage de l'Argot* (Responce au grand Coesre). *Ah ! Paris ! Paris ! Je ne peux plus vivre avec tous ces marpaults* (Mac Orlan, 10).

ETYM. origine obscure. 1566, Rasse des Nœuds.

marquant *n.m.*

Vx. **1.** Homme d'aspect soigné et cossu : *Ah ! pour des marquants, ils marquaient dans le* *mille, et un air de « ne me touchez pas » comme j'en ai jamais vu à personne* (Lorrain). **2.** Chef, patron.

ETYM. du verbe **marquer. 1.** 1660 [Chéreau]. **2.** 1867 [Delvau].

marquat *n.m.* → MARCA.

marque *n.f.*

Vx. Femme : *Il faisait bazir presque toutes les marques dont il s'était lassé, pour ne pas risquer d'entendre leurs jérémiades* (Burnat). **Marque franche,** maîtresse d'un voleur : *Quelquefois, une marque franche entre avec un enfant dans un magasin* (Paillet). **Marque de cé,** épouse.

ETYM. la prostituée, au Moyen Âge, portait un signe, une marque permettant de la reconnaître pour telle. vers 1460, Villon [Sainéan]. **Marque franche** et **de cé,** 1836 [Vidocq].

marqué, marquet ou **marque** *n.m.*

Mois : *Abandonner ce putain de bled où on se gelait les couilles six marqués par an !* (Le Breton, 2). *Six marquets plus tard, je rappelle le Pigognard au Parisien* (Burnat). *Où est la Pucelle en ce moment ? – Elle tire six marques à Saint-Lazare* (Canler). SYN. marcotin.

ETYM. de **sou marqué,** douzième de la pièce de 24 sous : le détenu paie par douzièmes et années. *marque* 1829, Vidocq ; *marqué* 1836 [Vidocq] ; *marquet* 1829 [Forban].

VAR. **marquis :** 1851 [Esnault].

marque-mal *n.m. inv.*

1. Individu contrefait : *Je suis [...] / Le marque-mal à gueule tirée* (Rictus, 2). **2.** Voyou : *L'entrevue Hitler-Laval. L'ancien peintre en bâtiment et le petit avocat de Clermont se réunissent en tableau historique. Ces deux « marque-mal », les yeux dans les yeux, vont fabriquer de l'histoire* (Werth, 2).

ETYM. du verbe **marquer** et de l'adv. **mal. 1** et **2.** 1883 [Fustier].

marquer *v.t.*

1. Au jeu, affecter d'une marque quelconque, pour pouvoir tricher : *Les cartes marquées d'une façon particulière par la bague que le Grec porte à son doigt* (Claude). **2.** Traiter durement qqn, notamment en le marquant au visage.

◆ *v.i.*

1. Avoir une apparence cossue : *Ça va-t-il bien ? Y paraît que oui, car vous marquez* (Vidocq). **2. Marquer bien, mal,** faire bonne, mauvaise impression : *Le périmètre des Halles constituait un terrain neutre où il fallait vraiment mal marquer pour se faire interpeller* (Malet, 1). **3. Ne plus marquer,** vieillir.

ETYM. emplois spécialisés d'un verbe au sens très ouvert. **1.** vers 1880, Claude. **2.** au passif, 1867 [Delvau].

◆ *v.i.* **1.** 1829, Vidocq. **2.** 1881 [Rigaud]. **3.** 1867 [Delvau].

marquise *n.f.*

1. Vx. Femme, maîtresse : *Les Marquises (c'était ainsi que les Errants nommaient leurs femmes) étaient chargées d'examiner la position, les alentours* (Claude). **2.** Patronne de maison close.

ETYM. emplois ironiques du titre de noblesse. **1.** 1628 [Chéreau]. **2.** 1928 [Lacassagne].

marquouse *n.f.*

1. Marque, notamment celle faite à une carte à jouer, pour tricher. SYN. cornanche. **2.** Cicatrice.

ETYM. suffixation arg. de **marque. 1.** 1893 [Esnault]. **2.** 1928 [Lacassagne].

DER. **marquouser** *v.t.* **1.** Marquer (un objet ou une personne) : 1880 [Esnault]. **2.** Tatouer : 1928 [id.]. **marcouseur** et **marcousier** *n.m.* Tricheur : 1901 [Bruant].

marrade ou (vx) **marade** *n.f.*

Action de rire, de s'amuser : *« Avant les hommes étaient tous frères, maintenant ils sont tous sœurs ! » Ouaf! La grande marrade !* (*Libération,* 18 septembre 1978). **C'te marrade !** ***a.*** on s'est bien amusés ; ***b.*** ça va de soi, évidemment.

ETYM. de **se marrer.** 1952 [Esnault]. **C'te marrade,** 1970 [Boudard-Étienne].

VAR. **marance :** 1890 [Esnault]. **marage :** [id.].

marrant, e *adj.*

Très amusant : *Décidément, si l'immortalité n'était guère supportable, la vie n'était pas bien marrante non plus* (Klotz).

◆ *n.*

Boute-en-train : *Mon pot' le gitan / C'est pas un marrant* (chanson de Heyral et Verrières).

◆ *n.m.*

Anus. SYN. chouette.

ETYM. emploi adjectival du participe présent de **(se) marrer.** 1901 [Bruant].

◆ *n.* 1935 [Esnault].

◆ *n.m.* 1977 [Caradec]. L'orthographe avec un seul *r* est désuète. Ce mot est passé dans l'usage fam.

marre, (vx) **marré** ou **maré** *adv.*

Assez, surtout dans les locutions **en avoir marre, (il) y en a marre** : *Je n'hésiterai pas à le faire, croyez-moi, car je commence à en avoir marre de toutes vos cachotteries* (Averlant). *Bon pour l'engueulade. Il parvint à ne pas baisser la tête. Marre qu'on le traite comme un gamin* (Camara). *Si ton homme a marré de toi et cherche un autre jeton, c'est ton affaire et non la nôtre* (Lorrain).

◆ *adj.*

C'est marre, ça suffit : *Minute, biscuit! Freine un peu. On n'entend plus que toi, c'est marre!* (Bastiani, 1).

ETYM. probablement déverbal de **se marrer,** s'ennuyer. **En avoir marré,** 1894 [Virmaître]; **en avoir marre,** 1896 [Delesalle].

◆ *adj.* **C'est marre,** 1914 [Esnault].

VAR. **mar** : 1921 [id.].

DER. **marement** *adv.* Beaucoup : 1924 [id.].

marrer (se) *v.pr.*

1. Rire tout son soûl, s'amuser franchement : *Je me marre de plus en plus, je vais étouffer. Je ne sais pas qui a dit que « rire valait un bifteck ». Si c'est vrai, j'ai bouffé un troupeau de vaches* (Le Dano). **Je me marre,** s'emploie pour exprimer un doute : *S'il croit y arriver comme ça, alors je m'marre !* **2.** Vx. S'ennuyer : *Surtout n'y fais pas d'boniments, / Pendant qu'je m'marre / Et que j'bois des médicaments, / À Saint-Lazare* (Bruant).

◆ **marrer** *v.t.*

Vx. **1.** Satisfaire. **2.** Ennuyer.

ETYM. de l'esp. **mareo,** ennui, **marear,** ennuyer, le sens 1 résultant probablement d'une antiphrase. **1.** 1883, Macé [Esnault]. Ce sens est passé dans l'usage courant. **2.** 1889, Macé [id.].

◆ *v.t.* **1.** 1895 [Chautard]. **2.** 1910 [Esnault].

1. **marron** *adj.*

1. Se dit de qqn qui exerce une profession irrégulièrement : *Il existe [...] des bijoutiers marrons qui, eux aussi, sont connus de la pègre et s'approvisionnent de pierres grinchies qu'ils démontent et remontent ensuite pour les rendre méconnaissables* (Locard). *Il m'a envoyé des avocats sans cause, des avocats marrons* (Malet, 11). *Elle voulut faire venir le cureteur, comme on appelait le toubib marron, qui avait déjà esquinté une demi-douzaine de filles* (Combescot). **2.** Pris sur le fait, en flagrant délit (souvent associé à *fait, paumé, servi)* : *Elle prenait juste les commandes des rupins. Sans plus. Jamais un gramme de came n'entrait chez elle. Pour la faire marron en flag, impossible* (Le Breton, 3). *C'est ce qu'ils feront s'ils me chopent marron sur le tas dans cette combine* (Malet, 13). *Te fais pas de mauvais sang. Si on est marron, je prendrai tout sur moi* (Charrière). **3.** Qui est trompé, déçu dans ses espoirs : *Un peu plus, je me risquais dans les sentiments d'humanité et j'étais marron* (G. Arnaud, 2). *Sans explosifs, on est marrons, constata Boisseau. – Ce serait quand même malheureux! fit Augagneur. Être si près du but et ne rien pouvoir faire...* (Siniac, 5). **4.** Privé de (qqch) : *Un jour sur trois, depuis le début du printemps, il s'était trouvé marron de promenade* (Simonin, 5).

ETYM. emplois élargis de **marron,** esclave noir fugitif (1658, Rochefort), issu de l'espagnol **cimarron,** animal domestique échappé et redevenu sauvage. **1.** *courtier marron* 1830, Lhéritier. **2.** 1811, chanson [Vidocq]. **3.** 1855 [Esnault]. **4.** 1927, Dussort.

VAR. **marronné, e** au sens 2 : 1821 [Ansiaume].

2. **marron** *n.m.*

1. Coup de poing : *Le dimanche suivant à peine arrivée aux « Loups », je le vois arriver sur moi comme un bolide et me balancer un marron à me faire enfler la joue* (Jamet). Vx. **Faire de la purée de marrons, secouer la poêle à marrons,** donner une correction à qqn. **2.** Bagarre, rixe : *Prends toutes tes baiaffes, car il pourra bien y avoir du marron* (Ansiaume). **3.** Vx. **Marron sculpté,** visage ou individu grotesque. **4.** Testicule.

ETYM. emplois métaphoriques du mot usuel (1 et 3 : analogie de forme). **1. Faire de la purée de marrons,** 1867 [Delvau] ; **secouer la poêle à marrons,** 1881 [Rigaud]. **2.** 1821 [Ansiaume]. **3.** 1866 [Delvau]. **4.** 1864 [id.].

marronner *v.i.*

Vx. Échouer : *J'ai marronné chez le solisseur de combres* (Ansiaume).

◆ *v.t.*

Marronner une affaire, manquer un vol par maladresse.

ETYM. c'est « se trouver marron, refait ». 1821 [Ansiaume].

◆ *v.t.* 1867 [Delvau].

Marsiale (la) *n.pr.*
Marseille : *Ainsi dit Bivulus le légionnaire / Quand il revoit la Marsiale et Saint-Jean* (Mac Orlan, 2).
ETYM. jeu de mots sur **Marseille** et l'air **martial** qu'est *la Marseillaise*. 1921 [Esnault].
DER. **marsial** *n.m.* Marseillais : 1935 [id.].

marsouin *n.m.*
1. Homme de mer. **2.** Bateau de contrebandiers. **3.** Contrebandier. **4.** Soldat de l'infanterie de marine : *Pour des « marsouins », issus de l'ex-armée coloniale, s'intégrer à la vie de la population locale est une tradition née en Afrique* (*le Monde,* 25 janvier 1984). **5.** Pénis.
ETYM. emploi métaphorique et ironique du mot désignant un cétacé. **1.** 1828, Vidocq. **2.** 1829 [Forban]. **3.** 1829 [Forçat]. **4.** 1858 [Esnault]. **5.** 1953 [Sandry-Carrère].
DER. **marsouine** *n.f.* Mer : 1847 [Dict. nain]. **la Marsouille** *n.f.* L'infanterie coloniale : 1917 [Esnault].

marteau *adj.*
Fou, dérangé mentalement : *Non, mais, t'es pas louf ? Dingo, piqué, timbré, tapé, cinglé, marteau, quoi ?* (Stéphane). *Elle est belle, hein ? lui chuchota Fil en secouant un pantalon de velours. Tout le monde ici en est marteau* (Le Breton, 6).
◆ *n.m.*
1. Vx. **Pègre à marteau(x),** petit voleur qui agit sur des coups de tête. **2. Coup de marteau.** ***a.*** bizarrerie dans le comportement ; ***b.*** défaillance physique soudaine.
ETYM. emploi métonymique : rapport de cause à effet entre le coup et le dérangement mental. 1882 [Chautard].
◆ *n.m.* **1.** 1829 [Forban], au sing. ; 1835 [Raspail], au pl. **2.** ***a.*** 1789, *Cahiers de doléances* [Duneton-Claval] ; ***b.*** 1925 [Esnault].
DER. **marteler** *v.t.* Importuner par des demandes, des questions réitérées : 1879 [id.]. **martellerie** *n.f.* Folie : 1901 [Bruant].

martien *n.m.*
Homme chauve ou presque chauve.
ETYM. correspond à la représentation stéréotypée de l'être monstrueux venu d'une autre planète. 1975 [Le Breton].

Martigues *n.pr.*
Marseille.
◆ *n.m.*
Marseillais.
ETYM. décalage spatial humoristique (cf. *Pantin* pour *Paris*). 1901 [Bruant].
◆ *n.m.* 1899 [Nouguier].
VAR. **martigau** *n.m.* Marseillais : 1896 [Esnault].

martinet *n.m.*
Vx. Triangle métallique tenant le pied du forçat : *Un maillon triangulaire, qu'on nomme martinet, réunit pendant la promenade dans le port, qu'on accorde quelquefois, plusieurs chaînes des condamnés* (Alhoy).
ETYM. emploi détourné d'un instrument à vis utilisé par les tonneliers. 1830, bagne de Rochefort, selon Esnault.

maso *adj. et n.*
Masochiste : *Je ne voyais aucune raison de lui faire subir ces tortures insignifiantes, sinon le fait de répondre à ses penchants maso* (Van Cauwelaert). *Les masos venaient dans l'espoir de recevoir des coups, les sados d'en donner et les familles se tenaient à l'écart* (Galland).
ETYM. apocope de **masochiste.** 1968 [Doillon].

masquer *v.i.*
1. Payer pour un autre. **2.** Essuyer un échec.
ETYM. de **masque,** tromperie. **1** et **2.** 1975 [Arnal].

massacrer *v.t.*
1. ARG. ANC. Guillotiner. **2.** Frapper, battre avec violence : *Chacun y va de son histoire de baston : « Hier, le mec, v'lan, avec une cannette, je l'ai massacré, je lui ai viré toutes ses dents »* (*Actuel,* mars 1982).
ETYM. de **massacre,** tête séparée du corps (terme de vénerie). **1.** 1821 [Ansiaume]. **2.** contemporain.

1. masse *n.f.*
1. Être à la masse, être désaxé, déséquilibré ; ne pas être dans un état normal : *Il me raconte, Nanard, qu'il tronche de loin en loin une gonzesse pas toute jeune du tout et complètement à la masse* (Dégaudenzi). **2. Pas des masses (de),** pas beaucoup (de) : *Qu'une jolie fille assiste à ma toilette, c'est du soleil dans ma vie, ici il n'y en a pas des masses* (G.-J. Arnaud). *Il y avait un type dans le lit, avec un tuyau dans le bras et un tuyau dans le nez. Il semblait pas aller des masses* (Djian, 1).
ETYM. emplois dérivés du terme technique ou savant, du lat. **massa,** pâte, tas. **1.** vers 1950. **2.** 1854, H. Monnier [Quemada].

2. masse *n.f.*

Vx. Labeur, travail : *Il n'a pas de poil dans la main et ne canera jamais devant la masse* (Gill).

ETYM. de **masser**. 1878, Gill.

massenottes *n.f.pl.*

Menottes : *D'un geste sec, le Corse referma les massenottes sur les poignets du Naze* (Risser).

ETYM. du nom du policier **Massenot.** 1949 [Esnault].

masser *v.i.*

Vx. Travailler : *J'voulais qu'a soye ma p'tit' borgeoise / Et j'me disais tout l'temps : « Mon vieux, / Tu mass'ras dur pour tous les deux »* (Rictus).

ETYM. de **masse,** marteau. 1844 [Dict. complet].

DER. **massage** *n.m.* Ouvrage : 1846, *Intérieur des prisons.*

masseur, euse *n. et adj.*

Vx. Travailleur ; ouvrier : *Espèce d'oisif, de feignant qui arrivez chez des masseurs, chapeau bas devant ceux qui turbinent !* (Gill).

ETYM. du verbe **masser**. *masseur* 1835 [Raspail] ; *masseuse* 1836 [Vidocq].

mastar, e ou **mastard, e** *adj.*

Lourd, gros : *C'était mieux que de me foutre un coup de poing, même mastard comme un building* (Malet, 8). *Nora applaudissait. Dick l'imita. Il regardait battre la jolie main à laquelle jouait la mastarde émeraude* (Simonin, 1).

◆ *n.m.*

1. Individu corpulent, vigoureux : *Au second le couple croisa le videur de l'établissement, un mastard aussi large que haut* (Houssin, 1). **2.** Plomb.

ETYM. var. de **mastoc,** dér. de **massif,** adj. **1.** 1896 [Esnault]. **2.** 1873 [id.] (le plomb est le métal lourd par excellence).

DER. **mastardier** ou **mastaroufleur** *n.m.* Voleur de plomb : [id.].

mastéguer *v.t. et i.*

Manger : *Le Gitan ne comprenait pas qu'on boude devant un plat de hérissons, le mets favori de ceux de sa race. Il s'étonna : « Vrai, tu viens pas mastéguer les iglots ? »* (Le Breton, 1). *La tortore était prête, la carante mise, on n'avait plus qu'une chose à faire, s'installer et mastéguer* (Bastiani, 4).

ETYM. altération probable de **mastiquer** (arg. marseillais, selon Sandry-Carrère). 1953, Clébert.

DER. **mastègue** *n.f.* Nourriture, repas : 1960 [Le Breton].

mastic *n.m.*

1. Situation confuse. **2.** Besogne. **Chier, cracher, s'endormir,** etc., **sur le mastic,** abandonner un travail commencé : *Je me suis dit : « Ça va claquer ; je crache sur le mastic, moi, j'en ai assez »* (Huysmans, 1). *La petite bézouille où l'on s'endort sur le mastic* (Combescot) ; travailler sans entrain. **3. Mastic (vert),** absinthe. **Faire le mastic,** nettoyer la salle, en parlant d'un garçon de café. **4. Bouder le mastic,** manger peu.

ETYM. emplois dévalorisants du terme technique. **1.** 1857 [Esnault]. **2. Chier sur le mastic,** 1855, Arts et Métiers [id.]. **3.** 1899, d'Esparbès [TLF]. **Faire le mastic,** 1901 [Esnault]. **4.** 1977 [Caradec].

mastiquer *v.t.*

Dissimuler les défauts d'un objet au moyen d'un enduit.

ETYM. emploi spécialisé du verbe technique. 1846, Temple [Esnault].

mastoc ou **mastoque** *adj.*

Lourd, épais : *C'était une façon de colosse, mastoc et apoplectique, de qui riaient les yeux ingénus de bébé dans une figure de gros mufle* (Courteline). *Elle tâte le dossier de la grosse chaise, une grosse mastoc, une massive* (Céline, 5).

ETYM. suffixation pop. de **massif.** 1844, Balzac [TLF]. Chacune de ces deux formes peut être affectée aux deux genres, mais la finale *-que* est parfois sentie comme marque du féminin.

mastroc ou **mastro** *n.m.*

Vx. Syn. de mastroquet au sens 1 : *Une fille, de qui chez un mastroc, un soir, / J'avais fait connaissance* (Gill).

ETYM. apocope de **mastroquet.** *mastroc* 1874 [Esnault] ; *mastro* 1878, Gill.

mastroquet *n.m.*

1. Cabaretier, marchand de vin : *Je ris de la figure qu'aura dû faire le mastroquet en le voyant reparaître. C'est un client qui a le vin mauvais et il va falloir encore le jeter dehors avant peu* (Chavette). **2.** Cabaret. SYN. bistrot, troquet.

ETYM. p.-ê. du flamand **meisterke,** appellation usuelle d'un tenancier d'auberge [Cellard-Rey]. **1.** 1848 [Chéreau]. **2.** 1862, Hugo [Esnault].

mat [mat] *adj.*

1. Fatigué. **2.** Terminé, fini.

ETYM. emprunt au jeu d'échecs. **1** et **2.** 1977 [Caradec].

mat' ou **mate** *n.m.*

Matin (surtout dans l'énoncé des heures): *Et à quatre plombes du mat', dans le petit jour blême sur le carreau des Halles, c'était lui qui avait arbitré les prix devant les grossiums silencieux* (Viard). *On dansait sur du Julie London dans un club ringard, à quatre heures du mate* (Topin).

ETYM. apocope de **matin.** 1935, Simonin-Bazin.

matador *n.m.*

Individu redoutable: *L'obligation de se faire la malle... l'opportunité de prendre le maquis... d'y devenir un matador question sabotage et coups de main* (Boudard, 5).

ETYM. emploi spécialisé du mot espagnol signifiant « tueur ». 1960 [Le Breton]. D'Hautel donne en 1808 les sens de «homme riche, faiseur d'embarras».

mataf *n.m.*

Matelot, marin; en partic., soldat de l'infanterie de marine: *Ça lui donnait un curieux timbre de voix qui pouvait, le cas échéant, la faire passer pour une slave auprès des matafs de l'US Navy* (Bastiani, 1).

ETYM. apocope de **matafian,** marin (vers 1880, Nantes), issu de l'ital. **matafione,** même sens. 1908 [Esnault].

VAR. **matav**: 1920 [id.]. **matave**: 1953 [Sandry-Carrère].

mataguin ou (vx) **matois** *n.m.*

Matin.

ETYM. suffixations arg. de **matin.** *matois* 1493, Coquillards, Reims [Esnault], encore en 1836 [Vidocq]; *mataguin* 1935 [Esnault].

matcher *v.t.*

L'emporter sur, rivaliser avec: *Le hall d'entrée pouvait matcher celui de n'importe quel grand hôtel* (Lefèvre, 2).

ETYM. de **match,** compétition. 1894 [GR].

mâte *adj.*

Vx. Bon: *Le bourguignon a été chaud, le picton sera mâte cette année* (Ansiaume).

ETYM. du breton **mât,** de même sens. 1821 [Ansiaume] (nombreux exemples).

matelas *n.m.*

1. Grande quantité de billets de banque; réserve d'argent: *L'idée de ne pas avoir de matelas – ou plutôt de l'or pour fuir les gestapistes et passer les frontières – avait été la grande trouille de ma vie* (Francos); portefeuille bien garni: *Y a aussi l'éventualité de la rafle, du condé qui vous vague, et devient passionnément curieux sur l'origine de votre matelas* (Simonin, 8). **2.** Vx. **Matelas ambulant,** fille publique.

ETYM. emplois métaphoriques du mot usuel. L'épaisseur des billets représente le confort de l'existence. **1.** 1886 [Esnault]. **2.** 1878 [Rigaud].

DÉR. **mateluche** *n.m.* Portefeuille: 1935 [Esnault].

matelassier *n.m.*

Type de joueur qui, aux courses, engage de grosses sommes: *Les caïds, ce sont les « matelassiers », ceux qui viennent jouer au dernier moment dix briques « placé » sur un « micheton », c'est-à-dire un favori* (*le Nouvel Observateur,* 6 juin 1981).

ETYM. de **matelas.** 1981, *le Nouvel Observateur.*

1. mater *v.t.*

1. Regarder, épier: *Mate le bonheur à travers la vitrine du magasin des produits fins. Mate la qualité du tissu, chaussures à lanières, jambes bronzées* (Bohringer). *Casse-toi, connard. On est complet. Et on veut pas de pisseux pour nous mater* (Smaïl). **2.** Observer: *C'est lui, dit Bonne Mesure. Mate-le bien. – Enregistré, dit laconiquement Faux-Filet en se tapotant le front* (Varoux, 1).

◆ *v.i.*

1. Faire le guet: *Je dois bien dire que c'est rassurant de savoir quelqu'un en bas à mater. Pour le cas où... Au moindre signe des flics, elle klaxonne* (Conil). **2.** Faire le voyeur: *Il était prêt à payer un max pour seulement mater.*

ETYM. sans doute du français d'Afrique du Nord **faire la mata,** faire le guet, de l'esp. **mata,** buisson. 1897 [Chautard].

◆ *v.i.* **1** et **2.** contemporain.

2. mater *n.f.* → MATERNELLE.

matérielle *n.f.*

1. Gain considéré comme suffisant, au jeu: *La Boccara, toujours splendide, continuait de* *faire la matérielle de Loulou aux tables de roulette et de baccara* (Combescot). **2.** Ce qui est nécessaire pour vivre décemment: *Pierre des Souzaies, rencontré peu avant* [...] *l'avait orientée vers la profession dont il tirait lui-même sa matérielle* (Margueritte).

ETYM. substantivation spécialisée de l'adj. **1.** 1880 [Esnault]. **2.** 1822 [TLF].

DER. **matérialiste** *n.m.* Joueur qui se limite à la matérielle: 1920 [Esnault].

maternelle ou **mater** [matɛr] *n.f.*

Mère : *Le pater avec un foie comme une éponge, la mater qui a mis les bouts* (Sabatier). *Ma maternelle va encore me sonner les cloches !*

ETYM. substantivation, avec apocope fréquente, de l'adj. (comme pour *paternel*). *maternelle* 1880 [Esnault] ; *mater* 1947 [id.].

mateur *n.m.*

Voyeur : *Le type a une planque rue Bouchereau, il observait la nénette à la jumelle... Un mateur !* (Jonquet). *Plus courants étaient les mateurs de défécation qu'on installait sous des tables transparentes* (Boudard, 2).

ETYM. de **1. mater** (sens érotique). 1935, Simonin-Bazin [TLF].

mathurin *n.m.*

Vx. Matelot: *Il y avait un monde fou, / Femmes et jeunes filles ; / Beaucoup de mathurins itou, / Ouvrant leurs écoutilles* (Ponchon). *Pris d'un excès de zèle, un mathurin en bas se mit alors en tête de faire le faraud* (Malaquais).

◆ **mathurins** *n.m. pl.*

Vx. **1.** Dés à jouer : *Je suis le plus vieux, les mathurins sont à moi* (Ansiaume). **2. Mathurins plats,** dominos.

ETYM. du nom d'un ordre religieux fondé au XIIe s., dont les membres, vêtus d'une robe blanche et d'un manteau noir, naviguaient pour racheter les chrétiens capturés par les infidèles. Leur église était Saint-Mathurin, à Paris. 1847, La Landelle [Esnault].

◆ *pl.* **1.** 1821 [Ansiaume]. **2.** 1836 [Vidocq].

matois *n.m.* → MATAGUIN.

maton *n.m.*

1. Mouchard de la Sûreté. **2.** Gardien de prison: *J'ai déjà plusieurs fois été en cabane. Nous y étions gardés par des matons chaussés de pantoufles de feutre* (Héléna, 1). *Le maton l'injurie aussi grassement qu'il peut pendant le parcours. Alexandre ne bronche pas. On le boucle dans une cellule spéciale* (Thomas, 1). **3.** Détenu espionnant pour le compte de l'Administration. **4.** Policier : *« Et mon homme, m'sieur le commissaire? » insista la radeuse. Le maton, qui terminait son inspection, se retourna menaçant* (Le Breton, 3).

ETYM. de **1. mater. 1.** 1926 [Esnault]. **2.** 1946 [id.]. **3.** 1953 [Simonin]. **4.** 1954, Le Breton.

matonne *n.f.*

Gardienne de prison : *Sophie est à la section des femmes, la plus dure. Les matonnes sont vaches* (*Actuel*, décembre 1980).

ETYM. fém. de **maton**. 1976, Cordelier [Cellard-Rey].

matos [matos] *n.m.*

1. Instruments de musique, amplis, etc., utilisés par un groupe de musiciens : *On répète le soir dans une cave / Sur des amplis un peu pourris / Sur du matos un peu chourave* (Renaud). **2.** N'importe quel matériel: *De la haute et fine technologie. Les Américains exigent l'assurance que ce matos ne tombera pas aux mains des Soviétiques* (*Actuel*, juin 1983).

ETYM. resuffixation arg. de **matériel. 1.** vers 1972 [George]. **2.** 1983, *Actuel*.

VAR. **matoo** : 1975 [Le Breton].

matou *n.m.*

Mâle ; amant : *Faut filer le rambour sans différer, bloquer leur soirée tout de suite, avant qu'un matou vienne incendier ce coup royal* (Simonin, 5).

ETYM. vieil emploi métaphorique, le chat mâle étant réputé pour son appétit sexuel. 1835, Balzac [TLF].

matouser *v.t. et i.*

Variante de mater : *Je me suis encore avancé, pour mieux matouser à travers les raies des volets* (Simonin, 2).

ETYM. de **1. mater,** avec un suff. intensif. 1953 [Simonin].

matraque *n.f.*

1. Atout maître, aux cartes. **2. Mettre la matraque,** employer les grands moyens. **3.** Pénis : *En échange de quelques talbins, quelques petits cadeaux, bimbeloterie diverse, des gourmettes en or, des montres-bracelet dernier modèle... ils leur offrent des émotions garanties à la matraque ravageuse* (Boudard, 5). **Matraque de malfaiteur,** pénis de belle taille.

Avoir la matraque, être en érection. SYN. gourdin, trique.

ETYM. emplois métaphoriques d'un mot au sémantisme fort. **1.** 1939 [Esnault]. **2.** 1957 [PSI]. **3.** 1968 [id.]. **Avoir la matraque,** 1977 [Caradec].

DER. **matraqué** *adj.m.* **Être bien matraqué,** être pourvu d'un pénis avantageux : 1957 [Sandry-Carrère].

matraquer *v.t.*

1. Faire payer (à qqn) un prix trop élevé. **2.** Infliger une peine très sévère à qqn: *Les jurés des assises n'accordaient pas de circonstances atténuantes, dans ces cas-là. Ils matraquaient au maxi* (Le Breton, 3). **3.** Repasser inlassablement, dans les médias (une chanson, un message publicitaire), à des fins commerciales: *Musique, chansons... C'est Béranger qu'on « matraque » sur les ondes* (Dormann).

◆ *v.i.*

1. Employer les grands moyens pour parvenir à ses fins. **2.** Grouper les preuves en quelques questions au cours d'un interrogatoire.

ETYM. de **matraque. 1.** 1927 [Esnault]. **2.** 1952 [id.]. **3.** 1968, *la Semaine radio-télévision* [Gilbert].

◆ *v.i.* **1.** 1977 [Caradec]. **2.** 1975 [Arnal].

DER. **matraquage** *n.m.* Passage abusif à la radio ou à la télé: 1968 [Gilbert].

matricule *n.m.*

Désigne l'individu, dans des locutions à caractère menaçant: *N'oublie pas le papa, Manessier, gaffe à ton matricule* (Camara). *Tâche de te tenir peinard et de ne pas l'ouvrir sur notre visite, car ça pourrait barder pour ton matricule* (Grancher).

ETYM. emploi métonymique du mot désignant le registre sur lequel sont inscrits les soldats, puis le numéro affecté à chacun. 1808 [d'Hautel]. Ce mot a été popularisé par Courteline.

DER. **matriculer** *v.t.* **Matriculer ses draps,** les tacher par une pollution nocturne: 1920 [Bauche].

1. matuche *n.m.*

1. Délateur. **2.** Policier : *Il y a un populo incroyable à travers lequel l'ambulance des matuches a du mal à se frayer un passage* (San Antonio, 5). **3.** Gardien de prison : *Le gosse s'écrie : « Si vous faites un pas de plus, je me balance dans le vide. » Les matuches sont stoppés dans leur élan* (Le Dano). SYN. maton.

ETYM. de **maton,** avec un suff. péj. **1.** 1926 [Esnault]. **2.** 1928 [Lacassagne]. **3.** 1977 [Caradec].

VAR. **matuchard** et **matelot** (calembour): 1926 [Esnault].

2. matuche *n.m.*

Dé à jouer (généralement truqué).

ETYM. resuffixation de **mathurins** (1821 [Ansiaume]), même sens. 1928 [Lacassagne].

matz *n.m.*

1. Proxénète : *Tu sais, Mireille, c'est le matz que je t'ai causé qu'a pris mes patins dans le coup du pitaine que je t'ai souvent raconté* (Faizant). **2.** Mari : *En réponse à la dernière interrogation de son matz, sous les bandeaux sages de l'honnête commerçante, une réplique lui vrilla le cigare :* [...] *« Vous autres les saute-au-bock vous avez qu'à aller vous faire mettre ! »* (Simonin, 5). **3.** Homme en général : *Que vont glander ces matz autour de ma roulotte ?* (Vian, 2). *En Attila du tendron, il apparaissait, ce matz !* (Simonin, 2). SYN. mec.

ETYM. mot germano-alsacien, sobriquet de **Mathias,** désignant l'étourneau. **1.** 1907, la Villette [Esnault]. **2.** 1960, Simonin. **3.** 1952, Vian.

Maub' (la) *n.pr.*

La place Maubert, à Paris: *J'ai réfléchi qu'il y a certains quartiers, comme ça, qui non seulement exercent une attraction sur le traîne-savate, mais encore collent après lui comme sa misère* [...] *La place d'Italie, la Mouffe, la Maub et les Halles comptent parmi ces endroits* (Malet, 1). *Nous avons tous connu, place Maube, dans les étranges débits de boissons fréquentés par ces malheureux* [...] (Carco, 4).

ETYM. apocope de **Maubert,** place déjà célèbre au temps de Villon (mil. du XVe s.) pour être proche de la cour des Miracles et le quartier des mauvais garçons. 1872 [Esnault].

mauvaise *adj.f.*

1. Vx. **À la mauvaise.** ***a.*** qui tourne mal (en parlant d'une dispute) ; ***b.*** à la manière des mauvais garçons, en parlant de mode vestimentaire. **2. L'avoir, la trouver mauvaise,** éprouver un vif ressentiment, un intense dépit : *Elle ajoute que Quinn l'a mauvaise parce qu'il estime n'avoir pas eu assez d'avancement* (*Actuel*, juillet 1981). *Ell' se consola en le faisant cocu* [...]*/ Il la trouva mauvaise / Comm' de bien entendu !* (J. Boyer *in* Saka).

ETYM. emplois spécialisés dans une acception psychologique. **1.** ***a.*** 1929 [Esnault] ; ***b.*** 1943, Giono [TLF]. **2. La trouver mauvaise,** vers 1840, chanson de Vinet [Virmaître].

max ou **maxi** *n.m.*

Maximum, dans les loc. à fonction nominale et surtout adverbiale **un max(i), au max(i),** beaucoup, cher, énormément: *Vous serez bientôt tellement nombreux qu'on va crouler sous les vieux, nous les jeunes. Vous coûtez un max. Vous ne foutez plus rien, vous êtes tout le temps patraques* (Sarraute, in *le Monde,* octobre 1987). *Aucune région n'a été laissée dans l'ombre, on a désenclavé au max* (*Libération,* 6 mai 1983). *Et les enfants. – Les mômes, c'est autre chose. Elle sait très bien que je ferai toujours le maxi* (Amila, 1).

ETYM. apocope de **maximum.** *max* 1969 [George] ; *maxi* 1954, Simonin. Très en vogue actuellement, dans le langage branché.

maxé *n.f.* → MACQUESÉ.

mec ou (VX) **meg, mèque** *n.m.*

1. ARG. ANC. Chef (d'où roi, juge, préfet, etc.): *Cigare, qui avait de la lecture, rêvait des opérations plus lucratives. Il voulait devenir le chef d'une bande réelle, un meg, un costaud, une terreur* (Rosny). **Grand mec,** roi. **Le Meg des megs,** Dieu : *Ils ont beau dire, le Meg des Megs, s'il y en a un, ne nous pardonnera jamais* (Vidocq). **Mec des gerbiers,** bourreau. **2.** Homme; individu quelconque: *Pour Eddy, c'était la grande valse, il se souvint de la mort d'un mec dans un film policier, un mec qui tombait des marches d'une église, un mec dont il avait oublié le nom* (Delacorta). *Les mèques de la Mocaubocheteau, v'là des mèques sérieux* (Humbert). S'emploie parfois comme terme d'amitié: *Salut, mec!* **3. Beau mec,** homme du milieu: *Et Buisson qui avait une mémoire étonnante, continua à donner tous les beaux mecs qu'il connaissait* (Larue). Vx. **Mec de la guiche,** proxénète.

ETYM. origine obscure, p.-ê. de la loc. **mais que** introduisant une proposition conditionnelle [Guiraud]. **1.** 1821 [Ansiaume]. **Grand mec,** 1836 [Vidocq]. **Le Meg des megs,** 1829 [Vidocq]. **2.** 1848 [Pierre]. **3.** 1969, Larue. **Meg de la guiche,** 1881 [Rigaud].

DÉR. **méquard** *n.m.* Commandant : 1836 [Vidocq]. **mécard** *n.m.* Même sens : 1913, Leroux. **méquer** *v.i.* Commander: 1836 [Vidocq].

meca *n.f.*

Drogue : *Négligemment, ils extraient l'héroïne, la «meca» de leurs slips, des plis de leurs jeans, de leurs chaussettes même* (*Libération,* 11 avril 1989).

ETYM. verlan de **came.** contemporain.

méca *n.*

Drogué : *Les « mécas » (camés en verlan) se jettent sur les produits interdits comme le crack ou l'ice (des dérivés de la cocaïne) ou cambriolent les pharmacies pour se faire des doses de speedball (mélange d'héroïne et de cocaïne), un cocktail terriblement dangereux* (*le Nouvel Observateur,* 12 octobre 1989).

ETYM. verlan de **camé.** contemporain.

mécanique *n.f.*

Vx. **1.** Guillotine. **2. Charriage** ou **saut à la mécanique,** syn. de coup du père François : *La victime, se trouvant ainsi suspendue par le cou, ne tarde pas à perdre connaissance et pendant ce temps le complice l'a dévalisée.* [...] *Cette manière de voler s'appelle le charriage à la mécanique* (Canler).

◆ **mécaniques** *n.f.pl.*

En avoir dans les mécaniques, être solide sur le plan physique.

ETYM. emplois spécialisés et ironiques du mot usuel, très pop. au pl. dans les milieux ouvriers. **1.** 1829, Hugo. **2. Charriage à la mécanique,** 1835 [Raspail]; **saut à la mécanique,** 1844 [Dict. complet].

◆ *pl.* 1910 [Esnault].

DÉR. Vx. **mécanicien** *n.m.* Aide-bourreau: 1879 [Rigaud].

mécaniser *v.t.*

Vx. **1.** Vexer: *C'était à qui mécaniserait la victime, qui eut à essuyer une bordée de lazzis des plus grossiers* (Lhéritier). **2.** Médire (de qqn ou de qqch): *Ah! par exemple, il n'aurait pas fallu devant lui mécaniser le drapeau rouge* (Cladel).

ETYM. emplois spécialisés du verbe technique. **1.** 1830, Lhéritier. **2.** 1829 [Forçat].

mécano *n.m.*

Mécanicien: *Il jouait à la belote avec d'autres malades, des typos, des mécanos* (G.-J. Arnaud).

ETYM. resuffixation pop. de **mécanicien.** 1907, *la Locomotive automobile* [TLF]. Est passé auj. dans la langue fam.

méchamment *adv.*

Exprime l'intensité : *Alors ? fit Sandrine en passant sa tête par la vitre ouverte, ça a marché ? – Méchamment, dit Sacco en s'installant à côté d'elle* (Varoux, 1).

ETYM. emploi emphatique de l'adverbe usuel (cf. *rudement, vachement*, etc.). 1924 [Esnault].

méchant, e *adj.*

Remarquable : *Mon pote a un méchant bol au loto : il a décroché la timbale trois fois d'affilée.*

ETYM. emploi emphatique, et non négatif, de l'adj. usuel. 1922 [Esnault].

mèche *n.m.*

1. Moitié. **Et mèche.** ***a.*** et demi : *À présent, vous m'entendez, il a cinquante-cinq ans et mèche ! Cinquante-six exactement ! au mois d'avril !* (Céline, 5) ; ***b.*** et davantage : *À la retraite, passé soixante carats et mèche, ça lui avait pris le goût du Septième Art* (Boudard, 4). **2. Être de mèche,** être complice : *Quand il y en a pour deux, il y en a pour quatre. Voilà donc qu'est décidé, ils devaient être de mèche avec nous* (Vidocq). **3. (Il n'y a) pas mèche,** il n'y a pas moyen : *Il a rien voulu me dire... Tu le connais : quand on veut lui tirer les vers du nez, y a pas mèche* (Grancher) ; rarement dans un contexte positif : *Sans cette pomme de Georges pointé près de sa caisse, au garde-à-vous commercial, y aurait, sûr, eu mèche pour l'emballer en troisième dans la fiesta, miss tablier blanc* (Simonin, 5).

ETYM. origine incertaine, p.-ê. de **mèche** au sens d'« artificier ». **1.** 1821 [Mézière]. **Et mèche.** ***a.*** 1828, Vidocq ; ***b.*** 1866 [Delvau]. **2.** 1793 [Esnault]. **3.** 1808 [d'Hautel].

DER. **méchillon** *n.m.* Quart d'heure : 1867 [Delvau].

mécol ou **mécolle** *pron. pers.* → -COL et MÉZIG.

mecton ou **mecqueton** *n.m.*

Individu : *Tu parles d'un fumier, ce mecton, écume Ali dans mon dos* (Tachet). *Il avait dit ça drôlement. Le Corse ne sut pas si le mecton ricanait ou claquait des dents* (Bastiani, 1). *Les inévitables petits mecquetons à rouflaquettes épointées, soucieux de faire une carrière* (Grancher, 2). SYN. mec.

ETYM. diminutif de **mec,** tantôt méprisant, tantôt affectueux. 1897, Rictus.

DER. **mectonne** *n.f.* Vx. Prostituée : 1901 [Bruant].

médaille *n.f.*

1. Pièce de cinq francs (anciens) : *Le jeune La Brunière n'avait averti ni papa ni maman de son départ et avait emprunté quelques sacs de médailles au trésor paternel* (Burnat). **2. Porter la médaille.** ***a.*** se porter garant d'un cheval, dans le monde du turf ; ***b.*** assumer seul une responsabilité collective.

ETYM. emplois métaphorique (1 : analogie de forme) et métonymiques (2 : fonction). **1.** 1827 [Demoraine]. **2.** ***a.*** 1884 [Esnault] ; ***b.*** 1954 [id.].

médaillé, e *adj. et n.*

Vx. Riche : *C'est un médaillé, un chiffonnier rupin, un propriétaire* (Claude).

ETYM. de **médaille** au sens 1. vers 1880, Claude.

médaillon *n.m.*

1. Vx. Postérieur : *Il but à la santé du secrétaire [...] trop heureux d'en être quitte à si bon compte après des heures d'angoisse où ses propres passe-lacets lui avaient bourré le médaillon de coups de pieds* (Burnat). **2.** Plaignant avare, qui préfère porter plainte au Parquet (gratuitement) plutôt que de se constituer partie civile avec consignation (ce qui entraîne des frais de police).

ETYM. diminutif de **médaille,** au sens de « anus » (en 1640). **1.** 1803 [Esnault]. **2.** 1975 [Arnal].

médicale *n.f.*

Libération accordée à un détenu pour raison de santé.

ETYM. sans doute par ellipse de **libération pour raison médicale.** 1960 [Le Breton].

médico *n.m.*

VIEILLI. Médecin.

ETYM. suffixation arg. de **médecin.** 1910 [Esnault].

médor *n.m.*

VIEILLI. Cheval de course.

ETYM. extension humoristique du nom donné aux chiens. 1926 [Esnault].

méduche ou **médoche** *n.f.*

1. Vx. Médaille ; spéc., médaille pieuse utilisée pour escroquer les pèlerins. **2.** Décoration.

ETYM. suffixation arg. de **médaille. 1.** 1935 [Esnault] ; *médoche* 1957 [Sandry-Carrère]. **2.** *méduche* [id.].

meg *n.m.* → MEC.

mégachiée *n.f.*

Très grande quantité.

ETYM. composé du préf. d'origine grecque **méga-**, grand, et de **chiée.** 1977 [Caradec]. C'est un arg. quelque peu intellectuel (grandes écoles).

mégalo *adj. et n.*

Mégalomane : *Il est sans doute un peu mégalo et tend à se distinguer de l'Homo sapiens ordinaire* (*le Nouvel Observateur,* 23 novembre 1984). *Gilbert de Verpré a le regard hargneux des mégalos. Sa tête ridicule prolonge un corps malingre, toujours vêtu de costumes stricts et luisants* (Galland).

ETYM. apocope de **mégalomane.** 1949, Bazin [TLF].

mégot *n.m.*

1. Rien, ou très peu de chose. **2. Filer le mégot,** passer sa maîtresse à un camarade.

ETYM. emplois métaphorique (1) ou fortement dépréciatif du mot usuel, p.-ê. du mot dial. **mégauder,** téter [Cellard-Rey] ou de **mec,** avec suffixation en **-ot. 1.** 1960 [Le Breton]. **2.** 1928 [Esnault].

mégotage ou **mégottage** *n.m.*

1. Lésinerie, avarice : *Coquet, le machin ! Z'ont dû redresser la situation économique de l'Iran ! Question tapis, pas de mégottage !* (Bauman). **2.** Discussion oiseuse : *Pour abréger ce mégotage surréaliste, Pierre Bérégovoy, qui n'entend pas négocier sur l'heure, avance le 21 mai* (*Libération,* 18 mai 1981).

ETYM. de **mégoter. 1.** 1960 [Le Breton]. **2.** 1981, *Libération.*

mégoter ou **mégotter** *v.t.*

Vx. **1.** Ramasser les mégots. **2.** Fumer (des mégots).

◆ *v.i.*

1. Lésiner : *Fringué de gris clair, limace et pochette bleu tendre, Henri le Nantais recevait la voyoucratie. Il n'avait pas mégoté. Le champ', les apéros coulaient à flots* (Le Breton, 3). **2.** Ergoter : *Cette fois, il ne s'agit plus de mégoter. Il s'agit de condamner ou non un régime dictatorial* (*le Nouvel Observateur,* 14 novembre 1981). **3.** Travailler en amateur.

ETYM. de **mégot. 1.** 1925 [Esnault]. **2.** 1953 [id.]. ◆ *v.i.* **1.** 1932 [id.]. **2.** 1981, *le Nouvel Observateur.* **3.** 1953 [Sandry-Carrère].

mégoteur ou **mégotier** *n.m.*

1. Clochard qui ramasse les mégots : *C'était une vraie calamité les totos de devant l'Ambigu… C'était surtout les mégotiers, ceux qui traînaient dans les terrasses qu'en étaient farcis* (Céline, 5). **2.** Individu minable, sans intérêt, gagne-petit : *Y a pas plus bas dans la corporation. Ces gars-là sont connus sous le nom de mégoteurs et ils opèrent rue Simon-le-Franc* (Carco, 1). *Des affures de mégotiers, c'est tout ce qu'il est capable de dégauchir, le cave, et d'oser proposer* (Simonin, 8).

ETYM. de **mégoter. 1.** 1882, *le Réveil* [Fustier]. **2.** 1927, Carco.

méhariste *n.m.*

Agent de police cycliste.

ETYM. emploi ironique du mot désignant celui qui monte le **méhari,** dromadaire très rapide. 1950 [Esnault].

mélanco *adj.*

Triste : *Un jardin intérieur, calme, un peu mélanco sous les rayons obliques d'un soleil crépusculaire* (Malet, 19).

ETYM. apocope de **mélancolique.** 1960 [Doillon].

mélanger (se) *v.pr.*

Coïter : *Tu viens, chéri, c'est ce soir qu'on se mélange ?* (formule d'invitation des prostituées).

ETYM. emploi métaphorique du verbe usuel. 1928, Carco [Lacassagne-Devaux].

mélasse *n.f.*

1. Brouillard épais. **2.** Situation très pénible, matériellement ou moralement : *Si vous me sortez de la mélasse sans que j'y laisse trop de plumes, vous aurez la moitié du bénéfice de l'opération* (Averlant).

ETYM. emploi métaphorique du mot désignant le résidu sirupeux de la canne à sucre. **1.** 1908, Mille [TLF]. **2.** 1878 [Rigaud].

mêlé-cass *n.m.*

Mélange d'eau-de-vie (ou de vermouth) et de cassis : [Le médecin] *reprocha au patient quelques foudres de crus algériens, condamna le mêlé-cass et flétrit longuement les apéritifs* (Lefèvre, 1). **Voix (de) mêlé-cass,** voix rendue rauque par l'abus des boissons alcoolisées : *Y a des filles jolies comme tout, de celles auxquelles je n'ai jamais eu droit, très maquil-*

lées, la voix un peu cassée, mêlé-cass, comme j'aime, chic parisien mais des quartiers popus (Siniac, 1).

ETYM. apocope de **mêlé-cassis** (1872, Richepin), composé de **mêlé,** « mélange d'eau-de-vie et de liqueur de menthe » (1749, Vadé) et de **cass(is).** 1876, Richepin [Esnault]. **Voix de mêlé-cass,** 1924, Saint-Marcet [TLF].

melon *n.m.*

1. Tête. **Avoir le melon déplumé,** être chauve. **2.** Cerveau. **Se casser le melon,** chercher à comprendre, s'inquiéter : *Il surprit le regard de Grazzi et dit pas la peine de te casser le melon, je suis sage, j'avais demandé ça ce matin, je jette juste un coup d'œil pour voir* (Japrisot). **3. Avoir les pieds en cosses de melon,** être paresseux. **4.** Désignation raciste de l'Arabe : *Quand ils sont saouls, disent les jeunes immigrés, ils nous traitent de melons* (*Libération,* 10 novembre 1978).

◆ *adj. et n.*

Imbécile.

ETYM. emplois métaphoriques (1 et 2 : analogie de forme) ; la sottise est souvent associée à la rondeur; le sens 4 provient peut-être de la coiffure (chéchia). **1.** 1833 [Esnault]. **Avoir le melon déplumé,** 1957 [Sandry-Carrère]. **2.** 1940 [Esnault]. **3.** 1977 [Caradec]. **4.** 1962 [Lanly]. ◆ *adj. et n.* 1827 [Demoraine].

membré, e *adj.*

1. Vx. Se dit de ce qui est fait avec chic. **2. Bien, mal membré,** se dit d'un homme doté d'un pénis de grande ou de petite taille.

ETYM. de **membre. 1** et **2.** 1899 [Nouguier].

membrineuse *n.f.*

Vx. Langue (organe).

ETYM. origine obscure. 1953 [Sandry-Carrère].

même *n.m.*

1. C'est (pas) du même, c'est (ce n'est pas) pareil : *Voilà mon copain Robert, dont je t'ai parlé. Tu peux avoir confiance. Lui et moi c'est du même* (Murelli). *Mais elle, c'était pas du même... elle gardait tout son répondant* (Céline, 5). **2.** Vx. **Faire au même,** rendre la pareille : *« Rends-toi, grigou ! » Il était fait au même, le bédouin* (Villard). **Refaire au même,** tromper.

ETYM. ellipse de **même tonneau, même tabac,** etc., ou contraction de **c'est du pareil au même. 1.** 1936, Céline. **2.** 1842, Sue.

mémé ou mémère *n.f.*

Femme d'un certain âge; vieille femme : *Des mémés intriguées par la converse s'attroupent déjà un peu* (ADG, 5). *Ces mémères pleines de romances, leur énorme poitrine bombée comme une gorge de colombe, remuaient un sentiment filial chez Mme Lescot* (Duvert).

◆ *adj.*

Vieillot, sans charme : *Elle se met au régime et quitte les robes mémères à col pointu pour oser le pantalon* (*le Nouvel Observateur,* 30 mars 1984).

ETYM. emprunt au langage enfantin, qui a redoublé la finale de **grand-mère.** *mémère* 1834, Balzac [TLF] ; *mémé* 1884, Pasteur [id.].

ménage *n.m.*

1. Liaison irrégulière. **Petit ménage,** couple d'homosexuels. Vx. **Ménage Popincourt,** union orageuse (cas fréquent dans ce quartier populaire de Paris). **2.** Vx. Ensemble d'objets utiles à un bagnard ou à un soldat : *Pour détourner les soupçons, il fallait que j'achetasse un ménage comme un homme qui se propose de faire paisiblement son temps* (Vidocq).

ETYM. emplois ironiques du mot usuel. **1.** 1842 [Esnault]. **Petit ménage,** 1901 [Bruant]. **Ménage Popincourt,** 1896 [Esnault]. **2.** 1797 [id.].

ménagère *n.f.*

Prostituée qui racole le matin, vêtue en femme qui fait son marché.

ETYM. emploi détourné du mot usuel. 1898 [Esnault].

mendigot, e *n.*

Mendiant errant : *Grattez le mendigo, vous trouverez le capitaliste* (Gill). *Des usines, tout simplement, avec des armées d'ouvriers. D'« ouvriers », mais qu'est-ce que je raconte, moi, des mendigots, des traîne-chemins, des enfants de la vadrouille* (Chabrol). *Petite mendigote, / Je sens ta menotte / Qui cherche ma main* (chanson *la Complainte de la Butte,* paroles de Royer).

ETYM. suffixation pop. de **mendiant.** 1875, Rabasse [Larchey].

VAR. **mendiche :** 1899 [Nouguier].

mendigoter *v.t. et i.*

Mendier : *Si l'envie me prenait de mendigoter, ce couvre-chef conviendrait parfaitement. Il avait la gueule de l'emploi* (Malet, 1).

ETYM. de **mendigot.** 1878 [Rigaud].
DER. **mendigoteur** *n.m.* Mendiant : [id.]. **mendigotage** *n.m.* Mendicité : [id.].

☞ **ménédigne**
→ Liste des argots spécifiques *page [33].*

ménesse *n.f.*
1. Vx. Fille qui fait vivre un proxénète : *Une fois un coup fait sous la direction du toucheur, l'assommeur donne aussi sa douille à sa Ménesse* (Claude). **2.** Fille ou femme, en un sens très général : *Mais à Paname, ils ne savent plus que c'est la guerre. Personne y pense, sauf les vieilles qui ont leurs mômes au front... Les ménesses ont jamais été si girondes* (Dorgelès). *Laisse, a dit une ménesse en tirant son rombier, c'est des ivrognes* (Pelman, 1).
ETYM. altération de **ménestre,** potage, issu de l'ital. **menestra,** même sens (cf. *minestrone*) ; emploi métonymique : la prostituée « fait bouillir la marmite ». **1.** 1841, Lucas [TLF]. **2.** 1841, Joigneaux [id.].

Ménilmonte ou **Ménilmuche** *n.pr.*
Ménilmontant, quartier et rue populaires de Paris (XXe arrondissement) : *La petite cour de la mairie de Ménilmonte* (Daudet). *Quand on était chiards, on créchait dans la même piaule, rue d'la Mouzaïa, à Ménilmuche !* (Méra).
ETYM. apocope et resuffixation arg. de **Ménilmontant.** *Ménilmont'* avant 1870 [Esnault] ; *Ménilmuche* 1881 [id.].

mentalité ou **mentale** *n.f.*
Avoir (une) bonne ou **belle mentalité, avoir de la mentalité,** suivre les règles « morales » du milieu : *Elle se mit courageusement au travail ? – Oui, dit le Grêlé avec respect, c'était une femme à mentalité* (Bénard). *La bonne mentale avait décidément foutu le camp. Plus d'éducation, plus rien. Messieurs les hommes avaient lâché la bride* (Houssin, 1). *Je pense aussi qu'avec une môme à belle mentalité comme elle, j'aurais pu avoir une vie peinarde* (Trignol). **Avoir (une) mauvaise mentalité,** ne pas suivre lesdites règles.
ETYM. emploi détourné du mot usuel, très en vogue dans les années 1950. 1932, Bénard. **Mauvaise mentalité,** 1939 [Esnault].
VAR. **mental'** : 1960 [Le Breton].

menteur *n.m.*
Journal : *Inutile de dire qu'ils débloquaient à plein tube. Selon ce que chacun avait lu sur son grand menteur, il en faisait sa thèse personnelle* (Barnais, 1).
ETYM. emploi métonymique : le thème des affabulations journalistiques est vieux comme... la presse. 1899 [Nouguier].

menteuse *n.f.*
1. Langue : *La menteuse de Poupette avait drôlement fonctionné, broadcastant la nouvelle aux quatre coins du petit Chicago* (Bastiani, 1). **2.** Les journaux, la presse politique.
ETYM. emplois métonymiques (la fonction pour l'organe). **1.** 1827 [Demoraine] et *Un monsieur comme il faut*. **2.** 1930 [Esnault].

mèque *n.m.* → MEC.

mercandier, ère *n.* → MARCANDIER.

mercelot *n.m.*
ARG. ANC. Mercier ambulant : *Jean Caze, âgé de seize ans, mercelot, demeurant au Boulay [...] était absent pour son commerce entre ces deux dates* (Orgères).
ETYM. suffixation pop. de **mercier.** Ils formaient une importante corporation au XVIe s. d'après le livre célèbre de Péchon de Ruby (pseudonyme) intitulé *la Vie généreuse des mercelots, gueuz et Boesmiens,* publié à Lyon en 1596.

mercuro *n.m.*
Mercurochrome : *Tu vas te coucher à l'arrière. On va te coller des kilomètres de pansements arrosés de mercuro* (Giovanni, 1).
ETYM. apocope de **mercurochrome.** 1958, Giovanni.

merdaillon *n.m.* ou **merdaille** *n.f.*
Enfant ou personne négligeable, méprisable : *Cronissez gonzes, gonzesses, merdeux, merdeuses, merdaillons et merdouillards !* (Devaux).
ETYM. de **merde,** avec le suff. péj. **-aillon.** 1808 [d'Hautel] pour les deux formes.

merde *n.f.*
1. Excrément humain ou animal : *Toutes les époques finissantes puent la merde, celle-ci n'y échappe pas* (Pagan). *Flick, le chien, a pris le passage jusqu'à la rue Nationale [...] Flick a laissé une merde grasse et molle au milieu du trottoir, à hauteur de l'Inspection des carrières* (Demouzon). **Il y a de la merde après la rampe,** se dit à propos d'un désaccord, d'un

différend grave. Vx. **Avoir chié les trois quarts de sa merde,** être vieux et usé. **Plus blanc qu'une merde de laitier,** très pâle : *La Tringle, tu ne vas pas me faire ça ! suppliat-il, devenu plus blanc qu'une merde de laitier* (Grancher). **Ne pas se prendre pour une merde** ou **faire sa merde,** prendre de grands airs, être très imbu de soi-même. **Traîner qqn dans la merde,** l'insulter, le traiter avec mépris. **Avoir qqn à la merde,** le mépriser, le haïr : *Et comme je ne puis pas paraître à mon dépôt, en Arles, à cause des copains qui doivent m'avoir à la merde, je voudrais rejoindre le maquis* (Cendrars). **L'avoir à la merde,** être de mauvaise humeur. **Comme une merde,** avec un grand mépris. **2. Être dans la merde (jusqu'au cou, jusqu'aux yeux,** etc.**)** ou **manger de la merde,** se trouver dans une situation difficile : *Nous* [les collaborateurs] *allons tremper dans la merde jusqu'au cou et un jour ils ficheront le camp en nous laissant face à face avec les autres* (Mazarin, 1). *Bordel ! Si Olga est dans la merde, c'est tout de même pas qu'un peu de ma faute* (Lasaygues). **Semer, foutre la merde,** installer le désordre : *Et toi, ça consiste en quoi ton travail ? – Empêcher ces débiles de foutre la merde* (Villard, 2). **3.** Incident, affaire plus ou moins grave : *Nous avons atterri dans le dernier wagon. C'est comme pour les avions, j'ai pensé. S'il y a une merde, il vaut mieux être près de la queue* (Pouy, 1). **4. Une merde, de la merde (en bâton),** une chose ou une personne sans aucune valeur, méprisable : *Bien que je ne sois pas un type désespéré pour deux sous, je comprenais que le monde puisse apparaître comme une merde épouvantable* (Djian, 1). *Je suis une merde, hoquète-t-il, je suis une merde. Je vaux rien* (Smaïl). *Tu as raison. La police c'est partout de la merde* (Charrière). *On lui* [à Édith Piaf] *disait : « C'est une belle chanson. » Inévitablement, Édith tranchait : « Vous n'y connaissez rien, c'est de la merde »* (Pousse). **5. De merde,** nul, sans valeur : *Tu es un général de merde,* [...] *tu n'y connais rien* (Orgères). *Batiss' li aurait bouffé les foies de colère, à cette foutue gueuse de garce de société de merde* (Stéphane). *Fasciste de merde !* (G. Arnaud, 2). **6.** Haschisch : *Puis on passe au hasch, à la « merde », car c'est comme ça qu'on appelle le haschisch. Pourquoi ? Je pense que c'est un terme d'argot inventé pour éviter de se faire « piéger » par des oreilles indiscrètes... ou policières* (Duchaussoy). SYN. shit.

◆ *interj.*

1. Exprime divers sentiments (étonnement, admiration, mécontentement, mépris, etc.) : *Merde alors ! quel désert... Il surveillait le compteur. 8, 10, 12 kilomètres : pas une maison* (Rank). **2.** Formule de refus violent : *Tu vas t'allonger, oui ou merde ?* **3.** Entre dans la composition de divers jurons : *Bordel de merde, Bon Dieu de merde,* etc.

ETYM. du lat. **merda,** excrément. **1.** fin du XIIe s. [TLF]. **Il y a de la merde après la rampe,** 1957 [Sandry-Carrère], mais *il y a de la merde au bâton,* même sens, dès 1640 [Oudin]. **Avoir chié les trois quarts de sa merde,** 1878 [Rigaud]. **Plus blanc qu'une merde de laitier,** 1966, Grancher. **Ne pas se prendre pour une merde,** 1959 [GR] ; **faire sa merde,** 1867 [Delvau]. **Traîner dans la merde,** 1954, Beauvoir [TLF]. **Avoir à la merde,** 1948, Cendrars [id.]. **Comme une merde,** 1920 [Bauche]. **2.** fin du XIIe s., Audigier [TLF]. **Manger de la merde,** 1866 [Delvau]. **Semer la merde,** 1977 [Caradec]. **3.** 1987, Pouy. **4.** « chose » 1881 [Rigaud] ; « personne » 1867 [Delvau]. **De la merde en bâton,** 1901 [Bruant]. **5.** 1547, Marguerite d'Angoulême [TLF]. **6.** 1971 [Duchaussoy].

◆ *interj.* XIIe s., *Roman de Renart*. Ce mot est auj. si répandu dans la langue fam. courante que nous le donnons ici plus à titre de témoin que comme unité véritablement argotique.

DER. **merdaille** *n.f.* Situation difficile : 1973, Le Dano. **merderie** *n.f.* Chose méprisable, ennui, désagrément : 1808 [d'Hautel].

merder *v.i.*

1. Se tirer très mal d'une situation : *Ça a tellement merdé dans l'affaire Debroïlle ! On ne peut pas avoir confiance dans les tueurs de chez vous* (Siniac, 3) ; ne pas savoir répondre : *À toutes les questions, il a merdé lamentablement.* **2.** Échouer : *S'il y a quelque chose qui merde dans la publication de son livre, Malaussène, c'est vous qui vous ferez engueuler* (Pennac, 1).

ETYM. de **merde. 1.** 1909 [Esnault]. **2.** 1970 [Boudard-Étienne].

merdeux, euse *adj. et n.*

1. Se dit d'un individu méprisable, sans valeur : *Il en veut à tous, surtout aux merdeux gauchistes qui critiquent par derrière et en profitent par devant* (Galland). **2.** Enfant : *Allait-elle tolérer qu'un merdeux de sept ans lui fasse des reproches ?* (Duvert). *Ferdinand a sursauté et regarde sans comprendre les deux*

merdeuses qui le fixent avec des yeux exorbités (Klotz).
◆ *adj.*
Mauvais, médiocre : *Il devait sentir qu'il s'était engagé dans une voie merdeuse et que sa belle démonstration tournait au grotesque* (ADG, 1). **Bâton merdeux,** individu peu recommandable, qu'on ne sait par quel bout prendre : *Saloperie ! Deux bâtons merdeux, voilà c'que vous êtes* (Villard, 2).
ETYM. de **merde. 1.** vers 1180, *Roman de Renart* [TLF]. **2.** 1808 [d'Hautel].
◆ *adj.* **Bâton merdeux,** [id.].
DER. **merdeuserie** *n.f.* Chose méprisable, ragot sordide : 1985, Lasaygues.

merdier *n.m.*
Situation difficile ou inextricable ; tâche pénible : *Ça l'avait prise au troisième jour de sa présence dans le merdier de Mme Odile* (Malaquais). *La situation était aussi dramatique que cocasse. Le bilan était lourd, très lourd. – Quel merdier, philosopha Paul* (Agret).
ETYM. de **merde.** 1951 [Esnault].

merdique *adj.*
Mauvais, médiocre (marque une appréciation négative sur qqch ou plus rarement sur qqn) : *Ces colonnes grecques merdiques, ces monuments amphigouriques, ce n'était rien pour nous que des cénotaphes* (Veillot). *Moi, je ne défendrais plus la veuve ou l'orphelin, le terroriste repenti ou le braqueur merdique* (Francos). SYN. foireux.
ETYM. de **merde.** 1947, Malaquais.

merdouille *n.f.*
1. Situation très fâcheuse : *Si Alfred dit à moi, son fils unique, que ça va mal, c'est qu'on est dans la merdouille complète* (ADG, 4). **2.** Opération policière manquée. **3.** Chose sans valeur, insignifiante : *Hé, on habite ensemble, non ? Mais toi, t'as tes petits secrets, tes petites merdouilles* (Granotier).
ETYM. déverbal de **merdouiller. 1.** 1971, ADG. **2.** 1975 [Arnal]. **3.** 1966, *les Lettres françaises* [TLF].
VAR. **merdasse** : 1953 [Sandry-Carrère].

merdouiller ou **merdoyer** *v.i.*
Hésiter, s'empêtrer : *Comme journaliste il ne vaut rien. Mettez-le sur un coup extérieur à la boutique et il merdoiera* (G.-J. Arnaud).
ETYM. de **merde** et de **merdoie,** pour *merde d'oie,* avec une suffixation péj. *merdouiller* 1932, Céline [TLF] ; *merdoyer* 1929 [Bauche].

merguez *n.f.*
Pénis.
◆ *n.f.pl.*
Doigts.
ETYM. emplois métaphoriques (analogie de forme) du mot d'origine arabe désignant une petite saucisse très épicée. 1982 [Perret], pour les deux sens.

mérinos *n.m.*
1. Vx. Laine. **2.** Vx. **Manger du mérinos,** jouer au billard. **3. Laisser pisser le mérinos,** attendre patiemment l'issue naturelle d'un processus : *J'ai compris que la partie était jouée et qu'en conséquence il n'y avait plus qu'à laisser pisser le mérinos* (Malet, 1).
ETYM. emplois métonymiques (1 et 2) et métaphorique (3) de **merino,** mot espagnol désignant une race de moutons à laine fine. **1.** 1878 [Esnault]. **2** et **3.** 1866 [Delvau].

merlan *n.m.*
1. Coiffeur : *Rasé de près, les tifs coupés, la face massée, le Nantais sortit du merlan. Le soleil éclaboussa ses pompes sur mesure* (Le Breton, 3). *Tu te rends compte, lança-t-il à Jacquot la Rose, on fait venir le merlan nous coiffer, comme pour les gonzesses* (Bénard). **2.** Proxénète : *Quand je pense que c'est un merlan dans ton genre qui a palpé le gros lot !* (Lépidis).
ETYM. emplois métaphoriques du mot usuel (analogie de couleur : perruque poudrée et poisson enfariné). **1.** 1867 [Delvau] ; d'abord « perruquier » 1744, *Journal de Barbier* [Larchey]. **2.** 1953 [Sandry-Carrère], art. *poisson.*
DER. **merlander** *v.t.* Coiffer : 1862 [Larchey].

merlette *n.f.*
Prostituée qui racole pour une autre.
ETYM. suffixation féminine de **merlan** ou transformation de **marlou** (plutôt que dér. de *merle*). 1902 [Esnault].

mesquin ou **mesquine** *adj.*
Petit, chétif.
ETYM. mot pataouète, emprunté à l'arabe d'Alger **meskin,** petit. 1885, M. Waille [Lanly]. La forme *mesquine* peut être aussi bien masc. que fém.

1. messière *pron. pers.* → **MÉZIG.**

2. messière ou **mézière** *n.m.*

ARG. ANC. Individu, client: *Mon homme a mis dans le portefeuille du grand messière en noir deux lettres qui parlent de ça* (Sue). **Faire aller le messière,** racoler un client. **Messière franc,** bourgeois.

◆ *adj.*

Niais, stupide: *Moi vouloir te faire de la peine!* [...] *Faut être bien mézière pour le supposer* (Vidocq).

ETYM. de l'ital. **messere,** monsieur. fin XVIIIe s. [Esnault]. **Messière franc,** 1867 [Delvau]. ◆ *adj.* 1827, *Un monsieur comme il faut.*

métallo *n.m.*

Ouvrier métallurgiste: *Le concierge* [...] *avait connu le Front popu, les manifestations pour les enfants d'Espagne et les Brigades, à la maison des métallos, rue Jean-Pierre Timbaud* (Cardoze).

ETYM. apocope et resuffixation pop. de **métallurgiste.** vers 1921 [Esnault].

métier *n.m.*

1. Baraque foraine ou manège. **2. Petit métier,** prostituée: *Colas avait décidé d'aller becter au restau en compagnie d'un de ses petits métiers* (Houssin, 2).

ETYM. emplois spécialisés du mot usuel. **1.** 1952 [Esnault]. **2.** 1640 [Oudin].

métral *n.m.*

Métro: *Après la fermeture de la station, on a fini la noche sur une bouche de métral* (Dégaudenzi).

ETYM. altération pop. de **métro.** 1987, Dégaudenzi.

mètre *n.m.*

Vx. Somme de cent francs (argot des taxis): *Un coq du clille, dix coqs du bob, ça fait deux mètres vingt, j'suis en plein boum* (Simonin-Bazin).

ETYM. emploi détourné du mot usuel. 1935, Simonin-Bazin.

métro *n.m.*

1. Afflux de clientèle dans un magasin, dans le langage du personnel. **2. Avoir plusieurs métros de retard,** être complètement dépourvu d'expérience ou de sens pratique.

ETYM. emploi métaphorique du mot usuel, le **métro** parisien étant pris comme archétype de l'affluence humaine. **1.** 1975 [Le Breton]. **2.** 1953 [Sandry-Carrère].

mettable *adj.*

Désirable, en parlant d'une femme: *Je suivais en me demandant presque obsessionnellement comment il allait dérouiller une pute mettable avec l'argent qui lui restait* (Dégaudenzi). *Quand elles sont mettables, disait l'homme Tamaris à son compère Luka, c'est qu'elles ont quatorze ans ou qu'elles sont touristes égarées* (Richard).

ETYM. de (le) **mettre.** début du XXe s., Carabelli [TLF].

mettre *v.t.*

1. Infliger (des coups, une défaite): *Pendant que Buddy transformait l'essai, Paolo s'était approché de Monsieur Hermès avec son petit rire sardonique. «Qu'est-ce que tu lui as mis au frère!»* (Guérin). **Mettre qqn en boîte, en caisse,** se moquer de lui, le railler: [René Fauchois] *laissa patiemment l'équipe déchaînée du* Crapouillot *le mettre en boîte pendant tout le repas* (Galtier-Boissière, 4). **2. Mettre les adjas, les bâtons, les bouts, les cannes, les voiles** ou **les mettre,** (vx) **se les mettre,** s'en aller, partir: *Je mets les bâtons samedi.* Adios, *mon grand frisé !* (Galtier-Boissière, 4). *Je mets les bouts de bois avant que vous ne travailliez définitivement du chapeau* (Beauvais). *Croyant avoir la loi, Charlemuche et ses griff'tons mirent les cannes* (Stollé). *Mireille Cuttoli, qui avait elle aussi mis les voiles, lui manquait étrangement* (Combescot). *Je ne me suis pas évadé, non. Je me suis sauvé. J'ai profité du désordre pour les mettre* (Cendrars). **3. Le** ou **la mettre à qqn,** ou **mettre qqn,** le pénétrer sexuellement; au fig., le tromper: *Attention, les gars, me faites pas dire ce que je dis pas! Il fait les tasses mais j'ai pas été y voir s'il se faisait mettre ou s'il mettait* (Boudard, 6). **Se (le) laisser** ou **se (le) faire mettre par qqn,** être possédé sexuellement par lui: *T'as de ces mots pour parler de la baise... Si tu veux savoir, je me suis fait mettre par Gianni – et c'était bon ! cria-t-elle au bord des larmes* (Topin); au fig., être trompé: *On n'donn' pus dans la Politique,* [...] */ Nous, on veut pus se l'laisser mettre* (Rictus, 2). **Aller se faire mettre,** s'emploie pour éconduire injurieusement qqn (génér.

un homme) : *Bien en face, Mathieu m'envoie sa réponse : « Vous pouvez aller vous faire mettre »* (Trignol). **4. Mettre le poisson dans le bocal,** coïter, en parlant de l'homme. **Mettre une fille en perce,** la déflorer : *À la savoureuse blanchecaille s'est substituée sur l'écran interne de sa tronche, la petite Berthe, la fille du bouif. Il avait quatorze piges, elle onze à peine, alors qu'il l'a mise en perce* (Simonin, 8).

◆ **se mettre** *v.pr.*

1. Coïter. **2. Se mettre qqch, s'en mettre jusque-là,** festoyer, manger avec gourmandise ou excès : *Il y a plus de cadavres que de bouteilles pucelles. Qu'est-ce qu'elle se met, la vieille !* (G.-J. Arnaud). *C'était chouette de savoir qu'on allait s'en mettre jusque-là, sans avoir à filer à l'anglaise au moment de l'addition* (Pécherot). **3. Se mettre avec qqn,** vivre en concubinage avec lui. **4. Se mettre qqch quelque part, au cul,** ne pas s'en soucier, s'en moquer : *Ton déplié, tu peux te le mettre au cul, sale con ! Je t'emmerde !* (Simonin, 7). *Votre plainte, vous pourrez vous la mettre où vous voudrez, ils n'en feront pas grand cas* (G. Arnaud). *Leur maquis, il se le mettait violemment quelque part* (J. Perret, 1). **5. Se mettre une balle,** se suicider d'un coup de feu : *Il préférait se mettre une balle plutôt que de terminer gisant comme un malheureux* (Ravalec).

ETYM. emplois spécialisés du verbe usuel. **1.** 1873 [Esnault]. **Mettre en boîte,** 1910 [id.]. **2. Mettre les adjas,** 1935 [Simonin-Bazin] ; **les bâtons,** 1929 [Bauche] ; **les bois, les bouts,** 1916 [Esnault] ; **les cannes,** 1915 [id.] ; **les voiles,** 1900 [Chautard] ; **les mettre,** 1914, Carco ; **se les mettre,** 1918 [Dauzat]. **3.** 1789, Nerciat [TLF]. **Se faire mettre,** 1864 [Delvau] ; **se laisser mettre,** 1936, Aragon [TLF] ; au fig., 1829 [Hugo]. **Aller se faire mettre,** 1955, Trignol. **4. Mettre le poisson dans le bocal,** 1977 [Caradec]. **Mettre une fille en perce,** 1948 [Lacassagne].

◆ *v.pr.* **1.** 1977 [id.]. **2.** d'abord *s'en foutre jusque-là* 1901 [Bruant]. **3.** 1847, Mérimée [TLF]. **4.** 1951, J. Perret. **5.** 1994, Ravalec.

meuf *n.f.*

Femme, fille : *D'habitude quand t'es pété et que tu lèves une meuf, tu te retrouves toujours au matin avec un boudin pas possible* (Demure, 3).

ETYM. verlan irrégulier de **femme.** 1981, *le Nouvel Observateur.*

VAR. **méfa :** 1975 [Le Breton]. **meffe :** 1988 [Caradec].

meulard *n.m.*

Vieilli. Veau : *Celui qui fera le meulard, il peut compter que je lui esquinterai les feuilles de chou !* (Rosny).

ETYM. origine probablement onomatopéique, de **meuh !** 1836 [Vidocq].

1. meule *n.f.*

Véhicule motorisé à deux roues, en partic. cyclomoteur ou vélomoteur : *Si une nouvelle d'importance leur parvient, elles se débrouillent pour emprunter des Solex, des « meules » comme elles disent, et les voilà parties* (Cardinal).

◆ **meules** *n.f.pl.*

1. Fesses : *On s'arrache mais on r'viendra pour vos nénés et votre paire de meules. Nom de Dieu, c'te pétard !* (Dégaudenzi). **2.** Vx. **Meules (de moulin),** dents.

ETYM. emplois métaphoriques (analogie de mouvement circulaire ou de fonction « broyante »). 1971, *le Nouvel Observateur* [TLF], mais *appuyer sur la meule* (= les pédales) chez les cyclistes, avant 1953 [Sandry-Carrère]. Ce mot est très répandu chez les jeunes.

◆ *pl.* **1.** 1957 [Sandry-Carrère]. **2.** 1867 [Delvau].

2. meule *adj.*

Vx. Démuni, sans argent : *D'abord, moi j'ai pas l'rond, je suis meule* (Bruant).

ETYM. apocope de **meulé** (1907 [Esnault]). 1885, Méténier.

mézière *n.m.* → **2. MESSIÈRE.**

mézig ou **mézigue** *pron. pers.*

Moi : *Dis, figure de peau de prune, la pécore, en l'occurrence, c'est mézigue ?* (Tachet). *Il tombait pas tellement où il fallait avec mézig... mon esprit superficiel, mes appétits surtout sexuels* (Boudard, 5). *Clod' prend à gauche pour les commissions, direction marca du vieux Puteaux ; mézigo à droite : vers Béton-city* (Siniac, 3). *Ceci dit pour tézigue, voyou, cette assimilation va me valoir des fidèles que Mandrin conserve encore de nos jours [...] un plein tombereau de caca* (Simonin, 6). *Et Vidocq, comment tu le trouves cézigue ?* (id.). *Voszigue devrez bientôt jouer la violette, ignorer les encouragements, feindre l'indifférence* (id.,10). *Entre leurs zigues, la ritournelle d'amour s'effiloche* (id., 5).

◆ *n.m.*
Individu imbu de lui-même, dans le langage des policiers.
Nous donnons ici les séries des principales formes existant en argot pour les pronoms personnels accentués, qui ne peuvent s'employer comme sujet d'un verbe, mais seulement comme attribut de **être** ou comme complément (de nom ou de verbe, après une préposition). Nous n'avons pu indiquer toutes les orthographes, nous en tenant à l'essentiel. Le point d'interrogation signale une incertitude quant à l'existence de la forme, non attestée à notre connaissance.

	Moi	Toi	Lui
1	mézig(ue)	tézig(ue)	sézig(ue)
2	mézigo	tézigo	sézigo
3	mézis	tézis	sézis
4	mézière	tézière	sézière
5	messière	tessière	?
6	mes-cols	tes-cols	ses-cols
7	mézingand	tézingand	sézingand
8	?	?	?
9	monorgue	tonorgue	sonorgue
10	mon gnasse	ton gnasse	son gnasse
11	mon nière	ton nière	son nière
12	maouzi	taouzi	saouzi

	Nous	Vous	Eux
1	no(s) zigue(s)	vozigue	leur(s) zigue(s)
2	nozi(n)go	?	?
3	nosis	vosis	?
4	nozière	vozière	sézières
5	?	?	?
6	?	?	?
7	nouzingand	vouzingand	?
8	nouzailles	vouzailles	sézailles
9	notre orgue	?	leur orgue
10	nos gnasses	vos gnasses	leur gnasse
11	?	votre nière	leur nière
12	?	?	?

ETYM. Comme on le voit, seule la série 1 est complète (date du XVIIIe s.), l'élément *zig(ue)* étant d'origine obscure ; la série 4 comporte un *sézières* douteux (pour Esnault); les plus anciennes sont la série défective 5 (1566, Rasse des Nœuds) et la 3, signalée en 1596 par Péchon de Ruby, mais déjà présente chez Villon (mil. du XVe s.), le suff. *-is* étant obscur ; les variantes en *-gand* (série 7) et en *-ailles* (série 8) datent de 1628 (Chéreau). Les séries 2 et 9 sont enregistrées en 1835 par Raspail. Les périphrases 10 et 11 sont aussi du XIXe s. et reposent sur des mots d'origine peu claire : *gn(i)asse* et *(g)nière.* Quant à *mes-cols* ou *mécolle,* c'est d'après Esnault une création de camelots, vers 1907, issue peut-être de *collants* (vêtements). La série 12 est un amalgame de *moi, toi, lui* et de l'adv. *aussi* (1888, Villatte).

miauler *v.i.*

Se plaindre, protester, geindre : *Le plouc n'a qu'à miauler auprès des garnis qu'un malhonnête vient de lui planter un drapeau, pour faire dresser l'oreille à ce condé, l'induire en des déductions malsaines !* (Simonin, 8).
ETYM. emploi métaphorique et animalisant du verbe usuel. 1893, Courteline [TLF].

miché ou **michet** *n.m.*

1. Client d'une prostituée : *Un couple mal assorti – la fille, le visage peint comme un clown, le rouge à lèvres débordant, un boa de plumes mité autour du cou, le miché courbant souvent le dos, mal à l'aise, le regard fuyant* (Jamet). *Au coin du faubourg Poissonnière / Quand un michet me fait de l'œil / Il faut me voir pimpante et fière / Jamais putain n'eut plus d'orgueil* (Plaisir des dieux). **Faire un miché,** racoler un client. **2.** Jeune homme bien vêtu ou joli garçon. **3.** Vx. Dupe.
ETYM. forme pop. de **Michel,** qu'on rencontre aussi au sens de « ivrogne bon à dépouiller » (*miché* 1895 [Esnault] ; *michet* 1896, Montorgueil [TLF]). **1.** 1764, Médard de Saint-Just [Delvau]. **Faire un miché,** 1789, Restif de La Bretonne [Enckell]. **2.** 1919, Marseille [Esnault]. **3.** 1739, poissards [id.].
VAR. **mikel** au sens 3 (forme picarde) : 1836 [Vidocq].

Michel *n.pr.*

Faire la rue Michel, suffire : *Vous ferez vos quat'jours de prison et ça fera la rue Michel* (Courteline). *Mais non, laisse. On va s'organiser avec ce qu'on a, ça fera la rue Michel* (Siniac, 3).
ETYM. jeu de mots sur **faire le compte** et la **rue Michel-le-Comte** (dans le IIIe arrondissement de Paris). 1890, Courteline.

miches *n.f.pl.*

1. Fesses : *C'est une vestale du cinématographe. La préposée aux mythes. Aujourd'hui, les ouvreuses se font pétrir les miches dans les* *cinémas pornos !* (Veillot). *Ses miches menues, cernées par les festons du tablier blanc, roulaient gaiement sous le satin tendu de la jupe* (Simonin, 5). **Avoir les miches, les miches à zéro** ou **les miches qui font bravo, serrer les miches,** avoir peur : *C'est les miches à zéro, le regard fixé à l'horizontale* [...] *que j'effectuai mes aller-retour sur la piste de zinc* (Simonin, 7). *Ce n'était pas encore la panique mais ça commençait à lui ressembler. Il dut le reconnaître, il avait les miches* (Destanque). **2.** RARE. Testicules. **3.** Seins d'une femme : *Elle a de belles miches, Yvonne, j'peux pas y goûter ? Et il lui pinçait les seins en criant : « Pouet, pouet ! »* (Dalio).

ETYM. emplois métaphoriques (analogie de forme). **1.** 1875 [Esnault]. **Avoir les miches à zéro,** 1957 [PSI] ; **avoir les miches qui font bravo,** 1953 [Sandry-Carrère] (cf. *faire bravo,* « trembler de peur » 1938 [Esnault]) ; **serrer les miches,** 1901 [Bruant]. **2.** vers 1900 [Cellard-Rey]. **3.** 1976, Dalio (la scène rapportée se situe en 1936).

micheton *n.m.*

1. Client d'une prostituée (avec une nuance de mépris) : *Paulo, c'est au sujet de ta môme Jacqueline. Elle a fait un micheton rue Godot-de-Mauroy* (Trignol). *Un jour, par hasard, il tombe sur son premier micheton qui déclenche chez lui une boulimie de sexe rémunérateur* (*Libération,* 17 janvier 1985). **2.** Individu quelconque, plus ou moins naïf : *J'étais sûr qu'elle avait trouvé un micheton suprême, dit-il en voyant la villa* (Giovanni, 3). **3.** Adolescent.

ETYM. de **michet. 1.** vers 1810, chanson [Esnault]. **2.** 1915 [id.]. **3.** 1954 [id.].

VAR. **michtavon** : 1930 [id.]. **michtagon** : 1960 [id.]. Formes javanaises, pour le sens 1.

michetonner *v.i.*

1. Se livrer à la prostitution, en partic. de manière occasionnelle : *Je michetonne, quoi, dit Sandrine. Faut bien vivre* (Varoux, 1). **2.** Avoir recours à une prostituée, payer une femme, en parlant d'un micheton : *Sur la planète, à part Fabienne, pas une gonzesse pouvait se vanter que j'avais michetonné pour elle, et je savais des coins où personne l'aurait crue si elle s'était permis de le raconter* (Simonin, 3).

ETYM. de **micheton. 1.** 1898 [Esnault]. **2.** 1953, Simonin.

michetonnerie *n.f.*

Milieu des clients de maisons closes : *La michetonnerie se bouscule aux portes des lupanars* (Boudard, 2).

ETYM. de **micheton.** 1986, Boudard.

michetonneur, euse *n.*

Individu qui se prostitue (souvent occasionnellement) : *Les éphèbes élyséens y descendent* [à la porte Maillot] *en michetonneurs, mais aussi les petits gagneurs des boîtes homos de l'Opéra et de Montmartre* (de Goulène). *Ma fille bosse à Nanterre comme bonne sœur dans un foyer de michetonneuses repenties* (Pennac, 1).

ETYM. de **michetonner.** fém., vers 1920 [Cellard-Rey] ; masc., 1980, de Goulène.

michette *n.f.*

RARE. Prostituée pour homosexuelles.

ETYM. de **michet.** 1935 [Esnault].

michon *n.m.*

Vx. Argent : *Doubles liards, deniers et pièces de michon ou de joncaille s'entassèrent vite dans mon chapeau* (Burnat). **Faire du michon,** gagner gros.

ETYM. emploi métaphorique de **michon,** pain (cf. *blé*). 1628 [Chéreau]. **Faire du michon,** 1829 [Forçat].

michto ou **misto** *adj.*

Bon, agréable, beau : *Un pote à Mohamed vient de repérer un autoradio tout ce qu'il y a de michto dans une tire en stationnement* (*Actuel,* novembre 1982).

ETYM. du romani **michto,** même sens. 1952 [Esnault].

mickey *n.m.*

1. Cocktail très corsé, voire frelaté, destiné à se débarrasser momentanément de qqn : *Ah ! saloperie ! trouva-t-il encore la force de crier, c'est toi, Zoé, qui m'a refilé un mickey ! Tu vas saisir ton malheur !* (Bastiani, 1). **2.** Individu médiocre, faux dur : *Maintenant on se connaît bien, on est une bande de copains, rodés, de mieux en mieux organisés, faut pas qu'ils nous prennent pour des mickeys, expliquent les routiers* (*le Monde,* 9 novembre 1997).

ETYM. emploi péj. du nom propre américain. **1.** 1957 [Sandry-Carrère]. **2.** 1984 [Obalk].

DER. **micketterie** *n.f.* Erreur, sottise : 1986 [Merle].

micro *n.m.*

Bouche, comme organe de la phonation : *Hé ! Ferme un peu ton micro !*

ETYM. emploi métaphorique et péj. du mot technique, pris comme instrument archétypique de la communication. 1915 [Esnault].

midi *n.m.*

1. C'est midi (sonné), c'est terminé ; il n'y a rien à faire : *Si elle avait pas été déguisée comme ça, je dis pas... Mais pour me farcir la peinture et les tatouages, c'est midi !...* (Lefèvre, 1). *Pour l'embauche en ces lieux, c'était macache et midi sonné* (Simonin, 7). **2. Marquer midi,** éprouver une forte érection : *Aucun problème pour me faire bander. Quand ça marque midi, elle se la prend dans la bouche* (Dégaudenzi).

ETYM. emplois métaphoriques du mot désignant l'heure de fermeture (1), indiquée sur le cadran par la position verticale (2) des deux aiguilles. **1.** *Il est midi* 1864 [Delvau] ; renforcement *midi sonné* 1872, Verlaine [George]. **2.** 1899, Richepin [TLF].

mie de pain *n.f.*

1. Mie de pain à bec, qui ouvre le bec, à roulettes, pou. **2. Mie de pain à ressorts** ou **mécanique,** puce : *L'éternel problème de notre laisser-aller, des virgules et de l'odeur, pour ne rien dire de ce qu'on appelle joliment la mie de pain à ressort, les poux, morpions et parasites en tout genre* (Dégaudenzi). **3. À la mie de pain,** peu solide, peu sérieux : *Il se dit qu'Anatole avait peut-être raison : et si c'était « un dur à la mie de pain » ?* (Sabatier).

ETYM. idée de chose minuscule, sans valeur (3) et de très petit animal de forme sphérique comme une boulette de pain. **1. Mie de pain à bec**, 1819 [Esnault] ; **qui ouvre le bec**, 1847 [Dict. nain] ; **à roulettes**, 1901 [Bruant]. **2. Mie de pain à ressorts,** 1847 [Dict. nain] ; **mécanique,** 1915 [Esnault] ; la distinction de sens entre 1 et 2 est souvent floue. **3.** 1878 [Boutmy].

miel *n.m.*

C'est du miel, se dit de qqch qui est très facile à réaliser, ou très agréable : *Que je vous prévienne tout de suite, la poignante odyssée de Titi Cooloss c'est pas du miel pour les gaufres !* (Lasaygues).

◆ *interj.*

S'emploie comme euphémisme pour l'interj. *merde.*

ETYM. emplois spécialisés du mot usuel. 1960 [Le Breton] ; d'abord *c'est un miel* 1866 [Delvau].

◆ *interj.* [id.].

mignard, e *adj.*

Se dit d'un individu petit, frêle : *Elle bondit Lucie, tout contre ; pas mignarde comme on sait, le Fernand la dépasse quand même d'une bonne tête* (Simonin, 5). *Son calibre, elle me le brandit sous le tarin. Intérêt à me faire tout mignard, à m'écraser* (Boudard, 6).

◆ *n.*

1. Nourrisson, bébé : *Lorsque les mignards étaient venus, il ne faisait aucun doute qu'ils étaient les enfants de l'amour* (Amila, 1). **2.** Jeune garçon ou fillette, enfant : *« Merci la mignarde. » Et fouillant dans son gousset, il lui donnait deux sous* (Lorrain).

◆ **mignard** *n.m.*

Jeune homosexuel : *Tu l'connais pas, la Caille. Il peut pas sentir les mignards. Il voit rouge* (Carco, 2).

ETYM. d'un radical expressif **mign-**. Une forme prov. **mignart** désigne des petits enfants dès le XIIIe s.

◆ *n.m.* 1914, Carco [Cellard-Rey].

mignonnes *n.f.pl.*

Mignonnes du larbin. ***a.*** petits-fours ; ***b.*** indicatrices de police.

ETYM. emploi substantivé et humoristique de l'adj. usuel. ***a*** et ***b.*** 1975 [Arnal].

mignonnettes *n.f.pl.*

Fausses cartes postales obscènes, représentant généralement des tableaux des musées et vendues aux abords des cabarets montmartrois.

ETYM. emploi spécialisé du diminutif. 1957 [Sandry-Carrère], mais dès 1936 le BHV vend des cartes de vœux appelées *mignonnettes* [TLF].

milieu *n.m.*

Le monde réglé des malfaiteurs, avec ses « lois » morales et sociales : *Les assassins caves sont les vrais assassins, les autres du milieu ce sont des meurtriers, ce n'est pas pareil* (Charrière). *Le milieu des stupéfiants n'était pas « le milieu ». Ce « milieu », d'ailleurs, n'existe plus que dans l'imagination de certains romanciers. Depuis la guerre, on recrute les tueurs dans n'importe quelle couche de la société* (Rognoni). SYN. mitan.

ETYM. issu sans doute de **milieu biologique**, expression employée en 1835 par A. Comte, et de **milieu d'idées** (1843, Sue). 1921 [Esnault].

millefeuille *n.m.*

1. Vulve : *C'est pas comme ça que tu te tricoteras une réputation en inox. Je dirai partout que t'as le millefeuille en folie. Et on me croira* (Vautrin, 1). **2.** Liasse de dix billets de cent francs (naguère de dix francs). **3. C'est du millefeuille,** se dit d'une entreprise aisée, de qqch dont la réalisation ne présente pas de difficulté : *Tomate avait trouvé la chose de très bon augure et prédit : – Je crois, Henriquez, que, maintenant, pour nos pommes, ça va être du millefeuille* (Simonin, 1). **SYN.** c'est du gâteau, c'est du miel.

ETYM. emploi métaphorique du mot désignant un gâteau à la structure complexe et stratifiée. **1.** 1953 [Sandry-Carrère]. **2.** 1988 [Caradec] (10 F, 1977 [id.]). **3.** 1952 [Esnault].

1. millet ou **milled** *n.m.*

VIEILLI. Mille francs : *Faut pas de poids et que ça se fourre dans la profonde... Si j'avais quelques milleds, j'irais chez les Angliches* (Rosny).

ETYM. de **mille.** *millet* 1873 [Esnault].

2. millet *n.m.*

Avoir un grain de millet, avoir une intelligence des plus rudimentaires.

ETYM. métaphore de la petitesse du cerveau assimilée à une maigre intelligence. 1975 [Le Breton].

millimètre *n.m.*

1. Faire du millimètre, être extrêmement avare, calculateur : *Léon aime pas éclairer ; y fait du millimètre, c't'enfifré mondain !* (Boudard-Étienne). **2. Au millimètre,** avec une très grande précision : *Il a goupillé son affaire au millimètre.*

ETYM. locutions exprimant l'extrême précision (valorisée ou dévalorisée). **1.** 1954, Simonin. **2.** contemporain.

mimi *n.f.* → **1. MINETTE.**

mina-mina *n.m.*

Compromis, transaction avantageuse : *Pour ne pas le contrer de face, il avait commencé par lui proposer un mina-mina : Langlois se déclarerait prêt à vendre à Bonape toute la marchandise que celui-ci désirerait* (Viard). **SYN.** mita-mita.

ETYM. origine obscure. 1969, Viard.

mince *n.m.*

ARG. ANC. Papier : *Donne-moi du mince, je vas maquiller ta babillarde* (le Rat du Châtelet). **Broder le mince,** écrire.

◆ *interj.*

Mince de... !, exprime la surprise, l'admiration devant une grande quantité, une forte dose : *Je reconnus Maurice. Il avança la tête et s'exclama : « Ben alors, mince d'occase ! »* (Carco, 5). *Mince de crèche qu'il avait sur la Côte, le beau-dab à mon frangin !* **Mince que...,** sûrement que... : *Minc' qu'ils doivent emboucaner le singe* (Richepin).

ETYM. emploi substantivé et métonymique de l'adj. usuel. 1790, *le Rat du Châtelet.*
◆ *interj.* (par antiphrase). 1873 [Esnault].

minçon *n.m.*

VX. Petit morceau, petite tranche : *Un minçon d'artifaille* (Leclair).

ETYM. de **mince.** 1800, Leclair.

mine *n.f.*

Mine d'or, sexe de la femme.

ETYM. métaphore reconnaissante, de la part du souteneur. 1899 [Nouguier].

1. minet, ette *n.*

VIEILLI. Jeune homme, jeune fille « à la mode » : *Considéré à tort comme un jeune homme efféminé (minette) ou inefficace (minus), le Minet est, à l'origine, issu de la nouvelle bourgeoisie d'après la Seconde Guerre mondiale. Fondamentalement jouisseur, peu intellectuel, léger et enthousiaste, il adore la mode, ce qui est moderne, ce qui est « frime » et ce qui est « classe »* (Obalk). *Tous les clichés, dit Sarah. Tous ! Nous sommes des minettes con qui fument des joints* (G.-J. Arnaud).

ETYM. métaphore du **chat** (douceur féline) et jeu sur la racine dévalorisante **min-.** *minet* 1966, *l'Express* [TLF] ; *minette* 1967 [id.].

2. minet *n.m.* → **MINOU.**

1. minette ou **mimi** *n.f.*

Vulve. **Faire minette** ou **mimi,** pratiquer le cunnilinctus : *Quand on n'a plus ni couilles ni vit [...] / On s'en va au bordel, faire minette aux maquerelles* (chanson paillarde). *Veux-tu que je te fasse mimi ?* (Louÿs).

ETYM. métaphore ancienne de la *chatte* comparée au sexe de la femme. **Faire minette** ou *minon-minette,* 1864 [Delvau] ; **faire mimi,** 1888 [Rigaud].

2. minette *n.f.* → **1. MINET.**

mineuille ou **minoye** *n.m.*

Minuit : *Va lui filer rencard pour mardi à mineuille* (Stollé). *Le Gros et moi [...] on avait rancart entre minoye et une plombe* (Simonin, 4).

ETYM. de **mi-** et de **neuille** ou **noye**, nuit. *mineuille* 1947, Stollé ; *minoye* 1955, Simonin.

VAR. **minoche :** 1897, Rictus.

minicassette *n.f.*

Témoin qui répète une leçon apprise à l'avance, dans le langage des policiers de la PJ.

ETYM. emploi ironique du mot technique. 1975 [Arnal].

mino *n.m.*

Détenu mineur : *La rue des Lis (c'est ainsi que nous appelons le couloir de la neuvième et celui de la douzième division de la Santé, où sont les cellules des minos – les mineurs)* (Genet).

ETYM. resuffixation arg. de **mineur.** 1943, Genet.

minot *n.m.*

1. Jeune inverti. **2.** Enfant : *Il feint de se fâcher. C'est un bon comédien. Quand il était minot il savait pas s'il ferait le gangster ou le comique* (Audouard). *De toute façon, si c'est pour ce minot-là, il n'a pas l'âge. Prenez-lui plutôt* le Petit Prince (Smaïl).

ETYM. de l'anc. fr. **minault**, chat. **1.** 1910 [Esnault]. **2.** 1926 [id.].

minou ou **minet** *n.m.*

Vulve : *J'avais la rage... une soif de me venger de tout ce qu'elle m'avait fait lanterner... le temps perdu, moi, je le recherchais en lui taraudant le minou ! Je la voulais rendue, recrue, anéantie* (Boudard, 5).

ETYM. métaphores de la chatte ou du chat, voire du chaton. *minet* 1948 [Lacassagne].

minouse *n.f.*

Culotte de femme.

ETYM. de **minou.** 1977 [Caradec].

mion *n.m.*

ARG. ANC. Petit enfant : *Il n'était pas des nôtres, n'ayant pas fait ses classes dans la truanderie comme bien des mions de Paris qui avaient tout appris tout seuls* (Burnat).

ETYM. emploi métaphorique d'un vieux mot (1597, Lasphrise) signifiant « miette ». *myon* 1628 [Chéreau].

DER. **mionnette** *n.f.* Fille entretenue : 1902 [Esnault].

miquette *n.f.*

Fille, femme : *Je suis divorcé depuis dix ans, et c'est pas les miquettes que j'entretiens qui vont faire les jalouses* (Manchette, 1).

ETYM. sans doute d'un surnom correspondant à **Michèle,** ou fém. de **Mickey.** 1973, Manchette.

miquettes *n.f.pl.*

Avoir les miquettes, avoir peur.

ETYM. origine obscure, peut-être à rapprocher de *avoir les miches à zéro.* 1982 [Perret].

mirante *n.f.*

Glace ou miroir.

ETYM. participe présent substantivé de **mirer,** regarder. 1889, Macé [Esnault].

VAR. **miradou** *n.m.* : 1836 [Vidocq].

mire *n.f. (génér. au pl.)*

VIEILLI. Œil : *S'ils tombent sur un coup fumant [...] ils se mettent pas les doigts sur les mires. C'est des dangereux* (Delion).

ETYM. apocope de **mirette.** 1879 [Esnault].

mirette *n.f. (génér. au pl.)*

1. Œil : *Ouvre tes claires mirettes, / Mes deux étoiles du jour ; / Et regarde tout autour / De toi ces blanches fleurettes* (Ponchon). *Tout à coup, elle s'est mordue la lèvre. Un peu de crainte est apparue dans ses mirettes* (Stewart). **En mettre plein les mirettes à qqn,** l'impressionner, l'éblouir. **Sans mirettes,** aveugle. **2. Mirettes en glacis** ou **mirettes glacées,** lunettes.

ETYM. de **mirer. 1.** 1836 [Vidocq]. **En mettre plein les mirettes à qqn,** 1977 [Caradec]. **Sans mirettes,** 1878 [Rigaud]. **2.** 1878 [id.].

mirliton *n.m.*

1. VX. Pénis ou vulve. **2.** Visite « en clients » des maisons de tolérance par les inspecteurs de police, pour déceler les infractions au règlement.

ETYM. emplois ironiques du mot usuel. **1.** avant 1743, Grécourt [Delvau]. **2.** 1975 [Arnal].

miro *adj.*

Atteint d'un défaut partiel ou (rare) total de vision : *Passablement miro, il s'égare, franchit la porte Massillon, à peine, qu'il se trouve pris dans une marée humaine* (Spaggiari). *J'ai beau être un grand sentimental, je ne suis pas encore miro. Je m'esbaudis de voir le témoin rouge du répondeur allumé* (Bauman).

ETYM. de **mirer,** viser avec soin. 1928 [Lacassagne].

DER. **miroter** ou **miroiter** *v.t.* Regarder : 1889, Macé [Esnault]. **mironton** *n.m.* Œil : 1928 [Esnault].

miroir *n.m.*

1. Vx. Coup d'œil rapide jeté par un tricheur sur le talon d'un jeu de piquet. **2. Miroir à garces, à gonzesses, à pouffiasses, à putains** ou **à pouliches,** bellâtre, séducteur : *Miroir à garces, va !... Et dire que je l'ai vu jouer aux billes !* (Hirsch). *Holopherne, très beau môme, avec son corps de gerboise et sa tronche façon miroir à putains* (Devaux). *Deux petites nanas qui passent dévisagent mon copain. J'ai déjà dit qu'il était choucard, gentil miroir à pouliches de sa trombine* (Dégaudenzi).

ETYM. emplois ironiques du mot usuel. **1.** 1878 [Rigaud]. **2. Miroir à putains,** 1640 [Oudin] ; **miroir à gonzesses, à pouffiasses,** 1901 [Bruant] ; **miroir à garces,** 1908, Hirsch.

mironton *n.m.*

1. Individu quelconque : *Trois minutes s'écoulèrent, puis le mironton se montra sur le seuil. Âgé d'une cinquantaine d'années. Mal vêtu. Tout du pauvre type* (Le Breton, 1) ; en apposition : *Et d'savoir Louise avec c'frère mironton, moi – telle que je vous parle – j'en suis malade* (Carco, 5). **2. Dévisser le mironton,** faire une fausse couche.

ETYM. p.-ê. emploi métonymique : l'œil *(miro)* pour la personne, le *mironton* étant souvent un « cave », un naïf, à l'air surpris ou béat (ou encore influence du refrain de la chanson *Malbrough s'en va-t-en guerre*). **1.** 1901 [Bruant]. **2.** 1977 [Caradec].

mise *n.f.*

1. Jeu de bonneteau. **Faire la mise,** tenir le bonneteau. **Manger de la mise,** tirer profit du bonneteau. **2. Sauver la mise à qqn,** le tirer d'embarras, le sauver : *On s'est lancé à fond dans la bataille de la mairie pour défendre celui qu'on avait couvert de boue. Il était menacé terriblement et on lui a sauvé la mise* (G.-J. Arnaud). **3. Mise en boîte, en caisse,** moquerie, raillerie. **4. Mise en l'air.** ***a.*** détroussage exécuté soit sur la voie publique par un homme, soit dans une chambre d'hôtel par une femme : *Il arrivait que, dans les jours suivants, la presse racontât leurs exploits : généralement la mise en l'air de quelque imprudent, mais parfois aussi un acte plus grave* (Chevalier) ; ***b.*** action punitive contre un commerçant qui refuse d'accepter un racket ; ***c.*** hold-up ou cambriolage. **5. Mise en carte,** action de ficher une prostituée : *La malheureuse lui livrait l'intime de ses pensées* [...] *: par-dessus tout, sa peur de la rousse et de la mise en carte* (Daudet).

ETYM. emplois spécialisés du mot usuel, issu de **mettre. 1.** 1906 [Esnault]. C'est ce mot qui a donné le verbe **miser,** mettre un enjeu, et non l'inverse. **2.** 1867 [Delvau]. **3.** 1951, Vialar [TLF]. **4.** ***a.*** 1935, Simonin-Bazin ; ***b.*** 1960 [Le Breton] ; ***c.*** 1975 [Beauvais]. **5.** 1895, Daudet.

mi-sel *n.m.inv.*

Syn. de demi-sel.

ETYM. de **mi-** et **sel.** 1926 [Esnault].

miseloque *n.m.*

ARG. ANC. Comédie ; monde des comédiens : *Je vais pésiller une gothon et aller au mislocq faire des bogues* (Ansiaume).

ETYM. sans doute de **misère** et du suff. péj. **-loc, -loque.** 1821 [Ansiaume].

DER. **miseloquier, ère** *n.* Comédien : 1836 [Vidocq]. **misloqueur** *n.m.* Même sens : 1875, Rabasse [Larchey].

miser *v.t.*

1. Posséder sexuellement : *Savoir gueuler « Vive la France ! » trois fois plus fort que les autres ! Tabasser les collabos trop voyants ! Tondre la môme que les Boches ont misée ! Bravement ! Sans peur !* (Fallet, 1). **2.** En particulier, sodomiser : *Le Ferdinand il est devenu insupportable ! Il va au Bois se faire miser !* (Céline, 5). **Va te faire miser,** locution injurieuse.

◆ *v.i.*

Coïter.

ETYM. emploi spécialisé du verbe signifiant « mettre (un enjeu) ». **1.** avant 1907, Jarry [Cellard-Rey]. **2.** 1928 [Lacassagne].

◆ *v.i.* 1895 [Esnault].

misérable *n.m.*

1. VIEILLI. Billet de cinq cents francs (anciens). **2. Jouer les misérables,** être victime d'une malchance persistante. **3.** VX. Verre d'eau-de-vie ou de vin ordinaire.

ETYM. allusion aux *Misérables* de Hugo, le billet de 500 francs ayant porté l'effigie du poète. **1.** 1955 [Esnault]. **2.** 1957 [PSI]. **3.** 1805 [Enckell].

mistigri *n.m.*

1. Chat. **2.** Vulve. **3.** Valet de trèfle.

ETYM. métaphore ancienne (→ CHATTE, MINETTE). **1.** 1960 [Le Breton]. **2.** 1982 [Perret]. **3.** 1867 [Delvau].

misto *adj.* → MICHTO.

miston *n.m.*

Garçon; individu: *Approche, mon miston, me dit-elle, en me frappant légèrement sur la joue, tu vas me faire mon petit cadeau, n'est-ce pas?* (Vidocq). **Allumer le miston,** regarder qqn de très près: *C'était un guichetier qui amenait un prisonnier: Neficot, dit-il, allume le miston. Ce particulier fut tout à coup reconnu de tous ses confrères* (le Rat du Châtelet).

◆ **mistonne** *n.f.*

1. Fille à marier: *Aude, une petite mistonne de vingt berges* (Stollé). **2.** Femme, maîtresse: *Ma mistonne est eun' chouett' ménesse, / Alle est gironde et bath au pieu* (Bruant). **3.** Femme en général: *J'ai repassé six mecs / Et la mistonne* (Vian, 2).

ETYM. probablement de l'anc. adj. **miste,** doux, et du suff. **-on, -onne.** 1790, *le Rat du Châtelet.* ◆ *n.f.* **1.** 1844 [Dict. complet]. **2.** 1894 [Esnault]. **3.** 1901 [Bruant].

mistouflard, e *n.*

Personne qui est dans la misère: *Entre trimards, hommes de peine, journaliers, mistouflards, on se tutoie tout de suite* (Siniac, 2).

ETYM. de **mistoufle** et du suff. péj. **-ard.** 1901 [Bruant].

mistoufle ou **mistouille** *n.f.*

Misère: *Ce matin, dans mon atelier, deux hommes sont entrés sur leurs pieds, deux tordus, deux paumés, deux clopinards de la mistoufle qui crevaient de faim et des figures de déterrés* (Aymé). *Les remugles de la mistouille dans la rame se mélangent, ça renifle le panard, la sueur, l'aigre fétide* (Boudard, 5).

◆ **mistoufles** ou **mistouilles** *n.f.pl.*

1. Tracasseries: *Vous êtes restés deux ans ensemble, et puis il t'a fait des mistoufles* (Lorrain). *C'est Mireille qui l'a rendu comme ça à force de veilles, de champagne, de crises de nerfs, d'exigences, de coups fourrés et de mistouilles calamiteuses* (Faizant). **2.** Ennuis: *Rien pouvait l'abattre, ce gonze! Marinette avait raison, il exultait dans les mistoufles* (Simonin, 3).

ETYM. resuffixations populaires de **misère.** *mistoufle* 1866 [Delvau].
◆ *n.f. pl.* 1867 [id.].

VAR. **mistonque**: 1923 [Esnault].

DÉR. **mistouflé** *adj.m.* Miséreux: 1889, Macé [id.]. **mistoufier** *v.t.* Chicaner: 1883 [id.].

mistringue *n.m.*

ARG. ANC. Agent de police: *Les mistringues aboulent, on me trimbale chez le cardeuil* (le Rat du Châtelet).

ETYM. de **miston,** avec un suff. péj. 1790, *le Rat du Châtelet.*

mitaine *n.f.*

1. ARG. ANC. Bas dont l'extrémité coupée permet aux orteils du pied droit de saisir de menus objets pour les dissimuler dans le soulier gauche; voleuse qui procède ainsi: *Les voleuses à la mitaine font avec adresse usage de leurs pieds et de leurs mains pour ramasser à terre les dentelles jetées intentionnellement* (Macé). **Grinchir à la mitaine,** voler en utilisant ce procédé. **2.** Gant de boxe. **Enlève tes mitaines,** se dit à un joueur qui distribue maladroitement les cartes, à un musicien qui commet des erreurs de notes, etc.

ETYM. emplois spécialisés du mot usuel désignant soit une sorte de gant coupé, soit un gant n'ayant qu'une division digitale, pour le pouce. **1.** 1836 [Vidocq]; «voleuse» 1883 [Fustier]. **2.** 1953 [Sandry-Carrère]. **Enlève tes mitaines,** 1960 [Le Breton].

mita-mita *n.m.*

Compromis, partage équitable: *Je lui ai proposé un mita-mita.* SYN. mina-mina.

◆ *adj.*

Moitié-moitié: *On a fait mita-mita dans ce coup.*

ETYM. altération de **moitié-moitié,** sous l'influence de *mitan* (au sens 1). contemporain.

mitan *n.m.*

1. Milieu d'un espace ou d'une durée : *Je m'arrêtai un instant au bord du trottoir dans la position réglementaire du pisseur debout, et les onze copains en profitèrent pour serrer un peu la file avant de faire de même et lansquiner à leur aise, haut et dru, jusqu'au mitan de la grande rue* (J. Perret, 1). **2.** Le milieu, ou monde des truands, qui vit en observant un certain nombre de règles de « société » : *Quand un homme du mitan se met à se marida avec une pucelle et à rêver de finir ses jours les pieds dans des pantoufles, il faut s'attendre à tout !* (Grancher).

ETYM. forme romane d'origine probablement franc-comtoise et bourguignonne. **1.** XIIe-XIIIe s. [TLF]. **2.** 1924 [Esnault] ; ce sens est considéré comme typiquement argotique.

VAR. **mitonnard** : 1960 [id.].

mitard *n.m.* ou (vx) **mite** *n.f. ou m.*

1. Cachot disciplinaire : *Régime dur. Un cri, une chanson en cellule valent le mitard. Un clin d'œil sur les rangs, mitard* (Spaggiari). *Aussitôt* [...] *qu'on m'aura mis aux mittes, je me corderai* (Leclair). **Mite brun,** cachot noir : *Il est au mite brun pour s'être bûché avec un argousin* (Ansiaume). **2.** Cellule d'un commissariat. SYN. violon.

ETYM. selon Esnault, aphérèse de **cachemitte,** jeu de main chaude, pris par calembour comme syn. de *cachot.* **1.** *mittes* 1800, Leclair ; *mitre* 1836 [Vidocq]. *mitard* 1884, abbé Moreau. **2.** 1881, Auxerre [Esnault].

DER. **mitarder** *v.t.* Mettre au cachot : 1928 [Lacassagne]. **mité** *adj.m.* Puni de cachot : 1926 [Esnault].

mité *adj.m.*

Avoir le gazon mité, être ou devenir chauve.

ETYM. emploi expressif de l'adj. usuel, signifiant « rongé par les mites ». 1936 [Esnault].

miter *v.i.*

Pleurer, pleurnicher : *Le lendemain, Gérard me mettait dans le train. Sur le quai, ma mère mitait en secouant son mouchoir* (Cordelier). *« Mais c'est qu'il chiale pour de bon, l'mec ! » C'était vrai. Le sportif mitait à grosses larmes. Il pouvait pas se retenir* (Le Breton, 3).

ETYM. de **mite,** chassie. 1952, Vian.

miteux, euse *adj. et n.*

1. Misérable, indigent : *On a souvent besoin au milieu des coups durs, / D'un plus miteux que soi pour vous prêter la pogne* (Marcus). *Pour lui, l'humanité comprenait deux sortes d'individus : les costauds et les miteux* (Lefèvre, 2). **2.** Qui pleure facilement.

◆ *n.*

Enfant : *Les miteuses du Malabar roupillaient dans le pucier voisin* (Stollé).

◆ **miteux** *n.m.*

Vx. Individu condamné à la relégation.

ETYM. de **mite. 1.** 1873, C. Cros [TLF]. **2.** 1977 [Caradec].

◆ *n.* 1936, Céline.

◆ *n.m.* 1922 [Esnault].

mitonner *v.i.*

Attendre, faire le guet, dans le langage des policiers.

◆ *v.t.*

Vx. Ennuyer, tourmenter.

ETYM. métaphore culinaire (cf. *mariner, mijoter*). 1975 [Arnal].

◆ *v.t.* 1878 [Rigaud].

mitouillard, e *adj.*

Misérable, minable : *Demain soir, le spectacle déjà pas si étoffé, allait devenir mitouillard en diable* (Simonin, 1).

ETYM. suffixation pop. de **miteux.** 1958, Simonin.

mitraille *n.f.*

Petite monnaie : *Du bout des pognes, j'évalue la mitraille dans la poche de mon jean* (Dégaudenzi).

ETYM. altération de l'anc. fr. **mitaille,** morceau de métal (1295 [Godefroy]). 1704 [Trévoux].

mob *n.f.*

Cyclomoteur : *Manque de pot pour Jojo, il y avait deux flics en mob qui passaient par là, et ils l'ont alpagué* (Bastid-Martens).

ETYM. apocope de **Mobylette** (nom déposé). 1970 [GR], Suppl.

moblot *n.m.*

Vx. **1.** Soldat de la Garde nationale mobile : *« On nous enlève jusqu'à notre garde mobile ! » Ils sont partis pour Paris le 12, en effet, les moblots* (Darien, 1). **2.** Agent de la police mobile. (On rencontre aussi **mobillard.**)

ETYM. altération de **mobile. 1.** 1848, puis 1867 [Delvau]. **2.** 1928 [Lacassagne].

Mocaubocheteau, Mocobo ou **Moc-aux-Beaux** *n.pr.*

Place et quartier Maubert, à Paris (Ve arrondissement) : *L'un des plus curieux* [quartiers] *est celui de la Moc-aux-Beaux, situé rue de Bièvre, à côté de la place Maubert* (Fustier).
ETYM. altérations fantaisistes de **Maubert.** *Maucaubocheteau* vers 1872 [Esnault]; *Mocobo* 1898 [id.]; *Moc-aux-Beaux* 1883 [Fustier].

mochard, e *adj.*

Laid ou mauvais (au physique ou au moral): *Il était devenu une sorte de sombre vieillard, bien mochard, atteint de calvitie précoce* (*Libération*, 8 décembre 1981). *On est en février, le plus sale mochard mois de l'année* (Malet, 1).
ETYM. de **moche,** mot auj. fam. 1897, Rictus.
VAR. **mocheton** : 1921 [Esnault]. **mochetard** : 1935 [id.].
DER. **mocher** *v.t.* Gifler : 1901 [Esnault].

mocheté *n.f.*

1. Laideur. **2.** Chose ou personne (surtout du sexe féminin) laide : *Vos dentelles ! Mais qui penserait à regarder ces mochetés ?* (Combescot). *Non, mais regardez-moi cette mocheté ! Pour qui elle se prend ce boudin-là ?* (Varoux, 2).
ETYM. de **moche. 1.** 1936 [Esnault]. **2.** *moch'té* « personne » 1911, G. Couté [TLF] ; *mochetée* « chose » 1926, R. Dieudonné [id.].
VAR. **mocherie** : 1910 [Esnault]. **mochure** : 1913 [id.]. **mochardité** : 1930 [id.].

mochetingue *adj.*

Syn. de mochard : *Des machins offerts qu'avaient pas dû faire plaisir. La vieillerie refilée par radinerie ou le bibelot mochetingue donné avec son cœur* (Pécherot).
ETYM. suff. arg. de **moche.** 1977 [Caradec].

moco ou **moko** *n.m.*

1. Marin de Toulon : *Julien Duvivier me propose de jouer l'inspecteur de police dans « Pépé le Moko », en face de Jean Gabin* (Dalio). **2.** Méridional en général (surtout de la côte provençale).
ETYM. apocope de **mococo,** singe du Mozambique, ou du néo-zélandais **moco,** tête tatouée. **1.** vers 1854 [Esnault]. **2.** 1901 [Bruant].
DER. **mocote** *n.f.* Toulonnaise : 1900 [Esnault]. **Mocossie (la)** *n.pr.* La Provence : 1898 [id.].

moelle *n.f.*

Vx. **Avoir (de) la moelle,** être entreprenant, énergique, courageux : *Il a la trouille de c'te sœur-là. Il n'a pas de moelle, alors, et sa parole ?* (Lorrain). *Vrai ?... Meu... m'sieu Menville ? Je... je crois bien que j'avais... pas la moelle... C'est pour ça qu'ils m'ont ratatiné* (Le Chaps). **Avoir la moelle de,** avoir le courage, le cran de : *Quand* [...] *t'es dans ces heures de crise morale où t'as pus l'moelle de chier au nez du sort* (Stéphane).
ETYM. emploi symbolique du mot usuel, au sens de « vigueur physique ou morale ». **Avoir de la moelle,** 1859 [Esnault]; **avoir la moelle,** 1901 [Rossignol]. **Avoir la moelle de,** 1878, Gill.

1. moelleux *n.m.*

Vx. Homme vigoureux et porté à se battre.
ETYM. de **moelle.** 1884, abbé Moreau.

2. moelleux *n.m.*

Vx. Coton : *Nous avons fait chacun un baluchon de moelleux dans le boucard* (Ansiaume).
ETYM. emploi substantivé et métonymique de l'adj. usuel. 1821 [Ansiaume].

mœurs [mœrs] *n.f.pl.*

Les Mœurs, la brigade de police judiciaire chargée de la répression du proxénétisme et du trafic des stupéfiants : *L'idée qu'elle serait désormais soumise, comme fille, à la visite tous les quinze jours et dépendrait des « mœurs » la consternait* (Carco, 5). *À la sortie d'une école, je ne donnais pas quatre minutes à l'ensemble de la bande avant qu'elle ne se fît emballer par les collègues des Mœurs* (Fajardie, 2). SYN. (brigade) mondaine.
◆ *n.m.*
Vx. Agent de la brigade des mœurs : *Un « mœurs » avait remarqué son manège, il la fila, et à la sortie d'un hôtel, la menaça de l'arrêter* (Galtier-Boissière, 2).
ETYM. abrègement de **brigade de la police des mœurs,** appelée auj. *brigade des stupéfiants et du proxénétisme, « les Stups »*. 1876, Huysmans.
◆ *n.m.* 1891, Méténier [TLF].

mohamed *n.m.*

1. Désignation xénophobe de l'Arabe. **2.** Soleil : *Et puis, après treize mois de murs et toute une nuit de bouillasse affreuse, revoir un* *mohamed astiqué au naol, c'est quelque chose* (Bastiani, 4).

ETYM. emploi générique du nom propre. **1.** 1988 [Caradec]. **2.** adaptation de **mahomet.** 1955, Bastiani.

mohican *n.m.*

Scalper le mohican, faire une fellation : *Pour sept ou huit francs, prix encore modeste, / On peut s'faire en plus scalper l'mohican* (Plaisir des dieux).

ETYM. emploi métaphorique (analogie de forme entre le gland et le crâne oblong ?). 1912 [Villatte].

moisir *v.i.*

Attendre longtemps (surtout dans un contexte négatif) : *Maintenant ! dit-il à sa mère, c'est pas le moment de moisir ici, filons !* (Guéroult).

ETYM. emploi métaphorique du verbe usuel : le temps « gâte » choses et gens. 1867 [Delvau].

moissonneur *n.m.*

Chauffeur de taxi d'origine paysanne, très âpre au gain : *C'étaient les moissonneurs (en l'occurrence des limousins), de ceux qui viennent chaque année à Paris faire la saison du taxi* (Simonin-Bazin).

ETYM. emploi ironique du nom usuel. 1935, Simonin-Bazin.

moit' *n.f.* → **2. MOTTE.**

moite *adj.*

Les avoir moites, avoir peur.

ETYM. emploi métonymique : l'effet (transpirer) pour la cause (la peur) ; **les,** comme dans de nombreuses loc., représente *les fesses.* 1953 [Sandry-Carrère], art. *avoir.*

DÉR. **moiter** *v.i.* Avoir peur : 1975 [Le Breton].

moite-moite *adv.*

Moitié-moitié : *Oui, y'a la moitié pour moi, en cas de gain, il était bien convenu qu'on fasse « moite-moite » ?* (Knobelspiess).

ETYM. forme doublement apocopée. contemporain.

moko *n.m.* → **MOCO.**

mollanche *n.f.*

Vx. Laine.

ETYM. suffixation arg. de **molle.** 1628 [Chéreau], encore en 1957 chez Sandry-Carrère.

mollard ou **molard** *n.m.*

Crachat (plutôt gras) : *Le bicot a mis un terme à ses exercices de tir salivaire. Il a ravalé son mollard prêt à fuser et craché à la place un fort juron arabe* (Malet, 1). SYN. glaviot.

ETYM. de **moelle** et du suff. péj. **-ard.** 1865 [Larchey].

mollarder *v.i.*

Cracher : *Ils ont mollardé tant et plus, ils ont rempli les paillassons* (Céline, 5).

◆ *v.t.*

Payer.

ETYM. de **mollard.** 1866 [Delvau].

◆ *v.t.* 1907 [Esnault].

mollasse *adj.*

Mou (au physique ou au moral) : *Si quelque chose demandait à être extirpé de fond en comble, c'était l'esprit mollasse des bureaucrates* (Malaquais).

ETYM. vieille forme suffixée et péj. de **mou.** 1559, Amyot [TLF] ; *n.f.* « femme lymphatique » 1866 [Delvau].

molleton ou **molletegomme** *n.m.*

Mollet : *Elle peut passer gaiement dans un champ de chardons / Ell' risque pas d'se piquer les moll'tons* (P. Perret). *Tony, là, tout à coup, se trouvait frappé par la tombée de la jupe sur la gambille. Ça tenait à quoi ? Le jeu d'ombres mouvantes ? La coupe juste à l'amorce du moltegomme ?* (Simonin, 1). *Dans l'ensemble c'est pas des Vénus qui traînent avec les grivetons... des divines nymphettes... plutôt de la cambroussarde un peu hébétée... du moltogomme rougeaud* (Boudard, 5).

ETYM. suffixation arg. de **mollet,** avec sans doute influence de **gomme,** faisant allusion aux bandes molletières « collées » au mollet. d'abord *molleton* vers 1883 [Esnault].

VAR. **molltegomm(e)** ou **moltogom :** 1930 [id.]. **moltegomme** : 1957 [PSI]. **molletogome** : 1953 [Sandry-Carrère]. **mollegomme** : 1961, Céline. **moltogomme :** 1977 [Caradec].

molletonné, e *adj.*

Se dit de qqn qui est timoré, inhibé.

ETYM. de **molleton.** 1986 [Merle].

mollir *v.i.*

Se calmer ; ralentir : *Pour un peu il aurait ordonné au loche de mollir d'allure, tant lui bottaient les gens de ce quartier* (Simonin, 5). *Je suis rentré chez moi. Il ne fallait pas mollir,*

vérifier certains trucs, ne rien laisser en rade, en suspens (Pouy, 3).
ETYM. emploi probablement issu de la marine (« faiblir », en parlant du vent). 1842, L. Reybaud [TLF].

mollo ou **molo** *adv.*
Doucement : *Je note ça vite fait. Je reglisse le portefeuille, tout doux, mollo-mollo, ça y est* (Bauman). *Machinalement, Sacco aspira longuement une nouvelle bouffée, puis une autre, une autre encore. « Ho ! Ho ! Mollo ! Pense aux copains ! » s'écria l'amoureux discret* (Varoux, 1). *J'ai trouvé dans le frigo des œufs, du lard et une tomate. J'ai tout disposé dans la poêle et laissé frétiller molo* (Oriano). **Y aller mollo,** agir avec modération : *Il aurait pu y aller mollo dans la couleur des tifs. Avec cette rouquinerie, il n'a pas besoin, le bougre, d'un acte de naissance !* (Combescot).
ETYM. suffixation pop. de **mollement.** 1933 [Esnault]. Est passé dans l'usage fam. courant.

môme *n.*
Enfant : *À travers le brouillard, je vois débouler la Chouette avec le môme à Bras-Rouge, le petit Tortillard* (Sue) ; s'emploie aussi adj. : *Quand j'étais môme et que j'allais chez des copines d'école qui avaient des parents coolos, ça me faisait drôle* (*Actuel*, février 1982). **Taper un môme,** commettre un infanticide. **Faire couler un môme, faire descendre le môme,** provoquer un avortement.
◆ *n.m.*
1. Adolescent joli garçon : *Un gars bath, pas vrai ? Avec sa moustache blonde... Je l'adorais, c'môme-là. Ah ! c'qu'on a fait des noces ensemble !* (Méténier). **2.** Jeune homosexuel : *Ce gnome est un petit Priape [...] Il a toujours sous sa protection quelque môme plus grand que lui qu'il mène à la baguette* (Humbert).
◆ *n.f.*
1. Jeune fille, jeune femme : *Et la petite môme, quelle perle ! Il se vit avec elle sur le grand canapé, quelle nuit ç'aurait été !* (Delacorta). Entre dans la composition de nombreux sobriquets : *J'avais la môme Fil de Fer sur les genoux* (Cendrars). *La Môme Piaf.* **2.** Petite amie, maîtresse : *Ma môme / Elle joue pas les starlettes / Elle met pas des lunettes / De soleil* (Jean Ferrat).
ETYM. probablement d'une racine onomatopéique expressive. dès 1549, Du Bellay [Delvau]. 1821 [Ansiaume]. **Taper un môme** et **faire couler un môme,** 1878 [Rigaud].
◆ *n.m.* **1.** 1820 [Desgranges]. **2.** 1841 [Moreau-Christophe].
◆ *n.f.* **1.** 1845, Raban [TLF]. **2.** 1866 [Delvau].
DER. **momaque** *n.m.* Enfant : 1836 [Vidocq]. *n.f.* Petite fille : 1977 [Caradec]. **momesse** *n.f.* Fillette : 1866, Vallès [Esnault]. **momeresse** *n.f.* Même sens : 1866 [Delvau]. **mômeuse** *n.f.* Accoucheuse : 1847 [Dict. nain]. **mômier, ère** *n.* Accoucheur : 1836 [Vidocq].

mômerie *n.f.*
Comportement ou action hypocrite : *Le maréchal (du temps qu'il parlait) ajouta à cette mômerie chrétienne une mômerie marxiste : « Abolition de la condition prolétarienne »* (Werth, 2).
ETYM. de l'anc. fr. **momer,** se masquer, ou de **mahumerie** (issu de **Mahomet),** influencé par *môme.* 1671 [Pomey].
DER. **momier, ère** *n.* Bigot : 1895, Huysmans [TLF].

momie *n.f.*
Personne âgée : *Un instant je me suis vu caracolant sur la piste, à draguer mes momies pour rien, aucun résultat, si ce n'est un flirt avec une beauté de soixante-dix ans* (Ravalec).
ETYM. emploi ironique du mot usuel. 1994, Ravalec.

momignard, e ou **momichon, onne** *n.*
Enfant : *Une femme torchant son momignard qui a, le vilain, chié clair dans ses langes* (Clébert). *Elle est marrante, c'te momignarde !* (Machard, 2). *J'étais déjà filou quand j'étais petit, tout momichon j'étais filou* (Bastid-Martens).
ETYM. mot-valise composé de **môme** et de **mignard.** *momignard* masc. 1829 [Forban] ; fém. 1836 [Vidocq] ; *momichon* 1936 [Devaux].
DER. **momignarder** *v.i.* Accoucher : 1901 [Bruant]. **momignardage** *n.m.* Accouchement : 1878 [Rigaud]. **Momignardage (à l'anglaise** ou **en purée).** Fausse couche : [id.].

mominette *n.f.*
1. Adolescente, jeune fille : *Les mominettes sont comme les dames du monde : elles grouillent du cul l'après-midi* (Louÿs). **2.** Vx. Absinthe servie dans un verre à bordeaux : *Vous prendrez bien une Mominette. – Sur le pouce, dit Nichette. Le patron lui-même versa la liqueur, qui devint opaline quand on y ajouta de*

l'eau (Rosny jeune). **3.** Demi-dose de pastis: *Ce n'est pas encore l'heure du pastis, mais avec ces chaleurs, que prendre d'autre qui puisse réjouir la soif?* [...] *Quatre poings énormes saisissent en même temps les quatre minuscules mominettes* (Audouard). [On rencontre les abrév. **momi** et **momie**.] **4.** Petite bouteille de vin blanc sec ; petit verre de blanc : *De bistrots en bastions, de mominettes en cafés crème, nous partîmes donc à six au hasard des mauvaises directions* (Céline, 1).

ETYM. diminutif de **môme. 1.** vers 1880 [Cellard-Rey]. **2.** 1894 [Virmaître]. **3.** 1957 [Sandry-Carrère]; *momi* 1953 [Esnault]. **4.** 1932, Céline [TLF].

mômir *v.t et i.*

Vx. Enfanter, accoucher: *Sa femme vient de mômir le quatrième. Elle est accouchée fin décembre* (Gill).

ETYM. de **môme.** 1867 [Delvau].

monaco *n.m.*

Vx. **Du monaco** ou **des monacos,** de l'argent : *Trouv'-t-on sans monaco / Sans risque de bobo / Un ang' pour fair' dodo / Là-haut!* (chanson *Là-haut,* paroles de A. Willemetz, 1923). *Le petit négro / Pour gagner des monacos / S'mit à fair' d' la boxe anglaise* (chanson *À la Martinique,* paroles de Christiné).

ETYM. emploi du nom géographique comme nom commun, par allusion à la monnaie frappée au XIXe s. par le prince Honoré V de Monaco, et qui n'eut pas de succès auprès des Français. 1842, Verat et Eustache [Quemada].

VAR. **monac:** 1854, Alyge [Larchey].

mondaine *n.f.*

Brigade de la police chargée de la répression du proxénétisme, des jeux clandestins et du trafic des stupéfiants: *Si je peux mettre dix mecs sur les armuriers et râper quelques tuyaux à la mondaine, je sais qui c'est dans quarante-huit heures* (Japrisot). SYN. mœurs.

ETYM. abrègement de **brigade mondaine.** 1925 [Esnault].

monde *n.m.*

Il y a du monde, c'est important, puissant, etc. (notamment en parlant d'un moteur, d'un engin motorisé). **Il y a du monde dans le train,** il y a foule. → BALCON.

ETYM. façon pop. et pittoresque d'exprimer la puissance. 1967, publicité Renault [GR].

moniche *n.f.*

Vulve: *Quand on lui a logé le bout de la queue dans la moniche, c'est tout ce que la môme peut prendre* (Louÿs).

ETYM. à rapprocher de **minette, minou.** 1864 [Delvau].

monorgue *pron. pers.* → MÉZIG.

monouille *n.f.*

Monnaie, argent: *Elle les aurait aboulés, les pélauds, nom de Dieu – et en bonne monouille, à ce coup, pas d'erreur!* (Stéphane).

ETYM. suffixation pop. de **monnaie.** 1894, *le Père Peinard.*

VAR. **menouille:** 1870, Poulot.

monseigneur *n.m.*

Vx. Instrument d'effraction: *S'il y a des secrets dans vos secrétaires, dans vos armoires, ouvrez-les, autrement vous vous exposerez aux ravages du Monseigneur, de la terrible pince, à laquelle aucune combinaison de serrure ne résiste* (Vidocq). *L'assassin a ouvert une porte avec un monseigneur: deux choses nocturnes!* (Balzac, 1).

ETYM. par changement de « noyau » dans l'expression **Monseigneur le Dauphin** (→ DAUPHIN). 1827 [Demoraine].

monsieur *n.m.*

1. Protecteur d'une fille entretenue. **2.** Tenancier d'une maison close. **3. Ces messieurs de Paris,** le bourreau et ses aides: *Il faut chercher une autre cause que celle qui fit pendant si longtemps des Sanson, des messieurs de Paris, en perpétuant leur terrible charge de génération en génération* (Claude). *Dessouder un flic? Le hachoir de Monsieur de Paris était au bout du parcours* (Le Breton, 3). **4. Ces messieurs,** les policiers (abrév.: **ces mess** ou **ces**): *Elle sortit à reculons, stupéfaite et déconcertée d'en avoir déjà terminé avec ces « messieurs » de la « secrète »* (Méra). **5. Ces messieurs** ou **messieurs les Hommes,** appellation de l'ensemble des hommes du milieu: *Le caractère chevaleresque, l'amour-propre, le point d'honneur de ces messieurs?* (Carco, 7). **6.** Vx. Mesure d'eau-de-vie à quatre sous.

ETYM. emplois spécialisés et valorisants (ou péj. au sens 4). **1.** 1752 [Esnault]. **2.** 1877, Goncourt [Rigaud]. **3. Ces messieurs,** 1829 [Forçat]. **4.** 1867 [Esnault] ; *ces mess* 1878 [Rigaud] ; *ces* 1889 [Esnault]. **5. Ces messieurs,** 1948, Carco. **6.** 1852, Halles [Esnault].

monstres *n.m.pl.*

Nom donné par les policiers « officiels » à ceux qui se réclament des « polices parallèles ».

ETYM. emploi emphatique du mot usuel. 1975 [Arnal].

montage *n.m.*

1. Ensemble de cartes préparées par un tricheur. **2.** Piège, traquenard tendu par la police.

ETYM. de **monter**, construire, tendre. **1.** 1878 [Rigaud]. **2.** 1950 [Esnault].

montagne *n.f.*

1. Homme fort et courageux. **2.** Vx. **Montagne du grand crédo** ou **montagne de géant,** potence.

ETYM. emplois métaphoriques et grossissants. **1.** 1977 [Caradec]. **2. Montagne du grand crédo,** 1847 [Dict. nain] ; **de géant,** 1878 [Rigaud].

montant, e *adj.*

1. Serveuse montante, serveuse qui accepte de faire des passes à l'étage d'un bar. **2. Bar montant,** café où se pratique la prostitution : *Le port devient un temple éclaté de la prostitution. Des dizaines de bars montants papillotent près du fleuve* (*Libération,* 10 juin 1981).

◆ *n.m.*

Vx. **1.** Pantalon. **2.** Escalier.

◆ *n.f.*

Vx. **1.** Culotte : *J'ai grinchi deux cigues dans la sonde de la montante* (Ansiaume). **2.** Échelle : [Le bourreau] *a débâclé sa roulante, tiré son sac, une montante* (Méténier).

ETYM. emploi adj. du participe présent de **monter. 1.** 1977 [Caradec]. **2.** 1981, *Libération.*

◆ *n.m.* **1.** 1835 [Raspail]. **2.** 1901 [Bruant].

◆ *n.f.* **1.** 1800 [Leclair]. **2.** 1836 [Vidocq].

monte *n.f.*

1. Au jeu, partie jouée sur commandite : *Première monte chez Mérovée. Qu'est-ce que j'ai pu les baratiner, les clilles !* (Simonin-Bazin). **2.** Pour une prostituée, action de faire un client : *Bien sûr, des montes à deux cigues ça permet des scores sérieux... Toutes les frangines peuvent pas turbiner dans les hauts tarifs !* (Simonin, 8). **SYN.** montée, passe. **Monte musclée,** flagellation.

ETYM. déverbal de **monter. 1.** 1935, Simonin-Bazin. **2.** 1957 [Sandry-Carrère]. **Monte musclée,** 1975 [Arnal]. Il y a ici jeu de mots avec **monte,** accouplement des chevaux.

monté, e *adj.*

1. Bien monté ou **monté comme un âne, un bourricot, un taureau,** pourvu d'un « splendide appareil d'amour » (Genet) : *Peut-être, si tu es monté comme un mulet, craint-elle vraiment de ne pouvoir loger ta merveille dans son petit musée* (Cellard). *Tous* [les harengs] *ne sont pas des épées dans l'étreinte, montés comme les bourricots* (Boudard, 2). *Matadore Millerin avait la réputation d'être monté comme un taureau. Contrairement à l'idée courante, il n'en tirait aucune vanité et en récoltait beaucoup d'emmerdements* (Destanque). **Monté comme un serin,** doué d'un pénis modeste. **2. Montée sur forets de 6 mm** ou **sur suédoises,** se dit d'une fille qui a les jambes très minces.

ETYM. emplois métaphoriques de l'adj. usuel signifiant « équipé, pourvu ». **1.** XVIe s., Brantôme [Delvau]. **Monté comme un âne,** 1936, Céline. **2.** 1953 [Sandry-Carrère].

montée *n.f.*

1. Perte progressive de conscience sous l'influence de la drogue : *En une ou deux minutes, le cocaïnomane passe de l'état normal à celui dans lequel il serait après un séjour prolongé en altitude. Cette « montée » est quasiment inexistante avec les amphétamines* (Cahoreau-Tison). **2.** Syn. de monte au sens 2 : *Mais elles, pas un client sérieux de toute la soirée, juste une bière, un soda par-ci, par-là, pas une montée* (Bastiani, 1).

ETYM. emplois métaphoriques du mot usuel. **1.** 1986 [Le Breton]. **2.** 1960, Bastiani.

monte-en-l'air *n.m.inv.*

Voleur qui opère dans les étages (pas nécessairement en acrobate, par la façade) : *Si on ne répond pas, et que la porte puisse s'ouvrir sans effraction et sans fausse clef – car le monte-en-l'air est toujours distinct du cambrioleur –, il entre et prend rapidement ce qu'il trouve, porte-monnaie, argenterie, parfois même argent et billets* (Locard). *Pas forcé*

d'ouvrir à c't'heure, des fois que ça serait des monte-en-l'air (Malaquais).
ETYM. mot composé auto-définitoire. 1885, Méténier [Larchey].
VAR. **monteur-en-l'air** : 1889 [Esnault].
DER. **montage en l'air** *n.m.* Vx. Vol pratiqué de cette manière : 1899 [Nouguier].

monter *v.i.*

1. Traiter un client en chambre, en parlant d'une prostituée : *Elle travaillait à la Madeleine et ça faisait deux fois en trois jours qu'elle montait avec ce type* (Giovanni, 1). **2.** Se rendre sur le lieu de son activité principale (généralement délictueuse) : *Mais dis, l'Élégant, reprit Sauveur, avec un sourire hypocrite, tu devais pas monter un peu sur le tas, toi aussi, avec Toussaint et le Petit-Nino ?* (Bastiani, 1). Vx. **Monter aux durs,** partir pour le bagne. **3. Monter aux ordres,** au jeu, enchérir fortement, sur ordre du tenancier du tripot. **4.** Vx. **Monter à l'échelle, à la butte,** être guillotiné.
◆ *v.t.*
1. Faire monter (un client) dans la chambre (on trouve parfois **faire monter la femme**, en parlant du client). **2.** Échafauder (une combinaison délictueuse) : *Au dessert, on montait des coups, c'est-à-dire que l'on s'exerçait l'imagination à trouver de nouveaux moyens de faire des dupes* (Forçat).
ETYM. emplois sociologiquement spécialisés du verbe usuel. **1.** 1864 [Delvau]. **2.** 1935 [Esnault]. **Monter aux durs** [id.]. **3.** 1906 [id.]. **4. Monter à l'échelle,** 1872 [Larchey] ; **à la butte,** 1953 [Sandry-Carrère].
◆ *v.t.* **1.** 1883 [Esnault]. **2.** 1802, Henrion [Quemada].
DER. **monteur de coups** *n.* Individu qui mystifie : avant 1862, Festeau [Larchey].

montgolfière *n.f.*

1. Femme qui se prostitue par tempérament plus que par lucre. SYN. autobus. **2.** Nymphomane.
◆ **montgolfières** *n.f.pl.*
1. Testicules. **2.** Seins : *Vos montgolfières qui, depuis l'adolescence, rendaient vos amoureux si poétiques : « Ah ! tes lolos, Lola ! »* (Francos).
ETYM. emplois métaphoriques (idée de chaleur, de rotondité, etc.). **1.** 1975 [Arnal]. **2.** 1977 [Caradec].
◆ *pl.* **1.** 1960 [Le Breton]. **2.** 1983, Francos.

Montorgue (la) *n.pr.*

La rue Montorgueil, à Paris : *Alors, c'étaient les lascars de la Montorgue, Hélène ?* (Malet, 14).
ETYM. apocope de **Montorgueil.** 1955, Malet.

Montparno ou **Montpar** *n.pr.*

Le quartier Montparnasse, à Paris : *Dans les bals de la Villette, / De Bell'ville et de Montparno, / Valsez et faites la conquête / D'un p'tit homme peinard et costaud !* (chanson *la Valse des gigolettes*, paroles de L. Lelièvre et V. Damien). *Je commence à en avoir marre de Montpar et des planques* (Simonin-Bazin).
◆ **Montparnos** *n.m.pl.*
Les Montparnos, nom donné à divers peintres célèbres dans les années 1920, et habitant le quartier Montparnasse : *Pas une occasion de perdue, pour le patron de la Rotonde, de parler des Montparnos. Tous les peintres étaient passés par chez lui* (Vautrin, 2).
ETYM. resuffixation arg. et apocope de **Montparnasse.** *Montparno* 1876 [George] ; *Montpar* 1935, Simonin-Bazin (d'abord pour désigner les habitants de Montparnasse).
◆ *pl.* [id.].

montretout *n.m.*

Vx. Veston ne descendant pas plus bas que la taille.
◆ **Montretout** *n.pr.*
Aller à Montretout, passer la visite sanitaire, pour une prostituée.
ETYM. création humoristique d'un lieu de transparence. 1881 [Larchey].
◆ *n.pr.* 1878 [Rigaud] ; encore en 1988 [Caradec].

morasse ou **morace** *n.f.*

ARG. ANC. **Battre morasse,** appeler au secours, crier au vol ou à l'assassin.
ETYM. de l'ital. **battere la moresca,** faire du tapage (au propre, « danser la moresque »). 1803, langage poissard [Esnault], encore en 1881 [Rigaud].

morbac ou **morbaque** *n.m.*

1. Pou du pubis : *Mais Mc Taggart est pire qu'un morbac. Rien à faire pour le déloger* (*Actuel*, février 1985). **2.** Enfant : *Les mômes se sont pas arrêtés, où peuvent-ils fouiner en ce moment ? [...] Foutus morbacs* (Céline, 4).
ETYM. resuffixation arg. de **morpion. 1.** *morbaque* 1866 [Delvau]. **2.** *morbac* 1894 [Virmaître].
VAR. **morbèque** : 1878 [Rigaud].

morceau *n.m.*

1. Bouffer, casser, cracher, lâcher ou **manger le morceau,** faire des aveux, dénoncer ses complices (surtout au cours d'un interrogatoire) : *Latuit* [...] *était alpagué un jour ou l'autre et, à ce moment, il cassait le morceau pour sauver sa peau* (Malet, 12). *Je croyais qu'elle ne lâcherait jamais le morceau. Mais le gars Lambert est patient. Il finit toujours par savoir ce qu'il veut savoir* (Barnais, 1). *Il faudrait embarquer, faire dégueuler, courber les nuques sous l'eau froide, bourrer de café salé, laisser cuver avant de mettre à table. Et faire cracher le morceau* (Demouzon). *Freddy ne serait pas long, pour se dédouaner, à manger le morceau* (Larue). **2. Emporter** ou **enlever le morceau,** obtenir gain de cause, dans une négociation. **3. Casser le morceau à qqn,** lui asséner ses vérités, lui dire son fait : *Madame Noé y cassa le morceau tout en envoyant des perlouzes sous ses drapés tellement elle renaudait après le Grand Éclusier* (Devaux). **4. Un beau** ou **un joli morceau,** une belle fille : *Si la dame est jeune avec ça,* [...] *ça doit faire un joli morceau* (Daudet). **5.** Vx. **Morceau de salé,** petit enfant.

ETYM. emplois métaphoriques du mot usuel. **1. Manger le morceau,** 1798, Mercier [TLF] ; **casser le morceau,** 1844, Vidocq [Esnault]. **2.** 1866, Zola [TLF]. **3.** 1949, Sartre [id.]. **4.** 1864 [Delvau]. **5.** 1899 [Virmaître].

morcif *n.m.*

Morceau : *S'il en avait un morcif sur la patate !* (Boudard, 1). *J'avais finalement emporté le morcif en émettant l'idée d'aller faire, juste après la réunion de copros, une thalasso à Granville* (Pouy, 3).

ETYM. suffixation arg. de **morceau.** 1957 [Sandry-Carrère].

mordante *n.f.*

Vx. **1.** Scie. **2.** Lime.

ETYM. substantivation du participe présent de **mordre. 1.** 1836 [Vidocq]. **2.** 1847 [Dict. nain].

mordre *v.t.*

1. Mords-le ou **mords-y l'œil,** formules d'encouragement à l'un des participants d'une rixe. **2. C'est à (se les prendre et) se les mordre. *a.*** c'est très drôle ; ***b.*** c'est extravagant, ridicule : *Elle jura, puis : « La vie ! Y a de quoi se la mordre... »* (Malet, 11). **3. Mordre la langue à qqn,** le mépriser. **4.** Attraper. **5.** Comprendre : *C'était comme si je recevais une carte postale de l'autre bout du monde et qu'on ait écrit derrière : JE T'AIME, vous mordez un peu le topo ?* (Djian, 1). SYN. entraver, piger. **6.** Apercevoir, regarder : *Y a d'abord la concierge, et faut pas être mordu par elle* (Carco, 8). *Mords un peu la baraque, lui lança Joe en le secouant par les épaules, le tôlier il est cané à l'heure qu'il est* (Lépidis).

◆ *v.i.*

1. Mordre à, être convaincu par : *Il a pas mordu une seconde à mon baratin.* **2. Mordre dans le truc,** tomber dans un piège.

ETYM. emplois énergiques ou métaphoriques du verbe usuel, « saisir » par les mains, le cerveau, les yeux. **1.** 1977 [Caradec]. **2. *a.*** 1897, Rictus ; ***b.*** 1979 [Rey-Chantreau] (**les** pour *les testicules*). **3.** 1970 [Boudard-Étienne] (le sens est « prendre pour un giton »). **4.** 1527, *Vie de saint Christophe* [Esnault]. **5.** 1930 [id.] ; mais dès 1532, Rabelais, *mordre à qqch.* **6.** 1899 [Nouguier], mais pop. dès 1640 [Esnault]. Seulement à l'impératif en ce sens, selon Simonin-Bazin (1935).

◆ *v.i.* **1.** contemporain. **2.** 1957 [Sandry-Carrère], mais *mordre à l'hameçon* dès 1690 [Furetière].

VAR. **mordancher** au sens 6 : 1899 [Nouguier].

mords-moi (à la) *loc. adv.*

À la mords-moi le doigt, le nœud, le jonc, l'œil, le pif, le chose, etc., se dit de qqn ou de qqch qui est peu sérieux, peu sûr : *Oui, ta Suze est une pucelle à la mords-moi le doigt, qui aurait épousé, depuis, un ministre* (Margueritte). *C'est un coup de Zézé et de son mari, un mage fumeux à la mords-moi le nœud* (Bastid-Martens, 1).

ETYM. loc. péj. composée de **mordre** et de divers noms d'organes vitaux. **À la mords-moi le jonc,** 1910, Colette [TLF] ; **à la mords-moi le doigt,** 1922, Margueritte, mais dès 1914, Machard, *la princesse de la Mords-moi-l'doigt.*

mordu, e *adj. et n.*

1. Amoureux : *Je ne crois pas qu'il soit utile de cacher la connerie, je suis mordu comme un bleu, comme un gosse* (Fallet, 1). *Nos deux mordus* [Roméo et Juliette] *d'vaient faire gaffe de n'pas s'faire poirer* (Stollé). **2. Mordu (de),** passionné (de) : *Le noir, la blanche et la neige / Mènent le guinche au bal des camés / Voilà les mordus qui rallègent* (Vian, 1).

ETYM. emplois fig. du participe passé de **mordre. 1.** 1876, Goncourt [TLF]. **2.** 1926 [Esnault].

morfal, e ou **morfale** *adj. et n.*

Qui mange avec avidité, qui se sert abondamment de nourriture, glouton : *On se baignait. On jouait au ping-pong. On mangeait comme des morfales* (*Libération*, 17 août 1981).

ETYM. apocope de **morfalou.** 1935, Simonin-Bazin [TLF].

morfaler *v.i.* ou **se morfaler** *v.pr.*

1. Manger avec avidité, se goinfrer : *Vous morfalez face au déplaisant bâtiment où vous savez que les pensionnaires la sautent, ça vous décuplera l'appétit* (Blier). *Si je n'y avais mis bon ordre, ce pourri-là aurait été capable de se morfaler en bidoche !* (Le Dano). **2.** S'attribuer la plus grosse part dans un partage : *Nous, continua Augagneur, on s'est dit une chose : si les Fritz entrent dans la banque, ils vont se morfaler les lingots d'or* (Siniac, 5). **3.** Faire qqch de désagréable : *Si elle ne m'offrait pas l'accueil de son page, certain je loupais encore une fois le dur, le dernier métro, je me morfalais pédibus le trajet jusqu'au pont de Neuilly* (Boudard, 5). SYN. s'appuyer, se farcir.

ETYM. var. de **morfalier,** verbe rouchi, de même sens. **1.** 1951, Sète, *le Français moderne.* **2** et **3.** contemporain.

morfalou *n.m.*

1. Syn. de morfal : *Pour m'en aller, je tiens mes deux pains au-dessus de ma tête, aussi haut que je peux, hors de la portée de tous ces morfaloux* (Cavanna). **2.** Chauffeur de taxi appartenant à une compagnie, et âpre au gain : *Les hommes de grande journée, les « morfalous » cassaient la croûte avant d'aller chercher leur voiture* (Simonin-Bazin).

ETYM. de **morfaler.** 1902, Lyon [Esnault].

morfier, morfigner ou **morfiller** *v.t.*

1. Syn. de morfaler : *Qu'as-tu donc à morfiller ? / – J'ai du chenu pivois sans lance / Lonfa malura dondaine / Et du larton savonné* (chanson du XVIIIe s., *in* Vidocq). *Il nous faut bien morfiler une ripaille d'avergots* (Ansiaume). *Il s'agit de patienter jusqu'à la sorgue pour morfier quelque chose de plaisant comme du pain et du lard* (Mac Orlan, 11). *Dans un balancement de robe, Lisette traversa la terrasse fleurie de l'auberge. [...] Des types qui morfillaient restèrent la fourchette en l'air* (Le Breton, 3). **2.** Vx. Dénoncer. **3.** Vx. Faire (sens très général). **4.** Pratiquer le cunnilinctus.

ETYM. famille de verbes très complexe, issue du moyen haut-all. **murfen,** ronger, et qui a donné de nombreuses variantes. **1.** *morfailler* 1534, Rabelais ; *morfier* 1566, Rasse des Nœuds ; *morfer* 1623, Ch. Sorel ; *morfailler* 1636, Monet ; *morfiler* 1821 [Ansiaume] ; *morfiller* 1800, Leclair ; *morfigner* 1849 [Halbert], etc. Caradec enregistre encore, en 1988, *morfier* et *morfiler* (ainsi qu'au sens 4). **2.** 1847 [Dict. nain]. **3.** 1829, Hugo. **4.** 1928 [Lacassagne].

DER. **morfillage** *n.m.* Marque faite sur une carte à jouer avec les dents : 1901 [Bruant].

morfler *v.t.*

1. Recevoir (un coup, un projectile, une correction, etc.) : *Il est entré dans la mer, droit sur les requins. Il a dû morfler une balle, car à un moment il s'est arrêté* (Charrière). **2.** Être condamné à, subir (une peine) : *Comme je l'avais expliqué à César, le mec qui m'avait rencardé sur le magot, il avait morflé perpète* (Bastiani, 4). **3.** RARE. Condamner, punir.

◆ *v.i.*

1. Subir un dommage, des coups : *Kandahar a énormément morflé [...] 40 % de la ville est détruite* (*Libération*, 27 décembre 1985). *« Dégage, si tu veux pas morfler », ordonne le conseiller* (Demure, 2). **2.** Être condamné lourdement : *Plus les feuillets tournent, avec la description détaillée des enquêtes et des perquises, la liste des objets retrouvés chez moi et sur moi, [...] plus je sens qu'on va morfler* (Sarrazin, 2).

ETYM. altération, par syncope, du précédent. **1** et **2.** 1926 [Esnault]. **3.** 1977 [Caradec].

◆ *v.i.* **1.** 1957 [Sandry-Carrère]. **2.** 1965, Sarrazin.

morgane *n.f.*

Sel : *Si tu demandais du sel... – De la morgane ! mon fils, ça coûte pas cher* (Vidocq).

ETYM. du mot romand **moire,** saumure, et du suff. **-gane.** 1821 [Ansiaume] (encore en 1988 chez Caradec).

morgané, e ou **morgane** *adj.*

Épris de : *Tu sais ma môme que j'suis morgane de toi* (Renaud).

ETYM. participe passé de **morganer.** 1910 [Esnault]. Le chanteur Renaud a relancé ce mot en 1983, en supprimant le phonème [e] en finale.

morganer *v.t.*

1. Mordre : *Le voyou ne cria pas. Mais tout juste. Il n'eut que le temps de se morganer les lèvres* (Le Breton, 1). **2.** Manger : *Personne envisageait de se serrer un peu à table pour qu'il puisse morganer une petite part du gâteau* (Simonin, 1). **3.** Apercevoir. **4.** Dénoncer : *Donne un bouquet à la gothon pour l'empêcher de morganer* (Ansiaume).

◆ *v.i.*

Pratiquer le cunnilinctus.

ETYM. mot d'origine romane (cf. arg. piémontais **murcar,** manger, et esp. **murguir,** id.). **1.** 1835 [Raspail]. **2.** 1932 [Esnault]. **3.** 1921 [id.]. **4.** 1821 [Ansiaume].

◆ *v.i.* 1928 [Lacassagne].

moricaud *n.m.*

Vx. **1.** Broc pour servir le vin dans les pots de terre dits « petits pères noirs ». **2.** Café noir. **3.** Charbon : *Pauvre Madame, elle n'a plus un fifrelin pour mettre du moricaud dans son poêle !* (Combescot).

◆ **moricaud, e** ou **mauricaud, e** *n.*

VIEILLI. Désignation raciste du Noir : *Cet abominable moricaud, la pupille braquée sur Claude, semblait avide d'anthropophagie* (Le Dano). *Il y avait là* [dans le gourbi] *une petite mauricaude qui t'avait donné dans l'œil* (Villars).

ETYM. suffixation pop. de **more** ou **maure. 1.** 1836 [Vidocq]. **2.** vers 1883 [Esnault]. **3.** 1847 [Dict. nain].

◆ *n.* 1808 [d'Hautel].

morlingue *n.m.*

1. Vx. Argent qu'on a sur soi. **2.** Porte-monnaie ; portefeuille : *Je lui remets la somme demandée qu'il range soigneusement dans son morlingue* (Tachet). **Congestionné du morlingue,** bien pourvu en argent. **Constipé du morlingue,** avare.

ETYM. abrègement et var. de **porte-morningue. 1.** 1883, Macé [Esnault]. **2.** 1889, Bruant. **Congestionné** et **constipé du morlingue,** 1948 [Esnault].

☞ **mormé**

→ Liste des argots spécifiques *page [33].*

mornifle ou (vx) **mornif** *n.f.*

1. Coup sur le visage ; gifle : *Le premier qui avance, déclara le Français, j'y allonge sur le blair une mornifle qui lui fourrera le museau en marmelade* (Forton, 1). **2.** Monnaie, argent : *Quand il n'a plus de mornif, il brode des billemonts* (Ansiaume). *J'ai du flaconnard, trois cigues, une calbombe et un peu de mornifle* (Trignol). *C'était le plus jeune des frères Estoufacado, deux Niçois qui, pendant un temps, s'étaient défendus comme des lions dans la fausse-mornifle* (Bastiani, 4).

ETYM. d'un verbe **mornifler,** issu de **mor(re),** museau, et de **nifler,** donner un coup sur le nez ; le sens financier viendrait de l'idée de « frapper » (une pièce). **1.** 1609, Victor [TLF]. **2.** *mornif* 1821 [Ansiaume].

VAR. **morningue :** 1878 [Rigaud].

DER. **morniflard** *n.m.* Porte-monnaie : 1977 [Caradec].

mornifler *v.t.*

1. Payer. **2.** Gifler, frapper : *Les culottés morniflant à perdre haleine la poulaille éperdue qui ne pouvait se dégager* (ADG, 4).

ETYM. v. le précédent. 1926 [Esnault].

DER. **mornifleur (tarte)** *n.m.* Faux-monnayeur : 1836 [Vidocq].

morphino *adj. et n.*

Morphinomane.

ETYM. apocope de **morphinomane.** 1957 [Sandry-Carrère].

morpion *n.m.*

1. Pou du pubis : *Vous vous accrochez à moi comme des morpions parce que vous avez envie que je vous donne des sous* (Viard). **2.** Enfant insupportable : *Jean Roquin haussa les épaules. Sa femme exagérait. Un morpion de dix ans* (Duvert). **3.** Individu importun ou méprisable : *Abel l'envoya à mille diables, par la pensée, et se demanda ce qu'allait devenir ce morpion dans quelques instants* (Giovanni, 1). **4.** Jeu d'écolier consistant à aligner cinq croix ou cinq ronds sur un papier quadrillé, avant l'adversaire.

ETYM. de **mordre** et du wallon **pion,** pou. **1.** 1532, Rabelais [TLF]. **2.** 1866 [Delvau]. **3.** 1878 [Rigaud]. **4.** 1924 [Esnault].

mort, e *adj.*

1. Vx. Détenu. **2.** Vx. Condamné. **3.** Vx. Mis au secret : *Quand on me dit quelque chose (montrant de la main sa poitrine), c'est là... c'est mort* (Vidocq). **4.** Hors d'usage : *La batterie est morte.* SYN. nase. **5. C'est mort** ou **elle est morte,** c'est fini, il n'y a plus d'espoir de réussite : *Si ça peut t'arranger, je t'envoie cent sacs dès que j'arrive chez moi. Mais pour ce boulot, c'est pas la peine d'insister, c'est mort pour cette fois* (Giovanni, 3) ; se dit notamment d'une bouteille vidée, d'une journée de travail terminée, etc. **6. Être mort dans le dos,** être transi de froid.

◆ **mort** *n.m.*

1. Vx. Condamné à mort. **2.** Vx. Homme ivre. **3.** Partenaire quasi inexistant (à la belote). **4.** Mauvais cheval : *La légende veut qu'il y eut beaucoup de « morts » derrière elle, Sloan ayant intéressé la plupart des jockeys de la course* (Neuter, 1). **5.** Au baccara, enjeu accru frauduleusement, après la sortie du point gagnant.

◆ **à mort** *loc. adv.*

À fond, extrêmement : *Ils dépassèrent un groupe apparemment camé à mort* (Rank).

ETYM. emplois génér. emphatiques et/ou péj. de l'adj. usuel. **1.** 1797, Orgères. **2.** 1829 [Forban]. **3.** 1828, Vidocq. **4.** 1903, Huysmans [TLF]. **5.** 1918 [Esnault] ; « journée de travail » 1957 [Sandry-Carrère]. **6.** 1828, Vidocq.

◆ *n.m.* **1.** 1841, geôliers de la Conciergerie [Esnault]. **2.** 1885 [id.]. **3.** 1953 [Sandry-Carrère]. **4.** 1925, Neuter. **5.** 1875, Cavaillé [Larchey].

◆ *loc. adv.* XIIIe s. [Duneton-Claval].

mortibus *adj.*

Mort : *Puis l'Autobus, / Comm'un obus / Vous tamponn', vous êtes mortibus* (chanson *Dans mon pays*, paroles de L. Boyer). *Tu n'aurais pas dû cogner si fort, je crois qu'elle est mortibus* (Le Dano).

ETYM. suffixation plaisante, pseudo-latine, de **mort,** p.-ê. sous l'influence d'*omnibus* ou du lat. d'Église. fin du XIXe s. [Cellard-Rey].

morue *n.f.*

1. Prostituée : *Ces filles !... Dis ces morues, oui, parce que c'est rien d'autre que des morues... Et pas dégoûtées encore !* (Simonin, 5). **2.** Fille, femme, en général : *Si tu fais le con, mon pote te fait sauter la tête, et moi, je tire dans le ventre de ta morue. C'est enregistré ?* (Manchette, 3) ; terme d'injure : *Vous voulez du scandale, vieille morue, vous allez en avoir !* (Simonin, 8).

ETYM. métaphore très injurieuse, qui fait pendant à *maquereau.* **1.** 1849 [Esnault]. **2.** 1862 [Larchey]. Dès 1808, d'Hautel donne l'exemple : *J'en suis las comme d'une vieille morue,* je suis fatigué, dégoûté de cette personne.

motal *n.f.*

Motocyclette, dans l'argot des policiers.

ETYM. resuffixation pop. de **moto.** 1975 [Arnal].

motard *n.m.*

Motocycliste (notamment de la police routière) : *Le motard entra juste au moment où la communication était passée au commissaire* (Méra).

ETYM. apocope et resuffixation de **motocycliste** avec le suff. **-ard,** ici non péj. « civil » 1937 [Esnault] ; « policier » 1952 [id.]. Est passé auj. dans la langue fam. courante.

1. motte *n.f.*

1. Vx. Prison centrale. **2.** Mont de Vénus, pubis : *Il lui conseilla de s'épiler la motte : tout le monde n'appréciait pas les jeunes poils, chère Claire* (Duvert). **3.** Anus. **Se faire défoncer la motte,** être homosexuel.

ETYM. emploi métaphorique du mot usuel, au sens d'« éminence ». **1.** 1878 [Larchey]. **2.** vers 1370, Jean le Fèvre [TLF]. **3.** 1953 [Sandry-Carrère].

2. motte, mot' ou **moit'** *n.f.*

Moitié. **Faire la motte,** partager les frais.

ETYM. apocopes et altérations pop. de **moitié.** 1921 [Esnault]. **Faire la motte,** 1957 [PSI].

1. mou *n.m.*

1. Poumon : *Là qu'on m'a placé pour que je me rebecte les mous. Le professeur Sylvestre ne me trouvait pas assez à point pour son bistouri* (Boudard, 1). **2.** Ventre : *Nous avions même salement écopé, nous deux le collègue, mi d'un coup de lingue dans le mou, et li d'un pruneau dans l'fressure* (Stéphane). **Avoir le mou enflé,** être enceinte. **Rentrer dans le mou à qqn** ou (vx) **enfler le mou à qqn,** le frapper : *Je m'vengeais sur l'pantre* [sans argent sur lui] *en lui enflant l'mou* (Brissac). **3. C'est du mou,** c'est un mensonge : *Ferdinand ! Penses-tu ! Balle-peau ! [...] Tout ça, c'est du mou !* (Céline, 5).

ETYM. emploi métonymique (d'origine méditerranéenne) du mot usuel : « partie molle de l'individu » (cerveau, poumon ou ventre). **1.** 1901 [Bruant]. **2.** 1928, Stéphane. **Avoir le mou enflé,** 1881 [Rigaud]. **Enfler le mou,** 1880, Brissac ; **rentrer dans le mou,** 1918, Arnoux [Doillon]. **3.** 1936, Céline (issu de *bourrer le mou*).

2. mou *adv.*

Doucement, sans violence : *Maurice le gifla deux fois avec son poing fermé. « Vas-y mou, dit Zézette, c'est un môme »* (Sartre).

ETYM. emploi adverbial de l'adj. 1940-1944, Guérin.

moucala *n.m.* → MOUKALA.

mouchacho, cha *n.*

Jeune garçon ; fillette.

ETYM. de l'esp. **muchacho, muchacha,** même sens; le fém. est rare et les variantes nombreuses. *mouchacho* 1867 [Esnault] ; la forme la plus anciennement attestée serait *mouchachou* 1830, sabir algérois [id.].

mouchailler *v.t.*

ARG. ANC. Apercevoir, regarder : [Le grand Coesre,] *quand il m'eust mouchaillé, me fit approcher de sézière* (Responce au grand Coesre).

ETYM. dér. de **moucher.** 1628 [Chéreau], nombreux exemples.

mouchard *n.m.*

1. Indicateur de police : *Tu te doutes bien que je fais partie de la Grande Administration. Alors ? – Mouchard. C'est complet. – Pas de gros mots. Inspecteur principal, chargé de mission* (Merlet). **2.** Délateur : *Enfin, il faut aider la police. Les bons citoyens doivent collaborer à l'arrestation des malfaiteurs. – Oui, dans un pays de mouchards* (Paraz, 1). **3.** Œilleton permettant de voir à l'intérieur d'une cellule. **4.** Appareil servant à exercer une surveillance ou un contrôle (sur des machines, des camions, dans un sas, etc.). **5.** Vx. **Mouchard à bec,** réverbère (type 1769).

ETYM. de **mouche** et du suff. péj. **-ard. 1.** 1567, H. Junius [FEW]. **2.** 1798, Orgères. **3.** 1953 [Esnault]. **4.** 1821 [Mézière], pour désigner le tableau où figure la liste des occupants d'une maison; « à bord d'un camion ou d'un train » 1957 [Sandry-Carrère]. **5.** 1847 [Dict. nain].

mouchardage *n.m.*

Action de dénoncer qqn : *Je sais comment il faut interpréter cette parole de colère, cette généralisation de rage. Elles signifient que le mouchardage lui est intolérable* (Werth, 2).

ETYM. du verbe **moucharder.** 1796, Babeuf [TLF].

moucharde *n.f.*

Vx. **1.** Espionne de la police : *Vidocq avait sous sa main une centaine de mouchardes* (Lhéritier). **2.** La police. **3.** La Lune.

ETYM. fém. de **mouchard. 1.** 1829, Vidocq. **2.** 1889, Macé [Esnault]. **3.** 1811, chanson [Vidocq].

moucharder *v.t.*

1. Espionner : *Puis, tu sais, je n'aime pas qu'on me moucharde. Fiche-moi la paix* (Zola). **2.** Dénoncer : *C'est le vieux des Halles qui m'a vendu, hein ? Ou alors quand j'ai pris le train à Maisons, une bourrique qui m'aura mouchardé à la gare* (La Fouchardière).

ETYM. de **mouchard. 1.** 1596, A. Richart [Littré]. **2.** 1893, Courteline [TLF].

DER. **mouchardeur** *adj.m.* Qui dénonce : 1926 [Esnault].

mouche *n.f.*

1. Attraper ou **compter les mouches,** se dit d'une femme qui, au cours du coït, pense (fâcheusement) à autre chose : *Quand Cézigue a fait un' touche / La môme n'attrape pas les mouches* (chanson *la Java de Cézigue,* paroles de R.-P. Groffe). *Et quand les mirontons / Font leur petite affaire / J'compte les mouches au plafond !* (Dimey). **2. Tuer les mouches au vol** ou **à quinze pas,** avoir une haleine très fétide : *Mon bijou... c'que tu sens mauvais, / Tu t'rinc's la dalle avec un pet, / À quinz'pas tu tuerais des mouches !* (Rictus). **3. C'est à cause des mouches,** s'emploie pour éviter de répondre à une question gênante. **4.** Espion, indicateur, délateur, mouchard : *Vas-y donc ma fille, descends dans la rue, probable que tu rencontreras les mouches pas bien loin... sur le trottoir* (Allain-Souvestre) ; par ext., policier : *Loulou lui jeta quelques-uns de ses quolibets habituels concernant les bourres, flics, mouches, roussins, vaches à roulettes et hirondelles selon les dénominations argotiques de l'argousin à pied, à cheval ou à bicyclette* (Sabatier). **5.** Agent des brigades légères d'intervention. **6.** Balle d'arme à feu.

◆ *adj.*

Vx. Exprime une appréciation négative, au physique ou au moral : *Un singe, apercevant le buste d'un lettré, / Un buste de Monsieur Littré, / Mouche quoique flatté, s'écria, très sincère : / « Belle tête ! on dirait le portrait de ma mère ! »* (Gill).

ETYM. emplois métaphoriques et animalisants du mot usuel : l'espion est indiscret et importun comme l'insecte. **1. Attraper les mouches,** 1927, R.-P. Groffe. **2. Tuer les mouches au vol,** avant 1850, Balzac [Larchey] ; **à quinze pas,** 1862 [id.]. **3.** 1883 [Boutmy]. **4.** 1389 [Esnault]. **5.** 1975 [Arnal]. **6.** 1855 [Esnault].

◆ *adj.* 1841, Lucas [TLF] (à rapprocher de *moche* ?).

moucher *v.t.*

1. Espionner. **2.** Abattre ; atteindre, plus ou moins grièvement : *J'ignore si les nouveaux venus, qui semblaient faire partie, eux, de l'armée régulière, en mouchèrent quelques-uns* (Héléna, 1). *Gilbert se traîna vers lui, le souleva, puis l'ayant laissé retomber lourdement, revint d'un bond. – Pas la peine, il est bien mouché... Il râle déjà...* (Dorgelès). **3.** Remettre à sa place, contredire, réprimander : *Voilà bien comment il fallait moucher cette chiffe de Hirsch !* (Malaquais). **4. Moucher la chandelle.** ***a.*** se masturber, en parlant d'un homme ; ***b.*** pratiquer le coïtus interruptus.

◆ *v.i.*

Vx. **Moucher sur qqn,** le dénoncer.

◆ **se moucher** *v.pr.*

1. Ne pas se moucher du coude ou **du pied,** avoir des prétentions excessives, se croire important : *Ils se mouchaient pas du pied, ils se prenaient pour la crème de la société* (Blier) ; demander un prix exorbitant pour qqch : *Il se mouchait pas du coude, ce Tintin, c'était une rouille portée six sacs en inventaire ! Il se soignait* (Simonin, 3). **2.** Vx. **Se moucher de (une pièce de monnaie),** la dérober.

ETYM. de **mouche** (1) et du lat. **muccare,** émettre de la morve. **1.** XVe s. [Esnault]. **2.** 1640 [Oudin]. **3.** 1464, *la Farce de Maistre Pathelin* [TLF]. **4.** ***a.*** 1881 [Rigaud] ; ***b.*** 1867 [Delvau].

◆ *v.i.* 1860 [Esnault].

◆ *v.pr.* **1.** 1808 [d'Hautel]. **2.** 1875, Cavaillé [Larchey].

1. mouchique *adj.*

Vx. De première qualité : *Là-dessus, buvons la goutte [...] La v'la l'enflée, c'est de l'eau d'affe, elle est toute mouchique, celle-là* (Vidocq).

ETYM. probablement par amalgame de **moult,** très, et de **chic.** 1829, Vidocq.

2. mouchique *adj.*

Vx. **1.** Laid. **2.** Qui a mauvaise réputation. **Almanach mouchique,** casier judiciaire chargé. **3.** Infirme. **4.** Dangereux.

ETYM. de **mouche,** laid, et du suff. **-ique. 1** et **2.** 1835 [Raspail]. **Almanach mouchique,** 1899 [Nouguier]. **3.** 1846, *Intérieur des prisons*. **4.** 1899 [Nouguier].

DER. **mouchiquerie** *n.f.* Abomination : 1847 [Dict. nain].

3. mouchique *n.f.*

Vx. Chandelle.

ETYM. de **mouchon,** bout de chandelle [Esnault]. 1800, Leclair.

mouchodrome *n.m.*

Crâne chauve : *Un peu plus déplumé que l'an dernier. Mais ce serait une occasion de plus pour se foutre de son mouchodrome* (Guérin).

ETYM. de **mouche** et du suff. **-drome,** employé ici de façon humoristique. 1940-1944, Guérin.

mouchoir *n.m.*

1. Mettre qqch dans sa poche et son mouchoir par-dessus, être obligé de supporter un affront sans réagir : *Mais oui, mon chéri, tu as raison. Empoche ça, et mets ton mouchoir par-dessus* (Guérin). **2. Dans un mouchoir,** se dit d'une arrivée de course qui se joue sur un écart infime. **3.** Vx. **Mouchoir d'Adam,** les doigts. **4.** Vx. **Mouchoir de poche,** revolver.

ETYM. emplois spécialisés du mot usuel. **1.** 1883 [Larchey]. **2.** 1909 [Esnault]. **3** et **4.** 1867 [Delvau].

moudre *v.t.*

En moudre. ***a.*** pédaler ferme, en parlant d'un cycliste ; ***b.*** se livrer à la prostitution : *Elle en moud. Elle cherche le micheton, répliqua le Brestois en détaillant un bref instant la belle gosse* (Risser) ; ***c.*** dormir profondément.

ETYM. emplois métaphoriques du verbe usuel : la prostituée « fait du blé » (avec ses meules). ***a.*** 1927 [Esnault] ; ***b.*** 1946 [id.] ; ***c.*** 1918 [id.].

mouetter ou **moueter** *v.i.*

1. Sentir mauvais. **2.** Avoir peur : *Qu'il mouette, l'infect, perde un peu ses légumes à l'idée que je pouvais remettre en question sa placarde au soleil* (Boudard, 1).

ETYM. d'une racine helvétique **muf-,** moisir, avec influence de **fouetter. 1.** 1899 [Nouguier]. **2.** 1962, Boudard.

moufette *n.f.*

C'est de la moufette, c'est sans intérêt.

ETYM. emploi métaphorique du mot usuel, désignant un mammifère à fourrure qui, pour se défendre, projette un liquide malodorant. 1977 [Caradec].

Mouffe (la) *n.pr.*

La rue et le quartier Mouffetard, à Paris (V^e arrondissement) : *Je m'engageais alors dans la populaire et populeuse Mouffe. Je n'allais jamais plus loin que la place Contrescarpe* (Malet, 1).

ETYM. apocope de **Mouffetard.** *la rue Mouf* 1882, *le Clairon* [Fustier].

mouflet, ette *n.*

Petit garçon, petite fille : *Kaleb bâilla, Ferdinand et lui durent se lever pour laisser passer un mouflet qui allait pisser* (Klotz). *Tu vois comment ça raisonne déjà bien une mouflette de cet âge ? On se demande pourquoi c'est la peine de les envoyer à l'école* (Queneau, 1).

ETYM. d'un radical expressif **muff-** : idée de « gonflé, joufflu ». 1866 [Delvau], qui donne *mouffler,* enfler le visage.

moufter *v.i.*

Prendre la parole, réagir (dans des tours négatifs) : *Dans le film, j'ai pas l'intention de moufter là-dessus. Motus !... Sans ça faudrait reparler de trop de choses....* (Audiard). *Elle a pas moufté, Mémé. Pas un mot. Rien* (Veillot).

ETYM. var. du dial. **mouveter,** remuer, issu de **mouvoir,** attesté dès le XVIe s. 1896 [Delesalle].

mouillage *n.m.* → MOUILLURE.

mouille *n.f.*

Fesse (surtout au pl.) : *Il passait* [...] *ses noilles à jouer au tringlomane avec les mignonnes esclaves qui y allaient pas que d'une mouille* (Devaux).

ETYM. détournement métaphorique du mot rural **mouille,** herbage où suinte une source [Esnault]. 1926 [id.].

mouillé, e *adj.*

1. Qui a mauvaise réputation, qui est suspect, compromis : *Il s'appelait Marc le Gitan. Il était mouillé jusqu'aux os et sa mentalité défiait les épreuves* (Giovanni, 1). *Féfé, à Buenos, avait certainement rencontré des mecs qui, mouillés jusqu'aux yeux avec les Chleuhs, s'étaient déguisés en courants d'air à la Libé* (Bastiani, 4). **2.** Ivre.

ETYM. emploi adj. du participe passé de **mouiller. 1.** 1836 [Vidocq]. **2.** 1866 [Delvau].

mouiller *v.i.*

1. Avoir peur : *Si tu mouilles, on t'oblige pas à nous suivre !* (Clavel, 2). [On rencontre aussi **mouiller son froc.**] **2.** Jouir sexuellement, en parlant d'une femme : *Elle mouillait pas, elle inondait. Un torrent de sécrétions il charriait son canal* (Blier) ; au fig. : *La joie du casseur est une joie physique* [...] *Quand il cambriolait, il jouissait de l'orteil aux cheveux. « Il mouillait »* (Genet). **3. (En) mouiller pour qqn,** le désirer physiquement (pour les deux sexes) : *Elle ajouta en argot : « J'en mouille pour vous... » Ce que la phrase avait d'équivoque lui parut une douceur à la fois un peu obscène et délicieuse* (Rosny jeune).

◆ *v.t.*

1. Compromettre : *Chacun pense plus qu'à ça, quitte, le temps de courtes interférences, à maudire l'infect qui l'a mouillé dans un bain aussi saumâtre* (Simonin, 5). *Le journaliste était très mouillé avec la Yougoslavie* (Fajardie, 1). **2. Mouiller sa chemise, sa liquette, son maillot,** faire de gros efforts : *La jeune ouvrière rêve de devenir une star. À force de mouiller sa liquette dans les concours de disco-dancing, elle y parvient* (*Libération,* 25 juin 1985). **3. Mouiller la meule,** prendre la première consommation de la journée ; par ext., boire, s'enivrer : *Mais qu'est-ce que vous aviez donc fait ?* [...]. *Ben, on avait un petit peu mouillé la meule* (Clavel, 3).

◆ **se mouiller** *v.pr.*

1. S'engager dans une affaire en prenant des risques, se compromettre : *J'réussis à l'emballer, j'me mouille d'un bahut* (Simonin-Bazin). *Hier encore, j'étais disposé à prendre quelques risques pour protéger la réputation de Maillard, mais je n'ai pas la moindre envie de me mouiller dans une affaire de meurtre* (Averlant). **2.** Vx. Boire avec excès.

ETYM. allusion aux liquides excrétés sous l'effet de la peur ou de la jouissance (sens intr.) ; à rapprocher des loc. *se jeter à l'eau, être dans le bain,* etc. (sens tr. et pr.). **1.** 1936, Céline (mais emploi proche chez E. Deschamps, au XIVe s.). **2.** 1864 [Delvau]. **3.** d'abord *en mouiller pour* 1893, Richepin [TLF].

◆ *v.t.* **1.** 1881 [Rigaud]. **2.** 1888, Darien. **3.** 1979, Vers [Giraud].

◆ *v.pr.* **1.** 1886 [Esnault]. **2.** 1866 [Delvau].

DER. **mouillard** *n.m.* Vx. Ivrogne : 1876, *le Figaro* [Larchey]. **mouilleuse** *n.f.* Femme prompte à s'émouvoir sexuellement : 1979, Vautrin.

mouillette *n.f.*

1. Compromission, risque : *Ça ne changerait pas grand-chose à sa vie, la mouillette en moins, et c'est peut-être ça qui lui manquerait* (Trignol). **Aller à la mouillette,** syn. de se mouiller au sens 1. **2.** Langue (organe). **3.** Morceau de pain des soupeurs. SYN. baba.

◆ **mouillettes** *n.f.pl.*

Fesses. **Avoir les mouillettes,** avoir peur, hésiter : *N'aie donc pas les mouillettes / Vas-y, tonton, fais une photo !* (P. Perret).

ETYM. de **mouiller** et du suff. diminutif **-ette. 1.** 1935 [Esnault]. **Aller à la mouillette,** 1960 [Le Breton]. **2.** 1953 [Sandry-Carrère]. **3.** 1977 [Caradec].

◆ *pl.* 1982 [Perret].

mouillure *n.f.* ou **mouillage** *n.m.*

Compromission ; corruption : *Virgile qui, en guise de gratification, avait vu se réduire le prix des lavages, quitta la taule sain et sauf de toute « mouillure » et complètement dégoûté* (Simonin-Bazin).

ETYM. de **mouiller,** compromettre. *mouillure* 1935, Simonin-Bazin ; *mouillage* 1939 [Esnault].

mouisard, e *adj.*

Miséreux, démuni : *Davidson, fort mouisard, reçoit un jour la visite d'une Américaine qui lui achète 10 000 francs de sculpture* (Galtier-Boissière, 1).

ETYM. de **mouise,** et du suff. péj. **-ard.** 1901 [Bruant].

mouise *n.f.*

1. Vx. Soupe : *Avis à ceux qui ont envie de briffer la mouise !* (Humbert). **2.** Vx. Excréments ; boue. **3.** Misère : *Cette somme me permettra de tenir deux mois* [...]. *Après, c'est la Mouise avec son cortège dénué d'agréments* (Mac Orlan, 4). *Ils n'avaient pas un sou. Après avoir renoncé à des jeux fades, ils suivirent le ruisseau : « La mouise, quoi ! » ricana Martin, qui connaissait le style des grands* (Rosny). **Être dans la mouise,** être dans la misère ou avoir de gros ennuis. **4.** Malchance : *La mère s'est collée avec différents jules, les gosses ont zoné, erré de mouise en mouise* (Knobelspiess).

ETYM. mot franc-comtois, issu de l'all. **Mues,** bouillie. **1.** 1821 [Ansiaume]. **2.** 1888 [Esnault]. **3.** 1892, Verlaine [George]. Ce sens est passé dans l'usage fam. courant. **4.** 1984, Knobelspiess.

moujingue *n.*

Enfant : *Sa nombreuse marmaille : un tas de moujingues effrontés, dépenaillés* (Le Breton, 1). *J'aurais aimé savoir* [...] *Je suis curieux comme une moujingue au cours d'éducation sexuelle* (Barnais, 1).

◆ *adj.*

De petite taille : *Mézigue est tout miteux, tout moujingu', tout chétif* (Marcus).

ETYM. sans doute resuffixation pop. de **muchacho.** 1915 [Dauzat] ; Esnault signale un fém. régional (ouest de la France) *moujasse,* fillette, 1915, Niort.

◆ *adj.* 1945 [id.].

moukala, moucala ou **boukala** *n.m.*

Revolver : *Messire dégaine un moukala gros comme ça, au canon interminable biscotte le silencieux vissé au bout* (San Antonio, 7). *C'était Tony, mains aux hanches, un boukala dans chaque poing* (Le Breton, 2).

ETYM. mot arabe, « fusil à pierre ». *moucala* 1863, A. Camus [Sainéan] ; *moukala* 1883 [Fustier] ; *boukala* 1953, Le Breton.

moukère ou **mouquère** *n.f.*

1. Femme d'Afrique du Nord : *Nous aperçûmes, dans les coins, / Des êtres du genre « moukère », / S'épuisant en des baragouins* (Ponchon). *Il y rôde bien* [autour du fortin] *des mouquaires, un tas de moricaudes* (Méténier). **2.** Femme en général (notamment prostituée) : *La grand-mère était aux anges de savoir son Jojo applaudi et adulé par l'orchestre de moukères. Elles te cherchent, les filles de la Colonne ?* (Lépidis). *Marre d'être sa femme-objet, une esclave, une sorte de mouquère à tchador, ou de négresse !* (Coatmeur).

ETYM. de l'esp. **mujer,** par le sabir algérien **moukera. 1.** 1830, Alger [Esnault]. **2.** 1878 [Rigaud]. Ce mot a été très pop., notamment à travers mainte chanson raciste.

VAR. **moukière** : 1902 [Esnault].

moulana *n.m.*

Le soleil : *Le Moulana voit tout, dit le gosse en montrant du doigt la voûte du ciel (ce geste qui accompagne en Afrique le nom du Tout-Puissant a fait que pour les Bat' d'Af, c'est-à-dire en bon argot de Paris, le moulana veut dire un soleil torride)* (Paraz, 2).

ETYM. de l'arabe **Mulana,** Notre Maître (un des noms d'Allah). 1942, Paraz, repris par P. Perret en 1982.

1. moule *n.f.*

1. Vulve : *Elle se la saccadait bien la fente... Elle se faisait tremblocher la moule !* (Céline, 5). **2.** Personne niaise, imbécile : *François balayait ces craintes-là, Benoît et Camille étaient des moules. Qu'ils boivent un bon coup, s'ils avaient peur* (Duvert).

◆ *adj.*

Gauche, maladroit : *Allez-y !... et tâchez d'être un peu moins moules* (Gill).

ETYM. emplois métaphoriques : analogie de forme (1), de consistance (2). **1.** 1928 [Lacassagne]. **2.** 1878-79, *la Petite Lune* [TLF].

◆ *adj.* 1878, Gill.

2. moule *n.m.*

Vx. **1. Moule à pastilles, à gaufres,** visage grêlé de petite vérole. **2. Moule à merde,** postérieur.

ETYM. emplois ironiques du mot technique. **1. Moule à pastilles,** 1870, Poulot ; **à gaufres,** 1867 [Delvau]. **2.** 1864 [id.].

mouler *v.t.*

1. Abandonner, quitter : *Probable qu'il était à table et qu'il ne veut pas mouler ses invités avant la poire Bellissima Héléna* (San Antonio, 7). **Se mouler,** divorcer. **2. (En) mouler,** se livrer à la prostitution : *Une gonzesse qu'en fait à la Charbonnière, c'est une sale putain. Une qui en moule à la Madeleine, ça s'appelle une respectueuse, une accueillante* (Trignol).

ETYM. sans doute issu de **mouler le fil,** quitter, au sens 1 ; le sens 2 est une var. ou p.-ê. une confusion morphologique avec *(en) moudre.* **1.** 1899 [Nouguier]. **2.** 1946, Trignol [Cellard-Rey].

moules *n.m.pl.*

Avoir ou **foutre les moules,** avoir peur ; faire peur.

ETYM. déverbal probable de **mouler,** au sens de « déféquer ». 1976, E. Hanska [Cellard-Rey].

moulin *n.m.*

1. Roue de jeu de hasard. **2.** Au jeu, main composée de quatre cartes noires et de quatre rouges. **3.** Moteur : *C'est vous la dame à la DS ? – C'est moi. – Le Patron m'envoie regarder votre moulin, il paraît qu'il ne tourne pas rond* (Abossolo). **4.** Magasin de receleur. **5.** Maîtresse qui rapporte : *Démerde-toi plutôt pour avoir deux ou trois moulins qui tournent* (Boudard-Étienne). **6.** Source quelconque de gains (tripot, bar). **7. En avoir dans le moulin,** être courageux. **8. Moulin (à paroles),** personne très bavarde : *Les informations venaient toutes seules et Benedict n'avait pas besoin de relancer le moulin* (Veillot). **Fermer son moulin,** se taire. **9.** Vx. **Moulin à merde.** ***a.*** bouche ; ***b.*** personne mal embouchée. **10.** Vx. **Moulin à vent,** postérieur.

ETYM. emplois métaphoriques (forme circulaire ou appareil à moudre, à faire du « blé »). **1.** 1888 [Esnault]. **2.** 1902 [id.]. **3.** 1909 [id.]. **4.** 1836 [Vidocq]. **5.** 1935, Simonin-Bazin. **6.** 1960 [Le Breton]. **7.** 1914 [Esnault]. **8.** 1680 [Duneton-Claval]. **Fermer son moulin,** 1944, Aymé [TLF]. **9. *a.*** 1864 [Delvau] ; ***b.*** 1881 [Rigaud]. **10.** 1808 [d'Hautel].

moulin à café *n.m.*

1. Vx. Orgue de Barbarie : *Allez, là-bas, Vert-de-Gris, un petit tour de moulin à café ! Et tandis que le petit vieux* [...] *jouait* En r'venant de la r'vue... (Méténier). **2.** Mitrailleuse : *Un tic-tac mat s'impose au milieu de cette mêlée de bruits. Ce son de crécelle lente est de tous les bruits de la guerre celui qui vous point le plus le cœur. – Le moulin à café !* (Barbusse). **3.** Mitraillette : *D'un seul coup, musique assourdissante : c'est le moulin à café de Blondy. Trois types s'écroulent pour avoir voulu jouer aux marles* (Tachet). **4.** Envoi de prostituées en relégation à la suite d'une rafle. **5.** Tribunal correctionnel. SYN. tourniquet.

ETYM. emplois métaphoriques du mot composé (idée de rotation distributive). **1.** 1866 [Delvau]. **2.** 1869 [Esnault]. **3.** 1947 [id.]. **4.** 1879 [Rigaud]. **5.** 1894 [Virmaître].

mouliner *v.i.*

1. Bavarder. **2.** Pédaler en souplesse, en parlant d'un cycliste. **3.** Se livrer à la prostitution : *Il s'avança jusqu'à Jobert, lui tendit une feuille de cahier où fleurissait le blaze des filles moulinant dans l'hôtel* (Risser).

ETYM. de **moulin. 1.** 1836 [Vidocq]. **2.** 1926 [Esnault]. **3.** 1973, Risser.

moulinette *n.f.*

1. Mitraillette. **2. Passer qqn à la moulinette.** ***a.*** le tuer : *Ce coup-ci, le Bonape est passé à la moulinette pour de bon !* (Viard) ;

b. le soumettre à un interrogatoire musclé. **Passer qqch à la moulinette,** le réduire, l'anéantir : *Les droits de l'homme ont été passés à la moulinette de l'amendement* (*Libération,* 9 janvier 1979).

ETYM. diminutif de **moulin,** nom d'un ustensile de cuisine (marque déposée en 1934). **1.** 1957 [Sandry-Carrère]. **2.** 1969, Viard.

mouloire *n.f.* ou **mouloir** *n.m.*

ARG. ANC. Bouche : *Cette gothon a un joli petit mouloir* (Ansiaume).

ETYM. de **mouler,** manger (Anjou). *mouloire* 1800, Leclair ; *mouloir* 1821 [Ansiaume].

moumoute *n.f.*

1. Perruque : *Il aurait pu se fendre d'une moumoute pour masquer son crâne plus chauve et luisant qu'une patinoire* (Houssin, 1). **2.** Veste en peau de mouton retournée.

ETYM. redoublement expressif, sans doute à partir du breton **maoutenn,** même sens, de **maout,** mouton. **1.** 1865 [Esnault]. **2.** 1973, *la Croix* [TLF].

mouniche *n.f.*

Vulve.

ETYM. suffixation arg. du mot dial. **moute,** chatte. 1835 [Raspail].

mouquère *n.f.* → MOUKÈRE.

☞ **mourmé**
→ Liste des argots spécifiques *page [33].*

mouron *n.m.*

1. Poils, cheveux. **2. Se faire du mouron,** s'inquiéter, être soucieux : *Dany est passée dans la soirée avec un pote à toi. Ils se faisaient un sale mouron à ton sujet, rapport à ce que tu t'étais fait kidnapper* (Bastiani, 4). **3. C'est pas du mouron pour ton serin,** ce n'est pas pour toi : *Il s'est payé un jeton de mat ce vieux gougnaffier. Qu'il se rassure j'suis pas du mouron pour son serin* (Devaux).

ETYM. emplois ironiques du mot usuel. **1.** 1878 [Rigaud]. **2.** 1948 [Lacassagne]. **3.** 1928, Stéphane [TLF].

mouronner *v.t.*

Inquiéter vivement qqn, le désespérer.

◆ **se mouronner** *v.pr.*

S'inquiéter, se faire du souci : *Laisse courir. Et t'mouronne pas pour mes moustaches. Pas besoin de se déguiser. Liski nous décarrera de là sans qu'on ait à jouer les Frégoli !* (Le Breton, 3).

ETYM. de **mouron.** 1968 [PSI].

◆ *v.pr.* 1954, Le Breton.

mouscaille *n.f.*

1. Excréments : *Il sait qu'on remue tellement la mouscaille, ce qu'il ne peut pas faire, lui, qu'une fois le précipité retombé, il trouvera la tête du ténia* (ADG, 1). **2.** Boue. **3.** Misère, malchance : *Je nous trouvais encore pas trop dévernis dans notre mouscaille* (Simonin, 3). **4. L'avoir à la mouscaille,** avoir de l'aversion ou du dégoût pour.

ETYM. de **1. mousse,** excrément, issu du breton **mous,** avec un suff. arg. **1.** 1836 [Vidocq]. **2.** 1914 [Esnault]. **3.** 1887, Verlaine [TLF]. **4.** 1926 [Esnault].

DER. **mouscailler** *v.i.* **1.** Déféquer : 1628 [Chéreau]. **2.** Puer : 1918 [Esnault]. **mouscailleur** *n.m.* Vidangeur : 1882 [Fustier].

mousmé ou **mousmée** *n.f.*

Femme, maîtresse : *Ô mousmés ! ô nounous ! / Lorsque j'en vois sans cesse / De votre rare espèce, / En plein cœur de jeunesse / Mourir autour de nous* (Ponchon). *Son œil vasouillard zieuta la mousmé qui, en tutu, se trémoussait sur le plateau* (Le Breton, 2). *Mousmée jolie dont mon cœur est épris / Je veux l'oubli* (chanson *Nuits de Chine,* paroles de E. Dumont, 1922).

ETYM. du japonais **musume,** jeune fille ou jeune femme. 1887, Loti [TLF].

1. mousse *n.f.*

1. Vx. Excréments. **2.** Vx. Misère. **3. Se faire de la mousse,** se tracasser, s'inquiéter : *N'vous frappez pas. Probablement qu'on se fait de la mousse pour rien. Y a sûrement personne dans la cour* (Robert-Dumas). **4.** Bière : *Il a envie d'être chez lui en savates, à boire tranquillement une Löwenbrau. Le désespoir viendra bien assez tôt. – Je te paie une mousse ?* (Demouzon). **5.** Poils du pubis : *Leur chanteuse se produit à poil pour les mioches, la mousse à l'air* (*Libération,* 4 décembre 1982).

◆ **mousse !** *interj.*

Syn. de merde ! : *L'jour n'est pas loin, oùsse / Qu'à tout ordremoralier, / L'électeur répondra : Mousse ! / Tu m'fais ch...anter !* (Gill).

ETYM. emplois métaphoriques de **mousse.** **1.** fin XVIe s. [Esnault], dans une formule d'injure. **2.** 1901 [Bruant]. **3.** 1899 [Nouguier]. **4.** 1982, Demouzon. **5.** 1982, *Libération*.
◆ *interj.* dès le XVIe s.
DER. **moussante** *n.f.* Bière : 1836 [Vidocq].

2. mousse *n.m.*

Vx. Apprenti, dans le bâtiment : *Je débutais comme « mousse » aux appointements de 85 francs par semaine, pactole qui allait me permettre d'amortir ma dette envers le père Blum* (Simonin, 7).
ETYM. extension du sens « maritime ». 1866 [Delvau].

mousseline *n.f.*

1. Vx. Fers de détenu. **2.** Vx. Pain blanc. **3.** Vx. Pièce d'argent. **4.** **C'est (pas) de la mousseline,** c'est (pas) facile : *C'était pas de la mousseline, je confirme, et cette répulsion pour les tronches sculptées dans le marron d'Inde avait d'étranges répercussions* (Simonin, 6). **SYN.** miel, sucre, tarte.
ETYM. métaphore de la matière malléable, facile à travailler. **1.** 1784 [Esnault]. **2.** 1835 [Raspail]. **3.** 1833 [Moreau-Christophe]. **4.** 1966, Simonin.

mousser *v.i.*

1. Déféquer. **2.** Être en colère. **3.** Vx. **Faire mousser,** malmener. **Faire mousser la lourde,** briser la porte. **4.** **Se faire mousser le créateur,** se masturber, en parlant d'un homme.
ETYM. de **1. mousse.** **1.** 1612, Péchon de Ruby. **2.** 1843, Dupeuty et Cormon [TLF]. **3.** 1756, Vadé. **Faire mousser la lourde,** 1800, Leclair. Le sens actuel de *(se) faire mousser,* (se) mettre en valeur (1808 [d'Hautel]) est devenu seulement fam. **4.** 1901 [Bruant].
DER. **mousserie** *n.f.* Latrines : 1822 [Mésière]. **moussine** *n.f.* Diarrhée : 1847 [Dict. nain].

moustagache *n.f.*

Moustache : *Il se requinque vite les moustagaches... Le voilà paré !* (Céline, 5).
ETYM. javanais de **moustache.** 1936, Céline.

moutard *n.m.*

1. Jeune garçon, enfant : *L'incroyable de l'affaire il était là, justement : que Kouba qui refusait farouchement de se fabriquer un moutard à elle prît en charge le rejeton d'une autre !* (Coatmeur). **2.** Apprenti.
ETYM. p.-ê. du franco-prov. **moutte, mote,** (chèvre) sans cornes. **1.** 1827, *Un monsieur comme il faut*. **2.** 1830 [Esnault]. Le fém. *moutarde,* au sens 1, est rare : 1834 [id.].

moutarde *n.f.*

Vx. **1.** Excrément. **Pot à moutarde,** postérieur. **2.** Misère, ennuis.
ETYM. emplois métaphoriques du mot usuel. **1.** 1867 [Delvau]. **Pot à moutarde,** 1901 [Rossignol]. **2.** 1901 [Bruant].

moutardier *n.m.*

1. Vx. Individu qui se croit important. **2.** Postérieur, fessier : *Peu s'en fallut qu'il se rentrât sa colichemarde dans le centre géographique du moutardier* (Devaux).
ETYM. de **moutarde.** **1.** 1808 [d'Hautel] ; le premier moutardier du pape était un personnage important : la charge fut fondée par Jean XXII, pape d'Avignon (1316-1334), pour son neveu. **2.** 1847 [Dict. nain], de *moutarde* au sens 1.

mouton *n.m.*

1. Faux détenu chargé de confesser un inculpé dont il partage la cellule : *La vendetta du bagne est terrible et expéditive. Si le mouton habite dans les cages, un matin on le trouve mort sans qu'il soit possible au plus habile médecin de découvrir la cause de ce brusque décès* (Leroux). *Le commissaire Pineau décide, en accord avec le juge d'instruction, de mettre dans sa cellule un « mouton ». G... risque de se confier plus volontiers à ses co-détenus* (Larue). **2.** Vx. Espion de police exerçant en ville : *Il y a là deux moutons qui m'ont joliment donné le taf* (Ansiaume).
ETYM. emploi métonymique du mot usuel (idée de docilité exploitable). **1.** 1769 [Esnault]. **2.** 1821 [Ansiaume].

moutonnage *n.m.*

Vx. Action de dénoncer : *Dans ce repaire* [...] *il y avait toujours bon nombre d'espions qui n'étaient là que pour faire des révélations à la police ou tout au moins du moutonnage* (Louis C..., *in* Zaccone).
ETYM. de **moutonner.** 1797 [Esnault].

moutonner *v.t.*

Dénoncer (un codétenu) : *Celui qui est « mouton » court le risque d'être assassiné par ses compagnons s'ils viennent à le savoir ; aussi la police parvient-elle rarement à décider les voleurs à « moutonner » leurs camarades* (Canler).

ETYM. de **mouton.** 1797 [Esnault].

moyen *n.m.*

1. Tâcher moyen de ou **que,** essayer de ; faire en sorte que : *Allez me recoudre ce pantalon. Et tâchez moyen de revenir un peu plus correct* (Paraz, 2). **2. Il n'y a pas moyen de moyenner,** il n'y a rien à faire : *À 20 h 15 précises, la grève éclata. Grève surprise, grève-bouchon à l'heure du bouclage ! Pas moyen de moyenner* (*Libération,* 3 juin 1982).

ETYM. emplois pop. et redondants du mot usuel. **1. Tâcher moyen de,** 1908, Hirsch ; **tâcher moyen que,** 1949, Sartre [TLF]. **2.** 1619, C. d'Esternod [Enckell]. Le verbe *moyenner* date du XIIIe s. [TLF].

moyenneur *n.m.*

Chauffeur de taxi qui travaille au compteur, en versant à son employeur un pourcentage sur la recette indiquée par l'appareil : *C'était des petits moyenneurs, des pères peinards, beaucoup de vieux qui avaient fait le Fiacre* (Simonin-Bazin).

ETYM. de **moyenne.** 1935, Simonin-Bazin.

[-muche]

suffixe entrant dans la dérivation de nombreux substantifs argotiques : **argotmuche, fatmuche, Ménilmuche, trucmuche,** etc. À rapprocher du vieil adj. **muche,** excellent, 1866 [Delvau].

muette *n.f.*

Vx. **1.** Conscience morale : *Es-tu poltron ! dit la Chouette avec mépris. Parle donc tout de suite de ta muette, ça sera plus farce* (Sue). **Avoir une puce à la muette,** éprouver un remords. **2. À la muette,** sans rien dire : *Alors, il faudrait m'éclipser à la muette ou me résigner à manquer l'entrée des troupes prussiennes* (Darien, 1).

ETYM. substantivation de l'adj. usuel. **1.** 1836 [Vidocq]. **Avoir une puce à la muette,** 1857, Sue [TLF]. **2.** 1855, Paillet.

muffée ou **muflée** *n.f.*

État d'ivresse avancée : *Madame, vous voyez bien qu'il est saoûl ! répliqua Gueule-de-Bois. – Ce brave commandant, il en a une « muffée » ! faisait Robert Bourrelier* (Leroux). *Hier au « Rendez-vous des amis » / Ouh la la ! je m'suis mis minable / Putain d'mufflée que j'me suis pris* (Renaud).

ETYM. de **mufle.** La forme *muffée* (1881 [Esnault]) semble la plus ancienne ; le *l* est réapparu récemment sous l'influence de *mufle ;* cf. cependant *muflée* au sens de « grande quantité », dès 1881 [Rigaud].

mufle *n.m.*

1. Nez ; tête : *Que je serai heureuse le jour où je verrai son mufle moufionner dans le son !* (Claude). **2.** Badaud naïf : *Fait's seul'ment que j'trouve et ramasse / Un port'-monnaie avec galette / Perdu par un d' ces mufs qui passent* (Rictus). **3.** Mauvais client : *L'homme qui ne fréquente pas les filles et qui les méprise est un* muf (Lucas).

ETYM. emplois métaphoriques du mot désignant le museau de certains mammifères. **1.** « nez » 1800 [Leclair] ; « tête » 1865, Barbier [TLF]. **2.** 1830 [Esnault]. **3.** 1841, Lucas [id.].

VAR. nombreuses formes abrégées : **muf, muff, mufe,** etc.

DER. **mufleton** *n.m.* Noceur novice : 1852 [Esnault].

mule *n.f.*

Petit passeur de drogue : *Pour détourner les soupçons,* [la filière] *trouve une mule : petit consommateur à qui on a vendu une faible dose de mauvaise héroïne et qui a eu l'impression de faire une bonne affaire* (Cahoreau-Tison).

ETYM. emploi métaphorique du mot désignant l'animal de trait. 1987, Cahoreau-Tison, mais bien antérieur, vu la date du dérivé.

DER. **mulet** *n.m.* Même sens : 1981 [Doillon].

mur *n.m.*

1. Groupe de camarades encadrant le délateur châtié : *Attention seulement à faire le mur autour du mangeur... je me charge du reste* (Sue). **2.** Complice masquant le travail du voleur à la tire. **3. Aller (droit) dans le mur,** courir à un échec, avoir pris une mauvaise direction : *Laissez-le exposer son plan ! – Moi, je vous dis qu'on va droit dans le mur !* (T. Colin). **4. Faire les pieds au mur,** exprimer sa satisfaction, son plaisir : *Cette nana, avec un mec pareil, elle fait pas souvent les pieds au mur.*

ETYM. emplois humanisés du mot usuel. **1.** 1843, Sue. **2.** 1911 [Esnault]. **3.** 2001 [GR]. **4.** contemporain.

mûr, e *adj.*

Ivre : *Et les soirs ousque tu rentr's mûr, / Tu leur cogn's la tronch' dans les murs* (Rictus).

ETYM. emploi métaphorique de l'adj. usuel : l'ivrogne est souvent rouge et « rond », comme certains fruits parvenus à maturité, et… prêts à tomber. 1901 [Bruant].

VAR. **muraille :** par calembour, 1931, Heuzé [Giraud].

DER. **se mûrir** *v.pr.* S'enivrer : 1901 [Bruant]. **se murdinguer** *v.pr.* Même sens : 1953 [Sandry-Carrère].

mûre *n.f.*

Vx. Coup de poing : *Suivant qu'il trouverait sa belle, il te saluerait d'une mûre que tu en verrais trente-six chandelles* (Vidocq).

ETYM. emploi métaphorique (analogie de forme entre le fruit et le poing fermé). 1828, Vidocq.

1. **musette** *n.f.*

1. Figure, visage : *Et v'lan, Chéri-Bibi z'y a soufflé du miel sur la musette !* (Leroux). **2. En avoir un coup dans la musette** ou **avoir sa musette,** être ivre. **3. Qui n'est pas** ou **qui ne tient pas dans une musette,** qui vaut la peine, qui est important : *Puis je fis savoir à ce brave homme qu'il nous faudrait deux chambres et un gueuleton qui ne tienne pas dans une musette* (Héléna, 1). **4.** Casier dans lequel l'inspecteur de police range les dossiers qu'on lui confie.

ETYM. diminutif de **museau. 1.** 1872 [Larchey]. **2.** 1974, Bastiani [Giraud]. **3.** 1901 [Bruant]. **4.** 1975 [Arnal].

2. **musette** *adj. et n.m.*

1. Se dit d'un accordéon spécialement désaccordé pour jouer les airs de bal musette. **2.** Style de danse ou de musique populaire et rythmé : *Une valse musette. Le musette a été très joué dans les guinguettes.* **3. Orchestre musette, bal musette** ou **musette,** orchestre ou bal où se jouent des airs de musette : *Recommandé par Émile Vacher, cela changeait tout, mais jeunot tout de même pour tirer sur le soufflet à Belleville, au musette* (Lépidis).

ETYM. il s'agit de la version moderne d'un anc. instrument à vent proche de la cornemuse, qui a pris la forme de l'accordéon. **1.** vers 1930. **2.** 1947, Sartre [TLF]. **3. Bal musette** et **musette,** 1912 [Villatte] ; **orchestre musette,** 1941, *l'Œuvre* [TLF].

musicien *n.m.*

1. Vx. Délateur : *Le musicien, feignant d'être prêt à tout, lui avait demandé de quelle opération il s'agissait* (Canler). **2.** Enjôleur. **3.** Escroc. **4.** Vx. Dictionnaire.

◆ **musiciens** *n.m.pl.*

Haricots.

ETYM. emplois métaphoriques du mot usuel, « qui joue ou fait jouer certaine musique ». **1.** 1848 [Esnault]. **2.** 1928 [Lacassagne]. **3.** 1953 [Sandry-Carrère]. **4.** 1867 [Delvau].

◆ *pl.* 1862 [Colombey].

musico ou **musicos** [-kos] *n.m.*

1. ARG. ANC. Escroc : *Vous revenez avec tous vos membres, c'est bien heureux quand on va dans des guêpiers pareils : vous savez à présent ce qu'est un musicos* (Vidocq). **2.** Musicien : *Ne sont que trois les musicos ! Mais font du bruit ! Ah je vous garantis qu'ils en font. Ali tape sur une batterie, la déesse joue de la basse et Andy chante en grattant une guitare* (Bauman).

ETYM. suffixation pop. de **musicien. 1.** 1828, Vidocq. **2.** 1853 [George], mais fin XVIIIe s. [Doillon], au sens de « café-concert ». Selon P. Merle (1986), en français branché, on prononce un *s* final, même au singulier.

musique *n.f.*

1. Vx. Délation. **Faire de la musique,** dénoncer, faire des révélations. **2.** Vx. Catégorie des détenus qui trahissent : *Confronté avec mes cosaques ainsi qu'avec la musique de la Conciergerie, il n'avait été reconnu ni par ceux-là ni par celle-ci* (Canler) ; local où on les isole pour les préserver des vengeances. **3.** Propos mensonger. **Jouer, monter une musique à qqn,** chercher à le tromper par des promesses : *J'ai formé le numéro de Fabienne, embarrassé, sachant pas à l'avance quelle musique lui monter pour me dégager* (Simonin, 3). **4.** Chantage. **5.** Correction administrée au détenu tout en le conduisant au cachot. **6.** Vx. **Aller en musique,** mendier. **7. Faire de la musique,** provoquer un esclandre, protester : *Pourquoi ils avaient été faire cette musique à ces deux mômes ? Ils voulaient même pas le savoir !* (Simonin, 1). **Baisse un peu ta musique !,** invitation à baisser le ton. **8. Connaître la musique,** connaître toutes les subtilités d'un métier, d'une pratique. **9. Monter une musique,** préparer une carambouille en louant des locaux, en passant commande de marchandises, etc.

◆ *adj. et n.*

1. Délateur : *Forçat, il est resté gamin* [...] *Bon enfant au surplus, « du sang » et pas musique* (Humbert). **2.** Menteur.

ETYM. emplois métaphoriques et ironiques du mot usuel : il s'agit la plupart du temps « d'en jouer un air »... ou de savoir lire une partition. **1.** avant 1862 [Esnault]. **2.** 1851 [id.] ; « local » 1878, Roquette [id.]. **3.** 1926 [id.]. **4.** 1960 [Le Breton]. **5.** 1929 [Esnault]. **6.** 1800, Leclair. **7.** 1878 [Rigaud]. **8.** 1880 [Esnault]. **9.** 1975 [Le Breton].

◆ *adj. et n.* **1.** 1872 [Esnault]. **2.** 1926 [id.].

DER. **musiquette** *n.f.* Chantage : 1977 [Caradec].

musiquer *v.i.*

1. Se plaindre. **2.** Tenir des propos trompeurs.

◆ *v.t.*

1. Persuader. **2.** Marquer (une carte).

ETYM. de **musique. 1.** 1920 [Esnault]. **2.** 1926 [id.].

◆ *v.t.* **1.** 1927 [id.]. **2.** 1881 [Rigaud].

mutchell *interj.*

Silence ! : *Soudain, le Gitan s'interrompit. Il porta un doigt à ses lèvres et souffla : « Mutchell ! »* (Le Breton, 1).

ETYM. mot gitan, de même sens. 1954, Le Breton.

Mutu (la) *n.pr.*

Salle de la Mutualité, à Paris, siège de réunions syndicales ou politiques.

ETYM. apocope de **Mutualité.** 1972 [George].

mystère *n.m.*

Bureau des mystères, service des « recherches dans l'intérêt des familles ».

ETYM. périphrase suggestive. 1953 [Esnault].

nabo ou **nabo-du-ca** *n.m.*

Caporal.

ETYM. largonji (avec ou sans infixe) de **cabo.** 1916, bat' d'Af' [Esnault].

nada *adv.*

Rien (souvent utilisé comme formule de dénégation) : *« Aïcha ! Montre-nous ta tranche, ton cul et ton portrait ! » Mais nada. Rien n'arrive. Personne* (Vautrin, 2).

ETYM. mot espagnol de même sens. 1901 [Bruant].

nageoires *n.f.pl.*

1. Vx. Favoris longs. **2.** Les mains ou les bras : *Je m'étais retrouvé avec une béquille sous chaque nageoire* (Bastiani, 4). **3. Avoir des nageoires,** être proxénète.

ETYM. emplois métaphoriques (analogie de forme). **1.** 1824 [Esnault]. **2.** 1842, chanson [id.]. **3.** contemporain.

nager *v.i.*

1. Ne pas comprendre, être désorienté : *Alors quoi ? – Alors on nage, Marcailhou. Vous allez me faire une enquête approfondie sur les victimes, leur vie professionnelle et privée* (Veillot). [On dit aussi **nager dans l'encre.**] **2.** Faire des efforts pour sortir d'une situation difficile : *Parce qu'au dépôt, vous parlez si on se fait ch... Des sous-offs qui nagent pour ne pas repartir et qui t'en font baver* (Dorgelès). **Savoir nager,** savoir se tirer d'affaire, se comporter à son avantage en toutes circonstances : *Quand on voit Cézigue / En bras d'chemis' qui fait le zigue, / [...] Mêm' les étrangers / Dis'nt : Y sait nager* (chanson *la Java de Cézigue,* paroles de R.-P. Groffe, 1927).

ETYM. emplois péj. (1) et technique (2) du verbe usuel : **nager,** pour les marins, signifie ramer, naviguer. **1.** idée de « patauger », 1916 [Esnault]. **2.** 1914 [id.].

nana *n.f.*

1. Prostituée : *Le souper fini, si mon Pierrot avait envie d'une des nanas, on le laissait faire à son goût* (Jamet). **2.** Concubine, compagne, maîtresse, voire épouse : *Ces durs sentimentaux qu'une avoine ne ferait pas mouffeter, se confessent parfois comme des premiers communiants, après un dernier baiser de leur nana* (Larue). **3.** Fille ou femme en général : *Une nana qui m'étonne, c'est une nana qui réussit ses pâtes. Pas celle qui fait un casse* (Topin). *Il ressort que neuf fois sur dix, les nanas aimeraient bien que les mecs leur parlent au féminin* (Sarraute).

ETYM. diminutif de **Anne,** popularisé par le roman de Zola, *Nana* (1880). **1.** 1949 [Esnault]. **2.** 1969, Larue. **3.** 1952 [Esnault].

nanar ou **nanard** *n.m.*

1. Vieillerie, objet sans valeur et difficile à vendre. **2.** Vieux film démodé des années 1930-1950 : *On projette « les Beautés des années cinquante » mais c'est pas pour ça qu'on est spécialisés dans le « nanar »* (Veillot).

◆ *adj.*

C'est nanar, c'est laid, inintéressant, sans valeur.

† forme du poignard

ETYM. redoublement de la deuxième syllabe de **panard.** **1.** vers 1900 [Esnault]. **2.** 1980, *le Nouvel Observateur.*
◆ *adj.* 1977 [Caradec].

nap, napo ou **nap's** *n.m.*
Pièce d'or (notamment la pièce de vingt francs à l'effigie de Napoléon).
ETYM. apocope de **Napoléon.** *nap* et *napo* 1887 Hogier-Grison [Esnault]; *nap's* 1909 [Esnault].

naphtaline *n.f.*
VIEILLI. Cocaïne (dans les années 1920-30).
ETYM. emploi métaphorique (analogie de couleur). 1925 [Esnault].
VAR. **naphte:** 1928 [Lacassagne].

narca *n.m.*
Journal: *Le maton du mitard* [...] *parachutait des tiges amerloques, des narcas, du coupe-la-soif* (Boudard-Étienne).
ETYM. verlan de **canard.** 1970, Boudard-Étienne.

nardène *adj. et n.*
PÉJ. Arabe, beur: *Est-ce que je ne pue pas? est-ce que je ne suis pas trop grossier? est-ce que je ne fais pas trop nardène de Barbès?* (Smaïl).
ETYM. de l'arabe maghrébin **na'din'muk!,** que la religion de ta mère soit maudite! 1996 [Merle].

nardu *n.m.*
Commissaire de police: *Sa manière au nardu d'engager la conversation* [...] *reniflait beaucoup trop le prélude au sondage, pour mon goût* (Simonin, 4).
ETYM. apocope de **nart-du-quart** (1937 [Esnault]), largonji à infixe de **quart.** 1953 [id.].

narines *n.f.pl.*
1. S'en jeter un (coup) dans les narines, boire. **2. Prendre qqch dans les narines,** écoper de. **En prendre plein les narines,** être fortement touché.
ETYM. locutions expressives. **1.** 1931, Chautard [TLF]. **2.** 1977 [Caradec].

narpi *n.m.*
Vin: *On s'engueule tous un peu et puis quelques godets de narpi plus loin, tout va mieux* (Lasaygues).
ETYM. verlan de **pinard.** 1985, Lasaygues.

narquois *n.m.*
ARG. ANC. Soldat vagabond et qui mendie: *Il y eut de ses narquois* [d'Attila] *qui, ennuyés de la grive, se prindrent à trucher* (Responce au grand Coesre). *Sur cette butte de terre* [Montmartre], *taraudée comme une fourmilière, un peuple de narquois, retour de guerre* (Mac Orlan, 5).
ETYM. probablement de **archer.** vers 1590, Tabourot [Esnault].

narzo *n.m.*
1. Langage des zonards. **2.** Jeune des banlieues: *Risquer de s'attacher à un narzo sinoquet dans son genre, tuer des gens, des flics, être en cavale, merci bien!* (Vautrin, 1).
ETYM. verlan de **zonard.** **1.** 1975 [Beauvais]. **2.** 1979, Vautrin.

1. **nase** ou **naze** *n.m.*
1. Nez: *Y a bien l'lendemain un type de liaison du 5e bataillon qu'est v'nu montrer son naz* (Barbusse). *Avec ce qu'il me souffle au naze dès qu'il s'approche de moi, il n'y aurait qu'à gratter une allumette pour qu'il se transforme en lance-flammes* (Bastiani, 4). **2.** Vx. Figure humaine. **3.** Vx. Postérieur. **4.** Vx. **Friser son nase,** être mécontent.
ETYM. de l'ital. **naso,** nez. **1.** *naze* 1835 [Raspail]. **2** et **3.** *naze* 1878 [Rigaud]. **4.** chanson, vers 1840 [Larchey].
VAR. **nazareth:** 1808 [d'Hautel]. **nazicot:** 1835 [Raspail]. **nazonant:** 1725 [Granval]. **nazbroque:** 1925 [Esnault], toutes au sens 1.

2. **nase** *n.m. et adj.* → **1** et **2.** NAZE.

naseau *n.m.*
1. Nez; narines (surtout au pl.): *Décarrant de votre crèche, les naseaux au vent, un brusque tropisme veut vous orienter vers les frondaisons du Bois* (Simonin, 10). *Pan dans les naseaux!* **2.** Vx. **Déboucher ses naseaux,** étudier le terrain.
ETYM. emploi animalisant et humoristique du mot usuel. **1.** 1910, Colette [TLF]. **2.** 1889 [Larchey]; l'image est celle d'un chien de chasse, d'un «limier».

nasque *n.f.*
Forte ivresse.
ETYM. p.-ê. de **2. naze,** avec influence de **casque.** 1975 [Le Breton].
DER. **nasqué** *adj.m.* Ivre: 1982 [Perret].

nasse *n.f.*

Vx. **Être dans la nasse,** être dans le dénuement : *C'est lorsque j'suis l'pus fauché, / L'pus dans la nasse...* (Rictus, 2).

ETYM. métaphore halieutique. 1897, Rictus.

natchave *adj.*

1. Branlant : *Le grand nègre, avec son croc natchave en façade, c'était le genre à engraisser les receleurs* (Houssin, 2). **2. Faire natchave,** s'enfuir : *Plutôt tendance à faire natchave, ce qui signifie en bon français s'enfuir... le courant d'air* (Boudard, 4).

ETYM. de **natchaver. 1.** 1982, Houssin, **2.** 1974, Boudard.

natchaver *v.i.* ou **se natchaver** *v.pr.*

1. S'en aller, partir : *Mon gérant m'a affranchi qu'Ali s'était natchavé avec le môme* (Le Breton, 2). **2.** S'évader.

ETYM. du romani **natchav,** je pars (→ ADJA). **1.** 1937 [Esnault]. **2.** 1941 [id.].

Nationale (la) *n.pr.*

La Sûreté nationale.

ETYM. abrègement de **Sûreté nationale,** secteur de la police qui traitait des délits commis en province, par opposition à la PJ. 1975 [Le Breton].

nattes *n.f.pl.*

Faire des nattes, embrouiller les choses ; s'embrouiller.

ETYM. loc. expressive. 1977 [Caradec].

nature *adj. inv.*

Naïf, facile à duper : *« Un conseil, les gars ! En principe, évitez le téléphone... Y peut être branché... » Le Catalan se détourna.* [...] *« Te casse pas le bonnet, Henri. On est pas nature à ce point-là. Tchao ! »* (Le Breton, 3).

◆ *adv.*

Naturellement : *Je sentais qu'il regardait du côté de la glace ; alors, moi aussi, nature !* (Carco, 2).

ETYM. emploi adjectival du subst. usuel (cf. *être colère*). 1867 [Delvau].

◆ *adv.* 1901 [Bruant].

naturlich *adv.*

Naturellement : *Des résistants, personne en a jamais vu. Y en a peut-être eu dix mille en tout. Je parle d'avant 45, naturlich, parce qu'après y en a eu vingt millions !* (Audiard). *Naturlich que je m'approche, en saluant à cul ouvert, comme de juste* (Stéphane).

ETYM. de l'all. **natürlich,** même sens. 1928, Stéphane.

VAR. **naturliche** : 1953 [Sandry-Carrère].

navaler *v.i.* ou **se navaler** *v.pr.*

S'en aller, partir.

ETYM. abrègement de **navaler du ca,** largonji à infixe de **cavaler** [Esnault], mais d'origine manouche pour Le Breton (1960). 1953 [Esnault].

nave ou **naveton** *n.m.*

1. Imbécile, naïf : *Les autres ont fait chorus. Il fallait que je sois un véritable extrait de nave pour m'être laissé refiler le paquet* (Malet, 1) ; terme d'injure : *Jean-Paul, il se bidonne, le nave !* (Boudard, 6). **2.** Mauvais film, navet : *Nous aimons les navetons 50 avec acteurs typiques* (*Libération,* 10 novembre 1982).

ETYM. de **navet,** par apocope ou suffixation arg. **1.** *nave* 1890, Macé [Esnault] ; *naveton* 1957 [Sandry-Carrère]. **2.** 1982, *Libération.*

VAR. **navetot** : 1899 [Nouguier].

DER. **navette** *n.f.* Sotte : 1952 [Esnault].

navedu ou **navdu** *n.m.*

1. Premier quidam venu. **2.** Naïf : *Il devait y avoir du linge dans cette taule, du navedu d'outre-Atlantique plein à craquer* (Simonin, 4).

ETYM. apocope de **nave-du-ca,** largonji à infixe de **cave. 1.** 1953 [Esnault]. **2.** 1955, Simonin.

navet *n.m.*

1. Client d'une prostituée. **2. Avoir du sang, du jus de navet,** être anémique ou poltron : *T'es donc pas un homme, qu'est-ce que tu as dans les veines ? du jus de navet* (Lorrain). **3.** Vx. **Des navets !,** formule de refus méprisant. SYN. des nèfles ! **4.** Vx. Pénis.

ETYM. emplois péj. du mot désignant un légume peu prisé. **1.** 1899 [Nouguier]. **2.** 1901 [Bruant] ; d'abord *jus de navet* 1828, Mérimée [TLF]. **3.** 1537, Bonaventure des Périers [Larchey]. **4.** 1920 [Bauche].

1. naze, nase, nazi ou **nasi** *n.m.*

Blennorragie ou syphilis, mal distinguées avant 1852, selon Esnault : *La nouvelle nous tomba sur la gueule comme tous ces sales trucs de la vie qui ne s'annoncent pas à l'avance : la variole, le naze, le tremblement de terre* (Trignol). *J'ai bien pensé perdre mon homme, parce que, dans c'temps-là, mesdames, avec le nase, vous passiez pas une nuit à Saint-Lazare, c'était Falguière jusqu'à être blanchie* (Cordelier). *Les gigolos l'ont perdue; et puis elle est devenue à moitié aveugle. Sans doute le nazi* (Galtier-Boissière, 2). **Cloquer le naze,** transmettre la syphilis. **Choper le naze,** contracter la syphilis : *Elle dit en riant : « J'ai encore chopé le naze. Tant mieux, ça fait des vacances ! »* (Cordelier).

◆ *adj.*

Qui est atteint d'une MST : *Depuis l'patron qu'a une maladie d'foie à François les petits pieds, qu'est juste en face de la banquette et qu'est nazi, j'vous en déviderais long* (Carco, 5). *Être nasi, ça veut dire qu'on a la grande variole* (Locard, 2).

ETYM. altération de **lazi,** blennorragie (→ LAZILOFFE), sous l'influence de **nase,** écoulement morveux et pathologique chez les chevaux. *nazi* 1878 [Rigaud], remplacé par la forme *naze* (parfois *nase*) depuis 1917 et surtout après 1930 ; *nasi* 1928 [Lacassagne].

◆ *adj. naz'* 1921 [Esnault] ; *naze* 1957 [PSI].

VAR. **nazillé** et **nazikoff** *adj.* : 1901 [Rossignol]. **nazbroque** *adj.* : 1922 [Esnault]. **nazique** *adj.* : 1957 [Sandry-Carrère].

DER. **naziquer** *v.t.* Communiquer une MST : 1977 [Caradec].

2. naze ou **nase** *adj.*

1. Pourri, abîmé, hors d'usage : *Les trois hommes dans la Mercedes-Benz ne parlaient pas. La clim était naze* (Villard, 4). **2.** Épuisé : *C'était mon cinquième dépannage de la journée, j'étais naze* (Djian). **3.** Ivre : *La Fernande ayant réussi à se mettre enfin sur pied entra dans la boutique cette fois complètement naze, jupe relevée, faisant voir qu'elle n'avait pas de culotte* (Lépidis). **4.** Fou, dérangé.

◆ *n.*

Individu taré : *Je fais mine de ne pas vouloir me laisser intimider, mais les deux nases gros bras se sont levés et menacent de me cogner maintenant* (Smaïl). *Qu'est-ce que vous foutez, bande de nazes ? Ça fait une heure que je vous appelle* (Roubaudi). *Si c'est ton amoureuse, Sally, tu t'y prends comme une naze* (Granotier) ; spéc., automobiliste ivre ou imprudent, dans le langage des motards : *Y a un nase qui m'a serré sur les boulevards et je me suis retrouvé dans le décor* (Page).

ETYM. de **1. naze 1.** *voiture naz'* 1953 [Esnault]. **2.** 1985, Djian. **3.** 1986, Lépidis. **4.** 1975 [Beauvais].

◆ *n.* 1982, Page.

3. naze *n.m.* → 1. NASE.

nazebroque *adj.*

Variante de 2. naze : *Toujours des histoires de culasse, de joints, de carter, d'embrayage nazebroque !* (Boudard, 6).

ETYM. de **2. naze** avec un suff. plaisant. 1922 [Esnault].

nécro *n.f.*

1. Autopsie. **2.** Notice nécrologique, dans le langage des journalistes : *De toute façon une nécro destinée à ce journal ne peut faire allusion aux magouilles* (G.-J. Arnaud).

ETYM. apocope de **nécropsie** (1) et de **nécrologique** (2). **1.** 1937 [Esnault]. **2.** 1968 [George].

VAR. **nécrops** au sens 1 : 1940 [Esnault].

nèfles *n.f.pl.*

1. Fesses. **2. Des nèfles,** rien du tout : *Vingt ans plus tard, en 1915, je devais voir le « Vieux Charles » de Guynemer s'élancer vrombissant parmi les étoiles, les éclatements du front. Pour attraper quoi ? Des nèfles !* (Cendrars, 1) ; jamais de la vie ! : *Il tint un moment la lettre devant ses yeux et tenta de lire par transparence. « Des nèfles, dit-il à mi-voix, c'est pas du verre »* (Machard).

ETYM. emploi métaphorique (1) et figé (2) d'un mot désignant un fruit de très faible valeur et de goût médiocre (cf. *pour des prunes*). **1.** 1881, Huysmans [TLF]. **2.** 1640, Oudin [id.].

negifran *n.f.*

Femme, épouse ou sœur.

ETYM. verlan de **frangine.** 1975 [Le Breton].

nègre *n.m.*

1. Vx. Ballot enveloppé de toile cirée. SYN. négresse. **2.** Petit aide ; garçon à tout faire. **3.** Vx. **Nègre blanc,** soldat qui remplaçait, moyennant finance, un appelé. **4. C'est un combat de nègres dans un tunnel,** se dit de ce qui est difficile à percevoir ou à comprendre. **5. Noir comme dans le (trou du) cul d'un nègre,** d'une obscurité totale.

ETYM. emplois colonialistes et racistes d'un mot neutre à l'origine, et signifiant simplement « noir ». **1** et **3.** 1836 [Vidocq]. **2.** 1878 [Esnault] ; c'est cette acception laborieuse qui a fourni le sens actuel et fam. de « personne qui rédige un livre pour un autre ». **4.** 1977 [Caradec]. **5.** 1973, Fallet.

négresse *n.f.*

1. Vx. Cheminée. **2.** Punaise ou puce. **3.** Bouteille de vin rouge cachetée. **Étouffer, éreinter, éventrer une négresse** ou **éternuer sur une négresse,** boire une bouteille. **4.** Vx. Paquet entouré de toile cirée noire : *Comme pour la femme du canal Saint-Martin, quand nous l'avons fait flotter après lui avoir grinchi la négresse qu'elle portait sous le bras* (Sue). **5.** Friteuse, dans l'argot des restaurateurs.

ETYM. emplois métaphoriques du mot usuel (analogie de couleur). **1.** 1844 [Dict. complet]. **2.** 1867 [Delvau]. **3.** 1862, Colombey [Larchey]. **Étouffer, éventrer, éternuer...,** 1867 [Delvau]. **4.** 1836 [Vidocq]. **5.** 1975 [Beauvais].

négrier *n.m.*

1. Vx. Syn. de nègre blanc. **2.** Vx. Patron ramoneur. **3.** Chef d'entreprise qui pousse très loin l'exploitation de l'homme par l'homme : *Vous l'avez vu avec son personnel ? C'est un père. Si vous voyiez les autres, ce sont des négriers* (Lorrain).

ETYM. emplois spécialisés, faisant allusion à la couleur ou à la traite des Noirs. **1.** 1883 [Esnault]. **2.** 1843 [id.]. **3.** 1904, Lorrain.

négro *n.m.*

Désignation raciste du Noir : *Des fois si je m'écoutais je me les grillerais au lance-flammes les négros* (Ravalec). *Et pis d'abord, lâche-moi, sale négro !* (Lacroix).

◆ *adj.*

Qui se rapporte aux Noirs ; composé de Noirs, en parlant d'un orchestre : *On dirait l'orchestr' négro / Du casino !* (chanson *Jacky apprend le charleston,* paroles de Georgius).

ETYM. emprunt à l'espagnol. 1845, Mérimée [TLF].

◆ *adj.* 1926, Georgius.

neige *n.f.*

1. Vx. Fausse identité. **2.** Cocaïne (se présentant sous forme de poudre blanche et floconneuse) : *Y marchait pas à la blanche, le vieux vicelard. Non, c'était à la neige. Henri avait trop l'habitude des stups pour s'y tromper* (Le Breton, 3).

ETYM. emplois métonymique (la fausse identité « blanchit » la vraie) et métaphorique (analogie de couleur). **1.** 1883 [Esnault]. **2.** 1921 [id.].

néné ou (vx) **nénais** *n.m.*

1. Sein de femme : *Six mois qu'elle m'excite, qu'elle remonte ses jupes en croisant les jambes, qu'elle chiade les contre-jours, qu'elle bombe les nénés* (Pelman, 1). *Une petite dentelle, un de ces cœurs en doublé, des « Tatez-y », que les filles se mettent entre les deux nénais* (Zola). **2.** Vx. **Nénets d'homme,** biceps. **3.** Vx. **Nénais de veuve,** biberon.

ETYM. d'un radical expressif **nann / nenn,** dénotant la relation bébé / sein nourricier. **1.** d'abord *nénet* 1842, chanson [Esnault], puis *nénais* avant 1862, Gavarni [Larchey]. **2.** 1867 [Delvau]. **3.** 1878 [Rigaud].

nénesse *n.f.*

Femme, épouse : *Excuse, mais je vais lui parler de deux nénesses du tonnerre, des vraies voleuses de santé ; y peut pas résister à ça une seconde !* (Simonin, 2).

ETYM. aphérèse et redoublement de **ménesse.** 1940 [Esnault].

1. nénette *n.f.*

Tête : *En avoir par-dessus la nénette.* **Se casser la nénette,** se faire du souci : *Qu'est-ce que tu te casses la nénette ? Tu gamberges tout le temps, c'est mauvais, ça...* (Dalio).

ETYM. origine incertaine, p.-ê. issu de la finale de **comprenette,** faculté de jugement. 1944, Céline.

2. nénette *n.f.*

Jeune fille, jeune femme : *Il se disait en lui-même : « Ah, bordel de Dieu, quelle nénette ! » Elle s'appelait Lucienne, du moins le prétendait* (Lépidis).

ETYM. origine incertaine, la valeur hypocoristique du suff. étant indéniable. 1917, d'Esparbès [TLF].

nénuphar *n.m.*

Vulve.

ETYM. métaphore florale assez répandue. 1982 [Perret].

nerf *n.m.*

Vx. Sou, argent monnayé (surtout dans des contextes négatifs) : *Des p'tits loquedus qui sont moins bien sapés qu'moi, qu'ont pas un nerf dans leur fouille* (Simonin-Bazin).

ETYM. du normand **neir,** noir, selon Esnault. 1878 [Rigaud] ; encore en 1953 [Sandry-Carrère].

net, nette *adj.*

Pas net. ***a.*** louche, suspect : *Appuyés devant la boutique de fripes, des types pas nets attendent le pigeon* (*Actuel,* janvier 1981) ; ***b.*** qui est plus ou moins marginal : *De toute manière je serai toujours un gris pour eux. Un pas net. Un*

au bord (Smaïl) ; ***c.*** qui est ivre ou sous l'influence de la drogue ; ***d.*** qui a l'esprit un peu dérangé : « *Pas nette, la planète* », titre d'un recueil de dessins de Plantu.
ETYM. emploi litotique de l'adj. usuel. ***a.*** 1981, *Actuel* ; ***b, c*** et ***d.*** contemporain.

nettoyage *n.m.*
1. Action de ruiner qqn : *Tu m'as fait jouer à la hausse... J'ai tout perdu !... tous mes timbres !... – Ah ! Sapristi ! c'est un nettoyage !* (Sardou). **2.** Action de tuer qqn. **3.** Destitution.
ETYM. de **nettoyer. 1.** 1865, Sardou. **2.** 1977 [Caradec]. **3.** 1901 [Bruant].

nettoyé, e *adj.*
1. Vx. Interloqué. **2.** Dépouillé ; ruiné : *Ça l'exaspérait de sentir la maison déjà mangée, si bien nettoyée, qu'il voyait le jour où il lui faudrait prendre son chapeau et chercher ailleurs la niche et la pâtée* (Zola). **3.** Mort : [Le médecin] *a dit qu'elle était claquée ! Dans trois jours au plus tard, elle sera nettoyée !* (Méténier).
ETYM. participe passé de **nettoyer. 1.** 1850, forçat Clémens [Esnault]. **2.** 1877, Zola. **3.** 1891, Méténier.

nettoyer *v.t.*
1. Vx. Arrêter (qqn). **2.** Dépouiller : *Et plus tard, à Paris, lequel a nettoyé la vieille Lavau ?* (Carco, 6) ; ruiner, spéc. au jeu : *Si la dame de pique ne m'avait pas nettoyé jusqu'à l'os, je vous aurais demandé la plus jeune...* (Daudet). **SYN.** lessiver. **3.** Supprimer physiquement. **4.** Boire ou manger complètement le contenu d'un verre ou d'une assiette : *Il heurta son gobelet contre celui du barbeau qui l'avait invité et le nettoya d'une lampée* (Le Breton, 3).
ETYM. emplois expressifs du verbe usuel. **1.** 1835, Lacenaire [Esnault]. **2.** 1640 [Oudin] (aux deux sens). **3.** 1844 [Dictionnaire complet]. **4.** 1867 [Delvau].

neuille *n.f.* → **NOILLE.**

neuneu *adj. inv.*
Niais, sot, bêtifiant : *J'étais pas fou des yéyés. Dick Rivers, Eddy Mitchell, ça me semblait un peu neuneu* (A. Souchon in *Libération*, 14 avril 1989).
ETYM. redoublement expressif issu de **niais** ou de **nigaud.** contemporain.

Neuneu *n.pr.*
La fête à Neuneu, fête populaire à Neuilly-sur-Seine : *Quand j'étais môme, à la fête à Neu-Neu, je réussissais de ces cartons !* (Grancher).
ETYM. loc. pop. d'abord *Neuneuille* 1905 [Esnault] ; *Neuneu* 1923-1947 [id.].

neveu *n.m.*
Un peu, mon neveu, bien entendu, naturellement : *Qu'est-ce qu'ils croient ? C'est notre fils, bon sang ! – Un peu, mon neveu ! Et je ne vais pas me laisser faire, tu peux me croire* (Mensire).
ETYM. loc. humoristique, qui fait jouer la fonction poétique (cf. *bouffi, Charles,* etc.). 1824, Carmouche-Decourcy [Enckell].

nez *n.m.*
1. Flair, intuition : *Tu as eu un fameux nez tout de même* (Guéroult). *Non, ils ne m'eurent point, pisqu'ils eurent pas le nez de gaffer derrière le gros arb'* (Stéphane). [On dit aussi **avoir le nez creux.**] **2. Avoir qqn au nez** (vx), **dans le nez,** ne pas pouvoir le supporter, lui être hostile : *Est-ce que Mme Kinck, qui ne m'aimait pas, qui m'avait dans le nez, aurait dit à ses voisins, avant de se rendre à Pantin, qu'elle était bien heureuse, parce que son mari était sur le point de gagner un million ?* (Claude). **Être dans le nez de qqn,** être détesté par lui. **3.** Vx. **Avoir un nez dans lequel il pleut,** avoir un nez très retroussé : *Il a vu l'jour ru' Saint-Vincent / Il a un nez où c'qu'y pleut d'dans* (chanson *Quand je danse avec lui,* paroles de Gabriello, 1929). **4. Tenir son nez propre,** ne pas bavarder à tort et à travers, en partic. en présence de policiers : *Pas d'emmerdements. Si tu tiens ton nez propre* (Malet, 5). **5. Avoir le nez dur** (vx), **sale, se piquer le nez, avoir un trou** (vx), **un verre, un coup dans le nez,** s'enivrer ou être ivre : *Il fallait le supporter parce que l'argent se mettait à lui couler des mains comme s'il en pleuvait dès qu'il avait un verre dans le nez* (Clavel, 1). *Il en avait un joli coup dans le nez* (Malet, 18). **6. Sentir à plein nez,** être évident : *Ça sent la magouille à plein nez.* **7. Mettre à qqn le nez dans son caca, dans sa merde, lui mettre le nez dedans,** le réprimander vertement, lui faire prendre conscience énergiquement de sa faute : *On l'empoigne, on le coince, on lui met le nez dedans* (Duvert). **8. Se bouffer** ou **se manger le nez,** se quereller : *Les gens de la haute, c'est des égoïstes. Nous autres, on est des frères ! À*

quoi que ça sert de se manger le nez ! (Méténier).

ETYM. emplois énergiques et souvent péj. du mot usuel, désignant un appendice facial « multifonctions» (esthétique, olfactive, tactile, etc.). **1.** 1862 [Larchey], mais *avoir bon nez* dès 1640 [Oudin]. **2. Avoir qqn au nez,** 1846, *Intérieur des prisons* ; **dans le nez,** 1821 [Ansiaume]. **Être dans le nez de qqn,** 1850, Clémens. **3.** 1866 [Delvau]. **4.** 1953, Clébert. **5. Avoir le nez dur,** 1883 [Larchey] ; **sale,** 1888 [Rigaud]; **se piquer le nez,** 1867 [Delvau]; **avoir un verre dans le nez,** 1934, Montherlant [TLF]. **6.** XVIe s. [GLLF]. **7. Mettre le nez dedans,** 1879, Gill. **8.** 1891, Méténier. Il est malaisé, pour ce mot, de distinguer les emplois arg. de ceux qui sont simplement pop., voire familiers.

nez-de-bœuf [-bø, même au sing.] *n.m.inv.*

Abruti, imbécile : *Ça donne une bonne conscience aux cons, / Aux nez-d'bœufs et aux pousse-mégots / Qui foutent ma révolte au tombeau* (Renaud).

ETYM. mot composé à valeur animalisante et péj. 1980, Renaud.

nez-gras *n.m.inv.*

Désignation raciste du juif.

ETYM. emploi métonymique fortement antisémite. 1960 [Le Breton].

niacoué, e, niaquoué, e, nyakoué, e ou **niac** *n.*

1. Désignation raciste de l'Indochinois, du Vietnamien : *Combien de niaquoués il avait tués ? De dos, de face, les yeux dans les yeux ?* (Agret). *Il était parti au Tonkin avec son régiment [...]. Arrivé là-bas, il fit les quatre cents coups [...], donna rendez-vous derrière le cantonnement à une niaquouée qui n'avait pas quatorze ans* (Gerber). **2.** Tout Asiatique : *Qu'appelez-vous des métis, voisin ? – Ben des niacoués, quoi! style chinois* (San Antonio, 8). *Paraît que les nyakoués débarquent avec une cargaison d'enfer, on va pouvoir planer vraiment* (Villard, 4).

ETYM. du vietnamien **niah-koué,** paysan. *niacoué* 1937 [Esnault]; *niac* 1977 [Caradec]; *niaquoué* 1918, Mac Orlan.

VAR. **niake:** 1963 [George].

niard *n.m.*

Enfant : *Quand il était niard, il aimait vachement la bouillie, et comme y parlait tout le temps de couscous, il a été Cous. Pour la vie* (Fallet, 1).

ETYM. var. graphique de **gnard.** 1954, Méra.

nib *pron. indéf.*

Rien: *Elle me somme de me déshabiller, et moi, flairant l'aubaine, j'obtempère, mais nib* (Prudon). **Nib de nib,** absolument rien: *D'abord, le salon. Commode, buffet... Rien. Dans le couloir, à part un paletot de cuir et un chapeau accroché à une patère, nib de nib* (Tachet). Vx. **Coup de nib,** non-lieu. **Bon à nib,** incapable, bon à rien : *Chez nous, disait Émile, c'est les bons à nib qui se transforment en boxeurs. Les hommes, les vrais, ils restent dans le métier!* (Lefèvre, 1).

◆ *adv.*

Pas question : *Bananas faisait savoir à Zézé et à Kaliban que nib pour la galerie Louvois... N'avaient qu'à pas être si gourmands* (Bastid-Martens). **Nib de...,** pas de... : *Vite, téléphoner à Sylvie. Mais nib de téléphone. Les fils étaient arrachés* (Bernheim-Cardot). **Nib de douilles, de tifs,** chauve. **Nib de châsses,** aveugle.

◆ *n.m.*

1. Affaire (généralement délictueuse) : *Tu sais, moi, je n'y entends rien pour monter un nib* (Méténier). **2.** Homme incapable ; voleur de petite envergure (pour les policiers).

◆ **nibs** *n.m.pl.*

Pièces de justice sur lesquelles il n'est pas possible de faire le moindre frais, dans le langage des policiers.

ETYM. apocope de **nibergue,** avec influence probable de l'arg. ital. **nisba.** 1847, Féval [TLF]. **Nib de nib,** 1901 [Duneton-Claval]. **Coup de nib,** 1901 [Bruant]. **Bon à nib,** 1894 [Virmaître].

◆ *adv.* 1897, Courteline [TLF]. **Nib de,** 1847, Féval [Esnault].

◆ *n.m.* **1.** 1885, Méténier. **2.** 1929-1934, Dussort [Esnault]; « voleur » 1975 [Arnal].

◆ *pl.* [id.].

nibard *n.m.*

Sein de femme : *La régression totale ! Des couilles au trou de balle, en passant par le vagin, les nibars, tous les organes sexuels y passèrent. Et mes amies se bidonnaient de plus en plus* (Francos).

ETYM. resuffixation arg. de **nichon.** 1977 [Caradec].

VAR. **noubard:** 1976, Cordelier.

nibé *interj.*

Vx. **1.** Silence ! : *Nibé, Môme !... Alors... t'es ma « neuve » ?* (Rictus). **2.** Assez, ça suffit !

◆ *n.m.*

1. Chose, affaire : *« Je crois que j'ai décollé un nibé... et bath ! » Son œil flasque distillait des flammeroles* (Rosny). **2.** Moyen, procédé : *Ce que je leur montre est tellement con qu'il y aurait sûrement du pétard si j'avais pas un nibé pour effacer le coup* (Lefèvre, 1).

ETYM. de **nib. 1** et **2.** 1875, Rabasse [Larchey].

◆ *n.m.* **1** et **2.** 1899 [Nouguier].

VAR. **libé** ou **libet** *n.m.* (largonji de *nib,* sans suff.) Chose : 1851 [Esnault].

nibergue *adv.*

VIEILLI. **1.** Rien : *Je vaux plus que dalle. Pollop. Nibergue* (Dégaudenzi). **2.** Non : *Tu crois le boucard mate, mais niberg* (Ansiaume).

ETYM. probablement du fourbesque **niberta,** radical obscur, seul le *n-* à valeur négative étant international. **1.** 1800, Leclair. **2.** 1821 [Ansiaume].

VAR. **niberte** au sens 2 : 1822 [Mésière].

nichon *n.m.*

Sein de femme : *Une femme sans âge, de cinquante ans comme de quatre-vingt-dix, dépeignée et mal vêtue, la main passée sous un corsage dégrafé, grattait d'un index nonchalant des nichons en forme de blague à tabac* (Malet, 1).

ETYM. de **(se) nicher ;** image douillette de seins nichés dans le soutien-gorge ou de l'enfant niché contre sa mère et tétant. 1858 [Larchey].

VAR. **niche :** 1975 [Beauvais].

DER. **nichonnée** *adj.f.* Pourvue d'une opulente poitrine : 1975, Chabrol [DDL 24].

nickel *n.m.*

Pièce de monnaie (notamment de cinq cents, en Amérique du Nord) : *Une machine à cinq cents ingénieusement travestie, et qui ne distribuait pas des balles blindées, mais des nickels – quand on gagnait !* (Grancher).

◆ *adj. inv.*

1. Reluisant de propreté : *Fallait nous voir ! On était nickel, méconnaissables, rajeunis de dix ans* (Blier). **2.** Vx. Excellent, remarquable. **3.** Intègre.

ETYM. emplois spécialisés du mot usuel, désignant un métal d'un blanc brillant, dans lequel on frappait autrefois des pièces de monnaie. 1895, P. Bourget [TLF].

◆ *adj.* **1.** 1918 [Esnault]. **2.** 1937 [id.], en parlant d'un vin. **3.** 1988 [Caradec].

DER. **nickelé, e** *adj.* Chic : 1896 [Esnault].

nickelé, e *adj.*

1. Immobilisé. **Avoir les pieds nickelés.** ***a.*** refuser d'avancer ou de faire qqch, par paresse ou fatigue ; ***b.*** avoir de la chance : *Les uns y z'ont les pieds nick'lés, / Les aut's y les ont en dentelles !* (Rictus, 2). **2.** Se dit d'une personne insensible ou hébétée.

ETYM. selon Esnault, viendrait d'un mot dial. (ouest de la France et Dauphiné) **aniclé,** stoppé dans sa croissance, noué, mais l'étymologie pop. a vite rattaché la loc. **avoir les pieds nickelés** au procédé du *nickelage,* qui durcit et protège certains métaux. **1.** 1894 [Esnault]. **Avoir les pieds nickelés.** ***a.*** 1898, G. de Téramond [Quemada] ; ***b.*** 1897, Rictus. **2.** 1904, H. Bataille [TLF].

niçois *n.m.*

Vigile d'une entreprise privée.

◆ *adj.*

Être niçois, au poker, ne pas faire de gains.

ETYM. au sens adj., dér. humoristique de **nix,** rien, faisant jeu de mots avec **Niçois,** de la ville de Nice. 1988 [Caradec].

◆ *adj.* 1953 [Esnault]. D'après Le Breton (1960), la var. *être niston* (avant 1943) vient du nom d'un célèbre joueur de poker : il y aurait donc ici convergence de trois formes distinctes...

niente *adv.*

Rien : *« Niente ! C'est rien », répond Trumeau au téléphone* (Chabrol).

◆ *n.f.*

1. Diarrhée : *Vous avez de la niente dans la tronche, bande de croix ?... Cet homme-là vient vous dire que le Paulo est en danger !* (Simonin, 8). **2. Une vraie niente,** un individu sans intérêt.

ETYM. mot ital., « rien ». 1835 [Raspail].

◆ *n.f.* **1.** 1894 [Esnault]. **2.** 1957 [PSI].

VAR. **niento** *adv. :* 1875 [Esnault].

nière *n.m.* → **GNIÈRE** et **MÉZIG.**

niolle *adj. et n.* → **GNOLLE.**

Niort *n.pr.*

Dans les loc. **envoyer (qqn) à Niort,** lui refuser son dû, et surtout **aller à Niort, battre (à) Niort,** se dire innocent, refuser d'avouer : *Allons, répondit-il, c'est bon, je vois bien que je suis reconneblé, et qu'il n'y a pas moyen d'aller à Niort* (Canler). *J'ai tenu le coup. Pendant une pige je n'ai pas décarré de chez le juge d'instruction. J'ai, comme tu le sais, toujours battu à Niort, mais ça servait à qu'dale* (Le Dano).

ETYM. jeu de mots sur **nier** et **Niort. Envoyer à Niort,** 1625 [Esnault]. **Aller à Niort,** 1640 [Oudin] ; **battre à Niort,** 1899 [Nouguier].

DER. **Niortois** *n.m.* Dénégateur : 1526 [Esnault].

nippé, e *adj.*

Habillé : *Ils seront mieux nippés et il y aura des braseros dans tous les abris* (Werth, 1).

ETYM. participe passé du verbe **nipper.** avant 1755, Saint-Simon [TLF].

nipper *v.t.*

Habiller : *M'man poussait sa voiture de marchande de quatre. Elle était vieille, grasse, énorme. Du noir la nippait* (Le Breton, 1).

◆ **se nipper** *v.pr.*

S'habiller, s'acheter des vêtements : *Nous reviendrons sur l'eau avant six mois, le temps de nous nipper et de louer un trou quelque part* (Zola).

ETYM. de **nippes.** 1718 [Acad. fr.].

nippes *n.f.pl.*

1. VIEILLI. Guenilles : *Je suis une fille pauvre, mais j'ai trop de dignité – et j'aime trop la propreté – pour conserver les sales nippes dont vous vous êtes débarrassée, en me les donnant* (Mirbeau). **2.** Vêtement en général (parfois au sing.) : *Ce sont des vrais* [bijoux] *que je voudrais pour mettre avec de belles nippes* (Malet, 8). *Question de la nippe, il a fait un effort.*

ETYM. aphérèse de **guenipes,** vieux habits. 1611 [Cotgrave], au sing. Ce mot, par l'effet d'un certain snobisme, peut auj. s'appliquer à un vêtement relativement chic et coûteux.

niq-niq (faire) *loc. verbale*

Syn. de niquer au sens intr.

ETYM. redoublement expressif issu de l'arabe marocain **vi nik,** il coïte. 1901 [Bruant].

1. nique *n.f.*

Coït : *C'est bien ce que lui reproche tata Zé-zé. Celle-là, bernique pour la nique !* (Bastid-Martens, 1).

ETYM. déverbal de **niquer.** 1972, Blier [Cellard-Rey].

2. nique *adv.* → NIX.

niquer *v.t.*

1. Posséder sexuellement : *Il en est qui se laissent niquer par-derrière ou par-devant, ne pensant à rien sous la lumière verdâtre des troquets* (Richard). *Chacun vivait comme ça devant tout le monde. Ça bectait, ça se cuitait, ça se bagarrait, ça se niquait sans se soucier du voisin* (Le Breton, 1). **Va te faire niquer, j'te nique !,** formules de renvoi injurieux : *Je leur caresse la tête gentiment et ils me disent : « Va te faire niquer » ou des choses comme ça* (*Libération,* 15 septembre 1981). *Et c'est quand même pas la section Tabaraud qui va gagner la guerre toute seule, non ? – Tabaraud, j'li nique ! fit la voix grasse de Mohammed* (J. Perret, 1). **2.** Attraper qqn, le tromper : *Giscard a niqué le nègre pour la plus grande gloire de la race blanche : non seulement il s'est fait un trésor en diamants, mais en plus il a déposé le roi nègre* (*Libération,* 17 mars 1980). **3.** Endommager, détériorer : *Et ce qui n'avait pas morflé à cause des flammes avait été niqué par les extincteurs et la flotte* (Pouy, 3). *Elles qui n'avaient jamais rien eu à elles, on leur niquait même leur mort. C'était dégueulasse* (Granotier).

◆ *v.i.*

Coïter : *N'empêche que plusieurs fois, pendant qu'ils niquent comme des phoques, elle s'arrête pour le regarder* (Demure, 3).

ETYM. de l'arabe **vi nik** (→ NIQ-NIQ). **1.** 1890, Alger [Esnault]. **2.** 1918 [id.]. **3.** 1988, Djian [PR]. ◆ *v.i.* 1953 [Sandry-Carrère], art. *guiser.*

niston, onne *n.*

Enfant : *Il m'a battu comme si j'étais encore un niston. Si j'osais, j'irais tout raconter au pitaine...* (Gibeau). *Je suis sûr qu'elle a rien dessous parce que la robe lui colle à la peau, 33 ans, dites, et des astuces de nistonne* (Pelman, 1).

ETYM. mot provençal, qui, dans le milieu, peut prendre des acceptions assez négatives. 1918 [Esnault].

nix, nixco, nisco ou **nique** *adv.*

Vx. Exprime énergiquement un refus ou un constat négatif : *Nix ! nix ! répliquait-il, je ne te dirai rien, mon bonhomme, cela t'apprendra, une autre fois, à ne plus faire des cachotteries aux camarades* (Chavette). *Faut casquer, les joyeux, sans ça nisco de caoudgi !* (Méténier). *Le roi de pique. (Marthe) : Nique ! je lui fiche un nion* (Villars).

ETYM. *nix,* mot alsacien, issu de l'all. **nichts,** rien. 1834, Flandre et Paris [Esnault] ; *nixco* 1835 [Raspail] ; *nisco* 1844 [Dict. complet] ; *nique* 1866, Villars.

noce *n.f.*

1. Femme ou **fille de noce,** prostituée. **2. Faire la noce,** se livrer à la débauche, voire à la prostitution : *Un jour, ma sœur Louise, qui faisait, elle aussi, une sale noce avec les matelots, s'enfuit* (Mirbeau). **3. Être à la noce,** être heureux : *Lui qui renaude pour escalader trois malheureux étages, ici il serait à la noce* (Simonin, 4).

ETYM. emploi élargi du mot usuel. **1.** 1895 [Esnault]. **2.** 1841, Joigneaux. **3.** 1862 [Larchey], dans une phrase négative (mais dès 1690, Furetière : *il ne fut jamais à telle nopce*).

nocer *v.i.*

VIEILLI. Se livrer à la débauche : *Désirée lui jeta précipitamment qu'elle ne continuerait plus des relations avec un homme qui noçait chez des saletés comme cette femme-là !* (Huysmans).

ETYM. de **noce.** 1836 [Landais].

DER. **nocerie** *n.f.* Vx. Débauche : 1836 [Vidocq].

noceur, euse *adj. et n.*

Se dit d'un individu qui se livre à la débauche : *Ça veut rien dire, soupirait Berthe la noceuse, qui s'endormait de fatigue sur le trottoir* (Carco, 2).

ETYM. de **noce.** 1836 [Vidocq].

nœud *n.m.*

1. Pénis : *Jo le naze avait intentionnellement envoyé la sauce dans cette partie du corps. Il jouissait, cérébralement, l'impuissant. Distribuer la mort en mutilant. Sa revanche à l'amputé du nœud* (Risser). Vx. **Être tout en nœud,** avoir une érection. **Tête de nœud,** imbécile (formule fortement injurieuse) : *On te verra à l'œuvre, tête de nœud !* (Villard, 2). **2. Nœud de clés,** trousseau de clés : *Je rapportais qu'un nœud de fausses clés avait été déterré au pied d'un des petits arbres du boulevard* (Joigneaux). **3.** Vx. **Filer son nœud,** partir : *Voilà tes six louis ; file ton nœud* (Forçat).

◆ *adj.*

Se dit d'une personne stupide.

ETYM. emplois métaphoriques : comparaison avec le dur nœud du bois (1) et notion d'embrouillamini (2). **1.** 1835 [Raspail]. **Tête de nœud,** 1901 [Bruant]. **2.** 1829 [Esnault]. **3.** 1829, Vidocq.

◆ *adj.* 1896 [Esnault].

noille, noïe, noye [nɔj] ou **neuille** *n.f.*

Nuit : *Fréhel crèche chez une copine du côté de Montmartre. Mais pour la noille on lui a découvert une piaule dans le secteur* (Yonnet). *Y avait des crouïas qui, pendant la noïe, venaient faucher des matériaux* (Grancher). *Tu m'as tiré du paje à trois plombes de la noye* (Malet, 8). *Les copains de la neuille / Les frangins de la « night » / Ceux qu'ont l'portefeuille / Plus ou moins « all right »* (Ferré). SYN. sorgue.

ETYM. formes dialectales de **nuit.** *noille* et *noïe* 1901 [Bruant] ; *noye* 1947, Malet ; *neuille* 1889 [Esnault].

1. noir, e *adj.*

1. Ivre : *Je ne peux pas servir un rouge à quelqu'un qui est complètement noir* (Raynaud). *Toi non plus, quand tu es noire, tu ne perds pas ton temps* (Carco, 7). *Les membres du jury sont noirs comme des vaches, annonça un autre* (Malet, 13). SYN. canaque, chocolat, goudronné. **2.** Qui a un casier judiciaire chargé ; récidiviste (par oppos. à blanc). **3.** Vx. **Petite masse noire,** premier prélèvement sur le salaire d'un détenu, destiné à payer son cercueil.

ETYM. idée d'intensité négative. **1.** 1898 [Esnault]. **2.** 1900 [id.]. **3.** 1874 [id.].

2. noir *n.m.*

1. Vx. Cave. **Mettre au noir,** enfermer dans la cave (les gens que l'on vient de cambrioler). **2.** Vx. **Être dans le noir** ou **avoir du noir,** être taciturne ou de mauvaise humeur : *Vous avez du noir, aujourd'hui, cher maître* (Maupassant). **Donner le noir** ou **du noir,** donner le cafard : *Ça m'donnait l'noir. Je voyais… comment dire ? oui, j'étais au fond d'un trou, comme une bête, dans un piège* (Carco, 5). *Ça me tape sur le ciboulot et ça me donne du noir* (Lorrain). **3. Être dans le noir,** ne pas voir clair dans une affaire criminelle : *Ce n'est pas pour rien que les policiers disent lorsqu'ils pataugent : « Nous sommes dans le noir »* (Larue). **4.** Café noir : *C'est l'heure des petits noirs au zinc et de la provision de clopes à faire pour la journée* (Demouzon). **Noir-chic,** café avec chicorée. **5.** Opium : *Quels sont les stupéfiants recherchés par la Mondaine ? L'opium. Le « noir » pour les camés. Il est constitué par le suc du pavot blanc* (Larue).

Dire que le noir avait franchi plusieurs frontières et qu'il était là, sous sa main (Le Breton, 3). **6.** Marché noir : *Bref, j'ai été poissé juste comme j'allais peut-être pouvoir tâter du « noir ». J'avais la mise de fonds* (Malet, 15). **7. Porter le noir,** être poursuivi par la malchance, en parlant d'un joueur : *Tu ne l'as pas reconnu ? a soufflé un des joueurs à son voisin. C'est Empain, il porte le noir* (*le Nouvel Observateur,* 27 novembre 1982). **8.** Douanier : *En plein Dunkerque, on risquait à tout moment de tomber sur un agent, sur un « noir », douanier déguisé en civil* (Van der Meersch).

ETYM. emplois substantivés de l'adj. usuel. **1.** 1800, Leclair. **2.** 1808 [d'Hautel] (équivalent du fam. *broyer du noir*). **3.** 1969, Larue. **4.** 1862 [Larchey]. **Noir-chic,** 1878 [Rigaud]. **5.** 1953 [Sandry-Carrère] ; PSI (1957) semble être le seul à faire ce mot fém. en ce sens. **6.** 1945, Malet. **7.** 1982, *le Nouvel Observateur.* **8.** 1932, Van der Meersch.

noircicaud ou **noircico** *n.m.*

Homme à peau noire.

◆ *adj.*

1. Ivre : *Il paraissait un peu noirsico, d'ailleurs. Comme nous, quoi !* (Malet, 14). **2.** Noir : *Les éclairs de diame qui sortaient de ses lotos plus noircicauds que l'aileron d'un corbeau* (Devaux). *Et c'est autant d'occasions pour nous de descendre en cabane.–Tu vois tout noircico, bon Dieu ! ragea Bartolini* (Le Chaps).

ETYM. de **noir,** avec influence de **moricaud.** 1975 [Le Breton].

◆ *adj.* **1.** 1928 [Lacassagne]. **2.** 1960, Devaux.

noircif *adj. et n.m.*

Marché noircif ou **noircif,** marché noir.

◆ *n.m.*

Homme à peau noire.

ETYM. suffixation arg. de **noir.** 1944 [Esnault].

◆ *n.m.* « marché noir » 1953 [Sandry-Carrère]; « homme à peau noire » contemporain.

VAR. **noireau** : 1953 [Sandry-Carrère].

noircir (se) *v.pr.*

S'enivrer : *Il m'arrivait de me noircir tout comme un aut', quand c'est que le cafard dardait trop* (Stéphane).

ETYM. de **1. noir,** ivre. 1918, Mac Orlan.

noire *n.f.*

RARE. **1.** Nuit : *Est-ce que tu as l'intention de refaire la noire ? [...] Je t'avertis d'avance que les noirots sont mal cotés* (Simonin-Bazin). **2.** Opium.

ETYM. emploi substantivé de l'adj. usuel. **1.** 1935, Simonin-Bazin. **2.** 1957 [PSI] ; en ce sens, la plupart des argotiers donnent le mot comme masc.

noirot *n.m.*

Chauffeur de taxi qui rentre la nuit à sa compagnie, sans être un *nuiteux* : *D'ailleurs, au garage on n'aime pas les « noirots ». Tu t'f'rais foutre à la porte si tu continuais* (Simonin-Bazin).

ETYM. de **noir,** avec suff. diminutif. 1935, Simonin-Bazin.

noisettes *n.f.pl.*

Testicules : *Joseph, de honte, devient rouge comme un vit-de-noces [...] et se voila pudiquement les noisettes en ramenant son manteau* (Devaux).

ETYM. emploi métaphorique du mot usuel (analogie de forme). 1960, Devaux.

noix *n.f.*

1. Imbécile : *Professant le pardon des injures, il renseigne les camarades en laissant tout bonnement « tomber l'autre noix ». C'est moi, l'autre noix* (Dorgelès). **2. À la noix (de coco),** sans valeur ; sur qui on ne peut compter ; dépourvu d'intérêt : *Duez ? Un forçat « à la noix de coco » ! Telle est l'opinion de ses pairs, qui ajoutent : « En douze ans, il n'a pas planté une rame ! »* (Londres). *On entend des gonzesses à la noix qui disent : « Oh ! c'est génial »* (interview d'Arletty à la télé, 26 janvier 1988). *Boucle-la. Commence pas à nous sortir tes discours à la noix* (Le Breton, 6).

◆ *n.f.pl.*

1. Fesses : *Et les fesses, Monsieur ! Comme deux noix de côtelettes bien juste, ragoûtantes comme des vieux coings* (Chevallier). *Elle refait la tête, remue ses marmites, montre son dos boudeur, fesses bien rondes, un peu lourdes. Pas des petites noix de pédé, comme c'est la mode* (Demouzon). **2. Noix (vomiques),** testicules : *Le Vénéré Daron t'a puni : il t'a désintégré les noix vomiques* (Devaux).

ETYM. emplois péj. (1 et 2) ou métaphorique (pl.) du mot usuel. **1.** 1915, Benjamin [TLF]. **2.** 1896, Bercy [Sainéan].

◆ *pl.* **1.** 1934, Chevallier. **2.** *noix* 1957 [Sandry-Carrère], compl.

DER. **noité, e** *adj.* Fessu : 1958 [Esnault].

nonce-du-gon ou **noncier-du-gon** *n.m.*

VIEILLI. Homme, individu.

ETYM. largonji à infixe de **gonce, goncier.** *nonce-du-gon* 1932 [Esnault] ; *noncier-du-gon* 1898 [id.]. Esnault donne au fém. *nonzesse-du-gon*, femme (largonji de *gonzesse*), sans référence.

nonne *n.m. ou f.* ou **nonnet** *n.m.*

ARG. ANC. Celui des voleurs à la tire qui masque le travail de la main et immobilise la victime : *Les aides s'appellent « nonnes », ce sont les élèves, les co-associés, les factotums, les complices. Ils doivent, pendant l'exécution, et cela est capital, se placer entre la « main » et la foule* (Macé). **Être à la nonne** ou **au nonnet,** aider un voleur à la tire dans son opération.

ETYM. origine sans doute ital. : **nonno,** compère, parrain (1731 [TLF]). 1829, Vidocq. **Être à la nonne,** 1847 [Dict. nain].

DER. **noner** *v.t.* Aider (la « main ») : 1844 [Dict. complet]. **nonneur** *n.m.* Complice : 1815, *Chanson de Winter.*

nono *adj.*

Zone nono, partie de la France dite « zone non occupée » (par les Allemands), entre 1940 et 1942 : *Anonymographes, faisant la queue dès potron-minet aux Kommandanturs pour ranimer la vigilance fridoline sur les tapeurs de tickets de pain, sur les étoiles jaunes, sur les franchisseurs de zone nono* (Audiard).

ETYM. apocope et agglutination de **zone non occupée.** 1941, Galtier-Boissière.

noraf ou **nordaf** *n.m.*

Nord-Africain : *Maintenant le cadavre roulait au chaud vers la morgue. [...] Il aurait pour voisins des Norafs égorgés* (Demouzon). *Les nordafes, dit-il, ça devient susceptible, c'est pas croyable, on sait pus comment y dire* (J. Perret, 1).

ETYM. apocope de **Nord-Africain** (avec ou sans prononciation du *d*). *Nordafes* 1951 [George] ; *Nord-Afs* 1952 [id.] ; *noraf* 1955, Malet.

nosis ou **noszigues** *pron. pers.*

Nous : *Mouillé jusqu'au trognon avec noszigues, le gros avait droit à la vérité. Je l'ai affranchi à zéro* (Simonin, 2). *T'as donc taf de nozigue* (Vidocq). [→ MÉZIG.]

nouba *n.f.*

Partie de plaisir : *Un peu partout, au bar, mais sur le tapis également, des cadavres de bouteilles, des canettes de bière témoignaient de ce qu'avait dû être la nouba* (Combescot). **Faire la nouba,** faire la noce : *Trois jours à Alger pour faire la nouba et je retourne à la montagne* (Klotz).

ETYM. de l'arabe maghrébin **nuba,** service de garde. avant 1900, d'après Dauzat. Ce sens paraît lié à la musique que jouaient à Paris, vers 1900, les tirailleurs nord-africains.

VAR. **noub'** : 1897 [Esnault].

nougat *n.m.*

1. Affaire aisée, fructueuse (surtout dans la loc. **c'est du nougat**) : *Ma mère, c'était du nougat pour elle, un nouveau truc bien atroce, un tour de force miraculeux* (Céline, 5). SYN. gâteau, sucre. **2.** Butin : *On restait baba devant ce monstre qui avait pris la décision de rifler tout le monde et d'accaparer tout le nougat* (Trignol). **Toucher son nougat,** toucher sa part de butin. SYN. fade, pied.

◆ **nougats** *n.m.pl.*

Pieds : *Vous iriez casser les nougats à ce type avec vos grosses godasses* (Malet, 12). *Je fais trois pas. En crabe. Les nougats me fondent par en dessous. Je suis certain que je vais me casser la gueule* (Dégaudenzi).

ETYM. emplois métaphoriques (1 et 2 : idée de « bonne chose ») et métonymique (pl. : idée de « ramollissement ») du mot usuel. **1.** 1928 [Lacassagne]. **2.** 1955, Trignol. **Toucher son nougat,** 1953 [Sandry-Carrère].

◆ *pl.* 1926 [Esnault] ; d'abord *avoir les jambes en nougat* 1917 [id.].

DER. **nougatine** *n.f.* Affaire aisée : 1957 [PSI].

nouille *n.f.*

1. Individu mou, inintelligent : *Qu'est-ce que tu crois que la moitié des gens veulent entendre, le mercredi soir ? Le tirage de la Loterie, pauvre nouille* (Japrisot). **2.** Pénis : *Y m'a pissé à la raie et il a essuyé sa petite nouille après mon gilet de première communion* (Plaisir des dieux). **Égoutter la nouille,** uriner.

ETYM. aphérèse de **panouille,** avec jeu de mots sur **nouille,** pâte alimentaire. **1.** 1932 [Larousse]. **2.** 1946, *Plaisir des dieux.*

nourrice *n.f.*

1. Vx. Cabaret de rendez-vous. **2.** Prostitué : *Il nous apprend, par exemple, que sa nourrice, aux Îles, était un bagnard* (Charrière). **3. En nourrice,** se dit d'un objet en dépôt chez un confrère, dans le langage de la brocante. **4. Et les mois de nourrice** ou **sans compter**

les mois de nourrice, se dit avec ironie à propos d'une personne qui triche sur sa date de naissance, en se rajeunissant.
ETYM. emplois métaphoriques du mot usuel (idée de nourrir, approvisionner). **1.** 1847 [Esnault]. **2.** 1883 [id.]. **3.** 1977 [Caradec]. **4.** 1867 [Delvau].

nourrir *v.t.*
ARG. ANC. Combiner mûrement (un coup) : *Dame, c'est une affaire faite, et qui n'est plus à faire, c'est comme un enfant de lait, il faut le nourrir* (Orgères). *À Nanterre, chacun donnait dix-huit ans à ce garçon, qui devait avoir nourri ce poupon (comploté, préparé ce crime) pendant un mois* (Balzac, 3). *Comment ces doutes pourraient-ils être exclusifs, lorsqu'on connaît la manière d'agir des cambrioleurs,* [...] *lorsqu'on sait qu'ils nourrissent une affaire plusieurs mois à l'avance ?* (Canler).
ETYM. emploi métaphorique du verbe usuel, littéralement « apporter de la matière première à un projet délictueux ». 1797, Orgères.

nourrissage *n.m.*
ARG. ANC. Activité du nourrisseur, combinaison d'une affaire : *La plus admirable histoire que je sache d'un nourrissage bien monté, est l'aventure d'un certain bijoutier* (Locard).
ETYM. de **nourrir.** 1927, Locard.

nourrisseur *n.m.*
ARG. ANC. Individu qui combine une affaire : *La troisième variété* [de cambrioleurs] *est celle des nourrisseurs, que l'on a appelés ainsi parce qu'ils nourrissent des affaires ; nourrir une affaire, c'est l'avoir en perspective, en attendant le moment propice pour l'exécution* (Vidocq).
ETYM. de **nourrir.** 1829, Vidocq.

nourrisson *n.m.*
Individu à charge, bouche inutile : *Qui peut garantir que l'homme en fuite ne va pas se muer en nourrisson ?* (Simonin, 6).
ETYM. emploi ironique du mot usuel, appliqué à des adultes. 1953 [Sandry-Carrère].

Nouvelle (la) *n.pr.*
VX. La Nouvelle-Calédonie (lieu de déportation pour les forçats) : *Quelques jours après, il partait pour la Nouvelle* (abbé Moreau).
ETYM. abrègement de **Nouvelle-Calédonie.** 1881, abbé Moreau.

nouzailles, nouzingan *pron. pers.*
→ **MÉZIG.**

novo *n.m.*
Jeune snob tiré à quatre épingles : *Le novo, c'est : absence + efficacité = modernité. Absence de passion. Contrôle de soi. Perfectionnisme* (*le Nouvel Observateur,* 7 janvier 1980).
ETYM. formé sur le radical **nov-,** exprimant l'idée de nouveauté. 1980, *le Nouvel Observateur.*

noyaux *n.m.pl.*
1. VX. Argent, monnaie. **Noyaux du Mexique,** louis d'or : *Oh ! s'ils nous avaient dit qu'ils ont le sac !* [Ninan :] – *Ou des noyaux du Mexique* (Villars). **2. Rembourré avec des noyaux de pêche,** se dit d'un siège très inconfortable : *J'abandonnai mon banc rembourré avec des noyaux de pêches* (Malet, 2). *Enfin, dit-il en gémissant quand j'eus fini de me garer, on est arrivés. C'est pas possible, ils sont rembourrés avec des noyaux de pêche, vos sièges* (ADG, 7).
ETYM. emploi métaphorique du mot usuel, issu du vieux **jeu des noyaux,** colorés en blanc et noir, pile et face. **1.** 1747, poissards [Esnault]. **Noyaux du Mexique,** 1866, Villars. **2.** 1811, Stendhal [TLF].

noye *n.f.* → **NOILLE.**

noyer *v.t.*
À la roulette, laisser un joueur perdre au-delà de ses ressources.
ETYM. emploi métaphorique d'une loc. halieutique : **noyer le poisson,** le fatiguer en le laissant se démener une fois qu'il est ferré. 1959 [Esnault].

nozière, nozigue ou **nozingo** *pron. pers.* → **MÉZIG.**

nuitard ou **nuiteux** *n.m.*
Personne qui travaille de nuit (postier, policier, etc.) : *Les patrouilles des « nuiteux » en tenue qui sillonnent les villes désertes* (*le Point,* 21 mai 1990). *Imperturbable à son volant, le nuiteux le renseignait, au fur et à mesure, sur le trajet* (Risser). *On apprécie mieux la ville quand tout dort, que seuls les nuiteux sont sur la brèche* (Boudard, 5).
ETYM. de **nuit** et du suff. **-ard** ou **-eux.** « chauffeur de taxi » 1935, Simonin-Bazin.

nuiteuse *n.f.*
Fille d'une maison close assurant le service de nuit.
ETYM. de **nuit.** 1939 [Galtier-Boissière et Devaux].

nullard, e *adj. et n.*
Qui est complètement nul au point de vue intellectuel : *Je ne t'ai rien demandé, alors tu n'as qu'à garder ton ministère et ta bande de nullards* (Van Cauwelaert).
ETYM. de **nul** et du suff. péj. **-ard.** 1953, M. Bossad [FEW].

nullos [nylos], **nullache** ou **nulache** *adj.*
Sans aucun intérêt, très mauvais : *Son plan était vraiment nullos.*
ETYM. suffixation arg. de **nul.** *nullos* 1986 [Merle]; *nulache* 1996 [id.]. Formes répandues dans le langage jeune des années 1980.

numéro *n.m.*
1. Activité considérée comme représentative d'un individu (génér. ironique) : *Il nous a encore fait son numéro de responsable conscient et organisé.* **2.** Vx. **Connaître le numéro de qqn,** connaître sa valeur. **Je retiens votre numéro !,** menace de représailles à l'adresse de qqn. **3.** Individu original ou extravagant. **4.** Rémunération d'une prostituée. **5.** **Avoir tiré le bon numéro.** ***a.*** avoir de la chance ; ***b.*** avoir trouvé le conjoint idéal : *Elle a sa voiture avec carrosserie renouvelée tous les ans, et elle lui croque des millions ! – Ah ! dis donc ! Elle a tiré le bath numéro, ma Zaza !* (Galtier-Boissière, 2). **6.** **Filer le bon numéro,** donner un renseignement précieux. **7.** Vx. **Gros numéro,** maison close : *Il fermait son porte-monnaie, qui s'ouvrait volontiers, avant de passer le seuil de la maison au gros numéro, mais qu'il refermait sans se désemplir, une fois ses désirs satisfaits* (Claude). **8.** **Le numéro un (de qqn),** son amant ou sa maîtresse en titre. **9.** Vx. **Numéro sept,** crochet de chiffonnier. **10.** **Numéro cent,** latrines. **11.** **Le numéro cent un,** la guillotine.
ETYM. emplois spécialisés du mot usuel, affectant étroitement une qualité à un objet ou à un être humain. **1.** 1895 [Esnault]. **2.** 1858 [Larchey]. **Je retiens votre numéro,** 1901 [Bruant]. **3** et **4.** 1901 [id.]. **5.** ***a.*** 1846, Sand [TLF] ; ***b.*** 1925, Galtier-Boissière. **6.** 1953 [Sandry-Carrère]. **7.** 1864 [Delvau]. **8.** 1881 [Rigaud] (d'abord adj. « très bien, très beau » 1867 [Delvau]). **9.** 1880 [Larchey] (analogie de forme entre le crochet et le chiffre 7). **10.** 1808 [d'Hautel] ; vient du numéro 100 qui figurait, dans les petits hôtels, sur la porte des cabinets, et jeu de mots avec le verbe *sentir*. **11.** 1847 [Dict. nain] ; image numérique des deux montants de la guillotine de part et d'autre de la lunette.
DER. **numérotée** *adj.f.* **Être numérotée,** être fille publique : 1864 [Delvau].

nunu ou **nunuche** *adj.*
Crédule ; sot : *Ce style complètement nunuche précipite dans un discrédit inexorable des idées qui méritent un meilleur sort* (*le Nouvel Observateur,* 4 décembre 1982).
ETYM. redoublement expressif, p.-ê. tiré de la dernière syllabe de **ingénu,** avec le suff. **-uche.** 1976, E. Hanska [Cellard-Rey].

nyakoué, e *n.* → NIACOUÉ.

nymphe *n.f.*
Vx. **La nymphe verte,** l'absinthe : *Les philosophes* [du Bataillon d'Afrique] *courtisent la nymphe verte* (A. Camus). SYN. fée verte.
ETYM. allégorie poétique et euphémisante. 1863, A. Camus.

[-o]

suffixe servant à abréger ou suffixer de très nombreux mots dans la langue populaire et argotique : **alcoolo, alsaco, apéro, avaro, bolcho, carburo, clodo, coco, crado, dingo, dirlo, ébéno, facho, intello, métallo, Paulo, projo, prolo, proprio, proxo, racho, réglo, syphilo,** etc. Se confond parfois avec la dernière voyelle d'un mot ou d'un radical comprenant déjà un **o : accro, ado, aristo, collabo, folklo, héro, Mac Do, maso, mégalo, parano, perco, porno, provo, rétro,** etc. La forme orthographique de ce suffixe est variable, peu fixée dans certains cas : **-o, -ot, -os,** etc.

obligado ou **obligeman** [-man] *adv.*

Obligatoirement : *Telle qu'elle est son histoire, avec, obligado, douze refroidis, il ose pas ce mec en parler à ses potes du Fouquet's, il se ferait mépriser* (Simonin, 6).

ETYM. apocope et resuffixation de **obligatoirement, obligé,** p.-ê. influencé par le portugais **obligado,** merci. *obligado* 1966, Simonin ; *obligeman* 1980, Lageat [Cellard-Rey].

occase *n.f.*

1. Occasion : *Madame Noé qui ratait jamais l'occase pour renauder après son homme* (Devaux) ; aubaine : *L'occase était ben trop fameuse pour la louper bêtement* (Stéphane). **À l'occase,** si l'occasion se présente, éventuellement : *J'en ai toujours autant à votre service à l'occase* (La Fouchardière). **2.** Objet vendu d'occasion : *Tenter l'économie d'une ou deux briques en attriquant l'occase inespérée, de seconde main, à peine rodée* (Simonin, 10). *J'ai trouvé une occase incroyable. Tiens-toi bien ! Quarante carabines américaines, de paras, à crosse pliante, chargeurs de dix étuis* (Jaouen). **3. D'occase.** ***a.*** qui a déjà servi, d'occasion : *Un vieux cinq tonnes Ford acheté d'occase et qu'a semé pas mal de soupapes sur la Concarneau-Paris* (Viard) ; ***b.*** de mauvais aloi, faux. Vx. **Châsse d'occase.** ***a.*** œil qui louche ; ***b.*** lorgnon ; ***c.*** œil de verre. Vx. **Mère d'occase,** entremetteuse.

ETYM. apocope de **occasion. 1.** 1841, Lucas [Esnault]. **À l'occase,** 1916, Barbusse [TLF]. **2.** 1899 [Virmaître]. **3.** ***a*** et ***b.*** 1878 [Rigaud]. **Châsse d'occase.** ***a.*** 1841, Lucas [Esnault] ; ***b.*** 1878 [Larchey] ; ***c.*** 1878 [Rigaud]. **Mère d'occase,** [id.].

occasionnelle *n.f.*

Prostituée intermittente : *Les occasionnelles, les fins de mois se confessent dans les magazines féminins. Ça banalise le métier* (Boudard, 2). SYN. étoile filante.

ETYM. emploi substantivé et spécialisé de l'adj. usuel. 1986, Boudard.

VAR. **occase :** 1996 [Merle].

Occup' ou **Occupe (l')** *n.f.*

L'occupation de la France par les Allemands de 1940 à 1944 : *Prends l'Occup', qu'est-ce que tu vois dans le mitan ? Fifty la carlingue, fifty patriote* (Simonin, 6).

ETYM. apocope de **Occupation.** 1966, Simonin.

occuper (s') *v.pr.*

1. Se livrer à une activité (génér. délictueuse : prostitution, vol, etc.) : *Il tâcherait de trouver* *une petite gigolette pas trop toc qui s'occuperait de son côté* (Méténier). *Ça serait plutôt Zanzi [...] qui nous a fait partir d'avec vous pour qu'on s'occupe pendant que vous étiez pas là* (Carco, 8). **2. T'occupe!** ou **occupe-toi de tes fesses!,** ne te mêle pas de cela!: *Hé bien, dit Aurore, tu vas fort. Vous êtes fâchés? – t'occupe* (G.-J. Arnaud). *Lâche-la et tire-toi vite. Avant que j'ameute la population. – Tu t'occupes de tes fesses, connard* (Pouy, 3).

ETYM. emploi euphémique (1) et abrègement de **ne t'occupe pas de ça!** (2). **1.** 1891, Méténier [TLF]. **2.** 1954, Simonin [id.], mais *t'occupe pas!* dès 1920 [Bauche].

[-oche]

suffixe qui, combiné ou non à une consonne antécédente, sert à former de nombreux noms ou adj. à effet plus ou moins comique ou péj.: **astibloche, balloche, la Bastoche, bancroche, cantoche, cinoche, doche, dodoche, fastoche, mailloche, plastoche, téloche, Totoche, valoche,** etc.

oche *n.f.* → **1. LOCHE.**

oculo *n.m.*

Œilleton pratiqué dans la porte d'une cellule.

ETYM. resuffixation de **oculaire.** 1913, Santé [Esnault].

œil *n.m.*

1. Mon œil!, formule ironique exprimant le refus, l'incrédulité: *Elle m'a demandé pourquoi je n'étais pas allée dimanche au patronage: tiens, mon œil!* (Huysmans, 1). Vx. **Pas plus que (dans) mon œil,** pas du tout. **2. Œil à la coque, au beurre noir,** œil tuméfié par un coup. **Monter un œil,** le tuméfier. **3. Œil bordé d'anchois, de jambon, de pisse** ou **de rosbif,** œil aux paupières rouges dépourvues de cils, ou cerné à la suite d'abus (de boisson en particulier). **4. Avoir l'œil,** être observateur ou vigilant. **Avoir** ou **faire l'œil américain,** tout percevoir au premier coup d'œil: *Ai-je dans la figure un trait qui vous déplaise, que vous me faites l'œil américain?* (Balzac, 1). **5.** Vx. **Avoir de l'œil,** avoir belle apparence. **6. Avoir qqn à l'œil,** le surveiller de près: *Quant aux voleurs, petits et grands, ils regagnaient en hâte l'ombre de la salle, de peur d'être saisis par la peau du cou et balancés dehors. De toute manière, on les aurait maintenant à l'œil* (Chevalier). **7. Se battre l'œil (de qqch),** s'en moquer complètement: *Je ne sais ce que l'avenir me réserve, mais quoi qu'il arrive, je m'en bats l'œil, car je saurai toujours bien me tirer d'affaire* (Canler). **8. Faire de l'œil à qqn,** lui lancer une invite amoureuse sous forme d'œillade: *« Dis donc! le forgeron te fait de l'œil », s'écria Copeau en riant quand il apprit l'histoire* (Zola). **9. Avoir un œil à Paris et l'autre à Pontoise, un œil qui dit merde à l'autre, avoir des yeux qui se croisent les bras, qui jouent aux billes,** loucher: *Le docteur très gentiment me dit: / Je vais t'endormir, regard'-moi dans les yeux / Ce sera beaucoup mieux. / Mais v'là qu'il s'arrête en criant: Je n'peux pas / Car tu as les yeux qui s' crois'nt les bras* (chanson *Jenny,* paroles de R. Nazelles). **10. Ne pas avoir les yeux en face des trous.** ***a.*** être mal réveillé; ***b.*** ne pas savoir observer avec justesse. **Avoir de la merde dans les yeux,** ne rien voir. **Avoir les yeux pleins de pisse,** avoir la vue obscurcie. **11. Se mettre, se foutre le doigt dans l'œil (jusqu'au coude),** se tromper grossièrement: *Soufflard! fit-il d'un ton ironique, ah! ben, vous vous mettez joliment le doigt dans l'œil* (Guéroult). **12. Jusqu'aux yeux,** exprime qqch de manière intensive. **S'en mettre jusqu'aux yeux, par-dessus les yeux,** se rassasier. **Enceinte jusqu'aux yeux,** se dit d'une femme à la grossesse spectaculaire. **13. Faire des yeux de crapaud mort d'amour, de merlan frit,** jeter des regards langoureux et ridicules: *J'en ai assez de tes yeux de merlan frit, et des trois cheveux qui te restent* (Daudet). **14.** Crédit: *La cantine ne fait jamais l'œil aux truffards* (A. Camus). **À l'œil.** ***a.*** gratuitement: *Des américaines, tu te mets bien. – Mes vieux fument que ça, j'ai pas le choix si je les veux à l'œil* (Clavel, 2); ***b.*** (vx) à crédit: *Quand on est désargenté on se le brosse, ou l'on prend un litre, et l'on ne va pas se taper un souper à l'œil* (Vidocq). **15.** Vx. **Œil de crapaud, de perdrix,** louis d'or. **16.** Vx. **Œil de bœuf,** écu de cinq francs. **17. Œil de bronze, de Gabès,** ou simpl. **œil,** sphincter anal: *Les éléphants calancheront en se rentrant dans l'œil de bronze leur trompe impudique dilatée de vazouille* (Devaux).

ETYM. emplois très diversifiés du mot usuel, désignant un organe essentiel à la vie. **1.** 1862 [Larchey]. **Pas plus que (dans) mon œil,** 1808 [d'Hautel]. **2. Œil à la coque,** 1808 [d'Hautel]; **au beurre noir,** 1867 [Delvau]. **Monter un œil,** 1977 [Caradec]; d'origine pataouète.

3. Avoir l'œil bordé d'anchois, 1833, Vidal [Larchey] ; **de jambon, de rosbif,** 1901 [Bruant] ; **de pisse,** 1953 [Sandry-Carrère]. **4.** vers 1470, G. Chastel [Littré]. **Avoir l'œil américain,** 1834, Balzac. **5.** 1862 [Larchey]. **6.** 1798 [Acad. fr.]. **7.** 1666, Brécourt [Enckell]. **8.** 1665, La Fontaine [TLF]. **9. Avoir un œil à Paris...,** 1868 [Littré] ; **un œil qui dit merde à l'autre,** 1878 [Rigaud]; **avoir des yeux qui se croisent les bras,** 1926, R. Nazelles ; **qui jouent aux billes,** 1961, Galtier-Boissière. **10.** ***a*** et ***b.*** 1925 [Esnault]. **Avoir de la merde dans les yeux,** 1920 [Bauche]. **11. Se fourrer le doigt dans l'œil,** 1862 [Larchey]. **12. S'en mettre par-dessus les yeux,** vers 1670, La Fontaine [GLLF]. **Enceinte jusqu'aux yeux,** 1975, Borniche [TLF]. **13. Yeux de merlan frit,** 1881 [Rigaud] ; **de crapaud mort d'amour,** 1953 [Sandry-Carrère]. **14. À l'œil.** ***a.*** 1827, *Un monsieur comme il faut*; ***b.*** 1829, Vidocq. **15. Œil de crapaud,** 1840 [Esnault]; **œil de perdrix,** 1847 [Dict. nain]. **16.** 1866 [Delvau]. **17. Œil de bronze,** 1928 [Lacassagne] ; **œil de Gabès,** 1947, Genet [Cellard-Rey] ; simpl. **œil** 1867 [Delvau].

œillet *n.m.*

Anus, dans le langage des homosexuels ou de la sodomie: *Je désire ton cul comme Jupiter lui-même n'a jamais désiré celui de son épouse! Écarte, écarte, putain, que je voie mieux l'œillet!* (Cellard).

◆ **œillets** *n.m.pl.*

Yeux.

ETYM. jeu de mots sur le diminutif de **œil (de bronze)** et sur le mot désignant la fleur. 1977 [Caradec].

◆ *pl.* 1953 [Sandry-Carrère].

œuf *n.m.*

1. Individu stupide. **Face d'œuf,** employé comme injure: *C'est rigolo, hein, face d'œuf? Je fais à une jeune baderne* (Lacroix). **Faire l'œuf,** se comporter stupidement : *Fais pas l'œuf dans ta nouvelle place, te fais pas repérer pour tes idées à la manque* (Céline, 1). **2.** Anus. **L'avoir dans l'œuf.** ***a.*** être sodomisé; ***b.*** être dupé. **3. Aux œufs.** ***a.*** excellent: *Les fistons de Noé y grattaient* [dans le vignoble] *toute la journaille et les récoltes devenaient de plus en plus aux œufs* (Devaux); ***b.*** facile à réaliser. **4. Aller se faire cuire un œuf,** traduit le fait d'être brutalement éconduit: *S'ils ne sont pas contents, ils peuvent aller se faire cuire un œuf!*; souvent sous forme interjective : *Va te faire cuire un œuf!* **5. Tondre un œuf,** être extrêmement avare. **6.** Vx. **Œuf sur le plat,** vingt-cinq francs, sous la forme d'un louis d'or («le jaune») et d'une pièce d'argent de cinq francs («le blanc»). **7. Œufs sur le plat,** seins de femme très petits et peu consistants: *Tous ces scélérats vantaient ses appas / Ses deux œufs su'l'plat* (chanson *Folle Complainte,* paroles de E. Bouchaud).

ETYM. emplois génér. métaphoriques (analogie de forme). **1.** 1860 [Esnault] (à l'origine, tête oblongue et chauve, comme celle d'un clown). **Face d'œuf,** 1915, Barbusse. **2.** 1884 [Esnault]. **L'avoir dans l'œuf.** ***a*** et ***b.*** 1960 [Le Breton]. **3.** ***a.*** 1808 [d'Hautel] ; ***b.*** 1960 [Le Breton]. **4.** 1954, Simonin [TLF]. **5.** *trouver à tondre sur un œuf* dès 1606 [Nicot]. **6** et **7.** 1878 [Rigaud].

officemar *n.m.*

Officier : *Qu'ils sont loin les « Mettez-vous au garde-à-vous pour me causer ! » et les trois rations réglementaires des officemars subalternes du temps que j'étais cabot d'ordinaire !* (Galtier-Boissière, 1).

ETYM. suffixation arg. de **officier.** 1901 [Bruant].

VAR. **off:** 1890 [Esnault].

officiel *adj.*

1. Se dit d'un papier ou d'un bijou authentique. **2.** Indiscutable.

◆ *interj.*

C'est comme je te (vous) le dis ! : *Et, au bout du compte, qui serait cavé? Le môme Max, officiel!* (Simonin, 2).

ETYM. emplois insistants de l'adj. à caractère administratif. **1.** 1960 [Le Breton]. **2.** 1977 [Caradec].

◆ *interj.* 1953, Simonin.

ogre *n.m.*

Vx. **1.** Usurier ; receleur. **2.** Entremetteur. **3.** Cabaretier.

ETYM. emplois symboliques du mot usuel. **1** et **2.** 1836 [Vidocq]. **3.** 1901 [Bruant].

ogresse *n.f.*

Vx. **1.** Tenancière de cabaret : *Toutes les filles d'amour seront tes esclaves : ogres et ogresses n'oseront pas te refuser de te faire crédit* (Sue). **2.** Proxénète femme.

ETYM. emploi métaphorique du mot usuel. **1.** 1842, Sue. **2.** 1829, Vidocq.

oignes, ognes, oignons ou **oignards** *n.m.pl.*

Vx. Pieds.

ETYM. de **ogne,** ongle, et **onglyon,** corne des pieds fourchus, mots de Lyon et de la Savoie [Esnault]. *ognes* 1869, Arts et métiers, Châlons [id.]; *oignes, oignons, oignards* 1977 [Caradec].

DER. **ognelots** *n.m.pl.* Doigts : 1889, Macé [Esnault]. **zognes** ou **zoignes** *n.f.pl.* **1.** Pieds : 1891-1910, Arts et métiers, Châlons [id.]. **2.** Mains : 1891 [id.].

oignon, oigne ou (RARE) **oignedé** *n.m.*

1. Anus (aussi **oignon brûlé** en ce sens) ; postérieur : *L'Auvergnat et le lymphatique, l'oignon carré dans un fauteuil, regardaient Pépère* (Simonin, 1). *J'entends un son s'élever : Tut, tut, tut, très aigu, très spoutnik. Le mec a un lem dans l'oigne ou quoi ?* (Siniac, 3). **L'avoir dans l'oigne, se le faire mettre dans l'oigne,** être trompé, dupé ; subir un échec cuisant, humiliant : *Mes potes, lorsque je leur annonce la nouvelle dans la cour, c'est le festival des gueules qui s'allongent... si ça groume... qu'on se l'est fait mettre dans l'oignedé à sec... une véritable escroquerie !* (Boudard, 5). *Les boches qui, lors du dernier dérouillage, en avaient pris dans l'oignon pour leur grade* (Combescot). **Se bouffer l'oignon,** pratiquer l'anilinctus : *Qu'est-ce que vous diriez d'un bourbon chez Paulette ? Hein ? Elle a deux nouvelles filles, qui se bouffent l'oignon avec beaucoup de véhémence, m'a-t-on dit, certains soirs* (Pagan). **Sueur d'oignon,** prostitution sodomite : *Jeannot avait tâté de la sueur d'oignon pour boucler des fins de mois difficiles* (ADG, 5). **Course à l'oignon,** syn. de course à l'échalote. **2.** Chance : *Il ne fallait pas avoir d'oignon pour être tombé sur cet oiseau-là. Nous allions subir toute la gamme des coups défendus* (Trignol). [On trouve aussi **avoir l'oignon qui décalotte,** avoir de la chance.] **3.** Mauvais cheval de course. **4.** Vx. **Y a de l'oignon,** il y a des difficultés en perspective.

◆ **oignons** *n.m.pl.*

1. Aux petits oignons, se dit de qqch qui est fait ou préparé avec amour, qui est excellent : *Je n'ai pourtant pas rêvé, c'était un vrai coup de pied, et appliqué !... mais là ! aux petits oignons* (Guéroult). *J'arrangerai ça aux petits oignes. Les amants tragiques. Double suicide* (Malet, 17). **2. C'est mes oignons,** c'est mon affaire, cela me concerne : *Les types du groupe franc, c'est mes oignons, comprends-tu ?* (Vercel). *Tu parles d'une vie, ajouta-t-il avec une légère pointe de reproche affectueux. Enfin, chacun ses oignons* (Malet, 7). **Occupe-toi de tes oignons, ce n'est pas tes oignons,** mêle-toi de ce qui te regarde : *Étonné, j'en avais parlé à l'un des assistants d'Henry King, pour m'entendre brutalement répondre : « Occupez-vous donc de vos oignons »* (Dalio). *Qu'est-ce que ça peut me foutre, ce qu'ils pensent ? C'est pas leurs oignons, à ces abrutis !* (Monsour). **3.** Vx. **Chaîne d'oignons,** dix de cartes.

ETYM. emplois spécialisés et métaphoriques (analogies de forme) du mot usuel. *oigne* est une forme apocopée de *oignon ; oignedé* vient de l'aphérèse du largonji *loignedé.* **1.** 1890 [Esnault] ; **oignon brûlé,** 1883, Macé [id.]. **Se bouffer l'oignon,** 1986, Pagan. **Sueur d'oignon,** 1971, ADG. **2.** 1879 [Esnault]. **Avoir l'oignon qui décalotte,** 1953 [Sandry-Carrère]. **3.** 1977 [Caradec]. **4.** 1808 [d'Hautel].

◆ *pl.* **1.** 1862 [Larchey]. **2.** *c'est pas mon oignon* 1897, Rictus. **3.** 1870 [Esnault].

VAR. **ognard :** 1902 [Esnault]. **ogne :** 1926 [id.]. **ogneu :** 1953 [id.]. **oignard :** 1953 [Sandry-Carrère].

oiseau *n.m.*

1. Individu bizarre, suspect (surtout dans les tours **drôle d'oiseau, vilain oiseau, faire l'oiseau**) : *Hé ! mais, demanda Jacques à son inspiratrice, que penses-tu de ces oiseaux-là* (Cladel). **2. (Se) donner des noms d'oiseaux,** (s') insulter : *On y filait des noms d'oiseaux. / Même ceux qui l'connaissaient qu'à peine / L'appelaient la teigne* (Renaud). **3.** VIEILLI. **Aux oiseaux,** très bien : *Quelques petites sorties, des soupers fins, de l'amour. Pas lassant du tout, avec la voluptueuse Blondy : je dirais même que c'est drôlement aux oiseaux* (Tachet).

ETYM. emplois péj. du mot usuel. **1.** *un bel oiseau* (ironique), 1690 [Furetière] ; **triste, vilain, drôle d'oiseau,** 1867 [Delvau]. **2.** 1977 [Caradec] ; mais dès 1872 [Larchey], au sens de « roucouler amoureusement » ; s'emploie auj. négativement, p.-ê. sous l'influence de *oiseau de malheur.* **3.** 1808 [d'Hautel].

olives *n.f.pl.*

1. Testicules. **2.** Balles d'arme à feu : *Il examinait les deux mitraillettes, des moulins ritals* [...] *« Où sont les chargeurs et les olives ? »* (Trignol).

ETYM. emplois métaphoriques (analogie de forme). **1.** *olives de Poissy* 1640 [Oudin]. **2.** 1955, Trignol.

olkif, olpette ou **olpif** *adj.*

Exprime un haut degré d'excellence, d'élégance, etc.: *Y avait même l'atmosphère, c'était vach'ment holpif !* (Legrand). *Et puis finalement elle avait décidé de trouver holpète ce bac à douche de haut bord, lorsque Marceau lui avait dit, en désespoir, que la mode en venait de Californie* (Amila, 1).

ETYM. mots d'origine obscure, p.-ê. en relation avec l'arabe **alkif,** de même sens [Esnault], ou resuffixation de **olrèt** (cf. ce mot) ; var. nombreuses : de *ouapette,* fém. : 1917, Alger [Esnault] à *olpett,* 1955 [id.], en passant par *olkif,* 1926 [id.] ou *olpif,* 1918 [id.], sans oublier de nombreuses formes faisant plus ou moins calembour avec l'adj. *haut* (*costard haut-le-pèque,* 1940 [id.]), ce qui explique l'initiale *h* qu'on trouve dans les citations.

olrèt ou **olrette** *adj. et adv.*

Très bien.

ETYM. transposition de **all right,** formule rituelle du pesage, pour déclarer que monture et cavalier répondent aux normes de poids. *olrèt adj. et adv.* 1886 [Esnault]; *olrette adv.* 1977 [Caradec].

ombre *n.f.*

1. Mettre à l'ombre. ***a.*** en prison: *Au fond il les aimait bien ses voyous qu'il giflait si souvent de ses petites mains rehaussées de bagues, ses voyous qu'il mettait à l'ombre aussi souvent qu'il en avait l'occasion* (Audouard) ; ***b.*** tuer. **2. Marcher à l'ombre,** ne pas se faire remarquer, se faire tout petit: *Arrache-toi d'là, t'es pas d'ma bande, / Casse-toi, tu pues, et marche à l'ombre!* (Renaud).

ETYM. emploi métonymique et ironique très ancien. **1. *a.*** 1486, *Mistère de la Passion* [Esnault]; ***b.*** 1745, Fougeret de Monbron [Littré]. **2.** 1980, Renaud.

ombrelle *n.f.*

Avoir un bec d'ombrelle, avoir une tête antipathique.

ETYM. image expressive évoquant une laideur au nez arqué. 1977 [Caradec].

omelette *n.f.*

Omelette soufflée, femme enceinte.

ETYM. métaphore peu délicate de l'œuf qui a pris du volume. 1901 [Bruant].

omnibus *n.m.*

ARG. ANC. **1. Omnibus de coni** ou **à coni,** corbillard : *L'omnibus à coni avait déjà démarré* [de la place de la Roquette] (Méténier). **2.** Prostituée. **3.** Personnel supplémentaire, extra, dans l'argot des garçons de café. **4.** Verre de vin d'un demi-setier.

ETYM. métaphore pittoresque du « dernier voyage ». **1. Omnibus de coni,** 1836 [Vidocq]. **2, 3** et **4.** 1867 [Delvau].

oncle *n.m.*

ARG. ANC. Concierge de prison (c'est-à-dire directeur): *Mon oncle est un lofia, tandis qu'il roupille, on rivanche ma tante* (Ansiaume).

ETYM. appellation faussement respectueuse. 1800, Leclair.

onduler *v.i.*

Onduler de la coiffe, de la toiture, de la touffe, etc., avoir l'esprit dérangé.

ETYM. image curieuse, évoquant les intermittences de la raison. **Onduler de la toiture,** 1953 [Sandry-Carrère]; **de la touffe,** 1977 [Caradec]; **de la coiffe,** 1982 [Perret].

op *n.m.*

Opium: *Passons à l'opium. L'OP, comme on dit [...] De quoi ça a l'air l'OP ? C'est une pâte foncée, presque noire* (Duchaussoy).

ETYM. apocope de **opium.** 1971 [Duchaussoy].

opérer *v.t.*

1. Faire mourir qqn. ***a.*** sur la guillotine; ***b.*** au revolver. **2.** Posséder sexuellement : *Le petit (air ironique de Serge) l'emmène illico au petit hôtel accueillant où nous avons coutume d'opérer les femmes qui en valent la peine* (Simonin-Bazin). **3.** Escroquer, dépouiller: *À ce train-là, pensa-t-il en palpant les billets, ça ira vite. Il avait conscience de ne pas avoir opéré Gibelin comme il aurait fallu* (Giovanni, 1). **4. Opérer un objet, un mécanisme,** intervenir dessus avec des outils, de façon souvent violente. **Opérer un moteur,** le démonter pour réparation. **Opérer un coffre,** l'ouvrir par effraction. **Opérer une banque,** l'attaquer : *Ils draguent à tout va à cause de Pierrot. Au printemps, il a opéré la poste de Nice et la semaine dernière ils ont flingué des Arméniens à Marseille* (Giovanni, 3). **Opérer des pneus,** les crever: *Vos quatre pneus se sont dégonflés subitement? Mais, bougre d'andouille, vous avez été opéré [...]. Vous avez été piqué par des nuiteux* (Simonin-Bazin).

ETYM. emplois ironiquement euphémiques du verbe usuel. **1. *a.*** 1881 [Rigaud] ; ***b.*** 1953 [Esnault]. **2.** 1899 [Nouguier]. **3.** vers 1870

[Esnault]. **4. Opérer des pneus,** 1935, Simonin-Bazin.

DER. **opérateur** *n.m.* Bourreau : 1881 [Rigaud].

or *n.m.*

L'avoir en or, avoir de la chance.

ETYM. ici encore, la notion de « chance » est étroitement associée au postérieur (cf. *bol, fion, vase*). 1926 [Esnault].

orange *n.f.*

1. Coup de poing. **2.** Petit sein de femme : *Elle a des oranges sur l'étagère.* SYN. **mandarine. 3.** Vx. Pomme de terre : *C'est pourtant vous qui m'avez emballé. Ah ! si j'avais su que vous étiez Vidocq, je vous en aurais payé des « oranges » !* (Vidocq).

ETYM. emplois métaphoriques (analogie de forme). **1.** vers 1840 [Esnault]. **2.** *avoir des oranges sur la cheminée* 1866 [Delvau] ; *sur l'étagère* 1881 [Rigaud]. **3.** par ellipse de **orange à Limousin** ou **à cochons.** 1829, Vidocq.

ordure *n.f.*

Individu tout à fait méprisable, capable des pires bassesses : *Votre ami, monsieur, c'est une ordure, et si un jour il remet les pieds ici, je le tue de mes mains* (Van Cauwelaert) ; s'emploie souvent comme injure : *Allez, fous-moi le camp, ordure ! Sans ça je fais un malheur* (Sartre).

ETYM. emploi très vigoureux d'un mot exprimant la saleté par excellence. « femme de mauvaise vie » 1408 [TLF] ; « comme injure » 1865, Goncourt [id.].

DER. **ordurerie** *n.f.* Acte ou propos très méprisable, obscène : 1966, Boudard [Cellard-Rey].

orfèvre *n.m.*

1. Policier du quai des Orfèvres (police judiciaire). **2. Tomber dans les bras de l'orfèvre,** dormir : *Après ça il ne me restait plus qu'à me laisser glisser dans les bras de l'orfèvre. J'étais sur les rotules et il valait mieux que je récupère sérieusement* (Bastiani, 4).

ETYM. ellipse valorisante, ces policiers étant orfèvres... en la matière. **1.** 1975 [Arnal]. **2.** confusion plaisante entre les bras de Morphée et ceux de l'orfèvre : 1955, Bastiani.

orgue *n.m.*

ARG. ANC. Individu : *Est-ce que tu crois que je vais manger mes pratiques sur l'orgue ?* (Sue).

ETYM. issu de **mon orgue,** série pron. d'origine obscure (cf. le fourbesque **monarca,** moi). 1829 [Forban].

orient *n.m.*

ARG. ANC. Or : *Vous avez là une belle chaîne... – Belle... et pas chère... dit en riant la vieille. C'est du faux orient* (Sue).

ETYM. suffixation arg. et poétique de **or.** 1815, *Chanson de Winter,* in Vidocq.

ornichon *n.m.*

ARG. ANC. Coq ou poulet : *L'ornichon qui chantait le matin à des trois plombes* [...]. *C'est pas mauvais la soupe à l'ornichon !* (Méténier).

ETYM. dimin. de **ornie,** poule. 1628 [Chéreau].

ornie *n.f.*

ARG. ANC. Poule : *Et là attrimions l'ornie sans zerver* (Péchon de Ruby).

ETYM. du grec **ornis.** 1596, Péchon de Ruby.

DER. **ornion** *n.m.* Poulet, chapon : [id.].

1. orphelin *n.m.*

Objet dépareillé, isolé ou oublié par son propriétaire (mégot, pièce de monnaie, verre à moitié bu, etc.). **Orphelin de muraille,** étron déposé au pied d'un mur.

ETYM. emploi ironique du mot, appliqué ici à des choses. « mégot » 1878 [Rigaud] ; « pièce » 1886 [Esnault] ; « verre » 1894 [Virmaître]. **Orphelin de muraille,** 1866 [Delvau].

2. orphelin *n.m.*

Vx. Orfèvre : *Nous avons voulu maquiller à la sorgue chez un orphelin, mais le pantre était chaud* (Vidocq).

ETYM. altération plaisante de **orfèvre.** 1821 [Ansiaume].

orphelines *n.f.pl.*

Testicules.

ETYM. emploi humoristique, p.-ê. inspiré du roman de d'Ennery *les Deux Orphelines* (1874). 1977 [Caradec].

[-os]

suffixe servant à former de nombreux mots (surtout des adj.) dans le langage jeune et branché des années 1980 : **calmos, craignos, débilos, maniaquos, matos, nullos, peinardos, ringardos, tranquillos,** etc. **Rapidos** est un des rares mots relativement anciens.

os *n.m.*

1. Anus. **L'avoir dans l'os,** échouer, être dupé: *C'est râpé, les enfants! Vous l'aurez dans l'os ! Mémé a toujours parlé grossièrement, mais clairement* (Veillot). **Jusqu'à l'os,** complètement: *Il s'est fait couillonner de première, Toussaint. Posséder jusqu'à l'os, dans cette affaire de Bandol* (Bastiani, 1). **Cavaler, courir, taper sur l'os (à qqn),** l'importuner vivement. SYN. courir sur le haricot. **2. Avoir l'os,** s'y connaître. **3. Os à moelle.** ***a.*** nez; ***b.*** pénis; ***c.*** lorgnette. **Faire juter l'os à moelle,** se moucher dans ses doigts ; se masturber, en parlant d'un homme. **4. Mes os, tes os,** etc., moi, toi, etc.: *En cinq minutes, elle me dira où cet enfoiré planque ses os* (Giovanni, 1). *Allez, amène tes os!* **Sac d'os,** personne très maigre. **5.** Vx. Partie de dominos. **6.** Chose sans valeur ; spéc., voiture de course en mauvais état. **7.** Argent. **Avoir de l'os,** avoir de l'argent: *Et on va boire un coup ensemble. Justement, j'ai de l'os* (Méténier). Vx. **Avoir l'os,** être riche. **Gagner son os,** gagner sa vie : *Oui, avec le culot que je te connais, je suis persuadé que tu vas m'affirmer sans rire que désormais tu gagneras honnêtement ton os* (Salinas). **8.** Difficulté imprévue : *Mais il y avait un os et un os de taille. Vania, étant étrangère, possédait bien une carte de séjour, mais elle n'avait pas le droit légalement de créer un commerce* (Bialot). *Il y a un os dans le frometon, dans la purée.* **Ça va être l'os,** il y a une difficulté imprévue : *Que ce cave subodore une vape, et ça va être l'os!* (Simonin, 8).

ETYM. emplois spécialisés du mot usuel, qui vont de l'idée de « partie... vitale de l'individu » à celle de « pauvreté, dépouillement » ou de « dureté ». **1.** 1901 [Bruant]. **L'avoir dans l'os,** 1948, Rabat [Esnault]. **Jusqu'à l'os,** 1936, Bernanos [TLF]. **Taper sur l'os,** 1916, Barbusse [Esnault]. **2.** 1890, Troyes [id.]. **3. *a.*** 1881 [Rigaud]; ***b.*** 1901 [Bruant] ; ***c.*** 1883 [Fustier]. **4.** 1914 [Esnault]. **5.** 1865 [id.]. **6.** 1932 [id.]; « voiture » 1975 [Le Breton]. **7. Avoir de l'os,** 1851 [Esnault]. **Avoir l'os,** 1829, Forban. **8.** 1914 [Esnault].

oseille *n.f.*

1. Argent : *Le tiroir était garni de liasses de billets de dix mille, et de pistolets de divers calibres. Sa panoplie : calibres et oseille* (Audouard). *Envoy'-moi donc un peu d'oseille, / A Mazas* (Bruant). **2. La faire à l'oseille à qqn,** le tromper, se moquer de lui : *Il est en train de nous la faire à l'oseille. – Blague dans le coin. J'ai gros comme ça de boulot en rade* (Beauvais). **3.** Jeune chanteuse ou danseuse de revue légère: *Sur scène évoluaient celles que nous appelions dans le jargon de l'époque des « oseilles ». De petites danseuses, un peu nues, un peu négligées, qui, dans un tableau, sortaient toujours d'une rose ou d'un chou* (Dalio).

ETYM. origine obscure aux sens 1 (p.-ê. dérivation fantaisiste sur **os**) et 2. Le sens 3 correspond à la notion d'acidité. **1.** 1875, Rabasse [Larchey]. **2.** vers 1860, selon Delvau. **3.** 1876, Escudier [Larchey].

oseillé, e *adj.*

Riche : *Ce que le hasard pouvait ménager de plus conforme à la féerie intime, jouant en permanence dans le sinoquet des deux potes : la grosse bagnole et la gisquette oseillée* (Simonin, 8). SYN. friqué.

ETYM. de **oseille.** 1935, Simonin-Bazin.

osier *n.m.*

Argent: *Les pensionnaires, une demi-douzaine de filles toutes réfugiées de Paris, cherchaient, avant d'y remonter, à se faire un peu d'osier* (Lépidis). *On était jeudi, alors, question osier, on était tous raides* (Roubaudi).

ETYM. p.-ê. dér. de **os**, ou jeu de mots par synonymie avec **jonc.** 1935, Simonin-Bazin.

osselets *n.m.pl.*

1. Vx. Doigts. **2.** Vx. Dents. **3. Mes osselets,** moi. **Courir sur les osselets,** agacer, ennuyer.

ETYM. emplois métaphoriques et ironiques du mot usuel. **1.** 1843, Sue [Esnault]. **2.** 1847 [Dict. nain]. **3.** 1911 [Esnault].

ouallou *interj.*

Rien à faire, pas question ! : *Après c'est toute une histoire / Pour s'rendormir ouallou !* (Renaud).

ETYM. d'origine pataouète, issu de l'arabe algérien **walo,** zéro, rien, pas même, tant pis! 1905 [Esnault].

ouat ou **ouatt** *interj.*

Vx. Rien à faire ! Pas du tout : *J'm'approche, je regarde : ouat ! rien du tout !* (Courteline). *Dangereux ? interrogea Flahaut, en connaisseur. – Ah ouatt! des mariniers de Dunkerque et des poules du quai de Javel* (Mac Orlan, 9).

ETYM. d'origine obscure, p.-ê. altération de **oui,** sous l'influence de l'angl. **what,** quoi ? 1857, Labiche [TLF].

oubli *n.m.*

Marcher à l'oubli, feindre l'ignorance.

ETYM. image fortement expressive : l'oubli fonctionne comme un carburant imaginaire. 1960 [Le Breton].

oublier *v.t.*

1. Oublier le goût du pain, oublier de respirer, mourir. **2. Oublie-moi !,** laisse-moi tranquille !

◆ **s'oublier** *v.pr.*

1. Faire, par faiblesse pathologique, ses besoins naturels. **2.** Lâcher un pet.

ETYM. expression vive de quelques oublis fondamentaux. **Oublier le goût du pain,** 1883 [Larchey] ; **oublier de respirer,** 1977 [Caradec]. ◆ *v.pr.* **1.** 1882, Zola [TLF]. **2.** 1977 [Caradec].

où c'est *n.m.pl.*

Lieux d'aisances : *Après avoir commandé un dessert, Louis Lheureux se leva pour aller aux « où c'est »* (Malet, 17).

ETYM. transcription approximativement phonétique du sigle **W-C.** 1954, Malet.

[-ouille]

suffixe servant à former de nombreux mots populaires ou argotiques à caractère souvent péjoratif : **berdouille, bredouiller, cafouiller, carambouille, gidouille, magouille, merdouille, niquedouille, papouille,** etc.

ouiouine *n.f.*

Serviette périodique. SYN. fifine.

ETYM. redoublement péj. 1977 [Caradec].

ouistiti *n.m.*

1. Pince servant à faire tourner une clé, de l'autre côté de la porte : *Imaginez un fer à friser dont les extrémités sont des mors solides et courts, présentant intérieurement un filetage. L'ouistiti est introduit fermé dans le canon de la serrure : on l'ouvre légèrement au contact de la clé dont on pince l'extrémité. On serre fortement : le filetage mord. On tourne la poignée de l'ouistiti : la clé tourne avec, et la porte s'ouvre* (Locard). **2.** Dans une entreprise, le fils du patron (appelé singe).

ETYM. métaphore irrespectueusement animalisante (2) et composé humoristique de **vis,** selon Esnault. **1.** 1908 [id.]. **2.** 1977 [Caradec].

ourdé, e ou (vx) **hourdé, e** *adj.*

1. Ivre : *Les jours où son vieux se trouve complètement ourdé, souvent elle passe par ici le chercher et c'est le chauffeur qui les conduit qui m'a expliqué* (Simonin, 3). **2.** VIEILLI. Stupide, idiot.

ETYM. emploi métaphorique du terme technique, « bourré d'un hourdis, corps de remplissage léger ». **1.** *hourdé* 1905 [Esnault] ; *ourdé* 1954, Vers [Giraud]. **2.** 1977 [Caradec].

DER. **ourdée** *n.f.* Ivresse : 1957 [Sandry-Carrère].

ourder (s') *v.pr.*

S'enivrer : *Il tient sérieux la boutanche mais, là, avec les cocktails antillais, mexicains, il va s'ourder sévère la crête, rouler comme ses hommes sous les tables, les lits...* (Boudard, 6).

ETYM. de **ourdé.** 1979, Boudard.

ours *n.m.*

1. Vx. Salle de police. **2.** Vx. **Envoyer à l'ours,** refuser : *Même que parmi ses breloques il y avait un petit cheval comme argenté, à qui y manquait une patte, et qu' j'ai voulu qu'il me donne, même qu'il m'a envoyé à l'ours* (Canler). **Aller aux ours,** être éconduit.

◆ *n.m.pl.*

Menstrues : *Mais Monsieur ne couche donc pas avec Madame ? C'est dommage ! Une si belle rousse* [...] *– Elle a ses ours ! expliqua-t-il avec simplicité* (Grancher).

ETYM. images faisant allusion à la tanière (1) ou aux mœurs de l'animal (2 et pl.). **1.** avant 1853, Saint-Cyr [Esnault]. **2.** idée d'« humeur maussade ». **Envoyer à l'ours,** 1862, Canler. **Aller aux ours,** 1846, *Intérieur des prisons.*

◆ *pl.* idée de jours où on fuit la société. 1920 [Bauche].

oursins *n.m.pl.*

Avoir des oursins dans le morlingue, dans la fouille, etc., être très avare : *Il devenait radin, j'avais bien remarqué. « T'as des oursins dans le morlingue. » Je balançais la vanne à la blague, quand je le sentais trop réservé devant une addition* (Boudard, 1). *Il a toujours des oursins dans les fouilles, c'est pas les mêmes, mais ça s'est pas amélioré avec l'âge* (Pousse). *Que les Normands aient des oursins dans leurs poches est une légende !* (Cordelier).

ETYM. loc. très expressive. **Avoir des oursins** ou **un hérisson dans le morlingue,** 1957 [PSI], art. *morlingue.*

[-ouse, -ouze]
suffixes servant à former de nombreux substantifs arg. ou pop., souvent péjoratifs : **bagouse, barbouze, centrouse, fellouze, fouillouse, galtouse, garouse, partouze, perlouse, piquouse, tantouze,** etc.

ousto *n.m.* → **HOSTO.**

out *adj.*
Se dit de qqn qui est dépassé par son époque, qui n'est plus considéré comme compétent.
ETYM. mot angl., «en-dehors». 1973, Mallet-Joris [Rey-Gagnon].

outil *n.m.*
1. Instrument de cambrioleur : *L'homme escaladait de nouveau la grille, ses « outils » sous la veste, les poches gonflées* (Carco, 2). **2.** Arme quelconque (couteau, pistolet, etc.). **3.** Pénis: *Viens que j'te magne ton p'tit outil* (Plaisir des dieux). **4.** Individu quelconque, encombrant, voire pénible : *C'est une chance qu'on soit point affublés d'enfants. Ça vous mangerait le lard qu'on tient à la main, ces outils-là* (Fallet, 2). *Encore c' t' outil-là ? Mais elle va le rendre dingue !* (film *Le rouge est mis,* dialogues d'Audiard). **5.** Vx. **Outil de besoin.** ***a.*** mauvais souteneur : *Ha ! toi, outil de besoin, tu t'en mêles ?... Est-ce que tu voudrais me faire emballer ?* (Lucas); ***b.*** prostituée.
ETYM. emplois spécialisés ou métaphorique (3) du mot usuel. **1.** 1835 [Esnault]. **2.** « pistolet » 1925, P. Morand [TLF]. **3.** XIIIe s., *Fabliaux* [id.]. **4.** *voilà un bel outil !* 1690 [Furetière]. **5.** ***a.*** 1841, Lucas; ***b.*** 1901 [Bruant].
DÉR. **outillé** *adj.m.* **Bien outillé,** sexuellement bien pourvu, en parlant d'un homme : 1977 [Caradec].

outiller *v.t.*
Frapper ou tuer d'un coup de couteau : *L'enfant d'putain ! Il a voulu m'outiller ! Le lâchez pas, les gars !* (Le Breton, 6).
ETYM. de **outil** au sens 2. 1954, Le Breton.

ouvrage *n.m.*
Vx. **1.** Action délictueuse, avec ou sans violence: *Une loge* [...] *où le Beau-François tenait des conseils avec sa bande, et dirigeait les ouvrages, c'est-à-dire les vols et assassinats qui devaient être commis* (Orgères). **2.** Coït. **3.** Excrément; contenu d'une fosse d'aisances.
ETYM. emplois euphémiques. **1.** 1797, Orgères. **2.** 1864 [Delvau]. **3.** 1867 [id.].

ouvre-boîte *n.m.*
Clé.
ETYM. emploi humoristique du mot usuel, dans le langage des détenus de la pénitentiaire. 1975 [Arnal].

ouvrier *n.m.*
1. Vx. Voleur : *Quelques mots d'argot, lâchés par intervalles, ne tardèrent pas à m'apprendre que tous les membres de cette aimable compagnie étaient des ouvriers* (Vidocq). **2.** Cambrioleur.
ETYM. emploi spécialisé et euphémique du mot usuel. **1.** 1829, Vidocq. **2.** 1928 [Lacassagne].

ouvriot *n.m.*
Vx. Ouvrier: *N'y a qu'à r'moucher les ouvriots / Pour savoir si tout marche* [en France] (Gill).
ETYM. dimin. de **ouvrier.** 1878, Gill.

ouvrir *v.t.*
Ouvrir sa gueule, l'ouvrir. ***a.*** s'exprimer, parler: *Ce que nous voulons? D'abord que ceux qui ne sont pas qualifiés pour l'ouvrir (ils sont légion !) la ferment* (Le Dano) ; ***b.*** faire des aveux ou des révélations: *Si jamais tu ouvrais ta gueule, j'aime mieux te dire que ce serait terrible* (Clavel).
ETYM. loc. litotique, **l'** représentant *sa gueule.* **L'ouvrir,** 1901 [Bruant] ; **ouvrir sa gueule,** 1907 [H. France].

overdose *n.f.*
1. Dose trop forte d'une drogue dure, entraînant des accidents graves (coma, mort) : *Adieu, Charles, tu t'installeras dans un coin à l'écart, pour qu'on ne te retrouve pas et tu t'enquilleras une bonne overdose bien tassée* (Duchaussoy). **2.** Quantité excessive d'une sensation, d'un sentiment : *Comment pareille overdose de beauté ne vous ferait-elle pas vaciller la raison ?* (*le Monde,* 28 août 1981).
ETYM. mot angl.; de **over,** par-delà, et du fr. **dose.** **1.** 1968, J.-L. Brau [TLF]. **2.** contemporain.

overdosé, e *adj. et n.*
Se dit d'une personne victime d'une overdose: *Une tristesse profonde et sans fin, englobant aussi bien lui, moi, Marie-Pierre, Marc et Bruno, le couillon overdosé sur sa pelouse* (Ravalec). *Les mecs du Cherokee n'étaient pas du genre à lourder un overdosé sur le bitume* (Villard, 4).
ETYM. de **overdose.** 1994, Ravalec.

pacquelin *n.m.* → PATELIN.

pacsif, pacsin ou **pacson** *n.m.*

Paquet : *Je n'ai fait qu'un pacsin de pigousses et j'ai décarré* (Ansiaume). *Puis il [...] sort son pacson de Lucky, s'en colle une dans la fente et vient m'en glisser une entre ce qui a pu chez moi être des lèvres* (Bastiani, 4). *Y avait un billet cette fois-ci... J'avais plus qu'à faire mes paquessons...* (Céline, 5). *Allez, tchao! Magnetoi de faire tes packsons* (Le Breton, 5). **Mettre le pacsif,** faire un gros effort, employer les grands moyens : *Sur le fond de teint aussi elle doit mettre le pacqsif : dans la demi-pénombre de l'entrée ses joues, mates encore, sont cependant beaucoup plus claires* (Simonin, 5).

ETYM. resuffixation arg. de **paquet**, sous de nombreuses formes. *pacsin* 1821 [Ansiaume] ; *paccin* 1827 [Demoraine] ; *pacsif* 1953 [Esnault] ; *paqueson* et *pacson* 1899 [Nouguier] ; *paxon* 1920 [Bauche].

VAR. **paquemon :** 1867 [Delvau].

DER. **paqçonner** *v.t.* Envelopper (le butin) : 1930 [Esnault].

paddock, padoc ou **padoque** *n.m.*

Lit : *J'avance doucement. Elle recule à la même cadence et paume ses mules à pompon. Comme ça, y a plus rien... Chute libre sur le paddock. Nouvelle étreinte* (Tachet). *Enfin, le principal, ajouta-t-il, en recollant une vieille cigarette retrouvée dans sa poche, le principal, c'est le padoc et les tartines, pas vrai, feignant?* (J. Perret, 1). *Je me suis assis sur le coin du padoque bleu pour récupérer un peu* (Meckert).

◆ **le Padoc** *n.pr.*

Vx. Couvent de Bourail, près de Nouméa, où des religieuses hébergaient des femmes épousables.

ETYM. mot angl., « enclos où les chevaux de course attendent le départ ». 1939 [Galtier-Boissière et Devaux] ; *padoque* 1942, Meckert.

◆ *n.pr.* 1890 [Esnault].

paddocker (se) *v.pr.* ou **paddocker** *v.i.*

Se mettre au lit, se coucher : *Va te padocker, j'ai à causer avec des amis, trancha Francis* (Trignol). *Il n'y avait pas deux heures que je m'y étais pagé dans cette cabine, voulant pas, avec toutes les manigances en cours, paddocker chez moi* (Simonin, 4).

ETYM. de **paddock.** *se padoquer* 1939 [Esnault] ; *se paddocker* 1957 [Sandry-Carrère] ; *paddocker* 1955, Simonin.

1. paf *adj.*

Ivre : *À moitié pafs, on reprend la route, moi accroché au volant, La Cloducque endormi et rotant derrière* (Siniac, 1).

◆ **paf** ou **paff** *n.m.*

Vx. Boisson alcoolique : *Un accès de cette bonhomie que produisent deux ou trois coups de paff versés à propos* (Vidocq).

ETYM. apocope de **paffé**, participe passé de **se paffer,** se gaver. 1806, Frédéric et Roset [Enckell].

◆ *n.m.* 1756, Lécluse [Larchey].

DER. **se paffer** *v.pr.* Vx. S'enivrer : 1862 [id.].

2. paf *n.m.*

1. Pénis : *Il avait à peine fini sa phrase qu'un gros paf profitait de sa bouche ouverte pour s'y*

immiscer roidement (Bastid-Martens). **Beau comme un paf,** très beau, superbe. **2. Tomber sur un paf,** subir un échec.
ETYM. origine peu sûre, p.-ê. onomatopée du «coup tiré». **1.** 1890 [Esnault]. **2.** 1960 [Le Breton].

paffe *n.f.*
ARG. ANC. Soulier, bottine: *Près d'elle se trouvait une paire de bottines neuves* [...] *« Diable, lui dit-il, il paraît que le commerce des futailles va bien, puisqu'il procure à la femme du futailleur des paffes aussi soignées »* (Claude).
ETYM. origine obscure, p.-ê. onomatopée suggérant la marche, ou de **paffut**, tranchet (mot du XIVe s. [Rigaud]). 1827 [Demoraine].

1. page *n.f.*
Tourner la page, retourner le partenaire sexuel, pour pratiquer le coït anal ou le coït en levrette.
ETYM. métaphore livresque (→ LECTURE). 1928 [Lacassagne].

2. page ou **pageot** *n.m.*
Lit: *Matez ce temps splendide / Et vous traînez au page à lire Thucydide* (Vian, 2). *Pousse-toi, dit-elle en me tutoyant, on va se mettre sur le même pageot* (Francos). *Elle était allongée, un peu de travers, sur le pajot* (Malet, 11).
ETYM. de **paillot**, petite paillasse, avec influence probable de **pagnot.** *pageot* ou *pajot* 1895, Paris [Esnault]; *page* 1918 [Dauzat].
VAR. **paj**: 1916 [Esnault].

pager ou **pageoter** *v.i.*
1. Dormir, coucher: *On va se serrer un peu. Tu viens pager et croûter ici* (Amila, 1). **2.** Faire l'amour: *Attends d'avoir pagé avec cette fille et tu croiras avoir échappé à un cyclone* (Salinas).
◆ **se pager** ou **se pageoter** *v.pr.*
Se coucher : *Maréchal Ducono* [Pétain] *se page avec méfiance* (Desnos).
ETYM. de **2. page.** 1930, Dussort [Esnault].
◆ *v.pr. se pajer* 1915 [id.]; *se pager* 1942, Desnos; *se pajoter* 1895 [Esnault]; *se pageoter* 1953, J.-P. Clébert [Cellard-Rey].

pagne *n.m.*
1. ARG. ANC. Provisions portées à un ami détenu: *J'ai bon cœur ; tu l'as vu lorsque je lui portais le pagne à la Lorcefé* (Vidocq). **2.** Lit: *La même sauterelle qui nous avait servi le champe, dans la nuit, est venue m'apporter au pagne un bol de noir et des tartines beurrées* (Bastiani, 4).
ETYM. apocope de **panier (à viande)**. **1.** 1829, Vidocq. **2.** 1872 [Esnault].

pagnin *n.m.*
Eau: *On serait venu le rechercher ce soir et on l'aurait foutu dans le pagnin* (Le Breton, 1).
ETYM. mot gitan. 1954, Le Breton.

pagnoter *v.i.*
Coucher, dormir: *Tu ne penses peut-être pas que nous allons coucher ici? Pour que maman nous trouve pagnottés, sans doute ?* (Courteline).
◆ **se pagnoter** *v.pr.*
Se mettre au lit: *Voire, quand va la pauvrette / Chez elle se pagnoter, / Aussitôt chacun répète : / Comme elle va s'embêter !* (Ponchon).
ETYM. de **pagne**. 1883 [Fustier].
◆ *v.pr.* 1878 [Esnault].
DÉR. **pagnot** *n.m.* Lit: 1900 [id.]. **pagnotte** *n.f.* Même sens: 1901 [Bruant].

paillasse *n.f.*
1. Ventre: *T'as tout de même pas l'intention de rester ici à te croiser les bradillons et à nous regarder? Tu coopères! Compris? Ou c'est une balle dans la paillasse !* (Siniac, 5). **2. Paillasse (à soldats, de corps de garde),** prostituée de bas étage: *Sal' fourneau ! Paillasse à homm's saouls* (Bruant).
ETYM. emploi métaphorique du mot usuel désignant un sac de toile rempli de paille. **1.** 1808 [d'Hautel]. **2.** 1680 [Richelet].

paillasson *n.m.*
1. Vx. Homme qui est l'objet d'une toquade de la part d'une prostituée. **2.** Vx. Coureur de femmes: *Comme c'est un paillasson, je suis certaine de le savoir aux femmes de la Place-aux-veaux* (Vidocq). **3.** Prostituée: *Ils s'en prenaient ici à la femme même de Juan* [...], *la traitant de putain, de vérolée, de paillasson pour bicots* (Chevalier). **4.** Individu qui n'a pas d'amour-propre et essuie sans protester tous les affronts possibles.
ETYM. diminutif de **paillasse,** facilement péj. puisqu'il désigne un objet sur lequel on s'essuie les pieds. **1.** vers 1806 [Esnault]. **2.** 1829, Vidocq. **3.** vers 1820 [Esnault], sans référence. **4.** 1888, Goncourt [TLF].

DER. **paillassonner** *v.i.* Courir les femmes : 1841, Lucas [Esnault]. **paillassonnage** *n.m.* Légèreté en amour : [id.].

paille *n.f.*

1. Vx. Argent. **Une paille,** presque rien (s'emploie génér. avec ironie à propos d'une somme élevée ou de qqch d'important) : *Trois mille francs par an : une paille pour un Lardier-Vauchel, mais pour un Biloquet, toute une botte !* (Mensire). **2.** Dentelle. **3.** Aux cartes, syn. de pont. **4. À toi, à moi la paille de fer !,** chacun sa tournée ! **Passer la paille de fer,** jouer de la musique de table en table, dans un restaurant ou un cabaret. **5.** Vx. **Avoir, tenir une paille,** être ivre. **6. Allumer la paille,** déclencher une opération de police. **7. Une paille,** longtemps : *Ça fait une paille qu'on s'est pas vus !*

ETYM. emplois métaphoriques du mot usuel. **1.** XVe ou XVIe s. [Esnault]. **Une paille,** 1867 [Delvau]. **2.** 1835 [Raspail]. **3.** 1875, Rabasse [Larchey]. **4.** 1862 [Larchey] ; d'abord au sens de « engageons nos fleurets », en escrime (1831, H. Monnier [Enckell]). **Passer la paille de fer,** 1977 [Caradec]. **5.** 1890, Courteline [TLF]. **6.** 1975 [Arnal]. **7.** 1928 [Lacassagne].

DER. **pailler** *v.i.* Faire le pont aux cartes : 1875, Rabasse [Larchey]. **paillard** *n.m.* Matelas : 1987, Dégaudenzi.

paillon *n.m.*

Vx. **1.** Infidélité en amour : *Dis à Fernand' qu'a n'me fass' pas d'paillons* (Bruant). *Le barbeau de Marcelle, informé par la sous-maxé des paillons que lui faisait sa femme* (Malet, 8). **2.** Partenaire infidèle : [Polyte] *n'était pas cause si mon paillon de femme avait voulu lui faire du pied* (Méténier). **3.** Cuivre qu'on cherche à faire passer pour de l'or.

ETYM. diminutif de **paille. 1.** 1883 [Esnault] ; mot angevin désignant la corbeille de paille qu'une femme donne au prétendant qu'elle refuse. **2.** 1885, Méténier. **3.** 1835 [Raspail] ; désigne une lamelle de cuivre brillante, insérée sous les pierreries.

paillot *n.m.* → PAYOT.

pain *n.m.*

1. La rue au pain, le gosier. **2. Prendre un pain dans la fournée,** avoir des relations sexuelles avec une fille avant le mariage. **3. Ça (ne) mange pas de pain,** cela ne présente aucun risque financier, aucun inconvénient. **4. Faire passer, faire perdre** ou **ôter le goût du pain,** tuer : *Maillot avait distribué les rôles pour l'accomplissement de cet assassinat : Thauvin et Georges devaient partager avec lui l'honneur de faire passer le goût du pain à la veuve* (Claude). **Perdre le goût du pain,** mourir. **5.** Vx. **Avoir plus de la moitié de son pain de cuit,** être mal en point ; être vieux ; être proche de la mort. **6.** Jour de salle de police ou de prison (SYN. boule) ; par ext., année de prison : *Il avait tiré dix pains de centrale pour braquage. Depuis sa sortie, il s'était acheté une conduite* (Pagan). **7.** Affaire, entreprise qui rapporte plus ou moins. **Pain de fesse, pain blanc, pain frais, pain des Jules,** revenus tirés par un souteneur de la prostitution d'une ou de plusieurs femmes : *Tonio, vous vous êtes tout de suite aperçu à ma rapide description, ce qu'il est devenu depuis son retour de la guerre. Il se la fait grasse et crapuleuse au pain de fesse* (Boudard, 5). **Pain frais,** prostituée par rapport au souteneur. SYN. gagneuse. **Pain dur.** ***a.*** affaire sans intérêt ou source de désagréments ; ***b.*** personne avare. Vx. **Manger du pain rouge,** vivre d'assassinats : *Il m'a fait observer que s'il ne mangeait pas de pain rouge, il ne fallait pas en dégoûter les autres* (Sue). **Faire le pain avec la police,** dénoncer : *Tu n'as pas à le donner ! Tu n'es pas un poulet, n'est-ce pas ? Je ne t'empêche pas de te venger, mais je t'empêche de faire le pain avec la police* (Fauchet). **8. Petit pain,** fesse. **9. Pain au lait.** ***a.*** fesses ; ***b.*** pénis. **Avoir le petit pain,** être en érection. **Faire des petits pains.** ***a.*** caresser avec sensualité ; ***b.*** forniquer. **10.** Coup violent : *Le grand type qui s'croyait malin / En m'traitant d'anarchiste, / J'regrette pas d'y avoir mis un pain / Avant qu'on s'quitte* (Renaud).

ETYM. emplois métaphoriques du mot usuel. **1.** 1808 [d'Hautel]. **2** et **3.** 1690 [Furetière]. **4. Faire perdre le goût du pain,** 1640, Oudin [Enckell] ; **faire passer le goût du pain,** 1867 [Delvau]. **Perdre le goût du pain,** 1718, Le Roux [Sainéan]. **5.** 1828, Vidocq. **6.** 1888 [Esnault] (convergence de *pain* ou *boule,* ration quotidienne du détenu, et de *planche* sans matelas en guise de lit, assimilée à la *planche à pain*). **7.** d'abord *trouver son pain dans le bidet* ou *dans une cuvette* 1899 [Virmaître]. **Pain dur.** ***a.*** 1921 [Esnault] ; ***b.*** 1975 [Le Breton]. **Pain frais,** 1889 [Esnault]. **Manger du pain rouge,** 1842, Sue. **Faire le pain avec la police,** 1935, Fauchet. **8.** 1977 [Caradec]. **9.** ***a.*** 1881 [Rigaud] ; ***b.*** 1920 [Bauche]. **Avoir le petit pain,**

1982 [Perret]. **Faire des petits pains,** 1920 [Bauche]. **10.** 1864, chanson [Larchey].

paire *n.f.*

1. (Se) faire la paire, s'enfuir : *Avec ma bagnole, je vais me planquer dans une ruelle, phares éteints. Elle sera bien là pour qu'on puisse se faire la paire, le turbin fini* (Trignol). *La vieille fait la paire* [...] *sans même me bonnir un remerciement* (Gill) ; s'évader : *On peut jamais s'fair' la paire, / À Biribi* (Bruant) ; disparaître, s'épuiser, en parlant de qqch : *Mon pécule de démobilisation se faisait la paire. J'avais fait le tour des caisses qui gratifiaient les héros de quelques biffetons* (Boudard, 5). **La paire !,** fuyons ! **2.** Vx. **Dîner à la paire,** pratiquer la grivèlerie, dans un restaurant. **3. En paire (de pieds),** en état d'évasion. **4. Cette bonne paire !,** cette bonne blague ! : *Il t'a dit que tu lui faisais de la peine ? Tiens, c'te bonne paire ! C'est le seul moyen qu'ils ont pour se faire pardonner* (Le Dano). **5. Une paire chaude,** une paire de saucisses de Francfort. **6. En avoir une paire,** être bien pourvu sexuellement, en parlant d'un homme. **En glisser une (petite) paire (à une femme),** la posséder sexuellement.

ETYM. la plupart de ces locutions sont issues de **paire de pieds** ou **de jambes. 1.** 1883, abbé Moreau ; d'abord *faire la paire* 1878 [Rigaud] ou *se payer une paire de pattes* 1866 [Delvau]. **La paire !,** 1884, abbé Moreau. **2.** 1899 [Nouguier]. **3.** 1910 [Esnault]. **4.** 1953, Simonin ; Sandry-Carrère (1957) donnent le sens de « ce brave garçon ». **5.** 1977 [Caradec]. **6. En avoir une paire,** 1953 [Sandry-Carrère], art. *avoir.* **En glisser une paire,** contemporain.

DER. **se pairer** *v.pr.* Se sauver : 1879 [Esnault].

palace ou **palass** *n.m.* → PALLAS.

palais *n.m.*

Faire son palais, se livrer à la prostitution sous les arcades du Palais-Royal : *De tous les points de Paris, une fille accourait faire son palais* (Carco, 4).

ETYM. de **Palais-Royal.** 1941, Carco, mais remonte sans doute à la fin du XVIIIe s.

Palais-Royal *n.pr.*

ARG. ANC. Quartier « huppé » de la prison de la Roquette : *Ce coin de la cour, dans le langage de la Roquette, s'appelle le Palais-Royal* [...]. *Celui qui a de l'argent mange au Palais-Royal* [...]. *Le Palais-Royal méprise la Courtille* (abbé Moreau).

ETYM. appellation ironique. 1883, abbé Moreau.

palanquée *n.f.*

Grande quantité : *Il s'attendait à une palanquée de gros mots et d'insultes. Antomarchi demeura impavide* (Audouard).

ETYM. emploi métaphorique d'un terme de marine, « chargement d'un palan ». 1962, Audouard.

pâle *adj.*

1. Se faire porter pâle, se déclarer malade, souvent pour échapper à une corvée : *J'avais pris froid et toussais beaucoup. Pensant que cela justifierait de sortir pour aller à la visite, je me suis fait porter « pâle »* (Charrière). **2. Pâle des jambes** ou **des genoux,** fatigué, peu solide sur ses jambes ; effrayé.

◆ *n.m.*

Du pâle, des dominos comportant peu de points (as ou 2).

ETYM. la pâleur est le signe de la maladie, voire de la mort. **1.** 1900 [Esnault]. **2.** 1917 [id.].

◆ *n.m.* 1857 [id.] ; *pâle* est assimilé à *blanc*.

DER. **pâlichon** *n.m.* Double-blanc, aux dominos : [id.].

paleron *n.m.*

Donner du paleron, sentir mauvais : *Je te dis qu'elle me débecte. C'est à tomber raide, tellement qu'elle donne du paleron* (Lefèvre, 1).

ETYM. emploi humain d'un terme de boucherie, « pièce de viande près de l'omoplate, chez le bœuf et le porc ». 1955, Lefèvre.

paletot *n.m.*

1. Sauter, tomber sur le paletot, mettre la main sur le paletot à qqn, l'empoigner, l'arrêter : *Tu penses à nous buter, nous aussi, avant qu'ils nous tombent sur le paletot* (Simonin, 1). **Secouer le paletot à qqn,** le malmener : *Allez, racontez-moi un peu comment vous leur avez secoué le paletot, aujourd'hui ?* (Veillot). **2. Prendre** ou **se mettre qqch sur le paletot,** en endosser la responsabilité : *Il se mettait sur le paletot la mort du Frisé comme si c'était lui-même qui l'avait buté avec ses mauvaises paroles* (Trignol). **Prendre tout sur le paletot,** en cas d'arrestation, endosser volontairement toute la responsabilité d'un délit pour tenter de dégager ses complices. **3. Dernier paletot, paletot de sa-

pin ou **sans manches,** cercueil: *Le Vénéré te prévient que c'est le moment pour ta poire de prendre mesure de ton paletot de sapin* (Devaux). *Encore un machin à se retrouver dans un paletot sans manches, sous six pieds de terre* (Tachet). **4.** Rapport établi par la police sur un suspect: *À la P.J., Nouzeilles fait son papier. C'est le rapport d'antécédents. Il faut en rassembler les éléments un peu partout, aux sommiers de la Préfecture, à la Sûreté nationale, à la D.G.E.R. Le policier arrive à « habiller » le gangster. C'est même un joli «paletot» qu'il lui confectionne* (Larue).

ETYM. emplois métonymiques (le vêtement pour l'individu) et expressifs du mot usuel. **1. Tomber sur le paletot,** 1934, Chevallier ; **sauter...,** 1936, Céline ; **secouer le paletot,** 1932, Aymé [TLF]. **2. Prendre tout sur le paletot,** 1960 [Le Breton]. **3. Paletot de sapin,** 1857, Flaubert [TLF] ; **dernier paletot,** 1953 [Sandry-Carrère] ; **paletot sans manches,** 1894 [Virmaître]. **4.** 1969, Larue.

palette *n.f.*

Vx. **1.** Main: *Le diable m'enlève si je me sauve! Les palettes et les paturons ligotés !* (Vidocq). **2.** Guitare. **3.** Dent (incisive). **4.** Langue.

ETYM. emplois métaphoriques (analogie de forme). **1.** 1828, Vidocq. **2.** 1866 [Delvau]. **3.** 1834, Balzac [TLF]. **4.** 1935 [Esnault].

pallaque *n.f.*

Prostituée de bas étage.

ETYM. du grec **pallakê,** concubine. 1975 [Le Breton].

pallas ou palas *n.m.*

Discours emphatique destiné à tromper ou à émouvoir: *Vrai, c'est pas pour faire du pallas, / Mais j'voudrais bien qu' moman m'écrive, / À Mazas* (Bruant). *Ange, toi qui a les belles moustaches, tu pourrais t'y coller, tu vas lui acheter une brosse à dents, tu lui fais un chouïa de pallas, vous prenez rencard, tu te l'envoies* (Bastiani, 4). SYN. baratin. **Faire (au) pallas,** faire le grand seigneur, chercher à éblouir.

◆ *adj.*

Beau, superbe: *Du reste, c'est très pallas, ici, j'm'y plairai* (Devaux). *Une bath idée, et chouette, et palace et pis tout, que j'ose dire, les mecs* (Stéphane).

ETYM. origine incertaine ; arg. de métier, sans doute lié à la déesse **Pallas** (celle de la Sagesse) et à la dame de pique ; influence de l'angl. **palace** pour l'adj. (déformation de *pas laid* selon Rigaud). 1827 [Esnault]. **Faire pallas,** 1835, chanson [Raspail].

◆ *adj. pallas* 1878 [Rigaud] ; *palace* 1916, Barbusse [TLF].

DER. **pallasser** *v.i.* Pérorer: 1866 [Esnault]. **pallasseur** *n.m.* Phraseur: 1866 [Delvau].

palmé, e *adj.*

1. Qui est sot comme une oie. **2. Les avoir palmées,** être congénitalement rebelle au travail: *Il est bon à tout, comme sous Louis XV, le greluchon. Surtout, il les a palmées, il aime bien vivre et ne rien foutre* (Boudard, 2).

ETYM. emplois métonymiques du mot anatomique. **1.** 1866 [Delvau]. **2.** 1915 [Esnault] ; **les** pour *les pattes :* la membrane entre les doigts de pieds empêche plus ou moins l'effort et le travail.

palper *v.t.*

1. Fouiller: *C'est Anna qui porte son pétard. S'il se fait palper dans une rafle, on peut pas l'accuser d'avoir une arme sur lui* (Stewart). **2.** Toucher de l'argent: *Le voleur, hagard, fiévreux, perdra au jeu la mince galette qu'il vient de « palper »* (Cendrars); absol.: *Ah ! il n'y a pas de sot métier, pourvu que ça raque. Le tout est de palper* (Lorrain).

ETYM. emplois étroitement spécialisés du verbe médical. **1.** 1884 [Esnault]. **2.** 1763, Mme de Belot [Féraud]; absol., 1904, Lorrain.

DER. **palpeur** *n.m.* Juge d'instruction : 1889, Macé [Esnault]. **palpouser** *v.t.* Toucher: 1953 [Sandry-Carrère]. **palpage** *n.m.* Action de toucher de l'argent: 1899 [Nouguier].

palpitant *n.m.*

Cœur: *Il était accessible au remords. Il s'est percé le palpitant lui-même, pour se punir de sa conduite à votre égard* (Malet, 12). *Et les sueurs froides et le palpitant qui bat la chamade et les guibolles en coton et la sensation de chiasse et la certitude que j'allais être démasquée* (Francos).

ETYM. emploi métonymique et substantivé du participe présent de **palpiter.** 1725 [Granval]. Ce mot est auj. encore très usuel.

palu *n.m.*

Paludisme. **Palu breton,** ivresse.

ETYM. apocope de **paludisme.** avant 1945.

VAR. **palud** *n.f.:* 1928 [Esnault].

paluche *n.f.*

1. Main: *L'homme avait [...] ganté de pécari ses longues mains parfaitement manucurées.*

Des paluches souples et puissantes, racées jusqu'à la lunule de l'ongle (Bastiani, 1). **Coup de paluche,** aide, secours : *On n'a pas besoin de conseils, grommela la nymphette en tirant sur la paille de son Coca. On a besoin d'un coup de paluche. Point final !* (Guégan). **2.** Masturbation masculine : *Une obsession, dont il n'était possible de se délivrer que par une bonne paluche, le regard fixé sur l'objet de notre culte* (Simonin, 7).

ETYM. resuffixation arg. de **palette. 1.** 1940 [Esnault]. **2.** 1977, Simonin [Cellard-Rey].

VAR. **paloche** au sens 1 : 1953 [Esnault].

paluche *v.t.*

Caresser : *Elle fut la téléskieuse qui se faisait palucher les fesses par Coluche dans « la Vengeance du serpent à plumes »* (*Libération*, 6 avril 1985).

◆ **se palucher** *v.pr.*

1. Se masturber : *Tu n'avais qu'à te palucher, ça t'aurait coupé l'envie !* (Braun). **2.** S'illusionner. **3.** Être content.

ETYM. de **paluche.** 1977 [Caradec].

◆ *v.pr.* **1.** 1947 [Esnault]. **2** et **3.** 1975 [Le Breton].

pana *n.m.* ou **panne** *n.f.*

Vieillerie, objet invendable.

ETYM. sans doute de **panais,** légume de peu de valeur. *panas n.m.pl.* 1848 [Esnault] ; *de la pane* 1936, Céline ; *pana* ou *panne* 1977 [Caradec]. Il est malaisé d'établir les relations entre ces diverses formes.

DER. **panailleux** *n.m.* Brocanteur : 1865 [Larchey].

panade *n.f.*

1. Homme veule. **2.** Fille ou femme laide et sale. **3.** Chose sans valeur. **4.** Misère : *Aujourd'hui, Ernest, il est sous-préfet en Bretagne et moi dans la panade en plein, pas un rond, rien au ventre, sans carte d'alimentation ni carte de tabac, et les poulets sur les talons* (Aymé) ; situation tragique : *Ta gueule ! avait hurlé Francis. Tu ne vois pas que ce type est dans la panade ?* (Amila, 1).

ETYM. emplois métaphoriques du mot désignant une bouillie de pain, de beurre et d'eau. **1.** 1821, Paris [Esnault]. **2** et **3.** 1836 [Vidocq]. **4.** 1878 [Rigaud].

panadeux *adj. et n.m.*

Miséreux ; individu sans aucune envergure : *Ces deux-là étaient formidablement faits pour s'accorder, aussi panadeux l'un que l'autre* (ADG, 5).

ETYM. de **panade.** 1971, ADG.

panais ou **panet** *n.m.*

Pénis : *Ils tiennent tous leur panais en main, les dames retroussées derrière et devant* (Céline, 5). **Dégorger son panais, tremper son panet,** coïter, en parlant de l'homme.

ETYM. emploi métaphorique du mot désignant un légume de peu de valeur, dont la racine comestible fut réputée aphrodisiaque. 1899 [Nouguier]. **Tremper son panet,** 1960 [Le Breton].

panama *n.m.*

Vx. Scandale : *Ça fit un panama de tous les diab', dans le patelin* (Stéphane).

◆ *adj.*

Vx. Énorme, confondant.

ETYM. du fameux **scandale de Panama** (1892). 1928, Stéphane.

◆ *adj.* 1911 [Esnault].

Paname ou **Panam** *n.pr.*

Paris : *C'est pourtant pas difficile de savoir si tu crèches à Paname ou pas ! Moi, je peux te dire que je suis parisien d'adoption* (Daeninckx). *Elle était fraîch' comme un' fleur / Et chantait su'l'macadam / Dans tout's les rues de Panam !* (chanson *Elle s'appelle Caroline*, paroles de L. Boyer et G. Arnould).

ETYM. sans doute de **ville panama,** c.-à-d. « ville énorme ». 1903 [Esnault]. → PANAMA.

panard *n.m.*

1. Vx. Soulier. **2.** Pied : *L'homme alluma la lampe de chevet, sortit de son pucier et glissa ses panards dans des babouches* (Le Breton, 3). **3.** Part de butin : *On a refilé à nous trois cinquante sacs au Frisé parce qu'on avait décidé de lui réserver un panard* (Trignol). **4.** Plaisir, joie : *Ah ! ben dis donc, c'est pas le panard, avec toi... On boit même pas un café ?* (Varoux, 1). **Prendre son panard.** ***a.*** jouir sexuellement ; ***b.*** éprouver beaucoup de plaisir : *Je suis champion et pourtant je prends toujours mon panard à sauter* (*le Nouvel Observateur*, 12 juillet 1980).

ETYM. emplois dérivés de **panard,** masse pour casser les cailloux (la *panne,* ou extrémité amincie de cet instrument, a une analogie de forme avec l'empeigne d'un soulier). **1.** 1898 [Esnault]. **2.** 1910 [id.]. **3.** 1928 [id.]. **4. Prendre son panard,** 1928 [Lacassagne].

pané, e ou **panné, e** *adj. et n.*

Vx. Démuni d'argent: *Si tu veux, je puis te faire gagner quelque chose. – Ça ne serait pas sans faute, car je suis panné, Dieu merci !* (Vidocq). *Laisse-le donc ce fourneau-là ! dit la voix de Mme Augustine. Tu vois donc pas que c'est un pané !* (Courteline).

ETYM. du verbe **paner** ou **panner,** dépouiller, ruiner (1833 [Moreau-Christophe]), ou directement issu de **panne,** misère. 1828, Vidocq.

panet *n.m.* → PANAIS.

panier *n.m.*

1. Lot d'objets ou de livres dans une vente aux enchères. **2. Panier à salade,** voiture cellulaire : *Je suis étrangement calme, comme dans un panier à salade après m'être fait embarquer et tabasser pour une raison ou pour une autre* (Conil). **3.** Vx. **Panier à** ou **aux crottes,** postérieur : *Il aperçut la mâtine, dix minutes plus tard, qui filait vite vers le bas de la rue, en secouant son panier aux crottes* (Zola). **Remuer** ou **secouer son panier à crottes,** danser. **4. Mettre la main au panier,** risquer une caresse érotique sur le postérieur d'une femme : *Le garçon d'honneur n'est pas dans son assiette, partagé entre un immense orgueil et une angoisse profonde. La main au panier de la mariée, faut le faire* (Jaouen).

ETYM. emplois métaphoriques du mot usuel. **1.** 1977 [Caradec]. **2.** 1827 [Demoraine]. **3. Panier aux crottes,** début du XVIIe s. [Duneton-Claval]. **4.** 1890 [id.].

panne *n.f.*

1. Vx. Misère. **2. Mettre en panne,** vérifier les alibis d'un inculpé avant d'aller plus loin.

ETYM. **1.** de **pane,** mot savoyard de même sens, d'origine peu claire. 1810 [Esnault]. **2.** du lat. **penna,** plume, « pièce latérale d'une vergue », dans la marine. 1975 [Arnal].

pannezard, e *adj. et n.*

ARG. ANC. Pauvre : *C'est un pannezard, il n'a pas dix bredoches en valade* (Ansiaume).

ETYM. de **pané,** avec un suff. péj. 1821 [Ansiaume].

panoplie *n.f.*

Armement individuel impressionnant : *Il va vous assurer une formation complète. Entraînement physique intense, conduite de rallye, apprentissage des armes à feu. […] Sans panoplie, on ne peut pas jouer aux gendarmes et aux voleurs* (Roux).

ETYM. emploi ironique du mot usuel. 1948, Sartre [TLF].

panoufle *n.f.*

1. Perruque. **2.** Vieille chose ; vieille femme. **3.** Terme d'injure : *Dites donc, je suis poli avec vous. – Moi trop, panoufle !* (Paraz, 1).

ETYM. altération de **panufle,** haillon (XIIIe s., Jean de Meung). **1.** 1836 [Vidocq]. **2.** 1866 [Delvau]. **3.** 1901 [Bruant].

panouille *n.f.*

1. Personne stupide. **2.** Figuration, petit rôle.

ETYM. du mot dial. (sud-est de la France) **panne,** chiffon. **1.** 1899 [Nouguier]. **2.** 1977 [Caradec].

DER. **panouillard** ou **panouillot** *n.m.* **1.** Sot : 1897 [Esnault]. **2.** Figurant : 1977 [Caradec].

1. pante, pantre ou **pentre** *n.m.*

Vx. **1.** Paysan : *C'est un pantre, mais je sais qu'il a du carle* (Ansiaume). **2.** Homme quelconque, qui n'est pas du milieu : *Pour être de la bande au Barbu, il faut avoir dégringolé au moins une fois son pante* (Allain-Souvestre). *Le gamin / Vous blague en criant : « Pile ou face pour le pantre ! »* (Richepin). **3. Pante ergoté,** personnage insupportable.

◆ *adj. et n.m.*

Se dit d'un individu facile à duper : *Nous avons vu venir à nous un homme tellement soûl qu'il pouvait à peine se tenir. Tiens ! dit le plus âgé de nous trois (il avait vingt-quatre ans), v'là un pentre qui est bon à lever ! Suivez-moi !* (Canler). *C'est égal, pour rendre justice à ce gueux de Milord, il nous a tous roulés comme des pantes* (Guéroult). SYN. cave.

ETYM. mot du Sud-Est, signifiant « rustre », p.-ê. aussi en relation avec **pantin** et **pantois. 1.** 1821 [Ansiaume]. **2.** 1820-1840 [Larchey]. **3.** 1835 [Raspail].

◆ *adj. et n.m.* 1833 [Esnault].

DER. **pantresse** *n.f.* Paysanne : 1844 [Dict. complet].

2. pante *n.m.*

Pantalon : *La situation n'est pas exactement bonne. C'est ce que je me dis en enfilant mon pante, que je fais tenir avec des bretelles* (Bauman).

ETYM. apocope de **pantalon.** 1980, Bauman.

panthère *n.f.*

1. Épouse ou maîtresse impérieuse. **2.** Vx. **Faire sa panthère,** flâner.

ETYM. emplois métaphoriques du mot désignant un animal carnassier. **1.** 1841, *Physiologie du parapluie* [Larchey]. **2.** 1870, Poulot.

Pantin *n.pr.*

Paris : *Si jamais vous revenez à Pantin, ne vous laissez plus prendre au traquenard* (Vidocq). SYN. Paname, Pantruche.

ETYM. emploi du nom d'une commune périphérique pour désigner la capitale. 1815, *Chanson de Winter.*

pantinois, e *adj. et n.*

Vx. Parisien : *Au bagne, les Parisiens, si d'autres Parisiens les volent, disent que ça ne se fait pas entre Pantinois* (Humbert).

ETYM. de **Pantin**, commune à la périphérie de Paris. 1829, Forban.

pantre *n.m.* → **1. PANTE.**

pantriot *n.m.*

Vx. Victime désignée : *La rousse l'avait emballé avec sa blouse tachée par le raisiné du pantriot* (Brissac). *J'colle un poing / Au pantrio, quand i'se rebiffe* (Bruant).

ETYM. de **pantre.** 1872 [Esnault].

Pantruche *n.pr.*

Paris : *C'est rien, Messieurs, demeurez fermes ; / C'est dans Pantruche el' jour du Terme* (Rictus).

ETYM. suffixation arg. de **Pantin.** 1835 [Raspail].

pantruchois ou **pantruchard** *n.m.*

Vx. Parisien : *Petit-Louis évoquait sa jeunesse de pantruchard : fils d'ouvrier, élevé rue Asselin* (Galtier-Boissière, 2).

ETYM. de **Pantruche** et des suffixes **-ois** et **-ard.** *pantruchois* 1865 [Larchey] ; *pantruchard* 1900 [Esnault].

panuche *n.f.*

Vx. Fille entretenue et « parvenue » : *V'là la panuche* [...] *mais j'sais pas où qu'y a Augusse* [le souteneur] (Méténier).

ETYM. de **se panader**, se pavaner, ou de **pane**, chiffon. 1878 [Esnault].

papa *n.m.*

1. Patron de maison close. **2.** Protecteur. **3.** Homme d'un certain âge, sans grande énergie : *Alors, Papa, t'avances ?* **À la papa.** ***a.*** tranquillement, sans hâte : *Un vélo débouche en zigzaguant. Jean pédale à la papa, jambes arquées* (Chabrol) ; ***b.*** sans soin, de façon négligée : *Une robe de chambre malpropre* [...], *ceinte à la papa d'une cordelière dépareillée* (Malet, 2) ; ***c.*** de façon classique, traditionnelle : *La porte est ouverte, la dame est là... on se la calse à la papa ou en levrette* (Boudard, 2). **4. Gros papa,** billet de cinq mille (anciens) francs.

ETYM. emplois hypocoristiques et légèrement ironiques du mot usuel. **1.** 1901 [Bruant]. **2.** 1930 [Esnault]. **3. À la papa.** ***a.*** 1800, J.-S. Quesné [Enckell] ; ***b.*** 1881 [Rigaud] ; ***c.*** 1872 [Larchey]. **4.** 1953 [Sandry-Carrère].

pape *n.m.*

1. Verre de rhum : *C'était du rhum. On allait pouvoir boire un pape !* (Leroux). **2.** Nom donné aux rois dans un jeu de cartes.

ETYM. jeu de mots sur **rhum** et **Rome** (où réside le pape). **1.** 1878 [Rigaud]. **2.** 1953 [Sandry-Carrère].

papelard *n.m.*

1. Texte écrit, papier : *Si tu nous l'dis, on te signe un papelard et dans un quart d'heure t'es chez ta poupée* (Le Breton, 1). *Il est pas beau mon papelard ? Il est pas beau ? Mal rédigé peut-être ?* (Sabatier). **C'est du papelard,** ce n'est pas solide, pas sérieux. **2.** Marchand de papier à lettres ou de journaux. **3.** Réputation : *Mais la taulière, elle le connaît Rosbof, c'est un habitué de la cabane... inutile de lui faire son papelard !... elle est au courant de sa vaillance* (Boudard, 6). SYN. papier.

◆ *n.m.pl.*

Papiers d'identité.

ETYM. de **papier,** avec le suff. péj. **-ard. 1.** 1821 [Mézière]. **C'est du papelard,** 1986 [Merle]. **2.** 1899 [Nouguier]. **3.** 1958 [Esnault].

◆ *pl.* 1899 [Nouguier].

papier *n.m.*

1. Lot de journaux. **2.** Billet de banque (de valeur variable selon l'époque) : *Ou bien cette conne bluffe, ou bien quand elle m'a bottiné de deux cents papiers pour l'aider à casquer cette charrette, j'étais pris comme un pigeon !* (Simonin, 5). **3.** Séquence de cartes. **4.** Tricheur. **5.** Calcul des chances qu'ont les chevaux dans une course ; pronostic : *Un gonze comme moi, déclara-t-il modestement, c'est comme si vous lisiez le* Sport complet *du lendemain. Je suis le roi du papier* (Trignol). **6.** Ensemble des éléments qui font la réputation de qqn : *Loin de jouir du papier du héros, le tricard n'est pas loin d'avoir celui du* *maladroit* (Simonin, 6). *Mais il y a des fréquentations impossibles, pour certains hommes. On a tôt fait de te faire un mauvais papier... Et un beau jour, sans téléphoner le coup, on t'envoie le potage* (Le Chaps). **7. Connaître le papier,** être au courant de la marche d'une affaire ou être fixé sur la moralité d'un tiers. **8. Passer qqn au papier de verre,** le tondre à ras. **9. Papier à douleur,** quittance de loyer ou traite protestée. **10. Papier-cul** ou **papier Q,** papier hygiénique : *Ils pourront donc maintenant acheter directement le papier-cul sans en référer à la direction* (*Libération,* 5 décembre 1985). *Il rasséréna devant l'assortiment des papiers-Q. Ô douceur ! Il en trouva du lilas, du vert* (Bernheim-Cardot).

ETYM. emplois métonymiques du mot usuel, qui peut s'appliquer à de nombreux domaines. **1.** 1920 [Esnault]. **2.** « billet de 100 francs » 1870 [Esnault] ; « billet de 1 000 francs » 1926 [id.] ; « billet de 10 francs » 1977 [Caradec] ; « billet de 100 nouveaux francs » 1988 [id.]. **3.** 1906 [Esnault]. **4.** 1911 [id.]. **5.** 1939 [Galtier-Boissière et Devaux]. **6.** 1934 [Esnault]. **7.** 1960 [Le Breton]. **8.** 1896, Saint-Cyr [Esnault]. **9.** 1901 [Bruant]. **10.** 1946, F. Ambrière [TLF].

papillon *n.m.*

1. Vx. Voiture de blanchisseur : *J'ai fait les papillons, mais c'est un vilain flanchet* (Ansiaume). **2.** Vx. Individu qui vole dans les voitures de blanchisseurs : *Deux « papillons » bien exercés peuvent, dans une journée, enlever une trentaine de paquets de linge* (Macé). **3. Papillon d'amour,** pou du pubis : *Y'a dix ans qu'je rêve de les r'filer un jour / Mes jolis petits papillons d'amour / À la femme du juge qui m'a condamné* (P. Perret). SYN. morpion. **4. Papillon du Sénégal,** pénis. **5.** Procès-verbal de contravention, déposé par un agent sur le pare-brise d'une voiture : *Passé le temps de stationnement autorisé, il n'y couperait pas au « papillon » sur le pare-brise* (Méra). **6. Papillon violet,** décoration des palmes académiques. **Papillon rouge,** décoration de la Légion d'honneur.

ETYM. emplois génér. métaphoriques du mot usuel. **1.** 1821 [Ansiaume] (cette voiture avait une bâche en toile blanche). **2.** vers 1880, Macé. **3.** 1864 [Delvau]. **4.** 1977 [Caradec]. **5.** 1954, Méra. **6.** 1901 [Bruant].

DER. **papillonner** *v.i.* Voler dans les voitures de blanchisseurs : 1836 [Vidocq]. **papillonneur** *n.m.* Individu qui papillonne : [id.].

papo *n.m.*

Et tout le papo, et toute l'histoire ; par ext. : *Si le papot est découvert, ça va pas être du nougat* (Le Dano).

ETYM. apocope de **papotage.** 1927 [Esnault].

papouille *n.f.*

Caresse : *J'arrive à dévier la convers' avec des papouilles maison qui la font rire comme une petite folle* (Tachet).

ETYM. d'une racine expressive **pap** et du suff. **-ouille.** 1920 [Bauche].

DER. **papouiller** *v.i.* Faire des papouilles : contemporain. **papouillard, e** *adj.* Qui fait des papouilles : contemporain.

pap's [paps] *n.m.pl.*

Papiers d'identité.

ETYM. apocope de **papiers.** 1977 [Caradec].

pâquerette *n.f.*

1. Vulve : *Tiens, mon petit loup, gaffe un peu ma pâquerette ! Tu sais, Jojo, quand t'as joué, j'en ai mouillé ma chaise !* (Lépidis). **2. Aller aux pâquerettes,** sortir de la route par accident.

ETYM. emploi métaphorique (1) et litote poétique (2). **1.** 1977 [Caradec]. **2.** 1966, *Vie et Langage* [TLF].

paquet *n.m.*

1. Gain important : *Et dans un mois, ça sera plus possible de toucher le paquet. Les fonds se barrent ailleurs, ils les gardent que cinq à six jours* (Giovanni, 3). **2.** Coup violent, au billard. **Mettre le paquet.** ***a.*** employer les grands moyens : *J'ai mis le paquet comme on dit en jargon policier ; arrivée en force à La Bonne Oseille, perquisition méthodique, fouille de la cave et des dépendances* (Borniche, 2) ; ***b.*** miser une grosse somme : *Si celui-là n'avait pas mis le paquet sur un des deux favoris, je voulais bien être changé en moine !* (Averlant). **3. Avoir son paquet,** avoir son compte. **Recevoir son paquet.** ***a.*** subir une apostrophe vigoureuse et sans réplique ; ***b.*** être congédié. Vx. **Donner son paquet,** congédier. Fig. et vx. **Faire son paquet, ses petits paquets,** être à l'agonie. **4. Risquer le paquet,** s'engager dans une entreprise dangereuse, incertaine : *Et puis il risqua le paquet, parce que la mort serait douce comparée à ce cercle diabolique* (Giovanni, 1). **5. Déballer, sortir, lâcher le paquet,** faire des révélations, avouer : *Toutes les taules de France et du*

Benelux sont remplies de lascars qui se balancent les uns les autres, qui se déboutonnent, dégueulent tout le paquet dans le premier commissariat venu (Boudard, 1). **6. Paquet de tabac.** ***a.*** coiffure dans laquelle les cheveux, gardés longs, sont massés au-dessus de la nuque rasée haut ; on rencontre aussi **paquet de cinquante** : *Ma coiffure en paquet de cinquante et boule rasée est aussi à revoir* (Simonin, 7) ; ***b.*** poils du pubis. **7.** Organes sexuels masculins.

◆ *adj. et n.m.*

Se dit d'une personne corpulente, maladroite ou mal habillée : *J'veux pus passer pour un paquet* (Bruant).

ETYM. emplois métaphoriques, le sens de ce mot étant applicable à bien des rassemblements d'objets, notamment au *baluchon* qui constituait tout l'avoir de certaines catégories de gens, et à la concentration physique de l'effort sportif. **1.** 1904, Toulet [TLF]. **2.** 1947 [Esnault]. **Mettre le paquet,** 1931, *le Miroir des sports* [Petiot]. **3. Recevoir son paquet.** ***a.*** 1867, Fabre [TLF] ; ***b.*** 1867 [Delvau]. **Donner le paquet à qqn,** 1690 [Furetière]. **Faire son paquet** et **faire ses petits paquets,** 1867 [Delvau]. **4.** fin du XVIIe s. [Duneton-Claval]. **5. Lâcher le paquet,** 1881 [Rigaud] ; **déballer...,** 1922, Pourrat [TLF]. **6.** ***a.*** 1908 [Esnault] ; ***b.*** 1901 [Bruant]. **7.** 1864 [Delvau].

◆ *adj. et n.m.* 1798 [Acad. fr.].

parachuter *v.t.*

1. Faire parvenir clandestinement qqch dans une prison. **2.** Placer qqn à l'improviste à un poste-clé : *Si on vous a parachuté des R.G. pour reprendre l'affaire, ça n'est pas à ma demande* (Veillot).

ETYM. emploi métaphorique du verbe usuel. **1.** 1970, Boudard-Étienne. **2.** 1965, *l'Express* [Gilbert].

DÉR. **parachutage** *n.m.* Envoi d'un colis clandestin : 1946, Fresnes [Esnault].

par-à-lance *n.m.* → PARE-LANCE.

paramour *n.m.*

ARG. ANC. Proxénète : *Je crois que ce faux paramour et son ami Monseigneur appartiennent à cette bande de malfaiteurs commettant les vols importants* (Macé).

ETYM. du méridional **paraimer,** aimer très fort. vers 1880, Macé.

parano *n.f.*

Attitude agressive et délire de persécution : *On a pu les voir, pour dégeler la parano naissante, défiler dans les rues de Rome déguisés en terroristes* (*Libération,* 21 juillet 1980).

◆ *adj. et n.*

Paranoïaque : *T'es parano ou quoi, c'est des mecs droits* (Ravalec). *En bon parano, il ne chercha pas de « pourquoi », il n'essaya pas de comprendre les liens qui unissaient Pierre à Ivan* (Bialot).

ETYM. apocope de **paranoïa** et **paranoïaque.** avant 1971, comme adj. et n., Doillon [George].

parapluie *n.m.*

1. Tout ce qui couvre et cache une activité illicite ; alibi : *Ce commerce [...] faisait tout juste vivre le loueur de voitures, n'était qu'un « parapluie », comme on dit, pour cacher un autre commerce plus important et plus lucratif* (Mac Orlan, 7). *Quand les roussins m'ont pris / Comme j'n'avais pas d'parapluie / Y m'invitèrent à prendre le thé / Au bar de la Santé* (P. Perret). **2.** Joueur maladroit, plus ou moins compère, à la suite duquel on joue, dans une poule. **3. Porter le parapluie,** syn. de porter le chapeau. **4. Ouvrir le parapluie,** prévenir ses supérieurs, dans le langage de la police. **5. Fermer son parapluie,** mourir : *Le treizième, je me gratte ? Ça porte malheur, je risque de refermer mon parapluie avant de le finir* (Boudard, 6). **6. La Maison parapluie,** la police : *C'était les Eliott Ness made in France, les supercracks de la maison Parapluie* (Mariolle).

ETYM. emplois métonymique (6 : les policiers portaient jadis un parapluie noir) et métaphoriques (1 à 5) du mot usuel. **1.** 1887 [Esnault]. **2.** 1894 [Virmaître]. **3.** 1975 [Beauvais]. **4.** 1975 [Arnal]. **5.** 1901 [Bruant]. **6.** 1955, Simonin.

pardeuss, pardoss ou **pardingue** *n.m.*

Pardessus : *Par pure distraction, j'avais enfoui dans la grande poche de mon pardeusse une bouteille de ouisquie* (ADG, 1). *Un type s'amène pour nous aider à ôter notre pardoss* (Siniac, 1). *Des fois que les flics rappliquent vite fait et qu'ils se disputent le pardingue pour sconser leur propre rombière* (Pennac, 1).

ETYM. apocope et resuffixations de **pardessus.** *pardeuss* 1889 [Esnault] ; *pardoss* vers 1883 [id.] ; *pardingue* 1928 [id.].

pardon *interj.*
Formule admirative : *On s'est tapé un de ces gueuletons, alors, là, pardon !*
ETYM. cette interj. n'a plus rien d'une formule de politesse, mais se rapproche du tour *excusez du peu !* 1953, Simonin [TLF].

pare-brise *n.m.inv.*
Lorgnon ; lunettes : *J'dis : « Enlèv' d'abord tes pare-brise, / Ghislaine je vais te fair' la bise »* (P. Perret).
ETYM. emploi humoristique du mot usuel. 1925 [Esnault].

pare-chocs *n.m.inv.*
Seins opulents d'une femme : *Je n'ai plus que la ressource de me rincer l'œil une dernière fois sur la magnifique paire de pare-chocs qui réintègrent difficilement leur prison soyeuse et brillante* (Tachet).
ETYM. emploi métaphorique et humoristique du mot technique. 1954, Tachet.

pare-lance ou **par-à-lance** *n.m.*
Parapluie.
ETYM. de **parer** et de **lance,** eau. *pare-lance* 1977 [Caradec] ; *par-à-lance* 1867 [Delvau], mais d'abord *pare à lance* 1836 [Vidocq].

parenthèse *n.f.*
1. Avoir les jambes en parenthèses, avoir les jambes arquées. **2. Pisser entre parenthèses,** avoir une miction déviante ou douloureuse : *Et tu verrais ses jambes, funérailles ! Elle pisse entre parenthèses* (Sartre, 2).
ETYM. emplois métaphoriques du mot usuel. **1.** 1947, Morand [TLF]. **2.** 1977 [Caradec].

parer *v.t.*
1. Protéger : *T'mêle pas de ça, Louis. J'suis pas bon à ta musique. Tu veux parer ton frangin* (Le Breton, 1). **2. Se la parer,** esquiver un coup.
ETYM. emploi spécialisé et défensif du verbe usuel. **1.** 1901 [Bruant], au passif. **2.** 1878 [Esnault].

parfait, e *adj.*
1. ARG. ANC. **Parfait amour,** liqueur alcoolisée à base de citron, girofle, etc. : *Ces bouteilles renferment des breuvages frelatés de couleur rose et verte, connus sous le nom de* Parfait amour *et de* consolation (Sue) ; **parfait amour de chiffonnier** ou **parfait dardant de chifferton,** eau-de-vie médiocre : *Un individu* [...] *demande au mannezingue un verre de parfait amour de chiffonnier* (Paillet). **2. Parfaite égalité** ou **parfaite,** *n.f.,* jeu de hasard dans lequel l'emblème du dé doit coïncider avec celui de la case sur laquelle le dé a abouti.
ETYM. emplois spécialisés de l'adj. **1.** 1828, Vidocq ; **parfait amour de chiffonnier,** 1835 [Raspail] ; **parfait dardant de chifferton,** 1847 [Dict. nain]. **2.** 1883 [Esnault] ; *n.f.* 1901 [Bruant].

parfum *n.m.*
Être, mettre au parfum, être au courant, mettre au courant : *L'homme soupira, souffla sa fumée. « Je vois que vous n'êtes pas au parfum », dit-il* (Vexin). *Il n'avait pas la moindre intention de me mettre au parfum de ce coup apparemment mirifique* (Vilar).
ETYM. emploi métaphorique (issu de la chasse, selon Esnault). 1953, Le Breton [TLF].
DÉR. **parfumer** *v.t.* Renseigner : 1960 [Le Breton].

parigot, e *adj. et n.*
Parisien : *Un p'tit bout de Las Vegas dans chaque troquet parigot, et voilà encore l'Amérique qui marque des points* (Demouzon). *Je réalisais qu'il* [Roland Toutain] *était sans doute plus proche d'elle, avec son bagout de Parigot, que moi avec mes attitudes un peu fabriquées* (Dalio). *Ah ! ces Parigotes, ces Parigotes, c'est pas une femme de province qui aurait fait un coup comme ça* (Lorrain). **Parigot, tête de veau,** apostrophe injurieuse : *Quelqu'un qui a fait ses études à H4 a de grandes chances d'être un vrai parigot tête de veau* (Pouy, 3).
ETYM. suffixation pop. de **parisien.** 1886 [Esnault].

parisienne *n.f.*
Cigarette de mauvaise qualité, vendue à Paris avant la Seconde Guerre mondiale : *Tiens ! Allume-moi une parisienne, tu veux ?* (Le Breton, 5).
ETYM. emploi spécialisé de l'adj. 1955, Le Breton.

parlante *n.f.*
Ne pas avoir la parlante, ne pas avoir la parole.
ETYM. emploi substantivé du participe présent de **parler.** 1957 [Sandry-Carrère].

paroisse *n.f.*
Changer de paroisse. ***a.*** déménager ; ***b.*** quitter un endroit où on a ses habitudes (café, cercle, etc.).

ETYM. emploi métaphorique et ironique : nous sommes tous les « paroissiens » de quelque paroisse. 1977 [Caradec] (pour les deux sens).

paroissien *n.m.*

Individu quelconque : *Tiens ! Voilà un lit encore chaud ! il n'y a pas longtemps que le paroissien en est sorti !* (Canler). *Ça ne fait rien, baragouina-t-elle, la bouche pleine, vous êtes de drôles de paroissiens* (Malet, 7).

ETYM. emploi ironique du mot usuel. 1828, Vidocq.

parole *n.f.*

1. Parole d'homme !, je le jure ! (formule d'engagement solennel, dans le milieu). **2. Porter la bonne parole,** conduire une expédition punitive dans un établissement qui refuse le racket : *Dans la nuit, Jeannot-le-Fou allait porter « la bonne parole » à coups de 7,65 dans les glaces, chez quelques tauliers récalcitrants* (Larue).

ETYM. emplois performatif (1) et euphémique (2) du mot usuel. **1.** 1928 [Lacassagne]. **2.** 1957 [Sandry-Carrère].

parpaing *n.m.*

Coup de poing.

ETYM. jeu de mots probable sur **pain,** coup, l'élément **par-** jouant le rôle d'un renforcement. 1977 [Caradec].

parrain *n.m.*

1. Vx. Témoin : *On les tuait afin qu'il n'y eût point de parrains ni de marraines, ce qui veut dire point de témoins* (Orgères). **Parrain fargueur,** témoin à charge ; **parrain d'altèque,** témoin à décharge. **2.** Plaignant. **3.** Avocat défenseur. **4.** Juge assesseur. **5.** Personnage important dans le milieu : *Michel Milési était réputé être le parrain de la prostitution grenobloise* (*Libération*, 9 juillet 1980).

ETYM. à l'origine, désignait les témoins de chacun des combattants dans un duel. **1.** 1790, *le Rat du Châtelet*. **Parrain fargueur** et **d'altèque,** 1836 [Vidocq]. **2.** 1850, forçat Clémens [Esnault]. **3.** 1846, *Intérieur des prisons*. **4.** 1848 [Pierre]. **5.** 1980, *Libération* (sens issu de la Mafia).

DÉR. **parrainer** *v.i.* Procéder à une confrontation : 1899 [Nouguier]. **parrainage** *n.m.* Témoignage : 1836 [Vidocq]. **parrainage** *n.m.* Confrontation : 1899 [Nouguier].

partant, e *adj. et n.*

Se dit d'un individu consentant, prêt à : *Je suis partant pour n'importe quelle action afin de faire une cavale* (Charrière). *Moi, quand on me dit qu'on va rigoler, je suis toujours partant* (Pousse). *Y a des partantes pour se carrer les miches sur le cuir de vos coussins* (Simonin, 10).

ETYM. adjectivation du participe présent de **partir** (emprunt au sport, notamment cycliste). 1947 [Esnault].

parti, e *adj.*

Parti (vx, pour la gloire). ***a.*** légèrement ivre : *Le stade au-dessus de pompette, c'est, je crois, « parti ». J'étais parti* (Faizant) ; ***b.*** endormi.

ETYM. emploi métaphorique du participe passé de **partir** (dans les nuées, les vapeurs de l'alcool). ***a.*** 1862 [Larchey] ; ***b.*** 1835, Balzac [id.].

partie *n.f.*

1. Vx. **Faire une partie,** participer à une rixe. **2. Partie fine** ou **galante,** séance de débauche. **Partie carrée,** débauche à quatre, avec échange entre les couples : *Fernande lui donnait toutes les explications. Elle l'entraînait en riant dans des hôtels borgnes pour y faire des parties carrées* (Dabit, 1). **Partie de bordelaise en cent trente (avec les dix de der),** séance amoureuse : *Avec Lili, sûr, on allait se farcir une partie de bordelaise en 130, inoubliable* (Simonin, 2). **3. Partie de traversin.** ***a.*** sommeil ; ***b.*** coït : *Poupette, sa cavalière-partenaire, qu'unanimement les élèves du Muguet – était-ce jalousie ? – lui prêtaient pour partenaire dans des parties de traversin d'après-minuit* (Simonin, 7). **4.** Tripot clandestin : *C'est rapport à ses deux parties que Fernand est inquiet… […] pour sa roulette de la rue de Courcelles et la partie de la péniche, qui voient le jour ni l'une ni l'autre, il se fait du mouron…* (Simonin, 4).

ETYM. emplois restreints du mot usuel. **1.** 1882 [Esnault]. **2. Partie fine,** 1786, Louvet de Couvray [TLF]. **Partie carrée,** 1782, Rétif de La Bretonne [Duneton-Claval]. **Partie de bordelaise**, 1953, Simonin (jeu de mots sur *bordel*). **3.** 1867 [Delvau]. **4.** 1955, Simonin.

parties *n.f.pl.*

Organes génitaux masculins : *Je lui colle mon genou dans les parties, au père Vlad. Bronche pas. C'est pas des parties qu'il a ! C'est du tungstène* (Bauman).

ETYM. abrègement euphémique de **parties sexuelles, génitales,** etc. 1651, Scarron [TLF].

partir *v.i.*

Partir au quart de tour. ***a.*** s'énerver dès qu'on est l'objet d'une plaisanterie ; ***b.*** croire naïvement à tout ce que dit autrui.

ETYM. emprunt au vocabulaire technique de l'automobile (un quart de tour de manivelle). 1957 [Sandry-Carrère].

partousard, e, partouzard, e, partouseur, euse ou **partouzeur, euse** *n.*

Amateur de parties de débauche : *Dans ces endroits, l'appel de phare et le petit studio de banlieue ne sont plus de mise, il faut faire partie d'une autre filière, celle du Gotha des « partousards »* (de Goulène). *Les premiers ne sont que de simples « partouzards » ou des piqués – des « troublés », comme dit le bon dessinateur Raoul Guérin* (Grancher, 2). *De loin, elle n'était pas si mal, trente-cinq quarante ans, les cheveux décolorés, exactement dans la moyenne de la partouzeuse de base* (Ravalec). ◆ *adj.*

Qui a trait à des parties de débauche : *L'humeur morose de la jeunesse désœuvrée de 62 était plus à la tendance partouzarde qu'au redressement national* (*Libération,* 5 janvier 1985).

ETYM. de **partouse.** 1925 [Esnault].

partouse ou **partouze** *n.f.*

1. Vx. Partie de cartes. **2.** Partie de débauche à plus de deux personnes : *N'essaie pas d'inviter tous les habitants de cette putain de ville dans ta salle de bains. On a une bonne petite partouze en vue, essayons de rester entre nous* (Topin).

ETYM. suffixation pop. de **partie (fine, carrée,** etc.). **1.** 1907 [Esnault]. **2.** 1924 [id.], qui date de 1919 le sens désuet de « partie galante à deux ».

partouser ou **partouzer** *v.i.*

Participer à une partie de débauche : *Non, mais tu ramènes des types à la maison pour me faire partouser, maintenant en plus tu les sors de prison* (Van Cauwelaert).

ETYM. de **partouse.** 1966, J. Perry [TLF].

pascal *n.m.*

Billet de cinq cents francs : *Michel tend pardessus le guéridon une liasse de Pascal que l'autre compte prestement, en faisant claquer les billets entre ses doigts* (Galland).

ETYM. emploi métonymique courant (l'effigie pour le billet ou la pièce ; cf. *misérable*). 1973, Risser.

passage *n.m.*

1. Passage clouté, interrogatoire de police dont les questions ne doivent pas s'écarter d'un plan préétabli. **2.** Vx. **Passage à chausson, à flaupe, à perlot, à pouce, chez gnon, chez pain,** correction infligée à qqn.

ETYM. emploi métaphorique de la loc. désignant un « passage obligé » pour les piétons (allusion aussi aux *chaussures à clous* ?). **1.** 1975 [Arnal]. **2.** 1901 [Bruant].

passant *n.m.*

1. Mendiant de passage. **2.** Vx. Chaussure : *Et ils n'ont rien trouvé ? – Dame ! J'avais enquillé les médailles dans les passants du Préfet des Études* (Burnat).

ETYM. substantivation du participe présent de **passer. 1.** 1939, Sud-Ouest [Esnault], mais dès le XVIIe s. **2.** 1596, Péchon de Ruby, mais déjà au mil. du XVe s. chez Villon.

VAR. **pass'** *n.m.* Chaussure : 1815, *Chanson de Winter.*

1. passe *n.m.*

1. Clé ouvrant presque toutes les portes : *On arrive enfin à la porte de la chambre où se trouvait son camarade. Illico j'attrape le passe de la femme de charge et j'ouvre* (Jamet). **2.** Passeport.

ETYM. apocope de **passe-partout** (1) et de **passeport** (2). **1.** 1850, Labiche [DDL 44]. **2.** 1953 [Esnault].

2. passe *n.f.*

1. Coït tarifé de la prostituée : *Il en connut d'autres, à Amsterdam, à Caracas, à Tamatave, toutes bâties sur le même moule, une passe à trois francs, un tour de passe-passe, un emplâtre contre la nostalgie* (Thomas, 1). Vx. **Écornifler à la passe,** voler un client pendant qu'il fornique. **Passe bourgeoise,** coït tarifé avec une femme mariée. **Faire la passe,** louer des chambres aux prostituées, en parlant d'un hôtelier. **Hôtel** ou **maison de passe,** établissement de prostitution : *À Saint-Rémi, on avait peine à trouver où coucher avec une mineure* [...]. *Les hôtels de passe se méfiaient, et on se connaissait trop entre familles* (Duvert). **2.** Rémunération d'une passe au sens 1. **3.** Décapitation : *Il est drôle le père Cornu ; mais la passe... – Eh ! on ne la craint pas quand il n'y a plus de parrains* (Vidocq). **4.** Dîme payée par les joueurs au tenancier d'une maison de jeu. **5.** Commission obtenue sur une opération financière : *À*

Bruxelles il a dû monter pour trouver le change de la masse, dans un tapis peu avenant où se tenaient des financiers étranges. Vingt pour cent de passe, ils exigeaient (Simonin, 5). **6.** Série de coups heureux, de victoires. **Réussir la passe de quatre,** avoir quatre succès consécutifs. **7. Passe anglaise,** jeu de dés : *Un inspecteur crut devoir déposer que, selon lui, la bagarre provenait d'une partie de passe anglaise sur le bénéfice de laquelle ces messieurs différaient d'avis* (Carco, 1). **8.** Substitution d'un faux titre à un titre régulier. **9.** Habileté manuelle. **10.** Vx. **Donner la passe, faire la passe,** secourir. **11.** Vx. Laissez-passer accordé à un prisonnier libéré : *Il commençait à trouver étrange et inexplicable la facilité avec laquelle cette police, si prudente et si méticuleuse, en ce point surtout, délivrait au camarade d'un forçat libéré la passe de celui-ci, sur le simple prétexte d'une maladie* (Guéroult).

ETYM. déverbal de **passer. 1. Maison de passe,** 1829 [Esnault], selon qui ce sens provient de la vieille loc. d'escrime *faire une passe au collet* (XVIIIe s.). **Écornifler à la passe,** 1899 [Nouguier]. **Passe bourgeoise,** 1894 [Virmaître]. **Faire une passe,** 1867 [Delvau] ; **faire la passe,** 1977 [Caradec]. **2.** 1931 [Chautard]. **3.** 1828, Vidocq. **4.** 1840, tripots [Esnault]. **5.** 1960, Simonin. **6.** 1878 [Rigaud]; auj., le sens est neutre, on dit *être dans une bonne* ou *une mauvaise passe*. **7.** 1900 [Chautard]. **8.** 1902 [Esnault]. **9.** 1932 [id.]. **10.** 1878 [Rigaud]. **11.** 1888, Guéroult.

passé *n.m.*

Avoir du passé ou **un passé,** avoir eu affaire avec la justice, avoir un casier judiciaire : *Ce serait dommage qu'il eût, pour employer le terme, du passé... – Vous voulez dire de la prison ?* (Carco, 1).

ETYM. emploi spécialisé et judiciaire du mot usuel. 1927, Carco.

passe-lacet *n.m.*

1. Gendarme. **2. Raide comme un passe-lacet,** totalement démuni d'argent : *Dix sacs ! Jamais je n'en avais tant eu, et aujourd'hui, je suis raide comme un passe-lacet* (Fallet, 1).

ETYM. le gendarme **passe les lacets** (ancêtres des menottes). **1.** 1887 [Esnault]. **2.** équivoque sur *raide,* « rigide comme l'instrument servant à enfiler les lacets », et « sévère comme un gendarme ». 1919 [id.].

VAR. **passe** au sens 2 : 1938 [id.].

passeligourt ou **tripeligourt** *n.m.*

ARG. ANC. Maître voleur (dans des formules de serments prêtés par les coesmes) : [Les coesmes] *m'appellent* [pour voir] *si je sçavais jouer du baston à deux bouts, selon l'antique coustume, en disant, j'attrime au passeligourt, du tout, c'est à dire je desroberay bien* (Péchon de Ruby). *Prenez vostre baston, mettez le gros bout à terre, & le poussez le plus bas que vous pouvez, & dites j'attrime au tripeligourt, & allez baiser les mains de vostre Cagou* (id.).

ETYM. origine peu claire. 1585, Cholières [Esnault].

passeport *n.m.*

1. ARG. ANC. Marque imprimée au fer rouge sur la peau. **Passeport rouge,** avec les lettres T.F., travaux forcés ; **passeport royal,** avec les lettres T.P., travaux à perpétuité. **2.** Mandat de dépôt, dans le langage des policiers.

ETYM. emplois amèrement métaphoriques du mot usuel. **1.** vers 1860, forçats [Esnault], pour les deux locutions. **2.** 1975 [Arnal].

passer *v.i.*

1. Ça fait du bien par où ça passe, formule exprimant la satisfaction d'assouvir un besoin physique, généralement d'ordre alimentaire. **2. Passer à gauche** ou **devant la glace,** être privé de sa part. **3. Passer à la châtaigne, à la mandale, à la plume,** recevoir une correction. **4. Passer en série,** succomber sous le nombre. **5. Passer à la transpiration,** danser. **6. Passer à** ou **au travers.** ***a.*** ne pas amorcer le client, en parlant d'une prostituée : *Bientôt la fille se relâcha. Soupçonneuse et découragée, il lui arrivait de passer plusieurs nuits de suite au travers* (Carco, 2) ; ***b.*** manquer une occasion ; ***c.*** être oublié dans une distribution ; ***d.*** au jeu, ne ramasser aucun bénéfice ; ***e.*** échapper à un danger. **7. Passer sous les drapeaux,** subir une brimade. **8. Passer sur (le ventre d') une femme,** la posséder : *Je crois bien qu'il n'y a que les camions de son entreprise de transports qui ne me sont pas passés dessus* (Malet, 14). *J'ai pensé à mon oncle qui dit toujours de ma tante (elle refuse de divorcer), celle-là, y a que le train qui n'est pas passé dessus* (Pouy, 1). **9. Y passer,** subir un sort peu agréable et quasi inéluctable : *Ne dîtes-vous pas à vos camarades, en sortant de chez lui : il faudra que* ça y passe, *en parlant dudit bedeau ?* (Orgères) ; spéc., mourir : *La police ar-*

riva. Elle trouva trois cadavres, deux plutôt, plus une troisième victime qui n'allait pas tarder à y passer (Chevalier).

◆ *v.t.*

1. Vx. **Passer la jambe à qqn,** lui faire un croc-en-jambe. **Passer la jambe à Jules, à Thomas,** vider le seau de toilette, faire la corvée de latrines. **2. (Se) la passer douce,** syn. anc. de se la couler douce. **3. Passer qqch à qqn,** lui adresser une sévère réprimande, le maltraiter : *Et pourtant, qu'est-ce qu'ils lui ont passé ! Bon Dieu, si tu avais vu sa tête !* (Clavel, 2). **4. La** ou **le sentir passer,** subir qqch de très violent, de très pénible.

ETYM. emplois spécialisés de ce verbe très ouvert, dont il est malaisé de distinguer les valeurs strictement argotiques. **1.** 1828, Vidocq. **2, 4** et **5.** 1953 [Sandry-Carrère]. **3. Passer à la mandale,** 1875, *Chanson de la Courtille* [Lacassagne] ; **à la plume,** 1881 [Rigaud] ; **à la châtaigne,** 1953 [Sandry-Carrère]. **6. *a.*** 1928 [Lacassagne] ; ***b*** et ***c.*** 1962 [GR] ; ***d.*** 1925, Genevoix [TLF] ; ***e.*** vers 1910, Carabelli [id.]. **7.** 1904 [Esnault]. **8.** 1640 [Oudin]. **9.** 1796, Orgères ; « mourir » 1929, Giono [TLF].

◆ *v.t.* **1.** 1833, Vidal [Larchey]. **Passer la jambe à Thomas,** 1830 [Esnault] ; **passer la jambe à Jules,** 1881 [Rigaud]. **2.** 1844, Sand [TLF]. **3.** 1934, Vercel. **4.** 1947, H.-G. Clouzot [Rey-Chantreau].

passeur *n.m.*

Contrebandier, en partic. dans le trafic des stupéfiants.

ETYM. emploi euphémique du mot usuel. 1977 [Caradec].

passif ou **passifle** *n.m.*

ARG. ANC. Soulier.

ETYM. de **passant, passer.** *passifle* 1628 [Chéreau] ; *passif* 1726 [Granval].

passion *n.f.*

VIEILLI. Comportement considéré comme une déviation sexuelle ; vice : *Avec le temps qui passe, on se chop' des passions / On commenc' comme caïd, on se r'trouv' chez les folles* (Dimey). *Le jonc qu'elle a, c'est celui que les barbeaux ont bien voulu lui laisser ; car madame est à passion* (Lorrain).

ETYM. emploi emphatique du mot usuel. *homme à passion* 1835, Balzac [TLF].

passoire *n.f.*

1. Transformer qqn en passoire, le cribler de balles : *Pas un geste, vous autres, ou je vous transforme en passoires aussi sec* (Bastiani, 1). **2. Avoir regardé le soleil** ou **avoir bronzé à travers une passoire,** être couvert de taches de rousseur.

ETYM. locutions métaphoriques et pittoresques. **1.** *faire de qqn une passoire* 1931, chanson *T'en fais pas, Bouboule,* paroles de A. Willemetz et R. Pujol. **2.** contemporain.

pastaga *n.m.*

Pastis : *Jojo s'est absenté cinq minutes. Il est revenu avec deux verres, une bouteille de pastaga, la carafe d'eau fraîche* (Boudard, 1).

ETYM. suffixation arg. de **pastis.** 1953, Clébert.

pastille *n.f.*

1. Vx. Pièce de dix sous. **2.** Anus. **Se faire défoncer** ou **dorer la pastille,** se faire sodomiser. (On rencontre parfois **pastèque.**) **Avoir la pastille en l'air,** avoir une activité incessante. **3.** Vx. Pet : *Avec le cul sur un coussin, / On n'a pas l'plaisir épatant / D'détacher auprès d'un roussin / Un' pastill' dans son culbutant* (Richepin). **4. Se faire dorer la pastille,** couler des jours agréables : *La tôlière d'un hôtel-restau des familles. Chez elle, tu te feras dorer la pastille. Couché tôt, levé à midi* (Lépidis). **5.** Vx. Projectile d'arme à feu.

SYN. valda.

ETYM. emplois métaphoriques (analogie de forme). **1.** 1875, Cavaillé [Larchey]. **2.** 1890 [Esnault]. **Se faire défoncer la pastille,** 1931 [Chautard] ; **se faire défoncer la pastèque,** 1953 [Sandry-Carrère] ; **se faire dorer la pastille,** 1977 [Caradec]. **Avoir la pastille en l'air,** 1982 [Perret]. **3.** 1876, Richepin. **4.** 1986, Lépidis. **5.** 1916 [Esnault].

DER. **pastoche** *n.f.* Anus : 1929 [Chautard].

pastiquer *v.i.*

Passer, marcher (dans les principaux sens concrets).

◆ *v.t.*

1. Franchir. **2.** Vx. **Pastiquer la maltouse,** faire passer un produit en contrebande.

ETYM. suffixation arg. de **passer.** 1836 [Vidocq].

◆ *v.t.* **1.** 1929 [Esnault]. **2.** 1836 [Vidocq].

DER. **pastiquancher** *v.t.* Passer : 1928 [Esnault]. **pastiqueur** *n.m.* Contrebandier : 1952 [id.].

pastiquette *n.f.*

1. Passe anglaise. **2.** Coït tarifé et rapide : *Dans la salle, pas très grande, sur laquelle ouvrait une porte qui menait directement de*

l'escalier aux chambres de pastiquette, trois filles discutaient en buvant leur Pepsi-Cola (Risser).
ETYM. diminutif arg. de **2. passe. 1.** 1928 [Esnault]. **2.** 1952 [id.].

pastis ou **pastiss** *n.m.*
Gâchis, situation confuse, embrouillée : *J'avais plutôt l'impression qu'il avait été nature à la sincérité du moment et qu'il regrettait, avec sa fortune et sa tranquillité relative, de s'être foutu dans un pastis pareil* (Trignol).
ETYM. de l'anc. prov. **pastis,** pâté. 1915 [Esnault].

pastisson ou **pâtisson** *n.m.*
Soufflet, gifle.
ETYM. du prov. **pastissoun,** «férule que reçoit un écolier» (1886, Mistral). 1931, Pagnol [TLF].

pasto *n.m.*
Impasse, voie sans issue.
ETYM. suffixation arg. de **passage,** avec p.-ê. influence de **Sébasto.** 1968 [PSI].

patafar *n.m.*
Situation dangereuse ou confuse : *Le moindre courant venant aux oreilles du julot dont la dame se fait accommoder par vous, au plus juste prix, pourrait déclencher un patafar peu plaisant* (Simonin, 10).
ETYM. d'un mot méridional. 1955, Bastiani.

pataquès [patakɛs] *n.m.*
Grande agitation, scandale : *Tu vois, y avait pas d'quoi faire un pataquès* (film *les Ripoux* de C. Zidi). *Mais d'abord toi, c'est quoi ce pataquès avec le rital ?* (Granotier).
ETYM. emploi curieusement détourné du mot signifiant «mauvaise liaison entre deux mots» (par un *-t-* intempestif). 1961, Galtier-Boissière.

patarasse *n.f.*
Vx. Protège-pied glissé sous la manille : *Il me semble encore le voir sur le banc treize, faire des patarasses pour les fagots* (Vidocq). *La patarasse est une sorte de courte jambière, bourrée d'étoupe ou de chiffons, qui se boucle au-dessous de la cheville et dont le pourtour est garni de bouchons ou de petits cylindres de cuir roulé sur lesquels repose la manille* (Humbert).
ETYM. du prov. **pataras,** haillon, chiffon. 1798 [Vidocq].

patate *n.f.*
1. Tête, visage : *Des fois qu'elle jouerait la* Valse des pruneaux *devant l'contrôleur du chemin de fer, tu ne vois pas sa patate ?* (Carco, 8). **2.** Nez. **3. Avoir qqch sur la patate, en avoir gros** ou **lourd sur la patate,** avoir des griefs ou des remords : *Des Noirs avaient cassé la porte et squatté l'intérieur, ajouté au stress du chômage en ce moment il en avait gros sur la patate* (Ravalec). *Il en avait trop lourd sur la patate, et de son désespoir d'amour, et de son remords pour le chauffeur tué par sa faute* (Chabrol). **Peser sur la patate,** oppresser, accabler : *Brusquement, mais sans acrimonie ni agressivité, il libère ce qui lui pèse sur la patate* (Simonin, 6). **4.** Vx. Paysan. **5.** Individu lourdaud, maladroit ; s'emploie comme terme d'injure : *T'as pas besoin de glace, patate, t'as qu'à regarder les gens qui passent* (Rochefort); et adj. : *Je devais avoir l'air patate en le regardant, car le voilà qui s'esclaffe* (Barnais, 1). **6.** Ennui, incident; danger : *Il va au refile et sait faire la part du feu parce qu'il a senti la patate* (Trignol). **7.** Coup de poing : *Bébert fait un pas vers lui, balance une patate, et l'autre se casse en braillant comme un porc* (Spaggiari). **8. Avoir les patates au fond du filet,** avoir les testicules las après un abus de rapports sexuels. **9.** Somme de 10 000 F.
ETYM. emplois métaphoriques (analogie de forme et de consistance) du mot usuel. **1.** 1919, Carco [TLF]. **2** et **4.** 1901 [Bruant]. **3.** 1912 [Chautard], qui signale avec le même sens, dès 1907, *en avoir gros sur la pomme de terre*. **5.** 1893 [Chautard] ; *adj.* 1956, Barnais. **6.** 1955, Trignol. **7.** 1977 [Caradec]. **8.** 1982 [Perret]. **9.** début des années 1980.

patatrot *n.m.*
Course, poursuite. **Faire un patatrot à qqn,** le poursuivre. **Faire patatrot, se faire le patatrot** ou **faire son patatrot,** s'enfuir : *La fille courroucée reprit : « Va pour le pétard, les aminches joueront du jaja au patatro»* (Macé). *Tiens, j'y vais même tout de suite, le temps qu'il fasse son patatrot, j'y serai avant lui* (Simonin, 1).
ETYM. mot d'origine onomatopéique (cf. *patatras*), avec p.-ê. jeu de mots sur **pattes** et **trot. Faire un patatrot à qqn** et **se faire le patatrot,** 1883 [Fustier]. **Faire patatrot,** 1901 [Bruant].

pâté *n.m.*

Boîte à pâté, rectum.

ETYM. métaphore scatologique. 1960 [Le Breton].

pâtée *n.f.*

Correction infligée à qqn : *Essence de panais, t'vas pas peurer comme un gosse, passeque je t'ai foutu l'pâtée?* (Stéphane). *Je suis à Waterloo, aux côtés de Cambronne. Nous prenons la pâtée, mais à la française* (Malet, 16).

ETYM. emploi métonymique : l'effet (réduire en pâtée, en bouillie) pour la cause. 1830, Lefebvre [Enckell].

patelin *n.m.*

1. Pays : *Ils partirent, à l'aventure, / Vers des patelins inconnus / Pour varier leur nourriture* (Ponchon). **2.** Village ou ville : *Il n'avait pas encore de plan nettement arrêté, venant seulement d'arriver à Lons – patelin qu'il avait choisi à tout hasard comme première planque* (Grancher). **3.** Compatriote : [Ce voleur parisien] *m'a toujours répondu :* [...] *Mais non, mon patelin, gardez donc votre galette* (Humbert). **4.** Vx. Quartier mal famé de Paris.

ETYM. déformation de **pâtis,** lieu de pâture. **1.** 1628 [Chéreau], sous les formes *posguellin* puis *pasguelin, pasquelin*. **2.** 1889 [Esnault]. **3.** 1872 [id.]. **4.** 1931 [Chautard].

VAR. **paquelain** *n.m.* Petite localité : 1800, Leclair. **pacquelin** Même sens : 1836 [Vidocq].

paternel ou **pater** [patɛr] *n.m.*

Père : *J'ai posté deux lettres à Guigui et j'ai joint à la dernière une photo représentant le paternel avec son éternel costume de curé devant son pavillon* (Villard, 2). *Et qui sait même si le fiston marchant à l'anthracite n'avait pas eu un peu l'idée de venger le pater cocufié, pigeonné?* (Amila, 1).

◆ **paternels** *n.m.pl.*

Parents : *Et quand il eut ses dix-huit berges,* [il] *décarra de la tôle de ses paternels* (Stollé).

ETYM. substantivation pop. et apocope de l'adj. usuel. *paternel* 1880 [Esnault] ; *pater* 1890 [id.].

◆ *pl.* 1947, Stollé.

pâteux *adj.m.*

Accompagne ironiquement certains pron. pers. ou substantifs : *La tournée, c'est pour cézigue pâteux.*

ETYM. sans doute issu de **bonne pâte,** brave type (non péj.) et du pataquès **(c'est) pas-t-eux.** 1895 [Esnault].

patin *n.m.*

1. Pied. **2.** Chaussure. **Prendre les patins de qqn,** défendre sa cause, prendre son parti : *Les autres le charriaient, le brocardaient, je prenais plutôt ses patins... j'aime pas trop participer à la chasse à courre* (Boudard, 5). **Chercher des patins à qqn,** lui chercher querelle. **3. Casser son patin,** perdre sa virginité. **4. Coup de patin,** coup de frein : *Coup de patin, double débrayage, rétrograde, le moteur rugit* (Demure, 1). **5.** Profit irrégulier. **Faire le patin,** pratiquer le vol à l'étalage. **6.** Baiser sur la bouche : *C'était vraiment les antipodes la grosse Lulu et Odette. L'une tout en sexe, un ouragan d'indécence, d'égarement... l'autre toujours sur sa réserve, au bout de deux mois encore à de timides patins....* (Boudard, 5).

ETYM. de **patte. 1.** 1887, chanson [Esnault]. **2.** 1916 [id.]. **Prendre les patins,** 1929 [id.]. **Chercher des patins à qqn,** 1947 [id.]. **3.** 1893, Paris [id.]. **4.** 1957 [Sandry-Carrère] (de *frein à patin*). **5.** 1891 [Esnault]. **Faire le patin,** 1977 [Caradec]. **6.** 1927 [Esnault].

patiner *v.t.*

Caresser : *La duchess' de la Trémouille / Malgré sa grande piété, / A patiné plus de pair's de couilles / Que la Grande Armée n'a usé de souliers* (Plaisir des dieux).

◆ **se patiner** *v.pr.*

1. Vx. Se hâter. **2.** S'enfuir.

ETYM. de **patin,** mot usité dès le XVe s. (d'après Scarron).

◆ *v.pr.* **1.** 1832 [Esnault]. **2.** 1867, Paris [id.].

pâtissemar *n.m.*

Pâtissier.

ETYM. suffixation arg. de **pâtissier.** 1942 [Esnault].

pâtisson *n.m.* → PASTISSON.

patoche *n.f.*

Vx. **1.** Coup de férule sur les mains des écoliers. **2.** Grosse main : *Le persiflage mauvais des maîtres d'hôtel, les patoches brûlées par les plats, l'humiliation* (Guérin).

◆ *adj.*

Pas patoche, pas bon, pas réussi.

ETYM. de **patte** et du suff. pop. **-oche. 1** et **2.** 1867 [Delvau].

◆ *adj.* 1977 [Caradec].

1. **patraque** *n.f.*

Vx. Mécanisme ou machine qui fonctionne mal : *Cette salve, exécutée avec les mauvaises patraques de fusils à pierre, fournis par les traitants, n'eut d'autre résultat qu'un peu de fumée et beaucoup de bruit* (Boussenard) ; spéc., vieille montre ou horloge.

◆ *adj.*

En mauvaise forme physique : *Ah ! Bon Dieu ! qu'c'est embêtant / D'être toujours patraque, / Ah ! Bon Dieu ! qu'c'est embêtant / Je n'suis pas bien portant* (chanson *Je n'suis pas bien portant* de Géo Koger). *Que je t'aime ainsi patraque, mon corps !* (Sarrazin, 3).

ETYM. de l'ital. du Nord **patracca,** monnaie de faible valeur. 1743 [Trévoux].

◆ *adj.* 1798 [Acad. fr.].

2. patraque *n.f.*

ARG. ANC. Patrouille : *Allume si tu remouches la sime ou la patraque* (Vidocq).

ETYM. resuffixation arg. de **patrouille.** 1829, Vidocq.

patron, onne *n.*

Le patron, la patronne, mon mari, ma femme : *Faut demander ça à la patronne !*

ETYM. emploi pop. et domestique du mot usuel. 1977 [Caradec] ; Vidocq (1836) emploie le fém. au sens de « mère ».

patte *n.f.*

1. Jambe. **Aux pattes !,** filons ! **Avoir la patte cassée,** être arrêté ou suspect. **2. Tirer dans les pattes** ou **casser les pattes de qqn,** lui créer sournoisement des difficultés ; tenter de lui nuire : *Il tirait dans les pattes des confrères chargés de reprendre l'affaire* (Veillot). **3. Marcher sur trois pattes,** se dit d'un moteur à quatre cylindres, dont l'allumage est défaillant dans au moins un cylindre. **4.** Pied : *Y a plus de bus, faut y aller à pattes.* SYN. pince. **Retomber sur ses pattes,** se tirer habilement d'une situation délicate. **5.** Main : *Tu as peur, hein ? – De tomber dans leurs pattes, oui !* (Clavel, 2). **Bas les pattes !,** ne me touchez pas ! : *Mais, Briscot, si jamais cela me faisait plaisir d'imiter l'Américaine... Eh ! là ! bas les pattes ! Je n'ai pas dit : avec vous* (Margueritte). **Faire qqch aux pattes,** le voler. **Faire qqn aux pattes,** l'arrêter, l'appréhender : *Ceux qui s'étaient fait faire aux pattes, ramenés en France vite vite, avaient échoué à Frenaga où ils avaient moisi dans les sept huit berges* (Bastiani, 4).

ETYM. emplois métaphoriques de ce mot originellement appliqué à l'animal. **1.** 1867 [Delvau]. **2. Tirer dans les pattes,** 1934, Aragon [GLLF] ; **casser les pattes de qqn,** 1953 [Sandry-Carrère]. **3.** 1956, Chapelain [TLF]. **4.** 1862 [Larchey]. **Retomber sur ses pattes,** 1893 [Dict. général]. **5.** vers 1760, Vadé [Larchey] ; *à bas les pattes !* 1874, Verlaine [TLF]. **Faire qqch aux pattes,** vers 1914 [Esnault]. **Faire qqn aux pattes,** 1888 [Chautard].

paturon *n.m.*

Pied : *Une filière de scotch, en direct avec des Amerlocks, l'avait remis sur ses paturons* (Simonin, 1). **Lever le paturon,** fuir.

ETYM. emploi animalisant du mot usuel, désignant une partie de la jambe du cheval. 1628 [Chéreau]. **Lever le paturon,** 1901 [Bruant].

DÉR. **paturonner** *v.t.* Lier les pieds : 1847 [Dict. nain].

paumé, e *adj. et n.*

1. Se dit d'un individu désemparé, à bout de ressources matérielles et morales : *J'ai pas insisté. Surtout que la sœur faisait une drôle de frime. Elle avait l'air complètement paumée* (Le Breton, 1). *Y a que des paumés, dans ton histoire ? – Évidemment, puisque c'est une histoire de paumés* (Page). **2.** Vx. Qui est condamné à la relégation.

◆ *adj.*

Se dit d'un lieu très isolé : [Robinson] *s'cloqua sur un bled paumé en pleine lanc'quine* (Stollé).

ETYM. participe passé de **paumer. 1.** 1899 [Nouguier], mais redevenu très fréquent depuis les années 1970. **2.** 1928 [Lacassagne].

◆ *adj.* 1947, Stollé.

DÉR. **paume** *n.f.* Peine de la relégation : 1928 [Lacassagne]. **paumard** *adj. et n.m.* **1.** Se dit d'un accusé justiciable de la relégation : [id.]. **2.** Perdant : 1899 [Nouguier], sous la forme *pommard.*

paumer *v.t.*

1. Prendre, attraper : *Eh bien ! me dit Riboulet, les voilà comme dans la chanson de Manon,* tretous paumés marrons. *Ils furent pareillement tretous condamnés* (Vidocq). *Dehors, proposa-t-il discrètement, parce qu'ici, mâme Fernande... ça serait donner l'truc et s'faire paumer* (Carco, 2). **2.** Vx. **Paumer la gueule à qqn,** le frapper. **3.** Perdre, égarer : *À quoi bon paumer notre temps à te faire de la morale, hein ?* (Malet, 8). *Des verres de contact, elle en met de temps en temps. Pas souvent. Elle n'arrête pas de les paumer* (Sarraute). **Paumer ses plumes, ses douilles,** perdre ses cheveux. **4.** Perdre (de l'argent) : *Sais-tu combien nous paumons tous les jours, avec ce cabaret ?* (Simonin, 1).

◆ *v.i.*
1. Être le perdant au jeu, dans une compétition quelconque : *Si y avait comme ça des bagarres, nous autres on paumerait certainement* (Céline, 5). **2.** Être victime ; endosser une responsabilité judiciaire.
◆ **se paumer** *v.pr.*
1. S'égarer : *Si vous vous êtes paumé dans les couloirs, c'est que c'est Lucienne qui vous a renseigné* (Klotz). **2.** Déchoir.
ETYM. de **paume. 1.** 1821 [Ansiaume], sous l'orthographe *pommer*. **2.** 1649, DDL [Enckell]. **3.** 1489, Villon [TLF]. **Paumer ses plumes,** 1953 [Sandry-Carrère] ; **paumer ses douilles,** 1977 [Caradec]. **4.** 1844 [Dict. complet].
◆ *v.i.* **1.** 1835 [Raspail]. **2.** 1957 [PSI].
◆ *v.pr.* **1.** 1883 [Larchey]. **2.** 1968 [PSI].
DER. **paumaquer** *v.t.* **1.** Prendre : 1844 [Dict. complet]. **2.** Perdre : 1901 [Bruant]. **pomaquer** *v.t.* Perdre : 1856, chanson [Esnault].

Paupol *n.pr.* → POPAUL.

pavé *n.m.*
1. Somme de dix mille francs. **2. Clair comme un pavé dans la gueule d'un flic,** tout à fait évident. **3.** Vx. **Arracher un pavé,** coïter. **4.** Vx. Obstacle : *Ce qu'en argot parisien on appelle les « pavés », c'est-à-dire des personnes ou des choses qui gênent la circulation* (Daudet).
ETYM. emploi métaphorique (analogie de volume ; cf. *brique*). **1** et **2.** 1977 [Caradec]. **3.** 1883 [Chautard]. **4.** 1879, Daudet.

paveton *n.m.*
Pavé : *Toujours en souplesse, le loche arrache la tire du paveton* (Simonin, 5). *Elle était même joyeusement portée sur les petits lanceurs de pavetons* (Audiard).
ETYM. de **pavé** et du suff. **-ton.** 1953, Le Breton [TLF].

1. pavillon *n.m.*
Oreille.
ETYM. emploi pop. et ironique d'un mot technique ayant presque le même sens, « partie visible de l'oreille externe ». 1969, S. Berteaut [Cellard-Rey].

2. pavillon, onne ou **pavois, e** *adj. et n.*
Vx. Fou : *Il est pavillon ou je ne m'y connais plus* (Ansiaume).
ETYM. suffixations humoristiques de **1. paf,** ivre. 1821 [Ansiaume]. *pavois* 1835 [Raspail].

pavillonner *v.i.*
Vx. Délirer : *À des fois l'on rigole, / Ou bien l'on pavillonne, / Qu'on devrait lansquiner* (Vidocq).
ETYM. de **2. pavillon.** 1811, chanson, *in* Vidocq.
DER. **pavillonnage** *n.m.* Vx. Délire, folie : 1836 [Vidocq].

pavoiser *v.i.*
1. Contracter une dette sans intention de la payer. **2.** Prendre diverses couleurs ou saigner, à la suite d'un coup : *Antoine a pavoisé dur. Il a pris deux cocards énormes... un bleu et un jaune* (Céline, 5). **3.** Avoir une érection.
◆ **se pavoiser** *v.pr.*
Vx. S'endimancher.
ETYM. emplois métaphoriques de **pavoiser,** garnir de pavillons un navire. **1.** 1901 [Bruant]. **2.** « prendre des couleurs » 1911, G. Rozet [TLF] ; « saigner » 1909 [Petiot]. **3.** contemporain.
◆ *v.pr.* 1867 [Delvau].

pavute *n.f.*
Prostituée.
ETYM. javanais de **pute.** 1960 [Le Breton], qui indique en 1975 que ce mot est très usité dans le milieu.

paye *n.f.*
Une paye, un temps très long : *Nous ne nous étions pas vus depuis une paye* (Malet, 8). **Ça fait une paye (que),** il y a longtemps (que) : *Y a une paye qu'il est clamsé, le pauv'gars. Y a longtemps* (Barbusse). SYN. ça fait un bail.
ETYM. emploi métonymique et emphatique du mot usuel, au sens de « laps de temps entre deux payes ». 1883, Chautard [TLF].

payer *v.t.*
1. Purger sa condamnation : *Bref, j'avais payé, c'est l'expression des voyous pour parler du temps passé dans le placard. Cher, comme tout le reste, mais payé en monnaie de barbaque* (Boudard, 1). Vx. **Payer pour la cocarde, pour le torse,** être jugé et condamné tout en étant innocent. **2. Payer le coup,** être condamné : *La p'tite Michou ! Paraît qu'elle va payer le coup pour recel, c'est moche!* (Cordelier).
◆ *v.i.*
1. Être drôle : *Y paye, avec ses godasses à la Charlot !* **2.** Vx. **Payer de veine,** avoir de la chance.

◆ **se payer** *v.pr.*
1. Se payer qqch ou **qqn,** obtenir un objet, ou les faveurs d'une personne, moyennant finance : *On n'a pas envie d'épouser une fille* [...]. *On a envie d'elle, simplement, comme on a envie d'une tranche de viande, ou d'un livre à feuilleter. On se la paye, comme elle est* (Margueritte). **Se payer sur la bête,** recouvrer une dette directement et illégalement : *Dites-lui que s'il me règle pas le terme, il pourra rechercher ses frusques au mont-de-piété. Dans deux jours, je me paie sur la bête* (Pécherot) ; spéc., coïter avec une débitrice insolvable. **2. Se payer la fiole, la gueule, la poire, la tête,** etc., **de qqn,** se moquer de lui : *En plus du fric, on aura la satisfaction de s'être payé la gueule des cognes* (Malet, 8). *Dis donc l'grand Charles est-ce que tu t'paies ma poire ?* (chanson *la Valse à Julot,* paroles de F.-L. Bénech). *Les gars, cria Pancucule qu'une sourde rancune animait toujours, il faut se payer la tranche de Trique et de sa poule* [...] (Machard, 2). *« Nous faisons confiance à la police française. » Voilà ce qu'il m'a dit Pavitt, et de quel ton ! Il se payait nos fioles, Berger!* (Coatmeur). *Au moment où j'allais lui demander s'il se payait ma tête, il me sourit* (Averlant). *Raconte-nous ça, Quasimodo, demande Buzon fils. On a encore une minute. Vous vous paierez ma figure* (Dabit, 2). **Se payer qqn,** le vaincre, l'humilier : *Il commence à m'emmerder, celui-là : un de ces jours, je vais me le payer !* **3. Se payer une pinte de bon sang, s'en payer une tranche,** (vx) **un bol, une bosse, un plat,** ou **s'en payer,** obtenir un moment de plaisir intense, se donner du bon temps : *Tous les quatre, en copains, ils avaient fait le classique voyage en France. Se payer une pinte de bon sang au sortir de l'Université* (Guérin). *On va tous deux pour s'en payer une tranche / Dans les bons coins où c'qu'on r'trouve les copains* (chanson *Dans une guinguette,* paroles de Charmys et K. Laroche, 1928). *Je m'dis : J'vas m'en payer une bosse / En allant voir l'Exposition* (chanson *le Trottoir de l'Exposition,* paroles de E. Rimbault et M. de Férandy). *Sacristi oui, on s'en payerait si on était sûr du silence. Bigre de bigre ! les pauvres maris !* (Maupassant, 2).

ETYM. emplois pénaux du verbe usuel. **1.** 1828, Vidocq. **Payer pour la cocarde, le torse,** 1899 [Nouguier]. **2.** 1926 [Esnault].
◆ *v.i.* **1.** 1977 [Caradec]. **2.** 1916, *l'Œuvre* [TLF].
◆ *v.pr.* **1.** 1866 [Delvau]. **Se payer sur la bête,** 1939, Arnoux [TLF]. **2. Se payer la poire de qqn,** 1894 [Virmaître] ; **la tête,** 1898, *le Père Peinard.* **3. Se payer une pinte de bon sang,** 1869 [Littré]; **une bosse de plaisir,** 1867 [Delvau] ; **une tranche,** 1897, Rictus [Duneton-Claval] ; **un bol, un plat,** 1901 [Bruant] ; **s'en payer,** 1885, Maupassant.

DÉR. **payeur** *n.m.* **1.** Récidiviste : 1899 [Nouguier]. **2. Ancien payeur,** voleur qui s'est amendé : 1931 [Chautard].

payot, payol ou paillot *n.m.*

ARG. ANC. Forçat préposé aux écritures : *Après que les payots eurent pris nos signalements, on choisit les chevaux de retour, pour les mettre à la double chaîne* (Vidocq). *Le poste le plus recherché est celui de payol, ou écrivain* (Alhoy). *On les remettait* [les lettres] *au chef de salle qui, après les avoir fait lire par le payol, les distribuait* (Humbert).

ETYM. p.-ê. du catalan **payu,** homme avisé et actif. 1799 [Esnault].

pays *n.m.*

Parler du pays à qqn, s'en prendre à lui, l'agresser : *Je* [...] *sortis mon pistolet à tout hasard, bien décidé à parler du pays au premier branque qui me prendrait pour cible* (Malet, 14).

ETYM. cette loc. a à peu près le même sens que le classique *faire voir du pays à qqn,* lui causer mille désagréments, employé par Mme de Sévigné. 1891, Méténier.

pays-bas *n.m.pl.*

1. Vulve : *Elle fade mes majorettes de Kiravi et mes paquesonnets de Villageoise. Ça lui fourgue de méchants raz-de-marée aux pays-bas et partout dans sa carne amochie de naissance* (Dégaudenzi). **2.** Vx. Postérieur.

ETYM. emploi euphémique et humoristique du nom géographique. **1.** avant 1783, Collé [Delvau]. Ce mot est vivant en Afrique noire (Congo). **2.** 1867 [Delvau].

peau *n.f.*

1. La peau ou **peau de balle, peau de zébi, de libi, de bite,** etc., rien : *T'entends... tu pourras te le passer sous le blair... Quand je serai riche, t'auras la peau...* (Machard). *La Poule replongea le filet, mais les poissons filaient comme des flèches : « Peau de balle et balai de crin ! » déclara Gobiche* (Rosny). *Si tu passais ta journée à laver des pare-brise et à recevoir de l'huile sur la gueule pour peau de balle, tu trouverais ça marrant* (Demure, 1).

Elle a été à la mairie pour un secours, mais à cause qu'elle est commerçante elle a juste droit à peau de zébie (Lefèvre, 2). **2. La peau des fesses, du cul,** très cher : *Ce truc-là, ça coûte la peau des fesses !* **3. (Vieille) peau** ou (vx) **peau de chien, de chat,** vieille femme ; spéc., prostituée âgée : *D'ailleurs, cette vieille peau de M*[me] *Marthe ferait mieux de s'occuper de ses oignons que de ceux de Paul Tardu qui ne lui demande rien* (Faizant). **Faire la peau,** se livrer à la prostitution : *Tu veux fair' la peau, un métier d'grenouille, / Et me remplacer par d'autres amants* (Plaisir des dieux). **4. Peau de fesses, de nœud, de noix,** etc., appellations méprisantes : *Monsieur revenait peut-être de souper avec M*[lle] *Cécile Sorel. – Non, peau de noix. J'avais couché dans le jardin après la fermeture* (London, 2). *Tais-toi, peau de couenne. Prends une cigarette et tâche de comprendre* (Malaquais). **5.** Vx. **Avoir la peau trop courte.** ***a.*** lâcher des vents en dormant ; ***b.*** être paresseux. **6. Avoir la peau de qqn, lui crever, trouer, faire la peau,** le tuer : *Il a eu des problèmes avec la bande à « Attila ». Ils ont juré qu'ils auraient sa peau* (de Goulène). *Gigolettes, soyez heureuses ! / Pour vous on s'fait trouer la peau* (chanson *la Valse des gigolettes,* paroles de L. Lelièvre et V. Damien). *Et j'espère que tu seras d'accord, autrement, mon cochon, on te fait la peau* (Jaouen). **Se faire la peau,** se suicider : *Ah ! On l'a jamais contrarié ! Ah ! C'est pas de ça je vous assure qu'il s'est fait la peau !* (Céline, 5). **7.** Vie : *Je ne veux pas trouver d'autre cadavre pendu [...]. C'est pourquoi j'ai prévenu Maria de veiller à sa peau* (Averlant). *Ne revenez jamais, les gars, sans quoi je ne donne pas cher de votre peau* (Le Dano). *Quand on est si poule mouillée que ça, on travaille dans les prix Montyon, au lieu de prendre un métier où il faut risquer sa peau tous les jours* (Guéroult). *J'en sais beaucoup trop, et il veut ma peau comme on dit* (Destanque). *Tu serais prêt à jurer que t'as rien fait pour sauver ta sale peau de pourri !* (Clavel, 3). **8. Avoir qqch dans la peau,** être mû par un sentiment profond, une impulsion irrésistible : *Qu'est-ce qu'il a encore dans la peau, se demandait la perspicace Céline ? Quel sentiment le travaille ?* (Mensire) ; **avoir qqn dans la peau,** être passionnément épris de lui : *Quoiqu'il soit bien laid, je ne trouve personne d'aussi beau que mon Joseph... Je l'ai dans la peau, quoi !* (Mirbeau). Vx. **Porter** ou **pousser à la peau de qqn,** exciter en lui le désir : *Ell'cherche un gâs costaud / Qui lui porte à la peau / Et qui l'emmène au fond d'son bateau* (chanson *Chaloupeuse,* paroles de C. Quinel et R. Blon). **9. En peau de lapin, de toutou,** pas sérieux : *Beck parla de la grève, et, comme toujours, de la Russie, de l'Espagne, et des dictateurs en peau de lapin...* (Van der Meersch). **10. Peau de saucisson,** marchandise de très mauvaise qualité.

ETYM. emplois vitaux du mot usuel, la peau étant la fleur de l'individu, le symbole de la vie. **1.** *faire peau de balle* 1875, Rabasse [Larchey] ; *pour la peau* 1872 [Esnault]. **Peau de libi, peau de bite** et *balai de crin* 1878 [Rigaud] ; **peau de zébi**, vers 1870 [Esnault]. **2.** 1976, *le Nouvel Observateur* [TLF]. **3.** « femme de mauvaise vie » 1845 [Bescherelle] ; « personne âgée » 1883, Zola [TLF]. **Peau de chien**, 1866 [Delvau]. **Faire la peau**, 1946, *Plaisir des dieux*. **4. Peau de fesses**, 1916, Barbusse ; **de nœud**, 1881 [Rigaud]. **5.** ***a.*** 1867 [Delvau] ; ***b.*** 1920 [Bauche]. **6. Avoir la peau de qqn**, 1676, d'Assoucy [TLF] ; **faire la peau**, 1850, Corse [Esnault]. **Se faire la peau**, 1936, Céline. **7.** *ne pas donner cher de sa peau* 1829, Balzac [TLF]. *risquer sa peau* 1656, Molière [id.]. **Sauver sa peau,** 1930, chanson *Ah ! les salauds !* paroles de R. Dorin. **8.** « qqch » 1882, Zola [TLF] ; « qqn » 1896 [Delesalle]. **Porter à la peau,** 1862 [Larchey], art. *peau ;* **pousser à la peau,** 1867 [Delvau]. **9. À la peau de toutou,** 1920 [Bauche]. **10.** 1953 [Sandry-Carrère].

VAR. **peaumuche :** 1957 [Sandry-Carrère].

peau-rouge *n.m.*

VIEILLI. Voyou : *Le mec se doute que nous sommes des peaux-rouges et que nos intentions vis-à-vis de ses tauliers ne sont pas très catholiques* (Trignol).

ETYM. même métaphore que pour **apache.** 1883, Richepin [TLF].

peausser *v.i.* → PIAUSSER.

pébroc ou pébroque *n.m.*

1. Parapluie : *Ce n'est plus la sinécure peinarde à traîner son pébroque et ses chaussettes à clous de la rue Saint-Denis à la Charbo, le métier d'inspecteur* (Boudard, 1). **2. Fermer** ou **plier son pébroc,** mourir : *Le gueux est évident plus que mortibus. [...] Il aurait pu aller fermer son pébroque ailleurs qu'à la Péniche, ce con* (Dégaudenzi). **3.** Alibi. **Avoir le pébroc,** posséder un alibi.

ETYM. de **2. pépin,** avec suff. arg. **1.** 1907 [Esnault]. **2.** 1972, Boudard [Cellard-Rey]. **3.** 1910 [Esnault]. **Avoir le pébroc,** 1953 [Sandry-Carrère].

1. pêche *n.f.*

Aller à la pêche. ***a.*** (ARG. ANC.) avoir perdu son emploi; ***b.*** auj., chercher au hasard, sans méthode.

ETYM. emploi métaphorique de la loc. usuelle. ***a.*** 1896 [Delesalle]; ***b.*** 1977 [Caradec].

2. pêche *n.f.*

1. Tête; visage: *La porte s'ouvrit et je manquai recevoir le battant en pleine pêche* (Malet, 7). *Il a fallu, ce fut la transe, qu'ils* [les journalistes] *prennent ma pêche au magnésium !* (Céline, 5). **2. Avoir la pêche.** ***a.*** avoir bon moral, être plein d'énergie: *Éric Douglas, le dernier fils de Kirk, a le décontracté américain. Et il en a la pêche. Bien lui en prend, car ses séjours parisiens sont plutôt chargés* (*Magazine TV Couleur,* octobre 1988); ***b.*** présenter une mine florissante: *Hé! Ho! Papy! Je te reconnaissais pas! T'as maigri, t'as rajeuni, t'as une pêche pas possible !* (Sarraute) ; ***c.*** avoir de la chance. **3.** Coup de poing ou gifle : *Il y a l'Arabe qui montre les dents. Faut se mettre au milieu. Prendre une pêche peut-être* (Bohringer). SYN. patate. **4.** Projectile d'arme à feu: *Il a pris trois pêches de 7,65 en plein buffet, alors qu'il était assis* (Malet, 16). **5.** Caverne pulmonaire. **6. Poser, déposer** ou **pousser une** (ou **sa**) **pêche,** déféquer : *Une supposition que toute la compagnie se serait arrêtée au bord du chemin pour poser sa pêche devant nous, en ligne sur un rang, et qu'on ait eu un F.M. Ah ! c'est peut-être plus pareil !* (J. Perret, 1).

ETYM. emplois métaphoriques (analogie de volume). **1.** 1878 [Rigaud]. **2.** ***a.*** 1960 [Esnault]; ***b.*** 1975, *le Nouvel Observateur* [TLF] ; ***c.*** 1977 [Caradec]. **3.** 1899 [Nouguier]. **4.** 1946, Malet. **5.** 1970 [Boudard-Étienne]. **6. Déposer une pêche,** 1866 [Delvau]; **poser une pêche,** 1883 [Fustier]; **pousser sa pêche,** 1901 [Bruant].

péchon *n.m.*

ARG. ANC. Novice, apprenti: *Nous nous trouvions souvent à des festins ou les Péchons passoient Blesches et Coesmes, selon leur capacité* (Péchon de Ruby).

ETYM. de l'anc. prov. **pichon,** petit. 1596, Péchon de Ruby.

péciller *v.t.* → PESSIGNER.

pécole *n.f.*

MST.

ETYM. p.-ê. de l'ital. **piccola,** la petite, par oppos. à la grosse (vérole). 1903 [Esnault].

pécore *n.m.*

Malotru.

◆ *n.*

Paysan: *Tu entends, dit-il. Toi aussi, la pécore. Occupe-toi de tes vaches et de ton fumier, et boucle-la* (Clavel, 2).

ETYM. de l'ital. **pecora,** brebis. 1925, Reims [Esnault].

◆ *n.* 1928, Stéphane.

VAR. **pecsif:** 1987, Fossaert.

pécu ou **pécul** *n.m.*

1. Papier hygiénique: *L'autre s'essuyait le derche avec des feuilles de pécul rose* (Lacroix). *Un pécu est mauvais s'il manque de douceur et s'il se déchire trop facilement une fois mouillé* (*Libération,* 16 avril 1985). **2.** Rapport écrit.

ETYM. transcription de l'abréviation **PQ** (→ PAPIER). **1** et **2.** 1977 [Caradec].

DER. **pécufier** *v.i.* Écrire un rapport ; discourir pompeusement: 1977 [Caradec].

pédale *n.f.*

1. Homosexualité masculine: *Il y a mon singe qui arrive et, comme il est de la pédale comme pas un, il n'aimerait pas à me trouver couché avec une fille* (Grancher). **2.** Homosexuel : *Arrive juste après elle une pédale africaine qui vend des bijoux, se contorsionne entre les tables, joue le jeu « folle » à fond, rit et fait rire* (Spaggiari); s'emploie comme injure: *Dans une contorsion grotesque, le Chinois se mit alors à les agonir d'injures: « Pédales! Fumiers que vous êtes ! »* (Agret).

◆ **pédales** *n.f.pl.*

1. Perdre les pédales, déraisonner, perdre la tête: *En voyant cette invasion, mes arbis se fouillent et font face. Sans perdre les pédales, je me précipite entre les deux groupes* (Tachet). **S'emmêler les pédales,** penser ou agir de façon confuse. **2. Lâcher les pédales,** renoncer, abandonner: *Il se contentait de l'aimer en silence, avec les heurts et douceurs que cela impliquait. Quand l'ami Cous « lâcherait les pédales », il passerait à l'action* (Fallet, 1). VX. **Quitter les pédales,** perdre son assurance.

ETYM. métonymie issue de « courber les reins (sur les pédales) », avec jeu de mots sur **pédéraste** et, au pl., emplois dérivés du vocabulaire des cyclistes. **1.** 1935 [Lacassagne]. **2.** 1935 [Esnault].

◆ *pl.* **1.** 1944 [id.]. **S'emmêler les pédales,** contemporain. **2.** 1947 [Esnault]. **Quitter les pédales,** 1911 [id.].

pédaler *v.i.*

1. Pédaler dans la choucroute, la semoule, le couscous, le yaourt, etc., avancer avec difficulté, n'arriver à rien : *Y a pas que moi qui pédale dans la choucroute! Je perçois du flottement chez les rapteurs* (Bauman). *Ah! il pédalait pas dans la mélasse, le Kaliban... À lui le jus de réglisse en or et les macarons pleins d'oseille* (Bastid-Martens). **2. Pédaler dans le beurre, dans l'huile,** progresser sans peine, obtenir des résultats.

ETYM. locutions imagées, très en vogue dans les années 1980. **1. Pédaler dans la choucroute,** 1977, Boudard [TLF]. **2.** 1977 [Caradec].

pédalin, e *adj.*

Relatif à l'homosexualité masculine : *La veste coupée en blouse à la Russe, dont le col montant gansé, incommode au premier chef, a en outre le défaut de donner déplorablement au visage le plus viril un faux air lopard et pédalin* (Simonin, 10).

ETYM. de **pédale.** 1955, Simonin.

pédé, pède ou pédoque *adj. et n.m.*

Homosexuel : *Je veux bien que mon fils soit condamné comme voleur, pas comme pédé* (Lefèvre, 1). *Je sais ce que c'est, le Sexishow 2000. Je sais que c'est pas un peep pour pèdes* (Smaïl). Terme d'injure : *Pourraient pas mettre une sourdine, ces pédés! maugréa Jacques derrière le bar* (Camara). *« Tu vas pas les laisser se tirer, ces pédoques! » Tomate fulminait* (Simonin, 1). **Pédé comme un phoque,** renforcement plaisant de pédé : *Même si j'dev'nais pédé comme un phoque / Moi, j's'rais jamais en cloque...* (Renaud).

ETYM. apocope de **pédéraste** et resuffixation par **-oque.** *pédé* 1836 [Vidocq] ; *pédo* ou *péd* 1986 [Merle]. *pédoque* 1919 [Esnault]. **Pédé comme un phoque,** 1980, Renaud. Jeu de mots vraisemblable sur *foc,* voile triangulaire, et l'angl. *to fuck,* foutre.

VAR. **pédéro :** 1867 [Delvau]. **pédoc :** 1957 [PSI]. **pédalo :** 1953, Clébert.

DER. **péderie** *n.f.* Ambiance homosexuelle : 1986 [Merle].

pédibus [-bys] *adv.*

Pédibus (cum jambis), à pied : *Sans doute regagnera-t-il l'Étoile, son quartier, pédibus, comme il est venu* (Siniac, 1).

ETYM. mot de lat. class., « avec les pieds ». 1895, chanson *Idioties,* paroles de Yin-Lung.

pedigree [pedigre] ou [pedigri] *n.m.*

1. Réputation : *Ça lui paraît tout de même pas si éblouissant mon pedigree clandestin* (Boudard, 6). **SYN.** papelard. **2.** Casier judiciaire non vierge : *Au commissariat central, en ce début de soirée, il y avait de l'ambiance* [...] *On épluchait le pedigree des captifs* (Coatmeur).

ETYM. emploi métaphorique du terme de turf, « généalogie d'un cheval de course ». **1.** 1960 [Le Breton]. **2.** 1953, Le Breton et Simonin [TLF].

pedzouille ou petzouille *n. et adj.*

1. Paysan ; homme fruste : *Qu'est-ce que tu as mis sur pied ? Un foyer du troisième âge pour retraités du Grand Banditisme... Écoute, tu peux le faire croire aux pedzouilles de chez toi, pas à moi* (Pagan). **SYN.** péquenot. *Je commence à croire que l'hygiène pèdezouille diffère en tous points de l'hygiène citadine* (Sarrazin, 2). **2.** Vx. Postérieur.

ETYM. altération probable (p.-ê. sous l'influence de l'occitan **pézas,** pois chiches) de **pézan,** prononciation fréquente de **paysan,** avec le suff. **-ouille** [Guiraud]. **1.** *pédesouille* 1875, Rabasse [Larchey]. **2.** 1881 [Rigaud].

VAR. **pezouille :** 1800, Leclair. **petsouille :** 1894 [Esnault]. **pétezouille :** 1953, Clébert.

pégale ou pégal *n.m.*

Vx. Mont-de-piété : *T'aimais les harengs jeunets et jaloux / T'aurais mis pour eux tes nipp's au Pégale* (Mac Orlan, 2). *À trois heures de l'après-midi, ni le client ni le miracle ne s'étant fait annoncer, j'avais pris la direction du pégal* (Malet, 12).

ETYM. var. de **pagaille,** selon Sainéan. 1878 [Rigaud].

pègre *n.m.*

Arg. anc. Voleur : *Ces pègres de la tierce mal vêtus et mal famés, rôdeurs de boulevards extérieurs...* (Humbert). *Voilà en peu de mots la règle indispensable / Qu'il te faut observer en*

pègre raisonnable (Pélissard, cité par Thomas, 1). **Bourreur de pègres,** Code pénal.
◆ *n.f.*
Milieu des malfaiteurs : *Je n'en étais pas moins, à leurs yeux, un grinche de la haute pègre ; seulement je volais avec impunité, parce que la police avait besoin de moi* (Vidocq). *La haute pègre s'affirme par une adresse incomparable ; la basse pègre, par une férocité qui ne se retrouve que dans le pays des cannibales* (Claude).
ETYM. de l'anc. fr. **peigre,** lâche, issu du lat. **piger,** paresseux. 1797, Mercier [Brunot]. **Bourreur de pègres,** début du xxe s. [Carabelli].
◆ *n.f. paigre* 1829 [Forban].
DER. **pégrer** *v.i.* Voler : 1867 [Delvau]. *v.t.* Arrêter (qqn) : 1952 [Esnault]. **pégreur** *adj. et n.m.* Voleur : vers 1883 [id.]. **pégreuse** *n.f.* Voleuse : 1901 [id.].

pégrenne ou **pégraine** *n.f.*
Vx. Faim : *Il a souvent la visite de la paigraine* (Ansiaume). **Caner la pégrenne,** syn. de crever la faim : *Que veux-tu, mon homme ? quand on cane la pégrène, on rigole pas* (Vidocq).
ETYM. du rotwelsch **pegern,** faire crever, et **peger,** malade. *paigraine* 1821 [Ansiaume]. **Caner la pégrenne,** 1828, Vidocq.
DER. **pégrenné** *n.m.* Affamé et **pégrenner** *v.i.* Avoir faim : 1836 [Vidocq]. **pégreleux** *n.m.* Miséreux : 1957 [Sandry-Carrère].

pégriot *n.m.*
1. Jeune voyou, filou, petit voleur : *Faut les voir les pégriots, des casseurs, ça ? Non, des voleurs de lapins* (Bastiani, 4). **2.** Détenu de pénitencier : *Les uns et les autres, du reste, étaient vêtus de même sorte. On n'eût pu discerner des « pégriots » l'escroc du grand monde, le notaire qui était naguère l'honneur du canton* (Leroux).
◆ **pégriot, e** *adj.*
Relatif au pégriot : *Nul ne peut se dire à l'abri d'un retour de flamme pégriote* (Simonin, 10). *Je me souviens combien me paraissait étrange cette complicité pégriote qui passait alors entre eux comme une onde* (Audiard).
ETYM. de **pègre. 1.** 1829, Vidocq. **2.** 1896 [Esnault].
◆ *adj.* 1967, Simonin.
VAR. **pégrillon** au sens 1 : 1835 [Raspail].

peigne *n.m.*
1. Clé : *J'avais planqué mes peignes et ma camelote dans la longue* (le Rat du Châtelet). **2.** Pince-monseigneur. **3. Sale comme un peigne,** très sale : *Je me sentais brisé, sale comme un peigne, avec des relents de sueur rance dans ma gueule de bois* (Malet, 13). **4.** Vx. **Se donner un coup de peigne,** se battre.
ETYM. emplois métaphoriques : analogie de « denture » (1 et 2). **1.** 1790, *le Rat du Châtelet.* **2.** 1926 [Esnault] (par métaphore du sens 1). **3.** 1808 [d'Hautel]. **4.** *se foutre un coup de peigne* 1793, Hébert [Larchey].

peigne-cul ou **peigne-zizi** *n.m.*
Individu méprisable, grossier, incapable : *Les voisins, je m'en fous* [...] *Tu ne crois pas que je vais me gêner pour un ramassis de peigne-culs, non ?* (Méra). *La roteuse de champ à peine touchée que tout truand d'une certaine qualité doit s'offrir pour ne pas avoir l'air d'un peigne-chose* (Dominique). *Ce taf de journaleux était à la portée du premier peigne-zizi venu* (Matas).
ETYM. de **peigner** et de **cul** ou **zizi.** *peigne-cul* 1790, *Journal des Halles* [Quemada] ; *peigne-chose* 1944, Colette [TLF] ; *peigne-derche* 1953 [Sandry-Carrère] ; *peigne-zizi* 1961, San Antonio [TLF].

peignée *n.f.*
Correction infligée à qqn : *En deux mots, Irène a été mariée, elle a cocufié son mari qui lui a filé des peignées, elle a divorcé et est venue à l'hôtel* (Tachet).
ETYM. participe passé substantivé de **peigner.** *se donner une bonne peignée* 1808 [d'Hautel].

peigner (se) *v.pr.*
Se battre : *Oh ! là là, hurla-t-elle... Peignez-vous si vous voulez ; je m'en rince !* (Rosny jeune).
ETYM. emploi métaphorique du verbe usuel. 1640, Oudin [TLF].

peignoir *n.m.*
Abandonner le peignoir, passer du statut de prostituée à celui de sous-maîtresse : *La sous-maîtresse ordinaire... celle qui avait* abandonné le peignoir ... *en général était au moins quadragénaire* (Boudard, 2).
ETYM. image explicite : l'habit fait la nonne. 1986, Boudard.

peinard, e *adj.*
1. Peu fatigant : *Je te mets au défi de trouver dans toute la France, dans toute l'Europe, une entreprise où pour un boulot bien peinard un salarié touche une paie journalière égale à la vôtre* (Malaquais). **2.** Tranquille : *Maintenant*

on va être peinard question carbure, a dit le Louis en vidant son verre (Lépidis). **Père peinard,** bonhomme menant une vie calme et sans soucis : *Je vois venir le temps où qu'on pourra même plus griller une cibiche en père peinard !* (Chabrol). **3. Se tenir peinard,** montrer de la prudence, demeurer vigilant: *Il valait mieux se tenir peinard étant donné qu'avec leur xénophobie, ces types sont généralement tout ce qu'il y a de dangereux* (Héléna). **4.** Vx. **En pénard,** clandestinement : *Quand Pépé s'est aboulé en peinard, je suis descendu vous prendre* (Carco, 2).

◆ *n.m.*

Vx. Homme qui travaille seul.

◆ *adv.*

Tranquillement : *Les Kabyles devaient avoir fait du feu et, en dormant habillé, il y aurait des chances pour qu'il puisse ronfler peinard* (Klotz).

ETYM. de **peine** et du suff. **-ard,** ici non péj. **1.** 1918 [Esnault]. **2.** 1878 [Rigaud]. **Père peinard,** 1883 [Fustier]. **3** et **4.** 1899 [Nouguier].

◆ *n.m.* 1889 [Esnault] ; d'abord « vieillard » 1866 [Delvau].

◆ *adv.* 1947 [Esnault].

VAR. **pénard** : 1640 [Oudin].

peine *n.f.*

Vx. **1. Être dans la peine,** être détenu : *C'est un homme que j'avais vu quelquefois à la Force : je lui ai parlé parce qu'il avait été comme moi « dans la peine »* (Guéroult). **2. Petite peine,** condamné à moins d'un an de prison : *Grâce aux petites peines, qui n'ont qu'une peur : se trouver compromis dans une mauvaise affaire, ces crimes sont à peu près évités* (abbé Moreau).

ETYM. emploi euphémique de la loc. usuelle. **1.** 1841, Lucas [Esnault]. **2.** 1881, abbé Moreau.

peine-à-jouir *n.m.inv.*

1. Homme parvenant lentement et difficilement à l'orgasme. **2.** Individu faisant des déclarations fractionnées, dans le langage des policiers. **3.** Automobiliste tardant à démarrer.

ETYM. périphrase expressive, de **peiner,** faire effort pour, et de **jouir. 1.** vers 1910 [Cellard-Rey]. **2.** 1975 [Arnal]. **3.** 1977 [Caradec].

pékin ou **péquin** *n.m.*

1. Vx. Bourgeois : *Ma pièce de cent sous* [...] *me suffit non seulement pour satisfaire à toutes ses réclamations, mais encore pour offrir à messieurs du corps de garde, je ne dirai pas le coup de l'étrier, mais cette petite goutte que le péquin paie volontiers* (Vidocq). **2.** Civil : *Un soldat s'y trompe. « Est-ce que t'aurais le toupet de ne pas nous les fournir à l'œil, tes cigares, eh ! sale pékin ? »* (Darien). **3.** Individu quelconque : *Il dardait un œil acéré sur la dépêche et pouvait tirer cinq feuillets sur un péquin ordinaire renversé par un chauffard* (Villard, 3).

ETYM. du prov. **péquin,** chétif, issu de l'esp. **pequeño,** petit, mais p.-ê. aussi de **pékin,** tissu ou vêtement cossu, à rayures alternativement mates et brillantes. **1.** 1776 [Esnault]. **2.** 1799, J. Hardy [Bruneau]. **3.** 1808 [d'Hautel].

Pélago *n.pr.*

Vx. Sainte-Pélagie (prison parisienne).

ETYM. suffixation arg. du nom officiel. 1836 [Vidocq].

pelard ou **pellard** *n.m.*

Arg. anc. Foin : *Nous peaussions* [...] *sur le pelard, c'est sur le foing* (Péchon de Ruby).

ETYM. issu de l'anc. fr. **pel,** poil. 1596, Péchon de Ruby.

DER. **pelardier** *n.m.* Arg. anc. Pré : [id.].

pelaud *n.m.* → **PÉLOT.**

pelé *n.m.*

1. Arg. anc. Chemin : *Et ambiasmes le pelé juste la vergne : c'est à dire nous enfilasmes promptement le chemin de la prochaine ville* (Péchon de Ruby). **2. Trois pelés (et) un tondu,** désigne un groupe de gens très clairsemé et sans intérêt : *Trois pelés et un tondu, voyez clientèle de base. Avec ça, il n'était pas fauché* (Malet, 8).

ETYM. au sens 1, emploi métonymique de l'adj. substantivé. **1.** 1486, *Mistère*. **2.** loc. pittoresque, à connotations dévalorisantes, et dans laquelle les chiffres varient souvent, entre *un* et *quatre.* d'abord *trois teigneux et un pelé* 1640 [Oudin].

peler *v.i.* ou **se peler** *v.pr.*

Peler de froid, se peler le cul, se les peler ou simpl. **peler,** avoir très froid : *L'est content... pas moi ! D'abord je me les pèle, ensuite j'ai envie de dormir* (Bauman).

◆ *v.t.*

Peler le jonc, les bonbons, (vx) **le nez à qqn,** l'importuner vivement : *Il grognait plutôt pour la forme* [...] *« Margot, tu nous pèles les bonbons »* (Boudard, 4).

ETYM. emploi métaphorique du mot usuel : la peau peut desquamer sous l'effet du froid (**les** représente, comme souvent, les testicules ou les fesses). *peler* 1970, Hougron [TLF].
◆ *v.t.* **Peler le nez,** 1640 [Oudin] ; **peler les bonbons,** 1974, Boudard.

pèlerin *n.m.*
1. Individu quelconque : *Deux complices font le pet. Ça baigne : pas un pèlerin à la ronde* (*Actuel*, novembre 1982). **2.** Gardien de la paix. **3.** Parapluie.
ETYM. jeu de mots sur **pèlerine** (2) et emploi métonymique (le policier pour un de ses attributs indispensables). **1.** 1832, Balzac [TLF]. **2.** 1889 [Fustier] ; le port de la pèlerine date de 1888. **3.** 1977 [Caradec].

pèlerine *n.f.*
Gardien de la paix : *Dans le hall, le veilleur de nuit discute avec une pèlerine. La présence du flic me rassure* (Cordelier).
ETYM. métonymie : l'habit pour le personnage. 1962, Japrisot.

pellard *n.m.* → PELARD.

pelle *n.f.*
1. Vx. **Recevoir** ou **donner la pelle (au cul),** être éconduit. **2. Ramasser, (se) prendre une pelle.** ***a.*** tomber : *Si par hasard, mes belles, / Vous ramassez des pelles, / Vous faites pas bobo, / Mais tombez avec grâce* (Ponchon) ; ***b.*** subir un échec. **3. À la pelle,** en grande quantité : *Parlez tant que vous voudrez, ma petite, et surtout ne croyez pas que je viens à la relance. Des bonshommes, j'en ai à la pelle, vous entendez* (Giovanni, 1). **4.** Baiser sur la bouche (→ ROULER).
ETYM. emplois métaphoriques et expressifs du mot usuel. **1.** xve s., Villon. **2.** ***a.*** 1889, Fustier [TLF] ; ***b.*** 1894 [Virmaître]. **3.** 1640 [Oudin].
DÉR. **peller** *v.i.* Être condamné : 1910 [Esnault].

pelloche ou **péloche** *n.f.*
Pellicule de photo ou de cinéma : *Et si on avait mal pris nos repères, hier après-midi ? Hein ? S'il y avait rien sur la péloche ?* (Vautrin, 2). *Aujourd'hui, nos nouveaux génies de la pelloche se passent de texte… ils inventent au fur et à mesure* (Boudard, 2).
ETYM. resuffixation arg. de **pellicule,** avec le suff. **-oche.** *pelloche* 1977 [Caradec].

pélot ou **pélaud** *n.m.*
1. Sou : *Piaule pas ! dit-il, pour dix pélots, je lui rendrai vingt ronds !* (Rosny). *C'est gratis, quoi – ou à t'discrétion, si par hasard t'es en fonds d'un pélaud* (Stéphane) ; surtout dans la loc. **pas un pélot**, pas un sou : *On m'a tout barboté, se lamenta Ribouldingue. Je n'ai même plus un pélo sur moi* (Forton, 1). **2.** Obus : *La devanture de la boîte du copain à Déchazeau, rafistolée, portait la trace de nombreux éclats. Un pélot d'au moins deux cents kilos à cent mètres d'ici* (Lépidis).
ETYM. origine obscure, p.-ê. var. métaphorique de **palet** (à Rouen, selon Esnault). **1.** *pélaud* 1888, Courteline [TLF] ; *pélot* 1876 [Esnault]. **2.** 1918 [id.].
VAR. **pello :** 1875, Rabasse [Larchey]. **pélo :** 1877 [Chautard].

pelotage *n.m.*
1. Caresse sensuelle. **2.** Flatterie. **3.** Vx. Poitrine consistante : *Une gonzesse toute petite, et sèche, et plate, pas plus de pelotage que sur ma main* (Méténier).
ETYM. de **peloter. 1.** 1863, Goncourt [TLF]. **2.** 1872 [Larchey]. **3.** 1881 [id.].

pelotard *n.m.*
Soldat ou détenu puni de la pelote : *La lassitude marquait les gaffes eux aussi ; leurs cigarettes ne rougeoyaient plus sur les flancs des pelotards* (Le Breton, 6).
ETYM. de **2. pelote.** 1934 [Esnault].

1. pelote *n.f.*
Fortune : *Les deux hommes viennent de se faire une petite pelote dans la ferraille et les chiffons, surtout dans la récupération des métaux non ferreux* (Manchette, 3). **Faire la pelote à qqn,** l'arranger, lui convenir : *Ça fait sa pelote à Ribourdoir Gaston, ce fils mort au champ d'honneur. Il arrive fort à propos* (Boudard, 6).
◆ **pelotes** *n.f.pl.*
Testicules.
ETYM. emplois métaphoriques du mot usuel. 1847, Balzac [Duneton-Claval].
◆ *pl.* 1977 [Caradec].

2. pelote *n.f.*
1. Faire la pelote, dans l'armée ou en prison, être astreint à une punition collective, consistant soit à rester immobiles, soit au contraire à manœuvrer : *Si le type attrape quinze jours de tôle, c'est toi qui devras lui faire*

faire la pelote et tu seras emmerdé toute la journée (Paraz, 2). **2. Envoyer aux pelotes,** éconduire, congédier : *C'est bon, j'acquiesce. Vu que si je lui faisais des remarques, elle m'enverrait aux pelotes* (Pelman, 1).

ETYM. apocope de **peloton. 1.** 1890 [Esnault]. **2.** 1894 [Virmaître].

peloter *v.t.*

1. Caresser sensuellement (qqn) : *Ces vaches-là, dit Bernard, ils ne font leurs fouilles que pour peloter les femmes, ou coffrer des types pour les filer aux Chleuhs après* (Fallet, 1). **2.** Flatter. **3.** Arg. anc. Se battre avec : *Vous avez affaire à forte partie, une des premières lames de France : il pelote saint Georges* (Vidocq).

ETYM. de **peloter,** jouer à la pelote (sans doute parce qu'on « empaumait » la pelote). **1.** vers 1780, Brunot [GLLF]. **2.** 1867 [Delvau]. **3.** 1828, Vidocq.

peloteur, euse *adj. et n.*

1. Qui aime caresser de façon sensuelle : *Dès le premier bruit, Mireille a repoussé ma main peloteuse et s'est mise debout* (Malet, 19). *Au premier degré, on trouve les « peloteurs ». [...] Ils se faufilent dans les foules comme celle-ci, s'organisent de façon à passer leurs mains sur la poitrine et la rotondité des belles filles* (Macé). **2.** Flatteur.

ETYM. de **peloter. 1.** 1854, Goncourt [TLF]. **2.** 1866 [Delvau].

pelousard *n.m.*

Habitué de la pelouse, aux courses : *Remue-Ménage suivait le peloton avec quelques longueurs de retard sur l'avant-dernier. – Oh ! Cette Camille Blanc, fit un pelousard, avec amertume* (La Fouchardière).

ETYM. de **pelouse** et du suff. péj. **-ard.** 1903 [Esnault].

pelure *n.f.*

1. Tout vêtement de dessus, en fourrure ou non : *Insistez particulièrement sur le vison ! Une pelure de deux briques ne passe pas inaperçue dans ce quartier-là !* (Méra). *Ils sont frusqués avec des p'lures / Qu'on leur -z-y fait esprès pour eux* (Bruant). **2.** Dos : *Tomber sur la pelure de qqn.* **3.** Individu de peu d'envergure, méprisable : *Deux pelures en goguette venaient d'offrir ferme dix sacs chacun, première enchère, pour la fin de la noye* (Simonin, 1). **4. Filer la pelure,** infliger une correction. **5.** Boyau d'un vélo de course.

ETYM. emplois métaphoriques du mot usuel. **1.** *plure* « redingote » 1827, *Un monsieur comme il faut.* **2.** 1960 [Le Breton]. **3.** abrègement de *pelure d'orange,* jaune, briseur de grève. 1914 [Esnault]. **4.** 1899 [Nouguier]. **5.** 1953 [Sandry-Carrère].

pendre *v.t.*

Vx. Assaillir le passant en lui serrant la gorge, pendant qu'un complice fouille ses poches.

◆ *v.i.*

Pendre au nez ou **au cul de qqn (comme un sifflet de deux ronds),** constituer pour lui une menace : *Merde ! Elle n'y avait pas pensé, c'est évident, ça lui pend au nez comme un sifflet de deux sous, cette salope va la plaquer* (Sarraute). *Ça, mon pote, ça te pendait au pif comme un sifflet de deux ronds* (Lefèvre, 1). *Vous serez étonnés. Moi, je sais ce qui lui pend au nez, à ce type* (Clavel, 3).

ETYM. emploi très spécialisé du verbe usuel (v.t.) et loc. pittoresque (v.i.). 1889, Macé [Esnault]. ◆ *v.i.* d'abord *pendre au nez comme une citrouille* 1808 [d'Hautel]. **Pendre au cul,** 1953 [Sandry-Carrère].

pendu *n.m.*

ARG. ANC. **Pendu glacé,** réverbère.

ETYM. jeu de mots sur **glacé,** vitré, les premiers réverbères étant des lanternes accrochées à une potence. 1836 [Vidocq].

pendule *n.f.*

1. Compteur taximètre : *Une petite course, trois cinquante, quatre francs à la « pendule », pas plus d'une thune* (Simonin-Bazin). **2. En faire** ou **chier une pendule (à qqn),** grossir un fait sans grande importance, le dramatiser de façon excessive : *Putain, je le crois pas ! Tu vas pas m'en faire une pendule !* (Smaïl). *J'suis à la bourre de cinq broquilles, tu vas pas en chier une pendule !*

ETYM. emplois métaphoriques du mot usuel. **1.** 1935, Simonin-Bazin. **2. En faire une pendule,** 1962, B. Clavel [Cellard-Rey].

péniche *n.f.*

1. Pied. **2.** Chaussure : *I'm'faut des péniches, un peu plus tu verrais mes panards à travers celles-ci* (Barbusse).

ETYM. emplois métaphoriques (analogie de forme) et humoristiques du mot usuel. **1.** 1881 [Rigaud]. **2.** 1882 [Chautard].

pentre *n.m.* → 1. PANTE.

pépé *n.m.*
Homme âgé : *Vers la cinquantaine ils vous appellent « le vieux » et vers la soixantaine « pépé »* (Faizant).
ETYM. mot d'origine enfantine, issu de **papé,** grand-père. 1962 [GR], mais dès 1855, Sand, au sens de « grand-père ».

pépée *n.f.*
Fille ; femme : *Des pépées comme toi, il y a seulement dix ans, elles faisaient la queue sur mon paillasson* (Paraz, 1). SYN. nana.
ETYM. redoublement de la deuxième syllabe de **poupée.** 1867 [Delvau], au sens de « poupée ». Ce mot fut en vogue dans les années 1950.

pépère *adj.*
1. Se dit d'un individu ou d'un lieu tranquille, à l'abri : *Accepté, dit Marc. Je connais un restaurant pépère* (Malet, 10). *Après ce job, j'irai à Romorantin, chez ma tante qu'a une baraque pépère et je me reposerai* (Bauman). **2.** Se dit d'une activité peu astreignante : *Tout au long de sa vie il avait aspiré à une trace de quiétude platement pépère* (Malaquais). *Tu vas quitter un boulot pépère, aux Impôts, pour aller braquer une foutue banque?* (T. Colin). SYN. peinard. **3.** Gros, important : *Il est pépère, celui-là ! L'obus fend l'air à mille mètres peut-être au-dessus de nos têtes* (Barbusse). *Trois saucissons... et pépères, Madame !* (Bénard). SYN. maous, comac.
◆ *n.m.*
Individu âgé et placide : *Il voulait être doux, peut-être usé, pépère compréhensif et lointain* (Amila, 1). *Ils étaient là, les trois pépères en bretelles, picolant, insouciants, des bouilles bovines* (Boudard, 6).
◆ *adv.*
Tranquillement, sans risque : *Si je lui achetais un bouquet et puis que j'aille la trouver avec ça, tu ne crois pas que ça ferait une bonne entrée en matière, qu'elle me recevrait tout ce qu'il y a de pépère ?* (Malet, 1).
ETYM. redoublement enfantin issu de **père.** **1.** « individu » 1919, Dorgelès; « lieu » 1914 [Esnault]. **2.** 1914 [id.]. **3.** 1910 [id.].
◆ *n.m.* 1914, Feydeau [TLF].
◆ *adv.* 1915 [Esnault].
DÉR. **pépèrement** *adv.* Tranquillement : 1917 [Esnault].

pépette *n.f.*
1. Pièce de monnaie, argent (surtout au pl.) : *Où qu'tu crois qu'y carr'nt leurs pépettes?* (Rictus). *Tu lui préciseras qu'il y a un pacson de pépètes à la clef, pour lui, surtout s'il fait vite* (Viard). **2.** Syn. de pépée.
ETYM. diminutif de **pépée** (2) ; origine incertaine (p.-ê. dialectale) au sens 1. **1.** 1867 [Delvau]. **2.** 1977 [Caradec].

1. **pépin** *n.m.*
1. Caprice de cœur : *Les trottins ont l'pépin c'est certain / Pour ma bell'peau d'satin* (chanson *le Petit Rouquin du faubourg Saint-Martin,* paroles de A. Montagard, 1922). SYN. béguin. **2.** Accident, panne : *Un jour ou l'autre, il y aurait un pépin dans le mécanisme et alors ça tournerait vraiment mal* (Tachet). **3.** Ennui plus ou moins grave : *Vous avez un pépin, un gros. Ne dites pas le contraire, je peux lire sur votre visage. Que s'est-il passé ?* (Averlant). **4.** Vx. Remarque vexante. **5.** Tête. **6.** Vx. **Avoir un pépin dans sa timbale,** être un peu fou. **7. Avoir avalé le** ou **un pépin,** être enceinte : *Tiens ! la mariée ! cria un des voyous, en montrant Madame Gaudron. Ah ! malheur ! elle a avalé un rude pépin !* (Zola).
ETYM. emplois métaphoriques du mot usuel, au sens de « graine fécondante » ou de « grain de sable (au fig.) ». **1.** 1883 [Esnault]. **2.** 1897 [id.]. **3.** 1936, Céline. **4.** vers 1878 [Esnault]. **5.** 1918 [id.]. **6.** 1880 [id.]. **7.** 1866 [Delvau].

2. **pépin** *n.m.*
1. Parapluie : *Le parapluie plia et sonna comme un tambour, le mari et la femme s'injurièrent, elle, perdant son châle, se troussant jusqu'au ventre, lui, se colletant avec le pépin qui claquait* (Huysmans). **2.** Parachute.
ETYM. p.-ê. du n.pr. **Pépin,** l'un des complices de Fieschi, auteur d'un attentat contre Louis-Philippe en juillet 1835 [FEW], ou du nom d'un personnage de vaudeville [Dauzat]. **1.** 1841, *Physiologie du parapluie* [Larchey]. **2.** 1957 [Sandry-Carrère], compl.

péquenot ou **péquenaud** *n.m. et adj.*
Paysan, rustre : *La Butte était pour eux ce qu'est son village au péquenot, son port d'attache au marin* (Le Breton, 1). *Il avait eu la sottise de lui dire que ce petit con était un vrai Lecourquetil, un péquenaud bas-normand jusqu'à la racine des cheveux* (Amila, 1). SYN. pedzouille, plouc.

ETYM. suffixation arg. de **pékin,** avec influence probable de formes dial. *péquenot* ou *péguenot* 1905 [Esnault] ; *péquenaud* 1936, J. Romains [GLLF] ; *adj.* 1962 [GR].
VAR. **péquenouse :** 1936 [Esnault]. **pégouse :** 1953, Clébert.

péquin *n.m.* → **PÉKIN.**

percale ou **percal** *n.m.*
Tabac : *Il y avait cercle auprès du poêle, un mécano retour de Belgique vendait sa camelote : tabac et chicorée. – Il est fumable, ton percale ? Eh Lorio ! on t' parle !* (Fallet, 1).
ETYM. suffixation fantaisiste de **perlot.** *percal* 1925 [Esnault] ; *percale* 1927, Dussort [id.].

percée *n.f.*
Passage clandestin d'une frontière.
ETYM. emploi euphémique du mot usuel. 1950 [Esnault].

percer *v.t.*
Poignarder : *Tout Saint-Joseph hait Ferranti-Capeletti, et il ne doit qu'à sa férocité venimeuse de ne pas s'être encore fait « percer »* (Thomas, 1). **SYN.** crever.
ETYM. emploi humain de ce verbe technique. *percer comme un crible* 1640 [Oudin].

percher *v.i.*
Habiter, loger : *À propos, où est-ce que tu perches ? Si des fois on avait besoin de te retrouver...* (Grancher). **SYN.** crécher.
ETYM. emploi métaphorique et humain de ce verbe appliqué originellement à certains animaux. 1842, Reybaud [TLF].

perco *n.m.*
1. Percolateur, dans un café, un restaurant : *Le perco rayonne comme un phare. Dans ses flancs, l'eau bouillonne, une vapeur embaumée s'en échappe* (Dabit, 1). **2.** Vx. Racontar.
ETYM. apocope de **percolateur. 1.** 1927, Dabit, mais déjà en 1910 au sens de « cuisinier dans une caserne » [Esnault]. **2.** 1919 [id.].

percuter *v.i.*
Comprendre : *La lumière s'est faite dans mon esprit, c'était le thérapeute du Trait d'Union, le spécialiste des drogues dures qui devait soigner Gilles, tout à l'heure. Je n'avais pas percuté* (Ravalec).
ETYM. emploi intellectuel du verbe usuel, avec jeu de mots probable sur le participe passé de **percevoir.** 1994, Ravalec.

perdre *v.t.*
1. Vx. **Faire perdre le poids à un sac,** le soulever avant d'en trancher la courroie. **2. Perdre ses clefs,** syn. de perdre ses légumes. (v. ce mot).
ETYM. emplois ironiques. **1.** 1911 [Esnault]. **2. Perdre sa clé,** avoir la colique, 1883 [Fustier].

perdreau *n.m.*
Membre de la police (gardien de la paix, inspecteur en civil) : *Il [...] comprit qu'il ne devait pas s'éterniser dans le secteur, sous peine de voir surgir les perdreaux* (Klotz). **SYN.** drauper.
ETYM. var. de **poulet.** 1953, Le Breton.

perdu, e *adj.*
1. Saoul perdu, complètement ivre : *Un poème, cette femme. Elle est morte saoule perdue dans le ruisseau à l'âge de quatre-vingt-dix-sept ans* (Jamet). **2. Folle perdue,** homosexuel très voyant.
◆ *n.m.*
Vx. Bagnard sans espoir de retour : *Une équipe attablée devant les verres d'alcool : les hommes sans visage, les « perdus » du bagne français, les mauvais garçons qui ne pourraient jamais quitter Surinam* (Merlet).
ETYM. emploi adverbial (au sens 1, cf. *fin saoul*) et substantival de l'adj. usuel. **1.** début du XXe s. **2.** contemporain.
◆ *n.m.* 1932, Merlet.

père *n.m.*
1. Père Cent, célébration du centième jour avant la libération de l'armée. **2. Père frappard.** ***a.*** (vx) marteau ; ***b.*** pénis. **3. Père presseur,** percepteur. **4.** Vx. **Petit père noir,** litre de vin rouge : *Un petit père noir de quatre ans à huit Jacques* (Vidocq). **5.** Vx. **Père Fauteuil,** cimetière du Père-Lachaise. **6.** Vx. **La faire** ou **faire qqn au père François,** assaillir qqn par derrière, pour le voler : *Pas son pareil pour la faire au père François !* (Méténier). *Moi, j'les f'sais au père François* [...] *L'un* [des assaillants] *lui jette au cou une courroie, l'autre, aussitôt, le fouille. Quelquefois, ils laissent un cadavre* (Brissac).
ETYM. emplois spécialisés du mot usuel. **1.** 1919, Dorgelès [TLF]. **2.** ***a.*** 1836 [Vidocq] ; ***b.*** 1953

[Sandry-Carrère]. **3.** [id.]. **4.** 1829, Vidocq. **5.** 1867 [Delvau]; jeu de mots sur *chaise* et *fauteuil*. **6.** → **COUP.** 1880, Brissac.

perfecto *n.m.*

Blouson de cuir (tenue du rocker) : *Je remonte le col de mon perfecto et en avant marche !* (Lasaygues).

ETYM. nom d'une marque déposée. 1978, Renaud.

VAR. **perfect :** 1986 [Merle].

périf ou **périph** *n.m.*

Boulevard périphérique, à Paris : *Au fond, je devrais* [...] *m'offrir un tour de périf à fond la caisse* (Pennac, 1). *On est retournés sur le périph, j'ai compté sa part, quatre mille, et il m'a déposé à Clignancourt* (Ravalec).

ETYM. apocope de **périphérique.** *périf* 1974 [DDL 24].

périscope *n.m.*

Coup de périscope, coup d'œil prudent.

ETYM. emploi métaphorique du mot technique (sans doute en provenance des sous-mariniers). 1977 [Caradec].

perle *n.f.*

1. Prostituée acceptant le coït anal. **2.** Pet. **Lâcher, écraser** ou **laisser tomber une perle,** émettre un pet : *Ej' viens d'entende un coup d'sifflet !... / Mais non, c'est moi que j'lâche enn' perle* (Bruant).

ETYM. emplois imagés du mot usuel. **1.** 1977 [Caradec] ; valeur superlative, avec p.-ê. influence du sens 2. **2. Lâcher une perle,** 1896 [Delesalle] ; **écraser...,** 1901 [Rossignol] ; **laisser tomber...,** 1894 [Virmaître].

perlot ou **perlo** *n.m.*

1. Tabac : *À la vérité, tout le monde* [pendant l'Occupation] *pensait qu'à becter, qu'à trouver du perlo, un poêle à sciure ou de la margarine* (Audiard). **2.** Correction infligée à qqn.

ETYM. aphérèse de **semperlot** (→ **SEMPER**), ou dér. de **perle,** en raison de la grosseur des brins. **1.** 1878 [Rigaud]. **2.** 1894 [Esnault] ; jeu de mots sur *passer à tabac*.

DER. **perl** *n.m.* Même sens : 1892 [id.]. **perloter** *v.i.* Boxer, frapper durement : 1960 [Le Breton].

perlouse ou **perlouze** *n.f.*

1. Perle : *La cinquantenaire à perlouzes, vicomtesse de Machin, direct dans le corsicot qu'elle prend le potage* (Bauman). **2.** Pet : *Les lentilles du Cureton, à la longue, ça ne vous provoque que des gaz... des perlouses en rafales qui vous font le plus grand tort lorsqu'on les lâche à la surprenante chez les commerçants, les parfumeurs par exemple* (Boudard, 5).

ETYM. suffixation arg. de **perle. 1.** 1920 [Esnault]. **2.** 1926 [id.].

perm ou **perme** *n.f.*

Permission accordée par une autorité militaire : *Dis donc, Petit-Louis, on m'a refusé ma perm* (Dabit, 2). *Michel Vaucaire qui débarquait en troufion, muni d'une perm' qu'il disait fausse pour corser l'aventure* (Galtier-Boissière, 4). *Les copains avaient demandé une perme pour Colomb-Béchar, où ils firent une virée rapide, prenant des photos dans les dunes et dans la vaste maison publique* (Paraz, 2).

ETYM. apocope de **permission.** 1885 [Esnault].

VAR. **permiss :** 1909 [id.].

permis *n.m.*

1. Permis de chasse, levée d'écrou. **2. Permis de conduire,** syn. de condé (sens 3).

ETYM. emplois métaphoriques et ironiques, avec, au sens 2, jeu de mots sur *condé / conduire*. **1.** 1950 [Esnault]. **2.** 1975 [Arnal].

permission *n.f.*

Vx. **Permission de dix heures** ou **de minuit,** arme défensive (canne-épée, gourdin ou revolver).

ETYM. c'est ce qui permet de « sortir le soir » sans être inquiété. 1881 [Rigaud].

perniflard ou **pernifle** *n.m.*

Apéritif anisé, de la marque Pernod : *Ma curiosité ne me poussait pas à savoir où j'étais ni à apprendre le nom de celui ou de ceux qui avaient sifflé vingt-deux perniflards à 4,40 le verre* (Le Dano). *César, mal convaincu, hochait la tête, tout en sirotant son pernifle* (Bastiani, 4).

ETYM. suffixation arg. de **Pernod.** *pernifle* 1950, Raphaël [Giraud] ; *perniflard* 1948 [Lacassagne]. La marque de cette boisson, fabriquée à Pontarlier, a disparu : elle a été remplacée par le pastis, à moindre teneur en alcool.

VAR. **pernaga :** 1975 [Sandry-Carrère].

perpète *n.f.*

1. Bagne ou prison à vie : *Combien faites-vous ? – Perpétuité ! répond Blin. – Perpète ?*

c'est long, reprend l'interlocuteur (abbé Moreau). *Et pourquoi : pour avoir vingt ans au lieu de la perpète ?* (Charrière) **2. À perpète.** ***a.*** à perpétuité : *Constant le Balafré, qu'on l'appelle, un ancien pote à lui condamné à perpète pour meurtre* (Galtier-Boissière, 2) ; ***b.*** très loin : *Une nana qu'elle connaissait s'était fait taillader par un sadique, soixante-trois coups de couteau, on avait retrouvé son corps à perpète dans la banlieue* (Ravalec).

◆ *adj. et n.m.*

Condamné au bagne ou à la prison à vie : *Des personnes dont aucune n'avait moins de dix ans à tirer, dont sept étaient des perpètes* (Arnoux).

ETYM. apocope de **perpétuité. 1.** 1836 [Vidocq]. **2.** ***a.*** 1872 [Larchey] ; ***b.*** 1905 [Esnault].

◆ *adj. et n.m.* 1930 [id.], mais *un perpétuité,* même sens, dès 1830, Alhoy.

VAR. **perpètes** *n.m.pl.* : (au sens 1) 1884, abbé Moreau.

perquise *n.f.*

Perquisition : *Aussitôt après, je fis lancer des perquises, dans tous les milieux activistes, chez les réfugiés d'Europe centrale* (Fajardie, 1).

ETYM. apocope de **perquisition.** 1944 [Esnault].

perroquet *n.m.*

1. Vx. Absinthe : *C'était une absintheuse de première force, elle étranglait autant de perroquets que pouvait lui en livrer le maître de l'établissement* (Claude). **2.** Pastis additionné de menthe : *Tous les fous, tous les malades, / Qui, devant un perroquet, / une Kanter ou un p'tit joint, / S'déballonnent dans un hoquet / Et r'font le monde à leur image* (Renaud). **3.** Inspecteur de police qui assiste incognito à des réunions politiques. **4.** Vx. Pénis.

ETYM. emplois métonymiques (1 et 2 : analogie de couleur) et métaphorique (3) : ledit inspecteur « rapporte » ce qu'il a entendu. **1.** 1862 [Larchey]. **2.** 1953, Clébert. **3.** 1975 [Arnal]. **4.** 1867 [Delvau].

perruque *n.f.*

1. Faire de la perruque. ***a.*** exécuter pendant les heures de travail, avec le matériel de l'entreprise, une tâche d'intérêt personnel (objet, outil, etc.) ; ***b.*** vendre clandestinement du matériel appartenant à une grande administration. **2. Avoir une perruque en peau de fesse,** être chauve : *L'était mal barré pour tomber les gonzesses / La trombine de traviole, une perruque en peau d'fesse* (P. Perret).

ETYM. origine obscure, p.-ê. de **faire le poil à qqn,** le gruger (1834, Balzac). **1.** ***a.*** 1856 [Esnault] ; ***b.*** 1867 [Delvau]. **2.** 1977 [Caradec].

persil *n.m.*

1. Cheveux. SYN. alfa. **2.** Poils du pubis. **3.** Activité de la prostituée : *Si y peut te coller un billet faux, y n'y manque pas... C'est une raison pourquoi j'aime pas le persil ; on a affaire à la canaille* (Rosny jeune). **Aller au persil, travailler dans le persil** ou **faire son persil,** racoler : *Et tout ça vient fair' son persil, / Au bois d'Boulogne* (Bruant).

ETYM. emplois métaphoriques (1 et 2) et image de la « cueillette d'une plante capricieuse » (3). **1.** 1896 [Delesalle]. **2.** contemporain. **3.** 1849 [Halbert].

persiller *v.i.*

Racoler : *Chez la Femme-en-Culotte, cité essentiellement travailleuse, la fille persille dès l'âge de treize ans, elle appartient à tous les hommes de l'endroit* (Claude).

ETYM. de **persil** au sens 3. 1849 [Halbert].

persilleuse *n.f.*

1. Prostituée qui racole sur la voie publique : *Les persilleuses de la rue du Canon, elles ont ramené un cureton avec ses accessoires* (Bastiani, 4). **2.** Vx. Prostitué homosexuel : *Désignés sous le nom de persilleuses, [...] ces jeunes gens diffèrent entièrement des autres hommes par la figure, le langage, l'habillement* (Canler).

ETYM. de **persil** au sens 3. **1.** 1862 [Esnault]. **2.** 1862, Canler.

perso *adj. inv.*

Personnel : *Gilles a inspecté les pièces où s'entassait la marchandise, et il y avait encore toutes mes affaires perso* (Ravalec).

◆ *adv.*

Jouer perso, dans un sport d'équipe, jouer tout seul sans faire intervenir les équipiers : *Victor avait réussi un beau débordement sur l'aile gauche, mais ce con de Mignon joue perso, rien à faire* (Demure, 3).

ETYM. apocope de **personnel** et **personnellement.** 1977 [George].

◆ *adv.* 1988, Demure.

pervenche *n.f.*

Contractuelle de la police, chargée principalement de dresser contravention aux automobilistes (elle a remplacé l'aubergine) : *D'aubergine, Aimée Chandelaire venait de passer pervenche ou plutôt Gauloise bleue, comme on dit à Dax* (Bernheim-Cardot).

ETYM. emploi métonymique de la couleur de leur uniforme. 1978, Bernheim-Cardot.

pescal ou **pescale** *n.m.*

1. Poisson : *Petit pescal d'viendra mastar / S'il reste peinard dans la lance* (Marcus). **2.** Proxénète.

ETYM. var. de **poiscaille,** poisson. **1.** *pescal* 1926 [Esnault] ; *pescale* 1947, Stollé. **2.** *pescale* 1957 [Sandry-Carrère].

pèse *n.m.* → **PÈZE.**

peseta ou **pésette** *n.f.*

Sou, argent (surtout au pl.).

ETYM. de l'esp. **peseta,** même sens. *peseta* 1903 [Larousse] ; francisé en *pésette* 1926 [Esnault].

pessigner, péciller, pessiller ou **pessiguer** *v.t.*

ARG. ANC. **1.** Forcer (une porte). **2.** Happer, prendre : *Pécille l'orient avec ta fourchette* (Canler). *La mère Martial nous aidera à lui pessiller d'esbrouffe ses durailles d'orphelin* (Sue).

ETYM. d'origine prov. [Esnault]. **1.** *pessiguer* 1867 [Delvau] ; *persigner* 1878 [Rigaud]. **2.** *pessiller* 1821 [Ansiaume] ; *pessigner* 1828, Vidocq ; *péciller* 1862, Canler.

pestouillard, e *adj. et n.*

Malchanceux : *J'avais pourtant payé assez cher, au cours de cette tocarde d'existence, pour être à même d'en reconnaître la venue de ces périodes pestouillardes !* (Simonin, 3).

ETYM. de **pestouille.** 1953, Simonin.

pestouille *n.f.*

Malchance persistante : *À moins d'un coup de pestouille imprévisible, on devait, Tino et moi, décarrer de l'auberge les doigts dans le nez* (Bastiani, 4). SYN. scoumoune.

ETYM. de **peste,** avec le suff. arg. **-ouille.** 1953, Simonin.

1. pet [pɛ] *n.m.*

1. Manifestation plus ou moins bruyante et vigoureuse de mécontentement : *En voilà du pet pour une pipe ! Tenez, voulez-vous la fumer ? Je vous la prête avec plaisir* (Courteline). **Faire le pet,** faire grise mine. **Faire du pet,** enrager. **2. Aller au pet** ou **porter le pet.** ***a.*** faire scandale, donner l'alerte, porter plainte : *Bon, j'ai pensé, les compagnies d'assurances en ont marre de l'escroquerie et ont porté le pet* (Malet, 1) ; ***b.*** dénoncer. **3.** Danger : *Je glisse à Pedro qu'il se grouille, qu'il y a du pet... qu'il faut foutre le camp* (Boudard, 6). *Si qu'on allait dans la cour ? Y a pus de pet de s'faire poirer maintenant* (Le Breton, 6). **4.** Alerte : *En cas de suif imprévu, Tony et Dick pouvaient se permettre, avant que le pet soit donné, une prise de champ d'au moins vingt bornes* (Simonin, 1). **Faire le pet,** faire le guet : *Elle t'attend. Moi, je ferai le pet et, quand tu auras fini, je te raccompagnerai à la villa* (Lépidis). **(Y a du) pet !,** attention, alerte ! : *Dès qu'apparaissait un képi, il s'approchait à petits pas, faisait un signe rapide ou disait : « 22 ! » ou « Y'a du pet ! » et ils filaient à un autre endroit* (Sabatier). *Pet, v'là des ennemis ! déclara Macapoupou en les désignant du doigt* (Machard). **5. Pas un pet,** pas du tout : *Il a jamais bossé un pet de sa vie à la con. Il avait sa pension* (Pelot). **Ne pas valoir un pet de lapin,** être sans aucune valeur : *Il n'y a rien de confidentiel dans* [...] *cette camelote de comptabilité. Ça ne vaut pas un pet de lapin, comme secret militaire* (Malaquais). **6. Comme un pet sur une toile cirée, sur une tringle,** avec rapidité et discrétion : *Elle devait être en retard pour son numéro, cette souris. Elle a filé comme un pet sur une tringle à rideaux* (Simonin, 2). **7. Lâcher qqn comme un pet,** le quitter en toute hâte. **8.** VX. **Pet à vingt ongles,** nouveau-né.

ETYM. de **pet,** vesse. **1. Faire le pet,** 1727 [Granval]. **Faire du pet,** 1835 [Raspail]. **2. Aller au pet,** 1847 [Dict. nain] ; **porter le pet. *a.*** 1928 [Lacassagne] ; ***b.*** 1957 [Sandry-Carrère]. **3.** 1835 [Raspail]. **4. Faire le pet,** 1850, forçat Clémens [Esnault]. **Y a du pet,** 1844 [Dict. complet]. **Pet !,** 1894 [Virmaître]. **5.** 1887, Zola [GLLF] (cf. *être de la crotte de bique,* sans valeur). **6.** 1953, Simonin ; d'abord *filer comme un pet* 1901 [Bruant]. **7.** 1867 [Delvau]. **8.** 1808 [d'Hautel].

2. pet [pɛt] *n.m.*

1. Accident de circulation, choc : *Le futur divisionnaire Sauvage s'était sorti indemne d'un pet à cent soixante. Sa R 18 de service était bonne pour la casse* (Pagan). **2.** Trace de coup : *Sa bagnole a un pet sur la portière.*

ETYM. déverbal de **péter,** casser. contemporain.

pétanqueur *n.m.*
Homosexuel.
ETYM. emploi métaphorique au sens de « joueur de boules », ou jeu de mots sur **pétard,** postérieur. 1977 [Caradec].

pétantes *adj.f.*
À x... heures pétantes, à x... heures précises : *Demain, je veux tous vous voir au garage à six heures pétantes* (Viard).
ETYM. emploi adj. et pop. du participe présent du verbe **péter.** 1942, Queneau [GLLF].

Pétaouchnock *n.pr.*
Localité (imaginaire) très lointaine.
ETYM. création fantaisiste et xénophobe. 1953, Simonin ; d'abord *Pataoufnof,* pays indéterminé peuplé de Noirs, 1943 [Esnault].

pétard *n.m.*
1. Vx. Haricot. **2.** Pistolet ou revolver : *J'enrageais de n'avoir, outre mon pétard, qu'un PM Mat 49 du type de celui qu'on m'avait distribué, dix ans plus tôt* (Fajardie, 1). **3.** Postérieur : *Elle n'était pas mal du tout, et même mieux que ça, avec ses yeux pers, ses nichons en pomme et son pétard tentateur, sous le jersey du tailleur* (Grancher). **4.** Cigarette de haschisch : *On va s'fumer un pétard dans la cour pendant que vous causez magouille !* (Lasaygues). **5.** Bruit fort : *La voisine s'arrêta sur le palier du second pour interpeller les deux écoliers qui montaient dans un tintamarre de hurons en week-end. « Pas tant de pétard ! Vous avez un petit frère »* (Lefèvre, 1). **6.** Scandale : *Lorsque le pétard s'était déclenché, ç'avait été trop tard pour parer le coup. Louis, malgré ses relations, n'avait rien pu faire* (Le Breton, 1). **Faire du pétard,** causer du scandale : *Laisse tomber, vieux. Garbiot a fait tout un pétard avec tes conneries* (Demouzon). **7.** Alerte, danger : *Trois coups frappés très vite et répétés m'annoncent qu'il y a du pétard* (Charrière). **8.** Colère : *Il remonte encore au pétard* [...] *« Mais c'est lui ce petit apache... »* (Céline, 5). **Être** ou **se mettre en pétard,** être, se mettre en colère : *Blondy s'est mise en pétard l'autre jour après Cadourcy parce qu'il avait écrit son nom « Blondie »* (Tachet). **9.** Dispute : *Quels sont ces hurlements? Elam prend le pas de course. Un pétard sanglant vient de se déclarer à la caisse* (Simonin-Bazin). **Être en pétard avec qqn,** être brouillé avec lui : *S'il est en pétard avec sa gonzesse, il est pas pressé d'aller la rejoindre* (Le Breton, 6) ; au fig. : *Et puis, de mon temps, dit Balzac, lui alors drôlement en pétard avec l'orthographe, les protes s'occupaient de cela* (Paraz, 1).
ETYM. de **péter,** avec le suff. péj. **-ard. 1.** 1836 [Vidocq]. **2** et **3.** 1847 [Dict. nain]. **4.** 1984 [Obalk]. **5.** 1867 [Delvau]. **6. Faire du pétard,** 1872 [Larchey]. **7.** 1850, forçat Clémens [Esnault]. **8.** 1830, chanson [id.]. **Être en pétard,** 1926 [id.]. **9.** 1869 [id.]. **Être en pétard avec qqn,** 1935, Simonin-Bazin ; *avoir du pétard avec qqn* 1930, chanson *C'est un mâle,* Charlys.
VAR. **pétaga** *n.m.* Colère : 1941 [Esnault]. **pet'gi** *n.m.* Esclandre : 1878 [Rigaud].

pétarder ou **pétarader** *v.i.*
Faire du bruit, du scandale : *T'es bien content de me le vendre, « mon poison » !... Là, Johnny peut plus supporter. Il pétarde. – Content ! T'es gonflé !... J'gagne pas un thunard sur toi !* (Simonin, 8). *Pétaradant comme un sourd de s'être laissé blouzer par un chiard à la redresse,* [l'Ogre mit ses bottes] (Stollé).
ETYM. de **pétard** au sens 8. *pétarder* 1883, Macé [Esnault] ; *pétarader* 1947, Stollé.

pétardier, ère *adj. et n.*
Qui est prompt à s'emporter, qui cause souvent du scandale : *Les hommes, plus ils sont petits, plus ils sont pétardiers* (San Antonio, 5). *Tiquant sur la mimique dubitative, le pétardier s'informait, soupçonneux : « Tu lui donnes peut-être raison ? »* (Simonin, 5). *Je savais comme tout le monde qu'il était un pétardier, un râleur* (Pousse). *Un peu portées sur leur bouche, comme elles le sont toutes, mais pas pétardières pour un sou et bien avenantes aux clients* (Lorrain).
ETYM. de **pétard.** *adj.m.* 1885 [Esnault] ; *adj.f. et n.* 1891, Méténier.

pétasse *n.f.*
1. Femme vulgaire ; prostituée débutante ou occasionnelle : *Où était-il, d'abord ? Sûrement avec cette pétasse qui s'appelait comment déjà ?... Ah, oui... Lola-la-dingue* (Page). **2. Avoir la pétasse,** avoir peur : *Du moment qu'ils ont la pétasse, nous sommes certains de gagner* (Forton). **SYN.** pétoche.
ETYM. de **péteux,** avec le suff. péj. **-asse. 1.** 1881 [Rigaud]. **2.** 1901 [Bruant].

pété, e *adj.*

1. Fou : *Pollet m'avait observé, les yeux grands comme des huîtres : il avait l'air de penser que je n'étais pas assez culotté ni pété des neurones pour inventer une histoire pareille* (Pouy, 2). **2.** Ivre ou drogué : *La femme du diplomate avait l'air de plus en plus pétée. Elle me souriait, voulait trinquer avec moi et chantait en imitant la voix de Damia* (Francos). *On boit un peu trop de vin, on fume des pétards et on est un peu pété* (*Libération,* 5 avril 1986).

ETYM. emplois métaphoriques du participe passé de **péter,** casser. **1.** 1976 [GLLF]. **2.** 1971, G. Dormann [GR].

pétée *n.f.*

1. Grande quantité : *Quoi, j'ai pas eu de mômes, moi ? J'en ai deux ! Oui, madame. Et j'ai pas demandé à mon homme de m'en foutre une pétée, histoire de ne pas attendre devant les boutiques !* (Fallet, 1). **2.** Accès d'ivresse. **3.** Coït : *J'essayais d'imaginer combien de pétées avaient bien pu se tirer dans ce paddock, la frime des gonzes, des gonzesses* (Simonin, 2). **Filer** ou **tirer une pétée,** coïter, en parlant de l'homme : *T'es tout l'temps d'ssus à la... crocher, / (Qu'elle en ait du plaisir ou non), / À y coller des pétées, / À transformer la malheureuse / En fabrique de malheureux !* (Rictus).

ETYM. emplois substantivés du participe passé de **péter. 1.** 1977 [Caradec]. **2.** contemporain. **3.** vers 1900, Rictus.

péter *v.i.*

1. Émettre des pets. **Péter dans la soie.** ***a.*** vivre dans le luxe ; ***b.*** chercher à éblouir autrui. **(Vouloir) péter plus haut que son cul,** avoir un comportement prétentieux, être arriviste : *Tous les faux écrivains, tous les minables de troisième zone qui veulent péter plus haut que leur cul* (Guérin). **Péter dans** ou **sur le mastic,** abandonner son travail. **C'est que je pète !,** formule de refus ironique. **2. Péter de la chatte,** ne prendre aucun soin de son intimité, en parlant d'une femme. **3.** Éclater, craquer : *Ils firent péter le tiroir d'une commode* (Orgères). *Vous êtes censés vous balader avec, derrière vous, attachée à vos fesses, une camelote qui pète à la première secousse* (G. Arnaud). **4. Péter de vie** ou **de santé,** avoir une santé florissante : *Le Colonel se retrouva dans les rues atones de la ville naguère pétant de vie* (Malaquais). **Péter dans la main de qqn,** se dédire, manquer à ses engagements. **Faut que ça pète ou que ça casse, ou que ça dise pourquoi,** il faut, d'une manière ou d'une autre, en finir. **5.** Crier, exprimer des reproches. **6.** Porter plainte. **7. Péter sec,** commander durement, s'exprimer sèchement.

◆ *v.t.*

1. Péter le feu ou **du feu,** être plein de dynamisme, d'ardeur : *Et moi je dis qu'en quelques jours notre Marceau pétera le feu comme s'il n'avait jamais biberonné de tisanes bizarres !* (Amila, 1). **Péter la santé,** même sens : *Sur le coup de sept heures, Eugène apparut, rasé de frais, pétant la santé* (Galtier-Boissière, 2). **2. Péter des flammes,** se dit d'une violente dispute ; parfois aussi syn. du précédent : *Je vais accepter, péter les flammes, trouver vingt idées géniales par jour et tripler le chiffre d'affaires de la boîte* (Faizant). **3. Péter la faim** ou **la péter,** avoir grand faim : *Même le feu de bois ça ne réchauffe plus... quand on la pète à ce point-là* (Céline, 5). **4. S'en faire péter le cylindre, la sous-ventrière,** manger de façon excessive. **5. Faire péter les boutons de braguette,** provoquer un vif désir chez l'homme. **6. Péter la gueule à qqn,** le corriger : *Avant que j'aie pu l'attraper ils étaient sur moi et je me suis fait péter la gueule dans tous les sens, à grands coups de Bottin sur la tête* (Ravalec). **7.** Vx. **Faire péter la châtaigne,** déflorer une fille.

◆ **se péter** *v.pr.*

Se péter la gueule. ***a.*** faire une chute, avoir un accident : *D'autres, à sa place, se seraient pété la gueule, auraient emplafonné dix passants, trois voitures et deux vitrines* (Page) ; ***b.*** s'enivrer.

ETYM. de **1. pet,** issu du lat. **peditum. 1. Péter dans la soie.** ***a.*** 1878 [Rigaud] ; ***b.*** 1953 [Sandry-Carrère]. **Péter plus haut que son cul,** 1640 [Oudin]. **Péter sur le mastic,** 1867 [Delvau] ; **péter dans le mastic,** 1953 [Sandry-Carrère]. **C'est que je pète !** 1901 [Bruant]. **2.** 1953 [Sandry-Carrère]. **3.** 1585, N. du Fail [TLF]. **4.** 1797, Orgères. **Péter dans la main,** fin XVIIe s., Saint-Simon [TLF]. **Faut que ça pète...,** 1881 [Rigaud]. **5.** 1895 [Esnault]. **6.** 1836 [Vidocq]. **7.** 1866 [Esnault].

◆ *v.t.* **1. Péter du feu,** 1930, Morand [GR]. **2.** 1976 [GLLF] ; syn. de 1, 1973, Faizant. **3.** 1915 [Esnault]. **4.** 1867 [Delvau]. **5.** 1977 [Caradec]. **6.** 1970, Hougron [GR]. **7.** 1881 [Rigaud].

◆ *v.pr.* ***a.*** 1977 [Caradec] ; ***b.*** 1976 [GLLF].

DER. **pétage** *n.m.* Plainte en justice : 1836 [Vidocq]. **péteur** *n.m.* **1.** Plaignant : [id.]. **2.** Dénonciateur : 1881 [Larchey].

pète-sec *adj. et n. inv.*

Se dit d'une personne autoritaire, qui commande sans réplique : *Ce Canadien pète-sec* [...] *entendait que le personnel d'Eaton, dans son ensemble, s'exprimât dans la langue déjà la plus répandue sur le globe* (Simonin, 7). *Les buveurs de lait, à la longue, prennent souvent des manières de pète-sec et ça leur caille le tempérament* (J. Perret, 1).

ETYM. de **péter sec.** *n.m.* « patron impérieux » 1866 [Delvau].

péteux, euse *adj. et n.*

1. Se dit d'un individu poltron, faible : *Il y a d'un côté des flics péteux et furax qui voient s'enfuir leur avancement* (Demure, 1). *À peine le temps de me sentir péteuse, vicieuse et merdeuse, que déjà l'abîme se creusait sous mes pieds* (Granotier). **2.** Se dit d'un individu prétentieux : *D'abord, qu'est-ce que ça gagne, ces péteux-là ?* (Galtier-Boissière, 2).

ETYM. de **1. pet 1.** 1790, Jean Bart [Enckell]. **2.** 1808 [d'Hautel].

petit *n.m.*

1. Bout de cigarette non fumé. **2.** Anus : *Les douze coups de minuit, / Dans le petit tu les as bien pris* (chanson paillarde). **Aller, bourrer** ou **mettre au petit,** pratiquer l'homosexualité masculine active. **Prendre qqn par le petit,** le sodomiser. **Prendre** ou **donner, envoyer, lâcher, refiler du petit,** se laisser sodomiser : *Le p'tit j'en prends pas j'te dis. – Eh ben merde et va te faire enfoutre par qui tu veux* (Duvert). *Certaines maisons annonçaient la couleur :* L'envers vaut l'endroit, *ce qui voulait dire que toutes les pensionnaires refilaient du petit* (Boudard, 2). **3.** Vx. **Le petit, ce petit-là,** moi (auto-désignation du sujet).

ETYM. emplois substantivés et euphémiques de l'adj. usuel. **1** et **2.** 1878 [Rigaud]. **Aller au petit,** 1928 [Lacassagne] ; **bourrer** et **mettre au petit,** 1899 [Nouguier]. **Donner du petit,** 1901 [Bruant] ; **prendre du petit,** 1931 [Chautard] ; **lâcher du petit,** 1970, Boudard-Étienne. **3.** 1870, Esnault.

petite *n.f.*

1. Vx. Poche du bas, dans un gilet ; poche en général. **Mettre en petite.** ***a.*** rater ; ***b.*** mettre de côté, économiser : *S'il avait deux ou trois briques en petite, ça expliquait les revenus mystérieux du Temple* (Boudard, 1). **2.** Prise d'héroïne (d'un gramme environ) : *Il rangea ses outils et frima la gonzesse. Elle venait de prendre une petite. Ses prunelles commençaient à se dilater, ses mains tremblaient* (Le Breton, 3). **3.** Demi-verre d'anisette.

◆ **la Petite** *n.pr.*

Vx. La Petite Roquette, dépôt des jeunes prévenus.

ETYM. emplois substantivés et euphémiques de l'adj. usuel. **1.** 1902 [Esnault]. **Mettre en petite.** ***a.*** 1928 [id.] ; ***b.*** 1960 [Le Breton]. **2.** 1953 [Esnault]. **3.** 1977 [Caradec].

◆ *n.pr.* 1846 [Esnault].

pétochard, e *adj. et n.*

Poltron, lâche : *Le héros et le pétochard font en nous, parfois, d'étranges cuisines* (J. Perret, 1).

ETYM. de **pétoche** et du suff. péj. **-ard.** 1947, Vialar [TLF].

pétoche *n.f.*

Peur : *On y va quand même ? s'inquiéta le deuxième classe. – T'as la pétoche, toi aussi ?* (Siniac, 5).

ETYM. de **péter** ou **pétarader** et du suff. péj. **-oche.** 1918, Esnault [TLF].

VAR. **pétouille :** 1957 [Sandry-Carrère].

pétocher *v.i.*

Avoir peur : *Visiblement, ils pétochaient. C'est par frousse qu'ils sont allés chez les flics* (*le Nouvel Observateur,* 22 juin 1981).

ETYM. de **pétoche.** contemporain.

pétoire *n.f.*

1. Vieux fusil, en mauvais état ; toute arme à feu : *Il dissuada Paul de s'armer de sa vieille pétoire. Pour le rassurer, il lui montra le superbe Colt 45 qu'il portait, glissé derrière son dos* (Agret). **2.** Motocyclette.

ETYM. de **péter** et du suff. **-oir(e). 1.** 1903 [NLI]. **2.** 1935, G. Chevallier [TLF].

VAR. **pétoir** *n.m.* **1.** Fusil : 1896, Saint-Cyr [Esnault]. **2.** Canon : 1908 [id.]. **3.** Revolver : 1950 [id.]. **pet' zingue** *n.m.* Revolver : 1935 [id.]. **pétoche** *n.f.* Motocyclette : 1960, Clavel.

pétoulet *n.m.*

Postérieur : *La polka avait de chouettes roberts et le pétoulet comme un chaudron, c'est ça qui l'excitait, Moltegomme* (Pelman, 1).

ETYM. resuffixation hypocoristique de **pétard.** 1936 [Esnault].

pétrin *n.m.*

Situation difficile ou dangereuse : *Les magistrats sont des hommes comme les autres, plus inflexibles, même, que les autres, et la tradition ne veut pas qu'ils tirent leurs amis du pétrin* (Goron). *Vous avez raison, Laroche, je suis dans le pétrin jusqu'au cou* (Averlant).

ETYM. emploi métaphorique du mot qui désigne le coffre dans lequel le boulanger pétrissait la pâte à la main. 1862 [Larchey], mais *dans le pétrin* dès 1790 [Enckell].

pétrole *n.m.*

Vx. **1.** Vin ou eau-de-vie médiocre : *Aussi s'est-il juré que jamais nul pétrole / Ne brûlerait sa bouche. Il s'est tenu parole, / Et l'eau d'aff n'a jamais passé par son gosier* (Gill). **2. Remettre le pétrole,** syn. de remettre les gaz : *Petit Henri avait remis le pétrole. Au flanc de la petite butte, en troisième accélérée, la 203 s'accrochait, à quatre-vingt-dix* (Simonin, 1).

ETYM. emploi métaphorique et ironique du mot usuel. **1.** 1878 [Rigaud]. **2.** 1958, Simonin.

pétrousquin *n.m.*

1. Vx. Paysan crédule : *Ah ! ça ! Vous voulez donc passer pour des pétrousquins !* (Méténier). **2.** Postérieur : *Sûr qu'elle y croit pas un brin au coup de foudre d'Orlando pour son pétrousquin pas frais* (Dégaudenzi). **3.** Civil : *Ah ! si j'habitais Pékin, / J's'rais l'plus beau des pétrousquins* (chanson *le Petit Rouquin du faubourg Saint-Martin,* paroles de A. Montagard, 1922).

ETYM. mot-valise péj. issu de **pétras,** dér. de **pétard,** postérieur, et de **troussequin,** même sens. **1.** 1854, Privat d'Anglemont. **2.** 1866 [Delvau]. **3.** 1920 [Bauche].

pétrus [-trys] *n.m.*

Postérieur : *Paraît qu'on a tous le typhus / On a l'pétrus tout boutonneux* (P. Perret).

ETYM. suffixation pseudo-latine de **pétard.** 1926, Paris [Esnault].

petzouille *n. et adj.* → **PEDZOUILLE.**

peu *adv.*

Pas qu'un peu, complètement : *Il était pas qu'un peu bourré, hier soir !*

◆ *n.m.*

C'est du peu (au jus), la libération approche (dans le langage des soldats).

ETYM. loc. pop. et expressives. contemporain. ◆ *n.m.* 1931 [Esnault].

peuplier *n.m.*

En cuir de peuplier, en bois. **Chaussures à semelle en cuir de peuplier,** sabots.

ETYM. périphrase-galéjade. 1977 [Caradec].

pèze ou **pèse** *n.m.*

Argent : *File à la « Bouteille d'Or », enjoignit-il à Charlot le conducteur, je vais chercher le pèze* (Fauchet). *Mince, y a du pèze ! souffla-t-il en sautant hors du lit. C'était une pièce de cinquante centimes* (Machard). **(Être) au pèze,** (être) riche : *Vous devez avoir des types au pèze, comme clients, hein ? C'est un quartier commerçant ici* (Malet, 14).

ETYM. origine incertaine, p.-ê. de l'occitan **pèse,** pois, ou déverbal de **peser.** *pèse* 1813 [Esnault] ; *pèze* 1836 [Vidocq]. **(Être) au pèze,** 1901 [Bruant].

pezoul *n.m.*

ARG. ANC. Pois.

ETYM. de **pezas,** fanes de légumineuses, Maine et Normandie [Esnault]. 1800, Leclair.

phallo *adj. et n.*

Se dit d'un homme qui traite les femmes de façon sexiste et autoritaire : *En fait de phallo, macho, etc., nos féministes militantes auraient pu en faire un article de démonstration* (Boudard, 2).

ETYM. apocope de **phallocrate.** 1976, *le Nouvel Observateur* [TLF].

phalzar *n.m.* → **FALZAR.**

pharmaco *n.m.*

Pharmacien : *Foune était descendue au pharmaco et avait poussé jusqu'au dispensaire pour prendre rendez-vous* (Amila, 1).

ETYM. apocope et resuffixation arg. de **pharmacien.** 1859 [Esnault].

philibert *n.m.*

ARG. ANC. Carambouilleur : *Les Philibert et les Briseurs de la haute méprisent les Roublards qu'ils appellent mauvais trucqueurs, vieilles ganaches et gâte-métier* (Canler). SYN. briseur.

ETYM. jeu de mots phonétique sur **fil.** 1836 [Vidocq].

philippe *n.m.*

ARG. ANC. **1.** Écu : *Mais ce n'est pas tout que de vouloir ; as-tu des philippes ? Je répondis que j'avais quelque argent dans mon étui* (Vidocq). **Petit philippe,** trois francs : *Dans le flaque de carle, il n'y avait que 112 petits philippes* (Ansiaume). **Gros philippe,** six francs. **2.** Vol au rendez-moi. **3.** Voleur au rendez-moi. (On rencontre aussi **philippard** en ce sens).

ETYM. référence à des monnaies étrangères (Espagne ou Italie). **1. Petit philippe,** 1821 [Ansiaume]. **Gros philippe,** 1836 [Vidocq]. **2** et **3.** 1882 [Esnault].

philosophe *n.m.*

ARG. ANC. **1.** Misérable, vagabond. **2.** Filou : *C'était un Grec, un philosophe, un faisan, quoi!* (Galtier-Boissière, 2).

◆ **philosophes** *n.m.pl.*

ARG. ANC. Souliers usagés : *Plus d'une ci-devant beauté, aujourd'hui réduite à l'humble caraco de drap, à la jupe de molleton et aux sabots, si elle ne préfère les philosophes, y exploite la tradition bien obscure, quoique récente, de ces charmes* (Vidocq).

ETYM. le vagabond est philosophe en séjournant peu au même endroit (1), et ses souliers l'accompagnent (pl.). Le sens 2 est un calembour sur [filo-filu]. **1** et **2.** 1836 [Vidocq].
◆ *pl.* 1821 [Ansiaume].

phonard *n.m.*

VX. Téléphone.

◆ **phonard, e** *n.*

VX. Téléphoniste, standardiste.

ETYM. aphérèse et suffixation de **téléphone.** 1953 [Sandry-Carrère].

phoque *n.m.*

Les avoir à la phoque, ne pas aimer le travail.

ETYM. le phoque a ses nageoires « à la retourne » (v. ce mot). 1916 [Esnault].

phosphorer *v.i.*

Fournir un gros effort intellectuel: *Là-dessus nous ne pouvons que phosphorer dans le vide. En avant, une fois encore, le petit jeu des hypothèses* (Robert-Dumas). *Je fis phosphorer ma petite tête de détective de choc* (Malet, 12).

ETYM. de **phosphore.** 1944, Queneau [GLLF].

photographié, e *adj.*

Se dit d'un individu noté, repéré : *Je n'avais plus, pour quitter le coin sans être photographié, que quelques secondes nécessaires aux voisins pour se rassurer, reprendre leur rythme cardiaque* (Simonin, 3).

ETYM. emploi métaphorique du verbe usuel. 1918 [Esnault].

phrasicoter *v.i.*

Parler sans retenue, à tort et à travers.

ETYM. de **phrase** et du suff. péj. **-icoter.** 1960 [Le Breton].

DER. **phrasicoteur** *n.m.* Beau parleur, peu pris au sérieux dans le milieu : [id.].

piaf *n.m.*

1. Moineau ; oiseau en général : *Pas un bruit, pas même un écho de mitrailleuse, ni le moindre piaillement de piaf* (Le Dano). **Crâne** ou **tête de piaf.** ***a.*** imbécile : *Une belle mistonne qui en écrase depuis cent berges. – Tu me charries, crâne de piaf?* (Stollé). *Ce serait le meilleur moyen d'attirer leur attention, tête de piaf, répondit Alvaro* (Reboux) ; ***b.*** étourdi, individu peu sérieux : *Dans les organisations sérieuses auxquelles il a eu l'honneur d'appartenir, des têtes de piaf comme Tardu et moi auraient été cataloguées comme dangereuses et indésirables dans les premières vingt-quatre heures* (Faizant). **2.** Individu vaniteux ou bizarre : *Surtout ce juteux qui me paraît un piaf de fort mauvais augure !* (Boudard, 5). **3.** Policier : *Lisette, derrière son rade, continuait à ranger de la monnaie. Elle s'en balançait, elle, des piafs de la P.J. !* (Le Breton, 3). **4.** Témoin de la dernière heure, dans le langage des policiers.

ETYM. mot d'origine probablement onomatopéique. **1.** 1888, Darien. **Crâne de piaf.** ***a.*** 1915 [Esnault] ; ***b.*** 1953 [Sandry-Carrère]. **2.** 1896 [Chautard] ; p.-ê. avec influence de *piaffe,* esbroufe (1867 [Delvau]). **3.** 1953 [Esnault]. **4.** 1975 [Arnal].

piano *n.m.*

1. Ensemble des dents, surtout celles de devant. **Touche de piano,** dent. **2.** Comptoir de café. **3.** Tablette sur laquelle on relève les empreintes digitales : *Bien sûr, les matuches redresseraient le Matelot, car il avait déjà passé au piano. Et comme ses empreintes se trouvaient à la Tour Pointue...* (Le Breton, 1). **Touche de piano,** marque identifiable des empreintes digitales : *Par-dessus le marché, mes belles béquilles que j'ai laissées quimper au « Père O.K. » doivent porter des touches de piano comaco* (Bastiani, 4). **4. Piano du pauvre,** haschisch. **5. Piano du pauvre** ou **piano à bretelles,** accordéon : *Le piano du pauvre / N'a pas fini d'jacter / Sous le regard* *fauve / Des rupins du quartier* (Ferré). *On regardait ces jeunes musiciens prodiges, étonné toutefois de la présence du piano à bretelles dans un univers de cocotiers* (Lépidis).

ETYM. emplois métaphoriques du mot usuel. **1.** 1977 [Caradec] ; mais sûrement antérieur, car **touche de piano,** dès 1858 [Duneton-Claval]. **2.** 1928 [Esnault]. **3.** 1928 [Lacassagne]. **4.** 1977 [Caradec]. **5. Piano du pauvre,** 1954, Ferré ; **piano à bretelles,** 1953 [Sandry-Carrère].

DÉR. **pianoter** *v.i.* Se faire prendre les empreintes digitales par les policiers : 1975 [Le Breton].

piano-piano ou **piane-piane** *adv.*

Doucement, sans se presser : *J'ai tout de même évité l'autoroute A 13 [...] et je suis redescendu piano-piano sur Paris en passant par Vaucresson* (Veillot). *Il salue Marcel, le coiffeur, Cerutti, un entrepreneur de peinture, et piane-piane, arrive rue Bichat* (Dabit, 1).

ETYM. emploi métaphorique d'une indication musicale, « avec une faible intensité sonore ». *pian piano* 1618 [Rey-Chantreau] ; *piano-piano* 1775, Beaumarchais [GR] ; *piane-piane* 1867 [Delvau].

pia-pia *n.m.*

Bavardage futile : *Au micro, Toubon se refend de son pia-pia touristico-électoral* (*Libération*, 5 mars 1983).

ETYM. redoublement expressif à valeur péj. 1983, *Libération*.

piaule, piôle ou **piolle** *n.f.*

1. Vx. Cabaret. **2.** Chambre, logement : *Te frappe pas, interrompit Bouzille, d'abord tu n'as qu'à camper bien tranquille dans ta piaule, ils ne viendront pas t'y dénicher* (Allain-Souvestre). *Je t'ai tirée de la piolle où tu gisais, les quatre fers en l'air* (Huysmans). *Allez, j'vous mène dans ma piôle, qu'fait l'mec* (Plaisir des dieux). **3.** Domicile : *On passe d'abord déposer ce qui va au garde-meubles, et, d'ici une heure à peu près, on vous retrouve à votre nouvelle piaule, ça va ?* (Bénoziglio). **4. Piaule des garçons,** Grande Roquette ; **piaule des mômes,** Petite Roquette.

ETYM. de l'anc. fr. **pier,** boire (XIIIe s.). **1.** *piolle* 1628 [Chéreau] ; *piôle* ou *piaule* 1844 [Dict. complet]. **2.** 1835 [Raspail]. **3.** 1844 [Dict. complet]. **4.** 1881, abbé Moreau.

DÉR. **piauler** *v.i.* Dormir, loger : 1878 [Rigaud]. **se piauler** *v.pr.* Rentrer chez soi : 1882 [Esnault].

piaulier, piaullier ou **piollier** *n.m.*

ARG. ANC. Aubergiste, tavernier : *Le Vieux-Limousin avait dit audit Sans-Pouce que le petit gars d'Étrechy lui avait dit que lui Sans-Pouce était piaullier à Dourdan* (Orgères).

ETYM. de **piaule.** 1798, Orgères ; *piollier* 1628 [Chéreau].

piausser ou **peausser** *v.i.*

ARG. ANC. Coucher ; dormir : *Montron, ouvre la lourde, / Si tu veux que j'aboule / Et piausse en ton bocson* (Vidocq). *Elle embrassa ce charbonnier [...] et en après ils peaussèrent ensemble* (Responce au grand Coesre). SYN. pioncer.

ETYM. de **piau,** forme anc. de **peau.** *piausser* 1628 [Chéreau] ; *peausser* 1596, Péchon de Ruby.

pibloque *n.*

Concierge : *Je sais par expérience qu'il n'y a pas de buffets à douceurs mieux garnis que ceux des pibloques* (Clébert).

ETYM. apocope et resuffixation de **pipelet** avec un élément obscur que l'on retrouve dans *probloque.* 1889 [Cellard-Rey].

picaillon *n.m.*

Argent (surtout au pl.) : *Quand le book lui avait raflé tous ses picaillons, alors, pas étonnant qu'il ait l'humeur un peu aigre* (Guérin).

ETYM. mot savoyard, « petite pièce (de cuivre) qui sonne », de l'anc. prov. **piquar,** sonner. 1750, langage poissard [Sainéan].

VAR. **picailles** *n.m.pl.* : 1981, Amila.

piccolo ou **picolo** *n.m.*

VIEILLI. Petit vin de pays ; vin en général (plutôt médiocre) : *Belle pomme le suivait partout. Pour écluser surtout. Nos deux compères se confondaient si bien question piccolo qu'on les prenait pour des frères jumeaux* (Lépidis). *Un cyclard qui se remémore avec émotion le frais picolo au goût de pierre à fusil, dégusté un dimanche dans un bouchon de la côte de Saint-Cloud* (Galtier-Boissière, 1).

ETYM. de l'ital. **piccolo,** petit. 1876 [Larchey].

VAR. **piccolet** : avant 1881, A. Hardy [id.]. **pichenet** : 1877, Zola [id.].

pichpin *n.m.* → PITCHPIN.

pichtogorme ou **pichtegorne** *n.m.*

Vin ordinaire : *Je sentais plus les odeurs de calendos, de bidet, les relents de pichtogorme* (Boudard, 1). *Madame Besnard! Donnez-nous du pichtegorne un peu meilleur que votre saute-à-genoux. Six boutanches* (Lefèvre, 1). *Eh, Cous, tu veux un coup de pichtogorne, avant de barrer? Le père et ses acolytes ont mis en perce un foudre égaré* (Fallet, 1).

ETYM. de **pichet**, avec suffixation pop. fantaisiste, de forme variable (influence de *fromtegom, molltegom,* etc.). *pichtegorne* 1953 [Sandry-Carrère]; *pichtogorme* 1960 [Le Breton].

VAR. **pichtegom, pichtogom :** 1890-1900 [Esnault]. **pichtogorne :** 1914 [id.].

pick-up [pikœp] *n.m.*

Tournée de ramassage des prostituées, dans le langage des policiers.

ETYM. de l'angl. **to pick up**, ramasser. 1975 [Arnal].

picole *n.f.*

Le fait de boire : *Sans le pinard* [...] *aurait-il tenu le poilu ? Rien d'étonnant après ça si la picole se fait respectable* (*le Nouvel Observateur,* 21 juin 1980).

ETYM. déverbal de **picoler**. 1968, Simonin.

picoler *v.i.*

Boire avec excès : *Hier on a pas mal picolé. Tu te souviens de tous les whiskies que tu as bus quand on dansait?* (G.-J. Arnaud). *Elle n'était plus si jeune, pourtant, elle allait sur ses trente-six ans. Elle ne se shootait ni ne picolait* (Pennac, 1).

◆ *v.t.*

Boire le contenu de : *On a picolé trois boutanches.*

ETYM. de **piccolo**, avec l'influence de **pier** (→ PIAULE). 1874 [Chautard].

picoleur, euse *adj. et n.*

Qui boit avec excès : *Il ne semblait pas saoul, pas même éméché, et la fille admirait l'indifférence de ce picoleur magnifique* (Lefèvre, 1).

ETYM. de **picoler**. 1953, Simonin [GLLF].

picolo *n.m.* → PICCOLO.

picorer *v.t.*

Marauder, voler : *En entendant* drelin, drelin, *mon cousin courut à son bureau, il trouva la concierge de la maison en train de picorer dans le tiroir* (Macé).

ETYM. mot du français classique, « marauder ». 1885, Macé.

DER. **picorage** *n.m.* Butin : 1836 [Vidocq]. **picorée** *n.f.* Maraude : 1890, Morlaix [Esnault]. **picoreur** *n.m.* Voleur de grand-route : 1836 [Vidocq].

picot, piquot ou **piquoteur** *n.m.*

1. Voleur de vin : *Les picots sont des biberons qui vous pompent des barriques et revendent le contenu à des bistros* (Carco, 1). **2.** Individu qui, dans les manifestations sportives ou autres, accroche d'autorité au revers des vestons des badges qu'il se fait payer : *Au passage, son regard accrocha une équipe de « piquoteurs », qui entourait un car d'étrangers. Ceux-ci, sans rien y comprendre, se laissaient accrocher, aux revers de leurs manteaux, des médailles de quatre sous que les truands, profitant de la sainteté du lieu proche, leur vendaient un bon prix* (Le Breton, 5).

ETYM. de **piquer**, percer (un fût). **1.** *picot* 1927, Carco; *piquot* 1930, Bercy [Esnault]. **2.** 1955, Le Breton.

picouse *n.f.*, **picouser** *v.t.* → PIQUOUSE, PIQUOUSER.

picrate *n.m.*

Vin ordinaire, souvent médiocre : *On les retrouvera ce soir après la fermeture dans ces bistrots où le café est plus amer et le picrate plus râpeux qu'ailleurs* (Klotz).

ETYM. altération de **piccolo**, sous l'influence du mot qui désigne un sel de l'acide picrique, aux propriétés explosives. 1916 [Esnault].

DER. **se picrater** *v.pr.* S'enivrer : 1943, maquis [Esnault].

pictage, pictance ou **pictanche** *n.m.*

Vx. Boisson : *Nous avons eu pour chacun quinze jacques de pictage* (Ansiaume). *Ce fut la foiridon... bidoche, pictance, perlot et l'toutime* (Stollé).

ETYM. de **picter**. *pictage* 1821 [Ansiaume] ; *pictance* 1883 [Esnault], encore en 1975 [Le Breton]; *pictanche* 1899 [Nouguier].

pictancher ou **pitancher** *v.i. et t.*

ARG. ANC. Boire : *Aboulez* [...] *deux rouillardes de picton et pictanchons* (le Rat du Châtelet). *Soyez chauds avec les chênes* [...] *qui veulent faire pitancher vozigue* (Paillet).

ETYM. de **piquette, picton.** *pictancher* 1628 [Chéreau], encore en 1957 [Sandry-Carrère]; *pitancher* 1725, Granval.

DER. **pictancheur** *n.m.* Buveur : 1899 [Nouguier]. **pitancheur** *n.m.* Même sens : 1847 [Dict. nain].

picter ou **piqueter** *v.t. et i.*

Boire : *La première gorgée le fit grimacer. Ce goût de punaise... Mais quoi, avec un peu d'entraînement, ça devient un truc pas désagréable à picter* (Le Breton, 2). *Ben sûr que j'aimais ben picter un bon coup, quand l'occase y était, d'autant qu'un verre de vin avise ben s'n homme* (Stéphane).

ETYM. de **piquette.** *picter* 1628 [Chéreau], encore en 1988 [Caradec] ; *piqueter* 1800, Leclair.

picton ou **piqueton** *n.m.*

Vin : *C'est du picton qui vaut bien vingt cigues / Mais tant pis... Casse-toi chercher quelques boutanches* (Vian, 2). *Il pleuvait du piqueton, quoi ? un piqueton qui avait d'abord un goût de vieux tonneau* (Zola).

ETYM. diminutif de **piquette.** *picton* 1790, *le Rat du Châtelet ; piqueton* 1841 [Larchey].

DER. **pictonner** *v.i.* Boire : 1830, Levavasseur [Enckell]. **piquetonner** *v.i.* Même sens : 1903 [Larousse]. **pictonneur** *n.m.* Ivrogne : 1847 [Dict. nain].

pièce *n.f.*

1. Vx. Écu de cinq francs. **2.** Vx. **De la pièce,** de l'argent. **3. Pièce de dix sous** ou **de dix ronds,** anus. **4. Cracher des pièces de dix sous,** avoir le gosier sec, avoir très soif. **5. Pièce montée,** paquet de cartes à jouer arrangé frauduleusement. SYN. gâteau. **6. Belle pièce,** belle femme : *Et la locataire, ça fait longtemps que vous ne l'avez pas vue ? – On la voit rarement. Dommage, d'ailleurs, une sacrée belle pièce !* (Pennac, 1). **7. On n'est pas aux pièces,** rien ne presse, on a tout notre temps : *Si tu veux bien, on va aller prendre un peu l'air. On n'est pas aux pièces, non ?* (Chabrol). **8.** Vx. **Mettre une pièce de conviction dans le ventre,** rendre enceinte : [Les hussards qui m'ont arrêtée] *avaient peur, dit-elle, que je ne fusse pas coupable, les coquins ! Ils m'ont mis une pièce de conviction dans le ventre* (Orgères).

ETYM. emplois monétaires ou techniques du mot usuel, très ouvert. **1.** 1890 [Esnault]. **2.** 1835, chanson [id.]. **3. Pièce de dix sous,** 1866 [Delvau] ; **pièce de dix ronds,** 1901 [Bruant]. **4.** 1867 [Delvau]. **5.** 1906 [Esnault]. **6.** 1987, Pennac. **7. Être aux pièces,** se dit de l'ouvrier qui, étant payé à la pièce, a intérêt à produire le plus possible. 1929, Mac Orlan. **8.** 1798, Orgères.

1. pied *n.m.*

1. Main. **Bureau des pieds** ou **pied,** service de l'anthropométrie, où l'on relève les caractéristiques physiques du suspect ou du détenu (dont les empreintes digitales) : *Il emmène Marcelle F... à l'identité judiciaire pour la faire passer au « pied » : photo, mensurations, portrait Bertillon, empreintes digitales* (Larue). **2. Faire (qqch) sur un pied,** l'accomplir sans difficulté : *Ces dix piges on les fera sur un pied, avec des protections, bien soutenus, bien classés* (Trignol). SYN. faire sur une jambe. **3. Avoir les pieds dans le dos** ou **dans le râble,** être recherché par la police : *Ils auront tous les pieds dans le dos, demain, as pas peur !* (Méténier). **4. Avoir les pieds en bouquet de violettes,** éprouver un grand plaisir, un orgasme intense : *J'avais l'cœur par-dessus tête / Et les pieds en bouquet d'violett's* (P. Perret). **5. Avoir les pieds retournés,** être paresseux. SYN. avoir les bras à la retourne. **6. Ça te (lui,** etc.**) fera les pieds** ou **c'est bien fait pour tes (ses,** etc.**) pieds,** se dit quand on juge qu'un événement désagréable pour qqn est pleinement justifié, mérité par son attitude : *Je demande cent mille francs de dommages-intérêts. Ça lui fera les pieds* (London, 1). *À peine si je l'accroche d'une pichenette dérisoire et ça c'est pour ses pieds* (G. Arnaud, 2). **C'est pour mes pieds,** je subis les désagréments de la chose : *N'oubliez pas la caisse ! Quand il y a un hold-up, c'est pour mes pieds !* (Veillot). **7. S'en aller** ou **sortir les pieds devant,** mourir : *Le communiqué de la Préfecture n'en disait guère plus. Les deux hommes qui venaient de retourner les pieds devant dans l'ombre et l'oubli* [...] *suffirent à justifier l'affaire et à la classer* (Destanque). **8. Les pieds dedans,** en appuyant à fond sur l'accélérateur. **9.** Vx. **Avoir les pieds blancs,** n'avoir ni femme ni enfant à nourrir. **10.** Individu borné, stupide : *Et, pris d'une folie amère / Avant qu'on pût l'en empêcher, / À l'aide d'un couteau sommaire, / Ce « pied » courut son bras trancher* (Ponchon). **Comme un pied,** très mal : *Il m'arrive même de faire le quatrième. Je joue comme un pied* (Paraz, 1). *Je donnai à Paul tout le temps de se planquer en m'y prenant comme un pied pour pénétrer dans le jardin* (Malet, 7). Vx. **Être pied,** étaler sa bêtise.

ETYM. emplois spécialisés du mot usuel. **1.** 1844 [Dict. complet]. **Bureau des pieds,** 1894 [Esnault] ; **pied,** 1957 [Sandry-Carrère], compl. (ce sens est aussi lié à l'idée de « mesure » ; → **2. PIED**). **2.** 1955, Trignol. **3.** 1883 [Esnault]. **4.** 1953 [Sandry-Carrère]. **5.** 1977 [Caradec]. **6. Ça vous fera les pieds,** 1934, Aragon [GLLF] ; **c'est bien fait pour ses pieds,** 1977

[Caradec]. **C'est pour ses pieds,** 1961, G. Arnaud, mais p.-ê. issu de *son pied,* sa part, c.-à-d. « lui » (1903 [Esnault]). **7. Sortir les pieds devant,** 1622, Sorel; **partir les pieds devant,** vers 1462, *Cent Nouvelles nouvelles* [GLLF]. **8.** 1975 [Le Breton]. **9.** 1899 [Nouguier]. **10.** 1872 [Esnault]. **Comme un pied,** 1927, Mac Orlan. **Être pied,** 1878 [Rigaud].

2. pied *n.m.*

1. Vx. Prélèvement opéré avant le partage du produit des vols. **2.** Part du butin : *On va se partager son pied. Ça va nous faire cinquante briques à trois* (Le Breton, 1). **3.** Partage du butin : *Ça aboutit, pour chacun des trois fias, à cinquante bardas au pied, et à toute la poule de France aux miches !* (Simonin, 8). **Aller au pied,** partager. **4.** Compte : *Ça fait le pied. Chacun pour son pied.* **En avoir (son) pied,** en avoir assez : *J'en ai mon pied de c'loubé-là* (Bruant). *J'en avais pied d'être le seul bon mec, pied de me casser le chou à tout comprendre, à admettre toutes les faiblesses, toutes les erreurs !* (Simonin, 2). **5. Prendre son pied.** ***a.*** éprouver l'orgasme : *À chaque fois qu'elle prenait s'pied, t'aurerais quasiment juré qu'elle allait trépasser de ravissement* (Stéphane) ; ***b.*** prendre du plaisir à qqch, se donner du bon temps : *Mais non, hé, c'est ma grosse et mes gosses qui passent avant, mais putain ! j'ai souffert en taule, j'ai besoin et le droit d'aller prendre mon pied* (Knobelspiess). **C'est le pied !,** c'est très agréable : *C'est vrai que bosser pour Frappadingue, ça ne doit pas être le pied tous les jours* (Conil). *L'occupation de la Sorbonne a commencé. Quel pied ! On y croyait* (Veillot).

ETYM. ces sens proviennent du sens métrique de *pied.* **1.** 1820 [Esnault]. **2.** 1872 [id.]. **3.** 1890 [id.]. **4.** 1894 [id.]. **En avoir (son) pied,** 1878 [Rigaud]. **5.** ***a.*** 1899 [Nouguier] ; ***b.*** 1947, Malet. **C'est le pied,** 1973, Bory [Duneton-Claval].

pied-de-biche *n.m.*

1. Pince-monseigneur. **2.** Mendiant (ou représentant) qui se présente à domicile. **Polir** ou **tirer le pied-de-biche,** mendier (ou faire du démarchage) à domicile : *Et lui, de quoi avait-il l'air ? D'un miteux, d'un sans-cul, d'un petit mec qui tire le pied-de-biche* (Guérin). **3.** Condamné à la relégation pour vol non qualifié : *Une route (17 kilomètres) qui va à Saint-Jean, la ville des relégués, autrement dit « pieds-de-biche »* (Londres).

ETYM. mot composé désignant soit un levier, un outil servant à arracher divers objets (1), soit une poignée de sonnette imitant un pied de biche (2). **1.** 1798 [GR]. **2.** 1882 [Chautard]. **3.** 1923, Londres.

pied-de-cochon *n.m.*

Vx. **1.** Mauvaise farce, indélicatesse. **2.** Pistolet.

ETYM. **1.** équivalent de l'actuel *tour de cochon.* 1881 [Rigaud]. **2.** analogie de forme. 1800, Leclair.

pied-de-figuier *n.m.*

Désignation raciste de l'Arabe. SYN. tronc (-de-figuier).

ETYM. métaphore végétale. 1952 [Esnault].

piège *n.m.*

1. Prison : *En ce moment il est au piège pour un bail. Quand le reverrai-je ? Ne sais. Ils l'ont sapé à cinq piges* (Boudard, 1). **2.** Bookmaker : *Au bar, y avait juste trois, quatre pièges qui attendaient l'heure de se rendre aux courtines* (Le Breton, 1). **3.** Vx. Barbe : *Ça la changeait d'Abraham qui, avec son piège à deux branches, y chatouillait le tarbouif lorsqu'il lui bisouillait les babines* (Devaux) ; homme barbu. **4. Piège à cons,** traquenard (parfois abrégé en **piège ac**) : *Trouver de tels articles dans un journal de droite [...] relevait d'un miracle presque suspect. On se frottait les yeux, on cherchait le piège à cons* (G.-J. Arnaud). **5. Piège à mémé,** organes sexuels masculins : *Devait être étonné, Bébert ! Un gazier nu, avec une boîte noire sur le piège à mémé !* (Bauman).

ETYM. emplois métaphoriques et souvent elliptiques du mot usuel. **1.** 1962, Boudard. **2.** 1954, Le Breton (ellipse de *piège à cons* [Esnault]). **3.** « barbe » 1902 [Esnault] (ellipse de *piège à poux*) ; « homme barbu » 1916 [id.]. **4.** 1953, Clébert ; a trouvé une relance en 1968 avec le slogan gauchiste « Élections, piège à cons ! ». **Piège ac,** 1954, Simonin. **5.** 1980, Bauman.

piéger *v.t.*

Surprendre ; convaincre d'un délit : *L'homme était un mac bien connu de la Mondaine qui n'avait pourtant jamais pu le « piéger »* (Larue).

◆ *v.i.*

Prendre des paris.

ETYM. de **piège.** 1975, *le Soir* [GLLF]. Ce sens est auj. très répandu, et presque fam.

◆ *v.i.* 1960 [Le Breton].

pierreuse *n.f.*

1. Prostituée de bas étage : *Les pierreuses vont dans les chantiers, dans les maisons en voie de construction, au milieu des pierres déposées sur la berge du canal ou de la Seine* (Canler). *La taille souple, elle marchait avec un léger déhanchement de pierreuse, et sa croupe paraissait sensible comme un pendule* (Aymé). **2.** Grisette : *L'inconnu qui faisait route avec la pierreuse aux allures de femme du monde était un monsieur assez gros* (Allain-Souvestre).

ETYM. de **pierre. 1.** 1808 [d'Hautel]. **2.** 1878 [Rigaud].

pierrot *n.m.*

1. Moineau. **2.** Individu bizarre, antipathique. **3.** Vx. Verre de vin blanc.

ETYM. diminutif du prénom **Pierre. 1.** 1694, La Fontaine [GLLF]. **2.** 1892 [Chautard]. **3.** 1867 [Delvau].

piéton *n.m.*

1. Agent pédestre de la circulation. **2.** Mendiant nomade.

ETYM. emplois spécialisés du mot usuel. **1.** 1949 [Esnault]. **2.** 1928 [id.].

piétonnière *n.f.*

Prostituée pédestre (par oppos. à l'amazone) : *De la route de la Butte-Mortemart au carrefour de l'allée de Longchamp, les belles piétonnières ont envahi les accotements* (de Goulène). SYN. baladeuse.

ETYM. de **piéton.** 1980, de Goulène.

1. pieu *n.m.*

Lit : *C'était pas vrai, ici. J'allais me réveiller dans mon pieu, à Quiberon, en sueur* (Pouy, 1).

ETYM. origine obscure, p.-ê. du picard **piau,** peau. fin du XVIIIe s., chanson [Esnault].

2. pieu *n.m.*

1. Poteau d'arrivée, sur un champ de courses : *Gagner sur le pieu.* **2.** Vx. Pénis.

ETYM. emplois spécialisés du mot usuel, issu du lat. **palus,** poteau. **1.** 1975 [Arnal]. **2.** 1864 [Delvau].

pieuter *v.i.*

1. Coucher habituellement, dormir : *Vaudrait mieux pieuter dans un quartier excentrique, à Grenelle par exemple, où l'on n'est pas du tout connu* (Galtier-Boissière, 2). **2.** Faire l'amour : *On allait pieuter avec les filles, les comblait, elles s'en donnaient à cul joie, les acharnements se prolongeant bien après le jour* (Clébert).

◆ **se pieuter** *v.pr.*

Se mettre au lit : *Le sommeil le serrait aux tempes. Il étouffa un bâillement. « On va se pieuter, fit Abel, et j'y reste toute la journée »* (Giovanni, 1).

ETYM. de **1. pieu.** 1888, Courteline [TLF].

◆ *v.pr.* 1875 [Chautard].

1. pif *n.m.*

1. Nez : *Kibour a trituré son gros pif bourgeonneux. Pas busqué pour deux sous, non, pas la gueule du filou cachère, pas le faciès du criminel levantin, pas une gueule de faits divers* (Prudon). *Sûr ! Pour oublier ses peines de cœur, elle se bourrait le pif de coco, la Fréhel* (Pécherot). **Avoir dans le pif,** détester : *Qui aurait dit, il n'y a pas deux mois, reprit Court, que je me serais laissé embêter par un calotin ! – Et moi, observa Raoul, tu sais comme je les avais dans le piffe* (Vidocq). Vx. **Casser son pif** → CASSER. **2.** Perspicacité : *J'ai pas de grosses qualités, mais pour le pif, je ne suis pas mal partagé ; ça m'a bien souvent servi* (Simonin, 2). **Au pif,** syn. de au pifomètre : *Au pif, il demanderait pas plus de trois plombes, aidé par ces deux maladroits de bonne intention, pour filer le bidule debout* (Simonin, 5). *Armelle godille ferme, manœuvrant la rame à deux mains. Ils naviguent « au pif », comme dit Jean-Marie* (Boileau-Narcejac).

ETYM. d'un radical expressif **piff. 1.** 1821 [Ansiaume]. **Avoir dans le pif,** 1828 [id.]. **2.** 1953, Simonin [GLLF]. **Au pif,** 1961 [Esnault].

DÉR. **piffard** *n.m.* **1.** Homme à gros nez : 1825, Dumersan, Gabriel et Brazier [Enckell]. **2.** Gros nez : 1878 [Rigaud].

2. pif *n.m.*

Vin ordinaire : *Le temps pour le patron d'apporter un verre et une assiette de plus, et je commence à attaquer les coquillages après m'être rincé les dents avec un coup de pif* (Bastiani, 4).

ETYM. déformation de **pive.** 1883 [Esnault].

VAR. **pifton :** 1914 [Esnault].

piffer ou **pifer** *v.t.*

1. Supporter (dans des tours négatifs) : *Elle est nature comme une laitue, et ça m'emmerde dans le fond que Jo le Maigre puisse pas la piffer* (Trignol). *Y vont renauder derrière. Tu sais bien que t'es mal piffé* (Simonin-Bazin).

2. Humer, sentir : *La viocque* [...] *lui fit piffer du vavinavaigre* (Stollé).
ETYM. de **1. pif. 1.** 1846, *Intérieur des prisons*. **2.** 1947 [Esnault].

pifomètre *n.m.*
Surtout dans la loc. **au pifomètre,** approximativement, au jugé : *Au pifomètre, ce que j'ai de mieux à faire, ça doit être de rentrer me coucher* (G. Arnaud, 2). *Vence, qui avait le don de naviguer au pifomètre et qui se laissait très souvent guider par son intuition, eut soudain une inspiration* (Destanque). SYN. au pif.
ETYM. de **1. pif** et du suff. technique **-mètre,** appareil à mesurer : il s'agit ici d'un appareil imaginaire et pop., qui s'apparente à l'intuition. **Au pifomètre,** 1928 [Esnault].
VAR. **piffomètre :** 1953 [Sandry-Carrère].

pifométrique *adj.*
Approximatif : *Un petit calcul pifométrique permet d'évaluer ce que rapportera à l'État l'amélioration des performances de l'administration fiscale* (*Libération,* 9 août 1983).
ETYM. de **pifomètre.** 1981, *Biba* [TLF] (mais sûrement antérieur).

1. pige *n.f.*
1. Année : *Je suis dur d'oreille, je n'y vois presque pas, et par-dessus le marché, j'ai soixante-dix piges dont quarante de bagne* (Charrière). **2.** Âge : [Dagobuche] *Quelle pige as-tu ?* [Titine] – *Vingt-deux piges* (Stollé).
ETYM. déverbal de **piger,** contester entre soi l'avantage du jeu (1808 [d'Hautel]). **1.** 1836 [Vidocq]. **2.** 1930 [Esnault].

2. pige *n.f.*
Faire la pige à qqn, le défier, l'emporter sur lui : *Ce pacifique voilier, avec une machine de cinq cents chevaux dans le ventre et deux hélices à l'arrière, eût pu hardiment faire la « pige » au plus rapide croiseur et « brûler » les meilleurs transatlantiques* (Boussenard).
ETYM. déverbal de **piger** (différent du précédent, → PIGER). « défier » 1867 [Delvau] ; « l'emporter » 1890 [Esnault].

pigeon *n.m.*
1. Vx. Acompte touché pour un travail en cours. **2.** Homme facile à duper, à escroquer : *Si le pigeon qu'on projette de plumer vient toucher de l'argent, ou amène des marchandises à Paris, les grèces ne le perdent pas de vue qu'il n'ait effectué sa recette* (Vidocq). *Le pigeon, tu vois, il est tellement content de se sentir supérieur que tu peux le mener où tu veux par le bout du nez* (T. Colin). **3.** Vx. **Faire des pigeons,** acheter aux détenus joueurs leur ration de pain.
ETYM. emplois métaphoriques du mot usuel. **1.** 1866 [Delvau]. **2.** fin du XVe s., *Recueil Trepperel* [GLLF]. **3.** 1836 [Vidocq].

pigeonner *v.t.*
Tromper, duper : *De son klaxon à la voix de Caruso* [...] *le mec annonce qu'il s'est fait pigeonner* (G. Arnaud, 2). *Il t'a blousé l'père Roze ! Il t'a pigeonné ! Il a vu le jobard !... Il t'a roulé oui !* (Duvert).
ETYM. de **pigeon** au sens 2. 1553, Belon [GLLF].

piger *v.t.*
1. Vx. Attraper, prendre : *Il a pigé la grippe.* **2.** Prendre (qqn) sur le fait : *Ça serait réellement trop rigolo de le piger dans les brancards du Mutuel, lui, l'homme de glace, le père la Vertu !* (La Fouchardière). **3.** Comprendre : *T'as peut-être cru que c'était une ruse. Je crois que t'as pigé mais que tu n'y as pas cru* (Bohringer). **4.** Considérer, regarder : *Encore une... pige voir ça, qu'a la guibole foutue* (Benjamin, 2).
◆ *v.i.*
1. Se mesurer avec qqn. **2.** Progresser.
ETYM. d'un mot dial. issu du bas lat. **pedicus** (du lat. class. **pes, pedis,** pied), qui prend au piège. **1.** « dérober » 1842 [Esnault] ; « contracter (une maladie) » 1890 [id.]. **2.** 1844 [id.]. **3.** 1835 [Raspail]. **4.** 1841 [Esnault].
◆ *v.i.* **1.** 1882 [Fustier]. **2.** 1916 [Esnault].

pigette *n.f.*
Année : *Trop de choses à regarder, comme ça, brusquement, d'un seul coup, après une pigette passée à la ratière* (Mariolle).
ETYM. diminutif de **1. pige.** contemporain.

pignole *n.f.*
Masturbation masculine : *Mesclin se branlait en reluquant ces cochonneries* [...] *C'était un célibataire et il se tapait des pignoles en s'essuyant dans son mouchoir* (Jonquet).
ETYM. du prov. **pinhol,** amande de la pomme de pin, avec jeu de mots sur *pin / pine.* 1940-1944, Guérin.

pignoler *v.t.*
Masturber : *Les fatmas elles en sont folles / Elles le sucent elles le pignolent* (chanson paillarde).

◆ **se pignoler** *v.pr.*
Se masturber. **Se pignoler à quatre mains,** exagérer, se faire des illusions.
ETYM. de **pignole.** mil. du xxe s.

pignouf *n.m.*
1. Individu grossier, mal élevé, avare : *J'ai secoué la tête : « Ce taulier est un pignouf, mais il a raison »* (Malet, 1) ; s'emploie aussi adj. : *Il nous a bien reçus... il nous a traités quatre fois... très convenablement... faudrait, pour pas faire trop pignouf, que je puisse au moins les inviter à dîner* (Simonin, 8). **2.** Vx. Sans-le-sou. **3.** Vx. Apprenti cordonnier.
ETYM. mot de l'ouest de la France, issu de l'anc. fr. **pignier,** geindre. **1.** 1858 [Larchey] ; *adj.* 1872, Flaubert [TLF]. **2.** 1860 [Esnault]. **3.** 1862 [Larchey].

1. **pile** *n.f.*
Somme de cent francs : *La liasse bleuâtre fut l'âme immense des appétits. Le jeune garçon comptait : Un... deux... trois... huit... dix... onze... Un milled et une pile !* (Rosny).
◆ *adv.*
1. Vx. Sur le dos. **2.** Exactement, au point de vue spatio-temporel : *À minuit pile, l'Embrouille devait venir fumer un clope à la fenêtre de devant* (Lasaygues). **Pile-poil,** même sens : *N'empêche, cette pièce fermée à clé, pile-poil dans la trajectoire de la balle, j'aimerais bien y jeter un œil* (Reboux). **Tomber pile.** ***a.*** s'ajuster parfaitement, en parlant d'un objet ; ***b.*** être tout à fait opportun, en parlant d'un événement ou de l'arrivée de qqn : *Il allait passer la pogne quand il tomba pile chez* [les parents de Cendrillon] (Stollé). **3.** Vx. Complètement. **4. S'arrêter pile,** s'arrêter net : *En débouchant sur le quai, il s'arrêta pile, les yeux levés vers le panneau indiquant « Porte de Clignancourt »* (Ropp).
ETYM. emplois monétaires du mot usuel, y compris les sens adv., fondés sur le jeu de pile ou face. 1873 [Esnault].
◆ *adv.* **1.** 1866 [id.]. **2.** 1953 [id.]. **Pile-poil,** vers 1995, *les Guignols de l'info,* émission de Canal + [Merle]. **Tomber pile.** ***a.*** 1940 [Esnault] ; ***b.*** 1953 [Sandry-Carrère]. **3.** 1879, Bordeaux [Esnault]. **4.** 1906 [id.].

2. **pile** *n.f.*
Correction infligée ou défaite subie, surtout dans les locutions **flanquer** ou **foutre une pile, prendre** ou **recevoir une pile :** *Les Russes ils r'culent, voui ?... Ah ! quand c'est* [...] *qu'on leur-z-y foutra la vraie pile ?* (Benjamin, 1). *M. Gaston continue : « Alors, vous leur donnez bientôt la pile aux Boches »* (Dabit, 2).
ETYM. déverbal de **piler.** « correction » 1820 [Desgranges] ; « défaite » 1915, Benjamin.

piler *v.t.*
1. Battre vigoureusement : *Laisse-la, va ! dit Gilberte. Une entêtée ! on la pilerait, elle ne parlerait pas* (Carco, 3). **2. Piler le bitume,** se livrer à la prostitution. **3. La piler.** ***a.*** être exténué ; ***b.*** avoir faim ou (plus rarement) soif. Vx. **Piler pour le perle,** manquer de tabac.
◆ *v.i.*
S'arrêter net : *La Simca pile devant la porte, moteur au ralenti* (Villard, 2).
ETYM. du lat. **pilare,** appuyer fortement, issu de **pila,** mortier. **1.** 1820 [Desgranges]. **2.** 1841, Lucas [Esnault]. **3.** ***a.*** 1915, Suisse [Esnault] ; ***b.*** 1914 [id.]. **Piler pour le perle,** 1899 [Nouguier].
◆ *v.i.* 1973, J. Joffo [GR].

pillaver *v.t.*
Boire : *Ils ne dépensent plus leur argent pour la dope. Remarque maintenant ils pillavent comme des trous* (*Libération,* 4 août 1983).
ETYM. du gitan. *piave* 1953 [Sandry-Carrère].

pills *n.m.*
Pilule de LSD.
ETYM. apocope et resuffixation de **pilule,** avec changement de genre, ou emprunt à l'angl. **pill,** même sens. 1977 [Caradec].

piloches *n.f.pl.*
Dents : *Il avait, le néo-garagiste, la gargue grande ouverte sur ses piloches pourries* (Houssin, 1).
ETYM. de **piler,** manger (emploi métaphorique : les dents servent de pilon). 1596, Péchon de Ruby [Esnault], qui signale que ce mot est encore usité en 1960.
DÉR. **pileur** *n.m.* Gourmand : 1843 [id.].

pilon *n.m.*
1. Pied. **2.** Doigt, en partic. le pouce. **3.** Mendiant : *Tous les mendigots, vrais ou faux, fauchés ou fortunés s'y retrouvent à intervalles réguliers, les pilons qui tendent une jambe dépareillée aux abords des correspondances métropolitaines* (Clébert). *Dieu qu't'es pilon, Marseillais ! T'es jamais content de c'qu'on*

t'donne ! (Lorrain). **4.** Mendicité : *Nous becquetions les jours de gloire, flambions les soirs de solitude et beuvions les lendemains de grand pilon* (Clébert, 2). *La maison Pilon.* **5.** Individu quelconque : *C'est la crise dans toute la tôle... Tous les pilons viennent aux lucarnes* (Céline, 5).
ETYM. de **piler. 1.** 1847 [Dict. nain]. **2.** 1836 [Vidocq] ; « pouce » 1866 [Delvau]. **3.** 1889, Macé [Esnault]. **4.** 1894 [id.]. **5.** 1936, Céline.

pilonner *v.t. et i.*
Mendier : *Je vous rencontre une nouvelle fois dans la rue, où vous m'attendiez pour me pilonner...* (Malet, 2). *Il existe, à ma connaissance, deux écoles d'attitude où les néophytes de la « manche », dûment admis à pilonner sur un emplacement bien précis, dont ils ont acquis, souvent fort cher, le droit de jouissance, prennent des leçons de leurs aînés* (Yonnet).
ETYM. de **pilon** au sens 4. 1888 [Esnault].
DER. **pilonnage** *n.m.* Mendicité : 1899 [Nouguier]. **pilonneur** *n.m.* **1.** Quémandeur : [id.]. **2.** Fainéant : 1936, Céline.

piment *n.m.*
Nez : *L'odeur de la soupe à la graisse, à la mode du bled, lui grimpa au piment. Il s'en pourléchait d'avance* (Le Breton, 3).
ETYM. de l'analogie entre le piment rouge et le nez de l'ivrogne. 1887 [Esnault].

pinaillage *n.m.*
Attention excessive accordée aux détails.
ETYM. de **pinailler.** 1934, Arveiller [TLF].

pinailler *v.i.*
Ergoter, être excessivement minutieux ou tatillon : *Le sergent regarda Boisseau : Tu crois qu'il est sincère, toi ? – On va pas pinailler...* (Siniac, 5).
ETYM. origine incertaine. 1934, Arveiller [TLF].

pinailleur, euse *adj. et n.*
Qui est tatillon, qui se complaît dans la minutie : *Les enseignants sont des gens pinailleurs et méfiants, reconnaît un prof de CES breton* (*Libération*, 8 février 1980).
ETYM. de **pinailler.** 1934, Arveiller [TLF].

pinard *n.m.*
Vin : *La vérité est dans le vin. La vérité et la liberté. Vive le pinard et l'aramon dans le ventre, le gros rouge !* (Cendrars). *On l'appelle Bat-la-Route parce qu'elle est tout le temps en train de marcher sur le bord des routes, elle cuve son pinard comme ça* (Réouven).
ETYM. du franc-comtois **pine,** sifflet d'écorce [Guiraud], ou de **pineau,** cépage dont les grappes ressemblent à des pommes de pin, et du suff. péj. **-ard.** 1616 [Sainéan], au sens de vin ordinaire ; 1886 [Esnault], au sens de vin en général.
DER. **pinarder** *v.i.* S'adonner à l'ivrognerie : 1916 [id.].

pinardier, ère *n.*
Marchand de vin en gros : *Pinardière elle était née, pinardière elle vivrait, ce devait être sa merveilleuse destinée !* (Pennac, 1).
ETYM. de **pinard.** 1953, *Combat* [TLF].

pinarium *n.m.*
Vx. Syn. de baisodrome.
ETYM. suffixation pseudo-latine de **pine.** 1953 [Sandry-Carrère].

1. **pince** *n.f.*
1. Main : *On se serra la pince, et les fugitifs furent enfin seuls* (Jaouen). **Pince d'Adam,** la main, utilisée pour porter des aliments à sa bouche. **2.** Motocycliste qui roule lentement. **3. Bonne pince,** occasion favorable, chance : *Cette fois, je suis sûr de mon coup... y a bonne pince, faut que j'en profite !* (Boudard, 5) ; et, comme interj., bonne chance, tant mieux, bravo ! : *J'avale mon extrait de naissance, arrange-toi mon pote... Bonne pince !* (Simonin, 2).
◆ **pinces** *n.f.pl.*
1. Menottes : *Ben j'suis revenu. Avec les pinces, les menottes, quoi. Y m'les ont mis les vaches !* (Genet). **2.** Syn. de pincettes.
ETYM. emplois métaphoriques du terme usuel. **1.** 1857 [Esnault]. **Pince d'Adam,** 1957 [Sandry-Carrère]. **2.** 1975 [Beauvais]. **3.** 1953, Simonin.
◆ *pl.* **1.** 1943, Genet. **2.** 1901 [Bruant].

2. **pince** *n.f.* ou **pinceau** *n.m.*
Vx. Un franc : *Tu dis qu't'as trois thunes et t'as p't-êt' cinquante pinces* (Simonin-Bazin). *Pour aller de Bry-sur-Marne à Versailles, une voie qui vaut cent vingt pinceaux au régulier, la nuit, à deux heures du mat, ça coûte exactement seize balles* (id.).
ETYM. emploi détourné des mots usuels. 1935, Simonin-Bazin.

pinceau *n.m.*

1. Balai. **2.** Nez. **3.** Pied : *Sur son atlas particulier, de grandes zones interdites venaient s'inscrire en grisé, des territoires entiers où il devait absolument plus mettre les pinceaux* (Simonin, 1). **S'emmêler les pinceaux.** ***a.*** avoir des gestes maladroits : *Il s'emmêla les pinceaux en cherchant à dégainer sans lâcher son sandwich* (Topin) ; ***b.*** penser ou agir dans la confusion : *Elle se mélange les pinceaux entre les toi et les vous. Normal. Veuve et depuis peu monomaniaque* (Pouy, 3). **Avoir les pinceaux en fleurs** ou **en bouquets de violettes,** écarter les doigts de pieds sous l'effet de la fatigue ou de l'orgasme. **Aller se laver les pinceaux,** être envoyé au bagne : *Il s'en est fallu d'on ne sait quoi pour qu'il aille se laver les pinceaux à Drancy, Gaston Ribourdoir* (Boudard, 6). **4.** Pénis : *La petiote de la réception... [...] Bon Dieu de bois, je me la planterais bien sur le pinceau !* (Pagan).

ETYM. emplois métaphoriques du mot usuel. **1.** 1833, Vidal [Larchey]. **2.** 1901 [Bruant]. **3.** 1800, Gouffé-Duval [Enckell]. **Avoir les pinceaux en fleurs** ou **en bouquets de violettes,** 1947, Genet [Cellard-Rey]. **Aller se laver les pinceaux,** 1953, Simonin (allusion à la traversée de l'Atlantique), mais plus ancien car *aller se laver les pieds* date de 1883. **4.** 1957 [PSI].

pincée *n.f.*

1. Forte somme d'argent : *Le patron tenait autant que les deux autres à emporter l'affaire parce qu'il y avait une sacrée pincée de dollars à la clé* (Faizant). **2.** Quantité notable de qqch.

ETYM. emploi litotique du mot usuel. **1.** 1883 [Esnault]. **2.** 1910 [id.].

pince-fesses *n.m.inv.* ou **pince-cul** *n.m.*

1. Dancing médiocre : *Le type qui était avec elle, il pourrait confirmer ? – Elle dit qu'elle ne le connaît pas ! Dragué dans un pince-fesses à Königshoffen* (Coatmeur). *Une fille qui respecte sa parentèle [...] ne va pas au bal Grados. C'est une infamie que ce pince-cul-là !* (Huysmans). **2.** Bal, soirée dansante.

ETYM. de **pincer** et de **fesses** ou **cul. 1.** *pince-cul* 1862 [Larchey] ; *pince-fesses* 1953 [Sandry-Carrère]. **2.** 1977 [Caradec].

VAR. **pince-corps** (au sens 2) : 1878, Gill.

pincer *v.t.*

1. Vx. Forcer avec une pince ou un outil quelconque : *Il reconnaissait le coutre, pour être celui dont le Canonnier s'est servi pour pincer la porte [...] et la faire sauter de dessus ses gonds* (Orgères). **2.** Voler adroitement (qqch) : *J'pince la toquante en or* (Brissac). **3.** Dépouiller (qqn). **4.** Exécuter (un air, une danse) : *Quand les poseurs et les bégueules sont partis [...], entre soi, on pince un léger cancan* (Villars). *Un tas de foutriquets qui pincent des frétillantes* (Méténier). *Lui comme un fou, moi comm'une folle, / On en pinc' un, pour s'dégourdir* (chanson *Tha-ma-ra-Boum-di-hé,* paroles de F. Lémon). **5.** Surprendre, arrêter (qqn) : *Et cette fille ? – Elle ? c'est Olivier qui l'a pincée* (Balzac, 2). *Dans le train qui le ramène, Mimile se fait pincer comme un bleu* (Larue). **Pincer au demi-cercle,** attraper, arrêter qqn qu'on guettait : *On te repêchera... File ton nœud, en attendant que je te pince au demi-cercle !* (Forçat). → **ARQUEPINCER. 6.** Comprendre. **7. En pincer pour qqch,** y être expert : *J'vis dans un' vill' de province, / À six kilomètr's de Caen / Et là, tout le monde en pince / Pour fair' des petits cancans* (chanson *Tout l'pays l'a su,* paroles de C.-L. Pothier, 1931) ; **en pincer pour qqn,** être épris de lui : *Mais oui, elle en pinçait pour lui, cette Marion fessue, elle avait le béguin !* (Malaquais). *Pas de cuisses, pas de bras, pas même de nichons. Et pourtant, il en pinçait bougrement pour elle* (Guérin). [On rencontre aussi **être pincé pour qqn.**] **8. Pincer de la harpe** ou **de la guitare,** être prisonnier.

ETYM. emplois techniques du verbe usuel. **1.** 1799, Orgères. **2.** 1725 [Granval]. **3.** 1870 [Esnault]. **4.** 1815 [id.]. **5.** fin du XIVe s., E. Deschamps [GLLF]. **Pincer au demi-cercle,** 1808 [d'Hautel]. **6.** 1928 [Esnault]. **7.** « qqch » 1852 [id.] ; « qqn » 1809 [id.] ; **être pincé,** 1883 [Fustier]. **8.** 1867 [Delvau].

pincettes ou **pinces** *n.f.pl.*

1. Vx. Jambes. **Affûter ses pincettes,** préparer son évasion. **Remuer les pincettes** ou **tricoter des pincettes,** danser : *Tricotez des pincettes, / Grisez-vous sans détour / Valsez, valsez / La valse des gigolettes* (chanson *la Valse des gigolettes,* paroles de L. Lelièvre et V. Damien). **2. À pince** ou **à pinces,** à pied : *Et nous, alors, dit Asperge, vous croyez qu'on va se taper de monter à pinces quand il y a un* *ascenseur ?* (Bénoziglio). *Il allait falloir retrouver son chemin et rentrer à pinces sans se faire remarquer* (Roux).

ETYM. diminutif de **1. pince. 1.** 1867 [Delvau]. **Affûter ses pincettes,** 1866, Villars. **Remuer les pincettes,** 1900 [Esnault] ; **tricoter des pincettes,** 1891, Méténier. **2.** La loc. **à pince(s),** en ce sens, résulte plutôt d'une apocope de *pincette* ou de *pinceau* que d'un emploi particulier du mot simple *pince* (1889, Macé).

pine *n.f.*

1. Pénis : *Je t'avouerai que je suis bien en peine de te dire avec quoi il a été sodomisé ! mais quelle violence ! [...] – Tu veux dire que ce n'est pas... – C'est ça ! Sauf si on admet la possibilité qu'un type peut avoir une pine d'au moins quarante centimètres de long* (Morgiève). **Haut comme trois pines à genoux,** petit. **2. La pine à Céline,** la pénicilline. **3. En trou de pine,** se dit d'yeux dont la pupille est très réduite.

ETYM. du franc-comtois **pine,** sifflet d'écorce [Guiraud]. **1.** vers 1265, J. de Meung. **Haut comme trois pines,** 1931 [Chautard]. **2.** 1957 [Sandry-Carrère], à-peu-près phonétique. **3.** 1901 [Bruant].

piné, e *adj. et n.m.*

Bien fait, réussi : *Il faudrait que je cite tout, tant c'était du piné comme travail* (Meckert).

ETYM. métaphore comparable à celle de l'adj. *chié,* même sens. 1942, Meckert.

piner *v.t.*

Posséder sexuellement : *Le godmiché qu'elle avait acheté pour piner les gousses* (Louÿs). *Guillard ricana : « Et quoi t'en veux des à piner peut-être ? »* (Duvert).

◆ *v.i.*

Coïter : *Quelle bande de cons ! fait l'Embrouille à mi-voix, y passent leur temps à piner et à s'enguirlander !* (Lasaygues).

ETYM. de **pine.** 1899 [Nouguier].

DER. **pineur, euse** *adj. et n.* Se dit d'un individu porté sur les plaisirs sexuels : 1977, L. Aurousseau [Cellard-Rey].

pingler *v.t.*

1. Arrêter : *Y avait pas à protester. Ils s'étaient fait pingler ensemble sur un portefeuille !* (Céline, 5). **2.** Emmener. **3.** Soustraire.

ETYM. aphérèse de **épingler. 1.** 1879 [Esnault]. **2.** 1921 [id.]. **3.** 1926 [id.].

pinglot ou **pingot** *n.m. (surtout au pl.)*

Pied : *Ça sentait l'encre fraîche, la gitane, la double sueur des pinglots et des neurones* (Pennac, 1). *Cette ordure me balance une chaise entre les quilles et je m'écroule juste à ses pingots où je prends durement contact avec ses quarante-quatre* (Bastiani, 4).

ETYM. resuffixation arg. de **pinceau.** *pingots* 1924 [Esnault] ; *pinglots* 1936, Céline.

pingouin *n.m.*

1. Pied. **2.** Individu quelconque : *La plupart des pingouins remballent pas les bouquins refusés par la maison* (Dégaudenzi) ; ami, camarade.

◆ **pingouins** *n.m.pl.*

Espagnols. SYN. espingouins.

ETYM. suffixation fantaisiste de **pinceau** (1). **1.** 1926 [Esnault]. **2.** vers 1940 [Cellard-Rey]. ◆ *pl.* 1953 [Sandry-Carrère] ; jeu de mots sur *Espagnol.*

DER. **pingouine** *n.f.* Avocate : 1957 [Sandry-Carrère] (métaphore ironique, analogie de couleur : blanc et noir).

pingre, pingresse *n.*

ARG. ANC. Brigand ou mendiant : *François Girodot est le plus heureux comme le plus cruel des pingres* (Orgères). *Elle fait le flanchet de pingresse, pour mieux entortiller le daron* (Ansiaume).

ETYM. sans doute d'un vieux mot signifiant « vendeur d'épingles », d'où « pauvre hère, mendiant ». 1798, Orgères.

pinocumettable *adj.f.*

Se dit d'une femme désirable : *Elle portait des robes si courtes, aussi ! Et pas pudiques du tout quand elle faisait sissite ! Elle est pinocumettable, prétendait Pactot* (Guérin). SYN. baisable, mettable.

ETYM. de **mettre la pine au cul,** avec le suff. **-able,** et une curieuse inversion syntaxique. 1940-1944, Guérin.

pinter *v.t. et i.*

Boire beaucoup : *Nous pinterons des litres, des flacons, des gorgeons avec ce vieux Hank !* (Vautrin, 2). *Et faudra pas trop pinter dans les tavernes et pas trop sauter d'frauleins !* (Viard).

◆ **se pinter** *v.pr.*

S'enivrer : *Il se pintait dès le matin au mandarin-curaçao, se voulant auprès des dames le plus malin* (Lépidis).

ETYM. de **pinte,** ancienne mesure de capacité pour les liquides (0,93 l). vers 1265, J. de Meung.
◆ *v.pr.* XXe s.
VAR. **pintocher :** 1918, Mac Orlan.

piocher *v.i.*
Vx. Travailler durement : *Il ne vous sera pas permis, en piochant chaque jour pendant quinze ou seize heures sur vingt-quatre [...], avec votre salaire, de leur fournir les remèdes* (Cladel).
ETYM. de **pioche.** 1808 [d'Hautel].

piocheur, euse *n.*
Individu qui travaille avec ardeur : *Il fallait à Sagnier des piocheurs, des abatteurs de besogne* (Daudet).
ETYM. de **piocher.** 1808 [d'Hautel].

piocre *n.m.*
Pou.
ETYM. origine obscure, p.-ê. altération de l'adj. **pouacre,** sale. 1977 [Caradec].

pioger *v.i.*
Habiter.
ETYM. origine incertaine, p.-ê. mot-valise, issu de **piauler** et de **loger.** 1975 [Arnal].

piôle ou **piolle** *n.f.* → PIAULE.

piollier *n.m.* → PIAULIER.

pion, pionne *adj. et n.*
Ivre : *T'as assez picolé, le supplie Victoire, allez rentre à la maison. Pion comme t'es, tu vas te foutre en l'air !* (Vautrin, 1). *Allons-y, mon p'tit. Et tâche de te tenir droite, bon Dieu ! On croirait que t'es pionne perdue !* (Le Breton, 3).
ETYM. de l'anc. fr. **pier,** boire. 1821 [Mézière].

pioncer *v.i.*
1. Coucher : *Eh ! mon gars, cria Polyte, faut pas pioncer ici... Rentre à la maison... couche-toi sans m'attendre* (Machard). **2.** Dormir : *Marceau s'était endormi immédiatement. Sans un pli, il avait étalé un sommeil régulier, pionçant comme on aspire la vie, retrouvant doucement figure humaine* (Amila, 1).
ETYM. var. de **piausser,** issu de **peausser,** de **peau,** lit fait de peaux de bêtes. **1.** 1836 [Vidocq], chanson de 1811. **2.** 1827, *Un monsieur comme il faut.*
DER. **pionce** *n.f.* Somme : 1867 [Delvau]. **pionçage** *n.m.* Sommeil : 1846, *Intérieur des prisons.* **pionceur** *adj.m.* Dormeur : 1867 [Delvau]. **pioncetiquer** *v.i.*, **se pioncetiquer** *v.pr.*, **pioncetiquage** *n.m.* et **pioncetiqueur** *n.m.* : 1899 [Nouguier].

pioner (se) ou **pionarder (se)** *v.pr.*
S'enivrer : *Il est p'têt' dans un coin en train d'se pioner* (film *Le rouge est mis* de G. Grangier, 1957, dialogues d'Audiard).
ETYM. de **pion.** 1899 [Nouguier].

pionnard ou **pionard** *n.m.*
Ivrogne : *Mais la nana avait du nerf, le coup de latte qu'elle avait filé au pionnard dans les cojones valait le déplacement* (Lion).
ETYM. de **pion.** 1899 [Nouguier].
DER. **pionnarderie** ou **pionnardise** *n.f.* Ivresse : [id.].

pipe *n.f.*
1. Cigarette : *« T'as pas une pipe ? » Elles se passaient du feu, des cigarettes* (Carco, 5). **2.** Visage, tête. **3.** **Par tête de pipe,** par individu (en parlant d'un partage) : *Dis, tu as les fonds pour eux. Cinquante billets par tête de pipe, c'est correct, non ?* (Bastiani, 1). **4.** Vx. **Prendre une pipe** ou **la pipe,** recevoir des reproches ; subir un échec, une défaite : *Car l'on peut, entre nous, prendre la pipe, / Et se fair'casser la gueul' / Si qu'on est seul !* (chanson *Ce n'est pas la même chose,* paroles de A. Willemetz). *À force qu'on remporte que des pipes, il en serait devenu dingo* (Céline, 5). **5.** Fellation : *C'est un truc de geisha. Irrésistible. Tu fais une pipe à ton Jules, la bouche pleine de thé chaud mêlé à du saké* (Francos). → TAILLER.
ETYM. emplois le plus souvent métaphoriques du mot usuel. **1.** 1901 [Rossignol]. Esnault voit là le déverbal de **1. piper,** plutôt que le mot simple. **2.** 1847, Toulouse [Esnault]. **3.** 1948, H. Bazin [TLF], mais *tête de pipe,* idiot, dès 1883 [Fustier]. **4.** 1901 [Bruant]. **5.** 1927, Dussort [Esnault].
DER. **pipette** *n.f.* **1.** Cigarette : 1953 [Sandry-Carrère]. **2.** Fellation : [id.].

pipeau *n.m.*
1. **Jouer du pipeau,** chercher à tromper : *L'organisation de la tolérance n'a rien d'idyllique. N'allez pas croire que je vous joue du pipeau à son sujet* (Boudard, 2). **2.** **C'est du pipeau,** c'est sans intérêt, ça ne mérite aucune considération : *Recco le coupe, s'énerve : « Dites ce que vous voulez, tout ça, c'est du pipeau »* (*Libération,* 7 juin 1983).

ETYM. vient du sens cynégétique : appeau ou piège à oiseaux (→ 2. PIPER). 1. *éviter les pipeaux de qqn* 1869 [Littré]. 2. 1983, *Libération*.

pipelet, ette *n.*

Concierge : *Dans le noir, on espérait la venue du pipelet, le seul de toute la cabane à connaître l'emplacement des interrupteurs* (Simonin, 3). *On sonne encore, toujours rien, bon, la pipelette dit que pas d'erreur, c'est pas normal, faut entrer, elle prend tout sur elle* (Bénoziglio).

◆ **pipelette** *n.f.*

Fille, femme ou personne bavarde : *Les pipelettes de la baraque, ce sont les sœurs Brugnoli. C'est par elles que je sais ce que deviennent les Dalton et la bande de Clamart* (Cardinal). *Il savait tout, ce père Bourgade. Une vraie pipelette* (Barnais, 1).

ETYM. du nom des concierges des *Mystères de Paris* (E. Sue, 1842). 1854 [Esnault].

◆ *n.f.* 1963 [GLE].

1. piper *v.t. et i.*

Fumer : *C'est tout de même triste d'en être réduit à piper des mégots !* (Méténier).

◆ *v.t.*

Gratifier (qqn) d'une fellation : *Chantons-le* [notre Kyrie] *pour les pétasses* [...] */ Celles qui pipaient avec talent / Et qu'on baisait tous en même temps* (chanson paillarde).

ETYM. de **pipe.** 1810, Molard [TLF].

◆ *v.t.* 1957 [PSI].

2. piper *v.t.*

1. VIEILLI. Prendre sur le fait, arrêter : *Il s'est fait piper sur le tas.* 2. Supporter (dans des tours négatifs). SYN. piffer. 3. Tromper, filouter.

ETYM. verbe d'origine onomatopéique, « pousser de petits cris » (notamment pour attirer les oiseaux, d'où l'idée de duperie). 1. 1856, Arts et métiers d'Angers [Esnault] ; encore en 1953 [Sandry-Carrère]. 2. 1930 [Esnault]. 3. 1808 [d'Hautel].

DER. **pipeur** *n.m.* Individu qui trompe autrui et **piperie** *n.f.* Escroquerie, tromperie : 1808 [d'Hautel].

pipeuse *n.f.*

Prostituée spécialisée dans les fellations : *Seules les vieilles pipeuses restent fidèles au poste, elles ne craignent plus les sous-sols du Dépôt* (Oppel).

ETYM. de **1. piper.** 1935, Simonin-Bazin.

Pipo *n.pr.*

L'École polytechnique : *Qu'étaient-ils devenus ? Disparus, eux aussi ! Entrés à pipo ? Déjà officiers ?* (Guérin).

◆ **pipo** *n.m.*

Polytechnicien.

ETYM. surnom de la fameuse école ; c'est aussi le « petit nom » donné en Suisse à *Hippolyte*, d'où sans doute le jeu de mots *Hippolyte / Polytechnique*. 1860 [Esnault].

◆ *n.m.* avant 1870, Lévy-Pinet [TLF].

piquage *n.m.*

1. Action de lever un client, en parlant d'une prostituée. 2. Arrestation. 3. Vx. Prélèvement illicite de vin ou d'alcool en perçant la barrique.

ETYM. de **piquer.** 1. 1902 [Esnault]. 2. 1952 [id.]. 3. 1881 [Rigaud].

piquante *n.f.*

ARG. ANC. 1. Aiguille à coudre ou épingle : *Prête-moi ta piquante, pour arranger ma limace* (Ansiaume). 2. Fourchette.

ETYM. emploi substantivé du participe présent de **piquer.** 1. « aiguille » 1821 [Ansiaume] ; « épingle » 1881 [Rigaud]. 2. 1844 [Dict. complet].

pique *n.m.*

1. **Chatouiller, taquiner** ou **faire valser la dame de pique,** jouer aux cartes. 2. Voleur à la tire : *Un pique ! Un tireur ! Le voilà donc le noble travail de mon zèbre* (Dégaudenzi).

ETYM. le *pique* est pris ici comme représentatif du jeu de cartes, sans doute par jeu de mots sur **piquer.** 1. 1953 [Sandry-Carrère]. 2. 1987, Dégaudenzi.

piqué, e *adj. et n.*

1. Fou ; maniaque : *Les types qui l'ont pas compris, qui l'ont pris pour un « piqué »* (Van der Meersch). *Mina, le voyant arriver, sortit en affichant un immense dégoût. – Elle est piquée, celle-là, déclarait l'homme en s'installant* (Carco, 2). 2. **Pas piqué des vers** ou **des hannetons.** *a.* frais, bien conservé ; *b.* digne d'intérêt, remarquable : *Sacré mâtin ! elle n'est pas piquée des vers, l'épouse à Georges Duroy* (Maupassant). *Louis Aragon qui s'était déjà fait connaître dans ce genre un peu spécial par un roman gentiment intitulé « le Con d'Irène » et qui n'est pas piqué des hannetons* (Galtier-Boissière, 1).

ETYM. sans doute lié à l'idée d'une piqûre venimeuse qui dérange l'esprit (1). 1. 1899

[Esnault]. **2.** ***a.*** 1832, chanson [Larchey] ; ***b.*** 1837, Balzac [GLLF].

pique-en-terre *n.m.inv.*

1. Vx. Dindon. **2.** Poulet : *Quoi donc que tu briffais qu'était plus bon que le pique-en-terre?* (Le Breton, 6).

ETYM. de **piquer** et de **terre. 1.** 1800 [Leclair]. **2.** 1821 [Ansiaume].

pique-fesses *n.f.inv.*

Infirmière.

ETYM. composé métonymique, de **piquer** et de **fesses,** qui prend une fonction pour l'individu lui-même. 1977 [Caradec].

piquer *v.t.*

1. Tatouer ; marquer frauduleusement (une carte). **2.** Perforer (un objet). **Piquer un tronc,** extraire le contenu d'un tronc d'église avec de la glu. **3.** Frapper (qqn) avec une arme blanche : *Je garde mon rôle de petite frappe. Oh ! ce n'est pas bien méchant. J'ai un couteau et je dis d'un ton menaçant : « J'le pique, ou j'le pique pas ? »* (Dalio). **4.** Vx. Frapper (un détenu) avec un cordage goudronné. **5.** Soumettre à un emprunt : *C'est de vingt-cinq cigues que ce paumé a réussi à le piquer !* (Simonin, 8). **6. Piquer un départ, un galop, un cent mètres, un sprint,** se mettre à courir, effectuer une course rapide : *Sur ce je piquai un sprint jusqu'au garage souterrain de l'hôtel de police* (Fajardie, 2). **7. Piquer au truc,** faire une tentative. **8.** Ramasser, prendre à terre : *Piquer un clope.* **9.** Lever (un client). **10.** Rencontrer par hasard. **11.** Arrêter par surprise : *Et si par miracle les flics vous piquent, vous en avez pour trois semaines dans une prison avec télé et tout* (Bénoziglio). **12.** Voler, dérober : *Ici* [maison de correction] *c'est au plus fort la poche. J'te pique ta vareuse, tu m'piques mes pompes, tu me repiques une liquette, je te refais de tes molletières* (Le Dano). *Une belle fille comme ça, superbe, t'as peur qu'on te la pique, normal !* (Desproges) ; absol., **piquer dans la caisse,** commettre un vol au préjudice de son employeur : *J'ai pas piqué dans la caisse. J'aurais dû : les ratons, ils piquent dans la caisse, c'est bien connu !* (Smaïl). **13.** S'abandonner à un accès de. **Piquer une crise,** avoir une grosse colère. Vx. **Piquer son bœuf, sa chèvre,** s'emporter. **Piquer le coup de bambou,** avoir une insolation ; devenir fou. **Piquer un fard, un soleil,** (vx) **un cinabre,** rougir : *Delatte s'aperçut que les autres le fixaient avec ironie, piqua un fard et fouilla dans ses poches pour prendre ses cigarettes et trouver une contenance* (Monsour). **Piquer sa plaque.** ***a.*** dormir ; ***b.*** mourir. **Piquer la rogne,** se fâcher. **Piquer une romance.** ***a.*** se mettre à chanter ; ***b.*** dormir (en ronflant). **Piquer un somme, un roupillon,** (vx) **un chien,** s'abandonner à un sommeil généralement bref : *Pendant que tout ce monde s'abandonnait aux joies de l'écran* [...], *piquait un petit somme ou s'envoyait en l'air,* [l'ouvreuse] *pouvait tricoter en paix des chaussettes pour ses enfants* (Chevalier). *Le rocker a piqué un roupillon dans un coin de l'appart* (*Actuel,* novembre 1982). *Ce que c'est bon de* [...] *piquer un chien en face l'un de l'autre, pendant que le verglas dégouline sur les vitres...* (Daudet). **14. Piquer une tête** ou **un plongeon,** plonger brusquement : *Il s'avança et demanda à l'inconnu ses papiers. Alors Troppmann, terrorisé, piqua une tête dans le bassin* (Goron). *Je piquerais volontiers un plongeon, si vous n'y voyez pas d'inconvénient. Il espérait que la nage le calmerait* (Malaquais) ; fig., se ruiner.

◆ **se piquer** *v.pr.*

1. Se droguer en se faisant des injections d'héroïne. **2. Se piquer le nez, le blair, la meule, la ruche, le tarin, la truffe,** etc., s'enivrer : *Hélas ! Joseph se piquait le nez de plus belle. Une fois sur deux les fournées étaient brûlées* (Thomas, 1). *Pour s'piquer la ruche à l'anisette / Y m'a descendu la bouteille / À lui tout seul le saligaud* (Renaud). *Ce petit boulot lui laissait le loisir* [...] *de mener, en outre, sa joyeuse vie nocturne... de se piquer la meule... rouler sous les tables presque tous les soirs* (Boudard, 5).

ETYM. emplois spécialisés du verbe usuel. **1.** « tatouer » 1828, Vidocq ; « marquer » 1829 [Forban]. **2.** 1870 [Esnault]. **Piquer un tronc,** vers 1885 [id.]. **3.** 1880 [id.]. **4.** 1823 [id.]. **5.** 1907 [id.]. **6. Piquer un galop,** 1866 [id.], **un départ, un cent mètres,** 1953 [Sandry-Carrère]. **7.** [id.]. **8.** 1857 [Esnault]. **9.** 1850 [id.]. **10.** 1950 [id.]. **11.** 1938 [id.]. **12.** fin du XIVe s., E. Deschamps [GLLF]. **13. Piquer une crise, le coup de bambou,** 1953 [Sandry-Carrère]. **Piquer son bœuf, sa chèvre,** 1901 [Bruant]. **Piquer son fard,** 1881 [Rigaud] ; **un soleil,** 1844 [Esnault]. **Piquer un cinabre, piquer sa plaque,** 1867 [Delvau]. **Piquer la rogne,** 1855 [Esnault]. **Piquer une romance.** ***a.*** 1936, Bourdet [GLLF] ; ***b.*** 1883 [Fustier]. **Piquer un somme,** 1886, Vallès [GLLF] ; **un chien,** 1831,

Musset [TLF] ; **un roupillon,** 1916, Barbusse. **14.** 1842, E. Briffault [Quemada] ; fig., 1901 [Bruant].

◆ *v.pr.* **1.** 1977 [Caradec]. **2. Se piquer le nez,** 1858 [Larchey] ; **le blair**, 1876, Richepin ; **la truffe,** 1953, Simonin.

VAR. **piquarès** Prendre, voler : 1957 [Sandry-Carrère].

piquet *n.m.*

1. Avoir le piquet (de tente), être en érection : *Quand j'ai le piquet de tente, Bambou, je peux la limer pendant des heures* (Gainsbourg, in *Globe*, 1988). **2. Partie de piquet,** coït.

ETYM. métaphore : allusion à la forme que prend le drap de lit en de telles circonstances. **1.** 1988, Gainsbourg. **2.** 1901 [Bruant].

piqueter *v.t. et i.* → **PICTER.**

piqueton *n.m.* → **PICTON.**

piquette *n.f.*

Défaite (notamment au jeu) : *Ceux qui ont une radio, qui sont venus me dire que les Allemands avaient pris la piquette* (Werth, 2). *Je me sens très bien. En grande forme. Attendez un peu la piquette que je vais vous foutre en buvant la vôtre !* (Bénoziglio).

ETYM. p.-ê. de la loc. anc. **être passé par les piques,** c.-à-d. passer, en guise de punition, entre deux rangs de piquiers qui vous frappent du bois de leurs armes (1565 [GLLF]). 1896 [Chautard], au sens de « raclée ».

piqueur *n.m.*

1. Individu prompt à jouer du couteau : *Riton, c'était un piqueur, vrai ! mais, de rasoir je ne lui en avais même jamais vu* (Simonin, 2). **2.** Vx. Maniaque qui, dans la foule, piquait les femmes avec une aiguille : *Le piqueur était un être mystérieux qui, après avoir poussé sa pointe, disparaissait aussitôt* (Lhéritier). **3.** Voleur à la tire ; chapardeur : *Chargé de surprendre les piqueurs de troncs, qui, à l'aide de pinces à épiler ou de baguettes enduites de glu, extirpaient pièces et billets des troncs d'église, il* [l'inspecteur Rapin] *avait même poussé la conscience professionnelle jusqu'à se cacher dans les confessionnaux* (Larue). *Ce n'est pas difficile d'attendre qu'un piqueur de sac opère sous votre nez et de l'attraper* (*le Nouvel Observateur*, 27 mai 1983).

ETYM. de **piquer. 1.** 1951 [Esnault]. **2.** 1830, Lhéritier. **3.** 1901 [Bruant].

piquomaniaque *adj. et n.*

Se dit d'un drogué qui se pique fréquemment et avec n'importe quoi : *Le junky est souvent un piquomaniaque : par exemple, il est fréquent qu'en état de manque il s'injecte n'importe quoi, y compris de l'eau* (Cahoreau-Tison).

ETYM. du verbe **piquer** et de **maniaque.** 1987, Cahoreau-Tison.

piquot ou **piquoteur** *n.m.* → **PICOT.**

piquouse, piquouze ou **picouse** *n.f.*

1. Vx. Épingle de cravate. **2.** Vx. Voleur à la tire. **3.** Vx. Haie d'épines. **Défleurir la picouse,** voler du linge séchant sur une haie. **4.** Piqûre (thérapeutique, de drogue, etc.) : *Si tu continues à courir après les métastases, à nous faire chier, à te faire chier, c'est la piquouze tout de suite* (Francos). *Ce soir tu toucheras encore deux cent mille balles et je te garantis un an de piquouses à l'œil* (Dominique). **5.** Objet pointu (clou, alène, etc.) : *La piquouse a relui dans l'ombre. Un, deux, trois coups d'une fine alène de cordonnier, ça suffit* (Simonin-Bazin).

ETYM. de **piquer** et du suff. arg. **-ouse. 1.** 1928 [Lacassagne]. **2.** 1902 [Chautard]. **3. Déflorir la piquoure,** 1628 [Chéreau] ; **déflorer la pigouse,** 1800, Leclair ; **défleurir la pigousse,** 1821 [Ansiaume]. **4.** *piquouse* 1928 [Lacassagne] ; *piquouze* 1943, Genet ; *picouse* 1977 [Caradec]. **5.** 1935, Simonin-Bazin.

piquouser ou **picouser** *v.t.*

Piquer ; faire une piqûre (à qqn) : *Si t'es nazi, va t'faire piquouzer* (chanson *Il n'est pas distingué,* paroles de M. Hély). *Agrafant la quavenavouille* [...] *la miteuse voulut s'expliquer ; mais elle se piquousa le pavouce* (Stollé).

ETYM. de **piquouse.** *piquouzer* 1932, M. Hély ; *picouser* 1977 [Caradec].

piscaille *n.f.*

Piscine.

ETYM. resuffixation arg. de **piscine.** 1935 [Esnault] ; encore en 1982 [Perret].

VAR. **pisbé :** 1935 [Esnault]. **pistoche :** 1929 [id.].

piscine *n.f.*

Être en pleine piscine, en plein désarroi.

◆ **la Piscine** *n.pr.*

Nom donné à la Direction des services du contre-espionnage français.

ETYM. emplois métaphoriques du mot usuel : idée de se mouiller (jusqu'au cou). 1953 [Sandry-Carrère].
◆ *n.pr.* 1975 [Arnal].

pisse *n.f.*

1. Urine : *Une sensation de brûlure sur le ventre. La honte. Elle pissait et sa pisse coulait sur moi. Saloperie. Couvert de pisse chaude* (Pouy, 1). **2. Pisse (d'âne),** liquide, breuvage peu ragoûtant. (On rencontre aussi **pissat d'âne** en ce sens.)
ETYM. déverbal de **pisser. 1.** 1809-1816 [TLF]. **2.** *pissat d'âne* avant 1778, Voltaire [Littré].

pisse-copie *n.*

Journaliste: *Les coups de fil crépitaient comme grêle : autorités, politiciens, journalistes patentés ou pisse-copies de fortune* (Coatmeur).
ETYM. de **pisser** et de **copie,** article. 1956, Arnoux [TLF].

pissenlits *n.m.pl.*

1. Manger, bouffer les pissenlits par la racine, être mort et enterré : *Quand tu seras au front, fais gaffe, planque-toi et fais pas le mariole. Bouffer les pissenlits par la racine pour la patrie, il y a autre chose à faire dans la vie* (Lépidis). **2. Arroser les pissenlits,** uriner en plein champ.
ETYM. locutions fortes et imagées. **1.** 1862, Hugo [TLF]. On rencontre des variantes, par exemple *téter les salades par la racine* (1877, Chavette). **2.** 1881 [Rigaud].

pisser *v.i.*

1. Uriner : *Nous allons cracher dans les trèfles / Et pisser dans les sainfoins* (Desnos). **Prendre (à qqn) comme une envie de pisser,** se dit d'une envie soudaine et irrésistible : *Ça c'est une lubie, mon lapin... Ça te prend comme une envie de pisser* (Céline, 5). **En pisser dans son froc, dans sa culotte,** rire énormément de qqch. **Pisser au cul, à la raie de qqn, pisser sur qqn,** manifester un mépris total à son égard : *« Nous n'allons pas nous conduire comme des Boches ou des Mongols ! ». Les Mongols, ils te pissent au cul, les Mongols, Ducon* (Cavanna). *En 1980, j'ai 30 ans à Sainte-Mouise et les morveux me pissent à la raie* (Prudon). **C'est comme si je pissais dans un violon,** personne ne prête attention à ce que je dis : *J'ai essayé de le faire comprendre aux Dolmet. Ça été comme si je pissais dans un violon* (Malet, 11). **Ne plus se sentir pisser,** être d'une vanité insupportable : *M'n acolyte, qui se sentait pus pisser, d'orgueil d'avoir indiqué un si fameux chopin* (Stéphane). **Pisser à l'anglaise,** s'esquiver sans saluer ou sans payer. **2. Laisser pisser,** ne pas se préoccuper de qqch : *Pat, pour la dernière fois, laisse pisser. Ça me regarde, moi, et moi seul, O.K. ?* (Conil). **3.** Laisser écouler un liquide, par un orifice du corps : *Pisser du nez.* **Pisser de l'œil,** pleurer : *C'est vrai, ça, pendant ce temps y a nos femmes qui pissent de l'œil et nous on est là qu'on se fend la prune* (Paraz, 2). **4. Ça pisse pas loin,** ça manque d'intérêt ou d'efficacité.

◆ *v.t.*

1. Pisser le sang, saigner abondamment : *Ce n'était qu'une éraflure, mais la douleur était déjà présente, et il pissait le sang énormément* (Destanque). **Faire pisser le sang à qqn,** le torturer physiquement ou moralement : *Ils* [les bourreaux de la Gestapo] *étaient là, dans les salons, avec des filles, vidant magnum sur magnum et se racontant leurs exploits : « T'as vu comment je lui ai fait pisser le sang, à ce mec »* (Jamet). **Pisser du sable,** avoir des calculs rénaux. **2. Pisser sa côtelette,** (VX) **des os, des enfants,** accoucher. **3. Pisser des lames de rasoir (en travers),** être atteint d'une MST qui rend la miction douloureuse : *Mes derniers sous, je les avais dépensés à attraper des gonocoques à Las Palmas, escale idéale quand on veut pisser des lames de rasoir sur les quais de La Joliette, à trois jours de là* (Spaggiari). **Faire pisser des lames de rasoir à qqn,** le torturer moralement (notamment un suspect ou un détenu). **4. Pisser de la copie** ou **sa copie,** écrire des articles, en parlant d'un journaliste.

ETYM. formation expressive, dès le bas lat. **pissiare. 1.** vers 1180, Marie de France [GLLF]. **Pisser dans son froc,** 1957 [Sandry-Carrère]. **Pisser au cul,** 1878 [Rigaud] ; **à la raie,** 1933, Aymé [TLF] ; **pisser sur qqn** et **dans un violon,** 1883 [Fustier]. **Ne plus se sentir pisser,** 1912 [Villatte]. **Pisser à l'anglaise,** 1867 [Delvau]. **2.** abréviation de *laisser pisser le mérinos,* fin du XIXe s. **3.** *pisser du nez* 1977 [Caradec]. **Pisser de l'œil,** 1891, Méténier ; **pisser des yeux,** même sens, 1744, Vadé [Larchey]. **4.** 1979 [Rey-Chantreau].

◆ *v.t.* **1.** vers 1215, Pean Gatineau [GLLF]. **Faire pisser le sang,** 1556, Ronsard [GR]. **Pisser du sable,** 1957 [Sandry-Carrère]. **2. Pisser sa côtelette,** 1862 [Larchey] ; **des os,** 1808 [d'Hautel]. **3** et **4.** 1867 [Delvau].

pisseur *n.m.*

Pisseur de copie ou **d'encre,** journaliste médiocre : *J'ai subi les éclairs des flashes, les mille questions indiscrètes des pisseurs de copie* (Barnais, 1). *Ah ! les pisseurs d'encre n'ont pas le taf !* (Lorrain).

ETYM. de **pisser (de la copie).** 1866 [Delvau].

pisseuse *n.f.*

Fille jeune (génér. fillette, parfois adolescente) : *Trois employés au total, dont un vieux caissier et deux pisseuses* (Grancher). **Pisseuse de côtelettes,** femme féconde.

ETYM. de **pisser.** 1552, Jodelle [TLF]. Ce mot est nettement sexiste, comme si la miction fréquente était l'apanage du sexe « faible ». **Pisseuse de côtelettes,** 1912 [Villatte].

VAR. **pissouse :** 1977 [Caradec].

pissoir *n.m.*, **pissotière** *n.f.* ou (vx) **pissoire** *n.f.*

Urinoir public : *Sans oublier les pissotières dont le nombre incroyable donne une haute idée du besoin tout rabelaisien qu'on avait par ici d'uriner* (Chevallier). *J'couche quéqu'fois dans des pissoires* (Richepin).

ETYM. de **pisser.** *pissoir* 1588, Montaigne [GLLF] ; *pissoire* 1876, Richepin ; *pissotière* 1611 [Cotgrave].

pistache *n.f.*

Prendre, ramasser une pistache, s'enivrer : *Le p'tit bleu c'est pur et sans tache* / [...] *Et ceux qui s'en flanquent un'pistache / L'lend'main n'en sont que mieux portants* (chanson *le P'tit Bleu,* paroles de L. Gabillaud). **Avoir une pistache,** être ivre : *Vous pouvez aussi ajouter : ripolin, brindezingue, schlasse, ou encore : qui a une pistache* (Combescot).

ETYM. le mastic vert, autre nom de l'absinthe, est préparé avec le suc de l'arbuste nommé *lentisque-pistache. pincer sa pistache* 1881 [Rigaud]. **Avoir une pistache,** 1879 [Chautard].

DER. **se pistacher** *v.pr.* S'enivrer : 1977 [Caradec].

pistachier *n.m.*

À Marseille, amateur de jolies filles : *Le « pistachier », ce cavaleur hâbleur qui raconte ses aventures féminines au comptoir* (*le Nouvel Observateur,* 17 février 1984).

ETYM. jeu de mots probable sur **pister,** suivre. 1957 [Sandry-Carrère].

pister *v.t.*

1. Suivre des voyageurs, pour leur proposer un hôtel ou leur servir de porteur. **2.** Chercher des clients pour le compte d'un tripot, d'une boîte de nuit. **3.** Suivre dans une intention amoureuse. **4.** Épier, filer qqn : *D'abord à quoi ça va nous servir de le pister avec un métro de retard ? On aura du mal à le coincer* (Daeninckx).

◆ **se pister** *v.pr.*

S'enfuir.

ETYM. emploi humain de ce verbe cynégétique. **1.** « hôtel » 1875 [Esnault] ; « porteur » 1899 [id.]. **2.** « tripot » 1878 [id.] ; « boîte de nuit » 1977 [Caradec]. **3.** 1881 [Esnault]. **4.** 1890 [id.]. ◆ *v.pr.* 1915 [id.].

DER. **pistet** *n.m.* Judas de porte : 1954 [Esnault].

pisteur *n.m.*

1. Rabatteur pour le compte d'un tripot, d'une boîte de nuit : *Les musées ont leur pisteur, espèce d'interprète qui abuse de la crédulité des touristes inexpérimentés pour les conduire dans des maisons intimes où ils sont exploités ou dévalisés* (Macé). *Dans cet enfer bigarré de Montmartre, où les nègres viveurs et dédaigneux, les souteneurs, les pisteurs, les camelots, les bohèmes, les gigolos et les filles se croisent, se heurtent, se décrient et se mêlent, Fernande donc se trouvait seule* (Carco, 2). **2.** Vx. Individu qui rôde autour des gares et suit les fiacres pour décharger leurs bagages.

ETYM. de **pister** au sens 2. **1.** 1895 [Esnault]. **2.** 1899 [Nouguier].

pistole *n.f.*

Vx. **1.** Cellule de prison : [À la Conciergerie], *les* doubles pistoles, *par opposition aux* simples pistoles, *qui sont au rez-de-chaussée et qui se payent moins cher* (Joigneaux). *Ça fera une batterie, on renverra l'huissier à sa pistole et Frank au cachot* (Sue). **Être à la pistole,** jouir d'un régime pénitentiaire relativement confortable, moyennant finance (à l'origine, une pistole par mois) : *Le plus souvent, les encres sympathiques sont du suc d'oignon ou du jus de citron, quand le prisonnier est à la pistole, et peut se procurer ces condiments de luxe* (Locard). **2. Grande pistole,** dix francs. **Petite pistole,** dix sous. (On rencontre aussi **pistolette.**)

ETYM. nom d'anciennes monnaies d'Espagne et d'Italie, proches du louis français (XVIe s.).

1. « régime » XVIIIe s. ; « cellule » 1841, Joigneaux. **2. Grande** et **petite pistole,** 1878 [Rigaud] ; *pistolette* 1877, Temple [Esnault].

pistolet *n.m.*

1. Vx. Demi-bouteille de champagne. **2. Un drôle de pistolet,** un individu bizarre, douteux : *Ah ! Gambetta a marché, lui répond Jules. Décidément, c'est mon homme. – Peuh ! un drôle de pistolet ! Et mon père fait un geste de mépris pendant que ma sœur pince les lèvres* (Darien, 1).

ETYM. emploi métaphorique (idée de « forme torse » ?) et péj. du mot usuel. **1.** 1862 [Larchey]. **2.** 1829 [Esnault].

pistolier, ère *n.*

ARG. ANC. Détenu jouissant du régime de la pistole : *Les uns* [de ces cabanons], *au rez-de-chaussée, pour les simples pistoliers* (Joigneaux).

ETYM. de **pistole.** 1837, Moreau-Christophe [Larchey].

1. piston *n.m.*

Capitaine : *Sûr que le piston s'en fout, on ne le verra pas souvent là-haut* (Dorgelès). SYN. pitaine.

ETYM. aphérèse de **capiston.** 1888 [Esnault].

2. piston *n.m.*

1. Gorge. **2.** Individu tracassier. **3.** Protection, recommandation (plus ou moins régulière) de qqn d'influent : *Votre nomination vous l'avez sûrement eue par piston, vous avez pas fait le stage, c'est pas possible !* (Bernheim-Cardot). **Coup de piston,** action de recommander, de favoriser qqn. **4.** Pédale de vélo. **5.** Vx. Pénis : *Jouer du piston.*

ETYM. de **(cornet à) piston** (1 et 2) et du **piston,** pièce de moteur, pris comme symbole de la transmission d'une force (3). **1.** 1889 [Esnault]. **2.** 1858 [id.]. **3.** 1857, Saint-Cyr [id.] (signifie aussi « chef protecteur » dans cette école). **4.** 1953 [Sandry-Carrère], art. *appuyer.* **5.** 1896, *Vocabula amatoria* [Guiraud].

pistonné, e *adj. et n.*

Qui est indûment favorisé, qui jouit d'un passe-droit : *J'ai fait un petit clin d'œil, que des pistonnés, c'est ça que tu disais ?* (Ravalec).

ETYM. participe passé de **pistonner.** 1904, Frapié [TLF].

pistonner *v.t.*

1. Importuner. **2.** Protéger, favoriser qqn : *Elle pouvait me pistonner pour devenir je ne sais quoi... une sorte de visiteur médical...* (Boudard, 5). **3.** Posséder sexuellement.

ETYM. de **2. piston. 1.** 1858 [Esnault]. **2.** 1857, Saint-Cyr [id.]. **3.** 1994, Ravalec.

pitaine *n.m.*

Capitaine : *Nul ne doit se dérober à son devoir, braille le pitaine décidément en verve. Soyons dignes* (Le Dano).

ETYM. aphérèse de **capitaine.** 1863, Polytechnique [Esnault].

pitancher *v.i. et t.* → PICTANCHER.

pitchpin ou **pichpin** *n.m.*

Tâche facile à réaliser.

ETYM. emploi métaphorique du mot d'origine anglaise désignant un bois résineux facile à travailler. *pitchpin* 1977 [Caradec] ; *pichpin* 1960 [Le Breton].

piton *n.m.*

Vx. **1.** Nez (généralement volumineux et coloré) : *J'ai l'piton camard en trompette* (Richepin). *Le bas et cauteleux Rodin, / Parfait jésuite, [...] / Allonge un énorme piton / En pomme cuite* (chanson, *in* Macé). **2.** Punition infligée aux forçats : *Le piton : Une corde fixée à un mur par quatre pitons tient le patient vertical comprimé aux bras, aux jambes et à l'estomac* (Alhoy).

ETYM. emplois métaphoriques du mot exprimant l'idée de pointe, de sommet. **1.** 1862 [Larchey]. **2.** 1845, Alhoy.

pive ou **pivois** *n.m.*

Vin (souvent de qualité médiocre) : *Du pivoye à quatre ronds la gourpline, qui n'estoit pas trop chenastre* (Responce au grand Coesre). *Tu vois, me dit-il, le daron sait l'ordonnance, le pivois, le rôti et la salade* (Vidocq). *Pays de cocagne : la motte de beurre sur toutes les tables, la crème fraîche dans tous les plats, et en fait de pive, le coteau du Layon et le Vouvray sec qui coulent à flots* (Galtier-Boissière, 1). **Pivois sans lance,** vin pur : *J'ai été invité à cette noce, j'ai bu le « chenu pivois sans lance » avec tous ces braves gens* (Mac Orlan, 3). **Pivois savonné,** vin blanc. **Pivois vermoisé,** vin rouge. **Pivois citron,** vinaigre.

ETYM. de l'anc. fr. **pier,** boire, avec p.-ê. infl. du mot dial. **pive,** pomme de pin (Doubs, Ain), qui servait d'enseigne aux cabarets. *pivois* 1562, Rasse des Nœuds [Esnault]; *pive* 1866 [Delvau]. **Pivois sans lance,** 1792 [Esnault]. **Pivois savonné,** 1725 [Granval]. **Pivois vermoisé,** 1822 [Mésière]. **Pivois citron,** 1849 [Halbert].

VAR. **pivre :** 1848 [Pierre]. **piveton :** vers 1890, Bruant [Cellard-Rey].

DER. **se piver** *v.pr.* Se griser : 1899 [Nouguier].

placard *n.m.*

1. Ensemble de cartes à jouer trafiquées. **SYN.** emplâtre. **2.** Prison : *Après t'avoir entendu, après avoir tapé ta déclaration, après t'avoir fourré dans le placard, je me suis quand même rendu compte que tu n'étais pas un type absolument pourri* (W. Camus). **3. Être, rester au placard,** être mis de côté : *Ce dont il était sûr, c'est que les poursuites intentées contre lui pour proxénétisme, racket et complicité d'assassinat resteraient au placard tant qu'il se montrerait coopératif* (Veillot). **Mettre au placard,** étouffer provisoirement (une affaire), neutraliser (qqn) : *« Mis au placard » à l'IGPN, il revint à un poste de responsabilité après mars 1986* (*le Monde,* 29 juillet 1988). **4.** Bouche. **5.** Postérieur. **6.** Ventre : *Il essaie d'esquiver... de se barrer. Pas le temps ! Il prend un coup de boule gigantesque dans le placard* (Bauman). **7.** Droit versé au « bidochard » pour l'achat d'une prostituée.

ETYM. au sens 1, « ce qu'on plaque sur une surface (le tapis de jeu) » ; les autres emplois sont métaphoriques (idée d'espace clos et contenant). **1.** 1878 [Esnault]. **2.** 1899 [Nouguier]. **3.** 1985, Veillot. **Mettre au placard,** 1981, *l'Express* [GR]. **4.** 1901 [Esnault]. **5.** 1909 [id.]. **6.** 1926 [id.]. **7.** 1975 [Arnal].

placardage *n.m.*

Placement : *Le placardage de la nana en volière* (Simonin, 10).

ETYM. de **placarder.** 1967, Simonin.

placarde *n.f.*

1. Place publique : *Ne va pas faire le sinvre devant la carline. Vois-tu, il y a un mauvais moment à passer sur la placarde ; mais cela* [l'exécution] *est sitôt fait !* (Hugo). **2.** Emplacement de vente : *Une chouette placarde sur les bouls.* **3.** Emploi, situation : *Un homme qui s'était taillé lui-même sa placarde au soleil, Anatole le caïd-caïman... self made man* (Boudard, 4). **4.** Place de spectacle. **5.** Emplacement quelconque : *À voir sa frite, y avait pas besoin d'être guérisseur pour saisir que ce qui l'attendait, c'était une placarde au casino des refroidis* (Bastiani, 4) ; spéc., endroit où on peut se dissimuler : *Pour un certain temps, disons un mois, va falloir vous planquer. Je vous ai trouvé une placarde au bord de la mer* (Lépidis).

ETYM. suffixation arg. de **place. 1.** XVIIIe s., chanson [Esnault]. **2.** 1899 [id.]. **3.** 1899 [Nouguier]. **4.** 1960 [Esnault]. **5.** 1928 [id.].

placarder *v.t.*

1. Exposer au pilori. **2.** Mettre dans sa poche. **3.** Abandonner, se débarrasser de. **4.** Placer : *Zoé lui placarda sa large main sur ses lèvres pour endiguer tout nouvel arrivage d'insultes* (Bastiani, 1) ; spéc., placer (une prostituée) dans une maison. **5.** Cacher (ses gains) au proxénète, en parlant d'une prostituée.

◆ **se placarder** *v.pr.*

1. Choisir un bon emplacement de vente. **2.** Se cacher : *Savoir où ils vont aller se placarder après ce coup-là ! dit Yan* (Giovanni, 3).

ETYM. de **placard. 1.** 1850, forçat Clémens [Esnault]. **2.** 1855 [id.]. **3.** 1929 [Chautard]. **4.** 1855, Paillet ; spéc., 1977 [Caradec]. **5.** 1975 [Arnal]. ◆ *v.pr.* **1.** 1907 [Esnault]. **2.** 1959, Giovanni.

DER. **placardé** *n.m.* Homme exposé au pilori : 1850, forçat Clémens [Esnault].

placardeur ou placardier *n.m.*

Placier, représentant : *Quarante piges il avait mené son combat obscur, Bouboule, contre les placardiers de tout poil* (Simonin, 5).

ETYM. de **placarde.** 1899 [Nouguier].

placeur ou placier *n.m.*

Individu qui fournissait en femmes les maisons closes : *Tu parles d'un marle ! Comme il est beau mec, y n'a pas besoin de placeur pour trouver des gonzesses* (Le Breton, 5). *Un nouveau venu dans le proxénétisme sera le placier, sorte de courtier qui s'occupe d'envoyer les filles* [...] *là où les bordels en ont besoin* (Boudard, 2).

ETYM. du verbe **placer.** *placeur* 1906, Goron [Doillon] ; *placier* 1976, Cordelier.

plafond *n.m.*

1. Crâne, front. **Être bas de plafond.** ***a.*** être de petite taille ; ***b.*** être stupide, abruti. **Se crever, se défoncer** ou **se faire sauter le plafond,** se suicider d'un coup de feu dans la tête : *L'expédition de l'hiver dernier a été on ne peut plus monotone* [...], *un temps à se* *défoncer le plafond vingt fois par jour* (A. Camus). **2.** Ciel.

ETYM. emplois métaphoriques du mot usuel. **1. Être bas de plafond.** ***a.*** 1867 [Delvau] ; ***b.*** 1875 [P. Larousse]. **Se défoncer le plafond,** 1863, A. Camus ; **se crever le plafond,** 1867 [Delvau]; **se faire sauter le plafond,** 1977 [Caradec]. **2.** 1901 [Bruant].

plafonnard *n.m.*

1. Crâne : *Dans son plafonnard, tout doit fonctionner comme dans un chronomètre* (Trignol). **2.** Ciel.

ETYM. de **plafond** et du suff. **-ard. 1.** 1946, Trignol. **2.** 1946 [Esnault].

plafonner *v.t.*

Vx. Frapper de la tête. SYN. emplafonner.

◆ *v.i.*

Rêver. **Plafonner du neutron,** être un peu fou.

ETYM. de **plafond.** 1930 [Esnault].

◆ *v.i.* 1953 [Sandry-Carrère]. **Plafonner du neutron,** [id.].

DER. **plafonneur** *n.m.* Rêveur : [id.].

plaga (à) *loc. adj.*

Épuisé, ruiné : *Ça te file la légende tenace du bagnard au grand cœur à plaga !* (Simonin, 6). *Une série ravageuse de dérobades d'outsider à Vincennes, mettant à plaga votre matelas ?* (id., 10).

ETYM. suffixation arg. de **(à) plat** ou javanais en *-ag-*. 1968 [PSI].

plaine *n.f.*

1. Partie peu fréquentée de la pelouse d'un champ de courses. **2.** Vx. Pays : *Bouscant a connaissance d'une troupe de voleurs* [...] *qui tiennent, dans leur jargon, les plaines de la Beauce, de Gâtinois* (Leclair). **3.** Vx. Banditisme.

ETYM. emplois spécialisés du mot usuel, les bandits sévissant, dès l'origine, plus en plaine (Beauce, Gâtinais) que dans des régions à relief difficile. **1.** 1975 [Arnal]. **2** et **3.** 1800, Leclair.

plaintif *n.m.*

Plaignant, dans le langage des commissariats.

ETYM. de **(porter) plainte,** l'adj. substantivé en *-if* étant populairement mieux motivé que *plaignant,* qui renvoie plutôt à *se plaindre.* 1975 [Arnal].

plan *n.m.*

1. Cachette sûre. **Se mettre au plan,** se cacher : *Je me mettais au plan, le reluis, et je décarrais à la sorgue* (Ansiaume). **2.** Boîte cylindrique et minuscule, contenant des « outils d'évasion », que les détenus se logent dans le rectum : *Nous sortons chacun nos cinq cents francs. Brinot, qui n'avait rien préparé, est forcé de les retirer de son plan (porte-monnaie intime en forme de cylindre et en fer-blanc)* (Londres). SYN. bastringue, étui. **3.** Vx. Prison. **Être au plan, faire du plan,** être détenu, aux arrêts. **4.** Vx. Mont-de-piété. **Mettre un objet en plan,** le gager : *Une seule chose lui fendit le cœur, ce fut de mettre sa pendule en plan, pour payer un billet de vingt francs à un huissier qui venait la saisir* (Zola). **5.** Mesure d'un gramme de drogue : *La coke est à 800 francs le gramme, 500 francs le « demi-plan » (0,5 g). Attention à l'arnaque* (*le Point*, 22 octobre 1984). **6. En plan.** ***a.*** en attente déçue : *C'est une fille sérieuse qu'a jamais laissé son homme en plan* (Méténier) ; ***b.*** en otage chez un restaurateur, en parlant d'un client, pendant qu'un ami va chercher de quoi régler l'addition. **7.** Projet : *Une vilaine combine à double détente, un plan aux petits oignons, ah, bien vicieux, par exemple* (Pagan). **C'est quoi ce plan ?,** où veux-tu en venir ? **8.** Organisation de la distribution d'une drogue ; dose de drogue : *On dit « faire un plan » pour « mettre en œuvre les relais » nécessaires à l'approvisionnement. On dit aussi « attendre après un plan » pour « attendre son paquet d'héroïne »* (Cahoreau-Tison). **9.** Mensonge. **Faire un plan,** chercher à tromper qqn : *Y a qu'une chose qui peut expliquer la crasse que m'a faite Mandrax et c'est pure putain de jalousie. Ouais, y me jalouse sinon il aurait pas fait ce plan-là* (Lasaygues). **10. Y a (pas) plan,** il (n') y a (pas) moyen. **11.** Manière de passer son temps, distraction ou occupation quelconque : *Si on se faisait un plan ciné, ce soir ? Il était toujours excité et dans des plans déglingues* (*Actuel*, septembre 1989). *Le soir, je me suis fait le plan pizza-ciné, en solitaire* (Pouy, 3).

ETYM. déverbal de **planter** (graphié autrefois *plant*). **1.** 1821 [Ansiaume]. **2.** 1850, forçat Clémens [Esnault]. **3.** 1835, *le National* [Delvau]. **Être au plan,** [id.] ; **faire du plan,** 1835 [Raspail]. **4.** 1773 [Esnault]. **5.** 1984, *le Point.* **6.** ***a.*** 1820 [Desgranges] ; ***b.*** 1808 [d'Hautel]. **7.** 1821 [Ansiaume]. **8.** 1987, Cahoreau-Tison. **9.** 1828, Vidocq. **Faire un plan,** 1982 [Perret]. **10.** 1829, Vidocq. **11.** 1984 [Obalk].

planant, e *adj.*

Qui communique une sensation d'euphorie, en parlant de la drogue, de l'alcool, de la musique, etc.: *Le pastis commençait à la faire décoller légèrement, mais ce n'était pas aussi planant que la veille* (Delacorta). *Il va passer quelques week-ends à Amsterdam et confesse son goût pour la musique planante* (*Libération*, 7 février 1980).

ETYM. emploi adj. du participe présent de **planer.** 1976, *l'Express* [TLF].

planche *n.f.*

1. Vx. **Faire (la) planche,** être démuni (d'argent, de tabac) : *Je peux pas la griller, je fais planche* (Nouguier). **2. Faire la planche.** ***a.*** s'évader; ***b.*** coïter, en parlant d'une femme; ***c.*** s'apprêter à être guillotiné. **3. Mettre le pied sur la planche,** accélérer. **4. Planche à repasser** ou **planche (à pain),** femme maigre, à poitrine plate : *Sa collègue de mathématiques n'était guère mieux traitée. Surnommée « Planche à pain », elle déambulait entre les tables* (Schreiber). *J'crois qu'je n'suis pas un'déess' de carton / À côté d'moi les autr's femm's c'est des planches* (chanson *la Déesse du bœuf gras,* paroles de E. Frébault). **5.** Vx. **Planche au pain,** banc des accusés : *Tout cela est bon, repris-je, mais pour faire mettre un homme sur la planche au pain, il faut des preuves* (Vidocq).

ETYM. emplois métaphoriques du mot usuel. **1.** 1899 [Nouguier]. **2. *a.*** 1975 [Arnal] ; sans doute parce que la planche peut servir de « pont » en mainte occasion ; ***b.*** 1883 [Fustier]; ***c.*** 1894 [Virmaître]. **3.** 1977 [Caradec]; la pédale de l'accélérateur est plus plate et plus large que les autres. **4. Planche à repasser,** 1895, Courteline [TLF]; **planche,** 1866, E. Frébault [Pénet]; **planche à pain,** 1894 [Virmaître]. **5.** 1828, Vidocq.

DER. **planché** *adj.m.* Condamné : 1836 [Vidocq].

1. plancher *n.m.*

1. Débarrasser ou **vider le plancher,** quitter un lieu qu'on occupe plus ou moins abusivement : *« Comme c'est gentil à vous d'être venus. » Tu parles. « Entrez, entrez, et débarrassez-vous de. » Et débarrassez le plancher, pendant que vous y êtes* (Bénoziglio). **2. Rouler (le pied) au plancher** ou **mettre le pied au plancher,** rouler à la vitesse maximale, en appuyant à fond sur l'accélérateur. **3. Le plancher des vaches,** la terre ferme.

ETYM. emplois métaphoriques du mot usuel. **1. Vider le plancher,** 1867 [Delvau] ; **débarrasser le plancher,** 1877, Zola [GLLF]; d'abord *décharger* 1718 [Acad. fr.]. **2.** 1956 [Esnault]. **3.** 1552, Rabelais.

2. plancher *v.i.*

Vx. **1.** Mentir. **2.** Plaisanter : *Belles foutaises !–Tu planches, mon homme, jette donc les tiens !* [tes vêtements] (Vidocq). **3.** S'effondrer, en parlant de qqn : *Je me tiendrai bien, allez, monsieur l'Aumônier ; je ne suis pas de ceux qui planchent* (abbé Moreau).

ETYM. de **plan,** mensonge. **1.** 1800, Leclair. **2.** 1808 [d'Hautel]. **3.** 1869 [Esnault]. Le sens étudiant de «travailler sur un sujet donné» est seulement fam.

DER. **plancherie** *n.f.* Blague : 1836 [Vidocq]. **plancheur, euse** *n.* Blagueur : 1808, chanson [Esnault].

planer *v.i.*

1. Être loin des réalités; rêvasser : *Elle est rentrée à Paris habitée par cet amour, elle planait, elle était heureuse* (Cardinal). **2.** Être sous l'effet d'une drogue dite douce : *Ce soir-là, Jean-Luc avait des goûts de luxe. Il voulait se shooter en beauté, planer dans la soie, voyager trois étoiles* (Page). **3. Il plane complet,** il est totalement à la dérive.

ETYM. emplois métaphoriques du verbe usuel. **1.** vers 1776, Rousseau [GLLF]. **2.** 1971, Duchaussoy. Ce sens, d'origine hippie, s'est répandu dans les années 1980. **3.** 1986 [Merle].

planeur, euse *n.*

Individu qui est sous l'influence de la drogue : *Le genre serré des mâchoires malgré une boucle d'oreille pour ressembler aux planeurs* (Bohringer).

ETYM. de **planer.** 1977, W. Camus.

planque *n.f.*

1. Cachette pour un objet : *Armand se fait aucun souci d'aucune sorte. De la fraîche, il en a en planque* (Simonin, 5); ce qui est caché, tenu en réserve. **2.** Vx. Cachotterie. **3.** Action de se cacher pour épier : *Pendant que j'étais là en planque, je voyais arriver de très loin le cortège des concurrents* (Céline, 5). **4.** En parlant de la police, action de surveiller sans se manifester un local suspect, un individu compromis, etc. : *Il s'agissait du fils d'un conseiller municipal à Nice, et on avait mis beaucoup de monde « à la planque », à*

Saint-Germain-des-Prés, au Quartier latin, dans les aéroports et dans les gares (Japrisot). *On continue la planque à votre place, lui dit le commissaire en abaissant la vitre. – C'est pas trop tôt, grogna Broche* (Topin). **5.** Détention. **Coller, foutre au(x) planque(s),** emprisonner. **6.** Mont-de-piété. **7.** Cachette où on est en sûreté : *La maison de Germaine D... constituait une « planque » idéale pour un gangster blessé à mort* (Larue). *Tu vas commencer par te mettre en planque et on va expliquer le topo aux avocats. La liberté d'abord, conseilla Mimile en démarrant* (Giovanni, 3). **8.** Emploi tranquille, sinécure : *Il ne faut pas lui en vouloir, dit l'adjudant. Oui, dans un sens, on peut dire qu'il a une bonne planque et qu'il s'y accroche* (J. Perret, 2). **9.** Station de taxis : *Chaque catégorie* [de chauffeurs] *devait se diviser en clans qu'on appelait des planques ou des stations, marchant en bandes organisées par une sorte d'accord tacite exprimant un intérêt de quartier ou de boulevard* (Simonin-Bazin).

◆ **planques** *n.f.pl.*

Vx. Trous de scrofule.

ETYM. déverbal de **planquer. 1.** 1835 [Raspail] ; « ce qui est caché » 1887 [Esnault]. **2.** 1894 [id.]. **3** et **4.** 1829 [id.]. **5.** 1865 [id.]. **Coller au(x) planque(s),** 1901 [Bruant]. **6.** 1901 [Bruant], qui fait ce mot, curieusement, masc. **7.** 1928 [Lacassagne]. **8.** 1918 [Esnault]. **9.** 1935, Simonin-Bazin.

◆ *pl.* 1901 [Esnault].

DER. **planquouse** *n.f.* **1.** Cachette : 1926 [id.]. **2.** Surveillance : 1952 [id.].

planqué, e *adj. et n.*

Qui se cache pour échapper à un danger, à une corvée : *Ce sont tous cornichons, planqués, burlingue et compagnie. Belle mentalité* (J. Perret, 2). SYN. embusqué.

ETYM. participe passé de **planquer.** 1933 [Esnault].

planquer *v.t.*

1. Vx. Se débarrasser prestement de qqch : *J'avais planqué mes peignes et ma camelote dans la longue* (le Rat du Châtelet). **2.** Vx. Placer, poser. **3.** Abandonner. **4.** Cacher, mettre en lieu sûr, protéger : *Mettez-vous à plusieurs. Faut savoir où est planqué son julot. Et faites vite* (Le Breton, 1). *Un conseil, fais comme moi, planque en lieu sûr tout ce qu'il faut planquer et fais tes valises* (Demure). **Planquer son bouc,** s'abriter. **5.** Mettre en gage.

◆ *v.i.*

1. Résider : *Ça planque dans les rues et ça crève de faim !* (Méténier). **2.** Être caché pour surveiller, épier, en parlant d'un policier en faction : *Le commissaire Pierre Guenassia planque depuis le début de l'après-midi, à bord d'une R16 banalisée* (*le Nouvel Observateur*, 4 février 1983). **3.** Dissimuler une partie de ses gains à son profit, en parlant d'une prostituée : *Pour avoir planqué, je te grille à l'encre rouge. Elle voulait dire que je ne remettrais plus jamais les pieds dans la maison* (Jamet).

◆ **se planquer** *v.pr.*

1. Se cacher pour surveiller, pour échapper à un danger : *Il se planqua, comme un flic qui surveille les allées et venues d'un immeuble* (Giovanni, 1). *Pendant la guerre d'Algérie il se planquait pour écrire ses articles bidon, ne sortait plus de crainte d'une balle perdue* (G.-J. Arnaud). **2.** Se dérober à une corvée.

ETYM. var. de **planter** (1455, Coquillards). **1.** 1790, *le Rat du Châtelet.* **2.** 1821 [Ansiaume]. **3.** 1848 [Pierre]. **4.** 1821 [Ansiaume]. **Planquer son bouc,** 1953 [Sandry-Carrère]. **5.** 1867 [Delvau].

◆ *v.i.* **1.** 1890 [Esnault]. **2.** 1846, *Intérieur des prisons.* **3.** 1957 [PSI].

◆ *v.pr.* **1.** 1821 [Ansiaume]. **2.** 1883, Macé [Esnault].

DER. **planquarès** *adj.* Caché : 1892 [Esnault]. **planquouser** *v.t.* Dissimuler : 1906 [id.]. **se planquouser** *v.pr.* Se plaquer contre un mur pour faire la courte échelle : 1947 [id.]. **se plancarder** *v.pr.* Se poster à un coin de rue : 1879 [id.].

planqueur *n.m.*

Chauffeur de taxi qui stationne toujours sur la même planque : *Les voitures se serrent. D'autres planqueurs sont venus se rabattre* (Simonin-Bazin).

ETYM. de **planque.** 1935, Simonin-Bazin.

plantage *n.m.* ou planterie *n.f.*

1. Erreur : *J'peux plus me permettre la moindre planterie. Les bourdes ça suffit comme ça* (Lasaygues). **2.** Échec : *Dire que j'ai failli ne pas venir. On m'avait tellement raconté que ce festival serait un plantage* (*Actuel*, octobre 1982).

ETYM. de **(se) planter. 1.** 1985, Lasaygues. **2.** 1982, *Actuel.*

planter *v.t.*

1. Cacher : *La raille fait la bourrasque, il faut planter notre camelote* (Ansiaume). **2.** Frapper ou tuer avec une arme blanche : *Il sortit une sacagne sans la déplier et la mit sous son nez : « Vous vous tirez, les mecs, dit Kaleb, vous vous tirez ou je vous plante »* (Klotz). **3.** Posséder sexuellement. **Se faire planter un môme,** se faire faire un enfant : *Le bouquin était sur une orpheline qui s'était fait planter un môme par un duc, et elle s'apercevait que c'était son frère* (Rochefort). **4. Planter qqn de (une somme d'argent),** ne pas lui payer ce qu'on lui doit : *Un de ses gros clients a fait faillite et l'a planté de vingt briques* (*Actuel*, mars 1985).

◆ **se planter** *v.pr.*

1. Se tromper : *Juste. Et je crois que tu te plantes aussi pour ce qui est de son rôle dans la pharmacie. Il est dans la dope jusqu'au cou, Ben Tayeb* (Pennac, 1). **2.** Sortir de la route par accident : *Son lointain cousin de là-bas vient de se planter à cent cinquante à l'heure sur un platane et lui a légué tout ce qu'il possédait* (Bénoziglio). SYN. se viander. **3.** Ne pas réussir, échouer : *Jaurès a voulu libérer la classe ouvrière, il s'est planté* (*le Nouvel Observateur*, 29 décembre 1980).

ETYM. emplois expressifs et métaphoriques du verbe usuel **1.** 1821 [Ansiaume]. **2.** 1898 [Esnault]. **3.** 1883 [Fustier]. **Se faire planter un môme,** 1961, Rochefort. **4.** 1935, Simonin-Bazin.

◆ *v.pr.* **1.** 1984 [Walter-Obalk], mais 1977 [Caradec], au sens de « avoir un trou de mémoire », en parlant d'un acteur. **2** et **3.** 1975 [Beauvais].

plaque *n.f.*

1. Vx. **En plaque,** se dit de celui qui porte au bras la plaque l'autorisant à exercer la profession de commissionnaire. **2. Plaque (tournante),** tête. **3.** Un million d'anciens francs : *La voiture* [une Mercedes] *valait quarante-quatre plaques sans les options* (Ravalec). *M. Béni* [...] *ne prend pour lui « pas plus d'une plaque par mois » – nous dit-il* (Smaïl). **4. Être** ou **mettre à côté de la plaque,** se tromper, manquer son but : *Je me sentais un peu à côté de la plaque parmi cette faune. La plupart des jeunes qui se traînaient là venaient d'un tout autre milieu social que le mien* (Boudard, 5).

ETYM. emplois spécialisés (et ironique, au sens 2) du mot usuel. **1.** 1848 [Esnault]. **2.** 1879 [id.]. **3.** contemporain ; allusion probable aux plaques du casino ; sens de « jeton » dès 1886 (Hogier-Grison [TLF]). **4. Mettre à côté de la plaque,** 1982, *le Canard enchaîné* [Duneton-Claval].

plaquer *v.t.*

1. Jeter (à terre, à l'eau, en prison, etc.). **2.** Abandonner (un travail, un conjoint, etc.) : *Puisqu'il avait plaqué l'Hôtel, vaudrait peut-être autant qu'il renonce au sursis qu'il avait obtenu et qu'il fasse son service militaire dès l'entrée de l'hiver* (Guérin). *J'ai renoncé à Monsieur, j'ai plaqué Monsieur définitivement* (Mirbeau).

ETYM. emplois violents du verbe technique, d'origine néerlandaise. **1.** 1747 [Esnault]. **2.** 1544, Calvin [id.].

DER. **plaquage** ou **placage** *n.m.* Action d'abandonner le travail : 1864 [Esnault] ; action d'abandonner un amant ou une maîtresse : 1869 [id.]. **plaquouser** *v.t.* Quitter, lâcher : 1947 [id.].

plaquouse *n.f.*

1. Plaque de syphilis : *Tout d'un coup, qu'est-ce que j'mate ? Ses cuisses ?... Ses cuisses pleines de plaquouses* (Simonin-Bazin). **2.** Plaque fiscale de bicyclette.

ETYM. suffixation arg. de **plaque. 1.** 1907 [Esnault]. **2.** 1926 [id.].

plastoc, plastoche ou plastoque *n.m.*

Matière plastique.

ETYM. suffixation pop. de **(matière) plastique,** avec jeu de mots probable sur **toc.** contemporain.

plat *n.m.*

1. Dé truqué par limage d'une face. **2. Envoyer du plat,** avertir d'un clin d'œil. **3. Faire du plat à qqn,** lui faire des avances : *Mais le plus marrant, hein ! continua Zizi, moi qui ne vais jamais au bal, qui ne fraye pas* [...], *c'est que le zigotto me faisait du plat* (Galtier-Boissière, 2). **4. Faire du plat** ou **tout un plat de qqch,** l'exagérer, lui accorder une importance excessive : *L'homme en blouse blanche, spécialiste en psychologie infantile, ne manquait jamais de faire tout un plat sur la nocivité de ces jouets guerriers* (Bénoziglio). **5. Mettre à plat,** amasser, économiser. **6. À plat.** ***a.*** sans le sou ; ***b.*** déprimé, abattu physiquement ou moralement. **7. Il en fait un plat,** il fait très chaud : *Dans son bureau, Frominger s'épongeait. Il en faisait un plat malgré les fenêtres ouvertes* (Le Breton, 3). **8.** Vx. **Plat de ferraille,** punition des fers. **9. Plat à barbe,** grande oreille. **10.** Vx. **Plat de lentilles,** visage couvert de taches de rousseur.

◆ **des plats !** *interj.*

Manifeste ironiquement qu'on n'est pas dupe : *Quand on allait chez la vieille c'était encore des jérémiades au sujet de l'énorme immoralité de cette situation, que c'était bien la première fois qu'on voyait ça dans toute l'histoire de la famille* [...] *Des plats ! C'était vraiment plus tenable* (Meckert).

ETYM. emplois spécialisés du mot usuel. **1.** 1932 [Esnault]. **2.** 1960 [Le Breton]. **3.** 1883 [Chautard]. **4.** 1915, Benjamin. **5.** 1942 [Esnault]. **6.** ***a.*** 1885 [id.]; ***b.*** avant 1896, Goncourt [GLLF]. **7** et **10.** 1901 [Bruant]. **8.** 1928 [Esnault]. **9.** 1881 [Rigaud].

◆ *interj.* 1942, Meckert.

plâtre *n.m.*

1. Argent (métal ou monnaie): *« Tu diras bien que c'est ton plâtre ! »... Il devait de l'argent à tous les boucs* (Céline, 5). *Il découpait gravement les coupons d'une mastard pile d'actions, qui devait, entre nous, représenter pas mal de plâtre !* (Simonin, 3). **Être (plein) au plâtre,** être riche. **2.** Fard ou poudre de riz.

ETYM. emploi métaphorique (analogie de couleur) du mot usuel. **1.** « monnaie » 1836 [Vidocq] ; « métal » 1843 [Dict. moderne]. **Être au plâtre,** 1875, Rabasse [Larchey]. **2.** 1901 [Bruant].

DER. **se plâtrer** *v.pr.* **1.** Se maquiller : [id.]. **2.** Prendre de l'héroïne ou de la cocaïne : 1957 [Sandry-Carrère], compl.

plâtrée *n.f.*

Grande quantité de nourriture : *Raynette et Zazou s'enfilent une plâtrée de spaghettis en picolant du rouge* (Lasaygues).

ETYM. emploi métaphorique : contenu d'une grosse truelle, avec influence de *platée.* fin du XIXe s. [Cellard-Rey].

plat-ventre *n.m.*

1. Guillotine. **2.** Lourde chute sur le sol.

ETYM. composé de **plat,** adj., et de **ventre,** qui décrit bien une position involontaire. **1.** 1847 [Dict. nain]. **2.** 1935 [Esnault].

plein, e *adj.*

1. Plein comme une barrique, un boudin, un œuf, un sac, une vache, (vx) **plein de gaz** ou simpl. **plein,** ivre : *Il était plein comme un boudin, Hexam...–Tu penses ! Un entraîneur ne répand pas comme ça des tuyaux sur la voie publique, à moins d'être saoul* (La Fouchardière). *Y ronflait, rond comme un boulet, plein comme un robin* (Simonin-Bazin). **2. Avoir une pleine main,** posséder dans son jeu un brelan et une paire.

◆ **plein** *n.m.*

1. Vx. Joueur en veine. **2. Avoir fait le plein,** (vx) **avoir son plein,** être ivre : *Je vidais mon verre en fermant les yeux / Quand j'avais fait l'plein, j'voyais le pactole* (Mac Orlan, 2).

◆ *prép.*

1. En avoir plein les bottes, le cul, le dos, etc., être épuisé ou exaspéré, excédé : *La quasi-totalité des joueurs du moto-club de Valréas en a plein les bottes* (*Libération,* 10 août 1979). *Non mais tu crois pas qu'on en a plein le dos à cause de toi ?* (Duvert). **2. En foutre** ou **en mettre plein la vue,** (vx) **les yeux, les mirettes à qqn,** tenter de l'impressionner par un étalage prétentieux : *La résultante c'est que pour leur en foutre plein la vue à ces deux enfoirés je dois pousser la classe encore plus loin* (Lasaygues). *Tu vas essayer d'en mettre plein la vue aux copains. Mais pas la peine de chercher à nous épater* [...] (Le Breton, 6). *Général, son père, penses-tu, all'nous en met plein les yeux, la môme* (Machard, 2). **3.** Vx. **En avoir plein la main,** être condamné à cinq ans de prison ; **en avoir plein les mains,** à dix ans.

ETYM. emplois spécialisés de l'adj. usuel. **1. Être plein, avoir le sac plein,** 1640 [Oudin]; **plein comme un œuf,** 1738, Le Duchat [Larchey] ; **comme un sac,** 1862 [Larchey] ; **comme un boudin,** 1867 [Delvau] ; **plein de gaz,** 1899 [Nouguier]. **2.** 1894 [Virmaître].

◆ *n.m.* **1.** 1881 [Esnault]. **2. Avoir son plein,** 1873, Corbière [TLF].

◆ *prép.* **1. Plein le dos,** avant 1850, Balzac [Larchey] ; **le cul,** 1867 [Delvau] ; **les bottes,** 1915 [Esnault]. **2. En mettre plein la vue,** 1916, Werth ; **plein les yeux,** 1914, Machard. **3. En avoir plein la main,** 1867 [Esnault]; **plein les mains,** 1871 [id.].

pleurant *n.m.*

Vx. Oignon : *De l'anguille, s'écria Manon, on t'en foutra ; du cabot avec des pleurants, c'est assez bon* (Vidocq).

ETYM. du verbe **pleurer.** 1829, Vidocq.

pleurer *v.i.*

1. Vx. **Faire pleurer qqn,** l'escroquer, lui soutirer son argent : *Je connais pas encore*

bien le jeu, mais quand je vais être au courant, je vais les faire pleurer, ces gonzes-là (Simonin-Bazin). **2. Faire pleurer son aveugle, la fauvette, le colosse,** uriner.
ETYM. emplois euphémique (1) et ironique (2) du verbe usuel. **1.** 1850, forçat Clémens [Esnault]. **2. Faire pleurer son aveugle,** 1867 [Delvau]; **la fauvette,** 1957 [Sandry-Carrère] ; **le colosse,** 1982 [Perret].

pleurs *n.m.pl.*

Bureau des pleurs, service des réclamations : *La Haute Autorité s'est forgé une philosophie dans son exercice de guichet du bureau des pleurs* (*Libération,* 19 octobre 1984) ; spéc., secrétariat administratif d'une brigade ou d'un cabinet, auquel s'adressent les inspecteurs de police.
ETYM. emploi expressif et ironique. 1919, Dorgelès [TLF] ; spéc., 1975 [Arnal].

pli *n.m.*

1. Ne pas faire un pli, être net, sans contestation possible ; se dérouler inexorablement : *Al Capone est mort et c'est bien regrettable. Avec lui, notre affaire ne faisait pas un pli* (Faizant). **2. Mettre, être au pli,** dresser, être dressé : *Il devenait urgent de mettre le Grêlé au pli* (Simonin, 1). *Le gonze est au pli : il mouftera pas !*
◆ **plis** *n.m.pl.*
Vx. **Des plis !,** rien du tout !
ETYM. emploi métaphorique du mot usuel, à valeur positive. **1.** 1690 [Furetière]. **2.** 1958, Simonin.
◆ *pl.* 1867 [Delvau].

plomb *n.m.*

1. Vx. Syphilis. **2.** Ristourne accordée à la prostituée par un hôtelier. **3.** Bouche, gueule : *Veux-tu bien fermer ton plomb, Gueule-de-Bois !* (Leroux). **4. Se faire sauter les plombs** ou **péter les plombs,** sortir de son état normal, génér. par absorption de drogue ou d'alcool : *En attendant le retour aux alpages, le vieux y prend son panard comme il peut. Y s'fait sauter les plombs au gros rouge. Du grand sport* (Lasaygues). *Seul dans son véhicule, Richard Deville commença à péter les plombs. Le cerveau aux quatre cents coups, il se prit à marmonner pour lui-même des mots sans suite* (Villard, 4).
ETYM. emplois spécialisés du mot usuel. **1.** 1808 [d'Hautel] (analogie de couleur entre les plaques cutanées et le minium, oxyde de plomb). **2.** 1977 [Caradec]. **3.** 1867 [Delvau]. **4.** 1985, Lasaygues.

plombard *n.m.*

Plombier : *Elle avait dû finir son article et l'avait planqué quelque part. C'était ça que les plombards avaient cherché en dépiautant son appartement* (Pennac, 1).
ETYM. suffixation arg. de **plombier,** avec le suff. péj. **-ard.** 1953 [Sandry-Carrère].

1. plombe *n.f.*

1. Livre (500 g) : *J'ai fait vingt plombes de gras double, les veux-tu ?* (Ansiaume). **2.** Année : *Mon affaire va à trois plombes de bachasse* (le Rat du Châtelet).
ETYM. de **plombée,** contrepoids de balance romaine. **1.** 1821 [Ansiaume]. **2.** 1790, *le Rat du Châtelet* (désuet après 1850, selon Esnault).

2. plombe *n.f.*

1. Heure (instant) : *Puis l'heure sonna, longue et vaste, à la Tour de Saint-Pierre : « Onze plombes ! » ricana la Poule* (Rosny). **2.** Heure (durée) : *J'ai jamais bien pigé / La différence profonde, / Y pourrait m'expliquer / Mais ça prendrait des plombes* (Renaud). **3.** Vx. Moment propice : *V'là le dab du guinche qui boucle sa lourde ! C'est la plombe !* (Méténier).
ETYM. de **plomber,** frapper (XVIIe s.). **1.** 1811, chanson [Esnault]. **2.** 1821 [Ansiaume]. **3.** 1844 [Dict. complet].

1. plomber *v.i.*

1. Sonner, en parlant de l'heure. **2.** Sentir mauvais : *Jean Hiroux disait au Président des Assises : Je demande qu'on fasse sortir le gendarme, il plombe des arpions* (Virmaître). SYN. taper. **3. Plomber de la gargoine.** ***a.*** avoir une haleine fétide ; ***b.*** dire des mensonges.
ETYM. de **2. plombe. 1.** 1827 [Demoraine]. **2.** 1827, *Un monsieur comme il faut.* **3. *a.*** 1829 [Forçat], sous la forme *gargouenne ;* ***b.*** 1975 [Arnal].

2. plomber *v.t.*

1. Transmettre une MST à qqn : *– Vieux Jo, j'suis pas rassuré, je crois que j'suis plombé. – Une chaude-pisse ? – J'en sais rien, j'en ai jamais eu* (Fallet, 1). **2.** Tuer (avec une arme à feu) : *T'as ripé, à temps, il m'expliquait... On était deux dans la salle, avec ordre de te suivre et de te plomber* (Simonin, 3). **Se faire plomber (le buffet),** se faire tuer : *Se faire plomber le buffet à l'explosif, très peu pour moi* (*Libération,* 6 janvier 1984).

◆ **se plomber** *v.pr.*
Se mitrailler à bout portant.
ETYM. de **plomb. 1.** 1858 [Esnault]. **2.** 1934, Vercel.
◆ *v.pr.* 1957 [Sandry-Carrère]; ici, *plomb* est pris au sens de « projectile ».
DÉR. **plombeuse** *n.f.* Femme qui transmet la syphilis : vers 1830, chanson [Esnault].

plombier *n.m.*
Poseur de micros clandestins, à des fins d'écoute téléphonique illégale.
ETYM. détournement fâcheux du nom d'une noble profession. 1973, *l'Express* (affaire dite « des plombiers du *Canard enchaîné* »).

plongeon *n.m.*
Faire le plongeon. ***a.*** faire faillite, être ruiné ; ***b.*** passer dans la clandestinité pour échapper à la police : *De toute façon c'était la bête* [un chien] *trop reconnaissable pour prendre le risque de la conserver au moment où il faisait le plongeon* (Simonin, 5).
ETYM. emploi métaphorique de l'expression nautique. fin du XVIIe s., Saint-Simon [GLLF].

plonger *v.i.*
1. Perdre gros à la Bourse, au jeu, etc. : *L'an dernier, malgré nos 75 000 spectateurs, on a plongé de 700 000 francs* (*Libération*, 7 avril 1984). **2.** Tomber dans la misère. **3.** S'acharner dans la perte, au jeu. **4.** Être inculpé ou incarcéré : *C'est à prendre ou à laisser. Si tu ne marches pas, je te fais plonger. Pierrot-le-Toulonnais avait accepté le marché* (Larue). **5.** Prendre une décision importante : *Assez pinaillé ; tant pis, je plonge !*
ETYM. emplois métaphoriques du verbe usuel. **1.** 1868 [Esnault]. **2.** 1895 [id.]. **3.** 1968 [PSI]. **4.** 1938 [Esnault]. **5.** contemporain.

plouc ou **plouque** *n.*
Paysan, rustre : *Tu devrais venir plus souvent en ville, au lieu de jouer au plouc dans ta cambrousse* (Jaouen). *Elle avait acheté des vêtements. Une jupe bleue en grosse toile et un pull à côtes à manches courtes. « Avec ça, je vais vraiment avoir l'air de la plouque », a-t-elle observé* (Manchette, 1) ; imbécile : *C'est une plouc et c'est vrai : elle me fatigue* (Vilar).
◆ *adj.*
Gauche, rustaud : *Il avait pris la peine d'abandonner son immense pardessus au vestiaire et arborait un costume en velours gris. La tenue un peu plouc, donc de circonstance* (Agret).
ETYM. sans doute par apocope des noms bretons du type **Plougastel.** 1880 [Esnault] ; fém. *plouquesse* (rare) 1918 [id.].

ploum *n.m.*
Rustre : *Lui, c'est un vrai ploum, capable malgré ses millions de casser la croûte avec un bout de pain et une gousse d'ail et de prendre le métro en seconde quand le chauffeur de sa Cadillac a la grippe* (Trignol).
ETYM. de l'adj. all. **plump,** lourdaud, ou aphérèse de **auverploum,** auvergnat. 1882, Paris [Esnault].

pluches *n.f.pl.*
Épluchage des pommes de terre, dans une communauté (caserne, prison, etc.) : *Cheftaine Vincente porte à son tour la main à son béret, saluant ses hommes. Il y a de la corvée de pluches dans l'air* (Demure, 1).
ETYM. de **éplucher** (parent de *peluche*). 1908 [Esnault].

plumard ou **plume** *n.m.*
1. Lit : *L'matin, a restait au plumard / Pendant qu' moi j'partais au turbin* (Rictus). *Je suis monté au grenier, pas mécontent d'avoir l'ordre de roupiller. Je me suis allongé sur le plume* (Pouy, 1) ; en partic., le lit comme théâtre d'exploits sexuels : *Si t'es aussi doué au plumard qu'au flipper, tu dois pas souvent voir Same player shoots again dans les yeux de ta petite amie !* (Conil). **2.** Sommiers judiciaires. **Être couché sur le plumard,** avoir des antécédents judiciaires.
ETYM. de **plume. 1.** *plumard* 1881 [Rigaud] ; *plum* 1879 [Esnault] ; *plume* 1899 [Nouguier] ; d'abord *autel de plume* XVIIIe s. [selon Delvau]. **2.** 1975 [Arnal].
DÉR. **plumji** *n.m.* Lit : 1915 [Esnault]. **plumarde** *n.f.* Paillasse : 1848 [Pierre].

plumarder (se) *v.pr.* ou **plumarder** *v.i.*
Se coucher : *Et j'soupirais : pisque t'es plumassière / Allons nous plumarder* (chanson *Nous nous plûmes,* paroles de G. Sibre).
ETYM. de **plumard.** 1881 [Rigaud].

plume *n.f.*
1. Vx. **Plume de (la) Beauce,** paille : *Quand on couche sur la plume de la Beauce, des rideaux, c'est du luxe* (Vidocq). **2.** Vx. **Secouer la plume** ou **les plumes à qqn,** le réprimander sévèrement. **3. Passer qqn à la plume,** le corriger. **4.** Fellation. → TAILLER. **5.** Pince

à effraction : *Je sonne toujours avec le doigt replié. Si l'on ne me répond pas, je sors ma plume démontable. Je la visse et commence mon boulot* (Larue). SYN. dingue, jacot.

◆ **plumes** *n.f.pl.*

1. Lit : *Mossieu a ses habitudes : le petit pok' du soir, et dans les plumes de bonne heure, avec sa souris ravageuse !* (Grancher). **Hors des plumes !,** lève-toi ! **2. Laisser** ou **perdre des plumes (dans une entreprise, une affaire),** s'en tirer avec quelques dommages : *Ça veut dire qu'il y aura très certainement des incidents de parcours et comme je n'ai pas l'intention d'y laisser des plumes, je vais être obligé de jouer serré* (Destanque). **3. Voler dans les plumes à qqn,** l'attaquer vivement (en acte ou en paroles) : *T'occupe pas des autres. Vole dans les plumes du Rouquin !* (Le Breton, 6). **4.** Cheveux : *Elle n'avait pas à me menacer de me couper les douilles. Chacun fait ce qu'il veut de ses plumes* (Combescot).

ETYM. emplois souvent ironiques du mot usuel (la plume n'est pas pour les pauvres !). **1.** 1829, Vidocq. **2.** début du XXe s. [GLLF]. **3.** 1953 [Sandry-Carrère]. **4.** 1881 [Rigaud]. **5.** 1862 [Esnault].

◆ *pl.* **1.** dès le Moyen Âge [GLLF]. **Hors des plumes,** 1947 [Esnault]. **2.** 1656, Oudin [GLLF]. **3.** 1946, Prévert [TLF]. **4.** 1878 [Rigaud].

1. plumeau *n.m.*

1. Boisson composée d'un mandarin (apéritif à l'extrait de mandarine) et de champagne. **2.** Pince-monseigneur.

ETYM. emplois spécialisés et ironiques du mot usuel. **1.** 1977 [Caradec]. **2.** 1926 [Esnault].

2. Plumeau ou Plumepatte *n.pr.*

Chez Plumeau ou **chez Plumepatte.** ***a.*** au diable, nulle part : *À mon avis, elles feraient mieux d'aller se faire rhabiller chez plumeau, mais il ne faut décourager personne* (Bastiani, 4) ; ***b.*** jamais.

ETYM. locutions ironiques, référant à **Plumepatte,** barbier légendaire. 1894 [Virmaître].

plumer *v.t.*

1. Dépouiller, escroquer : *Un bar plein de marins et de ces filles des tropiques qui les attendent pour les plumer* (Charrière). **2.** Dresser une contravention.

◆ *v.i.*

Vx. Coucher : *Dam' les clebs i's ont pas des pagnes / Pour plumer avec leurs putains* (Bruant).

◆ **se plumer** *v.pr.*

1. Vx. Se hâter. **2.** Se mettre au lit : *Y s'dresse, y s'étir' ! N'a la flemme : / « Autant s'aller plumer ! » qu'y s'dit* (Rictus). **3.** Se battre.

ETYM. de **plume. 1.** début du XIIIe s., *Roman de Renart* [GLLF]. **2.** 1975 [Beauvais].

◆ *v.i.* 1901 [Bruant].

◆ *v.pr.* **1.** 1880 [Esnault]. **2** et **3.** 1881, abbé Moreau.

plumet *n.m.*

Vx. **Avoir un** ou **son plumet,** être ivre : *Au retour, il s'permet / Le nectar... hygiénique : / Un pompier, ça s'explique, / Doit avoir un plumet* (chanson *les Pompiers de Nanterre*, paroles de Philibert et Burani). *Ma fille qu'avait son plumet / Sur un cuirassier s'appuyait* (chanson *En revenant de la revue, in* Saka).

ETYM. sans doute allusion au plumet des Suisses, réputés grands buveurs. 1867 [Delvau].

PLV

Sigle de « pour la vie » (tatouage ou graffiti) : *Au-dessous de cet emblème on lisait ces mots : Mort aux lâches ! Martial. P.L.V.* [pour la vie] (Sue).

ETYM. initiales de **pour la vie.** 1842, Sue (encore en 1988 chez Caradec).

pneu *n.m.*

Pneu de secours, bourrelet de graisse qui entoure la taille. SYN. poignée d'amour.

ETYM. emploi métaphorique et ironique du tour usuel. contemporain.

pochard, e *n. et adj.*

Ivrogne : *Heureusement que l'on rencontrait beaucoup de pochards, surtout à Montparnasse, parmi lesquels Modigliani qui récitait des passages de la Divine Comédie au milieu de la chaussée* (Cendrars, 1). *Viens maman, y t'regardent / Y t'appellent la pocharde !* (chanson *Viens maman,* paroles de Maisondieu et Pothier, 1925). *Zut ! elles en ont assez les poulettes... elles sont toutes pochardes comme des grives* (Chavette). *Serais-tu si pochard que tu n'y comprennes rien ?* (Cladel).

ETYM. de **poche,** littéralement « plein comme une poche ». *n.* 1732 [GR] ; *adj.* 1856, F. Michel.

VAR. Vx. **poche :** 1867 [Delvau].

DÉR. **pocharderie** *n.f.* Ivrognerie : 1836 [Vidocq]. **se pocharder** *v.pr.* S'enivrer : 1835 [Raspail].

poche *n.f.*

1. C'est dans la poche, c'est acquis ou réussi d'avance : *Cette fois, je crois que c'est dans la poche. Demain, tout ceci sera à moi, ou tout comme* (Viard). SYN. in the pocket. **2. Faire les poches de qqn,** le dévaliser, le voler de façon plus ou moins discrète : *Elle va sûrement me faire les poches lorsque je toucherai un cachet !* (Dalio).

ETYM. loc. évocatrice de la possession facile. **1.** 1935, Simonin-Bazin. **2.** 1914, Benjamin [Duneton-Claval].

pochetée *n.f.*

1. Personne laide (terme d'injure qui s'emploie surtout en parlant d'une femme) : *Penché vers la lesbienne, il vida son sac : « Bougre de pochetée ! Tu nous filerais tous les deux dans la merde ! »* (Méra). **2.** Imbécile : *Toi, Jeff Harles, la bonne balluche ! L'Empereur des caves ! Triple pochetée que tu es !* (Lesou, 1). **3.** Grande quantité. **En avoir une pochetée.** ***a.*** être complètement ivre ; ***b.*** être très bête.

ETYM. de **poche,** contenu d'une poche. **1.** 1954, Méra. **2.** 1901 [Bruant] ; mais déjà *pocheté, n.m.* 1878 [Rigaud]. **3.** 1906, H. Bataille [GLLF]. **En avoir une pochetée.** ***a.*** 1896 [Delesalle] ; ***b.*** 1883 [Fustier].

pochetron, onne ou **pochtron, onne** *n.*

Ivrogne : *C'est là que ce pochtron touche au génie, à la folie poétique : il croit dur comme fer qu'il va devenir immortel* (Porquet). *Pochtron, pochtron / Fume un joint, t'auras l'air moins con* (Renaud). *Étourdie, la pochetronne a valdingué dans le caniveau, à deux doigts d'une Delaunay qui filait vers Clichy* (Pécherot).

ETYM. resuffixation arg. de **pochard.** 1982 [Perret].

pochetronné, e ou **pochtronné, e** *adj. et n.*

Ivrogne : *Et puis il y a la rue Saint-Denis. Le samedi soir, tous les pochtronnés qui débarquent se taper des putes* (*le Nouvel Observateur,* 3 juin 1983).

ETYM. de **pochetron.** 1982 [Perret].

pochetronner *v.i.* ou **se pochetronner** *v.pr.*

S'enivrer : *On a pochtronné jusque vers les deux heures quand Quasi a commencé à chanter à tue-tête* Dans le port d'Amsterdam (Granotier).

ETYM. de **pochetron.** début des années 1980.

pochette-surprise *n.f.*

T'as trouvé ton permis dans une pochette-surprise, se dit en apostrophant un mauvais conducteur.

ETYM. création typique d'une certaine gouaille parisienne. 1977 [Caradec].

pocket ou **poquette** *n.f.*

Poche, surtout dans la loc. **(c'est) in the pocket,** syn. de (c'est) dans la poche : *Depuis qu'elle a pénétré dans l'immeuble, elle sent l'artiche dans la pocket* (Simonin, 5). *Gentilly, on devrait y être dans trois quatre plombes in the pocket !* (Boudard, 6).

ETYM. anglicisme parfois francisé. *pocket* 1957 [Sandry-Carrère] ; *poquette* 1962, Boudard.

poêlant *adj.* → POILANT.

poêle *n.f.*

1. Attacher une poêle à son amant, le quitter. **2. Tenir la queue de la poêle,** avoir la responsabilité de diriger une affaire : *V'là l'hiver* [...] */ V'là qu'ceuss' qui tienn'nt la queue d'la poêle / Dans l'Midi vont s'carapater !* (Rictus, 2). **3.** Vx. **Poêle à châtaignes, à marrons,** visage grêlé.

ETYM. emplois métaphoriques du mot usuel. **1.** 1883 [Esnault]. **2.** fin du XVIe s. [GLLF]. **3.** 1867 [Delvau].

DER. **poêler** *v.t.* Abandonner (son amant) : 1883 [Esnault].

poêler (se) *v.pr.* → POILER (SE).

poêlon *n.m.*

Vx. Portion de ragoût vendue à la cantine du bagne : *La vente des poêlons et des portions de titine se faisait trop rapidement pour qu'on pût vérifier toutes les pièces* (Humbert).

ETYM. de **poêle.** 1871, Toulon [Esnault].

pogne *n.f.*

1. Main : *Mes deux mains au feu ! dit la concierge en tendant des pognes violacées et gercées* (Camara). *La bonne maman Jardot attendait, avec mentalement le rouleau à pâtisserie en pogne* (Amila, 1). Vx. **Avoir de la pogne, marcher à la pogne,** voler à la tire. **Bonne pogne,** voleur habile. Vx. **Truquer de la pogne,** mendier. **2.** Poignée : *Il les avait luisantes de graisse des chapons qu'il avait dévorés à pleines pognes* (Burnat). **3. Avoir qqn à sa pogne,** le dominer : *Tout ce qui t'intéressait c'était d'avoir ce petit monde bien à ta* *pogne et de les faire marcher* (Destanque) ; **être à la pogne de qqn,** lui être soumis. **4. Passer la pogne,** passer la main : *Quand ils nous ont doublés, on a passé la pogne* (Dimey). **5. Prendre la pogne,** prendre l'initiative dans une affaire ou un conflit. **6. Se faire une pogne.** ***a.*** se masturber : *Certains se faisaient une pogne pendant la flagellation* (Boudard, 2) ; ***b.*** se réjouir de la défaite de l'adversaire.

ETYM. forme régionale de **poigne** (nord et est de la France). **1.** 1821 [Mézière]. **Avoir de la pogne,** 1867 [Delvau] ; **marcher à la pogne** et **bonne pogne,** 1899 [Nouguier]. **Truquer de la pogne,** 1846, *Intérieur des prisons.* **2.** 1879 [Esnault]. **3. Avoir qqn à sa pogne,** 1951, Héléna [Doillon]; **être à la pogne,** 1953, Simonin [GLLF]. **4.** 1953 [Sandry-Carrère]. **5.** 1957 [PSI]. **6. *a.*** d'abord *se faire à la pogne* 1883 [Chautard] ; ***b.*** 1960 [Le Breton].

VAR. **poigne :** 1881 [Rigaud], au sens 1.

pogner *v.t.*

Saisir à pleines mains.

◆ **se pogner** *v.pr.*

Se masturber : *Il ne se demandait pas ce que je bectais, ce que je buvais, ce que je fumais, si je me pognais ou quoi ou qu'est-ce?* (Boudard, 1).

ETYM. de **pogne.** 1865 [Esnault].

◆ *v.pr.* 1935 [Lacassagne].

pognon ou (RARE) **poignon** *n.m.*

Argent : *Dès que j'aurai touché mon pognon, je retournerai au pays et bonsoir tout le monde!* (Dabit, 1). *Ce n'est pas la première fois que je file du poignon à des copains qu'en ont besoin* (Lesou, 2). Vx. **Être au pognon,** être riche : *T'es donc au pognon ? – Tiens, quand je suis de sortie, je prends de l'argent* (Méténier).

ETYM. dér. régional de **poigner,** saisir avec la main (XVIe s. [Godefroy]), avec p.-ê. influence du franco-provençal **pougnon,** petit gâteau ou petit pain (cf. le double sens de *galette*). *pognon* 1840 [Halbert] ; *poignon* 1846, *Intérieur des prisons.* **Être au pognon,** 1890 [Esnault].

VAR. **pougnon :** 1848 [Pierre].

DER. **pognoner** *v.i.* Gagner gros : 1925 [Esnault]. **pognoniste** *n.m.* Affairiste : 1898 [id.].

pogo *n.m.*

Danse caractéristique des punks, qui consiste à sauter en l'air dans un état quasi hypnotique : *Dans la salle, les kids font le pogo, le rite punk du saut en l'air sur place* (*les Nouvelles,* 23 février 1984).

ETYM. origine obscure. 1981, *Libération.*

DER. **pogoter** *v.i.* Danser le pogo : 1982, *Libération.*

poids *n.m.*

1. Âge : *Prendre du poids.* **2. Faire, ne pas faire le poids,** avoir, ne pas avoir le tempérament, la compétence ou l'autorité nécessaires, dans une situation donnée : *Ils ont pas fait le poids. Ils ont même pas touché terre* (G. Arnaud, 2). *Bogart était remplacé par Charles McGraw, un acteur de second ordre qui ne faisait pas le poids* (Dalio). **3. Avoir** ou **faire le poids,** avoir atteint sa majorité, donc ne pas pouvoir motiver une accusation de détournement de mineure, en parlant d'une prostituée : *Je l'entends encore : « Cette môme ne fait pas le poids. » Autrement dit, elle n'est pas majeure et, au moindre contrôle de flics, elle nous attirera les pires ennuis !* (Jamet). **Faux poids,** prostituée mineure : *Pédro au début avait bien rechigné un peu. La fille était un faux poids* (Cordelier). **4. Faire du poids,** ajouter à un stupéfiant des produits inactifs pour accroître les bénéfices : *La quantité de poudre contenue dans le paquet serait microscopique, donc invendable. Aussi ajoute-t-on des produits de coupe inactifs pour « faire du poids »* (Cahoreau-Tison). **5. De poids,** d'autorité : *Présenté à une femme de poids [...], abstenez-vous de la complimenter sur sa réussite* (Simonin, 10). **Un homme de poids,** quelqu'un d'important dans le milieu : *Les voyous, des hommes de poids pour la plupart, discutaient au rade* (Le Breton, 3).

ETYM. emplois métaphoriques du mot usuel. **1.** 1928 [Lacassagne]. **2.** 1946, Guérin [Duneton-Claval] ; ce sens est devenu très répandu dans le parler populaire. **3. Avoir le poids** (terme de boxe et de turf), 1906 [Chautard]. **Faux poids,** 1953, Delpêche. **4.** 1987, Cahoreau-Tison. **5.** 1640 [Oudin].

poignée *n.f.*

1. Aller la poignée dans le coin, rouler très vite, dans le langage des motards. **2. Poignée(s) d'amour,** bourrelet de graisse qui entoure la taille. **3.** Vx. **En prendre une poignée,** rire. **4.** Vx. **En foutre une poignée à qqn,** le frapper.

ETYM. il s'agit de la poignée des gaz, que l'on tourne vers soi pour accélérer, ou d'une sorte de « main courante », utile dans les ébats amoureux. **1.** 1975 [Beauvais]. **2.** 1988 [Caradec]. **3.** 1896 [Chautard]. **4.** 1931 [id.], mais dès

1881 [Rigaud], *foutre une poignée de viande par la figure* (langage des bouchers).

poignet *n.m.*

1. Vx. **Coup du poignet,** syn. de coup du père François. **2. La veuve Poignet** ou (vx) **Madame Poignet,** allégorie de la masturbation masculine: *Quand pour vous achever, elle se met de profil et fait semblant de regarder au loin en se soulevant sur la pointe des pieds, c'en est fini de vous. Faut la douche froide ou la veuve poignet pour vous soulager* (Lasaygues). [J'aurai une maîtresse:] *Fini, Mam' Poignet et ses leurres / Solitaires et clandestins!* (Rictus, 2).

ETYM. emplois spécialisés du **poignet** comme arme du crime ou instrument du plaisir. **1.** 1882 [Esnault]. **2. La veuve Poignet,** 1850, T. Gautier; **Madame Poignet,** 1897, Rictus.

poignon *n.m.* → POGNON.

poil *n.m.*

1. Du poil (au cul, [vx] **au cœur),** du courage: *On battait de la semelle... juste nos réserves de schnaps pour se donner un peu de poil au cul!* (Boudard, 5). *Il n'y a qu'un homme propre: c'est Gambetta. Lui, il avait du poil au cœur, il ne voulait pas désespérer de Paris* (Gill). *Il se connaissait et savait comment un homme « qu'a du poil » arrive à s'en sortir* (Carco, 8). **Avoir le poil de,** être assez courageux pour: *C'est toi qui l'auras voulu... Savoir si t'auras le poil de venir te faire bouffer le foie aux fortifs!* (Rosny). **2. Avoir un poil dans la main,** être paresseux: *Il n'a pas un seul poil sur la tête* [...] */ Et celui qu'il a dans la main / C'est pas du poil, c'est du crin* (Vandair-Charlys, *in* Saka). **3. N'avoir plus un poil de sec,** être très inquiet, avoir peur. **4. Être de bon, de mauvais poil,** de bonne, de mauvaise humeur: *Ce jour-là, ça avait glissé. Monsieur Hermès était de bon poil* (Guérin). *Pourquoi êtes-vous de mauvais poil? Vous aviez parié sur Fringale?* (Averlant). **5. Tomber sur le poil de qqn,** l'attaquer à l'improviste: *La galerie serait en droit de vous tomber sur le poil et de vous nettoyer dans les règles* (Gill). **Avoir qqn sur le poil,** être poursuivi ou importuné par lui. **6.** Vx. **Faire, refaire le poil à qqn.** ***a.*** le duper; ***b.*** le surpasser. **7.** Vx. **Donner, recevoir un poil,** donner, recevoir des coups ou une réprimande. **8. À poil.** ***a.*** (vx) courageux: *Des bougres à poil, déterminés à vivre libres ou mourir* (Hébert); ***b.*** tout nu: *Ils l'ont foutu complètement à poil, pas gênés. Tu te croirais à Buchenwald, avec les hanches qui pointent comme des oreilles de chaque côté du bassin creux* (Demure, 1); ***c.*** s'emploie souvent comme apostrophe plus ou moins injurieuse: *À poil l'arbitre!* **9. Au (petit) poil,** très bien, parfait, parfaitement: *Je suis content d'être là, dit-il seulement, et tu verras, tu vas en sortir au petit poil* (Giovanni, 1). *Mes camarades, fatigués, pensent au contraire que l'endroit est au poil, la grange étant quasiment pleine jusqu'au plafond* (Le Dano). **10. Au quart de poil, au poil du cul près, à un poil de grenouille près,** etc., avec une très grande habileté ou une très grande exactitude: *Il y a des stratégies soigneusement étudiées, conçues au quart de poil et qui, au dernier moment, s'effondrent, on ne sait pourquoi* (Héléna). *J'ai eu juste la moyenne. Au poilduc. À mon humble avis, les Pères ont forcé les notes* (Pouy, 1). **11.** Quantité ou espace infime: *On gonflait des sacs de papier et on s'amusait à lui faire péter à deux mètres dans le dos, elle bougeait pas d'un poil* (Clavel, 2). **D'un poil,** de presque rien: *Il a manqué d'un poil l'entrée à Pipo.*

ETYM. emplois spécialisés du mot usuel, pris soit comme symbole de la virilité, soit comme mesure d'une quantité infime. **1. Du poil au cul,** 1867 [Delvau]; *avoir du poil au cœur* 1836, A. Lagarde [Larchey]. **2.** 1808 [d'Hautel]. **3.** 1878 [Rigaud]. **4. De mauvais poil,** 1833, E. Corbière [Quemada]. **5.** 1878 [Rigaud]. **Avoir qqn sur le poil,** 1915, Benjamin [TLF]. **6.** ***a.*** 1834, Balzac [GLLF]; ***b.*** 1867 [Delvau]. **7.** 1849, Mérimée. **8.** ***a.*** 1793, Hébert [Larchey]; ***b.*** 1858 [id.]; *à poils* 1862 [Larchey]; ***c.*** 1909 [Esnault]. **9.** 1915 [id.]. **10.** 1907 [id.]. **11.** 1910 [id.]. **D'un poil,** 1926 [id.].

poilant, e ou **poêlant, e** *adj.*

Très drôle: *C'est pas marrant quand c'est pas la nuit et qu'y a même pas quelqu'un. C'est pas poilant* (Duvert). *T'es donc devenu un mec de la haute? C'est poêlant* (Tachet).

ETYM. emploi adj. du participe présent de **(se) poiler.** *poilant* 1901 [Bruant]; *poêlant* 1932 [Esnault].

poilard *n.m.* → POLARD.

poiler (se) ou **poêler (se)** *v.pr.*

Se tordre de rire: *Tous les croquants des abords ils se poêlaient à se casser les côtes* (Céline, 5).

ETYM. sans doute issu par aphérèse de **époilant,** étonnant (1889 [Esnault]), d'origine obscure,

p.-ê. participe présent du régional **éboeler,** écraser, éventrer [GLLF]. 1893 [Esnault]. L'incertitude de l'origine se trahit dans l'orthographe, qui rattache ce verbe tantôt à *poil,* tantôt à *poêle* (p.-ê. lien avec le dicton *c'est la poêle qui se moque du chaudron* ?).
VAR. **se poualer :** 1975 [Le Breton].

poilu *adj.m.*
1. Très courageux : *Et pourtant j'suis un gas poilu, / Et les ceuss qui sont v'nus m'sercher, / Monsieur, y m'ont toujours trouvé, / J'leur z'y ai toujours cardé la laine* (Rictus). **2. C'est poilu.** ***a.*** c'est parfait ; ***b.*** c'est très drôle.
◆ *n.m.*
1. Vx. Homme brave. **2.** Individu masculin : *Des filles y'en avait qu'douze pour quatre-vingts poilus, / On fait mieux comme partouze* (Renaud). **Mon gnasse poilu,** moi. **3.** Ours.
ETYM. de **poil,** symbole du courage viril. **1.** 1834, Balzac. **2.** ***a*** et ***b.*** 1977 [Caradec].
◆ *n.m.* **1.** 1899 [Esnault] (grande vogue de ce sens lors de la guerre de 1914-1918). **2.** 1897, Bruant. **Mon gnasse poilu,** 1895 [Esnault] ; **3.** 1953 [Sandry-Carrère], arg. des forains.

poinçonner *v.t.*
1. Tuer. **2.** Pénétrer sexuellement : *Avec ça* [son pénis] *il a poinçonné des filles, il a fait des enfants, il a joui* (Demouzon).
ETYM. emplois métaphoriques du verbe usuel (idée de trouer). **1.** début du XIXe s. [Cellard-Rey]. **2.** 1982, Demouzon.

1. point *n.m.*
1. Unité de prix (de un à cent francs) : *Il y a trois points de débine* (Nouguier). *L'un dans l'autre, avec un peu de veine, j'arrivais à me faire vingt-cinq points ! C'était une somme pour l'époque !* (Céline, 5). **2. Point de côté.** ***a.*** agent des mœurs (pour celui qu'il surveille) ; ***b.*** gêneur ; ***c.*** créancier (pour son débiteur). **3. Point noir,** anus. **4. Jouer le point de vue,** essayer de voir, par-dessous, les cartes distribuées par le banquier.
ETYM. emplois métaphoriques du mot usuel. **1.** « un franc » 1835 [Raspail]. **2.** ***a.*** 1836 [Vidocq] ; ***b.*** 1807 [d'Hautel] ; ***c.*** 1847 [Dict. nain]. **3.** 1928 [Lacassagne]. **4.** 1885 [Esnault].

2. point (à) *loc. adj.*
Ivre : *Le commissaire complètement schlass faillit tomber dans une flaque pendant que sa petite amie, à point elle aussi, se laissait peloter par un gitan* (Lépidis). SYN. mûr.
ETYM. emploi métaphorique et ironique de la loc. culinaire. 1881 [Rigaud].

pointe *n.f.*
1. Couteau. **2.** Activité sexuelle, en parlant de l'homme : *Pour la pointe, il est maqué avec le toubib auxi, chou pour chou, il cherche pas ailleurs* (Ryck). **Être de la pointe** ou **chaud de la pointe,** être porté sur les plaisirs sexuels. **Pousser sa pointe,** coïter. → BICOT. **3.** Vx. **Avoir sa pointe, une petite pointe, être en pointe de vin,** ressentir les premiers effets de l'ivresse : *Les dames avaient leur pointe, oh ! une culotte encore légère, le vin pur aux joues* (Zola).
ETYM. emplois spécialisés du mot usuel. **1.** 1957 [Sandry-Carrère]. **2.** 1957 [PSI]. **Pousser sa pointe,** 1977 [Caradec]. **3. Être en pointe de vin,** 1858, M. Barthélemy [Giraud] ; **avoir sa pointe, une petite pointe,** 1862 [Larchey], art. *paf.*

pointé, e *adj.*
Rester pointé, demeurer entre les mains de la police à la suite d'une rafle.
ETYM. emploi imagé de l'adj. usuel (→ ÉPINGLER). 1960 [Le Breton].

pointer *v.i.*
Coïter : *On s'autiche, on se suce / Un peu la pomme, on pointe, on se cherche les puces* (Vian, 2).
◆ *v.t.*
1. Posséder sexuellement : *Elle ploya. Il sentit son corps frais, presque nu sous la robe. Ça l'auticha. [...] Il oublia sa crasse, sa fatigue. Seule, subsista la violence de son envie de la pointer là, sur-le-champ* (Le Breton, 3) ; en partic., sodomiser : *Il rabattit le pan de sa limace, sec : Me faire pointer, c'est pas mon genre, même à ce tarif* (Ryck). **2. Pointer son nez,** arriver quelque part : *Dès qu'il pointe son nez rue de la Harpe, on le prévient de n'y pas rester* (*Libération,* 22 juillet 1980).
◆ **se pointer** *v.pr.*
1. Vx. Occuper une place favorable, soit pour un spectacle, soit pour une observation. **2.** Arriver, se présenter : *Je commençais à les décharger* [les tuyaux] *quand une bonne femme s'est pointée vers moi* (Djian, 1).
ETYM. de **pointe.** 1952, Vian.
◆ *v.t.* **1.** 1957 [PSI]. **2.** 1980, *Libération.*
◆ *v.pr.* **1.** 1898 [Esnault]. **2.** 1951 [id.].

pointeur *n.m.*

1. Homme porté sur les plaisirs sexuels; en partic., nom donné, en milieu carcéral, aux violeurs: *Nous venons de virer un pointeur de la cellule, une ordure de premier ordre qui a baisé sa fille* (Mariolle). **2.** Dans un rapport homosexuel, homme qui pénètre l'autre.

ETYM. de **pointer** au sens 1 du v.t. **1.** 1957 [PSI]. **2.** 1978, *le Point* [GR].

pointure *n.f.*

Une (sacrée ou **grosse) pointure,** un individu hors du commun: *Il doit se résoudre à employer des Italiens. Et pas n'importe lesquels: des pointures venues du staff de Fellini* (*Actuel*, mars 1989).

ETYM. emploi métonymique et emphatique du mot désignant la mesure du pied. 1982 [Perret].

poire *n.f.*

1. Face, visage, tête: *T'en fais une poire!... Ah! si tu crois que c'est rigolo de te sortir* (Hirsch). *Je me retournai juste à temps pour voir le troisième bourre recevoir à titre gracieux, en pleine poire, un superbe direct de Sulpice* (Héléna). Vx. **Faire sa poire,** être dédaigneux: *Tu sais, ma biche, tu as tort de faire ta poire* (Zola). **2.** L'individu lui-même. **Ma poire, ta poire,** etc., moi, toi, etc.: *Il me faut quéqu'un de supérieur pour conduire ces inférieurs. Quéqu'un d'intelligent, d'intelligent comme ma poire* (Devaux). *Ta mère est clamsée. C'est bien fait pour ta poire!* (Sabatier). **3. Poire blette,** individu sans envergure.

◆ *adj. et n.*

Se dit d'une personne naïve, facile à duper: *Je voudrais comprendre, savoir, plus être la poire* (Lasaygues). *Seul'ment lui n'est pas aussi poire, / Et y sait ben c'qu'il en faut croire* (Rictus).

ETYM. emplois métaphoriques du mot désignant un fruit de forme allongée, suggestion d'un visage et d'un individu crédule, naïf, p.-ê. à cause de l'étroitesse du cerveau qu'implique la fameuse caricature de Louis-Philippe par Philipon, en 1830. **1.** 1872 [Esnault]. **Faire sa poire,** 1858 [Larchey]. **2.** 1879, Gill. **3.** 1953, Le Breton [TLF].

◆ *adj. et n.* vers 1888 [Esnault].

poireau *n.m.*

1. Attente: *Le soir, elle était si à cran, tellement excédée du poireau* (Céline, 5). **Planter** ou **piquer son poireau, faire le poireau,** attendre longuement: *Vous pensez bien que ce n'est pas pour rien que nous avons fait deux heures le poireau au bas de votre turne* (Claude). **2.** Vx. Sergent de ville stationnant sur la voie publique. **3.** Pénis: *Parfois, le soir, la mélancolie l'inondait, il saisissait son poireau qu'il faisait tristement cracher en rêvant «au con d'Irène»* (Bernheim-Cardot). **Souffler dans le poireau** ou **sucer le poireau (à qqn),** pratiquer sur lui une fellation. **4.** Hautbois ou clarinette. **5.** Décoration du Mérite agricole.

ETYM. emplois métaphoriques du mot désignant le légume. **1. Planter son poireau,** 1866 [Delvau]; **faire le poireau** et **piquer son poireau,** 1878 [Rigaud]. **2.** [id.]. **3.** 1883 [Chautard]. **4.** 1912 [Villatte]. **5.** 1901 [Bruant].

poireauter *v.i.*

Attendre longtemps et sur place: *Futeau décida, foutre de foutre, qu'il y en avait marre de poireauter et que lui rentrait à pinces, qui l'aime le suive* (Malaquais). *Elle compose le numéro d'appel de l'hôpital, attend, demande le service... On la fait poireauter longtemps entre les sonneries auxquelles personne ne répond* (Mazarin, 1).

ETYM. de **(planter son) poireau.** 1883 [Fustier].

poirer *v.t.*

1. Surprendre: *Ça serait pas le coup de se faire poirer, dit Sulphart l'œil méfiant* (Dorgelès). **2.** Appréhender (qqn), en parlant de la police: *À ce moment-là, ça sentait le calciné autour d'eux et ils n'avaient pas tardé à se faire poirer les uns après les autres* (Bastiani, 4). **3.** Recevoir, subir: *Je repensais [...] à tous les patrons! aux dérouilles que j'avais poirées!* (Céline, 5).

ETYM. de **(cueillir comme une) poire. 1.** 1916 [Esnault]. **2.** 1920 [Bauche]. **3.** 1936, Céline.

poiscaille *n.m.*

1. Poisson: *Le Loing, il paraît que c'est la dernière rivière de France où le poiscaille n'est pas encore pollué* (Audiard). *Les vagues étaient lumineuses comme si y avait eu des mille et des mille de p'tits poiscails électriques* (Lasaygues). **2.** Proxénète.

ETYM. suffixation arg. de **poisson. 1.** 1935, Simonin-Bazin. **2.** 1957 [Sandry-Carrère].

VAR. **poisscal:** 1921 [Esnault]. **pescal:** 1926 [id.]. **poiscail:** 1985, Lasaygues.

☞ **poissard**

→ Liste des argots spécifiques *page [33].*

1. poisse *n.m.*

Voleur, voyou ou proxénète : *Moi, pas plus tard qu'hier, je suis bien montée avec un barbeau. – Oh ! c'est pas rare, dit Hélène, les poiss' ont assez de sous pour se payer des femmes quand ça leur chante* (Galtier-Boissière, 2).

ETYM. déverbal de **poisser**. 1800, Leclair.

VAR. **poissard** : 1531, Sylvius [Esnault].

2. poisse *n.f.*

1. Malchance : *C'est ainsi que M. Chennevert dut entendre la biographie des jockeys* [...], *une théorie documentée sur la « poisse », c'est-à-dire la déveine, c'est-à-dire la guigne* (La Fouchardière). *Dis donc, c'est pas pour dire mais tu portes la poisse : David s'est fait buter, une balle dans la tête* (Villard, 4). **2.** Misère profonde : *Cinquante briques à trois, disons quinze chacun... De quoi regarder les cocotiers un bon bout de temps. Au soleil... Avec Marie, débarrassés de cette poisse qui nous colle au dos* (Conil).

ETYM. de **1. poisse. 1.** 1909 [Esnault]. **2.** 1920, Bauche [GLLF].

VAR. **poiscaille** *n.f.* : 1969, Viard.

poisser *v.t.*

1. Voler (qqch ou qqn) : *Il faudrait lui couper le cou et la f... à la rivière, après avoir poissé ses philippes* (Vidocq). **2.** Arrêter, surprendre ; attraper : *Quand le héros s'apprête à escalader la fenêtre, de la salle une voix le prévient : « Regarde en arrière ! Tu vas t'faire poisser ! »* (Londres). *Fernand Crevel, l'ex-Poignardeur, poissé naguère par le Chinois* (Combescot). **3.** Importuner. **Poisse Dudule !,** va dire ça à d'autres !

◆ **se poisser** *v.pr.*

S'enivrer.

ETYM. de **poix** (les voleurs s'enduisaient parfois les doigts de poix, pour mieux attraper l'objet). **1.** 1800, Leclair. **2.** 1872 [Larchey]. **3.** 1915 [Esnault].

◆ *v.pr.* 1841, *la Correctionnelle* [Larchey].

DER. **poissencher** *v.t.* Dépouiller : 1844 [Dict. complet]. **poisseur** *n.m.* Filou : 1876, Rabasse [Larchey]. **poisseux** *n.m.* Voyou : 1878 [Rigaud].

poisson *n.m.*

1. Vx. Proxénète : *Jeune, beau, fort, le poisson ou barbillon est à la fois le défenseur et le valet de sa maîtresse* (Canler). SYN. barbeau, merlan, maquereau. **2.** Mauvais tour. **3. Comme du poisson pourri,** avec une véhémence grossière : *Pour la première fois au cours de leur vieille amitié, ils en sont venus à s'engueuler comme du poisson pourri pendant des heures* (Conil). **4. Gros poisson,** personnage important, prise intéressante (dans le langage des policiers, des magistrats, par opposition à **menu fretin**).

ETYM. emplois diversement métaphoriques du mot usuel. **1.** 1827, *Un monsieur comme il faut,* mais *poisson d'avril,* même sens, dès 1507 [Sainéan]. **2.** issu de *queue de poisson* 1833, Balzac [Esnault], plutôt que de *poisson d'avril*. **3.** 1901, Ponchon. **4.** 1958, Mauriac [TLF].

poitou *adv.*

ARG. ANC. Non, rien : *Poitou d'orient, c'est du rouget !* [Ce n'est pas de l'or, c'est du cuivre !] (Alhoy). *Si tu n'as pas d'auber, poitou !* (le Rat du Châtelet).

ETYM. déplacement subtil de **Niort** (*aller à Niort,* nier) vers le nom de la province. 1725, Granval.

poitrine *n.f.*

Poitrine de vélo, poitrine étroite et creuse.

ETYM. métaphore pittoresque créée par les cyclistes. 1957 [Sandry-Carrère].

poitringle ou **poitringue** *adj.*

Tuberculeux. SYN. tubard.

ETYM. resuffixation arg. de **poitrinaire.** 1953 [Sandry-Carrère].

poivrade *n.f.*

1. Ivresse ; beuverie, alcoolisme : *La poivrade solitaire, ça se contracte facile, dans un cas comme le sien !* (Simonin, 5). **2.** Buveur habituel, ivrogne : *Une poivrade égarée, accoudée au bar, jetait sur tout ce joli monde le regard désabusé des ivrognes noctambules* (Houssin, 2). **3.** Vx. Syphilis.

◆ *adj.*

Ivre, saoul : *Je comprends qu'ils soient si souvent poivrades les fossoyeurs... dans les vapeurs de la vinasse, ils ne se rendent plus bien compte des choses de la mort* (Boudard, 6).

ETYM. de **(se) poivrer. 1.** 1955, Simonin. **2.** 1968 [PSI]. **3.** 1881 [Rigaud].

◆ *adj.* 1979, Boudard.

poivre *n.m.*

1. Piler du poivre. ***a.*** faire une marche pénible ; ***b.*** médire de qqn ; ***c.*** s'ennuyer en attendant qqn. **2.** Poison : *Entends-tu le cabot cribler ? Apprête-toi à lui donner le poivre* (Ansiaume). **3.** Syphilis. **4.** Eau-de-vie ; alcool.

Mine à poivre, cabaret : *Les nouveaux venus payant leur quand est-ce, les stations dans les assommoirs, les consolations, les mines à poivre* (Daudet). **5.** Homme ivre : *Quand même, quel poivrot ! insiste envieusement Marche et il se lance dans des variations patoises sur le sujet : « Quel poivre ! Oï pébré ! »* (Chabrol). **6.** Vx. **Moudre du poivre, tourner le moulin à poivre,** jouer de l'orgue de Barbarie.

◆ *adj.*

Vx. Ivre : *Ah ça, quand donc a-t-elle pu chiper la lettre ?... Parbleu ! ce doit être le jour où j'étais si poivre...* (Chavette). *Je rentre poivre, Vichy, dodo et le turf* (Sarrazin, 3).

ETYM. emplois imagés et concrets (1) ou plus métaphoriques (2 à 5) du mot usuel. **1.** ***a.*** 1793 [Esnault] ; ***b*** et ***c.*** 1867 [Delvau]. **2.** 1821 [Ansiaume]. **3.** 1608, M. Régnier [GLLF]. **4.** 1836 [Vidocq]. **5.** 1835 [Raspail]. **6.** 1901 [Bruant].

◆ *adj.* 1862 [Larchey].

poivré, e *adj.*

1. Atteint d'une MST : *Rose, arrête de vérifier si ce monsieur est suffisamment poivré, je suis sûre que tu connais ton boulot. En effet, Rose traînait son regard exercé sur la bite à Lacquis. Laquelle était fleurie* (Bernheim-Cardot). **2.** Ivre : *J'accours et les retrouve tous complètement poivrés et leur chef qui hurle* (Jamet). **3.** D'un prix jugé excessif. SYN. salé.

ETYM. de **poivre. 1.** 1546, Rabelais [GLLF]. **2.** fin du XIXe s. [id.]. **3.** 1808 [d'Hautel].

poivrer *v.t.*

1. Vx. Empoisonner : [F. et P.] *l'avaient vu poivrant la soupe avec une poudre tirée de sa poche* (Zaccone). **2.** Transmettre une MST : *On lui avait assez dit qu'il fallait se méfier à Paris, que la plupart des femmes y étaient malades. Même les femmes du monde. Qu'on se faisait poivrer comme rien* (Guérin). **3.** Enivrer (surtout à la forme pron.) : *Les voleurs au poivrier, ceux qui entraînent les provinciaux ou les étrangers dans les cafés où ils les « poivrent » pour mieux leur dérober leur portefeuille* (Larue). *Le 24 au soir, j'ai réussi à me poivrer. J'ai arrosé mon réveillon solitaire en tête-à-tête avec la photo de mon mari par de la bière chauffée et sucrée* (Sarrazin, 2). **4.** Arrêter qqn : *Au moment où Marisi se faisait poivrer, le commissaire Sauvage se trouvait à dix kilomètres du lieu de l'infraction* (Pagan). **5.** Tuer : *J'expédiai deux pruneaux, légèrement au-dessus de sa tête et il s'arrêta pile. Je n'avais d'ailleurs pas eu l'intention de le poivrer* (Héléna). **6.** Vx. Payer. **7.** Exagérer le montant d'une note, d'une facture. SYN. saler.

ETYM. de **poivre. 1.** 1829, Allier [Esnault]. **2.** 1644, Saint-Amant [TLF]. **3.** 1896 [Delesalle]. **4.** 1986, Pagan. **5.** 1948, Boileau-Narcejac. **6.** 1836 [Vidocq]. **7.** 1808 [d'Hautel].

DÉR. **poivrement** *n.m.* Paiement et **poivreur** *n.m.* Payeur : 1836 [Vidocq].

poivrier, ère ou poivriot, e *n.*

Vx. Personne ivre : *Je m'en f...iche, vieux musée de cire, brame une poivrière à la tignasse grisonnante et ébouriffée* (Macé).

◆ **poivrier** *n.m.*

ARG. ANC. **Voleur au poivrier** ou simpl. **poivrier,** voleur détroussant les ivrognes : *Il se considérait comme dépouillé par un voleur au poivrier, c'est-à-dire par un de ces vagabonds qui ne s'attaquent qu'aux ivrognes endormis* (Locard). **Travailler au poivrier** ou **au poivriot,** détrousser les ivrognes : *Moi, j'travaillais au poivriot... Que'q'fois, j'trouvais tout l'gâteau d'un marquet dans les profondes* (Brissac).

ETYM. de **poivre.** 1835 [Raspail]. *poivriot* 1878, Gill.

◆ *n.m.* 1855, Paillet.

poivrot, e *n.*

Ivrogne : *On se vide un godet ? proposa Primerose [...] Singulièrement sentimental ce matin-là, je n'eus pas le courage de laisser le cher poivrot tout seul* (Fajardie, 1). *Ça n'a pas de vice et ça se soûle la gueule. Toutes des poivrotes !* (Lorrain).

ETYM. de **poivre** au sens 4. 1867 [Delvau].

poivroter (se) *v.pr.*

S'enivrer : *Quand elles s'étaient bien poivrotées, elles s'allongeaient sur le pucier et nasillaient pâteusement des airs de valses* (Guérin).

ETYM. de **poivrot.** 1883 [Fustier].

pok *n.m.*

Poker : *Nous ne ferons pas un pok de sitôt. D'ordre des militaires encore en exercice, je regagne Paris cette nuit* (Malet, 10). *Fernand a connu enfin d'après-midi quelques déboires au pok* (Simonin, 5).

ETYM. apocope de **poker.** 1942, Malet.

polack ou polak *adj. et n.*

Polonais : *L'était bourré comme un polack / Il a fait un boucan d'enfer* (Renaud). *Le petit po-*

lak [...] *avait entrepris le voyage de Lublin à Tunis* (Combescot).

ETYM. suffixation pop. de **polonais.** *polack* vers 1920 [Cellard-Rey] ; *polak* 1957 [Sandry-Carrère].

polar *n.m.*

Roman ou film policier : *Les policiers découvrirent un spectacle atroce. Les étagères surchargées s'étaient rompues, et les 20 000 polars s'étaient abattus sur la malheureuse victime, qui périt écrasée par le poids des mots* (Lebrun, in *l'Année du polar 88*).

ETYM. apocope et resuffixation de **(roman** ou **film) policier.** 1968, *le Nouvel Observateur* [DDL]. Ce mot connaît une très grande vogue depuis le printemps 1979 [Schweighaüser] ; il est senti comme plus ou moins péj. selon la personne qui l'emploie.

polard ou poilard *n.m.*

VIEILLI. Pénis : *Il a sorti son polard... Il s'est foutu à la bourrer* (Céline, 5).

ETYM. de **se poiler** [Esnault], avec le suff. **-ard.** *polard* 1883 [id.] ; *paulard* 1901 [Bruant] ; *poilard* 1920 [Bauche].

police *n.f.*

1. Vx. Durée de la détention administrative. **2.** Vx. **Se mettre à la police,** se faire inscrire sur le registre des prostituées tenu par la police. **3. Faire ses polices,** passer les visites hebdomadaires obligatoires pour les prostituées en carte.

ETYM. emploi métonymique du mot usuel. **1.** 1835 [Esnault]. **2.** 1858, *Paris vivant, la Fille* [Rigaud]. **3.** 1928 [Lacassagne].

polichinelle *n.m.*

1. Gendarme, policier : *Kippa est allé regarder, ils sont là, Franck, il y a le car et les polichinelles arrivent* (Ravalec). SYN. guignol. **2.** Vx. Verre d'eau-de-vie. **3. Avoir un polichinelle dans le tiroir** ou **sous le tablier,** être enceinte : *Une petite bonne gironde qui s'était fait refiler un polichinelle dans le tiroir par l'incorrigible comique* (Viard). **4. Claquer le polichinelle,** faire une fausse couche. **5.** Vx. **Avaler le polichinelle.** ***a.*** communier ou recevoir l'extrême-onction ; ***b.*** prendre le repas du soir.

ETYM. locutions à la fois brutales et pittoresques. **1.** 1901 [Bruant] (jeu de mots sur *policier* ?). **2.** 1820, Brazier [Larchey]. **3.** 1864 [Delvau]. **4.** 1977 [Caradec]. **5.** ***a.*** 1867 [Delvau] ; ***b.*** 1912 [Villatte].

polisseuse *n.f.*

Polisseuse de tuyaux de pipe, prostituée experte en fellation.

ETYM. métaphore issue de **faire une pipe.** contemporain ; seulement *polisseuse* en 1907 chez France, au sens de « variété de prostituée », mais *polisseuse de mats de cocagne en chambre* dès 1881 [Rigaud].

politesse *n.f.*

1. Vx. Offre d'un verre de vin sur le comptoir. **2. Faire une politesse à un homme,** le gratifier d'une fellation. SYN. gâterie, gourmandise. **3. Faire une politesse à une femme,** la posséder sexuellement.

ETYM. emplois euphémiques du mot usuel. **1.** 1867 [Delvau]. **2.** 1977 [Caradec]. **3.** 1864 [Delvau].

polka *n.f.*

1. Prostituée par rapport à son proxénète : *Leurs julots ne devaient pas avoir grande ambition. Ou possible qu'ils ne savaient où envoyer tapiner leurs polkas* (Le Breton, 1). **2.** Femme en général : *Il était en train de faire du gringue à une polka sur le retour qui sentait le Givenchy à dix mètres* (Pelman, 1). **3.** Vx. Photographie obscène. **4.** Correction infligée à qqn.

ETYM. mot polonais désignant une danse animée, à deux temps. **1.** selon Le Breton (1960), ce mot fut lancé avant 1930 par son ami Marcel Petit Bleu, dont la maîtresse aimait danser la polka. **2.** 1957 [PSI]. **3** et **4.** 1867 [Delvau].

poloche *n.f.*

Mystification ; traquenard : *La façon dont il se comporte ce lascar !... Cette pression continue sur mon bras... je sens venir la poloche ! Je respire la vape !* (Boudard, 5).

ETYM. origine obscure. 1899 [Nouguier] ; 1931 [Chautard], au sens de « chose ».

polope ou pollope *interj.*

1. Rien à faire ! (formule de refus ou de découragement) : *On a été trop souvent refait par le sort. Parce que l'aide dont tu parles, polop ! Alors, on se laisse aller* (Malet, 1). *Pollop aussi pour le faire aux pattes, tout était en règle* (Risser). **2.** Vx. Allons-y ! **3.** Vx. Fuyons !

ETYM. de l'angl. sportif **pull up,** tirez (sur les avirons). **1.** 1940 [Esnault]. **2.** 1898 [id.]. **3.** 1935 [id.].

VAR. **polop** : 1940 [Esnault]. **polope** « attention ! » : 1953 [Sandry-Carrère]. **pouleup** : 1898 [Esnault]. **poulop** : 1902 [id.].

poltron *n.m.*

Pet.

ETYM. origine obscure (parce qu'il « se sauve » ?). 1975 [Arnal].

pommade *n.f.*

1. Perte d'argent. **2.** Adversité : *Quant au vrai mérite, obscur et résigné, on ne va pas le chercher… On le laisse dans la pommade* (Gill). **3. Passer de la pommade à qqn,** le flatter.

ETYM. de **paumer,** perdre (avec influence de *marmelade* ?). **1.** 1867 [Delvau]. **2.** 1878 [Rigaud]. **3.** 1901 [Bruant] ; d'abord *jeter de la pommade à qqn* 1878 [Rigaud].

DER. **pommadier** *n.m.* Coiffeur : 1876, Rabasse [Larchey]. **pommader** *v.t.* **1.** Flatter : 1867 [Delvau]. **2.** Battre (qqn) : [id.]. **se pommader** *v.pr.* S'enivrer : 1867 [id.]. **pommadeur** *n.m.* Flatteur : 1875, Rabasse [Larchey].

pommadin *n.m.*

Coiffeur ou garçon coiffeur : *Tu f'rais pas mal d'aller chez le pomadin pour qu'il t'fasse des frisettes* (Devaux).

ETYM. de **pommade.** 1859, Mozin [GLLF].

pomme *n.f.*

1. Aux pommes ou (vx) **bath aux pommes,** excellent, parfait : *Je viens d'envoyer aux journaux une petite note… aux pommes* (Sardou). *Si* [le prolétaire] *vous tape sur le ventre, bath aux pommes !* (Gill). **SYN.** aux petits oignons. **2. Tomber dans les pommes,** s'évanouir : *J'étais un piètre infirmier et j'ai pensé que si Gina partait dans les pommes, peut-être là-bas saurait-on la soigner* (Malet, 1). **3. Pomme de terre,** trou dans une chaussette. **4.** Tête. **5.** Visage. **6.** L'individu lui-même. **Ma pomme, ta pomme,** etc., moi, toi, etc. : *Il me faut absolument passer en première, les Pères vont me tester avec un examen tout spécialement concocté pour ma pomme* (Pouy, 1). *Tu crains pour ta pomme. Tu disparais* (Malet, 13). *Je vous ai déjà dit qu'il était marié. Et ma tante est drôlement mieux que vott' pomme* (Queneau, 1). **7. Pomme à l'eau** ou **à l'huile, pomme blette** ou **cuite,** ou simpl. **pomme,** individu facile à duper, naïf et crédule : *De fait, je dois être une pomme, car j'eus tout de même une pensée émue pour le gros lâche tapi loin, là-bas* (Fajardie, 1). *Tu n'y connais rien ! Un Diesel ça ! Pauvre pomme !* (Bohringer). *On s'est retrouvés un peu plus tard sur l'asphalte du boulevard Edgar-Quinet comme deux naves, deux pommes blettes* (Boudard, 2). *C'est les père et mère de Fil, hé, pomme cuite !* (Le Breton, 6). *Et l'autre pomme à l'eau qui esgourde tout ce qu'on dit avec ses micros à la con !* (Tachet). *Dis donc, pomme à l'huile… Et le chiffre du coffre, tu l'as?* (Siniac, 5) ; s'emploie aussi adj. en ce sens. **Bonne pomme,** se dit d'une personne complaisante : *Tout en comptant et recomptant sa monnaie, la bonne pomme se lamentait : – C'est bin cher dans tes deuxièmes classes* (Simonin-Bazin). *Janine acquiesce. Bonne pomme, je ne comprends pas encore l'essentiel. Je me fais des illuses…* (Boudard, 6). **SYN.** (bonne) poire.

◆ *interj.*

Des pommes !, rien du tout ! : *Quand faut imiter l'fils de l'homme, / Oh ! là là, gn'a rien d'fait… des pommes !* (Rictus, 2). **SYN.** des nèfles !

ETYM. emplois spécialisés et métaphoriques : analogie de forme (→ POIRE, CITRON, CALEBASSE, etc.) du mot usuel. **1.** de **(bifteck) aux pommes,** 1862 [Larchey] ; **bath aux pommes,** 1867 [Delvau] ; **batte aux pommes,** 1887, Verlaine [George]. **2.** 1889 [Chautard]. **3.** 1977 [Caradec]. **4** et **5.** 1867 [Delvau]. **6.** 1890 [Chautard]. **7. Pomme à l'eau,** 1937, Grancher ; *adj.* 1895 [Esnault]. **Bonne pomme,** 1935, Simonin-Bazin.

◆ *interj.* 1897, Rictus ; d'abord *c'est comme des pommes,* c'est inutile, 1881 [Rigaud].

VAR. **pommade** : 1946, Guérin.

pommelée *n.f.*

Vx. Femme quelconque ; épouse, maîtresse.

ETYM. « qui a les seins en pomme », selon Esnault. 1899 [Nouguier].

pompe *n.f.*

1. Chaussure : *Ses pompes lui faisaient souvent si mal qu'il se versait des petits morceaux de glace à même les godilles* (Céline, 5). **2.** Pied : *Mec ! T'es pas un peu sonné de me réveiller en me filant des coups de pompe ?* (Faizant). **3.** Jambe. **À toute(s) pompe(s)** ou, rare, **en quatrième pompe,** à toute vitesse : *Tomate reflua à toutes pompes vers la rue François-Ier* (Simonin, 1). *J'ai grimpé toute la rue d'Haute-*

ville en quatrième pompe! (Céline, 5). **4. Soldat de deuxième pompe** ou simpl. **deuxième pompe,** soldat de deuxième classe : *Un milliard, Félix ! Pour une fois, un deuxième pompe sera grassement payé! Ça devrait t'exciter!* (Siniac, 5). **5.** Mouvement de culture physique assez pénible, consistant, dans la position à plat ventre, à faire monter et descendre alternativement le haut du corps raidi, par la seule force des bras (souvent infligé dans l'armée comme punition): *Appuyé des deux poings sur le lit, les bras tendus en position de pompes gymnastiques, Alfiéri était entré dans la fille, apparemment indifférente* (Dormann). **6.** Seringue (pour injection de drogue): *Il transfère ce mélange dans sa seringue généralement appelée «shooteuse» ou «pompe» en le filtrant* (Cahoreau-Tison).

ETYM. ellipse de **pompe aspirante.** 1848 [Pierre]; désigne à l'origine des chaussures en mauvais état, qui prennent l'eau par la semelle. **1.** 1869, Berry [Esnault]. **2.** 1884 [Chautard]. **3. À toutes pompes,** 1921 [Esnault] ; **en quatrième pompe,** 1936, Céline. **4.** 1951 [Esnault]. **5.** mil. du XXe s. [GLLF]. **6.** 1987, Cahoreau-Tison.

pompé, e *adj.*

Très fatigué: *Faites le service, dit-elle. Je commence à être pompée* (Malet, 11).

ETYM. emploi métaphorique du participe passé du verbe **pomper.** 1913 [Esnault].

pomper *v.t.*

1. Boire (beaucoup): *Ça me fait mal au ventre de te voir pomper de la wallace* [de l'eau des fontaines Wallace] (Méténier). *Elle m'a tendu un kil de rouge à peine défloré: «Pompe; ça te remettra...»* (Pelman, 1). **2.** Fatiguer à l'extrême (surtout au participe passé) : *Il s'étira: Bernard, j'suis pompé. On fout l'camp?* (Fallet, 1). **3. Pomper (l'air à) qqn,** l'importuner: *Malgré sa joliesse, la cousine de Charbo commençait à me pomper l'air. Que je devais avoir excédé, car elle se leva, pincée* (ADG, 1). *Commencent à me pomper, tous ces jeunes, avec leur coquetterie imbécile* (*le Nouvel Observateur,* 25 décembre 1980). **4. Pomper le dard, le nœud, le zob,** etc., **à qqn** ou **pomper qqn,** lui faire une fellation : *Si je commets la moindre maladresse, tant pis pour mon zob, j'irai me le faire pomper ailleurs* (Boudard, 5). *Lily prenant un plaisir malsain à rendre poitrinaire un de ses cousins qu'elle passait ses après-midi à pomper* (Guérin).

ETYM. emplois métaphoriques du verbe usuel. **1.** 1792, Hébert [Brunot]. **2.** 1955, Arnoux [TLF]. **3.** 1934, Chevallier. **4. Pomper le dard, le gland** et **le nœud,** 1864 [Delvau]; **pomper qqn,** 1773, Piton [Doillon].

pompette *adj.*

Légèrement ivre: *Ici, on ne débite pas de bière et ce n'est pas de la pale-ale que l'on boit!... Il était plus que pompette* (Cendrars, 1).

ETYM. de **pomper,** boire. 1808 [d'Hautel]. Ce mot glisse auj. vers l'emploi fam.

pompeur, euse *n.*

Individu qui pratique la fellation: *Mme Fourina, belle enfant? lui demandai-je. – Mme Fourina, la pompeuse de nœuds. C'est au quatrième* (Plaisir des dieux).

◆ **pompeuses** *n.f.pl.*

Lèvres : *O.K., du coup, je lui cloque un patin glissé que je regrette aussitôt, car ses pompeuses m'ont laissé des traces que j'ai un mal de chien à gommer avec mon mouchoir* (Bastiani, 4).

ETYM. de **pomper (le nœud).** 1899 [Nouguier]. ◆ *pl.* 1957 [Sandry-Carrère].

pompier *n.m.*

1. Vx. Grand buveur. **2.** Fellation : *Il paraît qu'elle fait des pompiers aux garçons mais qu'elle ne fait pas l'amour* (Cardinal). SYN. pipe, plume.

ETYM. de **pomper. 1.** 1862 [Larchey]. **2.** 1920 [Bauche].

pomplard ou pompelard *n.m.*

1. Pompier : *On aperçoit les pompelards et les flics véhiculés qui se ruent vers les lieux du sinistre, assourdissant la ville verticale avec leurs avertisseurs* (Siniac, 3). *Heureusement qu'il était là et qu'il avait l'ouïe fine, car il avait pu appeler les pomplars tout de suite* (Pouy, 3). **2.** Fellation: *Se faire faire un pompelard.*

ETYM. suffixation arg. de **pompier. 1.** *pomplard* 1930 [Esnault]. **2.** *pompelard* 1953 [Sandry-Carrère].

VAR. **pompard:** 1947 [Esnault].

pompon *n.m.*

1. Avoir ou **décrocher le pompon,** l'emporter sur autrui : *Question dalle en pente, t'as le pompon!* **À moi le pompon!,** à moi la gloire d'être le premier, le plus fort!: *À lui le pompon pour égorger, éventrer les souteneurs de cette gadoue, qui s'intitule l'Assemblée* *publique* (Cladel). *À vous le pompon, pour vous rendre nerveux. Rien de tout cela n'en vaut la peine* (Malet, 11). **2.** VIEILLI. **Avoir son pompon,** être légèrement ivre : *J'avais mon pompon / En revenant d'Suresnes / Tout le long d'la Seine j'sentais qu'j'étais rond* (chanson *En r'venant d'Suresnes,* paroles de Joinneau et Delattre). SYN. être pompette.

ETYM. allusion au **pompon,** attribut du tambour-major, qui marche en tête des troupes d'élite. **1.** 1826, Carmouche [Larchey]. Il est probable que, depuis l'origine, il y a eu influence du pompon suspendu qu'on tente d'arracher, sur certains manèges forains. **À moi le pompon,** 1829 [Forçat]. **2.** 1883, Joinneau et Delattre [Pénet] ; de *pompon,* « soldat adonné à l'ivrognerie », 1863, Reiffenberg [Rigaud].

poncer *v.t.*

Vx. Rosser : *Elles payent pour être battues* [...] *Nul n'a su, comme Chassepot, poncer une Louis* (Humbert).

ETYM. de **poncer le linge,** le fouler en le savonnant. 1873 [Esnault].

pondeuse *n.f.*

(Bonne) pondeuse, femme prolifique ; mère de famille nombreuse : *Ta scopochloralose était vraiment d'excellente qualité, tu l'as prouvé avec ma demi-sœur, bonne fille, bonne pondeuse, bonne mère, bonne épouse* (Spaggiari).

ETYM. de **pondre.** 1808 [d'Hautel].

pondre *v.t.*

1. Mettre au monde : *Elle a eu une fameuse idée de me pondre un petit-fils !* (Mensire). *Sûr que c'te gonzess'-là / Si a pond a va faire un singe !* (Bruant). **2.** Produire (surtout un écrit) : *Tu l'as dit, je vais lui pondre une bafouille empoisonnée, à cet avocat de malheur* (Sarrazin, 2).

ETYM. emplois métaphoriques du verbe « gallinacéen ». **1.** avant 1701, Boursault [TLF]. **2.** 1901 [Bruant].

poniffe *n.f.*

Vx. Prostituée : *Et si la p'tit' ponif' triche / Su' l' compt' des rouleaux, / Gare au bataillon d'la guiche ! / C'est nous qu'est les dos* (Richepin).

ETYM. de l'anc. fr. **poneuse,** pondeuse. 1846 [Esnault].

VAR. **ponifle :** 1628 [Chéreau].

ponne *n.f.*

Vx. Jument.

ETYM. de **pont.** 1800, Leclair.

ponnette, ponette ou **ponisse** *n.f.*

1. Jeune maîtresse d'un truand : *La femme fit un pas, obéit. Jos essayait de la « situer ». Apparemment, pas régulière de truand ou ancienne ponnette ; juste la tête d'une dactylo vieillie par vingt ans de métro* (Rank). **2.** Jeune femme qui se prostitue occasionnellement : *Les ponettes étaient acceptées à l'Écu* [...] *petites putes amatrices, filles qui se débrouillent* (ADG, 6). *Ce spectacle de qualité avait attiré les belles putes que Marceau appelait : des ponisses* (Mac Orlan, 10).

ETYM. dimin. de **ponne. 1.** *ponette* 1894 [Virmaître] ; *ponisse* 1700 [Esnault]. **2.** 1934, Mac Orlan.

VAR. **ponante :** 1836 [Vidocq]. **pone :** 1901 [Bruant]. **ponifle :** 1867 [Delvau].

pont *n.m.*

Vx. **1.** Cheval. **2.** Carte à jouer cintrée frauduleusement : *Le pont consistant à remettre les cartes après la coupe dans la position où le Grec les a préparées, il va de soi que, lorsque le pigeon aura coupé dans le pont, le tour sera joué* (Cavaillé). **3. Couper** ou **faucher dans le pont,** tomber dans le piège : *Vidocq dit comme ça qu'il vient du pré, qu'il voudrait trouver des amis pour goupiner. Les autres coupent dans le pont* (Vidocq). **4.** Forcement d'une porte de coffre au moyen d'un dispositif de vis filetée, construit sur place. **5. Pont arrière,** postérieur. **6.** Vx. **Pont d'Avignon.** ***a.*** prostituée ; ***b.*** guichet du greffe de Saint-Lazare.

ETYM. emplois métaphoriques du mot usuel. **1.** 1836 [Vidocq] (analogie fréquente entre *tréteau* et *cheval*). **2.** 1718 [Acad. fr.]. **3. Faucher dans le pont,** 1836 [Vidocq] ; **couper dans le pont,** 1828 [id.]. **4.** 1929 [Esnault]. **5.** 1977 [Caradec]. **6.** ***a.*** 1867 [Delvau] : on y passe tous en rond ; ***b.*** 1926 [Esnault] : tout le monde y passe après la fouille.

ponte *n.m.*

1. Personnage important et influent : *Déranger le ministre à cette heure ?* [...] *– Allez ! Réveille-moi ça, bouge les pontes, c'est le moment !* (Agret). **2.** Gros trafiquant de stupéfiants.

ETYM. déverbal de **ponter,** miser (terme de jeu). **1.** 1883 [Esnault]. **2.** 1952 [id.]. Ce mot tend à devenir fam. au sens 1.
DÉR. **ponteur** *n.m.* Protecteur : 1854 [id.].

pontife *n.m.*

Se faire tutoyer le pontife, se faire faire une fellation : *Pour un demi-louis, sans que j'm'ébouriffe / On peut – Y en a tant qu'ont gâché les prix – / S'fair' dans tout's les lang's tutoyer l'Pontife* (Plaisir des dieux).
ETYM. loc. graveleuse. vers 1860 [Cellard-Rey].

pontonnière *n.f.*

Vx. Prostituée qui exerce près des ponts de Paris : *Les pontonnières fréquentent le dessous des ponts, et quelquefois le dessus, lorsqu'il n'y passe que très peu de monde. Toutes ces filles sont des voleuses* (Canler).
ETYM. de **pont(on).** 1836 [Vidocq].

Popaul ou **Popol** *n.pr.*

Sobriquet du pénis : *Écoute, Victoire, du moment que pendant mes congés tu te consacres, eh bien, ça m'suffit ! Tu f'ras glisser Popaul le samedi, le dimanche et les fêtes. Le reste ? J'veux pas savoir !* (Vautrin, 1). **Étrangler Popaul,** se masturber, en parlant de l'homme.
ETYM. surnom hypocoristique du pénis. *Paupol* 1975 [Le Breton] ; *Popaul* 1977 [Caradec] ; *Popol* 1960 [Devaux]. **Étrangler Popaul,** 1982 [Perret].

poper *v.t.*

Injecter de la drogue à l'aide d'une seringue.
ETYM. origine peu claire. 1986 [Le Breton].
DÉR. **popote** *n.f.* Matériel servant à injecter de la drogue : [id.].

Popinc' ou **Popinque (la)** *n.pr.*

La rue Popincourt et ses alentours, à Paris (XIe arrondissement) : *Car à Wagram, à la Popinque ou aux Vertus, / Il n'est pas un fauché pour endosser son drinke* (Desnos).
ETYM. apocope de **Popincourt.** *la Popinc'* 1906 [Esnault] ; *la Popinque* 1935 [George].
VAR. **la Popingue** : 1953 [Sandry-Carrère].

popof ou **popov** *adj. et n.*

Russe : *L'Allemagne paraissait pourtant foutue en ce début 45 [...] les Popofs étaient déjà en Prusse-Orientale, en Hongrie* (Boudard, 5). *L'imagerie graisseuse et atroce de cet étonnant Bunuel popov est infiniment troublante et choquante* (*Libération*, 24 mai 1989).
ETYM. d'un nom de famille russe assez répandu, qui signifie « fils de pope ». 1957 [Sandry-Carrère].

popote ou **popotte** *n.f.*

Cuisine simple, ordinaire : *N'épargnez pas la popotte, / Puisque, aussi bien, c'est / Elle qui paiera la note / Dessus son budget* (Ponchon).
◆ *n.m.*
Forçat évadé ou libéré : *On a toujours la marque là – et il frappa son front – [...] les négriots eux-mêmes nous appellent « popotes »* (Londres).
ETYM. redoublement, sans doute d'origine enfantine, issu de **pot,** aliments dans une marmite. 1867 [Delvau] (grande vogue de ce mot avec la guerre de 1914).
◆ *n.m.* 1894 [Esnault].

popotin *n.m.*

Postérieur : *Désarroi d'Andy. Il ôte sa veste d'astrakan. Déglingue son fute et nous montre son popotin* (Bauman). *Allez, Phil, magne-toi le popotin !*
ETYM. redoublement et suffixation de **pot,** même sens. 1917 [Esnault].

popu *adj.*

Populaire : *Il a l'air de quelqu'un qui n'a pas flairé une cibiche depuis le Front Popu* (Malaquais) ; spéc., **les popu,** spectateurs des places à bon marché dans les stades, les vélodromes, etc.
ETYM. apocope de **populaire.** vers 1920 [Esnault].

populaires *n.f.pl.*

Places bon marché, dans les stades : *Des populaires à un franc – vingt sous !* (Galtier-Boissière, 2).
ETYM. emploi spécialisé du mot usuel. 1925, Galtier-Boissière.

populo *n.m.*

1. Vx. Petit enfant potelé : *L'autre jour, un larbin f'sant l'gros sur un carrosse / Comm'j'portais un colis, m'dit : t'es fort, populo !* (chanson *Trimardeur du boul' exter,* paroles de F. Dufort et E. Morel). **Faire un populo,** avoir un enfant hors mariage. **2.** Foule dense : *Il y eut des reflux et plusieurs fois nous fûmes refoulés dans les ruelles latérales, cependant que le populo s'ameutait et que loin de se fondre le nombre *des bagarreurs grossissait à vue d'œil dans les deux camps* (Cendrars, 1). **3.** Le peuple, les gens : *C'est comme homme de troupe que j'appris à apprécier la bonhomie souriante du populo bellevillois* (Galtier-Boissière, 4). *Un gonze qu'a toujours l'air de se foutre du populo* (Malet, 17). *Ça c'est une histoir' de famille / Ça regarde pas l'populo* (Dimey).

◆ *adj.*

Qui a trait au peuple : *J'y ai dit comme ça, racontait-il, le ton exagérément populo* (Malaquais).

ETYM. du lat. **populus,** peuple. **1.** 1490 [GR]. **Faire un populo,** 1808 [d'Hautel]. **2.** 1896, Verlaine [TLF]. **3.** 1867 [Delvau].

◆ *adj.* 1947, Malaquais.

poquer *v.i.*

1. Vx. Buter : *Alfred ! mais fais donc attention, tu vas poquer dans mon roi des locataires qui te crève les yeux* (Sue). **2.** Sentir mauvais. SYN. cogner, taper.

ETYM. vieux verbe d'origine flamande, « frapper » (1544 [Godefroy]). Il a été employé dans des jeux de boules et de billes. **1.** 1842, Sue. **2.** 1916, Lyon [Esnault].

poquette *n.f.* → **POCKET.**

porc-épic *n.m.*

Arg. anc. Ostensoir : *Il a grinchi le porc-épic et le goblot de l'antonne des Andelys* (Ansiaume).

ETYM. savoureuse métaphore des rayons entourant l'hostie centrale. 1821 [Ansiaume].

porcif ou **porcife** *n.f.*

Portion : *Les trois vioques ! Enfin, mettons deux et demie, parce que la troisième, c'était une naine, qui ne comptait que pour une moitié de porcif* (Grancher). *Chalumot, lui, i s'rait pas servi le premier, t'en fais pas. Et i n'aurait pas fauché la plus grosse porcife* (Gibeau). *Paumées incurables qui consomment le filet de sole normande comme un gros péché contre la misère, convertissant sans cesse le pognon que vous flambez pour elles en porcifs possibles à la cantine d'entreprise* (Simonin, 5).

ETYM. resuffixations arg. de **portion.** *porcif* 1894 [Esnault].

VAR. **porquesse :** 1950 [id.]. **porkesse :** 1953 [Sandry-Carrère].

porno *adj.*

Pornographique : *Des murs décorés de photos très suggestives découpées dans quelque revue porno* (Abossolo).

◆ *n.m.*

1. Genre pornographique (surtout au cinéma) : *Le thème hebdomadaire n'était pas difficile à deviner :* Les beautés des années cinquante... *ou à quoi rêvaient les cinémanes avant l'avènement du porno hard* (Veillot). **2.** Livre ou film pornographique. **3.** Salle spécialisée dans la projection de tels films : *Ce n'est pas un porno, n'est-ce pas, car on l'accompagne d'un peu de Vivaldi* (Dalio).

ETYM. apocope de **pornographique.** vers 1893, Polytechnique [Esnault] ; a remplacé *cochon* en ce sens.

◆ *n.m.* **1.** 1979, Baudrillard [GR]. **2.** 1964 [George]. **3.** 1976, Dalio.

portanche *n.m.*

Vx. Portier : *Tâchez que le portanche de la taule soit un vrai lourdier* (Paillet).

ETYM. de **porte.** 1836 [Vidocq].

portant, e *adj.*

Vx. **Bien portant,** libre : *Est-il toujours malade ? – Non, il est bien portant* (Vidocq).

ETYM. métaphore symétrique de *malade.* 1828, Vidocq.

porte *n.f.*

1. Avoir une porte, être en relation, en tant que détenu, avec qqn qui procure tabac ou alcool. **2. Fermer les portes (d'une enquête),** apporter une réponse à toutes les questions qui se présentent (dans le langage des policiers). **3. Porte de derrière** ou **de service,** anus. **Passer par la porte de derrière,** sodomiser.

ETYM. emplois métaphoriques du mot usuel. **1.** 1910 [Esnault]. **2.** 1975 [Arnal]. **3. Porte de derrière,** 1987 [Gréverand].

porté, e *adj.*

Être porté sur l'article, la bagatelle, la chose, le truc, avoir de forts besoins sexuels. **Être porté sur sa bouche, sa gueule,** ne penser qu'à manger et boire.

ETYM. locutions à valeur euphémique. **Être porté sur la chose,** XVIIIe s. [Duneton-Claval] ; **sur l'article,** 1872 [Rigaud]. **Être porté sur sa bouche, sa gueule,** 1867 [Delvau].

porte-coton *n.m.inv.*

Adjoint, aide : *Et les ripailles à crever, tristes, tristes, tristes, sous le regard absent des deux porte-coton* (Gerber).

ETYM. de **porter** et **coton.** autrefois, à la cour, employé au service des latrines ; avant 1778, Voltaire [Littré].

porte-couilles *n.m.inv.*

Époux : *Elle glisse au passage une papouille superstitieuse sur le blase gravé à l'or faux de son porte-couilles défunt* (Dégaudenzi).

ETYM. de **porter** et de **couilles.** 1987, Dégaudenzi.

porte-couteau *n.m.*

Employé subalterne : *C'en était fini des Corses, réduits à ne plus être que des sous-ordres, des « porte-couteau »* (Chevalier).

ETYM. de **porter** et de **couteau.** 1985, Chevalier.

porte-feuille ou **portefeuille** *n.m.*

Vx. Lit : *Je proposai alors à la société de se mettre dans le porte-feuille ; chacun fut de mon avis, nous nous couchâmes pour la seconde fois* (Vidocq). *C'est une marquise, au moins ?... / Qui, sans hésiter, me cueille, / M'invite à son « portefeuille » / Et me veut voir sans témoins* (Ponchon).

ETYM. métaphore expressive. 1828, Vidocq.

porte-flambe *n.m. et adj.*

Vx. Soldat portant une arme blanche : *Les drilles porte-flambe tiennent en ce moment le haut du pavé* (Mac Orlan, 11).

ETYM. du verbe **porter** et de **flambe**, diminutif de *flamme*, épée ondulée. 1566, Rasse des Nœuds.

porte-flingue ou **porte-feu** *n.m.*

Garde du corps ou homme de main : *Momo cherchait un chauffeur porte-flingue pour se faire un supermarché des familles* (*Libération*, 28 mai 1982). *Il était l'un des porte-feu du caïd – ce qui revient à dire qu'il faisait ses commissions, lui servait de garde du corps et trucidait à l'occasion celles et ceux qui lui étaient désignés* (Grancher).

ETYM. de **porter** et de **flingue** ou **feu,** arme à feu. *porte-flingue* 1957 [Sandry-Carrère] ; *porte-feu* 1966, Grancher.

porte-manteau *n.m.*

1. Vx. Épaules. (On rencontre aussi en ce sens **porte-effets.**) **2. Avoir un porte-manteau dans le dos,** être frappé entre les omoplates par une arme blanche : *Il a un porte-manteau dans le dos, un grand poignard entré jusqu'à la garde d'ivoire* (Tachet). **3. Avoir un porte-manteau dans le pantalon,** être en érection.

ETYM. emplois métaphoriques du mot usuel. **1.** 1867 [Delvau] ; on dit fam. *épaules en portemanteau,* « épaules hautes et plates » 1881 [Rigaud]. **2.** 1954, Tachet. **3.** 1977 [Caradec].

porte-mince, porte-mitraille ou **porte-talbins** *n.m.inv.*

Portefeuille ; porte-monnaie : *Le porte-mitraille! Orlando y pêche un bifton de cinquante balles et pas mal de vaisselle de poche* (Dégaudenzi). *Votre porte-talbins a été retrouvé dans une pièce d'une belle villa du Havre* (Barnais, 1).

ETYM. de **porter,** et d'un second élément synonyme d'argent. *porte-mince* 1836 [Vidocq] ; *porte-mitraille* 1987, Dégaudenzi ; *porte-talbins* 1956, Barnais.

VAR. **porte-biffetons** ou **porte-faffiots :** 1953 [Sandry-Carrère]. **porte-lazagne :** 1928 [Lacassagne]. **porte-lucques :** 1836 [Vidocq]. **porte-morningue :** 1878 [Rigaud]. **porte-mornif :** 1876, Rabasse [Larchey].

porte-mître *n.m.*

Vx. Évêque : [Parmi les prélats protestataires] *on remarque l'archevêque de Soissons. / Pas étonnant que le porte-mître du pays des haricots fasse du pet* (Gill).

ETYM. de **porter** et de **mître.** 1878, Gill.

porte-pipe *n.m.*

1. Bouche : *Anatole, qui s'était rincé le porte-pipe et qui paraissait disposé à rire, baisotta sa petite femme sur les tempes* (Huysmans). **2. En avoir un coup dans le porte-pipe,** être ivre : *Vacillant, un sérieux coup dans le porte-pipe, Simonetti colla ses lèvres contre l'oreille de Clodarec* (Houssin, 1).

ETYM. de **porter** et de **pipe. 1.** 1833, Vidal [Larchey] ; encore en 1982 [Perret]. **2.** 1984, Houssin.

porte-poigne *n.m.*

ARG. ANC. Gant : *Des blaves, tirjus, tyrants et porte-poigne...* (Clémens).

ETYM. de **porter** et de **poigne**, main. 1850, Clémens.

porter *v.t.*
1. Dans le vol à la tire, pousser la victime, pour donner au tireur le temps de s'éloigner. **2. Porter à gauche,** être viril. **3. Porter une robe à traîne,** être pris en filature jour et nuit par la police. **4. En porter,** être trompé, en parlant d'un mari.
ETYM. emplois spécialisés du verbe usuel. **1.** 1911 [Esnault]. **2.** 1977 [Caradec] (allusion à la position normale du pénis dans le pantalon). **3.** 1957 [Sandry-Carrère]. **4. En porter,** avant 1862, P. de Kock [Larchey] ; *porter des cornes* 1640 [Oudin].
DER. **porteur** *n.m.* Complice qui pousse la victime du vol à la tire : 1926 [Esnault]. **portable** *adj.* Se dit d'un individu facile à bousculer : 1911 [id.].

porte-viande *n.m.*
Brancard.
ETYM. de **porter** et de **viande,** corps humain. 1957 [Sandry-Carrère].

portillon *n.m.*
Ça se bouscule au portillon, se dit lorsque qqn a des difficultés à s'exprimer, soit par bégaiement naturel, soit sous l'effet d'une émotion : *Il tenait debout parce que c'était la mode et les mots se bousculaient au portillon* (Malet, 13).
ETYM. image pittoresque, p.-ê. issue de l'anc. **portillon** du métro, dont la fermeture automatique engageait les usagers à se presser. 1953 [Sandry-Carrère].

porto, portos ou **portoss** *n.*
Portugais : *Un pudique le chauffeur. Il ne dit pas bicots, pakistoches ou portos, juste « c'est mal fréquenté »* (*Libération*, 5 juillet 1983). *Quand elle découvrit le visage crayeux tendu vers elle, la jeune Portos poussa un hurlement strident* (Villard, 4). *Après y a le Crabe. Un portoss. Petit. Râblé* (Lasaygues).
ETYM. resuffixation pop. de **portugais.** *porto* 1975, Jamet ; *portos* 1978, E. Hanska [Cellard-Rey] ; *portoss* 1985, Lasaygues.
VAR. **portigue :** 1975 [Le Breton]. **portoche :** 1987, Dégaudenzi.

portrait *n.m.*
Visage : *Il s'ébrouait et se retapait le portrait dans un morceau de miroir, comme une jeunesse* (Stéphane). **Abîmer, arranger, esquinter,** etc., **le portrait à qqn,** le corriger sévèrement : *Ceux-là, n'était la consigne, on te leur abîmerait le portrait* (Malaquais). *Il ponctuait ses exclamations d'autant de swings à la volée. – Vous allez lui détériorer le portrait, insinua Nénette en le retenant par le bras, elle sera fraîche demain pour travailler !* (Galtier-Boissière, 2).
ETYM. emploi métonymique du mot usuel. **Abîmer le portrait,** 1859, *le Zouave* [Doillon].

portugaise *n.f.*
Oreille : *Je t'ai dit que tu saurais tout. Ouvre donc tes portugaises et essaie de comprendre aussi vite que moi* (Barnais, 1). SYN. esgourde. **Avoir les portugaises ensablées,** entendre mal ou pas du tout : *Je vous jure, vaut mieux entendre ça que d'avoir les portugaises ensablées* (Beauvais). **Embouteiller les portugaises,** casser les oreilles.
ETYM. emploi métaphorique du mot désignant l'*huître portugaise* (analogie de forme). 1950 [Esnault]. **Avoir les portugaises ensablées,** [id.]. **Embouteiller les portugaises,** 1957 [Sandry-Carrère].

poser *v.i. et t.*
1. Manipuler les cartes. **2.** Vx. **Poser et marcher dedans,** s'embrouiller.
ETYM. emplois spécialisés et euphémiques (2 : un excrément ; cf. *poser sa pêche*). **1.** 1926 [Esnault]. **2.** 1827, *Un monsieur comme il faut.*
DER. **pose** *n.f.* Insertion d'une carte préparée : 1878 [Esnault]. **poseur** *n.m.* Bonneteur qui pose : 1926 [id.].

posséder *v.t.*
Tromper, duper : *Mauvaises têtes mais consciencieux. On les possédait comme on voulait en les chatouillant au bon endroit* (Guérin).
ETYM. métaphore fréquente de la possession (implicitement sexuelle) assimilée à la tromperie. 1910 [Chautard]. Ce verbe est auj. passé dans l'usage fam.

postère *n.m.*
Postérieur : *[Il] a commencé à vouloir lui peloter les fesses. « Tu t'exciteras plus tard », a conseillé la bonne femme, en garant son postère* (Malet, 1).
ETYM. du bas lat. **posterus.** 1798 [Acad. fr.], mais ce mot s'employait au pl. en ce sens dès la fin du XVe s. [GLLF].

postiche *n.f.*

1. Parade, boniment de camelot ou de forain: *Ce qui le fait bonnard à la postiche de Johnny, c'est le vocabulaire, un choix de mots nouveaux qui ravissent Petit-Paul* (Simonin, 8). **2.** Vx. **Faire (une) postiche,** attirer l'attention de la foule par une simulation spectaculaire, pour permettre à des complices de faire du vol à la tire sur les badauds : *[Le compère] y jette une pièce de cinquante centimes, cet exemple est bientôt suivi par les spectateurs, la monnaie blanche et les sous tombent comme une avalanche dans la casquette, et une heure après, le fripon va faire une nouvelle postiche dans un autre quartier* (Canler). **3.** Farce. **Jouer la postiche,** user de faux-fuyants. **4.** Esclandre: *Une hystérique, vicieuse comme un cheval borgne, celle-là même qui m'avait fait une postiche à tout casser, le soir même d'la visite du commissaire général* (Lorrain). **5. Taper une postiche.** ***a.*** solliciter sans retenue la générosité de qqn, en parlant d'un mendiant ; ***b.*** essayer d'attendrir le procédurier, dans une enquête policière.

ETYM. emplois spécialisés du mot désignant toutes sortes d'artifices. **1** et **2.** 1836 [Vidocq]. **3.** 1866 [Esnault]. **Jouer la postiche,** 1917 [id.]. **4.** 1904, Lorrain. **5.** ***a*** et ***b.*** 1975 [Arnal].

DER. **postiger** ou **posticher** *v.t.* **1.** Bonimenter : 1878 [Rigaud]. **2.** Réprimander: 1930 [Esnault]. **postigeur** ou **posticheur** *n.m.* **1.** Bonimenteur : 1901 [Rossignol]. **2.** Hâbleur : 1894 [Virmaître].

postillon *n.m.*

1. Vx. Billet enfermé dans une boulette de mie de pain et permettant à des détenus de communiquer: *La copie du contenu du postillon me fut immédiatement envoyée; ce billet révélait l'existence d'un domicile commun aux deux complices* (Canler). **2.** Vx. **Postillon d'eau chaude,** chauffeur de locomotive. **3. Donner le postillon** ou **faire postillon,** introduire un doigt dans l'anus.

ETYM. emplois métaphoriques du mot désignant un conducteur de voiture attelée. **1.** 1849 [Esnault]. **2.** 1870, Poulot. **3. Donner le postillon,** 1787, Nerciat [Cellard-Rey] ; **faire postillon,** 1864 [Delvau].

pot *n.m.*

1. Cabriolet. **2.** Somme prélevée par le tripot. **3.** Total des enjeux d'une partie. **4.** Postérieur: *Il fit un geste obscène et, revoyant le corps élancé de Jacques, il lui parut impossible que ce corps ne craquât pas sous son étreinte : « Mon pot ! gronda-t-il. Je ne tiens pas à moucher des mômes »* (Rosny). **Avoir le pot près des talons,** être de petite taille. **Rire du pot,** avoir de belles fesses. **En avoir plein le pot,** être excédé. SYN. en avoir ras le bol. **5.** Chance : *Toi, tu continues, je suppose, à vivre de rapines supérieures, avec un fameux pot* (Malet, 17). *Ta frangine, Jojo, c'est une femme régule. Elle a pas eu de pot de tomber sur un drôle comme voilà moi* (Lefèvre, 1). **Manque de pot,** pas de chance : *Ce soir pour t'oublier, ma poule, / J'ai éclusé quelques p'tits blancs, / Manqu'de pot, maint' nant j'te vois double* (P. Perret). **6.** Vx. **Vol** ou **charriage au pot,** type de vol à l'américaine au cours duquel l'escroc persuade sa dupe de cacher son argent dans un trou, où un complice vient le récupérer par la suite : *La deuxième manière est ce qu'on appelle le vol au pot : les éléments sont identiques* [au vol à l'américaine], *avec cette variante toutefois que les compères sont au nombre de trois* (Canler). **7. Plein pot.** ***a.*** à toute vitesse : *Le seul tapage nocturne, c'est celui que fait la moto que vient d'enfourcher le tueur à l'imper. Il démarre plein pot et disparaît* (Vilar) ; ***b.*** à fond, abondamment : *Celui qui m'avait ouvert la porte n'avait pas de masque, ni de tenue léopard, il était en boubou, la télé marchait plein pot* (Ravalec). *J'entendais la douche ruisseler plein pot derrière la paroi* (Granotier).

ETYM. emplois spécialisés du mot usuel, très polysémique. **1.** 1836 [Vidocq]. **2.** 1901 [Esnault]. **3.** 1953 [id.]. **4. En avoir plein le pot,** 1896 [id.]. **Avoir le pot près des talons** et **rire du pot,** 1975 [Arnal]. **5.** 1925 [Esnault]. **Manquer de pot,** 1945 [id.]. **6. Charriage au pot,** 1835 [Raspail]. **7.** ***a.*** mil. du XXe s. ; ellipse pour *pot d'échappement* ; ***b.*** 1994, Ravalec.

DER. **pavot** *n.m.* Postérieur (javanais de *pot*) : 1896 [Esnault]. **lopem** *n.m.* Chance (loucherbem) : 1937 [id.].

potage *n.m.*

1. Vx. Correction infligée à qqn : *Lorsqu'il a pris un potage à la julienne dans le ruisseau, les escarpes le dépouillent* (Paillet). **2.** Vulve : *Le coiffeur c'était* [...] *une fille odorante avec juste un slip pour lui cacher le potage* (Blier). **3. Servir le potage** ou **passer du potage,** user de signes entre compères. **4. Verser le potage à la seringue,** servir avec parcimonie. **5. Être (en plein) dans le potage.** ***a.*** avoir momentanément perdu ses facultés, être évanoui : *Un filet de bave et de sang coulait* *de sa bouche. Ça ne fit pas rengracier le Catalan. De la pointe de sa grolle, il continua à satonner dans les côtes. L'ingénieur ne sentit plus rien. Dans le potage, qu'il était* (Le Breton, 3). SYN. être dans le cirage ; ***b.*** se trouver dans une situation désespérée : *Papa, on est dans le potage. – Qu'est-ce qui se passe ? chuchote l'ancien, derrière moi. – On ne peut pas descendre, c'est plein de policiers* (Villard, 2).

ETYM. emplois métaphoriques du mot usuel. **1.** 1829, Vidocq. **2.** 1972, Blier. **3.** 1886 [Esnault]. **4.** 1957 [Sandry-Carrère]. **5.** ***a.*** 1954, Le Breton; ***b.*** 1968 [PSI].

potard *n.m.*

Apprenti pharmacien ; pharmacien : *Lavardin [...] observe la silhouette du pharmacien qui s'est levé et tourne en rond dans sa boutique. « Pauvre potard », murmure-t-il* (Roulet).

ETYM. de **pot** et du suff. péj. **-ard.** 1859 [Larchey].

pot-au-feu *n.m.inv.*

1. Vx. Postérieur. **2.** Prostituée (du point de vue du proxénète) : *Si* [le Jules] *exprime le rendement de son pot-au-feu en chiffre à la semaine, c'est par une inconsciente recherche de précision statistique* (Simonin, 6).

ETYM. métaphore domestique. **1.** 1867 [Delvau]. **2.** 1966, Simonin.

pote *n. et adj.*

Ami, camarade : *Il y en a beaucoup, à Marseille ? – Beaucoup de quoi, mon pote ? – De négros ?* (Sartre). *Eh, dis donc, toi, t'es pas prête ? – Moi ? se rebiffe ma petite pote... Attendez, je suis peignée et maquillée* (Tachet). *Tu fais pote avec X... Tu lui dis que tu vas bientôt sortir et que tu voudrais monter un braquage avec Mimile* (Larue).

◆ **potes** *n.m.pl.*

Vx. **Les potes,** les Parisiens.

ETYM. apocope de **poteau.** *n.m.* 1899 [Nouguier]; *n.f.* 1935 [Esnault]. *adj.* 1947 [id.].

◆ *pl.* 1926, Lyon [id.] (l'équivalent à Lyon est *gonce*). Ce mot, auj. très répandu, a pris une connotation antiraciste, à cause du slogan *touche pas à mon pote* (1984).

poteau *n.m.*

1. Vx. Punition consistant à maintenir un détenu attaché à une poutre verticale, durant plusieurs heures. **2.** Grosse cuisse, grosse jambe. SYN. jambonneau. **3.** Ami dévoué : *J'appartiens ainsi que mes poteaux au sexe laid, ainsi que vous pouvez vous en rendre compte* (Forton, 1). *Pierrot, / Mon gosse, mon frangin, mon poteau, / Mon copain, tu m'tiens chaud* (Renaud). *Qui ne pouvait compter pour lui venir en aide sur un potot dévoué et débrouillard était sûr de dépérir* [pendant son temps de cellule] (Humbert).

ETYM. emplois métonymique (1 : la poutre pour la punition) et métaphoriques (2 et 3 : idée d'appui, de soutien) du mot usuel. **1.** 1845 [Esnault]. **2.** *des jambes grosses comme des poteaux* dès 1808 [d'Hautel]. **3.** 1400 [Esnault], écrit *posteaux* ; *potot* 1880, Humbert.

DER. **potugue** *n.m.* Ami intime : 1899 [Nouguier].

potence *n.f.*

Vx. **1.** Forçat voleur : *Tu es une vieille potence, tu as grinchi mon larton* (Ansiaume). **2.** Délateur.

ETYM. abrègement de **gibier de potence. 1.** 1821 [Ansiaume]. **2.** 1899 [Nouguier].

potiron *n.m.*

1. Vx. Cabriolet. **2.** Vx. Postérieur. **3.** Juré de cour d'assises.

ETYM. calembours sur **pot** (1 et 2) et emploi métaphorique et péj. du mot désignant le légume. **1.** 1847 [Dict. nain]. **2.** 1803, Aubert [Rigaud], sous la forme *poturon.* **3.** 1957 [Sandry-Carrère].

pou *n.m.*

1. Chercher des poux (dans la tête) à qqn, le chicaner à propos de rien : *Et puis le syndicat nous chercherait des poux dans la tête en obligeant la direction à verser des primes de risque aux ouvriers, car la région est insalubre* (Klotz). **Moche** ou **laid comme un pou,** très laid : *Elle est laide, laide, laide, / Elle est laide comme un pou* (chanson *Elle est laide,* paroles de P. Misraki, 1942). **Sale comme un pou,** très sale. **2.** Fille, maîtresse. **3.** Maquisard.

ETYM. emplois intensifs du mot désignant l'insecte, conçu comme sale et parasite. **1.** 1790 [Duneton-Claval]. **Moche comme un pou,** 1798 [Acad. fr.] ; **laid comme un pou,** 1942, Misraki. **Sale comme un pou,** 1977 [Caradec]. **2.** 1899 [Nouguier]. **3.** 1943, maquis [Esnault].

poubelle *n.f.*

Voiture (généralement en mauvais état) : *Où elle est, votre poubelle ? – Au garage régional de la Police. Une Renault 18 de la P.J.* (Pagan).

ETYM. emploi métaphorique du mot usuel. 1977 [Caradec].

pouce *n.m.*

1. Avoir le pouce rond, être habile. **2. Avoir mal au pouce** ou **les pouces gelés,** être démuni d'argent. **3. Se tourner les pouces,** ne pas avoir d'activité. **4. Filer le coup de pouce,** imprimer un élan à la balance, pour faire payer plus cher au client. **5. Et le pouce,** bien plus que ça : *J'ai épousé, poursuivait Nicolas Dourjeuil, il y a trois ans – moi j'en ai quarante et le pouce – une fille de vingt* (Arnoux). **6. Mettre les pouces,** renoncer : *Le coup avait été bien joué; le père Lardier mettait les pouces; la partie était gagnée* (Mensire).

ETYM. emploi du mot désignant le premier doigt de la main, fréquemment utilisé de façon symbolique. **1.** 1867 [Delvau]. **2.** 1912 [Villatte]. **3.** 1893, Courteline [GLLF] ; d'abord *tourner ses pouces* 1834, Balzac [TLF]. **4.** 1853, Goncourt [id.] (en ce sens, Larchey signale en 1872 la loc. *coup de pousse,* issue du verbe *pousser*). **5.** 1867 [Delvau]. **6.** 1789, *Cahiers de doléances* [Duneton-Claval].

poucette *n.f.*

Au jeu, pratique frauduleuse consistant : ***a.*** à augmenter son enjeu quand on est certain de gagner ; ***b.*** à avancer discrètement une carte avec le pouce.

◆ **poucettes** *n.f.pl.*

Vx. Syn. de cadenettes : *Messieurs les gendarmes, mettez-moi les menottes ou les poucettes* (Balzac, 1). *J'ai rien fait, j'me tiens peinard depuis des années... Et on m'colle les poucettes, renauda-t-il véhément* (Risser).

ETYM. de **pouce** (et aussi de **pousser** au sens du v.i.). ***a.*** 1875, Cavaillé [Larchey] ; ***b.*** 1901 [Bruant].

◆ *pl.* 1823 [Boiste].

VAR. **poussette** au sens a. : 1875, *Gazette des tribunaux* [GLLF].

poudre *n.f.*

Héroïne ou cocaïne : *B... a été balancé par un copain drogué. Il a été pris avec vingt-trois paquets de poudre qu'il a jetés dans la rue* (Parcevaux).

ETYM. emploi euphémique du mot usuel. « héroïne » 1943, Desnos.

poudrer (se) *v.pr.*

Se poudrer (le pif), se droguer (à l'héroïne ou à la cocaïne) : *Y sait que je touche pas à la blanche. Sûrement pour la provoque il invite Cécelle à se poudrer le pif* (Lasaygues).

ETYM. de **poudre. Se poudrer,** 1957 [Sandry-Carrère] ; 1985, Lasaygues. Allusion au fait d'aspirer la cocaïne par le nez.

poudrette *n.f.*

1. Vx. Tabac à priser. **2.** Cocaïne.

ETYM. diminutif de **poudre. 1.** 1886 [Esnault]. **2.** 1922 [id.].

pouet-pouet *adj.*

Comme ci comme ça, médiocre : *Dans un bal pouet-pouet de campagne, il pouvait extérioriser gentiment, il le reconnaissait, sa petite supériorité* (Jaouen).

ETYM. interj. onomatopéique issue de l'opérette *Elle est à vous,* paroles de A. Barde, musique de M. Yvain (1929). 1940 [Esnault].

1. pouf *n.m.*

1. Vx. Postérieur. **2.** Vx. **Faire pouf** ou **un pouf,** se dérober à l'échéance d'une dette, refuser de payer : *Lui demander de l'argent, ce serait le prévenir, et il serait homme à décamper gratis. Ce serait un* puff *abominable* (Balzac, 1). [Le commandant:] *Et toi?* – [Le soldat] – *J'ai fait un pouff. – Ah! gaillard, tu fais de la tapisserie à tes moments perdus, n'est-ce pas?* (A. Camus). **3. À pouf,** pour rien. **Boire à pouf,** sans payer. **Acheter à pouf,** à crédit. **Cracheur à pouf,** celui qui bavarde pour ne rien dire. **Voyage à pouf,** déplacement inutile, qui n'aboutit à rien.

ETYM. origine onomatopéique. **1.** fin du XIXe s. [Cellard-Rey], issu du sens vestimentaire « tournure, faux-cul », 1872, *Revue des Deux-Mondes* [GLLF]. **2. Faire un pouf,** 1863, A. Camus, mais dès 1723, sous une forme bretonnante, d'après Esnault. **3. Boire à pouf,** 1820 [Desgranges]. **Acheter à pouf,** 1789, *Cahiers de doléances* [Duneton-Claval]. **Cracheur à pouf,** 1850, forçat Clémens [Esnault]. **Voyage à pouf,** 1834 [Esnault].

2. pouf *n.m.*

Vx. Maison close : *Jamais, en France, les bordels n'ont été mieux tenus qu'en leur présence* [...] *Ils appelaient cela un « pouf ». Au « ONE », pour eux, Marcel était Papa Pouf et moi Maman Pouf* (Jamet).

ETYM. de l'all. **Puff,** de même sens. vers 1930 [Cellard-Rey].

3. pouf ou **pouffe** *n.f.*

Syn. de poufiasse : *Ses gosses, de véritables voyous! Sa femme, une pouf, sauf votre respect*

mon yeutnant ! (ADG, 7). *Mamie ! Elle ne mange qu'à la carte, redit Sébastien, qui a décidé que vous étiez devenue une vieille pouff sénile !* (Buron).
ETYM. apocope de **poufiasse,** peut-être avec influence de **1. pouf.** contemporain.

poufiasse ou **pouffiasse** *n.f.*
1. Prostituée de bas étage : *Je baise pas avec les cinglés, et je te dis que je suis pas une pouffiasse moi, je me vends pas, fous le camp eh sans dignité !* (Clébert). **2.** Femme négligée, peu avenante : *Rij était une pouffiasse, une femme-tonneau qui devait peser dans les 110, 120 kilos. Je n'ai jamais vu un tel monument de chairs croulantes, débordantes* (Cendrars, 1). **3.** Amie, épouse : *C'est un bon petit gars, pensa Brunet. Mais je n'aime pas sa poufiasse* (Sartre). **4.** Femme quelconque (terme d'insulte) : *Pour un peu, je l'aurais tuée, cette poufiasse, nous a confié un Gérard tout essoufflé d'avoir frappé* (ADG, 8).
ETYM. de l'onomatopée **1. pouf. 1.** 1866 [Delvau]. **2.** *pouffiace* 1862 [Larchey] ; *poufiasse* 1920 [Sainéan]. **3** et **4.** contemporain. Ce terme est ressenti comme particulièrement misogyne.
DER. **pouffiasson** *n.m.* Syn. de poufiasse au sens 4 : 1929, Mac Orlan.

pouic *adv.*
Rien : *Y a des trucs là-dedans, songeait-il, que j'entrave pouic* (Carco, 8) ; surtout dans la loc. **que pouic :** *Douc'ment y m'prenn'nt la main / Et timid'ment me racont'nt des histoires / Où j'comprends qu'pouic et j'les envoie au bain* (chanson *Quand c'est lui,* paroles de Phylo). *Un rapport quotidien les rassemblait autour de Bencau. Il n'entravait que pouic à leurs récits contradictoires* (Bernheim-Cardot). SYN. que dalle, que fifre, que tchi.
ETYM. apocope et altération de **poitou** [Esnault]. 1827 [Demoraine]. **Que pouic,** 1895 [Esnault].

pouilladin ou **pouillardin** *n.m.*
Miséreux : *Attends, Lutèce, rendez-vous de tous les pouilladins de la terre, on y va !...* (Tachet).
ETYM. resuffixation arg. de **pouilleux.** *pouillardin* 1809, poissard [Esnault] ; *pouilladin* 1938 [id.].
VAR. **pouillasson :** 1957 [Sandry-Carrère].

pouilleux, euse *adj.* et *n.*
Qui est sale, misérable : *Vois-tu, camarade, j'aime encore mieux mon sacré pouilleux de boulot* (Malet, 7).

◆ **pouilleux** *n.m.*
Valet de pique.
ETYM. de **pou.** vers 1180, Chrétien de Troyes [TLF].
◆ *n.m.* 1929 [Esnault] (la désignation péj. du valet de pique est fréquente aux cartes).

poulaga, poulard, poulardin ou **poulmann** *n.m.*
Policier : *Il fut bientôt avéré qu'on n'avait plus personne aux trousses et que les poulagas de garde avaient perdu notre trace* (Héléna, 2). *Flic buté, mais toujours vivant [...] on eût pu en faire la statue du poulardin inconnu et qui gagnerait à le rester* (ADG, 1).
◆ *adj.*
Relatif à la police, aux policiers : *Les syndicats poulardins revendiquent* (Simonin, 6).
ETYM. suffixation arg. de **poulet,** aux var. nombreuses. *poulard* 1899 [Nouguier] ; *poulag(a)* 1950 [Esnault] ; *poulmann* 1951 [id.] ; *poulardin* et *poulardoss* 1952 [id.] ; *poul'mins* 1927, Carco.
◆ *adj.* 1966, Simonin.

poulaille *n.f.*
1. Vx. Inspecteur de police. **2.** Police : *Je ne crains vraiment que la poulaille, n'ayant pas le moindre papier à lui présenter en cas de rafle* (Sarrazin, 1). **3.** Au théâtre, le public du poulailler.
ETYM. de **2. poule** et du suff. à la fois péj. et collectif **-aille. 1.** 1901 [Bruant]. **2.** *Maison poulaille* 1951 [Esnault]. **3.** 1929 [id.].

poulailler *n.m.*
Vx. **1.** Salon du choix dans une maison close. SYN. choix. **2.** Maison close.
ETYM. emplois métaphoriques du mot désignant l'endroit où se tiennent les poules. **1.** 1939 [Esnault]. **2.** 1867 [Delvau].

1. poule *n.f.*
1. VIEILLI. Prostituée : *À un degré au-dessus, les poules de luxe qui croisent dans les parages du Congrès, groupies du show-business* (de Goulène). **2.** Vx. Maîtresse : *Ose le dire, vieux renard, que c'est pas ta poule ?* (Viard). **3.** Fille, femme en général : *Lolette est une belle poule, n'est-ce pas, Jacquot ?* (Bénard). *Il empoigne une jambe, soulève le corps et le fait passer tout entier dans la barque. « Tiens, c'est une poule », dit-il* (Dabit, 1). **4.** Vx. **Poule d'eau,** blanchisseuse.
ETYM. emplois dépréciatifs du mot animal (qui peut être aussi employé affectueusement).

1. 1867 [Delvau]. **2.** 1890 [Esnault]. **3.** vers 1900 [id.]. **4.** 1848 [Pierre] ; jeu de mots limpide.

2. poule *n.f.*

1. Police : *On a la poule sur le cul. Faut ramper, c'est la seule tactique* (Trignol). **Aller à la poule,** porter plainte. **2.** Vx. Inspecteur de police. **Fausse poule,** faux policier.

ETYM. de l'arg. ital. **pula,** agent de police. **1.** 1899 [Nouguier]. **Aller à la poule,** 1975 [Le Breton]. **2.** 1901 [Bruant]. **Fausse poule,** 1952 [Esnault].

Poulegrain *n.pr.*

La police : *Faut pas risquer de sonner aux portes où il s'est déjà présenté. On est foutus d'y trouver des émissaires de chez Poulegrain* (Siniac, 3).

ETYM. jeu de mots sur **poulet de grain.** 1979, Siniac.

poulet *n.m.*

Policier ou gendarme : *Il n'y a aucune preuve, mais les poulets – qui prennent du galon chaque fois qu'ils découvrent l'auteur d'un délit – vont soutenir que c'est moi le coupable* (Charrière). **Marcher aux faux poulets,** utiliser de fausses cartes de policiers pour escroquer ses victimes.

ETYM. diminutif de **2. poule.** 1911 [Esnault], qui donne aussi *poulet habillé,* auj. désuet. **Marcher aux faux poulets,** 1975 [Le Breton], qui signale le développement de ce mode de délinquance dans les années de l'Occupation.

poulette *n.f.*

Fille, femme (génér. jeune et séduisante) : *Mon pote, il a levé une poulette dans les seize carats !*

ETYM. emploi hypocoristique du mot usuel. 1831, Balzac [TLF].

pouliche *n.f.*

1. Fille : *Tu dois pas t'emmerder, Alphonse, avec une pouliche pareille !* (Boudard, 1). **2.** Prostituée : *Les plus belles pouliches du coin sont près de la porte Saint-Denis, groupées dans cet étroit carrefour de la rue d'Aboukir, rue de Cléri et rue Sainte-Foy, où personne ne passe jamais si ce ne sont les clients ou les très rares habitants* (Clébert).

ETYM. emploi métaphorique et plutôt valorisant du mot usuel (plus érotique que le précédent). **1.** 1901 [Rossignol]. **2.** 1901 [Bruant].

poulmann *n.m.* → POULAGA.

pouloper *v.i.*

S'activer, aller et venir : *On a même pas fini le fromage, on a poulopé en moins de deux, avec maman* (Céline, 5).

ETYM. de **polope.** 1916 [Esnault].

poupard *n.m.*

ARG. ANC. **Engraisser** ou **nourrir le poupard,** préparer une affaire délictueuse (généralement un vol) : *Ça, c'est du nanan... un petit poupard, que moi et ma femelle nous nourrissions depuis deux mois, et qui ne demande qu'à marcher... Figure-toi une maison isolée, dans un quartier perdu, un rez-de-chaussée donnant d'un côté sur une rue déserte, de l'autre sur un jardin* (Sue).

ETYM. loc. métaphorique expressive. 1842, Sue.

poupée *n.f.*

1. Fille, femme (souvent de mœurs légères) : *T'as pas envie de rigoler ? demanda Mario. Ça te dit rien les belles poupées ?* (Sartre). *Vers vingt heures trente, dans le couloir, il lui avait dit « ciao poupée », qu'il lui souhaitait bien du plaisir avec ses jules* (Japrisot). **2.** Vx. Soldat. **3.** Vx. Bâtonnet enduit de cire, utilisé pour prendre l'empreinte d'une serrure.

ETYM. emplois métaphoriques du mot usuel. **1.** d'abord *poupée à ressorts* 1808 [d'Hautel] ; on a dit autrefois *poupard, n.m.* **2.** 1836 [Vidocq]. **3.** 1816 [Esnault].

pour *n.m.*

Affirmation mensongère : *C'est pas vrai, d'abord. C'est du pour* (Carco, 8). *Un pour terrible, parce que chacun de nous devinait à peu près ce que pensait l'autre* (Simonin, 2). **C'est pas du pour,** c'est authentique : *Sauvé la vie qu'il m'a, le mec ! Et c'est pas du pour !* (Faizant).

◆ *interj.*

Vx. Allons donc ! : *Même qu'il lui a lâché deux cents balles ! – Ah ! pour !... deux cents francs ? Y a pas plus menteuse que cette sœur-là !* (Galtier-Boissière, 2).

ETYM. par ellipse de **c'est pour chiquer.** 1901 [Bruant].

◆ *interj.* 1836 [Vidocq].

pourcif *n.m.*

Pourboire : *Des loquedus [...] qui se souvenaient avoir entendu dans leur jeunesse leurs anciens parler des dix pour cent de pourcif !* (Simonin, 5).

ETYM. resuffixation arg. de **pourboire.** 1960, Simonin.

pourliche *n.m.*
Pourboire : *L'ouvreuse a une mâchoire en piège à loup. « Les trois rangs devant. Choisissez. » Elle empoche le pourliche* (Klotz).
ETYM. altération de **pourboire** sous l'influence de **licher,** boire. 1889 [Esnault].
VAR. **pourbuche :** 1905 [Chautard].
DER. **pourlicher** *v.t.* Gratifier d'un pourboire : 1927 [Esnault].

pourri, e *adj.*
1. Se dit de ce qui est usé, en mauvais état : *L'Audi zigzagua sur la route pourrie et dépassa le carrefour indiqué* (Abossolo). **2.** Qui ne vaut rien : *Je veux bien gagner un peu de fric avec un reportage pourri* (Vilar). **3. Pas pourri.** ***a.*** se dit d'un individu en bonne santé ; ***b.*** qualificatif laudatif : *Son dernier show, il est pas pourri !* **4.** Vx. **Pourri de fric,** très riche : *Mais s'il avait fait le coup, il aurait été pourri de fric. Alors pourquoi se serait-il suicidé ?* (Averlant). **Pourri de chic,** très brillant, très élégant : *Me voilà crânement lancé... Quel scandale, notre arrestation !... C'est pourri de chic, ça !* (Sardou).
◆ *adj. et n.*
Se dit d'un individu corrompu, auquel on ne peut se fier : *Je ne suis pas encore pourri, gars... Et mes intentions me regardent* (Lesou, 1). *Cordoba, ce vieux pourri raciste ? Tu lui fais encore confiance ?* (G.-J. Arnaud).
ETYM. emploi emphatique de l'adj. usuel. **1.** 1977 [Caradec]. **2.** *coup pourri* 1968, Simonin. **3.** ***a.*** 1953 [Sandry-Carrère] ; ***b.*** 1640 [Oudin]. **4. Pourri de chic,** 1865, Sardou.
◆ *adj. et n.* 1862 [Larchey] ; emploi relancé vers 1980 dans l'argot policier.

pourriture *n.f.*
Individu profondément méprisable : *Pourriture... Un jour je te ferai payer toutes tes saletés* (Camara).
ETYM. emploi méprisant du mot usuel. 1869 [Littré].

poursoif *n.m.*
Pourboire : *Y a des candidates dévergondées qui offrent aux vendeuses le gros poursoif dans l'espoir d'être admises* (Simonin, 5).
ETYM. resuffixation humoristique de **pourboire.** 1901 [Bruant].

pousse-au-crime *n.m.inv.*
Boisson alcoolisée (vin, eau-de-vie, etc.) : *Et dire qu'on l'aime tant, ce picrate... Il nous en joue des tours. Heureusement que les intoxiqués du pousse-au-crime ont une chance de ressortir* [de l'hôpital] (Tachet).
ETYM. mot composé pop. issu de **pousser** et de **crime.** 1916 [Esnault].
VAR. **pousse-au :** 1919, bat' d'Af' [id.].

pousse-au-vice *n.m.inv.*
Vx. Substance aphrodisiaque dont un des composants est la mouche cantharide.
ETYM. mot composé pop. issu de **pousser** et de **vice.** 1836 [Vidocq].

pousse-bière *n.m.inv.*
Verre d'alcool bu après une bière.
ETYM. mot composé pop. issu de **pousser** et de **bière.** 1977 [Caradec].

pousse-café *n.m.inv.*
Coït suivant immédiatement le repas. SYN. café du pauvre.
ETYM. mot composé issu de **pousser** et de **café.** vers 1778 [Cellard-Rey], antérieur au sens « digestif ».

pousse-cailloux *n.m.inv.*
Vx. Fantassin : *Un contre dix au moins, nous fîmes des miracles, nous autres tous : pousse-cailloux, caracoleurs, tringlots* (Cladel).
ETYM. mot composé pop. issu de **pousser** et de **caillou.** vers 1806 [Esnault].

pousse-canule *n.m.*
Infirmier.
ETYM. mot composé pop. issu de **pousser** et de **canule.** 1953 [Sandry-Carrère].

pousse-mégots *n.m.inv.*
Bon à rien : *Ça donne une bonne conscience aux cons / Aux nez-d'bœufs et aux pousse-mégots / Qui foutent ma révolte au tombeau* (Renaud).
ETYM. mot composé pop. issu de **pousser** et de **mégot.** 1980, Renaud.

pousser *v.t.*
1. Faut pas pousser (mémère dans les orties), il ne faut pas exagérer : *J'étais pacifiste, mais fallait pas pousser* (Bénoziglio). **2. Pousser la romance, la chansonnette,** etc., **en pousser une,** chanter (en général, à l'occasion d'un banquet) : *Ce voisinage devait couper la chique à Nicolss, s'il habitait déjà là, du temps qu'il était fin diseur et poussait la romance* (Malet, 11). *On lui demandait d'en*

pousser une. Il se croyait un talent de tragédien, et ne se faisait pas prier (Dabit, 1). **3.** Vx. Faire avec hardiesse. **En pousser,** être expert ou audacieux.
◆ *v.i.*
1. Engager des enjeux déraisonnables : *La partie continuait. Quel carnage! Tout le monde « poussait » : un vrai massacre !* (Simonin-Bazin). **2.** Vx. **Pousser de la tire,** voler à l'étalage. **Pousser de la pince,** voler avec effraction. **Pousser de la carouble,** voler avec de fausses clés.
◆ **pousse** *interj.*
Vx. En avant!
ETYM. emplois métaphoriques du verbe usuel. **1.** 1977 [Caradec]. **2. Pousser la romance,** 1863, A. Camus; **la goualante,** 1872 [Esnault]; **en pousser une,** 1901 [Rossignol]. **3.** 1835 [Esnault].
◆ *v.i.* **1.** 1867 [Delvau]. **2.** 1881, abbé Moreau.
◆ *interj.* 1930 [Esnault].

poussette *n.f.*

1. Geste du tricheur poussant rapidement sa mise sur le tableau gagnant, après la sortie du point: *Voilà-t-y pas qu'sur un coup gagnant, y lui fait une poussette de deux thunes* (Simonin-Bazin). **2.** Aide illicite d'un spectateur à un coureur cycliste, notamment dans une côte. **3.** Seringue, dans le langage des drogués. **4.** Coup de pouce donné à une balance par un commerçant peu scrupuleux.
ETYM. de **pousser** (avec confusion ou indécision par rapport à *pouce* aux sens 1 et 4 ; → POUCETTE). **1.** 1873 [Esnault]. **2.** 1925 [id.]. **3** et **4.** 1977 [Caradec].

pousseur *n.m.*

Maniaque qui pousse sa victime sur les rails du métro: *Emmenez la fille au Central. On ne peut rien en tirer tant qu'elle est sous le choc. Elle a vu le pousseur, en gros plan* (Daeninckx).
ETYM. de **pousser.** 1983, Fajardie.

poussier *n.m.*

Vx. **1.** Monnaie, argent: *Arrange-toi, il me faut du poussier, ou si tu aimes mieux, je t'enverrai des chalands de la Préfecture* (Vidocq). **2.** Poudre à canon. **3.** Lit: *S'sais pas comment q'ça se fait... m'rappelle pas où qu'est mon poussier* (Courteline). **4.** Taudis. **5.** Vx. **Poussier (de motte),** tabac à priser.
ETYM. **1.** calque de l'arg. esp. **polve** et du slang **dust,** très ancien, pop. jusqu'en 1835 [Esnault], puis remplacé par *braise.* **2.** 1822 [Mésière]. **3.** 1841, Lucas [Esnault]; d'origine régionale (Maine, Jura), **pous,** balle de blé. **4.** 1859 [Esnault] (emploi métonymique de 3). **5.** 1867 [Delvau].

poussière *n.f.*

1. Vx. Monnaie, argent. **2. Et des poussières,** et un peu plus: *C'était donc cette vieille carne d'Espinasse, cent trente kilos et des poussières* (Malaquais).
ETYM. var. du précédent. **1.** 1835, *Confessions de Delcroix* [Esnault]. **2.** 1938 [id.].

PPH *n.*

VIEILLI. Personne âgée.
ETYM. sigle tiré de **passera pas l'hiver,** appréciation humoristique portée par les jeunes sur ceux qu'ils considèrent comme étant d'un âge avancé. 1953 [Sandry-Carrère].

PQ *n.m.*

Papier hygiénique : *Je le recommande* [ce journal] *à tous ceux qui manquent de P.Q. aux chiottes* (*Libération,* 24 décembre 1982).
ETYM. faux sigle de **papier cul** (→ PAPIER). 1958, Lanoux. dès 1936 [Esnault], pour désigner un papier quelconque.

praline *n.f.*

1. Projectile d'arme à feu: *À propos, on m'a dit que vous aviez un condé avec les R.G. pour avoir des pralines?* (Rank). **2.** Coup de poing. **3.** Clitoris. **Avoir la praline en délire,** être sexuellement excitée : *Moi le printemps, ça m'fout la praline en délire / Le soissonnet rageur, l'abricot en folie* (P. Perret).
ETYM. emplois métaphoriques (analogie de forme) du mot usuel. **1.** 1915 [Esnault]. **2.** 1960 [Le Breton]. **3.** 1894 [Virmaître]. **Avoir la praline en délire,** 1953 [Sandry-Carrère].

prastigni *n.m.*

Gendarme : *Le Gitan approuva, puis remarqua : « Tu sais toujours pas qui c'est le gonze qui l'a balancé aux prastignis ? »* (Le Breton, 1).
ETYM. mot gitan. 1951 [Esnault].

pratique *n.f.*

Soldat indocile, forte tête: [Le commandant du bat' d'Af'] *: Il y a parmi vous de bons soldats égarés et des pratiques incorrigibles* [...]

J'encouragerai les premiers et je châtierai les seconds (A. Camus).

ETYM. d'un sens anc., «homme débauché». 1826 [Larchey].

pravise *n.f.*

Prise de cocaïne : *Aux lavabos / J'me tass'mêm'des fois d'trop, / La pravise* (chanson *Madame Coco,* paroles de Carco).

ETYM. javanais de **prise.** 1924, Carco.

pré *n.m.*

ARG. ANC. **Le Grand Pré** ou, simpl., **le Pré.** ***a.*** la mer; ***b.*** peine des galères, puis des travaux forcés: *Les honnêtes gens! ce qui deviendraient?... tais-toi donc, ça ne t'inquiète guère; quand t'étais au pré, tu chantais autrement* (Vidocq). *Le grand pré vaut mieux que le système* [c.-à-d. les maisons centrales] (Joigneaux).

ETYM. emploi métaphorique et poétique du mot usuel. ***a.*** 1715, Lesage [Esnault]; ***b.*** 1821 [Ansiaume].

précieuse *n.f.*

Homosexuel discret: *À l'opposé du «travelot» se trouve la « précieuse », homosexuel qui répugne à s'afficher, que gêne la franchise de ses congénères* (Beauvais).

◆ **précieuses** *n.f.pl.*

Testicules : *J'aime me sentir les précieuses à l'aise dans mon pantalon* (Boudard, 1).

ETYM. détournement du mot classique. 1975 [Beauvais].

◆ *pl.* emploi métonymique et substantivé de l'adj. usuel. 1920, Ponchon.

Préfectance (la) ou **Préfec (la)** *n.pr.*

La préfecture de police de Paris : *C'est pas possible, le Sapeur? – Des mouchards. Ils sont de la Préfectance!* (Allain-Souvestre).

ETYM. resuffixation arg. ou apocope de **préfecture.** *Préfectance* 1827 [Demoraine] ; *Préfec* 1844 [Dict. complet].

VAR. **Préfectanche (la):** 1856, Michel [Esnault].

preme ou **preu** *adj. et n.*

Vx. Premier. **De la preme,** émérite, excellent : *Tous les forçats le prenant pour un grinche de la preme* (Humbert). **Le preu de la Préfectanche,** le Préfet.

ETYM. apocope de **premier.** *preu* 1867 [Delvau]. **De la preme** (ellipse pour *de la première catégorie*), 1880, Humbert. **Le preu de la Préfectanche,** 1881 [Rigaud].

première *n.f.*

1. De première. ***a.*** considérable, très fort, intense : *Son voyage à Vichy l'avait déprimé. Il en était revenu avec une migraine de première* (Malaquais) ; ***b.*** d'excellente qualité : *Tiens, casse une croûte!... La saucisse est de première!* (Simonin, 7); ***c.*** fortement, intensément : *Ayant baratiné d'première le probloc d'un lateaubem, y s'y embarqua de rif* (Stollé). SYN. de première bourre (v. ce mot). **2.** Vx. **Côté de première** ou **côté de deux,** ventre et postérieur.

ETYM. **1.** ***a, b*** et ***c.*** abrév. de **de première bourre.** 1977, Simonin. **2.** emploi spécialisé de l'adj. numéral usuel. 1977 [Sandry-Carrère].

prendre *v.t.*

1. Vx. Gagner lestement (un enjeu, etc.). **En prendre,** s'enrichir : *Jeunes et vieux, tout lui est bon. N... dit qu'il en prendrait sur la tête d'un teigneux* (Humbert). **2.** Défier qqn (à un jeu, un sport) : *Je te prends quand tu veux au bras de fer !* **3.** Recevoir (qqch de négatif, notamment une correction, une condamnation) : *Qu'est-ce qu'il a pris comme raclée !* Vx. **La prendre,** être battu. **En prendre pour son grade, son rhume,** être violemment réprimandé, maltraité : *Qu'est-ce qu'ils prennent pour leur grade, les S.S. ! annonce soudain, d'une curieuse voix aiguë, Thomas* (Chabrol). **En prendre pour...,** être condamné à... : *Je persistai et lui demandai ce qu'elle pensait d'en prendre pour vingt ans ? Elle fit une petite mine chiffonnée* (Pagan). **4. Prendre le chinois par la natte,** ennuyer un ami par des diatribes oiseuses. **5. Prendre son lit en marche,** être ivre et avoir l'impression de voir son lit se dérober devant soi.

ETYM. emplois spécialisés du verbe usuel. **1.** 1886 [Esnault]. **En prendre,** 1880, Humbert. **2.** contemporain. **3.** 1897 [Esnault]. **La prendre** *(la purge),* 1920 [id.]. **En prendre pour son grade,** 1908 [id.]; **son rhume,** vers 1900, Rictus [Duneton-Claval]. **4** et **5.** 1957 [Sandry-Carrère].

préparateur *n.m.*

ARG. ANC. Complice dans le vol à la détourne : *Les détourneurs et les détourneuses emploient toutes sortes d'expédients pour parvenir à voler le marchand : d'ordinaire ceux qui remplissent le rôle de préparateurs, disposent à l'avance et mettent à part sur le comptoir*

les articles qu'ils désirent s'approprier (Vidocq).
ETYM. emploi spécialisé du mot technique. 1828, Vidocq.

presse *n.f.*
1. Vx. Guillotine. **2. Être sous presse,** être occupée avec un client, en parlant d'une prostituée. SYN. être en lecture.
ETYM. emploi métaphorique et humoristique d'une loc. de journaliste. **1.** 1836 [Vidocq]. **2.** 1867 [Delvau], art. *sous*.

presto *adv.*
Vite (souvent accompagné de **illico** ou de **subito**) : *Dans mon œil, bientôt / Ell'me plante presto / L'épingle de son chapeau. / Tu me crèv's l'œil, c'est gentil / Mais c'est pas ça qui m'suffit!* (chanson *Si tu veux... Marguerite*, paroles de V. Telly, *in* Saka). *Videz la limousine, et presto subito !* (Arnoux).
ETYM. d'un mot ital. de même sens. 1683, La Fontaine [GLLF].

prêt *n.m.*
Vx. Somme versée chaque jour par une prostituée à son proxénète : *Il faut rentrer à la maison de tolérance ; mais auparavant la malheureuse a soin de remettre une pièce de cinq francs à son fidèle gardien. C'est ce que celui-ci appelle* recevoir son prêt (Canler).
ETYM. emploi dér. du sens militaire. 1841, Lucas [Esnault].

prétence ou **prétentiard, e** *adj.*
Prétentieux : *Jalouse et tout. Et avec ça, pas prétence ! Paraît qu'elle se sent l'âme d'une grande artiste* (Malet, 9). *Le monogramme prétentiard cloqué sur le plastron* (Simonin, 10).
ETYM. apocope et resuffixation de **prétentieux**. *prétence* 1956, Malet ; *prétentiard* 1967, Simonin.

preu *adj. et n.* → **PREME.**

prévence ou **prévette** *n.f.*
Détention préventive : *Moi, qui avais seulement voulu retenir Fluxion-de-Poitrine, on me ramasse comme lui. Total : huit jours de prévence pour chacun* (Macé). *Quand t'es en prévette, faut te la donner de ta jactance* (Boudard-Étienne).
ETYM. resuffixations arg. de **préventive.** *prévence* vers 1880 [Esnault] ; *prévette* 1928 [Lacassagne].

prévôt *n.m.*
Détenu désigné comme chef de chambrée : *Je déteste et j'adore les prévôts. Ce sont des brutes choisies par le directeur ou par le surveillant-chef* (Genet).
ETYM. emploi spécialisé d'un mot très anc. (XIIe s.) désignant divers types de chef. 1828 [Esnault].

prière *n.f.*
Vérification matinale de la solidité des barreaux de prison : *On nomme* la prière, *dans une maison d'arrêt, la visite des fenêtres par un surveillant qui frappe les barreaux avec une clé à écrou, pour s'assurer qu'ils n'ont pas été sciés durant la nuit* (Joigneaux).
ETYM. détournement humoristique du mot usuel. 1841, Joigneaux.

prince *n.m.*
Surnom du voleur à la tire : *Il n'est jusqu'au tireur, baptisé pick-pocket à une époque d'anglomanie forcenée, et petit prince chez les malfrats, qui ne trouve son profit à cette vitesse de circulation monétaire accélérée* (Simonin, 6).
ETYM. appellation ironique. 1966, Simonin.

princesse *n.f.*
Aux frais de la princesse, aux frais de l'État ou d'une collectivité : *J'étais, ainsi que le conscrit de Charlet, nourri, chaussé, habillé et couché par le gouvernement aux frais de la princesse* (Vidocq).
ETYM. emploi humoristique d'une loc. « ancien régime », devenue auj. quasi familière. 1828, Vidocq.

prise *n.f.*
1. Butin du voleur. **2.** Pincée de tabac ou de cocaïne absorbée par le nez : *T'm'apporteras aussi dix ronds de prise, pour l'peine* (Stéphane). **3.** Pari important fait à la dernière minute aux guichets d'un hippodrome. **4.** Vx. Voleuse à la tire, qui séduit d'abord sa victime. **5. Prendre une prise,** être suffoqué par une mauvaise odeur : *T'as le nez solide, t'as pas peur de prendre une prise, toi !* (Zola).
ETYM. emplois spécialisés du mot usuel. **1.** 1829 [Esnault]. **2.** 1740 [Acad. fr.]. **3.** 1975 [Arnal]. **4.** 1911 [Esnault]. **5.** 1867 [Delvau].
DÉR. **priseur** *n.m.* **1.** Nez : 1926 [Esnault]. **2. Priseur de came,** cocaïnomane ou héroïnomane : 1953 [Sandry-Carrère], compl.

pristo *n.m.*
Prisonnier.
ETYM. resuffixation arg. de **prisonnier.** 1953 [Sandry-Carrère].

prix *n.m.*
1. Faire ou **acheter au prix courant,** voler à l'étalage. **2. Prix de Diane,** très belle fille : *Grégor avait pas lésiné sur le blot de la carrosserie. Quel prix de Diane, cette rousse incendiaire* (Trignol). **3. Prix à réclamer,** fille sans attrait : *Comparée à la môme Nana que j'avais connue chez eux jusqu'à la fermeture, Lucette, la soubrette d'à présent, c'était le vrai prix à réclamer* (Simonin, 3).
ETYM. emplois spécialisés du mot usuel. **1.** jeu de mots sur *courant* et *courir*. 1878 [Esnault]. **2** et **3.** 1953 [id.] ; emprunt au langage du turf, le *Prix de Diane* étant une course pour pouliches, et un cheval *à réclamer* étant celui que le propriétaire s'engage à vendre à l'issue de la course, à un prix fixé d'avance.

pro *n.*
Personne qui exerce son métier avec une très grande compétence : *Voilà une femme qui a tout sacrifié à ce qu'elle appelle son métier. Il faut l'entendre, quand elle déclare : « Je suis une pro »* (Boileau-Narcejac).
ETYM. apocope de **professionnel.** 1912 [Esnault], mais en anglais (slang de théâtre) dès 1864.

1. probloque ou **probloc** *n.*
Propriétaire : *Les probloques sont deux vieilles filles intransigeantes question visites nocturnes* (Sarrazin, 1). *En passant devant la longue voiture noire, plus d'une creusait les reins. Elles balançaient un regard prometteur sur le probloc assis à son volant* (Le Breton, 1). SYN. proprio.
ETYM. resuffixation arg. de **propriétaire.** 1886 [Esnault].

2. probloque ou **probloc** *n.m.*
Problème.
ETYM. resuffixation arg. de **problème.** 1935 [Esnault], mais dès 1912 sous la forme *problo.*

proc ou **procu** *n.m.*
Procureur de la République : *Dans la soirée, lorsqu'on me laissa partir sur ordre du parquet, l'inspecteur lâcha : Le proc s'est dégonflé, vous pouvez partir !* (Knobelspiess).
ETYM. apocope de **procureur.** *proc* 1926 [Esnault] ; *procu* 1970 [George].

procédé *n.m.*
Branchement sur une ligne téléphonique mise sur écoute.
ETYM. emploi euphémique du mot usuel. 1975 [Arnal].

profonde *n.f.*
1. Poche : *Quand Papa est saoul, j'y barbotte des ronds dans sa profonde* (Machard). **2.** Vx. Cave : *Je vais à la profonde / Pour vous donner du frais* (chanson, *in* Vidocq).
ETYM. emploi métonymique du mot usuel. **1.** 1790, *le Rat du Châtelet.* **2.** *parfonde* 1628 [Chéreau].

profondé, e *adj.*
Très touché psychologiquement : *Je comprends que vous ayez l'air profondé, je le suis autant que vous* (Bastiani, 1).
ETYM. de **profond** (création du midi de la France). 1960, Bastiani.

projo *n.m.*
Projecteur : *Te fatigue pas. Arrête la sono et les projos, il est dans les vapes* (Demure, 1).
ETYM. apocope et resuffixation arg. de **projecteur.** 1955 [George].

prolo *n.m.*
Prolétaire : *Si les Anglo-Américains tentent l'invasion de la péninsule, les prolos des grands centres du Nord, de Turin et de Milan surtout, déclencheront une grève générale* (Malaquais). *L'homme portait un bleu de chauffe et une veste en peau lainée difforme et incolore. [...] Un prolo matinal en route vers le premier métro* (Bialot).
ETYM. apocope et resuffixation pop. de **prolétaire.** 1880 [George].

promenade *n.f.*
Affaire ou entreprise (généralement délictueuse) facile à mener à bien.
ETYM. emploi spécialisé du mot usuel. 1957 [PSI].

promener *v.t.*
Vx. Chercher à duper : *Je feignis de ne point concevoir de soupçon, et me résignai à voir combien de temps ces dames me promèneraient* (Vidocq).
ETYM. emploi ironique du verbe usuel (cf. *mener en bateau*). 1829, Vidocq.

prompto ou **pronto** *adv.*

Vite : *Tu nous amènes prompto au 114, avenue Niel ! Da ?* (Bauman). *Ce qu'il aurait dévissé pronto des environs du poulailler !* (Dégaudenzi).

ETYM. apocope et resuffixation arg. de **promptement,** avec sans doute influence de l'ital. **pronto,** même sens. 1944, Queneau [TLF].

propager (se) ou **propulser (se)** *v.pr.*

Se déplacer, aller quelque part : *Cette grosse truie de La Gonfle avait dû parler, avant de calancher, sans quoi la Tringle ne serait jamais venu se propager à Lons* (Grancher).

ETYM. emploi humain de verbes appliqués originellement à une maladie, à une information ou à un objet mobile. *se propulser* 1954, Simonin [TLF] ; *se propager* 1955, Malet.

proprio, ote *n.*

Propriétaire : *T'as donc pas pu te mettre huissier, / Proprio, barbot, financier ?* (Rictus). *Je voudrais être l'heureux proprio d'une « conviction intime », putain que j'aimerais ça !* (Pennac, 1). *L'Arabe ne demeura pas longtemps au service de la nouvelle proprio* (Combescot). SYN. 1. probloque.

ETYM. apocope et resuffixation pop. de **propriétaire.** 1879 [Rigaud]. Ce mot est auj. largement pop., mais le fém. en *-ote,* indiqué par Bauche (1920), est rare.

prose ou **proze** *n.m.*

1. Postérieur : *Une radeuse de Saint-Malo qui vivait de son prose en l'exposant dans les vitrines d'Amsterdam* (Vautrin, 1). *Elles marchent* [...] *souveraines dans leur manière de se déplacer, de faire ballotter leur laiterie, de tortiller du proze* (Boudard, 1). **2.** Chance : *Avoir du prose.*

ETYM. origine obscure, malgré l'arg. ital. **proso.** dès le XIIIe s. sous la forme *prois ;* p.-ê. en relation avec *proie n.m.,* derrière (1840 [Halbert]). **1.** *prose* 1800, Leclair ; *proze* 1957 [Sandry-Carrère]. **2.** 1935 [Simonin-Bazin].

prosinard ou **prozinard** *n.m.*

Postérieur : *Question prosinard elle est comblée* [...] *elle sait le manœuvrer, vous le rouler aguicheur sous le regard* (Boudard, 4). *D'un emplâtre de ripaton dans l'prozinard / L'a valdingué directos à la case départ* (Legrand).

ETYM. de **prose** et du suff. péj. **-ard.** *prosinard* 1953 [Esnault] ; *prozinard* 1957 [Sandry-Carrère].

prospectus *n.m.*

Lancer ou **distribuer le prospectus,** attirer l'attention dans un dessein érotique, en parlant d'une femme : *L'actrice qui fait les avant-scènes en envoyant des œillades aux vieux messieurs* [...] *lance son prospectus* (Virmaître).

ETYM. métaphore expressive. 1841, Alhoy ; encore en 1987 chez Alexandre.

Prosper *n.pr.*

1. Surnom du proxénète : *Et Prosper qui dans un coin / Discrèt' ment surveill' son gagn' pain* (G. Ulmer, *in* Saka). **2.** À la PJ, sobriquet de l'ordinateur central.

ETYM. emploi commun du nom propre (cf. *Alphonse, Jules,* etc.). **1.** 1946, G. Ulmer. **2.** 1975 [Arnal].

prout, proutt ou **proute** *n.f.*

Vx. **1.** Alerte. **Faire la proute,** appeler la police. **2.** Plainte en justice.

◆ **prout !** *interj.*

Onomatopée dérisoire et injurieuse : *Paraît que la Nana a eu tant de succès au bal de Magic-City... – Proutt ! Ce n'est qu'une petite ouvrière... Elle se fait ses robes elle-même !...* (Grancher, 2). **Prout !** ou **prout, ma chère !,** s'emploie par dérision à l'adresse d'homosexuels : *Quelqu'un dit aux îl's Maurice / J'ai vu des gens empalés... / Chacun dit c'est sanguinaire / Mais un jeune homme ravi / S'écria : Et prout ma chère / Si vous voulez mon avis...* (chanson *Ça vaut mieux que d'attraper la scarlatine,* paroles de A. Hornez).

ETYM. onomatopée malodorante qui prend les sens de **1. pet. 1.** 1850, forçat Clémens [Esnault]. **2.** 1836 [Vidocq].

◆ *interj.* 1850, Labiche [TLF]. **Prout, ma chère !,** 1936, A. Hornez.

prouter *v.t.*

Vx. Héler.

◆ *v.i.*

Se fâcher, se plaindre : *C'est que général de brigade, ça ne se refuse pas. De quoi faire prouter les arrivistes* (Vautrin, 2).

ETYM. de **prout.** 1866 [Delvau].

◆ *v.i.* 1836 [Vidocq].

DÉR. **prouteur** *n.m.* **1.** Peureux : 1835 [Raspail]. **2.** Plaignant : 1836 [Vidocq]. **3.** Pétomane : 1867 [Delvau].

provisoire *n.f.*

Être en provisoire, être en liberté provisoire : *Riton est témoin, dit Jeannot. Je suis en provisoire pour une histoire d'avortement à la noix* (Giovanni, 1).

ETYM. ellipse de **liberté provisoire.** 1957 [Sandry-Carrère], compl.

provo *n.*

Contestataire, fauteur de troubles (d'abord en un sens politique, aux Pays-Bas).

ETYM. apocope de **provocateur.** 1966, *le Figaro* [Gilbert].

provoc ou **provoque** *n.f.*

Provocation : *Le leader du « Grand Magic Circus » a agité les rues de France et de Navarre, scandalisé la droite par ses provocs gauchistes et rigolardes, ses outrances et ses grimaces* (*Actuel*, février 1985). *Vicelard qui cherche tout le temps la provoque et le baston* (Lasaygues).

ETYM. apocope de **provocation.** 1972 [George].

proxémaq *n.m.*

VIEILLI. Patron de maison close.

ETYM. de **proxénète** et de **maq,** syn. employé comme suff. 1926 [Esnault].

proxo *n.m.*

Proxénète : *C'est avec Olga que j'me suis essayé à être proxo. Jamais aimé le job* (Lasaygues).

ETYM. apocope et resuffixation arg. de **proxénète.** 1975 [George].

proze *n.m.*, **prozinard** *n.m.* → PROSE, PROSINARD.

prune *n.f.*

1. Frappe puissante : *Avoir de la prune.* **2.** Coup de poing : *Le policier cogna deux fois, très vite. Le Nantais eut un réflexe pour se lever. Une prune au foie le courba, mains au ventre* (Le Breton, 3). **3.** Contravention : *En plus du gardiennage, il suffisait d'écumer les rues adjacentes et de mettre un ticket avant le passage fatal, accompagné d'un petit mot, je vous ai évité une prune, si vous avez cinq minutes venez me dire bonjour* (Ravalec). **4.** Vx. Projectile d'arme à feu : *S'il attrapait quelques prunes, ça serait bien fait* (Zola). SYN. pruneau. **5.** Vx. Ivresse : *Avoir sa prune.* **6. Prune de Monsieur,** archevêque. **7.** Étron.

◆ **prunes** *n.f.pl.*

1. Testicules : *Quand il a vu le couteau, il s'est sauvé. Il y tient trop à ses prunes* (Chevallier). **2. Pour des prunes,** pour rien : *La Pinchard [...] qui ne se trouve pas ici... pour des prunes* (Guéroult).

ETYM. emplois métaphoriques (analogies de forme et de couleur) du nom du fruit. **1.** 1960 [Le Breton]. **2.** 1899 [Nouguier]. **3.** 1957 [Sandry-Carrère]. **4.** XVIIe s. [Esnault]. **5.** 1867 [Delvau]. **6.** 1836 [Vidocq]. **7.** 1953 [Sandry-Carrère], art. *poser.*

◆ *pl.* **1.** 1864 [Delvau]. **2.** 1507, Eloy d'Amerval [TLF].

pruneau *n.m.*

1. Projectile d'arme à feu : *Bonne Mère, le carton qu'on a réussi ! Treize pruneaux dans le caisson ! L'enfant de salaud, il n'embêtera jamais plus les petites filles* (Coatmeur). **2.** Coup : *J'aurais mille fois préféré qu'il gueule un bon coup, m'allonge un pruneau ou fasse un scandale* (Oriano). **3.** Vx. Chique de tabac : *La plus aimable galanterie que l'on pût faire aux nymphes qui venaient, à ce rendez-vous, étaler leurs grâces dans les postures et attitudes de l'indécent chahut, était de leur offrir le pruneau, c.-à-d. la chique sentimentale ou le tabac roulé, soumis ou non, suivant le degré de familiarité, à l'épreuve d'une première mastication* (Vidocq). **4.** Vx. Excrément humain.

◆ **pruneaux** *n.m.pl.*

1. Vx. Yeux. **2.** Testicules.

ETYM. emplois métaphoriques (analogie de forme et de couleur) du nom du fruit. **1.** 1830, Arago et Duvert [DDL]. **2.** XIVe s. [TLF]. **3.** 1828, Vidocq. **4.** 1866 [Delvau].

◆ *pl.* **1.** 1866 [id.]. **2.** 1953 [Sandry-Carrère].

pruner *v.t.*

Frapper (qqn) d'un coup de poing : *Le Catalan le pruna du droit. Déséquilibré, Birot bascula en arrière* (Le Breton, 3).

ETYM. de **prune** au sens 2. 1954, Le Breton.

prussco ou **prusscoff** *n.m.*

Vx. Prussien : *Le père et la mère Korn, tout le monde le sait dans le quartier, c'est des Allemands, des sales Pruscos* (Allain-Souvestre).

ETYM. apocope et resuffixation de **prussien.** *prussco* 1895 [Esnault] ; *prusscoff* 1907 [id.].

prussien *n.m.*

Vx. Postérieur.

ETYM. emploi péj. du nom désignant le « derrière de l'ennemi vaincu à Iéna ». 1862 [Larchey].

puant, e *adj.*

D'une vanité ou d'une prétention insupportable.

◆ **puant** *n.m.*

Fromage.

ETYM. emplois péj. (adj.) et métonymique (n.m.: l'odeur pour l'objet) du participe présent du verbe **puer,** sentir mauvais. XIIIe s., *Roman de Renart.*

◆ *n.m.* mil. du XXe s.

puce *n.f.*

1. Secouer les puces à qqn, le réprimander vertement : *Ça tombe à pic, vu que je me demandais pourquoi on tarde à leur secouer les puces* (Malaquais). **2.** Vx. **Puce travailleuse,** homosexuelle. **Faire les puces,** se livrer à des pratiques homosexuelles sous le regard d'un voyeur.

ETYM. emplois pittoresques du nom de l'animal. **1.** d'abord *remuer les puces* 1640 [Oudin]. **2.** 1867 [Delvau]. **Faire les puces,** 1928 [Lacassagne].

pucier *n.m.*

1. Lit : *Mais quand qu'on était au pucier, / Ha ! c'était ben d'eune aute histoire !* (Rictus). *Au fond du gourbi, un pucier large et bas appelait aux partouzes* (Le Breton, 2). SYN. poussier. **2.** Marchand officiant dans un marché aux puces ; chiffonnier : *Si j'en ai, des bloudjinnzes, dit le pucier, je veux que j'en ai. J'en ai même des qui sont positivement inusables* (Queneau, 1). *La zone a donné aux jeunes le goût du verlan et du vieil argot des ferrailleurs et des puciers* (*le Nouvel Observateur,* 4 décembre 1982).

ETYM. de **puce. 1.** 1888 [Villatte] ; ce mot est souvent confondu avec *poussier,* qui a une autre origine. **2.** 1959, Queneau.

pue-la-sueur *n.m.inv.*

Ouvrier, tâcheron : *Le judo français puise force et bonne santé dans sa reconnaissance des va-nu-pieds et des pue-la-sueur* (*Libération,* 14 octobre 1989).

ETYM. mot composé pop. issu de **puer** et de **sueur.** 1926 [Esnault]. Le travail et ses effets physiologiques ont toujours fait horreur aux gens du milieu.

VAR. **sent-la-sueur** *n.m.inv.* : 1935 [Simonin-Bazin].

pueur *n.m.*

Syn. d'emmerdeur : *Je ne suis pas de la bande, je garde mes distances. J'en fais juste assez pour qu'ils ne me traitent pas de pueur ou de casse-couilles* (Smaïl).

ETYM. du verbe **puer,** emmerder, être nul (1996 [Merle]). 1997, Smaïl.

punaise *n.f.*

1. PÉJ. Fille, femme : *Elle est chouette ! appuya l'autre. Qu'est-ce que c'est que c'tte punaise-là ?* (Lefèvre, 2). **2.** VIEILLI. Dame du jeu de cartes. **3.** Vx. Fleur de lys imprimée sur l'épaule du condamné. **4. Compter les punaises,** être en prison.

ETYM. emplois réaliste (4) ou péj. du nom de l'insecte abhorré. **1** et **3.** 1836 [Vidocq]. **2.** 1901 [Esnault]. **4.** 1906, Alger [Esnault].

punk [pœk] ou [pœnk] *adj.inv.*

Se dit d'un mouvement né à Londres en 1976, qui prône la dérision et surenchérit dans la laideur, la provocation et l'agressivité : *Serge remarque deux videurs qui sillonnent les vagues punk et loubardes* (Delacorta).

◆ *n.*

Adepte de ce mouvement : *Cette manière de s'habiller reflète l'idéologie des punks, qui prônent la décadence et, en réaction contre les idéologies antérieures (hippies, beatniks), l'anti-naturel* (*le Monde,* 14 février 1982). *Le punk est comme un lépreux dont la lèpre le nourrirait d'une énergie de Superman. C'est la synthèse aiguë entre ce qui agresse et ce qui est agressé* (Obalk).

ETYM. mot de slang angl., « camelote, cochonnerie », au sens américain de « voyou, vaurien ». 1977, *l'Express* [Merle], mais déjà une apparition isolée en 1974, *Elle* [Höfler].

DER. **punkisme** *n.m.* Idéologie du punk : 1977, *l'Écho des savanes* [Rey-Gagnon]. **punkerie** *n.f.* Même sens : 1978, *le Nouvel Observateur* [id.].

punkette *n.f.*

Jeune fille ou jeune femme punk : *Elle était accoutrée d'une veste bleu électrique qui eût séduit une punkette se rendant à son premier concert rock* (Richard).

ETYM. de **punk.** 1980 [DDL 37].

punkitude *n.f.*

Condition ou aspect du punk : *Elle affiche tous les signes extérieurs et définitifs de la punkitude. Mutilation : lobe gauche transpercé d'une chaînette* (*le Nouvel Observateur*, 12 décembre 1977).

ETYM. de **punk.** 1977, *le Nouvel Observateur.*

pur, e *adj.*

Facile à duper, en parlant d'une victime ; facile à exécuter, en parlant d'un travail.

◆ **pur** *adj. et n.m.*

Se dit d'un individu qui respecte parfaitement les règles du milieu : *Toute la tierce avait radiné sa barbaque, les vrais de vrais, les durs, les purs* (Stollé). SYN. régulier.

◆ **pure** *n.f.*

Héroïne remarquablement pure : *Il avait une connexion avec quelqu'un de la Croix-Rouge internationale qui ramenait de la pure* (Ravalec).

ETYM. emplois socialement spécialisés de l'adj. 1899 [Nouguier].

◆ *adj. et n.m.* 1947, Stollé.

◆ *n.f.* vers 1930 [Cellard-Rey].

purée *n.f.*

1. Vx. Absinthe : *Qu'est-ce que vous prenez ? C'est moi qui carme... – Pour moi ce sera une purée aussi* (Fauchet). **2.** Vx. Cidre. **3. Envoyer, balancer,** etc., **la purée.** ***a.*** éjaculer : *Et quand j'ai envoyé la purée, je sais pas, moi, c'est grandiose ça* (*Actuel*, octobre 1984) ; ***b.*** tirer avec une arme à feu : *Si t'essaies de sortir une arbalète, je lâche la purée !* (Bauman). **4.** Misère : *Y a dix-huit ans que j'suis putain, / Que j'bats mon quart et la purée / Au coin du faubourg Saint-Martin* (Bruant). *Bon Dieu, pensa Rabe, il n'y a donc pas moyen d'être tranquille dans sa purée !* (Mac Orlan, 6). **5.** Malchance ; découragement : *Ah ! si l'on n'avait pas la religion, la prière dans les églises, les soirs de morne purée et de détresse morale [...] on serait bien plus malheureux, ça c'est sûr...* (Mirbeau).

◆ *adj. et n.*

Se dit de qqn qui vit dans la misère, qui est poursuivi par la malchance : *Là-bas, dans ce quartier d'purées, ils n'ont de fric qu'un jour la semaine* (Carco, 1). *Vous tenez toujours à y aller ? demanda Béral. Moi, j'aime mieux être purée et entier que millionnaire cul-de-jatte* (Siniac, 5).

ETYM. emplois métaphoriques du mot usuel (idée dominante de milieu trouble, épais, où on patauge). **1.** par ellipse de *purée de pois* (couleur verte). 1878 [Rigaud]. **2.** par ellipse de *purée de pommes.* 1836 [Vidocq]. **3.** ***a*** et ***b.*** 1953, Le Breton. **4.** 1878 [Rigaud]. **5.** 1914 [Esnault].

◆ *adj.* 1895 [id.] ; *n.m.* 1900, Rictus.

purge *n.f.*

1. Correction infligée à qqn : *Sûr que j'vas y coller eun' purge / Si a m'rapport' pas larant'quet !* (Bruant). *La vie est dégueulasse. Il ne méritait pas une purge et pourtant il l'a prise* (Malet, 7). **2.** Lourde condamnation, aux assises. **3.** Personne très difficile à supporter : *Cette vieille coquette, quelle purge !*

ETYM. emplois métaphoriques du mot usuel. **1.** 1884 [Chautard]. **2.** 1911 [Esnault]. **3.** 1901 [Bruant].

purgeur *n.m.*

Chargeur du revolver muni de ses balles.

ETYM. emploi métaphorique du mot technique (le chargeur contient une « purge » définitive). 1957 [Sandry-Carrère].

purotin *adj. et n.m.*

Qui dénote la misère, qui vit dans la misère : *Le bac à douche californien, c'est peut-être la mode artiste, mais je vois bien les copines quand elles viennent, elles trouvent que ça fait purotin* (Amila, 1). *En quelques jours tous les sans-logis vont se trouver casés, sauf les purotins incorrigibles qui ne peuvent pas s'offrir des loyers de quinze mille francs !* (Galtier-Boissière, 1).

ETYM. de **purée** et du suff. **-otin.** *n.m.* 1878 [Rigaud].

putain *n.f.*

1. Prostituée : *Certes, on ne se fait pas putain / Comme on s'fait nonne* (Brassens). **2.** Femme débauchée : *Mais ces putains sont toutes les mêmes : du moment qu'il y a du fric, tant pis si ça pue* (Averlant). **Fils** ou **enfant de putain,** formule injurieuse : *J'aurais donné gros pour mettre la main sur l'enfant de putain qui jouait avec mes nerfs* (Pagan). **3. Être putain, faire la putain,** chercher à plaire en flattant bassement. **4. Putain de galère,** détenu homosexuel. **5. Être de putain,** se dit d'un commissaire de police qui remplit les fonctions du ministère public dans les jugements prononcés au tribunal de police contre les prostituées en infraction.

◆ *n.*

Un ou **une putain de...,** formule qui exprime soit le mépris, soit simplement l'impatience, la mauvaise humeur : *Ce putain de train se traînait sur la plaine grise, bloqué des demi-journées dans des déserts de mâchefer* (Cavanna). *Innocent, Albert Einstein, qui a appliqué sa putain de théorie à l'énergie rayonnante ?* (Desproges).

◆ *interj.*

Exprime le dépit, la surprise, etc. : *Un jalon cranté, putain, ça va faire mal* (Veillot) ; parfois renforcé par **de** (ou **d'un**) **moine** : *Putain d'un moine, ce gars-là, il aurait été foutu de chier dans son froc* (Weff).

ETYM. très vieux mot, cas régime de **pute. 1.** vers 1119, P. de Taon [GLLF]. **2.** fin du XIVe s., E. Deschamps [id.]. **Fils de putain,** 1668, Molière [GR] ; **enfant de putain,** 1950, G. Arnaud. **3. Être putain,** 1853, Flaubert [TLF] ; **faire la putain,** 1932, Céline [id.]. **4.** 1821 [Mézière]. **5.** 1975 [Arnal].

◆ *n.* 1929, Giono [GR].

◆ *interj.* 1931, Mac Orlan [id.].

putanat *n.m.*

Activité professionnelle de la prostituée ; ensemble des prostituées : *Ouvrière de la première heure du putanat, Mme Marguerite s'était assuré une clientèle fidèle de mandataires des Halles* (Simonin, 7).

ETYM. de **putain.** 1844, Pommier [TLF].

putasse *n.f.*

Prostituée de bas étage.

ETYM. resuffixation de **putain,** avec le suff. **-asse.** 1558, G. Morel [GLLF].

putasser *v.i.*

Mener une vie de prostituée ; avoir un comportement de prostituée : *Il les revoyait toutes : [...] Régine qui était si fière de sa blondeur vénitienne et jusqu'à Bec d'Ombrelle qui putassait un peu trop* (Guérin).

ETYM. de **putasse.** 1845 [Bescherelle], mais au sens de « fréquenter les prostituées » avant 1486, G. Alexis [GLLF].

putasserie *n.f.*

1. Saleté morale : *Ah, serre-moi bien dans tes bras, mon grand sauvage ! Quelle putasserie ! Et il avait donné dans ce panneau-là, comme un collégien !* (Guérin). **2.** Vie de prostituée.

ETYM. de **putasser. 1.** avant 1946, Guérin. **2.** 1606, Crespin [GLLF].

putassier, ère *adj.*

Qui se rapporte aux prostituées ; vulgaire : *Les journalistes de Monte-Phallo cherchaient à toute force des détails morbides ou putassiers sur « la position du corps pouvant suggérer viol ou crime passionnel »* (Bernheim-Cardot). *On ne saurait aller plus loin dans le patriotisme putassier. Cela donne la nausée* (Werth, 2).

◆ *adj. et n.*

Qui fréquente les prostituées.

ETYM. mil. du XVIe s., Ronsard [GLLF] ; « vulgaire » 1875 [P. Larousse].

◆ *adj. et n.* 1549 [DG].

pute *n.f.*

1. Prostituée : *L'argent me brûle les poches, je bouffe tout mon fric en champagne et en putes* (*Actuel,* septembre 1980). **2.** Femme débauchée : *Ils ne sont pas pédés. Ça se trouve comme ça. Et, comme les putes ne veulent pas d'eux, ou rarement, ils se font moines* (Demouzon). **Fils** ou **enfant de pute,** s'emploie comme injure ou comme interj. emphatique, surtout dans le midi de la France : *C'est mon mari et c'est un foutu fils de pute si vous voulez savoir* (Villard, 4). *Où c'est qu'il va, l'enfant de pute, au lieu de roupiller et de laisser roupiller le monde* (Malaquais). **3.** Individu prêt à toutes les concessions pour plaire ou obtenir ce qu'il veut : *Faire la pute.*

ETYM. emploi substantivé du vieil adj. **put, e,** puant, mauvais, d'où débauché. **1** et **2.** vers 1230, *Livre d'Artus* [GLLF]. **Fils de pute,** probablement contemporain de *fils de putain* (→ **PUTAIN**). **3.** contemporain.

pyjama *n.m.*

Faire du pyjama. ***a.*** rester enfermé volontairement pour faire des économies ; ***b.*** se mettre au vert : *Mais c'est près de chez toi, reprocha Mimile. – Qu'est-ce que ça peut foutre. Je vais faire du pyjama et y a pas de raison pour qu'ils me sautent ici plus qu'ailleurs, répondit Yan* (Giovanni, 3).

ETYM. locutions expressives, le pyjama étant pris ici comme symbole du repos. ***a.*** 1960 [Le Breton] ; ***b.*** 1982 [Perret].

QHS *n.m.*

Quartier de haute sécurité, section d'une prison où on enfermait les détenus considérés comme dangereux : *Le mitard, comme partout ailleurs, était situé dans le Q.H.S., quartier de haute surveillance, cette dernière s'étant depuis transformée en « sécurité »* (Spaggiari). *J'ai dénoncé la barbarie des Q.H.S. en vendant ma douleur, en permettant au fric de régner et de rentabiliser les droits de l'homme* (Knobelspiess).

ETYM. sigle de **quartier de haute surveillance** (puis **de haute sécurité**). 1979, Knobelspiess.

quand-est-ce *n.m.inv.*

Vx. Tournée de bienvenue offerte par un nouveau à ses collègues : *La poche pleine, il partit à Levallois pour payer son « quand est-ce » aux copains de l'usine* (Dorgelès).

ETYM. par ellipse de **quand est-ce que tu payes à boire ?** 1860 [Esnault].

VAR. **quantès :** 1957 [Sandry-Carrère].

quarante (en) *loc. adv.* → **2. CARANTE (EN).**

quart *n.m.*

1. Quart de brie, grand nez : *J'en ai le quart de brie comme un chou farci tellement ça tapouillait dans c'te galère* (Devaux). **2. Faire** ou **battre son quart, être de quart,** être sur le trottoir, en parlant d'une prostituée qui attend le client : *Lebrun attendait là que sa nouvelle maîtresse, la fille publique Augustine Aubourg, eût fini de battre son quart pour rentrer à la maison et compter la recette avec son homme* (Claude). **Femme de quart,** prostituée qui assure la permanence de nuit, dans une maison close. **3.** Vx. Moitié du pain de 750 g : *Qui est-ce qui m'achète mon quart et ma légume de demain ?* (Joigneaux). **4.** Vx. **Battre un quart,** déraisonner : *Je suis dégoûté du métier* [de voleur]. *– Tu me bats un quart. – Non, en vérité* (Forçat). **5. Quart d'œil** ou **cardeuil.** ***a.*** commissaire de police : *Je peste contre le quart d'œil de mon quartier qui ne m'a pas à la bonne* (Vidocq) ; ***b.*** directeur du bagne. **6.** Commissaire de police : *Lui ? Mais y turbine, m'sieur le commissaire ! Ajusteur, qu'il est !... – Et ta sœur ? fit le quart, en se dirigeant vers son bureau* (Le Breton, 3). **7.** Commissariat : *Le p'tit Louis Dupanard / D'habitude couche au quart* (Desnos). *Les flics ont tout embarqué... Ils ont dû la conserver au quart, c'tte valoche* (Malet, 17).

ETYM. emplois spécialisés et souvent humoristiques de la « fraction ». **1.** 1901 [Bruant]. **2.** métaphore issue du langage des marins. **Faire son quart,** 1845 [Esnault] ; **battre son quart,** 1862 [Larchey] ; **être de quart,** 1935 [Esnault]. **Femme de quart,** 1987 [Alexandre]. **3.** 1840 [Esnault]. **4.** 1829, Vidocq. **5.** ce tour vient de *quart,* quartier de Paris (au nombre de 20 avant 1789), et de *œil,* police, surveillance [Esnault]. ***a.*** *cardeuil* 1790, *le Rat du Châtelet* ; ***b.*** 1821 [Ansiaume]. **6.** 1878 [Rigaud]. **7.** 1900 [Esnault].

quatre *adj. num.*

1. Se tenir à quatre, faire un gros effort sur soi pour se maîtriser : *Ma mère se tient à quatre pour contenir ses larmes, mon père me crie : « Ne perds pas ton billet ! »* (Courteline). **2. Un de ces quatre (matins),** un de ces jours : *Un de ces quat' Cécelle et moi on va se barrer en*

§ forme du signe de section

Amérique pour faire du blé (Lasaygues). **3. Marchande des quatre,** marchande des quatre saisons: *Au rade, Mme Louise, une marchande des quatre, écluse son mâcon blanc à petites gorgées* (Simonin, 5).
ETYM. emplois elliptiques de l'adj. **1.** allusion aux quatre personnes nécessaires pour maîtriser un dément. avant 1780, Mme du Deffand [GLLF]. **2.** 1947, Malet. **3.** 1960, Simonin.

quatre-vingt-dix *n.m.inv.*
Punition de trois mois de cellule infligée à un détenu au cours de sa peine.
ETYM. par ellipse de **quatre-vingt-dix jours.** 1960 [Le Breton].

quebra *v.t.*
Braquer.
ETYM. verlan de **braquer.** 1975 [Beauvais].

quebri *n.f.*
Un million de centimes.
ETYM. verlan de **brique.** 1977 [Caradec].

que dalle *loc. adv.* → **2. DALLE.**

quelqu'un *pron. indéf.*
C'est quelqu'un !, marque la surprise devant qqch d'important, d'extraordinaire.
ETYM. emploi emphatique et pop. du pronom curieusement appliqué à une chose et non à une personne. 1942, Queneau [GLLF].

quéquette *n.f.*
1. Pénis : *Il n'appréciait guère les parties de trousse-chemise, sa quéquette se nouant dès qu'il se trouvait au pied du mur* (Bernheim-Cardot). **2.** Individu condamné pour viol : *Naturellement, ça n'était pas lui ! les « quéquettes » en prison, ça n'est jamais eux, c'est toujours un coup fourré* (Spaggiari).
ETYM. d'un radical expressif **kék-** ou **kik-. 1.** 1864 [Delvau]. **2.** 1983, Spaggiari.

quès ou **kès** *n.m.*
C'est du quès ou **kès,** c'est pareil: *Mais pour l'Auvergnat, les vannes de Dick et que dalle, ça semblait du quès !* (Simonin, 1).
ETYM. largonji de **kif** en **lifkès,** avec aphérèse. 1926 [Cellard-Rey]. On peut penser également à une contraction de **qu'est-ce (qui fait la différence)?,** ou à une ellipse de **quès aco.**

quès aco ou **qu'es aco** *loc. adv.*
Qu'est-ce que c'est ?: *Ce fut pour rentrer chez Amabella, qui la prit comme intendante. – Amabella ? Quès aco ? – Un vrai génie dans le métier* (Galtier-Boissière, 2). *On va où ? Au Nadir ? – Qu'es aco ? – Un rade, là, à côté, ouvert toute la nuit* (Smaïl).
ETYM. loc. d'origine prov. 1730 [DDL].

que tchi *loc. adv.* → **TCHI.**

queue *n.f.*
1. Pénis: *Il entre, apprécie d'une grimace l'humour de la situation : Camille à poil s'épongeant l'entre-jambes, Lou, la queue pendante, le slip sur les pieds* (Jaouen). **2. Se faire** ou **se taper une queue,** se masturber, en parlant de l'homme : *J'étais pépère en train de me taper une queue en pensant à Lola* (Prudon). **3. Faire queue de rat,** mettre trop de temps pour parvenir à ses fins, en parlant du client d'une prostituée. **4.** Reliquat de compte, allongement d'une dette. **Laisser** ou **faire une queue,** partir sans régler entièrement son dû: *Ah ! Tu n'as pas le sou, et tu désertes... Tu voulais nous faire une queue de longueur : eh bien ! Tu verras* (Forçat). **5.** VIEILLI. **Faire des queues à qqn,** lui faire des infidélités: *A t'faisait des queues, c'est certain. / Mais quoi, c'était-y eun' raison?* (Rictus). **6. Des queues (de cerises),** rien du tout: *S'ils avaient couru tous ces risques [...] pour des queues de cerises, il y avait vraiment de quoi désespérer de l'existence* (T. Colin). **Des queues !,** pas question ! **7. Pas la queue d'un,** aucun: *Désolé il était, victime de la saison finissante, des stocks épuisés, douloureusement il devait le reconnaître, pas la queue d'un havane traînait dans la crèche* (Simonin, 8). **Ne pas en avoir la queue d'un,** être totalement démuni d'argent: *Au prix où vous avez arraché le morceau, ça ne risquait pas. Vos petits épargnants n'ont pas dû en voir la queue d'un* (Pécherot).
ETYM. emplois spécialisés et souvent humains de ce mot animal. **1.** 1534, Rabelais. **2.** mil. du XXe s. **3.** 1987, Alexandre. **4.** avant 1857, Sue [Larchey], mais dès 1640 [Oudin], en un sens très voisin. **5.** 1862 [Larchey]. **6.** 1940 [Esnault] ; vient de *pour des queues de cerise, de poire,* sans aucun profit. **7. Pas la queue d'une,** 1640 [Oudin].

queutard *adj. et n.m.*
Se dit d'un homme très porté sur les plaisirs sexuels: *C'est très queutard les truands, fit*

Josse. – Ni plus ni moins que les autres catégories sociales. Ils ont aussi leurs impuissants (Delion). *C'est un queutard effréné, capable de régaler trois frangines dans la même séance* (San Antonio, 7).

ETYM. de **queue** et du suff. **-ard.** 1920 [Bauche].

queuté *adj.m.*

Pourvu d'un pénis : *Madame convoque chaque matin, au sortir de sa toilette, son esclave noir le mieux queuté* (Cellard).

ETYM. de **queue**. contemporain.

queuter *v.t. et i.*

Posséder sexuellement, avoir des rapports sexuels : *Mon frangin peut queuter avec qui il veut. Je te préférerai toujours pède que mort, moi* (Smaïl).

ETYM. emploi métaphorique d'un terme de billard, « pousser d'un coup deux billes rapprochées ». 1920 [Bauche].

quibus *n.m.*

VIEILLI. Argent : *Il a, pour barboter l'quibus / D'un conducteur des Omnibus / Crevé la panse et la sacoche* (Bruant). *T'as du quibus ? Bon. Sans quoi je fournirais* (Stéphane).

ETYM. de la loc. latine **de quibus fiunt omnia,** au moyen de quoi tout se fait. 1462, *Cent Nouvelles nouvelles* [Sainéan].

1. quille *n.f.*

1. Jambe : *La fille aveugle est sur le pucier, allongée sur le dos, les bras croisés sous la nuque, les quilles ouvertes* (Siniac, 1). **Jouer des quilles,** s'enfuir. **En avoir entre les quilles,** être courageux: *Pendant des années, Amédée avait dirigé une équipe réputée pour en avoir entre les quilles* (Salinas). **2.** Bouteille: *Antoine, une quille de roteux ! Et du meilleur, hein ? Ce soir, c'est Noël !* (Oppel). **3.** Libération du service militaire : *Un troufion qui arrosait la quille / Vient lui faire un compliment grotesque* (Renaud) ; parfois, libération de prison : *Et lorsqu'elle sera tout à fait jugée, dit Aliette, qui a encore un an à tirer, moi je me la farcis jusqu'à la quille* (Sarrazin, 2). **4.** Vx. Pénis.

ETYM. emplois métaphoriques du mot désignant le morceau de bois. **1.** 1450, *Mistère du Viel Testament* [Esnault]. **Jouer des quilles,** 1875 [P. Larousse]. **2.** 1917, Nantes [Esnault]. **3.** p.-ê. jeu de mots sur la *quille* du bateau qui rapatrie les soldats ? 1936 [id.]. **4.** mil. du XVIe s., Jodelle [Delvau].

DER. **quillard** *adj.m.* En instance de libération : 1940 [Esnault].

2. quille *n.f.*

Fillette : *On a joué aux gendarmes et aux voleurs... c'est les quilles qui faisaient les gendarmes... on se cachait... a nous cherchaient* (Machard).

ETYM. origine obscure. 1895 [Esnault].

quiller *v.t.*

1. Abandonner qqn. **2.** Arranger frauduleusement des cartes : *On y emploie* [dans ces coupe-gorge] *des jeux tout préparés, des « brèmes quillées », comme on dit en argot* (Locard). **3.** Atteindre à la course. **4.** Léser, escroquer.

ETYM. de **quille** (jeu). **1.** 1899 [Nouguier]. **2.** 1921 [Esnault]. **3.** 1928 [Lacassagne]. **4.** 1953 [Esnault].

DER. **quilleur** *n.m.* Tricheur : 1921 [id.].

quimper *v.i.*

1. Tomber (souvent dans le tour **laisser quimper**) : *Si tu te sens pas d'attaque pour faire le coup avec Rémy, t'as qu'à laisser quimper* (Lesou, 2). **2.** Être condamné: *C'est même pour ça qu'il a quimpé ! Cinq piges qu'il a morflé* (Le Breton, 2). **3. Quimper à la couleur** ou **à la coupure,** être dupe d'un mensonge : *Le messière quimpe à la couleur, l'affaire est sûre* (Ansiaume). *Les deux gonzes quimpaient à la coupure du taxi gardé!* (Simonin, 1). **4.** Échouer dans une démarche. **5.** S'évanouir.

◆ *v.t.*

1. Jeter. **Quimper la lance,** uriner. **2.** Séduire : *Toutes ces joliesses de jactance... sa courtoisie... ses manières d'homme du monde, ça a dû contribuer beaucoup à ce qu'elle se laisse quimper, la Lélia* (Boudard, 5).

ETYM. var. régionale de **camper**, jeter à terre. **1.** 1821 [Mézière]. **2.** 1899 [Nouguier]. **3.** 1821 [Ansiaume]. **4.** 1939 [Esnault]. **5.** 1953 [id.]. ◆ *v.t.* **1.** 1847 [Dict. nain]. **2.** 1952 [Esnault].

quincaille ou **quincaillerie** *n.f.*

1. Armement : *Dégainant immédiatement leur quincaillerie, les deux flics se précipitèrent vers la sortie* (Grancher). **2.** Brochette de décorations. **3.** Contenu d'un sac à main : *La vue de cette quincaille démoralisante remettait tout en question* (Simonin, 5). **4.** Ensemble de bijoux : *Quand pour deux thun's aux Uniprix /*

Vous achetez un beau diamant à vot' chéri' / Elle s'écri' [...] *C'est d'la quincaillerie / Mais c'est toujours ça de pris !* (chanson *C'est toujours ça de pris,* paroles de Max-Blot). *Envoyez les diams! Bradez la quincaille! Versez-la à l'UNICEF!* (*les Nouvelles littéraires,* 9 février 1981). **5.** Syn. de hardware, en informatique.
ETYM. emplois métaphoriques du mot usuel. **1.** 1966, Grancher. **2.** 1894 [Virmaître]. **3.** 1960, Simonin. **4.** 1935, Max-Blot. **5.** 1975 [Beauvais].

Quincampe (la) *n.pr.*

La rue Quincampoix, à Paris, lieu de prostitution réputé (IIIe et IVe arrondissements).
ETYM. apocope de **Quincampoix**. 1977 [Caradec].

quine *n.f.*

Vx. **1.** Gain de la partie de boule ; au fig., avantage : *C'est un fameux quine à la loterie pour nous que vous soyez venu dans la maison* (Sue). **2.** Argent gagné ou mis de côté. **3.** Sieste de midi : *Un quart de pain* [...] *qu'on dévorera couché sur le dos, à l'heure de la quine* (Humbert).
◆ *adv.*
En avoir quine, en avoir assez, être dégoûté de : *Et de bouffer des patates crues et non épluchées, volées dans les champs, des mûres et des pommes vertes, j'en ai vraiment quine* (Siniac, 2). *En ce cas, Jeff se refusait à réfléchir plus loin. Et merde ! Quine ! Il en avait assez fait !* (Lesou, 1).
ETYM. du lat. **quini,** cinq chaque fois ; les sens 1 et 2 viennent de vieux jeux de hasard, trictrac ou loterie. **1.** 1902, Brest [Esnault]. **2.** 1880 [id.]. **3.** 1872, bagne de Toulon [id.].
◆ *adv.* 1926 [id.].

quinquet *n.m. (surtout au pl.)*

1. Œil : *Il avait retiré l'œil de verre de son orbite et le tenait serré dans les plis du mouchoir. La femme le lui prit des doigts et le fit miroiter à la lumière. « Il est beau, ton quinquet », apprécia-t-elle* (Bastiani, 1). *Sans sa disparition subite, il prenait le chargeur entre ses deux vilains quinquets* (Le Dano). **Ouvrir, allumer ses quinquets,** regarder avec attention. **S'en battre le quinquet,** s'en moquer : *Des bastringues à vingt balles l'entrée, c'est pas pour nos guiboles, nous nous en battons le quinquet* (Gill). SYN. s'en battre l'œil. **2. Faux quinquets,** lunettes.
ETYM. de **lampe à la Quinquet,** du nom d'un pharmacien français qui, vers 1789, perfectionna cette lampe à l'huile inventée par un physicien suisse. **1.** 1808 [d'Hautel]. **Allumer ses quinquets,** 1867 [Delvau]. **2.** 1953 [Sandry-Carrère].

quinte *n.f.*

Avoir quinte et quatorze et le point, être atteint de plusieurs MST : *Ils vont se faire aimer pour leurs poires par des niaises de Lourcine qui leur donnent quinte et quatorze... et le point* (Lorrain).
ETYM. emploi métaphorique et ironique d'une loc. de joueurs de cartes qui signifiait « avoir toutes les chances de succès » (1808 [d'Hautel]). 1867 [Delvau].

quique ou **quiquette** *n.f.*

Pénis : *Au fond du treillis, elle allait chercher la quique du soldat. L'assurait doucement entre ses doigts douillets* (Vautrin, 2).
ETYM. var. de **quéquette.** 1977 [Caradec].

quiqui *n.m.* → KIKI.

® forme du *registered*

rab *n.m.* → RABIOT.

rabat *n.m.*

1. Rabat de cope ou **de col,** ristourne. **2.** Syn. de rabatteur : *J'ai été au* Vénétia, *où j'ai commencé à faire le « jockey » et un peu l'rabat comme tous les jockeys* (Simonin-Bazin).

ETYM. déverbal de **rabattre. 1.** 1977 [Caradec]. **2.** 1935, Simonin-Bazin.

rabatteur, euse *n.*

Individu qui, moyennant commission, procure des clients à un tripot, une maison close, etc. : *Une nuée de rabatteurs encombrent le trottoir et amorcent la clientèle par l'apparition météorique de cartes postales dites obscènes* (Simonin-Bazin). *Sur le pourtour du Bois s'ouvrent les premières boutiques vénales. Des rabatteuses patrouillent de Neuilly à la porte Maillot* (de Goulène).

ETYM. de **rabattre**. 1878 [Rigaud].

rabattre *v.i.*

1. Revenir : *Je ne voyais rien de mieux à faire maintenant que de tourner bride et rabattre sur Paris* (Simonin, 3). **2.** Être sexuellement à bout de ressources, en parlant d'un homme.

◆ *v.t.*

Amener des clients (dans un établissement plus ou moins licite) : *Je rabats. Une vraie baraque au chiqué pour boxeurs* (Carco, 2).

◆ **se rabattre** *v.pr.*

Se rabattre dans le coin, revenir dans le quartier qu'on avait quitté.

ETYM. d'un emploi classique du verbe, « abandonner soudain la direction que l'on suivait pour en prendre une autre » (1690 [Furetière]). **1.** 1829, Vidocq. **2.** 1953 [Sandry-Carrère].

◆ *v.t.* dér. du sens cynégétique, « forcer le gibier » (1577, Jamyn [GLLF]). 1878 [Rigaud].

◆ *v.pr.* 1953 [Sandry-Carrère].

rabiot ou **rab** *n.m.*

1. Reste de vivres ou de boisson après la distribution : *Pendant qu'il verse le rabiot goutte à goutte, Sulphart ausculte le bidon d'eau-de-vie* (Dorgelès). *D'une voix enfumée, le sous-off annonce un rab de jus, ça ne me dit plus grand-chose mais cent mille copains me certifient que non, le der des rabs, ça ne se refuse pas* (J. Perret, 2). **2.** Excédent ; menu profit en général : *Avec des salamalecs tu l'as* [ton visa], *et une faveur rose en rab* (Malaquais). **Rab d'abus,** abus insupportable. **3.** Temps de service supplémentaire (pour cause de guerre, de punition, etc.) : *Comment, j'y coupe pas de quat'jours ? – Non, mon vieux ; et à faire en rabiot, bien sûr* (Courteline) ; supplément de temps en général : *Il faut que votre vie / Vous soit très tard ravie, / Que Dieu la vivifie / D'un léger rabiot* (Ponchon). *Ayant* [...] *survécu à vingt morts diversement infaillibles, pourquoi ne connaîtrait-il pas quelques années de rab, trois ou quatre ?* (Malaquais). **4.** Solde avantageux, rabais.

ETYM. probablement du gascon **rabiot,** rebut de la pêche, fretin ; dès 1770, *rebiots* ou *rebiaux,* « primes accordées dans un chapitre aux moines présents, obtenues en divisant les sommes dues aux absents » [Esnault]. **1.** *rabiau* 1866 [Delvau]. **2.** 1832, E. Corbière [Esnault]. **Rab d'abus,** 1938 [id.]. **3.** 1859 [id.]. **4.** 1872 [id.]. La forme apocopée *rab,* très répandue auj. aux trois premiers sens, et plus arg. que la forme pleine, apparaît en 1893 au sens 1 (Arts et métiers [Esnault]).

DER. **rabiage** *n.m.* Rente : 1821 [Ansiaume].

rabioter *v.t. et i.*

1. Prendre pour soi une fraction de la part des autres. **2.** Rogner sur la part des autres. **3.** S'approprier indûment qqch.

ETYM. de **rabiot. 1.** 1881 [Rigaud]. **2.** 1893 [DG], mais dès 1832, *rabiauter* « boire un supplément d'alcool » [Esnault]. **3.** 1962 [GR].

DER. **rabioteur** *n.m.* **1.** Homme qui rabiote : 1848, P. Barbier [GLLF]. **2.** Soldat non encore libéré du service, pour cause de punition : 1913 [Esnault].

râble *n.m.*

1. Partie postérieure d'une personne : *De le voir aussi généreux... et moi de lui rester sur le râble, ça commençait à me faire moche* (Céline, 5). *J'ai les flics sur le dos, les assurances sur le râble et la pression sur ma tête* (Pouy, 3). **2. Tomber** ou **sauter sur le râble,** assaillir par derrière : *Tu l'as pas vu me sauter sur le râble ? C'est par sa faute que tout est arrivé* (Chabrol). **3.** Agression.

ETYM. emploi métaphorique du mot désignant un outil de chauffe en forme de spatule. **1.** 1599, Hornkens [GLLF]. **2.** 1953 [Sandry-Carrère]. **3.** 1928 [Lacassagne].

DER. **râbler** *v.t.* Attaquer : [id.].

rabouin, e *n.*

Gitan, tsigane : *Le Kremlin-Bicêtre peuplé de Gitanes, surnommées « les rabouins »* (Carco, 1). *La porte s'ouvrit sur la grande rabouine d'adoption, un fusil de chasse à la main* (ADG, 1).

◆ **rabouin** *n.m.*

Vx. Le diable : *Rabouin, dans le vieux jargon de la pègre, c'était le nom qui désignait le diable* (Vidalie).

ETYM. du fourbesque **rabuino,** diable. 1901 [Rossignol].

◆ *n.m. raboin* vers 1741 [Esnault] ; *rabouin* 1800, Leclair.

raca ou **racca** *interj.*

Marque la colère, le mépris, etc. : *La Loi se disloqua. / Le Droit, l'Humanité, la Justice... raca !* (Ponchon).

ETYM. mot du bas lat. ecclésiastique, « pauvre individu », issu de l'araméen. fin du XIXe s., Bloy [GLLF].

raccourcir *v.t.*

Guillotiner : *Et la veille que son clille devait se faire raccourcir le cigare, le débarbot pouvait toujours aller miter dans le gilet du chef de l'État* (Le Breton, 3).

ETYM. emploi euphémique et humoristique du verbe usuel. 1793, Hébert [Larchey].

raccroc *n.m.*

Charge trouvée en maraude alors que le chauffeur revient vers sa station : *Dans l'travail à la maraude, il t'arrive de faire des raccrocs formidables, ça c'est vrai* (Simonin-Bazin).

ETYM. de **raccrocher,** racoler. 1935, Simonin-Bazin.

raccrocher *v.t. et i.*

Racoler : *Ell' met du cœur au boulot / Et raccroch' tous les gogos / Tout le long du Sébasto* (chanson *Tout le long du Sébasto,* paroles de J. Lenoir). *À la lueur d'un bec de gaz flambant au-dessus de sa nuque, je distinguai le geste d'invite d'une fille qui raccrochait* (Courteline).

◆ *v.i.*

Abandonner son activité professionnelle ou délictueuse.

ETYM. emplois spécialisés du verbe usuel. *v.t.* 1798 [Acad. fr.] ; *v.i.* 1783, Rétif de La Bretonne [Larchey].

◆ *v.i.* 1949 [Esnault] ; par ellipse de *raccrocher son vélo, ses gants.*

DER. **raccroc** *n.m.* Racolage : 1953 [Sandry-Carrère].

raccrocheuse *n.f.*

Prostituée : *La Jeanne Montillet, une mince raccrocheuse surnommée l'Arpette, faisant tout son possible pour certifier qu'il « n'en était pas », trouvait chacune prévenue contre elle* (Carco, 2).

ETYM. de **raccrocher.** 1808 [d'Hautel].

racho, rachto ou **rachedingue** *adj. et n.*

Qui est malingre, souffreteux : *Seul de la bande à être plutôt racho, il avait mal grandi dans une famille de peu* (Spaggiari). *Des bouleaux rachtos plantés façon canne pour aveugle* (Vautrin, 1).

ETYM. apocope et resuffixation arg. de **rachitique.** *racho* vers 1940 [Doillon] ; *rachto* 1979, Vautrin.

racket [rakɛt] *n.m.*

1. Association de malfaiteurs se livrant à l'extorsion de fonds en direction des commerçants, par le recours à la violence armée : *Ce sont des centurions. Ils quadrillent la ville, protègent différents rackets* (G.-J. Arnaud). **2.** L'extorsion ainsi pratiquée : *Le courant passa et Simone raconta à Brancion ce qu'elle savait du racket qui dévastait le milieu de la mode* (Bialot).

ETYM. mot angl., « vacarme », puis « escroquerie ». **1.** 1931 [DDL]. **2.** *raket* 1948, Carco.

racketter *v.t.*

Soumettre au racket : *Il a engagé une expédition punitive contre Zorka, le Grec, qu'il soupçonne de lui avoir fait ce travail, pour racketter son territoire de jeux* (Agret).

ETYM. de **racket**. 1961, *l'Express* [Höfler].

racketteur *n.m.*

Truand qui pratique le racket : *Il peut être maître chanteur, sauteur de bonnes femmes trop naïves, racketteur patenté dans toutes les magouilles où il peut faire valoir ses dons* (Bastid-Martens).

ETYM. de **racketter**. forme anglaise *racketeer* 1931 [DDL].

racler *v.t.*

1. Punir (un agent de police). **2. Se racler** ou **se faire racler (la couenne),** se raser ou se faire raser. **3. Racler le boyau,** jouer du violon.

ETYM. emplois métaphoriques du verbe usuel. **1.** 1950 [Esnault]. **2. Se racler,** 1901 [Bruant]. **3.** 1867 [Delvau].

DER. **racloir** *n.m.* Rasoir et **racleur** *n.m.* Coiffeur : 1901 [Bruant].

raclette *n.f.*

1. Brigadier de police, en voiture, contrôlant les gardiens de la paix durant leur service ; la voiture de police elle-même. **2.** Vx. Ronde de police. **3.** Vx. Agent de la Sûreté. **4. Coup de raclette** ou **raclette,** rafle : *Et après la Volante, pas rare de voir rappliquer les « mœurs » du quartier.* [...] *Une julie qu'avait évité tous ces coups de raclette méritait que son homme lui fasse la bise* (Le Breton, 3). *C'était pas dans leurs attributions, la raclette. Nos cow-boys et cadors faisaient simplement Starsky sur un scénar Front national* (Dégaudenzi).

ETYM. emploi métaphorique du mot désignant, entre autres, l'instrument du croupier qui ramasse les mises sur le tapis de jeu. **1.** 1950 [Esnault] ; « la voiture » 1953 [Sandry-Carrère]. **2.** 1865 [Larchey]. **3.** 1866 [Delvau]. **4.** 1954, Le Breton.

raclure *n.f.*

Personne profondément méprisable : *Les enfants c'étaient des voyous, des petits apaches, des ingrats, des petites raclures insouciantes !* (Céline, 5).

ETYM. de **racler.** *raclure de pelle à merde* 1920 [Bauche].

radada *n.m.*

Aller au radada, coïter.

ETYM. formation expressive et euphémique (en relation avec le mot enfantin **dada,** cheval, et avec **radeuse, radasse,** p.-ê. aussi avec **ramdam**). vers 1910 [Cellard-Rey], sans référence.

radasse *n.f.* → RADEUSE.

1. rade ou **rad** *n.m.*

Vx. Rue, trottoir : *C'est la faute de la police. Pourquoi qu'elle supporte sur le rad toutes ces bonniches qui racolent les hommes et nous font concurrence à nous autres, femmes de taule ?* (Lorrain). **Aller sur le rade** ou **faire le rade,** racoler, en parlant d'une prostituée.

ETYM. du normand **rade,** sentier tracé dans un champ par le passage des piétons. 1876 [Chautard]. **Aller sur le rade,** 1899 [Nouguier] ; **faire le rade,** 1901 [Bruant].

2. rade ou (vx) **radeau** *n.m.*

1. Café ou bar : *Ce n'est pas une sinécure ce bar dont l'ancienne réputation continue à attirer tous les voyous de Pigalle. « Son rade, elle me le donnerait avec dix briques en plus que je préférerais balayer les rues », dit-il à ses collègues* (Larue). **2.** Vx. Boutique. **3.** Vx. Comptoir ou tiroir du comptoir : *Le havre il faut morfiler ; / Au radeau de la cambuse / Le raze est le fricotier* (Alhoy). **Faire le rade,** voler dans un tiroir-caisse.

ETYM. apocope de **radeau. 1.** 1844 [Esnault]. **2.** 1815, *Chanson de Winter*. **3.** 1836 [Vidocq] ; *radeau* « comptoir » 1821 [Ansiaume] ; « tiroir » 1836 [Vidocq]. **Faire le rade,** 1873, Beauvillier [Larchey].

DER. **radier** *n.m.* Relégué tenant boutique : 1923 [Esnault]. **radin** *n.m.* **1.** Trottoir : 1917 [id.]. **2.** Prostituée : 1919 [id.].

3. rade *n.f.*

En rade. *a.* à l'écart, abandonné : *Elle était parvenue à vendre une bonne partie des « rossignols », des guipures à frange et les lourds châles de Castille qu'étaient en rade depuis l'Empire !* (Céline, 5) ; ***b.*** en panne : *Pousse la lourde ! Le groom électrique est en rade !* (Bauman). *Nous autres ça fait un bail / Qu'on a largué nos p'tites / Toi t'es toujours en rade / Avec la tienne et tu flippes* (Renaud).

ETYM. de **rade,** bassin où les navires peuvent s'abriter. ***a.*** 1887, Huysmans ; ***b.*** 1914 [Esnault]. Devenu fam.

radeuse ou **radasse** *n.f.*

Prostituée qui racole sur la voie publique, ou dans les cafés : *La première radeuse venue, il la grimpait. Ça durait pas cinq minutes. Il casquait sa passe et se taillait* (Le Breton, 3). *C'était un gonze du coinstot, mais n'y perchait plus / Bicause avec le pognon de toutes ses radasses / S'était tiré dans un quartier moins dégueulasse* (Legrand).

ETYM. de **2. rade,** avec influence de **3. rade.** *radeuse* 1898 [Esnault] ; *radasse* 1913 [id.].

radia *n.m.*

Radiateur (d'automobile) : *Pendant qu'ils étaient au flambe, ils t'ont laissé geler les radias* (Simonin-Bazin).

ETYM. apocope de **radiateur.** 1935, Simonin-Bazin.

radin *n.m.*

1. Tiroir-caisse. **Vol au radin,** vol pratiqué par un enfant caché sous le comptoir : *Le vol au radin consiste à prendre l'argent dans le tiroir-caisse des magasins de petite importance. Ce détournement est presque toujours commis par de très jeunes garçons* (Locard). **2.** Vx. Gousset. **3.** Homme ou femme avare : *Remarquez que sans jeter l'or par les fenêtres (ça ne repousse pas), je n'ai rien du radin* (Galtier-Boissière, 1).

◆ **radin, e** *adj.*

Avare : *Pas radin, il double le prix de la passe et l'arrondit par un bon cadeau pour la récompenser de bien vouloir travailler son jour de repos* (Lépidis).

ETYM. de **radeau** et **3. rade. 1.** 1844 [Dict. complet]. **2.** 1835, chanson [Esnault]. **3.** 1885 [id.].
◆ *adj.* 1920 [PR]. La forme *radine* est assez rare : le masc. *radin* s'emploie souvent même pour qualifier une femme.

DER. **radinerie** *n.f.* Avarice mesquine : mil. du XXe s.

radiner *v.i.* ou **se radiner** *v.pr.*

1. Venir : *La tête de Monsieur Schott quand il le verrait radiner avec son bouquet à la main !* (Guérin). **2.** Rentrer, revenir : *Dès deux heures de l'après-midi, elle radinait de Montretout* (Céline, 5). *Titof s'est radiné en douce à cinq plombes du mat.* **3.** S'en aller.

◆ *v.t.*

Voler le tiroir-caisse.

ETYM. de l'anc. fr. **rade,** rapide, vite, issu du lat. **rapidus,** même sens. **1.** 1865, *Goualante de la Courtille* [Rossignol]. **2.** 1864 [Esnault]. **3.** 1929 [id.].
◆ *v.t.* 1894 [Virmaître].

radis *n.m.*

1. Sou (souvent dans des contextes négatifs) : *Du lundi jusqu'au sam'di, / Pour gagner des radis, / Quand on a fait sans entrain / Son p'tit truc quotidien...* (Duvivier, chanson du film *la Belle Équipe*). *Oui, une mauvaise drogue, reprend le domestique, je n'en donnerais pas un radis creux de mon bourgeois* (Chavette). *C'est-à-dire qu'il n'avait plus un radis en poche* (Daudet). **2.** Pénis : *En plein milieu il y a la touffe de poils et un minable radis qui se balance. Dégueulasse* (Demure, 1). **3.** Vx. **Mère Radis,** gargotière. **4.** Vx. **Radis noir. *a.*** sergent de ville ; ***b.*** prêtre : *Et le radis noir de sa paroisse nous a bénis* (P. Perret).

◆ *n.m.pl.*

1. Doigts de pieds : *Seulement, j'aime pas qu'on m'écrase les radis quand je dis rien à personne* (Tachet). **2.** Pieds.

ETYM. emplois métaphoriques et métonymiques du nom désignant un légume sans valeur nutritive. **1.** 1842, Bourgeois et Brisebarre [GLLF]. **2.** 1983, Demure. **3.** elle donne à ses clients des radis comme apéritif, pour stimuler la soif. 1816, la Villette [Esnault]. **4. *a.*** 1870 [id.] ; ***b.*** 1878 [Rigaud].
◆ *pl.* **1.** 1907 [Esnault]. **2.** 1960 [Le Breton].

VAR. **radin** au sens 1 : 1901 [Bruant]. **rade** au sens 1 : 1822 [Mésière].

radouci *adj.m. et n.m.* → **TIRANT.**

raffut *n.m.*

Bruit intense : *Si je le voyais pas, je faisais du raffut !... Je sonnais le battant contre les planches* (Céline, 5).

ETYM. du mot dial. **raffuter,** rosser, gronder. 1867 [Delvau]. Ce mot est passé dans la langue fam. courante.

rafiot ou **rafiau** *n.m.*

Bateau médiocre, en mauvais état : *Lignon fit donc remarquer qu'on approchait de 10 h 30, qu'il serait suicidaire, à quelques heures de l'échéance, de changer de rafiot et de capitaine* (Coatmeur).

ETYM. arg. de marin, d'origine inconnue. *rafiot* 1867 [Delvau] ; *rafiau* 1843, *Physiologie du matelot* [Larchey].

ragaga *n.m.*

Faire du ragaga, s'activer sans résultat.

ETYM. terme de marin désignant péj. un exercice d'entraînement (p.-ê. en relation avec l'angl. **to rag,** chambarder). 1961 [Esnault].

ragnagnas *n.m.pl.*

Menstrues : *L'angoisse me donnait envie de pisser ; en plus, j'avais, plus pour longtemps, mes ragnagnas* (Francos).

ETYM. formation expressive à valeur dépréciative. 1977, *le Canard enchaîné* [Cellard-Rey].

VAR. **ramiaous :** 1979, Vautrin.

ragoter *v.i.*

Recueillir des bruits, des commentaires sur une affaire en cours, dans le langage des policiers.

ETYM. de **ragot.** 1975 [Arnal].

ragougnasse *n.f.*

Nourriture peu ragoûtante : *Il savait trop bien comment on les préparait, les céleris à la moutarde-poison, quelle sale barbaque nageait dans les ragougnasses* (Guérin).

ETYM. suffixation arg. de **ragoût,** avec changement de genre. 1881 [Rigaud].

ragoût *n.m.*

1. Danger : *Ne faudra-t-il pas t'emporter sur nos épaules, s'il vient du ragoût, c'est-à-dire si on est obligé de prendre la fuite ?* (Orgères). **Faire du ragoût.** ***a.*** commettre des imprudences ; ***b.*** éveiller les soupçons. **2. Ragoût de semelles,** dispersion des manifestants par la police.

ETYM. emplois imagés du mot usuel et déformation du vieux mot **regoul** ou **regout,** dépit. **1.** 1799, Orgères. **Faire du ragoût.** ***a.*** 1835 [Raspail] ; ***b.*** 1847 [Dict. nain]. **2.** 1975 [Arnal].

raidard, e *adj. et n.*

1. Mort. **2.** Sans argent, démuni : *Du reste, beaucoup sont raidardes ou assistées chichement : la moutarde est une luxueuse fantaisie* (Sarrazin, 2). [Le miséreux] *dégotte un vrai trésor pour un raidard : colliers de jonc* [...] *et tout et tout* (Stollé).

ETYM. suffixation argotique de **raide. 1.** 1917 [Esnault]. **2.** 1935 [id.].

raide *adj.*

1. Malade : *Se faire porter raide.* **2.** En érection. **3.** Ivre : *Un gros mec est couché sur les planches disjointes. L'est raide. Indubitable et totalement ivre* (Bauman). **Raide comme la justice, comme l'obélisque, comme un passe-lacet, comme un piquet,** même sens : *Ils rencontrèr'nt un vieux pochard / Qu'était raid' comme la justice* (chanson *la Ballade des agents,* paroles de Yon-Lung). *Gornedouin, raide comme un passe-lacet, paraissait changée en statue sous l'influence de l'alcool* (Mac Orlan, 4). **4. Raide défoncé, raide def** ou simpl. **raide,** qui est sous l'effet violent de la drogue : *Art était raide défoncé à la coque et le troisième soir il avait du mal à trouver les marches pour grimper sur la scène* (Villard, 4). *Partis de rien, on finirait cotés en Bourse, raides à la coke dans des super limousines* (Lasaygues). *Les premières bouffées sont celles qui font le plus d'effet. Si on n'est pas habitué on risque d'être « raide def »* (Cahoreau-Tison). **5. Raide à blanc, comme la justice, comme un passe-lacet** ou simpl. **raide,** totalement démuni d'argent : *C'est pas quand on sera raides à blanc qu'il faudra aller chercher du carbure* (Trignol). *Lorsque tout de même nous fûmes mis à la porte, je ne savais pas où aller, car je me trouvais, comme on disait à l'époque, « raide comme un passe-lacet »* (Galtier-Boissière, 4). *On peut être fils d'industriel et raide comme un passe* (Malet, 12). **6.** Se dit d'un mot difficile à écouter pour des oreilles chastes ou d'une chose difficile à admettre : *Il m'assit sur ses genoux, et me souffla dans l'oreille des choses d'un raide... Ah ! ce qu'il était effronté !* (Mirbeau).

◆ *n.m.*

1. Vx. Faux rouleau de pièces d'or utilisées dans les escroqueries au charriage. **2.** Billet de mille francs (anciens) ou de cent francs (après 1960) : *Tiens, voilà vingt raides. Tâche de gagner. « Je suis en pleine forme », dit le jockey, ravi* (Vexin). **3.** Alcool fort : *Puis, devant* *un coup de raide ou un litre de rouge, on parlait des absents en regardant les photos de famille* (Lefèvre, 1). **4.** Couteau à cran d'arrêt.

ETYM. emplois spécialisés de l'adj. usuel. **1.** 1910 [Esnault]. **2.** 1866 [Larchey]. **3.** 1859 [Esnault]. **Raide comme la justice,** 1862 [Larchey] ; **comme l'obélisque, un piquet,** 1901 [Bruant]. **4. Raide def** (apocope de *défoncé*), 1984 [Obalk]. **5.** 1886 [Esnault]. **Raide à blanc** et **comme la justice,** 1935 [Simonin-Bazin] ; **comme un passe-lacet,** 1919 [Esnault]. **6.** « mot » 1867 [Delvau] ; « chose » 1854, Flaubert [GLLF].

◆*n.m.* **1.** vers 1840 [Esnault]. **2.** «anciens» 1926 [id.] ; « après 1960 » 1977 [Caradec]. **3.** 1862 [Larchey]. **4.** 1975 [Arnal].

DÉR. **raidillon** *adj.m.* **1.** Ivre : 1932 [Esnault]. **2.** Sans argent : 1935 [Simonin-Bazin].

raidillard *n.m.*

Billet de mille francs (anciens) ou de dix francs (d'après 1960) : *Seize unités et quatre cent cinquante-deux raidillards, annonça-t-il enfin avec un grand sourire d'opéra* (Mariolle).

ETYM. de **raide.** 1953, Simonin.

raidir *v.i.*

Mourir : *On aurait tort de vouloir rester sage, / Puisqu'après tout, on sait qu'il faut raidir* (Goualante de la Courtille, *in* Rossignol).

◆ *v.t.*

Ruiner (au jeu) : *Tu crois que j'vais m' faire raidir ? – Si je crois ? J'en suis sûr, c'est un jeu où t'es forcé de succomber* (Simonin-Bazin).

ETYM. de **raide** (au sens de rigidité cadavérique et de ruiné). XVIe s. [Esnault].

◆ *v.t.* 1902 [id.].

raie *n.f.*

Miser la raie, taper dans la raie, sodomiser.

ETYM. locutions expressives, formées sur **raie (des fesses). Taper dans la raie,** 1975 [Le Breton] ; **miser la raie,** 1928 [Lacassagne].

raiguisé *adj.m.*

1. Décavé. **2.** Vx. Se dit d'un individu maigre. **3.** Vx. Qui est évincé d'une entreprise.

ETYM. du préf. **re-** et de **aiguisé ;** le sens littéral est « aiguisé plusieurs fois, jusqu'à disparition quasi totale de la lame ». **1.** 1846, *Intérieur des prisons.* **2.** 1866 [Esnault]. **3.** 1886 [id.].

1. rail *n.m.*

Dose de cocaïne : *Si la quantité de cocaïne absorbée d'un coup est plus importante, on dit qu'on s'est « fait un rail »* (Cahoreau-Tison).

ETYM. métaphore qui « double » la *ligne.* 1987, Cahoreau-Tison.

2. rail, raille ou **railleux** *n.m.*

ARG. ANC. **1.** Mouchard : *C'est vrai, mais vous ne m'avez pas dit que vous étiez raille* (Vidocq). *Si les railleux t'avaient coltiné avec six peignes dans ta profonde...* (le Rat du Châtelet). **2.** Agent des mœurs.

ETYM. de **raille. 1.** 1790, *le Rat du Châtelet.* **2.** 1835 [Esnault].

raille *n.f.*

1. Vx. Habitants ; groupe de gens plus ou moins hostiles : *Ayant entendu venir un homme avec un chien, j'ai aussitôt crié à la raille : chacun de nous s'est enfui* (Orgères). **2.** Police : *Celui qui vient d'être libéré a vingt-quatre heures devant lui [...] Il dégage. Gare Saint-Charles. Même pas envie de revoir la raille de la Madrague-Montredon* (Spaggiari). Vx. **Daron de la raille,** préfet de police. **3.** Ensemble d'individus peu recommandables ; bande : *Tout l'après-midi, toute la noille, j'ai dragué partout pour me rencarder auprès des frangines sur Féfé-l'innocent et sa raille* (Bastiani, 4).

ETYM. origine obscure, p.-ê. déverbal de **railler. 1.** 1796, Orgères. **2.** 1821 [Ansiaume]. **Daron de la raille,** 1836 [Vidocq]. **3.** 1895, Bretagne [Esnault].

raisiné, raisin ou **résiné** *n.m.*

1. Sang : *En tout cas, je te préviens d'avance : mi, je marche pas dans le raisiné ; c'est pas m'genre* (Stéphane). *Mais il doit y avoir une sacrée mare de sang. – Tu parles. Égorgés littéralement, ils ont dû se vider de tout leur résiné* (Charrière). *Effectivement son raisin méditerranéen bouillonne dans ses veines. Son blaze en bleuit* (San Antonio, 5). **2.** Vin rouge : *Il s'attelle au solide. Une bouchée de pain épaisse, du fromage. Et un bon coup de raisiné* (Dégaudenzi).

ETYM. emplois métaphoriques (analogie de couleur) du mot désignant dès 1508, sous la forme *résiné,* une gelée de raisin. **1.** *raisiné* 1808 [d'Hautel] ; *raisin* 1879 [Esnault]. **2.** *raisiné* 1987, Dégaudenzi.

râlant, e *adj.*

Vexant : *Et ce qui était le plus râlant, c'est que j'étais absolument sans défense* (Héléna).

ETYM. emploi adj. du participe présent du verbe **râler.** vers 1930 [Esnault].

ralbol *n.m.* → **RAS-LE-BOL.**

râle *n.m.*

Vx. **Aller au râle,** protester bruyamment. **L'avoir au râle,** être irrité.

ETYM. de **râle,** déverbal de **râler. Aller au râle,** 1904 [Chautard]. **L'avoir au râle,** 1910 [Esnault].

ralléger *v.i.*

1. Venir : *Deux flics en uniforme ont rallégé vers nous. Sûr que j'aurais préféré deux hôtesses de l'air* (Pelman, 1). **2.** Revenir : *Amène-toi, v'là Frédo qui rallège* (Le Breton, 1).

ETYM. de **rallier,** rejoindre, avec un suff. **-éger** (sud-ouest de la France). **1.** 1899 [Nouguier]. **2.** 1936 [Esnault].

rallonge *n.f.*

1. Augmentation de peine prononcée en appel, ou décidée par la direction d'un établissement pénitentiaire : *J'ai ici, dit-il en fouillant dans le tiroir de son bureau, le rapport de retour de la direction. Oui, une petite rallonge de quinze jours* (Le Dano). **2.** Supplément d'argent : *Envoyez la rallonge !* **3.** VIEILLI. Couteau : *À quinze ans les mecs se lardaient déjà pour elle de coups d'rallonge* (Carco, 3). **4.** Gifle : *J'y ai fichu une rallonge, dit Nichette à Milon* (Rosny jeune).

ETYM. emplois spécialisés du mot usuel. **1.** 1886 [Esnault]. **2.** 1953 [Sandry-Carrère]. **3.** 1894 [Esnault]. **4.** 1926, Rosny.

DER. **rallonger** *v.t.* Frapper d'un coup de couteau : 1930 [Esnault].

rama ou **ramas** *n.m.*

ARG. ANC. « Le rama se compose d'une série de barres de fer mobiles, glissant dans de fortes douilles disposées de distance en distance sur toute la longueur du lit de camp » (Humbert) : *La cloche du bagne sonne* [au matin] *: le forçat est délivré du ramas* (Alhoy).

ETYM. de **ramasser.** vers 1840 [Esnault].

ramasse-miettes *n.m.inv. (génér. au pl.)*

Cil : *Elle a aussi de gros calots de faïence vierge et d'immenses ramasse-miettes qui flottent comme des papillons d'ambre au gré de son turbin* (Dégaudenzi).

ETYM. métaphore plaisante. 1987, Dégaudenzi.

ramasser *v.t.*

1. (Se) ramasser un gadin, une gamelle, une pelle ou simpl. **se ramasser,** tomber : *Et du même coup, la voilà qui se ramasse. Je n'ai eu que le temps de la rattraper au vol* (Veillot). *Notre Laporte, il n'y pensait plus qu'il était ficelé par la cheville, même qu'il a ramassé une de ces pelles en se levant* (Chabrol). **2.** Vx. **Ramasser des marrons** ou **des épingles,** se faire sodomiser. **3.** Vx. **Ramasser ses outils,** mourir. **4. Se faire ramasser.** ***a.*** se faire arrêter par la police : *On se voit plus maintenant. Bébé-Rose est avec une femme. Jojo s'est fait ramasser par les flics* (Carco, 6) ; ***b.*** subir un échec (aussi **se ramasser** en ce sens). **5. Se ramasser,** recevoir, obtenir (qqch de négatif) : *Le fils de Montana, neuf ans peut-être, s'était ramassé une balle en plein cœur* (Villard, 4). *Il s'est ramassé un zéro, un PV.*

ETYM. emplois imagés et humains du verbe usuel, appliqué originellement à des choses. **1.** 1867 [Delvau]. **2. Ramasser des marrons,** 1847 [Dict. nain] ; **ramasser des épingles,** 1883 [Larchey]. **3.** 1867 [Delvau]. **4.** ***a.*** 1834, Arnault [Larchey] ; ***b.*** 1929 [Esnault]. **5.** mil. du XXe s.

ramastiquer *v.t.*

1. Ramasser. **2.** Vx. Pratiquer une escroquerie consistant à faire acheter cher à une dupe un objet qui vient d'être ramassé à terre par un compère, et dont un bijoutier a prétendument certifié l'authenticité : *J'ai reçu dans la même matinée les deux époux, qui venaient se plaindre d'avoir été ramastiqués, le mari dans le faubourg Saint-Honoré, la femme, au marché des Innocents* (Vidocq).

ETYM. suffixation argotique de **ramasser** (cf. *chanstiquer*). **1.** 1835 [Raspail]. **2.** 1829, Vidocq.

DER. **ramastic** *n.m.* Escroquerie ainsi pratiquée : 1835 [Raspail]. **ramastique** *n.f.* Même sens : 1844 [Dict. complet]. **ramastiqueur** ou **ramastique** *n.m.* Escroc pratiquant le ramastic : 1829, Vidocq.

rambin *n.m.*

1. Excuse ou flatterie avancée pour faire la paix : *Cette sollicitude renaissante de Léone pour cézigue, Johnny ne sait comment l'interpréter : tentative de rambin, ou bien volonté délibérée de lui empoisonner l'existence ?*

(Simonin, 8). **Marcher au rambin,** commettre des impairs et s'en tirer avec des excuses. **2.** Réconfort. **3. Faire du rambin (à qqn),** lui faire la cour.

ETYM. déverbal de **rambiner. 1.** 1899 [Nouguier]. **Marcher au rambin,** 1952 [Esnault]. **2.** 1953, Simonin [GLLF]. **3.** 1953 [Sandry-Carrère].

VAR. **rambinage** et **rembin:** 1899 [Nouguier].

rambiner ou **rembiner** *v.i.*

1. Accourir : *Ils se précipitent au pas de course... Tous les militaires qui pavanent, badines frétillantes, le long des baraques, rambinent à toutes pompes* (Céline, 5). **2.** S'excuser: *Si tu recommences à me mettre en boîte, j'arrête le moulin aux confidences. – Te fâche pas, Jo, qu'il a rambiné très papelard, à toi la parole, je ne l'ouvre plus* (Barnais, 1). **3.** Se réconcilier avec qqn: *Je pensais que, s'il était resté, c'est qu'il avait l'intention de rambiner avec Yvonne. Et puis, rien du tout. Ça fait onze ans qu'y se causent pas* (Lefèvre, 1).

◆ *v.t.*

1. Réparer, arranger. **Rambiner qqn,** se réconcilier avec lui: *Je te vois venir, Aliette, toi qui aimes tant le poisson: tu me rembines pour que je te file ma part* (Sarrazin, 2). **Rambiner le coup, le truc,** arranger les choses, faire la paix: *Sur le moment, il fait une assez sale gueule. Puis le v'là qui s'met à « rembiner l'coup » tout en m'passant la main dans le dos* (Simonin-Bazin). *Une erreur de nom au moment pathétique, un air gêné ensuite, pour rambiner le truc alors que ça ne rambine rien du tout, bref une comédie pas très propre* (Malet, 11). **2.** Réconforter, guérir: *D'affurer du fric si facile, ça l'avait rambiné* (Trignol).

◆ **se rambiner** *v.pr.*

1. Recouvrer la santé. **2.** Syn. de rambiner le coup.

ETYM. contraire de *débiner,* dénigrer, formé avec le préf. **re-,** et une orthographe d'abord en *rem...,* auj. en *ram...* **1.** *rembiner* 1899 [Nouguier]. **2.** 1956, Barnais. **3.** 1953, Simonin.

◆ *v.t.* **1.** 1844 [Dict. complet]. **Rembiner le coup,** 1928 [Lacassagne]. **2.** 1929 [Esnault].

◆ *v.pr.* **1.** 1910 [id.]. **2.** 1921 [id.].

DER. **rembineur** *n.m.* **1.** Réconciliateur : 1899 [Nouguier]. **2.** Flatteur: 1928 [Esnault].

rambo *n.m.*

Jeune matamore militariste: *La bande de cinglés qui avaient transformé le bistrot en chambre d'entraînement pour rambos défoncés au crack* (Roux).

ETYM. du nom d'un film américain à succès, en 1982 (avec deux suites: 1985 et 1988).

rambot *n.m.* → REMBO.

ramdam [ramdam] *n.m.*

Tapage: *Cela conduit d'autres travailleurs* [...] *à ouvrir leurs volets et à s'enquérir, à la cantonade, si c'est pas bientôt fini ce chahut et si c'est encore vous, M'sieur Malloret, qui faites tout ce ramdam ?* (Faizant).

ETYM. de l'arabe algérien **ramdam,** même sens. 1896, soldats d'Afrique [Esnault]. C'est le même mot que *ramadan,* neuvième mois de l'année musulmane, où le jeûne est imposé entre le lever et le coucher du soleil; d'où parfois un tapage nocturne, à la tombée de la nuit et surtout au cours des jours de fête à la fin du ramadan.

VAR. **radan:** 1880 [Chautard].

rame *n.f.*

1. VIEILLI. Fatigue. **2.** Paresse. **Avoir la rame,** être paresseux: *Le jeunot pue-la-sueur, s'il a la rame* [...] *certain qu'il va se trouver hareng ou casseur, ça fait pas un pli* (Boudard-Étienne). **3. Ne pas en fiche** ou **foutre la rame, une rame, une ramée,** ne rien faire: *Il flétrit l'infamie du Grand Quartier Général qui favorise indignement « les gonziers du troisième bataillon qu'en foutent jamais une ramée »* (Dorgelès). **4.** Vx. Plume à écrire.

ETYM. emplois métaphoriques et symboliques (de l'effort) du mot usuel. **1** et **2.** 1910, Arts et métiers [Esnault]. **3. Ne pas foutre la** ou **une rame, une ramée,** 1892 [id.]; **ne pas en fiche une rame,** 1928 [Lacassagne]. **4.** 1822 [Mésière]; lecture intervertie de *plume,* rame avec quoi le galérien écrit sur la mer le nom du roi [Esnault]).

ramenard, e ou **rameneur, euse** *adj.*

Prétentieux: *Un camarade gentil, pas ramenard, pas pervers pour un sou, pas calculateur* (*Actuel,* novembre 1981).

ETYM. de **(la) ramener.** *rameneur* 1902 [Chautard]; *ramenard* vers 1930 [Cellard-Rey], sans référence.

ramener *v.t.*

La ramener, ramener sa fraise, sa poire, etc. ***a.*** protester: *Dès qu'un tordu ram'nait sa fraise, pour charrier les grossiums, on l'y ballottait* [à la Bastille] (Stollé) ; ***b.*** intervenir dans une discussion de façon intempestive et prétentieuse : *Je me demandais bien ce qui lui prenait. Sans doute son insatiable besoin de la ramener où qu'il soit, déformation professionnelle de bavard appointé pour apporter des objections, votre Honneur* (ADG, 1).

◆ *v.i.*

Emmener (un client) chez soi, en parlant d'une prostituée.

◆ **se ramener** *v.pr.*

Arriver : *Elle se ramène, dans la matinée* (Amila, 1).

ETYM. emplois intensifs du verbe préfixé par **re-**. ***a.*** 1908 [Esnault] ; ***b.*** **ramener sa fraise,** 1921 [id.], mais *faire du ramenage,* faire l'important, dès 1898 [Chautard].

◆ *v.i.* 1883, abbé Moreau.

◆ *v.pr.* 1920 [Bauche].

ramer *v.i.*

1. Peiner, faire de gros efforts : *Il espère bien devenir garde des Sceaux, il a assez ramé pour ça* (Francos). **2.** S'épuiser à la suite d'un effort soutenu. **3.** Vx. Coïter.

ETYM. emplois spécialisés du verbe sportif, en relation avec **galère. 1.** 1718 [Acad. fr.]. **2.** 1968 [PSI]. **3.** 1953 [Sandry-Carrère].

ramier *adj. et n.m.*

Paresseux : *Comme il était d'un naturel un peu ramier, il téléphone au préalable au caissier* (Grancher).

ETYM. de **rame,** fatigue. 1926 [Esnault].

ramollot ou **ramollo** *adj. inv. et n.m.*

Se dit d'un individu (à l'origine, un vieux militaire) qui n'a plus toutes ses facultés mentales : *Peut-être s'imaginent-ils* [...] *que le meilleur directeur* [de la Petite Roquette] *serait un Ramollot de chiourme, gendarme à poigne* (abbé Moreau). [L'armée] *parvient à leur faire prendre ses ramollots et ses don Juans à corsets pour des modèles de force physique et d'élégance masculine* (Darien).

◆ *n.m.*

Masturbation masculine.

ETYM. resuffixation pop. de **ramolli** (déjà employé en 1867 dans *la Vie parisienne* au sens de « imbécile »), issue vraisemblablement du nom du colonel *Ramollot,* personnage de vieux militaire borné inventé en 1883 par l'humoriste Ch. Leroy ; par la suite, confusion probable avec la finale pop. **-o.** *ramollot* 1920 [Bauche].

◆ *n.m. ramollot* 1977 [Caradec].

ramona *n.m.*

1. Vx. Petit ramoneur. **2.** VIEILLI. **Chanter Ramona à qqn,** le réprimander.

ETYM. forme savoyarde de **ramoneur. 1.** 1808 [d'Hautel]. **2.** jeu de mots sur **ramoner** et sur le titre d'une chanson en vogue dans les années 1930.

ramoner *v.t.*

1. Réprimander : *La femme, persuadée que c'était avec moi qu'il avait renversé la vapeur, qu'est-ce qu'elle m'a ramoné !...* (Simonin-Bazin). **2. Ramoner (la cheminée d') une femme,** la posséder sexuellement : *Elle a le feu au cul, oui, dit le gardien Dupond. Elle a besoin d'être ramonée un bon coup* (Demure, 3). *Encore une refoulée. Son mec doit pas souvent lui ramoner la cheminée* (Cordelier). **3.** Tromper, duper : *Allons, vous charriez, elle se fait bien ramoner par n'importe qui, la France !* (Spaggiari).

ETYM. emplois métaphoriques du verbe technique. **1.** 1930 [Ayne]. **2.** 1640 [Oudin]. **3.** 1983, Spaggiari.

rampant *n.m.*

1. Taxi. **2.** Dans l'aviation, personnel affecté au sol : *Ces garçons rivés à la terre* [...] *pour qui les hommes de l'air avaient trouvé l'expression générique et hautaine de* rampants (Kessel).

ETYM. de **ramper. 1.** 1977 [Caradec]. **2.** 1923, Kessel.

rampe *n.f.*

1. Lâcher la rampe, mourir : *Des dizaines de vieillards économiquement faibles et bronchiteux lâchèrent définitivement la rampe sous l'empire du froid* (Klotz). **2. Tenir la rampe,** se maintenir en bonne forme physique : *Il avait cinquante piges passées... Il tenait encore bon la rampe grâce aux exercices physiques* (Céline, 5). **Tiens bon la rampe !,** formule d'encouragement à poursuivre un effort.

ETYM. locutions métaphoriques, la *rampe* étant prise comme « guide et appui indispensables à la vie ». **1.** 1862 [Larchey]. **2.** 1936, Céline.

ramper *v.i.*

Rouler lentement, en parlant d'un véhicule, de la circulation urbaine.

ETYM. emploi métaphorique et ironique du verbe animal. 1925 [Esnault].

ramponneau *n.m.*

Coup de poing: *Elle s'est mise à gueuler au secours et je n'ai rien trouvé de mieux pour la faire taire que de lui coller un ramponneau* (Malet, 1).

ETYM. du nom de Jean **Ramponneaux**, corpulent aubergiste d'Argenteuil, si célèbre que l'on donna son nom à plusieurs objets, dont une figurine lestée, inrenversable, que l'on frappait pour la voir osciller. 1914, Carco.

DER. **ramponner** *v.t.* Frapper: 1912 [Villatte].

rancard *n.m.*, **rancarder** *v.t.* → **1** et **2. RENCARD, 1. RENCARDER.**

rancart ou **rencart** *n.m.*

Mettre ou **jeter au rancart,** mettre ou jeter au rebut, mettre de côté: *Les accordéonistes se voyant déjà tous au rancart avec la fermeture des musettes* (Lépidis). *Assuré de ma mise au rancart, le cadre administratif lissait consciencieusement ses bacchantes* (Le Dano).

ETYM. altération du normand **récart,** rebut, de **récarter,** épandre (du fumier). **Mettre au rencart,** 1715, Vadé [Larchey].

ranger *v.t.*

Vx. **1.** Frustrer d'une part du butin. **2.** Contaminer sexuellement. **3.** Poignarder.

◆ **se ranger** *v.pr.*

Se ranger des voitures, des bécanes, se retirer de la vie active (et en génér. délictueuse): *Je l'avais toujours dit, je m'rang'rai des voitures / Quand j'aurai mon tas d'briques et mes cinquante carats* (Dimey). *Mes copains sont tous en cabane, / Ou à l'armée, ou à l'usine, / Y se sont rangés des bécanes* (Renaud).

ETYM. aphérèse d'**arranger** au sens 1. **1.** 1899 [Nouguier]. **2.** 1902 [Esnault]. **3.** 1926 [id.].

◆ *v.pr.* 1873, Beauvillier [Larchey].

DER. **rangeur** *n.m.* **1.** Filou: 1899 [Nouguier]. **2.** Tricheur: 1926 [Esnault].

ranquiller *v.i.* → **RENQUILLER.**

rantanplan (au) *loc. adv.*

Au bluff: *Se faire avoir au rantanplan.*

ETYM. de l'onomatopée imitant le roulement du tambour (allusion au boniment des forains et saltimbanques). 1886 [Chautard].

raousse, raouste ou **raus** *interj.*

Dehors!: *J'ai déjà donné. Alors je vous fais un café et ouste. Raus! Vous retournez dehors* (Roubaudi).

ETYM. de l'all. **heraus!,** même sens, mot employé par les soldats pour faire sortir qqn d'une pièce à l'entrée de laquelle ils se trouvent. 1977 [Caradec] (mais date des années 1940-1944).

DER. **raousser** ou **raouster** *v.t.* Expulser: 1943 [Esnault].

rapapioter ou **rapapilloter** *v.t.*

Réconcilier: *Il se montra assez fin diplomate pour, tout en bavardant, « rapapilloter » Mme Mafflut avec Flittremeaux* (Robert-Dumas).

ETYM. formation expressive et hypocoristique, avec le suff. **-oter.** *rapapioter* 1881 [Rigaud]; *rapapilloter* 1894 [Virmaître].

DER. **rapapiotage** *n.m.* Réconciliation et **rapapioteur, euse** *n.* Personne qui en réconcilie d'autres: 1881 [Rigaud].

râpe *n.f.*

1. Guitare. SYN. gratte. **2.** Vx. Personne avare.

ETYM. emploi métaphorique (analogie gestuelle). **1.** 1982 [Perret]. **2.** 1901 [Rossignol].

râpé, e *adj.*

C'est râpé, se dit pour constater un échec: *Cette fois-là, Mémé nous a dit (on s'était pointé à Meudon à l'aube et vanné): « C'est râpé, les enfants! Vous l'aurez dans l'os! »* (Veillot).

◆ *adj. et n.*

Vx. Démuni, sans-le-sou; avare: *Sa voisine* [...] *encore plus toc et plus râpée qu'elle-même* (Méténier).

ETYM. emploi métaphorique du participe passé du verbe **râper.** Le sens littéral est « c'est fini, il n'y a plus rien (à espérer) ». 1957 [Sandry-Carrère], arg. du vol à voile.

◆ *n.m.* 1831 [DDL 38]; *adj., râpé comme la Hollande* 1881 [Rigaud].

rapèr [rapɛr] *n.m.*

1. Agent de police (à bicyclette); policier: *Ils se divertissaient sans retenue de ma surprise, les rapers. Paulvié, le commissaire, surtout se fendait la pêche* (Simonin, 4). **2.** Vx. Cycliste.

ETYM. du slang américain **rapper,** délateur. **1** et **2.** 1935, Simonin-Bazin.

râper *v.t.*

1. Posséder sexuellement: *On dit aussi qu'ils râpaient toutes les frangines qu'ils voulaient. Personne n'allait au cri. Paraît que c'était au-*

torisé. Le droit de cuissot qu'ils appelaient ça! (Le Breton, 3). **2.** Vx. **Râper l'oigne à qqn** ou, simpl., **le râper,** l'ennuyer: *C'est un cave. D'ailleurs il nous râpe l'oigne et on va le fourguer au plus offrant* (Devaux).

ETYM. emplois métaphoriques du verbe usuel. **1.** 1960 [Le Breton]. **2.** 1906 [Esnault].

DER. **râpant** *adj.m.* Ennuyeux: 1921 [id.]. **râpure** *n.f.* Personnage importun: 1952 [id.].

rapiat, e *adj. et n.*

Se dit d'une personne avare: *Lui, du moment que c'est à l'œil, tout lui botte. – Dis tout de suite que je suis rapiat* (Beauvais).

ETYM. arg. scolaire ou de clerc, du lat. **rapere,** prendre, ravir. 1836 [Vidocq].

rapido ou **rapidos** *adv.*

Rapidement: *Il vaut mieux se lancer rapido sur la piste du meurtrier que de laisser ce soin aux flics, sans ça on va droit au massacre* (Galland). *Mais rapidos alors, parce qu'il faudrait quand même pas que le client s'impatiente de trop* (Bénoziglio).

ETYM. resuffixations pop. de **rapidement.** *rapido* 1928 [George]; *rapidos* 1936, Céline.

rapière *n.f.*

Arme blanche (couteau, épée, etc.): *Ali, qui a vu le coup, sort sa rapière et, presque sans viser, envoie son médicament ferrugineux se planter dans le dos du truand colossal* (Tachet).

ETYM. emploi banalisé du mot noble, emprunté aux romans de cape et d'épée. 1928 [Lacassagne].

DER. **rapiérer** *v.t.* Frapper d'un coup de couteau: 1957 [PSI].

rapiot *n.m.*

ARG. ANC. **1.** Exploration corporelle intime du condamné allant au bagne: [L'agent promit aux forçats que] *le rapiot aurait lieu, pendant le voyage* [...] *à l'abri des regards des curieux* (Alhoy). **2.** Perquisition: *« Vous pouvez d'ailleurs faire le rapiot. » Pendant qu'il se tranquillisait de plus en plus, je me mis en devoir de fouiller le logement* (Vidocq). **3.** Gardien-chef d'une prison.

ETYM. déverbal de **rapioter. 1.** *rapiau* 1827 [Demoraine]. **2.** 1829, Vidocq. **3.** 1902 [Esnault].

rapioter *v.t.*

ARG. ANC. Fouiller: *On me rapiote, mais poitou* (le Rat du Châtelet). *En me rapiotant, ils ont pésillé le carle, les carroubles, je fus marron* (Ansiaume).

ETYM. de **piau**, peau, avec le préf. **ra-**, intensif. 1790, *le Rat du Châtelet*.

raplapla ou **raplaplat** *adj. et n. inv.*

Qui est sans énergie physique (ou sexuelle): *Là, près de sa mère, elle s'affadissait, croupie et raplapla* (Duvert). *« T'es qu'un raplapla ! » jeta Reine* (Rosny jeune).

ETYM. de la loc. **à plat,** avec redoublement et préfixation par le **re-** intensif. 1920 [Bauche].

rappliquer *v.i.* ou **se rappliquer** *v.pr.*

1. Venir, arriver : *Des autres bourres rappliquent au pas de course!... Les émeutiers se disjoignent* (Céline, 5). **2.** Retourner, revenir : *Patrick se détourna à peine de la télé – le seul truc capable de le faire rappliquer à la maison* (Rochefort). SYN. radiner.

ETYM. du préf. **re-** et de **appliquer,** aborder, débarquer (emploi marin du verbe usuel). **1.** 1835 [Esnault]. **2.** *v.i.* 1836 [Vidocq]; *v.pr.* 1936 [Esnault].

raquedal ou **raquedalle** *n.m.*

Avare: *Marius travaille chez Raquedalle. C'est un Chinois. Ce n'est pas son nom. Marius l'appelle Raquedalle parce que ce qu'il raque humecte tout juste la dalle* (Londres).

ETYM. contraction de **raque que dalle,** littéralement « qui ne paie rien ». 1901, Paris [Esnault].

raquer *v.t.*

1. Payer (qqch) : *Je vois vraiment pas pourquoi j'irais raquer leur foireux ticket jaune avec la raie au milieu!* (Lasaygues). **2.** Débourser (une somme): *Le meilleur avocat, il aura, tout ce que je pourrai raquer pour lui* (Bastiani, 1); et, absol.: *Lui, il ne lésinait sans doute pas pour raquer. Fallait bien qu'elle s'exécute* (Guérin).

ETYM. forme picarde issue d'un radical onomatopéique **rak-,** évoquant un raclement bref (ce verbe, dans le nord de la France, signifiait « cracher »). **1** et **2.** 1893, Paris [Esnault].

DER. **raquement** *n.m.* Paiement : 1896, Paris [id.]. **raquage** *n.m.* Même sens : 1899 [Nouguier]. **raqueur** *n.m.* Celui qui paie : [id.].

1. raquette *n.f.*

Pied.

ETYM. emploi métaphorique (analogie de forme) du mot technique. 1953 [Sandry-Carrère].

2. raquette *n.f.*

Racket : *René ne faisait pas la raquette, c'était mon associé : il a mis quinze briques dans l'affaire. Il avait droit à sa part de bénéfices !* (Amila, 4).

ETYM. francisation de **racket.** 1975, Amila.

1. ras *adv.*

En avoir ras le bol, le cul, la casquette, la coiffe, etc., être excédé par qqch ou qqn : *Allez, viens : cette fois on se tire pour de bon. Ras le bol de ce cirque !* (Bénoziglio). *T'en as pas un peu marre de lire que des polars, de la bande dessinée ou de la science-fiction, t'en as pas un peu RAS-LE-CUL de ces machins-là ?* (Djian, 1).

◆ *n.m.*

Au ras des pâquerettes, de façon terre à terre, mesquine : *Quel débat d'idées ! La droite, engageant cette campagne au ras des pâquerettes, n'y est pas allée de main morte* (*le Monde,* 8 octobre 1983).

ETYM. loc. formées sur l'adj. usuel, évoquant un niveau minimum d'effleurement. *bol* a ici le sens de « postérieur » (et non de « tête ronde »). **En avoir ras le bol,** 1969, S. Berteau [Cellard-Rey] ; **ras le cul,** G. Vincent, 1974 [id.], mais on rencontre *en avoir ras (bord)* dès 1928 [Lacassagne].

◆ *n.m.* vers 1975.

2. ras, rasé, rasis, raze ou **razis** *n.m.*

ARG. ANC. Prêtre : *Le havre il faut morfiler ; / Au radeau de la cambuse / Le raze est le fricotier* (Alhoy). **Goussé razis,** abbé. **Huré razis,** évêque. **Gourt razis,** archevêque. **Franc razis,** pape.

ETYM. de **rasé,** c.-à-d. « tonsuré » ; nombreuses variantes avec *-s* ou *-z. ras* 1455, Coquillards ; *raze* 1821 [Ansiaume] ; *razis* 1596, Péchon de Ruby.

rasant, e *adj.*

Ennuyeux : *Elle était pressée d'achever la séance : c'était rasant* (Duvert).

ETYM. de **raser** au sens 1. 1875 [P. Larousse].

rasdep *n.m. et adj.* → RAZDEP.

rase-bitume *n.*

Personne de petite taille, nabot : *Un petit rase-bitume comme moi, estropié et sans force* (Sarrazin, 2).

ETYM. de **raser le bitume,** le niveau du sol. 1965, Sarrazin.

raser *v.t.*

1. Ennuyer : *Ah ! non, tu sais, ils me rasent, les dîners chez Madame* (Mirbeau). *Je sens que vous ne direz rien. – Mutter... vous me rasez... au revoir* (Mac Orlan, 9). **2.** Vx. Railler. **3.** Vx. **Raser la tronche, le colbac,** décapiter ou guillotiner.

◆ **se raser** *v.pr.*

S'ennuyer : *Non, décidément, ma mignonne, / On se rase par trop ici ; / Certes, c'est charmant la campagne, / Mais quand il pleut, c'est embêtant* (Ponchon).

ETYM. emplois expressifs, concrets ou abstraits, du verbe usuel. **1.** 1851 [Esnault]. **2.** 1862 [Larchey]. **3. Raser la tronche,** 1598, Bouchet [Esnault] ; **raser le colbac,** 1899 [Nouguier].

◆ *v.pr.* 1918, Proust [GR].

DER. **rase** *n.f.* Ennui : 1947 [Esnault].

raseur, euse *n.*

Personne ennuyeuse, importune : *Visiblement on se méfiait de moi. J'étais l'embêtant, le raseur, le type qui déniche tout* (Van der Meersch). *Pour se débarrasser de la raseuse, les chauffeurs approuvent* (Simonin-Bazin).

ETYM. de **raser.** 1853, A. Scholl [Larchey].

rasibus [razibys] *adv.*

1. À ras : *Elle a le cœur plein d'amour, razibus, comme vous dites, vous autres qui savez le latin* (Balzac, 3). *Ils apprennent que leur maison, qui était toujours debout, les obus anglais la détruisent, rasibus...* (Margueritte) ; au fig., plus rien : *Et la voix !... Un soprano dramatique !... Tout ça « rasibus ! » du jour au lendemain !* (Céline, 5). **Faire rasibus,** se faire la barbe, se couper les cheveux très court. **2.** Vx. **La veuve Rasibus,** la guillotine.

ETYM. lat. scolaire, formé sur **rasus,** ras. **1.** fin du XVe s., Commynes [GLLF]. **Faire rasibus,** 1907 [Esnault]. **2.** 1878 [id.].

rasif ou **rasibe** *n.m.*

Rasoir : *La Tringle, qui venait de relayer le questionneur, passait sur son rasif un index qui faisait vibrer la lame* (Grancher).

ETYM. resuffixation arg. de **rasoir.** *rasibe* 1928 [Lacassagne] ; *rasif* 1935 [Esnault].

ras-le-bol *n.m.inv.* ou **ralbol** *n.m.*

Exaspération : *L'opinion surmontera-t-elle son ras-le-bol ?* (*le Nouvel Observateur,* 5 janvier 1981). *J'avoue que j'eus une bouffée de ralbol envers le cinéma américain* (*Libération*, 19 septembre 1981).

ETYM. de **en avoir ras le bol.** 1967, *Alexandre le Bienheureux,* film d'Yves Robert.

rasoir *adj. et n.*

Se dit d'une personne ou d'une chose ennuyeuse : *Il prendrait le Lanson qu'il avait dans sa petite malle et le lirait de la première à la dernière ligne. Ça lui fixerait au moins les idées. C'était rasoir, bien sûr !* (Guérin).

◆ *interj.*

Vx. Jamais, rien à faire !

ETYM. emplois métaphoriques du mot usuel. *ça fait rasoir* 1789 [Enckell].

◆ *interj.* 1859, Monselet [id.].

rassis *n.m.*

Se coller ou **se taper un rassis,** se masturber, en parlant d'un homme : *Aussitôt qu'elle était partie, ça manquait jamais, je bondissais aux gogs, au troisième, me taper un violent rassis* (Céline, 5).

ETYM. idée de substitution par défaut de l'onanisme (pain rassis) à l'acte sexuel (pain frais). **Se coller un rassis,** 1878 [Rigaud] ; **se taper un rassis,** 1936, Céline.

rastaquouère, rasta ou **rastaque** *n.m.*

Termes xénophobes désignant un étranger de type sud-américain aux allures louches, à la fortune douteuse : *Le petit, genre rastaquouère avec une cicatrice au-dessous de l'arcade, des côtelettes frisotées sur les joues et une gueule en lame de machette* (Bastid-Martens). *Reine, mal à l'aise, elle aussi, sous le regard de toutes ces tablées où les rastas étalaient un luxe insolent* (Rosny jeune). *Si les rastaques du camp en avaient manifesté le désir, fissa ils étaient incorporés, casqués teuton, sapés vert-de-gris. Fini les temps de la race pure des seigneurs* (Boudard, 6).

◆ *adj.*

Qui a trait à ce type d'individu : *C'était un grand gaillard bien découplé, habillé avec une recherche un tantinet rasta* (Galtier-Boissière, 4).

ETYM. de l'esp. d'Amérique **rastracueros,** parvenu, issu de **rastrear,** ratisser, et de **cuero,** cuir, au sens de «portefeuille». *rastaquère* 1881 [Rigaud] ; *rasta* 1886, Huysmans [GLLF] ; *rastaque* 1979, Boudard. Ce mot n'a rien à voir avec les modernes *rastas* (apocope de *rastafariani*), adeptes (vers 1975) d'un mouvement religieux jamaïcain, qui ont adopté la musique reggae.

rat *n.m.*

1. Face de rat, visage très laid. **2. Voir les rats,** avoir la manie de la persécution. **3.** Vx. **Prendre un rat par la queue,** couper une bourse suspendue à la ceinture. **4. Rat d'hôtel** ou simpl. **rat,** voleur qui opère dans les chambres d'hôtel : *Il a devant lui, cette fois, un petit coquin de 25 ans, Gaspard Giundo, qui se dit artiste lyrique et qui est en fait un rat d'hôtel* (London, 1). Vx. Voleur de pain. **5.** Vx. **Rat de Seine,** ravageur opérant sur les eaux de la Seine, à Paris. **Rat de quai,** débardeur : *J'avais fait déjà plusieurs stations dans le bar des scaphandriers, où se réunissent les ravageurs du port, les « rats des quais »* (Cendrars, 2). **6. Rat de prison,** avocat : *Mon rat de prison s'est tant tortillé des quatre pattes et de la langue, qu'il a fait changer ma peine* (Sue). **Rat de palais,** huissier ou clerc. **7. Comme un rat mort,** énormément (avec **s'emmerder, se faire chier,** etc.) : *J'ai du fric, tout ça, je n'ai aucune raison de me plaindre, je vis des trucs incroyables, résultat, je m'emmerde comme un rat mort* (Pouy, 3). *Dis-lui qu'il se magne un peu le cul, parce que je commence à me faire chier comme un rat mort, ici* (*Flic Story,* film de J. Deray, 1975).

◆ *adj.m. et n.*

Avare : *Aussi, reprit Gervaise, pourquoi sont-ils si rats* (Zola).

ETYM. emplois génér. péj. du nom désignant un animal peu apprécié. **1.** 1953 [Sandry-Carrère]. **2.** 1960 [Le Breton]. **3.** 1598, Bouchet [Esnault]. **4. Rat,** 1821 [Ansiaume] ; **rat d'hôtel,** 1907 [Larousse] ; « voleur de pain » 1862 [Colombey]. **5. Rat de Seine,** 1852 [Esnault]. **Rat de quai,** 1884 [id.]. **6. Rat de prison,** 1842 [id.]. **Rat de palais,** 1854 [id.]. **7.** mil. du XXe s.

◆ *adj.* avant 1850, Balzac [GLLF].

rata *n.m.*

1. Nourriture, repas : *Hum ! murmura-t-il, le rata n'a pas une apparence bien encourageante...* (Boussenard). *À midi, l'heure de la soupe est annoncée par le traditionnel « C'est pas d'la soupe, c'est du rata »* (Le Dano). **Ne pas s'endormir sur le rata,** être actif, dégourdi. **2.** Vx. Macédoine de légumes secs : [L. interrompit ses récits] *pour courir après une bidoche (ration de viande), un rata (espèce de macédoine de légumes)* [Forçat].

ETYM. apocope de **ratatouille,** ragoût, avec changement de genre. 1778 [Esnault] ; auj. la *ratatouille niçoise* est un plat de légumes. **1.** 1836 [Vidocq]. **Ne pas s'endormir sur le rata,** 1928 [Esnault]. **2.** 1829 [Forçat].

ratatiner *v.t.*

1. Tuer : *Il reculait devant rien. Un nommé François-la-Douleur, qu'avait juré de le ratatiner, a eu tort de l'ouvrir* (Carco, 1). **2.** Anéantir, vaincre : [La Reine :] *D'Artagnan, il faut m'prêter la pogne, ou j'suis ratatinée* (Stollé).

ETYM. emploi intensif de ce verbe formé sur un radical **-tat-** évoquant la diminution de volume. **1.** 1927, Carco. **2.** 1953 [Sandry-Carrère].

ratatouille *n.f.*

1. Action de cuisiner : *Elle se salissait pas les mains, elle faisait pas la ratatouille ni les plumards ni les parquets* (Céline, 5) ; nourriture peu engageante : *Mais il n'y a que la foi qui sauve : on déclare les pires ratatouilles excellentes et, par contrecoup, on s'en régale !* (Machard, 4). **2.** Correction infligée à qqn.

ETYM. probablement du verbe **touiller,** avec influence du radical **-tat-** (→ le précédent et RATA). **1.** 1820 [Desgranges]. **2.** 1867 [Delvau].

ratatouiller *v.i.*

Avoir des ratés, en parlant d'un moteur.

ETYM. fréquentatif comique, formé sur **raté,** détonation d'allumage à contretemps, avec jeu de mots sur **ratatouille.** 1977 [Caradec].

rate *n.f.*

1. Se dilater la rate, rire à gorge déployée : *Les Français se dilatent la rate d'abord en famille (64 %). Mais un quart d'entre eux (24 %) reconnaissent qu'ils se tordent de rire sur leur lieu de travail* (*Libération,* 19 décembre 1984). **2. Se mettre la rate au court-bouillon,** se faire du souci, se donner du mal : *On va pas se mettre la rate au court-bouillon pour quelqu'un qui nous a déjà envoyés chier une première fois quand on a voulu l'aider, après tout* (Conil).

ETYM. loc. anc., accordant à la rate un rôle inexact dans les émotions. **1.** 1652, Th. Corneille [TLF]. **2.** mil. du XXe s.

râteau *n.m.*

1. Peigne. **2.** Vx. Sergent de ville.

ETYM. emplois métaphoriques ; issu (au sens 2) de **ratisser,** au sens militaro-policier de « explorer (un lieu) dans le détail ». **1.** 1901 [Rossignol]. **2.** 1873 [Esnault].

râtelier *n.m.*

Manger ou **bouffer à deux** ou **à tous les râteliers,** servir plusieurs causes, plusieurs maîtres simultanément, en étant mû par le seul appât du gain (s'emploie en partic. à propos des indicateurs) : *Lui aussi a ses pisteurs et sa contre-police, mais tout ça coûte, augmente d'autant les frais, sans compter que c'monde-là mange à deux râteliers* (Lorrain). *Des papiers, ça se fabrique ! – Tu en connais, toi, des gars qui en fabriquent ?... De plus, ce sont souvent des indics. Il n'est pas rare que ce genre de mecs bouffe à deux râteliers !* (Guégan).

ETYM. loc. pittoresque évoquant la gloutonnerie financière et l'absence de scrupules. *manger à plus d'un râtelier* 1808 [d'Hautel].

ratiboiser *v.t.*

1. Prendre (de l'argent). **2.** Ruiner, notamment au jeu : *Il a l'intention de se refaire cette nuit. À moins, bien entendu, qu'il se fasse ratiboiser* (Vexin). **3.** Raser, supprimer : *Boulevard Saint-Michel, un bulldozer géant n'a pas mis dix minutes à ratiboiser des barricades édifiées en plusieurs heures* (Veillot). **Ratiboiser la colline,** couper les cheveux.

ETYM. sans doute issu de **ratisser,** avec un suff. de fantaisie, p.-ê. extrait de *déboiser*. **1.** 1875, Cavaillé [Larchey]. **2.** 1876, Huysmans. **3. Ratiboiser la colline,** 1982 [Perret].

1. ratiche *n.f.*

1. Dent : *D'une baffe, il lui a déplombé toutes ses ratiches* (Legrand). *Elle garde l'œil froid et nous balanstique un engageant sourire de mère maquerelle, de toutes ses ratiches dont pas une n'est à elle* (Bastiani, 4). **2.** Couteau : *En vous réservant l'initiative dans un échange de bastos ou de coups de ratiche, que vous serez le seul à avoir prévu* (Simonin, 10).

ETYM. origine obscure, p.-ê. de **ratisser. 1.** 1953, Simonin [GLLF]. **2.** 1960 [Le Breton].

2. ratiche *n.f.*

Vx. Église.

ETYM. de **rat, 1. ratichon.** 1879 [Rigaud].

1. ratichon *n.m.*

Prêtre, aumônier : *Le ratichon lui bafouilla quelque chose sur Dieu qui ne fit pas l'affaire du daron* (Burnat).

◆ *adj.*
Vx. Qui se rapporte aux prêtres, à la religion : *Citoyen curé, [...] tu m'as demandé ma signature en faveur de l'éducation ratichonne* (Gill).
ETYM. diminutif péj. de **rat.** 1628 [Chéreau].
◆ *adj.* 1878, Gill.
VAR. **ratiche :** 1884 [Chautard].
DER. **ratichonnade** *n.f.* Prêtrise : 1829 [Forban]. **ratichonner** *v.i.* Fréquenter les prêtres, être dévot : 1920 [Bauche]. **ratichonnière** *n.f.* Abbaye : 1836 [Vidocq].

2. ratichon *n.m.*
Peigne.
ETYM. resuffixation de **rateau.** 1867 [Delvau].
DER. **ratichonner** *v.t.* Peigner : [id.].

ratichonne *n.f.*
Vx. **1.** Abbaye : *Il y a une bonne affaire à faire dans la ratichonne* (Ansiaume). **2.** Abbesse.
ETYM. de **1. ratichon. 1.** 1821 [Ansiaume]. **2.** 1836 [Vidocq].

ratichonnesse *n.f.*
Vx. Abbesse : *Il faudra que j'aille bonnir avec la ratichonnesse* (Ansiaume).
ETYM. de **1. ratichon.** 1821 [Ansiaume].

ratière *n.f.*
1. Prison : *Lorsque Pépère le connut, à la ratière, Frédo venait de plonger pour recel dans une histoire de ferraille à la godille* (Mariolle). **2.** Piège : *Celle-là de rue, une voiture à bras suffisait à l'obstruer ; fallait même pas engager le capot, c'était la vraie ratière* (Simonin, 3).
ETYM. emploi métaphorique du mot usuel (cf. *être fait comme un rat*). **1.** 1899 [Nouguier]. **2.** 1954, Simonin.
DER. **ratier** *n.m.* Prisonnier : 1970 [Boudard-Étienne].

ration *n.f.*
Avoir ou **recevoir sa ration.** ***a.*** avoir son compte ; ***b.*** recevoir des coups ; ***c.*** être comblé sexuellement.
ETYM. emploi métaphorique et intensif de la loc. usuelle. ***a*** et ***c.*** 1977 [Caradec] ; ***b.*** 1836 [DDL 38].

ratissage *n.m.*
Dénuement, ruine : *Ah ! quelle semaine infernale ! un ratissage complet* [...], *une vraie danse devant le buffet* (Zola).
ETYM. de **ratisser** au sens 2. 1877, Zola.

ratisser *v.t.*
1. Prendre ou voler : *Oh ! ce fut vite réglé ! elle le fouilla, lui ratissa la monnaie. Pincé, plus de braise* (Zola). **2.** Dépouiller, ruiner (notamment au jeu) : *Cela s'appelle l'Impérial, leur cercle, une belle machine à ratisser les lavedus* (Trignol). **3.** Fouiller ou ravager systématiquement (un endroit) : *Elle me décrit le panorama dantesque de ce qui restera d'Eugène et du Clos des lilas quand elle aura ratissé le secteur !* (Faizant). **4.** Vx. **Ratisser la couenne, la hure, la terrasse,** faire la barbe ; coiffer.
ETYM. emplois métaphoriques de ce verbe « jardinier ». **1** et **2.** 1867 [Delvau]. **3.** 1962 [GR]. **4.** 1808 [d'Hautel].

raton *n.m.*
1. ARG. ANC. Enfant dressé au vol : *Une voleuse à la détourne venait de placer* [douze foulards] *entre les guibolles de son raton* (Paillet). **2.** Désignation raciste de l'Arabe : *Monsieur Bébert je l'ai souvent surpris, dans certains troquets de l'aube, se décollant les châsses au Royal Kébir ou au Boulaouane avec des ratons de la voirie* (Audiard).
◆ **raton, onne** *adj.*
Arabe : *Marie-France se dit Égyptienne ; elle doit être un peu ratonne sur les bords* (Sarrazin, 2).
ETYM. diminutif, plus ou moins méprisant, de **rat. 1.** 1836 [Vidocq]. **2.** 1937 [Esnault].
◆ *adj.* 1965, Sarrazin.

ratonnade ou **ratonade** *n.f.*
Opération violente exécutée contre une minorité ethnique (notamment nord-africaine) : *Qui était ce flic ? – Vanini, un inspecteur des stups, mais un gros bras nationaliste. Il s'offrait des ratonades. Il en a tué quelques-uns chez nous* (Pennac, 1).
ETYM. de **ratonner.** 1960, *le Monde* [GLLF].

ratonner *v.i. et t.*
Se livrer à des brutalités, notamment contre des Nord-Africains : *Voilà peut-être une semaine que, pour mon deuxième matin de zonard, je me suis fait ratonner par les loubards de l'hôtel Arcade* (Dégaudenzi).
ETYM. de **raton.** vers 1955 [GR].
DER. **ratonneur** ou **ratoneur** *n.m.* Individu qui participe à des ratonnades : 1982, *le Nouvel Observateur.*

ratoune *n.f.*
Variante de 1. ratiche, au sens 1 : *Il ne suffit pas de brosser les ratounes dans le bon sens, il*

faut encore les astiquer suffisamment longtemps (*Libération*, 20 décembre 1980).

ETYM. de **1. ratiche.** 1980, *Libération.*

ravage *n.m.*

Vx. **Faire (le) ravage,** cambrioler : *Outre celui qui la tenait, il y en a eu d'autres qui ont fait le ravage dans l'armoire et la commode de sa maison* (Orgères).

ETYM. loc. fortement explicite. 1799, Orgères.

ravagé, e *adj. et n.*

Qui a complètement perdu l'esprit : *New York, comme toutes les grandes villes, sécrète chaque année un lot de ravagés* (*Actuel*, janvier 1981).

ETYM. emploi métaphorique du participe passé du verbe usuel. 1953 [Sandry-Carrère].

ravageur *n.m.*

1. ARG. ANC. Récupérateur de ferraille, notamment sur les berges de la Seine : *S'avançant dans l'eau aussi loin qu'il peut aller, le ravageur puise, à l'aide d'une longue drague, le sable de rivière sous la vase* [...] *il le lave comme un minerai ou comme un gravier aurifère, et en retire ainsi une grande quantité de parcelles métalliques* (Sue). **2.** ARG. ANC. Voleur de linge étendu, sur les bateaux-lavoirs. **3.** Vx. **À la ravageur,** se dit d'une casquette portée inclinée à droite, selon une mode « voyou » : *Un homme jeune, aux yeux vifs, aux cheveux bruns frisés et brillants que découvrait largement au-dessus de l'oreille gauche une casquette posée de guingois, à la « ravageur »* (Machard, 4).

◆ *adj.m.*

Cricri ravageur, petite femme brune, noiraude et vive.

ETYM. de **ravager. 1.** 1836 [Acad. fr.]. **2.** 1875, Rabasse [Larchey]. **3. À la ravageur,** 1935, Machard.

◆ *adj.m.* 1920 [Bauche].

DER. **ravage** *n.m.* Butin recueilli par le ravageur : 1842, Sue.

ravageuse *adj. et n.f.*

Souris ravageuse ou simpl. **ravageuse,** fille facile ; prostituée : *Après la sieste, Bruno l'avait déposé chez une ravageuse. Une ou deux fois par mois, ça le rafraîchissait, les excentricités* (Dominique).

ETYM. de **ravager,** en un sens sexuellement métaphorique. 1879, Huysmans.

ravalement *n.m.*

Maquillage réparateur : *T'as vraiment b'soin d'un raval'ment / Car tu n'f'rais pas trop mal vraiment / Au Musé' des Antiqu's, ma chère* (chanson *En r'venant de Suresnes*, paroles de Joinneau et Delattre).

ETYM. du verbe **ravaler.** 1883, Joinneau et Delattre [Pénet].

ravaler *v.t.*

1. Reprendre une marchandise qui n'a pas trouvé acquéreur dans une vente publique. **2. Ravaler sa façade,** se maquiller : *Elle ravalait sa frimousse de quatorze ans devant la glace* (*Libération*, 3 mars 1986).

ETYM. emplois spécialisés du verbe itératif. **1** et **2.** 1977 [Caradec], mais sûrement antérieur.

DER. **Ravalo** *n.pr.* Objet attribué au comte Ravalo, objet ou meuble repris : 1977 [Caradec].

ravelin *n.m.*

Automobile démodée ou usagée.

ETYM. emploi métaphorique d'un vieux mot d'origine ital., qui a signifié « demi-lune dans un ensemble de fortifications », puis « chaussure défraîchie », dans le langage des bottiers. 1953 [Esnault].

ravelure *n.f.*

Femme qui n'est plus de première fraîcheur : *En la voyant telle quelle, je me suis dit qu'on pourrait peut-être encore tirer le portrait de cette ravelure... en travaillant dans les tons pastel* (Audiard).

ETYM. féminisation de **ravelin,** à l'aide du suff. péj. **-ure.** 1953, Simonin.

ravito *n.m.*

Ravitaillement : *Cette voiture qui n'était pas suspecte arrivait bien à propos, quand ce ne serait que pour se rendre au ravito* (Grancher).

ETYM. resuffixation pop. de **ravitaillement.** date des années de l'occupation allemande (1940-1944).

rayon *n.m.*

1. Domaine d'expérience ou de connaissances de qqn. **C'est pas mon rayon,** cela ne me regarde pas. **En connaître un rayon,** être expert en la matière : *Pour ce qui était des sœurs, le Nantais en connaissait un rayon. L'entraînement...* (Le Breton, 3). **2.** VIEILLI. **En filer, mettre** ou **placer un rayon,** travailler avec zèle, se donner du mal : *Je la laisse aller et prendre quelques mètres* *d'avance, tout en la gardant dans mes phares. Elle en met un rayon, la gazelle* (Bastiani, 4).

ETYM. emploi métaphorique du mot désignant un secteur de magasin où l'on vend un même type d'articles. **1** et **2.** 1947, Paris [Esnault]. **Ce n'est pas mon rayon,** 1947, Aymé [Duneton-Claval].

razdep ou **rasdep** *n.m. et adj.*

Homosexuel : *À l'allure à laquelle ont disparu les boîtes « rasdep » ces derniers temps, celle-ci a déjà le mérite d'exister* (*l'Événement du jeudi,* 26 novembre 1987).

ETYM. verlan approximatif de **pédéraste.** 1979, *Race d'Ep,* titre d'un livre de Guy Hocquenghem.

raze ou **razis** *n.m.* → **2. RAS.**

réac *adj. et n.*

Qui est idéologiquement rétrograde : *Mais c'est toujours la vieille idée réac d'opposer Versailles à Paris* (Gill). *On estimait que Bambolino avait à cœur de ne pas passer pour un plouc réac, après les largesses visionnaires dispensées par la star socialiste qu'il avait remplacée* (Van Cauwelaert). *Ils nous asticotent, ces réacs ; tant pis pour eux !* (Cladel).

ETYM. apocope de **réactionnaire.** 1848, Chenu [Larchey].

rebâtir *v.t.*

ARG. ANC. Tuer : *S'ils ne voulaient pas jaser, on les rebâtissait, ce qui veut dire* [...] *qu'on les tuait afin qu'il n'y eût point de témoins* (Orgères).

ETYM. emploi antiphrastique du verbe usuel ? 1725, Granval.

rébecca *n.m.*

Protestation, opposition violente : *Ça rappelait à Dick qu'il allait y avoir du rébecca à la cabane, tout à l'heure* (Simonin, 1). **Aller au rébecca, faire du rébecca,** protester, regimber : *Aller au rébecca ? Dès le second voyage* [...] *ils n'en avaient plus la force* (G. Arnaud, 2). *Comme ils me cherchent du suif, je me mets à faire un drôle de rébecca dans le pays* (San Antonio, 2).

◆ *adj. inv.*

Revêche : *La petite* [infirmière] *appartenait à un monde en blanc qui montrait les crocs et refusait l'approche* [...] *En le poussant vers la sortie, elle était devenue moins rébecca* (Amila, 1).

ETYM. de l'anc. verbe **(se) rebéquer,** même sens, avec jeu de mots probable sur **Rébecca,** héroïne biblique. **Faire sa rébecca,** 1807 [Esnault] ; **faire le rébecca,** 1781 [Enckell].

◆ *adj.* 1981, Amila.

VAR. **rebèque** *n.f.* **Faire de la rebèque :** 1918 [Esnault].

rebectage *n.m.*

1. Traitement médical. **2.** Cassation d'une condamnation : *Du reste, avait ajouté le Barbu, Riboneau va cavaler au rebectage. Son avocat avait découvert un cas de cassation* (Allain-Souvestre). **3.** Réconciliation.

ETYM. de **rebecter. 1.** 1873 [Esnault]. **2.** 1878 [Rigaud]. **3.** 1895 [Esnault].

rebectant, e ou **rebecquetant, e** *adj.*

1. Encourageant : *Une petite brise entretenue par l'appel d'air de la tranchée vient lui souffler à domicile la fraîche haleine végétale si rebectante* (Simonin, 5). **2.** Appétissant, reconstituant, remontant.

ETYM. de **rebecter. 1** et **2.** 1920 [Bauche].

rebecter ou **rebéqueter** *v.t.*

1. Réconforter, redonner du courage : *Gina et moi, nous l'avons transporté sur le plumard encore tiède de notre étreinte et, pas rancuniers, nous l'avons rebecté un peu* (Malet, 1). **2.** Rétablir (la santé ou une situation financière critique) : *Tu ferais peur à tous les majors !... Il faut d'abord que tu te rebectes !* (Céline, 5). *C'est moi qui lui ai rebecté son bistrot, à Robert* (Malet, 8). **3.** Réconcilier.

◆ *v.i.*

1. Vx. Répéter le refrain d'une chanson. **2.** Se pourvoir en cassation.

ETYM. du préf. **re-** et de **bec** (qui évoque l'appétit et le fait de se restaurer). **1.** 1901 [Bruant]. **2** et **3.** 1881 [Rigaud].

◆ *v.i.* **1.** 1829, Vidocq. **2.** 1953 [Sandry-Carrère].

DER. **rebecteur** *n.m.* **1.** Médecin : 1878 [Rigaud]. **2.** Avocat : 1899 [Nouguier].

rebelote *interj.*

Indique qu'on recommence une même action ou qu'un fait identique se reproduit : *Il parvient enfin à se dégager et s'enfuit en braillant à travers rues, longtemps pourchassé par la furie. Le jour suivant, rebelote, elle le cherche* (Spaggiari). *Le lendemain, dimanche dans l'après-midi, ils repassaient les Kink's, et rebelote, ils sont encore à la bourre* (Pousse).

ETYM. emploi généralisé de la formule du jeu de cartes, prononcée lorsqu'on abat la deuxième carte (dame ou roi) composant la *belote*. mil. du xxe s.

rebéquer (se) *v.pr.*

Vx. Protester, regimber : *J'aurais pu me fâcher s'il avait été loin, tout de suite, j'aurais pu me rebéquer et lui dire : « Pour qui me prenez-vous ? »* (Huysmans).

ETYM. de **re-** et de **bec.** xve s., Villon [Esnault].

rebeu *n.m.*

Arabe : *Le rebeu deale plutôt du shit que de l'herbe* (Cahoreau-Tison).

ETYM. verlan de **beur,** lui-même verlan irrégulier d'**arabe.** 1987, Cahoreau-Tison.

rebiffe *n.f.*

1. Vx. Récidive. **De rebiffe,** une nouvelle fois: *On goualе de r'bif le plus bath des refrains* (Goualante de la Courtille). **2.** Vx. Rébellion, révolte : *Les mêm's, qui t'emport'nt au p'tit trop, / T'auraient truffé d'coups d'bottes ou d'giffes / Si t'avais fait grève ou d'la r'biffe* (Rictus). **Aller à la rebiffe,** se révolter. **3.** Vengeance : *Je ne voyais plus que la rebiffe, l'explication au P. 38, juste pour l'amour-propre* (Boudard, 1). **4.** Vx. Surplus.

ETYM. déverbal de **rebiffer. 1.** 1845 [Esnault]. **De rebiffe,** 1865, *Goualante de la Courtille* [Rossignol]. **2.** 1881 [Rigaud]. **3.** 1912 [Villatte], mais dès 1836 [Vidocq], sous la forme *rebif.* **4.** 1901 [Bruant].

rebiffer *v.i.*

1. Recommencer, répéter : *Crâne pas. J'veux pas d'histoire. Faudra voir pourtant, à n'pas r'biffer, si t'as compris...* (Carco, 2). **Rebiffer au truc,** reprendre le jeu, ou une activité quelconque : *Bon, v'là l'Printemps ! [...] / Et v'là t'y pas c'te putain d'Vie / Qu'a r'biffe au truc encore eun'fois!* (Rictus, 2). **2.** Vx. Retrouver la vigueur sexuelle, en parlant de l'homme.

◆ **se rebiffer** *v.pr.*

Se défendre en justice.

ETYM. du préf. **re-** et du radical expressif **biff-,** évoquant un mouvement brusque. **1.** 1846, *Intérieur des prisons.* **Rebiffer au truc,** 1880 [Esnault]. **2.** vers 1885-1890, Bruant [Cellard-Rey].

◆ *v.pr.* 1901 [Bruant].

rebloquer *v.t.*

Arg. anc. Revendre : *Il faut rebloquer les agrafes en cé, pour avoir du carle* (Ansiaume).

ETYM. du préf. **re-** et de **bloquir.** 1821 [Ansiaume].

rebondir *v.i.*

1. Vx. Jeûner. **2. Envoyer rebondir qqn,** lui opposer un refus violent, le congédier : *Elle m'a envoyé rebondir. Paraît que je ne lui ai pas dit au revoir* (film *Est-ce bien raisonnable ?* de Lautner, 1981, dialogues d'Audiard).

ETYM. au sens 1, jeu de mots sur **faire balle** ou **ballon,** se passer de. **1.** 1901 [Bruant]. **2.** 1885 [Chautard].

DER. **rebondisseur** *n.m.* Affamé : 1867 [Esnault].

rebonneter *v.t.*

Arg. anc. **1.** Tenter de convaincre, amadouer. **2.** Confesser : *Que voulez-vous, me répondit Raoul, il est venu ici un ratichon pour nous rebonneter* (Vidocq). **3.** Réconcilier.

ETYM. du préf. **re-** et de **bonneter,** tenir le bonneteau. **1.** 1803 [Esnault]. **2.** 1829, Vidocq. **3.** 1901 [Bruant].

DER. **rebonnetage** *n.m.* Vx. **1.** Flatterie : 1836 [Vidocq]. **2.** Réconciliation : 1867 [Delvau].

rebonneteur *n.m.*

Arg. anc. Confesseur : *Si ce que dit le rebonneteur n'est pas de la blague, un jour nous nous retrouverons là-bas* (Vidocq).

ETYM. de **rebonneter.** 1829, Vidocq.

rebouiser ou **rebouisser** *v.t.*

Vx. **1.** Réparer, ravauder. **2.** Tuer. **3.** Regarder qqn de façon attentive, intimidante ou autoritaire : *Rebouise donc ce niert, ses maltaises et son pèze sont en salade dans la valade de son croissant* (Canler).

ETYM. du préf. **re-** et de **bouis,** outil de buis servant à rectifier. **1** et **2.** 1867 [Delvau]. **3.** 1808 [d'Hautel].

DER. **rebouiseur** *n.m.* Acheteur de vieilles hardes : 1842, Sue [Larchey].

rebours *n.m.*

1. Vx. Déménagement clandestin. **2. Causer à rebours,** pratiquer le coït anal.

ETYM. emplois spécialisés du mot signifiant « sens contraire ». **1.** 1836 [Vidocq]. **2.** 1953 [Sandry-Carrère].

rebrider *v.t.*

Vx. Refermer: *Nous sommes marrons, le boulin est rebridé* (Ansiaume).

ETYM. du préf. **re-** et de **brider**. 1821 [Ansiaume].

récal *adj. et n.m.*

Se dit d'un individu difficile à manier: *Non, elles se lamentaient sur la dureté des temps, sur les michetons qui étaient de plus en plus récals du lazingue* (Le Breton, 3).

ETYM. apocope de **récalcitrant.** 1954, Le Breton.

recaler *v.t.*

Vx. Remettre en état; vêtir.

◆ **se recaler** *v.pr.*

Vx. Refaire ses forces ou sa fortune : *Ça s'aperçoit que pour le quart d'heure tu n'es pas heureux. – Oh! oui; j'ai fièrement besoin de me recaler* (Vidocq).

ETYM. emploi métaphorique du verbe technique signifiant «dresser au ciseau à bois». 1793 [Esnault].

◆ *v.pr.* 1829, Vidocq. Le sens actuel «refuser à un examen» est fam.

recharger *v.t.*

Au café, remplir les verres pour une tournée supplémentaire : *D'un geste impérieux du pouce tourné vers les godets dégustations, très taulière, Paulette intime à Georges de recharger. Johnny a proposé la première tournée, elle met maintenant la sienne* (Simonin, 8).

ETYM. par ellipse de **recharger les wagonnets,** emploi spécialisé et ironique du verbe technique. 1953 [Sandry-Carrère]. Caradec donne également *recharger les accus* avec ce sens.

réchaud *n.m.*

Postérieur féminin. **Avoir le feu au réchaud,** être portée sur les plaisirs sexuels, en parlant d'une femme.

ETYM. emploi métaphorique du mot usuel. 1971, San Antonio.

réchauder *v.t.*

Vx. Assassiner: *C'est juste au moment où il est recherché par toute la rousse pour cet assassinat de Billancourt qu'il réchaude Philibert en pleine rue de la Montagne-Sainte-Geneviève* (Lorrain).

ETYM. origine flamande, selon Esnault. 1904, Lorrain.

réchaudeur *n.m.*

Vx. Assassin : *Personne ne donnera l'Affreux. Réchaudeurs et putains, mais pas bourriques* (Lorrain).

ETYM. du verbe **réchauder.** 1904, Lorrain.

réchauffante *n.f.*

Arg. anc. Perruque : *Quand j'ai la réchauffante, les moutons ne peuvent me connobler* (Ansiaume).

ETYM. participe présent de **réchauffer.** 1808 [d'Hautel].

réclamé *n.m.*

Fille ou femme sans attrait. SYN. prix à réclamer.

ETYM. participe passé substantivé du verbe **réclamer.** vers 1950 [Cellard-Rey].

réclameuse *n.f.*

Vx. Détenue auxiliaire : *Moi, s'écrie une farceuse, je sors du grand hôtel de Saint-Laz où, par protection, je remplissais la fonction de réclameuse* (Macé). SYN. sonnette.

ETYM. elle «réclame les corvéables» [Esnault]. 1883, Macé.

récluse *n.f.*

Détention en maison centrale : *D'un côté la mort, de l'autre côté les durs ou la récluse. Douce perspective* (Trignol).

ETYM. apocope de **réclusion.** 1899 [Nouguier].

recoller (se) *v.pr.*

Se réconcilier: *Quand Manu et son dab en ont eu marre de se faire la gueule, ils se sont recollés.*

ETYM. emploi métaphorique et humoristique du verbe technique. 1881 [Rigaud]; l'emploi intr. au sens de «recommencer», rare auj., figure en 1920 chez Bauche.

reconnobler ou **reconnobrer** *v.t.*

Vieilli. Reconnaître: *Allons, répondit-il, c'est bon, je vois bien que je suis reconneblé, et qu'il n'y a pas moyen d'aller à Niort* (Canler). *On entend un pas, une porte vitrée s'ouvre et celui qui montre sa frime, je n'ai pas de peine à le reconnobrer. C'est tout juste, Féfé-l'innocent* (Bastiani, 4).

ETYM. du préf. **re-** et de **connobler** ou **-brer.** *reconnobler* 1790, *le Rat du Châtelet*; *reconnobrer* 1828, Vidocq.

recoquer *v.t.*

ARG. ANC. Donner : *Recoque-moi de la bazanne pour rifauder le trèfle* (Ansiaume).

ETYM. du préf. **re-** et de **coquer.** 1821 [Ansiaume].

recorder *v.t.*

ARG. ANC. **1.** Prévenir : *Ce vieux cancre de pipelet est entêté comme un vrai Picard qu'il est! Il paraît que son locataire l'a bien recordé* (Canler). **2.** Tuer.

ETYM. du lat. **recordare,** (se) rappeler ; vieux verbe français devenu arg. au XIXe s. **1.** 1836 [Vidocq]. **2.** 1821 [Mézière].

recta *adv.*

1. Ponctuellement, exactement : *Et ils payaient recta, ces cochons-là, racontait avec admiration le gros Thomas* (Dorgelès). *Correspondez recta à la fiche des RG. C'est triste. Toutes mes condoléances* (Lacroix). **2.** Immédiatement : *Pour qu'il décarre, je lui avais tout casqué recta, au vieux colonel qui occupait les lieux depuis trente piges* (Simonin, 3).

◆ *adj.*

Se dit d'une personne à qui on peut faire confiance : *Tu crois qu'il est recta, le merlan ?*

ETYM. du lat. **rectus,** droit. **1.** 1788, Féraud [GLLF]. **2.** 1718 [Acad. fr.].

◆ *adj.* contemporain.

rectifier *v.t.*

1. Casser : *Ding ! Encore un verre de rectifié !* **2.** Tuer : *Heureusement que grâce à Bichat je n'y suis pas resté longtemps ; autrement, j'aurais fini par le rectifier, le gustron !* (Bastid-Martens). **3.** Dérober. **4.** Dépouiller, ruiner : *« J'suis rectifié, avoua-t-il. J'ai tout paumé. Combien qui t'reste ? »* (Le Breton, 5). **5.** Enivrer : *Ce soir-là je remonte une boutenche de Ouisqui du Félix Potin. Fred et moi on commence à se rectifier gentiment en causant de l'avenir* (Lasaygues).

ETYM. emplois métaphoriques du verbe technique. **1.** 1917 [Esnault]. **2.** « fusiller » 1940 [id.] ; « tuer » 1947, Malet. **3.** 1940 [Esnault]. **4.** 1955, Le Breton. **5.** 1985, Lasaygues.

recui *n.m.*

Blouson de cuir : *On repère un super Mac Douglas, le blouson de la police suédoise, un recui* [cuir] *à 500 keusses* [sacs] (*Actuel*, juillet-août 1989).

ETYM. verlan de **cuir.** contemporain.

redescendre *v.i.*

1. Être condamné à nouveau, pour d'autres faits, en parlant d'un détenu. **2.** Émerger douloureusement à la réalité après la cessation de l'effet d'une drogue.

ETYM. l'idée, au sens 1, est que le détenu « recule » sur la pente menant à sa libération ; au sens 2, métaphore « aérienne » : après avoir *plané,* on ne peut que *redescendre.* **1.** 1899 [Nouguier]. **2.** 1975 [Le Breton].

rédimer *v.t.*

Écraser, anéantir (qqch ou qqn).

ETYM. emploi intensif du verbe usuel signifiant « racheter » (p.-ê. par confusion avec *rétamer* ?). 1977 [Caradec].

redingue *n.f.*

Vx. Redingote : *Personne, sauf un English tout ce qu'il y a d'high-life, redingue à revers de soie, linge éblouissant* (Galtier-Boissière, 1).

ETYM. apocope de **redingote.** 1873, Verlaine [George].

redoublement *n.m.*

Vx. **Redoublement de fièvre,** nouvelle charge relevée contre un prévenu : *Je te dis qu'il ne tient qu'à moi de lui donner un redoublement de fièvre* (Vidocq).

ETYM. emploi métaphorique et euphémique de la loc. médicale. 1828, Vidocq.

redresse (à la) *loc. adj.*

Se dit d'un individu. ***a.*** audacieux, qui suscite l'admiration de son entourage : *J'ai grandi avec des mecs à la redresse qui étaient contre tout, le boulot, les patrons, les flics* (Destanque) ; ***b.*** régulier (selon les lois du milieu) : *On est là, bien peinards, entre clochards, marlous, mecs à la redresse* (London, 2) ; ***c.*** énergique : *C'est un coup de pot de votre agent à la redresse de m'avoir pris la main dans le sac* (Naud).

◆ *loc. adv.*

Avec forfanterie : *J'ai parié un litre avec mon nouveau copain – un poseur qui veut me la faire à la redresse* (Macé).

ETYM. déverbal de **redresser,** débrouiller, duper avec adresse. ***a.*** 1875, chanson [Esnault] ; ***b.*** 1879, Gill [id.] ; ***c.*** 1931 [id.].

◆ *loc. adv.* 1885, Macé.

redresser *v.t.*

1. Regarder (qqn). **2.** Connaître, découvrir : *J'ai souvent phosphoré sur ce problème sans* *jamais redresser une bonne coupure* (Mariolle). **3.** Identifier : *De planque en planque, de filoche en filoche, les policiers arrivèrent à identifier, à « redresser » comme ils disent dans leur jargon, les truands qui faisaient gueuleton sur gueuleton* Aux Marronniers (Larue). **4.** Vx. **La redresser,** se replacer à un bon niveau, quant au rapport de forces.

ETYM. emplois spécialisés du verbe usuel, pris dans un sens normatif, « situer avec précision ». **1.** 1911 [Esnault]. **2** et **3.** 1926 [id.]. **4.** 1930 [id.].

réentifler *v.i.* → RENTIFFER.

refader *v.t.*

Remplir à nouveau : *Ça n'arrêtait pas. Le patron refadait tous les gobelets, tous, sans exception* (Le Breton, 1).

ETYM. du préf. itératif **re-** et de **fader.** 1954, Le Breton.

refaire *v.t.*

Tromper, dépouiller (qqn) : *Vu, monsieur : deux gosses viennent de refaire la vendeuse, là-bas, de toute sa marchandise* (Pennac, 1). [On disait jadis **refaire au même** ou **dans le dur.**]

◆ **se refaire** *v.pr.*

1. Rétablir ses finances (notamment au jeu) : *Tu es joueur ! Je suis tranquille ! Comme les camarades, tu attendras toujours la dernière partie pour te « refaire »* (Merlet). **2. Se refaire (la cerise, le portrait** ou, vx, **le torse),** se soigner, rétablir sa santé : *Après ça, pour cézigue, le chocolat bouillant et les croissants bien feuilletés au bistro. Besoin de se refaire* (Guérin).

ETYM. emplois spécialisés du verbe usuel. « voler » 1867 [Delvau] ; « duper » dès 1700 [id.]. → MÊME.

◆ *v.pr.* **1.** avant 1720 [DDL 25]. **2. Se refaire,** vers 1175, C. de Troyes ; **le torse,** 1881 [Rigaud] ; **la cerise, le portrait,** 1953 [Sandry-Carrère].

refaite *n.f.*

Vx. Repas. **Refaite de coni,** extrême-onction.

ETYM. du verbe **(se) refaire.** 1836 [Vidocq] pour les deux sens.

refaiter *v.t.*

Arg. anc. Remplir : *Il faut aller à l'esbrouffe pour refaiter le flaque* (Ansiaume).

◆ **se refaiter** *v.pr.*

Vx. Manger, se restaurer : *J'ai été me refaiter dans un tapis franc* (id.).

ETYM. formé sur **refait, refaite.** 1821 [Ansiaume].

refendre *v.t.*

Vieilli. **1. En refendre,** vivre de proxénétisme. **2. En refendre sur qqn,** le tromper.

ETYM. emplois spécialisés du mot usuel, signifiant « partager ». **1.** 1899 [Nouguier]. **2.** 1928 [Esnault].

DER. **refendeur** *n.m.* Proxénète : avant 1899, Lyon [id.].

refile ou **refil** *n.m.*

1. Marchandise refusée. **2.** Vomissure. **3.** Client procuré à une prostituée. **4. Aller au refil(e).** ***a.*** vomir : *Et moi, je tiens plus, je suis à ramasser, les guibolles en flanelle et je me mets à gerber... aller au refile de toutes les délicieuses victuailles que je viens de me farcir* (Boudard, 6) ; ***b.*** payer, s'acquitter d'une dette : *S'il veut sauver sa peau, il faut aller au refile. Il est prêt, mais veut connaître le blot* (Trignol) ; ***c.*** rendre, rembourser : *Pour le moment, je veux être remboursé de tout votre bordel [...] – Tu veux pas non plus qu'on aille au refile de la fraîche des clients pendant que tu y es ?* (Risser) ; ***d.*** dénoncer : *J'ai un puzzle dans le cigare, ça faisait déjà un moment que je gambergeais de les emmener toutes en bateau pour voir qui, dans l'équipage, irait ou non au refil* (Sarrazin, 2).

ETYM. déverbal de **refiler. 1.** 1902 [Esnault]. **2.** 1936 [id.]. **3.** 1925 [id.]. **4.** ***a*** à ***d.*** 1883 [Esnault].

refiler *v.t.*

1. Donner, transmettre (divers objets, concrets ou abstraits) à qqn : *Pourquoi qu't'as pas été t'amuser ? J't'ai refilé de l'oseille, pourtant* (Le Breton, 1). *La môme Bigoudi, mon graillon, la bien innocente, la soucieuse, j'y aurais refilé moi, une trempe, une avoine extra !* (Céline, 5). *Il ne demandait pas mieux que de refiler à d'autres cet encombrant bébé* (Fajardie, 1). **2.** Suivre, surveiller. **3. Refiler la comète, la cloche** ou **le borgnon,** ou simpl. **la refiler,** être sans logis : *Tout tremblant voici / Le gueux de Paris / Qui refile la comète / La tête baissée / Sous le vent glacé* (chanson *la Valse des ombres,* paroles de Danerty et G. Charley). **4. Refiler de la jaquette** ou **en refiler,** être homosexuel passif : *L'information laissait entendre qu'on se trouvait sans* *doute devant l'épilogue d'un drame de la pédale* [...] *Il venait d'avoir un moment de vraie joie, en imaginant quelle tronche aurait pu faire Tchang de son vivant, en se voyant suspecter d'en refiler* (Simonin, 1).

ETYM. du préf. intensif **re-** et de **filer,** donner (le verbe préfixé a la variété de signification du verbe simple : tous deux sont très employés, dans la langue pop.). **1.** 1790, *le Rat du Châtelet*. **2.** 1846, *Intérieur des prisons*. **3. Refiler la comète** et **la refiler,** 1885 [Esnault]; **refiler la cloche,** 1890 [id.] ; **refiler le borgnon,** 1899 [Nouguier]. **4.** 1953 [Sandry-Carrère].

DER. **refileur** *n.m.* Indicateur de coups à faire : 1847 [Dict. nain].

refouler *v.i.*

Sentir mauvais: *La tinette, sans couvercle, refoule désagréablement* (Le Dano). **Refouler du goulot, du corridor,** avoir mauvaise haleine : *Il r'foulait du goulot, comme si d'puis toujours / L'avait embrassé les idées d'Le Pen* (Renaud).

◆ *v.t.*

Émettre (une odeur): *Je refoule le pissat* (Dégaudenzi).

ETYM. emploi métaphorique et olfactif du verbe physique. 1912 [Villatte]. **Refouler du corridor,** 1957 [Sandry-Carrère].

◆ *v.t.* 1987, Dégaudenzi.

réfrac *n.*

Réfractaire : *On est venu m'alpaguer au saut du paje. Paraît que j'étais réfrac* (Malet, 15).

ETYM. apocope de **réfractaire.** 1927, Stéphane.

refroidi *n.m.*

Cadavre : *Ceux qui ont deux refroidis à leur compte ou trois, prennent pour blaze 2 ou 3* (Allain-Souvestre). *Dans une immense fosse / On apport'ra les refroidis / Qu'on empil'ra par grosse* (Bruant). Vx. **Bâcheur de refroidis,** fabricant de cercueils. **Le Musée des refroidis,** la morgue. **Le Parc des refroidis,** le cimetière.

ETYM. participe passé substantivé de **refroidir.** 1836 [Vidocq]. **Bâcheur de refroidis,** 1899 [Nouguier]. **Musée** et **Parc des refroidis,** 1901 [Bruant].

refroidir *v.t.*

Tuer : *Ça y est ! dit l'hercule en se relevant. Il est refroidi* (Méténier). *Et si je trouve pas une solution vite fait, il va me refroidir, ça fait pas un pli* (Pennac, 1).

ETYM. emploi métaphorique du verbe usuel : la mort ôte la chaleur de la vie. 1836 [Vidocq].

DER. **refroidisseur** *n.m.* **1.** Assassin : 1843 [Dict. moderne]. **2. Refroidisseur à la douce,** infirmier : 1847 [Dict. nain].

refroidissement ou **refroidissage** *n.m.*

Vx. Meurtre ou assassinat : *C'était là* [ce chat de Bicêtre] *l'être infortuné dont Pipe-Noire lui reprochait le refroidissement* (Touzé, *in* abbé Moreau).

ETYM. de **refroidir.** 1844 [Esnault] ; *refroidissage* 1899 [Nouguier].

refrusquiner (se) ou **renfrusquiner (se)** *v.pr.*

Vx. Se vêtir de neuf : *J'ai défleuri la pigousse pour m'en refrusquiner* (Ansiaume).

ETYM. du préf. **re-** et de **frusques.** 1821 [Ansiaume] ; *renfrusquiner* 1881 [Rigaud].

régaler *v.t.*

1. Combler (un partenaire) sur le plan sexuel : *Sur le canapé tendu de soie bouton d'or, la maîtresse modiste serait régalée en ouverture* [...] *Armand avait pas à redouter le chom'du d'affection* (Simonin, 5). **2. Régaler son cochon,** s'offrir un bon repas.

◆ **se régaler** *v.pr.*

Prendre un plaisir sexuel intense. SYN. prendre son pied.

ETYM. emploi métaphorique et euphorique du verbe usuel. **1.** 1928 [Lacassagne]. **2.** 1867 [Delvau].

◆ *v.pr.* 1928 [Lacassagne].

reginglard, reginglat ou **reginglet** *n.m.*

Vx. Vin nouveau, génér. acide : *Les hommes commandèrent des litres et on leur apporta du reginglat à faire danser les chèvres* (Huysmans, 2). *Ton pinard ne vaut pas tripette, / C'est le pire des reginglets* (Ponchon).

ETYM. du préf. **re-** et de **ginglard.** *reginglard* 1860, *l'Intermédiaire* [Larchey] ; *reginglat* 1879, Huysmans ; *reginglet* 1901 [Bruant].

VAR. **reglinguet** : 1936, Céline.

régler *v.t.*

1. Vx. Tuer. **2.** Vx. Rosser violemment : *Pas de coups de tête dans l'estome, vous seriez réglé. La galerie serait en droit de vous tomber sur le poil* (Gill). **Régler son trimestre à qqn,** même sens : *Je lui règle son trimestre* [...] *dans* *les grands prix. Elle en a eu des bleus pendant quinze jours* (Méténier). **3.** Vaincre (dans une épreuve sportive) : *Il galopait par-dessus le lot. Vous auriez vu comment il serait venu les régler dans la ligne droite* (La Fouchardière).

ETYM. ellipse de **régler son compte à qqn. 1.** 1811 [Esnault]. **2.** 1879, Gill. **3.** 1906 [Esnault].

réglo *adj. inv.*

Se dit d'un individu loyal ou d'une chose conforme au règlement, à une norme : *Elle était réglo, cette petite ; elle ne lui demandait pas d'où il venait, où il pensait arriver* (Malaquais). *Le Libanais était le propriétaire, sa réputation était celle d'un féroce, mais il passait aussi pour un type réglo* (Agret). *S'il s'attendait à des factures, c'était râpé. « Mais c'est des stocks comment, il s'est inquiété, des stocks réglo ? »* (Ravalec).

◆ *adv.*

De façon loyale, régulière : *Mon truc, c'est de l'or en barre, alors, si vous voulez tâter au pognon, il faut jouer réglo, vu ?* (Delacorta).

ETYM. apocope et resuffixation arg. de **réglementaire.** 1917 [Esnault].

◆ *adv.* 1920 [id.].

regouler *v.t.*

Vx. Rassasier, dégoûter : *J'ai été bientôt regoulé de ces flanchets-là* (Ansiaume).

ETYM. du préf. **re-** et de **gueule.** 1821 [Ansiaume].

regout *n.m.*

ARG. ANC. Scandale : *Y a-t-il du regout ? – Oui, j'ai été fait en travaillant la bauche* (le Rat du Châtelet).

ETYM. du préf. **re-** et de **gueule.** 1790, *le Rat du Châtelet.*

regrouper *v.t.*

Identifier, repérer : *Non, tout bien pesé, la voie des belles amours n'est pas la bonne pour te regrouper, mon pote* (Simonin, 6).

ETYM. emploi spécialisé du verbe usuel. 1966, Simonin.

régulier ou **régule** *adj.*

Se dit d'un individu loyal ou d'une action conforme aux normes du milieu : *Je sais bien que c'est pas régulier, ce que j'ai fait, mâme Marie, histoire à votre homme* (Carco, 8). *Checchi, détenu en France, avouait [...] qu'il était convaincu de tuer un Libanais accusé de ne pas avoir été « régulier »* (*le Monde,* 15 juin 1988). *Il a dit : « Tant pis, c'est régule. / Y aura un sac pour le poulet / Qui ramèn'ra la bague à Jules ! »* (Jamblan, *in* Saka).

◆ *n.m.*

1. Amant en titre : *Une ménesse à la page ne laisse pas poireauter son régulier* (Stollé). **2. Au régulier,** syn. rare de à la régulière : *Si y a un gonze qu'est pas dans l'coup, la partie fonctionne pas, y s'mouillent pas, ça marche au régul* (Simonin-Bazin).

◆ **régulière** *n.f.*

1. Maîtresse en titre : *Auguste Le Breton était également présent avec sa régulière* (Lépidis). **2. À la régulière,** sans tricherie ni irrégularité : *On fait l'amour à la régulière et, moukères ou non, au tarif syndical* (de Goulène). *Du sang lui pissait du nez et ses lèvres avaient doublé de volume, mais il était content. Il avait perdu à la régulière comme il disait* (Roubaudi). SYN. à la loyale.

ETYM. emploi sociologiquement spécialisé de l'adj. usuel (avec apocope pour la forme *régule*). 1917 [Esnault].

◆ *n.m.* **1.** 1930 [id.]. **2.** 1935, Simonin-Bazin.

◆ *n.f.* **1.** 1927, chanson *Ma régulière,* paroles de A. Willemetz, Saint-Granier et J. Le Seyeux. **2.** 1926 [Esnault].

reine *n.f.*

1. Homme efféminé, ou qui se prostitue. **2. Comme une reine,** magnifiquement ou, par antiphrase, de façon détestable : *J'ai pas l'intention d'agir comme ce con de Dudule. Y s'y est pris comme une reine* (Siniac, 3).

ETYM. emplois spécialisés du mot usuel. **1.** 1847 [Esnault]. **2.** 1843, Sue [id.].

reins *n.m.pl.*

Les avoir dans les reins, être recherché par la police : *Tu sais que je les ai dans les reins, qu'au premier signe, je défouraille* (Giovanni, 1).

ETYM. loc. elliptique et pittoresque. 1926 [Esnault].

relance *n.f.*

1. Aller à la relance. ***a.*** ramener au bercail une femme infidèle ; ***b.*** racoler, en parlant d'une prostituée ; ***c.*** chercher à s'informer sur qqch. **2. Venir à la relance.** ***a.*** rouvrir une contestation d'ordre financier ; ***b.*** tenter de renouer une liaison.

ETYM. déverbal de **relancer,** pourchasser (terme de vénerie) et surenchérir (au jeu). **1.** ***a.*** 1899 [Nouguier] ; ***b.*** 1929 [Esnault] ; ***c.*** 1952 [id.]. **2.** ***a*** et ***b.*** 1968 [PSI].

relaxe ou **relax** *adj.*

Détendu, sans manières : *Mais la tolérance, qu'on affichait comme signe de reconnaissance entre gens relax et cool, priva l'écrivain d'une dispute* (Guégan).

◆ *adv.*

Doucement : *Relaxe, Max. C'est quand même pas la première fois que tu es sous les feux de la rampe* (Pagan).

ETYM. de l'angl. **to relax,** se détendre. vers 1955 [Rey-Debove et Gagnon].

◆ *adv.* 1972, *l'Express* [id.].

VAR. **rilax** : 1972, Blier.

relègue ou **relingue** *n.f.*

Peine qui frappait certains récidivistes et qui s'effectuait le plus souvent hors du territoire métropolitain : *Quant au mec Tino et comment qu'il avait été d'accord. Déjà trois sapements derrière lui, frisant la relègue ce coup-ci, et sans artiche de côté, ni degun dehors pour s'occuper de lui, ça lui démangeait un peu de se faire la malle* (Bastiani, 4).

◆ *n.m.*

Individu condamné à cette peine : *Encore un « relingue » qui avait fini son temps de cachot et qu'on ramenait dans sa bauge* (Leroux).

ETYM. apocope et resuffixation de **relégation.** 1899 [Nouguier].

◆ *n.m. relègue* et *relingue* 1901 [Bruant].

relever *v.t.*

Vx. **Relever le chandelier** ou **la relever,** toucher les gains de la journée d'une prostituée, en parlant du proxénète : *Ces pègres* [...] *relevant le chandelier de quelque marcheuse de La Villette* (Humbert). *Son pèr' qu'est mort à soixante ans, / L'avait r'levée aussi dans le temps* (Bruant). SYN. relever le compteur.

◆ *v.i.*

Être en érection.

ETYM. le « cadeau » était déposé sous le chandelier ; dans la seconde expression, le pronom **la** représente le mot *braise*. **Relever le chandelier,** 1880, Humbert ; **la relever,** 1864 [Esnault].

◆ *v.i.* 1953 [Sandry-Carrère].

DÉR. **releveur de chandelier** *n.m.* Proxénète : 1894 [Virmaître].

relooké, e *adj.*

Dont l'apparence extérieure a été modernisée : *La vieille rue de Lappe, « relookée » par les voisinages culturels, FNAC et marches de l'Opéra nouveau* (Cardoze).

ETYM. du préf. **re-** et de l'angl. **look,** apparence. 1997, Cardoze.

reloquer (se) *v.pr.*

Se rhabiller : *Ça va. Ça saigne plus. Tu peux te reloquer. – Merci, docteur* (Demure, 1).

ETYM. du préf. **re-** et de **loquer.** 1936 [Esnault].

relou *adj.*

Ennuyeux.

ETYM. verlan de **lourd.** 1984 [Walter-Obalk].

reluire *v.i.*

Éprouver l'orgasme, jouir : *Chaque samedi soir, je range ma femme dans le lit et je la fais reluire jusqu'à la demie* (Desproges). *Beau tenir à la limite du possible, elle ne vient pas... je finis par la faire reluire en jouant avec mon index un petit air de mandoline* (Boudard, 5).

ETYM. emploi métaphorique du verbe usuel (idée de « briller après frottement »). 1866 [Esnault].

reluis ou **reluit** *n.m.*

Vx. **1.** Jour : *À toute plombe du reluis tu le vois flouer* (Ansiaume). *Être réveillé comme ça* [par le coq du voisin] *au petit reluit...* (Méténier). **2.** Œil.

ETYM. du verbe **reluire. 1.** 1800, Leclair. **2.** 1804, poissard [Esnault].

reluisant *n.m.*

Vx. Soleil.

ETYM. du verbe **reluire.** 1800, Leclair.

reluquer *v.t.*

Regarder avec un vif intérêt, ou avec concupiscence : *Benco choisit de reluquer les mateurs, à leur montée d'escalier roulant* (Bernheim-Cardot). *Ma bell'mèr' pouss' des cris / En r'luquant les spahis* (Delormel et Garnier, *in* Saka). *Il se reluque dans la glace, lance un coup d'œil furtif sur les manilleurs* (Dabit, 1).

ETYM. du préf. **re-** et de **luquer,** regarder (fin du XIVe s.), issu du moyen néerlandais **oeken,** même sens. 1756, *l'Amant cochemard* [GLLF].

DÉR. **reluquage** *n.m.* Confrontation : 1948 [Lacassagne]. **reluqueur** *n.m.* Homme qui regarde obstinément les femmes : 1881 [Larchey].

rèm ou **reum** *n.f.*

Mère : *Mais une fille peut-elle trouver le bonheur si loin de sa rèm ?* (Buron).

ETYM. verlan de **mère.** *reum* 1984 [Walter-Obalk] ; *rèm* 1988 [Caradec].

remballer *v.t.*

1. Remballer ses outils, se reculotter. **2. Remballer qqn,** lui opposer un refus net, l'éconduire.

ETYM. loc. métaphoriques et pittoresques, d'origine ouvrière. **1.** 1953 [Sandry-Carrère]. **2.** 1903, Huysmans [GLLF].

rembarrer *v.t.*

Remettre (qqn) à sa place, l'éconduire : *Et lorsqu'elle avait le malheur de se plaindre, Trimault la rembarrait !* (Dabit, 1). SYN. remballer.

ETYM. de **re-** et de **embarrer,** placer (un levier) sous un fardeau pour le soulever. 1559, Amyot [GLLF].

rembiner *v.i.* → RAMBINER.

rembo ou **rambot** *n.m.*

Rendez-vous: *C'est l'blaze qu'on avait refilé au proprio / De c'rade où on se coquait rembo le jeudi* (Legrand). *Bon, qu'il me répond, moi, il faut que je sorte aussi... J'ai un rambot avec un pote au coin du « Matin »* (Céline, 5).

ETYM. altération de **rendez-vous** sous l'influence de **rambiner.** 1936, Céline. Les relations entre ce mot, *rembour* et *rembro* (→ REMBROQUER) ne sont pas faciles à établir avec une entière netteté.

rembour ou **rembourre** *n.m.*

1. Rendez-vous : *Pis, j'ai rembourre... – Avec une poule ? sursaute le corsage blanc* (Tachet). **2.** Renseignement (surtout au pl.) : *Comme rien ne se produira, ils viendront fatalement au rembour, tu comprends. Il n'y a rien de plus pernicieux que la curiosité* (San Antonio, 7). **3.** Vx. Remboursement.

ETYM. altérations de **rendez-vous** et de **renseignement,** avec un suff. fantaisiste **-bourre,** issu de **rembourser. 1.** 1927 [Esnault]. **2.** vers 1909 [id.]. **3.** avant 1894, Doubs [id.].

rembroquer *v.t.*

1. Vx. Examiner ; reconnaître : *Je rembroque au coin du rifle / Un messière qui pionçait* (chanson, *in* Vidocq). **2.** Rembourser.

ETYM. du préf. **re-** et de **broquer,** guetter, confondu avec *rembourser* (→ REMBOUR). **1.** XVIIIe s., chanson [Vidocq]. **2.** 1907 [Esnault].

DÉR. **rembro** *n.m.* **1.** Rendez-vous : 1909 [Esnault]. **2.** Paiement : [id.]. **3.** Renseignement : 1907 [id.]. **rembroqueur** *n.m.* Témoin : 1844 [Dict. complet]. **rembroqueuse** *n.f.* Lorgnette : [id.]. **rembrocage (de parrains)** *n.m.* Confrontation : 1836 [Vidocq]. **rembrocable** *adj.* Reconnaissable : [id.]. **rembroquant** *n.m.* Miroir : 1833 [Moreau-Christophe]. **rembroque** *n.m.* **1.** Rendez-vous. **2.** Remboursement : 1907 [Esnault], pour les deux sens.

rème *n.m.*

ARG. ANC. Fromage : *Recoque-moi donc deux plombes de rème* (Ansiaume).

ETYM. aphérèse de **durême,** de même sens (suff. arg. de *dur*). 1821 [Ansiaume].

remède *n.m.*

1. Vx. Individu importun. **2. Remède contre l'amour,** femme peu attirante : *Quel tableau. Sale, dépeignée, du rouge à lèvres mal mis lui rayait la poire. Un véritable remède contre l'amour !* (Le Breton, 3). **3.** Arme à feu : *Si tu pouvais m'filer un remède... Les condés m'ont chouravé mon P. 38* (Le Breton, 1). *Voici pourquoi ils dévisagent de leurs yeux cruels le survenant, tout disposés à la bagarre, le « remède » dans la main et la main dans la poche* (Grancher, 2).

ETYM. emploi métonymique du mot usuel : le revolver guérit radicalement... du mal de vivre. **1.** 1901 [Bruant]. **2.** d'abord *remède d'amour* 1690 [Furetière]. **3.** 1921 [Esnault].

remercier *v.t.*

Vx. **Remercier son boucher, son boulanger,** mourir : *La poitrine, vous savez, c'est ma partie faible, je remercierai mon boulanger à la chute des feuilles, c'est connu* (Guéroult).

ETYM. le verbe a ici le sens de « donner congé » : le moribond n'aura plus jamais besoin de viande ni de pain. 1866, Villars.

remettre *v.t.*

1. Reconnaître (qqn) : *Salut, minable ! Tu nous remets ? Jean-Mi s'arrête pile et lève les yeux de ses chaussures* (Demure, 1). **2. Remettre ça.** ***a.*** recommencer : *Et alors, j'ai peut-être pas le droit ? Vous n'allez pas remettre ça, non ?* (Clavel, 2) ; ***b.*** servir de nouveau à boire : *Un Ricard, dit Yan. – Et puis vous remettez ça pour nous, dit Clément en désignant les verres vides*

(Giovanni, 3); ***c.*** coïter de nouveau : *On s'endormait, épuisés, de temps en temps, dans les bras l'un de l'autre et puis on remettait ça* (Dormann). **3. En remettre,** exagérer, accumuler des détails inventés : *Ça m'amusait de créer entre nous une relation un peu fausse qui me permettait de lui poser des questions et d'en « remettre » à son nez et à sa barbe* (Dalio).

◆ **se remettre** *v.pr.*

Se rappeler : *Louis ? Tu ne me reconnais pas ? – Si... mais je ne m'remets pas où je t'ai rencontré* (Galtier-Boissière, 2).

ETYM. emplois très fréquents dans la langue pop. de ce verbe plus concret que son « double » *recommencer.* **1.** fin du XVe s., *Recueil Trepperel* [GLLF]. **2.** ***a.*** 1914, Carco ; ***b.*** 1912 [Esnault] ; ***c.*** 1913 [id.]. **3.** 1923 [Larousse].

◆ *v.pr.* 1925, Galtier-Boissière.

remisage *n.m.*

Vx. Hangar servant de lieu de recel aux véhicules volés : *Dans les remisages, antres noirs et sans fond, vont s'engouffrer tous les camions, voitures, carrioles volés, pendant que les chevaux s'en vont au Marché, et que les victimes sont déjà au fond de l'eau !* (Claude).

ETYM. de **remiser,** garer (une voiture). vers 1880, Claude.

remiser *v.t.*

1. Vx. Rabrouer, remettre à sa place : *Même qu'un jour, en landau, il s'est fait remiser, oh ! mais remiser, sans un mot, rien que d'un coin d'œil* (Daudet). *« Elle l'a joliment bien remisé, ce sale étranger ! » s'écrie une des Bretonnes* (Galtier-Boissière, 2). **2. Remiser son calibre au râtelier,** se retirer du milieu. **3.** Vx. **Remiser son fiacre, son sapin.** ***a.*** se taire ; ***b.*** mourir. ***c.*** mener une vie plus rangée. **4. Remiser sa viande,** se coucher.

◆ *v.i.*

Se retirer de la vie active : *Faudrait pas croire, la môme, que j'ai remisé. Regarde voir. Si je veux, je boulonne et j'me tiens* (Carco, 2).

ETYM. de **remise. 1.** 1881 [Rigaud]. **2.** 1957 [Sandry-Carrère]. **3.** ***a*** et ***b.*** 1867 [Delvau] ; ***c.*** 1881 [Rigaud]. **4.** 1894 [Virmaître].

◆ *v.i.* 1901 [Bruant].

remonte *n.f.*

Recherche de prostituées pour les maisons closes : *Il n'en est pas de même en province où les tolérances manquent souvent de sujets présentables, ce qui oblige les tenanciers à faire ce qu'on appelle la remonte* (Macé). *Que ça soit de la femme ou de la jument, on est toujours en remonte* (Lorrain). *Il demeure chez les hommes du voyage un romantisme attardé ou plutôt un romanesque de feuilleton et, à les entendre, la remonte n'est qu'une forme modernisée de l'ancien enlèvement* (Bénard).

ETYM. terme emprunté aux maquignons. 1885, Macé.

remonter *v.t.*

1. Retrouver la trace de qqn : *À l'OCRB, on ne sait pas trop comment « remonter » Sullah qui ne fréquente que très peu le milieu traditionnel* (*Libération,* 22 août 1983). **2. Faire remonter.** ***a.*** exhiber, montrer ; ***b.*** acquérir. **3.** Faire rentrer (de l'argent) : *La tortore était bonne, l'ambiance aux œufs. L'addition aussi était aux œufs. Mais de ça, ils s'en balançaient. Pour le mal qu'ils avaient à remonter l'artiche !* (Le Breton, 3). **Remonter ses billes, ses boules, faire remonter du fric, en faire remonter,** rétablir sa situation financière : *Pour lui, ça allait, il avait réussi à remonter ses billes et m'assurait faire du léger. Juste des combines pour l'alimentaire* (Knobelspiess). **4.** Vx. **Remonter sa pendule,** battre sa femme de temps en temps.

ETYM. emploi imagé évoquant l'argent caché qui remonte à la surface. **1.** 1983, *Libération.* **2.** ***a.*** 1953 [Esnault] ; ***b.*** 1960 [Le Breton]. **3.** vers 1950 [Cellard-Rey]. **4.** 1867 [Delvau].

remorqueur *n.m.*

Vx. Homme qui trompe une femme pour l'entraîner dans un « bateau ».

ETYM. métaphore cohérente avec **bateau, barlu.** 1899 [Nouguier].

remoucher *v.t.*

Vx. **1.** Regarder, reconnaître (qqn) : *N'y a qu'à r'moucher les ouvriots / Pour savoir si tout marche* [en France] (Gill). *Il cherche en vain l'individu dont je lui ai parlé : « Hé ! me dit-il, d'où qu'il est ce fagot, que je le remouche ? »* (Vidocq). **2.** Rabrouer : *A fallu le remoucher sérieusement* [mon rival] [...] *– Ça a failli m'attirer des histoires* (Méténier).

ETYM. du préf. **re-** et de **moucher. 1.** 1743 [Esnault]. **2.** 1803 [Boiste].

DÉR. **remouchante** *n.f.* Glace, miroir : 1844 [Dict. complet].

rempilé *adj. et n.m.*

Se dit d'un militaire qui s'est rengagé : *Vers 1900, le sous-off rempilé, si même il brimait le*

« type calé », l'étudiant, redoutait de lui quelque sortilège (Werth, 2). *L'adjudant Morache, un rempilé, notre bête noire* (Dorgelès). *Un rempilé de la guerre 40, un consciencieux qui s'occupait surtout des chiottes bouchées à la caserne* (Boudard, 6).

ETYM. participe passé substantivé de **rempiler.** 1901 [Bruant].

rempiler *v.i.*

Se rengager (dans l'armée) : *Charles de Gaulle Pépin était né en Guadeloupe et avait rempilé dans les pompiers, après son service militaire* (Lacroix).

ETYM. du verbe normand **repiler,** presser à nouveau les pommes sous la pile. 1894 [Esnault].

remplir (se) *v.pr.*

1. Faire de bonnes affaires, de gros profits. **2. Se remplir le battant, le buffet** ou **le bide,** manger copieusement.

ETYM. emploi métaphorique du verbe (p.-ê. par ellipse de *se remplir les poches,* même sens ; déjà *se remplir ses poches* 1838, Hugo). **1.** 1928 [Esnault]. **2.** *se remplir la paillasse* 1808 [d'Hautel]; **se remplir le battant,** 1867 [Delvau].

remplumer (se) *v.pr.*

Rétablir sa santé ou ses affaires : *Le régime pénitentiaire nourrissait mieux son homme que celui de la prostitution, car Papa Poisson me sembla, je n'ose dire remplumé* [...] *mais rudement ragaillardi* (London, 2).

ETYM. image inverse de *perdre ses* ou *des plumes.* 1640 [Oudin].

renacle ou **renache** *n.f.*

ARG. ANC. Police : *Attention ! La renacle est en chasse* (Claude); et, par confusion: *Acrès, v'là l'Arnaque !* [...] *En effet, quatre gardiens de la paix accouraient* (Méténier). → ARNAQUE.

ETYM. origine confuse : sans doute par segmentation de **rousse à l'arnache,** police sans uniforme, issu de **harnacher,** tromper; mais aussi influence de **renâcler,** renifler, flairer (cf. l'image du policier comme limier). *renache* 1848 [Pierre] ; *renacle* 1883 [Fustier].

renard *n.m.*

1. Vomissement : *On est palpé des oreilles aux pompes par un jeune poulet frétillant. Et dont les pognes s'attardent pas du tout quand les fringues et le frangin fouettent un peu trop le renard* (Dégaudenzi). **Aller au renard,** (vx) **écorcher le renard** ou **lâcher, piquer un renard,** vomir : *On en avale un verre, deux verres, dix verres sans piquer de renard ; mais quand on en a jusqu'au goulot, finalement, faut dégueuler* (Gill). **Queue de renard,** vomissement : *Oh ! de belles fusées, des queues de renard élargies au beau milieu du pavé, que les gens attardés et délicats étaient obligés d'enjamber* (Zola). **2. Tirer au renard,** esquiver le service, une corvée. **3.** Vx. Forçat jouant le rôle de mouchard : [Le commissaire du bagne] *me proposa de me rendre témoin d'une offre de service que venait lui faire un renard* (Alhoy). **4.** Vx. Contrebandier. **5.** Vx. Pourboire. **6.** Ouvrier qui ne fait pas la grève. SYN. jaune.

ETYM. emplois métaphoriques et anciens du mot désignant l'animal rusé. **1. Aller au renard,** 1964 [Larousse]; **écorcher le renard,** 1534, Rabelais [GLLF] ; **piquer un renard,** 1849, Flaubert [id.]; ce sens, d'origine obscure, vient p.-ê. de ce que les chevaux, parfois, ont un mouvement de recul et se cabrent devant le renard, ou encore d'une influence de *renaud.* **Queue de renard,** 1821, *Cabarets de Paris* [Larchey]. **2.** 1883 [Esnault]. **3.** 1829 [Forban]. **4.** 1847 [Dict. nain]. **5.** 1866 [Delvau]. **6.** 1920 [Bauche].

DER. **renarder** *v.i.* Vomir : 1576, Sasbout [GLLF]. *v.t.* Trahir : avant 1871, Ponson du Terrail [Larchey].

renaud *n.m.*

1. Colère : *Fixant Johnny, il grouma, dans un renaud interne : « Avec sa voix de levrette, ce con va nous faire passer pour des lopes » !* (Simonin, 8). **Être à renaud,** être en colère : *Va falloir organiser notre décarrade en douce. Elle est à renaud et ne faut pas qu'elle nous voie défiler* (Lorrain). **Mettre à renaud** ou **en renaud,** irriter : *Ma p'tite Suzon, il faut que j'te bonisse / Que tes manières commencent à m'rendre à r'naud* (chanson *J'te vas lâcher un pain,* 1864, *in* Rossignol). **Monter au renaud,** se mettre en colère : *On pouvait plus rien leur dire maintenant. Elles montaient au renaud comme du lait sur le rif* (Houssin, 1). **2.** Esclandre, tapage : *C'est ça ! c'est pas bête ; il faut être sûr avant de faire du renaud* (Vidocq). *Ce fut encore l'occasion de bien des imprécations. Il y eut du renaud dans la turne* (Humbert). **Chercher** ou **faire du renaud,** chercher querelle.

ETYM. déverbal de **renauder. 1.** vers 1673 [Esnault]. **Être à renaud,** 1885 [Chautard], mais *être arnau,* par agglutination, dès 1881

[Rigaud]. **Mettre à renaud,** 1844 [Dict. complet] ; **mettre en renaud,** 1886 [Esnault]. **2.** 1798, Orgères. **Chercher du renaud,** 1883, Macé [Esnault] ; **faire du renaud,** 1881 [Rigaud].

renaudant, e *adj.*

Irritant : *Voilà ce qu'elles ont toutes dans l'idée, monsieur Ménard. Si c'est pas renaudant* (Lorrain).

ETYM. participe présent de **renauder.** 1895 [Esnault].

renaude *n.f.*

Colère : *Elle s'est barrée pour tout de bon, la salope. J'en suis sûr, puisque c'est le Grec qui m'la soulevée. Et c'est ça qui m'fout en renaude* (Le Breton, 5) ; récrimination.

ETYM. du verbe **renauder.** 1880 [Esnault].

renauder *v.i.*

Se plaindre, maugréer : *Quand on leur tenait tête ainsi, ils renaudaient bien un peu mais mettaient les pouces* (Jamet). *Alors il est vexé, question orgueil il renaude* (Dimey).

ETYM. du moyen fr. **parler renaut,** c.-à-d. comme le renard, nasiller. 1808 [d'Hautel].

renaudeur, euse *n.*

Individu qui récrimine, proteste : *À la facture qu'il nous adressait, ce renaudeur joignait une diatribe pas piquée des vers* (Simonin, 7). *Qu'est-ce qu'elle vient foutre ici, cette renaudeuse ?* (Lorrain).

ETYM. du verbe **renauder.** masc. 1847 [Esnault] ; fém. 1904, Lorrain.

1. rencard ou **rancard** *n.m.*

Renseignement : *Mais n'ayez crainte, c'coup-là, j'aurai l'rencard et tout s'passera correctement* (Carco, 1).

ETYM. origine douteuse, p.-ê. de l'anc. verbe **recorder,** instruire, avec influence de **renseignement.** *rencard* 1889 [Esnault] ; *rancard* 1894 [Virmaître].

2. rencard, rencart ou **rancart** *n.m.*

1. Rendez-vous : *Elle est passée par les caves, elle avait rencart à trois heures et demie avec un polisson de cinquante-deux ans, Monsieur Paul* (Prudon) *Lucien avait l'œil égrillard. – Un rencard ? Oh, oh ! Attends, je vais t'arranger ton coup* (Pécherot). **2.** Lieu de rendez-vous : *Un marchand d'vin où tout Charonne et Ménilmontant rappliquent le mercredi. C'est un rancart de grinches, de fric-fracs et de barbes* (Lorrain).

ETYM. apocope de **rencontre,** avec le suff. **-ard.** **1.** *rancard* 1899 [Nouguier] ; *rencart* 1914, Carco. **2.** 1904, Lorrain.

VAR. **renque** *n.f.* : 1926 [Esnault].

1. rencarder ou **rancarder** *v.t.*

Informer, avertir, renseigner : *Rencarder la flicaille ? Renseigner ces ordures ? Ah ! non, jamais !* (Le Breton). *Ce que je sais, c'est que tu ferais peut-être bien d'aller te rencarder auprès du gardien* (Dominique).

ETYM. de **1. rencard.** 1899 [Nouguier].

DER. **rencardeur** *n.m.* Indicateur : [id.].

2. rencarder *v.t.*

Donner un rendez-vous à qqn : *J'avais rencardé Lulu au troquet, mais elle m'a snobé.*

ETYM. de **2. rencard.** 1901 [Esnault].

rencontre *n.f.*

À la rencontre. ***a.*** en bousculant la victime pour la voler : *Les plus habiles et les plus audacieux fourlineurs se livrent au vol dit à la rencontre : mais, pour ce genre de soustraction, il faut être deux, le premier se promène sur les boulevards* [...] ; *le second suit de très près son camarade qui, lorsqu'il a remarqué un passant porteur d'une chaîne en or* [...], *se dirige de manière à venir se jeter contre cette personne* [...] *et il profite alors de la commotion produite pour enlever adroitement chaîne, montre ou porte-monnaie. Son compère* [...] *reçoit à l'instant même l'objet soustrait et disparaît aussitôt* (Canler) ; ***b.*** tout en circulant sur la voie publique (notamment en parlant d'un policier) : *Cinq hommes en tout, qui travaillaient « à la rencontre », c'est-à-dire qui essayaient de repérer les petits casseurs, les petits roulottiers, les arracheurs de sacs* (*le Nouvel Observateur,* 12 janvier 1981).

ETYM. emploi spécialisé du mot usuel. ***a.*** 1821 [Ansiaume] ; ***b.*** 1899 [Nouguier].

rendez-moi ou **rendez** *n.m.inv.*

1. Vol au rendez-moi, escroquerie consistant à réclamer à un commerçant la monnaie d'une pièce ou d'un billet de forte valeur, qu'on n'a en réalité pas donné, ou à récupérer la pièce ou le billet en même temps que la monnaie : *Les voleurs au rendez-moi qui se font rendre la monnaie sur un billet d'un montant supérieur à celui qu'ils ont réellement remis au commerçant* (Larue). **2.** Voleur qui pratique le rendez-moi : [...] *une discussion qui est quelquefois fort longue et dont le rendez-moi ne sort triomphant qu'avec beaucoup de peine* (Canler).

ETYM. loc. imagée, issue de **rendez-moi la monnaie. 1.** *rendez-moi* 1836 [Vidocq] ; *rendez* 1901 [Bruant]. **2.** 1862, Canler.

VAR. **rendémi :** 1878 [Rigaud]. **rendem :** 1883, Macé. **rende :** 1886 [id.]. **rendèche** et **renduche :** 1928 [Esnault]. **rendu :** 1948 [id.]. **rendez-rendez :** 1928 [Lacassagne].

rendre *v.t.*

1. Rendre la monnaie, être sur le déclin, en parlant notamment d'une prostituée : *Dans un cercle de nanas, parlant, même pour la louer, d'une de leurs potes absente [...], évitez de souligner que celle-ci commence à rendre la monnaie* (Simonin, 10). **2. Ne pas rendre,** ne pas être dupe. **3.** Vx. **Rendre les miettes** ou **ses comptes,** vomir. **4.** Vx. **Rendre sa bûche, sa canne au ministre, sa clef, son cordon, son livret, son permis de chasse, son tablier,** mourir.

ETYM. emplois métaphoriques du verbe usuel. **1.** l'individu vieillissant ne peut plus compter sur son charme pour « garder la monnaie ». 1957 [PSI]. **2.** 1928 [Lacassagne] ; p.-ê. altération de *rentrer*. **3.** 1881 [Larchey], mais *rendre compte* dès 1640 [Oudin]. **4.** 1867 [Delvau].

renflée *n.f.*

Bossue : *Donnez-nous en de la* renflée ! *– Qu'on la voie à mort !* (Sue, 2).

ETYM. emploi méprisant de l'adj. usuel. 1844, Sue.

renfrusquiner (se) *v.pr.* → **REFRUSQUINER (SE).**

rengracier ou **rengracir** *v.i.*

1. Vx. Changer d'activité ou de langage : *Il a rengracié de pègre pour être fourgat* (Ansiaume) ; spéc., retrouver sa bonne humeur après une phase d'irritation : *Miraille rengracit un peu (pardon !) Mireille, veux-je dire, devient un tantinet plus aimable* (Faizant). **2.** Se montrer moins exigeant ; renoncer : *Et quand tu renaud's un peu trop / Frère Flick te jambonn' la gueule / Et t'es ben forcé d'rengracier* (Rictus). *Robert le Diable, il a bien été forcé de rengracir, de laisser faire* (Boudard, 6).

◆ *v.t.*

Cesser. **Rengracie (le chiffon rouge) !,** tais-toi !

ETYM. de l'anc. fr. **regracier,** remercier (cf. ital. **ringraziare,** remercier le public et plier bagage [Esnault]). **1.** 1821 [Ansiaume] ; spéc., 1881, abbé Moreau. **2.** 1827 [Chéreau].

◆ *v.t.* 1821 [Ansiaume]. **Rengracie le chiffon rouge,** 1850 [Sainéan].

DER. **rengraciement** *n.m.* **1.** Abdication : 1836 [Vidocq]. **2.** Remise de peine : 1847 [Esnault]. **rengracié, e** *n.* Converti : 1836 [Vidocq].

renifle *n.f.*

1. Cocaïne. **Être de la renifle,** se droguer à la cocaïne : *Il y a deux petits sachets contenant une poudre blanche que je n'ai pas de mal à identifier : cocaïne. L'un de ces messieurs est de la renifle* (San Antonio, 7). **2.** Police : *Et près d'Victor, poursuivit Bob, l'type au costume à raies, il appartient à la maison Poul'mins, à la renifle* (Carco, 1).

ETYM. déverbal de **renifler. 1.** 1925 [Esnault]. **2.** 1871 [id.].

renifler *v.t.*

1. Supporter (dans un contexte négatif) : *Depuis bientôt trente ans que je la connais, tu n'as jamais pu la renifler* (Amila, 1). **2.** Deviner, pressentir (qqch ou qqn) : *Je reniflais que cette souris nous attirerait des pépins* (Malet, 7). *Ils s'apprêtent à l'alpaguer, mais le truand, qui les a reniflés, et qui a toujours la main sur son feu, tire sur les policiers* (Larue). **Renifler le coup,** sentir le danger. **Se faire renifler,** être découvert, au cours d'une surveillance ou d'une filature. **3. Renifler la comète,** coucher à la belle étoile. **4.** Vx. Convoiter (qqch). **5.** Vx. Absorber par le nez ou la bouche ; spéc., priser ou boire. **6.** Exhaler (une odeur considérée comme désagréable) : *Il reniflait le pinard et semblait imbibé de vin comme un baril de Bourgogne* (Héléna, 1) ; et, au fig. : *Salut ! Je vais prendre l'air. Ici, ça renifle salement le perdreau* (Le Chaps).

◆ *v.i.*

1. Exhaler ou percevoir une mauvaise odeur : *Tu renifles pas mal ; c'est une cassure du grand collecteur, alors t'as intérêt à bosser avec une pince à linge dans le nez et des bottes les plus hautes possible* (Klotz) ; et, au fig. : *Te fais pas de souci pour ça, c'est pas elle qui dérobera. Quand ça craint, elle renifle tout de suite, j'ai même pas besoin de l'affranchir !* (Mariolle). **2.** Vx. Renâcler.

ETYM. emplois expressifs du verbe usuel. **1.** 1846, *Intérieur des prisons*. **2.** 1855, Paillet. **Renifler le coup,** 1953 [Sandry-Carrère]. **Se faire**

renifler, 1975 [Arnal]. **3.** 1975 [id.]. **4.** 1857 [Esnault]. **5.** «priser» 1800, Leclair; «boire» 1867 [Delvau]. **6.** 1867 [id.].

◆ *v.i.* **1.** «exhaler» 1901 [Bruant]; «percevoir» 1974, Klotz. **2.** 1862 [Larchey].

DÉR. **renifleur** *n.m.* **1.** Policier : 1883, Macé [Esnault]. **2. Renifleur de camelote à la flan,** voleur à l'étalage : 1881 [Larchey].

reniflette *n.f.*

1. Cocaïne : *Somme toute, vos bonshommes n'ont aucun rapport avec le portier miteux qui propose quelques grammes de reniflette* (Rognoni). **2.** Vx. Eau-de-vie. **3.** Police ; agent de police : *T'as de l'atout, en avant le ressort aux clignots des reniflettes* (Macé).

ETYM. de **renifler,** avec le suff. diminutif **-ette.** **1.** 1928 [Lacassagne]. **2.** 1940 [Esnault]. **3.** 1883, Macé [id.].

renoi *n.*

Personne de race noire : *Mon cousin a été les éduquer là-bas comme coopérant français. Ils sont naïfs comme les renois d'antan* (*Actuel*, mai 1985).

ETYM. verlan de **noir.** 1985, *Actuel.*

renquiller ou **ranquiller** *v.i.*

1. Rentrer : *Suffren [...] c'était mon bled, mon milieu, mes rencards le soir avec Jacqueline quand elle ranquillait du turbin* (Trignol). **2.** Rengager (dans l'armée).

◆ *v.t.*

Rempocher.

◆ **se renquiller** *v.pr.*

Rétablir sa santé ou ses finances. SYN. se refaire, se remplumer.

ETYM. du préf. **re-** et de **enquiller.** **1.** 1836 [Vidocq]. **2.** 1878 [Esnault].

◆ *v.t.* 1878 [id.].

◆ *v.pr.* 1866 [id.].

renseignement *n.m.*

Aller au(x) renseignement(s), risquer une caresse érotique sur une femme : *Je l'ai collée contre le mur et je vais direct au renseignement* (Boudard, 5).

ETYM. loc. euphémique et humoristique : le renseignement est rapidement donné par la réaction de la femme ainsi abordée. au sing., 1927, chanson *C'est la valse des costauds,* paroles de R. Flouron.

renseigneur *n.m.*

Vx. Informateur : *Je ne doutai plus que la bande Maillard, dont Jongé était le renseigneur, avait des ramifications secrètes avec le bandit italien* (Claude).

ETYM. de **renseigner.** vers 1880, Claude.

rentier *n.m.*

ARG. ANC. Détenu ayant un petit capital en dépôt au greffe : [À la Roquette, le samedi soir,] *on fait l'appel des rentiers, et on distribue à chacun deux francs quatre-vingt-cinq centimes* (Joigneaux).

ETYM. emploi ironique du mot usuel. 1841, Joigneaux.

rentiffer ou **réentifler** *v.i.*

Vx. Rentrer : *V'là donc les frangins du cravail / Qui rentiffent comme un bétail, / La gueul' baissée, les arpions lourds* (Rictus).

ETYM. du préf. **re-** et de **entiffer** ou **entifler.** *rentifer* 1881 [Rigaud] ; *réentifler* 1930 [Esnault].

rentre-dedans *n.m.inv.*

1. Combat au corps à corps : *Fabius, surnommé à juste titre le roi de l'esquive, a pris en effet le parti du rentre-dedans* (*Libération*, 28 octobre 1985). **2.** Avances amoureuses pressantes : *Pour mon confort, j'avise une fille qui avait un lit, lui fais un peu de rentre-dedans et couche avec elle* (Jamet).

ETYM. mot expressif, composé de **rentrer** et de l'adv. **dedans.** **1.** 1904 [Esnault]. **2.** 1925 [id.].

renversée *n.f.*

Changement d'attitude, revirement : *Y faut s'faire emballer et crever par les condés, maintenant, pour éviter les soupçons ? Qu'est-ce que c'est que cette renversée ? Vous cherchez pas à m'doubler, non ?* (Le Breton, 3). **Faire la renversée,** changer d'avis : *Et quand on t'a décollé le gadin, c'est plus le moment de faire la renversée* (Le Chaps).

ETYM. de **renverser.** 1935, Simonin-Bazin.

renverser *v.i.*

1. Passer de l'hostilité à une attitude conciliante ; passer l'éponge. **2.** Aller festoyer en laissant de côté les affaires sérieuses. **3.** Changer de comportement à l'égard de qqn, en général dans un sens peu favorable. **4. Renverser son absinthe, son café, son casque, sa chaufferette, sa marmite, son mazagran,** mourir.

ETYM. emplois très suggestifs du verbe usuel ; sans doute par ellipse de la loc. technique **renverser la vapeur.** **1** et **2.** 1957 [PSI]. **3.** 1960 [Le Breton]. **4. Renverser son casque, sa**

marmite, 1867 [Delvau] ; **sa chaufferette,** 1894 [Virmaître]; autres compl., 1901 [Bruant].

répandre *v.t.*

Faire tomber qqn, l'assommer, le tuer : *Les petits mecs en casquette l'admiraient pour la manière dont il avait répandu le gros « Sansandre », un coup de boule et deux coups de savate* (Piljean, 1).

◆ **se répandre** *v.pr.*

1. Tomber à terre : *Max, je lui dis, descends de l'escabeau, il fait plus clair, tu vas te répandre...* (Simonin, 2). **2.** Vx. Mourir.

ETYM. emploi dépréciatif de ce verbe originellement appliqué à un liquide, à une matière fluide. 1878, Gill.

◆ *v.pr.* **1** et **2.** *s'être laissé répandre* 1690 [Furetière].

repasseman *adj. et n.m.*

1. Dupe : *Il se réjouissait ce matin, Petit-Paul, à imaginer la tronche écumante d'Alexandre, à l'instant où il comprendrait avoir été repasseman !* (Simonin, 8). **2.** Filou, escroc. **La Maison Repassmann,** n.f., le domaine de l'escroquerie.

ETYM. de **repasser**, avec un suff. arg. pseudo-angl. **1.** 1953 [Esnault]. **2.** 1935 [Simonin-Bazin].

repasser *v.t.*

1. Dépouiller, escroquer : *Victimes à leur tour de trafiquants qui les « repassent » avec des faux dollars, ils reviennent en France sans un sou* (Larue). *Faut pas croire que j'avais l'intention de repasser Jo, assura-t-il. J'attendais pour voir comment les choses tourneraient pour lui* (Giovanni, 3). SYN. doubler. **2.** Voler, dérober (qqch). **3.** Tuer, assassiner : *Là-bas ou ici, ils verront bien qu'il a été repassé par un motard. Et la bastos qu'il a dégustée, qu'est-ce que t'en fais ? N'oublie pas le labo de l'Identité judiciaire !* (Le Breton, 1).

ETYM. emplois ironiques du verbe technique, « visiter et réparer une machine ». **1.** 1835 [Raspail]. **2.** 1880 [Chautard]. **3.** « maltraiter » 1808 [d'Hautel].

DER. **repassage** *n.m.* **1.** Filouterie : 1935 [Simonin-Bazin]. **2.** Meurtre : 1953 [Esnault].

repasseur *n.m.*

Filou : *Les camarades « repasseurs » qui quittent la taule en plantant le drapeau à la caisse...* (Simonin-Bazin).

ETYM. de **repasser** au sens 1. 1935, Simonin-Bazin.

repiquer *v.t.*

Reprendre, récupérer.

◆ *v.t. ind.*

Repiquer (au truc), recommencer, reprendre une activité, une habitude qu'on avait abandonnée : *Ça coût' pas un centime. / Aussi, nom d'un chien, / Je r'piqu' l'an prochain / Avec ma légitime !* (chanson *Un bal à l'hôtel de ville,* paroles de Mac-Nab). *Du coup, il a fermé boutique. Mais bon, il pourrait peut-être repiquer au truc, rien qu'une fois, pour te dépanner* (Sarraute). *J'ai donc pensé qu'elle avait repiqué au deal et que ces photos devaient constituer des preuves* (Pennac, 1).

◆ *v.i.*

Vx. **1.** Reprendre le dessus (au jeu, en affaires, etc.). **2.** Se rendormir.

ETYM. du préf. **re-** et de **piquer**. 1953 [Sandry-Carrère].

◆ *v.t. ind.* **Repiquer au truc,** 1881 [Rigaud] ; **repiquer,** 1867 [Delvau] ; sens érotique, 1934, G. Chevallier [GLLF].

◆ *v.i.* **1.** 1862 [Larchey]. **2.** de **piquer son chien**. 1866, *la Vie parisienne* [id.].

DER. **repiquage** *n.m.* Au jeu de cartes, action de reprendre le dessus : 1881 [id.].

replonger *v.i.*

1. Être incarcéré de nouveau après récidive : *À peine sorti de centrale, il replonge. Il écope de vingt et un mois, le 22 mai 1922* (Larue). **2.** Recommencer ; reprendre une habitude, une activité : *Je te le jure, Benjamin, si ça continue, je replonge à la piquouse* (Pennac, 1). SYN. repiquer.

ETYM. du préf. **re-** et de **plonger. 1.** 1966, Simonin. **2.** contemporain.

répondant *n.m.*

Avoir du répondant. ***a.*** avoir des économies ; ***b.*** être bien en chair, en parlant d'une femme ; ***c.*** avoir un fort tempérament amoureux : *Si Mâ'me Communal a pas truqué le monologue d'Antoinette, qu'elle prétend avoir esgourdé à la lourde de Jojo, y aurait chez la lamedé un sérieux répondant* (Simonin, 5).

ETYM. loc. à valeur euphémique. ***a.*** avant 1922, Proust [GLLF] ; ***b.*** 1951, Grancher [Doillon] ; ***c.*** 1960, Simonin.

repoussant *n.m.*

Vx. **1.** Fusil. **2.** Revolver : *Il faut que je me monte d'une paire de repoussants* (Ansiaume).

ETYM. du verbe **repousser** (allusion au recul). **1.** 1800, Leclair. **2.** 1821 [Ansiaume].

repoussante *n.f.*

ARG. ANC. Poudre pour arme à feu : *N'oublie pas de me rapporter de la repoussante* (Ansiaume).

ETYM. de **repousser.** 1821 [Ansiaume].

repousser *v.i.*

Produire une mauvaise odeur. **Repousser du couloir, du corridor, du fusil, du goulot, du tiroir,** etc., avoir mauvaise haleine : *Si encore y ne trouillotait pas... mais y repousse du goulot* (Rosny).

ETYM. emploi expressif du verbe usuel (cf. l'adj. *repoussant*). **Repousser du corridor** et **du tiroir,** 1867 [Delvau] ; **du couloir** et **du goulot,** 1881 [Rigaud] ; **du fusil,** 1872 [Larchey].

DÉR. **repoussoir** *n.m.* **1.** Bouche malodorante : 1919 [Esnault]. **2.** Personne d'abord peu ragoûtant ; femme laide : 1881 [Rigaud]. **repousse-du-goulot** *n.* Personne qui a mauvaise haleine : 1920 [Bauche].

requimpette *n.f.*

VX. Jaquette, redingote : *En requimpettes orange et bleues qu'ils étaient à présent sapés... ça faisait bien vif sur l'horizon de leur caravane* (Céline, 5).

ETYM. altération probable de **redingote.** 1884 [Villatte].

VAR. **reguingote** : 1897, Rictus. **repimpette** : 1960, Bastiani.

requin *n.m.*

1. Individu cupide, intraitable en affaires : *N'essaie pas de me doubler, il y a de très gros requins dans cette affaire* (Vilar). **2.** VX. Douanier : *À ces mots : « Gare aux requins », je fus reçu d'une manière presque amicale* (Vidocq).

ETYM. emplois métaphoriques (idée d'avidité féroce) du mot désignant le squale. **1.** 1790 [DDL]. **2.** 1796 [Esnault].

résiné *n.m.* → RAISINÉ.

respectueuse *n.f.*

VIEILLI. Prostituée : *Une gonzesse qu'en fait à la Charbonnière, c'est une sale putain. Une qui en moule à la Madeleine, ça s'appelle une respectueuse, une accueillante* (Trignol).

ETYM. par ellipse de *la Putain respectueuse,* titre d'une célèbre pièce de J.-P. Sartre (1946), grâce à qui ce mot s'est répandu.

respirer *v.t.*

1. Boire. **2.** Supporter (qqn) : *Pour l'instant Lulu ne tenait pas à se respirer la Monique, l'entendre débloquer ses transes* (Mariolle). **3.** Soupçonner : *J'ai vraiment respiré la vape... que ma belle Marthe était d'une espèce rare... une gonzesse à double ou triple vie* (Boudard, 2). **4. Dur à respirer,** incroyable, invraisemblable : *Mets-toi à sa place. Quarante kilos de came cravatés... C'est duraille à respirer, non ?* (Le Breton, 3).

ETYM. emplois métaphoriques du verbe usuel (proches de ceux de *renifler*). **1.** 1886 [Esnault]. **2** et **3.** 1953 [id.]. **4.** 1954, Le Breton.

respirette *n.f.*

Cocaïne : *Condé est marchand de coco, autrement dit de respirette, de came, de neige ou de bigornette* (Galtier-Boissière, 1).

ETYM. de **respirer**, la cocaïne se consommant surtout par aspiration nasale. 1922 [Esnault].

resquille *n.f.*

Action de resquiller ; avantage obtenu de cette manière : *KCP et Bernardin misent sur la présence d'hommes de main pour leur garantir un succès financier que ne vienne pas troubler un taux de resquille trop important* (*Libération,* 2 novembre 1977).

ETYM. déverbal de **resquiller.** 1924 [Esnault].

resquiller *v.t.*

Obtenir qqch sans payer ce qui est dû.

◆ *v.i.*

Se faufiler pour passer devant qqn, notamment dans une file d'attente : *Ben, où ils vont, ceux-là ? s'inquiéta la vieille dame en les voyant sauter sur la voie. C'est pas par là, la correspondance ! – Ils resquillent, lui affirma son vieux bonhomme* (Varoux, 1).

ETYM. du prov. **resquilha**, glisser, se glisser par fraude. 1910 [Esnault].

◆ *v.i.* 1927 [id.]. Passé auj. dans la langue familière.

resquilleur, euse *n. et adj.*

Individu qui resquille : *Faites la queue, les resquilleurs !*

ETYM. de **resquiller.** 1924 [Esnault].

ressaut *n.m.*

1. Protestation : *Faire du ressaut.* **2.** Colère. **Mettre, foutre en** ou **à ressaut,** irriter : *Ce qui me fout à ressaut, explique-t-il au petit Belin, c'est d'aller me faire fendre la gueule pour* *aller prendre trois champs de betteraves qui ne servent à rien* (Dorgelès). **Être en** ou **à ressaut,** être en colère. **Aller au ressaut,** s'indigner, protester.

ETYM. déverbal de **ressauter. 1.** 1888 [Esnault]. **2.** 1897 [id.]. **Être en ressaut,** 1899 [Nouguier]; **à ressaut,** 1901 [Bruant]. **Aller au ressaut,** 1930 [Esnault].

ressauter *v.i.*

Manifester de la mauvaise humeur : *À l'idée que Zaza ronflerait avec un autre homme, même vieux, dégueulasse et tout, ça me fait ressauter !* (Galtier-Boissière, 2).

ETYM. verbe lyonnais, qui a le sens de « sursauter » (surtout de peur). 1887 [Esnault].

DÉR. **ressauteur** *adj. et n.m.* Se dit d'un homme récalcitrant, violent : 1892 [id.].

ressent *n.m.*

1. Soupçon d'un danger. **2.** Alerte, danger. **Porter le ressent** ou **aller au ressent,** signaler un méfait à la police.

ETYM. déverbal de **ressentir. 1.** 1902 [Esnault]. **2.** 1928 [Lacassagne].

ressentir (s'en) *v.pr.*

1. Avoir envie (de faire qqch), être porté vers : *Je ne m'en ressens pas pour une java comme l'autre jour* (Yonnet). **2.** Être amoureux de : *D'une sœur qui gode pour un julot, on peut tout espérer.* [...] *Mais quand elle ne s'en ressent plus... Du vernis à ongles qu'elle se mettrait, tout en vous regardant vous faire couper le cigare* (Le Breton, 3).

ETYM. emplois positifs du verbe usuel, plutôt négatif dans l'usage courant (cf. *se ressentir d'une maladie, d'une blessure,* etc.). **1.** 1919 [GR]. **2.** 1928, chanson *Quand il joue de l'accordéon,* paroles de Bijouard et Ph. Fèbvre.

restau ou **resto** *n.m.*

Restaurant : *Pas mal ce restau, pense-t-il, faudra que j'y amène Geneviève un de ces jours* (Klotz). *Elle m'a tiré vers la porte du resto. À l'intérieur, il faisait chaud et ça sentait la frite* (Pouy, 1).

ETYM. apocope de **restaurant.** *restau* 1899 [Esnault]; *resto* 1947, Malaquais.

rester *v.i.*

1. Y rester, mourir : *La franc-maçonnerie des notaires de tous les pays s'unit pour m'apprendre que l'oncle sans prénom y était resté. À ce que je compris, un obus, venu de Dieu sait où, lui était tombé sur la gueule* (Bénoziglio). **2. Rester à la gorge,** profiter du caprice sexuel d'une femme pour s'imposer ensuite à elle, comme proxénète.

ETYM. emploi humain de ce verbe originellement employé pour des objets. **1.** 1740 [Acad. fr.]. **2.** 1928 [Lacassagne].

resucée *n.f.*

1. Fait de recommencer qqch ou de reprendre (d'un plat, d'une boisson, etc.). **2.** Nouvelle version, qui diffère très peu de la précédente ; copie très proche de l'original : *Le reporter parla* [...] *de Rival, une resucée de Fervacques* (Maupassant, 2).

ETYM. du préf. **re-** et de **sucer,** formation à valeur humoristique. **1.** 1867 [Delvau]. **2.** 1885, Maupassant.

rétablissement *n.m.*

Changement de tactique chez un inculpé qui s'aperçoit de ses erreurs, dans le langage des policiers.

ETYM. emploi métaphorique de ce mot emprunté à la gymnastique. 1975 [Arnal].

retailler *v.i.*

Avoir peur ; reculer, hésiter.

◆ *v.t.*

1. Tromper, duper. **2.** Vx. Examiner attentivement : *Il m'a retaillé jusqu'en sortant du tapis* (Ansiaume).

ETYM. emplois spécialisés et métaphoriques du verbe usuel. 1899 [Nouguier].

◆ *v.t.* **1.** 1928 [Lacassagne]. **2.** 1800, Leclair.

rétamé, e *adj.*

1. Anéanti, mort : *Je le dénoue* [le boa] *de mon cou. Je le balance à terre. J'y saute sur le caberlot. Rétamé le reptile ! Ganz kaput !* (Bauman). **2.** Ivre : *Comme il était rétamé, il se fout la gueule par terre. Isrelève. Ircommence à me courser, enfin bref, une vraie corrida* (Queneau, 1). **3.** Vx. Incarcéré. **4.** Hors d'usage : *Sa bagnole est complètement rétamée.*

ETYM. participe passé de **rétamer. 1** et **2.** 1900 [Esnault]. **3.** 1902 [id.]. **4.** contemporain.

rétamer *v.t.*

1. Dépouiller (qqn) au jeu. **2.** VIEILLI. Vider de son contenu. **3.** Tuer : *Je vais le crever Mandrax. Le rétamer. Y va pas comprendre c'qui lui arrive !* (Lasaygues). **4.** Mettre hors d'usage.

◆ **se rétamer** *v.pr.*
1. S'étaler par terre : *Mon pied s'est pris dans une racine et je me suis rétamé de tout mon long sur la terre battue* (Djian, 1). **2.** S'enivrer à mort. **3.** Échouer à un examen ou à un concours : *Elle avait tenté le concours d'inspecteur, mais elle s'était rétamée à l'épreuve d'expression écrite* (T. Colin).
ETYM. emploi ironique du verbe technique, « refaire l'étamage ». **1.** 1920 [Esnault]. **2.** 1879 [id.]. **3.** 1900 [id.]. **4.** 1981, Renaud.
◆ *v.pr.* contemporain. *se rétamer la gueule*, tomber, 1981, Renaud.

retape *n.f.*
1. Racolage des clients par les mendiants, les prostituées, etc. : *En ville, elle lui enseignait les gestes et les grimaces de la « retape », autour de l'armée d'occupation* (Spaggiari). **Faire (de) la retape,** racoler : *Elles faisaient de l'œil aux passants, se mouchaient bruyamment dans un mouchoir de dentelle, s'éventaient, faisaient de la retape avec leur éventail* (Cendrars). **2.** Vx. Rencontre. **Aller à la retape,** guetter qqn, avec une intention délictueuse : *Ne vous êtes-vous point trouvé à la retape, c'est-à-dire pour y arrêter les voyageurs et les voler ?* (Orgères).
ETYM. déverbal de **retaper.** **1.** 1830 [Esnault]. **2.** 1798, Orgères.

retaper (se) *v.pr.*
1. Recouvrer la santé ou la prospérité : *Je n'étais pas très en forme à ma sortie de taule. Il a fallu que je me retape* (Noro). **2.** Vx. Se présenter : *Si un grinche se retape devant mézière, un satou à la pogne…* (Leclair).
◆ **retaper** *v.i.*
Faire du racolage : *Comme beaucoup de jeunes femmes d'aujourd'hui, elle retapait pour arrondir les fins de mois* (ADG, 5).
ETYM. emplois métaphoriques du verbe usuel. **1.** 1871, Flaubert [GLLF]. **2.** 1800, Leclair.
◆ *v.i.* 1894 [Virmaître].

retapeuse *n.f.*
Vx. Prostituée : *Les roussins de bas étage chargés de traquer les retapeuses* (Gill).
ETYM. de **retape.** 1856 [Esnault].

retapisser *v.t.*
Reconnaître visuellement ; repérer : *Il était évident que ces malfrats, je les avais parfaitement retapissés. Je pouvais mettre un nom sur chacun d'eux* (Jamet). *Je veux éviter qu'on me retapisse avec toi dans ce bar* (Agret).
ETYM. du préf. **re-** et de **tapisser.** 1899 [Nouguier].
DÉR. **retapissage** *n.m.* Confrontation : [id.].

retiro *n.m.*
Vx. Lieu retiré ; spéc., cabinet particulier, dans une maison close : *Chaque retiro, décoré de riches et brillantes tentures, a un luxueux confortable* (Macé).
ETYM. mot esp. signifiant « lieu de refuge ». 1877, Daudet [GLLF].

retourner *v.t.*
1. Duper. **2. En retourner.** ***a.*** faire le trottoir ; ***b.*** travailler : *Ça me donnait de belles espérances de les voir vivre sans en retourner une… tout aux tavernes et aux filles, selon le précepte de notre poète François Villon* (Boudard, 5).
◆ **s'en retourner** *v.pr.*
1. ***a.*** Vieillir ; passer, en parlant du temps : [en-tête de lettre :] *Pantin, le 2 du marqué qui s'en retourne, 42* (Clémens) ; ***b.*** avoir dépassé cinquante ans. **2. Ne pas s'en retourner,** ne pas s'intéresser à.
ETYM. emplois spécialisés du verbe usuel. **1.** 1899 [Nouguier]. **2.** ***a.*** 1928 [Lacassagne] ; ***b.*** 1983, Boudard.
◆ *v.pr.* **1.** ***a.*** 1850, forçat Clémens [Esnault] ; ***b.*** 1866 [Delvau]. **2.** 1977 [Caradec].

1. **rétro** *adj.*
1. Qualifie un style, une mode s'inspirant de certaines périodes du passé, Belle Époque, années 1950, etc. : *Le bourg ressemble à une carte postale des années cinquante, à une pub rétro pour un camembert* (Galland). **2.** Retardataire, qui se complaît dans une mentalité désuète : *Les écolos sont rétros, totalement décrochés… de la diarrhée verte, du vomi de 68* (Topin).
ETYM. apocope de **rétrospectif,** avec influence de **rétrograde** au sens 2. **1.** 1974 [Giraud, Pamard et Riverain]. **2.** 1977 [Caradec].

2. **rétro** *n.m.*
1. Rétroviseur. **2. Coup de rétro,** choc en retour.
ETYM. apocope de **rétroviseur** (1) et de **rétrograde** (2). **1.** 1947, Fallet. **2.** 1889, Huysmans [GLLF] (image empruntée au billard : « effet rétrograde donné à la boule »).

retrousse *n.f.*

VIEILLI. Vie de souteneur.

ETYM. déverbal de **retrousser.** 1913 [Esnault].

DER. **retrousseur** *n.m.* Proxénète : 1883, Macé [id.].

retrousser *v.t.*

1. Gagner (de l'argent) : *Les voyous ricains ne s'occupaient pas beaucoup des putes. Ils retroussaient assez de monnaie avec leur prohibition sans chercher ailleurs* (Le Breton, 1). **2.** Recevoir, obtenir (qqch de négatif) : *Qu'est-ce que tu vas retrousser dans ce parcours ? Les durs ou une bastos dans le plafonnard* (Trignol). **3.** Dépouiller (qqn) : *Seulement, je me demandais si, même en couplant à nous deux tout notre pognon disponible, on risquait pas de se faire retrousser, coup malheureux, les premiers jours* (Simonin, 3). **4.** Vx. Caresser amoureusement : *Ej' veux pas qu'on r'trouss' ma gonzesse, / V'là porquoi qu'j'ai Polyt' dans le nez* (Bruant).

ETYM. du préf. **re-** et du fr. class. **trousser,** enlever. **1.** 1878 [Esnault]. **2.** 1926 [id.]. **3.** 1953 [id.]. **4.** vers 1890, Bruant.

reum *n.f.* → **RÈM.**

revidage *n.m.*

Entente illicite dans une vente aux enchères : *Voici en quoi consiste le revidage. Après faillite ou après décès, lorsqu'un magasin est mis à l'encan, des Auvergnats, toujours les mêmes, se groupent pour empêcher, par une hausse surfaite, les étrangers à bénéficier de cette vente publique* (Claude).

ETYM. de **revider,** se livrer à une telle pratique. 1867 [Delvau].

révolvériser *v.t.*

Tirer sur qqn avec une arme à feu : *Personne n'avait été découpé en rondelles, ni saigné ni révolvérisé en mon absence* (Pagan).

ETYM. de **revolver.** 1899 [Villatte].

revoyure *n.f.*

Fait de revoir qqn : *Tout excité à l'idée de la revoyure, Semelle fait les cent pas dans sa piaule* (Pennac, 1). **À la revoyure !,** au revoir : *À une autre fois, mon chou ! – Oui, c'est ça, à la revoyure !* (Guérin).

ETYM. création plaisante et pop. sur **revoir,** à l'aide du suff. fém. **-ure.** 1821, Nisard [GLLF].

revue *n.f.*

1. Être de la revue, être trompé, dupé ; en être réduit à se passer de qqch : *Si je joue au mariole et qu'elle me laisse tomber, calculait-il, c'est encore moi qui serai de la revue* (Dorgelès). **2. Revue d'armes,** visite sanitaire.

ETYM. jeu de mots sur le sens militaire, « participer à une revue », et sur l'idée de disparition, contenue dans *au revoir.* **1.** 1885 [Chautard], d'abord sous la forme *être de revue* 1848, Flaubert [GLLF]. **2.** 1911 [Chautard].

rhabiller (se) *v.pr.*

1. Aller se rhabiller. ***a.*** constater son échec, renoncer : *Si Giscard croit qu'il va être réélu dans ces conditions, il peut aller se rhabiller et chaudement encore* (*Libération,* 13 janvier 1981) ; ***b.*** chercher, après un échec, d'autres moyens délictueux de faire fortune : *Pillat ajouta qu'il connaissait près de Chartres des maisons bonnes à voler et qu'il ne leur fallait qu'une nuit pour se rhabiller tous les cinq* (Orgères). **2. Se faire rhabiller,** se faire escroquer.

ETYM. emplois ironiques de la loc. usuelle. **1.** 1947 [Esnault]. **2.** 1953 [Sandry-Carrère].

DER. **rhabillage** *n.m.* Escroquerie : 1953 [id.].

rhabilleur *n.m.*

Guérisseur.

ETYM. emploi métaphorique du mot usuel. 1975 [Arnal].

rhume *n.m.*

Attraper un rhume, contracter une MST : *Tu t'étais pas nettoyé après ? – Non. – Jeunesse ! C'est comme ça qu'on attrape les rhumes* (Fallet, 1).

ETYM. emploi euphémique du mot usuel. *rhume de cerveau,* syphilis, dès 1901 [Rossignol].

ribarbère *n.m.*

Revolver : *M. Pierre profite de la seconde de confusion pour aller pêcher un ribarbère sous son veston* (Malet, 4).

ETYM. déformation ludique de **réverbère.** 1952 [Esnault].

riboter *v.i.*

Faire la fête : *Vends-moi le* [ce drap] *; sur le prix tu achèteras des sabots à ta femme, et le reste sera pour riboter* (Leclair).

ETYM. de **ribote,** fête, bombance. 1800, Leclair.

ribouis *n.m.*

1. Chaussure : *Vous pouvez filer, et plus vite que ça... À moins que vos chaussures ne vous gênent, ajouta-t-il en jetant un coup d'œil ironique sur les lamentables ribouis de Bicard* (La Fouchardière). **2.** Pied : *Le pauvre garçon ne sait plus comment placer son « ribouis » droit* (Bibi-Tapin). **3.** Argument éculé, peu convaincant, dans le langage des policiers. **4.** Vx. Savetier.

ETYM. déverbal du mot dial. **rebouiser,** rajuster (avec un outil de buis, le *bouis*). **1.** 1862 [Larchey]. **2.** 1894, Bibi-Tapin. **3.** 1975 [Arnal]. **4.** 1854, Privat d'Anglemont.

DER. **ribouiser** *v.i.* Faire à pied le tour d'un îlot, en parlant des gardiens de la paix : 1975 [Arnal]. **ribouiseur** *n.m.* Savetier : 1881 [Rigaud].

1. ribouldingue ou **riboule** *n.f.*

Fête, partie de plaisir : *Quelle ribouldingue ! J'ai mis un mois à m'en remettre !* (Naud). *Trois jours d'une riboule maousse poil poil, compagnon, et où je dessoûlai pas, non...* (Stéphane).

ETYM. de **ribouler,** vagabonder, issu de l'anc. fr. **ribler,** même sens, et d'un suff. fantaisiste. *ribouldingue* 1892 [Chautard] ; *riboule* 1904 [Esnault].

DER. **ribouldinguer** *v.i.* Faire la noce : 1900 [id.].

2. ribouldingue ou **riboustin** *n.m.*

Revolver : *Le fumier, son riboustin à la pogne, est en train de grimper l'escal, dont quelques marches ont gémi* (Simonin, 8).

ETYM. déformations de **rigolo** et de **ribarbère.** *ribouldingue* 1916 [Esnault] ; *riboustin* 1928 [Lacassagne].

ribouler *v.i.*

Ribouler des prunelles, des calots, rouler des yeux étonnés ou furieux : *Voilà nos deux mirontons qui se cherchent des rognes, / Prêts à se tabasser, riboulant des calots* (Marcus).

ETYM. mot dial., de **ri-** et de **bouler.** 1862, Guérin [GLLF].

ricain, e *adj. et n.*

Américain : *Ils pensent au brave soldat ricain / Qu'est v'nu se faire tuer loin d'chez lui* (Renaud). *Un bijou racheté à un Ricain de Fontainebleau pour deux petites briques de rien du tout* (Dominique). *Les Ricaines en bâillaient d'admiration* (Simonin-Bazin).

ETYM. aphérèse de **américain.** 1918 [George]. *ricaine* 1935, Simonin-Bazin.

richelieu *n.m.*

1. Vx. Chaussure montante : *Ce fut une paire de Richelieu de chevreau glacé de chez Manfield, discrète et légère aux paturons* (Simonin, 7). **2.** Billet de 10 francs des années 1960 (ou 1 000 anciens francs) : *Cette fois, il avait du mystère dans le morlingue. Gonflé qu'il était ! plein à craquer de Richelieu, Bonaparte, Totor tout neufs* (Boudard, 7).

ETYM. d'une marque de chaussures (1) et de l'effigie portée par le billet (2). **1.** 1894 [DDL 16]. **2.** 1963, Boudard.

ric-rac, ric-et-rac ou (vx) **ric-à-rac** *adv. et adj.*

1. Avec exactitude ou précision : *Autrement, si tu sais te montrer un peu intelligent, tout ce que tu risques, c'est d'avoir ton fade, ric rac* (Bastiani, 4). **2.** De justesse : *On avait tout juste pour la croûte et encore c'était ric et rac* (Céline, 5).

ETYM. d'une matrice expressive **rik/rak. 1.** *ric-et-rac* 1807, J.-F. Michel ; *ric-rac* 1904 [Larousse] ; d'abord *ric-à-ric* 1798 [Acad. fr.]. **2.** *ric-rac* 1964 [GR] ; *ric-et-rac* mil. du XIXe s. ; *ric-à-rac* 1894 [Virmaître] ; d'abord *ric-à-ric* 1808 [d'Hautel].

rideau *n.m.*

1. En rideau, en panne : *Le directeur de la tournée l'a laissé en rideau dans un bled quelconque* (Malet, 11). *Brigadier ! Le démarreur est en rideau ! – Vingt dieux de vingt dieux ! On va te pousser !* (Bauman). **2. Faire rideau** ou **passer devant le rideau,** arriver trop tard à une distribution, et se passer de qqch : *Elle se fout de toi dans les grandes largeurs, tout d'même... Y a que l'autobus qu'a pas passé d'ssus et toi, tu fais rideau* (Fallet, 1). **Rideau !,** assez, silence ! : *Il y eut un silence dans la petite salle enfumée, lorsqu'il apparut dans l'encadrement de la porte à double battant. Brusquement rideau sur les conversations* (Bastiani). **3. Mettre le rideau,** dire adieu, partir. **4. Tirer le rideau.** ***a.*** (vx) circonvenir un acheteur possible et l'écarter du marchand voisin ; ***b.*** abandonner la partie.

ETYM. emplois métaphoriques du mot usuel. **1.** 1926 [Esnault]. **2. Faire rideau,** 1938 [id.] ; **passer devant le rideau,** 1930 [id.]. **Rideau,** 1901 [Bruant]. **3.** 1905 [Chautard]. **4.** ***a.*** 1847 [Esnault] ; ***b.*** 1644, Corneille [GLLF].

ridelle *n.f.*

Tomber en ridelle, tomber en panne.

ETYM. déformation probable de **tomber en rideau**, sous l'infl. de **ridelle,** panneau latéral à l'arrière d'un camion. 1975 [Beauvais].

rider [ridɛr] *n.m.*

Costume masculin élégant : *Intérieurement je pensais qu'il devrait demander une paire de tartines à Weston et un rider au taulier des Galeries Lafayette* (Trignol).

◆ *adj.*

Beau, chic, élégant : *J'taillerai deux grandes poches raglan de chaque côté, et j'm'arrangerai un col aiglon... Tu verras si je serai rider* (Dorgelès). *Avec ça, je marie ma fille dans une huitaine. Et rien de trop beau pour elle. Cérémonie religieuse tout ce qu'il y a de rider* (Bastiani, 4).

ETYM. de l'angl. **rider,** cavalier. 1928 [Esnault].
◆ *adj.* 1866, Villars.

VAR. **ridère :** 1928 [Lacassagne].

ridicule *n.m.*

Sac (de soldat, sac à main, etc.).

ETYM. jeu de mots ironique sur **réticule.** 1833 [Esnault].

rien *adv.*

Tout à fait, extrêmement : *Paulo, disait l'un d'eux, te v'là dehors, c'est rien bath!* (Carco, 2). *Jules Chanmélé, le père, tire la moralité de l'affaire à sa façon : « Il fait rien soif, ici »* (London, 2).

ETYM. emploi antiphrastique du pronom indéfini comme adv. 1867 [Delvau].

rif ou **rifle** *n.m.*

1. Feu : *Qui qu'a du rif? – Moi, dit la Ficelle en tendant un briquet* (Leroux). **Coquer, foutre le rif,** mettre le feu : *Mais c'était encore moi, paraît-il, qui avais mis le feu à la ferme du père Oscar et au père Oscar lui-même. Sandrine et Marcelin l'affirmaient* [...] *Alors! c'est moi qui ai foutu le rif et qu'on n'en parle plus* (Malet, 1). **2.** Chaleur au visage, sous l'effet de l'émotion, de l'alcool, etc. : *Il se sentait le rife dans le raisiné et se déloqua entièrement pour se donner de l'air* (Devaux). **3.** Colère : *Il y avait des années qu'un pareil rif ne m'avait pas saisi. J'en voulais à l'univers entier, et à Riton en premier* (Simonin, 2). *En tous cas, il ne dut pas être trop poli, car la frangine, une rousse pas dégueulasse, se mit en rifle après lui* (Mariolle). **4.** Bagarre, querelle : *Je pouvais aller mettre le rif chez les Clancul, puis serrer ensuite bien fort Youpe à la gorge* (Boudard, 1). *À la sortie, y a pas eu de rifles ni de crosses, mais une sorte d'arrangement à l'amiable. Guy a empoché ses deux briques sans piper* (Cordelier). **5.** Zone des combats ; guerre, front : *Si j'avais été aux sous comme toi, lui dit-il, et que j'aie eu ton instruction, j'te jure qu'ils ne m'auraient pas fait venir au rif comme ça. J'aurais demandé à suivre les cours d'officier* (Dorgelès). **6.** Fusillade : *Avec le dénicheur derrière moi, on a suivi la tapisserie et, arrivés à la hauteur de la rampe, on ouvre au flan une porte et, à l'abri du battant, on déclenche le rif* (Bastiani, 4). **7.** Revolver. **8. De rif (et d'autor).** ***a.*** avec violence : *Le messière a des bayaffes, il faut l'ébobir de rif* (Ansiaume). *Le Môme ne les a pas manqués. Il les emmène presque de rife à sa table* (Lorrain) ; ***b.*** sans hésiter : *Chouette, que je dis, si c'est ça, Batiss, on l'adopte de rif et d'autor* (Stéphane).

ETYM. var. de **ruffe,** érysipèle, issu du lat. **rufus,** rouge, roux. **1.** *rifle* et *rufle* 1596, Péchon de Ruby. **2.** *riffle* 1623 [Esnault]. **3** et **4.** 1935, Simonin-Bazin. **5.** « zone » 1914 [Esnault] ; « guerre » 1928 [Lacassagne]. **6.** 1955, Bastiani. **7.** 1928 [Lacassagne]. **8.** 1821 [Ansiaume].

riffauder ou **rifauder** *v.t.*

1. Brûler, incendier : *Le mince prétexte d'une pure soie riffaudée d'un coup de fer malencontreux* (Simonin, 10). *Sous le hangar, le Blond avisa deux jerricans d'essence. Il les indiqua au Gitan. « Arrose la 15 avec. On va la rifauder »* (Le Breton, 1). **2.** Faire cuire, bouillir, etc. Vx. **Riffauder les paturons,** chauffer les pieds (pour faire avouer) : *Il se demandait si ça serait pas le bon truc d'aller riffauder les paturons du Slimane pour lui faire signer un contrat en or massif* (Boudard, 4).

ETYM. de **rif. 1** et **2.** 1598, Bouchet [Esnault]. **Riffauder les paturons,** 1821 [Ansiaume].

DÉR. **riffaudage** *n.m.* **1.** Incendie : 1899 [Nouguier]. **2. Riffaudage du cuir,** brûlure de la peau : 1977 [Caradec]. **riffaudante** *n.f.* Flamme : 1836 [Vidocq].

riffaudeur *n.m.*

Vx. **1.** Incendiaire : *C'est un riffaudeur de turnes, je ne veux plus de lui* (Ansiaume). **2.** Syn. de chauffeur : *Les « riffaudeurs » prennent assez ordinairement la qualité de marchands forains ou de marchands-colporteurs. Ce sont des voleurs qui chauffent ou plutôt brûlent les pieds des personnes, pour les contraindre à déclarer

où est leur argent (Vidocq). **3. Le Riffaudeur à perpète,** le diable.
ETYM. du verbe **riffauder. 1.** 1821 [Ansiaume]. **2.** 1822 [Mésière]. **3.** 1878 [Rigaud].

rififi *n.m.*
Rixe, affrontement violent : *Frédo encaissa sans faire de rififi. Il n'avait plus de force* (Le Breton, 1). *Du rififi dans l'édition* (manchette du *Quotidien de Paris*, 16 février 1988).
ETYM. de **rif,** avec un redoublement humoristique (cf. *riquiqui*) et l'influence probable de **1. fifi.** Mot forgé en 1942, à Nantes, par un ami de Le Breton, Gégène de Montparnasse, et devenu très pop. grâce au roman de Le Breton, puis au film de Jules Dassin, intitulés *Du rififi chez les hommes* (1954).

1. riflard ou **riflot** *n.m.*
Vx. Bourgeois à son aise, richard : *Il n'y a pas à craindre que le riflard batte morasse, car il ne couche pas là* (Forçat). *Ton peintre, c'est-y pas le petit blond qu'était avec les deux autres riflots, qui nous ont rincés hier ?* (Lorrain).
◆ *adj.*
1. Riche : *Oui. T'es pas riflot, bien sûr. – Ça se voit, pas vrai ? s'exclame Mémé. Je suis peinard, voilà ! Mais raide comme une barre à mine* (Le Chaps). **2.** Beau, chic, bien habillé : *Le mariol s'apporta, tout girond, tout riflot* (Marcus).
ETYM. anc. sobriquet, en liaison avec **rifler,** se goinfrer. 1829 [Forçat].
◆ *adj. riflard* 1881 [Rigaud]; *riflot* 1904, Lorrain.
VAR. **riflo :** 1957 [Sandry-Carrère].

2. riflard *n.m.*
1. VIEILLI. Parapluie : *Elle me branle des grands coups de riflard en plein dans la tronche. Le manche lui en pète dans la main* (Céline, 5). **2.** Vx. Soulier.
ETYM. altération péj. de **ribouis** au sens 2 ; le sens 1 est issu de **Riflard,** personnage de comédie, qui figure dans *la Petite Ville* de L.B. Picard, 1801 [selon Larchey]. **1.** 1825, Désaugiers, Lafontaine et Vanderburch [Enckell]. **2.** 1878 [Rigaud].

rifle *n.m.* → **RIF.**

rifler *v.t.*
1. Brûler. **2.** Tirer sur qqn avec une arme à feu : *Il a été riflé par une autre équipe. Depuis il a toujours une sulfateuse, un flingue dans sa tire* (Trignol). **3.** Chercher querelle à qqn.
◆ **se rifler** *v.pr.*
Se battre : *Enfant, lui et Zampa le voyou se sont-ils battus ? Rifflés, comme on dit à Marseille* (*Libération*, 16 octobre 1989).
ETYM. de **rif, rifle. 1.** 1821 [Mézière]. **2.** 1955, Trignol. **3.** 1960 [Le Breton].
◆ *v.pr.* 1950 [Esnault].

riflette *n.f.*
1. Zone des combats : *J'enrageais d'autant plus que j'avais vu Tonton parader à un bon kilomètre de la riflette avec le nouveau Famas 5,56* (Fajardie, 1). **2.** Guerre : *Une espèce de durcissement de la volonté, contracté peut-être à la pratique de l'obéissance, l'avait gagné vers la fin de la riflette, la grande, quelques mois avant qu'il ne rentre* (Simonin, 5).
ETYM. de **rif, rifle. 1.** 1915 [Esnault]. **2.** 1925, Galtier-Boissière.

rigolade *n.f.*
1. Action de rire : *Nous deux on pleurait de rire, c'était plus fort que nous, on pouvait pas faire autrement, je nous revois encore, malades de rigolade* (Bénoziglio); avec un sens érotique : *On peut dire d'elle, sans la calomnier, qu'elle ne vit que pour la basse rigolade et pour l'ordure* (Mirbeau). **Avoir le boyau de la rigolade,** être prédisposé au rire. **2.** Chose peu sérieuse : *Les prostituées qui font la navette entre les petits groupes de filles réparties à droite et à gauche de l'allée ne prennent pas toutes l'intermède* [l'irruption des homosexuels] *à la rigolade* (de Goulène). **3.** Tâche facile à exécuter : *Bof ! ce casse, c'était de la rigolade.* **À la rigolade,** très facilement : *Un pas trop tôt, un pas trop tard, un caillou qui roule sous le pied, une motte de glaise sur quoi on glisse et j'allais me faire flingoter à la rigolade* (Simonin, 3).
ETYM. de **rigoler. 1.** 1829, Vidocq. **2.** 1866 [Delvau]. **3.** 1875 [Larousse]. Est passé dans l'usage fam. courant.
DÉR. **rigole** *n.f.* Vx. **Sans rigole,** sérieusement : 1836 [Vidocq].

rigolard, e ou **rigoleur, euse** *adj.*
Qui exprime l'amusement, la moquerie : Son gosse, *film américain, commençait, que Jo, un peu saoul, se fit une joie d'accompagner de commentaires rigolards* (Galtier-Boissière, 2). *J'eusse beaucoup donné pour y entendre le fracas normal des verres, le brouhaha rigoleur et quelques grossièretés* (Mac Orlan, 7).

◆ *n.*
Personne qui aime rire, plaisanter.
ETYM. de **rigoler** et du suff. **-ard.** *rigolard, adj. et n.,* 1867 [Delvau].
◆ *n. rigoleur* XVe s. [GLLF].

rigolbochade *n.f.*
Vx. Chose amusante, plaisanterie : *Je cherchais un r'frain nouveau ; / Un' rigolbochad' nouvelle* (Gill).
ETYM. de **rigolbocher.** 1867 [Delvau].

rigolboche *adj.*
Vx. Très amusant : *Et n'en déplaise aux vieux bougons / Que ça fait sortir de leurs gonds, / Je n'les trouv' pas si rigolboches, / Les mioches* (chanson *les Mioches,* paroles de J. Tony).
◆ *n.*
Vx. Personne peu sérieuse : *Loin de me détourner d'elle et de sa bande de rigolboches, mon amour des livres et de la lecture me faisait participer à la noce de ces insouciants avec frénésie* (Cendrars, 1). SYN. rigolo (adj. et n.).
ETYM. de **2. rigolo,** avec un suff. fantaisiste **-boche** (cf. *alboche*), p.-ê. inspiré du nom d'une célèbre danseuse du bal Mabille. 1860 [Larchey].

rigolbocher *v.i.*
Rire, ricaner : *Ça y est, je suis en route, je reprends mon pas alerte, glane quelques mégots, provision de nuit, et rigolboche tout seul en rejoignant la rue des Cascades* (Clébert).
ETYM. de **rigolboche.** « danser comme Rigolboche » 1860 [Larchey].

rigoler *v.i.*
Rire, s'amuser bruyamment : *Marseille c'est la ville où on rigole, lui dit-il. Si tu connais pas Marseille, t'as jamais rigolé de ta vie* (Sartre).
ETYM. croisement de **rire** et du vieux verbe **galer,** s'amuser. 1534, Rabelais. Est passé dans l'usage fam.

1. rigolo *n.m.*
VIEILLI. **1.** Revolver : *Ne touche pas à ma mère, ou je te brûle la g... avec mon rigolo. Et il brandissait son revolver* (Goron). **2.** Pince à effraction.
ETYM. emploi ironique de l'adj. **1.** 1883 [Chautard]. **2.** 1865, chanson [Esnault].
DÉR. **rigol'** *n.m.* Au sens 1 : 1886 [id.]. **rigolotte** et **rigole** *n.f.* Au sens 2 : 1879 [id.].

2. rigolo, ote *adj. et n.*
Se dit d'une personne qui amuse, qui fait rire en société : *J'aime bien Odette. C'est une bonne copine, rigolote et pas bégueule pour deux sous* (Averlant). *Parfois, j'essayais de faire le rigolo, je lui chantais les poèmes ridicules de Manon. Il riait mais ça se terminait de toute façon par une belote* (Dalio).
◆ *adj.*
Amusant : *Le rire l'étrangle. Entre chaque syllabe, il éructe. Il n'a jamais rien vu de si rigolo* (Werth, 1). *Il songeait que ces femmes entre elles, c'était rigolo et sans danger pour sa virilité* (Bernheim-Cardot). *Cette histoire est si rigolote que je ne puis m'empêcher de taquiner Cuic-Cuic* (Charrière).
◆ **rigolo** *n.m.*
Individu peu sérieux, sur lequel on ne peut compter : *Il fermera sa gueule, fais-moi confiance. Il a dû comprendre qu'on n'était pas des rigolos* (Daeninckx).
ETYM. de **rigoler.** 1848, *le Gamin de Paris* [GLLF].
◆ *adj. rigollot* av. 1855, Nerval [Larchey].
◆ *n.m.* mil. du XXe s. Est passé dans l'usage fam.

rigouillard, e *adj.*
Très amusant : *Si l'on peut chanter avec entrain / En fa dièz'majeur ou en si bémol / Tous en chœur, ce rigouillard refrain* (chanson *Y a trois filles à Saint-Quentin,* paroles de L. Dommel et Valfy).
ETYM. resuffixation de **2. rigolo.** 1894 [Virmaître].

rigoustin *n.m.*
Revolver : *Toujours souriant, il enfonça sauvagement le canon de son rigoustin dans les osselets du gars* (Le Breton, 3).
ETYM. altération de **1. rigolo.** 1953 [Esnault].

rikiki *adj.* → RIQUIQUI.

rinçage *n.m.*
Projection de films pornographiques saisis, devant les magistrats chargés de l'instruction.
ETYM. de **(se) rincer (l'œil).** 1975 [Arnal].

rince-cochon *n.m.*
Boisson légère, composée soit de vin blanc additionné de citron et d'eau de Seltz, soit d'un simple verre d'eau minérale, qu'on absorbe au lendemain de trop copieuses libations : *Il renquilla dans un bistrot du port pour*

se dérouiller les patochets, tout en se tapant un rince-cochon (Devaux).

ETYM. de **rincer** et de **cochon** (au sens d'« individu »). 1953 [Sandry-Carrère].

rincée *n.f.*

1. Averse. **2.** Vx. Correction infligée à qqn : *Tu y entreras ou je te fous une rincée* (Orgères).

ETYM. participe passé substantivé de **rincer.** **1.** 1832 [Raymond]. **2.** 1791 [DDL].

rincer *v.t.*

1. Dépouiller, dévaliser : *J'ai juré de ne plus rincer que les ratichons* (Ansiaume). **Être rincé.** ***a.*** ne plus avoir un sou : *Atout et atout !... c'est gagné !... Hein, vous êtes rincés, mes potes !* (Lorrain) ; ***b.*** être épuisé, au bout du rouleau : *Je suis rincé, dit-il, vidé, nase* (Page). **2.** Boire (un verre). **Rincer (la gueule à) qqn,** lui offrir à boire : *Le premier milliard, c'était l'occasion ou jamais de rincer la famille !* (Viard) ; absol. : *Tu devrais boire, fiston. C'est moi qui rince* (Malet, 8). **Se faire rincer.** ***a.*** se faire offrir à boire ; ***b.*** se faire mouiller par une forte averse. **3.** Vx. Piller (un local) : *Viens avec moi, je suis maître d'une cambriole que je rincerai ce soir* (Vidocq). **4.** Vx. Battre, corriger (qqn) : *J'm'en vas t'rincer, gare à ta peau !* (Rictus, 2).

◆ **se rincer** *v.pr.*

1. Se rincer l'avaloir, le cornet, la dalle, le gosier, le sifflet, etc., boire (du vin, de l'alcool) : *On se rince la dalle au petit Sauvignon en s'indignant ferme de nègres drogués* (Prudon). *Les mecs* [...] */ Se rincent la cloison au Khroutchev maison / Un Bercy pas piqué des hann'tons* (P. Perret). *Blaise, vieille rave, viens te rincer les chicots, vingt dieux de bouse !* (Fallet, 2). **2. Se rincer l'œil, les yeux,** regarder complaisamment un objet ou un spectacle érotique : *Si l'Bois de Boulogne causait, il pourrait vous en dire / Question d'se rincer l'œil, y en a qui s'sont sucrés* (Dimey). *Pierrot se rinçait les yeux avec les filles à poil qui se vautraient en tous sens sur le papier glacé* (Blier).

ETYM. emplois expressifs du verbe usuel. **1.** 1821 [Ansiaume]. **2.** 1888 [Villatte]. **Rincer (la gueule à) qqn,** 1829 [Forçat]. **Se faire rincer.** ***a.*** 1920 [Bauche] ; ***b.*** 1740 [Acad. fr.]. **3.** 1829 [Forçat]. **4.** 1750, Favart [Larchey].

◆ *v.pr.* **1.** d'abord *se rincer la dent* 1681, La Chapelle [Enckell]. **2.** 1883 [Fustier].

rincette *n.f.*

1. Petite quantité d'alcool ou de vin ; gorgée : *Marraine se taille un joli succès avec son jaja cinquante ans d'âge ! Ils s'en pourlèchent les babines, les deux goinfres, et Irène de même, qui vient de s'en cloquer une bonne rincette* (Simonin, 8). **2.** Eau : *Après ça, un grand coup de rincette à l'pompe pour achever de s'éclaircir l'vue* (Stéphane).

ETYM. de **rincer,** avec le suff. diminutif **-ette.** **1.** 1862 [Larchey]. **2.** 1928, Stéphane.

riné *n.m.*

Cinéma : *C'était barré comme au riné, en plus bonard* (Legrand).

ETYM. altération du **c** initial de **ciné** (cf. *firelle, roldat,* prononciation pop. à Paris pour *ficelle, soldat*). 1929 [Esnault].

ringard *n.m.*

1. Acteur vieillissant, au talent qui décline : *Sa réponse sonne faux comme un dialogue de western série B, doublé par des ringards* (Faizant). **2.** Personnage médiocre, incapable, raté : *Le soir tombe sur Paris, ses embouteillages, ses alcooliques et ses ringards fatigués* (Conil) ; spéc., inculpé qui déclare n'importe quoi, dans un interrogatoire de police. **3.** Vx. Queue de billard. **4.** Vx. Cure-dents. **5.** Vx. Cure-pipe d'opiomane.

◆ **ringard, e** *adj. et n.*

Qui est démodé, vieillot : *L'appartement était vieillot, rempli à ras bord de vieux meubles ringards* (Pouy, 3). *C'était Marie Aubertat que Pascal, tout fier de sa mise en scène ringarde, faisait entrer* (ADG, 1). *Tu as misé sur ma crédulité de vieille bête, de fofolle, de pauvre naïve, de ringarde* (Van Cauwelaert). *Forte poussée de cocooning larvaire, irrésistible ascension de la culture blaireau, attirance irrépressible pour le ringue but kitsch* (*Vingt Ans,* octobre 1989).

ETYM. emplois probablement dérivés du mot technique **ringard,** d'origine wallonne, désignant une barre métallique terminée en crochet. **1.** 1973, Faizant. **2.** 1975 [Arnal]. **3** et **4.** 1875, Polytechnique [Esnault]. **5.** 1953 [Sandry-Carrère], compl.

◆ *adj. et n.* depuis 1975 environ, cet emploi nouveau et ses dérivés connaissent une grande vogue.

VAR. **ringardos :** 1984, *le Nouvel Observateur.* **ringue :** 1983, *Libération.*

ringardise *n.f.* ou **ringardisme** *n.m.*

Le fait d'être démodé, vieillot : *Montparnasse la nuit s'invente une identité flottante,*

une ringardise pittoresque (*le Nouvel Observateur*, 2 juillet 1981). *Sale temps pour Georges Marchais, il est accusé de «ringardisme»* (*l'Express*, 20 octobre 1989).
ETYM. de **ringard.** 1981, *le Nouvel Observateur*.

ringardiser ou **ringuer** *v.t.*
Ridiculiser qqn ou qqch en le faisant passer pour démodé : *Harlem Désir et ses amis rêvaient de « ringardiser » Le Pen* (*le Monde*, 9 janvier 1990).
◆ *v.i.*
Être démodé, ridicule: *Il fatigue ses chefs, son ami, son public: il date, il ringue, il craint* (*Libération*, 17 octobre 1988).
ETYM. de **ringard.** contemporain.

riole ou **riolle** *n.f.*
ARG. ANC. Débauche, noce : *Lui, toujours en riole. Il restait des journées, des nuits entières dehors* (Gill).
ETYM. de **rire.** «partie de plaisir» vers 1200, Renaut de Beaujeu [TLF].

rip *adv.*
Jouer rip. ***a.*** s'en aller, partir rapidement : *Si c'est comme ça, alors, c'est que le gars a joué rip pendant que le disque tournait* (Méra); ***b.*** disparaître: *L'échelle avait joué rip, et l'pauv'mecton s'trouva coincé dans la carrée* (Stollé).
ETYM. déverbal de **riper,** plus ou moins confondu ici avec un rôle de théâtre mal établi. ***a.*** 1918 [Esnault] ; ***b.*** 1947, Stollé.

ripaton *n.m.*
1. Vx. Soulier: *Quoi que ça veut dire, criait une autre, des montants de soie dans de vieux ripatons !* (Huysmans). **2.** Pied : *Porte un pagne genre: balai-brosse* Le Formidable, *un anorak armée du salut 1950 et aux ripatons des groles de ski* (Bauman).
ETYM. de **ripatonner,** réparer (1845 [Rigaud]). **1.** 1867 [Delvau]. **2.** 1878 [Rigaud].
VAR. **ripatin:** 1869 [id.].

ripatonner *v.i.* ou **se ripatonner** *v.pr.*
Marcher ; partir : *Enfin, ripatonnez-vous comme vous voudrez, le nécessaire c'est que vous ne vous fassiez pas roustir* (Allain-Souvestre).
ETYM. de **ripaton.** *v.pr.* 1911, Allain-Souvestre; *v.i.* 1935 [Esnault].

riper *v.i.*
S'en aller rapidement : *Il me montra un vallonnement et rippa à grandes enjambées* (Clébert, 2). *Quand les mobiles chargent, on ripe, hein ? Pas question de se faire choper* (*le Monde*, 23 février 1989).
◆ *v.t.*
Vx. Prendre. **À riper la lune** ou **le soleil,** bon à rien, en parlant d'un individu, d'une équipe.
ETYM. verbe dial. du Poitou et de la Savoie, «glisser, patiner », au sens intr., et probablement du verbe néerlandais **rippen,** tirailler avec force, au sens transitif (employé d'abord par les marins). 1916 [Esnault].
◆ *v.t.* 1894 [Virmaître]. **À riper...,** 1953 [Sandry-Carrère].
DER. **ripeur** *n.m.* **1.** Vx. Individu qui déchargeait des bateaux sur la Seine le charbon ou les pièces de vin: 1901 [Rossignol]. **2.** Éboueur ayant pour tâche de tirer les boîtes à ordures vers le véhicule ramasseur : 1953 [Sandry-Carrère].

ripolin *adj.m.*
Vx. Ivre. → **PISTACHE.**
ETYM. allusion à la trogne enluminée de l'ivrogne. 1901 [Bruant].

ripou ou **ripoux** *n.m.*
Policier corrompu : *Vous aviez la réputation d'un fumier, pas d'un ripoux* (Pagan).
ETYM. verlan de **pourri.** 1984 [Obalk]. Ce mot a été popularisé par le film de Claude Zidi *les Ripoux* (1983).

riquiqui ou **rikiki** *adj.*
Qui est minuscule ou mesquin : *Un short riquiqui.*
◆ *n.m.*
Mélange d'eau-de-vie et de liqueur: *Un petit verre de riquiqui? proposa-t-elle enfin pour renouer la conversation* (Bastiani, 1).
ETYM. d'un radical expressif **rik-.** 1867 [Delvau].
◆ *n.m.* 1789 [Larchey].

rital, e *adj. et n.*
Italien: *C'est des Ritals, bon Dieu! Des Italiens! Couchez-vous, bordel !* (Cavanna).
◆ **rital** *n.m.*
La langue italienne: *«Si, signor», dit-elle. Elle croyait mariole de lui jaspiner en rital. Pour ce qu'elle entravait...* (Le Breton, 2).
ETYM. déformation pop. de **les Itals,** apocope de **Italiens** (cf. *riné*) ; sans doute aussi influence

du *r* de liaison dans *parler-/r/-italien*. 1890 [Esnault].
VAR. **ritalo** : 1988, Bohringer.

rivancher *v.i.*
1. Vx. Coïter. **2.** Dormir : *Le cave aux écoutes / Entend la lourde se fermer / Sur ses espoirs de rivancher* (Mac Orlan, 2).
◆ *v.t.*
Vx. Posséder sexuellement : *Je rivanchais sa larque, tandis qu'il a été faire l'affaire* (Ansiaume). **Rivancher en prose,** sodomiser.
ETYM. du vieux verbe **river,** même sens (1493, Coquillards) et du suff. arg. **-ancher. 1.** 1628 [Chéreau]. **2.** 1850, forçat Clémens [Esnault]. ◆ *v.t.* 1800, Leclair.
DER. **rivard** *n.m.* Homme porté sur les plaisirs sexuels : 1596, Péchon de Ruby. **rivarde** *n.f.* Arg. anc. Prostituée : [id.].

river *v.t.*
1. River le bec ou **son clou à qqn,** le réduire au silence par des arguments sans réplique ou une riposte très vive : *Mais il lui riva son clou de la belle façon : « T'as faim, mange ton poing !... Et garde l'autre pour demain »* (Zola). **2.** Vx. **River le bis à une femme,** la posséder : *Je n'avais jamais rivé le bis à aucune marpaude et j'aurais été bien empêché si la garce n'avait immédiatement entrepris de me dénouer les aiguillettes* (Burnat).
ETYM. loc. métaphoriques très expressives. **1.** XVe s., Commynes [Littré]. **2.** 1596, Péchon de Ruby ; emploi absolu, *river* « coïter » dès 1493 [Coquillards].

rivette *n.f.*
1. Prostituée : *Elle en rajoutait bien sûr, c'est évident et ce pour la simple ambition d'inscrire son nom de rivette au fronton de la musique et à la gloire du musette* (Lépidis). **2.** Vx. Prostitué : *Pour satisfaire leur penchant, ces individus s'adressent de préférence à la jeunesse. Aussi, les chanteurs s'attachent-ils plus particulièrement aux rivettes, qu'ils exploitent presque toujours avec succès* (Canler). **3.** Client d'une prostituée.
ETYM. de **river** au sens érotique. **1.** 1829 [Forban]. **2.** 1836 [Vidocq]. **3.** 1850, forçat Clémens [Esnault].
DER. **rive** *n.f.* Prostituée : 1899 [Nouguier].

robert *n.m.*
1. Sein de femme (surtout au pl.) : *Et les nistonnes du comptoir s'épongent les roberts entre deux montées et se plongent le valseur dans le bac à verres pour se refaire une fraîcheur* (Bastiani, 4). **2.** Vx. Œil poché.
ETYM. d'une marque de biberons, célèbre dès 1888. **1.** 1928 [Esnault]. **2.** 1903 [Chautard].

robignole *n.f.*, **robignoleur** *n.m.* → **ROUBIGNOLE, ROUBIGNOLEUR.**

robinet *n.m.*
1. Robinet d'eau tiède ou simpl. **robinet,** personne excessivement bavarde et prolixe. **2. Lâcher, ouvrir le robinet,** pleurer à chaudes larmes. **3. Fermer le robinet,** se taire. **4. Robinet (d'amour),** pénis : *Dans les mois qui avaient suivi sa libération, en tout cas, il avait observé que son robinet fonctionnait beaucoup moins bien qu'autrefois et qu'il n'était plus tout à fait le gaillard qu'il avait été* (Gerber).
ETYM. emplois métaphoriques du mot usuel. **1.** 1690 [Furetière]. **2. Lâcher le robinet,** 1872 [Larchey] ; **ouvrir le robinet,** 1953 [Sandry-Carrère]. **3** et **4.** 1977 [Caradec].

☞ **rochois**
→ Liste des argots spécifiques *page [33].*

rocker [rɔkœr] *n.m.*
1. Musicien de rock ou amateur passionné de musique rock : *Depuis qu'Eddy Mitchell est allé à Nashville, / Tous les rockers français ont carrément flippé* (Renaud). **2.** Type de jeune à la tenue particulière (blouson de cuir, santiags, banane) : *Comme ils n'avaient pas grand-chose à faire, les chevelus, les tondus, les rockers et les punks accueillirent par une ovation l'apparition d'Alba* (Delacorta).
ETYM. mot angl., dér. de **rock'n'roll. 1.** 1963, *Salut les copains* [Höfler]. **2.** 1975 [Beauvais].
VAR. **rocky** : 1981, *Actuel.* **rockeur** : 1990, *Télérama.*
DER. **rockeuse** *n.f.* Compagne du rocker : 1983, *le Nouvel Observateur.*

rôdailler *v.i.*
Marcher çà et là, sans but précis : *J'aimais bien rôdailler un peu dans les rues, les rues chaudes, enfin pas trop froides... pour un mois de janvier* (Malet, 17).
ETYM. suffixation de **rôder.** 1954, Malet.

rodéo *n.m.*

Équipée au volant d'une voiture volée : *Les bandes de jeunes jouent au rodéo en brûlant les voitures et les patrouilles de police en rajoutent à l'atmosphère pesante* (*Actuel*, décembre 1981).

ETYM. emploi métaphorique du mot d'origine américaine. 1981, *Actuel*.

rogne *n.f.*

Mauvaise humeur, colère : *Le patron était dans une rogne noire, il crachait le vitriol* (Lefèvre, 1). *Les propos les plus anodins font lever ma rogne qui sommeillait* (Sarrazin, 3). **Chercher des rognes (à qqn),** lui chercher querelle, le provoquer : *Ça va pas mieux, maintenant, si vous me cherchez des rognes parce que j'ai grimpé une rombière !* (Méra).

ETYM. déverbal de **2. rogner.** 1501, G. Cohen, sous la forme *rongne*. **Chercher des rognes,** 1901 [Bruant].

1. rogner *v.t.*

Vx. Guillotiner : *Il est heureux ! il sera rogné ! Adieu, camarade !* (Hugo).

ETYM. emploi terriblement métaphorique du verbe technique. 1829, Hugo.

2. rogner ou **rognonner** *v.i.*

Exprimer sa mauvaise humeur, maugréer : *Tu rognes, reprit Trique sans se décourager... t'es bête, tu sais... pour des blagues qu'on s'est dites... vrai, ça vaut pas l'coup de se faire la tête* (Machard, 1). *Le caporal, par principe, rognonna « naturellement » et il nous demanda : « À qui c'est de marcher ? »* (Dorgelès).

ETYM. d'un radical expressif **ron-**, exprimant un grondement sourd, avec un suff. **-onner** pour *rognonner*, qui date de 1556, *Anciennes Poésies* [GLLF] ; le simple *rogner* n'est attesté que depuis 1876, Huysmans, mais est beaucoup plus ancien.

DER. **rognard, e** *adj.* Mécontent : 1971, ADG.

rognon *n.m.*

1. Rein. **2.** Hanche.

◆ **rognons** *n.m.pl.*

Testicules : *V'là la sèv qui monte ; / La Vie, a gronde en ses rognons* (Rictus).

ETYM. emploi euphémique par transfert à l'homme du mot concernant les animaux. **1** et **2.** 1808 [d'Hautel].

◆ *pl.* 1864 [Delvau], art. *ferme de rognons*.

rogomiste ou **rogommiste** *n.f.*

Vx. Patron d'un débit de boissons : *Nous nous dirigeâmes vers une espèce de rogomiste, dont le modeste établissement était situé à l'un des angles de la place* (Vidocq).

ETYM. de **rogomme.** *rogomiste* 1788, Mercier [GLLF] ; *rogommiste* 1826, Balzac [id.].

rogomme *n.m.*

Vieilli. Eau-de-vie forte : *Elle-même, quand elle sifflait son verre de rogomme sur le comptoir, prenait des airs de drame* (Zola). **Voix de rogomme,** voix éraillée par l'alcool : *J'ai entendu un bruit de tam-tam accompagnant la voix de rogomme de Juju* (Veillot).

ETYM. origine obscure. 1700, Mme de Maintenon, sous la forme *rogum*. **Voix de rogomme,** 1640 [Oudin].

DER. **rogomier** *n.m.* Buveur d'eau-de-vie : 1866 [Delvau].

rom *n.m.*

1. Gitan, Tsigane : *Ils ne seront jamais dupes, je suis avant tout un rom, un tsigane, même si je ne joue pas de la guitare et du violon, même si je ne tresse pas des paillassons* (Pouy, 2). **2.** Type, individu : *Tu vois pas que c'est un rom qu'est fini ? Faut plus attendre maintenant pour le lessiver* (Le Breton, 1).

ETYM. mot tsigane, « homme ». 1957 [Sandry-Carrère].

romaine *n.f.*

Boisson composée de sirop d'orgeat additionné de rhum et d'eau glacée.

ETYM. emploi spécialisé de l'adj. substantivé. 1878 [Rigaud].

☞ **romani**
→ Liste des argots spécifiques *page [33]*.

romano ou **romani** *n.*

Bohémien, Gitan : *Moi, je sais qui c'est, murmure Robry, un petit romano frisé (quand il a ses cheveux) comme un mouton* (Le Dano). *Une nuée voile ses yeux gris : [...] l'ennui de passer dans cette prison basse [...] les jours libres des romani* (d'Esparbès).

◆ *adj.*

Qui se rapporte aux Bohémiens : *Il était du genre gardien de chantier, avec un soupçon de romano dans la tignasse* (Malet, 9). *Elle interrogea ensuite rapidement en langue romano les trois gus derrière moi* (ADG, 1).

ETYM. apocope de **romanichel,** mot tsigane d'Allemagne, «fils de rom» (écrit *romamichel* en 1828 par Vidocq). *romano* 1928 [Lacassagne]; *romani* 1883 [Chautard].

◆ *adj.* 1956, Malet.

VAR. **romanigo :** 1883 [Esnault]. **romanuche :** 1946, Dijon [id.].

rombier *n.m.*

Individu quelconque : *Un volant dans les mains, il tournait au génie. Pas de doute, il savait conduire* [...] *Célèbre dans les deux hémisphères, le rombier* (Dominique).

ETYM. origine incertaine, p.-ê. d'un radical expressif **rom-** évoquant le grondement (cf. *rogner*). 1956, Dominique, mais au sens de «vieillard» dès 1901 [Rossignol].

rombière *n.f.*

1. Femme, génér. âgée et plus ou moins prétentieuse (souvent associé à l'adj. **vieille**): *Il m'a dit qu'il connaissait une rombière qu'allait le guérir avec des herbes* (Boudard, 1). **2.** Épouse, maîtresse : *Tu vois pas que c'est Alexandre Legrand qui est en train de te piquer ta rombière* (Viard-Zacharias, 2).

ETYM. fém. du précédent. **1.** 1896 [Delesalle]. **2.** 1965, Viard-Zacharias.

roméo *n.m.*

Boisson composée de rhum et d'eau.

ETYM. jeu de mots phonétique sur **rhum et eau.** 1977 [Caradec].

romi *n.f.* → **2. ROUMI.**

rompant (en) *loc. adv.*

ARG. ANC. En grande quantité : *Il y a des cabots en rompant, entends-tu leurs criblements ?* (Ansiaume).

ETYM. à rapprocher de la loc. *à tout casser.* 1821 [Ansiaume] (nombreux exemples).

1. rond, e *adj.*

Rond comme une balle, une barrique, une bille, un boulet, une queue de pelle, ou simpl. **rond,** ivre : *J'avais déjà vidé plus d'un'bouteille, / Si bien qu'j'm'avais jamais trouvé si rond* (chanson *le Grand Métingue du métropolitain,* paroles de Mac-Nab). *T'es saoul, Albert, rond comme un boudin, va cuver... Et méfie-toi, si tu continues, on va te faire souffler dans le ballon* (Jaouen). *Notre truand voyant enfin son clille rond comme un boulet, lui fera présenter* [...] *une gonzesse quelconque* (Simonin-Bazin). *Un expert photographe, rond comme une queue de pelle, tient la jambe à Linda* (*Libération,* 29 novembre 1982).

◆ **rond** *adv.*

Tourner rond, fonctionner de façon satisfaisante. **Ne pas tourner rond,** être un peu dérangé mentalement.

ETYM. emploi métonymique de l'adj., l'ivrogne tournant et roulant sur lui-même au hasard, sans pouvoir se diriger; au contraire, la rotation sans à-coups est, en mécanique, un signe de bon fonctionnement. 1474, *Mystère de l'Incarnation* [GLLF].

◆ *adv.* 1870 [Esnault]. **Ne pas tourner rond,** 1949 [Nouveau Larousse universel].

DER. **rondir** *v.t.* Griser : 1960 [Le Breton]. **se rondir** *v.pr.* S'enivrer : 1953 [Sandry-Carrère].

2. rond *n.m.*

1. Sou (surtout dans des tours négatifs) : *Il faudrait que tous les clochards mettent chacun deux francs de côté par jour. Sans ça, t'en trouveras toujours un autre pour te faucher tes quarante ronds* (Malet, 1). *Mon héritag' je te l'destine / Mais tu ne touch'rais pas un rond / Si tu n'prenais pas soin d'Titine* (Bertal-Maubon, *in* Saka). **Pour pas un rond.** ***a.*** sans avoir rien à débourser ; ***b.*** sans avoir rien demandé : *Il a dépassé le commissariat sans s'en rendre compte, amorce le tournant qui vous en fout plein la vue pour pas un rond!* (Galland). **Pas... pour deux ronds,** pas du tout : *Fallait pas non plus oublier l'autre, en bas, à son volant. Y semblait pas être sentimental pour deux ronds, celui-là !* (Le Breton, 3). **2.** ARG. ANC. Écu. **Rond de six balles.** ***a.*** écu de six livres; ***b.*** pièce de cinq francs. **3.** Anus: *Le cul c'était bête, il n'y avait pas de mal, mais pas lui toucher le rond, attention* (Duvert). *Je le voudrais bien, dira-t-elle. Mais par la déesse, tu l'as vraiment trop grosse pour mon petit rond* (Cellard). **Pousser son rond,** déféquer. **Marcher pour le rond,** être homosexuel. **Donner, filer, lâcher, prendre du rond,** subir le coït anal, en parlant d'une prostituée ou d'un homosexuel. **4.** Vx. Postérieur.

◆ **ronds** *n.m.pl.*

Des ronds, de l'argent : [Le tenancier] *me sert, rafle mes ronds et fout le camp, discret*

(Tachet). *Y en a pour des ronds !* **Avoir trois ronds,** disposer d'un peu d'argent : *Je voyage dès que j'ai trois ronds et je fais des maths pour calmer mes parents* (*Libération*, 12 octobre 1984).

ETYM. emplois métonymiques (analogie de forme) de l'adj. **1.** 1566, Rasse des Nœuds [Esnault]. **2.** ***a.*** 1847 [Dict. nain] ; ***b.*** 1851 [Esnault]. **3.** 1884 [id.]. **Pousser son rond,** 1867 [Delvau]. **Marcher pour le rond** et **prendre du rond,** 1899 [Nouguier] ; **lâcher du rond,** 1928 [Lacassagne]. **4.** 1808 [d'Hautel].
◆ *pl.* 1905 [Esnault].

rondelle *n.f.*

1. Anus : *Qui c'est qu'en prend dans la rondelle non mais eh dis* (Duvert). **Casser** ou **défoncer la rondelle à qqn,** le sodomiser. **Se magner la rondelle,** se hâter : *Remuez-vous le cul, bande de braques ! On se magne la rondelle, j'ai dit !* (Dégaudenzi). **2.** Pièce d'or. **3.** Vx. **À la rondelle,** à la perfection.

ETYM. emplois métaphoriques du mot usuel. **1.** 1884 [Chautard]. **Défoncer** et **se magner la rondelle,** 1953 [Sandry-Carrère]. **2.** 1907 [Esnault]. **3.** 1912 [id.] (référence à un disque percé servant de gabarit).

rondibé *n.m.*

Anus : *Est-ce que je t'ai encore enculé, eh, puceau ? Tu t'la veux au rondibé ?* (Duvert) ; plus généralement, arrière-train : *On gagnait du terrain sur la voiture grise et, dans moins de cinq minutes, on lui collerait au rondibé* (Bastiani, 4).

ETYM. de **2. rond,** avec suff. fantaisiste, issu de la chanson *le Zipholo*, paroles de E. Christien, 1907 [Pénet].

rondin *n.m.*

1. Sein de femme : *Dis, Môm, maint'nant y faut m'montrer / Tes beaux petits rondins bombés...* (Rictus). **2.** Étron. **3.** Vx. Bouton de vêtement : *Donne-moi un trimelet, pour attacher un rondin* (Ansiaume). **4.** Vx. Écu de cinq francs : *Et combien que ça coûte, c'te bête ? – Un rondin, deux balles et dix Jacques. – N... de D... ! sept livres dix sous !* (Vidocq).

ETYM. de **2. rond** (analogie de forme circulaire ou sphérique). **1.** 1836 [Vidocq]. **2.** 1800, Leclair. **3.** 1821 [Ansiaume]. **4.** 1829, Vidocq.

DÉR. **rondiner** *v.i.* **1.** Dépenser son argent : 1866 [Delvau]. **2.** Déféquer : 1878 [Rigaud] ; *v.t.* Frapper : 1792, Hébert [Doillon]. **se rondiner** *v.pr.* Se boutonner : 1821 [Ansiaume].

rondine *n.f.*

ARG. ANC. Bague : *Avec une rondine j'affranchirai la gothon* (Ansiaume).

ETYM. de **2. rond.** 1821 [Ansiaume].

rondinet *n.m.*

Vx. Anneau : *Il faut que je fasse quelques rondinets à la carre* (Ansiaume).

ETYM. de **2. rond.** 1821 [Ansiaume].

ronflant, e *adj.*

1. Parfait, excellent : *Les gonces qui n'ont pas de poil, c'est ronflant qu'on leur colle un pain ou qu'on leur mette un croquenot dans les fesses* (Rosny). **2. Poche ronflante,** poche bien garnie.

◆ **ronflant** *n.m.*

1. Nez. **2.** Téléphone.

ETYM. participe présent de **ronfler. 1.** 1866 [Esnault]. **2.** vers 1860 [id.].
◆ *n.m.* **1.** 1916 [id.]. **2.** 1988, Legrand.

ronfler *v.i.*

1. Dormir ; loger : *Moi ? Triste, un dimanche ! Tu rigoles, non ? J'vais aller ronfler tout l'après-midi, oui !* (Le Breton, 6). *Alors, tu ne ronfles pas ici ? – Jamais ! J'ai un logement dans le dix-huitième* (Galtier-Boissière, 2). **2.** Coucher (avec qqn). **3. Ça ronfle,** ça marche bien. **4.** Vx. **Faire ronfler Thomas** ou **le bourrelet, ronfler du bourrelet,** aller à la selle.

ETYM. emplois métonymiques du verbe usuel (manifestation secondaire du sommeil). **1.** 1846 [Esnault]. **2.** 1915 [id.]. **3.** 1844 [Dict. complet]. **4.** 1867 [Delvau].

VAR. **ronflaguer** : 1935 [Esnault].

DÉR. **ronfle** *n.f.* **1.** Narine : 1915 [id.]. **2.** Femme : 1881, Richepin [id.]. **3.** Sommeil : 1901 [Bruant]. **ronflée** *n.f.* État d'ébriété : 1918 [Esnault].

ronflette *n.f.* ou **ronflon** *n.m.*

Sommeil plus ou moins profond : *Tout autour, c'est plutôt l'ambiance rhino-pharyngite créée par vingt potes en pleine ronflette* (Pouy, 1). *Quand y r'débrida ses chasses, après son ronflon...* (Stollé).

ETYM. de **ronfler,** avec le suff. diminutif **-ette.** *ronflette* 1924 [Esnault] ; *ronflon* 1947, Stollé.

ronfleur *n.m.*

1. Téléphone : *Il avait été filer un coup de ronfleur à la femme d'Amédée pour avoir des nouvelles fraîches de ma Jacqueline* (Trignol). **2. Envoyer le ronfleur,** donner un renseignement. SYN. envoyer le duce.

ETYM. de **ronfler. 1.** 1953 [Sandry-Carrère]. **2.** 1935 [Simonin-Bazin].

rongeur *n.m.*

1. Compteur de taxi : *Le chauffeur mata le rongeur. Il enregistrait mille deux cent cinquante francs* (Simonin, 1). **2.** Taxi : *Il traîne ses tatanes éculées le long de la station de rongeurs* (Dégaudenzi). **3.** Chauffeur de taxi.

ETYM. emploi métaphorique du mot désignant l'animal : le compteur de taxi « grignote le temps ». **1.** 1935 [Simonin-Bazin]. **2.** 1912 [Villatte], mais *ver rongeur,* « fiacre à l'heure attendant le client », dès 1840, Alhoy [Larchey]. **3.** 1977 [Caradec].

ronibus [-bys] *n.m.*

Autobus.

ETYM. altération pop. de **omnibus.** 1952 [Esnault].

roploplos ou **rotoplots** *n.m.pl.*

Seins de femme : *Elle n'a pas hurlé, mais ses seins se sont aplatis sur moi, tellement que j'ai pensé que j'allais avoir des roploplos en creux* (Pouy, 1). *Blondinette avec des grands yeux bleus. Avec ça une paire de rotoplots bien dessinés sous un corsage très ajusté* (Barnais, 1) ; parfois abrégé en **rotops :** *Des rotops à déguster à la petite cuiller et un joufflu qui aurait dû être classé trois étoiles dans les sites et paysages, si on lui avait fait son droit. Voilà l'objet* (Bastiani, 4).

ETYM. de **robert,** avec influence de **plein.** *roploplos* 1935 [Esnault] ; *rotoplots* 1941 [id.].

VAR. **rototos :** 1936, Céline.

rosbif *n.m.*

Anglais : *Antonio de Londres – originaire des Baléares, mais parlant français comme un Parisien et anglais comme un vrai rosbif d'Angleterre* (Charrière).

ETYM. emploi métonymique du mot désignant une tranche de viande « grillée à l'anglaise ». 1774 [DDL].

rose *n.f.*

1. Bouton de rose, clitoris. **2. Rose des vents,** l'anus, pour les homosexuels.

ETYM. emplois analogiques (couleur, forme) du nom de la fleur. **1.** 1977 [Caradec]. **2.** 1866 [Delvau].

roseaux *n.m.pl.*

Cheveux : *Nanar, trente-cinq ans, un mètre soixante-trois sans godasses, brun, ondulé des roseaux, sympa de la terrine, prenait sa douche* (Mariolle).

ETYM. emploi métaphorique du mot usuel (idée de longueur et de raideur). 1970 [Boudard-Étienne].

rosette *n.f.*

Anus : *Enculé ! Défoncée, la rosette !* (Morgiève). **Amateur de rosette, chevalier de la rosette,** homosexuel actif.

ETYM. diminutif de **rose.** 1864 [Esnault], qui y voit un dér. du terme technique désignant le trou rond de la guitare. **Amateur de rosette,** 1929 [Chautard] ; **chevalier de la rosette,** 1864 [Delvau].

rossard, e *adj. et n.*

Se dit d'une personne paresseuse : *Moi, je dis qu'un rossard pareil vaut mieux pour la chambrée qu'un bonhomme qu'on n'entendrait jamais et qui ferait tous les boulots* (Paraz, 2).

ETYM. de **rosse,** fainéant. 1861 [Esnault].

rossignol *n.m.*

1. Passe-partout : *Naturellement, en bon cambrioleur que je suis, j'ai sur moi tout un trousseau de rossignols* (Allain-Souvestre). **2.** Marchandise défraîchie ; appareil usagé et peu efficace : *Grand-mère elle arrêtait pas d'aller à la remonte... d'aller piquer du « rossignol » à la salle des ventes* (Céline, 5). *Les voitures charcutières étaient devenues de sombres rossignols qui se mouraient de sénilité précoce* (Simonin-Bazin) ; au fig., individu médiocre : *Ah ! Il paraît qu'Adolphine ?... placement difficile !... Un rossignol, merci !* (Sardou). **3.** Bruit, grincement. **4.** Maître chanteur, dans le langage des policiers. **5.** Vx. **Rossignol à gland.** ***a.*** pénis ; ***b.*** porc.

ETYM. emplois métonymiques (idée commune : le bruit, le grincement). **1.** 1406, Rouen [Esnault]. **2.** 1839, Balzac [selon Larchey] ; au fig., 1865, Sardou. **3.** 1977 [Caradec]. **4.** 1975 [Arnal]. **5.** ***a.*** 1912 [Villatte], mais *rossignol,* mil. du XVIIe s., La Fontaine [Delvau] ; ***b.*** 1808 [d'Hautel].

DER. **rossignoler** *v.t.* Cambrioler : 1832 [Esnault]. **rossignoleur** *n.m.* Cambrioleur : 1844 [Dict. complet].

roter *v.i.*

En roter. *a.* être rempli d'admiration : *Aussi le petit mec en rote-t-il de la splendeur du burlingue où le vendeur du magasin vient de les introduire* (Simonin, 8) ; ***b.*** souffrir, être durement traité : *La Marne, c'était rien, trancha Sulphart. C'est pendant la retraite qu'on en a le plus roté* (Dorgelès).

ETYM. emplois expressifs du verbe usuel. ***a.*** 1881 [Rigaud] ; ***b.*** 1901 [Bruant].

roteuse *n.f.*

Bouteille de champagne : *La roteuse de champ à peine touchée que tout truand d'une certaine qualité doit s'offrir pour ne pas avoir l'air d'un peigne-chose* (Dominique).

ETYM. dér. métonymique et humoristique de **roter.** 1955, Trignol.

1. rôti, e *adj.*

1. Soupçonné par la police, compromis. **2.** Perdu, condamné (par la maladie) : *« Alors, gars, comment tu vas ? » Le blessé poussa un léger soupir. « Pas trop d'attaque, Breton. J'suis rôti... » – « T'es pas marteau ! »* (Le Breton, 5).

C'est rôti, il n'y a plus d'espoir, c'est perdu : *Pour la grande Lucie, se rendormir c'est rôti. Ils font pas bon ménage, le sommeil et le chagrin* (Simonin, 5).

ETYM. emploi métaphorique du participe passé de **rôtir. 1.** 1836 [Forban]. **2.** 1953, Le Breton.

2. rôti *n.m.*

1. Vx. Marque au fer chaud sur l'épaule d'un condamné. **2. S'endormir sur le rôti,** manquer d'ardeur au travail ou en amour : *Il s'agissait à cette heure de ne pas s'endormir sur le rôti* (Zola).

ETYM. emplois métaphoriques du mot usuel. **1.** 1836 [Vidocq]. **2.** 1640 [Oudin].

rotin *n.m.*

Sou (dans des tours négatifs) : *Si vous n'avez pas un rotin / [...] Vous perdrez près d'ell's, c'est certain, / Les ardeurs de votre éloquence* (chanson *les Ingénues,* paroles de E. Bessière et P. Marinier). *Après le passage du père presseur, Manu avait plus un rotin.*

ETYM. jeu de mots synonymique probable sur **jonc,** or en métal ou en monnaie. 1835 [Raspail].

rôtir (se) *v.pr.*

Se rôtir le cuir (au soleil), s'exposer au soleil pour se faire bronzer.

ETYM. emploi métaphorique et emphatique du verbe usuel. 1953 [Sandry-Carrère].

rotoplots *n.m.pl.* → **ROPLOPLOS.**

rotules *n.f.pl.*

Être sur les rotules, être très fatigué, épuisé : *Il avait envie de la voir, de lui demander conseil, faire l'amour, pas tellement, parce qu'il se sentait nettement sur les rotules* (Amila, 1).

ETYM. loc. imagée, évoquant la faiblesse musculaire, les jambes molles. 1953 [Sandry-Carrère].

☞ **rotwelsch**
→ Liste des argots spécifiques *page [33].*

roubignole ou **robignole** *n.f.*

1. ARG. ANC. Petite boule de liège utilisée au jeu de la cocange ou des trois coquilles : *Sous l'une des coquilles, on met un* [sic] *petit robignolle (boule de liège)* [...]. *Celui qui devine où se trouve le petit robignolle a gagné* (Clémens) ; le jeu lui-même, qui est l'ancêtre du bonneteau. **2.** Testicule (génér. au pl.) : *On est sevrés, nous autres, on sert la patrie mais ce n'est pas une maîtresse qui nous gâte les roubignoles* (Boudard, 6).

ETYM. de **robin,** testicule (dans le Maine), et d'un suff. méridional. **1.** *robignole* 1836 [Vidocq]. **2.** 1888, Villatte [GLLF].

roubignoleur ou **robignoleur** *n.m.*

Vx. Tenancier du jeu de la roubignole : *Le robignoleur leur reprend* [aux naïfs] *l'avantage et ne manque pas de les renvoyer complètement roustis* (Paillet).

ETYM. de **ro(u)bignole.** *robignoleur* 1836 [Vidocq] ; *roubignoleur* 1866 [Delvau].

roublard, e *adj.*

Vx. **1.** Mal habillé. **2.** En mauvaise santé. **3.** Chic, en parlant d'un vêtement.

◆ **roublard** *n.m.*

ARG. ANC. Escroc : *Si j'avais à énumérer ici tous les trucs dont se servent les charlatans, faussaires, roublards et loustics se jouant de la crédulité publique, un volume ne suffirait pas* (Claude).

ETYM. même origine que **roubignole.** **1.** 1835 [Raspail]. **2.** 1870 [Esnault]. **3.** 1863 [id.].
◆ *n.m.* 1858, *le Figaro* [id.].
DÉR. **roublarder** *v.i.* Quémander : 1877 [id.]. **roublarderie** *n.f.* Misère : 1846, *Intérieur des prisons*. **roubleur** *n.m.* Délateur : [id.].

rouchi *n.m.*
Vx. Individu sale, laid, au physique ou au moral; voyou : *N'est-ce pas, Jules, que j'ai tout fait pour lui ? ce vilain rouchi, échignez-vous donc le tempérament !* (Vidocq).
◆ **rouchie** *n.f.*
1. Femme de mauvaise vie, prostituée de bas étage : *Les Boches avaient défendu à Pauline de fréquenter cette rouchie, avec ses oripeaux* (Zola). **2.** Femme en général; épouse : *Paraît que j'suis dab ! Ça m'esbloque. / Un p'tit salé, à moi l'salaud ! / Ma rouchi' doit batt' la berloque* (Richepin).
ETYM. origine peu sûre, p.-ê. liée à **rouchi,** sale, laid (nord de la France). 1828, Vidocq.
◆ *n.f.* **1.** 1862 [Larchey]. **2.** 1876, Richepin.

roucouler *v.i.*
Examiner longuement un objet dans une vente publique.
ETYM. emploi métaphorique du verbe usuel. 1977 [Caradec].

roudoudou *n.m.*
Confiserie vendue dans une petite boîte en bois : *Les deux enfants s'hypnotisèrent sur les tubes de coco hygiénique et des roudoudous en boîte* (Machard).
ETYM. formation expressive, avec influence de **doux.** vers 1910, Machard.

roue *n.f.*
1. Roue de secours. ***a.*** monocle ; ***b.*** personne ou chose qui constitue une aide : *Sa roue de secours, la fidèle Toutatoy, secrétaire (à tout faire) [...] l'était venu rejoindre et tout marchait bien* (Grancher). *Ne lui a-t-il pas, en quittant Johnny qu'il connaît à peine, glissé cinq sacs, en roue de secours !* (Simonin, 8). **2. Prendre la roue de qqn,** le suivre : *Pivotant sur ses talons, il repart vers la grille, la passe. Lucie prend la roue* (Simonin, 5). **3. Faire roue libre, se mettre en roue libre,** ne pas se faire de souci, se laisser vivre avec nonchalance. **4.** Vx. **Roue de derrière.** ***a.*** écu de six livres ; ***b.*** pièce de cinq francs en argent : *J'ai une pièce de vingt balles, c'est pas pour la laisser moisir, je vais la casser en quatre, et avec une roue de derrière, nous allons rigoler un brin* (Guéroult). **5.** Vx. **Roue de devant,** pièce de trois francs ou de deux francs. **6.** Vx. **Être à la roue** ou **dans la roue,** être au courant, ne pas se laisser duper.
ETYM. emplois métaphoriques du mot usuel. **1.** ***a.*** 1935 [Esnault]; ***b.*** 1966, Grancher. **2.** 1947 [Esnault]. **3.** 1921, Arts et métiers, Lille [id.]. **4.** ***a.*** 1747 [id.]; ***b.*** avant 1765, Caylus [Delvau]. **5.** 1827 [Demoraine]. **6. Être à la roue,** 1899 [Nouguier]; **dans la roue,** 1926 [Esnault].

rouflaquette *n.f.*
Mèche de cheveux en forme d'accroche-cœur, collée sur la tempe : *Deux gardiens me livrèrent cinq minutes plus tard une brute au front bas, nantie de rouflaquettes* (Van Cauwelaert).
ETYM. du normand **roufle,** air arrogant. 1877, Richepin [Bruant].
VAR. **roufle** : 1901 [Bruant].

rouge *n.m.*
1. Mettre le rouge. ***a.*** afficher le signal rouge, sur un champ de courses : *La pluie tombe toujours au moment où on met le rouge pour la dernière course à Auteuil* (La Fouchardière); ***b.*** interrompre une activité : *Lorsque le vieux contrecoup avait mis le rouge pour aller planter ses radis, [...] c'était son neveu, un branque à lunettes, ne connaissant que t'chi au métier, que le taulier avait présenté comme nouveau contrecoup* (Simonin, 3) ; ***c.*** rompre les relations avec qqn ; ***d.*** semer la perturbation, faire du scandale : *Valait mieux mettre le rouge une bonne fois. Quand il serait dans le potage, les autres empafés pourraient toujours l'interroger* (Le Breton, 3). **Le rouge est mis,** il n'est plus possible de revenir en arrière : *À trois heures du mat' pour moi c'est fini, le rouge est mis. Le poids ou pas l'poids, j'rentre me pager* (Simonin-Bazin). **2.** Arg. anc. Forçat condamné à temps et portant le bonnet rouge : *Un condamné venait de s'échapper : « Est-ce du rouge ? » criait un adjudant ? – Oui, répondait un sergent* (Alhoy). **3.** Arg. anc. Sang : *Au bal où qu'elle va tous les soirs, y aurait pas un homme qui donnerait pas son rouge pour elle* (Carco, 2). **Faire rouge,** répandre le sang. **4.** Arg. anc. **La Grille des rouges,** la porte de Montrouge.
◆ *n.f.*
La Légion d'honneur : *Maintenant, je ne sors plus de ma paperasse que pour aller voir les*

vieux copains se faire refiler « la rouge » dans la cour d'honneur de la Préfecture ! (Demouzon).

ETYM. emplois spécialisés et métonymiques de l'adj. **1.** ***a.*** 1924, La Fouchardière (le disque rouge indique une décision irrévocable, en ce qui concerne le résultat ou l'organisation d'une course); ***b.*** 1957 [PSI]. **Le rouge est mis,** 1923 [Esnault]. **2.** 1830, Alhoy. **3.** 1843 [Esnault]. **4.** 1879 [id.].

◆ *n.f.* 1982, Demouzon.

rougeole *n.f.*

1. Avoir la rougeole, être décoré de la Légion d'honneur. **2.** Vx. **Boîte à rougeole,** prostituée ayant contracté une MST.

ETYM. emplois métonymiques (analogie de couleur) du mot usuel. **1.** 1977 [Caradec]. **2.** 1894 [Esnault].

rouget *n.m.*

ARG. ANC. Cuivre rouge : *Le père Micou, le logeur en garni du quartier Saint-Honoré, s'arrangera du rouget* (Sue).

ETYM. diminutif de **rouge** (métonymie de la couleur pour le matériau). 1821 [Ansiaume].

rougnotter *v.i.*

Sentir mauvais : *Bon confrère et bon équipier, Jaspin, sur ce point rien à redire, mais pourquoi bon Dieu ! rougnotte-t-il aussi fort des pinceaux ?* (Simonin, 8).

ETYM. p.-ê. diminutif de **rougner, rogner** [Cellard-Rey]. 1968 [PSI].

rouille ou **rouillarde** *n.f.*

Bouteille de vin, notamment de champagne : *Je souffle dans mon serpentin, et je réclame une autre rouille de champ* (Siniac, 1). *Et de déboucher une rouillarde de millésimé, la larme à l'œillet* (Bastiani, 4).

ETYM. de la couleur de **rouille** du mauvais vin rouge, avec le suff. péj. **-ard.** *rollarde* vers 1510 [Esnault] ; *rouillarde* 1596, Péchon de Ruby ; *rouille* 1836 [Vidocq].

DER. **rouiller** *v.pr.* **Se rouiller le mou,** boire un coup : 1903 [Esnault]. **rouillotin** *n.m.* Vin : 1956 [id.].

roulant, e *adj.*

Extrêmement drôle.

◆ **roulant** *n.m.*

1. Vx. Trimardeur, nomade, marchand ambulant, etc. : *Qu'est-ce qu'un roulant ? – C'est un chineur, autrement dit marchand ambulant, qui va offrir à domicile des étoffes à bas prix, souvent provenant de vols* (Macé) ; auj., voyageur de commerce ou employé des chemins de fer. **2.** Agent cycliste, puis cyclomotoriste : *Tu penses bien qu'elle allait pas filer le tuyau aux roulants du Onzième ni parler du cavaleur* (Pennac, 1). **3.** Taxi ; ARG. ANC., fiacre, diligence ou carrosse : *Il faut chomir le roulant et ébobir les messières* (Ansiaume). **4.** Vx. **Roulant vif,** chemin de fer : [pour aller de Paris à Versailles] *Ça n'doit pas êt' récréatif de prendre, / Chaque matin, le roulant vif* (Gill). **5.** Vx. **Roulant de cé,** écu de six livres.

◆ **roulante** *n.f.*

1. Véhicule : *Un classé qui pousse sa roulante m'affranchit en passant devant ma porte entr'ouverte à l'heure de la soupe* (Trignol). **Roulante à refroidis,** corbillard. **2.** Prostituée officiant à pied.

ETYM. emploi adj. du participe présent de **se rouler,** rire bruyamment. 1899 [Nouguier].

◆ *n.m.* **1.** « marchand ambulant » 1847, Féval [Esnault] ; « trimardeur » 1877 [id.] ; « voyageur » 1953 [Sandry-Carrère]. **2.** 1930 [Esnault]. **3.** « taxi » 1953 [Sandry-Carrère] ; « fiacre » 1768, langage poissard [Esnault]. **4.** 1847, Balzac [Esnault], qui y voit une mauvaise lecture de *roulant de rif*. **5.** 1847 [Dict. nain].

◆ *n.f.* **1.** 1566, Rasse des Nœuds [Esnault]. **Roulante à refroidis,** 1901 [Bruant]. **2.** 1883 [Fustier].

roulé, e *adj.*

Bien roulé, harmonieusement proportionné, surtout en parlant d'une fille ou d'une femme : *Il lui posa la main sur l'os iliaque : « Vous seriez bien roulée, avec une belle petite gueule, mais ce que vous êtes maigre »* (Sartre). *Comment qu'elle est roulée, hein ? s'extasia Bras d'Acier. Quel sujet !* (Le Breton, 6).

ETYM. emploi adj. du participe passé de **rouler.** 1869, Daudet [GLLF].

rouleau *n.m.*

1. Vx. Recette quotidienne d'une prostituée. **2.** Argent gagné au jeu. (On rencontre aussi **roule,** n.m., en ce sens.) **3. Changer de rouleau,** varier la conversation.

◆ **rouleaux** *n.m.pl.*

Testicules. **Avoir mal aux rouleaux,** être atteint d'une MST. **La peau de mes rouleaux !,** rien du tout ! : *La peau de mes rouleaux / Pour tous les caporaux* (Plaisir des dieux).

ETYM. emplois métaphoriques (analogie de forme) du mot usuel. **1.** 1876, Richepin [Villatte]. **2.** 1890 [Esnault]. **3.** 1953 [Sandry-Carrère].

◆ *pl.* 1888 [Villatte]. **Avoir mal aux rouleaux,** 1953 [Sandry-Carrère]. **La peau de mes rouleaux,** 1931 [Chautard].

roulée *n.f.*

1. Baiser sur la bouche, avec intromission de la langue. **2.** Cigarette. **3.** Vx. Correction infligée à qqn : *Ces gens sont sans pitié / Pour un rien, ils vous flanquent une roulée* (Roubaud).

ETYM. emploi substantivé du participe passé de **rouler. 1.** 1905 [Esnault], par ellipse de **saucisse roulée. 2.** 1964 [Larousse]. **3.** 1800, Leclair.

rouler *v.i.*

1. Jouer aux dés : *Je le revoyais dans une partie de passe proche de la porte d'Asnières, roulant avec un acharnement constant* (Simonin, 4) ; aussi v.t. : **Rouler les bobs** ou **un 421,** faire une partie de dés : *Je lui ai proposé de rouler un 421 et, tout en poussant les bobs, j'ai appris qui c'était* (Simonin, 2). **2.** Bavarder, parler : *J'appelais ma femme de chambre que j'avais baptisée Beau ramage parce qu'elle n'arrêtait pas de rouler. Une bavarde !* (Jamet). *Ils roulaient en espingouin, une langue que j'entends assez bien* (Simonin, 2). **3. Ça roule,** tout va bien : *O.K. À part ça, ça roule ? – Du feu de Dieu, le garage tourne à plein* (Destanque). **4. Rouler sur l'or,** être riche. **5. Rouler sur la jante.** ***a.*** faire fiasco ; ***b.*** déraisonner. **6. Rouler des miches,** remuer les fesses en marchant. **7.** ARG. ANC. Mener une vie errante, vagabonder : *Y a-t-il longtemps que vous roulez sans domicile ? – J'ai roulé pendant l'espace de deux ans* (procès d'Orgères).

◆ *v.t.*

1. Tromper, duper qqn : *Je suis seul contre le gouvernement avec son tas de tribunaux, de gendarmes, de budgets, et je les roule* (Balzac, 1). *Cet habile homme, qui a si bien roulé son compatriote, roule aussi les r* (London, 1). **Rouler (dans la farine),** berner, circonvenir par des paroles : *Jo, t'y fie pas. Tu les rouleras pas tous dans la farine pour en faire des beignets. Eux aussi connaissent la musique* (Lépidis). **2.** Vx. Parcourir, fréquenter : *Il allait avec sa propre fille, une effrontée qui roulait les boulevards* (Zola). **3. En rouler une,** se rouler une cigarette. **4. Se les rouler,** ne rien faire : *Ouais, dit Matadore, si je comprends bien, c'est moi qui vais me taper les courses pendant que toi tu vas rester ici à te les rouler* (Destanque). **5. Rouler les biscotos, les mécaniques** ou simplement **les rouler,** adopter une attitude bravache et prétentieuse : *Gustave, il profitait de sa force, il était baraqué plutôt armoire d'allure, il roulait de tous ses biscotos* (Boudard, 6). *Il [...] s'amena en roulant les épaules. Il avait beau les rouler. Y devait pas valoir un coup de cidre à la bagarre* (Le Breton, 3). **6. Rouler une escalope, une galoche, un patin, une pelle, une saucisse,** etc., faire un baiser appuyé et prolongé, avec intromission de la langue dans la bouche : *Elle me colle ses douces lèvres sur la bouche... que je lui roule une escalope, là, devant ses amis* (Boudard, 1). *Je voyais des éclairs dans ses cheveux et je me penchais pour lui rouler une pelle et lui arracher la bouteille* (Djian, 1). *Éric et Michèle se roulaient des palots que c'en était gênant* (Pouy, 1). *Elle lui roula une de ces fameuses saucisses de Judée qui sentent la violette* (Devaux).

◆ **se rouler** *v.pr.*

Se rouler par terre, rire sans retenue.

ETYM. emplois spécialisés du verbe usuel. **1.** 1924 [Esnault]. **2.** 1913 [id.]. **3.** 1862 [Larchey]. **4.** 1736, Voltaire [GLLF]. **5.** 1977 [Caradec]. **6.** 1957 [Sandry-Carrère]. **7.** 1799, Orgères (nombreux exemples).

◆ *v.t.* **1.** « se moquer de qqn », 1808 [d'Hautel], langage des typographes. **Rouler dans la farine,** 1866 [Delvau]. **2.** 1877, Zola. **3.** 1953 [Sandry-Carrère]. **4.** 1897, Rictus. **5. Rouler les mécaniques,** 1952 [Esnault] ; **les biscottos,** 1957 [PSI]. **6. Rouler une saucisse,** 1883 [Chautard] ; **un patin,** 1928 [Lacassagne].

◆ *v.pr.* 1869, Hugo [GLLF].

DER. **roulotter** ou **rouloter** *v.i.* **Ça roulotte,** tout va bien : 1957 [Sandry-Carrère].

roulette *n.f.*

1. Vache à roulettes ou simpl. **roulettes,** agent cycliste, auj. à cyclomoteur : *Deux agents cyclistes arrivaient par pelotons. Pluche brailla : « Voilà les vaches à roulettes ! »* (Dabit, 1). **2.** Vx. **À la roulette,** malin, expert. (On rencontre aussi en ce sens **aux roules, à la roue.**)

ETYM. emplois spécialisés du mot usuel. **1. Vache à roulettes,** 1910 [Esnault] ; **roulettes,** 1928 [Lacassagne]. **2.** 1901 [Bruant] ; *aux roules* 1890 [Esnault] ; *à la roue* 1894 [id.].

rouleur *n.m.*

1. Joueur de dés : *Je compris vite, à sa façon de saisir et de lancer les dés, qu'il se rangeait dans le clan des « rouleurs » à la pincette* (Carco, 1). **2.** Vx. Bavard, fanfaron : *Elle connaissait bien les hommes... la plupart, ils sont va de la gueule, bravaches, rouleurs mais, en fin de compte, c'est les gonzesses qui font la loi* (Boudard, 5). On dit auj. **rouleur** (plus rarement **rouleuse) de mécaniques** : *Toujours un peu rouleuse de mécaniques, je me demande qui doit davantage prétendre à les rouler, du veinard insolent ou du salement assaisonné!* (Sarrazin, 3). *Encore une camionnette. En débarquent quelques individus inquiétants, cuir, rouleurs de mécaniques* (*Libération*, 9 juin 1981). **3.** Fumeur de haschisch : [C'est dangereux] *pour les « rouleurs fous », ceux qui remplacent la première cigarette du matin par un joint* (Cahoreau-Tison). **4.** Vx. Nomade, vagabond : *Il est venu à la maison deux particuliers qui avaient l'air de rouleurs* (Orgères). *Les quinze francs du marché, la médaille* [...] *étaient passés dans la poche d'un de ces rouleurs de barrière pour qui toute proie est bonne* (Daudet). **5.** Vx. Chiffonnier.

◆ **rouleuse** *n.f.*

1. Prostituée qui officie à pied : *Les rouleuses et les belles dames folles de leur corps vendaient ou offraient leurs charmes à l'ombre de quelques allées en fleurs* (de Goulène). SYN. roulante. **2.** Appareil servant à rouler des cigarettes, des joints : *Sa mère a bazardé sa rouleuse et son herbe* (Renaud).

◆ **rouleur, euse** *adj.*

Fanfaron : *Il parle des joueurs comme un directeur de prison de ses taulards. Sûr de lui, un peu rouleur* (*le Nouvel Observateur*, 6 juin 1981).

ETYM. de **rouler. 1.** 1927, Carco. **2.** 1950 [Esnault]. **Rouleur de mécaniques,** 1953, Simonin ; **rouleuse,** 1959, Sarrazin. **3.** 1987, Cahoreau-Tison. **4.** vers 1790, Orgères. **5.** 1866 [Delvau].

◆ *n.f.* **1.** [id.]. **2.** 1980, Renaud.

◆ *adj.* 1981, *le Nouvel Observateur*.

roulotte *n.f.*

Toute espèce de véhicule transportant des individus. **Vol à la roulotte,** vol pratiqué dans les voitures en stationnement : *Ça dégringole en cascade. Un gonze se fait serrer à la roulotte, dix, douze suivent...* (Boudard, 1). Vx. **Travailler** ou **grinchir à la roulotte,** pratiquer ce type de vol : *Je préfère travailler à la roulotte sur le grand trimard* (Ansiaume).

ETYM. de **rouler** et de l'anc. fr. **roele,** petite roue. 1821 [Ansiaume]. **Vol** et **grinchir à la roulotte,** 1836 [Vidocq].

DER. **roulot(t)age** *n.m.* **1. Grinchir au roulottage,** voler les maisons de roulage : 1836 [Vidocq]. **2. Vol au roulotage,** vol à la roulotte : 1881 [Rigaud].

roulottier *n.m.*

1. Pilleur de voitures en stationnement : *Les agents* [...] *vont à la flan dans les rues de Paris, flairant le voleur à la tire ou le voleur à l'étalage, le pick-pocket ou le cambrioleur, le roulottier ou toutes les variétés de la pègre parisienne* (Goron). *La razzia des roulottiers allée des Bruyères* (titre de *l'Est républicain*, 2 juillet 1988). **2.** Vx. Charretier : *Il est gerbé à vioc, pour avoir ébobi un roulotier sans parain* (Ansiaume).

ETYM. de **roulotte. 1.** 1835 [Raspail]. **2.** 1821 [Ansiaume].

VAR. **rouletier** : 1829, Vidocq.

roulure *n.f.*

Personne méprisable, notamment prostituée de bas étage : *Sa mère, qui était censée vous garder, était une roulure qui se tapait tout l'immeuble* (Van Cauwelaert).

ETYM. de **rouler**. 1775 [Bloch-Wartburg].

1. roumi ou **roum** *n.*

Français « de souche » : *Du vrai boulot, y en a pas pour nous – point. Y en a plus pour les Roumis, alors nous...* (Smaïl). *Okay, petit con. – On a sa dignité de roumi, hein ?* (Lacroix).

ETYM. de l'arabe **rumi,** homme européen. dès 1667, sous la forme *rumi* [TLF].

2. roumi ou **romi** *n.f.*

Femme : *Il reconnaissait la voix de Dolorès, la roumi au Gitan qui braillait* (Le Breton, 1).

ETYM. mot gitan, fém. de **rom.** *roumi* 1954, Le Breton ; *romi* 1957 [Sandry-Carrère].

roupane *n.f.*

1. Vx. Vêtement d'homme (à l'exception du pantalon). **2.** Uniforme de soldat, de gardien de la paix : *Il avait mis l'énorme roupane, la godailleuse à deux boutons, les coins relevés en cornet de frite* (Céline, 5). **3.** Robe de femme : *Elle avait chanstiqué ses paillettes pour une roupane de satin noir tout aussi collante. Un genre de robe à détrancher un* *cureton de son confessionnal* (Le Breton, 2). **4.** Robe d'avocat, de juge : *Le temps tout juste d'enfiler sa roupane, il est déjà à la 17e sur le râble d'une partie civile* (Boudard, 7).

ETYM. de **roupe,** blouse de berger, issu du franco-prov. **roupa,** casaque. **1.** 1905, Paris [Esnault]. **2.** 1936, Céline. **3.** 1952 [Esnault]. **4.** 1963, Boudard.

roupette ou **roupe** *n.f.*

1. Testicule (surtout au pl.) : *Je l'ai chatouillé un peu trop. Ce crétin est mort à la fin de l'entretien. Il devait être cardiaque. Il n'a pas supporté les électrodes sur les roupettes* (Viard). **2.** Roue de voiture.

ETYM. apocope et resuffixation arg. de **roupignolle** (cf. *roubignole*). **1.** 1779, Nogaret [Enckell]. **2.** 1975 [Beauvais].

roupie *n.f.*

De la roupie de sansonnet, de singe, chose sans aucune valeur : *Pucelle, elle avait le vice dans la peau. À ses côtés, je n'étais que de la roupie de sansonnet* (Jamet). *Tous les parfums de l'Arabie / Et que l'Orient distilla, / Ne valent pas une roupie / De singe, auprès de celui-là* (Ponchon).

ETYM. origine inconnue. **De la roupie de sansonnet,** 1877, Zola [GLLF] ; **de la roupie de singe,** 1867 [Delvau].

roupiller *v.i.*

Dormir (plus ou moins profondément) : *Désiré, le petit groom, posait ses fesses sur le siège entre les ascenseurs où il allait roupiller toute la journée* (Coatmeur).

ETYM. d'un radical expressif **roup-** évoquant un ronflement. 1597, Lasphrise [Esnault]. Ce verbe et ses dérivés sont auj. passés dans l'usage fam.

DÉR. **roupillade** *n.f.* Sommeil : 1829 [Forban]. **roupillonner** *v.i.* Dormir : 1957 [Sandry-Carrère].

roupilleur, euse *n.*

Dormeur : *Ah ! vous voilà, jeune roupilleur. Je ne voulais pas vous réveiller, mais puisque vous êtes venu, prenez un siège* (Mac Orlan, 4).

ETYM. de **roupiller.** 1808 [d'Hautel].

roupillon *n.m.*

Somme plus ou moins bref et profond : *Rien ne favorise mieux la méditation qu'une nuit sans gîte, de vagabondage, coupée de roupillons sur les bancs, sur les perrons, sous les marquises* (Arnoux). **Faire** ou **opérer qqn au roupillon,** le voler pendant son sommeil.

ETYM. de **roupiller.** 1881 [Esnault]. **Opérer au roupillon,** 1899 [Nouguier].

roupion ou **roupiot** *n.m.*

Commis novice : *Y avait là en planque tous les placiers des environs avec leurs caisses et leurs marmottes... et leur roupiot à la godille, celui qui pousse la petite carriole* (Céline, 5).

ETYM. du normand **roupieux,** penaud. *roupion* 1883 [Fustier] ; *roupiot* 1936, Céline.

VAR. **rouffion :** 1861 [Esnault].

rouquemoute *adj.*

Roux : *Et rouquemoute avec ça, la mignonne, à rendre dingues furieux toute une étable de bœufs* (Bastiani, 4).

◆ *n.*

Individu à cheveux roux ; rouquin : *On passe la photo, Machin ? demanda le rouquemoute bigleux* (ADG, 1). *Sur la brèche jusqu'au matin, coupé par des petites somnolences, alternant la brunette à la rouquemoute, Petit-Paul s'était prodigué* (Simonin, 8).

◆ *n.m.*

Vin rouge : *Pour les faire passer, on n'a que du jus d'orange tiède. – J'aimerais mieux un godet de rouquemoute, répondit Béral* (Siniac, 5). SYN. rouquin.

ETYM. suffixation arg. de **rouquin.** 1955 [Esnault].

◆ *n.* 1957 [Sandry-Carrère].

◆ *n.m.* 1955 [Esnault].

rouquin *n.m.*

1. Vx. Sang. **2.** Vin rouge : *Botte de radis de Rambuteau, pommes de Barbès-Rochechouart, et, pour la bonne bouche, une demi-bouteille de rouquin empruntée aux ouvriers d'un chantier à Réaumur-Sébastopol !* (Daeninckx). **3.** Agent des mœurs : *Moi, j'avais droit à toute la fesse... entièrement à l'œil parce que je biglais bien les approches, de mon entresol, au moment de la crise... quand je voyais pointer les rouquins* (Céline, 5).

◆ **rouquins** *n.m.pl.*

Menstrues.

ETYM. emplois spécialisés de l'adj. usuel, avec jeu de mots sur **roussin** au sens 3. **1.** 1889, Macé [Esnault]. **2.** 1914 [id.]. **3.** 1925 [id.].

◆ *pl.* 1907 [id.].

DÉR. **rouqui** *n.m.* Garçon roux : 1902 [id.].

rouquinos *adj.*

Roux : *Une petite mistonne* [...] *avec de grands tifs rouquinos* (Stollé).

ETYM. suffixation arg. de **rouquin.** 1947, Stollé.

rouscaille *n.f.*

Protestation : *Si y avait un peu de rouscaille, qu'on entendait des murmures* [...], *ils prenaient une terrible dérouille, une pâtée complète* (Céline, 5).

ETYM. déverbal de **rouscailler.** 1915 [Esnault].

VAR. **rouscaillure** : [id.].

rouscailler *v.i.*

1. Vx. Parler. **Rouscailler bigorne,** parler argot : [Si] *on leur rouscaille joyeusement bigorne, quelques-uns* [nous font l'aumône] (Responce au grand Coesre). **2.** Protester, grommeler : *C'est connu, les Français faut que ça rouscaille, alors à bon entendeur salut* (Malaquais). *Tu rouscailles ? Deux heures d'exercice. Tu rouscailles encore ? On t'en foutra six* (Sartre).

ETYM. du vieux verbe d'origine onomatopéique **rousser,** grogner, protester (1611 [Cotgrave]) et d'un verbe non attesté **cailler,** de **caille** (selon GLLF, mais *-caille, -cailler* sont des suffixations courantes en arg. ; cf. *blanchecaille*). **1.** 1628 [Chéreau]. **2.** 1899 [Esnault].

DER. **rousqui** *n.m.* **Faire du rousqui,** faire des récriminations : 1904 [id.]. **rouscaillante** *n.f.* Langue (organe) : 1725 [Granval].

rouscailleur, euse *adj. et n.*

Qui regimbe, qui proteste sans cesse : *Elle les connaissait, ces rouscailleurs, ces objecteurs à tout et à rien* (Malaquais).

ETYM. de **rouscailler.** 1899 [Esnault].

rousky *adj. et n.*

Vx. Russe : *Les « Rouskys » se mirent à dévorer l'espace et le bifteck des autres* (Simonin-Bazin). SYN. russkof.

ETYM. emprunt au russe. 1935, Simonin-Bazin.

1. rousse *n.f.*

La rousse, la police : *Les mauvaises langues avaient attiré sur cet homme intègre l'attention de la rousse* [...]. *Et la rousse repartait sans avoir rien trouvé* (Méténier). *Je te croyais fait par la rousse... Depuis deux jours qu'on ne te voit plus...* (Carco, 2). **Le mec de la rousse,** le préfet de police.

ETYM. probablement de **roux,** cette couleur de poil étant, depuis Judas, considérée comme l'indice de la fausseté, de la traîtrise. 1829 [Forban]. **Le mec de la rousse,** 1836 [Vidocq].

2. rousse *n.m.*

Mouchard : *Va, c'est pas moi qui ferais jamais un trait à un ami ; si je suis rousse, il me reste encore des sentiments !* (Vidocq).

ETYM. apocope de **roussin.** *rousse* 1829 [Vidocq].

DER. **roussi** *n.m.* Mouchard : 1829 [Forban]. **roussette** *n.f.* Indicatrice : 1975 [Arnal].

roussi *n.m.*

1. Vx. **Être roussi,** découvert. **2. Sentir le roussi.** ***a.*** être sur le point d'échouer, en parlant d'une affaire : *C'est pourquoi vous vous êtes dit que ça commençait vraiment à sentir le roussi* (Averlant) ; ***b.*** la dispute, la rixe n'est pas loin ; ***c.*** être louche, dangereux, en parlant de qqch ou de qqn : *Jo le Baryton avait été vu avec deux mecs qui sentaient le roussi* (Barnais, 1).

ETYM. de **roussir,** brûler superficiellement (cf. *être grillé*) avec jeu de mots sur **roussi,** mouchard. **1.** 1887 [Hogier-Grison]. **2. *a.*** 1958, Vialar [TLF] ; ***b.*** 1881, Zola [id.] ; ***c.*** 1828, Debraux [Duneton-Claval]. Est passé dans l'usage fam.

roussin ou **rousse** *n.m.*

1. Agent de police : *Lorsque j'me suis barré / J'ai croisé les roussins / Uniforme bleu foncé, et képi sur le crâne* (Renaud). [L'ivrogne :] *Les rousses veulent m'assassiner ! À moi ! Mort aux vaches !* (Méténier). **2.** Auxiliaire dans un mauvais coup : *Il ne vaut rien pour le travail, mais il est bon roussin* (Ansiaume).

ETYM. de **1. rousse,** avec jeu de mots sur le sens « cheval de bât ». **1.** 1811 [Esnault]. **2.** 1821 [Ansiaume].

DER. **roussiner** *v.t.* Dénoncer : 1835, Lacenaire [Esnault]. *v.i.* Lâcher un pet : 1867 [Delvau].

rouste, roustasse ou **roustée** *n.f.*

1. Correction infligée à qqn : *Lâchez-moi, que je lui foute sa rouste !* (Méra). *Si tu t'sentais vraiment battant, t'allais foutre une roustasse aux autres chefs de bande* (Le Breton, 5). **2.** Défaite sévère : *Après la rouste électorale qu'il a prise devant Mitterrand, Marchais a décidé avant tout de remettre de l'ordre dans son parti* (*Actuel,* novembre 1981).

ETYM. déverbal de **rouster,** rosser, mot de l'ouest de la France. **1.** *rouste* 1894 [Duneton-Claval] ; *roustasse* 1955, Le Breton. **2.** contemporain.

roustir *v.t.*

1. Tromper, escroquer. **2.** Voler (qqn) ; dérober (qqch). **3. C'est rousti,** il n'y a plus rien à faire. **SYN.** c'est cuit. **4. Être rousti,** être arrêté.

ETYM. du prov. **rousti,** rôtir. **1.** 1789 [Larchey]. **2.** 1844 [Esnault]. **3.** 1892 [Chautard]. **4.** 1875, Rabasse [Esnault].

DÉR. **roustisseuse** *n.f.* Prostituée voleuse : 1860 [Esnault]. **roustisseur** *n.m.* Voleur : 1867 [Delvau]. **rousture** *n.m.* Homme surveillé par la police : 1849 [Halbert].

roustissure *n.f.*

1. Escroquerie **2.** Camelote, chose ou personne sans valeur : *J'ai aimé d'amour cette roustissure de navet durant des années, malgré l'vérole* (Stéphane).

ETYM. de **roustir. 1.** 1867 [Delvau]. **2.** 1881 [Rigaud].

rouston *n.m.*

Testicule (le plus souvent au pl.) : *Faut payer la rançon / Cent écus pour ta pine, autant pour chaqu'rouston* (Plaisir des dieux). *Tes couilles, mon lapin, tes roubignolles, tes roustons, je vais en faire de la pâte feuilletée. Ça s'écrase bien, tu dois le savoir, toi qui as fait l'Algérie* (Bernheim-Cardot).

ETYM. du languedocien **roustoun,** même sens. 1836 [Vidocq].

VAR. **roustimballes :** 1982 [Perret] (sous l'influence de *balles, balloches*) ; mais Esnault donne ce mot comme dérivé de *roustir* au sens de « chose de rien » 1910, Le Havre ; id. pour la forme **roustamponne** (1894).

royco *n.m.*

Agent de police : *Souriants et vainqueurs les Roycos barbotaient dans la joie* (Mariolle).

◆ *n.f.*

Ménagère, femme menant une vie régulière.

ETYM. d'une marque de potage au « poulet ». contemporain.

◆ *n.f.* 1975 [Beauvais].

ruban *n.m.*

1. Rue. **2.** La prostitution : *Les mômes du tapis qui passaient, repassaient… On les intéressait pas, elles continuaient leur ruban* (Céline, 5). **Faire le ruban,** se prostituer : *C'est une jeune femme d'une trentaine d'années qui travaille dans le centre de Marseille, au rayon parfumerie d'un Priminime. – Et fait le ruban le soir, pour payer les Assurances sociales, j'ai ricané* (Bastiani, 4). **Mettre sur le ruban,** prostituer (une fille), en parlant d'un proxénète : *Nous les embarquons au boniment, leur chiquons comte et les mettons sur le tas. Une fois sur le ruban, tu pourras laisser souffler la Mélie* (Lorrain). *Le Petit sac en question, souteneur également, était parvenu à séduire la fille d'un commissaire de police et à la mettre au trottoir. Au ruban* (Lépidis). **3.** Vx. **Ruban de queue, de tire,** longue route : *Il avait reçu une averse, de la barrière des Fourneaux à la barrière Poissonnière, un fier ruban de queue* (Zola).

ETYM. abrègement de **ruban de queue** (comparaison ancienne d'une route, d'une rue avec le ruban qui serrait les cheveux en catogan). **1.** 1901 [Bruant]. **2.** 1904, Lorrain. **3.** vers 1800, Brunot [GLLF] ; **ruban de tire,** 1901 [Bruant].

ruche *n.f.*

1. Nez. **Ruche à miel,** nez qui coule. **2. Se taper la ruche,** manger copieusement. **3. Se péter, se piquer la ruche,** s'enivrer : *C'est pas avec c't'outil* [de la bière sans alcool] *qu'on se péterait la ruche, hein ? Pas étonnant que votre singe se retrouve sur le flanc, à picoler des trucs pareils !* (Pagan).

ETYM. emploi métaphorique du mot usuel : le nez produit la goutte comme les abeilles le miel. **1.** 1899 [Nouguier]. **2.** 1913, Lyon [Esnault]. **3.** 1982 [Perret].

rupin, e ou (vx) **rup** *adj.*

1. Riche, à l'aise financièrement : *Ça sera comme ça quand on reviendra des Amériques… On aura de l'or, t'sais, on sera rupins !* (Machard). **2.** Luxueux : *L'apparte est plutôt rupin. C'est un duplex meublé en scandinave moderne* (Lacroix). **3.** Vx. Bien vêtu, élégant : *Comment était-il mis ? – Oh toujours rupin, redingote et pantalon noirs, bottes vernies, crânement ficelé, là !* (Canler). **4.** Vx. Bon, beau : *Jamais gossette de son âge n'aura eu pour étrennes un plus rup cadeau !* (Gill).

◆ **rupin** *n.m.*

1. Bourgeois aisé : *Dans le peuple, le bonheur, c'est moins compliqué que chez les rupins* (Héléna). **2.** Vx. Homme compétent et habile dans son métier.

ETYM. de l'arg. anc. **ripe** ou **rupe,** dame, emploi fig. du moyen fr. **ripe**, gale. **1.** 1867 [Delvau]. **2.** 1977 [Caradec]. **3.** 1835 [Raspail]. **4.** 1843 [Esnault].

◆ *n.m.* **1.** 1628 [Chéreau]. **2.** 1859 [Esnault].

DER. **rupp** *adj.* Riche : 1840, *in* Zaccone. **rupinos** *adj.* Élégant : 1878 [Esnault]. **rupard** *adj.* Élégant : 1858 [Larchey]. **rupinskoff** *adj. et n.* : 1883 [Fustier].

rusquin *n.m.*

ARG. ANC. Écu : *Je lui montrai un rusquin tout neuf. Il siffla et me dit qu'en cherchant bien... Au troisième écu, j'en savais assez* (Burnat).

ETYM. de l'ital. **ruspo**, neuf, brillant, avec influence de **sequin** [Esnault]. 1596, Péchon de Ruby ; encore en 1836 [Vidocq].

russkof *adj. et n.*

Russe : *La radio débite son tissu de conneries. Russkoffs et Amerloques se font toujours la guerre froide* (Lasaygues).

ETYM. suffixation plaisante, « à la russe », du mot usuel, avec des orthographes variables. 1953 [Sandry-Carrère].

VAR. **ruski** : 1977 [Caradec].

rutière ou **ruttière** *n.f.*

ARG. ANC. Prostituée qui vole ses clients dans les rues désertes : *Quand elles marchent par deux, on les désigne sous le nom de « ruttières », elles attirent alors les individus étrangers à Paris dans le but de les dévaliser* (Macé).

ETYM. de **rue.** 1836 [Vidocq].

¶ forme du paragraphe

sable *n.m.*

Être sur le sable. ***a.*** être sans travail, au chômage : *Et maintenant, il était à la rue, sur le sable, sans savoir seulement ce qu'il allait devenir* (Guérin) ; ***b.*** être sans argent, ruiné ; ***c.*** se livrer à la prostitution. **Mettre sur le sable,** ruiner : *La catastrophe des boléros, ça les avait foutus au sable* (Céline, 5).

◆ **les Sables** *n.pr.*

ARG. ANC. Au bagne, le cachot, le mitard.

ETYM. image maritime : le navire sur le sable attend d'être renfloué. ***a.*** 1901 [Bruant] ; ***b.*** 1827 [Demoraine] ; ***c.*** 1975 [Arnal].

◆ *n.pr.* 1829, bagne de Rochefort [Esnault]. Est passé auj. dans la langue fam. aux sens ***a*** et ***b.***

sabler *v.t.*

ARG. ANC. Assommer ou tuer en frappant à la nuque avec une peau d'anguille emplie de sable : *Ce ne peut être qu'un espion… qu'on le sable… ; ou qu'on le fusille… ce sera plutôt fait* (Vidocq).

ETYM. de **sable.** vers 1800 [Esnault].

sabord *n.m.*

Œil : *J'lui déglingue* [à ma femme] *un glassis dans un d'ses sabords* (Brissac). **Coup de sabord,** coup d'œil rapide : *Le coup de sabord qu'elle venait d'échanger avec Dick n'avait pas le caractère d'un appel à l'aide* (Simonin, 1).

ETYM. emploi métaphorique de **sabord,** ouverture quadrangulaire dans la muraille d'un navire, servant de prise d'air ; favorisé sans doute par un jeu de mots sur **chasse** : le *sabord de chasse* étant placé tout à l'avant du navire. 1850 [Esnault].

saborder *v.t.*

Surveiller.

◆ **se saborder** *v.pr.*

S'accuser à la place d'un autre.

ETYM. de **coup de sabord.** 1899 [Nouguier].

◆ *v.pr.* 1975 [Arnal].

sabot *n.m.*

1. Bateau, véhicule ou appareil sans valeur : *Quand il a fallu monter dans le sabot, quitter la France, et mettre la mer entre moi et M. Rodolphe…* (Sue). *J'ai un ami taxi. Je vais le réveiller et on va fourrer votre boche dans son sabot* (Combescot). **2.** Boîte servant à la distribution des cartes à jouer : *Il n'y a plus que quelques enragés, quelques décavés, quelques vieilles rombières qui s'accrochent au sabot comme des naufragés au radeau de la Méduse* (Leroux, 4). **3.** Vx. Mauvais ouvrier : *« Combien gagne-t-il ? » Les deux femmes eurent un moment de recul. Elles proférèrent plus bas : « Huit sous l'heure ! – Un sabot, quoi ! »* (Huysmans, 2). **Comme un sabot,** très mal, sans soin : *Un' jeun' femm' trouvant qu'au Diabolo / Son mari jouait comme un sabot / Par un amant s'fit donner, sans façon, / Des l'çons !* (chanson *le Vrai Diabolo,* paroles de L. Lelièvre et P. Briollet).

ETYM. emplois péj. du mot usuel. **1.** 1808 [d'Hautel]. **2.** 1886 [Esnault]. **3.** 1879, Huysmans.

sabouler *v.t.*

Vx. **1.** Tourmenter, malmener : *Ce fut un raffut des cent diables. / Les plus lâches la* *saboulaient* [la demoiselle] (Ponchon). **2.** Nettoyer, laver. **3. Sabouler le grenu,** battre le blé.

◆ **se sabouler** *v.pr.*

1. Se maquiller. **2.** S'habiller (génér. avec recherche): *Il devait avoir horreur des teinturiers et se sabouler du côté de la rue Dupetit-Thouars* (Trignol). *Une cloche saboulée sur mesure, t'as beau faire, ça reste une cloche* (Houssin, 2).

ETYM. de **saboter**, heurter, et de **bouler. 1.** 1546, Rabelais [GLLF]. **2.** 1836 [Vidocq]. **3.** 1800, Leclair.

◆ *v.pr.* **1.** 1935 [Esnault]. **2.** 1953 [id.].

DER. **saboulette** *n.f.* Table de toilette : 1889, Macé [Esnault].

sabouleur, euse *n.*

1. Décrotteur ; (vx) mendiant : *Tête de sabouleux, tu vendrais ta daronne pour une menée de ronds* (Mac Orlan, 11). **2.** Tailleur : *Je me vois mal te pérégrinant aux miches dans ce but, rebondir* [...] *de tripot en boutique de sabouleur dans le zef* (Simonin, 6).

ETYM. de **sabouler. 1.** 1836, Vidocq ; d'abord *sabouleux,* mendiant qui simule l'épilepsie, 1628 [Chéreau]. **2.** 1966, Simonin.

sabrer *v.t.*

1. Faire qqch vite et mal. **2.** Pratiquer des coupures dans un ensemble ; éliminer d'un groupe. **3.** Réprimander vigoureusement. **4.** Posséder sexuellement : *Les serments, j'y allais tout de même moderato, ça m'a toujours gêné de raconter certaines salades aux gonzesses pour arriver à les sabrer* (Boudard, 5).

ETYM. de **sabre. 1.** 1808 [d'Hautel]. **2.** mil. du XVIIIe s., Buffon [GLLF]. **3.** 1768, Carmontelle [GLLF]. **4.** 1928 [Lacassagne].

DER. **sabreur** *n.m.* **1.** Ouvrier qui travaille mal : 1867 [Delvau]. **2.** Homme porté sur les plaisirs sexuels : 1953 [Sandry-Carrère].

sabri *n.m.*

ARG. ANC. Bois (matériau) : *C'est un pantre, il tortille avec des louches de sabri* (Ansiaume) ; forêt.

ETYM. du gascon **saba**, bois à écorcer [Esnault]. 1821 [Ansiaume].

sac *n.m.*

1. Somme de mille francs (avant 1960) : *Un flambant neuf de dix sacs à l'effigie de Bonaparte, qui crissait sous les doigts* (Simonin, 5). *Une bouchée de pain : deux cent cinquante sacs pour Charlot... qui doit, j'imagine, en laisser cinquante à l'autre maton* (Bastid-Martens). **Avoir le sac** ou **être au sac,** être riche : *Polissonne comme vous êtes, votre fortune serait vite faite, allez ! Ah ! vous en auriez un sac, au bout de peu de temps !* (Mirbeau). **Lâcher le sac,** débourser une forte somme : *Il lâchait le sac* [30 000 f. de 1942 !] *pour récupérer ces bafouilles et son choix s'était porté sur moi* (Malet, 16). **2.** Personne riche : *Avec une beauté comme la sienne, ça devait être plutôt facile d'épouser un sac* (Céline, 5). **3. Avoir la tête dans le sac.** ***a.*** ne plus être en possession de toutes ses facultés, ne rien voir ou ne rien comprendre à ce qui se passe ; ***b.*** être démuni d'argent (notamment à la suite d'une grosse perte au jeu). **Avoir une guitare** ou **un bras dans le sac,** être amputé (ou infirme) d'une jambe ou d'un bras. **4. (En) avoir son sac,** en avoir plus qu'assez : *J'en ai mon sac, moi, d'mon épouse ; / Mince de crampon !* (Gill). **5. Être dans le sac.** ***a.*** être pris, arrêté : *L'histoire de came, il y a sept ans, tu t'en es sorti sans laisser de plumes, Humbrecht* [...] *Mais cette fois, t'es dans le sac* (Barnais, 2) ; ***b.*** être abîmé, inutilisable : *Alex Caffi termine, quelques instants plus tard, une saison brillante, l'embrayage de sa Dallara dans le sac* (*Libération*, 14 novembre 1988). **6. Sac à vin** ou (vx) **à pive, à schnick,** ivrogne : *Tu t'es encore saoulé la gueule ! Montre-toi, vieux sac à vin !* (Aymé). **Avoir le sac plein.** ***a.*** être ivre (on trouve aussi **en avoir plein son sac**) ; ***b.*** être enceinte. **7. Sac à bites,** prostituée : *Elles sont toutes là* [...], *les maigriottes et les gravosses tétonnières et les sacs à bite* (Boudard, 2). **8. Sac à viande.** ***a.*** chemise ; ***b.*** sac de couchage : *Lit 11. Le maton d'entrée fait le service. Il me colloque un sac à viande* (Dégaudenzi). **9.** Vx. **Sac à carbi** ou **à charbon,** prêtre ou aumônier : *Je ne voyais pas ce que les patenôtres d'un sac à charbon pouvaient ajouter à ce qui existait entre Lisette et moi* (Burnat). **10. Sac de nœuds** ou **d'embrouilles,** affaire très compliquée, situation inextricable : *Mon petit, dis-je, les ennuis, les soucis, les problèmes, les tracas, les puzzles, le jeu des sept erreurs, les sacs de nœuds et les difficultés, c'est ma spécialité de les résoudre* (Faizant). Règlement de compte entre truands ou entre politiques. *Ce sont généralement des sacs d'embrouilles impossibles à élucider* (Malet, 19). **Faire un sac de qqch,** le dramatiser : *Au fait tu m'dois cent sacs, j'en fais pas un sac* (Renaud). **11.** Vx. **Éternuer** ou **cracher dans le sac,** être guillotiné : *Guigne-à-Gau-*

che a craché dans le sac, place de la Roquette (Méténier). **12. Donner, foutre son sac à qqn,** le licencier : *On* [le patron de la baraque des lutteurs] *m'a foutu mon sac* (Méténier).

ETYM. emplois métonymiques (le contenant pour le contenu) et métaphoriques (analogie de forme et de couleur) du mot usuel. **1.** 1846 [Esnault]. **Avoir le sac,** avant 1854, Nerval [GLLF] ; **être au sac,** 1878 [Rigaud]. **Lâcher le sac,** 1946, Malet. **2.** 1936, Céline, mais *homme au sac*, personne riche, dès 1867 [Delvau]. **3.** 1960 [Le Breton]. **Avoir une guitare, un bras dans le sac,** contemporain. **4. En avoir son sac,** 1878, Gill; d'abord « être congédié », 1866 [Delvau]. **5. *a.*** 1958, Barnais ; ***b.*** 1988, *Libération*. **6.** 1458, *Mistère du Vieil Testament* [GLLF]. **Avoir le sac plein,** 1867 [Delvau] ; **en avoir plein son sac,** 1862 [Larchey]. **7.** 1964, Leitner and Lanen [Doillon]. **8. *a.*** 1851 [Esnault]; ***b.*** 1902 [id.]. **9. Sac à charbon,** 1884 [id.] ; **sac à carbi,** 1926 [id.]. **10. Sac d'embrouilles,** 1964 [GR]; **sac de nœuds,** 1973, Faizant. **Faire un sac de qqch,** contemporain. **11.** 1793, *le Père Duchêne* [Larchey]. **12. Donner son sac,** 1808 [d'Hautel].

DER. **sacotin** *n.m.* Billet ou somme de mille francs : vers 1960 [Cellard-Rey].

sacagne, sacail ou **saccagne** *n.m ou f.*

1. Vx. Canif de voyous à une ou deux lames, servant notamment à couper les poches : *Le pick-pocket a un outillage, alors que le tireur ne se sert que de ses doigts. Il a le faucheur, ciseau court et tranchant, et le sacail, couteau arrondi qui ressemble à un grattoir* (Locard). **2.** Couteau d'assassin : *Faut lui laisser la saccagne dans la barbaque, autrement il va saigner comme un porc* (Risser). **3.** Rixe au couteau.

ETYM. de l'arg. ital. **zacan**, canif, et **zacanen**, petit canif, qui donne en français de nombreuses variantes. **1.** d'abord sous la forme *saccagné n.m.* 1887 [Esnault], puis *sacagne* 1899 [Nouguier], enfin *sacail* 1911 [Esnault]. **2.** *sacagne* et *sacail* 1899 [Nouguier]. Ces mots ont pris vers 1926 le genre fém. aux deux sens. **3.** contemporain.

VAR. **saquenne** : 1946 [Esnault].

DER. **sacagner** et **saccailler** *v.t.* Frapper d'un couteau : 1899 [Nouguier]. **saccailleur** *n.m.* Assassin : 1928 [Esnault].

sachem *n.m.*

(Grand) sachem, personnage important, chef.

ETYM. emploi métaphorique, parallèle à celui d'*apache*. 1977 [Caradec], mais dès 1802, Chateaubriand, au sens historique.

sacouse *n.m.*

Sac à main.

ETYM. de **sac** et du suff. arg. **-ouse.** 1947 [Esnault].

sacquer *v.t.* → **SAQUER.**

sacristain *n.m.*

1. Vx. Mari ou amant d'une patronne de maison close. **2. Sauter le sacristain,** pratiquer le vol à la glu dans les églises.

ETYM. emplois spécialisés (1) et ironiques du mot religieux. **1.** 1836 [Vidocq]. **2.** 1975 [Arnal].

saffre ou **safre** *adj. et n.*

ARG. ANC. Gourmand : *C'est un saffre qui tortillerait le diable* (Ansiaume).

ETYM. obscure. XVIe s. [Cotgrave] ; selon Littré, terme pop.

saffrerie *n.f.*

ARG. ANC. Gourmandise : *Il a eu la saffrerie de tortiller un jésuite* (Ansiaume).

ETYM. de **saffre.** 1821 [Ansiaume].

sagœur *n.f.*

Femme.

ETYM. javanais de **sœur.** 1977 [Caradec].

saignant, e *adj.*

1. Énergique, violent : *Leur converse, ç'a été saignant !* **2.** Vx. Vexant.

◆ **saignant** *n.m.*

1. Vx. Cœur. **2.** Homme redoutable : *Mon homme n'est pas un barbillon, c'est un saignant, il baissera pas les bras comme le tien pour aller tenir le volant d'un taxi !* (Cordelier).

ETYM. emplois métaphoriques du participe présent de **saigner. 1.** 1977 [Caradec]. **2.** 1885 [Chautard].

◆ *n.m.* **1.** 1844 [Dict. complet]. **2.** 1976, Cordelier.

saigner *v.t.*

1. Tuer à l'arme blanche : *– Je regrette, elle a continué. – Tu regrettes quoi ? j'ai explosé. Tu regrettes quoi? D'avoir saigné un maquereau?* (Pouy, 2). **2.** Rançonner ; maltraiter : *Les mineurs ont été saignés et sont prêts à se soumettre* (Malet, 7).

ETYM. emplois intensifs et transitifs du verbe usuel, d'abord intr. **1.** vers 1131, *Couronnement de Louis* [GLLF]. **2.** 1867 [Delvau].

DÉR. **saignage** *n.m.* Meurtre : 1901 [Bruant]. **saignée** *n.f.* Sacrifice d'argent : 1659, Molière [GLLF].

saillie *n.f.*

Bon de saillie, frais spéciaux qui étaient alloués aux inspecteurs de police volontaires pour visiter les maisons de tolérance incognito, à des fins d'enquête.

ETYM. emploi ironique du mot vétérinaire. avant 1946, selon Arnal (1975).

Saint-Denaille, Saint-Tenaille ou **Saint-Denoche** *n.pr.*

Saint-Denis : *Savez-vous que j'ai devant moi un bon ruban, jusqu'à Saint-Tenaille ?* (Vidocq). *Mon avis, les dirigeants prolos sont devenus engliches. Donnent dans le Saxon, le salubre tout vitrifié. Saint-Denoche, c'est la Suède* (Bauman).

ETYM. suffixation arg. de **Saint-Denis.** *Saint-Tenaille* 1829, Vidocq ; le *d* s'est assourdi en *t* (il y a également jeu de mots sur le nom de l'outil) ; *Saint-Denaille* 1836 [id.] ; *Saint-Denoche* 1980, Bauman.

sainte-touche *n.f.*

Jour de la paie : *Ce soir, c'était « sainte Touche », les compteurs des baraques et les dîmes de protection des clandés avaient été relevés et comptabilisés* (Agret).

ETYM. création d'une sainte imaginaire, à partir de **toucher (sa paie).** 1866 [Delvau].

saint-frusquin *n.m.*

1. Tout le saint-frusquin, toutes les affaires, tout le reste : *Vous n'imaginez pas les emmerdements : paperasseries, rapports par la voie hiérarchique... tout le saint-frusquin* (Perrault). **2.** Parties génitales de l'homme.

ETYM. de **frusquin,** sur le modèle de *saint-crépin*. **1.** 1740, Caylus [TLF]. **2.** vers 1850 [Cellard-Rey].

Saint-Galmier *n.pr.*

Avoir les épaules (en bouteille de) Saint-Galmier, se dit d'un homme aux épaules tombantes, sans carrure : *Des mousmés en avaient le frisson. Elles se frottaient peureusement contre les épaules Saint-Galmier de leur Casanova* (Le Breton, 3). *Les épaules en Saint-Galmier, des tifs blancs et une moustache jaune à cause du tabac* (Malet, 11). *Vous trouvez-vous taillé en bouteille de Saint-Galmier, les audacieuses innovations londoniennes, providence des longiliformes qu'elles avantagent, vous sont permises* (Simonin, 10).

ETYM. du nom d'une marque d'eau minérale, dont les bouteilles avaient un contour très peu carré. 1918 [Esnault].

Saint-Ger *n.pr.*

Quartier de Saint-Germain-des-Prés, à Paris (VIIe arrondissement).

ETYM. apocope de **Saint-Germain.** 1953 [Sandry-Carrère], mais plus ancien ; *Ger* 1880 [Esnault], *Germ* 1896 [id.] et *Saint-G'* 1941 [id.].

Saint-Glinglin *n.pr.*

À la Saint-Glinglin, à une date tout à fait incertaine : *Vous pensez que je ne veux pas faire des ménages jusqu'à la Saint-GlinGlin. Très peu pour moi* (London, 1). **Depuis Saint-Glinglin,** depuis très longtemps : *Bamboula pas ménesse* [...], *lui seulabre dans tout li bled, depuis Saint-Glinglin* (Stollé).

ETYM. origine obscure, p.-ê. de **seing,** signal, et de **gling,** onomatopée évoquant le tintement d'une cloche. 1897 [GR].

Saint-Jean *n.pr.*

1. Vx. Signal convenu : *Si l'étranger accepte, le filou porte la main à sa cravate, ou bien encore il ôte son chapeau, comme s'il saluait quelqu'un ; à ce signal, que l'on nomme le « Saint-Jean », les affidés prennent le devant, et courent s'installer dans un cabaret* (Vidocq). **2. En saint Jean,** nu : *Pas besoin d'être le fakir Birman pour s'apercevoir qu'elle était en saint Jean sous sa robe à fleurs. La pointe de ses roberts perçait l'étoffe* (Le Breton, 3). **3.** Vx. **De la Saint-Jean,** une chose sans valeur : *Pendez-vous, Pertruisard, pendez-vous, Collet, près de lui vous n'êtes que de la Saint-Jean !* (Vidocq).

ETYM. au sens 1, allusion au geste annonciateur du saint apôtre ; le sens 2 est issu des représentations picturales de son baptême. **1.** 1829, Vidocq. **2.** 1960 [Le Breton] ; d'abord *nu comme un petit saint Jean* 1881 [Rigaud]. **3.** 1829, Vidocq.

Saint-Lago, Saint-Lagot, Saint-Lag, Saint-Laz ou **Saint-Laze** *n.pr.*

Vx. Saint-Lazare (prison de femmes) : *Vous pensez qu'j'e n'arr'grett'rai rien / D'Saint-Lago, d'la Tour, des méd'cins, / Des barbots et des ar-*

gousins ! (Rictus). *Elle devait être décarrée du matin de Saint-Laze* (Lorrain).
ETYM. apocopes et resuffixations arg. (orthographes variées) de **Saint-Lazare.** *Saint-Lago* 1872-1938 [Esnault] ; *Saint-Lag* 1882 [id.] ; *Saint-Laz* 1860 [id.].
VAR. **Lazaro** : 1885, Méténier [id.].

Saint-Martin *n.pr.*
La même Saint-Martin, la même chose.
ETYM. emploi peu clair de la loc. 1977 [Caradec].

Saint-Siège *n.pr.*
Vx. W.-C., latrines.
ETYM. jeu de mots sur **siège.** 1920 [Bauche].

Saint-Tenaille *n.pr.* → SAINT-DENAILLE.

Saint-trou-du-cul *n.pr.*
Jusqu'à la Saint-trou-du-cul, à perpétuité : *Nous voilà avec six briques bloquées jusqu'à la saint-trou-du-cul, j'ai fait observer au gros* (Simonin, 3). SYN. Saint-Glinglin.
ETYM. loc. grossièrement parodique des saints du calendrier. 1920 [Bauche].

salade *n.f.*
1. Mélange confus d'idées, de notions, etc. **En salade,** en vrac, sans faire de choix : *Ses maltaises et son pèze sont en salade dans la valade de son croissant* (Canler). **2.** Propos peu sérieux, confus et parfois médisants, qui visent à duper autrui, à endormir la méfiance de l'interlocuteur : *Je te conseille de t'en aller, dit Maurice d'une voix blanche, parce que je n'aime pas beaucoup les salades et je pourrais me fâcher* (Sartre). *On ne sait jamais, répondit Patrick, tu sais, on a vu des cas... – Arrête tes salades, je t'en prie, dit Salarnier, d'une voix sourde* (Jonquet). **Vendre sa salade. *a.*** soumettre un projet en cherchant à convaincre : *Si les gens veulent vous vendre leur salade, parlez-leur de la vôtre !* (Dalio) ; ***b.*** interpréter une chanson en public : *Si vous êtes bien sage, fit Marie-Chantal, je viendrai m'asseoir à côté du monsieur, quand z'aurai vendu ma salade* (Mac Orlan, 9). **3.** Événement fâcheux, complication : *Je t'ai attendu, j'ai téléphoné partout, j'ai cru qu'il t'était arrivé une salade* (Giovanni, 1). *La police laotienne l'a interrogé, lui et le jeune piroguier. On les a un peu tourmentés pour la forme, à cause des salades possibles avec l'ambassade de France* (Dormann). **4.** Vx. Mélange d'or et de billets que le voleur retire de la poche fouillée. **5.** Vx. Peine du fouet. **6.** Vx. **Faire brin de salade,** partir d'un café sans payer sa consommation.
ETYM. emplois métaphoriques et génér. péj. du mot usuel (idée de désordre, de confusion). **1.** 1856, F. Michel [GLLF]. **En salade,** 1862, Canler. **2.** 1867 [Delvau] ; d'abord chez Vidocq au sens de « réponse », jeu de mots probable sur *raiponce* « campanule qui se mange en salade ». **Vendre sa salade. *a*** et ***b.*** 1901 [Bruant]. **3.** 1901 [id.]. **4.** vers 1830 [Esnault]. **5.** 1836 [Vidocq]. **6.** 1928 [Lacassagne].
DER. **saladeur** *n.m.* **1.** Joueur qui défait la séquence de cartes préparées : 1886 [Esnault]. **2.** Discoureur : 1938 [id.].

salader *v.t.*
1. Questionner un prévenu, en parlant de la police. **2.** Raconter des mensonges à qqn : *Ta gueule ! cria Menville. C'est fini, tes belles paroles. Si le torero s'est mis à table, il n'a aucune raison de nous salader* (Le Chaps).
◆ *v.i.*
1. Discourir : *Chez Pierrot, je pouvais pas m'attarder. Pas plus pour rambiner Marinette qui n'arrêtait pas de salader, que pour apaiser la rogne du Gros* (Simonin, 3). **2.** Délibérer.
ETYM. de **salade. 1.** 1899 [Esnault]. **2.** 1958, Le Chaps.
◆ *v.i.* **1** et **2.** 1901 [Bruant].

saladier, ère *n.*
Personne qui crée des incidents, colporte des médisances, etc. : *Le Pierre, mon cousin, je ne savais pas qui il était, mais comme saladier, j'avais rarement rencontré son égal* (Simonin, 3).
◆ **saladier** *n.m.*
1. Bonimenteur. **2.** Bouche : *L'ut de gésier qui sortait de son saladier charmait les petits et les grands* (Devaux). **3.** Au baccara, corbeille où l'on jette les cartes qui ont servi.
ETYM. de **salade.** 1953 [Sandry-Carrère].
◆ *n.m.* **1** et **2.** 1901 [Bruant]. **3.** 1959 [Esnault].

salamalecs *n.m.pl.*
Politesses exagérées : *– Tout de même c'est gentil, insista la dame. – Ça va ça va, dit Zazie modestement. – Quand vous aurez fini tous vos salamalecs, dit le flicard* (Queneau, 1).
ETYM. de l'arabe **salāmam 'alayk,** la paix (soit) sur toi. 1659 [GR].

salaud *adj.m. et n.m.*
Se dit d'un individu malhonnête, hypocrite, ignoble (terme d'injure) : *Il faudra bien qu'ils comprennent à leur tour, quitte à ce que nous les secouions un peu, ces salauds, pour extirper*

l'erreur de leurs cœurs endurcis (Bénoziglio). *Un mielleux, l'inspecteur, un salaud un peu basané, qui a juré la perte du beau « Pépé » aux yeux clairs* (Dalio). Le fém. **salaude** est auj. très rare : *Elle citait des noms connus – comme cette salaude de Maria Konstantinoska* (Mac Orlan, 5).

ETYM. de **sale** et du suff. **-aud.** 1798 [Acad. fr.]. Ce mot auj. très répandu et presque fam. a été popularisé vers 1946 par Sartre, en un sens idéologique (le « bourgeois qui se donne bonne conscience »). Le fém. régulier *salaude,* 1808 [d'Hautel], a été remplacé par la forme *salope* (v. ce mot).

VAR. **salop :** 1834 [Boiste]. **saldingue :** 1956, Dominique.

sale *adj.*

1. Pas sale, bon, excellent : *C'est pas sale, c'te bricole ! avoua-t-il, replongeant ses doigts dans la boîte* (Le Breton, 6). *Le muscadet se fait rare, c'est la vieille qui siffle tout. – C'est qu'il n'est pas sale, dit la veuve Mouaque en souriant béatement* (Queneau, 1). **2. Sale coup pour la fanfare !,** se dit devant un événement imprévu et fâcheux, qui vient bouleverser un plan concerté.

ETYM. emploi litotique de l'adj. usuel. **1.** 1954, Le Breton. **2.** 1881 [Rigaud].

1. salé, e *adj.*

1. Très élevé, en parlant d'une somme, d'un prix : *« Trousseaux de travailleurs » ça s'appelait... Seulement comme prix, c'était salé ! Ça faisait un terrible sacrifice !* (Céline, 5). **2.** Se dit d'un propos osé, sur le plan de la morale, de la décence : *Un autre tonton a raconté des histoires salées, en s'excusant grassement pour les « chastes oreilles féminines »* (Jaouen).

ETYM. emplois métaphoriques de l'adj. usuel. **1.** 1660 [Oudin]. **2.** 1740-1755, Saint-Simon [GLLF].

2. salé *n.m.*

1. Rapports sexuels antérieurs au mariage. **Morceau de salé,** enfant né avant mariage. **2.** Bébé, jeune enfant : *Je me rappelle ma bourgeoise, avant d'avoir son petit salé, elle tournait de l'œil à tous les obstacles* (La Fouchardière). **3.** Vx. Apprenti. **4.** Vx. **Salé** ou **morceau de salé,** acompte ou travail payé d'avance, dans l'argot des typographes. **5.** Jeune maîtresse. **6. Faire petit salé,** lécher (érotiquement) les doigts de pieds : *Il lui retira les bas et commença à lui faire petit salé. Ses pieds étaient jolis, potelés comme des pieds de bébé. La langue du prince commença par les orteils du pied droit* (Apollinaire, 1).

ETYM. emploi issu de **salé,** avance d'argent, dans l'arg. des typographes. **1.** 1864 [Esnault]. **Morceau de salé,** 1866 [Delvau]. **2** et **5.** 1881 [Rigaud]. **3.** 1977 [Caradec]. **4.** 1874 [Boutmy]. **6.** 1907, Apollinaire.

salement *adv.*

Extrêmement : *J'espère qu'à l'heure actuelle il est bien crevé (et pas d'une mort pépère). Mais à ce moment-là, dont je parle, il était encore salement vivant le Pinçon* (Céline, 1). *Les fortifs. Depuis sept ans, les coups de pioche des démolisseurs les avaient salement entamées* (Pécherot).

ETYM. de **sale,** en un sens intensif. 1880 [Esnault].

saler *v.t.*

1. Mettre à un prix trop élevé ; faire payer trop cher : *Les sauniers des Pesquiers, à Hyères, voudraient saler un peu la note de leur travail. À cet effet, ils font grève* (Fénéon). **2.** Vx. Battre, rouer de coups : *Ça ne va pas, Thérèse ? – Son homme l'a salée, ripostait le Frisé* (Lorrain). **3.** Infliger une condamnation sévère : *Je te ferai saler au tribunal maritime. Et après deux ou trois ans de prison, Charwein te recevra* (Merlet). *L'instruction suivait son petit bonhomme de chemin et, vraisemblablement, Courtecuisse serait « salé », à la correctionnelle* (Grancher, 2). **4. Se faire saler,** contracter une MST : *Autrefois, il avait presque envié ceux de ses camarades qui s'étaient fait saler. Il trouvait que ça les posait* (Guérin). SYN. poivrer. **5. Saler l'artiche,** se constituer un alibi solide, dans le langage des policiers. **6. Saler la soupe,** se doper : *Le registre d'une plus sinistre comptabilité : celle de son dopage ; les saloperies avec quoi il salait la soupe, comme on dit chez Monsieur Luis* (Smaïl).

ETYM. emplois métaphoriques (idée d'excès d'assaisonnement) du verbe usuel. **1.** 1558 [TLF]. **2.** vers 1175, *Roman de Renart.* **3.** 1885, Zola [TLF]. **4.** 1883 [Fustier]. **5.** 1975 [Arnal] (mais sûrement antérieur). **6.** 1996 [Merle].

saligaud *n.m.*

Individu malhonnête, déloyal : *« Mon vieux, ce Brignolles était un saligaud ! » me dit-il sur un ton de reproche* (Leroux, 4). *Le saligaud se carre sur la chaise en skaï avec un air très satisfait de lui-même, mais d'ici quelque temps il pourrait bien faire une autre tête* (Demure, 1). **Vieux saligaud,** homme âgé qui s'intéresse de trop près aux choses du sexe.

ETYM. du moyen bas-all. **salik,** sale. 1611 [Cotgrave], au sens de « mal vêtu » ; 1866 [Delvau], au sens actuel. L'orthographe *saligot, e* (1865, Goncourt) est désuète. Le fém. *saligaude* est rare : 1862, Reider [TLF].

VAR. **saligouillard :** 1918, Mac Orlan.

DER. **saligoter** *v.t.* Salir : 1954, Le Breton.

salingue *adj. et n.*

Sale (au physique ou au moral) : *Quatre mains tremblotantes, salingues, avec des ongles noirs et craquelés* (Malet, 8). *Il puait, le salingue ! de la gueule, des panards, de la barbe !* (Boudard, 1). *Fallait pas le laisser dérober, ce salingue, pas lui laisser reprendre son débectant genre sucré* (Simonin, 1).

◆ *adj.*

Osé, choquant sur le plan sexuel : *Ce film, bien que non classé X, était plutôt salingue !*

ETYM. de **sale,** avec le suff. arg. et péj. **-ingue.** 1925 [Esnault].

VAR. **salingre :** 1935 [Simonin-Bazin].

salir *v.t.*

1. Se salir le nez, le blair, s'enivrer. **2. La salir,** exagérer.

ETYM. emplois métaphoriques du verbe usuel. **1.** 1883 [Fustier]. **2.** 1928 [Lacassagne].

salle *n.f.*

1. Salle à manger, l'intérieur de la bouche : *Là-dessus, la vioque m'a fait un immense sourire, ce qui me permit de constater qu'il lui manquait pas mal de tabourets dans la salle à manger* (Barnais, 1). **2.** Vx. **Salle de danse,** le postérieur. **3. Salle des fêtes,** le vagin (considéré comme lieu de plaisir). **4. Rester dans la salle d'attente (à reconnaître ses vieux bagages),** pour une prostituée, attendre le client en vain.

ETYM. emplois ironiquement métaphoriques des mots composés usuels. **1.** 1867 [Delvau]. **2** et **4.** 1881 [Rigaud]. **3.** 1953 [Sandry-Carrère].

saloir *n.m.*

1. Vx. Soulier. **2. Mettre la viande au saloir,** se mettre au lit.

ETYM. emplois métaphoriques du mot usuel, désignant le récipient dans lequel on conserve la viande. **1.** 1885 [Esnault]. **2.** 1958 [id.].

salon *n.m.*

Pièce de la maison close où le client choisit une fille : *La taulière du clandé le plus huppé n'aime jamais s'entendre rappeler qu'elle a débuté au salon* (Simonin, 10). *La sous-maîtresse glapit : « Un monsieur monte ! », appelle ensuite : « Toutes ces dames au salon ! »* (Galtier-Boissière, 4).

ETYM. emploi spécialisé du mot désignant une pièce bourgeoise. 1905 [Esnault].

salopard *n.m.*

Individu cruel, dangereux, prêt à trahir (terme d'injure) : *Allons, cette fois-ci, les salopards auraient du mal à se tirer d'affaire* (Malaquais). *Je te défends de supposer, demain comme plus tard, qu'un garde-chiourme est un être normal. Aucun homme digne de ce nom ne peut appartenir à cette corporation. On s'habitue à tout dans la vie, même à être un salopard toute sa carrière* (Charrière) ; spéc., nom générique donné à l'adversaire, dans maint corps de troupe : *Les salopards tiennent la plaine, / Là-haut dans le petit fortin* (chanson *le Fanion de la légion,* paroles de R. Asso, 1936).

ETYM. de **salop** (→ SALAUD et SALOPE) et du suff. péj. **-ard.** 1911 [Esnault], pour les deux sens.

salope *n.f.*

1. Femme peu recommandable par ses mœurs, ses actes, son comportement (terme d'injure) : *Cet ogre femelle qui abusait de son pouvoir, qui terrorisait les petits confiés à sa garde. La salope !* (Le Breton, 6). *Pas un rond pour cette soupière, ça lui apprendra la salope à fricoter avec les Frisés* (Lépidis). **2.** Homme peu recommandable ; spéc., indicateur : *La preuve que Parent était indicateur résidait dans l'insulte de « vieille salope » adressée par André-le-Belge* (Carco, 1). **3.** Vx. Forçat qui moucharde et vole ses camarades de bagne.

ETYM. de l'adj. **salop** (1834 [Boiste]), issu de **sale** et de **hoppe,** var. de **huppe,** oiseau réputé très négligé de sa personne ; d'abord au sens de « sale », au XVIIe s. **1.** vers 1770, J.-J. Rousseau [GLLF]. **2.** 1927, Carco. **3.** 1873 [Esnault].

saloper *v.t.*

Exécuter (un travail) très mal, sans soin : *Votre gars a salopé un combat imperdable et le public belge ne lui a pas caché sa façon de penser* (Lefèvre, 1).

ETYM. de **salop.** 1841, Mérimée [DDL 28]. d'abord intr. au sens de « vivre dans la débauche », 1808 [d'Hautel].

saloperie *n.f.*

1. Acte ou parole malhonnête, indigne : *C'est le bulletin mensuel d'« Amnesty International » ! Dans chaque numéro, ils dénoncent les saloperies du monde entier* (Veillot). *On l'a traquée. On a colporté sur son compte les pires saloperies* (Vilar). **2.** Boisson ou aliment nocif : *J'ai bu des saloperies, fit-il, je ne peux plus boire* (Mac Orlan, 5). **3.** Individu déloyal (terme d'injure) : *Tous les forçats se méfiaient de lui et le désignaient comme une saloperie* (Humbert). *Tu comprends, cette Jeanne, c'est une saloperie et ce n'est pas une saloperie* (Malet, 8).

ETYM. de **salop. 1.** « acte » 1803 [Boiste] ; « parole » 1790, Jean Bart [Enckell]. **2.** 1830, H. Monnier [Enckell]. **3.** 1873 [Esnault].

salopiaud ou **salopiot** *n.m.*

Homme ou enfant physiquement ou moralement répugnant (le fém. *salopiaude* est rare) : *Qu'en fin de compte, elle eût préféré les caresses d'un salopiaud aux siennes, il n'avait rien à objecter* (Huysmans).

ETYM. de **salop** (→ SALOPE). *salopiaud* 1866 [Delvau] ; *salopiot* 1878 [Rigaud].

salpingite *n.f.*

Usine à salpingite, homme très porté sur les plaisirs sexuels.

ETYM. loc. humoristique évoquant les dangers des abus sexuels. 1960 [Le Breton].

salsifis *n.m.pl.*

Doigts : *Si a bouge, quelques bonnes poignées de salsifis sur la tronche* (Méténier). *Il essore la sueur de son crâne chauve avec un mouchoir bien trop minot pour ses énormes salsifis boudinés* (Dégaudenzi).

ETYM. emploi métaphorique (analogie de forme) du mot usuel. 1876, *Tam-Tam* [Larchey].

salutas *interj.*

VIEILLI. Salut ! : *Dans le pacson y avait des mecs sympas / Qui en nous reluquant nous bavaient : salutas* (Legrand).

ETYM. formule servant le plus souvent à prendre congé. 1957 [Sandry-Carrère].

Samar (la) *n.pr.*

La Samaritaine : *Avec [...] son pantalon rayé de chef de rayon à la Samar, on l'aurait pris pour un parlementaire en attente de maroquin ministériel* (Malet, 17).

ETYM. apocope de **(la) Samaritaine,** grand magasin parisien. 1954, Malet.

sang *n.m.*

1. Vx. Détermination de l'homme viril : *Olga, tu l'dis, j'ai le sang, fit-il, prenant enfin quelque assurance* (Carco, 2). **Avoir le sang de,** être assez hardi pour. **2.** Vx. Vin rouge. **Sang de bœuf,** vin rouge servi chaud.

ETYM. emplois très marqués du mot usuel, le sang étant pris comme symbole du courage ou comme comparant de couleur. **1.** 1873 [Esnault]. **Avoir le sang de,** 1901 [id.]. **2.** 1866 [Delvau].

DÉR. **sanglant, e** *adj.* Énergique, violent : 1918 [Esnault]. **sanguine** *n.f.* Guillotine : 1847 [Dict. nain]. **se sanguiner** *v.pr.* S'enivrer : 1928 [Esnault].

sanglier *n.m.*

ARG. ANC. Prêtre, notamment celui qui confesse le condamné : *Quand on a Charlot d'un côté, le sanglier de l'autre, et les marchands de lacets derrière, ce n'est déjà pas si réjouissant d'aller faire des abreuvoirs à mouches* (Vidocq).

ETYM. emploi métaphorique du mot usuel (analogie de couleur, comme pour *corbeau*). 1828, Vidocq.

sanguin *n.m.*

1. Cœur : *Le fin des fins était d'appeler le trèfle* l'herbe à vache, *le cœur* le battant *ou encore* le sanguin (Leroux, 2). **2.** Vin rouge.

ETYM. emplois substantivés et métonymiques de l'adj. usuel. **1.** 1901 [Bruant]. **2.** 1916, Perpignan [Esnault].

sans dec' *loc. adv.*

Vraiment, sans plaisanter : *Sans dec', / J'vous jure qu'c'est vrai, les mecs* (Renaud).

ETYM. apocope de **sans déconner.** 1978, Renaud.

santé *n.f.*

Avoir une santé ou **de la santé,** avoir de l'audace, du toupet : *Eh bien ! Qu'est-ce qu'il y a ? – T'en as une santé ! Pour qui me prends-tu ?* (Lorrain). *Dominique et Philippe n'avaient pas cette santé [...] Ils ne se seraient pas permis*

[...] *une ironie ou une mine à double sens pendant les repas* (Duvert).

ETYM. emploi emphatique du mot usuel. **Avoir une santé,** 1898, Courteline [TLF]; **avoir de la santé,** 1912 [Villatte].

santiag *n.f.*

Botte mexicaine à bout pointu et à talon taillé en biais, très à la mode dans les années 1980 (surtout au pl.) : *Santiags de luxe, joli pull cachemire et blouson de motard qui n'a jamais frôlé un culbuteur, Raymond a l'air de ce qu'il est : un type qui vit au-dessus de ses moyens* (Vilar).

ETYM. apocope de **santiagos.** 1978, Renaud.

VAR. **tiag :** 1980 [George].

santoche *n.f.*

État de santé : *Lui qu'avait déjà pas une santoche florissante, son séjour au mitard l'avait complètement déglingué* (Bastiani, 3).

◆ **la Santoche, la Santuche** ou **la Santaga** *n.pr.*

Prison de la Santé, à Paris : *Je n'arrivais pas à rêvasser dans le bleu pastel. Marcel non plus j'en étais sûr, dans son placard à la Santuche* (Boudard, 7). *Va toujours essayer de te faire larguer comme ça à Fresnes ou à la Santoche !... Qué cirque* (Sarrazin, 2). *Et une inculpation, ça voulait dire le passage à tabac, le dépôt, la Santaga, les guignols des Assises!* (Lesou, 2).

ETYM. suffixation arg. de **santé.** 1889, Macé [Esnault].

◆ *n.pr. la Santoche* 1899 [Esnault]; *la Santuche* 1963, Boudard; *la Santaga* 1957, Lesou.

VAR. **santache** *n.f.* : 1881 [Rigaud]. **santu** *n.f.* : 1725 [Granval]. **la Santaille** *n.pr.* : 1912 [Villatte].

saouzi *pron. pers.* → MÉZIG.

sape *n.f. ou m.*

1. Habillement ; industrie et commerce de l'habillement. **2.** Costume d'homme, complet : *La veuve s'y trouvait, portant sur ses bras une chemise blanche au plastron empesé, un nœud papillon noir et un complet bleu* [...] *« Voilà, fit-elle, j'ai pris son plus beau sape. Le bleu pétrole »* (Bastiani, 1).

◆ **sapes** *n.m. ou f.pl.*

Vêtements en général : *Laisse tomber, commanda Richard, garde ton fric pour tes sapes* (Guégan).

ETYM. déverbal de **2. saper. 1.** 1977 [Caradec]. **2.** 1926 [Esnault].

◆ *pl.* 1928 [Lacassagne].

sapement ou **sape** *n.m.*

1. Condamnation : *Sans cézigue j'allais morfler d'un drôle de sapement, j'allais! C'était Tataouine à tout va !* (Faizant). *Depuis 53, son sapement était tombé et elle était blancarde* (Lesou, 2). **2.** Inculpation : *Je t'emballe pour vérification* [...] *et j'te colle au gnouf avec un sapement d'assassin* (Houssin, 2).

ETYM. de **1. saper. 1.** *sapement* 1873 [Esnault] ; *sape* 1928 [id.]. **2.** 1982, Houssin.

1. saper *v.t.*

1. Condamner (à une peine) : *J'ai été sapé à trois marquets* (abbé Moreau). *Ils l'ont sapé à cinq piges. La trique en plus, l'interdiction de séjour* (Boudard, 1). **2.** Recevoir (comme peine) : *Aux tables de rami, le jugement était rendu : Marco est un connard. Il pouvait saper le maximum, on s'en foutait!* (Braun).

ETYM. emploi intensif du verbe usuel à sens technique, « détruire par une sape ». **1.** 1867 [Esnault]. **2.** 1926 [id.].

DÉR. **sapeur** *n.m.* Juge : 1883, Macé [Esnault].

2. saper *v.t.*

Habiller (surtout aux voix passive et pronominale) : *Admirez ma dégaine ! Ne trouvez-vous pas que j'aurais besoin d'être sapé décemment ?* (Le Dano). *Le gars, je le revois bien, plutôt bon genre, bien sapé* (Amila, 1). *Tu t'sapes chez l'couturier de ton cru / Qu'a des harnais démocratiques* (Ferré).

ETYM. origine inconnue, p.-ê. en relation avec le franc-comtois **dessaper,** essorer (le linge). 1919 [Esnault].

sapin *n.m.*

1. Taxi : *Le portier du George V lui héla un sapin* (Houssin, 1); (ARG. ANC.) fiacre : *Si qu'on prendrait un sapin, histoire d'aller respirer l'air au bois de Boulogne?* (London, 2). **2.** Vx. Grenier. **3.** Vx. Gendarme : *Ne bougez pas me dit-elle en patois ; les environs sont remplis de sapins qui furettent de tous côtés* (Vidocq). **4. Ça sent** ou (vx) **ça sonne le sapin,** se dit plus ou moins sérieusement quand il y a risque de décès : *C'est grave ? murmura l'employé* [...]. *Le type adopta une mine de circonstance qui sentait à plein nez le sapin* (Giovanni, 1). **5. Pardessus, costume, redingote de sapin** ou simpl. **sapin,** cercueil : *La seule solution que je voyais conforme aux coutumes du mitan, c'était que je le liquide ce Paulo... que je m'enfouraille et l'attende au coin d'une rue pour lui servir sa redingote en sapin* (Boudard, 5). **6. S'habiller de sapin,** mourir.

ETYM. emplois métonymiques du mot usuel : le bois du sapin sert à construire diverses sortes de véhicules, dont celui qu'on emprunte pour le dernier voyage. **1.** « taxi » 1935, Simonin-Bazin ; « fiacre » 1723, d'après Lacassagne. **2.** 1822 [Mésière]. **3.** 1828, Vidocq. **4. Sentir le sapin,** 1694 [Acad. fr.] ; **ça sonne le sapin,** 1877, Zola. **5. Pardessus de sapin,** 1977 [Caradec] ; **redingote de sapin,** 1878 [Rigaud] ; **sapin,** 1866 [Delvau] ; *sap* dès 1862 [Larchey], mais on trouve *chemise de sapin* en ce sens dès 1789, *Cahiers de doléances* [Duneton-Claval]. **6.** 1867 [Delvau].

DÉR. **sap** *n.m.* **Taper dans le sap,** être mort et enterré : [id.]. **sapiner** *v.i.* Aller en fiacre : 1835 [Raspail].

saqué, e *adj.*

1. Vx. Riche. **2.** Vx. Stupide. (On rencontre aussi **en avoir une saquée.**) **3. Être saqué,** être abondamment pourvu : *Comme rapiat, il est saqué !*

ETYM. de **avoir le sac** et **en avoir un sac** (de sottise). **1.** 1866 [Delvau]. **2.** 1898 [Esnault] ; **en avoir une saquée,** 1912 [Villatte]. **3.** contemporain.

saquement ou saquage *n.m.*

Renvoi, licenciement : *Dans une lettre adressée aux journaux, M. de la Motte a protesté hautement contre toute espèce d'immixtion dans le brutal saquement de Mme Delors* [par l'Administration du chemin de fer] (Gill).

ETYM. de **saquer**. *saquement* 1878, Gill ; *saquage* 1901 [Bruant].

saquer ou sacquer *v.t.*

1. Traiter avec une extrême rigueur : *Une sale petite culotte de peau à peine sortie de Saint-Cyr qui voulait en imposer en sacquant sous n'importe quel prétexte* (Monsour). **2.** Congédier qqn : *Si je n'avais pas tellement besoin de lui, je vous jure que je le saquerais avec plaisir !* (Averlant). **3. Ne pas pouvoir saquer qqn,** ne pas pouvoir le supporter : *Quant à Pascal, c'était bien simple, il ne pouvait pas le sacquer, le suspectant en permanence de comploter contre la République* (ADG, 1). **4. Saquer la route,** en sortir par accident.

ETYM. var. picarde de l'anc. fr. **sachier,** tirer (du fourreau), secouer. **1.** 1869, Arts et métiers [Esnault]. **2.** 1867 [Delvau]. **3.** 1980, Renaud, sous l'influence probable de *sentir*. **4.** 1975 [Beauvais].

sarbacane *n.f.*

Arme à feu : « *Rends-moi ma sarbacane.* » *Je lui arrache des mains et saute sur le sol pendant qu'elle me regarde, médusée* (Tachet).

ETYM. emploi métaphorique du mot désignant un tuyau qui servait à projeter de petites flèches. 1954, Tachet.

sardagnole *n.f.*

Style de maniement du couteau : *Quand on pique un client à la base du cou, verticalement, genre « sardagnole », le couteau doit rester dedans. Qu'on se le dise* (Dominique).

ETYM. de **Sardaigne.** 1956, Dominique. Les bandits sardes sont réputés pour leur cruauté.

sardine *n.f.*

1. Galon oblique sur la manche, correspondant au grade de caporal, de brigadier ou de sous-officier : *Il était trop fayot, aussi, trop lèche-cul... Sans ça, d'ailleurs, l'aurait pas eu ses sardines...* (Gibeau). **2.** Pièce de 0,50 franc. **3. Égoutter la sardine,** uriner.

◆ **sardines** *n.f.pl.*

Vx. Doigts.

ETYM. emplois métaphoriques (analogie de forme) du mot usuel. **1.** 1817, Merle et Brazier [Enckell]. **2.** 1935, Simonin-Bazin. **3.** 1977 [Caradec].

◆ *pl.* 1878 [Rigaud].

saton *n.m.*

Coup de saton, coup (génér. de pied) donné à qqn : *Je lui en fournis encore : coups de saton dans les oreilles, puis dans les côtelettes* (San Antonio, 6).

ETYM. var. de **satou.** 1926, Lyon [Esnault].

DÉR. **satiche** *n.f.* Même sens : 1899 [Nouguier].

satonner ou sataner *v.t.*

Frapper, battre : *Tu étais en difficulté avec ton homme ? – Peut-être. – Peut-être que, si tu réponds pas vite, eh bien, moi, je te satonne, l'avertit Sauveur. Alors ?* (Bastiani, 1). *Les deux racketteurs lui satanèrent deux, trois fois les côtes puis se dirigèrent vers la porte* (Risser).

ETYM. de **saton.** *satonner* 1928 [Lacassagne] ; *sataner* 1935 [Simonin-Bazin].

VAR. **santonner :** 1977 [Caradec].

DÉR. **satonnade** *n.f.* Bastonnade : 1842, Toulon [Esnault].

satou ou satte *n.m.*

ARG. ANC. **1.** Objet en bois (notamment gourdin). **Guibe de satou,** jambe de bois.

Refiler du satou, donner des coups de canne ou de bâton. **2.** Bois, forêt : *J'ai planqué la blanquette du messière dans le satou* (Ansiaume). SYN. sabri.

ETYM. obscure. **1.** 1750 [Nisard]. **Guibe de satou,** 1881 [Rigaud]. **Refiler du satou,** 1835 [Raspail]. **2.** 1725 [Granval].

sauce *n.f.*

1. Désigne divers liquides (pluie, sang, etc.): *Stéphano reçut une goutte de pluie sur le blair* [...] *La sauce, à présent. Ça manquait* (Houssin, 2). Vx. **Sauce d'amour,** sperme. **Sauce tomate,** menstrues. **2.** Désigne diverses sources d'énergie (courant électrique, carburant d'un moteur, etc.): *Le courant !... Des Péreires n'avait plus qu'à lancer la sauce à travers les fibres du réseau* (Céline, 5). **Mettre (toute) la sauce,** accélérer puissamment : *Le pilote a mis toute la sauce.* **3.** Jeu dans la direction d'une voiture. **4. Balancer** ou **envoyer la sauce.** ***a.*** décharger son arme : *Comme j'avançais encore, y m'a lancé : « Reste où t'es, Glacier, sans quoi j'te balance la sauce ! » J'ai repéré un flingue dans sa pogne* (Le Breton, 5). *L'idée d'envoyer la sauce dans la paillasse d'un gonze lui fait même plaisir* [...] *Pour lui, buter, c'est l'essentiel* (Trignol) ; ***b.*** éjaculer. **5.** Vx. Réprimande.

ETYM. emplois métaphoriques du mot usuel. **1.** « pluie » 1881 [Rigaud] ; « sang » 1936 [Esnault]. **Sauce d'amour,** mil. du XVIIe s., Théophile de Viau [Delvau]. **Sauce tomate,** 1881 [Rigaud]. **2.** « courant » 1918 [Esnault] ; « carburant » 1905 [Petiot]. **3.** 1975 [Beauvais]. **4. *a.*** 1953 [Esnault] ; ***b.*** 1936, Céline. **5.** *donner une sauce à qqn* 1808 [d'Hautel].

saucée *n.f.*

1. Sévère correction. **2.** Forte averse : *« Ah bien ! s'écria Madame Lerat en entrant, nous allons avoir une jolie saucée ! »* [...] *Et elle appela la Société* [...] *pour voir les nuages, un orage d'un noir d'encre qui montait rapidement au sud de Paris* (Zola).

ETYM. déverbal de **saucer. 1.** 1896 [Delesalle]. **2.** 1864, Jaubert [TLF].

saucer *v.t.*

1. Vx. Réprimander. **2.** Mouiller : *Céline s'en était saucé le chignon et les joues et ç'avait même été une révolution, dans l'atelier, que ce luxe de parfums* (Huysmans) ; surtout dans **se faire saucer,** être douché par une averse : *Quitte à partir en voyage, autant ne pas se faire saucer ; ce satané car est dans un tel état que la pluie serait bien capable de passer à travers le plafond !* (Gerber).

ETYM. de **sauce,** employé métaphoriquement. **1.** 1718 [Acad. fr.]. **2.** 1732 [Richelet].

sauciflard ou **sauc'** *n.m.*

Saucisson : *Au grape-fruit, Tony aurait préféré quelques tranches de sauciflard à l'ail* (Simonin, 1). *Pour ce soir, il y a seulement du pain et du sauc', avec un peu de rouge qui me reste* (Grancher).

ETYM. resuffixation arg. ou apocope de **saucisson.** *sauciflard* 1951 [Esnault] ; *sauc'* 1905 [id.].

saucisse *n.f.*

1. Imbécile : *J'ai appris étant petit des proverbes pleins de malice /* [...] *Sur les g'noux d'ma p'tit' mémée qui est loin d'être une saucisse* (P. Perret). **Grande saucisse,** individu de grande taille, à l'air stupide. **2.** Vx. Fille paillarde. **3. Ne pas attacher ses chiens** ou **ne pas les attacher avec des saucisses,** être avare : *Il ne devait pas attacher ses chiens avec des saucisses* [...]*Tout pour soi et rien pour les autres* (Guérin). *Petite digression pour nous faire comprendre que le directeur de cet organe n'attachait pas ses rédacteurs avec des saucisses* (Malet, 10). **4. Saucisse à pattes,** chien basset. **5. Se filer, se passer des saucisses,** s'embrasser goulûment. **6.** Vx. Pénis.

ETYM. emplois expressifs du mot usuel. **1.** 1901 [Rossignol]. **2.** 1878 [Rigaud]. **3.** 1870 [Littré]. **4.** contemporain. **5.** 1901 [Bruant]. **6.** mil. du XVIIe s., Théophile de Viau [Delvau].

saucisson *n.m.*

1. VIEILLI. Affaire difficile à élucider pour un policier. **2.** Composition musicale médiocre. **3.** Vx. **Saucisson de Bologne,** individu sans élégance, corpulent et mal vêtu. **4. Saucisson à pattes. *a.*** chien basset ; ***b.*** individu courtaud : *Il m'prend qu't'as d'la veine que j'aie plus qu'un pied, sale saucisson à pattes* (Benjamin, 2).

ETYM. emplois péj. du mot usuel. **1** et **2.** 1957 [Sandry-Carrère]. **3.** 1878 [Rigaud]. **4. *b.*** [id.].

saucissonné, e *adj.*

Mal habillé, serré dans ses vêtements.

ETYM. de **être ficelé comme un saucisson.** 1881, Vallès [GR].

saucissonner *v.i.*

Pique-niquer sommairement (avec souvent du saucisson, du camembert et du vin rouge) : *Nous commençons par nous installer, / Puis, j'débouche les douz'litr's à douze, / Et l'on s'met à saucissonner* (chanson *En revenant d'la revue*, paroles de Delormel et Garnier).

◆ *v.t.*

1. Vx. Circonvenir par des ruses. **2.** Ligoter (qqn) : *Lemonnoir est à côté de toi ? – Oui, chef, saucissonné comme les autres* (Viard). **3.** Débiter qqch en parties régulières : *L'Administration des Eaux et Forêts a saucissonné la Loire, de Tours à Nantes, en une trentaine de lots* (*le Nouvel Observateur*, 12 août 1983).

ETYM. de **saucisson.** 1886, Delormel et Garnier [Saka].

◆ *v.t.* **1.** 1911 [Esnault]. **2.** 1885, Vallès [TLF]. **3.** 1954, La Varende [id.].

DÉR. **saucissonnage** *n.m.* Action de ligoter une personne dont on cambriole le logement : *le Journal du dimanche*, 14 juin 1998. **saucissonnard du dimanche** *n.m.* Pique-niqueur : 1953 [Sandry-Carrère]. **saucissonneur** *n.m.* **1.** Cambrioleur qui ligote ses victimes : *le Figaro*, 18 décembre 1998. **2.** Pique-niqueur : vers 1952 [Gilbert].

saumon *n.m.*

Vx. Cadavre d'homme riche.

ETYM. emploi métaphorique du mot usuel (langage des croque-morts). 1881 [Rigaud].

sauré ou **sauret** *n.m.*

1. Proxénète : *Mac jusqu'au bout des ongles, le Brestois ne se gourait jamais sur ce point. En bon sauré il reniflait les putes comme le chien de chasse le gibier* (Risser). *Dans la description du client, il est facile de reconnaître le petit Nénesse de la porte Brancion, un petit sauret inoffensif et gentil* (Trignol). **2.** Vx. Gendarme.

ETYM. de **(hareng) saur. 1.** équivalent de « petit maquereau ». 1952 [Esnault]. **2.** allusion à la couleur jaune des buffleteries des gendarmes de jadis. 1951 [id.].

saut *n.m.*

ARG. ANC. **Faire le saut,** voler, dérober aux dépens et à l'insu de ses complices : *Le Rouge d'Auneau et Jacques d'Étampes avaient fait le saut dans cette affaire, ils avaient plus d'argent que les autres* (Orgères).

ETYM. loc. métaphorique et pittoresque. 1799, Orgères.

sautage *n.m.*

ARG. ANC. Pillage de véhicule : *Ils font le sautage sur le grand trimard pendant la sorgue* (Ansiaume).

ETYM. de **sauter.** 1821 [Ansiaume].

sauté *n.m.*

Sauté de lapin, partie fine, à prétexte chorégraphique, organisée avec le concours de jeunes garçons.

ETYM. loc. pittoresque, formée par jeu de mots sur **sauté,** terme de danse et de cuisine, et sur **lapin,** mot à valeur hypocoristique. 1975 [Arnal].

saute-au-bock *n.m.inv.*

Homme qui coïte trop rapidement : *Rien à comparer avec la frénésie brouillonne d'un Georges. Lui, Madame le classe dans l'espèce décevante des saute-au-bock* (Simonin, 5).

ETYM. de **sauter** et de **bock,** au sens de vulve. 1960, Simonin.

saute-au-crac *n.m.inv.*

Obsédé hétérosexuel.

ETYM. de **sauter** et de **crac,** vulve. 1953 [Sandry-Carrère].

saute-au-paf *n.f.inv.*

Obsédée hétérosexuelle.

ETYM. de **sauter** et de **paf,** pénis. 1953 [Sandry-Carrère].

saute-au-rab *n.inv.*

Individu très porté sur la nourriture, et qui en redemande sans cesse : *Avant une heure ou deux, la valeureuse flicaille tomberait sur la bagnole abandonnée, comme des « saute-au-rab » sur un supplément de lentilles* (Giovanni, 1).

ETYM. de **sauter** et de **rab.** 1958, Giovanni.

saute-dessus *n.m.inv.*

1. Réclamation énergique, véhémente. **2.** Nom donné, dans la police, aux brigades chargées d'arrêter les malfaiteurs en flagrant délit. **3.** Vx. Agresseur. **4.** Vx. Agression.

ETYM. mot expressif, composé de **sauter** et de l'adv. **dessus. 1.** 1924 [Esnault]. **2.** 1975 [Arnal]. **3.** 1845 [Esnault]. **4.** 1858 [id.].

sauter *v.i.*

1. Disparaître, être escamoté. **Faire sauter la cervelle à qqn,** le tuer d'un coup de feu dans la tête : *Vous allez me vendre la terre, ou je vous ferai sauter la cervelle* (Balzac, 2). *Si mon fusil avait marché, je leur aurais fait sauter la cervelle... aux officiers* (Werth, 1). **Se faire sauter la cervelle, le caisson,** (vx) **le système, la caisse,** se suicider d'un coup de feu dans la tête : *Schwester Paula [...] te tend le thermomètre. Comme on tend le revolver à l'officier félon pour qu'il se fasse sauter la cervelle* (Cavanna). *Je n'ai plus qu'à me flanquer une balle dans la peau... me faire sauter le caisson !* (Hirsch). **Se faire sauter la cervelle au plafond,** se masturber, en parlant d'un homme. **2.** Vx. Sentir mauvais. **3. Et que ça saute !,** se dit pour accélérer une action, un processus : *Nos lettres ont déjà parfois huit jours de retard. Au tri ! et que ça saute !* (Rank). **4. Sauter à la corde,** se priver de qqch : *Comme ils débarquent de l'Assistance ou d'ailleurs, ils sont déjà habitués [...] à sauter à la corde à l'heure des repas* (Le Breton, 6). **5.** Vx. **Sauter à la perche.** ***a.*** être lésé ; ***b.*** jeûner. **6. Sauter du train en marche,** pratiquer le coïtus interruptus : *Jean-Paul n'a pas envie d'avoir des enfants très vite. Ça fait quatre ans qu'il saute en marche, je le comprends* (Cordelier).

◆ *v.t.*

1. Posséder sexuellement : *Quand il mourut, à quatre-vingt-douze ans, il avait été mon caviste au « One Two Two », avait sauté toutes les filles du quartier Saint-Lazare* (Jamet). *Des mômes comme la brunette se feront sauter dans les parkings des tours* (Demouzon). **2.** Arrêter (qqn) : *Dès qu'on saura où ils crèchent, je me charge de les sauter* (film *Flic Story* de J. Deray, 1975). *Mimile s'est fait sauter par les Chleuhs du côté d'Orléans, lui apprend un de ses indics* (Larue). **3.** Vx. Frustrer. **4. La sauter,** avoir très faim : *Et l'on s'en retournait en longeant les quais, à la recherche d'un gîte incertain. On n'avait pas le rond. On la sautait* (Cendrars, 1). **5.** Vx. **Sauter le fil,** pour un condamné aux travaux publics, demander l'isolement afin d'éviter les entreprises des codétenus. **6. Sauter un véhicule,** le doubler : *Oui, c'est un bahut gigantesque, un concurrent. – On le saute ?* (G. Arnaud, 2)

ETYM. emplois spécialisés du verbe usuel. **1.** 1861 [Esnault]. **Faire sauter la cervelle à qqn,** 1680 [Richelet] ; **le caisson,** 1833, Borel [TLF]. **Se faire sauter le caisson,** 1857, Goncourt [Sainéan] ; **le système,** 1867 [Delvau]. **Se faire sauter la cervelle au plafond,** 1881 [Rigaud]. **2.** 1827, *Un monsieur comme il faut*. **3.** 1912 [Esnault]. **4.** 1894 [Chautard]. **5.** 1866 [Delvau]. **6.** vers 1940 [Cellard-Rey].
◆ *v.t.* **1.** 1932, *Revue de philologie française* [GLLF]. **2.** 1899 [Nouguier]. **3.** 1836 [Vidocq]. **4.** 1918 [Dauzat]. **5.** 1928 [Lacassagne]. **6.** 1961, Arnaud.

sauterelle *n.f.*

1. Fille, femme : *Une toute petite succursale, d'ailleurs – un vieux caissier, qui faisait fonction de chef d'agence, et deux sauterelles chargées des écritures* (Grancher). **2.** Vx. Puce. **3. Avoir une sauterelle dans la vitrine,** avoir l'esprit dérangé.

ETYM. emplois péj. du nom de l'orthoptère. **1.** 1791, *Calendrier du Père Duchesne* [Enckell], au sens de « prostituée ». **2.** 1836 [Vidocq]. **3.** 1982 [Perret].

sauteur, euse *n.*

Personne sur laquelle on ne peut compter : *Elle avait la réputation d'une jeune fille qui n'en faisait qu'à sa tête, d'une sauteuse qui défrayait la chronique et qui se fichait pas mal de ternir le blason familial* (Destanque).

◆ **sauteur** *n.m.*

1. Celui qui frustre ses complices dans un partage. **2.** Vx. Fripon.

◆ **sauteuse** *n.f.*

1. Puce : *Sans les sauteuses qui me suçaient le sang, j'aurais coincé la bulle comme un chef* (Pelman, 1). **2.** Vx. Drôlesse, voleuse. **3.** Danseuse.

ETYM. de **sauter,** frustrer. 1690 [Furetière].
◆ *n.m.* **1.** 1911 [Esnault]. **2.** 1850, forçat Clémens [id.].
◆ *n.f.* **1.** 1827 [Demoraine]. **2.** 1866 [Delvau]. **3.** 1901 [Bruant].

sauvage *n.*

Vx. **Se mettre en sauvage,** se mettre nu : *Une Vénus de la Maubert, / Mise en sauvage, / Reçoit des mains d'un maquereau / Une cuvette pleine d'eau / Pour son lavage* (chanson, *in* Macé).

ETYM. loc. imagée et quelque peu rétro. 1833, Vidal [Larchey].

savater *v.t.*

Frapper à coups de pied : *Justin l'avait rejoint et le savatait, ahanant comme un bûcheron,*

tant, qu'un coup mieux ajusté sur le ventre lui fit faire un brin dans le pantalon (Spaggiari).
ETYM. de **savate,** chaussure. 1957 [Sandry-Carrère].

saveur *n.f.*
Coup de saveur, coup d'œil à la dérobée : *L'homme se rassit. De biais, Mimile lui balança un coup de saveur. L'autre semblait indifférent* (Le Breton, 3).
ETYM. déformation de **sabord.** 1953 [Esnault].

savon *n.m.*
1. Passer, recevoir un savon, réprimander, être réprimandé : *Je me dominai pendant que le patron de la région me passait un savon à propos du tueur au couteau* (Pagan). *Un jour, Louise m'a vu causer à l'un d'eux* [un ouvrier]. *Elle a mouchardé. J'ai reçu un savon et l'ouvrier aussi* (Darien). **2.** Activité régulière, profession.
ETYM. emplois spécialisés de **savon** ou déverbal de **savonner** (idée de frotter). **1.** *donner un savon* 1694 [Acad. fr.]. **2.** 1960, Le Breton [Cellard-Rey].

savonner *v.t.*
1. Réprimander : *Pour commencer, je me suis fait savonner comme un polisson* (Chabrol). **2.** Vx. Vider. **Savonner une cambuse,** cambrioler une chambre.
ETYM. de **savon. 1.** *savonner la tête (à qqn)* 1669, Widerhold [GLLF]. **2.** 1878 [Rigaud].
DÉR. **savonnade** *n.f.* Réprimande, correction : 1808 [d'Hautel].

savonnette *n.f.*
1. Pneu lisse : *D'autres remarquaient que certains automobilistes imprudents circulaient sans équipements. « Et parfois même avec des savonnettes »* (*l'Est républicain*, 24 février 1993). **2.** Haschisch : *Combien de temps un camé à la savonnette peut-il rester en vape, d'après toi ?* (W. Camus). **3.** Au casino, plaque d'un million d'anciens francs.
ETYM. emplois humoristiques et métonymiques du mot usuel. **1.** 1953 [Sandry-Carrère], art. *boudin*. **2.** 1977, W. Camus. **3.** 1957 [Sandry-Carrère], compl.

sbire *n.m.*
1. Surveillant de prison ; policier : *Pluvier et ses sbires poussèrent le Blond dans le bureau des inspecteurs* (Le Breton, 1). **2.** Vx. Forçat chargé de river la manille de pied des autres forçats. **3.** Homme de main sans scrupule.
ETYM. de l'ital. **sbirro**, policier, issu du bas lat. **birrus** ou **burrus**, roux (couleur traditionnelle de la traîtrise). **1.** 1552, Rabelais [TLF]. **2.** 1791 [Esnault]. **3.** 1795, Beaumarchais [TLF].

scaille *n.f.*
1. Chose sans valeur : *Nos véhicules, c'était la scaille... bric broc, récupéré des débris de la Wehrmacht...* (Boudard, 6). **2. À la scaille,** mal en point, sans soin, démuni : *Sans lui j'aurais été carrément à la scaille... Il me dépannait et, en même temps, il me mettait un peu à sa disposition pour me farcir ses boniments* (Boudard, 5).
ETYM. aphérèse de **mouscaille.** 1963, Boudard.

scalp *n.m.*
Arrestation.
ETYM. emploi métaphorique du mot usuel (idée de prendre qqn par les cheveux ; cf. *faire un crâne*). 1977 [Caradec].

scalper *v.t.*
1. Arrêter (qqn). **2. Scalper le mohican** → MOHICAN.
ETYM. de **scalp.** mil. du XXe s.

scaphandre *n.m.*
Scaphandre de poche, préservatif masculin.
ETYM. loc. métaphorique et humoristique. 1957, Bouilly [Sandry-Carrère].

schbeb, schebeb ou **chbeb** *n.m.*
Détenu homosexuel, ami d'un chef (terme d'injure) : *Et le cul, nom de Dieu ! Pas de schbeb de service dans le camp ?* (Spaggiari). *T'occupe pas, schbeb ! Tant qu'y aura que des pédales de ton espèce pour me faire courir, j'aurai toujours assez de souffle !* (Simonin, 2).
◆ *adj.*
Vx. **C'est schbeb,** c'est chouette.
ETYM. de l'arabe **chbeb,** joli. *schbeb* 1912, bat' d'Af' [Esnault] ; *schebeb* 1957 [Sandry-Carrère].
◆ *adj.* 1898, Bercy [Esnault].

schizo [skizo] *adj. et n.*
Se dit d'un individu renfermé sur lui-même, qui a peur de tout : *Les protagonistes du roman s'envoient encore à la tête l'injure de « schizo » à qui mieux-mieux* (*Libération*, 18 octobre 1989).
ETYM. apocope de **schizophrène.** vers 1960 [GR].

schlague *n.f.*

Fouet, cravache (comme châtiment corporel) : *Un jour que sa paillasse n'avait pas été jugée assez carrée par le « Kapo », il fut condamné à recevoir quinze coups de schlague* (Galtier-Boissière, 1). **Mener qqn à la schlague,** le traiter très durement : *Cet homme qui les avait toujours manœuvrés à la schlague n'avait jamais connu des autres que le spectacle de leur vie* (Bastid).

ETYM. de l'all. **Schlag,** coup. 1820, P.-L. Courier [GLLF].

DER. **schlaguer** *v.t.* Corriger : 1867 [Delvau].

1. schlass ou **chlass** *adj.*

Ivre : *Je croyais qu'elle était complètement schlass, mais, sans prévenir, elle m'a embrassé sur la bouche* (Pouy, 1). *Si j'avais été chlass, Batiss' s'aurerait foutu à l'flotte, pas ?* (Stéphane).

ETYM. de l'all. **schlass,** fatigué, mou. *schlâsse* 1883 [Chautard] ; *chlass(e)* 1894 [Virmaître].

DER. **slasse** : 1883 [Larchey]. **slaze** *n.m.* Homme ivre : 1873 [Esnault]. **chlassic** ou **chlassig** Même sens : 1883 [Chautard]. **chlasser** *v.t.* Enivrer : 1899 [Nouguier].

2. schlass *n.m.*

Couteau (notamment à cran d'arrêt) : *J'ai un vieux schlass pseudo-suisse que j'ai échangé dans le temps à Jeanjean* (Cavanna).

ETYM. de l'angl. **slash,** entaille, balafre. 1932 [Esnault].

schlinguer ou **chlinguer** *v.i.*

Sentir mauvais : *Il m'a averti, l'agent immobilier, elle achète plus de savon depuis belle lurette, la Marie-Thérèse. Il a raison, ça schlingue sévère dans sa tanière* (Pousse). *Bref, à part quat' municipaux qui chlinguent / Et trois sergots déguisés en pékins, / J'ai jamais vu de plus chouette métingue* (chanson *le Grand Métingue du métropolitain,* paroles de Mac-Nab).

◆ *v.t.*

Respirer ou exhaler une odeur : *J'veux pas ch'linguer la peinture / Quand j'suc' la pomme à ma Louis* (Richepin). *Je me retrouve assis sur une chaise de paille, dans un réduit qui schlingue le graillon, la vieille pantoufle et le pipi de perroquet* (Bastiani, 4).

ETYM. de l'all. **schlingen,** avaler (avec sans doute influence de **schlagen,** battre). *chlinguer* ou *schelinguer* 1846, *Intérieur des prisons*.

◆ *v.t.* 1876, Richepin. Ce verbe est répandu, avec des orthographes diverses.

VAR. **chlingoter** : 1883 [Chautard].

schlipoter *v.i.*

Syn. de schlinguer : *Aussi, vieil ami, tu schlipottes, / En plein air comm' l'acétylène / Et quand tu souffles ton haleine, / La mouche à merd' tourne de l'œil* (Rictus).

ETYM. de **schlinguer** et du suff. fréquentatif **-oter.** 1876, Richepin.

DER. **chlipote** *n.f.* Odeur nauséabonde : 1987, Dégaudenzi.

schlof, chloffe *n.m.* ou **chlaffe** *n.f.*

1. Aller à ou **au schlof, faire schlof, partir à la chlaffe,** aller se coucher : *Quelqu'un rentrerait chez lui en bâillant et en disant : « À chloff ! » ou « Au pageot ! »* (Sabatier). *Tu vas pas m'faire croire, vieille doublure, qu'tu s'rais fichu d'dormir et d'faire schloff avec un bruit et un papafard pareils* (Barbusse). **2.** Lit : *Je souffle la lumière et passe dans la pièce voisine où je m'allonge sur mon schlof, les pieds en éventail* (Siniac, 3).

ETYM. de l'alsacien **schlofen,** dormir. **1.** *faire schloff* 1808 [d'Hautel] ; *schlaf* 1927 [Esnault] ; *chloffe* et *chlaffe* 1977 [Caradec]. **2.** 1897, Rictus.

schloffer *v.t.*

Dormir : *« J'ai filé, je suis allé schloffer un brin ». Il bâillait encore, il avait dormi dix-huit heures* (Zola).

ETYM. de **schlof.** 1866 [Delvau].

schmecter *v.t.*

Sentir : *Mais ici, ça schmectait pas la vieille soupe ni la merde. Non, c'était autre chose : l'éther, peut-être ?* (Francos).

ETYM. de l'all. **schmecken,** avoir bon goût, en parlant d'un mets : l'emprunt s'est fait en français à travers une erreur de sens. 1972, B. Blier [Cellard-Rey].

schmitt *n.m.*

Gendarme : *Un quart d'heure plus tard, les schmits commenceraient à patrouiller dans le canton* (Simonin, 1). *Ici, le chef, c'est « la Bernadette », comme elle s'appelle elle-même, avec d'emblée une insistance à tout nier. « Ce sont des inventions des schmitts (comprenez : les gendarmes) »* (*l'Est républicain,* 12 juin 1996).

ETYM. sans doute de l'alsacien (patronyme très répandu, équivalent de *Dupont* en français). 1937 [Esnault].

schmoutz ou **chmoutz** *n.m.*

Juif : *À part quelques hypnotisés par la Ligne Bleue, quelques lecteurs d'Erckmann-Chatrian*

et les amateurs de choucroute, de résistants il n'y a eu en tout et pour tout que les schmoutz et les cocos (Audiard).
ETYM. origine obscure, p.-ê. de l'all. **Schmus,** flatteries, ou encore apocope de l'adj. **schmutzig,** sale. *chmoutz* 1960 [Le Breton].

schnaps *n.m.*
Eau-de-vie : *J'avais apporté du schnaps à Bat-la-Route, et à propos de la Résistance, je lui avais posé une question* (Réouven).
ETYM. mot all. de la fin du XVIIIe s., Gohin [GLLF].

schnick, chnique ou **chenic** *n.m.*
Eau-de-vie médiocre : *Oh ! J'ai la langue sèche / Allez, Marcel, un coup de schnick !* (Vian, 2). *Fais comme moi, bois du chenic, cela vaut mieux que des juleps ou du petit-lait* (Vidocq).
ETYM. mot alsacien et all. de même sens. *chenick* 1792, Lombard de Langres [Larchey].
DER. **schniquer** *v.t.* Boire de l'eau-de-vie et **schniqueur** *n.m.* Buveur d'eau-de-vie : 1867 [Delvau]. **cheniqueur** *n.m.* Même sens : 1862 [Larchey].

schnock ou **chnoque** *adj. et n.m.*
Se dit d'un individu, généralement d'âge mûr, peu gâté par la nature, physiquement et intellectuellement (souvent associé à l'adj. **vieux**) : *S'pèc' de schnock, tu vas pas flancher ! / T'es-t'y un pote ou eun' feignasse ?* (Rictus). *Il a eu l'idée fantastique de photographier un vieux schnok à la mine patibulaire en train de chatouiller un coffre-fort pour la publicité du savon Podouss* (Faizant). *La ville est impossible aujourd'hui, avec toutes ces musiques, ces défilés, ces vieux chnoques médaillés jusqu'au nombril* (Boileau-Narcejac). **Du Schnock,** appellation injurieuse : *Eh ! du Schnock ! Montons à l'air en vitesse et prenons un tacot !* (Galtier-Boissière, 2).
ETYM. origine incertaine, p.-ê. à rattacher à la chanson alsacienne *Hans im Schnokeloch,* Hans dans le coin à moustiques. 1863, Paris [Esnault]. *chenoc* 1899 [Nouguier]. **Du Schnock** (parodie de nom noble), 1903 [Chautard]. Les orthographes sont assez variées ; *chnoque* 1977 [Caradec].

schnouf, schnouffe, chnouf ou **chnouffe** *n.f.*
Drogue, en partic. l'héroïne : *Marchand de schnouffe, il livre contre paiement cash !* (Simonin, 6). *Il ne reste plus qu'une adresse et c'est fini pour la distribution de la schnouf* (Demure, 1). *Il repéra ses narines pincées. Elle devait plus avoir cher de cloison nasale. Longtemps que la chnouf l'avait rongée* (Le Breton, 3).
◆ **schnouf** *n.m.*
Vx. Tabac à priser.
ETYM. de l'all. **Schnupftabak,** tabac à priser. *chnouf* 1954, Le Breton ; *schnouffe* 1966, Simonin.
◆ *n.m.* 1800, Leclair. Les orthographes sont variées.

schnouffer (se) ou **chnoufer (se)** *v.pr.*
Se droguer : *À force de se chnoufer, il est devenu à moitié fondu* (Le Breton, 3).
ETYM. de **schnouf.** 1953, Le Breton.

schnouper *v.t.*
Boire : *Il expliquait de sa belle voix sonore dont ni les années ni le perniflard qu'il schnoupait pourtant à haute dose n'avaient entamé le timbre* (Simonin, 3).
ETYM. var. de **schnouffer.** 1896 [Esnault].
DER. **schnoupance** *n.f.* Boisson : 1931 [Chautard].

schpile ou **chpil** *n.m.*
Jeu : *Ce chpil de mots me fend la poire* (Vian, 2). **Avoir beau schpile,** être en situation de réaliser aisément qqch, avoir des chances de succès : *J'avais pas beau schpile pour embrayer sur des sujets pareils, fallait être du même milieu, fréquenter les mêmes endroits, les mêmes cours de tennis, les allées cavalières du bois de Boulogne* (Boudard, 5).
◆ *adj.*
Vx. Beau, réussi.
ETYM. de l'all. **Spiel,** jeu. *chpil* 1940 [Esnault] ; *schpile* 1935 [Simonin-Bazin].
◆ *adj.* 1878 [Rigaud].

schpiler, spieler ou **chpiler** *v.i.*
Jouer (à la Bourse, aux cartes, etc.) : *Le bonhomme qui, ne sachant que faire de ses économies, s'était mis* [...] *à schpiler à la Bourse avec un vertige en quelque sorte funéraire* (Simonin-Bazin). *Tout ce que je te d'mande, c'est de pas trop aller spieler au casino !* (Viard).
◆ *v.t.*
Réussir (un ouvrage).
ETYM. de **schpile.** *chpiler* 1935 [Esnault] ; *schpiler* 1935, Simonin-Bazin ; *spieler* 1969, Viard.
◆ *v.t.* 1878 [Rigaud].

schpilleur *n.m.*

Joueur : *C'est là-dessus qu'on se divisait, lui s'imaginant certain d'amener la clientèle des gros schpilleurs chez nous, alors que j'y croyais pas, moi* (Simonin, 3).

ETYM. de **schpiler.** 1954, Simonin.

schproum ou **sproum** *n.m.*

1. Tapage, scandale : *Quand ils devenaient insupportables, je mettais le holà. Ceux qui tentaient de faire du schproum* [...] *ne restaient pas longtemps dans la maison* (Jamet). *Là aussi, je pourrais faire du schproume à l'Évêché ; mais... ça me fatigue, mon histoire : je laisse tomber* (Sarrazin, 2). **2.** Vx. Colère : *Saligaud, fit-il à Cham avec un schproume terrible dans la voix. Ignoble chouraveur de mon honneur* (Devaux). **Aller au schproum,** faire un éclat.

ETYM. sans doute de l'all. **Sprung,** saut, élan. **1.** 1891, Méténier. **2.** 1883 [Chautard]. L'orthographe est indécise.

VAR. **schpromme :** 1885 [Esnault]. **schproute :** 1901 [id.]. **scroume :** 1926, Lyon [id.].

schtard *n.m.* → **1. CHTAR.**

schtilibem *n.m.*

Incarcération ; prison.

ETYM. du tsigane **stilibin.** vers 1942, G. Arnaud (*Schtilibem* est le titre de son recueil de poèmes).

schtourbe *n.f.* → **CHTOURBE.**

schwartz *n.m.*

1. Argent non déclaré au fisc, dessous de table : *Le « cash », le « schwartz », l'argent qui ne voit pas le jour : c'est une passion bien française et qui tourne à l'obsession* (*le Nouvel Observateur,* 22 mars 1985). **2.** Évanouissement, coma : *J'allais justement vous appeler, patron, dit l'O.P. Chartier quand le commissaire se rua dans la pièce. Le gars est dans le schwartz* (Camara).

ETYM. mot all., « noir » (c'est cet argent qui a besoin d'être « blanchi »). **1.** 1985, *le Nouvel Observateur.* **2.** 1979, Camara.

sciant, e *adj.*

Vieilli. Ennuyeux : *Ce qu'il y aurait de sciant, ce serait qu'on nous mette en cellule jour et nuit* (Sue).

ETYM. emploi adj. du participe présent de **scier.** 1801 [DDL 14].

scie *n.f.*

1. Vx. Personne ou chose monotone, ennuyeuse ; spéc., femme légitime. **2.** Répétition incessante et exaspérante d'un mot, d'un couplet, d'une phrase : *La scie montée par ses confrères avait fait en son esprit une sorte de plaie qu'un tas de riens inaperçus jusqu'ici envenimaient à présent* (Maupassant, 2). *Ça devenait une scie : Qu'est-ce qu'on fait, bon dieu, qu'est-ce qu'on fait ?* (Paraz, 2) ; chanson bête et répétitive : *Tous font silence. C'est qu'un ténor au teint d'huile chante une scie de beuglant* (Werth, 1).

ETYM. emploi métaphorique du mot usuel (la répétition blesse l'oreille comme le crissement régulier d'une scie). **1.** 1808 [d'Hautel] ; spéc., 1867 [Delvau]. **2.** 1808 [d'Hautel].

scier *v.t.*

1. Surprendre vivement (qqn) : *Je vais vous dire un truc qui va vous scier. Moi, le Ouin-Ouin de service, je fous la trouille à tout plein de gens* (Sarraute, *le Monde,* début 1988). *Le Rital, à l'autre bout de la table, se marrait en douce. – C'est ça, muscadette ? Francis et moi, on était sciés* (Pousse). **2.** Congédier, éliminer : *Un jour, j'en avais eu class. Elle me les râpait à distance rien qu'avec ses bafouilles tendres. Ça peut paraître bizarre, je l'ai sciée brusque* (Boudard, 1). **3.** Ruiner (une entreprise). **4. Scier le dos, le cul à qqn** ou simpl. **scier qqn,** le tourmenter, l'importuner : *On le sciait, on le foudroyait, il était dans une chambre de torture ! Il s'était adressé au petit flic, comme on crie au secours* (Amila, 1). **5. Scier du bois,** jouer d'un instrument à archet.

ETYM. emplois intensifs du verbe usuel. **1.** 1944, Céline [TLF]. **2.** 1888 [Esnault]. **3.** 1895 [id.]. **4. Scier le dos,** 1782, Rétif de La Bretonne [Duneton-Claval] ; **scier le cul,** « abandonner » 1914 [Esnault] ; **scier qqn,** 1748, Brunot [GLLF]. **5.** 1866 [Delvau].

VAR. **sciager :** 1800, Leclair.

DÉR. **sciage** *n.m.* Abandon ; renvoi : 1901 [Bruant]. **scieur** *n.m.* Railleur, persifleur : 1808 [d'Hautel].

scion *n.m.*

1. Couteau : *T'as un scion, grand ? Alors va me couper quelques bonnes brochettes par là-haut* (Dégaudenzi). *Eun' nuit qu'il' tait en permission, / V'là qu'il tu' la vieill' d'un coup d'scion* (Bruant). **2.** Pénis. **3.** Vx. Arme servant à assommer la victime. **Charrieur au scion,** spécialiste de l'agression nocturne.

ETYM. emplois métaphoriques de **scion,** baguette flexible. **1.** *coup de scion* 1878 [Rigaud]. **2.** 1982 [Perret]. **3.** 1841, Joigneaux. **Charrieur au scion,** 1863 [Esnault].

scionnage *n.m.*

1. Coup de couteau : *Pour les aminches, ce coup de scionnage-là, ça a toujours été la suite de l'engueulade du bal des vaches* (Lorrain). **2.** Rixe au couteau.

ETYM. du verbe **scionner. 1.** 1885, Méténier. **2.** 1889 [Nouguier].

scionner *v.t.*

Vx. **1.** Frapper (qqn) d'un couteau, poignarder : *Quand i'veut gueuler je l'scionne* (Bruant). **2.** Assassiner : *Fais pas le fendant, l'Homard ; t'aimerais mieux d'être à scionner un pante* (Rosny). **3.** Assommer.

ETYM. de **scion. 1.** 1846, *Intérieur des prisons.* **2** et **3.** 1841, Joigneaux.

DER. **scionneur** *n.m.* Assassin qui se sert d'une arme blanche : 1846, *Intérieur des prisons.*

scoubidou *n.m.*

Stérilet : *Par sa présence, ce scoubidou de polyéthylène provoque une modification hormonale, vasculaire et inflammatoire des parois de l'utérus* (*le Nouvel Observateur,* 14 novembre 1981).

ETYM. mot forgé dès 1958, chanson de Sacha Distel *Des pommes, des poires et des scoubidous,* désignant alors un gadget ludique. 1977 [Caradec].

scoumoune *n.f.*

Malchance persistante, mauvais œil : *C'est ce putain de Marcel qui a dû lui porter la scoumoune. Vrai ! ceux qui prévoient le pire ont toujours raison* (Spaggiari).

ETYM. du corse **scomun** ou de l'ital. **scomunica,** excommunication, issus du lat. **excommunicare.** *schoumoune* 1955, Trignol ; *scoumoune* 1960 [Le Breton], mais dès 1930 en français d'Algérie, transmis en France par les truands corses et marseillais.

scrafer *v.t.*

1. Appréhender (qqn). **2.** Tuer : *Les gars qui l'ont scrafée vont se demander ce qui se passe. Ils s'attendent à ce que cet assassinat fasse un drôle de cri* (San Antonio, 5).

ETYM. origine incertaine. **1.** 1982 [Perret]. **2.** 1953, San Antonio.

scratcher (se) ou **crasher (se)** *v.pr.*

1. Quitter la route par accident : *Bill s'est crashé à 140 sur sa meule.* **2.** S'écraser au sol, en parlant d'un avion.

◆ *v.i.*

Faire du bruit, du scandale : *J'ai les noms, les preuves, tout. Ça va scratcher* (Demure, 2).

ETYM. de l'angl. **to scratch,** griffer, érafler, et de **to crash,** atterrir brutalement, avec infl. du verbe **cracher. 1.** 1977 [Caradec]. **2.** 1975 [Beauvais], mais Sandry-Carrère donnent dès 1957 *crash,* accident d'avion (se posant sur le ventre).

◆ *v.i.* 1987, Demure. Il règne ici une certaine confusion de l'orthographe et du sens.

scribouillard *n.m.*

Employé aux écritures, bureaucrate : *Elle lui dégotterait une obscure place de scribouillard dans une administration quelconque* (Guérin); par ext., toute personne faisant métier d'écrire, en partic. journaliste : *Règlement de comptes, prétendait un troisième... Enfin, tout ce que peuvent dire des scribouillards qui nagent complètement et attendent une indication de la police pour présenter une thèse à peu près correcte* (Barnais, 1).

ETYM. de **scribouiller.** 1914 [Esnault].

scribouiller *v.t.*

Écrire (généralement mal) : *M. Barre ne se moque plus de « tout ce qui scribouille », mais sans doute n'en pense-t-il pas moins* (*le Monde,* 1er décembre 1985).

ETYM. de **scribe,** avec p.-ê. influence du nom de l'auteur dramatique Eugène **Scribe** (1791-1861), qui fut extrêmement fécond. 1849 [Esnault].

DER. **scribouille** *n.f.* Activité d'écriture : 1980, Bastid-Martens.

Sébasto (le) *n.pr.*

Le boulevard Sébastopol, à Paris : *Gino, le compagnon de mes explorations enfantines à Montmartre, le fils du concierge d'un immeuble du Sébasto* (Chevalier). SYN. Topol.

ETYM. apocope de **Sébastopol.** 1888 [Chautard].

VAR. **Sébastom (le) :** 1906 [id.].

sec *adv.*

1. Sans sursis ; sans supplément : *Saper six marcotins sec. C'est mille balles sec.* **L'avoir sec,** être déçu, dépité : *À la fin, elle l'avait sec… elle trouvait plus le fil de rien* (Céline, 5). **2.** Beaucoup : *Ces gens-là étaient gourmands ! Il ouvrit le réfrigérateur. Et ils buvaient sec !* (Duvert) ; rapidement : *Démarrer sec.* **En cinq sec,** rapidement : *Je m'habille en cinq sec, avale mon caoua, glisse le riboustin dans ma poche* (Siniac, 3). **3. Être à sec,** être démuni d'argent : *Je croyais qu'on était bientôt à sec… – Je viens d'avoir l'idée que j'attendais depuis le jour de notre rencontre. Le fric, il faudra une Poclain pour le ramasser* (Delacorta). **4. Il fait sec,** on a soif. **5.** Vx. **De sec,** régulièrement, légitimement : *S'entifler de sec.*

◆ **sec, sèche** *adj.*

1. Seule de son espèce, en parlant d'une carte : *Avoir un atout sec.* **2. Un cri sec,** une escroquerie.

◆ **sec** *n.m.*

Vx. Figurant de tripot qui sert à meubler les séances, sans jouer lui-même.

ETYM. emplois métaphoriques du mot usuel (idée de privation, d'isolement). **1.** « sans sursis » 1936 [Esnault]. **L'avoir sec,** 1906 [Chautard]. **2.** « beaucoup » 1640 [Oudin] ; « rapidement » XVe s., *Perceforest* [GLLF]. **En cinq sec,** vers 1900, Rictus [Duneton-Claval]. **3.** fin du XVIe s., d'Aubigné [GLLF]. **4.** 1881 [Rigaud]. **5.** 1899 [Nouguier].

◆ *adj.* **1.** 1904 [Larousse]. **2.** 1977 [Caradec].

◆ *n.m.* 1902 [Esnault].

sécateur *n.m.*

Baptisé au sécateur, Juif.

ETYM. loc. antisémite faisant allusion, de façon grossière et injurieuse, à la circoncision. 1894 [Virmaître].

seccotine *n.f.*

Personne importune et qui ne vous lâche pas : *La frangine, tu parles d'une seccotine !* (film *Fric-Frac* d'Autant-Lara).

ETYM. nom déposé d'une marque de colle très connue. 1936, E. Bourdet, auteur de la pièce éponyme du film.

sèche *n.f.*

Cigarette : *Toi, t'as qu'la gueule pour fumer. On t'file une sèche, y t'faut du feu. T'as jamais rien à toi* (Fallet, 1).

◆ **la Sèche** *n.pr.*

Vx. La mort.

ETYM. emploi substantival de l'adj. 1874, *Tam-Tam* [Doillon].

◆ *n.pr.* 1878 [Rigaud].

séché, e *adj.*

Mort : *Elle a fait un micheton rue Godot-de-Mauroy et on l'a retrouvée à moitié séchée tellement qu'ils l'ont dérouillée* (Trignol).

ETYM. participe passé de **sécher.** 1955, Trignol.

sécher *v.t.*

1. Boire (le contenu d'un verre, d'une bouteille) : *La Comtesse revient à son bureau, allume une bouffarde, sèche un litre* (Gill). *J'ai séché mon pastaga d'un trait, pour me secouer, me préparer à déguster le coup, qui ne pouvait qu'être tarte* (Simonin, 2). **2.** Tuer : *Ici même, dans ce bal du « Petit Jardin » où il fut séché par un guincheur en août 1908 […] Celui qui le descendit s'appelait Théo le Grand, terreur de Vanves et de Malakoff* (Lépidis). **3.** Assommer en frappant violemment : *Les spectateurs ont vu le défenseur de Bilbao « sécher » Maradona à la soixantième minute d'un match dominé par les Catalans* (*Libération,* 26 septembre 1983).

◆ *v.i.*

Sécher sur le fil, attendre en vain.

ETYM. emplois expressifs du verbe usuel. **1.** *sécher un litre* 1881 [Rigaud]. **2.** 1915 [Esnault]. **3.** 1983, *Libération.*

◆ *v.i.* 1953 [Sandry-Carrère].

séchoir *n.m.*

1. Prison : *Il en emplâtre un ou deux et se retrouve au séchoir avec une inculpation de coups et blessures sur les reins* (Mariolle). **2.** Vx. Cimetière. **3.** Vx. Morgue.

ETYM. emplois métaphoriques du mot usuel : dans ces trois lieux, l'individu « sèche ». **1.** 1942 [Esnault]. **2.** 1878 [Rigaud]. **3.** 1901 [Bruant].

séco ou **sécot** *adj.*

Sec, maigre : *La Havane a pondu un petit communiqué séco sur cette accusation « dérisoire et ridicule »* (*Libération,* 30 octobre 1978).

◆ *adv.*

Sèchement : *Séco il décide : « On rentre… »* (Simonin, 5).

◆ **sécot** *n.m.*

Homme maigre et sec : *L'autre, un grand sécot aux épaules pointues semblant vouloir percer le veston tapageur qui les recouvrait* (Malet, 8).

ETYM. suffixation arg. de **sec.** *séco* avant 1850, Balzac [Larchey].

◆ *adv.* 1960, Simonin.

◆ *n.m.* 1866 [Delvau].

sécol, sécolle *pron. pers.*
Lui (→ **-COL** et **MÉZIG**).

secor *adj. et n.m.*
Corse : *Je laisse Sauveur jacter. Son accent secor... L'île de Beauté dans la voix* (Boudard, 1).
ETYM. verlan de **corse.** 1962, Boudard.

secoué, e *adj.*
1. Qui est dérangé mentalement ou follement passionné de qqch : *Ils sont tous deux secoués de philosophie hindoue depuis 68* (*Libération,* 8 mai 1989). **2.** Ivre.
ETYM. emploi métaphorique de l'adj. usuel. **1.** 1988 [Caradec]. **2.** 1884 [Chautard].

secouée *n.f.*
1. Grande quantité. **2.** VIEILLI. Correction infligée à qqn : *Le Tardivaux qui gueulait pareillement, avec toute la fureur de l'honneur militaire, qui en avait pris une bonne secouée sur sa figure, bien atteinte par les poings de Torbayon* (Chevallier).
ETYM. emploi substantivé du participe passé de **secouer. 1.** 1916, Barbusse [GLLF]. **2.** 1852 [Humbert].

secouer *v.t.*
1. Voler, rafler : *Le colonel mettait en coupe réglée toute la région. Il envoyait des commandos chez les plouques... leur secouer leurs œufs, leurs volailles* (Boudard, 6). **2.** Arrêter (qqn) : [Le logeur :] *Puisque votre dame est secouée, c'est vous qui pourrez payer* (Méténier). **3. N'en avoir rien à secouer,** s'en moquer éperdument : *Pour Mustaf' y l'en avait rien à secouer. D'après lui il avait eu c'qui méritait* (Lasaygues). *Personnellement, j'en avais rien à secouer qu'elle s'enferme avec Simone et les autres pour jacter avec Cerdan* (Pousse). **4. Secouer les puces,** (VX) **les bretelles à qqn, secouer qqn,** le réprimander vertement, le corriger : *Elle agite son trousseau de clés, ouvre les chambres une à une et bâcle son travail. Elle balaie, secoue les puces aux traînards* (Dabit, 1). **5.** Vx. **Secouer la cartouche, le chinois, la houlette, le petit homme** ou **se la secouer,** se masturber, en parlant d'un homme.
ETYM. emplois expressifs du verbe usuel. **1.** 1879 [Esnault]. **2.** 1882 [id.]. **3.** 1977, *le Point* [TLF]. **4. Secouer les puces,** 1690 [Furetière]. **5. Secouer la cartouche, le chinois, la houlette,** 1864 [Delvau]; **secouer le petit homme,** 1883 [Fustier]; **se la secouer,** 1931 [Chautard].
DER. **secouette** *n.f.* Masturbation : 1977 [Caradec].

secousse *n.f.*
Vx. **1. Donner une secousse à un objet,** le voler. **2.** Coït : *Et j'ai connu sur le gazon / La grande secousse / Et le fameux petit frisson* (chanson *En douce,* paroles de Jacques-Charles et A. Willemetz, 1922). **Valoir la secousse,** se dit d'une fille ou d'une femme désirable. **Se coller une secousse,** se masturber. **3. Prendre la secousse,** mourir.
ETYM. emplois expressifs du nom usuel. **1.** 1977 [Caradec]. **2.** 1894 [Virmaître], mais Barrès, dès 1891, a surnommé de façon équivoque « Petite Secousse » son héroïne Bérénice dans *le Jardin de Bérénice.* **3.** 1881 [Rigaud].

sécurité *n.f.*
Sécurité sociale, fosse commune des condamnés à mort.
ETYM. emploi amèrement métaphorique. 1975 [Arnal].

seg *n.m.*
Vx. Commandant en second, au bagne : *Heureusement, dit Petit-Bon-Dieu, que le seg n'est pas tombé sur le sac du Rouquin* (Leroux).
ETYM. apocope de **second.** 1890 [Esnault].

semelle *n.f.*
1. Bifteck résistant. **2.** Policier : *Je reviens te prendre ? – Vaut mieux pas, lui répondit Soubise, trop de semelles... – Tu parles ! Il y en a deux qui planquent devant chez toi* (Dominique).
ETYM. emploi métonymique : l'objet... à clous pour l'individu. **1.** 1901 [Bruant]. **2.** 1956, Dominique.

semoule *n.f.*
1. Être ou **pédaler dans la semoule,** ne pas être en possession de tous ses moyens : *Je suis un peu dans la semoule, vu que je me cogne en plus un tranxène qui me fait tout voir comme une piscine bleutée* (Pouy, 1). **2. Envoyer, balancer la semoule.** ***a.*** expédier une affaire : *Quarante-neuf clients aux bancs des accusés. La moitié, seule, sera condamnée ; les autres, les tueurs, on leur fait grâce. Bon, allez, envoyez la semoule* (Le Dano) ; ***b.*** éjaculer : *Les clients n'avaient guère le temps de*

souffler. Quelques-uns, même, balançaient la semoule dans leur futal (Houssin, 1).

ETYM. emplois métaphoriques voisins de ceux de *purée.* **1.** 1987, Pouy. **2.** ***a.*** 1973, Le Dano ; ***b.*** 1976, Cordelier [Cellard-Rey].

semper ou **semperlot** *n.m.*

Vx. Tabac : [Les condamnés hélant celui qui vend du tabac, en poudre et en carotte seulement :] *Eh ! Rocambole, par ici ! Un cornet de semperlot !* (Humbert).

ETYM. de **semper virens**, nom lat. du chèvrefeuille, fumé comme ersatz. *semper* 1846, *Intérieur des prisons* ; *semperlot* 1873 [Esnault].

sénat *n.m.*

ARG. ANC. **1.** Salle de cabaret où se rencontrent les ouvriers d'une même corporation : *L'établissement* [un « assommoir »] *se compose de deux pièces longues et étroites, séparées par une cloison de bois. On ne sait pas pourquoi, la salle du fond a été baptisée : le Sénat* (Macé). **2.** Taudis pour prostituées âgées.

ETYM. emplois antiphrastiques du mot « noble ». **1.** 1851 [Esnault]. **2.** 1885 [id.].

DER. **sénateur** *n.m.* **1.** Habitué des cabarets ouvriers : 1851 [id.]. **2.** Pauvre dormant à un sou la nuit dans un cabaret : 1882 [id.]. **3.** Vieux commissionnaire : 1901, Marché aux fleurs [Rossignol].

sénégambouilles *n.m.pl.*

Tirailleurs sénégalais.

ETYM. resuffixation arg. de **sénégalais** (le Sénégal et la Gambie se sont fédérés en 1981 pour donner, jusqu'en 1989, l'appellation de *Sénégambie*). 1957 [Sandry-Carrère].

sens *n.m.*

Sens unique, verre de vin rouge.

ETYM. emploi métaphorique de la loc. automobile désignant le panneau rond et rouge du « sens interdit ». 1933 [Esnault].

sensas ou **sensass** *adj. inv.*

Remarquable, formidable : *De l'avoir rencontrée dans ce cinoche, c'était sensas ou miraculeux* (Malaquais). *Un vrai chien de chasse, le Fernand, il connaît pas la ligne droite. Il a toujours une bagnole sensass à aller reluquer* (Demure, 1).

ETYM. apocope de **sensationnel**. 1947, Malaquais.

VAR. **sensâ :** 1955 [Esnault]. **sens :** 1977 [Caradec].

sentinelle *n.f.*

1. Étron isolé. **2. Relever une sentinelle,** boire un verre au comptoir.

ETYM. emplois spécialisés du terme militaire. **1.** l'excrément « empêche de passer », comme une sentinelle. 1640 [Oudin]. **2.** 1912 [Villatte] ; se disait chez les ouvriers, quand l'un d'eux allait boire au café en face de l'usine, d'un verre offert par un camarade.

séraille *n.f.*

Passage en séraille, viol collectif. **Passer en séraille,** faire subir un viol collectif.

ETYM. suffixation arg. de **série.** 1903 [Chautard].

serbillon *n.m.*

1. Signe convenu pour avertir : *Le Suédois attendit que les deux autres aient fini de se refringuer puis, de la tête, leur fit le serbillon* (Le Breton, 3). **2.** Guet, renseignement. SYN. serre.

ETYM. de **servir. 1.** 1908 [Esnault]. **2.** 1935 [Simonin-Bazin].

sergot *n.m.*

Sergent de ville, agent de police : *De loin, légers comm' des gazelles / Deux sergots s'amèn'ent essoufflés, / La gueula' pleine de « Circulez » !* (Rictus). *Les récalcitrants, les belliqueux, dont les sergots viennent pas à bout certains soirs dans le poste, c'est lui toujours qui descend les calmer* (Simonin, 8).

ETYM. resuffixation pop. de **sergent.** *sergo* 1868 [Esnault].

VAR. **sergue :** 1881 [Esnault].

sérieux, euse *adj.*

Qui a de l'argent et paie régulièrement. **Client sérieux,** individu dont il faut tenir compte, éventuellement dangereux.

◆ **sérieux** *n.m.*

1. Crime qualifié. **2.** Chope de bière d'un litre.

◆ *adv.*

Sérieusement : *On s'est engueulés sérieux, pendant que vous étiez en ville* (*Actuel,* mai 1984).

ETYM. emplois spécialisés de l'adj. usuel. 1859 [Esnault].

◆ *n.m.* **1.** 1919 [id.]. **2.** 1964 [Larousse].

◆ *adv.* 1984, *Actuel.*

serin *n.m.*

ARG. ANC. Gendarme : *Oh ! hé ! v'là les serins, les hussards de la guillotine qu'arrivent* (Monnier).

ETYM. autrefois, les gendarmes portaient des buffleteries jaunes. vers 1830, Monnier.

serinette *n.f.*

Vx. **1.** Maître chanteur : *Les serinettes se font souvent accompagner de ce qu'ils appellent une sirène, qui n'est autre qu'une jeune fille* (Paillet). **2.** Homosexuel : *Semblable au caméléon qui change, non de forme, mais de couleur, la tante est tantôt appelée tapette, tantôt serinette* (Canler).

ETYM. comparaison ironique avec le petit orgue mécanique, utilisé pour apprendre à chanter aux serins. **1.** 1840 [Esnault]. **2.** 1862, Canler.

seringue *n.f.*

1. Arme à feu : *Il avait une âme de gangster. Pas le gangster qui se montre et qui déquille ses ennemis à grands coups de seringue en envoyant ses bastos dans tous les coins* (Tachet). **2.** Grande femme. **3.** Personne qui chante mal : *Cette manière odieuse de métamorphoser la dernière des seringues en « grande dame de la chanson »* (*Libération,* 6 janvier 1984). **4.** Pénis.

ETYM. emplois métaphoriques du mot usuel (p.-ê. déformation péj. de **serin** au sens 3). **1.** « fusil » 1885 [Esnault], mais « mousquet » avant 1655, *Muse normande* [GLLF]. **2.** 1870, Poulot [TLF]. **3.** 1912 [Villatte], mais *chanter comme une seringue* dès 1808 [d'Hautel]. **4.** 1864 [Delvau].

seringué, e *n.*

Drogué qui se fait des piqûres d'héroïne : *Quand je suis allé en tôle, il y a trois ans, c'est parce que mon fournisseur bossait avec les seringués* (*les Nouvelles,* 9 février 1984).

ETYM. de **seringue.** 1984, *les Nouvelles.*

seringuée *n.f.*

Décharge d'une arme à feu : *Dire qu'il n'y aura pas un chasseur pour leur envoyer une bonne seringuée de plomb dans les fesses !* (Clavel, 2).

ETYM. de **seringuer.** 1919 [Esnault].

seringuer *v.t.*

1. Blesser ou tuer d'un coup de feu : *Ralph m'a pas décollé d'un poil... Rien qu'en remuant le petit doigt, j'étais sûr de me faire seringuer !* (Simonin, 1). **2.** Éjaculer : *Fais-t'en seringuer, ma gosse, depuis le derrière jusqu'à la gueule* (Louÿs).

ETYM. de **seringue. 1.** 1927 [Esnault]. **2.** 1864 [Delvau].

séro ou **séropo** *adj. inv. et n.*

Qui est séropositif : *Lui, en ce moment c'était moyen, ils étaient séro tous les deux avec son frère* (Ravalec). *T'as le sida ! – Je suis séropo, c'est pas pareil* (*L 627,* film de B. Tavernier, 1992).

ETYM. apocope de **séropositif.** *séropo* 1988, Schifres (dans un article) ; *séro* 1994, Ravalec.

serpent *n.m.*

Policier en civil : *L'est temps qu'tu saches qui j'suis, maintenant : inspecteur Ansot, du S.R.P.J. – Toi ? Un serpent ?* (Pelman, 1).

ETYM. origine incertaine : métaphore du danger sournois ou jeu de mots sur **sergent (de ville).** 1873, Verlaine [George].

serpentin *n.m.*

ARG. ANC. Mince matelas d'étoupe octroyé aux bagnards : *Ce ménage consiste en deux gamelles de bois* [...], *des patarasses, enfin un serpentin* (Vidocq).

ETYM. déformation de **strapontin.** 1821 [Ansiaume].

serpillière *n.f.*

Robe. Vx. **Serpillière de ratichon,** soutane : *J'avais de plus beaux sentiments sous mes guenilles qu'il n'y en a sous une serpillière de ratichon* (Hugo).

ETYM. emploi métonymique du mot usuel, désignant une toile grossière en fil d'étoupe. **Serpillière de ratichon,** 1628 [Chéreau].

serrante *n.f.*

1. Serrure : *C'est plus le même cadenas. C'est un autre... Je le tournicaille dans tous les sens* [...] *Rien à chier. L'en veut pas. Ont changé la serrante, les enculés !* (Dégaudenzi). **2.** Main. **3.** Vx. Ceinture en étoffe.

ETYM. emploi substantivé du participe présent de **serrer. 1.** 1821 [Ansiaume]. **2.** 1875, Cavaillé [Larchey]. **3.** 1883 [Esnault].

serre ou **sert** *n.m.*

1. Signal destiné soit à mettre en garde, soit à attirer l'attention, inviter qqn : *L'une des radeuses aperçut le flic. Elle fit le serre à ses copines et toutes refluèrent à l'intérieur d'une brasserie* (Risser). **2.** Guet : *On était tout à notre besogne de rats, on n'a pas entendu la porte s'ouvrir. On aurait dû... l'enfance de l'art mal-*

frat, laisser un mec dehors pour faire le serre (Boudard, 6).

ETYM. déverbal de **servir. 1.** 1835 [Raspail]. **2.** 1844 [Dict. complet].

serré, e *adj.*

1. Démuni d'argent. **2.** Vx. Avare.

ETYM. emploi métaphorique du participe passé de **serrer. 1.** 1867 [Delvau]. **2.** 1668, Molière [GLLF].

serre-patte ou (vx) **serre-pied** *n.m.*

Sergent.

ETYM. jeu de mots sur **serrer.** *serre-patte* 1941 [Esnault] ; *serre-pied* 1888 [id.].

serrer *v.t.*

1. Acculer dans un coin à des fins de vol : *Le voilà retombé dans la petite truandaille locale. Pas grand-chose de bien, et peu d'espoir. Avec quelques voyous de son âge, on serrait de-ci de-là un Polack saoul, ou un crouïa en rupture de Mahomet* (Grancher). **2.** Surveiller de près. **3.** Arrêter (qqn) : *Elle s'est sauvée, ils sont surpris, nous allons les serrer* (Balzac, 2). *Coup de théâtre, le Belge est serré à Paris par les condés. Serait-ce Tany Zampa qui l'aurait balancé ?* (*Actuel*, janvier 1986) ; incarcérer : *Des vermines pareilles, ça reste collé à son chenil. – Je crois bien ; ça ne demande qu'à être serré pour avoir la pâtée* (Sue). **4.** Bluffer, mentir (à qqn) : *Ah ! toi aussi, y t'a « serré ». Tu penses que je l'connais* (Simonin-Bazin). **5. Serrer le brancard, la croupière, la cuiller, la phalange, la pince à qqn** ou **la serrer, en serrer cinq à qqn,** lui serrer la main : *Frangin Michel* [...], */ Je te serre la pince ; Françoise et les gosses t'embrassent* (Gill). *Tous les croquants faisaient vinaigre pour venir te serrer la cuiller* (Le Breton, 5). *J'en serre cinq à Babar, défais mon blouson car je crève sous le cuir* (Villard, 2). *Tavernier et son oncle me « la serrent »* (Dabit, 2). **6. Serrer le kiki, la gargamelle, le gaviot à qqn** ou **serrer qqn,** l'étrangler : *Des doigts trapus, mobiles* [...], *faits pour serrer le gaviot des pantres* (Humbert). *Débilitante, une pensée lui bat la tronche, « pourvu qu'en cas de rébecca, Johnny, ce grand impulsif, aille pas la serrer, cette vioque ! »* (Simonin, 8). **7. Serrer les boulons,** adopter une attitude intransigeante (en partic. contre le laisser-aller, le gaspillage) : *Quand il* [le Premier ministre] *affirme que « les boulons seront serrés », c'est aussi pour décourager les appétits catégoriels* (*Libération*, 6 mai 1983). **8.** ARG. ANC. Voler : *Ayant ouvert le coffre,* [ils] *ont jeté le linge sur la place, et ont serré l'argent qui était dans une bourse de toile* (Orgères).

ETYM. emplois violents ou expressifs du verbe usuel. **1.** 1966, Grancher. **2.** 1830, Alhoy. **3.** « arrêter » 1841, Balzac ; « incarcérer » 1843 [Esnault]. **4.** 1935 [Simonin-Bazin]. **5.** 1881 [Rigaud]. **6.** 1867 [Delvau] (mais déjà emploi « homicide » chez Molière, 1669). **7.** contemporain. **8.** 1796, Orgères.

DER. **serrage** *n.m.* **1.** Agression : 1906 [Esnault]. **2.** Arrestation : 1901 [Bruant].

serreur *n.m.*

1. Étrangleur : *Ton serreur de vioques préférait les cadors aux vieilles dames rétives* (Simonin, 6). **2.** Menteur.

ETYM. de **serrer. 1.** 1906 [Esnault]. **2.** 1935 [Simonin-Bazin].

serrurier *n.m.*

Voyeur, dans le langage de la police des mœurs.

ETYM. de **serrure,** littéralement « celui qui regarde par le trou de la serrure ». 1975 [Arnal].

sert *n.m.* → SERRE.

service *n.m.*

1. Service de la cassure ou **des vierges,** la brigade des mœurs. **Service des cocus,** service des recherches dans l'intérêt des familles. **2.** Vx. Temps passé au bagne ou en prison. **3.** Vx. Communication par signes entre joueurs. **4. Service trois pièces,** ensemble des organes sexuels masculins : *Mandrax saute quand même du lit, son service trois pièces qui pend tristement* (Lasaygues). **5. Entrée de service,** anus. **Passer par l'entrée de service,** sodomiser.

ETYM. emplois métaphoriques et spécialisés du mot usuel. **1. Service de la cassure** et **service des vierges,** 1953 [Sandry-Carrère]. **Service des cocus,** 1953 [id.]. **2.** 1830 [Esnault]. **3.** 1886 [id.]. **4.** 1957 [Sandry-Carrère]. **5.** 1975 [Le Breton].

serviette *n.f.*

1. Vx. Arrestation. **2.** Vx. Canne de jonc. **3. Coup de serviette,** rafle de police : *Quel coup de serviette ! Tous ceux de la chnouf dont le Nantais s'était occupé* [...] *étaient présents* (Le Breton, 3).

ETYM. de **servir. 1.** 1911 [Esnault]. **2.** 1836 [Vidocq]. **3.** 1954, Le Breton.

servietter *v.t.*

Arrêter: *Les deux matelots chargés de livrer la came s'étaient fait servietter par le Narcotic-Service américain* (Le Breton, 3).

◆ *v.i.*

Faire une rafle.

ETYM. de **serviette.** 1952 [Esnault].

◆ *v.i.* 1960 [id.].

serviotter *v.t.*

Proposer (un marché de dupes) à qqn: *Un autre de ses potes, quelconque malfrat de la zone, lui serviotterait la même salade, qu'il l'enverrait chez Dache* (Simonin, 8).

ETYM. de **servir** et du suff. fréquentatif **-otter.** 1968 [PSI].

servir *v.t.*

1. Frapper, blesser ou tuer avec une arme: *Un autre lui tient les jambes* [...] *et, lui montrant un poignard: « Voilà, lui dit-il, de quoi te servir si tu cries! »* (Canler). *D'autres s'en sont chargés à ma place... à la Sten, une arme de maquis, ils l'ont servi, cet enfoiré...* (Boudard, 5). **2.** Arrêter (qqn): *Les libérés qui se sont ralliés à la bannière de la police* [...] *ne déploient jamais plus de zèle que quand il s'agit de « servir un ami », c'est-à-dire d'arrêter un ex-camarade* (Vidocq). **3.** Piller (un local), voler (qqn). **4.** Vx. **Servir le trèpe,** forcer la foule à se ranger, en parlant des soldats: *Ils* [les gendarmes] *ont servi le trèpe, mais j'étais dedans* [en-deçà de la ligne où ils le repoussaient] (Méténier). **5.** Frapper d'une lourde peine.

ETYM. emplois ironiquement métaphoriques du verbe usuel. **1** et **2.** 1821 [Ansiaume]. Le sens de « frapper, tuer » vient de la vénerie *(servir un cerf).* **3.** 1829 [Forban]. **4.** 1836 [Vidocq]. **5.** 1901 [Bruant].

seulabre ou **seulingue** *adj.*

Se dit d'une personne seule, plus rarement d'un lieu isolé: *Elle* [...] *finit par y passer* [à la communauté de femmes] *un week-end sur deux. Daniel trouvait ça bien pour elle, n'y voyait qu'avantages car il pouvait ainsi bricoler seulâbre* (Bernheim-Cardot). *C't'enfoiré y doit être encore plus seulingue que moi pour écrire des lettres à personne* (Lasaygues).

ETYM. suffixation arg. de **seul.** *seulabre* 1926 [Esnault] (accent circonflexe facultatif); *seulingue* 1985, Lasaygues.

sévère *adj. et n.*

Se dit d'un événement pénible, d'une action dure, violente: *Je ne vais quand même pas avoir peur, se dit-il. Il en avait vu d'autres... et de sévères* (Noro).

◆ *adv.*

Sévèrement, durement: *Elle y va sévère, la dame en blanc... elle barbouille le tableau à la fiente fumante* (Boudard, 2).

ETYM. emploi intensif de l'adj. usuel. 1830, Levavasseur [Enckell].

◆ *adv.* début des années 1960, fréquent chez Boudard.

sexy *adj. inv.*

Se dit d'une personne, d'une toilette, etc., excitante sur le plan sexuel: *Elle avait dû loucher trois ou quatre fois sur la braguette du patron. Elle n'était pas sexy au point de provoquer chez lui une réaction d'aussi longue durée* (G.-J. Arnaud). *Il tenait une revue sexy à la main, je voyais des nichons* (Djian, 1).

ETYM. mot anglo-américain, issu de **sex**, sexe. vers 1950 [Rey-Debove et Gagnon] ; première attestation en 1925 dans la NRF, à propos d'une œuvre de Joyce [DDL 12].

sézailles, sézières, sézig, sézigue, sézingand *pron. pers.* → **MÉZIG.**

shampooineuse *n.f.*

Prostituée pratiquant la fellation: *Un sacré lot, la gonzesse, une shampooineuse de première* (Pagan).

ETYM. de **shampooing.** 1986, Pagan.

shampooing [ʃɑ̃pwɛ̃] *n.m.*

1. Réprimande. SYN. savon. **2. Shampooing maison** ou **shampooing à Charles le Chauve,** fellation : *Mes zèbres revenaient du bobinard, les soirs de permes, après s'être fait donner un shampooing à Charles le Chauve, comme ils disaient* (Beauvais).

ETYM. emplois figurés du mot usuel. **1.** 1977 [Caradec]; cf. les loc. *laver la tête à qqn, passer un savon.* **2. Shampooing maison,** 1953 [Sandry-Carrère]. **Shampooing à Charles le Chauve,** 1975 [Beauvais].

shangaier *v.t.*

Enivrer (une femme) pour la conduire sans qu'elle réagisse à accorder ses faveurs.

ETYM. de **Shanghai,** port de Chine: allusion à la pratique des capitaines de cargo qui embauchaient de force des marins en les enivrant.

1975 [Le Breton], qui affirme avoir relancé ce verbe en 1973.

shit [ʃit] *n.m.*

Haschisch: *Michel guette l'herbe colombienne pressée, la jamaïcaine d'un vert très pâle et les boulettes de shit en provenance du Cachemire* (Galland).

ETYM. slang américain, « merde ». 1975 [Beauvais].

DÉR. **shité, e** *adj.* Syn. de flippé : [id.].

shitman [ʃitman] *n.m.*

Fumeur de haschisch : *La confection de cette grosse cigarette conique où la drogue est mélangée au tabac est le premier rite d'initiation du shitman* (Cahoreau-Tison).

ETYM. pseudo-anglicisme, de **shit** et de **man**, homme. 1987, Cahoreau-Tison.

shoot [ʃut] *n.m.*

Injection de drogue, notamment d'héroïne : *Elle n'a pas voulu se rouler un joint ni se faire un shoot, d'ailleurs on avait pillé sa pharmacie* (Prudon).

ETYM. mot angl. de même sens. vers 1960 [Lexis]. A signifié naguère, au football, « tir au but ».

shooté, e *adj. et n.*

Drogué : *Il trouvait aussi des préservatifs, preuve caoutchoutée que les cobayes shootés gardaient le sang chaud* (Cardoze). *Les shootés, obnubilés par leur dose quotidienne, retranchés dans la solitude de la poudre* (*Actuel*, novembre 1982).

ETYM. de **se shooter.** 1982, *Actuel.*

shooter (se) ou **shouter (se)** *v.pr.*

Se faire une injection de drogue, notamment d'héroïne : *Tu parles, un fils camé, c'est comme s'il était pédé, péché capital, la tare de la famille, les copains s'ils sont comme toi ils viennent se shooter avec toi* (Bialot). *Que sont devenus Valérie qui se shootait tous azimuts, Daniel l'alcoolo mélancolique et le grand noir Simon ?* (Richard).

ETYM. de **shoot.** *se shooter* 1970, *Paris-Match* [Höfler] ; *se shouter* 1975 [Le Breton].

shooteuse ou **shouteuse** *n.f.*

Seringue à drogue : *La shooteuse qui tombe dans la tinette. Les mains dedans pour la chercher* (Bohringer).

ETYM. de **shooter.** *shooteuse* 1971, Duchaussoy ; *shouteuse* 1987 [Le Breton].

sibiche *n.f.* → CIBICHE.

sidi *n.m.*

Vieilli. Désignation péj. de l'Arabe : *Traitent les Russes de haut, condescendants, amusés-méprisants, comme ils traitent le sidi qui vend les tapis à la terrasse des cafés* (Cavanna).

ETYM. mot d'arabe dial., « monsieur, monseigneur ». avant 1914 [Dauzat]. Ce mot est en général perçu comme moins raciste que les autres désignations de l'Arabe (*crouille, raton*, etc.).

sifelle *n.f.* → CIFELLE.

sifflard *n.m.*

1. Saucisson : *Ce disant, il coupait la boule de bricheton en deux, tartinait, rondellisait le sifflard* (Boudard, 7). **2.** Vx. Anus.

ETYM. aphérèse de **sauciflard** (1) avec influence de **siffler**, absorber, et suffixation arg. de **sifflet** (2). **1.** 1953 [Sandry-Carrère]. **2.** 1901 [Bruant] ; de *sifflet*, anus d'un cheval poussif, avant 1843, selon Esnault.

siffler *v.t.*

Boire rapidement ou d'un trait : *Ils tirent sur leur clope, sifflent du rouge, discutent à voix rongée* (Demouzon). *Elle s'est sifflé sa coupe pendant que je commandais pour elle* (Ravalec).

◆ *v.i.*

Siffler au disque, attendre en réclamant son dû : *J'ai sifflé au disque assez longtemps… Pas mèche… La voie est barrée… – Pardieu ! vous, d'Axel, nous savons votre façon de siffler au disque, dit Christian, quand il eut compris cette expression passée de l'argot des mécaniciens dans celui de la haute Gomme…* (Daudet).

ETYM. emploi métaphorique (analogie mimétique) du verbe usuel. 1738, Le Duchat [Larchey].

◆ *v.i.* allusion au mécanicien de chemin de fer qui doit s'arrêter devant le signal circulaire et demander l'ouverture de la voie. 1870 [Esnault].

sifflet *n.m.*

1. Gorge, gosier : *Hein ! ça te rabote le sifflet !… Avale d'une lampée* (Zola). **Se coller qqch dans le sifflet,** boire ou manger. **S'affûter** ou **se rincer le sifflet,** boire. **Couper le sifflet à qqn. *a.*** le faire taire, le décourager net dans ses intentions : *J'avais plus* *envie du tout... Ça m'avait coupé le sifflet, ce triste incident* (Céline, 5); ***b.*** (vx) lui trancher la gorge: *Il saute sur lui, s'accroupit sur sa poitrine, d'une de ses pattes lui tend la peau du cou, et de l'autre... crac... il vous lui coupe le sifflet net comme verre* (Sue). **2.** Individu grand et maigre : *Face à ce grand sifflet, je n'arrivais pas à trouver le ton* (Page). **3.** Vx. **Sifflet d'ébène** ou **sifflet,** habit noir.

ETYM. emplois métonymiques du mot usuel : le gosier humain est un sifflet naturel. **1.** vers 1560, Paré [GLLF]. **S'affûter** ou **se rincer le sifflet,** 1836, P. Durand [Larchey]. **Couper le sifflet.** ***a.*** 1740 [Acad. fr.]; ***b.*** fin du XVIe s., Brantôme [TLF]. **2.** 1982, Page. **3. Sifflet d'ébène,** 1877, *le Figaro* [Larchey] ; **sifflet,** avant 1889, Villiers de L'Isle-Adam [GLLF].

sifflotte *n.f.*

Syphilis.

ETYM. altération de **syphilis,** qui fait jeu de mots avec **sifflet** (ici au sens de « pénis »). 1977 [Caradec].

sigler *v.t.* → **CIGLER.**

signe *n.m.*

1. As d'un jeu de cartes. **2.** Vx. Pièce d'or, notamment louis d'or.

ETYM. emplois spécialisés du mot usuel. **1.** 1940 [Esnault]. **2.** 1800 [bandits d'Orgères].

sigue *n.m.* → **CIGUE.**

silencieux *n.m.*

Vx. Couteau d'assassin.

ETYM. emploi métonymique de l'adj. usuel. vers 1900 [Esnault].

silo *n.m.*

ARG. ANC. Fosse dans laquelle on entasse, debout, des hommes punis : *À la moindre blague, il* [le capitaine] *nous fouterait au silo* (Méténier).

ETYM. métaphore assimilant les hommes à un matériau empilable. 1854, bat' d'Af [Esnault].

sime *n.f.*

ARG. ANC. Patrouille chargée de la surveillance nocturne des marchés : *Passe devant, et allume si tu remouches la sime ou la patraque* (Vidocq).

ETYM. apocope de **simon,** valet donnant les étrivières (vers 1640, duc d'Épernon [Esnault]). 1829, Vidocq.

singe *n.m.*

1. Bœuf de conserve consommé par les soldats : *Et ayant pris un morceau de singe, un bout de fromage et le quart de boule qu'on lui avait jeté, il monta le dîner de son corbeau, qui n'en demandait pas tant* (Dorgelès). **Bouffer le singe,** faire son temps de service. **2.** Patron, employeur : *Tu ne retourneras pas chez ton ancien singe ? – Ils me videront au bout de quarante-huit heures, à la reprise* (Malet, 1). **3. Avoir un singe sur le dos,** être en manque de drogue. **4.** Vx. Voyageur transporté en fraude sur l'impériale d'un coche : *Ma voiture est pleine* [...]. *Je n'ai qu'une place de singe à votre service... Voyez si vous la voulez* (Forçat). **5.** Vx. **Aller chercher un singe,** pour un soldat, être envoyé aux compagnies de discipline. **Envoyer élever un singe à la Nouvelle,** condamner à la transportation. **Faire le singe.** ***a.*** être exposé au pilori ; ***b.*** attendre ; ***c.*** agir ou se comporter stupidement. **6.** Vx. **Parloir des singes,** parloir à deux rangées de grilles entre lesquelles circule un gardien.

ETYM. emplois ironiques du mot usuel. **1.** 1895 [Esnault]. **Bouffer le singe,** 1906 [id.]. **2.** 1836 [id.], chez les compagnons charpentiers. **3.** contemporain. **4.** 1783 [Esnault]. **5. Aller chercher un singe** et **envoyer élever un singe,** 1888 [id.]. **Faire le singe.** ***a.*** 1836 [Vidocq] ; ***b.*** 1850, Clémens ; ***c.*** contemporain. **6.** 1844, Conciergerie [Esnault].

DER. **singesse** *n.f.* Patronne; prostituée: 1878 [Rigaud].

sinoc ou **sinoque** *adj. et n.*

Fou : *Je deviens sinoque quand j'bigle la sœur ! murmura-t-il. Cette phrase lui vint naturellement malgré qu'il méprisât l'argot* (Fauchet). *C'est encore cette garce de boniche avec ses blagues de sinoque !* (Malaquais).

ETYM. de **sinoquet.** *sinoc* 1926, Fez [Esnault] ; *sinoque* 1935, Fauchet.

VAR. **sinoqué** et **sinoquard** : 1934 [Esnault]. **sinocque** : 1945, Sartre [Cellard-Rey].

sinoquet *n.m.*

1. Tête, crâne : *À force de chercher je finirai par me péter un vaisseau dans le sinoquet* (Audiard). **2.** Fou : *De voir qu'une machinerie pareille, entièrement scientifique, puisse gripper à cause du seul doute d'un sinoquet dans son genre, ça lui donne des ailes, à l'anarcho* (Vautrin, 2).

ETYM. p.-ê. du savoyard **sinoc**, bille à jouer, mot propagé par les soldats, comme *bille, boule*, etc. **1.** 1926 [Esnault]. **2.** 1986, Vautrin.
DÉR. **sinoquer** *v.t.* Stupéfier : 1948 [Lacassagne]. **sinoquage** *n.m.* Démence : 1968 [PSI].

sinve ou **sinvre** *adj. et n.*

Vx. **1.** Qui est facile à duper : *Les plus durs se prennent au piège de la tendresse inquiète. L'œil de Lérande s'adoucit : « Tu n'es qu'un sinve ! » dit-il* (Rosny). **2.** Lâche : *Écoute, Joseph, on dirait que la carline te fait peur... Ne va pas faire le sinvre au moins quand tu seras sur la placarde* (Vidocq).
ETYM. mot d'origine obscure (en relation avec *simple* ?). **1.** chanson du XVIIIe s. [Esnault]. **2.** 1828, Vidocq.

siphonné, e *adj.*

Qui a l'esprit dérangé, fou : *Pute borgne ! s'étrangla l'homme, mais vous êtes siphonnées, daubes que vous êtes !* (Bastiani, 1).
ETYM. participe passé de **siphonner.** 1937 [Esnault].

siphonner *v.t.*

Rendre fou : *La perte de ses documents* [...], *ça l'a complètement siphonné* (Malet, 6).
◆ *v.i.*
Déraisonner.
ETYM. de **siphon,** au sens métaphorique de « tête ». 1936, Céline.

sirop *n.m.*

1. Sirop d'ablette, de barbillon, de canard, de grenouille, etc., ou **sirop,** eau (sous diverses formes) : *Je songe aux amis qui vont rester dans la chambrée avec le sirop d'ablette pour consolation* (A. Camus). *Ah ! mince ! Ernesse qui est au sirop de grenouilles ! fit une voix* (Méténier). **Sirop de baromètre, de parapluie** ou **de pébroque,** pluie : *J'vas faire pisser sur la Terre, pendant quarante jourdés, un tel déluge de sirop de pébroque que même les pescales croniront* (Devaux). **2. Sirop de bois tortu** ou simpl. **sirop,** vin. **Être dans le sirop,** être ivre. **3.** Situation confuse : *En face du Maltais, je vous vois dans un drôle de sirop de groseille* (Simonin, 1). **Être en plein sirop,** ne rien comprendre à la situation, être dépassé par les événements. **4.** Sang. **5. Sirop de corps d'homme, de navet** ou **de paf rose,** sperme : *Par moments, elle a des yeux de cinglée, elle fait peur. Ceux qui connaissent la vie disent : « Ce qu'il lui faudrait, c'est une bonne giclée de sirop de corps d'homme ! »* (Cavanna). **6.** Vx. **Sirop de vessie,** urine. **7.** Solution de chanvre indien. **8.** Débit de boissons, bar, cabaret, boîte de nuit : *Des sirops les plus rupins, il est membre, assidu à la salle à manger ou au bar, où les chefs de partie moyennant bouquet comme il se doit, lui adressent le flambeur décavé* (Simonin, 8).
ETYM. emplois métaphoriques du mot désignant un liquide plus ou moins épais (cf. *mélasse*). **1. Sirop d'ablette,** 1863, A. Camus ; **de barbillon,** 1901 [Bruant] ; **de canard,** 1845 [Esnault] ; **de grenouille,** 1877, Zola [GLLF] ; **sirop,** 1936, Céline. **Sirop de baromètre,** 1881 [Rigaud] ; **de parapluie,** 1901 [Bruant] ; **de pébroque,** 1960, Devaux. **2. Sirop de bois tortu,** 1750, poissard [Esnault] ; **sirop,** 1867 [Delvau]. **3.** 1957 [Esnault]. **4.** 1977 [Caradec]. **5. Sirop de navet,** 1864 [Delvau] ; **de corps d'homme,** 1953 [Sandry-Carrère] ; **de paf rose,** 1957 [id.]. **6.** 1912 [Villatte]. **7.** 1975 [Arnal]. **8.** 1935, Simonin-Bazin.

siroteur, euse *n.*

Personne qui consomme et déguste de l'alcool.
◆ **siroteuse** *n.f.*
Prostituée qui attend le client aux terrasses de cafés : *Les siroteuses des terrasses des Champs-Élysées, et des bars environnants, offrent toute une gamme de spécialités et de prestations* (de Goulène).
ETYM. de **siroter.** 1867 [Delvau].
◆ *n.f.* 1980, de Goulène.

situasse *n.f.*

Situation : *Il était souple, il savait retourner les situasses les plus glandilleuses* (Boudard, 1).
ETYM. apocope de **situation.** 1878, Gill ; mais sans doute plus anc. : on rencontre *situate* chez Verlaine en 1873, selon K. George.

skating *n.m.*

Vx. **Skating à mouches,** crâne chauve : *Salacrou a un joli visage* XVIIIe *finement dessiné, mais surmonté par une luisante boule de billard, un parfait « skating à mouches », comme on parlait vers 1913* (Galtier-Boissière, 1).
ETYM. mot angl., « patinage », de **to skate**, patiner. 1894 [Virmaître].

skin *n.m.*

Type de jeune néofasciste : *Une bande de skins qui dévale la rue des Martyrs en hurlant : – On a gagné !* (Smaïl). *Carlos et Diego se trouvèrent tout à coup en face d'une armée de nunchakus, battes de base-ball et matraques. Les skins formaient un rempart infranchissable* (Reboux).

ETYM. abrègement de l'angl. **skin-head**, tête rasée, désignant une catégorie de post-punks violents. 1979, *le Monde* [DDL 37].

slang
→ Liste des argots spécifiques *page [33].*

slibar *n.m.*

Slip : *Si vous r'trouvez mon slibard z'avez qu'à le laisser à la pompe Shell sur la 20. C'est là que je crèche* (Lasaygues).

ETYM. suffixation arg. de **slip.** 1977 [Caradec].

1. smack ou **smak** *n.m.*

1. Mégot. SYN. clope. **2.** Héroïne : *La récolte d'opium avait été mauvaise, le prix du smack augmentait* (*le Nouvel Observateur,* 11 juillet 1981).

ETYM. p.-ê. altération de l'angl. **(to) smoke,** fumer, au sens 1 ; de l'angl. **smack,** héroïne, au sens 2. **1.** 1970 [Boudard-Étienne]. **2.** 1981, *le Nouvel Observateur.*

2. smack *n.m.*

Gros baiser sonore : *Fredo « sort » avec Jenny. Il commence par un « smack »* (*le Nouvel Observateur,* 4 décembre 1982).

ETYM. mot angl., « claquement ». vers 1980, langage des adolescents.

smaké, e ou **smashed** *adj.*

Drogué à l'héroïne.

ETYM. de l'angl. **to smash,** fracasser. 1986 [Le Breton].

smalah ou **smala** *n.f.*

Ensemble des personnes constituant la famille ou l'entourage de qqn : *Et tu pourrais pas faire rentrer dans leur gourbi toute cette smala de voisins qui viennent me regarder sous le nez ?* (Bénoziglio).

ETYM. de l'arabe maghrébin **zmāla,** ensemble des tentes qui abritent la famille et l'équipement d'un chef. 1862 [Larchey].

snif ou **sniffe** *n.f. ou m.*

Prise de cocaïne, d'héroïne ou de colle par le nez : *Tout ce qui est négociable est vendu pour une taffe, pour une sniffe* (Page). *Quelques secondes après un shoot ou cinq minutes après un sniff, on est raide* (Cahoreau-Tison). *Les ailes du nez creusées, comme asséchées sur le cartilage, révélaient l'habitude du sniff* (Richard).

ETYM. de l'angl. **sniff,** reniflement. 1975 [Beauvais] au sens de « cocaïne », mais sûrement antérieur, et dès 1946, Cendrars, au sens auj. désuet d'« alcool grossier » [GR] ; « prise » 1982, Page.

sniffer *v.t.*

Absorber (de la drogue) par le nez : *Je sais qu'ils se droguent, ils entraînent les filles derrière eux. Il fut un temps où ils allaient jusqu'à leur faire sniffer de l'héroïne* (Cardinal). *J'ai connu Art à la même époque : il cherchait de la dope et moi je sniffais de la colle à godasses* (Villard, 4).

◆ *v.i.*

Pleurer.

ETYM. de **snif.** 1972, Cardinal.

◆ *v.i.* 1988 [Caradec].

sniffette *n.f.*

Petite prise de drogue par le nez : *Dans de nombreuses soirées amicales, un peu de coke se trouve dans la cuisine et certains, discrètement, vont se faire une sniffette* (*le Point,* 22 octobre 1984).

ETYM. de **snif.** 1983, Demure.

sniffeur, euse *n.*

Drogué qui prise : *Tous les sniffeurs de Montclar reconnaissent avoir de gros problèmes respiratoires et la plupart ont maigri de façon spectaculaire* (*Libération,* 18 novembre 1981).

ETYM. de **sniffer.** 1981, *Libération.*

soce *n.f.*

Vx. **1.** Groupe d'individus ; compagnie : *Du coup, il en a donné les trois autres, c'qui n'se fait pas entre copains de la même soce* (Lorrain). **2.** Haute société : *C'est des homm's qui n'est pas brutals, / Qui sait s'tenir en soce* (Bruant).

ETYM. apocope de **société. 1.** 1880, Humbert. **2.** 1880 [Esnault].

social ou **sociable** *n.m.*

Camarade : *Tu as toujours été pour moi un aminche, un vrai poteau, un social !* (Méténier). *Il était régulier ce vieux coquin. Se tirer sans affranchir ses sociaux du péril lui plaisait pas* (Simonin, 3).

ETYM. emploi dér. de **soce** au sens 1. *social* 1885, Méténier ; *sociable* 1901 [Rossignol].

socialo *adj. et n.*

Socialiste : *Il se marre, le social-traître, et va s'asseoir auprès de ses – comme il dit – « camarades ». Kiki ne comprend rien. Mon député socialo non plus* (Vilar). *Les socialos accorderont-ils la liberté des radios ? Pas sûr* (*Libération*, 21 mai 1981).

ETYM. apocope et resuffixation pop. de **socialiste.** 1904, J. Renard [DDL 7].

VAR. **socialard, socialisse :** 1888 [Villatte]. **socio :** 1906 [Esnault].

sœur *n.f.*

1. Fille ; femme ; maîtresse : *La femme de notre victime était la seule personne à penser à moi. Cette sœur mérite bien un petit mot de gratitude* (Trignol). SYN. frangine. **2. Et ta sœur !,** formule impatiente invitant l'interlocuteur à s'occuper exclusivement de ses propres affaires. (La réponse est souvent : **Elle bat le beurre.** Elle peut même s'étendre jusqu'à : **Quand elle battra la merde, tu lécheras le bâton.**) : *Une fille s'était empoignée avec son amant [...] l'appelant sale mufe et cochon malade, tandis que l'amant répétait : « Et ta sœur ? » sans trouver autre chose* (Zola). **3.** Prostituée : *Quand c'était pas la « Mondaine » qui emballait les sœurs, c'était la P.P. Quand c'était pas la P.P., la volante descendait avec ses autocars* (Le Breton, 3). **4.** Jeune homosexuel. **5.** Vx. **Sœur de charité.** ***a.*** voleuse qui se cache sous le masque des « bonnes œuvres » ; ***b.*** homosexuel.

◆ **sœurs** *n.f.pl.*

1. Fesses ou cuisses. **2. Sœurs blanches,** dents.

ETYM. emplois spécialisés du mot usuel. **1.** 1397, La Curne [GLLF] ; « maîtresse » 1858 [Larchey]. **2.** 1859, Monselet, selon Larchey, qui voit là une ellipse de la formule injurieuse : **Et ta sœur** (« maîtresse »), **est-elle malade ?** ; Esnault signale aussi : *Et ta sœur, est-elle toujours hydropique ?* (1833, chez des soldats). **3.** 1610, Verville [Esnault]. **4.** 1896 [id.]. **5.** ***a.*** 1836 [Vidocq] ; ***b.*** 1899 [Nouguier].

◆ *pl.* **1.** « fesses » 1660, chez les précieuses [Esnault] ; « cuisses » 1596, Péchon de Ruby. **2.** 1847 [Dict. nain].

soie *n.f.*

Sur la soie, à ses trousses, sur le dos (en parlant génér. de la police, d'ennuis, etc.) : *Tu sais pas que le « dingue » a toute la Criminelle sur la soie ! s'emporta Jean* (Giovanni, 3). *D'autres affaires m'étaient tombées sur la soie en cours d'instruction, des casses chez les antiquaires, tout le paquet !* (Boudard, 1).

ETYM. de **soie,** poil du porc. 1956 [Esnault].

soif *n.f.*

Jusqu'à plus soif, jusqu'au bout, indéfiniment : *Je pourrais en égrener* [des souvenirs] *jusqu'à plus soif mais présentement je dois penser à moi* (Villard, 2).

ETYM. loc. pop. et elliptique, issue de **jusqu'à (ce qu'on n'ait) plus soif.** 1867 [Delvau].

soiffard, e ou (VX) **soiffeur, euse** *adj. et n.*

Qui boit beaucoup, volontiers : *Alors que le dégustateur recrache le vin parce qu'il veut goûter et non boire, le soiffard se soucie peu du goût* (*le Monde*, 14 novembre 1982). *Au régiment, j'ai connu un soiffeur qui, chaque fois qu'il en avait sa claque, voulait absolument coucher dans le fourreau de son sabre* (Chavette).

ETYM. de **soiffer,** avec le suff. péj. **-ard.** *soiffard* 1842, Flaubert [TLF] ; *soiffeur* 1830, L'Héritier [id.].

soiffer *v.t.*

Boire copieusement ou d'un trait : *Je l'ai vite soiffé ce petit pèze en bocks à deux sous* (Céline, 5).

ETYM. de **soif.** 1802 [Esnault].

soin-soin *adj. et adv.* → **SOUA-SOUA.**

soissonnais ou **soissonnet** *n.m.*

Clitoris : *Moi le printemps ça m'fout la praline en délire, / Le soissonnet rageur, l'abricot en folie* (P. Perret).

ETYM. emploi métaphorique (analogie de forme) du mot désignant une espèce de haricots. *soissonnet* 1928 [Lacassagne] ; *soissonnais rose* 1957 [PSI], mais dès 1901 *soissons,* même sens [Bruant].

VAR. **soissonné :** 1912 [Villatte].

soixante-dix-huit tours *n.m.inv.*

Personne âgée ou démodée.

ETYM. emploi ironique du mot désignant un type de disque passé de mode. 1988 [Caradec].

soixante-neuf *n.m.inv.*

Position érotique tête-bêche : *Madame sait ben ce que je veux dire, quoi ? [...] quand c'est qu'elle va y faire 69, l'nuit, avec s'femme de chambre* (Stéphane). *Bien sûr elle était avec un autre, et tu sais en train de quoi faire, un soixante-neuf mon pote, exactement ce dont je rêvais* (Ravalec).

ETYM. cette position est suggérée par la forme même du nombre **69**. 1864 [Delvau], mais Rigaud se réfère à Dorat, poète du XVIe s.

soleil *n.m.*

1. Un million de francs (anciens). SYN. brique. **2.** Rondelle de citron dans un grog. **3.** Réussite d'une enquête importante, dans le langage des policiers. **4.** Vx. Exposition publique d'un condamné avec le carcan. **5. Ça craint le soleil,** il vaut mieux ne pas le montrer (se dit génér. d'un bien mal acquis). **6. Piquer un soleil,** rougir brusquement: *« On nous regarde trop à présent... pour nous tenir comme ça... – Oh ! c'est bien sûr pas de ça que tu piques un soleil ! » raille-t-il* (Hirsch). **7. Faire un soleil,** faire une chute spectaculaire. **8.** Vx. **Être près du soleil,** courir le risque d'être dénoncé ou condamné. **9.** Vx. **Recevoir un coup de soleil,** tomber amoureux.

ETYM. emplois métaphoriques ou emphatiques du mot usuel. **1.** 1953 [Esnault]; souvenir lointain d'un directeur de banque nommé *Soleil*. **2.** 1977 [Caradec]. **3.** 1975 [Arnal]. **4.** 1841 [Esnault]. **5.** 1910 [id.]. **6.** 1844 [id.]. **7.** 1981, Houssin [TLF]. **8.** 1829 [Esnault]. **9.** 1866, Villars [Larchey].

solir ou **sollir** *v.t.*

ARG. ANC. **1.** Vendre: *On va bazarder et solir le tout aux Antilles sans accepter de traites* (Burnat). **Solir à la poigne,** vendre « à la main », c.-à-d. sur les foires. **2. Sollir de l'onguent,** être exposé au pilori.

ETYM. du lat. **solvere**, payer, acquitter, qui devient en 1261 un terme de droit. **1.** 1628 [Chéreau]. **Solir à la poigne,** 1850, Clémens. **2.** 1836 [Vidocq].

DER. **sollisage** *n.m.* Vente : [id.]. **solisseuse** *n.f.* Vendeuse : 1822 [Mésière]. **Solliceuse de barbaque, de bidoche, de blanc,** maquerelle : 1888 [Villatte].

solisseur, sollisseur ou **solliceur** *n.m.*

ARG. ANC. Marchand : *Le solisseur de combres m'a retaillé, j'en avais le taf* (Ansiaume). **Solliceur de lacets,** gendarme. **Solliceur à la pogne,** marchand ambulant; **solliceur à la goure,** celui vend, par ruse, un objet très au-dessus de sa valeur; **solliceur de loffitudes,** homme de lettres.

ETYM. de **solir**. vers 1807, chanson [Esnault]. **Solliceur de lacets, à la pogne, à la goure** et **de loffitudes,** 1836 [Vidocq].

solo *adj.*

Seul : *Mes casses, Jeannot, c'est solo que je les ai surtout faits, pasque les associés, tu comprends...* (Genet).

◆ *loc. adv.*

En solo, en solitaire : *Il se tapait des huîtres en solo à la Riche-Bourriche, près de la fontaine des Innocents* (Malet, 17).

ETYM. altération de **seul** ou emprunt à l'ital. **solo.** 1943, Genet.

◆ *loc. adv.* 1954, Malet.

VAR. désuète **seulo** : 1883 [Chautard].

[-son]

suffixe servant à resuffixer des substantifs: **pacson, tickson, bocson,** etc. Est souvent écrit avec un **x** pour transcrire [ks] : **tixon, boxon,** etc.

sonde *n.f.*

Vx. Poche : *J'ai grinchi deux cigues dans la sonde de la montante* (Ansiaume).

ETYM. de **sonder.** 1821 [Ansiaume].

sondeur *n.m.*

1. Inspecteur de police sans mission précise. **2.** ARG. ANC. Commis d'octroi : *Prends de l'air en passant devant les sondeurs ; ils pourraient te reconnaître, tu as été longtemps rôdeur des barrières* (Sue).

ETYM. de **sonder. 1.** 1901 [Bruant]. **2.** 1836 [Vidocq].

son et lumière *adj. et n.*

Se dit d'une personne âgée ; vieillard.

ETYM. loc. désignant des spectacles audiovisuels qui visent à ressusciter le passé, d'où l'emploi métaphorique et ironique. 1957 [Sandry-Carrère].

sonnanche *n.f.*

Sonnette : [Adam] *Si le serpiche a des sonnanches, mézigue j'ai les grelots* (Stollé). *Deux minutes après le coup de sonnanche de Mario, on longeait, flingue au pied, le grand mur latéral de la bâtisse* (Bastiani, 4).

ETYM. resuffixation arg. de **sonnette.** 1947, Stollé.

sonnante *n.f.*

Vx. Chaîne suspendue à la ceinture : *J'te vends une ceinture. – Je n'en ai pas besoin. – Zut alors ! Tu crois que ton grimpant et ta sonnante tiendront tout seuls ?* (Brissac).

ETYM. du verbe **sonner.** 1880, Brissac [TLF].

sonné, e *adj. et n.*

1. Qui a l'esprit dérangé : *Monsieur, s'écria la jeune femme, qui s'appelait Dalila, vous êtes complètement sonné !* (Aymé). *Combien de ces sonnés ont été reconnus responsables de leurs actes par les psychiatres en France ?* (Charrière). **2.** Abruti par l'ivresse, la fatigue, un coup, etc. : *En arrivant malgré ça elle en râlait de fatigue... Entièrement sonnée qu'elle était* (Céline, 5). *K.O., Smaïl le mi-lourd ! Sonné ! Compté debout !* (Smaïl).

ETYM. emploi adj. et substantivé du participe passé de **sonner. 1** et **2.** 1927 [Esnault] ; subst. 1969, Charrière.

sonner *v.t.*

1. Frapper violemment, assommer : *De par sa corpulence, la Rouquine avait l'avantage sur moi et elle s'en est servie en me portant un direct, en pleine poire, à me sonner* (Carco, 3) ; cogner la tête de qqn contre une surface dure : *Ben oui, je l'sonne ! Et pis après ? / J'attrap' les deux oreill's du gonce / Et pis j'y cogn' la têt' su' l'grès* (Bruant). *Pour cinq zigues vous n'lui feriez pas sonner la tête d'un pante* (Lorrain). **Se faire sonner (les cloches),** recevoir une sévère correction ou réprimande : *Sans blague ? T'as peur de te faire sonner les cloches ? À ton âge ?* (Beauvais). **2.** VIEILLI. Asséner. **3.** Frapper d'une condamnation sévère. **4.** Soumettre à une demande d'argent. **5. Je t'ai pas sonné !,** se dit à qqn dont on juge la venue intempestive : *On vous a pas sonné, dit Zazie. – Vous faites pourtant un de ces ramdams, dit le flicard* (Queneau, 1). **6. Sonner le coup de bambou.** ***a.*** rester effondré à l'annonce d'une mauvaise nouvelle ; ***b.*** être rompu de fatigue. **7.** Vx. **Se la sonner,** bien manger.

◆ *v.i.*

Vx. **1.** Frapper dur. **2.** Être dur à supporter. **3.** Être à l'agonie.

ETYM. emplois métaphoriques et violents du verbe usuel. **1.** 1486, *Mistère de la Passion* [Esnault]. **Sonner les cloches à qqn,** 1917 [Esnault]. **2.** 1906 [Esnault]. **3.** 1950 [id.]. **4.** 1889 [id.]. **5.** 1925, Galtier-Boissière [Doillon]. **6.** 1953 [Sandry-Carrère]. **7.** 1878 [Rigaud].
◆ *v.i.* **1.** 1925 [Esnault]. **2.** 1957 [id.]. **3.** 1840, Journet [Rigaud].

DER. **sonnage** *n.m.* Emprunt d'argent : 1901 [Bruant]. **sonne** *n.f.* Police : 1881, Richepin [Esnault]. **sonneur** *n.m.* Assommeur ; emprunteur : 1888 [Villatte].

sonnettes *n.f.pl.*

ARG. ANC. **1.** Pièces d'argent : *C'était lui Duchesne qui s'était emparé des sonnettes, c'est-à-dire, de l'argent, en style d'argot* (Orgères). **2.** Boulettes d'excréments accrochées aux poils (des animaux ou des humains).

ETYM. du verbe **sonner** (cf. le tour adj. *espèces sonnantes et trébuchantes*). **1.** 1798, Orgères. **2.** 1867 [Delvau].

sono *n.f.*

Sonorisation.

ETYM. apocope de **sonorisation.** 1957 [Sandry-Carrère].

sonore *n.m.*

Anus.

ETYM. emploi substantivé et métonymique de l'adj. 1953 [Sandry-Carrère], art. *prendre.*

Sophie *n.pr.*

1. Faire sa Sophie, avoir un comportement maniéré, affecté ; se montrer difficile : *Chez ell's, alors, sans s' fair' prier, / L' régiment entra tout entier. / Et comme ell's f'saient pas la Sophie / Ell's montrèr'nt... leur géographie* (chanson *Ousqu'est Saint-Nazaire ?* paroles de A. Trébitsch). **2. Voir Sophie,** avoir ses règles.

ETYM. emploi péj. d'un prénom bourgeois, associé sans doute à l'idée de « sophistication ». **1.** avant 1862, Monselet [Larchey]. **2.** 1901 [Bruant].

sorbonne *n.f.*

Tête (en tant que siège de la pensée) : *La sorbonne est la tête de l'homme vivant, son conseil, sa pensée* (Balzac, 1). *Le couteau de la guillotine a failli envoyer cette sorbonne puissante* [de Blanqui] *rouler dans le panier au son* (Gill). *Comment que j'ai abouti, indemne, sans encombre, sans me casser la sorbonne, au Jardin des Plantes ?* (Dégaudenzi). **Paumer la sorbonne, avoir un cafard dans la sorbonne,** devenir, être fou.

ETYM. emploi métonymique du mot désignant une célèbre et ancienne faculté. 1808 [d'Hautel]. **Paumer la sorbonne,** 1867 [Delvau] ; **avoir un cafard dans la sorbonne,** 1901 [Bruant].

DÉR. **sorbonner** *v.i.* Penser : 1849 [Halbert].

sorgue *n.f.*

1. Nuit : *Rien que de se souvenir des deux sorgues passées avec elle, il se sentait prêt à recommencer la même connerie* (Le Breton, 2). **2.** Vx. Soir : *Travaillant d'ordinaire, / La sorgue dans Pantin /... Je vivais sans disgrâce* (Chanson de Winter, *in* Vidocq). **3.** Vx. Obscurité, ténèbres.

ETYM. var. du moyen fr. **sorne** (1486, *Mistère de la Passion*), nuit tombante, issu de l'anc. prov. **sorn,** sombre. **1.** 1628 [Chéreau]. **2.** 1815, *Chanson de Winter*. **3.** 1829 [Forban].

DÉR. **sorgueur** *n.m.* Voleur qui opère de nuit : 1829 [Forban]. **sorguage** *n.m.* Nuitée d'amour : 1901, chanson de proxénètes [Esnault]. **sorgabon** *interj.* Bonne nuit ! (verlan de *bon sorgue*) : 1878 [Rigaud].

sorguer *v.i.*

Vx. Passer la nuit (quelque part) : *Pour six ronds au Château-Rouge, / On sorguait avec sa gouge, / À la place Maubert* (Bruant). **Sorguer à la paire,** errer la nuit, sans logis : *Les deux copains allèrent s'asseoir tout au fond du « Sénat », à côté de deux birbes qui sorguaient à la paire* (Méténier). **Sorguer en blanc,** passer la nuit « bredouille » : *Nous venons de sorguer en blanc, les chemins étaient trop mous, et nous n'avons pas pu réussir, parce que nos traces étaient trop remarquables* (Orgères).

ETYM. de **sorgue.** 1797, Orgères. **Sorguer à la paire,** 1885, Méténier. **Sorguer en blanc,** 1797, Orgères.

sorlingue *n.m.*

Couteau : *J'l'ai vue, la charogne, une ménesse avec qui il voulait s'coller et qui, pour un non, lui sort un sorlingue et veut l'assassiner* (Lorrain).

ETYM. origine obscure, sans doute en relation avec **surin** et **lingue.** 1904, Lorrain.

sorlot *n.m.*

Vx. Soulier : *Tes sorlots qui montr'nt tes goits d'pieds / Font croir' qu't'es pas un meuyardaire* (Rictus).

ETYM. du rouchi et du vosgien **sorlet,** même sens. 1878 [Rigaud].

sortier *n.m.*

Vx. Farceur : *Je suis indigné contre un sale bougre de sortier qui m'a fait voir des couleurs et joué des pieds de cochon !* (Gill).

ETYM. de l'ital. **sorte,** coup risqué. 1878, Gill.

sortir *v.i.*

1. Aller sur le lieu de son activité (prostitution, vol, etc.). **2. S'en sortir** ou **sortir du trou,** être libéré, en parlant d'un détenu. **3. Sortir par le cul, par les yeux à qqn** ou (vx) **sortir à qqn,** lui être insupportable : *Les forçats qu'il voulait convertir ne lui répondaient que par des injures : Tu nous sors, lui disaient-ils, rengracie* (Lhéritier).

ETYM. emplois spécialisés du verbe usuel. **1.** « prostitution » 1897 [Esnault] ; « vol » 1926 [id.]. **2.** 1953 [Sandry-Carrère]. **3. Sortir par le cul,** 1867 [Delvau] ; **sortir à qqn,** 1830, Lhéritier.

soua-soua ou **soin-soin** *adj. et adv.*

Parfait, soigné : *Ça aurait valu le coup de voir si elle avait déballé ses malles, la Comtesse. Devait avoir des dessous soua-soua !* (Guérin). *Un petit ménage en tierce, tout ce qu'il y a de soing-soing !* (Galtier-Boissière, 2).

ETYM. de l'arabe **soua-soua,** symétriquement ou réussi, juste. *soua-soua* 1898 [Esnault] ; *soin-soin* 1916 [id.].

soucoupe *n.f.*

Au café, consommation : *Le mec qui prenait le plus de paris, entre les soucoupes, il avait un drôle de nom, il s'appelait Naguère* (Céline, 5).

ETYM. emploi métonymique du mot usuel : le garçon de café compte les soucoupes pour connaître le nombre des consommations. 1893, Courteline [Cellard-Rey].

soudure *n.f.*

Argent : *Il passe à neuf heures, chez mon chargé d'affaires, encaisser sa soudure* (Simonin, 1). **Envoyer la soudure,** payer, régler : *Il sort des liasses de grand format, il envoie cash*

la soudure! (Boudard, 6). **Faire la soudure.** ***a.*** syn. de joindre les deux bouts : *En fin de marqué, dur-dur la soudure;* ***b.*** constituer une avance financière en attendant une rentrée d'argent: *File-moi cent sacs, ça fera la soudure.*
ETYM. emploi spécialisé du mot usuel. 1935 [Simonin-Bazin]. **Envoyer la soudure,** [id.]. **Faire la soudure,** 1949 [Larousse].

soufflant *n.m.*
Pistolet, revolver: *À son tour, il sortit un petit soufflant à barillet et le déchargea, à quatre mètres, sur le cul-de-jatte planté sur son tonneau sursalé* (Viard).
ETYM. emploi substantivé et métonymique du participe présent du verbe **souffler.** 1701 [Cellard-Rey].

souffle *n.m.*
Hardiesse : *Celles-là, elles ont du souffle. Elles vous accostent, même si vous êtes au bras d'une fille* (Malet, 11). *Eh! ben, dis donc, tu manques pas de souffle!* SYN. air.
ETYM. emploi métonymique du mot usuel: l'individu très confiant en lui-même «se gonfle». 1910 [Esnault].

souffler *v.t.*
1. Surprendre très vivement : *Le marbre, les plantes vertes, les appliques de bronze flamboyantes, la soufflent : de pareils décors, elle les voit plutôt d'ordinaire le mercredi soir sur l'écran du Barbès-Palace* (Simonin, 5). **2.** Prendre vivement et indûment: *Il ne lui aurait sans doute pas déplu de souffler sa maîtresse à ce journaliste prétentieux* (Mazarin). **3.** Vx. Arrêter qqn : *Si, dans l'intervalle,* [le voleur] *était soufflé, jamais la bande ne mangeait le morceau* (Claude). **4. La souffler,** en imposer par son aspect, sa mise.
◆ *v.i.*
1. Souffler dans l'encrier, boire énormément : *Les ménesses d'honneur d'Esther versaient le picollo des amphores dans la coupe du roi qui, sans arrêt, soufflait dans l'encrier* (Devaux). **2. Souffler dans le poireau, le ventre, le mirliton,** pratiquer une fellation.
ETYM. emplois expressifs du verbe usuel. **1.** 1940 [Esnault]. **2.** 1754, poissard [id.]. **3.** 1872 [Larchey]. **4.** 1901 [Esnault].
◆ *v.i.* **1.** 1946, Devaux. **2. Souffler dans le poireau,** 1881 [Rigaud] ; **le ventre,** 1912 [Chautard]; **le mirliton,** 1953 [Sandry-Carrère].
DER. **soufflé, e** *adj.* Hardi: 1902 [Esnault].

soufflerie *n.f.*
1. Poumons. **2. Avoir un prototype en soufflerie,** être enceinte.
ETYM. emplois ironiquement métaphoriques. **1.** 1925 [Esnault]. **2.** contemporain.

soufflet *n.m.*
1. Vx. Poitrine. **2.** Vx. Poumon : *Je touss' encore. C'est la tempêt !* [...] */ J'ai les soufflets sous les côt'lett's / Qui s'us'nt comm' des plaquett's de freins* (P. Perret). **3.** Vx. Postérieur. **4. Soufflet à punaises,** accordéon : *Un musico vach'ment bath, qu'avait aboulé / Son soufflet à punaises, pour nous faire gambiller* (Legrand) ; (vx) fusil. **5.** Vx. **Donner, foutre un soufflet à une bouteille,** boire une grande rasade de vin ou d'alcool: *Vidocq donnait ce qu'on appelle proprement un soufflet à un litre d'eau-de-vie* (Lhéritier).
◆ **soufflets** *n.m.pl.*
Transitions et explications permettant de passer d'un procès-verbal à un autre dans une procédure.
ETYM. emplois métaphoriques du mot usuel. **1.** 1844 [Dict. complet]. **2.** 1885, Zola. **3.** 1867 [Delvau]. **4.** 1953 [Sandry-Carrère] ; « fusil » 1919 [Esnault]. **5.** 1830, Lhéritier [TLF].
◆ *pl.* 1875, Rabasse [Larchey].

soufrante ou **souffrante** *n.f.*
Vx. Allumette soufrée : *Enfant de salaud qui éteint la camoufle!... Fantassin de malheur! La classe! la classe! la classe!... Les soufrantes au clair, ceux qui en ont* (Courteline).
ETYM. jeu de mots sur **soufrée** et **souffrir.** 1875 [Chautard].

souk *n.m.*
1. Boutique, magasin : *Poussée hors de son souk par la curiosité, une commerçante se livre à quelque confidence* (Queneau, 1). **2.** Désordre : *Il a disparu après avoir foutu le souk dans une boîte de nuit* (Villard, 2).
ETYM. emploi péj. du mot arabe **sūq,** marché. **1.** 1959, Queneau. **2.** 1936, Céline [TLF].

soulager *v.t.*
Délester qqn de son argent ou de son arme : *Alexandre venait, en compagnie de Ferrand, de soulager la veuve Donay, à Meaux, 13, boulevard Victor-Hugo, d'une pile de deniers jugée superflue* (Thomas).
◆ **se soulager** *v.pr.*
1. Uriner ou déféquer. **2.** Coïter.

ETYM. emplois euphémiques et ironiques du verbe usuel. 1866 [Delvau]
◆ *v.pr.* **1.** 1835 [Acad. fr.]. **2.** 1864 [Delvau].

soûlard, e *adj. et n.* ou **soûlaud, soûlot** *adj. et n.m.*

Individu qui s'adonne à la boisson : *Elle est innocente, se dit-il, je ne dois pas ajouter foi aux propos d'un soûlard* (Chavette). *À Clichy, pour cent francs par an, / A couch' par terr', dans un' mansarde, / La soularde* (chanson *la Soularde*, paroles de J. Jouy). *Il a plu à deux frangins soûlots de fêter* [leur réconciliation] (Gill). *Il n'y a rien comme les gens « gais » pour tenir des discours ennuyeux. L'image d'Épinal du soûlot rigolard est à ranger au musée des accessoires avec l'accorte servante et le greffier chafouin* (Faizant).

ETYM. de **soûl**, ivre, et du suff. péj. **-ard.** *soûlard* vers 1433, *Revue des langues romanes* [GLLF] ; *soûlot* 1690 [Furetière].

soûlarderie *n.f.*

Vx. Alcoolisme : L'Assommoir *est un long et saisissant plaidoyer contre la feignantise et la soularderie* (Gill).

ETYM. de **soulard.** 1878, Gill.

soulasse *n.m.*

ARG. ANC. **1.** Jeu : *Eh bien ! père Cornu, lui disaient-ils un jour, que faites-vous maintenant ? – Toujours le grand soulasse, mes enfants* (Vidocq). **2.** Joueur, escroc.

ETYM. du fr. class. **soulas,** plaisir, divertissement, issu du lat. **solacium,** soulagement. **1.** 1828, Vidocq ; certains auteurs, par la suite, ont fait ce nom féminin. **2.** 1821 [Ansiaume].

soulasser *v.i.*

Vx. Jouer aux cartes : *C'est un marloux qui soulasse bien aux brèmes* (Ansiaume).

ETYM. de **soulasse.** 1821 [Ansiaume].

soulever *v.t.*

1. Voler qqch : *J'ai déjà une thune... Tu pourrais pas en soulever à ta mère, des fois ?* (Machard). **2.** Séduire (le conjoint ou l'amant, la maîtresse d'autrui) : *Ayant appris qu'il venait de soulever sa petite amie à un jeune du marché aux bestiaux, on n'avait plus hésité* (Chevalier).

ETYM. emplois euphémiques du verbe usuel. **1.** 1790, Jean Bart [DDL 19]. **2.** 1400, Du Cange [TLF].

soûlographe *n.m.*

Ivrogne : *Tout le monde éclate de rire, personne ne prenant la peine de le dissuader de son erreur de soûlographe* (Charrière).

ETYM. formation plaisante et faussement savante sur **soûl** et le suff. **-graphe.** 1816, poissard [Esnault].

soûlographie *n.f.*

Ivrognerie : *Gervaise eut un soupir de soulagement, heureuse de le savoir enfin au repos, cuvant sa soûlographie sur deux bons matelas* (Zola).

ETYM. de **soûlographe.** 1836 [Vidocq].

soupape *n.f.*

1. Vx. Langue. **2.** Poumon (souvent au pl.).

ETYM. emplois métaphoriques du mot technique. **1.** 1890 [Esnault]. **2.** 1946 [id.].

soupard *n.m.* → SOUPEUR.

soupe *n.f.*

1. Par ici la bonne soupe !, se dit dans une circonstance où il y a un profit à faire, de l'argent à gagner, ou au contraire qqch de désagréable à subir. **2. Aller à la soupe,** rechercher le pouvoir ou des avantages financiers là où ils s'offrent, sans se soucier de la moralité de cette attitude : *D'où la remarque un peu acerbe de François Léotard, condamnant en substance « ceux qui allaient un peu vite à la soupe »* (*les Nouvelles*, 7 septembre 1983). **3. Soupe à la grimace,** accueil rébarbatif ou hostile : *Mes amies se baguenaudent sous les étoiles, les autres font la soupe à la grimace* (Cordelier). **4. Faire** ou **tremper la soupe,** avoir des relations homosexuelles avec échange de rôles : *Vous devez vous questionner, fébriles, si finalement ce Bébé rose je lui ai fait son toucher rectal, si on n'a pas fait ensemble la soupe aux choux* (Boudard, 6). **5.** Vx. **Tremper une soupe à qqn,** le corriger. **6. Donner la soupe,** prendre l'avantage, dominer (dans le milieu du spectacle). **7.** Pain déposé dans les vespasiennes par certains maniaques sexuels (soupeurs).
SYN. baba, biscuit, croûton.

ETYM. emplois métaphoriques du mot usuel. **1** et **3.** 1953 [Sandry-Carrère]. **2.** 1983, *les Nouvelles* (mais sûrement antérieur). **4. Faire la soupe,** 1885 [Chautard] ; **tremper la soupe,** 1899 [Nouguier]. **5.** 1832, Desnoyers et Alboize [DDL 38]. **6** et **7.** 1975 [Le Breton]

DER. **soupière** *n.f.* Adepte des relations homosexuelles avec échange des rôles : 1920 [Esnault].

souper *v.i.*

1. Pratiquer la manie du soupeur. **2. Avoir soupé de qqch** ou **de qqn,** en être excédé: *Quand on lui demandait quelque chose, il répondait: «J'en ai soupé». Et il avait soupé de tout* (Mirbeau).

ETYM. emplois spécialisé (1) ou métaphorique (2) du verbe usuel. **1.** 1970 [Boudard-Étienne]. **2. Souper de qqch,** 1883 [Fustier]; *avoir soupé de la fiole* ou *de la tranche de qqn* 1881 [Rigaud].

soupeur ou **soupard** *n.m.*

Maniaque sexuel pratiquant : ***a.*** l'urolagnie, c.-à-d. l'absorption de pains imbibés de l'urine d'autrui, qu'il laisse à cette fin dans les vespasiennes: *Ce qui était moins drôle, c'est quand il apercevait dans l'urinoir un croûton de pain. Il n'avait qu'à attendre. À la nuit tombante, un homme venait le ramasser avec mille précautions. C'était un « soupeur »* (Larue) ; ***b.*** la dégustation du sperme après un acte sexuel: *Installé dans une chambre, le demandeur attendait tout seul, puis dès qu'une femme avait baisé avec un autre client, on la lui amenait et il la suçait. À l'époque où je dirigeais le 122, j'avais un soupeur qui me prenait trente à quarante foutres à chaque visite* (Jamet).

ETYM. de **soupe.** ***a.*** 1960 [Le Breton] ; ***b.*** 1928 [Lacassagne], mais «débauché» dès 1862 [Larchey].

souquer *v.t.*

Vx. **1.** Réduire par la force; punir: *Un marin qui aurait passé par là serait décoré, moi on me souque!* (Londres). **2.** Enfermer.

ETYM. emplois métaphoriques du verbe de marin. **1.** 1850, Bordeaux et Brest [Esnault]. **2.** 1923 [id.].

sourdingue *adj. et n.*

Sourd; dur d'oreille: *Tous les passants deviennent subitement sourdingues et passent, dignes, tout à fait ailleurs* (Siniac, 3). *On lui a assez souvent fauché ses pommes, à cette vieille sourdingue* (Clavel, 2).

ETYM. apocope de **sourdingot** (1879 [Esnault]), issu de **sourd** et de **dingue,** employé comme suff. 1926 [id.].

VAR. **dingo:** 1901 [Bruant].

souricière *n.f.*

1. Surveillance policière concentrée en un endroit précis: *La police était devenue impuissante à pousser dans sa souricière des milliers d'hommes qui* [...] *pouvaient se lever pour entraîner cent mille vengeurs de l'ancien coup d'État* (Claude). *Ils ont monté une souricière pour alpaguer le dealer.* **2. La Souricière.** ***a.*** (ARG. ANC.) ensemble des quatre caves de la Conciergerie, à Paris, où les prévenus étaient gardés avant l'interrogatoire ; chacune de ces caves: *L'on nous conduisit au Palais, où nous fûmes déposés dans une petite salle appelée la Souricière* (Vidocq); auj., local étroit où sont gardées les personnes arrêtées: *Moi j'ador' les locaux d'la police judiciaire / Il y fait chaud, c'est chouette, on y r'trouve les amis / On les voit, tout souriants, descend' des souricières* (Dimey); ***b.*** le dépôt de la Préfecture de police: *Dans un beau mouvement théâtral, escortée de gardes, la femme de ménage sort par la porte du fond... C'est malheureusement celle de la Souricière* (London, 1).

ETYM. emploi métaphorique et expressif du mot usuel. **1.** 1791, C. Desmoulins [TLF]. **2. *a.*** de 1795 à 1841 [Esnault]; ***b.*** 1850, Clémens.

sourire *v.i.*

Donner des résultats positifs, en parlant d'une enquête, dans le langage des policiers.

ETYM. emploi métaphorique du verbe usuel. 1975 [Arnal].

souris *n.f.*

1. Fille, femme (plutôt jeune et bien faite): *C'est pas une greluche, ni une gonzesse, ni une souris, tu entends ! C'est une femme* (Giovanni, 1). **2.** Vx. Baiser: *Tu verras que t'auras pas à t'en repentir... Je te ferai plutôt une souris* (Vidocq). **3. Souris grise,** femme militaire allemande, pendant l'Occupation: *Les femelles de ces messieurs, ces garces de «souris grises», ainsi dénommées en raison de leur uniforme* (Chevalier). **4. Souris d'hôtel,** cambrioleuse. **5.** Vx. **Souris de rempart,** fille à soldats. **6.** ARG. ANC. Couteau de table : *J'ai toujours une souris dans ma sonde pour servir les cognes* (Ansiaume).

ETYM. emploi métaphorique du mot usuel. **1.** 1901 [Bruant] ; le sens de « femme légère » (1882 [Chautard]) s'est affaibli en se généralisant. **2.** 1829, Vidocq. **3.** 1944, Werth. **4.** 1907 [Larousse pour tous]. **5.** 1833 [Esnault]. **6.** 1821 [Ansiaume] (analogie de forme pointue).

sous-bite *n.m.*

Sous-lieutenant ou, plus génér., sous-officier.

ETYM. variante-calembour de **sous-verge.** 1938 [Esnault].

sous-fifre *n.m.*

Employé subalterne : *Ça l'avait fichu de mauvais poil, le chef, visiblement agacé de se voir mis au courant d'une affaire d'État par un sous-fifre* (Malaquais). *Querelle de carabins sur dosage d'un traitement. Les autres blouses blanches doivent être des étudiants ou des sous-fifres* (Pennac, 1).

ETYM. de **sous** et de **fifre,** homme sans énergie (1888 [Esnault]). 1904 [id.], au sens de « novice, apprenti ».

sous-mac, sous-maque ou **sous-maxé** *n.f.*

Sous-maîtresse : *René s'occuperait de la remonte. Marianne, en « sous-maxé », ferait régner l'autorité sur les donzelles* (Audouard). *« Le taxi est devant la porte ! » Ça sonnait câlin comme le duce d'une sous-mac gracieuse, souhaitant bonne bourre à un couple bien appareillé* (Simonin, 5). *Dans les maisons très* sérieuses, *la sous-maque, comme un maton, faisait la fouille dans les piaules* (Boudard, 2). SYN. sous-verge.

ETYM. de **sous** et de **mac,** proxénète : cette fonction essentielle dans la prostitution se désigne par de nombreuses variantes. *sous-mac* 1928 [Lacassagne] ; *sous-maq* 1935, Simonin-Bazin ; *sous-maxé* 1888 [Villatte].

VAR. **sous-baloche** et **sous-broche** : 1928 [Lacassagne]. **sous-vache** : 1888 [Villatte].

sous-maîtresse *n.f.*

Femme qui dirige, sous l'autorité d'un proxénète, une maison close : *Quand il y avait un copain assez dessalé pour le demander à la sous-maîtresse, on se faisait faire une petite exhibition-maison dans une chambre* (Guérin).

ETYM. détournement du mot qui désignait une surveillance dans un établissement d'enseignement pour jeunes filles. 1860, Goncourt [TLF].

sous-marin *n.m.*

1. Escroc de haute volée. **2.** Table de roulette. **3.** Véhicule aménagé pour la surveillance policière : *Un sous-marin, c'est ça, tu vois : une camionnette aménagée. On peut planquer pendant des heures* (film *les Ripoux* de C. Zidi, 1983).

ETYM. emplois métaphoriques du mot composé usuel. **1.** 1977 [Caradec]. **2.** 1959 [Esnault]. **3.** 1983, Zidi.

sous-merde *n.f.*

Individu totalement incapable et méprisable.

ETYM. de **sous** et de **merde.** 1881 [Rigaud].

sous-off *n.m.*

Sous-officier : *Ce jour-là, on faisait semblant. Le capitaine pour se persuader, comme d'habitude, qu'il était bien chef de corps, les sous-offs à cause du capitaine et les appelés à cause des sous-offs* (Monsour).

ETYM. apocope de **sous-officier.** déjà adj. en 1861 [Esnault]. Ce mot est auj. passé dans l'usage familier.

sous-tasse *n.f.*

Client naïf qui s'offre à régler les consommations d'une entraîneuse de bar.

ETYM. de **sous** et de **tasse.** 1977 [Caradec].

sous-verge *n.m.*

Employé subalterne ; adjoint : *Il ricana en se rappelant la suggestion de Peautraille, le sous-verge de la Préfecture, quelques heures plus tôt : faire donner le B.R.I.* (Coatmeur). SYN. sous-bite, sous-fifre.

◆ *n.f.*

Syn. de sous-mac.

ETYM. emploi métaphorique de **sous-verge,** cheval attelé et non monté, placé à droite du cheval porteur ; dans la cavalerie, on a dit *commander en sous-verge,* pour « en second ». « collègue en second » 1881 [Esnault] ; « sous-lieutenant » 1929 [id.].

◆ *n.f.* 1921 [id.].

VAR. **sous-balloches** au sens fém. (par calembour sur *verge,* pénis) : 1926 [id.].

soutane *n.f.*

Être de soutane, assurer le service du tribunal de police sous une robe de magistrat, en parlant du commissaire représentant le ministère public.

ETYM. loc. à valeur humoristique, formée sur **être de corvée.** 1975 [Arnal].

soute *n.f.*

1. Fille facile : *Parfois je m'engueule pour une soute / Qu'est amoureuse de toute ma bande, / Alors la sexualité de groupe / Y'a rien de tel pour qu'on s'entende* (Renaud). **2.** Vx. **Soute au pain,** estomac, ventre.

ETYM. emploi métaphorique du mot usuel : tout le monde peut « y descendre » (ou encore apocope de *souteneuse*). **1.** 1977, Renaud. **2.** 1867 [Delvau].

soutenante *n.f.*

Vx. Canne : *Pomme la soutenante, elle a une boussole d'orient* (Ansiaume).

◆ **soutenantes** *n.f.pl.*

Vx. Bretelles.

ETYM. elle soutient celui qui l'utilise. 1821 [Ansiaume].

◆ *n.f.pl.* 1850, Clémens.

souteneur *n.m.*

Proxénète : *À son teint plombé, taché de rousseurs, à ses cheveux d'un roux sale, à ses lèvres lippues et sensuelles, je n'eus pas de peine à reconnaître un ancien souteneur de filles de barrières, condamné plusieurs fois pour vols* (Claude).

ETYM. de **soutenir,** protéger. 1740 [Trévoux].

spec *n.m.*

Arg. anc. Lard : *Il faut deux plombes de spec pour arranger les avergots* (Ansiaume).

ETYM. de l'all. **Speck,** de même sens. 1821 [Ansiaume].

spécial, e ou **spé** *adj. et n.m.*

Se dit des pratiques homosexuelles, ou du coït anal accepté par une prostituée, et considéré comme contre nature : *Au fond de cette variété même* [de l'amour des filles], *il découvrit encore l'incurable monotonie. Alors, il avait rêvé d'amours spéciales* (Méténier). *Avoir des mœurs spéciales. Filer du spé.* SYN. chouette, rond.

ETYM. emploi... spécialisé de l'adj. 1885, Méténier ; *n.m.* 1928 [Lacassagne]. *spé* 1957 [George].

speed [spid] *n.m.*

Amphétamines utilisées comme drogue : *Il vous suffit de regarder Nancy pour deviner combien de speed elle a avalé toute sa vie. C'est une pub vivante pour les amphétamines* (*Actuel,* avril 1989). SYN. amphets.

ETYM. mot de l'arg. angl. de même sens. 1968, J.-L. Brau [Rey-Debove et Gagnon].

speedball *n.m.*

Drogue constituée par un mélange de cocaïne et d'héroïne : *Ici on vient se shooter à l'héro, à la coke ou aux deux à la fois* [speedball] (*Libération,* 23 mai 1989).

ETYM. mot de l'arg. angl. de même sens. 1930 [Rey-Debove et Gagnon].

speedé, e, speedy ou **speed** *adj.*

1. Qui se drogue aux amphétamines : *Cigarettes ? s'enquit-il auprès d'un garçon maigre et speedé qu'avait l'air de sortir d'une pub pour Orangina* (Topin). **2.** Agité, nerveux : *Le bonhomme n'est pas commode. Toujours speedé, fonçant comme une locomotive, le jugement abrupt* (*Libération,* 3 octobre 1984). *Eux aussi ont vu le mec, ça les rend hyper speed, tu vois. Ils cherchent comme des dingues* (Villard, 4).

ETYM. de **speed. 1.** *speedé* 1972, *le Nouvel Observateur* [Rey-Debove et Gagnon] ; *speedy* 1977, Olivenstein [id.] ; *speed* 1981, P. de Nussac [id.]. **2.** 1984, *Libération.*

speeder [spide] *v.t.*

Droguer qqn de façon à le survolter : *La police d'Hollywood vient de trouver dans une de ses valises sept grammes de cocaïne. Tout juste de quoi speeder le chanteur et le guitariste, sans plus* (*Libération,* 16 juillet 1981).

◆ **se speeder** *v.pr.*

1. Se droguer aux amphétamines : *Totalement abrutie par les somnifères ingurgités la veille, j'avais besoin de me speeder un peu* (Francos). **2.** Se dépêcher : *Bon, a dit le mec à Bruno, faut se speeder, si je dépose pas les bandes au montage à temps, je suis vraiment dans la merde* (Ravalec).

ETYM. de **speed.** 1981, *Libération.*

◆ *v.pr.* **1.** 1983, Francos. **2.** 1994, Ravalec. a remplacé *se droper,* selon Merle (1996).

spieler *v.i.* → SCHPILER.

sproum *n.m.* → SCHPROUM.

square *adj. et n.*

1. Non-initié (domaines du jazz ou de la drogue) : *Le dernier des « squares » a entendu parler du « H » ou de l'« herbe »* (Beauvais). **2.** Qui est routinier, rétrograde. SYN. ringard.

ETYM. mot angl., « carré ». **1.** 1975 [Beauvais]. **2.** sens d'origine hippie. 1984 [Walter-Obalk].

squat ou **squatt** [skwat] *n.m.*

1. Occupation illégale d'un logement vide. (On rencontre aussi **squattage.**) **2.** Logement vide occupé illégalement par des sans-abri : *Dès que tu t'es mis à vivre en communauté dans un squatt du vingtième arrondissement – tu te rappelles l'immeuble en démolition, derrière les réservoirs de Charonne ? – les questions ont commencé à se poser* (Veillot). *Joël lui indiqua un chemin de terre*

sur la gauche, juste après l'entrepôt. C'était donc ça, son squat de luxe! (Reboux).
ETYM. déverbal de **2. squatter. 1.** 1977, *le Nouvel Observateur* [GR]; *squattage* 1957, *le Monde* [Gilbert]. **2.** 1978, *le Monde.*

1. squatter [skwatœr] *n.m.*
Personne qui squatte un logement vide.
ETYM. de l'angl. **to squat,** se blottir. 1946, *l'Aurore* [TLF]. Désignait jadis, aux États-Unis, le pionnier qui s'installait sur des terres vierges.

2. squatter [skwate] ou **squattériser** *v.t.*
Occuper un logement vide: *Les rats, ils sont partout les premiers locataires. Ils squattent les immeubles en construction, partagent avec les portosses, pas fiers, pas fines-bouches, les rats* (Prudon). *Depuis quinze ans, la maison de Luri, frappée d'un arrêté de péril, est squattérisée par plusieurs familles* (*Libération,* 27 août 1982).
ETYM. de **1. squatter.** *squatter* 1969, *le Monde* [GLLF]; *squattériser* 1966, *le Nouvel Observateur* [TLF].

standardiste *n.f.*
Call-girl.
ETYM. emploi euphémique du mot usuel: la call-girl se tient, professionnellement, toujours à portée du téléphone. 1975 [Arnal].

stasse *n.f.*
Station (de taxi): *Tu penses bien qu'on se met pas en « stasse » pour charger un copeau* (Simonin-Bazin).
ETYM. apocope de **station.** 1935, Simonin-Bazin.

States (les) [stets] *n.pr.*
Les États-Unis: *Vous êtes nouveau dans la ville, monsieur. Viendriez-vous des States ?* (G. Arnaud).
ETYM. abrègement de **United States,** nom américain des États-Unis. 1950, Arnaud.

step *n.m.*
Nez. **Step à trier les lentilles** ou **à repiquer les choux,** grand nez.
ETYM. origine inconnue. 1977 [Caradec].

steupo *n.m.*
Autoradio: *Les réactions des voisins qui se sont fait « braquer » quinze fois leur steupo peuvent être violentes* (Cahoreau-Tison).
ETYM. verlan de **poste (de radio).** 1987, Cahoreau-Tison.

stick *n.m.*
Cigarette de haschisch ou de marijuana: *Il se balade toujours avec au fond de ses poches des sticks défraîchis qu'il offre aux copains* (Galland).
ETYM. mot angl., « bâton ». 1977 [Caradec].

stiff *n.m.*
Clochard: *À part nous, la poignée de stiffs qui battent le pavé, les rues sont désertes* (Porquet).
ETYM. mot anglo-américain, « raide » (c.-à-d. « démuni »). 1987, Porquet.

stone ou **stoned** [ston] *adj.*
Qui subit l'effet violent de la drogue (héroïne ou haschisch): *J'ai les pupilles qui font des tours de manège tellement que je suis déjà stone* (Lasaygues).
ETYM. mot angl., « soûl, défoncé », littéralement « lapidé », issu de **stone,** pierre. *stone* 1977 [Caradec]; *stoned* 1971, Duchaussoy.

stopper *v.t.*
Recevoir (un projectile) : *Le nègre avait stoppé un pruneau dans le citron et un second dans le buffet* (Malet, 13).
ETYM. emploi métaphorique du verbe usuel. 1955, Malet.

strapontin *n.m.*
Syn. de serpentin: *Quelques-uns des condamnés obtiennent la faveur d'un petit matelas d'étoupes, épais de deux ou trois doigts, connu sous le nom de strapontin ou de serpentin* (Alhoy).
ETYM. dès 1663, l'ital. **strapuntino** désigne un matelas de marin. 1845, Alhoy.

1. strasse *n.f.*
Rue.
ETYM. de l'all. **Strasse,** rue. vers 1945 [Cellard-Rey].

2. strasse *n.f.*
Chambre : *Le Blond n'avait jamais foutu les panards dans la strasse à Hélène. Il bigla autour de lui. Pas mal, comme soupente!* (Le Breton, 1).
ETYM. double troncation de **administration,** dans l'arg. des grandes écoles. 1939 [Esnault].

stropiat *n.m.*

Vx. Infirme, estropié : *Les mendigos – sauf les stropiats, ulcéreux, malades à demi crevés – ne sont pas des vrais pauvres* (Gill).

ETYM. de **estropié**, issu de l'ital. **stroppiare**, priver de l'usage d'un membre. 1878, Gill.

stuc *n.m.*

ARG. ANC. Syn. de fade, « partage » : *Faire le stuc des fardaines* (Leclair).

ETYM. de l'all. **Stück**, morceau, pièce. 1800, Leclair.

stup *n.m.*

Drogue : *Les inspecteurs Dupont et Lavaud avaient la conviction qu'un ancien contrôleur des wagons-lits, Jean C..., qui avait commencé dans le trafic de stup' comme passeur, dirigeait le « gang du poison blanc » qui ravitaillait les Américains* (Larue).

◆ **stups** *n.m.pl.*

Brigade des stups ou **les stups**, brigade de police chargée de la répression du trafic de drogue : *Et qui me dit que les deux gringos que j'ai rencontrés en taule ne sont pas eux-mêmes des agents des stups ?* (Dupont).

ETYM. apocope de **stupéfiant**, nom qui désigne officiellement la drogue. 1953 [Sandry-Carrère].

suage *n.m.*

ARG. ANC. Action de brûler les pieds à qqn pour lui faire avouer où est son argent : *Si j'avais refroidi tous les garnafiers que j'ai mis en suage, je n'en aurais pas le taf aujourd'hui* (Vidocq).

ETYM. de **(faire) suer** : il s'agit de la technique bien connue des chauffeurs. 1828, Vidocq.

DER. **suager** *v.t.* Soumettre au suage : 1841 [Esnault]. **suageur** *n.m.* Syn. de chauffeur : 1836 [Vidocq].

subito ou **subitos** *adv.*

Brusquement, immédiatement (associé parfois à **presto**) : *Renaudin avait écouté le récit sans l'interrompre. Mais, subito, une fièvre incroyable l'avait empoigné* (Méra).

ETYM. lat. médiéval, du lat. class. **subitus**, subit. 1509 [GLLF].

suçade *n.f.* ou **suçage** *n.m.*

Fellation : *On s'est fait des drôles de suçages dans le « Coin du Commanditaire »* (Céline, 5).

ETYM. de **sucer**. 1936, Céline, pour les deux formes.

sucer *v.t.*

1. Gratifier d'une fellation ou d'un cunnilinctus : *Attends que j'en suce encore un autre !... Attends-moi mon petit rossignol... Il faut bien que je fasse ma soirée* (Céline, 5). *Et l'autre, derrière à quatre pattes en train de sucer sa copine pendant qu'elle se fait mettre par l'autre type* (Bénoziglio). **2.** Boire (du vin, de l'alcool). **Ne pas sucer de la glace, des glaces, des grêlons, des pralines,** boire beaucoup : *Il suçait pas des glaces non plus. Il s'appelle pas muflard pour rien* (Boudard, 5). **3.** Consommer excessivement (du carburant) en parlant d'un moteur, d'un véhicule. **4. Sucer la pomme, le museau** (souvent à la voix pron.), plus rarement **la pêche, la poire, le trognon à qqn,** l'embrasser : *Le reste du temps, demeuraient pagés, à se sucer la pomme* (Guérin). *Une tablée d'officiers amerloques surchargés de gonzesses chics, acharnées à se faire sucer la poire* (Simonin, 7).

ETYM. emplois spécialisés et gourmands du verbe usuel. **1.** 1850, Flaubert [TLF]. **2.** d'abord *sucher le cruchon* 1773, *les Porcherons* [Duneton-Claval]. **Ne pas sucer de la glace,** avant 1898, Ponchon [Giraud] ; **des pralines,** 1947, Aymé. **3.** vers 1950. **4.** 1867 [Delvau].

DER. **suceur** *n.m.* Faux camarade : 1835 [Raspail].

sucette *n.f.*

Fellation : *On murmurait des tarifs pour la moindre sucette dans ces lupanars somptueux* [le Chabanais, le One two two, etc.] *à vous laisser l'humble travailleur sans un flèche le lendemain de sa paie* (Boudard, 2).

ETYM. du verbe **sucer**. 1953 [Sandry-Carrère].

suceuse *n.f.*

1. VIEILLI. Voiture qui consomme excessivement : *Une suceuse comme ça, elle ne serait pas commode à bazarder !... Vous avez les papiers ?* (Dominique). **2.** Femme qui pratique la fellation : *Elle dormait avec l'extrémité d'un pouce coincée entre les lèvres. Je vous dis : la vraie mentalité de suceuse* (Blier).

ETYM. de **sucer**. **1.** 1956, Dominique. **2.** 1883, Goncourt [TLF].

suçoire *n.f.*

Instrument servant à forcer les coffres-forts : *Jean-Jean est un maq, s'énerva Maur. Il est pas à la coule pour se procurer une suçoire à coffiot* (Lesou, 2).

ETYM. de **sucer**, avec un sens humoristique. 1957, Lesou.

sucre *n.m.*

1. Vx. Neige ou poussière sur les routes. **2.** Vx. Cocaïne. **3. Du sucre,** se dit d'une entreprise ou d'une activité facile et avantageuse : *À côté de ce qui s'est passé l'autre nuit, vaincre ce sommeil-là, c'est du sucre* (G. Arnaud). *Il sentait que son séjour dans la « capitale mondiale des plaisirs » – pour s'exprimer comme les notices américaines de propagande – n'allait pas être du sucre* (Grancher). Vx. **Être au sucre,** être facile à voler. **4.** Vx. **Sucre de pomme,** levier d'effraction : *J'ai pris mon sucre de pomme et j'ai été à l'armoire* (Méténier). *L'instrument essentiel du fric-frac est la pince-monseigneur, qu'on appelle encore clarinette, ou sucre de pomme et que, du temps de Vidocq, on appelait un jacobin* (Locard). SYN. dingue, jacquot. **5. Bout de sucre,** dé pipé. **6. Casser du sucre.** ***a.*** casser des cailloux ; ***b.*** être un délateur.

ETYM. emplois métonymiques du mot usuel (analogie de couleur, facilité à fondre, etc.). **1.** 1877 [Esnault]. **2.** 1922 [id.]. **3.** 1872 [Larchey] ; *c'est un sucre,* c'est très bon, 1878 [Rigaud]. **Être au sucre,** 1899 [Nouguier]. **4.** 1885, Méténier ; analogie de forme : le sucre de pomme se vendait jadis en bâtons cylindriques. **5.** 1960 [Esnault]. **6.** ***a.*** 1880 [id.] ; ***b.*** 1872 [Larchey], mais *casser le sucre à la rousse,* dénoncer un complice, dès 1867 [Delvau].

sucrer *v.t.*

1. Vx. Avantager (un joueur). **2.** Maltraiter, punir. **3.** Arrêter (qqn) : *Tréguier reprocha : « C'est égal, on peut dire que tes rencards tenaient debout ! On a bien manqué d'se faire sucrer, oui ! »* (Le Breton, 5). **4.** Obtenir, gagner : *Mais y a mieux à faire dans ce coup-là. Vous pouvez sucrer vingt ou trente briques* (Trignol). **5.** Supprimer arbitrairement (qqch) : *Qu'est-ce que vous cherchez ? Vous voulez vous faire coffrer, vous voulez que je vous sucre votre licence ou quoi ?* (Destanque). **6. Sucrer (les fraises),** être atteint de tremblements séniles : *J'ai commencé à me raser dans la cuisine, j'avais une main qui sucrait les fraises par moment* (Meckert). *Il tremblotait dans la serrure. Il pouvait plus sortir la clef, tellement qu'il sucrait* (Céline, 5).

◆ *v.i.*

Miser.

◆ **se sucrer** *v.pr.*

1. S'octroyer un avantage, un bénéfice plus ou moins légitime : *Après avoir été agents électoraux, patrons de rackets sur Marseille, ils en étaient devenus la Gestapo. Ces deux-là savaient se sucrer* (Jamet). **2. Se sucrer la gaufre,** (vx) **la tarte,** se maquiller.

ETYM. emplois spécialisés du verbe usuel. **1.** 1894 [Virmaître]. **2.** 1881 [Rigaud]. **3.** 1901 [Bruant]. **4.** 1955, Trignol. **5.** 1938 [Esnault]. **6. Sucrer,** 1936, Céline ; **sucrer les fraises,** 1942, Meckert.

◆ *v.i.* 1894 [Esnault].

◆ *v.pr.* **1.** 1908-1912, Forton [TLF]. **2. Se sucrer la tarte,** 1901 [Bruant] ; **se sucrer la gaufre,** 1977 [Caradec].

DER. **sucrage** *n.m.* **1.** Jugement, condamnation : 1901 [Bruant]. **2.** Arrestation : 1902 [Esnault].

sucrette *n.f.*

Aller à la sucrette, accepter une compromission, un dessous-de-table.

ETYM. de **sucrer**, avec le suff. **-ette**, ici péj. 1953 [Sandry-Carrère].

suer *v.i.*

Faire suer. ***a.*** (vx) torturer ou tuer : *J'ai fait suer un chêne* [...] */ Son auberg j'ai enganté* (Hugo) ; ***b.*** dépouiller, exploiter (qqn). → BURNOUS.

◆ *v.t.*

Suer (une danse), en suer une, danser : *Ce beau soleil me donne envie d'aller en suer une chez Tanton ou chez Convert* (Galtier-Boissière, 2). *C'est la java, tu vas la suer avec mézigue* (Marcus).

ETYM. emplois intensifs du verbe usuel. ***a.*** 1808 [d'Hautel] ; ***b.*** 1615 [Esnault].

◆ *v.t.* 1881 [Rigaud].

DER. **sueur** *n.m.* **Sueur de chênes**, escarpe : 1850, forçat Clémens [Esnault].

suif *n.m.*

Vx. **1.** Gain, profit. **2.** Tricherie. **Faire du suif** ou **en suif,** gagner beaucoup en trichant. **3.** Monde des tricheurs. **4.** Bagarre, querelle, scandale : *Je ne savais pas si je devais y aller au suif, me fâcher tout rouge ou admirer tant d'astuce* (Burnat). *Tu t'occupes des poulagas / Si ya du suif tu tir' dans l'tas* (P. Perret). *Il me fait un suif horrible qui dérange les musiciens du kiosque et effraie les enfants* (Audiard). **Chercher du suif,** chercher querelle : *Avec moi, t'auras tout c'que tu voudras. Et personne te cherchera d'suif* (Le Breton, 6). **5.** Différend aigu, souvent précurseur d'une rixe. **Être en suif avec qqn,** être fâché avec lui : *La pipelette renaudait. Et le Nantais ne tenait pas à être en* *suif avec elle* (Le Breton, 3). **6.** Réprimande : *Lorsque Bébert se pointa au magasin, il sentit immédiatement le suif, aux narines pincées de la maman* (Spaggiari). **Donner** ou **passer un suif à qqn,** le réprimander. SYN. passer un savon. **7.** Élégance vestimentaire. **Faire du suif,** chercher à éblouir par sa mise élégante.

ETYM. la coque des navires était autrefois enduite de suif ; à chaque lancement de bateau, la quille glissait sur une épaisse couche de suif, qui fondait et que des pêcheurs « récoltaient » à la surface de l'eau : d'où l'idée de « ce qu'on recueille à l'issue d'une affaire » ou de « revêtement brillant », ou encore, ironiquement, de « ce qui glisse sur la peau, comme le savon ». **1.** 1829, Vidocq. **2.** 1844 [Esnault]. **Faire en suif**, 1895 [id.] ; **faire du suif,** 1901 [Bruant]. **3.** 1862 [Larchey]. **4.** 1935 [Esnault]. **5.** 1957 [PSI]. **Être en suif avec qqn,** 1954, Le Breton. **6.** *attraper un suif* 1834 [DDL 38] ; *administrer un suif* 1845 [id.]. **7.** 1844 [Esnault]. **Faire du suif à qqn**, 1901 [Bruant].

DER. **suiffer** *v.t.* Infliger une correction : 1860 [Esnault]. **suiffée** *n.f.* Correction : 1866 [id.]. **suiffage** *n.m.* Tricherie : 1901 [Bruant]. **suifferie** *n.f.* Tripot : 1881 [Rigaud].

1. suiffard ou suiffeur *n.m.*

Vx. Tricheur : [Le vol au suif] *s'opère par un grec qui rôde chez les marchands de vin, dans les cafés borgnes, pour dégotter, en bon suiffeur, une frimousse de pante ou de daim* (Claude).

ETYM. de **suif** au sens 2. 1877 [Esnault].

2. suiffard, e ou suiffé, e *adj.*

Vx. Élégant, bien mis : [J'aurai] *un entresol suiffard* [...] *au boul'Mann* (Méténier). *Était-il assez suiffard, l'animal ! Un vrai propriétaire : du linge blanc et des escarpins un peu chouettes !* (Zola).

ETYM. de **suif** au sens 7. 1848 [Esnault] ; *suiffé* 1843 [id.].

suisse *n.m.*

1. En suisse ou (VX) **avec son suisse,** tout seul, égoïstement : *Il fut sur le point de dire : « Partageons... j'veux pas bouffer en Suisse »* (Lefèvre, 2). *Dans quoi ferait-elle chauffer la petite chopine de vin sucré qu'elle avale souvent avec son suisse ?* (Vidocq). **2. Faire suisse.** ***a.*** boire seul : *Pisque le sournois faisait suisse, Batiss' filait à l'anglaise – avec le magot comestib', naturlich* (Stéphane) ; ***b.*** vivre en égoïste, sans partager avec les camarades : *Un tel, dira celui auquel on demandera les motifs de cette réprobation générale, ne m'en dites rien : il fait suisse* (A. Camus). **3.** Vx. **Régaler son suisse,** payer chacun sa consommation.

ETYM. vient de l'habitude des gardes suisses, au XIXe s., de ne pas payer de tournée. **1. Avec son suisse**, 1829, Vidocq ; **en suisse,** 1893, Verlaine [TLF]. **2.** ***a.*** 1841 [Esnault] ; ***b.*** 1863, A. Camus [Sainéan]. **3.** 1866 [Delvau].

sujet *n.m.*

Jolie fille constituant une bonne recrue pour une maison close ou un proxénète : *Une grande joie lui venait d'avoir jaugé juste ce petit sujet. D'avoir deviné qu'elle n'était pas de l'espèce « tro-paimable monsieur »* (Simonin, 5). *J'avais des p'tits sujets un tantinet marioles / Des qui nourrissaient l'homm' au moins pendant vingt ans* (P. Perret).

ETYM. emploi spécialisé et euphémique du mot usuel. 1953, Simonin ; Esnault signale, en 1948, le sens de « partenaire pour parties de plaisir » : s'agit-il du même type d'individus ?

sulfater *v.t.*

Atteindre d'une rafale de mitraillette, tirer sur qqn à la mitraillette : *La bouche dans la glaise et le trouillomètre à zéro pendant que les friquets nous sulfataient à plein tuyau* (J. Perret, 1).

ETYM. emploi ironiquement métaphorique du verbe technique. 1951, J. Perret.

sulfateuse *n.f.*

Mitraillette : *Faut en finir, faut faire un carnage. Je prends ma sulfateuse et j'envoie la sauce dans le tas* (Trignol).

ETYM. emploi ironiquement métaphorique ; la mitraillette arrose largement la cible, comme la buse de la sulfateuse épand en éventail le sulfate de cuivre. 1945, Ch. Bruneau [TLF].

super *préf. et adj.*

Indique un très haut degré d'excellence : *J'avais l'impression d'être une supergonzesse et que le mec avec qui je dansais, il dansait super bien* (Bohringer). *C'est un truc super.*

ETYM. emploi généralisé et autonomisé, pour l'adj., d'un très anc. préf., d'origine lat., signifiant « au-dessus ». 1951, Queneau [TLF], comme adj. ; 1978, *le Point* [id.], comme interj. ; *superpied* 1975 [Beauvais]. Ce mot est très en vogue dans le parler jeune des années 1980-1990.

superflip *n.m.*
État de profonde dépression : *Le plus bas degré de la déprime est le superflip parano* (Beauvais).
ETYM. de **super** et de l'angl. **to flip**, donner une pichenette. 1975 [Beauvais].

supermarca *n.m.*
Supermarché : *Je ne ferai pas la croûte, mon cher, réplique Dany-la-Cruelle. Je suis une femme totalement libérée et on bouffera des conserves du supermarca comme tous les libérés* (Siniac, 3).
ETYM. de **marca**, marché. contemporain.

supernana *n.f.*
Fille ou femme très belle, très séduisante : *Les obsédés du cul préfèrent Crépax et Manara avec leurs supernanas sexy et salopes et plus que nature* (*le Nouvel Observateur*, 23 novembre 1984).
ETYM. de **super** et de **nana.** 1984, *le Nouvel Observateur.*

surbine *n.f.*
Vx. **1.** Surveillance de (haute) police : *Au cas où la surbine prendrait plus d'une heure, Biantéri comprendrait et assurerait le relais automatiquement devant l'hôtel* (Risser). **2.** Cellule de haute surveillance.
ETYM. resuffixation arg. de **surveillance. 1.** 1835 [Raspail]. **2.** 1977 [Caradec].
DER. **surbiner** *v.t.* Surveiller : 1847 [Dict. nain].

surboum ou **surpatte** *n.f.*
Surprise-partie : *Avant de le rencontrer, Daniel, et de vivre ce fol amour, elle avait flirtaillé de ci, de là, par ci, par là, de surboum en surpatte* (Bernheim-Cardot). SYN. 2. boum.
ETYM. apocope et resuffixation de **surprise-partie.** *surboum* 1947, Fallet [TLF] ; *surpatte* 1958 [Esnault].

Sûretaille (la), Sûrtaille (la) ou **Sûretanche (la)** *n.pr.*
Vx. La Sûreté.
ETYM. suffixation arg. de **Sûreté.** *Sûretaille* 1883 [Esnault] ; *Sûretanche* 1899 [Nouguier].

surgerber *v.t.*
Vx. Condamner en appel.
ETYM. du préf. **sur-** et de **gerber**. 1836 [Vidocq].
DER. **surgerbe** ou **surgerbement** *n.m.* Vx. Condamnation en appel : 1836 [id.], pour la seconde forme, 1901 [Bruant], pour la première.

surin *n.m.*
Toute arme blanche (couteau, poignard) : *Il a filé un coup de couteau à un receveur de bus, au terminus de la ligne 195, du côté de Châtenay-Malabry... Un coup de surin comme ça, parce que l'autre l'avait engueulé de monter dans le bus sans oblitérer son ticson* (Bastid-Martens). *Si j'ai pas l'rond, mon surin bouge* (Richepin).
ETYM. du tsigane **chouri**. 1827 [Demoraine].

suriner *v.t.*
Frapper, blesser ou tuer d'un coup de couteau : *Blessés par balle ou surinés à blanc, la plupart d'entre eux* [les gardiens de la paix] *rêvaient d'une vengeance que le port de l'uniforme leur interdisait* (Pennac, 1). *J'étais en train de courser un voyou qui venait de suriner une jeune fille* (Lacroix).
ETYM. de **surin**. 1827 [Demoraine].
VAR. **souriner** : 1829 [Forban].

surineur *n.m.*
Individu qui joue volontiers du couteau : *Comment, l'Surineur, ça te dit rien ? Eh ben, tu lis pas grand-chose, pour un truand. J'sais bien qu'le lycée... – L'Chourineur ! dit soudain René, qui se rappela le livre* (Duvert).
ETYM. de **suriner**. 1843 [Dict. moderne].

surprenante *n.f.*
1. Loterie truquée. **2. À la surprenante,** par surprise : *Un commando de la maison parapluie a investi la cabane, à la surprenante !* (Simonin, 5). [Lui] *s'arrangeait pour se trouver derrière l'Amerloque et lui filer un coup de hache à la surprenante sur la tronche* (Pousse).
ETYM. emploi substantivé du participe présent de **surprendre. 1.** 1937 [Esnault]. **2.** 1960, Simonin.

surveillée *n.f.*
Le service de l'éducation surveillée, chargé de l'enfance délinquante : *Elle fréquente avec un moins que rien, une graine de malfrat qu'avait déjà tâté de la surveillée* (Blier).
ETYM. ellipse de **éducation surveillée**. 1972, Blier.

synchrone *adv.*

À point nommé : *Au ralenti de la Chevrolet, il arrivait synchrone pour emballer Alberto en voltige* (Simonin, 1).

ETYM. emploi adv. de l'adj. technique, « qui se produit dans le même temps ». 1958, Simonin.

syndicat *n.m.*

1. Être du syndicat, être atteint de syphilis. **2. Syndicat d'initiative.** ***a.*** bureau de renseignements de la Préfecture de police ; ***b.*** guet-apens tendu par des truands à d'autres truands.

ETYM. emplois ironiques et euphémiques du mot usuel. **1.** 1977 [Caradec], mais sûrement plus anc., vu la date du dér. **2.** 1975 [Arnal].

DÉR. **syndiqué** *adj.m.* Atteint de syphilis : 1913, bat' d'Af' [Esnault].

syphilo *n.f.*

Syphilis.

◆ *adj. et n.*

Syphilitique.

ETYM. apocope et resuffixation arg. de **syphilis** et de **syphilitique.** 1916, Barbusse [Doillon]. ◆ *adj. et n.* 1907 [Chautard].

VAR. **syphlotte** *n.f.* : 1922 [Esnault].

système *n.m.*

1. Système pénitentiaire contraignant au silence absolu dans les cellules. **2.** Privation de nourriture en cellule. **3.** Constitution physique, état général : *Quand je m'laisse aller à boire, / Moi, j'ai l'système agité, / J'dégueule…* (Gill). **Courir, taper, porter sur le système,** (vx) **agacer, rompre le système,** agacer prodigieusement, énerver : *Tu commences à me courir sur le système* […] *Il va pleuvoir des beignes tout à l'heure* (Machard, 1). *Le ciel était lourd à subir, il tape quand même sur le système, à la fin, au bout des mois qu'il vous écrase* (Céline, 5). *La voilà veuve par tous les bouts. Alors vous comprenez, ça lui porte sur le système, ça la travaille ; elle a le droit d'être à cran* (La Fouchardière). **4. S'en faire péter le système,** entreprendre une tâche qui est au-dessus de ses forces.

ETYM. emplois spécialisés du mot usuel (1 et 2) et ellipse de **système nerveux** (3). **1.** 1841, Joigneaux. **2.** 1880, bat' d'Af' [Esnault]. **3. Courir sur le système,** 1911, Machard ; **taper sur…,** 1867 [Delvau] ; **agacer le système,** 1851, *le Tintamarre* [Doillon] ; **rompre…,** 1881 [Rigaud]. **4.** [id.].

tabac *n.m.*

1. Vx. Correction infligée à qqn: *Voilà comme il est, et puis après, s'il lui arrivait de la peine, il me f... du tabac* (Vidocq). **Passer à tabac** ou (vx) **au tabac,** infliger une correction à qqn, en se mettant à plusieurs (notamment dans les locaux de la police ou dans un car de police) : *Si l'amie* [du souteneur emprisonné] *était en retard d'une semaine* [pour l'assister], *un camarade du dehors saurait la faire « passer au tabac »* (abbé Moreau). *Les annales* [...] *consignent plus d'un cas de militants responsables, parfois de dirigeants, qui, tout en étant à la solde de la police, se font passer à tabac* (Malaquais). *Toute la connaissance professionnelle de ces gardiens est de savoir fermer une porte ou « passer à tabac » les mauvaises têtes* (Roubaud). **Passage à tabac,** correction administrée selon ce mode: *Les histoires du Bouif se terminaient toujours par un conflit aigu avec des agents de police, par un passage à tabac tout à fait soigné, et par un séjour prolongé au violon* (La Fouchardière). **2.** Fâcheux état, situation critique, dangereuse : *Pédro, dès qu'il y avait un tabac quelconque, un coup fourré, une opération glandilleuse, il en était* (Boudard, 6). **3. C'est le même tabac,** c'est la même chose : *Et en plus c'est donc vrai que t'es un flic ? – Non, non, s'écria Trouscaillon. C'est un déguisement... juste pour m'amuser... pour vous amuser... c'est comme vott tutu... c'est le même tabac* (Queneau, 1). **4. Faire un tabac** ou (vx) **avoir le gros tabac,** obtenir un franc succès, notamment dans le domaine du spectacle : *Pour couronner le tout, un film de Billy Wilder, avec Shirley Mac Laine et Jack Lemmon. Au total, comme on dit en langage du spectacle, un tabac* (Chevalier).

ETYM. emploi fig. du mot usuel au sens de « dose, ration » (référence aux priseurs). **1.** 1802, Bicêtre [Esnault] ; d'abord *foutre du tabac à qqn,* le bourrer de coups, 1829, Vidocq. **Passer** et **passage à tabac,** avant 1879, selon Rigaud ; **passer au tabac,** 1881, abbé Moreau. **2.** 1821 [Esnault]. **3.** 1888 [Villatte]. **4. Faire un tabac,** 1977 [Caradec] ; **avoir le gros tabac,** 1901 [Esnault].

tabassage *n.m.* ou **tabassée** *n.f.*

Correction, généralement collective : *Ce jour-là, tout ce qui ressemblait de près ou de loin à un « gaucho » ou à un « freak » eut droit au tabassage* (*Libération*, 2 novembre 1977). *Elle ne cessait de se répéter : « Ou bien ils le condamneront, ou alors c'est la grosse tabassée »* (Clavel, 3).

ETYM. du verbe **tabasser.** *tabassage* 1937, Malraux [GLLF] ; *tabassée* 1953 [Sandry-Carrère].

tabasser *v.t.*

Rouer de coups : *La manif des paysans demain risque de chauffer.* [...] *– Parbleu ! on ne tabasse pas un plouc comme un vulgaire écolier !* (Coatmeur). *Ils se tabassent, ils roulent par terre, et c'est elle qui a le dessus* (Smaïl).

ETYM. de **(passer à) tabac.** *tabaser* 1888 [Villatte] ; p.-ê. à rattacher au verbe lyonnais homographe, signifiant « remuer, faire du bruit », et au piémontais **tabussé,** frapper [Nizier du Puitspelu].

tabatière *n.f.*

1. Tête : *Les gars, faut pas leur faire de cachotteries. Forcé qu'un jour ou l'autre ça nous retombe sur la tabatière* (Chabrol). **2.** Vx. Postérieur. **Ouvrir sa tabatière,** lâcher un pet.
ETYM. emplois métaphoriques du mot usuel. **1.** 1958, Chabrol. **2.** 1862 [Larchey].

table *n.f.*

1. Manger, bouffer ou **béqueter à la table qui recule,** être contraint à jeûner : *Rien de meilleur que d'avoir cassé la croûte à la table qui recule pour avoir le caractère bien trempé* (Le Breton, 3). **2. Se mettre à table** ou (vx) **monter sur la table, mettre les pieds sous la table, manger à la grande table,** passer aux aveux ou faire des dénonciations devant la police : *Les hommes du milieu qui sont dans la salle applaudissent. Ils* [...] *me manifestent ainsi qu'ils sont fiers que je ne me sois pas mis à table et n'aie dénoncé personne* (Charrière). *Comme si, pour leurs belles mirettes, notre Parisien allait monter sur la table et cracher dans leur bassin les noms de ses mions !* (Burnat).
ETYM. emplois expressifs du mot usuel. **1. Béqueter à la table qui recule,** 1939 [Esnault] ; **bouffer à la table qui recule,** 1957 [Sandry-Carrère]. **2. Se mettre à table,** 1845 [Esnault] ; **monter sur la table,** 1836 [Vidocq] ; **mettre les pieds sous la table,** 1883 [Esnault] ; **manger à la grande table,** 1899 [Nouguier].
DER. **tabler** *v.t.* Inviter à une table de jeu : 1957 [Esnault].

tableau *n.m.*

1. Vieux tableau, vieille femme trop maquillée. **2.** Spectacle quelconque : *S'ils veulent à tout prix obtenir le témoignage d'Agnès, vous voyez d'avance le tableau, n'est-ce pas ?* (Malet, 19). *Vise un peu le tableau !* Vx. **Tableau !,** quel spectacle ! : *J' couch' quéqu'fois dans des péniches ; / Mais quand on s'réveille, tableau !* (Richepin).
ETYM. emplois expressifs du mot usuel. **1.** 1889 [Larchey]. **2.** 1872 [Esnault], encore en 1977 chez Caradec.

tablier *n.m.*

Tablier de sapeur ou **de forgeron,** toison pubienne exubérante : *Un tablier de sapeur, ma moustache, pensez / Cette comparaison méritait la fessée* (Brassens). *Elle était poilue pas possible... le véritable tablier de sapeur* (Boudard, 6).
ETYM. emploi métaphorique ; les sapeurs portaient sur le ventre un large tablier noir. **Tablier de sapeur,** 1864 [Delvau].

tabouret *n.m. (surtout au pl.)*

Dent : *Elle me sourit, poliment je lui découvre mes trente-deux tabourets fourbis à l'émail Diamant* (San Antonio, 5). **N'avoir plus de tabourets dans la salle à manger,** n'avoir plus de dents.
ETYM. emploi métaphorique du mot usuel : les dents sont rangées comme des tabourets le long d'un bar. **N'avoir plus de tabourets...,** 1901 [Rossignol].

tac, tacmard ou **tax** *n.m.*

Taxi : *Je me sers de l'outil du délateur et j'appelle une station de tacs* (Bauman). *Alors nous, on va à ton bureau, on filoche ta secrétaire quand elle prend un tacmard, on la coince chez elle* (ADG, 7). *Oh dis donc mais si z-y vont en tax ! fit Amélie-Lyane* (Duvert).
ETYM. apocope de **taxi.** *tac* 1959, Queneau ; *tacmard* 1977, ADG ; *tax* 1979, Duvert.

tache *n.f.*

1. Vx. Clou délimitant sur la chaussée les passages pour piétons. **2.** Vx. Pièce de cinq francs : *Quatorze cinquante, em' dit? Em' a filé trois taches. Ça faisait qu'deux ronds d'pourboire* (Simonin-Bazin). **3.** Individu complètement nul : *C'est la tache, ce mec !*
ETYM. emplois métaphoriques du mot usuel. **1.** 1929 [Esnault]. **2.** 1935, Simonin-Bazin. **3.** 1984 [Walter-Obalk]. Caradec (1988) le fait masc. en ce sens.
VAR. **tachon** au sens 3 : 1982, *le Nouvel Observateur.*

tacot *n.m.*

1. Vieille automobile, ou désignation péj. d'un véhicule quelconque : *Bosser, je veux bien, mais où ? Dans le taxi, il était grillé... Abandonner un tacot sans prévenir le patron, ça ne se pardonnait pas, dans la corporation* (Varoux). **2.** Taxi : *J'ai hélé un tacot, et je me suis laissé aller sur sa moquette saturée de sueur* (Matas). **3.** Vx. Petit chemin de fer d'intérêt local.
ETYM. du radical onomatopéique **tak-**, qui évoque le fonctionnement bruyant d'un moteur, d'une machine. **1.** 1905, *l'Automobile illustré* [GLLF]. **2.** 1948, Carco. **3.** 1917-1918 [Esnault].

1. taf *n.m.*

Peur : *Je me demandais pourquoi jusque-là je n'avais ressenti de taf extrême que dans les situations dangereuses : sous un bombardement, dans une tranchée, dans un appartement où la police pouvait débarquer* (Francos).

ETYM. d'un radical expressif **taf-** (cf. *le cul lui fait tif-taf,* il a peur, 1640, Oudin [GLLF]). 1582, Tabourot [Esnault].

DER. **taffer** *v.t.* Effrayer : 1836 [Vidocq] ; *v.i.* Avoir peur : [id.]. **tafferie** *n.f.* Peur : [id.]. **taffetas** *n.m.* **Avoir le taffetas,** avoir peur : [id.].

2. taf ou **taffe** *n.m.*

1. Part, ration : *À qui tu verses le taffe quand René n'est pas là ?* (Amila, 4). **Prendre son taf,** jouir. SYN. prendre son pied. **2.** Prix : *J'aime autant te dire qu'il faudra qu'ils y mettent le taffe s'ils veulent l'encrister* (Giovanni, 1). **Faire le taf,** racoler. **3.** Travail : *Le plaisir qu'il prenait à tout mettre au point, la précision de ses réponses, tout montrait combien ce taf était devenu sa véritable passion* (Conil). **4. C'est pas mon taf,** ce n'est pas mon point fort : *Le tapin c'est pas ton taf, a répondu le Jules. Reste ici à chanter, ça vaudra mieux* (Lépidis).

ETYM. origine inconnue, p.-ê. apocope de **tafouilleux**, chiffonnier (littéralement « qui fouille dans les tas »). **1.** 1899 [Nouguier]. **Prendre son taf,** 1960 [Le Breton]. **2.** 1946, Dijon [Esnault]. **Faire le taf**, 1977 [Caradec]. **3.** [id.]. **4.** 1986, Lépidis.

tafanard *n.m.*

Postérieur : *Mes obsessions du tafanard... insatiables appétits* (Boudard, 5).

ETYM. de l'arg. prov. **taffanari,** même sens, issu de l'ital. vers 1940 [Cellard-Rey].

taffe *n.m. ou f.*

Bouffée de cigarette : *Un truc aussi futile qu'une taffe de cigarette lui faisait penser que de bonnes choses pouvaient encore lui arriver* (Roux).

ETYM. sans doute de **2. taf** au sens de « part, ration ». 1995 [Goudaillier].

taffer *v.t.*

Vx. Effrayer.

◆ *v.i.*

Vx. Avoir peur : *Tous les journalisses taffaient derrière moi* [...] [le supplicié] *taffait pas tant que les muffles qui me soufflaient dans le dos* (Méténier).

ETYM. de **1. taf.** 1836 [Vidocq], pour les deux emplois.

taffetas *n.m.pl.*

1. Vx. Vêtements de toile : *Les autres déployèrent sur le pavé les taffetas, les chemises et les pantalons* (Hugo). **2.** Billets de banque : *Poiret a toujours fait valser les grands taffetas avec une parfaite désinvolture* (Galtier-Boissière, 4). *Mon pote compte la galette dans un coin de rue désert. Biche Marcel ! Brave connasse ! Dans les cent quarante taffetas !* (Dégaudenzi).

ETYM. emplois métonymiques et expressifs du mot désignant un tissu sans envers, à armure très simple. **1.** 1829, Bicêtre [Esnault]. **2.** 1925 [id.].

taffeur, euse *adj. et n.*

Poltron : *L'inspecteur principal s'était fait fort « d'en dégeler au moins un », selon lui : « le plus taffeur et aussi le plus vicieux de la bande »* (Robert-Dumas).

ETYM. de **taffer**. 1815, *Chanson de Winter* [Vidocq].

tafia ou **tahu** *n.m.*

Boisson forte : *Le garçon de cambuse surgissait sur l'arrière. Je lui commandai une bouteille de tafia* (Londres).

ETYM. aphérèse de **ratafia**, eau-de-vie antillaise à base de canne à sucre. *tafia* 1659, Moreau de Saint-Méry [GLLF] ; *tahu* 1930 [Esnault].

DER. **tafiatique** *n.* Alcoolique : 1902 [id.].

tafiater *v.t. et i.*

Boire : *Porte-nous à tafiater. Y fait soif* (Le Breton, 2).

ETYM. de **tafia.** 1903 [Esnault].

tag *n.m.*

Graffiti représentant la signature stylisée du jeune qui l'a dessiné : *Signes cabalistiques mi-hiéroglyphes mi-cyrilliques, les tags ont envahi les plans du métro et les murs de la capitale* (*l'Événement du jeudi,* 15 décembre 1988).

ETYM. mot angl., « marque, étiquette ». 1988, *l'Événement du jeudi.*

taguer ou **tagger** *v.i.*

Tracer des tags sur des surfaces vierges (murs, véhicules) : *Quête identitaire angoissée ? Quand il taggait, sa signature était Samo, contraction slang de «same oldshit»* (*Libération*, 16 novembre 1989). *Tu devrais faire TUC dans le tromé. Faire des doubles des clés. Comme ça, on serait narpés pour taguer* (*l'Événement du jeudi*, 15 décembre 1988).

ETYM. de **tag.** 1988, *l'Événement du jeudi.*

tagueur ou **tagger** *n.m.*

Jeune marginal qui «tague»: *Certaines nuits, les taggers carbonnent une quarantaine des 720 trains en circulation* (*Libération*, 13 mai 1989).

ETYM. de **tag.** 1988, *L'Événement du jeudi.*

tahu *n.m.* → TAFIA.

taille *n.f.*

1. Faire sa taille, assurer sa subsistance quotidienne. **2.** Vx. **Taille de lune,** poche intérieure d'un paletot. **3. Pierre de taille,** individu très avare.

ETYM. emplois spécialisés du mot usuel. **1.** 1928 [Lacassagne] ; la taille est, selon lui, la latte de bois cochée par le boulanger, et qui représente le compte mensuel du client. **2.** 1902, Lyon [Esnault]. **3.** 1960 [Le Breton] (idée de «rogner»).

tailler *v.t.*

1. Tailler une plume ou **une pipe à qqn,** lui faire une fellation : *Je fais le trottoir rue d'la Lune / Je taille une plume pour un écu* (Plaisir des dieux). *Entre ses jambes écartées, velues et noueuses, une petite négresse au valseur émouvant était agenouillée et avec conscience et conviction, lui taillait une pipe royale* (Page). **2. Tailler la route.** ***a.*** partir : *Qu'est-ce qu'ils ont dit, encore, les copains ? – Qu'il vous fallait quitter la ville cette nuit. – Cette nuit ? Tailler la route...* (Chabrol) ; ***b.*** faire du chemin : *Et pendant ce temps, les voleurs taillent la route, pensait M. Lagrange accablé par les lenteurs de l'administration* (T. Colin).

◆ **se tailler** *v.pr.* ou **tailler** *v.i.*

Partir rapidement, s'enfuir : *Fais gaffe ! prévint-il. Voilà une bagnole ! Vaudrait mieux que tu te tailles ! Si jamais les flics te...* (Lesou, 1).

ETYM. emplois expressifs du verbe usuel. **1. Tailler une plume,** 1881 [Rigaud] ; **tailler une pipe,** 1977 [Caradec]. **2.** 1946, F. Ambrière [TLF].

◆ *v.pr.* 1945, Sartre [TLF] ; *v.i.* 1928 [Lacassagne].

DER. **tailleur** *n.m.* **Passer au tailleur,** syn. de faire sa taille : 1959 [Esnault].

tailleuse *n.f.*

Tailleuse de plumes, prostituée qui pratique la fellation : *À l'instant crucial, Rollo émit un «oupf» ! », décompressa et se redressa, s'arrachant aux délices de la fellation* [...]. *« Une tailleuse de plumes de première »* (Page).

ETYM. de **tailler une plume.** 1881 [Rigaud].

tal *n.m.*

Vx. Postérieur. **Taper dans le tal,** sodomiser. **Avoir dans le tal,** mépriser.

ETYM. de **talon,** moulure courbe. 1825, *Un monsieur comme il faut.* **Avoir dans le tal,** 1901 [Bruant].

talbin *n.m.*

1. Billet de banque : *Des sigues qui seraient peut-être devenus des talbins de cent balles* (Lorrain). *Tant pis ! se dit-il, je la réveillerai ! Quand on apporte de pareils paquets de talbins, on peut réveiller une sœur !* (Fauchet). Vx. **Talbin de la carre,** billet de banque ; **talbin d'encarade,** billet d'entrée au théâtre ; **talbin de la sèche,** billet mortuaire. **2.** Portefeuille. **3.** Vx. Huissier.

ETYM. probablement de **tailler,** avec suffixation obscure. **1.** 1844 [Dict. complet]. **2.** 1846, *Intérieur des prisons.* **3.** jeu de mots : l'huissier apporte des feuilles bleues. 1821 [Mézière].

VAR. **tailbin** : 1836 [Vidocq]. **talb** : 1883 [Esnault].

DER. **talbiner** *v.t.* Assigner : 1821 [Mézière].

talmouse *n.f.*

Gifle : *Quand est venu le temps des talmouses, est-ce moi qui les ai provoquées en espérant que des caresses leur succéderaient ?* (Cordelier).

ETYM. de **taler,** gifler, et d'un suff. p.-ê. influencé par *marmouset.* «coup» mil. du XVe s., Villon [Sainéan].

DER. **talmouser** *v.t.* Gifler : 1912 [Villatte].

tambouille *n.f.*

Cuisine simple ou médiocre : *Je vois ici que j'ai oublié de parler de la nourriture à la Colline. Infecte, mes amis. Dégueulasse. Ah ! je retiens leur tambouille* (Paraz, 1) ; repas : *Il ne tardait pas à piquer un roupillon sur le banc, où il s'allongeait jusqu'à l'heure de la tambouille* (Cendrars, 1).

ETYM. resuffixation arg. du vieux mot **tampone,** bombance (1756, poissard [Esnault]) ou aphérèse de **pot-en-bouille**, pot-au-feu [Cellard-Rey]. 1866 [Delvau] ; Esnault donne aussi la var. *tampouille* (sans date).

tambour *n.m.*

1. Vx. Ventre. **2.** Simulateur : *Tu crois pas que j'ai été marron à ton battage ? Il y a sept ans que je suis infirmier aux jobards et dès la première semaine j'ai compris que tu étais un tambour* (Charrière).
ETYM. jeu de mots métonymique sur **battre**, simuler et jouer (du tambour). **1.** 1901 [Bruant]. **2.** 1969, Charrière.

tamiser *v.t.*

1. Extraire en douceur (d'une poche) : *Il lui* [au tireur] *faudra s'entraîner à glisser deux doigts en fourchette, c'est-à-dire l'index allongé et le médius très légèrement replié, pour saisir l'objet dans la poche, et le « tamiser », c'est-à-dire le faire glisser sans nulle violence jusqu'à l'extérieur* (Locard). **2.** Trier les condamnations d'un prévenu pour ne retenir que celles qui ne sont pas amnistiées, dans le langage des policiers.
ETYM. emplois métaphoriques et ironiques du verbe usuel. **1.** 1921 [Esnault]. **2.** 1975 [Arnal].

tampon *n.m.*

Vx. Poing : *Les tampons sur les hanches.* **Coup de tampon,** coup de poing : *On s'est allongé un coup de tampon, en sortant de chez la mère Baquet. Moi, je n'aime pas les jeux de mains* (Zola). SYN. ramponneau.
ETYM. le sens de « poing » semble extrait de **coup de tampon.** 1830 [Esnault] (emploi métaphorique de la loc. désignant le coup de timbre humide qu'on applique sur les lettres).

tamponner *v.t.*

1. Rudoyer, battre qqn : *Vous allez pas vous tamponner maintenant ! fit la mère Paradis en intervenant* (Méténier). **2.** Posséder sexuellement. **3. S'en tamponner le coquillard,** (vx) **le coquard** ou **s'en tamponner,** se moquer, se désintéresser totalement de qqch ou de qqn : *Vous parlez s'il s'en tamponne le coquillard, Hitler, de la Tchécoslovaquie* (Sartre). *On lui fauche son pognon : l'opinion publique, comme tu dis, on s'en tamponne !* (Clavel, 2).
ETYM. de **tampon. 1.** 1867 [Delvau], voix réfléchie. **2.** 1887, Zola [TLF]. **3. S'en tamponner le coquillard,** 1878 [Rigaud] ; **s'en tamponner le coquard,** 1912 [Villatte] ; **s'en tamponner,** 1936, Aragon [TLF].

tam-tam *n.m.*

1. Vacarme, tapage. SYN. ramdam. **2.** Publicité bruyante : *Ce qui m'étonne, c'est que le plaignant fasse un tel tam-tam autour de cette affaire. D'habitude* [...] *ce genre d'histoires est réglé à la sourdine, avec un minimum de publicité* (Lefèvre, 1). **3.** Caisse ; tiroir-caisse.
ETYM. emploi métaphorique du mot onomatopéique et exotique. **1.** 1881 [Rigaud]. **2.** 1841, Sand [DDL 38]. **3.** 1975 [Arnal].
DER. **se tamtamer** *v.pr.* S'informer réciproquement : 1962, Boudard.

1. tanche *n.f.*

Homme prétentieux.
ETYM. emploi péj. fréquent d'un nom de poisson (→ BRÈME, HARENG, etc.). 1928 [Lacassagne].

2. tanche ou **tinche** *n.f.*

Collecte faite pour venir en aide à un ami (notamment un détenu).
ETYM. origine obscure. 1928 [Lacassagne].

tangente *n.f.*

Prendre la tangente, s'enfuir (génér. discrètement) : *« Pourquoi qu'tu prends pas la tangente maintenant ? ». Elle prend un air décidé. « Pasque. Max y flairerait du louche »* (Lasaygues).
ETYM. emprunt à la géométrie : la tangente « s'évade de la circonférence ». 1867 [Delvau] (arg. de Polytechnique).

tango *n.m.*

1. Correction, volée de coups. **2.** Boisson composée de bière et de grenadine.
ETYM. **1.** métaphore ironique. 1928 [Lacassagne]. **2.** 1975 [Beauvais] (allusion à l'adj. de couleur orange).

tannant, e *adj.*

Qui se montre insistant, importun : *Dans les corridors, à la cuisine, au jardin, des heures entières, on entend sa voix qui glapit... Ah ! qu'elle est tannante !* (Mirbeau).
ETYM. emploi adj. du participe présent de **tanner.** 1762 [Acad. fr.].

tannée *n.f.*

Correction infligée à qqn ; défaite humiliante : *Nos cousins les Juifs, quand même, quelle tannée ils mettent aux Égyptiens !* (Francos).
ETYM. de **tanner le cuir.** 1852 [Humbert] ; « défaite » 1906, Musette [TLF].

tanner *v.t.*

Tanner le cuir, le lard, la peau à qqn ou simpl. **tanner qqn.** ***a.*** lui infliger une correction : *On pourrait s'exercer dessus, leur tanner le cuir en long et en large* (Daudet). *Je vais te faire tanner la peau pour t'apprendre qu'il faut être poli* (Malaquais) ; ***b.*** l'importuner vivement : *Toujours leur assassinat de la rue du Temple ! dit Lesage, m'ont-ils assez tanné avec cette histoire-là !* (Guéroult).

ETYM. emplois métaphoriques et humains d'un verbe dénotant une action énergique qui s'applique au cuir d'un animal. ***a.*** **Tanner le cuir à qqn,** 1833, Vidal et Delmart [TLF] ; **tanner qqn,** XIIIe s., Rutebeuf ; ***b.*** *taner* vers 1220, Coincy [GLLF].

tante, tantouze ou **tantouse** *n.f.*

1. Homosexuel (souvent passif) : *M'man rendit son salut à un joli garçon, trop joli, qui tenait une boîte de tantes* (Le Breton, 1). *Il parlait avec une petite voix flûtée de tantouse, on aurait dit un vieil homme de lettres à la télévision* (Boudard, 1). **2.** Délateur : *Le patron, un bossu du nom de Casquette, un rien indic, un peu tantouze, hésita un instant* (Bastiani, 1). **3.** Homme méprisable ou haïssable : *Je tentais de refouler de mon vocabulaire les mots « tantes » ou « pédés » qui, mais c'est là un phénomène purement culturel, me venaient très naturellement envers tous les conards qui se prenaient pour des caïds* (Fajardie, 1). **4.** Vx. Policier. **5. Ma tante.** ***a.*** le mont-de-piété : *Quiens... ton baluchon qui s'défait ! / Y te l'ont r'fusé chez ma « Tante » ?* (Rictus) ; ***b.*** (vx) femme du directeur de la prison : *Ma tante est encore girofle, ma foi si elle m'ouvrait la lourde...* (Ansiaume).

ETYM. emploi péj. d'un nom féminin (avec ou sans suff. *-ouse*) pour désigner un type d'individus que le milieu ne considère pas comme des « hommes ». **1.** *tante* 1835 [Raspail] ; *tantouse* 1899 [Nouguier] ; *tantouze* 1954, Méra. **2** et **4.** 1883 [Esnault]. **3.** 1878 [id.]. **5.** ***a.*** fém. ironique de *oncle,* prêteur sur gages, usurier, dès 1642 en Belgique. 1823 [DDL 22] ; ***b.*** 1821 [Ansiaume].

VAR. **tantinette :** 1953 [Sandry-Carrère].

taouzi *pron. pers.* → **MÉZIG.**

tap *n.m.*

ARG. ANC. Pilori : *Tandis que j'étais au tap, j'ai vu ta larque qui lansquinait* (Ansiaume). **Faire le tap,** être exposé au pilori.

ETYM. apocope de **tabouret** (avec assourdissement de la finale), siège du condamné sur l'estrade. 1815 *Chanson de Winter,* in Vidocq. **Faire le tap,** 1850, Clémens.

tapageur *n.m.*

1. ARG. ANC. Type de voleur : *Les tapageurs étaient des ouvriers à longs tabliers qui, feignant de demander de l'ouvrage, se précipitaient en foule à bord des bâtiments, où ils trouvaient toujours moyen de dérober quelque chose à la faveur du tumulte* (Vidocq). **2.** Dans certaines maisons closes, pièce calfeutrée et équipée d'un piano, où les filles pouvaient chanter et danser après les heures réglementaires.

ETYM. de **(faire du) tapage. 1.** 1828, Vidocq. **2.** 1928 [Lacassagne].

tape *n.f.*

Échec, insuccès.

ETYM. déverbal de **taper.** *avoir sa tape,* n'avoir aucun succès, 1760, Voltaire [TLF].

tapé, e *adj. et n.*

Qui a l'esprit dérangé, fou : *La vengeance et le dégoût de sa poire lui ronflaient sous le lard à l'en rendre tapée* (Devaux). *Ça a commencé avec son mari qu'est devenu sinoque. Bon. On enferme le mec aux tapés et elle reste avec ses deux mômes* (Lefèvre, 2). SYN. frappé, marteau.

◆ *adj.*

Qui est bien fait ou qui est dit avec à-propos : *C'est une marmite qui est rien tapée* (Rossignol). *Il m'enverra ce qu'on écrira sur lui, de mieux tapé* (Mirbeau). **C'est tapé.** ***a.*** c'est bien dit, bien exécuté : *Ils sont rudement forts ! C'est tapé, ça, papa, dit-il familièrement au monarque* (Boussenard) ; ***b.*** c'est réussi. Vx. **Tapé à l'as** ou **dans le nœud,** très soigné, très remarquable.

ETYM. emplois métaphoriques du participe passé de **taper.** 1857, Flaubert [TLF].

◆ *adj.* 1742, E.J.F. Barbier [GLLF]. **C'est tapé,** 1823, E. Debraux [Rigaud]. **Tapé à l'as,** 1876, *Tam-Tam* [Larchey] ; **tapé dans le nœud,** 1862 [id.]. L'adj. *tapé* était très employé vers 1830 par les peintres, au sens de « fait avec liberté, hardiesse » (en parlant d'un tableau).

tape-cul *n.m.*

Véhicule pourvu d'une suspension médiocre : *Un copain motocycliste les prenait sur son tape-cul, les emmenait là-bas* (Van der Meersch).

ETYM. mot composé de **taper** et de **cul**, à valeur expressive. « voiture » 1798 [Acad. fr.]; « motocyclette » 1940, Van der Meersch.

tapée *n.f.*

Grande quantité : *On apercevait deux couples de gendarmes, une tapée de policiers en civil* (Malaquais). *Attention, les mecs, ne venez pas ricaner en me disant : Ce don-là, le don de nous mettre le drapeau en berne, vous êtes une bonne tapée à l'avoir déjà* (Sarraute, in *le Monde*, 9 septembre 1988).

ETYM. emploi substantivé du participe passé de **taper**. 1727, Marivaux [TLF].

taper *v.t.*

1. Soumettre à une demande de prêt : *Alors comme ça c'est l'anniversaire de votre fils ? – Ouais, grommela Sacco, et je m'étonne qu'il vous ait pas encore tapé de cent balles !* (Varoux); emprunter une somme à qqn : *Tu vas voir qu'à tous les coups / Y va nous taper cent balles* (Renaud). **2.** Aborder (qqn). **3.** Monter jusqu'à, rouler à (telle vitesse), en parlant d'un véhicule : *Jamais encore il n'avait eu dans les pognes une hotte capable de taper le cent, et même de le dépasser* (Simonin, 8). **4.** Vx. Subir (qqch de désagréable). **5. Taper (qqn) aux faffes,** demander à vérifier les papiers d'identité, en parlant d'un policier : *Ajoutez à ça qu'avec un peu plus de pot, je me faisais taper aux faffes par une brigade de nuit* (Risser). **6.** Vx. **Taper le dingue,** simuler la folie. **7.** Disputer (une partie de cartes) : *Il tape une belote avec Gros-Louis en songeant aux affaires à traiter lorsque les Américains seront là* (Fallet, 1). **8. Taper l'incruste,** s'inviter, s'imposer chez autrui : *Tu vas voir le bordel que je vais y mettre à leur fête, moi. Demain soir, je tape l'incruste* (Roubaudi).

◆ *v.i.*

1. Sentir mauvais : *Elle vint lui parler dans le nez. Il détourna la tête et dit sans se fâcher : « C'est fou ce que tu tapes du saladier ! »* (Lefèvre, 2). **2.** Prendre en abondance et sans choisir : *Taper dans les vivres, dans la caisse. Il y en a pour tout le monde : allez-y, tapez dans le tas !* **3. Taper à** (suivi d'un nom de « profession »), jouer faussement le rôle de : *Taper à l'invalide de guerre.* **4. Taper dans l'œil à qqn,** le séduire : *J'ai bien une copine à moi qu'est devenue riche en tapant dans l'œil d'un client qui faisait juste une passe !* (Galtier-Boissière, 2). **5.** Vx. **Taper de l'œil, des châsses,** dormir : *En entrant au collège, j'ai tapé de l'œil jusqu'à la sorgue* (Ansiaume).

◆ **se taper** *v.pr.*

1. Consommer, absorber : *Elle a juste oublié de lui décrire le menu qu'elle allait se taper dans le patelin où elle partait bouffer* (Le Breton, 6). *Les clercs venaient saisir une fois par semaine, sans imaginer que nous étions en train de nous taper un magnum à l'étage inférieur* (Jamet). **Se taper la cloche** ou (vx) **le chou, le fusil, la tête, le tronc,** bien manger : *Ces Français qui se tapaient la cloche mais critiquaient la cuisine du pays qui les accueillait* [...], *ce n'était vraiment pas très sérieux* (Dalio). *Y voulut s'taper l'chou... y dégomma deux noix de coco* (Stollé). *On les aura, les lentilles aux cailloux et le macaroni à l'eau froide. Et pendant ce temps là, les cuistots se tapent la tête avec les autres vaches* (Dorgelès). *Puis l'Vicomte dit : Ma chère / Ça donne faim on va s'taper l'tronc* (chanson *les Archers du Roy*, paroles de Georgius). **2.** Posséder sexuellement : *Y a Fredo qui roupille / Hier soir au Novotel / Y s'est tapé une fille / Pas bavarde et très belle* (Renaud). **3.** Faire (qqch de désagréable, de pénible) : *Pendant ce temps-là Raymond se taperait les courses, les repas, la vaisselle, le petit ménage, le lavage et le repassage* (Bernheim-Cardot). *Il* [Louis Lecoin] *s'est tapé huit ans de prison pour insoumission* (Pécherot). **4.** Faire son deuil de qqch : *M'en fous, je me barre tout seul !... Tu peux te taper pour avoir de l'or quand j'en aurai des tas, moi !* (Machard). **5.** Se moquer, se désintéresser de qqch : *Tu sais pourquoi il a décollé comme ça, Risson ? – Je m'en tape. C'était vrai, ça m'était égal* (Pennac, 1). **6. Se taper le cul par terre** ou **au plafond,** se tordre de rire (→ ASTAPE) : *Qui lui avait fourni ses faux faffes ? ... M. Joseph Barthélemy, le Garde des Sceaux du gouvernement de Vichy ! À se taper le cul par terre !* (Boudard, 2). **7.** Vx. **Se taper sur la baraque, la colonne, la queue, le ventre,** se masturber, en parlant d'un homme.

ETYM. emplois spécialisés du verbe usuel. **1.** 1866 [Delvau]. **2.** 1876 [Esnault]. **3.** 1935 [Petiot]. **4.** 1909 [Esnault]. **5.** 1939 [id.]. **6.** 1957 [PSI]. **7.** 1947, Fallet. **8.** apocope de *incrustation.* 1999, Merle.

◆ *v.i.* **1.** 1901 [Bruant]. **2.** 1867 [Delvau]. **3.** 1957 [PSI]. **4.** 1859, Ponson du Terrail [TLF]. **5.** 1750, Caylus [Delvau].

◆ *v.pr.* **1.** 1804, chanson [Esnault]. **Se taper le fusil, la tête,** 1900 [id.] ; **se taper la cloche,** 1919, Dorgelès [GLLF] ; **se taper le tronc,** 1918, Georgius [Pénet]. **2.** 1928 [Lacassagne] ; d'abord *taper une femme* fin du XVIIe s. [Cellard-Rey]. **3.** 1905 [Esnault]. **4.** 1883 [Fustier]. **5.** 1928 [Lacassagne]. **6. Se taper le cul par terre,** 1880 [Esnault] ; **au plafond,** 1930 [id.]. **7.** 1881 [Rigaud].

DER. **tapage** *n.m.* Emprunt : 1878 [Rigaud]. **tape** *n.f.* Même sens : 1867 [Delvau].

tapette *n.f.*

1. Homosexuel passif : *Un vieux poilu se penche vers une recrue, qui a tout de la tapette, aussi jeune qu'inexpérimentée et lui susurre quelque chose, la bouche gourmande et arrondie* (Fajardie, 1). **2.** Langue. **Avoir une fière, une sacrée tapette,** être très bavard : *Non, ce qu'elle en a, une tapette !... et des inventions !...* (Hirsch). **3.** Personne bavarde : *Veux-tu bien te taire, petite tapette !* (Ménier). **4.** Vx. Faux poinçon servant à marquer les objets d'or ou d'argent.

ETYM. emplois spécialisés du diminutif de **tape**. **1.** 1854, Goncourt [TLF]. **2. Avoir une fière tapette,** 1867 [Delvau]. **4.** 1836 [Vidocq].

VAR. **tap** au sens 1 : 1957 [Sandry-Carrère].

tapeur, euse *adj. et n.*

Se dit d'un individu qui emprunte souvent : *Oh ! Ces tapeurs, c'est une plaie !* (La Fouchardière).

◆ **tapeur** *n.m.*

1. Vx. Pianiste de café-concert. **2.** Joueur de cartes : *Un joueur, un* tapeur *de la force de ce jeune Robert Macaire* (Daudet). **3.** Fabricant (de faux billets) : *Il dit la revanche de l'Art, défendu dans le mitan par les tapeurs de balourds* (Simonin, 6).

◆ **tapeuse** *n.f.*

Vx. Prostituée.

ETYM. de **taper.** 1872 [Larchey].

◆ *n.m.* **1.** 1880, Zola [TLF]. **2.** 1897, Daudet. **3.** 1966, Simonin.

◆ *n.f.* 1881 [Rigaud].

1. tapin *n.m.*

1. Vx. Exposition au pilori. **2.** Racolage sur la voie publique : *Regarde Linda... Six mois que j'ai envie de la retirer du tapin et que je ne peux pas because bifteck* (G. Arnaud). *Vence, tu ne sais pas ce que c'est que de ne pas avoir de père, et une mère qui fait le tapin pour gagner sa vie* (Destanque). **3.** Prostituée : *Le gagne-petit, que lui reste-t-il entre le tapin à vingt sacs et la fille à Arabes du boulevard de la Chapelle à deux mille anciens francs ?* (Jamet). **4.** Travail quelconque : *À force de dégringoler, on va finir par r'devenir ouvriers. Autant prendre les d'vants.–Travailler, s'indigna Ramos... Faire l'tapin pour un patron, t'y penses pas !* (Bastid).

ETYM. de **taper**, aborder qqn. **1.** 1836 [Vidocq]. **2.** 1906 [Esnault]. **3** et **4.** 1926 [id.].

2. tapin *n.m.*

Vx. Gendarme.

ETYM. du verbe **taper.** 1800, Leclair.

tapiner *v.i.*

1. Se livrer au racolage sur la voie publique : *Elle était, de plus, nantie de deux filles, deux pimbêches haut troussées qui mentaient, chamaillaient, tapinaient plus ou moins* (Thomas). **2.** Vx. Être en quête d'un emploi.

◆ *v.i. et t.*

Travailler : *Sur le grand étal, louchébem et commis tapinent en duo un quartier arrière de bœuf* (Simonin, 5).

ETYM. de **1. tapin. 1.** 1920 [Esnault]. **2.** 1936 [id.].

◆ *v.i. et t.* 1953 [Sandry-Carrère].

tapineur, euse *n.*

Homme ou (surtout) femme qui se livre à la prostitution sur la voie publique : *C'étaient des loubards de Paris venus faire un tour à la cambrousse, ou alors des petits tapineurs du bois de Boulogne* (Veillot). *La rue s'est brusquement animée. Il a surgi du monde de partout. La tapineuse a rebroussé chemin, frappant le sol de ses hauts talons* (Malet, 1).

ETYM. de **1. tapin.** *tapineuse* 1926 [Esnault] ; *tapineur* 1980, de Goulène.

tapis *n.m.*

1. Amuser le tapis. ***a.*** attirer les badauds par un boniment ; et, au fig. : *Quand on tient un beau procès, on ne le lâche pas facilement. Par un accord tacite, les magistrats et les avocats s'entendront pour « amuser le tapis » aussi longtemps que possible* (London, 2) ; ***b.*** miser de petites sommes au jeu. **2. Faire tapis,** étaler ses cartes sur le tapis de jeu. **Le tapis brûle !,** se dit lorsqu'un joueur a oublié de déposer sa mise. **Tapis !,** au poker, déclaration du joueur qui engage tout le restant de sa masse. **3. Être au tapis,** ne plus avoir d'argent pour jouer ; adj., **être tapis,** démuni d'argent. **4. Passer au tapis vert,** être puni

pour un motif de service, en parlant d'un policier. **5.** Cabaret : *Le tapis où nous sablions le champ' avait baissé son rideau de fer. On était cinq ou six, plus la femme du taulier* (Boudard, 1). VIEILLI. **Tapis-franc** ou **tapis vert,** bouge, tripot : *Ce chien, puisque vous maintenez que chien il y a, vous a entraîné dans un tripot. Ce qu'on appelle en argot un tapis-franc* (Averlant). **6.** Vx. **Tapis de grives, de malades,** cantine de soldats ou de détenus. **Tapis de refaite,** table d'hôte. **7.** Vx. **Tapis bleu,** le paradis. **8.** Vx. **Tapis de dégelés,** la morgue. **9.** Terrain de combat. **Aller, descendre au tapis,** être battu, tué. **Envoyer (qqn) au tapis,** battre, tuer (qqn) : *Je l'ai envoyé au tapis d'un coup de targette et puis je l'ai bourré de gnons partout où il y avait de la place* (Malet, 1). **10.** Rue fréquentée par les prostituées : *Les mômes du tapis qui passaient, repassaient… On les intéressait pas, elles continuaient leur ruban* (Céline, 5). **11.** Terrain d'atterrissage. **12.** Vx. Esclandre.
ETYM. emplois métonymiques du mot désignant soit le tapis de jeu, de couleur verte, soit le tapis de sol, sur lequel tombe le boxeur vaincu. **1.** 1640 [Oudin]. **2.** 1948, Vaillant [GLLF]. **Le tapis brûle,** 1690 [Furetière]. **Tapis !,** 1933 [Larousse]. **3. Être au tapis,** XVIe s., Pasquier [Rigaud]; **être tapis,** 1956 [Esnault]. **4.** 1950 [id.]. **5.** abrègement de *tapis-franc*. 1821 [Ansiaume]. **Tapis-franc,** 1798 [Brunot] ; **tapis vert,** 1867 [Delvau]. **6.** 1836 [Vidocq], pour les trois loc. **7.** 1847 [Dict. nain]. **8.** 1881 [Rigaud]. **9.** 1918 [Esnault]. **Aller au tapis,** 1908 [Petiot] ; **descendre au tapis,** 1903 [id.]. **Envoyer qqn au tapis,** 1949, Malet. **10.** 1925 [Esnault] (influence de *tapin*). **11.** 1957 [Sandry-Carrère], compl. **12.** 1927 [Esnault].

tapissage *n.m.*

1. Vx. Connaissance. **2.** Procédure policière consistant à demander à un témoin de reconnaître un suspect qui lui est présenté en même temps que plusieurs autres personnes : *Placés derrière une glace sans tain, les témoins ont vu défiler une série de jeunes hommes au cours d'une séance de « tapissage », comme disent les policiers, qui n'a rien donné* (*le Monde,* 5 mai 1995).
ETYM. de **tapisser. 1.** 1899 [Nouguier]. **2.** 1901 [Esnault].

tapisser *v.t.*

1. Regarder avec insistance, souvent pour identifier : *Torpédo et moi, on remontait l'avenue Jean-Médecin quand j'avais tapissé une môme accroupie sur les marches de La Riviera* (Pelman, 1). **2.** Connaître : *Le Blond soupesa l'homme de son œil froid. Il ne le tapissait pas, mais en avait entendu parler* (Le Breton, 1). **3.** Identifier : *De nouveau Nouzeilles se frotte les mains : Loutrel, Naudy, Fefeu, Boucheseiche et maintenant Attia. La bande est « tapissée »* (Borniche, 2).
ETYM. de **taper,** aborder, avec le suff. **-isser. 1.** 1860 [Esnault]. **2.** 1899 [Nouguier]. **3.** 1953 [Sandry-Carrère].

tapissier, ère *n.*

Vx. Personne qui tient une auberge ou un hôtel garni : *Les barbottins du tapissier étaient lomben* (Ansiaume).
ETYM. de **tapis.** 1821 [Ansiaume].

tapoter, tapouser ou tapouiller *v.i.*

Sentir mauvais : *L'Euphrate, qui à l'époque tapouillait pas encore le pétrole à plein pif, serpentait dans le jardin* (Devaux).
ETYM. de **taper** et d'un suff. péj. *tapoter* 1918 [Esnault] ; *tapouser* 1921 [id.] ; *tapouiller* 1960, Devaux.

tappe *n.f.*

ARG. ANC. Marque au fer rouge sur l'épaule d'un condamné : *Il faut aussi que tu saches, Petit Morgat, que la tête de ce chevalier de la tappe est mise à prix* (Mac Orlan, 11).
ETYM. déverbal de **taper.** 1628 [Chéreau].

taquet *n.m.*

1. Gifle ou coup de pied : *Un jour, j'vais t'mettre un taquet, j'vais t'arracher toutes les dents* (film *le Grand Carnaval* de A. Arcady, 1983). **2.** Coup de poing.
ETYM. d'un radical expressif **tak-** (cf. l'auvergnat **taca,** frapper). **1.** 1926, Lyon [Esnault]. **2.** 1928 [Lacassagne].

tarabistouille *n.f.*

Situation confuse créée à des fins peu évidentes.
ETYM. sans doute altération de **tarabiscoter** ou de **tarabuster,** avec un suff. péj. **-ouille.** 1977 [Caradec].

tarauder *v.t.*

1. Vx. Frapper : *Les reins me font mal. Ah ! J'ai été bien taraudé, hier* [par les agents]

(Méténier). **2. Se faire tarauder le bouton,** se faire faire un cunnilinctus.

◆ *v.i.*

Tarauder à sec, avoir grand soif : *J'espère que le bar est ouvert, je commence à tarauder à sec.*

ETYM. doublet de **tarocquer,** marquer le forçat à l'épaule, influencé par le verbe technique *tarauder* (idée de « tordre », d'où « tourmenter »). **1.** 1827 [Demoraine]. **2.** 1953 [Sandry-Carrère].

◆ *v.i.* contemporain : allusion à la lubrification nécessaire pour certains taraudages.

tarbouif *n.m.*

Nez : *Il pavoisait un peu de la tronche, le tarbouif turgescent dans ces tons bleutés qui indiquent, paraît-il, le vin un peu trop jeune* (Boudard, 5).

ETYM. apocope et resuffixation arg. de **tarin,** avec un suff. d'origine incertaine (p.-ê. en relation avec **bouif,** cordonnier ?). 1945 [Esnault].

VAR. **tarbusse :** 1980, R. Lageat [Cellard-Rey].

tarde *n.f.*

À (ou **sur**) **la tarde,** vers le soir : *C'est à la tarde que le bistrot dev'nait sympa* (Legrand).

ETYM. sans doute de l'esp. **tarde,** après-midi. XVe s., Villon [Esnault].

DER. **tardif** *n.m.* Soir : 1844 [Dict. complet].

tarderie *n.f.*

1. Laideur. **2.** Individu ou objet d'une grande laideur : *Elle défait son voile avec un sens épouvantable de la cérémonie. Et quand c'est permis de la voir, la radeuse, c'est à hurler. Ah ! Oh ! L'immonde roustissure ! La tarderie que c'est !* (Vautrin, 2). **3.** Sottise : *Cela représentait une solution inélégante, du bricolage, de la tarderie à en faire baisser la rente trois pour cent !* (Amila, 4). **4.** Délateur.

ETYM. de **tarde,** mauvais, laid, issu de l'ital. **tardo,** lourd. **1, 2** et **4.** 1899 [Nouguier]. **3.** 1975, Amila.

taré, e *adj. et n.*

Extrêmement défavorisé par la nature, surtout sur le plan intellectuel (terme d'injure) : *Rocky ricana stupidement et le Bouc secoua la tête d'un air mauvais : « Il est taré, ce mec-là ! Complètement taré »* (Monsour). *Leur pinard et leur camembert / C'est leur seule gloire, à ces tarés* (Renaud). *La tarée redoubla de sanglots et entonna son couplet comme quoi quand il était gentil, il était gentil* (Granotier).

ETYM. de **tare.** 1972, C. Courchay [TLF].

targette ou **targe** *n.f.*

1. Pied : *Elle ponctua ses paroles d'un solide coup de targette* (Malet, 16) ; coup de pied : *« Les mecs vous me courez. » Je souris et je ramasse une targette* (Bauman). **2.** Chaussure : *Un coup de genou dans la fiole, ta targette dans ses balloches. Et c'est out !* (Sabatier). **3. Coup de targette,** emprunt. **4.** Nez.

ETYM. resuffixation de **tartine,** par jeu de mots sur le nom désignant un petit verrou. **1.** « pied » 1946, Malet. **2.** 1918 [Dauzat]. **3.** 1960 [Le Breton]. **4.** 1901 [Rossignol].

tarin *n.m.*

Nez, généralement volumineux : *Il sortit de sa poche un carré de soie de la couleur du lilas (celui qui n'est pas blanc) mais imprégné de Barbouze, le parfum de Fior, et s'en tamponna le tarin* (Queneau, 1). *La bouille grasse, ridée pas qu'un peu, les tifs grisonnants, le gros tarin bête* (Simonin, 5). *C'était un grand type anguleux, affligé d'un tarin à piquer les gaufrettes* (Malet, 2).

ETYM. p.-ê. de **tarin,** petit passereau à bec conique et pointu. 1904 [Esnault].

taroquer *v.t.*

ARG. ANC. **1.** Marquer au fer : *Faut se voir tarroquer et voyager pour le pré avec des cadennes* (Ansiaume). **2.** Marquer (du linge). **Taroquer son centre,** signer.

ETYM. de **tarocq,** marque, issu de l'ital. **tarocco,** carte à jouer. **1.** 1821 [Ansiaume]. **2.** 1881 [Rigaud]. **Taroquer son centre,** 1850, Clémens.

tarpé ou **tarpet** *n.m.*

Syn. de pétard (dans tous les sens) : *Encore quelques secondes pour tout reboucler. Une technique qui laisse pas de trace et minimise les risques du tarpé* (Dégaudenzi). *Ceux qui assurent le tarpet, en appoint, chauffeurs ou physionomistes, ont souvent la trouille* (Spaggiari). *Ce jour-là, la canicule, les bières en pack et quelques tarpés créaient une ambiance confortable* (*Actuel,* septembre 1988).

ETYM. verlan de **pétard.** 1967-1968 [Doillon].

1. tarte *adj.*

1. Laid, ridicule : *Un vestibule bourgeois, tout ce qu'il y a de plus tarte et qui ressemblait à* *l'intérieur d'un pavillon de banlieue habité par un nouveau riche* (Héléna). SYN. blèche, bléchard. **2.** Mauvais, médiocre, stupide : *Barbier les regarde. Il hoche la tête. « Mon Dieu, ce qu'ils ont l'air tarte, c'est pas vrai ! »* (Morgiève). *Deux inspecteurs un peu moins tartes que les autres découvrent le pot aux roses, et Stojilkovicz se retrouve en cabane* (Pennac, 3). **3.** Vx. Faux. **Mornifle tarte,** fausse monnaie. **Mornifleur tarte,** faux-monnayeur.

◆ *n.f.*

Individu médiocre, stupide : *Tu es une vraie tarte. Nous, le pognon, on t'en a trouvé* (Clavel, 2).

ETYM. altération de **tarde,** mauvais, laid (1899 [Nouguier]), sous l'influence du nom désignant la pâtisserie, qui renvoie à des emplois comiques (cf. *tarte à la crème*). **1.** 1900 [Esnault]. **2** et **3.** 1821 [Ansiaume]. **Mornifleur tarte,** 1836 [Vidocq].

◆ *n.f.* 1926, Machard.

VAR. **tartre :** 1821 [Ansiaume]. **tartelette :** 1836 [Vidocq]. **tartelin :** 1847 [Dict. nain]. **tartouse, tartousot :** 1917 [Esnault]. **tartouille :** 1928 [id.]. **tartouillard, tartousard :** 1930 [id.]. **tartouzard :** 1977 [Caradec]. **tartavelle :** 1952 [Esnault].

2. tarte *n.f.*

1. Gifle : *J'y attrape une main au vol au moment où j'allais prendre une tarte maison* (Héléna). **2. C'est de la tarte,** se dit d'une chose qui ne présente pas de difficulté : *Alors là, t'aurais le droit de te plaindre, car la vie d'ici, c'est d'la tarte à côté* (Le Breton, 6) ; plus souvent sous la forme négative **c'est pas de la tarte,** cela n'ira pas tout seul, c'est qqch de très difficile : *Avec ce putain de camion et les sens interdits, ça n'a pas été de la tarte de garder le contact* (Oppel). SYN. gâteau, millefeuille, sucre. **3.** Ensemble des atouts nécessaires pour gagner : *Avoir de la tarte.* **4.** Vx. **Tarte bourbonnaise,** excrément.

ETYM. emplois métaphoriques (1 et 4 : analogie de forme) et métonymiques (2 et 3 : chose bonne, facile). **1.** « coup » 1901 [Rossignol], mais *tarte en pommes*, même sens, dès 1640 [Oudin]. **2.** 1950 [Esnault] ; **c'est pas de la tarte,** 1957 [PSI]. **3.** 1960 [Le Breton]. **4.** 1532, Rabelais.

DER. **tartignolle** *n.f.* Gifle : 1925 [Esnault].

Tartempion *n.pr.*

Désignation péj. de l'individu quelconque, du « premier venu ».

ETYM. mot composé de **1. tarte** et de **pion** (p.-ê. arg. scolaire à l'origine). 1839, Huart, *le Musée pour rire* [Enckell].

1. tarter *v.t.*

Gifler : *Je sais pas pourquoi j'ai continué à discuter. C'était peut-être la tarter qu'il aurait fallu* (Simonin, 4).

ETYM. de **2. tarte.** 1901 [Rossignol].

2. tarter *v.i.* → TARTIR.

tartignol ou **tartignolle** *adj.*

Laid, ridicule : *Même la vieille bécane de défunt mon grand-père était moins tartignolle que ces dinosaures* (Cavanna).

ETYM. de **1. tarte** et d'un suff. burlesque. 1925 [Esnault].

tartine *n.f.*

1. Chaussure : *Des tartines en chevreau blanc lui emprisonnaient les pinceaux* (Le Breton, 1). **2.** Pied : *Je rentrais à tartine faute de moyens* (Boudard, 5). **3.** Développement oral ou écrit, d'une longueur souvent jugée ennuyeuse : *Le problème avec lui, c'est qu'il se sentait toujours obligé de vous en pondre une tartine* (Ravalec). *Ça te plaisait, pourtant, de lire les tartines des journaux* (Malet, 7). **4.** Gifle.

◆ **tartines** *n.f.pl.*

W.-C. : *Dans un coin de la cellule les tartines, avec une arrivée d'eau dessus* (Mariolle).

ETYM. emplois métaphoriques du mot usuel (analogie de forme). **1.** 1829, Vidocq. **2.** 1916 [Esnault]. **3.** 1833, Th. Gautier [GLLF]. **4.** 1890, Troyes [Esnault].

◆ *pl.* 1969, Mariolle.

tartiner *v.t.*

1. Soumettre à une demande d'argent : *S'il te manquait vingt-huit palarins, t'aurais qu'à tartiner les satrapes, because qu'ils sont pleins de carbure* (Devaux). SYN. bottiner, latter. **2.** Gifler.

◆ *v.t. et i.*

Prononcer ou rédiger un long développement : *Le journal m'avait envoyé. Faut même que je tartine mon papier en vitesse* (Boileau-Narcejac) ; écrire ou dire qqch sans conviction : *Les médias tartinent sur le changement et nous frôlons la saturation* (*Actuel*, décembre 1981).

◆ *v.i.*

Déféquer.

◆ **se tartiner** *v.pr.*

Se moquer de qqch : *Ça déglutit d'un côté du zinc et ça encaisse de l'autre dans ce genre de taule. Ils s'en tartinent de nous autres* (Dégaudenzi).

ETYM. de **tartine. 1.** 1946, Trignol. **2.** 1901 [Esnault].

◆ *v.t. et i.* « prononcer » 1859 [id.] ; « rédiger » 1839, Barbey d'Aurevilly [TLF].

◆ *v.i.* 1827 [Demoraine].

◆ *v.pr.* 1936, Céline (euphémisme pour *s'en torcher* ?).

tartir ou **tarter** *v.i.*

1. Déféquer : *J'ai envie de tartir* [...] *J'suis enchaîné. Dégrafez-moi la ceinture de mon froc et bouclez la lourde !* (Le Breton, 1). **2. (Se) faire tartir,** (s') ennuyer : *Qu'ai-je besoin, s'était-il dit, d'aller me faire tartir à Lons, ville où je ne connais personne et qui ne doit pas être particulièrement folichonne* (Grancher). *À caus' même' quand alle est tout'seule / Et v'là pourquoi qu'a m'fait tarter* (Bruant). **3. Envoyer tartir,** éconduire.

ETYM. du fourbesque **tartire**, même sens. **1.** 1827, *Un monsieur comme il faut* ; *tarter* 1881 [Esnault]. **2. Faire tartir,** 1898 [Esnault] ; **se faire tartir**, 1935, Aymé [GLLF]. **3.** 1960 [Le Breton].

DER. **tartissage** *n.m.* **1.** Vx. Défécation. **2.** Action d'ennuyer, d'importuner : 1899 [Nouguier], aux deux sens.

tartissoir ou **tartiss** *n.m.*

Latrines, W.-C. : *Si je rencontre quelqu'un, je dirai que je cherche les tartissoirs* (Pelman, 1). *Nul godet entamé que le Maltais aurait pu délaisser pour foncer au tartiss ou au téléphone !* (Simonin, 1).

ETYM. de **tartir** et du suff. **-oir.** *tartissoir* 1927 [Esnault] ; d'abord *tartissoire n.f.* 1899 [Nouguier] ; *tartiss* 1955 [Esnault].

tartissure *n.f.*

1. Excrément. **2.** Individu répugnant : *Même le nocher des Enfers avait dû faire une drôle de tronche en voyant arriver pareille tartissure à la porte infernale* (Vautrin, 1).

ETYM. de **tartir. 1.** 1899 [Nouguier]. **2.** 1979, Vautrin.

tartouze *adj.*

Syn. de 1. tarte (aux sens 1 et 2) : *Le serpiche dégomma la plus tartouze* [des pommes], *qu'Ève se colla sous les chocottes* (Stollé). *Sa chambre, assez tartouze, puait l'abandon* (Malet, 13).

ETYM. suffixation arg. de **1. tarte.** 1936, Céline.

tartre *n.m.*

ARG. ANC. Faux or : *Il croyait avoir deux bogues d'orient, elles sont de tartre* (Ansiaume).

ETYM. altération de **tarde**, mauvais, de l'arg. ital. **tardo**, lourd, stupide. 1821 [Ansiaume].

tas *n.m.*

1. Lieu de l'activité (souvent délictueuse) : *Il est nécessaire, en province, où les enquêtes entraînent les policiers loin de leur base, de déléguer sur le « tas » un officier de police judiciaire en permanence* (Larue). *Et si je suis jamais poissé sur le tas, ce qu'on rigolera !* (Darien, 2). *Pourquoi que les mœurs ne secouent pas tous ces poissons ambulants sur le tas ?* (Lorrain). **Mettre sur le tas,** obliger à se prostituer : *Je crois qu'elle fricote avec Ange Francini. Tu crois qu'il lui file du fric ? Je réfléchis. Peut-être la mettait-il sur le tas ?* (Francos). **Faire le tas,** se livrer au racolage. **Faire** ou **prendre (qqn) sur le tas,** le prendre en flagrant délit : *Ceux qui étaient faits bons sur le tas* [...] *étaient simplement mis aux fers pour quinze jours* (Humbert). **2. Sécher sur le tas,** attendre en pure perte : *D'toute façon un luisant il s'est fait les adjas / Et pour être au parfum, on a séché sur l'tas !* (Legrand). **3.** Coup : *Qu'a soy' lirondgème ou toquarde, / Faut qu'alle étrenne ou gare aux tas* (Bruant). **4. Le Tas,** cour commune du Dépôt. **5. Sur le tas,** immédiatement, séance tenante. **6. Tas de boue, de ferraille, de tôle,** véhicule usagé, en mauvais état : *Tu vas d'abord aller placer ton tas de boue près du bar en question* (Agret). **7.** Vx. **Tas de pierres,** prison. **8.** Vx. Billet de cent francs (anciens). **9.** Vx. **Faire un tas,** déféquer copieusement. **10.** Groupe de personnes. **Foncer, taper, cogner dans le tas,** s'en prendre brutalement, sans ménagement, à plusieurs personnes : *Mon mari est tombé sur eux et j'ai cogné dans le tas* (chanson *J'ai battu mon homme,* paroles de C. Mogador). *Quand il verra un beau parti, / Il lui dira : Mon jeune ami, / Fait's comme chez vous, n'vous gênez pas, / Allez, mon vieux, tapez dans le tas* (chanson *Cinq filles,* paroles de R. Souplex, 1934). *En pensant à sa manière de faire, Victor se disait qu'elle « fonçait dans le tas » et c'était justement le côté sport de la chose qui le passionnait* (Lefèvre, 2). **11. Mettre en tas,** tuer, abattre : *Je lui ai dit que j'avais ça dans le sang, que j'aimais à mettre les gens en tas, et toute la lyre* (Stewart). **12. (Gros) tas.** ***a.*** gros homme sans énergie : *Pourquoi tu serais plus que les autres, gros tas !* (Dorgelès) ; ***b.*** grosse fille laide : *Il ne savait même pas que je tringlais sa pouffiasse, une espèce d'abjection, un tas* (Gainsbourg, in *Libération,* 19 septembre 1984). **13. Tas de merde,** désignation méprisante d'un individu : *Paraît qu'il a été sorti comme un tas de merde de cette boîte de jazz* (Villard, 4).

◆ *n.m.pl.*

(Pas) des tas, (pas) beaucoup : *En fait d'femm's j'm'y connais pas des tas* (Bousquet, *in* Saka).

ETYM. emplois spécialisés du mot usuel. **1.** 1872 [Larchey]. **Faire le tas,** 1899 [Nouguier]. **Faire** ou **prendre sur le tas,** 1872 [Larchey]. **2.** 1953 [Sandry-Carrère]. **3.** 1878, *le Sans-Culotte* [Doillon]. **4.** 1892 [Esnault]. **5.** 1953 [id.]. **6.** 1975 [Beauvais]. **7.** 1780, Guillemin [Sainéan]. **8.** 1889, Macé [Esnault]. **9.** 1878 [Rigaud]. **10.** 1865, Mogador [Pénet]. **11.** 1948, Stewart. **12. *a.*** 1878 [Rigaud] ; ***b.*** 1925, Carco. **13.** contemporain.

◆ *pl.* 1914, Bousquet, chanson *la Caissière du grand café.*

1. tasse *n.f.*

1. Consommation ; spéc., consommation prise par les gardiens de la paix pendant leur service. **Boire** ou **prendre une tasse** ou **la tasse,** manquer de se noyer. **2.** Vx. Vase de nuit. **3.** Individu médiocre : *C'est que vous savez, on n'a pas que des tasses au chômage, j'ai eu jusqu'à un prix Nobel, c'est vous dire* (Klotz). **4.** Chose désagréable, échec : *Après quelques tasses et les dettes qui en découlent, il produit « Z »* (*Libération,* 13 août 1982). **C'est la tasse,** c'est sans valeur ; rien à faire ! : *Et le fric ? – Va falloir bosser... – Quelle tasse ! – Comme tu dis* (Conil). **5.** Urinoir public : *Pissotières : demain la fin des tasses. Le premier sanitaire automatique de J.-C. Decaux inauguré hier* (*Libération,* 22 février 1980). On dit parfois **tasse à thé.** SYN. théière. **6.** Vx. **La grande tasse,** la mer : [Ce matelot de Colomb] *allait l'balanc'tiquer dans la grande tasse, quand...* (Stollé). **Boire à la grande tasse,** se noyer en mer. **7. Tasse (à café),** véhicule motorisé à deux roues, de très petite cylindrée : *Il fallait oser présenter un stand entier de « tasses », c.-à-d. de cyclomoteurs démesurément gonflés* (*le Monde,* 16 juin 1985).

ETYM. emplois spécialisés du mot usuel. **1.** 1881 [Rigaud] ; spéc., 1975 [Arnal]. **Boire une tasse,** 1920 [Bauche] ; **boire la tasse,** 1913, J. Romains [TLF]. **2.** 1879, Huysmans [Rigaud]. **3.** 1974, Klotz. **4.** 1975 [Beauvais]. **C'est la tasse,** 1830, Levavasseur [Enckell]. **5.** 1925 [Esnault]. **Tasse à thé,** 1977 [Caradec]. **6.** 1796, Frey [TLF]. **Boire à la grande tasse,** 1808 [d'Hautel]. **7.** 1977 [Caradec].

2. tasse *n.m.* → TASSEAU.

tassé, e *adj.*

Bien tassé. *a.* servi généreusement (en parlant d'une consommation, le plus souvent un alcool) : *Bouboule pose le godet, la glace et le siphon devant Armand, revient verser l'apéro, bien tassé, comme il convient* (Simonin, 5). *À propos de canon, je m'en suis versé un autre, tassé comme un strapontin* (Pouy, 3) ; ***b.*** au moins : *La vioque a soixante-dix balais bien tassés.*

ETYM. emploi adj. du participe passé de **tasser.** ***a.*** 1920 [Bauche] ; ***b.*** 1916, Barbusse [TLF].

tasseau ou **tasse** *n.m.*

Nez : *Il vint donner du tasse en plein dans le corps raidi et froid du capétaine qui se balançait* (Stéphane). **Se sécher le tasseau,** se moucher. **Se piquer le tasseau,** s'enivrer.

ETYM. emploi métaphorique du terme technique, « pièce de bois servant à divers usages (soutien, renforcement) ». *tasseau* 1878 [Rigaud] ; *tasse* 1899 [Nouguier].

VAR. **tassot :** 1889, Macé [Esnault]. **tas' :** 1889 [id.].

tasser *v.t.*

1. Infliger une correction à qqn. **2.** Appliquer, envoyer : *Des petits gars jubilaient : La poule à Trique !... Qu'est-ce qu'on va lui tasser !* (Machard, 1).

◆ *v.i.*

Taper, cogner.

◆ **se tasser** *v.pr.*

1. Absorber (un aliment) : *On s'pipe au bistrot* [...] */ On se tasse que'ques apéros su'l' zinc* (Plaisir des dieux) ; au fig. : *Tu vas pas me faire avaler que tu t'es tassé tous ces bouquins !* (Smaïl). **Se tasser la cloche, la gueule,** manger copieusement : *Au retour del gare, les amoureux n'auront ren de pus pressé que de se tasser l'gueule d'une bonne omelette au jambon* (Stéphane). **2. S'en tasser,** s'en moquer : *Elle peut me dire toutes les horreurs qu'elle veut, je m'en tasse* (Bretécher). **3.** S'atténuer, s'adoucir, en parlant d'événements graves : *Il faut que ça se tasse, dis-je. Quand on* *aura vraiment le sac, on filera à l'étranger* (Malet, 7).

ETYM. emplois «réifiants» du verbe usuel, appliqué à l'origine à des objets (littéralement « mettre en tas »). **1.** 1899 [Esnault]. **2.** 1912 [id.].

◆ *v.i.* 1901 [id.].

◆ *v.pr.* **1.** 1907 [id.]. **Se tasser la gueule,** 1928, Stéphane. **2.** 1979, Bretécher. **3.** 1900, Colette [TLF].

tata *n.f.*

Homosexuel : *Vous disiez donc que ces tatas professionnelles... – ... finissent, un jour ou l'autre, par jouer de la rapière* (Malet, 12). *Le tonton est une tata. – C'est pas vrai, gueula Gridoux, je vous défends de dire ça* (Queneau, 1).

ETYM. emploi détourné d'un mot enfantin pour **tante** (1866 [Delvau]). vers 1881 [Esnault].

tatane *n.f.*

1. Chaussure : *En plus des guêtres assorties j'ai eu la neuve paire de tatanes, des chaussures Broomfield, la marque anglaise, aux semelles entièrement débordantes* (Céline, 5). **2.** Pied : *L'entraîneur, M. Leneux, y passait son temps à nous siffler des pénalties et à nous pommader tibias et autres ossements à portée des coups de tatane* (Lasaygues). **3.** Paresse.

ETYM. var. phonétique de **titine** (issu de *bottine*), p.-ê. sous l'influence de **tartine** et de **tartane.** **1.** 1916 [Esnault]. **2.** 1917 [id.]. **3.** 1977 [Caradec].

tataner *v.t.*

Frapper à coups de pied : *Il a voulu me tataner avec un coup de pied genre film de Hong-Kong, mais s'est cassé la gueule* (Pouy, 3).

ETYM. de **tatane.** 1971, ADG.

tâter *v.t.*

1. En ou **y tâter,** se connaître en qqch. *Le Caïd, il faut lui rendre cette justice, il y tâtait, question organisation* (Malet, 8). **2. Tâter du truc** ou **en tâter,** faire un essai : *C'est de ne pas s'engager qui est débilitant. – On a tous essayé d'en tâter, c'est de la rigolade* (Cardinal). **3.** Vx. **Se faire tâter,** être arrêté. **Va te faire tâter !,** formule injurieuse employée pour éconduire qqn.

ETYM. emplois métaphoriques du verbe usuel. **1. Y tâter,** 1914, Carco ; **en tâter,** 1643, Corneille, au sens de «en découdre». **2.** 1949, Sartre [TLF]. **3.** 1899 [Esnault]. **Va te faire tâter,** 1953 [Sandry-Carrère].

tatouille *n.f.*

Correction infligée à qqn : *J'y aurais fichu une tatouille soignée, ce qui m'aurait dépelotté les nerfs* (La Fouchardière) ; défaite.

ETYM. issu, comme le verbe **tatouiller** (1820 [Desgranges]), « corriger sévèrement », d'un radical expressif **tat-,** et du suff. **-ouille.** 1867 [Delvau].

taudion *n.m.*

ARG. ANC. Grange où l'on hébergeait les vagabonds : *On les a vus sortir de leur taudion, tous nuds, hommes et femmes* (Leclair) ; petit logis.

ETYM. dimin. de **taude** (1612), logement, maison, issu de l'anc. verbe **se tauder,** s'abriter. 1800, Leclair.

taulard, e ou **tôlard, e** *n.*

Personne détenue : *Le vieux Maillard si cacochyme, dans son fauteuil immémorial et avec peu de moyens d'éloquence, savait tirer les mots à un ancien taulard* (Prudon). *Au début, elle a trouvé que les taulardes françaises étaient bien traitées : pas d'insultes, ni de tabassage systématique comme dans les prisons américaines* (*Actuel*, octobre 1981).

ETYM. de **taule** ou **tôle.** 1915 [Esnault].

taule ou **tôle** *n.f.*

1. Nom donné à tout local où on vit, dort, mange, travaille, etc. : *Pour moi,* [l'Hôtel des Îles] *est une sale taule* (Mac Orlan, 1). *Une porte d'où s'échappent une lueur de fête et le refrain d'un phono. Une belle tôle, dit Buzon fils* (Dabit, 2). *C'est bien toi ! Alors tu es le bienvenu. La tôle, le peu de pognon que j'ai, la petite fille de ma femme, tout est à toi* (Charrière). **La (Grande) Taule,** la Préfecture de police, la police : *Je sais ce que je sais. Les plus marles sont souvent de la Grande Taule* (Carco, 2). Vx. **Taule au beurre,** banque. **2.** Maison close ; tripot : *Ils se livrent à leur racket habituel* [...] *« Tu me donneras 200 sacs pour les pansements, sinon il ne restera plus rien de ta taule »* (Jamet). **3.** Prison : *Dessus c'était écrit : « Si vous ne partez pas tout de suite, on vous f... en taule ! »* (Raynaud). *Tu es ici en ce moment devant moi, en train de fumer des anglaises, au lieu de moisir en tôle à réfléchir sur tes balades en voiture* (W. Camus). **4.** Vx. Cambriolage : *Travailler* ou *marcher à la taule.* **5.** Individu complètement nul. SYN. crêpe.

ETYM. emplois spécialisés de **tôle,** pierre épaisse servant de revêtement (1321, Fagniez [GLLF]), et aussi mot dial. désignant la table (à manger). **1.** *tôle* 1800, Leclair. **La taule** et **taule au beurre,** 1901 [Bruant]. **La Grande Taule,** 1914, Carco. **2.** 1894 [Virmaître]. **3.** 1889 [Esnault]. **4.** 1899 [Nouguier]. **5.** 1975 [Beauvais].
DER. **taulée** *n.f.* Foule ; famille : 1888 [Villatte].

taulier, ère ou tôlier, ère *n.*

1. Logeur. **2.** Patron d'un hôtel, d'une maison de passe, etc. : *Le taulier, la mine renfrognée, se tenait sur le palier en compagnie de deux hommes à imperméable mastic* (Malet, 1). *Il s'arrête tout de même le piano, le tôlier en tablier nous fout tous dehors !* (Céline, 5). *Eh ! Manu rentre chez toi / Y'a des larmes plein ta bière / Le bistrot va fermer / Pi tu gonfles la taulière* (Renaud). **3.** Patron, par rapport aux ouvriers : *Il embauche pas, ton tôlier ?*
◆ **tôlier** *n.m.*
Détenu.
ETYM. de **taule. 1.** 1889 [Esnault]. **2.** 1894 [Virmaître]. **3.** contemporain.
◆ *n.m.* 1926 [Esnault], mais dès 1915 au sens de « soldat puni de prison » [id.].

taupe *n.f.*

1. Mouchard ; espion : *Les recherches dans le milieu alsacien avaient été jusqu'alors infructueuses. Les taupes habilitées travaillaient dans la pègre traditionnelle* (Coatmeur). **2.** Détenu qui creuse un tunnel pour s'évader. **3.** Vx. **Faire la taupe,** amasser en cachette : *Il a fait sa taupe à fourguer avec les pègres* (Ansiaume). **4.** Vx. Maîtresse d'un proxénète. **5. Vieille taupe,** vieille femme désagréable : *Zazie ouvre un œil. « Tiens, qu'elle dit, elle est encore là, la vieille taupe »* (Queneau, 1).
ETYM. emplois métaphoriques du mot usuel. **1.** sens répandu à partir de 1974, date de la publication en français sous le titre *la Taupe* d'un roman d'espionnage de John Le Carré. **2.** 1957 [Sandry-Carrère], compl. **3.** 1821 [Ansiaume]. **4.** 1808 [d'Hautel]. **5.** 1948, Druon [TLF], mais *taupe* dans le même sens dès 1933, Giraudoux [id.].

tauper *v.t.*

Surprendre qqn : *Elle avait dû juste le tauper comme il rangeait nos cartes postales… les transparentes… dans l'album* (Céline, 5).
◆ *v.i.*
Vx. Travailler : *Il taupe comme un cabot pour gagner dix jacques par reluis* (Ansiaume).
ETYM. de **taupe,** animal réputé pour sa patience. 1928 [Esnault].
◆ *v.i.* 1821 [Ansiaume].
DER. **taupage** *n.m.* Égoïsme ; rapacité : 1835 [Raspail]. **taupier** *adj.m.* Cupide : 1821 [Ansiaume] ; *n.m.* Travailleur : 1835 [Raspail].

tax *n.m.* → TAC.

taxe *n.f.*

Prix payé par la prostituée au souteneur lorsqu'elle veut le quitter. SYN. amende.
ETYM. emploi spécialisé du mot usuel. 1975 [Arnal].

taxer *v.t.*

1. Voler, dérober : *Dédé range le matos au fur et à mesure. Comme c'est pas la place qui nous manque, on taxe au passage quelques chaînes hi-fi de haut vol* (Lasaygues). **2.** Prélever un pourcentage sur ce qu'on vend : *Chaque intermédiaire* [dans le trafic de drogue] *prélève au passage sa dîme en nature. On dit qu'il « taxe ». Pour plus de commodité, nous l'appellerons « taxman »* (Cahoreau-Tison). **3. Taxer (une prostituée),** en parlant du proxénète, la contraindre à réaliser un gain minimum : *Hier une fille de vingt-deux ans s'est jetée par la fenêtre du deuxième étage. Elle était taxée à deux cent mille francs par jour* (Cordelier). **4.** Soutirer qqch à qqn ; mendier : *Cette meuf, Valérie, elle était folle et superagressive quand elle taxait des cigarettes. Ça devait arriver !* (*Libération,* 31 août 1989). **5.** Obliger qqn à verser de l'argent : *Elles aident financièrement leurs parents et se font parfois « taxer » par leurs frères adultes* (*le Monde,* 17 mars 1989).
ETYM. emploi spécialisé du verbe usuel. **1.** 1984 [Walter-Obalk]. **2.** 1987, Cahoreau-Tison. **3.** 1976, Cordelier. **4** et **5.** contemporain.

taxi *n.m.*

1. Véhicule quelconque (vélo, voiture, avion, etc.) : *Restez ici bien sagement. Pas qu'on nous fauche not' taxi. Je reviens de suite* (Le Dano). **2.** Fille qui monnaie ses faveurs. **3.** Homme de paille, dans les affaires de fausse facturation.
ETYM. emplois généralisés du mot usuel. **1.** 1905 [Esnault]. **2.** 1919 [id.]. **3.** mil. des années 1960 [Doillon].

taximan *n.m.*
VIEILLI. Chauffeur de taxi: *À sa surprise, ce fut à Montmartre qu'il demanda à un taximan de bien vouloir les conduire* (Grancher).
ETYM. de l'angl. **taxi man,** même sens. 1966, Grancher.

Tazas *n.pr.*
Vx. Mazas (prison) : *À Tazas, où que je me marrais, elle est seulement pas venue m'assister!* (Méténier).
ETYM. jeu de mots sur **ma Zas, ta Zas,** etc. 1882 [Esnault].

tchao ou **ciao** [tʃao] *interj.*
Au revoir, à bientôt; adieu.
ETYM. de l'ital. **ciao,** même sens. vers 1950 [GR], mais dès 1916 chez Apollinaire sous la forme *tchaû.* Est passé auj. dans la langue fam. courante.

tchatche *n.f.*
1. Habileté à parler, bagou volubile : *Que faut-il pour réussir? Le travail, puis la chance, les relations, le courage, et savoir bien parler. La tchatche, quoi* (*Actuel,* janvier 1984). **2.** Conversation : *J'ai recopié cette tchatche au bigophone rien que pour vous montrer à quel point Cécelle elle fait ce qu'elle veut de moi* (Lasaygues).
ETYM. arg. algérois, de l'esp. **chacharear,** bavarder. **1.** 1959, Alger [Bacri]. **2.** contemporain.

tchatcher *v.i.*
Parler de façon volubile pour briller ou convaincre: *Gabriel bouda ces mots faits pour la bouche de Cheryl, la seule femme de sa galaxie capable de rester chic en tchatchant vulgaire* (Reboux). SYN. baratiner.
◆ *v.t.*
Parler (une langue): *En attendant, on fume, on lit les journaux pakistanais provenant de la communauté londonienne, on tchatche ourdou* (*les Nouvelles,* 2 février 1984).
ETYM. de **tchatche.** 1983, *le Nouvel Observateur.*

tchatcheur, euse *adj. et n.*
Se dit de qqn qui parle bien, qui a du bagou: *C'est un type aux activités plus ou moins licites, un peu voyou, pas mal flambeur, plutôt tchatcheur, avant tout frimeur* (*Libération,* 21 novembre 1985). SYN. baratineur.
ETYM. de **tchatche.** 1984, *Libération.*

tchi (que) *loc. adv.*
Rien du tout: *Seulement, ces bagatelles protocolaires mises à part, question greluches, y avait que t'chi, pas la queue d'une* (Simonin, 1).
ETYM. du romani **tchî,** rien. 1952 [Esnault].

tchik-tchik *n.m.*
Jeu de bonneteau: *Les joueurs de tchik-tchik commençaient à s'installer par ici aussi, maintenant. Au coin d'une petite rue, un groupe de curieux entourait les parieurs* (Fauque).
ETYM. redoublement onomatopéique. contemporain.

tchouch *n.m.*
Article en prime, dans le langage des camelots.
ETYM. origine inconnue. 1977 [Caradec].

tébi *n.f.*
Pénis.
ETYM. verlan de **bite.** 1977 [Caradec].

técol, técolle, tégnace *pron. pers.* → MÉZIG.

teen [tin] *n.*
Adolescent: *Je te conseille d'interroger sur ce point, quelques moins de vingt ans, des « Teen » comme on dit* (Simonin, 6).
ETYM. abrègement de **teen-ager.** 1966, Simonin.

teinturier *n.m.*
Vx. Ancêtre du « nègre », au sens littéraire : *Quand même M. Vidocq n'aurait pas dit, dans son avertissement, qu'il a eu un teinturier, on le devinerait* (Forçat).
ETYM. métaphore expressive: le teinturier est celui qui arrange, rafraîchit ce qu'on lui confie. 1775, Bachaumont [Larchey et Littré] ; cf. Acad. fr. (1835): *Il a fait cela avec son teinturier,* se dit d'un homme qui s'attribue un ouvrage d'esprit qu'il n'a point fait, ou qu'on l'a beaucoup aidé à faire.

téléfon *n.m.*
Téléphone.
ETYM. var. humoristique de **téléphone.** 1953 [Sandry-Carrère], art. *bigophone.*

télégraphe *n.m.*
Ensemble de signes convenus entre compères: *Tous les turbins, j'les ai vu faire [...]. Tout*

l'parcours, quoi ! en passant par le duce et le télégraphe (Simonin-Bazin).
ETYM. emploi métaphorique et ironique du mot usuel. 1877 [Esnault].

téléphonade *n.f.*
Torture consistant à plonger la tête de qqn dans une cuvette de W.-C., pour le faire parler : *Il découvre l'envers du décor : l'ignoble répression policière, la torture physique et morale des arrêtés, les chantages, les « téléphonades » des détenus la tête dans le trou des chiottes* (Galtier-Boissière, 1).
ETYM. de **téléphone.** 1946, Galtier-Boissière.

téléphone *n.m.*
Lieux d'aisance.
ETYM. emploi métaphorique du mot usuel : analogie entre l'appareil et le système digestif, ou ressemblance du combiné et d'une cuvette de W.-C. ? 1901 [Bruant].

téléphoner *v.i.*
1. Téléphoner au pape, à Hitler, se rendre aux W.-C. pour déféquer. **2. Téléphoner (dans le ventre),** pratiquer la fellation.
ETYM. emplois métaphoriques du verbe usuel. **1. Téléphoner au pape,** 1977 [Caradec], mais *écrire au pape à Rome, à Saint-Pierre* dès 1901 [Bruant]. **2. Téléphoner,** 1899 [Nouguier] ; **dans le ventre,** 1953 [Sandry-Carrère].

téloche *n.f.*
Télévision : *Je me croyais le meilleur dans le rôle. J'étais plus fort que la téloche à une époque où la téloche était déjà plus forte que tout* (Pennac, 1).
ETYM. apocope et resuffixation de **télévision.** 1967 [George].
VAR. **télévise :** 1957 [Sandry-Carrère].

témoins *n.m.pl.*
Témoins à décharge ou simpl. **témoins,** testicules.
ETYM. savoureux retour au lat. **testis,** témoin. **Témoins,** 1585, *Contes d'Eutrapel* [Delvau] ; **témoins à décharge,** 1864 [id.].

tendeur *n.m.*
Homme porté sur les plaisirs sexuels : *Ils vont se distraire où, alors, les petits tendeurs d'aujourd'hui ? Dans les manifs ? Dans les polkas à Marcellin ? Bonne bourre, les mecs !* (Audiard).
ETYM. du verbe **tendre,** être en érection. 1881, Richepin [TLF].

tendue *n.f.*
Pénis en érection : *Se griffer la tendue.*
ETYM. du verbe **tendre.** 1948 [Lacassagne].

tenir *v.t.*
1. Tenir le crachoir, la jactance, entretenir la conversation. **2. En tenir une couche, une dose,** ou (vx) **un sac,** être très bête : *Je ne sais pas, bougonna-t-il, mais j'ai idée qu'ils en tiennent une couche, ces gars-là* (Véry). *Tu es un idiot. On ne va tout de même pas se canarder ici, non ? Faudrait en tenir une sacrée couche...* (Malet, 12). **3. Tenir une bonne cuite,** (vx) **tenir la coque,** être ivre : *On n'y est pour rien, commissaire... Il a glissé tout seul ! Faut dire qu'il en tenait une bonne...* (Daeninckx, 1). **4. En tenir pour qqn,** être épris de lui. **5.** Vx. **En tenir,** être trompé par sa femme. **6. Ne plus tenir en l'air,** être épuisé, malade : *Déjà, on l'avait ramené deux fois en voiture du bureau... Il tenait plus en l'air... Il était tout le temps sujet à des défaillances* (Céline, 5).
◆ **se tenir** *v.pr.*
Bien se tenir, en parlant d'un membre du milieu, ne pas céder devant les policiers : *Les types qu'on a bouclés se sont bien tenus. Personne ne l'a ouvert à ton sujet* (Barnais, 2).
ETYM. emplois spécialisés et ironiques du verbe usuel. **1. Tenir le crachoir,** 1867 [Delvau] ; **tenir la jactance,** 1953 [Sandry-Carrère]. **2.** 1901 [Bruant] ; d'abord *avoir une couche* 1883 [Fustier]. **3. Tenir la coque,** 1899 [Nouguier] ; **une bonne cuite,** 1964 [Larousse]. **4.** vers 1629, Corneille [GLLF]. **5.** 1881 [Rigaud]. **6.** 1928, Stéphane.
◆ *v.pr.* 1958, Barnais.

Tentiaire (la) *n.pr.*
L'administration pénitentiaire : *On savait aussi que, parmi les autorités de la « Tentiaire », il devait avoir des intelligences* (Merlet).
ETYM. aphérèse de **pénitentiaire.** 1921 [Esnault].

terminus *n.m.*
Vulve ou vagin.
ETYM. emploi euphémique et ironique du mot ferroviaire (serait-ce là que « tout le monde descend » ?). 1982 [Perret].

☞ **terratsu** ou **terrachu**
→ Liste des argots spécifiques *page [33].*

terre *n.f.*

Terre jaune. ***a.*** sodomie ; ***b.*** anus. **Amateur de terre jaune,** homosexuel. **Trou à la terre jaune,** anus.

ETYM. **Terre jaune,** périphrase désignant l'excrément humain, employée de façon métonymique et péj. 1873, Verlaine [George]. **Amateur de terre jaune,** 1912 [Villatte]. **Trou à la terre jaune,** 1894 [Virmaître].

terreur *n.f.*

Individu dangereux, prêt à tout : *D'un caractère énergique et d'une force indomptable, il y avait longtemps que Belleville et la Place du Trône l'avaient proclamé la « terreur des barrières »* (Claude). *Jul's, c'est un caïd, un' terreur, / Mais un malin, presqu'un artiste* (Jamblan, *in* Saka).

ETYM. emploi humain et concret du mot abstrait. 1749, poissard [Esnault].

terrible *n.m.*

1. Vx. Syn. de terreur : *Des gigolettes drapées de velours noir chaloupaient avec des « terribles » en blouse bleue* (Galtier-Boissière, 2). *C'était eux la crème du bon esprit, les durs, les terribles* (G. Arnaud, 2). **2.** Territorial (soldat de réserve de l'armée de terre).

◆ *adv.*

Très fort : *Y a de l'ambiance : ça chauffe terrible !*

ETYM. emplois intensifs de l'adj. usuel. **1.** 1925, Galtier-Boissière. **2.** 1919 [Esnault].
◆ *adv.* 1977 [Caradec].

terrine *n.f.*

Tête, face ou crâne : *Au mat' tu décoinçais, les châsses bordées de jambon / Avec une terrine à caler un corbillard !* (Legrand). *Sans compter qu'il n'a pas du mou de veau dans la terrine et qu'il n'est pas manchot, le mec* (Bastiani, 4). **Terrine de gelée d'andouille, de con** ou **de paf,** formule d'injure vigoureuse.

ETYM. emploi métaphorique du mot usuel (analogie de forme et de consistance : rappelons que le mot *tête* lui-même vient du lat. **testa,** brique). 1842, Gautier [TLF]. **Terrine de gelée de con,** 1953 [Sandry-Carrère] ; **terrine de gelée de paf,** 1977 [Caradec].

tésigue, tessière, tes-cols *pron. pers.*
→ MÉZIG.

tétais *n.m.*

Vx. Sein de femme : *Elle aurait voulu en avoir plein les bras, elle rêvait des tétais de nounou* (Zola).

ETYM. du radical de **téter** et du suff. **-ais.** 1867 [Delvau].

têtard *n.m.*

1. Enfant : *Y aura du monde à l'abri sous les charmilles. M'étonnerait pas que la môme aux gros nichons se fasse faire un deuxième têtard* (Demouzon). **2.** Vx. Homme entêté : *Bien sorbonné. Mon homme, tu es toujours le roi des têtards* (Sue). **3.** Vx. Cheval médiocre, bon pour l'équarrissage. **4.** La dupe, la victime, le dernier (qui se fait capturer après une poursuite) : *Le têtard au bonneteau n'a jamais les rieurs pour lui. Humiliation sur toute la ligne* (Boudard, 1). *Y en avait-il, dans les prisons de la République, de ces têtards qui s'étaient fait enchetiber uniquement pour leur goût de la gloriole* (Grancher). **Faire têtard,** tromper : *J'y ai dit : « Môm', j'suis ton mec, / Et si tu m'fais têtard / J'te f'rai les chrom's avec / Mes pénich's de boul'vard* (P. Perret).

ETYM. emplois métaphoriques et péj. du mot désignant une larve de batracien, à grosse tête. **1.** 1865, Taine [TLF]. **2.** 1836 [Vidocq]. **3.** 1901 [Bruant] ; allusion à *Têtard,* nom d'un boucher hippophagique. **4.** *être fait têtard* 1924 [Esnault].

tétasse *n.f.*

Sein de femme, génér. flasque et flétri : *Mais il en est, Dieu sait ! / Mieux dénommés tétasses / Remplissant un corset / Comme l'eau une tasse* (Ponchon).

ETYM. de **téton,** resuffixé avec le suff. péj. **-asse.** avant 1493, G. Coquillart [GLLF].

DÉR. **tétassière** *n.f.* Femme aux seins gros et mous : avant 1590, Tabourot [Delvau].

tête *n.f.*

1. Tête de bois, de pioche, de holz, de mule, (vx) **de boche,** individu stupide et buté : *Ahahaha, tu fais l'idiot !... Ahahaha ! Sale tête de mule !* (Machard, 4). *Ça les a bien avancées, ces deux têtes de pioche, de se monter le ciboulot pour un mac* (Lorrain). **2.** Vx. **Tête de veau,** condamné envoyé aux travaux forcés. (On rencontre aussi **tête rasée.**) **3. Tête de buis, de cire, de veau, tête nickelée,** homme chauve. **Avoir la tête qui dépasse les cheveux,** être chauve. **4. Faire** ou **filer une (grosse) tête, une tête au carré à qqn,** lui infliger une correction : *Je me lève, ma salope, mais c'est pas pour me regarder, c'est pour te filer la tête de ta vie* (Cordelier). *À Cergy, des gosses de quinze ans à peine apostro-*

phaient les policiers: «Si tu me touches, je te fais une tête» (*le Monde,* 17 mai 1990). **5. Avoir, attraper la grosse tête,** se croire plus important, plus influent qu'on n'est: *Il paraît qu'il se fait plein de fric et qu'il a la grosse tête* (*Actuel,* février 1984). **6. Prendre la tête à qqn,** l'ennuyer beaucoup, l'obséder: *Tous ces posters de cul avec ces foufounes roses et ces tétons turgescents, ça vous prend la tête* (*Actuel,* avril 1990). **7. Ça va pas, la tête!,** formule de dénégation ironique: *Les jackpots, c'est silencieux, difficile à truander et ça rapporte gros. Les interdire ? Ça va pas la tête ?* (*Libération,* 21 avril 1983). **8. Tête à l'huile.** ***a.*** bagnard trop respectueux de la propriété privée de ses congénères ; ***b.*** figurant amateur : *Une réminiscence du temps que j'étais tête à l'huile, figurant, quoi!* (London, 2). **9.** Vx. **Tête à massacre,** physionomie rébarbative : *Paulette ! que je soufflais à «ma femme», je m'emmerde avec toutes ces têtes à massacre* (Meckert). **10.** Vx. **Cuisinier à la tête,** mouchard récompensé au prorata de ses dénonciations.

ETYM. emplois génér. synecdochiques (la partie pour le tout) du mot usuel. **1. Tête de bois,** 1847, Balzac [DDL 1]; **de pioche,** 1894 [Virmaître]; **de holz,** 1866 [Delvau]; **de boche,** avant 1901, Courteline [Bruant]. **2.** 1897 [Esnault] ; **tête rasée,** 1916 [id.]. **3. Tête de buis,** 1867 [Delvau] ; **de veau,** 1881 [Rigaud] ; **de cire** et **tête nickelée,** 1888 [Villatte]. **Avoir la tête qui dépasse…,** 1881 [Rigaud]. **4.** vers 1950. **5** et **6.** contemporain. **7.** 1975 [Beauvais]. **8. *a.*** 1872 [Esnault] ; ***b.*** 1883 [Fustier]. **9.** allusion au *jeu de massacre* des fêtes foraines. 1942 [Meckert]. **10.** 1829 [Esnault].

téter *v.t.*

1. Boire: *Doudou ouvrit une bouteille de champagne. «Si on tétait la roteuse?»* (Paraz, 2); et, absol., s'adonner à la boisson: *En ce moment elle fraye avec un loufiat du Balto, un boulot, il s'appelle Loulou, paraît qu'il est gentil pour elle, qu'il n'en veut pas à ses sous. Il n'a qu'un seul défaut, il tète* (Cordelier). **2. Se faire téter,** se faire faire une fellation. **Va te faire téter,** formule de refus brutal.

ETYM. emplois métaphoriques du verbe usuel. **1.** 1867 [Delvau]. **2.** 1953 [Sandry-Carrère].

tétère ou **téterre** *n.f.*

Vx. Tête : *J'te l'réveillerais à coups d'tartine sur la tétère, et j'te l'poisserais par un abatis* (Barbusse). *J'suis toqué d'la téterre, oh ! tiens tais-toi, tu m'tu* [sic] (chanson *Salade cacophonique,* paroles de H. Poupon et J. Combe).

ETYM. abrègement de **(pomme de) terre,** avec redoublement. *téterre* 1896 [Esnault] ; *tétère* vers 1910, Forton.

téteuse *n.f.*

Fille ou femme qui pratique la fellation: *Je ne suis pas consacrée à la Fellatrice, bien sûr; si je suis moi-même une téteuse, ce n'est pas pour remplir un devoir sacré, mais pour le plaisir de l'homme que j'aime* (Cellard).

ETYM. du verbe **téter.** contemporain.

têtière *n.f.*

ARG. ANC. Poutre sur laquelle les forçats, couchés, appuient leur tête : *Les vêtements enroulés s'alignent sur la têtière (poutre qui règne sur toute la longueur du tollard et tient lieu d'oreiller)* (Humbert).

ETYM. emploi très local du mot usuel. 1880, Humbert.

teube ou **teubi** *n.f.*

Pénis.

ETYM. verlan de **bite.** 1988 [Caradec].

1. teuch *n.f.*

Vulve.

ETYM. verlan apocopé de **chatte.** 1988 [Caradec].

2. teuch *n.m.* → TOSH.

texto *adv.*

Textuellement: *Ça ne me revient plus texto ce qu'ils pouvaient dire tous ces voyous, ces macs* (Boudard, 5). *Après mon départ, Hugo avait appelé Bercovier pour lui annoncer texto : « Le problème est réglé»* (Granotier).

ETYM. apocope et resuffixation arg. de **textuellement.** 1960 [Esnault].

VAR. (désuète) **textuo :** 1929, Arts et métiers d'Angers [id.].

tézig, tézigue, tézingand *pron. pers.* → MÉZIG.

thé *n.m.*

1. Marcher au thé, s'adonner à la boisson. **2.** Vx. **Être de thé,** s'enivrer. **Y a du thé,** on est ivre. **3. Prendre le thé,** copuler, notamment entre homosexuels.

ETYM. emplois euphémiques du mot désignant une boisson inoffensive et distinguée. **1.** 1958 [Esnault]. **2. Être de thé,** 1833 [id.]. **Y a du thé,** 1912, Nantes [id.]. **3.** 1910 [id.].

théâtre *n.m.*

Vx. **Théâtre (rouge),** guillotine : *Pendant que j'étais au théâtre, j'ai connoblé ta larque* (Ansiaume).

ETYM. métaphore ironique. 1821 [Ansiaume].

théière *n.f.*

1. Tête : *Certains d'nozigues dont on r'connobrait la théière* (Legrand). *À sa place, Agatha Christie se serait creusé la théière pareil* (Pouy, 3). **2.** Urinoir public (fréquenté par les homosexuels).

ETYM. emplois métaphorique (1) et issu de **tasse à thé** (2). **1.** 1901 [Bruant]. **2.** 1890 [Esnault].

thème *n.m.*

Faire thème, se taire ; se raviser.

ETYM. déverbal de **témer,** réfléchir (1908, Anjou), selon Esnault, qui donne l'orthographe *tème,* sans référence. 1960 [Le Breton].

thiaga *n.f.*

Prostituée d'origine africaine : *Prostituée : Régule ! Une Kachlouche en panthère ! Une thiaga !* (Smaïl).

ETYM. mot wolof, même sens. 1996 [Merle].

Thomas *n.pr.*

1. Pot de chambre. Vx. **Prendre Thomas par les oreilles,** vider le pot de chambre. **2.** Vx. **Mère Thomas, la veuve Thomas,** chaise percée. **3.** Vx. **Avoir avalé Thomas,** avoir une haleine fétide.

ETYM. adoption d'un prénom pour un objet familier, voire indispensable ; sens renforcé à partir de 1850 par un calembour sur un chant religieux : *Vide Thoma, vide latus* (« l'as-tu vidé » ? ; le vrai sens est « Vois, Thomas, vois mon flanc percé »). **1.** vers 1830. **Prendre Thomas par les oreilles,** 1888 [Villatte]. **2.** 1847 [Dict. nain] ; **la veuve Thomas,** 1867 [Delvau]. **3.** 1881 [Rigaud].

thunarder ou **tunarder** *v.i.*

Ne risquer que de faibles mises : *Tous les clochards qui thunardaient d'habitude, y z'avaient des sacs devant eux* (Simonin-Bazin).

ETYM. de **thune.** 1935, Simonin-Bazin.

thune ou **tune** *n.f.*

1. Pièce ou somme de cinq francs : *Il a refroidi un ménage et il a dix mille* thunes *de cinq balles… en or !* (Balzac, 3). *Chez moi, c'est deux francs, pas moins, et si l'on reste la nuit, la thune* (Lorrain). *C'est Des Péreires qui se démerdait… Il expédiait les petits paris… pas plus d'une thune pour chacun* (Céline, 5). **2.** Pièce de monnaie (de diverses valeurs) : *Quand Bob a massacré le flipper / On avait plus une tune en poche* (Renaud) ; par ext., argent en général : *Ils ont compris qu'ils pouvaient se faire de la tune avec de la dope* (*Actuel,* mars 1990). **3.** Vx. **Thune de camelot,** pièce d'étoffe volée par une « enquilleuse ».

ETYM. origine très obscure (la référence au *roi de Thunes,* c.-à-d. de Tunis, est illusoire) ; d'abord au sens d'« aumône », 1628 [Chéreau]. **1.** « pièce », 1835 [Raspail]. **2.** 1800 [Leclair] ; *de la thune* 1987, Porquet. **3.** 1847 [Dict. nain].

DER. **tunard** *n.m.* **1.** Pièce de cinq francs : 1883, Macé [Esnault]. **2.** Petit parieur : 1950 [id.]. **thunard** *n.m.* et **thunette** *n.f.* Pièce de cinq francs : 1953 [Sandry-Carrère]. **tuner** *v.i.* Mendier : 1836 [Vidocq]. **tuneur** *n.m.* Mendiant : 1829 [Forban].

tiche *n.f.*

1. Quête destinée à assister un détenu ou un évadé. **2.** Vx. Bénéfice plus ou moins licite.

ETYM. aphérèse d'**artiche. 1.** 1970, Boudard-Étienne. **2.** 1866 [Delvau].

ticket *n.m.*

1. Billet de mille francs (anciens) : *Je vous l'ai dit que ce type était né coiffé ! souffla Clotaire. Il vient de racler cinquante tickets. Maintenant il joue sur le velours* (Vexin). **2.** Femme attirante, qui suscite le désir ; femme qu'on a séduite : *Insoucieux de ces remous, Armand et son ticket débouchent dans l'atelier* (Simonin, 5). **Faire un ticket,** lancer discrètement une invitation galante. **Avoir le ticket** ou **un ticket (avec qqn),** lui plaire physiquement de façon évidente : *En tout cas, moi qui me vante d'avoir toujours des tickets avec les filles, ici, dans ce salon, aucune chance : pas la moindre touche* (Tachet). *Au restaurant, elle m'avait fait asseoir à côté d'elle sur la banquette, et je me suis vite aperçu que j'avais un sérieux ticket avec Édith* (Pousse). **3. Prendre un ticket,** assister à un spectacle érotique. SYN. prendre un jeton de mate. **4.** Vx. Individu original.

ETYM. emplois spécialisés et humoristiques du mot usuel. **1.** 1937 [Esnault]. **2.** 1943 [id.]. **Faire un ticket,** 1977 [Caradec]. **Avoir un ticket,** 1954, Tachet. **3.** 1960 [Le Breton]. **4.** 1902 [Esnault].

ticson ou **tickson** *n.m.*

Billet ou ticket: *De première bourre, mes premiers jeux! Huit cent cinquante ticsons en pogne après la troisième* (Dégaudenzi). *Bourgeois un peu trop conformistes, sauf pour la livre de bidoche au noir et le calendos sans ticksons* (Yonnet).

ETYM. de **ticket.** d'abord *tiçcon,* olibrius, 1907 [Esnault]; *tickson* 1947, Stollé; *ticson* 1987, Dégaudenzi.

DER. **tiççagon** *n.m.* Invite galante : 1956 [Esnault].

tic-tac *n.m.*

Revolver.

ETYM. analogie avec **tac-tac-tac,** onomatopée imitant le bruit d'une rafale. 1953 [Sandry-Carrère].

1. **tierce** *n.f.*

Bande d'individus plus ou moins recommandables : *Là-dessus, Reboul-le-Manchot, une autre illustration de la tierce à Nestor, s'annonça* (Malet, 17). *Fais gaffe à tes os, Mario, ces trois mecs, c'est pas des tendres... C'est une rude tierce, un peu comme nous dans le temps* (Risser). **Être de la tierce,** faire partie de l'équipe, de la bande: *Le bénéficiaire était tout de même de la tierce... du métier... un placeur ou un hareng* (Boudard, 2).

ETYM. de **tiercés,** soldats répartis dans les compagnies des bat' d'Af'. 1875 [Esnault].

2. **tierce** *n.f.*

1. Tierce, belote et dix de der, se dit de qqn qui est âgé de cinquante ans. **2.** Vx. **Tierce à l'égout,** au jeu de piquet, la tierce la plus basse.

ETYM. emplois imagés du mot désignant un ensemble de trois cartes qui se suivent. **1.** la tierce vaut 20 points, la belote autant et le dix de der, 10 : la somme fait 50. 1977 [Caradec]. **2.** 1888 [Villatte].

tif *n.m. (génér. au pl.)*

Cheveu : *Le tif d'un auburn un peu soutenu vous vaudra : Fernand le Rouxpoil* (Simonin, 10). *Maintenant, on ne va plus se faire couper les tifs après la bouffe, on se rend en consultation de capilliculture biocosméticienne en nocturne* (Desproges).

ETYM. sans doute du dauphinois **tifo,** *n.f.*, paille. 1883 [Chautard].

VAR. **tiffes :** 1896 [Delesalle]. **tifles** et **tignes :** 1899 [Nouguier]. **tiffots :** 1879 [Esnault].

DER. **tiffier** *n.m.* Coiffeur : 1952 [Esnault]. **tifman** *n.m.* Même sens: 1977 [Caradec].

1. **tige** *n.f.*

1. Cigarette : *Caoua en pogne, tige au bec, je me sens pas trop mal sachant que je vais pioncer dans cette gare* (Dégaudenzi). **2.** Pénis. **Brouter la tige,** faire une fellation. **Se faire brouter la tige** ou **se faire faire une tige,** être l'objet d'une fellation. **3. Vieille tige,** travailleur ou pilote chevronné : *Le défunt était une «vieille tige», autrement dit un pionnier de l'aviation* (*l'Est républicain,* 25 janvier 1989). **4.** Pied. **5.** Chaussure.

◆ *n.m.*

Gardien de la paix; gendarme: *Il avait dû lui sembler bizarre que je parle si légèrement de laisser emballer Tintin par les tiges* (Simonin, 3).

◆ **tiges** *n.f.pl.*

Jambes. **Avoir des tiges de pâquerettes,** être pourvu de jambes grêles.

ETYM. emplois métaphoriques du mot désignant à l'origine un axe végétal. **1.** 1977 [Caradec]. **2. Brouter la tige,** 1952, Clébert. **Se faire brouter la tige** ou **se faire faire une tige,** 1953 [Sandry-Carrère]. **3.** 1912 [Esnault]. **4.** 1847, Féval [id.]. **5.** 1926 [id.].

◆ *n.m.* (origine peu sûre) 1905 [id.].

◆ *pl.* **Avoir des tiges de pâquerettes,** 1953 [Sandry-Carrère].

DER. **tiger** *v.i.* Fumer: 1985, *Libération.*

2. **tige** *n.m.*

Condamné effectuant une peine de substitution.

ETYM. adaptation du sigle **TIG,** travaux d'intérêt général. 1988 [Caradec].

tigre *n.m.*

1. Héroïne. **2.** Vermouth additionné de cassis: *Ce samedi-ci on n'y touche pas* [à la paye]*; la consigne est de ne prendre ni un perroquet, ni un mêlé, ni un tigre* (Gill).

ETYM. emplois spécialisés du mot usuel. **1.** 1986 [Le Breton]. **2.** 1878, Gill.

tilleul *n.m.*

Mélange de vin rouge et de vin blanc.

ETYM. emploi euphémique du mot désignant une tisane. 1977 [Caradec].

tilt *n.m.*

Faire tilt. ***a.*** produire une inspiration soudaine ou un effet de surprise, frapper

l'attention (de qqn): *Quand la « politique industrielle » fait tilt chez les députés socialistes* (*Libération*, 1er février 1984); ***b.*** échouer.
ETYM. de l'angl. **tilt,** signal lumineux du billard électrique indiquant la faute du joueur et provoquant l'arrêt du jeu. vers 1965 [Rey-Debove et Gagnon].

timbré, e *adj. et n.*
Fou: *Et Didier? – Ce n'est pas impossible non plus. Ce gosse est complètement timbré* (Averlant). *Je regarde le vieux timbré. Ça y est... je sais à qui il me fait penser depuis le début. À un para...* (Conil).
ETYM. de **timbre,** tête. vers 1560, La Curne [GLLF].

tinche *n.f.* → **2. TANCHE.**

tine ou **tinée** *n.f.*
VIEILLI. Grande quantité (de personnes ou de choses): *Et les nôtres? Il y en a beaucoup? – Une tinée. À l'hostau où que j'étais, ça ne désemplissait pas* (Dorgelès).
ETYM. de **tigne,** foule. 1815, *Chanson de Winter* [Vidocq]. *tine* 1881 [Rigaud]; *tinée* 1890 [Chautard].

tinette *n.f.*
1. Véhicule usagé: *Va sortir la tinette, lui dis-je en me rasseyant, et gare-la derrière la sienne, à vingt mètres* (Tachet). (On rencontre aussi **tine** en ce sens). SYN. chiotte. **2.** Vx. Tête. **3.** Bouche à l'haleine fétide.
◆ **tinettes** *n.f.pl.*
Vx. Bottes.
ETYM. de **tine,** baquet (à vidange). **1.** 1936, Céline; *tine* 1948 [Lacassagne]. **2.** 1835 [Raspail]. **3.** 1866 [Delvau].
◆ *pl.* 1841, Lucas [Esnault].

tintin *n.m.*
1. Faire tintin ou (vx) **tintin-ballon,** être privé de ce qui est attendu ou dû: *Notre chambre n'étant pas retenue, nous avions donc beaucoup de chance de faire tintin* (Tachet). **2. Tintin !,** rien du tout, rien à faire !: *Le sana où je suis reçoit les assurés sociaux et même les A.M.G., assistance médicale gratuite. Mais pour les mutilés de guerre, tintin* (Paraz, 1).
◆ **tintins** *n.m.pl.*
Vx. Espèces sonnantes.
ETYM. onomatopée imitant le tintement des pièces de monnaie. **1.** 1935 [Esnault]. **2.** 1938 [id.].
◆ *pl.* 1918 [id.].

tir *n.m.*
Allonger le tir, débourser plus qu'il n'était prévu.
ETYM. emploi métaphorique d'une loc. militaire. 1953 [Sandry-Carrère].

tirade *n.f.* ou **tirage** *n.m.*
ARG. ANC. Temps passé au bagne: *Douz' longes de tirade, / Pour une rigolade, / Pour un moment d'attrait* (Vidocq).
ETYM. de **tirer,** passer (un laps de temps). *tirade* 1815, *Chanson de Winter* [Vidocq]; *tirage* 1830 [Esnault].

tirage *n.m.*
Tirage au flanc, art d'éviter les corvées, les travaux fatigants: *Gardes des voies. Ils n'ont pas le sens du refus cornélien, mais ils n'ont pas perdu le sens du tirage au flanc* (Werth, 2).
ETYM. de la loc. **tirer au flanc.** 1916, Barbusse.

tiraillon *n.m.*
Vx. Petit voleur à la tire: *Il existe une autre classe de tireurs plus modestes qu'on appelle tiraillons. Vêtus très mesquinement, souvent même en blouse, ils se bornent à fouiller dans les poches des habits et des paletots* (Canler). *Un voleur à la tire passera bien du grade de tiraillon à celui de tireur puis à celui de pick-pocket* (Locard, 2).
ETYM. diminutif de **tireur.** 1862, Canler.

tirant *n.m.*
Vx. **1.** Bas de femme: *J'ai eu douze paires de tirants dans le baluchon* (Ansiaume). **Tirants radoucis,** bas de soie. **Tirants brodanchés,** bas brodés. **2.** Lacet.
ETYM. du verbe **tirer. 1.** 1725 [Granval]. **Tirants radoucis,** 1800, Leclair. **2.** 1822 [Mésière].

1. tire *n.f.*
Vol à la tire ou **tire,** art et technique de celui qui vole dans les poches, ou en arrachant les sacs: *Aussi, contre l'usage,* [Gaffré] *n'adopta-t-il aucune spécialité; il était essentiellement l'homme de l'occasion; tout lui convenait depuis l'escarpe jusqu'à la tire* (Vidocq). *Après les grivèleries, ç'a été les vols à la tire... Un jour, vous avez carrément chouravé son sac à main à une bourgeoise* (Veillot). **Voleur à la tire,** celui qui pratique ce type de vol: *Je voudrais attirer l'attention sur une catégorie spéciale de voleurs à la tire qui sont très*

difficiles à prendre. Ce sont les tireurs des plates-formes de tramway (Locard).

ETYM. déverbal de **tirer. Voleur à la tire,** 1817, selon Vidocq.

2. tire *n.f.*

Automobile : *Elle était sévère, la tire ! Longue. Noire. Nickelée où il fallait. Des coussins en cuir rouge. Des glaces. Une antenne de T.S.F. Un capot à y installer un matelas dessus : une Pontiac !* (Le Breton, 1).

ETYM. déverbal de **tirer,** fonctionner, en parlant d'une mécanique, d'un moteur. 1935, Simonin-Bazin [Esnault].

tire-au-cul ou **tire-au-flanc** *adj. et n.m. inv.*

Individu qui cherche à échapper aux corvées ; paresseux : *Déjà, son visage évoquait beaucoup moins le rebelle indigné par l'inconstance de ses partisans que le sous-off emmerdé par les tire-au-cul* (J. Perret, 1). *Entre le travail, l'entraînement cross trois fois par semaine et le parcours du combattant tous les soirs, vous avez intérêt à être en forme ! le capitaine ne tolère pas les tire-au-flanc* (Monsour).

ETYM. mot composé de **tirer** et de **flanc** ou de **cul,** demeuré d'un emploi essentiellement militaire. 1887 [Esnault].

tire-bouchon *n.m.*

1. Car de police chargé de dissoudre les embouteillages urbains. **2.** Sobriquet attribué à une famille aux mœurs sexuelles douteuses. SYN. tuyau de poêle. **3. Tire-bouchon américain,** position érotique selon laquelle la femme est assise sur les cuisses de l'homme, lui-même étant assis sur une chaise.

ETYM. détournement humoristique du mot composé usuel, avec jeu sur le sens de **bouchon.** **1.** 1975 [Arnal]. **2.** 1929 [Chautard]. **3.** 1864 [Delvau].

tirebouchonner (se) *v.pr.*

1. Se tordre de rire : *Je me tirebouchonne !... I va être rudement marrant le train d'Amérique !* (Machard, 3). **2.** Se donner beaucoup de mal : *Vous allez encore vous tirebouchonner le ciboulot pour arriver à rien du tout* (La Fouchardière).

ETYM. emplois expressifs du verbe issu de **tire-bouchon** et signifiant « tordre en spirale ». **1.** 1901 [Bruant]. **2.** 1924, La Fouchardière.

DER. **tirebouchonnant, e** *adj.* Très drôle : 1901 [Bruant].

tire-bouton *n.m.*

La maison ou **le ménage tire-bouton,** la communauté des homosexuelles : *Mmes Fabienne et Doriane à l'occase se faisaient des petites mignardises sexuelles... elles sont un peu de la famille tire-bouton* (Boudard, 2).

ETYM. de **tirer** et **bouton,** clitoris. 1953 [Sandry-Carrère].

tireboutonner (se) *v.pr.*

Avoir des rapports homosexuels, en parlant de femmes : *La Janine, c'est sa protégée, sa partenaire et pas que dans les attaques ferroviaires ! Après les durs combats, elles se léchouillent, se tire-boutonnent !* (Boudard, 6).

ETYM. de **tire-bouton.** 1979, Boudard.

tirée *n.f.*

Long trajet : *De la Santoche aux Baumettes, ça fait une tirée !*

ETYM. de **tirer (chemin).** 1927 [Esnault].

tire-gosse *n.f.* → TIRE-MÔME.

tire-gousset *n.m. inv.*

Vx. Voleur à la tire : *Les tire-gousset et les souteneurs de choc semblent y avoir promulgué* [à la porte de Boulogne] *la dure loi de la jungle* (de Goulène).

ETYM. de **tirer** et de **gousset.** 1980, de Goulène.

tire-jus ou **tire-moelle** *n.m.inv.*

Mouchoir : *« Tiens », dit-elle. Et Amédée, s'en emparant, éternua son chagrin dans la batiste. « Merci », dit-il en lui rendant le tire-jus* (Combescot). *Chialant, le blair dans son tir'jus, / Ell'radina chez son tordu* (Marcus).

ETYM. de **tirer** et de **jus** ou de **moelle,** au sens de « morve ». vers 1805, langage poissard [Esnault].

VAR. **tire-molard :** 1867 [Delvau].

DER. **tirjuter** *v.i.* Se moucher : 1836 [Vidocq]. **se tirejuter** *v.pr.* Même sens : 1867 [Delvau].

tire-laine *n.m.inv.*

Vx. Voleur qui arrachait les manteaux : *Les mendiants qui étaient tous pick-pockets et tire-laine vous pressant* [...], *vous retenant par vos vêtements* (Cendrars, 1).

ETYM. de **tirer** et de **laine.** vers 1600 [Esnault].

tirelire *n.f.*

1. Tête : *C'est pas tout ça, qu'il fait, faudrait lui dégauchir un blaze* [au nouveau-né]. *L'pater y s'creuse la tirelire* (Yonnet). **2.** Physionomie : *C'est pas trop tôt que tu déballes Aurélie, depuis treize ans que je contemple ta tirelire !* (Machard). **3.** Bouche. **Se fendre la tirelire,**

rire. **4.** Estomac. **5.** Vx. Postérieur. **6.** Vx. Vagin : *Par ici la sœur et j'te lui décortique la tirelire* (Simonin-Bazin). **7.** Vx. Pucelage. **8.** Lieu précis où doit être déposé un objet, dans le langage des agents spéciaux. **9.** Coffre-fort. **10.** Vx. Prison.

ETYM. emplois métaphoriques, et souvent humanisés, du mot désignant un récipient destiné à renfermer des économies en espèces sonnantes. **1.** 1625 [TLF]. **2.** 1901 [Rossignol]. **3.** 1863, T. Gautier [GR]. **4.** 1881, Richepin [TLF]. **5.** 1867 [Delvau]. **6.** 1881 [Rigaud]. **7.** 1864 [Delvau]. **8.** 1975 [Arnal]. **9.** 1963, film *le Doulos* de J.-P. Melville. **10.** 1876, Richepin [Villatte].

tire-moelle *n.m.inv.* → TIRE-JUS.

tire-môme, tire-monde ou **tire-gosse** *n.f.*

Sage-femme : *A fallu payer la tire-mômes* (Gill). *Ne voyez-vous pas qu'elle est dans les mals ? [...] Quand vous l'avez rencontrée, elle sortait pour aller chez Mme Tire-Monde* (Vidocq).

◆ *n.m.*

Médecin accoucheur.

ETYM. de **tirer** et de **môme,** enfant. *Madame Tiremonde* 1808 [d'Hautel] ; *Madame Tire-Môme* 1847 [Dict. nain] ; *tire-gosse* 1881 [Rigaud].

◆ *n.m.* 1988 [Caradec].

VAR. **tire-enfants :** 1877, Goncourt [TLF].

tirer *v.t.*

1. Détrousser : *T'es pas trop gêné, il me fait d'une voix un peu lointaine... Tirer une vieille, comme ça, dans un cimetière en plus...* (Dégaudenzi). **2.** Voler (à l'origine, dans une poche) : *Pour tirer le portefeuille, ils fendent l'habit avec un rasoir* (Raspail). *Tirer la bagnole à un cave, / J'appelle pourtant pas ça un crime* (Renaud). Vx. **Tirer une dent à qqn,** lui emprunter de l'argent sous un faux prétexte. **3.** Viser, prendre pour cible (un homme) : *Alors ces flics, excédés d'être tirés comme des lapins, réagirent* (Larue). **4.** Posséder sexuellement : *Il me tire pendant deux mois, il me dit même pas qu'il a de l'herpès* (Bretécher, in *le Nouvel Observateur,* 15 juillet 1983). **5.** Passer (un temps de peine ou de service) : *Il tirait cinq piges pour avoir éventré un coffre-fort au chalumeau* (Boudard, 1). *Il vient de se livrer à un calcul simple et odieux : il a trente ans. Il prendra sa retraite à cinquante-cinq. Vingt-cinq ans à tirer* (Morgiève). **6. Tirer une gueule (à qqn),** trahir par sa mimique son mécontentement, sa mauvaise humeur : *Le train haletant stoppa dans un petit patelin à l'effroyable aspect [...] Les copains aux fenêtres tiraient de ces gueules* (Paraz, 2). SYN. faire la gueule. **7. Tirer un fil,** uriner. **8. Tirer l'échelle** ou **la ficelle,** renoncer. **9. Tirer son cheval,** le retenir pour l'empêcher (frauduleusement) de gagner. **10.** Vx. **Tirer sa coupe, ses guêtres,** s'en aller, partir. **11.** Vx. **Tirer la ficelle.** ***a.*** passer à autre chose ; ***b.*** se masturber, en parlant d'un homme. **12. Tirer les verres du nez,** soumettre à l'alcootest, dans le langage des policiers. **13.** Vx. **Tirer la fonte,** manier les poids et haltères.

◆ *v.i.*

1. Fumer. **Tirer sur le bambou,** fumer l'opium. **2. Tirer au flanc, au cul** ou **au renard,** chercher à échapper aux corvées ; paresser : *Elle s'était cassé la clavicule en faisant du ski l'année dernière. « On va penser que je tire au flanc, que je profite des circonstances »* (G.-J. Arnaud).

◆ **se tirer** *v.pr.*

1. Se tirer des pattes (ou **les pattes**), **des pieds, des flûtes, des ripatons, des balladoires,** etc., simpl. **se tirer** ou (vx) **se la tirer,** s'en aller, s'enfuir : *Moi j'allais me tirer des pattes bien tranquillement, mais la Coquette est venue et s'en est mêlée* (Allain-Souvestre). *Mais balances ou pas... Une chose est sûre, c'est que nous voilà en cavale ! Faut qu'on se tire les pattes de devant et vite. D'ici une heure ou deux, tous les bédis de France vont avoir nos photos* (Le Breton, 3). *Si tu veux pas descendre c'est fichu, dit son cousin. On n'a qu'à se tirer. C'est raté alors* (Duvert). **2. Se tirer d'épaisseur.** ***a.*** se sortir d'un mauvais pas ; ***b.*** s'amenuiser, diminuer. **3.** Vx. Se faire, mais péniblement (en parlant d'une peine). **4. Ça se tire,** c'est sur le point de s'achever : *C'est du dix au jus : ça se tire !* **5. Se tirer sur l'élastique** ou **se la tirer,** se masturber : *Un soir, j'étais péniblement en train d'essayer de trouver le sommeil en me tirant sur l'élastique quand j'entends soudain des gémissements, des plaintes* (Depardieu).

ETYM. emplois spécialisés de ce verbe très ouvert. **1.** 1928 [Lacassagne]. **2.** 1821 [Ansiaume]. **Tirer une dent,** 1836 [Vidocq]. **3.** fin du XVe s. [GLLF]. **4.** 1864 [Delvau]. **5.** 1229, Gerbert de Montreuil [TLF]. **6.** 1942, Paraz. **7.** 1957 [Sandry-Carrère]. **8.** 1657, Livet [GLLF]. **9.** 1910 [Esnault]. **10. Tirer sa coupe,** 1867 [Delvau] ; **ses guêtres,** mil. du XVIe s. [Duneton-Claval]. **11.** ***a.*** 1830 [Esnault] ; ***b.*** 1881 [Rigaud]. **12.** 1975

[Arnal]. **13.** 1953 [Sandry-Carrère], arg. des forains.

◆ *v.i.* **1.** 1926 [Esnault]. **Tirer sur le bambou,** 1921 [id.]. **2. Tirer au renard,** 1872 [Littré] ; **au cul,** 1883 [Fustier]; **au flanc,** 1881 [Rigaud] (image du cheval qui recule devant l'obstacle).

◆ *v.pr.* **1. Se tirer des pieds, se tirer les pattes** et **se la tirer,** 1867 [Delvau] ; **se tirer les pincettes,** 1875, Cavaillé [Larchey] ; **se tirer des pattes, des balladoires,** 1881 [Rigaud]; **se tirer,** 1901 [Bruant]. **2.** ***a*** et ***b.*** 1867 [Delvau]. **3.** 1835 [Esnault]. **4.** 1881 [Rigaud]. **5.** 1989, Depardieu. **Se la tirer,** 1883 [Fustier].

DER. **se tireflûter** *v.pr.* Détaler: 1989, Depardieu.

tireur, euse *n.*

1. Individu pratiquant le vol dit « à la tire » : *Les tireurs, ou voleurs à la tire, sont ceux qui dérobent, dans les poches, les bourses, les montres, les tabatières, etc.* (Vidocq). *Reconnaissant son habileté et sa ténacité, les policiers l'avaient eux-mêmes sacrée « la reine des tireuses »* (Larue). **2. Tireur à genoux,** infirmier. **3. Tireur au cul** ou **au flanc,** paresseux : *N'étais-je pas là spécialement pour dépister, avec mon flair du tonnerre, les tireurs au flanc ?* (Malet, 10). SYN. tire-au-cul, tire-au-flanc.

ETYM. de **tirer. 1.** *tireur* 1808 [Boiste]; *tireuse* 1829 [Forban]. **2.** 1901 [Bruant]. **3. Tireur au flanc,** 1942, Malet.

tiroir *n.m.*

1. Ventre : *Ma stoppeuse s'est rempli l'tiroir / Sans rien moufter* (Renaud). **Avoir** (ou **coller**) **un lardon, un polichinelle dans le tiroir,** être (ou mettre) enceinte : *Il risquait de lui coller dans le tiroir, en discutable souvenir, un lardon qui ressemblerait à son père* (Grancher). **Tiroir (à poulet),** estomac. **Tiroir aux lentilles,** anus. **2.** Vx. Trou pratiqué dans le volet d'une bijouterie pour en extraire les bijoux. **3.** Vx. Au piquet, enlèvement frauduleux de trois as du jeu. **4.** Vx. **Tiroir de l'œil,** menus prélèvements illicites. **5. Tiroir aux macchabées,** compartiment, à la morgue.

ETYM. emplois métaphoriques du mot usuel. **1.** 1888 [Villatte]. **Avoir le polichinelle dans le tiroir,** 1864 [Delvau]. **Tiroir à poulet** et **tiroir aux lentilles,** 1953 [Sandry-Carrère]. **2.** 1844 [Dict. complet]. **3.** 1875, Cavaillé [Larchey]. **4.** 1867 [Delvau]. **5.** 1901 [Bruant].

tisane *n.f.*

1. Correction infligée à qqn : *J'ai une fièvre affreuse. – Tu iras à l'hôpital demain, répliqua le gardien (avec un coup de baguette sur l'échine) ; travaille, et ferme ; tiens, voilà un coup de tisane* (Alhoy). *N'importe qui m'aurait répondu sur ce ton, je l'aurais dérouillé vite fait, mais Torpédo, plus fort que moi, jamais pu lui filer une tisane, même pas une simple tarte* (Pelman, 1). **2.** Vx. Ennui, désagrément. **3.** Eau (sous toutes ses formes) : *Complètement bourré, il a pas vu le bord du quai et a piqué une tête dans la tisane.* **4.** Boisson alcoolisée, en partic. champagne : *Sous l'effet de la tisane, cette môme redevenait folâtre* (Simonin, 3). Vx. **Être de tisane,** être ivre.

ETYM. au sens 1, p.-ê. par jeu de mots sur l'esp. **atizar,** flanquer (une correction). **1.** 1830, Alhoy. **2.** 1847 [Dict. nain]. **3.** contemporain. **4.** 1883, Joinneau et Delattre, chanson *En r'venant d'Suresnes* [Pénet]. **Être de tisane,** 1884 [Chautard].

DER. **tisaner** *v.t.* Infliger une correction à qqn : 1914 [Esnault]. **tiser** *v.t.* Même sens: 1907 [id.].

titi *n.m.*

1. Jeune Parisien gouailleur : *Un gamin d'Paris / C'est tout un poème / Dans aucun pays / Il n'y a le même, / Car c'est un titi, / Petit gars dégourdi / Que l'on aime* (M. Micheyl, *in* Saka). **2. Titi négro,** langage dit « petit nègre ».

ETYM. mot de formation enfantine, p.-ê. redoublement de la syllabe finale de **petit. 1.** 1830 [Esnault]. **2.** 1977 [Caradec].

titine *n.f.*

1. Mitraillette : *On y trouvait des armes de tout calibre, des titines, des grenades, des chalumeaux* (Mariolle). **2.** Vx. Portion de ragoût à un ou deux sous : *La vente des poêlons et des portions de titine se faisait trop rapidement pour qu'on pût vérifier toutes les pièces* (Humbert). **3.** Vx. Botte.

ETYM. emploi spécialisé d'un surnom hypocoristique. **1.** 1948 [Lacassagne]. **2.** 1871 [Esnault]. **3.** 1888 [Villatte].

1. toc *adj.*

1. Sans valeur réelle ; faux. **2.** Laid, désagréable, mauvais : *Ça va, M'man, sauf que les poulets sont de plus en plus tocs. J'ai encore été emballée, hier soir...* (Le Breton, 1). *Débecté à zéro, il lâcha : – Drôlement toc, ce coin !* (Simonin, 8). **3.** Vx. Malin, astucieux : *Il faut être toc, car la vergne est comblée de roussins* (Ansiaume). **4.** Vx. Risible.

◆ *n.m.*

1. Faux, imitation : *C'était pas du toc !... Rien que du travail à la main !... Je les connaissais* *les choses de style!* (Céline, 5). *En fait, la veuve Hô ne parlait pas une broque de vietnamien. Son accent était en toc. Ses méthodes aussi* (Pennac, 1). **2.** Faux nom. **Marcher** ou **vivre sous un toc,** vivre sous une fausse identité: *J'ai vu des cas où on accordait légalement un changement d'état civil. Ils peuvent ni continuer à vivre sous un toc ni continuer à s'appeler Davos* (Giovanni, 1). **3.** Aplomb, courage: *Elle reprenait du toc, Amélie. La question la prenait pas en défaut* (Simonin, 1). **Manquer de toc,** manquer de courage ou d'à-propos: *Je manque de toc, je devrais me lever pour lui expliquer ma situation... lui dire toute la vérité* (Boudard, 5).

◆ **tocs** ou **toques** *n.m.pl.*

Faux papiers: *De bons « tocs » valent mieux que la carte d'identité du propriétaire du chéquier dont on a changé la photo* (*Libération,* 7 août 1980). *Pat est mineure comme la Zone, à la différence qu'elle marche sous des toques qui tiennent bien* (Cordelier).

ETYM. emplois spécialisés de l'onomatopée, qui évoque le son mat du cuivre, du doublé (par opposition au son plein que rend le métal précieux). **1.** 1835 [Raspail]. **2.** 1862 [Larchey]. **3.** 1821 [Ansiaume]. **4.** 1870 [Esnault].
◆ *n.m.* **1.** 1835 [Raspail]. **2.** 1944 [Esnault]. **3.** 1928 [Lacassagne]; cette forme vient p.-ê. de *estoque,* esprit (1808 [d'Hautel]).
◆ *pl.* 1953 [Sandry-Carrère].

VAR. **togue** ou **toque** *adj.* au sens 3 : 1836 [Vidocq].

DER. **toquerie** *n.f.* Finesse, ruse : 1821 [Ansiaume].

2. toc *n.m.* → TOQUANT.

tocante ou **toquante** *n.f.*

1. Montre: *La petite tocante de Zette était arrêtée sur minuit, trop faiblarde pour changer la date* (Amila, 1). *Je consulte ma toquante : vingt heures* (Bauman). **2.** Vx. Heure.

ETYM. emploi substantivé du participe présent de l'anc. verbe **toquer,** battre. **1.** 1725 [Granval]. **2.** 1821 [Mézière].

tocard, e ou **toquard, e** *adj. et n.*

1. Laid: *Nous venions d'entrer dans un jardin à la française, au fond duquel trônait une baraque qui ressemblait à l'ancien Trocadéro, en plus tocard et en plus prétentieux* (Héléna, 1). *Pour sûr, elle est vraiment tocarde, / La soularde* (chanson *la Soularde,* paroles de J. Jouy). **2.** Sans valeur: *Il s'agissait de la première œuvre d'un jeune réalisateur qui, avec un scénario tocard, avait obtenu par erreur une subvention exorbitante* (*Libération,* 10 février 1984). **3.** Sévère, méchant : *L'abattoir est tocard aujourd'hui* (Nouguier).

◆ **tocard** ou **toquard** *n.m.*

1. Cheval de course aux chances improbables: *À votre place, je ne risquerais rien dans le Prix de Courtenay, il n'y aura personne au départ. Bien sûr, il se trouvera un tocard quelconque pour faire une bonne cote, seulement allez savoir lequel!* (Averlant). **2.** Sportif sans envergure: *Son travail d'entraîneur consistait à m'organiser des combats contre des tocards notoires, que j'étais payé pour laisser gagner, afin qu'il touche les paris qu'il avait pris contre moi* (Van Cauwelaert). **3.** Individu peu intéressant: *Pourquoi ce minus, cette lavette, ce toquard a-t-il réussi à mettre le doute dans son esprit?* (Demure, 1). **4.** Événement fâcheux, chose fâcheuse: *C'est pourquoi, tout à l'heure, quand tu nous as interpellés, on a eu un geste de méfiance, qui vu le peu de témoins, aurait pu tourner au tocquard* (Mac Orlan). *Le tocard avec les drogués, c'est la difficulté de prévoir leur comportement* (Simonin, 8). **5.** Faux nom. **6.** Bijou faux: *Dans leurs bonnets de fourrure, deux aigrettes qui étaient pas du toquard, j'en étais éblouie* (Lorrain).

ETYM. de **1. toc** et du suff. péj. **-ard. 1.** 1855 [Esnault]. **2.** 1942, Meckert. **3.** 1899 [Nouguier].
◆ *n.m.* **1.** 1884 [Esnault]. **2.** 1904 [Petiot]. **3.** 1925 [Esnault]. **4.** 1901 [Bruant]. **5.** 1930 [Esnault]. **6.** 1904, Lorrain.

DER. **tocasse** *adj.* Méchant: 1836 [Vidocq]. **tocasserie** *n.f.* Méchanceté: [id.]. **tocasson** *adj. m.* Laid, mauvais: début du XXe s. [Carabelli]; *n.m.* **1.** Femme laide: 1867 [Delvau]. **2.** Mauvais cheval: 1901 [Rossignol].

tocbombe ou **toctoc** *adj.*

Un peu dérangé mentalement: *Le directeur, un médecin psychiatre, est un chouïa tocbombe, comme tous les psychiatres* (Paraz, 1).
SYN. toqué.

ETYM. de **toqué,** resuffixé en **-bombe.** *tocbombe* vers 1930 [Cellard-Rey], sans référence; *toctoc* 1862 [Larchey].

toile *n.f.*

1. Contenu du carré de toile verte dans lequel le brocanteur enveloppe ses acquisitions. **2. Se faire, se taper, se voir une toile,** aller au cinéma: *Premiers couples jeunes qui sentent le propre, rient, vont manger* *des brochettes à la Mouff', se voir une toile aux Champs-Élysées* (Demouzon). **3.** Au football, but encaissé: *Cette toile va casser les pattes des Tricolores qui semblent complètement désemparés* (*Libération*, 7 juin 1982). **4.** Vx. **Toile d'emballage,** linceul.

◆ **toiles** *n.f.pl.*

1. Draps de lit: *Le froid le mordait aux jambes comme un dogue, et précipitamment il les restitua à la moiteur tiède de ses toiles* (Courteline). *Maman Plœdac, je vais aller me mettre dans les toiles* (Mac Orlan, 4). **2.** Lit: *Après la gifle, on s'est tout de même réconciliés dans les toiles* (Boudard, 5). **3. Enlever les toiles d'araignée,** séduire une femme sérieuse ou en manque prolongé d'activité sexuelle: *E'm'dit: «Viens-tu, beau frisé, / M'enl'ver mes toiles d'araignée?»* (P. Perret).

ETYM. emplois spécialisés du mot usuel. **1.** 1977 [Caradec]. **2.** 1955 [Esnault]. **3.** 1939 [Petiot]. **4.** 1866 [Delvau].
◆ *pl.* **1.** 1718 [Acad. fr.]. **2.** 1808 [d'Hautel]. **3.** 1953 [Sandry-Carrère].

toise *n.f.*

1. Correction infligée à qqn: *Il s'est rendu. Deux minutes plus tard, il prenait une toise qui le laissait huit jours dans les pommes* (Le Dano). **2.** Vx. Demi-kilo.

ETYM. emplois détournés du mot désignant à l'origine une mesure de longueur. **1.** 1920, Le Mans [Esnault]. **2.** 1889, Macé [id.].

toit *n.m.* ou **toiture** *n.f.*

Vx. Chapeau d'homme; casquette: *À force de bigler ma toiture j'ai le torticolis dans les châsses* (Lefèvre, 2).

ETYM. emploi métonymique (idée de «couvrir») des mots usuels. 1866 [Delvau].

tôlard, e *n.*, **tôle** *n.f.*, **tôlier, ère** *n.*
→ TAULARD, TAULE, TAULIER.

tole ou **tollard** *n.m.*

Bourreau: *Le tole l'a vilainement tarroqué* (Ansiaume). *Comme il estoit en la carruche et que le tollard mettoit à sezière sa tortouse* [pour la pendaison]… (Responce au grand Coesre).

ETYM. de **toler, tauler,** rosser, meurtrir. *tollart* dès le XVIe s., selon Esnault; *tole* 1795 [id.].

tôler (se) *v.pr.*

Rire follement. SYN. se gondoler.

ETYM. de **tôle (ondulée).** 1928 [Esnault].

tollard *n.m.*

ARG. ANC. Lit du forçat: *Un lit de camp en planches, nommé tollard* […] *Au sommet du tollard est aussi le numéro de matricule du condamné* (Alhoy). *Le tollard, formé de deux lits de camp adossés à une plate-forme où s'alignent les gamelles* (Humbert).

ETYM. dér. de **taule,** table. dès 1750, sous la forme *tolas*, selon Esnault.

tomate *n.f.*

1. Visage, tête. **2.** Nez volumineux et rouge. **3.** Apéritif anisé additionné de grenadine: *Le Pernod laiteux venu de Pontarlier se colorait de grenadine pour devenir une «tomate»* (Sabatier). **4.** Rosette de la Légion d'honneur.

◆ *adj.*

Vx. Bête: *Être tomate, avoir l'air tomate.*

ETYM. emplois métonymiques (analogie de couleur et de forme) du mot usuel. **1** et **3.** 1901 [Bruant]. **2.** 1977 [Caradec]. **4.** 1910 [Esnault].
◆ *adj.* 1915, Lambert [TLF].

tombeau *n.m.*

1. Local où les détenus sont astreints au silence. **2.** Vx. Tente sous laquelle sont isolés les punis de cellule. **3.** Prison. **4. Tombeau des harengs** ou **des marlous,** champ de courses ou casino: *On va une dernière fois au tombeau des marlous, et après on turbine à l'affaire, commande Jo* (Trignol). [Les proxos] *ont eux aussi leurs vices … le casino ou les champs de courses, nommés en argot le tombeau des harengs* (Boudard, 2).

ETYM. emplois énergiquement métaphoriques du mot «noble» pour **tombe. 1.** 1846 [Esnault]. **2.** 1890 [id.]. **3.** 1891 [id.]. **4.** 1955, Trignol.

tomber *v.i.*

1. Être arrêté ou incarcéré: *Les truands, qu'ils soient petits ou grands, finissent toujours par «tomber». Au bout de quelques coups, ils ne tardent pas à être connus des flics qui n'ont plus qu'à attendre l'occasion pour les arrêter* (Larue). **2.** Être condamné: *«On a retrouvé son stock de poudre chez toi… et après ça tu veux nier l'évidence?» L'évidence, j'ai bien vu comment ils l'ont fabriquée. Ces mecs veulent me faire tomber, c'est clair* (Bastid-Martens). **3. Tomber sur le poil, le râble,** (vx) **la bosse, le casaquin à qqn** ou **tomber dessus,** l'assaillir. **4. Tomber sur un os,** rencontrer une difficulté imprévue: *C'était encore dans le secteur où il s'était passé quelque chose que je* *risquais le moins de tomber sur un os…* (Malet, 11). *Le loucherbem croyait rouler le fisc, mais il est tombé sur un os !* **5.** Vx. **Tomber dans le bœuf,** devenir miséreux.

◆ *v.t.*

1. Vaincre (un adversaire) : *J'admire, je respecte mylord, parce qu'il m'a tombé deux fois, à Londres* (Dubut de Laforest). *Si je pouvais tomber cette excellente poire de Krühl, j'arriverais bien à lui soutirer quelques billets* (Mac Orlan, 4). **2.** Séduire (une femme) : *Non, je me fais des idées, tomber les souris c'est pas mon blot* (Cavanna). **3. Tomber la veste, la tunique,** l'enlever (génér. pour accomplir plus facilement une tâche) : *Il « tomba la veste », alluma le poêle et fit revenir le lapin* (Dabit, 1). **4.** Vx. **Tomber une bouteille,** la boire. **5.** Soumettre à un emprunt.

ETYM. emplois génér. euphémiques de **tomber malade. 1.** 1821 [Ansiaume]. **2.** 1916 [Esnault]. **3. Tomber sur le casaquin,** 1790 [Duneton-Claval] ; **tomber sur le poil,** 1872 [Larchey]. **4.** 1914 [Esnault]. **5.** 1867 [Delvau].

◆ *v.t.* **1.** emprunt à l'arg. des lutteurs. 1867, *la Vie parisienne* [Larchey]. **2.** avant 1878, *Mémoires de Rigolboche* [Rigaud]. **3.** 1928, Dabit. **4.** 1867 [Delvau]. **5.** 1901 [Bruant].

DER. **tombage** *n.m.* **1.** Emprunt : 1881 [Rigaud]. **2.** Escroquerie : 1875, Cavaillé [Larchey].

tombeur *n.m.*

1. Vainqueur (notamment au jeu). **2.** Séducteur : *À l'école militaire, comme dans toute la ville, Vieillard passait pour un Don Juan, un dangereux tombeur* (Gibeau). **3.** Vx. Joueur qui vit d'emprunts.

ETYM. de **tomber. 1.** emprunt à l'arg. des lutteurs de foire. 1845 [Bloch-Wartburg]. **2.** avant 1881, Goncourt [Rigaud]. **3.** 1881 [id.].

[-ton]

suffixe servant à former de nombreux substantifs argotiques : **biffeton, cureton, frometon, mecton, paveton,** etc., auxquels il communique une nuance d'humour ou de dédain.

tondre *v.t.*

1. Au jeu, monter sur une carte ; couper une couleur : [Le roi de pique] *Mademoiselle lui tond la hure et moi je lui retonds la chose !* (Villars). **2.** Ruiner (qqn), en partic. au jeu : *Il venait de se faire tondre au pok, mais gardait le moral, bicause une demi-jetée placée à cheval sur Vagabond Lover, vainqueur l'après-midi même à Epsom à 12 contre 1 !* (Simonin, 8).

ETYM. emplois expressivement métaphoriques du verbe usuel. **1.** 1866, Villars. **2.** 1175, Chrétien de Troyes [GLLF].

Tonkin (le) *n.pr.*

Nom d'une des pelouses du champ de courses d'Auteuil.

ETYM. origine sans doute liée à la guerre du Tonkin (1883-1885). 1975 [Arnal].

tonnerre *n.m.*

Du tonnerre (de Dieu), excellent, remarquable : *Le modeste café de Jules Garrigue avait connu une affluence du tonnerre* (Malaquais). *Un petit pinard du tonnerre.*

◆ *loc. adv.*

Le tonnerre, extrêmement bien ; très vite : *Cette tire marche le tonnerre.*

ETYM. emplois emphatiques du mot usuel, p.-ê. calque du prov. **du tron** (tonnerre) **de l'air.** d'abord *un boucan de tous les tonnerres de Dieu* 1790, Jean Bart [Enckell] ; 1877, Zola [GLLF].

◆ *loc. adv.* 1925 [Esnault].

tonton *n.m.*

1. Surnom donné aux homosexuels : *Ces honorables bourres sont voués aux cruautés les plus phalliques et infamantes : qu'ils aillent chez Tonton !* (Simonin-Bazin). **2. Miches à tonton,** côtes de bœuf.

ETYM. emplois détournés du « petit nom » de l'*oncle*. **1.** 1935, Simonin-Bazin. **2.** 1975 [Arnal].

top *n.m.*

Top (niveau), se dit de ce qui est au plus haut niveau ou de la meilleure qualité : *Ça me rappelait un film sur Wall Street où le héros était le top du riche, au firmament* (Ravalec). *Alvaro la serra dans ses bras. « C'est le top, petite sœur. Regarde comme c'est beau, toutes ces lumières »* (Reboux) ; adj. : *Et pour les gonzesses aussi, ça va être top !* (Roubaudi).

ETYM. de l'angl. **top,** sommet, notamment dans *top model* (*Lui,* Noël 1973). **Top niveau,** 1986 [Merle].

topo *n.m.*

1. Récit, exposé : *Corniglion raconte que lorsqu'il revint du bombardement de Hambourg, il fit au micro de la B.B.C. un petit topo sur l'expédition* (Galtier-Boissière, 1). **2.** Affaire, chose : *Je revois Bobby en train d'essayer d'enfoncer le matelas dans la benne et cinq mi-*

nutes après il se faisait arracher un bras. Vous voyez le topo ? (Djian, 1). **Expliquer le topo,** exposer la ligne de conduite à tenir : *Tu vas commencer par te mettre en planque et on va expliquer le topo aux avocats. La liberté d'abord, conseilla Mimile en démarrant* (Giovanni, 3).
ETYM. apocope de **(plan** ou **dessin) topographique** (1866 [Delvau]). **1.** 1866 [Esnault]. **2.** 1926 [id.].

Topol (le) *n.pr.*
Le boulevard de Sébastopol, un des hauts lieux de la prostitution à Paris : *Ici, sur le Topol, Irène peut très bien faire le turf* (Tachet).
SYN. Sébasto.
ETYM. aphérèse de **Sébastopol.** 1926 [Esnault].

toquant, toc ou **toccin** *n.m.*
VIEILLI. Cœur : *C'est exigeant le dernier soupir [...] J'entendrai la dernière fois mon toquant faire son pfoutt ! baveux* (Céline, 5).
ETYM. de **toc,** onomatopée. *toquant* 1936, Céline ; *toc* 1910 [Esnault] ; *toccin* 1914 [id.].

toquante *n.f.* → TOCANTE.

toquard, e *adj. et n.* → TOCARD.

toque *n.f.*
Vx. **1.** Mendicité. **2.** Raillerie. **Passer qqn à la toque,** se moquer de lui.
ETYM. de l'onomatopée **toc. 1** et **2.** 1899 [Nouguier].

toqué, e *adj. et n.*
1. Un peu dérangé mentalement : *L'autre jour, en rentrant pour le dîner, j'ai rencontré Mme Pion. Elle m'a demandé si mon père était toujours aussi toqué* (Darien). *Nous ferons des folies maintenant que papa est si riche. Nous nous amuserons comme des toqués* (Maupassant). **2.** Épris de : *C'est ainsi que me parla de Victor Charrigaud un peintre de ses amis qui était toqué de moi* (Mirbeau).
ETYM. participe passé du verbe dial. **toquer,** heurter, frapper. **1.** vers 1685 [Esnault]. **2.** 1830, Dagneaud [GLLF].

toquer *v.t.*
Vx. Demander, emprunter : *Toquer à la baillarde, à la rencontre.*
ETYM. de **toque.** 1899 [Nouguier].
DER. **toqueur, euse** *n.* Quémandeur, solliciteur : [id.].

toques *n.m.pl.* → 1. TOC.

torche *n.f.*
Vx. Cunnilingus.
ETYM. apocope de **torchon,** langue. 1899 [Nouguier].
DER. **Chevalier de la torche** *n.m.* Adepte du cunnilingus : [id.].

torché, e *adj.*
1. Fait, arrangé (de telle manière) : *Ce qu'elles sont drôlement torchées, dans leurs costumes de fêtes... des paquets !* (Mirbeau). **2. (Bien) torché,** bien exécuté, réussi : *Bien sûr vous avez trouvé que c'était joli, bien torché, mais [...] l'essentiel vous a passé sous le nez* (Aymé). **3.** Ivre.
ETYM. participe passé du verbe usuel, avec atténuation du sens scatologique. **1.** 1845 [Bescherelle]. **2. Bien torché,** 1767, Diderot [GLLF] (en peinture). **3.** contemporain.

torche-cul *n.m.*
Journal médiocre, ou qui accorde un intérêt jugé excessif aux scandales, aux faits divers : *Si tu ne finis pas de vendre ton torche-cul, on te cassera la gueule tout à l'heure* (Van der Meersch).
ETYM. emploi très dévalorisant d'un vieux mot figurant déjà chez Rabelais. 1718 [Acad. fr.].

torcheculatif, ive *adj.*
Relatif à une publication de très bas niveau : [Ce roman] *finit par échouer dans un quinze centimes où on le destina, ô douleur ! à un rôle torcheculatif* (Gill).
ETYM. de **torche-cul.** 1878, Gill.

torchée *n.f.*
1. Correction infligée à qqn : *Elle radina chez son tordu / Qui gambergeant sa cam'paumée, / D'auto lui fila la torchée* (Marcus). **2.** Bref combat. **3.** Ivresse avancée.
ETYM. de **torcher. 1.** 1735 [GR]. **2.** 1883 [Fustier]. **3.** contemporain.

torcher *v.t.*
1. Vx. Frapper, battre. **2.** Vider (un verre) : *Il torcha sa coupette et s'essuya les lèvres du dos de la pogne* (Houssin, 1) ; consommer intégralement (le contenu d'un plat) : *Nous essuyâmes quelques vannes anodines de la part d'Henri et torchâmes une portion de je ne sais quoi, mais particulièrement salé* (Malet, 13).

◆ *v.i.*
Vx. Faire un cunnilingus.
◆ **se torcher** *v.pr.*
1. Se battre. **2. Se torcher (le derrière, le cul) de** ou **avec qqch,** s'en moquer éperdument : *Ah nom de Dieu non ! Ils se retourneraient pas la caille ! Pour des loupiots qui s'en torchent...* (Céline, 5). **3.** S'enivrer : *Le grand café, près du Père-Lachaise, où l'on allait fêter ça en se torchant d'une manière révolutionnaire. Du rouge, du rouge et encore du rouge* (Pouy, 3).
ETYM. emplois expressifs du verbe désignant, au sens propre, l'action de s'essuyer l'anus après avoir déféqué. **1.** *torcher la gueule à qqn* 1744, Vadé [Larchey] ; **2.** « vider » 1984, Houssin ; « consommer » 1866 [Delvau].
◆ *v.i.* de **torche.** 1899 [Nouguier].
◆ *v.pr.* **1.** « donner des coups à » 1214 [FEW]. **2.** 1640, Oudin [GLLF]. **3.** contemporain.
DER. **torcherie** *n.f.* Rixe : 1875 [Chautard]. **torcheur, euse** *n.* Personne qui pratique le cunnilingus : 1899, Nouguier.

torchon *n.m.*

1. Tapis d'une table de jeu : *Mettre le torchon.* **2.** Rideau de théâtre : *S'il avait ainsi l'habitude de louper le lever du torchon, je m'explique qu'il soit au chômage* (Malet, 11). **3.** Drap; lit : *Je venais à peine de tirer ma viande du torchon où j'avais laissé, encore endormi, ce choucard petit lot de Dany* (Bastiani, 4). *Il allait mettre sa viande dans le torchon, tout en se tapant une dernière chopotte de pive* (Devaux). **4.** Langue (organe). **5.** Vx. Prostituée de bas étage. **6. Le torchon brûle,** il y a brouille ou querelle entre deux amis, deux conjoints, etc. : *Les jours où le torchon brûlait, elle criait qu'on ne le lui rapporterait donc jamais sur une civière* (Zola).
ETYM. emplois métaphoriques et expressifs du mot usuel. **1.** 1960 [Le Breton]. **2.** 1883 [Esnault]. **3.** *rouler sa viande dans le torchon* 1867 [Delvau]. **4.** 1821 [Ansiaume]. **5.** 1870, Poulot. **6.** 1798 [Acad. fr.].
VAR. **torche** *n.f.* au sens 4 : 1899 [Esnault].

tord-boyaux *n.m.inv.*

Eau-de-vie : *Lui, se nommait Bec-Salé, dit Boissans-soif, le lapin des lapins, un boulonnier du grand chic, qui arrosait son fer d'un litre de tord-boyaux par jour* (Zola). *Arsène resta pensif quelques instants pendant que le vieux mec s'envoyait une rasade de tord-boyaux* (Villard, 4).
ETYM. de **tordre** et de **boyaux,** intestins. 1833, Vidal [Larchey].

tord-pif *n.m.*

Mouchoir : *S'il a plus qu'un tord-pif, c'est qu'il a distribué les autres aux morveux du coin* (Lefèvre, 1).
ETYM. de **tordre** et de **1. pif.** 1955, Lefèvre.

tordu, e *adj.*

1. Épuisé. **2.** Ivre mort : *Il faisait les demandes et les réponses, tordu à zéro. Sa voix avinée a atteint un diapason inquiétant pour notre tranquillité* (Malet, 1). **3. Coup tordu,** affaire combinée de façon louche, traîtresse : *Rien ne prouvait qu'il leur avait raconté la vérité, qu'il ne leur préparait pas un coup tordu quelconque* (Noro). *On était sur un coup un peu tordu, avec Lionel* (Pouy, 3).
◆ *adj. et n.*
1. Déficient, mal conformé, infirme (bossu, bancal, etc.), en parlant d'un individu. **2.** Lunatique ou vicieux, qui a l'esprit dérangé : *Tordu, il l'était peut-être, mais beau garçon il l'était à coup sûr* (Averlant) ; terme d'injure : *Le Noir secoua la tête sans sourire : « Cox est un tordu, une larve et un enculé », observa-t-il* (Manchette, 3). **3. Tordu de,** passionné de : *Je vois alors qu'il est un amateur, un fervent, un tordu de ciné, qu'il appelle le 7e art* (Paraz, 1). *Pharaon était raide, tordu, cintré, chipé, locdu d'amour pour Sarah* (Devaux).
◆ *n.*
Homme ou femme en général : *Qu'est-ce qu'il lui prend encore, à cette tordue ? Qu'est-ce qu'elle a à bégayer comme ça ?* (Lesou, 1).
ETYM. emplois métaphoriques du participe passé de **tordre. 1.** 1927 [Esnault]. **2.** 1905 [id.]. **3.** 1954, S. de Beauvoir [GLLF].
◆ *adj. et n.* **1.** 1940 [Esnault]. **2.** 1937 [id.]. **3.** 1940, chanson *l'Accordéoniste,* paroles de M. Emer.
◆ *n.* 1935 [Simonin-Bazin].

torgnole *n.f.*

Coup, gifle : *De coups de pompe en coups de latte, de torgnoles en dérouillées, on devient des engins aux formes bizarres, aux réactions imprévisibles* (Page).
ETYM. de **tourner.** la force du coup fait pivoter sur lui-même l'individu qui le reçoit. 1761 [DDL 40] ; dès 1270, Mahieu le Vilain [GLLF], sous la forme *tourniole,* mouvement circulaire.

torgnoler *v.t.*

Frapper, gifler : *Mais parle, bon Dieu, je vais pas te torgnoler. J'suis pas un flic, moi !* (Clavel, 3).

ETYM. de **torgnole.** 1876 [Larousse].

torpille *n.f.*

1. Emprunt : *Il s'attendait à la torpille. Il sortit de sa poche de falzar deux biftons crasseux qu'il me tendit* (Malet, 2). **2.** Mendiant professionnel. **3.** Vx. Prostituée.

ETYM. déverbal de **torpiller. 1.** 1926 [Esnault]. **2.** 1957 [Sandry-Carrère]. **3.** 1847, Balzac [Delvau].

torpiller *v.t.*

1. Soumettre à un emprunt : *« Au fait, vous n'auriez pas une ou deux cigarettes en rab ? » C'était notre truc à nous, torpiller les avocats en tabac* (Le Dano). **2.** Mettre à mal, faire échouer (un projet). **3.** Faire perdre sa réputation (à qqn) : *T'es pas mal rider. – Je suis pas plus riche pour ça, tu sais ! Je disais pas ça pour te torpiller* (Malet, 8). **4.** Posséder sexuellement (une femme).

ETYM. emplois métaphoriques du verbe militaire. **1.** 1926 [Esnault]. **2.** 1897, Valéry [TLF]. **3.** 1947, Malet. **4.** 1953 [Sandry-Carrère].

DER. **torpilleur** *n.m.* **1.** Emprunteur : 1926 [Esnault]. **2.** Mendiant : 1957 [Sandry-Carrère], compl. **3.** Démarcheur à domicile : 1977 [Caradec].

tortillade *n.f.*

Vx. **1.** Festin : *Ils ne font que des tortillades en vergne, ils se feront grimer* (Ansiaume). **2.** Subsistance.

ETYM. du verbe **tortiller. 1** et **2.** 1821 [Ansiaume].

tortillard, e *adj. et n.*

Se dit d'un individu qui boite : *Le vieux tortillard est marloux, il est toc* (Ansiaume).

◆ **tortillard** *n.m.*

1. Café express. **2.** Vx. Fil de fer ou de laiton.

ETYM. de **tortiller** et du suff. péj. **-ard.** 1821 [Ansiaume] ; ce mot devient n.pr., en 1842, dans *les Mystères de Paris* de Sue, pour désigner le fils du cabaretier Bras-Rouge.

◆ *n.m.* **1.** par antiphrase. 1977 [Caradec]. **2.** 1821 [Mézière].

tortiller *v.t.*

1. Vx. Manger gloutonnement : *Je vous en donnerai dix autres* [francs] *si vous m'indiquez le moyen d'aller tortiller un bout de veau comme qui dirait aux « Trois-Rois »* (Courteline). *Jamais j'avais tant tortillé / Ni tant sifflé d'bouteilles* (chanson *Un bal à l'hôtel de ville*, paroles de Mac-Nab). **Tortiller des courants d'air,** ne rien manger. **2.** Dépenser : *Et puis j'peux te l'dire, il croyait que tu lui avais tortillé son pèze... il se méfiait* (Fauchet). **3.** Écrire (une lettre) : *Je lisais l'article qui n'avait pas été tortillé par un journaliste trop cave. Il racontait les faits sans littérature facile* (Trignol). **4.** Vx. **Tortiller (la vis à) qqn,** l'étrangler. **Être tortillé,** mourir promptement. **5.** Boire avec avidité : *Au passage, j'enregistre que le crapaud a dû se tortiller une sacrée ration de tord-boyaux, pour se remettre de ses émotions* (Bastiani, 4).

◆ *v.i.*

1. Faire des révélations (devant la police). **2. Tortiller des** ou **les fesses, du** ou **le cul.** ***a.*** se déhancher en marchant : *Une certaine façon de tortiller du popotin de la bonne manière pour un mandataire aux Halles, comme dans la chanson de Georges Brassens* (Boudard, 2) ; ***b.*** danser. **3. Y a pas à tortiller (du cul pour chier droit dans une bouteille).** ***a.*** il n'est plus temps de tergiverser, il faut prendre une décision : *Allons ! ajouta-t-il, il n'y a pas à tortiller, il me faut l'empreinte* (Vidocq). *Mais là, pas possible de tortiller, je devais m'exécuter, venir en avant-garde lui annoncer la nouvelle* (Bastiani, 4) ; ***b.*** c'est une évidence : *Dans la vie mon p'tit gars / Y a pas à tortiller / Y a rien de plus dangereux / Que de se faire tuer* (Renaud). **4.** Vx. **Tortiller de l'œil,** mourir.

◆ **se tortiller** *v.pr.*

Vx. **Se tortiller la brioche,** danser.

ETYM. emplois expressifs de ce verbe, fréquentatif de **tordre. 1** et **2.** 1821 [Ansiaume]. **Tortiller des courants d'air,** 1953 [Sandry-Carrère]. **3.** 1955, Trignol. **4. Tortiller la vis,** 1864, *Gazette des tribunaux* [Fustier] ; **tortiller qqn,** 1859, Ponson du Terrail [TLF]. **Être tortillé,** 1867 [Delvau]. **5.** métaphore du sens 4 (« étrangler » une bouteille). 1955, Bastiani.

◆ *v.i.* **1.** 1821 [Ansiaume]. **2. Tortiller des fesses,** 1640 [Oudin] ; **tortiller du cul,** 1690 [Furetière]. **3.** 1977 [Caradec], pour la formule complète, qui peut s'abréger en **y a pas à tortiller,** 1756 [Enckell] et se réduire à *y a pas !* On rencontre d'abord *il n'y a pas à tortiller du cul* 1792 [Enckell], à quoi s'ajoute éventuellement *il faut chier dur* 1881 [Rigaud]. **4.** 1808 [d'Hautel].

◆ *v.pr.* 1953 [Sandry-Carrère].

tortilleur *n.m.*

Vx. **1.** Mangeur : *C'est un tortilleur de crompires, le grand Dabo* (Ansiaume). **2.** Dénonciateur : *S'il y a ici un tortilleur, conduisons-le dans le satou* (id.).

ETYM. du verbe **tortiller. 1** et **2.** 1821 [Ansiaume].

tortore *n.f.*

Nourriture, repas ; art de cuisiner : *Toute rose de tortore riche, la gentille amorçait spontanément la décarrade par un raccord de maquillage* (Simonin, 5). *Le bœuf bourguignon d'la mère Max / C'est pas d'la tortore à touristes* (Dimey).

ETYM. déverbal de **tortorer.** 1878 [Rigaud].

tortorer *v.t.*

1. Manger : *Sur la foi de ses maxillaires un peu saillants, il l'avait emmené tortorer un steack chez Lise* (Simonin, 1). **Tortorer le pain à cacheter,** communier. **2.** Vx. Dépenser : *Marlou émérite, assommant les filles publiques et tortorant leur galette* (Humbert).

◆ *v.i.*

Faire la cuisine : *T'as qu'à venir bouffer ce soir à la maison, Françoise tortore de première* (ADG, 5).

ETYM. du prov. **tourtoura,** tordre (ce mot appartient à la même famille que *tortiller*). **1.** 1866 [Delvau]. **Tortorer le pain à cacheter**, [id.]. **2.** 1873 [Esnault].

◆ *v.i.* 1971, ADG.

DÉR. **tortorage** *n.m.* Syn. de tortore : 1880, Humbert.

tortouse ou **tourtouse** *n.f.*

Vx. Corde (surtout pour pendre ou garrotter) : *Je t'attends ici, dans peu de mois, et je te ferai danser au bout de la tortouse devant les narquois de la garnison* (Mac Orlan, 11).

ETYM. du verbe **tordre.** 1527, *Vie de Saint-Christophe* [Sainéan].

DÉR. **tourtouser** *v.t.* Garrotter : 1836 [Vidocq] ; *v.pr.* Se pendre : 1800, Leclair. **tortousine** *n.f.* Ficelle : 1901 [Bruant]. **tourtouzier** *n.m.* Cordier et **tourtouzerie** *n.f.* Corderie : 1836 [Vidocq].

tortu *n.m.*

ARG. ANC. Vin : *Deux doubles cholettes de tortu à douze* (Sue).

ETYM. abrègement de **jus de bois tortu.** 1836 [Vidocq].

tortue *n.f.*

1. Malfaiteur travaillant en solitaire. **2.** Vx. **Faire la tortue,** jeûner : *J'ai eu bien de la misère, allez... J'ai fait la tortue quelquefois pendant deux jours* (Sue).

ETYM. emplois métaphoriques du mot usuel désignant un animal réputé sobre et lent, mais efficace. **1.** 1975 [Arnal]. **2.** 1836 [Vidocq].

tosh ou **teuch** *n.m.*

Haschisch : *Il suffit* [...] *de n'être pas en uniforme de CRS pour se voir proposer de la « beu » ou du « tosh » dans la rue* (Cahoreau-Tison). *Il y a quatre, cinq ans, tout le monde fumait du teuch et de l'herbe* (*Actuel*, novembre 1982).

ETYM. verlans irréguliers de **shit.** *tosh* 1987, Cahoreau-Tison ; *teuch* 1982, *Actuel.*

total *adv.*

Finalement, en conséquence de quoi : *Si, aujourd'hui, vous me condamnez pour escroquerie, je suis relégable. Total, je quitte Panam pour l'île de Ré et le bagne ; c'est gai* (London, 2).

ETYM. abrègement de **au total,** ou emploi adverbial de l'adj. 1854, L. d'Aunet [GLLF].

toto *n.m.*

Pou : *Y avait des poux de corps dans la couvrante quand j'ai débarqué. C'est des gros* [...] *Des totos, merci y en a plus dans la couvrante. Mais j'ai une inflammation violette et pas possible autour des couilles* (Dégaudenzi).

ETYM. redoublement d'un radical onomatopéique évoquant des organismes très petits. 1902 [Chautard].

totoches *n.f.pl.*

Seins de femme : *Et puis... elles ont des grosses totoches. Ma mère, elle avait des poitrines comme ça !* (Vautrin, 1).

ETYM. redoublement expressif à valeur onomatopéique. 1979, Vautrin.

VAR. **totos** *n.m.pl.* : 1987 [Gréverand].

totor *n.m.*

Billet de 5 francs des années 1960 (ou 500 anciens francs). → citation à RICHELIEU.

ETYM. altération de **Victor (Hugo).** 1963, Boudard.

toubib *n.m.*

Médecin : *En attendant le toubib qui devait plus tarder, le gros se soignait au vieux marc* (Simonin, 2).

ETYM. de l'arabe maghrébin **tbīb.** *tobib* 1863, A. Camus. Est passé auj. dans la langue fam. courante.

touche *n.f.*

1. Marque d'intérêt galant d'un homme pour une femme, ou inversement : *Mais si Bertrand était tellement fier, c'était beaucoup moins des « touches » qu'il faisait enfin, que de la maîtresse sensationnelle qu'il avait depuis la veille* (Méra). **2.** (PÉJ.). Aspect extérieur d'un individu : *Avec ce costard, t'as une de ces touches !* **3.** Pour un policier, espoir de capture d'un délinquant. **4.** Goulée prise à une cigarette fumée en commun : *Avec Lerouge, on partageait fraternellement la Gitane : « Tirez une touche, c'est une toute cousue »* (Sarrazin, 1). **5.** Vx. Coup de poing ou coup de couteau. **6. Rester, mettre sur la touche,** être laissé, laisser pour compte, dans un cercle, un groupe : *Il a été mis sur la touche, son poste de secrétaire du parti ayant été supprimé* (*Libération,* 3 octobre 1980). **7. Se faire une touche,** se masturber. **8. Touche de piano,** dent : *Le cheveu noir-bleu, l'œil en vrille et toute une rangée de touches de piano en jonc dans la gargue* (Bastiani, 4).

ETYM. déverbal de **toucher. 1.** 1925 [Esnault] (allusion à la pêche au coup ?). **2.** 1848 [Pierre]. **3.** 1929 [Esnault]. **4** et **7.** 1928 [Lacassagne]. **5.** 1867 [Delvau]. **6.** 1927 [Esnault]. **8.** 1858 [Larchey].

touché, e *adj.*

1. VIEILLI. Fou : *Maintenant, tu comprends certainement qu'il a le droit d'être un peu touché, le mec, oui ou non ?* (Charrière). **2.** Vx. **C'est touché,** c'est bien fait, bien répliqué.

ETYM. emploi métaphorique du participe passé du verbe **toucher. 1.** 1926 [Esnault]. **2.** 1862 [Larchey] ; emprunt au langage des peintres.

touche-pipi *n.m.*

Jouer à touche-pipi avec qqn, échanger des caresses sexuelles : *Un téléfilm dans lequel on voit une baby-sitter jouer à touche-pipi avec l'enfant qu'elle garde* (*Libération,* 16 mai 1984).

ETYM. de **toucher** et de **pipi** (formation d'origine enfantine). 1935, Simonin-Bazin (en latin !). En 1953, Sandry-Carrère donnent aussi *jouer à touche-caca,* s'amuser par derrière (loc. beaucoup plus rare).

touche-piqûre *n. et adj.*

Drogué.

ETYM. de **toucher** et de **piqûre.** 1977 [Caradec].

toucher *v.t.*

1. Dérober (qqch) ; voler (qqn). **2.** Recevoir, encaisser (notamment des pots-de-vin) : *Tu es sûr de Poupette ? – Poupette, elle ne peut plus faire autrement, elle a touché* (Dominique). **En toucher** ou **toucher son prêt,** vivre de proxénétisme : *Où il a commencé à en toucher un peu, c'est avec une vieille blanchecaille du quartier* (Simonin-Bazin). **3.** Gagner (une course).

◆ *v.t. ind.*

1. Toucher à (une activité, un métier), pratiquer ladite activité, ledit métier. **Toucher à mort,** être très doué. Vx. **Toucher aux six-pans,** voler dans les cimetières. **2. Pas touche !,** formule qui vise à interdire à qqn d'intervenir dans un domaine : *Ils étaient réguliers : Angélique était sa poule. Pas touche !* (Guérin).

◆ **se toucher** *v.pr.*

1. Se masturber : *Soudain la lumière s'alluma et une main sèche arracha sa couverture* […] *« Ah ! le petit saligaud ! Il se touchait ! Malgré tout ce que j'y ai dit ! »* (Varoux, 1). **2. Se toucher (la nuit),** se faire des illusions : *Tu crois qu'il va bosser gratis ? Tu te touches la nuit !*

ETYM. emplois spécialisés du verbe usuel. **1.** 1928 [Laccasagne]. **2.** 1903, Saint-Cyr [Esnault]. **En toucher,** 1935, Simonin-Bazin ; **toucher son prêt,** 1867 [Delvau]. **3.** 1946 [Esnault].
◆ *v.t. ind.* **1.** 1901 [Bruant]. **Toucher à mort,** [id.] **Toucher aux six-pans,** 1847 [Esnault]. **2.** 1946, Guérin.
◆ *v.pr.* **1.** 1867 [Delvau]. **2.** mil. du XXe s.

DÉR. **touchettes** *n.f.pl.* Mains : 1899 [Nouguier].

toucheur *n.m.*

ARG. ANC. Assassin : *La principale qualité du toucheur, c'est moins d'être un habile assassin qu'un bon grime* (Claude).

ETYM. de **toucher** (emploi euphémique). vers 1880, Claude.

touffe *n.f.*

1. Toison pubienne. **Ras la touffe,** se dit d'un vêtement féminin très court. **2.** Bouffée de cigarette : *Je préfère tirer deux ou trois « touffes » d'un joint que d'ingurgiter un ou deux litres de bière* (*le Nouvel Observateur,* 25 février 1980).

ETYM. au sens 1, emploi spécialisé du mot usuel, à sens principalement végétal. **1.** 1977 [Caradec]. **2.** 1980, *le Nouvel Observateur.*

toufiane ou **touffiane** *n.f.*

Opium brut: *Un groupe de trente-cinq soldats amaigris par la godiche, la touffiane* (Mac Orlan, 7). *Je vais nettoyer le matériel pour ne pas gâcher la bonne toufiane d'Auportain* (Desnos).

ETYM. origine inconnue, sans doute chinoise. 1912 [Villatte].

Toulabre *n.pr.*

ARG. ANC. Toulon.

ETYM. suffixation arg. de **Toulon.** 1836 [Vidocq].

1. **tour** *n.f.*

La Tour pointue, la Tour de l'Horloge ou **la Tour, la Pointue,** le dépôt de la Préfecture de police, à Paris: *Paraît qu'à la Préfectance, ouais, chez les flics, à la Tour Pointue, qu'on l'appelle, il existe un service qui allonge de la fraîche aux indigents !* (Dégaudenzi). *Donc, vous irez au Dépôt.* [l'ivrogne:] *– Ainsi, je vais descendre à la Tour!* (Méténier); spéc., le service anthropométrique qui siège en ce lieu: *Eugène tenait le fichier du gibier en puissance. Celui qui n'était pas encore étiqueté à la tour pointue* (Giovanni, 1).

ETYM. emploi métonymique (le toit de la Conciergerie est conique). **La Tour pointue,** 1881 [Rigaud]. **La Pointue,** [id.]; **la Tour,** 1883 [Fustier]; **la Tour de l'Horloge,** 1953 [Sandry-Carrère].

2. **tour** *n.m.*

1. Vx. Heure. **2. Tour de cou.** ***a.*** (vx) torsion imprimée au gousset par son propriétaire pour gêner le vol à la tire ; ***b.*** combinaison douteuse, dangereuse : *Qu'est-ce qu'il a encore inventé comme tour de cou ?* **3. Donner un tour de clé, de cravate** ou **de foulard,** étrangler : *Elle disait avec des airs équivoques et tentateurs que ça serait facile de donner un tour de cravate au cou des Pelletier* (*le Petit Journal*). **4.** ARG. ANC. **Ficher le tour,** rosser: *Quand j'suis couché j'vous lâche d'grosses respirations, comme si on m'avait fiché l'tour* (Vadé). **5.** Vx. **Connaître le tour,** être un voleur rusé. **6.** Vx. **Faire voir le tour,** duper: *Vous voulez me faire voir le tour! dit Malicorne, vous voulez filer, vieux farceur* (Sue).

ETYM. emplois spécialisés du mot usuel. **1.** sens issu de *faire le tour du cadran.* 1879 [Esnault]. **2.** ***a.*** 1830 [id.]; ***b.*** contemporain. **3.** septembre 1877, *le Petit Journal.* **4.** 1755, Vadé. **5.** 1835 [Raspail]. **6.** 1842, Sue.

tourlousine ou **tourlouzine** *n.f.*

Coup ; correction infligée à qqn: *Bon sang ! S'il n'y avait que moi, je te leur collerais de ces tourlousines gratinées qui les feraient réfléchir quelque temps!* (Méra). *Je l'empoigne de nouveau aux crins* [...] *et je commence à lui filer une tourlouzine aux petits oignons* (Bastiani, 4).

ETYM. resuffixation de **tournée,** avec p.-ê. influence de **tourlourou,** conscrit. 1878, *le Sans-Culotte* [Doillon].

tournanche *n.f.*

1. Promenade : *Continuant sa tournanche, il arriva dans une chouette carrée* (Stollé). **2.** Tournée de consommations : *Les tauliers s'fendaient de la prem' tournanche d'apéro* (Legrand). **3.** Syn. de tournée (au sens de « correction »).

ETYM. resuffixation arg. de **tournée** (en trois sens différents). **1.** 1947, Stollé. **2.** 1950, Sandry et Kolb [Giraud]. **3.** 1953 [Sandry-Carrère].

tournant *n.m.*

1. Visage. **Sur le tournant de la gueule, sur le coin du tournant,** en pleine figure : *Ne charriez jamais avec des boniments / Ça vous retombe un jour sur le coin du tournant* (Marcus). **2.** Attitude ou comportement incorrect (selon les règles du milieu) : *Ce fumier m'a fait un tournant.*

ETYM. abrègement de **coin tournant,** angle d'un jardin vu du dehors (1797, Beauce [Esnault]). **1.** 1897 [id.]. **Sur le tournant de la gueule,** 1920 [Bauche]. **2.** 1953 [Sandry-Carrère].

tournante *n.f.*

1. Vx. Porte. **2.** Vx. Clef: *Une lourde, une tournante / Et un pieu pour roupiller* (Vidocq). **3.** Vx. Montre ; tour de cadran. **4.** Vx. Ceinture de flanelle. **5.** Vx. Tête. **6.** Vx. Valse : *La dans' des jeun's et des vieilles amours / C'est la tournante* (chanson *la Tournante,* paroles de R. Leblong). **7.** Viol collectif: *Elles trouvèrent moins drôle la tournante dont elles firent l'objet et qui répugna tout de même un peu à Petit Pierre* (Roux). SYN. barlu, bateau.

ETYM. emplois substantivés du participe présent du verbe **tourner. 1.** 1902 [Esnault]. **2.** 1628 [Chéreau] (encore en 1982, chez P. Perret). **3.** « montre » 1886 [Esnault] ; « tour de cadran » 1947 [id.]. **4.** 1899 [Nouguier]. **5.** 1901 [Bruant]. **6.** 1929, R. Leblong. **7.** idée de « rotation organisée ». 2002, Roux.

tournée *n.f.*

Volée de coups, raclée : *La tournée qu'il a administrée à ses deux carnes* [...] *lui a fait du tort dans l'monde des filles de maison* (Lorrain).

ETYM. emploi substantivé du participe passé de **tourner.** 1790, selon Nisard [TLF].

tourné le coin *loc. adv.*

Tout près d'ici : *Il va à pied jusqu'au tram, et ce n'est pas tourné le coin, j'aime autant vous le dire* (Malet, 16).

ETYM. emploi adv. d'une loc. verbale. 1946, Malet.

tourner *v.i.*

1. Vx. Passer en conseil de guerre. **2.** Devenir : *D'bons copains / Babas d'me voir tourné rupin / Contents tout d'mêm d'êt'à ma noce* (Rictus, 2). *C'est grotesque, tous ces punks qui tournent sentimentaux et ces anciens hippies businessmen* (*Actuel,* janvier 1981). **3.** Passer d'un fumeur à l'autre, en parlant d'une cigarette de haschisch : *Une fois allumé, le joint «tourne», chacun le passe à son voisin. Parfois on ne tire qu'une bouffée, le jeu consistant à « faire tourner » le plus vite possible* (Cahoreau-Tison). **4. Tourner de l'œil.** ***a.*** s'évanouir : *Le doigt est tout de même écrasé jusqu'à l'os. Je me suis trouvé mal... Je ne le nie pas... J'ai tourné de l'œil* (Mac Orlan, 9) ; ***b.*** s'endormir ; ***c.*** (vx) mourir : *Puisque le secrétaire a parlé avant de tourner de l'œil par la faute de son copain, je ne vois pas pourquoi je ne serais pas en reste avec cette bonne magistrature !* (Claude).

◆ *v.t.*

1. Exécuter (une danse) : *On en tourne 'un' bien plus chouette / Au bal musette* (chanson *la Valse à l'envers,* paroles de C.-L. Pothier et R. Flouron). *Les couples tournent la java à l'envers avec d'autant plus d'adresse que la piste réservée aux danseurs, particulièrement resserrée entre les tables, se trouve diminuée encore par un poêle* (Grancher, 2). **2.** Vx. **Tourner la vis à qqn,** l'étrangler. **3. Tourner le coin,** renoncer à ses activités (génér. délictueuses) ; mourir : *C'était un des vannes favoris du vieux La Glisse, un homme qui avait tourné le coin depuis un moment déjà* (Simonin, 3). *Après six ans de ce bonheur sans ombre, Thomas va tourner les coins... avaler son bulletin de naissance* (Boudard, 2).

ETYM. emplois spécialisés du verbe usuel (influence de *tourniquet* au sens 1). **1.** 1895 [Esnault]. **2.** 1897, Rictus. **3.** 1984 [Walter-Obalk]. **4.** ***a*** et ***b.*** 1862 [Larchey] ; ***c.*** 1808 [d'Hautel].

◆ *v.t.* **1.** 1923, Pothier et Flouron. **2.** 1867 [Delvau]. **3.** 1954, Simonin.

tourniquer *v.i.*

Passer en conseil de guerre ou en cour d'assises.

◆ *v.t.*

Inculper : *Seulement qu'un poil de présomption ! Et puis hop il vous tourniquait* (Céline, 5).

ETYM. de **tourniquet.** 1910 [Esnault].

◆ *v.t.* 1936, Céline.

tourniquet ou **tournique** *n.m.*

1. Vx. Visage ; nez. SYN. tournant. **2.** Conseil de guerre. **3.** Cour d'assises ; police correctionnelle : *Y va m'faire passer au tourniquet et j'vais récolter la «vingt-et-une»* (Le Breton, 6).

ETYM. allusion à la loterie foraine appelée **tourniquet** (2). **1.** 1883 [Esnault] ; *tournique* 1879 [id.]. **2.** 1888 [id.] ; *tournique* 1895 [id.]. **3.** 1899 [Nouguier].

tourtouse *n.f.* → TORTOUSE.

tousser *v.i.*

1. Protester, rouspéter. Vx. **C'est que je tousse !,** formule de refus : *Pas gueulard, Alphonse : non, c'est que je tousse !* (Gill). **2. Tousser des deux poches,** tirer avec ses armes à travers ses poches.

ETYM. emplois euphémiques du verbe usuel. **1.** 1915 [Esnault]. **C'est que je tousse,** 1808 [d'Hautel]. **2.** 1953 [Sandry-Carrère].

toutim ou **toutime** *n.m.*

1. Et le toutim, tout le toutim, l'ensemble, le reste des choses : *Leurs familles... Eh bien, on les leur amène ici chaque soir. Femmes, gosses, belles-doches et le toutim* (Siniac, 1). *Il me faut le plan détaillé de la maison, l'empreinte des clefs, tout le toutim, quoi !* (Allain-Souvestre). **Le toutime et lago** ou **le toutime et la mèche,** la totalité de ce qu'on peut imaginer, plus l'imprévu : *Là, ils verront le choix, le cinéma, les tableaux vivants, le* toutim et lago (Simonin-Bazin). *À peine moins chargée qu'à l'aller, la bagnole, mais véhiculant toutefois poteries de dépose, gravats* [...] *le « toutim et la mèche », quoi* (Simonin, 7). **2.** Vx. Brasseur d'affaires multiples. **3.** Mécanisme complexe.

ETYM. de **tout** et du suff. **-im(e).** **1.** 1596, Péchon de Ruby. **Le toutim et lago,** 1935, Simonin-Bazin; **le toutim et la mèche,** 1957 [PSI]. S'est employé comme pron. indéf. et comme adv. **2.** 1902 [Esnault]. **3.** 1940 [id.].
VAR. **tout-time :** 1953 [Sandry-Carrère]. **toutarès :** 1935 [Esnault]. **totu :** 1945 [id.].

touzepar *n.f.*

Partie galante. SYN. zetoupar.
ETYM. verlan de **partouse.** 1986 [Merle].

toxico *adj. et n.*

Toxicomane : *Certainement pas, lui répond la magistrate. Ou tu es « toxico » et tu te soignes, ou tu es délinquant et tu retournes en prison* (*le Monde,* 6 novembre 1983). *Avant, on vivait la défonce comme une histoire d'amour, même les toxicos. Maintenant, c'est différent* (Galland).
ETYM. apocope de **toxicomane.** 1936, L. Daudet [TLF].

tracassin *n.m.*

1. Érection (surtout matinale) : *En ce temps-là s'échouaient au claque presque tous nos rêves érotiques* [...], *nos tracassins épouvantables, nos braquemarderies de jeunes clebs* (Boudard, 6). **2.** Humeur inquiète. **3.** Sujet d'inquiétude, de tracas : *Ils jouaient les grosses têtes affairées, traitaient du tracassin de la chose politique et sociale* (*le Nouvel Observateur,* 12 décembre 1981).
ETYM. de **tracasser.** **1.** 1953 [Sandry-Carrère]. **2.** 1906 [DDL 21]. **3.** 1942, Hamp [GR].

tracer *v.i.* ou **se tracer** *v.pr.*

Partir, s'en aller rapidement : *En attendant, elle a dit, faut tracer, et vite! Elle a démarré sec* (Pouy, 1). *Il ne se détourna pas. Il rafla son étui, son veston et se traça* (Le Breton, 1).
ETYM. emploi expressif du verbe usuel, sans doute par abrègement de **tracer la route.** fin du XIIIe s., Beaumanoir [GLLF]. *v.pr.* 1957 [Sandry-Carrère].

tracquerie *n.f.* → TRAQUETTE.

traczir *n.m.*

Appréhension, peur irraisonnée : *Le père Geoffrain, il en avait un traczir fou* (Simonin, 1).
ETYM. d'un radical expressif **trak-**, qui suggère la brusquerie. 1957 [Sandry-Carrère].
VAR. **tracos :** 1889, Macé [Esnault].

Trafalgar *n.pr.* → COUP.

traiffe *adj.*

Vx. En flagrant délit : *Traiffe, me dit en entrant mon collègue l'Israélite, dans cet argot hébreux qui était sans doute la langue favorite de notre patron, monsieur Judas. « Traiffe » ou « marron » sont une seule et même chose* (Vidocq).
ETYM. du yiddish **treif**, impur. 1829, Vidocq.

train *n.m.*

1. Postérieur : *Ce marchand de tatanes, j'y ai botté le train!* **2. Remettre au train,** soumettre, faire obéir. **3. Le train d'onze heures** ou **le train onze,** les jambes : *Fin finale, t'vas de Paris à Marseille en quatre ou cinq jours, où t'mettrais ben deux mois par le train onze* (Stéphane). **4.** Vx. **Train direct,** verre d'absinthe. **En train,** sur la pente de l'ivresse. **5. Dans le train,** au goût du jour, à la mode : *Bien sûr, toutes les femmes dans le train avaient les cheveux coupés, des nuques nettes, gracieuses* (Guérin). **6. Train de plaisir,** chambre d'hôtel de passe.
ETYM. abrègement de **train de derrière** ou d'**arrière-train** (1) et images ferroviaires (2 à 6). **1** et **3.** 1878 [Rigaud]. **2.** 1950 [Esnault]. **4.** abrègement de *train direct pour Charenton* (c.-à-d. la folie). 1881 [Rigaud], pour les deux formes. **5.** 1889, Bourget [GR]. **6.** 1901 [Bruant].

traînard *n.m.*

1. Vx. Argent oublié sur le tapis d'un tripot et qui devient la propriété de celui-ci : [Le flâneur] *perdit la valeur de quatre cents fr., qui allèrent retrouver le traînard qu'il avait fait rejoindre à la caisse* (Forçat). **2.** Argent perdu au jeu, après quelques gains. **3. Ramasser** ou **faire un traînard,** tomber à terre.
ETYM. emplois spécialisés et substantivés de l'adj. usuel. **1.** 1829 [Forçat]. **2.** 1910 [Esnault]. **3.** 1928 [Lacassagne].

traîne *n.f.*

Être à la traîne, être démuni, à court d'argent.
ETYM. déverbal de **traîner**, avec des sens issus des emplois maritimes. 1928 [Lacassagne].

traîneau *n.m.*

Voiture ; taxi.
ETYM. emploi métaphorique et plutôt péj. du mot usuel. 1935, Simonin-Bazin [Esnault].

traîne-con ou **traîne-cul** *n.m.*

1. Macaron ou carte permettant à certains automobilistes de stationner en certains lieux sans encourir de sanction. **2.** **Traîne-cons,** automobile.

ETYM. de **traîner** et de **con** ou **cul.** **1.** 1975 [Arnal]. **2.** 1975 [Beauvais].

traînée *n.f.*

PÉJ. Fille de mauvaise vie ; prostituée : *Elle serait la dernière des dernières, une* traînée, *si elle ne vous aimait pas* (Balzac, 3). *Brute ! lâche ! oui, sale lâche ! On n'en ferait pas plus à une traînée* (Machard, 1).

ETYM. du verbe **traîner (dans les rues).** avant 1488, *Farce du pauvre Jouhan* [TLF].

traîne-lattes, traîne-patins ou **traîne-savates** *n.inv.*

Miséreux, vagabond : *Un zonard. Un paria, un traîne-latte, voilà ce que je suis désormais* (Dégaudenzi). *Deux traîne-patins sont installés sur un banc. Ils parlent fort, refont le monde, boivent du pinard pour se chauffer la gueule* (Demouzon). *L'équipe n'est au complet que quand les vieux sont là, couche-dehors, traîne-savates, claque-patins, pioche-poubelles* (Clébert).

ETYM. de **traîner** et d'un nom désignant le soulier. d'abord *traîne-guêtres* 1867 [Delvau] ; *traîne-savates* 1794 [Enckell, 2] ; *traîne-semelles* 1951, Fallet [GLLF] ; *traîne-lattes* et *traîne-patins* 1953 [Sandry-Carrère].

VAR. **traîne-misère** *n.m.* : 1921, chanson *Tu n'es qu'un employé,* paroles de E. Dumont.

trainglot ou **tringlot** *n.m.*

1. Soldat du train des équipages : *Je partais avec mon tringlot qui pilotait ma voiture – agent secret comme moi-même – pour la chasse aux espions* (Naud). **2.** Policier : *Barrage de flics (on disait encore : des tringlots), qui nous frayèrent le passage : car c'étaient « nous » les Officiels* (Yonnet).

ETYM. de **train** et du suff. **-glot,** avec influence de *tringle* pour la seconde forme. **1.** *trainglot* 1857 [Esnault] ; *tringlot* 1863, A. Camus. **2.** vers 1950, Yonnet.

trait *n.m.*

VX. **Faire des traits à qqn,** lui être infidèle : *Des cochons comme ça ! Ça mérite-t-il pas d'avoir des femmes ? Te faire des traits pour une Félicité !* (Vidocq).

ETYM. de **trait (d'arc** ou **d'arbalète).** 1829, Vidocq.

tranchant *n.m.*

VX. Couteau de chasse.

ETYM. de **trancher.** 1800, Leclair.

tranche *n.f.*

1. Figure, tête : *Je l'installe sur un divan, un oreiller sous la tranche et je vais dans la salle de bains prendre une douche* (Trignol). **2.** Intelligence, jugement. VX. **En avoir une tranche,** être très bête. **3.** Individu. **Tranche de cake, de gail, de melon** ou **pauvre tranche,** etc., individu sot et naïf, benêt : *Le cureton, il gigote toujours... Il se débat la pauvre tranche* (Céline, 5). *Charlot balbutiait : – Ah ! l'empafé ! Ah ! la tranche ! Ah ! bon branque !* (Simonin-Bazin). **Fausse tranche,** individu qui ne respecte pas ses engagements : *Tu sais ce qu'on leur fait aux fausses tranches qui abandonnent les potes dans la boucane ?* (Amila, 4). **4. En tranche,** en tête, à la première place : *La traction s'immobilisa dans une ruelle. Bibi descendit en tranche. Le sportif le suivit. Son nez pissait le sang* (Le Breton, 3).

ETYM. altération de **tronche. 1.** 1878 [Rigaud]. **2.** 1960 [Le Breton]. **En avoir une tranche,** 1883 [Fustier]. **3.** 1910 [Esnault]. **Tranche de cake,** 1975 [Beauvais] ; **tranche de gail,** 1898 [Esnault] ; **tranche de melon,** 1900 [id.] ; **pauvre tranche,** 1936, Céline. **Fausse tranche,** 1942, Meckert. **4.** 1922 [Esnault].

trancher *v.t.* → TRONCHER.

tranchouillard *n.m.*

Sot : *J'raconterais pas ça à des bouilles, à des cloches, à des bons tranchouillards comme y en a « plein dans le métier »* (Simonin-Bazin).

ETYM. diminutif péj. de **tranche.** 1935, Simonin-Bazin.

tranquillos [-los] *adj. inv. et adv.*

Tranquille ; tranquillement : *Je descends le boulevard Gambetta, tranquillos, en touriste satisfait, les mains dans les poches* (Bauman).

ETYM. de **tranquille,** avec le suff. arg. **-os.** 1972 [George].

trans' ou **transpoil** *adj.*

VIEILLI. Remarquable, excellent.

ETYM. apocope et resuffixation arg. de **transcendant.** *transpoil* 1904 [Esnault] ; *trans'* 1907 [id.].

transporté *n.m.*

Individu condamné au bagne (de Cayenne ou de Nouméa) : *Transportés, dorénavant c'est le mot par lequel vous serez toujours désignés : transporté Un tel ou transporté tel matricule, celui qui vous sera affecté. Dès maintenant vous êtes sous les lois spéciales du bagne, de ses règlements, de ses tribunaux internes* (Charrière).

ETYM. emploi substantivé du participe passé de **transporter.** 1872 [Littré], issu du sens spécialisé de *transportation,* « transport de certains condamnés en un lieu de détention éloigné de la métropole » (1836 [Acad. fr.]).

trappe *n.f.*

1. Bouche : *Gafez-vous ! rentrez vos mariolles !... fermez bien vos trappes à tous* (Céline, 5). **2.** Cabaret : *Il aurait vachement renaudé, Riton, de savoir qu'on trinquait à sa mémoire dans une trappe pareille* (Simonin, 2). **3.** Vx. **La Trappe,** le camp de la relégation.

ETYM. emplois métaphoriques du mot usuel (1 et 2) et comparaison ironique (3) avec l'ordre des Trappistes, qui jardinent, ce qui n'est pas, pour les hommes du milieu, un métier. **1.** 1936, Céline. **2.** 1953, Simonin. **3.** 1903 [Esnault].

DER. **trappistes** *n.m.pl.* Relégués : 1903 [id.].

trapu, e *adj.*

1. Se dit d'une personne très instruite. **2.** Se dit d'un problème difficile, d'une question très épineuse : *Julius le Chien, tête penchée et langue pendante, donne l'impression d'assister à un cours un peu trapu pour lui* (Pennac, 1).

ETYM. emploi métaphorique et emphatique de l'adj. usuel, à sens « physique ». **1.** 1886 [Esnault]. **2.** 1890 [id.].

traque *n.f.*

Poursuite de malfaiteurs par la police, chasse à l'homme : *La traque durera plusieurs semaines* (*Libération,* 22 janvier 1979).

ETYM. déverbal de **traquer (un gibier).** 1798 [Acad. fr.], appliqué au gibier.

traquer *v.i.*

Avoir peur : *Rappliquez au Sauvage, / Et sans traquer livrez-vous au plaisir* (Goualante de la Courtille).

ETYM. de **trac.** 1835, chanson [Raspail].

traquette ou **tracquerie** *n.f.*

Peur : *Quelques pékins nous croisent, visiteuse comme notre vieille copine, oisifs, branlos, quoi... Je pète la traquette* (Dégaudenzi).

ETYM. de **trac, traquer** et du suff. **-ette.** *traquette* 1899 [Nouguier].

VAR. **traquouse** : 1953 [Sandry-Carrère].

traqueur, euse *adj. et n.*

Peureux, poltron : *Il était très traqueur au fond, il ne se souciait pas de finir à Bicêtre* (Zola).

ETYM. de **traquer.** 1835, Lacenaire [Esnault].

trav *n.m.pl.*

Vx. **1.** Transportation. **2.** Peine des travaux forcés : *Pour en venir à bout, l'aurait fallu la tuer carrément, dans s'sommeil. Mais ça, c'était attiger, et se vouer aux trav's ben sottement, pour une gueuse* (Stéphane).

◆ *n.m.*

Vx. Le condamné lui-même : *Ce Constant-là avait peur d'être poissé avec un pétard en poche. – C'est cet ancien trav' qui frayait les îles Fidji ?* (Galtier-Boissière, 2).

ETYM. apocope de **travaux forcés. 1.** 1883 [Esnault]. **2.** 1899 [Nouguier].

◆ *n.m.* 1925 [Esnault].

travail *n.m.*

1. Activité lucrative (et génér. délictueuse) : *Mais il fallait bien vivre et, pour cela, remonter « en ville », s'y farcir un « travail » de temps en temps* (Dominique). **2.** Situation peu claire, désordre résultant d'une action confuse : *Qu'est-ce que c'est que ce travail ? Si t'avais vu le travail !*

ETYM. emploi spécialisé du mot usuel (vol avec assassinat, prostitution, etc.). **1.** dès 1795 [Esnault]. **2.** 1888, Courteline [TLF].

travailler *v.i*

1. Pratiquer le vol ou l'assassinat : *Cette mesure déconcerta tout à fait la malveillance : désormais il était impossible de reprocher à mes agents de « travailler » dans la foule* (Vidocq). *Le jovial compagnon du jeune homme qui en passant par la grille aperçut le canon* [du fusil]. *– Tu* travailles *toujours, même à la campagne, s'écria le jeune homme en souriant* (Balzac, 2). *Travailler à l'esbrouffe, à la dure.* **Travailler en peinard,** sans complice. **Travailler dans le bâtiment** ou **dans le bât,** cambrioler. **Travailler à l'extérieur,** pratiquer le vol à l'étalage. **Travailler dans le rouge,** assassiner. **2.** Se livrer à la prostitution : *Au point où ils en étaient sexuellement, si Bertrand avait voulu jouer les « durs » avec Laurentine, elle se fût inclinée et aurait probable-*

ment « travaillé » pour lui ! (Méra). **3. Travailler du chapeau, du canotier, du chou, du bigoudi, de la touffe,** etc., être fou : *Et du doigt, pour mieux se faire comprendre, il montrait qu'il travaillait du chapeau* (Combescot). Vx. **Travailler du pick-up,** bavarder à tort et à travers.

◆ *v.t.*

1. Malmener (qqn) en actes ou en paroles : *Mais Gustave* [Dominici], *le faible Gustave, « travaillé » par les irréductibles, déclara le 4 février 1954 qu'il avait menti* (Larue). Vx. **Travailler le cadavre, le casaquin** ou **les côtes.** ***a.*** battre qqn ; ***b.*** médire de qqn : *Ils se formaient en petit comité et s'amusaient à me travailler le casaquin* (Vidocq). **2.** Fouiller, voler : *Il peut travailler les poches, les goussets, les sacs et les réticules* (Arnoux). **Travailler la tire,** pratiquer le vol à la tire. **3.** ARG. ANC. **Travailler la bauche,** cambrioler la demeure.

ETYM. emplois spécialisés du verbe usuel. **1.** 1796, Orgères. **Travailler en peinard,** 1899 [Nouguier]. **Travailler dans le bât** et **dans le rouge,** 1881 [Rigaud]. **2.** 1864 [Delvau]. **3. Travailler du chapeau,** 1932, Georgius.

◆ *v.t.* **1.** « en actes » 1754, poissard [Esnault] ; « en paroles » 1836 [id.]. **Travailler le cadavre** (sens a), 1845, Paillet ; **le cadavre** et **les côtes** (sens a et b), 1867 [Delvau] ; **les côtelettes** (sens a), 1783, Lombard de Langres [Larchey] ; **le casaquin** (sens a), 1808 [d'Hautel] ; (sens b), 1829, Vidocq. **2. Travailler la tire,** 1877 [Esnault]. **3. Travailler la bauche,** 1790, *le Rat du Châtelet.*

travailleur, euse *adj.*

Qui exerce le vol ou la prostitution avec une grande conscience professionnelle : *Là, la petite Raymonde, « travailleuse et tout », comme disent ces « messieurs », eût pu trouver un « homme », un vrai et, pour tout dire, un vrai de vrai* (London, 2).

◆ **travailleur** *n.m.*

Vx. **1.** Tricheur. **2.** Voleur.

◆ **travailleuse** *n.f.*

1. Prostituée. SYN. gagneuse. **2.** Vx. Homosexuel : *La troisième classe* [d'homosexuels] *est entièrement formée d'individus appartenant à la grande famille des ouvriers* […] *De là est venu leur nom de travailleuses. Vêtus d'une blouse fort propre et d'une casquette de drap à visière tombante, ils sont parfaitement reconnaissables à leur voix langoureuse et traînante* (Canler). → PUCE.

ETYM. emplois spécialisés du mot usuel. 1932, London.

◆ *n.m.* **1.** 1829 [Forçat]. **2.** 1883 [Fustier].

◆ *n.f.* **1.** 1841, Lucas [Esnault]. **2.** 1862, Canler.

travaux *n.m.pl.*

Vx. **1.** Peine de la transportation. **2.** Peine des travaux forcés : *J'ai aidé pendant un temps des prospecteurs en service aux « travaux »* (Merlet). SYN. trav.

◆ *n.m.*

Vx. L'individu condamné à ces peines : *Ainsi, moi, je suis travaux légers, je porte les morts au cimetière* (Londres).

ETYM. abrègement (facultatif) de **travaux forcés. 1.** 1918 [Esnault]. **2.** 1901 [Bruant].

◆ *n.m.* 1901 [id.].

travelo, travelot ou **trave** *n.m.*

Homosexuel travesti en femme : *Y paraît qu'les travelos, quand on avance, y reculent. / Moi je trouve ça normal, c'est les travelos de r'cul* (Renaud). *Comment c'est un trave ? – La même chose que toi et la même chose que moi, mais dans le désordre* (Pagan).

ETYM. apocope et resuffixation arg. de **travesti.** *travelot* 1971, R. Ehni [Cellard-Rey] ; *trave* 1975 [George].

travers *n.m.*

1. Être en plein travers, se trouver dans une période de malchance persistante. **2. Passer au travers** ou **à travers.** ***a.*** échapper à un danger, à une arrestation ; ***b.*** ne pas commencer à vendre, en parlant d'un commerçant ; ***c.*** n'amorcer aucun client, en parlant d'une prostituée : *Soupçonneuse et découragée, il lui arrivait de passer plusieurs nuits de suite au travers et son humeur s'en ressentait* (Carco, 2) ; ***d.*** être malheureux au jeu.

ETYM. emploi métaphorique du mot à sens spatial. **1.** 1957 [PSI]. **2.** ***a*** et ***c.*** 1899 [Nouguier] ; ***b.*** 1977 [Caradec] ; ***d.*** 1931 [Chautard].

VAR. **travioc** au sens 2 : 1953 [Sandry-Carrère].

traverser *v.t.*

Vx. **1. Traverser le grand ruisseau,** être condamné à la peine de transportation ou de relégation. **2. Traverser un homme,** l'envoyer au bagne de Cayenne : *Traverser un homme, c'est l'même sens que l'envoyer aux durs* (Carco, 1). **3. Traverser la mer Rouge,** avoir ses menstrues.

ETYM. emplois spécialisés du verbe usuel. **1.** 1899 [Nouguier]. **2.** 1927, Carco. **3.** 1901 [Bruant].

1. trèfle ou **treffe** *n.m.*

Anus ; postérieur : *Je sais bien que quand je m'ai senti les verts au dos, le treffe me faisait trente-et-un* [j'avais peur] (Vidocq). On rencontre aussi **as de trèfle.**

ETYM. formé sur **trou,** avec influence de la carte à jouer, de couleur noire. 1828, Vidocq. **As de trèfle,** 1850, T. Gautier.

2. trèfle ou **tref** *n.m.*

1. Tabac : *T'as du trèfle ? Ma blague est vide. – T'auras pas le temps d'en rouler une* (Dorgelès). **Longuette de tref,** carotte de tabac. **2.** Argent. **Roi de trèfle,** protecteur aisé.

ETYM. emploi métaphorique du mot usuel. **1.** 1725 [Granval]. **Longuette de tref,** 1867 [Delvau]. **2.** 1864 [Esnault].

VAR. **triffois :** 1822 [Mésière]. **tréfoin :** 1829 [Forban].

DER. **trefflière** *n.f.* Tabatière : 1827, *Un monsieur comme il faut*. **triffonnière** *n.f.* Même sens : 1836 [Vidocq]. **tréfouine** *n.f.* Même sens : 1841, Lucas [Esnault].

3. trèfle *n.m.* → TRÈPE.

treize *adj. num.*

Vx. **Treize marches,** désignation de l'échafaud, auquel on accédait par un escalier de 13 marches : *Depuis une trentaine d'années, de mémoire d'homme, tous les patrons en étaient morts après avoir grimpé treize marches* (Burnat).

◆ *n.m.*

Un treize, condamnation à une peine de prison dépassant un an, et se faisant obligatoirement en centrale.

ETYM. emplois spécialisés du chiffre 13, maudit. 1957, Burnat (mais certainement antérieur). ◆ *n.m.* 1901 [Bruant].

tremblant *n.m.*

ARG. ANC. Lit de sangle : *J'étais dans le tremblant quand les cognes sont venus* (Ansiaume). *Tu vas dormir un peu sur ce tremblant, Petit Morgat* (Mac Orlan, 11).

ETYM. participe présent substantivé de **trembler.** chanson du XVIIIe s., selon Esnault.

tremblante *n.f.*

ARG. ANC. Fièvre : *Maquille-toi la tremblante* [...] *pour décarrer à l'oustot* (Clémens).

ETYM. emploi substantivé et métonymique du participe présent de **trembler.** 1850, Clémens.

tremblement *n.m.*

Tout le tremblement, tout le reste : *Comme Adèle trouvait ça infect, ils se sont jeté la bouteille d'huile à la figure, la casserole, la soupière, tout le tremblement* (Zola).

ETYM. emploi ironique du mot usuel. 1827 [DDL 15]. Est passé auj. dans la langue fam. courante.

trembleur *n.m.*

Cœur : *Il piqua au mur à l'aide d'une punaise une carte à jouer, un as de cœur, recula de plusieurs mètres, sortit de sa poche un couteau, visa le trembleur et le toucha en pleine couleur* (Lépidis).

ETYM. de **trembler,** emploi métonymique : le mouvement pour l'organe. 1986, Lépidis.

tremblote *n.f.*

1. Fièvre. **2.** Tremblement de peur et, par ext., peur : *J'ai essayé malgré tout de rentrer dans une boutique... Mais j'ai jamais pu pénétrer... tellement j'avais la tremblote sur le bec-de-cane* (Céline, 5). SYN. bloblote.

ETYM. de **trembler,** qui est une des manifestations les plus visibles de nombreuses fièvres. **1.** 1894 [Virmaître]. **2.** 1919, Dorgelès [TLF].

trempe *n.f.*

Correction infligée à qqn : *Tenez, si le matin où il a filé une trempe à Ruflot, il avait eu son couteau, j'dis pas non ! dans la colère, vous savez...* (Talfumière). *Va l'emmerder, ça nous fera des vacances et fous-lui une trempe, ça ne sera pas volé* (Pouy, 3).

ETYM. déverbal de **tremper,** donner de l'énergie, dresser. 1834, E. Corbière [DDL 38].

VAR. **trempée :** 1844, Balzac [GLLF].

tremper *v.t.*

1. Tremper son biscuit, sa mouillette, son panais, son pinceau, copuler, en parlant de l'homme : *Les patronnes, les filles, la mère, les tantes, les gouvernantes et tout le saint harem, pour le résultat, c'était kif-kif, pour de sûr. Tremper son biscuit là-dedans, c'était midi sonné !* (Chabrol). **2. Tremper sa chemise, sa liquette, son maillot,** faire de gros efforts physiques, se donner du mal.

ETYM. loc. expressives et euphémiques. **1. Tremper sa mouillette,** 1883 [Fustier] ; **tremper son biscuit, son panais,** 1953 [Sandry-Carrère]. **2.** 1955, Malet.

trèpe ou **trèfle** *n.m.*

Foule, public rassemblé : *La grande foule des jours d'exécution. Il y avait plus de trèpe au chevet des voyous qu'à celui des gens de bien* (Burnat). *À part quelques rigolos qui viennent pour gaffer l'indignation de leur cousin de province, tout ce trèfle-là est à moitié louf* (Trignol).

ETYM. du savoyard **trèfle**, troupeau, issu de **tréper**, sauter ou fouler du pied, du francique **trippôn**, sauter [GR]. *trèpe* XVIIIe s., chanson [Esnault] ; *trèfle* 1920 [id.].

VAR. **trèple** : 1885 [id.]. C'est une étape intermédiaire entre *trèpe* et *trèfle*, qui montre que la première forme n'était plus bien comprise au XIXe s.

trépignée *n.f.*

Vx. Correction infligée à qqn : *Décidément je ne suis pas rassuré, je flaire une de ces trépignées qui font date dans la vie d'un homme* (Guéroult).

ETYM. de **trépigner**, accabler de coups. 1867 [Delvau].

tréteau *n.m.*

1. Cheval (souvent médiocre) : *Vous pouvez visiter les écuries. Moi, je m'excuse, mais j'ai encore quinze tréteaux à chausser d'ici ce soir* (Averlant). **2.** Fille ou femme mal faite ou en mauvaise condition physique.

◆ **tréteaux** *n.m. pl.*

Jambes.

ETYM. métaphore empruntée aux champs de courses : un mauvais cheval a les jambes écartées. **1.** 1893 [Esnault]. **2.** 1901 [Bruant].

◆ *pl.* [id.].

treuil *n.m.*

Coup de treuil, coup de téléphone.

ETYM. par jeu de mots sur **coup de fil** et **filin.** 1977, F. Guillo [Cellard-Rey], à propos d'une époque bien antérieure.

triage *n.m.*

1. Fois : *Chaque trayage que j'ai été arrêté, j'ai été condamné* (Rossignol). *Il éclusa une large lampée, après quoi il rota à deux, trois triages* (Le Breton, 2). **2.** Vx. Coup tiré avec une arme à feu : *Un repoussant à deux trillages* (Leclair).

ETYM. de l'anc. verbe **trailler,** tirer (un filet de pêche). **1.** 1829 [Forban], encore enregistré par Le Breton en 1975. **2.** 1800, Leclair. Les variantes orthographiques sont nombreuses.

triangle *n.m.*

Triangle des Bermudes, vulve.

ETYM. emploi métaphorique et poétique de la loc. désignant un « lieu infernal où se perdent les navigateurs ». 1982 [P. Perret].

tricard, e ou **triquard, e** *adj. et n.*

Se dit d'un individu interdit de séjour : *Vous ne voyez pas parmi vos tricards (Avignon était ouverte aux interdits de séjour) un gars qui correspondrait à ces indications ?* (Larue). *Les pirates du fleuve y vivent – pas toujours en bons termes – avec les repris de justice et les « triquards », autrement dit les interdits de séjour* (Grancher, 2).

◆ **tricard, e** *adj.*

Exclu par ses pairs d'un certain secteur : *Danse-Toujours l'avait rossé dans un bistre. – Je sais, j'étais présent. – Et il l'avait fait triquard de la Montagne, et du quartier par ici – enfin partout où ils auraient pu se rencontrer* (Yonnet). *Jo Argent voulait la virer de son hôtel et la mettre tricarde de tout le faubourg* (Braun).

ETYM. de **trique.** 1896 [Delesalle].

◆ *adj.* 1891, Méténier.

tricher *v.t.*

Tromper, abuser : *Tu sais, avec moi, tu s'ras pas trichée. T'auras pas à t'casser la tête* (Simonin-Bazin).

ETYM. emploi transitif du verbe usuel. 1935, Simonin-Bazin.

trichlo [triklo] *n.m.*

Trichloréthylène, utilisé comme drogue, en partic. par les jeunes de banlieue : *Huit cas de mort par overdose de trichlo ont été recensés officiellement en 1979* (*Libération,* 18 novembre 1981).

ETYM. apocope de **trichloréthylène.** vers 1975.

tricocher *v.i.*

Se livrer à la pratique illégale consistant, pour un inspecteur de police, à faire une enquête pour le compte d'un particulier.

ETYM. référence à une pièce de Meilhac et Halévy, *Tricoche et Cacolet* (1871), inspirée du *Gendre de M. Poirier* (1854) de E. Augier, comédie dans laquelle une agence fait des « recherches dans l'intérêt des familles ». 1952 [Esnault].

DER. **tricocheur** *n.m.* Inspecteur se livrant à une telle pratique : 1953 [Sandry-Carrère].

tricoter *v.i.*

1. Passer d'un trottoir à l'autre alternativement en distribuant le courrier, en parlant d'un préposé. **2. Tricoter (des jambes, des gambettes, des flûtes, des compas),** mouvoir ses jambes rapidement, en marchant, en pédalant ou en dansant : *Leurs group's se crois'nt, se heurt'nt et s'press'nt / Tricot'nt des flûtes, tortill'nt des fesses* (Rictus). *Petit' gueule d'amour t'es à croquer / Quand tu passes en tricotant des hanches* (R.-L. Lafforgue, *in* Saka). *Il lui était impossible de marcher longtemps. Quand il avait, selon son expression, « tricoté des jambes » pendant plus d'une heure, ses plaies s'envenimaient, ses pieds gonflaient, force lui était de s'arrêter* (Boussenard). *Vas-y ma poulette / Tricote des gambettes* (chanson *la Valse à Julot,* paroles de F.-L. Bénech).

◆ *v.t.*

1. Tricoter le moujingue, faire avorter : *Désemparée, elle nous a demandé de but en blanc de lui découvrir une faiseuse d'anges qui la ferait avorter. À la Maubert, on appelle cela « tricoter le moujingue », en souvenir d'une matrone qui, dans les « vatères » de chez Guignard, se servait d'une longue aiguille pour se livrer à cette opération* (Yonnet). **2.** Vx. **Tricoter les côtes à qqn** ou **tricoter qqn,** le battre.

ETYM. emplois métaphoriques et expressifs du verbe usuel. **1.** 1950 [Esnault]. **2. Tricoter des jambes,** 1819 [DDL 34] ; simpl. **tricoter,** avant 1741, J.-B. Rousseau [GLLF].

◆ *v.t.* **1.** 1954, Yonnet. **2.** 1866 [Delvau] ; mais **tricoter qqn,** dès 1356 [TLF].

tricoteuse *n.f.*

1. Prostituée se rendant à domicile (notamment après la fermeture des maisons closes). **2.** Danseuse.

ETYM. emploi métaphorique et ironique du mot usuel. **1.** 1975 [Arnal]. **2.** 1901 [Bruant].

tricotin *n.m.*

1. Matraque en caoutchouc utilisée dans la police : *Cinq fois qu'ils m'ont foutu par terre à coups de tricotin. Tu sais où qu'ils tapent, sur le cou derrière l'oreille, et j'ai pas parlé* (Carco, 8). SYN. gummi. **2.** Pénis. **Avoir le tricotin,** être en érection : *Elle allait sus le dos comme pas une, et s'y révélait tellement chaude et tellement vicieuse qu'on était quasiment forcé d'en avoir le tricotin* (Stéphane).

ETYM. de **trique** et du suff. **-otin. 1.** 1919 [Esnault]. **2.** 1907 [Chautard]. **Avoir le tricotin,** 1928, Stéphane.

trifouillée *n.f.*

1. Correction administrée à qqn : *Dire que j'ai regretté la trifouillée, non !* (Méténier). **2.** Grande quantité.

ETYM. de **trifouiller. 1.** 1877, Zola [GLLF]. **2.** 1964 [GLE].

trifouiller *v.t. et i.*

Remuer au hasard, sans méthode, un amas de choses, dans un dessein de recherche plus ou moins précise : *La môme cinq-tonnes en profitait pour trifouiller ses souvenirs et les mettre en vitrine* (Bastiani, 1). *Une folie qui consistait à vouloir que le docteur lui trifouillât dans le nez pour en extraire une truffe* (Chavette).

ETYM. croisement probable de **tripoter** et de **fouiller.** 1808 [d'Hautel].

DER. **trifouillée** *n.f.* **1.** Correction infligée à qqn : 1877, Zola [GLLF]. **2.** Grande quantité : 1964 [id.].

trimard *n.m.*

1. Chemin : *Les foires et marchés où l'on gagnait plus de jonc en trois mois, après les battages, qu'à courir le trimard toute l'année, au risque de se voir dépouillé par ces gueux d'anciens soldats* (Burnat). *Pousse !... on arrive... Voilà le trimard, annonça le Barbu. – La poudreuse de Dijon ?* (Allain-Souvestre) ; rue. **Le grand trimard,** la grande route : *Mon flanchet, moi, c'est sur le grand trimard* (Ansiaume). **2.** Vagabondage, errance. **3.** Ouvrier nomade : *Trimard dans le sang, il a exercé une flopée de jobs* (Siniac, 3) ; par ext., ouvrier : *La connerie des trimards, c'est kêk chose qui me dépasse ! Y baissent la tête. Y paient leurs impôts* (Lasaygues).

ETYM. de **trimer** et du suff. péj. **-ard. 1.** *trimar* 1566, Rasse des Nœuds ; « rue » 1835 [Raspail]. **2.** 1903 [Esnault]. **3.** 1892 [id.].

DER. **trimji** *n.m.* État de nomade : 1898 [id.].

trimarde ou **trime** *n.f.*

Rue : *Dans la trime, la survie dépend de cette intuition immédiate. Face à toi, le va-nu-pieds peut être aussi bien le compagnon qui t'aidera à chercher demain que la crapule qui te mettra encore plus bas que t'es* (Dégaudenzi).

ETYM. de **trimard,** avec apocope pour la seconde forme. *trimarde* 1846, *Intérieur des prisons*; *trime* 1836 [Vidocq].

trimarder *v.i.*

1. Vagabonder : *Le type et sa femme se doutaient qu'ils seraient vite repérés dans Paris. Ils sont allés trimarder en banlieue* (Yonnet). **2.** Vx. Faire le trottoir : *Quand la marmite alle est su'l'tas, / C'est pour son marlou qu'a trimarde* (Bruant).

◆ *v.t.*

Transporter : *À quinze ans le voilà aux Halles rue Quincampoix, crochet à la main à trimarder des caisses de légumes et de fruits de cent kilos et plus* (Lépidis).

ETYM. de **trimard. 1.** 1628 [Chéreau]. **2.** 1883 [Fustier].

◆ *v.t.* 1986, Lépidis.

trimardeur *n.m.*

1. Vx. Vagabond : *Dans les années 20, au frontispice du journal anarchiste « L'En-dehors », on pouvait voir un fier trimardeur s'éloigner, bâton au poing, de la ville honnie* (Porquet) ; voleur de grand chemin. **2.** Ouvrier nomade : *Le palefrin suivait le quai de Jemmapes d'un pas traînant et balancé de trimardeur* (Dabit, 1).

ETYM. de **trimard, trimarder. 1.** 1712 [Esnault]. **2.** 1894 [id.].

trimballade *n.f.* ou **trimballage** *n.m.*

Vx. **Vol au trimballage** ou **à la trimballade,** type d'escroquerie commerciale compliquée, consistant en un faux achat de marchandises emportées par un complice : *Le vol à la ballade ou à la trimballade est opéré d'ordinaire par un personnage se disant négociant* (Claude).

ETYM. de **trimballer.** *trimballade* vers 1880, Claude ; *trimballage* 1836 [Vidocq].

trimballer ou **trimbaler** *v.t.*

1. Transporter, emmener : *Un Boche voyageant avec un passeport russe, on ne sait jamais ce que ça peut trimbaler dans les valises* (Abossolo). Vx. **Trimballer son crampon,** promener sa femme ou sa maîtresse. **Trimballer sa viande** ou **se trimballer,** se déplacer : [Cendrillon] *Il ne me manque qu'une tinette pour trimballer ma viande* (Stollé). *Inspecteur des services vétérinaires mexicains, ça fait huit jours qu'il se trimballe à travers la Sierra Madre* (*Actuel,* décembre 1980). **2. Qu'est-ce qu'il trimballe !,** quel imbécile !

ETYM. var. de l'anc. verbe **tribaler,** remuer de côté et d'autre, issu de **baller,** danser. **1.** 1790, *le Rat du Châtelet*. **Trimballer son crampon,** 1878 [Rigaud]. **Trimballer sa viande,** 1947, Stollé ; d'abord *trimballer son cadavre* 1881 [Rigaud] ; **se trimballer,** 1867, Flaubert [TLF]. **2.** 1937 [Esnault] ; d'abord en 1926, chez les cyclistes, au sens de « quelle fatigue ! ». Auj. le compl. implicite est « couche (de sottise) ».

DER. **trimballement** *n.m.* **1.** Transfèrement : 1883 [Esnault]. **2.** Bourrade : 1901 [Bruant].

trimballeur *n.m.*

Vx. **1.** Porteur ; cocher. **Trimballeur de conis, de macchabées, de refroidis,** cocher de corbillard. **2.** Individu qui amorce la dupe, dans un vol au charriage : *La victime suffisamment préparée, le trimballeur entre en scène. Il joue le rôle de l'homme aisé qui aime jouir de la vie* (Locard). **3.** Filou qui écoule les fausses pièces ou qui s'esquive avec le butin, dans un vol à la tire.

ETYM. de **trimballer. 1** et **2.** 1836 [Vidocq]. **3.** « fausses pièces » 1905 [Esnault] ; « butin » 1921 [id.].

trimelet *n.m.*

Vx. Fil à coudre ou à tisser : *Ceux* [les bas] *de trimelet, c'est pour mes paturons* (Ansiaume).

ETYM. sans doute de **trème,** trame du tisserand. 1821 [Ansiaume].

trimer *v.i.*

1. Travailler dur : *On m'a suivi parce que j'étais fils d'ouvrier et ouvrier. Parce qu'on savait que je trimais comme tous les autres* (Van der Meersch). **2.** Subir un sort pénible : *J'ai trimé l'hiver, grelottant sous des vêtements de coutil* (Boussenard). **3.** Aller et venir inutilement : *Je rencontray un chenastre rupin qui trima quelque temps avec mézière* (Responce au grand Coesre).

ETYM. p.-ê. de **trêmer,** var. dial. de **tramer,** faire la navette. **1.** vers 1730, Caylus [TLF]. **2.** 1829 [Forçat]. **3.** 1628 [Chéreau].

DER. **trimoire** *n.f.* Jambe : 1821 [Mézière].

tringlage *n.m.*

Pénétration sexuelle : *L'autre affaire qui me tenaillait, je vous ai dit, c'était les femmes. Tout simplement le sexe au départ… le besoin vital, le rut, le tringlage* (Boudard, 5).

ETYM. de **tringler.** 1983, Boudard.

tringle *n.f.*

1. Se mettre la tringle, être privé, se passer de qqch : *Sans doute qu'avant son arrivée au pouvoir, question érotisme ou sentiments, il avait dû mettre une drôle de tringle* (Héléna, 1). **2.** Vx. **Tringle !,** non, rien. **Trimer pour la tringle,** être de corvée. **3.** Pénis. **Être de la tringle,** être porté sur les plaisirs sexuels, en parlant d'un homme. **4. Avoir la tringle,** être en érection. **5.** Activité d'avorteuse : *La tringle marchera toujours... et y aura toujours des lardons à faire glisser* (Le Chaps).

ETYM. emplois métaphoriques du mot usuel (sens 1 et 5 issus de *tringle à rideau*). **1.** 1905 [Esnault]. **2.** 1866 [Delvau]. **Trimer pour la tringle,** 1892 [Esnault]. **3** et **4.** 1901 [Bruant]. **Être de la tringle,** 1960 [Le Breton]. **5.** 1958, Le Chaps.

VAR. **tringue** ou **dringue** au sens 2 : 1897, Bercy [Esnault].

tringler *v.t.*

Posséder sexuellement : *Okay, vieille pute, mais moi* [...] *j'me fais pas tringler par la moitié du show bizz* (Villard, 2).

◆ **se tringler** *v.pr.*

Se faire avorter par un procédé mécanique.

ETYM. de **tringle.** 1936, Céline.

◆ *v.pr.* 1977 [Caradec].

tringlette *n.f.*

1. Coït, amour physique : *Qu'est-ce qui te ferait plaisir pour l'anniversaire de notre petite tringlette ?* (Devaux). *Il va la driver dans un coinceteau discret : hôtel à tringlettes ou studio* (San Antonio, 7). **2.** Vx. **Trouver tringlette,** se passer de qqch. SYN. se mettre la tringle.

ETYM. de **tringle** et du suff. diminutif **-ette.** **1.** 1960, Devaux. **2.** 1876, Rabasse [Larchey].

tringleur *n.m.*

Homme porté sur les plaisirs sexuels : *Il passait pour le plus grand tringleur de la tôle* (Genet).

ETYM. de **tringler.** 1943, Genet.

VAR. **tringlomane :** 1948 [Lacassagne].

tringlodrome *n.m.*

Syn. de baisodrome : *À l'accoutumée, c'est la cabane discrète, ce tringlodrome !* (Simonin, 5).

ETYM. du verbe **tringler,** coïter, et du suff. **-drome.** 1960, Simonin.

tringlot *n.m.* → TRAINGLOT.

trinquer *v.i.*

1. Être condamné ; subir un dommage, souffrir : *Car c'est toujours l'pauvre ouvrier qui trinque, / Mêm' qu'on le fourre au violon pour rien* (Mac Nab, *in* Saka). *Le premier qui avance, y trinque !* (Clavel, 1). **2. Trinquer du nombril,** coïter : *Quand le jeune couple s'apprêtait à trinquer du nombril, la jeune épouse se mouilla les doigts dans la bouche* (Gautier). **3.** Vx. **Faire trinquer,** battre, maltraiter.

ETYM. emplois métaphoriques du verbe usuel. **1.** 1876 [Chautard]. **2.** 1850, Gautier. **3.** 1881 [Rigaud].

trip *n.m.*

1. Désignation du « voyage » procuré par le LSD : *En 1943, alors qu'il étudiait l'ergot de seigle, le chimiste Albert Hoffman fit, bien malgré lui, le premier « trip », le premier « grand voyage » au LSD* (Cahoreau-Tison). *Des images me viennent en tête, horribles, obsédantes, comme dans un mauvais trip* (Conil). **2.** Fantasme : *Ils n'ont pas dépassé la Costa Brava où ils zonèrent un mois pour délirer sur leur trip hispano-américain* (*Actuel,* novembre 1981). **3. C'est pas mon trip,** cela ne correspond pas à mes goûts, à mon tempérament : *Et alors, moi, l'adultère honteux j'en ai rien à cirer, c'est pas mon trip* (Bretécher, in *le Nouvel Observateur,* 11 avril 1977).

ETYM. mot anglo-américain, « voyage ». **1.** 1966, G. Pomerand [Höfler]. **2.** 1980, *Libération.* **3.** 1977, Bretécher.

DER. **tripeur** *n.m.* Individu qui se drogue aux hallucinogènes : vers 1970 [GR].

tripatouillage *n.m.*

1. Manipulation obscène : *De petites filles en tutu, rats de l'Opéra présentés à cézigue pour des tripatouillages qui n'avaient rien d'électoral* (Boudard, 2). SYN. tripotage. **2.** Altération frauduleuse, falsification.

ETYM. de **tripatouiller.** **1.** 1986, Boudard. **2.** 1888 [Villatte].

tripatouiller *v.t. et i.*

1. Manier en tous sens, de façon insistante et maladroite : *Alors la pluie se met à tomber. Michel tripatouille à la recherche du bouton d'essuie-glaces* (Galland). **2.** Modifier de façon frauduleuse, pour obtenir un profit, un avantage.

ETYM. télescopage de **tripoter** et de **patouiller.** **1.** 1894 [Virmaître]. **2.** 1888 [Villatte].

DER. **tripatouilleur** *n.m.* Individu qui se livre à des pratiques douteuses : [id.].

tripeligourt *n.m.* → PASSELIGOURT.

triper *v.i.*

Absorber des substances hallucinogènes, faire un « trip » : *On tombait sur des couples très occupés à triper à l'acide, avec des yeux violets fixant les feuilles d'un arbuste et se prenant pour Moïse devant le buisson ardent* (*Actuel*, mai 1988).

ETYM. de **trip.** vers 1970 [GR].

tripes *n.f.pl.*

1. Entrailles, viscères. **Avoir** ou **mettre les tripes à l'air,** être éventré, éventrer : *Je veux les voir, les roussins ! Je leur fouterai les tripes en l'air* (Méténier). **2.** Courage : *Avoir des tripes, manquer de tripes.* **3.** Vx. Seins de femme abondants et mous.

ETYM. emploi animalisant du mot usuel. **1.** 1534, Rabelais. **2.** 1941, Magnane [TLF]. **3.** 1867 [Delvau].

DER. **triper** *v.i.* Donner le sein à un enfant : 1881 [Larchey]. **tripasse** ou **tripière** *n.f.* Femme à la poitrine très opulente et molle : 1808 [d'Hautel].

tripette *n.f.*

Ne pas valoir tripette, être sans aucune valeur : *Ce serait bien dommage. Non pour le bazar culturel et marchand qui ne vaut pas tripette* (Chevalier).

ETYM. diminutif de **tripe.** 1743 [Trévoux]. Est passé auj. dans l'usage fam.

triplard *n.m.* ou **triplarde** *n.f.*

Troisième femme d'un proxénète (génér. inconnue de la légitime et du doublard) : *Tu serais doublard ou triplard chez Angélo, je t'aurais même pas causé de ça ; mais t'es môme* (Simonin, 2).

ETYM. de **triple** et du suff. péj. **-ard.** *triplard* 1926 [Esnault] ; *triplarde* 1939 [id.].

tripotage *n.m.*

Combinaison douteuse ou frauduleuse : *Ces sujets, intéressants à observer, prêtent les mains à tous les tripotages moyennant des honoraires arrêtés d'avance* (Macé).

ETYM. de **tripoter.** 1808 [d'Hautel].

tripotée *n.f.*

1. Correction, défaite infligée à qqn : *La querelle avait recommencé et s'était close par la soigneuse tripotée qu'Auguste avait reçue* (Huysmans). **2.** Grande quantité : *Et les douches froides et des tripotées de calmants, voilà ce que j'aurai si je cause* (Bauman).

ETYM. emploi substantivé du participe passé de **tripoter. 1.** 1843, Dupeuty-Cormon [GLLF]. **2.** 1867 [Delvau].

tripoter *v.t.*

1. Manipuler (un objet) de façon à la fois répétée et distraite. **Tripoter les cartes** ou **le carton,** jouer aux cartes. **2.** Caresser dans une intention érotique : *Ils appellent les femmes, les font asseoir sur leurs cuisses, les tripotent* (Dabit, 2). **3.** Combiner, arranger de manière plus ou moins louche.

◆ *v.i.*

Se livrer à des opérations financières malhonnêtes.

◆ **se tripoter** *v.pr.*

Se masturber.

ETYM. de **tripot**, au sens anc. de « manège, intrigue ». **1.** 1611 [Cotgrave]. **Tripoter le carton,** 1860, Villemessant [Larchey] ; **tripoter les cartes,** 1868, Daudet [GLLF]. **2.** 1787, Louvet de Couvray [id.]. **3.** XVIe s. [id.].

◆ *v.i.* 1837, Balzac [TLF].

◆ *v.pr.* 1977 [Caradec].

DER. **tripoteur** *n.m.* Homme qui tripote (aux sens du v.t.) : 1894 [Virmaître] ; (au sens du v.i.) : 1802, Flick [GLLF]. **tripotailler** *v.i.* Se livrer à de menus trafics : 1875 [DDL 17].

triquard, e *adj. et n.* → TRICARD.

trique *n.f.*

1. Interdiction de séjour : *Tonio restait au placard... un an de cabane, cinq de trique... cette interdiction de séjour, si dure aux macs qui ne peuvent subsister que dans les grandes villes où tapinent leurs dames de cœur* (Boudard, 5). SYN. canne. **2.** Expulsion. **3.** Vx. **Être en trique,** être sous la surveillance de la haute police. **Casser sa trique,** rompre son ban. **4.** Pénis : *Jean-Pierre, le jeune amant à la couille unique, mais à la trique vaillante* (Francos). **Avoir la trique,** être en érection : *Eh il a la trique ah dis donc ! s'esclaffa Boitard, qui n'avait rien perdu des émotions de sa victime* (Duvert). **5.** Vx. Dent. **6.** Vx. Lien muni d'une barrette de bois à chaque extrémité, ancêtre des menottes. SYN. cabriolet. **7.** Vx. Correction à coups de corde goudronnée, au bagne : [Deux forçats. L'arrivant :] *Y a-t-il de la trique ?* [l'ancien] – *Pour sûr tu ne seras pas volé, y a que de ça !* (Humbert).

◆ *adj.*
Syn. de tricard : *T'étais trique, ici, Tino. Ordre de Petit-Rébus. Pourquoi t'es revenu ?* (ADG, 4).

ETYM. emplois métaphoriques et spécialisés du mot usuel. **1.** 1885 [Esnault]. **2.** 1899 [Nouguier]. **3.** 1878 [Rigaud] (pour les deux locutions). **4.** vers 1940 [Cellard-Rey], sans référence, avec p.-ê. influence de *trique-madame,* nom usuel de l'orpin blanc, dont la feuille ressemble à un petit phallus. **Avoir la trique,** 1901 [Bruant]. **5.** 1822 [Mésière]. **6.** 1848 [Pierre]. **7.** 1873 [Esnault].
◆ *adj.* 1971, ADG.

DER. **triquebille** *n.f.* Pénis : 1901 [Bruant] ; au pl., testicules : 1640 [Oudin].

triquer *v.t.*
1. Condamner à une surveillance policière ou à une interdiction de séjour : *En ce temps-là, compagnon, j'étais triqué pour ne sais pus quelle foutaise* (Stéphane). **2.** Expulser. **3.** Battre, infliger une correction.
◆ *v.i.*
Être en érection : *Le déjeuner avec Madame mère, ça, ça ne le faisait pas tellement triquer* (Boudard, 5).
◆ *v.i.* ou **se triquer** *v.pr.*
Partir, s'en aller : *Mais au bout de vingt piges, Robinson en eut marre et voulut s'triquer* (Stollé).

ETYM. de **trique. 1.** « surveillance » 1822 [Mésière] ; « interdiction » 1890 [Esnault]. **2.** 1899 [Nouguier]. **3.** 1867 [Delvau].
◆ *v.i.* 1902 [Cellard-Rey].
◆ *v.i. et v.pr.* 1947, Stollé.

trisser *v.i.* ou **se trisser** *v.pr.*
Courir très vite, s'enfuir : *Dans le cas où il serait reçu à coups de trique, je n'aurais qu'à trisser, débarrassé sans douleur (pour moi) de cet emplâtre* (Malet, 1). *Il vaut mieux se trisser et cavaler coudes au corps, même la conscience tranquille* (Clébert).

ETYM. origine incertaine, p.-ê. de l'all. **stritzen,** jaillir. *v.pr.* 1905 [Chautard]. L'influence de *tracer* est vraisemblable.

VAR. **se trissoter** *v.pr.* : 1953 [Sandry-Carrère].

trognon *n.m.*
1. Tête, figure : *De haut en bas, Bibi lui expédiait une bastos dans le trognon* (Le Breton, 3). *Te casse donc pas le trognon, dit Boyrie* (Lefèvre, 1). **2.** Postérieur : *Quand l'artilleur de Metz change de garnison, / Toutes les femmes de Metz ont le feu au trognon* (chanson paillarde). **3. Jusqu'au trognon,** complètement : *Ils nous aideront à nous venger. On les aura jusqu'au trognon !* (Sabatier).

ETYM. emplois métaphoriques du mot usuel. **1.** 1867 [Delvau]. **2.** début du XXe s. **3.** 1892, Claudel [TLF].

trois-ponts *n.f.*
ARG. ANC. Casquette de voyou ou de souteneur. SYN. deffe.

ETYM. mot imagé, assimilant la surélévation de la coiffe aux ponts superposés d'un navire. 1881, abbé Moreau.

trois-six *n.m.*
VX. Eau-de-vie forte et de mauvaise qualité : *Les gosiers des hommes, des gosiers saccagés par le trois-six, tonnèrent également* (Huysmans).

ETYM. « alcool dont trois mesures ajoutées à trois mesures d'eau faisaient six mesures d'esprit à 19° ». 1795 [FEW].

troller *v.t.*
ARG. ANC. Porter : [Lazare] *aquigea son testament, recommandant* [...] *son pauvre frusquin pour ceux qui le trolleroient en la dure* (Responce au grand Coesre).

ETYM. verbe poitevin, « soutenir par des perches ou des sangles » [Esnault]. 1628 [Chéreau].

trombine *n.f.*
Visage, physionomie : *Il n'aimait pas Belgrand parce qu'il avait « une trombine à déconstiper les chevaux de bois »* (Lefèvre, 1). Vx. **Trombine en dèche,** mauvaise mine.

ETYM. p.-ê. d'un diminutif ital. de **tromba,** trompette. « visage » 1835 [Raspail] ; « physionomie » 1862 [Larchey]. **Trombine en dèche,** 1881 [Rigaud].

VAR. **trombille** : 1835 [Raspail].

tromblon *n.m.*
1. Arme à feu impressionnante, mais peu efficace : *Tromblon en main, je vole à travers la vitre et atterris dans le faux jardin* (Tachet). **2.** Vx. Gorge, gosier. **3.** Pénis, dans la loc. **coup de tromblon. 4. (Vieux) tromblon,** individu stupide : *À faire jouir des tromblons pareils, nous devrions être déclarées d'intérêt public, comme l'eau minérale* (Cordelier). **5.** Chapeau haut de forme.

ETYM. emplois péj. du mot usuel, issu de l'ital. **trombone,** grande trompette. **1.** 1954, Tachet. **2.** 1867 [Larchey]. **3.** 1953 [Sandry-Carrère]. **4.** 1976, Cordelier. **5.** 1875, *le Figaro* [Larchey].

trombone ou **trombiner** *v.t.*

Posséder sexuellement : *Cuisiné, il avait volontiers admis avoir «tromboné» Josyane Delétang trois jours auparavant. Mais pour le plaisir de le faire, pas davantage* (Méra). *Un macho doit trombiner des nanas toutes les nuits comme une machine à baiser* (*Libération*, 21 novembre 1988).

ETYM. de **trombone à pistons**, par métaphore obscène. 1906 [Chautard]; *trombiner* 1956, Fallet [Merle].

VAR. **tromboler:** 1866 [Delvau].

tromé *n.m.*

Métro. → citation à TAGUER.

ETYM. verlan de **métro.** 1985, Lasaygues.

trompe-la-mort *n.m.inv.*

Malade âgé ou individu de mine blafarde et funèbre.

ETYM. de **tromper** et de **mort**. loc. désignant ironiquement un individu qui semble, par son âge avancé et sa résistance, défier la mort. 1868, Daudet [TLF].

trompette *n.f.*

1. Visage, tête : *On en a des choses à voir / Jusqu'à la Louisiane en fête / Où y a des types qui ont tous les soirs / Du désespoir plein la trompette* (P. Perret). **2. Nez en trompette,** nez relevé. **En avoir un coup dans la trompette,** être ivre. **3. Jouer de la trompette,** émettre des vents.

ETYM. emplois métaphoriques du mot usuel (cf. étymologie de *trombine*). **1.** 1866, Avenel [TLF]. **2.** 1862 [Larchey]. **3.** 1881 [Rigaud].

tronc *n.m.*

1. Tête. **2. Tronc (de figuier),** désignation raciste de l'Arabe : *À une époque où l'on ne léchait pas encore le cul de l'Islam afin d'en piper le pétrole, le tronc-de-figuier ne passait sergent qu'à l'âge de sucrer les fraises* (Spaggiari). *T'es une reine Grisette! C'est pas comme l'autre vache que j'soupçonne de s'envoyer en l'air avec les troncs* (Cordelier).

ETYM. emplois métaphoriques du mot végétal. **1.** 1926 [Esnault]. **2.** image née du teint de l'Arabe. **Tronc de figuier,** 1913 [id.]; **tronc de fig'** ou **tronc,** 1926 [id.].

tronche *n.f.*

1. Tête : *La* tronche *est un mot de mépris destiné à exprimer combien la tête devient peu de chose quand elle est coupée* (Balzac, 1). *À quelle heure coupe-t-on la tronche ici ?* (abbé Moreau). *Tout à l'heure, je vais m'énerver, je prends la soupière, je te la fous sur la tronche, ça va être vite fait* (Raynaud). **2.** Visage, physionomie : *Et que vis-je en ce miroir ? Ça ! Cette figure ? Cette tronche. Cette sale gueule* (Desproges). *Remarque, je sais pas pourquoi, mais tu as bien la tronche à jouer au tiercé* (Camara). Vx. **Tronche à la manque !,** signal avertissant de la venue d'un agent. **3. Tronche (plate),** imbécile : *Il me prend vraiment pour une tronche, sourit intérieurement Crespo* (Salinas); et adj. : *Il ne va pas répondre direct, le commandant, pas si tronche, il savoure un peu sa puissance...* (Boudard, 6). **4.** Personne intelligente, savante : *Cézigue, quand tu l'esgourdes, t'entraves tout de suite que c'est une tronche.*

ETYM. de **tronc. 1.** 1596, Péchon de Ruby. **2.** 1866, Villars. **Tronche à la manque,** 1878 [Rigaud]. **3. Tronche,** 1836 [Vidocq]; **tronche plate,** 1977 [Caradec]. **4.** contemporain.

DER. **tronchinette** *n.f.* Figure agréable : 1867 [Delvau].

troncher ou **trancher** *v.t.*

1. Posséder sexuellement : *Elle m'évite. Elle a un représentant gominé qui la tronche. Elle n'a plus besoin de moi* (Prudon). **2.** Tuer : *Putasse ! Qui est l'assassin, que je le tronche tout de suite !* (Agret).

◆ *v.i.*

Copuler : *Y me faut six bières* [...] *pour me redemander si c'est possible qu'elle tronche avec ce tas de saindoux qu'est même pas rupin* (Dégaudenzi). *Et puis se confient mille recettes d'enculés pour trancher encore bien mieux* (Céline, 5).

ETYM. var. de **trancher**, verbe employé de façon expressivement métaphorique. **1.** *troncher* 1894 [Virmaître] ; *trancher* 1893 [Chautard]. **2.** 1985, Agret.

◆ *v.i.* 1936, Céline.

DER. **tronchage** *n.m.* ou **tronche** *n.f.* Coït : 1901 [Bruant]. **Tronchmann** *n.pr.* **Aller chez Tronchmann**, copuler : 1901 [Bruant]. **troncheur** *n.m.* Homme porté sur les plaisirs sexuels : 1953 [Sandry-Carrère].

troquet *n.m.*

1. Débit de boissons : *La patronne du troquet aurait bien appelé les flics, mais elle n'osait pas, pas encore* (Jaouen). **2.** Patron de café : *Il jacte tout seul* [...] *parce que, pour ce qui est*

de répondre, le troquet est plutôt constipé (Bastiani, 4).
ETYM. aphérèse de **mastroquet. 1.** 1878, *la Petite Lune* [TLF]. **2.** 1873 [Esnault]. Ce dernier sens est devenu rare.

trotteur *n.m.*
Vx. Postérieur.
ETYM. de **trotter.** 1899 [Nouguier].

trotteuse *n.f.*
1. Prostituée officiant à pied: *Au long des rues vides, pas la moindre trotteuse attardée à emballer pour le conducteur en manque d'affection* (Simonin, 3). **2.** Vx. Souris. **3.** Vx. Montre.
◆ **trotteuses** *n.f.pl.*
Jambes.
ETYM. de **trotter. 1.** 1885 [Esnault]. **2.** 1899 [Nouguier]. **3.** 1901 [Bruant].
◆ *pl.* 1901 [id.].

trottignolles *n.m.pl.*
VIEILLI. **1.** Pieds : *Nous épatons / Du cabochard aux trotignolles* (Richepin). **2.** Souliers: *Il a balancé quelques coups de trottignolles bien sentis dans l'ensemble* (Dégaudenzi).
ETYM. de **trotter** et d'un suff. péj. **-ignolles. 1.** 1876, Richepin [Larchey]. **2.** 1881 [Rigaud].

trottin *n.m.*
1. Jeune femme vivant occasionnellement de prostitution: *La grande brasserie des Boulevards est le terrain de chasse favori des vieux marcheurs parisiens qui viennent y traquer les petites femmes. Je porte des mots d'une table à l'autre. Je suis la liaison vieillard-trottin* (Dalio). **2.** Vx. Cheval. **3.** Vx. Pied.
ETYM. de **trotter.** dès le XVIIe s. chez Scarron, désignant un petit commis, puis, en 1856 [Michel], une jeune apprentie modiste faisant les courses. **1.** 1901 [Bruant]. **2.** 1867 [Delvau]. **3.** 1596, Péchon de Ruby.

trottiner *v.i.*
Se livrer au racolage dans la rue: *Rôdeuse de berges au bord de l'eau / Je trottine comme une petite grue* (Bruant).
ETYM. de **trotter** et du suff. **-iner.** vers 1900, Bruant.
DÉR. **trottinage** *n.m.* Racolage: 1883 [Esnault]. **trottineuse** *n.f.* Prostituée: 1960 [Le Breton].

trottinet *n.m.*
1. Vx. Soulier. **2.** Pied: *Un réflexe d'apprentissage, du temps où un coup de trottinet au proze amenait chez le mouflet un redoublement de zèle* (Simonin, 5).
ETYM. de **trottin,** lièvre ou mouton (issu de **trotter**). 1598, Bouchet, puis au pl. *trottins* «pieds» (XVIe s.) et «souliers» (1846, *Intérieur des prisons*). **1.** 1843 [Dict. moderne]. **2.** 1907 [Esnault].
DÉR. **trottines** *n.f.pl.* Bottes : 1867 [Delvau]. **trottinettes** *n.f.pl.* Bottines: 1889, Macé [Esnault].

trottinette *n.f.*
Automobile : *Saute au volant de cette trottinette et va rejoindre les autres à la Chapelle !* (Tachet). **Trottinette à macchabées,** corbillard.
ETYM. emploi dépréciatif du mot usuel. 1948, Stewart.

trottoir *n.m.*
Faire le trottoir, racoler les passants; se livrer à la prostitution : *Le soir, il* [le barbillon] *se tient dans la rue où sa maîtresse fait le trottoir, c'est-à-dire cherche à faire brèche à la bourse des passants* (Canler). **Femme de trottoir,** prostituée.
ETYM. le **trottoir** est le lieu de travail de la prostituée ambulante. 1852, Meding [TLF]. **Femme de trottoir,** 1881 [Rigaud].

trou *n.m.*
1. Tombe: *Parce que, vous savez, privé d'elle, autant le trou* (Arnoux). **2.** Prison, cachot : *Nous voilà partis pour le poste, place du Théâtre-Montmartre. On me colle dans le trou. J'entends refermer les grosses portes* (Gill). *Il avait balancé un maximum de Juifs aux Allemands. Évidemment, on l'avait épinglé à la Libération et mis au trou pour sept ans* (Dormann). **3. Faire son trou,** réussir socialement. **4.** Vx. **Trou à soupe, à légumes, aux pommes de terre,** bouche. **5. S'en mettre plein les trous de nez,** se gaver de nourriture, de boisson. Vx. **Avoir un trou sous le nez (qui coûte cher),** être très porté sur les excès de table. **6. Trou du cul, de balle,** (VX) **trou d'ais, de bise, de la fine, du souffleur, trou qui pète** ou **qui pue,** anus: *Si tu tiens à garder à ton trou du cul des dimensions honnêtes, évite San Quentin. Fallait voir le nombre de pédés au mètre carré, impressionnant* (Villard, 4). *Où tu veux qu'je m'en foute un den-*

tier ? Au trou de balle ? (Duvert). *La vieill'putain de la rue Rambuteau / Son trou qui pue s'en va tout en lambeaux* (chanson paillarde). **Partie de trou du cul,** coït : *Un jeune homme très bien au sortir de la classe* [...] */ Lui offrit dans sa chambre, en guise de porto, / Une partie d'trou du cul, qu'était pas dégueulasse !* (Dimey). **Ça ne te fera pas un (deuxième) trou au cul,** c'est sans risque. **7. Trou gras, trou qui pisse** ou simpl. **trou,** vagin : *Mon mari que fais-tu là, tu me perces la cuisse / Faut-il donc que tu sois saoul / Pour ne pas trouver le trou / Qui pisse !* (chanson paillarde). **8.** Vx. **Faire un trou à la nuit** ou **à la lune,** disparaître (souvent à la suite d'une faillite) : *Un gars de batterie qui, comme de ben étendu, quand il en avait fait à s'plaisir, la laissait choir froidement sus l'charrière pour faire un trou dans la nuit* (Stéphane). **9. Faire le trou,** en cyclisme, s'échapper et creuser un intervalle entre soi et le peloton.

ETYM. emplois spécialisés et expressifs du nom usuel. **1.** 1881 [Larchey]. **2.** 1725 [Granval]. **3.** 1835, A. de Vigny [GR]. **4. Trou aux pommes de terre,** 1867 [Delvau] ; **à légumes,** 1901 [Bruant] ; **à soupe,** 1957 [Sandry-Carrère]. **5.** *s'en mettre un coup dans les trous de nez,* boire une consommation, 1927 [Chautard]. **Avoir un trou sous le nez,** 1844, *Catéchisme poissard* [Larchey] ; **qui coûte cher,** 1881 [Rigaud]. **6. Trou du cul,** 1314, Mondeville [TLF] ; **de balle,** 1862 [Larchey] ; **d'ais,** 1835 [Raspail] (métaphore technique : « trou laissé par la disparition d'un nœud dans une planche, ou *ais* ») ; **trou de la fine,** 1901 [Bruant] ; **de bise,** 1534, Rabelais ; **du souffleur,** 1867 [Delvau] ; **trou qui pète, qui pue,** mil. du XXe s. **Ça ne te fera pas un trou au cul,** 1977 [Caradec]. **7. Trou gras,** 1904 [Chautard], mais simpl. **trou,** dès le mil. du XVIIe s., Piron [Delvau]. **8. Trou à la nuit,** 1623, Sorel ; **à la lune,** 1690 [Furetière]. **9.** 1953 [Sandry-Carrère], compl.

trou-du-cul, trouduc ou troudu *n.m.*

1. Personnage insupportable ; imbécile : *Ça arrange bien les journalistes que des trous-du-cul comme moi soient là pour balancer des choses qu'ils ne peuvent pas dire* (Balavoine, in *Libération,* 24 octobre 1983). *Faudra voir un jour à cesser de me prendre pour un trou du cul ouvert au public* (Granotier). *Cet espèce de trou-duc' qu'a fait dix ans d'légion / Ses mômes il les éduque à grands coups d'ceinturon* (Renaud). **2. Le trou-du-cul du monde,** se dit d'un lieu ou d'un village complètement perdu : *C'était un minuscule patelin dans les Cévennes, autant dire le trou-du-cul du monde* (T. Colin).

ETYM. emploi figé et « humain » du composé désignant l'anus (v. le précédent). **1.** *trou-du-cul* 1867 [Delvau] ; *trouduc* 1953 [Sandry-Carrère] ; *troudu* 1901 [Bruant]. **2.** contemporain ; mais *trou,* petite ville, dès 1680 [Richelet].

trouduculier, ère *adj.*

Qui se rapporte au cul ; pornographique : *Va falloir m'effacer vos horreurs trouduculières ! glapit Victoire. J'veux pas que l'immeuble puisse faire des suppositions mal placées* (Vautrin, 1).

ETYM. de **trou du cul.** 1963, Boudard.

trouducuter *v.t.*

Posséder sexuellement (une femme).

ETYM. de **trou du cul.** 1977 [Caradec].

trouducuterie *n.f.*

Ineptie, sottise.

ETYM. de **trou du cul.** 1912 [Villatte].

trouer *v.t.*

Trouer qqn ou **trouer le cul à qqn,** le surprendre très vivement : *Serge Kreusen, un cador en histoire, il avait fait un exposé sur la révolution d'Octobre qui aurait troué le cul à pas mal d'historiens aujourd'hui officiels* (Pouy, 3).

ETYM. emploi emphatique du verbe usuel. 1996 [Girard-Kernel].

troufignon ou troufignard *n.m.*

Anus : *Aussi, moi, j'm'en fous de leur galette, / Qu'y se l'enfonc'nt dans l'troufignon* (Rictus, 2). *Quand je serai penché sur votre petit corps à la gorge béante et au troufignon défoncé...* (ADG, 1). *Toute une engeance d'homosexuels refoulés... ceux qui ne s'avouent pas* [...] *s'offraient des sensations par le troufignard* (Boudard, 2).

ETYM. de **trou** et de **fignon,** anus. *troufignon* 1610, Béroalde de Verville [GLLF] ; *troufignard* 1872 [Larchey].

DÉR. **troufigner** *v.i.* Sentir mauvais : 1952 [Esnault].

1. troufion *n.m.*

Simple soldat : *Avec ça, les bleus, les Cyrards de profession, qui ne se consolaient pas d'être en troufions, d'avoir perdu le casoar et surtout d'être mélangés avec nous autres !* (Vercel). *La langue française vivifiée par le troufion est d'une précision qui épouvante la métaphysique* (Paraz, 2).

ETYM. resuffixation arg. de **troupier**, avec un suff. p.-ê. issu de **fion**, postérieur, chance ; un jeu de mots avec **troufignon**, employé comme injure, n'est pas impossible. 1894 [Virmaître].

2. troufion *n.m.*

1. Postérieur. **2.** Homme insignifiant et bête.

ETYM. contraction probable de **troufignon. 1.** vers 1874 [Esnault]. **2.** 1875, Barbey d'Aurevilly [id.].

trouillard, e ou (vx) **trouilleur, euse** *adj. et n.*

Se dit d'un individu peureux : *Trop trouillard Berlan pour s'aventurer dans des zones de danger pareilles* (Lasaygues). *Le patron, qui s'était planqué (« il a bien une gueule de trouillard », pensera Ganne) se précipite* (Jaouen).

ETYM. de **trouille** et du suff. péj. **-ard.** *trouillard* avant 1756 [GR] ; *trouilleur* 1899 [Nouguier].

trouille *n.f.*

Peur : *Il «fallait» flanquer la trouille aux commerçants et aux bourgeois ! Trouille et ressentiment ! C'est comme ça qu'on arrive à faire voter des lois répressives !* (Veillot) ; sens parfois renforcé par **sainte :** *Les plus acharnés déserteurs de l'existence ont une sainte trouille du passage de vie à trépas* (*le Nouvel Observateur,* 20 octobre 1980).

ETYM. de l'anc. fr. **truilier**, broyer, pressurer (image de la colique). 1886, Courteline [TLF].

DER. **trouiller** *v.i.* **1.** Avoir peur : 1912 [Villatte], repris en 1977 par Caradec. **2.** Avoir mauvaise haleine : 1901 [Bruant].

trouillomètre *n.m.*

Avoir le trouillomètre à zéro, avoir très peur : *Le trouillomètre à zéro : grande invention, réussit à faire penser un général* (Paraz, 1).

ETYM. composé burlesque de **trouille** et de l'élément **-mètre**, signifiant «appareil à mesurer». 1948, Paraz.

trouilloter *v.i.*

1. Avoir peur. **2.** Sentir mauvais : *Tout'la journée il a massé / Dans des vapeurs et dans l'cambouis, / Ça trouillotait ferme à l'usine* (Rictus). **Trouilloter du bec, du corridor, du couloir, du goulot,** avoir mauvaise haleine.

ETYM. fréquentatif de **trouiller** (→ TROUILLE). **1.** 1977 [Caradec]. **2.** 1833, Pétrus Borel [GLLF]. **Trouilloter du goulot,** 1867 [Delvau] ; autres compl., 1901 [Bruant].

troussée *n.f.*

1. Coït rapide : *Un petit coup de cinoche à la rigueur, une troussée rapide à une bergère à la rencontre, et à minoye, zoné le Petit-Paul !* (Simonin, 8). **2.** Correction infligée à qqn.

ETYM. de **trousser. 1.** 1968, Simonin. **2.** 1977 [Caradec].

troussequin *n.m.*

Postérieur. SYN. pétrus, pétrusquin.

ETYM. emploi métonymique du mot composé de **trousse** et d'un suff. picard, désignant la partie postérieure d'une selle, plus élevée que l'avant. 1859 [Esnault].

trousser *v.t.*

1. Posséder sexuellement (une femme), dans un acte rapide. **2. Être troussé,** mourir subitement, ou en très peu de temps.

ETYM. emploi spécialisé du verbe usuel, issu d'une évolution en lat. pop. du lat. class. **torquere,** tordre. **1.** XVe s. [TLF] ; *trousser la jupe à une femme* 1640 [Oudin]. **2.** 1690 [Furetière].

truand *n.m.*

Voyou, malfaiteur : *Jambes écartées, dos voûté, mâchoire en avant, le truand se concentrait, et ses gestes affirmaient, comme prévu, une sûreté que n'avaient pas entamée trois années de réclusion* (Van Cauwelaert).

ETYM. du gaulois **trugant**, mendiant, vagabond. 1906, Paris [Esnault], pour le sens actuel ; mais ce mot date du Moyen Âge, où il désignait un «mendiant de profession». Il est auj. plus fam. qu'arg., à la différence de ses dérivés.

DER. **truaillon** *n.m.* Petit truand sans envergure : 1985, Agret.

truandage *n.m.*

Action de duper, d'escroquer : *Le truandage apparaît comme étant peut-être la dernière authentique profession libérale* (Simonin, 10).

ETYM. de **truander**. 1967, Simonin.

truandaille *n.f.*

Groupe de malfaiteurs ; action d'escroquer : *L'agression nocturne [...] abandonnée aux velléitaires de la truandaille, retrouve des partisans* (Simonin, 6).

ETYM. de **truander**. 1808 [d'Hautel].

truander *v.t.*

Duper, escroquer.

ETYM. de **truand.** 1964 [GR] ; d'abord intr. au sens de « rôder, gueuser, mendier », 1808 [d'Hautel].

truanderie *n.f.*

1. Milieu des malfaiteurs ; ensemble des malfaiteurs : *M. Raymond a toujours respecté le territoire de la grande truanderie marseillaise, préférant travailler petit et gagner gros* (Demure, 1). **2.** Mentalité de malfaiteur. **3.** Action d'un malfaiteur : *Latrique et la Torpille, qui venaient d'entendre Mirliton conter sa plus récente truanderie, se rapprochèrent de Bécot* (Simonin-Bazin).

ETYM. de **truand. 1** et **2.** 1935 [Esnault]. **3.** 1935, Simonin-Bazin.

truc *n.m.*

1. Activité délictueuse. **Le grand truc,** l'assassinat : *Vous commencez par tirer en valade, / Puis au grand truc vous marchez en taffant* (Lacenaire). **2. Faire le truc.** ***a.*** se livrer à la prostitution : *T'aurais jamais dit qu'elle faisait le truc ; elle était tout ce qu'il y a de bourgeois, en noir et des bas de coton* (Galtier-Boissière, 2) ; ***b.*** pratiquer le vol. **Donner le truc,** livrer le mot d'ordre, dans le langage des voleurs. **Boulotter le truc,** oublier le mot d'ordre. **3.** Manière astucieuse, mensongère ou frauduleuse d'opérer, dans divers métiers : *Le juge le plus sévère s'attendrit parfois devant le spectacle de la misère physique... à moins qu'il ne connaisse le truc* (London, 2). **4.** Coup perpétré, méfait. **5. C'est** ou **ce n'est pas mon truc,** j'aime ou je n'aime pas faire cela : *Attali, la gestion quotidienne, c'est pas son truc, observe un habitant du « Château »* (*Libération,* 4 avril 1984).

ETYM. emplois spécialisés – si l'on peut dire ! – d'un mot passe-partout. **1.** 1829 [Forban]. **Le grand truc,** 1835, Lacenaire. **2. *a.*** 1876 [Sainéan] ; ***b.*** 1886 [Esnault]. **Donner le truc** et **boulotter le truc,** 1881 [Rigaud]. **3.** *avoir le truc* 1789 [Duneton-Claval]. **4.** 1850, forçat Clémens [Esnault]. **5. C'est son truc,** 1927, Benjamin. Il va de soi que ce mot, dans le milieu comme ailleurs, peut assumer une très grande variété d'acceptions, et notamment désigner quantité d'objets ou de processus inavouables.

DER. **trucsin** *n.m.* Maison close : 1867 [Delvau].

truche *n.f.*

ARG. ANC. Pratique de la mendicité : [Ce rupin] *m'interrogea : Eh bien, fanandel, la truche est-elle chenastre ?* (Responce au grand Coesre).

ETYM. de **truc,** ruse. 1628 [Chéreau].

trucher *v.i.*

ARG. ANC. Mendier : *Ce ne sera pas ma faute [...] qu'il te faille trucher pour morfier* (Forçat).

ETYM. de **truche.** 1628 [Chéreau].

DER. **trucheur** *n.m.* Voleur : 1867 [Delvau].

trucmuche *n.m.* ou **Trucmuche** *n.pr.*

Chose ou personne qu'on ne veut ou ne peut pas nommer avec précision : *Y a un trucmuche épatant, pour faire gambiller, et j'aurai pas d'aut'cavalier que ti, si t'veux* (Stéphane). *Hé ! Trucmuche, c'est quoi ton blase, déjà ?*

ETYM. de **truc** et du suff. arg. **-muche.** 1914 [Esnault].

truffard *n.m.*

Vx. Troupier : *La cantine ne fait jamais l'œil aux truffards* (A. Camus).

ETYM. de **truffe,** pomme de terre, littéralement « nourri de patates ». 1863, A. Camus.

truffe *n.f.*

1. Gros nez : *Il ne gardait que sa truffe de fleurie, belle et rouge, pareille à un œillet au milieu de sa trogne dévastée* (Zola). **2.** Tête. **3.** Vx. **Aux truffes,** syn. de aux (petits) oignons.

◆ *adj. et n.*

Imbécile : *On était bien truffe d'avoir risqué notre peau pour la gloire, autant dire pour que fifre* (Boudard, 5). *Mais Bébert, pauvre truffe, ne revint de servir la patrie que pour entrer en prison. Dommage !* (Spaggiari).

ETYM. emplois métaphoriques et dépréciatifs du mot désignant un champignon très recherché, mais à l'apparence peu esthétique. **1.** « gros nez » 1843, Balzac [GR] ; « nez épaté » 1977 [Caradec]. **2.** 1856 [Esnault], sans référence. **3.** 1867 [Delvau].

◆ *adj. et n.* 1895 [Chautard], mais *truffé* en ce sens dès 1867 [Delvau].

DER. **truffière** *n.f.* Femme forte des hanches : 1881 [Rigaud].

truffer *v.t.*

Blesser ou tuer avec une arme à feu : *François Lucchinacci, ami de Manouche, la veuve de Carbone, est truffé de dix balles de colt, dans son bar, rue de Chambiges* (Larue).

ETYM. de **truffe,** même image que dans *farcir* ou *larder.* 1947, Malet.

trumeau *n.m.*

Individu d'un autre âge ; personne laide, démodée : *Plutôt que de se taper ce trumeau / Il vaut mieux se branler en solo* (chanson paillarde).

ETYM. la mode du **trumeau,** décoration de cheminée, date du XVIIIe s. 1864, *Almanach des toqués* [Larchey].

truquer *v.i.*

1. Vivre d'expédients, de tromperies : *Pourquoi je vais truquer puisque je vais crever ?* (*Actuel,* octobre 1984). Vx. **Truquer de la pogne,** mendier. **2.** Se prostituer : *J'm'ai mis avec un' petit' grue / Qui truquait le soir à dada* (Bruant). **3.** Vx. Commercer entre forçats : *Le fagot qui truque sur cette camelotte court chance d'être marron* (Clémens).

ETYM. de **truc. 1.** 1846, *Intérieur des prisons.* **2.** 1881, Richepin [TLF]. **3.** 1850, Clémens.

truqueur *n.m.*

1. Vx. Teneur de jeu truqué : *À l'heure d'aujourd'hui, les hommes font le « biseness » et, fringuée ou pas, la concurrence se débrouille. Tout le Rochechouart est pourri de truqueurs* (Carco, 2). **2.** Vx. Voleur qui a un petit métier de vendeur, en guise de couverture. **3.** Marchand de faux meubles anciens. **4.** Prostitué pratiquant le chantage aux mœurs, ou faux libertin soutirant de l'argent : *Les truqueurs jolis et réservés que des clients naïfs cherchaient à pervertir* (Carco, 2).

◆ **truqueuse** *n.f.*

Vx. Prostituée.

ETYM. de **truquer. 1.** 1840 [Esnault]. **2.** 1850, Clémens. **3.** 1865, *le Monde illustré* [TLF]. **4.** 1883 [Fustier].

◆ *n.f.* 1883 [Larchey].

tsoin-tsoin *adj.*

VIEILLI. Soigné ; mignon : *Vous savez bien que ce n'est pas mézigue qui ai rectifié la souris, vu que j'ai un alibi tsoin-tsoin !* (Méra). SYN. soua-soua.

ETYM. de **tsoin-tsoin** interj., « bravo ! », onomatopée évoquant un coup de cuivres. 1917 [Esnault].

1. tubard *n.m.*

1. Vx. Nez. **2.** Renseignement : *Une simple indication, et assez vague... – Pas si vague que ça ! estima le directeur. Et puis, je vais te donner un tubard qui te servira puissamment* (Grancher). **3.** Marchand dans les couloirs du métro.

ETYM. de **tube** et du suff. péj. **-ard. 1.** vers 1880 [Esnault]. **2.** 1917 [id.]. **3.** 1957 [Sandry-Carrère].

2. tubard, e ou **tube** *adj. et n.*

Qui est atteint de tuberculose : *Tony ne savait pas ce que c'était « d'avoir les éponges mitées ». « Je suis tubard à zéro, si tu préfères », précisa Paulo* (Braun). *Tout maigre, osseux, l'air d'un loup malade. Un regard de tubard mauvais comme celui d'un camé en manque* (Page). *Dommage qu'on ait découvert le Rimifon. T'aurais fait une belle tubarde* (Francos). *Une belle môme qu'est morte tube à c'qui paraît* (Le Breton, 5).

ETYM. apocope et resuffixation de **tuberculeux.** *tubard n.m.* 1920 [Esnault] ; *tube* 1927, Dussort [id.].

VAR. **tutu** : 1952, B. Beck [DDL 7].

DER. **tubardise** *n.f.* Tuberculose : 1957 [Sandry-Carrère], compl.

tube *n.m.*

1. Gosier ; estomac. **En avoir dans le tube,** être courageux. **2.** Nez. **Avoir qqn dans le tube,** ne pas pouvoir le souffrir. **3.** Tuberculose : *Dans ces inhumains séjours au mitard [...] c'est là que le tube avait ravagé son organisme* (Le Breton, 2). **4.** Arme à feu (fusil, canon, etc.) : *C'est un coup de tube que je vais lui mettre à ton chien, un coup de tube et puis terminé* (Ravalec). **5.** Vx. Chapeau haut de forme : *L'honorable docteur Boudon... – Qu'a le tube et la redingote* (La Fouchardière). **6.** Métro : *T'as une idée du nombre de voyageurs qui empruntent le tube chaque jour ?* (Fajardie, 2). **Ratisser le tube,** interpeller les vendeurs à la sauvette dans l'enceinte du métro. **7.** Téléphone : *Tu la* [la voiture] *laisseras au même endroit et tu me passes un coup de tube, j'attends chez moi* (Giovanni, 1). **8.** Renseignement : *Alors, tu es un copain des deux zigotos ? Pourrais-tu me fournir quelques tubes ? – Je ne sais même pas comment ils ont* *fait leur coup* (Malet, 1). **9.** Grand succès, dans le domaine des variétés : *J'suis chanteur, je chante pour mes copains / J'veux faire des tubes et que ça tourne bien* (Balavoine, *in* Saka). **10. À plein(s) tube(s).** ***a.*** avec la puissance maximale ; complètement : *Et je bafouille ! Et j'en perds la tête ! Et je te déconne à pleins tubes !* (Céline, 5). *L'raisiné coule à plein tube, c'est la dérouille, le coup dur* (Stollé) ; ***b.*** à toute vitesse.

ETYM. emplois métaphoriques (analogie de forme) du mot usuel. **1** et **2.** 1866 [Delvau]. **En avoir dans le tube,** 1916 [Esnault]. **3.** 1952 [id.] ; à la fois du sens « conduit respiratoire » et apocope de *tuberculose*. **4.** 1848 [Pierre]. **5.** 1868 [Esnault]. **6.** 1931, Bernanos [TLF]. **Ratisser le tube,** 1975 [Arnal]. **7.** abrègement de *tube acoustique* 1952 [Esnault]. **8.** 1901 [Bruant]. **9.** 1960, *Marie-Claire* [TLF]. **10.** ***a.*** 1947, Marcus ; ***b.*** 1935, Simonin-Bazin.

tuber *v.i.*

1. VIEILLI. Fumer : *Ils allaient les débusquer des chiottes où certains se rassemblaient pour « tuber », « tirer une biffe, une goulée » au mégot collectif* (Gibeau). **2.** Vx. Enrager, pester. **3.** Vendre ses pronostics, avant une course de chevaux **4.** Téléphoner : *D'ailleurs, j'descends tout de suite tuber à un avocat que j'connais* (Le Breton, 1).

◆ *v.t.*

Renseigner.

ETYM. mot importé du Midi aux sens 1 et 2. **1.** 1878 [Rigaud]. **2.** 1901 [Bruant]. **3.** 1960 [Le Breton]. **4.** 1954, [id.].

◆ *v.t.* 1960 [id.].

tubeur *adj.m.*

Vx. Rageur.

◆ *n.m.*

Individu qui vend ses pronostics sur les champs de courses : *Des tubeurs des courses y viennent aussi* [dans le troquet] *pendant la saison. Ils ramènent là des caves qui ont passé au travers des gails et ils les finissent au petit paquet* (Trignol).

ETYM. de **tuber**. 1901 [Bruant].

◆ *n.m.* 1923 [Esnault].

tuile *n.f.*

1. Vx. Chapeau. **2.** Assiette. **3.** Carte à jouer frauduleusement incurvée. SYN. pont. **4.** Pièce d'argent. **5.** Grosse somme (génér. un million d'anciens francs) : *Vous n'êtes pas arnaqués, contrairement à ce que vous pourriez croire. Les cinquante tuiles, elle les vaut* (Simonin, 1). **6.** Vx. **Le Père La Tuile,** Dieu le Père.

ETYM. emplois métaphoriques (analogie de forme) du mot usuel. **1.** 1866 [Delvau]. **2.** 1844 [Dict. complet]. **3.** 1877, *le Figaro* [TLF]. **4.** « pièce de 5 francs » 1901 [Bruant]. **5.** 1957 [Esnault]. **6.** 1847 [Dict. nain].

DER. **tuileau** *n.m.* Casquette : 1867 [Delvau]. **les Tuileries** *n.f.pl.* Les toits : 1844 [Dict. complet]. **tuiler** *v.t.* Dévisager : 1862 [Larchey] ; **se tuiler** *v.pr.* S'enivrer (analogie de couleur rouge du nez et de la tuile) : 1866 [Delvau].

tunarder *v.i.* → THUNARDER.

1. tune *n.f.* → THUNE.

2. tune *adj. et n.*

Tunisien : *Cet ouvrage collectif passe en revue tous les domaines (au sport aux arts) où les juifs tunisiens ont laissé leur empreinte. De nombreux tunes ne manqueront pas de se retrouver dans ce livre* (*le Nouvel Observateur*, 29 juin 1989).

ETYM. apocope de **tunisien.** 1988 [Caradec].

3. Tune, Tunebaye ou **Tunebé** *n.pr.*

Asile-prison de mendiants, à Bicêtre, puis prison de la Roquette : *De Lancefé on va à Tunebé, / De Tunebé à Melun ou Poissy* (Goualante de la Courtille).

ETYM. de **thune.** *Tune* (Bicêtre) 1829 [Forban] ; *Tunebaye* 1827 [Demoraine] ; *Tunebé* (la Roquette) 1836 [Vidocq].

turbin *n.m.*

1. Travail, activité : *Vous parlez d'un turbin ? dis-je. Je n'avais pas vu un tel boulot depuis l'occupation allemande* (Héléna). *Oui, je suis dans la classe du certif, répondit Trique, mais aujourd'hui je plaque le turbin* (Machard) ; spéc., racolage : *Sans peur, j'exerce / Mon p'tit commerce. / En fille perverse, je connais mon turbin* (Georgius, *in* Saka). **2.** Chose qui se produit. **Qu'est-ce que c'est que ce turbin ?,** qu'est-ce qu'il se passe ? **3.** Vx. Ouvrier d'usine. **4.** Escroquerie : *Chacun dans son coin entube et empaume… […] Des deux, c'est encore Zézé qui a monté le turbin le plus efficace* (Bastid-Martens). **5.** Incorrection (selon les lois du milieu) : *Je voudrais savoir si tu te demandes pas comment j'ai fait pour deviner que tu me préparais un turbin*

(Audouard). **6.** Mise en scène destinée à dissimuler la vraie nature d'un acte, dans le langage des policiers.

ETYM. déverbal de **turbiner.** **1.** 1821 [Mézière]; « racolage » 1873, Beauvillier [Larchey]. **2.** contemporain. **3.** 1883, Macé [Esnault]. **4.** 1935, Simonin-Bazin. **5.** 1953 [Sandry-Carrère]. **6.** 1975 [Arnal].

turbine *n.f.*

1. Vx. Besogne. **2.** Vx. Atelier. **3.** **Turbine à chocolat** ou simpl. **turbine,** anus: *Lui, il lui met sa biroute dans sa turbine à chocolat, alors lui il a sa biroute en chocolat* (Duvert).

ETYM. emploi métaphorique et expressif du mot usuel (3) ou déverbal de **turbiner** (1 et 2). **1.** 1879, Huysmans. **2.** 1892 [Esnault]. **3.** 1953 [Sandry-Carrère].

turbiner *v.i.*

Se livrer à une activité rémunérée, souvent pénible; travailler: *Quand je descends de ma D.S. et que je vous vois, vous, descendre de vos bicyclettes, je vous entends murmurer: « Oh! Y en a marre d'aller travailler! D'aller bosser! D'aller... je ne sais quelles expressions triviales – d'aller turbiner! »* (Raynaud); en partic., se livrer à la prostitution, en parlant d'une femme: *Les filles, si t'es pas là pour les surveiller et leur donner envie de turbiner, c'est normal qu'elles se trouvent des excuses* (Ulla).

◆ *v.t.*

Vx. **1.** Tourmenter. **2.** Duper: *Ceux-là ont de l'argent, sûr! Et qui plus est, ils n'ont jamais été turbinés* (Simonin-Bazin). **3.** **Turbiner une verte,** boire une absinthe.

ETYM. altération d'un verbe du nord de la France, **tourpiner,** tournailler, aller et venir dans l'accomplissement d'une tâche (lié à *torpie,* toupie): si ce verbe a été influencé par le mot technique *turbine,* ce ne peut être qu'a posteriori, ce nom datant de 1824. 1800, Leclair.

◆ *v.t.* **1.** 1881 [Esnault]. **2.** 1935, Simonin-Bazin. **3.** 1881 [Rigaud].

DER. **turbineur** *n.m.* Spécialiste de l'escroquerie: 1957 [PSI]. **turbineuse** *n.f.* Prostituée experte: 1901 [Bruant]. **turbinement** *n.m.* Jour ouvrable: 1836 [Vidocq]. **turbinage** *n.m.* Travail: 1866 [Delvau].

turbineur, euse *adj. et n.*

Travailleur: *Il aurait dû te marier [...] avec un brave ouvrier, turbineur et poilu* (Gill). *Tous les matins j'en jette un coup / Dans les journal et j'y vois comme / Les turbineurs i's'cass'nt el' cou* (Bruant). *Ces rupins, quel vice! Débaucher deux pauvres petites turbineuses et les faire estourbir par de sales nervis...* (Lorrain).

ETYM. de **turbiner.** 1821 [Mézière].

Turcan *n.pr.*

ARG. ANC. Tours.

ETYM. déformation de **Tours.** 1867 [Delvau].

DER. **Turquie** *n.pr.* Touraine: [id.]. **turc** *adj. et n.* Tourangeau: [id.].

turco *n.m.*

Vx. Tirailleur algérien servant dans l'armée française: *Trois ou quatre personnages tout au plus: des turcos hideusement noirs et des zouaves effrayants* (Darien).

ETYM. mot de sabir algérien (l'Algérie est restée sous la domination turque jusqu'en 1830). 1856, Mornand [TLF].

turf *n.m.*

1. Racolage sur la voie publique: *Voilà l'homme dont certains disaient qu'il était un proxénète, lui qui n'a jamais forcé une femme à faire le turf* (Jamet); la rue, le trottoir, en tant que lieu de racolage: *Il avait une fiancée charmante qui s'expliquait sur le turf pour que cézig n'aille pas s'esquinter les pognes sur des travaux rebutants* (Boudard, 5). **2.** Prostituée: *Tu veux que j'en baratine une pour toi? – Je préfère les turfs. J'y vais à l'occasion* (Giovanni, 1). **3.** Lieu de travail, atelier; le travail lui-même: *Où que t'iras, on saura d'où tu viens, tu trouveras pas de turf, et tu referas un coup* (Varoux).

ETYM. emprunt au vocabulaire des courses de chevaux (angl. **turf,** gazon, pelouse). **1.** 1926 [Esnault]. **2.** 1935, Simonin-Bazin. **3.** 1867 [Delvau].

turfeuse *n.f.*

Prostituée: *Elle fait plus distinguée, moins turfeuse. Sa sœur n'lui permettrait pas* (Carco, 3).

ETYM. de **turf.** 1926 [Esnault].

turlu *n.m.*

1. Téléphone: *Jocelyne décrocha le turlu: « Je vais prévenir Sergio que vous êtes d'accord »* (Houssin, 1). **2.** Vagin.

ETYM. apocope probable de **turlurette,** cornemuse ou flûte. **1.** 1965 [George]. **2.** 1988 [Caradec].

turlute *n.f.*

Fellation : *Et toi connard, tâche de bander. Bande ou on t'assaisonne. Imagine-toi que tu te fais faire une turlute par une frangine à qui tu vas faucher le casino après lui avoir mis des coups sur la tête* (Cordelier).

ETYM. apocope probable de **turlututu**, flûte ou mirliton (emploi métaphorique). 1976, M. Rolland [Cellard-Rey].

DER. **turluter** *v.t. et i.* Pratiquer la fellation : 1982 [Perret].

turne *n.f.*

1. Maison, logement : *Encore une veine, dit Charly, comme ils atteignaient l'entrée de l'immeuble, qu'il n'y ait pas de concierge dans cette turne* (Vexin). **2.** Chambre le plus souvent médiocre, mal tenue : *J'ai couché dans un nombre incalculable de ces turnes, locataire clandestin ou officiel* (Clébert). **3.** Local quelconque : *Je suis parti pendant qu'elle faisait sa caisse avant de fermer la turne* (Stewart).

ETYM. de l'alsacien **türn**, prison. **1.** 1800, Leclair. **2.** 1822, Langres [Esnault]. Au sens 2, ce mot désigne auj. fam., par-delà l'arg. étudiant, une simple chambre. **3.** 1948, Stewart.

tutoyer *v.t.*

1. Vx. S'emparer sans façon de qqch, le dérober. **2. Se faire tutoyer,** recevoir une sévère réprimande. **3. Tutoyer le Père Noël,** espérer que les renseignements viendront tout seuls, au fil de l'interrogatoire, dans le langage des policiers.

ETYM. emplois euphémique (1) et ironique (2) du verbe usuel. **1.** 1867 [Delvau]. **2.** 1977 [Caradec]. **3.** 1975 [Arnal] (→ PONTIFE).

DER. **tutéyer** *v.t.* **Se faire tutéyer**, se faire attraper : 1953 [Sandry-Carrère].

1. tutu *n.m.*

Étui caché dans le rectum. SYN. bastringue, plan.

ETYM. emploi métonymique du mot enfantin désignant le postérieur (1882, *l'Événement* [Fustier]). 1930 [Esnault].

2. tutu ou **tutut** *n.m.*

Vin : *Le tutu unique, un petit rouquin léger des coteaux du Cher* (Simonin, 1).

ETYM. altération de **tortu.** 1907 [Esnault].

3. tutu ou **tutut** *n.m.*

Téléphone : *Il monte sûrement à Paris. Je vais passer un coup de tutut pour qu'on le cueille à l'arrivée* (Grancher).

ETYM. redoublement onomatopéique évoquant un bruit (aussi l'avertisseur de voiture, dans le langage enfantin). 1966, Grancher.

tutu-panpan *n.m.*

Coït. SYN. zizi-panpan. **Faire tutu-panpan,** coïter : *Cousine, cousine, / Viens faire tutu-panpan!* (chanson *Cousine*, paroles de L. Boyer).

ETYM. de **1. tutu,** euphémisme pour « cul », et **panpan,** qui simule l'acte sexuel (cf. *tirer un coup*) et, plus anc., la fessée. 1911, L. Boyer [Pénet].

tutute *n.f.*

Bouteille de vin : *De Gaulle* [un clochard] *a planté la bougie au sol et s'affaire, la tutute à portée* (Dégaudenzi).

ETYM. de **2. tutu.** 1966, A. Sarrazin [Cellard-Rey].

tututer *v.i.*

Boire avec excès : *Il tutute déjà pas mal, s'il ne finit pas un soir à coups de flingue au coin d'une rue, il s'en ira par le foie* (Boudard, 5).

ETYM. de **tutute.** 1970 [Boudard-Étienne].

tuyau *n.m.*

1. VIEILLI. Gosier : *J'prends l'tuyau du vieux dans mes pinces* (Brissac) ; estomac. **2.** Nez. **3.** Renseignement : *Peu de monde : un amateur de courses échange, dans le fond, avec le garçon désœuvré, quelques « tuyaux » clandestins* (Robert-Dumas). **Tuyau crevé,** renseignement qui se révèle erroné : *Il n'avait aucune envie d'ameuter les flics. Si le tuyau était crevé ça lui éviterait de passer pour un idiot, s'il était bon, ce truc-là restait son affaire* (Destanque). **4.** Vx. **Tuyau de poêle.** ***a.*** haut-de-forme : *Deux sous de frites, que je crache sur le tuyau de poêle du monsieur !* (Hirsch) ; ***b.*** avion à réaction. **5. La famille tuyau de poêle,** se dit d'une famille aux mœurs incertaines, dont les membres entretiennent des rapports peu clairs : *Entre-temps, ils en écrasaient l'après-midi pendant des heures... C'était la famille « tuyau de poêle » !* (Céline, 5). **6.** Vx. **Tuyau à merde,** rectum.

◆ **tuyaux** *n.m.pl.*

1. Vx. Jambes et pieds. **Ramoner ses tuyaux,** se laver les pieds. **2. Tuyaux de**

poêle, bottes usées par le bout. **3. À pleins tuyaux,** syn. de à pleins tubes : *Les beaux quartiers. Un blaze genre anglo-saxon. Ce simple libellé hurlait à pleins tuyaux qu'elle n'avait effectivement besoin de rien* (Pouy, 3).
ETYM. emplois métaphoriques du mot usuel. **1.** 1658, Scarron [GLLF]. **2.** 1867 [Delvau]. **3.** 1872, Pearson [GLLF]. **Tuyau crevé,** 1925, Cendrars [GLLF]. **4.** ***a.*** 1833, Gautier [Larchey]; ***b.*** 1957 [Sandry-Carrère], compl. **5.** 1926 [FEW]. **6.** 1878 [Rigaud].
◆ *pl.* **1** et **2.** 1867 [Delvau]. **3.** 1943, Van der Meersch.

tuyauter *v.t.*

Renseigner : *N'allez surtout pas lui dire que c'est moi qui vous ai tuyauté* (Abossolo). *Leur service de renseignement, ça consiste à se tuyauter sur les planques à pognon, voilà* (J. Perret, 1).
ETYM. de **tuyau,** au sens 3. 1899 [Nouguier].
DÉR. **tuyauteur** *n.m.* Marchand de renseignements, aux courses : 1953 [Sandry-Carrère], compl.

tuyauterie *n.f.*

Ensemble des organes de la digestion ou de la respiration : *Pas bégueule, je siffle comme un grand le muscadet corrosif qui me rebrousse la tuyauterie en giclées aigres* (Cavanna). *Avoir des ennuis de tuyauterie.*
ETYM. emploi métaphorique du mot technique. 1934, Vercel.

typesse *n.f.*

VIEILLI. Fille, femme : *À l'intérieur du* Fleur de lys, *ça grouillait à toute heure de types en bras de chemise, de typesses en peignoirs* (Guérin).
ETYM. fém. de **type** (auj. seulement fam.). 1878 [Rigaud].

U

[-uche]
suffixe qui sert à former des substantifs, en leur donnant une connotation familière: **galuche, à loilpuche, méduche, Ménilmuche, Pantruche, trucmuche,** etc. *La Moluche, c'est ainsi que l'on nomme, dans le Milieu, la partie de la rue Molière* [à Lyon] *comprise entre la Préfecture et la rue de Sévigné* (Grancher, 2).

un *adj. num.*
Sans un, complètement démuni d'argent: *Tu dois être épaté de me voir ici? C'est qu'en ce moment je suis presque sans un* (Lefèvre, 2). **Un sans-un,** un miséreux.
ETYM. tour elliptique, pour **sans un sou (radis,** etc.). 1896 [Chautard].

une *n.f.*
1. Et d'une, d'abord, pour commencer. **Ne faire ni une ni deux,** agir sans tarder, sans aucune hésitation. **2. N'en pas bonnir une,** se taire. **3. Y aller d'une,** payer à boire.
ETYM. comme dans la langue standard, l'adj.-pronom *un, une* est susceptible de représenter toutes sortes d'objets, par ellipse, euphémisme, etc. **1.** avant 1765, Caylus [GLLF]. **Ne faire ni une ni deux,** 1835, Balzac [GR]. **2.** 1873 [Esnault]; **une** représente *parole*. **3.** 1878 [Rigaud]; **une** représente *bouteille*.

unité *n.f.*
Un million de centimes: *Cent unités, mon pote, cent unités, ça vaut peut-être le déplacement, non?* (Bastiani, 4). SYN. brique.
ETYM. emploi euphémique et neutre du mot usuel. 1929 [Esnault].

urf ou **urffe** *adj.*
Vx. Soigné, élégant: *Quand il apparaît sur le turf,* [...] */ Tout le monde crie: « Est-il urf! »* (Gill). *C'est rupin, c'est urf, c'est poli, / Ça a des bell's manières* (Bruant). *Tout d'même, hier, j'y ai écrit une babillarde urf* (Méténier). *Ça, c'est de l'urf, de la haute gomme... Une jolie petite madame, n'est-ce pas?* (Combescot).
ETYM. de **turf**, avec perte de la consonne initiale. 1871, *le Grelot* [DDL 20].
VAR. **hurf:** 1883 [Fustier].

urger *v.i.*
Être extrêmement pressant, en parlant d'un besoin, d'une nécessité matérielle ou morale: *C'était tout à revoir. Pour ce faire, il urgeait de rebrancher Bébert au plus vite* (Audiard).
ETYM. de **urgent.** 1891, Verlaine [George].

user *v.t.*
1. À user le soleil. ***a.*** à perpétuité; ***b.*** à longueur de journée. **2.** Vx. **User le soleil avec une pierre ponce,** être condamné aux travaux forcés: *Quelques-uns seulement, presque tous condamnés pour assassinat et graciés de la peine de mort, usent le soleil avec une pierre ponce* (Humbert). **3. User un litre de salive à l'heure,** être très bavard.
ETYM. emplois ironiquement métaphoriques du verbe usuel. **1. *a.*** 1844 [Dict. complet]; ***b.*** 1880 [Esnault]. **2.** 1880, Humbert [TLF]. **3.** 1957 [Sandry-Carrère]; d'abord *user sa salive* 1878 [Rigaud].

forme du tiret bas ou *underscore*

usine *n.f.*

1. Endroit pénible, inconfortable (atelier, bureau, chez-soi, etc.) : *Tu devrais me dire comment mon homme et toi, vous v'là dans la même usine à présent* (Carco, 2). **2. Usine à gaz,** carburateur ; appareil très compliqué.

ETYM. emploi péj. du mot désignant au sens 1 le lieu de « peine » par excellence (pour le milieu) et au sens 2, analogie de forme entre le gazomètre et le flotteur du carburateur. **1.** 1896 [Esnault]. **2.** 1977 [Caradec].

usiner *v.i.*

1. Travailler durement : *Dans tous les bureaux ça usinait terrible, l'ensemble du cheptel disponible était sur les dents* (Coatmeur). **2.** Se livrer à une activité délictueuse : *Même si ce n'est pas toi qui as usiné le soir du 26 avril, tu es sûrement dans le bain quand même !* (Méra). **3. En usiner,** se livrer à la prostitution.

ETYM. de **usine. 1.** 1859 [Esnault]. **2.** 1954, Méra. **3.** 1960 [Le Breton].

; forme du point virgule

vacant, e *adj.*

1. Se dit d'un portefeuille vide. **2.** Se dit d'un individu sans portefeuille ou sans argent.

ETYM. emplois spécialisés de l'adj. usuel. **1.** 1902 [Esnault]. **2.** 1924 [id.].

vacciné, e *adj.*

1. Endurci, prévenu contre qqch. **2. Vacciné au salpêtre,** se dit d'un individu qui a toujours soif. **3. Vacciné avec une pointe** ou **une aiguille de phono,** très bavard : *Albertine ? A l'a pas rien qu'été vaccinée avec une aiguille de gramophone, al' a aussi été engagée pour enregistrer « la Voix de son maître », mais le chien a eu peur* (Tremblay). **4. Vaccinée au pus de génisse,** se dit d'une jeune fille déflorée.

ETYM. emplois métaphoriques et expressifs de l'adj. médical. **1.** 1901 [Bruant]. **2.** 1953 [Sandry-Carrère]. **3.** 1915 [Duneton-Claval]. **4.** 1977 [Caradec] ; contrepèterie sur *jus de pénis.*

vachard, e *adj.*

1. Vx. Paresseux et resquilleur. **2.** Dur, sévère : *Sous l'insulte, son air vachard s'accentua et j'en vins à plaindre très sincèrement les malfrats tombés ou à tomber entre ses pognes* (Fajardie, 1). *Une Madame Mac Miche spéciale vacharde et un Bon Petit Diable version pas dégourdi* (Lacroix).

ETYM. de **2. vache** et du suff. péj. **-ard. 1.** 1800, Savoie [Esnault]. **2.** 1907, Léautaud [TLF].

VAR. **vachâtre :** 1977, Simonin.

DER. **vacharder** *v.i.* Paresser : 1893, Saint-Cyr [Esnault], qui signale aussi, comme plus littéraire, **vacher :** 1883 [Fustier] et **vachotter :** 1894 [id.].

vachardise *n.f.*

Paresse : *Il* [mon père] *a repiqué des crises terribles. Il m'accusait de vachardise* (Céline, 5).

ETYM. de **vachard.** 1936, Céline.

1. vache *n.f.*

1. Vx. Délateur : *On la connaît la vache qui nous a fait traire ! C'est la vierge de Saint-Lazare, la frangine du meg !* (Claude). **2.** Vx. Agent de la Sûreté ; policier, gendarme : *Il pleut !... V'là les vaches ! cria une voix de mue. C'était Gobiche qui venait de surgir dans la mêlée* [...] *Quand les agents survinrent, le terrain vague était vide* (Rosny). **Mort aux vaches !,** juron (anarchiste, à l'origine) : *Sandrine sourit légèrement puis, sans bouger les lèvres : « Mort aux vaches », lâcha-t-elle en déguisant sa voix. Les tympans des flics présents eurent la sensation qu'ils venaient de franchir le mur du son* (Varoux, 1). **3.** Personne méchante et hostile : *Eh bien, croirais-tu qu'la vache s'est mise à table ?* (Brissac). *Il rentre sa tête sans cou dans ses larges épaules. Il va charger. Il doit avoir un poitrail et des cuisses à défoncer les barrières, la vache !* (Demure, 1) ; terme d'injure : *Elle s'est reprise, a craché par terre, au pied de la table : Bien fait pour sa gueule, sale vache, elle a dit* (ADG, 8). **Peau de vache,** même sens : *Madame la sous-maîtresse devait être surtout féroce... une sans-cœur... la véritable peau de vache à l'égard de ses anciennes condisciples* (Boudard, 2). *Un' jolie fleur dans une peau d' vache / Un' jolie vach' déguisée en fleur* (Brassens). **En vache,** méchamment : *« Vous avez encore paumé du pognon cette semaine », j'ai* *fait en vache* (Matas). **4.** Vx. Fille ou femme de mœurs légères. **Prendre la vache et son veau,** épouser une fille enceinte des œuvres d'autrui. **5. Vache laitière** ou **vache à lait,** femme à la poitrine rebondie (notamment pensionnaire de maison close). **6. Vache à lait,** individu qu'on exploite sans vergogne : *N'allaient-ils pas me considérer comme leur vache à lait, et mettre un prix à leur discrétion ?* (Vidocq). **7. Manger de la vache enragée,** être dans la misère, dans une passe difficile : *Avec toute cette vache enragée qu'il a mangée, c'est ça qui donne tant de vérité, tant d'humanité à ce qu'il écrit* (Guérin). *Chevry, après avoir suffisamment goûté à la vache enragée, est retourné sagement chez ses parents voir si on ne tuait pas le veau gras* (Malet, 10). **8.** Vx. **Faire la vache,** rester longtemps au lit ; paresser.

ETYM. emplois péj. et humains du mot désignant un bovidé. **1.** 1872 [Esnault]. **2.** Issu de **coup de pied en vache**, donné traîtreusement, 1844 [Sainéan]. **Mort aux vaches !,** 1879, Abadie [Esnault]. **3.** 1887 [Hogier-Grison]. **4. La vache et le veau,** avant 1692, Tallemant des Réaux [Larchey]. **5. Vache à lait,** 1864 [Delvau] ; **vache laitière,** 1953 [Sandry-Carrère]. **6.** XVIIe s. [GR]. **7.** 1610, Béroalde de Verville [TLF]. **8.** 1877, Zola [id.].

2. vache *adj.*

1. Se dit d'un individu ou d'un comportement inspiré par la méchanceté, l'hostilité : *Il est vache, émit lentement le jeune Flippe, et ce qu'il veut, il l'a* (Carco, 8). *Il a pas l'air si vache que ça. Ceux qui ne font pas de conneries, il doit pas les emmerder. Il est sans doute exigeant, mais pas méchant* (Monsour). **Amour vache,** celui qui s'accompagne de coups : *Paraît qu'il la bat comme plâtre, que disait Totoche. Elle a des bleus plein le corps. Oui mon vieux, je les ai vus. L'amour vache* (Guérin). **2.** Vx. Paresseux, avachi : *Il y a des moments où devant un homme, je me sens si molle... si molle... sans volonté, sans courage, et si vache... ah ! oui... si vache !* (Mirbeau). **Il fait vache,** le temps lourd n'incite pas au travail. **3.** Se dit d'une entreprise ardue, d'un problème difficile : *Il est tombé sur une question drôlement vache.* **4.** Admirable, remarquable, terrible : *Ça fait un boucan affreux !... Une vache bagarre qui s'ensuit...* (Céline, 5). *Une vache idée qu'il a eue, mon pote !*

ETYM. emplois issus de la fainéantise ou de la traîtrise supposées de l'animal. **1.** 1880 [Esnault]. **2.** 1866, Flaubert [TLF]. **3.** 1928 [Esnault]. **4.** 1924, Montherlant [GLLF].

VAR. **vachâtre** (au sens 3) : 1935, Simonin-Bazin.

vachement ou vachté *adv.*

Extrêmement, très : *L'auteur-interprète, vachement gonflé, termine en faisant le résumé de son spectacle* (Desproges). *La pluie tambourine aux carreaux et la pièce se noie dans l'obscurité. Vachté funèbre l'ambiance* (Actuel, novembre 1982).

ETYM. de **2. vache.** *vachement* 1930 [Esnault] ; *vachté* 1982, *Actuel. vachement* est passé dans l'usage fam., tandis que *vachté* garde sa connotation argotique.

vacherie *n.f.*

1. Action ou parole méchante, hostile : *On ne va jamais au fond de la vacherie. On trouve toujours plus salaud qu'on ne croyait possible* (G. Arnaud). *Quand elle me sortait des vacheries, c'était l'angoisse totale, je pleurais toute la nuit* (Bretécher). **2.** Situation pénible, malencontreuse, considérée comme injuste : *Ils ont piégé le système d'horlogerie pour dissuader leur gars d'arrêter en cours de route [...] Une sacrée vacherie : on a deux copains qui y sont restés* (Daeninckx, 1). **3.** Matériau, objet de mauvaise qualité : *Ces grolles, c'est de la vacherie !* **4.** Vx. Avachissement. **5.** Vx. Débit de liqueurs, où servent des femmes.

ETYM. de **2. vache. 1.** 1872, Bachaumont [Larchey]. **2.** 1964 [GR]. **3.** 1916, Barbusse [TLF]. **4.** 1867 [Delvau]. **5.** 1881 [Rigaud] ; les voyous appelaient *vaches* les serveuses de ces établissements, parce qu'elles donnaient à boire.

vacheté *n.f.*

Condition misérable, indigne : *On est lotis tout pareil, au même point, à la même enseigne. Vacheté* (G. Arnaud, 2).

ETYM. de **2. vache.** 1961, Arnaud.

vade *n.f.*

ARG. ANC. Foule : *Toute la vade qui grouillait autour de moi* (Méténier).

ETYM. de l'arg. ital. **vâda**, de même sens. 1836 [Vidocq].

va-de-la-gueule ou va d'la *adj. et n. inv.*

1. Vx. Gourmand. **2.** Beau parleur ; bon à rien : *Ce même pandore qui gesticulait à force de zèle, de respect, ne l'aurait-il pas, en d'autres* *temps, traité de pékin, de va-de-la-gueule ?* (Malaquais).

ETYM. mot composé très expressif. **1.** 1829 [Boiste]. **2.** 1881 [Rigaud]; *va d'la* 1953 [Sandry-Carrère].

VAR. **va de la bouche** (au sens 1) : 1862 [Larchey].

vadoult *n.m.*

ARG. ANC. Domestique : *J'ai affranchi le vadoult pour vingt ronds* (Ansiaume).

ETYM. contraction de **valet d'août**, journalier employé aux moissons [Esnault]. 1821 [Ansiaume].

1. vadrouille *n.f.*

1. Promenade, vagabondage : *L'heure creuse, les couloirs interminables, les quais déserts : rien qui l'inspirât réellement. Pourtant, cette longue vadrouille s'apparentait à une redécouverte* (Fajardie, 2). **Être en vadrouille,** courir les lieux de plaisir. **2.** Langue (organe).

ETYM. déverbal de **vadrouiller. 1.** 1908, Estaunié [TLF]. **Être en vadrouille,** 1887, Méténier [Larchey]. **2.** 1953 [Sandry-Carrère].

2. vadrouille *n.f.*

VX. Femme de mœurs légères et de basse condition : *Je n'irai pas tromper ce pauvre garçon au point de lui fiche pour femme une vadrouille* (Rosny jeune).

ETYM. mot lyonnais, du préf. intensif **va-** et du mot **drouilles,** vieilles hardes (origine obscure). 1867 [Delvau].

vadrouiller *v.i.* ou **se vadrouiller** *v.pr.*

1. Courir, errer à l'aventure : *Il avait faim. Il était également écœuré d'avoir vadrouillé toute la nuit* (Mac Orlan, 6). *Julien n'a pas de carte et ne sait pas où il va. Il n'a jamais vadrouillé aussi loin* (Duvert). **2.** VX. Mener une vie de débauche : *Tu as raison, mon grand, et puis, je ne suis pas si mauvais. Je vadrouille un peu... ça passera* (Rosny).

ETYM. de **1. vadrouille. 1.** 1890 [Esnault]. **2.** 1881 [Rigaud].

DER. **vadrouillard, e** *adj. et n.* **1.** Qui est enclin à changer de domicile : 1890, Brest [Esnault]. **2.** Syn. de vadrouilleur (au sens 2) : 1878 [Rigaud].

vadrouilleur, euse *adj. et n.*

1. Se dit de qqn qui flâne en quête de plaisirs. **2.** Noceur ; prostituée de bas étage : *Il avait pour maîtresse une traînée, une vadrouilleuse* (Méténier).

ETYM. de **vadrouiller. 1** et **2.** 1878 [Rigaud].

1. vague *n.f.*

Poche : *« Montre la couleur ». C'était facile, j'ai sorti d'ma vague une pleine poignée d'artiche* (Pelman, 1). **Coup de vague,** vol pratiqué dans une poche : *Pas un barbizet qu'aurait osé pousser un coup de vague un peu sérieux sans consulter Napoléon* (Méténier).

ETYM. apocope de **vaguenaude** (vers 1880), var. de *baguenaude.* 1889 [Esnault]. **Coup de vague,** 1867 [Delvau].

2. vague *n.m.*

ARG. ANC. **Donner, lâcher** ou **pousser du vague,** s'adonner au vol.

ETYM. de l'anc. verbe **vaguer,** errer çà et là. 1835 [Raspail].

vaguer *v.i. et t.*

1. Fouiller (qqn, les poches, etc.) : *Dès onze heures, un peu partout, les condés allaient commencer à taper aux faffs, à vaguer le passant. J'avais tout pour leur plaire avec mon Cobra sur le cœur* (Simonin, 3). *Le Blond vagua soigneusement les fouilles du Matelot et en sortit le contenu* (Le Breton, 1). **2.** Perquisitionner. **3.** VX. Détrousser.

◆ **se vaguer** *v.pr.*

Chercher dans ses poches : *Ça va, dit-il, voyant que l'autre faisait mine de se vaguer à la recherche de mornifle. Garde tout* (Le Breton, 2).

ETYM. de **1. vague. 1** et **3.** 1899 [Nouguier]. **2.** 1929 [Esnault].
◆ *v.pr.* 1951 [id.].

vaguotte *n.f.*

Veste : *Une vaguotte et un bénouze en v'lours, tout flacdalle* (Legrand).

ETYM. de **1. vague,** poche (ou mauvaise lecture de *vagnotte,* mot lyonnais pour *redingote*). 1953 [Sandry-Carrère].

vaisselle *n.f.*

1. Vaisselle de fouille ou **(petite) vaisselle,** petite monnaie ; argent en général : *Autour* [du tapis vert] *des gonzes pâles et bien fringués flambent leur vaisselle de fouille dans une ambiance de première* (Trignol). *Jo venait rue des Pyrénées distraire la clientèle durant les agapes, une bonne affaire en un lieu où de la petite vaisselle lui tombait dans la poche*

(Lépidis). **2.** Vx. Ensemble imposant de décorations: *Mettre sa vaisselle à l'air.* SYN. quincaillerie.

ETYM. emplois métaphoriques et ironiques du mot domestique. **1.** d'abord *vaisselle de poche* 1810 [DDL 32]. **2.** 1886, L. Merlin [Villatte].

valade *n.f.*

1. ARG. ANC. Poche de vêtement: *J'ai sondé dans ses vallades / [...] Son carle j'ai pessigué* (chanson du XVIIIe s., *in* Vidocq); spéc., poche destinée à recevoir le butin d'un vol: *Lorsque la « main » est une femme, elle emploie souvent des manteaux à manches larges, à moins qu'elle ne dispose sous son manteau une large poche, spécialement construite et qu'on appelle en argot une « valade ». Ce genre de sac peut aussi être porté par des hommes, surtout s'ils sont vêtus d'une blouse* (Locard). **2.** Réticule de dame.

ETYM. origine incertaine, à rapprocher de l'esp. **abalada,** creuse, et de l'anc. prov. **valat,** fossé, vallée (emploi métaphorique). **1.** XVIIIe s., chanson; spéc. 1862, Canler. **2.** 1829 [Forban].

valant *n.m.*

Vx. Pince à effraction: *T'as tes clous? – Mon sucre de pomme, oui. – Vaut rien. Nous faut le valant et des caroubles* (Méténier).

ETYM. resuffixation de **valet,** instrument du menuisier. 1885, Méténier.

valda *n.f.*

1. Balle d'arme à feu: *Une autre bordée de valdas, venues cette fois de l'arrière, siffle autour de nous* (Bastiani, 4). **2.** Feu vert de signalisation.

ETYM. emplois métaphoriques du nom commercial de pastilles contre la toux. **1.** 1926 [Esnault]. **2.** 1953 [id.].

DER. **valdaga** *n.f.* Balle: 1962, Boudard.

valdingouin ou **valdingue** *n.m.*

Valet de cartes.

ETYM. suffixation arg. de **valet** (→ ESPINGO). 1928 [Esnault].

1. valdingue *n.f.*

Valise: *Quand il eut ses dix-huit berges, il fit la valdingue en louc'dé et décarra d'la tôle de ses paternels* (Stollé). *« Tenez, prenez cette valise, moi je prendrai l'autre. »* [...] *Elle me refile une valdingue que je cramponne en serrant les dents* (Le Dano). **Faire la valdingue,** s'en aller.

ETYM. resuffixation arg. de **valise.** 1927 [Chautard]. **Faire la valdingue,** 1947 [Stollé].

VAR. **valcase:** 1967, Malet.

2. valdingue *n.m.*

Chute (le plus souvent, spectaculaire): *Chancelant, flac! j'ai abandonné le fardeau, l'accompagnant dans son bruyant valdingue, m'éparpillant et jurant à n'en plus finir* (Malet, 1). **Faire, ramasser un valdingue,** (vx) **aller à valdingue,** tomber. **Envoyer à valdingue,** jeter à terre.

ETYM. déverbal de **valdinguer.** 1894 [Esnault]. Ce mot est parfois fém.

VAR. **valdringue:** 1913, Nantes [id.]. Le *r* provient peut-être de *valdrague,* désordre, mot assez usuel en Bretagne et employé par Céline (1936).

valdinguer *v.i.*

Chanceler, faire une chute (souvent spectaculaire): *« Dégagez devant! » Un collègue valdingue un peu. La manière dont la fille l'a écarté était pourtant sans brutalité apparente* (Vilar). **Envoyer valdinguer,** éconduire: *Ils l'ont envoyé valdinguer avec une telle rudesse qu'il en est encore sur le cul* (Sarraute, in *le Monde,* 18 avril 1990).

◆ *v.t.*

Faire tomber; remuer: *J'ai toujours dû me faire violence pour tout ce qui valdingue la routine* (Oriano).

ETYM. télescopage de **valser** et de **dinguer.** 1894 [Esnault].

◆ *v.t.* 1971, Oriano.

valise *n.f.*

1. Faire ou **se faire la valise.** ***a.*** rompre avec son amant: *Ça carburait mal entre Néri et cette souris. Elle voulait lui faire la valise* (Houssin, 2); ***b.*** s'en aller, fuir: *Des choses à ne pas faire quand on fréquente un certain milieu. « Mais alors, elle dit, il faut que je fasse la valise »* (Audouard). *C'est là que je suis né et que j'ai grandi et, même si je pense à me faire la valise, pour le moment je ne peux rien faire d'autre que de prendre mon mal en patience* (Destanque, 2). SYN. se faire la malle. **2.** Poche sous les yeux: *Non, c'est pas ça, c'est à la figure, au cou, t'as des valises sous les yeux, des bajoues, tu pends de partout, c'est affreux* (Sarraute).

ETYM. emploi métonymique (les préparatifs pour l'acte) du mot usuel. **1.** 1935 [Esnault]. **2.** 1901 [Bruant].

valiser ou **valouser** *v.t.*

1. Abandonner : *T'as pas pu attendre de connaître mon sapement pour me valiser, hein ?* (Le Breton, 2). **2.** Mettre à la porte.

ETYM. de **faire la valise. 1.** *valiser* 1953, Le Breton. **2.** *valouser* 1963 [DDL 37].

valoche *n.f.*

1. Valise : *Je saute sur le bas-côté, j'enfile mes bras dans les bretelles en ficelle de ma valoche* (Cavanna). **Con comme une valoche (sans poignées),** complètement stupide : *C'est con comme un fils unique ou comme une valoche qu'aurait pas de poignée... de faire le mouflet à mon âge* (Dégaudenzi). **2. Se faire la valoche,** s'en aller, fuir : *Elle a un dentier superbe qui se fait la valoche lorsqu'elle jacte trop vite* (Boudard, 6). **3.** Poche sous les yeux : *L'œil bleu des poivrots, souligné de valoches façon grande croisière* (Simonin, 5). *Max a des traits tirés, des valoches sous les yeux* (Actuel, novembre 1982).

ETYM. resuffixation arg. de **valise. 1.** 1913 [Esnault]. **2** mil. du XXe s. **3.** 1959, Queneau [TLF].

VAR. **valtouse :** 1926 [Esnault]. **valouse :** 1953 [id.].

valoir *v.i.*

Ça vaut dix, le jus, l'os ou **mille, ça vaut son pesant de moutarde, de cacahuètes,** (vx) **de merde,** c'est stupéfiant, très comique : *Oh le pauvre petit qu'on torture ! Tu me fais rigoler oui !... Mais c'est comique ! C'est comique ! mais ça vaut dix !* (Duvert). *Et ç'ui-là qui n'en finit pas ! Tu parles d'un gratte-ciel* [...] *Oui, tu vaux le jus, mon vieux !* (Barbusse). *Parce que comme point de vue, pas de doute, ça valait l'os ! D'autant qu'elles ne cessaient de remuer les gambilles* (Guérin).

ETYM. locutions emphatiques et populaires. d'abord *cela vaut quinze* 1808 [d'Hautel]. **Ça vaut le jus,** 1883 [Esnault] ; **ça vaut l'os,** 1895 [id.] ; **ça vaut dix,** 1953 [Sandry-Carrère] ; **ça vaut son pesant de moutarde, de merde,** 1878 [Rigaud] ; **ça vaut son pesant de cacahuètes,** 1979 [Rey-Chantreau].

valse *n.f.*

1. Correction infligée à qqn : *Filer une valse.* SYN. danse. **Inviter à la valse,** proposer de sortir pour se battre. **2.** Bière additionnée de menthe. **3. Envoyer la valse,** donner de l'argent. **4. Valse de plumard,** activité sexuelle : *Lisette n'avait plus son berlingue* [...] *Aussi elle se croyait affranchie question valse de plumard* (Le Breton, 3).

ETYM. emplois métaphoriques et ironiques du mot usuel. **1** et **3.** 1953 [Sandry-Carrère]. **Inviter à la valse,** 1960 [Le Breton]. **2.** 1975 [Beauvais]. **4.** 1954, Le Breton.

valser *v.i.*

1. S'en aller, s'enfuir. **Faire valser (qqn),** l'éconduire, le mettre à la porte. **2.** Vx. **Faire valser les négresses,** vider de nombreuses bouteilles. **3.** Vx. **Valser du bec,** avoir mauvaise haleine.

ETYM. emplois expressifs du verbe usuel. **1.** 1808 [d'Hautel]. **2.** 1912 [Villatte]. **3.** 1883 [Fustier].

valseur *n.m.*

1. Postérieur (surtout féminin) : *Fiesta Gaucho, des girls aux seins démesurés* [...] *montaient des chevaux à cru et exposaient leur valseur joli aux flèches des Indiens* (Bastiani, 1). **Filer, onduler du valseur.** ***a.*** faire onduler ses fesses en marchant : *La fille ripa aussi sec vers l'entrée de l'immeuble, ondulant gentiment du valseur* (Houssin, 1) ; ***b.*** être homosexuel. **2.** Pantalon : *Tout en passant mon valseur, il me venait encore un souci d'une tout autre nature* (Simonin, 3). **3.** Vx. Ivrogne qui avance en zigzaguant : *Les plus dangereuses filles, toujours à la remorque de repris de justice prêts à faire la chasse aux valseurs et à dévaliser les passants attardés* (Macé).

ETYM. emplois métonymiques et humoristiques du mot usuel. **1.** 1928 [Lacassagne]. **Filer du valseur. *a.*** 1977 [Caradec] ; ***b.*** 1957 [PSI]. **2.** 1953 [Simonin]. **3.** vers 1885, Macé.

valseuses *n.f.pl.*

Testicules : *Le taureau, qui voyait rose, faisait tintinabuler ses valseuses en une mélopée rythmée* (Devaux).

ETYM. emploi métaphorique du mot usuel. 1905 [Esnault]. Ce mot a été relancé en 1972 par le succès du roman, puis du film de Bertrand Blier intitulé *les Valseuses.*

valtreuse *n.f.*

Vx. Valise.

ETYM. resuffixation arg. du mot usuel. 1836 [Vidocq].

DER. **valtreusier** *n.m.* Vx. Voleur de valises, de malles : [id.].

vamper *v.t.*

Faire un numéro de séduction en direction de qqn : *Au carrefour de la route de la Muette à Neuilly, les somptueuses voiturières vampent les noctambules du bowling et les habitués* (de

Goulène). *J'ai vampé le colonel et j'lai tout compromis !* (Dimey).
ETYM. de **to vamp,** mot américain, issu de **vamp** (par apocope de l'angl. *vampire*), surnom donné aux premières stars féminines du cinéma muet (1918 [Rey-Debove et Gagnon]). 1923, *Cinémagazine* [Höfler].

vampette *n.f.*
Jeune femme séduisante : *Qu'est-ce que c'est que cette vampette. – Comment la trouvez-vous ? – J'en ferais mes dimanches* (Malet, 17).
ETYM. suffixation diminutive de **vamp**. 1954, Malet.

vanne *n.m. ou f.*
1. Parole mensongère, trompeuse, provocante : *Pascal n'en était plus à se faire respecter des femmes. Il laissa passer le vanne sanglant sans broncher* (Bastiani, 1). *Le vrai vanne de midinette ! On pouvait pas être moins bêcheuse !* (Simonin, 1). **2.** Erreur. **3.** Plaisanterie, farce : *En tout cas, c'est merveilleux, je rigole. De l'activisme armé à la pêche à la ligne ! Ce vanne doit le vexer, car, à partir de là, il ne l'ouvre plus* (Malet, 19). *« Amenez-moi le chef que je le cuisine ah-ahaaa aïe aïe aïe houlà la ! » La subtilité de cette vanne l'envoya presque sur les genoux, et il se tenait le ventre à deux mains tellement il riait fort* (Varoux, 1). **4.** Racontar. **5.** Incorrection (selon les lois du milieu) : *Louise eût voulu refuser. – Sans blague ? railla sa camarade. À moi, t'oserais faire un tel vanne ? Je t'avertis. J'suis rancuneuse* (Carco, 5). **6.** Incident malencontreux : *Le répit ne serait pas très long, mais je voulais en tout cas reprendre mes esprits et comprendre comment cet affreux vanne était arrivé, avant d'avoir une prévisible désagréable conversation avec Hennique* (ADG, 1). **7.** Vx. **À vanne,** à droite (au bonneteau). **8.** Vx. **Avoir vanne,** avoir peur : *J'ai eu vanne qu'il me reconnoble* (Leclair).
ETYM. déverbal de **2. vanner. 1.** 1883, abbé Moreau. **2.** 1888 [Esnault]. **3.** 1920 [id.]. **4.** 1894 [Virmaître]. **5.** 1899 [Nouguier]. **6.** 1931 [Chautard.]. **7.** 1895 [Esnault]. **8.** 1800, Leclair. Le genre, d'abord masc. en arg., est devenu fém. dans un emploi plus étendu.

1. vanner *v.t.*
1. Fatiguer énormément, épuiser (s'emploie surtout au participe passé) : *Horace [...] s'allongea sur le dos en travers du divan, les bras croisés sous la nuque. Il se sentait vanné. Il n'avait pas dormi de la nuit* (Ropp). **2.** Vx. Ruiner.
ETYM. emploi métaphorique de **vanner,** nettoyer le grain à travers le van, selon Esnault. **1.** fin du XVe s., Molinet [GLLF]. **2.** 1874, F. d'Urville [Rigaud].

2. vanner ou **vaner** *v.i.*
1. Tenir des propos désobligeants, mensongers, vantards ou provocateurs : *On embraye souvent dans la truanderie pour pouvoir vanner auprès des gonzesses...* (Boudard, 5). **2.** Tomber dans le piège. **3.** Se réjouir, se rengorger : *Et puis elle commence à « rouler », tenez, tout c'qu'y a d'chouette. Ah ! je vannais comme un pou !* (Simonin-Bazin). **4.** Plaisanter : *Dimanche, qu'est-ce qu'il voulait bonir saint-Étienne en disant que tu étais jaloux de Cartouche ? – Il vannait, le pauvre* (Burnat).
◆ *v.t.*
1. Amorcer (un joueur naïf) par des gains provisoires : *Comme c'est l'moment, pour l'mec qui joue, d'tenir la banque, il va vaner le cave avant d'lui mettre la tête dans l'baba* (Carco, 1). **2.** Escamoter (une carte). **3.** Favoriser : *Pour la voix, elle pouvait repasser. La nature l'avait pas vannée de ce côté-là* (Le Breton, 3). **4.** Se moquer de : *Le Soviétique est furieux de s'être fait vanner par Coluche* (*Actuel*, décembre 1981).
ETYM. du prov. **vanar,** tromper. **1.** 1874 [Esnault]. **2.** 1919, bat' d'Af' [id.]. **3.** 1927, Dussort [id.]. **4.** 1919 [Galtier-Boissière et Devaux].
◆ *v.t.* **1.** 1927, Carco. **2.** 1874 [Esnault]. **3.** 1899 [Nouguier]. **4.** 1640 [Oudin].
DÉR. **vanage** ou **vannage** *n.m.* Piège, amorce : 1836 [Vidocq].

3. vanner *v.i.*
Vx. S'esquiver.
ETYM. de **vaner**, chasser à courre, du lat. **venari.** 1800, Leclair.

vanneur *n.m.*
1. Menteur. **2.** Vantard, crâneur : *Casquer un paquet de pipes à la caisse, avec un talbin d'une livre, c'était un geste de vanneur, ou bien un réflexe de paumé voulant marquer la fin d'une période de trois semaines de thunardage ?...* (Simonin, 8). **3.** Complice au jeu de bonneteau.
ETYM. de **2. vanner. 1** et **2.** 1881 [Esnault]. **3.** 1931 [Chautard].

vannier *n.m.*

Syn. de vanneur au sens 2 : *Il va falloir accoucher, monsieur le flic privé. – Dans la douleur, oui, ricanai-je. – Un vannier de première, dit Clovis* (Malet, 9).

ETYM. de **2. vanner.** 1956, Malet.

vanterne *n.f.*, **vanternier** *n.m.* → **VENTERNE, VENTERNIER.**

vape *n.f.*

1. Vx. Bain de vapeur. **2. Être dans les vapes** ou, parfois, **dans la vape,** être hébété, sous l'effet soit d'une drogue (alcool, tabac, stupéfiant), soit d'un choc physique ou moral : *Il cherchait dans le regard de sa gonzesse un secours, une idée. Mais Véra était dans la vape. Elle pensait peut-être à autre chose* (Trignol). *Marie-Claude gémissait toujours, à moitié dans les vapes. Elle devait être quand même salement amochée* (Pouy, 1). **Tomber dans les vapes,** s'évanouir : *Je reçois un grand coup sur la tête et je tombe dans les vapes* (Siniac, 3). **3.** Tendance à une malchance persistante : *Notre train de vie [...] tendait vers celui des zonards, avec encore toutefois une aspiration à la dignité dans la vape* (Simonin, 7). **4.** Doute ; situation confuse, qui provoque le soupçon : *Elle s'était requinquée dans les larmes, rechargé les accus ! Je sentais venir une nouvelle vape* (Boudard, 1). *C'était pas très net comme clauses... Y' avait un drôle de « pas de porte »... Il flairait une petite vape !* (Céline, 5).

◆ **vapes** *n.f.pl.*

Aberrations.

ETYM. apocope de **vapeur. 1.** 1925 [Esnault]. **2.** 1935, Simonin-Bazin. **3.** 1957 [PSI]. **4.** 1936, Céline.

◆ *pl.* 1968 [PSI].

DER. **vapé** *adj.m.* Plongé dans l'hébétude : 1984, Topin.

vapeur *n.f.*

1. Retourner ou **renverser la vapeur,** changer de camp ou d'attitude : *Oh ! dis ! rétorqua l'autre avec dédain, Casimir ? Mais il a retourné la vapeur, mon pote... – Justement ! On connaîtra comme ça le gars qui va chez lui, d'puis qu'il fait le jeu des poulets* (Carco, 1). *Arrête-toi et renverse la vapeur. Sans quoi tu vas déguster* (Le Breton, 6). **2.** Vx. **À la vapeur,** à toute vitesse : *Vous êtes, vous, d'une génération si pressée, si pressée... vous vous êtes mariée, comme vous faites toutes choses... à la vapeur* (Sardou).

ETYM. image empruntée au vocabulaire des cheminots (1861, Armengaud [TLF]) : cette inversion équivaut à la marche arrière, sur une voiture. **1. Retourner la vapeur,** 1927, Carco ; **renverser,** 1935, Simonin-Bazin. **2.** 1861, P. de Kock.

varloper *v.i.*

1. Vx. Flâner en faisant du lèche-vitrines. **2.** Sortir pour aller recueillir des renseignements, dans le langage des policiers.

ETYM. image empruntée à la menuiserie : c'est un retour aux sources étymologiques : le néerlandais **voor,** devant, et **loopen,** courir. **1.** 1947 [Esnault]. **2.** 1975 [Arnal].

varlot, e *n.*

1. Personne désagréable et stupide. **2.** Client qui n'achète pas.

ETYM. déverbal de **varloper. 1.** 1920 [Bauche]. **2.** 1929 [Esnault], repris en 1975 par Le Breton.

1. vase *n.m.*

1. Postérieur : *La main bien plaquée au vase, il la catapulte à l'intérieur la môme Ducordon* (Simonin, 5). **L'avoir au vase,** être déçu, trompé. **2.** Chance : *Je fais la tire à peu près que pour ça [...] Une viocarde, si j'ai du vase, qui décarre de la poste avec un chouïa de retraite mal enfouillé* (Dégaudenzi). **3.** Vx. Verre à boire.

ETYM. emplois métaphoriques du mot usuel (cf. *bol*). **1.** 1926 [Esnault]. **2.** 1928 [id.]. **3.** 1875 [Chautard].

2. vase *n.f.*

1. Eau : *Frimant ses potes calencher dans la vase, not'e mironton* [Robinson] *s'mit à flotter comme un pescale* (Stollé). **2.** Pluie.

ETYM. de l'all. **Wasser,** eau. **1.** 1880 [Esnault]. **2.** 1914 [id.].

vaseliner *v.t.*

Flatter, notamment en parlant d'un inculpé qui essaie de s'en tirer au meilleur compte.

ETYM. emploi métaphorique du verbe médical (cf. *passer de la pommade*). 1975 [Arnal].

vaser *v.i.*

Pleuvoir : *Au moment où y se met à vaser, j'arrête devant un restaurant qui ne ferme pas* (Tachet).

ETYM. de **2. vase.** 1878 [Rigaud].
VAR. **vasoter :** 1889, Macé [Esnault]. **vasiner :** 1897 [id.].
DER. **vasinette** *n.f.* **1.** Pluie : 1880 [id.]. **2. Aller à la vasinette,** se baigner : 1888 [Villatte].

vasistas *n.m.*

Vx. **1.** Postérieur. **2.** Monocle.
◆ *n.m.pl.*
Yeux.
ETYM. emploi métaphorique (idée d'ouverture) du mot usuel. **1.** 1888 [Villatte]. **2.** 1878 [Rigaud].
◆ *pl.* 1982 [P. Perret].

va-te-laver *n.m. ou f. inv.*

Gifle : *Jobert reconnut le timbre inimitable de Biantéri lorsqu'il sortait de ses gonds. Le bruit sec d'un « va-te-laver » parvint jusqu'aux oreilles de Morbac* (Risser).
ETYM. de la loc. **va te laver** (le coup au visage fait souvent saigner, au moins du nez). 1867 [Delvau].
VAR. **va t'faire panser** *n.m.* : 1881 [Rigaud].

vatican *n.m.*

Vatican bis, compartiment du Dépôt, à Paris, réservé aux femmes.
ETYM. plaisanterie à caractère clérical (les femmes sont des « sœurs »). 1975 [Arnal].

veau *n.m.*

1. Cheval médiocre : *Mettez ce chateaubriand sur* Feu follet. *C'est un veau qui a des chances* (Malet, 17). **2.** Véhicule ou moteur poussif : *C'étaient des veaux, d'authentiques tape-culs, elles ne tenaient pas la route* (*le Nouvel Observateur,* 28 septembre 1984). **3.** Individu lâche, médiocre : *Feignant ! lui cria Bouve. Un homme ? t'es rien, eh ! veau ! non, cent fois rien de rien* (Carco, 8) ; spéc., prostituée peu active : *Où avez-vous rêvé ça, imbécile ? – Que vous êtes une grue ? Que vous êtes un veau ? Mais, tout Paris le sait : Angéla est un veau !* (Dubut de Laforest). **4.** Vx. **Larder son veau,** envoyer des lazzis aux badauds. **5.** Vx. **Veau morné,** femme ivre.
ETYM. emplois péj. du mot désignant un animal réputé lent, apathique. **1.** 1901 [Bruant]. **2.** 1935, Simonin-Bazin [TLF]. **3.** 1862 [Larchey]. **4.** 1840 [Esnault]. **5.** 1848 [Pierre].

veilleuse *n.f.*

1. Femme de garde dans une maison close, qui reçoit les clients tardifs. **2.** Vx. Pièce d'un franc. **3.** Vx. Estomac. **4. (La) mettre en veilleuse,** se calmer, se taire : *Cette nuit, elle mettait en veilleuse, Crevette ; Pépère, elle le savait, quand il préparait un boulot, il admettait plus les humeurs de personne* (Simonin, 1).
ETYM. emplois spécialisés du mot usuel. **1.** 1901 [Bruant]. **2.** 1859 [Esnault]. **3.** 1881 [Rigaud]. **4.** 1935, Simonin-Bazin ; création des chauffeurs de taxi qui cherchent à passer inaperçus de la police.

veinard *adv.*

Veinard que..., ça été une chance que...
ETYM. locution adv. formée sur **veine** et fortement elliptique (cf. *encore heureux que...*). 1950 [Esnault].

Vél' d'Hiv *n.pr.*

Le vélodrome d'Hiver, à Paris, où se tenaient toutes sortes de manifestations populaires (sportives ou politiques). Il fut démoli en 1959.
ETYM. double apocope. 1894 [Esnault].

vélo *n.m.*

1. Faire un vélo de qqch, grossir, exagérer un petit problème. **2.** Vx. Postillon.
ETYM. apocope de **vélocipède** (1) et de **vélocifère** (2). **1.** 1976, E. Hanska [Cellard-Rey] (cf. *en faire un fromage, une pendule,* etc.). **2.** 1836 [Vidocq].

velours *n.m.*

1. Profit, argent gagné, en partic. au jeu : *Sans doute les filles pouvaient se faire un peu de velours... quelques biffetons supplémentaires avec des clients généreux* (Boudard, 2). *Marcel, le sportif, ramassa son velours. Seize sacs d'affurés ! La chance continuait* (Le Breton, 3). **Éclairer le velours,** syn. de éclairer le tapis. **Jouer sur le velours.** ***a.*** jouer en ne risquant qu'une partie de ses gains ; ***b.*** agir sans prendre de risque : *Je l'ai faite* [la gonzesse] *sur du velours dans la pagaille de la gare. Quarante tickets. C'est bon où ça tombe !* (Dégaudenzi). **2.** Événement heureux. **3.** Entreprise ou enquête aisée : *Avec Alexandre dans la fouille, ça ne pouvait être qu'un velours* (Houssin, 2). **C'est du velours,** c'est facile à faire : *Ah ! couper la cabèche à quelqu'un !* [...] *C'est ça du velours !* (Ménier). **Faire du velours,** chercher à amadouer. **4.** Nom donné à diverses boissons agréables au palais : *Mais si t'as l'gosier / Qu'une armur' d'acier / Matelasse / Goûte à ce velours / Ce petit bleu lourd /*

De menaces (Brassens) ; mélange de café et de lait d'amandes, stout additionné de champagne brut, etc. **Le petit Jésus** ou **le Bon Dieu en culotte de velours,** se dit d'une boisson exquise ou d'un plat délicieux : *Marius Mermillon rappelle le mot du poète avalant un verre de châteauneuf-du-pape : C'est le bon Dieu qui vous tombe dans l'estomac en culottes de velours* (Galtier-Boissière, 4). *Ce que je hume là, ce n'est pas du Legal… Le petit Jésus en culotte de velours va descendre, eût dit Dufon, en nos mignons estomacs* (Sarrazin, 2). **5.** Vx. Pet.

ETYM. emplois issus du sens « tapis des tables de jeu » et « substance moelleuse, douce ». **1.** 1935 [Esnault], mais **éclairer le velours,** dès 1867 [Delvau]. **Jouer sur le velours.** ***a.*** 1740 [Acad. fr.] ; ***b.*** 1872 [Littré]. **2.** 1935 [Esnault]. **3.** « travail facile » 1901 [Bruant] ; « enquête aisée » 1975 [Arnal]. **C'est du velours,** 1881, abbé Moreau. **Faire du velours,** 1831, Sue [TLF]. **4.** 1881 [Rigaud] ; « stout » 1977 [Caradec]. **Le Bon Dieu…,** 1894 [Puitspelu]. **5.** 1879, *le Père Duchesne* [Rigaud].

vendange *n.f.*

Produit d'un cambriolage.

ETYM. emploi métaphorique du mot usuel. 1953 [Sandry-Carrère]. Le verbe *vendanger* a des emplois métaphoriques dès le XVe s.

vendetta *n.f.*

Couteau à cran d'arrêt : *À ce moment, il sort de sa fouille une vendetta dont il me fait surgir la lame sous le nez* (Bastiani, 4).

ETYM. emploi métonymique (l'action pour l'arme) du mot italo-corse bien connu (« vengeance »). 1955, Bastiani.

vendeur, euse *n.*

1. Vx. **Vendeur de chair humaine,** agent de remplacement militaire. SYN. marchand d'hommes. **2. Vendeuse d'amour** ou **de plaisir,** prostituée : *La vendeuse d'amour, en cotillon, les pieds nus sur des savates de corde, montre des talons douteux* (Machard, 3). SYN. marchande d'amour.

ETYM. emplois spécialisés du substantif usuel. **1.** 1867 [Delvau]. **2. Vendeuse de plaisir,** 1888, Bourget [TLF].

vendôme *n.m. ou f.*

Vx. Jeu de hasard qui tient du baccara et du lansquenet : *Les cartes sortent des poches […] La partie est engagée, le vendôme fait rage* (Humbert). *Le jeu de la Vendôme se fait* [dans les salles, au bagne] *comme dans les académies, au moyen de 52 cartes* (Clémens).

ETYM. origine incertaine. 1850, Clémens.

vendre *v.t.*

1. Dénoncer : *Si tu veux me promettre d'être fidèle, de ne jamais vendre tes camarades, je te dirai quelque chose* (Orgères). *Je sais qui m'a vendu maintenant. Ce ne peut être que ce gredin de Fil-de-Soie* (Balzac, 1). **Vendre la mèche,** (vx) **la calebasse, le fourbi, le truc,** révéler un secret. **2.** Vx. Détrousser. **3. Vendre un piano à qqn,** l'accabler de boniments. **4. Vendre son cul** ou **en vendre,** se livrer à la prostitution : *Elle est arrivée… en vendant son cul, ce qui veut dire qu'elle n'a plus tant d'illusions sur l'espèce humaine* (Boudard, 2).

◆ *v.i.*

Vx. Voler à la tire.

ETYM. emplois spécialisés et péj. du verbe usuel. **1.** vers 980, *Passion du Christ* [GLLF]. **Vendre la mèche,** 1867 [Delvau] (altération de *éventer la mèche*) ; **la calebasse,** 1863 [Littré]. **2.** 1911 [Esnault]. **3.** 1953 [Sandry-Carrère]. **4.** 1975 [Le Breton].

◆ *v.i.* euphémisme. 1911 [Esnault].

vénèr ou vénère *v.*

(S')énerver : *Mais dis-lui pas que je t'ai donné leur nom, elle vénère quand on reparle de tout ça* (Reboux).

◆ *adj.*

Énervé.

ETYM. verlan de **(s') énerver.** 1993 [Vandel].

venin *n.m.*

Filer ou **lâcher son venin,** éjaculer : *Mon codétenu disait que parfois le type, ça* [la mise en scène érotique] *le faisait cracher son venin immédiat* (Boudard, 2).

ETYM. emploi métaphorique et humoristique d'une loc. animale. **Filer son venin,** 1953 [Sandry-Carrère] ; **lâcher…,** 1977 [Caradec].

venir *v.i.*

Éprouver l'orgasme, jouir : *Beau tenir à la limite du possible, elle ne vient pas… je finis par la faire reluire en jouant avec mon index un petit air de mandoline* (Boudard, 5).

ETYM. emploi spécialisé du verbe usuel. 1906, Apollinaire [Cellard-Rey].

vent *n.m.*

1. Du vent!, va-t'en: *Fous le camp, dit Fane. Dégage. Trisse-toi. Du vent. Barre-toi d'ici* (Pelot). **2. C'est du vent,** c'est sans aucune valeur, ça ne représente rien. **3. Avoir du vent dans les voiles,** avoir une démarche titubante, sous l'effet de l'ivresse: *À l'heure de la tombola, il y avait déjà pas mal de vent dans les voiles... Et tout ça gratis, pour attirer du monde* (Van der Meersch). **4.** ARG. ANC. **Faire perdre vent à qqn,** lui serrer la gorge jusqu'à l'asphyxier: *Un d'eux lui aurait mis la main à la gorge, en le serrant jusqu'à lui faire perdre vent* (Orgères).

ETYM. emplois métaphoriques du mot évoquant le mouvement (1 et 3) ou l'inconsistance (2). **1.** 1896, Courteline [TLF]; d'abord terme de refus (1862 [Larchey]). **2.** vers 1360, Froissard [GLLF]. **3.** 1883 [Fustier]; d'abord au sens de « se sentir décidé après boire » (1835 [Esnault]). On rencontre dès 1828 la loc. désuète *être vent dessus, vent dedans,* être ivre. **4.** 1796, Orgères.

venterne ou **vanterne** *n.f.*

ARG. ANC. Fenêtre. **Fausse vanterne,** contrevent: *Un dauphin débridera bien la fausse vanterne* (Ansiaume).

ETYM. de l'esp. **ventana,** venteuse. 1800, Leclair. **Fausse vanterne,** 1821 [Ansiaume]. L'orthographe *vanterne* provient de l'influence et d'une certaine confusion avec *lanterne.*

venternier ou **vanternier** *n.m.*

ARG. ANC. Cambrioleur qui s'introduit par les fenêtres: *Vanterne, en argot, veut dire fenêtre. Le vanternier est le malfaiteur qui, renonçant à s'introduire dans les appartements par effraction, préfère y pénétrer par escalade* (Locard).

ETYM. de **venterne.** *vanternier* 1835 [Raspail].

VAR. **venternien:** 1848 [Pierre].

ventilateur *n.m.*

Hélicoptère.

ETYM. emploi métaphorique du mot usuel. 1957 [Sandry-Carrère], compl.

ventre *n.m.*

1. Avoir qqch dans le ventre ou **en avoir dans le ventre,** être courageux, audacieux: *Travailler!... c'est bon pour ceux qui n'ont rien dans le ventre* (Sardou). VIEILLI. **Coup de ventre,** coup d'audace. **2.** Tromperie. SYN. bidon.

ETYM. emplois spécialisés du mot usuel. **1.** 1690 [Furetière]. **Coup de ventre,** 1926 [Esnault]. **2.** 1930 [id.].

DER. **ventré, e** *adj.* Courageux, audacieux: 1959, Braun.

ventrée *n.f.*

Grande quantité de nourriture; repas copieux: *Il revenait avec Mes-Bottes de Montrouge où ils s'étaient flanqué une ventrée de soupe à l'anguille* (Zola).

ETYM. de **ventre.** fin du XIIe s., Reclus de Moiliens [GLLF].

ver *n.m.*

1. Tuer le ver. ***a.*** boire de l'alcool le matin à jeun: *Il se rappela qu'il possédait dans son armoire un litre d'eau-de-vie presque plein; car il avait conservé l'habitude militaire de tuer le ver chaque matin* (Maupassant); ***b.*** tranquilliser sa conscience par la consommation de boissons fortes. **2. Tirer les vers du nez,** obtenir de qqn des renseignements, par surprise ou par force: *Selon Fouilloux, la religieuse essayait de lui tirer les vers du nez. On les connaît. Elles font semblant de vous câliner* (Duvert). **3.** VX. **Monter un ver,** mentir pour découvrir la vérité. **4.** VX. **Ver** ou **verre en fleurs.** ***a.*** tricherie aux cartes: *Le coup de cartes par lequel ces messieurs se concilient la fortune est ce qu'on appelle le «verre en fleurs»* (Vidocq); ***b.*** prélude au charriage.

ETYM. emplois spécialisés du mot usuel: certaines espèces de vers sont parasites de l'homme, et ont alimenté ses fantasmes depuis de nombreux siècles. **1. *a.*** 1850, Murger [Larchey]; Rigaud indique que, selon Ch. Rozan, cette loc., fondée sur une superstition médicale, remonterait à l'époque de François Ier; ***b.*** 1881 [Rigaud]. **2.** 1519 [Sainéan]. **3.** 1827 [Demoraine]. **4. *a.*** 1829, Vidocq; ***b.*** 1836 [id.].

DER. **verreur** *n.m.* Trompeur: 1850, forçat Clémens [Esnault].

verdine *n.f.* ou **vurdon** *n.m.*

Roulotte traditionnelle des Bohémiens: *En matière de fourgues, Petit-Paul connaît guère que Raoul, le Gitan de Saint-Ouen, qui reçoit dans sa verdine sur la zone* (Simonin, 8).

ETYM. du tsigane **vardo** et **wurdo.** 1950 [Esnault].

verdouse *n.f.*

ARG. ANC. Fruit (notamment pomme): *Apporte-moi une douzaine de verdouses pour me refaiter* (Ansiaume).

ETYM. de **vert.** 1628 [Chéreau].

verdure *n.f.*

Faire la verdure, se prostituer dans un parc ou un espace vert : *Je crois que je vais finir par passer clandé, moi. – Moi, ça, jamais. J'aime trop ma liberté. J'aimerais encore mieux faire la verdure* (Beauvais).

ETYM. emploi spécialisé et euphémique du mot usuel. 1975 [Beauvais].

vergeot, otte ou **verjot, otte** *adj.*

Chanceux : *Et s'il s'débinait sans agrafer d'torgnolles / Pouvait s'vantarder d'être un mecton vergeot* (Legrand). *Nériglissor ne fut pas plus verjo, vu qu'un marcotin après son avènement, un serpent y mordit l'ognard* (Devaux).

ETYM. resuffixation arg. de **verni.** *verjo* 1907 [Esnault] ; *verjotte* 1947 [id.] ; *vergeot* 1947, Stollé.

VAR. **vergeaud :** 1907 [Chautard].

verger *v.t.*

Posséder sexuellement : *L'intermède a laissé à la petite le loisir de quelques variations sur le passé de grand-maman, le temps de se demander si elle a eu, l'aïeule, en son bel âge, l'occasion de se faire verger dans un pageot pareil* (Simonin, 5).

ETYM. de **verge,** pénis. 1960, Simonin. Il a existé un verbe technique *verger,* « jauger la hauteur d'un liquide avec une verge » [Littré].

vergne *n.f.*

Vx. Ville : *En allant de vergne en ville / Et de cambrouse en lieu-dit / J'ai aimé des cambrelines / Et des marques de gipsies* (Mac Orlan, 2). **Vergne de miséricorde,** localité peu intéressante pour les voleurs.

ETYM. origine obscure, à rapprocher de l'ital. **la vergne,** pour désigner Turin ou Bologne. mil. du XVe s., Villon. **Vergne de miséricorde,** 1881 [Rigaud].

☞ **verlan**
→ Liste des argots spécifiques *page [33].*

vermicelles *n.m.pl.*

1. Cheveux : *J'aurais voulu qu'il pourrisse des piges et des piges au bing, en Centrale, qu'il y paume ses vermicelles* (Bastiani, 1). **2.** Vx. Fins vaisseaux capillaires : *Par le* meg des Fanandels, *tu es sans* raisiné *dans les* vermichels (Balzac, 3).

◆ **vermicel** *n.m.*

Panards en vermicel, pieds sensibles.

ETYM. emploi métaphorique du mot usuel, issu de l'ital. **vermicelli. 1.** 1886, Richepin [Esnault]. **2.** 1847, Balzac.

◆ *n.m.* 1937 [Esnault].

vermois *n.m.*

ARG. ANC. Sang : *Ce sont les éclabousses du vermois qui m'ont fait maronner* (Ansiaume).

ETYM. resuffixation de **vermeil.** 1821 [Ansiaume].

verni, e *adj. et n.*

Qui a de la chance : *Ce que vous êtes vernis, vous autres ! soupira Serge* (Clavel, 2). *Bravo, Max ! Tu es un « verni », fit-il, d'un ton sec. Et tu signes quand ?* (Méra).

◆ *adj.*

1. Vx. Protégé. **2.** Ivre.

◆ **verni** *n.m.*

Vx. **Du verni,** de la chance, du bonheur.

ETYM. emploi métaphorique de l'adj. usuel : les ennuis « glissent » sans s'attarder sur celui qui est verni. 1906 [Esnault].

◆ *adj.* **1.** 1903 [id.]. **2.** 1901 [Bruant].

◆ *n.m.* 1915 [Esnault].

vérole *n.f.*

1. Syphilis : *Et l'on s'en fout, d'attraper la vérole / Et l'on s'en fout, pourvu qu'on tire un coup* (chanson paillarde). **Sauter sur qqch** ou **sur qqn comme la vérole sur le basclergé,** avec soudaineté et acharnement : *Et vlan, un beau matin, une équipe joyeuse s'abat sur le patelin, un peu comme naguère la vérole sur le bas-clergé* (Grancher). **Boîte à vérole.** ***a.*** maison close ; ***b.*** prostituée. **2.** Ennui, difficulté grave : *Il a foutu la vérole dans le chantier.*

ETYM. doublet ancien de **variole. 1.** 1532, Rabelais (mais dès le mil. du XVe s. sous la forme pl. *varoles*) [GLLF]. **Comme la vérole sur le bas-clergé,** 1966, Grancher. **Boîte à vérole.** ***a.*** 1912 [Villatte] ; ***b.*** 1894 [Virmaître]. **2.** 1955, R. Vailland [GR].

véroler *v.t.*

Contaminer ; perturber : *Tous deux, remplissant scrupuleusement leur contrat, s'ingénieront à véroler les réunions de l'adversaire* (Simonin, 10).

ETYM. de **vérole.** 1967, Simonin.

DER. **vérolé, e** *adj. et n.* **1.** Atteint de syphilis : 1534, Rabelais [GLLF] ; employé comme injure : 1905, Rivière [TLF]. **2.** Se dit d'un appareil détraqué : 1977 [Caradec]. **véroleuse** *n.f.* Prostituée : 1867 [Delvau].

verseuse *n.f.*

Vx. Serveuse de café qui se prostitue : *Les verseuses invitent ouvertement les consommateurs à se rendre dans leurs chambres pour y passer quelques instants* (Macé).

ETYM. de **verser (à boire).** 1883 [Fustier].

Versigot *n.pr.*

Versailles.

ETYM. altération arg. de **Versailles.** 1836 [Vidocq].

1. **vert, e** *adj.*

1. Vx. Poursuivi sans espoir d'échapper : *Ils* [les Boches] *bombardent le patelin et c'est nous qui serons encore verts* (Dorgelès). **2.** Déçu dans son attente ; étonné. **3.** Qui décide sans appel. **Manille verte,** le dix d'atout, qui prime les trois autres manilles.

ETYM. emplois psychologiques de l'adj. de couleur, qui évoque la peur (1 et 2), ou la verdeur (3). **1.** 1894 [Esnault]. **2.** 1894 [Chautard]. **3.** 1914 [Esnault].

2. **vert** *n.m.*

1. Mettre au vert, corriger une fille qui refuse de se prostituer. **2.** Vx. **Se mettre au vert,** s'asseoir à une table de jeu. **3. Faire le vert,** manquer son coup.

◆ **verts** *n.m.pl.*

Vx. **1.** Forçats à vie, portant le bonnet vert : *On entend crier dans le port : « Envoyez six rouges au Martrou ; quatre verts à la Vieille-Forme ! »* (Alhoy). **2.** Fantassins de la garde de Paris, à l'uniforme vert : *Quand je m'ai senti les verds* [sic] *au dos le treffe me faisait trente et un* (Vidocq).

ETYM. emplois substantivés et spécialisés de l'adj. **1.** 1975 [Arnal]. **2.** 1881 [Rigaud] (allusion au *tapis vert*) ; le sens de « partir pour la campagne » (1866, Villars [Larchey]) est auj. fam. **3.** 1890, Laval [Esnault].

◆ *pl.* **1.** 1830, Alhoy. **2.** 1829, Vidocq.

vert-de-gris *adj. et n.m.*

S'est dit du soldat allemand, pendant l'Occupation : *Joue-t-elle la comédie, cette ex-maîtresse d'un guerrier vert-de-gris ?* (Galtier-Boissière, 1).

◆ *n.m.*

Vx. **1.** Huissier. **2.** Verre d'absinthe.

ETYM. de l'idée de « poison » et de la couleur de l'uniforme ou de la boisson. 1940 [Esnault].

◆ *n.m.* **1.** 1848 [Pierre]. **2.** 1881 [Rigaud].

verte *n.f.*

Vx. **1.** Absinthe : *Si t'as soif... tout à l'heure on descendra en musique s'offrir une verte !* (Machard). **2.** Blennorragie.

ETYM. emplois substantivés et métaphoriques de l'adj. **1.** 1866 [Delvau]. **2.** 1881 [Rigaud].

vesse *n.f.*

1. Pet malodorant. Vx. **Ruelle aux vesses,** postérieur. **2.** Vx. **Faire la vesse,** faire le guet.

◆ *interj.*

Attention, alerte !

ETYM. déverbal de **vesser. 1.** XVe s. *Miracles de sainte Geneviève* [GLLF]. **Ruelle aux vesses,** 1879, *le Père Duchêne* [Rigaud]. **2.** 1850 [Esnault].

◆ *interj.* 1875 [id.].

vesser *v.i.*

1. Émettre un pet malodorant. **2. Vesser du bec,** avoir mauvaise haleine.

ETYM. du lat. **visire,** même sens. **1.** XIIIe s. [GLLF]. **2.** 1867 [Delvau].

veste *n.f.*

1. Échec : *Discours de Victor Hugo, qui n'est jamais las de triomphes, et réponse probable de Dupanloup, qui n'a jamais assez de vestes* (Gill). **Ramasser** ou **remporter une veste,** échouer dans une compétition ou une élection. **2. Retourner sa veste,** changer d'opinion.

ETYM. arg. du théâtre, allusion à l'échec d'une pièce. **1.** 1866 [Delvau]. **2.** 1883 [Fustier].

vestiaire *n.m.*

Vêtements donnés aux sans-logis par une œuvre de charité : *« T'as fait un beau vestiaire, mon gars », apprécie-t-il en reluquant mes fringues propres et mon sac de voyage presque neuf. Je ne sais pas encore qu'un vestiaire, c'est les vêtements qu'on donne aux cloches dans les œuvres de charité* (Dégaudenzi).

ETYM. emploi imagé du mot usuel. 1987, Dégaudenzi.

vestos *n.m. pl.*

Haricots, comme plat de résistance dans les prisons : *J'ai fait de la prévention pour moins que cela. – Ah ! tu as mangé des vestos ? insinuait Olga cauteleuse* (Lorrain).

ETYM. sans doute resuffixation arg. de **vestiges,** légumes, 1867 (Delvau). 1849 [Halbert].

véto *n.m.*

Vétérinaire : *Je vais demander au véto de la piquer* [la guenon] (Roubaudi).

ETYM. apocope et resuffixation pop. de **vétérinaire.** 1899 [George].

veuve *n.f.*

1. Vx. Potence. **Épouser la veuve** ou **cramper avec la veuve,** être pendu ou guillotiné : *Lisette, la femme de Cartouche qui avait absolument voulu venir avec moi pour voir si nous, les truands, on laisserait le patron épouser la Veuve* (Burnat). **2.** Guillotine : *Monseigneur le bourreau, gouverneur de la Veuve (nom plein de terrible poésie que les forçats donnent à la guillotine)* [Balzac, 1]. *Je trouverai des guibolles pour marcher au devant de la veuve* (Méténier). *Descendre tout le monde. Trois assassinats. Rendez-vous avec la Veuve !* (Jaouen).

ETYM. elle voit mourir tous ceux qui lui sont attachés. **1.** 1628 [Chéreau]. **Cramper avec la veuve,** 1881 [Rigaud]. **2.** 1830, chanson de forçats [Esnault].

viande *n.f.*

1. Corps humain ; individu : *Le va-et-vient souple de la plume qu'il ressent dans le poignet irradie une joie énorme dans toute sa viande, tronche y comprise* (Simonin, 5). *À peine entré, v'là qu'je m'cabre / En entendant : « Holà ! / Asseyez vot'viand' là ! »* (chanson *Plaisirs montmartrois,* paroles de E. Lemercier). **Amène ta viande !,** arrive ! **Montrer sa viande,** se décolleter, en parlant d'une femme : *Toute une galerie de « Saracina » (la putain colossale dans* Huit et Demi *de Fellini) font étalage de leur viande* (de Goulène). **Ramasse ta viande !,** se dit à qqn qui vient de faire une chute. **Viande de seconde catégorie, basse viande,** femme aux chairs bouffies et molles. **2. Viande saoule,** se dit d'un individu ivre. **3. Viande à pneu,** piéton imprudent. Vx. **Viande de morgue,** individu qui vagabonde en commettant des imprudences. **4. Viande froide,** cadavre : *César, le pauvre mec, s'était fait repasser pour une bonne connerie et ça me foutait encore plus en pétard de le savoir à l'état de viande froide dans la pièce à côté* (Bastiani, 4).

ETYM. emplois métonymiques (la matière pour l'individu) et péj. du mot usuel. **1.** XVIe s., Tabourot [Delvau]. **Montrer sa viande,** 1808 [d'Hautel] ; autres loc. 1878 [Rigaud]. **2.** 1916, Barbusse [TLF]. **3. Viande à pneu,** 1953 [Sandry-Carrère]. **Viande de morgue,** 1877 [Rigaud]. **4.** 1938 [Esnault].

viander *v.t.*

1. Tuer. **2.** Posséder sexuellement.

◆ **se viander** *v.pr.*

1. Se tuer dans un accident : *Il était l'unique héritier d'un couple qui s'était viandé à bord d'une Cadillac bleu métal, du côté de Nice* (Houssin, 2). **2.** S'entretuer dans une rixe.

ETYM. de **viande. 1.** 1981 [Doillon]. **2.** 1971 [id.].
◆ *v.pr.* **1** et **2.** 1950 [Esnault].

viandox *n.m.*

1. Baigneur allongé sur une plage : *Quel monde ! soupirez-vous. – Ouais ! Ce ramassis de viandox, c'est pas triste mais c'est du bon résult* (Buron). **2. Faire viandox,** syn. de se viander au sens 2.

ETYM. de **viande** et **Viandox** (nom déposé) ; allusion au bronzage qui rougit la peau. **1.** 1989, Buron. **2.** 1947, Aymé [TLF].

vibure *n.f.*

À toute vibure, à toute vitesse : *Je monte dans la n'auto. Prends le volant. Et on fout le camp de la jungle des villes, à toute vibure* (Siniac, 3).

ETYM. sans doute de **vibord,** terme de marine, « muraille d'un bâtiment qui en renferme les gaillards », influencé par un autre mot, p.-ê. **carbure.** vers 1920 [Esnault].

DER. **viburer** *v.i.* Aller vite : 1979, Vautrin.

vice *n.m.*

1. ARG. ANC. Bande de malfaiteurs : *À cause que je suis du vice, vous allez dire que c'est moi qui ai volé votre sac* (procès d'Orgères). **2.** Équivalent du « génie » chez les voyous et les truands : *Le Frisé peut vous le dire, lui qui m'a connu aux États, pour ce qui est d'avoir du vice, vous pouvez compter sur le vieux Amédée* (Trignol). **3.** Luxure : *Agathe, la bonniche, elle était plus là, elle était partie en bombe avec le tambour de la ville, un père de famille !... Ils s'étaient mis ensemble « au vice »* (Céline, 5). *C'est une Alsacienne, elle s'appelle Rachel, elle a un corps de vingt ans, mais un peu sec, des seins parcimonieux, le visage qui va avec, et du vice en proportion de son âge véritable, incertain mais canonique* (G. Arnaud, 2). **Aller au vice,** se rendre chez une prostituée.

ETYM. emplois emphatiques et spécialisés du mot usuel. **1.** 1798, Orgères. **2.** 1843 [Esnault].

3. *être du vice,* être luxurieux, 1860, Caen [Esnault]. **Aller au vice,** 1792, *le Père Duchesne* [DDL 32].

vicelard, e *adj. et n.*

1. Qui a des mœurs dépravées, vicieuses : *Vêtue ou dénudée, elle évoquait pour lui ces vachères robustes que dépravent volontiers les maquignons vicelards, aux soupers des foires de canton* (Simonin, 1). *Je te connais, vicelarde. J'ai dans l'idée que tu aimes ça* (Malet, 8). 2. Qui est très habile, rusé : *Coléreux comme un ours et vicelard comme une fouine, il régnait sur les quelques mauvais garçons de la ville, et les honnêtes gens changeaient de trottoir sitôt qu'ils apercevaient sa hure* (Viard).

◆ *adj.*

Compliqué, difficile, en parlant d'un problème, d'une situation, etc.

ETYM. resuffixation arg. de **vicieux.** 1. 1947, Malet (sens habituel de *vicieux*). 2. 1928 [Lacassagne].

◆ *adj.* 1953, Simonin [GLLF].

VAR. **vicelot** au sens 2 : 1894 [Virmaître].

DER. **vicelot** *n.m.* 1. Ruse, habileté : 1901 [Rossignol]. 2. Menu défaut : 1836 [Vidocq].

vicelardise *n.f.*

Tempérament ou comportement vicieux : *On se garde juste le souvenir* [...] *de cette grande actrice du Théâtre-Français qui, par défi, par vicelardise, s'est placée dans le choix parmi les putes, un soir chez Aline au Grand 2* (Boudard, 2).

ETYM. de **vicelard.** 1986, Boudard.

viceloque *adj. et n.*

Syn. de vicelard : *Le viceloque éberlue le clodo de justifications au droit de l'homme à se tailler une publicité personnelle* (Simonin, 6).

ETYM. resuffixation arg. de **vicieux.** *adj.* 1962, Boudard ; *n.* 1966, Simonin.

vice-versailles *adv.*

Réciproquement : *Chaque fois que ma femme est bien avec moi, elle est mal avec sa concierge... et vice-versailles* (La Fouchardière).

ETYM. à-peu-près humoristique formé sur **vice versa.** 1878 [Rigaud].

vidage *n.m.*

Expulsion ; licenciement : *L'engueulade de Schott puis du chef du personnel, la mise en boîte des copains, et pour finir, le vidage avec pertes et fracas !* (Guérin).

ETYM. de **vider.** 1918, Déchelette [TLF].

vider *v.t.*

1. Expulser, mettre dehors brutalement : *Le clodo s'est fait vider de la soirée de gala.* 2. Licencier (un ouvrier, un employé) : *Il m'a foutu à la porte, ignominieusement. Vidé, dans tous les sens du mot* (Malet, 8). 3. Épuiser. 4. Vx. Ruiner. 5. **Vider son sac à bidoche,** décharger sa conscience.

◆ **se vider** *v.pr.*

Vx. Mourir.

ETYM. emplois expressifs du verbe usuel. 1. 1879, Huysmans. 2. 1920 [Bauche]. 3. 1876 [Larousse]. 4. 1866 [Delvau]. 5. 1953 [Sandry-Carrère], mais *vider le sac,* même sens, 1640 [Oudin].

◆ *v.pr.* 1866 [Delvau].

videur *n.m.*

Individu chargé d'expulser les gêneurs, dans un bar, un meeting, etc. : *Elle scrute son public, le sonde pendant de longues secondes ; cris de délire, les videurs balancent un mec qui a sauté sur scène* (Delacorta).

ETYM. de **vider** au sens 1. 1956, Albert Camus [TLF]. Est passé dans la langue courante.

videuse *n.f.*

Avorteuse. SYN. faiseuse d'anges.

ETYM. de **vider.** 1975 [Arnal].

vier [vje] *n.m.*

Vx. Pénis.

ETYM. du prov. **viet,** même sens, issu du bas lat. **vectis** ou p.-ê. apocope de **viédaze,** verge d'âne, d'où « imbécile », et plus tard « aubergine » (1872 [Littré]). 1975 [Le Breton].

vieux, vieille *adj.*

1. **Se faire vieux,** attendre qqn avec impatience ; se faire du souci : *Lafenêtre et Laporte, ils doivent se faire vieux, à nous attendre sur le rocher* (Chabrol). 2. Vx. **Vieille maison,** forçat évadé et repris.

◆ **vieux** *n.m.*

1. Père : *Le problème de Denis, c'était son vieux. Un réac-nazi, entrepreneur de maçonnerie, devenu maire sous l'Occupation* (Dormann). 2. **Le Vieux des trois tours,** le préfet de police : *Le Vieux des trois tours, qui pourtant n'était pas trop vieux, lui donna* [à Vidocq] *ses instructions* (Lhéritier).

◆ **vieille** *n.f.*
1. Mère : *Il a jamais su l'nom d'son père / Puisque sa vieille, vingt fois par jour, / Pour dix sacs s'envoyait en l'air* (Renaud). **2.** Surveillante de prison centrale : *Presque toutes les nuits, la « vieille » appelait les gaffes pour le moindre chahut. Ils arrivaient quatre, et ils en faisaient lever quatre en tirant les couvertures* (Roubaud). **3.** Vx. Dame du jeu de cartes.
◆ **vieux** *n.m.pl.*
Parents : *Viens, dit-ell', voir mes vieux et d'mand' leur poliment ma main* (P. Perret). *Je trouve que l'expression « mes vieux » pour parler des parents (et l'extension « mon vieux », « ma vieille » pour parler du père ou de la mère) est une des plus péjoratives et des plus cruelles du langage des « jeunes »* (Cardinal).
ETYM. emplois spécialisés de l'adj. usuel. **1.** 1867 [Delvau]. **2.** 1835 [Esnault].
◆ *n.m.* **1.** 1881 [Rigaud]. **2.** 1819 [Esnault].
◆ *n.f.* **1.** 1881 [Rigaud]. **2.** 1925, Clermont [Esnault]. **3.** 1866, Villars.
◆ *pl.* 1884, Daudet [GLLF].

vif *n.m.*
1. Prendre sur le vif, arrêter en flagrant délit. **2.** Vx. **Prendre au vif,** attaquer et dévaliser des passants qui ne sont pas ivres (par opposition aux victimes ivres, qui sont des morts).
ETYM. emplois spécialisés de l'ancien doublet de **vivant. 1.** 1952 [Esnault]. **2.** 1899 [Nouguier].

vigouse ou **vigousse** *n.f.*
Force, énergie.
ETYM. resuffixation arg. de **vigueur.** 1872, Flaubert [Sainéan].

villégiature *n.f.*
1. Détention : *J'ai été fait une fois – trois mois de villégiature à Melun –, ça m'a calmé* (Galtier-Boissière, 2). **2.** Pour une prostituée, séjour à l'étranger ou en province (souvent imposé comme punition par son proxénète).
ETYM. emplois euphémiques du mot usuel, évoquant un « séjour volontaire ». **1.** 1894 [Virmaître]. **2.** vers 1950, Mac Orlan.

Villetouse (la) ou **Villetouze (la)** *n.pr.*
La Villette et ses anciens abattoirs : *On devait à toute force lui tenir tête au déjeuner, dans une planque à entrecôtes de la Villetouze !* (Simonin, 3).
ETYM. resuffixation arg. de **la Villette.** 1893 [Esnault].

vin *n.m.*
Vx. **Être dans le vin,** être ivre : *J'étais d'ailleurs un peu dans le vin et quand je suis pris de boisson, je ne fais pas bien attention à la parole d'un homme* (Leclair).
ETYM. emploi métonymique du mot usuel. 1800, Leclair.

vinaigre *n.m.*
1. Faire vinaigre, se hâter : *Je reviens de chez Alfred. J'ai dû faire vinaigre. C'est bondé de poulets* (Dominique). **2.** Vx. **Crier au vinaigre.** ***a.*** se fâcher ; ***b.*** appeler au secours. **3. Tourner (au) vinaigre,** finir mal : *Ç'aurait pu tourner vinaigre notre incartade, qu'on se retrouve tous les trois aux durs, un séjour de quelques années au bat'd'Af* (Boudard, 5).
ETYM. du saut à la corde, où l'interj. **du vinaigre !** sert à réclamer une accélération du mouvement (1867 [Delvau]), et du cri aigu des marchands de vinaigre, jadis (2). **1.** 1898 [Chautard] **2.** ***a.*** 1953 [Sandry-Carrère] ; ***b.*** 1660 [Chéreau]. **3.** 1873, Beauvillier [Larchey].

vinasse *n.f.*
Vin de qualité médiocre : *Un petit garçon à trogne de poivrot qui couchait à la belle étoile* [...] *Bébé puait toujours la vinasse, la crasse et la vomissure* (Demouzon).
ETYM. de **vin** et du suff. péj. **-asse.** 1832 [Raymond].

1. vingt-deux *n.m.inv.*
Vx. Couteau, poignard : *J'ai vu le moment où il faudrait jouer du vingt-deux ; et alors il y aurait eu du raisinet* (Vidocq).
ETYM. origine incertaine, p.-ê. de la longueur de la lame (22 cm). 1828, Vidocq [Esnault].

2. vingt-deux *interj.*
1. Attention ! : *Vingt-deux, qu'y dit le mec, c'est les flics !* (Villard, 2). **2.** Chiche ! : *Je lui disais : « Vingt-deux que je fais se battre Millaud (Millaud c'était son caïd) avec le mien »* (Genet).
ETYM. origine peu claire, sans doute d'un codage secret. **1.** 1874 [Boutmy]. **2.** 1902 [Esnault].

vingt-et-une *n.f.inv.*
Peine d'internement jusqu'à la majorité : *Le Bon Pasteur, ça veut dire la maison de correction. La vingt-et-une, on appelait ça. C'était*

une sorte de prison, de bagne pour enfants, dont on ne sortait qu'à sa majorité (Boudard, 2).
ETYM. de **vingt et une (années),** âge de la majorité avant 1974. 1947, Malet.

violette *n.f.*
1. Gratification accordée après la conclusion d'une affaire, d'un marché : *Une violette au vendeur et l'affaire avait été réglée aussi sec* (Le Breton, 3). **2. Avoir les doigts de pieds en bouquet de violettes,** éprouver l'orgasme : *Pharaon retira son galoubet de sa housse et joua la Sérénade des Adieux à c'te pauvre Sarah si retournée qu'elle en avait les fumerons en bouquet de violettes* (Devaux).
ETYM. emploi exemplaire d'une *fleur,* au sens de « cadeau » (1) et loc. expressive, évoquant l'épanouissement momentané de l'individu. **1.** 1926 [Esnault]. **2.** 1953 [Sandry-Carrère].

violon *n.m.*
1. Chambre d'arrêt, dans un poste de police ou de garde : *Les* inculpés *sont emmenés au corps de garde voisin et mis dans ce cabanon nommé par le peuple* violon (Balzac, 3) ; par ext., prison : *Il avait été décidé d'élargir tout le monde, à l'exception, primo, du nommé Ziébel Aloyse, qui ayant trois grammes cinq de schnick dans les veines allait paisiblement cuver sa cuite au violon* (Coatmeur). **2.** Vx. **Jouer du violon,** scier son collier de fer, en parlant d'un bagnard : *Les argousins faisaient des rondes fréquentes, pour s'assurer que personne ne s'occupait à* jouer du violon (Vidocq). **3.** Vx. **Sentir le violon,** être dans la misère. **4.** Vx. Bidet.
ETYM. emplois métaphoriques (idée de « boîte exiguë ») et jeu sur le geste du violoniste ou sur les cordes. **1.** 1792, abbé Sicard [TLF]. **2.** 1828, Vidocq. **3.** 1836 [id.]. **4.** 1901 [Bruant].
DER. **violoné, e** *adj.* Vêtu misérablement : 1836 [Vidocq].

vioquard, e ou **viocard, e** *adj. et n.*
Variante de 1. vioque : *Papa, évidemment, il est un peu viocard, mais il a de beaux restes* (Devaux). *Pour ce qui est du bonhomme je vois pas à quoi que ça m'aurait servi de mettre en l'air un vioquard qui tient pus sur ses gambilles* (Lefèvre, 2). *À l'un de ces kiosques maqués par d'inénarrables viocardes aux doigts crochus* [...] *j'achète des boîtes de bibine* (Dégaudenzi).
ETYM. de **1. vioque** et du suff. péj. **-ard.** *vioquard adj.m.* 1921 [Esnault] ; *n.m.* 1879 [id.] ; *viocard adj.* 1953 [Sandry-Carrère] ; *viocarde n.f.* 1987, Dégaudenzi.

1. vioque ou **vioc** *adj. et n.*
Se dit d'une personne âgée, d'un vieillard : *Il tournait vioc, nom de Dieu ! Il fallait bien que ça arrive un jour* (Amila, 1). *T'as vu les viocs qui jouent aux brêmes ? souffla Bernard. – Oui, y sont gratinés. À la tienne !* (Fallet, 1). *Et vioque on m'a laissé moisir, / Seul et nu devant la Richesse* (Rictus). *Quand on s'ra vioques, c'est comme ça qu'on sera laids, dit Tirette* (Barbusse). *T'imagines la vioque quatre-vingts berges ou quelque chose comme ça !* (Duvert).
◆ *n.*
Père, mère : *Lui, son dabe était stéphanois et sa vioque franc-comtoise* (Audiard).
◆ *n.m.pl.*
Parents.
ETYM. resuffixation arg. de **vieux** (avec p.-ê. influence du dauphinois **veilloca,** décrépit, 1710 [Esnault]). *vioc* 1815, *Chanson de Winter,* in Vidocq ; *viocque* 1881 [Rigaud].
◆ *n.m.pl. vioques* 1904 [Esnault] ; *viocs* 1901 [Bruant].
VAR. **viorque :** 1902, Lyon [Esnault]. **viorne :** 1860, Besançon [id.].
DER. **vioquir** *v.i.* Vieillir : 1836 [Vidocq]. **vioquerie** *n.f.* Vieillard : 1930 [Esnault].

2. vioque *n.f.*
Vx. **À vioque,** à vie, à perpétuité : *Ce Vidocq est un grinche, qui était pire qu'à vioque, à cause de ses évasions* (Vidocq).
ETYM. forme picarde de **à viache,** en viager [Esnault]. 1829, Vidocq.

vipère *n.f.*
Vipère broussailleuse, pénis.
ETYM. métaphore pittoresque, fondée sur une analogie visuelle. 1977 [Caradec].

virage *n.m.*
Choper qqn au virage, le rattraper au moment propice.
ETYM. image empruntée aux cyclistes, qui rattrapent un concurrent en prenant le virage le plus serré et le plus rapide possible. 1927 [Esnault].

virer *v.t.*
1. Expulser, congédier : *Il s'en était pris aux autres, qui avaient fini par le virer à coups de*

pompe dans le cul (Dormann). *La revue* Off-Movie, *le principal organe des amateurs de cinéma expérimental, où Lionel avait travaillé des années, avant de se faire virer comme un malpropre* (Pouy, 3). **2.** Se débarrasser d'un conjoint, d'un concubin, d'un associé, etc. : *Quand ça marchait plus avec une dame, j'essayais toujours d'être viré pour pas avoir d'emmerdes* (Pousse). **3. Se faire virer les crocs,** se faire arracher les dents.

◆ *v.i.*

Devenir : *On est consterné par le spectacle embarrassant d'un grand réalisateur viré gâteux* (*Libération,* 8 septembre 1989).

ETYM. emplois expressifs du verbe usuel, purement spatial à l'origine. **1.** 1931 [Chautard]. **2.** 1928 [Lacassagne]. **3.** 1953 [Sandry-Carrère]. ◆ *v.i.* 1968 [PSI].

virguler *v.t.*

Donner par un geste de la main : *Il m'a virgulé un billet de cent balles* ; par ext., donner, émettre : *« Alors ? il me sort, t'as compris ? – Compris quoi ? – Qu'avec nous, ça sert à que dalle de jouer au con. » C'est bougrement duraille, mais j'arrive à virguler un rictus* (Bastiani, 4).

ETYM. de **virgule,** évoquant un geste arrondi. 1868, *le Moniteur universel* [GLLF].

virolet ou **virolo** *n.m.*

Virage : *D'une poussée assez douce de l'épaule, il venait de redresser Geoffrain, qu'un déport de la voiture, dans un virolet, avait projeté contre lui* (Simonin, 1).

ETYM. resuffixation plaisante de **virage** (p.-ê. sous l'influence de *piccolo* pour la seconde forme). *virolet* 1958, Simonin ; *virolo* 1977 [Caradec].

vis *n.f.*

Serrer, tordre la vis ou **donner un tour de vis à qqn.** ***a.*** l'étrangler ; ***b.*** le traiter de façon très sévère : *Question de discipline, je serre la vis et jamais d'ennuis, d'aucune sorte. Mes « lascars » m'appellent « Cœur de vache »* (Carco, 3).

ETYM. image empruntée au vocabulaire des mécanos. ***a.*** 1872, *le Moniteur* [Larchey] ; ***b.*** 1888 [Villatte].

viscope *n.f.*

1. Visière d'une coiffure : *D'un coup, j'attendrais vingt et un ans, l'âge de coiffer le képi à large viscope des Bat'd'Af'* (Malet, 1). **2.** Œil ; œilleton : *Léo lui ouvrit lui-même. Après l'avoir toutefois miré à la viscope de la porte* (Dominique).

ETYM. resuffixation arg. de **visière,** avec un suff. emprunté à **télescope. 1.** 1867 [Delvau]. **2.** 1928 [Esnault].

vise au trèfle *n.m.inv.*

Vx. Apothicaire.

ETYM. du verbe **viser** et de **trèfle,** anus. 1836 [Vidocq].

viser *v.t.*

Regarder : *Vise la bath jumelle que j'ai prise à un macchabée boche, un officier* (Dorgelès).

ETYM. emploi emprunté aux soldats, pour qui *viser* coïncide parfaitement avec *regarder, observer.* 1894 [Chautard].

VAR. **visoter :** 1898 [id.].

vissé, e *adj.*

Bien, mal vissé, de bonne, mauvaise humeur : *Avec moi, il est toujours bien vissé. L'autre soir, j'ai même eu des compliments* (Sarrazin).

ETYM. image empruntée aux ouvriers métallurgistes. 1924 [Esnault].

visser *v.t.*

1. Mettre en prison. **2.** Soumettre à une discipline rigoureuse : *Les mômes sont drôlement vissés, dans cette boîte !*

ETYM. emplois métaphoriques et humains du verbe technique. **1.** 1920 [Bauche]. **2.** 1946, M. Aymé [GLLF].

vista *n.f.*

Bonne vision d'ensemble de la situation : *Dès sa naissance, le Marseillais possède une vista aiguisée au fil des siècles pour déjouer les carambouilles* (Borniche, 2).

ETYM. mot esp., « vision ». 1975, Borniche.

vite *adv.*

Vite fait ou **vite fait bien fait,** rapidement : *Des fois qu'il y aurait une brebis galeuse dans le coin, faudrait voir à l'éjecter vite fait* (Sarraute, in *le Monde,* 30 janvier 1988). *Choqués par les mœurs de leur fille, ils bouclent vite fait bien fait leurs bagages et retournent en Tchécoslovaquie* (*Libération,* 30 août 1983).

ETYM. loc. elliptique et expressive. **Vite fait,** 1954, Le Breton [TLF].

vitrine *n.f.*

1. Visage : *Yves, qui ne respecte rien, cogne dans la vitrine de Lulu qui va au chagrin les yeux cernés quatre jours sur six* (Cordelier). **2.** Sexe féminin. **3.** Vx. Lorgnon, lunettes.

ETYM. emplois métaphoriques : ce qui est *en vitrine* est exposé (notamment aux coups). **1.** 1976, Cordelier. **2.** 1970, Hougron [TLF]. **3.** 1867 [Delvau].

vitriol *n.m.*

Alcool ou vin médiocre : *C'est que, dans le ménage des Coupeau, le vitriol de l'Assommoir commençait à faire aussi son ravage* (Zola).

ETYM. emploi métaphorique du mot usuel, qui désigne généralement l'« acide sulfurique concentré ». 1828, Vidocq.

vivant *adj. et n.m.*

Se dit d'un cheval qui doit gagner la course : *Le jockey (qui était, du reste, l'honnêteté même) n'avait pas été pressenti, le cheval était bien « vivant », et ne fut battu que d'une courte tête* (Neuter, 2).

ETYM. emploi expressif du mot usuel. 1926, Neuter.

vivre *v.i.*

1. Vivre de sa viande, être proxénète. **2. Apprendre à vivre à qqn,** le corriger sévèrement.

ETYM. loc. euphémiques révélatrices du milieu. **1.** 1888 [Villatte]. **2.** 1656, Molière [GLLF]. Ce sens s'est spécialisé et évoque en principe la correction infligée par un truand ou un proxénète, pour faute contre les « lois » du milieu.

voie *n.f.*

1. Course rentable en taxi : *Au-dessus de dix francs, tu peux appeler ça une « voie »* (Simonin-Bazin). **2. Voie publique,** accident sur une voie publique, dans le langage des policiers.

ETYM. emplois spécialisé du mot usuel (1) et elliptique d'un terme de voirie (2). **1.** 1935, Simonin-Bazin. **2.** 1975 [Beauvais].

voie-publiquard *n.m.*

Agent de police chargé de la sécurité sur la voie publique : *La partie qui va se jouer entre les policiers et lui est l'illustration parfaite de ce que l'on appelle, d'un côté, une belle enquête de voie-publiquards, et de l'autre, une grande leçon de fric-frac* (Larue).

ETYM. de **voie publique**, terme officiel, et du suff. **-ard.** 1969, Larue.

voile *n.f.*

Être ou **marcher à voile et à vapeur,** être bisexuel : *C'est justement à l'ambivalence, à l'incessant et, souvent, laborieux va-et-vient entre le côté pile et le côté face de l'homme (et de la femme), qu'on reconnaît l'exilé ou le déserteur de son sexe. En langage imagé, le bon sens ou l'esprit de géométrie parle d'aller « à voile et à vapeur »* (de Goulène).

ETYM. emploi métaphorique évoquant les deux modes classiques de fonctionnement des bateaux (→ CORVETTE et FRÉGATE). 1957 [PSI], mais sûrement plus ancien.

voir *v.t.*

1. Vx. Surprendre, attraper. **2. En voir (de toutes les couleurs),** subir un traitement désagréable, être en butte à toutes sortes d'avanies. **En faire voir (de toutes les couleurs),** infliger de mauvais traitements : *Tous les deux, nous lui en ferons voir de joyeuses, à cette pécore...* (Mirbeau). **3. Va te faire voir,** formule de congédiement grossier : *Trois minutes plus tard, on savait au Fouquet's, au Sélect, au Normandy et autres lieux d'adoption de la faune cinéphile, que Bertrand Batten venait d'envoyer « la Laurentine se faire voir » !* (Méra). → GREC. **4. Il faut voir (à voir),** formule qui exprime des précautions, une certaine prudence avant un engagement : *Que pouvait trafiquer cette contractuelle avec les harpies du M.L.F. ? Il faudrait voir à voir sans tarder* (Bernheim-Cardot). **5.** Vx. **Voir en dedans.** ***a.*** être ivre ; ***b.*** dormir. **6.** Vx. **Voir Sophie** ou simpl. **voir,** avoir ses menstrues.

◆ **se voir** *v.pr.*

Vx. Se masturber.

ETYM. emplois spécialisés et expressifs du verbe usuel, très ouvert. **1.** 1878 [Rigaud] ; ce sens illustre a contrario l'adage « pas vu, pas pris ». **2.** 1934 [Esnault]. **En faire voir de toutes les couleurs,** 1874, Daudet [GLLF]. **3.** 1883 [Chautard]. **4. Faut voir à voir,** 1854, H. Monnier [Enckell]. **5. *a.*** 1872 [Larchey] ; ***b.*** 1881 [Rigaud]. **6.** 1867 [Delvau].

◆ *v.pr.* 1881 [Rigaud].

voirie *n.f.*

Vx. Individu méprisable (homme ou femme) : *Puis se tournant vers la fille Hardel, qui ne bougeait pas de dessus sa banquette, il continuait : « Voyez-vous cette voirie-là ? elle a pourtant plus de six cents francs sur elle »* (Guéroult).

ETYM. ce mot, plus urbain auj., était au XVIIIe s. l'équivalent de notre moderne décharge publique, d'où son sens méprisant quand il s'applique à l'humanité. 1675, La Fontaine [GLLF].

voiturière *n.f.*

Prostituée qui officie à bord de sa voiture : *La voiturière des Champs-Élysées, comme celle de Passy ou de Neuilly, connaît la plupart du temps le dédale des itinéraires et les lieux de congrès d'amour* (de Goulène).

ETYM. de **voiture**. 1980, de Goulène.

volaille *n.f.*

1. Police : *Je crois que leur erreur, à la volaille et au grand volailler Hauteville, a été de le laisser me rendre visite moins de trois jours après le passage à tabac* (Bastid-Martens). **2.** Agent de police. **3.** Vx. Femme (notamment prostituée de seconde zone) : *Des grues comme la fille à Gamel se bourrent d'huîtres et se collent des dentelles sur la peau ! Et pourtant elle est laide, cette volaille-là !* (Huysmans, 2) ; groupe de femmes : *Toute cette volaille que nous avions chargée répondait par des baisers jetés du bout des doigts aux plaisanteries des soldats* (G. Arnaud, 2).

ETYM. emploi péj. du mot usuel, p.-ê. issu de la plume de casoar ornant le shako de certains cavaliers militaires (1 et 2). **1.** 1899 [Nouguier]. **2.** 1901 [Bruant]. **3.** 1808 [d'Hautel].

DER. **volailleur** *n.m.* Agent de police : 1899 [Nouguier].

volaillon *n.m.*

Vx. Jeune malfaiteur : *Ce sont d'ordinaire* [ces condamnés à perpétuité] *les mâles* [...], *parfois aussi de simples pégriots, de méchants volaillons* (Humbert).

ETYM. dér. de **volaille**. 1850 [Esnault].

volante *n.f.*

1. Vx. Blouse d'homme. **2.** Vx. Plume pour écrire. **3.** Balle d'arme à feu : *Mettre une volante dans le canon.* **4.** Brigade de police mobile. **5.** Prostituée nomade : *Ceci, sans tenir compte des volantes, de toutes celles qui travaillaient au noir* (Boudard, 2).

ETYM. emplois substantivés du participe présent de **voler**. **1.** 1901 [Bruant]. **2.** 1847 [Dict. nain]. **3.** 1953 [Sandry-Carrère]. **4.** 1953, Le Breton. **5.** 1986, Boudard.

volée *n.f.*

Correction infligée à qqn : *C'était une brute, tous les jours y m'foutait des volées. Tout le temps y me cognait dessus* (Talfumière).

ETYM. emploi substantivé du participe passé de **voler**. 1791 [DDL 32]. Est passé auj. dans la langue fam. courante.

volet *n.m.*

Mettre les volets à la boutique. ***a.*** abandonner, renoncer ; ***b.*** se taire ; ***c.*** mourir.

ETYM. locution empruntée aux commerçants, qui accrochent leurs volets lorsqu'ils ferment leur boutique. ***a*** et ***b.*** 1901 [Bruant] ; ***c.*** 1977 [Caradec].

voleur *n.m.*

1. Cheval de course sous-estimé, et qui fait une grosse cote. **2.** **Comme un voleur,** locution qui fonctionne comme un superlatif avec certains verbes : *râler, rouspéter.*

◆ **voleur, euse** *n.*

Voleur de santé, individu doué d'un appétit sexuel insatiable ou capable de transmettre une MST : *Fumier, tante, charogne, voleur de santé, fais ta prière ! hurlait le sous-officier hors de lui* (Lorrain). *La voilà, Miss, dans l'état d'esprit du manager de champion cycliste, apprenant sur la ligne de départ de Paris-Roubaix que son poulain ronfle depuis une semaine avec une voleuse de santé !* (Simonin, 8). *Je me suis présenté à la commission de contrôle, ma radio à la main, après avoir passé une nuit blanche avec une copine qui était une véritable voleuse de santé* (Pousse).

ETYM. emploi spécialisé (1) du mot usuel, et allusion aux qualités supposées du voleur (vitesse, hargne, etc.). **1.** 1920 [Esnault]. **2.** 1893, Arts et métiers, Châlons [id.].

◆ *n.* 1882 [Chautard].

volière *n.f.*

1. Maison close : *Tenir la caisse dans un bar, elle répétait, pas moins effrayée que si je venais de lui proposer d'entrer en volière* (Simonin, 3). **2.** Vx. Loge grillée où étaient enfermés provisoirement les détenus amenés au Dépôt.

ETYM. emplois métaphoriques du mot usuel. **1.** 1847, Dict. complet [TLF]. **2.** 1846, Sainte-Pélagie [Esnault].

volo (à) *loc. adv.*
À volonté.
ETYM. apocope de **à volonté.** vers 1930 [Cellard-Rey].

voltaire *n.m.*
Billet de mille francs d'avant 1960 : *Tonton reluque du coin de l'œil son frangin qui dépose avec allégresse de beaux voltaires craquants dans notre réticule* (Villard, 2).
ETYM. de l'effigie dudit billet de banque. 1967, Malet.

voltigeante *n.f.*
ARG. ANC. Poudre (pour le visage ou la perruque) : *La voltigeante fait bien à la frimousse pour n'être pas reconnoblé* (Ansiaume).
ETYM. emploi métonymique du participe présent du verbe **voltiger.** 1821 [Ansiaume].

vouloir *v.t.*
1. En vouloir, être plein d'ardeur, d'ambition dans une entreprise, amoureuse ou non: *Elle en veut, c'est clair, et toi pauvre ballot, tu ne remarques rien* (Paraz, 2). *Ce jeunot, il a l'air de rien, mais il en veut!* **2. Je veux!,** forme d'acquiescement renforcé : *Il a du pèze ? – Je veux, qu'il en a !*
ETYM. loc. elliptique, d'origine sexuelle : « désirer l'étalon », en parlant de la jument (1845 [Bescherelle]) et emploi emphatique du verbe usuel (2). **1.** d'abord en sport, 1901 [Petiot], puis « aimer le plaisir ou l'amour » 1920 [Bauche]. **2.** 1942, Queneau [TLF].

vouzailles, vouzingand *pron. pers.* → **MÉZIG.**

voyage *n.m.*
1. Désignation générique des déplacements incessants des forains : *Les gens du voyage.* **Enfant du voyage** ou **né sur le voyage,** forain dès l'enfance. **2.** Expédition en Amérique pour la traite des Blanches : *C'était devenu un* homme de voyage *qui avait pignon à lanterne sur rue à Buenos Aires et peut-être à Montevideo* (Boudard, 2). VX. **Voyage au long cours** ou **grand voyage,** transportation. **3.** Saison fructueuse dans une ville d'eaux. **4. Être en voyage,** être en prison : *« Être en voyage » peut aussi bien vouloir dire « être en prison », c'est l'euphémisme habituel qu'emploient les dames de ces messieurs pour préserver le standing du ménage* (Faizant). **5.** Jouissance sexuelle : *Emmener une gonzesse en voyage.* **6.** État hallucinatoire procuré par le LSD : *Un rire hideux fend sa face extasiée. « C'est gentil, sœurette, de venir faire le voyage avec nous »* (W. Camus). SYN. trip.
ETYM. emplois spécialisés du mot usuel. **1.** 1867 [Delvau]. **Enfant du voyage** ou **né sur le voyage,** 1885 [Esnault]. **2.** 1925 [id.]. **Voyage au long cours,** 1867 [id.]; **grand voyage,** 1928 [Lacassagne]. **3.** 1928 [Esnault]. **4.** 1973, Faizant. **5.** 1894 [Virmaître]. **6.** 1966, *l'Express* [Gilbert].

voyager *v.i.*
Être sous l'effet du LSD : *À présent, il y a les drogues qui font voyager plus fort. Le L.S.D., le fameux L.S.D., et la mescaline* (Duchaussoy).
ETYM. de **voyage,** au sens 6. 1966, *l'Express* [Gilbert].

voyageur *n.m.*
1. Petit verre de vin blanc. **2.** Marchand forain; saltimbanque. **3.** Spectateur acceptant de servir de compère à un forain. **4.** VX. Insecte parasite.
ETYM. emplois spécialisés ou métaphoriques (le vin fait voyager) du mot usuel. **1.** 1977 [Caradec]. **2.** 1881 [Rigaud]. **3** et **4.** 1867 [Delvau].

voyant *n.m.*
Spectateur trop lucide, apte à dépister les tricheries (en partic. au bonneteau).
ETYM. emploi spécialisé du participe présent de **voir.** 1913 [Esnault].

voyeur *n.m.*
VX. **1.** Complice du voleur à la tire, qui lui indique les vols à faire. **2.** Trou de cloison dont use celui qui aime observer, sans être vu, des scènes érotiques : *C'est par des trous dits « voyeurs » que les débauchés examinent ce qui se passe dans la pièce ou le salon voisin* (Macé).
ETYM. de **voir** et du suff. d'agent **-eur. 1.** 1920 [Esnault]. **2.** 1885, Macé.

voyou *n.m.*
Foulard noué autour du cou : *Elle se gratta le cou, passant un doigt entre la peau et le petit foulard court noué autour, un de ces trucs qu'on appelle un « voyou »* (Malet, 11).
ETYM. emploi métonymique du mot usuel. 1956, Malet.

voyoutement *adv.*

À la manière des voyous: *Je n'imagine pas ce qui, voyoutement, peut le tourmenter* (Simonin, 6).

ETYM. de **voyou.** 1966, Simonin.

vozière, vozigue *pron. pers.* → **MÉZIG.**

VP [vepe] *n.f.*

Brigade des policiers de la voie publique: *Ce n'est pas encore la gloire. Il doit faire la chasse aux tireurs, aux voleurs en tous genres, aux roulottiers, aux piqueurs de troncs, mais la « V.P. », selon la tradition, c'est l'antichambre de la Criminelle* (Larue).

ETYM. initiales de **voie publique.** 1969, Larue.

VR [veɛr] *n.m.*

Sigle désignant le Service des recherches dans l'intérêt des familles, dit des « vaines recherches », dans l'argot des policiers: *Les inspecteurs de la Criminelle ne consentaient à inscrire sur leurs dossiers les déshonorantes initiales V.R. (Vaines Recherches) qu'après avoir épuisé au cours des semaines, des mois, voire des années, toutes les pistes possibles* (Larue).

ETYM. initiales de **vaines recherches.** 1975 [Arnal].

vrai *n.m.*

Vrai de vrai ou simpl. **vrai,** homme du milieu, sur qui on peut compter: *Quel brave cœur que ce Jacquot, reprit-il. Voilà un vrai de vrai. Chaque fois qu'il vient ici il me donne deux pesos* (Bénard). *Point n'était besoin d'être grand clerc ou Hopalong Cassidy (l'Homme aux colts d'argent) pour savoir qu'aux yeux de ces vrais de vrai, témoignages de bonnes femmes égalent roupie de sansonnette* (Bernheim-Cardot). *Quel homme, soupira Anita. Ça au moins c'en est un vrai, un dur. Un tatoué!* (Pagan).

◆ **pas vrai, e** *loc. adj.*

Se dit d'un individu surprenant, bizarre: *Mais t'es pas vrai, dit-il à Terrier d'une voix faible et entrecoupée* (Manchette, 3).

ETYM. emploi intensif de l'adj. usuel et ellipse de **vrai homme** (1845 [Esnault]). **Vrai,** 1875, *le Figaro* [Larchey]; **vrai de vrai,** 1924 [id.].
◆ *loc. adj.* 1981, Manchette.

vrille *n.f.*

Vx. **1.** Homosexuelle: *Et finfinale a m'tournait l'cul, / En m'jurant qu'a n'amait qu'les vrilles / Et que l'Mâle y disait pus rien* (Rictus). **2. Vol à la vrille,** type d'effraction opérée à l'aide d'une vrille ou d'un vilebrequin: *Le vol à la vrille s'exécute la nuit, en attaquant les devantures des boutiques, les volets d'une étude de notaire* (Canler).

ETYM. emplois métaphoriques et expressif (1) du mot technique (2). **1.** 1866 [Delvau]. **2.** 1862, Canler.

vurdon *n.m.* → **VERDINE.**

1. wagon *n.m.* ou **wagonnière** *n.f.*

Vx. Prostituée qui officiait à bord des trains: *L'usage des cartes d'abonnement à prix réduit, sur les lignes de banlieue, a créé ce nouveau genre de racolage pratiqué par les « wagonnières » qui font jusqu'à cinq et six fois par journée le trajet de Paris* (Macé).

ETYM. emploi métonymique du mot usuel. *wagon* 1867 [Delvau] ; *wagonnière* vers 1885, Macé.

2. wagon *n.m.*

Vx. Verre de vin d'une contenance supérieure à celle de l'omnibus.

ETYM. jeu de mots issu du langage ferroviaire. 1867 [Delvau].

walk-over *n.m.inv.*

Course de chevaux dont le résultat est acquis d'avance.

ETYM. mot angl., « victoire facile » ; se réfère à une course dans laquelle il n'y a plus qu'un participant (1872, Pearson). 1960 [Le Breton].

waterloo *n.m.*

1. Vx. Postérieur: *Eh bien, ça va, gentiment et sans coups de bottes dans le waterloo* (Huysmans, 1). **2.** Désastre, scandale: *C'est pas encore Waterloo pour notre pauvre fias, mais ça dégage quand même un petit relent de Bérésina !* (Simonin, 6). **3.** Malchance persistante.

ETYM. emplois banalisés du nom propre, désignant la défaite par excellence des Français (→ COUP DE TRAFALGAR). **1.** 1879, Huysmans. **2.** 1862 [Larchey]. **3.** 1960 [Le Breton].

yaouled *n.m.*

Jeune Arabe exerçant un « petit métier » (cireur, porteur, etc.): *Tous les « yaouled » (équivalent local des titis) des faubourgs algériens se sont identifiés à Ali La Pointe* (*Libération*, 12 avril 1989).

ETYM. mot pataouète, de l'arabe **uled,** fils. 1957, *Paris-Match* [Lanly].

yeuter *v.t. et i.*

Var. de zyeuter: *C'est dans la cour de la cambuse qu'elles sont... Yeute un coup!* (Machard).

ETYM. de **yeux.** 1907 [Esnault].

yougo *adj. et n.*

Yougoslave : *Le Yougo braque à gauche, quai de Bercy, puis à droite, saute la Seine* (Pennac, 1).

ETYM. apocope de **yougoslave.** 1971 [George].

youpin, youpine, youtre, youde ou **youdoc** *adj. et n.*

Désignations racistes et injurieuses du Juif: *Deux juifs, le gros youtre qui a réussi et puis le petit youpin mal nourri qui n'a pas eu de chance* (Sartre). *Et Aboulafia par-dessus le marché ! Ça sent à plein nez sa youpine* (Combescot). *Tu m'emmerdes, hurla David. Je pue le juif, le youpin, le youtre, je te dis, et si ça t'incommode, tu n'as qu'à sortir* (Guégan). *C'est que dalle, tu me diras, mais ça fait plaisir, car tout youde qu'il est, il est le seul à faire un geste* (Le Dano). *En matière de fourgues,*

@ forme de l'arobase ou *at*

Petit-Paul connaît guère que [...] *Nathan le youdoc, chez qui l'odeur asphyxiante des vieilles hardes interdit de discuter un blot plus de dix minutes* (Simonin, 8).

ETYM. de l'all. **jude,** même sens. Ces mots sont violemment antisémites. *youpin* 1878, *le Tam-Tam* [Doillon] ; *youtre* 1828, Vidocq ; *youde* 1973, Le Dano ; *youdoc* 1968, Simonin.

VAR. **youtron :** 1948, Paraz. **youte :** 1872 [Larchey]. **yide, yite :** 1901 [Rossignol], etc. Formes algériennes : **youdi :** 1883, Macé [id.] et **yaoudi :** 1894 [id.].

DER. **youtrerie** *n.f.* **1.** Réunion de Juifs. **2.** Avarice : 1881 [Rigaud], pour les deux sens. **youpinerie** *n.f.* Mêmes sens : 1901 [Bruant].

youvance *n.*

Juif, Juive : *Pourquoi que le Grec t'a traité de sale youvance ? C'est vrai que t'es Juif ?* (Le Breton, 5).

ETYM. resuffixation de **youpin,** p.-ê. avec l'influence de *engeance.* 1955, Le Breton.

youvoi ou youve *n.m.*

Voyou : *Une bastos dans la tête. Qu'elle vienne des decs ou des youves, c'est du pareil au même* (Houssin, 2).

ETYM. verlan de **voyou.** 1977 [Caradec].

yoyo *n.m.*

1. Transmission d'un objet d'une cellule à l'autre par le moyen d'une ficelle : *Transmises par les fameux « yoyos », des bouts de ficelle qui sautillent d'un étage à l'autre de la prison, les consignes font un incessant va-et-vient* (*le Monde,* 1er octobre 1988). **2. Faire du yoyo.** ***a.*** raconter n'importe quoi, au cours d'un interrogatoire de police ; ***b.*** faire des passes à la suite, en parlant d'une prostituée.

ETYM. emplois métaphoriques du mot désignant un jeu d'enfant à caractère alternatif. **1.** 1970, Boudard-Étienne, mais antérieur (→ YOYOTER). **2.** 1975 [Arnal].

yoyoter *v.i.*

1. Faire passer un objet d'une cellule à l'autre grâce à une ficelle ou une corde : *Le yoyo descend. C'est une simple corde avec le bidon au bout. On arrive à se passer n'importe quoi d'une cellule à l'autre* [...] *Ça s'appelle yoyoter en argot maison* (Boudard, 7). **2. Yoyoter de la mansarde, de la toiture, de la touffe, du trolley,** dire n'importe quoi, déraisonner : *Bref le genre de mec qu'a la mansarde qui yoyotte !* (Legrand).

ETYM. de **yoyo,** considéré comme un jeu absurde. **1.** 1963, Boudard. **2.** 1953 [Sandry-Carrère].

yuppie *n.m.*

Jeune cadre dynamique et ambitieux : *Dans mon rêve il n'était plus du tout décédé, mais dynamique et fringant au volant d'une Saab neuve, une allure de yuppie* (Ravalec).

ETYM. abréviation de l'angl. **young (up wordly mobile) urban professional,** jeune professionnel à la carrière fulgurante. 1986 [Merle].

zanzi ou zanzibar *n.m.*

1. Jeu de hasard, à trois dés : *Quelle ambiance au comptoir entre sept et neuf heures du soir quand on jouait sur le zinc au zanzibar* (Lépidis). **2.** Coup le plus fort réalisé à ce jeu, consistant en trois chiffres identiques sur les trois dés.

ETYM. emploi comme nom commun du n.pr. désignant un port et une île de l'Afrique orientale, auj. rattachés à la Tanzanie. 1884 [Esnault].

zarbi *adj.*

Bizarre : *Les autonomes se sont plantés ! Avec leurs cheveux teints on les trouvait plutôt zarbis !* (*Actuel,* novembre 1982). *Cette meuf, elle est vraiment zarbi, elle a pas l'air net* (*les Keufs,* 1987, film de J. Balasko).

ETYM. verlan de **bizarre.** 1982, *Actuel.*

zazou *adj. et n.*

Vx. S'est dit d'un individu jeune et joli garçon des années 1940, ou de sa tenue vestimentaire, d'une élégance affectée : *Elles s'installent à une table retirée* [...] *d'où elles peuvent observer les zazous, jeunes gens aux cheveux qui rebiquent sur la nuque, vêtus de pantalons étroits qui froncent sur de gros souliers, de vestes très longues, très larges* (Mazarin, 1). *La trentaine, le cheveu oxygéné et finement bouclé, avec un rien de zazou dans la coupe* (Combescot).

ETYM. onomatopée hypocoristique, évoquant le gazouillement d'un petit enfant. 1937, G. Chevallier [Esnault]. Ce mot fut lancé, en fait, par le refrain de la chanson *Je suis swing* (1938), paroles d'André Hornez : *Je suis swing / Za zou za zou c'est gentil comme tout* (Saka) ; il a été très en vogue durant l'occupation allemande, pour désigner les dandys.

zeb, zèbr ou **zébi** *n.m.*

Pénis : *J'ai envie de vous sucer la queue, la pine, la bitte, le zeb, l'andouille* (Louÿs). SYN. zob, zobi.

ETYM. de l'arabe maghrébin **zebbi**, issu de l'arabe class. **zubb**, même sens. 1864 [Delvau]. VAR. **zef, zif** : [id.].

zéber *v.i.*

Coïter.

ETYM. verlan de **baiser**. 1988 [Caradec].

zèbre *n.m.*

1. Individu quelconque, plus ou moins original ou douteux : *Ah ! oui, alors, vous ne le connaissez pas, ce zèbre-là ? – Jamais vu, dit-il en secouant sa grosse tête* (Tachet). **2.** Homosexuel.

ETYM. emploi péj. du nom de l'animal (souvent avec allusion aux rayures de l'uniforme du forçat). **1.** 1889, Bourget [TLF]. **2.** 1969, *la Peau des zèbres*, roman de J.-L. Bory.

zef, zeph ou **zèphe** *n.m.*

Vent : *Mais le zef ne tarde pas à se transformer en typhon. Une ruade fantastique nous envoie contre une haute palissade qui bouche un lotissement* (Siniac, 3). *Après tout je grelottais pas trop... J'étais protégé par le mur... Je prenais moins de zeph que le vieux dabe* (Céline, 5). *Un petit zèphe venait s'essuyer les pieds sur notre dos durci* (Meckert). **Dans le zef,** à la mode : *Je me vois mal te pérégrinant aux miches dans ce but, rebondir [...] de tripot en boutique de sabouleur dans le zef* (Simonin, 6).

ETYM. apocope de **zéphyr**, avec influence probable de l'arabe **zeff er riah**, souffle le vent. *zeph* 1878 [Rigaud] ; *zèphe* 1942, Meckert ; *zef* 1947, Stollé. **Dans le zef,** 1966, Simonin.

zéphir *n.m.*

Homme des bat' d'Af' ou des compagnies de discipline : *Les « zéphirs », ceux qui proviennent des bat d'Af, méritaient d'être mis sous vitrine. L'un était tatoué de la tête aux doigts de pieds* (Londres).

ETYM. du surnom d'un des trois bataillons d'infanterie légère (1831). 1863, A. Camus [Sainéan] ; ne concerne à l'origine qu'un condamné militaire (bat' d'Af') et non civil (compagnie de discipline).

zéphirien, enne *adj.*

Vx. Qui se rapporte au zéphir : *Nous avons vu des œufs d'autruche où la pointe d'un couteau zéphirien avait gravé les plus charmantes arabesques* (A. Camus).

ETYM. de **zéphir**. 1863, A. Camus.

zéro *adj. num.*

1. À zéro, au triple zéro, complètement : *Je me dis : il va se faire plumer à zéro* (Jamet). SYN. à mort. *Quand il se réveilla, il pouvait plus rien gafouiller : il était miro au triple zéro* (Devaux). **Être tondu à zéro, avoir la boule à zéro,** avoir les cheveux coupés très ras : *Vous passerez dans mon bureau, mon garçon, déclarait Peau-de-Vérole avec une satisfaction évidente et il se chargeait lui-même de la boule à zéro punitive* (Dormann). **Bander à zéro,** être fortement excité (pas nécessairement sur le plan sexuel). **2. Avoir le trou du cul à zéro, les avoir à zéro,** avoir très peur : *Garney est resté aux voitures avec un copain. Je crois bien qu'il les a à zéro, ton pote* (Tachet). **3. Mettre qqch à zéro,** le détériorer, le mettre hors service ; **mettre qqn à zéro,** le tuer.

◆ *n.m.*

1. Individu complètement nul : *Vu qu'avec ma bouille et mes fringues on ne peut me prendre que pour ce que je suis : un zéro* (Bauman). **2.** Anus. **3. Montée sur quatre zéros,** se dit d'une fille ou d'une femme aux jambes trop maigres.

ETYM. emplois expressifs du nom de nombre. **1.** d'abord « au plus bas niveau » : *avoir le moral à zéro* 1947, Aymé [GLLF]. **Bander à zéro,** 1960 [Le Breton]. **2. Avoir le trou du cul...,** 1948 [Lacassagne] ; **les avoir...,** 1954, Tachet. **3.** « qqch » 1935, Simonin-Bazin ; « qqn » 1968, Simonin.
◆ *n.m.* **1.** 1512, J. Lemaire de Belges [GLLF]. **2.** 1901 [Bruant]. **3.** 1960 [Le Breton].

zerver *v.t.*

Vx. Crier ou pleurer bruyamment : *Et là attrimions l'ornie sans zerver* (Péchon de Ruby). *Je lui ai dit de préparer tout mon saint-crépin et d'ordonner à nos valets de seller mon gaille. Elle s'est mise à zerver, encore une fois* (Burnat).

ETYM. verlan de **verser (des larmes)**, ou d'une famille de mots associée, en fourbesque, à la notion de « parler ». 1596, Péchon de Ruby.

zetoupar *n.f.*

Partie de débauche. SYN. touzepar.

ETYM. verlan de **partouse.** 1975 [Le Breton], qui signale ce mot comme étant très en vogue.

ziber *v.t.*
Frustrer.
ETYM. aphérèse probable de **raziber**, issu de **rasible**, rasoir. 1940 [Esnault], encore en 1988 [Caradec].

zicmu *n.f.*
Musique.
ETYM. verlan de **musique.** 1984 [Walter-Obalk].

zieuter *v.t.* → ZYEUTER.

zifolo, zifolet, zigouflet *n.m.* ou **zigouflette** *n.f.*
Pénis.
ETYM. de l'arg. ital. **zipolo**, cheville [Doillon]. *zifolo* 1944, Céline; autres formes, 1982 [Perret].

[-zig ou **-zigue]**
suffixes servant à former des pronoms personnels: **mézig, cézigue**, etc. → MÉZIG.

zig ou **zigue** *n.m.*
Individu quelconque : *Mais le zig, le lascar, le fin poilu ne brodent plus sur l'héroïsme* (Werth, 1). *Il se nommait Cantin. Comme le disait Fifi, c'était un bon zigue, qui avait eu des malheurs, une victime des procureurs du roi* (Guéroult). *On voit juste deux ou trois zigues un peu inquiets, pas du tout rieurs, rentrant sans doute du mariage du cousin ou des obsèques du beau-dab* (Siniac, 1). *C'est un drôle de zig!* **Faire le zig,** se livrer à des excentricités: *Faut que j'aille faire le zig et tout, alors, si ça lui plaît, il m'engagera!* (Raynaud).
◆ *adj. et n.*
Vx. S'est dit positivement d'un individu: *Allez droit à lui* [vers ce prolétaire], *serrez-lui les mains. Soyez chaud, soyez zig!* (Gill). *Faut pas l'être, feignant, pour faire la cambriole. Les monte-en-l'air sont des zigs et j'en suis!* (Méténier).
◆ *n.f.*
Vx. **La zigue,** le monde des voyous.
ETYM. altération probable de **gigue,** fille enjouée (1662 [Brunot]). 1835, Raspail [TLF].
◆ *adj. et n.* 1878, Gill.
◆ *n.f.* 1899 [Nouguier].

zigoteau, zigoto ou **zigomar** *n.m.*
Individu douteux, incapable ou excentrique: *Sur un claquement de doigts qui m'invitait à le suivre, le zigoto partit dans le long couloir glacial, obscur* (Van Cauwelaert). *Qu'est-ce qui m'a foutu des zigomars pareils!* (Naud). **Faire le zigoto,** se comporter de manière excentrique: *Faites pas trop les zigotos, disait Billotet. Vous n'êtes pas encore chez vous, vous savez* (Gibeau).
ETYM. de **zig** et d'un suff. pop. **-teau, -to** ou de **-mar** (issu de *Zigomar*, titre d'un roman de Léon Sazie, paru en 1909). *zigoteau* 1901 [Esnault]; *zigoto* 1900, Dubois-Dessaulle [TLF]; *zigomar* 1918 [Esnault]. **Faire le zigoteau,** 1908 [id.].
VAR. **zigoyo:** 1890 [id.].

zigouigoui *n.m.*
1. Pénis ou vulve: *V'là son beauf qui radine: « Eh! la Guste, qu'il fait. Y'a du neuf. Ta frangine elle m'a tricoté un mavâle! Un véridique, avec des batoches et un zigouigoui! »* (Yonnet). **2.** Chose quelconque: *Tout un fourbi de zigouigouis, gratuits, géniaux ou ratés qui envahissent le quotidien* (*Libération*, 19 novembre 1982).
ETYM. formation onomatopéique et expressive, inspirée du langage enfantin. **1.** «pénis» 1954, Yonnet; « vulve » 1946, Guérin. **2.** 1982, *Libération.*

zigouillage *n.m.*
Action de tuer: *Si, demain, on ordonne l'attaque, ce ne sera même plus le meurtre, ce sera l'ignoble zigouillage à la grenade ou au couteau des demi-cadavres hébétés par le canon* (Werth, 1).
ETYM. du verbe **zigouiller.** 1917, Werth.

zigouiller *v.t.*
Tuer (notamment, en égorgeant) : *On pourra s'assurer de quelques munitions et des armes des deux surveillants qu'on zigouillera d'abord* (Merlet). *Et dire que l'obus qui l'a touché ne l'a pas zigouillé... C'est à vous dégoûter de la guerre...* (Werth, 1).
ETYM. mot poitevin, « couper avec un mauvais couteau ». 1895 [Dauzat].

zigouzi *n.m.*
1. Objet quelconque. **2. Faire des zigouzis,** caresser, chatouiller.
ETYM. formation onomatopéique. **1** et **2.** 1977 [Caradec]. On peut sans doute rattacher au sens 1 le *zizi gougou,* sorte de gadget inventé par F. Raynaud dans un sketch des années 1960.

zigue *n.m.* → CIGUE, ZIG.

ziguer *v.t.*
Ruiner à un jeu de hasard.
ETYM. du wallon **ziketer**, tondre. 1946, Trignol.

ziguesse *n.f.*
Femme : *Je pensais que c'était un drôle de zigue, et que Mme Lheureux devait être une drôle de ziguesse, et le ménage Lheureux un drôle de ménage* (Malet, 17).
ETYM. féminin de **zig**. 1954, Malet.

zig-zig *n.m.*
Faire zig-zig, coïter : *La poupée qui faisait zigzig avec Timothy, le gusse à la soutane, tu te rappelles ?* (Coatmeur).
ETYM. issu de l'arabe algérien **zek**, anus. 1931, A. Arnoux [Cellard-Rey].

zinc *n.m.*
1. Comptoir d'un marchand de vin, d'un café : *V'là la bourgeois' qui rappliqu' devant l'zingue : / Feignant, qu'ell'dit, t'as donc lâché l'turbin ?* (Mac Nab, *in* Saka). **2.** Vx. Verre bu sur le comptoir. **Tomber un zinc,** boire un verre. **3.** Vx. Cabaretier. **4.** Vx. Argent. **5.** Vx. **Avoir du zinc,** avoir une brillante désinvolture. **6.** Véhicule quelconque (surtout avion) : *C'est pas la peine que je donne à ce foutu zinc une occasion de se fracasser avec moi contre le mont Blanc* (Bénoziglio). **7.** Appareil quelconque. **8.** Vx. Syphilis. SYN. plomb.
ETYM. emplois spécialisés du mot désignant un métal très utilisé autrefois. **1.** 1873, Zola [TLF]. **2.** 1878 [Rigaud], avec influence probable de *mannezingue,* marchand de vin, formé à l'aide d'un suff. bien antérieur à l'utilisation du zinc dans les cafés. **3.** 1881, Richepin [Esnault]. **4.** 1870, Poulot. **5.** 1867 [Delvau]. **6.** 1910 [Esnault]. **7.** 1918 [id.]. **8.** 1867 [Delvau].
DER. **zingot** *n.m.* Cabaretier : 1895 [Esnault]. **zingué, e** *adj.* Ivre : 1910 [id.]. **zingueur** *n.m.* **1.** Habitué d'un estaminet : 1888 [Villatte]. **2.** Proxénète : [id.].

zinguer *v.i.*
Boire debout, devant un comptoir : *Zinguer tout seul, c'est pas mon blo'* (Gill).
ETYM. de **zinc**. 1878, Gill.

zinzin *n.m.*
1. Objet quelconque : *À pas lents, Joseph Kuntz contournait le lit ample, jaugeant la chambre : grand standing, moquette profonde, toile crème aux murs, bar-frigo à l'entrée, des tas de zinzins électroniques* (Coatmeur). **2.** Bruit : *Il en était à la joue gauche lorsqu'il entendit son pas par-dessus le zinzin du rasoir électrique* (Dominique). **3.** Violon.
◆ *adj.*
Se dit d'un individu dérangé mentalement : *Dans la photo de B. de S. qui se trouvait au-dessus de son vieux bureau, il y avait planté, comme vibrant encore, un tournevis vengeur. « Daniel est zinzin ! » murmure Irène* (Bernheim-Cardot).
ETYM. redoublement de la dernière syllabe de **bousin. 1.** 1945, Salon-de-Provence [Esnault]. **2.** 1953 [Sandry-Carrère] (mais, dès 1914-1918, désigne un « engin militaire bruyant »). **3.** 1977 [Caradec].
◆ *adj.* 1967 [PR].

zizi *n.m.*
Pénis ou vulve : *Elle eut un bref pincement intime, fatigué. Vilain petit cochon qui sort son gros gros zizi aux demoiselles. Oh* (Duvert). *J'ai jamais osé lui toucher le zizi. Elle était si douce* (Bohringer).
ETYM. redoublement d'origine enfantine, pour désigner qqch de petit. 1912, Pergaud [TLF] ; mot rendu célèbre par la chanson de P. Perret *le Zizi,* en 1974.
DER. **zizette** *n.f.* Vulve : 1899 [Nouguier].

zizi-pan-pan *n.m.*
Acte sexuel, coït : *Un style X qui privilégierait les émois clitoridiens aux dépens du brutal zizi-pan-pan des cochons chauvinistes mâles* (*l'Événement du jeudi,* 9 mars 1989). SYN. tutu-panpan.
ETYM. de **zizi**, organe sexuel, et **pan-pan**, onomatopée, d'abord dans le langage enfantin, « donner la fessée ». 1864 [Delvau].

zizique *n.f.*
Musique : *Moralité, il a rectifié la môme pendant que jouait la zizique. En un sens, il a de l'éclectisme, ce malfrat !* (Méra).
ETYM. aphérèse de **musique,** avec redoublement d'une syllabe. 1908, chanson *la Musique des trottins,* paroles de A. Schmidt et Géraum [Pénet].

zob ou **zobi** *n.m.*
Pénis : *On y voit* [dans les magazines] *de trop belles choses qui ne seront jamais pour nos gueules, pour nos pognes, pour nos jeunes zobs pleins d'ardeur...* (Boudard, 1). **Mon zob** ou **zobi !,** formule de dénégation énergique : *J'ai peut-être été un peu vif, les gars, faut pas*

m'en vouloir. – Vif, mon zob, a dit l'Hector qu'a fait son service dans les spahis, t'as simplement été un gros con, comme d'habitude (ADG, 8). SYN. zeb, zébi.
ETYM. même origine que **zeb**. 1894 [Esnault].

zomblou *n.m.*
Blouson : *Un vigile pourri arrive avec un gros clebs* [...] *la casquette américaine, le zomblou américain, l'écusson et les rangers* (Demure, 3).
ETYM. verlan de **blouson.** 1984 [Walter-Obalk].

zonard *n.m.*
1. Clochard : *Les « zonards », comme ils s'appellent entre eux, sont plusieurs milliers à Paris* (*le Monde,* 9 septembre 1988). **2.** Jeune voyou de banlieue ; individu vivant en marge de la société : *Il y a aussi deux zonards de quatrième sous-sol, Jean-Yves Comte et Antoine Favart, des jeunes punks qu'ont leur place au zoo, si vous voulez mon avis* (Topin). SYN. loubard, narzo.
◆ **zonard, e** *adj.*
Qui évoque la zone ou se rapporte à la zone : *Briques, planches, affiches, métaux, sur une construction zonarde qui sert de remparts à des rebuts* (Bauman).
ETYM. de **zone. 1.** 1957 [Sandry-Carrère], au sens de « habitant des fortifs ». **2.** 1975 [Lexis].
◆ *adj.* 1980, Bauman.

zone *n.f.*
1. Jusque vers 1914, espace autour de Paris, occupant la place des anciennes fortifications, et assez mal fréquenté : *Ils traversent la « zone », ce pittoresque espace qui va des fortifications aux premières maisons de la banlieue* (Machard). **2.** Banlieue misérable des grandes villes, en partic. de Paris, peuplée de chômeurs, de clochards et de marginaux : *Ceux qui vivent dans ces quartiers* [les Minguettes] *qu'on appelle ordinairement la zone, en ont une image bien moins dramatique* (*Libération,* 10 décembre 1985). **Être de la zone.** ***a.*** être sans logis, à la rue : *Cet artiche, il venait précisément de le bottiner lui-même, afin d'être à même de glisser un petit acompte sur son arriéré de chambre, uniquement pour éviter de se trouver de la zone le lendemain* (Simonin, 8) ; ***b.*** être démuni d'argent. **3.** Endroit pauvre, sale, en désordre : *Aujourd'hui le mot zone s'est répandu et édulcoré. Quand vous rentrez chez vous après avoir prêté votre appartement et que vous trouvez la vaisselle entassée dans l'évier grouillant de cafards, vous vous exclamez : « Quelle zone ! »* (*Actuel,* novembre 1982). **4. C'est la zone,** cela ne se fait pas : *Dans les années 70, c'était la pire zone de rouler en américaine* (*le Nouvel Observateur,* 18 février 1983).
◆ *adj.*
Nul, sans intérêt : *Il est zone, ce mec ! C'est zone, ce bidule.*
ETYM. abrègement de **zone militaire. 1.** 1842 [Acad. fr.]. **2.** 1925, P. Morand [GLLF]. **Être de la zone.** ***a.*** 1907 [Esnault] ; ***b.*** 1927 [id.]. **3.** 1982, *Actuel.* **4.** 1983, *le Nouvel Observateur.*
◆ *adj.* 1984 [Walter-Obalk].

zoner *v.i.*
1. Habiter, dormir (à tel endroit) : *Il renifla, heurta quelqu'un qui le traita de con, et se dit que, bof ! finalement, il pouvait bien zoner chez les Crispin-Vautier quelque temps...* (Varoux, 1). **2.** Être sans logis, mener la vie des clochards : *Ça fait longtemps que tu zones ?* [...] *– Que je quoi ? – Je parle français, pourtant ! Que tu es à la rue, si tu préfères* (Daeninckx). **3.** Se promener sans rien faire : *« Zoner » c'est simplement « glander comme un zonard », c'est-à-dire se balader. La zone c'est l'oisiveté* (*le Nouvel Observateur,* 4 décembre 1982) ; ne rien faire, paresser : *Une drôle de journée. On a attendu sans rien faire, zonant dans la maison, cherchant à tromper les tensions montant autour de nous* (Pouy, 2). SYN. glander.
◆ **se zoner** *v.pr.*
Se coucher : *Allez, zone-toi, sinon tu vas tomber par terre, mon frère* (Page).
ETYM. de **zone. 1.** 1953 [Sandry-Carrère]. **2.** 1984 [Walter-Obalk]. **3.** 1982, *le Nouvel Observateur.*
◆ *v.pr.* 1953 [Sandry-Carrère].

zonier, ère *adj.*
Qui se rapporte à la zone (aux sens 1 et 2) : *Il faut improviser un barrage d'une centaine de mètres en longueur sur le boulevard zonier afin que Latrique puisse embrayer sans heurt* (Simonin-Bazin).
◆ *n.*
Habitant de l'ancienne zone autour de Paris : *Des zoniers résistaient, claquemurés dans leurs cabanes accrochées aux terrains vagues* (Pécherot).
ETYM. de **zone**. 1935 [Simonin-Bazin].
◆ *n.* 1923 [GLLF].

zonzon *n.m.*

Système permettant l'écoute téléphonique: *Ce sont ces « zonzons », vieux de 33 ans, que Paul Bouchet surveille depuis leur légalisation, il y a à peine deux ans !* (*Libération*, 4 mars 1993). SYN. bretelle.

ETYM. sans doute par redoublement de la dernière syllabe de **liaison.** 1993, *Libération*.

zozore *n.f.*

Oreille : *Il offrit à la Première Ménesse un des beaux fruits juteux de l'Arbre défendu* [...] *tout en y jactant tout doux, dans le trou de la zozore, un de ces mensonges par lesquels on finit toujours par posséder une musaraigne* (Devaux).

ETYM. aphérèse et redoublement syllabique de **(les)-z-oreilles.** 1948 [Lacassagne].

VAR. **zozo :** 1953 [Sandry-Carrère].

zyeuter ou **zieuter** *v.t.*

Regarder : *Vingt-deux ! Y a un mec qui zyeute !* (Nouguier). *T'nez, z'yeutez, c'est la Saint-Poivrot ; / Tout flamb', tout chahut', tout reluit...* (Rictus). *À travers la glace de séparation, Henri zieutait le revendeur* (Le Breton, 3). **Zyeuter de la merde,** avoir une mauvaise vue.

◆ *v.i.*

Faire le guet.

ETYM. de **yeux,** précédé de la liaison par **-z-.** *zyeuter* 1890 [Esnault]; *zieuter* 1901 [Bruant]. **Zyeuter de la merde,** 1977 [Caradec].

◆ *v.i.* 1890 [Esnault].

VAR. **zioter :** 1894 [Virmaître].

DER. **zyeutage** *n.m.* Surveillance : 1899 [Nouguier]. **zyeuteur** *n.m.* Voyeur : 1905 [Esnault].

Lexique français – argot

S'IL EXISTE D'ASSEZ NOMBREUX glossaires ou dictionnaires d'argot, permettant de « traduire » les mots argotiques en français standard (ou prétendu tel), on ne dispose pas, en revanche, à ce jour, d'un manuel autonome permettant d'encoder, c'est-à-dire de traduire, le français standard dans une forme populaire ou argotique. C'est cette lacune que voudrait combler le présent travail, répondant, semble-t-il, à une demande de la part des auteurs de romans policiers, qui cherchent à diversifier leur expression ou à choisir le terme le mieux adapté à ce qu'ils veulent exprimer, et aussi de la part des traducteurs, qui ont grand besoin d'un vaste répertoire d'équivalents synonymiques pour rendre les nuances du mot étranger de la façon la plus exacte possible. Beaucoup d'entre eux, notamment dans l'Association *813*, qui regroupe aujourd'hui un grand nombre de plumes compétentes dans le domaine de la littérature policière, m'ont manifesté ce souhait d'un dictionnaire simple et efficace. J'espère leur fournir ici l'instrument adéquat, même s'il n'est évidemment pas parfait.

En particulier, je me suis demandé s'il convenait de distinguer, dans les listes parfois longues d'équivalents, entre ceux qui sont courants de nos jours et ceux qui tombent en désuétude ou sont même tout à fait obsolètes. Comment apporter les précisions utiles en ce domaine, de la façon la plus lisible et la plus économique ? Avec une séparation entre deux sous-listes, des astérisques ou autres signes typographiques distinctifs, ou l'italique ? En fin de compte, vu l'arbitraire et la subjectivité des appréciations en ce domaine, j'ai préféré abandonner toute indication diachronique, pensant que le lecteur serait assez intéressé pour se reporter à la première partie de l'ouvrage – ou à d'autres ouvrages – pour connaître le degré de modernité ou d'ancienneté des items en question. Les équivalents argotiques des mots standard sont donc présentés dans un ordre alphabétique strict, sans distinction entre les mots isolés et les locutions ou expressions correspondantes. Quant aux variantes formelles, elles sont le plus souvent associées entre elles par un *ou*.

Quoi qu'il en soit, les sous-entrées grammaticales (n.m./n.f., v.t./v.pr., etc.) et les différentes nuances de sens, présentées entre crochets, permettent d'affiner la recherche, notamment dans les articles « lourds ».

Il est évident que, comme tout dictionnaire de thème, celui-ci ne pourra être utilisé de façon efficace et juste qu'en le confrontant sans cesse au dictionnaire de version, c'est-à-dire au dictionnaire d'argot, dans l'acception la plus courante. C'est ce dernier qui pourra orienter le choix avec le plus de pertinence, et éclairer l'écrivain sur les connotations et l'histoire du mot qu'il cherche à employer. Précision importante : tous les mots d'argot proposés dans ce corpus sont attestés soit dans des dictionnaires, soit dans des textes argotiques, mais il va de soi que la créativité lexicale, particulièrement vivace et libre dans ce domaine, permet à quiconque le désire d'extrapoler à partir de ces unités « réelles » et de fabriquer son vocabulaire à sa guise, notamment dans les séries synonymiques, qu'il était ici impossible de dérouler exhaustivement !

L'argot, on le sait, est un univers lexical et sémantique fort complexe et plus vagabond que le français normé de l'Académie ou de l'École, et l'on ne saurait prétendre apporter dans son emploi des critères absolus. Mon souhait est que ce modeste complément contribue à rendre plus facile la navigation littéraire dans ce secteur de l'écriture ou de la littérature, où les mots entretiennent avec la société qui nous entoure, qui nous constitue et que nous constituons, des liens très forts et en même temps assez secrets.

Jean-Paul Colin

A

abaissement *n.m.* avachissement.

abaisser (s') *v.pr.* s'aplatir, s'écraser.

abandon *n.m.* lâchage, placage *ou* plaquage, sciage. ▸ **à l'abandon** en rade.

abandonner *v.t.* décrocher, gameler, lâcher, larguer, maller *ou* mallouser, mettre sur la touche, mouler, placarder, planquer, plaquer, poêler, quiller, scier, semer, valiser *ou* valouser. *[son travail]* chier, cracher, s'endormir *ou* péter dans *ou* sur le mastic. ▸ **être abandonné** avoir la mallette, rester sur la touche.
◆ *v.i.* attacher une gamelle, barrer le boulot, caner, se dégonfler, faire la malle, faire mallette et paquette, lâcher les pédales, laisser en frime, laisser glaner, glisser *ou* quimper, mettre les volets à la boutique, passer la main *ou* les dés, rengracier *ou* rengracir, tirer le rideau.

abattement *n.m.* affalement, vannage.

abattre *v.t.* charcler *ou* charquer, composter, dégommer, dégotter, déquiller, moucher. *[moralement]* dépon(n)er. ▸ **être abattu** flipper.

abbaye *n.f.* ratichonne *ou* ratichonnière.

abbesse *n.f.* ratichonne *ou* ratichonnesse.

abdication *n.f.* rengraciement.

abdomen *n.m.* → VENTRE.

abîmé *adj.* décati, décollé, déjeté, foutu, nase *ou* naze, nazebroque, pourri, rétamé.

abîmer *v.t.* amocher, bigorner, bousiller, casser du bois, déglinguer, escagasser, mettre à zéro, niquer.

aboiement *n.m.* criblement, jaspinement.

abondance *n.f.* aboulage acré.

abord (d') *adv.* et d'une.

aborder *v.t.* agrafer, harponner, sauter sur le grappin, taper.

aboyer *v.i.* chialer, cribler.

abri *n.m.* cagna, guitoune. ▸ **mettre à l'abri** mettre au frais.

abriter (s') *v.pr.* planquer son bouc.

abruti *adj. et n.* branquignol(le), dans les vapes *ou* dans la vape, ensuqué, envapé, nez-de-bœuf, sonné, vapé.

abrutir *v.t.* ensuquer, envaper.

absinthe *n.f.* bleue, cressonnée, fée *ou* nymphe verte, lait de tigre, de panthère *ou* de chameau, mastic vert, mominette, perroquet, purée, train direct (pour Charenton), verte. *[coupée de beaucoup d'eau]* eau de moule.

absorber *v.t.* chiquer, s'envoyer, se farcir, se tasser.

absoudre *v.t.* blanchir.

abstenir (s') *v.pr.* → SE PASSER.

accabler *v.t.* *[un accusé]* jeter de la grille.

accaparer *v.t.* jeter *ou* mettre le grappin sur, (se) morfaler.

accélérateur *n.m.* champignon.

accélérer *v.i.* bourrer, chatouiller, crayonner, mettre le pied sur la planche, mettre les gaz, la gomme, le paquet *ou* (toute) la sauce, remettre le pétrole.

accepter *v.t.* être client, gras *ou* partant, marcher.

accident *n.m.* avaro, catas, pépin, pet, salade. *[simulé]* macadam. *[sur la voie publique]* voie publique. ▸ **avoir un accident** *[en voiture]* aller aux fraises *ou* aux pâquerettes, faire des copeaux, se planter, saquer la route, se viander. *[en avion]* casser *ou* faire du bois.

accointance *n.f.* commande.

accommodant *adj.* ▸ **être accommodant** écraser, être à la coule, passer la main.

accompagner *v.t.* driver.

accord *n.m.* ▸ **d'accord** banco, d'ac *ou* dac-dac, gi *ou* gigot, gy, ligodu(ji), partant. ▸ **mettre d'accord** rambiner.

accordéon *n.m.* biniou, boîte *ou* soufflet à punaises, georgina, piano à bretelles, piano du pauvre.

accorder *v.t.* *[qqch]* se fendre de.

accoster *v.t.* amarrer. *[une femme]* charger.

accouchement *n.m.* déboulement, momignardage.

accoucher *v.i.* cracher le marmot, débâcler, se déballonner, débouler, dépoter, flaquer, momignarder, mômir, pisser *ou* sortir sa côtelette, pisser des os *ou* des enfants, pondre. *[de jumeaux]* faire un doublé.

accroche-cœurs *n.m.pl.* gluaus, roufles *ou* rouflaquettes.

accueil *n.m.* *[rébarbatif]* soupe à la grimace.

accusation *n.f.* dévidage à l'estorgue, fargue.

acheter *v.t.* abloquer *ou* abloquir, amarrer, attriquer, bloquir. *[rapidement, aux enchères]* bombarder. *[en prison]* cantiner.

acheteur *n.* abloquisseur. *[de vieux vêtements]* rebouiseur.

achever *v.t.* *[un blessé]* finir.
◆ **s'achever** *v.pr.* *[être sur le point de s'achever]* se tirer.

acompte *n.m.* pigeon, (morceau de) salé.

acquérir *v.t.* faire remonter, retrousser.

acquis *adj.* ▸ **acquis d'avance** *[résultat d'une course]* walk-over.

acquittement *n.m.* coup de nib, décarre.

acquitter *v.t.* blanchir, décarrer.
◆ **s'acquitter** *v.pr.* *[d'un travail payé d'avance]* se dessaler.

acteur *n.m.* banquiste, cachetonneur, flambeur, frimant.

activer (s') *v.pr.* avoir la pastille en l'air, bourrer, brasser *ou* déplacer de l'air, se démancher, draguer, faire du ragaga, faire vinaigre, magner, se magner *ou* se manier le (trou-du-)cul (et synonymes), ne pas s'endormir sur le rata, péter le feu, pouloper.

activité *n.f.* bis(e)ness, boum, charbon, flan, turbin. *[plus ou moins fructueuse et licite]* débrouillage *ou* débrouille, fricotage, margoulinage, travail, tripotage. *[se livrer à des activités plus ou moins louches]* en croquer, fricoter, margouliner, tripoter *ou* tripotailler, usiner. *[qui a des activités de ce type]* fricoteur.

addition *n.f.* *[au restaurant, à l'hôtel]* douloureuse. *[très élevée]* coup de bambou, de barre, de fusil, de masse *ou* de massue. *[invitation à régler l'addition]* invitation à la valse, lâchez-les(,) valse lente.

adepte *n.* fan, groupie.

adieu ! *interj.* adios, salutas, tchao *ou* ciao !

adjudant *n.m.* adjupète, adjuvache, chien de quartier, juteux.

administration *n.f.* chtrasse. *[pénitentiaire]* la Tentiaire.

admirateur *n.m.* fan *ou* fana, fondu.
◆ **admiratrice** *n.f.* groupie.

admirer *v.t.* en baver, en roter.

adolescent *n.m.* kid, micheton.
◆ **adolescente** *n.f.* mominette.

adroit *adj.* mariol *ou* mariol(l)e, marlou, vicelard, viceloque *ou* vicieux.

affaire *n.f.* affurage, affure *ou* afflure, beurre, blot, coup, défense, goupille, nib, oignons, pain, topo, turbin. *[bonne]* embellie, filon, gâche. *[compliquée]* derby, sac de nœuds *ou* d'embrouilles. *[compromettante]* gonfle. *[coûteuse]* coup d'essoreuse. *[délictueuse et préméditée]* commande, course, flanchet. *[douteuse]* fourbi. *[facile à réaliser]* promenade. *[mal combinée]* coup tordu. ▸ **tirer d'affaire** sauver la mise.

affairer (s') *v.pr.* → **S'ACTIVER.**

affairiste *n.m.* pognoniste.

affamé *n.m.* crevard, morfal *ou* morfalou, pégrenné, rebondisseur. ▸**être affamé** avoir toujours des boyaux vides *ou* un boyau de vide.

affectation *n.f.* chiqué, épate, flaflas, magnes, giries, salamalecs.

affecter *v.t.* *[de grands airs]* épater, esbrouffer, faire de l'épate *ou* des épates, faire sa chicorée, sa Julie, sa merde *ou* sa Sophie, ne pas se prendre pour une merde. *[qui affecte de grands airs]* épateur, esbrouffeur.

affirmation *n.f.* *[mensongère]* bobard, bouteillon.

affoler (s') *v.pr.* perdre la bobèche (et nombreux syn. de tête), perdre les pédales.

affronter (s') *v.pr.* en découdre, s'expliquer.

affreux *adj.* → **LAID.**

africain *adj. et n.* cainf *ou* cainfri.

agacer *v.t.* faire mal aux seins. → *aussi* **ENNUYER, IMPORTUNER.**

âge *n.m.* carat, pige. *[assez avancé]* poids. ▸**avoir un âge assez avancé** avoir du bouchon *ou* de la bouteille.

agent *n.m.* → **POLICIER.** ▸**agent secret** barbouse *ou* barbouze, gorille.

agir *v.i.* opérer. *[sans ménagement]* aller de l'avant, ne pas y aller avec le dos de la cuiller.

agitation *n.f.* cirque.

agité *adj.* speedé, speedy *ou* speed.

agiter (s') *v.pr.* gambiller.

agonie *n.f.* canage, clamsage. ▸**être à l'agonie** chasser les mouches.

agréable *adj.* badour, baisant, bath, choucard, chouettard, chouette *ou* chouetto(s), mariol *ou* mariol(l)e, michto *ou* misto, sympa. ▸**c'est agréable** c'est du miel, c'est le pied.

agresser *v.t.* sauter *ou* tomber sur l'alpague, le casaquin, le paletot, le poil, la soie, etc., voler dans les plumes.

agresseur *n.m.* braqueur, saute-dessus.

agression *n.f.* braquage, charriage (à la mécanique), râble, saute-dessus, serrage.

aide *n.f.* roue de secours. *[à un détenu]* assistance, boulottage.

aider *v.t.* donner *ou* faire la passe, donner un coup de paluche. *[un détenu]* assister, boulotter.

aiguille *n.f.* piquante.

aimer *v.t.* gober. ▸**ne pas aimer** ne pas pouvoir blairer, encadrer, encaisser, pif(f)er *ou* sentir.

ajouter *v.t.* *[des produits inactifs à une drogue]* faire du poids.

alcool *n.m.* antigel, coquin, dégivrant, dur, fil, poivre, pousse-au-crime, raide, reniflette, vitriol.

alcoolique *n.* → **BUVEUR, IVROGNE.**

alcoolisme *n.m.* pocharderie, soûlographie.

alcootest *n.m.* ▸**soumettre à l'alcootest** tirer les verres du nez.

alerte *n.f.* coup de Trafalgar, émos(s), pet, prout(e), ressent.
◆**alerte!** *interj.* acré, pet, vesse, vingt-deux!

alibi *n.m.* coupure, couverture *ou* couvrante, parapluie, pébroc *ou* pébroque. ▸**vérifier un alibi** mettre en panne. ▸**se constituer un alibi solide** être couvert, saler l'artiche.

allemand *adj. et n.* alboche, boche, chleu(h), doryphore, fridolin *ou* frigolin, frisé *ou* frisou, fritz, haricot vert, mange-tout, teuton, vert-de-gris. → *aussi* **SOLDAT.**

aller *v.i.* ambier, se propager, se propulser. *[aller et venir]* draguer, fourmiller, pouloper, trimer. *[bien]* aller comme sur des roulettes *ou* des roules, baigner (dans le beurre, dans l'huile *ou* la margarine), bicher *ou* bichotter (comme un pou dans la crème fraîche), bichoter, boulotter, boumer, gazer *ou* gazouiller, ronfler. ◗ **ça va** ça biche, boume, carbure, gaze, roule, roulot(t)e. *[mal, en parlant de qqch]* aller chez Malva, cafouiller, déconner, foirer, galérer, merder *ou* merdoyer. ◗ **va-t-en!** ou **allez-vous-en!** balek, bouge(z) de là, du large, du maigre, du vent, va te faire aimer, enculer, foutre, mettre, miser *ou* voir (chez *ou* par les Grecs), va te faire tâter, téter, etc. → *aussi* S'ENFUIR, PARTIR.

allocation *n.f.* alloc, flotte.

allumette *n.f.* albroque, allouche, al(l)ouf, bûche, flambante, frotte *ou* frotteuse, grattante, souf(f)rante.

allure *n.f.* donne, frime, look, touche. ◗ **avoir fière allure** assurer, avoir de l'œil, dégotter *ou* marquer bien, en jeter, frimer bien. ◗ **avoir piètre allure** dégotter *ou* marquer mal, frimer mal, la jeter mal. *[qui se donne l'allure de]* looké.

alsacien *adj. et n.* alsaco.

amabilité *n.f.* giroflerie.

amadou *n.m.* bazanne, bois pourri.

amant *n.m.* arthur, coquin, dessus, gigolo *ou* gigolpince, giton, gosse, greluchon, homme, jules *ou* julot casse-croûte, marlou, matou, matz, numéro un, porte-couilles, régulier. *[amant de cœur caché au souteneur]* dessous, doublard. *[au bagne]* collègue. *[occasionnel]* extra.
◆ **amante** *n.f.* → MAÎTRESSE.

ambition *n.f.* *[dans l'armée]* course à la ficelle. ◗ **être plein d'ambition** en vouloir.

amélioration *n.f.* embellie.

amener *v.t.* droper.

américain *adj. et n.* amerlo, amerloc, amerlok, amerloque, etc., ricain. *[du Nord]* gringo. *[d'Amérique latine]* latino.

ameuter *v.t.* cribler, crier *ou* gueuler au charron, faire du gouale *ou* du cri.

ami *n.m.* amarre, aminche, amingo *ou* amunche, camarluche *ou* camaro, colon, copaud *ou* copo, fanandel, fias *ou* fiasse, fralin, frange *ou* frangin, homme de barre, marcel, pote *ou* poteau, potugue, soce *ou* social, zig *ou* zigue. *[mauvais]* colibri.

amnistie *n.f.* lessive.

amour *n.m.* dardant. *[amour physique]* bagatelle, baisage, baisade *ou* baise. *[non vénal, chez une prostituée]* béguin. ◗ **faire l'amour** → COÏTER.

amoureux *adj.* chipé, coquin, dingue, grinche, morgane *ou* morgané, toqué. ◗ **être amoureux** avoir dans la peau, avoir le casque, avoir le cheveu *ou* un cheveu pour, avoir le pépin pour, en croquer, en pincer, en tenir pour, s'en ressentir, être chipé pour *ou* de, être groupé. ◗ **tomber amoureux** flasher, recevoir un coup de soleil.

amphétamines *n.f.pl.* amphés, amphets *ou* amphètes, speed.

ampleur *n.f.* *[du geste, d'une foulée]* allonge.

amusant *adj.* → DRÔLE.

amuser (s') *v.pr.* goder, s'en donner, s'en payer une tranche, un bol, une bosse *ou* un plat, s'en payer, se faire *ou* se donner une bosse (de rire), se payer une pinte de bon sang. *[action de s'amuser]* marrade.

an *n.m.* → ANNÉE.

anarchiste *adj. et n.* anar, anarcho.

âne *n.m.* branque.

anéantir *v.t.* ratatiner, rédimer.

anglais *adj. et n.* angliche *ou* anglish, bifteck, britiche *ou* british, english *ou* engliche, homard, inglichmann, rosbif.

anilinctus *n.m.* feuille de rose, langue fourrée, rosier fleuri. ◗ **pratiquer l'anilinctus** se bouffer l'oignon.

animal *n.m.* bestiau.

anneau *n.m.* *[au pied du forçat]* manicle *ou* manique, manille. *[joignant les ceintures des forçats]* mariage.

année *n.f.* balai, berge, bougie, carat, gerbe, longe, pige *ou* pigette, plombe.

anticlérical *adj.* ▸ **être anticlérical** bouffer du curé.

antipathique *adj.* blaireau, pierrot.

antisémite *adj.* ▸ **être antisémite** bouffer du Juif.

anus *n.m.* anneau, as de trèfle *ou* de pique, bagouse *ou* bague, bocal, boîte à pâté, borgne, boutonnière, capsule, cercle, chouette, couloir à *ou* aux lentilles, coupe-cigare, dé à coudre, disco, dix *ou* dixième, dossière, échalote, entrée de service *ou* des artistes, escalier de service, fignard, fignarès, figne *ou* fignon, fion, jaquette, lorgne, lucarne enchantée, marrant, motte, œil de bronze *ou* de Gabès, œillet, œuf, oigne, oignedé *ou* oignon, os, pastille *ou* pastoche, pâté, petit, petit guichet, pièce de dix sous *ou* de dix ronds, point noir, porte de derrière *ou* de service, rond, rondelle *ou* rondibé, rose des vents, rosette, sifflard, sonore, terre jaune, tiroir aux lentilles, trèfle *ou* treffe, trou de balle, trou du cul, d'ais, de bise, de la fine *ou* du souffleur, trou qui pète *ou* qui pue, troufignard *ou* troufignon, turbine à chocolat, tuyau à gaz *ou* à merde, zéro. → *aussi* **FESSE, POSTÉRIEUR.**

anxieux *adj.* déballé.

apéritif *n.m.* apé *ou* apéro, petite. → *aussi* **BOISSON.**

aphrodisiaque *n.m.* cric-à-bite, pousse-au-vice.

aplomb *n.m.* ▸ **avoir de l'aplomb** avoir de l'estomac *ou* du toc, être gonflé, ne pas manquer d'air.

appareil *n.m.* bidule, zinc. *[usagé]* rossignol.

appétissant *adj.* rebectant.

applaudissements *n.m.pl.* beignes.

apporter *v.t.* abouler.

apprécier *v.t.* avoir à la bonne, gober, ne pas cracher sur.

appréhender *v.t.* → **ARRÊTER.**

apprenti *n.m.* arpète *ou* arpette, crapaud, grouillot, moutard, salé. *[cordonnier]* pignouf. *[pharmacien]* courtaud de boutanche *ou* de boutique, potard.

approximatif *adj.* pifométrique.

approximativement *adv.* au pif, au pifomètre.

arabe *adj. et n.* arbi *ou* arbicot(e), bic, bicot *ou* bique, bougnoul, crouillat, crouille, crouilledouche, crouya *ou* krouïa, melon, mohamed, nardène, pied-de-figuier, raton, sidi, tronc(-de-figuier). *[immigré « deuxième génération »]* beur, beurette, rebeu. *[jeune]* yaouled. *[violence contre les Arabes]* raton(n)ade.

arbitre *n.m.* *[dans le milieu]* juge de paix.

archevêque *n.m.* archipointu, prune de monsieur.

archives *n.f.pl.* ▸ **archives de police** album de famille, Grand Bain.

argent *n.m.* artiche, aspine, atout, auber(t), balle, beurre, blanc, blé, bob, boulange, boules, braise *ou* braize, broque, bulle, cachet, cadeau, caisse, calleri, carbi, carbure, carle *ou* carlo, carme, cé *ou* gé, cresson, de la pièce, de la t(h)une, douille, engrais, flousard, flouze *ou* flouse, foin, fraîche, fric *ou* fricandeau, galetouille, galetouse *ou* galette, gâteau, grisbi, houblon, huile, japonais, kilo, kopeck, laubé, lové, matelas, michon, monaco, monouille, morlingue, mornifle, nerf, noyaux, os, oseille, osier, pépette, pèse *ou* pèze, peseta *ou* pésette, picaillon *ou* picailles, plâtre, pognon, poussier *ou* poussière, quibus, quine, radis, ronds, rusquin, soudure, sous, thune *ou* tune, tintins, trèfle *ou* tref, tulle, zinc. *[argent liquide]* cash. *[perdu au jeu ou oublié sur le tapis]* traînard. *[comme instrument de pouvoir]* assiette au beurre. *[en argent]* blancard. ▸ **il n'y a pas d'argent** les comédiens sont pas là, les eaux sont basses, les Japonais ont tourné le coin *ou* sont pas laga. → *aussi* **BILLET, MONNAIE, PIÈCE, SOMME, SOU.**

argenterie *n.f.* blanquette. ▸ **vendre de l'argenterie** solir du bon de cé.

argot *n.m.* argomuche *ou* arguemuche, arguche. *[types d'argot]* bello *ou* bellaud, bigorne, breton, brution, calaõ, caló, cant, canut, coa, faria, fayau, fourbesque, germania, ghos, jargon, jars *ou* jar, javanais, jobelin, joual, largonji, louchébem, lunfardo, ménédigne, mormé, mourmé, poissard, rochois, romani, rotwelsch, slang, terratsu *ou* terrachu, verlan.

argument *n.m.* *[peu convaincant]* faux poids, ribouis.

argumenter *v.i.* allumer ses bougies.

aristocrate *n.* aristo.

arme *n.f.* anguille, arbalète, arquebuse, article, bastringue, biniou, blindé, brelica, brûle-parfums, brutal, calibre, effaceuse, feu, fouraille, outil, pétoire *ou* pétoir, remède, sarbacane, tromblon, tube. *[arme blanche]* → COUTEAU. *[défensive]* permission de dix heures *ou* de minuit. → *aussi* REVOLVER.

armée *n.f.* grive.

armement *n.m.* *[individuel]* panoplie, quincaille *ou* quincaillerie.

arménien *adj. et n.* arménouche.

armer *v.t.* enfourailler.
◆ **s'armer** *v.pr.* se charger, se farguer.

arranger *v.t.* rambiner.

arrestation *n.f.* agrichage, alpague, coup de flan, crâne, cueille, emballage, enfilage, piquage, scalp, serrage, serviette, sucrage.

arrêter *v.i.* *[stopper]* faire thème, lâcher les dés *ou* les pédales, fermer le compas, mettre le rouge. ▸ **arrête !** du maigre !
◆ *v.t.* *[appréhender]* accrocher, agrafer, agricher *ou* agrichman, agriffer, alpaguer, amarrer, arquepincer, bidonner l'arnac, bondir, calotter, camoufler, chauffer, chiper, coiffer, coincer, col(le)tiner, coxer, cravater, crever, crocher *ou* crocheter, croquer, cueillir, déquiller, donner la belle, emballer, emballarès *ou* emballuchonner, embarquer, emboîter, embusquer, empaqueter, emporter, enfiler, enflaquer, engerber, entoiler, envelopper, épingler, fabriquer, faire à la brouille *ou* au fil, faire aux pattes *ou* aux cliquettes, faisander, gaufrer, gauler, grappiner, grouper, harponner, mettre la main sur le paletot, mettre *ou* poser le grappin sur, nettoyer, pégrer, pincer, pingler, piper, piquer, poirer, poisser, poivrer, poser un gluau, ramasser, sauter *ou* tomber sur le paletot, scalper, scrafer, secouer, serrer, servietter, servir, souffler, sucrer. ▸ **être arrêté** être bon comme la romaine, être bonnard, être (fait) bourru, être chouette, flambé, fliqué, guignolé, margouillat, marron *ou* rousti, être dans le sac, être fait (aux pattes), fait comme un rat, être pris de mal, se faire chouette, se faire tâter, passer à la fabrication, tomber (malade).
◆ **s'arrêter** *v.pr.* fermer le compas. ▸ **s'arrêter net** s'arrêter pile, piler.

arrière *n.m.* *[d'une maison]* darioles.

arriver *v.i.* abouler *ou* amener sa graisse *ou* sa viande, s'abouler, s'apporter, se pointer, pointer son nez, (se) radiner, se ramener, rappliquer. *[sans prévenir]* débarquer, débouler. *[aux courses]* (en tête) arriver en ciboule *ou* en tranche ; (dans les trois premiers) arriver dans les boules. ▸ **n'arriver à rien** pédaler dans la choucroute, la semoule *ou* le yaourt.

arriviste *n.m.* canard.

arrogant *adj.* cresson. ▸ **être arrogant** en installer.

article *n.m.* *(de journal)* *[au bas de la une]* rez-de-chaussée. *[long et ennuyeux]* tartine. *[sur une colonne]* chandelle. *[sur plusieurs colonnes]* cheval.

artilleur *n.m.* artiflot.

ascenseur *n.m.* monte-fesses.

asiatique *adj. et n.* chinetoc *ou* chinetoque, jaunet, niac, niacoué, niaquoué *ou* nyakoué.

asile *n.m.* ▸ **à l'asile** aux fiévreux *ou* chez les fiévreux.

aspect *n.m.* frime. *[physique, en parlant d'une femme]* carrosserie, châssis.

assaillir *v.t.* → ATTAQUER.

assassin *n.m.* assommeur, but(t)eur, chourineur, cronisseur, ébobisseur, flingueur, réchaudeur, refroidisseur, saccailleur, scionneur, surineur, toucheur.

assassinat *n.m.* assommade *ou* assommage, buttage, chourinade, clamsage, coup dur, cronissage, décollage, emboucanement, grand truc, refroidissage *ou* refroidissement, repassage, saignage, zigouillage.

assassiner *v.t.* cônir *ou* cosnir, escarper, faire rouge, mettre en l'air, réchauder, sauter *ou* escarper à la Capahut, scionner, travailler (dans le rouge), zigouiller.

asseoir (s') *v.pr.* se colloquer.

assez *adv.* barca *ou* barka, basta, class, marre *ou* marré, nibé, rideau. ▸ **en avoir assez** en avoir class(e), épais, frigo *ou* frigousse, son blot, sa claque *ou* son sac, en avoir marre, pied, quine, faire la rue Michel. ▸ **en voilà assez !** calte au boniment, c'est class *ou* marre, n'en jetez plus la cour est pleine, y en a flac *ou* marre. → *aussi* SUFFIRE.

assiette *n.f.* écuelle, tuile.

assigner *v.t.* talbiner.

assises *n.f.pl.* → COUR.

associer (s') *v.pr.* s'équiper, faire flèche *ou* gourbi, (se) flécher.

assoiffé *adj.* ▸ **être assoiffé** avoir la dalle en pente, avoir toujours des boyaux vides *ou* un boyau de vide.

assommer *v.t.* calmer, coucher *ou* laisser sur le carreau, effacer, endormir, engourdir, ensuquer, escagasser, estourbir, étendre, étourdir, gonfler, knockouter, répandre, sabler, scionner, sécher, sonner. *[action d'assommer]* coup du lapin.

assourdir *v.t.* embouteiller les portugaises.

assumer *v.t.* porter la médaille *ou* le chapeau.

asticot *n.m.* astibloc, astibloche *ou* bloche.

atelier *n.m.* abattoir, bagne, boîte, turbine, turf.

athlète *n.m.* armoire à glace, armoire normande.

atout *n.m.* ▸ **atout maître** *[aux cartes]* matraque.

attaque *n.f.* ▸ **attaque à main armée** braquage *ou* braque, mise en l'air.

attaquer *v.t.* braquer, cavaler dessus, entrer *ou* rentrer dedans, opérer (une banque), quebra, râbler, rentrer dans le chou *ou* dans le lard, tirer dans le lard, tomber *ou* sauter sur le râble, tomber sur le poil.

atteindre *v.t.* *[telle vitesse, en parlant d'un véhicule]* taper.

attendre *v.t. et i.* arracher le *ou* du chiendent, droguer, faire le singe, gaf(f)er, laisser pisser (le mérinos), mitonner, siffler au disque. *[avec impatience]* se faire vieux. *[longtemps]* cuire, mariner *ou* rester dans son jus, faire le pied de grue, faire le poireau, maronner, moisir, planter *ou* piquer son poireau, poireauter. *[vainement]* croquer le marmot, rester dans la salle d'attente, sécher sur le fil *ou* sur le tas. *[une prostituée occupée avec un autre client]* être garé en double file. ▸ **faire attendre** mariner.

atténuer (s') *v.pr.* *[en parlant d'une situation dangereuse ou pénible]* se tasser.

attention ! *interj.* acré, boche, chaud (devant), chibi, deux sur dix, dig *ou* digue, vingt-deux, y a du pet ! ▸ **attirer l'attention** lancer le prospectus.

attirail *n.m.* bastringue, bataclan, bordel, fourbi, saint-frusquin.

attirance *n.f.* ▸ **avoir de l'attirance pour** avoir à la bonne, à la chouette.

attirer *v.t.* brancher. *[les badauds]* amuser le tapis.

attouchements *n.m.pl.* bagatelles de la porte. *[se livrer à des attouchements]* aller aux renseignements, effeuiller la marguerite.

attraper *v.t.* agricher, argougner *ou* argouiner, arpigner, arquepincer, bicher, choper, coincer, cravater, gaf(f)er, gauler, gober, graffigner, grouper, harper, harpigner, mordre, niquer, paumer *ou* paumaquer, piger, pincer, pogner. → *aussi* ARRÊTER.

aubaine *n.f.* chopin, embellie.

aubergiste *n.m.* → PATRON.

audace *n.f.* bide, caffre, coup de ventre, culot, estom', sang, souffle.

audacieux *adj.* à la redresse, cintré, culotté *ou* culotmann, gonflé *ou* gonflaga, soufflé. ▸ **être audacieux** avoir de la santé *ou* une santé, avoir du coffre *ou* du crime, avoir le sang de, en pousser, ne pas manquer d'air, de crime *ou* de souffle, y aller au culot *ou* le faire au culot. ▸ **rendre audacieux** culotter.

augmentation *n.f.* *[de peine]* rallonge.

augmenter *v.t.* allonger le tir. *[ses revenus]* mettre du beurre dans les épinards.

aumônier *n.m.* babillard, le Père Guillotine.

australien *adj. et n.* kangourou.

authentique *adj.* appellation contrôlée, du bath, officiel. ▸ **c'est authentique** c'est pas du pour.

autobus *n.m.* ronibus.

automobile *n.f.* → VOITURE.

autopsie *n.f.* nécro *ou* nécrops.

autoradio *n.m.* steupo.

autorisation *n.f.* *[de police]* condé.

autoritaire *adj.* pète-sec.

autorité *n.f.* ▸ **avoir de l'autorité** être un peu là, faire le poids. ▸ **d'autorité** d'auto(r), de rif (et d'autor).

auvergnat *adj. et n.* auverpin *ou* auverploum.

auxiliaire *n.* auxi *ou* auxigot. *[dans une prison]* barbotier.

avaler *v.t.* écraser, effacer, s'enfoncer.

avance (d') *loc. adv.* ▸ **c'est acquis** ou **réussi d'avance** c'est dans la fouille, dans la poche *ou* in the pocket.

avantage *n.m.* fleur, quine. *[au jeu]* abattage.

avantager *v.t.* *[un joueur]* sucrer.

avantageux *adj.* juteux.

avare *adj. et n.* arpinche, aspic, auverpin, chien, dur à la détente, juif, large des épaules, mange-merde, pain dur, pas large du dos, pierre de taille, pignouf, radin, râpe, râpé *ou* rapiat, raquedal, rat, serré. ▸ **être avare** avoir des oursins dans le morlingue *ou* la fouille, avoir un cactus dans le portefeuille *ou* la poche, être constipé du morlingue, être malade du pouce, faire du millimètre, les lâcher *ou* les envoyer au compte-gouttes *ou* avec un élastique, ne pas attacher ses chiens *ou* ne pas les attacher avec des saucisses, tondre un œuf.

avarice *n.f.* crasserie, mégot(t)age, radinerie, youtrerie *ou* youpinerie.

aventure *n.f.* ▸ **à l'aventure** à la flan. ▸ **bonne aventure** bonne ferte *ou* bonne fortanche.

avertir *v.t.* affranchir, arçonner, envoyer du plat, faire l'accent *ou* le cri, parfumer, rencarder. *[d'un danger]* porter le deuil.

avertissement *n.m.* accent, duce.

aveugle *adj.* nib de châsses, sans mirettes.

avion *n.m.* coucou, zinc.

aviron *n.m.* bout de bois.

aviser (s') *v.pr.* se gaffer.

avocat *n.m.* babillard, bagouleur, bavard, baveux, bon(n)isseur, cuisinier, jaspineur, rat de prison. *[commis d'office]* gerbier. *[de la défense]* blanchisseur, débarbe, débarbot *ou* débarboteur, démerdeur, lessiveur, parrain, rebecteur. *[général]* bêcheur, crosse, écorneur.
◆ **avocate** *n.f.* pingouine.

avorter *v.t. et i.* claquer le polichinelle, dévisser le mironton, faire couler un môme, faire descendre le môme *ou* un enfant, tricoter le moujingue, (se) tringler.

avorteur *n.* faiseur d'anges, videur. *[activité de l'avorteur]* tringle.

avorton *n.m.* échappé de bocal *ou* capote, mal foutu. → *aussi* **MALINGRE.**

avouer *v.t. et i.* accoucher, s'affaler, s'aligner, s'allonger, blutiner, bouffer, casser *ou* cracher le morceau, déballer (ses outils), lâcher *ou* sortir le morceau *ou* le paquet, se déballonner, se déboutonner, s'étaler, manger à la grande table, manger du lard *ou* le morceau, se mettre à table, mettre les pieds sous la table *ou* monter sur la table, ouvrir sa gueule *ou* l'ouvrir. ▸ **ne pas avouer** bien se tenir. ▸ **faire avouer** tirer la *ou* une carotte à qqn.

B

baccara *n.m.* faucheuse.

bagage *n.m.* bagots, barda.

bagagiste *n.m.* bagotier.

bagarre *n.f.* agrichage, barari, baston, batterie, bigorne, bin's, binz *ou* bintz, biscuit, bosselage, bûchade, bûche *ou* bûcherie, casse, castagne, charclade, châtaigne, chicore, chiquage, chizbroc, corrida, coup de chien *ou* de torchon, coup de Trafalgar, embrouille, marron, rébecca, rentre-dedans, rif, rififi *ou* rifle, sac(c)agne, satonnade, scionnage, torchée *ou* torcherie. *[entre femmes]* crêpage de chignons. ▸ **la bagarre n'est pas loin** ça craint, ça sent le roussi. → *aussi* **QUERELLE.**

bagarreur *n.m.* battant, castagneur, châbleur *ou* châbleux, châtaigneur, moelleux.

bagnard *n.m.* → **FORÇAT.**

bagne *n.m.* bachasse, Biribi, bord de l'eau, collège, durs, guillotine sèche, malheur, petite marine. ▸ **être envoyé au bagne** (aller) se laver les pieds *ou* les pinceaux, casser des cailloux, monter aux durs, passer l'eau.

bagout *n.m.* tchatche. *[qui a du bagout]* tchatcheur.

bague *n.f.* bagouse, cercle. *[qui porte des bagues]* bagousé.

baigner (se) *v.pr.* flotter.

baigneur *n.m.* ▸ **baigneur bronzé** viandox.

bain *n.m.* flotte. ▸ **bain de soleil** bain de lézard. ▸ **bain de vapeur** vape.

baiser *n.m.* baveux, bec, canard, coup de torchon, fricassée de museaux, galoche, langue fourrée, lèche, palot, patin, pelle, roulée, smack, souris.

baisser *v.t.* ▸ **baisser la tête** *[pour dissimuler ses traits]* se détrancher.

bal *n.m.* baloche, bastringue, casse-gueule, frotting, gambille, guinche *ou* guinchard, pince-cul *ou* pince-fesses. ▸ **fréquenter les bals** bastringuer.

balai *n.m.* pinceau.

balle *n.f.* *[projectile]* bastos, berlingot, dragée, mouche, olive, pastille, praline, prune *ou* pruneau, valda, valdaga, volante.

ballon *n.m.* ▸ **ballon captif** couille à Joffre.

ballot *n.m.* nègre *ou* négresse.

banal *adj.* ... des familles [postposé].

banc *n.m.* ▸ **banc des accusés** planche au pain.

bande *n.f.* raille, tierce.

bandit *n.m.* *[qui brûle les pieds de ses victimes]* chauffeur.

banditisme *n.m.* plaine.

banque *n.f.* taule au beurre. ▸ **Banque de France** la Boulange aux faffes, la Grande Boulange.

banquier *n.m.* banquezingue, beurrier, cambuteur de fafiots, faf(f)ioteur.

barbe *n.f.* barbouze, douilles *ou* douillettes, foin, marmous(s)e, piège.

barbier *n.m. [au bagne]* barberot.

barbituriques *n.m.pl.* barbi *ou* barbitos.

barbu *n.m.* barbousard *ou* barbouseux.

barreau *n.m. [métallique]* balançon.

barrière *n.f. [de Paris]* guinche.

bas *n.m.pl. [de femme]* lices *ou* lisses, tirants. *[de soie]* (tirants) radoucis.

basset *n.m.* saucisse *ou* saucisson à pattes.

bastonnade *n.f.* satonnade.

bataillon *n.m.* bâton. *[disciplinaire]* Bat' d'Af. → *aussi* BIRIBI.

bateau *n.m.* baille, barlu, marsouin, rafiot *ou* rafiau, sabot.

bâton *n.m. [gourdin]* badine, éventail à bourrique, juge de paix, permission de dix heures *ou* de minuit. *[des agents de police]* bidule. → *aussi* MATRAQUE.

battre *v.t.* abîmer, arranger *ou* esquinter le portrait, apprendre à vivre, aquiger, astiquer, avoiner, bosseler, bricoler, brosser, caramboler, carder (la laine *ou* le cuir), casser la margoulette, cavaler dedans, châbler, châtaigner, chiquer, cingler, coquer du tabac, cornancher *ou* cornanchouiller, décrasser, dérouiller, descendre, désosser, emboîter, encadrer, envoyer dans les cordes *ou* au tapis, étriller, faire au cabochon, faire *ou* filer une grosse tête *ou* une tête au carré, faire *ou* souhaiter sa fête, faire chanter sa gamme, faire de la purée de marrons, faire monter la gamme *ou* monter une gamme, faire trinquer, filer une avoine, une danse, une pâtée, une pelure, une rouste, une trempe, etc., flanquer *ou* foutre une pile, flauper *ou* floper, foutre sur la fiole, fricasser, friter, frotter, se la donner, se manger, maraver *ou* marave, massacrer, passer à tabac *ou* à la plume, peloter, péter la gueule, piler, régler, rincer, saler, schlaguer, secouer la poêle à marrons, suiffer, tabasser, tamponner, tanner le cuir, le lard *ou* la peau, tasser, tisaner *ou* tiser, travailler le cadavre, le casaquin, les côtes *ou* les côtelettes, tremper une soupe, tricoter les côtes, triquer. → *aussi* FRAPPER. ▸ **battre le blé** sabouler le grenu. ▸ **battre sa femme** cirer les meubles, remonter sa pendule. ▸ **battre une fille rebelle** la mettre au vert. ▸ **être battu** aller *ou* descendre au tapis, déguster, être de la donne, la prendre, passer à la châtaigne, à la mandale *ou* à la plume, subir *ou* prendre un carton.
◆ **se battre** *v.pr.* s'accrocher, s'aligner, aller au massacre, s'arranger, se bastonner, se bigorner, se bûcher, se castagner, se châbler, se châtaigner, se chicorer *ou* chicorner, se chiquer la gueule, se coltiner, se cornancher, se crêper le chignon, se crever, se crocher *ou* crocheter, se crosser, se donner un coup de peigne, échanger des politesses, s'expliquer, faire une partie, se foutre sur la gueule, se fumer, se harpigner, se jongler, se maillocher, se maraver, se peigner, se pétarder, se plumer, se rifler, se sataner, se torcher.

bavard *n.m.* bavocheur, cracheur à pouf, déconneur, jaboteur, jacteur, jaspineur, lavette, moulin à paroles, pipelette, robinet d'eau tiède, rouleur. ▸ **être très bavard** avoir une fière *ou* une sacrée tapette, être vacciné avec une pointe *ou* une aiguille de phono, travailler du pick-up, user un litre de salive à l'heure.
◆ **bavarde** *n.f.* baveuse.

bavardage *n.m.* bagoulage, clapet, jabotage, jactance *ou* jaquetance, jaspin *ou* jaspinage, pia-pia.

bavarder *v.i.* bagouler, bavasser, bavocher, jaboter, jacter *ou* jaquetancer, jaspiner, mouliner, tailler une *ou* des bavettes.

beau *adj.* badour, bath *ou* bathouse, baveau, beau comme un paf, bien balancé, bien ballotté, bien bousculé *ou* bien foutu, canon, chenastre, chenu, choucard, classe, croquignol *ou* croquignolet, girofle, jojo, l(e)aubé, l(e)aubich(e) *ou* laubichmard, michto *ou* misto, pal(l)as, rider, riflard *ou* riflot, rupin, sch(e)beb, schpile.

beaucoup *adv.* à la pelle, bésef *ou* bézef, cher, des charrettes, des flottes, des kilos, des masses *ou* des tas, la chiée *ou* une chiée, lerche(m), sec, une foultitude, une tapée. → *aussi* QUANTITÉ.

beau-frère *n.m.* beauf.

beaujolais *n.m.* beaujolpif.

beau-père *n.m.* beau-dab.

beaux-parents *n.m.pl.* beaux-dabs.

bégayer *v.i.* ▸ **il bégaie** ça se bouscule au portillon.

belge *adj. et n.* belgico.

belle-mère *n.f.* belle-doche, belle-dabe *ou* belle-dabesse. *[doté d'une belle-mère envahissante]* embellemerdé.

belle-sœur *n.f.* belle-frangine.

belote *n.f.* bouille.

bénéfice *n.m.* affurage *ou* af(f)ure, bénef, beurre, boni, gras, gratte, tiche, velours. *[de 100%]* culbute.

béret *n.m.* deffe *ou* dèfle, galette.

berner *v.t.* feinter. → *aussi* TROMPER.

bête *adj.* → STUPIDE.

bêtement *adv.* → STUPIDEMENT.

bêtise *n.f.* cagade *ou* cagasse, carabistouille, cavillonnerie, conceté, connerie, couillonnade *ou* couillonnerie, cucuterie *ou* cuterie, déconnage, douze, joberie, tarderie, troududucuterie. → *aussi* NIAISERIE, SOTTISE.

biceps *n.m.* biscoteau *ou* biscotto, nénets d'homme.

bicyclette *n.f.* bécane, biclo *ou* biclou, clou, gail.

bidet *n.m.* cheval de bataille *ou* en vaisselle, guitare, mandoline, porcelaine, violon.

bien *adv.* bono, choucard, chouette, du tonnerre. ▸ **très bien** au loilpé, aux petits oignons, aux pommes *ou* aux oiseaux, aux truffes, bath aux pommes, chenuement, olrèt *ou* olrette.

bientôt *adv.* c'est du peu (au jus).

bière *n.f.* mousse *ou* moussante. *[bière noire anglaise]* macadam. *[médiocre]* bibasse *ou* bibine. *[avec mousse]* faux col, mariée. → *aussi* VERRE.

bigot *n.m.* calot(t)in, cul béni, mômier.

bigoterie *n.f.* mômerie.

bijou *n.m.* bibelot, bouchon de carafe, bouclotte, broquille, joncaille *ou* jonquaille, quincaille *ou* quincaillerie. *[faux]* ferraille à la manque *ou* doranchée, tocard *ou* toquard.

bilan *n.m.* comptée.

billard *n.m.* fretin *ou* frottin. *[électrique]* flip. ▸ **jouer au billard** manger du mérinos.

bille *n.f.* calot.

billet *n.m.* *[message]* broderie. ▸ **billet de banque** biffeton, billemont *ou* billemuche, broderie, chiffon, faf', faffe *ou* fafiot, (grand et petit) format, (grande) image, keusse, laissez-passer, papier, taffetas, talb *ou* talbin (de la carre), ticson *ou* tickson. *[billets de faible valeur]* chips. *[faux billet]* balourd. *[liasse de cent billets de 10 F d'avant 1960]* botte. *[liasse de dix billets de 100 F d'avant 1960]* millefeuille. *[100 F d'avant 1960]* lacsé *ou* laxé, tas. *[500 F d'avant 1960]* chateaubriand, malabar, misérable, totor. *[500 F d'après 1960]* pascal. *[1 000 F d'avant 1960]* barda, carré de soie *ou* grand carré, grand faf. *[1 000 F d'avant 1960 ou 10 F d'après 1960]* raide *ou* raidillard, richelieu, ticket *ou* tic(k)son, voltaire. *[5 000 F d'avant 1960]* gros papa. *[10 000 F d'avant 1960 ou 100 F d'après 1960]* bonaparte *ou* bonap, delacroix. → *aussi* SOMME. ▸ **billet de loterie** *[qui n'est pas sorti dans les cent derniers tirages]* centenaire. ▸ **billet d'entrée** talbin d'encarrade.

biscuit *n.m.* ▸ **biscuit de mer** cassant.

bisexuel *adj.* ▸ **être bisexuel** être ambidextre, jazz-tango, marcher à voile et à vapeur.

bizarre *adj.* louf, zarbi.

bizarrerie *n.f.* coup de marteau, loufoquerie.

blanchissage *n.m.* blanchecaille.

blanchisseuse *n.f.* baquet, blanchecaille *ou* blanquette, briqueuse, poule d'eau.

blennorragie *n.f.* blenno, castapiane, chaude-lance, chaude-pisse *ou* chaude-pince, chtouille *ou* schtouille, laziloffe, verte.

blesser *v.t.* amocher, arranger, arrangeman *ou* arrangemaner, attiger, boutonner, crever, dérouiller, faire une boutonnière, moucher, seringuer, servir, suriner, truffer. ▸**être blessé par balle** être atteint de coliques de plomb. ▸ **être blessé à mort** avoir *ou* recevoir son compte.

blessure *n.f.* accolade, boutonnière. *[sanguinolente]* abreuvoir à mouches. *[simulée]* maquigne, maquillage *ou* maquille.

blouson *n.m.* *[de cuir]* cuir, perf, perfect *ou* perfecto, recui, zomblou.

bluff *n.m.* char *ou* charre, chiqué, cri, plancherie, rantanplan. ▸ **c'est du bluff** c'est du flan, cette bonne paire.

bluffeur *n.m.* bidon, chiqueur, gonfleur, plancheur.

bœuf *n.m.* cornant, corne *ou* cornu.

bohémienne *n.f.* boumiane.

boire *v.t. et i.* s'affûter, s'arroser l'avaloir, la dalle *ou* les crochets, asphyxier (le perroquet, le pierrot), basculer un godet, bibarder, biberonner, bidonner, boutancher, canonner, carburer, casser le goulot *ou* la gueule à une bouteille, chauffer le four, chimer, chopiner, décoller le margouillat, se décrasser le gosier *ou* la gueule, dégringoler, se dessaler, donner *ou* foutre un soufflet à une bouteille, s'éclairer le fanal, écluser, écraser un grain, s'enfiler dans le col, s'en mettre plein les trous de nez *ou* plein le col *ou* un coup dans le col, étouffer, éreinter *ou* éventrer une négresse, éternuer sur une négresse, fioler, se gorgeonner, s'humecter, se jeter *ou* s'en jeter un dans les narines, derrière la cravate *ou* le bouton de col, lamper, se laver *ou* se rincer les amygdales *ou* le gosier, se lester la cale, lever le coude, lichailler *ou* licher, marcher au thé, nettoyer, se nettoyer le canon de fusil, picoler, pi(c)tancher, picter *ou* piqueter, pictonner *ou* piquetonner, pillaver, pinter, pomper, se rafraîchir, relever une sentinelle, remettre ça, renifler, respirer, rincer (le bec), se rincer *ou* se coller dans le sifflet, se rincer les amygdales, les barres *ou* les crochets, se rincer l'avaloir, le bec, le cornet, la dalle, la gargoine, le gosier *ou* le goulot, se rouiller le mou, schniquer, schnouper, sécher, siffler (le guindal), siroter, soiffer, sucer, tafiater, téter, tomber un zinc, tortiller, tututer. *[beaucoup]* avoir une éponge dans le gosier, boire comme une éponge, graisser les roues *ou* la machine, ne pas sucer de la glace, des glaces, des glaçons, des grêlons *ou* des pralines, souffler dans l'encrier. *[de l'eau]* grenouiller. *[devant le comptoir]* zinguer. *[une absinthe]* turbiner une verte. *[un verre d'eau-de-vie, à jeun]* chasser le brouillard, tuer le ver. *[une bouteille]* faire valser les négresses, tomber. *[seul]* faire crapaud, faire suisse. ▸**offrir à boire** arroser les barres, laver *ou* rincer la gueule, y aller d'une. *[action de boire]* biberonnage. *[action d'offrir à boire]* arrosage *ou* arrosement.

bois *n.m.* cuir de brouette *ou* de peuplier, satou *ou* satte.

boisson *n.f.* *[alcoolique]* boujaron, bourgeron, carburant, casse-pattes *ou* casse-poitrine, coco, coupe-la-soif, gobelette *ou* gobette, gorgeon, mickey, paf(f), parfait amour, picole, pictage, pictance *ou* pictanche, rince-cochon, schnoupance, tafia *ou* tahu, tisane. *[agréable au palais]* le Bon Dieu *ou* le petit Jésus en culotte de velours. *[de mauvaise qualité]* bibine, bistrouille, lavasse, pisse *ou* pissat d'âne, vitriol. *[anis et grenadine]* tomate. *[anis et menthe]* chasseur, perroquet. *[anis, menthe et grenadine]* feuille morte. *[bière et grenadine]* tango. *[bière et menthe]* valse. *[bière, Picon et grenadine]* cercueil. *[mesure d'eau-de-vie à quatre sous]* monsieur. *[eau-de-vie et liqueur]* riquiqui. *[eau-de-vie ou vermouth et cassis]* mêlé-cass. *[extrait de mandarine]* mandarin. *[grog en fraude, à l'hôpital]* illico. *[lait et grenadine]* bébé rose. *[mandarin et champagne]* plumeau. *[pastis]* jaune *ou* jaunet, lait de tigre, de panthère *ou* de chameau, mominette, pastaga. *[Pernod]* pernaga, perniflard *ou* pernifle. *[rhum et absinthe]* calotin *ou* calotino. *[rhum, kirsch et bitter]* cosaque. *[rhum et eau]* roméo. *[sirop d'orgeat, rhum et eau]* romaine. *[Suze et cassis]* fond de culotte *ou* culotte. *[tomate et vodka]* marie-salope. *[vermouth et cassis]* tigre. *[vin blanc et cassis]* kir, mêlé-cass. *[vin blanc, sirop de gomme et eau]* blanc gommé, gendarme. *[vin rouge et cassis]* bourguignon, cardinal, communard, margouillat. *[vin rouge et vin blanc]* tilleul. → *aussi* **ALCOOL, EAU-DE-VIE.**

boiter *v.i.* béquiller, bercer.

boiteux *adj. et n.* banban *ou* bancroche, béquillard, cinq et trois font huit, tortillard.

bombe *n.f.* marmite.

bon *adj.* bath, bonnard *ou* bono, chenastre *ou* chenu, choucard, giron(d), michto *ou* misto, rupin. ▸ **très bon** bono bézef. ▸ **pas bon** macache bono. ▸ **bon à rien** bon à riper la lune *ou* le soleil, bon à lap(e) *ou* à nib, bordille *ou* bourdille, casserole, copaille, pousse-mégots. ▸ **n'être bon à rien** ne pas valoir un clou *ou* un coup de cidre. → *aussi* INCAPABLE.

bonheur *n.m.* du verni.

bonneteau *n.m.* bobinette, glissade, linge, mise. ▸ **tenir le bonneteau** cogner les brêmes, cricer, faire la mise *ou* le cri, taper le cri.

bookmaker *n.m.* bouc *ou* book, piège.

borgne *adj. et n.* coco bel-œil, lorgne. ▸ **être borgne** avoir un carreau à la manque, boiter des calots *ou* des châsses.

borné *adj.* → IMBÉCILE.

bossu *n.* bombé *ou* bombuche, bosco, boscot *ou* bosmar, renflé.

botte *n.f.* collante, tinette, titine, trottine. *[mexicaine]* santiag *ou* tiag.

bottine *n.f.* trottinette.

bouche *n.f.* bec, boîte (à dominos *ou* à mensonges), carafe, clapet, claque-merde, crachoir, débectoir *ou* débéquetoir, déconomètre, dégueuloir, entonnoir, fente, gaffe, gargane, gargoine *ou* gargue, gicleur, goulot, gueule, jaquetant, margoulette, micro, mouloir *ou* mouloire, placard, porte-pipe, respirante, saladier, salle à manger, tirelire, trappe, trou à soupe, aux légumes *ou* aux pommes de terre. *[malodorante]* repoussoir, tinette.

boucher *n.m.* cri(g)nolier, louchébem *ou* loucherbem.

boucle *n.f.* *[d'argent ou d'or]* attache de cé, d'huile *ou* d'orient.

bouder *v.i.* faire du boudin, faire la gueule.

boue *n.f.* berdouille, mouise, mouscaille.

bouffée *n.f.* *[de cigarette]* taffe *ou* touche.

bougie *n.f.* calbombe, loupiote, luisante. *[de moteur]* chandelle.

boulanger *n.m.* lartonnier.

boulevard *n.m.* boul' *ou* bouletot. *[périphérique]* périf *ou* périph.

bouleverser *v.t.* chambarder, chambouler, chancetiquer *ou* chanstiquer.

bourgeois *n.m.* boss, bourge, cave, daim huppé, galure, messière franc, nave, pékin *ou* péquin, riflard, rupin, truffe.

bourreau *n.m.* béquilleur, but(t)eur, Charlot, faucheur, gambilleur, marieur, opérateur, tole *ou* tollard. *[le bourreau et ses aides]* ces Messieurs de Paris. *[aide du bourreau]* mécanicien.

bourrelet *n.m.* *[à la taille]* poignée d'amour, pneu de secours.

bourse *n.f.* bidoche, crépine.

bousculer *v.t.* *[un passant pour le voler]* porter.

bout *n.m.* loubé.

bouteille *n.f.* aubergine, betterave, boutanche, chandelle, fillette, fiole, quille, tutute. *[de vin rouge]* enfant de chœur. *[de vin rouge cacheté]* négresse. *[petite]* cholette, chopine *ou* chopotte, mominette. *[vide]* cadavre. → *aussi* CHAMPAGNE.

boutique *n.f.* boucard *ou* bouclard, boutange *ou* boutanche, boutoque, boutrolle, estanco. *[foraine]* entre-sort, fosse, métier. *[du receleur]* fourgat.

boutiquier *n.m.* boucardier.

bouton *n.m.* *[de vêtement]* rondin. *[sur la peau]* bonbon anglais, bonbon à liqueur.

boutonner (se) *v.pr.* se rondiner.

boyau *n.m.* *[d'un vélo de course]* pelure.

bracelet *n.m.* braceluche.

braconnier *n.m.* braco, marquis de la cravate.

braguette *n.f.* coquette.

brancard *n.m.* porte-viande.

branlant *adj.* natchave.

bras *n.m.* abattis, aile *ou* aileron, anse, bra(n)dillon, manivelles, nageoires.

brave *adj. et n.* poilu.

bravoure *n.f.* franchise.

brigade *n.f.* *[chargée de la répression du trafic de drogue]* les Stups. *[de police mobile]* volante. *[de la voie publique]* V.P. ▸ **brigade criminelle** la Crim(e). ▸ **brigade des mœurs** la Mondaine, les Mœurs, service de la cassure *ou* des vierges.

brigadier *n.m.* bricard, double.

bris *n.m.* *[de vitrine, pour voler]* écornage *ou* écorne.

brocante *n.f.* broque, chine. *[belle pièce de brocante]* château. ▸ **pratiquer la brocante** aller à la chine *ou* faire la chine.

brocanteur *n.m.* broc *ou* broco, chineur, panailleux.

broder *v.t. et i.* brodancher.

bronzer *v.i.* se rôtir le cuir.

brosse *n.f.* couenne de lard.

brouillard *n.m.* mélasse.

bruit *n.m.* barnum, barouf, baroufe *ou* baroufle, bastringue, bazar, bousin *ou* bouzin, brandi, chambard, foin, pétard, potin, raffut, ramdam, renaud, rossignol, schproum, tam-tam, zinzin. ▸ **faire du bruit** pétarder.

brûler *v.t. et i.* cramer *ou* crémer, rif(f)auder *ou* rifler. *[les pieds]* chauffer, suager.

brûlure *n.f.* *[de la peau]* rif(f)audage du cuir.

brusquement *adv.* bille en tête, comme la vérole sur le bas clergé, subito(s).

brusquer *v.t.* esbrouf(f)er.

brutalement *adv.* à la hussarde, à l'hypocrite, d'achar et d'autor *ou* de rif.

brutaliser *v.t.* maillocher.

brutalité *n.f.* mailloche.

bubon *n.m.* *[à l'aine]* cheval.

bureau *n.m.* aquarium, buffet, bur(e)lingue.

bureaucrate *n.m.* cul de plomb, rond de cuir, scribouillard.

bustier *n.m.* lolotière.

but *n.m.* *[au football]* bois. *[encaissé]* toile.

butin *n.m.* affurage, affure *ou* afflure, bouquet, camelote, fade, fourgat, gano(t), gâteau, nougat, panard, picorage, pied, prise, ravage, taf.

butoir *n.m.* *[de pare-chocs]* banane.

buveur *n.m.* aramoniste, artilleur, bibard, biberon *ou* biberonneur, boutanchard *ou* boutancheur, chopineur, entonnoir, étouffeur, lampeur, licheur, pi(c)tancheur, pompier, siroteur, soiffard *ou* soiffeur, zingueur. *[d'eau-de-vie]* camphrier, rogomier, schniqueur. → *aussi* IVROGNE.

C

cabaret *n.m.* → CAFÉ.

cabinet *n.m.* *[particulier]* retiro. *[du juge]* confessionnal. ▸ **cabinet de toilette** décrassing-room.

cabriolet *n.m.* pot, potiron.

caché *adj.* planqué *ou* planquarès.

cacher *v.t.* carotter, carrer, esbigner, étouffer, planquer *ou* planquouser, planter.

◆ **se cacher** *v.pr.* aller à Cachan, se défiler, s'embusquer, se placarder, planquer ses côtelettes, se planquer.

cache-sexe *n.m.* cache-fri-fri.

cachet *n.m.* *[d'un artiste]* cacheton. ▸**courir le cachet** cachetonner. *[artiste qui court le cachet]* cachetonneur.

cachette *n.f.* car(r)e, plan, planque *ou* planquouse. ▸**en cachette** en douce, en loucedé *ou* lousdé, en loucedoc *ou* lousdoc.

cachot *n.m.* boîte, chtar(d), frigidaire, jetar, machinette, schtard. *[disciplinaire]* les Sables, mitard *ou* mite. ▸**mettre au cachot** mitarder. *[puni de cachot]* mité.

cadavre *n.m.* baigneur, macchab *ou* macchabée, refroidi, saumon, viande froide. *[de forçat]* falourde engourdie. *[à la morgue]* conserves, figurant.

cafard *n.m.* ▸**avoir le cafard** avoir le bourdon, avoir la tête dans le sac, être dans le cirage, le potage *ou* la vape, être en plein baccara, en plein cirage.

café *n.m.* **1.** *[boisson]* caoua, graine d'Amérique, jus (de chapeau, de chique *ou* de chaussette), kawa, laféké, lafékem *ou* laféquès, moricaud, noir. *[express]* tortillard. *[crème]* café-cloche. *[arrosé]* bossu, caoua au lard, grand deuil. **2.** *[lieu]* abreuvoir, beuglant, billard, bistre, bistroquet *ou* bistrot, bobinard, bocard, bouffardière, bouiboui(s), bousin *ou* bouzin, caberlot, caboulot, caf' conc', cafemar, cafemon *ou* cafeton, cambuse, camphrier, casbah, casin *ou* casingue, chapelle, chinois, consolation, estanco, gastos, jaunier, mastroquet, mine à poivre, piaule *ou* piol(l)e, rade, sirop, tapis, trappe, troquet, zinc. *[où se pratique la prostitution]* bar montant.

cage *n.f.* *[à forçats]* bagne, condice *ou* condisse.

caisse *n.f.* *[tiroir-caisse]* banco *ou* bancuche, tam-tam.

caissier *n.m.* casqueur, gaffeur de braise.

caleçon *n.m.* calbute, cal(e)bar *ou* calecif. ▸**enlever son caleçon** se décalcifier. → *aussi* SLIP.

calendrier *n.m.* calendar.

call-girl *n.f.* standardiste.

calmer (se) *v.pr.* mollir.

calmement *adv.* calmos, cool(,) Raoul !

calomnie *n.f.* aspiquerie, débinage *ou* débinance, dégrène, escrache, grenouillage, salade.

calomnier *v.t.* carboniser, dégour(r)er, dégrainer *ou* dégréner, excracher, faire du jardin, jeter de la grêle, mécaniser, piler du poivre, travailler le cadavre, le casaquin *ou* les côtes.

calot *n.m.* boîte à poux.

camarade *n.* camarluche, camaro *ou* camerluche, copo *ou* copaud, fias *ou* fiasse. *[suspect]* aiglon, copaille. *[faux]* suceur.

cambriolage *n.m.* bal(l)uchonnage, cambrous(s)e, caroubage, cassage (de porte), casse, cassement, fric-frac, mise en l'air, taule, vendange.

cambrioler *v.t.* bal(l)uchonner, casser, craquer, faire (craquer), faire du bois, faire une cabane, une case, une condice *ou* condisse, frapper, fraquer *ou* fric-fraquer, mettre en l'air *ou* en dedans, rossignoler, savonner une cambuse, travailler dans le bâtiment *ou* dans le bât'.

cambrioleur *n.m.* bal(l)uchonneur, basset, cambrio(t), caroubier, caroub(l)eur, casseur (de portes), craqueur *ou* déboucleur (de lourdes), frappeur, fraqueur *ou* fric-fraqueur, marcheur, monte-en-l'air, nettoyeur de cambrous(s)e, ouvrier, rossignoleur. *[dans les caves]* basset. *[qui passe par les fenêtres]* vanternier *ou* venternier.
◆ **cambrioleuse** *n.f.* souris d'hôtel.

camelot *n.m.* bon(n)isseur, cam(e), daubier.

camembert *n.m.* calendo(s).

camion *n.m.* camtar, gros-cul.

camionnette *n.f.* *[aménagée pour une surveillance policière]* sous-marin.

campagne *n.f.* bled, cambrous(s)e.

canard *n.m.* barbot, barboteux, barbotier *ou* barbotin.

cancer *n.m.* crabe.

cane *n.f.* barbotte.

canne *n.f.* bougie, crayon. ▸ **canne-épée** canne à dard.

canon *n.m.* *[artillerie]* brutal.

cantine *n.f.* cambuse, cantoche, tapis de grives *ou* de malades. *[de prison]* gobette.

caoutchouc *n.m.* gomme.

capable *adj.* cap', fichu, foutu de.

capitaine *n.m.* capist(r)on, piston, pitaine.

caporal *n.m.* cabot, caperlot, crabe, nabo, nabo-du-ca.

capturer *v.t.* lever.

caractère *n.m.* cara(t). *[individu qui manque de caractère]* carpette. *[individu qui a mauvais caractère]* tête de cochon *ou* de lard.

carburateur *n.m.* usine à gaz.

carcan *n.m.* *[du forçat]* collier.

caressant *adj.* *[personne caressante]* papouillard, peloteur, tripoteur.

caresse *n.f.* papouille, pelotage, zigouzi.

caresser *v.t.* aller aux renseignements, bricoler, défriser la chicorée, envoyer les paluches *ou* les pognes, faire les (petits) ciseaux, faire pattes d'araignée, frotter, jouer à touche-pipi, palucher, papouiller, patiner, peloter, retrousser, tripoter. *[avec la langue]* effacer, glottiner. *[le postérieur]* faire une main tombée, mettre la main au panier.

carte *n.f.* **1.** *[à jouer]* aiguille, brême, carton, cheval, flambeau. *[as]* lorgne, signe. *[carreau]* larreauquem. *[pique]* liquepé. *[dame]* punaise, vieille. *[ensemble des quatre dames]* chabanais. *[dix]* chaîne d'oignons, lidré. *[dix d'atout, à la manille]* manille verte. *[escamotée]* écureuil. *[en trop]* bougie. *[incurvée frauduleusement]* pont, tuile. *[la dernière d'un jeu battu]* bergère. *[mauvaise, au baccara]* bûche. *[à suivre, au bonneteau]* biribi. *[paquet arrangé frauduleusement]* biscuit, pièce montée, placard. *[qui complète une main]* bleue. → *aussi* ROI *et* VALET. **2.** *[fausse carte de policier]* bouche, faux poulet. *[fausse carte postale obscène]* mignonnette.

casier *n.m.* ▸ **casier judiciaire** blase, grimoire. ▸ **casier chargé** accordéon, almanach mouchique, pedigree. ▸ **avoir un casier judiciaire vierge** être blanc, blancard *ou* blanco. ▸ **avoir un casier judiciaire non vierge** avoir du passé *ou* un passé. ▸ **avoir un casier judiciaire chargé** être noir.

casino *n.m.* casin *ou* casingue, tombeau des harengs *ou* des marlous.

casquette *n.f.* bâche, capette, capsule, cinquième, couvrante, crêpe, David, deffe *ou* dèfle, desfous *ou* desfoux, fromage, gâpette *ou* gapette, gaufre, grivelle, guimpette, toit *ou* toiture, trois-ponts, tuileau.

cassation *n.f.* dégommage.

casser *v.t.* bousiller, péter, rectifier.

casse-tête *n.m.* tête d'artichaut.

cassette *n.f.* *[coffret]* marmotte.

catastrophe *n.f.* cata(s).

cause (à) *loc. prép.* because, bicause *ou* bicose.

cavalerie *n.f.* gayerie.

cave *n.f.* cavouse *ou* cavouze, noir, profonde.

céder *v.t. et i.* → ABANDONNER.

ceinture *n.f.* anguille, serrante. *[de flanelle]* tournante.

cela *pron. dém.* çaga, çago *ou* çaguche.

célébrer *v.t.* *[un événement]* marquer le coup.

cellule *n.f.* cellotte, lazaro, mitard, pistole. *[de haute surveillance]* surbine.

cendrier *n.m.* cendar(d).

centre *n.m.* mitan.

cercueil *n.m.* boîte à asticots, à chocolat, à dominos, à viande *ou* à violon, buffet, costume, paletot, pardessus *ou* redingote de sapin, dernier paletot, paletot sans manches, quatre planches. ▸ **fabricant de cercueils** bâcheur de refroidis.

certain *adj.* affiché, catalogué, cuit, franc. ▸ **c'est certain** (c'est) affiché (que), c'est du tout cuit, c'est dans la fouille, in the pocket, officiel !

cerveau *n.m.* boîte au sel, boussole, cassis, ciboule *ou* ciboulot, cigare, citron, coloquinte, jinjin *ou* gingin, melon, sinoquet, sorbonne.

cesser *v.i.* cal(e)ter, rengracier.

chagrin *n.m.* bourdon.

chaîne *n.f.* cadène, cadenettes *ou* cadenne, canelle, chapelet (de saint François), ficelle. *[de cou]* coulant. *[de ceinture]* sonnante. *[de montre]* bride, bridon.

chair *n.f.* *[humaine]* barbaque, bidoche, carne.

chaise *n.f.* cadière, dossière de satte. *[percée]* mère Thomas *ou* la veuve Thomas.

chaleur *n.f.* *[au visage]* rif *ou* rifle.

chambre *n.f.* cagna, cambe, cambriole, cambrous(s)e, cambuse, canfouine, carrée, gourbi, guitoune, piaule *ou* piol(l)e, strasse, turne. *[d'un hôtel de passe]* garage, train de plaisir. *[d'un hôtel garni]* garno.

chambrée *n.f.* carrée.

champ *n.m.* ▸ **champ de courses** champ(s), tombeau des harengs *ou* des marlous.

champagne *n.m.* champ' *ou* champe. *[bouteille]* roteuse, rouillarde *ou* rouille. *[demi-bouteille]* pistolet. *[mauvais champagne]* bois de campêche.

champion *n.m.* bête, coq, crack. *[automobile]* as du macaron.

chance *n.f.* anneau, bagouse, bague *ou* baguette, baraka, belle, bol, bonne pince, cerise, dossière, du verni, fion, flambeau, gluc(k), lopem, oignon, pot, prose *ou* proze, prosinard *ou* prozinard, vase. ▸ **avoir de la chance** avoir du cul *ou* le cul bordé de nouilles, avoir de la fistule, du flambeau, de la forme [et la plupart des synonymes ci-dessus], avoir la bosse, la pêche, avoir le godet, avoir l'oignon qui décalotte, l'avoir doré, payer de veine. ▸ **c'est une chance que...** veinard que...

chanceux *adj.* bidard, chançard, doré, vergeot *ou* verjot, verni. ▸ **être chanceux** avoir du cul (et synonymes), le cul bordé de nouilles, avoir les pieds nickelés, avoir tiré le bon numéro, avoir une veine de cocu *ou* de crevé, l'avoir en or, l'avoir large.

chandelle *n.f.* camoufle.

changement *n.m.* chanstiquage, chanstique *ou* chanstiquement. *[de personnel]* lessivage. *[d'attitude]* renversée. *[de tactique, chez un inculpé]* rétablissement.

changer *v.t.* cambuter, chancetiquer *ou* chanstiquer. *[d'activité, de langage ou d'opinion]* rengracier *ou* rengracir, retourner sa veste. *[de quartier]* se lever de là. *[radicalement]* virer sa cuti. ▸ **changer d'avis** ou **de comportement** se détrancher, faire la renversée, renverser, retourner *ou* renverser la vapeur.

chanson *n.f.* beuglante, goualante, jasante. *[à succès]* tube.

chantage *n.m.* chansonnette, cri, emprunt forcé, gouale, musique, musiquette. ▸ **soumettre à un chantage** faire goualer.

chanter *v.t.* en pousser une, goualer, juter, piquer une romance, pousser la gueulante, la romance *ou* la chansonnette, vendre sa salade.

chanteur *n.m.* goualeur. *[de charme]* crooner. *[de Belleville]* joyeux. *[folk]* folkeux.
◆ **chanteuse** *n.f.* beuglante, gommeuse, goualeuse. *[médiocre]* seringue. *[jeune chanteuse de revue]* oseille.

chapeau *n.m.* baba, bada, baigneuse, bibi, bitard *ou* bitos, bloum *ou* bloumard, boîte à cornes, cabochard, cambre, comble *ou* combre, combrieu, combriot, coucou, doul, doulard, doule, doulos *ou* doulosse, gadin, galure *ou* galurin, toit *ou* toiture. *[bordé d'un galon]* combre galuché. *[haut-de-forme]* colonne, cylindre, tromblon, tube, tuyau de poêle. *[melon]* duc.

chapelier *n.m.* combrier.

chapelle *n.f.* petite antonne.

charbon *n.m.* carbi, moricaud.

charbonnier *n.m.* bougnat *ou* bougne.

charge *n.f.* ▸ **nouvelle charge** *[contre un prévenu]* redoublement de fièvre.

chargement *n.m.* farguement.

charger *v.t.* *[une arme]* blinder. *[une personne]* écorner, enfoncer, farguer, habiller.

chargeur *n.m.* camembert, fromage, purgeur. *[vidé de ses balles]* décrasseur.

charlatan *n.m.* banquiste, dragueur. *[tréteau ou métier du charlatan]* drague.

chat *n.m.* greffier, lapin de gouttière, mistigri.

chaud *adj.* lauchem. ▸ **il fait chaud** il en fait un bol, un plat.

chauffer *v.t.* rif(f)auder. *[les pieds]* suager.

chauffeur *n.m.* driver. *[de locomotive]* postillon d'eau chaude. *[de taxi]* loche, planqueur, rongeur, taximan. *[qui fait de gros gains]* artilleur, bisnesseur, dévorant. *[à la recherche de clients]* maraudeur. *[de nuit]* noirot, nuitard *ou* nuiteux. *[qui a la clientèle des turfistes]* courtineur. *[qui fait du transport frauduleux]* camionneur. *[qui charge avant son tour]* grillot.

chaussette *n.f.* fumante, gant.

chaussure *n.f.* auverpinche, bateau, boîte à violon, croco, croquenaud *ou* croquenot, écrase-merde, éponge, fiole, gant, godasse, godillot *ou* godille, grolle, laine, latte, lattine *ou* lattoche, mains courantes, paffe, panard, passant *ou* pass', patin, péniche, philosophe, pompe, ribouis, riflard, ripaton, saloir, sorlot, targette *ou* targe, tartine, tatane, tige, trottignolle, trottinet. *[à semelle lisse]* fer à repasser.

chauve *adj. et n.* déboisé (de la colline), martien, nib de douilles *ou* de tifs. ▸ **être chauve** avoir le gazon mité *ou* le melon déplumé, avoir la peau par-dessus les tifs, avoir la tête qui dépasse les cheveux, avoir son genou dans le cou, avoir une casquette *ou* une perruque en peau de fesse, se déplumer, ne pas avoir de cresson sur la cafetière, le caillou *ou* la fontaine, ne plus avoir d'alfa sur les hauts plateaux, de fil sur la bobine, de chapelure sur le jambonneau, de paille sur le tabouret *ou* de persil sur la tête de veau. → *aussi* CRÂNE.

chef *n.m.* caïd, coq, matador, mec, sachem.

chemin *n.m.* pelé, ruban, trimard. ▸ **faire du chemin** tailler la route.

chemin de fer *n.m.* dur, grand-frère.

cheminée *n.f.* bouffardière, commode.

chemise *n.f.* bannière, limace, lime *ou* limouse, liquette, sac à viande.

cher *adj.* chéro(t), grisol(e), lerche(m), poivré, salé. ▸ **coûter très cher** coûter bonbon, la peau des fesses *ou* du cul, cuber. ▸ **faire payer trop cher** écorcher, estamper, étriller, fusiller, matraquer, poivrer, saler.

chercher *v.t.* aller à la pêche, barbotter, vaguer. *[dans ses poches]* se vaguer. *[des clients, en parlant d'un taxi]* marauder. *[un emploi]* tapiner.

chétif *adj.* *[individu]* demi-portion *ou* demi-porkesse.

cheval *n.m.* bour(r)in, cador, canard, canasson, gadin, lapin ferré, pont, trottin. *[maigre]* hareng. *[mauvais cheval]* bique, cagne, carcan, carne, fer à repasser, mort, oignon, têtard, tocard, tocasson *ou* toquard, tréteau, veau. *[de course]* dada, gail, gaille, gaillon, gaye *ou* gayet, lièvre, médor, voleur. *[favori]* vivant. *[ensemble des chevaux courant dans la même épreuve]* champ.

chevelu *adj. et n.* douillard.

cheveux *n.m.pl.* alfa, crayons, cresson, crins, douilles, douillets *ou* douillure, gazon, mouron, persil, plumes, roseaux, tifs *ou* tiffes, vermicelles. *[raides]* baguettes de tambour. *[frisés]* petite choucroute. *[blancs]* marguerites, douilles savonnées. ▸ **couper les cheveux** se faire déboiser la colline, passer au papier de verre, ratiboiser la colline. ▸ **perdre ses cheveux** se déboiser, paumer ses plumes *ou* ses douilles.

chic *adj.* chicard *ou* chicos, gratin, nickelé, rider, riflard *ou* riflot.

chicaner *v.t. et i.* chercher des crosses, des poux dans la tête, crosser.

chicaneur *n.m.* chicandier, chinois *ou* chinetoc.

chien *n.m.* cabot, cador, cleb(s) *ou* kleb(s), clébard *ou* klébard, gail.

chiffon *n.m.* chiftir.

chiffonnier *n.m.* biffe, biffin, chifferton *ou* chiffreton, chiffortin, chiftir, cupidon, fouille-merde, graffin, gros-cul, pucier, rouleur. *[corporation]* chiffe. *[pratiquer le métier de chiffonnier]* biffer.

chinois *adj. et n.* chinetoc *ou* chinetoque.

chique *n.f.* pruneau.

chirurgien *n.m.* *[bon]* grand couteau. *[mauvais]* charcuteur *ou* charcutier.

chirurgien-dentiste *n.m.* chirdent.

chômage *n.m.* chôme, chôm(e)du. ▸ **être au chômage** aller à la pêche, être sur le sable.

chômeur *n.m.* chôm(e)du.

chose *n.f.* bastringue, bidule, bit(t)onniau, blot, nibé. *[dépareillée ou isolée]* orphelin. *[quelconque]* libé *ou* libet, luctrème, machin, truc *ou* trucmuche, zigouzi, zinzin. *[sans valeur]* briquette, brouchetoucaille, copeau. *[volée]* marmot.

chute *n.f.* bûche, plat-ventre, retour à la terre, soleil, valdingue.

cicatrice *n.f.* marquouse. *[infamante]* croix des vaches.

ciel *n.m.* plafond *ou* plafonnard.

cigare *n.m.* barreau de chaise. *[bon marché]* crapulados, crapulos *ou* crap's, deux-sous-tos, gendarme, londrès.

cigarette *n.f.* cibiche *ou* cibi, cipige, cle(u)po, clope, fumante, parisienne, pipe *ou* pipette, roulée, sèche, sibiche, tige, toute cousue *ou* cousue main. *[Gauloise]* galuche *ou* gauluche, gauldo *ou* goldo. *[de haschisch]* joint, pétard, stick, tarpé. ▸ **se faire une cigarette** en rouler une.

cil *n.m.* ramasse-miettes.

cimetière *n.m.* boulevard *ou* jardin des allongés, case des macchabées, champ des clamsés, de navets *ou* d'oignons, jardin *ou* parc des claqués, des crônis *ou* des refroidis, séchoir.

cinéma *n.m.* cinoche, kino(s), riné. ▸ **aller au cinéma** se faire, se taper *ou* se voir une toile. *[amateur de cinéma]* cinochier.

cinquante *adj.* num. ▸ **cinquante ans** tierce, belote et dix de der.

circoncis *adj.* baptisé au coupe-cigare *ou* au sécateur.

circonvenir *v.t.* entortiller, envelopper, saucissonner. *[un acheteur]* tirer le rideau.

cire *n.f.* *[pour prendre une empreinte]* emplâtre.

ciseaux *n.m.pl.* fauchants, faucheur *ou* faucheux.

civil *n.m.* civ(e)lot, pékin *ou* péquin, pétrousquin. ▸ **policier en civil** en bourgeois *ou* hambourgeois.

clandestin *adj. et n.m.* clandé.

clandestinement *adv.* en peinard.

clandestinité *n.f.* ▸ **passer dans la clandestinité** faire le plongeon.

clarinette *n.f.* poireau.

clé *n.f.* caroub(l)e, carreau, crochet, débouclante, débridoir, gerbière, ouvre-boîte, passe, peigne, tournante. *[fausse]* joséphine. ▸ **trousseau de clés** chapelet de caroubles.

cleptomane *n.m.* chipeur de distinction.

clergé *n.m.* calotte, curaille.

client *n.m.* *[d'une prostituée]* bordelier, branque, cave, cavé, caverie *ou* cavestrot, clille, messière *ou* mézière, miché, michet *ou* micheton, michtagon *ou* michtavon, navet, refil(e), rivette. *[pour une nuit entière]* couché *ou* coucher, coucheur. *[difficile]* canard, croix, lanarqué. *[fortuné]* locomotive, sérieux. *[mauvais client]* flanelle, kangourou, mufle, varlot. *[naïf]* carafe, enfonceur de portes ouvertes, sous-tasse. *[radin]* grec. ▸ **ne pas avoir de client** passer à *ou* au travers.

clitoris *n.m.* berlingot, berlingue, bonbon, bouton (de rose), clicli *ou* clito, cliquette, framboise, grain de café, haricot, praline, soissonnais *ou* soissonnet rose.

clochard *n.m.* charclo, cloche *ou* clocheton, clodo, clodoche *ou* clodomir, gorille, mégoteur, narzo, stiff, zonard.

cocaïne *n.f.* bigornette, blanche, came, coco, coke, crack, drepou *ou* dropou, dynamite, fée blanche, julie du Brésil, naphte *ou* naphtaline, neige, poudre *ou* poudrette, renifle *ou* reniflette, respirette, sucre.

cocher *n.m.* collignon, trimballeur. *[de corbillard]* trimballeur de conis, de macchabées *ou* de refroidis.

cochonnerie *n.f.* cochonceté.

code *n.m.* ▸ **code pénal** almanach aux gerbes, bourreur de pègres, catalogue.

codétenu *n.m.* ami de collège, collègue.

cœur *n.m.* battant, palpitant, petite horloge, saignant *ou* sanguin, toc, toccin *ou* toquant, trembleur. ▸ **recevoir un coup au cœur** avoir un court-circuit dans le gésier *ou* le palpitant.

coffre *n.m.* bauge.

coffre-fort *n.m.* arche, coffiot, jacot, Jacques *ou* jacquot, tirelire.

cognac *n.m.* eau d'affe, cogne.

coiffer *v.t.* merlander.

coiffeur *n.m.* coupe-tifs, gratteur, merlan, pommadier *ou* pommadin, racleur *ou* racloir, tiffier *ou* tiffman.

coin *n.m.* **1.** *[lieu]* coinsteau *ou* coinstot, loinqué. **2.** *[cale de bois]* encoinstat *ou* encoinsto.

coït *n.m.* baise, botte, bouillon pointu, bourre, bricole, carambolage, champ des galipettes, coup d'arbalète, de brossse, de guiseau, de queue, de rouleau, de sabre, de traversin *ou* de tromblon, crampage, crampe *ou* crampette, culetage, fouterie, nique, ouvrage, partie de bordelaise en cent trente, d'écarté, de jambes en l'air, de jambons *ou* jambonneaux, de piquet, de traversin *ou* de trou du cul, pétée, pointe, tringlage *ou* tringlette, tronchage *ou* tronche, troussée, tutu-panpan, valse de plumard, voyage, zizi-pan-pan. *[après le repas]* café du pauvre, pousse-café. *[deuxième]* doublé. *[a retro]* en levrette. *[coït tarifé de la prostituée]* casuel, monte *ou* montée, passe *ou* pastiquette.

coïter *v.t. et i.* aller à la cacasse, au cirque, au cul, à dada *ou* au radada, aller chez Crampmann *ou* Tronchmann, arracher un pavé, artiller, s'astiquer, se baguer le nœud, baiser, battre le beurre, besogner, biter, bourrer, bourriquer, brosser, cal(e)cer, caramboler, cartonner, chibrer, se cogner, cramper, croquer, culbuter, culeter, danser sur le baquet, défoncer, défromager, dégorger, dégraisser, dérouiller *ou* tremper son braquemart, son hareng saur, son panais *ou* son petit frère, égoïner, embourber, embrocher, emmancher, en glisser un bout *ou* une paire, encraquer, enfiler, enjamber, enquiller, s'envoyer en l'air, fabriquer, faire boum, faire ça *ou* faire niq-niq, faire des petits pains, faire la planche, faire tutu-panpan *ou* zizi-pan-pan, faire une politesse, faire zig-zig, se faire qqn, se faire, se farcir, filer *ou* tirer une pétée, filer le coup de guisot, filer un coup de baguette, un coup dans les baguettes *ou* le calecif, flinguer, fouiller, fourailler, fourrer, foutre, fricasser, fricoter, se frotter la couenne, le lard, gauler, glisser une femme, godailler *ou* godiller, goupillonner, grimper, jouer au bilboquet, laisser le chat aller au fromage, l'introduire, la mettre au chaud, le *ou* la mettre, limer, se mélanger, mener le petit *ou* Prosper au cirque, mettre le poisson dans le bocal, mettre une brioche au chaud, se mettre une femme sur le bout, miser, niquer, opérer, pager *ou* pageoter, passer à la douane, passer sur le ventre, pieuter, piner, planter, poinçonner, pointer, prendre le thé *ou* un pain dans la fournée, queuter, ramer, ramoner (la cheminée), râper, rivancher, river le bis, sauter, se soulager, semer sa graine, se taper, tirer (une botte, sa chique, sa crampe, un coup *ou* une giclée), torpiller, tremper son biscuit, sa mouillette, son panais, son pinceau, tringler, trinquer du nombril, trombiner, tromboler *ou* trombonner, troncher, trouducuter, trousser, verger, voir *ou* regarder la feuille à l'envers, zéber. → *aussi* **POSSÉDER.** *[de nouveau]* remettre ça. *[pratiquer le coïtus interruptus]* moucher la chandelle, sauter du train en marche. *[en parlant d'une prostituée]* faire du yoyo, faire tourner le compteur, faire une passe, grimper, monter. *[avec une débitrice insolvable]* se payer sur la bête. *[avec une femme délaissée]* enlever les toiles d'araignée.

col *n.m. [cou]* colbac(k).

colère *n.f.* crosse, pet, pétaga, pétard, renaud, ressaut, rif *ou* rifle, rogne, schproum. ▸ **être** ou **se mettre en colère** aller au schproum, crier au vinaigre, s'emballer, être à renaud *ou* à ressaut, être en carante *ou* en quarante, en fumasse, en suif, être, se mettre en crosse, en pétard, friser son nase, fumer, grimper au cocotier, monter au renaud, mousser, piquer une crise, la rogne, son bœuf *ou* sa chèvre, prouter.

coléreux *adj.* pétardier.

colique *n.f.* → **DIARRHÉE.**

colis *n.m.* caleçon, colibar.

collaborateur *n.* collabo.

collier *n.m. [de forçat]* coulant.

colonel *n.m.* colon.

colportage *n.m.* chinage.

colporteur *n.m.* chineur.

combattant *n.m. [algérien]* fell, felouse *ou* felouze. *[des Forces françaises de l'intérieur]* fifi.

combinaison *n.f. [douteuse]* combine, gambergement, groupin, magouille, tour de cou, tripotage. *[de cartes, frauduleuse]* emplâtre, placard. *[fructueuse]* bonne gâche, défense.

comble *n.m.* ▸ **pour comble** par *ou* pour comblance.

comique *adj.* → **DRÔLE.**

commandant *n.m. [au bagne]* mécard *ou* méquard. *[en second]* seg.

commande *n.f. [faite par un receleur]* gâche.

commander *v.t.* driver, méquer. *[durement]* péter sec.

commencer *v.t. ind. [à comprendre ou à expliquer]* embrayer.

commis *n.m.* rouffion, roupion *ou* roupiot. *[d'octroi]* sondeur.

commissaire *n.m.* condé, curieux, lardu, nardu, quart (d'œil) *ou* cardeuil. *[à l'hôtel des ventes]* collet rouge.

commissariat *n.m.* cardeuil, collège, lardu, quart.

commission *n.f. [argent]* bouquet, comme *ou* commiss, passe.

commuer *v.t. [une peine]* défarguer.

communier *v.i.* avaler l'Auvergnat, le disque, le gaspard, le luron, le pain à cacheter, le polichinelle *ou* le sapeur, bouffer Gaspard *ou* avaler le gaspard, tortorer le pain à cacheter.

communiquer *v.i. [en prison]* biffetonner *ou* biftonner.

communiste *n.* coco.

comparse *n.m.* second *ou* troisième couteau.

compartiment *n.m. [à la morgue]* tiroir aux macchabées. *[du Dépôt, à Paris, réservé aux femmes]* Vatican bis.

comparution *n.f. [devant la police]* frimage.

compatriote *n.m.* bled, patelin.

compère *n.m.* baron, carreur, chiqueur *ou* chiquier, contre, frappe *ou* frappe-devant, jockey, nonne *ou* nonnet, voyageur. ▸**servir de compère** baronner, chiquer contre, faire l'avocat *ou* le faire à l'avocat, frapper devant.

compétent *adj.* affranchi, fortiche, rupin. ▸**être compétent** assurer, avoir le fil, l'os *ou* le coup, se défendre, en connaître un rayon, en gratter *ou* en pincer, être aux as, être du bâtiment, être pro, piger le coup, savoir y faire, toucher sa bille.

complaisant *adj.* bonne pomme.

complètement *adv.* à blanc, à plein(s) tube(s), au triple zéro, à zéro, fin [devant adj.], jusqu'à l'os, à la gauche *ou* au trognon, pas qu'un peu, perdu [après adj. ou nom].

complication *n.f.* embrouille, mastic, salade.

complice *n. et adj.* américain, avocat, baron, carreur, cheville, collègue, comtois, coqueur, équipier, faisan(t), figure, flèche, garçon d'honneur, homme de barre, jardinier, leveur, mur, nonne, nonnet *ou* nonneur, porte-balle *ou* porte-coton, porteur, préparateur, roussin, voyeur. *[au bonneteau]* vanneur. ▸**être complice** être à la coule *ou* être de mêche, être *ou* se mettre dans le coup, sur le coup.

compliqué *adj.* coton.

comprendre *v.t.* baiser, biter, enterver *ou* entraver, être au fil, mordre, percuter, piger, pincer, saisir la coupure. *[vite]* être vite sur jambes. ▸**ne pas comprendre** être en pleine piscine, nager (dans l'encre).

compromettre *v.t.* brûler, carboniser, griller, mettre dans le bain, mouiller.
◆**se compromettre** *v.pr.* aller à la mouillette *ou* à la sucrette, se mouiller.

compromis *adj.* brûlé, carbo, mouillé, rôti.
◆ *n.m. [transaction]* mina-mina, mita-mita.

compromission *n.f.* mouillage, mouillette *ou* mouillure.

comptant *adv.* cash.

compte *n.m.* comptée, pied. ▸**avoir son compte** avoir son paquet *ou* sa ration. ▸**trouver son compte** avoir son fade.

compter *v.t. [de l'argent]* jouer du pouce. ▸**n'y compte pas !** tu peux te fouiller !

compteur *n.m. [de taxi]* rongeur.

comptoir *n.m. [d'un café]* piano, rade, zinc.

concerner *v.t.* ▸**ça ne te concerne pas** c'est pas tes oignons, occupe-toi de tes oignons, t'occupe !

concession *n.f. [dans une affaire]* avantage.

concierge *n.* bignole, cloporte, concepige *ou* conspige, lourdier, pibloque, pipelet.

conciliant *adj.* ▸**être conciliant** passer, poser *ou* lâcher les dés, rengracier, renverser.

conclu *adj.* ▸**c'est conclu** c'est enveloppé.

concubin *n.m.* marle *ou* marlou.
◆**concubine** *n.f.* boîte à chagrins, collage.
◆**concubins** *n.m.pl.* mariés à la colle, pour la frime *ou* à la mairie du XXIe arrondissement.

concubinage *n.m.* collage, maquage. ▸**vivre en concubinage** s'arrimer, s'entifler à l'estorgue, être, se marier *ou* vivre à la colle, faire gourbi, se maquer, se mettre avec qqn.

condamnation *n.f.* gerbage, gerbe *ou* gerbement, purge, sapement *ou* sape, sucrage. *[à plus d'un an de prison]* un treize. *[à l'internement jusqu'à la majorité]* vingt-et-une. *[au bagne]* bain de pieds *ou* lavage de pieds. *[déjà subie]* balancement. *[en appel]* surgerbe *ou* surgerbement. ▸**passible d'une condamnation** gerbable. ▸**ne pas avoir subi de condamnation** être blanc *ou* fleur.

condamné *adj. et n.* cuit, frit, mort, planché, tige. *[de droit commun]* droico. *[à perpétuité]* perpète. *[au bagne]* transporté. *[aux travaux forcés]* trav, travaux. *[à mort]* incurable. *[par une blessure ou une maladie]* rôti. *[ensemble des condamnés au bagne]* chiourme.

condamner *v.t.* fader, gerber, saper. *[lourdement]* matraquer, servir, sonner. *[en appel]* surgerber. *[au bagne]* envoyer élever un singe à la Nouvelle, traverser un homme. ▸ **être condamné** cascader, dinguer, en prendre pour, être sucré, morfler, payer (le coup), peller, quimper, saper, tomber, trinquer. *[à cinq ans de prison]* en avoir plein la main. *[à dix ans]* en avoir plein les mains. *[à nouveau]* redescendre, replonger. *[au bagne]* aller voir les cocotiers, s'appuyer le dur, passer l'eau, tomber dans le malheur, traverser le grand ruisseau, user le soleil avec une pierre ponce. *[à mort]* s'appuyer la veuve.

conduire *v.t.* arranger, driver, drop(p)er.

confesser *v.t.* rebonneter.

confesseur *n.m.* curieux, rebonneteur.

confidence *n.f.* ▸ **en confidence** en douce, en loucedé, loucedoc, lousdé *ou* lousdoc.

confier *v.t.* *[un secret]* glisser dans la feuille *ou* dans les feuilles.

confiture *n.f.* gluante.

conflit *n.m.* embrouille.

confrontation *n.f.* *[chez les policiers]* corrida, reluquage, rembrocage de parrains, retapissage.

confusion *n.f.* cafouillage *ou* cafouillade, pastis.

congé *n.m.* bout (de ficelle), décarrade. ▸ **avoir** ou **donner congé** avoir *ou* donner campo(s).

congédier *v.t.* barrer, bourlinguer, donner son paquet, envoyer rebondir, larguer, lessiver, lourder, saquer, valiser *ou* valouser, vider. ▸ **être congédié** gicler, la danser, recevoir son paquet.

connaissance *n.f.* ▸ **faire connaissance** entrer en dame avec qqn.

connaître *v.t.* colomber, con(n)obler *ou* con(n)obrer, redresser, tapisser. *[le nom de qqn]* centrer. ▸ **s'y connaître** avoir l'os, en *ou* y tâter, être du bâtiment.

conscience *n.f.* ▸ **conscience morale** muette. ▸ **décharger sa conscience** vider son sac à bidoche. ▸ **tranquilliser sa conscience** tuer le ver.

conscrit *n.m.* blaireau, bleu *ou* bleusaille.

conseil *n.m.* ▸ **conseil de guerre** falot, tourniquet *ou* tournique. ▸ **passer devant le conseil de guerre** faloter, tourniquer.

conseiller *v.t.* driver.

conséquence *n.f.* ▸ **avoir de graves conséquences** faire mal.
◆ **en conséquence** *loc. adv.* total.

consoler *v.t.* beurrer le marmot.

consommation *n.f.* bocal, cinquième, consomme, glass, godet, gorgeon, soucoupe, tasse. *[qui sert d'enjeu]* contre. → *aussi* **VERRE.**

consommer *v.t.* carburer, s'enfiler, liquider, se taper, torcher. *[beaucoup, en parlant d'un véhicule]* sucer. → *aussi* **BOIRE.**

constipé *adj.* ▸ **être constipé** faire des cordes, travailler pour la marine.

contaminer *v.t.* arranger, assaisonner, attiger, blinder, dauber, naziquer, plomber, poivrer, ranger, véroler. ▸ **être contaminé** *[par une MST]* attraper un rhume, avoir mal aux rouleaux, avoir quinte et quatorze et le point, choper, être arrangemané, fadé, laziloffe *ou* laziloffé, nase *ou* naze, nasi, nazi, nazbroque *ou* nazique, poivré, vérolé, se faire fader *ou* saler, pisser des lames de rasoir (en travers).

contenu *n.m.* *[d'une poche]* fouille.

continuer *v.i.* ▸ **continue !** change pas de main (je sens que ça vient) !

contracter *v.t.* *[une maladie]* choper.

contractuelle *n.f.* aubergine, fourmi rouge, pervenche.

contrariant *adj.* chiant *ou* chiatique.

contrarié *adj.* ▸ **être contrarié** avoir la haine, l'avoir à la caille *ou* à la mouscaille, l'avoir *ou* la trouver mauvaise.

contraster *v.i.* *[violemment, en parlant de couleurs]* gueuler.

contravention *n.f.* biscuit, contrebande, contredanse *ou* contrevence, papillon, prune.

contrebande *n.f.* contrebûche, contremouche *ou* contrevence, maltouse.

contrebandier *n.m.* chameau, lanterne sourde, maltousier, marsouin, passeur, pastiqueur, renard.

contrebasse *n.f.* armoire, grand-mère. ▸**jouer de la contrebasse** scier son armoire.

contre-espionnage *n.m.* *[direction du contre-espionnage]* Piscine.

contremaître *n.m.* contrecoup, contrefiche.

contrôle *n.m.* *[appareil de]* mouchard.

convaincant *adj.* *[argument]* (bien) envoyé, jeté, tapé, touché.

convaincre *v.t.* culbuter, dégréner, musiquer. *[tenter de convaincre]* rebonneter. ▸**être convaincu** marcher, mordre à.

convalescence *n.f.* convalo.

convenir *v.i.* être le blot de, faire la balle, le blot *ou* la pelote. ▸**ça convient** ça biche, ça boume, ça colle, ça roule.

convention *n.f.* *[en vue d'un assassinat]* contrat.

conversation *n.f.* converse, jactage, tchatche. *[changer de conversation]* changer de disque.

converti *n.* rengracié.

convocation *n.f.* collante, convoque.

convoi *n.m.* ▸**convoi de forçats** cadène *ou* cadenne, classe, cordon.

convoiter *v.t.* renifler.

copie *n.f.* resucée.

copieux *adj.* à chier partout.

copulation *n.f.* → COÏT.

copuler *v.i.* → COÏTER.

coq *n.m.* ornichon.

coquille *n.f.* ▸**coquille de noix** calot, cocange.

corbeau *n.m.* corbac *ou* corbaque.

corbillard *n.m.* corbi, mannequin *ou* trottinette à macchabées, omnibus de *ou* à coni, roulante à refroidis.

corde *n.f.* cravate (de chanvre), ligotante *ou* ligote, tortouse *ou* tourtouse.

corderie *n.f.* tourtouzerie.

cordier *n.m.* tourtouzier.

cordonnier *n.m.* bœuf, bouif, gnaf, gniaf *ou* gniaffre.

corne *n.f.* cornanche.

cornet *n.m.* ▸**cornet à dés** cornichon.

cornichon *n.m.* académicien.

corps *n.m.* *[vivant]* baigneur, bauge, bifteck, cadavre, casaquin. *[mort]* → CADAVRE.

corpulent *adj.* paquet.

correction *n.f.* avoine *ou* avoinée, bénédiction, branlée, brossée, caroub(l)e, cassage de gueule, chicorée, chicousta, correctance, cortausse, danse, dégelée, dégoulinante, dérouille, dérouillade *ou* dérouillée, descente, deuxième degré, distribe *ou* distribution, flop(p)ée, fricassée, frottée, java, lessive, machine à bosseler, passage à tabac, à chausson, à flaupe, à perlot, à pouce, chez gnon *ou* chez pain, pâtée, peignée, pelure, perlo(t), polka, potage, purge, raclée, ratatouille, rincée, roulée, roustasse, rouste *ou* roustée, saucée, secouée, suiffée, tabac, tabassage *ou* tabassée, tango, tannée, tatouille, tisane, toise, torchée, tourlousine *ou* tourlouzine, tournanche *ou* tournée, trempe *ou* trempée, trépignée, trifouillée, tripotée, troussée, valse, volée. *[administrée à un détenu]* musique, trique. *[menace d'une correction]* ça va être ta fête !

correctionnelle *n.f.* carrée des petits gerbes, petit carreau.

corriger *v.t.* → **BATTRE.**

corrompre *v.t.* affranchir, dessaler. *[un témoin]* coquer la galette.

corrompu *adj.* *[personne]* becteur.

corrupteur *n.m.* affranchisseur.

corruption *n.f.* boucanade, mouillage, putasserie.

corse *adj. et n.* corsico, secor.

corset *n.m.* corsif.

corvée *n.f.* emboucanement.

costume *n.m.* compçon, costard, harnais, rider, sape. *[noir]* sifflet (d'ébène).

costumier *n.m.* → **TAILLEUR.**

côte *n.f.* *[d'un individu]* cerceau, cercle de barrique, côtelette. ▸ **côtes de bœuf** miches à tonton.

côté *n.m.* ▸ **de tous côtés** dans tous les azimuts *ou* tous azimuts.

cou *n.m.* colabre, colas *ou* colasse, colbac(k) *ou* colbak, colin, corgnolon, kiki *ou* quiqui.

coucher (se) *v.pr.* aller au schlof(fe), se bâcher, se borgnoter, faire schlof(fe) *ou* partir à la chlaffe, se filer, se glisser *ou* se mettre dans les toiles, dans le torchon *ou* dans les bannes, mettre la viande *ou* le lard au saloir, remiser sa viande, se paddocker, se pager, se pageoter *ou* se pagnoter, peausser *ou* piausser, se pieuter, se pioncetiquer, se plumarder *ou* se plumer, se zoner. *[à deux dans le même lit]* se doubler. → *aussi* **DORMIR.**

coup *n.m.* **1.** *[geste violent]* amochage, assommade, atout, bada, baston, beigne, castagne, châtaigne *ou* châtaignon, chtar, emplâtre, frite, gnon, jetard, jeton, limande, mornifle, pain, pêche, tas, torgnole, tourlousine *ou* tourlouzine. *[dans les yeux, avec l'index et le majeur]* fourchette. *[de pied]* coup de saton, taquet, targette. *[de poing]* bourre-pif, cognac, cornanche, coup de tampon, jab, mandarine, marron, mûre, orange, parpaing, patate, praline, prune *ou* pruneau, purée de marrons, ramponneau, taquet, touche. *[de tête]* breton, coup de bélier, de boule, de but, de la rencontre *ou* coup de Garibaldi. ▸ **donner des coups de pied** botter le cul *ou* les fesses, boucher la lumière, enlever le ballon *ou* le cul, sataner *ou* satonner, savater, tataner. **2.** *[geste]* *[de frein]* coup de patin. *[d'œil]* coup de sabord *ou* de saveur. *[d'œil d'un tricheur au paquet]* miroir. **3.** *[affaire]* affaire, flanche. *[aisé à réussir]* canter. *[donné comme sûr, sans risque]* donné *ou* donner. ▸ **signaler un coup fructueux** donner une affaire.

couper *v.t.* faucher, haricoter *ou* harigoter. *[mal]* couper comme un genou *ou* comme le genou à ma grand-mère. *[aux cartes, une couleur]* couper l'anguille, tondre.

cour *n.f.* ▸ **cour d'assises** assiettes, carrée des grands gerbes, grand carreau, planque du gerbe, tournique *ou* tourniquet. ▸ **passer devant la cour d'assises** tourniquer. ▸ **cour de cassation** carrée du rebectage. ▸ **aller en (cour de) cassation** cavaler au rebectage.

courage *n.m.* atout, toc, tripes. ▸ **avoir le courage de** avoir la moelle *ou* le poil de. ▸ **ne pas avoir le courage de** ne pas avoir les guts.

courageux *adj.* franc du collier, gonflé *ou* gonflaga, poilu, ventré. ▸ **être courageux** avoir du poil *ou* des couilles (au cul), avoir (de) la moelle, avoir qqch dans le ventre, en avoir dans le ventre, dans le buffet, dans son froc, dans le moulin, dans le tube *ou* entre les quilles, en avoir.

courant *n.m.* *[électrique]* jus, sauce. ▸ **au courant** affranchi, bléca, branché, câblé, chébran.

coureur *n.m.* *[cycliste sur piste]* écureuil. *[cycliste belge]* flahut(e).

courir *v.i.* bagoter, cavaler, draper *ou* droper, filocher, jouer des cliquettes, des compas, des flûtes, des fourchettes, des fuseaux *ou* des guibolles, piquer un galop, un cent mètres.
◆ *v.t.* *[les lieux de plaisir]* dérouler. *[les femmes]* cavaler, draguer, paillassonner.

course *n.f.* *[en taxi]* voie.

courses *n.f.pl.* ▸ **courses de chevaux** champ(s), coursives, courtilles, courtines *ou* cursives.

court *adj.* courtille *ou* de la courtille. *[très court, en parlant d'une jupe]* au ras du bonbon, ras la touffe.

court-circuit *n.m.* court-jus.

courtier *n.m.* *[louche]* croumier, placeur *ou* placier.

couteau *n.m.* achille, aiguille à tricoter des boudins, article, bibi, charlemagne, cran d'arrêt, cure-dents, eustache, flingot, lame, lardoir *ou* lardoire, lingre, lingriot *ou* lingue, outil, pointe, raide, rallonge, rapière, ratiche, sac(c)agne, schlass, scion, silencieux, sorlingue, souris, surin, vendetta, vingt-deux. *[personne qui joue du couteau]* piqueur.

couvent *n.m.* cage à chapons, à jacasses.

couverture *n.f.* berlue, capot, couverte *ou* couvrante.

couvreur *n.m.* gigal.

crachat *n.m.* copeau, glaviot, gluau, huître, mol(l)ard.

cracher *v.i.* décharger, glaviot(t)er, juter, mollarder.

crâne *n.m.* caberlot, cafetière, caisse, caisson, cassis, chignon, mansarde, plafond *ou* plafonnard, terrine. ▸ **crâne chauve** boule à zéro *ou* boule de billard, genou, mouchodrome, skating à mouches, tête de buis, de cire *ou* de veau, tête nickelée.

crapule *n.f.* crâpe *ou* craps.

cravate *n.f.* collier, coulant, cravetouse.

créancier *n.m.* Anglais, crocodile, loup, point de côté.

crédit *n.m.* ardoise, crayon, crédo, croume, œil. ▸ **à crédit** à pouf.

crédule *adj.* *[personne]* cavillon, gobeur, gogo, poivre. ▸ **être crédule** partir au quart de tour. → *aussi* NAÏF.

crever *v.t.* *[un pneu]* opérer. *[les yeux]* écosser les châsses.

cri *n.m.* charronnage, criblage *ou* criblement, gueulante, gueulement *ou* gueulerie.

cribler *v.t.* farcir, transformer en écumoire *ou* en passoire.

crier *v.i.* barjaquer, châbler, chanter, charronner, cribler, gueuler, péter, tirer sur le corgnolon.

crieur *n.m.* aboyeur, cribleur.

crime *n.m.* dur, sérieux.

criminel *n.m.* ▸ **être un criminel** avoir du beurre sur la tête.

critique *n.f.* crossage.

critiquer *v.t.* allumer, cartonner, charogner, chiner, crosser, faire du jardin, flinguer, maillocher, tailler un costard.
◆ **se critiquer** *v.pr.* *[mutuellement]* s'escracher.

crochet *n.m.* *[de chiffonnier]* numéro sept.

crocodile *n.m.* *[peau]* croco.

croire *v.t.* *[sans discernement]* gober. ▸ **croire au Père Noël** croire au Barbu.

croix *n.f.* *[bijou]* arbalète d'antonne, de chique *ou* de priante. *[suspendue au cou]* branlante.

croque-monsieur *n.m.inv.* croque.

croque-mort *n.m.* corbeau, cormoran, croque, emballeur de refroidis.

croquis *n.m.* crobard.

croupier *n.m.* croupanche.

croupion *n.m.* *[d'une volaille]* as de pique.

cuiller *n.f.* aviron, louche.

cuire *v.t. et i.* ▸ **faire cuire** rif(f)auder.

cuisine *n.f.* barbote, croûte, cuistance, fripe, gamelle, popot(t)e, ratatouille, tambouille, tortore. → *aussi* NOURRITURE, REPAS.

cuisiner *v.t.* faire la fripe, tortorer.

cuisinier *n.m.* cuistancier, cuisteau *ou* cuistot.

cuisse *n.f.* épaules qui marchent *ou* qui trottent, gigot, jambon *ou* jambonneau.

cuivre *n.m.* paillon, rouget.

culot *n.m.* → APLOMB.

culotte *n.f.* *[de femme]* minouse. → *aussi* PANTALON.

cunnilinctus *n.m.* descente au barbu, à la cave *ou* au lac, torche. ▸**faire un cunnilinctus** becqueter la moule marinière, brouter la chatte, le minou *ou* le cresson, descendre à la cave *ou* au lac, faire minette *ou* mimi, gamahucher, mettre la tête à l'étau *ou* faire une descente à l'étau, mettre une fausse barbe, morfier, morfigner *ou* morfiller, morganer, tarauder le bouton, torcher. *[réciproque, en parlant d'homosexuelles]* se bouffer l'oignon, se brouter, se gougnotter, se gouiner, se gousser, se tireboutonner.

cupide *adj.m.* taupier. *[individu cupide en affaires]* crocodile, requin, vautour.

cure-dents *n.m.inv.* ringard.

cure-pipe *n.m.* ringard.

curés (les) *n.m.pl.* la calotte. → *aussi* PRÊTRE.

curieux *adj.* frimeur, jardineur.

cycliste *n.m.* raper.

cyclomoteur *n.m.* meule, mob, tasse (à café).

cymbale *n.f.* gamelle.

D

dancing *n.m.* → BAL.

danger *n.m.* bal, dèche, deuil, fumée, mouillette, patate, pet *ou* pétard, ragoût, ressent. ▸**sans danger** franco. ▸**il y a du danger** ça fume, ça sent le roussi, ça va barder *ou* bouillir. ▸**sentir le danger** renifler le coup.

dangereux *adj.* casse-gueule, casse-pipe, chaud, glandilleux *ou* glandouilleux, loquedu, mouchique. ▸**être dangereux** fumer.

danse *n.f.* chahut, frotteuse, frotti-frotta, gambille *ou* gambillement, gambriade, guinche, musette, pogo.

danser *v.i.* chahuter, chalouper, en pincer, en suer *ou* en tourner une, gambiller, gigoter, guincher, jouer des guibolles, passer à la transpiration, pogoter, remuer *ou* secouer son panier à crottes, remuer les pincettes, tortiller de la brioche, des fesses, du cul *ou* se tortiller la brioche, tricoter des gambettes, des pincettes, etc. *[dans un but érotique]* frotter.

danseur *n.m.* chahuteur, chaloupeur, frottadou, frotteur, gambilleur, gigoteur, guincheur, marlou.
◆**danseuse** *n.f.* chaloupeuse, sauteuse, tricoteuse. *[jeune danseuse de revue]* oseille.

davantage *adv.* ...et des poussières, et le pouce, et mèche. *[en parlant de l'âge]* et les mois de nourrice *ou* sans compter les mois de nourrice.

dé *n.m.* bob, calot, craps, doche, mathurins, matuche, sucre. *[truqué]* artillerie, bout de sucre, cavalerie, (dé) bourré, doublard *ou* double, plat.

dealer *n.m.* → REVENDEUR.

débardeur *n.m.* **1.** *[ouvrier]* carbi, rat de quai, ripeur. **2.** *[vêtement]* jules, marcel.

débarrasser (se) *v.pr.* balancer, balancemanner *ou* balancetiquer, bazarder, se décramponner, se défarguer, se défausser, fourguer, liquider, lourder, virer.

débauche *n.f.* bordée, java, partie carrée, fine *ou* galante, partouse *ou* partouze, riol(l)e, vice. ▸**se livrer à la débauche** bringuer, courir la gueuse, être en vadrouille, paillassonner, partouser *ou* partouzer, (se) vadrouiller. *[lieu de débauche]* baisodrome, baisoir, boxon, foutoir, pinarium, tringlodrome.

débauché *adj. et n.* coureur, noceur, paillasson, partousard *ou* partouzard, partouseur *ou* partouzeur, pistachier, vadrouilleur *ou* vadrouillard.

débaucher *v.t.* dégrainer *ou* dégréner. *[homme qui débauche]* dégreneur.

débile *adj.* → FOU, STUPIDE.

débit *n.m.* ▸ **débit de boissons** → CAFÉ.

débiter *v.t.* saucissonner.

déborder *v.i.* déballer.

déboucher *v.t.* *[une bouteille]* dépuceler, dévierger.

débourser *v.t.* → PAYER.

déboutonner *v.t.* dérondiner.

débrouillard *adj. et n.* démerdard, démerde *ou* démerdeur, filochard.

débrouillardise *n.f.* débrouillage *ou* débrouille, démerde.

débrouiller (se) *v.pr.* se débarboter, se démerder, se démouscailler, se dépatouiller, en connaître un bout, filocher, ne pas avoir les doigts dans les trous de nez *ou* le nez dans le trou de balle, savoir nager.

débutant *n.m.* bleu.

décapitation *n.f.* passe.

décapiter *v.t.* couper cabèche.

décharge *n.f.* *[d'arme à feu]* seringuée. *[électrique]* châtaigne.

décharger *v.t.* défarguer.

déchausser (se) *v.pr.* déboucher les flacons.

déchirer *v.t.* bouliner.

décider (se) *v.pr.* plonger. ▸ **il faut se décider** y a pas (à tortiller).

déconcerter *v.t.* → ÉTONNER, STUPÉFIER, SURPRENDRE.

déconsidéré *adj.* brûlé, grillé.

décoration *n.f.* banane, batterie de cuisine, crachat, médoche *ou* méduche, quincaille *ou* quincaillerie, vaisselle. *[Légion d'honneur]* (papillon) rouge, tomate. *[Mérite agricole]* poireau. *[Palmes académiques]* papillon violet.

découragement *n.m.* débine.

décourager (se) *v.pr.* débander, partir *ou* se barrer en brioche.

découverte *n.f.* dégottage.

découvrir *v.t.* dégauchir, démurger.

décrépitude *n.f.* dégommade.

decrescendo *adv.* dégueulando.

déçu *adj.* ▸ **être déçu** l'avoir au vase, l'avoir sec *ou* mauvaise.

déculotter (se) *v.pr.* déballer ses outils, se décalcifier, défourailler.

dédire (se) *v.pr.* péter dans la main.

défaillance *n.f.* *[physique]* coup de barre, de buis, de marteau, de masse, de massue, de matraque *ou* de pompe. *[sexuelle]* flanelle. ▸ **avoir une défaillance** craquer, faire flanelle, flaquer.

défaire (se) *v.pr.* *[d'un importun]* se décramponner. *[de qqch]* se défausser.

défaite *n.f.* brossée, déculottée, dérouille, dérouillade *ou* dérouillée, frottée, pile, piquette, roustasse, rouste *ou* roustée, tannée. ▸ **subir une défaite** prendre *ou* recevoir une pile *ou* une pipe.

défécation *n.f.* débourre, flacdal *ou* flaquedalle, foirade *ou* foire, tartissage.

défendre *v.t.* *[un ami]* prendre les crosses *ou* les patins de. *[en tant qu'avocat]* débarboter, lessiver.
◆ **se défendre** *v.pr.* ▸ **se défendre en justice** se rebiffer.

défense *n.f.* *[d'un accusé]* débarbot(t)age, lessive. ▸ **avoir une mauvaise défense** avoir ses grolles percées.

déféquer *v.i.* aller à la débourre, chez Flacmann *ou* à flaquada, caguer, caler sa biture, chier, déballer, débloquer, débourrer (sa pipe), décocter *ou* décoqueter, décharger, défarguer, déflaquer, dépon(n)er, déposer un kilo, une *ou* sa pêche, son bulletin, dérondiner, écrire à Bismarck, au pape *ou* à saint Pierre, faire ronfler Thomas *ou* le bourrelet, faire un tas, fiasquer, filer le rondin *ou* la mousse, flaquader, flaquer *ou* flasquer, foirer, fuser, gâcher du gros, lâcher la bonde, liéchem, lierchem *ou* lierchème, mouler *ou* couler un bronze, mouscailler *ou* mousser, poser un factionnaire, une *ou* sa pêche, pousser sa chique, sa pêche *ou* son rond, rondiner, ronfler du bourrelet, se soulager, tarter, tartiner *ou* tartir, téléphoner au pape *ou* à Hitler. *[avoir un besoin pressant de]* avoir le cigare au bord des lèvres. *[par inadvertance]* s'oublier, perdre ses clés *ou* ses légumes.

défier *v.t.* faire la pige à, inviter à la valse, prendre.

définitivement *adv.* définitif.

déflorer *v.t.* dépuceler, dévierger, faire péter la châtaigne, mettre une fille en perce. ▸ **être déflorée** avoir perdu sa fleur d'oranger, être vaccinée au pus de génisse.

dégainer *v.t.* décarpiller, défourailler.

dégât *n.m.* casse.

dégoût *n.m.* débectance.

dégoûtant *adj.* → **RÉPUGNANT, SALE.**

dégoûter *v.t.* débecter *ou* débéqueter, dégour(r)er. ▸ **être dégoûté de** en avoir class, en avoir sa claque.

dégrader (se) *v.pr.* tourner, partir *ou* finir en eau, en jus de boudin, en brioche *ou* en couille.

dégriser *v.i.* dérondir, dessaouler *ou* dessoûler.

déguisement *n.m.* camouflé *ou* camouflement.

déhancher (se) *v.pr.* avoir le foiron flottant, chalouper, croupionner, filer *ou* onduler du valseur, rouler des miches, tortiller des fesses *ou* du cul.

dehors ! *interj.* raus, raousse *ou* raouste !

délabré *adj.* en digue-digue.

délai *n.m.* ▸ **dernier délai** dernier carat.

délation *n.f.* → **DÉNONCIATION.**

délinquant *n.m.* correctio, garçon.

délirer *v.i.* se faire sauter les plombs, flipper, halluciner, pavillonner, péter les plombs.

délit *n.m.* ▸ **flagrant délit** flag. ▸ **en flagrant délit** baba, marron, sur le tas *ou* le vif, traiffe. *[brigade chargée des flagrants délits]* saute-dessus.

déloyal *adj.* fausse tranche, faux comme un jeton *ou* faux jeton.

déloyauté *n.f.* *[par rapport au milieu]* impair, manque.

demande *n.f.* pleurante.

demander *v.t.* jaboter. *[avec insistance]* chiner.

démarcheur *n.m.* *[à domicile]* torpilleur.

démarrer *v.i.* *[mal, en parlant d'une entreprise]* s'emmancher mal *ou* être mal emmanchée.

démêler *v.t.* débrouiller, dépatouiller.

déménagement *n.m.* dévissage, rebours.

déménager *v.t.* changer de paroisse *ou* de crèmerie, transbahuter.

déménageur *n.m.* coltineur, commodier.

démettre *v.t.* débarquer.

demi (et) *loc. adv.* et mèche.

demi-mondaine *n.f.* gommeuse.

démodé *adj.* folklo, rétro, ringard *ou* ringardos, square. ▸ **être démodé** avoir de la barbe, ringuer. *[le fait d'être démodé]* ringardise *ou* ringardisme. *[faire passer pour démodé]* ringardiser *ou* ringuer. *[personne démodée]* trumeau, vieux jeton.

démolir *v.t.* bigorner, bûcher, dézinguer, filer *ou* foutre en l'air, fusiller.

démontage *n.m.* *[de voitures]* casse.

démonter *v.t.* dépiauter, désosser, opérer.

démoraliser *v.t.* cisailler.

démuni *adj.* à la scaille, à plat, couparès *ou* coupé (à blanc), faucharès, fauché (à blanc *ou* comme les blés) *ou* fauch(e)mann, flingue *ou* flingué, meule, mouisard, pan(n)é *ou* pannezard, pignouf, raidard *ou* raide, raidillon, râpé, sans un, sans un blady penny, un maravédis, un pélot, un rotin, etc., serré, vacant. ◗ **être démuni** avoir la tête dans le sac, avoir mal au pouce *ou* les pouces gelés, être à côté de ses lattes, être à as, à la côte, à la traîne *ou* à sec, être coupé, être de la zone *ou* de la courtille, être fleur, être grand chelem, être raide (à blanc, comme la justice *ou* comme un passe-lacet), être rincé, être sans un flèche *ou* n'avoir pas un flèche, pas un nerf en fouille, être tapis, faire planche, n'avoir que le dig, ne pas en avoir la queue d'un.

déniaiser *v.t.* débourrer, délarder, dessaler. ◆ **se déniaiser** *v.pr.* dégeler, se dessaler.

dénigrement *n.m.* bêchage, bêche, débinance.

dénigrer *v.t.* bêcher, casser du sucre, couler, débiner, tailler un costard. *[personne qui dénigre volontiers]* débineur.

dénoncer *v.t.* aller à la marmite *ou* au pet, aller au refil(e), balancer (la cavalerie), balancemanner *ou* balancetiquer, basculer, bazarder, bourdiller, bourriquer, caf(e)ter, casser du sucre sur, casseroler, chanter, coquer, débiner, dégueuler, donner, faire le pain avec la police, fourguer, gameler, goualer, griller, jacter, jaser, macaroner, manger à la grande table, manger sur l'orgue, mettre les pieds sous la table, monter sur la table *ou* se mettre à table, morfier *ou* morfiller, morganer, moucharder, moucher sur, moutonner, porter le pet, roussiner, servir de belle, vendre. → *aussi* PARLER. ◆ **se dénoncer** *v.pr.* se saborder.

dénonciateur *n.m.* balance, cameloteur, casserole *ou* casseroleur, casseur de sucre, coqueur, donneur *ou* donneuse, flancheur, friquet, grilleur, habillé d'une peau de vache *ou* d'une salope, mouchard *ou* mouchardeur, mouton, péteur, potence, roubleur, tortilleur, vache. → *aussi* INDICATEUR.

dénonciation *n.f.* balançage *ou* balancetiquage, cassage de sucre, casserolage *ou* casserole, chansonnette, coquage, débinage, deuil, dévidage, gamelage, macaronage, mouchardage, moutonnage, musique.

dent *n.f.* cassante, chaille, chocotte *ou* choquotte, croc *ou* crochet, domino, meule de moulin, osselets, palette, piloche, ratiche, ratoune, sœur blanche, tabouret, touche de piano, trique. *[ensemble des dents]* grille d'égout, piano. *[molaire]* double-six. *[jaunie]* dent de buis, racine. *[gâtée]* clou de girofle, grain de café. ◗ **arracher les dents** virer les crocs.

dentelle *n.f.* paille.

dénuement *n.m.* → MISÈRE.

dépanneur *n.m.* *[de véhicules]* charognard.

départ *n.m.* décarrade.

dépasser *v.t.* coiffer au poteau, gratter, griller. ◗ **être dépassé** *[fig.]* avoir plusieurs métros de retard, être largué *ou* out, n'être plus dans le coup *ou* dans la course.

dépeçage *n.m.* *[d'une voiture volée]* déshabillage.

dépecer *v.t.* faire le détail. *[une voiture volée]* déshabiller.

dépêcher (se) *v.pr.* s'affoler, s'agiter, biller, bomber, châbler, se dégrouiller, se déhotter, se démerder, drop(p)er, être, faire charrette *ou* se mettre en charrette, faire vinaigre, se grouiller (le fiaque, la tomate *ou* les miches), se magner le cul (et synonymes), se patiner, se plumer, se speeder.

dépense *n.f.* débine, dèche.

dépenser *v.t.* becter, boulotter, claquer, croquer, débiner, décher, descendre, écosser, se fendre de, fricasser, fricoter, fusiller, lâcher, liquider, rondiner, tortiller, tortorer. *[sans compter]* être une fouille percée, flamber, jeter *ou* balancer à la grouille, jouer du pouce.

dépensier *adj. et n.* déchard *ou* décheur, fricasseur, gâcheur.
◆ **dépensière** *n.f.* croqueuse de diamants.

déplacer *v.t.* délarguer, mouver.
◆ **se déplacer** *v.pr.* se propager, se propulser, se transbahuter, se trimballer *ou* trimballer sa viande.

déposer *v.t. [taxi]* cracher, déhotter, dépoter.

dépôt *n.m. [brocante]* ▸ **en dépôt** en nourrice. *[de la Préfecture]* la Pointue, la Tour (pointue) *ou* la Tour de l'horloge, souricière, les trente-six carreaux.

dépouiller *v.t.* caver, couper, écrémer, éponger, essorer, faire suer, fusiller, lessiver, nettoyer, opérer, pincer, plumer, poissencher, ratisser, rectifier, rétamer, retrousser, rincer, tondre.

dépravé *n.* ▸ **dépravé sexuel** *[pratiquant certaines dégustations]* croûtonnard, mangeur de blanc, soupeur *ou* soupard. *[amateur de flagellation]* père fouettard.

déprimant *adj.* flippant, hard.

déprime *n.f.* bourdon, coup de flingue, flip *ou* flippage, superflip, tracassin.

déprimé *adj.* à plat, flippé, jeté.

déprimer *v.i.* avoir du noir, avoir les boules *ou* les glandes, broyer du noir, être dans le noir, flipper.
◆ *v.t.* donner le noir *ou* du noir.

déraisonner *v.i.* battre un quart, débéqueter, débloquer, débouler de la cocotte, déconner, dévisser du cigare, être déjanté, faire l'andouille, perdre les pédales, rouler *ou* être sur la jante, siphonner, yoyoter de la mansarde, de la toiture, etc. → *aussi* **FOU.**

dernier *adj.* der, têtard. ▸ **être dernier** être *ou* arriver dans les choux, ramasser les balais *ou* les casquettes. *[dernier verre]* le der (des ders). *[dernière partie]* la der. *[dernière guerre ou dernière danse]* la der des ders. *[dernière levée, aux cartes]* dix de der.

dernier-né *n.m.* culot.

dérober *v.t.* → **VOLER.**
◆ **se dérober** *v.pr.* caner, se défiler, foirer, se planquer.

déroute *n.f.* Bérésina, débine, Waterloo.

1. **derrière** *n.m.* → **POSTÉRIEUR.**

2. **derrière** *adv. et prép.* derjo *ou* dergeot.

désaccord *n.m.* bisbille, suif. ▸ **être en désaccord conjugal** coucher à l'hôtel du cul tourné.

désaccoutumance *n.f.* décroche.

désagréable *adj.* carcan, emmerdant *ou* emmerdatoire, emmiellant, glauque.

désarçonné *adj.* ▸ **être désarçonné** brouter l'herbe.

désarroi *n.m.* ▸ **être en plein désarroi** être en pleine piscine.

désastre *n.m.* → **DÉROUTE.**

descente *n.f.* ▸ **descente de police** coup de balai.

désemparé *adj.* paumé.

déserter *v.i.* se débiner. → *aussi* **S'ENFUIR, PARTIR.**

déserteur *n.m.* désert.

déshabillage *n.m.* décarpillage *ou* décarpillement.

déshabiller *v.t. [surtout à la voix pron.]* débâcher, décaper, décarpiller, défringuer, défrusquer *ou* défrusquiner, déharnacher, délinger, déloquer, dépiauter, dépoiler, désaper, se mettre en sauvage, montrer sa viande.

désintoxication *n.f.* décroche.

désintoxiquer (se) *v.pr.* décrocher *ou* se décrocher.

désinvolte *adj.* je-m'en-foutiste. ▸ **être désinvolte** avoir du zinc, ne pas s'emmerder.

désinvolture *n.f.* je-m'en-foutisme.

désirable *adj.* autichant, baisable, bandant, foutable, mettable, pinocumettable.

désirer *v.t.* bander, goder *ou* (en) mouiller pour, l'avoir dur(e) pour.

désordonné *adj.* bordélique, cafouilleux.

désordre *n.m.* barnum, bar(r)abille, bastringue, bidule, bin's, binz *ou* bintz, bobinard, bocard, bordel, boxon *ou* boxif, cafouillage, cafouillade, cafouille *ou* cafouillis, chabanais, chanstiquage, chanstique *ou* chanstiquement, cirque, fourbi arabe, foutoir, merde, souk, zone. ▸ **en désordre** en bombe. ▸ **mettre du désordre** bordéliser, foutre le souk.

dessous-de-table *n.m.inv.* schwartz. ▸ **accepter un dessous-de-table** aller à la sucrette.

destitution *n.f.* nettoyage.

détendu *adj.* cool, décontract, relax(e).

détention *n.f.* ballonnement, fièvre chaude, gerbement, planque, recluse, villégiature. *[préventive]* prévence *ou* prévette.

détenu *n.m.* auxigot, cellulé, détentionnaire, fag *ou* fagot, malade, mort, pégriot, schtardier, taulard, tôlard *ou* tôlier. *[homosexuel]* brosse, giton, putain de galère, sch(e)beb *ou* chbeb. *[jouissant du régime de la pistole]* pistolier. *[mineur]* mino. *[chef de chambrée]* prévôt. *[distribuant le travail dans les cellules]* contrecoup *ou* contrefiche. *[distribuant la soupe]* gamelleur. *[gardien des vivres]* cabanier. *[chargé de la police d'un quartier ou d'une centrale]* kapo. *[faux détenu faisant le mouchard]* friquet, mouton. *[puni de la pelote]* pelotard. *[qui creuse un tunnel pour s'évader]* taupe. ▸ **être détenu** aller à sa (maison de) campagne *ou* à la campagne, être au plan *ou* faire du plan, être dans la peine. → *aussi* PRISON.

détester *v.t.* avoir à la caille, à la crotte, à la manque *ou* à la mouscaille, avoir au nez, dans le nez, dans le blair *ou* dans le pif, ne pas pouvoir blairer, pif(f)er, saquer *ou* sentir.

détourner *v.t.* cameloter. *[l'attention]* détrancher, faire une postiche.

détruire *v.t.* bousiller, griller, passer à la moulinette.

dette *n.f.* ardoise, drapeau, loup. ▸ **faire des dettes** s'accrocher, s'encroumer *ou* être encroumé, s'enfiler, être accroché *ou* accrochemane, laisser *ou* planter un drapeau, laisser une ardoise, louper. *[sans intention de les payer]* pavoiser.

deuxièmement *adv.* deusio, deuzio *ou* deuxio.

dévaliser *v.t.* dégager, étouffer, rincer, serrer.

devancer *v.t.* faire la pige, gratter, griller.

devenir *v.i.* tourner, virer.

deviner *v.t.* renifler.

dévisager *v.t.* détrancher, escracher, fioler, frimer, tuiler.

dévoiler *v.t.* faire briller.

diable *n.m.* boulanger (qui met *ou* qui fait cuire les âmes au four), rabouin, rif(f)audeur à perpète.

diamant *n.m.* caillou, diam. *[faux]* caillou de Rennes *ou* du Rhin.

diarrhée *n.f.* cacade, chiasse, cliche, courante, dringue, foirade *ou* foire, moussine, niente. ▸ **avoir la diarrhée** faire de la peinture au pistolet.

diarrhéique *adj.* foireux.

dictionnaire *n.m.* musicien.

Dieu *n.pr.* le Barbu, le Grand Dab, le Meg des megs, le père La Tuile.

différence *n.f.* ▸ **il y a une grande différence !** ça fait deux, y a pas photo !

difficile *adj.* ballon, cassant, chaud, cher, coton *ou* cotonneux, cottard, crack, durail, duraille, durillon *ou* durillot, galère, glandilleux *ou* glandouilleux, trapu, vicelard.

difficulté *n.f.* → **ENNUI, PROBLÈME.**

dindon *n.m.* pique-en-terre.

dîner *v.i.* avaler le polichinelle.

dire *v.t.* affranchir, baver, becter, bon(n)ir, casser, débagouler, dégueuler, gicler, gueuler, jaboter, juter. *[ses vérités à qqn]* casser le morceau. ▸ **sans rien dire** à la muette.

directement *adv.* directo(s), raide comme balle.

directeur *n.* dirlo *ou* dirlingue. *[de prison]* duc de Guiche, mac, oncle. *[de la P.J.]* Grand-père.

diriger *v.t.* driver.

discipline *n.f.* disciplote. ▸ **peloton de discipline** bal.

discipliner *v.t.* visser.

discontinuer (sans) *loc. adv.* de longue, jusqu'à plus soif, sans débander.

discoureur *n.m.* dévideur, pallasseur, postigeur, saladeur *ou* saladier.

discourir *v.i.* bonimenter, pallasser, pécufier, posticher *ou* postiger, salader, tartiner, vendre un piano. → *aussi* **PARLER.**

discours *n.m.* baratin, boniment *ou* bonim, chansonnette, déblocage, dévidage, jactance *ou* jaquetance, jus, pal(l)as, salade, tartine, topo. *[de camelot]* flanche, postiche.

discrètement *adv.* en douce, en loucedé *ou* lousdé, en loucedoc *ou* lousdoc.

disculpation *n.f.* défargue.

disculper (se) *v.pr.* se défarguer.

discussion *n.f.* *[oiseuse]* mégot(t)age.

discuter *v.i.* chiquer, entrer en dame avec, s'expliquer, mégot(t)er, pinailler, salader, tailler le *ou* un bout de gras. → *aussi* **PARLER.**

disparaître *v.i.* s'évaporer, se faire la paire, faire un fondu, un trou à la nuit, dans la nuit *ou* à la lune, sauter.

dispersion *n.f.* *[d'une manifestation]* ragoût de semelles.

disposer *v.t.* *[les cartes]* mettre le couvert.

dispute *n.f.* débin *ou* débine, pétard.

disputer *v.t.* débiner.
◆ **se disputer** *v.pr.* se chicor(n)er, s'engueuler.

disque *n.m.* *[audio, cédérom ou DVD]* galette.

dissimulation *n.f.* *[d'une partie du butin]* glisse.

dissimuler *v.t.* *[une origine frauduleuse]* blanchir. *[avec sa main]* empaumer, emplâtrer. → *aussi* **CACHER.**

distinction *n.f.* ▸ **distinction honorifique** banane, médoche *ou* méduche.

distraction *n.f.* plan.

distribution *n.f.* distribe.

divorce *n.m.* désentiflage.

divorcer *v.i.* casser le bail *ou* la ficelle, se démaquer, désentifler.

doigt *n.m.* apôtres, didi, francforts, griffe, merguez, ognelots, osselet, pilon, salsifis, sardine. *[de pied]* haricot, radis. ▸ **les cinq doigts de la main** la fourchette du Père Adam, le mouchoir d'Adam.

dollar *n.m.* dolluche. *[billet d'un dollar]* bob.

domaine *n.m.* *[de compétence]* rayon.

domestique *n.* azor, bon(n)iche, cambreline, larbin *ou* larbinos, loufiat, vadoult. *[ensemble des domestiques]* larbinerie.

domicile *n.m.* bahut, bocal, cabane, cagna, cambe, cambriole, cambuse, canfouine, casbah, case, condice *ou* condisse, crèche, crèmerie, gourbi, piaule *ou* piol(l)e, taudion, taule *ou* tôle, turne. ▸ **sans domicile fixe** hirondelle de nuit, du pont d'Arcole. ▸ **être sans domicile** être de la cloche *ou* de la zone, gouaper, refiler la cloche, la comète, le borgnon *ou* la refiler, zoner. ▸ **repérer le domicile (d'un suspect)** loger.

dominer *v.t.* avoir à sa pogne, enfoncer.

dominos *n.m.pl.* doches, mathurins (plats). *[as ou deux]* du pâle. *[double blanc]* pâlichon.

dommage *n.m.* ▸ **subir un dommage** laisser *ou* perdre des plumes.

donner *v.t.* abouler, bloquer, cloquer, coller, filer, foutre, larguer, refiler, virguler.
◆ **se donner** *v.pr.* ▸ **se donner à fond** se défoncer.

dorer *v.t.* dorancher, joncher.

doreur *n.m.* dorancheur, joncheur.

dormeur *n.m.* pionceur *ou* pioncetiqueur, roupilleur.

dormir *v.i.* en écraser, en éparpiller (de première), en moudre, faire une ronflette, pager *ou* pageoter, pagnoter, peausser, piauler, pioncer, piquer sa plaque, un somme, un roupillon *ou* un chien, piquer une bâche *ou* une romance, rivancher, ronfler, roupiller *ou* roupillonner, schloffer, taper de l'œil, tomber dans les bras de l'orfèvre, voir en dedans, zoner. *[dormir seul]* coucher *ou* pioncer avec le cheval. *[d'un œil]* dormir en gendarme. *[faire semblant de dormir]* ronfler à cri.

dos *n.m.* alpague, arêtes, casaquin, colbac, endos *ou* endosses, pelure, râble, soie.

dose *n.f.* *[de boisson]* giclée. *[de cocaïne]* ligne. *[excessive de drogue]* overdose.

douanier *n.m.* requin.

doubler *v.t.* *[la mise ou le bénéfice]* faire la culbute, sauter par la fenêtre. *[un véhicule]* sauter.

double-six *n.m.* *[aux dés]* falourde. *[aux dominos]* gras-double.

doublure *n.f.* *[d'un vêtement]* double.

doucement *adv.* calmos, chouaye, chouïa, chouilla, chouya, etc., mol(l)o *ou* mou, piano-piano *ou* piane-piane, relax(e).

douleur *n.f.* court-circuit.

doute *n.m.* doutance, gourance.

douter (se) *v.pr.* se gour(r)er.

douteux *adj.* craigneux, craignos *ou* craintif, pas franc du colbac.

dramatiser *v.t.* faire *ou* chier une pendule, faire un sac.

drap *n.m.* banne, toile, torchon.

drogue *n.f.* came, charge, coke, colombienne, crack, dada, dopage, dope *ou* doping, h *ou* hasch, héro, kif, meca, (s)chnouf, stup, trichlo. *[absorption par le nez]* pravise, prise, snif, sniffe *ou* sniffette. *[cocaïne et héroïne]* speedball. *[dure]* choucroute. *[dose]* plan, rail. *[solution de chanvre indien]* sirop. *[prise de drogue, état du drogué]* défonce, trip. → *aussi* **COCAÏNE, HASCHICH, HÉROÏNE.**

drogué *adj. et n.* accro, camé, chanvré, chargé, déchiré, défonçarès, défoncé *ou* défoncemane, fait, flippé, intoxiquo, junk, junky *ou* junkie, méca, pas net, pété, piquomaniaque, planeur, priseur de came, seringué, shité, shooté, smaké *ou* smashed, sniffeur, speedé, speedy *ou* speed, stone *ou* stoned, touche-piqûre, toxico, tripeur. ▸ **être drogué** s'éclater, être high, raide (def *ou* défoncé), stone, speedé, planer, voyager. *[d'une dose excessive]* être overdosé, voir des éléphants roses.

droguer (se) *v.pr.* s'accrocher, avoir sa charge, se camer, se charger, se défoncer, se doper, se fixer, marcher à la dynamite, se piquer *ou* se piquouser, se plâtrer, prendre une petite, saler la soupe, se (s)chnoufer, se shooter *ou* shouter, sniffer, se speeder, triper. *[à la cocaïne]* être de la renifle, se poudrer le pif.

droit (tout) *loc. adv.* directo.

drôle *adj.* bidonnant, bossant *ou* bossard, boyautant, champignol, cintrant, crevant, époilant, fendant *ou* fendard, fun, gondolant, gonflant, marrant, poilant, poilu *ou* poêlant, pouffant, rigolboche, rigolo *ou* rigouillard, roulant, tirebouchonnant, toc, torsif. ▸ **c'est drôle** ça paye, ça vaut dix *ou* mille, ça vaut le jus *ou* l'os, ça vaut son pesant de merde, de moutarde *ou* de cacahuètes, c'est à se les (prendre et se les) mordre, c'est à se taper le cul *ou* le derrière par terre, c'est astape, c'est poilu.

dupe *n.f.* bon, cave, chenu, daim, miché *ou* michet, Monsieur le Bon, pante *ou* pantre, pigeon, pur, repasseman, sinve *ou* sinvre, têtard. ▸ **être dupe** le *ou* la gober. ▸ **ne pas être dupe** ne pas couper dans le ceinturon *ou* dans les salades, ne pas marcher, mordre *ou* rendre. ▸ **je ne suis pas dupe !** à d'autres, des plats !

duper *v.t.* avoir, caver, coincer, couiller *ou* couillonner, empaqueter, entifler, entourlouper, entuber, envelopper, enviander, fabriquer, faire crème, faire *ou* refaire le poil, faire voir le tour, gonfler, jardiner, jobarder, juiffer, mener en belle, monter le job, pigeonner, posséder, ramoner, retailler, retourner, truander, turbiner. *[chercher à duper]* promener. ▸ **être dupé** avaler du coton, couper dans le pan, dans le truc *ou* couper dedans, être de la revue, être fait crème, l'avoir *ou* se le faire mettre dans l'oigne *ou* le père fouettard, l'avoir dans le cul, dans le dos, dans l'œuf, dans l'oigne *ou* dans l'os, n'y voir que du bleu, passer à la fabrication, quimper. → *aussi* **TROMPER.**

duperie *n.f.* → **TROMPERIE.**

dur *adj.* durail, duraille *ou* durillon.

durée *n.f.* *[longue]* bail, paille, paye.

durement *adv.* duraille.

dynamite *n.f.* bavarde.

E

eau *n.f.* baille, bouillon, cidre, flotte, fraîche, jus, lance, lancecaille *ou* lanscaille, lancequine *ou* lansquine, limonade, pagnin, rincette, sirop d'ablette, de barbillon, de canard *ou* de grenouille, tisane, vase. *[à boire]* Château-Lapompe. *[gazeuse]* eau à pédale *ou* à ressort.

eau-de-vie *n.f.* bist(r)ouille, blanche, brutal, camphre, chien *ou* sacré-chien, cric *ou* crique, dur, eau d'affe, fil en trois *ou* en quatre, gniaule, gnôle *ou* gnol(l)e, jaune, parfait amour de chiffonnier *ou* parfait dardant de chifferton, pétrole, raide, reniflette, rogomme, schnaps, schnick *ou* ch(e)nique, tord-boyaux, trois-six. → *aussi* **BOISSON, BUVEUR.**

ébahi *adj.* bleu.

ébats *n.m.pl.* *[amoureux]* galipette(s).

éblouir *v.t.* en mettre *ou* en foutre plein les mirettes *ou* plein la vue.

éboueur *n.m.* ripeur.

ébriété *n.f.* → **IVRESSE.**

ecchymose *n.f.* cocard, coquelicot.

échafaud *n.m.* → **GUILLOTINE.**

échancrure *n.f.* *[du veston, pour les voleurs à la tire]* couloir.

échanger *v.t.* cambuter, chanstiquer.

échappatoire *n.f.* coupure.

échapper *v.t. ind.* *[à]* fuiter, passer à travers *ou* au travers. *[à une corvée]* couper à, tirer au renard, tirer la *ou* une carotte.

échec *n.m.* bide, blanc, bûche, coup de Trafalgar, dèche, fiasc *ou* fiasque, flop, foirade, four, plantage *ou* planterie, tape, tasse, veste. ▸ **voué à l'échec** foireux. ▸ **courir à l'échec** aller (droit) dans le mur.

échelle *n.f.* montante.

échouer *v.i.* barrer, partir, tomber *ou* tourner en couille, caguer, se casser le nez *ou* le pif, claquer, être *ou* mettre à côté de la plaque, être dans les choux, faire baraque, se faire biter *ou* être bité, faire chapeau *ou* flanelle, faire chou blanc, se faire étendre, faire tilt, flaquer, foirer, l'avoir dans l'œuf, dans l'oigne *ou* dans l'os, masquer, merder, mettre en petite, pédaler dans la choucroute, la semoule *ou* le yaourt, se planter, prendre une claque, une pipe *ou* la pipe, se prendre une peau de banane, quimper, ramasser les balais, ramasser *ou* prendre une gamelle, ramasser *ou* se prendre une pelle, ramasser *ou* remporter une veste, se rétamer, rouler sur la jante, tomber sur un bec, un manche, un os *ou* un paf. *[dans une tentative amoureuse]* rentrer *ou* revenir avec sa bite *ou* sa pine sous le bras. *[être sur le point d'échouer]* sentir le roussi. ▸ **on a échoué!** c'est râpé, les carottes sont cuites ! ▸ **faire échouer** torpiller.

éclater *v.i.* péter. ▸ **faire éclater** exploser.

école *n.f.* bahut, boîte.

éconduire *v.t.* balancer, balancemanner *ou* balanstiquer, envoyer au bain, à la balançoire, au charbon, à dache, à dame, aux fraises, à la gare, à l'ours, aux pelotes *ou* sur les roses, chez Plumeau ou Plumepatte, envoyer baigner, balader, baller, bouler, chier, dinguer, paître, péter, pisser, pondre, promener, tartir *ou* valser, envoyer se faire fiche *ou* se faire foutre, escracher, faire valser, remballer, rembarrer. ▸ **être éconduit** aller aux ours, aller se faire cuire un œuf, recevoir *ou* donner la pelle.

économies *n.f.pl.* éconocroques, matelas, répondant.

économiser *v.t.* carrer, en avoir *ou* en mettre à gauche, mettre à la car(r)e, à plat *ou* en petite.

écouler *v.t.* *[une marchandise ou une somme de provenance illicite]* laver, lessiver. *[individu pratiquant cette opération]* laveur (de chèques). *[facile à écouler]* lavable.

écoute *n.f.* ▸ **écoute téléphonique** bretelle, construction, jarretelle, procédé. *[table d'écoute]* bigorneau, zonzon.

écouter *v.t.* clocher, débrider l'esgourde, esgourder, se mettre à la cloche.

écraser (s') *v.pr.* *[en parlant d'une moto ou d'un avion]* se cracher, se crasher *ou* se scratcher.

écrire *v.t. et i.* babillarder, bafouiller, briocher, brodancher *ou* broder, pécufier, pisser de la copie, scribouiller, tartiner, tortiller.

écriture *n.f.* brodage *ou* brodanchage, scribouille.

écrivain *n.m.* brodancheur *ou* brodeur (sur mince), faf(f)iotteur.

écrou *n.m.* ▸ **feuille d'écrou** billet de logement. ▸ **levée d'écrou** permis de chasse.

écu *n.m.* → **PIÈCE.**

écurie *n.f.* gailloterie.

édenté *adj.* ▸ **être édenté** ne plus avoir de tabourets dans la salle à manger.

effet *n.m.* ▸ **ça fait beaucoup d'effet** ça décoiffe ! ▸ **ça fait mauvais effet** ça la fout mal.

efficace *adj.* ▸ **être efficace** toucher à mort, toucher sa bille.

effondrer (s') *v.pr.* plancher.

effort *n.m.* coup de cul. ▸ **faire des efforts** s'accrocher, bouger son cul *ou* se bouger le cul, se crever le cul *ou* la paillasse, se dévisser le tempérament, le trou de balle *ou* le trou du cul, s'en donner, s'esquinter le tempérament *ou* les tripes, mouiller *ou* tremper sa chemise, sa liquette *ou* son maillot, nager, ramer, se tirebouchonner. *[pour se maîtriser]* se tenir à quatre. *[intellectuels]* se casser la tête, le cul, le chou, le fion, la nénette, le tronc, etc., se creuser *ou* se casser le citron, se dévisser la pétronille, se presser, transpirer de la coiffe. *[excessifs]* s'en faire péter le système.

effraction *n.f.* coup de vague avec copeaux, esquintement, pont, vol à la vrille. → *aussi* **CAMBRIOLAGE.**

effrayé *adj.* pâle des jambes *ou* des genoux.

effronté *adj.* culotté *ou* culotmann, gouapeur *ou* gouêpeur.

effronterie *n.f.* culot.

égarer (s') *v.pr.* se paumer.

église *n.f.* antifle *ou* entifle, antonne *ou* entonne, bouterol(l)e, ratiche.

égoïsme *n.m.* taupage.

égoïstement *adv.* en suisse *ou* avec son suisse.

égorger *v.t.* faire bâiller *ou* suer le colas, zigouiller.

éjaculation *n.f.* décharge, dépone, giclée.

éjaculer *v.i.* balancer *ou* envoyer la fumée, la purée, la sauce *ou* la semoule, cracher, filer, jeter *ou* lâcher son venin, décharger, dépon(n)er, jeter la purée, lâcher *ou* refiler la came, seringuer. *[dans les draps]* envoyer son enfant à la blanchisseuse.

élégance *n.f.* donne, suif.

élégant *adj.* chicard *ou* chicos, du cousu, nickelé, pourri de chic, rider, riflard *ou* riflot, roublard, rupard, rupin *ou* rupinos, suiffard *ou* suiffé, urf *ou* urffe. ▸ **être élégant** avoir (de) la classe *ou* de la gueule, bien frimer, en jeter, faire du suif, jeter du jus *ou* son jus, juter.

élite *n.f.* crème, gratin.

elle *pron. pers.* césarine.

élucider *v.t.* démerder.

émanciper (s') *v.pr.* se débourrer.

embaucher *v.t.* affûter, engrener.

embonpoint *n.m.* lard. ▸ **avoir de l'embonpoint** avoir du répondant.

embrasser *v.t.* bichoter, filer une langouse, galocher, lécher les amygdales, rouler une escalope, une galoche, un patin, une pelle *ou* une saucisse, sucer le museau, la pomme, etc.
◆ **s'embrasser** *v.pr.* se filer *ou* se passer des saucisses, se fricasser le museau, se lécher le citron *ou* les amygdales, se sucer la couenne, se sucer, se lécher *ou* se licher la gueule, le museau, la pomme, etc. *[personne qui embrasse volontiers]* licheur.

embrouiller (s') *v.pr.* s'emmêler les crayons, les pédales *ou* les pinceaux, faire des nattes, poser et marcher dedans.

éméché *adj.* allumé, en train, parti (pour la gloire), pompette. → *aussi* IVRE.

emménager *v.i.* entauler *ou* entôler.

emmener *v.t.* emballer, pingler.

émotion *n.f.* *[vive]* flash.

empêchement *n.m.* contrecarre.

empirer *v.i.* chanstiquer.

emplacement *n.m.* placarde.

employé *n.m.* porte-couteau, sous-fifre *ou* sous-verge. *[de bureau]* burlain.

empocher *v.t.* enfouiller.

empoisonnement *n.m.* emboucanement.

empoisonner *v.t.* coquer le poivre, emboucaner, endormir, poivrer.

empoisonneur *n.m.* emboucaneur.

emporter *v.t.* démurger. ▸ **l'emporter sur** avoir *ou* décrocher le pompon *ou* la timbale, faire la pige à, jouer *ou* rendre le double-six. *[en sport]* régler.

empreinte *n.f.* *[relevé complet des empreintes digitales]* complet. ▸ **se faire prendre les empreintes digitales** pianoter.

emprisonnement *n.m.* → INCARCÉRATION.

emprisonner *v.t.* → PRISON.

emprunt *n.m.* bottinage, cognage, coup de botte, de bottine, de pied, de soulier *ou* de targette, sonnage, tapage *ou* tape, tombage, torpille.

emprunter *v.t.* antifler, botter *ou* bottiner, cogner, dégringoler, entifler, faire un loup, filer un coup de latte, frapper, latter, sonner, taper, tartiner, tirer une dent, tomber, torpiller. *[de nouveau]* faire une relance.

emprunteur *n.m.* chineur, cogneur, sonneur, tapeur, tombeur, torpilleur.

ému *adj.* profondé.

enceinte *adj.f.* ▸ **être enceinte** s'arrondir *ou* se faire arrondir le globe, avoir avalé le pépin *ou* un pépin, avoir le ballon, avoir le mou enflé, avoir passé devant le four du boulanger, avoir sa butte, avoir sucé son crayon, avoir un polichinelle *ou* un lardon dans le tiroir *ou* sous le tablier, avoir un prototype en soufflerie, en avoir plein sa jupe, être en cloque, se faire planter un môme, se faire une bosse au ventre, gonfler son ballon. ▸ **femme enceinte** ballon captif, gonflée, omelette soufflée. ▸ **mettre enceinte**

bomber la guérite, coller un gosse, un marmot *ou* un polichinelle, enceinter *ou* enceintrer, encloquer, enfler, engrosser, gonfler, mettre en cale *ou* en cloque.

enchérir *v.i.* chérer *ou* cherrer, monter aux ordres.

enclin *adj.* fortiche *ou* porté (sur). ▸ **être enclin à** s'en ressentir pour. *[à la boisson]* avoir un trou sous le nez (qui coûte cher). *[à l'amour physique]* avoir du dard *ou* du gourdin, avoir le feu au cul, aux fesses, au réchaud *ou* quelque part, être de la pointe *ou* de la tringle, être chaud de la pointe *ou* de la pince, être porté sur l'article, la bagatelle, etc. *[homme enclin aux activités sexuelles]* baiseur, bandeur, castor, chaud lapin, chauffeur, enjambeur, fouteur, godant, godeur *ou* godilleur, pineur, pointeur, queutard, rivard, sabreur, saute-au-bock *ou* saute-au-crac, tendeur, tringleur *ou* tringlomane, troncheur, usine à salpingite, vieux saligaud, voleur de santé. *[femme encline aux activités sexuelles]* baiseuse, bandeuse, branleuse, escaladeuse de braguettes, fouteuse, godeuse, gousse, mouilleuse, pineuse, saute-au-paf, voleuse de santé.

encourageant *adj.* rebectant.

encourager *v.t.* atouser.

encourir *v.t.* gerber.

encre *n.f.* lait à broder.

endimancher (s') *v.pr.* se pavoiser.

endommager *v.t.* → ABÎMER.

endormir (s') *v.pr.* casser sa canne *ou* son pif, s'enroupiller, tourner de l'œil. *[de nouveau]* repiquer.

endroit *n.m.* coinsteau *ou* coinstot. *[inconfortable, désagréable]* usine.

endurci *adj.* blindé, vacciné.

endurcir (s') *v.pr.* se blinder, se culotter.

énergie *n.f.* drive, jus, vigous(s)e. *[humaine]* huile de coude. ▸ **individu sans énergie** chiffe (molle), couille molle, crêpe.

énergique *adj.* à la redresse, saignant *ou* sanglant. ▸ **être énergique** avoir la frite, la moelle *ou* la pêche, péter le feu *ou* la santé.

énerver *v.t.* courir, porter *ou* taper sur le système, donner des boutons, foutre les boules *ou* les glandes, mettre à renaud *ou* en renaud, mettre *ou* foutre en ressaut, rompre le système, vénèr(e). ▸ **être énervé** avoir les abeilles, les boules *ou* les glandes, avoir la haine, être à cran, l'avoir à la caille *ou* au râle.

◆ **s'énerver** *v.pr.* être *ou* se mettre en boule, faire un caca nerveux, se monter la bourriche *ou* le bourrichon, partir au quart de tour. → *aussi* EXASPÉRER.

enfance *n.f.* gosselinage.

enfant *n.m.* asticot, chiard, gnard *ou* gniard, gosselard, gosselin, gosselot *ou* gossemard, graine de bois de lit, kid, loubé, merdaille *ou* merdaillon, merdeux, mignard, minot, mion, miteux, momaque, môme, mômichon *ou* mômignard, morbac *ou* morbaque, morpion, mouflet, moujingue, moutard, niard, niston, populo, (morceau de) salé, têtard.

enfermé *adj.* bouclarès.

enfermer *v.t.* chambrer, lourder, souquer.

enfoncer *v.t.* *[une porte]* balancer, dinguer, faire du bois, faire jouer la bombe *ou* travailler à la bombe, jeter *ou* mettre en dedans.

enfreindre *v.t.* *[un signal d'interdiction]* brûler, griller.

enfuir (s') *v.pr.* s'adjaver, s'arracher de devant, barrer *ou* se barrer, cal(e)ter, se carapater, se carrer, cavaler *ou* se cavaler, changer d'air, chasser, chier du poivre, cramper *ou* cromper, se débiner, décaniller, décarrer, défourailler, se déguiser en cerf *ou* en courant d'air, dérober, se donner, se pousser *ou* prendre de l'air, s'esbigner, s'évaporer, faire l'adja, se faire l'escarette, la malle, la paire, la valise, la valdingue *ou* la valoche, se faire le patatrot *ou* faire son patatrot, faire natchave, faire patatrot, filer, filocher, fuiter, se fuiter, jouer (à) la fille de l'air, jouer des flûtes *ou* se tirer des flûtes, jouer des fourchettes, des quilles, etc., jouer Rip, jouer un air, se la briser, se la donner *ou* se la tirer, les agiter, les mettre, lever le pied *ou* le paturon, mettre les adjas *ou* se tirer des adjas, mettre les bâtons, les bouts (de bois), les flubes *ou* les voiles, se pairer, partir comme un lavement, se patiner, se payer une courante, se pister, prendre la tangente, ramasser *ou* s'attacher un bidon, se tailler, se tirer des flûtes *ou* se tireflûter, se tirer des pattes, des pieds, des ripatons *ou* des balladoires, se tirer les pattes de devant, tirer sa crampe, tracer, se trisser *ou* trissoter, valser. → *aussi* **S'ÉVADER.**

engager *v.t.* *[des enjeux déraisonnables]* pousser.
◆ **s'engager** *v.pr.* *[dans une entreprise]* risquer le paquet.

enivrer *v.t.* *[en parlant d'une boisson forte]* taper sur la cocarde.
◆ **s'enivrer** *v.pr.* abreuver son cochon, s'arrondir, s'arsouiller, avoir le nez dur *ou* sale, avoir son caillou, se barbifier, se beurrer, biturer, se blinder *ou* se blindocher, se bourrer la gueule *ou* le torse, se camphrer, se chiner, se cingler le blair, se commencer, se cuiter, se culotter, s'embourber, s'embrouiller, être dans les casquettes, être de thé, se finir, se gazer, se gorgeonner, mouiller la meule, se mûrir *ou* se murdinguer, se noircir, s'ourder, se péter la gueule *ou* la ruche, se picrater, pinarder, se pinter, se pioner *ou* se pionarder, se piquer le nez (et synonymes), se pistacher, se piver, se pocharder, se poisser, se poivrer *ou* se poivroter, se pommader, prendre *ou* ramasser une pistache, prendre sa barbe, prendre un bain, une brosse, une caisse *ou* une casquette, se rectifier, se rétamer, se rondir, se salir le nez *ou* le blair, se sanguiner, se torcher, se tuiler.

enjeu *n.m.* éclairage. *[masse des enjeux]* car(r)e, pot.

enjôler *v.t.* faire à la converse, lever à la converse.

enlever *v.t.* *[qqch]* décarrer. *[sa veste, son manteau]* tomber. *[son slip]* se décalcifier.

ennui *n.m.* avaro, biscuit, blême, bricole, cactus, chiasse, chiendent, chiennerie, chierie, chtourbe, coltar *ou* colletar, contrecarre, coton, court-circuit, deuil, embrouille, emmerdation, emmerde, emmerdement, emmiellement, emmouscaillement, emmouscaillure *ou* enquiquinement, galoup, galloup *ou* galoupe, gelée de coings, girie, lézard, loup, merde, merderie *ou* merdouille, mistoufle *ou* mistouille, moutarde, os, pastis, patate, pépin, pétrin, probloc *ou* probloque, rase, sirop, tisane, tracassin, vérole. *[être une source d'ennuis]* ça va être l'os, ne pas être un cadeau. → *aussi* **PROBLÈME.**

ennuyé *adj.* déballé.

ennuyer *v.t.* barber *ou* barbifier, bassiner, clocher, coquer le poivre, courir sur l'os *ou* les osselets, dépon(n)er, embistrouiller, emboucaner, embrenner, emmerder, emmieller, emmouscailler, encrotter, enflaquer, enquiquiner, enrhumer, entortiller, escagasser, faire chier *ou* liéchem, faire la barbe, marrer, mitonner, prendre la tête, prendre le chinois par la natte, râper (l'oigne à), raser. → *aussi* **IMPORTUNER** ▸ **tu m'ennuies!** la barbe!
◆ **s'ennuyer** *v.pr.* se croûtonner, se débéqueter, s'emmerder, se faire chier, se faire tartir, flaquer, piler du poivre, se raser. *[énormément]* à cent sous, mille balles, etc., de l'heure, comme un rat mort, comme un croûton (de pain) derrière une malle. *[pendant le coït, pour une femme]* attraper *ou* compter les mouches.

ennuyeux *adj.* barbant, barbe *ou* barbifiant, bassinant, bateau, canulant *ou* canule, cassant, cavalant, chiant *ou* chiatique, égnolant, emmerdant (comme la pluie, comme un boisseau de puces, etc.), emmerdatoire, emmiellant *ou* emmouscaillant, fichant, flambant, flaquant, foutant, guignonant, jambe, râpant, rasant *ou* rasoir, relou, sciant. ▸ **c'est ennuyeux** c'est la barbe, la chiotte, la jambe, quelle barbe ! → *aussi* **IMPORTUN.**

énorme *adj.* bœuf, dingue, géant, giga, méga, panama.

enquête *n.f.* *[facile]* entracte. *[qui n'aboutit pas]* cure-dents.

enquêter *v.i.* *[illégalement, pour le compte d'un particulier]* tricocher. *[inspecteur se livrant à cette pratique]* tricocheur.

enrager *v.i.* bisquer, devenir chèvre, faire du pet, tuber. ▸ **faire enrager** faire devenir chèvre, faire monter *ou* grimper à l'arbre.

enrichir (s') *v.pr.* s'arrondir, avoir *ou* mettre du foin dans ses bottes, se beurrer, se bourrer, en prendre, se faire un matelas, se remplir, se sucrer. *[en cachette]* faire la taupe.

ensemble *adv.* encible *ou* ensible.
◆ *n.m.* le toutim(e).

entendre *v.t.* clocher, esgourder, locher. *[mal]* avoir les portugaises ensablées. ▸ **bien entendu !** et comment, je veux, naturlich !

entente *n.f.* *[commerciale illicite]* revidage.

entraîner *v.t.* *[dans une action]* embringuer, engrener.

entraîneuse *n.f.* allumeuse.

entrée *n.f.* encarrade.

entremetteur *n.m.* ogre.
◆ **entremetteuse** *n.f.* fourgueuse de poules, maca, macquecé *ou* maqua, maquerelle, maxé, mère d'occase.

entreprise *n.f.* → AFFAIRE.

entrer *v.i.* antifler *ou* entifler, emboîter, embusquer, encarrer, (s') enquiller.

entretenir *v.t.* *[qqn]* engraisser.

entretuer (s') *v.pr.* se dégommer, faire viandox, se viander.

entrevoir *v.t.* entrebigler.

envelopper *v.t.* pacçonner.

environ *adv.* dans les eaux de...

environs *n.m.pl.* loinqués.

envoi *n.m.* *[d'un colis clandestin]* parachutage.

envoyer *v.t.* encarrer, tasser. *[clandestinement un colis]* parachuter.

épais *adj.* mastoc *ou* mastoque.

épaules *n.f.pl.* endos *ou* endosses, épahules, porte-manteau. *[tombantes]* en bouteille de Saint-Galmier, épaules de serpent.

épée *n.f.* dard.

épicier *n.m.* épicemar(d), épicemince.

épier *v.t.* bigler, borgnoter, choufer, espincher, mater *ou* matouser, pister, planquer. → *aussi* GUETTER. *[personne qui épie]* borgnoteur.

épilepsie *n.f.* dig-dig *ou* digue-digue.

épingle *n.f.* ▸ **épingle de cravate** picouse, piquouse *ou* piquouze, piquotte.

épluchage *n.m.* pluches.

éplucher *v.t.* dépiauter.

épouse *n.f.* bobonne, boîte à chagrins, bourgeoise, gerce, greluche, lam(e)dé, légitime, marque de cé, nana, negifran, nénesse, panthère, patronne, pouf(fe) *ou* pouf(f)iasse, rombière, rouchie.

épouser *v.t.* antifler *ou* entifler, maquer, marida. *[une fille enceinte des œuvres d'autrui]* prendre la vache et son veau.

époux *n.m.* jules, légitime, patron, porte-couilles.

épris *adj.* → AMOUREUX.

éprouver *v.t.* *[une émotion vive ou un intérêt passionné]* flasher.

épuisé *adj.* à plaga, crevé, ensuqué, groggy, nase *ou* naze, nazbroque, pompé, rapla-pla(t), rincé, tordu, vidé. ▸ **être épuisé** en avoir plein la hotte *ou* sa jupe, en avoir plein les bottes, le cul *ou* le dos, en avoir sa claque, être à fond de cale, être à ramasser à la petite cuiller, être rincé, être sur les genoux *ou* les rotules, la piler, ne plus tenir en l'air, rouler *ou* être sur la jante, sonner le coup de bambou. *[pour un homme, après des abus sexuels]* avoir les patates au fond du filet, rabattre.

épuiser *v.t.* claquer, pomper, vanner, vider.
◆ **s'épuiser** *v.pr.* ramer.

équipée *n.f.* *[en voiture ou en moto]* rodéo.

équipier *n.m.* flèche. *[dans une enquête policière]* baron.

érection *n.f.* bambou, bandaison, tracassin. ▸ **être en érection** avoir des coliques bâtonneuses *ou* cornues, avoir la banane, le bâton, la canne, la gaule, le gourdin, le manche, le mandrin, la matraque, le petit pain, le piquet de tente, le tricotin, la tringle *ou* la trique, avoir le flageolet à la portière, avoir un porte-manteau dans le pantalon *ou* une balle dans le canon, bander (comme un cerf), faire bâton, godailler, goder *ou* godiller, l'avoir dur(e) *ou* en l'air, marquer midi, pavoiser, relever, triquer. ▸ **avoir une faible érection** avoir les figues molles, bander foulard *ou* guimauve, bandocher, bandouiller, ne bander que d'une. ▸ **ne plus être en érection** débander. *[qui fait cesser l'érection]* débandant.

errance *n.f.* bourlingue.

erreur *n.f.* bavure, couille, douze, gaufre, gourance, micketterie, plantage *ou* planterie, vanne.

escalier *n.m.* escal, esca(n)drin, grimpant, montant.

escamotage *n.m.* dégringolade *ou* dégringolage, étouffage, vol à la carre.

escamoter *v.t.* détourner, empalmer, étouffer, passer au bleu, vanner.

esclandre *n.m.* → SCANDALE.

escroc *n.m.* arnaqueur, bidonneur, briseur, cambuteur, carambouilleur, carotteur *ou* carottier, charrieur, dégraisseur, drogueur, empaumeur, empileur, emporteur, emprunteur, enfonceur, entauleur *ou* entôleur, estampeur, faisan(t) *ou* faisandier, faiseur, flouchipe, floumann *ou* floupin, greffier, jongleur, lézard, mangeur, musicien *ou* musico(s), philibert, philosophe, pipeur, poisseur, ramastique *ou* ramastiqueur, rangeur, repasseman *ou* repasseur, roublard, soulasse, sous-marin, trimballeur, turbineur.

escroquer *v.t.* arnaquer, arranger, briser, carambouiller, caver, couiller *ou* couillonner, écailler, empaumer, enc(h)rister, endormir, enfler, entauler *ou* entôler, entuber, estamper, faire de l'arnaque, faire pleurer, faisander, farcir, flibuster, mettre *ou* foutre dedans, opérer, piper, plumer, quiller, ramastiquer, repasser, roustir, truander. ▸ **se faire escroquer** se faire rhabiller.

escroquerie *n.f.* arnaque, brisure, carabistouille, carambouillage *ou* carambouille, chinage, cri sec, entourloupe, entubage, estampage, faisanderie, flibusterie, flouerie, levage, marloupinerie, piperie, ramastic *ou* ramastique, repassage, rhabillage, roustissure, tombage, truandage *ou* truanderie, turbin, vol à la ballade, au trimballage *ou* à la trimballade.

espadrilles *n.f.pl.* espadoches *ou* espagas.

espagnol *adj. et n.* espingo, espingo(u)in *ou* pingouin.

espion *n.m.* cuisinier, gobe-mouches, macaron, mouche, mouton, taupe.

espionner *v.t.* avoir dans le collimateur, moucharder *ou* moucher.

essayer *v.t.* piquer au truc, tâcher moyen de *ou* que, tâter du truc *ou* en tâter.

essence *n.f.* carbure, coco, jus, sauce.

estomac *n.m.* battant, bocal, boîte à gaz *ou* à ragoût, brochet, buffet, cage à pain, coco, coffre *ou* coffret, cornet, estogom *ou* estom(e), fanal, fusil, garde-manger, gazomètre, gésier, lampe, soute au pain, tirelire, tiroir à poulet, tube, tuyau, veilleuse.

étable *n.f.* cornière.

étaler *v.t.* *[ses cartes]* faire tapis.

été *n.m.* jaune.

étoffe *n.f.* chiffe.

étoile *n.f.* luisante *ou* luisarde. ▸ **à la belle étoile** à la belle.

étonnant *adj.* égnolant, époilant. ▸ **c'est étonnant** ça vaut dix *ou* mille, ça vaut le jus *ou* l'os, ça vaut son pesant de moutarde *ou* de cacahuètes.

étonnement *n.m.* épatement.

étonner *v.t.* bomber une surface, cisailler, couper la chique *ou* le sifflet *ou* la couper, égnaffer, en boucher un coin, une superficie *ou* une surface, épater, mastiquer une fissure. ▸ **être étonné** (en) être baba *ou* bleu, en être *ou* en rester comme deux ronds de flan *ou* comme du flan, être soufflé, vert.

étourdi *adj.* groggy.
◆ *n.m.* crâne *ou* tête de piaf.

étranger *n.m.* rasta, rastaque *ou* rastaquouère.

étranglement *n.m.* → STRANGULATION.

étrangler *v.t.* cherrer aux badines *ou* au kiki, dévisser le coco, le trognon *ou* la tronche, donner le coup de pouce, donner un tour de clé, de vis *ou* de cravate, épingler, faire au foulard, ficeler, serrer la gargamelle *ou* le gaviot, le kiki, la vis, serrer, tordre, tortiller *ou* tourner la vis.

étrangleur *n.m.* ficeleur, serreur.

euphorisant *adj.* *[en parlant d'alcool ou de drogue]* planant.

eux *pron. pers.* leur gniasse, leur nière, leur orgue, leur(s) zigue(s).

évader (s') *v.pr.* s'arracher, s'attacher une casserole, casser sa canne, se criquer, cromper, décarrer, être en cavale *ou* en paire, faire cavale, faire chibi, faire cric *ou* faire la planche, se faire la paire, la fuite, la belle *ou* la levure, jouer (à) la fille de l'air, se la faire, se mettre une gamelle, (se) natchaver. ▸ **faire évader** arracher.

évanouir (s') *v.pr.* aller à dame, avoir les brumes, être (en plein) dans le potage, être *ou* tomber dans les frites, les pommes *ou* les vapes, être dans les bégonias, dans les choux, dans le coaltar *ou* le col(le)tar, faire la carpe, quimper, tomber en digue-digue *ou* tomber faible, tourner de l'œil.

évanouissement *n.m.* cirage, envapement, schwartz.

évasion *n.f.* belle, cavale, crampe *ou* crompe, crique, décarre *ou* décarrement, fuite, java. ▸ **préparer son évasion** affûter ses pincettes.

éveiller (s') *v.pr.* débloquer les châsses.

éventrer *v.t.* mettre les tripes à l'air.

évêque *n.m.* aubergine, grand bonnet.

évident *adj.* clair comme un pavé *ou* un tas de boue dans la gueule d'un flic, gros comme une maison. ▸ **c'est évident** ça se sent à plein nez, y a pas à tortiller.

exact *adj.* au quart de poil, au poil du cul près, à un poil de grenouille près, à X... heures pétantes.

exactement *adv.* au millimètre, pile *ou* pile-poil, recta, ric-rac, ric-à-rac *ou* ric-et-rac, synchrone.

ex æquo *adv.* ▸ **arriver ex æquo** *[aux courses]* faire didite. *[presque ex æquo]* dans un mouchoir.

exagération *n.f.* charre *ou* charriage.

exagéré *adj.* chié, fort de café, gratiné.

exagérer *v.i.* attiger (la cabane), bousculer, broder, charger, charrier, chariboter dans le boudin *ou* les bégonias, cher(r)er, chier dans le pot *ou* dans la colle, en faire *ou* en chier un fromage, une pendule *ou* un vélo, en remettre, envoyer *ou* pousser le bouchon un peu loin, faire de la graisse, faire du plat *ou* tout un plat, faire un sac, gonfler, graisser, grimper aux arbres, la salir, mettre la gomme, se pignoler à quatre mains, y aller fort. ▸ **il ne faut pas exagérer** faut pas pousser (mémère dans les orties).

exaspérant *adj.* gonflant.

exaspération *n.f.* ras-le-bol *ou* ralbol, ras-le-cul, ras-la-casquette, etc.

exaspérer *v.t.* courir (sur l'asperge, le flageolet, le haricot, le système *ou* la trompe), faire devenir chèvre, gonfler (qqn) *ou* les gonfler (à qqn). ▸ **être exaspéré** en avoir par-dessus les bretelles, en avoir plein le cul, les bottes *ou* le dos, le fiaque *ou* le fiacre, le pot, en avoir ras le bol, la casquette *ou* la coiffe, le cul, en avoir soupé.

excellent *adj.* à la rondelle, au petit poil, aux œufs, aux petits oignons, aux pommes *ou* aux truffes, bath aux pommes, champion, d'enfer, de première (bourre), du nanan, époil, foutral, mouchique, olkif, olpète, olpif, olrèt *ou* olrette, pas dégueu(lasse), pas pourri, pas sale, poilu, ronflant, trans' *ou* transpoil. → *aussi* FORMIDABLE, REMARQUABLE.

excentrique *adj.* chabraque, zazou, zigomar, zigoteau *ou* zigoto.

excès *n.m.* ▸ **avec excès** comme un malade.

excessif *adj.* fort de café, hard.

excitant *adj.* *[sexuellement]* autichant, bandant, bandatif *ou* bandatoire, cul, flashant, godant, sexy.

exciter *v.t.* *[sexuellement]* allumer, auticher, chauffer, faire péter les boutons de braguette, porter *ou* pousser à la peau. ▸ **être excité** *[homme]* avoir une barre, bander à zéro. *[femme]* avoir la chatte à l'agonie, le bouton qui fait robe à queue *ou* la praline en délire.

exclu *n.m.* tricard *ou* triquard.

exclure *v.t.* bordurer, dégommer.

excrément *n.m.* caille, chiasse *ou* chiure, cigare, colombin, confiture, factionnaire, foire, fumeron, marchandise, merde, mouise, mouscaille *ou* mousse, moutarde, orphelin de muraille, ouvrage, prune *ou* pruneau, rondin, sentinelle, tarte bourbonnaise, tartissure. *[parcelles d'excréments séchés et collés]* grommelots *ou* gromlaux, sonnettes. *[bouse de vache]* plat d'épinards. *[souillé d'excréments]* chiasseux.

excuse *n.f.* coupure, rambin *ou* rambinage.

excuser (s') *v.pr.* marcher au rambin, rambiner.

exécuter *v.t.* → FAIRE. ▸ **être exécuté** frire.

exécution *n.f.* nettoyage. *[capitale]* décollage.

exercice *n.m.* *[militaire]* crapahut. ▸ **faire l'exercice** crapahuter.

exhaler *v.t.* renifler, schlinguer.

exhibitionniste *adj. et n.* ▸ **être exhibitionniste** montrer sa boutique, sortir ses outils.

exhumation *n.f.* dépotage.

exhumer *v.t.* dépoter.

expérimenté *adj.* ▸ **être expérimenté** en connaître un bout *ou* un rayon, en tâter *ou* y tâter, être à la coule, dessalé *ou* à la page.

expert *adj.* → COMPÉTENT.

exploiter *v.t.* faire suer (le burnous), tondre *ou* manger la laine sur le dos. *[individu exploité]* vache à lait.

explorer *v.t.* *[une poche]* descendre en fouille.

exposer (s') *v.pr.* *[au choix du client]* faire l'étalage.

expulser *v.t.* barrer, bordurer, égoïner, éjecter, gerber, gicler, jeter, raousser *ou* raouster, triquer, vider, virer. *[individu chargé d'expulser les indésirables]* barreur, videur.

expulsion *n.f.* sacquage, trique, vidage.

extorsion *n.f.* ▸ **extorsion de fonds** entaulage *ou* entôlage, racket *ou* raquette. ▸ **soumettre à une extorsion de fonds** racketter. *[celui qui se livre à cette pratique]* racketteur.

extraire *v.t.* décambuter, décarrer, déplanquer, tamiser.

extraordinaire *adj.* → FORMIDABLE.

extrêmement *adv.* à mort, foutrement, méchamment, rien, salement, terrible, vachement *ou* vachté.

extrême-onction *n.f.* graissage de bottes, refaite de coni. ▸ **recevoir l'extrême-onction** avaler le polichinelle, être camouflé.

F

fâcher (se) *v.pr.* se mettre en carante *ou* en quarante, en pétard.

fâcheux *adj.* → ENNUYEUX, IMPORTUN.

facile *adj.* à la bonne, aux œufs, bon, fastoche, grisol(e), pi(t)chpin, pur. ▸ **c'est facile** c'est du beurre, du billard, du biscuit, du chocolat, du cousu main, du gâteau, du miel, du millefeuille, de la mousseline, du nougat *ou* de la nougatine, de la rigolade, du pitchpin, du sucre *ou* du velours.

facilement *adv.* à l'aise, à la rigolade, comme dans du beurre, en deux (*ou* trois) coups de cuiller à pot, facile, les doigts dans le nez, sur une jambe *ou* un pied.

facteur *n.m.* porteur de babillardes.

faillite *n.f.* carambouillage *ou* carambouille. ▸ **faire faillite** bouffer *ou* manger la grenouille, faire la culbute, montrer son cul.

faim *n.f.* ▸ **avoir faim** avoir les chocottes, les crocs, les crochets, la dalle *ou* la dent, caner la pégraine *ou* la pégrenne, claquer du bec, crever la dalle *ou* la faim, s'enlever, la crever, la piler, la sauter, pégrenner, péter la faim *ou* la péter. → *aussi* JEÛNER.

faire *v.t.* s'aligner, s'appuyer, branler, broquanter, se cogner, s'y coller, se coltiner, s'envoyer, se farcir, ficher, foutre, fricoter, glander *ou* glandouiller, goupiller *ou* goupiner, magouiller, maquiller, mettre la gomme, morfaler, morfier *ou* morfiller, se taper, travailler. *[hâtivement]* effacer, sabrer. *[mal]* saboter, saloper. ▸ **ça ne se fait pas** *[selon les règles du milieu]* ça n'a pas cours, c'est la zone.

fait *adj.* foutu, torché. *[bien faite, en parlant d'une fille]* bien balancée, bousculée, carrossée, culbutée, foutue *ou* roulée, pas trop déchirée. *[mal fait]* chouflíqué.

falsification *n.f.* bidonnage, bidouillage *ou* bidouille, chiqué, tripatouillage.

falsifié *adj.* daubé, farci.

falsifier *v.t.* bidonner, bidouiller, camoufler, harnacher, maquiller, marquer, mastiquer, tripatouiller.

famé *adj.* ▸ **mal famé** chaud.

famille *n.f.* smala(h), tribu.

fanfaron *adj. et n.* → VANTARD.

fantaisie *n.f.* fantoche.

fantaisiste *adj.* fantoche.

fantassin *n.m.* biffin, bigorneau, carapata *ou* carapatin, fantabosse, pousse-cailloux.

farce *n.f.* postiche, vanne.

fasciste *adj. et n.* facho, faf. ▸ **néo-fasciste** skin.

fatigant *adj.* *[très]* claquant, crevant. ▸ **pas fatigant** pas cassant, pas foulant, peinard.

fatigue *n.f.* coup de barre, de buis, de masse, de massue, de matraque *ou* de pompe, rame.

fatigué *adj.* flagada *ou* fladaga, lessivé, mat, pompé, raplapla(t), vanné. ▸ **être fatigué** en avoir plein les bottes *ou* les gambettes, en avoir son fade, être pâle des jambes *ou* des genoux.

fatiguer (se) *v.pr.* se culotter, s'esquinter. ▸ **ne pas se fatiguer** ne pas se fouler la rate, les méninges *ou* le poignet.

faussaire *n.m.* homme de lettres.

faux *adj.* à la faridon *ou* faridondaine, à la graisse (d'oie *ou* de chevaux de bois), balourd, bidon, broque, d'occase, du pour, faisandé, tarte, toc.

faux *n.m.* ▸ **faux en écriture** maquillage *ou* maquille.

faux-col *n.m.* carcan.

faux-monnayeur *n.m.* artiste, mornifleur (tarte).

faux-semblant *n.m.* chiquage, colle, frime, pipeau.

faveur *n.f.* avantage.

favori *n.m.* *[aux courses]* fav'.
◆ **favoris** *n.m.pl.* *[barbe]* côtelettes, nageoires.

favoriser *v.t.* pistonner.

feindre *v.t.* chiquer contre, faire le bidon de, frimer.

fellation *n.f.* aller-retour, bouche chaude, bouffarde, fantaisie *ou* fantoche, faveur, gâterie, gourmandise, pipe *ou* pipette, plume, pomp(e)lard *ou* pompier, shampooing maison *ou* shampooing à Charles le Chauve, suçade *ou* suçage, sucette, turlute. ▸ **pratiquer une fellation** boire au goulot, brouter la tige, défromager le minaret, faire Cléopâtre, faire une politesse à un homme, jouer de la flûte, de la clarinette baveuse *ou* du mirliton, piper, pomper (le dard, le nœud *ou* le zob), scalper le mohican, souffler dans le mirliton, le poireau *ou* le ventre, sucer, tailler une flûte, une pipe *ou* une plume, téléphoner dans le ventre, turluter. ▸ **experte en fellation** blanchisseuse (de tuyaux de pipe), mangeuse, pipeuse, polisseuse de tuyaux de pipe, pompeuse, shampooineuse, suceuse, tailleuse de plumes, téteuse. ▸ **se faire faire une fellation** se faire brouter la tige *ou* se faire faire une tige, se faire souffler dans le flageolet, se faire téter, se faire tutoyer le pontife.

femme *n.f.* baladeuse, bergère, chèvre, crabesse, fatma *ou* fatmuche, fendasse, fesse, fiasse, frangine, fume *ou* fumelle, gonzesse, grognasse, julie, laitue, lam(e)dé, lamfé, largue *ou* larque, lésébombe *ou* lesbombe, l(l)oumi *ou* loute, marque *ou* marquise, méfa *ou* meffe, ménesse, meuf, miquette, mistonne, morue, moukère *ou* mouquère, mousmé, nana, negifran, nénesse *ou* nénette, pépée *ou* pépette, polka, poule, poupée, punaise, romi *ou* roumi, ronfle, rouchie, sagœur, sauterelle, sœur, souris, tassepé, tordue, typesse, volaille, ziguesse. *[belle, séduisante]* belle pièce, bien bousculée, carrossée, culbutée *ou* roulée, canon, lot, prix de Diane, qui vaut la secousse, supernana, ticket, vamp *ou* vampette. *[laide]* aiglon, boudin, bour(r)in, cageot, mocheté, panade, prix à réclamer *ou* réclamé, remède contre l'amour, repoussoir, tarderie, tocasson. *[maigre]* fax, findus, planche à repasser *ou* planche à pain, sac d'os. *[grande]* seringue. *[jeune]* gerce, gisquette *ou* gisclette, môme, nénette, poulette. *[vieille]* bibasse, doche, gaupe, gouine, mémé *ou* mémère, panoufle, peau de chien *ou* de chat, ravelure, rombière, vieille peau, vieille taupe, vieux tableau, vioque. *[féconde]* lapine, pisseuse de côtelettes, (bonne) pondeuse. *[désagréable]* chabraque, fébosse. *[maniérée]* chochotte, gâcheuse. *[méprisable]* salope, vadrouille. *[négligée]* marie-salope, pouf(fe) *ou* pouf(f)iasse. *[stupide]* con(n)asse, conne. *[vulgaire]* grenouille, pétasse, tassepé.

fenêtre *n.f.* lanterne, luisante, vanterne *ou* venterne.

fente *n.f.* *[pratiquée dans un sac ou une poche, pour voler]* césarienne.

fer *n.m.* dur, durin.

ferme *n.f.* garnaffe, garnafle *ou* gernafle.

fermé *adj.* bouclarès.

fermer *v.t.* boucler, brider, lourder.

fermeture *n.f.* bouclage.

fermier *n.m.* garnafier.

ferraille *n.f.* clous.

ferrer *v.t.* *[un forçat]* brider. *[un cheval]* duriner.

fers *n.m.pl.* *[des bagnards]* durs.

fesse *n.f.* brioche, demi-lune, épaules qui marchent *ou* qui trottent, frottes, gigot, jumelles, meules, miches, mouilles *ou* mouillettes, nèfles, noix, pain au lait, petit pain, sœurs. → *aussi* **ANUS, POSTÉRIEUR.**

fête *n.f.* bamboula, bombe, bringue, foire, foirida *ou* foiridon, foiridondaine *ou* foirinette, fourmillante *ou* frémillante, gouape, java, nocerie, nouba, ribouldingue *ou* riboule. ▸ **faire la fête** bringuer, être *ou* partir en java, faire la foire, la faridon *ou* la faridondaine, faire la nouba, fricoter, godailler *ou* godiller, gouaper *ou* gouêper, gueuletonner, se la faire crapuleuse, nocer, partir en foire, ribouledinguer.

feu *n.m.* rif *ou* rifle.

ficelle *n.f.* cifelle *ou* sifelle, fiscaille, tortousine.

ficher *v.t.* *[une prostituée]* encarter.

fier *adj.* bêcheur, fort.

fièvre *n.f.* godiche, tremblote *ou* tremblante.

figue *n.f.* douillette.

figurant *n.m.* bobineur, frimand *ou* frimant, panouillard *ou* panouillot.

figuration *n.f.* frime, panouille.

figure *n.f.* → VISAGE.

filature *n.f.* chasse, crampe, fil, filochage *ou* filoche, macaroni. ▸ **prendre en filature** filocher, pister. ▸ **être pris en filature** porter une robe à traîne. *[homme qui prend en filature]* fileur, filocheur.

filet *n.m.* *[de tennis]* bâches *ou* bâchis. *[à provisions]* filetouze.

fille *n.f.* cajole, gavalie, girèle, greluche *ou* greluchette, grognasse, loute, ménesse, miquette, morue, nana, negifran, pépée *ou* pépette, pouliche, punaise, sauterelle, sœur, souris, typesse. *[belle, séduisante]* beau jeton, beau *ou* joli morceau, belle gosse, corvette, gironde, lot, supernana. *[laide]* aiglon, bour(r)in, colis, panade, réclamé, tréteau. *[grosse et laide]* (gros) tas. *[grande]* bringue, grande cheminée (qui tire bien). *[petite]* gosseline *ou* gossinette, loupiotte, momaque, mômesse *ou* mômeresse, mouchacha, mouflette, quille. *[très jeune]* gigolette *ou* gigoince, marie-pisse-trois-gouttes. *[jeune]* gerce, gisquette, louloute, mignarde, minette, mistonne, môme, nénette, pisseuse *ou* pissouse, poulette. *[mineure]* faux poids. *[pauvre]* colibri. *[idiote]* bordille *ou* bourdille. *[légère]* allumeuse, artiste en chambre, gouge, grue, lorette, loupeuse, Marie-couche-toi-là, mionnette, poupée, (souris) ravageuse, soute, taxi. → *aussi* FEMME.

film *n.m.* toile. *[démodé]* nanar(d). *[mauvais]* nave, navet *ou* naveton.

finition *n.f.* coup de fion.

flagellation *n.f.* *[érotique]* flagelle, monte musclée. *[adepte de la flagellation]* flagellant.

flamand *adj. et n.* flahut(e).

flamme *n.f.* rif(f)audante.

flâner *v.i.* se baguenauder, faire les bouls, faire sa panthère, gamberger, varloper.

flânerie *n.f.* baguenaude, gamberge.

flatter *v.t.* baiser *ou* lécher le cul *ou* les pieds, cirer, graisser *ou* lécher les bottes *ou* les pompes, faire de la lèche, faire la putain *ou* la pute, fayoter, gratter la couenne, jeter *ou* passer de la pommade, passer la brosse à reluire, peloter, pommader, vaseliner.

flatterie *n.f.* lèche, pelotage, rambin, rebonnetage.

flatteur *n.m.* fayot, léchard, lèche-bottes, lèche-cul, lèche-pompes, lèche-train, lécheur, peloteur, pommadeur, rambineur.

flirter *v.i.* être en gringue, faire du charre, du gringue, du gruau *ou* du rentre-dedans, frotter, gringuer.

fluxion *n.f.* ▸ **fluxion dentaire** chique.

fœtus *n.m.* baigneur, marmouset.

foie *n.m.* loific.

fois *n.f.* *[répétition]* trayage, treillage, triage *ou* trillage.

folie *n.f.* dinguerie, louferie *ou* loufoquisme, maboulisme *ou* maboulite, martellerie, pavillonnage, sinoquage. ▸ **accès de folie** coup de bambou. ▸ **simuler la folie** battre le *ou* les dingues.

foncer *v.i.* → SE DÉPÊCHER.

fonctionnaire *n.m.* cul de plomb, rond de cuir.

fonctionner *v.i.* carburer, se goupiller. *[mal]* cafouiller, débloquer, foirer, marcher sur trois pattes, ratatouiller.

fond (à) *loc. adv.* à donf, à plein(s) tube(s) *ou* tuyau(x), plein pot.

fonds *n.m.pl.* ▸ **être en fonds** *[au jeu]* figurer.

football *n.m.* *[amateur ou joueur]* footeux.

forain *n.m.* enfant du voyage *ou* né sur le voyage.

forçat *n.m.* arlequin, capitaine, crâne, durs, fag *ou* fagot, falourde. *[enchaîné à un autre]* camarade de couple. *[chargé de ferrer ses compagnons]* chaloupier, sbire. *[au service d'un* *agent du bagne]* garçon de famille. *[préposé aux écritures]* paillot *ou* payol, payot. *[condamné à temps]* rouge. *[condamné à perpétuité]* bonnet vert. *[évadé ou libéré]* popote. *[évadé et repris]* vieille maison. *[mouchard]* renard, salope. *[sans espoir de retour]* perdu.

forcer *v.t.* *[un coffre]* débrider. *[une porte]* péciller, pessigner, pessiguer *ou* pessiller.

forme *n.f.* ▸ **être en bonne forme** avoir la forme, la pêche, être à donf, en pleine bourre, péter de santé *ou* la santé, péter des flammes, tenir bon la rampe. ▸ **être en mauvaise forme** être déglingué, patraque.

formidable *adj.* canon, dément, d'enfer, du tonnerre (de Dieu), extra, formid(e), foutral, fumant, géant, gégène, giga, sens *ou* sensass, super, trans' *ou* transpoil. ▸ **c'est formidable** c'est Byzance. → *aussi* **EXCELLENT, REMARQUABLE.**

fort *adj.* balaise, baleste *ou* balèze, baraqué, cador, carabiné, champion, cher, costaud, costeau *ou* costo, crack, fortiche *ou* fortif, gros bras, mailloche. ▸ **être fort** avoir du coffre.

◆ *adv.* cher.

◆ *n.m.* ▸ **fort des Halles** coltin *ou* colletin.

fortement *adv.* grave.

fortifications *n.f.pl.* *[de Paris]* forts *ou* fortif(e)s, lafs, laffes *ou* louarfs, zone. *[personne qui habitait près des fortifs]* zonier.

fortune *n.f.* grosse galette, pelote.

fosse *n.f.* ▸ **fosse commune** *[des condamnés à mort]* sécurité sociale.

fou *adj. et n.* agité du bocal, allumé, azimuté, barge *ou* barjo(t), branque *ou* branquignol, brindezingue, chabraque, chouravé, chtarbé, cinglé, cintré, deb *ou* dèbe, déjanté, dingo *ou* dingue, fada, fêlé, fiévreux, flippé, focard, foldingue, foliga, fol(l)ingue *ou* folio, fondu, frapada, frappadingue *ou* frappadingo, frappé, gelé, givré, gogol *ou* gol, jeté, jobard, joberi *ou* jobré, louf, louf(e)dingue, loufocard, loufoque *ou* louftingue, maboul, marbré, marteau, nase *ou* naze, nazbroque, pas net, pavillon, pété, piqué, ravagé, secoué, sinoc, sinoquard, sinoque *ou* sinoquet, siphonné, sonné, tapé, timbré, tocbombe, toctoc *ou* toqué, tordu, touché, zinzin. ▸ **devenir fou** déjanter, disjoncter, paumer la sorbonne, perdre la boule *ou* la boussole, péter les plombs. ▸ **être fou** avoir une fissure *ou* un grain, avoir un pépin dans sa timbale, avoir une araignée dans le plafond, un cafard dans la sorbonne, un hanneton dans le ciboulot *ou* une sauterelle dans la vitrine, bouillonner du couvercle, en avoir un coup, être à la masse, grésiller du trolley, ne pas tourner rond, onduler de la coiffe, de la toiture *ou* de la touffe, plafonner du neutron, travailler du bigoudi, du chapeau, du canotier, du chou, etc. ▸ **rendre fou** siphonner, taper sur le caberlot *ou* le système.

fouet *n.m.* schlague. *[peine du fouet]* salade.

fouille *n.f.* *[du condamné]* barbot *ou* barbotte, bourrasque, rapiot.

fouiller *v.t.* dépiauter, descendre en fouille, palper, rapioter, ratisser, vaguer.

foulard *n.m.* chiffornion, voyou.

foule *n.f.* fourmillante *ou* frémillante, mare, populo, taulée, trèfle *ou* trèpe, vade.

fourchette *n.f.* bête à cornes, piquante.

fourgon *n.m.* *[cellulaire]* ballon, cage à poulets, charrette, panier à salade.

fournir *v.t.* *[abondamment]* goinfrer.

fracturer *v.t.* déboucler, débrider, écorner, esquinter, fraquer, pincer. *[une porte]* faire mousser la lourde, mettre la lourde en dedans.

1. **frais** *adj.* *[temps]* frisbi *ou* frisco.

2. **frais** *n.m.pl.* ▸ **pour mes frais** pour mes gants. *[aux frais de l'État ou d'une collectivité]* aux frais de la princesse.

franc *adj.* → **LOYAL.**

français *adj. et n.* francaoui *ou* frankaoui, franchouillard, francillon, françouze, fran(s)quillon, franzouse, etc. *[du point de vue d'un Arabe]* roumi *ou* roum. *[comportement typique du Français]* franchouillardise.

franchement *adv.* franco.

franchir *v.t.* pastiquer.

franchise *n.f.* ▸ **parler avec franchise** se déboutonner.

francs-maçons *n.m.pl.* frangins, frères Trois-points.

frapper *v.t.* bastonner, bigorner, biller, bomber *ou* bourrer la gueule, bosseler, botter, brosser, caroubler, castagner, châbler, charcler *ou* charquer, châtaigner, chicor(n)er, crosser, éclater, emplafonner, emplâtrer, en foutre une poignée, escagasser, esquinter, faire au cabochon, faire du bifteck, ficher un chabanais, jambonner, latter, marave *ou* maraver, massacrer, mornifler, paumer la gueule, payer un cadre, perloter, péter la gueule, plafonner, pruner, rallonger, ramponner, rentrer dans le chou, le lard *ou* le mou, rondiner, santonner, satonner *ou* sataner, savater, schlaguer, servir, sonner, tabasser, tarauder, tasser, tataner, tisaner *ou* tiser, torcher, torgnoler. → *aussi* BATTRE.

fraude *n.f.* arnaque, chanstiquage, chanstique *ou* chanstiquement.

frère *n.m.* fralin, frangib *ou* frangibus, frangin, frelot.

friandise *n.f.* roudoudou.

frigidaire *n.m.* frigo.

friteuse *n.f.* négresse.

froid *adj.* frigo, frio(d), glagla. ▸ **avoir froid** cailler, se cailler les miches *ou* les meules, se les cailler *ou* se cailler, être mort dans le dos, glaglater, peler (de froid), se les peler *ou* se les geler, se peler le cul. ▸ **il fait froid** ça caille. ▸ **être en froid avec qqn** être à la glace.

fromage *n.m.* from, from(e)gi, fromgot, frometegom *ou* frometon. *[camembert]* calendos *ou* calendot, coulant, puant. *[morceau]* côtelette de Brie, de menuisier, de perruquier *ou* de vache.

front *n.m.* dessus des châsses.

fructueux *adj.* juteux.

frustrer *v.t.* ranger, sauter, ziber.

fuir *v.i.* → S'ENFUIR.

fuite *n.f.* cavale, courant d'air, débinage, décanillage.

fumer *v.i. et t.* bombarder, bouffarder, cloper, cramer *ou* griller une cibiche *ou* une sèche, en griller une, faire du brouillard, gazer, mégot(t)er, piper, tiger, tirer, tuber. *[du kif]* kieffer. *[action de fumer du haschich]* fumette.

fumeur *n.m.* bombardeur, fumeron, grilleur.

furieux *adj.* fumant *ou* fumasse, furax *ou* furibard. ▸ **être furieux** être en fumasse, fumer.

fusil *n.m.* arbre à prunes, chandelle, clarinette, flingot *ou* flingue, pétoir *ou* pétoire, repoussant, tromblon.

fusillade *n.f.* arquebusade, rif.

fusiller *v.t.* laver la tête avec du plomb. ▸ **se faire fusiller** faire l'écumoire.

G

gâcher *v.t.* saloper.

gâchis *n.m.* mastic, pastis(s), sac d'embrouilles.

gager *v.t.* mettre en plan, planquer.

gagné *adj.* ▸ **c'est gagné d'avance** c'est enveloppé.
◆ **gagné !** *interj.* bingo !

gagner *v.t.* *[de l'argent]* affurer *ou* afflurer, artiller, essorer, se faire des couilles en or, (se) faire du fric, du pognon, etc., faire la barbe, faire remonter, faire son beurre, se goinfrer, gratter, griffer, palpouser, pognoner, retrousser, se sucrer, toucher. *[sa vie]* aller aux épinards, faire son bœuf (gros sel) *ou* sa taille, gagner sa croûte.

gain *n.m.* affurage, affure *ou* afflure, bénef, boudin, gâteau, graisse, matérielle, paquet. *[au jeu]* roule *ou* rouleau, velours. *[d'une par-*

tie de boules] quine. *[faire son premier gain de la journée]* dérouiller, étrenner.

gale *n.f.* frotte *ou* frottouse, gratte, gratouille, grattiche *ou* grattouse.

galères *n.f.pl.* ▸ **être aux galères** faucher le (Grand) Pré.

galeux *adj. et n.* frottard.

galon *n.m.* ficelle, galuche, sardine.

gamelle *n.f.* galetouse, gaufre.

gangster *n.m.* arcan *ou* arcandier, bijoutier du *ou* au clair de lune, malfrappe, malfrat *ou* malfrin. → *aussi* **MALFAITEUR.**

gants *n.m.pl.* *[de boxe]* mitaines. *[de cambrioleur]* doigtés.

garantir *v.t.* donner, fiche *ou* foutre son billet que...

garçon *n.m.* grelu, miston. *[petit]* crapaud *ou* crapouillot, loupiot, mouflet. *[jeune]* branleur, mouchacho, moutard. *[joli]* girond, miché *ou* michet. *[de café]* loufiat. *[de recettes]* dégraisseur.

garde *n.m.* *[du corps]* ange gardien, gâchette, gorille, porte-feu *ou* porte-flingue. *[municipal]* cipal.

gardien *n.m.* *[de phare]* cormoran. *[de bagne]* artoupan, chaouch, chiourme, gaffier. *[de prison]* bricard, brigand, chat, comte de la car(r)uche, crabe, gaffe *ou* gaffeur, maton *ou* matuche, rapiot, sbire, vieux.
◆ **gardienne** *n.f.* *[de prison]* matonne, vieille.

gare *n.f.* garouse.

gauchiste *adj. et n.* gaucho.

gendarme *n.m.* arlequin, balai, bédi, cagne, chapeau bordé, ferré *ou* galonné, chasse-coquin *ou* chasse-noble, cognac, cognard *ou* cogne, griveton, hareng saur, hirondelle (bleue), jaunet, lièvre, mannequin, marchand *ou* solliceur de lacets, passe-lacet, polichinelle, poulet, prastigni, sapin, sauré *ou* sauret, schmitt, serin, tige, vache. *[à cheval]* cabot *ou* lapin ferré. *[qui assistait aux exécutions publiques]* hirondelle de la Grève, de la mort *ou* de potence, hussard de l'Abbaye, de la guillotine *ou* de la Veuve.

gendarmerie *n.f.* cognade, cognarderie *ou* cognerie, gaffe.

gêner *v.t.* brider.
◆ **se gêner** *v.pr.* se gratter.

général *n.m.* gégène.

génératrice *n.f.* *[d'électricité]* gégène.

généreux *adj.* ▸ **être généreux** être de la donne.

gibier *n.m.* giblot.

gifle *n.f.* aller-retour, baffe *ou* bâfre, cachet, camoufflet, couleur, giroflée (à cinq feuilles), limande, mandale, mandane *ou* mandole, mornifle, pastisson *ou* pâtisson, pêche, rallonge, talmouse, taquet, tarte, tartignolle *ou* tartine, torgnole, va-te-laver.

gifler *v.t.* baffer (la gueule), claquer *ou* tarter le beignet, encadrer, girofletter, mocher, mornifler, poser un cachet, talmouser, tartiner, torgnoler.

gilet *n.m.* croissant, gil(e)mon *ou* gil(e)ton.

gitan *adj. et n.* manouche, rabouin, rom, romani, romanigo, romano *ou* romanuche. *[non gitan]* gadji *ou* gadjo.

glace *n.f.* → **MIROIR.**

goinfre *n.m.* avale-tout-cru, chancre, crevard, morfal *ou* morfalou, tortilleur. → *aussi* **GOURMAND, MANGEUR.**

goinfrerie *n.f.* bâfrerie.

gonocoques *n.m.pl.* charançons.

gonorrhée *n.f.* coulante.

gorge *n.f.* → **GOSIER.**

gorgée *n.f.* rincette.

gosier *n.m.* avaloir *ou* avaloire, canon de fusil, carafe *ou* carafon, coco, col, colbac(k) *ou* colbak, cornemuse, cornet, corridor, dalle, descente, fusil, gargamelle, gargane, gargoine *ou* gargue, gaviot, gésier, kiki *ou* quiqui, pertuis aux légumes, piston, rue au pain, sifflet, tromblon, tuyau.

goujat *n.m.* bécant, gougnafier, plouc.

gourmand *n.m.* gueulard, pileur, saute-au-rab, va-de-la-gueule *ou* va d'la. → *aussi* **GOINFRE, MANGEUR.**

gourmandise *n.f.* gueulardise.

gousset *n.m.* radin.

goutte *n.f.* *[petite]* larmichette.

graffiti *n.m.* tag. ▸ **tracer des graffitis** taguer *ou* tagger. *[auteur de graffitis]* tagueur *ou* taggeur.

grand *adj. et n.* *[individu]* asperge, bringue, dépendeur d'andouilles, mahous *ou* maous.

grand-mère *n.f.* grand-dabe, grande daronne *ou* grande doche.

grand-père *n.m.* grand-dabe *ou* grand-daron.

gratification *n.f.* bénitier, boucanade, bouquet, fleur, gants, violette. ▸ **donner une gratification intéressée** graisser la patte.

gratuitement *adv.* à l'œil, au châsse, grat(t)os, pour fifre, pour pas un rond.

greffier *n.m.* *[du juge d'instruction]* complice.

grenade *n.f.* ananas, citron. *[lacrymogène]* lacrymo.

grève *n.f.* ▸ **faire grève** se dégréner.

grief *n.m.* ▸ **avoir des griefs envers qqn** en avoir gros *ou* lourd sur la patate.

griffer *v.t.* carder.

grimace *n.f.* frimardise.

grimpeur *n.m.* *[cycliste]* côtier.

grivèlerie *n.f.* course.

grogner *v.i.* maronner.

gros *adj. et n.* bibendum, comac, comacos *ou* comaque, gravos, gros lard, mahous *ou* maous, mailloche, malabar, mastar(d), pépère. *[grosse femme]* dondon, gravosse.

grossier *adj.* pécore, pignouf.

grossir *v.i.* *[excessivement]* faire exploser sa bascule.

groupe *n.m.* flotte, soce, tas. *[de femmes]* volaille. → *aussi* **BANDE.**

grouper (se) *v.pr.* faire le club.

guérir *v.t.* rambiner.

guérisseur *n.m.* rhabilleur.

guerre *n.f.* bigorne, casse-pipe, castagne, rif *ou* rifle, riflette.

guet *n.m.* serre. ▸ **faire le guet** faire le gaffe *ou* le pet, gaf(f)er.

guet-apens *n.m.* comité d'accueil, syndicat d'initiative.

guetter *v.t.* affranchir le carreau, allumer, broquer *ou* broquiller, débrider ses châsses, être en cierge, faire la vesse, faire le gaffe *ou* le pet, mater *ou* matouser. *[un suspect]* lever. → *aussi* **ÉPIER.**

guichet *n.m.* *[dans un théâtre]* boîte à sel.

guichetier *n.m.* guichemar(d), guichemuche *ou* guichemince.

guillotine *n.f.* abattoir, abbaye (de Saint-Pierre, de Monte-à-Regret *ou* Monte-à-Rebours), bascule *ou* boutique à Charlot, butte, coupe-cigare, faucheuse, gillette, guichet, machine à raccourcir, Madame, Mademoiselle, mécanique, numéro cent un, plat-ventre, presse, sanguine, théâtre rouge, treize marches, veuve (Rasibus).

guillotiner *v.t.* basculer, but(t)er, décoller la cafetière *ou* le citron, faire la barbe, faire rafraîchir colas, faucher, massacrer, opérer, raccourcir, raser la tronche *ou* le colbac(k), rogner. ▸ **être guillotiné** épouser la veuve, éternuer *ou* cracher dans le sac, le son, la sciure *ou* le panier, faire la culbute, jouer à la boule *ou* à la main chaude, mettre la tête à la fenêtre, monter à l'échelle *ou* à la butte.

guinguette *n.f.* billard.

guitare *n.f.* gratte, guimauve, guimbarde, guitoune, palette, râpe.

guitariste *n.m.* gratteur.

H

habile *adj.* balaise, balèze *ou* balestre, cador, fortiche, rupin. ◗ **être habile** avoir de la défense *ou* du vice, avoir le flambeau, se défendre.

habillé *adj.* ficelé, lingé, nippé. *[bien]* flambant, rider, riflard *ou* riflot, rupin, suiffard *ou* suiffé. *[mal]* fagoté, fichu *ou* foutu comme l'as de pique, comme quatre sous, godillé, gogne, mal foutu, roublard, saucissonné, violoné. *[personne mal habillée]* paquet, saucisson de Bologne.

habiller *v.t.* fringuer, frusquer *ou* frusquiner, harnacher, linger, loquer, nipper, recaler, sabouler, saper.
◆ **s'habiller** *v.pr.* se bâcher, se sabouler, se saper.

habit *n.m.* → **COSTUME.**

habitation *n.f.* *[sans confort]* cabane *ou* cage à lapins.

habiter *v.i.* bâcher, crécher, percher, pioger, piauler, planquer, zoner.

haïr *v.t.* → **DÉTESTER.**

haleine *n.f.* ◗ **avoir mauvaise haleine** avoir avalé Thomas, casser, puer, valser *ou* vesser du bec, couper la chique à quinze pas, dégringoler de la mansarde, faire courant d'air avec les chiottes, plomber de la gargane, gargoine *ou* gargue, refouler, repousser, taper *ou* trouilloter du bec, du fusil, du goulot, du corridor, etc., trouiller, tuer les mouches au vol *ou* à quinze pas. *[personne qui a mauvaise haleine]* repousse-du-goulot.

hallucination *n.f.* *[sous l'effet de la drogue]* flash, voyage.

haltérophile *n.m.* manieur de fonte.

handicapé *adj. et n.* → **INFIRME.**

hardi *adj.* → **AUDACIEUX.**

hareng *n.m.* ◗ **hareng saur** gendarme.

haricot *n.m.* fayot, flagda, loubiat, musiciens, pétard, vestos.

hasard *n.m.* ◗ **au hasard** au pif. ◗ **par hasard** au flan.

haschisch *n.m.* chanvre, chicha, douce, fée verte, ganja, h *ou* hasch, herbe, luzerne, marie-jeanne, marocain, merde, piano du pauvre, savonnette, shit, teuch *ou* tosh. *[cigarette de haschisch]* bombardier, joint. *[fumeur]* rouleur, shitman.

hâter (se) *v.pr.* → **SE DÉPÊCHER.**

hautbois *n.m.* poireau.

hauteur *n.f.* ◗ **être à la hauteur** se poser là. ◗ **ne pas être à la hauteur** foirer dans la *ou* les mains.

hébété *adj.* envapé, nickelé.

hélice *n.f.* *[d'avion]* bout de bois.

hélicoptère *n.m.* marguerite, ventilateur.

hémorroïdes *n.f.pl.* émeraudes.

héroïne *n.f.* blanc *ou* blanche, brown sugar, cheval, drepou *ou* dropou, h *ou* héro, poudre, pure, schnouf *ou* chnouf, smack, tigre.

hésiter *v.i.* bitonner, se gratter, merdouiller *ou* merdoyer, quitter les pédales, retailler. ◗ **sans hésiter** bille en tête, de rif (et d'autor), sans se gratter. ◗ **ne pas hésiter** ne faire ni une ni deux. *[personne qui hésite]* bitonneur.

heure *n.f.* plombe, tocante *ou* toquante, tour.

heurter *v.t.* emplafonner, emplâtrer, encadrer, poquer.

hiver *n.m.* hivio.

homme *n.m.* chêne, gonce, goncier *ou* gonze, gonzier, jules, matz, (beau) mec, mironton, nonce-du-gon *ou* noncier-du-gon, poilu, tordu. *[jeune]* gosselin, minet. *[gros]* gros lard *ou* gros tas. *[viril]* dur (de dur), dur à cuire. *[entretenu]* gigolo *ou* gigolpince.

[efféminé] gâcheuse, Jésus, reine. *[méprisant envers les femmes]* macho, phallo. → *aussi* INDIVIDU.

homosexualité *n.f.* *[masculine]* brioche maudite *ou* infernale, confiture, manchette, pédale *ou* pèderie. *[féminine]* bottine, gazon maudit, gougnottage *ou* gougnottisme, gousserie, maison *ou* ménage tire-bouton.

homosexuel *n.m.* amateur de rosette *ou* de terre jaune, bilboquet merdeux, bique et bouc, brodeuse, caroline, castor, chatte, chevalier de la rosette, coquin *ou* coquine, crevette, cuir, doffeur, doudoute, empaffé, empapaouté, emproseur, enculé, enculeur, enfifré, enfoiré, fiotte, folle (perdue *ou* tordue), frégate *ou* frégaton, gay, gazier, gazoline, homo, honteuse *ou* honteux, jaquette (flottante), lopaille, lope *ou* lopette, Mademoiselle, marquis *ou* chevalier de la manchette, pédale, pède, pédé, pédéro, pédoc *ou* pédoque, pétanqueur, pointeur, précieuse, rasdep *ou* razdep, serinette, sœur (de charité), tante, tantinette *ou* tantouze, tap *ou* tapette, tata, tonton, travailleuse, trave *ou* travelo(t), zèbre. *[jeune]* corvette, mignard, minot, môme. *[passif]* emprosé, giton. *[occasionnel]* ambidextre, bimétalliste. *[habitué des vespasiennes]* artiste de pissoir *ou* de pissotière. ▸ **être homosexuel** s'asseoir sur une bûche, donner, filer, lâcher, prendre *ou* refiler de la bagouse, du chouette, du dos, de la dossière, du figne, de la jaquette *ou* du rond, en donner, en être, en filer *ou* en refiler, être de la cale 2, de la bagouse, de la jaquette *ou* de la pointe Bic, être en coquine, se faire défoncer la motte *ou* la pastèque, se faire enfoirer, jouer du bilboquet, marcher pour le rond, onduler du valseur.
◆ **homosexuelle** *n.f.* brouteuse, éplucheuse de lentilles, gavousse, goudou, gougnot(t)e *ou* gougne, gouine, gousse, marchande d'ail, petite camarade, puce travailleuse, vrille. ▸ **être homosexuelle** sentir l'ail *ou* manger de l'ail. *[relatif aux homosexuels]* pédalin.

hôpital *n.m.* château, host(e)au *ou* hosto.

horloge *n.f.* dégoulinante, guimbarde.

horloger *n.m.* boguiste.

hors-la-loi *n.m.inv.* affranchi, arcan, malfrat.

hôtel *n.m.* ▸ **hôtel garni** garno(t), lourde.

hôtelier *n.m.* bâcheur, marchand de sommeil, taulier *ou* tôlier.
◆ **hôtelière** *n.f.* taulière *ou* tôlière.

hotte *n.f.* *[de chiffonnier]* cabriolet, cachemire d'osier.

huissier *n.m.* macaron, rat de palais, talbin, vert-de-gris.

humeur *n.f.* *[mauvaise]* rogne. ▸ **de bonne humeur** bien boumé, luné *ou* vissé, de bon poil. ▸ **de mauvaise humeur** de mauvais poil, mal boumé, luné *ou* vissé. ▸ **être de mauvaise humeur** ressauter, rogner *ou* rognonner. ▸ **montrer sa mauvaise humeur** faire la gueule, tirer une gueule.

humilier *v.t.* se farcir, se payer.

hurler *v.i.* tirer sur le corgnolon.

hypocrisie *n.f.* mômerie.

hypocrite *adj. et n.* faux cul, faux derche, faux comme un jeton *ou* faux jeton, lime sourde. ▸ **être hypocrite** avoir l'air d'avoir deux airs *ou* d'en avoir deux.

I

ici *adv.* icicaille, icidé *ou* icigo.

identifier *v.t.* redresser, retapisser, tapisser.

idiot *adj. et n.* → IMBÉCILE.

idiotie *n.f.* → BÊTISE.

illusion *n.f.* berlue, berlure, illuse. ▸ **se faire des illusions** se berlurer *ou* se faire des berlues, se faire du cinéma, se palucher, se pignoler à quatre mains, se toucher (la nuit), voir ça par la fenêtre *ou* de sa fenêtre.

imaginer *v.t. et i.* gamberger.

imbécile *n.m.* andouille, ballot, banane, bille (de clown), branque *ou* branquignol, brêle, cabestro(n), capsulé, carafe *ou* carafon, con, connard, con comme un balai, la lune, un manche, un panier *ou* une valise (sans poignée), conosof, corgnaud, corniaud *ou* corniot, couenne (de lard), couillé, couiller, couillette, couillibi *ou* couillon, crâne *ou* tête de piaf, crêpe, croix, déconnant, dorure, emmanché, empaffé, empaillé, empaqueté, enflé *ou* enflure, enfoiré, enviandé, face d'œuf, flacdal *ou* flaquedalle, fleur de nave, fourneau, ganache, gaufre, gland, glaude, gnière *ou* gnère, godille, iroquois, Jacques, loffe, manche, melon, moule, moule à gaufres, nave *ou* naveton, nez-de-bœuf, nière, noix, nouille, nunuche, œuf, pocheté(e), saucisse, schnoque *ou* chnock, taré, taule, tête de nœud, tranche (de cake, de gail, de melon, etc.), tranchouillard, tronche plate, trou-du-cul *ou* troudu(c), truffe. *[heureux]* ducon(-la-joie), duconnard *ou* duconneau, du(s)chnoque. ▸ **faire l'imbécile** battre comtois *ou* battre le(s) dingue(s), déconner, faire le con, le singe *ou* le sinve, jouer au con. ▸ **quel imbécile** qu'est-ce qu'il trimballe ! → *aussi* **NIAIS, STUPIDE.**

imbécillité *n.f.* → **BÊTISE.**

immédiatement *adv.* aussi sec, en deux (*ou* trois) coups les gros, en moins de jouge, franco, illico (presto), recta, subito(s), sur le tas.

impasse *n.f.* pasto.

impeccable *adj.* au poil, impec.

importance *n.f.* ▸ **ça n'a pas d'importance** ça chie pas.

importun *adj. et n.* bassin *ou* bassinoire, casse-bonbons, casse-burnes *ou* casse-couilles, chieur, crampe, crampon *ou* cramponnant, emmerdeur, emmielleur, emmouscailleur *ou* enquiquineur, engelure, jambier, lavement, point, pueur, râpure, raseur, remède, scie, seccotine, tannant.

importuner *v.t.* canuler, casser les bonbons, les burnes *ou* les couilles, cavaler, courir *ou* taper sur le haricot, l'os *ou* le système, chier dans les bottes, coller au train *ou* au cul, cramponner, emmerder, encrotter, enfoirer, enquiquiner, faire chier *ou* suer, faire mal (aux seins), fendre l'arche, foutre les boules *ou* les glandes, jamber *ou* jambonner, larder, les briser, marteler, peler le jonc, les bonbons *ou* le nez, pistonner, poisser, pomper l'air, tanner. ▸ **être importuné** avoir qqn sur le poil. → *aussi* **ENNUYER.**

imposer (s') *v.pr.* *[chez qqn]* taper l'incruste. *[dans le milieu]* avoir la loi. ▸ **en imposer** *[par son aspect]* la souffler.

impressionner *v.t.* en foutre *ou* en mettre plein les mirettes, la vue *ou* les yeux.

imprévu *n.m.* extra.

improviser *v.i.* *[dans un orchestre]* faire un bœuf.

impuissant *n.m.* bande-à-l'aise *ou* bandemou, flanelle, peine-à-jouir. ▸ **être impuissant** avoir les figues molles *ou* le slip en berne, bander foulard *ou* guimauve, être amputé de la défonceuse, faire flanelle, rouler sur la jante.

inactif *adj.* ▸ **être inactif** avoir les doigts de pied *ou* les orteils en éventail, se branler les couilles *ou* se les branler, se les rouler, ne pas en fiche *ou* en foutre un clou, une datte, la *ou* une rame, une ramée *ou* une secousse, se tourner les pouces. → *aussi* **PARESSEUX.**

incapable *adj. et n.* bon à lape *ou* à nib, emmanché, foutriquet, infichu *ou* infoutu, jeté, peigne-chose, peigne-cul *ou* peigne-zizi, raté, ringard, zigomar, zigoteau *ou* zigoto.

incarcération *n.f.* bouclage, coffrage, enc(h)ristage, enfouraillement, maladie, schtilibem.

incarcérer *v.t.* → **PRISON.**

incendiaire *n.* rif(f)audeur.

incendie *n.m.* rif(f)audage.

incendier *v.t.* coquer le rifle, rif(f)auder.

incident *n.m.* avaro, bavure, merde, vanne.

incinérer *v.t.* crémer.

incompétent *adj.* *[personne incompétente]* branleur, margoulin. ▸ **être incompétent** craindre, ne pas faire le poids.

incompréhensible *adj.* imbitable.

inconditionnel *adj. et n.* béni-oui-oui, godillot, incon.

inconfortable *adj. [siège]* rembourré avec des noyaux de pêche.

inconnu *adj. et n.* inco, inconoblé *ou* inconobré.

inconvénient *n.m.* loup.

incorrection *n.f.* douze, gal(l)oup *ou* galoupe, tournant, turbin, vanne.

incorrigible *adj.* inco.

incroyable *adj.* dingue, dur à respirer.

inculpation *n.f.* fièvre cérébrale, sapement *ou* sape.

inculper *v.t.* enfoncer, tourniquer. ▸ **être inculpé** plonger.

indélicatesse *n.f.* caraco, gal(l)oup *ou* galoupe, pied-de-cochon, truc à la caille.

indicateur *n.m.* allumeur, balance, balanceur *ou* balançoire, bascule, bordille *ou* bourdille, boudin, bourrique, casserole *ou* casseroleur, chatte, chevreuil, coqueur, coquin *ou* coquine, cuisinier, daube *ou* dauberie, donneur *ou* donneuse, doulos, estrasse, fileuse, flicard, friquet, gamelle, goualeur, index *ou* indic, macaron, mangeur de fer *ou* de galette, maton *ou* matuche, mouchard, mouchardeur *ou* mouche, mouton, musicien *ou* musique, rail, raille *ou* railleux, refileur, rencardeur, renseigneur, rousse *ou* roussette, salope, tante *ou* tantouze, tarderie, vache. *[guide des rues de Paris]* bréviaire. ▸ **être indicateur** en becter, en bouffer, en croquer, en manger, porter le doul(e). → *aussi* DÉNONCIATEUR.
◆ **indicatrice** *n.f.* mignonne du larbin.

indifférent *adj.* ▸ **être complètement indifférent** s'en branler, s'en tamponner le coquillard *ou* le coquard, s'en taper, n'en avoir rien à branler, à cirer, à foutre, à glander *ou* à secouer.

indiscrétion *n.f.* courant d'air.

indisponible *adj.* → INUTILISABLE.

individu *n.m.* fias *ou* fiasse, figure, frangib, frangin *ou* frère, frimant, fromage, gazier, glandu, gnafron, gnard, gnasse *ou* gniasse, gugusse, gus *ou* gusse, Gustave, indien, jeton, keum *ou* keumé, lard, mec, mecton *ou* mecqueton, messière *ou* mézière, micheton, mironton, miston, orgue, outil, pante *ou* pantre, paroissien, pékin *ou* péquin, pèlerin, pilon, pingouin, pomme, rom, rombier, tranche, viande, zig *ou* zigue. → *aussi* HOMME. *[quelconque]* tartempion, trucmuche. *[important]* cador, caïd, gros bonnet, gros poisson, grossium, homme de poids, huile, (grosse) légume, Léon, parrain, ponte, (grand) sachem. *[à charge]* nourrisson. *[malchanceux]* loser. *[maigre]* racho, rachto *ou* rachedingue, raiguisé, sac d'os, séco(t). *[petit]* bas-du-cul, crob, demi-portion *ou* demi-porkesse, loin-du-ciel, mesquin, mignard, moujingue, rase-bitume. *[robuste]* malabar, mastar, mec à la colle forte. *[laid]* coco-bel-œil, engin, mocheté(e), pochetée, rouchi, trumeau. *[contrefait]* marque-mal, rescapé *ou* résidu de bidet. *[dégingandé]* échalas, sifflet. *[bien vêtu]* du beau linge. *[bizarre]* drôle de pistolet *ou* d'oiseau, oiseau, pas vrai, zèbre. *[original]* numéro, sacrée *ou* grosse pointure, ticket. *[peu sérieux]* branquignol, clampin, coco, gougnafier, margoulin, rigolboche *ou* rigolo, sauteur. *[calme]* père peinard. *[fort et courageux]* montagne. *[remarquable]* couteau, épée, fusée, lame, lapin. *[impeccable]* blanc-bleu. *[loyal]* franc (du collier). *[dangereux]* battant, dur à cuire, dur de dur, locdu *ou* loquedu, matador, mauvais fer *ou* sale fer, peau-rouge, salopard, terreur *ou* terrible. *[désagréable]* affreux jojo, bâton merdeux, carcan, carne, engelure, galéreux, piston, purge, varlot. *[entêté]* têtard, tête de bois, de holz, de lard, de mule, de boche *ou* de pioche. *[hypocrite]* lime sourde. *[louche]* grenouilleur. *[méprisable]* asticot, aztèque, baltringue, bouseux, canasson, cata, charognard *ou* charogne, chiasse, cloche, crabe, crâpe *ou* craps, cul, descente de lit, enculé (et synonymes), fausse couche *ou* résidu de fausse couche, fesse d'huître *ou* de rat, fion, fiotte, fumier, hotu, jean-fesse *ou* jean-foutre, lav(e)du, locdu *ou* loquedu, loufiat, mannequin, mégoteur, merdaillon *ou* merdeux, mickey, mitouillard, morpion, ordure, paillasson, peau de fesse, de nœud *ou* de noix, peigne-chose, peigne-cul *ou* peigne-zizi, pelure, poire blette, pourriture, raclure, roulure, roustissure, salaud, sale gnière, saligaud, salopard *ou* saloperie, sous-merde, tache *ou* tachon, tante, tarte *ou* tartissure, tasse, tocard *ou* toquard, veau, voirie, vraie niente. *[incapable]* bon à lape *ou* à nib, foutriquet, gougnafier, raté, ringard *ou* ringardos. *[lâche]* gonzesse, lavette, lope *ou* lopette, panade. *[naïf]* enfant de chœur, gadjo, tranche de gail *ou* de melon. *[prétentieux]* blaireau, tanche. *[ridicule]* bouffon, cucul, guignol. *[stupide]* crêpe, croûton, crucifix, nul à chier, nullache, nullard *ou* nullos, pas aidé, taule, tête de bois *ou* de holz, troufion, vieux tromblon, zéro. *[taré]* nase *ou* naze, nazbroque. *[trop curieux]* fouille-merde. *[vulgaire]* gonfle, gougnafier. ▸ **par individu** par tête de pipe.

indulgent *adj.* ▸ **être indulgent** être à la coule.

inévitable *adj.* ▸ **être inévitable** ne pas faire un pli.

infanterie *n.f.* biffe, bigorne. *[coloniale]* la Marsouille.

infanticide *n.m.* ▸ **commettre un infanticide** taper un môme.

infidélité *n.f.* charres, court-circuit, gal(l)oup *ou* galoupe, paillon, queues, traits.

infirme *adj. et n.* bancroche, fausse couche *ou* résidu de fausse couche, invalo, marquemal, mouchique, rescapé *ou* résidu de bidet, stropiat, tordu. ▸ **être infirme** avoir une guitare *ou* un bras dans le sac.

infirmier *n.m.* canular(d), pousse-canule. *[militaire]* artilleur *ou* tireur à genoux, canonnier de la pièce humide.
◆ **infirmière** *n.f.* pique-fesses.

information *n.f.* info, informe. *[fausse ou tendancieuse]* intox(e). → *aussi* RENSEIGNEMENT.

informer *v.t.* affranchir, babillarder, donner *ou* ouvrir à la couleur, donner la couleur, mettre au parfum, parfumer, rencarder, tuber, tuyauter. ▸ **être bien informé** connaître le papier, être à la cloche, à la coule, dans le coup *ou* au parfum.
◆ **s'informer** *v.pr.* se mettre à la cloche *ou* au parfum, prendre la température. *[réciproquement]* se tamtamer.

initiative *n.f.* ▸ **prendre l'initiative** prendre la pogne.

initié *adj.* dessalé.

initier *v.t.* affranchir, dessaler.

injecter *v.t.* *[de la drogue]* poper.

injection *n.f.* *[de drogue]* fix(e), shoot. ▸ **se faire une injection** se fixer, se shooter *ou* se shouter. *[matériel pour injection]* popote.

injure *n.f.* escrache.

injurier *v.t.* donner des noms d'oiseaux, emballer, engueuler, escracher, glaviot(t)er, incendier, traîner dans la merde.
◆ **s'injurier** *v.pr.* s'empailler, s'expliquer. ▸ **se faire injurier** se faire appeler Arthur *ou* Jules.

innocent *adj.* blanc *ou* blanchouillard, gratis malade.

innocenter *v.t.* blanchir, défarguer, lessiver.

inquiet *adj.* bileux. ▸ **être inquiet** se faire vieux, n'avoir plus un poil de sec.

inquiétant *adj.* craigneux *ou* craignos.

inquiéter (s') *v.pr.* baliser, se biler *ou* se biloter, se cailler (le sang), le raisin *ou* la bile, se faire de la mousse *ou* du mouron, se mettre la rate au court-bouillon, se mouronner. ▸ **ne pas s'inquiéter** ne pas se casser le baigneur, le bol, le bonnet, le melon, le tronc, etc., ne pas se frapper.

inséparable *adj.* ▸ **être inséparables** être cul et chemise.

insister *v.i.* *[lourdement]* agiter les pieds dans le compotier.

insouciant *adj.* pas bileux.

inspecteur *n.m.* ▸ **inspecteur de police** perroquet, poulaille *ou* poule, sondeur. *[de* *voie publique]* biffin, hibou. *[de la police des jeux]* lampion.

instable *adj.* bricoleur.

instruit *adj.* trapu.

instrument *n.m.* *[à vent]* biniou. *[à cordes]* jambon *ou* jambonneau. *[au pl.]* matos.

insuffisant *adj.* jeune.

insulter *v.t.* faire un bras *ou* un doigt d'honneur, incendier.

insupportable *adj.* ▸ **être insupportable** sortir par les yeux *ou* par le cul.

intellectuel *adj. et n.* intello.

intelligence *n.f.* bobine, carafon, chou, citron, comprenette *ou* comprenoire, gingin, tranche.

intelligent *adj.* flambant, fute-fute, gambergeur, intel. ▸ **être intelligent** avoir du carafon, du chignon, en avoir dans le chou. *[personne intelligente]* flèche, tronche.

interdiction *n.f.* *[de séjour]* bambou, bâton, canne, défense, trique. *[suspension d'une interdiction de séjour]* débride. *[de vente sur la voie publique]* bride.

interdire *v.t.* *[de séjour]* bâtonner, triquer.

interdit *n.m.* ▸ **interdit de séjour** bâtonné, bâtonneux *ou* bâtonniste, tricard *ou* triquard, trique.

intéresser *v.t.* brancher. ▸ **ne pas s'intéresser à** ne pas s'en retourner. ▸ **ça ne m'intéresse pas** ça ne me branche pas, c'est pas mon taf, mon trip, mon truc *ou* ma tasse de thé.

intérêt *n.m.* ▸ **il y a intérêt** y a interjo. ▸ **sans intérêt** débandant. ▸ **c'est sans intérêt** c'est de la moufette *ou* du pipeau.

intermédiaire *n.m.* contact, inter.

interprète *n.m.* inter.

interrogatoire *n.m.* blutinage, chansonnette, cuisinage *ou* cuisine, grilling, passage clouté.

interroger *v.t.* berluer, cuisiner, droguer, mettre sur le gril, salader. *[de façon pressante]* emballer le moteur, passer à la moulinette.

intimidation *n.f.* esbrouf(f)e, épatage *ou* épate. ▸ **par intimidation** à l'épatage *ou* à l'estome.

intimider *v.t.* esbrouf(f)er, faire *ou* jouer les gros bras, le faire à l'influence. ▸ **être intimidé** manquer de toc. *[qui cherche à intimider]* esbrouf(f)eur.

intransigeant *adj.* ▸ **être intransigeant** être jugulaire jugulaire *ou* service service, serrer les boulons.

intrigant *n.m.* grenouilleur.

intriguer *v.i.* grenouiller.

introduire (s') *v.pr.* s'entifler, se filer.

intuition *n.f.* nez, pif.

inutilisable *adj.* dans le sac, H.S., mort, nase *ou* naze, nazebroque, pourri, rétamé.

invendable *adj.* ▸ **objet invendable** pana *ou* panne.

inventaire *n.m.* décarpillage.

inventorier *v.t.* décarpiller.

inviter *v.t.* *[à une table de jeu]* tabler.

invraisemblable *adj.* ▸ **c'est invraisemblable** c'est du cinéma *ou* du cinoche.

irriter *v.t.* → ÉNERVER.

irruption *n.f.* descente.

italien *adj. et n.* italboche, italgo *ou* italo, macaroni, rital *ou* ritalo.

ivre *adj.* à point, beurré, bille, blindé, bourré (comme un coing *ou* une cantine), brindezingue, brouillé, bu, carroussel, cinglé, complet, cuit, culbuté, déchiré, défoncé, déglingué, enjuponné, fadé, fait, gelé, givré, grabasse, imbibé, jupé *ou* juponné, mort, mouillé, mûr *ou* muraille, nase *ou* naze, nasqué, noir *ou* noircicaud, ourdé, paf, pas net, pété comme un coing, pion, plein (comme une barrique, un boudin, un œuf, un sac *ou* une vache), poivrade, poivre, poivré *ou* poivrier, raide (comme la justice, comme l'obélisque *ou* comme un piquet), raidillon, rétamé, ripolin, rond (comme une bille, une barrique, une boule *ou* un boulet), saoul perdu, schlass *ou* chlass, secoué, torché, tordu, verni, zingué. ▸ **être ivre** avoir fait le plein *ou* avoir son plein, avoir la gueule en chocolat *ou* être chocolat, avoir les *ou* des bottes, des chaussures *ou* des pompes à bascule, avoir les dents du fond qui baignent, avoir son caillou, son casque, sa charge, son compte, sa cocarde, son fade, son gaz, sa musette, son plumeau *ou* son plumet, sa pointe *ou* son pompon, avoir un coup de bouteille, de chasselas, de feu, de gaz, de picton, de polochon, de rifle, de sirop (en trop) *ou* de soleil, avoir une petite pointe *ou* une pistache, avoir *ou* tenir une paille, avoir un verre dans le nez, en avoir un coup dans l'aile *ou* dans le pif, dans la jupe, dans la musette, dans le nez, dans la trompette, dans le porte-pipe *ou* dans les carreaux, en avoir une pochetée, être beurré (comme un p'tit Lu), être casquette, être (de) chicorée *ou* (de) chicore, être dans le brouillard *ou* dans le sirop, être dans le col(le)tar *ou* en plein col(le)tar, être de chérence, de tisane, être en pointe de vin, prendre son lit en marche, tenir une bonne cuite *ou* en tenir une bonne, voir des éléphants roses, voir en dedans. → *aussi* ÉMÊCHÉ.

ivresse *n.f.* barbe, beurrée, biture, bout de bois, brindezingue, caisse, cinglée, corvée de cirage, cuite, culotte, fièvre de Bercy, jupette, muffée *ou* muflée, nasque, ourdée, palu breton, pétée, pionnarderie *ou* pionnardise, poivrade, prune, ronflée, torchée. *[lendemain d'ivresse]* gueule de bois *ou* G.D.B.

ivrogne *n.m.* alcoolo, aramoniste, artilleur, bibard, biberon *ou* biberonneur, biturin, camphroux, canonneur, carbur *ou* carburateur, cheulard, cuitard, éponge, fioleur, gouape, picoleur, pictonneur, pion(n)ard, pochard, poch(e)tron *ou* poch(e)tron(n)é, poivrade, poivrier *ou* poivrot, sac à vin *ou* à pive, soûlard, soûlaud *ou* soûlot, soûlographe, valseur, viande saoule. → *aussi* BUVEUR.

ivrognerie *n.f.* → ALCOOLISME.

ivrognesse *n.f.* pocharde, veau morné.

J

jalousie *n.f.* jaliance, jalmince *ou* jalmincerie.

jaloux *adj.* jalmince.

jamais *adv.* à la Saint-Glinglin, à la Saint-trou-du-cul, chez Plumeau *ou* Plumepatte.

jambe *n.f.* abattis, badine, baguette, bâton de chaise, de cire *ou* de tremplin, béquille, bout, brancard, calouse, canne, cliquette, compas, crayon, échasses, flubard *ou* flube, flûte, fumeron, fusain, fuseau *ou* fusinguette, gambette *ou* gambille, gigot, guibol(l)e, guiche, guisot *ou* guise, guitare, manivelle, patte, pince *ou* pincette, pompe, quille, tige, trotteuse, tréteaux, tuyau. *[grosses]* poteaux. *[maigres]* échalas, flageolets, haricots verts, tiges de pâquerettes. *[molles]* en pâté de foie. *[arquées]* en parenthèses. *[blessée ou estropiée]* jambe de laine. *[artificielle]* patte de buis, guibe de satou. *[les deux jambes, comme moyen de locomotion]* le train onze *ou* d'onze heures. *[femme qui a des jambes très minces]* montée sur forets de 6 mm, sur quatre zéros *ou* sur suédoises.

jeter *v.t.* balancer, balancemanner *ou* balancetiquer, cloquer, étaler, plaquer, quimper. *[à terre]* envoyer à dame *ou* à valdingue.

jeu *n.m.* bague, chpil *ou* schpile, morpion, soulasse. *[d'argent]* flambe *ou* flambeau, flouant *ou* flouau. *[de cartes]* bonnet *ou* bonneteau, pok. *[de hasard]* biribi, bobinette, fourbi, tchik-tchik. *[de dés]* artillerie, parfaite, passe anglaise, pastiquette, zanzi *ou* zanzibar.

jeune *adj.* jeunabre.

jeûne *n.m.* *[forcé]* jeton.

jeûner *v.i.* ballonner, béqueter des clopes, se bomber, bouffer *ou* manger des briques, se brosser *ou* se frotter le ventre, croquer avec une côtelette dans le genou, danser devant le buffet, faire balle *ou* ballon, faire la tortue, manger *ou* béqueter à la table qui recule, rebondir, sauter à la perche, se taper *ou* tortiller des courants d'air. → *aussi* FAIM.

joli *adj.* → BEAU.

joliment *adv.* bat'ment.

jouer *v.i.* **1.** *[aux jeux]* flamber *ou* flamboter, flancher, flouer, schpiler, spieler *ou* chpiler. *[aux cartes]* battre l'antif à la brême, battre, graisser, manier *ou* taper le carton *ou* la brême, brêmer, cartonner, chatouiller, taquiner *ou* faire valser la dame de pique, soulasser, taper, tripoter les cartes *ou* le carton. *[aux dés]* rouler, taper la berlue. *[sans tricher]* jouer, donner *ou* faire un flan. **2.** *[d'un instrument à cordes]* gratter du jambonneau, jambonner, pincer, plumer la dinde. *[du piano]* remuer *ou* secouer la commode. *[du violon]* racler le boyau, scier du bois. *[dans un orchestre]* bœufer. *[de table en table, dans un café]* passer la paille de fer.

joueur *n.m.* *[aux jeux]* flambeur, flancheur, floueur, matelassier, matérialiste, parapluie, plein, routeur, schpil(l)eur, soulasse, tombeur. *[de cartes]* batteur de cartons, brêmeur, cartonneur. *[aux courses de chevaux]* pelousard. *[malchanceux]* cadavre.

jouir *v.i.* avoir les doigts de pieds *ou* les orteils en bouquet de violettes *ou* en éventail, briller, déjanter, s'éclater, exploser, fader, goder, mouiller, prendre son fade, son panard, son pied *ou* son taf, se régaler, reluire, venir. ▸ **faire jouir** écrémer, éponger, essorer, régaler. ▸ **ne pas jouir** *[en parlant d'une femme]* attraper *ou* compter les mouches, mettre les *ou* ses chaussettes à la fenêtre.

jour *n.m.* jourdé, luisant *ou* luisard, reluis *ou* reluit. *[jour ouvrable]* turbinement. *[de détention]* pain. ▸ **un de ces jours** un de ces quatre (matins).

journal *n.m.* babillard, baveux, canard, cancan, menteur, narca, papier. *[médiocre]* feuille de chou, torche-cul.

journaliste *n.m.* canard, chieur d'encre, griffonneur de babillard, journaleux, pisse-copie, pisseur de copie *ou* d'encre.

journée *n.f.* journaille, journanche *ou* journe. ▸ **à longueur de journée** à user le soleil.

joyeux *adj.* joice, joisse *ou* jouasse. ▸ **être joyeux** avoir la banane *ou* la frite.

judas *n.m.* *[de porte]* pistet.

juge *n.m.* abatteur de pègres, chat fourré, curieux, frimant, gerbier, sapeur. *[assesseur]* parrain. *[d'assises]* figé. *[d'instruction]* allumeur, curieux, gobilleur, palpeur. ▸ **cabinet du juge** confessionnal.

jugement *n.m.* *[au tribunal]* gerbement. ▸ **passer en jugement** passer en jugeotte, tourniquer. *[au tribunal militaire]* faloter.

juif *n.m.* auvergnat, baptisé au sécateur, bout coupé, cormoran, feuj, frisé *ou* frisou, guinal *ou* guignal, nez-gras, schmoutz *ou* chmoutz, youde, youdoc, youpin, youtre *ou* youvance. *[ensemble des juifs]* youtrerie *ou* youpinerie.

jument *n.f.* galière.

juré *n.m.* fromage, gerbier. *[de cour d'assises]* potiron.

justesse *n.f.* ▸ **de justesse** ric-rac, ric-à-rac *ou* ric-et-rac.

K

képi *n.m.* kébour.

kilomètre *n.m.* borne.

L

là *adv.* ladé, laga *ou* lago.

là-bas *adv.* labadé *ou* labago.

lacet *n.m.* tirant. *[de braconnier]* cravate.

lâche *adj. et n.* caneur, cave, dégonflard, dégonflé *ou* dégonfleur, foie blanc, frileux, lopaille, lope *ou* lopette, molletonné, pétochard, sinve *ou* sinvre, trouillard. ▸ **être lâche** avoir du jus de chique *ou* de navet dans les veines, avoir du sang *ou* du jus de navet, ne pas avoir de couilles (au cul), ne rien avoir dans le ventre *ou* dans le buffet.

lâcher *v.t.* débloquer, larguer. ▸ **faire lâcher prise** décramponner.

lâcheté *n.f.* dégonflage *ou* dégonfle.

laid *adj.* bléchard *ou* blèche, craigneux *ou* craignos, dégueu, dégueulasse, dégueulatif, dégueulatoire *ou* dégueulbif, dégueulboche, locdu *ou* loquedu, mal foutu, mochard, moche comme un pou, mochetard, mocheton *ou* mochetingue, mouchique, nanar(d), pas jojo, tarte *ou* tartignol(le), tartouillard, tartouzard, tartouse *ou* tartouze, toc, tocard, tocasson *ou* toquard. → *aussi* **RÉPUGNANT.** *[personne laide]* face *ou* visage de rat, gueule de raie, réclamé *ou* prix à réclamer, tarderie.

laideur *n.f.* mochardité, mocherie, mocheté(e) *ou* mochure, tarderie.

laine *n.f.* mérinos, mollanche.

lait *n.m.* coulant.

lampe *n.f.* calbombe, choucarde, loubarde, loupiote.

langue *n.f.* babillarde, battant, bavarde *ou* baveuse, chiffe, chiffon rouge, copeau, escalope, gaffe, langouse *ou* languetouse, languette, lavette, membrineuse, menteuse, mouillette, palette, soupape, tapette, torchon, vadrouille.

large *adj.* largeo(t).

lassitude *n.f.* → **FATIGUE.**

latrines *n.f.pl.* → **W.-C.**

lavement *n.m.* bouillon pointu.

laver *v.t.* sabouler.
◆ **se laver** *v.pr.* se décrasser, se décra(s)pouiller. *[les pieds]* ramoner ses tuyaux.

lécher *v.t.* lichailler, lichecailler *ou* licher. *[les doigts de pieds]* faire petit salé. *[les testicules]* faire boule de gomme.

légion *n.f.* ▸ **Légion d'honneur** papillon rouge, rouge, tomate. ▸ **être décoré de la Légion d'honneur** avoir la rougeole.

légionnaire *n.m.* légobiffin.

lesbienne *n.f.* → **HOMOSEXUELLE.**

léser *v.t.* caver, doubler, quiller. ▸ **être lésé** faire rideau *ou* passer devant le rideau, faire tintin *ou* tintin-ballon.

lessive *n.f.* lavougne.

lettre *n.f.* *[missive]* babillarde *ou* babille, bafouille, bavarde, biffeton, chiffon, jasante, lasagne *ou* lazagne. *[enfermée dans une boulette de pain]* postillon.

lever (se) *v.pr.* se débâcher, se dépagnoter, (se) dépieuter.

lever *n.m.* ▸ **au lever** *[en parlant d'une femme]* au déballage.

lèvres *n.f.pl.* babines, badigoinces, bagougnasses, limaces, pompeuses.

liaison *n.f.* *[amoureuse]* chopin, collage, ménage. *[illégitime]* mariage à la colle, à la détrempe *ou* de la main gauche. *[homosexuelle]* mariage, petit ménage.

libération *n.f.* *[d'un soldat]* classe, fuite, quille. *[en instance de libération]* quillard. *[d'un prisonnier]* débarcade, décarrade, fuite. *[conditionnelle]* condice *ou* condisse. *[pour raison médicale]* médicale.

libérer *v.t.* déboucler, larguer.

libre *adj.* bien portant, guéri.

licenciement *n.m.* balançage, balance *ou* balancement, bourlingue, bout (de ficelle), charrette, lourdage, saquage *ou* saquement, sciage, vidage.

licencier *v.t.* balancer, balancemanner *ou* balancetiquer, donner *ou* foutre son sac, lourder, saquer, scier *ou* sciager, vider, virer.

ligoter *v.t.* saucissonner, tourtouser. *[les pieds]* paturonner.

lime *n.f.* bastringue, limouse, mordante.

linceul *n.m.* toile d'emballage.

lingot *n.m.* lingaresse *ou* lingue.

lire *v.t.* babiller, ligoter.

lit *n.m.* bâches, boîte à puces, paddock, padoc *ou* padoque, page *ou* pageot, pagne, pagnot *ou* pagnotte, pieu, plumard, plume(s) *ou* plumji, porte-feuille, poussier *ou* pucier, schlof, chloffe *ou* chlaffe, toiles. *[d'une prostituée]* atelier, établi. *[d'un forçat]* banc, tollard.

litre *n.m. [de vin]* kil, kilo *ou* kilbus, petit père noir.

livre *n.m.* babillard.

livre *n.f. [poids]* plombe.

local *n.m.* turne. *[occupé illégalement]* squat(t).

locomotive *n.f.* lessiveuse.

logement *n.m.* → CHAMBRE, DOMICILE.

loger *v.i.* → HABITER.

logeur *n.* taulier *ou* tôlier.

loin *adv.* à dache, à perpète, à Pétaouchnock. ▸ **au loin** au loinqué.

longtemps *adv.* un bail, une paille, une paye.

lorgnette *n.f.* rembroqueuse.

lorgnon *n.f.* châsse d'occase, lucarne, pare-brise.

louche *adj.* → SUSPECT.

loucher *v.i.* avoir les mirettes en aiguillage, avoir un œil à Paris et l'autre à Pontoise, un œil qui dit merde à l'autre, des yeux qui se croisent les bras *ou* qui jouent aux billes, bigler, boiter des calots *ou* des châsses. *[œil qui louche]* carreau brouillé, châsse d'occase. *[surnom d'un homme qui louche]* coco-bel-œil.

louer *v.t. [des chambres pour des passes]* faire le casuel.

lourd *adj.* lourdingue, mastar(d), mastoc *ou* mastoque.

loyal *adj.* à la redresse, franc *ou* franco, franc du collier, nickel, pur, recta, réglo, régulier *ou* régul(e), vrai (de vrai).

loyalement *adv.* à la bonne, à la flan *ou* à la régulière, réglo.

LSD *n.m.* acide, pills.

lui *pron. pers.* cécol(le), césarin, cézig(ue), sécol(le), sézailles, sézières, sézig(ue), sézingand.

lumière *n.f.* calbombe *ou* camoufle.

lune *n.f.* blafarde, cafarde, cardinale, luisante *ou* luisarde, moucharde.

lunettes *n.f.pl.* bernicles, carreaux *ou* carrelingues, châssis, faux quinquets, lucarnes, mirettes en glacis *ou* glacées, pare-brise, vitrine.

lutte *n.f.* carambolage, luttanche.

lutter *v.i.* se tirer la bourre.

luxueux *adj.* rupin.

lycée *n.m.* bahut, boîte.

M

machination *n.f.* flan.

machine *n.f.* bécane, bouille *ou* bouillotte, chignole, coucou, marmite. *[très compliquée]* toutim(e), usine à gaz. *[qui fonctionne mal]* patraque.

machiniste *n.m. [sur un plateau de télé]* machino.

mâchoire *n.f.* mandibules. *[inférieure]* ganache.

magasin *n.m.* boucard *ou* bouchard, casin *ou* casingue, estanco, magaze *ou* mago, rade, souk.

magistrat *n.m.* condé.

maigre *adj.* séco(t).

maigrir *v.i.* perdre son lard.

main *n.f.* arpion, cuiller, grappin, griffe, louche, nageoire, palette, paloche *ou* paluche, patte, pied, pince (d'Adam), pogne, serrante, touchette. *[large]* battoir, patoche. ▸ **serrer la main** en serrer cinq *ou* y aller de cinq, la serrer, serrer le brancard, la croupière, la cuiller, la louche, la phalange *ou* la pince.

maire *n.m.* entifleur, petit condé.

maison *n.f.* → **DOMICILE, CHAMBRE.** ▸ **maison close** abbaye des s'offre-à-tous, bazar, BMC, bob, bobi, bobinard *ou* bobino, bocard, boîte à vérole, bordel, bouiboui(s) *ou* bouic, bousin *ou* bouzin, boxon *ou* boxif, bric, cabane, cagnard, carreaux brouillés, casbah, chabanais, clandé, clandestin *ou* clando, claque, claque-dents, claqueton *ou* claque-house, foutoir, gros numéro, hôtel *ou* maison de passe, magasin de blanc *ou* de fesses, maison à parties, maison d'abattage *ou* de charre, pouf, poulailler, taule *ou* tôle, trucsin, volière.

maître-chanteur *n.m.* rossignol, serinette.

maîtresse *n.f.* bergère, bonne femme, coquine, dabe, femme, frangine, gerce, gonze *ou* gonzesse, julie, langouste *ou* langoustine, lard, largue *ou* larque, lièvre, Louis XV, marquise, mistonne, môme, mousmé, nana, panthère, pon(n)ette, pou, poule, régulière, rombière, salé, sœur, taupe. *[occasionnelle]* extra. *[de maison]* daronne.

mal *adv.* comme un manche, un pied *ou* un sabot. ▸ **avoir mal à la tête** avoir une casquette en plomb *ou* en zinc. ▸ **finir mal** tourner (au) vinaigre.

malade *adj.* raide, roublard. *[âgé]* trompe-la-mort. ▸ **se déclarer malade** *[faussement]* se faire porter pâle. ▸ **rendre malade** affûter.

maladie *n.f.* crève. *[sexuellement transmissible]* coup de pied de Vénus, laziloffe, machingol, nase, nasi, naze *ou* nazi, pécole. → *aussi* **BLENNORRAGIE, CONTAMINER, SYPHILIS.**

maladroit *adj.* empaillé, empaqueté, malagauche. ▸ **être maladroit** s'emmêler les pinceaux. *[personne maladroite]* paquet, patate.

malchance *n.f.* cerise, chrome, déforme, dégoulinante, guignasse, guigne *ou* guignon, manque de pot, mouise, mouscaille, pestouille, poisse (à Dudule), pommade, purée, scoumoune, vape, waterloo.

malchanceux *adj.* guignard, pestouillard. ▸ **être malchanceux** être à la caille *ou* en plein travers, jouer les misérables, porter le noir.

malfaiteur *n.m.* arcan *ou* arcandier, crocodile, gibier, indien, tortue, truand. *[jeune]* bijoutier du *ou* au clair de lune, bricoleur, volaillon. *[arrêté et livré à la police]* colis. *[qui opère en voiture]* cul-de-jatte. *[ensemble des malfaiteurs]* truandaille *ou* truanderie. → *aussi* **GANGSTER.**

malheur *n.m.* ▸ **porter malheur** porter la guigne. *[individu qui porte malheur]* cerisier.

malhonnête *n.m.* *[individu malhonnête]* combinard, flibustier, grenouilleur, magouilleur, maquilleur, margoulin, saligaud, tripatouilleur.

malhonnêteté *n.f.* arcanderie, combine, grenouillage, magouille, margoulinage, saloperie, tripatouillage.

malice *n.f.* flanche, madrice.

malin *adj. et n.* à la coule, à la roulette, charlot, démerdard, démerde *ou* démerdeur, ficelle, fortiche, fute-fute, gaspard, malabar, mariol(e) *ou* mariolle, marle *ou* marlou, toc, vicelard *ou* viceloque. ▸ **être malin** avoir le pouce rond. ▸ **faire le malin** faire le mariole *ou* jouer au mariole.

malingre *adj.* crevard, racho, rachto *ou* rachedingue, rescapé *ou* résidu de bidet.

malmener *v.t.* assaisonner, bombarder, bourlinguer, faire mousser, secouer les bretelles, les puces *ou* le paletot, travailler.

malodorant *adj.* foisonnant.

maltraiter *v.t.* aligner, cherrer, en faire voir (de toutes les couleurs), se faire, marquer, saigner, sucrer. ▸ **être maltraité** en roter, en voir (de toutes les couleurs), la danser.

manchot *n.m.* manchouillard.

mandat *n.m.* ▸ **mandat d'arrêt** image, passeport.

manger *v.t.* s'affûter les crochets *ou* se carrer sous les crochets, aller à la graine, babouiner, bâfrer, becter *ou* béqueter, béquiller, bouffer, boulotter, boustifailler, brichetonner, briffer, casser la croûte *ou* une croûte, la graine *ou* une graine, chancrer, se charger *ou* se garnir le flingot, claper, claquer, se coller dans le sifflet, criaver, croquer, croustiller *ou* croûter, débrider la margoulette, déchirer la cartouche, entuber, faire marcher ses mandibules, se farcir la dîne, la panse *ou* le chou, frire, gameler, grailler, grainer, jaboter, jaffer, jouer des dominos, jouer la polka des mandibules, mastéguer, morganer, nettoyer, passer à la briffe, recharger les accus, se taper le caberlot *ou* le chou, tortiller (du bec), tortorer. *[beaucoup]* bouffer *ou* manger comme un chancre, chiquer les légumes, morfaler, morfier, morfigner *ou* morfiller, régaler son cochon, s'en faire crever le bocal, s'en faire péter le cylindre *ou* la sous-ventrière, s'en filer une ventrée, s'en foutre *ou* s'en mettre plein la lampe *ou* le lampion, plein les trous de nez, s'en mettre jusqu'aux yeux, par-dessus les yeux, jusque-là, s'en mettre plein le col *ou* un coup dans le col, s'enfiler dans le col, se caler les amygdales, les babines, les chocottes *ou* les joues, se cingler, se faire *ou* se donner une bosse, se la sonner, se les caler, se lester la cale, se remplir le battant, le buffet *ou* le bide, se taper *ou* se remplir la hotte, se taper la cloche, le caberlot, le chou, le fusil *ou* la ruche, se tasser la cloche *ou* la gueule, tortiller. *[peu]* bouder le mastic, faire jockey *ou* être au régime jockey, ne pas chier de grosses crottes. *[très peu ou pas du tout]* manger à la barre fixe *ou* avec les chevaux de bois.

mangeur *n.m.* bâfreur *ou* baffreur, bouffeur, boulotteur, boustifailleur, briffeur, porté sur la bouffe *ou* la gueule, tortilleur. → *aussi* **GOINFRE, GOURMAND.**

maniaque *n. et adj.* enculeur de mouches, pinailleur.

manières *n.f.pl.* → **AFFECTATION.**

manifestation *n.f.* manif.

manigancer *v.t.* fromager, goupiller.

manille *n.f.* *[jeu de cartes]* manoche.

manipuler *v.t.* tripatouiller *ou* tripoter. *[les cartes]* poser, quiller.

manœuvre *n.f.* *[louche]* coupure, cuisine, grenouillage, tripatouillage. *[militaire]* crapahut.

manœuvrer *v.t.* chatouiller.
◆ *v.i.* *[militaire]* crapahuter.

manque *n.m.* *[de drogue]* guenon, guêpe. ▸ **être en manque** avoir un singe sur le dos, flipper.

manquer *v.i.* faire brosse. *[manquer de parole]* dérober. *[faire défaut en justice]* faire jambe de bois. *[son coup]* faire le vert, marcher dessus.

manteau *n.m.* → **PARDESSUS.**

maquillage *n.m.* badigeon, grime, plâtre, ravalement.

maquiller *v.t.* camoufler.
◆ **se maquiller** *v.pr.* se badigeonner, se griffer, se plâtrer, ravaler sa façade, refaire sa devanture, se sabouler, se sucrer la gaufre *ou* la tarte.

maquisard *n.m.* pou.

maraude *n.f.* argougnage, drague, picorée.

marchand *n.m.* boss, camelotier, chand, solliceur *ou* sollisseur. *[ambulant]* roulant, solliceur à la pogne, voyageur. *[dans les couloirs du métro]* tubard. *[de faux meubles anciens]* truqueur. *[de papier à lettres ou de journaux]* faf(f)ioteur, papelard. *[de vin]* malzingue *ou* man(n)ezingue, mastroquet, pinardier. *[de vin et charbon]* bougnat *ou* bougne. *[de quatre saisons]* coltineur, cribleur de verdouze, marchande des quatre.

marchander *v.t.* cameloter, canuler, chiner, dealer.

marchandise *n.f.* brocasse, came, fourgue, lamedu. *[défraîchie]* rossignol. *[sans valeur]* bordille *ou* bourdille, chtrope, drouille, pana *ou* panne, peau de saucisson.

marché *n.m.* fourmillon, marca *ou* marquat, marmar. ▸ **marché noir** noircif, noireau.

marcher *v.i.* arquer, bagoter, gambiller, jouer des calouses, ouvrir le compas, pastiquer, ripatonner. *[péniblement]* piler du poivre, tirer sa longe. *[vite]* allonger le compas, tricoter des gambettes, des flûtes, etc.

marcheur *n.m.* *[militaire]* crapahuteur.

maréchal *n.m.* ▸ **maréchal des logis** marchis, margis. ▸ **maréchal des logis-chef** marchef.

marginal *adj. et n.* déjanté, freak, hippie, margeot *ou* marjo, pas net.

mari *n.m.* homme, légitime, matz, patron, porte-couilles. *[d'une patronne de maison close]* sacristain.

mariage *n.m.* entiflage *ou* entiflement, marida.

marier (se) *v.pr.* s'arrimer, s'entifler (de sec), se marida.

marin *n.m.* bordée, cul goudronné, marsouin, mataf *ou* matave, mathurin, moco *ou* moko.

marque *n.f.* marquouse. *[au fer chaud sur l'épaule d'un condamné]* rôti. *[de coup de poing sur le visage]* cocard *ou* coquard, gnon. *[de semelle sur le visage]* cachet de la mairie *ou* de la République. *[faite à une carte à jouer]* cornanche, maquillage *ou* maquille, morfillage.

marquer *v.t.* aiguiller, aquiger, marquouser. ▸ **ne pas marquer un seul point** *[au jeu]* baiser le cul de Fanny *ou* le cul de la vieille, faire la fenêtre.

marseillais *adj. et n.* marsial, martigau *ou* martigue.

marteau *n.m.* darrac *ou* darraque, père frappard.

martiniquais *adj. et n.* margouillat.

masochiste *adj. et n.* maso.

masturbation *n.f.* aller et retour sur le filet *ou* le fildingue, branlage, branlée *ou* branlette, douce, gerbe, paluche, pignole, ramollo(t), secouette, veuve Poignet.

masturber *v.t.* astiquer, branler, pignoler. ◆ **se masturber** *v.pr.* s'astiquer, se bahuter, se branler, se branlocher *ou* se branloter, se finir (à la main), se fréquenter, se griffer, se limer, se palucher, se pignoler, se pogner, se toucher, se tripoter, se voir. *[homme]* agacer le sous-préfet, s'allonger *ou* se griffer le macaroni, se l'allonger, amuser Charlot *ou* s'amuser comme Charlot, arracher un pavé, s'astiquer la colonne *ou* la gaule, se balancer le bonhomme *ou* le chinois, se battre *ou* se mettre à cinq contre un, se coller *ou* se taper un rassis, se coller une secousse, décalotter Charles le Chauve, étrangler le borgne *ou* Popaul, se faire boum, faire juter l'os à moelle, se faire mousser le créateur, faire sauter la cervelle de Charles le Chauve, se faire une douce, une pogne *ou* une touche, se faire *ou* se taper une queue, se la tirer, moucher la chandelle, se polir la colonne *ou* le chinois, scalper le mohican, secouer la cartouche, le chinois, la houlette *ou* le petit homme *ou* se la secouer, se taper sur la baraque, sur le ventre *ou* sur la colonne, tirer la ficelle, se tirer sur l'élastique. *[femme]* s'astiquer le bouton, se caresser *ou* se chatouiller l'hibiscus, écrire à sa famille, jouer de la mandoline.

matelas *n.m.* galette, paillard. *[d'étoupe, au bagne]* serpentin *ou* strapontin.

matériel *n.m.* matos. *[du cambrioleur]* agobilles, bibelot, clous. *[pour injecter la drogue]* popote.

matière *n.f.* ▸ **matière plastique** plastoc, plastoche *ou* plastoque.

matin *n.m.* mat' *ou* mate, mataguin, matois.

matraque *n.f.* bidule, bite à Jean-Pierre, gomme à effacer le sourire, goumi, mandoline, tricotin.

mauvais *adj.* à chier, bléchard *ou* blèche, de chiotte *ou* de merde, dégueulasse *ou* dégueu, domb *ou* dombi, glauque, locdu *ou* loquedu, merdeux *ou* merdique, mochard, mochetard, mocheton *ou* mochetingue, mouche, nullard *ou* nullos, pas patoche, tarte, toc *ou* tocasson, zone.

maximum *n.m.* max *ou* maxi. ▸ **au maximum** à donf, à plein(s) tube(s), à pleins tuyaux, jusqu'au dernier carat, plein pot.

mécanicien *n.m.* mécano.

méchamment *adv.* en vache.

méchanceté *n.f.* crasse *ou* crasserie, pépin, poisson, tocasserie, vacherie.

méchant *adj. et n.m.* bourrique, crème, peau de vache, tocard *ou* toquard, tocasse, vache. → *aussi* **INDIVIDU.**

mécontent *adj.* rognard. ▸ **être mécontent** l'avoir *ou* la trouver mauvaise.

médaille *n.f.* médoche *ou* méduche.

médecin *n.m.* doc, médico, rebecteur, toubib. *[mauvais]* drague, marchand de mort subite.

médecine *n.f.* drague.

médiocre *adj.* à la godille, à la gomme, à la manque *ou* à la mie de pain, baltringue, foireux, lape, merdique, pouet-pouet, tarte. → *aussi* **MAUVAIS.**

médire *v.t. ind.* → **CALOMNIER.**

médisance *n.f.* → **CALOMNIE.**

médisant *adj. et n.* débineur, dégréneur, dévisseur.

méfiance *n.f.* gourance.

méfier (se) *v.pr.* calculer, être chaud, faire gaffe, se gour(r)er, se la donner, prendre de l'huile, se tenir *ou* se garder à carreau.

mégalomane *adj. et n.* mégalo.

mégot *n.m.* clope, flèche, fleur de pavé, smack. *[court]* courtille *ou* mégot de la Courtille.

meilleur *n.m.* ▸ **le meilleur** le top (niveau).

melon *n.m.* boulet à queue *ou* à côtes.

membres *n.m.pl.* abattis, allonges.

mémoire *n.f.* ▸ **avoir une bonne mémoire** avoir du carafon. ▸ **avoir une mauvaise mémoire** avoir du fading.

menacer *v.t.* arçonner, pendre au nez *ou* au cul (comme un sifflet de deux sous *ou* de deux ronds).

mendiant *n.m.* cagou, chineur, diogène, frappeur, manchard, mangave, mendiche, mendigot *ou* mendigoteur, mengaveur, passant, pied-de-biche, piéton, pilon *ou* pilonneur, sabouleur, torpille *ou* torpilleur, tuneur. *[qui simule l'épilepsie]* batteur de dig-dig.

mendicité *n.f.* chinage, manche, mangave, mendigotage, pilon *ou* pilonnage, toque, truche.

mendier *v.i.* aller en musique, cameloter, chiner, droguer, frapper, mendigoter, pilonner, roublarder, taxer, tirer le pied-de-biche, torpiller, t(h)uner *ou* t(h)unarder, trucher *ou* truquer de la pogne. *[en simulant une infirmité]* chiner au maquillage. *[sans artifices]* chiner à blanc.

menottes *n.f.pl.* bracelets, cabri *ou* cabriolet, cadenettes *ou* cadennes, canelles, chapelet (de saint François), ficelle, fichets, manchettes, massenottes, pinces, poucettes.

mensonge *n.m.* balançoire, battage *ou* batterie, bobard, caraco, charibotage *ou* charibote, charre *ou* char, charriage, chiquage, couleur, craque *ou* craquerie, doublage, gonfle, montage de bateau, mou, musique, plan, pour, vanne, vapes.

menstrues *n.f.pl.* affaires, alliés, arcagnats, arcagnasses *ou* argantes, cardinales, classiques, confiture, doches, drapeau rouge *ou* drapeau de la Commune, kangourous, ours, ragnagnas, ramiaous, rouquins, sauce tomate. ▸ **avoir ses menstrues** avoir ses Anglais, ses coquelicots, ses époques, ses histoires *ou* ses lunes, casser la gueule à son charbonnier *ou* à son porteur d'eau, écraser des *ou* ses tomates, les Anglais ont débarqué, perdre ses légumes, repeindre sa grille en rouge *ou* au minium, traverser la mer Rouge, voir Sophie.

mensurations *n.f.pl.* *[anthropométriques]* arpèges.

mentalité *n.f.* mental(e).

menteur *n.m.* baratineur, bidonneur, bourreur de crânes *ou* de mou, chauffeur, craqueur, doubleur, musique, serreur, vanneur.

mentir *v.i.* aller à Cracovie *ou* avoir ses lettres de Cracovie, baratiner, battre (contre), bourrer le crâne *ou* le mou, craquer, dévider à l'estorgue, jouer de la grosse caisse, monter un ver *ou* une couleur, plancher, plomber de la gargane, gargoine *ou* gargue, salader, serrer, tirer une carotte.

menton *n.m.* bichonnet.

mépris *n.m.* *[faire un geste de mépris]* faire un doigt *ou* un bras d'honneur, tailler une basane.

méprisable *adj.* de mes deux (couilles) *ou* de mes fesses. *[acte ou propos méprisable]* ordurerie, saloperie. → *aussi* **INDIVIDU.**

mépriser *v.t.* avoir à la merde *ou* à la gueule, avoir au cul *ou* dans le cul, avoir dans le tal, débourrer, emmener à la campagne *ou* à pied et à cheval, emmerder, glaviot(t)er sur, se mettre au cul *ou* quelque part, mordre la langue, pisser *ou* s'asseoir sur, pisser au cul *ou* à la raie.

mer *n.f.* grande bleue *ou* grande tasse, grand court-bouillon, Grand Pré, marsouine, pré.

mercenaire *n.m.* affreux.

mercier *n.m.* *[ambulant]* mercelot.

mère *n.f.* dabe, dabesse *ou* dabuche, daronne, dobe, doche, mater *ou* maternelle, rèm *ou* reum, vieille *ou* vioque.

méridional *n.m.* moco *ou* moko.

mesquin *adj.* au ras des pâquerettes, rikiki *ou* riquiqui.

mesquinerie *n.f.* mégot(t)age.

messe *n.f.* anticle.

métallurgiste *n.m.* *[ouvrier]* métallo.

métier *n.m.* *[fictif]* couverture.

métro *n.m.* brutal, chambre à gaz, dur, métral, tromé, tube.

mettre *v.t.* carrer, cloquer, colloquer, fourailler, foutre. *[dans sa poche]* enfourailler, placarder.

meuble *n.m.* ▸ **être dans ses meubles** être dans ses bois.

meublé *n.m.* château des Sept-Douleurs, garno(t). ▸ **loger en meublé** être branché (en garni).

meurtre *n.m.* → **ASSASSINAT.**

micro *n.m.* bigorneau.

migraine *n.f.* court-jus dans la penseuse.

milieu *n.m.* *[hostile]* panier de crabes. ▸ **le milieu** la flèche, le mitan *ou* mitonnard, la pègre, Messieurs les Hommes.

million *n.m.* *[de F d'avant 1960]* barre, bâton, brique, briquette, plaque, quebri, soleil, unité. *[de F d'après 1960]* brique lourde. → *aussi* **SOMME.**

mineur *n.m.* *[ouvrier]* gueule noire.

mineure *n.f.* *[fille]* faux poids.

minuit *n.m.* mineuille *ou* minoye.

minuscule *adj.* rikiki *ou* riquiqui.

minute *n.f.* bourgue, broque *ou* broquille.

miroir *n.m.* miradou, mirante, remouchante, rembroquant.

mise *n.f.* *[au poker]* blind(e).

miser *v.t.* amuser *ou* éclairer le tapis *ou* le velours, sucrer, tunarder. *[une grosse somme]* mettre le paquet.

misère *n.f.* chtourbe, débine, dèche, détorse *ou* détosse, fauche, flacdal *ou* flaquedalle, mistoufle *ou* mistouille, mouise, mouscaille, mousse *ou* moutarde, panade, panne, poisse, purée, ratissage, roublarderie, vacheté. ▸ **être dans la misère** chier de petites crottes, coucher *ou* être à la corde, être dans la limonade, gratter les pavés, manger de la vache enragée, sentir le violon. ▸ **tomber dans la misère** plonger, tomber dans le bœuf.

miséreux *adj. et n.* à la faridon *ou* faridondaine, claque-dents, claque-faim *ou* claque-patins, crève-la-faim, crottaleux, débiné, déchard *ou* décheux, faridonneau, fauché (à blanc, comme les blés) fauch(e)mann, frère de la côte, mistouflard *ou* mistouflé, miteux *ou* mitouillard, panadeux *ou* pannezard, pégreleux, pouilla(r)din, pouillasson *ou* pouilleux, purée *ou* purotin, sans un, traîne-lattes, traîne-misère, traîne-patins *ou* traîne-savates.

mitrailler *v.t.* arroser, plomber, sulfater.

mitraillette *n.f.* arroseuse municipale, joséphine, lampe à souder, lance-parfum, lessiveuse, machine à coudre *ou* à percer, mandoline, moulin à café, moulinette, sulfateuse, titine.

mitrailleuse *n.f.* machine à coudre *ou* à percer, machine à ramer, à battre *ou* à secouer le paletot, moulin à café.

mobilier *n.m.* bazar, bois.

mode *n.f.* ▸ **à la mode** bléca, branché, câblé, chébran, dans le coup, dans le vent *ou* dans le train, in.

modération *n.f.* ▸ **agir avec modération** y aller mollo.

modifier *v.t.* *[l'apparence]* relooker.

moi *pron. pers.* bibi (lolo), ce petit-là, l'homme, le petit, ma cerise, ma figure, ma fiole *ou* ma frime, ma gueule, ma poire *ou* ma pomme, mécol *ou* mécolle, mes gants, mes os, mes osselets, mézig, mézigo *ou* mézigue, mon gn(i)asse (poilu), mon(g)nière bobéchon, mon orgue.

moine *n.m.* frocard.

moineau *n.m.* piaf.

moins (au) *loc. adv.* *[en parlant de l'âge]* bien tassé, et les mois de nourrice *ou* sans compter les mois de nourrice.

mois *n.m.* marcotin *ou* marquotin, marqué, marquet *ou* marque, marquis.

moitié *n.f.* mèche, motte *ou* moit'. ▸ **moitié-moitié** af(a)naf, fifty-fifty *ou* fifti-fifti, mitamita, moite-moite.

mollet *n.m.* biscoteau *ou* biscoto, jacot, jacquot *ou* jacques, molletegomme, molleton, moltogomme, etc. *[pourvu de bons mollets]* jacquoté.

monnaie *n.f.* bigaille, bigorneaux, blanquette, brocaille, cercle, ferraille, flèche, francouillard, mitraille, monouille, mornifle, petite vaisselle, vaisselle de fouille *ou* de poche. *[fausse monnaie]* mornifle tarte. → *aussi* PIÈCE, SOU.

monocle *n.m.* carreau (de vitre), roue de secours, vasistas.

mont-de-piété *n.m.* clou, grand fourgat, ma tante, pégal(e), plan, planque. ▸ **déposer au mont-de-piété** clouer, empégaler, mettre au clou. ▸ **dégager du mont-de-piété** déclouer, décrocher, déplanquer.

monter (se) *v.pr.* ▸ **ça se monte à** *[somme]* ça va chercher dans les...

montre *n.f.* babillarde, bob, bogue, breloque, coucou, dégoulinante, dégringolante, tocante *ou* toquante, tournante, trotteuse.

montrer *v.t.* faire briller.

moquer (se) *v.pr.* *[de qqn]* chambrer, charrier, chiner, emboîter, entortiller, se fiche(r), se foutre de (la fiole *ou* la gueule de), jardiner, jeter de la bêche, mettre en boîte *ou* en caisse, passer à la chine *ou* à la toque, passer son habit de chine, se payer la fiole, la gueule, la poire, la tête, etc., vanner. *[de qqch]* (n')en avoir rien à foutre, à branler, à cintrer, à cirer *ou* à secouer, s'en balancer, s'en battre l'œil, s'en branler, s'en cogner, s'en coller, s'en contrefiche *ou* contrefoutre, s'en tamponner (le coquillard *ou* le coquard), s'en taper, s'en tartiner, s'en tasser, s'en torcher le derrière *ou* le cul, se le mettre quelque part.

moquerie *n.f.* bêchage *ou* bêche, chambrage, charre *ou* charriage, chinage *ou* chine, emboîtage, jardinage, mise en boîte *ou* en caisse. *[geste de moquerie]* bras *ou* doigt d'honneur, pied-de-nez. ▸ **subir des moqueries** passer à la bêche.

moqueur *adj. et n.* chineur, jardineur, rigolard *ou* rigoleur, scieur.

morceau *n.m.* loubé, morcif, porcif(e), porquesse *ou* porkesse.

mordre *v.t.* morganer.

morgue *n.f.* *[lieu]* boîte aux dégelés *ou* aux refroidis, clou des macchabées, frig, Macobo, musée des refroidis, séchoir, tapis de dégelés.

moribond *adj. et n.* → MOURANT.

morphine *n.f.* lili-pioncette.

mort *adj. et n.* allongé, chtourbe, clam(e)cé *ou* clamsé, cosni, crevé, mortibus, nettoyé, raidard, rétamé, séché. ▸ **il est mort** il n'a plus mal aux dents *ou* les dents ne lui font plus mal. ▸ **être mort et enterré** manger *ou* bouffer les pissenlits par la racine, taper dans le sap.

mort *n.f.* blafarde, calanche, canage, Camarde *ou* Camargue, camuse, carline, cinquième compagnie, cosne *ou* cône, crève *ou* crevaison, faucheuse, Sèche.

moteur *n.m.* berlingot, bourin, marmite, moulin.

motocyclette *n.f.* essoreuse, meule, motal, pétoche *ou* pétoire.

motocycliste *n.m.* motard, pince.

moucher (se) *v.pr.* faire juter l'os à moelle, fusiller le pavé, se sécher le tasseau, (se) tir(e)juter.

mouchoir *n.m.* blard, blave, blavard, blavec *ou* blavin, chiffon, chiffornion, malle *ou* mallette à quatre nœuds, tire-jus *ou* tire-moelle, tire-molard, tord-pif.

mourant *adj. et n.* crevard, foutu. ▸ **être mourant** ça sonne *ou* ça sent le sapin, graisser ses bottes, mon linge est lavé, sonner.

mourir *v.i.* avaler sa chiffe *ou* sa chique, sa cuiller, sa fourchette, sa gaffe, le goujon, sa langue *ou* ses baguettes *ou* l'avaler, avaler son bulletin *ou* son extrait de naissance, boire le bouillon, calancher *ou* calencher, can(n)er, cascader, casser son câble, sa canne, son crachoir, son crayon, son fouet, sa pipe *ou* sa queue de billard *ou* la casser, claboter, clam(e)cer, clamser *ou* cla(m)pser, clapoter, claquer (du bec), cônir *ou* cosnir, cracher son âme *ou* son embouchure, cramser *ou* crampser, crapser, crever (la gueule ouverte), crever son pneu, crônir *ou* crounir, déboulonner sa colonne, déchirer son faux col, son habit *ou* son tablier *ou* la déchirer, décoller le billard, défiler la parade, dégeler, dégommer, dégonfler sa vessie, déposer le bilan, son mandat *ou* ses bouts de manche, dépoter son géranium, descendre la garde, (la) dessouder, dévisser (son billard), s'effacer, s'en aller *ou* sortir les pieds devant, épouser la Camarde *ou* faire ménage avec la Camarde, éteindre *ou* fermer son gaz, éteindre sa braise, faire couic, se faire faire un costume en bois *ou* en sapin, faire sa malle, son paquet *ou* ses petits paquets, fermer *ou* plier son parapluie *ou* son pébroque, filer son câble par le bout *ou* filer de l'huile, (la) glisser, s'habiller de sapin, krapser, lâcher la bouée *ou* la rampe, la gober, se laisser glisser, laisser ses bottes (quelque part), larguer les amarres, mettre les volets à la boutique, oublier *ou* perdre le goût du pain, oublier de respirer, passer l'arme à gauche, piquer sa plaque, plier son pébroque *ou* ses chemises, poser *ou* déposer sa chique, prendre la secousse, raidir, ramasser ses outils, remercier son boucher *ou* son boulanger, remiser son fiacre *ou* son sapin, rendre *ou* verser sa cuiller au magasin, rendre sa bûche, sa canne au ministre, sa clef, son cordon, son livret, son permis de chasse *ou* son tablier, renverser son absinthe, son café, son casque, sa chaufferette, sa marmite *ou* son mazagran, se répandre, souffler sa camoufle, tortiller *ou* tourner de l'œil, tourner le coin, se vider, y passer, y rester. *[rapidement ou subitement]* être tortillé *ou* troussé.

moustache *n.f.* bacchantes, baffi, balai à *ou* de chiottes, balai d'amour, charmeuses, moustagache. *[à la Charlot]* crottes de bique.

moyen *n.m.* condé, flèche, nibé. *[frauduleux]* cheville. ▸ **il n'y a pas moyen** y a pas mèche *ou* plan. ▸ **employer les grands moyens** faire fort, jouer *ou* faire le grand jeu, matraquer, mettre la matraque, le paquet *ou* le pacsif. → *aussi* RESSOURCES. *[employer certains moyens]* le faire... (à la vertu, au culot, etc.).

muet *adj.* ▸ **rendre muet** la couper (à qqn).

municipalité *n.f.* cipale.

mur *n.m.* duraille *ou* durier.

musicien *n.m.* musico(s). *[folk]* folkeux. *[rock]* rocke(u)r *ou* rocky. *[couple de musiciens ambulants]* chignoleurs.

musique *n.f.* zicmu, zizique.

myope *adj. et n.* bigleux, miro.

mystification *n.f.* charriage *ou* charrida.

N

nageur *n.m.* flotteur.

naïf *adj. et n.* bobine, bonnard, carafe, cave *ou* cavé, gobeur, gogo, jobard, mufle, nature, nave, naveton *ou* nav(e)du, poire, (bonne) pomme, pomme à l'eau, à l'huile *ou* pomme cuite, tête *ou* tronche à l'huile. ▸ **être naïf** arriver le bec *ou* la gueule enfarinée, débarquer, être fleur, partir au quart de tour.

naïvement *adv.* comme une fleur.

naïveté *n.f.* jobarderie, jobardise *ou* jobardisme.

narguer *v.t.* faire la barbe, frimer.

narine *n.f.* gonfle.

naturellement *adv.* nature, naturlich. ◆ *interj.* un peu, mon neveu !

nécessaire *n.m.* matérielle.

nécrologie *n.f.* nécro.

neige *n.f.* *[sur la route]* sucre.

néo-zélandais *adj. et n.* kiwi.

nerf *n.m.* ▸ **nerf de bœuf** canard sans plumes.

nerveux *adj.* speedé, speedy *ou* speed.

nettoyer *v.t.* décra(s)pouiller, passer à l'astic. *[une salle de café]* faire le mastic.

neutraliser *v.t.* colmater, mettre au placard.

nez *n.m.* baigneur, blair *ou* blaireau, blase, boîte à morve, caillou, croquant, dragée, mufle, nase *ou* naze, naseaux, nasicot, nazbroque, os à moelle, patate, pif *ou* piffard, piment, pinceau, piton, priseur, ronflant, ruche, tarbouif *ou* tarbusse, targette *ou* targe, tarin, tasse *ou* tasseau, tomate, tournique(t), trompette, truffe, tubard *ou* tube. *[grand]* éteignoir, fer *ou* lampe à souder, quart de brie, step à trier les lentilles *ou* à repiquer les choux. *[retroussé]* nez dans lequel il pleut. *[rouge]* aubergine, betterave. ▸ **nez à nez** en frime. ▸ **mettre les doigts dans son nez** décrocher ses tableaux.

niais *adj. et n.* cavillon, cucu(l) la praline, daim, fignard, figne *ou* fignon, gniol *ou* gnolle, loffe, neuneu, nunuche, tomate. → *aussi* **IMBÉCILE, STUPIDE.**

niaiserie *n.f.* cavillonnerie, cucuterie *ou* cuterie, joberie. → *aussi* **BÊTISE.**

nier *v.t.* aller *ou* battre à Niort, chiquer. *[l'évidence]* chiquer à tout va.

noceur *n.m.* bombeur, bringueur, flambard, gouapeur *ou* gouêpeur.

Noir *n.m.* bamboula, basané, black, blackie *ou* blackos, bougnoul, boule de neige, boulet Bernot, bounty, cirage *ou* ciré, fumé, gobi, jus de réglisse, kebla, mal blanchi, moricaud, négro, noircicaud, renoi. ◆ **Noire** *n.f.* fleur de tunnel. ▸ **épouser une Noire** bougnouliser *ou* se bougnouliser.

noix *n.f.* cassante.

nom *n.m.* bagoul, blase *ou* blason, centre, chouette. *[faux]* centre à l'estorgue, faux bath, neige, tocard *ou* toquard. ▸ **avoir un faux nom** marcher *ou* vivre sous un toc.

nomade *n.m.* roulant, rouleur.

nombril *n.m.* gidouille.

nommer *v.t.* blaser *ou* blazer. *[qqn à un poste élevé]* bombarder, parachuter.

non ! *interj.* chaleur, nibergue, nisco, nix, polop(p)e ! → *aussi* **RIEN.**

non-lieu *n.m.* coup de nib.

nord-africain *adj. et n.* noraf *ou* nordaf.

notaire *n.m.* brochandeur *ou* entifleur à la plaque.

note *n.f.* → **ADDITION.** ▸ **fausse note** canard.

nourriture *n.f.* artillerie, bectance, bifteck, bouffe, boustifaille *ou* boustiffe, briffe *ou* briffeton, claque, croque, croustaille, croustance *ou* croustille, croûte, cuistance, frichti, fricmart, fricot, fripe, gaufre, graille, graine, grinque, jaffe, kaï-kaï, mastègue, tortore. *[médiocre]* ragougnasse, rata *ou* ratatouille, tambouille. → *aussi* **CUISINE, REPAS.**

nous *pron. pers.* nosis, noszigues, nouzailles, nouzingan, nozière, nozigue, nozingo.

nouveau-né *n.m.* gluant *ou* gluau, pet à vingt ongles.

nouvelle *n.f.* *[fausse]* bobard, bouteillon, canard.

noyer *v.t.* faire flotter. ▸ **se noyer** ou **manquer de se noyer** boire la goutte *ou* la tasse, boire *ou* prendre un bouillon *ou* une tasse.

nu *adj.* à loilpé *ou* à loilpuche, à poil, au déballage, en saint Jean, en sauvage.

nuire *v.t. ind.* *[à qqn]* carboniser, casser les pattes, faire *ou* chier dans les bottes, tirer dans les pattes.

nuit *n.f.* borgne, borgnio *ou* borgnon, brune, neuille, noïe, noille *ou* noye, noire, sorgue. *[nuit d'amour]* dorme, sorguage. *[passée avec une prostituée]* couché *ou* coucher. ▸ **bonne nuit !** sorgabon !

nul *adj.* domb *ou* dombi, nul à chier, nullache, nullard *ou* nullos, zone.

nulle part *loc. adv.* chez Plumeau *ou* Plumepatte.

nymphomane *n.f.* montgolfière. → *aussi* ENCLIN.

O

objet *n.m.* → CHOSE.

obligatoirement *adv.* bécif *ou* bessif, obligado *ou* obligeman.

obscénité *n.f.* chiennerie, ordurerie.

obscur *adj.* *[texte ou raisonnement]* clair comme de l'eau de boudin. ▸ **très obscur** noir comme dans le (trou du) cul d'un nègre.

obséder *v.t.* prendre la tête.

observer *v.t.* → REGARDER.

obstacle *n.m.* bec, os. → *aussi* ENNUI, PROBLÈME. ▸ **rencontrer un obstacle** tomber sur un bec (de gaz), un manche *ou* un os. ▸ **faire obstacle** brider.

obtenir *v.t.* affurer *ou* afflurer, attriquer, écosser, encaper, engrener, faire remonter, se ramasser. *[des renseignements]* tirer les vers du nez.

obus *n.m.* marmite, pélot *ou* pélaud.

occasion *n.f.* belle, occase.

occupation *n.f.* *[passe-temps]* plan. *[illégale d'un local vide]* squat(t). *[l'Occupation allemande]* Occup' *ou* Occupe.

occuper *v.t.* *[beaucoup d'espace]* cuber. *[illégalement un local vide]* squatter *ou* squattériser. ▸ **être occupée** *[en parlant d'une prostituée]* être en lecture *ou* en main, être sous presse.
◆ **s'occuper** *v.pr.* ▸ **occupe-toi de tes affaires !** je (*ou* on) te demande pas l'heure qu'il est, occupe-toi de tes fesses *ou* de tes oignons, t'occupe !

œil *n.m.* agate, calot, carreau, châssant, châsse *ou* châssis, clignot *ou* clignotant, hublot, lampion, lanterne, lucarne, mire, mirette *ou* mironton, œillet, pruneaux, quinquet, reluis *ou* reluit, vasistas, viscope. *[à la pupille réduite]* œil en trou de bite *ou* de pine. *[cerné ou rouge]* œil bordé d'anchois, de jambon, de pisse *ou* de rosbif. *[tuméfié]* œil à la caille, à la coque, au beurre noir, cocard *ou* coquard, robert. ▸ **coup d'œil** coup de périscope, de sabord *ou* de saveur. ▸ **jeter un coup d'œil** jeter un œil *ou* un cil. ▸ **œil de verre** châsse d'occase.

œilleton *n.m.* *[dans une porte de cellule]* oculo.

œuf *n.m.* avergot.

officier *n.m.* bœuf, off *ou* officemar.

oie *n.f.* angluce *ou* angluche.

oignon *n.m.* pleurant.

oiseau *n.m.* bécant, piaf, pierrot.

omnibus *n.m.* boîte à sardines, four banal.

onduler *v.i.* *[des hanches]* chalouper.

opération *n.f.* *[chirurgicale]* charcutage. ▸ **déclencher une opération de police** allumer la paille.

opérer *v.t.* *[un malade]* charcuter.

opium *n.m.* bénarès, confiture, fée brune, noir *ou* noire, op, touf(f)iane. ▸ **fumer de l'opium** tirer sur le bambou. *[pipe d'opium]* bambou. *[résidu d'une pipe]* dross.

opportuniste *adj. et n.* filocheur.

opposer (s') *v.pr.* faire du contrecarre.

or *n.m.* dur, jonc *ou* joncaille, orient. *[faux]* tartre.

ordinateur *n.m.* bécane, bousine.

oreille *n.f.* aileron, anse, cliquette, écoutille, entonnoir à musique, escalope, escouane, esgourde *ou* esgourne, étagère à mégots, étiquette, feuille, loche, manette, pavillon, portugaise, zozo *ou* zozore. *[grande]* feuille de chou, plat à barbe.

orfèvre *n.m.* joncailler, orphelin.

organes *n.m.pl.* *[de la digestion ou de la respiration]* tuyauterie. → *aussi* **PÉNIS, SEXE, VAGIN, VULVE.**

organisé *adj.* ficelé.

orgasme *n.m.* → **JOUIR.**

orgue *n.m.* ▸ **orgue de Barbarie** armoire à sons, buffet, commode, moulin à café. ▸ **jouer de l'orgue de Barbarie** moudre du poivre *ou* tourner le moulin à poivre, remuer *ou* secouer la commode. *[joueur d'orgue de Barbarie]* rémouleur de buffet.

orgueilleux *adj.* ▸ **être orgueilleux** se gober.

original *adj.* folklo, zazou.

origine *n.f.* extrace.

orteil *n.m.* arpion, radis.

osé *adj.* hard, raide, salé, saligaud *ou* salingue.

oublier *v.t.* *[le mot d'ordre]* boulotter le truc.

oui *adv.* banco, gi, gigot, gy, ligodu, ligoduji.

ours *n.m.* poilu.

outils *n.m.pl.* clous. *[du cambrioleur]* bibelots, bibis, fers.

ouverture *n.f.* *[d'une porte ou d'un coffre]* délourdage.

ouvrier *n.m.* boulot, métallo, ouvriot, prolo, pue-la-sueur *ou* sent-la-sueur, turbin. *[non-gréviste]* jaune, renard. *[fumiste]* fumigo. *[médiocre]* chouflique *ou* choufliqueur, coltineur, sabot, sabreur. *[nomade]* trimard *ou* trimardeur. *[qui simule un accident du travail]* macadamiste.

ouvrir *v.t.* bâiller, casser, crocher *ou* crocheter, débâcler, débloquer, déboucler, débrider, délourder, dépon(n)er, détourner, opérer.
◆ **s'ouvrir** *v.pr.* ▸ **s'ouvrir les veines** se gratouiller.

ovaires *n.m.pl.* échalotes.

P

paiement *n.m.* affûtage, casquement, coup de casque, douille, poivrement, raquage *ou* raquement, rembro.

paillasse *n.f.* plumarde.

paille *n.f.* plume de (la) Beauce. ▸ **homme de paille** taxi.

pain *n.m.* artie, artif *ou* artifaille, bricheton, briffeton *ou* brigeton, brignolet, brutal, grignolet, lartif *ou* larton. *[en prison]* boule de son. *[bis]* lartif brutal. *[blanc]* larton savonné. *[morceau de pain dégusté par certains dépravés]* baba, biscuit, croûton, fricadelasse, mouillette, soupe.

paix *n.f.* ▸ **faire la paix** rambiner le coup *ou* le truc.

pâle *adj.* blanco, bronzé comme un cachet d'aspirine, plus blanc qu'une merde de laitier.

pâlir *v.i.* défarguer.

paludisme *n.m.* palu.

panier *n.m. [de la guillotine]* case à tronche *ou* à viande. *[de vivres pour un détenu]* assistance.

panne *n.f.* ▸ **en panne** en bobine, en carafe, en frime, en rade, en rideau *ou* en ridelle, HS.

pantalon *n.m.* bénard, benne *ou* bénouse, culbutant *ou* culbute, false *ou* falzar, fendant, fendard *ou* fendu, fourreau, foutanar *ou* fouitenar, froc *ou* frocard, futal *ou* fute, grimpant *ou* grimpante, largeo(t), marine, montant *ou* montante, pante, phalzar, valseur.

papier *n.m.* brême, papelard. *[d'identité]* chouettes, faf, faffe *ou* fafiot, pap's. *[faux papiers]* balourds, tocs *ou* toques. *[hygiénique]* papier-cul, pécu(l) *ou* PQ.

paquet *n.m.* lacson *ou* laqcé, pacsif *ou* pacson.

parachute *n.m.* pépin.

paradis *n.m.* tapis bleu.

parapluie *n.m.* paralance *ou* pare-lance, pébroc *ou* pébroque, pèlerin, pépin, riflard.

parce que *loc. conj.* because, bicause *ou* bicose, biscotte.

pardessus *n.m.* alpague, lardeuss, lardingue *ou* lardosse, pardeuss, pardingue *ou* pardosse.

pardonner *v.i.* aplatir, écraser *ou* étouffer le coup.

pare-brise *n.m. [de moto]* bulle.

pareil *adj.* kif *ou* kif-kif, kif-kif bourricot, kif-kif le même sac, la même Saint-Martin, le même tabac, quès *ou* kès, tout chié *ou* tout craché. ▸ **c'est pareil** c'est du kif, du quès *ou* du kès, du même.

pareillement *adv.* idem au cresson.

parents *n.m.pl.* dabes, darons, doches, paternels, vieux *ou* vioques.

paresse *n.f.* cosse, loupe, marlouserie, rame, tatane, tirage au flanc, vachardise.

paresser *v.i.* buller, chier, cracher *ou* s'endormir sur le rôti, le bifteck *ou* le mastic, coincer *ou* écraser la bulle, faire la vache, glander *ou* glandouiller, godailler, se les branler *ou* se branler les couilles, louper, tirer au flanc, au cul *ou* au renard, tirer sa loupe, vacher, vacharder *ou* vachotter, zoner.

paresseux *adj. et n.* batteur (de flemme), bulleur *ou* bullard, cossard *ou* cosseux, cul de plomb, feignant, feignard *ou* feignasse, flemme, glandeur *ou* glandouilleur, gluau, malade du pouce, pilonneur, ramier, rossard, tire-au-flanc *ou* tire-au-cul, tireur au flanc *ou* au cul, vachard. ▸ **être paresseux** avoir la peau trop courte, avoir la rame, avoir les bras retournés *ou* à la retourne, avoir les côtes en long, avoir les pieds en cosses de melon, les pieds nickelés *ou* les pieds retournés, avoir un poil dans la main, les avoir à la phoque *ou* les avoir palmées, ne pas l'avoir épais, tirer sa cosse. → *aussi* INACTIF.

parfait *adj.* du cousu main, impec, ronflant.

parfaitement *adv.* impec.

pari *n.m.* prise. ▸ **prendre des paris** bachoter, faire les bâches, piéger.

parieur *n.m.* bachotteur, tunard.

parisien *adj. et n.* pantinois, pantruchard *ou* pantruchois, parigot. *[jeune]* titi.
◆ **Parisiens** *n.m.pl.* potes.

parler *v.i.* accoucher, bagouler *ou* débagouler, balancer le chiffon rouge, baratiner, baver, bon(n)ir, dévider l'écheveau, faire crosser sa chiffe, jacter, jaser, jasper *ou* jaspiner, lever son copeau, moufter, ouvrir sa gueule *ou* l'ouvrir, pallasser, phrasicoter, rouler, rouscailler, tchatcher, tenir le crachoir, la jactance *ou* la jaquetance, tortiller de la débagoule. → *aussi* DÉNONCER. *[parler argot]* déballer *ou* dévider le jar(s), jarguer, rouscailler bigorne.

parleur *n.m.* ▸ **beau parleur** baratineur, pallasseur, phrasicoteur, va-de-la-gueule.

parole *n.f.* parlante. ▸ **ne pas avoir la parole** ne pas avoir la parlante. ▸ **reprendre la parole** reprendre le crachoir.

part *n.f.* blind, comm', fade, falmuche, flanchet, nougat, taf.

partage *n.m.* fadage *ou* fade, panard.

partager *v.t.* aller au pied, fader, faire afanaf, faire la motte, falmucher. ▸ **sans partager** en juif *ou* en suisse.

partenaire *n.* ▸ **partenaire sexuel** affaire, coup. *[d'un homosexuel]* dame.

partir *v.i.* s'arracher (de devant), se barrer, can(n)er, se casser, casser sa canne, changer de paroisse, débâcher (la roulotte), débarrasser le plancher, décambuter, décarrer, dégager, dévisser, s'esbigner, se faire la malle, faire la valdingue *ou* la malle, ficher *ou* foutre le camp *ou* son camp, filer son nœud, gicler, jouer rip, larguer les amarres, lever le pied, machav, mettre les bouts (de bois), les cannes, les voiles, le rideau, etc., se natchaver *ou* se navaler, pratiquer *ou* se faire la levure, radiner, ripatonner, riper, tailler la route, tirer sa coupe *ou* ses guêtres, (se) tracer, se triquer. *[sans payer]* déménager à la cloche de bois *ou* de cuir, dîner à la paire, faire brin de salade *ou* jambe de bois, fuser, laisser *ou* planter un drapeau, pisser à l'anglaise. *[sans régler entièrement son dû]* laisser *ou* faire une queue.

partisan *adj.* chaud, client, gras, partant.

passage *n.m.* *[clandestin d'une frontière]* percée.

passe-partout *n.m.inv.* bouton, passe, rossignol.

passeport *n.m.* escrache, image, passe.

passer *v.i.* filer. *[en parlant du temps]* bouler, filocher.
◆ *v.t.* *[en fraude]* pastiquer. ▸ **passer la nuit dehors** filer *ou* renifler la comète, sorguer à la paire.
◆ **se passer** *v.pr.* *[de]* se bomber (devant la glace), se brosser *ou* se gratter, jongler, se mettre la tringle, trouver tringlette. → *aussi* **SE PRIVER.**

passeur *n.m.* *[de drogue]* mule *ou* mulet.

passionné *adj. et n.* accro, addict, fan, mordu, secoué, tordu. ▸ **être passionné** avoir dans la peau, être toqué de.

pastis *n.m.* → **BOISSON.**

pâtissier *n.m.* pâtissemar.

patron *n.m.* boss, bourgeois, dabon *ou* dabmuche, daron, grelasson, grèle, manche, négrier, singe, taulier *ou* tôlier. *[fils du patron]* ouistiti. *[d'hôtel garni]* tapissier. *[de maison close]* bonique, bordelier, monsieur, papa, proxémaq. ▸ **patron de café** bistrot *ou* bistrotier, camphrier, caou(a)dji, jaunier, man(n)ezingue, mastroquet, ogre, piaulier *ou* piollier, rogom(m)iste, troquet, zinc *ou* zingot. ▸ **être patron de café** être dans la limonade.

patronne *n.f.* singesse. *[de café]* bistrotière. *[de maison close]* abbesse, bonicarde, bordelière, dame de maison, macquecé, Madame *ou* Mademoiselle, maman maca *ou* mère maca, marchande de barbaque, de bidoche *ou* de chair humaine, marquise, maxé, mère maquerelle, ogresse, sous-broche, sous-mac *ou* sous-maxé, sous-maîtresse, sous-vache, taulière.

patrouille *n.f.* patraque, sime.

paupière *n.f.* châssis.

pause *n.f.* break.

pauvre *adj.* → **DÉMUNI.**

pauvreté *n.f.* → **MISÈRE.**

pavé *n.m.* paveton.

paye *n.f.* ▸ **jour de la paye** sainte-touche.

payer *v.t.* aligner, aller au caisse *ou* au refil(e), allonger, arroser, banquer, braiser *ou* braisiller, cachetonner, caisser, carmer, casquer, cigler, cracher (au bassinet), décher, défourailler, dérondiner, douiller, éclairer, envoyer la monnaie, la soudure *ou* la valse *ou* les envoyer, fader, lâcher (le sac), masquer, mollarder, mornifler, poivrer, raquer, sigler, y aller de son fade. *[à boire]* passer devant la glace, y aller d'une. *[chacun sa consommation]* régaler son suisse. *[plus que prévu]* allonger le tir *ou* la sauce. *[ce qui n'est pas dû]* danser. *[une prostituée]* michetonner. → *aussi* **CHER.**

payeur *n.m.* casqueur, poivreur, raqueur.

pays *n.m.* bled, patelin, plaine.

paysan *n.m.* blédard, bouseux, cambrous(s)ard, croquant, cul terreux, goyau *ou* goyo, lourd, pante *ou* pantre, patate, pécore, pedzouille *ou* petzouille, pégouse, péquenaud *ou* péquenot, pétrousquin, plouc *ou* plouque.

peau *n.f.* basane, couenne, cuir, lard.

pédale *n.f.* manette, piston.

pédaler *v.i.* *[en souplesse]* mouliner. *[vigoureusement]* en moudre.

pédéraste *n.m.* → HOMOSEXUEL.

pédérastie *n.f.* → HOMOSEXUALITÉ.

peigne *n.m.* crasseux, râteau.

peine *n.f.* → CONDAMNATION.

peiner *v.i.* ramer. → *aussi* EFFORT.

pèlerine *n.f.* *[d'agent de police]* éteignoir.

pellicule *n.f.* *[photo]* pelloche *ou* péloche.

pendre *v.t.* béquiller, haricoter. ▸ **être pendu** épouser la veuve, gambiller.
◆ **se pendre** *v.pr.* se corder.

pendule *n.f.* breloque, dégoulinante.

pénétrer *v.t.* (s') enquiller, entifler.

pénible *adj.* galère, sévère.

pénicilline *n.f.* pine à Céline.

pénis *n.m.* andouille *ou* anguille à col roulé, de calecif *ou* de calebar, arbalète, ardillon, article, asperge, asticot, balayette infernale, barre à mine, bifteck roulé, biroute, bistouquette, bite, bonhomme, bout, brandon, braquemart, broque, burette, chandelle, Charles le Chauve, chauve à col roulé, chibre, chinois, chipolata, chopine *ou* chopotte, cigare à moustaches, clarinette, coquette, crayon, cyclope, dard *ou* dardillon, darrac *ou* darraque, défonceuse, engin, flageolet, frotteuse, gaule, gibremol, gland, gluante, goujon, goupillon, gourdin, guiche, guignol, guiguite, guise *ou* guisot, jacot, jacques *ou* jacquot, jambe du milieu *ou* troisième jambe, jean-nu-tête, Jésus, lavette, macaroni, manche (à balai, à couilles), mandrin, marsouin, matraque, merguez, mirliton, nœud, nouille, os à moelle, outil, paf, pain au lait, panais *ou* panet, papillon du Sénégal, père frappard, perroquet, petit frère, pieu, pinceau, pine, piston, poilard, poireau, polard, Popaul *ou* Popol, quéquette, queue, quille, quique *ou* quiquette, radis, robinet d'amour, rossignol à glands, sabre, saucisse, scion, seringue, tébi, tendue, teube *ou* teubi, tige, tricotin, tringle d'acier, trique *ou* triquebille, vier, vipère broussailleuse, zeb, zébi *ou* zèbr, zifolet, zigouflet, zigouflette *ou* zigouigoui, zizi, zob *ou* zobi. *[postiche]* gode *ou* godemiché. ▸ **être pourvu d'un pénis avantageux** en avoir une paire, être bien matraqué, membré, monté *ou* outillé, être monté comme un âne, un bourricot *ou* un taureau. ▸ **être pourvu d'un pénis modeste** être mal membré *ou* monté comme un serin. *[pourvu d'un pénis]* queuté.

penser *v.i.* gamberger, phosphorer, sorbonner.

percepteur *n.m.* dégraisseur, étouffeur de fric, père presseur.

percer *v.t.* bouliner, crever.

perceur *n.m.* ▸ **perceur de coffres** chignoleur.

percevoir *v.t.* *[la comptée d'une prostituée]* aller aux épinards, relever les compteurs *ou* la relever.

percolateur *n.m.* perco.

perdant *n.m.* loser.

perdre *v.t. et i.* avoir baccara, passer devant la glace, paumer *ou* paumaquer, plonger. *[au jeu]* dégueuler, s'embaquer, s'entuber, plonger. ▸ **perdre de l'argent** battre la dèche, être dedans, être le bœuf, faire la bête, prendre une culotte.
◆ **se perdre** *v.pr.* se paumer.

père *n.m.* dab, daron, dobiche, doche, pater *ou* paternel, vieux *ou* vioque. ▸ **le Père Noël** le barbu.

perle *n.f.* perlouse *ou* perlouze. *[garni ou paré de perles]* emperlousé *ou* emperlouzé.

permission *n.f.* *[militaire]* perm(e) *ou* permiss.

perpétuité *n.f.* ▸ **à perpétuité** à perpète *ou* à vioque, à user le soleil.

perquisition *n.f.* barbotte, descente, perquise, rapiot.

perquisitionner *v.t.* vaguer.

perruque *n.f.* moumoute, panoufle.

perruquier *n.m.* *[au bagne]* barberot.

personnel *adj.* perso.

perspicacité *n.f.* nez, pif.

perte *n.f.* *[d'argent]* bouillon, dèche, gorgeon, lessive, pommade.

perturbateur *n.* enquiquineur, fouteur *ou* semeur de merde, saladier.

perturber *v.t.* faire de l'autiche *ou* faire la musique, foutre *ou* semer le bordel *ou* la merde, mettre la barrabille *ou* le rouge.

perversion *n.f.* dessalage *ou* dessalement.

pet *n.m.* cloque, fusant, gaz, louf *ou* louffe, louise *ou* marie-louise, pastille, perle *ou* perlouse, poltron, velours, vesse.

péter *v.i.* cloquer, dégager, jouer de la trompette, lâcher *ou* laisser tomber une perle, lâcher une fusée *ou* une louise, louf(f)er, s'oublier, ouvrir sa tabatière, roussiner, vesser.

petit *adj.* bas-du-cul *ou* bas-duc, bas de plafond, haut comme trois pines à genoux, loin du ciel, rase-bitume, saucisson à pattes. → *aussi* INDIVIDU.

peu *adv.* pas bezef, pas chouïa, pas gras, pas lerche, pas des masses. ▸ **un peu** sur les bords, un chouaye, chouïa, chouilla, chouya, etc., un loubé, un poil. ▸ **peu de gens** trois pelés et un tondu.

peuple *n.m.* populo.

peur *n.f.* bloblot(t)e, canage, chiasse, cliche, foirade *ou* foire, grelotte, pétoche *ou* pétouille, taf *ou* tafferie, tracos, traczir, tracquerie, traquette *ou* traquouse, tremblote, trouille. ▸ **avoir peur** avoir la chaleur, les chocottes, les colombins, les copeaux, les flubes, les foies (blancs), les framboises, les fumerons, les fusains, les grelots, les grolles, les jetons, les miquettes, les mouillettes, les moules, la pétoche, la pétasse *ou* le taffetas, avoir les miches *ou* le trouillomètre à zéro *ou* les avoir à zéro, avoir les miches qui font bravo, baliser, blobloter, caner, chiasser, chier *ou* faire dans sa chemise, sa culotte *ou* son froc, chocotter, crier bravo *ou* faire bravo, débander, fouetter, grelotter, les avoir blancs *ou* moites, moiter *ou* mouet(t)er, mouiller, n'avoir plus un poil de sec, ne bander que d'une *ou* bander mou, pétocher, retailler, serrer les fesses *ou* les miches, taffer, traquer, trouiller *ou* trouilloter. ▸ **faire peur** ficher, filer *ou* foutre les chocottes, les copeaux, la chiasse, les colombins, les flubes, les foies, les grelots, les grolles, les jetons, les moules, etc., taffer.

peureux *adj. et n.* caneur, chaleureux, chiasseur, dégonflard, dégonflé *ou* dégonfleur, flubard, foireux, frileux, molletonné, péteux *ou* pétochard, prouteur, taffeur, traqueur, trouilleur *ou* trouillard. ▸ **être peureux** avoir du jus *ou* du sang de navet (dans les veines), n'y aller que d'une fesse.

pharmacien *n.m.* coupe-chiasse, marchand de mort subite, pharmaco, vise au trèfle.

photographie *n.f.* *[obscène]* polka.

physionomie *n.f.* → VISAGE.

pianiste *n.m.* tapeur.

piano *n.m.* armoire à sons, buffet, commode.

pièce *n.f.* **1.** *[monnaie]* badigeon, bibelots, brillard, cigaillon, cigue, flèche, nickel, siglard, sigotin, sigotuche *ou* sigue, t(h)une, t(h)unard *ou* t(h)unette, tintins, zigue. *[de deux sous]* double. *[de dix sous]* crotte de pie, dixième, lidré, pastille, petite pistole, sardine. *[de vingt sous]* linvé, pince *ou* pinceau, veilleuse. *[de quarante sous]* laranque, laranтequé *ou* larenquès. *[de 5 F d'avant 1960]* bougie, fromage, médaille, tache, t(h)une, t(h)unard *ou* t(h)unette. *[de 100 F d'avant 1960]* grisbinette. *[écu]* bouton, rusquin. *[écu* *de 3 F]* petit grain. *[écu de 5 F]* gouge, gougeon, œil de bœuf, philippe, pièce, rondin. *[écu de 6 F]* chatte, croix, grain de six balles *ou* gros grain, rond de six balles, roue de derrière, roulant de cé. *[écu de 10 F]* grande pistole. *[d'argent]* argent blanc, blanche, blanchette *ou* blanchisseuse, goutte de lait, lune, roue de derrière *ou* de devant, tuile. *[d'or]* cigale, coq *ou* coquelicot, jaunet, nap', napo *ou* nap's, rondelle, signe. *[louis d'or]* noyau du Mexique, œil de crapaud *ou* de perdrix. *[louis ou pièce d'argent de 5 F]* œuf sur le plat. *[faux rouleau de pièces d'or]* raide. → *aussi* **ARGENT, MONNAIE, SOU. 2.** *[à conviction]* grisbi.

pied *n.m.* arpion, courrier, escalope, fromage, fumeron, griffe, latte, mains courantes, nougat, ognes, oignards, oignes *ou* oignons, panard, patin, patte *ou* paturon, péniche, pilon, pinceau, pinglot *ou* pingot, pingouin, pompe, radis, raquette, ribouis, ripaton, targette *ou* targe, tartine, tatane *ou* tige, trottignolle, trottin *ou* trottinet, tuyaux. ▸ **pieds sensibles** panards en vermicel. ▸ **à pied** à griffe, à pince(s), pédibus (cum jambis). ▸ **aller à pied** prendre le train onze *ou* d'onze heures.

piège *n.m.* montage, ratière. ▸ **tomber dans le piège** couper dans le truc *ou* couper dedans, couper *ou* faucher dans le pont, mordre dans le truc.

piéton *n.m.* viande à pneu.

pince *n.f.* ouistiti. *[levier à effraction]* cadet, clarinette, dauffe *ou* dauphin, dingue, griffes, jacot, jacques *ou* jacquot, monseigneur, peigne, pied-de-biche, plume *ou* plumeau, rigolo, suçoire, sucre de pomme, valant.

pipe *n.f.* bouffarde, chiffarde *ou* chiffardière. *[à opium]* bambou.

pique-niquer *v.i.* saucissonner.

pique-niqueur *n.* saucissonneur *ou* saucissonnard.

piquer *v.t.* picouser *ou* piquouser.

piqûre *n.f.* picouse, piquouse *ou* piquouze.

pirate *n.m.* *[informatique]* hacker.

piscine *n.f.* piscaille *ou* pistoche.

pistolet *n.m.* → **REVOLVER.**

placement *n.m.* placardage.

placer *v.t.* cloquer, colloquer, enquiller, placarder.

placeur *n.m.* placardier.

plaidoyer *n.m.* lessive.

plaignant *n.m.* parrain, péteur, plaintif, prouteur. *[avare]* médaillon.

plaindre (se) *v.pr.* miauler, musiquer, prouter, renauder.

plainte *n.f.* *[en justice]* pet *ou* pétage, prout(e). ▸ **porter plainte** aller au chagrin, au deuil, au pet *ou* à la poule, péter, porter le pet *ou* le deuil.

plaire *v.i.* avoir un avantage, la barre, un ticket, un tickson *ou* une touche, botter, boumer.
◆ **se plaire** *v.pr.* *[à]* en gratter.

plaisanter *v.i.* charrier, débloquer des vannes, déconner, flancher, plancher, vanner.

plaisanterie *n.f.* bonne paire, plancherie, vanne.

plaisantin *n.m.* charrieur, déconneur.

plaisir *n.m.* *[intense]* éclatade, éclate *ou* éclaterie, panard, pied. ▸ **prendre un plaisir intense** s'éclater. ▸ **exprimer son plaisir** faire les pieds au mur. *[qui donne beaucoup de plaisir]* jouissif. → *aussi* **JOUIR.**

planton *n.m.* ▸ **être de planton** faire double-vé.

pleurer *v.i.* baver des clignots, chasser des reluits, chialer, couiner, flaquer des châsses, gicler des mirettes, juter, lâcher *ou* ouvrir les écluses *ou* le robinet, lancequiner *ou* lansquiner, miter, pisser de l'œil, sniffer, zerver.

pleuvoir *v.impers.* flotter, lancequiner *ou* lansquiner, vaser, vasiner *ou* vasoter. ▸ **il pleut fort** ça tombe comme à Gravelotte, il tombe des cordes.

plomb *n.m.* mastar(d). *[volé sur les chantiers]* gras-double.

plombier *n.m.* gigal, plombard.

plonger *v.i.* piquer une tête.

pluie *n.f.* baille, lance, lancecaille *ou* lanscaille, lancequine *ou* lansquine, rincée, saucée, sirop de baromètre, de parapluie *ou* de pébroque, vase *ou* vasinette.

plume *n.f.* *[pour écrire]* brodeuse, coureuse, rame, volante.

pneu *n.m.* boudin, chaussette. *[lisse]* savonnette.

poche *n.f.* aile, baguenaude, ballade, favouille, fouille, fouillette *ou* fouillous(s)e, fourline, glaude, petite, pocket *ou* poquette, profonde, vague, valade. *[du tricheur aux cartes]* finette. *[intérieure d'un paletot]* taille de lune. *[d'un manteau]* dossière. *[sous les yeux]* valise *ou* valoche. ▸ **en être de sa poche** être de la donne. ▸ **sortir d'une poche** faire remonter.

pocher *v.t.* ▸ **pocher les yeux** bosseler les vitres.

poids *n.m.* fargue.

poignarder *v.t.* chouriner, lamer, larder, lingrer *ou* linguer, outiller, percer, piquer, planter, poinçonner, rallonger, ranger, rapiérer, sacagner *ou* saccailler, saigner, scionner, suriner. ▸ **être poignardé** *[entre les omoplates]* avoir un porte-manteau dans le dos.

poils *n.m.pl.* *[du pubis féminin]* barbu, chignon, cresson *ou* cressonnière, gazon, greffière, laitue, motte, mouron, mousse, paquet de tabac, persil, tablier de sapeur *ou* de forgeron, touffe.

poison *n.m.* poivre.

poisson *n.m.* pescal(e), poiscaille *ou* poiscail.

poitrine *n.f.* avantages, avant-scène, buffet, caisse, coffre *ou* coffret, soufflet. *[abondante]* y a du monde au balcon. *[étroite et creuse]* poitrine de vélo. *[velue]* dessus de malle. → *aussi* SEIN.

poker *n.m.* pok.

police *n.f.* bigorne, ces messieurs, cogne, flicaille *ou* flicaillerie, grive, hiboux, la Grande Taule, la maison *ou* l'écurie Bourrmann, la maison j't'arquepince, la maison parapluie, poulaga, poulardin *ou* poulmann, la rousse, mannequins, moucharde, poulaille *ou* poule, Poulegrain, raille, renacle *ou* renache, renifle *ou* reniflette, sonne, volaille. *[IGS]* bœuf carottes.

policier *n.m.* archer (du Roy), argousin, barbouze, bédi, bertelot, biffin, bignole *ou* bignolon, bleu de Nanterre, bo(u)rdille, bour(r)in, bourre *ou* bourrique, centrouse, chaussette à clous, chien, cierge, cogne, collégien, condé, coquin, dèc *ou* deck, double, double-six, drauper *ou* dreauper, emballeur(-maison), enfonceur, flic *ou* flicard, frère de l'attrape, gaffe, gosse de riche, griffe, griffeton *ou* griveton, guignol *ou* guignolet, habillé, kébour, keuf, lampion, lardu, maton *ou* matuche, mobillard *ou* moblot, mouche, nuitard *ou* nuiteux, pèlerin *ou* pèlerine, perdreau, piaf, poulaga, poulard, poulardin, poulet *ou* poulmann, raclette, radis noir, rapper, râteau, reniflette *ou* renifleur, rouquin, roussin, royco, sbire, semelle, sergot, tante, tige, trainglot *ou* tringlot, voie-publiquard, volaille *ou* volailleur. *[de la PJ]* orfèvre. *[cycliste]* cyclo, hirondelle *ou* vache à roulettes, de bitume, du faubourg, de nuit *ou* de trottoir, méhariste, rapèr, roulant. *[en civil]* en bourgeois *ou* hambourgeois, serpent. *[chargé de la circulation]* piéton. *[chargé de la brigade des mœurs]* mœurs, point de côté, rail, raille *ou* railleux. *[chargé de la police des garnis]* garno(t). *[chargé de la police des taxis]* boer. *[caché dans une camionnette aménagée]* commerçant. *[corrompu]* chioteur, ripou(x). *[faux policier]* chanteur, fausse poule. *[anglo-saxon]* bobby, cop.
◆ *adj.* ▸ **roman** ou **film policier** polar.

policière *n.f.* fliquesse *ou* fliquette.

polonais *adj. et n.* polack *ou* polak.

poltron *adj. et n.* → PEUREUX.

polytechnicien *n.m.* pipo.

pomme de terre *n.f.* crompire, orange.

pompes *n.f.pl.* ▸ **pompes funèbres** Borniol.

pompier *n.m.* lancelot, pomp(e)lard.

populaire *adj.* popu.

pornographique *adj.* cochon, de fesse *ou* de cul, porno, trouduculier. *[salle de cinéma, livre ou film pornographique]* porno.

porte *n.f.* gonde, gondole *ou* gondoleuse, guimbarde, lourde, tournante.

portefeuille *n.m.* larf *ou* larfeuil(le), lasagne, lazagne *ou* lazane, lazingue, matelas *ou* mateluche, morlingue, porte-biffetons, porte-fafiots, porte-lazagne, porte-mince, porte-mitraille *ou* porte-talbins, porte-mornif, porte-morningue, talbin. *[vide]* vacant.

porte-monnaie *n.m.inv.* artichaut, crabe, crapaud *ou* crapautard, gano(t), larf *ou* larfeuil(le), lasagne, lazagne *ou* lazane, lazingue, morniflard, morlingue, porte-biffetons, porte-fafiots, porte-lazagne, porte-mince, porte-mitraille *ou* porte-talbins, porte-mornif, porte-morningue.

porter *v.t.* (se) coltiner, trimbaler, troller.

porteur *n.m.* coltineur. ▸ **porteur d'eau** cribleur de lance.

porte-voix *n.m.* cornichon.

portier *n.m.* portanche.

portion *n.f.* → **MORCEAU.**

portugais *adj. et n.* portigue, porto, portoche *ou* portos(s).

posséder *v.t.* *[sexuellement]* aiguiller, s'appuyer, artiller, avoir, baiser, baisouiller *ou* baisotter, basculer, besogner, biter, bouillaver, bourrer, bourriner, boutiquer, brosser, cal(e)cer, caramboler, cartonner, chibrer, cogner, cramper, crever, croquer, culbuter, défoncer, égoïner, s'embourber, embrocher, emmancher, encaldosser, enconner, encraquer, enculer, enfiler, enjamber, enquiller, s'envoyer, fabriquer, se faire, se farcir, flinguer, fouiller, fourailler, fourrer, foutre, gauler, glisser, grimper, guiser, harponner, limer, mettre, se mettre au bout *ou* sur le bout, miser, niquer, opérer, piner, pistonner, planter, poinçonner, pointer, queuter, râper, rivancher, river le bis, sabrer, sauter, tamponner, se taper, tirer, torpiller, trancher, tringler, tromboler *ou* trombonner, troncher, trouducuter, trousser, verger. *[une femme délaissée]* enlever les toiles d'araignée. → *aussi* **COÏTER.**

postérieur *n.m.* anneau, arrière-train, artiche, as de pique, baba, baigneur, ballon, bazar, bocal, bol, cadet, cadran lunaire *ou* solaire, cavu, centre de gravité, coco, cul, dargeot *ou* dargif, derche, derge *ou* derjo, dossière, escalier de service, faubourg, fendu, fiacre *ou* fiaque, fignard, fignarès, figne, fignon *ou* fion, foiron, foirou *ou* foirpette, fouin(e)dé, fouinedarès *ou* fouignedé, gagne-pain, garde-manger, gongonneur, gouttière à merde, gras, joufflu, lorgne, lune, machine à moulures *ou* à mouler, médaillon, moule à merde, moulin à vent, moutardier, nase *ou* naze, oignon, panier (à crottes *ou* aux crottes), pavot, pays-bas, pedzouille *ou* petzouille, père fouettard, pétard *ou* pétoulet, pétrousquin *ou* pétrus, placard, pont arrière, popotin, postère, pot, pot-au-feu, potiron, pouf, prose *ou* proze, prosinard *ou* prozinard, prussien, râble, réchaud, rond, ruelle aux vesses, salle de danse, soufflet, tabatière, tafanard, tal, tirelire, train, trèfle, trognon, trotteur, troufion, troussequin, valseur, vase, vasistas, waterloo. → *aussi* **ANUS, FESSE.** ▸ **avoir un beau postérieur** être bien noitée, rire du pot.

postillonner *v.i.* écarter du fusil, écarter la dragée, fusiller.

pot *n.m.* ▸ **pot de chambre** gogue, jules, tasse, Thomas.

pot-de-vin *n.m.* bouquet.

potence *n.f.* béquille, jambe en l'air, montagne de géant, veuve.

potiron *n.m.* boulet jaune.

pou *n.m.* gamel, gau *ou* gautier, grôle, guêpe, habitants, mie de pain à bec *ou* à roulettes, piocre, toto. *[de pubis]* crabe, fantassin, morbac *ou* morbaque, morpion, papillon d'amour.

pouce *n.m.* pilon. *[coup de pouce donné à une balance]* poussette.

poule *n.f.* ornie.

poulet *n.m.* ornichon, pique-en-terre.

poumon *n.m.* éponge, mou, soufflerie *ou* soufflet, soupape.

poupée *n.f.* ▸ **poupée gonflable** femme du capitaine.

pourboire *n.m.* pourbuche, pourcif, pourliche *ou* poursoif, renard. ▸ **donner un pourboire** pourlicher. ▸ **ne pas recevoir de pourboire** faire Figaro.

poursuite *n.f.* chasse, courette, course à l'échalote *ou* à l'oignon, patatrot, traque.

poursuivre *v.t.* courser, faire un patatrot. ▸ **être poursuivi** avoir qqn au cul *ou* sur le dos, être vert. → *aussi* RECHERCHER.

préambule *n.m.* *[amoureux]* bagatelles de la porte.

précaution *n.f.* *[policière]* gabardine.

précision *n.f.* ▸ **avec une grande précision** au (dernier) carat, au millimètre.

préfecture *n.f.* ▸ **Préfecture de police** *[de Paris]* la Cité, la cuisine, la Grande Boutique, la Grande Maison *ou* la Grande Taule, la Judée, la Préfec, la Préfectance *ou* la Préfectanche, la rue de Jérusalem, le bord de l'eau.

préfet *n.m.* ▸ **préfet de police** dabot, daron de la raille *ou* de la rousse, grand condé, mec de la rousse, Vieux des trois tours.

prélever *v.t.* taxer.

premier *adj.* preme *ou* preu.

prendre *v.t.* agricher, agriffer, s'allonger, aquiger, argou(i)gner *ou* argouiner, attrimer, aveindre, ceinturer, s'enganter, envelopper, graffigner, grappiner, griffer, harper, harpigner, paumer, péciller, pessigner, pessiguer *ou* pessiller, pogner, ratiboiser, souffler. *[en flagrant délit]* habiller.

préparer *v.t.* *[une affaire délictueuse]* affûter, aquiger, engraisser *ou* nourrir le poupard, flancher, fromager, monter, nourrir. *[action de préparer une affaire]* nourrissage. *[celui qui prépare une affaire]* nourrisseur.

présent *adj.* ▸ **être présent quelque part** y traîner ses bottes, ses grolles, ses guêtres *ou* ses lattes.

préservatif *n.m.* capote (anglaise), marguerite, scaphandre de poche. *[en Afrique noire]* chaussette. ▸ **mettre un préservatif** sortir couvert.

président *n.m.* *[d'un tribunal d'assises]* curieux, gâcheur, (Gros) Léon.

presser *v.i.* urger. ▸ **rien ne presse** il (n') y a pas le feu, on n'est pas aux pièces. ▸ **être pressé** avoir le feu au cul, aux fesses *ou* quelque part, être à la bourre, être pressé comme un lavement.
◆ **se presser** *v.pr.* bomber.

prétentieux *adj. et n.* béchamel, bêcheur, esbrouf(f)eur, gommeux, moutardier, novo, péteux, piaf, prétence *ou* prétentiard, puant, ramenard *ou* rameneur, rouleur de mécaniques. ▸ **être prétentieux** avoir *ou* prendre la grosse tête, faire sa merde *ou* sa poire, faire du cinéma *ou* son cinéma, son cirque, ne pas se moucher du coude *ou* du pied, ne pas se prendre pour une merde, ne plus se sentir pisser, (vouloir) péter plus haut que son cul, ramener sa fraise, sa poire *ou* la ramener, rouler les biscotos, les épaules, les mécaniques *ou* les rouler, vanner. → *aussi* VANTARD.

prétention *n.f.* ▸ **sans prétention** des familles.

prêter *v.t.* dégringoler.

prétexte *n.m.* couleur, coupure.

prêtre *n.m.* cagne, calot(t)in, corbeau, cur(e)ton, curetot *ou* curetosse, emblémeur, entifleur, fusain, radis noir, ras, rasé, rasis, raze *ou* razis, ratichon, sac à carbi *ou* à charbon, sanglier. ▸ **fréquenter les prêtres** ratichonner.

prêtrise *n.f.* ratichonnade.

prévenir *v.t.* annoncer la couleur, recorder. *[ses supérieurs]* ouvrir le parapluie.

préventif *adj.* ▸ **détention préventive** prévence *ou* prévette.

prévisible *adj.* ▸ **c'était prévisible** ça n'a pas loupé.

prévu *adj.* affiché.

prier *v.i.* bigotter.

priser *v.t.* renifler.

prison *n.f.* ballon, bigne *ou* bing, bloc, boîte aux cailloux *ou* aux fayots, cabane, cage, carlingue *ou* carluche, carruche, case, ch(e)tibe, cigogne, clou, collège, fosse à Bidel *ou* aux lions, gn(i)ouf, grosse caisse, grosse malle, hôpital, host(e)au *ou* hosto, hôtel des haricots, lazaro, lycée, piège, placard, plan, ratière, schtilibem, séchoir, tas de pierres, taule *ou* tôle, tirelire, tombeau, trou, violon, volière. *[centrale]* bonde, centrouse, motte. *[militaire]* cabane bambou, caisse. *[à vie]* perpète *ou* perpètes. ▸ **aller en prison** aller manger des haricots *ou* être condamné aux haricots, cascader, descendre, être rétamé, plonger, tomber. *[de nouveau]* replonger. ▸ **être en prison** ballonner, becter des boules, compter les punaises, être au plan *ou* en voyage, être dedans, faire du plan, pincer *ou* jouer de la guitare *ou* de la harpe. ▸ **mettre en prison** ballonner, bloquer, boucler, clouer, coffrer, embourremaner, empaqueter, emplacarder, enchetarder, enc(h)rister, ench(e)tiber, enflaquer, enfourailler, entauler *ou* entôler, entoiler, gerber, mettre au frais, au gnouf, à l'ombre *ou* au trou, mettre, fourrer *ou* foutre dedans, visser. ▸ **sortir de prison** s'en sortir *ou* sortir du trou, être guéri. ▸ **sortie de prison** classe, fuite. *[anticipée]* conditionnelle, condice *ou* condisse.

prisonnier *n.m.* aboyeur, centrale, collégien, malade, pristo, ratier.

priver (se) *v.pr.* s'accrocher *ou* s'attacher une gamelle, se cloquer, faire ceinture, jongler, se mettre *ou* se serrer la ceinture, sauter à la corde *ou* à la perche. → *aussi* SE PASSER. ▸ **être privé** être *ou* faire chocolat, être marron, faire tintin, se mettre la tringle, passer à gauche *ou* devant la glace. *[en parlant d'un proxénète momentanément sans femme ou d'un automobiliste sans sa voiture]* être démonté.

prix *n.m.* blot, taf.

problème *n.m.* bec, blème, manche, os, pépin, probloc *ou* probloque. ▸ **il y a un problème** y a de l'oignon, y a un cheveu *ou* un os (dans le frometon, la purée). → *aussi* ENNUI.

procureur *n.m.* ▸ **procureur de la République** abatteur d'altèque, bêcheur, proc *ou* procu.

produire *v.t.* pondre.

profession *n.f.* savon.

profit *n.m.* fricot, jus, patin, suif, velours. *[illicite]* grattouse. ▸ **se voir attribuer une part du profit** avoir part au gâteau, avoir sa part de *ou* du gâteau *ou* partager le gâteau.

profiter *v.t. ind.* s'allonger, se payer.

profiteur *n.m.* filocheur.

progresser *v.t.* pédaler dans le beurre *ou* l'huile, piger.

projecteur *n.m.* casserole, gamelle, projo.

projectile *n.m.* bastos, dragée, pêche, praline, valda *ou* valdaga.

projection *n.f.* *[de films pornographiques]* rinçage.

projet *n.m.* plan.

promenade *n.f.* baguenaude, tournanche, vadrouille, virée. *[en prison]* disco *ou* dixième, manège, queue de cervelas *ou* promenade en cervelas. *[cour de promenade]* fosse aux ours.

promener (se) *v.pr.* arpenter *ou* polir l'asphalte, se bagotter, se baguenauder.

pronostic *n.m.* papier. *[individu qui vend ses pronostics sur les champs de courses]* tubeur, tuyauteur.

propager *v.t.* *[de fausses nouvelles]* bourrer la caisse, le crâne *ou* le mou.

propre *adj.* nickel.

propriétaire *n.* probloc *ou* probloque, proprio.

prostitué *n.m.* castor, michetonneur, nourrice, persilleuse, reine, rivette, tapineur, travailleur, truqueur.

◆ **prostituée** *n.f.* abatteuse, baigneuse, bisness *ou* bisnesseuse, bourdon, cathau, catiche *ou* catin, chameau, chausson, chignon émancipé, crevette, croqueuse, dame blanche *ou* dame du lac, daube, émietteuse, femme *ou* fille de noce, femme de trottoir, fille (à parties *ou* à passe), fille d'amour *ou* de joie, fille de marbre *ou* de plâtre, fille publique *ou* soumise, frangine, gisquette, grue, gueuse, horizontale, langouste *ou* langoustine, largue *ou* larque, limande, l(l)oumi, mademoiselle du bitume *ou* du Pont-Neuf, marchande d'amour, marchandise, matelas ambulant, mectonne, montgolfière, moukère *ou* mouquère, nana, nuiteuse, omnibus, outil de besoin, paillasson, pavute, petit métier, pipeuse, poniffe *ou* ponisse, pont d'Avignon, poule *ou* pouliche, putain *ou* pute, raccrocheuse, ravageuse, respectueuse, retapeuse, rivette, roustisseuse, sac à bites, sauterelle d'édredon, singesse, sœur, torpille, trottineuse, truqueuse, vendeuse d'amour *ou* de plaisir. *[par rapport au client]* allumeuse, barbotteuse, béguineuse, boîte à rougeole *ou* à vérole, briquette, cocotte-minute, doubleuse, flibocheuse, incendiaire, ménagère, merlette, michetonneuse, perle, pompeuse, shampooineuse. *[par rapport au proxénète]* abatteuse, bétail, bifteck, boulangère, came, casse-croûte, casserole, dessous, doublard, doublarde *ou* doublure, gâcheuse, gagne-pain *ou* gagneuse, marmite (de carton, de fer, de fonte, etc.), marmotte, marneuse, pain frais, polka, pot-au-feu, sujet, travailleuse, triplard *ou* triplarde, turbineuse. *[à pied, sur la voie publique]* ambulante, arpenteuse, asphalteuse, batteuse d'asphalte, bitumeuse, chandelle, marcheuse, persilleuse, piétonnière, radasse *ou* radeuse, roulante *ou* rouleuse, rutière, tapeuse, tapin *ou* tapineuse, trotteuse, turf *ou* turfeuse, volante. *[en voiture]* amazone, voiturière. *[en maison close]* abatteuse, bétail, clandé, colis, coucheuse, étagère, femme de quart. *[en plein air]* bucolique. *[à proximité des abattoirs]* équarrisseuse. *[dans les bars]* échassière, siroteuse, verseuse. *[sous les portes cochères]* braguette. *[dans les galeries marchandes]* galérienne. *[près des ponts de Paris]* pontonnière. *[à partir d'une fenêtre]* étagère, fenêtrière. *[à bord des trains]* wagon *ou* wagonnière. *[au domicile du client]* tricoteuse. *[officielle]* encartée, fille en carte *ou* en brême. *[occasionnelle]* autobus, cavette, connasse, étoile filante *ou* filante, fin de mois, insoumise, michetonneuse, pétasse, ponnette, trottin. *[qui tente d'échapper au milieu]* dérobeuse. *[mineure]* faux poids. *[vieille]* bifteck à corbeau, canasson. *[africaine]* thiaga. *[française, en Amérique du Sud]* franchucha. *[atteinte d'une MST]* éponge à mercure, plombeuse, véroleuse. *[homosexuelle]* michette. *[polyvalente]* fusil à trois coups *ou* à trois trous. *[de luxe]* caravelle. *[de bas étage]* camelote, dossière, fignard, figne *ou* fignon, fillasse, goyau *ou* goyo, grognasse, morue, paillasse (à soldats *ou* de corps de garde), pallaque, pierreuse, pouf(fe) *ou* pouf(f)iasse, putasse, rouchie, roulure, souris de rempart, torchon, traînée, vadrouilleuse, volaille. *[peu douée]* indérouillable, veau.

prostituer *v.t.* dessaler l'oseille, maquer *ou* maquereauter, mettre sur le ruban *ou* sur le tas.

◆ **se prostituer** *v.pr.* aller aux asperges *ou* au persil, arpenter, piler *ou* polir le bitume, battre l'antif, bitumer, se défendre, en arracher, en concasser, en écosser, en écraser, en écrémer, en éponger, en faire, en moudre, en mouler, en retourner *ou* en vendre, en usiner, être de quart, être numérotée, être sur l'asphalte *ou* faire l'asphalte, être sur le sable, s'expliquer, faire *ou* battre son quart, faire la fenêtre, la noce, la peau, (de) la retape, le ruban, le tapin, le trottoir, le truc *ou* la verdure, faire son palais, faire son persil *ou* travailler dans le persil, michetonner, mouliner, s'occuper, putasser, travailler, trimarder, turbiner. *[aux Antilles]* faire boutique (de) son cul, truquer à dada, vendre son cul.

prostitution *n.f.* abattage, bisness, cinquième quart de la journée, gruerie, persil, putasserie, ruban. *[du point de vue du proxénète]* maquereautage. *[masculine]* sueur d'oignon. ▸ **tenter d'échapper à la prostitution** dérober.

protection *n.f.* commande, piston. *[des hautes personnalités]* H.P. *[policière]* condé, permis de conduire.

protéger *v.t.* mettre au frais, parer, pistonner. ▸ **être protégé** *[par la police]* avoir le condé *ou* du condé.

protestation *n.f.* beuglante, chambard, cri, gouale, gueulante, gueulement *ou* gueulerie, harmone, rébecca, rebiffe, renaud, ressaut, rouscaille *ou* rouscaillure.

protester *v.i.* aller au cri, au râle, au rébecca *ou* au ressaut, chanter, charronner, cribler, crier *ou* gueuler au charron, crosser, faire de la musique, du gouale, du rébecca *ou* de la rebèque, groumer, maronner, miauler, moufter, pétarder, râler, ramener sa fraise *ou* sa poire, se rebéquer, renauder, renifler, rouscailler, ruer dans les brancards, tousser. *[qui aime protester]* gueulard *ou* gueuleur, râleur, renaudeur, rouscailleur, tubeur.

provenance *n.f.* ▸ **être de provenance légale** voir le jour. ▸ **être de provenance illégale** craindre le jour *ou* le soleil, ne pas voir le jour.

provincial *n.m.* cambrous(s)ier.

provision *n.f.* ▸ **chèque sans provision** chèque en bois.
◆ **provisions** *n.f.pl.* *[apportées à un détenu]* pagne.

provocateur *n.m.* affreux jojo, batteur, provo.

provocation *n.f.* provoc *ou* provoque.

provoquer *v.t.* calculer, chercher (des crosses, des patins *ou* des rognes), crosser, engrener, flurer *ou* furer le pet, vanner.

proxénète *n.m.* Alphonse, baigne-dans-le-beurre, barbe, barbeau, barbichon, barbillon, barbiquet, barbiset *ou* barbizet, batteur, bidochard, bizet, bouffeur *ou* mangeur de blanc, broche, brochemann, brochet *ou* brocheton, chevesne, claqueur, croc, daufier *ou* dauphin, déchard, dos d'azur *ou* dos vert, frottin, hareng, homme, jules *ou* julot, lacromuche, mac *ou* maq, macrotin, maquereau *ou* maquereautin, marchand de barbaque, de femmes, de fleurs, de plaisir *ou* de viande, marle, marlou, marloupin *ou* marloupier, marlousier, matz, mec de la guiche, merlan, outil de besoin, paramour, pescal(e), poiscail(le), poisse *ou* poisson, poisse Dudule, Prosper, proxo, refendeur, retrousseur, sauré *ou* sauret, souteneur. *[jeune]* alevin, goujon. *[à mi-temps]* demi-sel *ou* mi-sel, gervais, Jo-la-bricole. *[femme]* ogresse. *[sud-américain]* créolo. ▸ **être proxénète** avoir des nageoires, avoir du beurre dans le dos, en refendre, en toucher *ou* toucher, maquereauter, recevoir son prêt, vivre de sa viande. *[relatif au proxénète]* maquereautin *ou* maquereautique, marloupin.

proxénétisme *n.m.* maquereautage, maquereauterie, maquerellage, marlouserie.

prudence *n.f.* ▸ **montrer de la prudence** se tenir peinard, y aller mollo *ou* mou. ▸ **prudence !** faudrait voir à voir, faut voir.

prussien *adj. et n.* prussco *ou* prusscoff.

puanteur *n.f.* danse.

puce *n.f.* mie de pain à ressort *ou* mécanique, négresse, sauterelle *ou* sauteuse.

pucelage *n.m.* → VIRGINITÉ.

puer *v.i.* → SENTIR.

puiser *v.t.* *[dans une réserve]* taper.

punaise *n.f.* *[insecte]* négresse.

punir *v.t.* racler, souquer, sucrer. *[sévèrement]* saler. *[un matelot]* coaltarer.

punition *n.f.* bastonnade, coup de bambou, crapaudine, poteau. *[de trois mois de cellule]* quatre-vingt-dix. *[collective, dans l'armée ou en prison]* pelote. *[jour de punition ou d'arrêt]* cran.

punk *n.* keupon.

purger *v.t.* *[une peine]* manger, tirer. ▸ **avoir purgé la moitié de sa peine** être à cheval, faire la culbute.

Q

quantité *n.f.* *[petite]* un chouaye, chouïa, chouilla, chouya, etc., une larmichette, une rincette. *[grande]* une bardée, une chiée, une flop(p)ée *ou* une foultitude, un flot, un max, une mégachiée, palanquée, pétée, pincée, plâtrée, pochetée, secouée, tapée, tinée, trifouillée *ou* tripotée. → *aussi* BEAUCOUP.

quarante *adj.num.* ▸ **être âgé de quarante ans** avoir les deux coqs.

quartier *n.m.* coin *ou* coinstot.

quelque *adj. indéf.* ▸ **et quelques** et des poussières.

quelqu'un *pron. indéf.* dégun.

querelle *n.f.* coton, crosse. ▸ **chercher querelle** chercher des crosses, des patins *ou* des rognes, chercher *ou* faire du renaud, flurer le pet, rifler. → *aussi* BAGARRE.

quereller *v.t.* draguer.
◆ **se quereller** *v.pr.* se bouffer le nez, s'empailler, s'engueuler.

querelleur *adj. et n.* chicandier.

question *n.f.* droguerie.

quête *n.f.* manche, tanche *ou* tinche, tiche.

quittance *n.f.* ▸ **quittance de loyer** papier à douleur.

quitter *v.t.* carafer, maller *ou* mallouser, mouler, planter, plaquer *ou* plaquouser. *[précipitamment]* lâcher comme un pet. *[son amant]* attacher une poêle à, larguer. *[un lieu]* changer de crémerie, se lever de là. → *aussi* PARTIR.

R

rabâcher *v.i.* jouer de la guitare.

rabâcheur *n.m.* guitariste.

rabais *n.m.* rab *ou* rabiot. *[accordé par une prostituée]* kaki.

rabatteur *n.m.* jardinier, pisteur, rabat.

rabrouer *v.t.* remiser, remoucher.

rachitique *adj.* → MALINGRE.

raciste *adj. et n.* cistra.

racolage *n.m.* levage, piquage, raccroc, retape, tapin, trottinage, turbin, turf.

racoler *v.t.* aller à la relance *ou* au persil, brancher, descendre, faire aller le messière, faire (de) la retape, le jeu, son persil, le rade, le taf, le tas *ou* les bouls, faire un miché *ou* un michet, persiller, raccrocher, retaper, tapiner, travailler dans le persil, trottiner.

racontar *n.m.* coupure, perco, vanne.

raconter *v.t.* débagouler, déballer. *[des histoires]* bourrer le crâne, le mou *ou* la caisse.

rafale *n.f.* giclée.

rafle *n.f.* coup de filet, de raclette, de serviette *ou* de torchon, cueille, descente, emballage, levée. ▸ **faire une rafle** servietter.

raide *adj.* ▸ **être raide** avoir avalé un parapluie *ou* un piquet.

raie *n.f.* ▸ **raie fessière** entrefesson, entrejoufflu, entremichon.

railler *v.t.* → SE MOQUER.

raillerie *n.f.* → MOQUERIE.

railleur *adj. et n.* → MOQUEUR.

ralentir *v.i.* lever le pied, mollir.

ramasser *v.t.* piquer, ramastiquer. *[les mégots]* mégot(t)er.

ramoneur *n.m.* hirondelle d'hiver, ramona.

rançonner *v.t.* faire chanter, saigner.

rançonneur *n.m.* chanteur.

ranger (se) *v.pr.* (s')acheter une conduite.

rapidement *adv.* → VITE.

rappeler (se) *v.pr.* se remettre.

rapport *n.m.* ▸ **rapport de police** fafs, paletot, pécu. ▸ **se mettre en rapport** se brancher sur, se mettre en cheville *ou* se cheviller avec qqn.

rapporter *v.t. [de l'argent]* douiller, juter.

ras *adv.* rasibus.

rasade *n.f. [d'eau-de-vie]* consolation.

raser (se) *v.pr.* faire rasibus, se gratter, se (faire) racler *ou* ratisser la couenne *ou* la hure.

rasoir *n.m.* grattoir *ou* gratou, rasibe *ou* rasif.

rassemblement *n.m. [de motards]* concentre.

rassembler *v.t. [ses économies]* gratter les fonds de tiroir. *[des objets]* bal(l)uchonner.

rat *n.m.* gaspard. ▸ **rat d'hôtel** explorateur.

ratiociner *v.i.* enculer les mouches, pinailler.

ration *n.f. [d'eau-de-vie, dans la marine et au bagne]* boujaron. *[de vin du forçat]* brême.

ratissage *n.m. [policier]* campagne de pêche.

rattraper *v.t.* choper au tournant *ou* au virage, faire à la courette.

ravitaillement *n.m.* ravito.

réapparaître *v.i.* refaire surface.

rébellion *n.f.* rébecca.

rebut *n.m.* ▸ **jeter au rebut** jeter *ou* mettre au rancart *ou* rencart.

récalcitrant *adj.* récal, ressauteur.

recel *n.m.* fourgue.

receler *v.t.* fourgater.

receleur *n.m.* carreur, fourgat, fourgue *ou* fourgueur, lessiveur, ogre.
◆ **receleuse** *n.f.* cameloteuse *ou* camelotière, fourgat(t)e *ou* fourgasse, franche.

recette *n.f. [d'une prostituée]* comptée, rouleau.

recevoir *v.t. [de l'argent]* cachetonner, être de fade *ou* aller au fade, palper *ou* palpouser, toucher, voir clair. *[un coup ou un projectile]* avoir *ou* recevoir sa ration, bloquer, dégommer, déguster, dérouiller, écoper, effacer, emplafonner, encaisser, en prendre plein la gueule *ou* les narines, se faire tirer dedans, goinfrer, se manger, morfler, prendre *ou* ramasser une gaufre, prendre qqch dans les narines, retrousser, stopper.

recherche *n.f. [des clients, en parlant d'un taxi]* maraude. *[de prostituées pour une maison]* remonte.

rechercher *v.t. [des avantages, notamment financiers]* aller à la soupe. ▸ **être recherché** *[par la police]* avoir les pieds dans le dos *ou* dans le râble, craindre, les avoir dans les reins, sur l'alpague, le dos, les endosses *ou* la soie.

récidive *n.f.* rebiffe.

récidiviste *n.m.* cheval de retour, noir, payeur.

réciproquement *adv.* chou pour chou, lycée de Versailles, vice-versailles.

réclamation *n.f. [énergique]* saute-dessus. ▸ **service des réclamations** bureau des pleurs.

réclusion *n.f.* récluse. *[en centrale]* sapement à la dure.

recommandation *n.f. [plus ou moins régulière]* piston *ou* coup de piston.

recommencer *v.t.* rebiffer *ou* repiquer au truc, remettre ça, remettre la gomme *ou* le couvert, replonger. ▸ **on** ou **ça recommence** rebelote !

réconciliation *n.f.* rapapiotage, rebectage, rebonnetage.

réconcilier *v.t.* rabibocher, rambiner, rapapioter *ou* rapapilloter, rebecter *ou* rebéqueter, rebonneter, recoller. *[personne qui réconcilie]* rambineur, rapapioteur.

réconfort *n.m.* rambin, rebectage.

réconforter *v.t.* rambiner, rebecter *ou* rebéqueter.

reconnaissable *adj.* rembrocable.

reconnaissance *n.f. [dans les locaux de la police]* tapissage. *[le local]* biglotron.

reconnaître *v.t.* colomber, con(n)obler *ou* con(n)obrer, recon(n)obler *ou* recon(n)obrer, redresser, remettre, remoucher, retapisser, tapisser.

rectum *n.m.* → ANUS.

reculade *n.f.* dégonflade *ou* dégonflage.

reculer *v.i.* → ABANDONNER.

reculotter (se) *v.pr.* remballer ses outils.

récupérer *v.t.* → RÉTABLIR.

rédiger *v.t.* → ÉCRIRE.

redingote *n.f.* redingue, repimpette *ou* requimpette.

redoutable *adj.* saignant.

refermer *v.t.* relourder.

réfléchir *v.i.* carburer, se faire une pendule de gamberge, gamberger, limer, phosphorer.

réflexion *n.f.* gamberge.

refuser *v.t.* envoyer à l'ours, envoyer rebondir. *[pour un chauffeur de taxi]* bouler les copeaux. *[de payer]* envoyer à Niort, faire pouf. *[de prendre un dernier verre]* s'en aller sur une jambe.
◆ **se refuser** *v.pr. [aux hommes]* faire son étroite.

régaler *v.t.* bégaler.
◆ **se régaler** *v.pr.* se gaufrer.

regarder *v.t.* allumer (le miston), bigler, borgnot(t)er, broquer *ou* broquiller, châsser, cho(u)fer, en jeter un coup, frimer, gaf(f)er, gafiller, gafillotter *ou* gafouiller, guicheter, louquer, mater *ou* matouser, miroter *ou* miroiter, mordre, ouvrir *ou* allumer ses quinquets, piger, rebouiser, redresser, reluquer, retailler, tapisser, viser *ou* visoter, yeuter, zieuter *ou* zyeuter. *[un spectacle érotique]* se payer *ou* prendre un jeton de mate, se rincer l'œil *ou* les yeux.

règlement *n.m.* ▸ **règlement de comptes** canardage, canarde *ou* canardement, derby. ▸ **attaché au règlement** jugulaire jugulaire, service service.

régler *v.t. [une somme, une dette]* carmer, casquer, douiller. *[la circulation à un carrefour]* faire le guignol.

règles *n.f.pl.* → MENSTRUES.

regretter *v.t.* en avoir épais (sur le cœur).

régulier *adj.* recta, réglo *ou* régul.

régulièrement *adv.* à la loyale, à la régulière, réglo.

rein *n.m.* endos *ou* endosses, rognon.

réjouir (se) *v.pr.* bicher comme un pou (dans la crème fraîche), être à la noce, se palucher, reluire, vanner.

relégation *n.f.* paume, relègue *ou* relingue. *[camp de relégation]* la Trappe. ▸ **condamné à la relégation** miteux, paumé, pied-de-biche, relingue, trappiste. ▸ **être condamné à la relégation** avoir la lance. ▸ **justiciable de la relégation** paumard.

religieuse *n.f.* frangine.

relire *v.t. [ses déclarations, en parlant d'un inculpé]* arriver au dégueuloir.

remarquable *adj.* balaise, baleste *ou* balèze, chié, d'altèque, du tonnerre (de Dieu), extra, fumant, méchant, nickel, pas dégueu(lasse), pas piqué des vers *ou* des hannetons, pas pourri *ou* pas sale, sens *ou* sensass, tapé à l'as *ou* dans le nœud, trans' *ou* transpoil, vache. → *aussi* EXCELLENT, FORMIDABLE, INDIVIDU.

remarquer *v.t.* détrancher. ▸ **se faire remarquer** faire l'affiche *ou* jeter de l'affiche. ▸ **ne pas se faire remarquer** marcher à l'ombre.

remboursement *n.m.* rembour(re) *ou* rembroque.

rembourser *v.t.* aller au refil(e) *ou* au rembour, rembroquer.

remise *n.f.* *[de peine]* cadeau, rengraciement.

remords *n.m.* ▸ **éprouver un remords** avoir une puce à la muette, en avoir gros *ou* lourd sur la patate.

remplaçant *n.m.* mannequin, nègre blanc *ou* négrier.

remplacer *v.t.* cambuter, dégommer.

remplir *v.t.* refader, recharger. *[un verre]* recharger les accus.

rempocher *v.t.* renfouiller, renquiller.

remuer *v.t.* trifouiller, valdinguer.

rendez-vous *n.m.inv.* rambot *ou* rembo(t), rancard *ou* rencard, rembour *ou* rembourre, rembro *ou* rembroque, rendève. *[manqué]* lapin. ▸ **donner un rendez-vous** rancarder *ou* rencarder.

rengagé *n.m.* fayot, rempilé.

rengager (se) *v.pr.* rempiler, ranquiller *ou* renquiller.

renoncer *v.i.* (aller) se rhabiller, s'aplatir, se dégrafer, dételer, écraser, se garer *ou* se ranger des voitures *ou* des bécanes, mettre les pouces, mettre une gamelle, passer *ou* lâcher les dés *ou* les pédales, passer la main, les doches *ou* la pogne, rengracier *ou* rengracir, reprendre ses billes, tirer l'échelle *ou* la ficelle. *[lâchement]* baisser sa culotte *ou* son froc, se déballonner, se dégonfler.
◆ *v.t. ind.* *[à son activité professionnelle]* décrocher, raccrocher, remiser son calibre au râtelier, tourner le coin.

renonciation *n.f.* balançage, dégonflage.

renseignement *n.m.* cri, duce, petite *ou* grande gamme, rancard, rembour(re) *ou* rembro, rembroque, rencard, serbillon, tubard *ou* tube, tuyau. *[peu sûr]* bulle, tuyau crevé. ▸ **aller chercher des renseignements** *[en parlant de la police]* varloper. ▸ **donner un renseignement** envoyer le ronfleur, filer le bon numéro.

renseigner *v.t.* → INFORMER.

rentrer *v.i.* renquiller, rentiffer *ou* réentifler.

renvoi *n.m.* → LICENCIEMENT.

renvoyer *v.t.* → LICENCIER.

réparation *n.f.* bricole.

réparer *v.t.* rambiner, rebouiser.

repas *n.m.* bifteck, bouffe, boulottage, briffe, casse-dalle *ou* casse-graine, clape, croustaille, croustance *ou* croûte, cuistance, dîne, frichti, gamelle, graille, graine, jaffe, rata, tortillade, tortore. *[copieux]* gueuleton, ventrée. → *aussi* CUISINE, NOURRITURE.

repasseuse *n.f.* branleuse de gendarme, fumeron.

repérer *v.t.* azimuter, détrancher, photographier, retapisser.

répétition *n.f.* rengaine, resucée, scie.

reprendre *v.t.* lever, ravaler, repiquer.

représentant *n.m.* placardeur *ou* placardier.

réprimande *n.f.* chasse, chicorée, engueulade *ou* engueulage, poil, sauce, savon *ou* savonnade, shampooing, suif.

réprimander *v.t.* barrer, chanter ramona, damer le pion, donner un suif, engueuler, enguirlander, incendier, laver la tête, mettre le nez dans son caca *ou* dans sa merde *ou* lui mettre le nez dedans, moucher, passer à l'escrache *ou* à la plume, passer qqch à qqn *ou* lui passer un savon *ou* un suif, posticher *ou* postiger, ramoner, remonter *ou* secouer les bretelles, sabrer, saucer, savonner, secouer le paletot, les plumes *ou* les puces, sonner les cloches. ▸ **se faire réprimander** en prendre pour son grade *ou* son rhume, se faire appeler Arthur, se faire laver la tête, se faire tutoyer, prendre une pipe *ou* la pipe, recevoir un savon.

République (la) *n.f.* la Gueuse.

répugnant *adj.* à gerber, débectant. → *aussi* LAID.

réputation *n.f.* cote, papelard *ou* papier, pedigree. ▸ **profiter de sa réputation** marcher à la cote. ▸ **avoir mauvaise réputation** avoir *ou* traîner une casserole (derrière soi).

résider *v.i.* → **HABITER.**

responsable *adj.* ▸**être responsable** prendre *ou* se mettre qqch sur le paletot, prendre tout sur le paletot *ou* sur son lard, tenir la queue de la poêle. ▸**être considéré comme responsable** porter le chapeau et tous synonymes, porter le parapluie.

ressemblant *adj.* tout craché *ou* tout chié.

ressources *n.f.pl.* biscuit, carbure, (grosse) cavalerie, répondant.

restaurant *n.m.* bouiboui(s), bouillon, guitoune, restau *ou* resto, tapis.

restaurateur *n.m.* fricoteur *ou* fricotier, gargotier.
◆ **restauratrice** *n.f.* gargotière, mère Radis.

reste *n.m.* rab *ou* rabiot. *[restes de restaurant]* arlequin, arlo, bijoux. ▸**et tout le reste** tout le bataclan, le bordel, le fourbi, le saint-frusquin, le toutim(e) *ou* le tremblement.

rétablir *v.t.* *[sa santé]* se rebecter *ou* se rebéqueter, se recaler, se refaire (la cerise *ou* le portrait), se remplumer, se renquiller, se retaper. *[ses forces]* la redresser, recharger ses accus. *[sa situation financière]* se défaucher, faire remonter du fric *ou* en remonter, se mettre en carle, se recaler, se refaire, remonter ses billes *ou* ses boules, se remplumer, repiquer, se renquiller.

retard *n.m.* ▸**être en retard** être à la bourre *ou* à la traîne.

retenue *n.f.* *[sur le salaire d'un détenu]* disco.

retirer (se) *v.pr.* dételer, se garer *ou* se ranger des voitures *ou* des bécanes, prendre ses invalides, reprendre ses billes. *[d'une partie sans proposer la revanche]* étouffer, faire Charlemagne. → *aussi* **PARTIR.**

retourner (se) *v.pr.* se détrancher.

retraite *n.f.* ▸**prendre sa retraite** se garer *ou* se ranger des voitures *ou* des bécanes, mettre son flingue au râtelier, passer la main.

rétrograde *adj. et n.* fossile, kroumir, réac, rétro.

retrouver *v.t.* *[la trace de qqn]* remonter.

réussir *v.i.* bien faire, cartonner, décrocher la timbale, fader, faire beau *ou* fort, faire son trou, schpiler. *[dans une négociation]* emporter *ou* enlever le morceau. *[dans une enquête policière]* sourire. *[être bien placé pour réussir]* avoir beau schpile.

réussite *n.f.* boum.

revanche *n.f.* belle. *[chercher une revanche]* chatouiller un pétard.

revêche *adj.* rébecca.

révéler *v.t.* débiner *ou* donner le truc, jaser, vendre la mèche, la calebasse, le fourbi *ou* le truc.

revendeur *n.m.* abloquisseur, broquilleur. *[de faux bijoux]* frère de l'attrape. *[de drogue]* bicrave *ou* bicraveur, daubier, dealer, fourmi, mule *ou* mulet. *[de cocaïne]* bigorneur. *[de restes de repas]* bijoutier.

revendre *v.t.* *[le double du prix d'achat]* faire la culbute.

revenir *v.i.* rabattre, se rabattre dans le coin, radiner, ralléger, rappliquer, renquiller, rentiffer *ou* réentifler. *[sur ses déclarations]* reprendre ses billes. *[à la réalité, après une prise de drogue]* déplaner, redescendre.

revenus *n.m.pl.* bœuf. *[de la prostitution]* pain blanc *ou* frais, pain de fesse, pain des Jules. ▸**avoir des revenus** avoir un moulin qui tourne, faire son bœuf.

rêver *v.i.* berlurer, gamberger *ou* gambergeailler, planer.

réverbère *n.m.* pendu glacé.

rêveur *n.m.* plafonneur.

revolver *n.m.* aboyeur, artillerie, azor, bayaffe *ou* bayafre, boukala, bousin, brûle-gueule *ou* brûle-parfums, brelica, calibre, crucifix à ressort, eurêka, feu, flingot *ou* flingue, juge (de paix), mouchoir de poche, moukala *ou* moucala, pétard *ou* pétoire, pied-de-cochon, remède, repoussant, ribarbère, ribouldingue *ou* riboustin, rif *ou* rifle, rigolo, rigoustin, sarbacane, seringue, soufflant, tarpé *ou* tarpet, tic-tac.

rhabiller (se) *v.pr.* se reloquer.

riche *adj.* au pèse *ou* au pèze, beau, blindé *ou* bourré (de fric *ou* d'oseille), bourré *ou* plein aux as, bourré *ou* pourri de fric, braisard, braisé, braiseur *ou* braiseux, calé, chargé, congestionné du morlingue, douillard *ou* douillé, fricoté *ou* fricotin, friqué, galettard *ou* galetteux, grossium, lourd, médaillé, oseillé, riflard *ou* riflot, rup *ou* rupin, saqué. *[homme riche]* huile lourde. ▸ **être riche** avoir (de) l'os *ou* le sac, cracher jaune, être au bulle *ou* plein de bulle, être au fric, au pèze *ou* au pognon, être au sac, être de la bonne *ou* de la fête, être plein aux as *ou* au plâtre, rouler sur l'or.

rideau *n.m. [de théâtre]* torchon.

ridicule *adj.* à la con, cucul, domb *ou* dombi, nole *ou* niolle, tarte *ou* tartignol(le). ▸ **c'est ridicule** ça craint.

rien *adv.* ballon, balpeau, bernique, (c'est) ceinture, des clopes, des clopinettes, des clous, des colombins, des copeaux, des cropinettes, des dattes, des haricots, des navets, des nèfles, des plis, des pommes *ou* des queues, dig *ou* digue, fifre, la peau (de mes rouleaux), lap(e) *ou* lapuche, macache, mégot, nada, nib *ou* nibergue, niente, pas la queue d'un, pas plus de... que de beurre en branche, au chose, au cul *ou* sur la main, pas un clou, etc., pas une broque, pas une chique, peau de balle, peau de bite et balai de crin, peau de zébi, pouic, que couic, que dalle, que fifre, que lap(e), que pouic *ou* que tchi, tintin, tringle, zobi. ▸ **un rien** un loubé. ▸ **pour rien** pour du beurre, pour fifre *ou* pour des prunes, pour le roi de Prusse. ▸ **presque rien** une paille ! ▸ **rien à faire !** à la gare !, chez qui ?, macache !, ouallou !, ouat !, pas mèche !, pol(l)ope !

rire *n.m.* boyautage, marrade, rigolade.

rire *v.i.* se bidonner, se boler, bosser, se boyauter, se cintrer, crever de rire, se dilater la rate, s'en payer une tranche, un bol, une bosse *ou* un plat, en pisser dans son froc *ou* dans sa culotte, en prendre une poignée, se fendre la gueule, la pêche, la pipe, la poire, la prune *ou* la tirelire, se gondoler, se gonfler (le mou), se marrer, se payer une pinte de bon sang, se poiler *ou* poêler, rigolbocher *ou* rigoler, se rouler par terre, se taper le cul par terre *ou* au plafond, se tirebouchonner, se tôler, se tordre. *[sans desserrer les dents]* rire comme un cul. *[qui aime rire]* rigolard *ou* rigoleur.

risque *n.m.* ▸ **prendre des risques** aller à la mouillette, les (ou en) chercher, se mouiller. ▸ **ne pas prendre de risques** faire du léger *ou* dans le léger, jouer sur le velours. ▸ **ça ne présente aucun risque** ça ne mange pas de pain.

risquer *v.t.* ▸ **risquer sa tête** y aller du cigare *ou* du gadin.

ristourne *n.f.* plomb, rabat de cop *ou* de col.

rivaliser *v.i.* matcher, piger.

rivière *n.f.* lance.

rixe *n.f.* → BAGARRE.

robe *n.f.* roupane, serpillière.

roi *n.m.* dab(e) *ou* dabot, grand mec. *[de cartes]* barbu, homme, pape.

rompre *v.t. [une liaison ou une relation]* se décramponner, se faire la valise, mettre le rouge.

ronde *n.f. [de police]* raclette. ▸ **faire une ronde** ribouiser.

ronfler *v.i.* corner, ronflaguer.

rosser *v.t.* → BATTRE, FRAPPER.

roue *n.f. [de voiture]* roupe *ou* roupette.

rougir *v.i. [en parlant du visage]* piquer un fard, un soleil *ou* un cinabre.

rouler *v.i. [très vite, à moto]* aller la poignée dans le coin. *[très vite, en voiture]* appuyer sur le champignon *ou* la chanterelle, rouler *ou* mettre le pied au plancher. *[lentement]* ramper. *[en fiacre]* sapiner. ▸ **rouler des yeux** ribouler des calots *ou* des prunelles.

roulotte *n.f.* verdine *ou* vurdon.

route *n.f. [longue]* ruban de queue *ou* de tire. ▸ **en route !** c'est parti, mon kiki !

roux *adj. et n.* rouquemoute, rouquin *ou* rouquinos.

rue *n.f.* conduite, rade, ruban, strasse, tapis, trimarde *ou* trime.

ruine *n.f.* dégommage, dégringolade, ratissage. *[au jeu]* décavage.

ruiner *v.t.* cisailler, décrasser, éponger, essorer, faucher, lessiver, mettre sur le sable, nettoyer, raidir, ratiboiser, ratisser, scier, tondre, vanner, vider. *[au jeu]* décaver, ziguer. ▸ **être ruiné** être à cul *ou* à plaga, être sur le sable, faire la culbute *ou* le plongeon. *[au jeu]* être décavé, flambé, lessivé, nettoyé *ou* raiguisé.

ruse *n.f.* marloupinerie *ou* marlouserie, toquerie, vicelot.

rusé *adj.* mariol *ou* mariol(l)e, marle *ou* marlou. *[homme rusé]* boîte à vice.

russe *adj. et n.* popof *ou* popov, rousky, ruski *ou* russkof.

rustre *n.m.* plouc *ou* plouque, ploum. → *aussi* **PAYSAN.**

S

sabots *n.m.pl.* chaussures à semelle en cuir de peuplier.

sabre *n.m.* côte de bœuf, fauchant, flambard.

sac *n.m.* azar, baise-en-ville, lacsé, lacsif *ou* laxé, ridicule, sacouse, valade. *[de couchage]* sac à bidoche *ou* à viande. *[du troupier]* as de carreau. *[de la voleuse à la détourne]* kangourou.

sacrifice *n.m.* *[financier]* saignée.

sage-femme *n.f.* débâcleuse (de mômes), guette-au-trou, mômeuse *ou* mômière, tire-enfants, tire-gosse, tire-môme *ou* tire-monde.

saigner *v.i.* juter, pavoiser, pisser le sang.

saisir *v.t.* → **PRENDRE.**

sale *adj.* chiasseux, cracra, cradasse, crade, cradeux, cradingue, crado *ou* cradoque, crapoteux, craspec(t), crassignol, crassingue *ou* crassouillard, dégueu, dégueulasse, dégueulatif, dégueulatoire, dégueulbif *ou* dégueulboche, sale comme un peigne *ou* un pou, salingue, salopiaud *ou* salopiot. ▸ **avoir une chemise sale** porter le deuil de sa blanchisseuse. ▸ **avoir les fesses sales** avoir des grelots au cul. ▸ **avoir les pieds sales** avoir des grains de plomb dans les nougats.

saleté *n.f.* chiure, cochonceté, crassouille, from. *[morale]* dégueulasserie, mouchiquerie, putasserie, saloperie.

salir *v.t.* saligoter.

salle *n.f.* *[de police]* bloc. *[de bains]* décrassing-room.

salon *n.m.* *[du choix, dans une maison close]* cagibi, choix, poulailler.

saltimbanque *n.* banquiste.

sang *n.m.* marasquin, raisin *ou* raisiné, rouquin, sirop, vermois.

sans-gêne *n.m.inv.* *[agir avec sans-gêne]* ne pas s'emmerder.

santé *n.f.* santache, santoche *ou* santuche. ▸ **à ta santé !** à la tienne, Étienne !

saoûl *adj.* → **IVRE.**

sardine *n.f.* côtelette d'Espagne.

saucisse *n.f.* bifteck de la chamareuse *ou* de grisette, bifteck de pané. *[de Francfort]* paire chaude.

saucisson *n.m.* ciflard, sauc', sauciflard, sifflard.

sauver (se) *v.pr.* → **S'ENFUIR, S'ÉVADER.**

savetier *n.m.* chouflik *ou* choumak, ribouis *ou* ribouiseur.

savon *n.m.* baveux, gluant.

saxophone *n.m.* carotte.

scandale *n.m.* barouf(e) *ou* baroufle, chabanais, chizbroc, cri, panama, pataquès, pétard, postiche, rébecca, rififi, schproum, suif, waterloo. ▸ **faire un scandale** aller au cri, faire du cri *ou* pousser le cri, faire du foin *ou* un malheur, mettre le rouge, pétarder, scratcher. *[qui crée du scandale]* saladier.

scie *n.f.* herbe à couper le fer, mordante.

scier *v.t.* *[ses chaînes ou les barreaux, pour s'évader]* jouer de la harpe *ou* du violon.

sec *adj.* séco(t).

secours *n.m.* ▸ **appeler au secours** aller au cri, faire du cri *ou* pousser le cri, crier au charron, à la chienlit *ou* au vinaigre.

secret *n.m.* ▸ **secret de fabrication** cuisine.

secrétaire *n.m.* *[d'un commissaire]* cabot du quart, chien du commissaire.

séducteur *n.m.* emballeur, emblémeur, ferreur, grilleur *ou* grillot, gueule d'amour, miroir à garces, à putains *ou* à pouliches, musicien, tombeur.

séduire *v.t.* antifler, brancher, chiper, damer, dégréner, draguer, emballer, embarquer, embusquer, emporter, enganter, engourdir, entifler, faire, faire du gringue *ou* du plat, fusiller, lever, quimper, soulever, taper dans l'œil, tomber, vamper. *[action de séduire]* drague.

séduisant *adj.* craquant *ou* craquos, girond.

sein *n.m.* *[de femme]* amortisseur, ananas, avant-cœurs, avant-main, avant-scènes *ou* avant-postes, boîte à lait *ou* à lolo, bossoirs (d'avant), calebasse, dodoche, doudoune, enjoliveur, flotteur, joyeuses, laiterie, lolo, montgolfière, nénais, néné *ou* nénet, nibard, niche *ou* nichon, pare-chocs, robert, rondelet *ou* rondin, roploplo(t), rotoplot *ou* rototo, tétais *ou* tétasse, toto *ou* totoche, tripe. *[pendant]* blague à tabac, oreille de cocker. *[opulent]* airbags, brigida, gras-double, miches, pelotage. *[petit]* mandarine, orange, œufs sur le plat. *[femme pourvue d'une opulente poitrine]* nichonnée, tétassière, tripasse *ou* tripière, vache laitière. → *aussi* POITRINE.

sel *n.m.* morgane.

semblable *adj.* → PAREIL.

sens *n.m.* ▸ **bon sens** gingin.

sentinelle *n.f.* gaffeur, grivier de gaffe.

sentir *v.t.* pif(f)er, schmecter. ▸ **sentir mauvais** chasser, chocotter, cingler, cocot(t)er, cogner *ou* cognoter, coincer, cornancher *ou* cornanchouiller, danser, dégager, donner (du paleron), emboucaner, flingoter, foisonner, fouetter, gazouiller, mouetter, mouscailler, péter de la chatte, plomber, poquer, refouler, renifler, repousser, rougnotter, sauter, schlinguer, chlinguer *ou* chlingoter, schlipoter, taper, tapoter, tapouiller *ou* tapouser, troufigner, trouilloter. ▸ **ça sent mauvais** ça sent le lapin.

séparation *n.f.* break. *[entre conjoints]* désentiflage.

séparer *v.t.* couper.
◆ **se séparer** *v.pr.* se démancher, se démaquer, désentifler. → *aussi* DIVORCER.

sergent *n.m.* serre-patte *ou* serre-pied. *[sergent de ville]* bigorneau, cierge, double-six, fligue à dard, poireau, radis noir, râteau, sergot *ou* sergue.

sérieusement *adv.* blague dans le coin, sans blague *ou* sans charre, sans déconner *ou* sans dec, sans rigole, sérieux.

sérieux *adj.* ▸ **soyons sérieux !** faut pas déconner ! *[chose peu sérieuse]* (truc) à la gomme, à la manque, à la mords-moi le doigt, le nœud, l'œil, etc., rigolade. *[individu peu sérieux]* en peau de lapin *ou* de toutou, rigolboche *ou* rigolo(t).

seringue *n.f.* pompe, poussette, shooteuse *ou* shouteuse.

séropositif *adj. et n.* séro *ou* séropo.

serrer *v.t.* ▸ **serrer la main** → MAIN.

serrure *n.f.* bride, caroub(l)e, serrante.

serrurier *n.m.* bruge.

serveuse *n.f.* brasseuse, caboulote *ou* caboulotière. *[qui pratique la prostitution]* serveuse montante.

servi *adj.* *[généreusement, en parlant d'une consommation]* bien tassé.

service *n.m.* *[militaire]* grive. ▸**faire son service** bouffer le singe. ▸ **service anthropométrique** piano, pied *ou* bureau des pieds. ▸ **service des recherches dans l'intérêt des familles** service des cocus, V.R.

serviette *n.f.* ▸**serviette périodique** balançoire *ou* cravate à Charlot, à Gaston, à Gustave, à Mickey *ou* à Minouche, fifine, ouiouine. *[utiliser une serviette, pendant les règles]* se bourrer la dinde.

servir *v.t.* fader.

seul *adj.* paumé, seulabre, seulingue *ou* seulo, solo. *[en sport, jouer tout seul]* jouer perso. *[de son espèce, en parlant d'une carte à jouer]* sec.

sévère *adj.* tocard *ou* toquard, vachard. ▸**être sévère** donner un tour de vis, être jugulaire jugulaire *ou* service service, ne pas faire de cadeau, serrer *ou* tordre la vis, serrer les boulons.

sévèrement *adv.* grave.

sexe *n.m.* cul. *[de l'homme]* artillerie, attributs (virils), bibelots, bijoux de famille, boutique, couvert *ou* service trois pièces, le devant, marchandise, paquet, parties, piège à mémé, saint-frusquin. → *aussi* **PÉNIS, TESTICULES.** *[de la femme]* boutique, con, vitrine. → *aussi* **VAGIN, VULVE.**

sieste *n.f.* quine.

signal *n.m.* arçon, duce, Saint-Jean, serbillon, serre *ou* sert. *[ensemble de signes convenus]* télégraphe.

signalement *n.m.* *[truqué]* camoufle.

silence ! *interj.* bouclarès, du maigre, mutchell, nibé, rengracie le chiffon rouge, rideau, (ferme) ta gueule, (fermez) vos gueules !

simulateur *n.m.* batteur (de comtois), carottier, chiqueur, tambour.

simulation *n.f.* bidon, chiqué, cri, frime, goure.

simuler *v.t. et i.* battre, chiquer, faire au mendigot, faire du cinéma, frimer *ou* taper à. *[un accident du travail]* se maquiller, piquer *ou* tailler un macadam. *[le consentement]* chiquer en double. *[l'ignorance]* marcher à l'oubli. *[le travail]* battre un gandin. *[la niaiserie]* battre comtois *ou* le Jacques. *[la folie]* battre *ou* taper le(s) dingue(s).

sincèrement *adv.* sans chiquer.

situation *n.f.* **1.** *[circonstance]* situasse. *[confuse]* béchamel(le), bisness, cirage, coup fourré, embrouille, foutoir, mastic, patafar, sac de nœuds *ou* d'embrouilles, sirop, tarabistouille, travail, vape. *[dangereuse]* bal, casse-gueule, tabac. *[pénible]* bain, cagade *ou* cagasse, galère, gelée de coing, mélasse, merdaille, merde, merdier *ou* merdouille, pastis(s), pétrin, schtourbe, vacherie. ▸**la situation est difficile** ça châble, ça va barder *ou* chauffer (pour ton matricule), ça va chier (des bulles), c'est la galère, le drapeau noir flotte sur la marmite, le torchon brûle, on n'est pas sortis de l'auberge. ▸**être dans une situation difficile** ou **pénible** en baver des ronds de chapeau *ou* de citron, être à la scaille, dans le bain, dans le caca, dans le coaltar *ou* col(le)tar, dans la merde, être (en plein) dans le potage, être mal, galérer. *[qui se trouve dans une telle situation]* enfariné, galéreux. **2.** *[emploi]* placarde. ▸ **faire perdre sa situation à qqn** déboulonner. *[action de faire perdre sa situation à qqn]* déboulonnage *ou* déboulonnement.

skis *n.m.pl.* bois, lattes.

slip *n.m.* calbar, minouse, slibar. *[fendu par derrière]* dossière. → *aussi* **CALEÇON.**

sobriquet *n.m.* → **SURNOM.**

société *n.f.* *[haute]* gratin, la haute, la soce.

sodomie *ou* **sodomisation** *n.f.* bouillon pointu, cassage de disque, doffage, empapaoutage, enculade *ou* enculage, spécial *ou* spé, terre jaune.

sodomiser *v.t.* aléser, aller au petit, baiser à la riche, caser, casser *ou* défoncer coco, le disque, le pot *ou* la rondelle, causer à rebours, crever le parapluie *ou* la pièce de dix sous, dauf(f)er, donner du rond *ou* en donner, emmancher, empaffer, empapa(h)outer, emproser, encaldosser, enculer, endauffer *ou* endoffer, englander, entuber, enviander, graisser les miches, loper, miser (la raie), passer par l'entrée de service *ou* par la porte de derrière, pointer, rivancher en prose, taper dans le tal *ou* dans la raie. ▸ **se faire sodomiser** donner, envoyer, filer *ou* prendre du petit, du rond *ou* du spé, en lâcher, se faire défoncer la motte *ou* la pastèque, se faire défoncer *ou* dorer la pastille, se faire dorer la lune *ou* la feuille, se faire taper dans la lune, l'avoir dans l'œuf, prendre du bronze, ramasser des marrons *ou* des épingles.

sœur *n.f.* fraline, frangine, frelote, negifran.

soierie *n.f.* douce.

soif *n.f.* ▸ **avoir soif** cracher blanc, du coton, de la ouate *ou* des pièces de dix sous, être vacciné au salpêtre, tarauder à sec. ▸ **on a soif!** il fait sec !

soigné *adj.* bien torché, chiadé, piné, soin-soin, soua-soua *ou* tsoin-tsoin, tapé à l'as *ou* dans le nœud.

soigner *v.t.* *[son travail]* chiader.
◆ **se soigner** *v.pr.* se refaire la cerise *ou* le portrait.

soir *n.m.* sorgue, tardif. ▸ **le soir** à *ou* sur la tarde.

sol *n.m.* plancher des vaches.

soldat *n.m.* bidasse, biffin, bigorneau, blédard, gribier, griffe *ou* grifton, grive *ou* griveton, poupée, troufion. *[jeune recrue]* bleu, bleubite *ou* bleusaille. *[de première classe]* premier jus. *[de deuxième classe]* deuxième jus, latte *ou* pompe. *[expérimenté]* briscard. *[puni par un prolongement du service]* rabioteur. *[de réserve]* terrible. *[remplaçant]* nègre blanc. *[du train]* cambouis, trainglot *ou* tringlot. *[des Bat' d'Af']* bataillonnaire, joyeux, zéphir. *[de la Légion]* légobiffin. *[de la marine]* marsouin. *[allemand]* doriphore, haricot vert, vert-de-gris.
◆ **soldate** *n.f.* *[allemande]* souris grise.

soldeur *n.m.* drouilleur.

soleil *n.m.* beau blond, bourguignon *ou* bourgue, cagnard, luisant *ou* luisard, mahomet *ou* maho, mohamed, moulana, reluisant.

solide *adj.* (en) béton, costaud *ou* costo. ▸ **c'est solide** c'est du bronze.

solliciter *v.t.* *[la générosité, en parlant d'un mendiant]* taper une postiche, toquer.

solliciteur *n.m.* étourdisseur, toqueur.

solution *n.f.* clef *ou* clé.

somme *n.f.* *[de 5 F d'avant 1960]* t(h)une. *[de 10 F d'avant 1960]* candélabre. *[de 50 F d'avant 1960]* demi-jambe, demi-jetée, demi-livre *ou* demi-pile. *[de 100 F d'avant 1960]* jambe, jetée, livre *ou* livraille, pile. *[de 100 F d'après 1960]* keusse, kilo. *[de 500 F d'avant 1960 ou 5 000 F d'après 1960]* demi-sac. *[de 1 000 F d'avant 1960]* kilo, milied, sac *ou* sacotin. *[de 10 000 F d'avant 1960]* grenier. *[de 1 MF d'avant 1960 ou 10 000 F d'après 1960]* bâton, brique *ou* briquette, pavé, plaque, quebri, soleil, unité. *[au casino, plaque de ce montant]* savonnette. *[de 100 MF d'avant 1960 ou 1 MF d'après 1960]* brique lourde. *[de 1 milliard de F d'avant 1960 ou 10 MF d'après 1960]* madrier. → *aussi* **ARGENT, BILLET, MONNAIE, PIÈCE.**

sommeil *n.m.* dorme, partie de traversin, pionçage *ou* pionce, pioncetiquage, ronfle, ronflon *ou* ronflette, roupillade. ▸ **tomber de sommeil** avoir les cils cassés.

sommiers *n.m. pl.* *[judiciaires]* plumard.

sonner *v.i.* dringuer. *[heures]* crosser, se décrocher, dégringoler, plomber.

sonnette *n.f.* babillarde, dringue, sonnanche.

sonneur *n.m.* *[de cloches]* crosseur.

sortie *n.f.* décambutage, décarrade *ou* décarrage.

sortir *v.i.* décambuter, décarrer, décrasser la carrée, se déhotter, démurger, se déplanquer. *[du vagin]* déconner. ▸ **sortir qqch d'une cachette** déplanquer. ▸ **se sortir d'une situation délicate** retomber sur ses pattes, se tirer d'épaisseur. → *aussi* **PARTIR.**

sot *adj. et n.* → **NIAIS.**

sottise *n.f.* cagade *ou* cagasse, cavillonnerie, conceté *ou* connerie, déconnage *ou* déconnante, micketterie. → *aussi* **BÊTISE, NIAISERIE.**

sou *n.m.* bourcaille, bourgue *ou* bourque, bourquin, bredoche, bridon, fifre *ou* fifrelin, fléchard *ou* flèche, flousards, flouse *ou* flouze, Jacques, kopeck, maravédis, pélaud *ou* pélot, radis, rond, rotin. *[truqué, aux deux faces identiques]* bobèche. ▸ **sans un sou** → **DÉMUNI.** → *aussi* **ARGENT, MONNAIE, PIÈCE.**

souci *n.m.* ▸ **se faire du souci** avoir le chou farci, se faire du mouron, se faire vieux, se flinguer. ▸ **ne pas se faire de souci** faire roue libre *ou* se mettre en roue libre. ▸ **ne te fais pas de souci !** t'inquiète !

soufre *n.m.* cassant.

souffrant *adj.* mal bigorné, mal foutu.

souffreteux *adj.* → **MALINGRE.**

souffrir *v.i.* comprendre sa douleur, déguster, dérouiller, en baver (des ronds de chapeau), en chier, en roter, la *ou* le sentir passer. ▸ **faire souffrir** aquiger, (en) faire baver *ou* roter.

souillé *adj.* *[d'excréments]* chiasseux, foirard *ou* foireux.

soûl *adj.* → **IVRE.**

soulier *n.m.* → **CHAUSSURE.**

soumettre *v.t.* avoir à la botte, à la pogne, mettre au pli, remettre au train. ▸ **être soumis** être à la pogne *ou* au pli.
◆ **se soumettre** *v.pr.* baisser son froc, s'écraser.

soupçon *n.m.* doutance, gourance. ▸ **éveiller les soupçons** faire du ragoût.

soupçonner *v.t.* respirer.

soupe *n.f.* jaffe, mouise.

souper *v.i.* jaffer.

sourcil *n.m.* dessus des châsses.

sourd *adj.* sourdingue. ▸ **être sourd** avoir les portugaises ensablées, être dur de la feuille *ou* constipé des feuilles.

souris *n.f.* trotteuse.

sournois *adj.* → **HYPOCRITE.**

sous-officier *n.m.* fayot, sous-bite *ou* sous-off.

soustraire *v.t.* pingler.

sous-vêtements *n.m.pl.* fringues de coulisse.

soutane *n.f.* serpillière de ratichon.

souteneur *n.m.* → **PROXÉNÈTE.**

soutirer *v.t.* taxer.

spectacle *n.m.* *[quelconque]* tableau. ▸ **quel spectacle !** vous voyez le tableau !

spéculum *n.m.* canard, dab d'argent.

sperme *n.m.* blanc, bouillon chaud, camelote, crème, foutre, jute, sauce d'amour, sirop de corps d'homme, de navet *ou* de paf rose. *[d'un client, recueilli pour les amateurs]* giclée de grenouille. *[traces de sperme, pour les policiers]* grenouilles de bidet.

spirale *n.f.* gidouille.

spontané *adj.* à la flan.

squelette *n.m.* grime.

station *n.f.* *[de taxi]* stasse.

stérilet *n.m.* scoubidou.

strangulation *n.f.* charriage *ou* saut à la mécanique, coup du père François, tour de clé *ou* de cravate.

strip-tease *n.m.* effeuillage. ▸ **faire un strip-tease** effeuiller la marguerite.

strip-teaseuse *n.f.* effeuilleuse.

stupéfait *adj.* baba. ▸ **être stupéfait** en être *ou* en rester comme deux ronds de flan *ou* comme du flan, en rester *ou* en tomber sur le cul.

stupéfiant *n.m.* → **DROGUE.**

stupéfier *v.t.* asseoir, boucher un coin, une surface *ou* une superficie, scier, sinoquer.

stupide *adj.* lourdingue, messière *ou* mézière, neuneu, (h)ourdé, palmé, saqué, tarte. *[individu stupide]* betterave, cavillon, cloche, con, con(n)ard, con(n)asse, con(n)eau, croûte, crucifix, cul, daim, deb *ou* dèbe, fignard, gniol *ou* gnolle, gogol *ou* gol, graine de con, grande saucisse, huître, panouillard, panouille *ou* panouillot, pied. → *aussi* **IMBÉCILE, INDIVIDU, NIAIS.** ▸ **être stupide** avoir un grain de millet, en avoir une pochetée *ou* une saquée, en tenir une couche, une dose *ou* un sac, être bas de plafond, être bouché (à l'émeri), être con à bouffer de la bite, con comme un balai, la lune, une bite, un manche, une valise *ou* une valoche (sans poignée), n'avoir pas inventé la poudre, l'eau tiède *ou* l'eau chaude, n'avoir rien sous le chignon. ▸ **atteindre des records de stupidité** faire péter le conomètre.

stupidement *adv.* connement.

stupidité *n.f.* → **BÊTISE.**

subalterne *n.m.* grouillot.

subir *v.t.* déguster, écoper, en voir (de toutes les couleurs), éponger, morfler, poirer, se taper, trimer, trinquer, y passer. → *aussi* **SUPPORTER.**

subitement *adv.* subito(s).

subsistance *n.f.* croûte, taille, tortillade. ▸ **assurer sa subsistance** faire sa taille.

substitution *n.f.* *[frauduleuse]* cambut, chance.

subtiliser *v.t.* → **VOLER.**

succès *n.m.* ▸ **avoir du succès** avoir du flambeau, avoir le gros tabac, faire un carton, un malheur, un tabac *ou* un tube.

sucre *n.m.* cassant.

sueur *n.f.* jus.

suffire *v.i.* ▸ **ça suffit !** basta, ça fait la rue Michel, c'est marre, n'en jetez plus la cour est pleine, y en a flac *ou* marre ! → *aussi* **ASSEZ.**

suicider (se) *v.pr.* se brûler la cervelle, se crever, se décoller, se défoncer *ou* se faire sauter le caisson, le plafond, la cervelle *ou* le système, se dévisser, se faire la peau, se flinguer, se mettre une balle.

suivre *v.t.* ficeler, filer le train à qqn *ou* filer qqn au train, filocher, pister, pousser de la ficelle, prendre la roue, refiler. *[de près]* coller au train *ou* au cul.

supérieur *adj.* ▸ **être supérieur à qqn** jouer *ou* rendre le double-six.

supermarché *n.m.* supermarca.

supplément *n.m.* gratte, rab *ou* rabiot, rallonge. *[érotique]* faveur, gâterie, gourmandise.

1. supporter *v.t.* s'allonger, s'appuyer, blairer, s'embourber, encaisser, s'enfiler, s'envoyer, se fader, se faire, se farcir, piffer, piper, renifler, respirer. *[être obligé de supporter]* avoir sur les bretelles. ▸ **ne pas (pouvoir) supporter** avoir dans le blair, le nez, au nez *ou* dans le pif, ne pas pouvoir blairer, encadrer, encaisser, ne pas pouvoir voir en peinture. → *aussi* **SUBIR.**

2. supporter *n.m.* *[violent]* hooligan *ou* hool.

suppositoire *n.m.* balle dans le canon.

suppression *n.f.* nettoyage.

supprimer *v.t.* lessiver, nettoyer, ratiboiser, sucrer.

sûr *adj.* (en) béton. ▸ **c'est sûr** c'est affiché, c'est du bronze.
◆ *interj.* un peu, mon neveu !

Sûreté (la) *n.pr.* la Nationale, la Sûr(e)taille *ou* Sûretanche.

surnom *n.m.* centre à l'estorgue, centriot, surblaze.

surpasser *v.t.* enfoncer.

surprendre *v.t.* **1.** *[étonner]* ça me (te, etc.) la coupe, couper la chique, scier, souffler. **2.** *[prendre sur le fait]* chauffer, chiper, coxer, épingler, gaufrer, gratter, piéger, piger, pincer, piper, poirer, poisser, tauper, voir.

surprise *n.f.* ▸ **par surprise** à la surprenante.

surprise-partie *n.f.* boum, surboum *ou* surpatte.

surveillance *n.f. [policière]* canne, chouf, flicage, planque *ou* planquouse, souricière, surbine, zyeutage. ◗ **exercer une surveillance** fliquer. *[qui fait l'objet d'une surveillance]* fliqué, keufé.

surveillant *n.m.* → GARDIEN.

surveiller *v.t.* avoir à l'œil, avoir dans le collimateur, boucler sa ceinture, espincher, être en gaffe *ou* faire le gaffe, faire la planque, fliquer, gaf(f)er, occuper la loge, planquer, refiler, saborder, serrer, surbiner, triquer. ◗ **être surveillé** être en trique.

suspect *adj.* faisandé, mouillé, pas net. ◗ **être suspect** avoir la *ou* les pattes cassées. ◗ **c'est suspect** y a du gauche.

syphilis *n.f.* chtouille, laziloffe, naze *ou* nazi, plomb, poivre, schtouille, sifflot(t)e, syphilo *ou* syphlotte, vérole, zinc. ◗ **être syphilitique** être syphilo *ou* du syndicat. *[homme atteint de syphilis]* (s)chtouillard.

T

tabac *n.m.* foin, fume, herbe, percal(e), perl *ou* perlo(t), semper(lot), trèfle *ou* tref, tréfoin. *[à priser]* poudrette, poussier de motte, schnouf. *[de l'armée]* gros-cul. *[paquet cubique]* carré. *[carotte de tabac]* longuette de tref.

tabatière *n.f.* foufière, trefflière, tréfouine *ou* triffonnière.

table *n.f.* car(r)ante. *[d'hôte]* tapis de refaite. *[de toilette]* saboulette. *[d'examen gynécologique]* chameau. *[d'opération]* billard. *[de jeu]* atelier, établi. *[de roulette]* sous-marin.

tableau *n.m.* cadre. *[paysage]* plat d'épinards.

tache *n.f.* bougnette. ◗ **avoir des taches de rousseur** avoir regardé le soleil *ou* avoir bronzé à travers une passoire.

tailleur *n.m. [vêtements]* bâcheur, fringueur, frusquineur, harnacheur, loqueur, piqueprunes. *[à façon]* gnaf du drap.

taire (se) *v.pr.* bouchonner, boucler *ou* fermer sa malle *ou* son clapet, boucler *ou* remiser sa bavarde, cal(e)ter, écraser, faire thème, fermer le robinet, son clapet, son claque-merde, sa gueule, son moulin *ou* son plomb, la boucler, la fermer, la mettre en veilleuse, manger son bifteck, mettre les volets à la boutique, se mettre un bouchon, ne pas dire une broquille, ne pas en bonnir *ou* en casser une, poser *ou* déposer sa chique, taire sa gueule, tenir son nez propre. ◗ **faire taire** colmater, couper le sifflet, mettre un bouchon, river le bec *ou* son clou à.

talent *n.m.* vice.

tapage *n.m.* → BRUIT.

tard *adv.* ◗ **au plus tard** dernier carat.

tatouage *n.m.* bousillage *ou* bousille, fleur de bagne *ou* de veuve. *[destruction d'un tatouage]* débousille.

tatouer *v.t.* bousiller *ou* bouziller, marquouser, piquer.

taudis *n.m.* bagnole, poussier, sénat.

taxi *n.m.* bahut, brutal, rampant, rongeur, roulant, sapin, tac, tacmar, tacot *ou* tax, traîneau.

taximètre *n.m.* jack, jacot, jacques *ou* jacquot, pendule.

télégramme *n.m.* babillarde volante, brême.

téléphone *n.m.* bigophone, bigorneau *ou* bigo, biniou, cornichon, déconophone, flubard, grelot, phonard, ronflant *ou* ronfleur, téléfon, tube, turlu, tutu(t). ◗ **coup de téléphone** coup de grelot *ou* de treuil, fil, filin.

téléphoner *v.i.* bigophoner, filer du grelot, tuber.

téléphoniste *n.* phonard.

télévision *n.f.* télévise *ou* téloche.

témoignage *n.m.* parrainage.

témoin *n.m.* fileuse, minicassette, parrain, piaf, rembroqueur. *[à charge]* parrain fargueur. *[à décharge]* bon(n)isseur de la batte, défargueur, parrain d'altèque.

tempérament *n.m.* cara(t). ▸ **avoir un fort tempérament amoureux** avoir du répondant, être bath au pieu *ou* au plumard, être porté sur l'article, la bagatelle, la chose *ou* le truc. *[individu pourvu d'un tel tempérament]* croqueuse *ou* voleur de santé. → *aussi* ENCLIN.

temps *n.m.* ▸ **on a le temps!** on n'est pas aux pièces!

tenancier *n.m.* → PATRON.

ténèbres *n.f.pl.* sorgue.

tente *n.f.* guitoune. *[de forain]* barnum.

tenue *n.f.* → ALLURE.

terminé *adj.* class, cuit *ou* cuitarès, mat. ▸ **c'est terminé** c'est midi (sonné), c'est mort *ou* elle est morte, c'est rôti *ou* rousti, le rouge est mis. ▸ **c'est bientôt terminé** ça se tire.

testicules *n.m.pl.* agobilles, baladeuses, balloches, billes, bonbons, breloques, burettes, burnes, claouis, couilles, douillettes, figues, glaouis, grelots, joyeuses, marrons, montgolfières, noisettes, noix (vomiques), olives, orphelines, pelotes, précieuses, pruneaux *ou* prunes, rognons, roubignoles *ou* robignoles, rouleaux, roupettes *ou* roupes, roustons, témoins (à décharge), testicouilles, valseuses.

tête *n.f.* ardoise, baigneuse, bide, bille, binette, bobèche *ou* bobéchon, bobine, bobinard, bobinasse *ou* bobineau, bocal, bonnet, bouchon, bouillotte, boule, bourriche *ou* bourrichon, boussole, cabèche, caberlot, cabermont *ou* cabermuche, cafetière, caillou, caisse *ou* caisson, calebasse, carafe *ou* carafon, cassis, cerise, chetron, chignon, chou, ciboule *ou* ciboulot, cigare, citron, citrouille, cloche, coco, coloquinte, crécelle, fiole, gargamelle, hure, kilo, lampe, melon, mufle, nénette, pêche, pépin, pipe, plaque (tournante), poire, pomme, sinoquet, sorbonne, tabatière, terrine, tétère *ou* téterre, théière, tinette, tirelire, tomate, tournante, tranche, trognon, trompette, tronc *ou* tronche, truffe. *[en cas de peine capitale]* gadin, tronche. ▸ **en tête** en ciboule, en tranche. ▸ **tourner la tête** se détrancher. → *aussi* VISAGE.

tête-bêche *adv.* *[position érotique]* soixante-neuf.

texte *n.m.* *[long et ennuyeux]* laïus, tartine.

textuellement *adv.* texto.

thorax *n.m.* arêtes.

ticket *n.m.* biffeton, ticson *ou* tickson.

timoré *adj.* → PEUREUX.

tir *n.m.* *[d'arme à feu]* arquebusade, flingage.

tirailleur *n.m.* *[sénégalais]* sénégambouille. *[algérien]* turco.

tirer *v.t. et i.* *[arme à feu]* allumer, arquebuser, canarder, cartonner, débrider, décarpiller, défourailler (dedans *ou* sur), envoyer *ou* balancer la fumée, la purée *ou* la sauce, faire un carton, flingoter, fourailler, gicler, révolvériser, rifler, seringuer, tousser des deux poches. *[feu de peloton]* déchirer de la toile. *[des obus]* marmiter.

tireur *n.m.* ▸ **bon tireur** gâchette.

tiroir-caisse *n.m.* banco, rade *ou* radin.

tisserand *n.m.* batousier.

tituber *v.i.* chancetiquer, festonner, valdinguer. *[sous l'effet de l'alcool]* avoir du vent dans les voiles.

toi *pron. pers.* ta figure, ta fiole, ta frime, ta gueule, ta poire, ta pomme, técol(le), tégnasse, tes gants, tésigue *ou* tézigue, tes os, tézingand, ton gniasse *ou* ton gnière, ton matricule, ton orgue.

toile *n.f.* *[tissu]* bat(t)ouse.

toilette *n.f.* ▸ **faire sa toilette** se décrasser *ou* se décra(s)pouiller.

toilettes *n.f.pl.* → **W.-C.**

tombe *n.f.* trou.

tomber *v.i.* aller à dame *ou* à valdingue, se casser *ou* se péter la gueule, damer, défourailler, faire un soleil, se gaufrer, prendre un billet de parterre, quimper, ramasser *ou* faire un traînard *ou* un valdingue, ramasser *ou* prendre un gadin, une gadiche, une gamelle *ou* une gaufre, ramasser *ou* se prendre une pelle, ramasser un bifteck, se ramasser, se répandre, se rétamer, valdinguer. ▸ **faire tomber** répandre, valdinguer.

torchon *n.m.* cachemire.

torturer *v.t.* chauffer, faire pisser le sang *ou* des lames de rasoir.

totalité *n.f.* le toutim(e) et lago, le toutim(e) et la mèche, toutarès, toute la gamme, toutim(e), tout le toutim(e).

toucher *v.t.* *[de l'argent]* palper *ou* palpouser. ▸ **ne me touche(z) pas !** bas les pattes, pas touche !

tourangeau *adj. et n.* turc.

tourmenter *v.t.* égoïner, sabouler, scier le dos *ou* le cul, turbiner.

tournée *n.f.* *[au café]* giclée, quand-est-ce *ou* quantès, tournanche. *[offrir une seconde tournée]* remettre ça, remettre les verres à jour.

trafiquant *n.m.* camelotier. *[de drogue]* bicrave *ou* bicraveur, dealer, kiffeur, ponte. *[de femmes]* bidochard.

trahir *v.t.* bedonner, donner, doubler, farcir, manquer à, quiller, renarder. *[s'apprêter à trahir]* blanchir du foie. → *aussi* TROMPER.

trahison *n.f.* doublage, flanche à la mie de pain.

train *n.m.* *[véhicule]* brutal, dur, grand frère, roulant vif, tacot.

traînard *n.m.* canard.

traite *n.f.* *[à payer]* papier à douleur.

traiter *v.t.* arranger, assaisonner. *[durement]* mener à la schlague.

traîtrise *n.f.* coup de chien, de Jarnac *ou* coup (de pied) en vache, crasse *ou* crasserie, poisson.

trajet *n.m.* *[long]* tirée, trotte.

tranche *n.f.* ▸ **tranche de pain** affiche.

trancher *v.t.* ▸ **trancher la gorge** couper le sifflet *ou* la gargane, la gargoine *ou* la gargue.

tranquille *adj.* cool, décontract', peinard, pépère, relax(e), tranquillos. ▸ **laisser tranquille** foutre la paix, lâcher (la grappe *ou* les baskets). ▸ **laisse(z)-moi tranquille !** chelaoim *ou* chelaouam, oublie(z)-moi !

tranquillement *adv.* à la douce, à la papa, calmos, décontract, pas de panique, pépère *ou* pépèrement, relax(e), tranquillos.

transfèrement *n.m.* trimballement. *[au Palais]* liberté de cheval.

transformer *v.t.* → CHANGER.

transportation *n.f.* *[au bagne]* chapeau de paille, grand voyage *ou* voyage au long cours.

transporter *v.t.* transbahuter, trimarder, trimballer.

traquenard *n.m.* piège à cons, poloche.

travail *n.m.* bin's, binz *ou* bintz, biseness, bisness *ou* bizness, boulon *ou* boulonnage, boulot, bûche, carbi, chagrin, charbon, fourbi, fricot, goupin *ou* goupinage, groupin, grat(t)in, job, marnage, massage *ou* masse, mastic, placarde, taf, tapin, tas, turbin, turbinage *ou* turbine, turf. *[facile]* bonne gâche, crème, planque. *[pénible]* coltin *ou* colletin, coton, emboucanement. *[des bagnards]* fatigue. *[au noir]* black. *[sans valeur]* bricole. ▸ **se rendre à son travail** aller à l'établi, monter sur le tas, sortir. ▸ **le travail est mal fait** c'est pas du boulot *ou* du bisness.

travailler *v.i.* arracher son copeau *ou* en arracher, artiller, bosser, boulonner, boulotter, bourlinguer, bricoler, bûcher, chiader, écluser, écosser du boulot *ou* en écosser, en filer, en mettre *ou* en jeter un coup, en retourner, frapper dans la butte, gâcher, gagner son os, maquigner, marner, masser, mégoter, mettre *ou* placer un rayon, piocher, tapiner, tauper, trimer, turbiner, usiner. *[mal]* bidonner, mégot(t)er. *[pour soi, avec le matériel de l'entreprise]* faire de la perruque.

travailleur *n.m.* artiste, bosseur, boulonneur, bûcheur, chiadeur, marneur, masseur, piocheur, taupier, turbineur. *[médiocre]* bousilleur, gâcheur, mégoteur *ou* mégotier.

travaux *n.m.pl.* ◗ **travaux forcés** durs, ferraille, (Grand) Pré, passeport rouge, travaux *ou* trav's. *[à perpétuité]* passeport royal.

travers (de) *loc. adv.* à la godille.

travesti *n.m.* caroline, trave *ou* travelo(t).

tremblement *n.m.* bloblote.

trembler *v.i.* blobloter, sucrer les fraises.

tremper *v.t.* ◗ **se faire tremper** *[par la pluie]* se faire rincer *ou* saucer.

très *adv.* hyper, hypra, super (préfixes).

trésor *n.m.* gano(t), gâteau.

tribunal *n.m.* abattoir, balanceur de pègres, carrée (des grands gerbes), cigogne, comptoir, falot, gerbe *ou* gerberie, glace, guignol. *[correctionnel]* carrée des petits gerbes, flac, moulin à café, tourniquet.

tricher *v.t.* empiler, faire du suif *ou* en suif, magouiller, pailler. *[aux cartes]* charger la brême, empalmer, être au fil, faire le pont, filer la carte, maquiller les brêmes *ou* le carton.

tricherie *n.f.* campagnol, embrouille, graisse, grecquerie, montage, poucette *ou* poussette, suif *ou* suiffage. *[aux cartes]* neuf de campagne, ver *ou* verre en fleurs.

tricheur *n.m.* arrangeman, charrida, floueur, grec, papier, rangeur, suiffard *ou* suiffeur, travailleur, truqueur. *[aux cartes]* bonneteur, cartonnier, cocangeur, empalmeur, faisan, fileur, graisseur, marcouseur *ou* marcousier, quilleur. ◗ **le monde des tricheurs** la Grèce, le suif.
◆ **tricheuse** *n.f.* amazone.

tripot *n.m.* clandé, étouffoir *ou* étouffe, flambe, flanche, partie, suifferie, tapis-franc.

triste *adj.* mélanco.

troc *n.m.* cambutage.

tromper *v.t.* aff(l)urer, arrangemaner, avoir (au boniment), baiser (la gueule), balader, berlurer, bidonner, blouser, brider, canarder, caver, charrier, chauffer, couiller *ou* couillonner, cravater, dauber, doubler, écosser, emmaillot(t)er, emmener, empaumer, empiler, enculer, enfler, enfoncer, englander, en refendre sur, entourlouper, envianhder, estamper, faire marcher, faire monter *ou* grimper à l'arbre, faire têtard, faire un enfant dans le dos, faire un plan *ou* une barbe, faisander, farcir, feinter, flouer, fourrer *ou* foutre dedans, gour(r)er, harnacher, hisser *ou* monter un gandin, jouer *ou* monter une musique *ou* du pipeau, la faire à l'oseille, l'introduire, mener en bateau, en barque *ou* monter un bateau, mener, faire, mettre *ou* charrier en double, monter le job *ou* un doublé, niquer, pigeonner, posséder, pratiquer la colle, ramoner, refaire (au même), retailler, rouler (dans la farine), roustir, tricher. *[un mari]* faire coucou, peindre en jaune. → *aussi* **TRAHIR.** ◗ **être trompé** être *ou* se faire chouette, être de la revue, être marron, se faire avoir (dans les grandes largeurs *ou* jusqu'au trognon), se faire bananer, l'avoir dans le cul [et de nombreux synonymes]. *[en parlant d'un mari]* aller en Cornouailles, demeurer *ou* loger rue du Croissant, en porter *ou* en tenir, être cornard, monter *ou* grimper à l'arbre.
◆ **se tromper** *v.pr.* être *ou* mettre à côté de la plaque, se fourrer, se foutre *ou* se mettre le doigt dans l'œil (jusqu'au coude), se foutre dedans, se gourancer *ou* se gour(r)er, se planter. → *aussi* **DUPER.**

tromperie *n.f.* bateau, charriage, double-rambot, empilage *ou* empile, enculerie, entourloupe, entubage, estampage, faisanderie, gandin, montage de bateau, poloche, truandage, ventre.

tronc *n.m.* *[d'église]* berlu.

trottoir *n.m.* banc, bitume, macadam, rade.

trou *n.m.* *[dans une chaussette]* pomme de terre. *[pour épier]* voyeur. *[pour voler]* boulin, tiroir. *[pour s'évader]* housard.

troubler *v.t.* envaper.

trousseau *n.m.* *[de clés]* nœud de clés.

trouvaille *n.f.* dégottage.

trouver *v.t.* décarrer, dégauchir, dégotter, déhotter, dévisser.

truc *n.m.* bidule, bit(t)oniau.

truquage *n.m.* → FALSIFICATION.

truquer *v.t.* → FALSIFIER.

truqué *adj.* *[compétition]* lutte *ou* match à la colle. *[partie]* console *ou* consolette.

tsigane *ou* **tzigane** *adj. et n.* → GITAN.

tuberculeux *adj. et n.* poitringle *ou* poitringue, tubard, tube *ou* tutu. ▸ **être tuberculeux** avoir les éponges mitées *ou* bouffées aux mites, s'en aller de la caisse.

tuberculose *n.f.* tubardise *ou* tube.

tuer *v.t.* aligner, assaisonner, asseoir sur le gazon, avoir, crever, trouer *ou* faire la peau, azimuter, bigorner, bousiller, brûler (la cervelle), bûcher, but(t)er, capahuter, cônir, cornancher, cosnir *ou* crounir, coucher *ou* laisser sur le carreau, couper cabèche, crever (le bide, la gueule, la paillasse, etc.), débarbouiller, décoller, dégeler, déglinguer, dégommer, dégotter, dégringoler à la dure, déquiller, descendre, dessouder, dévisser, dézinguer, ébobir, ébouser *ou* ébouzer, écraser, effacer, égoïner, empaqueter, endormir, envoyer, filer, foutre *ou* mettre en l'air *ou* en bas, escoffier, estourbir, étendre, étourdir, faire passer, faire perdre *ou* ôter le goût du pain, faire sauter le caisson *ou* la cervelle, faire son affaire, finir, flingoter *ou* flinguer, foutre, filer *ou* mettre en l'air, fusiller, lessiver, liquider, marave *ou* maraver, mettre à l'ombre, mettre en bombe, en tas *ou* à zéro, moucher, nettoyer, opérer, passer à la casserole *ou* à la moulinette, plomber, poinçonner, poivrer, ratatiner, rebâtir, rebouiser, recorder, rectifier, refroidir, régler (son compte), répandre, repasser, rétamer, sabler, sabrer, scier, scrafer, sécher, seringuer, servir, transformer en écumoire *ou* en passoire, troncher, truffer, zigouiller.
◆ **se tuer** *v.pr.* *[par accident]* se viander. *[volontairement]* → SE SUICIDER.

tueur *n.m.* but(t)eur, flingueur, maraveur.

tuméfier *v.t.* *[un œil]* monter un œil.

tunisien *adj. et n.* tune.

turbo-réacteur *n.m.* lampe à souder.

U

uniforme *n.m.* carte de visite, compçon, harnachement, harnais de grive, roupane. *[pénitentiaire]* fagot.

urine *n.f.* lance, lancequine *ou* lansquine, pissat *ou* pisse, sirop de vessie.

uriner *v.i.* changer d'eau ses olives *ou* l'eau de ses olives, changer d'eau son canari *ou* son poisson, écluser, égoutter la nouille, la sardine *ou* son colosse, faire pleurer *ou* sangloter son aveugle, la fauvette *ou* le colosse, gâter *ou* lancer de l'eau, glisser, lâcher *ou* tirer un fil, lâcher de l'eau, lâcher son écureuil *ou* une naïade, lâcher, ouvrir l'écluse *ou* les écluses, lancecailler *ou* lanscailler, lancequiner *ou* lansquiner, lisbroquer, lispoquer, lissebroquer *ou* lissépem, pisser, prendre une ardoise à l'eau, quimper la lance, se soulager. *[en parlant d'une femme]* humecter sa fourrure, mouiller sa laitue. *[avec douleur]* pisser des lames de rasoir (en travers), pisser entre parenthèses. *[en plein champ]* arroser les pissenlits. *[par inadvertance]* s'oublier, perdre ses légumes. *[dans son pantalon]* mouiller ses bibelots.

urinoir *n.m.* ardoise, blindé, isoloir, lisbroqueuse, pissoir(e) *ou* pissotière. *[rendez-vous d'homosexuels]* chapelle, tasse (à thé), théière.

usine *n.f.* abattoir, boîte.

usurier *n.m.* crocodile, juif, ogre.

V

vacarme *n.m.* → **BRUIT.**

vache *n.f.* cornante.

vaciller *v.i.* → **TITUBER.**

vagabond *n.m.* diogène, fileur de comète, galopin, loupeur, philosophe, traîne-lattes, traîne-patins *ou* traîne-savates, trimardeur, viande de morgue.

vagabondage *n.m.* loupe, trimard, vadrouille.

vagabonder *v.i.* se baluchonner, cameloter, gouaper *ou* gouêper, louper, rouler, tirer sa loupe, trimarder, vadrouiller, zoner.

vagin *n.m.* anneau, baba, bazar, boîte à ouvrage *ou* à nœuds, cheminée, con(n)asse, dé, salle des fêtes, terminus, tirelire, trou gras *ou* trou qui pisse, turlu. → *aussi* **VULVE.**

vain (en) *loc. adv.* pour fifre.

vaincre *v.t.* *[un adversaire]* ratatiner, tomber.

vainqueur *n.m.* tombeur.

valet *n.m.* courtaud de boutanche *ou* de boutique. *[de cartes]* courrier, gandin, gigolo, larbin, valdingouin *ou* valdingue. *[de pique]* chien vert, pouilleux. *[de trèfle]* mistigri.

valeur *n.f.* ▸ **sans valeur** à la flan, à la graisse d'oie *ou* de chevaux de bois, à la noix (de coco), de carton, du vent, pourri, toc, tocard *ou* toquard. ▸ **chose sans valeur** bistrouille, briquette, charlotade, couille (en barres, en bâtons), couillonnade *ou* couillonnerie, crotte de bique, daube, de la Saint-Jean, fichaise, flanche à la manque, foutaise, fouterie *ou* foutrerie, grosse cavalerie, merdasse, merde (en bâton), merderie, merdeuserie *ou* merdouille, moufette, nanar(d), panade, roupie de sansonnet *ou* de singe, roustissure, scaille, tasse, vacherie.

valise *n.f.* valdingue, valoche, valtouse *ou* valtreuse.

valoir *v.i.* ▸ **ça ne vaut pas grand chose** ça ne pisse pas loin. ▸ **ça ne vaut rien** ça ne vaut pas tripette, ça ne vaut pas un coup de cidre, un clou, un fifrelin *ou* un pet de lapin.

valse *n.f.* tournante. *[musette]* cabrette. *[danseur de valses]* cabrettaire.

vaniteux *adj.* → **PRÉTENTIEUX.**

vantard *adj. et n.* bourreur de crâne *ou* de mou, casseur, cravateur, crosson, dépuceleur de femmes enceintes *ou* de nourrices, enfonceur de portes ouvertes, frimeur, installeur, posticheur *ou* postigeur, rouleur, vanneur *ou* vannier. → *aussi* **PRÉTENTIEUX.**

vantardise *n.f.* cravate.

vanter (se) *v.pr.* chiquer au toc, crosser, en étaler, en foutre *ou* en mettre plein les mirettes, la vue *ou* les yeux, en installer, faire le flambard, son fendant *ou* son fendard, faire (au) pallas, frimer, juter, ne pas se déchirer, ramener sa fraise *ou* la ramener.

veau *n.m.* cornichon, meulard.

véhicule *n.m.* berlingot, coucou, taxi. *[inconfortable]* caisse à savon, sabot, tape-cul. *[omnibus]* four banal.

veines *n.f.pl.* vermicelles.

vélodrome *n.m.* *[municipal, à Paris]* cipale. *[d'Hiver, à Paris]* Vel' d'Hiv.

vélomoteur *n.m.* → **CYCLOMOTEUR.**

vénal *adj.* *[personne]* coquine.

vendeur *n.m.* → **REVENDEUR.**

vendre *v.t.* abloquer, bloquir, cameloter, dealer, fourguer, fusiller, laver, sol(l)ir. *[à un receleur]* fourailler. *[des pronostics]* tuber.

vengeance *n.f.* rebiffe.

venir *v.i.* radiner, ralléger, rambiner, rappliquer. → *aussi* **ARRIVER.**

vent *n.m.* zef *ou* zèph(e).

vente *n.f.* bazardement, boule, lavage, sollissage. *[de drogue]* deal. *[d'herbes médicinales]* drague.

ventre *n.m.* baquet, bauge, berdouille, bide, bidon *ou* bidonnard, buffecaille *ou* buffedingue, buffet, bureau *ou* bur(e)lingue, cage *ou* soute au pain, caisse *ou* caisson, cantine, cloche, crédence, garde-manger, gidouille, hotte, mou, paillasse, placard, tabernacle, tambour, tiroir. *[rebondi]* ballon, brioche, globe, gras *ou* gras-double.

ventripotent *adj. et n.* gras du bide *ou* du genou.

vérifier *v.t.* *[les papiers]* taper aux faffes. *[des pistes, lors d'un interrogatoire]* fermer les portes.

verre *n.m.* **1.** *[à boire]* café colonial, canon, cheminée, glace *ou* glacis, glass(e), gobette, gode *ou* godet, gogueneau *ou* goguenot, guindal *ou* guinde, misérable, vase. *[pris au comptoir]* zinc. *[à moitié bu]* orphelin. *[d'absinthe]* vert-de-gris. *[d'alcool après une bière]* pousse-bière. *[d'eau-de-vie]* lampion, polichinelle. *[de bière]* galopin (env. 12 cl), cercueil (25 cl), formidable (50 cl), baron (75 cl), sérieux (un litre). *[de rhum]* pape. *[de vin blanc]* blanchouillard, blanco *ou* blanquiste, pierrot, voyageur. *[de vin rouge]* canon soviétique, malaga de boueux, sens unique. → *aussi* **CONSOMMATION. 2.** *[de lunettes]* carreaux, hublots.

veste *n.f.* frusquine, moumoute, vaguotte.

vêtement *n.m.* alpaga, alpague, alepingue *ou* alezingue, fringue *ou* fringot, frocs, frusque, harnais, loque, nippes, pelure, sape, taffetas.

vétéran *n.m.* vieille tige.

vétérinaire *n.* véto.

vêtir *v.t.* → **HABILLER.**

vexant *adj.* râlant, saignant.

viande *n.f.* barbaque *ou* barbasse, bidoche, crigne *ou* crignole. *[de bœuf en conserve]* singe. *[dure]* bergougnan, carne, semelle.

vice *n.m.* passion.

vicieux *adj.* tordu, vicelard *ou* viceloque.

vidangeur *n.m.* confiturier, fouille-merde, mouscailleur.

vide *adj.* à jeun, blanc.

vider *v.t.* savonner. *[un verre]* culbuter, torcher. *[le pot de chambre]* passer la jambe à Jules *ou* à Thomas, prendre Thomas par les oreilles.

vieillard *n.m.* amorti, bibard, bibassier *ou* bibasson, birbasse *ou* birbe, croulant, débris, ganache, momie, pépé *ou* pépère, P.P.H., soixante-dix-huit-tours, son et lumière, vieux birbe, vieux crabe, vieux croûton, vieux débris, vieux schnoque *ou* chnock, vioc, vioque, viocard, vioquard *ou* vioquerie. *[qui n'a plus sa tête]* gaga *ou* gâteux, ramollo(t).

vieillerie *n.f.* birbasserie, nanar(d).

vieillesse *n.f.* bibarderie *ou* bibasserie.

vieillir *v.i.* s'affûter, avoir *ou* prendre du flacon, avoir chié les trois quarts de sa merde, avoir plus de la moitié de son pain de cuit, bibarder, commencer à rendre la monnaie, (se) décoller, (se) dégommer, s'en retourner, glisser, prendre du bouchon, vioquir.

vierge *adj. et n.f.* pucelle. ▸ **n'être plus vierge** avoir vu *ou* connu le loup. ▸ **se prétendre vierge** faire son étroite.

vietnamien *adj. et n.* niac, niacoué, niaquoué *ou* nyakoué.

vieux *adj.* vioc, viocard, vioquard *ou* vioque. ◆ *n.* → **VIEILLARD.**

vigile *n.m.* niçois.

vigoureux *adj.* costaud *ou* costo.

vilebrequin *n.m.* boulinoire.

village *n.m.* bled, patelin, paquelain *ou* pacquelain.

ville *n.f.* bled, patelin, vergne.

vin *n.m.* aramon, brutal, (bois de) campêche, coquin, décapant, fil en double, ginglard *ou* ginglet, gros-cul, jaja, jus d'échalas, narpi, pétrole, pic(c)olo, pichtegorne *ou* pichtogorme, picrate, picton, pif *ou* pifton, pinard, piqueton, pive, piveton *ou* pivois, sirop de bois tordu *ou* tortu, tortu, tutu(t), vinasse, vitriol. *[additionné de bromure]* bromure *ou* bromuré. *[blanc]* pivois savonné. *[additionné de limonade]* blanc gominé, limé *ou* lime. *[blanc nouveau]* blanquette, macadam. *[litre de vin]* bilboquet, kil, kilbus *ou* kilo. *[nouveau]* reginglard, reginglat, reginglet *ou* reglinguet. *[pur]* pivois sans lance. *[rouge]* brouille-ménage, cassis (de lutteur), chocolat de déménageur, coaltar, destructeur, gros bleu, jinjin *ou* gingin, petit bleu, pivois vermoisé, raisin *ou* raisiné, rouillotin, rouquemoute *ou* rouquin, sang *ou* sanguin, sens unique. *[rouge servi chaud]* sang de bœuf. *[ration journalière du forçat]* carte.

vinaigre *n.m.* pivois citron.

viol *n.m.* *[collectif]* baptême, barlu, passage en séraille, tournante.

violemment *adv.* d'esbrouf(f)e.

violent *adj.* casseur, saignant *ou* sanglant, sévère.

violer *v.t.* *[collectivement]* faire un barlu, un bateau, une tournante, passer en séraille.

violeur *n.m.* pointeur, quéquette.

violon *n.m.* zinzin.

violoniste *n.m.* gratteur.

virage *n.m.* virolet *ou* virolo.

virginité *n.f.* berlingot *ou* berlingue, capsule, fleur de Marie, gobe-mouches, petit capital, tirelire. ▸ **perdre sa virginité** *[en parlant d'une fille]* casser sa cruche, son patin *ou* son sabot. *[en parlant d'un garçon]* perdre son chapeau de paille. ▸ **faire perdre sa virginité** *[à une fille]* casser la cruche *ou* le sabot.

viril *adj.* ▸ **être viril** avoir du poil *ou* des couilles (au cul) *ou* quelque chose dans le ventre, en avoir (dans le ventre), porter à gauche.

visage *n.m.* balle, bille, binette, blase, bobinard, bobinasse, bobine, bobineau *ou* bobinette, bougie, bouille *ou* bouillotte, burette, cadre, cafetière, caillou, cerise, fiole, fraise, frime, frite, gargamelle, gargoine, gaufre, grime, gueule, hure, musette, nase *ou* naze, patate, pipe, poire, pomme, portrait, terrine, tirelire, tomate, tournant *ou* tourniquet, tranche, trognon, trombine, trompette, tronche, vitrine. *[antipathique]* bec d'ombrelle, cliché, gueule d'empeigne, de raie, de travers, en coin de rue *ou* à chier dessus, tête à massacre. *[grêlé]* écumoire, moule à gaufres *ou* à pastilles, poêle à châtaignes *ou* à marrons. *[grotesque]* marron sculpté. *[sinistre]* gueule de faire-part, à bloquer *ou* à caler les roues de corbillard. *[avec des taches de rousseur]* boule de son, plat de lentilles. ▸ **en plein visage** sur le coin de la gueule *ou* du tournant, sur le tournant de la gueule. → *aussi* TÊTE.

viscères *n.m.pl.* caille.

viser *v.t.* aligner, braquer, québra.

visière *n.f.* viscope.

vision *n.f.* *[de la situation]* vista.

visite *n.f.* *[sanitaire]* revue d'armes. ▸ **passer la visite sanitaire** *[pour une prostituée]* aller à Montretout, faire ses polices.

vite *adv.* à donf, à fond la caisse, la *ou* les gamelle(s), les manettes, à la six-quatre-deux, à la vapeur, à plein(s) tube(s), à tout(e) berzingue, à toute biture, à toute blinde, à toute bringue, à toute(s) pompe(s), à toute vibure, comme un dard, comme un pet sur une toile cirée *ou* sur une tringle, en cinq sec, en deux (*ou* trois) coups de cuiller à pot, en deux coups les gros, en moins de deux *ou* de jouge, en quatrième pompe, et que ça saute !, fissa, le tonnerre, plein pot, presto, prompto *ou* pronto, rapido(s), vite fait (bien fait). ▸ **aller vite** dépoter, gazer *ou* gazouiller, viburer. → *aussi* SE DÉPÊCHER.

vitres *n.f.pl.* bocaux.

vitrine *n.f.* ▸ **en vitrine** en bocal.

vitriol *n.m.* bouillon gras.

vivre *v.i.* *[bien]* briller, se faire dorer la pastille, se la couler *ou* se la passer douce, se la faire belle, douillette *ou* grasse. *[chichement]* galérer, mégoter. *[dans le luxe]* péter dans la soie.

voir *v.t.* éclairer. ▸ **ne rien voir** avoir de la merde dans les yeux.

voiture *n.f.* bagnole, bahut, bousine *ou* bouzine, cabrouet, caisse, charreton *ou* charrette, chignole, chiotte, fumante, guimbarde, guinde *ou* guingue, hotte, mannequin, poubelle, roulante, sabot, tacot, taxi, tinette, tire, traîneau *ou* traîne-cons, trottinette, veau. *[de blanchisseur]* papillon. *[postale]* lampion. *[cellulaire]* courrier du Palais, panier à salade. *[Citroën]* citron. *[démodée ou hors d'usage]* coucou, ravelin. *[en mauvais état]* cercueil roulant, tas de boue, de ferraille *ou* de tôle. *[qui consomme beaucoup de carburant]* suceuse.

voix *n.f.* grelot, jactage. *[éraillée]* voix de rogomme. *[rauque]* voix de mêlé-cass. *[qui a une voix forte]* fort en gueule, gueulard.

vol *n.m.* achat à la course, barbot *ou* barbottage, beau, broquillage *ou* broquillerie, cambriole, carotte *ou* carottage, castagne, charre, chipage, chopin, chourave, ciseaux, coup d'arraché, de flan *ou* de fourchette, dégringolade à la flûte, desserte, détourne, dévirade, emballage, emplâtrage, emprunt forcé, endormage, entaulage *ou* entôlage, escarpe, étalage *ou* étal, fauchage *ou* fauche, fric-frac, graffignage, grinche, grinchage *ou* grinchissage, jetée, mise en l'air, ouvrage, philippe, tire (à la chicane *ou* à la décarrade), travail à la manque, au fourmillon, vol à l'abordage, à l'américaine, à l'arraché, au bonjour, à la bousculade, à la broquille, à la carre, au change, à la cire, à la double, au dégonflage, à l'esbrouffe, à la fourline, au gaga, à la graisse, à la grecque, à la machinette, au narcotique, au pot, au radin, au rendez-moi, à la rencontre, à la roulotte *ou* au roulot(t)age, à la tire. ▸ **commettre un vol fructueux** faire beau. → *aussi* CAMBRIOLAGE.

volage *adj.* cavaleur, dragueur.

volant *n.m.* *[d'automobile]* bout de bois, cerceau, macaron.

voler *v.t.* asphyxier, baiser, barbotter, bichoter, branquignoler, calotter, camoufler, canarder, carambouiller, carotter, carrer, se casser le poignet *ou* la pogne, charrier, chauffer, chiper, choper, chouraver *ou* chourer, coxer, cravater, crever, débiner le pante, décramponner, décrasser, décrocher, dégringoler, délourder, dépiauter, déplanquer, descendre, détourner, donner, lâcher *ou* pousser du vague, donner une secousse, écraser, effacer, effaroucher, embarquer, empalmer, empaqueter, emplafonner, emplâtrer, emprunter, endormir, engourdir, entauler *ou* entôler, envelopper, épingler, esbigner, escoffier, étouffer, étourdir, évaporer, fabriquer, faire (aux pattes), faire à l'amiable, faire au roupillon, faire le barbot, faire le patin, les poches, le truc, faire une main levée *ou* une main tombée, faucher, flibuster, flingoter, flinguer, fricfraquer, frire, fusiller, gauler, goupiner le poivre *ou* les poivriers, graffigner, gratter, grinchir *ou* grincher, grinchir à la fiole, à la mitaine, à la roulotte *ou* au roulottage, lever, marcher à l'emplâtre, marner, pégrer, picorer, pincer, piquarès *ou* piquer, rabioter, ratisser, rectifier, repasser, roustir, secouer, servir, soulager, soulever, taxer, tomber faible sur, toucher, travailler (la tire), se trouver mal sur, tutoyer, vaguer, vendre, y mettre le(s) doigt(s). *[à l'étalage]* claquer, faire *ou* acheter au prix courant *ou* à la course. *[à la tire]* avoir de la pogne *ou* marcher à la pogne, fourliner, tirer. *[avec de fausses clés]* pousser de la caroubie. *[dans la caisse]* faire le rade, piquer. *[en emportant la caisse]* bander la caisse. *[à la glu dans les églises]* sauter le sacristain. *[dans les voitures en fourrière]* chroumer, maroufler. *[du linge sur les haies]* défleurir la picouse *ou* la piquouse. *[du linge dans les voitures de blanchisseur]* papillonner. *[habilement]* connaître le tour. *[un client endormi, en parlant d'une prostituée]* faire l'édredon.

voleur *n.m.* affranchi, avale-tout-cru, barbotteur, batteur, bonjourier, branquignoleur, braqueur, broquilleur, caroub(l)eur, carreur, chable, changeur, charles, charrieur *ou* charrida, chouraveur *ou* chroureur, coupeur, détourneur, doubleur, entauleur *ou* entôleur, épongeur, escarpe, esquinteur, estampeur, étalagiste, faucheur, flingoteur, fourchette, fourline *ou* fourlineur, fourmillonneur, goupineur, graffigneur, grinche, grinchemann, grincheur *ou* grinchisseur, guiche, jeune homme, marcheur, mec à la colle forte, ouvrier, pègre, pégreur, philippe *ou* philippard, picoreur, picouse, piquouse *ou* piquouze, piqueur, poisse, rat d'hôtel, rat de Seine, ravageur, rendez-moi, roustisseur, sorgueur, sueur de chênes, tapageur, travailleur, trucheur *ou* truqueur. *[à main armée]* braco, holdopeur. *[à la tire]* bonne pogne, machinette, main, pique *ou* piquouse, tiraillon, tire-gousset, tire-laine *ou* tireur. *[dans les boutiques]* bou-

cardier. *[dans les étages]* chevalier grimpant, monte-en-l'air. *[dans les voitures]* roulottier *ou* rouletier. *[de grand chemin]* garçon de cambrous(s)e *ou* de campagne. *[de couverts dans les restaurants]* cireur. *[de linge dans les voitures de blanchisseur]* papillon *ou* papillonneur. *[de mouchoirs]* blaviniste, chiffonneur *ou* chiffonnier. *[de plomb sur les chantiers]* gras-doublier, mastardier *ou* mastaroufleur. *[de valises]* valtreusier. *[de vin]* picot, piquot *ou* piquoteur. *[maladroit]* guignol, haricot vert, nib. *[qui s'en prend aux ivrognes]* (voleur au) poivrier.
◆ **voleuse** *n.f.* charreuse, détourneuse, enquilleuse, entauleuse *ou* entôleuse, faucheuse, pégreuse, prise, sauteuse, sœur de charité.

volonté *n.f.* ▸ **à volonté** à volo.

volumineux *adj.* comac, comaque *ou* comacos.

vomir *v.i.* aller au refil(e) *ou* au renard, compter ses chemises, débéqueter, dégobiller, dégueuler, écorcher le renard, fuser, gerber, germer, lâcher *ou* refiler la came, lâcher son goujon *ou* une fusée, mettre du cœur sur le carreau, piquer un renard, renarder, rendre les miettes *ou* ses comptes, revoir la carte. *[avoir envie de vomir]* avoir la gerbe. *[qui donne envie de vomir]* à gerber, dégueu, dégueulasse, dégueulatif, dégueulatoire *ou* dégueulbif, gerbeux *ou* gerbique.

vomissement *n.m.* dégobillage *ou* dégobillade, dégueulade, dégueulage *ou* dégueulis, fusée, gerbe, (queue de) renard, refil(e).

vorace *adj.* → GOINFRE.

vous *pron. pers.* vouzailles, vouzingand, vozière, vozigue.

voyager *v.i.* cimer. *[dans le train, sans billet]* brûler *ou* griller le dur. *[beaucoup]* bouffer des kilomètres.

voyeur *n.m.* mateur, reluqueur, serrurier, zyeuteur. ▸ **être voyeur** mater *ou* matouser, prendre *ou* se payer un jeton de mate *ou* un ticket.

voyou *n.m.* apache, bizet, ferlampier *ou* ferlandier, gouape, loub, loubard *ou* loulou, marlou, marque-mal, narzo, peau-rouge, pégriot, petite frappe, poisse *ou* poisseux, rouchi, truand, youvoi, zonard.

vrac (en) *loc. adv.* en salade.

vue *n.f.* ▸ **avoir une mauvaise vue** avoir les yeux pleins de pisse, zyeuter de la merde. *[qui a une vue défectueuse]* bigleux.

vulgaire *adj.* putassier.

vulve *n.f.* abricot, angora, as de pique, baigneur, baquet, barbu, bégonia, bénitier, bijou, boîte à ouvrage, bonbon, bonnet (à poil), boutonnière, bréviaire d'amour, café des deux colonnes, calibre, centre, chagatte, chat *ou* chatte, cicatrice, cramouille, craque *ou* craquette, fendasse, fendu *ou* fente, feuille de sauge, figue, foufoune, foufounette *ou* founette, fri-fri, gobe-mouches, greffier *ou* greffière, grip(p)ette, hérisson, huître, lac, marmotte, millefeuille, mine d'or, minet, minette, mimi *ou* minou, mirliton, mistigri, moniche, moule, mouniche, nénuphar, pâquerette, pays-bas, potage, terminus, teuch, triangle des Bermudes, zigouigoui, zizi *ou* zizette. → *aussi* VAGIN.

W

W.-C. *n.m.pl.* bin's, binz *ou* bintz, cabets, cabin's, cabinces *ou* cago(u)inces, chiottes, débourre, garde-manger, goguenots *ou* gogues, mousserie, numéro cent, Saint-Siège, tartines, tartiss(es) *ou* tartissoir(es), tasses, téléphone.

Y

yougoslave *adj. et n.* yougo.

Z

zèle *n.m.* fayotage *ou* fayoterie. ▸ **faire du zèle** être boulot boulot, fayoter.

zouave *n.m.* chacal.

Noms propres

Atlantique (océan) la (Grande) Mare *ou* la Mare aux harengs.

Bastille (la) *[quartier de Paris]* la Bastaga *ou* la Bastoche.

Batignolles (les) *[quartier de Paris]* les Badingues.

Beaucaire *[ville du Gard]* Boccari.

Bicêtre *[asile et prison]* Biscaye *ou* Biscaille, Tune, Tunebaye *ou* Tunebé.

Brigade criminelle (la) la Crim(e).

Caen Canelle.

Champs-Élysées (les) les Champs.

Chapelle (la) *[quartier de Paris]* la Chapelouse.

Charbonnière *[quartier de Paris]* la Charbo *ou* la Charbonne.

Châtillon-sous-Bagneux les Chatouilleux.

Clichy *[place de Paris]* la Cliche.

Conciergerie (la) *[caves-geôles, à Paris, au* XIX*e* *s.]* la Grosse Horloge, la Souricière.

Dauphine *[voiture Renault]* Dauphe.

Dieu le (Grand) Havre, le Meg des Megs.

École polytechnique Pipo.

Eiffel (la tour) la tour Cifelle.

États-Unis (les) les States.

Force (la) *[prison de Paris]* la Lorcefée, la Lorceffe *ou* la Lors.

France (la) la Franchecaille.

Gestapo (la) la Carlingue, la G(u)estape, la Gest.

Gobelins (les) *[quartier de Paris]* les Gob' *ou* Gobs'.

Haussmann *[boulevard de Paris]* Boul'Mann.

Invalides (les) *[quartier de Paris]* les Invalos *ou* les Invaloches.

Lariboisière *[hôpital parisien]* Laribo *ou* Lariboise.

Lille Lilange.

Marseille la Marsiale, Martigues.

Maubert *[place de Paris]* la Maub, Mocaubocheteau, Mocobo *ou* Moc-aux-Beaux.

Ménilmontant *[quartier de Paris]* Ménilmuche *ou* Ménilmonte.

Montorgueil *[rue de Paris]* la Montorgue.

Montparnasse *[quartier de Paris]* Montparno *ou* Montpar.

Mouffetard *[rue et quartier de Paris]* la Mouffe.

Mutualité (la) *[salle de réunion, à Paris]* la Mutu.

Napoléon III Badinguet *ou* Badingue.

Neuilly-sur-Seine Neuneu.

Nouvelle-Calédonie (la) la Nouvelle.

Paris Panam(e), Pantin, Pantruche.

Père-Lachaise (le) *[cimetière parisien]* Père Fauteuil.

Petite Roquette (la) *[ancienne prison parisienne]* la Petite.

Popincourt *[rue et quartier de Paris]* la Popinc, Popinque *ou* Popingue.

Porte de Montrouge *[à Paris]* la Grille des Rouges.

Provence (la) la Mocossie.

Quincampoix *[rue de Paris]* la Quincampe.

République (la) la Gueuse.

Rouen Arnelle.

Saint-Denis Saint-Denaille, Saint-Denoche *ou* Saint-Tenaille.

Sainte-Pélagie *[ancienne prison de femmes, à Paris]* Pélago.

Saint-Germain *[quartier de Paris]* Faub-Germ, Saint-Ger. *[boulevard]* Boulger.

Saint-Lazare *[ancienne prison de femmes, à Paris]* Château Floquet, Lazaro, les Madeleines, Saint-Lago, Saint-Lag *ou* Saint-Laz(e).

Saint-Louis *[hôpital parisien]* la Frotte.

Saint-Michel *[boulevard de Paris]* Boul' Mich'.

Samaritaine (la) la Samar.

San Francisco Frisco.

Santé (la) *[prison de Paris]* la Santaga, la Santoche *ou* la Santuche, Santaille.

Sébastopol *[boulevard de Paris]* le Sébasto(m), le Topol.

Toulon Lontou, Toulabre.

Touraine Turquie.

Tours Turcan.

Vélodrome d'hiver *[à Paris]* Vel' d'Hiv'.

Versailles Versigo(t).

Villette (la) *[quartier de Paris]* la Villetouse *ou* Villetouze.

Bibliographie

LES RÉFÉRENCES BIBLIOGRAPHIQUES SONT DONNÉES ici en deux parties : d'abord la liste des auteurs et ouvrages de fiction ; ensuite les documents lexicographiques. Ces derniers figurent entre crochets dans les paragraphes étymologiques du dictionnaire. Les références suivies d'un numéro, dans la partie citation des articles, sont explicitées ici par une numérotation équivalente des œuvres.

AUTEURS ET OUVRAGES CITÉS

ABOSSOLO Evina
Le D.A.S.S. monte à l'attaque, L'Harmattan, 1977, 199 p.

ADG
1. *On n'est pas des chiens,* Gallimard, Série noire, 1982, 185 p.
2. *Pour venger Pépère,* Gallimard, Série noire, 1980, 182 p.
3. *Cradoque's band,* Gallimard, Série noire, 1972, 243 p.
4. *la Divine Surprise,* Gallimard, Série noire, 1971, 186 p.
5. *les Panadeux,* Gallimard, Série noire, 1971, 250 p.
6. *le Grand Môme,* Gallimard, Série noire, 1977, 182 p.
7. *Juste un rigolo,* Gallimard, Carré noir, 1977, 184 p.
8. *la Nuit des grands chiens malades (Quelques messieurs trop tranquilles),* Gallimard, Carré noir, 1972, 182 p.

AGRET Roland
Pendaresse, Fleuve noir, Engrenage, 1985, 188 p.

ALEXANDRE Jean
l'Argot de la prostitution, Clichy, Nigel Gauvin, 1987, 76 p.

ALHOY Maurice
les Bagnes, types, mœurs, mystères, 1845.

ALLAIN Marcel et SOUVESTRE Pierre
série des *Fantômas* (1911 et suiv.), Laffont, 1961, tome I.

AMILA Jean
1. *le Pigeon du faubourg,* Gallimard, Série noire, 1981, 183 p.
2. *À qui ai-je l'honneur ?,* Gallimard, Carré noir, 1974, 220 p.
3. *Motus !,* Gallimard, Carré noir, 1953, 186 p.
4. *la Bonne Tisane,* Gallimard, Carré noir, 1975, 188 p.

APOLLINAIRE Guillaume
1. *les Onze Mille Verges* (1906), Pauvert, 1973, J'ai lu, 128 p.
2. *les Exploits d'un jeune Dom Juan* (1906), Pauvert, 1977, J'ai lu, 126 p.

ARNAUD Georges
1. *le Salaire de la peur,* Julliard, 1950, Livre de Poche, 184 p.
2. *la Plus Grande Pente,* Julliard, 1961.

ARNAUD Georges-Jean
Nécro, Fleuve noir, 1983, 183 p.

ARNOUX Alexandre
Rêveries d'un policier amateur, Éd. Lugdunum, 1941, 239 p.
AUDIARD Michel
Vive la France !, Julliard, 1973, 81 p.
AUDOUARD Yvan
Payer pour voir, Plon, Nuit blanche, 1962, 187 p.
AUROUSSEAU Nan
Flip story, Éd. libres Hallier, 1978, 185 p.
AVERLANT Michel
Rien dans les poches, Ditis, La Chouette, 1958, 191 p.
AYMÉ Marcel
le Vin de Paris, Gallimard, 1947, Folio, 244 p.
BALZAC Honoré de
1. *le Père Goriot,* 1834.
2. *Une ténébreuse affaire,* 1841.
3. *Splendeurs et misères des courtisanes,* 1838-1847.
BARBUSSE Henri
le Feu, Flammarion, 1915, J'ai lu, 444 p.
BARNAIS Jo
1. *Mort aux ténors,* Gallimard, Série noire, 1956, 248 p.
2. *Crochet pour ces dames,* Gallimard, Série noire, 1958, 186 p.
BARRÈS Maurice
les Déracinés, Émile-Paul, 1897, 491 p.
BASTIANI Ange
1. *le Pain des Jules,* Gallimard, Carré noir, 1960, 185 p.
2. *Du sang dans les voiles,* Presses de la Cité, 1967, 188 p.
3. *Caltez volaille,* Presses de la Cité, 1962, 184 p.
4. *Polka dans un champ de tir,* Gallimard, Carré noir, 1955, 184 p.
BASTID J.-P.
Méchoui-massacre, Gallimard, Carré noir, 1974, 244 p.
BASTID-MARTENS
1. *le Rouquin chagrin,* Jean Goujon, Engrenage, 1980, 185 p.
2. *Adieu la vie...,* Gallimard, Super noire, 1977, 246 p.
BAUER Charlie
Fractures d'une vie, Seuil, 1990, 417 p.
BAUMAN
Branq'à part, Sanguine, 1980, 157 p.
BÉNARD Pierre
Ces messieurs de Buenos-Ayres, Éd. de France, 1932, 218 p.
BENJAMIN René
1. *Gaspard,* Fayard, 1915, 319 p.
2. *Sous le ciel de France,* Fayard, 1916, 317 p.
BÉNOZIGLIO Jean-Luc
Cabinet-Portrait, Seuil, 1980, 269 p.
BERNARD Tristan
Aux abois, Albin Michel, 1933.
BERNHEIM Nicole-Lise et CARDOT Mireille
Mersonne ne m'aime, Éd. des Autres, 1978, 172 p.
BIALOT Joseph
le Salon du prêt-à-saigner, Gallimard, Série noire, 1978, 247 p.
BIBI-TAPIN
les Mésaventures de Bistrouille, A.L. Guyot, 1894, 185 p.
BLIER Bertrand
les Valseuses, Laffont, J'ai lu, 1972, 438 p.
BOHRINGER Richard
C'est beau une ville la nuit, Denoël, 1988, 151 p.
BOILEAU-NARCEJAC
Quarante ans de suspense (1948-93), Laffont, coll. Bouquins, 5 vol. de 1988 à 1990.
BORNICHE Roger
1. *Vol d'un nid de bijoux,* Grasset, 1984, 353 p.
2. *le Gang,* Fayard, 1975, Livre de Poche, 346 p.
BOUDARD Alphonse
1. *la Métamorphose des cloportes,* Livre de Poche, 1962, 256 p.
2. *la Fermeture,* Laffont, 1986, Livre de Poche, 412 p.
3. *les Combattants du petit bonheur,* Hachette, 1977, 316 p.
4. *Cinoche,* Table ronde, 1974, Folio, 282 p.
5. *le Café du pauvre,* Table ronde, 1983, 278 p.
6. *le Corbillard de Jules,* Table ronde, 1979, Folio, 276 p.
7. *la Cerise,* Table ronde, 1963, Livre de Poche, 444 p.
8. *l'Hôpital,* Table ronde, 1972, Folio, 369 p.
9. *les Grands Criminels,* Le Pré-aux-Clercs, 1989, 363 p.
BOUDARD Alphonse et ÉTIENNE Luc
la Méthode à Mimile, La Jeune Parque, 1970, Livre de Poche, 1975, 309 p.
BOUSSENARD Louis
le Tour du monde d'un gamin de Paris, Tallandier, 1880, 320 p.
BRASSENS Georges
Chansons, Seghers, 1963, 237 p.
BRAUN M.-G.
Tony Sauvage, Fleuve noir, Polar 50, 1959, 185 p.
BRETÉCHER Claire
les Frustrés, Presse-Pocket, 1979.
BRISSAC Henri
Souvenirs de prison et de bagne, 1880.
BRUANT Aristide
Dans la rue, chansons et monologues, rééd. Les Introuvables, 1976, 2 vol., 208 p. chacun.

BURNAT Jean
Cartouche mon copain, Laffont, 1956, 241 p.
BURON Nicole de
C'est quoi, ce petit boulot ?, Flammarion, 1989, J'ai lu, 316 p.
CAHOREAU Gilles et TISON Christophe
la Drogue expliquée aux parents, Balland, 1987, 283 p.
CAILHOL Alain
Immaculada, Flammarion, J'ai lu, 1994, 313 p.
CAMARA Caroline
le Désosseur, Éd. Jean Goujon, Engrenage, 1979, 191 p.
CAMUS Antoine
les Bohêmes du drapeau, Types de l'armée d'Afrique, Brunet, 1863.
CAMUS William
le Poulet, Éd. G.P., 1977, 222 p.
CANLER
Mémoires (1862), Mercure de France, 1986, 568 p.
CARCO Francis
1. *Traduit de l'argot,* Éd. de France, 1927, 264 p.
2. *Jésus la Caille,* Albin Michel, 1914, Livre de Poche, 252 p.
3. *la Belle Amour,* Livre de Poche, 1952, 190 p.
4. *Nostalgie de Paris,* Éd. du Milieu du Monde, Genève, 1941, 247 p.
5. *la Rue,* Albin Michel, 1930, 254 p.
6. *les Innocents,* 1916, Livre de Poche, 250 p.
7. *Morsure,* Ferenczy, 1949.
8. *l'Équipe,* Albin Michel, 1925.
CARDINAL Marie
1. *les Mots pour le dire,* Grasset-Fasquelle, 1975, 317 p.
2. *la Clé sur la porte,* Grasset, 1977, Livre de Poche, 222 p.
CARDOZE Michel
Du hachis à Parmentier, Éd. Baleine, Le Poulpe, 1997, 159 p.
CAVANNA
1. *les Russkoffs,* Belfond, 1979, Livre de Poche, 410 p.
2. *Dieu, Mozart, Le Pen et les autres,* Presses de la Cité, 1992, Presse-Pocket, 243 p.
CÉLINE Louis-Ferdinand
1. *Voyage au bout de la nuit* (1932), Gallimard, Pléiade, t. I, p. 1-506.
2. *D'un château l'autre* (1957), Gallimard, Pléiade, t. II, p. 1-300.
3. *Nord* (1960), Gallimard, Pléiade, t. II, p. 301-708.
4. *Rigodon* (1961), Gallimard, Pléiade, t. II, p. 709-928.
5. *Mort à crédit* (1936), Gallimard, Pléiade, t. I, p. 507-1104 et Livre de Poche, 502 p.
CELLARD Jacques
Flora la belle Romaine, Balland, 1985, Pocket, 214 p.
CENDRARS Blaise
1. *Bourlinguer,* Denoël, 1948, Folio, 502 p.
2. *Panorama de la pègre,* Arthaud, 1935, 115 p.
CHABROL Jean-Pierre
Un homme de trop, Gallimard, 1958, Folio, 247 p.
CHARRIÈRE Henri
Papillon, Laffont, 1969, 516 p.
CHAVETTE Eugène
Aimé de son concierge (1877), Garnier, 1977, 228 p.
CHEVALIER Louis
les Ruines de Subure, Laffont, 1985, 370 p.
CHEVALLIER Gabriel
Clochemerle, Paris, Rieder, 1934, Livre de Poche, 436 p.
CLADEL Léon
Inri (1872-87), rééd. Lérot, 1997, 344 p.
CLAUDE
Mémoires, J. Rouff, vers 1880, 2 vol., 2 020 p.
CLAVEL Bernard
1. *Qui m'emporte,* Laffont, 1958, J'ai lu, 125 p.
2. *Malataverne,* Laffont, 1960, J'ai lu, 187 p.
3. *la Guinguette,* Albin Michel, 1997, 220 p.
CLÉBERT Jean-Paul
1. *Paris insolite,* Denoël, 1952, Folio, 216 p.
2. *la Vie sauvage,* Denoël, 1953, 255 p.
CLÉMENS (forçat vers 1850)
in ZACCONE Pierre, *Histoire des bagnes,* 1876.
COATMEUR Jean-François
Morte Fontaine, Denoël, Sueurs froides, 1982, 238 p.
COLIN Thibert
Noël au balcon, Gallimard, 2001.
COLOMBANI Roger
Flics et voyous, RMC Éditions, 1985, 284 p.
COMBESCOT Pierre
les Filles du calvaire, Grasset, 1991, 427 p.
CONIL Philippe
Flip-frac, Gallimard, Série noire, 1981, 186 p.
CORDELIER Jeanne
la Dérobade, Hachette, 1976, Livre de Poche, 508 p.
COURTELINE Georges
Boubouroche (1891), Livre de Poche, 1967, 189 p.
CRÉVAINDIEU (LES)
Chansons paillardes, Pathé-Marconi, 1976-1977.
CRISTIN Pierre et BILAL Enki
les Phalanges de l'ordre noir, Dargaud, 1979.
DABIT Eugène
1. *l'Hôtel du Nord* (1928), Denoël, 1950, 141 p.

2. *Petit-Louis,* Gallimard (1930), L'Imaginaire, 1988, 272 p.
DAENINCKX Didier
1. *Métropolice,* Gallimard, Série noire, 1985, 213 p.
2. *Meurtres pour mémoire,* Gallimard, Série noire, 1984, 216 p.
3. *le Bourreau et son Double,* Gallimard, Série noire, 1986, 214 p.
DALIO
Mes années folles, Lattès, 1976, 319 p.
DARIEN Georges
1. *Bas-les-Cœurs* (1889), Club français du Livre, 1968, 320 p.
2. *le Voleur* (1897), Pauvert, 1955, 558 p.
3. *l'Épaulette* (1905), Martineau, 1971, 376 p.
DAUDET Alphonse
Œuvres complètes, 1867-1897.
DÉGAUDENZI Jean-Louis
Zone, Fixot, 1987, 207 p.
DELACORTA
Rock, Fayard, 1981, 187 p.
DELION Jean
Pouce !, Gallimard, Carré noir, 1967, 250 p.
DELPÈCHE René
Ces filles que l'on dit de joie, Compagnie parisienne d'Éditions, 1954, 198 p.
DELTEIL Gérard
Chili incarné, Éd. Baleine, Le Poulpe, 1996, 153 p.
DEMOUZON Alain
Château-des-Rentiers, Flammarion, 1982, 207 p.
DEMURE Jean-Paul
1. *Razzia sur la paroisse,* Fleuve noir, Engrenage, 1983, 218 p.
2. *Aix abrupto,* Gallimard, Série noire, 1987, 282 p.
3. *Découpe sombre,* Gallimard, Série noire, 1988, 280 p.
DESNOS Robert
Œuvres, Gallimard, coll. Quarto, 1999, 1395 p.
DESPROGES Pierre
Textes de scène, Seuil, 1988, 125 p.
DESTANQUE Robert
1. *Rapt-time,* Gallimard, Série noire, 1980, 284 p.
2. *le Serpent à lunettes,* Gallimard, Série noire, 1978, 275 p.
DEVAUX Pierre
le Livre des darons sacrés, Aux Quais de Paris, 1960, 217 p.
DIMEY Bernard
Poèmes voyous, Éd. Mouloudji, 1978, 181 p.
DJIAN Philippe
1. *37°2 le matin,* Barrault, 1985, J'ai lu, 378 p.
2. *Zone érogène,* Barrault, 1986, J'ai lu, 348 p.
DOMINIQUE A.-L.
Entre le Gorille et les Corses, Gallimard, Série noire, 1956, 184 p.
DORGELÈS Roland
les Croix de bois, Albin Michel, 1919, Livre de Poche, 286 p.
DORMANN Geneviève
le Bateau du courrier, Seuil, 1974, Livre de Poche, 156 p.
DROUIN Henri
la Vénus des carrefours, 1930, Gallimard, 205 p.
DUBUT DE LAFOREST
le Coiffeur pour dames, 1900, Fayard, 139 p.
DUCHAUSSOY Charles
Flash ou le Grand Voyage, Fayard, 1971, Livre de Poche, 597 p.
DUHAMEL Marcel
Raconte pas ta vie, Mercure de France, 1972, 622 p.
DUPONT Pascal
Pirates d'aujourd'hui, Ramsay, 1986, 218 p.
DUSSORT Antoine
1. *Preuves d'une existence,* 1927.
2. *Journal, mémoire et lettres relatifs au bagne,* 1929-1934.
DUVERT Tony
l'Île Atlantique, Éd. de Minuit, 1979, 299 p.
ERRER Emmanuel
la Came à nous autres, Gallimard, Série noire, 1974, 186 p.
ESPARBÈS Georges d'
Œuvres, 1900-1913.
Fables de La Fontaine en argot
anonyme, Nigel Gauvin, 1989, 61 p.
FAIZANT Jacques
Oublie-moi, Mandoline, Calmann-Lévy, 1973, 246 p.
FAJARDIE Frédéric
1. *le Souffle court,* Éd. Néo, 1982, 162 p.
2. *Polichinelle mouillé,* Denoël, Sueurs froides, 1983, 150 p.
FALLET René
1. *Banlieue sud-est,* Denoël, 1947, Folio, 366 p.
2. *les Vieux de la vieille,* Denoël, 1958, Folio, 218 p.
FAUCHET Raymond
Ennemi public, Gallimard, 1935, 213 p.
FAUQUE J.-C.
Sidi ben Barbès, Gallimard, Série noire, 1978, 244 p.
FÉNÉON Félix
Nouvelles en trois lignes (1906), vol. 2, Mercure de France, 1998, 93 p.

FERRÉ Léo
Poètes, vos papiers, Table ronde, 1956, Folio, 180 p.
Forban
Mémoires d'un forban philosophe (anonyme), Paris, 1829 (se donne comme suite aux *Mémoires* de Vidocq).
Forçat
Mémoires d'un forçat, ou Vidocq dévoilé (anonyme) [œuvre de Louis-François Raban et de Marco Saint-Hilaire], Paris, 1829.
FORTON Louis
1. *les Pieds nickelés au Far West* (vers 1910), Veyrier, 1982.
2. *les Pieds nickelés au Mexique* (vers 1910), Veyrier, 1982.
FOSSAERT Frédéric
Touche pas à ma cible, Gallimard, Série noire, 1987, 248 p.
FRANCOS Ania
Sauve-toi, Lola, B. Barrault, 1983, J'ai lu, 383 p.
GALLAND Jean-Pierre
Meurtres modernes, Sanguine, 1980, 159 p.
GALTIER-BOISSIÈRE Jean
1. *Mon journal dans la drôle de paix,* La Jeune Parque, 1947, 336 p.
2. *la Bonne Vie,* Éd. de France, 1925, 250 p.
3. *Loin de la riflette,* Éd. Baudinière, 1935, 217 p.
4. *Mémoires d'un Parisien,* Table ronde, Tome II, 1961.
GAUTIER Théophile
Lettre à la Présidente (1850), Eurédif, 1975, p. 117-152.
GENET Jean
Miracle de la rose (1943), Folio, 1977, 376 p.
GERBERT Alain
le Faubourg-des-coups-de-trique, Laffont, 1979, Livre de Poche, 375 p.
GIBEAU Yves
Allons-z'enfants, Calmann-Lévy, 1952, Presse-Pocket, 382 p.
GILL André
la Petite Lune, 1878-1879.
GIOVANNI José
1. *Classe tous risques,* Gallimard, Poche noire, 1958, 252 p.
2. *le Trou,* Gallimard, Folio, 1958, 190 p.
3. *le Gitan,* Gallimard, Carré noir, 1959, 250 p.
GORON
Mémoires de M. Goron (vers 1890), Flammarion, tome I, 333 p.
GOULÈNE Alain de
le Bois la nuit, Balland, 1980, 213 p.
Goualante de la Courtille
(anonyme), Loos, 1865.
GRANCHER Marcel
1. *le Chinois à l'eau-de-vie,* Éd. Rabelais, 1966, 251 p.
2. *Lyon la cendrée,* Éd. Lugdunum, Lyon, 1937, 221 p.
GRANOTIER Sylvie
Dodo, Gallimard, Série noire, 1999, 246 p.
GRANVAL
Cartouche ou le Vice puni, Paris, 1725.
GUÉGAN Gérard
Pour toujours, Grasset, 1984, 378 p.
GUÉRIN Raymond
l'Apprenti, Gallimard (1946), L'Imaginaire, 1973, 419 p.
GUÉROULT Constant
l'Affaire de la rue du Temple, Rouff, 1888, 520 p.
HÉLÉNA André
1. *l'Aristo et le roi Némo,* La Flamme d'or, 1954, 222 p.
2. *J'aurai la peau de Salvador* (1949), UGE 10/18, 1986, 219 p.
3. *le Donneur* (1953), Fanval, 1988, 242 p.
4. *Les salauds ont la vie dure* (1949), UGE 10/18, 1986, 508 p.
5. *le Festival des macchabées* (1951), UGE 10/18, 1986, 478 p.
HIRSCH Charles-Henry
Nini Godache, Fasquelle, 1908, 357 p.
HOGIER-GRISON
les Hommes de proie - le Monde où l'on vole, Paris, Librairie illustrée, 1887, 309 p.
HOUSSIN Joël
1. *Dix de der,* Fleuve noir, 1984, 190 p.
2. *le Doberman et les Balourds,* Fleuve noir, 1982, 246 p.
3. *Chassez le Doberman,* Fleuve noir, 1982, 184 p.
HUGO Victor
le Dernier Jour d'un condamné (1829), Club français du Livre, tome III, p. 657-713.
HUMBERT Alphonse
Mon bagne, 1880.
HUYSMANS Joris-Karl
1. *Marthe* (1876), UGE 10/18, 1975, p. 27-141.
2. *les Sœurs Vatard* (1879), *id.*, p. 147-445.
Intérieur des prisons
libelle anonyme, rédigé par un détenu, Paris, 1846.
JAMET Fabienne
One two two, Orban, 1975, 269 p.
JAOUEN Hervé
la Mariée rouge, Jean Goujon, Engrenage, 1979, 185 p.
JAPRISOT Sébastien
Compartiment tueurs, Denoël, 1962, Folio, 249 p.

JARRY Alfred
Tout Ubu (vers 1900), Livre de Poche, 568 p.
JOIGNEAUX Pierre
Prisons de Paris, 1841.
JONQUET Thierry
1. *le Manoir des immortelles*, Gallimard, Série noire, 1986, 182 p.
2. *la Bête et la Belle*, Gallimard, Série noire, 1985, 182 p.
KESSEL Joseph
Œuvres complètes, Rombaldi, 1974, 15 vol.
KLOTZ Claude
Paris-Vampire, Lattès, 1974, 203 p.
KNOBELSPIESS Roger
le Roman des Écameaux, Grasset, 1984, 166 p.
KRISTY Éric
Horde nouvelle, Fleuve noir, 1985, 182 p.
LACENAIRE Pierre-François
Mémoires (1835), Albin Michel, 1968, 345 p.
LACROIX Hugo
Zizanie dans le métro, Jean Goujon, Engrenage, 1979, 187 p.
LA FOUCHARDIÈRE G. de
le Crime du bouif, Albin Michel, 1924, 288 p.
LANOUX Armand
le Rendez-vous de Bruges, Julliard, 1958, Livre de Poche, 510 p.
LARUE André
les Flics, Fayard, 1969, 332 p.
LASAYGUES Frédéric
Vache noire, hannetons et autres insectes, Barrault, 1985, J'ai lu, 217 p.
LE BRETON Auguste
1. *Le rouge est mis*, Gallimard, Série noire, 1954, 183 p.
2. *Du rififi chez les hommes*, Gallimard, Carré noir, 1953, 276 p.
3. *Razzia sur la schnouf*, Gallimard, Carré noir, 1954, 250 p.
4. *Fortif's*, Hachette, 1982, 404 p.
5. *la Loi des rues* (1955), Plon, 1967, 316 p.
6. *les Hauts Murs* (1954), Éd. du Rocher, 1998, 249 p.
LE CHAPS Marcel
Pas de vacances pour les perdreaux, Gallimard, Série noire, 1958, 248 p.
LECLAIR
Histoire des bandits d'Orgères, Paris, 1800.
LE DANO Jean-Guy
la Mouscaille, Flammarion, 1973, 325 p.
LEFÈVRE René
1. *Rue des prairies*, Gallimard, 1955, 246 p.
2. *les Musiciens du ciel*, Gallimard, 1938, 184 p.
LEGRAND Gérard
Matou d'Pantruche, Jacques André, 1988, 51 p.
LÉPIDIS Clément
Monsieur Jo, Le Pré-aux-Clercs, 1986, 240 p.
LEROUX Gaston
1. *Chéri-Bibi* (1913), Laffont, Bouquins, 1990.
2. *la Reine du Sabbat*, 1910.
3. *Rouletabille chez Krupp*, 1917.
4. *Mister Flow*, 1927.
5. *le Parfum de la dame en noir*, 1908.
LESOU Pierre-Vial
1. *la Virgule d'acier*, Fleuve noir, 1963, 222 p.
2. *le Doulos*, Gallimard, Carré noir, 1957, 182 p.
LHÉRITIER
Supplément aux Mémoires de Vidocq, 1830.
LION Julius A.
les Truands du temple, Gallimard, Série noire, 1987, 278 p.
LOCARD Edmond
1. *le Crime et les Criminels*, Renaissance du Livre, 1927, 277 p.
2. *Confidences-souvenirs d'un policier*, Éd. Lugdunum, Lyon, 1942, 252 p.
LONDON Géo
1. *Voyage autour de mes chambres*, La Jeune Parque, 1947, 251 p.
2. *Comédies et vaudevilles judiciaires*, Pichon-Durand, 1932, 324 p.
3. *Aux portes du bagne*, Éditions des Portiques, 1930, 224 p.
LONDRES Albert
L'homme qui s'évada (1927), précédé de *Au bagne* (1923), UGE 10/18, 318 p.
LORRAIN Jean
la Maison Philibert (1904), rééd. C. Pirot, 1992, 358 p.
LOUŸS Pierre
Trois filles de leur mère (1910), rééd. UGE 10/18, 1994, 210 p.
LUCAS Aimée
les Dangers de la prostitution, 1841.
MACÉ G.
la Police parisienne, La Librairie illustrée, 1889, 859 p.
MACHARD Alfred
1. *Trique, gamin de Paris* (1911), rééd. in *l'Épopée au faubourg*, Les Presses du Mail, 1961, p. 29-120.
2. *Titine* (1914), *ibid.*, p. 121-174.
3. *Printemps sexuels* (1926), *ibid.*, p. 175-255.
4. *la Marmaille* (1935), *ibid.*, p. 257-393.
5. *Graines de bois de lit*, Flammarion, 1923, 283 p.
MAC ORLAN Pierre
1. *la Bandera*, Gallimard, 1931, Livre de Poche, 255 p.
2. *Chansons*, Gallimard, Poésie, 1954.

3. *Poésies documentaires complètes,* Gallimard, Poésie, 1982.
4. *le Chant de l'Équipage* (1918), Gallimard, Romans, 1967, p. 7-148.
5. *la Cavalière Elsa* (1921), Gallimard, Romans, p. 149-265.
6. *le Quai des brumes* (1927), Gallimard, Romans, p. 267-342.
7. *Mademoiselle Bambù* (1932), Gallimard, Romans, p. 343-409.
8. *Père Barbançon* (1948), Gallimard, Romans, p. 410-467.
9. *la Tradition de minuit,* Émile-Paul, 1929, 229 p.
10. *À bord de l'Étoile matutine* (1934), Gallimard, Livre de Poche, 1962, 187 p.
11. *l'Ancre de miséricorde* (1941), Club français du Livre, 1950, 256 p.

MALAQUAIS Jean
Planète sans visa (1947), rééd. Phébus, 1999, 556 p.

MALET Léo
1. *Le soleil n'est pas pour nous* (1949), Fleuve noir, sous le titre *Trilogie noire,* 1992, p. 189-348.
2. *les Rats de Montsouris* (1955), Laffont, 1985, Bouquins, Tome I, p. 845-943.
3. *Brouillard au pont de Tolbiac* (1956), Laffont, 1985, Bouquins, Tome II, p. 237-335.
4. *les Paletots sans manches* (1949), Fleuve noir, 1985, 252 p.
5. *Du rébecca rue des Rosiers* (1957), Laffont, 1985, Bouquins, Tome II, p. 761-877.
6. *l'Envahissant Cadavre de la plaine Monceau* (1959), Laffont, 1985, Bouquins, Tome II, p. 878-1000.
7. *La vie est dégueulasse* (1947), Fleuve noir, sous le titre *Trilogie noire,* 1992, p. 21-187.
8. *Sueur aux tripes* (1947), Fleuve noir, sous le titre *Trilogie noire,* 1992, p. 350-539.
9. *Corrida aux Champs-Élysées* (1956), Laffont, 1985, Bouquins, Tome II, p. 1-105.
10. *120, rue de la Gare* (1942), Laffont, 1985, Bouquins, Tome I, p. 1-121.
11. *M'as-tu vu en cadavre ?* (1956), Laffont, 1985, Bouquins, Tome I, p. 945-1053.
12. *Fièvre au Marais* (1955), Laffont, 1985, Bouquins, Tome I, p. 627-731.
13. *la Nuit de Saint-Germain-des-Prés* (1955), Laffont, 1985, Bouquins, Tome I, p. 733-843.
14. *Des kilomètres de linceuls* (1955), Laffont, 1985, Bouquins, Tome I, p. 527-625.
15. *le Dernier Train d'Austerlitz* (1945), Clancier-Guénaud/Polar, 1980, 192 p.
16. *le Cinquième Procédé,* (1946), Laffont, 1985, Bouquins, Tome I, p. 261-377.
17. *Le soleil naît derrière le Louvre* (1954), Laffont, 1985, Bouquins, Tome I, p. 421-525.
18. *Nestor Burma contre C.Q.F.D.* (1945), Laffont, 1985, Bouquins, Tome I, p. 123-236.
19. *Nestor Burma revient au bercail,* 1967, Fleuve noir, Spécial-Police, 222 p.
20. *Solution au cimetière* (1946), Laffont, 1985, Bouquins, Tome I, p. 237-260.

MANCHETTE Jean-Patrick
1. *Morgue pleine,* Gallimard, Série noire, 1973, 250 p.
2. *Ô dingos, ô châteaux,* Gallimard, Série noire, 1972, 188 p.
3. *la Position du tireur couché,* Gallimard, Carré noir, 1981, 184 p.

MARCUS
L'Argot tel qu'on le parle – 15 Fables célèbres racontées en argot, Paris, 1947.

MARGERIN Frank
Chez Lucien, Humanoïdes, 1985, 125 p.

MARGUERITTE Victor
la Garçonne, Flammarion, 1922, 311 p.

MARIE-JOSEPH
le Petit Roi de Chimérie, Gallimard, Série noire, 1988, 184 p.

MARIOLLE Jean
les Louchetracs, Gallimard, Série noire, 1969, 250 p.

MARSTON Paul
Ciré noir, Denoël, Sueurs froides, 1983, 186 p.

MATAS Ricardo
Mauvais Sang, Fayard, 1981, 190 p.

MAUPASSANT Guy de
Bel Ami (1885), Conard, 1928, 596 p.

MAZARIN Jean
1. *Collabo-Song,* Fleuve noir, 1982, 217 p.
2. *Touchez pas la famille,* Fleuve noir, 1984, 188 p.

MECKERT Jean
les Coups (1942), rééd. J.-J. Pauvert, Le Terrain vague, 1993, 267 p.

MENSIRE Raymond
Œuf de coucou, H. Defontaine, 1942, 271 p.

MÉRA Georges
Concours de circonstances, Éd. du Champ-de-Mars, 1954, 188 p.

MERLET J.-Louis
13904 - Roman d'un forçat, Baudinière, 1932, 252 p.

MESPLÈDE Claude
le Cantique des cantines, Éd. Baleine, Le Poulpe, 1996, 136 p.

MÉTÉNIER Oscar
1. *l'Aventure de Marius Daurat* (1885) *in*

LORRAIN, *la Maison Philibert* (cf. ci-dessus), p. 329-342.
2. *la Lutte pour l'amour*, 1885-1891.

MIRBEAU Octave
le Journal d'une femme de chambre (1900), Livre de Poche, 447 p.

MONNIER Henri
les Bas-Fonds de la société (vers 1830), Folio, 1984, 312 p.

MONSOUR Jean
la Forte Tête, Fleuve noir, Engrenage, 1982, 187 p.

MORDILLAT Gérard
Vive la sociale, Seuil, Virgule, 1981, 148 p.

MOREAU (abbé Georges)
Souvenirs de la petite et de la grande Roquette, 1881-1887.

MORGIÈVE Richard
Chrysler 66, Sanguine, 1982, 184 p.

MURELLI Jean
Ce mur qui regardait..., Fleuve noir, 1959, 222 p.

NAUD Albert
Les défendre tous, Laffont, 1973, 407 p.

NEUTER Alphonse de
1. *la Casaque rose*, Paris, Imprimerie Kapp, 1925, 262 p.
2. *Au siècle d'Épinard*, *ibid.*, 1926, 220 p.

NIVARD Joël
Loser, Denoël, Sueurs froides, 1983, 224 p.

NORO Fred
les Malfaisants, Fleuve noir, Polar 50, 1968, 182 p.

OPPEL Jean-Hugues
Barjot, Gallimard, Série noire, 1988, 181 p.

Orgères
Pièces du procès d'Orgères, 1790-99.

ORIANO Jeanine
B comme Baptiste, Gallimard, Carré noir, 1971, 256 p.

PAGAN Hugues
les Eaux mortes, Rivages, 1986, 232 p.

PAGE Alain
Tchao Pantin, Denoël, 1982, Folio, 243 p.

PAILLET Léon
Voleurs et volés, 1855.

PAOLI Paul
les Pigeons de Naples, Gallimard, Carré noir, 1961, 188 p.

PARAZ Albert
1. *le Gala des vaches* (1948), Balland, 1974, 332 p.
2. *le Lac des songes*, Éd. du Bateau ivre, 1942, 344 p.

PARCEVAUX Pierre de
Un prêtre chez les drogués, Fayard, 1986, Livre de Poche, 253 p.

PAUVERT Jean-Jacques
Anthologie historique des lectures érotiques de Sade à Fallières (1789-1914), Éd. Garnier, 1982, 784 p.

PÉCHEROT Patrick
les Brouillards de la Butte, Gallimard, Série noire, 2001, 220 p.

PÉCHON DE RUBY
la Vie généreuse des mercelots, gueux et bohémiens, 1596 (nombreuses éditions ultérieures).

PELMAN Brice
1. *In vino veritas*, Fleuve noir, 1982, 215 p.
2. *l'Avenir dans le dos*, Fleuve noir, 1984, 186 p.

PELOT Pierre
l'Été en pente douce, Fleuve noir, 1981, 184 p.

PÉNET Martin
Mémoire de la chanson, 1100 chansons du Moyen Âge à 1919, Omnibus, 1998, 1 385 p. – 1200 chansons de 1920 à 1945, Omnibus, 2004, 1518 p.

PENNAC Daniel
1. *la Fée carabine*, Gallimard, Série noire, 1987, 310 p.
2. *Au bonheur des ogres*, Gallimard, 1985, 288 p.
3. *la Petite Marchande de prose*, Gallimard, 1990, 372 p.

le Père Peinard
journal anarchiste publié de 1889 à 1900 par Émile Pouget.

PERRAULT Gilles
la Bombe, Ditis, La Chouette, 1958, 189 p.

PERRET Jacques
1. *Bande à part*, Gallimard, 1951, Folio, 220 p.
2. *les Biffins de Gonesse*, Gallimard, 1961, 156 p.

PERRET Pierre
Laissez chanter le petit, Jean-Claude Lattès, 1989, 537 p.

PIERQUIN Georges
Bastos à la volée, Plon, 1979, 218 p.

PILJEAN André
1. *Passons la monnaie*, Gallimard, Série noire, 1951, 186 p.
2. *Un chien écrasé*, Gallimard, Série noire, 1953, 184 p.

le Plaisir des dieux
anonyme, Asclépios, 1946, 272 p.

PONCHON Raoul
1. *la Muse gaillarde*, Fasquelle, 1941, 302 p.
2. *la Muse au cabaret* (1920), Grasset, 1998, 323 p.

PORQUET Jean-Luc
la Débine, Flammarion, 1987, 281 p.

POULAILLE Henri
le Pain quotidien (1931), Grasset, 1986, 356 p.

Poulot Denis
le Sublime (1870), Maspéro, 1980, 419 p.
Pousse André
Touchez pas aux souvenirs, Laffont, 1989, 239 p.
Pouy Jean-Bernard
1. *l'Homme à l'oreille croquée,* Gallimard, Série noire, 1987, 185 p.
2. *la Pêche aux anges,* Gallimard, Série noire, 1986, 180 p.
3. *H4 Blues,* Gallimard, Série noire, 2003, 189 p.
Privat d'Anglemont Alexandre
Paris-anecdote, Delahaye, 1860.
Prudon Hervé
Banquise, Fayard, 1981, 192 p.
Quadruppani Serge
Saigne-sur-Mer, Éd. Baleine, Le Poulpe, 1995, 149 p.
Queneau Raymond
1. *Zazie dans le métro,* Gallimard, 1959, Folio, 190 p.
2. *les Œuvres complètes de Sally Mara* (1947-1950), Gallimard, 1979, 360 p.
3. *Loin de Rueil,* Gallimard, 1944, Folio, 212 p.
Rank Claude
À l'huile de hache !, Fleuve noir, 1982, 212 p.
Raspail François-Vincent
Lettres sur les prisons de Paris, in *le Réformateur,* du 5 août au 25 octobre 1835.
Rasse des Nœuds
Chant royal, Abbus et Jargon, 1560-1566.
le Rat du Châtelet
libelle anonyme, 1790.
Ravalec Vincent
Cantique de la racaille, Flammarion, J'ai lu, 1994, 414 p.
Raynaud Fernand
Heureux ! (1951-1971), Éd. de Provence, 1975, 403 p.
Reboux Jean-Jacques
la Cerise sur le gâteux, Éd. Baleine, Le Poulpe, 1996, 189 p.
Renard Jules
Journal (1887-1910), Gallimard, Pléiade, 1960.
Renaud
le Temps des noyaux, suivi de *Mistral gagnant,* Seuil, Virgule, 1988, 244 p.
Réouven René
Grand-père est mort, Denoël, Sueurs froides, 1983, 194 p.
Responce et complainte au grand Coesre
anonyme, 1630.
Reynaud-Fourton Alain
les Mystifiés, Gallimard, Carré noir, 1962, 250 p.
Richard Bernadette
Quêteur de vent, Frasne-Saint-Ymier, Canevas, 1994, 175 p.
Richepin Jean
la Chanson des gueux (1876), La Différence (extraits), 1990, 127 p.
Rictus Jehan
1. *le Cœur populaire* (1900-1913), Éd. d'Aujourd'hui, 1981, 231 p.
2. *les Soliloques du pauvre,* 1897.
Risser Jacques
Racket, Plon, 1973, 250 p.
Robert-Dumas Charles
Venu de New York, Fayard, 1944, 247 p.
Rochefort Christiane
les Petits Enfants du siècle, Grasset, 1961, 159 p.
Rognoni Louis
l'Abominable Neige des hommes, Fayard, 1959, 221 p.
Ropp Mario
la Panthère et le Petit Chien, Fleuve noir, 1980, 216 p.
Rosny J.-H. aîné
Dans les rues, Plon, 1928, 254 p.
Rosny J.-H. jeune
les Beaux Yeux de Paris, Éd. de France, 1926, 256 p.
Roubaud Louis
les Enfants de Caïn, Éd. de France, 1925, 211 p.
Roubaudi Ludovic
les Baltringues, Le Dilettante, 2002, Folio, 300 p.
Roulet Dominique
l'Escargot noir, Denoël, 1988, 163 p.
Roux Christian
Braquages, Le Serpent à plumes, Serpent noir, 2002, 233 p.
Ryck Francis
le Cimetière des durs, Gallimard, Série noire, 1968, 186 p.
Sabatier Robert
les Allumettes suédoises, Albin Michel, 1969, 312 p.
Sacquard de Belle-Roche Maud
l'Ordinatrice seconde, La Jeune Parque, 1969, 162 p.
Saint-Robert Philippe de
Lettre ouverte à ceux qui en perdent leur français, Albin Michel, 1986, 187 p.
Saka Pierre
la Chanson française, Larousse, 1988, 350 p.
Salinas Louis
Comme à Gravelotte, Gallimard, Série noire, 1968, 250 p.
San Antonio
1. *Passez-moi la Joconde,* Fleuve noir, 1954, 188 p.

2. *Morpion Circus,* Fleuve noir, 1983, 216 p.
3. *Salut mon pope !,* Fleuve noir, 1966, 218 p.
4. *la Sexualité,* Fleuve noir, 1971, 441 p.
5. *En peignant la girafe,* Fleuve noir, 1953, 192 p.
6. *Si maman me voyait,* Fleuve noir, 1983, 190 p.
7. *Princesse Patte-en-l'air,* Fleuve noir, 1990, 288 p.

SARDOU Victorien
la Famille Benoîton, 1865.

SARRAUTE Claude
Allô Lolotte, c'est Coco, Flammarion, 1987, 189 p.

SARRAZIN Albertine
1. *l'Astragale,* Pauvert, 1965, 248 p.
2. *la Cavale,* Pauvert, 1965, Livre de Poche, 506 p.
3. *Journal de prison 1959,* Éd. Sarrazin, 1972.

SARTRE Jean-Paul
1. *le Sursis,* Gallimard, 1945, Livre de Poche, 512 p.
2. *la Mort dans l'âme, id.,* 1949, Livre de Poche, 435 p.

SCHIFRES Alain
les Parisiens, J.-C. Lattès, 1990, Livre de Poche, 531 p.

SCHREIBER Boris
Un silence d'environ une demi-heure, Le Cherche-Midi, 1996, 1 028 p.

SÉGUIN Boris et TEILHARD Frédéric
Les Céfrans parlent aux Français, Calmann-Lévy, 1996, 230 p.

SIMONIN Albert
1. *Une balle dans le canon,* Gallimard, Poche noire, 1958, 253 p.
2. *Touchez pas au grisbi !* (1953) suivi de
3. *Le cave se rebiffe* (1954) et de
4. *Grisbi or not grisbi* (1955), Gallimard, 483 p.
5. *Du mouron pour les petits oiseaux,* Gallimard, 1960.
6. *Lettre ouverte aux voyous,* Albin Michel (1966), rééd. Éd. Cartouche, 2005, 124 p.
7. *Confessions d'un enfant de La Chapelle,* Gallimard, 1977.
8. *le Hotu,* Gallimard, Carré noir, 1968, 252 p.
9. *le Savoir-vivre chez les truands* (1967), rééd. Éd. Cartouche, 2005, 219 p.
10. *Le Hotu s'affranchit,* 1969.

SIMONIN Albert et BAZIN Jean
Voilà taxi !, Gallimard, 1935, 223 p.

SINIAC Pierre
1. *Luj Inferman' ou Macadam Clodo,* Néo, 1982, 155 p.
2. *Luj Inferman' et la Cloduque,* Gallimard, Série noire, 1971, 244 p.
3. *Luj Inferman' dans la jungle des villes,* Engrenage, 1979, 160 p.
4. *Femmes blafardes,* Fayard, 1985, 286 p.
5. *les Morfalous,* Gallimard, Carré noir, 1968, 184 p.

SMAÏL Paul
Vivre me tue, Balland, 1997, 190 p.

SPAGGIARI Albert
Journal d'une truffe, Albin Michel, 1983, 406 p.

STÉPHANE Marc
Ceux du trimard (1927), La Butte-aux-Cailles, 1983, 236 p.

STEWART Terry
la Mort et l'Ange, Gallimard, Série noire, 1948, 186 p.

STOLLÉ Léon
Contes, 1947.

SUE Eugène
1. *les Mystères de Paris* (1842-43), Éd. Libres Hallier, 1978, 4 vol., 1262 p.
2. *le Juif errant* (1844-45), rééd. Laffont, Coll. Bouquins, 1996, 1114 p.

SULLIVAN Vernon (Boris VIAN)
Les morts ont tous la même peau, Éd. du Scorpion, 1947, 190 p.

SWENNEN René
la Nouvelle Athènes, Grasset, 1985, 254 p.

TACHET Robert
Le Père Noël a des grenades, Le Condor, 1954, 224 p.

TALFUMIÈRE Pierre-L.
L'assassin a bon cœur, Éd. Maréchal, 1946, 206 p.

THOMAS Bernard
1. *Jacob,* Tchou, 1970, 370 p.
2. *la Bande à Bonnot,* Tchou, 1968, 238 p.

TOPIN Tito
Tchatcha Nouga, Gallimard, Série noire, 1984, 188 p.

TRAMBER-JANO
Kebra Krado Komix, Albin Michel, 1985.

TREMBLAY Michel
La grosse femme d'à côté est enceinte, Éd. Lemeac (Québec), 1986, 329 p.

TRIGNOL
Vaisselle de fouille, Éd. de la Seine, 1955, 191 p.

ULLA
l'Humiliation, Garnier Frères, 1982, 290 p.

Un monsieur comme il faut
libelle anonyme, 1827, *Dictionnaire d'argot ou guide des gens du monde pour les tenir en garde contre les mouchards, filous, filles de joie et autres fashionables et petites-maîtresses de la même trempe,* Paris ; deux glossaires argot-français et français-argot, p. 11-49.

VALLÈS Jules
le Tableau de Paris (1882-83), Éd. Messidor, 1989, 423 p.
VALLET Raf
Mort d'un pourri, Gallimard, Carré noir, 1972, 252 p.
VAN CAUWELAERT Didier
les Vacances du fantôme, Seuil, 1987, 390 p.
VAN DER MEERSCH Maxence
1. *Pêcheurs d'hommes,* Albin Michel, 1940, 318 p.
2. *la Maison dans la dune* (1932), rééd. Omnibus, Gens du Nord, 1993, p. 9-109.
VAROUX Alex
1. *Tête à claques,* Fleuve noir, Engrenage, 1979-1982, 189 p.
2. *Ô combien de marrants,* Gallimard, Série noire, 1974, 244 p.
VAUTRIN Jean
1. *Bloody Mary,* Mazarine, 1979, Livre de Poche, 286 p.
2. *la Vie Ripolin,* Mazarine, 1986, 242 p.
3. *Billy-ze-kick,* Gallimard, Carré noir, 1974, 246 p.
VEILLOT Claude
le Pique-Bourrique, Fleuve noir, Engrenage, 1985, 185 p.
VERCEL Roger
Capitaine Conan, Albin Michel, 1924, 254 p.
VÉRY Pierre
les Anciens de Saint-Loup (1944), rééd. Le Masque compact, Tome 1, 1992, p. 211-353.
VEXIN Noël
le Flambeur, Ditis, La Chouette, 1958, 191 p.
VIAN Boris
1. *Textes et chansons* (1952), UGE 10/18, 1966.
2. *Série blême* (Théâtre II), UGE 10/18, 1971, 310 p.
VIARD Henri
la Bande à Bonape, Gallimard, Livre de Poche, 1969, 189 p.
VIARD et ZACHARIAS
1. *l'Aristoloche,* Gallimard, Carré noir, 1968, 252 p.
2. *le Roi des Mirmidous,* Gallimard, Carré noir, 1965, 185 p.
VIDALIE Albert
la Bonne Ferte, Denoël, 1955, Livre de Poche, 180 p.
VIDOCQ François
Mémoires (1828-1829), suivis de *les Voleurs, physiologie de leurs mœurs et de leur langage* (1837), Éd. Laffont, coll. Bouquins, 1998, 983 p.
VILAR Jean-François
Passage des singes, Presses de la Renaissance, 1984, 249 p.
VILLARD Marc
1. *Ballon mort,* Gallimard, Série noire, 1984, 180 p.
2. *le Roi, sa femme et le petit prince,* Gallimard, Série noire, 1987, 188 p.
3. *le Sentier de la guerre,* Gallimard, Série noire, 1985, 156 p.
4. *Cœur sombre,* Rivages-noir, 1997, 120 p.
VILLARS Émile
les Précieuses du jour, 1866.
WEFF Clarence
Cent briques et des tuiles, Gallimard, Série noire, 1964, 186 p.
WERTH Léon
1. *Clavel soldat (1916-17),* Viviane Hamy, 1993, 376 p.
2. *Déposition-Journal 1940-44,* Viviane Hamy, 1992, 732 p.
YONNET Jacques
Rue des Maléfices (1954), Éd. Phébus, 1987, 345 p.
ZACCONE
V. CLÉMENS.
ZOLA Émile
l'Assommoir (1877), Presse-Pocket, 496 p.
Journaux
Libération, Actuel, le Nouvel Observateur, le Monde, le Matin, l'Est républicain, les Nouvelles littéraires, l'Événement du jeudi, l'Express, le Point, le Canard enchaîné, Globe, Que choisir ?, Paris-Match, Combat, le Figaro, le Journal du dimanche, la Croix, Télérama, Sept à Paris, etc., depuis 1979.

Documents lexicographiques

Dictionnaires, lexiques et documents argot-français

ACAD. FR.
Dictionnaire de l'Académie française, 9 éditions 1re : 1694 ; 2e : 1718 ; 3e : 1740 ; 4e : 1762 ; 5e : 1798 ; 6e : 1835 ; 7e : 1878 ; 8e : 1932-35 ; 9e : 1986...

ANSIAUME Louis (forçat)
Glossaire argotique des mots employés au bagne de Brest, 1821.

ARNAL Jacques
l'Argot de police, Paris, Eurédif, 1975.

AYNE Louis
l'Argot pittoresque, Éd. Nilsson, 1930, 87 p.

BACRI Roland
1. *le Roro. Dictionnaire pataouète de langue pied-noir,* Paris, Denoël, 1969.
2. *Trésor des racines pataouètes,* Paris, Belin, 1983.

BAUCHE Henri
le Langage populaire, Paris, Payot, 1920 (in fine : *Dictionnaire du langage populaire parisien*) ; rééd. 1929 et 1946.

BEAUJEAN A.
Dictionnaire de la langue française d'Émile Littré, abrégé par A. Beaujean, nouv. éd. Paris, Éditions universitaires, 1958.

BEAUVAIS Robert
Le français kiskose, Fayard, 1975, 237 p.

BESCHERELLE
Dictionnaire national ou *Dictionnaire universel de la langue française,* 14 éditions, de 1843 à 1870.

BLOCH Oscar et WARTBURG Walther von
Dictionnaire étymologique de la langue française, 2 vol., Paris, PUF, 1932.

BOISTE Pierre-Claude
Dictionnaire universel de la langue française avec le latin et les étymologies, 9 éditions de 1800 à 1839.

BOUCHAUX Alain, JUTEAU Madeleine et ROUSSIN Didier
l'Argot des musiciens, Climats, 1992 ; rééd. Seuil, Point-Virgule, 1994, 215 p.

BOUTMY Eugène
1. *Dictionnaire de la langue verte typographique,* Paris, I. Liseux, 1878.
2. *les Typographes parisiens,* chez l'auteur, 1874.

BRUANT Aristide
l'Argot au XXe siècle. Dictionnaire français-argot, Paris, chez l'auteur, 1901 ; 2e éd. 1905 (+ supplément) ; rééd. Chimères, 1990, 457 p.

BRUNOT Ferdinand
Histoire de la langue française des origines à 1900, Paris, A. Colin, 14 vol. rééd. à partir de 1966.

CARABELLI Charles-Louis
Fichier établi par ce journaliste vers 1920, sur la demande de Mario Roques (Université de PARIS-XIII).

CARADEC François
Dictionnaire du français argotique et populaire, Paris, Larousse, 1977, 256 p. ; rééd. sous le titre *N'ayons pas peur des mots, ibid.,* 1988, 319 p.

CELLARD Jacques
Ça mange pas de pain – 400 expressions familières ou voyoutes de France et du Québec, Paris, Hachette, 1982, 285 p.

CELLARD Jacques et REY Alain
Dictionnaire du français non conventionnel, Paris, Hachette, 1980, 894 p. ; 2e éd. 1991, 909 p.

CHAUTARD Émile
la Vie étrange de l'argot, Paris, Denoël, 1931, 720 p.

CHÉREAU Olivier
le Jargon ou langage de l'argot réformé, Troyes, 1628, rééd. Slatkine, Genève, 1968 ; nombreuses rééd. jusqu'au XIXe siècle.

CHRIST Gisela
Arabismen im französischen Argot, Peter Lang, Berne, 1994.

COLOMBEY Émile
l'Argot des voleurs (1862), Nigel Gauvin, 1995, 91 p.

COTGRAVE Randle
A Dictionarie of the French and English Tongues, Londres, 1611.

DAUZAT Albert
1. *l'Argot de la guerre,* Paris, A. Colin, 1919, 295 p.
2. *les Argots,* Paris, Delagrave, 1929.

DDL
Datations et documents lexicographiques, INALF (dir. B. Quemada, puis P. Rézeau), CNRS-Klincksieck, 48 volumes parus de 1970 à 1998.

DECUGIS Jean-Michel et ZEMOURI Aziz
Paroles de banlieue, Plon, 1995, 231 p.

DELESALLE Georges
Dictionnaire argot-français et français-argot, Paris, Ollendorf, 1896 (préface de Jean Richepin).

Delvau Alfred
1. *Dictionnaire de la langue verte* (argots parisiens comparés), Paris, Dentu, 1866-67 ; rééd. Genève, Slatkine, 1972.
2. *Dictionnaire érotique moderne* (1864), UGE 10/18, 1997, 491 p.
Demoraine
Dictionnaire d'argot, Paris, 1827 (à la suite d'une réédition de Granval, v. ce nom).
Desgranges J.-C.
Petit Dictionnaire du peuple, Paris, 1820.
DFC
Dictionnaire du français contemporain (dir. Jean Dubois), Paris, Larousse, 1966.
DG
Dictionnaire général de la langue française, par A. Hatzfeld, A. Darmesteter et A. Thomas, Paris, Delagrave, 2 volumes, 1890-1900 ; rééd. 1964.
Dict. complet
Dictionnaire complet (anonyme), Paris, 1844.
Dict. moderne
Dictionnaire moderne (anonyme), Paris, 1843.
Dict. nain
Dictionnaire d'argot (anonyme, de format « nain »), Paris, 1847.
Doillon Albert
1. *Dictionnaire permanent du Français en liberté*, Paris, Alfral, nombreuses publications intermittentes depuis 1974.
2. *le Dico du sexe*, Paris, Fayard, Les Mots en liberté, 2002, 413 p.
3. *le Dico de la violence*, Paris, Fayard, Les Mots en liberté, 2002, 499 p.
4. *le Dico de l'argent*, Paris, Fayard, Les Mots en liberté, 2003, 416 p.
Dontchev Dontcho
Dictionnaire du français en liberté (français argotique, populaire et familier), Véliko Tarnovo, éditions Abagar, Bulgarie, 1995, 303 p. ; réédité en 2000 sous le titre *Dictionnaire du français argotique, populaire et familier*, Préface d'Alphonse Boudard, Éd. du Rocher, 435 p.
Duneton Claude et **Claval** Sylvie
le Bouquet des expressions imagées, Seuil, 1990, 1 375 p.
Édouard Robert
Nouveau Dictionnaire des injures, Paris, Sand et Tchou, 1983, 416 p.
Enckell Pierre
1. *Français familier, populaire et argotique du XVI*^e^ *au XIX*^e^ *s.*, DDL, 2e série, vol. 19, Paris, 1981, 255 p.
2. *Français familier, populaire et argotique 1789-1815*, DDL, 2e série, vol. 32, Paris, 1989, 249 p.
Esnault Gaston
1. *Dictionnaire historique des argots français*, Paris, Larousse, 1965, 644 p.
2. *Le poilu tel qu'il se parle*, Paris, Bossard, 1919.
Féraud Jean-François
1. *Dictionnaire grammatical de la langue française*, Paris, Vincent, 1768.
2. *Dictionnaire critique de la langue française*, Marseille, J. Mossy, 1787-88.
FEW
Französisches Etymologisches Wörterbuch, 23 fascicules publiés à partir de 1922 (dir. W. von Wartburg) et réédités à Tübingen à partir de 1946.
France Hector
Vocabulaire de la langue verte, Paris, 1898-1910 ; rééd. Nigel Gauvin, 1990, 495 p.
Furetière Antoine
Dictionnaire universel, 1690 ; rééd. en 3 vol. par Le Robert, 1978.
Fustier Gustave
Supplément au Dictionnaire d'A. Delvau, Paris, Marpon et Flammarion, 1883.
Galtier-Boissière Jean et **Devaux** Pierre
Dictionnaire historique, étymologique et anecdotique d'argot, Paris, *le Crapouillot*, mai, sept. et oct. 1939 ; publié en volume en 1947-1950.
George K.E.M.
1. *Abréviations du français familier, populaire et argotique*, DDL, 2e série, vol. 23, Paris, 1983, 265 p.
2. *Néologismes du français contemporain*, *ibid.*, vol. 37, 1991, 336 p.
Gilbert Pierre
Dictionnaire des mots contemporains, Paris, Usuels du Robert, Le Robert, 1980.
Girard Éliane et **Kernel** Brigitte
le Vrai Langage des jeunes expliqué aux parents (qui n'y entravent plus rien), Paris, Albin Michel, 1996, 271 p.
Giraud Jean, **Pamart** Pierre et **Riverain** Jean
1. *les Mots dans le vent*, Paris, Larousse, 1971, 272 p.
2. *les Nouveaux Mots dans le vent*, Paris, Larousse, 1974, 251 p.
Giraud Robert
1. *l'Argot tel qu'on le parle*, Paris, Jacques Grancher, 1981, 312 p.
2. *l'Argot du bistrot*, Marval, 1989, 157 p.
3. *l'Argot d'Éros*, Marval, 1992, 187 p.
4. *le Vin des rues*, Denoël, 1955, 118 p.
GLE
Grand Larousse encyclopédique, Paris, 1960-1964, 10 vol. et 2 suppl., 1969 et 1975.

GLLF
Grand Larousse de la langue française, 7 vol., Paris, Larousse, 1971-1978 (dir. Louis Guilbert).

GODEFROY Frédéric
Dictionnaire de l'ancienne langue française, Paris, 10 vol., 1880-1902.

GOUDAILLIER Jean-Pierre
Comment tu tchatches, Paris, Maisonneuve et Larose, 1997, 193 p.

GR
Dictionnaire alphabétique et analogique de la langue française, 9 vol. (dit « Grand Robert »), Paris, Le Robert, 1985 ; rééd. par Alain Rey en 6 vol. en 2001.

GRÉVERAND Jean-Louis et Gérard
les Portugaises ensablées. Dictionnaire de l'argot du corps, Paris-Gembloux, Duculot, 1987, 135 p.

GROUD Claudette et SERNA Nicole
Regards sur la troncation en français contemporain, Didier-Érudition, 1996.

GUÉRIN Paul
Dictionnaire des dictionnaires, 6 vol., Librairie des imprimeries réunies, 1892.

GUIRAUD Pierre
1. *Dictionnaire des étymologies obscures,* Paris, Payot, 1982, 523 p.
2. *Dictionnaire érotique* (1978), Paris, Payot, rééd. en 1984 et 1993, 640 p.

HALBERT (d'Angers)
le Nouveau Dictionnaire complet du jargon de l'argot ou le Langage des voleurs dévoilé (1849), réimp. Praxis-Lacour, 1990, 36 p.

HAUTEL (D')
Dictionnaire du bas-langage ou des manières de parler usitées parmi le peuple, Paris, Collin, 1808, 2 vol. de 412 et 398 p.

HÖFLER Manfred
Dictionnaire des anglicismes, Paris, Larousse, 1982, 308 p.

HUGUET Edmond
Dictionnaire de la langue française du XVIe s., Paris, Champion, 7 vol., 1925-1967.

HUMBERT J.
Glossaire genevois, Genève, M. Sestié, 1820 ; rééd. 1852.

LACASSAGNE Dr Jean et DEVAUX Pierre
l'Argot du milieu, Paris, Albin Michel, 1928 ; rééd. en 1935 puis en 1948, 207 p.

LA CURNE DE SAINTE-PALAYE
Dictionnaire historique de l'ancien langage françois, 10 vol., Paris, Champion, 1875-1882.

LANDAIS Napoléon
Dictionnaire général et grammatical des dictionnaires français, Paris, 1834.

LANLY André
le Français d'Afrique du Nord, Paris, Bordas, 1970, 367 p.

LARCHEY Lorédan
1. *Dictionnaire historique d'argot,* Paris, Dentu, 1872-1889 (reprend *les Excentricités du langage* parues entre 1858 et 1865) ; reprint Jean-Cyrille Godefroy, 1982.
2. *les Excentricités du langage,* Dentu, 4e éd., 1862, 324 p.

LAROUSSE Pierre
Grand Dictionnaire universel du XIXe s., Paris, 16 vol., 1866-1878.

Larousse mensuel
périodique publié par la Librairie Larousse, de 1907 à 1957.

Larousse pour tous
Paris, Larousse, 1907.

LA RUE Jean
Dictionnaire d'argot et des principales locutions populaires (précédé d'une Histoire de l'argot par Clément Casciani, sans doute l'auteur même du dictionnaire) (1894), Paris, Arnould, rééd. Flammarion, 1986, 189 p.

LE BRETON Auguste
Langue verte et noirs desseins, 398 p. (rééd. 1975, sous le titre *l'Argot chez les vrais de vrais,* Paris, ibid., 512p. ; puis 1986 sous le titre *Argotez, argotez, il en restera toujours quelque chose,* Paris, Vertiges-Carrère, 706 p.).

LEXIS
Larousse de la langue française, Paris, Larousse, 1975 (dir. Jean Dubois).

LITTRÉ Émile
Dictionnaire de la langue française, Paris, Hachette (1863-1873) ; rééd. Gallimard-Hachette, 7 vol., 1959-1961.

LITTRÉ-BEAUJEAN
V. BEAUJEAN.

LITTRÉ-ROBIN
Dictionnaire de médecine, de chirurgie, de pharmacie, Paris, Baillière, 1865.

MERLE Pierre
1. *Dictionnaire du français branché,* Paris, Seuil, 1986, 158 p. ; rééd. en 1989, avec un supplément : *Guide du français tic et toc,* rééd. 1999, 413 p.
2. *Dico de l'argot fin de siècle,* Seuil, Les Dicos de Virgule, 1996, 431 p.
3. *Dico du français qui se cause,* Milan, Les Dicos essentiels, 1998, 252 p.

MÉSIÈRE
Édition de 1822 du *Jargon de l'argot réformé* (v. CHÉREAU), par CHALOPIN.

MÉZIÈRE
Édition de 1821 du *Jargon de l'argot réformé* (v. CHÉREAU), par CHALOPIN.

MICHEL Francisque
Études de philologie comparée sur l'argot et sur les idiomes analogues parlés en Europe et en Asie, Paris, Firmin-Didot, 1856.

MNC
Mots nouveaux contemporains, direction B. Quemada, INALF-CNRS, Klincksieck, 1993, 305 p.

MOREAU-CHRISTOPHE
Article argot, in *Dictionnaire de la conversation et de la lecture,* 1833, Paris, Belin-Mandar, Tome III, p. 58-62.

NISARD Charles
De quelques parisianismes populaires, Paris, 1876 ; rééd. Éd. de la Butte aux cailles, 1980, 232 p.

NLI
Nouveau Larousse illustré, Paris, 1898-1904, 7 vol.

NOLL Volker
1. *Die fremdsprachlichen Elemente im französischen Argot,* Peter Lang, Berne, 1991, 266 p.
2. *les Dictionnaires d'argot et les argots spéciaux,* Strasbourg-Nancy, Travaux de linguistique et de philologie, 1993, XXXI, p. 423-475.

NOUGUIER Évariste
Dictionnaire d'argot (1899), Clichy, Nigel Gauvin, 1987, 165 p.

OBALK Hector, SORAL Alain et PASCHE Alexandre
les Mouvements de mode expliqués aux parents, Paris, Laffont, 1984, Livre de Poche, 416 p.

OUDIN Antoine
Curiozités françoises, 1640.

PALSGRAVE Jean
l'Esclaircissement de la langue françoise, 1530.

PAULIN Aurélia
l'Anglais non standard contemporain : recherches de lexicogénétique et de sémantique lexicale, Université de Franche-Comté, Besançon, 1993 (thèse de doctorat).

PERRET Pierre
le Petit Perret illustré par l'exemple, Paris, Jean-Claude Lattès, 1982 ; Livre de Poche, 1985, 479 p.

PETIOT Georges
le Robert des sports, Paris, Le Robert, 1982.

PETITPAS Thierry
Analyse descriptive de trois procédés de codage morphologique dans le lexique argotique, Université de Franche-Comté, Besançon, 1994 (thèse de doctorat).

PIERRE Alexandre
Argot et jargon, 1re et seule édition de l'argot et jargon des filous qui n'est intelligible qu'entre eux, Paris, Pierre, 1848.

PIERRE-ADOLPHE Philippe, MAMOUD Max et TZANOS Georges-Olivier
le Dico de la banlieue, Paris, 1995, la Sirène, 119 p. ; rééd. 1997 sous le titre *Tchatche de banlieue,* Paris, Éd. Mille et une Nuits, 128 p.

PR
Dictionnaire alphabétique et analogique de la langue française en un vol., dit « Petit Robert », Paris, Le Robert, 1993.

PSI
le Petit Simonin illustré, Paris, Amiot, 1957, 295 p. ; rééd. sous le titre *le Petit Simonin illustré par l'exemple,* Paris, Gallimard, 1968, 281 p.

PUITSPELU Nizier du
le Littré de la Grand'côte (Lyon 1894-1903), rééd. Prolibra, 1988, 352 p.

QUEMADA Bernard
Matériaux pour l'histoire du vocabulaire français, DDL 1re série, Annales littéraires de l'Université de Besançon, 3 volumes, 1959-1965.

QUILLET
Dictionnaire Quillet de la langue française, 3 vol., Paris, Quillet, 1961 (1re éd. en 1949).

RAYMOND François
Dictionnaire général de la langue française, 1832.

REY Alain et alii
Dictionnaire historique de la langue française, Le Robert, 1992, 2 volumes, 2 383 p., V. GR.

REY Alain et CHANTREAU Sophie
Dictionnaire des expressions et locutions figurées, Paris, Usuels du Robert, Le Robert, 1979.

REY-DEBOVE Josette et GAGNON Gilberte
Dictionnaire des anglicismes, Paris, Usuels du Robert, Le Robert, 1980.

RICHELET Pierre
Dictionnaire françois, Genève, 2 vol., 1680-1688.

RIGAUD Lucien
1. *Dictionnaire du jargon parisien,* Paris, Ollendorf, 1878, 347 p.
2. *Dictionnaire d'argot moderne,* Paris, id., 1881, 407 p.

RIVERAIN Jean et CARADEC François
l'Argot d'hier et d'aujourd'hui, in Larousse-Sélection, Paris-Montréal, 1974, p. 2909-2971.

ROMME Nicolas-Charles
Dictionnaire de la marine françoise, La Rochelle, 1792.

ROSSIGNOL G.-A.
Dictionnaire d'argot, Ollendorf, 1901, 174 p.

ROUAYRENC Catherine
les Gros Mots, Paris, PUF, 1996, Que sais-je ? n° 1597, 128 p.

SAINÉAN Lazare
1. *les Sources de l'argot ancien,* Paris, Champion, 1912, 470 p. ; reprint Genève, Slatkine, 1973.
2. *le Langage parisien au XIXe siècle,* Paris, De Boccard, 1929, 585 p.

SANDRY Géo et CARRÈRE Marcel
Dictionnaire de l'argot moderne, Paris, Éd. du Dauphin, 1953 ; rééd. 1957, 1963 et 1984.

SCHWEIGHAEUSER Jean-Paul
le Roman noir français, Paris, PUF, Coll. Que sais-je ? n° 2145, 1984, 128 p.

SIMONIN Albert
Glossaire argotique in *Touchez pas au grisbi,* Paris, Gallimard, 1953, p. 173-190.

SIMONIN Albert et BAZIN Jean
Glossaire argotique in *Voilà taxi !,* Paris, Gallimard, 1935, p. 221-223.

TLF
Trésor de la langue française, Paris, Klincksieck-Gallimard, 16 volumes, 1971-1994 (dir. P. Imbs, puis B. Quemada).

TRÉVOUX
Dictionnaire universel françois et latin, 1re éd. Trévoux, 1704.

VANDEL Philippe
le Dico français/français, Lattès, 1993, Livre de Poche, 347 p.

VIDOCQ François
Dictionnaire argot-français in *Mémoires* (1836), Éd. Laffont, Bouquins, 1998.

VILLATTE Césaire
Parisismen (alphabetisch geordnete Sammlung der eigenartigen Ausdrücke der Pariser Argot), Berlin, huit éditions de 1884 à 1912.

VIRMAÎTRE Charles
Dictionnaire d'argot fin de siècle, Paris, A. Charles, 1894, 336 p.

WALTER Henriette
Lexique (1984), *in* Obalk, *les Mouvements de mode.*

Dictionnaires français-argot

GIRAUD Robert
l'Argot tel qu'on le parle, Paris, Grancher, 1981, 312 p.

LERMINA Jules et LÉVÊQUE Henri
Dictionnaire français-argot (1897), Paris, Les Éd. de Paris, 1991, 220 p.

MARCILLAC Jean
Dictionnaire français-argot, Paris, Éd. de la Pensée moderne, 1968, 254 p.

NOTER R. de
Dictionnaire français-argot et des locutions comiques, Paris, Méricant, 1901, 119 p.

ROLAND P.
Skidiz – Lexique du français familier à l'usage des étrangers qui veulent comprendre « ce qu'ils disent », Paris, Hachette, 1977.

N° de projet : 11001854

Composition : APS-Chromostyle, Tours

Imprimiere

LA TIPOGRAFICA VARESE
Società per Azioni
Varese

Dépôt légal : Septembre 2006
Imprimé en Italie (Printed in Italy)
532311 - Septembre 2006